Diogenes Taschenbuch 23880

Egon Friedell

Kulturgeschichte der Neuzeit

*Die Krisis
der Europäischen Seele
von der Schwarzen Pest
bis zum Ersten Weltkrieg*

Diogenes

Die *Kulturgeschichte der Neuzeit*
erschien 1927–1931 in drei Bänden
(1927: Einleitung und 1. Buch; 1928: 2. und 3. Buch;
1931: 4., 5. Buch und Epilog)
Umschlagillustration: Eugène Delacroix,
›Die Freiheit führt das Volk‹, 1830
Foto: Copyright © Archiv für Kunst
und Geschichte, Berlin

Veröffentlicht als Diogenes Taschenbuch, 2009
Alle Rechte an dieser Ausgabe vorbehalten
Copyright © 2009
Diogenes Verlag AG Zürich
www.diogenes.ch
30/09/36/1
ISBN 978 3 257 23880 8

Max Reinhardt gewidmet

… daß dies alles eben darum in einer Art wahr ist, weil es in einer Art falsch ist.

Augustinus

Wer sich aber wundern sollte, daß nach so vielen Geschichtsschreibern auch mir die Abfassung einer solchen Schrift in den Sinn kommen konnte, der lese zuvor alle Schriften jener anderen durch, mache sich darauf an die meinige, und dann erst wundere er sich.

Flavius Arrianos (95–180 n. Chr.)

Inhaltsverzeichnis

EINLEITUNG

Was heißt und zu welchem Ende
studiert man Kulturgeschichte?

Der vergessene Stern 21 – Alle Dinge haben ihre Philosophie 21 – Ästhetische, ethische, logische Geschichtsschreibung 23 – Landkarte und Porträt 24 – Fibelgeschichte 26 – Unwissenschaftlichkeit der historischen Grundbegriffe 27 – Unterirdischer Verlauf der historischen Wirkungen 29 – Der Irrtum Rankes 30 – Alle Geschichte ist Legende 32 – Homunculus und Euphorion 34 – »Geschichtsromane« 36 – Möglichste Unvollständigkeit 37 – Übertreibung 39 – Hierarchie der Kulturgebiete 40 – Wirtschaft 40 – Gesellschaft 41 – Staat 42 – Sitte 43 – Wissenschaft, Kunst, Philosophie, Religion 44 – Der Stein der Weisen 46 – Der Repräsentativmensch 47 – Der expressionistische Hund 49 – Seelische Kostümgeschichte 49 – Das Genie ist ein Produkt des Zeitalters 51 – Das Zeitalter ist ein Produkt des Genies 52 – Genie und Zeitalter sind inkommensurabel 54 – Der Pedigree 54 – Lessing und Herder 55 – Winckelmann und Voltaire 57 – Hegel und Comte 58 – Buckle 59 – Burckhardt 60 – Taine 62 – Lamprecht 64 – Breysig 66 – Spengler 68 – Zivilisationshistorik 70 – Pro domo 72 – Der berufene Dilettant 73 – Die unvermeidliche Paradoxie 74 – Der legitime Plagiator 76 – Pathologische und physiologische Originalität 79

ERSTES BUCH

RENAISSANCE UND REFORMATION

Von der Schwarzen Pest bis zum Dreißigjährigen Krieg

ERSTES KAPITEL

Der Beginn

Der Wille zur Schachtel 85 – Das Recht auf Periodisierung 86 – Die Konzeption des neuen Menschen 88 – Die »Übergangszeit« 90 – Beginn des

Exkurses über den Wert der Krankheit 91 – Am gesündesten ist die Amöbe 92 – Alles Werdende ist dekadent 93 – Höherer Wert der minderwertigen Organe 95 – Gesundheit ist eine Stoffwechselerkrankung 96 – Die lernäische Hydra 97 – Achill aus der Ferse 99 – Das Überleben des Anpassendsten 102 – Es gibt kein gesundes Genie 104 – Es gibt kein krankes Genie 106 – Die Dreiteilung der Menschheit 108 – Die Flucht in die Produktion 109

ZWEITES KAPITEL

Die Seele des Mittelalters

Die »Romantik« des Mittelalters 112 – Das Leben als Abenteuer 113 – Psychose der Geschlechtsreife 114 – Der heilige Hund 115 – Kein Verhältnis zum Geld 116 – Universalia sunt realia 118 – Die Weltkathedrale 120 – Die Physik des Glaubens 121 – Alles ist 122 – Der Szenenwechsel 123

DRITTES KAPITEL

Die Inkubationszeit

Die Erfindung der Pest 125 – Die Parallelepidemie 128 – Die Brunnenvergifter 129 – Kosmischer Aufruhr 131 – Weltuntergang 132 – Entthronung der Universalien 132 – Christus im Esel 134 – Die zwei Gesichter des Nominalismus 136 – Dämmerzustand 137 – Folie circulaire 137 – Anarchie von oben 138 – Auflockerung der Stände 139 – Erkrankung des metaphysischen Organs 140 – Praktischer Nihilismus 142 – Gesteigertes Wirtschaftsleben 143 – Heraufkunft der Zünfte 145 – Fachdilettantismus 145 – Erwachender Rationalismus 147 – Wirklichkeitsdichtung 149 – Emanzipationen 150 – Verfall des Rittertums 152 – Die große Umwertung 154 – Pittoresker Dreck 156 – Orientalischer Tumult 158 – Lebensstandard 159 – Die Landstraße 160 – Die heilige Feme 161 – Erotik durch Sexualität verdrängt 162 – Eßkultur 163 – Der Weltalp 165 – Die vierfache Zange 166 – Der luxemburgische Komet 168 – Gekrönte Paranoiker 170 – Englisch-französisches Chaos 171 – Antiklerikalismus 173 – Wiclif 174 – Papa triumphans 175 – Dämonen und Zauberer 177 – Geldwirtschaft mit schlechtem Gewissen 179 – Das Weltbordell 180 – Das Narrengewand 183 – Die Vision 184 – Der Börsianer auf dem Thron 185 – Der Nihilist auf dem Thron 188 – Die drei Betrüger 190 – Coincidentia oppositorum 191 – Nikolaus Cusanus 193 – Zweifache Wahrheit, doppelte Buchführung, Kontrapunkt und Totentanz 195 – Die Überseele 197 – Die neue Religion 199 – Die Schule Eckharts 201 – Der

»Frankforter« 203 – Die gemalte Mystik 206 – Eine Parallele 210 – Welt-aufgang 213

VIERTES KAPITEL

La Rinascita

Die beiden Pole 214 – Kultur ist Reichtum an Problemen 215 – Der italienische Mikrokosmos 216 – Die »lateinische Formation« 218 – Die Wiedergeburt zur Gottähnlichkeit 220 – Der Abschied vom Mittelalter 222 – Chronologie der Renaissance 223 – Der Vorsprung Italiens 224 – Blüte des Frühkapitalismus 226 – Die Renaissancestadt 227 – Der Komfort 229 – Künstlerischer Tafelgenuß 230 – Die Welt der Profile 231 – Geburt der Revolverpresse 233 – Der göttliche Aretino 235 – La grande Putana 237 – L'uomo universale 237 – Das Renaissancepublikum 239 – Die »Zerrissenheit« Italiens 242 – Die »Rückkehr zur Antike« 245 – Petrarca 246 – Die Scheinrenaissance 247 – Das Cinquecento 250 – Der Stilisierungswille 253 – Ein sophistisches Zeitalter 255 – Die Humanisten 256 – Der »literarische« Charakter der Renaissance 258 – Der Schnitt durch die Kultur 260 – Prädominanz der bildenden Kunst 262 – Michelangelo 263 – Leonardo 265 – Raffael 266 – Raffaels Nachruhm 267 – Der »Götterliebling« 269 – Der Grundirrtum des Klassizismus 270 – Machiavell 273 – Der »Immoralismus« 275 – Die »Schuld« der Renaissance 277 – Schönheit oder Güte 278 – Der zweite Sündenfall 279

FÜNFTES KAPITEL

Das Hereinbrechen der Vernunft

Die Weltgeschichte ist ein dramatisches Problem 281 – Das Drama der Neuzeit 282 – Der neue Blick 283 – Die Kurve von 1500 bis 1900 285 – Die mystische Erfahrungswelt der »Primitiven« 287 – Prälogisch oder überlogisch? 288 – Das rationalistische Intermezzo 290 – Die drei Schwarzkünste 291 – Paracelsus 293 – Menschenmaterial und verschiebbare Letter 295 – Kopernikus 298 – Überwindung des »Cap Non« 299 – Columbus 302 – Die Reise um die Erde in elfhundert Tagen 304 – Das Verbrechen der Conquista 305 – Die mexikanische Spätkultur 306 – Christliche Elemente in der aztekischen Religion 309 – Der weiße Gott 310 – Peru 312 – Die Rachegeschenke Amerikas 314 – Faust 315 – Sieg des Menschen über Gott 318 – Vom theozentrischen zum geozentrischen Weltbild 319 – Der Augustinermönch 320

SECHSTES KAPITEL

Die deutsche Religion

Gott und die Völker 322 – Die vier Komponenten der Reformation 324 – Die Nachtigall von Wittenberg 326 – Reformatoren vor der Reformation 327 – Der Spatenstich 330 – Das Doppelantlitz Luthers 332 – Der letzte Mönch 333 – Die große Krisis 336 – Jehovah indelebilis 338 – Luthers Damaskus 339 – Luthers heroische Zeit 340 – Die schöpferische Peripherie 342 – Luthers Papst 342 – Triumph des Gutenbergmenschen über den gotischen Menschen 343 – Luther als Sprachschöpfer 346 – Luther und die Künste 348 – Luther und der Bauernkrieg 349 – Luthers Erschlaffen 352 – Luther und die Transsubstantiation 353 – Luther und die Satisfaktionslehre 355 – Paulus 355 – Der jüdische Apostel 358 – Augustinus 360 – Wahrer Sinn der christlichen Rechtfertigung 362 – Der Calvinismus 364 – Die Radikalen 367 – Sebastian Franck 368 – Geburt der Kabinettspolitik 371 – Psychologie der Habsburger 373 – Das Geheimnis Karls des Fünften 376 – Sieg der Theologie über die Religion 378 – Das Monstrum der Schöpfung 380 – Der Grobianismus 381 – François Rabelais 383 – Unverminderter Plebejismus 385 – Das klassische Zeitalter der Völlerei 386 – Der Landsknechtstil 389 – Hegemonie des Kunsthandwerks 391 – Der Hexenhammer 394 – Hexenwahn und Psychoanalyse 396 – Säkularisation der Menschheit 398 – Die antievangelischen Evangelischen 401 – Jesus und die »soziale Frage« 402 – Gott und die Seele 405 – Das heilige Nichtstun 406

SIEBENTES KAPITEL

Die Bartholomäusnacht

Die Erdhölle 408 – Der Gegenstoß 410 – Das Tridentinum 411 – Paneuropäische Intoleranz 412 – Der Anglikanismus 415 – Das Naturrecht 416 – Die Armee Jesu 418 – Die Ubiquität des Jesuitismus 421 – Philipp der Zweite 424 – Der Welteskorial 425 – Die spanische Kolonialpolitik 428 – Der Abfall der Niederlande 430 – Zusammenbruch des philippischen Systems 432 – Don Juan und Don Quixote 433 – Weltherrschaft des spanischen Stils 435 – Französischer Klassizismus und Spielopernaturalismus 438 – Der Skeptiker aus Lebensbejahung 439 – Der Montaignemensch 441 – Jakob Böhme 442 – Giordano Bruno 442 – Francis Bacon 446 – Der Aufstieg Englands 446 – Der elisabethinische Mensch 450 – Die Flegeljahre des Kapitalismus 451 – Die exakten Wissenschaften 453 – Die Welt des Fernrohrs 455 – Bacon als Charakter 458 – Bacon als Philosoph 460 – Bacon vor Bacon 464 – Bacons Antiphilosophie 466 –

12

Bacons Ruhm 470 – Der heimliche König 472 – Die Seele Shakespeares 474 – Das Theater Shakespeares 476 – Die Welt als Traum 478 – Die Agonie der Renaissance 479 – Das zweite Trauma 481 – Die neue Frage 482

ZWEITES BUCH

BAROCK UND ROKOKO

Vom Dreißigjährigen Krieg bis zum Siebenjährigen Krieg

ERSTES KAPITEL

Die Ouvertüre der Barocke

Das Sinnlose 487 – Das Unkraut 489 – Die »Helden« 491 – Wallenstein 493 – Gustav Adolf 495 – Übertreibende Beurteilungen 497 – Wirtschaftliche Deroute 499 – Die »konstituierte Anarchie« 501 – Das Ende des Mittelalters 501 – Die Vorbarocke 503 – Die Staatsraison 503 – Germanische und romanische Kultur 505 – Das »alamodische Wesen« 507 – Der Trompeter von Säckingen 510 – Tabak und Kartoffel 511 – Die Poeterey 513 – Comenius 516 – Die Naturwissenschaft 517 – Die Vorherrschaft Hollands 518 – Das niederländische Bilderbuch 523 – Die Mythologie des Alltags 525 – Rembrandt 526 – Rubens 527 – King Charles 528 – Cromwell 531 – Die Puritaner 533 – Die Quäker 534 – Milton 535 – Hobbes 536 – Spinoza 538 – Die »Ethik« 539 – Die Gleichung aus zwei Nullen 542 – Die Welt ohne Zwecke 543 – Die Logik der folie raisonnante 544 – Das luftleere System 546 – Der künstliche Irrationalismus 548 – Das Welttheater 549 – Exaltation, Extravaganz, Aenigmatik, latente Erotik 551 – Die natürliche Unnatürlichkeit 553 – Die Hegemonie der Oper 555 – el siglo de oro 558 – Die Königinnen ohne Beine 561 – Gracian 562 – El Greco 562 – Die drei Therapien gegen den Rationalismus 564 – Die Welt als Fiktion 566 – Pascals Lebenslegende 569 – Pascals Seelenanatomie 571 – Der Überwinder 574 – Der wahre Sonnenkönig 574

ZWEITES KAPITEL

Le Grand Siècle

Richelieu 576 – Das Hotel Rambouillet 578 – Mazarin 580 – Das cartesianische Zeitalter 580 – Das magische Koordinatenkreuz 582 – Der deduktive Mensch 583 – Die Sonne der Raison 586 – Die Seele ohne Brüder 588 – Übergang der Vorbarocke in die Vollbarocke 590 – Der König als Mittelpunkt des irdischen Koordinatensystems 592 – Innere Verwaltung Ludwigs des Vierzehnten 594 – Das Theater von Versailles 597 – Äußere Politik Ludwigs des Vierzehnten 601 – Der Colbertismus 604 – Dramatische Kristallographie 607 – Der Hofnarr des Zeitgeists 609 – Malerei und Dekoration 611 – Lully 613 – La Rochefoucauld 614 – Die Allonge 617 – Der Kaffee 619 – Die Post 622 – Die Zeitung 623 – Bayle 623 – Das Mikroskop 625 – Newton 627 – Karl der Zweite 628 – Die »glorious revolution« 630 – London 633 – Locke 635 – Thomasius 636 – Der Große Kurfürst 639 – Der Prinz Eugen 640 – Christine von Schweden 641 – Peter der Große 642 – Die russische Psychose 644 – Cartesianische und berninische Barocke 645 – Die Weltfiktionen 646 – Das Ideal der Fettleibigkeit 647 – Das isolierte Individuum 648 – Die Marionette als platonische Idee 650 – Der Infinitesimalmensch 652 – Leibniz 653 – Die Welt als Uhr 657 – Der Maskenzug 658

DRITTES KAPITEL

Die Agonie der Barocke

Watteau 660 – La petite maison 662 – Pastell und Porzellan 664 – Chinoiserie 665 – Le siècle des petitesses 666 – Der Esprit 668 – Die Liebe als Liebhabertheater 669 – Der Cicisbeo 672 – Erotische Décadence 673 – Das Häßlichkeitspflästerchen 675 – Die tragische Maske des Rokokos 676 – Spiegelleidenschaft 679 – Theatrokratie 680 – Die Régence 682 – Der Lawsche Krach 685 – Louis Quinze 686 – Die noblesse de la robe 687 – Das Konzert der Mächte 689 – Der Duodezabsolutismus 691 – Pleiß-Athen 693 – Klopstock 696 – Christian Wolff 696 – Der Pietismus 699 – Der bel canto 700 – Bach und Händel; Friedrich der Große 702 – Der König 703 – Der Vater 704 – Der Antimonarchist 706 – Der Philosoph 707 – Das Genie 708 – Der Held aus Neugierde 712 – Der tragische Ironiker 713 – Der Politiker 714 – Der Administrator 717 – Der Stratege 719 – Phlogiston, Irritabilität und Urnebel 723 – Unsittliche Pflanzen 726 – Erwachender Natursinn 727 – Bibel und Hauptbuch 729 – The comfort 729 – Franklin und Robinson 731 – Familienroman und comédie larmoyante 731 – Die Wochenschriften 733 – Hogarth 734 – Die Dichter des Spleen 735 – Die freethinkers 735 – Hume 737 – Berkeley 738 – Montesquieu und Vauvenargues 739 – Der Generalrepräsentant des Jahrhunderts 741 – Der Märtyrer des Lebens 742 – Voltaires Charakter 745 – Voltaires Werk 748 – Voltaire als Dichter 750 – Voltaire als Historiker 752 – Voltaire als Philosoph 753 – Le jardin 755

DRITTES BUCH

AUFKLÄRUNG UND REVOLUTION

Vom Siebenjährigen Krieg bis zum Wiener Kongreß

ERSTES KAPITEL

Gesunder Menschenverstand
und Rückkehr zur Natur

Kulturzeitalter und Erdzeitalter 759 – Die dreierlei Vorstellungsmassen 761 – Der erste Weltkrieg 763 – Die drei Krisen des Siebenjährigen Kriegs 765 – Die friderizianische Großmacht 766 – Philanthropie der Worte 768 – Die bureaux d'esprit 769 – Die Encyclopédie 770 – Diderot 771 – Die Materialisten 773 – Epigenesis und Neptunismus 777 – Neue Chemie 778 – Galvanische Elektrizität 781 – Astronomie und Mathematik 782 – Blumenbefruchtung und Pockenschutzimpfung 784 – Die Urpflanze 785 – Nicolai 788 – Mendelssohn 790 – Nützliche Auslegung der Bibel 793 – Der Auferstehungsbetrug 794 – Lessing 797 – Lichtenberg 800 – Der Zerleuchter 803 – Katastrophe des Jesuitenordens 807 – Die Illuminaten 808 – Knigge 809 – Casanova und Cagliostro 811 – Swedenborg 812 – Preußens »Fäulnis vor der Reife« 813 – Der Volkskaiser 814 – Die josefinische Zwangsaufklärung 817 – Das Regime der Velleitäten 819 – Die Papierrevolution von oben 822 – Das Ende Polens 825 – Kosmopolitismus 827 – Erziehungsmanie 830 – Die Physiokraten 831 – Konzeption des Maschinenmenschen 832 – Die »Lästerschule« 834 – Der Abfall Nordamerikas 836 – Beaumarchais und Chamfort 839 – Rousseaus Naturbegriff 841 – Héloïse, Contrat und Emile 843 – Rousseaus Charakter 846 – Der Einbruch des Plebejers in die Weltliteratur 849 – Der Rousseauismus 851 – Triumph der Empfindsamkeit 853 – Silhouette und Zirkelbrief 858 – Der Frack 860 – Ossian 861 – Sturm und Drang 862 – Zweidimensionale Dichtung 865 – Hamann 867 – Herder und Jacobi 869 – »Ein sehr merkwürdiger Mensch« 871 – Das Zeitalter Goethes 874 – Der junge Schiller 875 – Der Dichter Flickwort 878 – Schiller als Didaktiker 880 – Gluck und Haydn 881 – Mozarts Lebensgleichung 884 – Der doppelte Kant 886 – »Alleszermalmer« und »Allesverschleierer« 887 – Die Kritik der Vernunft 890 – Die reine Vernunft 894 – Wie ist Natur möglich? 897 – Wie ist Metaphysik möglich? 898 – Tiefste Niederlage und höchster Triumph der menschlichen Vernunft 899 – Der Primat der praktischen Vernunft 901 – Das Gesamtresultat der kantischen Philosophie 904 – Die Kritik der kantischen Philosophie 906 – Das unmögliche Ding an sich 910

ZWEITES KAPITEL

Die Erfindung der Antike

Der Herr in der Extrapost 914 – Das Genie unter den Völkern 915 – Augusteische, karolingische und ottonische Renaissance 916 – Die Renaissancen der Neuzeit 917 – Das falsche Klassenpensum 919 – Der »klassische« Grieche 922 – Der »romantische« Grieche 924 – Der Sokratismus 926 – Der Gipsgrieche 927 – Die griechische Plastik 930 – Die griechische Malerei 931 – Der Alexandrinismus 933 – Heraufkunft des Berufsmenschen und des kosmopolitischen Untertans 934 – Hellenistische Großstadtkultur 935 – Hellenistische l'art pour l'art-Kunst und Fachwissenschaft 937 – Hellenistischer Nihilismus 939 – Die griechische Musikalität 940 – Die griechische Sprache 944 – Die griechische Erotik 945 – Die griechische Amoralität 948 – Die Staatsnarren 950 – Die griechische Religiosität 954 – Der griechische Pessimismus 958 – Der griechische Idealismus 960 – Das Volk der Mitte 963 – Der letzte Humanist 966 – Die Ästhetik der Homosexualität 969 – Mengs 970 – Die Gräkomanie 972 – »Rien« 974

DRITTES KAPITEL

Empire

Die Fanale 975 – Die Revolution 977 – Die Nation der Extreme 979 – Das Auslösungsschema 982 – Demokratie und Freiheit 986 – Die Zauberlaterne 990 – Die tragische Operette 994 – Geschichte der Französischen Revolution 996 – Mirabeau 1001 – Die Kellerratte, der edle Brigant und der Oberlehrer 1003 – Die Herrschaft der Vernunft und der Tugend 1004 – Die Assignaten 1008 – Der Zeitreisende 1009 – Die Kurve der Revolution 1010 – »Monsieur Giller« 1011 – Das schlafende Deutschland 1013 – Haben die Klassiker gelebt? 1014 – Die beiden Gipsköpfe 1016 – Panoramic ability 1017 – Der Theatrarch 1018 – Das Pathos der faulen Äpfel 1021 – Das Genie der Kolportage 1022 – Der Bund der Dioskuren 1027 – Die Antipoden 1030 – Statiker und Dynamiker 1034 – Natur und Geschichte 1035 – Diktierer und Diktator 1037 – Psychologie der romantischen Schule 1039 – Die romantische Ironie 1042 – Die »Doppellieben« 1044 – Die unromantische Romantik 1045 – Novalis 1048 – Schleiermacher 1050 – Fichte 1051 – Schelling 1054 – Fortschritte der Naturwissenschaft 1056 – Das klassische Kostüm 1058 – Alfieri, David, Talma und Thorwaldsen 1062 – Goya 1064 – Beethoven 1065 – Der Malthusianismus 1066 – Die Kontinentalsperre 1069 – Das Napoleondrama 1070 – Napoleon und das Schicksal 1073 – Napoleon und die Strategie 1074 – Der Mann der Realitäten 1077 – Der Regisseur Europas 1080 – Der antiideologische Ideologe 1081

VIERTES BUCH

ROMANTIK UND LIBERALISMUS

Vom Wiener Kongreß bis zum Deutsch-Französischen Krieg

ERSTES KAPITEL

Die Tiefe der Leere

Der innerste Höllenkreis 1087 – Die unwirkliche Gegenwart 1088 – Poetische, historische, journalistische Wahrheit 1089 – Der Geisterstrom 1090 – »Kritische« Geschichtsschreibung 1092 – Geschichte wird erfunden 1096 – Die Rangerhöhung der Geschichte 1098 – Was ist Romantik? 1102 – Das »Organische« 1104 – Die kranke Gans 1106 – Der Kongreß 1107 – Talleyrand 1109 – Die neue Landkarte 1110 – Die Heilige Allianz 1112 – Die Front nach innen 1114 – Der Napoleonmythus 1117 – Die Altteutschen 1119 – Befreiung Südamerikas und Griechenlands 1122 – Die österreichische Infektion 1125 – Die »modernen Ideen« 1127 – Der Mephisto der Romantik 1129 – Romantische Wissenschaft 1130 – Der »dichtende Volksgeist« 1133 – Der Zauberstab der Analogie 1136 – Geburt der romantischen Dichtung 1138 – Grillparzer und Raimund 1142 – Kleist 1145 – Farbenlehre und vergleichende Sinnesphysiologie 1148 – Elektrische und chemische Entdeckungen 1150 – Homöopathie 1154 – Rossini, Weber und Schubert 1156 – Biedermeier 1160 – Die Nazarener 1163 – Géricault, Saint-Simon und Stendhal 1166 – Der Titelheld des Zeitalters 1169 – Der Byronismus 1172 – Das Selbstbewußtsein des Zeitalters 1173 – Die dialektische Methode 1175 – Hegels Geschichtsphilosophie 1179 – Amortisation Hegels durch Hegel 1181

ZWEITES KAPITEL

Das garstige Lied

Die Welt im Gaslicht 1183 – Lokomotive Nummer eins 1187 – Die Schnellpresse 1191 – Die Lithographie 1193 – Daumier 1194 – Der neue Gott 1195 – Balzac 1199 – Das Julikönigtum 1203 – Belgien, Polen und Hambach 1205 – Der Romantiker auf dem Thron 1208 – Manchester 1211 – Die soziale Frage 1215 – Friedrich List 1218 – Der Held als Denker 1220 – Der Geisterseher 1224 – Nur ein Lord 1225 – Carlyles Glaube 1228 – David Friedrich Strauß 1233 – Katholische Theologie 1237 – Kierkegaard und Stirner 1238 – Ludwig Feuerbach 1242 – Neptun, Aktualismus, Stereoskop und Galvanoplastik 1244 – Das Energiegesetz 1246 – Guano,

Hydrotherapie, Morsetaster und Daguerreotyp 1248 – Ranke 1250 – Die französische Romantik 1252 – Hugo, Dumas, Scribe, Sue 1254 – Delacroix 1257 – Politische Musik 1258 – Mendelssohn und Schumann 1260 – Das junge Deutschland 1262 – Der »Zeitgeist« 1263 – Gutzkow 1266 – Laube und Heine 1269 – Politische Malerei 1272 – Georg Büchner 1273 – Nestroy 1275 – Andersen 1279 – Der blaue Vogel 1283

DRITTES KAPITEL

Das Luftgeschäft

Der Refrain 1285 – Die Februarrevolution 1287 – Die Nationalwerkstätten 1289 – Der März 1292 – Die Peripetie 1294 – Olmütz 1296 – Napoleon der Dritte 1297 – La civilisation 1300 – Der Krimkrieg 1303 – Der Zarbefreier 1307 – Die russische Seele 1308 – Slawophile und Westler 1309 – Oblomow 1312 – Solferino 1314 – I mille 1318 – Das genre canaille 1319 – Offenbach 1322 – Gounod 1324 – Das Sittenstück 1324 – Der Comtismus 1326 – Spencer und Buckle 1328 – Darwin 1331 – Anti-Darwin 1336 – Der Paulus des Darwinismus 1340 – Ignorabimus 1344 – Die Spektralanalyse 1347 – Die Entstehung des Lebens 1349 – Zellularpathologie und Psychophysik 1353 – Die Milieutheorie 1358 – Flaubert 1362 – Der unsittliche Dichter 1364 – Renan 1367 – Sainte-Beuve 1371 – Die Parnassiens 1372 – Ruskin 1373 – Die Präraffaeliten 1374 – Der Ästhet 1377 – Whitman und Thoreau 1379 – Emerson 1382 – Der Materialismus 1387 – Der Marxismus 1389 – Der Klassenkampf 1392 – Lassalle 1394 – Mommsen 1395 – Das Dichterseminar 1399 – Die Marlitt 1401 – Bilanz der deutschen Literatur 1403 – Hebbel und Otto Ludwig 1406 – Der Antipoet 1408 – Feuerbach und Marées 1411 – Die beiden Philosophen 1414 – Schopenhauers Charakter 1414 – Schopenhauers Philosophie 1419 – Der klassische Romantiker 1423 – Bismarck und Friedrich der Große 1425 – Der letzte Held 1428 – Der Sezessionskrieg 1430 – Juarez und Maximilian 1435 – Schleswig-Holstein 1436 – 1866 1438 – Custozza 1443 – Krismanič und Moltke 1444 – Königgrätz 1446 – Lissa 1449 – Nikolsburg 1450 – Der ungarische Ausgleich 1452 – Der lokalisierte Weltkrieg 1453 – Die spanische Bombe 1455 – A Berlin! 1458

FÜNFTES BUCH

IMPERIALISMUS UND IMPRESSIONISMUS

Vom Deutsch-Französischen Krieg bis zum Weltkrieg

ERSTES KAPITEL

Der schwarze Freitag

Wer macht die Realität? 1463 – Das Zeitalter Bismarcks 1464 – Der französische Aufmarsch 1466 – Die deutschen Kriegshandlungen 1469 – Die Neutralen 1473 – Der Friede 1476 – Die Kommune 1477 – Das Sozialistengesetz 1478 – Der Kulturkampf 1480 – Der Berliner Kongreß 1481 – Krieg in Sicht 1485 – Zweibund, Dreibund und Rückversicherungsvertrag 1487 – Der Geist des Deutschen Reichs 1490 – Dühring 1495 – Der Stil der Stillosigkeit 1498 – Das Makartbukett 1499 – Die »deutsche Renaissance« 1502 – Der Eiffelturm 1504 – Das Kostüm 1504 – Die Meininger 1506 – Das »Gesamtkunstwerk« 1509 – Das höchste Theater 1513 – Die Kurve Wagners 1516 – Die »Fledermaus« 1519 – Die Literatur 1521 – Wilhelm Busch 1524 – Fernsprecher, Glühlampe und Fahrrad 1529 – Die Stereochemie 1531 – Die Marskanäle 1532 – Die Vorimpressionisten 1533 – Was ist Impressionismus? 1537 – Der »Ouvrier« 1540 – Der Farbe gewordene Antichrist 1541 – Die Goncourts 1543 – Zola 1543 – Tolstoi und Dostojewski 1545 – Der letzte Byzantiner 1546 – Die Rechtfertigung des Bösen 1548 – Der Entschleierer 1548 – Der Haß des Künstlers 1551

ZWEITES KAPITEL

Vom Teufel geholt

Die Zäsur 1555 – Wille zur Macht als Décadence 1556 – Hegel und Halske 1557 – Das neue Tempo 1557 – Die elektromagnetische Lichttheorie 1558 – Die Radioaktivität 1561 – Die Atomzertrümmerung 1564 – Fabier und Kathedersozialisten 1565 – Die Gymnasialreform 1568 – Der Kaiser Wilhelm 1570 – Bismarcks Entlassung 1576 – Kap-Kairo 1578 – Nordamerika 1580 – Ostasien 1581 – Russisch-Japanischer Krieg 1584 – Nachbismarckische Weltpolitik 1587 – Tripelentente 1592 – Annexionskrise 1593 – Der Pragmatismus 1595 – Mach 1596 – Bergson 1601 – Wundt 1603 – »Rembrandt als Erzieher« 1606 – »Geschlecht und Charakter« 1608 – Strindberg 1610 – Die Petarde 1615 – Der Wanderer 1617 – Nietzsches Psychologie 1620 – Nietzsches Christentum 1622 – Der letzte Kirchenvater 1625 – Das zweite Stadium des Impressionismus 1627 – Der

Sänger aus Thule 1632 – Der letzte Klassiker 1633 – Zenit des bürgerlichen Theaters 1634 – Kleine Dramaturgie 1635 – Ibsens Kosmos 1640 – Die Rache Norwegens 1644 – Ibsens Kunstform 1645 – Das Testament der Neuzeit 1648 – Die literarische Revolution 1653 – Die »Freie Bühne« 1657 – Der Naturalismus 1659 – Hauptmann 1663 – Sudermann 1664 – Fontane 1668 – Wedekind 1669 – Maupassant 1672 – Die Sezession 1675 – Böcklin 1676 – Schnitzler und Altenberg 1677 – Der Verismo 1681 – Dorian Gray 1682 – Shaws Ironie 1683 – Amor vacui 1688 – Die Symbolisten 1692 – Das Theater der vierten Dimension 1694 – Das telepathische Drama 1698 – Die Lücke 1703 – Was ist Diplomatie? 1705 – Die Balkankriege 1707 – Sarajewo 1712 – Die Wolke 1717

EPILOG

Sturz der Wirklichkeit

Die neue Inkubationsperiode 1719 – Das Weltall als Molekül 1719 – Das Molekül als Weltall 1720 – Die Zeit ist eine Funktion des Orts 1721 – Masse ist Energie 1722 – Es gibt keine Gleichzeitigkeit 1723 – Der Schuß in den Weltraum 1725 – Heraufkunft des Wassermanns 1727 – Untergang der Historie 1729 – Untergang der Logik 1730 – Dada 1732 – Die Katastrophe des Dramas 1734 – Selbstmord der Kunst 1735 – Der Surréalisme 1739 – Der Turmbau zu Babel 1741 – Die beiden Hydren 1742 – Die fünf Möglichkeiten 1745 – Die Metapsychologie 1746 – Der Sklavenaufstand der Amoral 1747 – Der Orpheus aus der Unterwelt 1748 – Die Dogmen der Psychoanalyse 1750 – Das verdrängte Ding an sich 1752 – Das Licht von der anderen Seite 1753

Zeittafel 1755

Nachwort 1774
von Ulrich Weinzierl

Namenregister 1785

EINLEITUNG

Was heißt und zu welchem Ende studiert man Kulturgeschichte?

Ausführlich zu schildern, was sich niemals ereignet hat, ist nicht nur die Aufgabe des Geschichtsschreibers, sondern auch das unveräußerliche Recht jedes wirklichen Kulturmenschen.

Oscar Wilde

Durch die unendliche Tiefe des Weltraums wandern zahllose Sterne, leuchtende Gedanken Gottes, selige Instrumente, auf denen der Schöpfer spielt. Sie alle sind glücklich, denn Gott will die Welt glücklich. Ein einziger ist unter ihnen, der dieses Los nicht teilt: auf ihm entstanden nur Menschen. *Der vergessene Stern*

Wie kam das? Hat Gott diesen Stern vergessen? Oder hat er ihm die höchste Glorie verliehen, indem er ihm freistellte, sich aus eigener Kraft zur Seligkeit emporzuringen? Wir wissen es nicht.

Einen winzigen Bruchteil der Geschichte dieses ewigen Sterns wollen wir zu erzählen versuchen.

Für diesen Zweck wird es nützlich sein, wenn wir vorher in Kürze die Grundprinzipien unserer Darstellung erörtern. Es sind Grundgedanken im eigentlichsten Sinn des Wortes: sie liegen dem Gesamtbau des Werkes zugrunde und sind daher, obschon sie ihn tragen, unterirdisch und nicht ohne weiteres sichtbar.

Der erste dieser Grundpfeiler besteht in unserer Auffassung vom Wesen der Geschichtsschreibung. Wir gehen von der Überzeugung aus, daß sie sowohl einen künstlerischen wie einen *Alle Dinge haben ihre Philosophie* moralischen Charakter hat; und daraus folgt, daß sie keinen wissenschaftlichen Charakter hat.

Geschichtsschreibung ist Philosophie des Geschehenen. Alle Dinge haben ihre Philosophie, ja noch mehr: alle Dinge *sind* Philosophie. Alle Menschen, Gegenstände und Ereignisse sind Verkörperungen eines bestimmten Naturgedankens, einer eigentümlichen Weltabsicht. Der menschliche Geist hat nach der Idee zu forschen, die in jedem Faktum verborgen liegt, nach dem Gedanken, dessen bloße Form es ist. Die Dinge pflegen oft erst spät ihren wahren Sinn zu offenbaren. Wie lange hat es gedauert, bis uns der Heiland die einfache und elementare Tatsache der menschlichen Seele enthüllte! Wie lange hat es gedauert, bis der magnetische Stahl dem sehenden Auge Gilberts seine wunderbar wirksamen Kräfte preisgab! Und wie viele geheime Naturkräfte warten noch immer geduldig, bis *einer* kommt und den Gedanken in ihnen erlöst! Daß die Dinge *geschehen*, ist nichts: Daß sie *gewußt* werden, ist alles. Der Mensch hatte seinen schlanken ebenmäßigen Körperbau, seinen aufrechten edlen Gang, sein weltumspannendes Auge seit Jahrtausenden und Jahrtausenden: in Indien und Peru, in Memphis und Persepolis; aber schön wurde er erst in dem Augenblick, wo die griechische Kunst seine Schönheit erkannte und abbildete. Darum scheint es uns auch immer, als ob über Pflanzen und Tiere eine eigentümliche Melancholie gebreitet sei: sie alle sind schön, sie alle sind Sinnbilder irgendeines tiefen Schöpfungsgedankens; aber sie wissen es nicht, und darum sind sie traurig.

Die ganze Welt ist für den Dichter geschaffen, um ihn zu befruchten, und auch die ganze Weltgeschichte hat keinen anderen Inhalt. Sie enthält Materialien für Dichter: Dichter des Werks oder Dichter des Worts: das ist ihr Sinn. Wer aber ist der Dichter, den sie zu neuen Taten und Träumen beflügelt? Dieser Dichter ist niemand anders als die gesamte Nachwelt.

Man hat sich seit einiger Zeit daran gewöhnt, drei verschiedene Arten der Geschichtsschreibung zu unterscheiden: eine *referierende* oder erzählende, die einfach die Begebenheiten berichtet, eine *pragmatische* oder lehrhafte, die die Ereignisse durch Motivierungen verknüpft und zugleich Nutzanwendungen aus ihnen zu ziehen sucht, und eine *genetische* oder entwickelnde, die darauf abzielt, die Geschehnisse als einen organischen Zusammenhang und Verlauf darzustellen. Diese Einteilung ist nichts weniger als scharf, weil, wie man auf den ersten Blick sieht, diese Betrachtungsarten ineinander übergehen: die referierende in die verknüpfende, die verknüpfende in die entwickelnde, und überhaupt keine von ihnen völlig ohne die beiden anderen zu denken ist. Wir können uns daher dieser Klassifikation nur in dem vagen und einschränkenden Sinne bedienen, daß bei jeder dieser Darstellungsweisen einer der drei Gesichtspunkte im Vordergrund steht, und in diesem Falle gelangen wir zu folgenden Ergebnissen: bei der erzählenden Geschichtsschreibung, der es in erster Linie um den anschaulichen Bericht zu tun ist, überwiegt das *ästhetische* Moment; bei der pragmatischen Darstellung, die es vor allem auf die lehrhafte Nutzanwendung, die »Moral« der Sache abgesehen hat, spielt das *ethische* Moment die Hauptrolle; bei der genetischen Methode, die eine geordnete und dem Verstand unmittelbar einleuchtende Abfolge aufzuzeigen sucht, dominiert das *logische* Moment. Dementsprechend haben auch die verschiedenen Zeitalter je nach ihrer seelischen Grundstruktur immer eine dieser drei Formen bevorzugt: die Antike, in der die reine Anschauung am stärksten entwickelt war, hat die Klassiker der referierenden Geschichtsschreibung hervorgebracht; das achtzehnte Jahrhundert mit seiner Neigung, alle Probleme einer moralisierenden Betrachtungsweise zu unterwerfen, hat die glänzendsten Exemplare der pragmatischen Richtung aufzuweisen; und im neunzehnten Jahrhundert, wo die Tendenz vorherrschte, alles zu logisieren, in reine Begriffe und Rationa-

Ästhetische, ethische, logische Geschichtsschreibung

litäten aufzulösen, hat die genetische Methode die schönsten Früchte gezeitigt. Jede dieser drei Behandlungsarten hat ihre besonderen Vorzüge und Schwächen; aber so viel ist klar, daß bei jeder von ihnen ein bestimmtes *Interesse* das treibende und gestaltende Motiv bildet, sei es nun ästhetischer, ethischer oder logischer Natur: Den entscheidenden, obschon stets wechselnden Maßstab des Historikers bildet allemal das »Interessante«. Dieser Gesichtspunkt ist nicht ganz so subjektiv, wie er aussieht: es herrschen über ihn, zumindest in demselben Zeitalter, große Übereinstimmungen; aber er ist natürlich auch keineswegs objektiv zu nennen.

Landkarte und Porträt Man könnte nun meinen, daß bei der erzählenden Geschichtsschreibung, wenn sie sich auf eine trockene sachliche Wiedergabe der Tatsachen beschränkt, das Ideal einer objektiven Darstellung noch am ehesten zu erreichen wäre. Aber schon die reine Referierung (die übrigens unerträglich wäre und, außer auf ganz primitiven Stufen, nie versucht worden ist) erhält durch die unvermeidliche *Auswahl* und *Gruppierung* der Fakten einen subjektiven Charakter. Hierin besteht eigentlich die Funktion *alles* Denkens, ja sogar unseres ganzen Vorstellungslebens, das ausnahmslos elektiv, selektiv verfährt und zugleich die der Wirklichkeit entnommenen Ausschnitte in eine bestimmte Anordnung bringt. Und diesen Prozeß, den unsere Sinnesorgane unbewußt vollziehen, wiederholen die Naturwissenschaften mit vollem Bewußtsein. Aber es besteht hier doch ein kardinaler Unterschied. Die Selektion, die unsere Sinnesorgane und die auf ihren Meldungen aufgebauten Naturwissenschaften treffen, wird von der menschlichen *Gattung* nach strengen und eindeutigen Grenzen unterschieden, denen das Denken und Vorstellen jedes normalen Menschen unterworfen ist; die Auswahl des historischen Materials wird aber nach freiem Ermessen von einzelnen Individuen oder von gewissen Gruppen von Individuen, im günstigsten Fall von der öffentlichen Meinung eines ganzen Zeitalters bestimmt. Vor einigen Jahren hat der Münchener Philosoph Professor Erich Becher in seinem Werk *Geisteswissenschaften und Naturwissenschaften* den Versuch gemacht, eine Art vergleichende Anatomie der Wissenschaften zu liefern, eine Art Technologie der einzelnen Disziplinen, die sich zu diesen etwa verhält wie eine Dramaturgie zur Kunst des Theaters. Dort findet sich der Satz: »Die Wissenschaft vereinfacht die unübersehbar komplexe Wirklichkeit durch Abstraktion... Der Historiker, der ein Lebensbild des Freiherrn vom Stein entwirft, abstrahiert von unzähligen Einzelheiten aus dessen Leben und Wirken, und der Geograph, der eine Gebirgslandschaft bearbeitet, abstrahiert von Maulwurfshügeln und Ackerfurchen.« Aber gerade aus dieser Gegenüberstellung sehen wir, daß Geographie und Geschichte sich eben nicht als gleichberechtigte Wissenschaften koordinieren lassen. Denn während es für Maulwurfshügel und Ackerfurchen ein ganz untrügliches Merkmal gibt, nämlich das einfache optische der Größe und Ausdehnung, läßt sich durch keine ebenso allgemeingültige Formel feststellen, was in der Biographie des Freiherrn vom Stein diesen quantités négligeables entspricht. Es ist ganz dem dichterischen Einfühlungsvermögen, dem historischen Takt, dem psychologischen Spürsinn des Biographen überlassen, welche Details er auslassen, welche er nur andeuten, welche er breit ausmalen soll. Geograph und Biograph verhalten sich zueinander wie Landkarte und Porträt. Welche Erdfurchen in eine geographische Karte aufzunehmen sind, sagt uns ganz unzweideutig unser *geometrisches* Augenmaß, das bei allen Menschen gleich und außerdem mechanisch kontrollierbar ist; welche Gesichtsfurchen in ein biographisches Porträt aufzunehmen sind, sagt uns nur unser *künstlerisches* Augenmaß, das bei jedem Menschen einen anderen Grad der Feinheit und Schärfe besitzt und jeder exakten Revision entbehrt.

Der geographischen Karte würde nicht einmal die historische Tabelle entsprechen, die die Fakten einfach chronologisch aneinanderreiht. Denn erstens ist es evident, daß eine solche Tabelle nicht mit derselben Berechtigung eine Wiederholung des Originals in verjüngtem Maßstabe genannt werden kann wie eine Landkarte. Und zweitens hätte eine solche amorphe Anhäufung von Daten nicht den Charakter einer Wissenschaft. Nach der doch wohl ziemlich unanfechtbaren Definition Bechers ist eine Wissenschaft »ein gegenständlich zugeordneter Zusammenhang von Fragen, wahrscheinlichen und wahren Urteilen nebst zugehörigen und verbindenden Untersuchungen und Begründungen«. Keine dieser Forderungen wird von einer solchen nackten Tabelle erfüllt: sie enthält weder Fragen noch Urteile, noch Untersuchungen, noch Begründungen. Mit demselben Recht könnte man einen Adreßkalender, ein Klassenbuch oder einen Rennbericht ein wissenschaftliches Produkt nennen.

Wir gelangen demnach zu dem Resultat: sobald die referierende Geschichtsschreibung versucht, eine Wissenschaft zu sein, hört sie auf, objektiv zu sein, und sobald sie versucht, objektiv zu sein, hört sie auf, eine Wissenschaft zu sein.

Fibel-
geschichte
Was die pragmatische Geschichtsschreibung anlangt, so bedarf es wohl kaum eines Beweises, daß sie das vollkommene Gegenteil wissenschaftlicher Objektivität darstellt. Sie ist ihrer innersten Natur nach tendenziös, und zwar gewollt und bewußt tendenziös. Sie entfernt sich daher von der reinen Wissenschaft, die bloß feststellen will, ungefähr ebenso weit wie die didaktische Poesie von der reinen Kunst, die bloß darstellen will. Sie erblickt im gesamten Weltgeschehen eine Sammlung von Belegen und Beispielen für gewisse Lehren, die sie zu erhärten und zu verbreiten wünscht, sie hat einen ausgesprochenen und betonten Lesebuchcharakter, sie will allemal etwas zeigen. Damit ist sie jedoch bloß als Wissenschaft verurteilt,

wie ja auch die Lehrdichtung dadurch, daß sie keine reine Kunst ist, noch nicht jede Existenzberechtigung verliert. Das höchste Literaturprodukt, das wir kennen, die Bibel, gehört ins Gebiet der didaktischen Poesie, und einige der gewaltigsten Geschichtsschreiber: Tacitus, Machiavell, Bossuet, Schiller, Carlyle, haben der pragmatischen Richtung angehört.

Als Reaktion gegen den Pragmatismus trat in der neuesten Zeit die genetische Richtung hervor, die sich zum Ziel setzt, die Ereignisse ohne jede Parteinahme lediglich an der Hand der historischen Kausalität in ihrer organischen Entwicklung zu verfolgen, also etwa in der Art, wie der Geologe die Geschichte der Erdrinde oder der Botaniker die Geschichte der Pflanzen studiert. Aber sie befand sich in einem großen Irrtum, wenn sie glaubte, daß sie dazu imstande sei. Erstens nämlich: indem sie den Begriff der Entwicklung einführt, begibt sie sich auf das Gebiet der *Reflexion* und wird im ungünstigen Fall zu einer leeren und willkürlichen Geschichtskonstruktion, im günstigen Fall zu einer tiefen und gedankenreichen Geschichtsphilosophie, in keinem Fall aber zu einer Wissenschaft. Die Vergleichung mit den Naturwissenschaften ist nämlich vollkommen irreführend. Die Geschichte der Erde liegt uns in unzweideutigen Dokumenten vor: wer diese Dokumente zu lesen versteht, ist imstande, diese Geschichte zu schreiben. Solche einfache, deutliche und zuverlässige Dokumente stehen aber dem Historiker nicht zu Gebote. Der Mensch ist zu allen Zeiten ein höchst komplexes, polychromes und widerspruchsvolles Geschöpf gewesen, das sein letztes Geheimnis nicht preisgibt. Die gesamte untermenschliche Natur trägt einen sehr uniformen Charakter; die Menschheit besteht aber aus lauter einmaligen Individuen. Aus einem Lilienkeim wird immer wieder eine Lilie, und wir können die Geschichte dieses Keims mit nahezu mathematischer Sicherheit vorausbestimmen; aus einem Menschenkeim wird aber immer etwas noch nie Dagewesenes, nie

Unwissenschaftlichkeit der historischen Grundbegriffe

Wiederkehrendes. Die Geschichte der Natur wiederholt sich immer: sie arbeitet mit ein paar Refrains, die sie nicht müde wird zu repetieren; die Geschichte der Menschheit wiederholt sich nie: sie verfügt über einen unerschöpflichen Reichtum von Einfällen, der stets neue Melodien zum Vorschein bringt.

Zweitens: wenn die genetische Geschichtsschreibung annimmt, ebenso streng wissenschaftlich Ursache und Wirkung ergründen zu können wie die Naturforschung, so befindet sie sich ebenfalls in einer Täuschung. Die historische Kausalität ist schlechterdings unentwirrbar, sie besteht aus so vielen Gliedern, daß sie dadurch für uns den Charakter der Kausalität verliert. Zudem lassen sich die physikalischen Bewegungen und ihre Gesetze durch direkte Beobachtung feststellen, während die historischen Bewegungen und ihre Gesetze sich nur in der Phantasie wiederholen lassen; jene kann man jederzeit nach-*prüfen*, diese nur nach*schaffen*. Kurz: der einzige Weg, in die historische Kausalität einzudringen, ist der Weg des Künstlers, ist das schöpferische Erlebnis.

Und schließlich drittens erweist sich auch die Forderung der Unparteilichkeit als völlig unerfüllbar. Daß die Geschichtsforschung im Gegensatz zur Naturforschung ihre Gegenstände wertet, wäre noch kein Einwand gegen ihren wissenschaftlichen Charakter. Denn ihre Wertskala könnte ja objektiver Natur sein, indem sie, wie in der Mathematik, eine Größenlehre oder, wie in der Physik, eine Kräftelehre wäre. Aber hier zeigt sich der einschneidende Unterschied, daß es einen absolut gültigen Maßstab für Größe und Kraft in der Geschichte nicht gibt. Ich weiß zum Beispiel, daß die Zahl 17 größer ist als die Zahl 3, daß ein Kreis größer ist als ein Kreissegment von demselben Radius; aber über historische Personen und Ereignisse vermag ich nicht Urteile von ähnlicher Sicherheit und Evidenz abzugeben. Wenn ich zum Beispiel sage, Cäsar sei größer als Brutus oder Pompejus, so ist das nicht beweisbarer als das Gegenteil, und in der Tat hat man jahrhundertelang diese für uns so absurde Ansicht vertreten. Daß Shakespeare der größte Dramatiker sei, der je gelebt hat, kommt uns ganz selbstverständlich vor, aber diese Meinung ist erst um die Wende des achtzehnten Jahrhunderts allgemein durchgedrungen; es war dieselbe Zeit, wo die meisten Menschen Vulpius, den Verfasser des *Rinaldo Rinaldini*, für einen größeren Dichter hielten als seinen Schwager Goethe. Raphael Mengs, in dem die Nachwelt nur noch einen faden und gedankenlosen Eklektiker erblickt, galt zu seinen Lebzeiten als einer der größten Maler der Erde; El Greco, in dem wir heute den grandiosesten Genius der Barocke anstaunen, war noch vor einem halben Menschenalter so wenig geschätzt, daß in der letzten Auflage von Meyers Konversationslexikon nicht einmal sein Name genannt wird. Karl der Kühne erschien seinem Jahrhundert als der glänzendste Held und Herrscher, während wir in ihm nur noch eine ritterliche Kuriosität zu sehen vermögen. In demselben Jahrhundert lebte Jeanne d'Arc; aber Chastellain, der gewissenhafteste und geistreichste Chroniqueur des Zeitalters, läßt in dem *Mystère*, das er auf den Tod Karls des Siebenten dichtete, alle Heerführer auftreten, die für den König gegen die Engländer kämpften, die Jungfrau erwähnt er aber überhaupt nicht: wir hingegen haben von jener Zeit kaum etwas anderes in der Erinnerung als das Mädchen von Orléans. Die Größe ist eben, wie Jakob Burckhardt sagt, ein Mysterium: »Das Prädikat wird weit mehr nach einem dunklen Gefühle als nach eigentlichen Urteilen aus Akten erteilt oder versagt.«

In der Erkenntnis dieser Schwierigkeit hat man nach einem anderen Wertmesser gesucht und gesagt: historisch ist, was wirksam ist; ein Mensch oder ein Ereignis ist um so höher zu veranschlagen, je größer der Umfang und die Dauer seines Einflusses ist. Aber hiermit verhält es sich ganz ähnlich wie mit dem Begriff der historischen Größe. Von der Schwerkraft oder

Unterirdischer Verlauf der historischen Wirkungen

29

der Elektrizität können wir in jedem einzelnen Falle genau sagen, ob, wo und in welchem Ausmaß sie wirkt, von den Kräften und Erscheinungen der Geschichte nicht. Zunächst, weil hier der Gesichtswinkel, von dem aus wir messen sollen, nicht eindeutig bestimmt ist. Für den Nationalökonomen wird die Einführung des Alexandriners eine sehr untergeordnete Rolle spielen, für den Theologen die Erfindung des Augenspiegels eine ziemlich geringe Bedeutung besitzen. Indes: hier ließe sich noch denken, daß ein wirklich universeller Forscher und Beobachter allen in der Geschichte wirksam gewordenen Kräften gleichmäßig gerecht wird, obschon sich einem solchen Unternehmen fast unüberwindliche Hindernisse entgegenstellen. Viel schwerer aber wiegt der Einwand, daß ein großer Teil der historischen Wirkungen unterirdisch verläuft und oft erst sehr spät, bisweilen gar nicht ans Tageslicht tritt. Wir kennen die wahren Kräfte nicht, die unsere Entwicklung geheimnisvoll vorwärtstreiben, wir können einen tiefen Zusammenhang nur ahnen, niemals lückenlos beschreiben. Sueton schreibt in seiner Biographie des Kaisers Claudius: »Zu jener Zeit erregten die Juden auf Anstiften eines gewissen Chrestus in Rom Streitereien und Verdruß und mußten deshalb ausgewiesen werden.« Sueton war allerdings kein genialer Durchleuchter der Historie wie etwa Thukydides, sondern bloß ein ausgezeichneter Sammler und Erzähler von welthistorischem Tratsch, eine geschmackvolle und fleißige Mediokrität, aber gerade darum erfahren wir aus seiner Bemerkung ziemlich genau die offizielle Meinung des damaligen gebildeten Durchschnittspublikums über das Christentum: man hielt es für einen obskuren jüdischen Skandal. Und doch war das Christentum damals schon eine Weltmacht. Seine »Wirkungen« waren längst da und verstärkten sich mit jedem Tag; aber sie waren nicht greifbar und sichtbar.

Der Irrtum Rankes Viele Geschichtsforscher haben daher ihre Ansprüche noch mehr herabgesetzt und vom Historiker bloß verlangt, daß er den jeweiligen Stand unserer Geschichtskenntnisse völlig objektiv widerspiegle, indem er sich zwar der allgemeinen historischen Wertmaßstäbe notgedrungen bedienen, aber aller persönlichen Urteile enthalten solle. Aber selbst diese niedrige Forderung ist unerfüllbar. Denn es stellt sich leider heraus, daß der Mensch ein unheilbar urteilendes Wesen ist. Er ist nicht bloß genötigt, sich gewisser »allgemeiner« Maßstäbe zu bedienen, die gleich schlechten Zollstöcken sich bei jeder Veränderung der öffentlichen Temperatur vergrößern oder verkleinern, sondern er fühlt außerdem den Drang in sich, alle Tatsachen, die in seinen Gesichtskreis treten, zu interpretieren, zu beschönigen, zu verleumden, kurz, durch sein ganz individuelles Urteil zu fälschen und umzulügen, wobei er sich allerdings in der exkulpierenden Lage des unwiderstehlichen Zwanges befindet. Nur durch solche ganz persönliche einseitig gefärbte Urteile nämlich ist er imstande, sich in der moralischen Welt, und das ist die Welt der Geschichte, zurechtzufinden. Nur sein ganz subjektiver »Standpunkt« ermöglicht es ihm, in der Gegenwart festzustehen und von da aus einen sichtenden und gliedernden Blick über die Unendlichkeit der Vergangenheit und der Zukunft zu gewinnen. Tatsächlich gibt es auch bis zum heutigen Tage kein einziges Geschichtswerk, das in dem geforderten Sinne objektiv wäre. Sollte aber einmal ein Sterblicher die Kraft finden, etwas so Unparteiisches zu schreiben, so würde die Konstatierung dieser Tatsache immer noch große Schwierigkeiten machen: denn dazu gehörte ein zweiter Sterblicher, der die Kraft fände, etwas so Langweiliges zu lesen.

Rankes Vorhaben, er wolle bloß sagen, »wie es eigentlich gewesen«, erschien sehr bescheiden, war aber in Wahrheit sehr kühn und ist ihm auch nicht gelungen. Seine Bedeutung bestand in etwas ganz anderem: daß er ein großer Denker war, der nicht neue »Tatsachen« entdeckte, sondern neue Zusammenhänge, die er mit genialer Schöpferkraft aus sich heraus projizierte, konstruierte, gestaltete, kraft einer inneren Vision, die ihm keine noch so umfassende und tiefdringende Quellenkenntnis und keine noch so scharfsinnige und unbestechliche Quellenkritik liefern konnte.

Alle Geschichte ist Legende

Denn man mag noch so viele neue Quellen aufschließen, es sind niemals lebendige Quellen. Sobald ein Mensch gestorben ist, ist er der sinnlichen Anschauung ein für allemal entrückt; nur der tote Abdruck seiner allgemeinen Umrisse bleibt zurück. Und sofort beginnt jener Prozeß der Inkrustation, der Fossilierung und Petrifizierung; selbst im Bewußtsein derer, die noch mit ihm lebten. Er versteinert. Er wird legendär. Bismarck ist schon eine Legende, und Ibsen ist im Begriff, eine zu werden. Und wir alle werden einmal eine sein. Bestimmte Züge springen in der Erinnerung ungebührlich hervor, weil sie sich ihr aus irgendeinem oft ganz willkürlichen Grunde besonders einprägten. Es bleiben nur Teile und Stücke. Das *Ganze* aber hat aufgehört zu sein, ist unwiederbringlich hinabgesunken in die Nacht des Gewesenen. Die Vergangenheit zieht einen Schleiervorhang über die Dinge, der sie verschwommener und unklarer, aber auch geheimnisvoller und suggestiver macht: alles verflossene Geschehen erscheint uns im Schimmer und Duft eines magischen Geschehens; eben hierin liegt der Hauptreiz aller Beschäftigung mit der Historie.

Jedes Zeitalter hat ein bestimmtes nur ihm eigentümliches Bild von allen Vergangenheiten, die seinem Bewußtsein zugänglich sind. Die Legende ist nicht etwa eine der Formen, sondern die einzige Form, in der wir Geschichte überhaupt denken, vorstellen, nacherleben können. Alle Geschichte ist Sage, Mythos und als solcher das Produkt des jeweiligen Standes unserer geistigen Potenzen: unseres Auffassungsvermögens, unserer Gestaltungskraft, unseres Weltgefühls. Nehmen wir zum Beispiel den Vorstellungskomplex »griechisches Altertum«. Es ist zunächst dagewesen als Gegenwart: als Zustand für die, die ihn miterlebten und miterlitten, und da war es etwas höchst Strapaziöses, Verdächtiges, Ungarantiertes, von heute auf morgen kaum zu Berechnendes, etwas, wovor man sehr auf der Hut sein mußte und das doch sehr schwer zu fassen war, im Grunde nicht der unendlichen Mühe wert, die man darauf verwandte, und doch unentbehrlich, denn es war ja das Leben. Aber schon den Menschen der römischen Kaiserzeit erschien das frühere Griechentum als etwas unbeschreiblich Hohes, Helles und Kräftiges, sinnvoll und gefestigt in sich Ruhendes, ein unerreichbares Paradigma glücklicher Reinheit, Einfachheit und Tüchtigkeit, eine Wünschbarkeit ersten Ranges. Dann, im Mittelalter, wurde es etwas Trübes, Graues, bleifarbig Zerflossenes, höchst Unheimliches und von Gott Gemiedenes, eine Art Erdhölle voll Gier und Sünde, ein düsteres Theater der Leidenschaften. In der Vorstellung der deutschen Aufklärung wiederum war das alte Griechenland eine Art natürliches Museum, ein praktischer Kursus der Kunstgeschichte und Archäologie: die Tempel Antikensäle, die Marktplätze Glyptotheken, ganz Athen eine permanente Freiluftausstellung, alle Griechen entweder Bildhauer oder deren wandelnde Modelle, stets in edler und anmutiger Positur, stets weise und wohltönende Reden auf den Lippen, ihre Philosophen Professoren der Ästhetik, ihre Frauen heroische Brunnenfiguren, ihre Volksversammlungen lebende Bilder. An die Stelle dieser ebenso verehrungswürdigen wie langweiligen Gesellschaft hat das Fin de siècle den problematischen, ja hysterischen Griechen gesetzt, der nichts weniger als maßvoll, friedlich und harmonisch war, sondern von höchst bunter, opalisierender und gemischter Zusammensetzung, verstört von einem tiefen hoffnungslosen Pessimismus und gejagt von einer pathologischen Hemmungslosigkeit, die seine asiatische Herkunft verrät. Zwischen diese so heterogenen Auffassungen schoben sich zahlreiche Übergänge, Unterarten und Schattierungen, und es wird eine der Aufgaben unserer Darstellung sein, dieses interessante Farbenspiel des Begriffs »Antike« etwas genauer zu veranschaulichen.

Jedes Zeitalter, ja fast jede Generation hat eben ein anderes Ideal, und mit dem Ideal ändert sich auch der Blick in die einzelnen großen Abschnitte der Vergangenheit. Er wird, je nachdem, zum verklärenden, vergoldenden, hypostasierenden Blick oder zum vergiftenden, schwärzenden, obtrektierenden, zum bösen Blick.

Die geistige Geschichte der Menschheit besteht in einer fortwährenden Uminterpretierung der Vergangenheit. Männer wie Cicero oder Wallenstein sind tausendfach urkundlich bezeugt, haben genaue und starke Spuren ihres Wirkens in einer Fülle von Einzelheiten hinterlassen, und doch weiß bis zum heutigen Tage noch niemand, ob Cicero ein seichter Opportunist oder ein bedeutender Charakter, ob Wallenstein ein niedriger Verräter oder ein genialer Realpolitiker gewesen ist. Keinem der Männer, die Weltgeschichte gemacht haben, ist es erspart geblieben, daß sie gelegentlich Abenteurer, Scharlatane, ja Verbrecher genannt wurden: man denke an Mohammed, Luther, Cromwell, an Julius Cäsar, Napoleon, Friedrich den Großen und hundert andere. Nur von einem einzigen hat man dies noch nie zu behaupten gewagt, in dem wir aber ebendarum keinen Menschen, sondern den Sohn Gottes erblicken.

Homunculus und Euphorion

Das Beste am Menschen, sagt Goethe, ist gestaltlos. Ist es also schon bei einer einzelnen Individualität fast unmöglich, das letzte Geheimnis ihres Wesens zu entriegeln und das »Gesetz, wonach sie angetreten«, zu enthüllen, um wieviel absurder muß ein solches Unternehmen bei Massenbewegungen, Taten der menschlichen Kollektivseele sein, in denen sich die Kraftlinien zahlreicher Individualitäten kreuzen! Schon die Biologie, die es doch immerhin noch mit klar umgrenzten Typen zu tun hat, ist keine exakte Naturwissenschaft mehr und lebt von allerlei der philosophischen Mode unterworfenen Hypothesen. Wo das

Leben beginnt, hört die Wissenschaft auf; und wo die Wissenschaft beginnt, hört das Leben auf.

Die Lage des Historikers wäre also vollkommen hoffnungslos, wenn sich ihm nicht ein Ausweg böte, der in einem anderen Wort Goethes angedeutet ist: »Den Stoff sieht jedermann vor sich, den Gehalt findet nur der, der etwas dazu zu tun hat.« Oder, um statt zwei goethischer Aperçus zwei goethische Gestalten zur Erläuterung heranzuziehen: der Historiker, der »wissenschaftlich«, bloß aus dem Stoff Geschichte aufbaut, ist Wagner, der in der Retorte den lebensunfähigen blutlosen Homunculus hervorbringt; der Historiker, der Geschichte gestaltet, indem er etwas aus Eigenem hinzutut, ist Faust selbst, der durch die Vermählung mit dem Geist der Vergangenheit den blühenden Euphorion erzeugt; dieser ist freilich ebenso kurzlebig wie Homunculus, aber aus dem entgegengesetzten Grunde: weil *zu viel* Leben in ihm ist.

»Geschichte wissenschaftlich behandeln wollen«, sagt Spengler, »ist im letzten Grunde immer etwas Widerspruchsvolles ... Natur soll man wissenschaftlich traktieren, über Geschichte soll man dichten. Alles andere sind unreine Lösungen.« Der Unterschied zwischen dem Historiker und dem Dichter ist in der Tat nur ein gradueller. Die Grenze, vor der die Phantasie haltzumachen hat, ist für den Historiker der Stand des Geschichtswissens in Fachkreisen, für den Dichter der Stand des Geschichtswissens im Publikum. Die Poesie ist auch nicht völlig frei in der Gestaltung historischer Figuren und Begebenheiten: es gibt eine Linie, die sie ohne Gefahr nicht überschreiten kann. Ein Drama zum Beispiel, das Alexander den Großen als Feigling und seinen Lehrer Aristoteles als Ignoranten schildern würde und die Perser im Kampf gegen die Mazedonier siegen ließe, würde dies mit dem Verlust der ästhetischen Wirkung bezahlen. In der Tat besteht auch immer ein sehr intimer Zusammenhang zwischen den großen Bühnendichtern und den maßgebenden Geschichtsquellen ihres Zeitalters. Shakespeare hat den Cäsar Plutarchs dramatisiert, Shaw den Cäsar Mommsens; Shakespeares Königsdramen spiegeln das historische Wissen des englischen Publikums im sechzehnten Jahrhundert ebenso genau wider wie Strindbergs Historien die Geschichtskenntnisse des schwedischen Lesers im neunzehnten Jahrhundert. Goethes *Götz* und Hauptmanns *Florian Geyer* erscheinen uns heute als phantastische Bilder der Reformationszeit; als sie neu waren, galten sie nicht dafür, denn sie fußten beide auf den wissenschaftlichen Forschungen und Anschauungen ihrer Zeit. Kurz: der Historiker ist nichts anderes als ein Dichter, der sich den strengsten Naturalismus zum unverbrüchlichen Grundsatz gemacht hat.

»Geschichtsromane« Die zünftigen Gelehrten pflegen allerdings alle historischen Werke, die sich nicht mit dem geistlosen und unpersönlichen Zusammenschleppen des Materials begnügen, hochnäsig Romane zu nennen. Aber ihre eigenen Arbeiten entpuppen sich nach höchstens ein bis zwei Generationen ebenfalls als Romane, und der ganze Unterschied besteht darin, daß ihre Romane leer, langweilig und talentlos sind und durch einen einzigen »Fund« umgebracht werden können, während ein wertvoller Geschichtsroman in dem, was seine tiefere Bedeutung ausmacht, niemals »überholt« werden kann. Herodot ist nicht überholt, obgleich er größtenteils Dinge berichtet hat, die heute jeder Volksschullehrer zu widerlegen vermag; Montesquieu ist nicht überholt, obgleich seine Werke voll von handgreiflichen Irrtümern sind; Herder ist nicht überholt, obgleich er historische Ansichten vertrat, die heute für dilettantisch gelten; Winckelmann ist nicht überholt, obgleich seine Auffassung vom Griechentum ein einziger großer Mißgriff war; Burckhardt ist nicht überholt, obgleich der heutige Papst für klassische Philologie, Wilamowitz-Moellendorff, erklärt hat, daß seine griechische Kulturgeschichte »für die Wissenschaft nicht existiert«. Denn wenn sich selbst alles, was diese Männer lehrten, als unrichtig erweisen sollte, *eine* Wahr-

heit wird doch immer bleiben und niemals überholt werden können: die der künstlerischen Persönlichkeit, die hinter dem Werk stand, des bedeutenden Menschen, der diese falschen Bilder erlebte, sah und gestaltete. Wenn Schiller zehn Seiten beseelter deutscher Prosa über eine Episode des Dreißigjährigen Krieges schreibt, die sich niemals so zugetragen hat, so ist das für die historische Erkenntnis fruchtbarer als hundert Seiten »Richtigstellungen nach neuesten Dokumenten« ohne philosophischen Gesichtspunkt und in barbarischem Deutsch. Wenn Carlyle die Geschichte der Französischen Revolution zum Drama eines ganzen Volkes steigert, das, von mächtigen Kräften und Gegenkräften manisch vorwärtsgetrieben, sein blutiges Schicksal erfüllt, so mag man das einen Roman und sogar einen Kolportageroman nennen, aber die geheimnisvolle Atmosphäre von unendlicher Bedeutsamkeit, in die dieses Dichterwerk getaucht ist, wirkt wie eine magische Isolierschicht, die es durch die Zeiten rettet. Und ist die kompetenteste Geschichtsdarstellung, die wir bis zum heutigen Tage vom Mittelalter besitzen, nicht Dantes unwirkliche Höllenvision? Und auch Homer: was war er anderes als ein Historiker »mit ungenügender Quellenkenntnis«? Dennoch wird er in alle Ewigkeit recht behalten, auch wenn sich eines Tages herausstellen sollte, daß es überhaupt kein Troja gegeben hat.

Alles, was wir von der Vergangenheit aussagen, sagen wir von uns selbst aus. Wir können nie von etwas anderem reden, etwas anderes erkennen als uns selbst. Aber indem wir uns in die Vergangenheit versenken, entdecken wir neue Möglichkeiten unseres Ichs, erweitern wir die Grenzen unseres Selbstbewußtseins, machen wir neue, obschon gänzlich subjektive Erlebnisse. Dies ist der Wert und Zweck alles Geschichtsstudiums.

Wollten wir das Bisherige in einem Satz zusammenfassen, so könnten wir sagen: Was wir in diesem Buche zu erzählen versuchen, ist nichts als die *heutige Legende von der Neuzeit.*

Möglichste Unvollständigkeit

In vielen gelehrten Werken findet sich im Vorwort die Bemerkung: »Möglichste Vollständigkeit war natürlich überall angestrebt, ob mir dies restlos gelungen, mögen die verehrten Fachkollegen entscheiden.« Mein Standpunkt ist nun genau der umgekehrte. Denn ganz abgesehen davon, daß ich die verehrten Fachkollegen natürlich gar nichts entscheiden lasse, möchte ich im Gegenteil sagen: Möglichste Unvollständigkeit war überall angestrebt. Man wird vielleicht finden, dies hätte ich gar nicht erst anzustreben brauchen, es wäre mir auch ohne jedes Streben mühelos gelungen. Dennoch verleiht ein solcher bewußter Wille zum Fragment und Ausschnitt, Akt und Torso, Stückwerk und Bruchwerk jeder Darstellung einen ganz besonderen stilistischen Charakter. Wir können die Welt immer nur unvollständig sehen; sie *mit Willen* unvollständig zu sehen macht den *künstlerischen* Aspekt. Kunst ist subjektive und parteiische Bevorzugung gewisser Wirklichkeitselemente vor anderen, ist Auswahl und Umstellung, Schatten- und Lichtverteilung, Auslassung und Unterstreichung, Dämpfer und Drücker. Ich versuche nur immer ein einzelnes Segment oder Bogenstück, Profil oder Bruststück, eine bescheidene Vedute ganzer großer Zusammenhänge und Entwicklungen zu geben. Pars pro toto: diese Figur ist nicht die unwirksamste und unanschaulichste. Oft wird ein ganzer Mensch durch eine einzige Handbewegung, ein ganzes Ereignis durch ein einziges Detail schärfer, einprägsamer, wesentlicher charakterisiert als durch die ausführlichste Schilderung. Kurz: die *Anekdote* in jederlei Sinn erscheint mir als die einzig berechtigte Kunstform der Kulturgeschichtsschreibung. Dies hat schon der »Vater der Geschichte« gewußt, von dem Emerson sagt: »Weil sein Werk unschätzbare Anekdoten enthält, ist es bei den Gelehrten in Mißachtung geraten; aber heutzutage, wo wir erkannt haben, daß das Denkwürdigste an der Geschichte ein paar Anekdoten sind, und uns nicht mehr beunruhigen, wenn etwas nicht langweilig ist, gewinnt Herodot wieder neuen Kredit.« Dies scheint auch die Ansicht Nietzsches gewesen zu sein: »Aus drei Anekdoten ist es möglich, das Bild eines Menschen zu geben«, und die Absicht Montaignes: »Bei meinen geplanten Untersuchungen über unsere Sitten und Leidenschaften werden mir die Beweise aus der Fabel, wofern sie nur nicht gegen alle Möglichkeiten verstoßen, ebenso willkommen sein wie die aus dem Reiche der Wahrheit. Vorgefallen oder nicht vorgefallen, zu Rom oder zu Paris, Hinz oder Kunz begegnet: es ist immer ein Zug aus der Geschichte der Menschheit, den ich mir aus dieser Erzählung zur Warnung oder Lehre nehme. Ich bemerke ihn, ich benutze ihn, sowohl nach Zahl wie nach Gewicht. Und unter den verschiedenen Lesarten, die zuweilen eine Geschichte hat, bevorzuge ich für meine Absicht die sonderbarste und auffallendste.«

Dies führt uns zu einer zweiten Eigentümlichkeit aller *Über-* fruchtbaren Geschichtsdarstellung: der Übertreibung. »Die be- *treibung* sten Porträts«, sagt Macaulay, »sind vielleicht die, in denen sich eine leichte Beimischung von Karikatur findet, und es läßt sich fragen, ob nicht die besten Geschichtswerke die sind, in denen ein wenig von der Übertreibung der dichterischen Erzählung einsichtsvoll angewendet ist. Das bedeutet einen kleinen Verlust an Genauigkeit, aber einen großen Gewinn an Wirkung. Die schwächeren Linien sind vernachlässigt, aber die großen und charakteristischen Züge werden dem Geist für immer eingeprägt.« Die Übertreibung ist das Handwerkszeug jedes Künstlers und daher auch des Historikers. Die Geschichte ist ein großer Konvexspiegel, in dem die Züge der Vergangenheit mächtiger und verzerrter, aber um so eindrucksvoller und deutlicher hervortreten. Mein Versuch intendiert nicht eine Statistik, sondern eine Anekdotik der Neuzeit, nicht ein Matrikelbuch der modernen Völkergesellschaft, sondern ihre Familienchronik oder, wenn man will, ihre *chronique scandaleuse.*

Hierarchie der Kultur- gebiete

Trägt demnach die Kulturgeschichte, was ihren Inhalt an- langt, einen sehr lückenhaften und fragmentarischen, ja einsei- tigen Charakter, so ist von ihrem Umfang das gerade Gegenteil zu fordern. Zum Gebiet ihrer Forschung und Darstellung ge- hört schlechterdings alles: sämtliche menschlichen Lebens- äußerungen. Wir wollen uns diese einzelnen Ressorts in einer kurzen Übersicht vergegenwärtigen, wobei wir zugleich ver- suchen, eine Art Wertskala aufzustellen. Selbstverständlich ist dies das erste und das letzte Mal, daß wir uns einer solchen Schubfächermethode bedienen, die bestenfalls einen theoreti- schen Wert hat, im Praktischen aber vollständig versagt, denn es ist ja gerade das Wesen jeder Kultur, daß sie eine Einheit bil- det.

Wirtschaft

Den untersten Rang in der Hierarchie der menschlichen Betätigungen nimmt das *Wirtschaftsleben* ein, worunter alles zu begreifen ist, was der Befriedigung der materiellen Bedürf- nisse dient. Es ist gewissermaßen der Rohstoff der Kultur, nicht mehr; als solcher freilich sehr wichtig. Es gibt allerdings eine allbekannte Theorie, nach der die »materiellen Produktions- verhältnisse« den »gesamten sozialen, politischen und geisti- gen Lebensprozeß« bestimmen sollen: die Kämpfe der Völker drehen sich nur scheinbar um Fragen des Verfassungsrechts, der Weltanschauung, der Religion, und diese ideologischen se- kundären Motive verhüllen wie Mäntel das wirkliche primäre Grundmotiv der wirtschaftlichen Gegensätze. Aber dieser extreme Materialismus ist selber eine größere Ideologie als die verstiegensten idealistischen Systeme, die jemals ersonnen worden sind. Das Wirtschaftsleben, weit entfernt davon, ein adäquater Ausdruck der jeweiligen Kultur zu sein, gehört, ge- naugenommen, überhaupt noch gar nicht zur Kultur, bildet nur eine ihrer Vorbedingungen und nicht einmal die vitalste. Auf die tiefsten und stärksten Kulturgestaltungen, auf Reli- gion, Kunst, Philosophie, hat es nur einen sehr geringen bestimmenden Einfluß. Die homerische Dichtung ist der Niederschlag des griechischen Polytheismus, Euripides ein Abriß der griechischen Aufklärungsphilosophie, die gotische Baukunst eine vollkommene Darstellung der mittelalterlichen Theologie, Bach der Extrakt des deutschen Protestantismus, Ibsen ein Kompendium aller ethischen und sozialen Probleme des ausgehenden neunzehnten Jahrhunderts; aber manifestiert sich in Homer und Euripides in auch nur entfernt ähnlichem Maße das griechische Wirtschaftsleben, in der Gotik das mittelalterliche, in Bach und Ibsen das moderne? Man kann sagen – und man hat es oft genug gesagt –, daß Shakespeare ohne den Aufstieg der englischen Handelsmacht nicht denkbar gewesen wäre: aber kann man mit derselben Berechtigung behaupten, der englische Welthandel sei ein Ferment seiner Dramatik, ein Bestandteil seiner poetischen Atmosphäre? Oder ist etwa Nietzsche eine Übersetzung der emporblühenden deutschen Großindustrie in Philosophie und Dichtung? Er hat gar keine Beziehung zu ihr, nicht die geringste, nicht einmal die des Antagonismus. Und gar von den Religionen zu behaupten, daß sie »ebenfalls nur den jeweiligen durch die Produktionsverhältnisse bedingten sozialen Zustand widerspiegeln«, ist eine Albernheit, die lächerlich wäre, wenn sie nicht so gemein wäre.

Über dem Wirtschaftsleben erhebt sich das Leben der *Gesellschaft*, mit ihm in engem Zusammenhang, aber nicht identisch. Diese letztere Ansicht ist zwar häufig vertreten worden, und selbst ein so scharfer und weiter Denker wie Lorenz von Stein neigt ihr zu. Aber der Fall liegt doch etwas komplizierter. Zweifellos sind die einzelnen Gesellschaftsordnungen ursprünglich aus Güterverteilung hervorgegangen: so geht die Feudalmacht im wesentlichen auf den Grundbesitz zurück, die Macht der Bourgeoisie auf den Kapitalbesitz, die Macht des Klerus auf den Kirchenbesitz. Aber im Laufe der geschichtlichen Entwicklung verschieben sich die Besitzverhältnisse,

Gesellschaft

während die gesellschaftliche Struktur bis zu einem gewissen Grade erhalten bleibt. Das zeigt die Erscheinung jeder Art von Aristokratie. Der Geburtsadel war längst nicht mehr die wirtschaftlich stärkste Klasse, als er noch immer die gesellschaftlich mächtigste war. Es gibt heute auch schon eine Art Geldadel, der von den Besitzern der alten durch Generationen vererbten Vermögen repräsentiert wird: diese nehmen in der Gesellschaft einen weit höheren Rang ein als die meist viel begüterteren neuen Reichen. Ferner gibt es einen Beamtenadel, einen Militäradel, einen Geistesadel: lauter Gesellschaftsschichten, die sich niemals durch besondere wirtschaftliche Macht ausgezeichnet haben; und ebensowenig fließt die privilegierte Stellung der Geistlichkeit aus ökonomischen Ursachen.

Staat   Noch weniger als die Gesellschaft läßt sich der *Staat* mit der Wirtschaftsordnung identifizieren. Wenn man sehr oft behauptet hat, daß dieser nichts sei als die feste Organisation, die sich die bestehenden ökonomischen Verhältnisse in Form von Verfassungen, Gesetzen und Verwaltungssystemen gegeben haben, so hat man dabei vergessen, daß jedem Staatswesen, auch dem unvollkommensten, eine höhere Idee zugrunde liegt, die es, mehr oder weniger rein, zu verwirklichen sucht. Sonst wäre das Phänomen des Patriotismus unerklärlich. In ihm kommt die Tatsache zum Ausdruck, daß Staat eben keine bloße Organisation, sondern ein Organismus ist, ein höheres Lebewesen mit eigenen, oft sehr absurden, aber immer sehr reellen Daseinsbedingungen und Entwicklungsgesetzen. Es hat einen Sonderwillen, der mehr ist als die einfache mechanische Summation aller Einzelwillen. Er ist ein Mysterium, ein Monstrum, eine Gottheit, eine Bestie: was man will; aber er ist ganz unleugbar vorhanden. Deshalb haben die Empfindungen, die die Menschen diesem höheren Wesen entgegenbrachten, immer etwas Überlebensgroßes, Pathetisches, Monomanisches gehabt. Nicht bloß im Altertum, wo Staat und Religion bekanntlich zusammenfielen, und im Mittelalter, wo der Staat der Kirche untergeordnet war, aber ebendadurch eine religiöse Weihe empfing, sondern auch in der Neuzeit hat der Bürger im Vaterland in wechselnden Formen immer irgend etwas Sakrosanktes erblickt. Dies hat zu einer sehr einseitigen Überschätzung der politischen Geschichte geführt. Noch im achtzehnten Jahrhundert ist Weltgeschichte nichts gewesen als Geschichte »derer Potentatum«, und noch vor einem Menschenalter sagte Treitschke: »Die Taten eines Volkes muß man schildern; Staatsmänner und Feldherren sind die historischen Helden.« Bis vor kurzem hat man unter Geschichte nichts verstanden als eine stumpfe und taube Registrierung von Truppenbewegungen und diplomatischen Winkelzügen, Regentenreihen und Parlamentsverhandlungen, Belagerungen und Friedensschlüssen, und auch die geistvollsten Historiker haben nur diese alleruninteressantesten Partien des menschlichen Schicksalswegs erforscht, aufgezeichnet, zum Problem gemacht. Sie sind aber gar keines oder doch nur ein sehr subalternes, sie sind die einförmige Wiederholung der Tatsache, daß der Mensch zur einen Hälfte ein Raubtier ist, roh, gierig, verschlagen und überall gleich.

Sitte Selbst wenn man die Geschichtsbetrachtung ausschließlich auf das Staatsleben beschränken wollte, wäre die Behandlungsart der politischen Historiker, die sich lediglich um Kriegsgeschichte und Verfassungsgeschichte zu kümmern pflegen, zu eng, denn sie müßte zumindest noch die Entwicklung der *Kirche* und des *Rechts* umfassen: zwei Gebiete, die man bisher immer den Spezialhistorikern überlassen hat. Und dazu kommt noch der höchst wichtige Kreis aller jener Lebensäußerungen, die man unter dem Begriff der »*Sitte*« zusammenzufassen pflegt. Gerade hier: in Kost und Kleidung, Ball und Begräbnis, Korrespondenz und Couplet, Flirt und Komfort, Geselligkeit und Gartenkunst offenbart sich der Mensch jedes

Zeitalters in seinen wahren Wünschen und Abneigungen, Stärken und Schwächen, Vorurteilen und Erkenntnissen, Gesundheiten und Krankheiten, Erhabenheiten und Lächerlichkeiten.

Wissenschaft, Kunst, Philosophie, Religion

Im Reich des Geisteslebens, dem wir uns nunmehr zuwenden, nimmt die unterste Stufe die *Wissenschaft* ein, zu der auch alle *Entdeckung* und *Erfindung* sowie die *Technik* gehören, die nichts ist als auf praktische Zwecke angewendete Wissenschaft. In den Wissenschaften stellt jede Zeit sozusagen ihr Inventar auf, eine Bilanz alles dessen, wozu sie durch Nachdenken und Erfahrung gelangt ist. Über ihnen erhebt sich das Reich der *Kunst*. Wollte man unter den Künsten ebenfalls eine Rangordnung aufstellen, obgleich dies ziemlich widersinnig ist, so könnte man sie nach dem Grade ihrer Abhängigkeit vom Material anordnen, wodurch sich die Reihenfolge: Architektur, Skulptur, Malerei, Poesie, Musik ergeben würde. Doch ist dies mehr eine schulmeisterhafte Spielerei. Nur so viel wird sich mit einiger Berechtigung sagen lassen, daß die Musik in der Tat den obersten Rang unter den Künsten einnimmt: als die tiefste und umfassendste, selbständigste und ergreifendste, und daß unter den Dichtungsgattungen das Drama die höchste Kulturleistung darstellt, als eine zweite Weltschöpfung: die Gestaltung eines in sich abgerundeten, vom Dichter losgelösten und zugleich zu lebendiger Anschauung vergegenwärtigten Mikrokosmos.

Als der Kunst völlig ebenbürtig ist die *Philosophie* anzusehen, die, sofern sie echte Philosophie ist, zu den schöpferischen Betätigungen gehört. Sie ist, wie schon Hegel hervorgehoben hat, das Selbstbewußtsein jedes Zeitalters und darin himmelweit entfernt von der Wissenschaft, die bloß ein Bewußtsein der Einzelheiten ist, wie sie die Außenwelt rhapsodisch und ohne höhere Einheit den Sinnen und der Logik darbietet. Darum hat auch Schopenhauer gesagt, der Hauptzweig der Geschichte sei die Geschichte der Philosophie: »Eigentlich ist diese der Grundbaß, der sogar in die andere Geschichte hinübertönt und auch dort, aus dem Fundament, die Meinung leitet: diese aber beherrscht die Welt. Daher ist die Philosophie, eigentlich und wohlverstanden, auch die gewaltigste materielle Macht; jedoch sehr langsam wirkend.« Und in der Tat ist die Geschichte der Philosophie das Herzstück der Kulturgeschichte, ja wenn man den Begriff, den ihr Schopenhauer gibt, in seinem vollen Umfange nimmt, die ganze Kulturgeschichte. Denn was sind dann Tonfolgen und Schlachtordnungen, Röcke und Reglements, Vasen und Versmaße, Dogmen und Dachformen anderes als geronnene Zeitphilosophie?

Die Erfolge der großen Eroberer und Könige sind nichts gegen die Wirkung, die ein einziger großer Gedanke ausübt. Er springt in die Welt und verbreitet sich stetig und unwiderstehlich mit der Kraft eines Elementarereignisses, einer geologischen Umwälzung: nichts vermag sich ihm entgegenzustemmen, nichts vermag ihn ungeschehen zu machen. Der Denker ist eine ungeheure geheimnisvolle Fatalität, er ist die Revolution, die wahre und wirksame neben hundert wesenlosen und falschen. Der Künstler wirkt schneller und lebhafter, aber nicht so dauerhaft; der Denker wirkt langsamer und stiller, aber dafür um so nachhaltiger. Lessings philosophische Streitschriften zum Beispiel in ihrer federnden Dialektik und moussierenden Geistigkeit sind heute noch moderne Bücher; aber seine Dramen haben schon eine dicke Staubschicht. Racines und Molières Figuren wirken heute auf uns wie mechanische Gliederpuppen, wie auf Draht gezogene Papierblumen, wie rosa angemalte Zuckerstengel; aber die freie und starke Luzidität eines Descartes, die grandiose und hintergründige Seelenanatomie eines Pascal hat für uns noch ihre volle Frische. Ja selbst die Werke der griechischen Tragiker haben heute ihren Patinaüberzug, der vielleicht ihren Kunstwert erhöht, aber ihren Lebenswert vermindert, während die Dialoge Platos gestern geschrieben sein könnten.

Die Spitze und Krönung der menschlichen Kulturpyramide wird von der *Religion* gebildet. Alles andere ist nur der massive Unterbau, auf dem sie selbst thront, hat keinen anderen Zweck, als zu ihr hinanzuführen. In ihr vollendet sich die Sitte, die Kunst, die Philosophie. »Die Religion«, sagt Friedrich Theodor Vischer, »ist der Hauptort der geschichtlichen Symptome, der Nilmesser des Geistes.«

Wir gelangen somit zu folgender Übersicht der menschlichen Kultur:

Der Mensch		
handelnd	denkend	gestaltend
in Wirtschaft und Gesellschaft, Staat und Recht, Kirche und Sitte	in Entdeckung und Erfindung, Wissenschaft und Technik	in Kunst, Philosophie, Religion

Wollten wir uns die Bedeutung der einzelnen Kulturgebiete in einem Gleichnis veranschaulichen, das natürlich ebenso hinkt wie alle anderen, so könnten wir das Ganze im Bilde des menschlichen Organismus zusammenfassen. Dann entspräche das Staatsleben dem *Skelett*, das das grobe, harte und feste Gerüst des Gesamtkörpers bildet, das Wirtschaftsleben dem *Gefäßsystem*, das Gesellschaftsleben dem *Nervensystem*, die Wissenschaft dem ausfüllenden *Fleisch* und bisweilen auch dem überflüssigen Fett, die Kunst den verschiedenen *Sinnesorganen*, die Philosophie dem *Gehirn* und die Religion der *Seele*, die den ganzen Körper zusammenhält und mit den höheren unsichtbaren Kräften des Weltalls in Verbindung setzt, beide auch darin ähnlich, daß ihre Existenz von kurzsichtigen und stumpfsinnigen Menschen oft geleugnet wird.

Der Stein der Weisen   Die Geschichtswissenschaft, richtig begriffen, umfaßt demnach die gesamte menschliche Kultur und deren Entwicklung: sie ist stete Auffindung des Göttlichen im Weltlauf und darum

Theologie, sie ist Erforschung der Grundkräfte der menschlichen Seele und darum Psychologie, sie ist die aufschlußreichste Darstellung der Staats- und Gesellschaftsformen und darum Politik, sie ist die mannigfaltigste Sammlung aller Kunstschöpfungen und darum Ästhetik, sie ist eine Art Stein der Weisen, ein Pantheon aller Wissenschaften. Sie ist zugleich die einzige Form, in der wir heute noch zu philosophieren vermögen, ein unerschöpflich reiches Laboratorium, in dem wir die leichtesten und lohnendsten Experimente über die Natur des Menschen anstellen können.

Jedes Zeitalter hat einen bestimmten Fundus von Velleitäten, Befürchtungen, Träumen, Gedanken, Idiosynkrasien, Leidenschaften, Irrtümern, Tugenden. Die Geschichte jedes Zeitalters ist die Geschichte der Taten und Leiden eines bestimmten niemals so dagewesenen, niemals so wiederkehrenden Menschentypus. Wir könnten ihn den Repräsentativmenschen nennen. Der Repräsentativmensch: das ist der Mensch, der nie empirisch erscheint, aber doch das Diagramm, den morphologischen Aufriß darstellt, der allen wirklichen Menschen zugrunde liegt, die Urpflanze gleichsam, nach der alle gebildet sind; oder wie in der Tierwelt die einzelnen lebenden Exemplare den Raubtiertypus, den Nagertypus, den Wiederkäuertypus übereinstimmend, aber niemals völlig rein verkörpern. Jede Zeit hat ihre bestimmte Physiologie, ihren charakteristischen Stoffwechsel, ihre besondere Blutzirkulation und Pulsfrequenz, ihr spezifisches Lebenstempo, ihre nur ihr eigentümliche Gesamtvitalität, ja sogar ihre individuellen Sinne: eine Optik, Akustik, Neurotik, die nur ihr angehört.

Der Repräsen- tativ- mensch

Die Geschichte der verschiedenen Arten des Sehens ist die Geschichte der Welt. Es gilt, Johannes Müllers Lehre von den spezifischen Sinnesenergien, wonach die Qualität unserer Empfindungen nicht von der Verschiedenheit der äußeren Reize, sondern von der Verschiedenheit unserer Aufnahmeapparate bestimmt wird, auch für die Geschichtsbetrachtung fruchtbar zu machen. Die »Wirklichkeit« ist immer und überall gleich – nämlich unbekannt. Sie affiziert aber stets andere Sinnesnerven, Netzhäute, Hirnlappen, Trommelfelle. Dieses Bild von der Welt wandelt sich mit fast jeder Generation. Wir sehen dies daran, daß sogar das scheinbar Unveränderlichste, die Natur, fortwährend andere Gestalten annimmt. Sie ist einmal feindselig, wild und grausam und einmal einladend, intim und idyllisch, einmal exuberant und schwellend und einmal karg und asketisch, einmal pittoresk und zerfließend und ein andermal scharf konturiert und feierlich stilisiert, sie erscheint abwechselnd als die klarste logische Zweckmäßigkeit und als unfaßbares Mysterium, als bloße dekorative Staffage für den Menschen und als der grenzenlose Abgrund, in den er versinkt, als das Echo, das alle seine Gefühle gesteigert wiederholt, und als eine stumme Leere, die er überhaupt kaum bemerkt. Wenn ein Zauberer käme, der die Gabe hätte, das Netzhautbild zu rekonstruieren, das eine Waldlandschaft im Auge eines Atheners aus der Zeit des Perikles abgezeichnet hat, und dann das Netzhautbild, das ein Kreuzritter des Mittelalters von derselben Waldlandschaft empfing, es würden zwei ganz verschiedene Gemälde sein; und wenn wir dann selber hingingen und den Wald anblickten, wir würden weder das eine noch das andere Bild in ihm wiedererkennen. Ja diese Tyrannei des Zeitgeistes geht sogar so weit, daß selbst die photographische Kamera, dieser angeblich tote Apparat, der scheinbar ganz passiv und mechanisch das Lichtbild einträgt, unserer Subjektivität unterworfen ist. Auch das Objektiv ist nicht objektiv. Es ist nämlich eine ebenso unerklärliche wie unleugbare Tatsache, daß jeder Photograph, ganz wie der Maler, immer nur sich selbst abbildet. Ist er ein ungebildetes und geschmackloses Vorstadtgehirn, so werden in seine Kamera lauter vulgäre und kitschige Figuren eintreten, ist er ein kultivierter, künstlerisch sehender Mensch, so werden seine Bilder vornehmen zarten Stichen gleichen. Infolgedessen werden spätere Zeiten in unseren Photographien ebensowenig eine naturalistische Wiedergabe unserer äußeren Erscheinung erblicken wie in unseren Gemälden, sie werden ihnen wie ungeheuerliche Karikaturen vorkommen.

Ja noch mehr: so unglaublich es klingen mag, der Schreiber dieser Zeilen besitzt seit einigen Jahren einen expressionistischen Hund! Ich behaupte, daß ein Geschöpf von einer so windschiefen und gleichsam betrunkenen Bauart, das aus lauter verzeichneten Dreiecken zusammengesetzt zu sein scheint, nie vorher in der Welt gewesen ist. Man wird dies für eine Einbildung halten; aber man mache es sich an einem Gegenbeispiel klar: wäre es möglich, den Mops, den repräsentativen Hund der Gründerjahre, jemals expressionistisch zu sehen? Zweifellos nicht; deshalb ist er ausgestorben, niemand weiß, warum und wieso. Und ebenso sind die Tage der Fuchsie gezählt, der Lieblingspflanze derselben Ära. Sie zieht sich bereits in die äußersten Vorstädte zurück, wo ja auch noch Romane von Spielhagen und Bilder von Defregger ihren Anwert finden. Und warum sind eine ganze Reihe höchst grotesker Fische, die eine so sonderbare Ähnlichkeit mit einem Unterseeboot oder einem menschlichen Taucher besitzen, erst im Zeitalter der Technik entdeckt worden? Die Beispiele ließen sich noch verhundertfachen. Es ist also keine Anmaßung, von Weltgeschichte zu reden, denn sie ist in der Tat die Geschichte unserer Welt oder vielmehr unserer Welten.

Der expressionistische Hund

Unser Werk macht den Versuch, einen geistig-sittlichen Bilderbogen, eine seelische Kostümgeschichte der letzten sechs Jahrhunderte zu entwerfen und zugleich die platonische Idee jedes Zeitalters zu zeigen, den Gedanken, der es innerlich trieb und bewegte, der seine Seele war. Dieser Zeitgedanke ist das Organisierende, das Schöpferische, das *einzig Wahre* in jedem Zeitalter, obgleich auch er nur selten in der Wirklichkeit rein er-

Seelische Kostümgeschichte

scheint: vielmehr ist das Zeitalter das Prisma, das ihn in einen vielfarbigen Regenbogen von Symbolen zerlegt: nur hier und da tritt der Glücksfall ein, daß es einen großen Philosophen hervorbringt, der diese Strahlen in dem Brennspiegel seines Geistes wieder sammelt. Und dies führt uns zu dem eigentlichen Schlüssel jedes Zeitalters. Wir erblicken ihn in den großen Männern, jenen sonderbaren Erscheinungen, die Carlyle Helden genannt hat. Man könnte sie auch ebensogut Dichter nennen, wenn man diesen Begriff nicht einseitig auf Personen einschränkt, die mit Tinte und Feder hantieren, sondern sich vor Augen hält, daß man mit allem dichten kann, wenn man nur genug Schöpferkraft und Phantasie besitzt, ja daß die großen Helden und Heiligen, die in ihren Taten und Leiden mit dem *Leben* gedichtet haben, sogar höher stehen als die Dichter des Worts. Nach Carlyles Überzeugung ist die Form, in der der große Mann erscheint, völlig gleichgültig; die Hauptsache ist, daß er da ist: »Ich muß gestehen, daß ich von keinem großen Manne weiß, der nicht *alle* Menschengattungen hätte verkörpern können... Ist eine große Seele gegeben, die sich dem göttlichen Sinn des Daseins geöffnet hat, so ist damit auch ein Mensch gegeben, der die Gabe besitzt, davon zu reden und zu singen, dafür zu fechten und zu streiten, groß, siegreich und dauerhaft; dann ist ein Held gegeben: seine äußere Gestalt hängt von der Zeit und der Umgebung ab, die er gerade vorfindet.« In der Geschichte gibt es nur zwei wirkliche Weltwunder: den Zeitgeist mit seinen märchenhaften Energien und das Genie mit seinen magischen Wirkungen. Der geniale Mensch ist das große Absurdissimum. Er ist ein Absurdissimum wegen seiner Normalität. Er ist so, wie alle sein sollten: eine vollkommene Gleichung von Zweck und Mittel, Aufgabe und Leistung. Er ist so paradox, etwas zu tun, was sonst niemand tut: er erfüllt seine Bestimmung.

Zwischen Genie und Zeitalter besteht nun eine komplizierte und schwer entzifferbare Verrechnung.

Ein Zeitalter, das nicht seinen Helden findet, ist pathologisch: seine Seele ist unterernährt und leidet gleichsam an »chronischer Dyspnoë«. Kaum hat es diesen Menschen, der alles ausspricht, was es braucht, so strömt plötzlich neuer Sauerstoff in seinen Organismus, die Dyspnoë verschwindet, die Blutzirkulation reguliert sich, und es ist gesund. Die Genies sind die wenigen Menschen in jedem Zeitalter, die *reden* können. Die anderen sind stumm, oder sie stammeln. Ohne sie wüßten wir nichts von vergangenen Zeiten: wir hätten bloß fremde Hieroglyphen, die uns verwirren und enttäuschen. Wir brauchen einen Schlüssel für diese Geheimschrift. Gerhart Hauptmann hat einmal den Dichter mit einer Windesharfe verglichen, die jeder Lufthauch zum Erklingen bringt. Halten wir dieses Gleichnis fest, so könnten wir sagen: Im Grund ist *jeder* Mensch ein solches Instrument mit empfindlichen Saiten, aber bei den meisten bringt der Stoß der Ereignisse die Saiten bloß zum Erzittern, und nur beim Dichter kommt es zum *Klang*, den jedermann hören und erfassen kann.

Damit ein Abschnitt der menschlichen Geistesgeschichte in einem haltbaren Bilde fortlebe: dazu scheint immer nur ein einziger Mensch nötig zu sein, aber dieser eine ist unerläßlich. So würde zum Beispiel für die griechische Aufklärung Sokrates, für die französische Aufklärung Voltaire, für die deutsche Aufklärung Lessing, für die englische Renaissance Shakespeare, für unsere Zeit Nietzsche genügen. In solchen Männern objektiviert sich das ganze Zeitalter wie in einem verdeutlichenden Querschnitt, der jedermann zugänglich ist. Der Genius ist nichts anderes als die bündige Formel, das gedrängte Kompendium, der handliche Leitfaden, in dem knapp und konzis, verständlich und übersichtlich die Wünsche und Werke aller Zeitgenossen zusammengefaßt sind. Er ist der starke Extrakt, das klare Destillat, die scharfe Essenz aus ihnen; er ist aus ihnen gemacht. Nähme man sie fort, so bliebe nichts von ihm

Das Genie ist ein Produkt des Zeitalters

zurück, er würde sich in Luft auflösen. Der große Mann ist ganz und gar das Geschöpf seiner Zeit; und je größer er ist, desto mehr ist er das Geschöpf seiner Zeit. Dies ist unsere erste These über das Wesen des Genies.

Das Zeitalter ist ein Produkt des Genies

Aber wer sind denn diese Zeitgenossen? Wer macht sie zu Zeitgenossen, zu Angehörigen eines besonderen, deutlich abgegrenzten Geschichtsabschnittes, die ihr spezifisches Weltgefühl, ihre bestimmte Lebensluft, kurz ihren eigenen Stil haben? Niemand anders als der »Dichter«. Er prägt ihre Lebensform, er schneidet das Klischee, nach dem sie alle gedruckt werden, ob sie sich dessen bewußt sind oder nicht. Er vertausendfältigt sich auf mysteriöse Weise. Man geht, steht, sitzt, denkt, haßt, liebt nach seinen Angaben. Er verändert unsere Höflichkeitsbezeugungen, unser Naturgefühl; unsere Haartracht, unsere Religiosität; unsere Interpunktion, unsere Erotik; das Heiligste und das Trivialste: alles. Sein ganzes Zeitalter ist infiziert von ihm. Er dringt unaufhaltsam in unser Blut, spaltet unsere Moleküle, schafft tyrannisch neue Verbindungen. Wir reden seine Sprache, wir gebrauchen seine Satzstellungen, eine flüchtig hingeworfene Redensart aus seinem Munde wird zur einigenden Parole, die die Menschen sich durch die Nacht zurufen. Die Straßen und Wälder, die Kirchen und Ballsäle bevölkern sich plötzlich, niemand weiß, wieso, mit zahllosen verkleinerten Kopien von Werther, Byron, Napoleon, Oblomow, Hjalmar. Die Weisen werden andersfarbig, die Bäume und Wolken werden andersförmig, die Blicke, die Gesten, die Stimmen der Menschen bekommen einen neuen Akzent. Die Frauen werden zu Preziösen nach dem Rezept Molières und zu Kanaillen nach der Vision Strindbergs; breithüftig und vollbusig, weil Rubens es sich vor seiner einsamen Staffelei so ausgedacht hat, und schmal und anämisch, weil Rossetti und Burne-Jones dieses Bild von ihnen im Kopfe trugen. Es ist gar nicht richtig, daß der Künstler die Realität abschildert, ganz im Gegenteil: die Realität läuft ihm nach. »Es ist paradox«, sagt Wilde, »aber darum nicht minder wahr, daß das Leben die Kunst weit mehr nachahmt als die Kunst das Leben.«

Niemand vermag diesen Zauberern zu widerstehen. Sie beflügeln und lähmen, sie berauschen und ernüchtern. In ihrem Besitz sind alle Heilmittel und Toxine der Welt. Sie lassen Leben aufsprießen, wohin sie kommen, alles wird durch sie kräftiger, gesünder, »kommt zu sich«: ja dies ist sogar die höchste Wohltat, die sie den Menschen erweisen, indem sie bewirken, daß diese zu sich selbst kommen, sich selbst erkennen, sobald sie mit ihnen in Berührung treten. Sie schaffen aber auch Krankheit und Tod. Sie lösen in vielen die latente Narrheit aus, die sonst vielleicht immer geschlummert hätte. Auch erregen sie Kriege, Revolutionen, soziale Erdbeben. Sie köpfen Könige, beschicken Schlachtfelder, stacheln Nationen zum Zweikampf. Ein gutgelaunter älterer Herr, namens Sokrates, vertreibt sich die Zeit mit Aphorismen, ein ebenso gutgelaunter Landsmann, namens Plato, macht daraus eine Reihe amüsanter Dialoge, und Bibliotheken schichten sich auf, Bibliotheken werden auf dem Scheiterhaufen verbrannt, Bibliotheken werden als Makulatur verbrannt, neue Bibliotheken werden geschrieben, und hunderttausend Köpfe und Mägen leben von dem Namen Plato. Ein exaltierter Journalist, namens Rousseau, schreibt ein paar bizarre Flugschriften, und sechs Jahre lang zerfleischt sich ein hochbegabtes Volk. Ein weltfremder und von aller Welt gemiedener Stubengelehrter, namens Marx, schreibt ein paar dicke und unverständliche philosophische Bände, und ein Riesenreich ändert seine gesamten Existenzbedingungen von Grund auf.

Kurz: die Zeit ist ganz und gar die Schöpfung des großen Mannes, und je mehr sie es ist, desto voller und reifer erfüllt sie ihre Bestimmung, desto größer ist sie. Dies ist unsere zweite These über das Wesen des Genies.

Genie und Zeitalter sind inkommensurabel

Aber was ist denn der Genius? Ein exotisches Monstrum, eine Fleisch gewordene Paradoxie, ein Arsenal von Extravaganzen, Grillen, Perversitäten, ein Narr wie alle anderen, ja noch mehr als alle anderen, weil er mehr Mensch ist als sie, ein pathologisches Original, dem ganzen dunklen Lebensgewimmel da unten im tiefsten fremd, aber auch seinesgleichen fremd, ja sich selber fremd, ohne die Möglichkeit irgendeiner Brücke zu seiner Umwelt. Der große Mann ist der große Solitär: was seine Größe ausmacht, ist gerade dies, daß er ein Unikum, eine Psychose, eine völlig beziehungslose Einmaligkeit darstellt. Er hat mit seiner Zeit nichts zu schaffen und sie nichts mit ihm. Dies ist unsere dritte These über das Wesen des Genies.

Man könnte nun vielleicht finden, daß diese drei Thesen sich widersprechen. Aber wenn sie sich nicht widersprächen, so wäre es ziemlich überflüssig gewesen, diese Bände, die im wesentlichen nichts sind als eine Schilderung der einzelnen Kulturzeitalter und ihrer Helden, überhaupt zu schreiben. Und für den, der die Aufgabe des menschlichen Denkens nicht im Darstellen, sondern im Abstellen von Widersprüchen erblickt, ist es andererseits gänzlich überflüssig, diese Bände zu lesen.

Der Pedigree

Ehe wir diese Einleitung beschließen, fühlen wir uns verpflichtet, auf unsere Vorgänger, gewissermaßen auf den Pedigree unseres Darstellungsversuchs einen kurzen Blick zu werfen. Doch kann es sich hierbei nicht um eine Geschichte der Kulturgeschichte handeln, so verlockend und lohnend eine solche Aufgabe wäre, sondern lediglich um eine flüchtige und aphoristische Hervorhebung gewisser Spitzen, die wir gleichsam nur mit dem Scheinwerfer von unserem ganz persönlichen Standort aus für einen Augenblick beleuchten.

Eigentlich war schon das erste historische Werk, von dem wir Kunde haben, Herodots Erzählung der Kämpfe zwischen Hellenen und Barbaren, freilich ohne es selbst recht zu wissen, eine Art vergleichende Kulturgeschichte. Aber schon Herodots jüngerer Zeitgenosse Thukydides schrieb streng politische Geschichte, und erst Aristoteles hat wieder auf die Bedeutung hingewiesen, die die Betrachtung der Sitten, Gebräuche und Lebensgewohnheiten auch für die politische Erkenntnis besitzt. Zu mehr als Ahnungen und Andeutungen konnte es jedoch das Altertum nicht bringen, dessen Weltbild statisch war: daß der homerische Mensch ein wesentlich anders geartetes Wesen war als der perikleische und dieser wiederum ganz verschieden vom alexandrinischen, ist den Griechen niemals klar ins Bewußtsein getreten. Und noch weniger war das Mittelalter imstande, den Begriff der historischen Entwicklung zu fassen. Hier ruht alles von Ewigkeit her in Gott: die Welt ist nur ein zeitloses Symbol, ein geheimnisvoller Kriegsschauplatz des Kampfes zwischen Heiland und Satan, den Erwählten und den Verdammten. So hat es schon an der Schwelle des Mittelalters der größte Genius der christlichen Kirche, Augustinus, gesehen und in seinem Werke *De civitate Dei* ergreifend beschrieben.

Die Renaissance glaubte das Altertum wiederzuentdecken, während sie nur ihr eigenes Lebensgefühl in den römischen Dichtern und Helden feierte: sie ist das Zeitalter der neuerwachten Philologie und Rhetorik, Kunstwissenschaft und Naturphilosophie, nicht der Kulturgeschichte. Deren erste Umrisse wurden erst von der »Aufklärung« erfaßt, die, genaugenommen, auf Lord Bacon zurückgeht; und dieser war denn auch in der Tat der erste, der der Geschichte, und zwar zunächst der Literaturgeschichte, die Aufgabe gestellt hat, die einzelnen Zeitalter als Einheiten zu begreifen und widerzuspiegeln, »denn die Wissenschaften«, sagt er, »leben und wandern wie die Völker«. Diese Forderung ist aber zu jener Zeit von den wenigsten begriffen, von niemandem erfüllt worden. Leibniz, der repräsentative Philosoph der Barocke, führte dann das Prinzip der Entwicklung in der Metaphysik und Naturbe-

Lessing und Herder

trachtung zum Siege, aber erst im achtzehnten Jahrhundert ist es für die Geschichtsbetrachtung fruchtbar gemacht worden: zunächst auf dem Gebiete der Religion durch Lessing. »Warum wollen wir«, sagt dieser in der »Erziehung des Menschengeschlechts«, »in allen positiven Religionen nicht lieber weiter nichts als den Gang erblicken, nach welchem sich der menschliche Verstand jedes Orts einzig und allein entwickeln können, und noch ferner entwickeln soll, als über eine derselben entweder lächeln oder zürnen? Diesen unseren Hohn, diesen unseren Unwillen verdiente in der besten Welt nichts: und nur die Religionen sollten ihn verdienen? Gott hätte seine Hand bei allem im Spiele: nur bei unseren Irrtümern nicht?« Und dieselbe Anschauung vertrat Herder in der Beurteilung der poetischen Schöpfungen: jede menschliche Vollkommenheit sei individuell. »Man bildet nichts aus, als wozu Zeit, Klima, Bedürfnis, Weltschicksal Anlaß gibt... der wachsende Baum, der emporstrebende Mensch muß durch verschiedene Lebensalter hindurch, alle offenbar im Fortgange!« »Selbst das Bild der Glückseligkeit wandelt sich mit jedem Zustand und Himmelsstriche... jede Nation hat ihren Mittelpunkt der Glückseligkeit in sich, wie jede Kugel ihren Schwerpunkt!« Auf diesem Wege entdeckte Herder den Genius in der Poesie des hebräischen Morgenlandes, des heidnischen Nordens, des christlichen Mittelalters. Sein Hauptinteresse gehörte der Volksdichtung: »Wie die Naturgeschichte Kräuter und Tiere beschreibt, so schildern sich hier die Völker selbst.« Er verlangt, daß eine Geschichte des Mittelalters nicht bloß eine Pathologie des Kopfes, das heißt: des Kaisers und einiger Reichsstände sein solle, sondern eine Physiologie des ganzen Nationalkörpers: der Lebensart, Bildung, Sitte und Sprache; daß die Historie nicht »Geschichte von Königen, Schlachten, Kriegen, Gesetzen und elenden Charakteren« sei, sondern »eine Geschichte des Ganzen der Menschheit und ihrer Zustände, Religionen, Denkarten«; er erblickt in der »Geschichte der Meinungen« den Schlüssel zur Tatengeschichte. Aber Herder war nicht der Mann, solche Programme auszuführen: dazu war seine Natur zu spekulativ, zu emphatisch, zu raketenhaft.

Die ersten Versuche, nicht bloß über Kulturgeschichte zu philosophieren, sondern sie auch wirklich zu schreiben, stammen von Voltaire und Winckelmann. In seinem Hauptwerk, das einige Jahre älter ist als Herders früheste Schriften, hatte Winckelmann sich das Ziel gesetzt, »den Ursprung, das Wachstum, die Veränderung und den Fall« der antiken Kunst »nebst den verschiedenen Stilen der Völker, Zeiten und Künstler« zu lehren. Er beginnt mit den Orientalen, gelangt über die Etrusker zu den Hellenen, handelt von ihren einzelnen Kunstperioden und schließt mit den Römern, dies alles »in Absicht der äußeren Umstände« betrachtet. Freilich ist das ganze Werk in dogmatischem Geiste verfaßt: die griechische Kunst bildet den Kanon, nach dem alles andere einseitig gewertet wird; aber die Feinheit und Schärfe, mit der die Stile der einzelnen Völker und Zeitalter als Produkte der Rasse und Bodenbeschaffenheit, Verfassung und Literatur aufgefaßt wurden, war gleichwohl bis dahin unerhört.

Winckelmann und Voltaire

Zwölf Jahre vor Winckelmanns Werk ließ Voltaire sein Buch *Le siècle de Louis XIV* erscheinen, das mit den Worten beginnt: »Es ist nicht meine Absicht, bloß das Leben Ludwigs des Vierzehnten zu beschreiben: ich habe einen größeren Gegenstand im Auge. Ich will versuchen, der Nachwelt nicht die Taten eines einzelnen Mannes, sondern das Wesen der Menschen in dem aufgeklärtesten aller bisherigen Zeitalter zu schildern.« Er behandelt darin die gesamten Kulturverhältnisse: innere und äußere Politik, Handel und Gewerbe, Verwaltung und Justiz, Polizei und Kriegswesen, Konfessionsstreitigkeiten und Kirchenangelegenheiten, Wissenschaften und schöne Künste, das ganze öffentliche und private Leben bis zu den Anekdoten herab, freilich noch in Form von Rubriken, die untereinander in keiner rechten Verbindung stehen, die aber mit einem ungemein reichen und lebendigen Inhalt gefüllt sind. Die siegreiche Gabe dieses erstaunlichen Geistes, alles, was er berührte, nicht bloß glasklar und durchsichtig, sondern auch farbig und schillernd, amüsant und pikant zu machen, verleiht dem Werk noch heute den Reiz fesselnder Aktualität.

Hegel und Comte   Am 26. März 1789 schrieb Schiller an Körner: »Eigentlich sollten Kirchengeschichte, Geschichte der Philosophie, Geschichte der Kunst, Geschichte der Sitten und Geschichte des Handels mit der politischen in eines zusammengefaßt werden, und dies erst kann Universalhistorie sein.« Aber daran dachte damals in Deutschland niemand, und auch Schillers eigene, ganz politisch orientierte Geschichtswerke tragen noch immer den Charakter von pathetischen Prunkgemälden, die in öffentlichen Gebäuden zu Repräsentationszwecken aufgehängt werden.

Die nachhaltigsten Wirkungen auf die gesamte historische Literatur hat Hegels *Philosophie der Geschichte* gehabt, eine der tiefsten, durchdachtesten und beziehungsreichsten Untersuchungen über Wesen, Sinn und Geist der Geschichte, zudem, da sie von der finstern nachkantischen Terminologie einen ziemlich sparsamen Gebrauch macht, viel lesbarer als seine übrigen Schriften. Die pointierte Art, in der, freilich nicht ohne Gewaltsamkeit, die gesamte Weltgeschichte von den ältesten Zeiten Chinas bis zur Julirevolution als eine streng geordnete Stufenfolge von steigenden Verwirklichungen des »Bewußtseins der Freiheit« dargestellt wird, die plastische Kraft, mit der die bestimmenden Ideen der einzelnen Zeitalter in ihrem Anwachsen, Kulminieren und Vergehen herausgearbeitet werden, macht das Werk zu einer ungemein anregenden, ja fast witzigen Lektüre. Doch gibt es nicht mehr als ein Gerippe, belebt durch eine Reihe treffender und origineller Aperçus.

Eine ähnliche entwicklungsgeschichtliche Betrachtungsweise, aber auf streng antimetaphysischer Basis, bringt Comte in seiner *Philosophie positive* zur Anwendung: in der Lehre von den drei Stadien der Menschheit, deren höchstes, eben das positive, den endgültigen Sieg der wissenschaftlichen Weltanschauung über die theologische, der industriellen Lebensform über die kriegerische, der demokratischen Staatsverfassung über die despotische bezeichnet.

Von Comte war Buckle beeinflußt, dessen *History of civilization in England* bei ihrem Erscheinen großes Aufsehen erregte. Er sagt darin: »Anstatt uns jene Dinge zu erzählen, die allein einen Wert haben, anstatt uns über den Fortschritt des Wissens zu unterrichten und über die Art, wie die Verbreitung dieses Wissens auf die Menschen gewirkt hat, füllen die weitaus meisten Historiker ihre Werke mit den unbedeutendsten und erbärmlichsten Einzelheiten, mit persönlichen Anekdoten von Königen und Höfen, mit endlosen Nachrichten darüber, was ein Minister gesagt und ein anderer gedacht hat ... In der Geschichte des Menschen sind die wichtigen Tatsachen vernachlässigt und die unwichtigen aufbewahrt worden.« Nach seiner Ansicht ist die materielle Entwicklung der Völker hauptsächlich durch Klima, Nahrung und Boden beeinflußt, weil von diesen drei Bedingungen die Verteilung des Reichtums abhängt, die intellektuelle Entwicklung von den Naturerscheinungen bestimmt, die entweder durch ihre Gewalt und Großartigkeit auf die Phantasie wirken oder, in gemäßigten Zonen, sich an den Verstand wenden. Aus diesen Faktoren entstehen gewisse Formen der Religion, Literatur und Staatsregierung, die entweder den Aberglauben oder das Wissen befördern. Zu seinem eigentlichen Thema ist Buckle, der schon im einundvierzigsten Lebensjahre starb, gar nicht gelangt: seine beiden Bände enthalten nur eine Art Prospekt, eine programmatische Einleitung. Die sehr lichtvollen, wenn auch keineswegs ein-

Buckle

leuchtenden Deduktionen, von denen die Darstellung ausgeht, werden darin mit jener ermüdenden Breite, die ein Merkmal so vieler englischer Bücher bildet, unaufhörlich wiederholt und von einer Fülle von Belegen und Zitaten fast erdrückt. Buckles gigantische Belesenheit verleiht dem Werk eine ungesunde Gedunsenheit, die es jeder freien Bewegung beraubt, ja sie scheint sogar Buckle selbst zugrunde gerichtet zu haben, denn wenn wir seinem Übersetzer, Arnold Ruge, glauben dürfen, hat er sich buchstäblich zu Tode gelesen. Übrigens läßt die ganze Geistesanlage des Verfassers vermuten, daß das Werk, wie ja auch schon der Titel andeutet, keine wirklich universelle Kulturgeschichte geworden wäre, sondern bloß eine Geschichte der intellektuellen Entwicklung des englischen Volkes, wie sie sich in den Fortschritten der wissenschaftlichen Forschung, der sozialen Fürsorge, des Unterrichts, des Verkehrs und der Technik manifestiert hat.

Burck-
hardt
Aber fast gleichzeitig mit Buckles Buch erschien, obgleich zunächst viel weniger Lärm verursachend, die erste wirkliche Universalgeschichte: Burckhardts *Kultur der Renaissance in Italien.* Welche Prinzipien ihn bei diesem Werke und allen späteren leiteten, hat er in der Einleitung seiner Vorlesungen über griechische Kulturgeschichte mit liebenswürdiger Ironie klargelegt: »Warum lesen wir nicht wesentlich politische Geschichte, wobei die allgemeinen Zustände und Kräfte in bloßen Exkursen mitbehandelt werden können? Abgesehen davon, daß für die griechische Geschichte allmählich durch treffliche Darstellungen gesorgt ist, würde uns die Erzählung der Ereignisse und vollends deren kritische Erörterung in einer Zeit, da eine einzige Untersuchung über Richtigkeit einzelner äußerer Tatsachen gern einen Oktavband einnimmt, die beste Zeit wegnehmen... *Unsere* Aufgabe, wie wir sie auffassen, ist: die Geschichte der griechischen *Denkweisen* und *Anschauungen* zu geben und nach Erkenntnis der lebendigen *Kräfte,* der aufbau-

enden und zerstörenden, zu streben, welche im griechischen Leben tätig waren … Glücklicherweise schwankt nicht nur der Begriff Kulturgeschichte, sondern es schwankt auch die akademische Praxis (und noch einiges andere) … Die Kulturgeschichte geht auf das Innere der vergangenen Menschheit und verkündet, wie diese *war, wollte, dachte, schaute* und *vermochte*… Sie hebt diejenigen Tatsachen hervor, welche imstande sind, eine wirkliche innere Verbindung mit unserem Geiste einzugehen, eine wirkliche Teilnahme zu erwecken, sei es durch Affinität mit uns oder durch den Kontrast zu uns. Den Schutt aber läßt sie beiseite… Wir sind ›unwissenschaftlich‹ und haben gar keine Methode, wenigstens nicht die der anderen.«

Jakob Burckhardt hat den Traum Schillers verwirklicht. Es gelang ihm tatsächlich, die große organische Einheit, die alle Lebensbetätigungen eines Volkes bilden, lebensvoll nachzugestalten. Denn noch niemals war in einem und demselben Kopfe eine so frische Anschauung der Details, eine so völlig dichterische Fähigkeit der Einfühlung in ferne Zustände mit einem so weiten und freien Blick für die allgemeinsten Zusammenhänge vereinigt gewesen. Eine unersättliche psychologische Neugierde, ruhelos und beunruhigend, von einem untrüglichen Spürsinn für das Fremdeste und Seltenste, Verschollenste und Versteckteste geleitet, war die geistige Zentraleigenschaft Burckhardts. Und dazu kam noch eine geradezu olympische Unparteilichkeit des Urteils, die alles lächelnd als berechtigt anerkennt, weil sie alles versteht. Hierfür war es gewiß nicht ohne Bedeutung, daß Burckhardt Schweizer war. In diesem kleinen Gebirgskessel, einer Art Miniatureuropa, wo Deutsche, Franzosen und Italiener unter einer gemeinsamen demokratischen Verfassung leben und sich vertragen, ist es offenbar gar nicht möglich, anders als kosmopolitisch und neutral zu denken. Es sind übrigens die vornehmsten Traditionen der deutschen Historik, die Burckhardt hier weiter verfolgt hat. Nicht bloß Ranke und seine Schüler, sondern auch die Klassiker: Kant, Herder, Goethe, Humboldt, Schiller haben dieses Ideal einer weltbürgerlichen Geschichtsschreibung immer vor Augen gehabt. In Burckhardts »Weltgeschichtlichen Betrachtungen«, einem Werk von göttlicher Heiterkeit, Spannkraft und Fülle, findet sich der Satz: »Der Geist muß die Erinnerung an sein Durchleben der verschiedenen Erdenzeiten in seinen Besitz verwandeln; was einst Jubel und Jammer war, muß nun Erkenntnis werden.« Diese Worte könnte man als Motto über sein Lebenswerk setzen.

Taine   Von Burckhardt ganz verschieden und doch mit ihm verwandt ist Hippolyte Taine. Das gestaltende Grundpathos in Burckhardt war die germanische Lust, zu schauen, er wollte nichts geben als das Bild, das das Leben der Vergangenheit in seiner Seele abgezeichnet hatte: in all seiner blühenden Chaotik und verwirrenden Systemlosigkeit; in Taine waltete der romantische Trieb, zu gliedern, das im Geiste Gesehene in die lichtvolle Logik einer wohlgestuften Architektur zu übersetzen. Burckhardt kam von den Geisteswissenschaften her: er las die Geschichte mit den Augen des Philologen und Textforschers; Taine orientierte sich an den Naturwissenschaften: er entzifferte die Geschichte mit den Methoden des Zoologen und Gesteinsforschers. Beiden gemeinsam ist jedoch die Magie der Wiederbelebung, die Gabe, die Luft, das Ambiente, die ganze seelische Landschaft eines Menschen, eines Volkes, eines Zeitalters zu malen. Hiebei begnügt sich Burckhardt noch mit den Mitteln eines schlichten, obschon sehr warmen und gestuften Kolorismus, während Taine bereits über alle Techniken eines raffinierten Impressionismus verfügt.

Taine war einer jener großen und seltenen Gelehrten, die ein Programm sind. Man hat daher nur die Wahl, seine Wege und Ziele, Forderungen und Folgerungen entweder a limine abzulehnen oder en bloc anzunehmen. Er war, um es in einem Satz zu sagen, der erste, der die Geschichtsforschung naturwissenschaftlich betrieben hat, und er war der erste, der gezeigt hat, daß künstlerische und naturwissenschaftliche Betrachtungsweise im Grunde dasselbe sind. In der Tat besteht zwischen beiden kein prinzipieller Unterschied. Künstlerisch ist eine Welt- und Menschenansicht, die in ihrem Gegenstande möglichst vollständig zu verschwinden sucht, die ihr Objekt nicht von außen her, durch irgendein fremdes Licht erhellt, sondern von innen heraus, aus seinem eigenen Kern erleuchtet. Die Betrachtung der ersten Art wirft ihr Licht *auf* die Dinge und kann daher nur deren Oberfläche treffen: sie macht ihre Gegenstände bloß sichtbar. Die Betrachtung der zweiten Art wirft ihr Licht *in* die Dinge: sie macht ihre Gegenstände selbstleuchtend. Und eine solche Durchleuchtung der Menschen und Dinge erstrebt der Naturforscher in demselben Maß wie der Historiker und der Historiker in demselben Maß wie der Künstler.

Denn was heißt historisch denken? Eine Sache in ihren inneren Zusammenhängen sehen; eine Sache aus ihrem eigenen Geist heraus begreifen und darstellen. Der Naturhistoriker ist ein wirklicher Historiker, er fragt nach den Bedingungen. Er fragt nach den Leistungen, aber diese sind für ihn wieder nichts als Summen von Bedingungen, die er *berechnet*. Er fragt nach den Energieverhältnissen. Er fragt nach dem Zweck. Aber Zweck heißt für ihn nur: Energien anhäufen und weitergeben. Tritt eine neue Varietät auf, so fühlt und erfüllt er vor allem die Verpflichtung, sie zu beschreiben, möglichst genau und möglichst vollständig. Hat diese Pflanze Steinboden, Sumpfboden, Wasserboden? Ist sie hängend, kletternd, sitzend? Ist sie eine Kalipflanze, eine Kieselpflanze, eine Kalkpflanze? Wie nimmt sie Licht auf, wie erzeugt sie Wärme?

Nun, jede historische Erscheinung – es handle sich um eine

einzelne fruchtbare Individualität, eine bestimmte Generation oder eine ganze Rasse – ist auch nichts anderes als eine neue Varietät. In welchem Klima, in welcher Luft- und Bodenschicht lebt sie? Wie sieht ihr »Standort«, ihre Lokalität aus? Wie sind die Verhältnisse ihrer Stoffaufnahme und Stoffleitung? Welchen Aufbau hat ihr morphologischer Grundriß? Wie nimmt sie Licht auf, wie erzeugt sie Wärme? Und welchen Zweck hat sie: welche Energien macht sie frei?

So oder so ähnlich hat Taine die ganze Historie betrachtet. Und diese Beobachtungen und Untersuchungen, die von allen Seiten bemängelt und angezweifelt wurden, hat er in den verschwenderisch reichen Brokatmantel einer in tausend Nuancen opalisierenden Prosa gekleidet, die sogar in der französischen Literatur ihresgleichen sucht.

Lamprecht Vor etwa einem Menschenalter begann Lamprechts *Deutsche Geschichte* zu erscheinen, ein in vieler Hinsicht sehr verdienstvolles Werk. Es verfügt vor allem über ein vorzügliches Schema. Danach entwickelt sich der Gang der Kulturgeschichte im Rahmen eines bestimmten, stets wiederkehrenden Mechanismus: »Auftreten von Reaktionen gegen den bestehenden Zustand, Zerstörung der alten Dominanten, neuer Naturalismus, Erringen neuer Dominanten in einem immer gegenständlicheren Idealismus, Rationalisieren dieser Dominanten, Epigonentum, dann wieder neue Reizvorgänge und so weiter.« Im genaueren unterscheidet Lamprecht fünf Kulturzeitalter: das symbolische, das typische, das konventionelle, das individuelle und das subjektive, das wieder in zwei Abschnitte zerfällt: die Periode der Empfindsamkeit und die Periode der Reizsamkeit. In jedem dieser Zeitalter herrscht nun »eine jeweilige sozialpsychische Gesamtdisposition«, die Lamprecht mit einem düsteren Fremdwort als »Diapason« bezeichnet. Es läßt sich nun keineswegs leugnen, daß er mit großem Erfolg bemüht ist, die Auswirkungen dieses »Diapasons« auf sämtlichen Kulturgebieten zu zeigen, obgleich er hierin durch seine freiwillige Beschränkung auf die deutsche Geschichte einigermaßen behindert ist. Eine solche Behandlungsweise ist beim Mittelalter, wo eine internationale Kultur geherrscht hat, noch durchaus möglich: wenn man zum Beispiel die französische Kultur des zwölften Jahrhunderts beschrieben hat, so hat man das Wesentliche der europäischen Gesamtkultur beschrieben. Hingegen in der Neuzeit war immer ein anderes Volk führend: während der Renaissance die Italiener, in der Barockzeit die Spanier, im achtzehnten Jahrhundert die Franzosen, im neunzehnten abwechselnd die Deutschen, die Engländer und wiederum die Franzosen und im Fin de siècle sogar die kleine Völkergruppe der Skandinavier.

Indes: man kann auch an einem Volke die Entwicklung der europäischen Gesamtkultur wenigstens exemplifizieren, zumal wenn man, wie dies Lamprecht ja tut, das Ausland überall dort, wo es entscheidend eingegriffen hat, in ausgiebigem Maße zu Worte kommen läßt. Schwerer wiegt der Einwand, daß Lamprecht kein Gestalter ist. Dies gilt sowohl von der Gliederung wie von der Darstellung. Seine Grundkonzeption wäre sehr übersichtlich, aber in der Ausführung verschwimmt sie, das Ganze ist nicht vollständig durchkomponiert. Seine übergroße Gelehrtengewissenhaftigkeit hat ihn daran gehindert, die Stoffmassen von seinem neuen Aspekt aus souverän und selbst gewaltsam zusammenzuballen und voneinander zu lösen, wozu er wissenschaftlich nicht berechtigt und künstlerisch verpflichtet gewesen wäre. Und auch bei der Schilderung der einzelnen Kulturzeitalter bringt er es trotz seiner erstaunlich allseitigen Bildung und trotz der Weite und Tragfähigkeit seiner Ideen zu keiner wirklichen Synopsis. Zudem ist das Werk in jener ungelenken und mißtönigen Geheimsprache abgefaßt, die nun einmal eine Eigentümlichkeit der meisten deutschen Gelehrten bildet und bereits Goethe zu der Bemerkung veranlaßt hat, daß die Deutschen die Gabe besäßen, die Wissenschaften unzugänglich zu machen. Daß der Ton dabei nicht selten in ein ausgemünztes und altfränkisches Lesebuchpathos übergeht, macht die Lektüre nicht genußreicher; denn Pathos ist für alle Arten von Darstellern das Gefährlichste, weil es das Leichteste ist: es wird daher fast immer mit dem Verlust der Originalität und der menschlichen Wirkung bezahlt und ist nur großen Künstlern erlaubt, wie Victor Hugo und Richard Wagner, Sonnenthal und Coquelin, Nietzsche und Carlyle. Aber trotz allen diesen Mängeln bezeichnen Lamprechts vierzehn Bände in gewissem Sinne eine Epoche in der Geschichte der Kulturgeschichte.

Breysig   Mit Lamprecht berührt sich Kurt Breysig, ein ausgezeichneter Gelehrter von großer Selbständigkeit der Auffassung, Feinheit des Urteils und Weite des Gesichtskreises. Er bricht vollkommen mit dem bisherigen Prinzip der Einteilung in Altertum, Mittelalter und Neuzeit und konstatiert diese Stufenfolge nicht am allgemeinen Gang der Weltgeschichte, sondern an den einzelnen großen Kulturkreisen, vornehmlich am griechischen, am römischen und am germanisch-romanischen. So entspricht zum Beispiel dem griechischen Altertum (1500 bis 1000) das germanische (400 bis 900): »In beiden Fällen ist ein noch barbarisches Volk durch mannigfache Entlehnungen von älteren und reicheren Kulturen, hier der orientalischen, dort der römischen, gefördert worden; in beiden Fällen hat eine starke Monarchie sich gewaltig ausgewirkt… Die Trümmer der Königsburgen und Königsgräber von Mykene und Tiryns und die der karolingischen Kaiserpfalz zu Aachen atmen denselben Geist.« Darauf folgte die Periode des »frühen Mittelalters«, die bei den Griechen von 1000 bis 750, bei den Germanen von 900 bis 1150 währte: beide Male »Königtum im Kampf der vordringenden Aristokratie und deren schließliches Überwiegen; darauf das Emporkommen einer bürgerlichen Geldwirtschaft, dann das demokratischer Regungen, zuletzt eine Wiederbelebung des monarchischen Gedankens… dazu kommt als das Wichtigste der soziale Gesamtcharakter der Epoche, den hier wie dort neben einem tumultuarisch brüsken Individualismus starker Persönlichkeiten im wesentlichen der Genossenschaftsgedanke beherrscht«. Man wird schon aus dieser einen Probe ersehen, wie fruchtbar eine solche komparative Methode werden kann, wenn sie mit Takt und lebendigem Sinn für das Konkrete gehandhabt wird und über den Analogien auch die Differenzen nicht übersieht. Breysigs »Kulturgeschichte der Neuzeit« enthält allerdings bisher noch nichts von dem, was der Titel angibt: vielmehr handelt der erste Band von den *Aufgaben und Maßstäben einer allgemeinen Geschichtsschreibung*, der zweite, sehr umfangreiche Band vom *Altertum und Mittelalter als Vorstufen der Neuzeit*, und zwar in seiner ersten Hälfte von der Urzeit, der griechischen und der römischen Geschichte, in seiner zweiten Hälfte von der Entstehung des Christentums und dem Altertum und frühen Mittelalter der germanisch-romanischen Völker. Breysig disponiert viel strenger und durchsichtiger als Lamprecht und hat vor ihm auch die straffere, lebendigere und abgerundetere Darstellung voraus. Die gedrängten Kapitel über Kunst und Weltanschauung der Griechen und Staat und Gesellschaft der Römer sind meisterhaft, offenbar gerade weil Breysig auf diesen Gebieten nicht Fachmann ist. Aber je mehr er sich seinem eigentlichen Spezialterrain nähert, desto mehr verliert er sich in die Breite. Vor allem nimmt die Sozialgeschichte einen übergroßen Raum ein: beim Überblick über die Kultur des germanisch-romanischen frühen Mittelalters handeln fast fünfhundert Seiten von Territorialentwicklung, Ständebildung und Volkswirtschaft und achtzig Seiten von Religion, Wissenschaft, Dichtung und bildender Kunst. Bedenkt man, mit welcher bedrückenden Massierung von Details schon dieser Abschnitt arbeitet, der doch nur ein Prolog sein soll, so ist nicht abzusehen, welche formidablen Dimensionen das Werk annehmen müßte, wenn es zu seinem eigentlichen Thema gelangt. Und es scheint fast, als habe den Verfasser selber, der seit dem Jahr 1902 keine weiteren Bände hat folgen lassen, der Ausblick in diese unendlichen Räume entmutigt, was sehr zu bedauern wäre.

Spengler   Mit großer Bewunderung muß zum Schluß noch der Name Oswald Spenglers genannt werden, vielleicht des stärksten und farbigsten Denkers, der seit Nietzsche auf deutschem Boden erschienen ist. Man muß in der Weltliteratur schon sehr hoch hinaufsteigen, um Werke von einer so funkelnden und gefüllten Geistigkeit, einer so sieghaften psychologischen Hellsichtigkeit und einem so persönlichen und suggestiven Rhythmus des Tonfalls zu finden wie den »Untergang des Abendlandes«. Was Spengler in seinen beiden Bänden gibt, sind die »Umrisse einer Morphologie der Weltgeschichte«. Er sieht »statt des monotonen Bildes einer linienförmigen Weltgeschichte« »das Phänomen einer Vielzahl mächtiger Kulturen«. »Jede Kultur hat ihre eigenen Möglichkeiten des Ausdrucks, die erscheinen, reifen, verwelken und nie wiederkehren. Es gibt viele, im tiefsten Wesen völlig voneinander verschiedene Plastiken, Malereien, Mathematiken, Physiken, jede von begrenzter Lebensdauer, jede in sich selbst geschlossen, wie jede Pflanzenart ihre eigenen Blüten und Früchte, ihren eigenen Typus von Wachstum und Niedergang hat. Diese Kulturen, Lebewesen höchsten Ranges, wachsen in einer erhabenen Zwecklosigkeit auf, wie die Blumen auf dem Felde.« Kulturen sind Organismen; Kulturgeschichte ist ihre Biographie. Spengler konstatiert neun solche Kulturen: die babylonische, die ägyptische, die indische, die chinesische, die antike, die arabische, die mexikanische, die abendländische, die russische, die er abwechselnd beleuchtet, natürlich nicht mit gleichmäßiger Schärfe und Vollständigkeit, da wir ja über sie in sehr ungleichem Maße unterrichtet sind. In dem Entwicklungsgang aller dieser Kulturen herrschen aber gewisse Parallelismen, und dies veranlaßt Spengler zur Einführung des Begriffs der »gleichzeitigen« Phänomene, worunter er geschichtliche Fakta versteht, »die, jedes in seiner Kultur, in genau derselben – relativen – Lage eintreten und also eine genau entsprechende Bedeutung haben«. »Gleichzeitig« vollzieht sich zum Beispiel die Entstehung der Ionik und des Barock. Polygnot und Rembrandt, Polyklet und Bach, Sokrates und Voltaire sind »Zeitgenossen«. Selbstverständlich herrscht aber auch innerhalb derselben Kultur auf jeder ihrer Entwicklungsstufen eine völlige Kongruenz aller ihrer Lebensäußerungen. So besteht zum Beispiel ein tiefer Zusammenhang der Form zwischen der Differentialrechnung und dem dynastischen Staatsprinzip Ludwigs des Vierzehnten, zwischen der Raumperspektive der abendländischen Ölmalerei und der Überwindung des Raumes durch Bahnen, Fernsprecher und Fernwaffen. An der Hand dieser und ähnlicher Leitprinzipien gelangt nun Spengler zu den geistvollsten und überraschendsten Entdeckungen. Das »protestantische Braun« der Holländer und das »atheistische Freilicht« der Manetschule, der »Weg« als das Ursymbol der ägyptischen Seele und die »Ebene« als das Leitmotiv des russischen Weltgefühls, die »magische« Kultur der Araber und die »faustische« Kultur des Abendlandes, die »zweite Religiosität«, in der späte Kulturen ihre Jugendvorstellungen wiederbeleben, und die »Fellachenreligiosität«, in der der Mensch wieder geschichtslos wird: das und noch vieles andere sind unvergeßliche Genieblitze, die für Augenblicke eine weite Nacht erhellen, unvergleichliche Funde und Treffer eines Geistes, der einen wahrhaft schöpferischen Blick für Analogien besitzt. Daß diesem Werk von den »Fachkreisen« mit einem läppischen Dünkel begegnet worden ist, der nur noch von der tauben Ahnungslosigkeit übertroffen wurde, mit der sie allen seinen Fragen und Antworten gegenüberstanden, wird niemand verwundern, der mit den Sitten und Denkweisen der Gelehrtenrepublik vertraut ist.

Zivilisationshistorik

Die Kulturgeschichtsschreibung ist selbst ein kulturgeschichtliches Phänomen, das die einzelnen von Spengler konstatierten Lebensphasen der Kindheit, der Jugend, der Männlichkeit und des Greisentums durchzumachen hat. In der Kindheit lebt der Mensch vegetativ, denkt nur an sich und seine nächsten Objekte, und deshalb schreibt er auf dieser Stufe noch gar keine Geschichte; im Jünglingsalter sieht er die Welt poetisch und konzipiert daher Geschichte in der Form der Dichtung; in der Reife der Männlichkeit erblickt er im Handeln Ziel und Sinn alles Daseins und schreibt politische Geschichte; und im Greisenalter beginnt er endlich zu verstehen: aber auf eine sehr lebensmüde und resignierte Art. Darum ist Spenglers Werk schon einfach durch seine Existenz der bündigste Beweis für die Richtigkeit seiner Geschichtskonstruktion. Das Endziel der abendländischen Entwicklung, wie Spengler sie sieht, ist die nervöse und disziplinierte Geistigkeit des Zivilisationsmenschen, ist die illusionslose Tatsachenphilosophie, der Skeptizismus und Historizismus des Weltstädters, ist, mit einem Wort: *Spengler*. Dies ohne jeden bösen Nebensinn gesagt. Es ist zu allen Zeiten das gute Recht des Denkers gewesen, sich selbst zu beweisen; und je größer der Denker ist, desto gegründeter, selbstverständlicher, unentrinnbarer ist dieses sein Recht.

Aber: Spengler ist eben darin das Produkt seiner Zeit, daß er Atheist, Agnostiker, verkappter Materialist ist. Er fußt auf der Biologie, der Experimentalpsychologie, der feineren Statistik, ja der Mechanik. Er glaubt nicht an den *Sinn* des Universums, an das immanente Göttliche. Der *Untergang des Abendlandes* ist die hinreißende Fiktion eines Zivilisationsdenkers, der nicht mehr an Aufstieg glauben *kann*. Spengler ist der letzte, feinste, vergeistigtste Erbe des technischen Zeitalters und au fond der geistreichste Schüler Darwins und des gesamten englischen Sensualismus, bis in seine Umkehrungen dieser Lehren hinein, ja vielleicht gerade dort am stärksten. Deshalb sind nur seine historischen Schlüsse absolut zwingend, keineswegs seine philosophischen. Wenn sich zum Beispiel auf der letzten Seite seines Werks die Worte finden: »Die Zeit ist es, deren unerbittlicher Gang den flüchtigen Zufall Kultur auf diesem Planeten in den Zufall Mensch einbettet, eine Form, in welcher der Zufall Leben eine Zeitlang dahinströmt«, so sind solche Behauptungen wahr und nicht wahr: wahr nämlich nur als Lebensäußerungen einer bestimmten historischen Menschenvarietät: der heutigen, die Spengler als eines ihrer Exemplare, und zwar als eines ihrer leuchtendsten Exemplare vertritt; genau so wahr wie der Fetischismus der Naturvölker oder das ptolemäische Weltsystem der Antike.

Die fruchtbaren neuen Ideen stammen nie von einem einzelnen, sondern immer von der Zeit. Es ist geradezu der Prüfstein ihres Wertes, daß sie von vielen gleichzeitig gedacht werden. Dies erkennt auch Spengler an, wenn er in der Vorrede seines Werkes sagt: »Ein Gedanke von historischer Notwendigkeit, ein Gedanke also, der nicht in eine Epoche fällt, sondern Epoche macht, ist nur in beschränktem Sinne das Eigentum dessen, dem seine Urheberschaft zuteil wird. Er gehört der ganzen Zeit; er ist im Denken aller unbewußt wirksam.« Und in der Tat erschien fast an demselben Tag wie Spenglers erster Band ein merkwürdiges Buch des Schweizers C.H. Meray, das von der Feststellung ausging, daß jede Zivilisation ein in sich abgeschlossenes Ganzes, ein Lebewesen darstellt, ähnlich den vielzelligen Organismen. Und zwar finden wir das Gesetz: so viel Religionen, so viel Zivilisationen; die Religionen sind gleichsam die Nervenzentren der einzelnen Kulturen, die deren Lebenstätigkeit vereinheitlichen und regulieren. Ferner hat jede Zivilisation ihren eigenen Stil; auch dies hat seine Parallelerscheinung in der Zellenwelt, wo das Protoplasma ebenfalls immer eine spezifische Zusammensetzung hat: seine chemische Struktur, aus der man die Gattung jedes einzelnen Lebewesens sofort bestimmen kann. An allen diesen Zivilisationen läßt sich nun beobachten, daß sie nach einer bestimmten Zeit, nämlich nach etwa zwei bis drei Jahrtausenden, sterben. Die ägyptische, die sumerische, die babylonische, die mykenische, die erst jüngst entdeckte minoische Kultur: alle diese sehr hohen und eigenartigen Kulturen brachten es nicht über diese Zeitspanne. Die Zivilisationen besitzen also, ganz wie die Organismen, eine bestimmte Lebensdauer, die sich wohl durch gewaltsame äußere Eingriffe verkürzen, aber auf keine Weise verlängern läßt. In einem solchen Zustand des Absterbens befindet sich unsere gegenwärtige Kultur. Mit Hilfe dieser sozusagen kulturphysiologischen Methode unternahm es der Verfasser Anfang 1918, nicht nur die Ursachen und den bisherigen Verlauf des Weltkrieges zu erklären, sondern auch seinen Ausgang und seine Folgen vorauszubestimmen, was ihm vollkommen gelang.

Selbstverständlich hat Spengler nicht bloß aus dem Zeitbewußtsein geschöpft, sondern sich auch seine Vorgänger: Hegel, Nietzsche, Taine, Lamprecht, Breysig zunutze gemacht. Dasselbe Recht nimmt auch die nachfolgende Darstellung für sich in Anspruch, nur daß sie in der beneidenswerten Lage war, auch schon Spengler mit abschreiben zu können.

Pro domo Damit sind wir im Gange unserer historischen Skizze zu dem jüngsten kulturhistorischen Versuch gelangt, nämlich zu unserem eigenen. Hier mögen nun noch einige kurze allgemeine Bemerkungen gestattet sein.

Will in Deutschland jemand etwas öffentlich sagen, so entwickelt sich im Publikum sogleich Mißtrauen in mehrfacher Richtung: zunächst, ob dieser Mensch überhaupt das Recht habe, mitzureden, ob er »kompetent« sei, sodann, ob seine Darlegungen nicht Widersprüche und Ungereimtheiten enthalten, und schließlich, ob es nicht etwa schon ein anderer vor ihm gesagt habe. Es handelt sich, mit drei Worten, um die Frage des *Dilettantismus*, der *Paradoxie* und des *Plagiats*.

Was den Dilettantismus anlangt, so muß man sich klarmachen, daß allen menschlichen Betätigungen nur so lange eine wirkliche Lebenskraft innewohnt, als sie von Dilettanten ausgeübt werden. Nur der Dilettant, der mit Recht auch Liebhaber, Amateur genannt wird, hat eine wirklich menschliche Beziehung zu seinen Gegenständen, nur beim Dilettanten decken sich Mensch und Beruf; und darum strömt bei ihm der ganze Mensch in seine Tätigkeit und sättigt sie mit seinem ganzen Wesen, während umgekehrt allen Dingen, die berufsmäßig betrieben werden, etwas im üblen Sinne Dilettantisches anhaftet: irgendeine Einseitigkeit, Beschränktheit, Subjektivität, ein zu enger Gesichtswinkel. Der Fachmann steht immer zu sehr in seinem Berufskreise, er ist daher fast nie in der Lage, eine wirkliche Revolution hervorzurufen: er kennt die Tradition zu genau und hat daher, ob er will oder nicht, zu viel Respekt vor ihr. Auch weiß er zu viel Einzelheiten, um die Dinge noch einfach genug sehen zu können, und gerade damit fehlt ihm die erste Bedingung fruchtbaren Denkens. Die ganze Geschichte der Wissenschaften ist daher ein fortlaufendes Beispiel für den Wert des Dilettantismus. Das Gesetz von der Erhaltung der Energie verdanken wir einem Bierbrauer namens Joule. Fraunhofer war Glasschleifer, Faraday Buchbinder. Goethe entdeckte den Zwischenknochen, Pfarrer Mendel sein grundlegendes Bastardierungsgesetz. Der Herzog von Meiningen, ein in der Regiekunst dilettierender Fürst, ist der Schöpfer eines neuen Theaterstils, und Prießnitz, ein in der Heilkunst dilettierender Bauer, der Schöpfer einer neuen Therapie. Dies sind bloß Beispiele aus dem neunzehnten Jahrhundert und gewiß nur ein kleiner Bruchteil.

Der Mut, über Zusammenhänge zu reden, die man nicht

Der berufene Dilettant

vollständig kennt, über Tatsachen zu berichten, die man nicht genau beobachtet hat, Vorgänge zu schildern, über die man nichts ganz Zuverlässiges wissen kann, kurz: Dinge zu sagen, von denen sich höchstens beweisen läßt, daß sie falsch sind, dieser Mut ist die Voraussetzung aller Produktivität, vor allem jeder philosophischen und künstlerischen oder auch nur mit Kunst und Philosophie entfernt verwandten.

Was aber im speziellen die Kulturgeschichte betrifft, so ist es schlechterdings unmöglich, sie anders als dilettantisch zu behandeln. Denn man hat als Historiker offenbar nur die Wahl, entweder über ein Gebiet seriös, maßgebend und authentisch zu schreiben, zum Beispiel über die württembergischen Stadtfehden in der zweiten Hälfte des fünfzehnten Jahrhunderts oder über den Stammbaum der Margareta Maultasch oder, wie der Staatsstipendiat der Kulturgeschichte Doktor Jörgen Tesman, über die brabantische Hausindustrie im Mittelalter, oder mehrere, womöglich alle Gebiete vergleichend zusammenzufassen, aber auf eine sehr leichtfertige, ungenaue und dubiose Weise. Eine Universalgeschichte läßt sich nur zusammensetzen aus einer möglichst großen Anzahl von dilettantischen Untersuchungen, inkompetenten Urteilen, mangelhaften Informationen.

Die unver-
meidliche
Paradoxie

Über die Frage der Paradoxie können wir uns ebenso kurz fassen. Zunächst liegt es im Schicksal jeder sogenannten »Wahrheit«, daß sie den Weg zurücklegen muß, der von der Paradoxie zum Gemeinplatz führt. Sie war gestern noch absurd und wird morgen trivial sein. Man steht also vor der traurigen Alternative, entweder die kommenden Wahrheiten verkünden zu müssen und für eine Art Scharlatan und Halbnarr zu gelten, oder die arrivierten Wahrheiten wiederholen zu müssen und für einen langweiligen Breittreter von Selbstverständlichkeiten gehalten zu werden, sich entweder lästig oder überflüssig zu machen. Ein Drittes gibt es offenbar nicht.

Ferner wird man bemerken, daß gerade die größten Menschen gezwungen sind, sich fortwährend zu widersprechen. Sie sind ein Nährboden für mehr als eine Wahrheit; alles Lebendige findet in ihnen seinen Humus. Daher sind die Gewächse, die sie hervorbringen, vielartig, verschiedenfach und bisweilen ganz entgegengesetzter Natur. Sie sind zu objektiv, zu reich, zu verständig, um nur *eine* Ansicht über dieselbe Sache zu haben. Aber nicht bloß das Säkulargehirn, sondern jeder denkende Mensch ist genötigt, sich gelegentlich selbst zu widerlegen. Deshalb hat Emerson gesagt: »Sprich heute aus, was du heute denkst, und verkünde morgen ebenso unbekümmert, was du morgen denkst, auch wenn es dem, was du am Tage vorher gesagt hast, in jedem Punkte widerspricht. Konsequenz ist ein Kobold, der in engen Köpfen spukt.« Dasselbe meinte Goethe, als er zu Eckermann sagte, die Wahrheit sei einem Diamanten zu vergleichen, dessen Strahlen nicht nach *einer* Seite gehen, sondern nach vielen, und Baudelaire, als er an Philoxène Royer schrieb: »Unter den Rechten, von denen man in der letzten Zeit gesprochen hat, hat man eines vergessen, an dessen Nachweis jedermann interessiert ist: das Recht, sich zu widersprechen.«

Die Sache geht aber noch tiefer. Der Widerspruch ist nämlich ganz einfach die Form, und zwar die notwendige Form, in der sich unser ganzes Denken bewegt. Das, was man die »Wahrheit« über irgendeine Sache nennen könnte, ist nämlich weder die Behauptung A noch die kontradiktorische Behauptung non-A, sondern die zusammenfassende und gewissermaßen auf einer höheren geistigen Spiralebene gelegene Einheit aus diesen beiden einander widersprechenden Urteilen. Die ganze geistige Entwicklungsgeschichte der Menschheit ist ein solches Ringen um jene wahren Mittelbegriffe, in denen zwei einseitige und daher falsche Betrachtungsarten der Wirklichkeit ihre harmonische Lösung finden. Bekanntlich hat Hegel auf dieser Erkenntnis ein weitläufiges Philosophiegebäude errichtet, in dem er an alles und jegliches mit seinem ebenso einfachen wie fruchtbaren Schema: These–Antithese–Synthese herantrat, und es ist der bezwingenden Macht dieser weisen und tiefsinnigen Entdeckung zuzuschreiben, daß das Hegelsche System ein halbes Jahrhundert lang eine fast absolutistische Herrschaft über alle Kulturgebiete ausübte und alle geistig Schaffenden, ob es Physiker oder Metaphysiker, Künstler oder Juristen, Hofprediger oder Arbeiterführer waren, sozusagen im Hegelschen Dialekt sprachen. Und in einer populäreren, aber nicht minder treffenden Form findet sich der Extrakt dieser Philosophie in einer Anekdote ausgesprochen, die von Ibsen erzählt wird. Dieser sprach einmal in einer Gesellschaft begeistert von Bismarck, als einer der Anwesenden ihn fragte, wie ein so fanatischer Vorkämpfer der Freiheit des Individuums sich für einen Mann erwärmen könne, der doch seiner ganzen Weltanschauung nach ein Konservativer, also ein Anhänger der Unterdrückung fremder Individualitäten sei. Daraufhin blickte Ibsen dem Frager lächelnd ins Gesicht und antwortete: »Ja, haben Sie denn noch nie bemerkt, daß bei jedem Gedanken, wenn man ihn zu Ende denkt, das Gegenteil herauskommt?«

Der *legitime* *Plagiator* Was nun zum Schluß noch die Frage des Plagiats anlangt, so ist das Geschrei über geistige Entwendungen eines der überflüssigsten Geschäfte von der Welt. Jedes Plagiat richtet sich nämlich von selbst. Auf ihm ruht der Fluch, der jedes gestohlene Gut zu einem freudlosen Besitz macht, sei es nun geistiger oder materieller Natur. Es erfüllt den Dieb mit einer Unsicherheit und Befangenheit, die man ihm auf hundert Schritte anmerkt. Die Natur gestattet keine unehrlichen Geschäfte. Wir können immer nur unsere eigenen Gedanken wirklich in Bewegung setzen, weil nur diese unsere *Organe* sind. Eine Idee, die nicht uns, sondern einem andern gehört, können wir nicht handhaben, sie wird uns abwerfen wie das Pferd den fremden Reiter, sie ist wie eine Schmuckkassette, deren Vexierschloß man nicht kennt, wie ein Paß, der fremde Länder öffnet, aber nur dem, dessen Bild und Namenszug er trägt. Man lasse daher die Menschen an geistigem Eigentum nur ruhig zusammenstehlen, was sie erwischen können, denn niemand anders wird den Schaden davon haben als sie selbst, die ihre schöne Zeit an etwas völlig Hoffnungsloses vergeudet haben.

Es gibt aber auch unbewußte Plagiate, oder richtiger gesagt: Plagiate, die mit gutem Gewissen begangen werden, so wie man etwa jeden Händler einen Dieb mit gutem Gewissen nennen könnte. Es läßt sich bezweifeln, ob der Proudhonsche Satz »*La propriété c'est le vol*« auf wirtschaftlichem Gebiet so ganz richtig ist; auf geistigem Gebiet gilt er aber ganz zweifellos. Denn, genaugenommen, besteht die ganze Weltliteratur aus lauter Plagiaten. Das Aufspüren von Quellen, sagt Goethe zu Eckermann, sei »sehr lächerlich«. »Man könnte ebensogut einen wohlgenährten Mann nach den Ochsen, Schafen und Schweinen fragen, die er gegessen und die ihm Kräfte gegeben. Wir bringen wohl Fähigkeiten mit, aber unsere Entwicklung verdanken wir tausend Einwirkungen einer großen Welt, aus der wir uns aneignen, was wir können und was uns gemäß ist… Die Hauptsache ist, daß man eine Seele habe, die das Wahre liebt und die es aufnimmt, wo sie es findet. Überhaupt ist die Welt jetzt so alt, und es haben seit Jahrtausenden so viele bedeutende Menschen gelebt und gedacht, daß wenig Neues mehr zu finden und zu sagen ist. Meine Farbenlehre ist auch nicht durchaus neu. Plato, Leonardo da Vinci und viele andere Treffliche haben im einzelnen vor mir dasselbige gefunden und gedacht; aber daß ich es auch fand, daß ich es wieder sagte und daß ich dafür strebte, in einer konfusen Welt dem Wahren wieder Eingang zu verschaffen, das ist *mein* Verdienst.« Und das war von Goethe sicher ein besonders großes Zugeständnis, denn er war bekanntlich auf nichts stolzer als auf seine Farbenlehre.

Die ganze Geistesgeschichte der Menschheit ist eine Geschichte von Diebstählen. Alexander bestiehlt Philipp, Augustinus bestiehlt Paulus, Giotto bestiehlt Cimabue, Schiller bestiehlt Shakespeare, Schopenhauer bestiehlt Kant. Und wenn einmal eine Stagnation eintritt, so liegt der Grund immer darin, daß zu wenig gestohlen wird. Im Mittelalter wurden nur die Kirchenväter und Aristoteles bestohlen: das war zuwenig. In der Renaissance wurde alles zusammengestohlen, was an Literaturresten vorhanden war: daher der ungeheure geistige Auftrieb, der damals die europäische Menschheit erfaßte. Und wenn ein großer Künstler oder Denker sich nicht durchsetzen kann, so liegt das immer daran, daß er zuwenig Diebe findet. Sokrates hatte das seltene Glück, in Plato einen ganz skrupellosen Dieb zu finden, der sein Handwerk von Grund aus verstand: ohne Plato wäre er unbekannt. Die Frage der Priorität ist von großem Interesse bei Luftreinigern, Schnellkochern und Taschenfeuerzeugen, aber auf geistigem Gebiet ist sie ohne jede Bedeutung. Denn, wie wir schon bei Spengler hervorhoben, die guten Gedanken, die lebensfähigen und fruchtbaren, sind niemals von einem einzelnen ausgeheckt, sondern immer das Werk des Kollektivbewußtseins eines ganzen Zeitalters. Es handelt sich darum, wer sie am schärfsten formuliert, am klarsten durchleuchtet, am weitesten in ihren möglichen Anwendungen verfolgt hat. »Im Grunde«, sagt Goethe, »sind wir alle Kollektivwesen, wir mögen uns stellen, wie wir wollen. Denn wie weniges haben und sind wir, das wir im reinsten Sinne unser Eigentum nennen! … Ich verdanke meine Werke keineswegs meiner eigenen Weisheit allein, sondern Tausenden von Dingen und Personen außer mir, die mir dazu das Material boten. Es kamen Narren und Weise, helle Köpfe und borniterte, Kindheit und Jugend wie das reife Alter: alle sagten mir, wie es ihnen zu Sinn sei, was sie dachten, wie sie lebten und wirkten und welche Erfahrungen sie sich gesammelt, und ich hatte weiter nichts zu tun, als zuzugreifen und das zu ernten, was andere für mich gesäet hatten.«

Bekanntlich hat ja auch Shakespeare im *Julius Cäsar* den Plutarch wörtlich abgeschrieben. Manche bedauern, daß dadurch ein häßlicher Fleck auf den großen Dichter falle. Andere sind toleranter und sagen: Ein Shakespeare durfte sich das erlauben! Beiden ist jedoch zu erwidern: Wenn man von Shakespeare nichts wüßte als dies, so würde dies allein ihn schon als echten Dichter kennzeichnen. Es ist wahr: große Dichter sind oft originell; aber nur, wenn sie müssen. Sie haben nie den Willen zur Originalität: den haben die Literaten. Ein Dichter ist ein Mensch, der sieht und sehen kann, weiter nichts. Und er freut sich, wenn er einmal ganz ohne Einschränkung seinem eigentlichen Beruf obliegen kann: dem des Abschreibens. Wenn Shakespeare den Plutarch abschrieb, so tat er es nicht, *obgleich* er ein Dichter war, sondern *weil* er ein Dichter war. Das Genie hat eine leidenschaftliche Liebe zum Guten, Wertvollen; es sucht nichts als dieses. Hat schon ein anderer die Wahrheit, zum Beispiel Plutarch, wozu sich auch nur einen Schritt weit von ihm entfernen? Was könnte dabei herauskommen? Es bestünde die Gefahr, eine Wahrheit, die minder groß und wahr wäre, an die Stelle der alten zu setzen, und diese Gefahr fürchtet das Genie mehr als den Verlust seiner Originalität. Lieber schreibt es ab. Lieber ist es ein Plagiator.

Pascal sagt einmal in den *Pensées*: »Gewisse Schriftsteller sagen von ihren Werken immer: ›*Mein* Buch, *mein* Kommentar, *meine* Geschichte‹. Das erinnert an jene braven Spießer, die bei jeder Gelegenheit ›*mein Haus*‹ sagen. Es wäre besser, wenn sie sagten: *unser* Buch, *unser* Kommentar, *unsere* Geschichte; wenn man bedenkt, daß das Gute darin mehr von andern ist als von ihnen.« Wir sind schließlich alle nur Plagiatoren des Weltgeists, Sekretäre, die sein Diktat niederschreiben; die einen passen besser auf, die anderen schlechter: das ist vielleicht der

Pathologische und physiologische Originalität

79

ganze Unterschied. Aber Pascal ergänzt seine Bemerkung durch eine andere: »Manche Leser wollen, daß ein Autor niemals über Dinge spreche, von denen schon andere gesprochen haben. Tut er es, so werfen sie ihm vor, er sage nichts Neues. Beim Ballspielen benutzt der eine genau denselben Ball wie der andere; aber der eine *wirft* ihn besser. Man könnte einem Autor gerade so gut vorwerfen, daß er sich der alten Worte bediene: als ob dieselben Gedanken in veränderter Anordnung nicht einen andern geistigen Organismus bildeten, genau so, wie die Worte in veränderter Anordnung andere Gedanken bilden.« Die Unoriginalität liegt eben meistens im Leser. Die Bemerkung: »Das ist mir nichts Neues, das habe ich schon irgendwo gehört«, wird man am häufigsten im Munde untalentierter, unkünstlerischer, unproduktiver Menschen hören. Der begabte Mensch hingegen weiß, daß er nichts »schon irgendwo gehört hat« und daß alles neu ist. Der Europäer glaubt, daß alle Neger dieselben Gesichter hätten, weil er von Negergesichtern nichts versteht. Und der Philister glaubt, daß alle Menschen dieselbe geistige Physiognomie hätten, weil er von geistigen Physiognomien nichts versteht. »Die, so niemals selbst denken«, sagt Kant in seinen *Prolegomena*, »besitzen dennoch die Scharfsichtigkeit, alles, nachdem es ihnen gezeigt worden, in demjenigen, was sonst schon gesagt worden, aufzuspähen, wo es doch vorher niemand sehen konnte.«

Materiell neu ist im Grunde nichts; neu ist immer nur das Wechselspiel der geistigen Kräfte. Ja man kann den letzten Schritt tun und sagen: Jeder Vollsinnige ist ununterbrochen gezwungen, zu plagiieren. Das wohlgeordnete, wohlabgegrenzte Reich der Wahrheit ist klein. Unermeßlich und bodenlos ist nur die Wildnis der Torheiten und Irrtümer, der Schrullen und Idiotismen. Gegen Leute, die etwas *ganz* Neues sagen, soll man mißtrauisch sein; denn es ist fast immer eine Lüge. Es gibt eine doppelte Originalität: eine gute und eine schlechte. Originell ist jeder neue Organismus: diese *physiologische* Originalität ist wertvoll und fruchtbar. Daneben existiert aber auch noch eine *pathologische* Originalität, und die hat gar keinen Wert und gar keine Lebensfähigkeit, obgleich sie vielfach als die einzige und echte Originalität gilt. Es ist die Originalität des Riesenfettkinds und des Kalbs mit zwei Köpfen.

Kurz nachdem ich diese kleine Schlußbetrachtung aufgezeichnet hatte, fiel mir ein alter Band der Wochenschrift *Die Zeit* in die Hand, worin ich einen Aufsatz von Hermann Bahr über »Plagiate« vorfand, der mit dem Satz schließt: »Nehmen wir dem Künstler das Recht, das Schöne darzustellen, wie er es fühlt, unbekümmert, ob es schon einmal dargestellt worden ist oder nicht, und dem Kenner das Recht, nach dem Wahren zu trachten, ob es nun alt oder neu ist, und lassen wir bloß das gelten, was noch nicht dagewesen ist, dann machen wir allen Extravaganzen die Türe auf und der größte Narr wird uns der liebste Autor sein.« Man könnte hier an irgendeinen zufälligen »Parallelismus« denken; so aber verhält es sich nicht. Sondern ich habe, als leidenschaftlicher Leser Hermann Bahrs, der ich schon immer war, diesen Satz offenbar als Gymnasiast in der *Zeit* gelesen, und jetzt ist er wieder aus meinem Unterbewußtsein nach oben gestiegen. Woraus erhellt, daß man selbst über Plagiate nichts anderes sagen kann als Plagiate.

ERSTES BUCH

RENAISSANCE UND REFORMATION

*Von der Schwarzen Pest
bis zum Dreißigjährigen Krieg*

ERSTES KAPITEL

Der Beginn

Fängt nicht überall das Beste mit Krankheit an?
Novalis

Eine einfache Erwägung zeigt, daß alle Klassifikationen, die der
Mensch jemals gemacht hat, willkürlich, künstlich und falsch
sind. Aber eine ebenso einfache Erwägung zeigt, daß diese
Klassifikationen nützlich und unentbehrlich und vor allem unvermeidlich sind, weil sie einer eingeborenen Tendenz unseres
Denkens entspringen. Denn im Menschen lebt ein tiefer Wille
zur Einteilung, er hat einen heftigen, ja leidenschaftlichen Hang,
die Dinge abzugrenzen, einzufrieden, zu etikettieren. Das Lieb-
lingsspielzeug vieler Kinder ist die Schachtel. Aber auch der Erwachsene trägt immer ein unsichtbares Quadratnetz mit sich
herum. Die einfache und lichte Anordnung der meisten Natur-
produkte: die deutliche und bestimmte Segmentierung des Tierkörpers, die regelmäßigen Knoten des Blumenstengels, gleichsam dessen Stockwerke, die scharf geschnittenen Flächen und
Winkel des Kristalls: all das ist für uns ein eigentümlich erfri-
schender Anblick. Wir verlangen, daß ein Gedicht Strophen, ein
Drama Akte, eine Symphonie Sätze, ein Buch Absätze habe,
sonst fühlen wir uns sonderbar gequält, befremdet und ermüdet.
Ein Antlitz, dessen Teile sich nicht kräftig und ausdrücklich gegeneinander abheben, erscheint uns unschön oder nichtssagend.
Wir verehren Menschen und Völker nach dem Grade ihrer
Kunst, zu stufen, zu gliedern, zu scheiden: ja das, was wir Kunst
nennen, ist fast identisch mit dieser Fähigkeit. Die griechischen
Architekten und Bildhauer sind die Lehrer der Jahrtausende ge-

*Der Wille
zur
Schachtel*

worden, weil sie Meister der Einteilung, der *Proportion* waren; der Dichterruhm Dantes beruht zum Teil darauf, daß er die geheimnisvolle Welt des Jenseits durchsichtig und faßbar gemacht hat, indem er sie in klare Kreise zerlegte. Und die Aufgabe aller Wissenschaft hat ja niemals in etwas anderem bestanden als in der übersichtlichen Parzellierung und Gruppierung der Wirklichkeit: durch künstliche Trennung und Aufreihung macht sie die Fülle des Tatsächlichen handlich und begreiflich. Es heißt freilich: Die Natur macht keine Sprünge. Aber es scheint, daß ihr die Zwischenformen, durch die sie hindurchmuß, nicht das Wichtigste sind, denn sie hat keine einzige von ihnen aufbewahrt, sie benutzt sie offenbar nur als Hilfslinien und Notbrücken, um zu ihrem eigentlichen Ziele zu gelangen: den scharf gesonderten Gruppen und Reichen; was sie will, sind die markanten Unterschiede und nicht die verwaschenen Übergänge. Oder sagen wir lieber: Wir vermögen es jedenfalls nicht anders zu sehen. Was uns bei der Betrachtung eines Entwicklungsganges reizt und bewegt, ist immer jener geheimnisvolle *Sprung*, der fast niemals fehlt; in jeder Biographie sind es die plötzlichen Erhellungen und Verdunklungen, Wandlungen und Wendungen, Taillen und Zäsuren, die unsere Teilnahme fesseln: das, was den Einschnitt, die *Epoche* macht. Kurz: wir fühlen uns nur glücklich in einer artikulierten, gestuften, *interpungierten* Welt.

Das Recht *auf Peri-* *odisierung* Dies gilt ganz besonders von allem, was einen Zeitablauf hat. Die Zeit ist vielleicht von allen Schrecklichkeiten, die den Menschen umgeben, die schrecklichste: flüchtig und unheimlich, gestaltlos und unergründlich, ein Schnittpunkt zwischen zwei drohenden Ungewißheiten: einer Vergangenheit, die nicht mehr ist und trotzdem noch immer bedrückend in unser Jetzt hineinragt, und einer Zukunft, die noch nicht ist und dennoch bereits beängstigend auf unserem Heute lastet; die Gegenwart aber fassen wir nie. Die Zeit also, unsere vornehmste und wertvollste Mitgift, gehört uns nicht. Wir wollen sie besitzen, und statt dessen sind wir von ihr besessen, rastlos vorwärtsgehetzt nach einem Phantom, das wir »morgen« nennen und das wir niemals erreichen werden. Aber gerade darum ist der Mensch unermüdlich bemüht, die Zeit zu dividieren, einzuteilen, in immer kleinere und regelmäßigere Portionen zu zerlegen: er nimmt Luft und Sand, Wasser und Licht, alle Elemente zu Hilfe, um dieses Ziel immer vollkommener zu erreichen. Seine stärkste Sehnsucht, sein ewiger Traum ist: *Chronologie* in die Welt zu bringen. Haben wir die Zeit nämlich einmal schematisch und überschaubar, meßbar und berechenbar gemacht, so entsteht in uns die Illusion, daß wir sie beherrschen, daß sie uns gehört. Schon der Wilde hat dafür seine rohen einfachen Methoden. Dem antiken Menschen, der erdiger und weniger vergrübelt war als der christliche, genügte der Schatten der Sonne, aber schon das Mittelalter erlebte die Erfindung der Uhr, und wir Heutigen, in unserer nie schweigenden Lebensangst und faustischen Unrast, haben Apparate, die den vierhunderttausendsten Teil einer Sekunde notieren. Und ebenso verhält es sich, wenn wir das Zeitmikroskop mit dem Zeitteleskop vertauschen und auf die weite Geschichte unseres Geschlechts blicken: auch hier genügt uns nicht mehr die naive und sinnbildliche Einteilung der Alten in goldene, silberne, eiserne Zeitalter, sondern wir begehren Genaueres, Schärferes, Umfassenderes. Es ist natürlich leicht, gegen alle Arten von Periodisierungen zu polemisieren und etwa zu sagen: Es ist alles ein einziger großer Fluß, in langen Räumen sich vorbereitend, in langen Räumen sich auswirkend, unbegrenzbar nach beiden Richtungen wie jeder andere Fluß: man könnte ebensogut den Ozean in einzelne Abschnitte zerlegen. Aber tun wir dies nicht in der Tat sogar mit dem Ozean, indem wir Meridiane und Parallelkreise ziehen? Immer wieder wird uns versichert, es gebe überall in Natur und Leben nur schrittweise Übergänge, Grade und Differentiale. Aber wir hören diese subtilen Einwände, geben ihnen recht und glauben sie nicht. Denn es gibt auf dem

Grunde unseres Denkens ein Wissen, das positiver und ursprünglicher ist als alle wissenschaftlichen Erkenntnisse. Dieses angeborene gesunde und gradlinige Wissen, das dem gemeinen Mann ebenso eigen ist wie dem echten Gelehrten, schiebt derlei posthume Weisheiten von sich und beharrt auf der Forderung, daß jeder Verlauf seinen Anfang und sein Ende, seine Ouvertüre und sein Finale haben müsse. Blicken wir auf das Leben des Individuums, das sich leichter überschauen läßt als der Werdegang der Gesamtheit, so bemerken wir, daß hier die verschwimmenden Übergänge keineswegs die Regel sind, daß vielmehr der Eintritt in ein neues Lebensalter sich meist abrupt, unvermittelt, explosiv vollzieht. Plötzlich, »über Nacht« sagt das Volk, ist die Pubertät, ist die Senilität da. »Vorbereitet« ist sie natürlich stets, aber in die Wirklichkeit tritt sie meist in der Form eines überraschenden physiologischen Rucks; oft ist die Auslösung auch irgendein tiefgehendes seelisches Erlebnis. Wir pflegen dann zu sagen: »Du bist ja auf einmal ein Mann geworden«, und (dies meist nur hinter dem Rücken): »Er ist ja auf einmal ein Greis geworden.« In seinem sehr bedeutenden Werk *Der Ablauf des Lebens* sagt Wilhelm Fließ: »Plötzlichkeit eignet allen Lebensvorgängen. Sie ist fundamental… Das Kind ist plötzlich im Besitz einer neuen Artikulation… Ebenso sicher ist es, daß das Kind plötzlich die ersten Schritte macht.« Geheimnisvoll wächst der Mensch im Mutterleibe, ist Wurm, Fisch, Lurch, Säugetier, und doch hat ein jeder seinen bestimmten Geburtstag, ja seine Geburtsminute. Und so kann man denn auch von der Geschichte unseres ganzen Geschlechts sagen: Es gibt bestimmte Zeitpunkte, wo eine neue Art Mensch geboren wird, nicht Tage, aber vielleicht Jahre oder doch Jahrzehnte.

Die Konzeption des neuen Menschen
Aber indem wir diese Analogie etwas näher ins Auge fassen, bemerken wir sogleich einen Punkt, wo sich das Bedürfnis nach einer Korrektur geltend macht. Wann »beginnt« ein Menschenleben? Offenbar nicht im Augenblick der Geburt, sondern im

Augenblick der Konzeption. Die verblüffenden und höchst aufschlußreichen Untersuchungen, die sich in den letzten Jahrzehnten, wiederum im Anschluß an Fließ, mit dem geheimnisvollen Phänomen der Periodizität beschäftigt haben, lassen denn auch ihre Berechnungen immer etwa neun Monate vor der Geburt einsetzen, dasselbe tun die Astrologen bei der Bestimmung der Nativität. Der Anfang eines neuen Geschichtsabschnitts ist also in jenen Zeitpunkt zu setzen, wo der neue Mensch *konzipiert* wird: das Wort in seiner doppelten Bedeutung genommen. Eine neue Ära beginnt nicht, wenn ein großer Krieg anhebt oder aufhört, eine starke politische Umwälzung stattfindet, eine einschneidende territoriale Veränderung sich durchsetzt, sondern in dem Moment, wo eine neue Varietät der Spezies Mensch auf den Plan tritt. Denn in der Geschichte zählen nur die inneren Erlebnisse der Menschheit. Aber der unmittelbare Anstoß wird doch sehr oft von irgendeinem erschütternden äußeren Ereignis, einer allgemeinen Katastrophe ausgehen: einer großen Epidemie, einer tiefgreifenden Umlagerung der sozialen Schichtung, weit ausgebreiteten Invasionen, plötzlichen wirtschaftlichen Umwertungen. Den Anfang macht also meistens irgendein großes *Trauma*, ein Choc: zum Beispiel die Dorische Wanderung, die Völkerwanderung, die Französische Revolution, der Dreißigjährige Krieg, der Weltkrieg. Diesem folgt eine *traumatische Neurose*, die der eigentliche Brutherd des Neuen ist: durch sie wird alles umgeworfelt, »zerrüttet«, in einen labilen, anarchischen, chaotischen Zustand gebracht, die Vorstellungsmassen geraten in Fluß, werden sozusagen mobilisiert. Erst später bildet sich das, was die Psychiater den »psychomotorischen Überbau« nennen: jenes System von zerebralen Regulierungen, Hemmungen, Sicherungen, das einen »normalen« Ablauf der seelischen Funktionen garantiert: in diese Gruppe von Zeitaltern gehören alle »Klassizismen«.

Auf Grund dieses Schemas wagen wir nun die Behauptung

aufzustellen: Das Konzeptionsjahr des Menschen der Neuzeit war das Jahr 1348, das Jahr der »Schwarzen Pest«.

Die »Übergangszeit«

Die Neuzeit fängt also nicht dort an, wo sie in der Schule anfängt. Die dunkle Empfindung, daß die hergebrachten Bestimmungen über den Beginn der Neuzeit den wahren Sachverhalt nur sehr summarisch und oberflächlich zum Ausdruck bringen, ist übrigens immer vorhanden gewesen. Die meisten Historiker helfen sich mit einer »Übergangszeit«, worunter sie ungefähr das fünfzehnte Jahrhundert verstehen. Breysig führt den Begriff des »späten Mittelalters« ein und bestimmt dafür die Zeit »von gegen 1300 bis gegen 1500«. Chamberlain geht in seinen geistvollen, aber etwas einseitig orientierten *Grundlagen des neunzehnten Jahrhunderts* noch weiter zurück, indem er »das Erwachen der Germanen zu ihrer welthistorischen Bestimmung als Begründer einer durchaus neuen Zivilisation und einer durchaus neuen Kultur« den »Angelpunkt der Geschichte Europas« nennt und das Jahr 1200 als den »mittleren Augenblick dieses Erwachens« bezeichnet. Scherer hält zwar an einem »ausgehenden Mittelalter« fest, beginnt aber das Kapitel über diese Periode mit den Worten: »Die Geißelfahrten und die Gründung der ersten deutschen Universität stehen bedeutungsvoll am Eingang einer dreihundertjährigen Epoche, die bis zum Westfälischen Frieden reicht.« Es ist jedoch nur natürlich, daß die naheliegende Erkenntnis eines früheren Beginns der Neuzeit den »Laien« viel rascher aufgegangen ist als den Fachleuten. Schon Vasari setzte die Rinascita an den Anfang des Trecento. Gustav Freytag sagt in seinen *Bildern aus der deutschen Vergangenheit*, die bis zum heutigen Tage noch immer die farbigste, einprägsamste und erlebteste Kulturgeschichte des deutschen Volkes sind: »Sieht man näher zu, so sind stillwirkende Kräfte lange geschäftig gewesen, diese großen Ereignisse hervorzubringen … welche nicht nur den Deutschen, sondern allen Völkern der Erde ihr Schicksal bestimmt haben… Von solchem Gesichtspunkt wird uns die Zeit zwischen den Hohenstaufen und dem Dreißigjährigen Kriege, die vierhundertjährige Periode zwischen 1254 und 1648 ein einheitlicher geschlossener Zeitraum der deutschen Geschichte, welcher sich von der Vorzeit und Folge stark abhebt.« Und Fritz Mauthner gelangt in seinem Werk über den *Atheismus und seine Geschichte im Abendland* zu folgender Formel: »Versteht man unter Mittelalter alle die Jahrhunderte, in denen kirchliche Begriffe nachwirkten … so dauerte das Mittelalter sicherlich bis zum Westfälischen Frieden … Versteht man jedoch unter Mittelalter nur die Jahrhunderte einer unwidersprochenen Theokratie … dann muß man dieses Mittelalter lange vor dem Ende des fünfzehnten Jahrhunderts aufhören lassen, etwa schon zweihundert Jahre früher.«

Also: mit dem aufgehenden sechzehnten Jahrhundert ist die Neuzeit in die Welt getreten; aber im vierzehnten und fünfzehnten Jahrhundert ist sie entstanden, und zwar durch Krankheit. Daß nämlich Krankheit etwas Produktives ist, diese scheinbar paradoxe Erklärung müssen wir an die Spitze unserer Untersuchungen stellen.

Jede Krankheit ist eine Betriebsstörung im Organismus. *Beginn des* Aber nur eine sehr äußerliche Betrachtungsweise wird den Be- *Exkurses* griff der Betriebsstörung ohne weiteres unter den der Schädi- *über den* gung subsumieren. Auch in der Geschichte des politischen und *Wert der* sozialen Lebens, der Kunst, der Wissenschaft, des Glaubens *Krankheit* sehen wir ja, daß Erschütterungen des bisherigen Gleichgewichts durchaus nicht immer unter die verderblichen Erscheinungen gerechnet werden dürfen; vielmehr ist es klar, daß jede fruchtbare Neuerung, jede wohltätige Neubildung sich nur auf dem Wege eines »Umsturzes« zu vollziehen vermag, einer Disgregation der Teile und Verschiebung des bisherigen Kräfteparallelogramms. Ein solcher Zustand muß, vom konservativen Standpunkt betrachtet, stets als krankhaft erscheinen.

Die Ahnung, daß das Phänomen der Krankheit mit dem Geheimnis des Werdens eng verknüpft sei, war in der Menschheit zu allen Zeiten weit verbreitet. Der Volksinstinkt hat auf den Kranken, zumal auf den Geisteskranken, immer mit einer gewissen Scheu geblickt, die aus Furcht und Ehrfurcht gemischt war. Die Römer nannten die Epilepsie *morbus sacer, morbus divinus*; die Pythia, der die Entscheidung der wichtigsten Fragen ganz Griechenlands und die Erkundung der Zukunft anvertraut war, müßte nach allem, was wir über sie wissen, in der heutigen Terminologie als hysterisches Medium bezeichnet werden. Die hohe Wertschätzung, die dem Leiden in so vielen Religionen eingeräumt wird, hat ihre Wurzel in der Überzeugung, daß es die Lebensfunktionen nicht etwa herabsetzt, sondern steigert und zu einem Wissen führt, das dem Gesunden verschlossen bleibt. Die Askese ist sowohl in ihrer orientalischen wie in ihrer abendländischen Form ein Versuch, durch alle erdenklichen »schwächenden« Mittel: Unterernährung, Schlafentziehung, Flagellation, Einsamkeit, sexuelle Abstinenz den Organismus künstlich morbid zu machen und dadurch in einen höheren Zustand zu transponieren. In der Legendenschilderung sind fast alle heiligen oder sonst von Gott ausgezeichneten Menschen mit körperlichen »Minderwertigkeiten« behaftet. Es ist nur die Kehrseite dieser Auffassung, daß frühere Jahrhunderte in den Hysterikerinnen Hexen erblickten, Erwählte des großen Widersachers Gottes, dem der damalige Glaube eine fast ebenso große Macht zuschrieb wie dem Schöpfer. Kurz: überall begegnen wir der mehr oder minder deutlichen Empfindung, daß der Kranke sich in einer gesegneteren, erleuchteteren, lebensträchtigeren Verfassung befinde, daß er eine höhere Lebensform darstelle als der Gesunde.

Am gesündesten ist die Amöbe   Zunächst kann es ja selbst dem philiströsesten Denken kaum zweifelhaft sein, daß jeder Mensch durch Krankheitszustände *lernt*: der kranke Organismus ist unruhiger und darum lernbegieriger; empfindlicher und darum lernfähiger; ungarantierter und darum wachsamer, scharfsinniger, hellhöriger; in dauernder Gewohnheit und Nachbarschaft der Gefahr lebend und darum kühner, unbedenklicher, unternehmender; näher der Schwelle der jenseitigen Seelenzustände und darum unkörperlicher, transzendenter, vergeistigter. Wie denn überhaupt jeder Fortschritt in der Richtung der Vergeistigung im Grunde ein Krankheitsphänomen darstellt: das letzte Mittel zur Selbsterhaltung, das die Natur erst zur Verfügung stellt, wenn die Physis nicht mehr ausreicht. Alles Höhere ist naturgemäß immer das Kränkere. Schon jede sehr hohe Kompliziertheit der Organisation hat fortwährende Gleichgewichtsstörungen zur Voraussetzung, zumindest die dauernde Gefahr solcher Störungen, also Unsicherheit, Unausgeglichenheit, Labilität. Am »gesündesten« ist zweifellos die Amöbe.

Überall, wo sich Neues bildet, ist Schwäche, Krankheit, »Dekadenz«. Alles, was neue Keime entwickelt, befindet sich in einem scheinbaren Zustand reduzierten Lebens: die schwangere Frau, das zahnende Kind, der mausernde Kanarienvogel. Im Frühling hat die ganze Natur etwas Neurasthenisches. Der Pithecanthropus war sicher ein Dekadent. Auch die bekannte Krankheit, die als »Nervosität« beschrieben wird, ist nichts anderes als eine erhöhte Perzeptibilität für Reize, eine gesteigerte Schnelligkeit der Reaktion, eine reichere und kühnere Assoziationsfähigkeit, mit einem Wort: Geist. Je höher ein Organismus entwickelt ist, desto nervöser ist er. Der Weiße ist nervöser als der Neger, der Städter nervöser als der Bauer, der moderne Mensch nervöser als der mittelalterliche, der Dichter nervöser als der Philister. In der Tierwelt läßt sich dasselbe Verhältnis beobachten: ein Jagdhund ist nervöser als ein Fleischerhund, und dieser ist wiederum nervöser als ein Ochse. Die Hysterischen besitzen eine solche Kraft des Geistes, daß sie damit sogar die Materie kommandieren können: sie vermögen an ihrem

Alles Werdende ist dekadent

93

Körper willkürlich Geschwülste, Blutungen, Brandwunden, ja selbst Scheintod hervorzurufen, und es ist nachgewiesen, daß sie oft hellsehend sind. Im verkleinerten Format wiederholt sich dies beim Neurasthenischen: er ist scharfsehend. Er hat einfach schärfere, beweglichere, regsamere, neugierigere, weniger verschlafene Sinne. Alle landläufigen Definitionen der Neurasthenie sind nichts anderes als gehässige Umschreibungen für die physiologischen Zustände des begabten Menschen.

Der Rekonvaleszent befindet sich in einer eigentümlich leichten, beschwingten, befeuerten Verfassung, gegen die die völlige Genesung einen Rückschritt bedeutet. Das kommt daher, daß jede Krankheit einen heroischen Existenzkampf darstellt, eine letzte verzweifelte Kraftanstrengung, mit der der bedrohte Organismus auf fremde Insulte und Invasionen antwortet. Der Körper ist in einem kriegerischen Ausnahmezustand, in einem Stadium allgemeiner Erhebung, wo die einzelnen Zellen Energieleistungen, Vitalitätssteigerungen, Regulierungen, Reserven, Reaktionen einsetzen, die man ihnen nie zugetraut hätte.

Das Problem vom Wert der Krankheit hat denn auch die Aufmerksamkeit einiger der intensivsten modernen Denker erregt. Hebbel notiert in seinen *Tagebüchern*: »Die kranken Zustände sind übrigens dem wahren (dauernd-ewigen) näher wie die sogenannten gesunden.« Novalis erklärt, die Krankheiten seien wahrscheinlich »der interessanteste Reiz und Stoff unseres Nachdenkens und unserer Tätigkeit«, wir besäßen nur noch nicht die Kunst, sie zu benützen: »Könnte Krankheit nicht ein Mittel höherer Synthesis sein?« Und Nietzsche, der leidenschaftliche Bekämpfer der modernen Dekadenz, hat dennoch an mehreren Stellen seiner Schriften die hohe Bedeutung hervorgehoben, die die Krankheit für die Selbstzucht des Geistes besitzt, und gelangt in der Vorrede zur *Fröhlichen Wissenschaft* zu dem Resultat: »Was die Krankheit angeht, würden wir nicht fast zu fragen versucht sein, ob sie uns überhaupt entbehrlich ist?«

In seiner *Studie über Minderwertigkeit von Organen* hat Alfred Adler diese Frage zum erstenmal in streng wissenschaftlicher Form behandelt. Als die kleine Schrift im Jahr 1907 erschien, wurde sie fast gar nicht beachtet, und auch später hat sich ihr Verfasser in weiteren Kreisen mehr durch seine psychoanalytischen Untersuchungen bekannt gemacht, die aber nicht, wie gewöhnlich angenommen wird, eine Bekämpfung, sondern viel eher eine Ergänzung der Freudschen Lehre bedeuten, wie denn überhaupt die Menschen guttäten, statt dilettantischer und unfruchtbarer Polemik den bekannten Ausspruch Goethes über sein Verhältnis zu Schiller zu beherzigen und sich zu freuen, »daß überall ein paar Kerle da sind, worüber sie streiten können«.

Adler geht von der experimentellen Feststellung aus, daß im menschlichen Organismus alles minderwertige Material die Tendenz hat, »überwertig« zu werden, nämlich auf die relativ größeren Lebensreize, denen es ausgesetzt ist, mit einer verstärkten Produktion zu reagieren; es ist daher nicht selten der Fall, daß wir gerade die loci minoris resistentiae zu abnormer Leistungsfähigkeit gesteigert finden. Die Ursache liegt in dem Zwange einer ständigen Übung und in der erhöhten Anpassungsfähigkeit, die die minderwertigen Organe nicht selten auszeichnet. Die Folge einer hereditären Organminderwertigkeit kann in motorischer Insuffizienz bestehen, in mangelhafter Produktion der zugehörigen Drüsensekrete, in dürftigerer Ausbildung der Reflexaktionen; aber ebensogut im Gegenteil: in motorischer Überleistung, in Hypersekretion und in Steigerung der Reflexe.

Dies ist in Kürze die Entdeckung Alfred Adlers. Wenn wir sie ein wenig überdenken und versuchen, aus ihr einige einfache Folgerungen zu ziehen, so werden wir zu den überraschendsten Resultaten gelangen. Beginnen wir mit der anorganischen Natur. Dort finden wir den einfachsten und elementarsten Aus-

Höherer Wert der minderwertigen Organe

druck des ganzen Sachverhalts in dem Gesetz von der Aktion und Reaktion. Versetze ich zum Beispiel einer Billardkugel mit Hilfe einer zweiten einen Stoß, so verhält sie sich keineswegs passiv, sondern sie stößt zurück, und zwar mit derselben Kraft, mit der sie selbst gestoßen wurde. Der Reiz des Stoßes, der »Choc«, hat also in ihr selbst produktive Energien freigemacht. Eine Feder, die nicht gespannt wird, verliert allmählich ihre Elastizität; ein Hufeisenmagnet steigert seinen Magnetismus, je länger er vom Anker belastet wird; Kautschuk zerfällt, wenn er nicht gedehnt wird: er »atrophiert« infolge Mangels an Reizen. Demselben Prinzip unterliegt natürlich auch die organische Materie. Ein Muskel, der nicht benutzt wird, degeneriert allmählich: eine Erscheinung, die sich bei jedem schweren Knochenbruch beobachten läßt und unter der Bezeichnung »Inaktivitätsatrophie« bekannt ist. Umgekehrt hypertrophiert ein Organ, wenn es besonders stark in Anspruch genommen wird. Ein Schmied, ein Lastträger, ein Ringer deklariert seine Beschäftigung auf den ersten Blick durch seine abnorm entwickelte Armmuskulatur. Jeder Reiz hat also die Eigenschaft, trophisch zu wirken; und je stärker und regelmäßiger ein Organ gereizt wird, desto größer wird seine Leistungsfähigkeit sein.

Gesund-heit ist eine Stoff-wechsel-erkran-kung

Hieraus ergibt sich aber eben die bedeutsame Folgerung, daß ein erkranktes Organ unter Umständen weit lebensfähiger, leistungsfähiger, entwicklungsfähiger ist als ein gesundes, weil ungleich mehr Reize darauf eindringen: die Krankheit spielt hier ganz dieselbe Rolle, die beim normalen Organismus einem außergewöhnlichen Training zukommt. Und dies gilt nicht bloß von einzelnen Organen, sondern auch vom ganzen Organismus. Zum Beispiel findet die vielbestaunte Tatsache, daß alle Arten von Künstlern, besonders Schauspieler, so lange jugendlich bleiben und in vielen Fällen ein sehr hohes Alter erreichen, hier ihre Erklärung: sie leben in einem fast permanenten Zutand abnormer Gereiztheit und Erregung. Der Durchschnittsmensch hingegen, obgleich er zumeist viel rationeller und »solider« lebt, erliegt viel leichter dem natürlichen Involutionsprozeß und ist, weil er ein viel starreres, stabileres System darstellt, der allgemeinen und lokalen Verkalkung weit stärker ausgesetzt. Es herrscht in seinem Kräftehaushalt kein genügend reger Betrieb, es fehlt an fruchtbaren Reibungen, Widerständen, Polaritäten, das Leben des Zellenstaates hat nicht den richtigen Tonus. So daß man fast den paradoxen Satz aufstellen könnte: Gesundheit ist eine Stoffwechselerkrankung.

Unsere Theorie erfährt nun aber auch auf dem Gebiet der untermenschlichen Welt, das viel exakteren Beobachtungen zugänglich ist, eine Reihe von überraschenden Bestätigungen. Ich will nur ein paar Tatsachen anführen, auf die ich ganz zufällig gestoßen bin; ihre Zahl ließe sich durch systematisches Suchen sicher bedeutend vermehren. Von der Eidechse, die bekanntlich die Fähigkeit besitzt, den abgebrochenen Schwanz wieder nachwachsen zu lassen, wird berichtet, daß das regenerierte Schwanzstück sehr oft dicker und kräftiger ist als das alte. Eine in unseren Gegenden lebende Süßwasserpolypenart hat die Eigentümlichkeit, daß sie, wenn man ihr den Kopf abschneidet, sogleich zwei neue Köpfe bildet, und führt deshalb den Namen Hydra: man sieht, wie das ja so oft bei »Sagen« der Fall ist, daß die Geschichte von der lernäischen Hydra einen tiefen wissenschaftlichen Sinn hat. Bei einer Gattung der Strudelwürmer, die ebenfalls in unseren Bächen vorkommt, ist es sogar möglich, durch Einschnitte mehrere Kopf- und Schwanzenden zu erzeugen. Daß man Regenwürmer und andere niedere Tiere in zahlreiche Stücke zerschneiden kann, die sich wieder zu vollständigen neuen Exemplaren ergänzen, ist allbekannt: diese Eigenschaft wird sogar in den Dienst der Technik gestellt, indem sie zur künstlichen Vermehrung des Badeschwamms dient. In diesen Fällen führt also die Verwundung

Die lernäische Hydra

zur Entstehung neuer Individuen, wozu sonst nur die sexuelle Fortpflanzung imstande ist. An manchen Farnen fördert die Infektion mit gewissen parasitischen Pilzen eigentümliche Sprosse zutage, zum Beispiel am Saumfarn den sogenannten »Hexenbesen«. Ein anderer parasitischer Pilz bewirkt, daß jene Blüten der Lichtnelke, die durch Verkümmerung der Staubfäden eingeschlechtig geworden sind, wieder zweigeschlechtig werden, indem die defekten Staubblätter durch die Infektion wieder zur Ausbildung gelangen. Bei Bäumen können überhaupt alle Arten von Verletzungen, wie Wurmfraß, Windbruch, Absägen einzelner Glieder, Knospenbildung zur Folge haben. Die Entstehung der Galläpfel wird durch die vergiftende Tätigkeit gewisser Insekten: Fliegen, Mücken, Wespen hervorgerufen; diese Produkte als krankhafte Mißbildungen aufzufassen ist zumindest anfechtbar, da sie morphologisch eine große Ähnlichkeit mit Früchten besitzen und das allgemeine Gedeihen des Baumes nicht hindern. Aber es gibt sogar Milben, die an manchen Baldrianarten gefüllte Blüten erzeugen. Von hier aus wird uns die merkwürdige Tatsache verständlich, daß Grétry, der Schöpfer der komischen Oper, von dem Tage an, wo ihm ein schwerer Balken auf den Kopf gefallen war, zu komponieren anfing, und zwar so fruchtbar, daß er über fünfzig Spielopern schrieb, und daß Mabillon, der Begründer der wissenschaftlichen Urkundenforschung, durch eine Kopfwunde, die er erlitt, zum bedeutenden Gelehrten wurde.

Daß sich aber selbst in den elementarsten Bausteinen alles Lebens ähnliche Vorgänge abspielen, ergibt sich in verblüffender Weise aus Ehrlichs Seitenkettentheorie. Bekanntlich nimmt Ehrlich an, daß in der Zelle sogenannte Seitenketten existieren, deren normale Funktion darin besteht, die Elemente der Nahrung aus dem Blutkreislauf aufzunehmen und in das Innere der Zelle zu leiten. Diese Seitenketten bezeichnet er als »Empfänger«, und nach dieser Auffassung besteht der Vorgang der Infektion darin, daß die Gifte eine größere Fähigkeit besitzen, sich mit diesen Empfängern zu verbinden; hierdurch versperren sie den Nahrungsstoffen den Weg und führen zum Tod des Individuums, wenn es der Zelle nicht gelingt, diese Verbindungen der Seitenkette mit dem Giftmolekül zu entfernen und neue Empfänger zu bilden. Es stellt sich nun aber die Eigentümlichkeit heraus, daß die Zelle in diesem Falle nicht nur die früheren Empfänger ersetzt, sondern einen ganz bedeutenden Überschuß an Seitenketten erzeugt.

Die innige Verbindung, in der die Verletzung mit der Neubildung steht, und die Tatsache, daß sie das einzige physiologische Agens ist, das die Rolle der Fortpflanzung zu übernehmen vermag, legen übrigens die Frage nahe, ob die Zweigeschlechtigkeit, die Sexualität nicht ein krankhaftes Degenerationsphänomen ist, das irgendwann einmal in der Erdgeschichte an den Organismen hervorgetreten ist. Der Umstand, daß es dem amerikanischen Chemiker Jacques Loeb gelungen ist, Seeigeleier durch eine konzentrierte Salzwasserlösung zu befruchten, läßt zumindest die theoretische Möglichkeit zu, daß es einmal Formen der Fortpflanzung gegeben hat oder auf anderen Weltkörpern noch gibt, die auf das Hilfsmittel der Sexualität verzichten.

Der »Reiz« ist aber nicht der einzige Grund für die höhere Entwicklung eines minderwertigen Organs, sondern dieses wird überhaupt mehr beachtet, bewacht, mit größter Aufmerksamkeit behandelt. Es ist sozusagen das gerade wegen seiner Zurückgebliebenheit bevorzugte Mutterkind des Organismus. Daher kommt es, daß beim Menschen die natürlichen Anlagen durchaus nicht immer mit seiner späteren Entfaltung übereinstimmen; vielmehr ist es sehr häufig, daß sich aus einer ursprünglichen Unvollkommenheit das Gegenteil entwickelt: wir haben es auch hier mit einer einfachen Reaktionserscheinung zu tun. Schon Adler hat darauf hingewiesen, daß Demosthenes

Achill aus der Ferse

von Geburt Stotterer war; und wir finden auch sonst, daß ein physiologischer Defekt oft den Ansporn zu späteren außerordentlichen Leistungen bildet. Leonardo und Holbein, Menzel und Lenbach waren Linkshänder. Die großen Schauspieler des Burgtheaters aus der Zeit Laubes, bis heute unerreichte Muster einer gefüllten, persönlichen, suggestiven Menschendarstellung, hatten fast alle einen Sprachfehler: Sonnenthal knödelte, Baumeister mümmelte, Lewinsky nuschelte; während sich umgekehrt beobachten läßt, daß Schauspieler mit sogenannten »glänzenden Mitteln« es fast niemals zu Schöpfungen von ungewöhnlichem Format und Kaliber bringen. In diesen Zusammenhang gehört vielleicht auch die merkwürdige, aber ganz unbestreitbare Erfahrungstatsache, daß großes schauspielerisches Talent sich am überzeugendsten in der Verkörperung der seelischen Ergänzung zu äußern vermag: ist ein begabter Darsteller im Leben schüchtern und unbeholfen, so wird er am besten elegante und sichere Salonlöwen spielen; ist er als Privatmensch wortkarg und mürrisch, so wird er auf der Bühne sprudelnde Dialektik und glänzende Laune entfalten; ist er im Alltag eine weiche, energielose Natur, so werden ihm stählerne, herrschsüchtige, tatkräftige Charaktere am meisten liegen. Charlotte Wolter, die stärkste Heroine der letzten fünfzig Jahre, war kaum mittelgroß, ebenso Matkowsky, einer der glaubhaftesten Darsteller überlebensgroßer Figuren: wenn sie auf der Bühne standen, bemerkte das freilich kein Mensch. Und auch bei den Helden der Wirklichkeit zeigt sich bisweilen dasselbe Verhältnis. Die beiden gewaltigsten Krieger der frühen mitteleuropäischen Geschichte, Attila und Karl der Große, waren von gedrungener, untersetzter Gestalt; und die beiden größten Schlachtenlenker der neuesten Zeit, Friedrich der Große und Napoleon, waren ebenfalls klein und unansehnlich gebaut. Eine ungeheure seelische Energie, ein übermächtiger Wille hatte hier aus ungünstigen körperlichen Vorbedingungen

eine Kontrastwirkung geschaffen, ja vielleicht sich an ihnen erst
entzündet. Wir hören auch von den berühmten Amoureusen,
der Laïs, der Ninon, der Phryne, der Pompadour und anderen,
daß sie nicht eigentlich schön waren, sondern ein »gewisses
Etwas« besaßen, das jedermann bezauberte. Dieses gewisse
Etwas bestand in ihrem Charme, ihrer Liebenswürdigkeit,
ihrer schillernden Geistigkeit, kurz: in einer inneren Schönheit,
die sie aus der mangelnden äußeren Schönheit entwickelten.
Dagegen ist die typische Kritik, die man über wirklich vollkommene Beautés zu hören pflegt, daß sie fade seien und nicht
dauernd zu fesseln verstünden. Es drangen eben auf sie zu wenig äußere Reize ein: alle Welt huldigte ihnen zu widerstandslos und blindlings, und so konnten sie selber nicht genügend
Reize produzieren. Man braucht sich ferner nur daran zu erinnern, daß der größte Souverän im Reiche der Schönheit, Michelangelo, abstoßend häßlich war, daß Lord Byron, der glühende
Anbeter und unübertroffene Meister der vollkommenen Form,
von Geburt hinkte, daß Lichtenberg, der bündigste, hellste,
natürlichste Stilist der Deutschen, dessen Sätze wie Kerzen
sind, nicht nur so leuchtend, sondern auch ebenso gerade gewachsen, und Kant, das Weltwunder an folgerichtigem, senk-
rechtem, geradlinigem Denken, beide an Rückenmarksver-
krümmung litten, und daß Schubert, der eine Welt von Poesie
tönend gemacht hat, ein dicker, kurzbeiniger Proletarier war,
den die Mädchen gar nicht mochten. Und welche tiefe Symbolik liegt darin, daß der größte Musiker der Neuzeit taub war!
Schon die Griechen haben diese Zusammenhänge stets geahnt,
als sie sich den Seher stets blind dachten; auch Homer, dieses
allumspannende, sonnentrunkene und farbenklare Weltauge,
ist blind. Und Achilles, der Unüberwindliche, Unverletzbare,
hat seine Ferse, die auf den tödlichen Pfeil wartet. Man könnte
sagen: hier wollte der dichtende Volksgeist ausdrücken, daß
auch dem siegreichsten Glück immer ein geheimer Gifttropfen

beigemischt ist. Aber wie, wenn es am Ende umgekehrt gemeint wäre: nicht, daß zu jedem Achill eine Ferse gehört, wohl aber zu jeder Ferse ein Achill; daß aus der verwundbaren Stelle, dem Bewußtsein der Verwundbarkeit und dem zähen, heroischen Kampf gegen sie der Held geboren wird? Das wäre weniger logisch gedacht, aber vielleicht gerade darum wahrer.

Das Überleben des Anpassendsten Aus alledem ergibt sich aber auch eine völlig neue Stellung zum *Darwinismus*. Dieser gründet sich bekanntlich auf die zwei Prinzipien der Vererbung und der Anpassung. Was die Heredität anlangt, so läßt sich beobachten, daß gerade Minderwertigkeiten sich besonders leicht vererben; und die Variabilität ist ganz zweifellos eine krankhafte Eigenschaft. Schon der Biologe Eimer hat in seinen Studien über die Entstehung neuer Eigenschaften (an der Eidechse) hervorgehoben, daß diese zunächst immer eine Krankheit bedeuten. Und der Botaniker de Vries, der Schöpfer der »Mutationstheorie«, betont, daß die neuen Arten gewöhnlich schwächer sind als die ursprünglichen; sie sind oft auffallend klein, besonders empfindlich für gewisse Bodenkrankheiten, kurzgrifflig, ohne lebhafte Färbung, die Blätter wellig oder brüchig, der Fruchtknoten wächst nicht aus, jede rauhe Behandlung kann die Blüten zum Abbrechen bringen. Dies kann nicht im geringsten überraschen, da erstens jede neue Eigenschaft die bisherige Ökonomie des Organismus erschüttert und einen ungewohnten, unkonsolidierten, ungarantierten Zustand erzeugt und zweitens jede Veränderung eben schon von vornherein Dekadenz zur Voraussetzung hat. Die Sinnesorgane der Lebewesen sind ja nichts anderes als ebenso viele Formen, mit denen sie auf die Reize der Außenwelt antworten. Erhöhte Reizbarkeit, etwa das, was die Psychiater »reizbare Schwäche« nennen, ist also die Ursache für die Entstehung neuer Artmerkmale. In dem Augenblick, wo sich an irgendeiner Stelle der belebten Materie eine krankhafte, bisher noch nicht dagewesene Empfindlichkeit für Licht entwickelte, entstand der erste »Pigmentfleck« und damit der Anfang des Sehvermögens. Je dekadenter die Hautoberfläche eines Organismus ist, einen desto feineren Tastsinn und Temperatursinn wird sie entwickeln. Und wenn wir schon genug reizbar für elektrische Schwingungen wären, so würden wir bereits ein Organ besitzen, das ebenso aufnahmefähig wäre wie ein Marconi-Apparat. Nur ein ganz degenerierter Affe kann auf die Idee gekommen sein, aufrecht zu schreiten und nicht mehr bequem auf allen vieren zu gehen; nur ganz »minderwertige« Affenmenschen, die offenbar nicht mehr genug Kraft und Kühnheit besaßen, um sich durch ein System starker, drohender Gebärden zu verständigen, können zu dem Surrogat der Lautsprache gegriffen haben. Und überhaupt alles, wodurch der Mensch sich von seinen Tierahnen unterscheidet, verdankt er dem Umstand, daß er das Stiefkind der Natur und mit sehr wenig leistungsfähigen physischen Waffen ausgerüstet ist; und so schuf er sich die Waffe des Verstandes, der sich an die Vergangenheit zurückerinnert und die Zukunft vorauserrechnet; er erfand die Wissenschaft, die lichte Ordnung ins Dasein bringt, die Kunst, die ihn über die Häßlichkeit und Feindseligkeit der Realität hinwegtröstet, die Philosophie, die seinen Leiden und Fehlschlägen einen Sinn gibt: lauter Dekadenzschöpfungen!

Die »normalen« Organismen und deren Organe reagieren sozusagen philiströser, konservativer auf die Reize der Außenwelt: sie geben ihnen konventionelle Antworten; die Empfangsapparate der neuen Varietät funktionieren origineller, revolutionärer, »charakterloser«, *anpassungsfähiger*: sie geben infolge ihrer feineren Empfindlichkeit für Reiznuancen individuellere Antworten. Neue Varietäten sind nichts anderes als die *unter den bisherigen Bedingungen nicht mehr lebensfähigen* alten; im *struggle for life* siegt nicht der »tüchtigste«, das heißt der stumpfste, roheste, gedankenloseste Organismus, wie jene Philister- und Kaufmannsphilosophie uns glauben machen will, sondern der gefährdetste, labilste, geistigste: nicht das »Überleben des Passendsten« ist das auslesende Prinzip der Entwicklung, sondern das Überleben des *Unpassendsten.*

Um Mißverständnisse zu vermeiden, muß jedoch betont werden, obgleich es sich eigentlich aus der Natur der Sache von selbst ergibt, daß natürlich nicht jeder minderwertige Organismus ein Träger der Evolution ist; viele leiden an einer »echten« Minderwertigkeit, das heißt: sie sind einfach nicht lebensfähig; andere tragen zwar die Möglichkeit einer höheren Organisation in sich, vermögen sie aber nicht zu realisieren, sie sind die Märtyrer der Entwicklung, die Avantgarde, die fällt: der Vormarsch geht über sie hinweg. Abnorme Reizbarkeit kann eben gerade so gut zur Atrophie führen wie zur Hypertrophie. Also: nicht jeder Minderwertige ist eine höhere Lebensform; aber jede höhere Lebensform ist minderwertig.

Es gibt kein gesundes Genie

Die Tragfähigkeit unseres Systems reicht jedoch noch weiter. Wir haben nämlich bisher eine wichtige Folgeerscheinung der Minderwertigkeit noch gar nicht berücksichtigt: die *Kompensation.* Indem wir nun noch diesen Hilfsbegriff einführen, gelangen wir zu einer Art Physiologie des Genies, des Genies oder wie sonst wir jene merkwürdige Menschenrasse nennen wollen, die sich von ihren Artgenossen dadurch unterscheidet, daß sie schöpferisch ist, daß sie dem *Gerücht*, von dem die Masse lebt, eine *Tatsache* gegenüberstellt: nämlich die Tatsache ihres eigenen Ichs, das ein treibender Fruchtboden, ein kochender Lebensherd, eine machtvolle Wirklichkeit ist. Da wir uns in diesem Buche mit dieser Menschenart oft zu beschäftigen haben werden, so wollen wir einige kurze Bemerkungen über diese Frage gleich hier anschließen.

Obgleich seit dem Erscheinen von Lombrosos *Genie und Irrsinn* bereits zwei Menschenalter verflossen sind, so ist doch das große Aufsehen, das dieses Werk erregte, noch in allgemeiner Erinnerung. Es wird darin, sozusagen an der Hand zahlreicher »Spezialaufnahmen«, der Nachweis geführt, daß zwischen der Konstitution des genialen und des wahnsinnigen Menschen eine tiefe Verwandtschaft besteht. In der Tat brauchen wir nur einen Blick auf irgendein Gebiet der Geschichte zu werfen, und sogleich werden uns eine große Anzahl kranker Genies in die Erinnerung treten. Tasso und Poe, Lenau und Hölderlin, Nietzsche und Maupassant, Hugo Wolf und van Gogh wurden irrsinnig; Julius Cäsar und Napoleon, Paulus und Mohammed waren Epileptiker, wahrscheinlich auch Alexander der Große und sein Vater Philipp (denn die Epilepsie scheint in dieser Familie hereditär, gewissermaßen die »Temenidenkrankheit« gewesen zu sein); Rousseau und Schopenhauer, Strindberg und Altenberg litten an Verfolgungswahn. Auch in Fällen, wo man es am allerwenigsten erwarten sollte, kommt bei näherer Betrachtung irgendein Degenerationsmerkmal zum Vorschein. So gilt zum Beispiel Bismarck in der landläufigen Anschauung als das Urbild eines kraftstrotzenden, kerngesunden Landjunkers, als der Typus gesammelter Kraft und seelischer Widerstandsfähigkeit. In Wirklichkeit aber war er ein schwerer Neurastheniker, dessen Leben in fortwährenden Krisen verlief, der ungemein leicht in Weinkrämpfe verfiel und bei dem sich psychische Alterationen regelmäßig in körperliche Krankheitszustände: Migräne, Gesichtsneuralgien, schwere Kopfschmerzen umzusetzen pflegten. Der Anatom Hansemann, der die Gehirne von Helmholtz, Mommsen, Menzel, Bunsen und anderen bedeutenden Künstlern und Forschern untersucht hat, weist darauf hin, daß bei geistig hervorragenden Menschen unverhältnismäßig häufig ein leichter Grad von Hydrocephalus vorhanden ist: »Diesen Zusammenhang denke ich mir... in der Weise... daß diese geringe Form des Hydrocephalus in einer erblich entstandenen, besonders starken Gliederung des Gehirns einen leichten Reizzustand setzt, der die zahlreich vorhandenen Assoziationsbahnen zu besonderer Tätigkeit anregt.« Also das Genie: ein Wasserkopf! Ja man wird wohl überhaupt sagen dürfen, daß es kaum jemals einen bedeutenden Menschen gegeben hat, der nicht irgendein Symptom geistiger Erkrankung aufgewiesen hätte. So findet sich zum Beispiel kein einziger Schriftsteller ersten Ranges, an dem sich nicht beobachten ließe, was die Psychiater »Iterativerscheinungen« nennen und als ein Kennzeichen von dementia praecox ansehen, nämlich die gehäufte Wiederholung gewisser Redefloskeln. Man denke zum Beispiel an Plato, Luther, Nietzsche, Carlyle. Im Grunde besteht hierin überhaupt das Wesen des Genies. Vielseitig, wandlungsfähig, akkommodabel und abwechslungsreich ist das Talent; das Genie ist meistens von starrer, monumentaler Einseitigkeit. Rubens hat immer denselben rosigen, fetten, vollbusigen und breithüftigen Weibertypus gemalt; Schopenhauer hat zwölf Bände gesammelter Werke hinterlassen, in denen er vier bis sechs Grundideen wie ein strenger und ziemlich pedantischer Klassenlehrer unablässig repetiert; Dostojewskis Menschen reden fast alle so ziemlich dasselbe. Auf dieser Einseitigkeit und, wenn man will, sogar Borniertheit beruht ja eben die Einmaligkeit und Unnachahmlichkeit des Genies.

Dies alles und noch vieles andere, was wohl jedermann leicht aus eigenem hinzuzufügen vermag, zwingt uns zu der Erkenntnis: Es gibt kein gesundes Genie.

Es gibt kein krankes Genie
Bedenken wir aber hinwiederum, mit welcher konzentrierten Gehirnkraft, stählernen Logizität und souverän ordnenden, sichtenden und klärenden Geistesmacht das Genie die ganze Welt der Erscheinungen meistert, mit welcher virtuosen Sicherheit es allen Dingen ihr rechtes Maß abnimmt und ihren konformen Ausdruck verleiht, mit welcher überlegenen Kunst und Kenntnis es sein eigenes Leben beherrscht und gestaltet, mit welcher leuchtenden Folgerichtigkeit und Architektonik es seine Werke entwirft und ausführt, aufbaut und abstuft, mit

welcher Geduld und Sorgfalt, gesammelten Stetigkeit und heiteren Besonnenheit es seinen Weg geht, so wird man zu dem
Schluß gedrängt: es gibt kein krankes Genie.

Nun hat ja schon Lombroso betont, daß Genie und Irrsinn
zwar sehr ähnliche Geisteszustände seien, aber keineswegs
identische, daß es etwas gebe, worin sie sich radikal voneinander unterschieden. Aber was? Hier gibt uns wiederum Adler
einen Fingerzeig, indem er feststellt, daß in unserem Organismus die Tendenz besteht, die Minderwertigkeit eines Organs
durch übernormale Entwicklung eines anderen auszugleichen,
eine Unterfunktion auf der einen Seite durch eine Überfunk-
tion auf einer anderen Seite zu ersetzen. Es ist bekannt, daß die
beiden Gehirnhälften, die beiden Schilddrüsenhälften, die
Lungen, die Nieren, die Ovarien, die Hoden die Fähigkeit besitzen, füreinander einzutreten. Sehr oft übernimmt aber auch
das Zentralnervensystem den Hauptanteil an dieser Kompensation durch Ausbildung besonderer Nervenbahnen und Asso-
ziationsfasern. So entspricht zum Beispiel dem ursprünglich
minderwertigen Sehorgan eine verstärkte visuelle Psyche. »Die
Organminderwertigkeit bestimmt… die Richtung der Begeh-
rungsvorstellungen und leitet… die Kompensationsvorgänge
ein.« Einen besonders bedeutsamen Spezialfall stellt aber der
Neurotiker dar. »Das Gefühl des schwachen Punktes beherrscht den Nervösen so sehr, daß er, oft ohne es zu merken,
den schützenden Überbau mit Anspannung aller Kräfte be-
werkstelligt. Dabei schärft sich seine Empfindlichkeit, er lernt
auf Zusammenhänge achten, die anderen noch entgehen, er
übertreibt seine Vorsicht, fängt am Beginne einer Tat oder eines
Erleidens alle möglichen Folgen vorauszuahnen an, er versucht
weiter zu hören, weiter zu sehen, wird kleinlich, unersättlich,
sparsam.« »Er wird in der Regel ein sorgfältig abgezirkeltes
Benehmen, Genauigkeit, Pedanterie an den Tag legen… um die
Schwierigkeiten des Lebens nicht zu vermehren.«

Wir haben es auch hier wiederum mit einem großen allgemeinen Weltgesetz zu tun, das im Fallen eines Steines oder in der Polarität eines galvanischen Elements ebenso wirksam ist wie in den höchsten moralischen Phänomenen. Nachtigall und Grasmücke sind herrliche Sänger, aber sehr einfach gekleidet; Pfau und Paradiesvogel haben ein prachtvolles Kostüm, aber häßliche Stimmen. Tropisches Klima erzeugt verschwenderische Fülle der Vegetation, aber wirkt erschlaffend auf den Charakter; Rauheit, Kargheit und Feindseligkeit der Natur stählt die Energie und schärft den Verstand. Gesteigerte Flüssigkeitszufuhr in den Kreislauforganen bewirkt Vergrößerung des Herzens; hohe Temperatur hat Vermehrung der Wasserabgabe zur Folge; Infektion ruft Temperaturerhöhung und heilkräftiges Fieber hervor. Heilige erkaufen die höhere Stufe ihrer Vollendung mit Weltentsagung; Götterlieblinge führen ein kurzes Leben. Hamlet bezahlt sein Wissen mit Tatlosigkeit, Othello sein Heldentum mit Unwissenheit. Immer und überall ist die Natur bestrebt, die Waage ins Gleichgewicht zu bringen und jede Gunst mit einem Mangel, aber auch jeden Nachteil mit einem Vorzug auszutarieren.

Die Dreiteilung der Menschheit

Machen wir nun die Anwendung auf das Problem der Genialität. Jede Minderwertigkeit des Nervensystems führt zu einer Überwertigkeit des Zerebralsystems; *jedoch nur unter der Voraussetzung, daß genügend reichliches Zerebralmaterial vorhanden ist.* Bezeichnen wir nun mit einem wissenschaftlich nicht ganz korrekten, aber handlichen Ausdruck alles, was im Organismus der Aufnahme von Reizen dient, als peripherisches System und alles, was der Verarbeitung, Regulierung und Organisierung dieser Reize obliegt, als Zentralsystem, so gelangen wir zu folgender Dreiteilung der Menschheit. Erstens Personen mit abnorm reizbarem und leistungsfähigem peripherischen System, aber unzulänglichem Zentralsystem: diese sind produktiv, aber nicht lebensfähig; zu ihnen gehören alle

Arten von Menschen, die an irgendeiner psychischen Minderwertigkeit leiden, vom Neurastheniker bis hinauf zum schweren Paranoiker. Zweitens Personen mit ausreichendem Zentralsystem, aber wenig leistungsfähigem peripherischen System: diese sind lebensfähig, aber nicht produktiv; zu ihnen gehört das große Kontingent der »Normalmenschen«: der Bauer, der Bürger, der »brave Handwerker«, der »tüchtige Beamte«, der »schlichte Gelehrte«. Endlich drittens das Genie mit extrem reizbarem peripherischen System und ebenso hypertrophisch entwickeltem Zentralsystem: lebensfähig und produktiv. Genialität ist demnach nichts anderes als eine organisierte Neurose, eine intelligente Form des Irrsinns. Und nun verstehen wir auch, warum das Genie nicht nur regelmäßig pathologische Züge aufweist, sondern auch immer durch außergewöhnliche Gehirnkraft und besonders starkes und zartes Sittlichkeitsempfinden exzelliert: dieser Überschuß ist *nötig*. Wir können dieses Verhältnis sogar bisweilen bei ganzen hochbegabten Völkern beobachten, zum Beispiel bei den Hellenen: das Dionysische war das peripherische System, das Apollinische das Zentralsystem des Genies »griechisches Volk«.

Die Notwendigkeit der apollinischen Komponente für alles geniale Schaffen wird nun wohl allgemein eingeräumt; daß aber die dionysische ebenso wichtig ist, wird nicht so oft eingesehen. Die Genies sind aber nicht nur latente Irre, sondern auch latente Verbrecher, und sie kommen nur darum nicht mit dem Strafgesetz in Konflikt, weil sie eben Genies sind und sich in die Produktion flüchten können. »Ich habe niemals von einem Verbrechen gehört, das ich nicht hätte begehen können«, sagt Goethe. Das ist das Wesen des Dichters. Ein Verbrechen, das er nicht begehen könnte, läge außerhalb des Bereichs seiner Schilderung. Er braucht aber keine Verbrechen zu begehen, weil er sie künstlerisch zu gestalten vermag. Es ist ein sehr tiefes Selbstbekenntnis, vielleicht tiefer, als er selber ahnte, wenn

*Die Flucht
in die Pro-
duktion*

Hebbel schreibt: »Daß Shakespeare Mörder schuf, war seine Rettung, daß er nicht selbst Mörder zu werden brauchte.« Hebbels Dramen sind voll Blut, und auch in seinen Tagebüchern überrascht uns eine höchst sonderbare Freude an Mordgeschichten jeder Art: wo er von einer hört, zeichnet er sie auf, psychologisiert sie und dreht sie hin und her, mit einem Interesse, das zur Sache in keinem Verhältnis steht. Und höchstwahrscheinlich wäre auch Schiller ein hochbegabter Räuber und Balzac ein hervorragender Wucherer geworden; aber ihr dichterisches Talent war eben noch unvergleichlich größer als ihr Räuber- und Wucherertalent. Alle die Künstler und Gestalter: Dante und Michelangelo, Strindberg und Poe, Nietzsche und Dostojewski, was waren sie anderes als in die Kunst gerettete Menschenfresser? Und die »Scheusale« der Weltgeschichte: Caligula und Tiberius, Danton und Robespierre, Cesare Borgia und Torquemada, was waren sie anderes als in die Realität verschlagene Künstler? Und Nero, der Kaiser mit der großen Künstlerambition, wäre kein »Bluthund« geworden, wenn er die Kraft der künstlerischen Gestaltung besessen hätte. *Qualis artifex pereo:* vielleicht ist es erlaubt zu übersetzen: »Was für eine merkwürdige Art Künstler stirbt in mir.«

Nicht nur der Künstler, auch das religiöse Genie bedarf der »reizbaren Schwäche«. Ein Buddha, ein Paulus, ein Franz von Assisi muß von außergewöhnlicher Reizperzeptibilität sein, um alles fremde Leid mitfühlend in sich nachschaffen zu können und in jeder Kreatur seinen Bruder wiederzuerkennen. Ebenso verhält es sich beim genialen Forscher. Er muß für gewisse im Weltall verstreute Energien eine pathologische Empfindlichkeit haben, die niemand mit ihm teilt; sonst wird er nichts entdecken. Die Entstehungszeiten der großen Religionen sind immer auch Zeitalter der Volkspsychosen: die orphische Ära in Griechenland, die Jahrhunderte des Urchristentums; ebenso die Zeiten, in denen ein neues Weltbild heranreift. Und zwar handelt es sich hier um echte Krankheiten, da sich, wie bereits angedeutet wurde, das ausgleichende Regulierungssystem, der schützende intellektuelle Überbau erst später einzustellen pflegt. Und damit kehren wir wieder zu unserem Ausgangspunkt zurück.

ZWEITES KAPITEL

Die Seele des Mittelalters

Wie die Welt noch im Finstern war, war
der Himmel so hell, und seit die Welt so im
Klaren ist, hat sich der Himmel verfinstert.

Johann Nestroy

Die »Ro-
mantik«
des Mittel-
alters
Jenes tausendjährige Reich der Glaubensherrschaft, das wir
unter dem Namen »Mittelalter« zusammenzufassen pflegen,
wird um die Mitte des vierzehnten Jahrhunderts plötzlich Vergangenheit. Seine repräsentativsten Schöpfungen, die seinen
Glanz und sein Lebensmark bilden: Scholastik, Gotik, Erotik
schrumpfen ein, verkalken, etiolieren. Dieses *medium aevum*,
das für die Historiker lange Zeit nichts war als eine Verlegen-
heitskonstruktion, ein flüchtig gezimmerter Notsteg, um vom
Altertum in die Neuzeit zu gelangen, hat gleichwohl eine so
scharf geprägte, deutlich gegen Vorwelt und Nachwelt abgesetzte Eigenart wie wenige Zeitalter: das hat seinen Grund in
erster Linie darin, daß es damals noch eine internationale Kultur gab, die in ihren wesentlichen Zügen eine Einheit bildete.

Was wir die Romantik des Mittelalters zu nennen lieben, ist
vielleicht nicht der wichtigste, aber der hervorstechendste und
unserem Bewußtsein vertrauteste von diesen Zügen. Eine merkwürdige Leuchtkraft strahlt von den damaligen Zuständen auf
uns aus. Das Leben jener Zeit hatte offenbar noch schneiden-
dere Kontraste: hellere Glanzlichter und tiefere Schlagschatten, frischere und sattere Komplementärfarben, während
unser Dasein dafür wieder perspektivischer, reicher an Halb-
tönen, gebrochener und nuancierter verläuft. Der Grund für

den Unterschied liegt zum Teil darin, daß die Menschen damals unbewußter und kritikloser lebten. Das Mittelalter erscheint uns düster, beschränkt, leichtgläubig. Und in der Tat: damals glaubte man wirklich an alles. Man glaubte an jede Vision, jede Legende, jedes Gerücht, jedes Gedicht, man glaubte an Wahres und Falsches, Weises und Wahnsinniges, an Heilige und Hexen, an Gott und den Teufel. Aber man glaubte auch an *sich*. Überall sah man Realitäten, selbst dort, wo sie nicht waren: alles war wirklich. Und überall sah man die höchste aller Realitäten, Gott: alles war göttlich. Und über alles vermochte man den Zauberschleier der eigenen Träume und Räusche zu breiten: alles war schön. Daher trotz aller Jenseitigkeit, Dürftigkeit und Enge der prachtvolle Optimismus jener Zeiten: wer an die Dinge glaubt, ist immer voll Zuversicht und Freude. Das Mittelalter war nicht finster, das Mittelalter war hell! Mit einer ganzen Milchstraße, die der Rationalismus in Atome aufgelöst hat, können wir nicht das geringste anfangen, aber mit einem pausbackigen Engel und einem bockfüßigen Teufel, an den wir von Herzen glauben, können wir sehr viel anfangen! Kurz: das Leben hatte damals viel mehr als heute den Charakter eines Gemäldes, eines Figurentheaters, eines Märchenspiels, eines Bühnenmysteriums, so wie noch jetzt unser Leben in der Kindheit. Es war daher sinnfälliger und einprägsamer, aufregender und interessanter, und in gewissem Sinne realer.

Zu diesen inneren Momenten kamen noch einige äußere, um *Das Leben* das Dasein bildhafter und traumähnlicher zu gestalten. Zu- *als* nächst mangelte es an fast allen Erleichterungen und Beschleu- *Abenteuer* nigungen des Daseins, die die seitherige Entwicklung der Technik bewirkt hat. Jede technische Erfindung ist aber ein Stück rationalisiertes Leben. Die Ausnützung der Dampfkraft hat in unsere friedlichen, die Verwendung des Schießpulvers hat in unsere kriegerischen Unternehmungen ein unpersönliches Element der Ordnung, Uniformität und Mechanisierung gebracht, das jenen Zeiten fehlte. Kampf war für die Menschen des Mittelalters noch eine pittoreske Betätigungsform, an der sich ihre Phantasie entzünden konnte. Soweit sie nicht Krieg führten, verbrachten sie ihr Leben mehr oder weniger im Müßiggang: entweder im wirklichen wie die zahllosen Ritter, Bettler und Spielleute oder im gelehrten wie die Kleriker; und hierin liegt wiederum etwas Poetisches. Ferner war die Natur noch lange nicht in dem Maße dem Menschen unterworfen, sozusagen domestiziert, wie heutzutage; sie war noch wirkliche Natur, Wildwest: herrlich und schrecklich, ein wundervolles und schauervolles Geheimnis. Und es gab keine Zeitungen, keine Flugschriften, ja eigentlich auch keine Bücher; alles ruhte in der mündlichen Tradition. Und schon hierdurch hätte, auch wenn die Menschen nicht so wortgläubig, ja wortabergläubisch gewesen wären, wie sie es in der Tat waren, eine große Freiheit und Phantastik der Überlieferung entstehen müssen: selbst in unserem heutigen erleuchteten Zeitalter der allgemeinen Schulpflicht, der vorurteilslosen Forschung und der naturwissenschaftlichen Weltanschauung werden nicht zwei Personen über ein noch so einfaches und alltägliches Ereignis, dessen Zeugen sie waren, genau dasselbe berichten. Und nicht bloß auf diesem Gebiete herrschte völlige Unsicherheit, sondern überhaupt auf allen: der Begriff der modernen Sekurität war dem Mittelalter fremd. Jede Reise war ein gewichtiger Entschluß, wie etwa heutzutage eine schwere medizinische Operation; jeder Schritt war umlauert von Gefahren, Eingriffen, Zwischenfällen: das ganze Leben war ein Abenteuer.

Psychose der Geschlechtsreife Man kann, wenn man will, das Mittelalter die Pubertätszeit der mitteleuropäischen Menschheit nennen, die tausendjährige Psychose der Geschlechtsreife in der Form verschlagener Sexualität: als in Gynophobie verschlagene Sexualität im Mönchswesen, als in Lyrik verschlagene Sexualität im Minnesängertum, als in Algolagnie verschlagene Sexualität im Flagellantismus, als in Hysterie verschlagene Sexualität im Hexenwesen, als in Rauflust verschlagene Sexualität in den Kreuzzügen. Der entscheidende Grundzug des Pubertätsalters besteht jedoch darin, daß es fast jeden Menschen zum Dichter macht. Worin unterscheidet sich nun die dichterische Anschauung sowohl von der wissenschaftlichen als von der praktischen? Dadurch, daß sie die ganze Welt der Erscheinungen symbolisch nimmt. Und genau dies war der beneidenswerte Zustand der mittelalterlichen Seele. Sie erblickte in allem ein Symbol: im Größten wie im Kleinsten, in Denken und Handeln, Lieben und Hassen, Essen und Trinken, Gebären und Sterben. In jedes Gerätstück, das er schuf, in jedes Haus, das er baute, in jedes Liedchen, das er sang, in jede Zeremonie, die er übte, wußte der mittelalterliche Mensch diese tiefe Symbolik zu legen, die beseligt, indem sie zugleich bannt und erlöst. Darum war er auch so weit und leicht den Lehren der katholischen Religion geöffnet, die nichts anderes ist als ein sinnvoll geordnetes System reinigender und erhöhender Symbole der irdischen Dinge.

Daß die seelische Palette des mittelalterlichen Menschen *Der heilige* noch keine Übergänge hatte, ist ebenfalls eine an Pubertät er- *Hund* innernde Eigentümlichkeit; hart und unvermittelt lagen die grellsten Farben nebeneinander: das purpurne Rot des Zornes, das strahlende Weiß der Liebe und das finstere Schwarz der Verzweiflung. Züge von höchster Zartheit und Milde finden sich neben Handlungen gedankenloser Roheit, die unseren Abscheu erregen würden, wenn wir sie nicht als Ausströmungen kindlicher Impulsivität werten müßten. Auch das äußere Benehmen der damaligen Menschen hatte noch viel von dem der Kinder. Zärtlichkeitsausbrüche sind etwas ungemein Häufiges, Umarmungen und Küsse werden bei jedem erdenklichen Anlaß gewechselt, und auch oft ohne Anlaß; die Tränen fließen leicht und reichlich. Überhaupt spielt die Gebärdensprache im Haushalt der Ausdrucksmittel eine viel größere Rolle, sie hat noch den Primat: auch hier wird eben noch viel stärker und inniger als von den später Geborenen die ernste Symbolik empfunden, die in jeder Gebärde liegt. Aber daneben besaßen jene Menschen auch die Aufrichtigkeit und Ursprünglichkeit des Kindes, sie standen noch in einer elementaren Beziehung zur Natur: zu Wiese und Wald, Wolke und Wind, und besonders ihre leidenschaftliche Liebe zu den Tieren hat etwas ungemein Rührendes. Überall: in Skulptur und Ornament, in Satire und Legende, zu Hause und bei Hofe feiern sie ihre weisen und heiteren Brüder, die ihnen vollkommen wesensgleich erscheinen und in denen sie sogar vollwertige juristische Personen erblicken, die als Zeugen und bisweilen auch als Verbrecher vor Gericht zitiert werden. Und es ist einer der schönsten Züge, die uns aus dem Mittelalter überliefert werden, daß ein Hund, der für das Kind seines Herrn sein Leben geopfert hatte, vom Volk sogar als Märtyrer und Heiliger verehrt wurde. Es erfaßt uns dieser Welt gegenüber eine Empfindung, die der Erwachsene so oft bei Kindern hat: daß sie etwas wissen, das wir nicht wissen oder nicht mehr wissen, irgendein magisches Geheimnis, ein Gotteswunder, in dem vielleicht der Schlüssel unseres ganzen Daseins liegt.

Kein Verhältnis zum Geld Einen infantilen Zug können wir auch darin erblicken, daß der mittelalterliche Mensch kein rechtes Verhältnis zum Geld hatte. Sehr liebenswürdig drückt dies Sombart aus, indem er sagt: »Man hat zur wirtschaftlichen Tätigkeit seelisch etwa dieselben Beziehungen wie das Kind zum Schulunterricht.« Dies bedeutet zweierlei: die Arbeit ist bloße Sache des Ehrgeizes; und sie wird überhaupt nur geleistet, wenn es unbedingt sein muß. Dem mittelalterlichen Handwerker war das Wichtigste die Güte und Solidität der Leistung: Begriffe wie Schundware und Massenmanufaktur waren ihm völlig unbekannt; er stand persönlich hinter seinem Werk und trat dafür mit seiner Ehre ein wie ein Künstler. Er konnte es sich aber auch leisten, nicht nur viel gewissenhafter, sondern auch viel fauler zu sein als ein heutiger Arbeiter, und zwar aus mehreren Gründen. Erstens waren seine Bedürfnisse überhaupt geringer; zweitens waren sie viel leichter zu befriedigen, eventuell auch bei einem völlig arbeitslosen Leben, da das Almosenwesen viel entwickelter war; drittens hätte eine Steigerung über die normale Einkommensstufe hinaus wenig Sinn gehabt, da der Lebensstandard jedes einzelnen ziemlich genau fixiert war und solche Spannungen des wirtschaftlichen Etats, wie sie heutzutage in jedem Provinzstädtchen zu beobachten sind, nicht existierten: jeder Stand hatte sozusagen sein bestimmtes Hohlmaß an Komfort und Genuß zugeteilt; den Stand zu wechseln war aber in der mittelalterlichen Gesellschaftsordnung fast unmöglich, da die Stände als von Gott geschaffene Realitäten angesehen wurden, wie etwa die einzelnen Gattungen des Tierreichs. Die mittelalterliche Wirtschaft ist aus der Agrargenossenschaft hervorgegangen, die auf nahezu kommunistischer Basis ruhte; aber auch in ihrer späteren Entwicklung zeigt sie in den von ihr geschaffenen Organisationen: in den Zünften der Handwerker, in den Gilden der Kaufleute die Tendenz nach einer ökonomischen Gleichstellung oder doch wenigstens einer Angleichung ihrer Mitglieder: man erwirbt, um zu leben, und lebt nicht, um zu erwerben. Außerdem hatte sich durch das ganze Mittelalter, das das Evangelium eben noch ernst nahm, das mehr oder minder stark ausgeprägte Gefühl erhalten, daß der Mammon vom Teufel sei, wie denn auch das Zinsnehmen stets religiöse Bedenken erregte. Und schließlich war diese jugendliche Welt überhaupt noch von der gesunden Empfindung durchdrungen, daß die Arbeit kein Segen, sondern eine Last und ein Fluch sei. Man denke sich aber nun, welchen Unterschied in der gesamten Gefühlslage einer Kultur es ausmachen muß, wenn das Geld nicht die allgemeine Gottheit ist, der jeder willenlos opfert und die alle Schicksale souverän modelt und lenkt.

*Univer-
salia sunt
realia*

Aber wenn diese Menschen Kinder waren, so waren sie jedenfalls sehr kluge, begabte und reife Kinder. Die Ansicht, daß
sie in einer dumpfen Gebundenheit gelebt und geschaffen hätten, läßt sich zumindest für das hohe Mittelalter nicht aufrechterhalten. Sie waren äußerst klare Denker, helle Köpfe, Meister
des kunstvollen Schließens und Folgerns, Virtuosen der Be-
griffsdichtung, in ihrer Baukunst voll konstruktiver Kraft und
Feinheit des Kalküls, in ihrer Plastik von einer bewundernswerten Pracht und Innigkeit der Wirklichkeitstreue und in ihren gesamten Lebensäußerungen von einem Stilgefühl, das seither nicht wieder erreicht worden ist. Ebensowenig stichhaltig
ist die Behauptung, daß die Menschheit des Mittelalters aus
lauter Typen bestanden habe. Es fehlte in Staat und Kirche, in
Kunst und Wissenschaft keineswegs an scharf profilierten, un-
verwechselbaren Persönlichkeiten. Die Selbstbekenntnisse eines
Augustinus oder Abälard offenbaren eine fast unheimliche Fähigkeit der Introspektion und Selbstanalyse, die eine sehr ausgebildete und nuancierte Individualität zur Voraussetzung hat;
die Porträtstatuen zeigen uns Gestalten von machtvollster Eigenart und zugleich die Gabe der Bildhauer, diese Einmaligkeit
voll zu erfassen; die Nonne Roswitha hat schon im zehnten
Jahrhundert das Drama, die individuellste aller Künste, in fast
allen seinen Gattungen: als Historie, als Prosa, als comédie larmoyante, als erotische Tragödie zu hoher Blüte gebracht und
Figuren von einer Zartheit und Durchsichtigkeit geschaffen,
die geradezu an Maeterlinck erinnert. Das ganze Vorurteil vom
»typischen« Menschen des Mittelalters dürfte seinen Grund
darin haben, daß es ein eminent philosophisches Zeitalter war.
Das bedarf einer kleinen Erläuterung.

Der Zentralgedanke des Mittelalters, gleichsam das unsichtbare Motto, das über ihm schwebt, lautet: *universalia sunt realia;* nur die Ideen sind wirklich. Der große »Universalienstreit«,
der fast das ganze Mittelalter erfüllt, geht niemals um den ei-

gentlichen Grundsatz, sondern nur um dessen Formulierungen. Es gab bekanntlich drei Richtungen, die einander in der Herrschaft ablösten. Der »extreme Realismus« behauptet: *universalia sunt* ante *rem*, das heißt: sie gehen den konkreten Dingen vorher, und zwar sowohl dem Range nach wie als Ursache; der »gemäßigte Realismus« erklärt: *universalia sunt* in *re*, das heißt: sie sind in den Dingen als deren wahres Wesen enthalten; der »Nominalismus« stellt den Grundsatz auf: *universalia sunt* post *rem:* sie sind aus den Dingen abgezogen, also bloße Verstandesschöpfungen, und er bedeutet daher in der Tat eine Auflösung des Realismus: seine Herrschaft gehört aber, wie wir später sehen werden, nicht mehr dem eigentlichen Mittelalter an.

Und nun erwäge man, welche ungeheure Bedeutung es für das allgemeine Weltbild haben muß, wenn überall von der Voraussetzung ausgegangen wird, daß die Universalien, die Begriffe, die Ideen, die Gattungen das eigentlich Reale sind: eine Annahme, die bekanntlich der größte Philosoph des Altertums zum Kernstück seines Systems gemacht hat. Aber Plato hat diese Ansicht nur gelehrt, das Mittelalter hat sie gelebt. Die mittelalterliche Menschheit bildet ein *Universalvolk*, in dem die klimatischen, nationalen, lokalen Differenzen nur als sehr sekundäre Merkmale zur Geltung kommen; sie steht unter der nominellen Herrschaft eines *Universalkönigs*, eines Cäsars, der diese Regierung zwar fast immer nur theoretisch ausgeübt, in seinen Ansprüchen aber nie aufgegeben hat, und unter der tatsächlichen Herrschaft einer *Universalkirche* oder vielmehr zweier Kirchen, die beide behaupten, die universale zu sein: die eine, indem sie sich die allgemeine, die katholische, die andere, indem sie sich die allein wahre, die orthodoxe nennt; sie hat, wie wir bereits sahen, eine *Universalwirtschaft,* die die Lebenshaltung, Erwerbsgebarung, Produktion und Konsumtion jedes einzelnen möglichst gleichmäßig zu gestalten sucht; sie hat einen *Universalstil*, der alle Kunstschöpfungen von der Schüssel bis zum Dom, vom Türnagel bis zur Königspfalz durchdringt und gestaltet: die Gotik; sie hat eine *Universalsitte*, deren Anstandsregeln, Grußformen, Lebensideale überall gelten, wo abendländische Menschen ihren Fuß hinsetzen: die ritterliche Etikette; sie hat eine *Universalwissenschaft,* die die oberste Spitze, den Sinn und die Richtschnur alles Denkens bildet: die Theologie; sie hat eine *Universalethik*: die evangelische, ein *Universalrecht*: das römische, und eine *Universalsprache*: das Lateinische. Sie bevorzugt in der Skulptur das Ornamentale, also das Begriffliche, in der Architektur das Abstrakte, das Konstruktive, sie reagiert überhaupt gänzlich unnaturalistisch (und zwar ist der mangelnde Naturalismus keineswegs auf mangelndes Können zurückzuführen: daß er im Bereich der technischen Möglichkeit lag, zeigen die Porträtplastiken; wie ja überhaupt Naturalismus niemals einen künstlerischen Höhepunkt bezeichnet, sondern entweder ein roher Anfang ist oder ein absichtliches, programmatisches Zurückgehen auf frühere Stufen); ja selbst die Natur ist für diese Menschen eine Abstraktion, eine vage, fast unwirkliche Idee, die eigentlich nur ein Leben in der Negation führt: als Gegensatz des Reiches des Geistes und der Gnade.

Die Welt-   So baut sich die mittelalterliche Welt auf als eine wunderbare
kathedrale   Stufenordnung von geglaubten Abstraktionen, gelebten Ideen, in feiner und scharfer Gliederung ansteigend wie eine Kathedrale oder eine jener kunstvollen »Summen« der Scholastiker: auf der einen Seite der weltliche Trakt mit seinen Bauern und Bürgern, Rittern und Lehnsleuten, Grafen und Herzogen, Königen und Kaisern, auf der anderen Seite der geistliche Trakt, von dem breiten Fundament aller Gläubigen emporklimmend zu den Priestern, den Äbten, den Bischöfen, den Päpsten, den Konzilien und darüber hinaus zur Rangleiter der Engel, deren höchste zu Füßen Gottes sitzen: eine große, wohldurchdachte

und wohlgeordnete Hierarchie von Universalien. Diese Menschheit konnte in der Tat mit vollem philosophischem Bewußtsein und nicht als bloße dialektische Spielerei und Spitzfindigkeit den Satz aufstellen: *universalia sunt realia.*

Die Herrschaft dieses wirklichkeitsfremden Grundsatzes war nur deshalb so dauerhaft, ja überhaupt möglich, weil die Welt für den mittelalterlichen Menschen kein wissenschaftliches Phänomen war, sondern eine Tatsache des Glaubens. Die geistige Richtschnur war im wesentlichen immer die von Anselm von Canterbury und schon lange vorher von Augustinus aufgestellte Norm: *neque enim quaero intelligere, ut credam, sed credo, ut intelligam:* ich will nicht erkennen, um zu glauben, sondern glauben, um zu erkennen: »denn eher wird die menschliche Weisheit sich selbst am Felsen des Glaubens einrennen als diesen Felsen einrennen«. Die damaligen Menschen waren eben noch frei von dem modernen Aberglauben, daß der ausschließliche Zweck menschlichen Denkens und Forschens eine möglichst lückenlose Durchdringung und Beherrschung der Erfahrungswelt sei. Was suchten sie zu wissen? Zwei Dinge: *Deum et animam! Deum et animam,* sagt Augustinus mit vollkommen unmißverständlicher Bestimmtheit, *scire cupio. Nihilne plus? Nihil omnino.* Physik ist für ihn vor allem die Lehre von Gott; was sie sonst noch lehren kann, ist entbehrlich, da es nichts zum Heile beiträgt. Und drei Vierteljahrtausende später, auf der Höhe des Mittelalters, erklärt Hugo von Sankt Victor, das Wissen habe nur insofern Wert, als es der Erbauung diene, ein Wissen um des Wissens willen sei heidnisch; und Richard von Sankt Victor fügt hinzu, der Verstand sei kein geeignetes Mittel zur Erforschung der Wahrheit. Dies kann uns nur so lange befremden, als wir uns nicht daran erinnern, daß gerade die höchsten Wahrheiten des Christentums übervernünftig sind, aber darum keineswegs widervernünftig, wie dies der klassische Philosoph des Katholizismus, Thomas von Aquino,

Die Physik des Glaubens

klar präzisiert hat, und daß schon an der Schwelle der Kirchengeschichte der berühmte Satz Tertullians steht: »*Cruci fixus est dei filius; non pudet, quia pudendum est. Et mortuus est dei filius; prorsus credibile est, quia ineptum est. Et sepultus resurrexit; certum est, quia impossibile est:* Gekreuzigt wurde der Gottessohn; das ist keine Schande, weil es eine ist. Und gestorben ist der Gottessohn; das ist glaubwürdig, weil es ungereimt ist. Und begraben ist er auferstanden; das ist ganz sicher, weil es unmöglich ist.« Man kann, wenn man Wert darauf legt, auch hierin wieder einen kindlichen Zug erblicken, denn in der Tat erscheinen den Kindern gerade die ungereimtesten Dinge als die glaubwürdigsten, die unmöglichsten als die gewissesten: sie bringen einem Märchen viel mehr Vertrauen entgegen als einer nüchternen Erzählung und halten überhaupt alle Phänomene, die den Gang der natürlichen Kausalität durchbrechen, nicht nur für die höheren, sondern auch für die realeren. Genau dies war auch die »Physik« des mittelalterlichen Menschen: für ihn war das Wunder das eigentlich Wirkliche, die natürliche Erscheinungswelt nur der blasse Abglanz und wesenlose Schatten einer höheren, lichteren und wahreren Geisteswelt. Kurz: er führte ein magisches Dasein. Und wiederum müssen wir uns fragen, ob ihn hier nicht eine tiefere, obschon dunklere Erkenntnis leitete und er nicht der Wurzel des Geheimnisses näher war als wir.

Alles ist   Jene feinen und gefährlichen Spekulationen wie »Phänomenalismus«, »Skeptizismus«, »Agnostizismus« und dergleichen waren dem Mittelalter durchaus nicht fremd. In den »Selbstgesprächen« des Augustinus finden sich Stellen wie diese: *Tu, qui vis te nosse, scis esse te? Scio. Unde scis? Nescio. Simplicem te sentis an multiplicem? Nescio. Moveri te scis? Nescio. Cogitare te scis? Scio.* Das ist ganz und gar die Deduktion, mit der Descartes einen neuen Abschnitt des menschlichen Denkens eröffnet hat: *Cogito ergo sum.* Daß Körper sind, heißt es in den »Konfessionen«, können wir freilich nur glauben; aber dieser Glaube ist notwendig für die Praxis: das ist ganz die Art, wie Berkeley am Beginn des achtzehnten Jahrhunderts seinen idealistischen Dogmatismus begründet hat. Aber, meint Augustinus, auch zur Erkenntnis des Willens anderer Menschen bedürfen wir des Glaubens: diese Feststellung klingt geradezu schopenhauerisch. Mag es auch kein Übel geben, sagt er ein andermal, so gibt es doch unzweifelhaft die Furcht vor dem Übel: das ist allermodernster Psychologismus. Aber der große Unterschied derartiger Spekulationen von den Untersuchungen der neueren Philosophie besteht eben darin, daß sie sich alle auf dem festen und unverrückbaren Grundstein des Glaubens erheben, daß sie vom Glauben ausgehen, während die Erkenntnistheorie der Neuzeit bestenfalls in den Glauben mündet. Die Schöpfung eine einzige große Heilstatsache, die Welt ein Phänomen des Glaubens: an diesem Elementarsatz hat wohl kaum irgendein mittelalterlicher Mensch jemals gezweifelt. Man hatte eben die Lehre Jesu voll begriffen, deren Kern in der ernsten und einfachen Mahnung besteht, zu glauben; nicht daran zu zweifeln, daß diese Welt *ist* und daß sie ein Werk *Gottes* ist; daß *alles* ist, auch das Geringste und Niedrigste: die Ärmsten und Einfältigsten, die Kinder, die Sünder, die Lilien und Sperlinge; daß dies alles ist, wenn man daran glaubt oder, was dasselbe ist, wenn man es liebt.

So gewährt uns das Mittelalter ein eigentümlich widerspruchsvolles Bild. Auf der einen Seite zeigt es uns den Aspekt einer seligen Ruhe, einer majestätischen Mittagsstille, die alles Leben leuchtend und schützend umfängt, und auf der anderen Seite das Schauspiel einer großartigen Unzufriedenheit, einer tiefen inneren Durchwühltheit und Erregung. Wohl lebt und webt alles in Gott und fühlt sich in ihm geborgen; aber wie ihm genügen? Diese bange Frage zittert überall unter der heiteren und friedlichen Oberfläche des Daseins. So liegt die mittel-

Der Szenenwechsel

alterliche Seele vor uns: ein klarer silberner Spiegel, aber auf dem Grunde bewegt; ewig suchend und niemals findend; brauend, brodelnd, schweifend, tastend; Türme zum Himmel reckend, Stein gewordene Asymptoten, die sich im blauen Abgrund des Firmaments zu verlieren streben; ewig ungesättigt in ihrer Erotik, ihrer ureigensten Entdeckung oder vielmehr Erfindung, die ihren Gegenstand so hypostasiert, daß er unerreichbar, nur noch ein Symbol unendlicher Sehnsucht wird; und über alledem die Gestalt Christi, des Unvergleichlichen, dem nachzuleben dennoch jedem durch die Taufe als heilige Pflicht aufgetragen ist!

Mit der Mitte des vierzehnten Jahrhunderts betritt eine ganz anders geartete Menschheit die Szene, oder genauer gesagt: eine, die den Keim zu einer anderen in sich trägt. Man wird auch weiterhin noch suchen; aber auch finden. Bewegung wird es auch weiterhin geben; aber nicht bloß mehr auf dem Grunde. Eine tragische Kultur macht einer bürgerlichen Platz, eine chaotische Kultur einer organischen und schließlich sogar einer mechanischen: die Welt ist fortan nicht mehr ein gottgewolltes Mysterium, sondern eine menschengeschaffene Rationalität.

DRITTES KAPITEL

Die Inkubationszeit

*Gehe deinen unmerklichen Schritt, ewige Vorsehung,
nur laß mich dieser Unmerklichkeit wegen an dir nicht
verzweifeln. Laß mich an dir nicht verzweifeln, wenn
selbst deine Schritte mir scheinen sollten zurückzuge-
hen! Es ist nicht wahr, daß die kürzeste Linie immer
die gerade ist.*

Lessing

Wenn wir den Entwicklungsabschnitt, in dem sich der Mensch der Neuzeit vorbereitet, die »Inkubationszeit« nennen, so kann dadurch leicht der Eindruck erweckt werden, daß das Neue, das hier in die Welt trat, ein Giftstoff gewesen sei. Es *war* auch einer, wie wir später sehen werden. Jedoch dies nur zum Teil, denn auf unserem Erdball pflegt sich Heilsames und Verderbliches zumeist in gemischtem Zustand auszuwirken; und außerdem ist ja Vergiftung, wie wir im ersten Kapitel darzulegen versuchten, sehr oft die Form, hinter der sich eine Erneuerung, Bereicherung und Vervollkommnung des organischen Daseins zu verbergen liebt: wenn die Einführung scheinbar feindlicher, schädlicher und wesensfremder Stoffe an Pflanzen gefüllte Blüten, an Tieren neue Köpfe zu erzeugen vermag, warum sollte sie nicht an ganzen Zeitaltern ähnliche Wirkungen hervorbringen können: neue Köpfe wachsen machen, strotzendere, gefülltere, blütenreichere Lebensformen heraufführen? Doch wie dem auch sei: wir wollen mit dem Namen Inkubationszeit zunächst kein positives oder negatives Werturteil aussprechen, sondern einfach jene anderthalb Jahrhunderte bezeichnen, in denen das Neue im Schoße der Menschheit wächst, reift, aus-

Die Erfindung der Pest

getragen wird, bis es schließlich stark und groß genug geworden ist, um ans Licht treten zu können.

Ich sagte: die Geburtsstunde der Neuzeit wird durch eine schwere Erkrankung der europäischen Menschheit bezeichnet: die Schwarze Pest. Damit soll aber nicht ausgedrückt sein, daß die Pest die Ursache der Neuzeit war. Sondern es verhielt sich gerade umgekehrt: erst war die »Neuzeit« da, und durch sie entstand die Pest. In seinem ungemein gedankenreichen Werk *Gesundheit und Krankheit in der Anschauung alter Zeiten* sagt Troels-Lund: »Es ist nicht unwahrscheinlich, daß die Krankheiten ihre Geschichte haben, so daß jedes Zeitalter seine bestimmten Krankheiten hat, die so nicht früher aufgetreten sind und ganz so auch nicht wiederkehren werden.« Dies läßt sich offenbar nur so erklären, daß jedes Zeitalter sich seine Krankheiten *macht*, die ebenso zu seiner Physiognomie gehören wie alles andere, was es hervorbringt: sie sind gerade so gut seine spezifischen Erzeugnisse wie seine Kunst, seine Strategie, seine Religion, seine Physik, seine Wirtschaft, seine Erotik und sämtliche übrigen Lebensäußerungen, sie sind gewissermaßen seine Erfindungen und Entdeckungen auf dem Gebiete des Pathologischen. Es ist der Geist, der sich den Körper baut: immer ist der Geist das Primäre, beim einzelnen wie bei der Gesamtheit. Wenn wir die – allerdings auf mehr als einer Seite hinkende – Vergleichung mit dem Individuum festhalten wollen, so müssen wir sagen: Die Schwarze Pest ist ebensowenig die Ursache der Neuzeit wie die Schwangerschaft die Ursache eines neuen Organismus ist, sondern hier wie dort besteht die wahre Ursache darin, daß ein neuer Lebenskeim in den Mutterkörper eintritt, und die Folge und der Ausdruck dieser Tatsache ist die Schwangerschaft. Der »neue Geist« erzeugte in der europäischen Menschheit eine Art Entwicklungskrankheit, eine allgemeine Psychose, und eine der Formen dieser Erkrankung, und zwar die hervorstechendste, war die Schwarze Pest. Woher aber dieser neue Geist kam, warum er gerade jetzt, hier, wie er entstand: das weiß niemand; das wird vom Weltgeist nicht verraten.

Es ist auch völlig unenträtselt, unter welchen näheren Umständen die Pest, gemeinhin der Schwarze Tod oder das große Sterben genannt, von Europa plötzlich Besitz ergriff. Einige behaupten, sie sei durch die Kreuzzüge eingeschleppt worden, aber es ist merkwürdig, daß sie unter den Arabern niemals auch nur annähernd jene Fruchtbarkeit erreicht hat wie bei uns; andere verlegen ihren Ursprungsort bis nach China. Die Zeitgenossen machten die Konstellation der Gestirne, die allgemeine Sündhaftigkeit, die Unkeuschheit der Priester und die Juden für sie verantwortlich. Genug, sie war auf einmal da, zuerst in Italien; und nun schlich sie über den ganzen Erdteil. Denn sie verbreitete sich, was ihre Unheimlichkeit erhöhte, nicht reißend wie die meisten anderen Epidemien, sondern zog langsam, aber unaufhaltsam von Haus zu Haus, von Land zu Land. Sie ergriff Deutschland, Frankreich, England, Spanien, zuletzt die nördlichsten Länder bis nach Island hin. Was sie noch grausiger machte, war ihre Unberechenbarkeit: sie verschonte bisweilen ganze Landstriche, zum Beispiel Ostfranken, und übersprang einzelne Häuser, sie verschwand oft ganz plötzlich und tauchte nach Jahren wieder auf. Bis tief in die zweite Hälfte des fünfzehnten Jahrhunderts hinein wird ihr Erscheinen in den Chroniken immer wieder verzeichnet: »Pest in Böhmen«; »großes Sterben am Rhein«; »Pest in Preußen«; »Sterben auf dem Lande«; »allgemeines Sterbejahr«; »zehntausend sterben in Nürnberg«; »Pest in ganz Deutschland, starke Männer sterben, wenig Frauen, seltener Kinder«; »große Pestilenz in den Seestädten«. Es war allem Anschein nach eine Form der Bubonenpest: sie äußerte sich in Anschwellung der Lymphdrüsen, den sogenannten Pestbeulen, heftigem Kopfschmerz, großer Schwäche und Apathie, bisweilen aber auch in Delirien und führte nach den zeitgenössischen Berichten am ersten, zweiten, spätestens am siebenten Tage zum Tode. Die Sterblichkeit war überall entsetzlich. Während ihrer Höhezeit starben zum Beispiel in Bern täglich sechzig Menschen, in Köln und in Mainz täglich hundert, in Elbing im ganzen dreizehntausend; von der Oxforder Studentenschaft zwei Drittel, von der Yorkshirer Priesterschaft drei Fünftel; als die Minoriten nach dem Aufhören der zweijährigen Seuche ihre Toten zählten, waren es über hundertzwanzigtausend; der Gesamtverlust Europas hat nach neueren Berechnungen fünfundzwanzig Millionen betragen: die damalige Menschheit aber meinte, es sei leichter, die Übriggebliebenen zu zählen als die Umgekommenen.

Die Parallelepidemie
Eine Begleiterscheinung der Pest waren die *Geißlerfahrten*. Die Flagellanten, exaltierte Religiöse, zogen in großen Scharen von Ort zu Ort, fahnenschwingend, düstere Lieder singend, mit schwarzen Mänteln und absonderlichen Mützen bekleidet, von denen ein rotes Kreuz leuchtete. Bei ihrem Erscheinen läuteten alle Glocken, und alles strömte zur Kirche: dort warfen sie sich nieder und geißelten sich unter stundenlangen Liedern und Gebeten, verlasen vom Himmel gefallene Briefe, die das sündhafte Treiben der Laien und Pfaffen verdammten, und mahnten zur Buße. Ihre Doktrin, wenn man von einer solchen sprechen kann, war zweifellos häretisch: sie lehrten, daß die Geißelung das wahre Abendmahl sei, da sich dabei ihr Blut mit dem des Heilands vermische, erklärten die Priester für unwürdig und überflüssig und duldeten bei ihren Andachtsübungen keine Geistlichen. Ihre Wirkung auf die verängstigte, an der Kirche und am Weltlauf verzweifelnde Menschheit war ungeheuer. Allmählich erhielten sie Verstärkung durch allerlei unreine Elemente: Abenteurer, Deklassierte, Bettelvolk, Maniker, Pervertierte; und es muß ein beispiellos aufwühlender Eindruck für die Zeitgenossen gewesen sein, aus Furcht und Hoffnung, Ekel und Gottesschauer seltsam gemischt, wenn diese

grauenhafte Lawine von Fanatikern, Irrsinnigen und Verbrechern sich heranwälzte, schon von fern her durch ihren gruselig monotonen Gesang angekündigt: »Nun hebet auf eure Hände, daß Gott dies große Sterben wende! Nun hebet auf eure Arme, daß Gott sich über uns erbarme! Jesus, durch deine Namen drei, mach, Herre, uns von Sünden frei! Jesus, durch deine Wunden rot, behüt uns vor dem jähen Tod!«

Diese Geißlerfahrten waren jedoch keine einfache Folgeerscheinung der Pest, etwa der bloße Versuch einer Art religiöser Therapie, sondern höchstwahrscheinlich eine Parallelepidemie, ein weiteres Symptom der allgemeinen Psychose: die Pest war nur ein äußerlicher Anknüpfungspunkt. Für diese Annahme spricht die Tatsache, daß derartige seelische Massenerkrankungen zu jener Zeit auch unabhängig von der Pest auftraten. Schon ein Jahr vorher sah man Männer und Frauen Hand in Hand stundenlang im Kreise tanzen, in immer wilderer Raserei, bis sie, Schaum vor dem Munde, halb ohnmächtig zu Boden sanken; während des Tanzes hatten sie epileptoide Anfälle und Visionen. Es war dies der bekannte *Veitstanz*, der sehr bald größere Kreise ergriff, in seinem weiteren Verlauf immer mehr einen sexuellen Charakter annahm und schließlich eine Art Mode wurde, so daß Vagabunden sich dadurch, daß sie die Zuckungen nachahmten, ihren Unterhalt verdienen konnten. In denselben Zusammenhang gehört der merkwürdige Kreuzzug der Kinder von Schwäbisch-Hall, die, plötzlich von einer religiösen Hypnose erfaßt, zur Verehrung des Erzengels Michael nach dem Heiligen Michaelsberg in der Normandie aufbrachen. Die Fixierung an diese Idee war so stark, daß Kinder, die man mit Gewalt zurückhielt, schwer erkrankten, ja zum Teil den Geist aufgaben.

Einen pathologischen und epidemischen Charakter trugen auch die damaligen *Judenverfolgungen*, aber man kann nicht sagen, daß wir es hier mit einer Erscheinung zu tun haben, die nicht zu allen Zeiten möglich wäre. Plötzlich sprang in Süd-

Die Brunnenvergifter

frankreich das Gerücht auf, die Juden hätten die Brunnen vergiftet, und drang, schneller als die Pest, in die benachbarten Länder. Es kam zu scheußlichen Judenschlächtereien, bei denen die Geißler die Stoßtruppe bildeten und die Juden jenen blinden Heroismus bekundeten, der in ihrer ganzen Geschichte von Nebukadnezar und Titus bis zu den russischen Pogromen zutage tritt. Mütter, die ihre Gatten auf dem Scheiterhaufen verbrennen sahen, stürzten sich mit ihren Kindern zu ihnen in die Flammen; in Eßlingen versammelte sich die gesamte Judenschaft in der Synagoge und zündete sie freiwillig an; in Konstanz hatte ein Jude sich aus Angst vor dem Feuertode taufen lassen, wurde aber später von Reue ergriffen und verbrannte sich und seine ganze Familie in seinem Hause. Die Judenverfolgungen hatten in erster Linie religiöse, daneben aber sicher auch soziale Gründe. Die Stellung der damaligen Welt zur Judenfrage war eine zwiespältige. Die geistlichen und weltlichen Machthaber tolerierten die Juden, ja ließen ihnen sogar eine gewisse Protektion angedeihen; sie konnten sie nicht gut entbehren, nicht nur wegen ihrer größeren wirtschaftlichen Begabung, die damals noch viel mehr ins Gewicht fiel als heutzutage, sondern auch wegen ihrer höheren Bildung: sie waren an den Höfen als Vermittler der arabischen Kultur und besonders auch als Ärzte geschätzt; vor allem aber waren sie ein ebenso ergiebiges wie handliches Besteuerungsobjekt: unter den Einnahmequellen, die den einzelnen Herrschaften als Privilegien verliehen werden, figurieren neben dem Münzrecht, dem Zoll, den Salinen und dergleichen auch immer die Juden. Das Volk aber hatte niemals vergessen, daß es die Juden gewesen waren, die den Heiland getötet hatten, und wenn einzelne milddenkende Prediger einzuschärfen versuchten, daß man für diese Schuld nicht alle Nachkommen verantwortlich machen dürfe, so lag der Einwand nahe, daß ja die Judenschaft bis zum heutigen Tage das Evangelium verleugne und sogar insgeheim befehde; und mit diesem in der Tat ungeheuerlichen Faktum, daß unter allen Kulturvölkern des Abendlandes das kleinste, schwächste und verstreuteste sich als einziges dem Licht des Christentums hartnäckig entzogen hat, vermochte man sich in der damaligen Zeit noch nicht psychoanalytisch abzufinden. Dazu kam nun noch die wirklich harte Bedrückung durch den jüdischen Wucher. Die Juden waren die einzigen, denen ihre Religion das Zinsnehmen nicht verbot, ja es mochte in ihren Augen sogar verdienstlich erscheinen, den irrgläubigen »Goj« möglichst zu schädigen, und zudem waren ihnen alle anderen Berufe verschlossen, da selbstverständlich nur ein Christ in eine Zunft aufgenommen werden konnte. Und so gab es nicht wenige, die es bei diesen Verfolgungen weniger auf die Verbrennung der Juden abgesehen hatten als auf die Verbrennung der Schuldbriefe. »Ihr Gut«, sagt ein zeitgenössischer Chronist, »war das Gift, das sie getötet hat.«

Aber nicht bloß die Menschen, auch Himmel und Erde waren *Kosmischer* in Aufruhr. Unheildrohende Kometen erschienen, in England *Aufruhr* wüteten furchtbare Stürme, wie sie nie vorher und nie nachher erlebt worden sind, riesige Heuschreckenschwärme suchten die Felder heim, Erdbeben verheerten das Land: Villach wurde mit dreißig umliegenden Ortschaften verschüttet. Der Boden verweigerte seine Gaben: Mißwachs und Dürre verdarben allenthalben die Ernte. Es handelte sich bei diesen Erscheinungen weder um »zufällige Naturspiele« noch um »abergläubische Auslegungen« der Zeitgenossen. Wenn es wahr ist, daß damals ein großer Ruck, eine geheimnisvolle Erschütterung, ein tiefer Konzeptionsschauer durch die Menschheit ging, so muß auch die Erde irgend etwas Ähnliches durchgemacht haben, und nicht bloß die Erde, sondern auch die Nachbarplaneten, ja das ganze Sonnensystem. Die Zeichen und Wunder, die die »beschränkte Leichtgläubigkeit« jener Zeit erblickte, waren wirkliche Zeichen, deutliche Äußerungen eines wunderbaren Zusammenhanges des gesamten kosmischen Geschehens.

*Welt-
untergang*

Der Mensch aber, durch so viel Schlimmes und Widerspruchsvolles an Gegenwart und Zukunft irre geworden, taumelte erschreckt umher und spähte nach etwas Festem. Die Ernsten zogen sich gänzlich auf ihren Gott oder ihre Kirche zurück, fasteten, beteten und taten Buße. Die Leichtfertigen stürzten sich in ein zügelloses Welttreiben, öffneten der Gier und dem Laster alle Ventile und machten sich aus dem Leben eine möglichst fette Henkersmahlzeit. Viele erwarteten das Jüngste Gericht. In alledem: in den pessimistischen und asketischen Strömungen ebensogut wie in der ungesund aufgedunsenen »Lebensfreude«, die bloß eine Art Tuberkulosensinnlichkeit und Déluge-Genußsucht war, zittert eine allgemeine Weltuntergangsstimmung, die, ausgesprochen oder unausgesprochen, bewußt oder unbewußt, das ganze Zeitalter durchdringt und beherrscht.

Und der Instinkt der Menschen hatte vollkommen recht: die Welt ging auch wirklich unter. Die bisherige Welt, jene seltsam enge und lichte, reine und verworrene, beschwingte und gebundene Welt des Mittelalters versank unter Jammer und Donner in die finsteren Tiefen der Zeit und der Ewigkeit, von denen sie nie wieder zurückkehren wird.

*Entthro-
nung der
Univer-
salien*

Das Fundament, auf dem die Weltanschauung des Mittelalters ruhte, war der Grundsatz: das Reale sind die Universalien. Wirklich ist nicht das Individuum, sondern der Stand, dem es angehört. Wirklich ist nicht der einzelne Priester, sondern die katholische Kirche, deren Gnadengaben er spendet: wer *er* ist, bleibt ganz gleichgültig, er kann ein Prasser, ein Lügner, ein Wüstling sein, das beeinträchtigt nicht die Heiligkeit seines Amtes, denn er ist ja nicht wirklich. Wirklich ist nicht der Reiter, der im Turnier sticht, um Minne wirbt, im gelobten Lande streitet, sondern das große Ideal der ritterlichen Gesellschaft, das ihn umfängt und emporträgt. Wirklich ist nicht der Künstler, der in Stein und Glas dichtet, sondern der hochragende Dom, den er in Gemeinschaft mit vielen geschaffen hat: er selbst bleibt anonym. Wirklich sind auch nicht die Gedanken, die der menschliche Geist in einsamem Ringen ersinnt, sondern die ewigen Wahrheiten des Glaubens, die er nur zu ordnen, zu begründen und zu erläutern hat.

Alle diese Vorstellungen beginnen sich aber am Ende des Mittelalters zu lockern und zu verflüssigen, um sich schließlich in ihr völliges Gegenteil umzukehren. Der große *Johannes Duns,* wegen seiner Abstammung Scotus, wegen der Feinheit und Schärfe seiner Distinktionen *doctor subtilis* genannt, Schulhaupt der Scotisten, im Jahr 1308, erst vierunddreißigjährig, gestorben, ist noch gemäßigter Realist: er meint, alle Wissenschaft müßte sich auflösen, wenn das Allgemeine, das doch das Ziel aller wissenschaftlichen Erkenntnis sei, in bloßen Vernunftbegriffen bestünde. Aber er erklärt zugleich, daß die Realität sich sowohl gegen die Allgemeinheit wie gegen die Individualität indifferent verhalte und daher beides in sich verkörpern könne; und ein andermal sagt er geradezu: Die Individualität sei nicht eine mangelhaftere, sondern eine vollkommenere Wirklichkeit, sie sei *ultima realitas.* Und der Franziskaner *Pierre Aureol,* dessen etwas später verfaßte Schriften obskur geblieben sind, ist bereits Konzeptualist, das heißt: er erklärt die Universalien für bloße Begriffe, *conceptus,* die von den Einzeldingen abgezogen seien und in der Natur nicht vorkämen; an Sokrates sei nur die *Socratitas* wirklich, nicht die *humanitas.* Noch viel weiter aber ging der eigentliche Begründer des Nominalismus und berühmteste Schüler des Schotten. *Wilhelm von Occam,* der *doctor singularis, venerabilis inceptor* und *doctor invincibilis,* gestorben im Jahr der Schwarzen Pest. Zunächst erklärt er ebenfalls, das Allgemeine sei ein bloßer *conceptus mentis, significans univoce plura singulari,* es existiere nicht in den Dingen, sondern nur im denkenden Geiste; daraus, daß wir mit Hilfe allgemeiner Begriffe erkennen, folge nicht, daß das Allgemeine Realität habe. Von da schreitet er aber zu einem vollkommenen Phänomenalismus fort. Hatte Duns in den Vorstellungen noch wirkliche Abbilder der Dinge erblickt, so sieht Occam in ihnen nur noch Zeichen, *signa,* die in uns durch die Dinge hervorgerufen und von uns auf die Dinge bezogen werden, ihnen aber deshalb keineswegs ähnlich zu sein brauchen, wie ja auch der Rauch ein Zeichen des Feuers und der Seufzer ein Zeichen des Schmerzes sei, ohne dass der Rauch mit dem Feuer, der Seufzer mit dem Schmerz irgendeine Ähnlichkeit habe. Und im weiteren Verlauf der Deduktionen gelangt er zu einem eigenartigen Indeterminismus. Gott ist an keinerlei Gesetze gebunden, nichts geschieht mit Notwendigkeit: sonst wäre die Tatsache des Zufalls und des Bösen in der Welt unerklärlich. Gott mußte nicht gerade diese Welt schaffen, er hätte auch eine ganz andere schaffen können, auch gar keine. Es gibt auch keine allgemein gültigen ethischen Normen: Gott hätte auch Taten der Lieblosigkeit und des Eigennutzes für verdienstlich erklären können. Der Dekalog ist kein absolutes Sittengesetz, er hat nur bedingte Gültigkeit. Er verbietet den Mord, den Diebstahl, die Polygamie. Aber Abraham wollte seinen Sohn opfern, die Israeliten nahmen die goldenen Gefäße der Ägypter mit, die Patriarchen betrieben Vielweiberei; und Gott hat es gebilligt. Diese Darlegungen (die zum Teil von Occam, zum Teil schon von Duns Scotus herrühren) wollen offenbar besagen: Gott steht jenseits von Gut und Böse. Den Gipfel der Occamschen Philosophie bildet aber das Bekenntnis zum Irrationalismus und Agnostizismus: alle Erkenntnis, die über die unmittelbare Augenblickserfahrung hinausgeht, ist Sache des Glaubens; Gott ist unerkennbar, sein Dasein folgt nicht aus seinem Begriff; die Existenz einer ersten Ursache ist unerweisbar, es könnte auch eine unendliche Reihe von Ursachen geben; mehrere Welten mit verschiedenen Schöpfern sind denkbar; Trinität, Inkarnation, Unsterblichkeit der Seele können niemals den Gegenstand logischer Demonstration bilden.

Man würde aber sehr irren, wenn man nach alledem in *Christus* Occam einen Freigeist, etwa einen Vorläufer Voltaires oder *im Esel* Nietzsches erblicken wollte. Occam war zwar ein energischer Anhänger der damaligen »Modernisten«, die gegen die Alleinherrschaft des Papstes und für die Unabhängigkeit des Kaisers und der Bischöfe kämpften, aber er war gleichwohl streng gläubig: seine skeptischen und kritischen Grübeleien sind gerade der stärkste Ausdruck seiner Religiosität. Der Gedanke der unbegrenzten göttlichen Willkür hat für ihn nichts Aufreizendes, sondern etwas Beruhigendes: seine Gottesunterwürfigkeit kann sich nur in der Vorstellung einer durch nichts, auch nicht Kausalität und Moral eingeschränkten Allmacht Genüge tun; dadurch, daß er die Unbeweisbarkeit der christlichen Mysterien betont, entzieht er sie ein für allemal jedem Angriff und Zweifel; und durch die Einsicht in die Unverständlichkeit, ja Widersinnlichkeit der Kirchenlehren wird der Glaube für ihn erst zu einem Verdienst. Das Prinzip des *credo quia absurdum* hat durch ihn noch einmal in gewaltiger Stärke und feinster Vergeistigung seine höchste und letzte Zusammenraffung erfahren. Der Nachdruck liegt bei ihm noch vollkommen auf dem *credo*: daß Glauben und Wissen zweierlei sind, gerade das rettet den Glauben. Wie aber, wenn die Menschen es sich eines Tages einfallen ließen, den Akzent auf das *absurdum* zu legen und zu folgern: daß Glauben und Wissen zweierlei sind, das vernichtet den Glauben und rettet das Wissen? Ein flacher, aber höchst gefährlicher Gedanke; auf den Occam aber noch nicht gekommen ist. Vielmehr ist er unermüdlich bemüht, alle möglichen Widersinnigkeiten herbeizuschleppen, um sie mit dem Glauben in Verbindung zu bringen. So spricht er einmal einen Satz aus, der uns wie eine furchtbare Blasphemie anmutet, zu seiner Zeit aber nicht den geringsten Anstoß erregt hat: wenn es Gott gefallen hätte, so hätte er sich gerade so gut in einem Esel verkörpern können wie in einem Menschen.

An diesem Beispiel, dem man viele ähnliche an die Seite setzen könnte, sieht man deutlich, wie das Prinzip der Widervernünftigkeit bei Occam über sein Ziel hinausschießt, sich überschlägt und schließlich gegen sich selbst wendet und wie es gänzlich wesensverschieden ist von der naiven Wundergläubigkeit des Mittelalters. Ganz ohne Occams Wissen und Willen wechselt es sozusagen die Pointe und erscheint plötzlich mit umgekehrtem Vorzeichen. Er überspannt die Sache: so daß sie reißen muß; er spitzt sie übermäßig zu: so daß sie abbrechen muß.

Völlig bewußt aber war ihm sein Nominalismus. Die fünfhundertjährige Arbeit der Scholastik mündet in einen Satz, der die ganze Scholastik aufhebt: Die Universalien sind nicht wirklich, sie sind weder *ante rem* noch *in re*, sondern *post rem*, ja noch mehr, sie sind *pro re*: bloße stellvertretende Zeichen und vage Symbole der Dinge, *vocalia, termini, flatus vocis*, nichts als künstliche Hilfsmittel zur bequemeren Zusammenfassung, im Grunde ein leerer Wortschwall: *universalia sunt nomina*.

Der Sieg des Nominalismus ist die wichtigste Tatsache der neueren Geschichte, viel bedeutsamer als die Reformation, das Schießpulver und der Buchdruck. Er kehrt das Weltbild des Mittelalters vollständig um und stellt die bisherige Weltordnung auf den Kopf: alles übrige war nur die Wirkung und Folge dieses neuen Aspekts.

Die zwei Gesichter des Nominalismus
Der Nominalismus hat ein Doppelantlitz, je nachdem man das Schwergewicht in sein negatives oder sein positives Ergebnis verlegt. Die negative Seite leugnet die Realität der Universalien, der Kollektivvorstellungen, der übergeordneten Ideen: aller jener großen Lebensmächte, die das bisherige Dasein erfüllt und getragen hatten, und ist daher identisch mit *Skepsis* und *Nihilismus*. Die positive Seite bejaht die Realität der Singularien, der Einzelvorstellungen, der körperlichen Augenblicksempfindungen: aller jener Orientierungskräfte, die das Sinnendasein und die Praxis der Tageswirklichkeit beherrschen, und

ist daher identisch mit *Sensualismus* und *Materialismus*. Wie diese beiden neuen Dominanten sich im Leben der Zeit auswirkten, das werden wir jetzt etwas näher zu betrachten haben.

Es war, als ob die Menschheit plötzlich ihr statisches Organ *Dämmer-* verloren hätte. Es ist dies im Grunde der Charakter aller Werde- *zustand* und Übergangszeiten. Das Alte gilt nicht mehr, das Neue noch nicht, es ist eine Stimmung wie während einer Nordnacht: das gestrige Licht schwimmt noch trübe am fernen Horizont, das morgige Licht tagt eben erst schwach herauf. Es ist ein vollkommener Dämmerzustand der Seele: alles liegt in einem Zwielicht, alles hat einen doppelten Sinn. Man vermag die Züge der Welt nicht mehr zu entziffern. Wir könnten auch sagen, es sei wie bei Abendeinbruch: zum Lesen bei der Sonne schon zu dunkel, zum Lesen bei der Lampe noch zu hell; und wir werden später sehen, daß dieses Bild, auf den Beginn der Neuzeit angewendet, sogar einen ganz besonderen Nebensinn hat: bei dem *natürlichen Licht Gottes* im Buche der Welt zu lesen, hatten die Menschen schon verlernt; und bei dem *künstlichen Licht der Vernunft,* das sie sich bald selbst anzünden sollten, vermochten sie es noch nicht.

Die Folge einer solchen vollkommenen Desorientierung ist *Folie* zunächst ein tiefer *Pessimismus*. Weil man an den Mächten der *circulaire* Vergangenheit verzweifeln muß, verzweifelt man an allen Mächten; weil die bisherigen Sicherungen versagen, glaubt man, es gebe überhaupt keine mehr. Die zweite Folge ist ein gewisser geistiger *Atomismus*. Die Vorstellungsmassen haben keinen Gravitationsmittelpunkt, keinen Kristallisationskern, um den sie sich anordnen könnten, sie werden zentrifugal und lösen sich auf. Und da es an einer übergeordneten Zentralidee fehlt, so ist auch das Willensleben ohne Direktive, was sich aber ebensowohl in *Abulie* wie in *Hyperbulie*, in Hemmungsneurosen wie in Entladungsneurosen äußern kann. Die Menschheit verfällt abwechselnd in äußerste Depression und Lethargie, in

137

stumpfe Melancholie und Reglosigkeit oder in die maniakalischen Zustände eines pathologischen Bewegungsdrangs: es ist jenes Krankheitsbild, das die Psychiatrie als *folie circulaire* beschreibt. Und schließlich kann es nicht ausbleiben, daß der Mangel an Fixierungspunkten sich auch in der Form der *Perversität* äußert: auf allen Gebieten, in Linien, Farben, Trachten, Sitten, Denkweisen, Kunstformen, Rechtsnormen wird das Bizarre, Gesuchte, Verborgene, Verzerrte, das Disharmonische, Stechende, Überpfefferte, Abstruse bevorzugt: man gelangt zu einer Logik des Widersinnigen, einer Physik des Widernatürlichen, einer Ethik des Unsittlichen und einer Ästhetik des Häßlichen. Es ist wie bei einem Erdbeben; die Maßstäbe und Richtschnüre der gesamten normalen Lebenspraxis versagen: die tellurischen, die juristischen und die moralischen.

Anarchie von oben
Alles wankte. Die beiden Koordinatenachsen, nach denen das ganze mittelalterliche Leben orientiert war, Kaisertum und Papsttum, beginnen sich zu verwischen, werden bisweilen fast unsichtbar. In der ersten Hälfte des vierzehnten Jahrhunderts sah das Reich die seltsame Farce einer gemeinsamen Doppelregierung Ludwigs von Bayern und Friedrichs von Österreich, und von da an kam es nicht mehr zur Ruhe, bis das Jahr 1410 drei deutsche Könige brachte: Sigismund, Wenzel und Jost von Mähren. Und fast genau um dieselbe Zeit, im Jahr 1409, erlebte die Welt das Unerhörte, daß drei Päpste aufstanden: ein römischer, ein französischer und ein vom Konzil gewählter. Dies hieß für die damaligen Menschen ungefähr so viel, wie wenn man ihnen plötzlich eröffnet hätte, es habe drei Erlöser gegeben oder jeder Mensch besitze drei Väter. Und da sowohl Kaiser wie Päpste sich gegenseitig für Usurpatoren, Gottlose und Betrüger erklärten, so lag es nahe, sie auch wirklich dafür zu halten, alle drei, ja noch mehr: in ihrem ganzen Amt keine gottgewollte, sondern eine erschlichene Würde, nicht mehr den Gipfel geistlicher und weltlicher Hoheit, sondern einen erlogenen Schein-

wert zu erblicken und den Schluß des Nathan zu machen: »Eure Ringe sind alle drei nicht echt. Der echte Ring vermutlich ging verloren.« Schon die bloße *Möglichkeit* der Tatsache eines Schismas mußte die Idee des Papsttums entwurzeln und aushöhlen.

Wir haben also hier den Fall, daß die Auflösung zuerst das Haupt ergriff, daß die Anarchie bei der obersten Spitze der Gesellschaft ihren Anfang machte. Aber alsbald begann sie alle Schichten zu ergreifen. Eine allgemeine Deroute ist die soziale Signatur des Zeitalters. Die Vasallen leisten nur noch Heeresfolge, wenn es ihnen beliebt oder persönlichen Nutzen verspricht: das Verhältnis der vielbesungenen mittelalterlichen Lehenstreue verwandelt sich in ein kühl geschäftsmäßiges, das nicht mehr durch Pietät, sondern durch Opportunität bestimmt wird. Die Hörigen verlassen ihre Scholle, mit der sie bisher ein fast pflanzlich verbundenes Dasein geführt hatten; in den Städten sinkt das Patriziat, bisher durch Geburt und Tradition herrschberechtigt, aber in der Gewohnheit des Besitzers allmählich erschlafft und verrottet, als trüber Bodensatz nach unten, und neue frische Kräfte, unbeschwert durch Vorurteile und Vergangenheit, steigen aus den Niederungen nach oben; und schon melden sich, ihnen nachdrängend, die völlig Deklassierten und Enterbten, die Mühseligen und Beladenen mit allerlei kommunistischen Programmen, die damals noch eine christliche Färbung hatten. Und die Stände gelten überhaupt als nichts Heiliges mehr, sie befehden sich gegenseitig mit giftigem Spott und maßloser Verachtung, wovon die Dichtung der Zeit ein scharfes Spiegelbild bietet: der Bauer wird in den städtischen Fastnachtsspielen so gut wie in den letzten dünnen Nachklängen der ritterlichen Epik als roher Schwachkopf, als eine Art dummer August verhöhnt; aber er bleibt die Antwort nicht schuldig und zeigt in den Erzählungen vom Till Eulenspiegel, kostbaren Gemeinheiten voll Saft und Niedertracht, wie der Bauer sich nur dumm stellt, um den Städter aufs

*Auflocke-
rung der
Stände*

empfindlichste zu blamieren und zu prellen. Die Verkommenheit des Adels wiederum ist ein stehendes Thema der ganzen zeitgenössischen Dichtung, und die Sittenlosigkeit des Klerus hat im *Reineke Fuchs* eine vernichtende satirische Behandlung erfahren. Aber so hochmütig und lieblich auch jeder gegen den fremden Stand loszieht, es will doch keiner in seinem eigenen bleiben, denn das mittelalterliche Prinzip, daß der Stand dem Menschen angeboren ist wie seine Haut, hat längst nicht mehr Geltung: der Bauer will ein feingekleideter Städter werden, der Städter ein eisenbeschienter Ritter, Bauern fordern sich zu lächerlichen Zweikämpfen heraus, Handwerkerinnungen sagen einander Fehde an, der Ritter wieder blickt voll Neid auf den Bürger und seinen behaglichen Wohlstand. Das Schicksal der Torheit, die ihren natürlichen Platz verachtet und unzufrieden nach dem Los der anderen schielt, hat im *Meier Helmbrecht* eine erschütternd lebensvolle Darstellung gefunden: es ist die Geschichte eines reichen Bauernsohns, der um jeden Preis Ritter werden will und dabei elend zugrunde geht. Und in demselben Roman sehen wir auch, wie die Familie kein heiliges Band mehr ist: Sohn und Tochter sprechen von ihren Eltern in Ausdrücken, die selbst heute Befremden erregen würden. Alle diese Auflockerungen und Unterwühlungen vollzogen sich jedoch nirgends in langsamer, friedlicher Entwicklung, sondern die Zeit ist ein riesiges Schlachtfeld voll unaufhörlicher innerer und äußerer, offener und unterirdischer Fehden: Kampf der Konzilien gegen die Päpste, der Päpste gegen die Kaiser, der Kaiser gegen die Fürsten, der Fürsten gegen die Stadtherren, der Stadtherren gegen die Zünfte, der Zünfte gegen die Pfaffen und aller untereinander.

Erkrankung des metaphysischen Organs   Gegenüber einem solchen katastrophalen Zusammenbruch aller Werte, einer solchen radikalen Lösung aller Bindungen gibt es nur zwei Positionen: vollkommene Kritiklosigkeit, blinde Prostration vor dem Schicksal: *Fatalismus*, oder Hyperkritik, gänzliche Leugnung jeglicher Nezessität: *Subjektivismus.* Den ersten Standpunkt nehmen die Scotisten ein. Sie wenden sich gegen die Thomisten, die behauptet hatten, alles Vernünftige sei gottgewollt, und erklären: alles Gottgewollte sei vernünftig; man dürfe nicht sagen: Gott tut etwas, weil es gut ist, sondern: etwas ist gut, weil Gott es tut. Die subjektivistische Anschauung vertraten die »Brüder vom freien Geiste«, die »fahrenden Begharden«, zügellose Banden, die in der Rheingegend und anderwärts ihr Wesen trieben und vom Bettel, aber auch von Erpressung und Raub lebten, den sie für erlaubt erklärten, da Privatbesitz Sünde sei. Ihre Lehre verbreiteten sie in Predigten und Flugschriften und in Diskussionen, bei denen sie viel Scharfsinn und Schlagfertigkeit entwickelt haben sollen: ihre »behenden Worte« waren berühmt und gefürchtet. Ihre Hauptsätze lauteten: Ein überweltlicher Gott existiert nicht: der Mensch ist Gott; da der Mensch Gott gleich ist, so bedarf es keines Mittlers: das Blut eines guten Menschen ist ebenso verehrungswürdig wie das Blut Christi; sittlich ist, was die Brüder und Schwestern sittlich nennen; die Freiheit kennt keine Regel, also auch keine Sünde: vor dem »Geist« gibt es weder Diebstahl noch Hurerei; das Reich Gottes und die rechte Seligkeit sind auf Erden: darin besteht die wahre Religion. Kurz: Das nur auf sich selbst gestellte, durch keinerlei Gewissensskrupel belastete Ich ist der wahre Christus.

Beide Standpunkte sind nihilistisch. Der Scotismus betont die Allmacht und alleinige Realität Gottes so stark, daß er das Ich auslöscht; das Stirnertum der Begharden betont die Allmacht und alleinige Realität des Ichs so stark, daß es Gott auslöscht. Man könnte auf den ersten Blick glauben, daß der Scotismus der Gipfelpunkt der Religiosität sei, aber bei näherer Betrachtung erkennt man: er wurzelt nicht im höchsten Vertrauen in die *göttliche* Vernunft, sondern in der tiefsten Verzweiflung an der *menschlichen* Vernunft. Es ist dieselbe Exaltation des Gefühls, dieselbe Erkrankung des metaphysischen Organs, die aus beiden Lehren spricht. Übermäßige Hitze und übermäßige Kälte pflegen die gleichen physiologischen Wirkungen zu erzeugen. Und so sehen sich die Sätze, die aus diesen beiden polaren Weltanschauungen hervorgehen, oft zum Verwechseln ähnlich, und viele Aussprüche der ausgehenden Scholastik unterscheiden sich, wie wir bei Occam gesehen haben, von äußersten Gotteslästerungen nur noch durch ihre Tendenz.

Praktischer *Nihilismus*
Und zu Beginn des fünfzehnten Jahrhunderts beginnt der Nihilismus des Zeitalters auch praktisch zu werden: in der Hussitenbewegung, in der zum erstenmal der *idealistische Zerstörungstrieb* des Slawentums auf dem Schauplatz der europäischen Geschichte erscheint. Durch die kurzsichtige, grausame und hinterhältige Politik der Gegner zu übermenschlichen Energieleistungen aufgestachelt, haben die tschechischen Heere Taten vollbracht, die der Schrecken und das Staunen der Zeit waren: sie haben eine ganz moderne Taktik erfunden, die sich als unwiderstehlich erwies, und emporgetragen von dem dreifachen Auftrieb der religiösen, der nationalen und der sozialen Begeisterung alles niedergerannt, was sich ihnen in den Weg stellte. Die wilde Flut des Hussitentums trat sehr bald über die Grenzen des eigenen Landes und überschwemmte halb Deutschland, überall mit einem sinnlosen Vandalismus wütend, der ohne Gewinnsucht und ohne Rachsucht nur vernichtet, um zu vernichten: es ist der blinde, ratlose Haß des Slawentums gegen die Realität, der es allein verständlich macht, daß die Russen jahrhundertelang den Zarismus ertragen haben und jetzt vielleicht wieder jahrhundertelang die Sowjetherrschaft ertragen werden.

Die Situation, in der sich die Seele damals befand, läßt sich in den Worten zusammenfassen, mit denen Petrarca die Zustände am päpstlichen Hof zu Avignon schildert: »Alles Gute ist dort zugrunde gegangen, zuerst die Freiheit, dann die Ruhe, die Freude, die Hoffnung, der Glaube, die Liebe: ungeheure Verluste der Seele. Aber im Reiche der Habsucht wird das nicht als Schaden gerechnet, wenn nur die Einkünfte ungeschmälert bleiben. Das zukünftige Leben gilt da als eine leere Fabel, was von der Hölle erzählt wird: alles Fabeln, die Auferstehung des Fleisches, der Jüngste Tag, Christi Gericht: lauter Torheiten. Wahrheit hält man dort für Wahnsinn, Enthaltsamkeit für Unsinn, Scham für Schande, ausschweifende Sünde für Großherzigkeit; je befleckter ein Leben ist, desto höher wird es gewertet, und der Ruhm wächst mit dem Verbrechen.«

Es ist aber jetzt an der Zeit, auch die positiven Züge des Zeitalters ins Auge zu fassen. Sie äußerten sich, wie bereits angedeutet wurde, in der Richtung des Materialismus. Es ist eine Zeit außerordentlichen wirtschaftlichen Aufschwungs, und zwar sowohl eines inneren wie eines äußeren: einer zunehmenden Rationalisierung und Verfeinerung der Produktion und einer wachsenden Ausdehnung und Ergiebigkeit des Güterverkehrs. Es fragt sich nun: war der immer mehr um sich greifende Materialismus eine Folge des gesteigerten Wirtschaftslebens, oder verhielt es sich umgekehrt? Nach allen bisherigen Erörterungen wird der Leser nicht im Zweifel sein, daß wir uns nur für die zweite Antwort entscheiden können. Zuerst ist eine bestimmte Seelenverfassung, eine bestimmte Gesinnung da, und aus dieser geht dann ein bestimmter Entwicklungsgrad der ökonomischen Zustände hervor. Ist der Mensch mit seinem Interesse vorwiegend auf die unsichtbare *Innenwelt* seines Geistes und Gemütes oder auf die geheimnisvolle *Oberwelt Gottes* und des Jenseits gerichtet, so wird er starke und fruchtbare Schöpfungen auf dem Gebiete des Glaubens, des Denkens, des Gestaltens hervorbringen, sein Wirtschaftsleben aber wird einförmig und primitiv bleiben; lenkt er sein Augenmerk am intensivsten auf die greifbare, sichtbare, schmeckbare *Umwelt*, so

Gesteigertes Wirtschaftsleben

kann es unter gar keinen Umständen ausbleiben, daß er eine hohe wirtschaftliche Blüte erlangt: neue Werkzeuge und Techniken erfindet, neue Bereicherungsquellen entdeckt, neue Formen des Komforts und des Genusses ins Leben ruft und sich zum Herrn der Materie macht.

In den Wirtschaftsgeschichten wird viel von den »fördernden Umständen«, den »günstigen Bedingungen« geredet. Aber die Bedingungen und Umstände sind immer da, sie werden nur in den verschiedenen Zeitaltern verschieden ausgenutzt. Und selbst wenn sie nicht da wären, so würde der wirtschaftliche Wille, wenn er nur mächtig genug ist, sie aus dem Nichts hervorzaubern und sich gewaltsam jede Bedingung zur »günstigen« und jeden Umstand zum »fördernden« umprägen.

Infolge des rapiden Verfalls von Byzanz hatte der Levantehandel, der wichtigste für Europa, allmählich die alte Donaustraße aufgegeben und den Seeweg eingeschlagen. Im vierzehnten Jahrhundert finden wir in Italien eine Reihe wahrhaft königlicher Stadtrepubliken, an der Spitze die venezianische, die unumschränkte Herrin des ganzen östlichen Mittelmeerbeckens, das sie sich (in der Art, wie das heute England tut) durch eine Reihe wertvoller Stützpunkte: Damatien, Korfu, Kreta, Zypern dauernd gesichert hatte. Die Gebiete der Nord- und Ostsee beherrschte mit fast ebenso absoluter Machtvollkommenheit die Hanse, jene eigenartige Organisation von Kaufleuten, die – lediglich auf der Basis privater Verträge, von keinem Landesherrn verteidigt und selber nur selten zum Schwert greifend – anderthalb Jahrhunderte lang über ungeheure Land- und Wasserstrecken eine souveräne Handelsdiktatur ausgeübt hat. Und zwischen diesen beiden Riesenmächten des Nordens und Südens entfaltete sich eine Fülle kleinerer, aber höchst ansehnlicher Wirtschaftszentren: von Oberitalien eine emsig belebte Handelslinie rheinabwärts nach Flandern, Frankreich und England, das damals noch völlig zurückstand (die hansischen Kaufleute pflegten zu sagen: wir kaufen vom Engländer den Fuchspelz um einen Groschen und verkaufen ihm dann den Fuchsschwanz um einen Gulden); im Westen ein Kranz blühender Seestädte; in Mitteldeutschland ein Kreis vielgepriesener Handwerkerstädte; Tuchstädte, Bierstädte, Seidenstädte, Heringsstädte: ein bienenfleißiges Hämmern, Weben, Feilschen, Verladen von Gotland bis Neapel.

Die mittelalterliche Gesellschaft hatte ihre Physiognomie durch den Ritter und den Kleriker erhalten; jetzt wird der Bürger und der Handwerker tonangebend, und sogar der Bauer beginnt sich zu fühlen: die drei realistischen Berufe. Diese Umwälzung der sozialen Wertungen vollzieht sich in erster Linie durch das allmähliche Heraufsteigen der Zünfte. Wir haben bereits erwähnt, daß die Herrschaft der sogenannten »Geschlechter«, die eine Art Bürgeradel darstellten, im Laufe des vierzehnten Jahrhunderts fast überall gestürzt wurde. Sie waren die Alten, die Satten, die trägen Erben, die stumpfen Männer des Gestern. Die Zunftleute aber waren die Modernen jener Zeit, die den Sinn der Lebensmächte, die sich zur Herrschaft anschickten, in sich aufzunehmen wußten. Sie waren in ihrer Politik national und antiklerikal; aus ihren Reihen gingen die Künstler hervor; sie brachten allem Neuen Verständnis entgegen: den Prinzipien der Geldwirtschaft so gut wie den Lehren der Mystik; aus ihnen rekrutierte sich das Fußvolk, die Truppengattung der Zukunft; sie kämpften für Arbeit und Aufklärung, für das Laienchristentum und die Volksrechte; sie trieben eine etwas enge und nüchterne, aber gesunde und fromme Mittelstandspolitik: sie waren im wahren Sinne des Wortes *christlich-sozial*.

Heraufkunft der Zünfte

Ihre Organisation war noch ganz patriarchalisch. Sie war keine bloße wirtschaftliche Interessengemeinschaft, sondern eine ethische Vereinigung. Der Geselle trat nicht bloß ins Geschäft, sondern auch in die Familie des Meisters ein, der für die

Fachdilettantismus

moralische Führung seiner Schüler ebenso verantwortlich war wie für ihre technische Ausbildung. Und ebenso stand auch das einzelne Mitglied zur Zunft nicht so sehr in einer juristischen Unterordnung als in einem Pietätsverhältnis. Es war weniger eine ökonomische Frage als eine Ehrensache, möglichst gute Arbeit zu liefern, und es war andererseits die vornehmste Pflicht der Zunft, ihren Mitgliedern entsprechende Absatzmöglichkeiten und, wenn sie krank oder arbeitsunfähig wurden, Pflege und Nahrung zu bieten. Gesellige Zusammenkünfte in besonderen Versammlungsräumen, korporative Feste und Umzüge, gemeinsame Grußformen und Zechsitten erhöhten den Zusammenschluß. Es konnte allerdings nicht ausbleiben, daß dieser schöne Genossenschaftsgeist mit der Zeit in kleinliche Bevormundung, steife Routine und gedankenlose Schablone degenerierte: in all das, was man noch heute im abfälligen Sinne als »zünftlerisch« bezeichnet. Alles war peinlich geregelt: die Anrede und das Zutrinken so gut wie die Zahl der Lehrlinge und die Größe des Ladens. Es soll kein Geselle zum Bier gehen, bevor die Glocke drei geschlagen hat; es sollen an einem Abend nicht mehr als sechs Gulden verspielt werden; es darf nur Selbstverfertigtes verkauft werden, damit kein Großbetrieb entstehen kann; die Werkstatt muß auf die Gasse gehen, damit die Arbeit stets kontrolliert werden kann; es darf keine neue Arbeit übernommen werden, ehe die früher bestellten fertig sind; an subtilen Sachen darf nur bei Tageslicht gearbeitet werden: alles gut gemeint und vernünftig, aber auf die Dauer doch unerträgliche Beschränkungen. Es fehlte eben an der Möglichkeit, große Zusammenhänge zu überblicken, Widersprüche organisch zu vereinigen: der Mangel jeder Betrachtungsweise, die auf die nächste Realität eingeengt ist. Das ganze Leben schreitet in einem schweren Panzer von Formen und Formeln einher, in die es von einem geistfremden *Fachdilettantismus* gezwängt worden ist; überall ein zähes Kleben an der kompakten Materie des Daseins ohne schöpferische Freiheit, ohne Fruchtbarkeit, ohne Genialität. Aber auf seinem Gebiet hat dieser Materialismus große Siege errungen: es war eine Blütezeit der treuen, sorgfältigen, kunstreichen Materialbearbeitung, der Veredelung und Verschönerung aller Stoffe, der Achtung und Andacht vor dem Arbeitsgegenstand, von der wir uns zur heutigen Zeit kaum mehr einen Begriff machen können, wo kein Prunkhaus mehr mit so viel Erfindungsgeist, Liebe und Eigenart gebaut wird wie damals ein Türschloß oder ein Kleiderschrank; es war das *Heroenzeitalter des Philistertums.*

Mit steigendem Wirklichkeitssinn pflegt sich immer auch eine gewisse Rationalisierung und zweckvollere Behandlung des Daseins zu verbinden; und in der Tat bemerken wir schon in dieser Zeit die ersten, wenn auch noch recht schüchternen Ansätze zu einer wissenschaftlichen Bewältigung der Lebensprobleme. Auf dem Gebiet der Naturforschung freilich herrscht noch große Konfusion: man macht wohl allerlei wertvolle Entdeckungen, aber planlos, ohne Methode; und selbst ein so gründlicher und vielseitiger Kopf wie Regiomontanus wirkt mehr wie ein gelehrter Sammler von Kuriositäten, der seine kostbaren Funde in purer Amateurfreude unsystematisch nebeneinander speichert. Konrad von Megenbergs *Buch der Natur* wiederum, eine Art Lehrbuch der Zoologie, hat eine sehr gute systematische Anordnung, bringt aber zum Teil Abbildungen und Beschreibungen von Fabelwesen: Drachen, geflügelten Pferden, Seejungfern, Sphinxen, Zentauren, feuerspeienden Hunden und dergleichen. Das einzige Gebiet, auf dem eine fruchtbare und lückenlose empirische Tradition herrschte, war eben das Handwerk: hier erfand man auf dem Wege experimentierender Vervollkommnung eine Reihe exquisiter Spielereien: originelle Uhren und Schlösser, kunstvolle Wasserwerke, subtile Instrumente für Goldschmiedearbeit, prachtvolle Orgeln; aber dies alles nicht in wissenschaftlicher Absicht, sondern zur Erhö-

Erwachender Rationalismus

hung des Lebensschmuckes und der Bequemlichkeit. Auch hat die Geldwirtschaft erst sehr langsam den Sinn für numerische Exaktheit gestärkt. Man half sich noch meistens mit ganz primitiven und summarischen Verfahrensweisen; Rechenfehler sind etwas Gewöhnliches und von niemandem Gerügtes; der Begriff der Rechnungsprobe fehlt noch vollständig; die Verwendung der Null zur Bezeichnung des Stellenwertes ist unbekannt; man operierte mit dem Rechenbrett, einem ebenso umständlichen wie unzuverlässigen Apparat; Dividieren war eine Kunst, die fast niemand beherrschte: man »tatonnierte«, das heißt: man versuchte es so lange mit verschiedenen Resultaten, bis ein einigermaßen plausibles herauskam; das Zahlengedächtnis, das uns heute als etwas Selbstverständliches erscheint, war noch ganz unentwickelt.

Auf dem Gebiet der Historik wurden erhebliche Fortschritte gemacht. Das Bedürfnis nach Aufzeichnung der gegenwärtigen und Rekapitulation der vergangenen Ereignisse wird allgemein, Archive werden angelegt, fast jede Stadt hat ihre Chronik. Eine Gestalt wie Froissart, der »französische Herodot«, steht allerdings auf einsamer Höhe, aber daß sie überhaupt auftauchen konnte, ist für das ganze Zeitalter bemerkenswert. Sein Werk zeigt zum erstenmal das spezifisch gallische Erzählertalent in seiner Fülle: ein reich kolorierter Bilderbogen voll Zeitaroma und fließender Bewegung; und auch darin erinnert er an Herodot, daß er ein *wirklicher* Chroniqueur ist: ein Liebhaber der *histoire intime*, der Anekdote und des interessanten Klatschs, der die Weltgeschichte als seine Privatangelegenheit auffaßt und seinen eigenen Augen und Ohren mehr vertraut als den »Quellen«. Sein Gegenstück ist in gewisser Hinsicht Marsilius von Padua, das Urbild des mißtrauischen, scharfsinnigen und rechthaberischen Polyhistors: Arzt, Weltgeistlicher und Jurist, Schöpfer der modernen Staatstheorie und Verfasser des antipapistischen *Defensor pacis*, des Musters einer politischen Denkschrift.

Das stärkste und sprechendste Denkmal des erwachenden Realismus aber ist die *Dichtung* der Zeit. Wir haben schon die starke Verbreitung der satirischen Literatur erwähnt. Nun ist ja die Satire an sich schon immer eine realistische Dichtungsgattung: sie kann ihren Gegenstand nicht treffen, wenn sie nicht auf das Tatsächliche, auf alle konkreten Einzelzüge ausführlich und präzis, man möchte fast sagen: liebevoll eingeht. Verwandt mit den satirischen Fastnachtsspielen waren die in ganz Europa beliebten Moralitäten, *moralités, moralities,* lehrhafte Schauspiele, in denen die Laster und Tugenden auftraten, zunächst freilich als trockene Allegorien, aber doch auch scharfe Lichter auf die wirklichen Zustände werfend. Auch in die Passionsspiele waren regelmäßig burleske Szenen eingeflochten, was den unverbildeten Geschmack der damaligen Menschheit noch nicht verletzte, und hier bot sich reichliche Gelegenheit zu bunten Lebensbeobachtungen und saftigen Aktualitäten. Und in Frankreich entstand die Farce, die schon alle Bestandteile der modernen Posse enthält: im *Maître Pathelin,* dem berühmtesten Exemplar dieses Genres, steckt bereits embryonal der ganze Molière. Auch das Epos bewegte sich in der Richtung der didaktischen Charakterzeichnung, obgleich es nirgends auf dem Kontinent die klassische Höhe der »Canterbury tales« erreicht hat, in denen Chaucer, der »englische Homer«, eine komplette vielfarbige Landkarte der englischen Gesellschaft entworfen hat, in allen ihren Schattierungen, Abstufungen, Übergängen und Mischungen: »Ich sehe«, sagt Dryden, »alle Pilger, ihre Stimmungen, Züge, ja ihren Anzug so deutlich, als hätte ich mit ihnen im ›Tabard‹ in Southwark zu Nacht gespeist.«

Die Entwicklung der lyrischen Dichtung ist durch eine plötzliche Neublüte der Volkspoesie gekennzeichnet. Überall sprudeln Quellen von Liedern auf, alles singt: der Müller, der Wanderbursche, der Bergknappe, der fahrende Scholar, der Bauer,

Wirklichkeitsdichtung

der Fischer, der Jäger, der Landsknecht, sogar der Kleriker. Alles nimmt die Gestalt des Liedes an: Liebe, Spott, Trauer, Andacht, Geselligkeit; die erzählende Dichtung geht in die konzentrierte Form der Ballade über. Überall herrscht eine anschauliche Gegenständlichkeit und greifbare Körperlichkeit: die Steine der verfallenen Schlösser beginnen zu reden, die Linde biegt sich traurig im Winde, die Haselstaude mahnt das verliebte Mädchen zur Vorsicht. Das Mädchen steht überhaupt von nun an im Mittelpunkt der Poesie, während der Gegenstand der ritterlichen Lyrik fast immer die verheiratete Frau war. Und was besungen wird, ist nicht mehr die unerreichbare spröde Dame, nach deren Minne der Dichter vergeblich schmachtet, sondern das erreichte Ziel, das »Verhältnis«, der »Bettschatz«, und viel häufiger dreht sich die Klage um den Wankelmut des Erhörten als um die Kälte der Begehrten: die tragische Figur ist nicht mehr der unglückliche Liebhaber, sondern die verlassene Geliebte. Und der Professionist dieser Poesie ist nicht mehr der adelige Sänger, sondern der fahrende Spielmann, eine viel derbere, realistischere und volkstümlichere Gestalt. Seine Weisen und Geschichten sind knapp, gedrängt, pointiert. Die Anekdote beginnt eine außerordentliche Beliebtheit zu erlangen, und ebenso das Aperçu: die »behenden Worte« der Begharden, von denen wir vorhin sprachen, waren offenbar nichts anderes als prägnante Aphorismen, scharf geschliffene Bonmots. Auch hat kein zweites Zeitalter einen solchen Reichtum an vortrefflichen Sprichwörtern besessen und ihnen in der Ökonomie des Lebens und Denkens einen so breiten und gebietenden Platz eingeräumt. Auf dem Gebiet der bildenden Kunst ist das Pendant des Volkslieds die Miniaturmalerei, die das ganze Leben und Treiben der Zeit in primitiven, aber sehr ähnlichen kleinen Genrebildchen aufgefangen hat.

Emanzipationen Rationalistische Strömungen pflegen stets Emanzipationsbewegungen im Gefolge zu haben, und diese charakterisieren denn auch das Zeitalter in hervorragendem Maße: jeder will sein eigener freier Herr sein. Wir sehen dies auf allen Gebieten: »los von Rom« war die Parole der Könige, »los vom Reich« war die Parole der Fürsten, »los vom Landesherrn« war die Parole der Städte, »los von der Scholle« war die Parole der Fronbauern. Die Leibeigenschaft wurde aber nicht abgeschafft, sie löste sich nur langsam von selbst auf. Soziale Befreiungen geschehen niemals durch Dekrete, die gleich lächerlich sind, ob sie von oben oder von unten kommen: das k. k. Patent des Lesebuchkaisers Josef war ein ebenso kindischer Akt wie die Proklamation der Menschenrechte in Paris; sondern sie treten automatisch und unwiderstehlich in dem Augenblick ein, wo der Zeitgeist sie fordert. Wo die Leibeigenen verschwanden, da verdankten sie ihre Befreiung nicht einer pathetischen Zeremonie, auch nicht einer tumultuarischen Erhebung, sondern sie waren einfach auf einmal nicht mehr da. Sie verkrümelten sich: in die Städte. Wenn sich irgendwo ein dichteres Lebenszentrum befindet, so kann keine Macht der Welt verhindern, daß die Moleküle zu ihm hinstreben: sie müssen nach diesem Kraftherd mit derselben Notwendigkeit gravitieren, mit der ein Meteor in eine Sonne fällt.

Die radikale Emanzipation von *allen* politischen, sozialen und wirtschaftlichen Bindungen hatte, wie wir sahen, ihre Vertreter in den »Brüdern vom freien Geiste«, die man heute wahrscheinlich Edelkommunisten nennen würde, in den Hussiten, deren Schlachtruf lautete: kein Mein, kein Dein!, und in der Masse der arbeitsscheuen Proletarier, der bunten Gesellschaft der »Fahrenden«, die sich aus den Entgleisten aller möglichen Berufe und Stände zusammensetzte. Und der *Roman de la Rose*, vielleicht das gelesenste Buch der Zeit, lehrt sogar den *sexuellen* Kommunismus:

Nature n'est pas si sote
Qu'ele féist nostre Marote.
Ains nous a fait, biau filz n'en doutes,
Toutes por tous et tous por toutes,
Chascune por chascun commune,
Et chascun commun por chascune.

Verfall des Rittertums Die subjektive Seite des Materialismus äußert sich in einem immer mehr einreißenden *Plebejismus*. Brauch und Sitte, Rede und Geste: alles, was sozusagen die innere Melodie des Lebens ausmacht, wird unfeiner, derber, vulgärer, direkter. Es liegt dies zum Teil an dem Heraufdrängen der niederen Schichten; aber *alle* Lebenskreise bekamen zusehends eine rohere, sinnlichere Färbung. Auch die Ritter sind keine Ritter mehr. Treue, Ehre, »Milde«, »Stete«, Mäßigkeit waren die Tugenden, die die höfische Poesie lehrte. Das änderte sich jetzt vollständig. Der Adelige, soweit er nicht einfach Räuber war, wurde ein besserer oder vielmehr ein schlechterer Bauer oder ein lästiger Raufbold. Bisher hatten ihn die Fragen der Minne am lebhaftesten beschäftigt: Liebeshöfe, Liebesregeln, Taten und Leiden zu Ehren der Erwählten; Kindereien, wenn man will, aber lauter ideale Probleme. Wenn früher zwei Junker zusammenkamen, so sprachen sie von diesen Dingen oder von religiösen oder poetischen Themen; jetzt beginnen sie jene Gegenstände zu erörtern, von denen bis zum heutigen Tage die Junker fast ausschließlich reden: Pferde, Dirnen, Duelle und Kornpreise. Geiler von Kaisersberg sagt: »Nur der Name des Adels ist geblieben, nichts von der Sache bei denen, die edel heißen. Es ist eine Nußschale ohne Kern, aber voller Würmer, ein Ei ohne Dotter, keine Tugend, keine Klugheit, keine Frömmigkeit, keine Liebe zum Staate, keine Leutseligkeit … sie sind voll Lüderlichkeit, Übermut, Zorn, den übrigen Lastern mehr ergeben als alle anderen.«

Daran ist das Rittertum zugrunde gegangen, nicht, wie so oft behauptet wird, am Schießpulver. Denn erstens sind sie ja nicht durch die neuen Formen der Kriegführung depossediert worden, sondern durch ihre Beschränktheit und Überheblichkeit, die sie verhinderte, sich rechtzeitig diesen veränderten Bedingungen anzupassen, und zweitens hat sich der Gebrauch der Feuerwaffen ungeheuer langsam durchgesetzt. Die Mongolenheere Ogdai Khans, die in der ersten Hälfte des dreizehnten Jahrhunderts das östliche Europa überschwemmten, führten bereits kleine Feldgeschütze in die Schlacht, die sie aus China mitgebracht hatten. Um die Mitte desselben Jahrhunderts gab Marcus Graecus ein genaues Rezept für die Bereitung des Schießpulvers, und der berühmte Scholastiker Roger Bacon erkannte es in seinen gleichzeitigen Schriften als den wirksamsten Sprengstoff. Aber die Europäer waren noch nicht reif dafür und mußten es daher, obwohl sie es schon hatten, etwa hundert Jahre später durch Berthold Schwarz noch einmal erfinden lassen. In der Schlacht bei Crécy, 1346, schießen die Engländer mit Bleistücken, »um Menschen und Tiere zu erschrecken«, und in demselben Jahr gibt es in Aachen eine Büchse, »Donner zu schießen«; die Araber verwendeten schon 1331, drei Jahre bevor Berthold Schwarz seine Versuche machte, bei der Belagerung von Alicante Pulvergeschütze. Aber auch dann hat es noch über anderthalb Jahrhunderte gedauert, bis das Feuergewehr zur dominierenden Waffe wurde. Die Ritter hätten also reichlich Zeit gehabt, sich »umzugruppieren«. Statt dessen waren sie in dünkelhafter Verbohrtheit bemüht, das alte System immer einseitiger und starrer auszubauen. Sie umgaben ihren ganzen Leib mit beweglichen Schienen und Platten, die Gelenke waren durch Ringgeflechte gedeckt, die Köpfe durch Helme mit verschiebbarem Visier, kein Fleck des Körpers war unbeschirmt. So wurden sie schließlich zu wandelnden Festungen, zu reitenden Tanks. Aber eben daß sie beritten waren, machte den ganzen Apparat wertlos, denn die Pferde konnte man nicht so vollständig schützen; und zu Fuße waren sie schwerfällig wie Schildkröten. Dazu hatten sie noch in der Schlacht bei Sempach, die ihnen eine ungeheure Niederlage brachte, die damalige Stutzermode der spitzen, nach oben geschweiften Schuhe übernommen und ihre Füße in lächerliche Eisenkähne gesteckt, in denen sie kaum watscheln konnten.

Diese Schlacht ist durch Arnold von Winkelried entschieden worden. Man sagt uns zwar, die Erzählung von seiner Heldentat sei eine viel später entstandene Sage. Aber dies ist eine oberflächliche Auslegung der Tatsachen der Völkergeschichte. Diese Sage ist völlig wahr, in einem höheren Sinne wahr, so wahr, wie nur irgendeine Erzählung sein kann. Die ganze Eidgenossenschaft war der Winkelried, der die Garbe der österreichischen Speere packte und zerbrach: jenes Bündel von ritterlicher Frechheit und Unfähigkeit, habsburgischer Herrschgier und Unmenschlichkeit, das sich für die Blüte der Menschheit hielt. Es war das erste Empordrängen einer Nemesis für die Herzensträgheit, Ungerechtigkeit und Selbstsucht einer aufgeblasenen Abenteurerkaste. Im Bauer siegte der neue Wille; aber der wahre Erbfeind und Überwinder des Feudalismus saß ganz woanders.

Denn nun taucht aus dem dunklen Grunde der Zeit die Hochburg des neuen Geistes herauf, mit allen ihren Lichtern und Schatten: das geheimnisvolle Phänomen der *Stadt*.

Die große Umwertung
Städte gab es schon zu Beginn des zweiten Jahrhunderts, ja im ganzen Mittelalter; aber erst jetzt erstarken sie zu allmächtigen Dominanten des ganzen Daseins. Was ist eine Stadt? Man kann es eigentlich nur negativ definieren: Sie ist der schärfste Gegensatz des »Landes«. Der Bauer lebt vegetativ und organisch, der Städter zerebral und mechanisch; auf dem Lande ist der Mensch ein natürliches Produkt der Umwelt, in der Stadt ist die Umwelt ein künstliches Produkt des Menschen.

In einer Stadt ist alles anders: die Gesichter bekommen einen bisher unbekannten, gespannten und abgespannten, zugleich müden und erregten Ausdruck, die Bewegungen werden hastiger und ungeduldiger und dabei durchdachter und zielbewußter, ein völlig neues Tempo, ein unheimliches Staccato tritt ins Dasein. Und die ganze Landschaft verwandelt sich: die Stadt mit ihren eigensinnigen, bizarren, unnatürlichen Formen, die bewußt oder unbewußt den Gegensatz zum Gewachsenen, Erdvermählten des »Landes« betonen, beherrscht schon von ferne die Perspektive; Wald, Feld und Dorf sinken zu einem bloßen Zubehör, einer Garnierung und Staffage herab; alles ist nach jenem Herzkörper orientiert, von dem der gesamte Blutkreislauf des politischen und wirtschaftlichen Lebens der »Umgebung« reguliert wird. Die ganze Gesetzgebung schon der spätmittelalterlichen Städte zeigt diesen unerbittlichen Willen zum beherrschenden Zentralorgan, das alles in sich hineinsaugt, was irgend in seiner Reichweite liegt: das Bannrecht verbietet den Umwohnern jeden Handel und die Erzeugung von Gegenständen, die in der Stadt hergestellt werden, und schafft so ein vollständiges Monopol, das Stapelrecht zwingt alle durchziehenden Kaufleute, in der Stadt ihre Waren feilzuhalten, was, da der Magistrat das Recht hat, die Preise zu bestimmen, schon ein wenig an Straßenraub grenzt.

Die Geburt der Stadt ist zu allen Zeiten identisch mit der Geburt des modernen Menschen. Es kann daher nicht überraschen, daß alle Züge, die für das Zeitalter besonders charakteristisch sind, in der Stadt auch besonders stark zur Ausprägung gelangen. Zunächst der Materialismus, der sich unter anderem auch darin äußert, daß jede Stadt ein extrem egoistisches Gebilde ist, ein Mikrokosmos, der nur sich selbst gelten läßt, nur sich als lebensberechtigt empfindet und alles andere nur als Werkzeug zu seiner Wohlfahrt ansieht. Jeder Nichtbürger ist der natürliche Feind, einfach schon darum, weil er nicht dazugehört. Da das städtische Leben komplizierter und labiler ist, kann es auch leichter zum Brutherd für allerlei Neurosen werden; zugleich ist es bewußter, nüchterner, überlegter: rationalistischer, auch jeglicher Emanzipation zugänglicher: schon gegen Ende des Mittelalters galt der Satz, daß Stadtluft frei mache; und da Freiheit eine gewisse Gleichheit oder doch Angleichung der Lebensformen zu erzeugen pflegt, ist von hier auch zuerst jene plebejische Welle ausgegangen, die bald alle Schichten ergriff.

Pittoresker Dreck Eine jede solche Stadt ist nichts anderes als ein Festungsbezirk, entstanden aus dem Gedanken eines möglichst sicheren Schutzes nach außen und einer möglichst vollständigen wirtschaftlichen Autarkie im Innern. Durch die komplizierten und zahlreichen Befestigungsanlagen: die Gräben und Wälle, Tore und Türme, Ringmauern und Bollwerke, Ausfallbrücken und Auslugzinnen erhielt die äußere Silhouette der Stadt ihren vielgerühmten malerischen Charakter. Noch pittoresker wirkte aber das innere Profil. Da die Straßen in den seltensten Fällen gradlinig waren, sondern meist krumm und gewunden verliefen, entstanden zahllose Winkel und Buchtungen, Ecken und Unregelmäßigkeiten, ein wahres Chaos sich kreuzender, brechender, verschränkender Häuserlinien. Dazu kam noch, daß die Sitte bestand, die höheren Stockwerke in die Straßenfront vorzubauen: das Obergeschoß ragte über das Erdgeschoß hinaus, und darauf saß oft noch ein zweiter Stock, der wiederum ein Stück weiter hervorsprang. Diese »Überhänge« oder »Ausschüsse«, die oft noch mit zierlichen Erkern und Türmchen geschmückt waren, mögen sehr bildhaft gewirkt haben, machten aber die Straßen eng, luftarm und finster. Sie waren nur dadurch ermöglicht, daß zu jener Zeit der Holzbau noch vollständig dominierte, was wiederum zu regelmäßigen großen Feuersbrünsten führte. Zu ebener Erde gab es eine Menge Werkstätten und Verkaufsbuden, die von der Straße Besitz ergriffen und die Passage oft fast gänzlich versperrten; selbst der

Keller streckte seinen »Hals« in die Straße. Die Pflasterung war miserabel oder vielmehr so gut wie nicht vorhanden: man versank in Schmutz und Morast, ohne schwere hölzerne Überschuhe konnte niemand den Fahrdamm überschreiten. Schornsteine waren unbekannt, die Dachtraufen so primitiv angelegt, daß sie ihren Inhalt mitten in die Straße ergossen; mitten in der Straße befand sich auch der Rinnstein. Ein regelmäßiges Attribut der Häuser war der stattliche Dunghaufen, der sich vor dem Tor erhob; auf den Hauptplätzen stand der meist sehr unhygienische Ziehbrunnen. Ferner war es Sitte, alles auf die Gasse zu werfen: Abfälle, Unrat, tote Tiere. Noch viel lästiger waren aber die lebenden Tiere, die Ochsen, Kühe, Gänse, Schafe, Schweine, die in Massen über die Straße getrieben wurden und unaufgefordert in fremde Häuser liefen. Die Dächer waren häufig noch aus Stroh, die Fassaden schmucklos, dürftig, verwahrlost, nur in vereinzelten Fällen durch Schnitzereien oder schöne Bemalung verziert, die Fenster noch nicht verglast, sondern teils ganz ohne Schutz, teils mit Lumpen oder ölgetränktem Papier ausgekleidet. Ganz so romantisch, wie wir es uns vorstellen, war also das Exterieur der damaligen Städte nicht. Was aber einen Spaziergänger von heute am meisten befremdet hätte, war der Mangel an jeglicher Beleuchtung. Es gab keine Straßenlampen, keine lichtglänzenden Auslagen, keine erhellten öffentlichen Uhren, und in den Häusern brannten düstere Talgkerzen, Kienspäne oder Trankrüge, deren Strahlen nicht bis auf die Straße drangen. Wer abends ausging, mußte seine eigene Laterne haben oder sich einen Fackelträger mieten; nur wenn ein Potentat oder sonst ein hoher Würdenträger die Stadt mit seinem Besuch beehrte, wurde illuminiert. Nach neun versank das ganze Leben in tiefen Schlummer, nur die Obdachlosen und Wegelagerer in ihren Verstecken und die Trinker und Spieler in ihren Schenken waren noch auf den Beinen.

Orientalischer Tumult

Bei Tage aber herrschte ein ungemein buntes und bewegtes Treiben, ein unaufhörliches Kommen und Gehen, Messen und Wägen, Schwitzen und Schwatzen. Eine wüste Symphonie aus allen erdenklichen Geräuschen erfüllte die Gassen: alle Augenblicke Glockengeläute und fromme Gesänge, dazwischen das Brüllen und Grunzen des Viehs, das Grölen und Randalieren der Nichtstuer in den Wirtshäusern, das Hämmern, Hobeln und Klopfen der Tätigen in den offenen Werkstätten, das Rattern der Wagen und Stampfen der Zugtiere und dazu der melodische Lärm der zahllosen Ausrufer, die in einer Zeit des allgemeinen Analphabetismus das Plakat ersetzen mußten: »Gemalte Rößlin, gemalte Buppen, Lebkuochen, Rechenpfening, Roerlin, Oflaten, Kartenspil!«, »Ich han gut Schnur in die Unterhemd, auch hab ich Nadeln, Pursten und Kem, Fingerhut, Taschen und Nestel vil, Heftlein und Heklein, wie mans wil!«, »Hausmeid, die alten Korb heraus!«, »Hol Hipp! So trage ich hole Hipplein feil!«, »Heiß Speckkuch! Ir Herren, versucht mein heiß Speckkuchen!«, »Heiß Fladen! Ir Herren, so trage ich Fladen feil!«, »Zen außprechen! Her an, her an, her an, welcher do hat ein posen Zahn!«

Die Menschen waren damals noch sehr matinal; dieser Tumult begann im Sommer um vier, im Winter um fünf Uhr morgens, dafür war meist schon um drei Uhr Feierabend. Nimmt man zu diesen optischen und akustischen Eindrücken noch die sonderbar gemischten Gerüche, die eine solche Stadt durchströmten: die eben erwähnten fetten heißen Kuchen, die brutzelnden Würste und Selchwaren, die dampfenden Werkstätten, die ja alle nach der Straße zu gingen, die rauchenden Pechsiedereien, die mitten in der Stadt standen, die Mistgruben und Kuhfladen, die überall verstreuten Obst-, Blumen- und Gemüsestände, die Weihrauchwolken aus den zahlreichen Kirchen, so hat man ungefähr ein Bild, wie es noch heute die Städte des Orients bieten.

Der Komfort war für unsere Begriffe sehr bescheiden. Die Treppen waren finster, labyrinthisch und unbequem, die Fußböden und Wände nur selten mit Teppichen belegt, die Möbel auf das Notwendigste beschränkt. Ein gewisser Luxus wurde mit Schaugefäßen getrieben: auf den Borden standen schön ziselierte Becher, Krüge und Kannen, die Küchen der Wohlhabenden glitzerten von roten Kupferkesseln und weißem Zinngeschirr. Die Betten waren breit und weich, fast immer mit einem Himmel geschmückt, Federkissen sind allgemein in Gebrauch, dagegen Nachthemden noch unbekannt: man schlief splitternackt. Auch von der wohltätigen Erfindung der Gabel weiß man noch nichts: man zerlegt das Fleisch, falls es nicht schon vorgeschnitten ist, mit dem Messer und ißt es mit den Fingern, Gemüse und Saucen mit dem Löffel. Der Blumenscherben und das Vogelbauer gehören zum Inventar jeder besseren Wohnung, Bilder findet man noch selten, dagegen überall reichliches Ungeziefer. Die »Stankgemächer«, wie man die Klosetts damals nannte, befanden sich in keinem sehr erfreulichen Zustand; immerhin gab es schon öffentliche Aborte, und zwar *sehr* öffentliche. Im allgemeinen aber ist der Sinn für Reinlichkeit sehr entwickelt: in den öffentlichen Badehäusern spielt sich ein großer Teil des gesellschaftlichen Lebens ab, es wird dort gegessen, getrunken, gewürfelt, musiziert und natürlich vor allem geliebt; die reichen Leute haben eigene Bäder, in denen sie für ihre Freunde Jours abhalten. Sonst gibt es an Unterhaltungsgelegenheiten noch die Trinkstuben der Zünfte, die öffentlichen Tanzfeste, Schützenfeste, Fastnachtsfeste, die Jahrmärkte, Weihnachtsfeiern, Johannisfeiern und die Bewirtungen zu Ehren durchziehender Fürsten.

Einen auffallenden Kontrast zu der Dürftigkeit der Privatbauten bilden die öffentlichen Anlagen: die kunstvollen Brunnen und Stadttore, die prachtvollen Kirchen mit ihren Kuppeln, Skulpturen und riesigen Türmen, die Rathäuser mit ihren

Lebens-standard

Dächern und Glasmalereien, weiten Ratskellern und lichten Repräsentationsräumen, die Tuchhallen, Kornhallen, Schuhhallen, Ballhäuser, Schlachthäuser, Weinhäuser: überall ein gediegener und großzügiger Prunk.

Die
Landstraße

Die Mittelpunkte des mittelalterlichen Verkehrs waren das Dorf (oder der Einzelhof) und das Kloster, das in gewisser Beziehung der Stadt entsprach. Größere Klöster umfaßten ein sehr bedeutendes Areal und beherbergten viele hundert Personen: nicht bloß die Mönche, sondern auch Laien, die Asyl suchten, Schulkinder, zahlreiche Handwerker und Dienstleute. Das berühmte Kloster von Sankt Gallen enthielt ein Gestüt, eine Brauerei, eine Bäckerei, eine Molkerei, eine Schäferei; Werkstätten für Sattler, Schuster, Walker, Schwertfeger, Goldschmiede; Gärten für Obst, Gemüse und Heilkräuter; ein Schulhaus, ein Novizenhaus, ein Krankenhaus, ein Badhaus, ein Haus »für Aderlaß und Purganz«, ein Unterkunftshaus für Pilger und daneben (sozusagen mit Stern im Baedeker) ein Hospiz für vornehme Fremde. Es ist nun wiederum für den plebejischen Charakter der neuen Zeit bezeichnend, daß sich jetzt zwei ganz andere Zentren herausbilden, die Stadt und die *Straße*.

Richtige Landstraßen gab es damals noch nicht: sie befanden sich in einem ebenso desolaten Zustand wie die Gassen der Städte. Die prachtvollen Römerstraßen, die bereits allenthalben angelegt waren, ließ man verfallen; man kann eigentlich nur von breiten Feldwegen reden, die dadurch, daß sie oft beritten und befahren wurden, eine gewisse Richtung erlangt hatten. Aber das hinderte nicht, daß sich über sie ein sehr dichter und turbulenter Verkehr ergoß. Auf so einer damaligen Straße muß sich ein pittoreskes klinisches Bild entfaltet haben, ein verkleinertes Lichtbild der ganzen Zeit, eine Karawane aller Vazierenden: Mönche und Nonnen, Scholaren und Handwerksburschen, Söldner und Klopffechter, Begharden und Beghinen, Geißler und Spielleute, Hausierer und Schatzgräber, Zigeuner und Juden, Quacksalber und Teufelsbeschwörer, heimische Wallfahrer und Jerusalempilger: die Palme tragend, zum Zeichen, daß sie aus dem gelobten Lande kamen; zahllose Bettlerspezialitäten: die »Valkenträger«, die den blutig angestrichenen Arm in der Binde trugen, die »Grautener«, die sich epileptisch stellten, die falschen Blinden, die Mütter mit gemieteten verkrüppelten Kindern und noch viele andere Sorten; alles erdenkliche Varietévolk, die sogenannten Joculatores: Akrobaten, Tänzer, Taschenspieler, Jongleure, Clowns, Feuerfresser, Tierstimmenimitatoren, Dresseure mit Hunden, Böcken, Meerschweinchen; und alle diese Menschen waren »organisiert«. Das Genossenschaftswesen ist nämlich eines der hervorstechendsten Merkmale der Zeit: es ergreift alle Berufe, alle Betätigungen, alle Lebensformen. Es gibt Diebszünfte und Bettlerzünfte, Ketzergesellschaften und Vereine gegen Fluchen und Zutrinken; sogar die Huren und die Aussätzigen haben »Betriebsräte«. Die Korporationen sind die Surrogate für die untergegangenen Stände; aber während die Stände etwas Gewachsenes waren, sind die Korporationen etwas Gemachtes, sie verhalten sich zu diesen wie die künstlichen zu den natürlichen Pflanzenklassen.

Ein Produkt dieses Genossenschaftsgeistes ist auch jene Einrichtung des Zeitalters, die am meisten von sich reden gemacht hat und bis in unsere Tage, sehr im Widerspruch mit den Tatsachen, von geheimnisvoller Romantik umwittert geblieben ist: die Feme, die in Wirklichkeit ein sehr philiströses und prosaisches Institut war. Ihre Sitzungen wurden weder in unheimlichen Vermummungen noch in schauerlichen unterirdischen Gewölben abgehalten, sondern ganz offen auf freiem Feld und bei Tage; und die mysteriösen Gebräuche, über die so viel gemunkelt wurde, bestanden in nichts anderem als in einigen von den Mitgliedern peinlich geheimgehaltenen Grußformen und Erkennungszeichen: etwa so, wie dies heute bei den Freimaurern der Fall ist. Das Gerichtsverfahren war sehr roh und pri-

*Die heilige
Feme*

mitiv, indem das Urteil einfach von der Zahl der Eideshelfer abhängig gemacht wurde, die für oder gegen den Angeklagten auftraten. Da ein »Wissender«, so hießen die Mitglieder der Feme, natürlich leichter die nötigen Zeugen fand, so drängten sich viele zur Aufnahme, die jedem Unbescholtenen freistand. Immerhin ergänzte die Feme in gewisser Weise die reguläre Rechtspflege, die ebenso ohnmächtig wie parteiisch und außerdem um vieles brutaler war: denn die einzige Strafe, die die Feme verhängte (und übrigens in der Mehrzahl der Fälle nicht exekutieren konnte), war das Hängen, während bei den öffentlichen Gerichten auf die meisten Vergehen (und zum Teil auch auf solche, die nach unseren Begriffen verhältnismäßig leicht oder überhaupt nicht kriminell sind) die grausamsten Strafen standen: Falschmünzer wurden »versotten«, Ehebrecherinnen lebendig begraben, Landesverräter geviertelt, Verleumder gebrandmarkt, Mörder gerädert oder geschunden, Gotteslästerern und Meineidigen wurde die Zunge ausgerissen, Aufrührern die Hand abgehauen oder das Ohr abgeschnitten. Diese Strafen wurden allerdings nirgends konsequent vollzogen, wie es ja überhaupt der Rechtsprechung jener Zeit noch an Logik und Kontinuität fehlte.

Erotik durch Sexualität verdrängt
Der Ton war überaus roh. Auch in den höchsten Kreisen war lautes Fluchen, Rülpsen, Furzen etwas Gewöhnliches: »daß dich ein böß Jar ankomme«, »daß dich die Pestilentz ankomme«, »daß dich das höllisch Fewer verbrenne« waren landläufige Redensarten. Die Entscheidung darüber, welche Naturalien als shocking gelten, ist lediglich Sache der jeweils geltenden Mode: kultiviertere Jahrhunderte werden es sicher einmal ebenso skandalös finden, daß unsere Zeit die Geselligkeit zu dem unappetitlichen Vorgang der gemeinsamen Nahrungsaufnahme mißbrauchte. Es herrschte damals auf allen Gebieten eine Vorliebe für das Klobige, Kompakte, Massive. Im Verkehr der Geschlechter wird die Erotik durch die Sexua-

lität verdrängt. Die Frau ist nicht mehr ein Ideal, ein höheres Wesen, ein Stück Märchen im Dasein, sondern ein Genußmittel. Es ist sehr bemerkenswert, daß in diesem Zeitraum die männliche Kleidung farbenprächtiger, extravaganter und auffallender ist als die weibliche: der Mann wird zum Lachs, zum Kammolch, zum Truthahn, zum Paradiesvogel, der Brunstschmuck und »Hochzeitskleider« anlegt; es ist der völlig *animalische* Standpunkt. Es liegt darin wohl einesteils eine Erniedrigung des Weibes zum bloßen Sexualobjekt, andererseits aber wieder eine Erhöhung. Denn dadurch, daß man sie zum überirdischen Anhimmelungsgegenstand machte, war die Frau im Mittelalter zur Puppe, zur Attrappe, zum Luxusspielzeug herabgewürdigt worden, sie stand völlig neben dem Leben, ähnlich wie heute in Amerika. Jetzt betritt sie die Erde und wird zum Menschen. Sie wird von den allgemeinen Emanzipationsbestrebungen des Zeitalters ergriffen, ihr Auftreten wird freier, ihre rechtliche Stellung in Familie und Öffentlichkeit selbständiger, ja man kann sagen: sie hat in diesem Zeitraum den geistlichen und sittlichen Primat. Sie beteiligt sich an allen religiösen und wissenschaftlichen Bestrebungen des Zeitalters, worüber später, wenn wir auf die Mystik zu sprechen kommen, noch einige Worte zu sagen sein werden.

Das Essen und Trinken spielt natürlich in dieser materiellen *Eßkultur* Zeit eine große Rolle. Aber auch hier herrscht ein recht vulgärer Geschmack, der mehr darauf ausgeht, daß man eine Speise möglichst stark auf der Zunge spürt. Daher eine Abundanz an Gewürzen, die für unsere differenzierteren Gaumen unerträglich wäre: bei allen möglichen Gerichten gelangt Zimt, Pfeffer, Rhabarber, Kalmus, Zwiebel, Muskat, Ingwer, Safran und dergleichen zu ausschweifender Verwendung. Nelken, Zitronen und Rosinen werden bei Anlässen gebraucht, wo ein heutiger Koch sie um keinen Preis mehr dulden würde; selbst als Näscherei zwischen den Mahlzeiten genoß man »Gewürzpulver«:

ein Gemisch aus Pfeffer und Zucker, über Brot geröstet. Die Quantitäten, die verzehrt wurden, waren sicher größer als heutzutage, doch hat man sich davon übertriebene Vorstellungen gemacht. Ein Menü lautet zum Beispiel folgendermaßen: erster Gang: Eiermus mit Pfefferkörnern, Safran und Honig darein, Hirse, Gemüse, Hammelfleisch mit Zwiebeln, gebratenes Huhn mit Zwetschgen; zweiter Gang: Stockfisch mit Öl und Rosinen, Bleie in Öl gebacken, gesottener Aal mit Pfeffer, gerösteter Bückling mit Senf; dritter Gang: sauer gesottene Speisefische, ein gebacken Parmen (nach Sturtevant: Äpfel in Butter), kleine Vögel in Schmalz gebraten mit Rettich, Schweinskeule mit Gurken. Ein anderes: erstens: Hammelfleisch und Hühner in Mandelmilch, gebratene Spanferkel, Gänse, Karpfen und Hechte, eine Pastete; zweitens: Wildbraten in Pfeffersauce, Reis mit Zucker, Forellen mit Ingwer gesotten, Fladen mit Zucker; drittens: Gänsebraten und Hühnerbraten mit Eiern gefüllt, Karpfen und Hechte, Kuchen. Das ist weder übermäßig luxuriös, da es sich um ganz große Paradeessen handelte, noch übermäßig viel, wenn man bedenkt, daß die einzelnen Gerichte, aus denen die Gänge bestanden, zur Auswahl gereicht wurden, in der Art, wie unsere Horsd'œuvres, die noch viel zahlreichere Platten enthalten: der eine nahm von diesem, der andere von jenem, nur besondere Vielfraße von allem. Vom Standpunkt eines heutigen Gourmets ist die Zusammenstellung allerdings barbarisch, besonders die kleinen Vögel (vermutlich Spatzen) in Schmalz und Rettich müssen scheußlich geschmeckt haben. Die Alltagsmahlzeiten waren auch in reichen Häusern recht einfach. Ein Gast aus unserer Zeit hätte wohl am meisten den Zucker vermißt, der noch sehr kostbar war und nur bei besonderen Anlässen und als Heilmittel gebraucht wurde. Ferner enthielt der Speisezettel noch fast gar kein Gemüse, höchstens einmal Kraut oder Hirse; grüne Erbsen galten als Delikatesse; Reis ist schon bekannt, kommt

aber nicht häufig auf den Tisch. Und vor allem fehlten zwei
Dinge, ohne die wir uns eine Mahlzeit überhaupt nicht vorstellen können: die Suppe und die Kartoffel.

Getrunken wurde regelmäßig und reichlich, besonders in
Deutschland, und zwar hauptsächlich Bier; der Wein war sauer
und schlecht gepflegt, man verbesserte ihn durch Honig und
Gewürze. Die schmackhaften Südweine tranken auch reiche
Leute nur als Apéritif. Man brachte dem Wein noch eine Art
ehrfürchtiger Andacht entgegen und betrachtete ihn als eine
Medizin: als Körperreiniger, Schlafmittel und Verdauungsbe-
förderer und zugleich als ein Göttergeschenk, wie dies das
schöne Trinklied ausdrückt: »Nu gesegen dich Got, du aller-
liebster Trost! Du hast mich offt von großen Durst erlost und
jagst mir alle meine Sorge hinwegk und machest mir alle meine
Glieder keck, wenn du machest manchen Pettler frolich, der
alle Nacht leyt auf einem posen Strolich; so machst du tannt-
zen Munchen und Nunnen, das sie nicht teten, truncken sie
Prunnen.«

Wir kommen jetzt zu einer der wichtigsten Eigenschaften *Der*
des Zeitalters, die wir als *Diabolismus* oder *Satanismus* be- *Weltalp*
zeichnen könnten. In den damaligen Menschen, wenigstens in
einem großen Teile von ihnen, war nämlich in der Tat etwas
Teuflisches; etwas Teuflisches lag aber auch in den äußeren Ereignissen, die auf sie einstürmten. Es ist daher kein Wunder,
daß in vielen dieser verstörten und verängstigten Köpfe sich die
Meinung festsetzte, der Antichrist habe die Herrschaft über die
Welt angetreten, das Reich des Bösen, das dem Jüngsten Tag
vorhergeht, sei bereits angebrochen. Das Grundgefühl, das sie
beherrschte, läßt sich vielleicht am ehesten in dem Begriff
»Weltalp« zusammenfassen: die äußeren Eindrücke und Geschehnisse wirken nur noch wie ein ungeheurer Alpdruck, ein
böser, spukhafter Traum; die gequälte Menschheit befindet
sich in einer andauernden Angstneurose, die nur krampfhaft

165

übertäubt wird durch eine ebenso angstvolle Jagd nach Besitz und Genuß. Die Menschen jener Zeiten zeigen schon in ihrem Exterieur diesen devastierten Zustand. Sie sind für unsere Begriffe ausgesprochen häßlich: entweder dürr und ausgemergelt oder schwammig und gedunsen, oft beides in grotesker Verbindung: auf mageren Beinen ruht ein massiger Bauch, über verfetteten Brüsten erheben sich eingefallene Gesichter. Die Augen blicken seltsam starr und geschreckt, wie hypnotisiert von einer unsichtbaren entsetzlichen Vision, die Körperhaltung ist entweder schwerfällig und roh oder eckig und befangen, deutet entweder auf übertriebene Schüchternheit oder deren Kehrseite: Brutalität, die die innere Angst zu überschreien sucht.

Die vierfache Zange

Die politischen Zustände waren bis zum Irrsinn verworren. Blinde Gier, die nur für sich selbst möglichst fette Brocken erraffen will, ohne an das Wohl des Nächsten, ja auch nur an die eigene nächste Zukunft zu denken, charakterisiert die Diplomatie der meisten Machthaber. Dabei wachsen die Bedrängnisse von allen Seiten ins Gespenstische. Wie von einem Polypen scheint Mitteleuropa umklammert, aus jeder der vier Windrichtungen erhebt sich eine drohende Zange, um den Weltteil zu zerfleischen. Im Osten ist die *slawische* Gefahr: Litauen, unter den Jagellonen mit Polen vereinigt, ein Riesenreich, das sich bis zum Schwarzen Meer erstreckte und außer den Stammländern noch Galizien, Wolhynien, Podolien, Rotrußland, die Ukraine und, nachdem es in der Schlacht bei Tannenberg die Herrschaft des Deutschen Ordens zertrümmert hatte, auch Westpreußen und Ostpreußen umfaßte. Im Norden die Kalmarische Union, die mächtige Vereinigung der drei *skandinavischen* Reiche, im Westen die neue Großmacht der Herzöge von *Burgund*, die immer größere Stücke vom Deutschen Reich abzusprengen suchen, und vor allem im Süden der Vorstoß der *Türken*, dieses einzigartigen Volkes, das alle Lebensäußerungen dem ausschließlichen Zweck der militärischen

Eroberung dienstbar macht, einer Eroberung, die weder religiöse noch nationale, noch soziale Ziele verfolgt, sondern einfach um ihrer selbst willen da ist, nicht organisch wachsend wie ein Lebewesen, das Benachbartes sich einverleibt und assimiliert, sondern anorganisch, sinnlos und grenzenlos sich ausdehnend wie ein Kristall, das durch »Apposition« wächst. Ihre Erfolge verdankten die Osmanen in erster Linie ihrer ebenso einfachen wie straffen Organisation, die in der damaligen Zeit ein Unikum war: dem Sultan unterstanden die beiden Beglerbegs von Asien und Europa, diesen die Begs der einzelnen Sandschakate, diesen die Alaibegs, die Scharenführer, und diesen die Timarli, die Inhaber der kleinen Reiterlehen; der Großherr brauchte also nur ein Zeichen zu geben, und sogleich setzte sich dieses kolossale Heerlager in Bewegung. Es ist selbst für den heutigen Beobachter noch höchst unheimlich, zu verfolgen, wie sich die türkische Eroberung immer mehr in den Körper Europas hineinfrißt; die Zeitgenossen aber scheinen diese Gefahr lange Zeit hindurch nicht so bedenklich gefunden zu haben, sie rafften sich nur selten zu einer energischen und niemals zu einer gemeinsamen Aktion auf: die Westmächte machten ihre Hilfe von der Unterwerfung der orientalischen Kirche unter die römische abhängig, und während die kostbare Zeit in spitzfindigen Streitigkeiten über die Bedingungen dieser Union verzettelt wurde, machte der Vormarsch der Türken reißende Fortschritte. 1361 eroberten sie Adrianopel, ein Menschenalter später zerschmetterten sie in der furchtbaren Schlacht auf dem Amselfeld das großserbische Reich, noch in demselben Jahr bestieg Sultan Bajazeth, genannt *Il Derim*, der Wetterstrahl, den Thron und gewann bald darauf über ein Kreuzheer, das endlich zusammengebracht worden war, bei Nikopolis einen entscheidenden Sieg: er tat den Schwur, er werde nicht eher ruhen, als bis er den Altar von Sankt Peter zur Krippe für sein Pferd gemacht habe. Etwa ein halbes Jahrhundert später versetzte der Fall Konstantinopels das ganze Abendland in Schrecken, fünf Jahre nachher wurde Athen besetzt, im Laufe des nächsten Jahrzehnts Bosnien, die Walachei, Albanien: auf dem ganzen Balkan war die Herrschaft der Türken dauernd befestigt, schon bedrohten sie Ungarn.

Der luxemburgische Komet

In Zentraleuropa herrschten von der Mitte des vierzehnten bis zur Mitte des fünfzehnten Jahrhunderts die Luxemburger, dieses sonderbare bigotte und gottlose, verwegene und wankelmütige, staatskluge und geisteskranke Geschlecht, das wie ein farbiger Komet in dieser allgemeinen Nacht des Niedergangs aufleuchtet, um sich ebenso plötzlich wieder im Dunkel zu verlieren. Sie sind nicht mehr als ein Zwischenfall in der deutschen und europäischen Geschichte; aber ein sehr merkwürdiger, wenn man bedenkt, daß sie, wenn ihnen ihre weit ausgreifenden, kühn und erfolgreich begonnenen Pläne bis zu Ende geglückt wären, heute eine Macht besäßen, wie sie seither keine Dynastie in Europa erlangt hat. Aber dies eben war die Wurzel ihres schließlichen Mißerfolges, daß sie zu viel wollten: sie erstrebten nicht weniger als eine Vereinigung der drei Ländergruppen, die später die österreichische und die preußische und vorher die böhmische Expansionssphäre gebildet haben, sie trieben gleichzeitig habsburgische, hohenzollerische und ottokratische Hausmachtpolitik. Ihre Entwürfe waren allzu großartig, wie Riesenbauten, die niemals fertig werden, ihre politische Phantasie litt, sehr im Sinne der Zeit, an Elefantiasis.

Die Regierung des ersten Luxemburgers, Karls des Vierten, ist verklärt durch kluge und liebevolle Förderungen der Wissenschaft und Kunst und vor allem durch die blendende Erscheinung *Rienzos*, des »letzten Tribunen«, eines feurigen Phantasten aus der Familie jener pittoresken Abenteurer, die in der Geschichte keine dauerhaften Spuren zurücklassen und sich dennoch der Erinnerung tiefer einprägen als ihre fruchtbarsten Zeitgenossen. Es war etwas genial Unbedingtes, Kon-

zessionsloses, Weiträumiges in seinem Denken, das alle be-
zwang, freilich auch etwas Undiszipliniertes, Wildschweifendes
und Uferloses, das ihn nur zu bald die Grenzen des Möglichen
überschreiten ließ und zu seinem Untergange führte. Aber
seine grandiosen Träume von der Wiedergeburt der einstigen
Größe Roms, von der Wiederaufrichtung eines europäischen
Weltkaisertums sind nicht mit ihm gestorben, und so lebt er bis
zum heutigen Tage fort in der Reihe jener glänzenden Fabelwesen, deren legendarisch gefälschtes Bild unsere Phantasie mehr
befruchtet als hundert »epochemachende« Tatsachen der wirklichen Geschichte.

Auch der letzte Luxemburger, Sigismund, hat eine, freilich
sehr anders geartete, legendäre Berühmtheit erlangt durch den
Verrat an Huss, den er durch seinen Geleitsbrief in den Tod
gelockt haben soll. In Wirklichkeit war sein Verhalten nach den
damaligen Anschauungen kein Rechtsbruch, und kein einziger
namhafter Zeitgenosse hat sich in diesem Sinne geäußert, sosehr man sonst in juristischen, politischen und auch theologischen Kreisen gegen das Konzil polemisierte; und doch müssen wir auch hier in der ungeschichtlichen Volksauffassung die
wahrere Wahrheit erkennen. Denn in einem höheren und tieferen Sinne hat er dennoch treulos gehandelt, als er sich gegen
die vorwärtsweisenden Kräfte seines Kernlandes stellte und,
einerlei wie die Rechtsfrage lauten mochte, den Mann fallen-
ließ, der den Willen des Volkes verkörperte. Man glaubt ihn vor
sich zu sehen, wie er gleißnerisch hin und her schwankte, nach
seichten Kompromissen suchend, bald Huss zur Nachgiebigkeit beredend, bald den Kirchenfürsten schmeichelnd, dieser
geile Beau und feile Schönredner mit dem roten gabelförmigen
Bart, Feinschmecker glitzernder Bonmots, eleganter Kurtisanen und erlesener Fischgerichte: glatt, leer, ohne Richtung,
ohne Überzeugung, ohne Haß, ohne Liebe, ein gänzlich *un-
wirklicher* Mensch, ein glänzend poliertes Nichts.

Gekrönte
Paranoiker

Es ist übrigens bemerkenswert, daß in jenem Zeitraum einmal fast gleichzeitig zwei wahnsinnige Könige herrschten: nämlich Karl der Sechste von Frankreich, 1380 bis 1422, und Wenzel, 1378 bis 1419, ein grotesk-dämonischer Sadist und Alkoholparanoiker. Als ihm sein Koch einige Speisen schlecht zubereitet hatte, ließ er ihn auf den Spieß stecken und braten. Ein anderes Mal rief er den Scharfrichter zu sich und sagte, er wolle doch gerne einmal wissen, wie einem Menschen zumute sei, der enthauptet werden soll. Er entblößte seinen Hals, verband sich die Augen, kniete nieder und befahl dem Scharfrichter, ihm den Kopf abzuschlagen. Dieser berührte nur den Hals des Königs mit dem Schwerte. Wenzel ließ nun den Mann niederknien, verband ihm die Augen und schlug ihm den Kopf mit einem Hiebe ab. Eines Tages begegnete ihm auf der Jagd ein Mönch; er spannte den Bogen, schoß ihn tot und sagte zu den Umstehenden: Ich habe ein sonderbares Wild erlegt. Wegen dieser Untaten schrieb jemand an eine Wand: *Wenceslaus, alter Nero;* Wenzel schrieb darunter: *si non fui, adhuc ero.* (Alle diese Einzelheiten berichtet Dynter, der um 1413 Gesandter an Wenzels Hof war.) Allgemein bekannt ist, daß er Johann von Nepomuk, den späteren tschechischen Nationalheiligen, in der Moldau ertränken ließ, allem Anschein nach, weil er ihm das Beichtgeheimnis seiner Gemahlin nicht verraten wollte: wir haben es hier mit einer Äußerung des Eifersuchtswahns zu tun, der eine regelmäßige Begleiterscheinung der Alkoholparanoia bildet. Dabei war er ein äußerst gerissener, überschlauer Diplomat, der alle seine Handlungen sehr scharfsinnig zu begründen wußte, was wiederum mehr ins Gebiet der *folie raisonnante* gehören dürfte. Und zu diesen beiden Wahnsinnigen kämen noch zwei Schwachsinnige: Heinrich der Sechste von England, der es notorisch war, und Friedrich der Dritte, der zumindest nicht weit davon entfernt war, jener Kaiser, der dreiundfünfzig Jahre lang über Deutschland herrschte oder vielmehr nicht herrschte, völlig apathisch, kindisch dahindämmernd. Als die Kunde vom Fall Konstantinopels nach Deutschland kam, schrieb ein deutscher Chronist: »Der Kaiser sitzt daheim, bepflanzt seinen Garten und fängt kleine Vögel, der Elende!«

Englische und französische Geschichte lassen sich in diesem Zeitraum nicht getrennt betrachten, da sie fast ununterbrochen ineinander verfließen. Sie bieten ein grauenvolles Schauspiel blutgieriger Fehden, tückischer Morde und Wortbrüche, tiefster politischer Gemeinheit. Shakespeare hat die Akteure jener Greuel in eine verwirrende Aura von narkotischer Dämonie getaucht und ihnen einen seltsam irisierenden Schlangenglanz angezaubert, der zugleich abstößt und fasziniert: seine Königsdramen sind die funkelnde Höllenfahrt eines ganzen Zeitalters, das, ergreifend hin- und hergejagt zwischen übermenschlichem Heroismus und tierischer Niedertracht, unrettbar in den selbstgeschaffenen Abgrund saust. Natürlich ist hier die Wirklichkeit magisch gesteigert, aber etwas von alledem lag in der Zeit. Diese Menschen wirken auf uns wie gewisse prachtvolle Giftpilze oder wie die bösen fleischfressenden Orchideen, deren Grausamkeit und Hinterlist ein versöhnendes Aroma von mysteriöser Schönheit ausstrahlt.

Englisch-französisches Chaos

Über ein Jahrhundert währten die *Sukzessionskriege*, hervorgerufen durch den Anspruch der englischen Könige auf den Thron Frankreichs, ein entnervendes Wechselspiel von Vormärschen und Rückzügen der Engländer, die glänzende Siege erfochten, oft große Teile Frankreichs besetzt halten, sich aber doch nirgends dauernd zu halten vermögen und schließlich auf den Brückenkopf Calais beschränkt bleiben. Die Wendung bringt Jeanne d'Arc, die Jungfrau von Orléans, eine ebenso unwirkliche Erscheinung wie Sigismund, nur in ganz entgegengesetztem Sinne, ein Wesen, das dauernd im Transzendenten lebte, in jener Welt des Geistes, deren Existenz, da wir über sie nichts Positives auszusagen wissen, von seichten Empirikern bestritten wird, deren deutlich spürbare Wirksamkeit aber die ganze Menschheitsgeschichte durchdringt und in ihren Höhepunkten bestimmt.

Auch die innere Geschichte der beiden Staaten ist ebenso blutig wie verworren. In England die *Rosenkriege*, die jene besonders unmenschlichen Formen annahmen, wie sie bei Kämpfen zwischen nahen Verwandten die Regel sind, und daneben die grausamen Verfolgungen der Lollharden, der Anhänger Wiclifs; in Frankreich Bürgeraufstände in Paris und eine große Bauernrevolte in den Provinzen: die *Jacquerie*, so genannt nach ihrem Führer Caillet, der den Beinamen Jacques Bonhomme trug, eines der greuelreichsten Ereignisse der Weltgeschichte; später Kämpfe zwischen dem erstarkenden Königtum und den großen Vasallen, die ihre Selbständigkeit zu behaupten suchen: unter dem klugen, energischen und perfiden Ludwig dem Elften wird das Reich immer mehr zentralisiert; aber dieser Erfolg ist mit dem Zerfall des burgundischen Reichs bezahlt, in dem alles versammelt gewesen war, was der Kultur des Zeitalters Wert und Bedeutung verlieh: hier standen die schönsten und blühendsten Städte, hier wurden die erlesensten Werke des Gewerbfleißes und der Handwerkskunst geschaffen, hier lebten die großen Maler, Musiker und Mystiker. Die burgundische Kultur darf überhaupt als die stärkste Repräsentation der »Inkubationszeit« gelten: eine Welt voll Blut und Farbe, roter Brunst und lichtem Schönheitswillen, blühend und finster, kindlich und pervers, dumpf und überprächtig, ein diamantener barbarischer Fiebertraum: als »Herbst des Mittelalters« schildert sie der holländische Gelehrte Huizinga in einem erst jüngst erschienenen vortrefflichen Werk. Für uns ist sie ein geheimnisvoller Vorfrühling, das unterirdische Erwachen eines neuen Lebens unter Schneestürmen, Hagelgüssen und allen launischen Zuckungen einer erwartungsvoll erregten Natur.

Die beiden einzigen Aktivposten, die die europäische Politik in diesem Zeitraum zu verzeichnen hat, sind die Verdrängung der Araber aus Spanien und die Vernichtung der Mongolenherrschaft in Rußland.

Wie es um die Kirche stand, haben wir bereits mehrfach angedeutet. Eine wilde Verachtung des Klerus ist die Signatur des Zeitalters. Bei allen erdenklichen Anlässen wird die Roheit und Unwissenheit, die Schwelgerei und Unzucht, die Habsucht und Trägheit der Geistlichen gerügt. Sie spielen, trinken, jagen, denken nur an ihren Bauch, laufen jedem Weiberrock nach: besonders in Italien ist Pfaffe und Cicisbeo fast gleichbedeutend. Zahlreiche öffentliche Äußerungen, stehende Redensarten und Sprichwörter spiegeln die landläufige Auffassung, die man diesem Stande entgegenbrachte. Allgemein war man der Ansicht, ein Bischof könne nicht in den Himmel kommen; eine besonders reichliche und üppige Mahlzeit nannte man ein Prälatenessen; vom Zölibat sagte man, es unterscheide sich von der Ehe dadurch, daß der Laie *ein* Weib habe, der Geistliche aber zehn; »solange der Bauer Weiber hat, braucht der Pfaffe nicht zu heiraten«; »ich kreuzige mein Fleisch, sagte der Mönch, da legte er Schinken und Wildbret kreuzweis übers Butterbrot«. Konkubinen waren beim größten Teil der Kleriker eine Selbstverständlichkeit: man nannte sie, weil sie das ständige Zubehör der Seelenhirten bildeten, »Seelenkühe«; übrigens erklärte selbst eine theologische Autorität wie der Kanzler Gerson, das Gelübde der Keuschheit bedeute nur den Verzicht auf die Ehe; und wenn man jemandem besondere Ausschweifung vorwerfen wollte, so sagte man: Er hurt wie ein Karmeliter. Daß Pfaffen Schenken besuchten, zum Tanz aufspielten, Zoten zum besten gaben, war etwas ganz Gewöhnliches, selbst im Vatikan erheiterte man sich gern an Vorlesungen pornographischer Geschichten; zum Konzil von Konstanz strömten aus allen Weltgegenden Kurtisanen, Gaukler und Kuppler herbei, und Avignon galt, seit

Antiklerikalismus

die Päpste dort residierten, als Bordellstadt. Ja man kann sogar noch weiter gehen und sagen, daß ein Teil des Klerus von einer atheistischen Strömung erfaßt war, die wiederum im Volke ihre Resonanz fand.

Wiclif Doch dies waren nur verstreute Einzelsymptome eines dumpfen Widerstandes, dem noch das Zielbewußtsein und die Einheitlichkeit fehlten. Die erste gesammelte Attacke gegen die Papstkirche geht von Wiclif aus, der mit wissenschaftlicher Systematik und Präzision, mit Temperament und polemischer Schleuderkraft, ja mit einer fast dichterischen Darstellungsgabe bereits alle Gedanken vertreten hat, die später die Grundlage der Reformation gebildet haben, und sogar in einigen Punkten weit über die Reformation hinausgelangt ist. Er geht von dem einfachen und klaren Prinzip aus, daß die Kirche nicht mehr die Kirche, der Papst nicht mehr der Papst sei. Dieser habe nicht der herrschsüchtige Statthalter, sondern der demütige Diener Christi zu sein, die Regierung über die Seelen sei ihm von Gott nur zum Lehen gegeben, wenn er aber ein schlechter Vasall sei, der das Gesetz seines Herrn nicht halte und sich mit dessen Todfeinden: der weltlichen Begierde und dem weltlichen Besitz einlasse, so müsse ihm sein Lehen wieder abgenommen werden. Das Papsttum lasse sich überhaupt aus Gottes Gesetz nicht begründen: die Kirche hat kein sichtbares Oberhaupt. Wiclif will also nicht mehr und nicht weniger als eine papstlose Kirche; er führt aber noch zwei weitere wichtige Momente ein: er verlangte für den Laien das Recht, die Bibel zu lesen, die er zu diesem Zweck ins Englische übersetzte, und er bekämpfte fast den ganzen äußeren Apparat der kirchlichen Praxis: Wallfahrten und Reliquiendienst, Beichte und letzte Ölung, Zölibat und hierarchische Gliederung, ja er bestritt sogar das Dogma von der Transsubstantiation. Der Hussitismus hat das System Wiclifs in keinem Punkt erweitert und in vielen Punkten verengert, er ist nichts als eine schwächere und leerere Dublette des Wiclifismus und enthält nicht einen einzigen originalen Zug; aber die Gestalt Hussens wurde furchtbar durch ihren Ernst, ihre Charakterstärke und ihren unbeugsamen Wahrheitswillen, dem freilich auch viel Chaotik, Stiernackigkeit und Engstirnigkeit beigemischt ist: ein Charakteristikum fast aller slawischen Denker.

Papa triumphans

Auf dem Programm des Konstanzer Konzils standen drei Hauptpunkte; die *causa unionis,* die *causa reformationis* und die *causa fidei*; keine dieser drei Fragen ist einer Lösung auch nur nähergeführt worden. Der Konziliarismus war fast eine Art republikanischer Bewegung innerhalb der Kirche, er wollte das Papsttum zu einer Scheinmonarchie, einer Art Mikadotum herabdrücken und die eigentliche Regierung in die Hände des Konzils, des Parlaments der Bischöfe legen; und das Endresultat war nicht nur der Sieg des Kurialismus über alle diese Bestrebungen, sondern der *päpstliche Absolutismus.*

Das Papsttum war also völlig siegreich, siegreicher denn je. Es triumphierte über die Bischöfe und Landeskirchen, es triumphierte über die Ketzer und Häretiker, es triumphierte über Kaiser und Reich; nur an einem Orte triumphierte es nicht, dem wichtigsten, dem allein entscheidenden: in den Herzen der Menschen. Und darum versinkt es mit einem Male in Ohnmacht, Altersstarre und Asphyxie. Äußere Siege und Niederlagen entscheiden *nichts* im Gange der Geschichte. Der Kaisergedanke war tot, *nicht wegen* seiner Niederlagen, der Papstgedanke starb, *trotz* seiner Siege. Wie der Schatten eines Gespenstes liegt er nur noch über der Welt. Der Papst herrschte unumschränkt; aber man nahm ihn nicht mehr ernst. Man glaubte ihm nicht mehr. Darauf allein aber kommt es an. Er war nicht mehr der Nachfolger Petri, der Hirt der Völker, der Statthalter Christi, er war nur noch der mächtige Kirchenfürst, der oberste Bischof, ein König mit Krone, Geldsack und Kirchenstaat, ein reicher alter Mann wie andere auch.

Was half ihm seine Tiara? Er war nicht mehr der Heilige Vater. Alle mochten ihm huldigen, ihm die Herrschaft über diese Welt zuerkennen, ihm die Herrschaft über jene Welt zuerkennen, es half nichts; er war es nicht. Hätten sich die Päpste redlich bemüht – soweit es in ihren geringen menschlichen Kräften stand –, Ebenbilder nicht etwa Christi, nein: bloß Petri zu werden, Ebenbilder des einfältigen, mißverstehenden, wankelmütigen, aber in seiner Einfalt gotterfüllten, in seinem Unverstand inbrünstig nach Verständnis ringenden, in seinem Wankelmut ergreifend menschlichen guten alten Fischers: ganz Europa wäre noch bis zum heutigen Tage katholisch und gläubig katholisch.

So aber dachten sie es sich nicht. Sie wollten ein unerlaubtes Geschäft machen: die Seelen beherrschen und zugleich irdische Herrscher sein; sich von dem Gesetz emanzipieren, daß die eine Herrschaft nur durch den Verzicht auf die andere erkauft werden kann. An dieser Unwahrheit, dieser Unmöglichkeit, dieser verwegenen und ungerechten Herausforderung der moralischen Weltordnung sind sie gescheitert.

Das Einfache siegt immer. In diesem Falle war es die einfache Erwägung: da hält einer Hof in Gold und Purpur, gebietet Millionen, spricht Millionen schuldig, will dem Kaiser seine Rechte nehmen und leitet die Befugnis zu alledem davon ab, daß er der irdische Stellvertreter Eines sei, der als verachteter Bettler unter den Menschen lebte, niemandem gebieten konnte, niemandem gebieten wollte, niemanden schuldig sprach und dem Kaiser gab, was des Kaisers ist: *Kaiphas* als Statthalter *Christi*!

Bei alledem dürfen wir aber eines nicht außer acht lassen: abgesehen vom Wiclifismus, der bald nach Wiclifs Tod unter dem Haus Lancaster fast völlig ausgerottet wurde, und vom Hussitismus, der in einem Kompromiß versandete, war die Bewegung vorerst nur *antiklerikal*, nicht *antikatholisch*. Das macht einen großen Unterschied. Man bekämpfte nicht die Dogmen und Einrichtungen, sondern bloß deren Verfälschung und Entwürdigung: die Mißbräuche, nicht den Brauch selbst. Es war also gewissermaßen mehr eine juristische Polemik als eine theologische.

Dämonen und Zauberer

In diesem Stadium einer Erschütterung und Desorientierung des Glaubens, wo die Menschheit an den Dienern der Kirche völlig irre geworden war, ohne doch den Mut zu finden, an der Kirche selbst zu verzweifeln, kamen sonderbare Strömungen nach oben, die schon immer unterirdisch wirksam gewesen waren, nun aber durch die allgemeine Ratlosigkeit eine neue Macht im Leben wurden. Da Gott nicht aus seinen Priestern sprach, suchte man nach anderen Verkündern seines Willens und geriet so in einen abenteuerlichen, oft formidablen und bisweilen skurrilen Dämonenglauben, einen nur sehr notdürftig maskierten Polytheismus. Überall treiben allerlei phantastische Mittelformen zwischen Gott und Mensch ihr Wesen, und die Höllengeister erwecken mehr Angst und Ehrfurcht als die Heiligen. Die ganze Luft ist erfüllt von groben und feinen, klugen und törichten, harmlosen und boshaften Teufelchen: »Sie sind so zahlreich wie die Stäubchen im Sonnenstrahl.« Sie sitzen am Eßtisch, in der Werkstatt, auf dem Bettrand, sie reiten auf Böcken durch die Luft, sie erscheinen in Gestalt von Raben, Ratten und Kröten. Und daneben führen in Busch und Wald, in Quell und See, in Feuer und Wind allerlei Naturgeister, trübe Erinnerungen an die antike Mythologie, ein geheimnisvolles Leben. Alle die wundersamen Geschöpfe, die noch heute unsere Kindermärchen bevölkern, beherrschten damals das ganze Tun und Lassen der Erwachsenen: Elfen und Nixen, Feen und Hexen, Nachtmahre und Kobolde. Ja selbst die Heiligen der Kirche werden zu Naturgöttern, zu heidnischen Elementarwesen. Auch die Juden, die Ketzer und die Mohammedaner erregten nicht bloß Haß und Abscheu, sondern ebensosehr Angst und ehrfürchtiges Grauen, alle Welt glaubte an die Hostienschändungen, Teufelsmessen und Ritualmorde. Es

hieße aber die wahre Triebfeder dieses Aberglaubens sehr verkennen, wenn man ihn auf wahnwitzigen religiösen Fanatismus oder gar auf bewußte böswillige Verleumdung zurückführen wollte. Das Volk erblickte in diesen gottfeindlichen
Handlungen keine bloße Negation, sondern einen sehr realen
Teufelsdienst, eine Art gewendetes Christentum, zu dem es mit
derselben Bewunderung emporblickte wie zur Gestalt des Antichrist. Die damaligen Menschen waren, wie wir bereits betont
haben, von der mehr oder minder klaren Überzeugung durchdrungen, daß der Teufel die Welt beherrsche, und es war daher
nur logisch, daß sie auch an die geheime Existenz einer Teufels-
kirche, einer Teufelsgemeinde, eines Teufelsrituals glaubten.

Daneben gewann ein abstruser, aber systematischer Zauber-
glaube immer mehr an Ausdehnung. Besprechen und Wahrsa-
gen, Auslegung der Träume und des Vogelflugs, Befragung der
Stunden und der Planeten gehörte zur Ökonomie des täglichen
Lebens. In allem erblickte man eine Vorbedeutung: im Pferde-
gewieher und im Wolfsgeheul, in der Richtung der Winde und
in der Gestalt der Wolken. Flüche und Segenssprüche besaßen
eine bannende oder herbeiziehende Kraft; bestimmte Zeichen
und Gesten konnten binden und lösen. Begegnete man einem
Buckligen, so bedeutete es Glück, begegnete man einem alten
Weib oder – was sehr bezeichnend ist – einem Geistlichen, so
verhieß es Unheil. Auch in zahlreichen Legenden spiegelt sich
der Glaube an die allgegenwärtige und oft siegreiche Macht des
Bösen, so vor allem in der weitverbreiteten Sage vom Zauberer
Virgilius, einer luziferischen Gestalt, die erfolgreich den Geboten Gottes trotzt, durch schwarze Kunst Gold und Herrschaft
erwirbt und in ihrem magischen Spiegel alles Wissen der Welt
erschaut: der Vorläufer des Faust. Und über alledem wölbt sich
wie eine finstere Kuppel ein weltumspannender Fatalismus,
der in der tatlosen Prostration vor dem längst in den Sternen
verzeichneten Schicksal die letzte Weisheit erblickt.

Und nun bricht noch, um das Unglück voll zu machen, über diese religionslose Welt die trübe gelbe Flut des Goldes herein. Reichtum, zumal plötzlicher, wirkt immer depravierend; hier aber handelte es sich noch dazu um eine junge, gänzlich unvorbereitete Menschheit, der die mittelalterliche Anschauung von der Sündhaftigkeit des Geldnehmens noch tief im Blute saß. »Gott hat drei Leben geschaffen: Ritter, Bauern, Pfaffen. Das vierte schuf des Teufels List: das Leben Wucher genennet ist«, sagt Freidank; er versteht aber unter Wucher offenbar jegliche Art von Handel. Dieselbe Ansicht faßt Cäsarius von Heisterbach in dem lapidaren Satz zusammen: *Mercator sine peccamine vix esse potest.* Auch die Bettelmönche vertraten ähnliche Anschauungen, und wenn man sie darauf verwies, daß ja selbst der Heiland sich des Geldes bedient habe, so erwiderten sie: »Ja, aber den Säckel gab er Judas!« Und noch Geiler von Kaisersberg sagt: »Mit Geld wuchern heißt nicht arbeiten, sondern andere schinden in Müßiggang.« Man hatte offenbar die Ansicht, daß Zinsnehmen, Warenvertreiben, überhaupt aller Erwerb, der nicht aus der Erzeugung, sondern aus dem Umsatz von Gütern fließt, nur eine feinere und verstecktere Form des Betruges sei. Diese Auffassung ist gar nicht so paradox, wie sie dem modernen Empfinden auf den ersten Blick erscheinen mag; wir bekennen uns zu ihr bis zu einem gewissen Grade noch heute, nämlich in der sogenannten guten Gesellschaft. Auch dort nämlich würde eine Person sogleich der sozialen Ächtung verfallen, wenn man von ihr erführe, daß sie sich damit befaßt, Freunden und Bekannten gegen Zinsen (und seien es auch ganz bürgerliche Zinsen) Geld zu leihen oder ihnen mit Nutzen (und sei es auch ein ganz bescheidener Nutzen) Gegenstände weiterzuverkaufen: hier hat sich also ein ethisches Prinzip, das früher alle Welt beherrschte, noch in einem Kreis, der gewissermaßen eine Enklave des Anstands und der guten Sitten bildet, lebendig und wirksam erhalten. Übrigens ist es noch

Geldwirtschaft mit schlechtem Gewissen

gar nicht so lange her, daß man in England auf das Prädikat *gentleman* nur Anspruch erheben konnte, wenn man keine merkantile Beschäftigung ausübte.

Das Handwerk galt nicht als Handel und war es auch nicht, denn hier wurde die *Arbeit* bezahlt, nicht die Warenvermittlung, wie denn auch in den meisten Fällen die Rohstoffe noch von der Kundschaft geliefert wurden: man brachte dem Schneider Tuch, dem Schuster Leder, dem Bäcker Mehl, dem Lichtzieher Wachs. Nun gab es aber doch schon zahlreiche Personen, die von Kauf und Verkauf lebten. Diese befanden sich nun in einer sehr sonderbaren psychischen Verfassung. Einerseits teilten sie selber die Anschauungen des Zeitalters, andererseits wollten sie aber doch von ihrer einträglichen Beschäftigung nicht lassen: sie trieben Handel, aber mit schlechtem Gewissen. Ein solcher Zustand mußte aber sehr demoralisierend wirken, indem er Desperadogefühle erzeugte: man empfand sich als outlaw, als jenseits von Gut und Böse des Zeitalters und geriet so in die Psychose des Immoralisten.

Das Welt-bordell Wenn wir jetzt auf die *Unsittlichkeit* des Zeitalters zu sprechen kommen, so müssen wir dabei zunächst zweierlei erwägen: erstens, daß im Grunde jedes Zeitalter »unsittlich« ist, und zweitens, daß Unsittlichkeit oft nichts anderes bedeutet als eine höhere, freiere, kompliziertere Form der Sittlichkeit. In unserem Falle aber wird man doch wohl sagen dürfen, daß jenes normale und sozusagen legitime Ausmaß an Sittenlosigkeit, das wahrscheinlich zum eisernen Bestand der Menschheit gehört, beträchtlich überschritten worden ist und daß alle jene Lebensäußerungen, die vielleicht unter anderen Umständen als Ausdruck einer wachsenden Vorurteilslosigkeit und einer feineren Empfindlichkeit für sittliche Nuancen angesprochen werden könnten, hier ganz im Gegenteil die Symptome eines moralischen Starrkrampfs, einer völligen *Anästhesie* gegen alle sittlichen Empfindungen darstellen.

Für die Freiheit im Geschlechtsverkehr sind vor allem die Badehäuser charakteristisch, die sich überall, sogar in Dörfern fanden und nichts anderes waren als Rendezvousplätze für Liebespaare oder Gelegenheitsorte für Anknüpfung von Bekanntschaften. Männer und Frauen badeten völlig nackt, höchstens mit einem Lendenschurz bekleidet, und meist vom Morgen bis zum Abend: entweder in derselben Wanne zu zweit oder in großen Bassins, die von Galerien für Zuschauer umgeben waren; natürlich gab es dort auch Séparées. Diese Lokale wurden durchaus nicht bloß von Dirnen und leichtfertigen Frauen, sondern von aller Welt besucht. Ein noch viel lockereres Leben entfaltete sich in den Badeorten, wo, wie dies ja zu allen Zeiten gewesen ist, neben den Heilsuchenden auch alle Arten von Abenteurern, Lebemännern und liebeshungrigen Frauen zusammenströmten. Ein Badesegen jener Zeit lautet: »Für die unfruchtbaren Frauen ist das Bad das Beste. Was das Bad nicht tut, das tun die Gäste.« Andererseits hört man auch wieder viel von Kindesabtreibung in vornehmen Kreisen. So sagt schon Berthold von Regensburg: »Sie wollen nur ihr Vergnügen mit den Männern haben, aber nicht die Arbeit mit den Kindern.« Die »Frauenhäuser« waren zahlreicher als je vorher und nachher: jedes kleine Städtchen besaß deren mehrere. Bezeichnend sind die Magistratsverordnungen, die verbieten, »Mädchen aufzunehmen, die noch keine Brüste haben«: es war also allem Anschein nach nicht ungebräuchlich, Kinder ins Bordell zu bringen. Ebenso charakteristisch ist das Verbot, zwölf- bis vierzehnjährige Knaben weiterhin als Gäste ins Frauenhaus zu lassen. Auch verheiratete Frauen begaben sich nicht selten dorthin. Die »Hübschlerinnen« genossen übrigens ein gewisses soziales Ansehen: man war noch weit entfernt von unserer Tartüfferie, die diese Märtyrerinnen der Gesellschaft mit Verachtung belohnt. Bei den offiziellen Empfängen der Fürsten erschienen sie korporativ, denn sie waren, wie bereits erwähnt wurde, ebenso organisiert wie jedes andere Gewerbe, und das unbefugte Treiben der »Bönhäsinnen«: der Mägde, Kellnerinnen und Bürgerstöchter wurde von ihnen scharf kontrolliert; besonders schwer hatten sie über die Schmutzkonkurrenz der Nonnenklöster zu klagen, wie überhaupt im damaligen Sprachgebrauch Nonne und Hure fast synonyme Begriffe waren. Als einmal die Zustände in einem fränkischen Kloster so skandalös wurden, daß der Papst eine Untersuchung anordnete, mußte der damit beauftragte Kommissär berichten, er habe fast alle Nonnen in gesegneten Umständen angetroffen. Auch die Männerklöster waren oft der Schauplatz von Orgien, und die Homosexualität war unter den Ordensmitgliedern beiderlei Geschlechts in weitem Umfange verbreitet.

Eine merkwürdige Sitte waren die »Probenächte«. Sie bestanden darin, daß das Mädchen dem Liebhaber jede Zärtlichkeit erlaubte, ohne sich ihm hinzugeben. Auf diese Weise konnten beide Teile sich von den Qualitäten des Partners überzeugen, und dieser Verkehr führte durchaus nicht immer zur Ehe, auch war das Mädchen ebensooft die verzichtende Partei wie der Mann. Es erinnert dies einigermaßen an das »Fensterln« oder »Gasseln«, wie es noch heute hier und da auf dem Lande üblich ist, nur war dieser Brauch damals in allen Kreisen, auch in den allerhöchsten, gang und gäbe. Ja, es kam sogar nicht selten vor, daß ein Ehemann seinen Gast, um ihn besonders zu ehren, bei seiner Frau »auf Treu und Glauben liegen« ließ. Andererseits hatten Ehemänner nicht nur häufig offizielle Konkubinen, sondern die unehelichen Kinder wurden auch mit den ehelichen zusammen erzogen.

Es herrschte eben auf sexuellem Gebiet die größte Unbefangenheit. Unflätige und unzüchtige Lieder waren bei den öffentlichen Tanzbelustigungen etwas Gewöhnliches (wie übrigens auch heute noch bei den Bauern), Küsse und Umarmungen waren die offizielle Form der Galanterie; wenn ein Kurmacher einer Dame, die er eben kennengelernt hatte, seine Verehrung beweisen wollte, griff er ihr einfach in den Busen. Daß Männer und Frauen sich in ungeniertester Weise voreinander entkleideten, kam nicht nur in den Badehäusern, sondern bei jeder Gelegenheit vor: als Ludwig der Elfte in Paris einzog, wählte man die schönsten Mädchen der Stadt aus und ließ sie splitternackt allerlei Schäferspiele vor dem König aufführen. Schließlich wollen wir nicht unerwähnt lassen, daß es behördlich konzessionierte Falschspieler gab.

Wir haben gar keinen Anlaß, uns über diese Zustände pharisäisch zu entrüsten: es geschah damals nur offen und unverblümt, was später geheim und maskiert vor sich ging; aber ebendie Tatsache, daß diese Dinge von der öffentlichen Meinung sanktioniert waren, ist ein Symptom für die Hemmungslosigkeit des damaligen Menschenschlags.

Der ganze Geist der Zeit prägt sich eindringlich und klar in dem Kostüm aus, das damals aufkam. Es ist die Kleidung von Erotomanen und Verrückten, ein wüster Hexensabbat von Formen und Farben, wie er in der Geschichte der Trachten vielleicht einzig dasteht. Die Frauen tragen kreisrunde Löcher im Gewand, die die nackten Brüste sehen lassen, der Gürtel drängt den Busen gewaltsam nach oben, um ihn möglichst voll erscheinen zu lassen, auch durch Ausstopfen wird gern nachgeholfen; an den Hosen der Männer, die ganz prall anliegen, um die Formen möglichst stark zur Geltung zu bringen, sind weithin sichtbare Penisfutterale angebracht, oft von riesigen Dimensionen. Mit diesen exhibitionistischen Moden kontrastiert seltsam die oft völlige Verhüllung des Antlitzes durch groteske Kapuzen, die Gugeln, die nur einen Ausschnitt für die Augen freilassen. Daneben macht sich ein Zug zum Perversen geltend: die Damen tragen Pagenfrisuren, die Männer kokette Locken, die sorgfältig mit Eiklar gekräuselt sind, und nicht selten sogar Zöpfe, sie schnüren sich und machen sich künstliche Brüste.

Das Narrengewand

Falls Vollbärte getragen werden, sind sie von bizarren Formen: entweder gabelförmig geteilt oder ganz spitz, mit zwirndünnen Enden, die im Bogen nach oben gedreht werden; dabei immer stark parfümiert und mit Vorliebe rot gefärbt: diese diabolische Farbe, die sonst gewöhnlich ein gewisses Odium an sich hat, wird jetzt die bevorzugte Mode. Abenteuerlich nach oben gekrümmt sind auch die riesigen Schuhe, deren Spitzen bisweilen bis zum Knie reichen und dort mit Schnüren befestigt werden müssen. Dazu kommen bei den Frauen enorme Schleppen und monströse Hauben, von denen lange Schwänze bis zum Boden herabschleifen, bei den Männern Zuckerhüte oder hohe Turbane und geschlitzte Wämser, von denen dicke Quasten und Troddeln oder lange gezackte Tuchstreifen, die sogenannten Zatteln, herunterbaumeln. Die Kleider waren mit Gold, Perlen und Edelsteinen und seltsamen eingestickten Figuren geschmückt: Blitzen, Wolken, Dreiecken, Schlangen, Buchstaben, symbolischen Zeichen. Die Farben waren glänzend und unruhig: Zinnoberrot, Grasgrün, Lachsrosa, Schwefelgelb waren besonders beliebt. Zugleich sollte die Kleidung einen möglichst gescheckten, gewürfelten Eindruck machen: man nähte daher die Röcke aus vielerlei verschiedenfarbigen Lappen zusammen, trennte die Ärmel auf, so daß das grellbunte Futter hervorsah, und wählte für Schleppen und Zatteln besondere Einfassungen, auch die beiden Hosenbeine durften nicht die gleiche Couleur haben. Dazu kam ein reicher Besatz von Goldstücken oder silbernen Schellen, die bei jeder Bewegung klingelten, kurz: es ist das stereotype Gewand, unter dem wir uns noch heute einen Narren vorstellen, und es fehlt nichts als die Pritsche.

Die Vision   Blicken wir auf alles noch einmal zurück, so haben wir die Impression eines tollen, grauenvoll unwirklichen Höllenspuks, und zwar, wie nochmals hervorgehoben werden muß, auch in jenen Partien des Bildes, die den Eindruck eines behaglich gefestigten, im praktischen Tun sicher verankerten Daseins machen. Denn auch hier ist die realistische Lebenshaltung nur Hülle und Maske, die harte und glänzende Schale, die einen giftigen und verfaulten Kern deckt: die Flucht in die Welt ist nicht Selbstzweck, nur Flucht vor sich selber. So hat es auch jener große englische Dichter gesehen, der in der zweiten Hälfte des vierzehnten Jahrhunderts unter dem Namen William Longland die *Vision Peters des Pflügers* schrieb: in einer Reihe von erschütternden Gesichten zieht das Zeitalter mit allen seinen Lastern vorüber, die sich von Gesang zu Gesang zu immer unerträglicherer Schreckhaftigkeit steigern; und als der Dichter endlich aus seinen Träumen erwacht, muß er bitterlich weinen.

Wenn wir nun eine repräsentative Erscheinung nennen sollten, die das Bild des Zeitalters in verkürzten, aber ebendarum übersichtlicheren Linien darstellt, so befinden wir uns in großer Verlegenheit: die Zeit hat nirgends solche Männer hervorgebracht. Es ist alles noch *eine* Masse, *ein* Rohstoff, *ein* Sauerteig, ein allgemeines Suchen und Tasten, das sich an keinem Punkte in einem starken Individuum zur selbstbewußten Klarheit kristallisiert. Wir müssen zu diesem Zwecke um fast hundert Jahre zurückgehen, und da finden wir allerdings zwei Persönlichkeiten, die die beiden antagonistischen Tendenzen des Zeitalters sozusagen *vorverkörpert* haben: zwei deutsche Kaiser, Rudolf von Habsburg und Friedrich der Zweite. Insofern sie das Vorstellungsleben späterer Generationen antizipiert haben, besaßen sie beide etwas Geniales, obschon man sich bei dem Habsburger zu diesem Prädikat wohl nur in dem Sinne wird entschließen können, daß er die Wesenszüge des ungenialen und antigenialen Menschen mit solcher Energie in sich konzentriert und zum höchsten Extrem gesteigert hat, daß man eben auch darin wieder eine schöpferische Tat erblicken muß. Vorauseilend hat er den ganzen Materialismus der städtischen Kultur in sich bereits erlebt und inkarniert; in einer Zeit, die die

Der Börsianer auf dem Thron

Zusammenhänge des Lebens noch vorwiegend romantisch sah. Es ist weder einem kuriosen Zufall noch einem schlauen Frontwechsel der kurfürstlichen Politik zu verdanken, daß nach den Hohenstaufen ein solcher Mann auf den Thron gelangte. In diesem Geschlecht hatte die Kaiseridee ausgeblüht; das deutsche Königtum hatte von nun an nur noch zwei Möglichkeiten: entweder völlig abzudanken oder aber sich auf eine neue Basis zu stellen, sein Gesicht so vollständig zu verändern, daß eine Negation des Bisherigen herauskommen mußte. Dies tat Rudolf von Habsburg: darum war er der rechte Mann. Und es ist klar, daß auch nur ein Mensch mit seinen Eigenschaften im Deutschen Reich Ordnung machen konnte: ein völlig feuerloser, idealloser, nur auf das Handgreiflichste und Nächste gerichteter, dies aber fest und sicher erfassender Geist. Rudolf von Habsburg ist der erste große Philister der neueren Geschichte, der erste bürgerlich orientierte Mensch im Königsmantel; in ihm gelangt der Geschäftsmann, der Realpolitiker, der Hausmachtschieber ans Staatsruder, der Mann ohne Vorurteile, das heißt: ohne Gewissen und ohne Phantasie.

Eine eigentümliche, fast unheimliche Glanzlosigkeit liegt um seine Gestalt und seine Regierung. Wie sein Gewand, so war dieser ganze Mensch: grau, farblos, abgetragen, unansehnlich, unrepräsentativ. Seine vielgerühmte »Schlichtheit« hatte ihre Wurzel teils in schlauer Berechnung, einem Werben um Lesebuchsympathien, teils in Kleinlichkeit und Geiz, teils in einem völligen Mangel an Temperament. Er war eine vollkommen amusische Natur, ohne Verständnis oder auch nur Sympathie für die Künste, gegen die Dichter seines Hofes knauserig und sie nur so weit fördernd, als er in ihnen eine »gute Presse« witterte, wie er denn überhaupt alle Menschen nur unter dem Gesichtspunkt seines persönlichen Vorteils ansah, den er ebenso vorsichtig zu erspähen wie energisch festzuhalten wußte: der Prototyp des biegsamen und zähen, fischblütigen und gewalttätigen, versierten und skrupellosen selfmademan. Römisch war er aus reiner Politik, weder aus Frömmigkeit noch aus Überzeugung, auch nicht aus Bigotterie: denn in diesem engen Herzen hatte nicht einmal der Fanatismus Platz. Er war, wie alle Geschäftsleute, sehr peinlich um den äußerlich guten Ruf der Firma besorgt, was ihn natürlich nicht hinderte, überall, wo es sich vertuschen oder beschönigen ließ, zu den gröbsten Unredlichkeiten und Brutalitäten zu greifen und bei jeder passablen Gelegenheit zu schnorren und zu erpressen. Sehr treffend sagt Johannes Scherr von ihm, daß er heutzutage wahrscheinlich an der Börse gespielt hätte wie Louis Philippe. Er erinnert auch darin an einen modernen Finanzmann, daß er die typische Börsianersexualität besaß, jene grobe Form der Geilheit und Potenz, die bei großen Geldmännern sehr häufig angetroffen wird. Schon die Zahl seiner *legitimen* Kinder war sehr groß, und er heiratete noch mit sechsundsechzig Jahren ein vierzehnjähriges Mädchen, aber auch das scheint ihm nicht genügt zu haben, denn er hielt sich »auf Anraten der Ärzte« dazu noch mehrere Mätressen.

Der Instinkt der Geschichte hat aber trotz oder vielmehr wegen dieser dubiosen Charaktereigenschaften durchaus das Richtige getroffen, wenn er in ihm den Inaugurator einer neuen Zeit und, im besonderen, den Begründer der österreichischen Großmacht erblickt hat. Denn er war es in der Tat, der den Kanevas geschaffen hat, nach dem Österreich groß geworden ist und allein groß werden konnte: er ist der Urheber der Austrianube-Politik und der Erfinder jener Taktik des »Temporisierens«, Lavierens, Hinhaltens, halben Versprechens, die sich sechs Jahrhunderte lang für die Habsburger so erfolgreich erwiesen hat; und er hat schon damals mit klarem Blick die Trassen für das spätere österreichisch-ungarische Staatsgebilde abgesteckt: Böhmen, Ungarn, Südslawien, gruppiert um den festen Kern der deutschen Stammländer. Er war die siegreiche Verkörperung eines Seelenzustandes, den die Welt erst viel später in seiner Nützlichkeit und in seiner Nichtsnutzigkeit begriff und dem erst Kürnberger einen Namen gegeben hat: der »österreichischen Haus-, Hof- und Staatspflicht: nicht zu sein, sondern zu scheinen«.

Der Nihilist auf dem Thron

Eine Figur von ganz anderem Guß ist Friedrich der Zweite: einer der genialsten Menschen, die jemals eine Krone getragen haben. Er erinnert in seiner humanen Universalität und weitblickenden Staatsklugheit an Julius Cäsar, in seiner Freiheit und Geistigkeit an Friedrich den Großen und durch sein Feuer, seinen Unternehmungsgeist und eine gewisse künstlerische Lausbubenhaftigkeit an Alexander den Großen. Alle diese Eigenschaften haben aber bei ihm eine ausgesprochen nihilistische Färbung: sein universelles Verständnis für alles Menschliche wurzelt weniger in der Erkenntnis, daß alles Lebende gleichberechtigt ist, als in der Überzeugung, daß niemand recht hat; seine Denkfreiheit ist eine Form des Atheismus, seine feine und überlegene Geistigkeit Skeptizismus, sein Temperament und seine Energie eine Art schöpferisches Auflösen aller politischen und religiösen Bindungen: er war nur ein Zertrümmerer, freilich ein grandioser und dämonischer.

Fühlte sich Rudolf von Habsburg sozusagen moralisch exterritorial, weil er in seinem extremen Materialismus ethische Gesichtspunkte überhaupt nicht bemerkte, so kam bei Friedrich eine ganz ähnliche Geisteshaltung dadurch zustande, daß er diese Gesichtspunkte tief unter sich erblickte. Er war ungefähr das, was Nietzsche unter einem »freien Geist« versteht: von einer großartigen Gewissenlosigkeit, einer antiken Ruchlosigkeit, wie sie etwa in Gestalten wie Alkibiades und Lysander verkörpert ist, dabei, wie fast alle freien Geister, »abergläubisch«, der Astrologie und Nekromantik ergeben, alles Geschehen mit dem kalten Blick des Fatalisten abmessend, der sich als Schachfigur einer blinden und oft absurden Notwendigkeit empfindet. Es steht dazu in gar keinem Widerspruch, daß er zugleich ein eminent wissenschaftlicher Kopf war, Studien und Untersuchungen förderte, die der damaligen Anschauung als wertlos oder gottlos erschienen, Universitäten, Bibliotheken und den ersten zoologischen Garten gründete, ein geradezu leidenschaftliches Interesse für Naturkunde besaß, selber eine ausgezeichnete ornithologische Abhandlung verfaßte und alles in die Einflußsphäre seines Hofes zu ziehen suchte, was vorwärtsdrängend, geistig regsam, philosophisch orientiert war: in den Dichtern freilich hat er, obgleich er selber einer der ersten war, die italienische Verse schrieben, ebenfalls nur politische Werkzeuge erblickt, aber er hat sich ihrer in unvergleichlich großzügigerer und verständnisvollerer Weise bedient als Rudolf. Dabei war er aufs tiefste von seinem Gottesgnadentum durchdrungen, das er aber auf eine für mittelalterliche Ohren höchst befremdliche Weise als eine naturgesetzliche Notwendigkeit definierte. Daß er die Sarazenen lieber hatte als die Christen, ist bekannt: diese feinen, kühlen Weltleute mit ihrer raffinierten Diplomatie und Liebeskunst, ihrer toleranten und schon etwas senilen Philosophie, ihrer hochentwickelten Algebra und Medizin, Sternwissenschaft und Chemie mußten einer Natur wie der seinigen viel näher stehen. Sein Vorgehen in Palästina ist ein Unikum in der ganzen Geschichte der Kreuzzüge. Obgleich vom Papst gebannt und von den Kreuzrittern nicht unterstützt, ja befehdet, hat er dennoch größere positive Erfolge erzielt als alle seine Vorgänger, und zwar ganz einfach durch gütliche Verhandlung mit der arabischen Regierung. Es stellte sich sehr bald heraus, daß der Sultan ein ebenso feingebildeter, wohlerzogener und einsichtsvoller Kavalier war wie der Kaiser, und es kam sehr bald zu einer für beide Teile günstigen Lösung des Palästinaproblems. Aber das Vernünftige und Natürliche hat für die Menschen niemals großen Reiz besessen, und die Zeitgenossen haben Friedrich für seine unblutigen Siege im gelobten Land wenig gedankt.

Die drei **Weltbekannt** ist der Ausspruch, den er getan haben soll: die
Betrüger drei größten Betrüger, die je gelebt haben, seien Moses, Christus und Mohammed gewesen; ja man behauptet sogar, daß ein Buch dieses Inhalts *De tribus impostoribus* von ihm verfaßt worden sei. Dies ist ganz bestimmt falsch; aber auch der Ausspruch ist nicht nachweisbar. Ein andermal soll er beim Anblick eines Kornfeldes ausgerufen haben: »Wie viele Götter wird man aus diesem Getreide entstehen sehen?« Einem sarazenischen Fürsten, der ihn bei einer Messe fragte, was die erhobene Monstranz bedeute, soll er geantwortet haben: »Die Priester erdichten, dies sei unser Gott.« Auch diese Worte sind wahrscheinlich legendär. Es liegt jedoch in solchen Anekdoten, die hartnäckig die Jahrhunderte überdauern, immer eine tiefere Wahrheit. Auch Galileis Ausspruch »*E pur si muove*« ist nicht historisch, und Luther hat niemals gesagt: »Hier steh ich, ich kann nicht anders.« Mit solchen Erdichtungen soll aber ausgedrückt werden, daß diese Männer diese Worte damals gesagt haben *könnten*, ja daß sie sie eigentlich hätten sagen *müssen*: sie haben den Zweck, die tatsächliche Situation einheitlicher und eindrucksvoller zusammenzufassen, und sind daher in gewissem Sinne wahrer als die Wahrheit der Geschichte. Ebenso verhält es sich mit der Bemerkung von den »drei Betrügern«. Der Kaiser wollte mit ihr wahrscheinlich folgendes sagen: Ich sehe, daß die Jünger Mosis unablässig gegen die zehn Gebote sündigen; ich sehe, daß die Schüler Mohammeds gegen den Koran leben; ich sehe, daß die Bekenner Christi in seinem Namen hassen und morden; wenn dem so ist, dann sind alle drei Religionen: Judentum, Islam und Christentum ein großer Betrug. Hingegen ist es gänzlich unwahrscheinlich, daß er damit irgendeine Gehässigkeit gegen die Person der drei Religionsstifter zum Ausdruck bringen wollte: dazu hätte er ein fanatischer religiöser Desperado oder ein moderner aufgeklärter Schwachkopf sein müssen. Er war aber keines von beiden, son-

dern das Erschütternde an seiner Gestalt ist eben der völlige religiöse Indifferentismus, der ihn durchdrang: er haßte und bekämpfte keines der drei monotheistischen Bekenntnisse, sondern sie waren ihm alle drei gleichgültig. Auch die Überzeugung von der Fluchwürdigkeit einer Glaubenslehre ist noch ein Glaube; Friedrich aber glaubte an gar nichts. Nietzsche korrigiert einmal: »*Tout comprendre c'est tout mépriser*«: dieser mépris für alle und alles war das verheerende Grundpathos in der Seele Friedrichs des Zweiten.

Es ist begreiflich, daß diese geheimnisvolle Persönlichkeit bei den Zeitgenossen ebensoviel Abscheu wie Bewunderung erregt hat: die einen nannten ihn *stupor mundi*, das Wunder der Welt, die anderen erblickten in ihm den Antichrist. »Aus dem Meer ist ein Tier aufgestiegen«, beginnt ein Sendschreiben Gregors des Neunten, »voll Namen der Lästerung, mit den Füßen eines Bären, dem Rachen eines wütenden Löwen und an allen übrigen Gliedern einem Pardel gleich. Betrachtet genau Haupt, Mittel und Ende dieses Tieres, das sich Kaiser nennt.« Das Volk aber machte aus ihm einen Nationalheiligen, eine unvergängliche Sagengestalt. Es hieß, er sei gar nicht gestorben, sondern werde eines Tages wiederkehren, um den päpstlichen Stuhl umzuwerfen, ein Reich des Glanzes und der Herrlichkeit zu errichten und allen Mühseligen und Beladenen als Heiland und Befreier zu erscheinen. Immer wieder tauchten von Zeit zu Zeit falsche Friedriche auf, der letzte erst im Jahre 1546. Dann wieder hieß es, er schlafe im Kyffhäuser, und diese Legende ist erst im prosaischen neunzehnten Jahrhundert auf seinen viel unbedeutenderen Großvater Friedrich den Ersten übertragen worden, dessen roter Bart seither zum Entzücken aller Oberlehrer um den Marmortisch wächst.

Aber im vierzehnten und fünfzehnten Jahrhundert war Europa überhaupt von lauter kleinen Rudolfen und Friedrichen bevölkert. Nun entspringen ja Materialismus und Nihi-

Coincidentia oppositorum

lismus einer ganz ähnlichen Seelenverfassung. Beide leugnen die Wirksamkeit höherer Kräfte im Dasein: der Nihilismus, weil er *nicht mehr*, der Materialismus, weil er *noch nicht* an sie glaubt. Beide sind Krankheitserscheinungen, pathologische Lebensaspekte: der Nihilismus, weil er *zu sehr* von der Realität abrückt, sie aus einer zu fernen Perspektive ansieht, in der alles zu wesenlosem Dunst und Nebel verschwimmt, der Materialismus, weil er *zuwenig* von der Realität abrückt, sie aus seiner nahen Perspektive ansieht, in der die großen und wesentlichen Züge nicht erkennbar sind. Der Nihilismus leidet an Herzerweiterung, indem er alles gleichberechtigt anerkennt, was soviel heißt wie: *nichts;* das Gebrechen des Materialismus ist die Engherzigkeit, die nichts gelten läßt als das direkt Greifbare und den gröbsten Sinnen Eingängige, das heißt: das Wertlose und Unwichtige. Beide Standpunkte repräsentieren eine *unernste* Auffassung des Daseins, beide sind unfundiert, wurzellos. Der Philister hängt genauso in der Luft wie der Freigeist.

Dies ist die geheime innere Verwandtschaft, die zwischen diesen beiden Geistesrichtungen besteht. In ihrer Auswirkung und äußeren Erscheinung jedoch sind sie extreme Gegensätze, völlig polare Lebensanschauungen. Von allen möglichen Formen, unter denen sich die Wirklichkeit begreifen läßt, sind sie offenbar die beiden verschiedensten. Wie war es nun möglich, daß zwei so schroffe Kontraste in demselben Zeitalter, ja oft in demselben Menschen nebeneinander bestehen konnten? Hier gelangen wir zu dem *Zeitgedanken,* der diese ganze »Inkubationszeit« erfüllt und beherrscht hat; und während wir bei der Feststellung der repräsentativen Persönlichkeiten zu einem künstlichen Auskunftsmittel, einer Notkonstruktion greifen mußten, befinden wir uns hier in einer weit günstigeren Lage. Denn ebendies: daß das Leben in der Vereinigung scheinbar ganz unvereinbarer Gegensätze bestehe, daß der Mensch nichts anderes sei als das Zusammentreffen zweier Widersprüche, ist der Grundgedanke der Zeit, und er ist von dem größten, ja vielleicht einzigen Philosophen des Zeitalters mit leuchtender Klarheit formuliert worden.

Dieser Philosoph war Nikolaus aus Kues bei Trier, genannt *Nikolaus* Cusanus, gestorben 1464, einer der vielseitigsten Gelehrten des *Cusanus* Zeitalters, der vom Sohn eines armen Moselfischers zum einflußreichen Kirchenfürsten emporstieg. In den großen theologischen Streitigkeiten seines Jahrhunderts hat er eine entscheidende Rolle gespielt: er vertrat dabei die moderne, die konziliare Anschauung, die er in seinem großen Werk *De concordantia catholica* dem Baseler Konzil unterbreitete. Sein Hauptgegner war Johannes de Torquemada, der in seiner Abhandlung *Summa de ecclesia et eius auctoritate* für Jahrhunderte die Grundlinien der papalistischen Doktrin festgelegt hat. Nikolaus Cusanus war auch der erste, der die konstantinische Schenkung bezweifelte, die dann Laurentius Valla als Fälschung entlarvte; er hat ein Religionsgespräch verfaßt, in dem er für die Vereinigung sämtlicher Konfessionen: der Christen, Juden, Türken, Inder, Perser eintritt; er beantragte in der Schrift *De reparatione calendarii* eine Kalenderreform, die die gregorianische vorwegnimmt, und er lehrte die Kugelgestalt und Achsendrehung der Erde. In seiner Philosophie ist er, als früherer Zögling der Fraterherren von Deventer, teilweise Mystiker; aber auch gewisse scholastische und naturphilosophische Gedankengänge finden in seinem Lehrgebäude ihren Platz, und so kommt es, daß ihn die verschiedensten Schulen für sich reklamiert haben. In Wirklichkeit war er ein umfassender Geist vom Schlage Leibnizens und Hegels, der den gesamten Bildungsgehalt seiner Zeit in sich zur organischen Einheit assimiliert hatte.

Auf der Rückfahrt von Konstantinopel, wo er sich als päpstlicher Gesandter aufgehalten hatte, 1438, ging ihm das Grundprinzip seiner Philosophie auf: die *coincidentia oppositorum.*

Alles Existierende ist, lebt und wirkt dadurch, daß es der Kreuzungspunkt zweier Gegensätze ist. Eine solche coincidentia oppositorum ist *Gott*, der das absolute Maximum darstellt, denn er ist die allumfassende Unendlichkeit, und zugleich das absolute Minimum, denn er ist in jedem, auch dem kleinsten Ding enthalten; eine coincidentia oppositorum ist die *Welt*, die in den Einzelwesen eine unermeßliche Vielheit, als Ganzes aber eine Einheit bildet; eine coincidentia oppositorum ist jedes *Individuum*, denn es ist nicht bloß im All enthalten, sondern auch das ganze All in ihm: *in omnibus partibus relucet totum*; eine coincidentia oppositorum ist der *Mensch*, der als ein Mikrokosmos, ein *parvus mundus* alle erdenklichen Gegensätze: Sterblichkeit und Unsterblichkeit, Körper und Seele, Tierheit und Gottheit in sich vereinigt und dazu noch von dieser Verknüpfung weiß; eine coincidentia oppositorum ist schließlich der *Cusaner selbst*, der Religion und Naturwissenschaft, Patristik und Mystik miteinander versöhnt hat, ein bedächtiger Bewahrer des Alten und feuriger Verkünder des Neuen, Weltmann und Gottsucher, Ketzer und Kardinal, der letzte Scholastiker und der erste Moderne.

Wie aber diese allseitige Konkordanz des scheinbar Feindlichen, diese Übereinstimmung des Widerstreitenden zustande kommt, das ist ein göttliches Geheimnis, das wir nicht durch den Verstand ergründen, sondern nur durch übersinnliches Schauen erfassen können: durch einen inneren Vorgang, den der Cusaner, indem er wiederum zwei Widersprüche zusammenkoppelt, als *docta ignorantia*, als *comprehensio incomprehensibilis* bezeichnet. Die Phänomene des Magnetismus und der Elektrizität waren ihm noch nicht bekannt, sonst hätte er auch aus ihnen die bedeutsamsten und sprechendsten Belege für seine Lehre von der Polarität entnehmen können. Es ist, alles in allem genommen, das Prinzip der *schöpferischen Paradoxie*, das er in die Philosophie eingeführt, auf allen Gebieten der inneren und äußeren Erfahrung aufgespürt und erläutert und in seinem eigenen Leben und Schaffen in höchst suggestiver Weise verkörpert hat.

Wir sagten am Schlusse des vorigen Kapitels, der mittelalterliche Mensch mache einen widerspruchsvollen Eindruck. Aber diese Widersprüchlichkeit ist ganz wesentlich verschieden von der des Menschen der »Inkubationszeit«. Denn zunächst flossen diese Kontraste doch alle aus einer großen Einheit: dem Glauben, und sodann waren sie nur *objektiv* vorhanden: für den Betrachter, die Menschen selbst spürten sie nicht. Das ändert sich jetzt: die Zeitgenossen des Cusaners waren sich ihrer Widersprüche sehr wohl bewußt und litten unter ihnen. Durch alle Erscheinungen, die das Zeitalter hervorgebracht hat, geht ein Bruch, ein Riß, eine große Fuge, das Gefühl eines weltbeherrschenden Dualismus: der *Zweiseelenmensch* tritt in die Geschichte.

Wir haben bereits erwähnt, daß erst in jener Zeit der *Dualismus zwischen Stadt und Land* in seiner vollen Schärfe zutage tritt; es gibt von jetzt an zwei gegensätzliche Kulturen, eine ritterliche und eine merkantile: die eine ist in der *Burg* konzentriert, die andere im *Bürger*. Um dieselbe Zeit kommt in der Theologie die *Lehre von der zweifachen Wahrheit* zum Durchbruch: die Theorie, daß dieselbe Behauptung in der Theologie richtig und in der Philosophie falsch sein könne, womit sich zum erstenmal jene ungeheure Kluft zwischen wissenschaftlicher und religiöser Weltanschauung auftut, die das Mittelalter nicht kannte und die durch die ganze Geschichte der Neuzeit gähnt. Gähnt: denn es ist sehr unheimlich und nicht selten recht langweilig, die Anstrengungen all der Priester, Politiker, Künstler, Philosophen, Naturforscher zu verfolgen, die sich in meist sophistischen Deduktionen mit dieser Frage befassen, indem sie die beiden Erlebnisformen des Glaubens und des Wissens bald künstlich und oberflächlich miteinander zu versöh-

Zweifache Wahrheit, doppelte Buchführung, Kontrapunkt und Totentanz

nen, bald in eine möglichst scharfe Gegensätzlichkeit zu treiben suchen, während das Mittelalter hier noch eine große Einheit empfand: ich glaube, was ich weiß; ich weiß, was ich glaube. Es ist jedoch eines der vielen seichten Mißverständnisse der liberalen Geschichtsschreibung, wenn sie in der Annahme jener »zweifachen Wahrheit« nichts als Jesuitismus erblickt: es handelte sich vielmehr um eine neue Dominante der Weltanschauung. Daß wir es auch hier nur mit einer der vielen Formulierungen des Glaubens der coincidentia oppositorum zu tun haben, wird völlig klar in der Lehre von der *Diskrepanz*, die die Occamisten vertraten: über jede theologische Grundfrage: Sündenfall und Jüngstes Gericht, Inkarnation und jungfräuliche Geburt, Abendmahl und Auferstehung gebe es zwei widerstreitende Ansichten, in deren Vereinigung erst die höchste Wahrheit bestehe. Und auf einem ganz heterogenen Gebiet gelangt in diesem Zeitraum ebenfalls eine dualistische Technik zur Herrschaft: im kaufmännischen Rechnungswesen kommt die *doppelte Buchführung* auf, die *partita doppia*, die *loi digraphique*: die Usance, jeden Betrag auf zwei entgegengesetzten Seiten zu buchen; das Geschäftskonto wird zu einer coincidentia oppositorum. Den stärksten Ausdruck schafft sich das neue Weltgefühl aber in der Musik: das mittelalterliche Prinzip der Monodie wird von der Polyphonie abgelöst, und der *Kontrapunkt* gelangt zur vollen Ausbildung: sein erster Klassiker ist John Dunstaple, gestorben 1453 in London. Ein sprechendes Symbol der coincidentia oppositorum sind auch die *Totentänze*, die *danses macabres*, die das vierzehnte und fünfzehnte Jahrhundert in zahllosen bildlichen und dramatischen Darstellungen veranschaulicht hat: Jünglinge und Greise, Frauen und Kinder, Bauern und Bischöfe, Könige und Bettler, Narren und Heilige, alle erdenklichen Menschenklassen drehen sich in wildem Reigen, und der Tod spielt dazu die Fiedel. Plastischer und ergreifender läßt sich die Art, wie die Menschen damals aufs

Leben blickten, nicht zum Ausdruck bringen: Tod und Tanz
verschwistert, die trunkenste Daseinsbejahung ein Taumeln ins
Grab. So zieht dieses ganze Zeitalter noch heute an uns vorüber: als ein tolles Ballfest von Todgeweihten; und seine vielgerühmte Lebenslust war die Euphorie des Irren.

Das Bild wäre aber nicht vollständig, wenn wir eine dritte *Die*
Strömung unerwähnt ließen, nicht die wichtigste, wohl aber die *Überseele*
gewichtigste des ganzen Zeitalters. Wenn wir im Materialismus
und Nihilismus die beiden Antagonisten der Doppelseite dieser Jahrhunderte erblickten, so haben wir es hier gewissermaßen mit einer Überseele zu tun, die in seliger Geborgenheit
ruhevoll und geheimnisvoll über die Zeit schwebt. Wir sprechen von der *Mystik*.

Allem Anschein nach regierte damals der Teufel die Welt: die
Menschen glaubten es, und uns selbst scheint es so. Aber es
scheint nur so: denn in Wahrheit regiert er ja niemals die Welt.
Gott war auch damals nicht tot, er lebte so stark wie je in den
Gemütern der irrenden und suchenden Menschen. Eine ganz
neue, wilde und innige Frömmigkeit brach gerade zu jener Zeit
aus den tiefsten Wurzeln der Menschenseele hervor. Schlichte
Männer aus dem Volke hatten allerlei bedeutsame Visionen.
Ein Kaufmann in Straßburg, Rulman Merswin, griff auf die Ur-
lehre vom allgemeinen Priestertum aller Christgläubigen zurück und erklärte, der gottbegnadete Laie, der »*Gottesfreund*«
sei der berufenste Vermittler der himmlischen Gnade. Unter
diesem Sammelnamen vereinigten sich alle, denen es um ihr
Christentum ernst war, durch nichts verbunden als durch die
Lauterkeit ihrer Gesinnung und die Tiefe ihrer Heilssehnsucht.
Und ein Element vor allem begann in die religiöse Bewegung
einzugreifen, das bisher fast ganz im Hintergrund geblieben
war: die Frauen, denen noch vor kurzem von angesehenen Kir-
chenlehrern die Seele abgesprochen worden war. Religiös erweckte Frauen begannen ihre Gesichte und Entrückungen,

ihre geheimnisvollen Erfahrungen im Verkehr mit Gott in Briefen und Tagebüchern, Memoiren und Lebensbeschreibungen aufzuzeichnen, eine ganz eigenartige Literatur der ekstatischen Beichten und Selbstbekenntnisse entstand. Bald taten sie sich auch in eigenen Klöstern zusammen: als Beghinen oder Betschwestern, denen erst später die männlichen Begharden an die Seite traten, und hier kam es zu großen mystischen Kollektiverlebnissen. Wir stehen hier vor einer wichtigen kulturhistorischen Tatsache, der wir noch oft begegnen werden: der Tatsache nämlich, daß große geistige Bewegungen, große seelische Erneuerungen sehr oft von den Frauen ihren Ausgang nehmen. Die Frau besitzt eine natürliche Witterung für alles Keimfähige, geheimnisvoll Werdende, für alles, was mehr der Zukunft angehört als der Gegenwart: dieser gewissermaßen telepathische Sinn ist bei ihr meist stärker entwickelt als beim Mann. Auch ist sie viel weniger konservativ und viel weniger einseitig als der Mann. Dieser bildet eine in sich abgeschlossene, scharf profilierte Einheit, er ist der geborene Berufsmensch und Fachmann; aber die Frau stellt eine Art Allheit dar, ihre Seele ist allen Möglichkeiten geöffnet, sie besitzt jene Gabe, alles zu sein, sich in alles verwandeln zu können, die unter den Männern nur dem Genie verliehen ist, weswegen man auch oft und mit Recht betont hat, daß jedem Genie etwas Weibliches anhafte.

Alle religiösen Erscheinungen des Zeitalters sind von einem großen gemeinsamen Grundwillen ins Leben gerufen worden: dem Willen, zu Gott zurückzufinden, nicht zu dem durch tausend äußeren Zeremonien verdeckten und durch ein Gewirr spitzfindiger Syllogismen verdunkelten Kirchengott, sondern zu der tiefen, reinen und heiteren Quelle selbst, aus der alles Leben fließt. Innerhalb der Kirche waren die Hauptträger dieser Bewegung die Mönchsorden, vor allem die Dominikaner und die Franziskaner. Sie begannen, wie dies allemal der Fall gewesen ist, die Reform des christlichen Glaubens und Lebens mit der Rückkehr zu den urchristlichen Lehren und Sitten. Die Dominikaner vertraten eine mehr gemäßigte Richtung, sie erklärten, der Mensch habe sich in der Nachfolge Christi auf das »Notwendigste« zu beschränken, die Franziskaner machten jedoch vollen Ernst, sie lehrten, niemand könne selig werden, der nicht der Welt entsage und danach strebe, in seinem Wandel ein Ebenbild der Apostel zu werden, und dies gelte vor allem von den irdischen Nachfolgern Petri, den Päpsten. Kein Wunder, daß Papst Johann der Zweiundzwanzigste ihre Doktrin für häretisch erklärte. Auf dem Gebiete der Predigt bewahrten umgekehrt die Franziskaner einen größeren Zusammenhang mit der Welt, sie wollten ins Volk wirken, hielten daher vor allem auf Plastik und Eindringlichkeit und scheuten auch vor grobrealistischen und derbsatirischen Mitteln nicht zurück. Die Dominikaner dagegen sind die Klassiker der mystischen Philosophie geworden. Ihre größte Leuchte ist *Meister Eckhart*, einer der tiefsten und universellsten Köpfe, die Deutschland hervorgebracht hat.

Eckhart ist eine eigenartige Kreuzung aus einem kristallklaren Denker, einem Dichter von unvergleichlicher Wucht, Plastik und Originalität der Bildersprache und einem religiösen Genie. Seine Lehren, die nach seinem Tode von der Kurie verdammt wurden, ziehen die Summe aller mystischen Spekulation. Es versteht sich, daß er Agnostiker ist; von der Wahrheit sagt er: wäre sie begreiflich, so könnte sie gar nicht Wahrheit sein. In undurchdringlicher Finsternis, in unbeweglicher Ruhe thront die Gottheit; wir können von ihr nur Negationen aussagen: daß sie unendlich, unerforschlich, ungeschaffen sei; jedes positive Prädikat macht aus Gott einen Abgott. Gott ist nicht dies oder das: wenn einer wähnt, er habe Gott erkannt, und sich irgend etwas darunter vorstellt, so hat er wohl »irgend etwas« erkannt, nur Gott nicht. »Du sollst ihn erkennen ohne Hilfe

Die neue Religion

eines Bildes, einer Vermittlung oder Ähnlichkeit. – ›Soll ich Gott so ohne Vermittlung erkennen, so muß ich ja geradezu er und er muß ich werden!‹ – Aber das meine ich ja gerade! Gott muß geradezu ich werden und ich geradezu Gott!« »Das geringste kreatürliche Bild, das sich in dir bildet, ist so groß wie Gott. Warum? Es benimmt dir einen ganzen Gott! Denn in dem Augenblick, wo dieses Bild in dich eingeht, muß Gott weichen mit aller seiner Göttlichkeit. Aber wo dieses Bild ausgeht, da geht Gott ein. Ei, lieber Mensch, was schadet es dir denn, wenn du Gott gönnst, in dir Gott zu sein?« »Nie hat ein Mensch sich irgendwonach so sehr gesehnt, wie Gott sich danach sehnt, den Menschen dazu zu bringen, daß er Gottes inne werde. Gott ist allezeit bereit, aber wir sind sehr unbereit; Gott ist uns nahe, aber wir sind ihm fern; Gott ist drinnen, wir sind draußen; Gott ist bei uns heimisch, wir sind bei ihm Fremde!« Um nun zur reinen Anschauung Gottes, ja zur Einheit mit Gott, zur »Vergottung« zu gelangen, bedarf es nur des *Stillehaltens*: der Mensch muß schweigen, damit Gott sprechen kann, der Mensch muß leiden, damit Gott wirken kann. Alle Kreaturen sind ein lauteres Nichts: es gibt nur Gott, nicht Gott *und* die Kreatur, wie unser Unverstand glaubt. Daher müssen wir unsere Kreatürlichkeit abstreifen. Dazu gelangen wir durch die »Abgeschiedenheit«, nämlich die Loslösung von aller Sinnlichkeit und durch die Armut: ein armer Mensch ist, wer nichts weiß, nichts will und nichts hat. Solange der Mensch noch etwas Bestimmtes begehrt, ist er noch nicht recht arm, das heißt: noch nicht recht vollkommen. Deshalb sollen wir auch im Gebet um nichts bitten als allein um Gott: wer um etwas bittet, der bittet um ein Nichts. Auch die kirchlichen Gnadengaben sind für den wahrhaft Frommen überflüssig, ihm wird jede Speise zum Sakrament. Nicht auf Beichten, Messehören und dergleichen kommt es an, sondern auf die *Geburt Christi in uns*: auch Maria ist selig, nicht weil sie Jesum leiblich, sondern weil sie ihn geistig geboren hat, und das kann ihr jeder Mensch in jeder Stunde nachmachen. Tugend besteht nicht in einem Tun, sondern in einem Sein, die Werke sollen nicht uns, wir sollen die Werke heiligen. Heilig sind aber nur die Werke, die um ihrer selbst willen geschehen. »Ich behaupte entschieden: solange du deine Werke verrichtest um des Himmelreichs, um Gottes oder um deiner Seligkeit willen, also von außen her, so bist du wirklich nicht auf dem richtigen Wege. Man kann es ja wohl mit dir aushalten, doch das Beste ist das nicht.« Alles Höchste aber kann der Mensch erreichen, wenn er nur will, denn der Wille ist allmächtig: dich kann niemand hindern als du dich selber.

Es wird wohl schon aus diesen dürftigen Proben klargeworden sein, daß sich in Eckhart und seiner Schule nichts Geringeres vollzogen hat als die Geburt einer neuen Religion, eine völlige Umschöpfung des bisherigen christlichen Glaubens, zu der sich die lutherische Reformation verhält wie eine Erderschütterung zu einer geologischen Umbildung oder wie ein reinigendes und befruchtendes Gewitter zu einem irdischen Klimawechsel, der eine neue Fauna und Flora ins Leben ruft. Hätte diese Bewegung sich durchgesetzt, so wäre für Europa ein neues Weltalter angebrochen; sie ist aber von der Kirche unterdrückt worden, und daß dies so vollständig gelang, spricht weniger gegen die Kirche, die nur in ganz logischer Wahrung ihrer Interessen handelte, als gegen die europäische Menschheit, die offenbar für eine solche grundstürzende Erneuerung noch nicht reif war.

Die Mystik enthält zwei Grundelemente: ein ekstatisches und ein praktisches. Dieses ist in *Johannes Tauler* aus Straßburg, jenes in *Heinrich Suso* aus Konstanz zu einseitiger, aber höchst eindrucksvoller Ausbildung gelangt. Tauler, der sich das Prädikat *doctor sublimis* erwarb, ist seinem Meister an Tiefe und Schärfe der Spekulation nicht ebenbürtig, aber auf diese legte er auch gar nicht das Schwergewicht: was er mit seltener

Die Schule Eckharts

Kraft und Innigkeit immer wieder als das »eine, was nottut« predigt, ist die unbedingte Nachfolge Christi. »Es soll sich niemand annehmen, hinaufzufliegen in die Höhe der Gottheit, er sei denn zuvor gewesen ein rechter, vollkommener, geübter Mensch mit einem wirkenden Leben und mit einer tapferen Nachfolgung des Lebens Christi. Danach nimm den Spiegel vor dich, der da ohne Makel ist, das vollkommene Bild, nämlich Jesu Christi, nach dem du all dein Leben einrichten sollst, inwendig und auswendig… Alle Dinge müssen dir so bitter werden, wie es der Lust süß war, daß sie da waren.« Suso hingegen war ein so überschwenglicher Prediger der neuen Weisheit, daß man ihn den Minnesänger Gottes genannt hat. Im Mittelpunkt seiner lyrischen Rhapsodien steht der mystische Gedanke, daß die Seele die Braut Gottes sei, nach dem sie voll Inbrunst dürstet: »Wer gibt mir«, ruft er, »des Himmels Breite zu Pergament, des Meeres Tiefe zu Tinte, Laub und Gras zu Federn, damit ich voll ausschreibe mein Herzeleid?« Er trug acht Jahre lang ein nägelbeschlagenes Kreuz auf dem nackten Rücken, »dem gekreuzigten Herrn zum Lobe«.

Daneben wirkte *Johann Ruysbroeck*, der Stifter der Abtei Groenendael, von allen Mitlebenden angestaunt als ein Wunder göttlicher Erleuchtung, deren Eingebungen er in zahlreichen Werken von seltsam schwerfälliger Schönheit und einfältiger Tiefe aufzeichnete. Wenn die Veroneser Dante auf der Straße erblickten, so pflegten sie erschauernd zu ihren Kindern zu sagen: »*Eccovi l'uom ch'è stato all'Inferno*, das ist der Mann, der in der Hölle war«; in ähnlicher Weise müssen die Zeitgenossen bei Ruysbroeck das erschütternde und beseligende Gefühl gehabt haben, daß er im Himmel gewesen sei. Er vereinigt die Heiterkeit eines Kindes, dem noch alles klar ist, mit der Hellsichtigkeit eines Greises, der schon Blicke ins Jenseits tut; seine Werke sind Bilderfibeln, die das Verborgenste darstellen. Die Kirche hat ihm den Namen *doctor ecstaticus* verliehen, seine

Landsleute nannten ihn *l'admirable,* und als er 1381 hundertsiebenjährig starb, begannen alle Glocken der Umgebung von selber zu läuten. Einer seiner Jünger war Gerhard Groote, der in Deventer den Laienorden der »Brüder vom gemeinsamen Leben« stiftete, eine freie Vereinigung von Gläubigen, deren einziger Zweck die Förderung christlichen Wandels und der *moderna devotio* war, der neuen Hingabe an Gott, wie sie die Mystiker lehrten; bald gab es allenthalben in Deutschland und in den Niederlanden solche Bruderhäuser. Aus ihrem Kreise ging *Thomas a Kempis* hervor, dessen »Imitatio Christi«, nächst der Bibel das verbreitetste Buch der Erde und von Katholiken und Protestanten gleich begierig gelesen, in alle europäischen und in zahlreiche außereuropäische Sprachen übersetzt worden ist: sie popularisiert die Lehren der großen Mystiker auf eine sehr edle, freie und kraftvolle Art, das quietistische Element gelangt in ihr zu besonders scharfer Ausprägung. »So viel du kannst, hüte dich vor dem Getümmel der Menschen. Warum schwatzen wir so gern unter anderen, da wir doch selten ohne Versehrung unseres Gewissens wieder umkehren mögen zum Stillschweigen? Ich wollte, daß ich oft geschwiegen hätte und oft unter den Menschen nicht gewesen wäre.« Auch das viele Klügeln und Disputieren taugt nichts. »Ich will lieber, daß ich Buße und Reue in mir fände, als daß ich sagen und auslegen könnte, was Reue sei. Es ist alles lauter Nichtigkeit und Eitelkeit, außer Gott liebhaben und ihm allein dienen.« »Der ist recht groß, der große Liebe hat. Der ist recht groß, der in sich selbst klein ist und alle große Ehre für nichts schätzet. Der ist recht klug, der alles Zeitliche für Kot achtet, auf daß er Christum gewinne. Und der ist recht wohl gelehret, der seinen eigenen Willen verläßt und Gottes Willen tun und vollbringen lernet.«

Das schönste Denkmal aber hat sich der Zeitgeist in dem anonymen *Büchlein vom vollkommenen Leben* errichtet. Luther, der es neu herausgegeben hat, sagt in seiner Vorrede: »Zuvoran

Der »Frankforter«

vermahnet dies Büchlein alle, die es lesen und verstehen wollen, daß sie nit sich selbst mit vorschnellem Urteil sich übereilen, da es in etlichen Worten untüchtig erscheinet und aus der Weise gewöhnlicher Prediger und Lehrer. Ja! Es schwebt nit oben wie Schaum auf dem Wasser, sondern es ist aus dem Grund des Jordans von einem wahrhaftigen Israeliten erlesen, welches Namen Gott weiß«, und zwei Jahre später: »Und daß ich nach meinem alten Narren rühme, ist mir nächst der Biblien und Sankt Augustinus nit vorkommen ein Buch, daraus ich mehr erlernt hab noch lernen will, was Gott, Christus und alle Dinge seien. Gott geb, daß dieser Büchlein mehr an den Tag kommen, so werden wir finden, daß die deutschen Theologen ohne Zweifel die besten Theologen sind.« Dieses kleine, nicht viel mehr als fünf Bogen umfassende Werk ist in der Tat ein solches, das jedermann lesen müßte, ob hochgestellt oder niedrig, weise oder einfältig, gelehrt oder ununterrichtet, denn es wendet sich an jedermann, und das jedermann nicht bloß lesen, sondern sorgfältig studieren, innerlich nacherleben, am besten Wort für Wort auswendig lernen sollte, denn es ist eines der leuchtendsten Dokumente menschlicher Höhe und Tiefe, Größe und Demut. Es ist daher eigentlich ein müßiges Beginnen, wenn wir versuchen, den Grundgedanken des Werkes in Kürze wiederzugeben.

Der Mensch soll vollkommen werden. Was aber ist das Vollkommene und was das Stückwerk? Das Vollkommene ist das *eine Wesen*, das in seinem Sein alle Wesen begriffen und beschlossen hält. Das Stückwerk aber oder das Unvollkommene ist das, was aus diesem Vollkommenen entquollen ist oder was *wird*, wie ein Schein ausfließt aus der Sonne oder einem Lichte, und es *erscheint* als *etwas*, als dies oder das. Und das heißt *Kreatur*. Sünde bedeutet nichts anderes, als daß die Kreatur sich abkehrt von diesem Vollkommenen, diesem unwandelhaften Gut und sich zukehrt dem Besonderen, dem Wandelbaren und Unvollkommenen und vor allem sich selber. Also: wenn die Kreatur

sich irgendein Gut annimmt, daß es das ihre sei, so kehrt sie sich
ab. »Was tat der Teufel anderes, was war seine Abkehr oder sein
Fall anderes, als daß er sich's annahm, er wär auch etwas und
wollte etwas sein, und es wäre etwas sein Eigen und käm ihm zu?
Und was tat Adam anderes als auch dasselbe? Man sagt: darum,
weil er den Apfel gegessen hat, wär er verloren gegangen oder
›gefallen‹. Ich sage: es geschah durch sein Annehmen, sein ›Ich‹
und ›Mir‹ und ›Mein‹ und dergleichen! Hätt er sieben Äpfel gegessen und das Annehmen wär nicht gewesen, er wäre nicht gefallen!« Die Seele des Menschen hat zwei Augen. Das eine ist die
Gabe, in die Ewigkeit zu blicken, das andere: in die Zeit zu
blicken und in die Kreaturen und darin Unterschied wahrzuneh-
men. Und ein einziger Blick in die Ewigkeit ist Gott lieber als
alles, was alle Kreaturen zuwege bringen als bloße Kreatur. Wer
hierzu kommt, der fragt nicht mehr weiter: er hat das Himmelreich gefunden und das ewige Leben schon *auf Erden*. Er hat den
innerlichen Frieden, den Christus meinte, der da durchdringt alle
Anfechtung und Widerwärtigkeit, Druck, Elend und Schande,
er hat die Ruhe, darinnen man fröhlich sein kann, wie die Apostel es waren, und nicht allein sie, sondern alle auserwählten
Freunde Gottes und Nachfolger Christi. Der »alte Mensch«
aber: das bedeutet Adam, Ungehorsam, Selbstheit, Etwasheit
und dergleichen. Wer in seiner Selbstheit und »nach dem alten
Menschen« lebt, der heißt und ist ein »Adamskind«, ja er kann
so lange und so wesentlich darin leben, daß er des Teufels Kind
und Bruder ist. »Alles dies läßt sich zusammenfassen in dieses
kurze Wort: sei wohl geschieden von dir selbst!« Dies gilt auch
von der Nachfolge Christi. Wer das Christenleben darum führt,
weil er dadurch etwas erreichen oder verdienen will, der hat es als
ein Löhner und nicht aus Liebe, das heißt: er hat es überhaupt
nicht. Ein einziger wahrer Liebhaber ist Gott lieber als tausend
Löhner und Mietlinge. Solange der Mensch »sein Bestes« sucht,
kann er es nicht finden. Denn dann sucht er nur sich selber und

wähnt, er selber sei das Beste. Da er aber das Beste nicht ist, so sucht er auch nicht das Beste, solange er sich sucht. Für den Menschen aber, der das Vollkommene geschmeckt hat, werden alle *geschaffenen* Dinge zunichte: er selber eingeschlossen. So erst hebt ein wahres, inwendiges Leben an. Und dann, in stetem Vorwärtsschreiten, wird Gott selber Mensch, bis nichts mehr da ist, das nicht Gott oder Gottes wäre. »Daß wir uns selber entweichen und unseres Eigenwillens sterben und nur noch Gott und seinem Willen leben, des helf uns der, der seinem himmlischen Vater seinen Willen aufgegeben hat, Jesus Christus.« »Hier endet sich der Frankfurter.«

Der Verfasser, »welches Namen Gott weiß«, war nämlich ein Mitglied des Deutschritterordens und in seinen letzten Lebensjahren Kustos des Deutschherrenhauses zu Frankfurt am Main. Das Buch ist etwa ein Menschenalter nach dem Tode Eckharts und ungefähr ebensolange vor dem Tode Ruysbroecks entstanden. Es kam wie alle übrigen mystischen Schriften auf den Index; aber es ist, ein hundertmal gebannter Geist, den Menschen immer wieder erschienen. Als Luther in seinen späteren Jahren selber ein Kirchenfürst wurde und sich zu manchen alten Dogmen und Zeremonien zurückwandte, hat es andere Verehrer gefunden. Es ist von Sebastian Franck, dem größten protestantischen Mystiker der Lutherzeit, sozusagen einem Häretiker innerhalb der Häresie, neuerlich hervorgeholt worden, es lebte in den Kreisen der Pietisten, es wurde ein Lieblingsbuch Schopenhauers, der den »Frankforter«, wie er ihn nannte, neben Buddha und Plato stellte. Und es wird noch oft wiederkehren und Herzen und Köpfe aufwecken, denn es ist ein Buch, das, ganz ebenso wie die Bibel, wirklich und wahrhaftig von Gott geschrieben wurde.

Die gemalte Mystik
Es besteht nun ein sehr merkwürdiger Zusammenhang zwischen diesen mystischen Spekulationen und der Malerei jener Zeit. Wir werden noch öfter sehen und später des Näheren zu

erörtern haben, daß die bildende Kunst, und vor allem die malende, beinahe stets den frühesten Ausdruck für das Neue findet, das sich in einer Zeitseele vorbereitet: sie ist unter allen künstlerischen Äußerungsformen die modernste; nicht immer, aber fast immer. So verhielt es sich auch diesmal. Die einsamen mystischen Denker haben Zusammenhänge erschaut, die der Fassungskraft der damaligen Menschheit weit vorauseilten; und die Bilder der großen deutschen und flämischen Meister sind gemalte Mystik.

Selbstverständlich hat sich auch der Materialismus und der Diabolismus des Zeitalters in der Malerei einen starken Ausdruck geschaffen. Auf den Porträts ist jedes Fältchen des Gesichts, jedes Härchen des Pelzes, jeder Faden des Rockes mit minutiöser und oft pedantischer Wirklichkeitstreue registriert. Nicht selten werden wir durch wahre Galgenphysiognomien voll verschmitzter Verkommenheit und teuflischer Niedertracht, durch gemeine Gebärden voll Roheit und Gier seltsam gepackt und erschreckt, und nicht bloß auf Darstellungen, wo dies durch den Gegenstand gegeben wäre, wie etwa bei Volksschilderungen oder Marterszenen, sondern auch dort, wo man es durchaus nicht erwarten würde: so machen zum Beispiel auf der *Anbetung des Kindes* von Hugo van der Goes die betenden Hirten den Eindruck von Sträflingen, die zur Sonntagsandacht geführt worden sind. Ein Meister der aufregenden, lebensvollen Darstellung grotesker Infamie und Brutalität war Hans Multscher in Ulm: er hat auf seinen Passionstafeln ganze Ameisenhaufen von fühllosen Halunken und hinterlistigen Banditen zusammengetrieben; und der anonyme »Meister des Amsterdamer Kabinetts« hat in seinen Kupferstichen eine ganze Zoologie von wüsten Kalibanwesen zusammengestellt: diese raufenden Bauern, lauernden Hurentreiber, zerlumpten Vagabunden und glotzenden Wüstlinge mit ihren stupiden Vogelgesichtern, geilen Schweinsschnauzen und skurrilen

Tapirrüsseln haben nichts Menschliches mehr an sich. Auch bei ernsten und würdigen Vorwürfen frappieren die Menschen oft durch ihre Häßlichkeit. Die Eva Jan van Eycks auf dem Genter Altarwerk ist nichts weniger als idealisiert, sondern mit ihren abfallenden Schultern und dürftigen Extremitäten, ihrem Hängebusen und Spitzbauch die rechte Stammutter des Menschengeschlechts, das damals lebte.

Aber die realistischen Schöpfungen sind weder die ganz großen noch die repräsentativen. Die Höhepunkte sind durch jene Werke bezeichnet, in denen die Welt Eckharts, Ruysbroecks und Susos Farbe geworden ist. Wie sich stets die neuen Ausdrucksmittel finden, wenn der Wille zum Ausdruck stark genug ist, wurden gerade damals von den Brüdern Hubert und Jan van Eyck die Ölfarben erfunden, die nicht so rasch trockneten wie die Temperafarben und außerdem das Lasieren ermöglichten, wodurch dem Pinsel ganz neue Feinheiten der Mischung, Abstufung, Lichtverteilung erschlossen wurden; zugleich verliehen sie den Gemälden eine bisher unerreichte Pracht des Kolorits: die reichen Brokatstickereien, die schimmernden Seidenstoffe, die Juwelen, Goldgewebe, Rüstungen und edlen Hölzer vereinigten sich zu einem sprühenden Feuerzauber von märchenhaftem Glanz. Die größten Psychologen sind in Flandern der ältere van Eyck und Rogier van der Weyden, in Deutschland Stefan Lochner und Hans Memling. Die Anlage der Gemälde erinnert oft in seltsamer Weise an eine Theaterdekoration: die Bäume, Berge und Häuser sind flächenhaft gesehen wie Kulissen, der Durchblick gleicht einem heruntergerollten Bühnenhintergrund. Alles macht den Eindruck, als ob es einer Spielzeugschachtel entnommen wäre: es ist nicht bloß ein Theater, sondern ein Kindertheater. Diese Impression hat man zum Beispiel besonders stark bei Memlings sogenannten *Sieben Schmerzen Mariä*: hier ist äußerst geschickt eine ganze Stadt aufgebaut mit Mauern, Toren, Tür-

men, Treppen, Durchbrüchen und Kreuzgängen; aber es wirkt
wie ein »Modellierbogen« oder ein Ankersteinbaukasten. Und
die Personen, die in die Umgebung dieser Bilder gesetzt sind,
haben ebenfalls etwas primitiv Theatralisches mit ihren hölzernen, aber dramatischen Gebärden, ihrer schachfigurenartigen
Anordnung, ihrer steifen, befangenen, puppenhaften Körperhaltung, ihren prächtigen weiten Gewändern, die die Hauptsache zu sein scheinen und in ihrem selbständigen breitgebausch-
ten Faltenwurf das Gefühl erwecken, als ob sie gar nicht zum
Körper gehörten: sie sind viel lebensvoller, reicher, bewegter
gestaltet als das, was darunter ist. Aber zu dieser Wirkung tritt
noch eine zweite, höchst geheimnisvolle.

Bisweilen (im ersten Frühling, um die Sommermittags-
stunde, nach langem Wachen oder Fasten oder auch ohne sichtbaren Grund) erscheinen die Menschen und Dinge und wir
selbst uns wie *intangibel*, von einer unerklärlichen isolierenden
Aura umgeben. Nichts kann an uns heran, alles, auch unser
eigener Körper, scheint seine lastende Realität, seine sinnliche
Beglaubigung eingebüßt zu haben und schwerelos, materielos
geworden zu sein. In ein solches Seelenklima entführen uns die
Bilder der flandrischen und kölnischen Meister. Jene ernsten
hageren Männer und herben zarten Frauen mit den schmalen
traurigen Händen und den geschreckten übernächtigen Gesichtern leben in einer imaginären Welt: entrückte Wesen, ganz
in Wehmut und Schwermut getaucht und dennoch getragen
von einer ewigen seligen Zuversicht. Aus dieser tiefen Gewißheit des allgegenwärtigen Göttlichen und einer steten Furcht
vor der täuschenden feindlichen Unsicherheit alles Irdischen
sind diese Gestalten ergreifend gemischt. Sie sind gelähmt von
der Angst vor dem Leben, die jede Kreatur quälend durchdringt, sie blicken mit fragenden, zagenden, maßlos erstaunten
Augen ins Dasein, sie können sich noch gar nicht fassen vor un-
artikuliertem dunklen Entsetzen: das ist die Welt? In ihrer Ver-

einigung von kindhafter Ratlosigkeit und engelhafter Luzidität sind sie Bürger eines höheren Traumreiches, das uns ganz fern und fremd und doch wiederum wie unsere eigentliche Heimat anmutet. Und die Welt, die Welt der Dinge und Taten ist nicht völlig abgetan oder geflissentlich ignoriert: sie ist da, aber draußen. Durch die hohen Fenster scheint sie herein, in zauberhaften Landschaftsformen: Berge, Städte, Burgen, Flüsse, Mühlen, Schiffe, aber alles wie durch ein Fernrohr gesehen, gleichsam nicht dazugehörig: nur wie eine unwirkliche Vision oder eine schattenhafte Erinnerung flattert es um die Seele; die Seele aber, des Raumes ledig, ruht schon auf Erden in Gott. Und auch die Zeit scheint stillzustehen, Vergangenheit und Zukunft sind mit der Gegenwart eins, vor Gott habe sie keinerlei Bewegung: »Da ist«, wie Meister Eckhart sagt, »alles *ein* Nun.«

Eine Parallele Fassen wir alles noch einmal zusammen, so ergibt sich eine frappierende Ähnlichkeit mit unserer Zeit. Daß wir in einer Periode der epidemischen Psychosen leben, bestreitet heute wohl niemand mehr, und Meinungsverschiedenheit herrscht nur noch über den Sinn dieser Erscheinungen. Schon der Mensch des Fin de siècle war der typische Maléquilibré aus seelischer Überfülle. Der Pest entspricht der *Weltkrieg*, und wenn jemand bei dieser noch bezweifeln wollte, daß sie eine Schöpfung des Zeitalters gewesen sei: beim Weltkrieg wird es gewiß niemand in Abrede stellen können. (Von der »Schuldfrage«, einer Frage für Volksschüler, sehen wir hier natürlich ab: kein Kampf zwischen zwei gleich starken Mächtegruppen kann entstehen, wenn nicht beide Teile wollen.) Ferner sehen wir heute dieselbe große Auflösung der bisherigen herrschenden Mächte, die das ausgehende Mittelalter charakterisiert. Das Ideal, das das politische Leben der letzten Generationen beseelte, war der *Konstitutionalismus*: er hat sich ebenso vollständig ausgelebt wie seinerzeit der Kaisergedanke, weder die Rechte noch die Linke nimmt ihn mehr ernst, die vorwärtstreibende Idee ist hier Diktatur des Proletariats, dort Diktatur eines einzelnen: Cäsarismus. Was im Mittelalter die Kirche war, das war in den letzten Jahrhunderten die *offizielle Wissenschaft*, die Organisation der Gelehrten. Die ganze mittelalterliche Kultur war klerikal, alles Große, das damals geschaffen wurde, ist von Geistlichen geschaffen worden: in ihren Händen lagen nicht nur die Kunst, die Wissenschaft und die Philosophie, sondern auch das höhere Handwerk, der rationelle Feldbau und die Industrie; sie haben nicht nur Dome und theologische Systeme gebaut, sondern auch Straßen und Brücken, sie haben nicht nur Bildung und Moral ins Volk getragen, sondern auch Wälder gerodet und Sümpfe ausgetrocknet; wo das Leben Fortschritte macht, erblicken wir sie am Werk, ob es sich um Buchmalerei und aristotelische Dialektik handelt oder um Stallfütterung und Dreifelderwirtschaft. In derselben dominierenden geistigen Position befand sich die zünftige Wissenschaft in den letzten Menschenaltern. Sie erhob, ganz ebenso wie seinerzeit die Kirche, den Anspruch, im vollen und im alleinigen Besitz der Wahrheit zu sein und jedem Lebenskreis und Beruf dogmatisch vorschreiben zu dürfen, was er zu denken und zu tun habe: dem Künstler, dem Forscher, dem Soldaten, dem Kaufmann, dem Arbeiter; sie war im vollsten Sinne des Wortes unsere Religion: das, woran wir wirklich glaubten. Sie besaß, und besitzt bis zum heutigen Tage, eine wohlgegliederte, sorgfältig abgestufte Hierarchie von hohen und niederen Würdenträgern, der nur der Papst fehlt, sie verfolgt mit pfäffischer Unversöhnlichkeit und Kurzsichtigkeit jegliche Häresie und wacht eifersüchtig darüber, daß niemand ihre Gnadengaben spende, der nicht ihre Weihen: die Prüfungen besitzt. Nun fußte aber die Macht der Kirche auf zwei Bedingungen: daß sie wirklich im Besitz der geistigen Hegemonie war und daß ihre Diener von ehrlich idealem Streben erfüllt waren. Um die Wende des Mittelalters begannen diese beiden Grundlagen zu verschwinden: die Kultur geriet immer mehr in die Hände der Laien, und die Majorität der Geistlichen übte ihren Dienst auf eine mechanische und banausische Weise. Und dazu kam noch, daß ein neues Weltbild heraufdämmerte, das der Kirchenlehre durchaus widersprach. In ganz derselben Situation befindet sich heute die Berufsgelehrsamkeit. Der Glaube an sie ist zusammengebrochen: er lebt nur noch in den niederen Schichten und bei den geistig Rückständigen; ihr Anspruch, eine weltumspannende katholische Lehre, eine Universitas zu sein, ist nicht mehr aufrechtzuerhalten, sie ist auf keinem Kulturgebiete mehr führend; und aus ihrem Schoße gehen keine unfehlbaren Kirchenväter, großen Konfessoren und kühnen Märtyrer mehr hervor, sondern nur noch Dutzendbeamte, Lippengläubige und Pfründner, in denen nicht der Heilige Geist lebt, sondern der profane Wunsch nach Brot und Ansehen.

Auch in der *Kunst* zeigen sich gewisse Gemeinsamkeiten: beide Male eine starke Tendenz zum Realismus in den niederen Gattungen und daneben ein ebenso starker Stilisierungswille auf dem Gebiet der hohen Dichtung und Malerei. Besonders bezeichnend hierfür sind die zum Teil ganz herrlichen Mysterienspiele und Passionsdramen des vierzehnten und fünfzehnten Jahrhunderts, in denen die klare Absicht wirksam ist, Typisches zu geben, das nicht für einmal, sondern ein für allemal gilt, kein Menschengeschehen zu zeigen, sondern ein Menschheitsgeschehen: Taten und Leiden, Höllenfahrt und Erlösung der ganzen Gattung. Und merkwürdig ist es, daß auch hier, ganz wie im expressionistischen Drama, das Pathos nicht selten in unbewußte Karikatur umschlägt. Auch der Mangel an repräsentativen Persönlichkeiten ist beiden Zeitaltern gemeinsam: es finden sich hier wie dort nur Lenins und Ludendorffs, Liebknechts und Mussolinis, die bloß die Verkehrtheiten der Zeit wie in einem verstärkenden Reflektor zusammenfassen und wieder zurückstrahlen; und mit dem Mangel an überragenden männlichen Kapazitäten kontrastiert das entscheidende Hervortreten der Frau, die beide Male im Geistesleben eine Stellung einnimmt, die ihr jahrhundertelang versagt war. Daß das Bürgertum sich heute in einer ähnlichen Lage befindet wie damals das Rittertum, wird sich schwer bezweifeln lassen; daß theosophische Strömungen heute einen größeren Raum einnehmen als seit langem, weiß jedermann; ja die Ähnlichkeit erstreckt sich sogar bis auf gewisse Äußerlichkeiten wie das gemeinsame Baden, das noch vor wenigen Jahren als shocking galt, die Herrenmode der Gürteltaillen und wattierten Brüste und die Damenmode der Pagenfrisuren. Und höchstwahrscheinlich wird einer späteren Zeit unser Jahrhundert ebenso gespenstisch und unwirklich vorkommen wie uns das vierzehnte.

Weltaufgang

In seinen ausgezeichneten Untersuchungen über den Begriff der Renaissance sagt Konrad Burdach: »Grenzenlose Erwartung der Seelen – das ist der Grundzug des vierzehnten Jahrhunderts.« Es ist dasselbe, was wir am Anfang dieses Kapitels als Weltuntergangsstimmung bezeichnet haben. Und Karl Kraus hat unsere Zeit in einem Werk von fanatischer Phantastik und übermenschlichem Pinselstrich, das ihre Züge für immer aufbewahren wird, ebenfalls apokalyptisch gesehen als die »letzten Tage der Menschheit«. Aber die Welt geht nicht unter, sooft es der Mensch auch geglaubt hat, und solche Stimmungen pflegen zumeist das gerade Gegenteil anzukündigen: einen Weltaufgang, das Emporsteigen einer neuen Art, die Welt zu begreifen und zu sehen.

VIERTES KAPITEL

La Rinascita

Die Schönheit ist das geoffenbarte Gesetz.

Leon Battista Alberti

Die beiden Pole »Problem« und »Tatsache« heißen die beiden großen Pole, zwischen denen sich alle menschliche Geistestätigkeit bewegt. Was wir noch nicht als Tatsache empfinden, nennen wir ein Problem; was wir nicht mehr als Problem empfinden, nennen wir eine Tatsache. Aber wie jedes Problem danach strebt, zur Tatsache zu gerinnen, so lebt in jeder Tatsache die geheime Tendenz, sich wieder zum Problem zu verflüchtigen. In dieser unendlichen, aber steigenden Reihe von Kristallisation und Sublimation, Verdichtung und Auflösung besteht die wahre und innere Geschichte des Menschengeschlechts.

Für den Historiker aber, der die abgeschlossenen Kulturperioden überblickt, ergibt sich hieraus eine seltsame Paradoxie. Jedes dieser Zeitalter verfügt über einen gewissen Fundus von Problemen und Tatsachen, die es geschaffen hat, die, nur ihm eigentümlich, sein ganzes Dasein tragen und gestalten; die sein Lebensschicksal sind. Aber die Tatsachen, die von der Wissenschaft und Philosophie jener versunkenen Kulturen festgestellt wurden und zumeist ihren größten Stolz bildeten, erscheinen dem Blick des später Geborenen als höchst problematisch, während umgekehrt die Probleme, mit denen jene früheren Jahrhunderte gerungen haben, auch heute noch für uns höchst positive kulturhistorische Tatsachen darstellen.

Ein französischer Denker hat einmal gesagt: »Es gibt nichts Verächtlicheres als eine Tatsache.« Wir könnten hinzufügen:

und auch nichts Ungewisseres und Vergänglicheres. Fast alle »exakten« Feststellungen, die von früheren Zeiten gemacht wurden, scheinbar so sicher auf klare Vernunft und scharfe Beobachtung gegründet, sind dahingeschwunden; und den unsrigen wird es genauso gehen. An allen unseren Ionen, Zellen, Nebelflecken, Sedimenten, Bazillen, Ätherwellen und sonstigen wissenschaftlichen Grundbegriffen wird eine kommende Welt nur noch interessieren, daß wir an sie *geglaubt* haben. Wahrheiten sind nichts Bleibendes; was bleibt, sind nur die Seelen, die hinter ihnen gestanden haben. Und während jede menschliche Philosophie dazu bestimmt ist, eines Tages nur noch von geschichtlichem Interesse zu sein, wird unser Interesse an der menschlichen Geschichte niemals aufhören, ein philosophisches zu sein.

Wir messen daher die Macht und Höhe einer Kultur keineswegs an ihren »Wahrheiten«, ihren »positiven Errungenschaften« und kompakten Erkenntnissen. Wonach wir bei ihrer Bewertung fragen, das ist die Intensität ihres geistigen Stoffwechsels, ihr Vorrat an lebendigen Energien. Wie die physische Leistungsfähigkeit eines Menschen nicht von seinem Leibesumfang abhängt, sondern von der Kraft und Schnelligkeit seiner Bewegungen, so wird auch die Lebenskraft einer Zeitseele von nichts anderem bestimmt als von ihrer Beweglichkeit und Elastizität, von der inneren Verschiebbarkeit ihrer Teile, von der Labilität ihres Gleichgewichts, kurz: von ihrem Reichtum an Problemen. Hier liegt das eigentliche Gebiet geistiger Produktivität; und dies ist auch der Grund, warum die religiösen und die künstlerischen Kulturen auf die Nachwelt kommen und warum die rein wissenschaftlichen Zeitalter nur eine vorübergehende Vitalität besitzen. Die Wissenschaft verbessert die allgemeine Ökonomie des Daseins; sie entdeckt einige neue Gesetze, die geeignet sind, die Gleichung des Lebens ein bißchen zu vereinfachen; sie macht den Planeten zu einem komfortableren und weniger strapaziösen Aufenthalt: aber wir

Kultur ist Reichtum an Problemen

nehmen ihre Gaben hin wie Brot und Äpfel, mit einer gewissen animalischen Genugtuung, jedoch ohne in eine höhere Geistesverfassung zu geraten und den Antrieb zu einer reicheren Seelentätigkeit zu empfangen. Die reellen Resultate des menschlichen Geistes, seine Funde und Treffer enthalten nichts Tonisierendes, nichts, was unser Eigenleben steigert. Wir »legen sie uns zu«: unsere Berührung mit ihnen ist der Vorgang einer bloßen Addition, nicht einer Multiplikation oder Potenzierung. Die Schöpfungen der Kunst und der Religion dagegen, die die Maschine des Lebens keineswegs vervollkommnet haben, sondern sich darauf beschränkten, die an sich schon so zweideutige Angelegenheit des Daseins noch mehr zu verwickeln und das sichere Lebensgefühl, auf dem der Mensch von Natur ruht, zu erschüttern, haben dennoch immer über ein geheimnisvolles geistiges Energiekapital verfügt: sie sind wie Wein, der unsere Moleküle zwingt, in lebhaftere Schwingungen zu geraten, neue Blutwellen zum Kopfe führt und unseren gesamten Kreislauf beschleunigt.

So hat es ganze Zeitalter gegeben, die fade schmecken gleich chemisch reinem Wasser: sie sind uns zu destilliert, zu »abgeklärt«, wir finden sie ungenießbar. Es fehlt ihnen an Problemen. Damit ein Zeitalter auch der Nachwelt noch etwas zu sagen habe, muß es eine lebendige *Quelle* sein, die nicht bloß die allgemeinen Elemente des Wassers enthält, sondern auch allerlei salzige, *unlösliche* Bestandteile, die ihm erst Körper, Aroma und Farbe verleihen.

Die italienische Renaissance war ein Zeitalter von anarchistischer Geistesverfassung, das nichts mehr glaubte und noch nichts wußte, und dennoch haben wir das Gefühl, daß das Leben damals schön, reich und kraftvoll gewesen sein muß.

Der italienische Mikrokosmos Wir haben in unserer bisherigen Darstellung Italien fast gar nicht erwähnt, und zwar mit Absicht. Denn Italien bildet im vierzehnten und fünfzehnten Jahrhundert eine Welt für sich.

Viele Ursachen wirkten zusammen, um die Entwicklung dieses Landes zu einer so isolierten zu machen. Zunächst rein geographische, die in jenen Zeiten eine viel größere Bedeutung hatten als heutzutage. Die Halbinsel, während ihrer ganzen mittleren und neueren Geschichte politisch zersplittert, war dennoch stets innerlich geeint, denn sie ist durch natürliche Grenzen vom übrigen Europa sehr deutlich und bestimmt abgesondert: im Norden durch die Alpen, auf den übrigen Seiten durch das Meer, während die Apenninenkette, die wie ein breites Rückgrat den größten Teil des Gebietes durchzieht, die einzelnen Landschaften fest miteinander verbindet. Auch die Gunst der Natur: die große Fruchtbarkeit des Bodens, das milde Klima, das zwischen Norden und Süden die richtige Mitte hält, die Fülle schiffbarer Flüsse, der Reichtum an schönen und nützlichen Gewächsen verleiht dem ganzen Lande etwas Gemeinsames und erhebt es zugleich weit über die meisten übrigen Regionen Europas; und diese Harmonie wird weder durch Gemischtsprachigkeit noch durch Nationalitätsunterschiede gestört. Der italienische Volkscharakter ist einheitlich, einmalig und unverwechselbar: diese reizvolle Verbindung von Gutmütigkeit und Falschheit, Lebhaftigkeit und Trägheit, Formensinn und Unordentlichkeit, Frivolität und Bigotterie, Naivität und Schlauheit, Oberflächlichkeit und Begabung findet sich sonst nirgends auf der Welt. Und nirgends steht die Kunst so selbstverständlich im Mittelpunkt des Lebens, nirgends ist die Musikalität eine so natürliche Mitgift des Volkes, nirgends sind die Menschen so geborene Schauspieler, und nirgends ist das ganze Denken so exklusiv auf Auge, Temperament und Phantasie gestellt. Kein Land hat auch eine solche Vergangenheit und eine solche Hauptstadt, die zweimal Jahrhunderte hindurch der Kopf und das Herz Europas gewesen ist: zuerst durch die römischen Cäsaren, dann durch die römischen Bischöfe; und kein Volk hat eine so wohlgebaute und schöngliedrige

Sprache: von so sprudelnder Klangfülle, so reichen und klaren Formen, so weichen Bindungen und so anmutiger Kadenz, eine Sprache, die man einen natürlichen Gesang nennen muß.

Dabei war Italien eigentlich immer ein Stadtterritorium: von der etrurischen Zeit bis auf den heutigen Tag hat sich alles Entscheidende dort immer in den Städten abgespielt. Rom heißt im Altertum schlechthin *Urbs*: die Stadt, und die römische Geschichte rechnet *ab Urbe condita*, die christliche Kirche des Abendlandes nennt sich nach derselben Stadt die römische, und in der Renaissance gab es nur Stadtstaaten. Die Kultur Italiens war immer eine intellektuelle, gesittete, *urbane*, im Gegensatz zu der gebundenen, rustikalen, agrarischen der meisten anderen Länder Europas; und welchen einschneidenden Unterschied dies bedeutet, haben wir im vorigen Kapitel bereits angedeutet. Dazu kommt noch, daß die Städte Italiens im Grunde lauter Seestädte waren, auch wenn sie, wie Rom oder Florenz, nicht unmittelbar am Meer lagen, und nirgends entwickelt sich jener merkwürdig freie, lichte und bewegte Geist, der für Stadtbevölkerungen charakteristisch ist, reicher und intensiver als gerade in den Seestädten. Aber diese starke Übereinstimmung in Abstammung, Sprache, Gemütsart, Glauben, Boden, Geschichte und allen anderen Lebensbedingungen wird nirgends zur Uniformität: zwischen dem Lombarden und dem Venezianer, dem Toskaner und dem Umbrier und allen übrigen Stämmen Italiens haben immer genug charakteristische Unterschiede geherrscht, um das gesellschaftliche, künstlerische und politische Leben höchst polychrom zu gestalten und in fruchtbarem Wettkampf zu erhalten.

Die »lateinische Formation« In den geschichtlichen Begriff der Renaissance ist eine große Verwirrung gebracht worden, weil man ihn ganz wahllos auf eine Reihe von Kulturströmungen angewendet hat, die miteinander nicht viel mehr gemeinsam haben als die Gleichzeitigkeit. Man spricht von einer nordischen, nämlich einer deutschen, englischen und niederländischen, und daneben noch von einer französischen, ja sogar von einer spanischen Renaissance. Alle diese Ausdrücke sind mißverständlich, aber sie haben sich einmal eingebürgert, und wir werden uns ihrer ebenfalls bedienen, dürfen aber dabei niemals vergessen, daß wir es mit einer bloßen façon de parler zu tun haben. In Wirklichkeit handelte es sich in den außeritalienischen Ländern um nichts weiter als um eine äußerliche Rezeption gewisser Stilprinzipien der italienischen Hochrenaissance, die wir die »klassischen« oder die »lateinischen« nennen können; aber unter diesem dünnen Lack und Überzug lebte das Nationale überall in ungebrochener Kraft weiter. Man muß in der seitherigen Entwicklung der europäischen Kunst diese »lateinische Formation«, die durch alle Schichten des Gesteinslagers hindurchgeht, aber in den einzelnen Perioden ein sehr verschiedenes Ausdehnungsgebiet besitzt, immer genau abscheiden und darf sich durch sie nicht verwirren lassen: sie taucht um etwa 1450 in Italien auf und herrscht dort etwa hundert Jahre, begibt sich aber schon um 1500 nach Frankreich, wo sie sich während aller Stilwandlungen des übrigen Europa dauernd behauptet, als der eigentliche *französische Stil*, selbst mitten in der Hochblüte des Barock, weshalb auch der Kunsthistoriker Viollet-le-Duc, der in der Mitte des vorigen Jahrhunderts in Frankreich tonangebend war, den Satz aufstellte: *Louis Quatorze clôt la renaissance*. Aber selbst das ist noch zuwenig gesagt, denn der klassische Stil erhielt sich in Frankreich bis zum Wiener Kongreß, ja in einzelnen Richtungen, zum Beispiel in Ingres und Puvis de Chavanne, noch viel länger. Etwas Ähnliches ließe sich von der französischen Literatur behaupten, die in ihrem Grundzug stets klassizistisch gewesen ist: der lateinische Geist lebt ebenso in den Romantikern, die ihn bekämpften, wie in der klaren und kühlen Architektonik eines Maupassant oder Zola. Etwas ganz anderes war wieder der deutsche Klassizismus des achtzehnten Jahrhunderts, der mehr griechisch orientiert war und richtiger als *deutscher Hellenismus* bezeichnet werden sollte, während es in England und den Niederlanden überhaupt niemals einen wirklichen Klassizismus gegeben hat. Wir müssen die genauere Untersuchung dieser Fragen auf den Zeitpunkt verschieben, wo der Gang der Geschichte uns auf sie führen wird, und begnügen uns für jetzt mit der Feststellung: das Gespenst der Antike hat unseren Erdteil im Lauf der Jahrhunderte oft heimgesucht und ist überhaupt niemals völlig aus dem europäischen Gesichtskreis verschwunden, aber es hat sich in den verschiedenen Ländern sehr verschieden lange aufgehalten und ist auch immer in sehr verschiedenen Gestalten erblickt worden. Das aber, was man in Italien unter der *rinascita* verstand, ist vollkommen auf Italien beschränkt geblieben, und wenn man sich kulturhistorisch korrekt ausdrücken will, so darf man überhaupt nur von einer italienischen Renaissance sprechen. Die Italiener selbst hatten diese Empfindung sehr deutlich. Sie waren sich bewußt, eine Blüte der Kultur und der Gesittung zu verkörpern, wie sie sonst kein Volk der Welt besaß, und bezeichneten daher, ganz wie die Griechen und aus einem ähnlichen Gefühl heraus, alle Ausländer als Barbaren, ob es sich um Franzosen, Deutsche, Spanier, Engländer oder Mohren handelte.

Die Wiedergeburt zur Gottähnlichkeit

Wir müssen auch diesmal wieder die Frage nach dem Anfangspunkt an die Spitze stellen. Wann beginnt die Renaissance?

An einer der berühmtesten Stellen seiner *Rede über die Würde des Menschen* läßt Pico von Mirandola Gott zum Adamssohn sagen: »Ich habe dich mitten in die Welt gesetzt, damit du um so leichter zu erblicken vermögest, was darin ist. Weder zum himmlischen noch zum irdischen, weder zum sterblichen noch zum unsterblichen Wesen habe ich dich geschaffen, so daß du als dein eigener Bildhauer dir selber deine

Züge meißeln kannst. Du kannst zum Tier entarten; aber du kannst dich auch aus dem freien Willen deines Geistes zum gottähnlichen Wesen *wiedergebären.*« Dies ist offenbar der ursprüngliche Sinn der Renaissance: die Wiedergeburt des Menschen zur Gottähnlichkeit. In diesem Gedanken liegt eine ungeheure Hybris, wie sie dem Mittelalter fremd war, aber auch ein ungeheurer geistiger Aufschwung, wie er nur der Neuzeit eigen ist. In dem Augenblick, wo dieser Gedanke am Horizont erscheint, setzt die Renaissance ein. Dieser Gedanke erfüllt aber bereits das Trecento; und in der Tat haben auch fast alle italienischen Schriftsteller der Renaissance, die über die Erneuerung der italienischen Kultur rückblickende Betrachtungen anstellten, die Zeit Dantes und Giottos als die Epoche, die Wende, den großen Anfang bezeichnet. Insbesondere Vasari, der bekanntlich der erste Geschichtsschreiber der italienischen Kunst gewesen ist, faßt die drei Jahrhunderte Trecento, Quattrocento, Cinquecento als Einheit einer großen aufsteigenden nationalen Bewegung. In seinem 1550 erschienenen Werk sagt er, daß Cimabue mit dem *nuovo modo di disegnare e dipignere* den Anfang gemacht habe, und im weiteren Verlaufe unterscheidet er drei Abschnitte, *parti,* oder Zeiträume, *età,* die im wesentlichen den drei Jahrhunderten entsprechen. Auf die »Barbarei der Goten« seien zunächst die neuen Meister in Toskana gefolgt, in denen die Kunst wiedergefunden, wiedererstanden, wiedergeboren erscheint: also schon auf diese wendet er die nach der späteren Tradition erst für die Hochrenaissance gebräuchlichen Ausdrücke *ritrovare, risorgere, rinascita* an, während ihm das erst lange nachher üblich gewordene Wort *rinascimento* ebenso unbekannt ist wie der Ausdruck »Renaissance«, der den heutigen Sprachgebrauch beherrscht, aber erst um 1750 bei Voltaire und den Enzyklopädisten auftaucht. Und zu demselben Resultat wie der älteste Historiker der Renaissance gelangen die neuesten genauen und umfassenden Untersuchungen Burdachs: »Das Bild des neuen Lebens, die Wiedergeburt beherrscht bereits das Zeitalter Bonaventuras, Dantes, Petrarcas, Boccaccios, Rienzos, es bleibt im fünfzehnten Jahrhundert wirksam und wird im sechzehnten Jahrhundert zu dauernder Gültigkeit fixiert... Wer... das vierzehnte Jahrhundert... ausschließt, setzt sich in Widerspruch mit zahlreichen übereinstimmenden Aussagen und Anschauungen der gleichzeitigen geschichtlichen Zeugnisse.«

Der Abschied vom Mittelalter Alles in allem genommen, werden wir also zu dem Schluß gedrängt, daß die »Konzeption« der Neuzeit auch in Italien etwa in die Mitte des vierzehnten Jahrhunderts fällt. Damals trat Rienzo mit seinem großen Plan einer politischen Wiedergeburt Roms auf, damals entwickelten und erfüllten Petrarca und Boccaccio ihr Programm einer literarischen Wiederbelebung des Altertums, und damals setzte die »neue Art der Malerei« ein, die in der Beseelung: in der intimen und andächtigen Versenkung in die menschlichen Gefühle und Schicksale ihre Hauptaufgabe erblickte. Mit Dantes Tod hat das Mittelalter in Italien sein Ende erreicht. Ja Burdach geht sogar noch weiter, indem er in Dante den eigentlichen Schöpfer der Renaissance erblickt: eine Ansicht, der wir jedoch nicht beipflichten können. Vielmehr möchten wir glauben, daß gerade in Dante das Mittelalter mit einer letzten ungeheuren Gebärde, die ihren warnenden Schatten über die kommenden Jahrhunderte vorauswirft, von der Menschheit *Abschied* nimmt. Es ist, als hätte das Mittelalter am Ende seiner Erdenbahn noch einmal in einem gigantischen Wurf alles zusammenballen wollen, was es zu sagen hatte: wenn vom Mittelalter nichts übriggeblieben wäre als Dantes Gedicht, so wüßten wir alles, was wir von dieser geheimnisvollen Welt wissen können. Wie ein schwarzes erzenes Riesendenkmal steht dieser unergründliche Gesang an der Schwelle des Neuen, zu ewiger Erinnerung an das verklungene Alte. Und so magisch und inkommensurabel war die

Macht dieses übermenschlichen Sehers, daß sein Gemälde, obgleich nur ein zusammenfassendes Symbol der Vergangenheit, dennoch alle neuen Bilder überglänzt und verdunkelt hat. Und es konnte auch nur das Mittelalter die seelischen Voraussetzungen für ein solches Wunderwerk liefern, das das gesamte Wissen der Zeit in einer rein künstlerischen Form aufbewahrt und in die Sphäre des Glaubens gehoben hat. Die »göttliche Komödie« ist in jedem Vers zugleich Enzyklopädie, Predigt und dramatisches Epos. Diese sublime Einheit von Glauben, Erkenntnis und poetischer Gestaltung konnte nur einem mittelalterlichen Geist gelingen: sie ist seither der unerfüllte Traum aller Künstler; aber schon der bloße Versuch einer solchen Schöpfung könnte in unserer Zeit nur von einem Wahnsinnigen unternommen werden: er wird erst wieder möglich sein, wenn die Bedingungen unserer Kultur sich von Grund auf geändert haben.

Es ergeben sich nun allerdings gegen die Annahme, daß die italienische Renaissance schon so früh einsetzt, mehrere Einwände, zumal wenn man, wie dies gewöhnlich geschieht, ausschließlich die Kunstgeschichte ins Auge faßt. In der Tat kann man Giotto und die »Giottesken« noch ebensogut zum Mittelalter rechnen. Das gewollt Dekorative und Ornamentale ihrer Komposition, die Naivität und Volkstümlichkeit ihres Vortrags, ihre Freude am Novellistischen, am bloßen Erzählen, ihre stilisierende Behandlung der Tierwelt und des landschaftlichen Hintergrundes, die oft bis zur Vernachlässigung der Lokalfarbe geht, kurz, das Bilderbuchartige ihrer ganzen Malweise verleiht ihnen etwas Mittelalterliches. Auch ein Werk wie der *Trionfo della morte*, eines der erschütterndsten und figurengewaltigsten Gemälde, die je geschaffen wurden, ist eigentlich nichts als gemalter, kongenial gemalter Dante, obgleich es wahrscheinlich bereits dem späteren Trecento angehört. Infolgedessen lassen die meisten Kunsthistoriker die Renaissance erst mit dem Quattrocento beginnen, ja einige sogar erst mit

Chronologie der Renaissance

der zweiten Hälfte dieses Jahrhunderts, und auch diese haben nicht ganz unrecht. Andere wieder helfen sich mit Begriffen wie »Frührenaissance«, »Vorrenaissance«, »Protorenaissance«. Die Schwierigkeit löst sich aber sehr einfach, wenn man sich klarmacht, daß es schon längst eine politische, eine gesellschaftliche und vor allem eine literarische Renaissance gab, als die Renaissance der bildenden Künste noch in den Anfängen steckte. Während die Maler und Bildhauer und selbst die Architekten noch tasteten und suchten und sich nur zögernd von der Gotik und Hieratik entfernten, besaßen die Humanisten bereits ein strenges und vollständiges »Renaissance«-Programm. Wir kommen auf diesen merkwürdigen Vorgang noch zurück.

Der Vorsprung Italiens Obgleich nun das Neue in Italien ungefähr um dieselbe Zeit eingesetzt hat wie im Norden, so ist es doch dort ganz anders aufgenommen worden. Denn während die neuen Vorstellungsinhalte sonst überall, wie wir gesehen haben, einen Zustand völliger Desorientiertheit erzeugten, wurden sie in Italien sogleich viel voller, reicher und bewußter erlebt. Dies kam daher, daß die italienische Menschheit der des übrigen Europa in nahezu allem um Generationen voraus war. Wenn man sich während der »Inkubationszeit« nach Italien begibt, so ist es, als ob man aus grauer nebliger Dämmerung in die volle Sonne träte. Oben im Norden ist alles verhangen und düster, plump und ungeformt, wirr und schwerlebig: hier empfängt uns eine völlig andere Welt.

Was zunächst in die Augen fällt, ist das entschieden und viel früher Moderne der italienischen Gesellschaft und Politik. Rittertum und Feudalismus sind restlos beseitigt, die beiden »christlich-germanischen Dummheiten« Schopenhauers: der »point d'honneur« und die »Dame« sind gänzlich verschwunden. Die Liebe ist bloßer sinnlicher Genuß oder höhere geistige Gemeinschaft, aber niemals eine Sache der Sentimentalität. An die Stelle des Vasallen ist der Condottiere getreten, für den der Krieg nicht ein romantisches Ideal darstellt, sondern ein kühles Fach und Geschäft, das er gelernt hat und an den Meistbietenden verkauft: er liefert Schlachten wie der Schuster Stiefel oder der Maler Porträts; Person und Weltanschauung des Bestellers sind ihm gänzlich gleichgültig. Persönliche Differenzen werden nicht in komplizierten Duellen ausgetragen, sondern im Raufhandel oder durch bezahlte Bravos, am liebsten durch eine zum höchsten Raffinement gebrachte Technik des Vergiftens; von den Turnieren denken die Italiener wie ihre Vorfahren, die Römer: sie gelten ihnen als eine niedrige Schaustellung, für die die Sklaven oder die Komödianten gerade gut genug sind. Auch die Kriege sind eine reine Geldsache: wer sich genug Söldner mieten kann, ist jederzeit in der Lage, seine politischen oder kommerziellen Konkurrenten zu überfallen. Der Bürger aber denkt nicht daran, selber zur Waffe zu greifen, er hat Wichtigeres zu tun: Handel, innere Politik, Wissenschaft, Kunst, Lebensgenuß, Geselligkeit füllen ihn zu vollständig aus, als daß er daran denken könnte, sich zeitraubenden militärischen Übungen zu widmen. Und nicht nur der Berufssoldat, sondern auch die Feuerwaffe gelangt in Italien am frühesten zu einer dominierenden Stellung. Die Staatskunst ist bereits völlige Realpolitik, nüchterne und subtile Abwägung der bestimmenden Faktoren, unterstützt durch eine ebenso geistreiche wie perfide Diplomatie, die besonders in Venedig bereits zur perfekten Virtuosität ausgebildet ist. Auch alle Staatsformen, die für die Neuzeit charakteristisch sind, finden sich schon zur höchsten Vollendung entwickelt: von der extrem demokratischen Republik, in der das »souveräne Volk« seinen Unfug treibt, bis zur Plutokratie, der modernen Form der Tyrannis, die die äußeren Insignien der Macht verschmäht, um desto sicherer durch kluge Intrige, geschickte Parteileitung, blendendes Mäzenatentum und den unwiderstehlichen Absolutismus des Kapitals zu herrschen.

Blüte des Früh- kapitalis- mus

Wenn auch eine außerordentliche Steigerung des Wirtschaftslebens für die Entwicklung des ganzen Weltteils bezeichnend ist, so hat sie doch nirgends eine solche Intensität erlangt wie in den großen italienischen Handelszentren. Während, wie wir gesehen haben, der nordische Mensch den Übergang zur Geldwirtschaft nur unvollkommen und unter vielerlei moralischen und praktischen Hemmungen vollzog, erlebten Oberitalien und Toskana bereits eine Blüte des Frühkapitalismus, gefördert durch eine Reihe von Erfindungen, die den merkantilen Verkehr ungemein erleichterten und belebten. Noch heute bedient sich ja die Kaufmannssprache fast lauter italienischer Fachausdrücke, zur Erinnerung daran, daß die Lombarden die Schöpfer dieser nützlichen Einrichtungen waren. In die Wirtschaftsgebarung kommt planmäßiger Wille, Voraussicht, System. In seinen Lebensregeln sagt Alberti: *E ufficio del mercante e d'ogni mestiere, il quale ha a contrattare con più persone, essere sollecito allo scrivere, scrivere ogni compera, ogni vendita, ogni contratto, ogni entrata, ogni uscita in bottega e fuori di bottega; sempre avere la penna in mano.* Der Kaufmann mit der Feder in der Hand: das war etwas ganz Neues.

Das große Florentiner Bankhaus der Peruzzi hatte bereits im vierzehnten Jahrhundert sechzehn europäische Filialen, die sich von London bis Zypern erstreckten; ihre Handelsbeziehungen gingen bis nach Innerasien. Der Florentiner Gulden, der *fiorino d'oro*, galt im ganzen Abendland als die angesehenste und vollwertigste Münze. Neben den Peruzzi standen die Capponi, die Bardi, die Pitti, die Rucellai und die Strozzi: wie man sieht, zum Teil Namen, die sich durch unvergleichliche Palastbauten unsterblich gemacht haben. Der fabelhafte Aufstieg der Medici beginnt erst im fünfzehnten Jahrhundert: sie wurden in Kürze die erste Finanzmacht Europas. Einigermaßen ebenbürtig waren ihnen nur die Pazzi, berühmt durch die große Verschwörung des Jahres 1478, der Giuliano Medici zum

Opfer fiel. Der Überfall fand im Dom statt, während der Messe; der Papst war mit im Spiel. Einer der Pazzi stürzte sich auf Giuliano und stach so wütend mit dem Dolch auf ihn ein, daß er sich selbst erheblich verletzte. Der Aufstand wurde noch im Laufe des Tages niedergeschlagen und die Herrschaft der Medici nur noch sicherer begründet. Man sieht: die Plutokratie war damals doch eine wesentlich andere Sache als heutzutage, eine Angelegenheit der heroischsten Leidenschaft und fanatischsten Kühnheit: für die Hegemonie der Firma wurde das Leben eingesetzt. Heute bekämpfen sich große konkurrierende Handelshäuser höchstens durch Wahlbestechungen, gekaufte Journalisten und inspirierte Parlamentsinterpellationen. In Rom herrschte das Bankhaus Chigi, das eine Reihe von Päpsten finanziert hat und dessen Chef Agostino Chigi, der Freund Raffaels und Erbauer der Farnesina, »ein Kaufmann im Erwerben, ein König im Ausgeben«, sich gleich Lorenzo Medici den Beinamen *il magnifico* erwarb. Die ebenso erbitterte wie glänzende Handelsrivalität zwischen Venedig und Genua, die diese Zeit erfüllt, ist allgemein bekannt. Was aber die Finanzgebarung aller dieser Stadtrepubliken zu einem Unikum innerhalb ihres Zeitalters macht, ist die hellsichtige Energie und großartige Gewissenlosigkeit, von der sie getragen ist: im Mittelpunkt der Geschäftsmoral (wenn diese contradictio in adjecto gestattet ist) steht bereits der Gelderwerb als Selbstzweck, als lebengestaltendes Pathos, als stärkste Äußerungsform des Willens zur Macht. Im übrigen ist nichts für das Wirtschaftsleben Italiens charakteristischer als die Tatsache, daß die Juden darin nur eine sehr untergeordnete Rolle spielten: man brauchte sie nicht; man war geschäftlich noch viel talentierter als sie.

Dies alles hängt, wie bereits erwähnt, mit der Entwicklung des Städtewesens zusammen. Und die italienischen Städte waren bereits wirkliche Städte, ganz anders als die nordischen,

Die Renaissancestadt

die sich neben ihnen noch immer wie ummauerte mittelalterliche Dörfer ausnehmen. Man vergleiche Brügge mit Venedig, Köln mit Mailand, Lübeck mit Genua, selbst das damalige Paris mit Rom oder Florenz, und man wird den Eindruck haben, als ob man aus einer finsteren winkligen Seitengasse in eine breite luftige Avenue käme. Wir sagten im vorigen Kapitel, der Baufleiß und Kunstsinn habe sich im vierzehnten und fünfzehnten Jahrhundert noch wenig auf die Ausstattung und Bequemlichkeit der Privathäuser erstreckt, sondern fast ausschließlich auf die öffentlichen Gebäude: die Kirchen, Rathäuser, städtischen Kauflokale; es äußert sich hierin offenbar noch ein Rest von mittelalterlichem Kollektivempfinden. Ganz anders ist die Individualisierung in den italienischen Städten fortgeschritten: hier erheben sich bereits allenthalben Paläste, Villen, Privatkapellen, in denen majestätischer Prunk mit erlesenstem Geschmack wetteifert. Die Säle der Reichen bedecken sich mit den kostbarsten Malereien, ihre Gräber mit den prächtigsten Denkmälern, denen sie schon bei Lebzeiten die größte Sorge widmen: der Charakterbau ist in der nordischen Stadt nach wie vor der *Dom*, in der italienischen Stadt der *Palazzo*. Auch herrschten hier bedeutend geringere Standesvorurteile. Hierfür ist allein schon die Tatsache bezeichnend, daß es einem Geschlecht von bürgerlichen Parvenüs wie den Medici, die niemals auch nur die äußere Nobilität angestrebt haben, durch Generationen möglich war, die mächtigste, blühendste und kultivierteste Stadt der Halbinsel nur durch ihr Geld, ihre Virtuosität der Menschenbehandlung, ihren Geist und ihre Gabe glänzender Repräsentation souverän zu beherrschen. Aber auch in den übrigen Teilen Italiens hatte überall bereits der moderne Adel des Talents über den mittelalterlichen Adel der Geburt gesiegt: in Mailand war das Condottierengeschlecht der Sforza zur höchsten Würde gelangt, im Kirchenstaat konnte jeder Mensch, der genug Tatkraft und Klugheit besaß, Herzog oder Kardinal werden, und selbst in Venedig, dem relativ aristokratischsten Gemeinwesen, bestand das Patriziat doch schließlich auch nur aus reich gewordenen Krämern. Aber diese Machthaber besaßen freilich alle eine außergewöhnliche innere Noblesse und angeborene Fähigkeit zur Herrschaft, die über ihre Herkunft gar nicht nachdenken ließ; vielleicht keine wirklich menschliche *Größe*, aber eine unvergleichliche seelische *Grandezza*.

Diese zeigt sich schon in den bloßen Äußerlichkeiten des Daseins: im Schmuck und Komfort, in jeglicher Art von Dekoration und Gerät. Der Rahmen, der das Leben umgibt, ist nicht nur reicher, sondern auch feiner als sonstwo: echt, gewachsen, selbstverständlich; unaufdringlich, maßvoll, harmonisch; und vor allem *gewählt*, das heißt: physiognomisch für den Besitzer; dagegen im Norden unpersönlich, konventionell, zufällig; parvenühaft, überladen, akzentlos; kindisch, klobig und bäurisch. Ein vornehmes italienisches Wohnhaus war nicht denkbar ohne weite helle Räume und hohe luftige Fenster, kostbare Teppiche und Arazzi, Tapeten aus Goldleder oder gemusterter Seide, Möbel aus edlen Hölzern, wertvolle Bilder in kunstvollen Rahmen, marmorne Kamine und ornamentierte Plafonds, Majoliken, Bronzen und Elfenbeinarbeiten, Kristallgeschirr, feines Weißzeug und prachtvolle orientalische Stickereien; dazu kam noch die breite gepflasterte Straße, die schon von zahlreichen zweispännigen Wagen belebt ist, und die höchste Freude des Italieners: die Landvilla mit ihren Grotten und Springbrunnen, Gärten und Alleen, die im Norden gänzlich unbekannt ist und bestenfalls durch das dürftige »Gartenhäuschen« ersetzt wird, in dem der Bürger seine Hühner hält, sein Gemüse pflanzt und ein paar Abendstunden verbringt; und schließlich ein Raffinement der Toilettekunst und Kosmetik: der Schminken, Schönheitswässer und Parfüms, Haarmittel, Pflaster und Coiffüren, wie es selbst unserer Zeit fremd geworden ist.

Der Komfort

*Künstle-
rischer
Tafelgenuß*

Der Tafelluxus stand ebenfalls auf einem viel höheren Niveau als anderwärts: er ist nicht so sehr kulinarisch als künstlerisch, dekorativ, spielerisch, mehr auf den Genuß des Auges als des Gaumens berechnet. Von einem berühmten Gastmahl, das der Florentiner Benedetto Salutati im Jahr 1476 in Neapel gab, haben wir folgende Schilderung: Zuerst gab es als Vorspeise für jeden Gast eine kleine Schüssel mit vergoldeten Kuchen aus Pinienkernen und einen Majolikanapf mit einem Milchgericht; dann Gelatine von Kapaunenbrust, mit Wappen und Devisen verziert: die Schüssel des vornehmsten Gastes hatte in der Mitte eine Fontäne, die einen Regen von Orangenwasser sprühte. Dann kamen verschiedene Fleischgattungen: Wild, Kalb, Hühner, Schinken, Fasane, Rebhühner, dazu brachte man ein großes silbernes Becken, aus dem, als man den Deckel hob, zahlreiche kleine Vögel aufflogen, und täuschend gemachte künstliche Pfauen, die das Rad schlugen und brennendes wohlriechendes Räucherwerk im Schnabel trugen. Der Nachtisch bestand in allerlei Süßspeisen: Torten, Marzipanen, leichtem zierlichem Backwerk, das Getränk in italienischen und sizilianischen Weinen, und zwischen je zwei Gästen lag eine Liste der fünfzehn Gattungen. Am Ende des Mahles wurde jedem parfümiertes Wasser zum Händewaschen gereicht und ein großer Berg aus grünen Zweigen aufgestellt, die mit kostbaren Essenzen imprägniert waren und ihren Duft durch den ganzen Saal verbreiteten. Vergleicht man dieses Souper mit den Mahlzeiten, die wir im vorigen Kapitel kennengelernt haben, so hat man den Eindruck, als ob man von einer Bauernhochzeit zu einer Hoftafel käme. Bei einem anderen Fest, das Lorenzo Strozzi in Rom gab, wurden die Gäste zuerst in einen verdunkelten, mit Trauerstoffen ausgeschlagenen Saal geleitet, an dessen Wänden Totenköpfe angebracht waren und in dessen vier Ecken gespenstisch illuminierte Skelette standen. In der Mitte befand sich ein schwarz überzogener Tisch, auf dem zwei Schädel und vier große Knochen lagen. Die Diener hoben die Totenschädel auf, und darunter erschienen frisch gebratene Fasane, zwischen den Knochen lagen Würste. Niemand wagte zu essen, nur der päpstliche Hofnarr Fra Mariano, ein berühmter Vielfraß, ließ sich den Appetit nicht verderben. Nachdem sich die Gäste von ihrem Schrecken erholt hatten, öffneten sich die Flügeltüren, und ein strahlend geschmückter Saal, der einen Sternenhimmel darstellte, wurde sichtbar. Als man Platz genommen hatte, gab es eine neue Überraschung: Speisen und Flaschen sprangen für jeden Gast einzeln unter dem Tisch hervor, ohne daß man den Mechanismus enträtseln konnte. Der bereits erwähnte Agostino Chigi gab in Rom ein Bankett, bei dem er alle gebrauchten goldenen und silbernen Gefäße in den Tiber werfen ließ. Dies würde einigermaßen russisch anmuten, wenn es nicht ein bloßes Schaustück gewesen wäre, denn der Bankier hatte heimlich Netze am Flußufer auslegen lassen, um die kostbaren Geräte wieder auffischen zu können. Bei einem anderen Festmahl, dem der Papst beiwohnte, ließ er einen besonderen Fisch auftragen, den er lebend aus Byzanz hatte kommen lassen. Beim Abschied sagte ihm der Papst (und ein Dialog von so geistreicher und erlesener Höflichkeit war nur im Italien der Renaissance möglich): »Ich habe immer gedacht, Agostino, daß wir intimer miteinander wären.« Agostino antwortete: »Und die Bescheidenheit meines Hauses hat die Ansicht Eurer Heiligkeit aufs neue bestätigt.« Aus allen diesen Berichten geht hervor, daß bei den Mahlzeiten das Essen durchaus nicht die Hauptsache war.

Wir haben im Norden auf unserer Suche nach Individualitäten fast gar keinen Erfolg gehabt. Von Italien kann man im Gegenteil mit nur geringer Übertreibung sagen, daß es dort fast nur Individualitäten gegeben habe. Eine Fülle von scharf umrissenen Köpfen, einmaligen Physiognomien tritt uns auf den Plaketten, Porträts, Grabstatuen und Denkmünzen, in den

Die Welt der Profile

Biographien, Briefen, Reden und Denkschriften, in Politik, Philosophie, Kunst und Geselligkeit entgegen: lauter bewußte und gewollte Besonderheiten, zum Eigenwillen, ja zum Eigensinn gesteigerte Profile. Man betrachte zum Beispiel die Medaillen der Medici: bis zur Häßlichkeit komplizierte Gesichter voll Hintergründen, ihr letztes Geheimnis nicht verratend; oder, um aufs Geratewohl etwas herauszugreifen, die beiden Päpste, die Raffael gemalt hat: auf der einen Seite eine so gewaltige Persönlichkeit, an der alles Kraft atmet, wie Julius der Zweite, *il pontefice terribile*: Luetiker, Sodomit, General und Despot; von dem Hutten gesagt hat, er habe den Himmel mit Gewalt stürmen wollen, als man ihm droben den Eintritt verweigerte; der sich mit niemand vertrug, alle Nachbarn mit Krieg überzog, in den dichtesten Kugelregen ritt, Konstantinopel und Jerusalem wiedererobern wollte, die Petersbasilika niederreißen ließ, weil sie ihm künstlerisch nicht zusagte, gleichzeitig das Festprogramm für den römischen Karneval bestätigte und die Verfügungen zu seinem Begräbnis traf und sich noch auf dem Sterbebette acht verschiedene Weinsorten reichen ließ, und dabei der einzige Papst, der seine in der Engelsburg aufgehäuften Schätze nicht den gierigen Nepoten, sondern seinem Nachfolger bestimmte, und der einzige Große seiner Zeit, der die Größe Michelangelos erkannte. Und daneben eine so genrehafte Figur wie Leo der Zehnte, *il papa Lione*: kurzsichtig, kurzhalsig, verfettet, fortwährend schwitzend und schnaufend, beim Gehen stets auf zwei Diener gestützt, um den schweren Körper fortschleppen zu können; lethargisch und schläfrig, besonders bei den kunstvoll gefeilten Vorträgen der Humanisten gern einnickend, dagegen ein begeisterter Freund platter Späße und leerer Aufzüge und eine Art Eßvoyeur, dessen höchstes Gaudium es war, wenn sein Hofnarr vor ihm ungeheure Mengen von Eiern oder Fasanen verschlang; ein maßloser Verschwender, der, wie man sagte, bei einem längeren Leben

Rom, Christus und sich selbst verkauft hätte und bei seinem Tode nicht einmal so viel hinterließ, daß davon die Kerzen zu seinem Begräbnis bezahlt werden konnten, und der seiner Regierung dennoch den Namen des »goldenen Zeitalters« verschafft hat, weil Rom damals das bewunderte Zentrum der europäischen Kultur war und bezahlte Humanisten ihn, obgleich diese Kunstblüte sich ohne und zum Teil sogar gegen seinen Willen entfaltet hatte, als den großen Mäzen priesen: eine Fälschung, die die Nachwelt, obgleich sie nicht mehr von Leo dem Zehnten bezahlt ist, kritiklos übernommen hat.

Geburt der Revolverpresse

Die Feder beginnt überhaupt bereits eine dominierende Macht zu werden, und es entwickeln sich die ersten energischen Anfänge der Presse und ihrer vollendetsten und konsequentesten Existenzform: der Revolverpresse. Hierfür ist zunächst überhaupt die ganze soziale Erscheinung der Humanisten maßgebend, die, bei allen ihren Verdiensten um die Hebung der allgemeinen Bildung und des Spezialinteresses für die Offenbarungen der antiken Kultur, doch zweifellos eine moralische Pest waren, indem sie durch ihr Vorbild und ihre Maximen lehrten, daß uneinschüchterbare Frechheit, absolute Gesinnungslosigkeit, maßlose Selbstberäucherung, dialektische Gedankenjongliererei und hemmungslose Unbedenklichkeit in der Wahl der polemischen Mittel die Hauptvehikel zum Ruhm und Erfolg seien. Sie haben mit einer Selbstverständlichkeit und Unverblümtheit, die sich selbst heute nur bei Winkelblättern findet, aus ihrer Meinung ein Geschäft gemacht: und sämtliche Praktiken, deren sich die heutige Presse bedient, sind von ihnen bereits mit vollendeter Virtuosität gehandhabt worden: die Verdrehung der Tatbestände und die Verdächtigung der Motive; der Griff ins Privatleben; die scheinbare Objektivität, die den Tadel um so glaubwürdiger macht; die versteckte Attacke, die die Gefährlichkeit der offenen nur erst ahnen läßt, und dergleichen mehr. Ebenso haben sie sich bereits untereinander aufs erbittertste bekämpft. Ihre Macht beruhte, ganz ähnlich wie bei der heutigen Journalistik, nicht bloß auf ihrem Witz, ihrer Schreibfertigkeit und ihrer Fähigkeit, schwer eingängige Themen in eine populäre und gefällige Form zu bringen, sondern auch auf ihrer Herrschaft über ein Material, das nur ihnen vollkommen zugänglich war: nur ist es heute das sogenannte Nachrichtenmaterial, dessen Verbreitung ein Privileg der Zeitungen bildet, während es sich damals um die Vermittlung des wiederentdeckten antiken Bildungsstoffes handelte. Insofern standen sie höher als die modernen Journalisten, denn sie waren nicht nur fast alle außerordentlich unterrichtet, sondern auch von einem begeisterten Eifer, ja Furor für das Altertum erfüllt, und so wird man ihrem geistigen Streben, bei aller ihrer sittlichen Verkommenheit, eine gewisse Idealität nicht absprechen können.

Natürlich waren viele von ihnen auch moralisch gänzlich einwandfreie Persönlichkeiten, und andere wiederum haben eine solche Energie und Ingeniosität entwickelt, daß auch die Nachwelt ihnen als wahren Giganten ihres Gewerbes die Bewunderung nicht zu versagen vermochte. Namentlich zwei von ihnen sind ebenso unsterblich geworden wie Raffael oder Machiavell: nämlich der bereits mehrfach erwähnte Vasari und Pietro Aretino. Vasari übte eine Geschmacksdiktatur von einer so unwidersprochenen Geltung, wie sie später nie wieder einem Rezensenten beschert worden ist. Er war selber ein ausübender Künstler, und zwar ein ziemlich mäßiger, und bietet damit das seither so oft wiederholte Schauspiel der Geburt der Kritik aus der schöpferischen Impotenz; außerdem verband er, worin er ebenfalls viele Nachfolger gefunden hat, mit seiner Tätigkeit das Geschäft des Kunstagenten. Selbst ein so intransigenter Charakter wie Michelangelo wußte, was er einem Vasari schuldig sei, und antwortete ihm auf die Übersendung seines Werks mit einem überaus schmeichelhaften Sonett, obgleich er von dem Inhalt und zumal von den Nachrichten und Urteilen, die sich mit ihm selbst beschäftigten, nichts weniger als erbaut war. Alle aber, die es wagten, Vasaris kritischen Offenbarungen zu opponieren oder ihn als Künstler nicht neben die Größten der Zeit zu stellen, wurden von ihm mit der äußersten Rachsucht und Ungerechtigkeit verfolgt, wobei es ihm auf Fälschungen nicht ankam: zahlreiche Künstler hat er auf diese Weise buchstäblich unmöglich gemacht.

Noch gefürchteter aber war der »göttliche Aretino«, der Vater der modernen Publizistik, von dem das Volk nicht mit Unrecht behauptete, er besitze den bösen Blick. Er bezog von den beiden großen Gegnern Karl dem Fünften und Franz dem Ersten gleichzeitig Pensionen und erhielt auch von anderen Potentaten: den Königen von England, Ungarn, Portugal und von vielen kleineren Fürsten reiche Geschenke; selbst der Sultan schickte ihm eine schöne Sklavin. Er war aber auch ein vollendeter Techniker der geistreichen Erpressung. Wir wollen als Beispiel wiederum nur seinen Verkehr mit Michelangelo anführen. Er schrieb diesem zunächst einige Briefe, in denen er den Ausdruck seiner Verehrung für Michelangelos Kunst sehr geschickt mit dem Hinweis auf seine eigene Machtstellung zu verbinden wußte: »Mir«, beginnt er, »der in Lob und Tadel so viel vermag, daß fast alle Anerkennung und Geringschätzung durch meine Hand verliehen wird, dessen Name jedem Fürsten Achtung einflößt, bleibt gleichwohl Dir gegenüber nichts als die Ehrfurcht. Denn Könige gibt es genug in der Welt, aber nur *einen* Michelangelo!« Infolgedessen bitte er ihn um »irgendein Stück Handzeichnung«. Michelangelo erfüllte diese Bitte, die Gabe scheint aber nicht nach den Wünschen des Aretiners ausgefallen zu sein, denn nach einigen weiteren Mahnungen, die unbeantwortet blieben, schickte er Michelangelo ein vollendetes Muster und Prachtstück eines Erpresserbriefes, in dem es unter anderem heißt: »Mein Herr. Nachdem ich nun

Der göttliche Aretino

die ganze Komposition Eures jüngsten Gerichtes gesehen habe, erkenne ich darin, was die Schönheit der Komposition anlangt, die berühmte Grazie Raffaels wieder; als ein Christ aber, der die heilige Taufe empfangen hat, schäme ich mich der zügellosen Freiheit, mit der Euer Geist die Darstellung dessen gewagt hat, was den Inhalt unserer höchsten religiösen Gefühle bildet. Dieser Michelangelo also, so gewaltig durch seinen Ruhm, hat den Leuten zeigen wollen, daß ihm in ebenso hohem Grade Frömmigkeit und Glauben abgehen, als ihm in seiner Kunst Vollendung eigen ist. Ist es möglich, daß Ihr, der Ihr Euch im Gefühl Eurer Göttlichkeit zum Verkehr mit gewöhnlichen Menschen gar nicht herablaßt, dergleichen in den höchsten Tempel Gottes gebracht habt?... In ein üppiges Badezimmer, nicht in den Chor der höchsten Kapelle durfte dergleichen gemalt werden... Aber freilich, wenn die Haufen Goldes, die Papst Giulio Euch hinterlassen hat, damit sein irdisches Teil in einem Sarkophag von Eurer Hand ruhen könne, Euch nicht zur Einhaltung Eurer Verpflichtungen vermögen konnten, worauf konnte da ein Mann wie ich sich Rechnung machen?... Aber Gott wollte offenbar, daß ein solcher Papst nur durch sich sei, was er ist, und nicht erst durch ein mächtiges Bauwerk etwas zu werden scheine. Trotzdem aber habt Ihr nicht getan, was Ihr solltet, und das nennt man stehlen.« Und er schließt das Schreiben, in dem Denunziation wegen Irreligiosität, Vorwurf des Diebstahls und geheuchelte Trauer über ein irregeleitetes Genie mit vollendeter Kunst der Giftmischerei ineinandergemengt sind, mit dem triumphierenden Wortspiel: »Ich hoffe Euch nunmehr den Beweis geliefert zu haben, daß, wenn Ihr *divino (di vino)* seid, ich auch nicht *dell'acqua* bin.« Und dieser Brief, für dessen Verbreitung natürlich Aretino sorgte, hat Michelangelo in der Tat unendlich geschadet. Es liegt aber in der Paradoxie des Renaissancecharakters, daß Aretino, abgesehen von den Infamien, zu denen er sozusagen

beruflich verpflichtet war, einer der liebenswürdigsten, hilf-
reichsten und freigebigsten Menschen gewesen ist, ein rührender Kinder- und Tierfreund, ein unermüdlicher Wohltäter und
Gastgeber, dessen Haus jedermann offenstand, der Kranke unterstützte, Gefangene befreite, jeden Bettler beschenkte, alles
erpreßte Geld mit vollen Händen an andere austeilte und jedem
Bedürftigen seinen Rat und seinen Einfluß lieh, ein »Sekretär
der Menschheit«, wie er sich selbst, *il banchiere della misericor-
dia,* wie einer seiner Freunde ihn genannt hat. Auch hat es
seinen Niederträchtigkeiten nicht an einer gewissen Großzü-
gigkeit und vornehmen Linie gefehlt; man braucht nur das Bild
anzusehen, das sein Freund Tizian von ihm gemalt hat: etwas
Imperatorisches, das auf wirkliche Geistesmacht hinweist, geht
von dieser Gestalt aus.

Etwas von diesem persönlichen Machtgefühl ging damals *La grande*
durch alle Menschen. Wie ein Motto stehen über der Renais- *Putana*
sance die Worte, die Francesco Sforza sprach, als die Mailänder
ihm einen Triumphbogen erbaut hatten: »Das sind abergläubische Einrichtungen der Könige, ich aber bin der Sforza.« Auch
die Frau erwacht zum vollen Eigenleben; sie ist dem Manne
vollständig gleichgestellt, nicht bloß sozial, sondern auch an
Bildung. Und, wie das fast immer in Zeiten der Emanzipation
zu geschehen pflegt, die gänzlich Befreite: die grande cocotte,
la grande Putana, gelangt zu dominierender Bedeutung; sie beherrscht zeitweilig das ganze Gesellschaftsleben. Eine von
ihnen, die sich bezeichnenderweise Imperia nannte, einen königlichen Haushalt führte, Lateinisch und Griechisch las und
von Raffael als Sappho porträtiert wurde, ist nach ihrem frühen
Tode zu einer fast legendären Figur geworden, und ein Dichter
sang von ihr: Zwei Götter haben Rom Großes geschenkt: Mars
das Imperium, Venus die Imperia.

Der allseitige geistige Auftrieb kam natürlich auch den Uni- *L'uomo*
versitäten zugute, zu denen sich alle Welt drängte: besonders *universale*

237

die Juristen von Bologna und Padua und die Mediziner von Salerno waren in ganz Europa berühmt, und es wurde Mode, in Italien zu studieren wie vorher in Paris und nachher in Deutschland, dessen junge Hochschulen damals noch weit zurückstanden. Aber nicht darauf beruhte der Hauptruhm Italiens, sondern was dem Geistesleben des Landes seinen besonderen Reichtum und Glanz verlieh, war gerade der Mangel jeglichen Spezialistentums, war die Tatsache, daß jeder führende Mensch eine ganze Universität in sich verkörperte und noch viel mehr als das. Denn die Menschheit war zwar schon reif genug zur Meisterschaft in allen Dingen, aber noch nicht alt genug zu dem ernüchternden und lähmenden Glauben, daß das Leben nur für die Meisterschaft in *einem* Dinge hinreiche. Im Gegenteil: das Ideal der Renaissance ist der *uomo universale*. Die hervorragenden Humanisten waren Philologen und Historiker, Theologen und Rechtslehrer, Astronomen und Ärzte in einer Person; nicht nur fast alle großen Künstler, auch zahlreiche kleinere waren gleichzeitig Maler, Bildhauer und Architekten und daneben auch noch oft hochbegabte Dichter und Musiker, scharfsinnige Gelehrte und Diplomaten. Das menschliche Talent war damals eben noch nicht künstlich in besondere Kanäle gepreßt, sondern ergoß sich als ein freier Strom befruchtend über alle Gebiete. Wir hingegen kommen heutzutage mit Gehirnen zur Welt, die gleichsam schon gefächert sind. Wir vermögen uns nicht vorzustellen, daß ein Mensch mehr als eine einzige Sache kann. Wir kleben jedem ein bestimmtes Etikett auf und sind erstaunt, mißtrauisch, beleidigt, wenn er sich nicht an dieses Etikett hält. Dies kommt daher, daß in unserer Kultur der Gelehrte, und zwar der Dutzendgelehrte, so vollständig dominiert, daß wir von ihm unwillkürlich den Rückschluß auf alle anderen geistigen Betätigungen gemacht haben. Dieser Dutzendgelehrte versteht in der Tat immer nur eine einzige Sache, während er auf sämtlichen anderen Gebieten die Hilflosigkeit und Ahnungslosigkeit eines Kindes oder eines Analphabeten besitzt. Das Wesen des wahren Künstlers besteht aber gerade darin, daß er alles versteht, allen Eindrücken geöffnet ist, zu allen Daseinsformen Zugänge hat, daß er eine *enzyklopädische* Seele besitzt. Wir bemerken daher in Zeiten künstlerischer Kultur bei sämtlichen begabten Menschen die größte Vielseitigkeit. Sie beschäftigten sich mit allem und konnten auch alles. In Griechenland war ein Mensch, der für hervorragend gelten wollte, genötigt, in nahezu allem hervorzustechen: als Musiker und Rhetor ebensogut wie als Feldherr und Ringkämpfer. Der Spezialist wurde von den Hellenen geradezu verachtet: er galt als »Banause«. Und vollends in der Renaissance war Begabung, *virtù*, einfach dasselbe wie Vielseitigkeit. Ein begabter Mensch war damals ein Mensch, der so ziemlich alle Gebiete beherrschte, auf denen sich Begabung zeigen läßt. Nur in entarteten Kulturen taucht der Spezialist auf.

Und dazu kam nun noch, daß diese Künstler ein unvergleichliches Publikum vorfanden, wie es nachher nie wieder und vorher nur ein einziges Mal, in Athen, bestanden hat. Es lag um die damalige Menschheit eine undefinierbare Aura von Genialität, eine eigentümlich geladene und gespannte Atmosphäre, die jeden produktiven Menschen zu den höchsten Kraftleistungen aufstacheln mußte. Für uns sind die künstlerischen Genüsse: Theater, Bildergalerie, Roman, Konzert eine angenehme Zugabe zum Leben, eine Sache, an der wir uns erholen, zerstreuen, vielleicht auch erheben, aber schließlich doch nur ein kostbarer Luxus und Überfluß, ein Stück Komfort wie Sekt oder Importe. Wir könnten uns das Leben auch ohne das denken. Aber in Athen oder Florenz war die Kunst eine Lebensfunktion des Menschen, die für seine Vitalität ebenso notwendig war wie das Fliegen für den Vogel. Die italienischen Karnevalsaufzüge, Spiele und Feste waren nicht wie bei uns eine rohe Volksbelustigung oder ein Apéritif für die überfei-

Das Renaissance-publikum

239

nerte Gesellschaft, sondern eine Lebensangelegenheit, die für jeden wichtig war, bei der jeder aktiv dabeisein wollte, wie heute in Amerika bei einem Meeting.

Die Rede, daß der Künstler einsam und menschenfern schaffe, nur aus sich, nur für sich, einzig von seinem inneren Genius geleitet, unbekümmert um äußeren Erfolg und Widerhall, ist eine der vielen kuranten Unwahrheiten, die jedermann glaubt, weil niemand widerspricht. Der Künstler schafft nicht aus sich. Er schafft, wir betonten es schon, aus seiner Zeit: das ganze Gewebe ihrer Sitten, Meinungen, Liebhabereien, Wahrheiten und nicht zuletzt ihrer Irrtümer ist sein Nährmaterial; er hat kein anderes. Der Künstler schafft nicht für sich. Er schafft für seine Zeit: ihr Verständnis, ihre lebendige Reaktion ist seine Kraftquelle, erst durch ihr Echo vergewissert er sich, daß er gesprochen hat. Künstler, die das Unglück haben, »posthum geboren zu werden«, wie Nietzsche sagt, das heißt: mit ihren Organen einer höheren Luft oder einem reicheren Boden angepaßt zu sein, haben immer etwas Verpflanztes, Unsymmetrisches, Entwicklungsgehemmtes, und Nietzsche selbst, der in seiner Zeit steht wie ein exotisches Luxusgewächs, ist das beste Beispiel dafür. Es kann die Schuld des Bodens sein, der nicht genügend Säfte hergibt, und das ist der Fall, wenn die Zeit zu arm, zu leer, zu seelenlos ist, und es kann an Sonne und Ozon fehlen, an Luftigkeit und Helle, und das tritt ein, wenn die Zeit rückständig ist und gleichsam nicht auf ihrer eigenen Höhe. Wir dürfen annehmen, daß die Fähigkeiten des Menschengeschlechts sich immer auf einem gewissen gleichmäßigen Durchschnitt halten, daß sie vielleicht im ganzen langsam fortschreiten, aber jedenfalls innerhalb dieser Evolution sich relativ so ziemlich gleichbleiben. Es ist nicht gut vorstellbar, daß plötzlich einige Jahrzehnte lang die Genies aus der Erde schießen und dann Generationen hindurch die Ernte wieder ganz mager bleibt. Aber wohl können wir uns denken, daß die Bodenbedingungen einmal besonders günstig sind und ein andermal elend, daß einmal – und das ist leider die Mehrzahl der Fälle – Hunderte von Samen nicht aufgehen oder nicht recht vorwärtskommen und daß bisweilen alles, was überhaupt lebensfähig ist, bis zu den äußersten Grenzen seines Wachstums gelangt. Ein bestimmter Pflanzenkeim wird in der gemäßigten Zone ein gerades, gesundes, korrektes Gewächs ergeben, nicht mehr und nicht weniger; gelangt er in einen Erdstrich, der entweder zu trocken oder zu rauh ist, so wird man entweder ein erschreckend dürres, struppiges, mißfarbiges und übelgelauntes Gewächs oder eine absonderlich greisenhafte, krüppelhaft am Boden hinschleichende und gewissermaßen asthmatische Zwergpflanze entstehen sehen; setzt man ihn aber in den fetten Boden und die warme wassergetränkte Luft der Tropen, so wird er ein mysteriöses Wundergebilde von Formen, Farben und Dimensionen entwickeln, die man ihm nie zugetraut hätte.

Es ist ein Vorrang der romanischen Nationen vor den germanischen, daß sie ein überaus günstiges Klima für Genies bilden; das geht so weit, daß man fast sagen könnte: sie bringen sogar Genies hervor, wenn sie gar keine haben. Bei ihnen ist der große Mann immer der gesteigerte Ausdruck des ganzen Volkes. Von Voltaire hat Goethe gesagt, er sei Frankreich, und ebenso könnte man von Calderon sagen, er sei Spanien; aber in den germanischen Ländern wirkt das Genie fast immer wie die unerklärliche Ausnahme, der lebende Protest, der glückliche Zufall: Goethe hätte von sich selbst nicht sagen können, er sei Deutschland. Und ebensowenig wird jemand im Ernst behaupten wollen, daß etwa Shakespeare der Typus des Engländers, Strindberg der Typus des Schweden, Ibsen der Typus des Norwegers, Schopenhauer der Typus des Preußen, Wagner der Typus des Sachsen sei. Aber von nahezu keinem der zahlreichen erlesenen Menschen, die während der italienischen Renaissance schufen, kann man leugnen, daß sie typische Vollblutitaliener waren, die nur leuchtend gestaltet haben, was die Menge unartikuliert empfand. In diesen verhältnismäßig kleinen Zentren herrschte eine Reibung, Intimität und seelische Dichte, die für den Schaffenden von höchstem Wert sein mußte. Jede dieser Stadtrepubliken war eine Welt für sich, ein in ewiger Fluktuation, Erregung und Spannung lebender Mikrokosmos. Wie im Bienenstock durch die Zahl der enggedrängten vibrierenden Individuen dauernd eine erhöhte Temperatur und belebende Eigenwärme erzeugt wird, so besaßen auch jene Gemeinwesen eine einzigartige température d'âme, und selbst die Laster und Leidenschaften, die sich hier entluden, wurden zu lebensteigernden, kunstfördernden Stimulantien.

Die »Zerrissenheit« Italiens — Dies führt uns zu dem oft vernommenen Lamento über die »politische Zerrissenheit« des damaligen Italien. In der Tat: wenn man das Bild lediglich vom Standpunkt des Nationalpolitikers betrachtet, so ist es nicht erfreulich. In Mailand herrschten die Sforza, in Florenz die Medici, in Mantua die Gonzaga, in Ferrara die Este, im Kirchenstaat die Päpste, in Neapel die Aragonier, dazu kamen noch die beiden Seerepubliken Venedig und Genua und die zahlreichen kleineren Souveränitäten. Alle diese Staatswesen bekämpften sich nicht nur untereinander durch offene Fehde oder versteckte diplomatische Intrige, sondern waren auch im Innern durch soziale und politische Parteien gespalten. Aber es läßt sich in der Geschichte verhältnismäßig selten die Beobachtung machen, daß Kräftigung des Nationalgeistes und Steigerung der politischen Macht mit Höherentwicklung der Kultur Hand in Hand gehen. Weder die Griechen der perikleischen Zeit noch die Deutschen des ausgehenden achtzehnten Jahrhunderts genossen das Glück eines nationalen Einheitsstaates, sondern befanden sich in ganz desolaten politischen Verhältnissen, und doch waren beide damals die stärkste geistige Kraftquelle unseres Planeten. Hingegen: die Römer brachten es zu der Zeit, als sie die ganze Welt beherrschten, in Kunst und Wissenschaft nur zu einem dürftigen, epigonenhaften Dilettantismus; die lateinische Renaissance, die Karl der Große auf der Höhe seiner Macht versuchte, verlief sehr kläglich; Frankreich hat unter Ludwig dem Vierzehnten nur eine fadenscheinige, aufgebauschte Goldbrokatkultur und unter Napoleon nur den leeren, lackierten Empirestil erzeugt; Deutschland hat weder nach 1813 noch nach 1870 eine bedeutende künstlerische Entwicklung genommen und besonders in dem Jahrzehnt nach seiner Einigung seine banausischste, geistloseste und kitschigste Kulturperiode erlebt, während das besiegte Frankreich auf dem Gebiet der Malerei und des Romans ganz Neues und Überwältigendes hervorbrachte.

Intimität, wahrhaft menschlicher Verkehr ist nur unter einer kleinen Anzahl von Individuen möglich. Ebenso wie ein wahrhaft fruchtbarer und belebender Unterricht eine Klasse mit verhältnismäßig geringer Schülerzahl zur Voraussetzung hat, darf auch ein Staatswesen, in dem ein persönliches Verhältnis zwischen den führenden Geistern und dem Volke und zwischen den einzelnen Gliedern des Volkes möglich sein soll, nicht allzu groß sein. Das Leben der italienischen Renaissance trug auch in seinen größten Verirrungen immer noch menschlichen Charakter, während das heutige unmenschlich, nämlich vollkommen unübersichtlich und noch dazu maschinell und seelenlos geworden ist. Das gleiche gilt vom Mittelalter. Die Innigkeit, der tiefe *Realismus* des Mittelalters ließ es zu keinen großen Staatsgebilden kommen. Eine Burg, ein autonomes Städtchen, ein Dorfflecken sind Wirklichkeiten, ein »Weltreich« ist ein toter und leerer Begriff. Die Römer haben es zum Imperium gebracht, die Griechen nicht, weil sie talentierter waren. Aus demselben Grunde, warum in einem Freilufttheater ein Ibsendrama oder eine Mozartoper unaufführbar ist, wird wahre geistige Kultur immer nur in relativ kleinen Staatswesen Wurzel fassen können. Die reichsten geistigen Entwicklungen sind immer von Zwergstaaten ausgegangen: von Athen, Florenz, Weimar. Und Italien, das jetzt nicht mehr »zerstückelt« ist, hat es in den zwei Menschenaltern seiner Einheit auf keinem Gebiet zu etwas anderem gebracht als zu matten und nichtssagenden Kopien der französischen Kultur.

Gesteigerte geistige Kultur *kann* mit »politischem Aufschwung«, »militärischer Expansion«, »nationaler Erhebung« Hand in Hand gehen; die Regel ist dies aber durchaus nicht. Die wahre Ursache jeder Höherentwicklung ist jedenfalls immer irgendein großer Gedanke, der die Massen so mächtig ergreift, daß er sie schöpferisch macht, das heißt: zu großen gemeinsamen Handlungen antreibt, denn eine andere Möglichkeit, schöpferisch zu werden, haben die Massen ja nicht. Dieser Gedanke kann politische Formen annehmen; er kann sich aber auch bloß darin äußern, daß der Kollektivgeist eine exzeptionelle künstlerische Atmosphäre schafft. Man führt die Blüte der griechischen Kultur auf die Perserkriege zurück. Aber was waren denn die Perserkriege? Ein Gedanke! Der Gedanke, daß Hellas, diese winzige Halbinsel einer Halbinsel, nicht einfach aufgefressen und verdaut, behaglich assimiliert werden dürfe von jenem Koloß Vorderasien, der nichts als groß war; daß der Geist notwendig stärker sein müsse als die Moles, die Qualität lebensberechtigter und lebensfähiger als die Quantität. Der griechische Bürger, der damals siegte, hatte mehr gedacht, mehr empfunden, mehr beobachtet, mehr, nämlich innerlicher und intensiver gelebt als der Perser mit seinen Wagenburgen, Riesenflotten, Prachtzelten und Harems. Im Grunde siegten damals Homer und Heraklit. Aber daß sie siegten, war nur eine sehr sekundäre Folge der sehr viel wichtigeren Tatsache, daß sie da waren! Und dreihundert Jahre später wurde Griechenland *besiegt*, und dies erwies sich als ebenso sekundär, die Römer wurden doch geistig abhängig von den Griechen, weil eben Homer und Heraklit noch immer da waren.

Worin bestand nun der »Gedanke« der Renaissance? Wir haben es bereits angedeutet: der Mensch erkannte – oder vielmehr: er *glaubte* zu erkennen –, daß er ein gottähnliches schöpferisches Wesen, ja daß er selbst eine Art Gott sei: es ist der uralte Prometheusgedanke, der sich hier mit neuer Kraft Bahn bricht. Und die Formel, unter der er sich äußerte, lautete: Rückkehr zur Antike. Hierin liegt nun ein Problem. Denn man muß sich fragen: wie war es möglich, daß ein Volk gerade in dem Augenblick, wo ein neuer Lebensstrom durch seine Kultur ging, auf den Einfall kam, eine andere, längst versunkene Kultur nachzuahmen?

Die »Rückkehr zur Antike«

Zunächst wäre zu sagen, daß solche »Renaissancen«: Wiederanknüpfungen an das Altertum, Rezeptionen des antiken Bildungsstoffes im Gange der europäischen Geschichte etwas ganz Gewöhnliches sind und fast der Ausdruck eines biologischen Gesetzes, indem sie sich mit der Regelmäßigkeit einer Serie im Laufe der Jahrhunderte wiederholen. Schon der Alexandrinismus war im Grunde eine Renaissance, eine bewußte und gewollte Rückkehr zu den literarischen Traditionen der klassischen Zeit. Daß die gesamte römische Dichtung nichts war als eine Wiederholung griechischer Formen, ja genaugenommen eine bloße Übersetzungsliteratur, ist allgemein bekannt. Auch das Mittelalter hat zwei Renaissancen erlebt: die karolingische und die ottonische. Und auch die italienische Renaissance war ja nicht die letzte: wir werden im Verlauf unserer Darstellung noch öfter ähnlichen Bewegungen begegnen.

Ferner hat man darauf hingewiesen, daß die italienische Renaissance nichts anderes war als eine Fortsetzung der Landesgeschichte: daß die geistigen Zusammenhänge mit dem Altertum niemals gänzlich abgerissen, die Reste römischer Baukunst und Skulptur niemals gänzlich aus dem Stadtbild und der Landschaft verschwunden waren und der Volkscharakter, wenn auch durch Blutmischungen und neue Kultureinflüsse erheblich modifiziert, sich im wesentlichen auf einer Verlängerungslinie entwickelt hat, die im alten Rom ihren Ursprung hat.

Aber das Problem löst sich noch viel einfacher. Die italienische Renaissance *war* nämlich gar keine »Renaissance«, sondern etwas schlechthin Neues: sie hat sich an die Antike nur in einem recht geringen Maße angelehnt und in einer ganz äußerlichen Weise, die nichts Entscheidendes bedeutete. Die »Rückkehr zum Altertum« war nichts als ein handliches, dekoratives und für jedermann verständliches Schlagwort, etwa wie die »Rückkehr zur Natur«, die das achtzehnte Jahrhundert predigte; und die Zeitgenossen Petrarcas sind ebensowenig zur Antike zurückgekehrt wie die Zeitgenossen Rousseaus zur Natur.

Petrarca   Petrarca war der erste große Propagandist der Antike. Er war unermüdlich im Aufstöbern, Sammeln, Abschreiben und Kollationieren alter Manuskripte: ihm ist unter anderem die Wiederentdeckung einer ganzen Anzahl von Briefen und Reden Ciceros zu verdanken. Von der ganzen antiken Literatur läßt er aber im Grunde nur diesen einen gelten, den er für den Inbegriff aller Weisheit und Sprachkunst hält. Er besaß zwar auch ein griechisches Exemplar des Homer, von dem er jedoch kein Wort verstand. Im übrigen war er nichts weniger als ein antiker Geist, und epochemachend wurde er durch ganz andere Leistungen als durch seine Wiedererweckung Ciceros. Er hat die ersten großen Liebesgedichte in italienischer Sprache geschrieben, er hat die Form des Sonetts geschaffen, das seither die Lieblingsgattung der italienischen Schriftsteller und Leser geworden ist, und er ist vor allem der erste modern empfindende Mensch: der Poet des Weltschmerzes (einer dem antiken Menschen völlig unbekannten und heterogenen Empfindung), der Schöpfer der sentimental-pikanten Lebensbeichte im Rousseaustil und der Entdecker des Reizes der wildromantischen Natur: er war der erste, der Bergbesteigungen unternahm, was die Alten verabscheuten. Auch ist er dem Altertum gegenüber völlig christlich orientiert. »O gütiger heilbringender Jesus«, ruft er, »wahrer Gott aller Wissenschaften und alles Geistes, für dich, nicht für die Wissenschaften bin ich geboren. Weit göttlicher ist einer von jenen Kleinen, die an dich glauben, als Plato, Aristoteles, Varro, Cicero, die mit all ihrem Wissen dich nicht kennen«; und von der Heiligen Schrift sagt er, daß aus ihr vielleicht weniger Blumen, sicher aber mehr Früchte zu gewinnen seien als aus den weltlichen Schriften. Im großen und ganzen kann man sagen, daß sein begeisterter Ciceronianismus ihm nur dazu gedient hat, sich eine glatte, gefällige, eingängige Form anzueignen, die den Schein zu erwecken versteht, daß *viel* gesagt sei, während bloß viel *gesagt* ist: auf dieser Basis hat er das Genre des Lehrbriefes ausgebildet, das etwa unserem heutigen Feuilleton entspricht. Schon manche seiner Zeitgenossen haben daher in seiner ganzen Vortragsweise etwas Komödiantisches erblicken wollen, und dieser Vorwurf ist ihm seither noch oft gemacht worden; und in der Tat haben alle seine Schöpfungen, selbst seine berühmte erotische Lyrik, etwas Posenhaftes, Gestelltes, auf den Effekt hin Drapiertes: sie wirken nicht ganz echt und waren es auch zweifellos nicht. Denn Lebenslauf und Dichtung decken sich bei ihm durchaus nicht: er schreibt glühende Verse an seine einzige Laura und unterhält daneben eine ganze Reihe anderer Liebschaften; er schwärmt für Einfachheit, Weltflucht und Bukolik und ist fortwährend bemüht, Pfründen zu ergattern; er gibt vor, den Ruhm zu verachten, und betreibt dabei aufs eifrigste seine Dichterkrönung. Aber mit alledem kreuzen sich seine leidenschaftliche Aufrichtigkeit und sein heroischer Drang nach Selbsterkenntnis: er war eben schon eine ganz moderne, komplexe Natur.

Eine vollkommen äußerliche Sache war das Studium der Alten bei *Boccaccio*, der als zweiter Wiedererwecker der Antike genannt wird: er hat diese Richtung von seinem Lehrer Petrarca ganz mechanisch übernommen und überhaupt wohl nur des-

Die Schein-renaissance

halb vertreten, weil sie eben schon damals die große Mode war. Er versuchte Griechisch zu lernen, kam aber darin nicht weit und hat bloß eine Übersetzung Homers ins Lateinische angeregt, die sehr elend ausfiel. Die Nachwelt hat ihm denn auch volle Gerechtigkeit widerfahren lassen, indem sie nur dem Verfasser der graziösen schlüpfrigen Lebensbilder des »Decamerone« eine dauernde Erinnerung bewahrte. Auch die beiden bedeutendsten Humanisten des fünfzehnten Jahrhunderts: Enea Silvio (der spätere Papst Pius der Zweite) und Poggio waren der Weltanschauung des Altertums innerlich abgeneigt: dieser nennt Alexander den Großen einen verruchten Räuber und die Römer die Geißel des Erdkreises; nirgends in der alten Welt sei Treue, Frömmigkeit, Humanität zu finden gewesen. Griechisch wurde überhaupt nur in Florenz auf der von Cosimo Medici gestifteten Platonischen Akademie getrieben; ihr bedeutendstes Mitglied war Marsilio Ficino, der ausgezeichnete Übersetzer Platos, aber auch Plotins, den er mindestens ebenso hoch stellte und in seiner eigenen Philosophie zum Vorbild nahm: auch hier also wieder eine unantike Tendenz, da der Neuplatonismus bekanntlich die Auflösung des autochthonen griechischen Denkens und dessen Überleitung in mystische, dem Christentum verwandte Spekulationen bedeutet. Von einem exakten philologischen Betrieb ist überhaupt bei den Humanisten nirgends etwas zu bemerken: die Texte werden nach Gutdünken überarbeitet, korrigiert, ergänzt, zeitgenössische Schriften mit der größten Unbefangenheit für antike ausgegeben. Auch handelte es sich bei der antikisierenden Renaissanceschriftstellerei in den meisten Fällen weniger um eine wirkliche innere Aneignung der alten Autoren als um eine grobe und schülerhafte Entlehnung eines stereotypen Phrasenschatzes. Erst Laurentius Valla hat eine wissenschaftliche Sprachforschung und Grammatik ins Leben zu rufen versucht, gegen die Vergötterung Ciceros polemisiert, den er unter

Quintilian stellt, und in seiner Schrift *De elegantiis*, die ungeheures Aufsehen machte, den Nachweis geführt, daß kein einziger Zeitgenosse ordentlich Lateinisch schreiben könne; im
übrigen hat er die Versuche, antike Lebensformen auf die Gegenwart zu übertragen, für lächerlich erklärt. Gegen die einseitigen Ciceronianer wandte sich auch Polizian: das Gesicht eines
Stieres oder eines Löwen, schrieb er, erscheine ihm viel schöner als das eines Affen, und doch habe dieser viel mehr Ähnlichkeit mit einem Menschen. Auch Giovanni Pico della Mirandola, einer der größten Geister der Renaissance, warnt vor der
parteiischen Glorifizierung des klassischen Altertums; er läßt
die Scholastiker des Mittelalters einmal sagen: »Wir werden
ewig leben, nicht in den Schulen der Silbenstecher, wo über die
Mutter der Andromache und die Söhne der Niobe debattiert
wird, sondern im Kreise der Weisen, wo man den tieferen
Gründen der göttlichen und menschlichen Dinge nachforscht.
Wer da näher tritt, wird merken, daß auch die Barbaren den
Geist hatten, nicht auf der Zunge, aber im Busen.« Und sein
Neffe Francesco Pico sagt: »Wer wird sich scheuen, Augustinus
dem Plato gegenüberzustellen, Thomas, Albert und Scotus
dem Aristoteles; wer möchte Äschines und Demosthenes den
Vorzug vor Jesaias geben?« Und gegen Ende des fünfzehnten
Jahrhunderts erfolgte die gewaltige Reaktion unter Savonarola,
der letzte heroische Versuch, den neuen Geist zu ersticken und
zur Gotik zurückzufinden: auf den Scheiterhaufen, die der
große Bußprediger errichtete, brannten unter den anderen irdischen Eitelkeiten auch die Werke der Alten und der Humanisten. Diese ganze Bewegung war freilich nur ein Zwischenspiel, sie hat aber eine Zeitlang die weitesten Kreise ergriffen
und die tiefsten Wirkungen geübt: sie hat der Malerei, der
Dichtung, der Philosophie ihre Züge eingebrannt und eine
Reihe der hervorragendsten Künstler zu einer völligen Umkehrung ihres Weltbildes und ihrer Darstellungsweise getrie-

ben: aus mondänen Meistern einer heiteren Salonkunst und hymnischen Schilderern des rauschenden Lebensgenusses werden melancholische Grübler und weltverachtende Asketen, aus zarten Lyrikern hieratische Pathetiker; einige von ihnen haben seit Savonarolas Donnerreden überhaupt keinen Pinsel mehr angerührt. Und zu Anfang des sechzehnten Jahrhunderts erfolgt dann der »Sturz der Humanisten«: alle Welt wendet sich von ihnen ab, niemand vermag mehr ihre Pedanterie und Wortkrämerei, ihre Eitelkeit und Reklamesucht, ihre Frivolität und Korruption, ihre Oberflächlichkeit und Geistesleere zu ertragen.

Aus alledem geht folgendes hervor: erstens, daß die italienische Renaissance eine nahezu rein *lateinische* war, zweitens, daß sie sich die längste Zeit hindurch nur auf die *Literatur* erstreckt hat, drittens, daß selbst diese literarische Rezeption eine vorwiegend theoretische, *akademische* war, und viertens, daß aus dem Altertum nicht die typisch antiken Elemente übernommen wurden, sondern hauptsächlich jene, die bereits das *Christentum* vorbereiten. »Heidnisch« war die Renaissance nur in einzelnen ihrer Vertreter und auch bei diesen nur in dem negativen Sinn, daß sie den christlichen Glaubensvorstellungen skeptisch und zum Teil sogar atheistisch gegenüberstanden; die positiven Züge der Religion und Weltanschauung des altrömischen Heidentums traten jedoch nur in einigen kindischen Äußerlichkeiten hervor.

Das Cinquecento

Eine umfassende, lebengestaltende und lebenbeherrschende Macht ist der Klassizismus nur in den ersten Jahrzehnten des Cinquecento gewesen: als ein kurzes Intermezzo zwischen Gotik und Barock. In der Baukunst und bei einzelnen Malern wie Mantegna oder Signorelli setzt er schon früher ein; im neuen Jahrhundert wird er zur allgemeinen Leidenschaft und einer Art fixen Idee. Das große Losungswort heißt Kontur: die Plastik ergreift Besitz von der Malerei. Zugleich siegt ein nüchterner, hochmütiger Vereinfachungswille, im Anschluß an einige antike Skulpturen, die damals ans Licht kamen: diese elenden Niedergangsexemplare einer herzlosen, leeren, prosaischen Epigonenkunst werden zu entscheidenden und noch dazu mißverstandenen Vorbildern, unter deren despotischem Druck nun alles künstlich sterilisiert, geglättet, ausgetrocknet und entseelt wird. Die stolze Schmucklosigkeit, die in den Bauten des Quattrocento unvergleichliche Triumphe gefeiert hatte, aber naturgemäß immer nur ein Privileg besonders begnadeter Naturen bleiben kann, soll nun alle Lebensäußerungen beherrschen, erscheint aber in den Händen der kleinen Geister zur aufgeblasenen, hoffärtigen, selbstgefälligen Langweile deformiert; die Einfachheit wird zur Dürftigkeit, die Klarheit zur Seichtheit, die Reinheit zur Abgewaschenheit; das römische Empire, eine Kunst, wie sie den Bedürfnissen der harten und mageren Geisteswelt der altrömischen Großschieber entsprach, soll nun plötzlich zur exklusiven Norm, zum höchsten Ideal erhoben werden. Im sechzehnten Jahrhundert beginnt auch der übermächtige Einfluß Vitruvs, dessen Lehrbuch als absoluter Kanon für den Baumeister galt. Alberti dachte darüber noch anders. In seinem *Trattato della pittura* sagt er: »Die Alten hatten es leichter, groß zu werden, da eine Schultradition sie zu jenen höchsten Künsten erzog, die uns jetzt so große Mühe kosten, aber um so viel größer soll auch unser Name werden, da wir *ohne Lehrer, ohne Vorbild* Künste und Wissenschaften finden, von denen man früher nichts gehört noch gesehen hatte.« Mit dem Cinquecento weicht das Wunder, das Geheimnis, die Chaotik, Unergründlichkeit und Widersinnigkeit des Lebens aus der Kunst.

Nun konnten ja die Ruinen und Torsi selbst in der damaligen Zeit nur in recht beschränktem Maße einwirken, die antike Malerei gar nicht, am ehesten eben noch die alten Poeten, Rhetoren und Theoretiker. Und was hat man denn, bei Licht besehen, überhaupt übernommen? Ein paar Säulenformen und Dachprofile, Rundbogen und Plafondkassetten, Medaillen und Girlanden, etliche Redefloskeln und Metaphern, lateinische Namen und heidnische Allegorien: lauter Dinge, die an der Peripherie liegen. Wenn man den Papst Pontifex maximus, die Kardinäle Senatoren, die städtischen Obrigkeiten Konsuln und Prätoren, die Nonnen Virgines vestales nannte, Giovanni in Janus, Pietro in Petreius, Antonio in Aonius latinisierte, wenn ein Dichter die Albernheit hatte, zu singen: »*O sommo Giove per noi crocifisso*; o höchster Jupiter, für uns gekreuzigt«, und ein anderer das ewige Lämpchen des Muttergottesbildes unter die Büste Platos stellte, so wirkt das auf uns nur wie eine modische Marotte oder eine bizarre Maskerade. Aber die Sache lag eben nicht so, daß jene Menschen sich unter dem plötzlichen übermächtigen Einfluß antiker Vorbilder eine neue Kunst, Sprache, Weltanschauung schufen, sondern die wahre Erklärung des ganzen Vorgangs liegt darin, daß diese neue Art zu sehen schon latent da war und man nur nach jenen Paradigmen griff, weil man in ihnen ein ähnliches Weltgefühl verkörpert sah oder zu sehen glaubte. Die römischen Überreste waren schon immer, ja früher sogar viel reichlicher vorhanden gewesen, Vitruv war längst bekannt, aber erst jetzt fiel es den Italienern ein, sich nach diesen Mustern zu richten. Weil sie selber so waren: rationalistisch, formenklar, diesseitig, skeptisch, wurden sie antike Römer. Und was die Literatur anlangt, so ist es bezeichnend, daß aus der Fülle des Überlieferten gerade Cicero zu einer solchen Alleinherrschaft erhoben wurde: seine wässerige, aber rauschende Dekorationskunst, die handliche Glanzstukkatur seiner Eloquenz, die sich mühelos an jedem Gedankengebäude anbringen läßt, sein äußerlich imposanter, die innere Dürftigkeit geschickt verbergender Allerweltsenzyklopädismus: dies alles kam einem so starken Zeitbedürfnis entgegen, daß zum Beispiel einzelne Humanisten sich überhaupt weigerten, etwas anderes zu lesen als Cicero oder ein Wort zu gebrauchen, das bei ihm nicht vorkam.

Und doch hat es auch der sogenannten Hochrenaissance, die eigentlich einen *Tief*punkt der Renaissancebewegung bezeichnet, nicht an einer gewissen Größe gefehlt: vermöge des grandiosen Stilisierungswillens, der alle ihre Lebensäußerungen durchdrang und dem ganzen Dasein eine unnachahmliche Gehobenheit, Pracht und Majestät verlieh. Alles trägt den Charakter einer heiteren Repräsentation, die sich der Natur bewußt entgegensetzt, weil sie sie *anders* haben will: nicht so natürlich, so vulgär, so selbstverständlich, so »stillos«, sondern würdevoll und formvollendet, dekorativ und geschmackvoll, wohltemperiert und in sorgfältige Falten gelegt. Wir erkannten bei der Betrachtung der nordischen Zustände das Kostüm als eine der charakteristischsten Ausprägungen des Zeitgeistes. Wir finden dasselbe im Süden, nur mit umgekehrter Tendenz: hier strebt die Tracht nach dem Eindruck des Königlichen, Solennen, pathetisch Distanzierenden. Grelle Farben und bizarre Formen werden gemieden; das Fallende und Wallende, die große, kraftvoll fließende Linie gibt den Grundton. Man verlangt von der Frau, daß sie einen mächtigen Busen, starke Hüften, üppige Glieder habe oder doch vortäusche, daß ihre äußere Erscheinung nichts Kleines, Genrehaftes, Niedliches an sich trage: daher liebt man schwere feierliche Stoffe wie Samt, Seide, Brokat, lange Schleppen und weite Bauschärmel, breite Mäntel und hohe Coiffüren, nicht bloß aus künstlichem Haar, sondern zum Teil auch aus weißer oder gelber Seide; die Modefarbe ist das majestätische Goldblond, das die Damen durch alle möglichen Geheimmittel und Tinkturen und durch tagelanges Liegen in der Sonne zu erzielen suchten. Jede Frau soll das Air einer Juno, jeder Mann die Würde eines Jupiter haben, daher kommt auch wieder der stattliche Langbart auf. Das Ephebenhafte steht ebenso niedrig im Preise wie das Mädchen-

Der Stilisierungswille

hafte: man schätzt nur den reifen Mann und die vollerblühte Frau, an der man wiederum einen Zug ins Virile liebt. Für die männliche Kleidung werden ernste, dunkle, unauffällige Farben Vorschrift; die Damen tragen sogenannte Wulstenröcke, die, oft viele Pfund schwer, zur Verstärkung der Hüften dienen, Mieder, die den Busen in die Höhe pressen, und fußhohe Schuhuntersätze. Das Ideal des Gehens, Stehens, Sitzens und ganzen Gehabens ist die lässige Vornehmheit, die gehaltene Ruhe, die *gravità riposata*; man geht überhaupt nicht mehr: man wandelt. Das Leben soll ein immerwährender vornehmer Empfang, ein effektvolles Repräsentationsfest, eine großartige Gesellschaftsszene sein, bei der sorgfältig geschulte, bis in die Fingerspitzen beherrschte Menschen ihre imposante Kunst vollendeten Betragens zur Schau stellen.

Der herrschende Grundzug der italienischen Hochrenaissance ist ein extremer Rationalismus, der aber sehr bald nach Frankreich abwandert, um sich dort dauernd niederzulassen. Michelet sagt: *L'art et la raison réconciliés, voilà la renaissance.* In dieser Formel ist alles gesagt. Die Renaissance will die Welt einteilen, disponieren, artikulieren, licht und überschaubar machen: aus diesem einen Motiv erfließt alles, was sie geschaffen und zerstört, bejaht und negiert, entdeckt und übersehen, erkannt und verkannt hat. Sie will das Dasein *fassen*, organisieren, unter Gesichtspunkte bringen, von denen aus jederzeit eine leichte und sichere Orientierung möglich ist. Ihr Ideal ist auf allen Gebieten die Proportion, das Metrum. Das Höchste nach dieser Richtung hat sie in der rhythmischen Gliederung und Linienharmonie ihrer Bauwerke erreicht: mit ebenso genialen wie einfachen Mitteln. Aber auch überall sonst: in der Anlage der Gärten, Möbel, Ornamente, in dem einheitlichen und durchsichtigen Arrangement der Gemälde und Reliefs, in der symmetrischen Auffassung des menschlichen Körpers und seiner landschaftlichen Umgebung herrscht dasselbe mathematisch-musikalische Prinzip. Alle Künstler jener Zeit sind unübertreffliche Meister der Komposition gewesen: darüber hinaus aber sind sie merkwürdig wenig gewesen.

Die italienische Renaissance besitzt eine große Ähnlichkeit mit dem Zeitalter des Perikles, das man eigentlich das Zeitalter der Sophisten nennen sollte. Denn der Peloponnesische Krieg, die athenische Demokratie, die attische Komödie: das waren lauter sophistische Erscheinungen. Man darf dabei natürlich nicht an den landläufigen Begriff der Sophistik denken, der keine Charakteristik dieser philosophischen Schule ist, sondern nur ein von Plato aufgebrachtes Schimpfwort. Im Grunde haben alle klassizistischen, alle sogenannten »goldenen« Zeitalter einen Zug ins Sophistische; auch die augusteische und die napoleonische Zeit zeigen innere Übereinstimmungen mit der Ära des Perikles; Sieg der purifizierenden Logik in Kunst, Weltanschauung, Verfassung. Die Ähnlichkeiten erstreckten sich in unserem Fall zunächst auf die politischen Lebensformen: beidemal Stadtrepubliken mit mehr oder minder deutlich markierter Tyrannis auf demokratischer oder scheindemokratischer Basis: ganz nach der Art der Medici hat auch Perikles seine Herrschaft lediglich als »erster Bürger« ausgeübt, indem er seine Macht nicht auf Erbrecht und Gottesgnadentum, sondern auf politische Klugheit, die Suggestion seiner Persönlichkeit und den Glanz der durch ihn geförderten Künste stützte, während wiederum Gestalten wie Themistokles oder Alkibiades in ihrer Vereinigung von Talent und Charakterlosigkeit, politischer Tatkraft und Mangel an Patriotismus zur Vergleichung mit den großen Condottieri herausfordern. Ferner üben die großen italienischen Stadtgemeinden über eine Reihe von kleineren oder schwächeren Städten eine Hegemonie aus, die ebenso rücksichtslos und egoistisch, verhaßt und unsicher ist wie die der hellenischen Vororte über ihre »Bundesgenossen«; und sie bekämpfen sich untereinander mit ebenso wahllos

Ein sophistisches Zeitalter

grausamen und perfiden Mitteln, ohne jeden Sinn für »nationale Einheit«, während sie sich andererseits doch wieder durch das Bewußtsein ihrer gemeinsamen, allen anderen Völkern überlegenen Kultur in einen großen Zusammenhang gestellt fühlen, weshalb sie in allen künstlerischen und geistigen Fragen stets ebenso solidarisch empfunden haben wie in allen politischen Angelegenheiten unheilbar partikularistisch. Die Analogie erstreckt sich in gleichem Maße auf die Verhältnisse der inneren Politik: auch im Italien der Renaissance finden wir den Bürger an eine größenwahnsinnige Polis ausgeliefert, die mit dem Anspruch der Allmacht auftritt, an sinnloser Willkür, niedrigem Neid, verleumderischem Denunziantentum, habgieriger Korruption und frecher Erpressung das Äußerste leistet und sich die Beargwöhnung und Verfolgung und nicht selten die Verbannung oder Tötung ihrer Besten zum Prinzip macht: zur Behandlung eines Phidias und Sokrates bietet das Schicksal eines Dante und Savonarola ein sehr sprechendes Gegenstück. Auch an die große und bis dahin unerhörte Rolle, die die Hetären hier wie dort im geistigen und gesellschaftlichen Leben gespielt haben, könnte man denken, ferner an die künstlerische und soziale Bedeutung der Homosexualität und schließlich an die ebenso intensive wie kurze Blüte beider Kulturperioden, die mitten auf ihrer Sonnenhöhe gleichsam durch Selbstmord geendet haben. Kurz, was Plutarch von den Athenern des fünften vorchristlichen Jahrhunderts gesagt hat: daß sie extrem groß im Guten wie im Schlechten gewesen seien, gleichwie der attische Boden den süßesten Honig und den giftigsten Schierling hervorbringe, das gilt auch von den Italienern der Renaissance.

Die Humanisten   Den Sophisten entsprechen natürlich die Humanisten. Man denke an ihre maßlose Selbstberäucherung, ihre raffinierte Dialektik, ihre leidenschaftliche Obtrektationssucht und erbitterte gegenseitige Rivalität, die nicht selten zu Schlägereien

256

und bisweilen sogar zu Mordanschlägen führte, ihren Rationalismus und Kritizismus, ihren sittlichen Subjektivismus, der den Menschen zum »Maß der Dinge« macht, ihren religiösen Skeptizismus, der hart bis an die Grenze des Atheismus geht, ohne jedoch die äußeren Formen des herrschenden Glaubens anzugreifen, an ihr wanderndes Virtuosentum, das im Gegensatz zu den bisherigen Anschauungen aus der Verbreitung von Kenntnissen und Fertigkeiten ein Geschäft macht, an ihren extremen Kultus der Eloquenz (von der selbst ein so reicher Geist wie Enea Silvio erklärte, nichts regiere den Erdkreis so sehr wie sie); und wenn sie bei allen ihren Schwächen und Mängeln doch den größten Zulauf fanden und auf eine Weise gepriesen und fetiert wurden, die uns heute fast pathologisch erscheint, so hat auch dies beidemal denselben Grund: sie redeten aus dem Herzen des Zeitalters, dessen tiefste Wünsche und Bedürfnisse sie mit wunderbarem Spürsinn erraten hatten; sie waren in ihrer grenzenlosen Beweglichkeit, Unruhe und Anpassungsfähigkeit, ihrer edlen Neugierde und Wißbegierde und ihrer stets bereiten Empfänglichkeit für alle Dinge des Geistes und der Lebenserhöhung die legitimen Repräsentanten des damaligen Geschlechts.

Die Humanisten waren in der Tat die angesehensten Menschen des Zeitalters: jedermann bewarb sich um ihre Dienste und ihren Verkehr. Sie wurden gesellschaftlich viel höher gewertet als die bildenden Künstler, was sehr merkwürdig ist, da doch in diesen, und zwar ausschließlich in diesen, die gesamte schöpferische Kraft der Renaissance konzentriert war. Nicht selten nahmen sogar die Hofnarren einen höheren sozialen Rang ein als die Maler und Baumeister. Man bediente sich ihrer Talente, bewunderte sie wohl auch, erblickte in ihnen aber doch nur eine Art höherer Lakaien. Nur Raffael machte eine Ausnahme wegen seiner ausgezeichneten gesellschaftlichen Talente, seiner persönlichen Liebenswürdigkeit und seiner Fähigkeit zur Repräsentation. Vasari bezeichnet sich in seinen *Vite* ausdrücklich als Maler und ist sich bewußt, daß darin eine erlesene Courtoisie gegen seine Kollegen liegt, die er damit auf die schmeichelhafte Tatsache hinweisen will, daß aus ihren Kreisen ein Schriftsteller hervorgegangen sei. Und Alberti gibt den Künstlern den Rat, mit Poeten und Rhetoren Freundschaft zu schließen, da diese ihnen die Stoffe liefern.

Der »literarische« Charakter der Renaissance

Damit kommen wir auf einen sehr bemerkenswerten Punkt, den wir bereits kurz berührt haben: das »Literarische« der Renaissance. Die Humanisten lieferten den Künstlern nicht bloß die »Stoffe«, sondern den *ganzen* geistigen Stoff, Fundus und Untergrund: Weltbild und Assoziationsmaterial, Kanevas und Programm.

Wir sagten im vorigen Kapitel, die bildende Kunst, und im besonderen die Malerei, sei jene Ausdrucksform, in der jede neue Art, die Welt zu begreifen, ihre früheste Ausprägung zu finden pflegt. Es ist auch ganz einleuchtend, warum dies der Fall ist. Betrachten wir den Entwicklungsgang des Individuums, so sehen wir, daß beim Kinde die ersten Eindrücke, die es aufnimmt und verarbeitet, durch das Auge gehen. Es vermag viel früher, richtig zu sehen, als zu hören oder gar zu denken. Dem entspricht die chronologische Reihenfolge im Werdegang der Kollektivseele. Der neue Inhalt, der das Leben der einzelnen Kulturperioden erfüllt, wird zuerst von den Gesichtskünsten erfaßt: der Malerei, Skulptur, Architektur, sodann von den Gehörskünsten: der Dichtung und Musik, und zuletzt von den Künsten des Denkens und Deutens: der Wissenschaft, Philosophie und »Literatur«. Zuerst sind die neuen Sinne da; viel später erst fragt man nach deren *Sinn*.

Von dieser Regel macht die italienische Renaissance eine Ausnahme. Hier ging die Literatur der bildenden Kunst vorauf: es gab schon Antikisieren, Renaissance, Klassizismus in den sprechenden Künsten, als die bildenden noch mittelalterlich gebunden oder rein naturalistisch waren. Woher kam nun diese widersinnige Anomalie? Das Rätsel löst sich auch diesmal wieder sehr leicht, indem sich das Ganze als eine bloße Augentäuschung entpuppt, wenn man diese der bildenden Kunst vorauseilende Literatur ein wenig näher ins Auge faßt. Sie liegt nämlich auf einer ganz anderen Ebene als die anderen Künste, insofern sie überhaupt keine Kunst ist, sondern eine gänzlich unproduktive, sterile, akademische Programmatik und stilistische Spielerei. Erst im sechzehnten Jahrhundert, als die bildenden Künste schon längst geblüht und ausgeblüht hatten, erscheint eine schöpferische Literatur, eine Poesie, die ihren Namen wirklich verdient, und auch da bleibt sie in ihrer ganzen seelischen Haltung weit hinter der Malerei zurück: die Epik Ariosts und Tassos ist ohne Luftperspektive, ohne Kenntnis der Anatomie, ohne Kraft höchster Individualisierung, ohne echte Dramatik und wirkliche Porträts, in der Komposition noch ganz auf der Stufe der Primitiven: streifenförmig, linear, ohne Tiefendimension, ornamental; und vor allem ohne jene noble Einfachheit und Natürlichkeit, die den höchsten Ruhm der Renaissancekünstler bildet.

In Wahrheit gab es in jenen zwei Jahrhunderten nicht: erst Dichtkunst, dann bildende Kunst, sondern nur bildende Kunst, sofern man unter Kunst etwas Neues, Schöpferisches, Eigenes, eine *Geburt* versteht. Zu modifizieren ist aber diese Feststellung durch die andere Konstatierung, daß diese bildende Kunst allerdings zum Teil hervorgerufen war durch szientifische Erörterungen, Untersuchungen und Reminiszenzen, was sonst nicht der Fall zu sein pflegt; und dies war eine Art Fluch der Renaissance, denn hierdurch wurde der ganzen Bewegung der Charakter des Intellektuellen, Artifiziellen, Gewollten, Gemachten, Gestellten aufgeprägt, der sich von Generation zu Generation verstärkte und auf der Höhe der Entwicklung, als das verderbliche Programm endlich voll begriffen wurde, zu einer Seelenlosigkeit und Kälte führte, die alle Keime einer fruchtbaren Fortbildung ertöten mußte.

Der Schnitt durch die Kultur Ein häßlicher und zerstörender Riß geht von nun an durch alle höheren Betätigungssphären der Kultur. Kunst wird eine Sache der Kenner, Weisheit eine Sache der Gelehrten, Sitte eine Sache der guten Gesellschaft. Der Maler, der Bildhauer, der Poet schafft nicht mehr für die ganze Menschheit als Seher und Verkünder großer heiliger und beseligender Wahrheiten, sondern für einen kleinen Kreis, der die »Voraussetzungen« hat, die »Feinheiten« zu würdigen versteht, die »Nebenvorstellungen« zu vollziehen vermag. Die Baumeister errichten nicht mehr, wie im Mittelalter, ihre Kirchen und Dome als Vollstrecker der allgemeinen Gottessehnsucht, sondern als Angestellte kunstliebender Connoisseurpäpste, prunkliebender Fürsten oder ruhmliebender Privatleute. Die Denker meditieren für ein ausgewähltes Fachpublikum, die Poeten feilen ihre Verse für eine privilegierte Klasse von Feinschmeckern, das Kunsthandwerk schmückt nur noch das Leben der Reichen, die Musik wird eine hohe Wissenschaft, der Krieg, das Recht, die Politik, der Handel: alles wird ein Fach. Die Palazzi tragen den Geist der neuen Zeit deutlich an der Stirn: sie haben alle einen kalten, ungastlichen, schrankebildenden Gesichtsausdruck, man glaubt nicht recht, daß Menschen darin wohnen, ja daß überhaupt Häuser zu diesen Fassaden gehören: sie scheinen nichts als strenge, hochmütig abweisende Prunkwand und Dekorationskulisse zu sein. Auf den Porträts sieht man nur noch große Herren und grandes dames; die Gottesmutter ist nicht mehr die armselige Magd, die *donna umile,* sondern die stolze *Madonna,* die die Heiligen Drei Könige als gleichberechtigte Souveränin empfängt; Christus wird zum unnahbaren Herrn der Heerscharen, das Jesuskind zum steifen wohlerzogenen Kronprinzen, in dem schon das Bewußtsein seines künftigen Ranges lebt, die Apostel zu kühlen selbstbewußten Kavalieren:

man malt eine Welt vornehmer Leute für vornehme Leute, für Menschen mit »Kinderstube«, denen heftige Worte, hastige Bewegungen, unruhige Linien ein Greuel sind, die in der Luft des Reichtums, Komforts und Bontons aufgewachsen sind, sich niemals gehenlassen, nie intim werden und auch in den Momenten der Erschütterung und Überraschung Haltung zu bewahren verstehen; man malt nur, was in der großen Welt als geschmackvoll gilt. Keine Affekte: Affekte sind vulgär; keine Erzählung: Erzählen ist Volksgeschmack; keine Details: Details sind Basargeschmack; keine Unklarheiten, Mehrdeutigkeiten, Hintergründe: ein Gentleman ist niemals mehrdeutig; keine lauten Farben und grellen schreienden Kontraste: ein feiner Mensch schreit nicht. Um in Plastik und Architektur den Eindruck der größtmöglichen Ruhe und Vornehmheit zu erzielen, läßt man den Stein völlig weiß und glaubt damit echt römisch zu sein, ohne zu ahnen, welche Leidenschaft gerade das römische Empire für bunte Materialien: für grüne, rote, gelbe, violette, gefleckte, geäderte, gestreifte, geflammte Steinarten gehabt hat und wie es seine Fassaden, Reliefs und Fruchtstücke aufs leuchtendste und prachtvollste bemalt und selbst seine Triumphbogen, Statuen und Porträtbüsten mit den kräftigsten Farben getönt hat.

Damals wurde der Typus des borniertesten, besserwissenden, dünkelhaften Fachmanns und Gelehrten geboren, der bis zum heutigen Tage die europäische Kultur verseucht. Im Mittelalter zerfiel die Menschheit in Kleros und Laos; nun wird ein zweiter, viel tieferer und schärferer Schnitt durch sie geführt: es gibt fortan die Ungebildeten, die Ununterrichteten, das »Volk«, die *neuen Laien* und die Wissenden, die Schlüsselbewahrer aller Lebensrätsel, die akademisch Geweihten und Eingeweihten. Eine neue Aristokratie kommt herauf, noch viel unduldsamer, brückenloser, kastenstolzer, unmenschlicher und exklusiver als die frühere.

Prädomi-
nanz der
bildenden
Kunst

Und hier hat auch die Parallele mit dem perikleischen Zeitalter ihre Grenze. Damals gab es eine Gesamtkultur, und zwar in doppeltem Sinne, nämlich erstens eine Kultur für alle, denn einen Sophokles, Phidias, Sokrates und selbst »Gelehrte« wie Thukydides und Hippokrates verstand ein jeder, und zweitens (was vermutlich eine Folge des ersten war) eine Kultur, die auf allen Gebieten das Höchste erreicht hat, während die Italiener der Renaissance bei all ihrem Universalismus, der jedoch bloß technisch und äußerlich war, in mehreren wichtigen Kulturzweigen gänzlich unfruchtbar geblieben sind. Ihre einzige originelle Schöpfung auf dem Gebiete der Musik ist die *caccia,* ein zweistimmiges kanonisches Gesangsstück mit Instrumentalbegleitung, das alle möglichen Geräusche des täglichen Lebens: Regengeplätscher, Feilschen der Händler auf dem Markte, Straßenrufe, Mädchengeplauder, Tierstimmen und dergleichen tonmalend wiedergibt und den frühesten modernen Versuch einer Programmusik darstellt; und auch einen schöpferischen Philosophen haben sie niemals besessen: erst nach dem Absterben der Renaissance haben sie einen Musiker und einen Denker von Weltformat hervorgebracht: Palestrina und Giordano Bruno. Ihre dramatische Leistung beschränkte sich auf einige geistvolle satirische Schwänke von Laune und guter Lebensbeobachtung: selbst Machiavells *Mandragola* ist nur erlesenste Unterhaltungsliteratur; und das ernste Genre ist bloßes Ausstattungsstück, obschon von einer Pracht, Phantasie und künstlerischen Vollendung, von der man sich heute kaum mehr einen Begriff machen kann. Allerdings haben sie so überwältigend dramatisch gemalt, modelliert und gebaut und vor allem *gelebt*, daß man ihnen gerade aus dem Mangel eines geschriebenen Dramas am wenigsten einen Vorwurf machen kann.

Die Geschichte der italienischen Renaissance ist in Bildern geschrieben. Die Maler haben alle Windungen des seltsamen Weges, den der öffentliche Geist dieses Landes von der Mitte des vierzehnten bis zur Mitte des sechzehnten Jahrhunderts beschrieben hat, mit zartestem Verständnis und stärkster Ausdruckskraft widergespiegelt. Trotzdem wäre es gewagt, einen von ihnen als absoluten Repräsentanten des Zeitgeistes herauszugreifen: am ehesten kämen hierfür noch gewisse Sterne zweiten und selbst dritten Ranges in Betracht. So hat zum Beispiel Pisanello für die naive und doch schon sehr kennerische Freude am bunten Detail, die die Menschen des Quattrocento erfüllt, eine unvergleichlich reiche Sprache gefunden, und ebenso hat Benozzo Gozzoli die unerschöpfliche schäumende Lebenslust dieser neuen Generation, ihre jugendliche Leidenschaft für Feste, Aufzüge, Bauten, die im ganzen Dasein einen ewigen Karneval erblickt, zu rauschenden Symphonien verdichtet, während andererseits die Savonarolazeit in den kargen, asketischen und vergeistigten und dabei doch stets liebenswürdigen, milden und lächelnden Gestalten Peruginos ein ergreifendes Denkmal erhalten hat und in einem Künstler wie Giovanantonio Bazzi, der in der Kunstgeschichte unter dem bezeichnenden Namen Sodoma fortlebt, das Überblühen der Renaissance, ihre raffinierte sybaritische Sinnlichkeit, die bis zur Verworfenheit und Perversität fortschreitet, eine höchst charakteristische Ausprägung findet. Aber wenn man von der Renaissance spricht, denkt niemand an dergleichen Namen. Es ist längst zur feststehenden Tradition geworden, Michelangelo, Leonardo und Raffael den unbestrittenen Herrscherprimat, gleichsam das Triumvirat zuzugestehen.

Allein Michelangelo steht völlig abseits. Man hat ihn als Vollender des Klassizismus und als Initiator der Barocke, als letzten Gotiker und als Vater des Expressionismus reklamiert. Er ist all das und nichts von alledem. Er gehört zu jenen höchst seltenen, ebenso einseitigen wie allseitigen Geistern, die eine vollkommene Welt für sich bilden, die keine Schüler und keine Zeitgenossen haben, zu den Megatherien der Menschheit, die

Michelangelo

anderen Lebensbedingungen gehorchen als unsere Spezies, zu den wenigen Monumentalstatuen im Pantheon des menschlichen Geschlechts, die etwas Zeitloses und außerhalb der Natur Gestelltes an sich tragen. In ihnen überschlägt sich gleichsam die Naturkraft und schießt über sich selbst hinaus. Sie hätten zu jeder beliebigen Zeit leben können und ebensogut zu gar keiner Zeit: denn wir können heute noch nicht begreifen, daß sie jemals existiert haben. Es gibt kein »Zeitalter Michelangelos«. Er ragt über seine Zeit hinaus wie ein scharfes Riesenriff oder ein unzugänglicher kolossaler Leuchtturm. Es gibt auch keine Schule Michelangelos; oder sollte doch keine gegeben haben. Denn der Irrglaube, daß man von ihm etwas lernen könne, hat nur zu den widersinnigsten Schöpfungen geführt und für die Kunstgeschichte die unheilvollsten Folgen gezeitigt.

Er stand mit seiner Zeit selbst äußerlich in gar keiner Kommunikation. Er paßte nicht zu seiner Umwelt und seine Umwelt nicht zu ihm. Alles an ihm atmet Menschenfeindlichkeit, für jede Art von Geselligkeit und Gemeinschaft war er ungeeignet; in seiner äußeren Erscheinung abstoßend häßlich: von »malaiischem« Gesichtsausdruck, klein und schwächlich, immer schlecht gekleidet; scheu, mißtrauisch, wortkarg, stets mit sich und den anderen unzufrieden; ohne jede Genußfreude, frugal bis zur Schäbigkeit: mit einem Tölpel von Diener in einer elenden Kammer lebend, seine Nahrung etwas Brot und Wein, seine Erholung ein paar Stunden Schlaf in den Kleidern; von gänzlich unverträglichem Charakter, intolerant und gehässig gegen andere Künstler; von einem exklusiven Selbstgefühl, das zwar berechtigt, aber nicht einnehmend war: ein neunundachtzigjähriges Leben ohne irgendeinen Lichtblick, ohne Glück, ohne Freundschaft, ohne eine einzige Liebesstunde (obgleich er von höchster erotischer Empfänglichkeit war und sich zumal zu Vittoria Colonna und Tommaso dei Cavalieri leidenschaftlich hingezogen fühlte), dagegen bis an den Rand angefüllt mit Verzweiflung: »Kein tödlich Leid blieb mir ja unbekannt«, hat er selbst von sich gedichtet; und in der Tat: die »Gabe, aus allem Gift zu saugen«, von der Lichtenberg einmal spricht, besaß er in höchstem Maße. Nein, er war nicht liebenswürdig, dieser Michelangelo: so abgründliche abseitige Giganten, Heroen aus einer fremden Eiswelt pflegen das selten zu sein. Er selbst war sich über seine zeitlose Größe, seinen ungeheuren Abstand von allen anderen völlig klar. Als man ihn einmal darauf aufmerksam machte, daß seine Büsten der beiden Medici gar nicht ähnlich seien, erwiderte er: »Wem wird das in zehn Jahrhunderten auffallen?« Alle übrigen Renaissancewerke sind, mit den seinigen verglichen, Miniaturen, die anderen sind »schön«, er ist groß, selbst Leonardos Seelenhaftigkeit wirkt neben ihm süß.

Was nun diesen anlangt, so kann er ebenfalls nicht recht als *Leonardo* Repräsentant der Renaissance betrachtet werden; schon deshalb nicht, weil wir so wenig von ihm wissen. Es ist etwas wie ein feiner Nebel um seine Gestalt. Selbst Burckhardt, der in den Mysterien der Renaissance wie in einem offenen Buch blättert, nennt ihn den »rätselhaften Meister«. Er ist unergründlich wie das berühmte Lächeln seiner *Mona Lisa*. Und auch alle seine übrigen Gemälde sind wahre Vexierbilder, die hinter sich und über sich hinaus zu weisen scheinen; es liegt über ihnen eine seltsam gespenstische Leere: nicht die Leere der Hohlheit, sondern die Leere der Unendlichkeit. Selbst die Landschaft hat bei ihm etwas Fernes, Fremdes, Verschwiegenes. Und während es das tiefste Wesen fast aller Künstler ist, daß sie etwas *sagen* wollen, das in ihnen leidenschaftlich nach außen drängt, verschwindet er völlig hinter seiner Schöpfung: das *Abendmahl* ist vielleicht das objektivste Werk, das je aus einem Pinsel hervorgegangen ist. Es ist symbolisch für sein ganzes Wesen, daß er der erste große Meister des Helldunkels, der *respirazione* und des *sfumato* gewesen ist, daß er gelehrt hat, man müsse

265

malen, als scheine die Sonne durch Nebel, und schlechtes Wetter sei das beste Licht für Gesichter: auch seine eigene Persönlichkeit ist ein magisches Chiaroscuro, in eine schwimmende Atmosphäre getaucht und in weiche verblasene Konturen gehüllt, die den Umriß nur ahnen lassen. Sehr bezeichnend ist es auch, daß es gerade zwei so geheimnisvollen Gestalten wie Lodovico Moro und Cesare Borgia gelungen ist, diesen ruhelosen Geist dauernd in ihren Diensten festzuhalten. Auch seine ans Wunderbare grenzende Universalität, die in der Weltgeschichte einzig dasteht, macht ihn zum unfaßbaren Proteus. Er war Maler, Architekt und Bildhauer, Philosoph, Dichter und Komponist, Fechter, Springer und Athlet, Mathematiker, Physiker und Anatom, Kriegsingenieur, Instrumentenmacher und Festarrangeur, erfand Schleusen und Kräne, Mühlenwerke und Bohrmaschinen, Flugapparate und Unterseeboote; und alle diese Tätigkeiten hat er nicht etwa als geistreicher Dilettant ausgeübt, sondern mit einer Meisterschaft, als ob jede von ihnen sein einziger Lebensinhalt gewesen wäre. Und zudem hat das Schicksal, als ob es seine Züge absichtlich noch mehr hätte verwischen wollen, seine Hauptwerke entweder, wie das Standbild Francesco Sforzas und die Reiterschlacht, völlig zugrunde gehen lassen oder, wie das Abendmahl, nur in sehr beschädigtem Zustande auf uns gebracht. Am deutlichsten kommt aber die völlige Unerforschlichkeit seines Wesens in dem herben, verschlossenen, wie mit Schleiern verhängten Antlitz der Rötelzeichnung zum Ausdruck, in der er sich selbst porträtiert hat.

Raffael Es bleibt also nur Raffael. Und dieser hat nun wirklich sein Zeitalter auf die vollkommenste Weise repräsentiert, und zwar – ein merkwürdiger Fall – nicht etwa, weil er eine so besonders hervorstechende, scharf profilierte, überragende, eigenwillige Persönlichkeit gewesen wäre, sondern vielmehr gerade durch seinen *Mangel* an Persönlichkeit, der es ihm ermöglichte, ganz aufnehmendes Medium, ganz Spiegel zu sein, alle Strahlen, die ihn trafen, zu fassen und wieder zurückzuwerfen. Raffaels Werk ist die sorgfältige, klare, vollständige und schöne, ja sogar allzu schöne Niederschrift des Cinquecento und – da das Cinquecento eben doch in gewissem Sinne die Vollendung, die stärkste und konzentrierteste Auswirkung des Renaissance-willens ist – eigentlich die Essenz der ganzen italienischen Renaissance. Aus dieser Mischung außerordentlicher und nichts-sagender Qualitäten erklärt es sich auch, daß über ihn stets die größte Meinungsverschiedenheit geherrscht hat. Sein Werk ist ein unvergleichlicher Querschnitt und Durchschnitt seiner Zeit, und zu diesem Zwecke war es ganz unerläßlich, daß er selber nicht mehr als ein Durchschnittsmensch war; da aber diese Zeit voll Größe, Glanz und Reichtum war, so ist es ebenso natürlich, daß von ihm, der dies alles in sich eingetrunken hatte, Glück, Reichtum und unverlierbarer Glanz auf die Nachwelt zurückstrahlt.

Schon Michelangelo hat von Raffael gesagt, er sei nicht durch sein Genie, sondern durch seinen Fleiß so weit gekommen. Und derselbe Michaelangelo leitete eine neue Ära ein, in der eine vollkommene Abwendung von Raffael stattfand: die Barocke, deren wichtigste Leistung die Auflösung der starren Linie war und der daher Raffael, der Meister der Kontur, nichts zu sagen hatte. In der Tat hat Bernini, der Diktator dieser Stilperiode, vor der Nachahmung Raffaels geradezu gewarnt. Aber auch im Zeitalter Ludwigs des Vierzehnten, das bereits wieder eine Rückkehr zum Klassizismus vollzog, wurde der Hofmaler Lebrun höher gestellt als Raffael. Als die Sixtinische Madonna nach Dresden gebracht wurde, ließ August der Zweite sie im Thronsaal aufstellen und sagte zu den Hofbeamten, die außer Fassung darüber gerieten, daß der Thron dem Bilde weichen sollte: »Platz für den großen Raffael!« Und dennoch erklärten die damaligen Dresdener Kunstautoritäten, das Kind

Raffaels
Nachruhm

auf dem Arme der Madonna habe etwas Gemeines, und sein Gesichtsausdruck sei verdrießlich. Und noch im neunzehnten Jahrhundert behauptete man, die Engel auf dem Bilde habe ein Schüler hineingemalt. Boucher gab einem seiner Jünger, der nach Rom reiste, den Rat, sich nicht allzuviel mit dem Studium Raffaels abzugeben, der trotz seines Rufes *un peintre bien triste* sei. Daß Winckelmann, der verhängnisvolle Begründer des deutschen Gipsklassizismus, von Raffael sehr eingenommen war, ist begreiflich; aber gleichwohl zweifelte er keinen Augenblick, daß sein Freund Raffael Mengs, einer der ödesten Allegoristen, die je gelebt haben, größer sei als Raffael Santi. Beim Anbruch des neunzehnten Jahrhunderts hatte es freilich eine Zeitlang den Anschein, als sollte Raffael die absolute Hegemonie in der Malerei zufallen. Wenigstens konnten die Nazarener, die damals in einem gewissen Grade tonangebend waren, sich in seinem Lobe nicht genugtun. Aber sieht man näher zu, so bemerkt man, daß der Raffael, den diese begeisterten jungen Männer so überschwenglich priesen, gar nicht der eigentliche Raffael war; sondern wenn sie von ihm sprechen, so meinen sie immer nur den Raffael der vorrömischen Periode: die Bilder, die er malte, als er in den Vollbesitz seiner Meisterschaft gelangt war, erscheinen ihnen bereits als Verfall. Die Nazarener und die mit ihnen verwandten Romantiker sind es auch gewesen, die jene zähe Legende von Raffael, dem edlen unschuldsvollen Jüngling geschaffen haben, der wie ein Nachtwandler durchs Leben schritt, alle seine Schöpfungen einer mühelosen überirdischen Inspiration verdankte und die vollkommene Naivität eines begnadeten Kindes besaß, also gerade das Gegenteil von dem gewesen sein soll, was Michelangelo behauptet hatte und was der Wirklichkeit entsprach: es ist jener Raffael, der dann fast ein Jahrhundert lang als Spritzmalerei, Abziehbild und Handtuchschützer den deutschen Bürger entzückt hat. Dann aber kamen die Präraffaeliten, die den Höhepunkt der italienischen Kunst in die Periode vor Raffael verlegten und in diesem nur einen kalten seelenlosen Virtuosen erblickten. Ihr Wortführer war Ruskin, für den Raffael der Inbegriff der leeren, unwahren Eleganz ist. So sagt er zum Beispiel über die Berufung der Apostel: »Wir fühlen, wie unser Glaube an das Ereignis mit einemmal erlischt. Nichts bleibt davon als ein Potpourri von Mänteln, muskulösen Armen und wohlfrisierten griechischen Büsten. Durch Raffael ist alles verdorben worden, was an der Legende zart und ernst, grandios und heilig ist. Er hat aus der biblischen Dichtung ein totes Arrangement schöner, schön gebauter, schön gestellter, schön drapierter, schön gruppierter Menschen gemacht.« Edmond de Goncourt nannte ihn den Schöpfer des Muttergottesideals für Spießbürger, und Manet erklärte, er werde vor einem Bild von Raffael buchstäblich seekrank. Man sieht also, daß es niemals an Kennern gefehlt hat, die mit Velazquez sagen konnten: »Um die Wahrheit zu gestehen: Raffael gefällt mir gar nicht.«

Das Jahr 1517 ist jedermann bekannt als das Geburtsjahr der Reformation, in dem Luther seine fünfundneunzig Thesen an die Schloßkirche zu Wittenberg nagelte. In demselben Jahre malte Raffael seine Sixtinische Madonna, an die jedermann denkt, wenn der Name Raffael genannt wird. Und um dieselbe Zeit vollendete der Graf Balthasar Castiglione seinen *Cortegiano*, jenes Werk, das man eine Art Renaissancebibel nennen könnte. Es ist der Knigge jener Tage, sein Held ist der Gentleman, wie die damalige Zeit sich ihn dachte: gewandt, würdig, repräsentativ, jeder Lebenslage voll Takt gewachsen und darin dem heutigen Gentleman ähnlich; aber er ist ein Gentleman voll Grazie, Heiterkeit und Unbeschwertheit. Diesen vollendeten Kavalier, um den alle Reize versammelt sind, den Geliebten der Fürsten, der Frauen und der Götter, hat Raffael gemalt und hat Raffael gelebt. So schreitet sein Bild durch vier Jahrhunderte.

Der »Götterliebling«

269

Aber der Götterliebling Raffael hat, wenigstens für unser Lebensgefühl, einen großen Mangel. Götterlieblinge sind nämlich fad. Sie sind so langweilig wie das »blaue Meer des Südens«, der »holde Frühlingstag«, das »süße Baby in der Wiege« und alle ganz reinen, ganz ausgeglichenen, ganz glücklichen Dinge. Unsere Sehnsucht gilt etwas anderem, im Leben und in der Kunst.

Der Grundirrtum des Klassizismus Raffael hat einmal gesagt: »Um eine Schöne zu malen, müßte ich deren mehrere vor Augen haben. Da es mir an Modellen fehlt, male ich aus dem Gedächtnis nach einer Idee, die ich im Kopfe habe.« Er meint damit, daß er, da es in der Natur keine weibliche Schönheit gibt, die in jedem Teil absolut vollkommen ist, darauf angewiesen sei, sich in der Phantasie aus einzelnen Reminiszenzen ein solches Ideal zusammenzustellen. Diese Ansicht, daß die Darstellung des Vollkommenen die Aufgabe der Kunst sei, war der Grundirrtum Raffaels; und der Grundirrtum des ganzen Klassizismus. Immer wieder tauchen von Zeit zu Zeit große Künstler auf, die uns vorübergehend zu beweisen scheinen, daß Klassizismus, das heißt: strenge Ordnung, Einheit, Gradlinigkeit, Harmonie, farblose Durchsichtigkeit, die Blüte jeder Kunst sei. Sie beweisen es aber gewissermaßen nur in usum delphini, nämlich für sich selbst. In der Tat: manche »klassische« Schöpfungen sind bisweilen von einer so übernatürlichen, unwirklichen Schönheit, daß wir für den Augenblick geneigt sind zu vermuten, dies sei die Spitze der Kunst und alles andere nur ein mehr oder minder unvollkommener tappender Versuch nach diesem Gipfel hin. Es ist aber eine Täuschung. Diese Phänomene sind nicht etwa die Verkörperung der Regel (was man glauben könnte, wenn man bedenkt, daß sie die regelmäßigsten sind); sie sind im Gegenteil interessante Abweichungen, bewunderungswürdige Monstra. *Unregelmäßigkeit* ist das Wesen der Natur, des Lebens, des Menschen. »Regelmäßigkeit« ist ein künstliches Destillat oder ein seltsamer Zufall. Das regelmäßigste Gebilde, das die Natur hervorbringt, ist der Kristall. Und trotzdem: jeder Mineraloge weiß, daß ein vollkommen regelmäßiger Kristall nicht existiert. Aber schon seine bloße Annäherung an die Regelmäßigkeit macht den Kristall zu etwas Totem. Kreisrunde Bergkegel, radiär-symmetrische Tiere, völlig gleichmäßige Beleuchtungen und Klimata: dergleichen ist bisweilen zu beobachten. Aber es sind gewissermaßen Schrullen der Natur. Wir betrachten klassische Schöpfungen mit Staunen und Verehrung wie Gletscher; aber wir möchten nicht dort wohnen und könnten es auch gar nicht. Wir schlagen unsere Niederlassungen im Dickicht auf, im Mittelgebirge, auf der unregelmäßigen Ebene, am ewig bewegten Wasser. Wir sind unheilbare Romantiker, niemals Klassiker; wir müssen es sein, weil auch die Natur nur Romantisches zu schaffen vermag.

Raffael gibt keine Probleme auf: das ist der Haupteinwand gegen ihn. In seinem wunderschönen Buch *Das Leben Raffaels* sagt Herman Grimm: »Raffael will nichts. Seine Werke sind sofort verständlich. Er schafft absichtslos wie die Natur. Eine Rose ist eine Rose: nichts mehr und nichts weniger; Nachtigallengesang ist Nachtigallengesang: keine Geheimnisse sind da noch weiter zu ergründen. So auch sind Raffaels Werke frei von persönlicher Zutat, bei ihm fehlt auch den erschütterndsten Dingen alle persönliche Besonderheit, als seien eigene Erlebnisse des Künstlers hineingearbeitet worden, seine Persönlichkeit drängt sich nirgends vor.« Bleiben wir ruhig bei dieser Vergleichung, und haben wir den Mut, uns einzugestehen: Rose und Nachtigall haben etwas Kitschiges. Sie sind ein bißchen *zu* schön. Und sie sind *nur* schön. Wir fragen uns unwillkürlich: schön und sonst nichts? Ähnlich ergeht es uns bei Raffael. Mit einem echten Kunstwerk muß man irgend etwas anfangen können. Es genügt nicht, daß es träge und majestätisch vor unserem Auge sich ausbreitet und behauptet, schön zu sein. Es muß über sich hinausweisen auf Schlösser, die es zu erschließen, Leichen, die es zu beleben, Träume, die es zu enträtseln vermag. Es muß ein Deuter des Lebens sein. Man muß es in jeder Lebenslage ans Ohr halten und befragen können. Jedes Kunstwerk hat eine »Tendenz«, ja hierin besteht sogar sein Hauptwert. Es hat eine Tendenz, oder mit anderen Worten: hinter ihm steht ein Mensch. Ein Mensch, der Fragen und Antworten, Gedanken und Leidenschaften hat. Aber da stehen Raffaels Figuren, »frei von jeder persönlichen Zutat«, schön blau und rot angemalt wie Zuckerstengel oder Zinnsoldaten, und man kann sich des Eindrucks nicht erwehren, daß diese berühmten Frauenbildnisse auch ganz gut auf einer Seifenschachtel oder als Parfümpackung figurieren könnten und daß es so etwas wie »Sistinaschokolade« geben könnte. Dasselbe gilt von seiner Komposition. Oder würde zum Beispiel die »Philosophie« in der Stanza della segnatura nicht einen prächtigen Theatervorhang abgeben? Der vielgerühmte Glanz, der Raffaels Werken eigentümlich ist, geht eben oft bis zum Satinierten, Raffael hat eine zu kalligraphische Handschrift. Man spürt in seinen Werken nur zu oft den Auftraggeber: die nichtssagende Glätte und leere Formfreude Leos des Zehnten, der weder Leonardo noch Michelangelo begriffen und überhaupt von Kunst sehr wenig verstanden hat, die Musik etwa ausgenommen. Das rein Musikalische seiner Natur hat er nun offenbar nicht ohne Erfolg auf Raffael, dieses Genie der Anpassung, übertragen; wie es auch dem Humanisten Bembo gelungen ist, auf seinen Freund Raffael seine nichtssagende Rhetorik abzufärben.

Aber war er nicht einer der vollkommensten Maler, die je gelebt haben? Zweifellos; wir betrachten ihn jedoch hier gar nicht als Maler, sondern als Kulturbegriff, wie es uns ja auch nicht einfallen könnte, in einem solchen Zusammenhang etwa Napoleon als Strategen oder Luther als Theologen zu betrachten. Und dann: die Vollkommenheit Raffaels ist es ja gerade, die ihn uns so fern, so fremd und stumm macht. »Das Unzulängliche ist produktiv«, lautet einer der tiefsten Aussprüche Goethes. Alles Ganze, Vollendete ist eben vollendet, fertig und daher abgetan, gewesen; das Halbe ist entwicklungsfähig, fortschreitend, immer auf der Suche nach seinem Komplement. Vollkommenheit ist steril.

Wollten wir das Ganze zusammenfassen, so könnten wir sagen, daß es eben zwei Arten von Genies gibt: die Besonderen, Einmaligen, Isolierten, die großen Solitäre, deren Größe gerade darin besteht, daß sie ein Unikum, eine Monstrosität und Psychose, eine zeitlose und überlebensgroße Ausnahme darstellen. Und dann gibt es aber auch solche, die das Fühlen und Denken aller Welt darstellen; aber so zusammengefaßt, verdichtet und leuchtend, daß ein ewiger Typus daraus wird. Und zu diesen hat Raffael gehört. Dies meint wohl auch Herman Grimm, wenn er über ihn sagt: »Er hat etwas entzückend Mittelmäßiges, Gewöhnliches. Als könne jeder so sein wie er. Er steht jedem nahe, ist jedermanns Freund und Bruder; keiner fühlt sich geringer neben ihm.« Seine süßen Frauenantlitze, seine klaren Figurenanordnungen, seine hellen und kräftigen Farbenharmonien versteht jeder. Er ist so, wie Monsieur Toutlemonde sich einen Maler vorstellt. Raffael spricht zu jedermann. Aber ebendeshalb spricht er eigentlich zu niemand.

Wir sagten vorhin, die italienische Renaissance habe keinen einzigen Philosophen hervorgebracht. Sie hat aber etwas besessen, was vielleicht ebensoviel wiegt: einen praktischen Beobachter, Schilderer und Beurteiler von höchster Klarheit, Schärfe und Weite des Blickes: Machiavell. Machiavell ist nicht bloß der erfahrungsreichste, einsichtsvollste, geordnetste, konsequenteste und großzügigste Kopf, das Gehirn seines Zeitalters gewesen, sondern geradezu eine Art Nationalheiliger und Schutzpatron der Renaissance, die ihren Lebenswillen, ihre ganze seelische Struktur auf einige kühne und leuchtende For-

Machiavell

meln gebracht hat. Er ist Politiker und nichts als Politiker und daher selbstverständlich Immoralist: und alle Vorwürfe, die ihm seit vier Jahrhunderten entgegengeschleudert werden, haben ihre Wurzel in dem Mangel gerade jener Eigenschaft, die er am vollkommensten verkörperte: der Gabe des folgerichtigen Denkens. Wer ihn verdammt oder selbst nur zu widerlegen versucht, vergißt, daß er kein systematischer Philosoph, kein ethischer Reformator, kein Religionslehrer oder dergleichen sein wollte, sondern daß der Zweck und Inhalt seiner geistigen Arbeit ausschließlich darin bestand, die Menschen so zu schildern, wie sie wirklich waren, und aus dieser Realität praktische Schlüsse zu ziehen.

Er betrachtet den Staat als ein Naturphänomen, ein wissenschaftliches Objekt, das beschrieben und zergliedert, dessen Anatomie, Physiologie und Biologie exakt erforscht werden will: ohne »Gesichtspunkte«, ohne Theologie, ohne Moral, ohne Ästhetik, ja selbst ohne Philosophie. Dies war völlig neu. Wie der Zoologe über Haifisch, Königstiger und Kobra nicht aburteilt, sie nicht »böser« findet als Pudel, Hase oder Schaf, sondern bloß ihre Lebensbedingungen und die günstigsten Voraussetzungen für das Gedeihen ihrer Art festzustellen sucht, so steht Machiavell zu der Erscheinung des »Herrschers«, die er zu ergründen bemüht ist, und er hat diese Aufgabe in bewunderungswürdiger Weise gelöst, weshalb Lord Aston sehr richtig bemerkt hat, die ganze neuere Geschichte sei »ein commentarius perpetuus zu Machiavell«.

Machiavell war ein ebenso phantasievoller und leidenschaftlicher »Wiederbeleber der Antike« wie nur irgendeiner seiner Zeitgenossen und ein ebenso verderblicher und falscher. Was ihm nämlich vorschwebt, ist die Polis, und zwar in ihrer latinisierten Form. An der Spitze seiner politischen Theorie steht der Satz: »Staat ist Macht.« Er wünscht die Rückkehr zur Volksbewaffnung, zum altrömischen Stadtpatriotismus, zum nationalen Königtum. Er vergaß aber dabei, daß eine solche Rekonstruktion in einer Zeit, die das umwälzende Erlebnis des Christentums hinter sich und den Aufstieg zur paneuropäischen, ja zur Weltpolitik unmittelbar vor sich hatte, ein Ding der Unmöglichkeit war. Sein Ideal war bekanntlich Cesare Borgia, der nicht bloß ein gewissenloser Schurke, sondern auch – was für einen Staatsmann viel kompromittierender ist – ein prinzipienloser Abenteurer war.

Dies führt uns zur moralischen Bilanz der Renaissance.

Die geheimnisvolle Atmosphäre von Schönheit und Laster, Geist und Gewalttat, Reiz und Fäulnis, in die die Renaissance eingebettet ist, hat die Phantasie der Nachwelt dauernd beschäftigt: sie hat ebenso die Entrüstung aller bürgerlichen Gehirne entfacht, die sich eine andere Welt als ihre erleuchtete polizierte und paragraphierte nicht vorstellen können, wie die Begeisterung aller Gymnasiastengehirne, die über eine gewisse verdorbene Pubertätsphantasie ihr ganzes Leben lang nicht hinauskommen. Beide haben natürlich unrecht.

Der »Immoralismus«

Zunächst ist zu bedenken, daß die meisten Verbrechen der Renaissance von offiziellen Persönlichkeiten begangen wurden, also sozusagen in amtlicher Eigenschaft, und daß dieselben Menschen außerhalb ihrer beruflichen Raub- und Mordpraxis oft sehr liebenswerte, ja edelmütige Charaktere waren: selbst von einem solchen Prachtexemplar von Renaissancescheusal wie dem Papst Alexander Borgia wird berichtet, daß er im Privatleben gut, milde, ohne Rachsucht, ein Freund und Wohltäter der Armen war. Die meisten Personen aber, die nicht politisch tätig waren, haben eine ebenso friedliche und harmlose Existenz geführt wie zu allen Zeiten; zumal an den Künstlern, in denen doch gerade die bestimmenden Züge der Zeit versammelt waren, bemerken wir fast niemals etwas von jenem sprichwörtlichen Renaissanceimmoralismus. Auch hat es niemals an großen Gegenspielern der öffentlichen Verderbtheit

275

gefehlt, großen Unbedingten, düster heroischen Übermenschen des Moralismus, an ihrer Spitze Savonarola, das Gewissen von Florenz, der vom Ideal der Florentiner, dem *soave austero*, freilich nur die zweite Hälfte mit dämonischer Energie verkörperte, ein großer Prophet, aber kein Christ im Sinne Christi, da ihm das Proportionierte, das Menschliche, das große Verzeihen, die Anmut fehlt.

Weil wir nun dieses friedliche Nebeneinander von Talent und Verworfenheit, von feinstem Geschmack und raffiniertester Niedertracht, diesen Wetteifer vollendetster Geistesbildung mit vollendetster Verruchtheit nicht mehr begreifen können, pflegen wir zu sagen: es kann nicht so gewesen sein, im Innern müssen sich diese Menschen doch schuldig und unglücklich gefühlt haben. Wir müßten aber im Gegenteil sagen: diese Menschen müssen sich unbedingt schuldlos und glücklich gefühlt haben, sonst hätten sie diese Dinge niemals begehen können. Die Naivität der Renaissance ist die Wurzel ihrer Laster. Wir müssen, wenn wir die Schilderungen jener Schandtaten lesen, bei allem moralischen Schauder dennoch die Grazie, die Wohlerzogenheit, die Formvollendung, man möchte fast sagen: den Takt bewundern, mit dem die Leute sich damals hintergingen, ausplünderten und umbrachten. Der Mord gehörte damals ganz einfach zur Ökonomie des Daseins, wie heutzutage ja auch noch die Lüge zur Ökonomie des Daseins gehört. Unser Zeitungswesen, unser Parteiwesen, unsere politische Diplomatik, unser Geschäftsverkehr: dies alles ist auf einem umfassenden System der gegenseitigen Belügung, Übervorteilung und Bestechung aufgebaut. Niemand findet etwas daran. Wenn ein Politiker aus Gründen der Staatsraison oder im Interesse seiner Partei einem anderen Zyankali in die Schokolade schütten wollte, so würde die ganze zivilisierte Welt in Entsetzen geraten; daß aber ein Staatsmann aus ähnlichen Motiven betrügt, Tatsachen fälscht, heuchelt, intrigiert: das finden wir ganz selbstverständlich. Die Italiener des fünfzehnten und sechzehnten Jahrhunderts befanden sich eben noch in einer Verfassung, die den gelegentlichen Mord zu einem Ferment des sozialen Stoffwechsels, man möchte fast sagen: zu einer gesellschaftlichen Umgangsform machte; so wie eben heute noch jede Art »Korruption« ein unentbehrliches Ingrediens des öffentlichen und privaten Verkehrs bildet. Dies sind nur Grade.

Gleichwohl dürfte es aber gestattet sein, von einer Art »Schuld« der Renaissance zu reden. Sie liegt aber viel tiefer.

Die Menschen der Renaissance waren bemüht, und mit glänzendem Erfolg bemüht, aus ihrem ganzen Leben ein großes herrliches Ballfest zu machen. Als leuchtende Devise schwebte über ihrem Dasein das Wort Lorenzo Medicis: *Facciamo festa tuttavia!* Und als Leo der Zehnte Papst wurde, rief er aus: *»Godiamoci il papato, poichè Dio ce l'ha dato;* laßt uns ein frohes Papsttum leben, da Gott es uns einmal gegeben!«: dies war keine persönliche Frivolität, sondern so dachte alle Welt von den Rechten und Pflichten des Papstes. Eine leidenschaftliche Gier nach Genuß, aber nach durch Kunst und Geist geadeltem Genuß erfüllte die damaligen Menschen, ein unersättlicher Hunger nach Schönem, Schönem überall: nach schönen Worten und Werken, schönen Taten und Untaten, nach schönen Auftritten und Abgängen, schönen Gedanken und Leidenschaften, schönen Lügen und Skandalen, nach der Schönheit als Lebensstoff, die nicht bloß einzelne und einzelnes: Häuser, Statuen, Tafeln oder Gedichte, sondern das ganze Dasein zu einem Kunstwerk macht. Aber ein weiseres, innigeres Verhältnis zu den Geheimnissen der Schöpfung haben sie nicht angestrebt.

In seinem an neuen Gesichtspunkten so überaus reichen Werk *Shakespeare und der deutsche Geist* sagt Friedrich Gundolf: »Weltlicher Adel nimmt hier alle Dinge weltlich leicht und schwer und fragt nicht: Was sagt Gott dazu?« Ob dies von Shakespeare völlig zutrifft, wollen wir dahingestellt sein las-

Die »Schuld« der Renaissance

sen; auf die Italiener der Renaissance paßt es aber genau. Die Frage: was sagt Gott dazu?, diese tiefste, ja einzige Frage des Mittelalters, hat sie nie beschäftigt. Aber sind wir wirklich nur als Hanswürste und Hofnarren, Tapezierer und Vergnügungsarrangeure in die Welt gesetzt?

Schönheit oder Güte Wir berühren hier einen großen, ja vielleicht den größten Zwiespalt im Dasein der Erdenbewohner. Er besteht in der furchtbar aufwühlenden Frage: was ist der Sinn des Lebens, Schönheit oder Güte? Es liegt in der Natur dieser beiden Mächte, daß sie sich fast immer im Kampfe miteinander befinden. Die Schönheit will sich und immer nur sich; die Güte will niemals sich selbst und hat ihr Ziel immer im Nicht-Ich. Schönheit ist Form und nur Form; Güte ist Inhalt und nichts als Inhalt. Schönheit wendet sich an die Sinne, Güte an die Seele. Ist es nicht die beglückendste und adeligste Aufgabe des Menschen, die Welt immer reicher, begehrenswerter und kostbarer zu machen, mit immer bestrickenderem Geist und Glanz zu füllen? Oder ist es nicht vielleicht doch das Beste, Natürlichste und Gottgefälligste, einfach ein guter Mensch zu sein, die anderen bei der Hand zu nehmen, ihnen zu dienen und zu nützen? Was ist das Ziel unserer irdischen Wanderung? Die schrankenlose Bejahung dieser Welt in all ihrer Kraft und Pracht? Aber das vermögen wir nur auf Kosten unserer Reinheit. Oder die Rettung der uns von Gott anvertrauten Seele, ihre Läuterung und Entweltlichung? Aber dann haben wir vielleicht nicht voll gelebt. Wer hat recht: der Künstler oder der Heilige, der Schöpfer oder der Überwinder?

Wir erblicken diesen Konflikt im Leben Tolstois, dieses gewaltigen Träumers und Gestalters, der plötzlich die Kunst glühend zu hassen begann und zum Bauer und Einsiedler wurde; wir spüren seine dunklen Schatten in den letzten Dichtungen Shakespeares; wir hören ihn in den Alterswerken Ibsens seine bange Stimme erheben und aus dem ganzen Schaffen Strindbergs mit ehernen Glockenschlägen hervorgellen; der stärkste und wärmste Kopf unserer Tage, Bernard Shaw, hat ihn im »Arzt am Scheideweg«, einer seiner feinsten, reichsten und freiesten Komödien, zu gestalten versucht, und Oscar Wilde läßt ihn in der Geschichte vom »Bild des Dorian Gray« in erschütternder Plastik vor unsere Seele treten: Dorian Gray ist einer, dem der Traum von ewiger Schönheit zur Erfüllung wird, keine Häßlichkeit, kein Alter, kein Schmutz greift an seinen Leib; aber der Leib ist nur der Schatten der Seele, und die Seele kann nur schön sein durch Reinheit und Güte; und so ist Dorian Gray nichts als ein betrogener Betrüger: die Welt sieht ihn in unzerstörbarer Jugend und Anmut, aber das unsichtbare Bild in der verschlossenen Dachkammer bucht dennoch Zug für Zug jeden Schritt, den seine Seele zur Häßlichkeit getan hat.

Die Renaissance war der zweite und wahre Sündenfall des *Der zweite* Menschen; wie die Reformation seine zweite und vielleicht *Sündenfall* endgültige Vertreibung aus dem Paradies war. Die Reformation gebar das Dogma von der *Heiligkeit der Arbeit*, die Renaissance den Menschen, *der sich selbst genießt* und schließlich vergöttert. Und beide zusammen: die Arbeit mit gutem Gewissen und die narzissische Selbstbetrachtung und Selbstverherrlichung haben *die moderne Langeweile* geschaffen, unter der die Erde allmählich vereist: ihr Korrelat ist das »Interessante«, ein Begriff, der sowohl der Antike wie dem Mittelalter fremd war.

Dantes göttliches Gedicht hängt wie ein brennendes Warnungszeichen am Eingang der Renaissance. Er hat die Zukunft seines Landes in dem Geschick jener gezeichnet, die dazu verurteilt sind, in der äußersten Ferne von Gott zu leben: im ewigen Eise stecken sie, wo selbst die Tränen gefrieren; ihnen ist sogar die letzte Wohltat versagt, die jeder andere Sünder genießt: sie können nicht einmal bereuen! Und indem Dante durch ihre Reihen schreitet, stößt er auf Alberigo, den die schrecklichste aller Strafen getroffen hat. Ihm wurde vom Schöpfer *die Seele genommen.*

Das Schicksal der Renaissance war Alberigos Schicksal. Sie war dazu verdammt, keine Seele zu haben.

FÜNFTES KAPITEL

Das Hereinbrechen der Vernunft

> *Der Mensch ist also nichts als ein Haufen*
> *von Irrtümern, ohnmächtig ohne die Gnade.*
> *Nichts zeigt ihm die Wahrheit: alles be-*
> *trügt ihn. Die beiden Hauptstützen der*
> *Wahrheit, der Verstand und die Sinne,*
> *betrügen sich gegenseitig.*
>
> Pascal

Wir halten jetzt einen Augenblick inne, um in Kürze das Bisherige zu überblicken, das Kommende anzudeuten und über
Zweck und Inhalt unserer ganzen Darstellungsversuche einigermaßen ins klare zu kommen.

*Die Welt-
geschichte
ist ein dra-
matisches
Problem*

Die Weltgeschichte ist ein *dramatisches* Problem. Sie ist
nichts anderes als der bunte, verwirrende und wechselvolle,
aber dennoch nach bestimmten psychologischen Gesetzen ver-
laufende Schicksalsweg der menschlichen Kollektivseele, dessen einzelne Etappen (man pflegt sie Zeitalter zu nennen) nicht
bloß aufeinander, sondern auch auseinander folgen, indem ihr
Gang den Charakter einer Szenenreihe trägt: jeder dieser Auftritte ist gegen die vorhergehenden und die nachfolgenden
deutlich abgegrenzt, und doch bildet er mit ihnen eine organische Kontinuität, indem er die früheren auswirkt, die späteren
bedingt. Es herrscht in dem Drama der menschlichen Geschichte eine klare und unerschütterliche Notwendigkeit; aber
da es kein kaltes akademisches Schulstück, sondern eine von
genialer Hand entworfene Dichtung ist, so trägt diese Notwendigkeit nicht den Charakter einer starren, sterilen Logik oder
eines errechneten psychologischen Schematismus, sondern sie

281

wird nur von fern her geahnt, thront geheimnisvoll und nur mittelbar wirksam im Hintergrunde, ist ganz von der blühenden Chaotik des Lebens überwuchert und hat überhaupt die Eigentümlichkeit, daß sie den handelnden Figuren gar nicht zum Bewußtsein kommt, sondern erst hinterher vom Kritiker des Dramas, dem Historiker, in ohnmächtigen und desillusionierenden Reden aufgedeckt und beschrieben wird.

Das Drama der Neuzeit Was wir auf diesen Blättern zu erzählen versuchen, ist der Entwicklungsgang der europäischen Seele während jenes Abschnitts, den man ihre »Neuzeit« nennt. Wir haben bisher in Kürze den Zustand der »traumatischen Neurose« zu schildern versucht, der die unmittelbare Folge des großen Traumas der schwarzen Pest war; die aber ihrerseits wiederum nur der äußerlich sichtbare Ausdruck einer großen inneren Erschütterung und seelischen Umlagerung war: der Entthronung des mittelalterlichen Weltbilds durch den Nominalismus, der entschiedenen, obschon meist unterbewußten Abkehr von fast allen bisherigen Dominanten des Daseins. Alle die religiösen, ethischen, philosophischen, politischen, ökonomischen, erotischen, künstlerischen Normen und »Wahrheiten«, bisher so sicher geglaubt und begründet und die Orientierung des Menschen in Vergangenheit, Gegenwart und Zukunft scheinbar für immer garantierend, brechen mit einem Male zusammen, ein Trümmerfeld hinterlassend, auf dem, je nach der persönlichen Charakteranlage, der eine raubend und plündernd noch irgendein letztes zweifelhaftes Wertstück zu erraffen sucht, der andere in stumpfer Betäubung allen Gütern dieser Welt abschwört, der dritte, zwischen Gier und Genuß hin- und hertaumelnd, nur für das Bedürfnis der nächsten Stunde ein Auge hat, keiner aber aus noch ein weiß. Wir haben aber gesehen, wie sich in Italien bereits im fünfzehnten Jahrhundert das herauszubilden begann, was wir den »psychomotorischen Überbau« genannt haben: die Regulierung, Äquilibrierung und Organisie-

282

rung der bisherigen Neurose. Aus dem labilen System wird ein stabiles, aus dem pathologischen Zustand ein physiologischer, der positive Charakter der neuen Seelenverfassung kommt allmählich zum Vorschein, neue Richtlinien werden sichtbar: es stellt sich heraus, daß das, was das Gesicht einer verheerenden, ja tödlichen Krankheit trug, ein heilkräftiges Fieber war, in dem sich der ganze Organismus erneuerte, ein Schwangerschaftsstadium, in dem neue Lebenskeime ausreiften und dem Licht entgegenwuchsen. Dieser Zustand der Konsolidierung erreicht im Beginn des Cinquecento in Italien bereits seine volle Höhe und ergreift im Verlauf des Jahrhunderts die ganze westliche Hälfte des übrigen Europa.

Worin bestand dieses »Neue«, das allmählich ins Bewußtsein der europäischen Menschheit rückt? In nichts anderem als der Heraufkunft eines extremen, exklusiven, allumspannenden *Rationalismus.* Wir könnten auch sagen: Sensualismus, denn beides bedeutet im Grunde dasselbe. Der Sensualist glaubt nur an das, was ihm seine Sinne melden; aber wer rät ihm zu diesem Glauben? Sein Verstand. Der Rationalist baut nur auf das, was seinem Verstand einleuchtet; aber wer liefert ihm diesen Untergrund? Seine Sinneseindrücke. Beide sind nur der modifizierte, gewissermaßen verschieden pointierte Ausdruck desselben Seelenzustandes: des unbedingten Vertrauens des Menschen auf sich und seine natürlichen Hilfsquellen. Diese Stellung zur Wirklichkeit, so selbstverständlich sie der ganzen späteren Neuzeit erschien, war etwas völlig Unerhörtes in der bisherigen Geschichte der christlichen Völkerfamilie, denn nur die Griechen und Römer kannten etwas Ähnliches; ja in dieser äußersten Zuspitzung und schärfsten Ausprägung ist sie sogar in der ganzen uns bekannten Weltgeschichte etwas Neues, denn selbst das Weltbild der Antike war nur ein rationalisierter Mystizismus, der seine orientalische Herkunft nie völlig überwunden hat.

Der neue Blick

Um die Wende des fünfzehnten Jahrhunderts ereignet sich also etwas sehr Merkwürdiges. Der Mensch, bisher in dumpfer andächtiger Gebundenheit den Geheimnissen Gottes, der Ewigkeit und seiner eigenen Seele hingegeben, schlägt die Augen auf und blickt um sich. Er blickt nicht mehr *über* sich, verloren in die heiligen Mysterien des Himmels, nicht mehr *unter* sich, erschauernd vor den feurigen Schrecknissen der Hölle, nicht mehr *in* sich, vergrübelt in die Schicksalsfragen seiner dunklen Herkunft und noch dunkleren Bestimmung, sondern geradeaus, die Erde umspannend und erkennend, daß sie sein Eigentum ist. Die Erde *gehört* ihm, die Erde *gefällt* ihm, zum erstenmal seit den seligen Tagen der Griechen.

Dieser Blick ist von einer eigentümlich tiefen Flachheit. Es ist der Blick der untragischen Zufriedenheit, des philiströsen Wohlbehagens, der praktischen Klugheit, der problemlosen Vernünftigkeit, eine Art Mischung aus *Yankeeblick* und *Wiederkäuerblick*: die Welt ist schön, die Welt ist grün, die Welt ist saftig, sie riecht ausgezeichnet und schmeckt noch besser; assimiliere dir von ihr, soviel du kannst: dazu hat sie ja Gott, ein besonderer Gönner aller Wiederkäuer, ganz zweifellos geschaffen.

Aber die Welt ist für diesen Blick doch noch mehr als eine schmackhafte Wiese. Sie ist ein Bauplatz: ein Bauplatz für alles erdenkliche Nützliche, Wohltätige und Lebenfördernde, für Werkstätten der Heilkunst, der Meßkunst, der Scheidekunst, für Institute und Apparate zur Verfeinerung, Erleichterung und Erhöhung des Daseins, für babylonische Türme, die sich zum Himmel recken, um ihm sein Geheimnis zu entreißen, ein unermeßlich weites, unerschöpflich reiches Operationsfeld für die Betätigung und Steigerung der Kräfte des reinen Verstandes, des Verstandes, der sich ganz auf sich selbst stellt, sich alles zutraut, vor nichts zurückschreckt, durch nichts zu enttäuschen ist: dies ist die *heroische* Seite des neuen Blickes neben seiner animalischen.

Kurzum: der Mensch bemerkt, zum erstenmal seit langer Zeit, daß er Verstand hat und daß der Verstand allmächtig ist. Er entdeckt sich als denkendes Wesen, als ens rationale, oder vielmehr: er gebiert diese Kräfte in sich wieder; wenn man will, ist dies der Sinn des Wortes »Renaissance«. Dieser erwachende Verstand beginnt alles zu durchdringen: Himmel und Erde, Wasser und Licht, das unendlich Große und das unendlich Kleine, die Beziehungen der Menschen untereinander und ihr Verhältnis zu Gott und Jenseits, das Walten der Natur und die Gesetze der Kunst; kein Wunder, daß er infolgedessen glaubt, er sei allein auf der Welt. Die ganze Geschichte der Neuzeit ist nun nichts anderes als die wachsende Steigerung und Übersteigerung dieser streng und einseitig rationalistisch orientierten Entwicklung. Einzelne Rückschläge sind nur scheinbar.

Die Kurve von 1500 bis 1900

Der europäische Geist beschreibt von 1500 bis 1900 einen prachtvollen Bogen. Er erschöpft, planvoll fortschreitend, nahezu alle intellektuellen Möglichkeiten. Er gelangt im sechzehnten Jahrhundert in Italien zu jener extremen Rationalisierung der Kunst, von der wir bereits gehandelt haben, und im Norden zur Rationalisierung des Glaubens, die unter dem Namen »Reformation« bekannt ist. Er gibt sich in den Bewegungen der Gegenreformation und der Barocke den Anschein, als ob er zum Irrationalismus und Mystizismus zurückkehren wolle, aber dies ist nur eine optische Täuschung: der Jesuitismus ist eine Schöpfung der höchsten Logizität und intellektuellen Spannkraft, und die Barocke bedeutet erst recht die Alleinherrschaft des ordnenden, rechnenden, zerlegenden Verstandes, der das aber nicht wahrhaben will und sich daher in tausend abenteuerliche Masken und künstliche Verkleidungen flüchtet: es ist der Rationalismus, der sich einen Rausch antrinkt, um der Prosa und Langeweile einer reinen Verstandeskultur zu entrinnen. Das achtzehnte Jahrhundert bringt dann den unbestrittenen Triumph der reinen Vernunft auf allen Ge-

285

bieten: es ist das Jahrhundert Voltaires und Kants, Racines und Winckelmanns. Man sollte glauben, daß dieser Extremismus nicht zu überbieten wäre, und dennoch wurde er überboten: durch das »junge Deutschland« und die ihm verwandten Richtungen des Auslands, die erfolgreich bemüht sind, Kunst, Religion, Wissenschaft, das ganze Leben zu einem puren Politikum umzustempeln und damit der letzten irrationalistischen Züge zu entkleiden. Dazwischen läuft die Gegenströmung der Romantik, die aber, ganz ähnlich wie die Barocke, nur viel impotenter als diese, nichts anderes ist als eine Revolte gegen den Intellektualismus, mit rein intellektuellen Mitteln unternommen, ein Literatenputsch gegen die Literatur, völlig akademisch, programmatisch, doktrinär, ein geistreiches Aperçu, aus der Lust an Paradoxie, Polemik und Modewechsel entsprungen. Und dann bringt die zweite Hälfte des neunzehnten Jahrhunderts den Sieg der »naturwissenschaftlichen Weltanschauung« und der Technik, womit die Entwicklung im Sinne der marxischen »Negation der Negation« durch Selbstmord endigt und in der ebenso sinnlosen wie naturnotwendigen Katastrophe des Weltkriegs zusammenbricht.

Der Weltkrieg selbst aber ist bereits ebensowohl das Finale eines ablaufenden Weltalters wie der Auftakt zu einem neuen. Denn in ihm haben wir, wie bereits angedeutet wurde, eines jener großen Traumen zu erblicken, die die Geburt einer neuen historischen Spezies einleiten. Er bedeutet zugleich einen Weltuntergang und eine Krisis oder, genauer ausgedrückt: das Ende jener einen großen ununterbrochenen Krisis der europäischen Seele, die den Namen »Neuzeit« führt. Wir stehen am Anfang eines neuen Zeitalters, und es ist daher jetzt möglich, die Geschichte der Neuzeit als Rückblick auf eine abgeschlossene Entwicklungsperiode zu schreiben. Zum erstenmal seit fast einem halben Jahrtausend beginnt die Welt dem Menschen wieder zu mißfallen, er beginnt an ihrem Besitz und an dessen Quellen, seinem Verstand und seinen Sinnen zu zweifeln. Dies sind heute erst ferne Zeichen und Möglichkeiten, die blaß am Horizont unserer Kultur heraufdämmern, aber Zeichen, die eine völlige Umkehrung unseres Wohlgefühls ankündigen.

Wir haben uns an die usurpierte Suprematie der logischen Funktionen bereits derart gewöhnt, daß uns jede andere Geisteshaltung absurd oder minderwertig erscheint. Dies ist aber eine ganz willkürliche Auffassung. Vielmehr ist unsere Art, die Welt rationalistisch zu begreifen, die große Exzeption, das Absonderliche und Widernatürliche. Höchst lehrreich ist in dieser Hinsicht ein im Jahr 1910 erschienenes Werk des französischen Forschers Levy-Brühl, *Les fonctions mentales dans les sociétés inférieures*, das auf Grund sehr umfangreicher und gewissenhafter Beobachtungen eine Psychologie der sogenannten »primitiven Völker« unternimmt. Für diese haben sämtliche Dinge und Wesen: jeder Baum, jedes Tier, jeder Mensch, jedes Bild, jedes Gerät sowohl eine sichtbare wie eine unsichtbare Existenz, und gerade diese gilt für die wirksamere; auch die Traumerlebnisse gelten für wirklich, ja für wirklicher als die wachen. »Was für uns Wahrnehmung ist, ist für den Naturmenschen hauptsächlich Verkehr mit den Geistern, mit den Seelen, mit den unsichtbaren und unberührbaren geheimnisvollen Kräften, die ihn von allen Seiten umgeben, sein Schicksal bestimmen und in seinem Bewußtsein einen größeren Platz einnehmen als die festen, tastbaren und sichtbaren Elemente seiner Vorstellungen. Demnach hat er keinen Grund, dem Traum die niedrige Stellung einer verdächtigen subjektiven Vorstellung anzuweisen, auf die man sich nicht verlassen dürfe: dieser ist im Gegenteil eine privilegierte Form der Wahrnehmung, weil in ihr der Anteil der materiellen Elemente minimal und daher die Kommunikation mit den unsichtbaren Kräften die unmittelbarste und vollkommenste ist.« »Daher auch die

Die mystische Erfahrungswelt der »Primitiven«

Willfährigkeit und Hochachtung, die man Visionären, Sehern, Propheten, bisweilen auch Verrückten entgegenbringt. Man schreibt ihnen die spezielle Fähigkeit zu, mit der unsichtbaren Wirklichkeit zu verkehren.« »Für uns besteht das wesentlichste Merkmal für die Objektivität einer Wahrnehmung darin, daß sie unter gegebenen identischen Bedingungen von allen Beobachtern gleichzeitig und auf gleiche Weise gemacht wird. Aber bei den Primitiven geschieht es im Gegenteil fortwährend, daß Wesen oder Gegenstände sich gewissen Leuten mit Ausschluß aller Anwesenden manifestieren. Niemand ist darüber erstaunt, alle Welt findet es natürlich.« »Die Primitiven bedürfen nicht der Erfahrung, um sich von den unsichtbaren Eigenschaften der Dinge zu überzeugen, und deshalb bleiben sie auch durch die Widerlegungen, die die Erfahrung diesen Beobachtungen entgegensetzt, gänzlich ungerührt. Denn die Erfahrung, auf das Sichtbare, Tastbare, Faßbare der Wirklichkeit beschränkt, läßt sich gerade das Allerwichtigste: die geheimen Kräfte und Geister entschlüpfen.« Kurz: der Primitive lebt in einer für die Sinne nicht wahrnehmbaren und dennoch wirklichen, in einer *mystischen* Welt. »Wenn der Arzt eine Heilung vollbringt, so ist es der Geist des Mittels, der auf den Geist der Krankheit wirkt. Die physische Tat wird ohne die mystische gar nicht begriffen. Oder richtiger: es gibt keine eigentlich physische Tat; es gibt nur mystische Taten.«

Prälogisch oder überlogisch? Leider ist der ausgezeichnete Verfasser des Werks ein moderner »Wissenschaftler«, der seine Untersuchungen an den Naturvölkern von oben herab macht und in den Anschauungsformen dieser Gesellschaften nur unvollkommene Vorstufen seines eigenen Denkens erblickt. Er nennt daher ihre Geistesverfassung, und zwar, wie er selbst zugibt, »in Ermangelung eines besseren Namens«, *prälogisch*, wobei er ausdrücklich betont, daß sie weder antilogisch noch alogisch sei. »Mit der Bezeichnung ›prälogisch‹ will ich nur sagen, daß nicht wie bei uns die Verpflichtung gefühlt wird, sich des Widerspruchs zu enthalten. Diese Denkart gefällt sich nicht in willkürlichen Widersprüchen (dadurch würde sie für uns einfach absurd werden), aber sie bemüht sich auch nicht, Widersprüche zu vermeiden.« Gleichwohl bleibt das Wort irreführend, weil es den Eindruck erweckt, daß es sich hier um eine Art Vorstudie und Vorübung zum logischen Denken handle, die dazu bestimmt sei, durch die bei uns herrschende Denkart überwunden zu werden. Man könnte aber mit weit größerer Berechtigung von einem *überlogischen* Denken reden. Und in der Tat ist ja auch diese Art, die Welt zu begreifen, keineswegs auf die Primitiven beschränkt: sie vollziehen diese Vorstellungen nur leichter und selbstverständlicher, weil sie noch der Natur näher stehen. Es hat wohl kaum jemals ein Kulturvolk gegeben, in dem der Seher, der Halluzinierende nicht eine ähnliche privilegierte Stellung eingenommen hätte. Auch in der Anschauung der Griechen, die doch wohl nicht zu den »Primitiven« gehörten, ist der Mensch zweimal vorhanden: in seiner wahrnehmbaren Erscheinung und in seinem unsichtbaren Abbild, der »Psyche«, die erst nach dem Tode frei wird; und die Gestalten der Träume gelten auch ihnen für vollwertige Realitäten. Ferner ist die prälogische Form des Denkens das Merkmal aller schöpferischen Betätigungen: aller Kunst, aller Religion, aller wirklichen Philosophie, ja sogar aller echten Wissenschaft; denn das Leben selber ist »prälogisch«. Die ganze Natur ist wunderbar. Jede in die Tiefe gehende Erklärung einer empirischen Tatsache ist nichts anderes als die Feststellung eines Wunders. Der Philologe beschäftigt sich mit dem Wunder der Sprache, der Botaniker mit dem Wunder des Pflanzenlebens, der Historiker mit dem Wunder des Weltlaufs: lauter Geheimnisse, die noch kein Mensch zu entziffern vermocht hat, ja selbst der Physiker, wenn er nämlich genial ist, stößt fortwährend auf Wunder. Je tiefer eine Wissenschaft in die Sphäre des Wunderbaren einzudringen vermag, desto wissenschaftlicher ist sie. Wenn wir heute keine Wunder mehr erleben, so zeigt dies nicht, daß wir klüger, sondern daß wir temperamentvoller, phantasieärmer, instinktschwächer, geistig leerer, kurz: daß wir dümmer geworden sind. Es geschehen keine Wunder mehr, aber nicht, weil wir in einer so fortgeschrittenen und erleuchteten, sondern weil wir in einer so heruntergekommenen und gottverlassenen Zeit leben.

Das ratio-nalistische Inter-mezzo

Der Rationalismus, dieses Irrlicht, das ganz willkürlich nur jene Ausschnitte der Wirklichkeit beleuchtet und gelten läßt, die nicht der »Erfahrung« und den »Denkgesetzen« widersprechen, das heißt: den rohen Sinneseindrücken und einer ihnen angepaßten defekten Logik, ist, dies müssen wir uns klarmachen, nichts als ein temporäres *Vorurteil*, dazu bestimmt, nach einer gewissen Herrschaftsdauer wieder zu verschwinden. Es soll nicht geleugnet werden, daß der Rationalismus nicht das einzige, sondern nur eines von den vielen Vorurteilen ist, die die Menschheit in ihrer Geschichte zu durchlaufen hat. Daß er aber besser als die anderen, daß er das einzig sinnvolle, ja daß er überhaupt kein Vorurteil sei: diese Annahme ist ein modern-europäischer Lokalwahn.

Was ich also zu erzählen versuche, ist das kurze Intermezzo der Verstandesherrschaft zwischen zwei Irrationalismen: dem mittelalterlichen und dem zukünftigen, das im Rahmen der Menschheitsgeschichte nicht mehr bedeutet als eine flüchtige Mode, interessante Schrulle und kulturhistorische Kuriosität. Und es ist mehr als wahrscheinlich, daß der Mensch der Zukunft – im Besitz einer exakten Astrologie und Mantik, eines genauen und ständigen Rapports mit höheren Geistern, einer Seelenwissenschaft, die sich zu unserer heutigen Psychologie verhalten wird wie die Infinitesimalrechnung zum kleinen Einmaleins, und tausend anderer Dinge, die wir nicht einmal ahnen können – in unserer Neuzeit mit ihren »Errungenschaften« die Ära des finsteren, unfruchtbarsten und borniertesten

Aberglaubens der bisherigen Geschichte erblicken wird. Wie ja auch der Mensch der Vergangenheit: der Ägypter mit der für uns unfaßbaren Großartigkeit seiner Kunst, der Chinese mit der für uns unerreichbaren Reife seiner Weltweisheit, der Babylonier mit seiner für uns unwiederbringlich verschollenen Wissenschaft der Sterndeutung und Schicksalsberechnung, der Inder mit der uns unzugänglichen Tiefe seiner Religion, für die analogen Kulturschöpfungen unserer Zeit, die liberalem Dünkel als die Krone der bisherigen Entwicklung erscheinen, nur ein mitleidiges Lächeln gehabt hätte. Er würde von uns finden, was jener Memphispriester bei Herodot von den Griechen fand: daß wir ewige Kinder geblieben seien. Und ein feineres Ohr als das unsrige vermöchte vielleicht sogar zu erkennen, daß auch noch die ganze europäische Geschichte der Neuzeit von einem leisen *Gelächter des Orients* begleitet ist, das wie eine feine spöttische Unterstimme neben allen unseren »Fortschritten« einhergeht.

Der europäische Rationalismus, dessen Entwicklungsgang wir zu schildern haben, war also nichts als die vorübergehende idée fixe einer kleinen asiatischen Halbinsel, eine der rudimentärsten, primitivsten und infantilsten Geistesperioden der Menschheit; und was wir unter dem Namen der »Neuzeit« erzählen, ist eigentlich die Geschichte eines grauen *Altertums*, einer Art Menschheitskindheit, Urzeit und Prähistorie.

Diese Neuzeit, so müssen es wenigstens noch immer alle Schulknaben lernen, war eine Wirkung der Entdeckung Amerikas. Aber, wir können dies nicht oft genug wiederholen, es verhielt sich gerade umgekehrt: ein solches Geschlecht, wie es damals lebte, mit dieser neuen Abenteuerlust, diesem Drang in die Ferne, diesem wiedererwachten Realismus, diesem unbezähmbaren Wissensdurst *mußte* eines Tages in Westindien anlegen, mit derselben Notwendigkeit, mit der es seine übrigen Erfindungen und Entdeckungen machen mußte. Daß ein Ge-

Die drei Schwarzkünste

mälde oder ein lyrisches Gedicht das organische Produkt des Zeitalters ist, in dem es geschaffen wurde, wissen heutzutage sogar schon die Universitätsprofessoren; aber mit den technischen Leistungen verhält es sich auch nicht anders. Es gibt keine »zufälligen« Erfindungen. Es ist ja auch nicht wahr, daß das ausgehende neunzehnte Jahrhundert dem Telephon, dem Telegraphen, den Blitzzügen und dergleichen Dingen ein neues Gefühl von Zeit und Raum, ein unendlich beschleunigtes Lebenstempo verdankt hat, sondern dieses neue Tempo war das Primäre, dieses neue Zeit- und Raumgefühl wurde mit der Generation, die den Magnetismus, die Elektrizität und die Dampfkraft nutzbar machte, bereits geboren, es *mußte* sich diese Lebensformen schaffen.

Unter den Ereignissen, die die Neuzeit einleiten, war die Entdeckung Amerikas auch gar nicht das Wesentlichste, ganz abgesehen davon, daß die damalige Menschheit Amerika ja gar nicht entdeckt hat, sondern bloß dort landete, um nicht zu sagen: strandete; für die seelische Gesamtverfassung eines Zeitalters fallen aber nur *bewußte* Kulturleistungen ins Gewicht. Die entscheidendsten Metamorphosen bewirkten vielmehr drei andere Tatsachen: der allgemeine Gebrauch des von Berthold Schwarz erfundenen Pulvers, die Verwendung beweglicher schwarzer Lettern zur Massenherstellung von Büchern und das leidenschaftliche Interesse für die Geheimnisse der Alchimie. Diese *drei Schwarzkünste* stehen bedeutungsvoll am Eingang der Neuzeit.

Neben diesen allbekannten großen Erscheinungen bringen das letzte Drittel des fünfzehnten Jahrhunderts und der Anfang des sechzehnten noch eine Reihe anderer bemerkenswerter Fortschritte auf dem Gebiet der Wissenschaft und Technik. 1471 wird die erste Sternwarte errichtet, 1490 entwirft Martin Behaim den ersten Globus, 1493 erscheint Hartman Schedels *Liber chronicarum*, ein mit über zweitausend Holzschnitten geschmücktes, epochemachendes, geographisch-historisches Werk, 1505 wird die erste Post eingerichtet, 1506 gibt Reuchlin seine hebräische Grammatik heraus, 1510 ersinnt Peter Hele seine Federuhr, das berühmte »Nürnberger Ei«, das man in der Tasche tragen kann, 1515 kommen die Radschloßgewehre in Gebrauch. Anfänge des modernen Zeitbegriffs setzen sich durch: die öffentlichen Uhren beginnen die Viertelstunden zu schlagen. Auch die weiteren Jahre sind von regem wissenschaftlichem Leben erfüllt. 1540 entdeckt Servet den kleinen Blutkreislauf, drei Jahre später, im Veröffentlichungsjahr des kopernikanischen Systems, läßt der große Anatom Vesalius sein grundlegendes Werk *De humani corporis fabrica* erscheinen, Christoph Rudolff schreibt das erste Kompendium der Algebra in deutscher Sprache, Adam Riese die ersten Lehrbücher der praktischen Rechenkunst, Georg Agricola begründet die Mineralogie, Konrad Gesner die wissenschaftliche Zoologie, Gerhard Kremer, Kosmograph und Kupferstecher, bekannt unter seinem latinisierten Namen Mercator, erneuert die Erfindung des Ptolemäus, die Kreise des Gradnetzes auf einen Kegelmantel zu projizieren, und verbessert sie so vorzüglich, daß »Mercators Projektion« bis zum heutigen Tage in Gebrauch ist.

Daß wir uns aber noch immer in einer Art Übergangszeit *Paracelsus* vom Mittelalter zum Rationalismus befinden, zeigen die zahlreichen Mystiker, Kabbalisten und Wunderkünstler, die den geistigen Bestrebungen des Zeitalters das eigentliche Gepräge geben. Sie haben gleichsam den Habitus einer neuentstandenen zoologischen Spezies, die noch Rudimente der früheren, aus der sie hervorgegangen ist, mit sich herumträgt, etwa wie wenn Geschöpfe, die bereits den Übergang von der Wasserexistenz zum Landleben vollzogen haben, noch Schwimmhäute oder Doppelatmung durch Kiemen und Lungen aufweisen. Im Grunde waren gerade sie es, die das lehrten, was man in jener Zeit unter »Wissenschaft« verstand. Unter ihnen erlangten

Agrippa von Nettesheim und Theophrastus Bombastus Paracelsus von Hohenheim die meiste Popularität. Der erstere gab im Jahr 1510 unter dem Titel *De occulta philosphia* eine Art Lehrbuch der Magie heraus, die er in eine natürliche, eine himmlische und eine religiöse gliedert: die erste zeigt, wie man über die irdischen Kräfte Herr wird, die zweite, wie man in die Geheimnisse der Gestirne eindringt, die dritte, wie man Macht über die Dämonen gewinnt; und Paracelsus ist eine der originellsten Figuren des ganzen Zeitalters: Humanist und Physiker, Alchimist und Astrolog, Chiromant und Totenbeschwörer, Chirurg und Theurg, Entdecker des Wasserstoffs und Erneuerer der wissenschaftlichen Medizin; auf seinem steten Wanderleben als Arzt, Lehrer und Goldmacher von aller Welt umworben und von einem lärmenden Hofstaat umschwärmt, in dem wahre Jünger der Wissenschaft mit Abenteurern und Müßiggängern, die nach dem Stein der Weisen begehrten, bunt durcheinandergemischt waren (wie ja überhaupt in jener Zeit gemeiner Goldhunger und edler Wissensdurst kaum voneinander zu trennen sind); überall sensationelle Kuren vollbringend, Kenntnisse sammelnd und ausbreitend, Skandal und Bewunderung erregend, um schließlich auf Antistiften einiger graduierter Kollegen, die in seiner Genialität eine Geschäftsstörung erblickten, hinterlistig ermordet zu werden. Im Gedächtnis der Nachwelt lebt er teils als Typus des Scharlatans, als skurrile und verächtliche Jahrmarktsfigur, teils als Typus des Sehers, als Märtyrer der Wissenschaft und Wohltäter der Menschheit. Beide Versionen haben recht.

Auch seine Schriften tragen diesen zwiespältigen Charakter. Schwülstig und gesucht, großsprecherisch und weitschweifig, dunkel und überladen, zeigen sie, daß ihr Verfasser den Namen Bombastus nicht mit Unrecht trug; aber auch dem Namen Theophrastus hat er Ehre gemacht: er war ein wahrer Beauftragter Gottes, ein Künder tiefen Wissens und echter Weisheit.

Nicht in den Büchern, betont er immer wieder, müsse man die Wahrheit suchen, sondern im Buch der Natur: was in Galens Schriften zu finden ist, gleiche dem Schwamm, der auf dem Baum des Lebens wächst; nur ein Tor kann den Schwamm mit dem Baum verwechseln. Er lehrte, um es mit einem Worte zu sagen: eine *pantheistische Medizin*: alles hängt zusammen, Aufgabe des Arztes ist es, diesen Zusammenhang zu ergründen; auch die Welt, die Erde ist ein großer Organismus mit Leben und Störungen, Antlitz und Krankheiten, Atemzug, Pulsschlag, Fieber und Genesung.

An den Stein der Weisen hat er fest geglaubt: das Gesetz von der Erhaltung der Elemente war ihm eben noch unbekannt. Dieses Gesetz ist jedoch neuerdings durch das Radium widerlegt worden, das sich bekanntlich in ein anderes Element, das Helium, zu verwandeln vermag. So wird »unwissenschaftlich«, was bisher ein Pfeiler der Naturforschung war, und »wissenschaftlich«, was bisher als roher Aberglaube galt. Dies ist die Geschichte der sogenannten Wissenschaften, und ihre Betrachtung müßte den Dünkel der gelehrten Handwerker sehr herabmindern, wenn diese für freie Erwägungen des gesunden Menschenverstandes überhaupt zugänglich wären.

Die Alchimie bezweckte übrigens keineswegs bloß Goldmacherei. Der geheimnisvolle Stoff, das »Arcanum«, das man suchte, sollte auch zugleich eine Panazee gegen alle Krankheiten sein, gleich dem Theriak des Altertums. Man war damals überhaupt der Ansicht, daß es eine allgemeine erlösende Formel geben müsse, die mit einem Schlage die Rätsel der Welt entschleiert, einen Generalschlüssel, der das Tor zu allen Geheimnissen öffnet: dies ist der tiefere Sinn des Steins der Weisen.

Die beiden anderen »Tendenzen des Zeitalters«: das Schießpulver und der Buchdruck haben zweifellos ungleich verderblicher gewirkt als die Alchimie. Durch den Gebrauch der Feuerwaffen ist ein Moment der Verpöbelung, Barbarisierung und

Menschenmaterial und verschiebbare Letter

Mechanisierung ins Kriegswesen gekommen, wie es bisher unbekannt war. Durch das Pulver wird der Mut demokratisiert, nivelliert, entindividualisiert. Der ritterliche Kampf, Mann gegen Mann, zu Pferde, mit besonderen Schutz- und Angriffsrüstungen, deren Handhabung Sache eines besonderen Talents oder doch zumindest einer durch Jahre und Generationen währenden Übung und Züchtung war, schuf eine bestimmte Gesellschaftsklasse, ja Rasse, deren Beruf der Mut war. Mit dem entscheidenden Auftreten der Feuertaktik und des Fußvolks hört der Krieg auf, Sache einer besonderen Menschenart, Gemütsanlage und Fähigkeit zu sein, der Mut ist allgemein geworden, das heißt: er ist verschwunden. Die Waffe ist nicht mehr ein persönliches Organ des Menschen, gleichsam ein Glied seines Körpers, sondern der Mensch ist ein unpersönliches Organ der Waffe, nichts als ein Glied der großen Kriegsmaschine. Hieraus folgt zweierlei: erstens eine viel größere Skrupellosigkeit und Brutalität in der Kriegführung, da der einzelne nur noch ein leicht ersetzliches Teilchen des Ganzen, sozusagen ein Stück Fabrikware, ein leicht herstellbarer Massenartikel ist, und zweitens die Ausdehnung der Kriegstätigkeit auf viel größere Teile der Bevölkerung, schließlich auf alle. Der Begriff »Menschenmaterial« ist erst durch die Erfindung des Schießpulvers geschaffen worden, ebenso wie die allgemeine Wehrpflicht, denn eine allgemeine Pflicht kann nur sein, was jeder kann. Daher ist die Geschichte der Neuzeit die Geschichte der fortschreitenden Auflösung des Kriegsbegriffes, seines ursprünglichen Inhalts und Sinns. Die letzte Stufe dieser Selbstzersetzung bildet der Weltkrieg: der Krieg aus Geschäftsgründen.

Eine ähnliche mechanisierende und nivellierende Tendenz wohnt der Druckerpresse inne, die übrigens nie eine so allgemeine Bedeutung erlangt hätte, wenn ihre Erfindung nicht mit der Einführung guten und billigen Papiers zusammengefallen wäre. Gutenberg (oder wer es sonst war) zerlegte die Holztafeln, mit denen man zuerst Bilder, später Unterschriften und schließlich auch schon Bücher gedruckt hatte, in ihre einzelnen Bestandteile, die Buchstaben. Hierin liegt zunächst eine Tat des Individualismus, eine Befreiung aus der Gebundenheit, Assoziation und Korporation des Mittelalters. Die Elemente, die Zellen gleichsam, die den Organismus des Wortes, des Satzes, des Gedankens aufbauen, machen sich selbständig, freizügig, jede ein Leben für sich, unendliche Kombinationsmöglichkeiten eröffnend. Bisher war alles fest, gegeben, statisch, konventionell; jetzt wird alles flüssig, variabel, dynamisch, individuell. Die *verschiebbare Letter* ist das Symbol des Humanismus. Aber die Kehrseite ist: es wird auch alles mechanisch, dirigierbar, gleichwertig, uniform. Jede Letter ist ein gleichberechtigter Baustein im Organismus des Buches und zugleich etwas Unpersönliches, Dienendes, Technisches, Atom unter Atomen. Ähnliche Erscheinungen hat der neue Geist auch auf anderen Gebieten gezeitigt. Vom Kriegswesen sprachen wir soeben: jeder Ritter war eine Schlacht für sich, der Soldat ist bloß eine anonyme Kampfeinheit. An die Stelle des Bürgers tritt der *Untertan*, an die Stelle des Handwerkers der *Arbeiter*, an die Stelle der Ware das *Geld*. Alle vier: Soldat, Untertan, Arbeiter und Geldstück haben das Gemeinsame, daß sie gleichartige Größen, reine Quantitäten sind, die man nach Belieben addieren, umstellen und auswechseln kann. Ihr Wert wird nicht so sehr durch ihre persönlichen Eigenschaften als durch ihre Zahl bestimmt. Dasselbe zeigt sich auch auf dem Gebiet des Komforts und der ganzen äußeren Lebenshaltung. Der Mensch der Neuzeit hat praktischere Möbel, schnellere Fahrzeuge, wärmere Öfen, hellere Beleuchtungskörper, bequemere Wohnhäuser, bessere Bildungsanstalten als der mittelalterliche, und diese und noch hundert andere Dinge garantieren ihm ein freieres, unbelasteteres, individuelleres Dasein: aber alle diese

Möbel, Fahrzeuge, Öfen, Beleuchtungskörper, Wohnhäuser und Bildungsanstalten sind vollkommen gleich. Es muß eben in Natur und Geschichte immer für alles bezahlt werden. Es ersteht die *Individualität*, und es verschwindet die *Persönlichkeit*.

Kopernikus Dies waren entscheidende Umlagerungen des Weltbildes, zu denen nun noch die neuen astronomischen Ansichten traten, die von Kopernikus ausgingen. Die Abhandlung *De revolutionibus orbium coelestium libri VI*, in der er sein neues Weltsystem aufstellte, erschien erst in seinem Todesjahr, dazu noch mit einer Vorrede des protestantischen Theologen Osiander, die eigenmächtig das Ganze für eine Hypothese erklärte, offenbar weil Luther und Melanchthon sich dagegen ausgesprochen hatten: »Der Narr«, sagte Luther, »will die ganze Kunst Astronomiam umkehren; aber die Heilige Schrift sagt uns, daß Josua die Sonne stillstehen ließ und nicht die Erde.« Aber das Werk ist bereits viel früher entstanden. Kopernikus erklärt selbst in der Widmung (die merkwürdigerweise an Papst Paul den Dritten gerichtet war), es habe viermal neun Jahre bei ihm geruht, und es muß auch schon vorher durch geheimnisvolle Kanäle ins Publikum gedrungen sein. Sobald eine Erkenntnis einmal *da ist*, läßt sie sich eben nicht unterdrücken, sie infiziert gleichsam die Luft, verbreitet sich wie ein Bazillus.

Die Entdeckung war übrigens nicht völlig neu. Ein Vierteljahrtausend vor Christus hatte Aristarch von Samos ein ähnliches System aufgestellt: Sonne und Fixsterne unbeweglich, die Erde in Drehung um sich selbst und die Sonne; und schon von Plato berichtet Plutarch, daß er »die Erde nicht mehr in der Mitte des Ganzen gelassen, sondern diesen Platz einem besseren Gestirn eingeräumt habe«. Aber der Grieche wollte die Welt als begrenzte geschlossene Kugel und sich als Betrachter in der Mitte, er wollte einen *Kosmos*, ein schönes, kunstvoll gegliedertes Ganzes, leicht vorstellbar und bequem überschaubar wie ein Tempel, eine Bildsäule oder ein Stadtstaat: das heliozentrische System entsprach nicht seinem Weltbild und war daher *falsch*. Jetzt erwacht im Menschen der Trieb ins Weite und zugleich der Trieb nach Ordnung, Gleichförmigkeit und Regelmäßigkeit, nach einer in Formeln ausdrückbaren Welt, die sozusagen eine mathematische Sprache redet. Durch die neue Astronomie wird er scheinbar zum Nichts herabgedrückt, in Wirklichkeit aber zum Entschleierer, Durchschauer, ja Gesetzgeber des Weltalls emporgehoben: er will lieber eine Welt von schauerlicher Unendlichkeit, in der die Erde als blasser Lichtfunken schwimmt, die aber *berechenbar*, seinem Geist unterworfen ist, als eine wohlabgegrenzte, die aber in Dunkel und Geheimnis gehüllt und einem unerforschlichen Schicksal unterworfen ist. Es ist eine der größten Geschichtsfälschungen, wenn man immer wieder behauptet, das heliozentrische System habe den Menschen demütiger und bescheidener gemacht: ganz im Gegenteil.

Übrigens lehrte Kopernikus zwar eine heliozentrische und daher der bisherigen an Größe unendlich überlegene, aber doch eine fixe und endliche Welt, in deren Mittelpunkt unbeweglich die Sonne thront und deren äußerste Grenze von der »achten Sphäre« gebildet wird, einer festen, in sich geschlossenen Kugelschale, hinter der nichts mehr ist. Seine Welt war also doch noch eine wesentlich andere: nicht nur eine kleinere, sondern auch eine einfachere, übersichtlichere, stabilere, sozusagen solidere als die unsere, in der unzählbare Sonnensysteme, durch unfaßbare Entfernungen voneinander getrennt, mit rasender Geschwindigkeit durch einen Abgrund jagen, von dem wir nur sagen können, daß er nirgends aufhört.

Aber das Instrument, das für die beginnende Neuzeit im höchsten Maße symbolisch ist, ist nicht die Tafel des Astronomen, auch nicht die Druckerpresse, die Retorte oder die Kanone, sondern der *Kompaß*. Erfunden war er schon längst: aber

*Über-
windung
des »Cap
Non«*

erst jetzt wagt man, sich ihm ganz anzuvertrauen. Das Wesentliche der neuen Geisteshaltung ist, wie wir schon mehrfach betonten, ein unbezwinglicher, bisher unerhörter Zug in die Ferne, ein unersättlicher Trieb, alles zu entschleiern, zu penetrieren, zu durchforschen: darum heißen diese Jahrzehnte das Zeitalter der Entdeckungen. Aber nicht die Entdeckungen, die man machte, waren das Wichtige; das Entscheidende war die *Tendenz*, zu entdecken: ein edles Suchen um des Suchens willen war die dämonische Leidenschaft, die die Geister jener Zeit erfüllte. Das Reisen, bisher bestenfalls als ein notwendiges Übel angesehen, wird jetzt die höchste Lust der Menschen. Alles wandert, vagiert, schweift von Ort zu Ort: der Schüler, der Handwerker, der Soldat, der Künstler, der Kaufmann, der Gelehrte, der Prediger; gewisse Berufe, wie der des Humanisten oder des Arztes, werden überhaupt fast nur im Umherziehen ausgeübt; man wertet einen jeden nach dem Maße, wie weit er herumgekommen ist: der »Fahrende« stellt in fast allen Berufszweigen eine höhere Qualifikation, eine Art Aristokratie dar. In der damaligen Zeit haben die Menschen alles Neue im eigentlichen Sinne des Wortes *erfahren*. Und es war gar nicht zu vermeiden, daß sich diese neue Reiseenergie alsbald auch der Wasserwege bemächtigte.

An der Spitze der modernen Entdeckungsgeschichte steht die Gestalt des Infanten Heinrich von Portugal, der zwar selber nie eine Seefahrt unternommen hat, aber wegen der großartigen Energie, mit der er alle maritimen Bestrebungen förderte, mit Recht den Namen »Heinrich der Seefahrer« erhalten hat. Nie berührte er ein Glas Wein oder einen Weibermund: seine einzige Leidenschaft war die Entschleierung der afrikanischen Küsten. Bis zu seiner Zeit hatte das Kap Bojador als die äußerste Grenze gegolten, über die kein Schiffer hinausgelangen könne, weil von da an das Meer so sehr an Salzgehalt zunehme, daß die zähe Masse von den Fahrzeugen nicht mehr zu zerteilen sei. Es führte daher den bezeichnenden Namen *Cap Non*. Auch herrschte allgemein die zuerst von Aristoteles aufgestellte und von Ptolemäus bestätigte Ansicht, daß es innerhalb der Wendekreise nur wüstes Land geben könne, weil die Glut der senkrecht auffallenden Sonnenstrahlen keine Vegetation dulde. Auf Veranlassung Heinrichs wurden aber gleichwohl Schiffe auf Expeditionen ausgesandt, und im Jahr 1445 konnte einer seiner Untertanen berichten, er habe weiter südlich Küsten mit saftigen Kräutern und großen Palmenhainen entdeckt: »Dies alles«, fügte er ironisch hinzu, »schreibe ich mit Verlaub Seiner Gnaden des Ptolemäus, der recht gute Sachen über die Einteilung der Welt hat verlauten lassen, aber in diesem Stücke sehr fehlerhaft dachte. Zahllos wohnen am Äquator schwarze Völkerschaften, und zu unglaublicher Höhe erheben sich die Bäume, denn gerade im Süden steigert sich die Kraft und Fülle des Pflanzenwuchses.« Und noch in demselben Jahre gelangte man zu dem fruchtbaren Vorgebirge, das seitdem unter dem Namen *Cap verde* bekannt ist. Alsbald entwickelte sich ein lebhafter afrikanischer Tauschhandel: die wichtigsten Ausfuhrartikel waren Goldstaub, Moschus und Elfenbein, und auf Madeira entstanden reiche Zuckerplantagen. Auch der Sklavenfang gehörte zu den merkantilen Begleiterscheinungen dieser ersten Entdeckungsfahrten, bei denen der Infant selbst jedoch niemals andere als wissenschaftliche Interessen im Auge gehabt hat.

Als er im Jahre 1460 starb, gerieten die Unternehmungen ins Stocken. Erst die achtziger Jahre brachten wieder bedeutende Fortschritte. 1482 wurde auf einer Reise, an der auch Martin Behaim teilgenommen haben soll, die Kongomündung entdeckt, und 1486 erreichte Bartolomeo Diaz die Südspitze Afrikas, die von ihm wegen der furchtbaren Stürme, die dort herrschten, *Cabo tormentoso* genannt, von seinem König João dem Zweiten aber in *Cabo de bôa esperanza* umgetauft wurde, ja er fuhr sogar um das Kap herum und befand sich bereits auf dem

Wege nach dem Indischen Ozean, als er von seiner Mannschaft bestimmt wurde umzukehren. Die Hoffnung auf einen südlichen Seeweg nach Ostindien, die der König mit seiner Namensänderung zum Ausdruck bringen wollte, sollte sich zwölf Jahre später erfüllen: Vasco da Gama gelangte nach Kalikut, der Hauptstadt des vorderindischen Reiches Malabar, die zugleich der Hauptort für den Verkehr mit den Molukken, den »Gewürzinseln«, war: von da an datiert die Suprematie der Portugiesen im europäischen Gewürzhandel.

Columbus Schon sechs Jahre früher aber hatte der Genuese Cristoforo Colombo im Dienste der spanischen Regierung, der zu Ehren er sich von nun an Cristobal Colon nannte, den ersten Vorstoß nach Westen gemacht. Er wählte zunächst den ungeschicktesten Weg nach Amerika, nämlich die weiteste Entfernung, und er wäre wahrscheinlich nie ans Ziel gekommen, wenn nicht besonders günstige Winde diesen Fehler ausgeglichen hätten. Sein Plan war, »das Morgenland in westlicher Richtung« zu erreichen. Mit der Kugelgestalt der Erde, wie sie auf Martin Behaims berühmtem »Erdapfel« zum Ausdruck gelangte, war er also schon vollkommen vertraut; aber er teilte auch den auf diesem Globus verzeichneten Irrtum, daß Asien eine zusammenhängende Masse bilde, die sich hufeisenförmig um den Planeten herumschlinge. Daß er jedoch, wie gemeinhin behauptet wird, auf diesem Wege nach »Westindien« zu gelangen glaubte, ist nicht ganz richtig, vielmehr nahm er an, und zwar in seinem Sinne ganz logisch, daß er in Kathai (China) oder an der vorgelagerten Insel Zipangu (Japan) landen werde. Bestärkt wurde er in dieser Vermutung durch das Werk des berühmten Weltreisenden Marco Polo, *Mirabilia mundi*, der tatsächlich zweihundert Jahre früher, aber in östlicher Richtung und auf dem Landwege, nach China und Japan gelangt war. Columbus hielt auch wirklich die Insel Cuba, das erste größere Gebiet, das er anlief, für Zipangu; als er etwas später die Nachbarinsel Haiti entdeckte, die er Española nannte, modifizierte er seine Ansicht dahin, daß diese Zipangu und Cuba das chinesische Festland sei. Er war in die Meinung, daß er sich auf asiatischem Boden befinde, so verrannt, daß er noch für seine letzte Reise arabische Dolmetscher für den Verkehr mit dem Großkhan von Kathai verlangte und einmal sogar einen Trupp Flamingos, den er gravitätisch durch die Nacht wandeln sah, für weißgekleidete chinesische Priester hielt. Er erreichte auf seiner zweiten Reise Jamaica, auf seiner dritten die Orinocomündung und damit das Festland, auf seiner letzten Honduras, das er für Hinterindien erklärte, und starb vier Jahre später, 1506, in demselben Jahre wie Martin Behaim, ohne zu ahnen, daß er einen neuen Weltteil entdeckt hatte.

Es ist daher kein so besonders himmelschreiendes Unrecht, daß dieser nicht den Namen Columbia trägt, obschon eine noch viel geringere Berechtigung vorlag, ihn nach Amerigo Vespucci zu benennen. Das Ereignis der Entdeckung Amerikas lag in der Luft. Es wäre ohne Columbus nicht ausgeblieben, ja nicht einmal verzögert worden. »Amerika wäre bald entdeckt worden«, sagt der große Naturforscher Karl Ernst von Baer, »auch wenn Columbus in der Wiege gestorben wäre.« 1497 erreichte der Venezianer Giovanni Gabotto (John Cabot) unter englischer Flagge die Küste von Labrador, betrat also ein Jahr früher als Columbus das amerikanische Festland. 1500 wurde Pedro Cabral auf seiner Fahrt nach Kalikut nach Westen abgetrieben und entdeckte auf diese Weise Brasilien und, allerdings ganz zufällig, eine viel kürzere Verbindung zwischen Europa und Amerika. Es kommt hinzu, daß Columbus mit seiner Entdeckung nicht bloß wissenschaftlich, sondern auch praktisch nichts anzufangen wußte. Seine Verwaltung der neuen Provinzen war eine wahre Schreckensherrschaft und zeigt an ihm nur häßliche Seiten: maßlose Goldgier, gedankenlose Grausamkeit gegen die Eingeborenen, Hinterhältigkeit und blinde

Eifersucht gegen seine Landsleute. Alle administrativen Einrichtungen, die er getroffen hat, waren ebenso unmenschlich wie kurzsichtig: die skrupellose Dezimierung der Bevölkerung durch Sklavenhandel, ihre sinnlose Überanstrengung in der Plantagenarbeit, die Verschickung spanischer Verbrecher nach Española, die Einführung wilder Hunde zum Zwecke der Menschenjagd. Geiz und Habsucht hatten eine solche Macht über ihn, daß sie es dahin brachten, alle edleren Regungen in ihm zu ersticken und alle idealeren Züge seines Wesens zu verdunkeln: schon sein Eintritt in die Neue Welt ist dadurch bezeichnet, daß er den Matrosen, der zuerst Land gemeldet hatte, um die hierfür ausgesetzte Prämie prellte. Achtung verdient er nur für die unerschütterliche, durch nichts zu entmutigende Ausdauer und Tatkraft, mit der er seine Pläne verfolgte; im übrigen war sein Werk ein Produkt der Schwärmerei, der Gewinnsucht und des Eigensinns und seine ganze Fahrt ein zufälliger Prioritätserfolg und Lotterietreffer, eine nautische Rekordleistung von subalternem sportlichem Interesse. Columbus war ein Probierer: er fuhr in einer bestimmten Richtung los, probeweise, und fand Amerika, er probierte an einem Ei so lange herum, bis es stand, und beide Erfolge beweisen gleich viel für seine Genialität.

Die Reise um die Erde in elfhundert Tagen Die größte Entdeckertat des Zeitalters, schon deshalb, weil sie bewußt vollbracht wurde, ist die Erdumsegelung durch Fernão Magalhães, einen in spanische Dienste getretenen Portugiesen. Er verließ im September 1519 Spanien, fuhr, unter vielerlei Meutereien und Anschlägen seiner Gefährten, längs der südamerikanischen Ostküste bis zur südlichsten Spitze des Festlands, durchsegelte im Spätherbst 1520 die nach ihm benannte höchst beschwerliche und gefährliche Straße, die den Kontinent vom Feuerlandarchipel trennt, und erreichte so den Stillen Ozean, den er in nordwestlicher Richtung durchquerte. Nach einer fast viermonatigen mühseligen und entbehrungsreichen Reise, auf der sich die Besatzung schließlich von Leder und Ratten nähren mußte, gelangte er nach den Ladronen und einige Tage später nach den Philippinen, wo er im April 1521 in einem Kampfe mit den Eingeborenen, den er waghalsig ohne genügende Deckung unternommen hatte, getötet wurde. Sein Schiff »Vittoria« fuhr unter dem Kommando Sebastian d'Elcanos nach den Molukken und kam von da durch den Indischen Ozean über das Kap der Guten Hoffnung und die Kapverdischen Inseln glücklich nach der Heimat zurück. Im September 1522, fast genau nach drei Jahren, landete die Expedition in demselben Hafen, von dem sie ausgegangen war. Bei ihrer Ankunft auf der Kapverdischen Insel Santiago, Juli 1522, bemerkten die Seefahrer, daß der dortige Kalender bereits Donnerstag, den zehnten Juli anzeigte, während sie selbst erst Mittwoch, den neunten Juli zählten. Da sie sich von Ost nach West um die Erde bewegt hatten, hatten sie einen Tag verloren. Hätten sie die umgekehrte Richtung eingeschlagen, so wäre es ihnen wie in der »Reise um die Erde in achtzig Tagen« gegangen, deren geistreiche und überraschende Pointe bekanntlich darin besteht, daß der Held, ohne es zu ahnen, einen Tag und damit seine Wette gewinnt. Sie waren über ihre Entdeckung vermutlich nicht weniger verblüfft und erfreut als Mr. Phileas Fogg. Denn sie bedeutete einen absolut unwiderleglichen Beweis für die Kugelgestalt der Erde.

Um dieselbe Zeit wurde Mittelamerika und etwa zehn Jahre später die Westküste Südamerikas den Europäern erschlossen. Wir wollen bei diesen beiden Ereignissen: der Eroberung Mexikos und Perus ein wenig länger verweilen, weil sie zu den empörendsten und zugleich sinnlosesten Taten der Weltgeschichte gehören.

Das Verbrechen der Conquista

Als Hernando Cortez im Jahre 1519 den Boden Mexikos betrat, fand er dort eine hochentwickelte, ja überentwickelte Kultur, die der europäischen weit überlegen war; als Weißer und Katholik, verblendet durch den doppelten Größenwahn seiner

Religion und seiner Rasse, vermochte er sich jedoch nicht zu dem Gedanken zu erheben, daß Wesen von anderer Weltanschauung und Hautfarbe ihm auch nur ebenbürtig seien. Es ist tragisch und grotesk, mit welchem Dünkel diese Spanier, Angehörige der brutalsten, abergläubischsten und ungebildetsten Nation ihres Weltteils, eine Kultur betrachteten, deren Grundlagen sie nicht einmal ahnen konnten. Gleichwohl läßt sich der Gestalt des Cortez eine gewisse Größe nicht absprechen; er war zwar ein Conquistador wie alle anderen: roh, verschlagen, gierig und ohne höhere moralische Hemmungen, aber es fehlte ihm nicht an planvollem Mut, politischer Klugheit und einer gewissen primitiven Anständigkeit; auch tat er nie etwas aus bloßer Blutgier, ja er hatte sogar einen gewissen Abscheu vor dem Blutvergießen, wie er ja auch die Schlachtopfer der Azteken abgeschafft hat: vielleicht die einzige eines Kulturmenschen würdige Handlung, die im Laufe der ganzen spanischen Conquista begangen worden ist. Seine Umgebung jedoch bestand mit wenigen Ausnahmen, zu denen vor allem die Geistlichen gehörten, aus Subjekten niedrigster Kategorie, Rowdys und Verbrechern, die ihr Mutterland ausgestoßen hatte: deklassierten Spaniern, also dem Abschaum des Abschaums des damaligen Europa. Das einzige Motiv der Expedition war ganz gemeine Goldgier: »Die Spanier«, sagte Cortez nicht ohne eine gewisse überlegene Ironie zu dem Statthalter, den ihm Kaiser Montezuma entgegenschickte, »leiden an einer Herzkrankheit, gegen die Gold ein besonders geeignetes Mittel ist.«

Die mexikanische Spätkultur Die Kultur Mexikos haben wir uns ungefähr auf einer Entwicklungsstufe vorzustellen, die von der der römischen Kaiserzeit nicht allzuweit entfernt war. Sie war offenbar schon in jenes letzte Stadium getreten, das Spengler als »Zivilisation« bezeichnet und das Großstadtwesen, raffinierten Komfort, autokratische Regierungsform, expansiven Imperialismus, Mas-

306

sigkeit der Kunstbauten, gehäufte Ornamentik, ethischen Fatalismus und Barbarisierung der Religion charakterisiert ist. In der Hauptstadt Tenochtitlan, die auf Pfählen in einen wunderschönen See gebaut war, sahen die Spanier riesige Tempel und Spitzsäulen; ausgedehnte Arsenale, Krankenhäuser und Kriegerasyle; große Menagerien und botanische Gärten; Barbierläden, Dampfbäder und Springbrunnen; Teppiche und Gemälde aus prachtvollem Federmosaik; köstliche Goldschmiedearbeiten und kunstvoll ziselierte Geräte aus Schildpatt; herrliche Baumwollmäntel und Lederrüstungen; Plafonds aus wohlriechendem Schnitzwerk; Thermophore für Speisen, Parfümzerstäuber und Warmwasserleitungen. Auf den von Hunderttausenden besuchten Wochenmärkten war eine Fülle aller erdenklichen gediegenen Waren zum Kauf ausgebreitet. Eine bewundernswert organisierte Post beförderte durch Schnelläufer auf sorgfältig ausgebauten Wegen und Stufengängen, die das ganze Land durchzogen, jede Nachricht mit unglaublicher Geschwindigkeit und Präzision: Polizei und Besteuerungsapparat funktionierten mit der größten Genauigkeit und Zuverlässigkeit. In den Küchen der Wohlhabenden dufteten die erlesensten Speisen und Getränke: Wildbret, Fische, Waffeln, Eingemachtes, zarte Brühen, pikante Gewürzgerichte; dazu kam noch eine Reihe Genüsse, die der alten Welt neu waren: der delikate Truthahn; *chocolatl*, das Lieblingsgericht der Mexikaner, kein Getränk, sondern eine feine Creme, die, mit Vanille und anderen Spezereien gemischt, kalt gegessen wurde; *pulque*, ein berauschender Trank aus der Aloe, die den Azteken außerdem ein schmackhaftes artischockenähnliches Gemüse und ausgezeichneten Zucker lieferte; und *yetl*, der Tabak, der entweder, mit flüssigem Ambra vermischt, aus reichvergoldeten Holzpfeifen oder in Zigarrenform aus schönen silbernen Spitzen geraucht wurde. Die Sauberkeit der Straßen war so groß, daß, wie ein spanischer Bericht sagt, ein Mensch, der sie passierte, sicher sein konnte, sich die Füße ebensowenig zu beschmutzen wie die Hände. Ebenso erstaunlich war die Ehrlichkeit der Bevölkerung: alle Häuser standen vollkommen offen; wer seine Wohnung verließ, legte zum Zeichen seiner Abwesenheit ein Rohrstäbchen vor die Türmatte, und nie gab dies Anlaß zu Diebstählen; überhaupt sollen die Gerichte fast niemals genötigt gewesen sein, über Eigentumsdelikte zu judizieren. Die Aufzeichnungen geschahen auf piktographischem Wege, das heißt: mit Hilfe einer sehr ausgebildeten Bilderschrift; außerdem gab es Schnellmaler, die mit unglaublicher Geschwindigkeit alle Ereignisse sprechend ähnlich festzuhalten wußten. Der mathematische Sinn der Azteken muß sehr entwickelt gewesen sein, denn ihr arithmetisches System war auf dem schwierigen Prinzip der Potenzierung aufgebaut: die erste Grundzahl war 20, die nächsthöhere $20^2 = 400$, die nächste $20^3 = 8000$ und so weiter; auch sollen die Maya, unabhängig von den Indern, die Null erfunden haben, jenen ebenso fruchtbaren wie komplizierten Begriff, der sich in Europa nur sehr langsam durch die Araber eingebürgert hat.

Höchstwahrscheinlich war der amerikanische Kulturkreis ein Glied jenes großes Kulturgürtels, der in für uns prähistorischer Zeit die ganze bewohnte Erde umschlang, indem er sich von Ägypten und Vorderasien über Indien und China bis nach Mittelamerika erstreckte und vermutlich auch die beiden vorantiken europäischen Welten, die etruskische und die ägäische, in sich schloß: eine Hypothese, die unter dem Namen »Panbabylonismus« viel Widerspruch und Anerkennung hervorgerufen hat. Und in der Tat zeigten die Azteken in ihrem Kalenderwesen, ihrer Bilderschrift und ihrem Gestirnkult eine große Verwandtschaft mit den Babyloniern, während andererseits eine ganze Reihe von Eigentümlichkeiten sehr lebhaft an die Ägypter erinnert: ihre Regierungsform, die eine Verbindung von Gottkönigtum und Priesterherrschaft darstellte; ihr Bureaukratismus, der in der pedantischen Bevormundung der breiten Volksmassen eine Hauptaufgabe der Verwaltung erblickte; das sorgfältig abgezirkelte Zeremoniell ihrer Verkehrsformen; die Fratzenhaftigkeit und Tiergestalt ihrer Götterbildnisse; ihre große Begabung für das naturalistische Porträt, verbunden mit einem starken Hang zur Stilisierung der höheren Kunstformen; die verschwenderische Pracht und ausschweifende Kolossalität ihrer Bauten.

Am frappantesten sind jedoch die Ähnlichkeiten zwischen der Religion der Mexikaner und dem Christentum. Die Krone ihres Kaisers, der zugleich der höchste Priester war, hatte fast dieselbe Form wie die päpstliche Tiara; ihre Mythologie kannte die Geschichten von Eva und der Schlange, der Sintflut und dem babylonischen Turmbau; sie besaßen in etwas transformierter Gestalt das Institut der Taufe, der Beichte und des Abendmahls; sie hatten Klöster mit Mönchen, die ihr Leben mit Vigilien, Fasten und Geißelungen verbrachten; sie erblickten im Kreuz ein heiliges Symbol und hatten sogar eine Ahnung von der Dreieinigkeit und der Inkarnation. Ihre Sittengebote zeigen manchmal eine fast wörtliche Übereinstimmung mit der Bibel. Eine ihrer Lehren lautete: »Halte Frieden mit allen, ertrage Schmähungen mit Demut: Gott, der alles sieht, wird dich rächen.« Und eine andere: »Wer eine Ehefrau zu aufmerksam ansieht, begeht Ehebruch mit seinen Augen.«

Christliche Elemente in der aztekischen Religion

Ihre Religion war jedoch, ganz ebenso wie die damalige christliche, befleckt durch die Sitte der Menschenopfer, wobei die Kriegsgefangenen die Rolle der Ketzer spielten. Sie wurden an bestimmten Festtagen zum Tempel geführt, wo ein für diesen Dienst bestimmter Priester ihnen mit einem scharfen Beinmesser die Brust öffnete und das noch rauchende und klopfende Herz herausriß, das dann am Altar des Gottes niedergelegt wurde. Dieser Brauch hat begreiflicherweise den Abscheu der

Nachwelt erregt und der Vermutung Raum gegeben, daß die Mexikaner doch nur eine Art Wilde gewesen seien; doch läßt sich zu seiner Entschuldigung einiges anführen. Zunächst war er auf die Azteken beschränkt, die Tolteken übten ihn nicht, und er scheint auch bei jenen im Schwinden gewesen zu sein: wenigstens gab es in Cholula, der zweitgrößten Stadt Mexikos, einen Tempel des Gottes Quetzalcoatl, dessen Kultus die Menschenopfer durch Vegetationsopfer ersetzt wissen wollte. Sodann trug er keineswegs den Charakter der Grausamkeit und Blutgier, sondern war eine, obschon höchst barbarische, religiöse Zeremonie, durch die der Gläubige sich die Gottheit geneigt zu stimmen suchte und die für so wenig entehrend galt, daß sich bisweilen fromme Personen freiwillig dazu erboten: er war eine einfache Frucht der Angst und des Aberglaubens und stand moralisch sicher nicht tiefer als die Autodafés der Spanier, deren Motive Fanatismus und Rachsucht waren, und zweifellos höher als die Gladiatorenspiele der Römer, die ihre Gefangenen zum Vergnügen schlachten ließen.

Der weiße Gott   Eine der merkwürdigsten Eigentümlichkeiten der mexikanischen Religion war der Glaube an die Rückkehr des soeben erwähnten Gottes Quetzalcoatl, von dem man annahm, daß er vor langer Zeit geherrscht und das Volk in allen möglichen nützlichen Künsten unterrichtet, auch alle bestehenden gesellschaftlichen Einrichtungen gestiftet habe und schließlich in seiner Zauberbarke davongefahren sei, mit dem Versprechen, eines Tages zurückzukehren. Nun hatten gerade um jene Zeit die Priester erklärt, daß die Zeit der Wiederkunft des Gottes nahe sei. Er wurde aus dem Osten erwartet, und es hieß, daß er sich von den Azteken durch weiße Hautfarbe, blaue Augen und blonden Bart unterscheiden werde. Alle diese Prophezeiungen sollten sich erfüllen, und dieser rührende Glaube, von den Spaniern in der niederträchtigsten Weise ausgenützt, war einer der Gründe für die wunderbare Tatsache, daß es einer hergelaufenen Rotte von analphabetischen Banditen gelungen ist, diese Kulturwelt nicht nur zu unterjochen, sondern völlig zu zertrampeln. Dazu kamen noch andere Ursachen: die geringere physische Energie der Eingeborenen, deren Existenz durch das erschlaffende Tropenklima und das jahrhundertelange Leben in Ruhe und Überfluß allmählich etwas Vegetatives, Blumenhaftes angenommen zu haben scheint; die Ausrüstung der Europäer mit Feuergewehren, Pulvergeschützen, Stahlpanzern und Pferden, lauter Dingen, die den Mexikanern völlig unbekannt waren und auf sie neben der physischen Wirkung auch einen ungeheuren moralischen Eindruck machen mußten; die höhere Entwicklungsstufe der spanischen Taktik, die der aztekischen etwa ebenso überlegen war wie die makedonische der persischen; die innere Uneinigkeit des Reichs und der Abfall mächtiger Stämme. Der Hauptgrund dürfte aber darin bestanden haben, daß die ganze Mayakultur sich bereits im Stadium der Agonie befand und es ihr irgendwie bestimmt gewesen sein muß, unterzugehen. In der ganzen uns bekannten Geschichte können wir ja das Schauspiel verfolgen, daß ältere Kulturen durch jüngere unterworfen werden: die sumerische durch die babylonische, die babylonische durch die assyrische, die assyrische durch die persische, die persische durch die griechische, die griechische durch die römische, die römische durch die germanische. Aber immer bemerken wir auch, daß die niedrigeren Kulturen die höheren assimilieren: so übernahmen die Babylonier die sumerische Keilschrift, die Perser die chaldäische Sternkunde, die Römer die griechische Kunst und Philosophie, die Germanen die römische Kirche. Aber in Amerika hat sich nichts dergleichen ereignet: die indianische Kultur ist spurlos verschwunden. Dieser in der Weltgeschichte einzig dastehende Fall erklärt sich aber eben durch die ebenfalls einzigartige Tatsache, daß ein ganzes Volk nicht von einem andern Volk, das zwar barbarischer, aber doch auch ein Volk war,

unterjocht, sondern von einer ruchlosen Räuberbande ausge-
plündert und ausgemordet wurde; und während längst versunkene Kulturen wie die ägyptische oder die vorderasiatische,
von der griechischen und römischen gar nicht zu reden, noch
heute auf geheimnisvolle Weise ihre befruchtenden Wirkungen
ausüben, ist durch das schändliche Verbrechen der Conquista
die Menschheit um eine hohe und einmalige Art, die Welt zu
sehen, und damit gewissermaßen um einen Sinn ärmer geworden.

Peru   Vielleicht noch höher als die aztekische Kultur stand die ihr
verwandte peruanische: beide Völker zeigen große Übereinstimmungen, scheinen aber nichts voneinander gewußt zu haben. Das ganze Land war mit wahren Wunderwerken der Ingenieurkunst bedeckt, durch endlose Kanäle, Aquädukte und
Berieselungsterrassen zur höchsten Fruchtbarkeit gebracht
und nicht bloß in die Breite, sondern auch in die Höhe aufs
sorgfältigste bebaut: selbst über den Wolken waren Obstgärten
angelegt. Straßen, die jedes Hindernis überwanden, durchzogen das ganze Gebiet, indem sie sich bald ausgehauener Trep-
penfluchten und ausgefüllter Schluchten, bald langer Tunnels
und kunstvoller Hängebrücken bedienten. Die Dungmetho-
den der Peruaner haben ganz Europa belehrt, und von der
Einführung des Guanos datiert bei uns eine neue Ära des
Ackerbaues. Unerreicht war ferner ihre Webekunst, die ihnen
zugleich durch ein kompliziertes, bis heute noch unentziffertes
Knüpfsystem die Schrift ersetzte; auch waren sie Meister im
Ziselieren und besaßen ein reguläres Drama. Ihr Staatswesen
war eine Art Kommunismus mit aristokratischer Oberschicht
und theokratischer Spitze, und es ist wahrscheinlich nicht zuviel gesagt, wenn man behauptet, daß unser Erdteil bisher noch
keines von ähnlicher Vernünftigkeit, Gerechtigkeit und Wohltätigkeit hervorgebracht hat. Durch ihre genialen Bewässerungsanlagen, ihre Religion, die als höchsten Gott die Sonne

und als dessen Schwestergattin den Mond verehrte, und ihren Mumienkult erinnern sie fast noch auffallender als die Azteken an die Ägypter.

Noch weit aufreizender als die mexikanische Eroberung ist die peruanische: eine Kette infamster Taten der Tücke und Bestialität. Der Name des Schurken Francisco Pizarro, der nicht umsonst von einer Sau gesäugt wurde, würde es verdienen, als sprichwörtliches Sinnbild hinterlistiger Gemeinheit, schamloser Raubgier und viehischer Roheit, als das entehrendste Schimpfwort, das ein Mensch dem andern entgegenzuschleudern vermag, in der Erinnerung der Nachwelt fortzuleben. Die Geschichte seiner »Eroberung« ist in Kürze die folgende. Er vereinbarte mit Atahualpa, dem peruanischen Kaiser, eine Unterredung, zu der dieser mit einem großen, aber unbewaffneten Gefolge erschien. Während des Gesprächs gab er plötzlich ein Zeichen, Soldaten drangen aus dem Hinterhalt hervor, hieben die ganze kaiserliche Suite nieder und nahmen Atahuallpa gefangen. Dieser, der ebenso wie Montezuma ein Mensch von einer Sanftheit, Zartheit und Noblesse gewesen zu sein scheint, wie sie im damaligen Europa nicht einmal geahnt werden konnte, war anfangs über dieses niederträchtige Vorgehen, das jeder bessere Räuberhauptmann verschmäht hätte, wie erstarrt, faßte sich aber bald und bewahrte seine Ruhe und Würde so sehr, daß er sich sogar im Gespräch mit dem spanischen Gesindel zu scherzhaften Äußerungen herabließ. Da er bald durchschaute, daß es den Einbrechern hauptsächlich auf seine Schätze ankam, versprach er ihnen, als Lösegeld ein ganzes Zimmer bis zur Höhe eines emporgestreckten Mannesarmes mit Gold zu füllen. Pizarro ging darauf ein und schleppte eine unermeßliche Beute fort, wie sie bisher in seinem Mutterland noch nie auf einem Haufen gesehen worden war. Als er das Geld beisammenhatte, ließ er den Inka erdrosseln: auf Grund heuchlerischer Anklagen von so lächerlicher Frechheit und

Stupidität, daß sogar einige der übrigen Banditen dagegen Protest erhoben. Dies vollbrachten Christen im Jahre 1533, genau anderthalb Jahrtausende nach der Kreuzigung ihres Heilands.

Die Rachegeschenke Amerikas

Pizarro endete wie die meisten Mörder: er wurde eines Tages von einigen seiner Spießgesellen geschlachtet. Und ganz Spanien hat von seinen amerikanischen Schandtaten keinen Segen gehabt: es ergab sich immer mehr der entnervenden und verdummenden Gewohnheit, von gestohlenem Gut zu leben, und in kaum einem Jahrhundert lag es da, wie es bis zum heutigen Tage daliegt: ein seelenloser, halbtoter Kadaver, düster, träge, sich selber verzehrend, seiner eigenen trostlosen Geistesstumpfheit, schauerlichen Herzensöde und wilden Grausamkeit ausgeliefert. Ja ganz Europa ist von der göttlichen Nemesis ereilt worden; denn es brachte aus der neuen Welt nicht bloß Mais und Tabak, Tomate und Banane, Kakaobohne und Kartoffelknolle, Cochenille und Vanille, sondern auch das Gold und die *Syphilis*.

Die Lustseuche, die »Venerie«, wurde in kürzester Zeit eine Art Modekrankheit des Zeitalters. Fast alle prominenten Persönlichkeiten jener Tage waren laut den zeitgenössischen Berichten Luetiker: Alexander und Cesare Borgia, Julius der Zweite und Leo der Zehnte, Celtes und Hutten, Karl der Fünfte und Franz der Erste, der sie sogar auf eine höchst romanhafte Art erworben haben soll, indem sich, wie Mézeray, der Verfasser der berühmten *Histoire de France*, erzählt, der Gatte der schönen Ferronière, mit der der König ein Liebesverhältnis unterhielt, absichtlich schwer infizierte, um diesen zugrunde zu richten, und tatsächlich soll dies auch seinen Tod herbeigeführt haben. Die Krankheit war so verbreitet, daß niemand sich scheute, sie offen zu bekennen, sie war der Gesprächsstoff der besten Gesellschaft, ja es wurden sogar Gedichte auf sie gemacht. Sie ist sicherlich einer der Hauptgründe für die *Verdüsterung Europas*, die sich seit dem Ausgang des Mittelalters zu verbreiten beginnt: sie hat in den höchsten und niedrigsten, irdischsten und metaphysischsten Akt des Menschen ein Element des Mißtrauens gebracht und ihn damit doppelt vergiftet.

Das amerikanische Gold hat sich als ein vielleicht noch größerer Fluch erwiesen als die Syphilis. Die ebenso plötzliche wie massenhafte Einführung von Edelmetall, woran im Mittelalter Mangel geherrscht hatte, hat die Ausbreitung der Geldwirtschaft unmittelbar gefördert, ja überhaupt erst den vollen kapitalistischen Betrieb ermöglicht, die Unterschiede zwischen arm und reich maßlos gesteigert und eine allgemeine Teuerung erzeugt, mit der die Löhne nicht Schritt halten konnten: in der ersten Hälfte des sechzehnten Jahrhunderts stiegen die Preise um hundert und hundertfünfzig, bei einzelnen Artikeln sogar um zweihundert und zweihundertfünfzig Prozent. Die Rachegeschenke Amerikas an Europa waren Seuche und Not oder vielmehr zwei Seuchen: Lues und Goldfieber. Jeder will möglichst schnell und mühelos reich werden, auch die heimische Erde wird gierig nach Schätzen durchwühlt, und in der Tat werden auch hier neue Edelmetalle entdeckt, die man durch eine vervollkommnete Bergwerkstechnik exploitiert.

Wir sehen: die »Inkubationszeit« ist vorüber, der Giftstoff wird wirksam und ergreift Kopf, Herz und Mark des europäischen Organismus.

Alle Tendenzen der anbrechenden Neuzeit sind von der *Faust* Volksphantasie sehr wirksam in eine zusammengefaßt worden in der Figur des Faust. Faust ist *Goldmacher* und Schwarzkünstler: durch Wissenschaft und Magie sucht er Reichtum und weltliche Macht zu erlangen. Faust ist *Protestant* und Theolog: Landsmann Melanchthons, Zeitgenosse Luthers und eine Zeitlang in Wittenberg ansässig. Faust ist *Humanist* und Liebhaber der Antike: er erbietet sich, die verlorengegangenen Ko-

315

mödien des Plautus und Terenz wieder herbeizuschaffen, zitiert die Schatten der homerischen Helden aus dem Hades, verbindet sich, durch geheimnisvolle Kräfte verjüngt, mit Helena und erfüllt damit symbolisch den Sinn der *Renaissance*: die Regeneration des gotischen Geistes durch seine Vermählung mit dem hellenischen. Faust galt sogar jahrhundertelang als der eigentliche Erfinder der *Buchdruckerkunst*: denn nach einer der Überlieferungen hat er die »Matrizen« ersonnen, mit denen die beweglichen Lettern gegossen wurden, während Gutenberg noch mit festen Holztafeln druckte. Diese Annahme wird neuerdings bestritten; aber jedenfalls hat das Volk einen gesunden Instinkt bewiesen, als es ihn zum Schöpfer jener Erfindung machte, durch die mehr als durch irgendeine andere der selbstherrliche Trieb des Menschen nach geistiger Expansion Nahrung und Sättigung gefunden hat. Faust verschreibt sich dem Teufel und verlangt von ihm kontraktlich, daß er ihm auf alle Fragen antworte, und immer die Wahrheit; hier personifiziert sich der tiefste Grundzug des Zeitalters: der grenzenlose *Erkenntnisdrang* und zugleich der Glaube, daß es geheime Formeln gebe, die auf alles antworten; und wiederum hat die Legende einen sicheren Takt bewiesen, indem sie Faust als Verbündeten und Opfer des Teufels schildert und damit tiefsinnig ausdrückt, daß alle »reine Vernunft« vom Teufel ist und das Streben nach ihr blinde Hoffart, geweckt durch den trügerischen Rat der Satansschlange, wie es schon auf den ersten Blättern der Bibel verzeichnet steht: *eritis sicut Deus*. Ja schon in dem *Namen* Faustus, der Glückliche, offenbart sich die Grundtendenz, die ein neues Zeitalter einleitet: der Glaube, daß es in dieser Welt auf Glück ankomme und daß dieses Glück in Macht, Sinnengenuß und Wissen bestehe.

Das Außerordentliche und (vielleicht sogar unbewußt) Geniale der goethischen Faustdichtung besteht darin, daß sie eine kompendiöse Darstellung der Kulturgeschichte der Neuzeit ist. Faust beginnt als Mystiker und endet als Realpolitiker. Faust ist die ganze Versuchung des modernen Menschen, die sich in tausend Masken und Verkleidungen anschleicht: als Alkoholismus, als Sexualität, als Weltschmerz, als Übermenschentum; und dabei ist er der vorbildliche Unbefriedigte, in allem Einzeldasein sich wiedererkennend, qualvoll nach der Einheit der Erscheinungen ringend, und immer vergeblich. Die Tragödie Fausts ist die Tragödie des Menschen der Neuzeit, die Tragödie des Rationalismus, des Skeptizismus, des Realismus. Ihm zur Seite steht der Teufel. Aber Mephisto ist gar nicht böse, sondern bloß frivol, zynisch, materialistisch und vor allem geistreich: die Erscheinung gewordene pure, kalte, sterile Intelligenz, ein höchst differenziertes Gehirnwesen und der konsequenteste Vertreter der genialen Ichsucht. Das Geistreiche und Nurgeistreiche ist der zerstörende Dämon im Menschen der Neuzeit. Mephisto hat den bösen Blick des Intellektualismus, des Sensualismus, des Nihilismus. Er zeigt dem ringenden Genius Fausts die ganze Welt und legt sie ihm zu Füßen; aber, betrogen, muß Faust erkennen, daß diese Welt ihm nur scheinbar gehört, nämlich nur seinem Verstand, der etwas schlechthin Unwirkliches ist. Dem Menschen des Mittelalters, dessen Weltbild eng und zum Teil schief war, gehörte dieses Bild, denn es war *konkret*, es war mit dem *Herzen* erfaßt. Seit dem Ausgang des Mittelalters aber gibt es keine Realitäten mehr! Die letzte große Realität, die Europa erlebt hat, war der Irrsinn der »Inkubationszeit«: diese Menschen lebten noch in einer realen Welt, denn für den Irrsinnigen ist nicht, wie eine oberflächliche Betrachtung glauben könnte, alles Phantom, sondern ganz im Gegenteil alles leibhaft und wirklich, sogar seine Träume, seine Wohnbilder, seine Wunschvorstellungen. Alles, was seitdem kam, waren verzweifelte und ergebnislose Versuche, Wirklichkeit zu erraffen.

Sieg des Menschen über Gott

Es ist schwer über die Empfindung hinwegzukommen, daß der Schluß des *Faust* eigentlich unmoralisch ist. Faust wird durch die Liebe erlöst; aber ohne zureichenden Grund. Denn hier gibt es nur zwei Möglichkeiten. Die eine wäre, daß *alle* durch die göttliche Liebe erlöst werden: dann gibt es überhaupt keine Verdammten, und Faust verfällt nur deshalb nicht dem Teufel, weil ihm niemand verfällt; so aber ist es nicht gemeint, denn Goethe rezipiert mit voller Absicht das mittelalterliche Weltbild mit Himmel und Hölle, Seligkeit und Verdammnis. Es handelt sich vielmehr um den zweiten Fall: daß Faust gerettet wird, weil er ein besonders reines und frommes, Gott wohlgefälliges Leben geführt hat. Das hat er aber *nicht* getan; er hat mit der Sünde und dem inneren Versucher nicht einmal gekämpft, geschweige denn in diesem Kampf gesiegt; er hat niemals um seinen Gott gerungen: dieser Gedanke tritt nie in seinen Gesichtskreis. Der Himmel kommt bloß am Anfang und am Schluß vor, als eine eindrucksvolle Vedute und erhabene Kulisse, ein imposanter Farbenfleck, der im Gesamtgemälde der faustischen Seelengeschichte nicht gut entbehrt werden konnte. Was dazwischen liegt, ist pures Weltleben. Faust ist Polyhistor, Philanthrop, Lebemann, Kolonisator, Bankier, Wettermacher, Liebhaber, Ingenieur und noch vieles andere, aber niemals Gottsucher. Wie kann er da jemals erlöst werden? In den wenigen Bibelworten von der dreimaligen Versuchung Christi ist mehr Religiosität enthalten als im ganzen *Faust*. Es treten wohl auch an Faust Versuchungen heran, aber diese Versuchungen sind keine christlichen.

Fausts Konflikt ist ein philosophischer, gelehrter, mondäner, der typische Konflikt des *modernen* Menschen. Daß er vom Dichter als der tragische Konflikt, als die Tragödie der ganzen Menschheit dargestellt wird, ist sehr charakteristisch: hier riecht man achtzehntes Jahrhundert, *common sense*, »reine

Vernunft«, kurz das ganze einseitig nach Bildung und Erkenntnis orientierte Weltbild des Klassizismus; und sogar neunzehntes Jahrhundert: Aktivismus, Technokratie, Imperialismus. Denn womit »krönt« Faust schließlich sein Lebenswerk? Er trocknet Sümpfe aus.

Sieg des Menschen über die Natur: in diesen Akkord klingt der *Faust* aus. Und mit diesem schließt auch die Tragödie der Neuzeit. An ihrem Beginn steht, ebenso wie am Beginn des *Faust*, der Sieg der Menschen über Gott, nämlich die Entdeckung der weltgesetzgeberischen Selbstherrlichkeit des Menschen, seiner auf Sinne und Verstand gegründeten Allmacht. In einem lateinischen Epigramm sagt Agrippa von Nettesheim, der Goethe mehr als einen Zug für seinen Faust geliefert hat: »Agrippa ist ein Philosoph, ein Dämon, Heros, Gott und alles.« Es ist eine sehr äußerliche, sehr oberflächliche Ansicht, daß zu Anfang der Neuzeit auf Grund der astronomischen Entdeckungen das anthropozentrische Weltbild aufgegeben worden sei. In Wahrheit verhielt es sich gerade umgekehrt: das Weltgefühl des Mittelalters, das ganz im Außermenschlichen: in Gott, im Jenseits, im Glauben, im Unbewußten verankert war, wird abgelöst von einem Weltgefühl, das im Menschlichen und Nurmenschlichen: im Diesseits, in der Erfahrung, im Verstand, im Bewußtsein wurzelt. Der Mensch, das Maß aller Dinge, tritt an die Stelle Gottes, die Erde an die Stelle des Himmels, das Weltbild, das bisher *theozentrisch* war, wird erst jetzt anthropozentrisch und *geozentrisch*: das Irdische, bisher mit Mißtrauen und Geringschätzung betrachtet, wird erst jetzt legitim, Realität, schließlich alleinige Realität. Und während die Erde in den astronomischen Experimenten und Systemen zum winzigen Lichtfleck herabsinkt, wird sie in den Herzen und Köpfen der Menschen zum alles beherrschenden Zentrum, zum allein Wichtigen, allein Wirksamen, allein Bewiesenen, allein Wahren, zum Mittelpunkt des Weltalls.

Vom theozentrischen zum geozentrischen Weltbild

319

Der Augustinermönch

Wir können uns heute kaum mehr eine Vorstellung davon machen, welchen ungeheuren Auftrieb diese neue Erkenntnis, die sich vorerst nur als ein allgemeines dunkles Grundgefühl geltend machte, den damaligen Menschen verlieh. Eine tiefe Heiterkeit und Daseinslust erfüllte die ganze Epoche. Wenn man die einzelnen kulturgeschichtlichen Zeitalter auf ihre allgemeine Stimmung und Temperatur, ihr Kolorit und »Ambiente« hin betrachtet, so wird man zumeist an irgendeine Tageszeit und Witterung erinnert werden. So hat man zum Beispiel beim ausgehenden achtzehnten Jahrhundert, dem Zeitalter unserer »Klassiker«, die Impression eines gemütlichen, schummerigen Spätnachmittags: es ist die beste Zeit, zum Fenster hinauszusehen und bei Kaffee und Pfeife zu plaudern. Die »Inkubationszeit« haben wir mit einer Polarnacht verglichen; wir könnten auch sagen, sie wirke wie eine sternenklare und doch gruselige Winternacht: alles ist schattenhaft, transparent, unwirklich wie die Bilder einer Zauberlaterne. Jenes anbrechende sechzehnte Jahrhundert aber war wie ein kühler frischer Sommermorgen: die Hähne krähen, die Luft singt, die ganze Natur dampft von duftendem Leben, alle Welt ist prachtvoll ausgeschlafen und reckt sich tatenlustig dem Tagwerk und der Sonne entgegen. Ein vulkanischer Wagemut, eine edle Neugier und Wißbegierde durchbrauste die Köpfe und Herzen. Man forschte nach dem Fabelland Indien und lernte etwas viel Märchenhafteres kennen: einen ganzen Weltteil mit Dingen, wie sie bisher noch keine Phantasie geträumt hatte. Man suchte den Stein der Weisen und fand etwas viel Wertvolleres: die Kartoffel. Man bemühte sich um das Perpetuum mobile und entschleierte ein viel größeres Geheimnis: den ewigen Lauf der Gestirne. Aber während man draußen so große Dinge entdeckte, machte ein junger Augustinermönch eine noch viel wichtigere Entdeckung im Innern des Menschen, die mehr wert war als Goldsand, Tabak und Kartoffeln, als Druckerpresse, Schießpulver und alle Astronomie:

er wies seinen Brüdern den Weg, wie sie das Wort Gottes wiederfinden könnten und die Freiheit eines Christenmenschen.

SECHSTES KAPITEL

Die deutsche Religion

> *Das einzige, was uns an der Reformation*
> *interessiert, ist Luthers Charakter, und er*
> *ist auch das einzige, was der Menge wirk-*
> *lich imponiert hat. Alles übrige ist nur ein*
> *verworrener Quark, wie er uns noch täglich*
> *zur Last fällt.*
>
> Goethe

Gott und die Völker — Inhalt und Zweck aller schöpferischen Tätigkeiten besteht in nichts anderem als in dem Nachweis, daß das Gute, der Sinn, kurz: Gott in der Welt überall vorhanden ist. Diese höchste, ja einzige Realität ist immer da, aber meist unsichtbar. Der Genius machte sie sichtbar: dies ist seine Funktion. Man nennt ihn daher mit Vorliebe gotterfüllt. Die Tatsache »Gott« erfüllt ihn derart, daß er sie überall wiederfindet, wiedererblickt, wiedererkennt. Dieses Wiedererkennen Gottes in der Welt ist die eigentümliche Fähigkeit und Begabung jedes großen Menschen. Jeder Mensch trägt seinen Gott und seinen Teufel in sich. »In deiner Brust sind deines Schicksals Sterne«: dieses durch überhäufiges Zitieren bereits völlig abgeplattete Wort ist sehr tief und aufschlußreich, wenn man es richtig versteht. Gott regiert die Welt nicht draußen, sondern drinnen, nicht mit Schwerkraft und chemischer Affinität, sondern im Herzen der Menschen: wie deine Seele ist, genau so wird das Schicksal der Welt sein, in der du lebst und handelst.

Dies wird deutlicher als beim einzelnen bei ganzen Völkern. Sie alle haben sich ihre Welt gemacht, und so, wie sie sie gemacht hatten, mußten sie sie dann erleiden. Der Mensch kann zu vielerlei Göttern beten, und zu welchen er betet, das ist entscheidend für ihn und seine Nachkommen. Der Wilde tanzt um seinen Holzklotz, den er Gott nennt, und richtig: die Welt ist auch wirklich nicht mehr als ein dummer toter Holzklotz; die Ägypter vergötterten die Sonne, die Tiere, den Nil, die ganze heilige Natur und blieben daher dazu bestimmt, immer nur ein großes Stück Natur zu bleiben, fruchtbar und tätig, aber stumm und überall gleich: es gibt keine ägyptischen Individuen. Die Griechen, verspielt und leichtsinnig, schufen sich eine Galerie von schönen, faulen, lüsternen und verlogenen Menschen, die sie Götter nannten, und gingen an diesen ihren Göttern zugrunde; der Inder, tief überzeugt von der Sinnlosigkeit und Unwirklichkeit des Daseins, beschloß, fortan nur noch an das Nichts zu glauben, und sein Glaube wurde Wahrheit: durch den Wandel der Geschichte unberührt, war und ist dieses herrliche Land ein riesiges Nichts.

Man sagt häufig, das Christentum habe die Völker des Abendlandes einem gemeinsamen Glauben zugeführt, aber ist dem wirklich so? An der Oberfläche mag es wohl so aussehen, aber blickt man tiefer, so muß man sagen: auch heute gibt es Nationalgötter und Nationalschicksale wie im Altertum. Dies ist es, was die Völker auch jetzt noch am tiefsten voneinander trennt, nicht Rasse, nicht Kostüm und äußere Sitte, nicht Staatsform und soziales Gefüge. Gerade in diesen Dingen sind die zivilisierten Nationen so ziemlich gleich geworden: in Griechenland und Irland, in Portugal und Schweden trägt man Zylinder und Boas, liebt man die Musik und Straßenreinigung, hat man mehr oder weniger dieselben Anschauungen über Parlamentarismus, Feldbau, gesellschaftliche Etikette; aber der Gott, der Gott ist überall ein anderer.

Es ist wahr, sie sind alle Christen: aber das ist ja gerade die ungeheure Macht und Lebenskraft des Christentums, daß es jeder Zeit und jedem Volke etwas zu sagen hat, daß es eine

Form besitzt, in die alle Gedanken und Gefühle sich einordnen lassen. Es wäre niemals Weltreligion geworden, wenn es in einer Bagatelle von neunzehnhundert Jahren sich ausleben könnte. Welche Gemeinsamkeit besteht zwischen dem Absurditätsglauben Tertullians und dem fast mathematischen Rationalismus Calvins oder zwischen der Lehre der Satanisten und dem höchst familiären Verhältnis, das der Quäker zu seinem Gott hat? Und kann man es mit einem bloßen Zufall, mit der diktatorischen Laune eines Louis Quatorze und Cromwell erklären, daß Frankreich dem Papismus zurückgegeben wurde und England reformiert blieb? Der Gott Frankreichs war eben absolutistisch und der Gott Englands puritanisch.

Die vier Komponenten der Reformation
Wir haben im vierten Kapitel die Behauptung aufgestellt, es habe im Grunde nur eine italienische Renaissance gegeben und die Renaissance aller übrigen europäischen Länder trügen diesen Namen nur in einem sehr übertragenen und uneigentlichen Sinne. Mit derselben Berechtigung können wir sagen, die Reformation sei in Wurzel und Wesen ein *deutsches* Phänomen gewesen, während alle anderen Reformationen: die englische, die französische, die skandinavische, die ungarische, die polnische nur dessen Dubletten oder Karikaturen darstellen. Moritz Heimann macht in einem seiner Essays die feine Bemerkung: »Das deutsche Volk nimmt die ideellen Dinge nicht als Fahne wie andere Völker, sondern um einige Grade wörtlicher als sie, und die realen um ebensoviel zu leichtsinnig.« Hiermit ist haarscharf die Seelenhaltung gekennzeichnet, die die deutsche Nation während der ganzen Reformationsbewegung einnahm. Sie hat sich die Schlachtparolen, die ihre religiösen Führer damals ausgaben, mit einer Wörtlichkeit zu eigen gemacht, die bis zum Eigensinn und zum Mißverständnis, ja zur Umkehrung der ursprünglichen Tendenz ging, und sie hat gleichwohl in seltsamer Paradoxie bei der Übersetzung dieser neuen Normen in die politische Wirklichkeit eine Fahrlässigkeit gezeigt, die in Erstau-

nen setzt. Sie nahm, mit einem Wort, die geistige Reformation zu kompakt und die praktische Reformation zu leicht und befand sich damit, sehr zu ihrem Nachteil, in der Mitte zwischen jenen beiden anderen Bewegungen des Zeitalters, die welthistorisch wirksam geworden sind: dem angelsächsischen Calvinismus, der mit beispielloser Energie und Konsequenz eine ungeheure Umwälzung der gesamten politischen, sozialen und wirtschaftlichen Praxis ins Werk gesetzt hat, und dem romanischen Jesuitismus, der mit ebenso bewundernswerter Seelenkraft und Geistesstrenge eine moralische und intellektuelle Wiedergeburt ins Leben gerufen hat. Der Deutsche war eben auf seiner damaligen Entwicklungsstufe noch nicht reif genug, um erfolgreich und folgerichtig historisch zu *handeln*: er konnte, traumschwer und zukunftsschwanger, aber chaotisch und entschlußschwach, bloß gewaltige neue Anregungen geben, deren Früchte andere geerntet haben. Alle die weltbewegenden Gedanken, die dem Zeitalter der Reformation ihr Gepräge gegeben haben, sind auf deutschem Boden geboren worden; mit ihren Wirkungen gingen sie ins Ausland.

Die deutsche Reformation war nichts weniger als eine einheitliche Bewegung, sie war die Resultante aus mindestens vier Komponenten. Die erste, die sehr oft für die einzige gehalten wird, war *religiös*; sie vereinigte sich aber von allem Anfang an mit einer zweiten, ebenso starken, der *nationalen*: man wünschte nicht länger von Rom aus dirigiert zu werden, die Kirche sollte nicht »welsch«, sondern deutsch sein, und man wollte nicht mehr, daß einem fremden Souverän, denn das war, politisch genommen, der Beherrscher des Kirchenstaats, ein großer Teil der Steuergelder zufließe; und hier tritt bereits die dritte Komponente in Erscheinung: die *wirtschaftliche*, die eine sehr große Ausdehnung besaß, denn in ihr flossen alle jene Strömungen zusammen, die nach dem Muster der urchristlichen Zustände einschneidende Korrekturen des sozialen Gefüges herbeizuführen suchten; und schließlich trat dazu noch als vierter Faktor die Gärung in den *wissenschaftlichen* Kreisen: der Humanismus, das Erwachen der gelehrten Kritik. Diese Komponente war verhältnismäßig die schwächste, doch darf man ihre Bedeutung nicht unterschätzen, denn sie hat in dem ganzen Kampfe die Methoden, das Material, die geistigen Waffen geliefert. Das Gemeinsame aber, das alle diese verschiedenartigen Richtungen zu einer Einheit verknüpfte, war die *Berufung auf das Evangelium*: in der Bibel stand nichts von Klöstern und Mönchen, Prälaten und Bischöfen, Messen und Wallfahrten, Beichten und Ablässen: hier knüpfte die religiöse Reformation an; nichts von einem römischen Oberhirten: hierauf stützte sich die nationale Reformation; nichts von Fischereiverbot und Waldschutz, Zehnten und Frondienst: von hier leitete die soziale Reformation ihr Recht her; und überhaupt nichts von all den Dogmen, die die Kirche in mehr als tausendjähriger Arbeit aufgebaut hatte: hier setzte die Minierarbeit der philologischen und historischen Forschung ein.

Die Nachtigall von Wittenberg

Das dunkle oder klare, bewußte oder unbewußte Vorgefühl einer großen Umwälzung und Umwertung erzeugte in nahezu allen Kreisen der Nation eine ungeheure und vorwiegend freudig gefärbte Spannung. In zahlreichen Schriften der Zeit kehrt das Bild von der »Morgenröte« wieder, am schönsten in Hans Sachsens berühmtem Gedicht: »Die wittenbergisch Nachtigall«: »Wacht auf, es nahet sich dem Tag! Ich höre singen im grünen Hag die wonnigliche Nachtigall; ihr Lied durchklinget Berg und Tal. Die Nacht neigt sich gen Okzident, der Tag geht auf von Orient. Die rotbrünstige Morgenröt her durch die trüben Wolken geht, daraus die lichte Sonn' tut blicken, der Mond tut sich hernieder drücken.« In einem Drama, das denselben Titel führt, läßt Strindberg Ulrich von Hutten seine weltbekannten Worte »Die Geister erwachen, es ist eine Lust, zu leben!« durch den Ausruf ergänzen: »Oh, jetzt kommt etwas Neues!«

Was war nun dieses Neue? Es war Martin Luther.

Es gibt vielleicht keine zweite Persönlichkeit in der Weltgeschichte, über die so widerstreitende Ansichten geherrscht haben und noch herrschen wie über den Gegenpapst von Wittenberg. Katholiken haben ihn begeistert gepriesen und Protestanten haben ihn leidenschaftlich verabscheut, Atheisten haben ihn für einen geistigen Erretter und fromme Männer haben ihn für einen Religionsverderber erklärt. Den einen gilt er als der »deutsche Catilina«, den andern als der »größte Wohltäter der Menschheit«; Goethe sieht in ihm »ein Genie sehr bedeutender Art«, Nietzsche einen »auf den Raum seiner Nagelschuhe beschränkten Bauer«; Schiller nennt ihn einen Kämpfer für die Freiheit der Vernunft, Friedrich der Große einen »wütenden Mönch und barbarischen Schriftsteller«; man hat zu beweisen versucht, daß er ein Fresser, Säufer, Lügner, Fälscher, Schänder, Luetiker, Paranoiker, Selbstmörder gewesen sei, und deutsche Künstler haben ihn mit einem Strahlenkranz ums Haupt gemalt.

Einige ihm feindliche Forscher waren auch bemüht, ihm jegliche schöpferische Originalität abzuerkennen, indem sie darauf hinwiesen, daß alle Ideen, die er vertreten hat, schon vor ihm ausgesprochen worden seien und daß es eine ganze Anzahl »Reformatoren vor der Reformation« gegeben habe, die sogar bedeutender waren als er. Und in der Tat: die Strömungen, aus denen die Reformation entstand, sind weitaus älter als Luther. Wir haben schon im dritten Kapitel Gelegenheit gehabt, einige von den zahlreichen Äußerungen antiklerikalen Geistes zu betrachten, die bereits das ganze fünfzehnte Jahrhundert erfüllen. Es konnte dies auch gar nicht anders sein: eine so gewaltige Empörung, wie sie plötzlich um Luther aufschoß, mußte lange und tief unter der Erde gebrodelt haben, bis sie sich mit so elementarer Kraft zu entladen vermochte. Gegen Ende des Jahrhunderts verdichtete sich die pfaffenfeindliche Stimmung

Reformatoren vor der Reformation

immer mehr. In Sebastian Brants *Narrenschiff*, das 1494 erschienen ist, finden sich unter zahlreichen ähnlichen Stellen die Verse: »Man schätzt die Priesterschaft gering, als ob es sei ein leichtes Ding. Drum gibt es jetzt viel junge Pfaffen, die soviel können wie die Affen, und Seelsorg' sieht man treiben die, die Hüter wären kaum fürs Vieh.« Und in dem ungefähr gleichzeitigen satirischen Gedicht in plattdeutscher Mundart *Reinke de Vos*, das wir bereits erwähnt haben, heißt es über Rom: »Man schwatzt dort wohl von Recht sehr viel; ja, Quark! Geld ist es, das man will. Ist eine Sache noch so krumm, mit Geld dreht man sie bald herum. Wer blechen kann, für den wird Rat; weh dem, der nichts im Säckel hat!«, und die Summe des Ganzen bilden die berühmten Reime: »Wenn Blinde so die Blinden leiten, so müssen beide von Gott sich scheiden!« Ferner haben wir bereits gehört, daß die »Aufklärung«, der Spott über die katholische Kirche, von den Humanisten propagiert und zur großen Mode erhoben, in allen gebildeten Kreisen Italiens und sogar in der nächsten Umgebung des Papstes den Ton angab. Ein Jahr vor den Wittenberger Thesen ließ der berühmte Philosoph Pietro Pomponazzi ein kleines Buch über die Unsterblichkeit der Seele erscheinen, worin gelehrt wird, daß die Religionsstifter für die große Masse, die die Tugend nur übe, wenn es Lohn oder Strafe gebe, die Unsterblichkeit erfunden hätten, wie ja auch die Amme manches erdichte, um das Kind zu gutem Betragen zu veranlassen, und der Arzt die Kranken oft zu ihrem Besten täusche. In einer anderen Schrift erklärt Pomponazzi die Wirkung der Reliquien für eine eingebildete, die ebenso erfolgen würde, wenn es Hundeknochen wären. Den Einwand, daß man an die Unsterblichkeit glauben müsse, weil ja sonst die Religion ein Betrug wäre, beantwortet er mit der Bemerkung, daß sie in der Tat einer sei, denn da es drei Gesetze gebe: das mosaische, das christliche und das mohammedanische, so seien entweder alle drei falsch, und dann sei die ganze Welt betrogen, oder mindestens zwei, und dann die Mehrzahl betrogen. Diese und ähnliche Erörterungen wurden von der Kurie toleriert, denn man durfte damals sagen und schreiben, was man wollte, wenn es nur *salva fide* geschah, das heißt: unbeschadet der äußeren Unterwerfung unter die Kirche.

Wir haben auch bereits hervorgehoben, daß Wiclif die ganze Reformation vorweggenommen hat, ja in wesentlichen Punkten über sie hinausgegangen ist. Er lehrt unter anderem: Bilder sollen nicht angebetet werden; Reliquien sollen nicht heiliggehalten werden; der Papst ist nicht der Nachfolger Petri; nicht er, sondern Gott allein kann Sünden vergeben; der Segen der Bischöfe hat keinen Wert; Priestern soll die Ehe gestattet sein; Wein und Brot des Abendmahls verwandeln sich nicht in den wirklichen Leib Christi; wahre Christen empfangen den Leib Christi täglich durch ihren Glauben; man soll nicht zur Jungfrau Maria beten; man kann ebensogut an anderen Orten beten als in der Kirche. Und Johann Wessel (1419–1489) erklärte, die Einheit der Kirche beruhe auf der Verbindung der Gläubigen mit ihrem himmlischen Oberhaupte Christus, nicht auf der Unterordnung unter ein sichtbares Oberhaupt; die meisten Päpste seien in verderbliche Irrtümer verstrickt gewesen, und auch die Konzilien seien nicht unfehlbar. Ferner verwirft er die Ohrenbeichte, den Ablaß und die *satisfactio operis*, die Rechtfertigung durch Werke, und betrachtet das Fegefeuer als einen Läuterungsprozeß von rein geistiger Natur, auf den der Papst keinerlei Einfluß habe. »Wenn der Papst nach Willkür entscheiden könnte, so wäre nicht er der Statthalter Christi, sondern Christus wäre sein Statthalter, denn von seinem Willen hinge Christi Urteil ab.« Kurz: er glaubt, wie er dies prägnant ausdrückt, *mit* der Kirche, nicht *an* die Kirche. Noch weiter ging sein Zeitgenosse, der Erfurter Theologieprofessor Johann von Wesel: er bekämpfte sogar das Abendmahl und die Letzte Ölung, erklärte, das geweihte Öl sei nicht mehr wert als das, womit die Kuchen gebacken werden, bezeichnete das Fasten als überflüssig, denn Petrus habe es wohl nur eingesetzt, um seine Fische besser zu verkaufen, und nannte den Papst einen bepurpurten Affen. Auch Erasmus von Rotterdam, die Leuchte des Jahrhunderts, verspottete die Heiligenverehrung, die Transsubstantiationslehre und die ganze scholastische Dogmatik, von deren Spitzfindigkeiten, wie er betonte, Christus und die Apostel nicht das mindeste verstehen würden. Die Sakramente hält er für bloße indifferente Zeremonien, die Heilige Schrift für vielfach gefälscht und teilweise widerspruchsvoll und unverständlich: die Gottheit Christi und die Dreieinigkeit seien aus ihr nicht zu erweisen; »keine schädlicheren Feinde aber hat die Kirche als die Päpste, denn sie ermorden durch ihr fluchwürdiges Leben Christus noch einmal«.

Der Spatenstich Aber gerade an dem Beispiel des Erasmus von Rotterdam sehen wir den ungeheuren Unterschied, der zwischen Luther und seinen Vorläufern besteht. Denn diese *lehrten* bloß die Reform, er aber *lebte* sie. Hierin: daß er alle diese Theorien mit seinem kochenden Blut gefüllt hat, bestand seine unvergleichliche Originalität. Erasmus war zweifellos der farbigere, geräumigere und schärfere Geist, der konsequentere, universellere und sogar kühnere Denker; er war aber eben nur ein Denker. Luther war ein großer Mensch, und Erasmus war nur ein großer Kopf. Es ist ihm niemals in den Sinn gekommen, auch nur für eine einzige seiner Ideen praktisch Zeugnis abzulegen. Er, der selber viel reformatorischer und radikaler orientiert war als die meisten Reformatoren, ist niemals für die neue Bewegung mit seiner Person eingetreten, sondern hat sie bei jeder Gelegenheit furchtsam verleugnet. Wiederholt betont er in seinen Briefen, daß er die Schriften Luthers überhaupt kaum kenne, was sicher eine Angstlüge war; seinem alten Freund Hutten hat er, als er verarmt, geächtet und dem Tode nahe in Basel bei ihm Schutz suchte, schroff die Tür gewiesen. Er zittere, hieß es, bei

330

dem Worte Tod. Dies wäre jedoch bei einem so völlig geistigen Menschen noch durchaus verständlich gewesen. Aber er war auch nicht frei von der noch um vieles unedleren Furcht um Geld und Einfluß; er zitterte auch um die Pfründen und reichen Geschenke, die er der Kirche verdankte, und um sein Ansehen in der geistlichen Creme: nicht mit Unrecht warfen seine Feinde ihm vor, er lasse sich wie ein Hund von einem Stück Brot locken. Deshalb ist die Geschichte über ihn hinweggegangen und nennt nicht ihn, sondern den beschränkten, eigensinnigen Bauernsohn als den großen Erneuerer und Wohltäter der Menschheit. Denn die Rangordnung der Menschen wird im allgemeinen viel weniger durch ihr Denken als durch ihr Tun bestimmt. Seneca war ein größerer Philosoph als Paulus, und doch stellen wir diesen unvergleichlich höher. Denn der arme Seneca argumentierte und deklamierte zwar sehr profund und packend über Menschenliebe und stoische Bedürfnislosigkeit, aber das war der eine Seneca, der philosophische: der andere Seneca, der Seneca des Lebens, war der skrupellose Geldmacher und Millionär, der liebedienerische Genosse neronischer Verbrechen.

»Neues« hat Luther in der Tat wenig gebracht. Aber hierin besteht auch gar nicht die Aufgabe des großen Mannes auf dieser Erde. In geistigen Dingen entscheidet niemals das Was, sondern immer nur das Wie. Das Genie tut den letzten Spatenstich; das, nicht mehr und nicht weniger, ist seine göttliche Mission. Es ist kein Neuigkeitenkrämer. Es sagt Dinge, die im Grunde jeder sagen könnte, aber es sagt sie so kurz und gut, so tief und empfunden, wie sie niemand sagen könnte. Es wiederholt einen Zeitgedanken, der in vielen, in allen schon dumpf schlummerte, aber es wiederholt ihn mit einer so hinreißenden Überzeugungskraft und entwaffnenden Simplizität, daß er erst jetzt Gemeingut wird.

Die »Ideen«, die großen geistigen Strömungen sind wohl

immer das, was den Wandel und Fortgang des historischen Verlaufs bestimmt; aber diese Ideen knüpfen sich, das können wir in unserer ganzen Erfahrung bestätigt finden, stets an große Persönlichkeiten. Die Weltgeschichte wird von einzelnen prominenten Menschen gemacht, von Menschen, in denen der »Geist der Zeit« so konzentriert verkörpert ist, daß er nun für jedermann lebendig, fruchtbar und wirksam wird. Die Idee ist immer das Primäre, gewiß; aber Leben und Realität gewinnt sie immer nur in bestimmten Individuen. Luther hat die Reformation nicht erfunden, etwa wie Auer das Auerlicht oder Morse den Morsetaster; aber er war so erfüllt von dem neuen Licht seiner Zeit wie keiner, und dadurch hat er es erst sichtbar gemacht für alle Welt. Er war die Zunge seines Jahrhunderts, er hat das schöpferische Wort gesprochen, das immer den Anfang macht. Wir werden später glänzenderen Männern begegnen, reicheren und differenzierteren, freieren und seelenkundigeren, aber keinem, der ein vollerer Ausdruck des Willens seiner Zeit und ihres innersten Bedürfnisses war, der einfacher und gedrängter, leuchtender und schlagender im Namen seiner Mitlebenden gesagt hätte, was ist und was not tut. Und darum hat auch der größte Theolog unserer Tage, Adolf von Harnack, seine Gedächtnisrede zur Feier des vierhundertsten Geburtstags Luthers mit dem Satz beschließen können: »Den Weg zum Ziele hat uns nach einer langen Nacht der Mann gewiesen, von dem wir das Wort wagen dürfen: er war die Reformation.«

Das Doppelantlitz Luthers
Wenn man versuchen will, die Persönlichkeit Luthers einigermaßen zu begreifen – und das ist für die Menschen des zwanzigsten Jahrhunderts schwieriger, als sie gemeinhin annehmen –, so wird man wohl zunächst von der Tatsache ausgehen müssen, daß er ein ausgesprochener Übergangsmensch war, in dem sich Altes und Neues in höchst seltsamer Weise mischte. Gerade diese eigentümliche Legierung aus Altem und Neuem ist ja vielleicht überhaupt der Stoff, aus dem die großen

Erneuerer, die Reformatoren und Regeneratoren jeglicher Art gemacht sind, und wir werden diesem Typus noch öfter begegnen. Die Gründe für diesen paradoxen Sachverhalt liegen ganz nahe. Nur weil das Alte in allen diesen Revolutionären noch stark genug lebte, vermochte es in ihnen jenen inbrünstigen schöpferischen Haß zu erzeugen, der sie dazu anreizte und befähigte, die konzentrierte Kraft ihrer ganzen Existenz der Bekämpfung und Beseitigung dieses Alten zu widmen. Um etwas mit der tiefsten Leidenschaft bekriegen zu können, muß man aufs tiefste daran leiden können, und um daran wirklich leiden zu können, muß man es *sein.* Nur der Manichäer Augustinus konnte zum Kirchenvater werden; nur der Altaristokrat Graf Mirabeau konnte die Französische Revolution ins Rollen bringen; nur der Pastorssohn Friedrich Nietzsche konnte Antichrist und Immoralist werden; nur Männer von so durchaus bürgerlicher Abstammung und Erziehung wie Marx und Lassalle konnten den Sozialismus begründen; und nur ein katholischer Priester konnte den Katholizismus in seinem innersten Kern auflösen. Wer Paulus werden will, muß vorher Saulus gewesen sein, ja im Grunde sein ganzes Leben lang ein Stück Saulus bleiben: nur aus diesem immerwährenden Kampf gegen sich selbst und seine eigene Vergangenheit kann er die Kraft zum Kampf für die Zukunft schöpfen.

Luther war in seiner seelischen Grundstruktur noch eine *Der letzte* durchaus mittelalterliche Erscheinung. Seine ganze Gestalt hat *Mönch* etwas imposant Einheitliches, Hieratisches, Steinernes, Gebundenes, sie erinnert in ihrer scharfen und starren Profilierung an eine gotische Bildsäule. Sein Wollen war von einer genialen dogmatischen Einseitigkeit, schematisch und gradlinig, sein Denken triebhaft, affektbetont, im Gefühl verankert: er dachte gewissermaßen in fixen Ideen. Er blieb verschont von dem Fluch und der Begnadung des modernen Menschen, die Dinge von allen Seiten, sozusagen mit Facettenaugen betrachten zu müssen.

Und doch sind gerade seine Tage durch das Heraufkommen differenzierter, verwickelter, polychromer Persönlichkeiten gekennzeichnet: er ist der Zeitgenosse eines luziferischen Ironikers wie Rabelais und aller der großen italienischen Renaissancemenschen; aber auch unter seinen Landsleuten fand sich schon ein Weltmann und Diplomat von der seelischen Elastizität des Kurfürsten Moritz von Sachsen, ein Psychologe von der Buntheit und Subtilität des Erasmus, eine so oszillierende Mischfigur wie der Doktor Paracelsus. In Luthers Seele dagegen gab es keine Nuancen und Brechungen, sondern die Kontraste lagen bei ihm noch so hart nebeneinander, wie wir dies beim mittelalterlichen Menschen gesehen haben: alles in starken Tinten, jäh wechselnd, ohne Verschmelzung und Übergang: düsterste Verzweiflung und hellste Zuversicht, strahlendste Güte und finsterster Zorn, mildeste Zartheit und rauheste Tatkraft. Dazu kommt noch als ein der neuen Zeit durchaus entgegengesetzter Zug das völlig Instinktmäßige, Elementare, Unreflektierte, das Luthers Handeln kennzeichnet. Der Rationalismus, den wir als das große Thema der Neuzeit erkannt haben, hatte über ihn keine Macht: er verabscheute die Vernunft und ihre Werke wie nur irgendein Scholastiker und nannte sie »des Teufels Hure«, die neue Astronomie hat er abgelehnt, weil sie mit der Bibel nicht in Einklang stand, die großen geographischen Entdeckungen des Zeitalters sind an ihm spurlos vorübergegangen. Er war auch nicht »sozial« denkend, wie sein Verhalten im Bauernkrieg gezeigt hat, überhaupt Ordnungsfanatiker, immer auf der Seite der »Obrigkeit« und in allen gesellschaftlichen und politischen Fragen ein Anhänger der mittelalterlichen Gebundenheit.

Auch sein Leben zeigt nichts von jener mathematischen Planmäßigkeit und Überhelle, die das Grundmerkmal der modernen Geisteshaltung bildet: die treibende Kraft in ihm war das *Unbewußte*; ohne daß er es gewollt hätte, war er plötzlich der Held der Zeit, ohne daß er es gesucht hätte, sprach er das Wort aus, das allen auf den Lippen lag: mit nachtwandlerischer Sicherheit ging er den Weg, auf dem schon so viele vor ihm gestürzt waren. Daß er inmitten einer gärenden, tastenden, zerrissenen Zeit ein Ganzer, noch ein Stück ungebrochener mittelalterlicher Kraft und Selbstgewißheit war, daß er mit dem Antlitz in ferne neue Zukunften blickte, mit den Füßen aber fest und breit auf dem alten ersessenen Boden stand, ebendies machte ihn zum Führer und befähigte ihn, als ein zweiter Moses an der Scheide zweier Weltalter die Fluten des Alten und des Neuen mit seinem Zauberstab zu teilen. Er ist, um es mit einem Wort zu sagen, der *letzte große Mönch*, den Europa gesehen hat, ähnlich wie Winckelmann im Zeitalter des sterbenden Klassizismus der letzte große Humanist und Bismarck in der Ära des siegreichen Liberalismus der letzte große Junker gewesen ist.

Aber anderseits hat Luther geistige Zusammenhänge gesehen, die erst in Jahrhunderten ihre volle lebendige Verwirklichung finden sollten. Das Moderne in Luthers Denken beruht im wesentlichen auf drei Momenten. Zunächst auf seinem *Individualismus*. Dadurch, daß er die Religion zu einer Sache des inneren Erlebnisses machte, hat er auf dem höchsten Gebiete menschlicher Seelenbetätigung etwas Ähnliches vollbracht wie die italienischen Künstler auf dem Gebiete der Phantasie. In der Anweisung Luthers, daß jede Seele sich ihren eigenen Gott aus dem Innersten neu erschaffen müsse, lag die letzte und tiefste Befreiung der Persönlichkeit. Hiermit verband sich aber als zweites ein *demokratisches* Moment. Indem Luther verkündete, daß jeder Gläubige von wahrhaft geistlichem Stande, jedes Glied der Kirche ein Priester sei, vernichtete er das mittelalterliche Stellvertretungssystem, das der Laienwelt den Verkehr mit Christus nur durch besondere Mittelspersonen: durch Christi Statthalter und dessen Beamtenhierarchie gestattet hatte, und führte damit in das kirchliche Leben dasselbe Gleichberechtigungsprinzip ein, das die Französische Revolution später in das politische Leben brachte. Und drittens hat er dadurch, daß er das ganze profane Leben des Tages für eine Art Gottesdienst erklärte, ein ganz neues *weltliches* Element in die Religion gebracht. Mit der Feststellung, daß man überall und zu jeder Stunde, in jedem Stand und Beruf, Amt und Gewerbe Gott wohlgefällig sein könne, hat Luther eine Art Heiligsprechung der Arbeit vollzogen: eine Tat von unermeßlichen Folgen, mit der wir uns später noch etwas genauer zu beschäftigen haben werden.

Die große Krisis

Haeckel hat bekanntlich als »biogenetisches Grundgesetz« den Satz aufgestellt: die Ontogenese, die Keimesgeschichte, ist die gedrängte Rekapitulation der Phylogenese, der Stammesgeschichte, das heißt: der Mensch wiederholt im Mutterleib gleichsam in einem kurzen Auszug die gesamte Stufenreihe seiner Tierahnen von der Urzelle bis zu seiner eigenen Spezies. In ähnlicher Weise hat Luther den ganzen Entwicklungsgang der katholischen Kirche durchlaufen: die Kirchengeschichte entspricht der Phylogenese, seine eigene Geschichte bis zum großen »Durchbruch« der Ontogenese. Er begann mit dem kompakten Glauben des frühen Mittelalters an die Wirksamkeit der Sakramente und der Heiligen, er ergab sich in Erfurt den Doktrinen der strengen Scholastik, er suchte im Augustinerkloster mit einer Inbrunst, die an Selbstvernichtung grenzte, das Heil in mönchischer Askese, in Beten, Frieren, Wachen und Fasten, er widmete sich in Wittenberg mit glühender Begeisterung den Lehren der Mystik, er wurde in Rom von der großen antiklerikalen Strömung erfaßt, die bereits seit Menschenaltern die Welt erschütterte, ohne noch im geringsten Antipapist zu sein, und er hat erst als völlig ausgereifter Mann, auf der Höhe seines Lebens den Bruch mit dem Papsttum und der alleinseligmachenden Kirche vollzogen.

Die große Krisis im Leben Luthers fällt in seine Klosterzeit. Er befand sich damals in jenem gefährlichen Alter, wo gerade genial veranlagte Menschen sehr häufig an sich und ihrer Existenzberechtigung völlig zu verzweifeln pflegen. Carlyle, der mit Luther manche Ähnlichkeit besitzt, hat diesen Zustand in seinem Roman *Sartor resartus*, einer Art Selbstbiographie, sehr anschaulich geschildert. Darin erzählt der Held von sich unter anderem: »Es war mir, als ob alle Dinge oben im Himmel und unten auf der Erde mir nur zum Schaden wären und Himmel und Erde nichts weiter seien als der grenzenlose Rachen eines gefräßigen Ungeheuers, von dem ich zitternd erwartete, daß es mich verschlingen werde.« Aber als er eines Tages wiederum, von seinen Zweifeln gepeinigt, ruhelos durch die Straßen irrt, kommt ihm eine plötzliche Erleuchtung, die er seine »Bekehrung« nennt. »Mit einem Male stieg ein Gedanke in mir auf und fragte mich: Wovor fürchtest du dich eigentlich? Warum willst du ewig klagen und jammern und zitternd und furchtsam wie ein Feigling umherschleichen? Was ist die Summe des Schlimmsten, das dich treffen kann? Tod? Wohlan denn, Tod; und sage auch, die Qualen Tophets und alles dessen, was der Mensch oder der Teufel gegen dich tun kann und will! Hast du kein Herz? Kannst du nicht alles, was es auch sei, erdulden und als ein Kind der Freiheit, obschon ausgestoßen, selbst Tophet unter die Füße treten, während es dich verzehrt? So laß es denn kommen! Ich will ihm begegnen und ihm Trotz bieten. Und während ich dies dachte, rauschte es wie ein feuriger Strom über meine ganze Seele, und ich schüttelte die niedrige Furcht auf immer ab. Ich war stark in ungeahnter Stärke: ein Geist, fast ein Gott. Von dieser Zeit an war die Natur meines Elends eine andere.«

Dieser Zustand gänzlicher Ratlosigkeit und fast nihilistischer Resignation ist es, der im Leben fast aller großen geistigen Potenzen eine entscheidende Epoche bedeutet. Es ist die Übergangszeit, in der der werdende Geist sich einerseits nicht mehr rein aufnehmend zu verhalten vermag und anderseits noch nicht die klaren Richtlinien einer kommenden Produktivität gefunden hat. Man hat bereits den geschärften Blick für die Widersprüchlichkeit, Unvollkommenheit, ja Sinnlosigkeit so vieler Dinge und Beziehungen, und man hat noch nicht das, was allein diesem Pessimismus und der hohen Reizbarkeit, die die Vorbedingung alles genialen Schaffens bildet, die Waage zu halten vermag: das klare und sichere Bewußtsein einer Aufgabe. Die Unmöglichkeit, im bisherigen Zustand der Konvention, des Schülers zu leben, ist bereits erkannt, die Möglichkeit, schöpferisch zu wirken, eine eigene Welt zu gestalten und zu lehren, ist noch nicht erkannt. Das erschreckte Auge erblickt daher überall nur negative Instanzen. Es ist ein Stadium der völligen Selbstverneinung, der Selbstmordstimmung. Aber gerade darum vor allem müssen wir Luther ein Genie nennen, weil er, von allen erfolgreichen Reformatoren jener Zeit der einzige, sich in dämonischem Ringen eine eigene Welt aufgebaut hat.

Jehovah
indelebilis
Die Wurzel jener großen Verzweiflung, die Luther damals zu Boden drückte und fast zu vernichten drohte, war die Angst vor Gott und seinem Gesetz. Es war dieselbe furchtbar aufwühlende Frage, die auch Paulus gepeinigt hatte, als er noch Pharisäer war: wie kann ich den Zorn Gottes vermeiden, wie seinem Eifer und seinen so strengen, fast unerfüllbaren Geboten Genüge tun? Es war, wie man sieht, der *Judengott*, der Luther so entsetzlich schreckte. Wieder einmal wurde ein wahrhaftiger, für Kompromisse und Zweideutigkeiten nicht geschaffener Mensch durch jene schauerliche Paradoxie in Verwirrung gebracht, die durch das ganze Christentum geht, jenen ungeheuren Riß, den zu verkleistern bereits fünfzig Menschengenerationen vergeblich ihren Scharfsinn, ihr Wissen und ihren Glauben aufgeboten hatten: er besteht darin, daß man einen rein national gedachten, nur den Interessen seiner Landsleute

zugewandten, jede Konkurrenz unversöhnlich verfolgenden harten und herrischen Firmenchef, wie es der Judengott ist, mit Gott zu identifizieren suchte. Etwas Ähnliches hatten ja auch schon die Stoiker unternommen, indem sie behaupteten, Gott sei nichts anderes als der vergeistigte Zeus. Das eine ist so blasphemisch wie das andere. Ganz folgerichtig erklärten denn auch die Marcioniten, die klarsten und schärfsten Denker unter den frühen Christen, es existierten zwei Gottheiten, nämlich der »Demiurg«, der die Welt geschaffen habe (unter »Welt« verstanden sie »Juden« und erklärten daher den Weltschöpfer für etwas Bösartiges), und der »höchste Gott«, der zur Erlösung von der Welt seinen Sohn gesandt habe. Sie empfanden ganz richtig, daß, wenn man sich schon nicht entschließen könne, den Judengott ganz zu leugnen wie irgendeinen anderen Volksgott, die einzige logische Möglichkeit in der Annahme der Zweigötterei bestehe, einer Art Dualismus nach persischem Vorbild, wobei der Judengott natürlich den Geist der Finsternis vertritt; da aber eine solche Auslegung nichts war als ein maskierter Rückfall ins Heidentum, so konnte die Kirche sie natürlich nicht akzeptieren. Die Marcioniten (und andere) hatten übrigens auch vorgeschlagen, das Alte Testament einfach hinauszuwerfen, aber auch damit drangen sie nicht durch: Jehovah, auch darin ein echter Jude, *ließ* sich nicht hinauswerfen, und so ist bis zum heutigen Tage die reinste Religionslehre, die jemals in die Welt getreten ist und jemals in die Welt treten wird, verdorben und verwirrt durch das Gespenst eines rabiaten und nachträgerischen alten Beduinenhäuptlings.

Aber eines Tages erlebte auch Luther sein Damaskus. Nur rief ihm der Heiland nicht zu: »Warum verfolgst du mich?«, sondern: »Warum glaubst du dich von mir verfolgt? Mein Vater ist nicht Jehovah!« Er erkannte, daß der Christengott kein »gerechter« Gott ist, sondern ein barmherziger Gott, und daß der Inhalt des Evangeliums nicht das Gesetz ist, sondern die Gnade.

Luthers Damaskus

Es ist erschütternd, zu beobachten, daß Luther in der Zeit seiner inneren Kämpfe sogar eine Art *Haß* gegen Gott faßte: es gab Augenblicke in seinem Leben, wo er Gott aus der Welt hinwegwünschte. Und in der Tat: was man ganz und aus vollstem Herzen lieben soll, das muß man irgendwann einmal auch inbrünstig gehaßt oder doch einmal heiß und fast hoffnungslos umworben haben; und dies gilt gewiß auch nicht zuletzt von der Frömmigkeit: erwirb, um zu besitzen! Im Grunde war Luthers Glaubenskampf der Kampf gegen das billige Weidebehagen und Kuhglück der *in Gott Saturierten*, gegen die tiefe Unsittlichkeit, die in der gedankenlosen Unangefochtenheit und trägen Selbstverständlichkeit aller Durchschnittsreligiosität verborgen liegt.

Luthers heroische Zeit

Luthers Jugendgeschichte hat einen wahrhaft dramatischen Charakter; sein Mönchsgelübde unter Blitz und Donner, sein Thesenanschlag, die Disputation zu Leipzig, die Verbrennung der Bannbulle, seine Verteidigung auf dem Reichstag zu Worms: das sind große Szenen von welthistorischem Wurf und Gepräge, die in starken und großzügigen Bildern die jeweilige Situation prägnant und unvergeßlich zusammenfassen. Und mit einem überwältigend sicheren Griff, der gleichfalls etwas Dramatisches hat, hat Luther die katholische Kirche gerade an jenem Mißstand gepackt, der nicht nur der aufreizendste und widersinnigste, sondern auch der ostensibelste und einleuchtendste war: am Ablaßhandel. Es hatte sich im Laufe der Zeit eine richtige Börse für Sündenvergebung entwickelt, alles hatte seinen Kurs: Meineid, Schändung, Totschlag, falsches Zeugnis, Unzucht, in Kirchen verübt; Sodomie notierte in Tetzels Instruktion mit zwölf Dukaten, Kirchenraub mit neun, Hexerei mit sechs, Elternmord (merkwürdig wohlfeil) mit vier. Ja man konnte sogar, nicht in der Theorie, wohl aber in der Praxis, für gewisse Sünden vorausbezahlen und sich sozusagen eine Art Ablaßdepot anlegen; und das ganze Geschäft war an große

Bankhäuser und Handelsfirmen verpachtet, die mit ganz modernen Mitteln der Reklame und des Kundenfangs arbeiteten: bei einer Verlosung in Bergen op Zoom waren zum Beispiel nebeneinander »köstliche Preise« und Ablässe zu gewinnen. Weiter konnte man die Entwürdigung und Merkantilisierung der Religion nicht treiben, und daß alle diese Usancen mit dem Christentum nichts mehr zu tun hatten, ja dessen offizielle und zynische Verleugnung und Verhöhnung bedeuteten, mußte auch dem einfachsten Kopf in die Augen springen.

Den Höhepunkt der publizistischen Wirksamkeit Luthers bezeichnet das Jahr 1520, wo er die drei kleinen, aber überaus gehaltvollen Schriften *An den christlichen Adel deutscher Nation, Von der babylonischen Gefangenschaft der Kirche* und *Von der Freiheit eines Christenmenschen* erscheinen ließ; sie sind von einer Kraft und Tiefe, Gedrängtheit und Fülle, Klarheit und Ordnung, wie er sie später nie wieder erreicht hat. Er lehrt darin mit hinreißender Beredsamkeit, daß jeder Christ wahrhaft geistlichen Standes sei; daß der Papst mitnichten der Herr der Welt sei, denn Christus habe vor Pilatus gesagt: Mein Reich ist nicht von dieser Welt; daß als Sakrament nur gelten könne, was Christus selbst eingesetzt hat, nämlich Taufe, Buße und Abendmahl; daß durch die übrigen angemaßten Sakramente und die päpstlichen Ansprüche auf Weltherrschaft die Kirche unter die Botmäßigkeit einer ihr fremden und feindlichen Macht gelangt sei gleich den Juden in Babylon; daß ein Christenmensch ein ganz freier Herr aller Dinge sei und niemandem untertan und zugleich ein ganz dienstbarer Knecht aller Dinge und jedermann untertan: das erste ist er durch den Glauben, das zweite durch die Demut. Dort allein ist ein wahrhaft christliches Leben, wo der Glaube wahrhaft tätig ist durch die Liebe, wo er mit Freudigkeit an das Werk der freiesten Dienstbarkeit geht, in der er den anderen umsonst und freiwillig dient. »Wer mag begreifen den Reichtum und die Herrlichkeit eines Christenlebens, das alle Dinge vermag und hat und keines bedarf, der Sünde und des Todes und der Hölle Herr, zugleich jedoch allen dienstbar und willfährig und nützlich!« Hier ist Luther in die Nähe seiner großen Jugendlehrer, der Mystiker, gelangt, und dies hat ihn auch befähigt, die große Streitfrage des Christentums nach dem Verhältnis des Glaubens zu den Werken, auf die wir noch zurückkommen, mit der größten Reinheit und Einfachheit zu lösen; aber er hat später, durch kleinliche Reibereien und Ränke verbittert, in Arbeitsmühsal und Sektenpolemik verkalkt und vor allem aus Angst, mißverstanden zu werden (einer eines großen Genius unwürdigen Angst), diesen Gipfel wieder verlassen.

Die schöp-
ferische
Peripherie
Daß aber diese große Bewegung nicht von dem gelehrten Paris, dem glänzenden Rom oder dem weltbeherrschenden Madrid ihren Ausgang nahm, sondern von der armseligen, eben erst gegründeten Universität Wittenberg, beruht auf der sonderbaren historischen Tatsache, daß es fast immer die Peripherie ist, die die neuen schöpferischen Kräfte entbindet und die bedeutenden geistigen Umwälzungen inauguriert. Auch das Christentum ist in einer verachteten kleinen Provinz des römischen Weltreichs geboren worden, der mosaische Monotheismus ist fern von den großen orientalischen Metropolen ans Licht getreten, und der Mohammedanismus hat in der arabischen Wüste seinen Siegeslauf begonnen. Und es war ebenso notwendig, daß Luther auch im *sozialen* Sinne ein Kind der Peripherie war, daß er aus niederem Stande, aus Dunkel und Nichtigkeit hervorging. Dies ist *immer* notwendig, wenn Gott sich, stark oder schwächer, leuchtend oder nur in leisem Schimmer, für alle Welt oder nur für eine kleine Gemeinde, in einem Menschen offenbart. Das Göttliche wandelt auf Erden überall in Knechtgestalt.

Luthers
Papst
Wir sagten vorhin: Luther sei in vielem noch eine durchaus mittelalterliche Erscheinung gewesen. Und in der Tat: er ist im

höchsten Maße autoritätsgläubig, bis zur Blindheit. Er negierte zwar den Papst, aber die »Welt«, das hat schon sein Zeitgenosse Sebastian Franck erkannt, »will und muß einen Papst haben, dem sie zu Dienst wohl alles glaube, und sollte sie ihn stehlen oder aus der Erde graben; und nähme man ihr alle Tage einen, sie sucht bald einen anderen«. Luthers Papst war die *Bibel*. Was dort stand, war für ihn wörtlich und buchstäblich wahr, ohne die geringste Modifikation oder Einschränkung, und dabei führte er, wie gesagt, auch das Alte Testament überall mit sich, gleich einem unnützen Rudiment aus einer früheren Entwicklungsperiode, das längst seine Funktion verloren hat, und identifizierte das »Wort« mit seiner eigenen, oft irrtümlichen oder beschränkten Auslegung. Ein klassisches Beispiel für seinen engen Buchstabenglauben ist die berühmte Debatte über das Abendmahl auf dem Marburger Religionsgespräch. Als die Einsetzungsworte »τοῦτό ἐστι τὸ σῶμά μου, τοῦό τὸ αἷμά μου« zur Sprache kamen, erklärte Zwingli, sie seien nur symbolisch zu nehmen, das ἐστί sage hier keine Identität aus, sondern sei mit *significat* zu übersetzen. Hierüber ärgerte sich aber Luther sehr: er klopfte während dieser Erörterungen fortwährend mit dem Finger unter den Tisch und wiederholte halblaut die Worte: *est, est.* Für ihn war eben nur die äußere grammatikalische Form maßgebend.

Und doch erkennen wir auch in diesem starren Wortaberglauben bereits den modernen Einschlag, der für Luther ebenfalls charakteristisch ist. Denn er ersetzt die bisherige oberste Instanz, den Papst, der eine lebendige Autorität von Fleisch und Blut war, durch die tote Autorität der »Schrift«, die aus Druckerschwärze und Papier besteht; an die Stelle des menschlichen Irrens und Rechtbehaltenwollens eines einzelnen tritt eine ganz unmenschliche Form der Irrlehre und Rechthaberei: die *wissenschaftliche*, an die Stelle der Theologie die *Philologie* (und schließlich sogar die Mikrologie), an die Stelle der heili-

Triumph des Gutenbergmenschen über den gotischen Menschen

343

gen Kirche das Unheiligste: die *Schule*. In der sich unwillkürlich vollziehenden Tatsache, daß im Mittelpunkt des Glaubens nicht mehr das Leben und Leiden des Erlösers steht, sondern der Bericht darüber, das »Buch«, erfüllt sich der Sieg des schreibenden, druckenden, lesenden, szientifischen Menschen, der die Neuzeit regiert, kündigt sich der Anbruch eines *literarischen* Zeitalters an. Auch die Sakramente wirken nach protestantischer Auffassung nicht mehr durch geheimnisvolle Magie, sondern lediglich durch das Wort. Kurz: der Gutenbergmensch triumphiert über den gotischen Menschen. Von hier führt eine gerade Linie zur reinen Verstandeskultur und Verstandesreligion, zur »Aufklärung«. Luther selbst hat diese unvermeidlichen Konsequenzen weder selbst verkörpert noch auch nur vorausgesehen, aber die von ihm gegründete Kirche hat sie vollzogen; und auch seine eigene Wirksamkeit und Wirkung ist bereits ohne Druckerpresse nicht zu denken: er ist der größte Publizist, den das deutsche Volk hervorgebracht hat, und die fünfundneunzig Thesen sind die erste Extraausgabe der Weltgeschichte.

Harnack sagt einmal in seiner Dogmengeschichte, Luther habe wie ein Kind im Hause der Kirche geschaltet. Dieses Wort umreißt fast erschöpfend alle Stärken und Schwächen des Reformators. Sein Werk zeigt die Undifferenziertheit und Ungeschicklichkeit, Beschränktheit und Gedankenflucht, aber auch die Reinheit und Innigkeit, Herzensfülle und Unwiderstehlichkeit eines Kindes. Weil er ein Kind war, konnte er dem Volke eine Religion geben; weil er ein Kind war, vermochte er kein religiöses Lehrgebäude zu errichten. Und weil die treibende Kraft in ihm eine kindliche Impulsivität, Sprunghaftigkeit und Eigenwilligkeit war, entbehrte auch sein Wirken der Kontinuität und Folgerichtigkeit. Er ist später in vielen Punkten rezidiv, sich selbst und dem wahren Protestantismus untreu geworden. Protestantismus ist klarer mutiger Protest, gegen jederlei Glaubenszwang, Formelwesen, Lippengläubigkeit, ist Rückkehr zur

Reinheit der evangelischen Lehre und den Grundtatsachen des Christentums, ist Verwerfung jeglichen Mittlertums, das sich zwischen Gott und den Gläubigen stellen will, ist Frömmigkeit und Nachfolge Christi als wahres und alleiniges Priestertum; aber schon zu Luthers Lebzeiten und nicht ohne sein Dazutun ist ein großer Teil von all dem, in dessen Bekämpfung seine historische Mission bestand, wieder zurückgekehrt: ein neues System klerikaler Herrschsucht und toter Anbetung äußerer Formen machte sich breit, ein neues Fassadenchristentum stand im höchsten Ansehen, eine neue Dialektik, die an Spitzfindigkeit und Widersinnigkeit die katholische weit hinter sich ließ, hielt ihren Einzug und verdunkelte das Evangelium zum zweitenmal und mit weit weniger großartigen Mitteln, und wiederum zerfiel die Menschheit in Christen erster und zweiter Klasse: aber während der katholische Priester seine Superiorität aus einer transzendenten Quelle schöpft, gründete sich die Hegemonie der protestantischen Pastoren und Theologen auf den viel armseligeren und gebrechlicheren Anspruch, vor dem Laien das wahre wissenschaftliche Verständnis der Bibel vorauszuhaben.

Und was konnte Luther, was konnten die Lutheraner denn von dem Phänomen des Heilands verstehen? Die Erscheinung Christi in ihrer Umwelt ist für ein modernes, überhaupt für ein europäisches Gefühl etwas gänzlich Fremdes, fast Unbegreifliches; es ist ein magisches Leuchten um sie, ein zauberhafter Opalglanz, in dem sich endlose braune Wüste, Fata Morgana, zitternde Mittagsstille spiegelt: eine Lebensform, die wir kaum mehr nachempfinden können, und darüber hinaus noch ein Abtun selbst *dieser* Lebensform. Die ganze glitzernde und doch so lautlose Buntheit, die unnachahmlich erhabene Schlichtheit und Eindeutigkeit des Orients ist im frühen Christentum und daneben ein fast hysterisches Mitfühlen mit dem Herzschlag jeglicher Kreatur und eine Negierung der eigenen Existenz, die mit solch klarer Entschiedenheit nur in der Seele sehr später Menschen zum herrschenden Pathos werden kann. Eine höchst primitive und zugleich uralte Kultur spricht aus den Evangelien: die Einfachheit des Naturmenschen, vereinigt mit der Weisheit des Jahrtausendmenschen. Ein Luther kann den Christusglauben vom obersten Überzug jahrhundertelanger barbarischer Mißverständnisse reinigen, er kann ihn konzentrieren, vereinfachen, handlicher und übersichtlicher machen, der Rationalisierung entgegenführen; aber die unendliche Zartheit, Fragilität und Hyperästhesie dieser Seelenwelt kann ein kerngesunder deutscher Bauer, die funkelnde exotische Farbenpracht dieser Bilderwelt kann ein biederer sächsischer Theologieprofessor, die abgrundtiefe Urweisheit dieser so selbstverständlich im Unendlichen wohnenden Glaubenswelt kann der Sohn einer anbrechenden Zeitungskultur nicht nacherleben.

Luther als Sprach- schöpfer So ist auch Luthers Bibelübersetzung eine Leistung, die man, je nach dem Gesichtspunkt, von dem aus man sie betrachtet, als mißlungen oder als ein Meisterwerk bezeichnen kann. Von dem Duft, dem Lokalkolorit, dem ganzen Ambiente der biblischen Welt, ja selbst von den Gefühlen und Gedanken der Verfasser ist nicht allzuviel hinübergerettet worden: aber dafür ist es Luther gelungen, mit seiner in jederlei Sinn verdeutschten Bibel das deutscheste Buch der deutschen Literatur zu schreiben. Man hat daher oft die überschwengliche Behauptung aufgestellt, er sei der Schöpfer des Neuhochdeutschen gewesen, und eine Autorität vom Range Jacob Grimms hat dieser Ansicht zugestimmt: »Luthers Sprache«, sagt er, »muß ihrer fast wundervollen Reinheit, auch ihres gewaltigen Einflusses halber für Kern und Grundlage der neuhochdeutschen Sprachniedersetzung gehalten werden.« Nun läßt es sich ja anderseits nicht leugnen, daß Luther, wie er selbst ausdrücklich betont hat, die sogenannte »Sprache der sächsischen Kanzlei« geschrieben hat, eine Art Einheitsidiom, das, zwischen Mitteldeutschem und Süddeutschem die Mitte haltend, bereits um

1350 von der Kanzlei der luxemburgischen Könige in Prag begründet wurde und sich von da über die anderen deutschen
Hofkanzleien verbreitete. Aber es ist doch zweierlei zu berück-
sichtigen: erstens, daß es zur Zeit Luthers im Volke tatsächlich
noch keine Gemeinsprache gab, sondern nur eine Unzahl von
Dialekten, und nur durch die außerordentliche Verbreitung
und Wirkung seiner Schriften, vor allem seiner Bibel, diese
Einheitssprache allmählich in weite Kreise drang und als allgemeines Schriftdeutsch akzeptiert wurde, und zweitens, daß
dieses Gemeinsächsisch eben nichts anderes war als ein trok-
kener, schwerlebiger und wortarmer Kanzleijargon, während
Luther derselben Sprache das Höchste und Tiefste, Stärkste
und Zarteste an Ausdruck entlockt und sie zum Organ für alle
erdenklichen Bewußtseinserlebnisse gemacht hat. Er hat aus
dem Material, das er vorfand, gerade das Gegenteil eines Kanz-
leistils geschaffen, indem er, wie er selbst in seinen »Tischge-
sprächen« erzählt, die Mutter im Hause, die Kinder auf der
Gasse, den gemeinen Mann auf dem Markte befragte und ihnen
aufs Maul sah, wie sie redeten: auf diese geniale Weise hat er mit
einem Einfühlungs- und Nachahmungstalent, das dem schau-
spielerischen verwandt ist, das Kunststück zuwege gebracht, die
subtilsten und gelehrtesten Dinge so gut wie die einfachsten
und alltäglichsten in einer Sprache voll Natürlichkeit, Lebendigkeit, Verständlichkeit und Schlagkraft zur Darstellung zu
bringen: wir stoßen hier wiederum auf jene eigentümliche dramatische Begabung, die Luther innewohnte; sie äußert sich auch
in seinen Lehr- und Streitschriften, die, indem sie immer einen
fiktiven Gegner supponieren, einen unterirdischen Dialog-
charakter an sich tragen und hierin an Lessing erinnern. Und so
dürfte es denn in der Tat nicht zuviel gesagt sein, wenn man
behauptet, daß ohne Luther Deutschland heute höchstwahrscheinlich ein zweisprachiges Land wäre, das zur einen Hälfte
niederdeutsch und zur andern Hälfte oberdeutsch reden würde.

Luther und die Künste

Auch Luthers nicht geringe Musikalität spricht aus seinem Stil: vor allem ist er ein Meister des kunstvoll gesteigerten Furioso. Er hat auch einige seiner Kirchenlieder selbst komponiert, spielte Laute und Flöte, verstand und würdigte polyphone Sätze und war ein großer Verehrer der niederländischen Kontrapunktiker; er hat den deutschen Kirchengesang zu einem festen Bestandteil des protestantischen Gottesdienstes gemacht und wollte ihn auch fleißig in der Schule geübt wissen. Bei jeder Gelegenheit preist er mit begeisterten Dankesworten die »Musica«, die »herrliche schöne Gabe Gottes, nahe der Theologia«.

Wenn wir uns aber zu den übrigen Künsten begeben, so stoßen wir bereits auf die großen Beschränkungen dieses großen Mannes. Schon zur Poesie hatte er kein rechtes Verhältnis. Von allen Dichtungsgattungen schätzte er am höchsten die didaktische Fabel, weil sie am nützlichsten sei zur Erkenntnis des äußeren Lebens: eine ziemlich banausische Ansicht, die aber in der Zeit lag. Ähnlich utilitaristisch äußerte er sich über das Drama: die Komödien des Terenz seien ein lehrreicher Spiegel der wirklichen Welt, die lateinischen Schuldramen eine gute Sprachübung, die geistlichen Spiele ein wirksames Mittel zur Verbreitung der evangelischen Wahrheit. Die bildende Kunst scheint für ihn überhaupt nicht existiert zu haben. Er reiste im Jahr 1511, zur Höhezeit der Renaissance, über Oberitalien nach Rom; aber er findet kein einziges Lobeswort für die Schönheit der Kunstwerke: in Florenz imponieren ihm am meisten die sauber eingerichteten Spitäler, und in Rom beklagt er bloß, daß für die Bauten soviel Geld aus Deutschland fließe; auch am Kölner Dom und am Ulmer Münster interessiert ihn nur die schlechte Akustik, die den Gottesdienst erschwere. Und für die geschichtliche Größe Roms scheint er ebenso wenig Verständnis gehabt zu haben wie für die künstlerische, ja er scheint überhaupt, im Gegensatz zu seinem Freund Melanchthon, gänzlich des historischen Sinnes entbehrt zu haben. Von Julius Cäsar sagt er zum Beispiel, er sei »nur ein Affe« gewesen; Cicero rühmt er als einen Weisen, der Aristoteles weit übertroffen habe, denn er habe seine Kräfte dem Staatsdienst geweiht, aber Aristoteles sei nur ein »müßiger Esel« gewesen: derartige Urteile über das größte strategische und politische Genie des alten Rom und über den umfassendsten und tätigsten Geist des alten Hellas, der das gesamte antike Wissen versammelt, geordnet und dargestellt und darüber hinaus noch ein halbes Dutzend neuer Wissenschaften begründet hat, kann man doch wohl nicht mehr mit »Subjektivismus«, sondern nur mit einer völligen Blindheit für historische Zusammenhänge erklären.

Dieser essentielle Mangel an geschichtlichem Verständnis hat sich am krassesten in seinem Verhalten gegen die aufständischen Bauern gezeigt, wodurch ein häßlicher Fleck auf sein ganzes Leben gefallen ist. Der Bauernkrieg war der größte Versuch einer sozialen Revolution, den Deutschland jemals erlebt hat, und nur die rohe Undiszipliniertheit der Bauern und die dünkelhafte Eifersucht ihrer Führer hat verhindert, daß sie zum Ziele gelangte. Sie ging, wie wir bereits erwähnt haben, von urchristlichen Ideen aus und richtete sich in erster Linie gegen die reiche Hierarchie, viel weniger gegen die weltlichen Fürsten, gar nicht gegen den Adel; und vom Kaiser hoffte man sogar, daß er sich an die Spitze der Bewegung stellen werde. Auch von Luther, der immer die Rückkehr zum Evangelium gepredigt hatte, nahm man dies als ganz selbstverständlich an. Das Gefährlichste an der Erhebung war, daß sie sich von allem Anfang an keineswegs auf das flache Land beschränkte, sondern auch auf die Städte übergriff, wo unter den proletarischen Elementen längst eine heftige Gärung bestand, dazu kam noch die große Zahl der armen Geistlichen, kurz, es handelte sich um eine Bewegung des ganzen vierten Standes von außerordentlicher Breite und Tiefe.

Die berühmten »zwölf Artikel« vom Jahr 1525 stellten noch

Luther und der Bauernkrieg

durchaus gemäßigte Forderungen: die Gemeinde soll sich ihren Pfarrer selbst wählen dürfen; der Kornzehnte soll bestehen bleiben, die übrigen Abgaben aber nicht mehr; die Leibeigenschaft soll aufgehoben werden, Jagd, Fischfang und Beholzung sollen frei sein. Daran schlossen sich im weiteren Verlauf der Revolution noch einige andere sehr vernünftige Postulate: Maß- und Münzeinheit für ganz Deutschland, Abschaffung aller Zölle, Reform des Gerichtswesens. Für die aus diesen Neuordnungen fließenden Verkürzungen sollten die Adeligen aus den Kirchengütern entschädigt werden, deren vollständige Säkularisation einen der wichtigsten Programmpunkte bildete. Die Gegner wollten sich jedoch zu keinerlei Konzessionen herbeilassen, und so kam es zum Krieg: »gleichwie die Bienen, wann die stoßen« strömten von allen Seiten die Bauern zusammen. Die Städte leisteten keinen ernsthaften Widerstand; binnen wenigen Wochen unterwarfen sich alle Fürsten in Franken und am Rhein; ein großes Bauernparlament wurde nach Heilbronn berufen, um über eine vollständige Reform des Reiches zu beraten. Gleichzeitig machte in Thüringen eine um vieles radikalere Gruppe von kommunistischer Tendenz, die »Wiedertäufer« unter der Führung Thomas Münzers, siegreiche Fortschritte. Hätten sich damals die Franken mit den Thüringern zu einem Hauptschlag vereinigt, so wäre eine Niederlage der »Weißen« kaum zu vermeiden gewesen; aber sie verzettelten und zerstückelten ihre Kräfte in Belagerungen und Plünderungen und wurden in allen sieben Schlachten, die nun rasch aufeinander folgten, gänzlich geschlagen, hauptsächlich durch die Reiterei, an der es ihnen überall fehlte. Im September des Jahres war der Aufstand bereits vollständig niedergeworfen. Aber die Borniertheit, Grausamkeit und Selbstsucht, mit der die Bauernfrage im Bauernkrieg behandelt worden ist, zieht ihre Folgen durch alle kommenden Jahrhunderte, ja sie steht indirekt auch im Zusammenhang mit der heutigen Verwirrung.

In dieser großen Entscheidungsstunde des deutschen Volkes hat Luther vollkommen versagt. Er zitiert Jesus Sirach: »Dem Esel gehört sein Futter, Last und Geißel«, und meinte damit den Bauern: er sah also im Landmann nicht den Ernährer, sondern das Lasttier der menschlichen Gesellschaft. Greueltaten sind im Bauernkrieg auf beiden Seiten verübt worden, aber sicher mehr von der Gegenpartei, auch gehörten sie als etwas Selbstverständliches zum Charakter der Zeit. Daß Luther sich im Krieg extrem feindlich gegen die Bauern zeigte, ließe sich noch einigermaßen daraus erklären, daß er von ihrem Betragen ganz einseitige Schilderungen empfangen hatte und außerdem einen nicht unberechtigten Unwillen darüber empfinden mußte, daß seine rein religiöse Sache politisiert wurde; aber völlig unverzeihlich ist es, daß er diese übelwollende Haltung schon vor dem Ausbruch der Feindseligkeiten einnahm. In seiner Erwiderung auf die zwölf Artikel lehnt er fast alle darin enthaltenen Ansprüche rundweg ab. Zu der durchaus billigen Forderung, daß vom Zehnten fortan die Pfarrer bezahlt und von dem Rest die Armen der Gemeinde unterstützt werden sollen, bemerkt er: »Dieser Artikel ist eitel Raub und Strauchdieberei, denn da wollen sie den Zehnten, der nicht ihr ist, sondern der Obrigkeit, zu sich reißen und damit machen, was sie wollen. Wollt ihr geben und Gutes tun, so tut es von eurem Gute« (als ob der Zehnte, diese höchst ungerechte und drückende Auflage, die oft ein Drittel des Einkommens betrug und niemals irgendeinem gemeinnützigen Zwecke zugute kam, nicht ebenfalls das Gut der Bauern gewesen wäre!), und die Leibeigenschaft erklärt er für eine durchaus gottgefällige Einrichtung, wobei die zu allem brauchbare Bibel als Argument herhalten muß, denn auch Abraham habe Leibeigene gehabt, und Paulus lehre, daß jeder in dem Beruf bleiben solle, zu dem er berufen worden sei. Aber auch später, als er schon einigen Anlaß zur Mißbilligung hatte, hat er sich zum mindesten im Ton vergriffen. In seiner

Schrift »Wider die räuberischen und mörderischen Bauern« heißt es: »Hohe Zeit ist's, daß sie erwürgt werden wie tolle Hunde«, und: »Hie soll zuschmeißen, würgen und stechen, heimlich oder öffentlich, wer da kann... Solche wunderliche Zeiten sind jetzt, daß ein Fürst den Himmel mit Blutvergießen besser verdienen kann denn andere mit Beten.« Hier steckt der rohe Heide, Barbar und Gewaltmensch, der, nur mühsam gebändigt, auf dem Grunde von Luthers Seele hauste, seinen Kopf hervor, und wir stoßen auf die erschreckende Tatsache, daß in diesem gottverlassenen sechzehnten Jahrhundert, das als die große Epoche der Erneuerung des Christentums gilt, die Christen überhaupt ausgestorben waren.

Luthers Erschlaffen

Das Schlimmste an dem ganzen Handel aber war, daß Luther in seinem verblüffend brutalen und unvernünftigen Vorgehen zu einem guten Teil durch Opportunismus bestimmt war. Nun ist ja Opportunismus eine Eigenschaft, mit der man nicht allzu streng ins Gericht gehen soll, sie ist zu menschlich, als daß man sie sehr tadeln dürfte, und sie ist oft gerade eine Schwäche der starken Geister, die, in ihren eigenen Kreisen lebend und um deren Störung ängstlich besorgt, nur zu oft um ihrer inneren Ruhe und Freiheit willen zum Paktieren mit den Prätensionen der Außenwelt geneigt sind. Weder Goethe noch Schiller, weder Kant noch Schopenhauer, weder Descartes noch Galilei waren frei von Opportunismus. Daß vollends jeder staatsmännische Geist opportunistisch orientiert sein muß, ja daß seine Lebensfunktion im Grunde in nichts anderem besteht als in der Betätigung eines mehr oder minder treffsicheren, akkommodationsmächtigen und weitblickenden Opportunismus, ist völlig klar. Aber man wird doch sagen dürfen: *einer* darf niemals Opportunist sein: der Reformator! Denn dies ist ja eben sein innerster Beruf, seine tiefste Mission, *nicht* zu lavieren, Kompromisse zu schließen, »einzulenken«, »sich auszugleichen«, sondern ein bestimmtes Lebensideal, das von seiner ganzen

Seele tyrannisch Besitz ergriffen hat, ohne die geringste Konzession und Einschränkung der Praxis aufzuzwingen. Jeder Reformator ist ein Monomane.

Auch Luther war es anfangs, und darauf allein beruhte seine Macht über die Zeitgenossen und seine Nachwirkung in der Geschichte. Später bog er um, verließ sich nicht mehr auf seinen gesunden Instinkt für das Rechte und Wahre, der seine stärkste Potenz war, sondern versuchte es mit allerlei Mittelwegen und Finessen der Diplomatie, die seine schwächste Seite war. Vielleicht glaubte er damit der »Sache« zu nützen, die Ausbreitung der protestantischen Kirche zu erleichtern, aber er vergaß dabei, daß *seine* Sache, für die Gott ihn in die Welt gesandt hatte, in etwas ganz anderem bestand: nämlich darin, jeweils immer das auszusprechen, was in ihm war, ohne Milderung, ohne Abzug, ohne Rücksicht nach rechts und nach links. Vielleicht lag der Grund für sein so plötzliches Erschlaffen auch in einem gewissen taedium vitae, das ihn merkwürdig früh ergriff: schon im Jahr 1530 schrieb er an Ludwig Senfl, den bedeutendsten Kirchenmusiker des damaligen Deutschland: »Fürwahr, ich glaube, daß mein Leben bald zu Ende geht. Die Welt haßt mich und kann mich nicht leiden; mich hingegen ekelt die Welt an, ich verachte sie.« Er gehörte wahrscheinlich zu jenen vulkanischen Naturen wie Herder, Rousseau oder Nietzsche, die sich in einigen gewaltigen Eruptionen aufbrauchen und keinen Herbst haben.

Wir sagten vorhin, Luther habe nicht die Gabe besessen, historisch zu denken; er war aber überhaupt ein unwissenschaftlicher Kopf. Er verfügte nicht über die Fähigkeit, seine Gedanken zu ordnen, zu gliedern und auseinander abzuleiten, und dies ist um so merkwürdiger, als die wissenschaftliche Literatur des sechzehnten Jahrhunderts an lichter Architektonik, Bündigkeit und Übersichtlichkeit Ausgezeichnetes geleistet hat. Von Luthers Unvermögen, klar, systematisch und

Luther und die Transsubstantiation

folgerichtig zu denken, leitet sich ein großer Teil des späteren Geschwätzes und Gezänks der protestantischen Theologie her. Dies zeigt sich bereits bei seinen Ansichten über das Wesen der Kommunion.

Die Vorstellung der Brotverwandlung machte der Weltanschauung des Mittelalters keine Schwierigkeiten, da, wie wir ausführlich dargelegt haben, für sie nur die Universalien wirklich waren. Wirklich war ja nicht die einzelne Hostie, sondern allein das höchste Universale, der allgegenwärtige Gott, der in ihr erscheint. Allerdings hat es schon früh gewisse Freigeister gegeben, die die reelle Transsubstantiation bestritten, aber sie drangen nicht durch. Am berühmtesten ist der berengarische Streit. Um die Mitte des elften Jahrhunderts lehrte Berengar von Tours, die Einsetzungsworte seien tropisch zu verstehen. Seine Doktrin wurde verdammt, er selbst zum Widerruf gezwungen, worin er erklärte, daß der Leib Christi beim Abendmahl von den Gläubigen mit den Zähnen zerbissen werde. Demgegenüber behaupteten die Schweizer Zwingli, Calvin und ihre Anhänger, daß das Abendmahl bloß ein symbolischer Akt, eine Erinnerungsfeier sei und die Hostie nur den Leib Christi *bedeute.* Beide Anschauungen sind vollkommen klar, und man kann sich mit voller Bestimmtheit zwischen ihnen entscheiden. Es ist noch heute jedermann möglich, sich die Vorstellung der wahren Brotverwandlung zu eigen zu machen, und es ist jedermann möglich, das Abendmahl als einen rein geistigen Vorgang zu begreifen. Luthers mittelalterlich orientierte Religiosität neigte zweifellos zu der ersteren Anschauung, und er hat sie auch, wie wir bereits hörten, im Marburger Religionsgespräch hartnäckig vertreten, aber er wollte nicht zugeben, daß die Katholiken in irgendeinem Punkte recht hätten; die calvinische Ansicht war ihm aber wiederum zu modern. Infolgedessen wählte er eine mittlere Auslegung, unter der kein Mensch sich etwas vorstellen kann: er erklärte, daß der Körper Christi sich in den geweihten Stoffen befinde wie das Feuer im erhitzten Eisen; wie Eisen und Feuer zusammen bestünden, so auch Hostie und Leib Christi; oder, wie Voltaire dies einmal frivol, aber anschaulich ausdrückt: die Papisten genießen Gott, die Calvinisten Brot und die Lutheraner Brot mit Gott. Unheilbarer kann man die Sache nicht verwirren. Luther tilgt das Mysterium (und zwar aus purem antipapistischen Eigensinn) und verwirft die philosophische Erklärung: er lehrt eine Verwandlung, bei der sich beides verwandelt und nichts verwandelt.

Aber das Kernproblem, von dem die ganze reformatorische *Luther* Bewegung ausging und um das sie sich in ihrer ganzen weite- *und die* ren Entwicklung drehte, war die Frage nach dem Wesen der *Satisfak-* Rechtfertigung. Nach katholischer Auffassung besteht die Buße *tionslehre* aus drei Stücken: der *contritio cordis*, der *confessio oris* und der *satisfactio operis*; von diesen hat Luther nur das erste: die Reue des Herzens, für legitim erklärt und sich fanatisch und, was schlimmer ist, wiederum völlig unklar gegen die beiden anderen: Beichte und Werke, gewendet. Hiermit verknüpft sich aber eine noch tiefer liegende Frage. Der Punkt, von dem hier offenbar alles abhängt, ist die Entscheidung über die menschliche Willensfreiheit oder die Geltung der Prädestination. Es ist klar, daß dieses Problem das primäre ist: zuerst muß überhaupt entschieden werden, ob der menschliche Wille frei ist, und *dann* erst kann der Untersuchung über Art und Form der Rechtfertigung nähergetreten werden. In beiden Fragen haben auf Luther, wie er selbst oft und freudig bekannt hat, zwei der größten Kirchenlehrer einen tiefen und dauernden Einfluß ausgeübt: Paulus und Augustinus.

Mit Paulus tritt der erste leibhaftige greifbare Mensch in die *Paulus* Welt des Neuen Testaments. Die Evangelien zeigen uns ihre Gestalten in einer zuckenden, schwimmenden, man wäre fast versucht zu sagen: impressionistischen Beleuchtung, bald in nebliger Verhüllung, bald in blitzartiger Überhelle. In den Briefen des Paulus aber redet zu uns eine Stimme ganz aus nächster Nähe, eine dramatische Gestalt, die wir kämpfen, straucheln, siegen sehen, ein Sterblicher, der die Haupteigenschaft alles Lebens: die Paradoxie, leuchtend verkörpert, der seinen vollen Anteil hat an Zorn und Zärtlichkeit, Grenzenlosigkeit und Schranke, Narrheit und Heiligkeit der irdischen Kreatur. Und ebendarum, weil er in jederlei Sinn der menschlichste aller Menschen war, von denen die Geschichte des werdenden Christentums zu berichten weiß, ist er an fast allen religiösen Wendepunkten späteren Zeiten Führer und Sinnbild gewesen. An Paulus haben die großen Erneuerer des Christentums immer wieder angeknüpft: es war unvermeidlich, daß auch Luther diesen Weg ging.

Es gibt über die Rolle, die Paulus in der Entwicklung des Christentums gespielt hat, zwei extrem entgegengesetzte Ansichten. Die eine, die behauptet, daß ohne Paulus die Lehren des Evangeliums niemals die Welt erobert hätten, und daher in ihm den eigentlichen Stifter des Christentums erblickt, ist so töricht und niedrig, daß wir es für unwürdig halten, uns mit ihrer Widerlegung zu befassen. Die andere stammt von dem geistesmächtigen Bekämpfer des kirchlichen Christentums, Friedrich Nietzsche, der mit richtigem Instinkt gegen diesen größten aller Kirchenväter seine Hauptangriffe gerichtet hat. Mit dem Pinsel eines Dante malt er in seinem nachgelassenen Fragment *Der Antichrist* die Entwicklung des Urchristentums, wie sie sich ihm darstellt. »Dieser frohe Botschafter«, sagt er über Christus, »lebte, wie er *lehrte* – nicht um ›die Menschen zu erlösen‹, sondern um zu zeigen, wie man zu leben hat ... Er widersteht nicht, er verteidigt nicht sein Recht, er tut keinen Schritt, der das Äußerste von ihm abwehrt, mehr noch, *er fordert es heraus* ... Und er bittet, er leidet, er liebt *mit* denen, *in* denen, die ihm Böses tun ... *Nicht* sich wehren, *nicht* zürnen, *nicht* verantwortlich machen ... Sondern auch nicht dem Bösen widerstehen, – ihn *lieben*… Im Grunde gab es nur Einen Christen, und der starb am Kreuz. Das ›Evangelium‹ *starb* am Kreuz. Was von diesem Augenblick an ›Evangelium‹ heißt, war bereits der Gegensatz dessen, was *er* gelebt: eine ›schlimme Botschaft‹, ein *Dysangelium*… Offenbar hat die kleine Gemeinde gerade die Hauptsache *nicht* verstanden, das Vorbildliche in dieser Art zu sterben, die Freiheit, die Überlegenheit *über* jedes Gefühl von *ressentiment*… Aber seine Jünger waren ferne davon, diesen Tod zu *verzeihen* – was evangelisch im höchsten Sinne gewesen wäre.« (Es sei bei dieser Gelegenheit in Parenthese bemerkt, daß ein »Antichrist«, der solche Sätze niederzuschreiben vermag, dem Verständnis des Heilands doch wohl näherstehen dürfte als jene Pastoren, die ihr Christentum dadurch zu erweisen suchen, daß sie die Sätze des Evangeliums so lange fletchern, bis sie jeden Geschmack verloren haben. Möge uns Gott nur noch recht viele solcher »Atheisten« schicken, wie Friedrich Nietzsche einer war! Wenn sie eine so tief adelige Seele und ein so reines Feuer des Wahrheitsdranges besitzen und wenn sie ein so vorbildliches Heiligen- und Dulderleben führen, so werden sie damit Gott mehr dienen als dadurch, daß sie sich zu ihm bekennen.)

Werden wir aber nun mit Nietzsche sagen dürfen, daß der Paulinismus nichts anderes war als ein einziger großer Racheakt der Tschandalaseelen, eine Barbarisierung und völlige Entchristlichung des Christentums? Das wäre doch wohl ungerecht. Was an der Geschichte Jesu am meisten zum Nachdenken reizte, war die Tatsache seines Todes. Hier war das schlechthin Neue, das unfaßbar Grauenvolle und Wundervolle: der Größte, den Gott je in die Welt gesandt, nicht erhöht über alle Menschen als ihr Lenker, Lehrer und König, sondern grausam hingerichtet, eines schmählichen Sklaventodes gestorben, den er freiwillig gesucht hatte! Hier erhob sich die Frage: wie ist das zu erklären? Da ergab sich nur die eine Antwort: für uns, die anderen hat diese grandiose Umkehrung der Weltordnung stattgefunden, für uns Ungerechte hat der Gerechteste Unrecht gelitten, der Schuldloseste Strafe erduldet, damit wir gesühnt und selig seien! Anders konnte sich Paulus die Sache nicht begreiflich machen, und bis zum heutigen Tage haben alle christlichen Bekenntnisse, Lehren wie Irrlehren, keine andere Erklärung gefunden.

Wollte man die geschichtliche Bedeutung des Paulus in einem Schlagwort zusammenfassen, so könnte man sagen: er war der erste christliche Theologe. Er hat die religiösen Gedanken, die in den frühesten Christenvereinigungen verbreitet waren, in eine Art System gebracht, in eine sich logisch entwickelnde Abfolge von Begriffen, die sich leicht einprägen, behalten und weitertragen ließ. Man darf von dieser Tätigkeit des Paulus nicht gering denken. Jeder Genius spricht seine eigene Sprache, ein Spezialidiom, das naturgemäß außer ihm nur sehr wenige verstehen. Er braucht daher einen *Übersetzer*, eine geistige Kraft, die den Versuch macht, sein Unaussprechliches auszusprechen, sein Undeutbares zu deuten, sein Ewiges und Grenzenloses in irdische und faßbare Formen zu gießen. Eine gute Formel soll man nicht verachten, sie ist *auch* Geist: der Spiritus, der manche Dinge, die sonst zerfallen würden, für spätere Zeiten konserviert. Einen solchen Dienst hat zum Beispiel Aristoteles dem griechischen Gedankenleben geleistet. Durch die Formel vom gekreuzigten Gottessohn, der die Schuld der Welt getilgt hat, ist Tausenden, die für die reine Lehre Jesu noch nicht reif waren, ein wertvolles Symbol gegeben worden, das sie theoretisch und praktisch zu handhaben vermochten.

Der jüdische Apostel

Aber ein Wort in der Lehre des Paulus will nicht recht in den Geist des Evangeliums passen: es ist das Wort »Sühne«. Der Gott Jesu ist die Gnade, die grundlose und grenzenlose, die jenseits von aller Gerechtigkeit und Ungerechtigkeit waltet, nicht als Lohn oder Ausgleich, sondern einfach nur deshalb, weil sie die Gnade ist: Gott ist nicht der Richter, der freispricht, sondern der Vater, der verzeiht. Bei Paulus aber stehen Gott und Mensch irgendwie in einer geheimnisvollen Verrechnung. Es scheint, daß Paulus den Gedanken, daß Gott nicht gerecht, sondern *übergerecht* ist, nicht ertragen hat, und in der Tat: dieser Gedanke wäre für die meisten Menschen keine Befreiung, sondern ein quälendes Rätsel gewesen, er war zu weit und zu groß, zu schwer und zu tief für sie. Die Juden konnten ihn nicht verstehen, denn für sie war seit Jahrtausenden Gott und Gesetz dasselbe, und es ist ja auch der frühere Pharisäer in Paulus, der ihm die Lehre vom Opfertod Christi eingab; die Römer waren in ihrem Denken viel zu sehr juristisch geschult, um auf den Satisfaktionsbegriff verzichten zu können; und den Griechen schließlich in ihrem durchaus konkreten und körperhaften Denken und ihrem alles klar umgrenzenden Rationalismus wäre ein Gott der uferlosen Gnade völlig unfaßbar gewesen.

Deshalb hat auch Lagarde nicht ohne Berechtigung den zunächst höchst paradox klingenden Satz aufstellen können, Paulus sei der jüdischste aller Apostel gewesen. Die Annahme, daß Gott die Erbsünde nur durch das Opfer seines Sohnes tilgen konnte, geht eben noch auf den alttestamentarischen Judengott zurück, der vor allem gerecht ist: es gilt auch hier noch irgendwie das Aug' um Auge, Zahn um Zahn; es ist eine Art Handel. Aber nur diese Grundvoraussetzung, daß die Gnade Gottes durch den Tod eines Unschuldigen erkauft, daß sie überhaupt gekauft werden mußte, ist anstößig; *innerhalb* seiner Erlösungslehre hat Paulus den juristisch-talmudischen Standpunkt vollständig verlassen und immer wieder betont, daß der Mensch nicht durch Werke, sondern nur durch die Gnade und den Glauben gerechtfertigt werde: »Denn es ist hier kein Unterschied«, heißt es im Römerbrief, »sie sind allzumal Sünder und mangeln des Ruhmes, den sie an Gott haben sollten; und werden ohne Verdienst gerecht aus seiner Gnade durch die Erlösung, so durch Christum Jesum geschehen ist… So halten wir nun dafür, daß der Mensch gerecht werde ohne des Gesetzes Werke, allein durch den Glauben«; und im Epheserbrief: »Denn aus Gnade seid ihr selig worden durch den Glauben, und dasselbige nicht aus euch, Gottes Gabe ist es; nicht aus den Werken, auf daß sich nicht jemand rühme«: hierin liegt zugleich eine gewisse Leugnung der Willensfreiheit. Aber schon der Brief des Jakobus, der Luther auch darum so unsympathisch war, lehrt den sogenannten *Synergismus*, das Zusammenwirken von Glauben und Gnade: »Was hilft's, liebe Brüder, so jemand sagt, er habe den Glauben, und hat doch die Werke nicht?… Der Glaube, wenn er nicht Werke hat, ist tot in ihm selber… da siehest du, daß der Glaube mitgewirkt hat (συνήργει) an den Werken, und durch die Werke ist der Glaube vollkommen worden.« Also schon innerhalb des Neuen Testaments erhebt sich ein Widerstreit der Satisfaktionslehren.

Augustinus   Was nun den zweiten großen Lehrer Luthers, Augustinus, anlangt, so behauptete er mit aller Bestimmtheit die Unfreiheit des Willens und die Prädestination: für ihn ist die Menschheit ein großer Sündenbock, eine *massa peccati* und daher eine *massa perditionis*; aus dieser wird durch die *gratia gratis data* ein *certus numerus electorum* gerettet. Nur Adam besaß die Freiheit, nicht zu sündigen, das *posse non peccare*; durch die Erbsünde befindet sich der Mensch in dem Stande der Unfreiheit, des *non posse non peccare*. Hierdurch verlieren natürlich auch die Werke jegliche Bedeutung. Dem Einwand, warum Gott in seiner ewigen Voraussicht nicht das Böse unerschaffen gelassen habe, begegnet Augustinus mit einem ästhetischen Argument: auch die Sünde gehöre zum Gesamtbild der Welt, wie schwarze Farbe an rechter Stelle zu einem vollkommenen Gemälde notwendig sei oder ein schönes Lied aus Gegensätzen bestehe. Die gegnerische Lehre des Pelagius wurde auf dem Konzil von Ephesus verdammt; allein noch bei Lebzeiten des

Augustinus wurde von den »Massiliensern«, Mönchen in Massilia, im Mittelalter Semipelagianer genannt, ein vielfach akzeptierter Vermittlungsstandpunkt eingenommen: daß nämlich die Gnade zwar unentbehrlich, in ihrer Wirkung aber auf den freien Willen des Menschen angewiesen sei und die Prädestination auf der Allwissenheit Gottes beruhe, die vorhergesehen habe, wie die künftigen Menschen aus freiem Willen handeln würden; auch lehrten sie die Kooperation von Glauben und Werken. Seitdem hat sich, schüchterner in der Theorie, nachdrücklicher in der Praxis, die Werkheiligkeit im Katholizismus immer mehr festgesetzt; dieser Begriff hat jedoch eine außerordentliche Spannweite: er umfaßt in gleicher Weise die abscheulichsten Ablaßpraktiken wie das erhabenste Heiligenleben und trägt daher keineswegs von vornherein jenen anrüchigen und widerchristlichen Charakter, den ihm die Protestanten anzuheften suchen.

Auch ist ein äußerlich den Geboten entsprechendes Werk nach katholischer Lehre nicht schon deshalb ein gutes Werk. Die Güte erhält es erst durch die *intentio*, die Gesinnung, in der es getan wird; und umgekehrt gilt auch nach katholischer Auffassung die bloße Gesinnung, wenn ihr die Gelegenheit oder die Möglichkeit zur Betätigung mangelt, für ebenso wertvoll wie das getane Werk. Das Konzil von Trient sagt: »Der Glaube ist der Anfang alles Heils, die Grundlage und die Wurzel aller Rechtfertigung; denn ohne ihn ist es unmöglich, Gott zu gefallen und zu seiner Kindschaft zu gelangen.« Ganz ähnlich sagt Luther: »Gute fromme Werke machen nimmermehr einen guten frommen Mann, sondern ein guter frommer Mann macht gute fromme Werke … Wie die Bäume müssen eher sein denn die Früchte, und die Früchte machen die Bäume weder gut noch böse, sondern die Bäume machen die Früchte, also muß der Mensch in der Person zuvor fromm oder böse sein, ehe er gute oder böse Werke tut.« Luthers Baum entspricht offenbar der katholischen *intentio*, aber in dem Gleichnis, wenn wir es zu Ende denken, liegt auch die Anerkennung der natürlichen Notwendigkeit der Werke: denn es liegt im Wesen des Baumes und zumal jedes guten Baumes, daß er Früchte hervorbringt. Den Vorwurf aber, daß die katholische Doktrin die Werkheiligkeit und Selbstgerechtigkeit befördere, hat Adam Möhler in seiner »Symbolik« mit den schönen Worten widerlegt: gerade darin gehe die Bestimmung dieser Lehre auf, *heilige* Werke zutage zu fördern und zu bewirken, daß wir *selbst* gerecht werden.

Wahrer Sinn der christlichen Rechtfertigung

Versuchen wir, den Sachverhalt vorurteilslos zu überblicken, so kommen wir zu einem merkwürdigen Resultat. Der Protestantismus leugnet die Rechtfertigung durch Werke und verlegt die Buße ins Innere, in den bloßen Glauben; aber er fordert zugleich ein tätiges, praktisches Christentum und gelangt so wiederum zu einer Art Werkheiligkeit, ja er tut noch mehr, er heiligt, wie wir bald sehen werden, sogar die *profanen* Werke: der äußerste Grad von »Werkheiligkeit«! Der Katholizismus bejaht die Rechtfertigung durch Werke, erblickt in ihnen aber nur Leistungen zweiten Grades und gelangt so zur Apotheose des völlig weltfernen, weltflüchtigen, ganz auf die innere Buße und Einkehr konzentrierten Lebens, das von Werken im profanen Sinne nichts mehr weiß. Somit enden beide Richtungen bei entgegengesetzten Ausgangspunkten in genau umgekehrten Ergebnissen. Der werkfeindliche Protestantismus mündet in eine Glorifikation der weltlichsten Dinge: des Staats, der Obrigkeit, der Familie, des Handwerks, der Wissenschaft, sogar des Krieges; der weltliche Katholizismus gipfelt in der tiefsten Verachtung aller dieser Dinge: Kaiser, Weib, Vernunft, Besitz, *vita activa* sind Mächte, die er auf seinen Höhen flieht und verwirft. Dabei ergab sich im historischen Verlauf noch die weitere Paradoxie, daß der reaktionäre Katholizismus oft viel toleranter, konzilianter und anpassungsfähiger war als der freiheitliche

Protestantismus, wie dies schon ein so unverfänglicher Beurteiler wie Zinzendorf betont hat: »Die Katholiken führen das Anathem gegen die Gegner wohl im Munde und im Panier, haben aber oft viel Billigkeit gegen sie *in praxi*; wir Protestanten führen *libertatem* im Munde und auf dem Schild, und es gibt bei uns *in praxi*, das sage ich mit Weinen, wahre Gewissenshenker.«

Es handelt sich freilich bei der ganzen Frage nach der Rechtfertigung im Grunde um einen puren Theologenstreit. Nie hat ein Katholik, der ein wahrer Christ war, geglaubt, daß die Werke allein genügen; nie hat ein Protestant, der ein wahrer Christ war, geglaubt, daß der Glaube allein genüge. Denn Glaube an Christus und Nachfolge Christi sind vollkommen identisch. Wer an ihn glaubt, muß ihm nachleben oder doch nachzuleben versuchen; wer dies tut, ist ein Christ und hat seinen Glauben auf die beste Weise bewiesen, die möglich ist. Die einseitig den Wert des Glaubens und die einseitig den Wert der Werke betonen: beide haben Christus nicht verstanden. Für ihn waren Lehre und Leben untrennbar vereinigt. Ebendadurch, daß er seine Lehre so vollständig bis zur letzten Konsequenz lebte, wurde er ja zum Heiland. Ebendadurch, daß sein Leben so beschaffen war, wurde es ja zur Lehre.

Gleichen sich auf diese Weise echter Katholizismus und echter Protestantismus gegeneinander aus, so bleibt doch dem letzteren ein großer Mangel: die prinzipielle Verwerfung des Mönchtums. Es muß in einer Welt des Schachers, des Mordes und der Brunst die Möglichkeit geben, daß eine bestimmte Klasse von Menschen nur Gott lebt, sowohl ihrethalben wie als Beispiel für die anderen. Zweifellos sind nicht alle katholischen Mönche richtige Mönche gewesen, und zweifellos hat nur einen Bruchteil von ihnen die Sehnsucht, Gott zu dienen, ins Kloster getrieben; aber daß im Protestantismus für so etwas überhaupt kein *Platz* ist, ist das Bedenkliche. Man kann sich des Verdachts nicht erwehren, daß hier platt utilitaristische Tendenzen mitgespielt haben, die in einem anbrechenden Zeitalter des Merkantilismus »Müßiggängern« keine Existenzberechtigung zuerkennen wollten.

Der Calvinismus Im allgemeinen können wir in der Religiosität der Reformationszeit drei Stufen unterscheiden. Die *unterste* Stufe stellt der landläufige Katholizismus dar, der, vielleicht nicht in der Theorie, sicherlich aber in der Praxis, nichts war als rohe Anbetung äußerer Riten und Zeremonien, mechanischer Bußen und Leistungen. Gegen ihn wandten sich die reformierten Lehren, in denen wir die *zweite* Stufe erblicken dürfen: sie betonten die alleinige Heilkraft des Glaubens, der aber doch noch in vielen Punkten, besonders in der Deutung, die ihm später gegeben wurde, unfreier enger Doktrinarismus, kompakter Dogmatismus geblieben ist. Die *höchste* Stufe bezeichnen die sogenannten Radikalen, die mit der Rückkehr zum Urchristentum vollen Ernst machten; sie umfaßten in zahlreichen Färbungen und Schattierungen gleichsam das ganze Spektrum der unbedingten Religiosität: von den extremen Umsturzphantasien der Wiedertäufer bis zu den reinsten Spekulationen der protestantischen Mystik. Sind die Reformierten Ketzer des Katholizismus, so sind die Radikalen Ketzer zweiten Grades, nämlich Ketzer der Reformation; die ersteren wollten eine christliche Kirche ohne Papst, die letzteren ein Christentum überhaupt ohne Kirche.

Ihre reinste Ausprägung hat die zweite, die protestantische Stufe im Calvinismus gefunden. In der Republik Genf begründete Calvin eine Kirchenherrschaft, die alles hinter sich ließ, was jemals an katholischer Bevormundung und Gewissensinquisition versucht worden war. In alles mischte sich diese klerikale Polizei, fast jede Äußerung natürlichen Lebensdrangs und unbefangenen Frohsinns wurde beargwöhnt, untersagt und bestraft. Jegliche Art von Festlichkeit und Unterhaltung:

Spiel, Tanz, Gesang, Theater, sogar das Lesen von Romanen
war verboten. Der Gottesdienst ging in kahlen Wänden vor
sich, kein Schmuck, kein Gepränge, kein Altar, nicht einmal ein
Christusbild durfte ihn verschönen. Auf Fluchen, Kegelspiel,
laute Scherze, leichtsinnige Reden standen hohe Bußen, auf
Ehebruch der Tod. Calvin war, im Gegensatz zu Luther, ein de-
duktiver Kopf, ein sicher gliedernder und disponierender Intellekt: in ihm kommt zum erstenmal der lateinische Geist der
Ordnung und Logizität, Systematik und Organisation, aber
auch der Uniformität und Mechanik zur Herrschaft, der für die
ganze spätere Kulturentwicklung Frankreichs so charakteristisch ist. Es besteht eine seltsame Ähnlichkeit zwischen dem
Genfer Glaubensregiment Calvins und dem scheinbar so ganz
anders gearteten Jakobinismus. Trägt man nämlich den christlichen Lack ab, mit dem dieses evangelische Gemeinwesen
überzogen war, so kommt ganz dasselbe halb skurrile, halb
schreckliche Gebilde aus Unverstand und Größenwahn zum
Vorschein, das sich auf zwei ganz unhaltbaren Voraussetzungen aufbaut: nämlich erstens der lächerlichen Annahme, daß
alle Menschen von Natur gleich seien oder doch durch einen
richtig gebauten und richtig gehandhabten Prägestock gleich
gemacht werden können, und zweitens der ebenso absurden
Ansicht, daß der Staat berechtigt, ja sogar verpflichtet sei, sich
um alles zu bekümmern, während doch gerade umgekehrt sein
Wesen und seine Aufgabe darin besteht, ausschließlich das zu
besorgen, womit sich der Private entweder nicht befassen will
oder nicht befassen kann. Daß sich dieses schauerliche Monstrum bei Calvin als Theokratie gebärdet, bei den Jakobinern
im Namen der »Philosophie« auftritt, macht nur einen sehr
sekundären Unterschied; und übrigens zeigen sich selbst in
der rationalistischen Auffassung der Religion gewisse Übereinstimmungen.

Der Calvinismus ist einerseits ganz mittelalterlich: denn er verwirklicht tatsächlich den geistlichen Staat, die Omnipotenz der Kirche, die immer der Traum des Papsttums gewesen war, ja er ist sogar antik: nämlich alttestamentarisch; anderseits ist er aber wieder viel moderner als das Luthertum, nämlich erstens durch seinen viel radikaleren Purismus der völligen Bildlosigkeit und der symbolischen Auffassung der Sakramente, zweitens durch seine nachdrückliche Betonung des republikanisch-demokratischen Elements und seine absolutistische Polizierung des Untertans, drittens durch seine humanistisch-kritische Behandlung der theologischen Probleme und viertens und vor allem durch seinen militanten, aggressiven, expansiven Imperialismus. Von Genf ist das ebenso paradoxe wie historisch bedeutsame Phänomen eines Christentums des Schwerts ausgegangen: französische Weltpolitik, holländische Kolonialeroberung, englische Seeherrschaft haben hier ihren Ursprung.

Die Verbrennung Servets ist nicht etwa ein »Fleck« in der Geschichte Calvins, der dem Verhalten Luthers im Bauernkriege analog wäre, sondern eine logische Folge seines Systems. Der Calvinismus war eine nackte Hierarchie, zu der Ketzerverbrennungen als organische Bestandteile gehörten. Servet, der zugleich einer der größten Physiologen seiner Zeit war, hatte die Trinität geleugnet, die er für unbiblisch, tritheistisch und atheistisch erklärte. Daraufhin machte ihm Calvin den Prozeß, und Melanchthon nannte diese Tat ein »frommes und denkwürdiges Beispiel für die ganze Nachwelt«. So dachten damals fast alle Protestanten über Religionsfragen, und die allgemein verbreitete Vorstellung, daß sie die Vorkämpfer der Freiheit, die Katholiken die Diener der Finsternis gewesen seien, beruht auf einer liberalen Geschichtsfälschung. Ja der Protestantismus konnte sogar mit viel besserem Gewissen Verirrte vernichten, denn er glaubte an die Prädestination: Luther, wie wir sahen, neigte ihr zu, äußerte sich aber über sie sehr unklar und widersprechend; der Katholizismus hat sie nie gebilligt und nur aus Respekt vor Augustinus nicht offiziell verdammt; Calvin jedoch hat diese Lehre, von der Karl der Fünfte sagte, sie scheine ihm mehr viehisch als menschlich zu sein, mit unerbittlicher Konsequenz vertreten.

Je ketzerischer ein Glaube ist, desto reiner pflegt er zu sein, und tatsächlich geht ja auch das Wort Ketzer auf das griechische *katharos* zurück. Wirkliche Freireligiöse waren in jener Zeit nur die Radikalen: Karlstadt, Münzer, die Wiedertäufer und die Mystiker. Was Karlstadt anlangt, so war er einer jener alles entstellenden und kompromittierenden Wirrschädel, wie sie jede neue Bewegung hervorzubringen pflegt. Weniger leicht ist es, über Münzer ein abschließendes Urteil zu fällen. Luther nannte ihn und seine Anhänger »Mordpropheten und Rottengeister«; er wiederum nannte Luther das »geistlose, sanft lebende Fleisch zu Wittenberg« und einen »Erzbuben, Erzheiden, Wittenberger Papst, Drachen und Basilisken«. Er wollte nicht bloß den römischen Stuhl, die Prälaten, Bischöfe und Mönche, sondern alles geistliche Mittlertum ausgetilgt sehen und mit dem Satz Ernst machen, daß jeder Gläubige sein eigener Priester sei und nur im direkten Verkehr mit Gott sein Heil finden könne; er wollte nicht bloß Pfründen und Klöster aufgehoben wissen, sondern jederlei Herrschaft, Bevorrechtigung und Unterdrückung, ja sogar das persönliche Eigentum; er bekämpfte nicht bloß die Autorität der Kirchentradition, sondern auch die Autorität des Schriftbuchstabens und berief sich allein auf das *innere* Wort, das Gott auch heute noch jedem Erleuchteten verkünde. Er war zweifellos ein Fanatiker, der vor wilden Gewalttaten, Zerstörungen und Blutopfern nicht zurückschreckte, aber ein Fanatiker von sehr hoher Religiosität. Die meisten, lehrt er, pochen sträflicherweise auf den süßen Christus und sein stellvertretendes Leiden, wollen sich mit seinem Kreuz das eigene Kreuz ersparen und mit dem bloßen Glauben die Bitterkeit der Wiedergeburt: hier verwirft er mit Entschiedenheit und mit den triftigsten Gründen die lutheri-

Die Radikalen

sche Rechtfertigungslehre. Nur in der Verzweiflung und Trostlosigkeit, im Fegefeuer und in der Hölle werde der Glaube geboren; den Weg zu Gott müsse jeder selbst von neuem finden unter allen Schmerzen und Ängsten der Nacht. Die Offenbarung des inneren Wortes ist nur möglich, wenn das Ich, die Welt und das Fleisch abgetötet sind. Im fleischlichen Menschen kann Christus nicht Mensch werden, der Geist sich nicht offenbaren. Darum glaubte Münzer aber anderseits auch an die Möglichkeit von Visionen und Erleuchtungen, an höhere Inspirationen und unmittelbare Eingriffe Gottes.

Mit Münzer berührten sich die Wiedertäufer oder Anabaptisten. Sie lehrten ebenfalls, daß die Angehörigen des »neuen Reichs Christi« nur direkt von Gott ihre Eingebungen empfingen: durch ein Versinken in die »Gelassenheit«, worin alle Affekte und natürlichen Regungen verlöschen. Weil eine solche Beziehung zum Ewigen nur dem reifen Christen möglich ist, verwarfen sie die Kindertaufe. Die einzige Voraussetzung für die Zugehörigkeit zu ihrer Gemeinde war persönliches Christentum und sittliche Heiligkeit; den Sakramenten maßen sie keinen Wert bei. Viele von ihnen huldigten chiliastischen Vorstellungen. Den Eid erklärten sie für Sünde, die Kirchen für Götzenhäuser, darin noch über die Bilderstürmer hinausgehend. Ein hoher Idealismus, getragen von einem freudigen Willen zum Märtyrertum, lebte in ihren Lehren, die von den Protestanten fast noch mehr verworfen wurden als von den Altgläubigen.

Sebastian Franck Aber wenn man von der deutschen Reformation spricht, so sollte man immer an erster Stelle die Mystiker nennen, die den religiösen Willen der Zeit und des Volkes am reinsten und tiefsten verkörpert haben. Jedoch die Geschichte ist eine philiströse Macht: sie bewahrt nur die Namen der Erfolgreichen in fetten Lettern, während sie die Menschen, die im Strome der Zeit vorausschwammen, oft aus dem Auge verliert und sich ihrer höchstens einmal wieder im Kleingedruckten erinnert.

Die bedeutendsten Mystiker des Protestantismus sind Kaspar Schwenckfeld, Valentin Weigel und vor allem Sebastian Franck.

Schwenckfeld, ein Schlesier, von Luther erbittert angefeindet, hat sein ganzes Leben der Polemik gegen den Schriftbuchstaben gewidmet, in dem er eine neue Knechtung des Geistes, eine neue Veräußerlichung des Christentums erblickte. Die Pastoren, die so vermessen sind, sich allein im Besitz der wahren Bibelerklärung zu wähnen, stellen ihm nur ein neues System des überhebungsvollen monopolsüchtigen Klerikalismus dar: die äußere Kirche muß überhaupt aufgehoben werden, und an ihre Stelle soll die innere treten. Weigel, dessen Schriften zu seinen Lebzeiten nur handschriftlich verbreitet waren, lehrt, daß wir nur das erkennen können, was wir in uns tragen. Darum, wenn der Mensch sich selbst versteht, so hat er auch das All begriffen: er erkennt die irdische Welt, weil sein eigener Leib die Quintessenz aus allen sichtbaren Substanzen ist, er erkennt die Welt der Geister und Engel, weil sein Geist von den Sternen stammt, und er erkennt Gott, weil seine unsterbliche Seele göttlichen Ursprungs ist. Seine selbstgewählte Grabschrift lautete: »Summa Summarum, o Mensch, lerne dich selber erkennen und Gott, so hast du genug, hier und dort.« Sebastian Franck aus Donauwörth, zuerst katholischer Priester, dann lutherischer Prediger, schließlich konfessionslos, hat ein unstetes Wanderleben geführt, unter vielen Anfechtungen, da auch er sich zu Schwenckfelds Lehre bekannte, daß der Buchstabe das Schwert des Antichrists sei, das Christen töte: er selbst wollte »ein frei, ohnsektisch, unparteiisch Christentum, das an kein äußerlich Ding gebunden ist«; »es sind zu unserer Zeit fürnehmlich drei Glauben aufgestanden, die großen Anhang haben: Lutherisch, Zwinglisch, Täufrisch, das vierte ist schon auf der Bahn: daß man alle äußerlich Predigt, Ceremoni, Sakrament, Bann, Beruf als unnötig will aus dem Wege räumen und glatt ein unsichtbar geistlich Kirchen, allein durchs ewig unsichtbar Wort von Gott ohn äußerlich Mittel regiert, will anrichten.« Aus dieser sozusagen kirchlich exterritorialen Stellung fließt ihm zugleich die höchste Toleranz: »Der törichte Eifer vexiert jetzt jedermann, daß wir parteiisch glauben wie die Juden, Gott sei allein unser, sonst sei kein Himmel, Glaube, Geist, Christus als in unserer Sekte, jede Sekte will eifrig Gott niemandem lassen, so doch ein gemeiner Heiland der ganzen Welt ist… mir ist ein Papist, Lutheraner, Zwinglianer, Täufer, ja ein Türke ein guter Bruder… ganz und gar will ich einen freien Leser und Beurteiler und will niemand an meinen Verstand gebunden haben.«

Nicht nur das Abendmahl, sondern alle Lehren und Einrichtungen der christlichen Religion betrachtet Franck symbolisch. Adams Sündenfall und Christi Himmelfahrt sind die ewige Geschichte des Menschengeschlechts: in jedem Menschen vollziehen sie sich aufs neue; Ostertag und Pfingsttag sind nur vergängliche Gleichnisse für das ewige Ostern und Pfingsten Gottes; auch die Schrift ist eine ewige Allegorie. Wie gar viele, ohne es zu wissen, Adam sind, so sind viele, ohne es zu wissen, Christus. Christus wird noch heute täglich gekreuzigt: »Es hat seine Pharaones, Pilatos, Pharisäer, Schriftgelehrten, die Christum für und für in ihnen selbst, obwohl nicht äußerlich nach dem Buchstaben und der Historie kreuzigen.« Es ist überhaupt nichts gewesen, das nicht auf seine Weise noch ist und sein wird bis zum Ende. Antiochus, Sanherib, Herodes leben noch. Gott selber aber ist undefinierbar; was man von ihm sagt, ist nur Schein und Schatten. Er ist und wirkt alles, und wäre die Sünde etwas und nicht nichts, so wäre Gott auch die Sünde im Menschen. Er verdammt niemanden, sondern ein jeder sich selbst, dem Frommen aber ist er auch ferne nah, ja niemals näher, als wenn er am fernsten zu sein scheint. Dem Gottlosen schaden gute Werke mehr, als sie ihm nützen. Denn gute Werke machen

nicht fromm, wie böse nicht verdammen, sondern sie zeugen
nur von den Menschen. Darum sind alle im Glauben getanen
Werke gleich. Gott ist der Welt Gegensatz und Widerpart, der
Welt Teufel und Antichrist; der Welt Reichtum und Weisheit ist
vor Gott die größte Armut und Torheit, Weltherrschaft ist die
größte Knechtschaft. Dagegen wieder: der Antichrist, Satan
und sein Wort: das ist der Welt Christus, Gott und Evangelium.

Was tat nun in all diesen Verwirrungen und Klärungen der
deutsche Kaiser? Man kann sagen: er tat, bei aller seiner klugen Geschäftigkeit und erfolgreichen Wirksamkeit, eigentlich
nichts, nämlich nichts, was seinem welthistorischen Range und
der welthistorischen Stunde entsprochen hätte. Die große Politik Europas ging damals ganz andere Wege als reformatorische
und religiöse. Ebendamals begannen sich die Großmächte zu
konsolidieren und in jenen Umrissen festzusetzen, die sie im
großen und ganzen die Neuzeit hindurch beibehalten haben:
die Westmacht Frankreich, die Nordmacht England, die Mittel-
macht Habsburg, von allen die ausgedehnteste und gefährlichste, denn sie umspannte nicht bloß die österreichischen Erbländer, zu denen bald Böhmen und Ungarn kamen, sondern auch
Spanien, die Neue Welt, die Niederlande, die Franche Comté,
Neapel, Sizilien, Sardinien, Teile von Süddeutschland (das sogenannte Vorderösterreich), ja sogar eine Zeitlang ganz Württemberg: sie erschien fast unüberwindlich und rief daher immer
von neuem weitverzweigte Allianzen ins Leben. Der große Gegensatz Frankreich–Habsburg, der den größten Teil der neueren europäischen Geschichte bestimmt, trat zum erstenmal in
voller Schärfe und Deutlichkeit ins Licht. Die wichtigsten Streit-
objekte waren das Herzogtum Mailand, Süditalien und Burgund; denn beide Teile behaupteten, historische Ansprüche auf
diese Gebiete zu besitzen. Karl der Fünfte hat sich immer in erster Linie als König von Spanien betrachtet und sich auch als
Kaiser nicht als deutsches Oberhaupt, sondern als Weltbeherr-

*Geburt
der
Kabinetts-
politik*

371

scher, als Monarch des mittelalterlichen Universalreichs empfunden. Mit ihm und seinem ihm noch überlegenen Schüler
und späteren Gegner Moritz von Sachsen gelangt die Kabinettspolitik ans Ruder, jene bloß vom persönlichen dynastischen Vorteil diktierte verruchte Diplomatie der lügnerischen
Ränke, des unklaren Drohens, halben Versprechens, perfiden
Lavierens und planmäßigen Durcheinanderhetzens, die im
siebzehnten und achtzehnten Jahrhundert ihre höchsten Triumphe gefeiert hat; und gleichzeitig entwickelt sich jenes großartige Bestechungssystem, das in diesem Umfang und dieser
Skrupellosigkeit neu und erst in einem Zeitalter der Geldwirtschaft möglich war: Geld und Politik vereinigen sich überhaupt
erst jetzt zu jenem unzertrennlichen Bündnis, das für die Neuzeit charakteristisch ist. Schon die Art, wie die Wahl Karls des
Fünften zustande kam, ist hierfür bezeichnend. Für die Kaiserkrone kamen außer ihm noch drei Kandidaten ernsthaft in Betracht: der Kurfürst von Sachsen Friedrich der Weise (der der
geeignetste gewesen wäre), Franz der Erste von Frankreich und
Heinrich der Achte von England. Aber Karl der Fünfte siegte;
nicht etwa, weil er mehr Sympathien besaß oder weil politische
Erwägungen für ihn gesprochen hätten, sondern einfach deshalb, weil das große Bankhaus Fugger für die Summen, die er
den Kurfürsten versprochen hatte, garantierte. Also schon damals war die eigentliche Großmacht nicht Spanien, Frankreich
oder England, sondern der Wechsler mit seinem Geldsack.

Die Stellung Karls des Fünften zur evangelischen Frage ist
niemals von irgendeiner Rücksicht auf die Bedürfnisse des
deutschen Volkes diktiert worden, sondern immer nur von der
momentanen Lage der Außenpolitik. Die drei Bestimmungs-
stücke, aus denen er seine jeweilige Haltung konstruierte,
waren: Papst, Orient, Frankreich. Die ganze Geschichte der
deutschen Reformation von Luthers Bruch mit dem Papst bis
zum Augsburger Religionsfrieden zeigt das mit vollkommener

Deutlichkeit. Im Jahr 1521 braucht Karl der Fünfte die Bundesgenossenschaft des Papstes für seinen ersten Krieg gegen Franz von Frankreich: das Wormser Edikt verbietet daher alle Neuerungen, und Luther wird in die Reichsacht erklärt. 1526 schließt der Papst mit Frankreich die gegen den Kaiser gerichtete Heilige Liga von Cognac, und alsbald erhalten die Evangelischen auf dem ersten Speierer Reichstag einen für die Ausbreitung der Lehre günstigen Reichsabschied. Aber das Jahr 1529 bringt den allgemeinen Frieden von Cambrai und infolgedessen auf dem zweiten Speierer Reichstag die Erneuerung des Wormser Edikts. Im darauffolgenden Jahre wird Karl der Fünfte vom Papst gekrönt, und die Revanche dafür ist ein äußerst schroffer Reichsabschied auf dem großen Reichstag zu Augsburg. Aber in den nächsten Jahren wird die Türkengefahr immer drohender, und es kommt daher 1532 zum Religionsfrieden von Nürnberg, worin den Protestanten bis zu einem allgemeinen Konzil freie Religionsübung zugestanden wird. Durch den Frieden von Crespy und den Waffenstillstand mit den Türken bekommt der Kaiser jedoch wieder freie Hand und sucht die Kircheneinheit gewaltsam wiederherzustellen. Es kommt zum Schmalkaldischen Krieg, und es gelingt Karl, durch den glänzenden Sieg bei Mühlberg den Protestanten das Augsburger Interim aufzuzwingen, von dem es im Volksmund hieß, es habe »den Schalk hinter ihm«. Aber durch den Abfall des Kurfürsten Moritz von Sachsen wendet sich die Situation vollständig: im Passauer Vertrag wird das Interim abgeschafft, und im Augsburger Religionsfrieden erhalten die Landesherren und freien Städte das Recht, die Religion ihrer Untertanen zu bestimmen: *cuius regio, eius religio.*

Karl der Fünfte war während seiner ganzen Regierung von unerhörtem Glück begleitet: siegreich gegen innere und äußere Feinde, gegen aufständische Spanier und Niederländer, Päpste und Ketzer, deutsche Fürsten und tunesische Seeräuber, Fran-

Psychologie der Habsburger

zosen und Engländer, Indianer und Türken; und doch haben alle diese Siege im Grunde zu nichts geführt, was wert wäre, in einer Geschichte der europäischen Kultur als bedeutsam verzeichnet zu werden. Dies: das *Leerlaufen* aller seiner Erfolge lag in seinem Charakter und im Charakter der Habsburger überhaupt.

Dieses Geschlecht, das länger als ein halbes Jahrtausend die Geschicke Europas so wesentlich mitbestimmt hat, ist ein psychologisches Rätsel. Hermann Bahr sagt in seiner Monographie *Wien*, einem Meisterwerk der psychologischen Vivisektion: »Unter den habsburgischen Fürsten sind genialische und simple, stürmische und stille, leutselige und mürrische, siegende und geschlagene, gesellige und vereinsamte gewesen, Menschen jeder Art, aber allen ist gemein, daß ihnen der Sinn für das Wirkliche fehlt.« Und in seiner knappen, aber gehaltvollen Schrift *Das Geschlecht Habsburg* bezeichnet Erich von Kahler als einen der entscheidendsten Grundzüge der Habsburger ihre Entrücktheit. »Wenn etwas die Habsburger unter den Sprossen anderer Geschlechter besonders auszeichnet, so ist es dies, daß sie alle... stetig von Geheimnis umzogen sind. An jedem von ihnen und in jeder ihrer Bewegungen, von der Staatsaktion bis zur unwillkürlichen Wendung des Körpers, spürt man ein Ferngehaltensein.« Die eine Beobachtung ergänzt die andere. Sie hatten keinen Sinn fürs Wirkliche, weil sie selbst nicht wirklich waren. Der Bischof Liudprand von Cremona, der um die Mitte des zehnten Jahrhunderts Konstantinopel besuchte, berichtet über seine Audienz beim byzantinischen Kaiser: »Nachdem ich zum drittenmal nach der Sitte mich vor dem Kaiser anbetend in den Staub geworfen hatte, erhob ich mein Antlitz, und ihn, den ich eben noch in mäßiger Höhe über der Erde hatte thronen sehen, sah ich jetzt in ganz neuem Gewand fast die Decke der Halle erreichen. Wie das kam, konnte ich nicht begreifen, wenn er nicht vielleicht durch eine Maschine emporgehoben wurde.« Einer derartigen Maschinerie haben sich die Habsburger auf psychologischem Gebiet bedient. Oder eigentlich gar nicht einmal bedient: es war ihre natürliche Mitgift und ererbte Fähigkeit, in jedem Augenblick »in ganz neuem Gewand« hoch über der Erde schweben zu können. Alle Habsburger kann man irgendwie auf diesen Generalnenner bringen. Sie sind da und nicht da, zugleich stärker als das Wirkliche und schwächer als das Wirkliche, wie ein Alpdruck, ein böser Traum. Sie sind diaphan, zweidimensional, nicht zu fassen. Sie haben keine Brücken zu den Menschen und die Menschen keine zu ihnen. Sie sind Inseln. »Die Wirklichkeit soll sich nach ihnen richten, nicht sie nach der Wirklichkeit«: aber das wäre ja die Definition des Genies; denn was ist das Genie anderes als ein höchstgespannter Wille, der die Welt, die Zeit gebieterisch nach seinem Ebenbilde modelt? Aber sie waren leider keine Genies. Ohne diese Voraussetzung jedoch ist, wer eine solche Veranlagung besitzt, ein gefährlicher Phantast, ein Feind des Menschengeschlechts. Sie haben aus einer selbstgeschaffenen Scheinwelt heraus, die sie nie verließen, jahrhundertelang die wirkliche Welt beherrscht: ein sehr sonderbarer Vorgang.

Nur die Kehrseite dieser seltsamen Verstiegenheit ist die große Nüchternheit, der Mangel an Begeisterung, Schwung, Hingabe, wodurch alle Habsburger charakterisiert sind. Und im Zusammenhang damit steht ihre vollständige Unbelehrbarkeit, der berühmte habsburgische Eigensinn, der es verschmäht, an Menschen, Dingen, Ereignissen etwas zuzulernen, am Leben zu wachsen und sich zu wandeln: sie haben alle keine Entwicklung. Ob sie papistische Fanatiker waren wie Ferdinand der Zweite oder liberale Weltverbesserer wie Joseph der Zweite, starre Legitimisten wie Franz der Zweite oder halbe Anarchisten wie der Kronprinz Rudolf: immer nehmen sie die Materialien zu dem Weltbild, das sie der übrigen Menschheit aufzwingen wollen, ganz aus sich selbst, wie die Spinne die Fäden zu ihrem Gewebe aus ihrem eigenen Leib zieht. Für alle diese Eigenschaften kann Franz Joseph der Erste als klassisches Beispiel dienen: in einem fast neunzigjährigen Leben ist ihm nie irgendein Mensch, irgendein Erlebnis nahegekommen, in einer fast siebzigjährigen Regierung hat er nie einem Ratgeber oder dem Wandel der Zeiten Einfluß auf seine Entschließungen eingeräumt, nie ist ein farbiges oder auch nur ein warmes Wort, eine starke Geste, eine besonders hohe oder besonders niedrige Handlung, die ihn als Bruder der übrigen Menschen enthüllt hätte, von ihm ausgegangen: es war, als ob die Geschichte alle Wesenszüge des Geschlechts in dem letzten habsburgischen Herrscher noch einmal vorbildlich hätte zusammenfassen wollen. In dem letzten: denn – dies ist der tragisch-ironische Epilog dieses sechshundertjährigen Schicksals – die große Reihe endet mit einer Null. Karl der Erste war nur noch ein Linienoffizier. Die Zeit des Geschlechts Habsburg war erfüllt.

Das Geheimnis Karls des Fünften Mit jenem anderen Karl dem Ersten aber, der als deutscher Kaiser der Fünfte hieß, *beginnt* die Reihe der echten Habsburger. Maximilian war noch ein normaler deutscher Fürst: heiter, sportfreudig, redselig, von liebenswürdiger Sprunghaftigkeit, für alles mögliche lebhaft, wenn auch etwas oberflächlich interessiert, ein Mensch unter Menschen. Um seinen Enkel liegt der habsburgische Flor. Wer hat je in seiner Seele gelesen? War er ein Machtbesessener, ein unersättlicher Länderfresser, der alles Nahe und Ferne dem Riesenleib seines Weltreichs assimilieren wollte: afrikanische Küsten, amerikanische Märchenreiche, Italien, Deutschland, Ostfrankreich? Aber von seinem Erbe verschenkte er schon beim Antritt seiner Regierung fast die Hälfte an seinen Bruder, und auf der Höhe seines Lebens dankte er plötzlich ab, ging ins Kloster, wurde Gärtner und Uhrmacher und ließ seine eigene Totenmesse lesen. War er ein treuer Sohn

der römischen Papstkirche, der gewaltsam das Mittelalter verlängern und die Kirchenspaltung um jeden Preis verhindern
wollte? Aber er hat sein halbes Leben lang den Papst erbittert bekämpft, und seine Landsknechte haben das heilige Rom
in der furchtbarsten Weise geplündert und verwüstet. War er
deutsch wie sein Vater, spanisch wie seine Mutter, niederlän-
disch wie seine Heimat, französisch wie seine Muttersprache?
Er war nichts von alledem: er war ein Habsburger.

Tizian hat in seinen beiden Bildnissen mit fast unbegreiflicher Genialität dieses geheimnisvolle, weltentrückte, außer-
menschliche Wesen des Kaisers erfaßt. Im Morgengrauen läßt
er ihn über das Schlachtfeld von Mühlberg reiten: als schwarzen gepanzerten Ritter, mit eingelegter Lanze langsam daher-
kommend wie ein unwiderstehliches Schicksal, ein Sieger, der
aber seines eigenen Triumphes nicht froh werden kann: die
Welt liegt ihm zu Füßen; aber was ist die Welt? Und auf dem
Münchener Porträt läßt er ihn einfach still dasitzen, in schlich-
tes Schwarz gekleidet, den Blick in unergründliche Fernen gerichtet, als sei alles um ihn herum Luft oder Glas, durch das er
teilnahmslos hindurchsieht: ein tiefeinsames, gegen alles Leben
völlig abgeriegeltes Geschöpf; die ganze Tragik des Herrschers
ist in diesen Gemälden aufgefangen und der ganze Fluch dieses
Geschlechts, kein Herz besitzen zu dürfen.

Weil Kaiser Karl kein Herz hatte, hat ihm all sein scharfer
Verstand, seine souveräne Diplomatie, sein weitschauendes
Bauen und Planen nichts genützt. Er hat den Zentralgedanken
der Zeit nicht erfaßt. Er hatte es damals in der Hand, gestützt
auf Ritter, niederen Klerus, Städte und Bauern, die Macht der
Landesfürsten zu brechen und eine wirkliche Monarchie zu errichten. Diese Ansicht hat kein Geringerer vertreten als Napoleon der Erste. Die Zeit drängte auf eine solche Entwicklung
hin: in allen übrigen Großstaaten ist das Experiment gelungen.
Es läßt sich aber fragen, ob es für Deutschland ein Glück ge-

wesen wäre, wenn der Kaiser dem Gebot der Stunde gefolgt wäre. Es wäre sehr bald aus der demokratischen Monarchie eine absolute, aus dem Nationalstaat ein »Einheitsstaat«, aus dem deutschen Volke eine uniforme, despotisch (und dazu noch von Spanien aus) regierte Masse geworden.

Sieg der Theologie über die Religion Der eigentliche Gewinner in diesen Kriegen, die die erste Hälfte des sechzehnten Jahrhunderts erfüllen, war das fast immer besiegte Frankreich: es arrondierte sein Gebiet aufs vorteilhafteste, indem es aus den deutschen Wirren Metz, Toul und Verdun erbeutete und den Engländern Calais entriß. Diese kamen zur Reformation bekanntlich auf eine sehr sonderbare Weise: nämlich durch die Geilheit ihres Königs, der sich von der römischen Kirche trennte, weil der Papst nicht in seine Ehescheidung und Wiedervermählung willigen wollte. In Schweden wurde der neue Glaube durch Gustav Wasa eingeführt, der sein Land von der dänischen Oberherrschaft befreite und den Grund zu dessen späterer Großmachtstellung legte. Auch in Ländern, die heute wieder ganz katholisch sind, wie Österreich, Bayern, Ungarn, Polen, war der Protestantismus in siegreichem Vordringen.

Auf deutschem Boden hat der Umsturz die verschiedenartigsten Formen angenommen: er war kommunistisch in der Wiedertäuferbewegung, sozialistisch in der Bauernrevolution, demokratisch in den städtischen Tumulten, aristokratisch in den Erhebungen Sickingens, Huttens und des niederen Adels. An allen diesen Vorstößen hat sich jedoch der Protestantismus nicht beteiligt, und so kam er schließlich an die Fürsten: er wurde duodezabsolutistisch, höfisch, partikularistisch. Dieses Antlitz hat er dauernd behalten, und daß er es nicht verstanden hat, sich mit den anderen wahrhaft modernen Bewegungen zu verschmelzen, ist sein Verhängnis geworden. Schon Luther hat in seiner späteren Zeit, um seine eigene derbe Sprache zu gebrauchen, den großen Herren gern nach dem Maul geredet, noch viel mehr tat dies sein Kollaborator Melanchthon. Ein Zug von Servilismus, Leisetreterei, Lavieren, Um-die-Ecke-Sehen gelangt seither in den Betrieb der Kirchen und Universitäten; der Typus des vor dem Patronatsherrn buckelnden Theologen, des unterwürfigen Hauslehrers, um sein Futter zitternden Schulmeisters, devoten »staatserhaltenden« Leibpfaffen wird geboren, und zwar aus dem Protestantismus. Denn hinter dem katholischen Geistlichen steht immer noch, sein Selbstgefühl stärkend, die allmächtige Kirche, hinter dem evangelischen nur seine kleine geduckte Parochie. Dort ist man immerhin der Knecht der Idee der einen großen allgemeinen Papstkirche, hier der Lakai irgendeines kleinen Landesherrn. Damit hängt es auch zusammen, daß der Protestantismus nicht nur eine ebenso starre Intoleranz im Gefolge gehabt hat wie der Katholizismus, sondern auch eine viel querköpfigere, kleinlichere, lokalere, sektiererhafte.

Obgleich es gewiß nicht an Männern gefehlt hat, die wie Melanchthon die Geheimnisse der Gottheit lieber verehrt als erforscht wissen wollten und von dem Prinzip ausgingen: »Christus erkennen heißt seine Wohltaten erkennen, nicht aber seine Naturen und die Arten seiner Fleischwerdung betrachten«, so bedeutet doch, wenn man die Summe im großen zieht, die Reformation keineswegs den Durchbruch eines reineren, tieferen, ursprünglicheren Verhältnisses zur Gottheit, sondern ganz im Gegenteil den Sieg der Wissenschaft vom Glauben über den Glauben selbst. Es triumphiert im Endresultat nicht die Religion, sondern die *Theologie*.

Und in der Praxis triumphiert ebenfalls nicht die Religion, sondern die *Partei*. Der Glaube wird immer mehr zu einer Sache der Gemeinsamkeit und Gemeinschaft. Nun kann man wohl in Massen Steine klopfen und im Varieté sitzen, man kann in Massen essen und trinken, politisieren und Menschen umbringen, aber man kann nicht in Massen Gott verehren, sowenig wie man in Massen lieben kann. Das für den modernen Menschen charakteristische unsinnige Vorurteil, daß alle menschlichen Lebensäußerungen gemeinsam verrichtet werden können, ja sollen, der Wille zur Neuzeit, der aus der ganzen Menschheit eine Fabrik, eine Kaserne, ein Riesenhotel, einen Trust, eine Korrektionsanstalt zu machen sucht, ergreift zunächst die Religion. Die Folge dieser massiven Massenreligiosität war der Dreißigjährige Krieg.

Die Reformation war keine schöpferische religiöse Bewegung. Es hat Menschen gegeben, die allen Ernstes Luther unter die Religionsstifter eingereiht wissen wollten. Aber die Gestalt des Religionsstifters war nur im Orient und im Altertum möglich; heute ist sie vielleicht wieder in Rußland möglich. Die Luft des sechzehnten Jahrhunderts war nicht die der Religiosität, dazu war sie viel zu trocken, zu kühl, zu scharf. Es war eine Welt von Kauffahrern, Diplomaten, Antiquaren, Skribenten, fern jedem Ewigkeitsbedürfnis, ganz dem Diesseits verschrieben: der Macht dieses Zeitgeists vermochte sich selbst ein Luther nicht ganz zu entziehen.

Das Monstrum der Schöpfung Man ist angesichts dieser Menschheit fast versucht, an das traurige Wort Goethes zu glauben: »Die Menschen sind nur dazu da, einander zu quälen und zu morden; so war es von jeher, so ist es, so wird es allzeit sein.« Und dennoch besitzt der nachchristliche Mensch einen ungeheuren Vorsprung vor dem antiken: das schlechte Gewissen. Die Menschen haben sich nicht geändert. Sie leben den Sinnen, denken auf ihren Vorteil, lieben sich selbst, gebrauchen Gewalt, Betrug und Unrecht. Aber sie tun es nicht mehr unbefangen und gutgläubig, nicht mehr leichten Herzens und freien Kopfes, sondern bleich, heimlich und ängstlich. Sie haben nicht mehr die gute Laune des Raubtiers. Dies ist vielleicht der einzige bisherige Erfolg des Christentums.

Hier berühren wir das Zentralproblem des Christentums,

die ungeheure Frage: wie kommt es, daß der Mensch einerseits ein ganz unleugbar böses Geschöpf ist und anderseits doch nicht böse sein *will?* Warum trifft er keine klare Wahl zwischen den beiden Möglichkeiten, die ihm gegeben sind? Er ist weder Tier noch Engel. Das Tier unternimmt ohne moralische Skrupel alles, was ihm oder seiner Nachkommenschaft nützt. Der Engel besitzt Gewissen und handelt danach. Der Mensch tut weder das eine noch das andere. Er lebt weder »gottgefällig« noch »natürlich«. Durch dieses monströse Dilemma wird er zum grotesken Unikum, zum Absurdissimum in der gesamten Schöpfung. Er ist eine grandiose Mißgeburt, ein wandelnder Fragebogen. Wenn er gut ist, warum tut er das Böse? Wenn er böse ist, warum liebt er das Gute? Diese beiden beängstigenden Fragen stellt jedes Menschenschicksal von neuem.

Johannes V. Jensen macht einmal bei der Schilderung Pekings die frappante, aber aufschlußreiche Bemerkung, die heutigen Chinesen der höheren Stände erinnerten an die Menschen der Reformationszeit. »So ein listiger alter Chinese könnte ganz gut einer von den großen Männern der Reformationszeit gewesen sein, wie wir sie aus Bildern kennen, mit einer verschlossenen Physiognomie, aber innerlich erfüllt von der Religionspolitik der Zeit, von ihrer Strenge und Begehrlichkeit... Trotz der vortrefflichen Porträts, die man aus jener Zeit hat, und trotz allem, was die Geschichte bis zu den kleinsten Einzelheiten aufbewahrt hat, habe ich mich immer vergeblich bemüht, mir die Menschen jener Zeit lebend vorzustellen, obwohl man *weiß*, daß sie gelebt haben. Ich habe sie nicht richtig hören und sehen können. Einen Anhaltspunkt hat man an den Bauern der jetzigen Zeit – etwas von der Maske; aber erst in China erlebt man wirklich das Mittelalter – so waren sie, eigentümlich zögernd, mit Willen, aus Stilgefühl zögernd, wie ja auch die Bauern noch heute sind, vor allem andern langsam.« In der Tat: die Kultur jener Zeit war vorwiegend bäurisch, auch die Fürsten,

Der Gro-bianismus

ja selbst die Gelehrten und Künstler waren nur bessere Bauern, und wir begreifen, daß einem subtilen komplizierten Geist, einem Menschen, der Finger für Nuancen und eine Ahnung von der tiefen Ironie alles Daseins besaß wie Erasmus, diese Welt unerträglich sein mußte. Und etwas von der Verschmitztheit und Verschlagenheit des Mongolen, die wie ein selbstverständliches Naturprodukt wirkt und daher nichts Unmoralisches hat, werden jene Menschen schon auch besessen haben, freilich ohne den tiefen seelischen Takt, den Jensen den Chinesen nachrühmt. Denn die Zeit war äußerst roh, und gerade der erwachende Rationalismus, der sie kennzeichnet, verleiht ihren Schöpfungen etwas primitiv Konstruiertes, kindisch Mechanisches. Die Humanisten, die auch in Deutschland in Wissenschaft und Poesie den Ton angaben, wirkten wie ordinäre Kopien des italienischen Humanismus, den sie in billigem Farbendruck wiederholen. Gleichwohl hat es unter ihnen sehr merkwürdige Begabungen gegeben. Einer der interessantesten war Konrad Celtes, der »deutsche Erzhumanist«, schon wegen seiner erstaunlichen Vielseitigkeit: er war der erste deutsche Dichter, der zum poeta laureatus gekrönt wurde, und der erste deutsche Gelehrte, der über allgemeine Weltgeschichte und deutsche Reichsgeschichte las; er ist der Auffinder der berühmten *tabula Peutingeriana,* einer römischen Reisekarte aus dem dritten Jahrhundert nach Christus; er hat den Nürnberger Holzschnitt reformiert, einen neuen Tonsatz, den sogenannten Odenstil, angeregt und die lateinischen Dramen der Nonne Roswitha herausgegeben, ja man hat sogar eine Zeitlang geglaubt, daß er sie selbst geschrieben habe.

Einer der hervorstechendsten Grundzüge des Zeitalters ist der sogenannte Grobianismus. Der Ausdruck leitet sich von Sebastian Brant her, der ihn nicht erfunden, aber populär gemacht hat: »Ein neuer Heiliger heißt Grobian, den will jetzt führen jedermann.« Bei nahezu allen Schriftstellern der Zeit ist das »Läuten mit der Sauglocke« gang und gäbe: bei Luther, der in seiner Polemik fast immer maßlos war (gegen Erasmus schrieb er zum Beispiel: »Wer den Erasmus zerdrückt, der würget eine Wanze, und diese stinkt tot noch mehr als lebendig«); bei Fischart, der den rüden Ton bekämpfte, aber auf eine so rüde Weise, daß er sich selber desavouiert; selbst bei einem so feingebildeten Gelehrten wie Reuchlin, der seine Gegner giftige Tiere, bissige Hunde, Pferde, Maulesel, Schweine, Füchse, reißende Wölfe nennt. Aus dem Streben nach Volkstümlichkeit und dem Wunsch, das Objekt möglichst empfindlich zu treffen, erwächst die Satire zu einer Hegemonie, wie sie sie so unumschränkt in der deutschen Literatur weder vorher noch nachher ausgeübt hat. Am beliebtesten ist der Vorwurf der Narrheit: »Narr« ist vielleicht das Wort, das damals am häufigsten geschrieben und gedruckt wurde. Brants Hauptwerk führt den Titel *Das Narrenschiff*; Thomas Murners bekannteste Schrift heißt *Die Narrenbeschwörung*; das geistreichste Buch des Zeitalters ist das *Lob der Narrheit* des großen Erasmus: darin wird alles als Torheit gegeißelt, nicht bloß die Geldgier, die Trunksucht, die Unbildung, die Ruhmliebe, der Krieg, sondern auch die Ehe, das Kindergebären, die Philosophie, die Kunst, die Kirche, das Staatsleben; auch bei Hans Sachs wimmelt es von Narren.

Das satirische Genie des Zeitalters, von dem alle bewußt oder unbewußt borgten, lebte freilich nicht in Deutschland, sondern in Frankreich: François Rabelais. Seine Form ist für heutige Leser im ganzen ungenießbar. Es lebte in ihm mit übermächtiger Kraft das, was der Franzose *la nostalgie de la boue* nennt: er ergeht sich mit einer fast pathologischen Behaglichkeit und Breite in allen jenen Naturalien, die vielleicht vom moralischen Standpunkt aus nicht schimpflich sind; daß sie es aber auch nicht vom ästhetischen Standpunkt aus sind, kann nur ein ganz engstirniger à-tout-prix-Naturalist leugnen oder einer von jenen weitverbreiteten Philistern mit umgekehrtem Vor-

François
Rabelais

zeichen, die eine Sache schon deshalb kraftvoll und suggestiv finden, weil sie anstößig oder unappetitlich ist. Ebenso unerträglich wie seine Koprophilie ist seine Überladenheit und Verzwicktheit, seine Lust am Verschnörkeln, Verdrehen, Auswalken jedes Objekts seiner Darstellung. Sein Grundwesen war eine gigantische Weitläufigkeit, Geschmacklosigkeit und Abgeschmacktheit: seine Lust an insipiden Kalauern war so groß, daß er sogar seinen Tod zum Gegenstand eines Wortwitzes gemacht haben soll, indem er sich einen Domino anzog, weil in der Schrift geschrieben steht: *Beati, qui moriuntur in domino.* Aber eben weil bei ihm alles dieselben überlebensgroßen Dimensionen hat wie die Gestalt, Tapferkeit und Gefräßigkeit seines Helden Gargantua, darf man an ihn nicht die Maße normaler Schönheit und Logik anlegen. Der Appetit nach Leben und Lebensschilderung, der ihn erfüllte, war offenbar riesenhaft und sein einziger Fehler vielleicht nur der, daß er im Leser dieselbe überschäumende Vitalität voraussetzte. Nie ist in jener extrem spottlustigen, kirchenfeindlichen und antischolastischen Zeit Kirche und Scholastik auch nur annähernd so großzügig verspottet worden wie von ihm. Er war eine Art satirischer Menschenfresser, der ungemessene Portionen von heuchlerischen Pfaffen, sterilen Gelehrten, korrupten Beamten verschlang. Der *esprit gaulois,* der *esprit gaillard* gelangt bei ihm siegreich und elementar zum Durchbruch, mit der Vehemenz eines Naturereignisses, gegen das zu polemisieren völlig sinnlos wäre. Und doch wirkt er wiederum ganz unfranzösisch, da es ihm völlig an der Schmucklosigkeit, Durchsichtigkeit, Feinheit und Formsicherheit fehlt, die den höchsten literarischen Ruhm des Landes der *clarté* und des *bon goût* ausmacht. Aber diese Literatur sollte erst kommen; so, wie er war, ist er der hinreißendste und prägnanteste Ausdruck aller Stärken und Gebrechen seiner Zeit gewesen: unmäßig lebensgierig aus geheimem Lebensekel, überlaut lustig aus tiefer Melancholie und

Zerrissenheit, beißend boshaft aus Menschenliebe und Herzensfülle, ausschweifend närrisch aus hellster Vernünftigkeit.

Der Norden, und zumal der deutsche, trug damals, wir erwähnten es schon, eben noch einen sehr plebejischen Charakter. In seinem Bericht über Deutschland vom Jahr 1508 sagt Machiavell: »Sie bauen nicht, sie machen für Kleider keinen Aufwand, sie verwenden nichts auf Hausgeräte; ihnen genügt, Überfluß an Brot und Fleisch und eine geheizte Stube zu haben.« Und von den deutschen Gasthäusern gibt Erasmus von Rotterdam folgende überaus anschauliche Schilderung: »Bei der Ankunft grüßt niemand, damit es nicht scheine, als ob sie viel nach Gästen fragten, denn dies halten sie für schmutzig und niederträchtig und des deutschen Ernstes für unwürdig. Nachdem du lange vor dem Hause geschrien hast, steckt endlich irgendeiner den Kopf durch das kleine Fensterchen heraus gleich einer Schildkröte … diesen Herausschauenden muß man nun fragen, ob man hier einkehren könne. Schlägt er es nicht ab, so begreifst du daraus, daß du Platz haben kannst. Die Frage nach dem Stall wird mit einer Handbewegung beantwortet. Dort kannst du nach Belieben dein Pferd behandeln; denn kein Diener legt eine Hand an … Ist das Pferd besorgt, so begibst du dich, wie du bist, in die Stube, mit Stiefeln, Gepäck und Schmutz. Diese geheizte Stube ist allen Gästen gemeinsam. Daß man eigene Zimmer zum Umkleiden, Waschen, Wärmen und Ausruhen anweist, kommt hier nicht vor … So kommen in demselben Raum oft achtzig oder neunzig Gäste zusammen, Fußreisende, Reiter, Kaufleute, Schiffer, Fuhrleute, Bauern, Knaben, Weiber, Gesunde, Kranke. Hier kämmt sich der eine das Haupthaar, dort wischt sich ein anderer den Schweiß ab, wieder ein anderer reinigt sich Schuhe und Reitstiefel … Es bildet einen Hauptpunkt guter Bewirtung, daß alle vom Schweiße triefen. Öffnet einer, ungewohnt solchen Qualms, nur eine Fensterritze, so schreit man: Zugemacht! … Endlich wird der

Unverminderter Plebejismus

385

Wein, von bedeutender Säure, aufgesetzt. Fällt es nun etwa einem Gaste ein, für sein Geld um eine andere Weinsorte zu ersuchen, so tut man anfangs, als ob man es nicht hörte, aber mit einem Gesichte, als wollte man den ungebührlichen Begehrer umbringen. Wiederholt der Bittende sein Anliegen, so erhält er den Bescheid: ›In diesem Gasthause sind schon so viele Grafen und Markgrafen eingekehrt, und noch keiner hat sich über den Wein beschwert, steht er dir nicht an, so suche dir ein anderes Gasthaus.‹ Denn nur die Adeligen ihres Volkes halten sie für Menschen... Bald kommen mit großem Gepränge die Schüsseln. Die erste bietet fast immer Brotstücke mit Fleischbrühe, hierauf kommt etwas aus aufgewärmten Fleischarten oder Pökelfleisch oder eingesalzener Fisch... Dann wird auch etwas besserer Wein gebracht. Es ist zum Verwundern, welches Schreien und Lärmen sich anhebt, wenn die Köpfe vom Trinken warm geworden sind. Keiner versteht den andern. Häufig mischen sich Possenreißer und Schalksnarren in diesen Tumult, und es ist kaum glaublich, welche Freude die Deutschen an solchen Leuten finden, die durch ihren Gesang, ihr Geschwätz und ihr Geschrei, ihre Sprünge und Prügeleien ein solches Getöse machen, daß der Stube der Einsturz droht... Wünscht ein von der Reise Ermüdeter gleich nach dem Essen zu Bett zu gehen, so heißt es, er solle warten, bis die übrigen sich niederlegen. Dann wird jedem sein Nest gezeigt, und das ist weiter nichts als ein Bett, denn es ist außer den Betten nichts vorhanden, was man brauchen könnte. Die Leintücher sind vielleicht vor sechs Monaten zuletzt gewaschen worden.«

Das klassische Zeitalter der Völlerei Bedenkt man, daß das Gasthauswesen einen ziemlich präzisen Gradmesser der jeweiligen materiellen Kultur darstellt und daß in diesen Herbergen nicht bloß das niedere Volk, sondern auch die Creme verkehrte, so gewinnt man den Eindruck, daß es den damaligen Deutschen noch an jeglicher Delikatesse und Differenzierung der Lebensführung gefehlt hat. Hingegen

waren in quantitativer Hinsicht die Ernährungsverhältnisse
zweifellos günstiger als heutzutage. Man hört zum Beispiel,
daß in Sachsen die Werkleute ausdrücklich angewiesen wurden,
sich mit zwei täglichen Mahlzeiten von je vier Gerichten: Suppe,
zweierlei Fleisch und Gemüse, zufriedenzugeben. Ein Pfund
Bratwurst kostete einen Pfennig, ein Pfund Rindfleisch zwei
Pfennig, während der durchschnittliche Taglohn für einen gewöhnlichen Arbeiter achtzehn Pfennig betrug. Wenn in gewissen Gegenden die Armen sich bisweilen eine Woche lang kein
Fleisch leisten konnten, so wird das immer mit besonderem
Staunen hervorgehoben. Man wird überhaupt sagen dürfen,
daß das sechzehnte Jahrhundert für Deutschland das klassische
Zeitalter des Fressens und Saufens war; selbst von Luther wird
berichtet, daß er sich hierin manchmal übernahm: überhaupt
galten die Evangelischen als besondere Trunkenbolde und Vielfraße. Bei einem Essen, das der Nürnberger Doktor Christoph
Scheurl Melanchthon zu Ehren veranstaltete, gab es folgende
Gerichte: Saukopf und Lendenbraten in saurer Sauce; Forellen und Äschen; fünf Rebhühner; acht Vögel; einen Kapaun;
Hecht in Sülze; Wildschweinfleisch in Pfeffersauce; Käseku-
chen und Obst; Pistaziennüsse und Latwergen; Lebkuchen
und Konfekt. Diese Unmenge von Fisch, Schwein, Geflügel
und Süßigkeiten vertilgte eine Tischgesellschaft von nur zwölf
Personen; dazu tranken sie so viel Wein, daß auf jeden dritthalb
Liter kamen. Von vielen Fürstlichkeiten wird berichtet, daß sie
fast täglich betrunken waren; nicht anders hielt es die Mehrzahl
der Bürger, Soldaten und Bauern; auch bei den Frauen war der
Alkohol bis in die höchsten Stände hinauf sehr beliebt. Und
während man sich bisher auf nicht allzu stark eingebrautes Bier
und dünnen Wein beschränkt hatte, lernte man jetzt auch die
schweren Biere und hochgrädigen Weine schätzen, und um die
Mitte des sechzehnten Jahrhunderts kam das Branntweinbren-
nen auf: der Kornschnaps wurde ein vielbegehrtes, wahrschein-

lich aber noch nicht allgemeines Getränk, denn er war verhältnismäßig teuer. Es wurden zwar Mäßigkeitsvereine gegründet
und Gesetze gegen Trunksucht erlassen; aber ohne jeden Erfolg. Was die damaligen Menschen an normalen Mahlzeiten
vertrugen, zeigt eine zeitgenössische Schilderung des Tiroler
Badelebens: »Des Morgens um sechs Uhr vor dem Bade Setz-
eier, eine Rahmsuppe, zwischen sieben und acht Uhr eine
Pfanne voll Eier oder ein Milchmus, dazu Wein. Um neun Uhr
genießt man Schmarren und kleine Fische oder Krebse. Dazu
gehört ein Trunk. Zwischen zehn und elf findet das Mittags-
mahl statt: fünf bis sieben Gerichte. Bis zwei Uhr geht man
dann spazieren und ißt um zwei Uhr vor dem Bade eine Pfanne
mit Dampfnudeln, eine Hühnerpastete. Zwischen drei und vier
Uhr gesottene Eier oder ein Hähnchen. Zum Nachtmahl vier
bis fünf kräftige Speisen, um acht Uhr vor dem Schlafengehen
ein Schwingmus und eine Schüssel Wein mit Brot, Gewürz,
Zucker.« Nachmittags gab es noch die »Jause«: sie bestand nach
demselben Gewährsmann aus Salat mit Butter, harten Eiern,
gebratenen Hühnern, Fisch, Schmarren und reichlichem Wein.
Diese Menschen haben also fast ununterbrochen gegessen, und
besonders unverständlich ist es, wie sich dies mit dem Baden
vertrug.

Was die sogenannte »Sittlichkeit« anlangt, so ist eine gewisse
Besserung gegenüber den Zuständen der Inkubationszeit zu verzeichnen: die Frauenhäuser sind weniger zahlreich, die Badhäu-
ser kommen langsam außer Gebrauch, der Geschlechtsverkehr
ist weniger zügellos und schamlos; aber diese Veränderungen
sind höchstwahrscheinlich auf zwei Ursachen zurückzuführen,
die außerhalb der Moral liegen: das Auftreten der Syphilis und
das Muckertum des Protestantismus. Die Sitten jedoch sind fast
noch roher als vordem: daß Männer ihre Frauen prügeln, kommt
selbst in fürstlichen Kreisen vor, in der Kindererziehung spielt
die Rute die Hauptrolle, Reden und Umgangsformen strotzen

388

von Derbheiten und Unflätigkeiten. Selbst auf den Schlössern wurde der Kamin regelmäßig als Pissoir benutzt, und Erasmus ermahnt in seiner Schrift *Von der Höflichkeit im Umgang* den Leser, in feiner Gesellschaft Winde »durch Husten zu übertönen«.

Auch im Norden geht im Kostüm eine Stilwandlung vor sich. *Der* Aber das Majestätische und Imposante der italienischen Klei- *Lands-* dung wird hier zum Breiten und Breitspurigen, Platten und *knechtstil* Plattfüßigen, zur skurrilen und täppischen Schullehrer-, Pastoren- und Duodezfürstenwürde. Es ist eben kein eingeborener gewachsener Stil, sondern eine importierte gewollte Mode. Man gibt sich ein Air, man will etwas bedeuten, ohne etwas zu sein. Es fehlt die Selbstverständlichkeit, die die Kennmarke jedes geistigen oder physischen Adels bildet. Für den Nordländer ist sein Zeitkostüm wirklich nur ein Kostüm, eine Maskerade, eine Theatergarderobe, die er mit Aufdringlichkeit, Unterstreichung, Aplomb und zugleich mit Beengtheit, Unsicherheit, Lampenfieber trägt: er will um jeden Preis zeigen, welche große Rolle er spielt, und er erreicht damit, daß er wirklich nur eine Rolle spielt. Auf fast allen Bildnissen tritt uns dieser gravitätische Faltenwurf im Antlitz und im Kleide, dieses Herausstaffierte, bäurisch Geputzte, Endimanchierte entgegen; am deutlichsten in Lukas Cranachs vierschrötigen, aufgeblasenen, wichtigtuerischen, wie für den Vorstadtphotographen in Pose gestellten Porträtfiguren.

Der »Individualismus« der Renaissance äußert sich darin, daß eine luftigere, leichtere Kleidung bevorzugt wird, in der man sich frei und bequem bewegen kann. An die Stelle der früheren übertrieben engen Beinkleider, die ganz prall anlagen, tritt zunächst die ungeheuerlich weite Pluderhose, die, eine Unmenge Stoff in Anspruch nehmend, vom Gürtel bis zum Schuh schlottert; später gliedert sich von ihr der Strumpf ab. Auch in der Fußbekleidung löst ein Extrem das andere ab: statt der

Schuhe mit den grotesk langen, nach oben gekrümmten Spitzen trägt man jetzt die ganz kurz abgeschnittenen, breiten und stumpfen »Kuhmäuler«. Es ist bezeichnend, daß für diese ganze Mode der deutsche Landsknecht tonangebend war, die roheste und geschmackfernste Menschenklasse des ganzen Zeitalters, von ihm stammt die allgemein akzeptierte Sitte des Zerschlitzens der Kleidungsstücke, die das Hauptcharakteristikum der nordischen Renaissancetracht bildet. Es wird alles geschlitzt: Wams, Ärmel, Hose, Kopfbedeckung, Schuhe; darunter wird das Futter sichtbar, das dadurch zur Hauptsache wird. In der weiblichen Kleidung kommt die protestantische Prüderie zu Wort, indem nackte Schultern und Brüste verpönt werden und das Hemd, später auch das ganze Kleid bis zum Halse reicht; beiden Geschlechtern gemeinsam sind der Puffärmel und das Barett, das, anfangs nur mit einer einzelnen Feder geschmückt, später oft einen ganzen Wald von Straußfedern trägt. Für Mäntel und Überwürfe sind Atlas, Samt und Goldbrokat die beliebtesten Stoffe, die Pelzverbrämung ist allgemein, sogar bei Bauern. Humanisten, Poeten und Kleriker gingen meist bartlos, die übrige Männerwelt bevorzugte den kurzgeschnittenen Vollbart und liebte auch das Kopfhaar schlicht und ziemlich kurz; Mädchen trugen lange Zöpfe, reifere Frauen umgaben das Haar gern mit einem Goldnetz. Die ganze Tracht hat etwas Gemessenes, Viereckiges, betont Ehrbares und anderseits wiederum etwas Hemmungsloses, Verzwicktes, Unausbalanciertes: es ist die berüchtigte »deutsche Renaissance«, die bekanntlich in den siebziger und achtziger Jahren des vorigen Jahrhunderts eine Auferstehung gefeiert hat, jene eigentümliche Mischung aus Spießbürgerlichkeit und Phantastik, Verzierlichung und Schwerfälligkeit; jener verkräuselte und verschnörkelte, dumpfe und träumerische, knitterige und gedunsene, haltlos ornamentsüchtige Lebensstil, der unseren Großeltern für den Inbegriff der Romantik galt; die »abenteuerliche und

ungeheuerliche Weise«, die Fischart geißelt und von der selbst
Dürer, das Genie des Zeitalters, bekannte, daß er ihr allzusehr
gehuldigt habe. Es ist für Dürers Lust am Wirren und Verästel-
ten, am Dunkel und Dickicht bezeichnend, daß sein graphi-
sches Meisterwerk, die *Apokalypse*, sich das Thema stellt, das
undurchdringlichste Buch der Bibel, ja vielleicht der Weltliteratur in die Sprache des anschaulichen Bildes zu übersetzen. Wem
anders als einem Zeitgenossen und Mitstreiter der deutschen
Reformation konnte diese fast unlösbare Aufgabe gelingen?

Etwas Verspieltes und Bastelndes, Kindliches und Kindi- *Hegemo-*
sches ist der gesamten Kunst der Deutschen im sechzehnten *nie des*
Jahrhundert eigentümlich. Es ist eine Art Lebkuchenstil. Der *Kunst-*
Mittelpunkt der damaligen Poesie und Bildnerei war Nürn- *handwerks*
berg, das noch heute die klassische Stadt der Zuckerbäcker und
Spielwarenerzeuger ist. Etwas rührend Winterliches, beschau-
lich Enges, poetisch Eingeschneites liegt über allen Schöpfungen jener Zeit. Es fehlt völlig an Sinn für Strenge und Notwendigkeit, Maß und Bescheidung, Würde und Einfachheit; aber
wir werden durch eine entzückende Naivität entschädigt, die
sonst überall bereits im Begriff ist verlorenzugehen. Die Kunst
hat noch den Charakter einer geheimnisvollen, ehrfürchtig in
Empfang genommenen Weihnachtsbescherung: gerade die Tatsache, daß sie noch immer einen vorwiegend handwerksmäßi-
gen Charakter trägt, macht sie zum reizenden Spielzeug. Man
betrachte zum Beispiel das berühmte »Haus zum Ritter« in
Schaffhausen: welches Kind würde es nicht noch heute als seinen sehnlichsten Wunsch ansehen, ein so entzückend ausge-
maltes Häuschen besitzen zu dürfen?

Auf allen Kunstgebieten dominiert noch das Kunstgewerbe,
nicht bloß äußerlich, sondern auch der inneren Tendenz nach:
es herrscht die Freude an der Niaiserie, am Nippeshaften,
selbständig Ornamentalen. Wir haben bereits hervorgehoben,
daß die Größe der italienischen Kunst, auch noch in der von uns

als Niedergangsperiode angesehenen Hochrenaissance, auf ihrer Gabe der lichtvollen Gliederung beruhte, ihrer virtuosen Kraft der Proportion, ihrem souveränen Gefühl für Rhythmus und Harmonie, Maß und Metrum. Dieser Sinn für klare, aufs feinste abgewogene und aufs schärfste abgegrenzte Form durchdringt alle Kunst- und Lebensäußerungen: Gemälde und Gewänder, Denkmäler und Denkmünzen, Gebärden und Geräte. Selbst jeder Schrank, jeder Kamin, jede Tür, jede Truhe ist im Grunde ein wohlartikuliertes Gebäude. Von der deutschen Renaissancekunst kann man umgekehrt sagen: selbst das monumentalste und weitläufigste Gebäude ist von ihr nach Analogie eines Ziermöbels, eines Schmuckgegenstands, eines untergeordneten Bauteils erdacht. Dort ist jedes Ornament Architektur, aus architektonischem Geiste geboren, hier ist alle Architektur ornamental, aus dem Willen zum Ornament geboren. Die Italiener waren in allem, noch bis in ihre Kleinkunst hinein, Kompositeure, die Deutschen in allem Ziseleure, Goldschmiede, Stukkateure, Filigranarbeiter. Auch Albrecht Dürer ist seinem innersten Wesen nach Zeichner. Er ist am größten im Kleinsten: in Illustrationen, Kupferstichen, Radierungen, losen Blättern. Und vielleicht zu keiner Zeit hat das Kunstgewerbe so volle und runde, subtile und kraftvolle Werke zutage gefördert wie damals: die Graveure und Buchdrucker, Juweliere und Elfenbeinarbeiter, Schreiner und Holzschnitzer, Erzgießer und Waffenschmiede sind der Ruhm des Zeitalters, und alle Dinge, die das tägliche Leben umgaben, trugen ein ästhetisches Gepräge: Brunnen und Meßkrüge, Wetterfahnen und Wasserspeier, Leuchter und Gitter; sogar die Kanonen waren kleine Kunstwerke.

Die Kunst hatte sich auch noch nicht vom Leben als Sonderbetätigung abgegliedert. Die meisten Dichter und Bildner trieben irgendein ehrsames bürgerliches Gewerbe. Lukas Cranach war Buchdrucker und Apotheker, Sebastian Franck Seifensieder, Hans Sachs »ein Schuhmacher und Poet *dazu*«: das Dichten war offenbar die Nebenbeschäftigung. Etwas Meisterliches, im edlen Sinne Handwerkliches zeichnet denn auch alle seine Dichtungen aus, deren saubere und treuherzige Buntdrucktechnik den gleichzeitigen Werken der bildenden Kunst vollkommen konform ist. In jedem solid und kundig geübten Handwerk liegt etwas, das zur Verehrung, ja zur Bewunderung herausfordert. Um einen Schrank, einen Rock, einen Krug wirklich gut zu machen, muß man eine gewisse Sittlichkeit besitzen: Achtung vor dem gottgeschaffenen Material, Selbstzucht, treue Hingabe an die Sache, Sinn für das Wesentliche. Ein Meister ist allemal etwas sehr Schönes, ob er eine Uhr baut oder einen Dom. Und es kann gar keinem Zweifel unterliegen, daß Hans Sachsens Schuhe, obwohl von ihnen nichts auf die Nachwelt gekommen ist, ebenso vorzüglich gearbeitet und allgemein geschätzt waren wie seine Fastnachtsspiele.

Auch auf musikalischem Gebiet äußert sich die Produktivität vorwiegend im Handwerklichen, nämlich weniger in originalen Kompositionen als in der Verbesserung der Tonwerkzeuge: zu Anfang des Jahrhunderts kommen Fagott und Spinett in Gebrauch, und durch die Erfindung des Stegs, der es ermöglicht, jede einzelne der drei Saiten zu benützen, wird die Geige erst ihrer wahren Bedeutung zugeführt.

Daß es an Verirrungen des Geschmacks, ja an groben Taktlosigkeiten nicht gefehlt hat, ist die Kehrseite dieser handwerklich und das heißt: banausisch orientierten Kunst. Sie zeigen sich neben vielem anderen zum Beispiel in der Entstellung der Sprache durch abenteuerliche Wortverrenkungen und mißgewachsene Neubildungen, die originell und packend sein wollen, aber bloß kakophon und albern sind; in der bereits erwähnten Vorliebe für Ausdrücke und Gleichnisse aus der Exkrementalsphäre, die sich nicht selten bis zur Koprolalie steigert; in der Unsicherheit des Gefühls für die Zusammenhänge zwischen

Form und Material (zum Beispiel in der Übertragung der Metalltechnik auf die Gebäudeornamente, die wie aus Stein geschnittenes Blechzeug wirken); in der Roheit der allegorischen Gemälde, deren berüchtigtstes Lukas Cranachs Weimarer Altarbild sein dürfte, wo er selbst, zwischen Luther und Johannes dem Täufer stehend, von einem Blutstrahl aus dem Herzen des gekreuzigten Heilands getroffen wird.

Der Hexenhammer Auch die Rechtspflege war noch ebenso barbarisch wie bisher, und der Aberglaube hatte durch die Reformation eher zugenommen. Früher galten nur Juden, Türken und Zauberer als Teufelsjünger, jetzt wurde die ganze Welt diabolisiert: der Papst war der Antichrist, jeder Papist des Satans, und die Katholiken wiederum sahen in Luther und allen seinen Anhängern Diener der Hölle. Zudem hatte der Protestantismus das Gefühl der Sündhaftigkeit gesteigert. Keiner konnte bestimmt wissen, ob er gerechtfertigt sei. Werke galten nichts; der Glaube aber war mehr eine der menschlichen Seele gestellte unendliche Aufgabe als ein Pfeiler der Gewißheit. Und zumal im Calvinismus mit seiner starren Prädestinationslehre vermochte niemand zu sagen, ob er zu den Erwählten oder zu den von aller Ewigkeit her Verdammten gehöre. Von Doktor Eck und vielen anderen seiner Gegner hat Luther behauptet, daß sie mit dem Teufel einen Pakt geschlossen hätten, und der Breslauer Domherr Johann Cochläus wiederum erklärte in seiner Biographie Luthers, die schon drei Jahre nach dessen Tode erschien, daß dieser im Ehebruch mit Margarete Luther vom Teufel gezeugt worden sei. Daß Luther auf der Wartburg sein Tintenfaß nach dem Teufel geschleudert habe, wird neuerdings bestritten, daß er aber die ganze Welt von Teufeln erfüllt glaubte, geht aus zahllosen seiner Äußerungen ganz unwiderleglich hervor, und ebenso glaubte er an die Hexen, diese »Teufelshuren«, die er von offener Kanzel herab verfluchte und bedrohte. Er war darin nur, wie in allem, der legitime Sohn seiner Zeit. Denn in der Tat stieg gerade damals, als der Glaube an die christliche Lehre gespalten war und zu wanken begann, aus der Tiefe der Seelen ein schaudererregender, geheimnisvoller Bodensatz des Heidentums herauf.

Der Hexenglaube findet sich schon bei den Persern, im Alten Testament und in der griechischen und römischen Mythologie, ja in irgendeiner Form vielleicht in jeder Religion. Hexenbrände fanden jedoch nur vereinzelt im frühen Mittelalter statt: sie hatten damals noch den Sinn eines Menschenopfers und wurden von Karl dem Großen verboten. In Italien gab es in der Renaissancezeit ein besonderes Hexenland bei Norcia, das eine Attraktion für Fremde bildete, und die Hexe, die *strega*, mit ihrer Kunst, der *stregheria,* wurde fast offiziell anerkannt und nur in Ausnahmefällen verfolgt. Erst gegen Ende des fünfzehnten Jahrhunderts beginnt der Hexenwahn, und zwar von den nördlichen Gebieten aus, zu einer Geißel der Menschheit zu werden. Das entscheidende Datum ist das Jahr 1487, wo der berühmte *Hexenhammer*, der *malleus maleficarum*, herausgegeben von den beiden päpstlichen Inquisitoren Heinrich Institoris und Jakob Sprenger, zum erstenmal erschien. Darin wird das Hexenwesen, wenn man so sagen darf, einer wissenschaftlichen Bearbeitung unterzogen und streng systematisch abgehandelt. Im ersten Teil des Werkes werden Fragen gestellt, bejaht und ausführlich erörtert wie die folgenden: Gibt es eine Schwarzkunst? Ob der Teufel mit dem Schwarzkünstler zusammenwirke? Können durch Incubi (Drauflieger, das heißt: Teufel, die sich in Mannesgestalt mit Frauen vermischen) und Succubi (Drunterlieger: Teufel, die als Weiber mit Männern Unzucht treiben) Menschen erzeugt werden? Können Schwarzkünstler die Menschen zur Liebe oder zum Haß bewegen? Kann die Schwarzkunst den ehelichen Akt verhindern? Können Hexen das männliche Glied durch Zauberei so behandeln, als sei es vom Leibe getrennt? Können Hexen die Menschen in

Tierleiber verwandeln? Der zweite Teil handelt mehr von Einzelheiten, zum Beispiel: wie die Hexen Gewitter und Hagel hervorrufen; wie sie die Kühe der Milch berauben; wie sie die Hühner am Eierlegen verhindern; wie sie Fehlgeburten verursachen; wie sie das Vieh krank machen; wie sie Besessenheit erregen; wie sie durch »Hexenschuß« die Glieder lähmen; warum sie besonders gern ungetaufte Kinder töten (Antwort: weil diese nicht in den Himmel eingelassen werden; das Reich Gottes und die endgültige Niederwerfung des Teufels tritt aber erst ein, wenn eine bestimmte Anzahl Seliger im Himmel versammelt ist; durch die Ermordung Neugeborener wird daher dieser Zeitpunkt hinausgeschoben).

Hexen-wahn und Psycho-analyse
Von den Hexen nahm man allgemein an, daß sie zu bestimmten Zeiten, vor allem in der Nacht des ersten Mai, der Walpurgisnacht, auf Stöcken oder Böcken nach gewissen verrufenen Bergen flögen, um dem Meister der Hölle durch Ringeltänze und Küsse auf die Genitalien und den Hintern zu huldigen (während er wiederum diese Ovation durch Ablassen von Gestank quittierte) und sich sodann mit den »Buhlteufeln« in üppigen Gelagen und wüster Unzucht zu vergnügen. Die »Hexenprobe« bestand zumeist darin, daß die Beschuldigte gebunden aufs Wasser gelegt wurde; sank sie nicht unter, so war sie überführt. In den Verdacht der Hexerei konnte jede auffallende Eigenschaft bringen: besonders hohe Gaben so gut wie besonders boshaftes Wesen, körperliche Gebrechen so gut wie erlesene Schönheit. Allmählich gewöhnte man sich daran, zur Erpressung des Geständnisses die Tortur anzuwenden, und nun ergab sich der Circulus vitiosus, daß diese Art des Prozeßverfahrens zahllose Beweise für Hexerei lieferte und die hierdurch gesteigerte Angst wiederum die Zahl der Anklagen und Prozesse vermehrte. Wenn auch bisweilen Geldgier und Rachsucht mitspielten, so kann doch keinesfalls daran gezweifelt werden, daß die meisten Richter optima fide gehandelt haben, wie ja

auch ein heutiger Staatsanwalt sich als Hüter des Rechts und der Moral fühlt, wenn er seine Inkulpaten wegen Delikten verfolgt, deren Bestrafung einer späteren Zeit vollkommen unverständlich sein wird. Der Protestantismus hat hierin einen mindestens ebenso großen Fanatismus entwickelt wie der Katholizismus, was von liberalen und deutschnationalen Geschichtsschreibern gern übersehen oder vertuscht wird, am krassesten wohl in der sehr gelehrten Hetzschrift des Grafen Hoensbroech *Das Papsttum in seiner sozial-kulturellen Wirksamkeit*, worin die Untaten der römischen Inquisition die breiteste und strengste Schilderung erfahren, während von evangelischen Hexenprozessen kein Wort erwähnt wird. Es handelte sich eben um eine Zeitkrankheit, von der alle ergriffen waren: Volk und Gelehrte, Papisten und Reformierte, Fürsten und Untertanen, Ankläger und Inquisitoren und sogar die Hexen selbst, denn viele der Opfer glaubten an ihre eigene Schuld. Selbst ein Forschergenie vom Range Johannes Keplers, dem es doch gewiß nicht an der Gabe des wissenschaftlichen Denkens fehlte, hat behauptet, die Hexerei lasse sich nicht leugnen, und es muß ihm mit dieser Erklärung sehr ernst gewesen sein, denn eine seiner Verwandten ist als Hexe verbrannt worden, und seine Mutter war mehrere Male in Gefahr, dasselbe Schicksal zu erleiden. Wir haben es bei dem ganzen Phänomen der Hexenverfolgung vermutlich mit einer Massenpsychose aus verdrängter Sexualität zu tun, die sich in der Form der Gynophobie manifestierte, und die Psychoanalyse, die sich so oft an unergiebigen Quisquilien abmüht, sollte dieses Problem einmal einer gründlichen Untersuchung unterwerfen. Der *Hexenhammer* gibt dafür einen ziemlich deutlichen Wink. Die Frage »Warum ist die Schwarzkunst bei den Frauen mehr verbreitet als bei den Männern?« beantwortet er mit den Worten: »Was ist denn das Weib anderes als eine Vernichtung der Freundschaft, eine unentfliehbare Strafe, ein notwendiges Unglück, eine natürliche Versuchung, ein begehrenswertes Unheil, eine häusliche Gefahr, ein reizvoller Schädling, ein Weltübel, mit schöner Farbe bestrichen?« Es äußert sich hierin die tiefe Angst des Mannes vor seiner geheimnisvollen Gefährtin, die erschütternde Ahnung von der unentwirrbaren Sündigkeit, dem unsichtbaren Verderben, das hinter der Geschlechtsgemeinschaft lauert, diesem grauenhaften schwarzen Wellentrichter, der tausend Taten und Tränen, Träume und Leidenschaften der irrenden Erdkreatur blind und gierig in sich hineinstrudelt: vom Hexenwahn der Reformationszeit führt eine lange, aber gerade Linie bis zu Strindberg. Daß es sich um kein religiöses, sondern nur um ein religiös verkleidetes sexuelles Problem handelt, kann man schon aus den wenigen Fragen des »malleus« ersehen, die wir angeführt haben: in den meisten von ihnen äußert sich die unterirdisch und, da sie über eine religiöse Deckung verfügt, hemmungslos entfesselte Phantasie der geschlechtlichen Unbefriedigtheit oder Impotenz, der Satyriasis und Perversität. Daß sich der Sexualhaß jetzt in so schauerlich grotesken Formen entlud, war eine der Folgen der vielgepriesenen »Befreiung des Individuums« durch Renaissance und Reformation.

Säkularisation der Menschheit

Was bedeutet nun, so müssen wir uns zum Schluß fragen, die Reformation, im großen gerechnet, für die europäische Kultur? Sie bedeutet nicht mehr und nicht weniger als den Versuch, Leben, Denken und Glauben der Menschheit zu säkularisieren. Seit ihr und mit ihr kommt etwas flach Praktisches, profan Nützliches, langweilig Sachliches, etwas Düsteres, Nüchternes, Zweckmäßiges in alle Betätigungen. Sie negiert prinzipiell und zielbewußt aus platt kurzsichtigem Rationalismus eine Reihe von höheren Lebensformen, die bisher aus der Religiosität geflossen waren und allerdings vom Standpunkt einer niederen utilitarischen Logik kaum zu rechtfertigen sind: die »unfruchtbare« Askese, nicht bloß die weltflüchtige und weltfeindliche, sondern auch ihre erhabenste Gestalt: die *weltfreie*; das »widernatürliche« Zölibat; die »sinnlosen« Wallfahrten; die »überflüssige« Pracht der Zeremonien; die »unnützen« Klöster; den »törichten« Karneval; die »zeitraubenden« Feiertage; die »abergläubische« Anrufung der Heiligen, die als freundliche Beistände, gleichsam als Unterbeamte Gottes, den ganzen Alltag licht und hilfreich begleitet hatten; die »ungerechtfertigte« Armenpflege, die gibt, um zu geben, ohne viel nach »Würdigkeit« und »Notwendigkeit« zu fragen. Alle Kindlichkeit weicht aus dem Dasein; das Leben wird logisch, geordnet, gerecht und tüchtig, mit einem Wort: unerträglich.

Es muß nochmals betont werden, daß Luther nicht in allen, aber doch in vielen Fragen noch wesentlich mittelalterlich dachte. Das war ja eben seine Größe, daß er als Reformator rein religiös, nie politisch, »sozial«, »organisatorisch« empfand. Aber er hat, unter dem Druck der öffentlichen Meinung und auch aus einer Art eigensinnigem prinzipiellen Widerstand gegen alles, was katholisch war, doch alle diese Wandlungen gebilligt oder zumindest gewähren lassen.

Die Reformation heiligt erstens die *Arbeit*, zweitens den Beruf und damit indirekt den Erwerb, das *Geld*, drittens die Ehe und die *Familie*, viertens den *Staat*. Scheinbar zwar stellt sie ihn tiefer als das Mittelalter, nämlich außerhalb der Religion, aber gerade dadurch stellt sie ihn höher, begründet sie seine Souveränität. Indem sie ihn *eximiert, emanzipiert* sie ihn und schafft so die Geißel des Menschen der Neuzeit, den modernen Allmachtsstaat, der mit seinem Steuersystem das Eigentum, mit seiner allgegenwärtigen Polizierung die Freiheit, mit seinem Militarismus das Leben des Bürgers in Beschlag nimmt. Die scharfe Trennung des Weltlichen und Geistlichen, die Luther anstrebte, sollte offenbar den Zweck haben, die Religion frei zu machen; aber gerade das Gegenteil wurde erreicht: die protestantischen Fürsten entzogen sich zwar der päpstlichen Oberherrschaft, fühlten sich aber nun selber als Herren ihrer Landeskirchen und bevormundeten ihre Untertanen nun genauso in allen Glaubenssachen, wie dies bisher von Rom aus geschehen war. Statt *eines* Statthalters Christi, der den Menschen vorschreibt, welches Verhältnis sie zu ihrem Gott haben sollen, gab es jetzt deren viele und zweifellos weniger kompetente und infolge ihres kleineren Wirkungskreises auch weniger verantwortliche: das war der ganze Unterschied. Daß der Protestantismus, in krassem Widerspruch zu der Tendenz, die ihn ursprünglich ins Leben gerufen hatte, fast in allen Dominien, wo er siegreich war, ein System der starrsten Unduldsamkeit entwickelt hat, beruht auf seiner Begünstigung des Staatskirchentums; denn der Staat ist das intoleranteste Gebilde, das es gibt, und muß es sein; seiner innersten Natur nach.

Was die Ehe anlangt, so hat sie Luther als ein bloßes Zugeständnis an das Fleisch angesehen und offenbar nicht sehr hoch geschätzt. Er selbst hat zwar geheiratet, aber sicher nicht aus innerem Drange, sondern um ein befreiendes Beispiel zu geben und um die Katholiken zu ärgern, wofür bezeichnend ist, daß er sich gerade eine Nonne zur Frau wählte. Es spricht aber alles dafür, daß er in der guten Käthe bloß eine Wirtschafterin geheiratet hat; dies war überhaupt seine Ansicht vom Wert der Frauen: »Wenn man dies Geschlecht, das Weibervolk, nicht hätte, so fiele die Haushaltung, und alles, was dazugehört, läge gar darnieder.« Hingegen äußerte er sich schon im Jahre 1521, mitten in seinen Glaubenskämpfen, begeistert über den Aufschwung der grobmateriellen Kultur, der das Reformationszeitalter kennzeichnet: »So jemand lieset alle Chroniken, so findet er, von Christi Geburt an, dieser Welt in diesen hundert Jahren gleichen nicht, in allen Stücken. Solch Bauen und Pflanzen ist nicht gewesen so gemein in aller Welt, solch köstlich und mancherlei Essen und Trinken auch nicht gewesen so gemein, wie es itzt ist. So ist das Kleiden so köstlich geworden, daß es nicht höher mag kommen. Wer hat auch je solch Kaufmannschaft gesehen, die itzt umb die Welt fähret und alle Welt verschlinget?« Es besteht eben von vornherein ein unterirdischer Zusammenhang zwischen protestantischer und kapitalistischer Weltanschauung, der freilich erst im englischen Puritanismus ganz offen zutage tritt: der geistige Vater dieser aus Börse und Bibel gemischten Welt ist Calvin, der das kanonische Zinsverbot aufs schärfste bekämpfte; aber auch Luther hat schon auf gelegentliche Anfragen ein »Wücherlein« für erlaubt erklärt.

Auf Luther ist auch, wie Hans Sperber nachgewiesen hat, der Bedeutungswandel des Wortes »Beruf« zurückzuführen, das bis dahin soviel wie Berufung, Vokation bedeutete und erst bei ihm den heutigen Sinn von Handwerk, Fachtätigkeit annimmt: er erblickt in der Ausübung gewerblicher Arbeit, die im Altertum als deklassierend, als banausisch, im Mittelalter als profan, als ungöttlich galt, eine gottgewollte sittliche Mission. Bis dahin hatte man die Arbeit als eine Strafe, bestenfalls als ein notwendiges Übel angesehen; jetzt wird sie geadelt, ja heiliggesprochen. Von dieser Auffassung, die erst der Protestantismus in die Welt gebracht hat, geht eine gerade Linie zum Kapitalismus *und* zum Marxismus, den zwei stärksten Verdüsterern Europas, die beide, obgleich in ihren Zielen entgegengesetzt, *dieselbe* ethische und soziale Grundlage haben.

Es ist sehr merkwürdig, daß die Reformation, die doch behauptete, eine Rückkehr zum reinen Bibelwort zu sein, in allen diesen Punkten mit der Heiligen Schrift im schärfsten Widerspruch steht. Zu Adam spricht der Herr gleich am Anfang des Alten Testaments: »Dieweil du hast gehorchet der Stimme deines Weibes und gegessen von dem Baum, davon ich dir gebot und sprach: du sollst nicht davon essen – verflucht sei der Acker um deinetwillen, mit Kummer sollst du dich drauf nähren dein Leben lang. Im Schweiß deines Angesichts sollst du dein Brot essen.« Von der »Heiligkeit«, vom »Segen« der Arbeit ist hier nichts zu hören; vielmehr wird Adam zur Arbeit verflucht,

Die antievangelischen Evangelischen

offenbar der furchtbarsten Strafe, die Gott, der ja noch ein Gott der Rache ist, für den Frevel der ersten Menschen zu ersinnen vermag. Und das Neue Testament predigt fast in jeder Zeile die Seligkeit und Gottgefälligkeit des Nichtstuns. Der Heiland selbst hat niemals eine Arbeit verrichtet, auch seine Apostel und Begleiter nicht; Petrus und Matthäus entzieht er ihren Berufen; ja er warnt geradezu vor der Arbeit: »Sehet die Vögel unter dem Himmel an, sie säen nicht, sie ernten nicht, sie sammeln auch nicht in Scheuern, und euer himmlischer Vater nähret sie doch. Seid ihr denn nicht viel mehr als sie? Schauet die Lilien auf dem Felde an, wie sie wachsen: sie arbeiten nicht, auch spinnen sie nicht. Ich sage euch aber, daß auch Salomo in aller seiner Herrlichkeit nicht bekleidet gewesen ist wie derselben eine. Wenn aber Gott das Gras auf dem Felde also kleidet, das heute steht und morgen in den Ofen geworfen wird, sollte er das nicht viel mehr euch tun, ihr Kleingläubigen?«

Jesus und die »soziale Frage«
Hieraus ergibt sich auch mit vollkommener Deutlichkeit die Stellung Jesu zur »sozialen Frage«. Allerdings hat er die Armen den Reichen vorgezogen, indem er sagte, ein Reicher könne nicht ins Himmelreich kommen. Aber dieser Ausspruch hat durchaus keine sozialistische Pointe. Die Armen kommen eher ins Himmelreich als die Reichen, weil bei ihnen die Vorbedingungen für ein göttliches, dem Mammon abgewendetes Leben günstiger sind. Ein Reicher wird sich, ob er will oder nicht, mit seinen irdischen Gütern befassen müssen; der Arme ist in der glücklichen Lage, solche von Gott ablenkende Dinge nicht zu besitzen. Der Sozialismus will aber, ganz im Gegenteil, die Armen allmählich in die Vorteile einsetzen, die heutzutage nur die Reichen genießen; und er will, daß jeder Mensch, ob arm oder reich, arbeite. Jesus hingegen stellt die Lilien auf dem Felde und die Sperlinge auf dem Dache als Vorbilder hin. Er weiß, daß im »Segen der Arbeit« ein geheimer Fluch verborgen ist: die Gier nach Geld, nach Macht, nach Materie. Der Sozialismus will die

Armen reich machen, Jesus will die Reichen arm machen; der Sozialismus *beneidet* die Reichen, Jesus *bedauert* sie; der Sozialismus will, daß womöglich *alle* arbeiten und besitzen, Jesus sieht den idealen Gesellschaftszustand darin, daß womöglich *niemand* arbeitet und besitzt. Das Verhältnis des Heilands zur sozialen Frage besteht also darin, daß er sie einfach *ablehnt*. Für ihn sind Dinge wie Güterverteilung, Besitz, gerechte Ordnung der Erwerbsverhältnisse das, was die Stoiker ein »Adiaphoron« und die Mathematiker eine »quantité négligeable« nennen: sie gehen ihn gar nichts an. Er erblickt seine Mission darin, die Menschen zum Göttlichen zu führen; ein »sozialer Reformator« hat es aber immer nur mit der Welt zu tun. Es ist daher die größte Blasphemie, die man gegen Jesus begehen kann, wenn man ihn in eine Reihe mit jenen Zwerggeistern stellt, die die Menschheit *auf nationalökonomischem* Wege erlösen wollten. Er ist von allen diesen nicht dem Grad, sondern der Art nach verschieden. Seine Wohltaten waren geistige, nicht materielle, und man kann ihn mit solchen Volksmännern überhaupt gar nicht vergleichen, sowenig wie etwa die Schöpfungen eines Dante oder Plato mit denen eines Marconi oder Edison. Jesus hat niemals gegen jene Mächte gekämpft, die der Gegenstand moderner Sozialpolemik sind, wie Bourgeoisie, Bürokratismus, Kapitalismus und dergleichen, weil ihm alle diese Dinge viel zu gleichgültig waren. Er hat immer nur *einen* Feind erbittert bekämpft: den Teufel im Menschen, den Materialismus. Aber unsere aufgeklärte Zeit glaubt ja nicht mehr an den Teufel, weil sie ihm derart verfallen ist, daß sie ihn gar nicht mehr sieht; und der »Geist« des Materialismus herrschte heute unter den Enterbten genauso wie unter den Besitzenden. Die einen haben Geld, die anderen haben *noch keines*; aber um Geld dreht es sich hier wie dort. Heute würde Jesus nicht mehr sagen: »Selig sind die Armen«, denn diese sind heute ebenso unselig geworden wie die Reichen: dank den sozialistischen

Theorien, die die degenerierte Plattheit unserer Tage aus seinen Worten herausgelesen hat.

Ganz ähnlich verhält sich Jesus zum Staat. Er hat zwar gesagt: »Gebt dem Kaiser, was des Kaisers ist«, aber auch hier ist es wiederum die tiefe Geringschätzung irdischer Satzungen und Einrichtungen, aus der heraus er dieses Gebot aufstellt. Er empfiehlt, ruhig die vorgeschriebenen Steuern zu zahlen, weil es nicht der Mühe wert ist, sie zu verweigern; denn die Kinder Gottes haben sich um Höheres zu sorgen als um derlei niedrige Politika. Nur ein Mensch ohne Ohr für Nuancen und Untertöne kann die tiefe Ironie verkennen, mit der der Heiland über diese Fragen spricht, sooft er sie berührt. Einen zweifellos ironischen Charakter trägt auch seine Antwort: »Du sagst es« auf die Frage des Pilatus: »Bist du der Juden König?«: er hält es offenbar für seiner unwürdig, auf solche platte Mißverständnisse überhaupt einzugehen; nach Johannes gibt er jedoch eine kurze Erklärung ab, die den Statthalter darüber unterweist, daß er wohl ein König sei, aber ein ganz anderer, als die niedrige Fassungskraft der jüdischen Hierarchen sich vorzustellen vermag.

Die durchgängige Haltung Christi ist ganz einfach die, daß er alles Menschengeschaffene bis zur Lächerlichkeit gleichgültig findet. Dies ist auch seine Ansicht über Ehe und Familie. Ja noch mehr: er verwirft sie, aber in jener milden duldsamen Art, die den anderen nur das Richtige als Ideal zeigt, ohne es ihnen, wenn sie dafür noch nicht reif und frei genug sind, aufzwingen zu wollen. Das Wort Jesu an seine Mutter: »Weib, was habe ich mit dir zu schaffen?«, wohl mehr erstaunt als erzürnt gesprochen, ist eine ungeheure Verlegenheit für die bürgerlichen Theologen, über die sie gern mit ein paar nichtssagenden Redensarten hinweggleiten. Als man ihm meldet, daß seine Mutter und seine Brüder mit ihm zu reden suchen, antwortet er nach Matthäus: »Wer ist meine Mutter und wer sind meine Brüder?«, und, indem er seine Hand über seine Jünger ausstreckt: »Siehe da, meine Mutter und meine Brüder!« Eine ebenso deutliche Sprache redet die Mahnung: »So jemand zu mir kommt und hasset nicht seinen Vater, Mutter, Weib, Kinder, Brüder, Schwestern, auch dazu sein eigenes Leben, der kann nicht mein Jünger sein.«

Was also die wahrhaft christliche Auffassung aller dieser Dinge ist, geht aus den Evangelien für jeden, der sie mit gesundem Verstand und reinem Gefühl zu lesen vermag, ganz unzweideutig hervor. Die Pastoren, die den Rabbinern an Talmudismus nichts nachgeben, haben natürlich versucht, alle diese Äußerungen zu verdrehen, zu verschleifen und in ihr Gegenteil zu kommentieren, und man kann ja in der Tat aus der Bibel alles herauslesen, was man will, wenn man es an der nötigen Aufrichtigkeit oder Unbefangenheit fehlen läßt: es hat ja sogar der General von Bernhardi, einer der hervorragendsten Lehrer der Strategie, aber kein ebenso begabter Bibelleser, in einem seiner Werke nachzuweisen versucht, daß Christus den Krieg gepredigt habe, denn er habe gesagt: »Ich bin nicht gekommen, den Frieden zu bringen, sondern das Schwert«: eine Auffassung, deren Widerlegung wohl überflüssig sein dürfte.

Gott und die Seele sind die einzigen Wirklichkeiten, die Welt *Gott und* aber ist das Unwirkliche: dies ist der Sinn der frohen Botschaft *die Seele* Jesu. Wahres Christentum will niemals die Welt »vervollkommnen«, weder sozial noch politisch, noch ökonomisch, ja nicht einmal moralisch; denn es läßt sich gar nicht gelten, es bemerkt sie überhaupt nicht. Eine »gerechter geordnete« Gesellschaft, ein der »allgemeinen Wohlfahrt« besser angepaßtes Dasein: was haben diese oder ähnliche Ziele mit dem Heil der Seele zu tun? Hierin unterscheidet sich das Christentum wesentlich von den beiden anderen monotheistischen Religionen: es ist weder flach weltordnend wie die jüdische Sittenlehre noch barbarisch welterobernd wie der Islam; es ist nicht *Verbesserung* der Welt nach irgendwelchen noch so edlen oder vernünftigen Prinzipien, sondern *Erlösung* von der Welt mit allen ihren schädlichen *und* wohltätigen, bösen und guten Mächten; es kümmert sich immer nur um die Einzelseele, niemals um die »Allgemeinheit«, den »Fortschritt«, das »Gedeihen der Gattung« und derlei niedrige Dinge. Wenn wir nun die Reformation vorurteilslos betrachten: nicht als das, was sie ursprünglich theoretisch wollte, sondern als das, was sie tatsächlich als historische Realität geworden ist, so müssen wir sagen, daß sie einen Rückfall in die beiden anderen monotheistischen Bekenntnisse vorstellt: sie wurde im Luthertum mosaischer Moralismus, im Puritanertum mohammedanischer Imperialismus und bedeutet somit in ihren beiden Hauptformen die völlige Umkehrung und Verneinung des ursprünglichen Sinnes der Verkündigung Christi. Denn diese will gar nichts »reformieren«: ein so platter Begriff hat in ihr gar keinen Raum. Die Reformation ist nichts als ein tief irreligiöser Versuch, Religion zu erneuern. Wir müssen jedoch hinzufügen, daß sie hierin nur dem Zuge der Zeit folgte: sie konnte gar nicht anders, als sich von der Religion wegbewegen; auch die »Gegenreformation« ist ja nichts als ein Versuch, die Welt ganz mit demselben Apparat, den der Protestantismus anwendete, wieder katholisch zu machen. Die »heidnische« Renaissance, die Reformation und die Gegenreformation haben dieselbe Wurzel: sie führen alle drei von Gott weg.

Das heilige Nichtstun — Die Heiligung des irdischen Daseins, die die Reformation vollzog, war in ihrer Art zweifellos eine Befreiungstat; aber sie war doch auch ebensosehr eine Entheiligung, Trivialisierung, Entleerung. Der Alltag, in Bausch und Bogen göttlich gesprochen, läßt nun für jenen edlen und sublimen, ja heroischen Dualismus, der der Sinn des Mittelalters war, keinen Raum mehr. Und es besteht die Gefahr, daß eine solche Religiosität, wenn man von ihr die starke persönliche Frömmigkeit ihres Begründers abzieht, ins Philisterium mündet, zur Lieblingskonfession des Bourgeois wird, der im Namen Gottes und ihm zum Wohlgefallen Kohl baut, Kinder zeugt und Bilanz macht.

Die große Wahrheit, daß Staat und Wirtschaft, Beruf und Erwerb, Gesellschaft und Familie unheilige Dinge sind, droht zu entschwinden; und sie verschwand auch in der Tat.

Es gibt eine alte jüdische Sage, die aber nicht in der Bibel steht, wonach nicht bloß Kain den Unwillen Gottes erregte, sondern auch sein Bruder Habel, »denn er schaute die Herrlichkeit Gottes mehr, als statthaft war«: in müßiger Betrachtung. Es ist begreiflich, daß der Judengott das nicht gerne sah, im Grunde aber war Habel der erste Dichter und zugleich der erste homo religiosus. Wie jedoch der Christengott über die Frage dachte, was besser sei: Schaffen oder Schauen, Arbeiten oder Nichtstun, darüber gibt uns die Geschichte von Martha und Maria die deutlichste Antwort: Maria setzte sich zu den Füßen des Herrn und hörte auf seine Rede, Martha aber wurde abgezogen durch mancherlei Dienstleistung. Und sie sprach zum Heiland: »Herr, fragst du nicht danach, daß meine Schwester mich allein dienen läßt? Sage ihr doch, daß sie es mit mir angreife.« Der Herr aber antwortete: »Martha, Martha, du hast viele Sorge und Mühe. Weniges aber tut not oder vielmehr eines. Denn Maria hat das gute Teil erwählt, das darum nicht von ihr genommen werden soll.«

Alle Arbeit hat den großen Nachteil, daß sie den Menschen ablenkt, zerteilt, von sich selbst entfernt. Und daher kommt es, daß alle Heiligen, alle Religionsstifter, alle Menschen, die in größerer Nähe zu Gott lebten, sich in die Einsamkeit zurückzuziehen pflegten. Was taten sie dort? Nichts. Aber dieses Nichtstun enthielt mehr Leben und innere Aktivität als alles Tun aller anderen. Der größte Mensch wird immer der sein, der ein Spiegel zu sein vermag: kein zitternder, getrübter, ewig bewegter, sondern ein klarer, reiner, ruhender Spiegel, der alles göttliche Licht in sich einsaugen kann. Selig sind die Müßigen, denn sie werden die Herrlichkeit Gottes schauen; selig sind die Stunden der Untätigkeit, denn in ihnen arbeitet unsere Seele.

SIEBENTES KAPITEL

Die Bartholomäusnacht

*Die Wahrheit ist: wir sollen elend sein,
und sind's. Dabei ist die Hauptquelle der
ernstlichsten Übel, die den Menschen treffen,
der Mensch selbst: homo homini lupus. Wer
dies letztere recht ins Auge faßt, erblickt
die Welt als eine Hölle, welche die des
Dante dadurch übertrifft, daß einer der
Teufel des andern sein muß.*

Schopenhauer

Die   Wir nähern uns jetzt dem schwärzesten Abschnitt der euro-
Erdhölle päischen Neuzeit. Es ist die Periode von der Mitte des sechzehnten Jahrhunderts bis in den Dreißigjährigen Krieg hinein:
die Zeit der sogenannten Religionskämpfe, eine fast hundert-
jährige Bartholomäusnacht. Stehen Christentum und Krieg
schon an sich in einem unauflöslichen Widerspruch, so hat
diese schauerliche Paradoxie, die die gesamte Geschichte der
christlichen Völker befleckt, damals insofern ihre grimassen-
hafteste Höhe erreicht, als jene miteinander kämpfenden Christen an Hinterlist, Grausamkeit und schamloser Verhöhnung
aller göttlichen und menschlichen Sittengesetze alles übertrafen, was jemals von Tataren und Türken, Hunnen und Hotten-
totten begangen worden ist. Denn in diesen waltete bloß ein
blind tierischer Zerstörungstrieb, während es sich bei den Christen des Zeitalters der Gegenreformation um ein mit höchstem
geistigen Raffinement und vollendeter Kunst der Infamie aus-
gebautes System handelte. Drei Menschenalter lang fand in den
entwickeltsten und zivilisiertesten Ländern Europas ein Wett-

408

rennen der Unmenschlichkeit statt, ein Schwelgen in erbarmungsloser Rachsucht, tückischer Bosheit und allen jenen teuflischen Trieben, um deren Vertilgung der Heiland das Kreuz auf sich genommen hatte.

Es muß jedoch gesagt werden, daß von diesen beiden schwarzen Parteien die Katholiken zweifellos die schwärzere waren. Wir hatten im vorigen Kapitel Gelegenheit, den Protestantismus in seinen Schwächen und Beschränktheiten kennenzulernen, und sind zu dem Resultat gelangt, daß er keineswegs, wie dies so oft mit größter Selbstverständlichkeit angenommen wird, als die unbedingt höhere und vorgeschrittenere Form des christlichen Glaubens anzusehen ist, ja daß er in vielem geradezu einen Rückschritt, eine Verflachung, Materialisierung und Entfernung vom Ursinn der Lehre Christi bedeutet. In der Periode der anbrechenden Gegenreformation verhielt es sich jedoch umgekehrt: Vernunft, Moral, Gewissen, Freiheit, Aufklärung befanden sich auf der Seite der Häretiker. Doch ist dies nur relativ zu verstehen: von wirklicher Sittlichkeit, geistiger Souveränität, Verantwortlichkeitsempfindung oder gar Denkfreiheit kann auf keiner der beiden Seiten die Rede sein.

Es ist ja Politik niemals von Lüge, Schmutz, Brutalität und Selbstsucht zu trennen; aber in jenem Zeitraum hatte die politische Verruchtheit einen ihrer erschreckendsten Kulminationsgrade erreicht. Überall: in Spanien, in Italien, in Frankreich, in England, in Schottland erblicken wir wahre Musterexemplare von hartgesottenen Schurken an der Spitze der öffentlichen Geschäfte, fühllose Massenmörder von der Wildheit des Urmenschen und zugleich von einer eiskalten Berechnung, die sie tief unter das Niveau des Urmenschen herabdrückt. Alba ist nur der zusammenfassende Typus für Hunderte von ähnlichen moralischen Mißgeburten, die damals wie eine plötzlich emporgeschossene Giftflora den europäischen Boden verseuchten. Selbst in dem vielgerühmten England der Elisabeth wimmelte es auf den Höhen der Gesellschaft von scheinheiligen gierigen Banditen, die vor keinem Verbrechen zurückschreckten, wenn es ihrem Machthunger oder ihrer Habsucht Befriedigung versprach. Die Kirchenspaltung hatte eben im wesentlichen nur negative Resultate gezeitigt: sie hatte bloß den Glauben an die Autorität der göttlichen Normen zerstört, und eine neue, auf profane Erwägungen der natürlichen Einsicht und Billigkeit gegründete Ethik, die die mittelalterliche hätte ersetzen können, dämmerte erst in einigen wenigen erleuchteten Köpfen.

Der Gegenstoß
Erst seit dem Augsburger Religionsfrieden vom Jahr 1555, der seinen Namen sehr mit Unrecht trug, beginnt der religiöse Fanatismus in beiden Lagern seine volle verheerende Kraft zu entfalten. In der Tat enthielten die Bestimmungen dieses Vertrages die Keime zu den größten Zwistigkeiten und Verwirrungen. Die Formel »*cuius regio, eius religio*«, die die freie Wahl der Landeskonfession den Obrigkeiten einräumte, aber nur diesen, bedeutete eine empörende Vergewaltigung der Gewissensfreiheit aller Untertanen; das berühmte *reservatum ecclesiasticum*, das verfügte, daß geistliche Reichsstände, wenn sie zum Protestantismus übertreten, Amt, Gebiet und Einkünfte verlieren sollen, führte sogleich nach seiner Verkündigung zu erbitterten Diskussionen und Gegendeklarationen; und die Calvinisten waren in den Ausgleich überhaupt nicht einbezogen: es gab also jetzt *drei* offizielle Religionsparteien, die sich untereinander aufs heftigste bekämpften.

Der Reformismus war im Norden: in Dänemark, Schweden und Norwegen, in England, Schottland und Holland, in Norddeutschland und dem deutschen Ordensgebiet schon so gut wie Staatsreligion, er war aber auch schon im deutschen Westen und in den österreichischen Erbländern, in Polen und Ungarn, in Bayern und Böhmen öffentlich oder heimlich die herrschende Glaubensform, und alle Anzeichen sprachen dafür, daß er auch in Frankreich und in Italien zum Siege gelangen werde. Es gab

überall, selbst in den Bistümern, im Kirchenstaat und im erz-
klerikalen Spanien, kleine Gruppen von feurigen Protestanten;
aber es gab nirgends, auch nicht in den papsttreuesten Ländern,
etwas anderes als lahme Katholiken. Die Reformation ganz Europas schien nur eine Frage der Zeit.

Aber gerade in diesem Augenblick setzt die Gegenreformation ein. Bis dahin war die römische Kirche in Religionsdingen
entweder völlig indifferent oder selbst reformatorisch gesinnt
oder rein politisch orientiert gewesen: es war für die Kurie viel
wichtiger, daß das Haus Habsburg nicht übermächtig werde,
als daß irgendeine kleine Häresie sich ausbreite, von der man
glaubte, daß sie sich, wie alle bisherigen, leicht ersticken oder
assimilieren lassen werde, und so konnte man sogar einige Male
das sonderbare Schauspiel beobachten, daß der Papst die protestantische Bewegung, die ja nicht bloß in religiöser, sondern
auch in politischer Hinsicht eine zentrifugale war, gegen den
Kaiser unterstützte. Nun aber begann man die ungeheure Gefahr zu erkennen. Und es zeigte sich, daß Rom noch immer das
stärkste Kraftzentrum Europas war.

Das System, das die katholische Kirche zur Eindämmung der
Reformationsbewegung ergriff, war sehr klug und einsichtsvoll
erdacht, aber sehr heikel und kompliziert zu handhaben und erforderte daher Personen von ungewöhnlichem Takt, Weltblick
und Menschenurteil, die sich aber bald zur Verfügung stellen
sollten. Es bestand darin, daß man einerseits die Glaubensnor-
men mit einer bisher noch nicht angewandten Schärfe formulierte, um dadurch jede Möglichkeit eines gradweisen Übergangs
zur Häresie abzuschneiden, und daß man anderseits innerhalb
dieser Normen die größte Schmiegsamkeit, Laxheit und Modernität gewährte, so daß auch freiere Regungen und zeitgemäße
Forderungen ihre Befriedigung finden konnten.

Der klaren dogmatischen Abgrenzung dienten zunächst die *Das Tri-*
Beschlüsse des Konzils von Trient. Diese stellten vor allem fest, *dentinum*

daß das alleinige Recht der Schriftauslegung der Kirche zukomme: damit war die Pfahlwurzel aller Häresie, das lutherische Laienchristentum, beseitigt. In der sehr diffizilen Frage nach der Rechtfertigung bezogen sie eine Mittelstellung zwischen Augustinismus und Semipelagianismus: die guten Werke sind nötig, werden aber erst durch die Gnade Gottes zu verdienstlichen gemacht. In der Sakramentslehre hielten sie starr an den sieben Sakramenten fest, die alle von Christus selbst eingesetzt worden seien: hier Konzessionen zu machen wäre gefährlich gewesen; ebenso bewahrten sie in der Frage der Messe und Transsubstantiation den streng orthodoxen Standpunkt. Am Ablaß werden die Mißbräuche eingeräumt und gerügt, die erlösenden Wirkungen aber aufs neue bekräftigt. Im ganzen bedeutet das Tridentinum weniger eine erschöpfende Kodifizierung der katholischen Lehren als eine genaue Grenzberichtigung gegen die neuen Häresien, besonders gegen das Luthertum: es ist eindeutig nur in der Verwerfung, hingegen in den positiven Feststellungen, und zwar offenbar mit Absicht, schwankend, doppelbödig, lückenhaft, dehnbar. Hierdurch kam in den Katholizismus einerseits ein Einschlag von Willkürlichkeit und Spitzfindigkeit, Pseudomoralität und Verweltlichung, anderseits aber auch ein Element von Liberalität und Biegsamkeit, Weltläufigkeit und Weltfreundlichkeit, das ihm bisher in diesem Maße nicht eigen war.

Paneuropäische Intoleranz
Jedenfalls war durch die Strenge, mit der nunmehr die Linie zwischen Rechtgläubigkeit und Heterodoxie gezogen war, das Signal zur Entfaltung eines militanten, aggressiven, wiedereroberenden Papismus gegeben; und in der Tat datiert von jenem Zeitpunkt das Erwachen einer paneuropäischen Intoleranz von einer Gehässigkeit und Exklusivität, wie sie in der ersten Hälfte des Jahrhunderts nur vereinzelt zu beobachten war. Doch war das Tridentinum nicht die Ursache, sondern nur eines der zahlreichen Symptome dieser Generalpsychose, die sich auch auf die Angehörigen sämtlicher übrigen Konfessionen erstreckte.

Was die Calvinisten anlangt, so waren sie durch ihre extreme
Prädestinationslehre, die die ganze Menschheit in Erwählte und
Verdammte schied, geradezu gezwungen, jedem Andersgläubi-
gen die Lebensberechtigung abzusprechen. Aber auch die Lutheraner waren eifrig bemüht, ein System der starrsten Unduldsamkeit zu entwickeln. Ihre dogmatischen Streitigkeiten waren
um so absurder, als sie ein festes Dogma überhaupt nicht besaßen und nach der ganzen Natur ihrer Konfession gar nicht besitzen konnten. Melanchthons letzte Worte sollen gewesen sein,
er sei glücklich, daß er von der *rabies theologorum* erlöst sei.
Und in der Tat hatten sich bereits zu seinen Lebzeiten die Protestanten in die rechtgläubigen Lutheraner und die Melan-
chthonianer gespalten. In Kursachsen wurden diese *Philippi-*
sten, wie sie sich nach Melanchthons Vornamen nannten, als
heimliche Calvinisten, »Kryptocalvinisten«, verfolgt, aus ihren
Ämtern vertrieben, nicht selten verbannt oder eingekerkert.
Zur alleinigen Glaubensrichtschnur wurde die »Konkordien-
formel« erhoben, eine Zusammenstellung von antiphilippisti-
schen Sätzen, die aber niemand befriedigten und nur Anlaß zu
neuen albernen Zänkereien gaben, weshalb man ihr den Spottnamen »Zwietrachtsformel« gab. In der Kurpfalz dagegen
wurde im »Heidelberger Kathechismus« der Calvinismus aufgerichtet und jeder Prediger, der ihn nicht annehmen wollte, aus
dem Lande gewiesen. Aber auch in Kursachsen hatte das Luthertum keinen Bestand: ein Thronwechsel brachte die Konkor-
dienformel zu Fall, und durch den Kanzler Nikolaus Crell gelangte der Philippismus zur Herrschaft. Der nächstfolgende
Regent bevorzugte aber wieder die lutherische Bekenntnisform,
Crell wurde gefangengesetzt und nach einem jahrelangen Intri-
genspiel seiner Feinde, die sogar zu den Katholiken ihre Zuflucht nahmen, enthauptet. In der Kurpfalz spielte sich ein solcher offizieller Religionswechsel sogar viermal ab, natürlich
unter steten Schikanen und Gewaltmaßregeln gegen alle An-

dersgesinnten. Kurz: es war nicht verwunderlich, daß einsichtige Zeitgenossen behaupteten, durch die Reformation sei eine ärgere Glaubenstyrannei in die Welt gekommen, als sie je unter dem Papsttum bestanden habe.

Von Polen aus gewann der von Lälius und Faustus Sozzini begründete und im Rakower Katechismus kodifizierte *Sozinianismus* einige Verbreitung. Er ist dezidiert antitrinitarisch, weshalb seine Anhänger sich auch Unitarier nannten. Sie lehrten, Christus habe sich nicht für die Sünden der Welt geopfert, sondern nur eine neue Lehre gegeben und ein sittliches Vorbild aufgerichtet. Nur der Vater Jesu Christi galt ihnen als Gott; er habe aber seinen Sohn nach dessen Tode wegen seiner Reinheit und seines Gehorsams zu göttlicher Würde erhoben, und darum sei man berechtigt, ja verpflichtet, beide anzubeten. Taufe und Abendmahl erklärten sie für nützliche, aber nicht absolut notwendige Einrichtungen. Die traditionelle Rechtfertigungslehre widerlegte der ältere Sozzini durch eine scharfsinnige, aber etwas oberflächliche Beweisführung, die seither oft wiederholt worden ist: Christus könne nicht als Repräsentant der ganzen Menschheit gelitten haben, da man andere nur zu vertreten vermöge, wenn man von ihnen eine Vollmacht besitze, eine solche Vollmacht aber konnten die kommenden Geschlechter dem Heiland unmöglich ausstellen; außerdem seien nur Geldschulden übertragbar, aber nicht moralische Verschuldungen und Strafen. Diese rein juristische Deduktion hat unter anderen der berühmte Rechtsgelehrte Hugo Grotius übernommen, obgleich sie ganz unstichhaltig ist, da sie sich ja auf einer ganz anderen Ebene bewegt als die theologische. Es zeigen sich aber schon in der bloßen Möglichkeit einer solchen Argumentation die übeln Folgen jener Rationalisierung des Satisfaktionsbegriffs, die Paulus teils nach römisch-strafrechtlichen, teils nach talmudisch-dialektischen Analogien seinerzeit vorgenommen hatte und auf deren Schwächen wir bereits hingewiesen haben.

Mit den Sozinianern und Grotius berührten sich die *Arminianer* und Remonstranten in Holland, gegen die sich die *Gomarianer* oder Kontraremonstranten erhoben. Der Streit ging in erster Linie um die Prädestination, von der Jakob Arminius und seine Anhänger erklärten, daß sie sich auf den Glauben beziehe, indem Gott in seiner Allwissenheit bei jedem einzelnen vorhergesehen habe, ob er den Glauben besitzen werde oder nicht, während die Gomarianer im Anschluß an Franz Gomarus behaupteten, daß die Erwählung das Primäre, der Glaube nur deren Wirkung sei. Welche unüberbrückbare Kluft zwischen diesen beiden Auffassungen bestehen soll, ist für einen Vollsinnigen unersichtlich; aber wegen dieser läppischen Kontroverse wurden Tausende grausam verfolgt, der ausgezeichnete Staatsmann Oldenbarneveldt hingerichtet und Grotius zu lebenslänglichem Kerker verurteilt, dem er jedoch glücklich entkam. Solche Formen nahmen die theologischen Zwistigkeiten selbst in den Niederlanden an, die damals mit Recht als das freieste Land Europas gerühmt wurden.

Auch in England hat die Reformation bewirkt, daß aus einer Kirche drei wurden. Als Heinrich der Achte sich vom Papst lossagte (teils um die Kirchengüter zu rauben, teils um sich unbehelligt seinen sadistischen Blaubartpassionen hingeben zu können), beließ er die hierarchische Gliederung und fast alle Dogmen und Einrichtungen der katholischen Kirche und änderte bloß die Spitze, indem er sich an die Stelle des Papstes setzte und von allen Geistlichen den Suprematseid forderte, durch den sie ihn als höchstes Oberhaupt anerkennen mußten. Hieraus entwickelte sich die merkwürdige Form der sogenannten anglikanischen Kirche oder *Hochkirche*: ein Luthertum mit Prälaten und Bischöfen, Ohrenbeichte und Zölibat, ein Katholizismus ohne Papst und Peterspfennig, Orden und Klöster. Und es lag in der Natur einer so absurden und frivolen Reform, daß jeder, der eine wirkliche religiöse Überzeugung besaß, sich

Der Anglikanismus

damit der Verfolgung aussetzen mußte. War er ein gläubiger Katholik, der dem Papst anhing und die späteren Vermählungen des Königs als Ehebruch ansah, so wurde er als Hochverräter enthauptet; war er ein ehrlicher Protestant, der das Zeremonienwesen verwarf und die Priesterehe für erlaubt hielt, so wurde er als Kirchenschänder gehängt; war er ein strenger Calvinist, der die Brotverwandlung leugnete, so wurde er als Ketzer verbrannt. Die willkürliche Zwitterschöpfung der *high church* hat denn auch die Wirkung gehabt, daß in den Gebieten der englischen Krone nicht nur der Katholizismus sich mit besonderer Hartnäckigkeit behauptete, so vor allem in Irland, sondern auch die evangelische Lehre eine große Reinheit bewahrte, wie dies die *Puritaner* schon durch ihren Namen anzeigten: ihr Hauptverbreitungsgebiet war Schottland, wo ihr ebenso rabiater wie sittenstrenger Anführer John Knox eine Kirche gründete, die lediglich auf dem Prinzip der Leitung durch die Gemeindeältesten, die Presbyter, aufgebaut war, weshalb sie sich gleichzeitig *Presbyterianer* nannten; später hießen sie wegen ihres Gegensatzes zur offiziellen Kirche auch *Dissenters* oder *Nonkonformisten*, wegen des Bündnisses, das sie zum Schutz ihrer Konfession geschlossen hatten, *Covenanters* und wegen der völligen staatlichen und kirchlichen Unabhängigkeit, die sie für jede ihrer einzelnen Gemeinden beanspruchten, *Independenten*: diese letztere Bezeichnung wird jedoch im allgemeinen nur auf eine besonders radikale Gruppe innerhalb des Puritanismus angewendet.

Das Naturrecht Kurz: ganz Europa wird ein riesiges Schlachtfeld sich bekämpfender Kirchenparteien. In diesem Zeitraum verschlingt das religiöse oder, richtiger gesagt, das theologische Interesse jede andere Art von Gemeinschaftsgefühl: ein Zustand, den Macaulay sehr treffend in den Worten zusammenfaßt: »Die physischen Grenzen wurden durch moralische verdrängt.« Die politische Stellungnahme jedes einzelnen wurde nicht durch seine Staatszugehörigkeit, nicht durch Rasse, Sprache oder Familienbande, sondern lediglich durch sein Glaubensbekenntnis bedingt. Die Guisen und ihre Anhänger handelten als französische Landesverräter, indem sie mit Spanien konspirierten; die Hugenotten handelten ebenfalls als Landesverräter, indem sie heimlich mit Deutschland verhandelten. Die schottischen Katholiken suchten bei Frankreich Hilfe; die reformierten Provinzen der spanischen Niederlande riefen die Engländer ins Land. Die papistischen Untertanen der Königin Elisabeth wünschten den Sieg der spanischen Armada; die puritanischen Untertanen der Maria Stuart erhofften eine englische Invasion. Die deutschen Protestanten überließen die lothringischen Bistümer dem französischen Erbfeind; die französischen Protestanten zedierten Havre dem englischen Erbfeind. Im Zusammenhang hiermit stehen auch die ganz neuartigen Staatstheorien, die damals aufkamen. Ihre Hauptvertreter sind Jean *Bodin*, Johannes *Althusius* und der bereits erwähnte Hugo *Grotius*. Dieser ist der Begründer der Anschauung vom sogenannten »Naturrecht«, die während des ganzen siebzehnten und achtzehnten Jahrhunderts in Europa geherrscht hat. Recht und Staat beruhen nach ihr nicht auf unmittelbarer Einsetzung Gottes, sondern sind Menschenwerk, hervorgegangen aus unserer vernünftigen Naturanlage, unserem Selbsterhaltungstrieb und unserer Neigung zu geselligem Zusammenschluß. Auf dieselbe Weise denkt sich Althusius die Entstehung des Staates: zuerst war die Familie, aus dieser wurde der Stamm, später bildeten sich Gemeinden, aus diesen Provinzen, und schließlich kam es zum Staat; dieser besteht also nicht aus einer Summe von Individuen, sondern aus einer Summe von Korporationen, und infolgedessen kann die höchste Macht im Staate nur den Korporationen zustehen, dem gegliederten Volke, den Ständen: dies ist die berühmte Doktrin von der »Volkssouveränität«, deren Wirkungen ungeheuer waren. Aber auch Bodin,

417

der noch ein Anhänger der absoluten Monarchie war, erklärte, die Souveränität des Fürsten finde ihre Schranke an der Religion und Moral. Gerade dies ist aber der springende Punkt, die zeitgemäße Pointe aller dieser Theorien, und hier setzte die Schule der »Monarchomachen«, der Fürstenbekämpfer, ein, die den Grundsatz vertraten, daß jeglicher staatliche Eingriff in die Religion der Untertanen unerlaubt sei: das Prinzip »*cuius regio, eius religio*« sei sowohl ungesetzlich wie unsittlich. Der Herrscher habe seine Gewalt lediglich vom Volke, das sie ihm durch einen Kontrakt übertragen habe: dies ist die sogenannte »Kommissionstheorie«. Überschreitet er seine Befugnisse, insbesondere durch Vergewaltigung der Gewissensfreiheit seiner Untertanen, so kann der Vertrag jederzeit wieder rückgängig gemacht werden: das Volk habe in diesem Falle das *ius resistendi,* das Recht des Widerstandes, es dürfe den Tyrannen absetzen und, wenn er nicht freiwillig weiche, sogar töten. Die Praktiker dieser Theorie waren Jakob Clément, der Heinrich den Dritten niederstieß, Franz Ravaillac, der Heinrich den Vierten erdolchte, Balthasar Gérard, der Wilhelm von Oranien erschoß, Johann Savage und Anton Babington, die ein weitverzweigtes Komplott gegen das Leben der Königin Elisabeth anzettelten, und die Londoner Pulververschwörer, die beinahe Jakob den Ersten, seine Familie und das ganze Parlament in die Luft gesprengt hätten. Es verdient hervorgehoben zu werden, daß alle Genannten fanatische Katholiken waren.

Die Armee Jesu Man hat nicht selten die Jesuiten beschuldigt, zu diesen und zahlreichen anderen Untaten die Anregung gegeben zu haben, und in der Tat waren ihre Lehren geeignet, über die Erlaubtheit des politischen Mordes zumindest Mißverständnisse entstehen zu lassen. Ehe die Pulververschwörer ihre Anstalten trafen, erbaten sie sich das Gutachten eines höheren Jesuiten; die Antwort lautete: Bei einem so unzweifelhaft guten Zweck sei es verzeihlich, wenn auch einige »Unschuldige« ums Leben kämen.

Doch lagen derartige Auffassungen im Geist der Zeit. Jakob Clément war Dominikaner; und auch diesem erklärte sein Oberer auf die Frage, ob es eine Todsünde sei, wenn ein Priester einen Tyrannen töte, in diesem Falle handle der Priester bloß »unregelmäßig«. Aber auch die hugenottischen Prediger, denen Poltrot de Meré, der Mörder des Herzogs Franz von Guise, vorher seine Absicht enthüllte, beschränkten sich darauf, ihm zu bedenken zu geben, ob er nicht das Heil seiner Seele aufs Spiel setze.

Der Jesuitenorden ist eine der merkwürdigsten Schöpfungen der Weltgeschichte: er vereinigte in sich alle Widersprüche jener gewalttätigen und geistreichen, bigotten und verbrecherischen Übergangszeit, die ihn geboren hat und der er ihr Gesicht gegeben hat. Sein Begründer Ignatius von Loyola ist eigentlich, ganz ähnlich wie sein großer Gegenspieler Luther, eine Erscheinung, die noch vom Mittelalter herkommt, eine Mischung aus einem kühnen Ritter und einem verzückten Heiligen. Sein Grundwesen war verstiegene weltfremde Träumerei; aber gerade dadurch hat er halb Europa erobert: seine ekstatischen Phantasien waren stärker als die Realität, sie haben die Wirklichkeit vergewaltigt. Die Zentralidee, von der sein ganzes Leben beherrscht war, bestand in nichts anderem als in der Überzeugung, daß der Geist souverän sei und unsere Physis ein bloßes Instrument, auf dem er, wenn er die nötige Willenskraft und Selbstzucht besitze, nach Belieben spielen könne, ja daß er die ganze Welt nach seinem Ebenbild zu formen vermöge, wenn er nur ernstlich dazu entschlossen sei, kurz: daß die Seele stärker sei als die Materie. Loyola begann seine Laufbahn als schöner amouröser Hofmann und glorioser todesmutiger Offizier. Bei der Belagerung von Pampelona zerschmetterte ihm während eines tollkühnen Kampfes ein großer Stein den linken Fuß und brach ihm beide Beine. Ein ungeschickter Wundarzt setzte ihm das eine Bein so schlecht ein, daß es noch einmal gebrochen werden mußte. Aber es blieb noch immer verkürzt, und er war gezwungen, monatelang schwere dehnende Gewichte daran zu tragen. Unter diesen Schmerzen erwuchsen in ihm die Sehnsucht und der Entschluß, zum Märtyrer der katholischen Kirche zu werden. Als er einigermaßen geheilt war, machte er sich auf die Pilgerfahrt nach Jerusalem. Das Reisegeld, das ihm sein Bruder gab, verteilte er unter die Armen. Auf dem Schiff hielt er Bußpredigten, von den rohen Matrosen verhöhnt. Dreimal des Tages geißelte er sich, sieben Stunden verbrachte er im Gebet, seine Nahrung waren Wasser und Brot, seine Lagerstatt der nackte Boden. Zurückgekehrt hielt er in Spanien Wanderpredigten, die den größten Zulauf hatten. Bald jedoch erkannte er, daß zur Leitung der Menschen auch Wissen nötig sei: so erlernte er noch in seinem dreiunddreißigsten Lebensjahr unter großen Mühen das Lateinische und bezog dann die Universität in Alcala. Aus einer frommen Studentenverbindung entstanden die ersten Anfänge der *Compañia de Jesus,* die der Papst im Jahr 1540 feierlich bestätigte.

Schon der Name besagte, daß es sich um eine Organisation handelte, die nach militärischen Analogien gebildet war. An der Spitze stand der Ordensgeneral, der niemandem verantwortlich war als dem Papst, ihm waren die Provinzialgenerale untergeordnet, und von diesen führten zahlreiche Stufen bis zum gemeinen Soldaten hinab. Von besonderer Bedeutung war es, daß ein striktes Verbot die Jesuiten von allen geistlichen Ämtern und Würden ausschloß: hierdurch wurden ihre Kräfte gänzlich auf den Dienst des Ordens konzentriert. Das Hauptgelübde, das sie ablegen mußten, war das des Gehorsams: »Wie bei den Weltkörpern«, hieß es in ihrer Instruktion, »nach einem ewigen Gesetze der untere Kreis in seiner Bewegung dem höheren folgt, so muß das dienende Organ vom Wink des Oberen abhängig sein.« Das Prinzip der Subordination wurde von ihnen mit derselben Strenge und Ausnahmslosigkeit gehandhabt wie bei einer Armee: sie waren angehalten, die blinde Unterwürfigkeit unter die Vorgesetzten bis zu jenem Grade zu schulen und zu betätigen, wo der Mensch »gleich einem Stück Holz oder Fleisch« werde: dies ist der berühmte jesuitische »Kadavergehorsam«. Zur Stählung für diese und ähnliche Belastungsproben der Willenskraft dienten die von Loyola ersonnenen *exercitia spiritualia militaria,* jene kunstvolle Anleitung zur Beherrschung und Dirigierung der Gelüste und Affekte und sogar der Vorstellungen und Gedächtnisbilder, die Karl Ludwig Schleich nicht ganz mit Unrecht mit dem preußischen Drill verglichen hat, obgleich es sich hier um etwas viel Geistigeres handelt.

Auf der anderen Seite aber zeigte dieser Orden, der alle seine Glieder zu unpersönlichen uniformen Werkzeugen machte, eine bewundernswürdige Fähigkeit, die Aufgaben jedes einzelnen nach seinen natürlichen Anlagen zu individualisieren und ihn immer an den Platz zu stellen, wo er am meisten Nutzen stiften und seine Kräfte und Neigungen am reichsten entfalten konnte. Diese virtuose Technik der Menschenverwendung ist der Grund, warum über die Jesuiten zu allen Zeiten so verschiedenartige Urteile gefällt worden sind. Die Wahrheit ist, daß alle richtig sind, denn der Jesuit war kein eindeutiges Phänomen, sondern so vielfältig, verwandlungsfähig und tausendgestaltig wie die menschliche Natur. Die Jesuiten haben viel Verderbliches und viel Wohltätiges, viel Edles und viel Böses vollbracht; aber alles, was sie taten, haben sie so gut gemacht, als es überhaupt möglich war. Sie waren die glänzendsten Kavaliere und die strengsten Asketen, die aufopferndsten Missionare und die gerissensten Kaufleute, die ergebensten Dienstboten und die gewiegtesten Staatslenker, die weisesten Seelsorger und die geschmackvollsten Theaterregisseure, die tüchtigsten Ärzte und die geschicktesten Mörder. Sie erbauten Kirchen und Fabriken, leiteten Wallfahrten und Komplotte, vermehrten die Lehrsätze der Mathematik und der Dogmatik, unterdrückten die freie

Die Ubiquität des Jesuitismus

Forschung und machten selber eine Reihe wichtiger Entdeckungen, verbreiteten in einigen ihrer Schriften die christliche Lehre in ihrer höchsten Reinheit und gestatteten den Indern, ihre Götter weiter unter dem Namen Christi anzubeten, retteten die Indianer in Paraguay vor der Roheit und Vernichtungswut der Spanier und reizten die Pariser zum Massenmord der Bartholomäusnacht. Sie waren im vollsten Sinne des Wortes zu allem fähig. Noch unheimlicher und unwiderstehlicher aber als durch diese proteische Gabe wurden sie durch ihre mysteriöse Ubiquität. Sie waren buchstäblich überall. Man konnte von niemandem mit voller Bestimmtheit wissen, ob er nicht ein Jesuit oder doch unter jesuitischem Einfluß sei. Kein Platz auf Erden war ihnen zu hoch, keiner zu niedrig. Man konnte ihre Spuren in den schmutzigsten Hütten ebensogut finden wie in den Geheimkabinetten der Fürsten, und selbst in China und Japan gab es Jesuitenmissionen. Vor allem aber verstanden sie es, sich der drei stärksten geistigen Machtmittel der Zeit zu bemächtigen: der Kanzel, des Beichtstuhls und der Schule. Ihre Predigten wußten Würde mit Gefälligkeit, Ernst mit Aktualität zu verbinden; ihre Unterrichtsbücher übertrafen alle anderen an Klarheit, Anschaulichkeit und Lebendigkeit. Ihre Schulen waren in der ganzen Welt berühmt: nirgends fanden sich so verständige und geduldige, kenntnisreiche und anregende Pädagogen; auch an den Universitäten waren sie in den verschiedenartigsten Fächern durch bedeutende Lehrkräfte vertreten. »Wenn ich sehe«, sagte Bacon, »was dieser Orden in der Erziehung leistet, in der Ausbildung sowohl der Gelehrsamkeit als des Charakters, so fällt mir ein, was Agesilaus von Barnabazus sagte: Da du so bist, wie du bist, so wünschte ich, du wärest der unsrige.« Und als Beichtväter zeigten sie erst recht ihre vollendete Fähigkeit, allen Wünschen und Bedürfnissen gerecht zu werden. Sie konnten fromm und sittenstreng sein, wenn es das Beichtkind so haben wollte, und sie konnten mit alles verstehendem Verzeihen über die schwersten Verge- hen hinweggehen, wenn es ihnen nur so möglich war, sich in der einflußreichen Stellung des Gewissensrates zu behaupten.

Aus ihrer Beichtpraxis entsprang jenes System des Vertu- schens, Glättens, Abblendens und Zurechtbiegens, das unter dem Namen Jesuitismus eine wenig ehrenvolle Berühmtheit er- langt hat. Der Satz vom Zweck, der die Mittel heiligt, findet sich zwar in den Schriften der Jesuiten nicht, aber sie lehrten doch vieles, was diesem Prinzip sehr bedenklich in die Nähe kommt. Schon in ihrem ersten Ordensstatut findet sich die An- weisung, kein Mitglied könne zu Handlungen verhalten wer- den, die eine Todsünde in sich schließen; aber mit dem Zusatz: »Es sei denn, daß der Obere es im Namen Jesu Christi be- fiehlt«, wodurch der Vordersatz für die Praxis so gut wie auf- gehoben erscheint. Und durch die Doktrin, daß bei jeder Handlung nur die *intentio* maßgebend sei und daher auch un- erlaubte Taten zu rechtfertigen seien, wenn sie in guter Absicht geschehen, wurde ebenso wie durch den berüchtigten »gehei- men Vorbehalt«, der bei Schwüren, Zeugenaussagen und Ver- sprechungen für zulässig erklärt wurde, der Boden für jenes Allerweltschristentum der Skrupellosigkeit und Sophisterei bereitet, das im Probabilismus gipfelt, der Lehre, wonach man alles tun darf, wenn es sich durch »probable« Gründe emp- fiehlt. Und dazu haben die Jesuiten noch unglücklicherweise in dem tiefsten Denker und glänzendsten Schriftsteller der Ba- rocke, Pascal, einen Gegner gefunden, der in seinen *Lettres pro- vinciales,* einem Meisterwerk schöpferischer Ironie, mit ver- nichtender Schärfe und Vollständigkeit alles zusammenfaßte, was sich gegen ihr System vorbringen läßt. Alles in allem ge- nommen, wird kein objektiver Beurteiler leugnen dürfen, daß der Jesuitismus von der edelsten und selbstvergessensten Hin- gebung an eine große Idee geschaffen und getragen worden ist; aber es lebte von allem Anfang an ein Giftkeim in ihm, tödlich für seine Feinde, aber auch tödlich für ihn: er hatte vergessen, daß man niemals und nirgends lügen darf, auch nicht »zur Ehre Gottes«, ja da am allerwenigsten.

Philipp der Zweite Während die Jesuiten in ganz Europa einen unterirdischen Minenkrieg gegen die Reformation führten, trat ihr Philipp der Zweite mit offener brutaler Gewalt entgegen. Es läßt sich die Frage aufwerfen, ob dieser Herrscher nicht bis zu einem gewissen Grade geistesgestört war. Sein Sohn Don Carlos war es zweifellos; ebenso seine Großmutter Johanna, die erste Königin des geeinigten Spanien, genannt die »Wahnsinnige«. Jedenfalls erscheint in ihm die spezifisch habsburgische Psychose, von der wir schon sprachen, zu einer besonders krassen Form verdichtet. Sein Leben war von einer einzigen fixen Idee beherrscht: der völligen Restauration der römischen Universalkirche und der Ausbreitung des spanischen Absolutismus über die ganze Welt. Diesem Zweck war jede Stunde seiner mehr als vierzigjährigen Regierung gewidmet, diesem Zweck hat er unbedenklich alles geopfert, was zu opfern in seiner Macht stand: Schiffe und Gold, Äcker und Menschen, das Soldatenblut der Spanier und das Ketzerblut der Niederländer, die Ruhe seiner Nachbarn und die Wohlfahrt seiner Untertanen, und am Schlusse seiner Laufbahn sah er kein einziges seiner Ziele der Verwirklichung näher gerückt, alle Mächte, die er sein Leben lang bekämpft hatte, in siegreichem Aufstieg, sich selbst verhaßt und verarmt, machtlos und gichtgelähmt, und die Sonne, die in seinem Reich nicht unterging, hatte darin nichts zu bescheinen als Niedergang und Not.

In Philipp hat nicht nur das habsburgische, sondern auch das spanische Wesen eine seiner stärksten und absurdesten Zusammenfassungen erfahren. Der spanische Hidalgo ist bigott: Philipp war fanatisch; er ist rücksichtslos und brutal: Philipp ging über Leichen; er betrachtet sich als ein höheres Wesen: Philipp hielt sich für einen Gott; er ist exklusiv: Philipp war unnahbar;

er ist finster: Philipp war überhaupt nicht zu sehen. Nur die höchsten Granden hatten bei ihm Zutritt, und auch diese durften sich ihm nur kniend nähern; seine Befehle erteilte er in halben Sätzen, deren Inhalt man erraten mußte. Niemand durfte ein Pferd besteigen, das er geritten hatte, niemand ein Weib ehelichen, das er besessen hatte: er galt dem Volke in Wahrheit als eine geheiligte Person, als eine Art Priesterkönig. Sein Leben verfloß in der trostlosesten Einförmigkeit: immer aß er die gleichen pünktlich um die gleiche Stunde aufgetragenen Speisen; immer trug er dasselbe schwarze Gewand, selbst die Orden waren schwarz; täglich machte er die gleiche Ausfahrt durch die reizlose menschenleere Umgebung seines Schlosses, in seinen späteren Lebensjahren verließ er sein Zimmer überhaupt nur, um die Messe zu hören. In seiner ganzen Haltung verkörperte er das spanische Ideal des *sosiego,* der starren undurchdringlichen Ruhe und äußeren Gelassenheit, die keine ihrer inneren Regungen preisgibt; niemandem trat er zu nah, aber auch niemandem nahe, nie war er unfreundlich, aber auch niemals menschlich: er besaß jenen kalten distanzierten Takt, der mehr demütigt und verletzt als der brutalste Hochmut. Er soll nur ein einziges Mal in seinem Leben gelacht haben: das war, als er die Nachricht von der Bartholomäusnacht empfing; der damalige Papst äußerte übrigens seine Freude noch viel sinnfälliger: er feierte das größte Massaker der neueren Geschichte durch eine Denkmünze und ein großes Tedeum und befleckte damit den Stuhl Petri mehr als alle seine Vorgänger durch ihre Sodomie, Simonie und Blutschande.

Nur in einer Eigenschaft war Philipp nicht spanisch: er war *Der Welt-* ungemein fleißig. Vom Morgen bis zum Abend saß er über sei- *eskorial* nen Staatspapieren, alles erledigte er persönlich, alles schriftlich und alles erst nach reiflichster Überlegung. Aber auch über dieser rastlosen Emsigkeit und Pflichttreue lag der Fluch der Sterilität. Seine Tätigkeit hatte nichts Schöpferisches: es war der subalterne Tretmühlenfleiß des Kanzlisten, der sich Selbstzweck ist. Hierin liegt einer der vielen Widersprüche, an denen sein Lebenswerk gescheitert ist. Er hatte die weltumspannenden Pläne eines Napoleon und wollte sie mit den Mitteln eines geistlosen, schwerfälligen, am einzelnen klebenden Bürokratismus zur Ausführung bringen. Diese zähflüssige Schneckenhaftigkeit charakterisiert sein ganzes Regime; sein Leitspruch lautete: »Ich und die Zeit«, und seine stereotype Antwort auf alle, auch die dringendsten Anfragen war: *mañana*, morgen! Dazu kam die fast allen bürokratischen Verwaltungssystemen eingeborene Sucht, alles zu beargwöhnen. Keinem seiner Diener traute er ganz; immer suchte er einen gegen den andern auszuspielen; große militärische oder diplomatische Erfolge, starke Popularität, hervorstechende Gaben machten ihn unruhig. Gegen solche meist nur eingebildete Bedrohungen der königlichen Allmacht halfen ihm die Kunst der Heuchelei, die er als Spanier in vollendetstem Maße beherrschte, und der Undank, der ihm als Habsburger zur zweiten Natur geworden war: die beiden glänzendsten Opfer dieser Methode waren Egmont, der Sieger von Saint Quentin und Gravelingen, der aufs erlesenste umschmeichelt und gefeiert wurde, als sein Tod schon beschlossen war, und Don Juan d'Austria, der, nachdem er in der Schlacht von Lepanto die Seemacht der Türken für immer vernichtet hatte, auf der Höhe der königlichen Gunst plötzlich eines rätselhaften Todes starb. Durch dieses System des Verfolgungswahns und der kleinlichen Bevormundung hat Philipp aus den stolzen Spaniern eine Nation von Lakaien, Spionen und Vagabunden gemacht. Das sprechendste Symbol seines Wesens ist der Eskorial, der sich, in Form des Rostes, auf dem der heilige Laurentius litt, in steiniger Einöde erhebt: grau, kalt, monoton, freudlos, unnahbar, mehr Kloster und Totengruft als Residenz und Palast. Und was er hinterließ, war in der Tat nichts als ein riesiger *escorial*, auf deutsch: eine

Halde von Schlacken. Es wird erzählt, daß Philipp, als er sein Ende herannahen fühlte, sich einen Totenschädel bringen ließ, auf dem eine goldene Krone ruhte; und diesen unverwandt anstarrend soll er gestorben sein: dieser ergreifende Aktschluß ist ein prachtvolles Symbol dieses ebenso machtvollen wie sinnlosen Herrscherlebens und zugleich der hohen Geistigkeit, die in diesem Untier lebte.

Die zerstörende Wirkung Philipps erstreckte sich auf alles, was seiner Regierung unterstand: nirgends zeigte er das geringste Verständnis für die besonderen Lebensbedingungen, deren jede menschliche und nationale Eigenart zu ihrer gedeihlichen Entwicklung bedarf. Auf den spanischen Stammländern lag der doppelte Druck der staatlichen Despotie und der kirchlichen Inquisition; durch die mit verschwenderischer Pracht und ehrfurchtgebietender Feierlichkeit vollzogenen zahlreichen Autodafés wurde das Volk dezimiert und der Rest zur Unduldsamkeit und Grausamkeit erzogen. Die Zensur war nirgends so engherzig und unerbittlich wie in Spanien; der Besuch ausländischer Schulen stand unter schweren Strafen, damit das Gift freierer Anschauungen nicht ins Land dringen könne. Die Aragonier, Katalonier und Andalusier in den Randprovinzen, die sich von der Bevölkerung des Zentrallandes, der Meseta, in Sprache, Charakter und Lebensformen sehr wesentlich unterschieden, wurden brutal unterdrückt: ganz Spanien sollte kastilisiert, dem Wesen des düstern und trägen, hochmütigen und borniert Mittelländers unterworfen werden. 1580 wurde Portugal durch Erbgang und Waffengewalt Spanien angegliedert und damit für immer ruiniert: seine Kolonien gingen verloren oder verfielen, seine Rolle im Welthandel wurde von Jahr zu Jahr dürftiger und unbedeutender. Die Reste der Araber, die Morisken, die im Süden noch zahlreich verbreitet waren, wurden durch die sinnlosesten und unerträglichsten Verordnungen zur Verzweiflung getrieben: sie durften sich weder öffentlich noch insgeheim ihrer Muttersprache bedienen, man nahm ihnen ihre Negersklaven, an denen sie mit großer Zärtlichkeit hingen, selbst ihre Bäder, ihre Kleider und ihre Musikinstrumente waren ihnen untersagt. Nach einem blutig unterdrückten Aufstand flohen viele von ihnen übers Meer, aber gerade darauf hatte es Philipp mit seinen Maßregeln abgesehen, ohne zu bedenken, daß er sich damit seiner intelligentesten, geschicktesten und fleißigsten Untertanen beraubte: den Morisken verdankte das Land seine wunderbaren Bewässerungsanlagen, die Huertas, die aus der spanischen Sandwüste einen fruchtbaren Garten gemacht hatten, in ihren Händen lag die Reiskultur, die Zuckerbereitung und die Baumwollindustrie, die Fabrikation der Seide und des Papiers: lauter Erwerbszweige, auf denen der Reichtum Spaniens beruhte.

Die spanische Kolonialpolitik
Noch wahnwitziger verfuhr Philipp in der Kolonialpolitik. Schon für das Mutterland hatten die überseeischen Eroberungen eine Reihe von verderblichen Wirkungen: sie beförderten die Auswanderung in einem Ausmaße, das das dünn bevölkerte Spanien nicht vertrug, und steigerten bei den Zurückbleibenden den angeborenen Hang zur Faulheit und Genußsucht ins Abenteuerliche. Infolgedessen blieben die Felder bald auf weite Strecken hin unbestellt, der Bergbau wurde vernachlässigt, obgleich das Land noch ungehobene Mineralschätze im Überfluß besaß, Handel und Gewerbe gingen an Unterernährung zugrunde. In den Kolonien selbst haben sich die Spanier nicht nur wie ganz gemeine Räuber benommen, sondern auch wie ganz dumme Räuber: sie handelten ungefähr wie Banditen, die aus einem Mosaik von unschätzbarem Wert die Edelsteine herausbrechen und davontragen oder eine Milchkuh, von der sie sich jahrelang nähren könnten, erschlagen, um ihr Fleisch hinunterzuschlingen. Und in ihrer unvernünftigen Gier überfraßen sie sich an der Kuh und gingen mit ihr zugrunde. Wenn sie bloß die *portugiesischen* Kolonien besessen hätten, so wäre das für

sie schon viel zuviel gewesen, denn diese umfaßten neben vielem andern die östliche und die westliche Küste Afrikas, die Molukken und das ungeheure Brasilien.

Zunächst kannten sie nicht einmal den einfachsten Grundsatz aller Kolonialpolitik, daß man aus einem eroberten Land nur dann dauernd Vorteile zu ziehen vermag, wenn es selbst gedeiht. Ihr einziges Wirtschaftsprinzip war die primitive Ausplünderung der Eingeborenen. Dieser dienten die berüchtigten *ripartimentos*, die zwangsweisen Verteilungen wertloser europäischer Importwaren zu Phantasiepreisen. Als diese Einnahmequelle bald versiegte, begannen sie mit der Exploitierung des Landes durch ebenfalls zwangsweise Arbeit. Aber die rote Rasse, durch ein jahrhundertelanges Leben in einer milden Natur und unter einer ebenso milden Regierung verweichlicht, war diesen Anforderungen nicht gewachsen, viele erlagen den Anstrengungen, andere flohen in die Wildnis, und der Rest griff zum systematischen Selbstmord: entweder vernichteten sie sich selbst durch Pflanzengifte oder ihre Nachkommenschaft durch Enthaltung vom Geschlechtsverkehr. Nur wenige harrten aus: das waren jene, die von den spanischen Priestern erfahren hatten, daß sie auch im Jenseits Weiße vorfinden würden. Auf Jamaika zum Beispiel war schon fünfzig Jahre nach der spanischen Eroberung die indianische Bevölkerung ausgestorben; ebenso auf Kuba. Die Geistlichkeit, die, wie immer wieder rühmend hervorgehoben werden muß, fast immer auf der Seite der Eingeborenen stand, verfiel nun auf ein Mittel zu ihrem Schutze, das leider zur Ursache neuer Bestialitäten wurde: sie proponierte die Einfuhr schwarzer Sklaven aus Afrika, und tatsächlich gelangte schon in der ersten Hälfte des sechzehnten Jahrhunderts dieser verruchte Handelszweig, an dem sich fast sämtliche europäischen Nationen eifrig beteiligten, zu großer Blüte. Daß die Spanier mit den stummen Eingeborenen Amerikas ebenfalls sehr töricht und rücksichtslos verfuhren, versteht sich von selbst: durch mutwillige Ausrottung der autochthonen Tierwelt, vandalische Entwaldung, planlose Erschöpfung der Bodenkräfte sind ihre Spuren überall bezeichnet.

Der Abfall der Niederlande Auch in den blühenden Niederlanden, dem reichsten, regsamsten und zivilisiertesten Gebiet des damaligen Nordens, haben die Spanier nicht anders gewirtschaftet, als ob es sich um eine unterworfene Negerkolonie gehandelt hätte. Es hat sehr lange gedauert, bis es ihnen gelang, durch die unsinnige Verbohrtheit, blinde Gier und unmenschliche Roheit ihrer Verwaltung dieses friedliebende und schwerbewegliche Volk von bücherführenden Kaufleuten und bücherschreibenden Schulmeistern zum todesmutigen Aufstand zu reizen; aber einmal entbrannt, war er nicht mehr zu ersticken. Die Art, wie Alba auf Grund der genauen Instruktionen seines Königs in den Niederlanden verfuhr, war mehr als niederträchtig: sie war unbegreiflich. Der von ihm errichtete »Rat der Unruhen« oder »Blutrat«, wie ihn das Volk mit Recht nannte, hatte die Aufgabe, Hochverräter zu bestrafen. Als solcher galt unter anderem: wer sich an einer Bittschrift um Milderung der Inquisition beteiligt hatte; wer eine solche Bittschrift nicht verhindert hatte; wer, wenn auch gezwungen, eine evangelische Predigt geduldet hatte; wer gesagt hatte, der König habe nicht das Recht, den Provinzen ihre Freiheit zu nehmen; wer bezweifelt hatte, daß der »Rat der Unruhen« an keine Gesetze gebunden sei; wer behauptet hatte, man müsse Gott mehr gehorchen als den Menschen; und wer irgendeine derartige Äußerung stillschweigend angehört hatte. Es ist klar, daß es fast unmöglich war, wenigstens *eines* von diesen Delikten nicht zu begehen. Es war nichts als die streng logische Schlußfolgerung aus diesen wahnsinnigen Prämissen, daß am 16. Februar 1568 alle Einwohner der Niederlande als Ketzer zum Tode verurteilt wurden: ein Staatsakt, der in der Geschichte einzig dastehen dürfte.

Nachdem Tausende gehängt, verbrannt, eingekerkert, exiliert, enteignet waren, erschien eine königliche Amnestie, die allen, die nachweisbar nicht das geringste begangen hatten, Straflosigkeit zusicherte, falls sie binnen einer bestimmten Frist reuig um Gnade bäten: auch von einer solchen Amnestie dürfte es in der Weltgeschichte kaum ein Duplikat geben.

Es ist nun für den Beobachter der menschlichen Natur sehr lehrreich, daß dies alles die Niederländer nicht zum Aufstand trieb, sondern erst eine Maßnahme des Statthalters auf finanziellem Gebiete, die allerdings an Dummheit und Infamie den übrigen gleichkam, von der man aber doch meinen sollte, daß sie leichter zu ertragen gewesen wäre als die bisherigen. Alba, der Philipp versprochen hatte, er werde einen klaftertiefen Goldstrom von den Niederlanden nach Spanien leiten, verfügte in einem Dekret, daß von allem beweglichen und unbeweglichen Besitz eine einmalige einprozentige Vermögenssteuer, von jedem verkauften Grundeigentum der »zwanzigste Pfennig«, also fünf Prozent, und von jeder verkauften beweglichen Ware sogar der »zehnte Pfennig«, also das Doppelte, erhoben werden solle. Besonders diese letztere Abgabe hätte, streng durchgeführt, den vollständigen Ruin des niederländischen Handels bedeutet. Nun erst sagte sich das ganze Land von Spanien los, und es begann unter dem Schlachtruf: »Lieber türkisch als päpstlich!« der große »Abfall der Niederlande«, der weltbekannte siegreiche Heldenkampf eines kleinen Krämervolkes gegen die größte Militärmacht des damaligen Europa. Dies ist sehr merkwürdig; aber so ist der Mensch nun einmal geartet: er läßt sich seine Freiheit, seinen Glauben, ja sein Leben eher antasten als seinen Verdienst, sein Geld, sein Geschäft. Auch die Jakobiner, deren Staatsverwaltung in ihrer Stupidität und Barbarei sehr sonderbar an dieses von einer so ganz anders gearteten Weltanschauung getragene Regime erinnert, machten sich nicht durch ihre Unterdrückung jeder freien Meinung, ihre

Verhöhnung der Religion und ihre Massenhinrichtungen unmöglich, sondern durch ihre Eingriffe ins Privateigentum und ihre zerstörende Wirkung auf Handel, Gewerbe und Geldverkehr. Nicht ihre Guillotinen haben sie zu Fall gebracht, sondern ihre Assignaten.

Zusammenbruch des philippischen Systems Von der Erhebung der Niederlande datiert der Abstieg Philipps. Seitdem glückte ihm nichts mehr. Sein imperialistisches Programm bestand in Kürze in folgendem: er wollte in Frankreich, das er im Norden durch die Niederlande, im Osten durch die Franche-Comté und im Süden durch Spanien umklammert hielt und im Innern durch die ihm verbündete starke Macht der papistischen und antidynastischen Ligue beunruhigte, einen Agnaten seines Hauses oder eine von ihm abhängige französische Linie auf den Thron bringen und so die einzige Kontinentalmacht, die ihm gefährlich werden konnte, in einen spanischen Schutzstaat verwandeln; England hoffte er sich entweder durch eine Personalunion, wie sie schon einmal während seiner Ehe mit Maria der Blutigen bestanden hatte, oder durch die Überlegenheit seiner Flotte leicht unterwerfen zu können. Da er außerdem bereits einen großen Teil Italiens besaß, von dem aus er die anderen Gebiete diplomatisch und militärisch in Abhängigkeit hielt, und in den österreichischen Erblanden und auf dem deutschen Kaiserthron eine habsburgische Nebenlinie herrschte, so wäre dann in der Tat die Hispanisierung und Rekatholisierung ganz Europas erreicht gewesen; denn die Türken hätten sich gegenüber dieser vereinigten Riesenmacht wohl kaum zu halten vermocht.

Aber die Wirklichkeit versagte sich überall diesen scheinbar so leicht auszuführenden Entwürfen. Nicht einmal seine eigene Familie fügte sich Philipps Plänen. Unter seinem Oheim Ferdinand dem Ersten, dem Nachfolger Karls des Fünften, gewann die neue Lehre in den österreichischen Gebieten zahlreiche Anhänger, und dessen Sohn, Kaiser Maximilian der Zweite,

einer der bedeutendsten habsburgischen Herrscher, war fast
ein Protestant. In Frankreich kam nach jahrzehntelangen furchtbaren Wirren der erste und größte König aus dem Hause Bourbon, Heinrich der Vierte, auf den Thron, der nicht nur durch
das Edikt von Nantes den Hugenotten dieselben bürgerlichen
Rechte einräumte wie den Katholiken, sondern auch eine streng
nationale antispanische Politik verfolgte. Elisabeth verschmähte
die Heiratsanträge Philipps und unterstützte sogar die aufständischen Niederländer mit Geld und Truppen. Gegen England
richtete daher Philipp seinen ersten großen Angriff. Im Frühling des Jahres 1588 verließ die »unüberwindliche Armada«, die
stärkste und bestausgerüstete Flotte, die das neuere Europa
bisher gesehen hatte, den Hafen von Lissabon. Ihr Schicksal ist
bekannt: aber es waren nicht die Stürme allein, die sie vernichteten. Sie unterlag aus ganz ähnlichen Gründen wie die unge-
heuere Seemacht, die Xerxes gegen die Griechen aufbot. Sowohl die persischen wie die spanischen Schiffe waren riesige
schwimmende Häuser, vollgepfropft mit Menschen und Waffen, aber unfähig zu manövrieren und durch ihre große Zahl
einander mehr im Wege als dem Feinde. Die englischen und
die griechischen Fahrzeuge dagegen waren nicht dazu gebaut,
Schrecken zu erregen, sondern leichtbewegliche und wirksame
taktische Einheiten zu bilden: sie konnten ebenso mühelos fliehen wie angreifen, während die unförmigen Kolosse der Gegner warten mußten, bis man zum Kampf an sie herankam, und
sich, falls sie zum eiligen Rückzug gezwungen wurden, gegenseitig zertrümmerten. Die wahre und tiefere Ursache des De-
bakels lag aber in beiden Fällen darin, daß auf der Seite der
schwächeren Partei der *Geist* stand: dieser ist es, der bei Sala-
mis und im Kanal gesiegt hat.

Und so konnte der italienische Dichter Alessandro Tassoni *Don Juan*
im Anfang des siebzehnten Jahrhunderts bereits die allgemeine *und Don*
Meinung aussprechen, wenn er sagte, Spanien sei ein Elefant *Quixote*

433

mit der Seele eines Hühnchens, ein Blitz, der blende, aber nicht töte, ein Riese, dessen Arme mit Bindfäden gefesselt seien. Trotz diesen Fehlschlägen haben aber die Spanier Philipp stets die leidenschaftlichste Loyalität bewahrt, und noch nach Jahrhunderten sagten sie: *Felipe segundo sin segundo,* es gibt keinen zweiten Philipp den Zweiten. Dies hat seinen Grund zunächst darin, daß in ihm, wie schon erwähnt wurde, die spanischen Nationaleigenschaften bis zum Extrem, ja bis zum Wahnsinn gesteigert erschienen; aber auch darin, daß dieser sonderbare Mensch einer der großzügigsten und verständnisvollsten Förderer der Kunst und Wissenschaft gewesen ist. Er hat seinem Volk einen bleibenden, starken und einzigartigen Geistesstil geschenkt. Seine Handschriftensammlung im Eskorial, riesenhaft wie alles, was er unternahm, erregte die Bewunderung der ganzen Welt; die unter seiner Patronanz geschaffene Architektur im Goldschmiedestil, *estilo plateresco,* ein verwirrendes Mosaik aus maurischen, gotischen und italienischen Elementen, eklektisch und dabei doch höchst eigentümlich in ihrer ornamentwütigen Überprächtigkeit, ist ein leuchtender Ausdruck des spanischen Nationalcharakters; und die Literatur hat schon unter seiner Regierung die merkwürdigsten Schöpfungen hervorgebracht. Unter ihm lebten Tirso de Molina und Cervantes, und ein jeder von beiden hat das Höchste und Seltenste geschaffen, was einem Dichter gelingen kann: eine Gestalt, die mehr ist als ein starkes einmaliges Individuum, nämlich eine neue menschliche Spezies, die künstlerische Zusammenfassung einer ganzen Gattung. Von Tirso de Molina stammt das erste Drama, das von Don Juan handelt, dem romanischen Gegenstück zum Faust; und der *Don Quixote,* ursprünglich als bloße Verspottung des zeitgenössischen verstiegenen Ritterromans und der heroischen Unarten des Hidalgo gedacht, ist weit mehr geworden: die unsterbliche Tragikomödie des menschlichen Idealismus. Im Grunde ist Don Quixote der ewige Typus des *Dichters*: er hat entdeckt, daß die Realität ihrem innersten Wesen nach immer enttäuschen muß, weil sie eigentlich das *Unwirkliche* ist, und beschließt daher, sie nicht anzuerkennen! Und wie der *Don Quixote* der erste echte Roman der Weltliteratur ist, so ist Mendozas *Historia de la guerra de Granada* das erste wirkliche Geschichtswerk der Neuzeit: klar, anschaulich, präzis, erstaunlich unparteiisch, und Lope de Vega, dieses *monstruo de naturaleza* mit seinen fünfzehnhundert Dramen, der erste moderne Theaterschriftsteller großen Stils. Denn jeder richtige Dramatiker ist von Natur Stückefabrikant, Polygraph: seine Lebensleistung gehört gar nicht in die Geschichte der Literatur, sondern in die Geschichte der Technik. Er will nicht Gestalten schaffen, sondern Rollen, nicht »Werke«, sondern Textbücher, ja oft sogar nur Textrahmen, nicht Ewigkeitswerte, sondern Aktualitäten. Sein Herr ist das Publikum, das er verachtet, aber bedient. Dies hat Lope selber bekannt, als er in seiner Poetik erklärte, der Zweck der dramatischen Kunst sei, zu gefallen. Dies verhielt sich ebenso bei Calderon und Molière, und es war sicher auch nicht anders bei Shakespeare, der ungeheuer viel schrieb, aber nur solange er Theaterdirektor war, und kein einziges seiner Stücke selber drucken ließ, weil sie ihm außerhalb des Theaters keine Lebensberechtigung zu haben schienen: die Shakespearephilologen mit ihren Streitigkeiten über Reinheit und Authentizität des Wortlauts wären ihm ungeheuer lächerlich vorgekommen.

Der spanische Stil hatte eine solche Suggestionskraft, daß ganz Europa sich ihm unterwarf. Dies zeigte sich zunächst im Kostüm, das sich vom Ende des sechzehnten Jahrhunderts an völlig hispanisiert. Sein Grundcharakter ist finstere Nüchternheit, gepreßte Förmlichkeit und gespreizte Bigotterie. Man ist gewissermaßen immer im Staatskleid. Der enge spanische Stiefel, die starre spanische Krause, das steife spanische Mäntelchen sind noch heute sprichwörtlich. Dazu kam noch die mit

Weltherrschaft des spanischen Stils

Roßhaaren ausgestopfte spanische Puffhose, das spanische Wams mit den wattierten Ärmeln und dem gepolsterten »Gänsebauch« und der spitze spanische Hut mit kleinem Rand. Waren die Damen in der bisherigen Tracht bemüht, ihre Reize zu unterstreichen, so suchen sie sie jetzt schamhaft zu verbergen; sie tragen Schnürleibchen, die die Brust verflachen, und ausgesteifte oder auf Draht gezogene tonnenförmige Reifröcke, die den ganzen Unterkörper unsichtbar machen. Eine große Neuerung ist das Taschentuch; für eine komplette Toilette wird außerdem bei den Damen der Fächer und die Maske, bei den Herren der spitz abstehende Degen, bei beiden Geschlechtern der Handschuh unentbehrlich; auch im Zimmer gilt es für unschicklich, ohne Kopfbedeckung und Mantel zu erscheinen. Die bald zu riesigen Dimensionen anwachsende Halskrause hat zur Folge, daß die Kavaliere das Haar bürstenförmig kurz, den Bart schmal und spitz scheren: in Form des *Henri quatre,* den aber Heinrich der Vierte niemals getragen hat.

Gleichzeitig verbreitete sich von Spanien her der *estilo culto* oder *cultismo*, eine süßliche und geschwollene, gezierte und überschmückte, mit gesuchten Bildern und hohlen Allegorien prunkende Ausdrucksweise. Sein Begründer ist der Dichter Luis de Gongora, weshalb diese Richtung auch Gongorismus genannt wird; in Italien hieß sie Marinismus, nach ihrem Hauptvertreter Giambattista Marini, dessen gekünstelte Antithesen und blumige Gleichnisse von der ganzen Welt bewundert und nachgeahmt wurden, in Frankreich Preziosismus, in England Euphuismus, nach John Lillys berühmtem Roman *Euphues, anatomy of wit*, einer Aneinanderreihung von frostigen Witzen und geschraubten Wortspielen, sogenannten *concetti,* die bekanntlich auf Shakespeares Diktion einen ebenso nachhaltigen wie nachteiligen Einfluß ausgeübt haben. Dieser Ton durchdrang die ganze Poesie des Zeitalters, aber auch die wissenschaftliche Literatur und die gesellschaftliche Konversation, ja er findet sich sogar in Akten, Petitionen und Parlamentsbeschlüssen. Sein Ideal ist die *bizzaria* um jeden Preis, sein Ziel *lo stupore*, die Verwunderung: »*è del poeta il fin la maraviglia*« lehrt Marini, von dem die Zeitgenossen erklärten, er stehe turmhoch über allen griechischen, römischen und hebräischen Dichtern.

Dieser Hang zur leeren Affektation und überladenen Manieriertheit äußerte sich auch in der krankhaften Sammelwut und kindischen Freude an jeglicher Art von Raritäten, die für diese Periode besonders charakteristisch ist. In den großen Kollektonen Kaiser Rudolfs des Zweiten in der Prager Burg fanden sich zwischen den erlesensten Kunstschätzen Schachteln mit Magnetsteinen und indianischen Federn, Alraunwurzeln, drei Sackpfeifen, zwei eiserne Nägel aus der Arche Noah, ein Krokodil in einem Futteral, ein »Stein, der da wächst«, ein Monstrum mit zwei Köpfen, ein »Fell, welches vom Himmel gefallen«, »allerlei seltene Meerfische, darunter eine Fledermaus«. In dieselbe Linie gehört das wahllose Antikisieren und geschmacklose Prunken mit allen erdenklichen mythologischen, archäologischen und philologischen Reminiszenzen. So wird zum Beispiel vor Elisabeth ein großes Maskenfest *Das Urteil des Paris* aufgeführt. In den Gärten tummeln sich Waldnymphen, auf den Terrassen Satyrn, in den Teichen Nereiden und Tritonen. Diana kommt der Königin entgegen, erklärt sie für das Urbild unbefleckter Keuschheit und lädt sie in ihre Gebüsche ein, wo sie vor den Nachstellungen Aktäons sicher sei. Schließlich wird Paris der Prozeß gemacht, weil er nicht Elisabeth, sondern Venus den Apfel gegeben habe. Auf der königlichen Tafel erschienen Pasteten, die ovidische Verwandlungen darstellten, und man erzählte sich von einem Rosinenkuchen, auf dem die Zerstörung Trojas zu sehen war. Ein andermal näherte sich der Königin Kupido inmitten einer Schar von olympischen Göttern und überreichte ihr einen goldenen Pfeil, den schärfsten seines Köchers, der, von so unwiderstehlichen Reizen gelenkt, auch das härteste Herz verwunden müsse. Sie war damals fünfzig Jahre alt.

Französischer Klassizismus und Spielopernaturalismus

Seine stärkste Einflußsphäre aber hatte der Klassizismus schon damals in Frankreich. Durch die Konsolidierung der Monarchie wurde Paris allmählich der beherrschende, alle Kräfte an sich heransaugende Mittelpunkt, das große Repräsentationszentrum des Landes, das es bis zum heutigen Tage geblieben ist. Die Literatur, die Architektur, die Mode, der Lebensstil: alles orientiert sich an der Hauptstadt. Seit Franz dem Ersten gehen alle Wandlungen der Bauform vom Hof, von der Residenz aus. Die Sorbonne ist in allen theologischen und wissenschaftlichen Fragen die absolute Autorität. Paris ist Frankreich.

Der eigentliche Begründer des französischen Klassizismus in der Poesie ist François de Malherbe, der, wie Boileau rühmt, »die Muse zu den Regeln der Pflicht zurückgeführt hat«. Er ist der Vater jener korrekten und pathetischen, nüchternen und graziösen Dichtungsweise, die in Frankreich bis ins neunzehnte Jahrhundert regiert hat. Er hat den Alexandriner zur fast absoluten Herrschaft erhoben, jenes ebenso biegsame wie eintönige Versmaß, in dem sich, gerade weil es so nichtssagend ist, mit Leichtigkeit alles sagen läßt. Und um dieselbe Zeit ist ein zweites Element in die französische Literatur eingetreten, das für sie ebenso typisch geblieben ist: Honoré d'Urfé schrieb seinen berühmten Schäferroman *Astrée* und schuf damit das Vorbild für jenen kalt-sentimentalen, verlogenen Spielopernaturalismus, der zwei Jahrhunderte lang die Franzosen begeistert hat: sein Celadon ist ebenso wie Don Juan und Don Quixote aus einem Individuum ein Begriff geworden, und seine geschminkten Theaterhirten und parfümierten Nymphen, deren lüsterne Keuschheit sich zur natürlichen Sinnlichkeit verhält wie das Dekolleté zur Nacktheit, beleben noch die Vorstellungswelt Rousseaus.

In der Architektur hat der »französische Stil« schon damals einen Höhepunkt erreicht: in den Schlössern des sechzehnten Jahrhunderts hat sich die Oberschicht der Vornehmen und Geistigen, die auf den Gipfeln wandeln, ein strahlendes Symbol errichtet; diese Bauwerke sind genauso wie die Weltanschauung und Lebensform dieser Menschen: heiter und elegant, aber etwas prosaisch; voll Licht und weiter Aussicht, aber ohne rechte Wärme; wohlklingend und klar gegliedert, aber ohne den grandiosen Wurf ihrer italienischen Vorbilder; bilderreich und kostbar kassettiert, aber von sparsamer Innenarchitektur; luftig und geräumig, aber ein wenig kahl wirkend; und eben doch Schlösser: isoliert, abgeriegelt und auf sich selbst gestellt. Man wird vielleicht schon bemerkt haben, daß wir von Montaigne reden.

Der Skeptiker aus Lebensbejahung

Bei den zünftigen Historikern der Philosophie, soweit sie sich überhaupt dazu herablassen, sich mit einem so unphilosophisch klaren und weltkundigen Denker zu befassen, figuriert Montaigne als der Typus des Skeptikers. Allein bei Montaigne fließt die Skepsis nicht aus einseitiger Verneinung, sondern aus allseitiger Bejahung: er ist der Mensch, der zuviel weiß, um noch etwas Positives behaupten zu können, der keinen bestimmten Standpunkt einzunehmen vermag, weil er alle Standpunkte einzunehmen vermag, dessen Denkapparat zu weiträumig ist, um an Platzmangel zu leiden: nämlich an einem »System«.

Der Skeptiker im Sinne Montaignes ist ein leidenschaftlicher Freund der goldenen Mitte, er ist das »Zünglein an der Waage«, wie Emerson sagt. Er will weder die Welt beherrschen noch sich ihr willenlos hingeben, er will sie betrachten. Sein Wahlspruch ist Dantes wunderbares Wort: *Non ci badar, guarda e passa!* Blick hin, und geh vorüber: das ist die beste Stellung, die man zum Weltlauf einnehmen kann. Oder wie Byron gesagt hat: »Ich betrachte mich als ein Wesen, das von der Hand Gottes in die Mitte eines großen Theaters gesetzt wurde.« Der Skeptiker weiß alles, versteht alles und belächelt alles. Der Idealist nimmt die Wirklichkeit nicht ernst. Demgegenüber sagt der Realist zum Idealisten: Ich nehme deine Welt der Ideen nicht ernst. Und der Skeptiker nimmt alle beide nicht ernst. Für ihn ist die Welt nichts als eine ewige Schaukel. »Alle Dinge schaukeln ohne Unterlaß«, heißt es in den *Essays*, »die Erde, die Felsen des Kaukasus, die ägyptischen Pyramiden. Die Beständigkeit selbst ist nichts als eine schwächer geschwungene Schaukel.« Montaignes Gemütsart war eine wohltätige Mischung aus behaglicher Lebensfreude und einem beunruhigenden Hang zur Introspektion. »Ich bin von Haus aus nicht melancholisch, sondern nur grüblerisch«, sagt er von sich selbst. Das Leben an sich ist in seinen Augen weder ein Gut noch ein Übel, »es ist der Raum des Guten und des Übels, je nachdem, was du hineinlegst«: ein Gedanke, den wir bei Shakespeare wiederfinden. Und »in Bereitschaft sein« ist auch ihm alles: »ich singe und sage mir beständig vor: alles, was eines Tages geschehen kann, kann noch heute geschehen.« Er war zweifellos ein Stoiker, aber der liebenswürdigste und menschlichste, der je gelebt hat. Den letzten Zweck des Daseins erblickt er im Vergnügen: »Selbst bei der Tugend ist das Endziel, auf das wir es abgesehen haben, die Wollust. Dieser Wollust sollten wir den Namen des angenehmsten, süßesten und natürlichsten Genusses geben.« Er war also zweifellos ein Epikureer, aber einer der spirituellsten und veredeltsten, die je gelebt haben. Der Zentralzweck seiner ganzen Philosophie aber war die Selbstbeobachtung und Selbstschilderung: »Ich studiere mich selbst; das ist meine Metaphysik und Physik.« Und der Mensch, an der Hand Montaignes auf sich selbst gelenkt, auf die liebevolle und rücksichtslose Erforschung seiner Besonderheiten und Idiotismen, Irrationalismen und Paradoxien, Zweideutigkeiten und Hintergründe, muß notwendig zum Skeptiker werden, indem er erkennt, daß er sich nicht auskennt.

Der von Montaigne geschaffene Typus des heiteren Welt- *Der Mon-* menschen, der starke Neigungen mit schwachen Überzeugun- *taigne-* gen verbindet und stets gleich bereit ist, zu genießen und zu *mensch* sterben, begegnet uns allenthalben in den höheren Kreisen, doch waren nur die wenigsten imstande, der Gefahr der moral insanity zu entgehen, die in jedem konsequenten Skeptizismus verborgen liegt; auch haben sie Montaignes tapferen Wirklichkeitssinn zumeist zu massiv genommen. Aber sie alle haben Montaigne im Blut, sowohl seinen Zweifel wie seinen Sensualismus: der selbstprüferische und menschenkennerische Wilhelm von Oranien, dessen sprichwörtliche Schweigsamkeit nichts war als Skepsis, nämlich die Erkenntnis, daß das Wort die Wahrheit tötet, und der, obgleich der stärkste Vorkämpfer des Protestantismus, im tiefsten Innern in Glaubensdingen völlig gleichgültig war; die kühle Realpolitikerin Elisabeth, die als »Hort der Reformation« gepriesen wurde und gleichwohl ebenso neutral empfand; die sogar *politisch* völlig parteilose Katharina von Medici, die, mit der Leidenschaft einer Morphinistin nach dem Opiat der Macht lechzend, nur um jeden Preis herrschen will: ob durch Guisen oder Hugenotten, Spanier oder Franzosen, Adel oder Volk, ist ihr völlig gleichgültig; der ebenso blind machtgierige Essex; der »spottlustige« Cecil; der konfessionell, obschon nicht religiös indifferente Kepler; vor allem aber Heinrich der Vierte, der größte Regent des Zeitalters: er durchschaut mit seinem souveränen Scharfblick beide Parteien, wie sie wirklich sind, erkennt, daß sie so, wie sie sind, alle beide unrecht haben, und vermag so beiden gerecht zu werden. Daneben aber macht er die ebenso sachliche Erkenntnis, daß die kompakten Genüsse des Daseins: schöne Weiber und Kleider, Landhäuser, Gärten und Pferde, guter Wein und ein

Huhn im Topf auch nicht zu verachten sind. Aber auch Hamlet hat Montaigne gelesen und gelangt durch ihn zu der sehr tiefen Einsicht, daß jeder Handelnde, indem er Partei ergreift, notwendig beschränkt, ungerecht, grausam sein muß, daß die Tat der Unsinn ist.

Jakob Böhme Selbst in dem vollkommensten philosophischen Antipoden Montaignes, dem schwerblütigen und eigensinnigen, dumpfen und dunklen Jakob Böhme, lebt etwas von montaigneschem Geiste. Denn keiner hat das Prinzip der coincidentia oppositorum, der Widersprüchlichkeit der Welt und des Menschen, so bohrend durchgedacht und so allseitig beleuchtet wie dieser tiefgründige Schustermeister. Eines Tages bemerkte er ein dummes altes Zinngefäß, in dem sich die Sonne spiegelte, und sagte sich mit Erstaunen: Dies ist nur ein schlechter grober Zinnkrug, und doch ist in ihm die ganze Sonne! Darauf wurde er, was man »tiefsinnig« nennt, zog sich zurück und schrieb eines der schönsten theosophischen Bücher. Es war ihm die plötzliche Einsicht aufgegangen, daß alles auf dieser Welt sich nur an seinem Gegensatze zu offenbaren vermöge: das Licht an der Finsternis, das Gute am Bösen, das Ja am Nein, Gott an der Welt, seine Liebe an seinem Zorn, und daß daher alles Sein nicht nur *aus* Gegensätzen bestehe, sondern auch *durch* Gegensätze, denn ihnen allein verdankt es seine Existenz.

Giordano Bruno Auch der sublimste und universellste Kopf des Zeitalters, Giordano Bruno, hat die coincidentia oppositorum zu einem Kardinalbegriff seines Systems gemacht: »Die Koinzidenz der Gegensätze«, sagt er, »ist eine Zauberformel der Philosophie.« Seine genialen Intuitionen sind seinen Zeitgenossen um mehrere Jahrhunderte vorausgeeilt. Er begann als Dominikaner, verließ jedoch, wegen Ketzerei beargwöhnt, den Orden und führte ein unruhiges Wanderleben durch Italien, Frankreich, England und Deutschland, erwarb in Toulouse den philosophischen Doktorgrad, gewann in Paris zahlreiche begeisterte

Anhänger, hielt in Oxford und in Wittenberg vielbesuchte astronomische und philosophische Vorlesungen, war aber überall wegen seiner freien Anschauungen und seiner Spottlust Verfolgungen ausgesetzt und wurde, von der Inquisition bei der Rückkehr in seine Heimat verhaftet, nach jahrelangen vergeblichen Versuchen, eine Ableugnung seiner Lehren zu erreichen, im Jahr 1600 in Rom verbrannt.

Wilhelm Dilthey weist einmal darauf hin, daß Bruno »der Sohn des Landstrichs zwischen Vesuv und Mittelmeer« gewesen sei. Und in der Tat, er war selber ein Vesuv: feurige und formlose Schlacken auswerfend, alle Welt durch die Pracht und Kraft seiner vulkanischen Ausbrüche in Bewunderung und Schrecken versetzend, sich in seiner eigenen Glut verzehrend und eines Tages zu Asche verbrannt. Er war ebensosehr Dichter wie Philosoph, aber diese beiden Gaben ergänzten sich nicht in seiner Seele, sondern lagen in tragischem Kampfe miteinander, weshalb er nur gigantische Zwittergeburten zutage gefördert hat: auch in ihm ist etwas von der Bilderwut und Übertreibungssucht des Gongorismus, aber zu unheimlicher Dämonie gesteigert. Gott ist ihm das schlechthin Unerkennbare, er wohnt in einem Licht, zu dem irdische Einsicht niemals gelangen kann. Wir sehen wohl die Statue, aber nicht den Bildhauer; von der göttlichen Substanz können wir nur eine Spur erkennen, eine entfernte Wirkung; wir vermögen sie nicht anders als im Spiegel, im Schatten, im Rätsel zu erblicken. Von da gelangt er aber zu einem ziemlich eindeutigen Pantheismus. Die spinozistische Formel »*deus sive natura*« findet sich schon bei ihm: »Nur im Glauben der Einsichtslosen bilden Gott und die Natur einen Gegensatz.« Und das Prinzip der Monade hat Leibniz von ihm übernommen und zum Siege geführt. Seine Lehren hierüber decken sich vollkommen mit denen Leibnizens: es gibt ein mathematisches Minimum: den Punkt; ein physikalisches Minimum: das Atom; ein metaphysisches Minimum: die Monade.

Jede dieser Monaden ist ein Spiegel des Alls, jede ewig, nur die Verbindung wechselt. Die Monaden sind daher die Gottheit selbst, die, obgleich eine unspaltbare Einheit, doch in jeder einzelnen von ihnen sich als eine besondere Erscheinungsform darstellt, gleichwie in jedem Teilchen des Organismus die organische Kraft, in jeder Einzelheit des Kunstwerks die künstlerische Kraft ungeteilt enthalten ist und sich doch eigenartig manifestiert: *omnia ubique.* Wie die Erde sich gleichzeitig um die eigene Achse und um die Sonne bewegt, so folgt jedes Ding sowohl seinem besonderen Lebensgesetz wie dem allgemeinen Weltgesetz. Der Tod der Monade ist ebensowenig ein Übergang ins Nichts, wie ihre Geburt ein Hervorgehen aus dem Nichts ist. Durch diese Spekulationen ist also Bruno der Lehrer der beiden größten Philosophen des Jahrhunderts geworden, in dessen erstem Jahr sein Leib den Flammen übergeben wurde. Sein Einfluß reicht aber noch viel weiter: Hamann, der tiefste Denker der deutschen Aufklärung, hat an ihm angeknüpft, und noch Schelling nannte eine seiner Schriften *Bruno oder über das natürliche und göttliche Prinzip der Dinge.*

Noch erstaunlicher aber sind Brunos Antizipationen auf dem Gebiet der Astronomie. Er ist der Vollender des kopernikanischen Systems und der Vorläufer Galileis: er lehrte, daß die Erde nur eine annähernde Kugelgestalt besitze und an den Polen abgeplattet sei, daß auch die Sonne um ihre eigene Achse rotiere, daß alle Fixsterne Sonnen seien, um die sich zahlreiche wegen ihrer Entfernung für uns unsichtbare Planeten bewegen, er hat die Theorie vom Weltäther aufgestellt, die erst in allerneuester Zeit zur Geltung gelangt ist, er hatte sogar eine Ahnung von der Relativitätstheorie, indem er lehrte, es gebe ebenso viele Zeiten, als es Sterne gibt, ja einzelne seiner Ansichten greifen selbst über den Stand unserer jetzigen Wissenschaft hinaus und gehören der Zukunft an: es sind seine Hypothesen über den Zustand der Weltkörper. Im Kosmos, wie er ihn sich dachte, kreisen zahllose Sterne und Weltkugeln, Sonnen und Erden. Von diesen Gestirnen ist keines in der Mitte. Denn das Universum ist nach allen Seiten hin gleich unermeßlich. Es gibt vielmehr ebenso viele Mittelpunkte der Welt, als es Welten, ja Atome gibt. Alle Gestirne sind Individuen, Kolossalorganismen und im Verhältnis zu noch größeren Weltindividuen wiederum nur Teile und Organe. Alle diese Riesenkörper sind aus denselben Elementen aufgebaut. Es wirken daher in ihnen auch dieselben uns wohlbekannten Kräfte. »Wer meint, es gebe nicht mehr Planeten, als wir kennen, ist ungefähr ebenso vernünftig wie einer, der glaubt, es flögen nicht mehr Vögel durch die Luft, als er soeben aus seinem kleinen Fenster beobachtet hat.« »Nur ein ganz Törichter kann die Ansicht haben, im unendlichen Raum, auf den zahllosen Riesenwelten, von denen gewiß die meisten mit einem besseren Lose begabt sind als wir, gebe es nichts anderes als das Licht, das wir auf ihnen wahrnehmen. Es ist geradezu albern, anzunehmen, es gebe keine anderen Lebewesen, keine anderen Denkvermögen, keine anderen Sinne als die uns bekannten.« Mit dieser intuitiven Erkenntnis hat Bruno selbst unsere heutigen Astronomen weit überflügelt, die in kleinlicher Vorsicht und bornierter Pedanterie nicht wagen, über die armseligen Tatsachen hinauszugehen, die ihnen ihre angebeteten Röhren enthüllen. Immer wieder bekommen wir von Gelehrten, das heißt: Menschen, die nur die eine Seite irgendeiner Wahrheit erblickt haben, die Versicherung zu hören, der Mond sei eine »tote Erde«, die Sonne sei nur dazu da, um Licht und Wärme zu spenden, aber Leben sei auf ihr unmöglich, der Mars habe vielleicht einmal hochintelligente Wesen beherbergt, das sei aber leider längst vorbei. Aber dies und dergleichen ist anthropomorphistisches Geschwätz hochmütiger und engstirniger Stubenmenschen. Es ist ganz und gar ausgeschlossen, daß es eine Erde gibt, die tot ist: das würde ihrem Begriff völlig widersprechen. Erde heißt Leben und Heimat von

445

Leben; wie kann so etwas jemals tot sein? Und die Sonne: wie könnte sie so viel Leben auf so viel Planeten schaffen, erhalten, steigern, erneuern, wenn sie nicht selbst ein unerschöpflicher Lebensherd wäre? Oder sollte sie wirklich ihre ungeheuren schöpferischen Energien nur für ihre Trabanten aufbrauchen, für sich aber gar nichts davon verwenden? Und was den Mars anlangt, so ist es, wenn jemals Leben dort war, völlig ausgeschlossen, daß heute keines mehr dort ist. Leben hat die Tendenz, sich immer mehr zu verbreiten, zu erhöhen, zu vervielfältigen. Läßt sich im Ernst daran zweifeln, daß die Mission aller gottgeschaffenen Wesen, sich vollkommen zu vergeistigen, nicht schon auf vielen Weltkörpern erreicht ist? Jeder Weltkörper stellt eine Stufe der Vollkommenheit dar, das heißt: einen der möglichen Grade der Vergeistigung. Jeder ist belebt, bevölkert, in der Entwicklung nach oben begriffen, wenn auch seine Bewohner vielleicht nicht immer so aussehen wie ein Professor der Astronomie.

Francis Bacon Es ist natürlich, daß Bruno, der sogar unserer Zeit noch in so vielem voraus ist, von fast allen Mitlebenden entweder als teuflischer Irrlehrer oder als grotesker Phantast angesehen wurde. Der Philosoph, der klar und bestimmt aussprach, was alle Welt dachte, war Francis Bacon: kein abgrundtiefer Vulkan wie Bruno, kein im Dunkel ringender Gottsucher wie Böhme, kein feinnerviger Seelenanatom wie Montaigne, kein feuriges Weltauge wie Shakespeare, aber ein besonnener und eindrucksvoller Sprecher, der es verstand, das Streben seines Zeitalters in scharfgeprägten Worten deutlich zusammenzufassen und glänzend zu formulieren. Es ist wesentlich für ihn, daß er Engländer war; nur von England konnte eine solche Philosophie ausgehen.

Der Aufstieg Englands England ist während des sechzehnten Jahrhunderts von einem mittelalterlichen Kleinstaat zu einer modernen europäischen Großmacht emporgestiegen, nicht durch seine Herr-

scher, wie die loyale Legende berichtet, sondern trotz seinen
Herrschern, die fast alle mittelmäßig und zum Teil niederträchtig waren. Heinrich dem Achten sind wir schon einige Male begegnet. Selbst Shakespeare hat in seiner bestellten Hofdichtung
mit allen virtuosen Retuschen nicht vermocht, etwas anderes
als das Bild eines rohen und tückischen Despoten zu geben.
Man braucht nur Holbeins Porträt anzusehen, um von diesem brillantengeschmückten Fleischermeister, dieser vernichtenden Inkarnation bestialischer Energie und unersättlicher
Vitalität eine Vorstellung zu bekommen. Sein Sohn Eduard der
Sechste, der allem Anschein nach sehr begabt war, starb in sehr
jungen Jahren. Nach ihm bestieg die »blutige Mary« den Thron,
eine verbitterte alte Jungfer und verbohrte Bigotte, die, ganz
unter dem Einfluß ihres Gatten, Philipps des Zweiten, in den
sie zeitlebens unglücklich verliebt war, mit den brutalsten Mitteln die katholische Restauration anstrebte und im Krieg gegen
Frankreich, den sie an der Seite Spaniens führte, Calais verlor,
was ihr die Engländer noch mehr verübelten als ihre grausamen
Reaktionsversuche: hätte sie nur einige Jahre länger regiert, so
wäre es schon damals zu einer Revolution gekommen. Ihre
Nachfolgerin war die »große Elisabeth«, eine kluge und zielbewußte, aber maßlos eitle und egoistische Frau von jener brutalen Skrupellosigkeit, kalten Hinterlist und scheinheiligen Prüderie, die die Feinde Englands als typisch national bezeichnen.
Jedenfalls war der *cant* in ihr bereits zu vollendeter Meisterschaft entwickelt, jene Eigenschaft, für die keine andere Sprache ein bezeichnendes Wort hat, weil kein anderes Volk etwas
besitzt, das ihr entspricht. Was ist cant? Cant ist nicht »Verlogenheit«, ist nicht »Heuchelei« oder dergleichen, sondern
etwas viel Komplizierteres. Cant ist ein Talent, das Talent nämlich, alles für gut und wahr zu halten, was einem jeweils praktische Vorteile bringt. Wenn dem Engländer etwas aus irgendeinem Grunde unangenehm ist, so beschließt er (in seinem

Unterbewußtsein natürlich), es für eine Sünde oder eine Unwahrheit zu erklären. Er hat also die merkwürdige Fähigkeit, nicht etwa bloß gegen andere, sondern auch gegen sich selbst perfid zu sein, und er betätigt diese Fähigkeit mit dem besten Gewissen, was ganz natürlich ist, denn er handelt in der Ausübung eines Instinkts. Cant ist etwas, das man »ehrliche Verlogenheit« nennen könnte oder »die Gabe, sich selbst hereinzulegen«.

Die beiden berüchtigtsten Flecken der Regierung Elisabeths sind die beiden Hinrichtungsprozesse gegen Essex und Maria Stuart. Sie war beide Male als Königin und als Politikerin im Recht: Essex war ein Hochverräter und Maria Stuart das Haupt zahlreicher gefährlicher Verschwörungen. Nur das gereicht ihr zur Unehre, daß sie beide Male ihr blutiges Recht nicht einfach vollzogen hat, sondern auch noch den Ruhm der weiblichen Milde und christlichen Barmherzigkeit für sich einheimsen wollte. Auch ihre vielen Liebhaber wird ihr kein vernünftiger Mensch zum Vorwurf machen, wohl aber die unverfrorene Tartüfferie, mit der sie sich während ihrer ganzen Regierung als »jungfräuliche Königin« feiern ließ und zum Beispiel gestattete, daß die erste englische Kolonie von Walter Raleigh, der es selber besser wissen mußte, nach ihr Virginien genannt wurde. Hierin stand sie tief unter ihrer tödlichen Rivalin Maria Stuart, die in ihrem Leben vielleicht ebenso viele Verbrechen begangen hat, aber keines in kalter Berechnung, und sicherlich weniger »Fehltritte«, aber sich zu ihnen offen bekannte. Als Marias Liebhaber Bothwell ihren Gatten Darnley in die Luft sprengte, geriet ganz Schottland in Aufruhr; als Elisabeths Günstling Leicester seine Gattin vergiftete, schwieg die öffentliche Meinung, denn es war viel schlauer arrangiert. Geschicklichkeit hat aber für Mörder niemals als besondere Entschuldigung gegolten.

Als Elisabeth nach fünfundvierzigjähriger Regierung starb, gelangte Jakob der Erste, der Sohn der Maria Stuart und Urenkel der Tochter Heinrich Tudors, zur Herrschaft und vereinigte in seiner Person die Kronen, aber auch die schlechten Eigenschaften der beiden feindlichen Häuser: den herrschsüchtigen Eigensinn und Hochmut der Tudors und die Trägheit und moralische Verantwortungslosigkeit der Stuarts. Sein Vater war wahrscheinlich Marias Sekretär, der häßliche David Riccio, der von Darnley auf die bestialischste Weise umgebracht worden war. Seine Gestalt war plump und unansehnlich, sein Kopf dick, sein Bart dünn, seine Augen hervorquellend, seine Rede stotternd und mißtönend: man sagte, daß er die Worte mehr herausspucke als artikuliere. Er war ungemein furchtsam und mißtrauisch, konnte keine blanke Waffe sehen und lebte in beständiger Angst vor Verschwörungen und Attentaten. Er war ebenso kindisch eitel wie seine Vorgängerin, aber viel unvernünftiger, denn er vertrug nur Ansichten, die mit den seinigen übereinstimmten. Besonders stolz war er auf seine theologische Bildung, die er zum Schrecken seiner Umgebung fortwährend in den spitzfindigsten Debatten zur Schau stellte. Seine zweite Passion waren schöne junge Menschen, die alles von ihm erreichen konnten, auch wenn sie noch so unbedeutend und vulgär waren. Obgleich er mit seinen zappelnden Bewegungen, seinem unbeholfenen Gang und seinen bäurischen Manieren das Gegenteil einer königlichen Erscheinung war, so war doch kein Herrscher von seinem Gottesgnadentum so überzeugt wie er. Er hielt sich für den unumschränkten Diktator über Leben, Eigentum und Meinungen seiner Untertanen, und dies in einer Zeit und einer Nation, die für solche Theorien nichts weniger als empfänglich war. Da es ihm außerdem völlig an politischem Takt und Überblick fehlte, so lag er ununterbrochen mit seinen Parlamenten im Streit; der offene Aufruhr kam aber erst unter seinem Nachfolger zum Ausbruch. Als er zu Ende regiert hatte, sagte man: Großbritannien ist kleiner als Britannien.

Der elisa-
bethinische
Mensch

Trotzdem sind diese hundert Jahre die erste große Glanzperiode Englands. Handel, Gewerbe und Schiffahrt, Wissenschaft, Kunst und Literatur entwickelten sich zu überreicher Blüte. London war unter Elisabeth schon eine Stadt von dreimalhunderttausend Einwohnern mit zahllosen Kaufläden, einer gebietenden Börse, einer dauernden Messe und fast zwanzig stehenden Theatern. Die Straßenpflasterung war sorgfältig, die Wasserversorgung durch hölzerne Leitungen reguliert, die Beleuchtung und die Feuerpolizei erheblich verbessert. Es gab zahlreiche wohleingerichtete Schulen, Apotheken und Druckereien und sogar schon so etwas wie Zeitungen. Die Themse wimmelte von geschmückten Booten, ein ununterbrochener Strom von Fußgängern, Reitern, Sänften belebte die Stadt, die Vornehmen benutzten auch schon Kutschen, und ihre neuen Landhäuser, im Tudorstil erbaut, waren sachlich, praktisch, einladend und (im Unterschied von den kontinentalen Villen) in erster Linie für den Wohnzweck angelegt: schon damals äußert sich der Sinn des Engländers für gediegene und behagliche Häuslichkeit. Die Kleidung ist festlich, reich, soigniert und nicht ohne Geschmack, der Komfort aber noch nicht wesentlich vom mittelalterlichen unterschieden: man schläft noch ziemlich primitiv, ist mit der Gabel noch immer nicht bekannt, legt beim Essen den Hauptwert auf die Quantität und bedient sich für den gewöhnlichen Gebrauch mit Vorliebe hölzerner Geräte. Ein neues Genußmittel war der Tabak, der, von Jean Nicot zuerst als bloßes Arzneimittel angepriesen, später durch Drakes und Raleighs Matrosen rasch eingebürgert wurde und schon gegen Ende des Jahrhunderts allgemein beliebt war: man rauchte ihn aber nicht in Zigarrenform, wie es die Indianer mit Vorliebe taten, sondern ausschließlich in Pfeifen. Die Geistlichkeit bekämpfte das Rauchen, auch der doktrinäre Jakob belegte es aus theologischen Gründen zuerst mit Verboten und Strafen, erkannte es aber bald als eine ergiebige Steuerquelle. Die Ta-

baksläden, wo Unterricht im Rauchen erteilt wurde, waren überfüllt, die jeunesse dorée kam mit ihren dampfenden Pfeifen ins
Theater, und Raleigh warf man vor, daß er sogar bei der Hinrichtung seines Feindes Essex Tabakswolken ausgestoßen habe.

Die Durchschnittsbildung der besseren Kreise stand auf einem ziemlich hohen Niveau: alle Welt las die römischen Dichter und Philosophen, sang und musizierte, trieb Mathematik
und Astronomie, und zwar die Damen so gut wie die Herren;
die Konversation war witzig und gewählt, obschon durch Eu-
phuismen verkünstelt. Daneben fehlte es freilich auch nicht
an Roheiten. Die Justiz war nach wie vor barbarisch. Die drei
stärksten dramatischen Talente neben Shakespeare: Peel, Greene
und Marlowe waren wüste Messerhelden und Trunkenbolde,
König Jakob war ein vollkommener Flegel, aber auch die
Queen Bess freute sich, wenn das Volk ihr auf der Straße zurief: »Wie geht's, alte Hure?«, liebte es, mitten in der gepflegte-
sten Unterhaltung gemeine Matrosenausdrücke zu gebrauchen,
und konnte, wenn sie gereizt wurde, zanken wie ein Fischweib.
Berühmt ist ihr Streit mit Essex, in dem dieser ihr zurief: »*Your
mind is as crooked as your carcass;* dein Geist ist so krumm wie
dein Gestell!«, worauf sie ihm mit den Worten: »Häng dich auf!«
eine schallende Ohrfeige versetzte.

Der Mensch der sogenannten »englischen Renaissance«, die
unter Elisabeth ihren Höhepunkt erreicht hat, ist überhaupt
noch eine Mischung aus ungezügeltem Urmenschentum und
modernem Engländertum, eine Kreuzung aus einem zähen und
umsichtigen Sachlichkeitsmenschen und einem wilden und tollkühnen Abenteurer. Der präzise Ausdruck dieser Geisteslage
sind die *merchants adventurers*, raubritternde Kaufleute und
Seefahrer, die zuerst auf eigene Faust, später durch königliche
Privilegien unterstützt, die Küsten des fernen Ostens und Westens plünderten, aber auch Geschäftsniederlassungen gründeten und Handelsbeziehungen einleiteten. Es war, mit einem

*Die
Flegeljahre
des Kapita-
lismus*

Wort, Piraterie unter staatlicher Oberhoheit und Profitbeteiligung: im Kriegsfall nannte man es Kaperei. Die großen Admirale, Weltumsegler, Eroberer und Kolonisatoren: Drake, Raleigh, Hawkins, Essex und alle übrigen Seehelden des elisabethinischen Zeitalters waren nichts anderes als Korsaren. Etwas ganz Ähnliches waren die »Handelskompanien«: konzessionierte Gesellschaften zur Ausbeutung überseeischer Länder. Schmuggel, Seeraub und Sklavenhandel stehen an der Wiege des englischen und des ganzen modernen Kapitalismus.

Dies hat zwei Gründe. Zunächst ist ja aller Handel und Gelderwerb nichts als eine Art zivilisierter und in geordnete Bahnen geleiteter Betrug. Wir haben im dritten Kapitel gesehen, unter wie großen moralischen und sozialen Widerständen sich der Übergang von der Naturalwirtschaft und dem reinen Handwerk zur Geldwirtschaft und zum Handel als Selbstzweck vollzogen hat. Sind nun diese Hemmungen im Anfang stärker als später, so pflegen diese Übergangszeiten auch anderseits als Korrelat die großen Hemmungslosen zu erzeugen. Sodann wird aber überhaupt *jede* neue Wirklichkeit: in Religion, Kunst, Wissenschaft, Gesellschaft zu ihrer Entstehungszeit von der Verfemung getroffen, da sie das »gute Gewissen« der bisherigen Wirklichkeit gegen sich hat, und ist daher gezwungen, in asozialen Formen aufzutreten: sie beginnt fast immer als Paralogismus, als »Romantik«, als Verbrechertum. Und ebenso deutlich, wie wir noch in den respektabeln und friedliebenden Kaufherren des siebzehnten und achtzehnten Jahrhunderts die Züge ihres Stammvaters, des *Raubritters* und Piraten, zu erkennen vermögen, können wir im heutigen Großfinanzier entdecken, daß er sich vom *Glücksritter*, vom Spieler und Falschspieler herleitet. Jene Zeiten aber waren die Flegeljahre des Kapitalismus. Der Erwerbstrieb trat damals noch in ekstatischen und tumultuarischen Formen auf: er hat den Charakter eines Fiebers, eines Rausches, einer Kinderkrankheit. Niemand vermochte sich dieser Ansteckung zu entziehen: wir werden sogleich sehen, daß selbst der hellste und besonnenste Kopf Englands und des ganzen Zeitalters von ihr ergriffen war. Das sichtbare Zeichen dieses neuen Merkantilgeistes war das große Londoner Börsengebäude, das 1571 vom Hofbankier Sir Thomas Gresham dem Verkehr übergeben wurde.

Parallel mit den wirtschaftlichen Wandlungen ging ein gro-ßer Aufschwung der exakten Wissenschaften. Wir haben gese-hen, daß schon in der ersten Hälfte des Jahrhunderts eine Reihe wichtiger Fortschritte auf dem Gebiet der Mathematik und Kosmologie, der Medizin und Chemie, der Zoologie und Erd-beschreibung zu verzeichnen ist; und diese Forschungen finden in den beiden nächsten Menschenaltern ihre Fortsetzung und zum Teil sogar schon ihren vorläufigen Abschluß. François Viète erhob die Algebra zu wissenschaftlicher Höhe, begann bereits mit ihrer Anwendung auf die Geometrie und förderte die Kreisberechnung durch Untersuchungen über die Zahl π; Geronimo Cardano schuf die Formel für die Auflösung von Gleichungen dritten Grades und machte in den imaginären Größen, der Typus $\sqrt{-1}$ ist, eine Erfindung von unberechenba-rer Tragweite; John Napier edierte unter dem Titel *Mirifici logarithmorum canonis descriptio* die ersten Logarithmenta-feln; der niederländische Arzt Johann van Helmont entdeckte luftartige Stoffe, die sich von der Luft unterscheiden: die Gase, und Stoffe, die in den Körpersäften Zersetzungsprozesse anzu-regen vermögen: die Fermente; Kaspar Bauhin beschrieb sämt-liche bekannten Pflanzen nach Wurzel, Stengel und Blattbil-dung, Blüte, Frucht und Samenbeschaffenheit, gab ihnen eine doppelte Bezeichnung nach Gattung und Spezies und wurde damit der bedeutendste Vorläufer Linnés; Piccolomini begrün-dete durch seine Beschreibung der Gewebe die allgemeine Anatomie, Coiter die pathologische Anatomie, Paré die neuere Chirurgie und Palissy die Paläontologie, indem er bereits mit

Die exakten Wissen-schaften

voller Entschiedenheit erklärte, daß die versteinerten Tierformen Überreste von Organismen seien, die in früheren Perioden auf der Erde lebten.

Die erstaunlichsten Erfolge wurden aber in der Physik und Astronomie erzielt. William Gilbert, der Leibarzt der Königin Elisabeth, wurde zum Begründer der Lehre von der Elektrizität und dem Magnetismus und erkannte auch schon, daß die ganze Erde ein großer Magnet sei, weshalb er den kugelförmigen Magnetstein, mit dem er seine Experimente machte, *Terella*, Miniaturerde, nannte. Der Holländer Simon Stevin, der sich auch als Festungsingenieur und Erfinder des Segelschlittens hervortat, untersuchte in seinen *Hypomnemata mathematica* als erster die mechanischen Eigenschaften der schiefen Ebene und legte in dem Satz vom Kräfteparallelogramm und in dem Prinzip der virtuellen Verschiebungen die Fundamente zur modernen Statik. Er machte auch eine Reihe folgenschwerer Untersuchungen auf dem Gebiet der Hydrostatik und fand unter anderm das »hydrostatische Paradoxon«, wonach der Bodendruck in einem Gefäß, das sich nach oben erweitert, kleiner, in einem, das sich nach oben verengert, größer ist als das Gewicht der vorhandenen Flüssigkeitsmenge; ferner beweist er, daß in kommunizierenden Röhren der Wasserstand stets die gleiche Höhe hat, auch wenn sie verschiedene Durchmesser besitzen. Der große dänische Astronom Tycho de Brahe beobachtete die Konjunktion von Jupiter und Saturn, entdeckte einen neuen Stern in der Kassiopeia und erbaute mit Hilfe des Königs eine großartige Sternwarte, mußte aber später auf Betreiben der Theologen sein Vaterland verlassen und starb als Hofastrolog Kaiser Rudolfs des Zweiten in Prag. Dort war Kepler sein Gehilfe, dem er durch die beispiellos genauen Berechnungen und Tabellen, die er ihm hinterließ, seine Entdeckungen ermöglicht hat. Sein System bedeutet in gewisser Hinsicht einen Rückschritt, denn er nahm zwar an, daß die Planeten um die

Sonne kreisen, ließ die Sonne selbst aber sich um die Erde bewegen, die er wieder in den Mittelpunkt des Weltalls zurück-
versetzte. Er gelangte zu dieser Annahme durch die Erwägung,
daß, wenn das kopernikanische System richtig sei, im Frühjahr
und im Spätjahr die Erde sich in ganz verschiedenen Entfernungen von den einzelnen Sterngruppen befinden und daher
der Fixsternhimmel ein ganz ungleiches Aussehen haben müsse.
Daß die ungeheuren Dimensionen des Weltalls diesen scheinbar so berechtigten Einwand gegenstandslos machen, konnte
er noch nicht ahnen.

Die Erfindung des Fernrohrs lag zu Anfang des siebzehnten   *Die Welt*
Jahrhunderts ebenso in der Luft wie hundert Jahre früher die   *des*
Entdeckung der amerikanischen Küsten. Es wurde 1608 von   *Fernrohrs*
Hans Lippershey konstruiert, dem Zacharias Jansen die Priorität bestritt, und im darauffolgenden Jahre ein drittes Mal ganz
selbständig von Galilei. Im Jahr 1611 machte Kepler in seiner
Dioptrik die Angaben für den Bau des sogenannten »astronomischen Fernrohrs«, die der Jesuitenpater Scheiner 1613 zur
Ausführung brachte. Ungefähr um dieselbe Zeit beobachtete
Galilei die Mondgebirge, den Saturnring, die Sonnenflecken,
deren Bewegung ihm die Achsendrehung der Sonne bestätigte,
und die Jupitermonde: eine für die Anhänger der alten Lehren
sehr kompromittierende Entdeckung, da durch sie die Welt des
Jupiter sich als ein verkleinertes Abbild des Planetensystems
enthüllte und bewiesen wurde, daß ein Weltkörper sehr wohl
ein Bewegungszentrum zu bilden und gleichzeitig eine Eigen-
bewegung zu besitzen vermag. Seine Entdeckungen gingen
aber noch viel weiter. 1610 schreibt er an einen Freund: »Auch
habe ich eine Menge von nie gesehenen Fixsternen beobachtet,
die die Zahl derer, die man mit bloßem Auge wahrnehmen
kann, um mehr als das Zehnfache übertrifft, und weiß nun, was
die Milchstraße ist, über die sich die Weltweisen zu allen Zeiten
gestritten haben.« Ebenso groß wie als Astronom ist Galilei als

Physiker: er ist der Begründer der Dynamik, einer ganz neuen Wissenschaft, die den Alten fremd war, da sie nur Untersuchungen über Statik kannten, der Schöpfer der Theorie des Wurfs und des freien Falls, auf die er durch die Schwingungen einer Lampe im Dom zu Pisa gekommen sein soll, der Entdecker des Gesetzes der Trägheit und der Erfinder der hydrostatischen Waage und des Thermometers.

Die Lehren Galileis wirkten so beunruhigend, daß es Leute gab, die sich weigerten, in sein Teleskop zu blicken, um darin nicht Wahrnehmungen zu machen, die die Lehren der bisherigen Philosophie und der Kirche umstürzen könnten. Die Legende hat aus ihm einen Märtyrer der freien Forschung gemacht, dem von den Mächten der Finsternis ein Widerruf abgepreßt worden sei. Aber so lesebuchartig haben sich die Dinge nicht zugetragen. Die Wahrheit ist, daß viele kirchliche Würdenträger und zumal der damalige Papst Urban der Achte seinen Forschungen das größte Interesse entgegenbrachten und an ihnen anfangs nichts Anstößiges fanden. Die wahren Gründe für die Verfolgungen, die Galilei zu erdulden hatte, lagen in seiner krankhaften Reizbarkeit und Rechthaberei, seinem Mangel an diplomatischem Takt und Kunst der Menschenbehandlung und seiner noch in den Gepflogenheiten des Humanismus wurzelnden Sucht, religiöse Spekulationen mit exakten Untersuchungen zu vermengen: ein Verfahren, das schon die damalige Zeit mit Recht nicht nur als irreligiös, sondern auch als unwissenschaftlich ansah. Dazu kam freilich auch der Neid der Kollegen. In dem astronomischen Hauptwerk Galileis, worin er nach der Sitte der Zeit seine Lehre in Dialogform vortrug, kam eine alberne Figur namens Simplicius vor, die gegen das neue Weltsystem die unsinnigsten Einwände vorbringt. In ihr sollten die Aristoteliker verspottet werden, aber es gelang den Feinden Galileis, den Papst glauben zu machen, daß er gemeint sei. Erst von diesem Augenblick an begann Urban, der ebenso geistreich und freidenkend wie eitel und cholerisch war, gegen Galilei einzuschreiten. Es wurde über ihn eine (übrigens ziemlich milde) Haft verhängt, und seine Bücher kamen zugleich mit allen andern, die das heliozentrische System lehrten, auf den Index. Von hier datiert der Gegensatz zwischen der katholischen Kirche und der neuen Astronomie. Kopernikus hatte, wie wir gehört haben, sein Werk dem Papst gewidmet, die Jesuiten, zum Beispiel der vorhin erwähnte Pater Scheiner, beteiligten sich sehr lebhaft an den neuen Untersuchungen, und der Jesuit Grimberger erklärte, wenn Galilei es verstanden hätte, sich die Sympathien der Jesuiten zu erwerben, so hätte er über alles mögliche schreiben können, auch über die Umdrehung der Erde. Übrigens hat die Kirche durch ihre veränderte Haltung sich selbst weit mehr geschadet als den Forschern, die sie verfolgte, denn sie hat sich dadurch in einen verhängnisvollen Kampf mit allen vorwärtsweisenden Kräften der nächsten Jahrhunderte verwickelt, in dem sie unvermeidlich unterliegen mußte.

Neben Galilei wirkte Johannes Kepler. Er entdeckte 1607 den sogenannten Halleyschen Kometen, den ersten, dessen Wiederkehr berechnet und seither regelmäßig (in Abständen von 76$^{1}/_{3}$ Jahren, zuletzt 1910) beobachtet worden ist, entwickelte in seiner *Dioptrik* die Gesetze der Lichtbrechung und die Theorie des Sehens, ermittelte die wahre Gestalt der Planetenbahnen und schuf die dauernden Grundlagen für unsere Vorstellungen von der Einrichtung des Sonnensystems in den »Keplerschen Gesetzen«, die besagen, daß erstens alle Planeten sich in Ellipsen bewegen, in deren einem Brennpunkt die Sonne steht, daß zweitens die Flächen, die die Verbindungslinie zwischen Sonne und Planet bestreicht, immer den darauf verwendeten Zeiträumen proportional sind und daß drittens die Quadrate der Umlaufszeiten der Planeten sich verhalten wie die Kuben ihrer mittleren Entfernungen von der Sonne. Hiermit war zugleich dargetan, daß ein einheitliches strenges Gesetz und eine gleichmäßig wirkende Kraft unser ganzes Planetensystem, ja das ganze Weltall regiert.

Bacon als Charakter Alle diese wirtschaftlichen, gesellschaftlichen und wissenschaftlichen Tendenzen hat Bacon in seiner Philosophie zusammengefaßt. Er war in jederlei Sinn das, was man »auf der Höhe der Zeit stehend« nennt. Er machte eine glänzende politische Karriere, wurde Kronanwalt, Großsiegelbewahrer, Lordkanzler, Baron von Verulam und Viscount von Saint Albans. Alle Welt blickte auf ihn, alles Licht sammelte sich um seine Person; und dies hat bewirkt, daß nicht nur seine philosophischen Verdienste heller, sondern auch seine moralischen Verfehlungen greller erschienen, als sie in Wirklichkeit waren. Über seinen Charakter herrscht bis zum heutigen Tage noch keine Einigkeit. Macaulay, in seiner juristischen Betrachtungsart, die der Geschichte gegenüber gern den Advokaten oder den öffentlichen Ankläger spielt, hat ihn völlig verurteilt; andere haben, in noch viel einseitigerer Weise, versucht, ihn als gänzlich fleckenlos hinzustellen. Die beiden großen Skandale, in die sein Leben verwickelt wurde, waren der Prozeß gegen Essex unter Elisabeth und der Prozeß gegen ihn selbst unter Jakob. Essex, der sich von der Königin zurückgesetzt glaubte, hatte gegen sie in seiner leidenschaftlichen und unüberlegten Art einen Tumult angezettelt, der sofort niedergeschlagen wurde. In seiner Verteidigung erklärte er, der Aufstand sei nur gegen seinen mächtigsten Rivalen Walter Raleigh gerichtet gewesen, der ihm nach dem Leben getrachtet habe; das Todesurteil nahm er mit der größten Fassung entgegen. Bacon plädierte in der Untersuchung, der er beigezogen war, auf die schonungsloseste Weise gegen Essex, obgleich er mit ihm zeitlebens befreundet war und ihm viele Förderungen und Geschenke verdankte: er verglich ihn mit Heinrich von Guise, dem Haupt der antidynastischen Partei in Frankreich, mit Absalon, der sich gegen seinen Vater erhob, mit Pisistratus, der seine usurpatorischen Pläne damit zu maskieren suchte, daß er vorgab, selbst von Mördern bedroht zu sein, und Wunden vorzeigte, die er sich selbst geschlagen hatte. Aber er ging noch weiter. Nach der Hinrichtung schrieb er im Auftrag der Königin, die durch das Bluturteil gegen den Volksliebling Essex ihre Popularität bedroht sah, eine *Erklärung der Ränke und Verrätereien, versucht und begangen durch weiland Robert Graf Essex und seine Mitschuldigen*, worin er alle seine früheren Anklagen in den gehässigsten Ausdrücken wiederholte und den Toten außerdem, und sicher mit Unrecht, beschuldigte, mit den irischen Rebellen, gegen die er als Feldherr geschickt worden war, gemeinsame Sache gemacht und eine bewaffnete Landung in England verabredet zu haben, um die Königin zu ermorden und sich selbst auf den Thron zu setzen. Zwanzig Jahre später, auf der Höhe seines Ruhms und seiner Macht, wurde er selbst unter Anklage gestellt: er wurde beschuldigt, in seinem Richteramte Geldgeschenke angenommen zu haben, und von den Lords auf Grund zahlreicher Zeugenaussagen und seines eigenen Geständnisses einstimmig zu einer Geldbuße und zur Verbannung auf seine Güter verurteilt, wodurch er endlich für die Abfassung seiner Werke die Muße gewann, die ihm die Jagd nach Reichtum und Einfluß bisher nicht vergönnt hatte. Bestechungen waren damals bei Beamten durchaus üblich, und wenn man gerade gegen Bacon die Anklage erhob, so lag der Grund nicht in besonders krassen Verfehlungen des Kanzlers, sondern darin, daß man in einem besonders exponierten Vertreter das ganze System treffen wollte. Ebendarum beschwor auch der König Bacon, das Urteil widerstandslos hinzunehmen: er versprach ihm, ihn bei der ersten günstigen Gelegenheit zu rehabilitieren, wenn er nur durch Passivität verhindere, daß die Sache weitere Kreise ziehe; und darum hat Bacon auf jede Verteidigung verzichtet, obgleich sie für ihn bei seinem hohen wissenschaftlichen Ansehen, seiner außergewöhnlichen Rednergabe und der laxen Auffassung, die man allgemein von seinem Delikt hegte, keineswegs aussichtslos gewesen wäre.

Der Grund für die beiden Verirrungen, die ihm so viel üble Nachrede eingetragen haben, war also beide Male eine hemmungslose Servilität gegen den Hof, eine fast krankhafte Angst vor königlicher Ungnade und öffentlicher Zurücksetzung. Um sich bei der Königin in Gunst zu setzen, opferte er durch jene bestellte Schmähschrift das Andenken seines Freundes, und um das Wohlwollen des Königs nicht zu verlieren, opferte er durch den Verzicht auf jede persönliche Rechtfertigung sein eigenes Andenken bei der Nachwelt. Wenn wir also das Urteil über seinen Charakter zusammenzufassen versuchen, so werden wir sagen dürfen: Er war sicherlich weder ein gemeiner noch ein boshafter Mensch (vielmehr schildern ihn sogar seine Feinde als liebenswürdig, dienstfertig, generös, frei von Anmaßung und, was zu jener Zeit fast ein Unikum bedeutete, frei von Rachsucht), wohl aber ein schwacher Mensch und ein kalter Mensch und, was gerade bei einem Mann vom Rufe Bacons sonderbar klingen mag, ein unphilosophischer Mensch. Aber wenn es wahr ist, daß eine der Grundeigenschaften des Philosophen in der Verachtung der Realität besteht, dann war Bacon kein Philosoph; er konnte nicht leben ohne Titel, Ämter, Würden, königliches Lächeln und Verbeugungen der Höflinge, ohne Pferde, Landgüter, Roben, Silbergeschirr und Lakaien: Ehre, Macht, Besitz, flüchtiger Genuß und leerer Prunk waren ihm allezeit wichtiger als Frieden und Wissen.

Bacon als   Ja es läßt sich sogar die Frage aufwerfen, ob er sich nicht in
Philosoph   seinen Werken ebensowenig als Philosoph gezeigt hat wie in seinen Taten. Die landläufige Meinung geht dahin, daß sein Leben ebenso schwarz und verwerflich gewesen sei wie sein Schaffen strahlend und unvergleichlich. Es spricht aber viel dafür, daß beide Ansichten ungerecht sind und den wirklichen Tatbestand vergrößern.

Die Philosophie Bacons will, wie er schon durch die Titel seiner Schriften andeutet, nicht mehr und nicht weniger sein als eine *Instauratio Magna:* eine große Erneuerung der Wissenschaften, ein *Novum Organon* und »die größte Geburt der Zeit«. »Die Wahrheit ist die Tochter der Zeit«, sagt Bacon: eine solche Philosophie, die die legitime Tochter ihres Zeitalters ist, die aus allen Erfahrungen, Entdeckungen und Fortschritten der Gegenwart den Extrakt und die Summe zieht, will er begründen. Seine Betrachtungen sind also im Gegensatze zu denen Nietzsches höchst »zeitgemäße«: er will gleichsam seinem Weltalter den Puls abhören und ihm die Diagnose stellen. Er will aber auch eine Prognose liefern und den Weg zu neuen Siegen weisen: »Ich übernehme die Rolle des Zeigers«, sagt er in der Vorrede zu seinem Hauptwerk. Beide Zwecke sucht er dadurch zu erreichen, daß er ein System der reinen Erfahrungsphilosophie entwirft. Nach seiner Ansicht haben in der Philosophie bisher Grundsätze geherrscht, die der Verstand ohne Rücksicht auf die wirkliche Natur der Dinge einfach als gegeben voraussetzte: daher nennt er diese Forschungsart die »Methode der Antizipationen«. Ihr stellt er seine eigene neue Untersuchungsweise als »Methode der Interpretationen« gegenüber, die auf das genaue und gründliche Verständnis der Natur abzielt. Der Verstand soll die Natur auslegen wie der gute Interpret einen Autor, indem er sich bemüht, möglichst genau auf ihren Geist einzugehen. Dies gelingt nicht durch hochfliegende Ideen und weltferne Spekulationen, sondern nur durch geduldige Unterwerfung unter die Natur: *natura parendo vincitur.* Dazu müssen wir uns vor allem der Vorurteile und Trugbilder, der *Idole* entledigen, mit denen unser Geist behaftet ist. Bacon unterscheidet vier Klassen solcher Idole. Die ersten sind die Trugbilder, die aus dem individuellen Charakter jedes einzelnen Menschen fließen und, weil sie sich ins Unbestimmbare und Dunkle, gleichsam in die *Höhle* der Individualität verlieren, von Bacon *idola specus* genannt werden: sie sind aber zu vielfältig und unberechenbar, um näher verfolgt und beschrieben werden zu können. Die zweiten stammen aus der Überlieferung, dem Respekt vor der Autorität fremder Meinungen und werden blind geglaubt, obgleich sie ebenso erdichtet sind wie die Fabeln der *Theaterwelt* und daher bloße *idola theatri* darstellen. Die dritten entspringen der Gewohnheit, an die Stelle der Dinge Worte zu setzen: sie verwechseln die konventionellen Zeichen für die Dinge mit den Dingen selbst, den *Marktwert* mit dem Realwert und heißen daher *idola fori:* in diesen Betrachtungen finden sich die ersten Anfänge einer Sprachkritik. Die vierte Gruppe endlich, die mächtigste und gefährlichste, die am schwersten zu erkennende und am mühsamsten zu überwindende, bilden die *idola tribus,* die unserer *Gattung* eingeborenen Trugbilder, die uns fortwährend veranlassen, die physische Natur in die menschliche zu übersetzen, wobei das Original seine Eigentümlichkeit einbüßt und den Geist des Übersetzers annimmt. Die menschliche Seele ist ein Spiegel der Dinge, aber dieser Spiegel ist so geschliffen, daß er die Dinge, indem er sie abbildet, zugleich verändert. Es ist aber falsch, den menschlichen Sinn für das Maß der Dinge zu halten. Hier könnte man Ansätze zu einer phänomenalistischen Betrachtungsweise vermuten; aber Bacon meint es ganz anders als Kant und dessen Schule: für ihn ist das, was er »Natur« nennt, nicht eine Schöpfung unseres Geistes, ein Produkt unserer Apperzeptionsformen, sondern etwas, dessen wahres Wesen das menschliche Bewußtsein sehr wohl zu erkennen vermag, falls es ihm gelingt, sich der Idole zu entledigen. Ja Bacon ist sogar so wenig philosophischer Idealist, daß er den erkenntnistheoretischen Wert übergeordneter Ideen bei jeder Gelegenheit leugnet und sogar, wie wir gleich sehen werden, die Anwendung abstrakter mathematischer Spekulationen auf die Naturbetrachtung perhorresziert.

Als der sicherste Weg zur Erkenntnis der »Natur an sich«, der Natur, wie sie wirklich ist, erscheint ihm die auf Beobachtung und Experiment gegründete und von Tatsache zu Tatsache behutsam vorwärtsschreitende *Induktion*; diese Methode erklärt er für die allein zuverlässige und ertragreiche, nicht allein in der Physik und den übrigen Naturwissenschaften, sondern auch in der Psychologie, der Logik, der Moral, der Politik: in dieser Feststellung dürfen wir die Vorausahnung einer ganzen Reihe von fruchtbaren Disziplinen erblicken, die erst viele Generationen nach ihm erfolgreich in Angriff genommen worden sind. Um den Induktionsschlüssen Sicherheit und Tragkraft zu geben, ist eine stetige und sorgfältige Beobachtung der *negativen Instanzen* notwendig, jener Fälle, die eine Ausnahme von einer bisher gültigen Regel statuieren: durch eine einzige solche negative Instanz wird die Regel zum Idol. Hat man nun durch gewissenhafteste Beobachtung und vorsichtiges Schließen ein einwandfreies Erfahrungsmaterial gesammelt, so steht das unermeßlich weite Reich der *Erfindung* offen: ihre Vervollkommnung zu immer höheren Graden ist das Lieblingsthema Bacons; wenn er von ihr spricht, erhebt sich seine Phantasie zu dichterischer Höhe. Aber darum ist seine Philosophie keineswegs einseitig utilitaristisch. Bei den Experimenten, in denen er die stärksten Hebel der fortschreitenden Naturbeherrschung erblickt, unterscheidet er lichtbringende und fruchtbringende: die ersteren führen zu neuen Axiomen, die letzteren zu neuen Erfindungen; aber er betont ausdrücklich, daß diese um so geringer zu schätzen seien, je mehr sie auf bloßen Gewinn ausgehen, statt die Einsicht in die Natur zu erleuchten. Ja er hat sogar für die mechanischen Bemühungen der Handwerker und Fabrikanten eine lebhafte Geringschätzung gehabt, die Goethe an ihm rügt. Auf Grund seines neuorientierten Weltbildes entwirft Bacon schließlich den *globus intellectualis*, eine Enumeration, Einteilung und Beschreibung aller Wissenschaften, wobei er mit scharfsinniger Kombinationsgabe eine Reihe ganz neuer Disziplinen aus dem Kopf konstruiert, wie die Literaturgeschichte, die er mit feinem Verständnis als einen Teil der Kulturgeschichte begreift, die Krankheitsgeschichte, die vergleichende Spezialforschung, die Handelswissenschaft, die Stenographie.

Bacon vor Bacon   Man wird vielleicht schon aus diesen kurzen Angaben ersehen haben, daß Bacons System der Weltbetrachtung zwar eine Menge geistreicher und anregender Ideen enthält, aber weder auf Tiefe noch auch nur auf Neuheit Anspruch machen kann. Er sagt zwar im *Novum Organon*, die Induktion sei der wahre Weg, den bisher noch keiner versucht habe, aber er ist bei der Aufstellung dieses Axioms selbst einem »Idolon« zum Opfer gefallen, denn ein nur flüchtiger Blick auf die Geschichte der Philosophie zeigt uns sogleich eine Reihe negativer Instanzen. Schon der von Bacon verabscheute Aristoteles hat die induktive Methode sehr wohl zu handhaben verstanden, die Alexandriner haben mit ihr auf den verschiedenartigsten Wissensgebieten großartige Resultate erzielt, und die ganze Philosophie der Renaissance ist, in den einen mehr dunkel, in anderen sehr bewußt, von baconischen Tendenzen erfüllt. Bacons Zeitgenosse, der italienische Naturphilosoph Tommaso Campanella, lehrte, das Ziel alles *velle* sei das *posse*, das *posse* aber sei nur möglich durch das *nosse*, und summiert seine Lehre in dem Satz: *tantum possumus, quantum scimus,* der mit Bacons berühmtem Wahlspruch: *wisdom is power* vollkommen identisch ist; und Bernardino Telesio, der zwei Menschenalter vor Campanella zu Cosenza geboren wurde, der Stifter der telesianischen oder, wie man sie lieber nannte, cosentinischen Akademie in Neapel, stellte das Leitprinzip auf: die Natur muß aus sich selbst erklärt werden. Noch älter als Telesio war der Spanier Ludovicus Vives, ein Zeitgenosse des Erasmus: auch er dringt auf Ausschaltung der subjektiven Elemente aus der Naturbetrachtung, auf »schweigende Betrachtung der Natur« und will alle Forschung auf Erfahrung gegründet, alle Metaphysik durch direkte Untersuchung und Experiment ersetzt wissen, wobei er der Antike viel gerechter wird als Bacon: »Die echten Schüler des Aristoteles«, lehrt er, »befragen die Natur selbst, wie auch die Alten dies getan haben.« Die überraschendsten Zusammenhänge aber bestehen zwischen Francis Bacon und Roger Bacon, dem *doctor mirabilis*, der während des größten Teils des dreizehnten Jahrhunderts, also mehr als dreihundert Jahre vor seinem Namensvetter gelebt hat. Er hatte sich aus arabischen und griechischen Schriften und durch eigene Beobachtung eine ungewöhnliche Kenntnis der mathematischen, mechanischen, optischen und chemischen Wissenschaften angeeignet und versuchte auf diesen Grundlagen ein System der Erfahrungsphilosophie zu errichten, das er der Scholastik, die damals auf der Höhe ihrer Herrschaft stand, entgegensetzte. Es gibt nach ihm zwei Arten der Erkenntnis: die erste geschieht durch Beweise, sie führt uns zu Schlüssen, die aber niemals zweifelfreie Wahrheiten zutage zu fördern vermögen; die zweite geht durchs Experiment, sie ist der einzige Weg zum gesicherten Wissen: *sine experientia nihil sufficienter sciri potest.* Die experientia selbst hat wiederum zwei Arten: sie ist entweder eine äußere durch die Sinne oder eine innere durch Eingebung; diese letztere Form, die mindestens ebenso wichtig ist wie die erstere, hat der jüngere Bacon vollkommen ignoriert. Ferner erkannte er die Mathematik als das Fundament aller Naturwissenschaft, worin er ebenfalls seinem Nachfolger an Einsicht voraus war. Er unterscheidet sich auch darin von ihm, daß er es verstand, seine Theorien fruchtbar zu machen: er erfand die Vergrößerungsgläser, reformierte den julianischen Kalender und stellte eine Mischung her, die dem Schießpulver sehr ähnlich war. Anderseits zeigen die Lehren der beiden Bacon in den Einzelheiten oft geradezu verblüffende Übereinstimmungen. Roger Bacon macht vier *offendicula* der Erkenntnis namhaft, die uns den Weg zur wahren Naturerfassung versperren: Respekt vor Autoritäten; Gewohnheit; Abhängigkeit von den marktgängigen Meinungen der großen Menge; Unbelehrbarkeit unserer natürlichen Sinne; wie man sieht, decken sie sich fast vollständig mit den *idola*. Auch er prophezeit der menschlichen Erfindungskunst eine unabsehbare Entwicklung, und seine phantastischen Konstruktionen möglicher neuer Apparate erinnern sehr an Lord Bacon: er spricht von Flugmaschinen, Fahrzeugen, die sich ohne Zugtiere fortbewegen, und Booten, die von einem einzelnen Menschen schneller als durch vier Ruderer gelenkt werden können. Wir haben es hier mit einem ähnlichen sonderbaren Zufall zu tun wie bei Erasmus Darwin, der die weltberühmten Theorien seines Namensvetters Charles Darwin über Vererbung, Anpassung, Schutzvorrichtungen und Konkurrenzkampf bereits vollständig vorweggenommen hat.

Bacons Antiphilosophie Indes: Neuheit ist kein Maßstab für die Größe einer Philosophie. Bei Bacon liegt der Fall aber insofern mißlich, als seine Philosophie, wenn sie nicht das ihr allgemein vindizierte Verdienst der Neuheit besitzt, eigentlich gar keines besitzt. Denn sie ist gar keine brauchbare und fruchtbare Methodik im modernen Sinne, und sie hat nicht nur Bacon, sondern auch die übrigen Forscher seines Zeitalters um keinen Schritt weiter geführt. Er war der Zeitgenosse Galileis und Keplers und der Landsmann Gilberts und Harveys, der beiden genialsten Naturforscher der englischen Renaissance, und alle diese sind von ihm nicht nur nicht gefördert, sondern, was schlimmer ist, nicht einmal verstanden worden: er lehnte ihre Arbeiten ab und mußte es auch von seinem System aus tun, das zwei katastrophale Gebrechen hatte. Das eine bestand darin, daß ihm der Sinn für den Wert der schöpferischen Intuition fehlte, die der beste Teil aller, auch der exaktesten Forschung ist. Ihm war eben, wie Goethe in der *Farbenlehre* hervorhebt, »in der Breite der Erscheinung alles gleich«. Für die geniale Erleuchtung, die blitzartig Analogien erhellt, wie sie durch die rein empirische Beobachtung und Vergleichung von Tatsachen nie zutage gefördert werden können, für die kühne Kraft, die hundert bedeutungslose Schlußglieder überspringt, um zu dem einen auflösenden und entsiegelnden zu gelangen, war in seiner philiströsen Methode kein Platz. Er hätte niemals das Wort verstanden, das ein so außerordentliches Genie der exakten Forschung wie Gauß gesprochen hat: »Meine Resultate habe ich längst, ich weiß nur noch nicht, wie ich zu ihnen gelangen soll.« Hier liegt auch der wahre Grund, warum er gegen die Antike so ungerecht war. Und dennoch bewahrt die Schlußlehre des Aristoteles, auf die er so hochmütig herabsah, ihre Brauchbarkeit noch heute, während sein neues Organon, durch das er sie ersetzen und abtun wollte, nur noch ein historisches Interesse beanspruchen kann. Den zweiten Mangel seiner Philosophie haben wir bereits angedeutet: er verkannte in fast unbegreiflicher Weise, welche grundlegende Bedeutung die Mathematik für die strenge Naturforschung besitzt. Gerade in dieser Entdeckung bestand aber das Umwälzende und Schöpferische der neuen Naturbetrachtung. Ihr Begründer ist Leonardo da Vinci, dessen Leitsatz lautete: »Keine menschliche Untersuchung kann wahre Wissenschaft genannt werden, wenn sie nicht durch die mathematischen Demonstrationen gegeben ist.« Dasselbe lehrte Kepler: »Wahres Erkennen ist nur dort, wo Quanta erkannt werden«, und dasselbe Galilei: »Das Buch des Universums ist in mathematischen Lettern geschrieben.« Die Probe auf die Richtigkeit dieser Prinzipien war das neue Weltsystem.

Nicht den hohen Spekulationen, mit denen der Menschengeist in den nächsten Generationen den Aufbau und die Gesetze des Weltalls, der Erde, der Organismen und der in ihnen wirksamen Kräfte erhellte, hat Bacon den Weg gewiesen, sondern den vorwiegend technologisch orientierten bürgerlichen

Nützlichkeitswissenschaften. Wir haben schon vorhin in Kürze hervorgehoben und müssen nochmals betonen, daß er selbst eine solche rein utilitaristische Richtung der Forschung nicht befürwortet und den Erkenntniswert immer über den praktischen Nutzen gestellt hat; aber eine solche Entwicklung lag trotzdem in seiner Linie. Macaulay hat die Absichten Bacons nicht ganz richtig gedeutet und doch aus ihnen nur die letzten unvermeidlichen Konsequenzen gezogen, wenn er in seinem berühmten Essay, der im übrigen ein Meisterwerk gefüllter und farbiger Dialektik ist, die Behauptung aufstellt, das Ziel der baconischen Philosophie sei die Vervielfältigung der menschlichen Genüsse und die Milderung der menschlichen Leiden; dadurch habe sie die gesamte bisherige Philosophie überflügelt, die es verschmähte, dem Behagen und dem Fortschritt zu dienen, und sich damit begnügte, unverrückbar auf derselben Stelle stehen zu bleiben. Er zitiert Seneca, der gesagt hat, wenn es das Amt der Philosophie sei, Erfindungen zu machen und die Menschen über den Gebrauch ihrer Hände zu belehren, statt ihre Seelen zu bilden, so könne man auch ebensogut behaupten, daß der erste Schuhmacher ein Philosoph gewesen sei, und fügt hinzu: »Was uns betrifft, so würden wir uns, wenn wir zwischen dem ersten Schuhmacher und dem Verfasser der Bücher *Über den Zorn* zu wählen hätten, für den Schuhmacher entscheiden. Es mag schlimmer sein, zornig zu werden, als naß zu werden. Aber die Schuhe haben Millionen vor dem Naßwerden bewahrt, und wir bezweifeln, daß es Seneca gelungen ist, einen einzigen Menschen vor dem Zorn zu bewahren.« Es wird nicht nötig sein, auf diese Erörterung näher einzugehen: die Geschichte aller Religionen lehrt, daß die Philosophie imstande ist, die Menschen gegen Ärgeres zu wappnen als gegen Nässe und Zorn; und zugleich lehrt diese Deduktion, was für eine Art von Philosophie Bacon in seinen Schülern schließlich erzeugt hat und erzeugen mußte: eine Philosophie für

Schuster oder, um es vornehmer auszudrücken, für Erfinder von Fußbekleidungssystemen und Nässeschutzapparaten. Macaulay fährt fort: »Wenn der Baum, den Sokrates pflanzte und Plato pflegte, nach seinen Blüten und Blättern beurteilt werden soll, so ist er der edelste aller Bäume. Aber wenn wir den einfachen Probierstein Bacons anwenden und den Baum nach seinen Früchten beurteilen, wird unsere Meinung vielleicht weniger günstig ausfallen. Wenn wir alle nützlichen Wahrheiten, die wir jener Philosophie verdanken, zusammenzählen, wie hoch wird sich ihre Summe belaufen? … Ein Fußgänger kann in einer Tretmühle eine ebenso große Muskelkraft entfalten wie auf einer Landstraße. Aber auf der Landstraße wird seine Kraft ihn vorwärts bringen, während er in der Tretmühle nicht um einen Zoll von der Stelle rückt. Die alte Philosophie war eine Tretmühle und kein Weg.« In diesen Sätzen haben wir die ganze utilitaristische Philosophie, die sich von Bacon herleitet, im Extrakt. Macaulay weist den Gedanken weit von sich, daß der Zweck eines Baumes im Blühen bestehen könne. Bäume sind offenbar ausschließlich dazu geschaffen, um den Menschen Früchte zu liefern, und Philosophien, um ihnen nützliche Wahrheiten abzuwerfen. Es fällt Macaulay nicht ein, während er diese Wahrheiten sammelt, daß Nutzen und Wahrheit zweierlei Dinge sind, ja in den meisten Fällen einander ausschließen: kein Wunder, daß die Bilanz Platos so ungünstig ausfällt. Wahrheiten haben nur dann eine Existenzberechtigung, wenn sie den Menschen durch ihre Früchte fetter machen. Blüten nur eine Existenzberechtigung als Vorstadien dieser Nährprodukte, Blätter sind zu nichts gut als zum Verbrennen und Heizen, eine Philosophie, die sich Selbstzweck ist, hat gar keinen Zweck. Wer sich mit derlei müßigen Spekulationen abgibt, wandelt in einer Tretmühle, er vergeudet seine Muskelkraft, während er sie auf der Landstraße sehr vorteilhaft und fortschrittlich verwenden könnte, zum Beispiel zum Düngertransport oder zum Ausmessen der Länge der Landstraße; aber offenbar ist ein Spaziergänger, der wandert, um die Schönheiten des Weges kennenzulernen oder um einfach seine lebendigen Energien spielen zu lassen, ebenso sinnlos und wertlos wie ein Mühlentreter, und eine Philosophie, die dergleichen tut, ist Narretei oder Vagabondage.

Bacons Ruhm

Wenn nun Bacons Philosophie im Grunde eine Antiphilosophie und dabei nicht neu und nicht einmal wissenschaftlich brauchbar war, welchem Umstande verdankte sie die ungeheure Wirkung, die sie auf ihr Zeitalter und sogar auf die Nachwelt ausgeübt hat? Denn irgendwelche Qualitäten muß sie doch gehabt haben. »Die Natur«, sagt Emerson, »läutert ununterbrochen ihr Wasser und ihren Wein: kein Filter kann vollkommener sein. Was für eine furchtbare Überprüfung muß ein Werk durchgemacht haben, damit es nach zwanzig Jahren wieder erscheinen darf, und wenn es gar nach einem Jahrhundert wieder gedruckt wird! Dann ist es, als ob Minos und Rhadamanthys ihr Imprimatur gegeben hätten.« Die Menschheit pflegt ihre Ehrungen nicht zu verschenken. *Ex nihilo nihil fit:* wo Rauch ist, muß Feuer sein oder doch gewesen sein.

Ein Hauptgrund für die außerordentliche Wirkung Bacons liegt zunächst darin, daß er der größte Schriftsteller seines Zeitalters und überhaupt einer der vollkommensten englischen Prosaisten gewesen ist. Er besaß das Geheimnis, Farbigkeit mit Durchsichtigkeit und Fülle mit Klarheit zu verbinden. Was seine Feder beschrieb, das umriß sie mit unvergeßlich scharfen und leuchtenden Zügen. Schon von den Parlamentsreden des jungen Bacon sagte Ben Jonson, ihre Urteile seien so gehaltvoll und ernst, ihre Wendungen so anmutig und leicht, ihre Gedanken so streng und durchgearbeitet gewesen, daß er die Aufmerksamkeit aller Zuhörer fortwährend spannte und jeder den Augenblick fürchtete, wo er aufhören werde. Das Grundwesen seines Stils ist ein gediegener Prunk: Glanz, Reichtum und Kolorit leben bei ihm nicht auf Kosten der Solidität, Gründlichkeit und Ordnung. Seine Bildersprache ist eine ganz andere als die Shakespeares: bei diesem herrscht eine gejagte Bilderflucht, die eine ganze Welt von sich kreuzenden und überstürzenden Gleichnissen zusammenzuraffen sucht, bei Bacon saubere Porträtplastik, die treffend veranschaulichen will; Shakespeares Metaphern dienen der Suggestion, Bacons Metaphern der Verdeutlichung. Er sagt zum Beispiel von der Philosophie, ein Tropfen aus ihrem Becher führe zum Unglauben, leere man aber den Becher bis auf den Grund, so werde man fromm, und von der Ethik, sie habe bisher nur kalligraphische Vorschriften gezeigt, aber nicht gelehrt, wie man beim Schreiben die Feder führen soll; er vergleicht die Weisheit der Griechen mit einem Kinde, das fertig zum Schwatzen, aber unkräftig und unreif zum Zeugen sei, die mittelalterliche Wissenschaft mit einer gottgeweihten Nonne, die in ein Kloster gesperrt wurde und unfruchtbar geblieben sei, die Werke des Aristoteles mit leichten Tafeln, die sich auf dem Strome der Zeit durch ihr geringes Gewicht über Wasser gehalten hätten, während das Schwerere und Gehaltvollere versunken sei, und die Wahrheit mit dem nackten hellen Tageslicht, das die Masken, Mummereien und Prunkzüge der Welt nicht halb so schön und stattlich zeige wie das Kerzenlicht der Lüge. Sehr einprägsam sagt er in der Schrift *De dignitate et augmentis scientiarum:* Die Natur erscheine uns in direktem Licht, Gott, den wir nur durch die Natur zu erkennen vermögen, in gebrochenem Licht und unser eigenes Wesen, zu dem wir durch die Selbstbespiegelung gelangen, in reflektiertem Licht, und im *Novum Organon:* die bloße Erfahrung mache es wie die Ameisen, die nur zu sammeln verstehen, der sich selbst überlassene Verstand wie die Spinnen, die aus sich ihr Gewebe hervorbringen, die denkende Erfahrung aber wie die Bienen, die zugleich sammeln und sichten; und berühmt ist sein Ausspruch: wenn wir aus dem Reich der Na-

471

tur in das Reich der Offenbarung gelangen wollen, so müssen
wir aus dem Boot der Wissenschaft, worin wir die Welt umse-
gelt haben, in das Schiff der Kirche steigen. Solche glückliche
Bilder, die ihm wie von selbst zuströmten, durchdrangen alle
seine Schriften, machten alle von ihm erörterten Gegenstände
anziehend und anschaulich und belebten sogar seine Konversation: so sagte er zum Beispiel zu Essex, sein herrisches Benehmen gegen die Königin gleiche den heißen Wasserkuren, die
wohl bisweilen helfen, aber fortgesetzt schaden, und Kriegs-
ruhm und Volksgunst seien wie die Schwingen des Ikarus mit
Wachs befestigt.

Den zweiten Grund für die Wirkung Bacons haben wir bereits erwähnt. Er hat den Willen der Zeit, der leidenschaftlich
nach Wissen und Macht strebte, in zündenden Devisen, schlagenden Formeln und weithin leuchtenden Signalen zum Ausdruck gebracht, er hat seinem Jahrhundert die präzisen Stichworte gegeben. Seine Bedeutung war daher, in dem besten
Sinne, den dieses Wort haben kann, eine journalistische. Er war
der klare glänzende Spiegel, in dem der elisabethinische Mensch
mit Vergnügen sein Porträt erblicken durfte, ja noch mehr: er
hat den Typus des englischen Menschen, der sich erst im Laufe
der späteren Generationen voll ausprägen sollte, vorauskonzi-
piert. Hier steht er bereits vor uns: der kühle, wohlinformierte,
weitblickende Engländer mit seinem leidenschaftlichen Positivismus, seinem praktischen Genie, seiner gesunden Mischung
aus Konsequenz und Anpassungsfähigkeit, seinem welterobern-
den Tatsachensinn; Gentleman, Gelehrter und Weltreisender in
einer Person, in der einen Hand den Kompaß, in der anderen die
Times.

Der
heimliche
König

Das neue Organon, die wahre Enzyklopädie, Instauratio
Magna und Geburt der Zeit war aber nicht Bacon, sondern jener Mann, an dem den Mitlebenden nur denkwürdig erschienen ist, daß er einmal wegen Wilderns in Untersuchung war,

eines der vielen Londoner Theater mit ziemlich gutem Geschäftserfolg leitete und in seiner Vaterstadt als leidlich begüterter Bodenspekulant starb. Bacon hat ihn in seinen Schriften nicht ein einziges Mal erwähnt, nicht einmal dort, wo er von der dramatischen Poesie redet, die er überhaupt sehr gering einschätzte: was konnte denn auch ein so seriöser Gelehrter und vornehmer Lord, was konnte ein Zeitalter, angefüllt mit Armadasiegen, Kolonialpolitik und wissenschaftlichen Fortschritten, an derlei Komödiantenplunder Bemerkenswertes finden? Aber so machen es die Menschen immer. Sie wollen ihr Leben erhöht sehen, den Sinn der Stunde erklärt wissen, Schönheit erblicken. Sie spähen ängstlich und angestrengt, ob sich nicht am Horizont ein neues Licht zeigt. Es zeigt sich nicht. Denn am Horizont ist es nicht zu finden. Sondern es müßte mitten unter ihnen, neben ihnen, in ihnen selbst aufleuchten. Da aber suchen sie es niemals. Ein Dichter, denken sie, muß aufsteigen wie eine ferne blendende Prachtsonne, in blutigroten pompösen Farben. Es gibt aber keine »pompösen Dichter«. Die echten Dichter gehen immer inkognito umher wie die Könige in den Anekdoten. Sie sprechen mit dem Volk, das Volk antwortet ihnen kaum und sieht an ihnen vorbei. Später kommt dann einer und erklärt den Leuten, wer das eigentlich gewesen sei. Aber inzwischen hat sich der verkleidete König längst davongemacht. Zweihundert Jahre nach Shakespeares Tode kamen einige Menschen und sagten: »Ja wißt ihr denn, wer dieser kleine Schauspieler und Schmierendirektor war? Es war William Shakespeare!« Da waren alle sehr erstaunt, aber Shakespeare hatte sich längst davongemacht.

Shakespeare hat inmitten einer Zeit des Jubels, der Weltwenden und des Glanzes ein stilles, einfaches und fast banales Leben geführt. Er begann als Inspizient und »Hausdichter«, hielt täglich seine Proben, überarbeitete Dramen, schrieb selbst ein paar eigene, grübelte über Kostümrechnungen, Kassenrapporten und Grundbüchern und erreichte erst wenige Jahre vor seinem Tode das höchste Ziel, das er seinem Leben gesetzt hatte: ein sorgenloses Dorfdasein in Stratford, ohne Schminke und ohne Manuskripte. Der Poeta laureatus des Zeitalters war Ben Jonson, ein Mann von stupender Gelehrsamkeit, die er ungemein geschickt in seine Dramen verflocht, ein geschmackvoller Mosaikmaler und scharf gliedernder Logiker, der, weil er sich an der leeren Typenkunst der römischen Dichter fleißig geschult hatte, für einen Klassiker galt und sich selber für einen Hohenpriester der Kunst hielt. Es ist, so sonderbar es uns heute klingen mag, mehr als wahrscheinlich, daß die Zeitgenossen in ihm den Vertreter der hohen Richtung, den Dichter für die Unsterblichkeit erblickten und in Shakespeare den unterhaltenden und packenden Tagesschriftsteller, den Mann für die Galerie.

Die Seele Shakespeares   Die geringe oder falsche Schätzung, die Shakespeare zu seinen Lebzeiten erfahren hat, ist manchen so paradox erschienen, daß sie auf das Auskunftsmittel verfielen, seine Existenz überhaupt zu leugnen. Das ist allerdings eine sonderbare Art, den Widerspruch zu lösen. Denn wenn es schon schwer vorstellbar ist, daß diese beispiellose Schöpferkraft im Dunkel gelebt hat, so ist es völlig unvorstellbar, daß sie überhaupt nicht gelebt haben soll. Diesen Zweiflern muß man erwidern: Wer hätte denn diese sechsunddreißig Dramen, deren Gewalt und Fülle bis heute noch niemand erreicht hat, schreiben sollen, wenn nicht Shakespeare? Vielleicht hieß er nicht Shakespeare: was kümmert uns seine Adresse! Aber vorhanden muß er doch gewesen sein. Shakespeare ist auf uns gekommen in der untrüglichsten und sichersten Form, in der der Genius sein Leben bezeugen kann: durch seine Geisteswerke. Seine Dramen sind der evidenteste Beleg für seine Existenz. So viele haben ihre Meldezettel, Geburtsatteste und Totenscheine und sind nicht gewesen, haben niemals gelebt vor dem Antlitz der Geschichte.

Shakespeare ist von keinem Seelsorger, Magistratsbeamten und Bezirksarzt bescheinigt und lebt.

Und doch würden wir viel darum geben, noch heute ein wenig in der Seele dieses *myriad minded man*, wie ihn Coleridge so schön nennt, ein wenig lesen zu dürfen. Aber seine Seele schweigt in seinen Werken: sie hat sich verflüchtigt in den tausendköpfigen farbensprühenden Zug seiner Gestalten. Viele halten den *Macbeth* für die stärkste dramatische Blase, die dieser Planet bisher ausgeworfen hat, und doch wissen wir bis zum heutigen Tage noch nicht, was Shakespeare damit beabsichtigt hat: wollte er ein Zugstück schreiben, dessen gedrängten Schreckwirkungen das Publikum willenlos erliegen müsse, oder in einem Helden, der ganz Tat ist, ein Gegenstück zum Hamlet schaffen oder einen der schottischen Stoffe, die durch die Thronbesteigung Jakobs aktuell geworden waren, neu und effektvoll appretieren oder die letzten Weisheiten über Weltlauf und Schicksal verkünden, die sich ihm auf dem Scheitel seiner Erdenbahn enthüllt hatten? Alle diese Fragen sind ebenso viele Philistrositäten. Was bei Shakespeare zurückbleibt, selbst bei seinen primitivsten Gelegenheitslustspielen, ist immer eine große Irrationalität. Die geheimnisvolle dreifache Erscheinungsform des Genies, von der wir in der Einleitung sprachen, zeigt sich an Shakespeare in besonders suggestiver Weise. Er ist der kompletteste und intensivste Ausdruck seiner Zeit; er hat seine Zeit, obgleich sie die Quelle dieser Kraftwirkungen übersah, aufs gebieterischste und nachhaltigste influenziert; aber am stärksten ist doch der Eindruck, daß er selbst hinter allen diesen Wechselbeziehungen als unergründliche einmalige Absurdität thront. Wollte man den Versuch wagen, das Wesen dieses unfaßbaren Menschen in einem einzigen Wort auszudrücken, so könnte man vielleicht sagen: er war der vollkommenste Schauspieler, der je gelebt hat. Er war der leidenschaftlichste und objektivste, hingegebenste und souveränste Charakterdarsteller der menschlichen Natur, aller ihrer Höhen und Niederungen, Flachheiten und Abgründe, Zartheiten und Bestialitäten, Träume, Taten und Widersprüche. Er ist der roheste Schlächter und der femininste Gefühlsmensch, der feinste Artist und der geschmackloseste Barbar, der, gleich den Edelleuten seiner Zeit, mit einer Überfülle von Juwelen prunkt, er schreckt vor nichts zurück und bevorzugt nichts: denn alles ist ja nur eine Rolle, die möglichst glaubhaft und möglichst einprägsam vorgetäuscht werden will. Deshalb ist er auch völlig skrupellos in der Verwendung fremden Eigentums, den Begriff Plagiat kennt er nicht, er nimmt die Texte, wo er sie findet, in dem Vertrauen, daß dadurch, daß er sie aufsagt, etwas Besseres herauskommen wird, als diese Texte jemals waren. Er selbst aber erscheint nie, und wenn er eines Tages das ganze Repertoire der Menschheit heruntergespielt haben wird, dann wird er seine glitzernde Puppenbühne schließen, ins Dunkel der Nacht hinaustreten und den Blicken der Zuschauer für immer entschwinden.

Das Theater Shakespeares Dieses Bühnengenie mußte seine Phantasiewelt, die alles enthielt, was es gibt, und daneben noch so ziemlich alles, was es nicht gibt, in einer brettern Matrosenschenke realisieren, und, was noch merkwürdiger ist, dieser erotischste aller Dramatiker hatte ein Theater ohne Weiber. Aber das Allersonderbarste ist doch, daß in seinen Dramen, die sich ohne jede Szenerie behelfen mußten, die stumme Außenwelt auf Schritt und Tritt als ein wirksamer Faktor in die Entwicklung eingreift und die Schicksale der Menschen fast wie eine handelnde Person bestimmt. Die Lokalität ist bei Shakespeare stets so stark mitgemalt und so organisch mit den Vorgängen verknüpft wie bei keinem einzigen der modernen Dramatiker, denen alle Mittel der Illusion zu Gebote standen. Zum Beispiel die erste Szene im »Hamlet«: hier ist die Umwelt geradezu ein Stück der Exposition. Man fühlt es: wer diesen Schauplatz betritt, *muß* Hamlets Vater erblicken, aus dem Grauen und Dunkel wächst das Gespenst förmlich hervor. Oder die Nacht im *Macbeth*: sie ist sozusagen der Hauptintrigant. Oder man denke an die sturmumbrauste Heide im *Lear*, an die aus Blumenduft, Mondschein und Nachtigallenschlag gewobene Atmosphäre in *Romeo und Julia*, an die magische Waldwelt im *Sommernachtstraum*. In eigentümlich pantheistischer Weise spielt die Natur überall mit, läßt geheimnisvoll aus ihrem Schoße Gefühle und Taten heraufsteigen.

Damit hängt es zusammen, daß Shakespeare einer der größten Dichter des Unbewußten geworden ist, der dumpfen und dunklen Triebe, die die wahren Motoren unserer Handlungen sind und sich doch unserer Lenkung fast gänzlich entziehen. Daher kommt auch die elementarste Wirkung seiner Dramen, die den Charakter von Urgeschehnissen, von Naturereignissen an sich tragen, daher sein unnachahmlicher Realismus, der nicht aus den Oberflächen, sondern aus den Tiefen kommt. Daher auch seine Undeutbarkeit, die er mit dem Leben selbst teilt. Wir sahen vorhin, daß der Montaignemensch, indem er tiefer als bisher in die schwarzen Schächte der menschlichen Seele hinabgrub, notwendig zum Agnostizismus gelangen mußte: ein ähnliches Weltgefühl macht auch Shakespeares Dramen so chaotisch. Dies erstreckt sich auch auf die äußere Form: Shakespeare ist der Dramatiker der bunten Szenenfolge, der aufgelösten Architektur; gerade dies aber macht sein Theater unsterblich. Denn das »starre System« des Klassizismus kann nur so lange leben, als die Leidenschaft für rationalistische Gliederung den Kunstsinn beherrscht, Shakespeares Bühnenform aber hat allen Zeiten etwas zu sagen, und nicht bloß allen Zeiten, sondern auch allen Ständen, Altersklassen und Bildungsgraden: sie verhält sich zum klassischen Drama ähnlich wie die Kolportagegeschichte zum Kunstroman, die ebenfalls unsterblich ist, wenn sie auch zu allen Zeiten totgesagt wurde. Devrient nennt in seiner *Geschichte der deutschen*

Schauspielkunst Shakespeares Dramen »die höchste Verherrlichung des mittelalterlichen Dramas«. Und so verhält es sich in der Tat. Dieses mittelalterliche Drama war bei aller Unbeholfenheit der Technik und Dürftigkeit der Individualisierung ein Fund und Treffer, die Entdeckung der wahren, allein lebensvollen und allein lebensberechtigten Form des Dramas. Bilderflucht und Gestaltenflucht, Mystik und Supranaturalismus sind das innerste Wesen aller Theaterkunst. Es ist ja auch der letzte große Theatermagier, den die europäische Kultur hervorgebracht hat, wiederum, wenn auch auf Umwegen, zu dieser ewigen Form zurückgekehrt; denn wenn sich Ibsen auch bisweilen der klassischen Einheit des Ortes und der Zeit bedenklich zu nähern scheint, so ist das doch nur eine optische Täuschung: daß die Kulisse stehen bleibt, ist eine belanglose Äußerlichkeit, die Handlung selbst aber in ihrer bunten Verwickeltheit und Vielfältigkeit, in ihren tausendfachen Wechselbeziehungen, die auch Vergangenheit und Zukunft fast körperlich mitspielen lassen, ist aus einem romantischen Kunstgefühl geboren, und was den Supranaturalismus anlangt, so vermögen wir heute, aus der Entfernung eines Menschenalters sehr deutlich zu erkennen, daß sich Dichtungen wie die »Gespenster« oder »Rosmersholm« nur durch ihren modernen und daher raffinierten Apparat von Zaubermärchen unterscheiden.

Die Welt als Traum Shakespeares Dramen sind wirkliche Spiele: das macht sie so amüsant. In ihnen ist das ganze Dasein als Traum, als Maskerade oder, bitterer ausgedrückt, als Narrenhaus konzipiert. Taten sind Tollheit: dies ist die Kernweisheit aller seiner Dichtungen, nicht bloß des *Hamlet*. Er hat einen ganzen Kosmos von Tatmenschen, eine komplette Zoologie dieser so varietätenreichen Spezies geschaffen; aber er belächelte und verachtete sie alle. Sein ganzes Leben war dem Drama, der Darstellung von Handlungen gewidmet: Abbilder menschlicher Taten zu malen war der Sinn seiner Erdenmission; und er selbst fand alles

Handeln sinnlos. Darin, daß er sich auf diese Weise über seine eigene Tätigkeit erhob, zeigt sich seine höchste Genialität. Seine ganze Weltanschauung ist in seiner Grabschrift enthalten: »*We are such stuff as dreams are made of,* wir sind aus gleichem Stoff gemacht wie Träume.« Dies scheint mir auch der Sinn des *Hamlet* zu sein: Hamlet ist ein so intensiver Phantasiemensch, daß er alles, was erst noch geschehen soll, in seinen Träumen vorwegnimmt, durchdenkt, zu Ende denkt und schließlich zerdenkt; man kann aber eine Sache nur einmal voll erleben: in der Vorstellung oder in der Realität; Hamlet hat ohne seine Schuld und vielleicht sogar gegen seinen Willen das erstere gewählt: er träumt die Welt so stark, daß er sie nicht mehr erleben kann.

Und was war denn dieser Shakespeare selber anderes als ein luftiges Traumgebilde oder flackerndes Lichtspiel, ein zitternder Spuk und Alpdruck, der durch die Welt fuhr, unheimlich und unwirklich, alle bunten Geschehnisse der Wirklichkeit widerspiegelnd und vorüberhuschend wie eine gigantische Sinnestäuschung? Wie ein riesiges Brillantfeuerwerk ging er nieder, den Himmel mit Flammengarben der Leidenschaft und Leuchtkugeln des Witzes färbend und eine unendliche Schleppe von prasselndem Gelächter und glitzernden Tränen hinter sich herziehend.

Die Welt als Traum, die Welt als Mysterium, die Welt als Chaos: dies ist eine Apperzeptionsform, die der Renaissance völlig entgegengesetzt ist. Und Shakespeare bedeutet denn auch in der Tat nicht etwa den Höhepunkt, sondern das Ende und die definitive Auflösung der Renaissance. In den Zeitraum von der Mitte des sechzehnten Jahrhunderts bis zum Ausbruch des Dreißigjährigen Kriegs fällt die Agonie der Renaissance. Dies zeigt sich am deutlichsten in ihrem Geburtsland. Genau im Jahre 1550, wie um einen Schlußpunkt zu machen, erscheint Vasaris berühmtes Werk, das die Gesamtleistung der italieni-

Die Agonie der Renaissance

schen Renaissancekunst rekapitulierend zusammenfaßt. Aber schon hatten sich bedeutsame Geschmackswandlungen angekündigt: in der häßlichen und blutigen Phantastik der Cellinischen Perseusstatue; in der Begeisterung, mit der neu ausgegrabene Werke von einer so unantik wirkenden wildbewegten Kolossalität wie die farnesischen Skulpturen: die Flora, der Herkules, der Nil begrüßt wurden; in dem Beifall, den die großsprecherischen, hart ans Groteske streifenden Kompositionen Giulio Romanos errangen. Das große Losungswort heißt von nun an nicht mehr Kontur, sondern Bewegung; die Plastik gilt zwar noch immer als Kanon alles Kunstschaffens, aber es ist eine aus allen Maßen geschleuderte, betrunkene Plastik, die nun die Herrschaft antritt. Und dazu kam der von Jahrzehnt zu Jahrzehnt immer gebieterischer lastende Druck der allgemeinen Hispanisierung. Wie eine Spinne begann die spanische Großmacht von Norden und Süden her das Land zu umklammern: sie herrschte unmittelbar in Mailand und Neapel, indirekt in Toskana und Mantua, in Piemont und im Kirchenstaat. Durch die Entdeckung Amerikas hatte der Mittelmeerhandel seine zentrale Stellung eingebüßt, die großen Seemächte Venedig und Genua glitten langsam von ihrer Höhe herab und konnten kein Gegengewicht mehr bilden. In Florenz herrschten die Medici nicht mehr als erste Bürger, sondern als Großherzoge. Die neuen Päpste sind nicht mehr prunkliebende weltfreudige Kunstmäzene, sondern feurige Glaubensstreiter und ernste Asketen. Nirgends war man vor der Inquisition sicher. Italien, das Kernland des Klassizismus und des Freigeists, wird romantisch und kirchlich. Aber die meisten machten den neuen Kurs freiwillig mit: die Gegenreformation siegte auch über die Köpfe und Herzen. Tintoretto ist bereits der vollendetste Maler jener starren Eiswelt besinnungsloser Unterwerfung unter Staat und Kirche, die nur von den unheimlichen Strahlen eines ekstatischen Glaubens erhellt wird. Vergeblich suchten die Caracci den Geist der Antike am Leben zu erhalten, um so vergeblicher, als sie selbst unbewußt von dem neuen Geist ergriffen waren. 1583 kam die Niobegruppe ans Tageslicht, ein pathetisches und larmoyantes Werk der griechischen Dekadenz; ihre Spuren sind noch in den religiösen Bildern Guido Renis zu erkennen, deren verzuckerte Sentimentalität geradezu blasphemisch wirkt. Unter dem Eindruck der Beschlüsse des Konzils von Trient schuf der größte Musiker des Zeitalters den nach ihm benannten streng kirchlichen Palestrinastil. Francesco Bracciolini erlangte mit seinem burlesken Gedicht *Lo scherno degli Dei*, worin er die antike Mythologie travestiert, die größte Popularität, und Tassonis Epos *La secchia rapita*, das die olympischen Götter auf offenbachische Manier verspottet, war in ganz Europa berühmt: Venus ist darin eine mondäne Lebedame, Jupiter ein träger alter Wichtigtuer, die Parzen backen Brot, Merkur trägt eine Brille, Saturn hat Schnupfen und eine rote Nase; das Ganze ist eine offenkundige Parodie auf alle antikisierenden Kunstrichtungen. Zugleich macht die Wildheit der menschlichen Natur, die fast ein Jahrhundert lang künstlich zurückgedämmt war, wieder ihre Rechte geltend: etwas Bestialisches und Plebejisches kommt in die Kunst. Caravaggio, der größte Meister dieses Zeitraums, hat die Existenz eines lebensgefährlichen Rowdys geführt und hieß »der Maler der schmutzigen Füße«. Man malt am liebsten den anarchischen Menschen und die entfesselte Natur: Briganten, verrufenes lärmendes Gesindel, wüstes rauhes Felsgeklüft, aufgeregte Gewässer, Gewitter und Sturm. Europa treibt dem Dreißigjährigen Krieg entgegen.

Dieser Krieg war, als Produkt der hemmungslosen Roheit, des engstirnigen Partikularismus und des fanatischen Theologengezänks, die stärkste und sinnfälligste Zusammenfassung der bisherigen Entwicklung und darum eine Art Schlußpunkt, aber doch auch, wie jede Krisis, der Anfang von etwas Neuem.

Das zweite Trauma

Er ist die große Wasserscheide, die zwei Weltalter trennt und verbindet, weshalb seine Behandlung besser dem nächsten Buch vorbehalten bleibt.

Wir haben gesehen, wie der europäische Mensch durch den Sieg des Nominalismus und durch das große Trauma der Schwarzen Pest einen ungeheuren Choc erlitt, der sich in einer mehr als hundertjährigen Psychose entlud, einer Psychose der Erwartung; wie am Schlusse dieser Inkubationsfrist der Mensch der Neuzeit endlich ans Licht trat: noch unklar, unreif und unsicher, voll Atavismen, Reminiszenzen und Rezidiven, aber schon deutlich sein Wesen verratend, das in einem extremen, exklusiven, selbstherrlichen Rationalismus oder, was dasselbe ist, Sensualismus bestand; wie er in der Renaissance die Kunst und die Philosophie, in der Reformation die Religion und den Staat säkularisierte und schließlich zusammenfassend den ersten Versuch machte, die ganze Erscheinungswelt dem ordnenden, sichtenden, rechnenden Verstande zu unterwerfen, indem er das souveräne Wissen als die einzige legitime Macht proklamierte. Aber dies alles geschah noch tastend und unvollkommen, blieb überall in der Tendenz, im Ansatz, im Entwurf stecken. Ein neuartiges großes Trauma schließt diese Werdeperiode ab. Deshalb beginnt die wahre Neuzeit erst nach dem Westfälischen Frieden, und was wir bisher zu erzählen versucht haben, war nur das Vorwort und Vorspiel, gleichsam die Prähistorie der Neuzeit.

Die neue Frage Die folgenden Jahrhunderte bringen dann den definitiven, umfassenden und völlig bewußten Sieg der Verstandeskultur. Sie tragen daher auch eine viel einheitlichere Signatur als die bisherigen Stufen der Neuzeit: die Kristallisationsgedanken werden uns mächtiger und klarer, die verdichtenden Persönlichkeiten reicher und zahlreicher und die einander ablösenden Lebensstile so scharf geprägt und umrissen entgegentreten, wie wir dies bisher nur ein einziges Mal, nämlich bei der italienischen Hochrenaissance, beobachten konnten.

Der Verstand, der zu Beginn des sechzehnten Jahrhunderts erwachte und im Laufe des Jahrhunderts seine Herrschaft immer mehr ausbreitete und befestigte, beginnt um die Wende des Jahrhunderts zu stutzen und während der ersten Hälfte des folgenden Jahrhunderts an sich irre zu werden; er bemerkt die Widersprüche des Daseins, die Täuschungen des Daseins, die Leiden des Daseins: lauter Probleme, die sich seiner Auflösung entziehen, und wirft sich abermals in die Arme der Religion. Aber er bleibt doch da, läßt sich nicht einfach auslöschen. Wie kann man nun gleichzeitig der Realist und Verstandesmensch sein, der man nun einmal ist, und der Supranaturalist und Homo religiosus, der man doch gerne sein möchte? Wie lassen sich diese beiden äußersten Enden zusammenknüpfen, diese beiden extremsten Gegensätze menschlichen Wesens verschmelzen? Mit dieser Frage und dem Versuch, sie zu beantworten, befinden wir uns bereits mitten in der Barocke.

ZWEITES BUCH

BAROCK UND ROKOKO

*Vom Dreißigjährigen Krieg
bis zum Siebenjährigen Krieg*

ERSTES KAPITEL

Die Ouvertüre der Barocke

Wenn wir geboren werden, weinen wir,
Daß wir die große Narrenbühne Welt
Betreten müssen.

Lear

Während die Barockkultur sich anschickt, ihre ersten dunklen Blüten zu entfalten, sieht man in einem östlichen Winkel Mitteleuropas einen wilden Krieg aufflammen, der, an plötzlichen Zufällen entzündet und doch aus den tiefsten Untergründen der Zeitseele hervorbrechend, sogleich gierig weiterrast, sich unaufhaltsam in den halben Erdteil hineinfrißt und, launisch bald hier, bald dort emporlodernd, Städte, Wälder, Dörfer, Felder, Kronen, Weltanschauungen in Asche legt, schließlich aber nur noch seinem eigenen Gesetz gehorcht, indem er wahllos überallhin züngelt, wo er noch Nahrung vermutet, bis er eines Tages ebenso rätselhaft verlischt, wie er entbrannt war, als einzige große Veränderung nichts hinter sich lassend als eine ungeheure gespenstische Leere: zerbrochene Menschen, beraubte Erde, tote Heimstätten und eine entgötterte Welt.

Das Sinnlose

Unter den vielen langen und sinnlosen Kriegen, von denen die Weltgeschichte zu berichten weiß, war der Dreißigjährige einer der längsten und sinnlosesten, wahrscheinlich gerade darum so lang, weil er so sinnlos war. Denn er hatte kein festumschriebenes Ziel, das zu erreichen oder zu verfehlen, keinen runden greifbaren »Zankapfel«, der zu gewinnen oder zu verlieren gewesen wäre. Es läßt sich überhaupt beobachten, daß zumeist nur verhältnismäßig kleine Kriege ein deutliches Streitobjekt und infolgedessen eine klare Entscheidung aufweisen. So handelte es sich, um nur einige Beispiele aus der jüngsten Geschichte zu nennen, im Jahr 1866 um die deutsche Hegemonie, im Jahr 1870 um die deutsche Einheit, im russisch-japanischen Krieg um Korea, im Balkankrieg um die europäische Türkei. Die großen, die sogenannten Weltkriege hatten aber in der Regel nur sehr allgemeine Intentionen wie »Vernichtung der Vorherrschaft« einer bestimmten Großmacht, »Wiederherstellung des europäischen Gleichgewichts«, »Befreiung der Völker« und dergleichen; auch endeten sie fast immer als Remispartien: man denke an den Spanischen Erbfolgekrieg, den Siebenjährigen Krieg, die napoleonischen Kriege (und dies ließe sich sogar vom letzten Weltkrieg beweisen, was zu erörtern aber hier nicht der Ort ist). Derartige ungeheure Konvulsionen bedeuten, im Großen, aus der Ferne und von oben geschehen, nichts anderes als geheimnisvolle Vitalitätsäußerungen der menschlichen Gattung, die sich automatisch, vegetativ und ohne ersichtlichen »praktischen« Zweck vollziehen, nicht moralisch, nicht politisch, nicht logisch, sondern bloß physiologisch zu werten sind und »sinnlos« erscheinen wie alles, was über unsere Sinne geht. Es sind gigantische Stoffwechselphänomene unseres Weltkörpers, Elementarereignisse, an denen wir nur das Katastrophale zu erkennen vermögen, vielleicht großartige Selbstreinigungsvorgänge, vielleicht heilkräftige Fiebererscheinungen, vielleicht zyklische Krankheitsprozesse: wir wissen es nicht. Eine gewisse Periodizität kommt ihnen aber ganz zweifellos zu, und eine der Zukunft vorbehaltene Wissenschaft, nämlich die *Biologie und Pathologie des Organismus »Menschheit«*, deren Aufgabe es bilden wird, die Dynamik dieses mysteriösen Lebewesens auf Grund seiner bisherigen Entwicklungs- und Krankheitsgeschichte zu erforschen, wird hierüber wahrscheinlich einmal exakte Aufschlüsse geben können.

Zu dieser »Sinnlosigkeit«, die dem Dreißigjährigen Krieg *Das* mit den übrigen Riesen unter den Kriegen gemeinsam war, *Unkraut* kam aber noch eine zweite Eigenschaft, die im besonderen Charakter der Zeit wurzelte: das eigentümlich Verfilzte, Verholzte, Wuchernde, *Unkrauthafte* aller Bildungen, die diese Periode, zumal in Deutschland, hervorgebracht hat. Einer der Grundzüge des Geschlechts, das damals lebte, war eine Verzwicktheit und Umständlichkeit, Direktionslosigkeit und Gedankenflucht, die ihresgleichen sucht: wir wissen bereits, daß eine derartige Chaotik und seelische Labilität in einem gewissen Grade das Merkmal aller Zeitalter bildet, in denen sich Neues vorbereitet. Trat hiezu nun noch die wüste Desperadoroheit und hemmungslose Amoralität, die der damaligen Generation ebenfalls in seltenem Maße eigen war, so war es ganz unvermeidlich, daß das schauerlich-groteske Monstrum dieses bestialischen, blindwütigen, endlosen und prinzipienlosen Krieges entstand, der ein Menschenalter lang fraß, um zu fressen, und nicht begreifen läßt, warum er anfing, warum er aufhörte und warum er überhaupt auf der Welt war.

Denn er hätte sich noch jahrelang, wenn auch immer armseliger und hungriger, fortschleppen können. Unendliche Verhandlungen gingen dem Friedensschluß voraus, und ebenso unendliche hätten ihn noch hinausziehen können. Es war weder auf der schwedisch-französischen noch auf der kaiserlich-bayrischen Seite ein absolut zwingender Grund vorhanden, den Kampf einzustellen. Und daß er erst im Jahr 1618 ausbrach, war ebenfalls keine historische Notwendigkeit. Der Konflikt, den er zu entscheiden suchte und trotz so starker und langer Anspannung der Kräfte nicht im geringsten entschied, wurzelte in der Streitfrage, ob Deutschland ein katholisches oder ein protestantisches Land sein solle; und diese Streitfrage war hundert Jahre alt. Andrerseits aber bestand schon nach einem Jahr die Möglichkeit, die Fehde zu beenden. Matthias Thurn stand Anfang Juni 1619 mit einem starken Aufgebot in Wien, Ferdinand der Zweite hatte fast gar keine Truppen; die niederösterreichischen Stände hätten ihn ohne weiteres gefangennehmen und zum Frieden zwingen können. Aber eine so einfache, rasche und klare Lösung wäre ganz gegen die österreichischen und ganz gegen die Barockusancen gewesen. Im nächsten Jahre, nach der Schlacht am Weißen Berge, ist der Krieg wiederum zu Ende, diesmal zugunsten der kaiserlichen Partei. Die gesamten österreichischen Erblande leisteten, vollkommen niedergeworfen, Ferdinand den bedingungslosen Huldigungseid; die Union der protestantischen deutschen Fürsten löste sich auf. Aber mit diesem unerwarteten und restlosen Siege sich zufriedenzugeben wäre ganz gegen die habsburgischen und die katholischen Usancen gewesen. Ferdinand trug den Krieg in die Pfalz und damit nach Deutschland; und nun gibt es binnen kurzem kaum ein europäisches Staatswesen, das sich nicht, mutwillig oder gezwungen, leidenschaftlich oder lässig, militärisch oder bloß finanziell und diplomatisch, dauernd oder sporadisch, an dem Kampf beteiligt: Polen, Schweden, Dänemark, Holland, England, Frankreich, Spanien, Italien werden nach und nach in den Wirbel hineingezogen. Gleichwohl ist nach Wallensteins Tod auf keiner Seite mehr ein Anlaß, den Krieg fortzuführen, alle Beteiligten sind erschöpft und saturiert zugleich. Aber obwohl er fast gar keine Lebenskraft mehr hat, kann er sich doch nicht entschließen zu sterben, und so keucht er fast ebensolange weiter, als er schon währte, immer asthmatischer, immer anämischer, eine vierzehnjährige Agonie. Als er endlich ausgerungen hat, ist im wesentlichen alles beim alten geblieben: Habsburg ist nicht aus seiner Vormachtstellung verdrängt, aber die Souveränität der deutschen Landesfürsten ist ebensowenig vermindert, ja erhöht; der Papismus hat nichts von seiner Machtfülle eingebüßt, aber die Gleichberechtigung der Evangelischen muß er aufs neue und noch entschiedener als bisher anerkennen; und fast ein jeder muß sich fragen: wofür haben wir die-sen Krieg geführt und erlitten, während dieser dreißig langen Jahre alles geopfert, was zu opfern in unserer Macht stand? Manchem freilich hatte er noch immer nicht lange genug ge-dauert. Als General Wrangel die Nachricht vom Friedens-schluß erhielt, bekam er einen Tobsuchtsanfall, schleuderte seinen Generalshut zu Boden, trat ihn mit Füßen und wies dem Unglücksboten unter Flüchen die Tür.

Kurz: was den Dreißigjährigen Krieg mehr charakterisiert als jeden anderen, ist seine Zufälligkeit. Alles war an ihm zu-fällig: seine Entstehung, sein Verlauf, seine Ausbreitung, sein Ende. Aber diese Zufälligkeit selber war nichts weniger als zu-fällig: sie floß aus der innersten Natur der Epoche, die seinen Namen trägt. Er war so lang und langstielig, so leer und lahm, so unzusammenhängend, geistverlassen und durch das bloße Gesetz der Trägheit weiterrollend wie die Reden und Carmina, Dokumente und Episteln, Allüren und Formalitäten jener Zeit. Er hatte, so paradox es klingen mag, trotz seiner gigantischen Maße und formidablen Zerstörerkräfte etwas Amorphes, Asyn-detisches, *Anekdotisches*.

Und in der Tat hat die Nachwelt bei allem Schauder, den sie noch nach Menschenaltern vor ihm empfand, ihn immer nur anekdotisch gesehen, ohne jemals zu einem wirklichen Ver-ständnis seines Wesens zu gelangen; aus dem sehr einfachen Grunde, weil an ihm nichts zu verstehen ist. Der Dreißigjäh-rige Krieg hat keine eigentliche Geschichte, er besteht nur aus einer Anzahl von Geschichten, die ein mehr oder weniger lük-kenhaftes Mosaik ergeben, aber kein komponiertes Gemälde. Was uns von ihm in der Hand geblieben ist, sind ein halbes Dutzend origineller Charakterköpfe, ein paar packende Kul-turkuriosa und ein Haufen gruseliger Schreckensmärchen. Dies zeigt sich zum Beispiel gleich an der berühmtesten Einzelheit des Krieges, der Erstürmung Magdeburgs, die in Deutschland

Die
»Helden«

durch Schillers virtuose Schilderung jedermann vertraut geworden ist. Der brillante Schlachtkarton, den er entwirft, beruht auf einer Fiktion. Es ist nämlich durch neuere Forschungen sehr wahrscheinlich gemacht worden, daß der Brand nicht von den Soldaten Tillys gelegt wurde, sondern im Gegenteil das Werk des Leiters der Verteidigung war, des von Gustav Adolf entsendeten Hofmarschalls Dietrich von Falkenberg, der, als er sah, daß er die Stadt nicht mehr halten könne, mit Hilfe einer Schar evangelischer Fanatiker diese ungeheure Katastrophe hervorrief; übrigens war die Plünderung Mantuas, der zumeist gar keine Beachtung geschenkt wird, ein ebenso furchtbares Ereignis: sie hat aber keinen Homer gefunden. Indes: obgleich Schiller auch sonst mit ungenügendem oder dubiosem Material arbeitet und sogar oft selber ganz bewußt retouchiert, wird sein Bild des Dreißigjährigen Krieges doch immer eine hohe dichterische Wahrheit behalten. Und ebenso hat er im *Wallenstein* mit genialem Flair erkannt, daß das »Lager«, also wiederum die Anekdote, das Wesentliche und historisch Bedeutsame an diesem Kriege war. Hier haben wir den ganzen Hexenkessel beisammen mit allen seinen gefährlichen und kindischen, kostbaren und ekelhaften, schaurigen und lächerlichen Ingredienzien; bunt, roh und zynisch wie das Kostüm der Zeit ist diese zerklüftete Welt, in der sich alle Stände, Nationen und Lebensformen durcheinandermischten: Adel und Gemeinheit, Gottesstreitertum und Verbrecherwesen, Tollkühnheit und Krämersinn, Todesschauer und Galgenhumor. Und überall nur Genrefiguren und Chargenspieler, Köpfe, die bestenfalls ein Profil haben oder eine gute Maske; aber nirgends volle Menschen. Aus diesem fast unübersehbaren Aufgebot von Episodisten, Figuranten und Komparsen ragen nur zwei ernstliche Protagonisten hervor, die mit einiger Berechtigung als »Helden« des Dreißigjährigen Krieges bezeichnet werden können: der König von Schweden und der Herzog von Friedland.

Aber wie sonderbar verzerrt, befleckt und degradiert tritt uns die Gestalt des Helden in diesem unbegreiflichen Zeitalter entgegen! Nur die Führerrolle ist ihm geblieben: alle blicken auf ihn, alle folgen ihm willig, seiner höheren Einsicht und Übersicht, Tatkraft und Festigkeit vertrauend; aber er ist für sie alle nur ein Führer in Dunkel und Wirrnis, in Niederungen und Abgründe. Keine göttliche Idee lebt in ihm, auch keine irdische, überhaupt keine Idee. Keine edle Überzeugung treibt ihn manisch vorwärts, nicht einmal ein sublimes Vorurteil, ein frommer Irrtum. Er ist bloß klüger als die Herde, aber nicht weiser, bloß stärker als sie, aber nicht besser. Sein Himmelsglaube ist die Astrologie, und sein Bibelglaube ist Politik.

Als Staatsmänner waren Gustav Adolf und Wallenstein einander ebenbürtig, als Feldherr war der Schwedenkönig die größere Potenz, dafür war der Friedländer ein einzigartiger Organisator. Er besaß das Talent, in jener aus den Fugen gegangenen Zeit buchstäblich Armeen aus der Erde zu stampfen. Dies kann nicht allein sein Reichtum, seine Geschicklichkeit und sein militärisches Renommee bewirkt haben, sondern es muß noch eine geheimnisvolle Wirkung seiner Persönlichkeit hinzugekommen sein, die wir uns für die damalige Zeit gar nicht faszinierend genug vorstellen können. Das ruchlose, aber in seiner großzügigen Einfachheit unwiderstehliche Prinzip, daß der Krieg sich selbst ernähren müsse, hat erst er entdeckt und zur vollen Wirksamkeit gebracht. Auch sonst überrascht er nicht selten durch eine Klarheit und Gesundheit des Denkens, die seinem Zeitalter völlig fremd ist; aber er legitimiert sich andrerseits wiederum als Sohn seines Jahrhunderts durch die zögernde und tastende, abwägende und hinausschiebende, stets zwischen mehreren Chancen unsicher schwankende Art seiner Diplomatie und Kriegführung, die ihn keines seiner politischen Ziele ganz erreichen ließ, ihm mehr als einmal seine militärischen Erfolge schmälerte und schließlich zu seinem Un-

Wallenstein

tergang führte. Mit großem Scharfblick erkannte er gleich bei Beginn des Krieges den springenden Punkt, auf den alles ankam: der große Religionskampf mit all den innerpolitischen und territorialen Streitfragen, aus denen er stets neue Nahrung zog, konnte nur definitiv entschieden werden, wenn es der habsburgischen Dynastie gelang, einen vollkommenen Absolutismus aufzurichten, wie er in Frankreich und Spanien bereits bestand und in England das stehende Programm der Stuarts bildete: diesen auch in Deutschland mit allen verfügbaren Mitteln zu erzwingen, empfahl er immer wieder aufs nachdrücklichste, und hiebei hatte er sich allem Anschein nach die Rolle des Militärdiktators vorbehalten. Diese Stellung wäre etwa der eines Majordomus gleichgekommen und das eigentliche Zentrum der Macht gewesen, denn wer der Armee befahl, befahl Deutschland; aber eben aus diesem Grunde konnte Ferdinand der Zweite, der seinem Generalissimus vom ersten Tage an mißtraute, sich mit diesem Plan nicht befreunden; auch an dem Widerstand Maximilians von Bayern, des Hauptes der katholischen Liga, wäre er gescheitert. Später hatte dann Wallenstein die Absicht, sich als Herzog von Mecklenburg ein großes nordisches Fürstentum zu schaffen, wobei er weitblickend auch das Dominium über die Ostsee ins Auge faßte: hier kam ihm weniger der Kaiser als Gustav Adolf in die Quere. Dann dachte er an eine Allianz mit den Schweden, und es unterliegt keinem Zweifel, daß er darüber Verhandlungen geführt hat, obgleich schriftliche Dokumente aus naheliegenden Gründen nicht existieren; aber der »Schneekönig« traute ihm ebensowenig wie der Habsburger. Nach Lützen versuchte er dasselbe Spiel mit den evangelischen Reichsfürsten, wobei er vermutlich auf die böhmische Krone aspirierte. Dies wäre wahrscheinlich für ihn die passendste Lösung gewesen, denn in Böhmen hätte seine Herrschaft eine starke Tradition vorgefunden, hier besaß er nicht nur ausgedehnte Liegenschaften, sondern auch große Sympathien, und er hätte als Oberhaupt eines Tschechenreichs sicher eine vorzügliche Figur gemacht. Aber er griff nicht rasch genug zu, und über diesen Vorschlägen und Gegenvorschlägen, die von beiden Seiten ohne volle Aufrichtigkeit und unter steter Sicherung der Rückzugslinie geführt wurden, kam es zu seiner Ermordung. Daß sie mit sehr schlechtem Gewissen anbefohlen wurde, zeigt das nachherige Verhalten des Wiener Hofes, der alles tat, um die Schuld von sich abzuschieben. In allen erwähnten Fällen ist Wallenstein nicht wie ein kaiserlicher Beamter, sondern wie ein Potentat aufgetreten, der er auch war, denn in jener Zeit gab es unter Hunderten von Schein- und Titularsouveränitäten nur *eine* reelle: die des kriegsgewaltigen Kondottiere mit seiner Geld-, Truppen- und Talentmacht.

Um die Gestalt Wallensteins liegt ein seltsam düsterer Glanz, *Gustav* der sie interessant und suggestiv macht, aber keine menschliche *Adolf* Teilnahme erweckt. Schon zu seinen Lebzeiten wuchs er ins Überlebensgroße. Man glaubte, er sei »kugelfest«, befehlige unsichtbare Reiterscharen und habe mit dem Teufel einen Pakt geschlossen. Zweifellos gehörte er in die Reihe jener diplomatisch-strategischen Ingenien von weitem Blickfeld und überragender Fähigkeit zur Synthese, an deren Spitze Napoleon steht. Aber sein eisiger Egoismus, seine finstere Herrschsucht, sein Mangel an jeglichen sozusagen privaten Eigenschaften bringen ihn zugleich mit unserer Sympathie um unser Verständnis. Man hat ihm daher mit Vorliebe Gustav Adolf gegenübergestellt: als die Kontrastfigur des sonnigen Helden aus Nordland, der segenspendend ans Land steigt, Duldung, Schutz und Befreiung auf der Spitze seines Schwertes tragend. Aber das ist eine protestantische Legende. In Wirklichkeit war er ein naher geistiger Blutsverwandter Wallensteins, ebenso gierzerfressen und selbstsüchtig, schlangenklug und kaltherzig.

Gustav Adolfs Glaube an die lutherische Lehre war zweifellos ebenso echt wie Wallensteins Glaube an die Astrologie; aber sowenig dieser den Sternen zuliebe seine Pläne ins Werk setzte, sowenig hätte jenen die evangelische Sache allein dazu vermocht, sich in den Krieg zu mengen. Vielmehr war für den einen die Bibel, was für den anderen das Horoskop war: ein Instrument der Politik. Was Wallenstein einmal vorübergehend ins Auge gefaßt hatte, war der permanente Leitgedanke Gustav Adolfs: die Herrschaft über die Ostsee. Er kam, um dem bedrängten Protestantismus gegen den Kaiser zu helfen; aber wie hätte er diese Hilfe zu einer dauernd wirksamen machen können, ohne sich bleibend in Deutschland festzusetzen? Die Reformation sollte über Rom siegen; das hieß, ins Schwedische übersetzt: Pommern, Preußen, halb Norddeutschland sollte an die Wasas fallen.

Sein Siegeslauf setzte ganz Europa in Staunen und Schrecken. Ein Jahr nach seiner Landung stand er schon in München. Diese Erfolge verdankte er zum Teil seinen Truppen, die ein wirkliches Nationalheer bildeten und nicht einen durch Raubsucht, Abenteuerlust und Aberglauben zusammengetriebenen Haufen wie die übrigen Armeen, in erster Linie aber seinem eigenen Genie. Fast alle Teile des Heerwesens hat er mit einem Scharfblick, der der Zeit weit vorauseilte, entscheidend reformiert: er verbesserte die Feuertechnik, indem er statt der umständlichen Hakenbüchsen leichte Handgewehre und statt der Holzpatronen Papierpatronen einführte, die man in der Tasche tragen konnte; die Taktik, indem er die Infanterie in drei Gliedern aufstellte: das vorderste kniete, das mittlere stand, das dritte lud; die Strategie, indem er seinen Truppeneinheiten eine erhöhte Manövrierfähigkeit verlieh und mitten in der Schlacht Schwenkungen ausführte, was damals für etwas Unerhörtes galt; und er machte, was das Wichtigste war, die Reiterei wieder zur dominierenden Waffe. Aber mit den Siegen steigerte sich auch sein Appetit, und es kann keinem Zweifel unterliegen, daß er am Ende seiner Laufbahn entschlossen war, sich nicht mehr mit einem norddeutschen Küstensaum zufriedenzugeben, sondern sich viel Höheres und Dauerhafteres zu sichern. Höchstwahrscheinlich dachte er an die deutsche Kaiserkrone und an das Herzogtum Bayern, das bei einem entscheidenden Sieg der protestantischen Partei dem katholischen Maximilian verlorengegangen wäre: hiefür ist sehr bezeichnend, daß er dem »Winterkönig« die Pfalz, die diesem vom Kaiser zugunsten Bayerns abgenommen worden war, bei ihrer Wiedereroberung nicht zurückgab. Es war daher kein Wunder, daß auch den Evangelischen vor ihrem Befreier allmählich bange wurde. Aber alle diese Pläne und Befürchtungen wurden bei Lützen unter kroatischen Pferdehufen zertrampelt. Darin war Gustav Adolf, dieser stahlharte nüchterne Realpolitiker, eben doch noch Romantiker, nordischer Seekönig, daß er, obgleich kurzsichtig und fettleibig, stets inmitten seiner Truppen den Kampf ausfocht und eines Tages im wildesten Getümmel wie ein gepanzerter Herzog aus dem grauen Mittelalter seinen Tod fand, spät genug, um die Welt seine überlegene Kraft kennen gelehrt zu haben, früh genug, um noch als reiner Schirmherr der Freiheit und des Glaubens in protestantische Lesebücher und Festspiele eingehen zu können.

Der »Große Krieg«, wie man ihn nannte, hat überhaupt die Nachwelt im Guten wie im Bösen immer wieder zu stilisierenden und übertreibenden Beurteilungen verlockt. Man gewöhnte sich daran, ihn durch ein Vergrößerungsglas zu sehen, und hat bis in die jüngste Zeit auch seine verheerenden Wirkungen sehr überschätzt, indem man sich dabei ausschließlich auf die zeitgenössischen Darstellungen stützte, ohne zu bedenken, daß diese durchwegs polemischen Charakter tragen und daher ebensowenig die natürliche Lebensgröße wiedergeben wie etwa heutige Schilderungen des weißen oder roten Regimes in den einzelnen Ländern und daß außerdem eine Sucht, alles zu verzerren, aufzublasen, ins Abstruse und Monströse zu steigern,

Übertreibende Beurteilungen

zum Grundcharakter der Zeit gehörte. Auch das berühmteste Zeitdokument, Grimmelshausens *Simplizissimus*, hat nur den Wert eines ebenso groben wie starken Farbendrucks, einer phantastischen, obschon sehr eindrucksvollen Karikatur und macht von dem dichterischen Recht, die Dinge komprimierter zu geben als die Wirklichkeit, einen sehr naiven und ausschweifenden Gebrauch. Ferner vergaß man, daß diese Mißgeburt von Krieg eben überhaupt keine zusammenhängende Aktion darstellte, sondern ein amorphes Gemenge von einzelnen isolierten Kriegshandlungen und daher nur wenige Gegenden dauernd von ihm betroffen wurden, die meisten nur vorübergehend oder in großen Intervallen, manche gar nicht. Auch fehlte ihm jede Ähnlichkeit mit den heutigen Kriegen, deren Charakter die Anspannung aller verfügbaren Kräfte bis zum Äußersten ist. Von einer Heranziehung aller Landesteile, aller Volksschichten, aller physischen und materiellen Kampfmittel war nirgends die Rede. Eine Pflicht zum Waffentragen bestand nicht einmal für die Bürger belagerter Städte. Soldat war man nur, wenn es einem gefiel und so lange es einem gefiel. Zur Armee ging man aus Beruf, aus Verkommenheit, aus Gewinnsucht, aus Ehrgeiz, aus Sport, und so bestand das Kriegsvolk im wesentlichen aus dreierlei Menschensorten: Professionals, Deklassierten und Sensationslustigen. Infolgedessen waren nach unseren Begriffen die Heere sehr klein, die Schlachten sehr kurz und von geringer Ausdehnung, auch infolge des zaudernden Charakters der ganzen Kriegführung nicht häufig. Während also die Formlosigkeit und Undiszipliniertheit des Zeitalters es zu einem »Weltkrieg« in unserem Sinne gar nicht kommen ließ, führte sie allerdings in Einzelfällen zu den empörendsten Ausschreitungen; doch darf man auch hier nicht glauben, daß Vorgänge, wie sie Grimmelshausen schildert, einfach die Regel waren. Wenn man sich erinnert, was für Geschichten über die Greueltaten der Russen in Polen und die *»atrocités«* der Deutschen in Belgien seinerzeit verbreitet waren und zum Teil noch heute geglaubt werden, so wird man auch hier die nötigen Reduktionen vornehmen.

Gleichwohl kann man sich den Zustand Deutschlands nach dem Krieg gar nicht desolat genug vorstellen. Aber wir haben es hier wiederum mit jener Verwechslung von Ursache und Wirkung zu tun, die uns im ersten Buch bereits einige Male begegnet ist. Nicht weil gegen Ausgang des Mittelalters Gewerbe und Handel emporblühten, entwickelte sich eine neue materielle Kultur, sondern weil damals eine Menschheit mit dieser Wirtschaftsgesinnung lebte, hob sich der internationale Verkehr, entstand die Geldwirtschaft, steigerte sich die Gütererzeugung. Nicht durch die Entdeckung Amerikas, die Buchdruckerkunst, die Reformation ist die »Neuzeit« entstanden, sondern weil um die Wende des fünfzehnten Jahrhunderts eine bestimmte Menschenvarietät, der »Mensch der Neuzeit«, die Bühne der Geschichte betrat, wurden die Küsten Westindiens erforscht, Bücher gedruckt, die Institutionen der römischen Kirche bekämpft. Und ebenso ist das deutsche Volk nicht durch den Dreißigjährigen Krieg heruntergebracht worden, sondern weil es so heruntergekommen war, entstand der Dreißigjährige Krieg.

Dies zeigt sich am deutlichsten auf dem wirtschaftlichen Gebiet. Deutschland verlor schon vor dem Krieg die Führung in der Tuchindustrie durch die überlegene Konkurrenz des Westens, vor allem Hollands, und während es im ganzen sechzehnten Jahrhundert der europäische Markt für die Luxuserzeugnisse des Kunstgewerbes gewesen war, wurde es nunmehr auch auf diesem Felde von den französischen Manufakturen überholt, mit denen es weder in der Mode noch in der Qualität gleichen Schritt halten konnte. Auch war der Mittelmeerhandel, für den Deutschland die natürliche Durchgangsstation nach Norden bildete, längst vom atlantischen Seeweg aus seiner

Wirtschaftliche Deroute

dominierenden Stellung verdrängt worden, zum Teil durch die Verbesserung der Schiffahrt und die großen Entdeckungen, zum Teil aber auch durch Deutschlands eigene Schuld, denn die zahllosen Zollschranken mit ihren Schikanen und Erpressungen und die vielfachen Münzsorten machten den festländischen Handelsverkehr zu einer wahren Tortur. Besonders der letztere Umstand, der Mangel einer einheitlichen Geldwährung, führte zu einer Landplage, die Deutschland noch viel mehr geschädigt hat als der Krieg: dem in zahllosen zeitgenössischen Flugschriften beklagten Unwesen der »Kipper und Wipper«. Dies war der volkstümliche Spitzname für die Münzer und Geldwechsler, der damals ebenso oft und in ebenso schmeichelhaftem Sinne gebraucht wurde wie heutzutage das Wort »Schieber«; und diese Elemente machte man, gewiß nicht ohne einige Berechtigung, für das ganze Elend verantwortlich. Die Hauptschuldigen waren aber eigentlich die Landesherren. Diese hatten bald herausbekommen, daß der Mißstand der verschiedenen Währungen für sie einen großen Vorteil hatte, indem er ihnen ermöglichte, eigenes Geld von geringerem Feingehalt zum vollen Zwangskurs auszugeben: es war dies die damalige primitive Form, sich durch Staatsanleihen zu bereichern. Zuerst hatte die Bevölkerung gar nichts dagegen einzuwenden, denn das vollwertige alte Gold, wovon fast ein jeder Ersparnisse gesammelt hatte, stieg dadurch im Preise; aber im weiteren Verlaufe war die allgemeine Deroute unvermeidlich. Alsbald bemächtigten sich Schmuggel, Zwischenhandel, betrügerischer Tauschverkehr und andere unreelle Praktiken der Geldmanipulation; »leichtes« Geld auszugeben, gutes aufzukaufen wurde eine Spekulation, die dem heutigen Börsenspiel entsprach. Die Landesfürsten, in einen Circulus vitiosus geraten (da auch sie jetzt ihre Steuern und Abgaben in ihrem eigenen schlechten Gelde bezahlt bekamen), griffen zu immer verzweifelteren Maßregeln; schließlich bestanden die Münzen nur noch aus versilbertem Kupfer oder noch wertloserem Material und waren zu reinen Rechenmarken geworden: es vollzog sich etwas Ähnliches wie in unseren Tagen, nur statt in Papier in Blech. Die Folge waren auch ganz analoge soziale Erscheinungen: plötzlicher Reichtum und ausschweifender Luxus der glücklichen Spekulanten, Not der Festbesoldeten und der geistigen Arbeiter, Verarmung der kleinen Sparer, rapide Entwertung aller Kapitalforderungen, endlose Streiks, wilde Tumulte.

Die »konstituierte Anarchie«

Den Ruin vollendete der Westfälische Friede, der Deutschland fast zu einem Binnenlande machte; denn nunmehr war beinahe keine große Strommündung mehr in deutschem Besitz: der Rhein holländisch, die Weichsel polnisch, Oder, Elbe, Weser schwedisch; um die Ostsee stritten Dänen, Schweden und Polen, um die Nordsee Franzosen, Holländer und Engländer: für Deutschland war nirgends Platz. Und zugleich verewigte dieser Friedensschluß den deutschen Partikularismus, indem er sämtlichen Reichsständen die *superitas territorialis* und damit das Recht zuerkannte, Bündnisse untereinander und mit auswärtigen Mächten zu schließen, »außer gegen Kaiser und Reich«, was aber eine bloße Formel war. Der schwedische Kanzler Oxenstierna, von dem der weise Ausspruch stammt: *»An nescis, mi fili, quantilla prudentia regatur orbis?*; aber weißt du denn nicht, mein Sohn, mit wie wenig Verstand die Welt regiert wird?«, scheint auch dieses bescheidene Quantum in der deutschen Verfassung vermißt zu haben, denn er bezeichnete sie als eine nur von der Vorsehung erhaltene Konfusion; noch deutlicher war zweihundert Jahre später Hegel, der sie eine »konstituierte Anarchie« nannte.

Das Ende des Mittelalters

Der Dreißigjährige Krieg, ursprünglich als »Glaubenskrieg« entbrannt, verliert schon während seines ersten Jahrzehnts den religiösen Charakter und politisiert sich während seines weiteren Verlaufs immer mehr. Wie wir gesehen haben, war das Hauptmotiv für das Eingreifen Gustav Adolfs keineswegs

501

konfessionelle Parteinahme: er trieb schwedische Großmacht-
politik und wandte sich gegen die kaiserliche Partei vor allem
auch deshalb, weil sie seine Erbfeinde, die Polen, und deren
Prätensionen auf den Thron der Wasas unterstützte; außerdem
beunruhigten ihn die Pläne Wallensteins, der vom Kaiser zum
General des Baltischen Meeres ernannt worden war und alles
daransetzte, aus diesem Titel eine Wirklichkeit zu machen.
Und dieser selbst hat während seiner ganzen Laufbahn nicht
einen Augenblick an die katholische Sache gedacht. Nach der
zweiten Schlacht bei Leipzig hindert der protestantische König
von Dänemark die Schweden durch seine drohende Haltung an
der Ausnützung ihrer Siege. Im Frieden von Prag, der etwa in
die Mitte des Krieges fällt, tritt die lutherische Vormacht Kursachsen zu den Kaiserlichen über. Und der nun anhebende
letzte Abschnitt steht gänzlich unter dem Einfluß Frankreichs,
das durch protestantische Fürsten und Feldherren den Krieg
gegen die katholische Partei fortsetzt. Das Haupt und der Kopf
dieser Politik war ein Kardinal der römischen Kirche, der große
Richelieu, der damals das Testament Heinrichs des Vierten
vollstreckte, des allerchristlichsten Königs von Frankreich.
Nach seinem Tode wurde sein Lebenswerk von Mazarin fortgesetzt und vollendet, der ebenfalls römischer Kardinal war.
Nur Ferdinand der Zweite kämpfte für seine »Generalissima«,
die Muttergottes; und sein Jugendfreund Maximilian von Bayern war ebenfalls ein papistischer Glaubensstreiter. Aber das
Leben schritt über sie hinweg, und schließlich hatte jedermann
vergessen, woraus der Krieg entsprungen war: Katholiken
kämpften im schwedischen, Protestanten im kaiserlichen Heere.
So erwies sich das Gesetz der Zeit stärker als beide Parteien: jener Wille zur Säkularisation aller menschlichen Betätigungen
und Beziehungen, den wir als das Wesen der Reformation erkannt haben, ergreift auch die katholische Welt. Und noch
während im sechzehnten Jahrhundert konfessionelle Überzeu-

gungen und Leidenschaften in der Seele der Menschen eine solche Alleinherrschaft innehatten, daß sie alle nationalen, sozialen, patriotischen Erwägungen und Gefühle verdrängten, ereignet sich nun genau das Umgekehrte: ganz Europa ist völlig politisiert, säkularisiert, rationalisiert. Das Mittelalter ist zu Ende.

Der erste Abschnitt der eigentlichen Neuzeit, der demnach etwa gleichzeitig mit dem Dreißigjährigen Krieg einsetzt, reicht ungefähr bis zum Jahre 1660 und läßt sich als eine Art »Vorbarocke« bezeichnen: das neue Weltbild tritt in teils noch allzu groben, teils noch allzu blassen Zügen langsam ins Blickfeld. Es ist eine Ära der Vorbereitung, in der gleichsam der provisorische Entwurf, die erste Skizze, das Brouillon des Barockmenschen konzipiert wird. Der Anfang der sechziger Jahre macht hier eine ziemlich deutliche Zäsur. Nach dem Tode Cromwells erfolgt 1660 die Restauration der Stuarts; nach dem Tode Mazarins gelangt 1661 Ludwig der Vierzehnte zur selbständigen Regierung. 1660 stirbt Velasquez, 1662 Pascal. Diese vier Daten, um die sich zahlreiche zweiten Ranges von ähnlicher Bedeutung gruppieren, schließen eine geschichtliche Etappe ab und eröffnen eine neue.

Die Vorbarocke

Der politische Zentralbegriff dieses Zeitraums, in dem der Absolutismus heranreift, ist die Staatsraison, die *ratio status*, von der der deutsche Satiriker Moscherosch sagt: »Ratio status ist ihrem Ursprunge nach ein herrlich, trefflich und göttlich Ding. Aber was kann der Teufel nicht tun? Der hat sich auch zur Ratio status gesellt und dieselbe also verkehrt, daß sie nun nichts mehr als die größte Schelmerei von der Welt ist, daß ein Regent, der Rationem status in acht nimmt, unter derselben Namen frei tun mag, was ihm gelüstet.« Und in einer anderen zeitgenössischen Schrift heißt es: »Es ist ein Augenpulver oder Staub, welchen die Regenten den Untertanen in die Augen sprengen; es ist eins der vornehmsten Kunststücklein, den Pö-

Die Staatsraison

503

bel in Ruhe zu halten.« Die führende politische Person wird der allmächtige Staatsminister mit seinen allwissenden Gesandten und Sekretären, der mit allen Ränken, Finten und Finessen der Geheimdiplomatie vertraut ist; an die Stelle des Hoftheologen tritt der Hofjurist, während jener, soweit ihm noch ein bestimmender Einfluß geblieben ist, sich durch besonders gehässige Intoleranz hervortut, und zwar am stärksten im lutherischen Lager und mit gleicher Erbitterung gegen die helvetische und die römische Lehre. Der kursächsische Hofprediger von Hohenegg zum Beispiel äußerte, für die Calvinisten die Waffen ergreifen sei nichts anderes als dem Urheber des Calvinismus, nämlich dem Teufel, Reiterdienste tun; wer nur in der geringsten Einzelheit vom Augsburger Bekenntnis abwich, hieß Synkretist, die furchtbarste Beschimpfung in den Augen der strengen Lutheraner; selbst ein Mann von so echter und persönlicher Frömmigkeit wie Paulus Gerhardt sagte: »Ich kann die Calvinisten *quatales* nicht für Christen halten«; kurz, es war der Zustand, den Karl von Hase in seiner prachtvollen Kirchengeschichte mit den Worten charakterisiert: »Bei aller Subtilität dachte man doch eigentlich Gott als einen großen lutherischen Pastor, der zur Rettung seiner Ehre mit Fäusten dreinschlägt.« Nur Angelus Silesius, ursprünglich ebenfalls Protestant, später Katholik, macht eine Ausnahme: in seinem *Cherubinischen Wandersmann* entfaltet die deutsche Mystik noch einmal ihre ganze Tiefe und Schöpferkraft. Und sogar dieser reine und starke Geist, der gedichtet hat: »Wer saget, daß sich Gott vom Sünder abwendt, der gibet klar an Tag, daß er Gott noch nicht kennt«, hat in seinen letzten Lebensjahren die Welt mit zelotischen Schriften überschwemmt, worin er den Protestantismus mit demselben engen und harten Fanatismus verfolgte, der diesen so tief herabgewürdigt hatte.

Damals erhielt das Wort »politisch« jenen Nebensinn von versiert, gerieben, diplomatisch, weltläufig, den es noch heuti-

gentags in der Volkssprache besitzt. Ein »politischer Kopf«: das
war einer, der sich darauf verstand, alle Mitmenschen geschickt
zu behandeln und zu gebrauchen, alles pfiffig zu seinem Vorteil
zu wenden, sich in alle Verhältnisse charakterlos einzuschmei-
cheln, kurz, jene Gaben zur Geltung zu bringen, mit denen man
in der Welt zu allen Zeiten Karriere zu machen pflegte. Unter
»Politesse« hinwiederum verstand man die Kunst der abge-
schliffenen Manieren, des schmiegsamen Verkehrs, der flüssigen
Konversation: ebenfalls lauter Mittel, in den höheren Kreisen
vorwärtszukommen. Auch einige andere Worte erhalten in bezeichnender Weise einen neuen Sinn: was allen *gemein* ist, nennt
man nun gemein; als gesittet gilt, wer sich *höflich*, hofmäßig benimmt; *schlecht*, bisher gleichbedeutend mit schlicht, gerade,
heißt jetzt soviel wie gering.

Obgleich sich die damaligen Menschen auf ihre gesellschaftlichen Formen und Fertigkeiten besonders viel zugute taten,
war doch das deutsche Leben niemals loser, lockerer, unbe-
herrschter als gerade zu jener Zeit. Eine wirkliche Gesellschaft,
wie sie die romanischen Völker fast immer besaßen, hat ja in den
germanischen Ländern niemals bestanden, und am wenigsten in
Deutschland. Niemals gab es auf deutschem Boden einen allgemeinen Schönheitsstil des öffentlichen Lebens, eine allgemeine
Kunst des Betragens, der Urbanität, der Unterhaltung, eine allgemeine Reinheit und Gefälligkeit der Rede, der Schrift, des
Geschmacks. Dieser vielgerühmte Vorzug der Romanen hat jedoch auch seine Schattenseiten: er ist begründet in einem Mangel an innerer Freiheit und Individualität. Hohe Gesamtkultur
setzt annähernde Gleichförmigkeit der Menschen voraus, nämlich den gemeinsamen Willen, sich auch im Geistigen gewissen
Konventionen, Traditionen, Gesetzbüchern, Reglements zu unterwerfen. Hieraus ergibt sich nun ein bemerkenswerter Gegensatz zwischen den germanischen und den romanischen Kulturen. In Italien, in Spanien, in Frankreich herrscht ein höherer

*Germa-
nische und
romanische
Kultur*

Kollektivgeist, und dementsprechend gibt es dort kaum die Erscheinung des verkannten Genies; aber dafür sehen wir das Genie dort nicht so oft über die ganze Menschheit hinausragen wie in England, Deutschland, Skandinavien. Diese Länder besitzen ein tieferes Gesamtniveau, ihre großen Geister werden überaus langsam, nicht selten erst nach ihrem Tode begriffen; aber Erscheinungen von allerhöchstem Range wird man auf romanischem Boden weniger häufig begegnen. Und ebenso schwer wird sich dort ein Großer finden lassen, der auf sein eigenes Volk herabgeblickt, sich in seinem Vaterlande wie im Exil gefühlt und seine Versteher im Ausland gesucht hätte, was aber bei den germanischen Genies fast die Regel ist: man denke an Friedrich den Großen, Schopenhauer, Nietzsche, Händel, Beethoven, Strindberg, Ibsen, Shaw, Byron und viele andere. Dante blieb auch verbannt sein Leben lang Florentiner, Voltaire blickte Tag und Nacht aus seinem Schweizer Asyl sehnsüchtig nach Frankreich, Descartes hat in seiner freigewählten »holländischen Einsiedelei« immer nur für seine Pariser Freunde meditiert, Victor Hugo hat auf Guernsey nur für Frankreich und über Frankreich geschrieben, und überhaupt niemals wäre irgendein italienischer, spanischer, französischer Künstler oder Denker auf den für ihn wahnwitzigen Gedanken gekommen, für etwas anderes leben und schaffen zu wollen als für sein Land, seine Hauptstadt, sein Volk, seine Kultur. Dies alles kommt aber ebendaher, daß, wie wir schon im Abschnitt über die italienische Renaissance hervorgehoben haben, bei den Romanen der große Mann der zusammengefaßte Ausdruck, die Essenz seines Volkes ist, bei den Germanen aber nicht. Wie aber in Natur und Geschichte nach dem großen Gesetz der Aktion und Reaktion scheinbare Schädigungen und Attacken immer wieder ausgeglichen, ja überkompensiert werden, so steigert sich auch in diesem Falle das Genie bisweilen gerade durch den stumpfen oder aggressiven Widerstand der Umwelt zu Kraftleistungen, die es sonst nirgends erreicht. In Descartes, Calderon, Balzac, Verdi kulminiert die Rasse, in Kant, Shakespeare, Goethe, Beethoven die Menschheit.

Es versteht sich von selbst, daß in jener sterilsten Periode, die Deutschland erlebt hat, alle entscheidenden Anregungen in Literatur, Kunst, Luxus, Sitte vom Ausland kamen. Das Ideal der Zeit war der *homme du monde,* auch *homme de cour, honnête homme, monsieur à la mode* genannt. Man bezeichnete daher das ganze Treiben mit Vorliebe als »alamodisches Wesen«. Der stärkste fremdländische Einfluß kam aber damals noch nicht von Frankreich, sondern von Holland: die »Kavaliertour« ins Ausland, die für jeden, der mitreden wollte, unerläßlich war, ging zumeist nach den Niederlanden. Andrerseits klagt schon Moscherosch sehr drastisch über die allgemeine Französierung: »O ihr mehr als unvernünftigen Nachkömmlinge! Welches unvernünftige Tier ist doch, das, um andern zu gefallen, seine Sprache und Stimme änderte? Hast du je eine Katze, dem Hunde zu gefallen, bellen, einen Hund der Katze zu Lieb mauchzen hören? Nun sind wahrhaftig in ihrer Natur ein teutsches festes Gemüt und ein schlüpfriger welscher Sinn anders nicht als Hund und Katze gegen einander geartet, und gleichwohl wollet ihr, unverständiger als die Tiere, ihnen wider allen Dank nacharten? Hast du je einen Vogel blärren, eine Kuh pfeifen hören?« Die Briefsprache der Adeligen ist bereits durchwegs Französisch. Und von Adel war eigentlich jedermann. Denn es war ungemein leicht, sich den Adelstitel zu verschaffen, entweder durch Kauf oder durch Verdienste um irgendeinen kleinen Duodezfürsten. Dieser »Briefadel«, der vom Uradel ebenso heftig wie erfolglos angefochten wurde, umfaßte schließlich alle oberen Zehntausend: von hier datiert die in Österreich bis in unsere Tage festgehaltene Sitte, jeden gutangezogenen Menschen mit »Herr von« anzureden; noch weiter ging man in Italien, wo man jeden Angehörigen der besse-

Das »alamodische Wesen«

ren Gesellschaft zum Marchese beförderte. In diesem Streben nach äußerer Nobilitierung bei fortdauernder innerer Vulgarität kündigt sich der Servilismus an, der bald zur hervorstechenden Signatur des sozialen Lebens werden sollte. Die »Reputation«, die »Honnêteté« gilt nunmehr als alleiniger Wertmesser, und ihre Reversseite ist die »Fuchsschwänzerei«, das Kriechen vor dem Hof, der Bürokratie und jedem, der eine Staffel höher steht. Die Kunst des artigen Benehmens und der wohlgesetzten Rede lehrten ganz grob und mechanisch die »Komplimentierbücher«, und was die Franzosen schon damals leicht, anmutig und natürlich trafen, suchte man in Deutschland auf eine sehr plumpe, philiströse und abgeschmackte Weise nachzuahmen. Vor allem huldigt jedermann einem affektierten und in dieser Winkelwelt höchst deplaciert wirkenden Aristokratismus. Das Degentragen wird allgemein: als man es den Studenten in Jena verbot, machten sie den Witz, sich die Degen auf Karren nachfahren zu lassen. Für besonders vornehm galt auch der möglichst häufige Gebrauch des Zahnstochers.

Die Konversation war trotz allen diesen Edukationsmitteln höchst trocken und langweilig; in größeren Gesellschaften herrschte die geistlose Methode, ein bestimmtes Thema aufzuwerfen und jeden der Reihe nach seine Ansicht sagen zu lassen; Rede und Gegenrede bestanden zumeist im Austausch einstudierter hochtrabender Redensarten, bei denen niemand etwas dachte oder empfand. Lernte ein Jüngling ein Mädchen kennen, so war sie sogleich eine Pallas Athene, anbetungswürdige Göttin und »hochtugendselige Nymphe«; bei der Verlobung gehörte es zum guten Ton, daß beide Teile einander in endlosen stereotypen Phrasen versicherten, daß sie dieser Ehre nicht würdig seien. Unter diesem betonten Formalismus gewannen die geringfügigsten Umstände eine ungeheure Wichtigkeit. Ein großes Problem war es, ob man einem bestimmten Gast ein Taburett oder einen Fauteuil zum Sitzen anbieten solle, jahrelang wurde darüber gestritten, ob die Kutschen der höheren Gesandten, auch wenn sie leer seien, den Vorrang vor denen der niederen Gesandten hätten, wenn diese in persona darin säßen, und endlose Debatten erfüllten den Reichstag, als die fürstlichen Gesandten den kurfürstlichen das Recht bestritten, als einzige ihre Stühle auf den Teppich des Konferenzsaals zu stellen, bis schließlich entschieden wurde, daß es ihnen gestattet sein solle, wenigstens die Vorderfüße ihrer Sessel auf die Fransen des Teppichs zu setzen. Schon in der merkwürdig verschnörkelten, wie aus lauter Initialen zusammengesetzten Schrift zeigt sich der Charakter der Zeit, ebenso in den Adressen und Briefköpfen: die einfache Anrede »Herr« genügte nicht mehr, man schrieb: »Dem hochwohlgeborenen Herrn Herrn«, und die offizielle Adresse des Reichskammergerichts zu Wetzlar lautete: »Denen hoch- und wohlgeborenen, edlen, festen und wohlgelahrten, dann respektiven hochgebornen, hoch- und wohledelgebornen, respektive Ihro kaiserlichen und königlichen katholischen Majestät verordneten wirklichen geheimen Räten, dann des löblich kaiserlichen und Reichskammergerichts zu Wetzlar fachverordneten Kammer-Richter-Präsidenten und Beisitzern, unseren besonders lieben Herren und lieben Besondern, dann hochgeehrtest auch respektive freundlich vielgeliebten und hochgeehrten Herren Vettern, dann hoch- und vielgeehrten wie auch weiteres respektive insonders hochgeneigt und hochgeehrtesten Herren.« Die Freude am Fremdklingenden und Aufgedonnerten zeigt sich auch in der Litanisierung der Namen, die, früher nur von den Humanisten geübt, jetzt allgemeine Mode wird. »Es will keiner mehr Roßkopf heißen, sondern Hippocephalus, nicht Schütz, sondern Sagittarius«, sagt Moscherosch, und damals sind jene vielen Textor, Molitor, Faber, Sartorius entstanden, die ursprünglich ganz schlicht Weber, Müller, Schmidt und Schneider hießen.

Der Trompeter von Säckingen

Auf das Kostüm hat zunächst natürlich der Krieg eingewirkt. Die spanische Tracht, deren gepreßte Steifheit wir im vorigen Buche kennengelernt haben, war für Soldaten unbrauchbar; da aber in jener Zeit überhaupt das Militär den Ton angab, so wurde die Kleidung allgemein bequemer, handfester, kriegerischer: man trägt weite sackartige Hosen, hohe sporenklirrende Kanonenstiefel, mächtige Stulpenhandschuhe, große herausfordernde Filzhüte mit wippender Feder und breiter, auf einer Seite aufgeschlagener Krempe, flache weiße Umlegkragen und den Degen im rasselnden metallbesetzten Bandelier: es ist im wesentlichen das Kostüm, das noch heute die Chargierten der Studentenverbindungen bei festlichen Anlässen anzulegen pflegen, außerdem jedermann bekannt aus den billigen und süßen Buntdrucken, die die achtziger Jahre des vorigen Jahrhunderts in Form von Romanen und Opern produziert haben und deren berühmtestes Exemplar wohl Neßlers *Trompeter von Säckingen* sein dürfte. Es ist bemerkenswert, wie es die verklärende Macht des historischen Rückblicks hier verstanden hat, eine der rohesten, poesielosesten und banalsten Kulturperioden mit dem Schimmer der Romantik zu umkleiden. Das Haar, das infolge der spanischen »Mühlsteinkrause« notgedrungen kurz war, trägt man nun wieder in langen freien Locken, den Schnurrbart hochgezwirbelt und dazu anfangs noch den Knebelbart, der aber im Laufe des Krieges aus der Mode kommt. Auch hier ist der entscheidende Gesichtspunkt das Provokante, Schneidige, Martialische; um diese Wirkung möglichst vollkommen zu erreichen, bediente man sich schon damals der Schnurrbartbinden und dunkler Färbemittel, die den drohenden finsteren Eindruck unterstreichen sollten: das Ideal ist, mit einem Wort, der Bramarbas, der aber sehr bald zur lächerlichen Figur wird, von Gryphius im *Horribiliscribifax* nicht ohne einen gewissen schleppenden Humor geschildert, in der französischen Literatur durch die Figur des *capitaine Ro-*

domont verewigt, dessen Geburtsort nach Spanien, dem Lande der größten Renommisten und Scharfmacher, verlegt ist, und schließlich der Commedia dell'arte als die stehende Maske des *capitano* einverleibt, dessen Aussehen und Wesen die genaue Karikatur des damaligen Typus ist: er hat einen Bart wie ein Luchs, einen riesigen Stoßdegen, handgroße Sporen und einen schreckenerregenden Federhut und spricht ununterbrochen von Krieg, Duellen, verführten Weibern und abgehauenen Gliedmaßen; in Wirklichkeit interessiert er sich aber nur für Küchengerüche und Weinflaschen und macht sich bei dem geringsten verdächtigen Geräusch aus dem Staube.

Die Damen trugen Korsetts mit Stahlschienen, verzichteten aber auf den Reifrock, der einem weiten faltenreichen Schoß weicht: dafür wurde es Mode, mehrere verschiedenfarbige Unterröcke übereinander zu tragen. Das Haar wurde ähnlich wie das männliche getragen, nur in Lockenbündel geteilt und rechts und links über die Ohren fallend. Übrigens wechselte die Frisur in ihren Einzelheiten, in der Anordnung der Stirn- und Schläfenlöckchen und des Scheitels, ungemein rasch, und ebenso die Barttracht der Männer: der Schnurrbart ist zuerst mächtig und ausladend, später nur eine dunkle Linie auf der Oberlippe, schließlich besteht er bloß aus zwei Punkten rechts und links von der Nase. Die Gestalt des Huts änderte sich fast alle Vierteljahre; er sieht abwechselnd aus wie ein Buttertopf, ein Holländerkäse, ein Zuckerhut, ein Kardinalshut. Auch die Farben sind großen Wandlungen unterworfen: anfangs werden die starken und lärmenden bevorzugt, später die zarten und gebrochenen wie bleu-mourant und Isabelle. Eine ebenso große Vielfältigkeit zeigten die Knöpfe, Tressen und Rosetten in ihren oft abenteuerlichen und aufdringlichen Formen und die reichen Spitzeneinfassungen am Kragen und an den Stiefelschäften.

Zwei andere Modeartikel, wenn man sie so nennen kann, finden damals in Deutschland ebenfalls Verbreitung: der Tabak

Tabak und Kartoffel

und die Kartoffel. Die »Tartuffelfrucht«, von der man zuerst glaubte, das Eßbare an ihr sei die Samenkapsel, wurde von Walter Raleigh nach Irland gebracht, wo sie zuerst wenig Beachtung fand, später aber das bevorzugte und leider nicht selten alleinige Volksnahrungsmittel wurde. In Frankreich galt sie lange Zeit nur als Leckerbissen, was sie ja auch tatsächlich ist. In Deutschland bürgerte sie sich durch die Not des Krieges rascher und widerstandsloser ein als anderwärts, und seither ist sie infolge ihrer Nahrhaftigkeit (obgleich sie bei ihrem relativ großen Stärkegehalt fast gar kein Eiweiß besitzt und daher nur als Zusatzgericht in Betracht kommt), ihres leichten Anbaus und ihrer unerschöpflichen Küchenverwendbarkeit die Lieblingsspeise des Deutschen geworden, die für ihn dieselbe Bedeutung hat wie die Feige für den Kleinasiaten, der Reis für den Japaner und die Tomate für den Italiener. Das »Tabakessen«, wie man das Kauen, das »Tabaktrinken«, wie man das Rauchen damals nannte, und das Schnupfen, das als die feinste Form des Tabakgenusses galt, gelangte von England über Holland und Frankreich nach Deutschland, wo die Pfeife bald zum unentbehrlichen Inventarstück des Soldaten, Studenten und Stutzers wurde und selbst von den Damen geschätzt zu werden begann. Natürlich bemächtigten sich sogleich die Satiriker in ihrer groben und salzlosen Art des aktuellen Themas, während die Ärzte die Krankheiten, die Prediger die Höllenstrafen schilderten, die die neue Unsitte im Gefolge habe; mit dem Erfolg, den solche Warnungen vor modischen Vergnügungen zu allen Zeiten gehabt haben. Urban der Achte erließ gegen das Schnupfen sogar eine Bulle, und in Rußland kam man auf den liebenswürdigen Gedanken, es dadurch zu verhindern, daß man seinen Anhängern die Nase abschnitt. Aber schon während der ersten Hälfte des siebzehnten Jahrhunderts gab es in Europa Tabakkulturen und allenthalben »Tabagien«, besondere Lokale, wo man alle nötigen Einrichtungen vorfand, mit deren

Hilfe man das begehrte Kraut ungestört essen, trinken und wieder von sich geben konnte. Und sehr bald versöhnte sich auch der strenge Absolutismus mit dem neuen Höllenlieferanten, indem er ihn durch Steuern und Monopole zu einer sehr ergiebigen Finanzquelle machte.

Die Poeterey

Ungehobelt und verschnörkelt, lärmend und koloriert, eine Mischung aus Roheit und Geziertheit ist auch die Literatur jener Periode. Zur Reinigung der Sprache von den zahlreichen spanischen, italienischen und französischen Brocken wurden zwei große literarische Vereine gegründet: 1617 die Fruchtbringende Gesellschaft oder der Palmenorden, 1644 die Pegnitzschäfer oder der Gekrönte Blumenorden; aus dem Kreise des letzteren ging der berühmte Nürnberger Trichter hervor: »Poetischer Trichter, die Teutsche Dicht- und Reimkunst in sechs Stunden einzugießen«. Aber der Purismus, den diese Reformer so eifrig betrieben, war nichts als gewendete Kauderwelscherei. Der rabiateste von ihnen, Philipp von Zesen, begnügte sich nicht damit, alle Fremdwörter zu exkommunizieren, sondern wollte auch den griechischen Göttern nicht ihre ehrlichen Namen lassen, indem er Pallas in Kluginne, Venus in Lustinne, Vulkan in Glutfang verdeutschte, und duldete nicht einmal gute deutsche Lehnwörter, indem er Fenster in Tageleuchter, Natur in Zeugemutter und sogar Kloster in Jungfernzwinger übersetzte: eine besonders grausame Maßregel, durch die die ohnehin schon durch ihre Lehnwortbenennung kompromittierten Mönche auf die Straße gesetzt werden.

Die Poesie ist von einer gedankenlosen und kunstlosen Bildermechanik beherrscht; sie wird zu einer Art kindischem primitiven Mosaik- und Legespiel. Es bildet sich nämlich eine Dichterei heraus, die für jede Vorstellung eine bestimmte Vokabel als die »poetische« einsetzt und zu jedem Substantivum ebenso automatisch bestimmte Beiwörter als die »schmückenden« hinzutut: eine nur fürs Auge berechnete, konventionelle und äußerliche, leere und gefallsüchtige, im toten Arrangement von Farben, Finessen und Falten aufgehende Wortschneiderei. Die Reimpaare Hans Sachsens und der Meistersinger, für den damaligen noch wenig differenzierten Seelenzustand eine sehr adäquate Ausdrucksform, werden verpönt und als »Knüttelverse« verhöhnt; der französische Alexandriner, im Deutschen ganz unmöglich, stelzt und stolziert wie ein klappernder Storch daher. Die hölzerne Gravität und Wichtigtuerei, verbunden mit der Sucht, durch Überschwang und gemachte Exaltiertheit um jeden Preis Eindruck zu erwecken, hat zur Folge, daß die Produkte jener Zeit für uns großenteils zur humoristischen Literatur gehören. Bei Lohenstein schildert zum Beispiel der Held seine Gemütsverfassung in folgendem Monolog:

O hätte je mein Blut des Sinans Durst gestillet!
O hätt' ich meine Seel' im Würgen ausgebillet!
O wär' ein gifftig Pfeil durch Lung und Herz geschlippt!
O hätt' ein Persisch Beil mir Hals und Stirn zerkippt!

und einer der Pegnitzschäfer besingt den Frühling mit den poetischen Versen:

Im Lentzen da glänzen die blumigen Auen,
Es grünet das Feld,
Es lachet die Welt,
Der Gärtner löst Geld.

Eine allenthalben aufgeklebte Gelehrsamkeit erhöht noch diese skurrile Wirkung und nimmt der Dichtung den letzten Rest von Ursprünglichkeit. Gryphius nennt daher die einzelnen Teile seiner Theaterstücke mit Recht »Abhandlungen«. Er war ein Nachahmer Senecas, der selber schon ein kalter akademischer Epigone war, und von diesem hat er, wie die ganze Dramatik seiner Zeit, den Hang für das Ungeheuerliche und Gräßliche, den rohen Zirkuseffekt. In den *Mordspektakeln*, die, wie schon der Titel sagt, nichts waren als eine Aneinanderreihung von wüsten und absurden Blutszenen, ist der banausische Realismus auf die Spitze getrieben. Wenn der Held sich umbringen mußte, so rannte er zu diesem Zweck mit Vorliebe den Kopf gegen die Wand, weil das am greulichsten war, wozu die Regiebemerkung zu lauten pflegte: »Er fellt in Verzweiflung, laufft mit dem Kopf an die Wand, daß das Blut unter dem Hut herfür dringet, welches mit einer Blase wohl gemacht werden kan.« Von Mars wird verlangt, er solle auftreten »herausbrausend mit Trommelschall und Büchsenknall, mit einem blutigen Degen in der Faust, brüllend und das Maul voll Tabakrauch, den er herausbläset«. Vossius, einer der berühmtesten holländischen Gelehrten, der in allen Fragen der Kunst und Wissenschaft für ein Orakel galt, schlug sogar vor, man solle in der Tragödie wirkliche Verbrecher hinrichten lassen. Die Komödie beherrschte der »Pickelhering«, der niederländische Ableger des englischen Clowns und Vorläufer des deutschen Hans Wurst, durch ein stehendes Repertoire ebenso alberner wie ordinärer Späße, die ihren Höhepunkt erreichten, wenn er die Hosen verlor. Im übrigen behandelte die Komödie nach Opitzens Einteilung »schlechtes Wesen und Personen, Hochzeiten, Gastgebote, Spiele, Betrug und Schalkheit der Knechte, ruhmrätige Landsknechte, Buhlersachen, Leichtfertigkeit der Jugend, Geitz des Alters, Kupplerey und solche Sachen, die täglich unter gemeinen Leuten vorlaufen«, während die Tragödie »Totschläge, Verzweiffelungen, Kinds- und Vatermorde, Brand, Blutschande, Krieg, Aufruhr, Klagen, Heulen, Seufzen« zum Inhalt hatte.

Dieser Opitz, schon deshalb allgemein verhaßt, weil mit ihm auf der Schule die Tortur der Jahreszahlen und Büchertitel anhebt, von seinen Zeitgenossen als *princeps poetarum Germaniae* gefeiert, war in der Tat nicht mehr als der Häuptling dieser Gilde von ledernen, eingebildeten und blutarmen Pedanten, und auch die geistvolle und tiefdringende Ehrenrettung, die Gundolf erst jüngst an ihm versucht hat, vermag wohl die Kenntnis seiner psychologischen Anatomie zu verfeinern und zu verdeutlichen, dürfte aber im übrigen sein schlechtes Renommee kaum aus der Welt schaffen. Er war, und daher wahrscheinlich die Treue, mit der die Schulmeister noch heute an ihm hängen, in erster und letzter Linie ein Präzeptor: er zeigte, theoretisch und praktisch, wie man dichten müsse, worunter er eine Art ergötzlicher Belehrung verstand (die aber bei ihm nur insoweit ergötzt, als sie unfreiwillig belustigt); er war also ein doppelter Schulmeister: ein Lehrer des Lehrens. Da aber den wirklichen Dichtern zu allen Zeiten beides gleichermaßen zuwider gewesen ist: sowohl Lehrer zu haben wie Lehrer zu sein, so müssen wir in ihm einen der vollkommensten Antipoeten erblicken, die jemals in die Poesie hineingeredet haben. Für die Geschichte der deutschen Sprache und Metrik mag er eine gewisse Bedeutung haben; für die Geschichte der europäischen Kultur besteht keine Veranlassung, sich mit dieser Panoptikumfigur näher zu befassen.

Comenius   Auch auf den übrigen Wissenschaftsgebieten herrschte derselbe starrsinnige intransigente Doktrinarismus. An den Universitäten wurde der Theolog auf die Dogmen vereidigt, der Jurist auf das Corpus iuris, der Philosoph auf den Aristoteles. Eine Gestalt wie die des großen Pädagogen Comenius sucht in dieser Zeit vergeblich ihresgleichen. Es klingt wie eine Rede aus einer anderen Welt, wenn er fordert, daß der Mensch sich nicht von fremder, sondern von eigener Vernunft leiten lassen solle, daß er die Kenntnis der Dinge nicht aus den Büchern, sondern aus den Originalen schöpfen müsse: aus dem Himmel, der Erde, den Eichen und Buchen, allen den Gegenständen, die ihm täglich leiblich vor Augen stehen, daß immer zuvörderst die Sache zu kommen habe und dann erst der Begriff, daß das A und O der Pädagogik nicht die Bibel sei, sondern die Natur. Sein Ideal war die »Pansophia«, eine Synthese aus Frömmigkeit und Naturkenntnis, die alle christlichen Sekten unter der freien Gläubigkeit wissender Humanität vereinigen sollte.

Die Naturwissenschaft

Nur auf dem Felde der Naturforschung hat auch Deutschland Bedeutendes hervorgebracht. Der Magdeburger Bürgermeister Otto von Guericke erfand die Luftpumpe, das Manometer, die Elektrisiermaschine, das Wasserbarometer und wies nach, daß im luftleeren Raum das Feuer verlischt, Tiere nach kurzer Zeit sterben, der Schall sich nicht fortpflanzt, hingegen das Licht ungehindert weitergeleitet wird; dem fränkischen Arzt Johann Rudolf Glauber gelang die Darstellung des Salmiaks und des schwefelsauren Natrons, das nach ihm Glaubersalz genannt wird und noch heute als Blutreinigungsmittel Verwendung findet; auch sind beide dadurch bemerkenswert, daß sie sich dem Verständnis des Polaritätsphänomens näherten, indem Guericke zeigte, daß gleichnamig elektrisierte Körper sich abstoßen, und Glauber den Begriff der chemischen Verwandtschaft aufstellte, die sich gerade bei verschiedenartigen Stoffen am stärksten äußert. Überhaupt läßt das siebzehnte Jahrhundert schon in dieser seiner ersten Hälfte allenthalben erkennen, daß wir uns dem klassischen Zeitalter der Naturwissenschaften nähern. Die beiden bedeutendsten Forscher dieser Periode sind der Italiener Torricelli und der Engländer Boyle. Evangelista Torricelli bearbeitete mit großem Erfolg ein bis dahin noch wenig beachtetes Gebiet der Physik, die Dynamik der Flüssigkeiten, wobei er unter anderem das hochwichtige Gesetz entdeckte, daß ein Strahl, der aus einem gefüllten Behälter heraustritt, immer die Form der Parabel annimmt und eine Ausflußgeschwindigkeit besitzt, die der Quadratwurzel aus der Druckhöhe proportional ist. Robert Boyle, dem seine Landsleute den Beinamen *»the great experimenter«* verliehen, kann als der Begründer der modernen Chemie angesehen werden.

Sein Hauptwerk, der *Chymista scepticus*, ist, wie schon der Titel andeutet, eine Ablehnung der bisherigen chemischen Methoden. »Die Chemiker«, sagt er darin in der Vorrede, »haben sich bisher durch enge Prinzipien leiten lassen, die der höheren Gesichtspunkte entbehrten. Sie erblickten ihre Aufgabe in der Bereitung von Heilmitteln und in der Verwandlung der Metalle. Ich habe versucht, die Chemie von einem ganz andern Gesichtspunkte zu behandeln, nicht als Arzt, nicht als Alchimist, sondern als Naturphilosoph.« Chemie ist für ihn Erkenntnis der Zusammensetzung der Körper. Er definierte zum erstenmal mit voller Klarheit den Begriff des Elements, machte Untersuchungen über die Bestandteile der Luft und das Verhältnis zwischen Druck und Volumen bei Gasen und wies nach, daß beim Rosten der Metalle eine Gewichtszunahme stattfindet. Neben ihm wirkte William Harvey, der den doppelten Blutkreislauf entdeckte und den Satz aufstellte: »*Omne animal ex ovo.*« Auf dem Gebiet der praktischen Mechanik: des Schiffsbaus, des Festungsbaus, des Kanalbaus exzellierte Holland, das überhaupt in jenem Zeitraum die wirtschaftliche und kulturelle Führung innehat.

Die Vorherrschaft Hollands

Der kühne und opfervolle Kampf der Niederländer gegen die spanische Despotie hatte mit der vollen Anerkennung ihrer Unabhängigkeit geendet. Nun hatte dieses Volk endlich die Freiheit, seine ebenso bewundernswerten wie unsympathischen Gaben voll zu entfalten. Die Holländer sind das erste große Handelsvolk der Neuzeit. Sie erinnern in ihrem harten und platten Materialismus, ihrem listigen und skrupellosen Erwerbsegoismus und ihrer turbulenten verrotteten Oligarchie an die Phönizier; sie verdankten ihre wirtschaftliche Übermacht ebenso wie diese dem Umstande, daß sie in der Entwicklung des merkantilen Denkens den anderen Völkern voraus waren; und sie konnten ihre Vorherrschaft aus den gleichen Gründen nicht dauernd behaupten: ihrem emsigen und zähen

Ringen fehlte es an einer höheren Idee und daher an wirklicher Lebenskraft, und außerdem waren sie an Kopfzahl viel zu gering, um auf die Länge die halbe Welt beherrschen und aussaugen zu können. Es war dasselbe Mißverhältnis, das auch die schwedische Großmachtstellung zu einer Episode machte: die nationale Basis war zu schmal.

Die Kultur stand damals in Holland zweifellos auf einem höheren Niveau als im übrigen Europa. Die Universitäten genossen internationalen Ruf, besonders Leyden galt als die hohe Schule der Sprachforschung, der Staatswissenschaften und der Naturkunde. In Holland lebten und wirkten Descartes und Spinoza, die berühmten Philologen Heinsius und Vossius, der große Rechtsphilosoph Grotius, von dem wir schon gehört haben, der Dichter Vondel, dessen Dramen in der ganzen Welt nachgeahmt wurden. Die Verlegerdynastie Elzevir beherrschte den Buchhandel Europas, und die Elzevirdrucke, Duodezausgaben der Bibel, der Klassiker und der hervorragenden Zeitgenossen waren wegen ihrer erlesenen Schönheit und Korrektheit in jeder Bibliothek zu finden. Während sonst überall der Analphabetismus noch weit verbreitet war, konnte in Holland fast jedermann schreiben und lesen, und holländische Bildung und Sitte waren so geschätzt, daß man in der höheren Gesellschaft nur für voll galt, wenn man von sich sagen konnte, man sei in Holland erzogen, *civilisé en Hollande.*

Die Kolonisationstätigkeit der Holländer setzt ungefähr gleichzeitig mit dem neuen Jahrhundert ein und erfüllt seine beiden ersten Drittel. Es gelang ihnen sehr schnell, in allen Weltteilen Fuß zu fassen. Sie besetzten an der Nordostküste Südamerikas Guayana und gründeten in Nordamerika Neu-Amsterdam, das spätere New York: noch nach Jahrhunderten galten die holländischen Familien, die »Knickerbockers«, dort als eine Art Aristokratie. Sie breiteten sich als »Buren« an der Südspitze Afrikas aus und importierten von dort den vorzügli-

chen Kapwein. Ein ganzer Weltteil trug ihren Namen: Neu-
Holland, das spätere Australien, das Tasman zum erstenmal
umsegelte; er drang aber nicht ins Innere und hielt die später
Tasmanien genannte Insel für eine Halbinsel. Auch die Südspitze Amerikas wurde von ihnen zuerst betreten und nach der
Geburtsstadt ihres Entdeckers Cap Hoorn genannt. Die größten Erwerbungen machten sie aber auf den Sundainseln: Suma-
tra, Java, Borneo, Celebes, die Molukken gelangten in ihren Besitz. Sie dehnten sich auch auf Ceylon und in Hinterindien aus
und gründeten schon 1610 ihren Hauptstützpunkt Batavia mit
seinen prachtvollen Handelsgebäuden: sie beherrschten den
ganzen indischen Archipel. Sie besaßen sogar eine Zeitlang
Brasilien. Sie haben aber niemals im eigentlichen Sinne koloni-
siert, sondern überall bloße Handelsemporien angelegt, peri-
phere Niederlassungen mit Forts und Faktoreien, die lediglich
der wirtschaftlichen Ausbeutung des Landes und der Sicherung der Seelinien dienten, und nirgends ist es ihnen gelungen,
wirkliche Eroberungen zu machen, wofür, wie gesagt, ihre Bevölkerungsziffer zu niedrig war und sie auch, als ein reines
Kaufmannsvolk, gar kein Interesse besaßen. Ihre Hauptaus-
fuhrartikel waren kostbare Gewürze, Reis und Tee, an den man
sich in Europa nur langsam gewöhnte: am englischen Hof
taucht er erst 1664 zum erstenmal auf, man fand ihn aber nicht
sehr schmackhaft, denn er kam als Gemüse auf den Tisch; in
Frankreich war er schon ein Menschenalter früher bekannt,
doch hatte er auch dort gegen große Vorurteile zu kämpfen;
zudem wurde sein Konsum durch die Holländer selbst beschränkt, die im Besitze seines alleinigen Exports die Preise
aufs ausbeuterischste in die Höhe trieben. Dies war überhaupt
ihr durchgängiges System, und sie schreckten dabei vor den infamsten Praktiken wie dem Verbrennen großer Pfeffer- und
Muskatkulturen und dem Versenken ganzer Schiffsladungen
nicht zurück. Auch ihre heimische Produktion beherrschte

durch eine Reihe von Spezialisten den europäischen Markt. Alle Welt bezog von ihnen die Tonpfeifen, eine Fischerflotte von mehr als zweitausend Fahrzeugen versorgte ganz Europa mit Heringen, Delft war der Hauptsitz der Fayenceindustrie: von hier gingen die beliebten blau-weiß glasierten Krüge, Schüsseln und Eßbestecke, Kacheln, Kamine und Nippesfiguren in alle Windrichtungen.

Ein allgemein begehrter Artikel waren auch die Tulpenzwiebeln. Es wurde ein Sport und eine Wissenschaft, immer neue Farben, Formen und Muster dieser prächtigen Blume zu züchten, riesige Tulpenkulturen bedeckten den holländischen Boden, und es kam damals vor, daß von Liebhabern oder Spekulanten für eine einzige seltene Spielart der Preis eines Landguts bezahlt wurde. Leute, die rasch reich werden wollten, warfen sich nun auf den Terminhandel, das heißt: sie verkauften kostbare Exemplare, die oft nur in der Phantasie existierten, auf Zeit, indem sie bloß die Differenz zwischen dem vereinbarten und dem am Verfallstage notierten Preis entrichteten. Die Holländer haben überhaupt den wenig ehrenvollen Ruhm, das moderne Börsenwesen mit allen seinen heutigen Manipulationen begründet zu haben. Der große »Tulpenkrach« vom Jahr 1637, der sich aus diesen »Windgeschäften« entwickelte, ist der erste Börsenkrach der Welt; die Aktien ihrer Handelskompanien, besonders der ostindischen, die 1602, und der westindischen, die 1621 ins Leben gerufen wurden, waren die ersten börsenmäßig gehandelten Effekten: in kurzer Zeit stiegen die Kurse auf das Dreifache und die Dividenden bis zu zwanzig Prozent und darüber; die weltbeherrschende Börse von Amsterdam wurde die hohe Schule des Hausse- und Baissespiels. Ferner waren die Holländer während der ersten Hälfte des siebzehnten Jahrhunderts die Zwischenhändler von ganz Europa: ihre Handelsflotte war dreimal so groß wie die aller übrigen Staaten. Und obgleich oder vielmehr weil die ganze Welt auf sie angewiesen war, entwickelte sich gegen sie ein allgemeiner erbitterter Haß, seltsam kontrastierend mit der überschwenglichen Bewunderung, die man ihren Sitten und Einrichtungen entgegenbrachte, und gesteigert durch die brutale Hemmungslosigkeit, mit der sie überall in der Wahrung ihres Vorteils bis zum Äußersten gingen. »Frei muß der Handel sein, überall, bis in die Hölle«, lautete ihr höchster Glaubensartikel. Unter Handelsfreiheit verstanden sie aber nur Freiheit für sich selbst, das heißt: rücksichtslos ausgenütztes Monopol. So war es auch gemeint, wenn Grotius in seinem berühmten völkerrechtlichen Werk *Mare liberum* ausführte, die Entdeckung fremder Länder gebe allein noch kein Recht auf ihren Besitz, und das Meer entziehe sich seiner Natur nach überhaupt jeder Besitzergreifung, es sei das Eigentum aller. Da das Meer sich aber tatsächlich im Besitz der Holländer befand, so war diese liberale Philosophie nichts als eine heuchlerische Maskierung ihres wirtschaftlichen Terrorismus.

Durch ihn wurden die »Vereinigten Staaten« zum reichsten und blühendsten Land Europas. Es war so viel Geld vorhanden, daß der Zinsfuß nur zwei bis drei Prozent betrug. Aber obgleich das Volk sich natürlich in viel besseren Lebensumständen befand als anderwärts, so hatte doch den Hauptprofit eine verhältnismäßig kleine Oligarchie von harten und dicken Geldsäcken, die sogenannten »Regentenfamilien«, die das Land, da alle leitenden Stellen in der Verwaltung, der Judikatur und den Kolonien aus ihnen besetzt wurden, fast absolutistisch beherrschten und auf den einfachen Mann, den »Jan Hagel«, ebenso geringschätzig herabblickten wie die Aristokratien der anderen Länder. Ihnen stand die Partei der Oranier gegenüber, die nach einem ungeschriebenen Gesetz die erbliche Statthalterwürde innehatten und eine legitime Monarchie anstrebten, aber dabei viel demokratischer dachten als die »Hochmögenden« und daher beim Volk sehr beliebt waren. Um sie scharten

sich die großen militärischen und technischen Talente: in ihrem
Stab befanden sich die ersten Strategen des Zeitalters; sie erzogen eine Generation von Virtuosen des Festungskriegs, des Ka-
perkriegs, des Artilleriewesens, der Ingenieurkunst; das von
ihnen geschaffene Wassernetz, das ganz Holland überzog, galt
für ein Weltwunder; auch waren sie Meister der Diplomatie.

Aber wenn man von der damaligen Kultur Hollands spricht, *Das*
so denkt jedermann zuerst an die Malerei. Sie wurzelt in dem *nieder-*
gesunden Tatsachensinn und vorurteilslosen Weitblick, den der *ländische*
weltumspannende Imperialismus dem ganzen Volke verlieh; *Bilderbuch*
aber andrerseits darf man sich nicht vorstellen, daß sie durch ein
organisiertes und kunstbewußtes Mäzenatentum wesentlich
gefördert wurde. Die Prosa und Trockenheit, Phantasiearmut
und Herzensenge, die jedes Kaufmannsregime kennzeichnet,
war auch die Signatur Hollands, und das Milieu, in dem diese
Kunst aufgewachsen ist, hat ihr jenen Charakter von grandioser Alltäglichkeit aufgedrückt, der sie in den meisten ihrer Vertreter zu einem Phänomen zweiten Ranges macht; wo sie sich
zu überlebensgroßen, wahrhaft genialen Schöpfungen erhebt,
hat sie es in bitterem Kampf *gegen* ihr Milieu getan. Die Lang-
weiligkeit, Schwunglosigkeit und rechnerische Korrektheit
nüchterner und »ehrbarer« Großkrämer, die sich alles recht
»ordentlich« und stattlich wünscht, aber alles »Überflüssige«
und »Extravagante« ängstlich vermeidet, zeigt sich am deutlichsten in dem öden Geschäftsstil der Architektur, zum Beispiel am Amsterdamer Rathaus, das lange Zeit für ein Meisterwerk der Baukunst galt. Frans Hals, Ruisdael, Rembrandt, um
nur drei der bedeutendsten Künstler zu nennen, starben in
Not; und andrerseits hat Belgien fast ebenso viele große Namen
aufzuweisen wie Holland.

In den meisten Kunstgeschichten werden diese beiden Länder in scharfer Trennung behandelt; doch liegt dazu eigentlich
kein zwingender Anlaß vor. Zwar sagte schon Grotius, dem

Norden und dem Süden sei nichts gemeinsam als der Haß gegen die Spanier, aber es verhielt sich fast umgekehrt, denn gerade die Ungleichheit des Hasses gegen Spanien, der im Süden viel schwächer war als im Norden, führte zur Teilung in die spanischen Niederlande, die unter habsburgischer Herrschaft blieben und ungefähr dem heutigen Belgien entsprachen, und in die republikanische Vereinigung der nördlichen Provinzen, während im übrigen die Bevölkerung beider Gebiete eine große Ähnlichkeit zeigt. Die nördliche Hälfte Belgiens ist von den Flamen bewohnt, die mit den Holländern in Sprache und Abstammung, Charakter und Lebensauffassung fast vollständig übereinstimmen, und in der Tat: was ist zum Beispiel an den Belgiern Jordaens, Brouwer, Teniers, Snyders nicht holländisch? Die südliche Hälfte ist allerdings von den französisch sprechenden romanischen Wallonen bevölkert, die aber auf die Kunst und Kultur des Landes keinen nennenswerten Einfluß ausgeübt haben. Nur in einem Punkte unterscheidet sich auch der nördliche Teil Belgiens sehr wesentlich von Holland: er ist durchwegs katholisch. Dies ist aber eher ein kunstförderndes Moment gewesen, während der holländische Calvinismus mit seiner puritanischen Prüderie und seiner fast mosaischen Bildlosigkeit des Kultus die Malerei der großen Stoffe beraubte, wodurch sie, auf Porträt, Sittenbild und Naturstudie beschränkt, ein genrehaftes Gepräge erhielt. Wie sehr der philiströse Geist in den Publikumsbedürfnissen vorherrschte, zeigt sich daran, daß man selbst historischen Kompositionen, zu denen doch die Vergangenheit des Landes dringend aufgefordert hätte, nur wenig Interesse entgegenbrachte.

Die Kunst Hollands ist rein bürgerlich. Der Bürger will in erster Linie sich selbst gemalt sehen, sich und was ihm das Leben lebenswert macht: seine Familie, seine Geschäfte, seine Festlichkeiten, seine Genüsse. Also: Einzelporträts und Gruppenbilder, auf denen die ganze Verwandtschaft halb schüch-

tern, halb patzig Modell steht; »Schützenstücke«, auf denen der
Spießer Soldat spielt; gravitätische Ratskollegien, Vereinssit-
zungen, Bankette; protzige Interieurs und verführerische Still-
leben mit gemütlichem Hausrat, bunten Topfpflanzen, kostba-
rem Tafelgeschirr, Weinflaschen, Fischen, Schinken, Wildbret
und all den übrigen Dingen, womit dieses Volk von fetten
Schlemmern sich das Dasein schmackhaft zu machen wußte.
Außer diesen Gegenständen, die sich alle auf der Verlängerungslinie seiner eigenen Persönlichkeit befinden, pflegt den
Bürger nur noch die Anekdote zu interessieren: saftig erzählte
Familienszenen, Raufereien, Sportberichte, rührende, komische oder schauerliche Charaktergemälde, alles nachdrücklich
auf die Pointe gestellt, die man möglichst breit und deutlich ablesen will. Daher kommt es denn auch, daß in Holland jene
Maler den größten Publikumserfolg hatten, die fleißig und
banal genug waren, ihre Produktion auf einen einzigen Artikel einzustellen: Paul Potter war Spezialist für Rinder, Philips
Wouwerman für Schimmel, Melchior d'Hondecoeter für Geflügel, Willem van de Velde für Schiffe, Jan van Huysum für
Blumen, Abraham van Beijeren für Austern, Hummer, Früchte,
Pieter Claesz für feines Silberzeug. Kurz: die ganze niederlän-
dische Pinselkunst ist, einige wenige von niemand verstandene
Große ausgenommen, ein einziger großer »Hausschatz« und
Bilderbogen, ein Unterhaltungsbuch und Familienalbum.

Aber andrerseits ist die holländische Genremalerei von einer   *Die My-*
verschwenderischen Vielfältigkeit und Fülle, lapidaren Sach-   *thologie*
lichkeit und Unbeteiligtheit, großartigen Roheit und selbstver-   *des Alltags*
ständlichen Nacktheit, schäumenden Kraft und schwellenden
Fruchtbarkeit, wie sie sonst nur die Natur besitzt. Was ausschließlich geschildert, aber mit einem wahren Heißhunger, einer wilden kochenden Gier geschildert wird, ist das Leben *sans
phrase*, ohne Beschönigung, ohne Moral, ohne Auswahl, ohne
Sinn-Interpolation, das Leben als Selbstzweck, ein kurzer

selbstgenießerischer Augenblick aufzischender hemmungsloser Vitalität.

Kunst hat immer die unwiderstehliche Tendenz zur Potenzierung der Wirklichkeit, zur Ideologie in irgendeinem Sinne. Aber diese Holländer befanden sich in einer sehr unglücklichen Situation. Der konventionelle Idealismus der Vergangenheit, die italienische Tradition war ihnen im Innersten zuwider, und einen neuen eigenen Idealismus aus ihrer Zeit und ihrem Volke hervorzubringen war ihnen in einer Kulturwelt, deren Protagonisten der Pfaffe und der Krämer waren, gänzlich unmöglich gemacht. So blieb nur das Ventil eines ins Dämonische gesteigerten Naturalismus. Auf diesem Wege kamen sie dazu, den Ewigkeitszug im Niedrigsten, die Symbolik im Trivialsten, das Göttliche im Gemeinen zu entdecken. Sie bewiesen, daß der Mensch auch heroisch fressen, saufen, kotzen, unter die Röcke greifen kann, wenn nämlich gezeigt wird, daß hinter alledem geheimnisvoll und majestätisch die schöpferische Natur thront. Indem sie das Dasein in seiner vollen überwältigenden *Lebensgröße* wiedergaben, haben sie das Wunder zuwege gebracht, eine Art Mythologie des Alltags zu schaffen.

Rembrandt In einsamer Superiorität ragt aus ihrer emsigen lärmenden Schar ein Riese hervor, ihren zur Erde gesenkten Blicken entzogen: Rembrandt. Wie Shakespeare und Michelangelo in ihrem Zeitalter, so steht er in dem seinen: als ein Exilierter und Fremder, dem alle ausweichen und den niemand wirklich kennt. Mit Michelangelo ist ihm die Zeitlosigkeit gemeinsam: er gehört überallhin und nirgendhin, denn er hätte ebensogut hundert Jahre früher leben können, als ein unverstanden schaffender Renaissancemeister, und ebensogut zweihundert Jahre später, als ein Führer des Impressionismus. Mit Shakespeare teilt er die Anonymität, denn er verschwindet völlig hinter seinem Lebenswerk, das in seiner Vieldeutigkeit und Gestaltenfülle das Antlitz seines Schöpfers undeutlich und unbestimmbar macht. Und mit beiden ist er aufs tiefste verwandt durch die Kunst seiner letzten Lebensperiode, die sich völlig ins Transzendente verliert und geheimnisvolle Schöpfungen hervorbringt, auf die so grobe und banale Bezeichnungen wie Realismus und Idealismus nicht mehr passen. Die Kunst, um die er zuerst mühsam rang, mit der er auf der Höhe seines Schaffens souverän spielte, hat er am Ende seiner Erdenbahn völlig durchschaut: in ihrer Leere, ihrer Ohnmacht, ihrer Äußerlichkeit, er weiß jetzt, daß sie nicht das Höchste ist, wie er sein Leben lang glaubte, und sie fällt von ihm ab, Tieferem Platz machend, das sich aber, weil es nicht mehr völlig irdisch ist, menschlichem Fassen entzieht.

Er ist daher ebensowenig ein Ausdruck seiner Zeit gewesen *Rubens* wie Michelangelo und Shakespeare, und wie wir damals die Rolle des *representative man* einem weit Geringeren zuweisen mußten, nämlich das eine Mal Raffael, das andre Mal Bacon, so ist auch hier der Held der Zeit ein viel flacherer Meister gewesen: Peter Paul Rubens. In Rubens ist die trunkene Lebensfreude, die triumphierende Bejahung der strotzenden Gegenwart Farbe geworden, sein Werk ist ein einziger großer Hymnus auf die gesunde Genußkraft, den stämmigen Materialismus des niederdeutschen Menschenschlags. Als Katholik und Flame hat er den doppelten Sieg der Gegenreformation und des holländischen Handels in leuchtenden Tinten, groß ausladenden Kompositionen und olympischen Kraftgestalten koloriert und besungen. Der Mensch, wie er ihn sieht, ist eine Art Halbgott, auf die Erde herabgestiegen, um seine unversieglichen Kräfte spielen zu lassen, niemals krank, niemals müde, niemals melancholisch, auch im zerfleischendsten Kampfe heiter, noch als Lazarus ein Athlet, im Grunde ein prachtvolles Raubtier, das jagt, kämpft, frißt, sich begattet und eines Tages auf der Höhe seiner Kraft brüllend verreckt. Seine Weiber sind niemals Jungfrauen, ja nicht einmal Mütter, sondern fette rosige Fleischstücke mit

exemplarischen Becken, Busen und Hintern, nur dazu da, um
nach wildem Brunstkampf, der den Genuß nur erhöht, aufs
Bett geschmissen zu werden. Eine massive Geilheit nach ausschweifender Lebensbetätigung in jeder Form ist das Grundpathos aller seiner Gemälde; es ist, als läge um sie die süße
duftende Brutwärme eines summenden Bienenstocks oder die
riesige weiße Samenwolke eines laichenden Heringszugs. Auch
in ihrer Form sind sie nur zur Erhöhung des Lebensprunks und
der Daseinsfreude gedacht, als farbenglühende Dekorationsstücke, geschmackvolle und phantasiereiche Prachttapeten. Im
übrigen ist sein Verhältnis zur antiken Vorstellungswelt, der er
seine festlichsten Allegorien entlehnt, ein ganz kühles und akademisches, sie sind sein Ausstattungsvokabular, nicht mehr.

Man hat Rubens in den Zeitaltern wirtschaftlichen Aufschwungs immer sehr gefeiert. Aus seiner immer jubelnden,
immer sinnenfreudigen Animalität spricht das gute Gewissen,
das gute Geschäfte verleihen, spricht die Flachheit des Glücklichen, denn Rubens war zeit seines Lebens ein Liebling des
Glücks, und spricht vor allem jener tiefe Atheismus, der allmählich von Europa Besitz ergreift und zuerst in Holland als
dem vorgeschrittensten Lande sein Haupt erhebt. Rubens ist
zweifellos einer der irreligiösesten Maler, die jemals den Pinsel
geführt haben, und darum wird er auch immer der Abgott aller
jener bleiben, die Gott beschwerlich oder überflüssig finden.
Aber jedes feinere Gefühl wird sich, wenn es ehrlich gegen sich
selbst ist, bei aller Bewunderung für seine Maße, seine Farben-
gewalt und seine grandiose Gabe, die Hülle des Menschen zu
erfassen, zu dem Geständnis zwingen müssen, daß er nichts gewesen ist als ein königlicher Tiermaler und Verherrlicher einer
dampfenden Übergesundheit, die ebenso unwiderstehlich wie
barbarisch ist.

King   Die Blüte Hollands war ebenso üppig wie kurz, denn es
Charles konnte auf die Dauer nicht ausbleiben, daß die wirklichen

Großmächte diesen feisten Parvenü aus seiner unorganischen Vormachtstellung verdrängten. Vor allem England mußte es sehr bald unerträglich finden, daß der ganze Nordseeverkehr und sogar sein eigener Handel sich in fremden Händen befand. Wir erinnern uns, daß dieses Land in der zweiten Hälfte des sechzehnten Jahrhunderts auf allen Gebieten einen überraschend schnellen Aufschwung nahm und daß diesen Fortschritt auch die Regierung Jakobs des Ersten nicht aufzuhalten vermochte, der, obgleich er einer der beschränktesten, ordinärsten und unfähigsten Menschen und überhaupt die Karikatur eines Königs war, von seinem Gottesgnadentum eine so extreme Auffassung hatte wie wenige seines Standes. Schon in seiner Thronrede sagte er: »Gott hat Gewalt, zu schaffen und zu vernichten, Leben und Tod zu geben. Ihm gehorchen Seele und Leib. Dieselbe Macht haben die Könige, sie schaffen und vernichten ihre Untertanen, gebieten über Leben und Tod, richten in allen Dingen, sind niemand verantwortlich als Gott allein. Sie können mit ihren Untertanen handeln wie mit Schachpuppen, das Volk wie eine Münze erhöhen und herabsetzen.« Sein Sohn Karl der Erste war in vielem sein Gegenteil: klug, liebenswürdig, gesittet, ein vollendeter Kavalier und feinnerviger Förderer der Künste und Wissenschaften. Van Dyck hat den ganzen englischen Hof gemalt: den selbstbewußten eleganten König, die dekorative träumerische Königin, die zarten steifen Prinzessinnen, den anämischen femininen Kronprinzen, eine vornehme dekadente Welt in diskreten absterbenden Farben.

Aber Karl besaß eine schlechte Eigenschaft, die alle seine guten aufwog: er war nicht imstande, ein gerades Wort und eine gerade Handlung hervorzubringen. Nach ihm sind die noch heute beliebten King-Charles-Hündchen benannt, sehr blaublütige und sensitive, aber ziemlich falsche und eingebildete Geschöpfe. Einen ebensolchen Charakter besaß der König. Es war schlechterdings unmöglich, mit ihm zu verhandeln, er hinterging und belog jedermann, hielt niemals, was er versprochen hatte, und verdrehte seine eigenen Worte ins Gegenteil. Er war so töricht zu glauben, es sei die beste Kampfmethode, alle Parteien zu täuschen, um dadurch über alle zu herrschen. Es scheint, daß diese grundsätzliche Doppelzüngigkeit und Wortbrüchigkeit bei ihm nicht bloß in der erblichen Perfidie der Stuarts begründet war, sondern auch in der Überzeugung, der König stehe so hoch über seinen Untertanen, daß ihm ihnen gegenüber alles erlaubt sei. So geriet er immer mehr in ein Netz von Finten und Widersprüchen und verlor schließlich das Vertrauen des ganzen Landes. Es ist aber trotzdem eine tendenziöse Unwahrheit demokratischer Geschichtsschreiber, wenn sie behaupten, seine Hinrichtung sei der Wille des Volkes gewesen. Sie erregte allgemeines Entsetzen und war überhaupt keine Hinrichtung, sondern ein politischer Mord, denn sie wurde von einer hiezu nicht befugten Jury ausgesprochen und auch von dieser nur unter Pression.

Seine Situation war anfangs nichts weniger als ungünstig. Seine Thronbesteigung wurde von dem größten Teil der Bevölkerung mit Jubel begrüßt, und auch als die Lage anfing, kritisch zu werden, hätte er sich durch eine einigermaßen vernünftige und eindeutige Politik leicht behaupten können. Die Majorität des Parlaments war stets auf der Seite der Monarchie, wenn auch nicht des Absolutismus, und selbst beim niedrigen Volk genossen die Royalisten immer noch mehr Sympathien als die Independenten. Er versuchte aber sogleich, gegen und sogar ohne das Parlament zu regieren. Er machte zum leitenden Staatsmann den Grafen von Strafford, der, getreu seiner Devise *Through!«,* mit allen Mitteln der Rechtsbeugung und Gewalt die unumschränkte Despotie durchzusetzen suchte, und zum leitenden Kirchenmann den Erzbischof Laud, der bestrebt war, die anglikanische Kirche der römischen bis zur fast vollkommenen Identität anzunähern, was dem größten Teil der Engländer ein Greuel war. Aber der Aufruhr brach nicht in England aus, sondern bei den Schotten. Durch den unklugen Versuch, die Laudsche Liturgie auch bei ihnen einzuführen, aufs äußerste erbittert, schlossen sie den *covenant,* einen Bund zum Schutze ihrer religiösen und politischen Freiheiten. Gegen sie sandte Karl ein Heer, das, da das mißtrauische Parlament ihm kein Geld für Truppen bewilligen wollte, durch freiwillige Spenden der königlich Gesinnten aufgebracht worden war. Alsbald traten diesen, die die »Kavaliere« genannt wurden, im ganzen Lande die demokratischen »Rundköpfe« entgegen, anfänglich noch Anhänger einer durch das Parlament beschränkten und kontrollierten Monarchie, später immer mehr zur Republik geneigt. Der Bürgerkrieg war unvermeidlich geworden.

Und nun reckt sich aus dem Dunkel die eherne Gestalt Cromwells, der an der Spitze seiner »Eisenseiter« wie ein Dampfpflug über das Land fegt und alles niederwirft: König und Volk, Hochkirche und Covenant, Oberhaus und Unterhaus, Iren und Schotten. Man kann nicht sagen, daß es während des Jahrzehnts seiner Regierung eine Partei gab, die ihm unbedingt anhing. Den Royalisten war er als Königsmörder verhaßt, den Republikanern als Vergewaltiger des Parlaments, den Episkopalen als brutaler Fanatiker, den Independenten als lauer Kompromißler, den Großgrundbesitzern als Sozialrevolutionär, den Levellers als Schützer des Kapitals und allen zusammen als Diktator und Tyrann. Er stand vollkommen allein, weil er als genialer Politiker, der er war, überhaupt keinen bestimmten vorgefaßten Standpunkt hatte, sondern immer nur den der jeweiligen Situation und Sache. Er paßte nicht, wie alle die engen und kleinen Geister, die ihn umgaben, die Dinge sich, sondern sich den Dingen an. Mit einem Wort: er wußte immer, als Diplomat, als Organisator, als Stratege, worauf es ankam; und das nahmen ihm die Menschen schrecklich übel.

Aber er war in der glücklichen Lage, nicht viel danach fra-

Cromwell

gen zu müssen. Denn durch diese ebenso einfache wie seltene Fähigkeit, mit gesundem Blick den Kern jeder Sache zu ergreifen, besiegte er alle, und obgleich die Cromwellpartei eigentlich nur aus ihm selbst bestand, hat er doch über drei Reiche mit einer Unumschränktheit geherrscht, wie sie kein Plantagenet des Mittelalters besessen hat. Großbritannien hat nur ein einziges Mal einem absoluten König gehorcht: dem Lord-Protektor Oliver Cromwell. Das hatte zunächst einen äußerlichen Grund: er war der einzige Regent, der ein stehendes Heer besaß. Aber der wahre und innere Titel seiner Herrschaft beruhte nicht auf seiner Macht, sondern auf seinem Recht, einem ungeschriebenen, »ungesetzlichen«, von keinem Parlament feierlich anerkannten, durch keinen »Volksvertrag« verbrieften und doch dem gegründetsten, legitimsten, ja einzigen Recht auf Königtum: er war der stärkste, der tapferste, der weiseste und, wenn wir die Dinge von einem höheren Standpunkt betrachten als die demokratische Philistermoral, auch der sittlichste Mann seines Landes. Er selber sagte von sich, er wolle der Nation dienen *not as a king, but as a constable«.* Aber ist ein guter Konnetabel nicht der beste König und sogar mehr als ein König? Dieser einfache Landvogt hat für sein Land mehr getan als die rabiatesten Lancasters und Yorks, die schlauesten Tudors, die stolzesten Stuarts: er hat Ordnung in die ganze innere Verwaltung gebracht, Irland pazifiziert, die Handelstyrannei des gierigen Rivalen jenseits des Wassers zerbrochen, ein neues Calais gewonnen, eine der schönsten und reichsten Inseln Westindiens erobert und den festen Grund für die glänzende Zukunft gelegt, die England zur ersten Seemacht der Welt machen sollte. Ja wir werden der Bedeutung Cromwells vielleicht am gerechtesten, wenn wir dem Wort Constable seinen heutigen Sinn beilegen: er war nicht mehr und nicht weniger als der treue und unermüdliche, energische und kluge »Schutzmann« seines Landes.

Es ist eine alte historische Tradition, in Cromwell einen der größten Heuchler und Ränkeschmiede zu erblicken, die je gelebt haben, den »Fürsten der Lügner«. Demgegenüber behauptet sein großer Apologet Carlyle, er habe überhaupt niemals in seinem Leben gelogen. Im Grunde haben beide Auffassungen recht. Cromwell hatte in seinem Wesen eine Vorliebe für das englisch Verzwickte, Doppelbödige, Hintergründige, für mehrdeutige, verklausulierte, absichtlich dunkle Reden und insoferne etwas Gewundenes, Verfitztes, Verborgenes, aber sicherlich nichts Verlogenes. Die Position des Engländers zur Wahrheit ist eben, wie wir schon im ersten Buch bei der Betrachtung des *cant* hervorgehoben haben, keine einfache und einsinnige und ergibt niemals eine reine Lösung. Das Verhältnis der einzelnen Nationen zur »Realität« ist überhaupt ein sehr ungleichartiges. Der Franzose benimmt sich zu ihr wie ein passionierter Liebhaber, der aber in seiner Blindheit sehr leicht zu betrügen ist; der Deutsche behandelt sie wie ein grundehrlicher, aber etwas langweiliger und pedantischer Verlobter; und der Engländer spielt ihr gegenüber den brutalen Ehemann, den Haustyrannen. Der genußsüchtige Franzose will nur das Angenehme, einerlei, ob es wahr oder falsch ist, der biedere Deutsche will um jeden Preis die Wahrheit, ob sie angenehm oder unangenehm ist, und der praktische Engländer dekretiert, daß das Angenehme wahr und das Unangenehme falsch ist.

Der englische Cant hat seinen Gipfel in den Puritanern erreicht, die damals England beherrschten. Aus ihnen bestand die Armee, die Verwaltung und sogar das neugeschaffene Oberhaus. Jedermann machte sich so schnell wie möglich aus dem Staube, wenn diese ebenso lächerlichen wie gefährlichen neuen Heiligen erschienen, näselnd, augenverdrehend, kurzgeschoren, schwarzgekleidet, von langsamem Gang und gemessenen Bewegungen, überall Verderbtheit, Gottlosigkeit und Ärgernis witternd. Es war selbstverständlich eine Sünde, zu trinken, zu

Die Puritaner

spielen, zu lärmen; es war aber auch eine Sünde, zu tanzen, ins Theater zu gehen, Liebesbriefe zu schreiben, einen gestärkten Kragen zu tragen, sich das Essen schmecken zu lassen; und sonntags war überhaupt alles eine Sünde. An diesem heiligen Tage war es verboten, ein Beet zu begießen, sich rasieren zu lassen, einen Besuch zu machen, ja sogar zu lächeln; und am Samstag und Montag, die dem Sonntag so nahe benachbart sind, waren solche Dinge zumindest suspekt. Aus dieser übertriebenen Sabbatheiligung spricht der Geist des Judentums; und in der Tat: es fällt schwer, die Puritaner überhaupt noch als christliche Sekte anzusehen; sie stützten sich in fast allem auf das Alte Testament. Sie nannten sich nach den israelitischen Helden, Propheten und Patriarchen, sie durchsetzten ihre Rede mit hebräischen Wendungen, Sprüchen und Gleichnissen, sie fühlten sich als militante Diener Jehovahs, die er berufen habe, die Götzenanbeter, Irrgläubigen und verstockten Kanaaniter mit Feuer und Schwert zu vertilgen. Auch er hatte ja sein Volk durch Plagen und Strafen zum rechten Glauben gezwungen und Schrecken und Vernichtung unter den Abgefallenen verbreitet. Die Streiter Gottes, das auserwählte Volk waren sie, die rechtgläubigen Puritaner, und jedes Mittel der List, Gewalt und Grausamkeit war erlaubt zum guten Endzweck: der Niederwerfung der Heiden und der Aufrichtung der Theokratie. Ihr Gott ist der Gott Mosis, ein Gott der Rache, des Zornes, der erbarmungslosen Gerechtigkeit und eifervollen Demütigung der Sünder. Und wiederum rächte sich die unglückliche Verkoppelung der Evangelien mit dem Judenbuche, von der wir schon sprachen, an einem Teile der Christenheit.

Die Quäker   Nur ein Zweig des Puritanismus kann zum Christentum gezählt werden: die unter dem Spottnamen »Quäker« oder Zitterer bekannte Gesellschaft der Freunde des Lichts, die sich in Pennsylvanien am Delaware ausbreitete und noch heute in Amerika besteht. Sie machten nicht nur in der Theorie, son-

dern auch in der Praxis mit den Lehren des Neuen Testaments
Ernst, wie die Independenten mit den Geboten des Alten Testaments Ernst gemacht hatten. Sie verweigerten den Kriegsdienst, den Eid, den Sklavenhandel, ja sogar den Verkauf von
Kriegsartikeln und erweiterten ihre Kolonien auf völlig friedlichem Wege, ohne mit den Indianern zu kämpfen oder sie auch
nur auszubeuten. Sie verschmähten die reguläre Predigt, die sie
in ihrem Mutterland als eine Ausgeburt geistloser Routine und
selbstgefälliger Unaufrichtigkeit erkannt hatten, und gestatteten jedermann zu sprechen, aber nur wenn er vom »inneren
Licht« inspiriert sei. Sie verwarfen die Liturgie und die Sakramente und auch im täglichen Leben alles Zeremonienwesen,
redeten jedermann mit du an und zogen vor niemand den Hut.
Sie sind, wenn ihnen auch infolge ihrer Übertreibungen und
Schrullen etwas Genremäßiges anhaftet, eine der liebenswürdigsten und erfreulichsten Erscheinungen in der Geschichte
der christlichen Bekenntnisse.

Der Dichter des Puritanismus ist der große John Milton, zu- *Milton*
gleich einer der hervorragendsten Publizisten seines Landes,
der in seiner berühmten *Defensio pro populo Anglicano* eine
wissenschaftliche Verteidigung des Königsmordes geliefert hat.
An der grandiosen Rhetorik des Miltonschen Satans hat der
jüngere Pitt sich zum Redner geschult; und es ist nichts weniger als ein Zufall, daß dem Dichter gerade der Fürst der Hölle
unter den Händen und fast wider Willen zu einer so überwältigenden Figur emporgewachsen ist. Dies kommt ebendaher,
daß in Milton der Puritanergeist Gestalt geworden ist, ein
Geist, der des Teufels ist, weil er durch und durch weltlich ist,
in seiner Verwerfung der Welt noch hundertmal weltlicher als
der Katholizismus in seiner sinnlichsten Weltbejahung; und
der des Teufels ist, weil er rächt und richtet. In Miltons titani-
schem Epos wird die ganze Weltgeschichte streng und gnaden-
los, parteiisch und ohne den geringsten Willen zum Feindes-

verständnis, geschweige denn zur Feindesliebe vorgerufen, verhört und verurteilt vom Standpunkt des Puritanismus, der die alleinige Wahrheit und Gerechtigkeit ist. Gott schickt gegen die Heerscharen der rebellierenden Engel seinen Sohn, der zehntausend Blitze auf sie schleudert: »wie eine Herde Ziegen, die vom Ungewitter überfallen sind« fliehen sie und stürzen in die Tiefe. Christus als Donnergott: dies ist eine ebenso monumentale Blasphemie wie der Christus Michelangelos, der als Apoll und Herakles in den Wolken thront. Ein Gott, der mit Köcher, Bogen, Blitzen und Streitwagen, mit Scharen von kämpfenden Heiligen siegt: das ist ganz offenbar nicht der Gottessohn der Evangelien, der Christus, an den die Christen glauben, sondern der legitime Sohn Jehovahs.

Hobbes   Der Gegenspieler Miltons, der scharfsinnige und geistesmächtige Advokat der Monarchie, der Restauration und der Legitimität, war Thomas Hobbes. Seine Philosophie ist nicht niedrig oder böse, wie man bisweilen gemeint hat, sondern bloß pessimistisch. Er sieht überall, wohin er blickt, auf der einen Seite eine Welt wilder und starker, hart und scharf rechnender Herrennaturen und auf der anderen Seite eine Masse stumpfer und sklavischer, nur durch das Gesetz der Trägheit in Bewegung gehaltener Herdenmenschen, beide bloße Automaten ihrer gröberen oder feineren Freß- und Greifinstinkte, und zieht aus diesem Beobachtungsmaterial seine Induktionsschlüsse, aus diesen Prämissen seine Gesetze. Unter diesen Voraussetzungen wird ihm der Staat zum allmächtigen Riesenungeheuer, das alle, die sich ihm feindlich entgegenstellen, erbarmungslos verschlingt. Der Staat ist ein sterblicher Gott, und die bestehende Ordnung ist allemal die rechtmäßige, weil sie die Ordnung ist. Freiheit ist, was die Gesetze nicht verbieten, Gewissen ist Privatmeinung, das Gesetz aber das öffentliche Gewissen, dem allein der Bürger zu gehorchen hat. Eine nicht staatlich legitimierte Religion ist Aberglaube. Daß die Könige unmittelbar von Gott eingesetzt seien, lehrt er nicht, vielmehr hat das Volk dem Staatsoberhaupt die höchste Gewalt übertragen; aber von diesem Augenblick an hat es keine Rechte mehr. Die Monarchie ist bloß deshalb die beste Staatsform, weil sie die zentralisierteste ist, und daß sie absolut sein muß, folgt einfach aus der Forderung, daß die Leitung eines Staates unter allen Umständen, auch wenn sie einer Körperschaft anvertraut wäre, absolute Gewalt haben muß.

Nimmt man diese Lehren nach dem Buchstaben, so erscheinen sie wie zur Rechtfertigung der Stuarts bestellt: der größenwahnsinnigen Doktrinen Jakobs des Ersten, der Intransigenz Karls des Ersten, der noch auf dem Schafott souveräner Autokrat blieb, der Wiederherstellungspläne Karls des Zweiten, dessen Lehrer Hobbes war. Faßt man aber ihren Geist ins Auge, so erscheint als ihr klügster Schüler und ihre siegesreichste Verkörperung niemand anders als der Plebejer, Rebell und Usurpator Oliver Cromwell.

Die Fundamente dieser Staatsphilosophie, die in ihrer harten und klaren Unsentimentalität und ihrer rein naturwissenschaftlichen Wertung der politischen Phänomene noch beträchtlich über Machiavell hinausgeht, sind so, wie sie bei einem so konsequenten Denker wie Hobbes nicht anders sein können: eine nihilistische Ethik: an sich ist nichts gut oder böse, ein bestimmter Maßstab der Moral ist erst im Staat gegeben; eine materialistische Ontologie: alles Sein ist Körper, alles Geschehen Bewegung, auch Empfindungen sind hervorgerufen durch körperliche Bewegungen; eine sensualistische Psychologie: es gibt nur Empfindungen, alles andere ist aus ihnen abgezogen, Gattungsbegriffe und dergleichen sind nichts als verblaßte Erinnerungsbilder früherer Wahrnehmungen; eine mechanistische Erkenntnislehre: Worte sind Noten oder Marken für Vorstellungen, Begründen und Folgern ein Addieren und Subtrahieren dieser Zeichen, alles Denken ist Rechnen.

Spinoza   Noch viel weiter aber ging Baruch Spinoza, vielleicht der merkwürdigste Denker, der je gelebt hat. In einer Geschichte der Philosophie müßte er nach Descartes behandelt werden, auf dem er fußt; aber da in unserem Zusammenhange nicht die Lehrgebäude von Bedeutung sind, sondern die Weltanschauungen, und auch diese nur, soweit sie als formbildendes Prinzip repräsentativer Persönlichkeiten oder großer Zeitströmungen gewirkt haben, so erscheint uns eine didaktische Anordnung, die der begrifflichen Entwicklung folgt, nicht unerläßlich. In seinem Privatleben war Spinoza weder ein Heiliger, wie das sentimentale achtzehnte Jahrhundert behauptet hat, noch ein Verworfener, wie das zelotische siebzehnte Jahrhundert geglaubt hat. Er hat die Verfolgungen, denen er ausgesetzt war, weder streitbar zurückgewiesen noch als Märtyrer erduldet, sondern sich ihnen kühl und überlegen entzogen. Sein Vater war ein portugiesischer Jude, der schon in früher Jugend vor der Inquisition nach Amsterdam flüchtete, wo zahlreiche seiner Glaubensgenossen ein Asyl gefunden hatten. Kaum genossen aber die jüdischen Gemeinden in dem »neuen Jerusalem«, wie sie es nannten, ihre volle Freiheit, als sie auch schon mit erneuter Kraft jene gehässige Unduldsamkeit zu entwickeln begannen, die ihrer Religion immer eigentümlich war und leider zum Teil auch auf die christliche Kirche vererbt worden ist. Der Geist des Kaiphas, der die ganze Geschichte des Volkes Israel bestimmt hat, solange es noch seine nationale Selbständigkeit besaß, ist später oft infolge äußerer Umstände ohnmächtig gewesen, aber immer wieder zum Leben erwacht, wenn es zur Macht gelangte. So verhielt es sich auch diesmal. Der Fall des Uriel da Costa, der wegen seiner freireligiösen Ansichten von der Amsterdamer Synagoge durch die boshaftesten Peinigungen in den Tod getrieben wurde, ist ein trauriges Beispiel dafür. Spinoza war damals acht Jahre alt. Ein halbes Menschenalter später geriet er selbst in einen ähnlichen Konflikt. Man hatte von seinen philosophischen Neigungen und Beschäftigungen gehört und bemühte sich, ihn zuerst durch Bekehrungsversuche, dann durch Drohungen zur Rechtgläubigkeit zurückzubringen. Als beides fehlschlug, griff man zur Bestechung, indem man ihm ein Jahrgehalt von tausend Gulden anbot, wenn er dem Judentum treu bleiben wolle. Da er auch auf diese Art nicht zu gewinnen war, hielt es ein Mitglied der Gemeinde für angezeigt, ihn zu ermorden; aber das Attentat mißlang. Nun blieb der Synagoge nur noch das Mittel der Exkommunikation. Vor versammelter Gemeinde wurde über ihn der große Bannfluch verhängt, der mit den Worten schloß: »Er sei verflucht bei Tag und sei verflucht bei Nacht! Er sei verflucht, wenn er schläft, und sei verflucht, wenn er aufsteht! Er sei verflucht bei seinem Ausgang und sei verflucht bei seinem Eingang! Der Herr wolle ihm nie verzeihen! Er wird seinen Grimm und Eifer gegen diesen Menschen lodern lassen, der mit allen Flüchen beladen ist, die im Buche des Gesetzes geschrieben sind. Er wird seinen Namen unter dem Himmel vertilgen.« So handelte das Judentum an einem Manne, dessen ganze Schuld darin bestand, daß er ein gedankenvolleres, friedfertigeres und weltabgewandteres Leben führte als seine Stammesgenossen. Da es aber von jeher gute jüdische Tradition war, die Propheten zu steinigen, so liegt in diesem Vorgang nichts Auffallendes; und zudem sind wir der Ansicht, daß Spinoza nicht zu den größten Söhnen Israels gehört hat, denen dieses Schicksal widerfuhr, da wir in ihm nur eine, allerdings monumentale und einzigartige, Kuriosität zu erblicken vermögen.

Spinoza selbst verlor über dem Geschrei der Rabbiner nicht einen Augenblick seine Ruhe und lebte fortan in gänzlicher Zurückgezogenheit nur seinen Studien und Schriften, vollkommen uneigennützig und bedürfnislos, jede Berührung mit den Genüssen und Ehren, Ablenkungen und Strapazen der Welt vermeidend. Die unter den schmeichelhaftesten Bedin-

Die »Ethik«

gungen angebotene Heidelberger Professur lehnte er ab. Sein philosophischer Ruhm, der aber erst ein Jahrhundert nach seinem Tode die Welt zu erfüllen begann, beruht auf seinem »theologisch-politischen Traktat«, dem ersten großen Versuch einer historischen Bibelkritik, und seiner »Ethik«, die sein System erschöpfend zur Darstellung bringt. Indes: niemals hat ein Buch seinen Titel mit geringerer Berechtigung geführt als dieses.

Sein Lehrgebäude errichtete Spinoza in einem sehr ungewöhnlichen und etwas marottenhaften Stil. Da er der Überzeugung war, daß sichere Erkenntnis nur gewonnen werden könne, wenn sie sich der mathematischen Methode bediene, so beschloß er, sein ganzes System *geometrico modo* zu demonstrieren. Jeder Paragraph beginnt zunächst mit den erforderlichen Begriffsbestimmungen oder *Definitionen*, an diese schließen sich die Grundsätze oder *Axiome*, aus denen sich die Lehrsätze oder *Propositionen* ergeben, dann folgen die Beweise oder *Demonstrationen* und die Folgesätze oder *Corrolarien*, und den Beschluß machen die Erläuterungen oder *Scholien*. Infolgedessen liest sich das ganze Werk wie ein mathematisches Lehrbuch, wodurch es nicht nur etwas Mazeriertes und Trockenes, sondern auch etwas Gezwungenes und Konstruiertes erhält.

Da Gott, schließt Spinoza, nur als ein vollkommen unendliches und daher vollkommen unbestimmtes Wesen gefaßt werden kann, so kann er auch kein Selbst und keine Persönlichkeit besitzen. Und da sowohl Verstand wie Wille ein Selbstbewußtsein voraussetzen, so sind auch diese beiden Fähigkeiten ihm abzusprechen. Außer diesem absolut unendlichen Wesen kann nichts existieren. Folglich ist die ganze Welt identisch mit Gott, und es ergibt sich die berühmte Formel: *deus sive natura*. Aus dieser Gottnatur gehen alle Dinge mit derselben Notwendigkeit hervor, wie es aus der Natur des Dreiecks folgt, daß die Summe seiner Winkel gleich zwei Rechten ist. Daher gibt es keine Freiheit: ein Mensch, der glaubt, frei zu sein, ist wie ein Stein, der während des Wurfs sich einbildet zu fliegen. Und da Gott keinen Verstand besitzt, so fehlt ihm auch das Vermögen, Zwecke zu setzen: diese sind ebenfalls eine menschliche Illusion. Ebensowenig gibt es Werte, denn diese bezeichnen nicht die Eigenschaften der Dinge selbst, sondern nur deren Wirkungen auf uns.

In seiner Psychologie erklärt Spinoza für die Grundkraft der menschlichen Natur den *appetitus*, das Streben nach Selbsterhaltung. Was dieses Streben fördert, nennen wir gut; was es beeinträchtigt, böse: wir begehren die Dinge nicht, weil sie gut sind, sondern wir nennen sie gut, weil wir sie begehren (wobei jedoch ignoriert wird, daß alle höheren Religionen, vor allem das Christentum, in der Begierde und deren Objekt, der sinnlichen Welt, stets das Prinzip des Bösen erblickt haben). Alle Affekte lassen sich in zwei Grundformen scheiden: in aktive und passive; die ersteren sind von Lust oder Freude, die letzteren von Schmerz oder Trauer begleitet. In dieser Einteilung gehört das Mitleid zu den schädlichen Affekten, da es Schmerz verursacht; man soll daher den Leidenden zwar helfen, aber ohne Anteilnahme, nur aus vernünftiger Erwägung. Ebenso verhält es sich mit der Reue, da sie zu den schlechten Handlungen, die an sich schon ein Unglück sind, noch den Schmerz der Zerknirschung hinzufügt. Ähnliche amoralische Prinzipien statuiert Spinoza auch für die Politik; so erklärt er zum Beispiel: »Ein Vertrag zwischen Völkern besteht, solange seine Ursache besteht: die Furcht vor Schande oder die Hoffnung auf Gewinn.« Den höchsten Gipfel aber erreicht die Seele im *amor Dei intellectualis,* der intellektuellen Liebe zu Gott, die nichts anderes ist als die Erkenntnis der ewigen Substanz, also nach gewöhnlichen Begriffen etwas von Gottesliebe sehr Entferntes. Da jeder Mensch nur ein Teil der Gottnatur ist, so liebt Gott in dieser Liebe sich selbst.

Die Glei-
chung aus
zwei
Nullen

Wir stehen nicht an, dieses System, das wir hier nur in ganz aphoristischer Skizzierung wiedergegeben haben, für das Werk eines bewunderungswürdig scharfsinnigen Geistesgestörten zu erklären. Der cartesianische Rationalismus war erträglich durch seine Inkonsequenz, Spinoza jedoch denkt jeden Begriff so folgerichtig und unerbittlich zu Ende, daß er ihn annulliert: die Idee Gottes so folgerichtig, daß er zum nackten Atheismus gelangt; die Kausalität so folgerichtig, daß er zum toten Automatismus gelangt; die Verschiedenheit der Geister und der Körper, daß er zu der Behauptung gelangt, es gebe zwischen ihnen überhaupt keine Beziehung; die wünschbare Herrschaft über die Affekte, daß er zum Postulat der Fühllosigkeit gelangt; den Pantheismus, die Identität von Gott und Natur, daß er zu einem trostlosen Naturalismus gelangt, der die Welt völlig entgeistet und zu einer schaurigen Öde und gespenstischen Wüstenei macht, kurz: er hebt durch sein anomal konsequentes Denken die Objekte dieses Denkens auf, vernichtet sie, zersetzt sie, denkt sie zugrunde. Zurück bleibt als »letzte Wahrheit« eine leere Gleichung aus einem Gott, der ein Nichts ist, und einer Welt, die weniger als ein Nichts ist.

Man pflegt Spinozas System unter die pantheistischen zu zählen; aber das ist ein irreführender Vorgang. Der Pantheismus beruht allerdings auf der Gleichsetzung von Gott und Welt: insoweit wäre die Klassifizierung berechtigt. Aber man vergißt, daß der *Deus*, den Spinoza mit der *natura* identifiziert, gar kein Gott ist, sondern eben ein blindes totes Nichts, eine ohnmächtige mathematische Chiffre, etwa wie das Zeichen ∞ oder die Zahl 0. Es ist eine heillose Verwirrung dadurch entstanden, daß man den Pantheismus der Mystik mit dem spinozistischen in eine Reihe gestellt hat, denn diese kommt zu ihrem Prinzip der Allgöttlichkeit nicht durch logische Schlußfiguren, sondern durch das religiöse Erlebnis; und wenn sie in Gott ebenfalls ein unendliches, unfaßbares, undefinierbares

Wesen erblickt, so tut sie es aus tiefster Ehrfurcht und höchster
Gläubigkeit und nicht aus Nihilismus und mathematischer
Marotte. Mit anderen Worten: der Mystiker gelangt zu seiner
Gottesvorstellung durch frommen Agnostizismus, er ist von
der Größe Gottes so erfüllt, daß sie seinen Begriffen entschwindet; der Spinozist hiegegen (wenn es außer Spinoza je
einen wirklichen gegeben haben sollte) gelangt zu einem ähnlichen Resultat durch selbstherrlichen Rationalismus: er ist so
sehr von seiner eigenen Größe und der Unfehlbarkeit seiner
Denkoperationen erfüllt, daß ihm die Gottheit unter lauter logischen Begriffen ebenfalls entschwindet.

Die schauerliche Monstrosität dieses Systems, die zugleich   *Die Welt*
seine unvergleichliche Originalität bildet, wird völlig klar, wenn   *ohne*
man bedenkt, daß es das einzige ist, das ganz und gar ohne Te-   *Zwecke*
leologie auszukommen vermochte. Daß alle spiritualistischen
Philosophen den Zweckbegriff an die Spitze gestellt haben, ist
nur selbstverständlich. Aber auch die gegnerischen Richtungen
konnten ihn nicht entbehren. Kein noch so kompakter Materialismus, kein noch so luftiger Skeptizismus vor oder nach Spinoza hat zu behaupten gewagt, daß die kosmische Kausalität
sich in derselben willenlosen und absichtslosen Weise abwickle
wie ein Kettenschluß. Man hat sehr häufig mit blinden Kräften,
unbewußten Willensimpulsen, intelligenzlosen Instinkten operiert. Aber alle diese Potenzen verfolgen, ob sie es wissen oder
nicht, einen bestimmten Zweck. Auch wenn wir uns die Welt
aus lauter stupiden Atomen aufgebaut denken, so wollen diese
doch noch irgend etwas, vermöge einer dumpfen Zielstrebig-
keit, die ihre Anordnung und Bewegung bestimmt. Der Darwinismus, der als die stärkste Antithese gegen alle metaphysischen
Welterklärungsversuche gilt, ist sogar ein extrem teleologisches
System, indem er den Begriff der Entwicklung zu seinem Kar-
dinalprinzip macht; auch der von ihm hergeleitete Monismus,
der sich rühmte, die theologische Weltanschauung für immer

entthront zu haben, ist emsig bemüht, an allen Naturerscheinungen die höchste Zweckmäßigkeit aufzuzeigen. Und der ausschweifendste Pessimist glaubt immer noch an böse Zwecke und räumt dem Weltgeschehen zumindest ein Ziel ein: nämlich den Untergang, wie ja auch der vollkommenste Gottesleugner eine Welt bestehen läßt, die ohne Gott bestimmten Absichten gehorcht, und der extremste Phänomenalist die Illusion einer solchen Welt. Aber eine Welt, in der ein Geschehnis aus dem andern in derselben Weise folgt wie die Gleichheit der Radien aus der Natur des Kreises, in der, mit einem Wort, die alleinige Ursache aller Dinge und Erscheinungen ihre *Definitionen* sind, eine solche Welt hat nur einer ersonnen. Vielleicht ist die Vorstellung der Zwecke wirklich nur ein unvermeidlicher Anthropomorphismus; aber ebendaraus ergibt sich, daß, wer sie völlig negiert, außerhalb der Menschheit steht. Ein solches Geschöpf ist entweder weniger als ein Mensch oder mehr als ein Mensch, aber auf jeden Fall ein Unmensch.

Die Logik der folie raisonnante
Spinoza war von einer exzessiven, penetranten, alles zerfressenden und aufsaugenden, *pathologischen* Logik und kam daher auch zu vollkommen pathologischen Resultaten. Es ist wahr, daß man, wenn man vollkommen konsequent folgert und ausschließlich geometrico modo denkt, zu solchen Ergebnissen gelangen muß; aber dies eben ist nicht natürlich, nicht menschlich und wahrscheinlich auch nicht göttlich. Denn sowohl die Natur wie der Mensch, wie Gott (wenigstens der christliche und der aller höheren Religionen) handeln nicht vollkommen folgerichtig, logisch und mathematisch, sondern paradox und überlogisch.

Und in der Tat: »*le misérable Spinoza*«, wie ihn der edle Malebranche mit einer Mischung von Schauder und Erbarmen nannte, war sicherlich nicht geistig normal. Es ist bekannt, daß gewisse Irrsinnige sich durch tadellose Logizität auszeichnen. Nur die erste Prämisse ist bei ihnen falsch, von da an folgern sie mit einer staunenswerten Schlußfähigkeit, Geistesstärke und

Denkschärfe: es ist jene Gehirnkrankheit, die unter dem Namen *»folie raisonnante«* beschrieben wird. Wir wollen damit natürlich nicht sagen, daß Spinoza wirklich wahnsinnig gewesen sei, sondern nur, daß der Verstand bei ihm zu einer unnatürlichen Ausschließlichkeit, Einseitigkeit und Alleinherrschaft entwickelt war. Chesterton macht in einem seiner Werke die tiefe Bemerkung: »Große Rationalisten sind nicht selten geisteskrank; und Geisteskranke sind in der Regel große Rationalisten… Wer mit einem Irrsinnigen diskutiert, wird wahrscheinlich den kürzeren ziehen; denn in mancher Hinsicht funktioniert sein Geist nur um so schneller, je weniger er sich bei all den Erwägungen aufhält, die für den gesunden Menschenverstand in Betrachtung kommen. Er wird durch keine humoristische Anwandlung gehemmt, durch keine Regung der Nächstenliebe, durch keinen Einwand der eigenen Lebenserfahrung. Er ist gerade deshalb logischer, weil gewisse Sympathien bei ihm nicht mehr vorhanden sind. Insofern ist der Terminus ›irrsinnig‹ irreführend. Der Irrsinnige ist nicht ein Mensch, der die Vernunft verloren hat; vielmehr ist er der Mensch, der alles verloren hat, nur nicht die Vernunft. Die Aussagen, die ein Irrsinniger macht, sind stets erschöpfend und, vom rein rationellen Standpunkt betrachtet, auch einwandfrei… Sein Geist beherrscht einen vollkommenen, aber zu engen Kreis. Die Erklärungen eines Wahnsinnigen sind ebenso vollkommen wie die eines Gesunden, nur sind sie nicht so umfassend… Das stärkste und unverkennbarste Merkmal des Wahnsinns ist eben jene Vereinigung von fehlerloser Logik und geistiger Kontraktion… Der Kranke befindet sich in der leeren und grellen Zelle einer einzelnen Idee, auf die sein Geist mit peinvoller Schärfe konzentriert ist… Der Materialismus trägt den Stempel einer gewissen wahnwitzigen Einfachheit, genau wie die Argumente eines Irrsinnigen; man gewinnt sofort den Eindruck, daß hier alles gesagt und zugleich alles ausgelassen ist. Der Materialist versteht alles, aber dieses ›Alles‹ erscheint zugleich als sehr nichtig.« Diese Charakteristik läßt sich wörtlich auf Spinoza und sein System anwenden.

Das luftleere System

Von der reinen Verstandesmäßigkeit Spinozas kommt auch die unerträgliche Kälte, die seine Werke ausströmen: aber es ist nicht die Kälte der Höhenregion, wie bisweilen an ihnen gerühmt worden ist, sondern die Kälte des luftleeren Raums. Man hat das erhabene und trostlose Gefühl, als ob man sich in einem der ungeheuren Zwischenräume befände, die die Weltkörper voneinander trennen: in einem Medium, das kein Leben, keine Wärme, kein Atmen, keinen Schall duldet und nichts hindurchläßt als das strenge Licht einer fernen fremden Sonne. Man erfriert, wenn man aus seiner *Ethik* erfährt, daß nichts anders sein könnte oder auch nur anders sein sollte, als es ist, daß alle Dinge gleich vollkommen, alle Handlungen gleich gut sind, weil sie alle gleich notwendig sind, wie ja auch ein mathematischer Lehrsatz nicht vollkommener ist als der andere. »Ich werde«, sagte er in dem Abschnitt *Über den Ursprung und die Natur der Affekte*, »die menschlichen Handlungen und Begierden ganz so betrachten, als ob es sich um Linien, Flächen und Körper handelte«; denn man soll sie, nach einem seiner berühmtesten Aussprüche, »weder beklagen noch belachen, noch verabscheuen, sondern begreifen«. Daß man aber in die Seelen seiner Mitmenschen durch Mitleid, durch Humor und sogar durch leidenschaftliche Gegnerschaft eher eine Brücke bauen kann als durch sterile Intelligenz, das wußte er nicht.

Spinoza steht als ein Unikum in seiner Zeit, ja, in der ganzen Menschheit. Er war natürlich kein Christ: über die Inkarnation schrieb er an einen Freund (indem er wiederum eines seiner schrecklichen mathematischen Beispiele heranzog), was dieses Dogma angehe, so erkläre er ausdrücklich, daß er es nicht verstehe, vielmehr erscheine es ihm ebenso ungereimt, wie wenn jemand behaupten wollte, der Kreis habe die Natur des Quadrats angenommen. Er war aber auch kein Heide, denn der sinnliche naturnahe Pantheismus der Antike und der Renaissance hat eine ganz andere Farbe als der seinige. Am allerwenigsten aber war er ein Jude: niemand hat den Erwählungsglauben, die Gesetzesfrömmigkeit, den versteckten Materialismus der mosaischen Religion schärfer durchschaut und greller durchleuchtet als er. Ja er war nicht einmal das, was man im landläufigen Sinne einen Atheisten nennt, weshalb es ein ganz richtiger Instinkt war, daß man lange Zeit »Spinozist« als eine Steigerung von »Atheist« empfand.

Nur in einem könnte man Spinoza als Juden ansprechen: in seinem Extremismus. Denn die Juden sind das Volk der äußersten Polaritäten; keine Nation hat eine solche Spannweite. Sie sind die zähesten Stützen des Kapitalismus und die enragiertesten Vorkämpfer des Sozialismus; sie sind die Erfinder der Kirche und des Pfaffentums und die leidenschaftlichsten Prediger der Freiheit und der Toleranz; sie sind im europäischen Kulturkreis die ersten gewesen, die das Evangelium verbreitet haben, und die einzigen geblieben, die es bis zum heutigen Tage verleugnen. Und so haben sie auch den Schöpfer des Monotheismus hervorgebracht und den stärksten Verneiner des Monotheismus: Moses und Spinoza.

Sigmund Freud sagt am Schlusse seines Aufsatzes *Die Widerstände gegen die Psychoanalyse*: »Es ist vielleicht kein bloßer Zufall, daß der erste Vertreter der Psychoanalyse ein Jude war. Um sich zu ihr zu bekennen, brauchte es ein ziemliches Maß von Bereitwilligkeit, das Schicksal der Vereinsamung in der Opposition auf sich zu nehmen, ein Schicksal, das dem Juden vertrauter ist als einem anderen.« In einer ähnlichen, nur noch viel krasseren Situation befand sich Spinoza. Er steht völlig isoliert da: ohne Familie, ohne Gemeinde, ohne einen einzigen Gleichgesinnten oder Versteher, ja selbst ohne Hörer. Er spricht völlig ins Leere oder vielmehr mit sich selbst: seine

Philosophie ist ein einziger herzbeklemmender Monolog, den ein von der Welt Verstoßener in seiner stillen ärmlichen Kammer führt; und diese völlige Absperrung und Aussperrung hat sicher den pathologischen Zug in ihm noch verstärkt. Hiedurch: durch diesen heroischen Verzicht auf jede antwortende Stimme, über dessen Unvermeidlichkeit er sich von allem Anfang an klar war, durch diesen zähen lautlosen Kampf gegen Mitwelt und Nachwelt, gegen das ganze Menschengeschlecht wächst seine Gestalt ins Tragische und zugleich ins Zeitlose, wo sie sich menschlichem Begreifen und Werten ebenso entzieht wie die Gottheit seiner *Ethik*.

Der künstliche Irrationalismus

Die werdende Barocke war in der Tat für nichts weniger empfangsbereit als für eine solche Philosophie. Wir haben am Schluß des vorigen Buches in Kürze zu schildern versucht, wie in der zweiten Hälfte des sechzehnten Jahrhunderts eine asketische, spiritualistische Strömung die katholischen Teile Europas ergriff. Diese Rückkehr zur Strenge und Geistigkeit des Mittelalters war die Antwort auf den Ernst und Purismus der Reformation, weshalb diese Bewegung den sehr bezeichnenden Namen der Gegenreformation erhalten hat. Man verwarf und verfolgte in der Kunst das Nackte und Profane, in der Poesie das Schlüpfrige und Heitere, in der Philosophie das Libertinische und Skeptische. Man bekleidete die Gestalten Michelangelos und »reinigte« die Sonette Petrarcas. Aber diese klerikale Reaktion blieb ebenso eine Episode wie der düstere Reformversuch, den Savonarola auf der Höhe der Renaissance versucht hatte. In dem Maße, als der Papismus seine frühere Macht über die Gemüter zurückgewann, begann er sich wieder der Welt zu öffnen, um so mehr, als er einsah, daß gerade sein weitherziges und mildes Verständnis für die sinnliche Hälfte der Menschenkreatur ihm eine große Überlegenheit über den doktrinären und phantasiearmen Protestantismus verlieh. Zu Beginn des neuen Jahrhunderts rückt an die Stelle der ringenden und leidenden Kirche die herrschende und triumphierende Kirche, die in rauschenden Jubelakkorden ihren Sieg feiert und dem Sensualismus einer Menschheit, die danach begehrte, ihre Kräfte frei auszuleben, wieder vollen Lauf läßt. Der Mensch der Neuzeit, einmal da, ließ sich eben auf die Dauer nicht unterdrücken. Aber es ergab sich hier keine ganz reine Lösung. Der Erbfeind der Kirche war der Rationalismus. Sie macht daher, da sie ihn nicht völlig zu vertilgen vermag, den Versuch, ihn durch die andere gefährliche, aber für sie doch nicht ebenso gefährliche Großmacht der Zeit: durch den Sensualismus auszutreiben; sie will den Rationalismus durch Sensualismus ablösen, auslösen, erlösen. Hiedurch entstand jene merkwürdige Psychose, die man Barocke genannt hat. Die Barocke ist keine natürliche normale Rückkehr zum Irrationalismus, sondern eine ausgeklügelte Therapie, ein stellvertretendes Surrogat, ein aufreizender Exorzismus. Der Mensch, unfähig, zur echten Naivität zurückzufinden, erzeugt in sich eine falsche durch allerlei Drogen, Elixiere, Opiate, Berauschungs- und Betäubungsgifte; er verzichtet nicht auf seine Vernunft, weil das gar nicht in seiner Macht steht, er versucht bloß, sie zu benebeln, zu verwirren, zu ertränken, durch raffinierte Narkotika auszuschalten. Und hieraus, gerade aus ihrer Künstlichkeit erklärt es sich, daß die Barocke einen überwältigenden und vielleicht einzig dastehenden Triumph der Artistik darstellt.

Die Farbenanschauung der *tenebrosi*, die alles in düstern Tinten hielten, und der »Kellerlukenstil«, der alles so darstellte, als ob das Licht von oben in einen finstern Keller fiele, ist nicht bloß für die Malerei, sondern für Weltgefühl und Lebensform der ganzen Generation bestimmend gewesen, die auf das Konzil von Trient folgte. Mit einem Mal aber dringt Musik, Dekoration, Pomp, Weihrauch in die katholische Kirche und von da in die Kunst. Die Architektur bekommt etwas Spektakulöses, Weitausholendes, Beredtes, fast Geschwätziges. Arkaden und

Das Welttheater

Kolonnaden, Loggien und Galerien häufen sich nebeneinander, gewundene und geknickte Säulen, abenteuerliche Ornamente und Dachprofile drängen sich hervor: allenthalben kann die Formensprache nicht ostentativ und eindringlich genug sein. Die Fassaden, die schon in der Renaissance wie aufgeklebt wirkten, erhalten jetzt völlig den Charakter einer prachtvollen, nur für sich selbst geschaffenen Kulisse: sie ragen oft um ganze Stockwerke über das eigentliche Gebäude hinaus; die Innendekoration schwelgt in Spiegeln, Damastblumen, Girlanden, Goldleisten, Stuckaturen. Kurz: es ist ein vollkommener Theaterstil, aber ebendarum ein wirklicher Stil, wie man ihn seit der Gotik nicht mehr erlebt hatte: ganz wie im Theater ist alles einem großen Zentralzweck untergeordnet, der alle Künste, alle Lebensbetätigungen tyrannisch in sein Herrschaftsreich zieht; in jeder Pore fiebert der leidenschaftliche Wille zur zauberischen Illusion, die stärker ist als die Wirklichkeit, zur hypnotischen Faszination, die packt und umwirft, zur Magie der »Stimmung«, die alles in den Duft und Schimmer einer farbigeren und aromatischeren Welt taucht. Und wie im Theater neigt man dazu, die Grenzen der einzelnen Künste zu verwischen: man malt Deckengewölbe, die aufs täuschendste wirkliche Architektur nachahmen, man macht die Schatten- und Lichtverhältnisse der Gebäudenischen, worein man die Skulpturen plaziert, zum integrierenden Bestandteil des plastischen Kunstwerks, man stellt dem spröden Stein Aufgaben, die man bisher kaum der Malerei zugemutet hatte, modelliert Blitze, Lichtstrahlen, Flammen, flatternde Bärte, gebauschte Gewänder, die Wolken des Himmels, die Wellen des Meeres, den Glanz der Seide und die Wärme des Fleisches. Säule und Querbalken, die bisher dazu da waren zu tragen, verlieren ihre Funktion: man verdoppelt und verdreifacht die Pfeiler, setzt sie an Stellen, wo sie nichts zu stützen haben, und bricht die Mauerbogen in der Mitte entzwei: sie sollen ja nicht einen organischen Bauteil bilden oder auch nur vortäuschen, sondern lediglich zum rhetorischen Effekt und lärmenden Schmuck dienen; und drei Säulen reden lauter und energischer als eine, gespaltene Wölbungen origineller und frappanter als geschlossene. Logische und praktische Bedenken können sich nicht erheben, denn es ist ja alles nur ein Theater. Man inszeniert sogar die Natur: künstliche Felsen, Wasserfälle, Fontänen, Schluchten, Brunnen müssen auch ihr den Charakter einer dramatischen Komposition verleihen. Und weil man überall, selbst an dem kalten Marmor und der starren Bronze, bemüht ist, das Zerfließende, Gestaltlose, nicht endgültig und eindeutig Konturierte zu suggerieren, um hiedurch den Stimmungsgehalt, die geheimnisvolle Bühnenwirkung zu erhöhen, wirft man sich mit besonderer Leidenschaft auf Wasserwerke und Feuerwerke, die, aus einem stets Farbe und Form wechselnden Material aufgebaut, sich launisch und ungreifbar jeder Fixierung entziehen. Der geniale Regisseur dieses Theaters war der Cavaliere Bernini, Architekt, Bildhauer, Dichter, Maschinenmeister und Ausstattungschef in einer Person, der durch eine unerschöpfliche Fülle von Einfällen, eine grandiose, vor keiner Kühnheit zurückschreckende Phantasie und einen bei aller Bizarrerie unerbittlich einheitlichen Stilwillen der Kunstdiktator des damaligen Europa geworden ist.

Es war, wie man sieht, die äußerste Reaktion gegen die Renaissance. War dort als Ideal die *gravità riposata,* so herrschte hier die zügellose, ja oft gemacht zügellose Leidenschaft, Bewegung, Exaltation. In Architektur und Plastik, in Malerei und Ornament, in den Schöpfern und den Nachahmern weht uns immer wieder dieses Brausende, Rauschende, Schnaubende und dabei Schmachtende, Schwimmende, Schwebende entgegen. Diese Kunst hält nicht vornehm Distanz wie die Hochrenaissance, sucht nicht sanft zu überreden wie die Frührenaissance, ist nicht andächtig in sich selbst versunken wie die

Exaltation, Extravaganz, Aenigmatik, latente Erotik

Gotik, sondern treibt ganz unverhohlen Propaganda, deklamiert, schreit, gestikuliert mit einer Leidenschaftlichkeit, ja Schamlosigkeit, die Einwände gar nicht aufkommen läßt. Sie ist immer unerbittlich entschlossen, das Äußerste zu geben. Ob sie mit himmelndem, bis zur Affektation demütigem Augenaufschlag in Sehnsucht und Zerknirschung vergeht, sich in visionären Krämpfen der Ekstase bis zur religiösen Hysterie steigert oder die Wirklichkeit in ihren monströsesten, erschreckendsten Gestaltungen rückhaltlos abschildert: immer ist es das Exaggerierte und Exorbitante, das Schrille und Grelle, wonach sie ihre Produktion orientiert. Sie wählt mit Leidenschaft gerade jene Stoffe, die die kühle Renaissanceästhetik hochmütig vermieden hatte: das Kranke, Geschlagene, Aussätzige; das Alte, Dekrepide, Erschöpfte; das Zerlumpte, Verwitterte, Mißgewachsene; den Tod, das Skelett, die Verwesung; sie läßt die Kreatur heulen, grinsen, zittern, sich in Verzerrungen und Verzückungen winden: sie liebt das Extravagante und das Häßliche, weil es das Stärkere und das Wahrere ist. Und während es der tiefste Wille und das höchste Ziel der Renaissance war, zu umgrenzen und zu erhellen, zu harmonisieren und zu ordnen, ist sie aufs raffinierteste bestrebt, den Duft der ewigen Sehnsucht und Unerfülltheit, den Reiz des Rätsels, der Verwirrung, der Dissonanz um ihre Schöpfungen zu breiten. Ihr artistisches Meisterstück ist es, daß sie sogar das Licht, jene scheidende und klärende Macht, die von jeher aller Kunst als Verdeutlichungsmittel gedient hatte, in ihre Dienste zieht: durch die Unbestimmtheit, die sie den Übergängen vom Schatten zur Helle verleiht, durch die Betonung der undefinierbaren Aura, die, den Umriß verwischend, alle Objekte umhüllt, versteht sie es, Undurchsichtigkeit und Verschwommenheit zu erzeugen und die Farbenmischung zum Range einer mystischen Kunst zu erheben: eine der gewaltigsten und umwälzendsten Taten, die die Geschichte des Sehens zu verzeichnen hat.

Zugleich umgibt sie alles mit einer Atmosphäre des Schwülen und Schwellenden, der latenten Erotik. Man bekleidet die Gestalten, aber die Gewandung wirkt im Verschweigen viel lüsterner als die frühere Nacktheit. Der Mensch, in der Renaissance bloß anatomisch schön, erhält nun eine sexuelle Schönheit; unter der dezenten Drapierung atmet viel wärmeres Fleisch. Bisweilen gibt man den Hüllen eine Anordnung, daß sie jeden Augenblick zu fallen drohen; oder man drängt die ganze Sinnlichkeit ins Gesicht. Grausamkeit und Wollust fließen ineinander. Man schwelgt in Blutszenen, Martern und Wunden, man verherrlicht die Süße des Schmerzes. Schließlich vereinigen sich Erotik, Algolagnie und Sehnsucht nach dem Übernatürlichen zu jener bizarren Mischung, deren überwältigendster Ausdruck Berninis *Heilige Theresa* ist, ein Werk, das zugleich ewig denkwürdig bleiben wird durch die sublime Kunst der raffiniertesten Illusionswirkungen, wie sie sonst nur die Bühne erreicht. Es ist ganz ohne Zweifel eine tief religiöse Konzeption; und doch spürt man überall, in der Gesamtkomposition wie im Arrangement jeder Einzelheit, geheime Schminke und Rampe. Aber warum sollten Theater und Religion völlig unvereinbare Gegensätze sein? Ist denn nicht das Theater für alle, die ihm ernst und leidenschaftlich dienen, eine Art Religion, und ist die Religion in ihrem sinnfälligen Kultus nicht eine Art Theatrum Dei, eine Schaustellung der Größe Gottes?

Es wird immer Menschen geben, die die Renaissance höher stellen als die Barocke. Es sind dies vorwiegend jene Menschen, die glauben, daß man ein Kunstwerk nur dann erhaben finden dürfe, wenn es langweilig ist, wie ja auch viele annehmen, daß ein philosophisches Werk nur dann tief sein könne, wenn es unverständlich ist. Dies sind jedoch Geschmacksfragen, über die unparteiisch zu urteilen fast unmöglich ist. Aber eines scheint uns ganz unwiderleglich, obgleich so oft das Gegenteil erklärt worden ist: daß die Barockkunst naturalistischer war als

Die natürliche Unnatürlichkeit

die Renaissancekunst. Diese Behauptung hätte noch vor wenigen Jahrzehnten wie ein schlechter Witz geklungen, denn man hatte sich im neunzehnten Jahrhundert daran gewöhnt, unter Barocke soviel wie äußerste Unnatur, Verschrobenheit und Verzerrung zu verstehen, wie ja auch im achtzehnten Jahrhundert gotisch soviel bedeutete wie roh, kunstlos, barbarisch. In diesem Bedeutungswandel der Fachausdrücke liegt eine ganze Geschichte der Ästhetik; und es ist nicht ausgeschlossen, daß auch das Wort »klassisch« eines Tages eine solche Metamorphose zum Schimpfwort durchmachen wird. In Wirklichkeit war aber gerade *naturalezza* das Losungswort der Barocke, und gehalten gegen die Renaissance, bedeutete sie auch tatsächlich ein Freiwerden der ungebrochenen Instinkte, der quellenden Leidenschaft, der lebensvollen Lust am Spiel mit Formen, Farben, Motiven. Sie ist eine Rückkehr zur Natur sowohl in der Form wie im Inhalt: in der Form, weil sie überall auf elementaren Ausdruck geht, ohne sich durch die einseitigen Regeln einer kalten Kunstetikette binden zu lassen, und im Inhalt, weil sie in die Tiefen des Seelenlebens hinabsteigt und gerade das zu ihrem Lieblingsthema macht, was die Renaissance als unschön perhorreszierte: den Menschen in seiner Qual, seiner Verzückung, seinen Manien und Abgründen; in dieser Sucht, niemals die Norm, die Mitte, die gerade Linie zu geben, streift sie oft bis an die Karikatur. Sie war, um es paradox auszudrücken, gerade deshalb so natürlich, weil sie unnatürlich war. Denn die Normalität ist nicht die Regel, sondern die große Exzeption. Auf zehntausend Menschen kommt vielleicht ein einziger, der genau nach dem anatomischen Kanon gebaut ist, und wahrscheinlich nicht einmal ein einziger, dessen Seele vollkommen normal funktioniert. Der verzeichnete, der monströse, der pathologische Mensch, der Mensch als Verirrung und Fehlleistung der Natur ist der »normale« Mensch, und darum hat nur er unser ästhetisches Interesse und unser moralisches Mitgefühl. Natürlich ist dieser Schönheitsmaßstab ebenso subjektiv wie der klassizistische; aber eines wird an ihm jedenfalls klar: daß nämlich »Naturalismus« ein höchst problematischer Begriff ist. Jede neue Richtung hält sich für naturalistischer als die früheren, gegen die sie reagiert, für einen Sieg der Wahrheit, der Freiheit, des gesteigerten Wirklichkeitssinnes.

In jedem Zeitalter hat eine bestimmte Kunst die Hegemonie: in der Renaissance war es die Plastik, im Barock ist es die Musik. Ein überreich besetztes Orchester schmettert uns aus allen seinen Schöpfungen entgegen. Und die Wende des sechzehnten Jahrhunderts ist auch für die Tonkunst selber die Geburtszeit der *moderna musica,* des *stile nuovo.* Fast gleichzeitig setzen sich eine Reihe höchst bedeutsamer Neuerungen durch. Die *sonata,* das Instrumentalstück, tritt in siegreichen Gegensatz zur *cantata,* dem Singstück: der *a-cappella*-Stil, der mehrstimmige Gesang ohne Orchester wird überwunden. Wir haben gehört, daß in der ersten Hälfte des fünfzehnten Jahrhunderts das Prinzip der Polyphonie zur vollen Ausbildung gelangte; jetzt kommt wiederum die Monodie empor, der instrumental begleitete Sologesang. Da nämlich im Vergleich zur führenden Oberstimme die Gesamtheit der übrigen Stimmen nur noch die Bedeutung von akkompagnierenden Akkorden hat, wird sie durch Instrumente ersetzt und diese Begleitung allgemein skizziert im sogenannten *basso generale.* In der Bevorzugung des Tonwerkzeugs vor der menschlichen Stimme äußert sich das Spielerische und Artistische der Barocke, ihre Vorliebe für das Malerische und die Stimmung, ihr Wille zum gesteigerten künstlerischen Raffinement, zur Farbe und Nuancierung, Wucht und Ausdrucksfülle und zugleich ihr geringes Bedürfnis nach Ursprünglichkeit, Unmittelbarkeit und Einfachheit der Empfindungsäußerung.

Und alsbald bemächtigt sich die Musik auch der effektvollsten künstlerischen Ausdrucksform: der dramatischen. Emilio

Die Hegemonie der Oper

555

de'Cavalieris *Rappresentazione di anima e di corpo*, 1600 in Rom zur ersten Aufführung gelangt, gilt als das erste Oratorium, und in kurzer Zeit erreichte diese Kunstform, die sich zur Oper etwa verhält wie der Karton zum Gemälde, eine sehr hohe Blüte. Aber die geschichtliche Entwicklung hat sich nicht an die didaktische Reihenfolge gehalten, in der das Oratorium dem eigentlichen Musikdrama vorhergehen müßte, denn schon dieses erste Oratorium war mehr das, was man heute eine »Konzertoper« nennen würde (wie denn überhaupt das italienische Oratorium während des ganzen siebzehnten Jahrhunderts eine Hinneigung zur Oper zeigte und noch im achtzehnten Jahrhundert nicht selten in opernmäßiger Inszenierung vorgeführt wurde), und die erste wirkliche Oper ist drei Jahre früher geboren worden: die *Dafne*, zu der Ottavio Rinuccini den Text, Jacopo Peri die Musik geschrieben hatte, erlebte im Karneval 1597 zu Florenz ihre Uraufführung. Das *dramma per musica*, wie man anfangs sagte, war durch Versuche und Diskussionen eines geistreichen Dilettantenkreises entstanden, die auf die Wiederbelebung der antiken Tragödie abzielten: man dachte sich diese als eine Folge von Rezitationen zur Kithara, durch Chöre unterbrochen. Dementsprechend wählte man allerlei einfache Handlungen vorwiegend mythologischen Inhalts mit sangbaren Situationen und setzte sie in Musik. Diese Art Oper war unserer heutigen noch sehr unähnlich: mehr musikalische Deklamation als Gesang, psalmodierend in der Art der kirchlichen Litaneien des Mittelalters und von einem recht dürftigen Orchester unterstützt, das unsichtbar hinter den Kulissen aufgestellt war, dafür aber von allem Anfang an mit Tanz und verschiedenartigen Ausstattungseffekten verbunden. Man nannte diese neue Art des Sprechgesanges, die immerhin vor der bisherigen Vokalmusik die größere Natürlichkeit und Deutlichkeit voraushatte, da sie der normalen Betonung folgte, den *stile rappresentativo* oder *stile parlante.* Einen Fortschritt bedeutete bereits Claudio Monteverdis *Orfeo* vom Jahre 1607: das Rezitativ ist belebter, die Rolle der Musik viel selbständiger, indem ihr schon das Zwischenspiel und die Klangmalerei als eigene Aufgaben zugewiesen werden. Ferner verdankt die damalige Oper diesem ihrem stärksten Talent die Einführung des Duetts und die Erfindung des Geigentremolos, und schon in seinem ersten Werk taucht das Leitmotiv auf.

An äußerem Prunk haben die Opernvorstellungen der Barocke alle ihre Nachfolger übertroffen. Man sah die Zwietracht auf ihrem Drachenwagen und Pallas Athene in ihrer Eulenkutsche durch die Lüfte schweben, Jupiter und Apoll in den Wolken thronen, das Schiff des Paris durch Wogen und Wetter steuern; die Unterwelt spie Geister und Ungeheuer aus ihrem roten Rachen; Pferde und Büffel, Elefanten und Kamele zogen vorüber, Truppenkörper von oft vielen hundert Menschen defilierten, lieferten Gefechte, beschossen Festungen; der Himmel mit Sonne und Mond, Sternen und farbigen Kometen spielte fast ununterbrochen mit. Bernini, der Meister aller dieser Künste, zeigte einmal die Engelsburg und davor den rauschenden Tiber mit Kähnen und Menschen: plötzlich riß der Damm, der den Fluß vom Zuschauerraum trennte, und die Wellen stürzten dem Publikum mit solcher Wucht entgegen, daß es entsetzt die Flucht ergriff; aber Bernini hatte alles so genau berechnet, daß das Wasser vor der ersten Reihe haltmachte. Ein andermal brachte er einen glänzenden Karnevalszug auf die Bühne, an der Spitze Maskierte mit Fackeln: ein Teil der Kulissen geriet in Brand, alles begann davonzulaufen; aber auf ein Zeichen verloschen die Flammen, und die Bühne verwandelte sich in einen blühenden Garten, in dem ein feister Esel ruhig graste. Man ermißt an diesen grotesken und glänzenden Coups, wie blasiert und anspruchsvoll das damalige Theaterpublikum gewesen sein muß.

Die Oper wurde bald zur Königin des Zeitalters. 1637 entstand das erste öffentliche Opernhaus in Venedig, 1650 gab es dort bereits vier. 1627 erschien die erste deutsche Oper, die ebenfalls *Daphne* hieß, komponiert von Heinrich Schütz, dem bedeutendsten Vorläufer Händels und Bachs; den Text hatte der Literaturpapst Opitz höchst persönlich nach Rinuccini bearbeitet. Allmählich gliederte sich vom Rezitativ die Arie ab, der Chor trat fast ganz zurück, und aus den Sängern wurden Statisten, die nur von Zeit zu Zeit einige Rufe von sich zu geben hatten wie »viva«, »mori«, »all' armi« und dergleichen. Daß es den neuen Dingen damals nicht anders ging als heutzutage, zeigt das Werk des Kanonikus Giovanni Maria Artusi, eines eingefleischten Kontrapunktisten, *Delle imperfezioni della moderna musica*, worin es heißt: »Die neuen Komponisten sind Ignoranten, die nur ein Geräusch machen und nicht wissen, was man schreiben darf und was nicht.«

El siglo de oro   Zur höchsten Blüte gelangte die Frühbarocke in Spanien. Wir haben hier wieder einen Beweis, daß politischer und wirtschaftlicher Aufschwung durchaus nicht immer die notwendige Vorbedingung für hohe künstlerische Entwicklung bildet. Denn das siebzehnte Jahrhundert bedeutet für die Spanier den Verlust ihrer Großmachtstellung und den völligen ökonomischen Ruin, und doch nennen sie es mit Recht *el siglo de oro*, das goldene Jahrhundert. Auf Philipp den Zweiten, den wir bereits näher kennengelernt haben, folgte um die Wende des sechzehnten Jahrhunderts der phlegmatische energielose Philipp der Dritte, von dem er gesagt haben soll: »Gott, der mir so viele Reiche geschenkt hat, hat mir einen Sohn verweigert, der sie regieren könnte; ich fürchte, daß sie ihn regieren werden.« Die planlose und korrupte Günstlingsherrschaft, unter der sein Regime litt, verschlimmerte sich noch unter seinem Nachfolger Philipp dem Vierten, dessen Interesse den Freuden der Liebe und der Jagd, aber auch dem Theater und der Malerei gehörte. Die unfähige und träge Staatsverwaltung, die gleichwohl jede selbständige Regung der städtischen Kommunen und der Landbevölkerung unterdrückte, und die allgemeine Bestechlichkeit, Rückständigkeit und Protektion führte zu einem vollständigen Niedergang der Volkswirtschaft. Schließlich sah sich die Regierung zu dem verzweifelten Mittel genötigt, jedem Feldarbeiter den erblichen Adel zu versprechen, aber auch dies erwies sich als wirkungslos, denn Arbeit galt jedem freien Spanier als Schande. Von den unklugen und unmenschlichen Bedrückungen der Morisken haben wir schon gehört: im Jahre 1609 kam es zu ihrer völligen Vertreibung, die auf die heimische Industrie ungemein lähmend wirkte; ähnliche Folgen hatte die erzwungene Auswanderung der Juden nach Holland, wo sie viel zu dem großen wirtschaftlichen Aufschwung beigetragen haben. Auf dem flachen Lande und unter dem städtischen Proletariat, das nirgends zahlreicher und verkommener war als in Spanien, herrschte bitterste Hungersnot; aber auch das Kleinbürgertum befand sich in sehr gedrückter Lage. Die Steuern wurden immer uneinbringlicher, und so wurden auch Adel und Hof in den Bankerott hineingezogen: man konnte nicht selten die königliche Leibwache an den Klostertüren um die Armensuppe betteln sehen. Brot, Zwiebeln, getrocknete Trauben, etwas Schafkäse und ein paar Eier bildeten die tägliche Nahrung des Spaniers; nur selten konnte er sich sein Nationalgericht, die berühmte *olla podrida* leisten, eine aus Kohl, Rüben, Knoblauch, Hammelfleisch und Speck bereitete Suppe. Einen staatlichen Schulunterricht oder gar Schulzwang gab es nicht; nur die Angehörigen des Adels und des höheren Bürgertums waren imstande zu lesen, und auch diese nur, was ihnen eine streng und fanatisch gehandhabte Zensur gestattete. Das Inquisitionsgericht stand nach wie vor in voller Wirksamkeit, und durch die Bestimmung, daß der Angeklagte die Zeugen und Angeber nicht zu Gesicht bekommen dürfe, war der feigen Rachsucht und hinterlistigen Denunziation der größte Spielraum gewährt. Eine ausgedehnte Verbrecherorganisation, die sogenannte *germanía*, die mit der Polizei kartelliert war, beunruhigte das ganze Land. Trotz der Verarmung war die Spielsucht bei hoch und nieder allgemein, und der Staat war als Inhaber des Monopols für die Fabrikation von Spielkarten der Nutznießer dieses Lasters. Nur die Trunksucht gehörte nicht zu den spanischen Nationalübeln: das Schimpfwort *borracho*, Trunkenbold, galt als eine Beleidigung, die nur mit Blut gesühnt werden konnte. Überhaupt war in allen Kreisen der äußerliche Ehrbegriff zu krankhafter Höhe entwickelt. Diese Seite des spanischen Volkscharakters, in der sich seine Härte, Leidenschaftlichkeit und Verbohrtheit am sinnfälligsten ausprägt, ist aus der Dichtung allgemein bekannt, am ergreifendsten geschildert in Calderons *Arzt seiner Ehre*. Lope de Vega sagt: »Ehre ist etwas, das im andern beruht, niemand ist durch sich selbst geehrt, denn durch den andern empfängt er die Ehre.« Das deckt sich merkwürdig mit der Definition Schopenhauers: »Die Ehre ist, objektiv, die Meinung anderer von unserem Wert und, subjektiv, unsere Furcht vor dieser Meinung.« Sehr bezeichnend für die fast pathologische Loyalität der Spanier ist es übrigens, daß es für sie trotz ihrer extremen Empfindlichkeit, die lieber den Tod als eine ungestrafte Kränkung ertrug, Beleidigungen durch den König nicht gab, wie sich dies in einer Reihe berühmter Dramen, in Zorillas *Del Rey abajo ninguno* zum Beispiel schon im Titel ausdrückt, der soviel bedeutet wie »Unter dem König darf niemand beleidigen«; auch konnte das Machtwort des Königs jede verletzte Ehre wiederherstellen.

Nicht bloß die Dörfer, sondern auch die Städte bestanden mit Ausnahme der Paläste und öffentlichen Gebäude aus Lehmhäusern, es gab keine Trottoirs, und für die Beleuchtung sorgten bloß die Öllämpchen, die unter den Muttergottesbildern brannten. Die Reinlichkeit war kaum größer als in Rußland, der Schmutz Madrids sprichwörtlich; Postkutschen waren unbekannt, die Gasthöfe in einem so elenden Zustand, daß man sie gar nicht als solche ansehen kann; von einem geordneten Meldewesen, öffentlicher Sicherheit und dergleichen war keine Rede. Und doch war das Leben nicht ohne Farbe, Poesie und Heiterkeit. Die zahlreichen Feiertage brachten prachtvolle Prozessionen, in denen Kirche und Hof den Glanz ihrer Macht zur Schau stellten, bunte ausgelassene Volksfeste, imposante Stierkämpfe und vor allem Theateraufführungen, wie sie in der ganzen Welt nicht zu sehen waren. Und auch die Dürftigkeit des Alltags war gewürzt durch ewige Liebeshändel, Scherze voll Anmut und Galgenhumor und den berauschenden Duft der Gärten und Mondscheinnächte, die nichts kosteten.

Die Krone und Spitze dieser sonderbaren Welt bildete ein Geschlecht von glänzenden und melancholischen Drohnen, die Granden, die oft in großer Not lebten, aber auch dann noch ihre abgeschabte Capa und ihre stets stichbereite Espada mit einer stilvollen Würde trugen, die bis zum heutigen Tage sprichwörtlich geblieben ist. Ihr Stolz machte nicht einmal vor dem König halt, dem sie mit dem Hut auf dem Kopfe entgegentraten. Den müden Rassenhochmut ihres bis zur Anämie gereinigten Bluts, die zur Leblosigkeit geronnene Exklusivität ihres Standesbewußtseins, ihre ganz Maske und Form gewordene Geistigkeit hat Velasquez ebenso unvergleichlich festgehalten wie Tizian das so ganz anders geartete Selbstgefühl des Renaissancemenschen. Und die Frau, zugleich die Königin und die Sklavin dieser christlich-orientalischen Welt, erstarrt vollends zur Puppe. Eine dicke Schminkschicht aus Eiweiß und kandiertem Zucker verbirgt jede Regung ihres Antlitzes, eine enorme Tonne von Reifrock, *guardia de virtud*, Tugendwächter genannt, bedeckt ihren Unterkörper. Als die Braut Philipps des Vierten durch eine spanische Stadt reiste und ihr dort von

Die Königinnen ohne Beine

der Cortes als Ehrengeschenk kostbare seidene Strümpfe überreicht wurden, rief der Zeremonienmeister, indem er sie empört zu Boden schleuderte: »Ihr solltet wissen, daß die Königinnen von Spanien keine Beine haben.«

Gracian Ein sehr charakteristisches Denkmal hat sich die Weltanschauung jener Gesellschaftsklasse in dem 1653 erschienenen *Oraculo manual y arte de prudencia* des Jesuitenpaters Balthasar Gracian errichtet, das von Schopenhauer vortrefflich ins Deutsche übersetzt worden ist. Darin werden Lebensregeln erteilt wie die folgenden: »Über sein Vorhaben in Ungewißheit lassen: mit offenen Karten spielen ist weder nützlich noch angenehm, bei allem lasse man etwas Geheimnisvolles durchblicken«; »die Hoffnung erhalten, nie aber ganz befriedigen«; »nicht unter übermäßigen Erwartungen auftreten«; »stets handeln, als würde man gesehen«; »denken wie die wenigsten und reden wie die meisten«; »sich verzeihliche Fehler erlauben, denn eine Nachlässigkeit ist zuzeiten die größte Empfehlung«; »sich vor dem Siege über Vorgesetzte hüten«; »was Gunst erwirbt, selbst verrichten, was Ungunst, durch andere«; »nicht abwarten, daß man eine untergehende Sonne sei, die Dinge verlassen, ehe sie uns verlassen«; »weder ganz sich noch ganz den andern angehören, denn beides ist eine niederträchtige Tyrannei«. Und am Schluß gelangen diese Maximen zu dem überraschenden Resümee: »Mit einem Wort: ein Heiliger sein, und damit ist alles auf einmal gesagt. Drei Dinge, die mit S anfangen, machen glücklich: *santitad, sanidad, subiduría,* Heiligkeit, Gesundheit und Weisheit.«

El Greco Aber aus dieser seltsamen Atmosphäre erblühten die rauschenden Sprachwunder Calderons; die brennenden Farbenorgien der Dekorationskunst, die mit ihren aneinandergereihten *azulejos* an die musivische Bilderpracht dieses Dichters erinnern; die in der Kunstgeschichte einzig dastehenden Holzplastiken, die durch grellste Bemalung, natürliche Fleischtönung,

Blutgeriesel, Kristallaugen, Dornenkronen, Silberdolche, echte Seidengewänder, Tränen aus Glasperlen und Perücken aus wirklichem Haar die roheste Panoptikumillusion und gleichwohl ebendamit eine geheimnisvolle suggestive Wirkung erzeugen, die über alle Kunst hinausgeht. Und in der Malerei hat der wuchtige Ernst und unerbittliche Naturalismus Riberas, die einfache und doch so tiefe Klosterfrömmigkeit Zurbarans die höchsten Schöpfungen vollbracht. Neben ihnen Murillo zu nennen, der dem ganzen neunzehnten Jahrhundert als der größte spanische Maler galt, ist fast eine Blasphemie. Seine auf süßen Parfüm- und Daunenwölkchen einherschwebende Kunst hat den seidigen Optimismus und die billige Beschwingtheit des Allerweltsvirtuosen, der dem großen Publikum immer imponiert, und seine berühmten Szenen aus dem spanischen Volksleben sind gefällige Opernarrangements und glasierte Idyllen, die, durch kolorierende Verfälschung der Wirklichkeit dem Philister schmeichelnd, es nur zu begreiflich machen, daß Murillo der Abgott der Bourgeoisie geworden ist. Murillo ist der spanische Raffael; aber es ist für die spanische Welt des siebzehnten Jahrhunderts bezeichnend, daß diesmal nicht, wie wir dies in Italien bei Raffael und in Holland bei Rubens konstatieren mußten, der flachste unter den bedeutenden Künstlern als der repräsentativste anzusehen ist, sondern der tiefste, nämlich el Greco.

Greco hat in Toledo gelebt, dessen Agonie gerade damals begann, obgleich es noch immer die stolze Stadt der Inquisition und der Konzile war; und er hat die Seele Toledos gemalt: den Triumph der römischen Weltkirche und die Todeswehen der spanischen Weltmonarchie. Aber dies allein ist es nicht, was seinen Bildern eine so unvergleichliche Macht verleiht, sondern vor allem jene vollkommene Entrücktheit, Unwirklichkeit und Transzendenz, die aus jeder seiner Gestalten redet: ihren welken Gebärden, ihren seltsam verkrümmten und in die Länge gestreckten Körpern, ihrem visionären, um höhere Geheimnisse wissenden Blick und der ganz unnatürlichen, nämlich magischen Raumverkürzung und Lichtverteilung. Gravitation, Ähnlichkeit, Perspektive: diese und dergleichen Dinge erscheinen uns vor seinen Bildern plötzlich als ungeheuer nebensächlich und flach, ja falsch. Dieser Grieche hat nicht die Wahrheit gemalt, die »verdächtige Wahrheit«, wie sie Calderons Vorgänger Alarcón in dem Titel eines seiner Stücke nennt, und man hat ihn jahrhundertelang für einen Narren angesehen, weil er den Verstand als Narrheit erkannt hatte, als den »Hofnarren« der Menschheit, wie Calderon ihn darstellt. Aber ebendarum ist er, zusammen mit Loyola und Don Quixote, der stärkste Ausdruck der spanischen Barocke.

Die drei Therapien gegen den Rationalismus

Es ist jetzt noch nicht der Augenblick, über die Barocke etwas Zusammenfassendes zu sagen; aber einige Züge treten bereits hervor. Die Barocke ist, wie jede geschlossene Weltanschauung, ein Versuch, mit der Wirklichkeit fertig zu werden, deren Widersprüche aufzulösen. Wir haben als das große Thema der Neuzeit den Rationalismus erkannt, den Versuch, alle Erscheinungen der Alleinherrschaft des Verstandes zu unterwerfen. Durch ihn gelangt in die Seele des modernen Menschen ein ungeheurer Hiatus, eine Kluft und Fuge, die ihn auseinanderreißt. Im Mittelalter war noch alles wahr, wirklich, göttlich; die Welt eine Tatsache des Glaubens. Der Rationalismus unterminiert den Glauben und damit die Wirklichkeit.

Aber auch in jener Übergangsära und Vorbereitungsperiode, die wir die »Inkubationszeit« nannten, verlor das Leben zwar sehr an Realität, war aber doch noch deutbar, faßbar, bestimmbar. Wir haben gesehen, wie mit dem Sieg des Nominalismus der »Zweiseelenmensch« in die Geschichte trat, der kontrapunktische Mensch, der nichts anderes ist als die fleischgewordene coincidentia oppositorum, die Vereinigung zweier extremer Gegensätze und Widersprüche. Dieser Mensch war zwar nicht mehr *einheitlich*, aber doch noch *eindeutig*. Er ist gleichsam eine gebrochene Zahl, aber doch noch eine rationale Zahl. Das ändert sich jetzt. Zum erstenmal erscheinen wirklich komplizierte Menschen auf der Bühne der europäischen Geschichte, die jeder Formel trotzen. Es kommt wiederum etwas Neues.

Wir haben den Rationalismus als einen Giftkörper bezeichnet, der zum Beginn der Neuzeit in die europäische Menschheit eintrat. Die ganze Geschichte der folgenden Jahrhunderte ist nun ein bewußter oder unbewußter Kampf gegen dieses Toxin. Ein solcher Kampf kann natürlich verschiedene Formen annehmen. Man kann, was viele für eine besonders glückliche Therapie halten, die Tatsache der Vergiftung einfach leugnen. Man kann versuchen, das Gift aus dem Blut zu entfernen, was meist nur durch Antitoxine gelingt. Und man kann schließlich auch zu dem sehr bedenklichen Mittel greifen, den Körper an das Gift zu gewöhnen.

Alle diese Möglichkeiten wurden im Laufe der Neuzeit verwirklicht. Renaissance und Reformation versuchten es mit der Leugnung, die erstere, indem sie behauptete, der Rationalismus sei identisch mit dem, was für sie das Höchste bedeutete, mit der Kunst, die letztere, indem sie erklärte: der Rationalismus kommt von Gott. Die letzte Phase der nunmehr abgelaufenen Neuzeit, die etwa um die Mitte des achtzehnten Jahrhunderts mit der sogenannten »Aufklärung« einsetzt, hatte sich an das Gift angepaßt und lehnte sich gegen die Krankheit überhaupt nicht mehr auf, die bereits zu einem Zustand geworden war. Die Barocke hingegen griff zum »Gegenkörper«, zum Antidot.

Zunächst sucht sie den Rationalismus durch Sensualismus zu verdrängen. Aber da beide, wie wir im ersten Buche nachzuweisen versuchten, im Grunde dasselbe sind, so war das kein sehr geeignetes Gegengift. Sie begibt sich daher sehr bald auf einen zweiten Ausweg. Da die Wirklichkeit nun einmal rational ist oder vielmehr: da der Mensch der Neuzeit nicht imstande ist, sie anders zu sehen, so verfällt sie auf die List, sie zu negieren, zu einer Realität zweiter Ordnung zu degradieren, indem sie sie entweder nicht ernst nimmt, mit ihr spielt: dies ist die künstlerische Form der Lösung, oder indem sie sie für unwahr und vorgetäuscht, für ein Trugbild erklärt: dies ist die religiöse Form der Lösung. Beide Formen vermögen sich recht wohl miteinander zu vermischen, sie haben sogar eine ausgesprochene Tendenz dazu.

Die Welt als Fiktion Vor etwa einem halben Menschenalter erschien ein höchst bedeutsames, bis heute noch nicht genügend gewürdigtes Werk, dem man den Namen geben könnte: »Die Welt als Fiktion«. Tatsächlich heißt es anders, nämlich: *Die Philosophie des Als ob. System eines idealistischen Positivismus, herausgegeben von Hans Vaihinger.* Aber schon dieser Titel ist eine Fiktion, denn in Wirklichkeit war der Kantforscher Professor Vaihinger nicht der Herausgeber, sondern der Verfasser. Nach seiner Grunddefinition ist eine Fiktion nichts anderes als ein gewollter Fehler, ein bewußter Irrtum. Der sprachliche Ausdruck für diese Denkfunktion ist die Partikel »als ob«, eine Wortzusammensetzung, die wir in fast allen Kultursprachen wiederfinden. Merkwürdigerweise gelangen wir nun durch solche bewußt falsche Vorstellungen sehr oft zu neuen und richtigen Erkenntnissen. Denn es gibt nicht nur schädliche Wahrheiten, sondern auch fruchtbare Irrtümer. Wir erreichen durch solche Fiktionen häufig überhaupt erst die Möglichkeit, uns in der Wirklichkeit zurechtzufinden; sie haben daher, trotz ihrer theoretischen Unrichtigkeit, einen außerordentlichen praktischen Wert. Die Annahme der Willensfreiheit zum Beispiel ist die unerläßliche Grundlage unserer sozialen und juristischen Ordnungen, und doch sagt uns unser logisches Gewissen, daß diese Annahme ein Nonsens ist. Wir operieren in der Naturwissenschaft mit »Atomen«, obgleich wir wissen, daß diese Vorstellung willkürlich und falsch ist; aber wir operieren glücklich und erfolgreich mit dieser falschen Vorstellung: wir kämen ohne sie nicht so gut, ja überhaupt nicht zum Ziele. Wir rechnen mit »unendlich kleinen Größen«, einem völlig widerspruchsvollen Begriff (denn etwas, das unendlich klein ist, ist ja eben keine Größe mehr), und dennoch beruht die gesamte höhere Mathematik und Mechanik auf diesem Unbegriff. Die ganze Algebra basiert auf der Fiktion, daß symbolische Buchstaben für wirkliche Zahlen eingesetzt werden. Dies macht vielen Schülern furchtbares Kopfzerbrechen; aber jeder Mensch, der spricht, tut etwas ganz Ähnliches: er setzt symbolische Zeichen, nämlich Worte, für wirkliche Dinge. Die Geometrie arbeitet bereits in ihren einfachsten Grundbegriffen mit Fiktionen, mit unvorstellbaren Vorstellungen: mit Punkten ohne Ausdehnung, Linien ohne Breite, Räumen ohne Ausfüllung. Sie betrachtet den Kreis als eine Ellipse mit zwei Brennpunkten, die keine Distanz haben: ein offenbarer Unsinn, denn zwei Punkte, die keine Distanz haben, sind eben *ein* Punkt. Auch sämtliche botanischen und zoologischen Systeme, überhaupt alle wissenschaftlichen Klassifikationen sind wirkliche Fiktionen, und doch sind sie vortreffliche Hilfsmittel zur näheren Bestimmung der einzelnen Individuen und zur Übersicht über die verschiedenen Naturgebiete. In der Mechanik wird der Schwerpunkt eines schwebenden Ringes in dessen Mitte verlegt, also völlig ins Leere, was ohne Zweifel falsch ist. Einer der Grundbegriffe des christlichen Glaubens ist die Fiktion der »unsichtbaren Kirche«. Schon in den gewöhnlichen Phrasen des gesellschaftlichen Verkehrs zeigt sich die Herrschaft der Fiktion. Wenn ich zum Beispiel sage: »Ihr Diener«, so heißt das nicht: ich bin Ihr Diener, sondern: betrachten Sie mich so, *als ob* ich es wäre. Und in der Tat ist ohne diese hunderterlei »als ob« überhaupt keine höhere Kultur möglich. Wenn das Stubenmädchen dem Besucher sagt: »Die gnädige Frau ist nicht zu Hause«, obgleich diese tatsächlich zu Hause ist, so spricht sie, glauben wir, damit keine Lüge aus, denn diese Auskunft will nur soviel besagen wie: Die gnädige Frau wünscht so behandelt zu werden, als ob sie nicht zu Hause wäre. Kunst, Philosophie, Religion, Politik, Sittlichkeit, Wissenschaft beruhen alle zum größten Teil auf solchen mehr oder weniger komplizierten Fiktionen. Auch dieses Werk tut ja nur so, als ob es eine Kulturgeschichte wäre, während es in Wirklichkeit etwas ganz anderes ist.

In der Barocke wird nun in einer vielleicht einzig dastehenden Weise das ganze Leben in allen seinen Formen und Betätigungen tyrannisch und prinzipiell unter den Aspekt des »als ob« gestellt. Für den Barockmenschen löst sich alles Geschehen in schönen Schein, in Fiktion auf. Er spielt mit der Wirklichkeit wie der souveräne Schauspieler mit seiner Rolle, der Meisterfechter mit seinem Partner: sie kann ihm nichts anhaben, denn er weiß ganz genau, daß sie ein Phantom, ein Maskenscherz, ein falsches Gerücht, eine Lebenslüge ist; er stellt sich nur so, als ob er sie für wirklich hielte. Aus dieser sonderbaren Barockposition versucht Hermann Bahr in seiner bereits erwähnten Studie *Wien*, die auf ihren acht Bogen eine ganze Kulturgeschichte im Extrakt enthält, sogar die zügellose Skrupellosigkeit in Sünde und Genuß herzuleiten, der sich in der Tat nicht wenige Barockmenschen hingaben: »Wer kann uns hemmen? Ein Gefühl des Unrechts? Tun wir es denn? Es träumt uns ja doch bloß... frei vom Gewissen: du hast keine Schuld, denn du bist es nicht, der tut... Recht ist hier derselbe Wahn wie Unrecht.« Aber dies kann doch nur für die kleinen Geister Geltung gehabt haben, die es zu allen Zeiten verstanden haben, das jeweils herrschende Weltbild in eine Legitimation für ihre Gier und Selbstsucht umzufälschen. Die Optik der Barocke ist, wie wir sahen, die des Künstlers und des Homo religiosus. Aber der Künstler, obgleich er sein Werk, ja das ganze Dasein nur als farbige Illusion und Luftspiegelung ansieht, exzelliert gerade durch das empfindlichste moralische Verantwortungsgefühl und spielt mit einer Gewissenhaftigkeit, Hingabe und Sorgfalt, die man bei den »ernsten« Beschäftigungen des Philisters vergeblich suchen wird; und der religiöse Mensch, wiewohl er die irdische Welt als trügerische Versuchung und lügnerischen Schattenwurf des Teufels erkannt hat, erblickt in ihr gerade darum die schicksalentscheidende Vorbereitung auf jene wahre Welt, deren Zerrbild sie ist. Die legitime Deutung der »Vorbarocke« ist nicht im Jesuitismus zu finden, sondern in dessen vernichtendstem Gegner: Blaise Pascal, einem der wenigen, die als Boten und Erben einer reineren, höheren und unwirklicheren Welt durch das immer kompakter und grauer, immer gottleerer und selbsterfüllter werdende Chaos der Neuzeit schritten.

Das Einzigartige Pascals bestand darin, daß er zugleich der modernste und der christlichste Geist seines Zeitalters war. Bei ihm stieß eine exzeptionell scharfe Logizität und Denkkraft mit einer exzeptionell leidenschaftlichen und abgründlichen Religiosität zusammen. Er ist der luzideste Kopf, den das Mutterland der *clarté* hervorgebracht hat, und der feinste Seelenanalytiker seines Jahrhunderts: neben ihm erscheint Descartes als ein bloßer Rechenkünstler und virtuoser Mechaniker. Zugleich aber ist er ein fast hysterischer Religiöser und Gottsucher, ein Theomane. Religiosität, als ein ungeheures verzehrendes Pathos, geschmiedet an einen zerlegenden Forschergeist ersten Ranges: dies war die erschütternde Psychose Pascals, ein pittoreskes und spannendes Schauspiel des Geistes, wie es wenige gibt. Nicht umsonst kommt Nietzsche in seiner Polemik gegen das Christentum immer wieder auf Pascal zurück: auch wenn er ihn nicht nennt und ganz allgemein von der Korruption des europäischen Geistes durch christliche Wertungen

*Pascals
Lebens-
legende*

spricht, merkt man, daß er insgeheim doch nur an ihn denkt; er hatte das richtige Gefühl, daß man, wenn man die christliche Gedankenwelt bekämpfen wolle, sie vor allem in Pascal be- kämpfen müsse, ja man gewinnt fast den Eindruck, als habe er gespürt, daß man sie in Pascal gar nicht bekämpfen *könne*.

Schon in der Lebensgeschichte Pascals zeigt sich sein Dop- pelgesicht: sie ist zur einen Hälfte die glänzende Laufbahn eines modernen Gelehrten, zur andern Hälfte eine zarte mit- telalterliche Heiligenlegende. Mit zwölf Jahren entdeckte er ganz selbständig, ohne andere Hilfsmittel als etwas Kohle und Papier, einen großen Teil der Lehrsätze des Euklid; mit sech- zehn Jahren verfaßte er eine Abhandlung über die Kegelschnitte, von der die Zeitgenossen sagten, seit Archimedes sei nichts der- gleichen geschrieben worden; mit neunzehn Jahren erfand er eine Rechenmaschine, mit der man alle arithmetischen Opera- tionen ohne Kenntnis der Regeln fehlerfrei ausführen konnte; mit dreiundzwanzig Jahren überraschte er die Gelehrtenwelt durch seinen epochemachenden Traktat über den Horror vacui und die berühmten Experimente zur Höhenmessung des Luft- drucks, die seinen Namen tragen. Schon um diese Zeit jedoch begann er zu erkennen, daß die Wissenschaft mit allen ihren Fortschritten für uns im höheren Sinne wertlos sei und die wahre Aufgabe des Geistes in der Hingabe an Gott bestehe. Er trat in nähere Beziehung zu den Jansenisten, einer Vereinigung von frommen und gelehrten Männern, die sich den Lehren des Bischofs Jansenius von Ypern anschlossen. Dieser hatte in ei- nem nachgelassenen Werk *Augustinus* bewiesen, daß Papsttum und Scholastik der ketzerischen Lehre des Pelagius näher ge- standen hätten und noch stünden als der augustinischen: dies ging vor allem gegen die Theorie und Praxis der Jesuiten; und aus diesem Gedankenkreise sind auch Pascals »Provinzial- briefe« hervorgegangen, jenes Meisterwerk satirischer Prosa, von dem wir bereits gesprochen haben. Die Kongregation lebte in der Nähe von Port-Royal des Champs in klösterlicher Zurückgezogenheit, aber ohne einen wirklichen Orden zu bilden: aus ihr erwuchs die berühmte Schule von Port-Royal, die später auch eine Filiale in Paris hatte und der Brennpunkt des ganzen wissenschaftlichen und religiösen Lebens jener Zeit war.

Die zweite Hälfte seines Lebens, das nur neununddreißig Jahre währte, hat Pascal unter den größten körperlichen Heimsuchungen verbracht, die er aber mit der edelsten Geduld und Fassung, ja fast mit Heiterkeit ertrug. Obgleich durch beständige Kolik, Kopfneuralgie, Zahnfleischentzündung und Schlaflosigkeit geplagt, verzichtete er doch auf jede Bequemlichkeit, machte sich alle Handreichungen selber und nahm sogar noch einen kranken Armen zu sich, den er bediente und pflegte. Er pries Gott für seine Krankheiten, denn Kranksein, pflegte er zu sagen, sei der einzige eines Christen würdige Zustand, ja er hatte eine förmliche Angst davor, wieder gesund zu werden. Und seine Leiden haben ihn in der Tat in Höhen entrückt, die dem gewöhnlichen Sterblichen verschlossen sind: durch die Schwerelosigkeit, die sie ihm verliehen, gelang es ihm, mitten in der profanen gierigen Welt des mazarinischen Frankreich und beim hellen Tageslicht seines rationalistischen Jahrhunderts ein magisches und mystisches Dasein zu führen. Um seine letzten Lebensjahre liegt ein überwirklicher Astralglanz.

Pascals philosophische Methode ist in dem Satz enthalten: »Man muß dreierlei sein: Mathematiker, Skeptiker und gläubiger Christ.« Er gelangt, und dies ist das Besondere und Zeitgemäße an ihm, zum Glauben nicht durch das Dogma, sondern durch die Skepsis; und er zeigt, worin er sich als der äußerste Antipode Spinozas erweist, daß die Mathematik den Glauben nicht zerstört, sondern begründet. Man könnte sagen: die religiösen Wahrheiten nehmen bei ihm dieselbe Stelle ein wie die Wahrheiten der höheren Mathematik: der niedere Verstand hält

Pascals Seelenanatomie

sie so lange für ungereimt, als er sie nicht begreift; aber in dem Augenblick, wo er sie begreift, muß er sie als notwendig, bewiesen und unwiderleglich anerkennen.

Diesem Gegenstand sind die *Pensées* gewidmet, vermutlich das tiefste Buch der französischen Literatur. Sie befassen sich mit dem »Studium des Menschen«. Für den Naturforscher Pascal ist die menschliche Seele ein einziges großes Experimentierfeld, und mit den subtilsten Präzisionsinstrumenten der Analyse tritt er an sie heran, legt ihre geheimsten und zartesten, dunkelsten und widerspruchsvollsten Regungen bloß, mißt alle ihre Höhen und Tiefen aus, erhellt und fixiert ihre schwimmendsten Nuancen, kurz: er hat die von ihm begründete Wahrscheinlichkeitsrechnung auch auf die Psychologie angewandt, und wie er die Schwere der Luft maß, so hat er auch hier als erster das scheinbar Imponderable gewogen und zum Objekt exakter Untersuchung gemacht. Das Endresultat ist gleichwohl ein ungeheurer *»amas d'incertitude«.* »Denn schließlich, was ist der Mensch in der Natur? Ein Nichts, gehalten gegen das Unendliche, eine Welt, gehalten gegen das Nichts, ein Mittelding zwischen Null und All. Er ist unendlich weit entfernt von beidem, und sein Wesen ist dem Nichts, woraus er emporgetaucht ist, ebenso fern wie dem Unendlichen, worein er geschleudert ist… Dies ist unser wahrer Zustand. Dies bannt unsere Erkenntnis in bestimmte Grenzen, die wir nicht zu überschreiten vermögen, unfähig, alles zu wissen, und unfähig, alles zu ignorieren. Wir befinden uns auf einer weiten Mittelebene, immer unsicher, immer schwankend zwischen Unwissenheit und Erkenntnis… Wir brennen vor Begierde, alles zu ergründen und einen Turm zu errichten, der sich in die Unendlichkeit emporreckt. Aber unser ganzes Gebäude kracht zusammen, und die tiefe Erde öffnet ihren Abgrund.« »Wir sind ohnmächtig im Beweisen: das kann kein Dogmatismus widerlegen; wir tragen in uns die Idee der Wahrheit: das kann kein

Skeptizismus widerlegen. Wir ersehnen die Wahrheit und finden nur Ungewißheit. Wir suchen das Glück und finden nur Elend... Aber unser Elend ist die Folge unserer Größe, und unsere Größe ist die Folge unseres Elends... Denn der Mensch weiß, daß er elend ist. Er ist elend, weil er es weiß; aber er ist groß, weil er weiß, daß er elend ist. Was für eine Chimäre ist also dieser Mensch! Wunder, Wirrnis, Widerspruch! Richter über alle Dinge, ohnmächtiger Erdenwurm, Schatzkammer der Wahrheit, Dunkelkammer der Ungewißheit, Glorie und Schmach des Weltalls: wenn er sich rühmt, will ich ihn erniedrigen; wenn er sich erniedrigt, will ich ihn rühmen; und so lange will ich ihm widersprechen, bis er begreift, daß er unbegreiflich ist.« (Wozu Voltaire, der die *Pensées* mit Noten versehen hat, die Bemerkung macht: »Echtes Krankengerede«; und wozu wir bemerken möchten, daß es zwar völlig begreiflich ist, wenn Voltaire, der glänzende Herold und Dolmetsch des achtzehnten Jahrhunderts, hier nur »Gerede« hört, hingegen völlig unbegreiflich, wie er Pascal Krankheit vorwerfen kann, denn woher hatte denn er selber seine Genialität, wenn nicht aus seiner »physiologischen Minderwertigkeit«, seiner Rückgratsverkrümmung, seiner abnorm schwächlichen Konstitution, seiner pathologischen Reizbarkeit?)

Die Summe der Pascalschen Anthropologie dürfte in dem Satz enthalten sein: »Der Mensch ist nur ein schwaches Rohr, aber ein denkendes Rohr.« »*Ainsi toute notre dignité consiste dans la pensée... Travaillons donc à bien penser: voilà le principe de la morale.*« Der gute Gebrauch der Denkkraft muß aber unausbleiblich zu Christus führen. »Alle Körper, das Firmament, die Sterne, die Erde und die Naturreiche zählen nicht soviel wie der kleinste der Geister; denn er weiß von alledem und von sich selbst und der Körper von nichts. Und alle Körper und alle Geister zusammen und alle ihre Werke zählen nicht soviel wie die geringste Regung der Liebe; denn die Liebe gehört einer unvergleichlich erhabeneren Ordnung an. Aus allen Körpern zusammen könnte man nicht den kleinsten Gedanken bilden: das ist unmöglich, er ist von anderem Range. Alle Körper und alle Geister zusammen vermögen nicht eine einzige Regung wahrer Liebe hervorzubringen: das ist unmöglich, sie ist von anderem, durchaus übernatürlichem Range.«

Der Über-winder

Wir haben bereits gelegentlich beobachten können und werden bald genauer erkennen, daß das siebzehnte Jahrhundert den Sieg des wissenschaftlichen Geistes bezeichnet: in alle Gebiete hält er seinen triumphierenden Einzug; er ergreift die Naturforschung, die Sprachforschung, die Geschichtsforschung, die Politik, die Wirtschaft, die Kriegskunde, ja sogar die Moral, die Poesie, die Religion. Alle Gedankensysteme, die dieses Jahrhundert hervorgebracht hat, haben entweder von vornherein die wissenschaftliche Betrachtung sämtlicher Lebensprobleme zu ihrem Fundament, oder sie sehen in ihr das höchste und letzte Endziel. Aber nur einer hat einen anderen Weg genommen, den Weg des gotterleuchteten Genies, indem er die Wissenschaft nicht bloß suchte wie alle, nicht bloß fand wie die wenigen Auserlesenen, sondern überwand: Pascal, der größte Geist, den die gallische Rasse geboren hat.

Der wahre Sonnen-könig

Der größte, aber nicht der wirksamste. Dies war ein anderer Denker, ihm an Weite ebenbürtig, aber nicht an Tiefe, an Helle, aber nicht an Erleuchtung. Es war der Mann, der das glänzende Zeitalter Ludwigs des Vierzehnten geschaffen hat, das Grand Siècle, dem wir uns nunmehr zuwenden, und darüber hinaus den ganzen modernen Franzosen bis in die Revolution und den Weltkrieg hinein und der daher, obschon sein Leben unter den grauen Nebeln Hollands still und einsam dahinfloß, der wahre Sonnenkönig gewesen ist, während jener Ludwig nicht mehr war als eine vergoldete Dekorationspuppe und von ihm erfundene Theaterfigur: ein sehr merkwürdiger Vorgang, der eine um so genauere Betrachtung verdient, als er eine sehr wertvolle und überraschende Lektion enthält, nämlich die Erkenntnis, daß das Bleibende und Fortwirkende, das im wahren Sinne Historische immer von einigen wenigen Personen getan worden ist, die ihrer Zeit als unwesentliche und überflüssige, ja schädliche Grübler erschienen und die uns in demselben Lichte erscheinen würden, wenn sie heute lebten: von einigen Phantasten und Sonderlingen, deren Wirkungssphäre sich völlig abseits von dem befand, was ihre Zeitgenossen für beachtenswert und zentral hielten; und daß umgekehrt all dieses Wichtige, das so viel Glanz und Geschrei verbreitete, heute versunken, dem Fluch der Vergessenheit oder gar der Verachtung und Lächerlichkeit anheimgefallen ist. Kurzum: wir werden die Lehre empfangen, daß alles Große unnützlich und nichts Nützliches groß ist und daß die wahre Welthistorie in der Geschichte einiger weltfremder Träumereien, Visionen und Hirngespinste besteht.

Das Wunder, von dem wir reden, eine Art Schöpfung zweiten Grades, hat, ohne es selber zu ahnen, ein versponnener Begriffsdichter und menschenscheuer Aristokrat vollbracht: der *chevalier René Descartes, seigneur de Perron.*

ZWEITES KAPITEL

Le Grand Siècle

Aimez donc la raison!

Boileau

Richelieu Das goldene Zeitalter Frankreichs beginnt mit Richelieu. Dieser großartige und nichtswürdige, ideenreiche und geistesenge Staatslenker, der in sich nicht nur alle bewundernswerten und abscheulichen Eigenschaften eines eminenten Politikers, sondern auch alle strahlenden Vorzüge und häßlichen Untugenden seiner Rasse vereinigte, gilt als der eigentliche Begründer des bourbonischen Absolutismus, und in der Tat: an dem imposanten Bau, den der geniale unglückliche Heinrich der Vierte begonnen hatte und der mehr glückliche als geniale Ludwig der Vierzehnte nur zu vollenden brauchte, hat er das meiste geschaffen. Wenn man aber anderseits bedenkt, daß er nicht nur die Königin-Mutter Maria von Medici, die anfangs für ihren unmündigen Sohn regierte, mit allen Mitteln der List und Gewalt beiseite gedrängt hat, sondern auch Ludwig den Dreizehnten selber, einen pathologischen Taugenichts, an dem nichts menschlich wertvoll war als seine blinde Unterwerfung unter den überlegenen Geist des Kardinals, wie eine als König kostümierte Attrappe behandelt hat, so gelangt man zu dem Schluß, daß das treibende Pathos in Richelieus gewaltiger Politik nicht der Royalismus gewesen ist, sondern der typisch französische Zentralisationswille, der alles, Staat, Kirche, Wirtschaft, Kunst, um einen einzigen leuchtenden Mittelpunkt zu organisieren strebt; und darin: in dieser tiefen Erkenntnis des Volkscharakters und der Zeitströmung lag das Geheimnis seines Sieges. Der aristokratische Feudalismus lag im Sterben, der bürgerliche Liberalismus noch nicht einmal in den Geburtswehen: so blieb als einziger brauchbarer Träger der Macht die Krone. Dies war der Sinn der Zeit; und darum war Richelieu einer der ersten modernen Politiker im doppelten Sinne: zugleich einer der frühesten und größten. Wenn wir ihn »modern« nennen, so bedeutet dies freilich nichts weniger als ein Lob im Geiste unserer Geschichtsauffassung, wohl aber ein Lob im Geiste der profanen Historie: er verstand, was die Menschheit seines Jahrhunderts wollte, ehe sie selbst es recht wußte, und er besaß genug Klugheit und Tatkraft, um diese Einsicht in Wirklichkeit verwandeln zu können.

Dieser Fürst, liebenswürdig und brutal, nobel und rachsüchtig, wie es nur ein Kavalier seiner Zeit sein konnte, hatte außerdem erkannt, daß Politik die Kunst der unerlaubten Mittel und das System der Prinzipienlosigkeit ist. Er befolgte daher in seiner inneren und seiner äußeren Diplomatie ganz verschiedene Grundsätze. Es dürfte wohl selten ein merkwürdigerer Kardinal den roten Hut getragen haben. Daß der Dreißigjährige Krieg nicht mit einem Sieg des Kaisers endete, war hauptsächlich ihm zu verdanken; daß die katholische Vormacht Spanien zu einer Potenz zweiten und selbst dritten Ranges herabsank, war sein Werk. Er nahm zwar den Hugenotten ihre Festungen, gewährte ihnen aber volle Religionsfreiheit und Zulassung zu den öffentlichen Ämtern und unterdrückte die zentrifugalen Bestrebungen des papistischen Klerus mit derselben Strenge, nach seinem Leitsatz: die Kirche ist im Staat, nicht der Staat in der Kirche; überhaupt war er, obgleich der Vertreter der Macht und Majorität, von einer für die damaligen Verhältnisse fast unfaßbaren religiösen Toleranz, während die Geduldeten merkwürdigerweise sehr unduldsam auftraten. Ebenso »vorurteilslos« verhielt er sich bei der Einmischung in die inneren Verhältnisse der Nachbarstaaten. Verfechter der königlichen Allmacht war er nur als Franzose, hingegen unterstützte er die katalonischen und portugiesischen Insurgenten gegen die spanische Herrschaft, die deutschen Fürsten gegen Kaiser und Reich und die Schotten gegen die englische Krone. Auch darin zeigte er sich als durchaus moderner Politiker, daß er versuchte, an den Kolonisationsbestrebungen kräftigen Anteil zu nehmen. Er begründete die *Compagnie de l'Orient,* um sich Madagaskars zu bemächtigen, was jedoch nur sehr unvollständig gelang. Später stiftete Colbert zu demselben Zweck die ostindische Kompanie, vermochte aber ebenfalls nur einige Randplätze zu besetzen. An der Westküste Afrikas wurde Senegambien, das Land zwischen Senegal und Gambia, erobert und das Fort Saint Louis errichtet; in Südamerika erstand Französisch-Guayana mit der Hauptstadt Cayenne; das größte Interesse brachte man aber Kanada entgegen, der *France-Nouvelle,* während Louisiana erst gegen Ende des Jahrhunderts in französischen Besitz gelangte. Im ganzen haben die Franzosen als Kolonisatoren damals wenig Erfolge gehabt, denn auf diesem Gebiete versagte das zentralistische System Richelieus, das jede selbständige Regung unter falscher staatlicher Bevormundung verkümmern ließ und bei der Art höherer Seeräuberei, in der das ganze europäische Kolonisationswesen bestand, besonders unangebracht war. Richelieu war übrigens auch auf anderen Gebieten ein Vorläufer Colberts. Er suchte die heimische Industrie, besonders die blühende Tuchmacherei, durch Zölle zu schützen, rief neue Branchen ins Leben, förderte den Ackerbau und erleichterte den Verkehr durch prachtvolle baumbepflanzte Chausseen, die für ganz Europa vorbildlich wurden.

Das Hotel Rambouillet Man würde jedoch Richelieu sehr unvollständig gerecht werden, wenn man ihn nur als Politiker würdigen wollte. Wie alle bedeutenden Staatslenker hat er nicht nur der Verwaltung und Diplomatie, sondern auch dem ganzen geistigen und gesellschaftlichen Leben seine Physiognomie aufgedrückt. Er verfolgte hier dieselben Prinzipien wie in seiner Politik: straffste Zusammenfassung, Übersicht und Ordnung. Er erbaute zur Verherrlichung seiner Macht das *Palais Cardinal,* das später als *Palais Royal* eine so interessante historische Rolle gespielt hat, begründete zur Leitung der öffentlichen Meinung die *Gazette de France,* an der er selbst mitarbeitete, und stiftete zur Reinigung und Vervollkommnung der französischen Sprache die *Académie française,* die von nun an souverän feststellte, wie man richtig zu schreiben und zu reden habe, wodurch das Französische erst seine volle Klarheit, Feinheit und Korrektheit, aber zugleich eine gewisse mechanische Regelmäßigkeit und unfreie Uniformität erhielt; auch die »drei Einheiten«, die er im Drama durchsetzte, erkauften eine größere Präzision und Durchsichtigkeit des Baues mit einem empfindlichen Verlust an Farbigkeit, Natürlichkeit und poetischem Leben. Unter Richelieu ist auch der erste große Salon entstanden: im Haus der schönen, geistreichen und liebenswürdigen Marquise de Rambouillet, wo sich die hohe Aristokratie mit der geistigen Creme ihre Rendezvous gab, und es begann sich jene sublime Verbindung von Adel und Literatur zu entwickeln, die für das französische Gesellschaftsleben der nächsten zwei Jahrhunderte typisch geblieben ist. Das Ideal jenes Kreises war *»le précieux«,* das Erlesene, Kostbare in Sprache, Denken und Sitte, und hieraus ist später, als diese Bestrebungen in Zimperlichkeit, Verzierlichung und Vornehmtuerei ausarteten, der Spottbegriff des Preziösen entstanden. Aber ursprünglich zielten die Tendenzen gerade auf das Entgegengesetzte: auf edle Einfachheit, künstlerische Sparsamkeit, geschmackvolle Zurückhaltung: *ordre, économie, choix* waren die Grundeigenschaften, die von einem guten Stil gefordert wurden. Kurz: wir spüren im Zeitalter Richelieus bereits allenthalben die kühle und helle, dünne und reine Luft des Grand Siècle.

Mazarin   Als Richelieu und der König fast gleichzeitig gestorben waren, führte wiederum eine Ausländerin, Anna von Österreich, die Regentschaft für ihren minderjährigen Sohn, und wiederum hatte ein Kardinal die eigentliche Herrschaft inne, aber diesmal nicht als der Gegner der Königin, sondern als ihr Liebhaber. Im übrigen war Mazarin eine Art schwächere Doublette und »zweite Besetzung« Richelieus; seine äußeren Erfolge waren aber fast noch größer: er warf den Aufstand der Fronde, in dem sich die feudalen Elemente zum letztenmal gegen die Alleinherrschaft des Königtums erhoben, vollständig nieder, erreichte für Frankreich durch den Westfälischen Frieden die langersehnte Rheingrenze und durch den Pyrenäischen Frieden im Süden die Pyrenäengrenze und im Norden mit der Einverleibung einiger sehr wertvoller südbelgischer Festungen ein starkes Einfallstor nach den beiden Niederlanden, errichtete den Rheinbund, der, ganz unter französischem Einfluß, den Westen Deutschlands fast zu einem bourbonischen Schutzgebiet machte, und schloß vorteilhafte Allianzen mit Schweden, Polen, Holland und England, so daß sich Frankreich damals auf einer diplomatischen Machthöhe befand, die es selbst unter Ludwig dem Vierzehnten nicht wieder erreicht hat. Gleichwohl nimmt er sich neben dem großen Richelieu nur wie eine Genrefigur aus. Geradezu molièrisch grotesk war seine unersättliche Geldgier, zu deren Befriedigung ihm kein Mittel schmutzig oder abenteuerlich genug war. Als zur Zeit der Fronde eine Unmenge gehässigster Pamphlete gegen ihn erschienen, die wegen seiner Unbeliebtheit reißenden Absatz fanden, ließ er alle konfiszieren und verkaufte sie selber unter der Hand zu hohen Preisen; ja sogar sterbend beschäftigte er sich noch damit, Goldstücke abzuwägen, um die nicht vollwertigen als Spieleinsatz zu verwenden.

Das carte-   Dies war im Jahre 1661. Nach dem Tode Mazarins glaubten
sianische   viele, daß nun ein dritter Kirchenfürst, der begabte und intri-
Zeitalter   gante Kardinal von Retz, zum Lenker Frankreichs avancieren

werde, aber zur allgemeinen Überraschung erklärte der dreiundzwanzigjährige Monarch, daß er von nun an selbst regieren werde. Mit diesem Tage begann das Zeitalter Ludwigs des Vierzehnten, das wir auch die Hochbarocke oder vielleicht am richtigsten das cartesianische Zeitalter nennen könnten.

Das Leben des merkwürdigen Mannes, der den Geist des Grand Siècle geformt hat, steht in einem scheinbaren Widerspruche zu der ungeheuren Wirkung, die er hervorgerufen hat, denn es bewegte sich äußerlich in sehr anspruchslosen und fast konventionellen Formen. Descartes nahm den normalen Entwicklungsgang eines damaligen Adeligen: er besuchte die Jesuitenschule, wurde Lizentiat der Rechte, tat Kriegsdienste in Deutschland, Böhmen und Holland und machte eine Wallfahrt nach Loretto; die letzten zwanzig Jahre seines Lebens verbrachte er in völliger Abgeschiedenheit in den Niederlanden, nur durch eine umfangreiche Korrespondenz mit dem Mittelpunkt der Welt, dem Paris Richelieus und Mazarins, verbunden. Er fühlte, wie er selber sagte, gar keine Lust, in der Welt berühmt zu werden, ja er hatte geradezu Angst davor: »Die Wilden«, schrieb er an einen seiner Verehrer, »behaupten, daß die Affen sprechen könnten, wenn sie wollten, aber es absichtlich nicht tun, damit man sie nicht zwinge zu arbeiten. Ich bin nicht so klug gewesen, das Schreiben zu unterlassen: darum habe ich nicht mehr soviel Ruhe und Muße, als ich durch Schweigen behalten hätte.« Er wollte überhaupt mit der Welt, die er nur als Störung empfand, möglichst wenig zu schaffen haben und vermied daher jederlei Konflikte mit den herrschenden Mächten. Er unterdrückte sein Werk über den Kosmos, das, wenn auch nicht auf galileischer, so doch auf heliozentrischer Grundlage ruhte, als er erfuhr, in welche Differenzen mit der Kirche Galilei durch seine neuen Theorien gebracht worden war. Oberflächliche Menschen haben darin einen Mangel an Wahrheitswillen und persönlichem Mut erblicken wollen, aber diese vergessen, daß Descartes als Mensch niemals aufgehört hat, der französische Altaristokrat und Sohn der heiligen römischen Kirche zu sein: wenn er nichts gegen die bestehenden Ordnungen unternahm, so folgte er der Stimme seines Blutes. Und im übrigen war es ihm wichtiger, seinen großen Gedanken unbehelligt nachhängen zu können, als sie unter Behelligungen und Kämpfen in die Welt zu tragen; er wollte daher nicht einmal eine Schule.

Das magische Koordinatenkreuz Gleichwohl konnte er nicht verhindern, daß er schon zu seinen Lebzeiten zahlreiche Gegner und Anhänger fand. Denn schon allein seine Leistungen als Mathematiker und Naturforscher hätten genügt, ihm Weltruf zu verschaffen. Er fand das Gesetz der Lichtbrechung, entdeckte die Funktion der Kristalllinse im menschlichen Auge und löste das Rätsel des Regenbogens; auch seine Wirbeltheorie, durch die er die Bewegungen der Himmelskörper zu erklären versuchte, hat, obgleich von der späteren Forschung wieder verlassen, für seine Zeit eine hervorragende Bedeutung gehabt. Seine größte Leistung aber ist die Begründung der analytischen Geometrie, durch die es bekanntlich ermöglicht wird, die Eigenschaften jeder ebenen Kurve in einer Gleichung auszudrücken, deren Hauptbestandteile aus zwei veränderlichen Größen, den Koordinaten, gebildet werden. Dies war nicht nur eine ganz neue Wissenschaft, die sich in der Folgezeit als außerordentlich fruchtbar erweisen sollte, sondern noch etwas viel Bedeutsameres: es war nicht mehr und nicht weniger als der gigantische Versuch, die Algebra, das heißt: das reine Denken auf die Geometrie, das heißt: das reale Sein anzuwenden, die Eigenschaften und Existenzgesetze der wirklichen Dinge zu finden, *ehe diese Dinge selbst da sind*, die Realität in ein feststehendes Liniennetz einzufangen, an dem sie sich zu orientieren hat und von dem aus sie durch den souveränen Verstand jederzeit bestimmt und vorausbestimmt werden kann: ein höchster Sieg des Rationalismus über die Materie, wenn auch nur ein Scheinsieg. Der irrationalen Wirklichkeit hält der cartesianische Mensch sein *magisches Koordinatenkreuz* entgegen; und damit bannt er sie gleichsam in seine Gefolgschaft. Die symbolische Bedeutung dieses Vorgangs ist unermeßlich: in ihm ruht der Schlüssel der ganzen französischen Barocke.

Der deduktive Mensch

Wie die Mathematik soll nun auch die Metaphysik aus unmittelbar durch sich selbst gewissen Prinzipien deduktiv ihre Sätze entwickeln. Wahr ist alles, was ich klar und deutlich vorstelle: wir dürfen daher nur dem folgen, was wir entweder selbst einleuchtend zu erkennen oder aus einer solchen Erkenntnis mit Sicherheit abzuleiten vermögen. In einer streng geprüften und geordneten Reihe derartiger fortschreitender und entdeckender Folgerungen besteht die cartesianische Methode.

Der oberste Grundsatz, den Descartes aufstellt, lautet nun: alles ist zweifelhaft; *de omnibus dubitandum.* Die Sinneseindrücke, aus denen wir unser Weltbild aufbauen, täuschen uns sicherlich zuweilen, vielleicht sogar immer. Indes, selbst in dem Falle, daß wir berechtigt sein sollten, an allem zu zweifeln, wäre eines ganz unbezweifelbar: nämlich dieser unser Zweifel. Auch wenn alle unsere Vorstellungen falsch sind, bleibt als positiver Rest die Tatsache übrig, daß sie Vorstellungen sind; auch wenn alles Irrtum ist: die Existenz unseres Irrtums selbst ist keiner; auch wenn ich alles leugne, so bin doch immer noch *ich* es, der leugnet. So gelangt Descartes von seinem Ausgangspunkte: *de omnibus dubito* unmittelbar zu der Folgerung: *dubito ergo sum* oder, da alles Zweifeln Denken ist: *cogito ergo sum.* Diesen Satz identifiziert er aber sofort mit einem dritten: *sum cogitans,* indem er die Behauptung aufstellt, daß der Mensch nicht nur ein Wesen sei, dessen Existenz aus seinem Denken erhellt, sondern daß das ganze Sein seiner geistigen Hälfte im Denken bestehe. Die Welt zerfällt für Descartes in zwei Substanzen: die Körper, deren Grundeigenschaft die Ausdehnung ist, und die Geister, deren wesentliches Attribut das Denken bildet. Der Körper ist nie ohne Ausdehnung, der Geist nie ohne Denken: *mens semper cogitat*. Dies führt Descartes zu zwei merkwürdigen Folgerungen, die aber für ihn und seine Zeit ungemein charakteristisch sind, erstens nämlich: daß der Mensch, wenn er die cartesianische Methode mit der nötigen Vorsicht anwendet und nur dem zustimmt, was er klar und deutlich erkannt hat, niemals irren kann, daß der Irrtum seine eigene Schuld ist, der er nur dadurch verfällt, daß er von der göttlichen Gabe der Erkenntnis nicht den richtigen Gebrauch macht, und zweitens: daß, da denkende Substanzen nie ausgedehnt, ausgedehnte nie denkend sein können, der menschliche Körper eine Maschine ist, die mit der Seele nichts gemeinsam hat, und die Tiere, da sie nicht denken, überhaupt keine Seele besitzen und sich in nichts von komplizierten Automaten unterscheiden.

Versuchen wir nun, diese Philosophie, die Descartes in einer kristallenen und bisweilen fast dramatisch bewegten Sprache vorgetragen hat, etwas näher ins Auge zu fassen. Ihr hervorstechendster Grundzug ist zunächst eine strenge und allseitige Methodik und der leidenschaftliche Glaube an den Sieg dieser Methodik. Es *gibt* eine Methode, einen logischen Universalschlüssel: wer ihn besitzt, besitzt die Welt; habe ich die Methode, die »wahre Methode«, so habe ich die Sache: dies ist die cartesianische Kardinalüberzeugung, die sich bis zum gebietenden und beherrschenden Lebenspathos steigert und den ganzen ferneren Entwicklungsgang der lateinischen Seele bestimmt hat, von Descartes über Voltaire und Napoleon bis zu Taine und Zola. Diese Methode ist die analytische. Sie zerlegt die gegebene Realität oder ihre zur Untersuchung gestellten Ausschnitte zunächst in ihre »Elemente«, um von da an deduktiv auf dem »richtigen« Wege wieder zu ihr zurückzukehren. Sie korrigiert die Welt und deren Betrachtung oder vielmehr: sie korrigiert die Welt *durch* deren Betrachtung. »Um die

Wahrheit methodisch zu finden, muß man die verwickelten und dunklen Sätze stufenweise auf einfachere zurückführen und dann von der Anschauung dieser ausgehen, um ebenso stufenweise zu der Erkenntnis jener zu gelangen.« Erst seziert man, dann konstruiert man: beides sind extrem rationalistisch-mechanische Funktionen. Mathematik ist die Universalwissenschaft, weil sie allein jene Anforderungen restlos zu erfüllen vermag. Nur sie hat die Möglichkeit, ihre Objekte in ihre letzten Bestandteile zu zerlegen, und nur sie ist imstande, an der Hand einer lückenlosen Kette von Beweisen und Schlüssen zu ihren letzten Erkenntnissen emporzusteigen. Im Grunde ist daher alles ein mathematisches Problem: die gesamte physische Welt, die uns umgibt, unser Geist, der sie aufnimmt, und sogar die Ethik, das charakteristischste und merkwürdigste Stück des cartesianischen Systems: in seiner Abhandlung *Les passions de l'âme* hat nämlich Descartes in sehr geistvoller und scharfsinniger Weise eine erschöpfende analytische Darstellung der menschlichen Leidenschaften und zugleich eine Anleitung zu ihrer Lenkung und Bekämpfung gegeben; dieser berühmte Essay, der von den Zeitgenossen aufs höchste bewundert wurde, ist nichts anderes als der Versuch, die Gesamtheit der Affekte auf eine Reihe allgemeiner Grundformen zurückzuführen und so eine Art *Algebra der Passionen* zu liefern. Kurz: alles ist ein Problem der Analysis, der analytischen Geometrie. Was nun ist analytische Geometrie? Wir sagten es bereits: nichts anderes als die Kunst, Gesetz und Gestalt einer Sache zu finden, ohne hinzusehen: die Gleichung des Kreises, der Ellipse, der Parabel, ehe diese da sind, denn sie folgen ganz von selber aus der Gleichung, sie *müssen* folgen, logisch-mathematischen Gehorsam leisten. Descartes wußte auch sein eigenes Leben nach dieser algebraischen Methode einzurichten: zuerst entwarf er sich sozusagen die Gleichung seiner Biographie, und dann konstruierte er ganz exakt die Kurve seines Lebens nach dieser theoretischen Formel. In seinem Entwicklungsgang war nichts zufällig oder von außen aufgedrängt, sondern alles von ihm selbst vorherbestimmt: mit vollem Bewußtsein begab er sich während der ersten Hälfte seines Daseins in die große Welt, um »in ihrem Buche zu lesen«, und ebenso bewußt schloß er sich während des Restes seiner Erdenbahn von ihr ab, um über sie zu philosophieren. Mit Descartes betritt der *deduktive Mensch* die Bühne der Geschichte.

Die Sonne der Raison Die erste Grundüberzeugung dieses deduktiven Menschen lautet: Nur was man denkt, ist wirklich; und nur was man *geordnet* denkt, ist wirklich gedacht. Was ich klar und deutlich einsehe, ist wahr: die *clara et distincta perceptio* ist das untrügliche Kriterium des Richtigen. Descartes gebraucht auch in seinem Stil mit Vorliebe Metaphern, die in diesem Vorstellungskreise liegen, wie Tag, Licht, Sonne; er beschäftigte sich als Naturforscher besonders gern mit optischen Problemen, und in seinem verlorengegangenen großen Werk, das wahrscheinlich den Titel *Le monde* führte, hatte er den ganzen Kosmos vom Standpunkt seiner Theorie des Lichts behandelt. Das Ziel seiner gesamten Philosophie ist »*la recherche de la vérité par les lumières naturelles*«, wie er eine seiner nachgelassenen Schriften genannt hat. Für dieses natürliche Licht des Verstandes gibt es nichts, was es nicht zu erhellen vermöchte: was nicht in seiner Sonne liegt, ist nicht wert, beschienen zu werden, ja noch mehr: es existiert nicht; und was es bescheint, ruht in vollem Tagesglanze, klar und gleichmäßig, erhellt, ohne Schatten und Nuancen, ohne Dunkelheiten und Widersprüche, denn für den reinen, seiner selbst bewußten und sicheren Verstand gibt es nur eine einzige große Gewißheit ohne Grade: es ist eine Art Mittagshöhe, die der menschliche Geist hier erklimmt, einseitig, aber heroisch.

Dieser Zenit kann natürlich nur erreicht werden, indem alles vernachlässigt und sogar geleugnet wird, was nicht im Strah-

lenkegel der klaren Ratio liegt. Es gibt daher für diese Weltanschauung nichts Unterbewußtes und nichts Halbbewußtes,
keine undefinierbaren Seelenregungen, keine dunklen Triebe,
keine geheimnisvollen Ahnungen, auch Empfindungen nur,
soweit sie der Ausdruck klarer Gedanken sind. Etwas begehren
heißt: etwas für wahr halten, etwas verabscheuen: es für falsch
halten; gute Handlungen sind jene, denen eine adäquate Erkenntnis zugrunde liegt, böse Handlungen solche, die aus unrichtigen Vorstellungen fließen. Tiere und Pflanzen sind, wie
wir bereits gehört haben, bloße Automaten; ihre Empfindungen sind nichts als körperliche Bewegungen, die rein mechanischen Gesetzen gehorchen, denn alles, was ohne Denken vor
sich geht, ist ein bloß physikalischer Vorgang. Descartes scheut
nicht davor zurück zu erklären, daß sie weder sehen noch
hören, weder hungern noch dürsten, weder Freude noch Trauer
fühlen: sie wissen, sagt er, von ihren Lebensäußerungen nicht
mehr als eine Uhr, die sieben oder acht schlägt. Er geht konse-
quenterweise noch weiter und zählt auch die *menschlichen*
Empfindungen nicht unter die seelischen Vorgänge: sie sind
für ihn ebenfalls nur Bewegungserscheinungen. Die Leidenschaften sind nichts als falsche Urteile, verworrene, unrichtige,
dunkle Vorstellungen, sie sind daher nicht existenzberechtigt und können und müssen besiegt werden durch die
Vernunft, die das Vermögen der klaren Begriffe und deutlichen
Vorstellungen ist. Wir erkennen hier jene der griechischen Stoa
verwandte, aber ins Weltmännische gewendete Geisteshaltung,
wie sie dem siebzehnten Jahrhundert als ethisches Ideal vorschwebte: der Mensch, der alle seine Triebe gebändigt, rationalisiert hat durch klare Methodik, die ihm *Lebensform* geworden ist, der alles, was aus den elementaren Instinkten, der
unregulierten Willenssphäre fließt, als unzivilisiert und plebejisch, geschmacklos und barbarisch, unphilosophisch und un-
ästhetisch unter sich sieht, alles, was nicht der Raison unter-

worfen ist, als subaltern und *mauvais genre* empfindet. Aber hier kündigt sich auch schon achtzehntes Jahrhundert an, nämlich die Überzeugung, daß alles, was mit der Vernunft in Widerspruch steht, eine unreife Bildung und Verirrung der Natur darstellt, die dazu bestimmt ist, im Gange des Fortschritts überwunden zu werden.

Die Seele ohne Brüder

Das cartesianische System hat auf allen einzelnen Gebieten nur die natürlichen Folgerungen gezogen, die ihm von seinem obersten Grundsatz vorgezeichnet waren: dem *cogito ergo sum.* Aus dem *Denken* erhellt für Descartes die Tatsache des menschlichen Ich und der ganzen Welt. Allerdings hat Descartes auf den Einwand Gassendis, daß der Mensch seine Existenz auch aus jeder seiner anderen Tätigkeiten folgern und daher zum Beispiel auch sagen könne: »*ambulo ergo sum,* ich gehe spazieren, also bin ich«, mit Recht erwidert, daß der Mensch der Tatsache, daß er spazierengehe, nur dadurch gewiß werde, daß er sie vorstelle, also sein Spazierengehen denke; aber Descartes hat Denken und Sein nicht nur in die Beziehung von Obersatz und Untersatz gebracht, sondern in das Verhältnis der Identität, indem er feststellte, daß das Wesen der Seele ausschließlich im Denken bestehe und daher nur das Gedachte wirklich sei. Hätte ihm Gassendi als Beispiel den Satz »*volo ergo sum,* ich will, also bin ich« entgegengehalten, auf dem die Philosophie Schopenhauers fußt, so hätte Descartes nicht dieselbe Replik vorbringen können, denn wenn ich auch meines Willens nur dadurch bewußt werde, daß ich ihn vorstelle, so bleibt doch noch immer die Frage offen, ob dieser Wille nicht trotzdem die Ursache meiner Existenz sein könnte. Durch die Tatsache meines Denkens wird mir mein Ich bloß *bewiesen*; aber Descartes machte den logischen Grund zum metaphysischen. Zu diesem Trugschluß war er jedoch gleichwohl berechtigt. Denn die Aufgabe des großen Philosophen besteht nicht darin, korrekt zu schließen, sondern die Stimme seiner Zeit zu sein, das Weltgefühl seiner Epoche in ein System zu bringen. Und der damalige Mensch war aufs tiefste überzeugt, daß nur jene Tätigkeit, von der er wisse, *seine* Tätigkeit sei: *quod nescis, quomodo fiat, id non facis,* sagt der Cartesianer Geulinx. Nur wer denkt, hat eine Seele, und wer eine Seele hat, muß denken: *l'âme pense toujours,* sagt der Cartesianer Malebranche.

Diese Seele, die immer denkt, hat keine Brüder. Es zeigt sich am Cartesianismus in besonders starkem Maße die starre Isolation, in die jeder konsequente Rationalismus den Menschen einschließt. Es ist die heroische Öde und selbstherrliche Einsamkeit des reinen Denkens, aus der heraus Descartes sein furchtbares »cogito ergo sum« aufstellt. Der von ihm konzipierte Mensch befindet sich auf der ganzen weiten Welt allein mit seinem *cogito,* der erhabenen Kraft, zu denken, zu ordnen, zu klären, die ihm den ganzen Kosmos: Gott, Mensch und Natur; Weltaufgänge und Weltuntergänge; Soziologien, Astronomien, Physiken; Atome, Wirbel, Planeten; Staaten, Leidenschaften, Tugenden aufbaut. Wirklich ist im Grunde doch nur, obgleich sie es nicht wahrhaben will und vielleicht selbst nicht weiß, diese *Monas* Cartesius, die denkt, denkt... Die Sinneswahrnehmungen sind nicht wahr, wahr ist nur das Denken dieser Wahrnehmungen. Wie ja auch in der analytischen Geometrie die reale Kurve nicht wahr, jedenfalls nicht das Wesentliche ist, sondern ihre durch den Verstand gefundene allgemeine Formel. Die sinnlichen Vorstellungen haben geringere Realität, weil sie »unklar« sind. Und wer verbürgt uns, daß nicht die ganze Sinnenwelt ein Traum ist? »Wenn ich mir die Sache sorgfältig überlege, finde ich nicht ein einziges Merkmal, um den wachen Zustand vom Traum sicher zu unterscheiden. So sehr gleichen sich beide, daß ich völlig stutzig werde und nicht weiß, ob ich nicht in diesem Augenblick träume.« Hier demaskiert sich Descartes plötzlich als echter Barockphilosoph, indem er die Sinnenwelt zu einer Wirklichkeit zweiter Ordnung degradiert, sie, wenn auch nur in der Hypothese, als Traum konzipiert und jedenfalls dem Ganzen aufs höchste mißtraut. Er war auch darin eine Barocknatur, daß er mit seinem grundsätzlichen Skeptizismus und seinem höchst revolutionären Rationalismus eine bedingungslose Anerkennung des Wirklichen in seiner Machteigenschaft verband. Er war, wie wir bereits andeuteten, als Mensch streng konservativ, fast reaktionär, im Innersten gegenreformatorisch gesinnt. Denn die Reformation war individualistisch, demokratisch, »fortschrittlich«, freiheitlich in der *Praxis*, wovon Descartes niemals etwas wissen wollte. Bossuet sagte von ihm, daß seine Vorsicht gegenüber der Kirche bis zum Äußersten ging, und er selbst empfahl in einer seiner Schriften, unter allen Umständen die Gesetze und Gewohnheiten des Landes zu beobachten, in dem man lebe, an der Religion festzuhalten, in der man erzogen sei, im Verkehr die gemäßigtesten und verbreitetsten Maximen zu befolgen, und vermied es überhaupt, über ethische Gegenstände zu handeln, weil es nur Sache mächtiger Personen sei, sittliche Normen für andere aufzustellen. Er war Aristokrat und Katholik und hat niemals »protestiert«; gleichwohl oder wahrscheinlich ebendeshalb hat kein Bürgerlicher und kein Reformierter seines Landes eine so voraussetzungslose Philosophie geschaffen. Es weht in ihr die Luft eines Geistes, der so frei ist, daß er selbst die Freiheit verachtet.

Übergang der Vorbarocke in die Vollbarocke Und tatsächlich erhoben sich auch die ersten Gegner seiner Philosophie in der protestantischen Republik der freien Niederlande. Aber dreizehn Jahre nach seinem Tode traten auch die Jesuiten gegen ihn auf und setzten es durch, daß seine Bücher auf den Index kamen, und nicht lange darauf wurde seine Lehre von den französischen Universitäten verbannt. Aber seine Schule breitete sich trotzdem unaufhaltsam aus. Nicht bloß durch die »Okkasionalisten«, wie man seine nächsten Nachfolger und Fortbildner in der Geschichte der Philosophie nennt, nicht bloß durch die berühmte Logik des Port-Royal *L'art de penser* und die tonangebende *Art poétique* Boileaus; vielmehr war ganz Frankreich seine Schule, an der Spitze der Sonnenkönig selbst, der seine Werke verboten hatte. Der Staat, die Wirtschaft, das Drama, die Architektur, die Geselligkeit, die Strategie, die Gartenkunst: alles wird cartesianisch. In der Tragödie, wo die Begriffe der Leidenschaften miteinander kämpfen; in der Komödie, wo die algebraischen Formeln der menschlichen Charaktere entwickelt werden; in den Anlagen von Versailles, die abstrakte Gleichungen von Gärten sind; in der analytischen Methode der Kriegführung und der Volkswirtschaft; in dem sozusagen deduktiven Zeremoniell der Gebärden und Manieren, des Tanzes und der Konversation: überall herrscht als unumschränkter Gebieter Descartes. Und man kann sogar sagen, daß fast bis zum heutigen Tage jeder Franzose ein geborener Cartesianer ist. Die Französische Revolution hat den Absolutismus der Bourbonen so gründlich beseitigt, als es nur denkbar war; aber Descartes hat sie nicht vom Thron gestürzt, sondern in seiner Macht aufs ausschweifendste bestätigt.

Mit Ludwig dem Vierzehnten vollzieht sich der Übergang der Vorbarocke in die Vollbarocke. Seine selbständige Regierung umfaßt ungefähr fünfeinhalb Jahrzehnte; mit seinem Tode setzt die Spätbarocke ein, die unter dem Namen Rokoko bekannt ist. Wir haben im vorigen Kapitel erwähnt, daß die Zeit, wo er zur Alleinherrschaft gelangt, auch sonst eine Anzahl entscheidender Daten enthält; und ebenso verhält es sich mit dem Ende seiner Regierungsperiode. Er selbst stirbt 1715 und in demselben Jahre Malebranche, der bedeutendste Cartesianer. 1713 gelangt Friedrich Wilhelm der Erste in Preußen, 1714 das Haus Hannover in England auf den Thron: zwei gewichtige politische Wendepunkte. Und 1716 stirbt Leibniz, in dem, wie wir später sehen werden, der Barockgeist seine höchste Konzentration gefunden hat. Der Tod des Sonnenkönigs bedeutet somit in mehr als einem Sinne das Ende einer geschichtlichen Epoche.

Der König als Mittelpunkt des irdischen Koordinatensystems

Der extreme Absolutismus, den Ludwig der Vierzehnte aufrichtete, folgte ganz von selber aus der Allherrschaft der cartesianischen Raison, die ein Zentrum fordert, wovon aus alles einheitlich und methodisch beherrscht und gelenkt wird. Das »*l'état c'est moi*« hatte für die Menschen jener Zeit nichts weniger als jene frivole Bedeutung, die spätere Beurteiler diesem Worte beigelegt haben. Der König ist der von Gott und der Vernunft eingesetzte Mittelpunkt des irdischen Koordinatennetzes: an ihm hat sich alles zu orientieren; wer anders empfunden hätte, wäre dem Zeitgefühl nicht etwa bloß als ein Staatsverräter und Majestätsverbrecher, sondern als etwas viel Schlimmeres erschienen: als ein Mensch, der nicht methodisch zu denken vermag. Erst ist der König da, dann der Staat, aus ihm entwickelt sich der Staat, wie zuerst das Koordinatenkreuz da ist und dann erst die realen Punkte, Linien und Flächen. Der König beherrscht nicht nur den Staat, er *macht* den Staat. Hieraus ergaben sich selbstverständlich radikal absolutistische Theorien, am klarsten und eindringlichsten dargelegt in den Schriften Bossuets, des »Adlers von Meaux«, der einer der packendsten Kanzelredner und glänzendsten Historiker seiner Zeit war. In seiner *Politik nach den Lehren der Heiligen Schrift* erklärt er, der König sei der Statthalter und das Bild Gottes auf Erden, seine Majestät der Abglanz der göttlichen; der ganze Staat, der Wille des gesamten Volkes sei in ihm beschlossen, nur wer dem König diene, diene dem Staat. Dies war Bossuets tiefste Überzeugung und keine gefällige Hoftheologie und Hofpolitik. Und wenn wir beobachten, wie nicht nur die große Masse, sondern auch die edelsten und kühnsten Geister der Zeit von denselben Gefühlen durchdrungen waren, so müssen wir zu der Ansicht gelangen, daß Ludwig der Vierzehnte kein größenwahnsinniger

Autokrat war, sondern nur nahm, was die öffentliche Meinung ihm entgegenbrachte, ja aufdrängte. Er herrschte nicht bloß mit den Mitteln äußerer Gewalt, sondern als legitimer Mandatar des Zeitgeists. Er war wirklich, was bei Hobbes der Staat ist: ein »sterblicher Gott«. Seine Gnade beseligte, seine Ungnade tötete. Nicht bloß der »große Vatel«, der übrigens ein Genie unter den Köchen gewesen sein muß (Madame de Sévigné sagt, sein Kopf hätte gereicht, alle Sorgen einer Staatsverwaltung in sich zu fassen), stürzte sich in sein Küchenmesser, als ein Festessen, das Condé dem König gab, nicht vollkommen geriet. Auch Colbert verfiel in ein todbringendes nervöses Fieber, weil ihm, als er gegen die allzu kostspieligen Versailler Bauten Einspruch erhob, der erzürnte König andeutete, es müßten Unterschleife vorgekommen sein. Vauban hatte eine sehr einsichtsvolle Schrift über Steuerreformen veröffentlicht, die aber das königliche Mißfallen erregte und daher beschlagnahmt und vernichtet wurde; elf Tage später war er eine Leiche. Und einen vierten, der in der *haute tragédie* ebenso groß war wie Vatel in der Kochkunst, Colbert im Finanzwesen und Vauban im Festungsbau, ereilte dasselbe Schicksal: Racine, der sich aus Zerstreutheit eine grobe Taktlosigkeit hatte zuschulden kommen lassen. Eines Abends unterhielt er sich bei Frau von Maintenon mit Ludwig dem Vierzehnten, der gern und häufig seinen Verkehr suchte, über die Pariser Theater. Der König fragte, woher es komme, daß die Komödie von ihrer einstigen Höhe so tief herabgesunken sei. Racine antwortete, der Hauptgrund liege nach seiner Ansicht darin, daß zu viele Stücke von Scarron gespielt würden. Bei dieser Äußerung errötete Madame de Maintenon, die einmal Madame Scarron gewesen war, es entstand ein peinliches Schweigen, der König brach die Unterredung ab und richtete seitdem nie wieder ein Wort an Racine, der darüber in Trübsinn verfiel und starb. Kurz: die Empfindungen, die man dem König entgegenbrachte, sind in nicht allzu übertriebener Weise in der

Antwort ausgedrückt, die der Frau von Maintenon von ihrem Bruder gegeben wurde, als sie erklärte, das langweilige Leben an der Seite Ludwigs nicht mehr ertragen zu können: »Sie haben also die Aussicht, Gott Vater zu heiraten?«

Innere Verwaltung Ludwigs des Vierzehnten

Die äußeren Instrumente, durch die Ludwig der Vierzehnte seine allgegenwärtige Herrschaft ausübte und befestigte, waren Bürokratie, Polizei und stehendes Heer, drei Elemente, die das moderne Staatswesen in hervorragendem Maße charakterisieren und unter seiner Regierung zur höchsten Ausbildung gebracht worden sind. Über das ganze Land zog sich das Netz einer sorgfältig abgestuften und organisierten Beamtenhierarchie. Die Besteuerung wurde prompt und unerbittlich gehandhabt, als eine stets offene, aber schließlich doch versiegende Quelle für die ungeheuren Ausgaben des Staatshaushalts. Die Kopfsteuer, *la taille,* war sehr hoch und dabei ungerecht verteilt, da Adel und Geistlichkeit von ihr befreit waren; dazu kamen noch drückende indirekte Abgaben von einer Reihe der notwendigsten Gebrauchsartikel, vor allem die berüchtigte Salzsteuer, *la gabelle.* Ebenso verhaßt und gefürchtet waren die *lettres de cachet,* mittels deren der König jede beliebige Person ohne Prozeß auf unbestimmte Zeit internieren konnte.

Den selbstbewußten und selbstherrlichen Feudaladel verwandelte Ludwig der Vierzehnte in eine Hofaristokratie, die nur noch den Zweck hatte, den Glanz des Königtums zu erhöhen. Er gab zwar bei der Besetzung der öffentlichen Ämter und vor allem bei der Vergabe der höheren Offiziersstellen den Edelleuten den Vorzug, aber sie waren aus kleinen Souveränen Beamte der Krone geworden, die sich nur durch äußere Ehren und Abzeichen von gewöhnlichen Untertanen unterschieden. Übrigens zog der König auch zahlreiche Bürgerliche in seinen Dienst, wenn sie Talent und Unternehmungsgeist zeigten, und besetzte mit ihnen nicht selten die höchsten Posten, zumal in der Verwaltung, weshalb ihn der Herzog von Saint-Simon in seinen Memoiren »*le roi des commis*« nannte. So entstand eine neue, sehr einflußreiche Kaste der *nouveaux riches,* die durch Länderkauf, nachträgliche Nobilitierung, glückliche Spekulationen und vornehme Heiratsverbindungen rasch emporkamen.

Seine größte Aufmerksamkeit richtete er auf das Heerwesen. Er war selber nicht das, was man einen »Militaristen« nennt, aber er erkannte in fortwährenden Kriegen, die der patriotischen Eitelkeit schmeichelten und zugleich den Betätigungsdrang nach außen ablenkten, das sicherste Mittel, sich bei einer so ruhmgierigen, unruhigen und herrschsüchtigen Nation wie der seinigen in dauerndem Ansehen zu erhalten: es ist das System, das seither alle französischen Regierungen angewendet haben, einerlei, ob sie bourbonisch, jakobinisch oder napoleonisch waren. Es gelang ihm denn auch binnen kurzem, seine Armee zur stärksten, geschultesten, bestausgerüsteten und bestgeführten Europas zu machen. Turenne, Condé, Luxembourg und Catinat waren Meister der Strategie, denen niemand gleichkam. Vauban, der größte Kriegsingenieur des Jahrhunderts, umgab Frankreich mit einem bewundernswerten Festungsgürtel, brachte die Belagerungskunst auf eine bis dahin unerreichte Höhe und vervollkommnete das Artilleriewesen durch die Einführung der bombenwerfenden Mörser und des Rikoschettierschusses, des ersten Versuches indirekten Feuers. Sein Kriegsminister Louvois, der berüchtigte Verwüster der Pfalz, reformierte das gesamte Heerwesen. Er ersetzte die schwerfällige Luntenflinte durch das handliche Steinschloßgewehr und die Pike durch das Bajonett, eine sowohl für die Fernwirkung wie für den Nahkampf geeignete Waffe, und machte das Fußvolk wieder zur Haupttruppengattung, denn auch die Dragoner waren nur eine Art berittene Infanterie, die, mit Karabiner und Säbel ausgerüstet, zum Gefecht absaß, so daß das Pferd bei ihnen nur die Rolle eines Beförderungsmittels spielte, wie etwa bei den heutigen Truppenkörpern die Eisenbahn. Ferner war er der erste, der die allgemeine Uniformierung einführte, während bisher die Soldaten nach freier Wahl selber für ihre Kleidung gesorgt hatten. Auch in diesem Zuge zeigt sich der neue Geist der rationellen Ordnung, der alle Lebensgebiete ergreift. Das Militär wird zum erstenmal *exakt*. Der Soldat ist keine lebendige einmalige Individualität mehr, sondern eine gleichgültige Ziffer, für die das algebraische Symbol der Uniform eingesetzt wird; statt eines bestimmten Soldaten gibt es nur noch den Begriff Soldat, mit dem man nach Belieben zu operieren vermag, wie es in den Alleen von Versailles keine einzelnen Bäume mehr gibt, sondern nur noch eine Anzahl von identischen Proben der Gattung Baum, eine schnurgerade Reihe gleichförmig geschnittener, unter eine allgemeine Schablone subsumierter Exemplare.

Von demselben Einheitswahn war Ludwig der Vierzehnte auch in seiner Religionspolitik geleitet. Wenn er gegen die Jansenisten, denen die Literatur seines Zeitalters einen großen Teil ihres Glanzes verdankt, mit großer Strenge vorging, so tat er dies nur aus seinem Willen zur Uniformität und Korrektheit. Sein Widerstand gegen den Papst hatte dieselben Motive wie sein Einschreiten gegen die Häretiker. Er berief eine Kirchenversammlung nach Paris, die erklärte, Petrus und seine Nachfolger hätten von Gott nur Macht im Geistlichen, nicht im Weltlichen, und auch diese Macht sei beschränkt durch die höhere Autorität der allgemeinen Konzilien und durch die Vorschriften und Gebräuche der gallikanischen Kirche. Diese gallikanische Kirche ist eine französische Nationalkirche, die dem Papst keinerlei Einfluß auf die Besetzung der Pfründen einräumt und daher als *politischer* Körper von der englischen Hochkirche nicht allzuweit entfernt ist. Leider ließ sich der König in diesem Kampf gegen alle zentrifugalen Bestrebungen auch zur Aufhebung des Ediktes von Nantes bewegen, wodurch alle Hugenotten entrechtet und der gehässigsten Verfolgung preisgegeben wurden. Durch diesen ebenso unmenschlichen wie unklugen Akt hat er sich und seinem Lande den größten Schaden zugefügt und alle Billigdenkenden in Europa gegen sich aufgeregt: von hier datiert sein Abstieg. Während der zweiten Hälfte seiner Regierung beginnt seine Sonne immer deutlicher ihre häßlichen Flecken zu offenbaren, um alsbald langsam zu verbleichen und schließlich in grauer trauriger Dämmerung unterzugehen. Man hatte den Hugenotten zwar verboten, das Land zu verlassen, aber ein großer Bruchteil, etwa eine halbe Million, konnte trotz strengster Bestimmungen nicht an der Auswanderung gehindert werden. Dieser Verlust bedeutete für Frankreich weit mehr als eine Verminderung der Bevölkerungsziffer, denn die Hugenotten zählten zu den geschicktesten und fleißigsten Untertanen des Sonnenkönigs: die Brokat-, Seiden- und Samtweberei, die Herstellung feiner Hüte, Stiefel und Handschuhe, die Fabrikation von Borten, Bändern und Tapeten, die Uhrmacherei, die Spitzenklöppelei, die Tabakbereitung, die Kristallschleiferei lag fast ganz in ihren Händen. Sie entzogen nicht nur diese Industrien ihrem Vaterland, das sie erst sehr allmählich und nicht mehr mit derselben Vollkommenheit wiederherstellen konnte, sondern trugen sie auch ins Ausland, das sie dadurch konkurrenzfähiger machten. Sie wirkten dort auch mit großem Erfolg als Seeleute und Ingenieure und organisierten, wo sie konnten, vor allem in Holland, eine freie Presse, die die ganze Welt über den egoistischen und brutalen Charakter der bewunderten Regierung Ludwigs des Vierzehnten aufklärte und aufs nachteiligste gegen sie Stimmung machte.

Das tägliche Leben war demselben Prinzip unterworfen wie *Das* das religiöse und politische: es sollte alles »erhaben«, großartig, *Theater* pompös, effektvoll und zugleich »einfach«, korrekt, geordnet, *Versailles* überschaubar sein. Unter Ludwig dem Vierzehnten wird die *place royale* mit ihren Nebenstraßen in vollkommenster geometrischer Regelmäßigkeit erbaut. Lenôtre ist der Schöpfer des französischen Gartenstils, der den Anlagen die Form mathematischer Figuren gibt und ihr Wachstum mit Zirkel und Lineal beaufsichtigt. Ebenso symmetrisch waren die »Wasserkünste« angelegt, zum Beispiel das *bassin de Latone* in Versailles, wo in regelmäßigen Abständen Frösche im Kreise sitzen, die genau die gleichen tadellosen Kurven spritzen. Denselben Geist atmet das Menuett, vielleicht der merkwürdigste Tanz, der jemals erfunden wurde, denn in ihm ist das Kunststück zuwege gebracht, lähmendste Gezwungenheit, Abgemessenheit und Marionettenhaftigkeit mit bezauberndster Anmut, Lebendigkeit und Leichtigkeit zu vermählen. Im Grunde war jedoch das ganze Salonleben jener Zeit ein Menuett. Es war genau vorgezeichnet, wieviel Schritte man machen müsse, bis man sich verbeugen dürfe, welche Linie diese Verbeugung zu beschreiben habe und wie tief sie in jedem einzelnen Falle sein solle. Es gibt in dieser Welt nichts, das nicht einem minutiösen und wohldurchdachten Reglement unterworfen, nichts, das dem Zufall überlassen wäre; das ganze Leben ist ein Reißbrett mit einem Millimeterquadratnetz, ein Schachbrett, auf dem bestimmte gleichartige Figuren ihre vorschriftsmäßigen Züge machen.

Dieser strengen Geistesetikette durfte sich auch der große König nicht entziehen, sie war die einzige Macht, die stärker war als er. Seine Tagesordnung war genau geregelt: jede Stunde hatte ihre bestimmte Beschäftigung, Kleidung und Gesellschaft. Der unumschränkte Herrscher ist im Grunde nicht mehr als eine große Puppe, die von gewissen hiezu ausgewählten Personen angekleidet, umgekleidet, gefüttert, spazierengefahren und zu Bett gebracht wird. Niemand darf ihm ein Taschentuch präsentieren als der Vorsteher der Taschentücherabteilung; die Prüfung seines Nachtstuhls ist Sache einer eigenen Hofcharge; um ihm ein

Glas Wasser zu überreichen, sind vier Personen nötig. Sein ganzes Leben ist ein lästiger und langweiliger Empfang immer derselben Gesichter, die immer dasselbe ausdrücken. Als man Friedrich dem Großen das französische Hofzeremoniell beschrieb, sagte er, wenn er König von Frankreich wäre, so würde es seine erste Regierungshandlung sein, einen Vizekönig zu ernennen, der für ihn Hof zu halten hätte.

Das Leben des Hofs ist ein ewig gleiches Repertoirestück, das um acht Uhr morgens beginnt und um zehn Uhr abends endet, um am nächsten Tage von vorne anzufangen, noch mehr: das Leben ganz Frankreichs ist eine solche Komödie. Es bedurfte einer bewundernswerten Selbstbeherrschung und Selbstverleugnung, um die heikle und aufreibende Rolle des Titelhelden dieser Komödie würdig durchzuführen, aber Ludwig der Vierzehnte hat diese schwierige Aufgabe mit so souveräner Meisterschaft gelöst, daß man nicht einmal die Mühe spürte; er hat Europa vierundfünfzig Jahre lang ein großes Theater vorgespielt: ein sehr geschmackvolles, sehr pompöses, sehr geistreiches Theater und ein sehr äußerliches, sehr brutales, sehr verlogenes Theater.

Ludwig der Vierzehnte wollte imponieren, aber mit Grazie. Er ließ sich mit Vorliebe als Imperator abbilden; Berninis prachtvolle Reiterstatue zeigt vielleicht am besten, wie er sich aufgefaßt sehen wollte. Sie stellt ihn auf einem ungezäumten Pferd dar, das im Begriff ist, den Hügel des Ruhms zu erklimmen. Der französische Bildhauer Girardon meißelte auf den Hügel marmorne Flammen, die andeuten sollten, daß Ludwig der Vierzehnte sich als ein neuer Curtius für sein Vaterland geopfert habe: eine schamlose Speichelleckerei, die das Werk auch künstlerisch ruiniert hat. In seinen Manieren betonte der König jedoch niemals den Autokraten. Er war immer taktvoll, immer beherrscht, auch bei schlechter Laune liebenswürdig und zornig nur in der maßvollen Rolle eines Jupiter tonans. Er war besonders gegen Damen von der ritterlichsten Zuvorkommenheit und zog vor dem letzten Küchenmädchen tief den Hut. Er verstand die Kunst, zu schenken, ohne zu demütigen, und zu verweigern, ohne zu verletzen. Wie weit sein Zartgefühl ging, zeigt sein Benehmen gegen Jakob den Zweiten von England, der nach seiner Entthronung bei ihm Zuflucht gefunden hatte. Er behandelte ihn nicht nur als gleichgestellten Souverän, sondern gestattete ihm sogar, sich König von Frankreich zu nennen und die Lilien im Wappen zu führen, welche beiden Rechte die englischen Könige noch aus der Zeit herleiteten, wo sie Besitzer eines großen Teiles von Frankreich gewesen waren. Er warf seinen Stock aus dem Fenster, um nicht in die Versuchung zu geraten, den sehr hochmütigen Marschall Lauzun, der ihn beleidigt hatte, zu schlagen. Als ein höherer Offizier, der in einem Gefecht einen Arm verloren hatte, einmal zu ihm sagte: »Ich wollte, ich hätte auch den zweiten verloren, dann brauchte ich Eurer Majestät nicht mehr zu dienen«, erwiderte er bloß: »Das würde mir sowohl Ihretwegen wie meinetwegen leid tun«, und machte ihm ein bedeutendes Geschenk.

Er besaß eine vorzügliche Konstitution, die allein es ermöglicht hat, daß er so viele Jahre den Strapazen seiner Position gewachsen war. Sein Mittagessen bestand für gewöhnlich aus vier Tellern verschiedener Suppen, einem ganzen Fasan, einem Rebhuhn, einer großen Schüssel Salat, Hammelfleisch mit Knoblauch und Sauce, Schinken, einem Teller Backwerk, Früchten und Marmelade. Auf sexuellem Gebiet entwickelte er eine ebenso große Vitalität. »Dem König war alles recht, wenn es nur einen Unterrock anhatte«, schrieb Liselotte. Sein Hofstaat umfaßte nicht nur die jeweilige erklärte Mätresse, die *maîtresse en titre,* sondern auch eine Anzahl *dames du lit royal,* die ebenfalls offiziellen Charakter trugen und in eine bestimmte Rangordnung eingereiht waren. Er hat überhaupt fast alle Frauen seiner Umgebung besessen und war der Vater einer Legion legitimer, halblegitimer und illegitimer Kinder: allein von der Königin, der Lavallière und der Montespan hatte er im ganzen sechzehn.

Die Politik Ludwigs des Vierzehnten hat sowohl bei seinen Zeitgenossen wie bei späteren Beurteilern großen Tadel erfahren: sie gilt als das Musterbeispiel der Rücksichtslosigkeit und Brutalität, Widerrechtlichkeit und Perfidie. Der Überfall auf Holland, der Raub Straßburgs, die *chambres de réunion,* die die Ansprüche Frankreichs auf deutsche Gebiete bis auf Pipin den Kleinen und König Dagobert zurückverfolgten und unter diesem Rechtstitel zahlreiche Städte für den König einzogen, die Einäscherung Heidelbergs und Mannheims: dies und noch vieles andere hat die Entrüstung der Mitwelt und Nachwelt erregt. Indes: solange die Politik nichts anderes sein wird als die Kunst, seinen Gegner zu täuschen und zu überlisten, und die Frechheit, seine Macht so lange zu mißbrauchen, bis eine noch stärkere Macht Einhalt gebietet, wird es immer lächerlich bleiben, staatsmännische Handlungen vor ein juristisches oder gar ein ethisches Tribunal zu zitieren. Wir wollen daher mit den Untaten des Sonnenkönigs nicht allzusehr ins Gericht gehen, sondern in ihnen bloß den Ausdruck ihrer Zeit und der allgemein menschlichen Roheit und Verblendung erblicken.

Äußere Politik Ludwigs des Vierzehnten

Sein politisches Programm war nicht minder großartig als das Philipps des Zweiten und ist ebensowenig erfüllt worden. Er dachte zunächst daran, Belgien, Holland und die Herrschaft über die Nordsee zu gewinnen: ein ewiger Traum des französischen Volkes, bis in die Tage Napoleons des Dritten hinein, der aber nur einmal vorübergehend, unter Napoleon dem Ersten, verwirklicht worden ist; außerdem begehrte er Spanien mit allen seinen Dependenzen: Westindien, Mailand, Sardinien, Neapel, der Franche Comté, wozu noch zur Abrundung Savoyen kommen sollte. In Deutschland wollte er den ganzen Westen an sich reißen, teils durch unmittelbare Einverleibung, teils durch Errichtung abhängiger Fürstentümer; gegen die Habsburger mobilisierte er die Türken, mit denen er verbündet war: er wünschte ihnen die Eroberung Wiens und Österreichs, um im letzten Moment als rettender Vermittler zwischen dem bedrängten Deutschland und der Pforte erscheinen zu können und als Lohn dafür die Kaiserkrone zu empfangen. Dies alles zusammen hätte das Reich Charlemagnes wiedererstehen lassen, den die Franzosen bekanntlich ebenso für sich reklamieren wie die Deutschen. Aber die Zeit der Universalmonarchien war ebenso unwiederbringlich vorbei wie die Zeit der Universalkirchen: er erhielt am Schluß nur die Franche Comté, Teile des Elsaß und einige belgische Grenzfestungen.

Der letzte Abschnitt seiner Regierung ist durch einen dreizehnjährigen Weltkrieg ausgefüllt, den Spanischen Erbfolgekrieg, in dem fast ganz Europa Partei ergriff. Ludwigs Hauptgegner war Kaiser Leopold der Erste, ein echter Habsburger mit glanzlosem Blick und hängender Unterlippe, in dessen Naturell Schlamperei und Eigensinn keine sehr vorteilhafte Mischung eingegangen waren: beide erhoben Anspruch auf den spanischen Thron, für den jeder einen Prätendenten aus seiner Familie aufgestellt hatte. Auf der Seite Frankreichs standen Bayern, Köln und Savoyen, das später zum Kaiser übertrat; mit diesem waren Portugal, Preußen, Hannover und vor allem Wilhelm von Oranien verbündet, der damals in Personalunion Holland und England regierte und sein ganzes Leben lang der gefährlichste und hartnäckigste Gegner des Sonnenkönigs gewesen ist. Die Hauptkriegsschauplätze waren Süddeutschland, die Niederlande, Italien und Spanien. In diesem Krieg war Ludwig von Anfang an unglücklich. An der Spitze der Gegenkoalition standen die beiden hervorragendsten Feldherren des Zeitalters, Marlborough und Prinz Eugen, die in fast allen Schlachten siegreich blieben; außerdem war Frankreich durch den jahrzehntelangen Steuerdruck, Mißwachs und Hungersnot vollkommen erschöpft. Der König entschloß sich zu Frie-

densverhandlungen, in denen er sich zu den größten Zuge-
ständnissen bereit erklärte; er willigte in die Wiederherstellung
des im Westfälischen Frieden festgesetzten Besitzstandes, die
Herausgabe der niederländischen Grenzfestungen und die Verleihung der spanischen Krone an Karl, den zweiten Sohn Leopolds des Ersten. Aber die Alliierten waren beschränkt und
übermütig genug, noch schärfere, unannehmbare Bedingungen
zu stellen. Hätten sie damals Frieden geschlossen, so hätte Leopolds Sohn Karl, im Besitz der gesamten spanischen und österreichischen Länder und der deutschen Kaiserwürde Habsburg
zur europäischen Weltmacht erhoben, da er kurz darauf als
Karl der Sechste die Nachfolge seines Bruders antrat. Aber gerade diese Tatsache bewirkte einen vollkommenen Umschwung,
denn eine solche Machtfülle in der Hand eines einzigen Herrschers war auch nicht in den Wünschen der mit Habsburg verbündeten Staaten. Dazu kam der Fall des Whigministeriums in
England, der einen politischen Frontwechsel und die Abberu-
fung Marlboroughs zur Folge hatte. Infolgedessen gelangte
Frankreich zu einem verhältnismäßig vorteilhaften Friedensschluß, worin die spanische Herrschaft in der Weise geteilt
wurde, daß der Enkel Ludwigs des Vierzehnten auf dem spanischen Thron und in dem Besitz der Kolonien bestätigt
wurde, Karl der Sechste Belgien, Mailand, Neapel und Sardinien, England das hochwichtige Gibraltar und Savoyen Sizilien
erhielt. Aber es war gleichwohl eine tiefe Niederlage des französischen Hegemoniewillens und ein unverkennbares Zeichen,
daß die Zeit Ludwigs des Großen vorüber war.

Schon während der ganzen zweiten Hälfte seiner Regierung
begannen sich die üblen Wirkungen der egalisierenden Raison
empfindlich bemerkbar zu machen. Unter der Sonne des Ein-
heitsregimes wird allmählich alles zur leeren Wüste und dürren Einöde verbrannt. Der Hof, und durch ihn die Welt um ihn,
wird frömmelnd, senil, moros und, was für französische Be-

griffe das Unverzeihlichste ist, langweilig. Der Goldglanz von Versailles wird stumpf, der bunte Lack springt ab: man beginnt zu beten und zu gähnen. Selbst das Volk fängt an zu erkennen, daß alles nur die trügerische Schaustellung einer aufgebauschten Talmigröße ist, hinter der sich nichts als blinde Gier und Selbstsucht verbirgt. Als der große König tot war, jubelten nicht bloß seine Feinde, sondern auch seine Untertanen, die Mauern von Paris bedeckten sich mit Pasquillen, die Menge verfolgte seinen Leichenzug mit Schimpfreden und Steinwürfen, und in den Provinzen wurden Dankgottesdienste abgehalten. Aber schon ein Menschenalter früher mußte Colbert unter militärischer Bedeckung beerdigt werden.

Der Col-
bertismus Und doch war Colbert einer der größten Organisatoren des Jahrhunderts; seine einzige Schuld war, daß er die Irrtümer seiner Zeit auf grandiose Weise in die Realität übersetzt hat. Seine rastlose Tätigkeit umfaßte alle Teile der Verwaltung: er reformierte die Rechtspflege und das Steuerwesen, brachte die Handelsflotte und die Kriegsmarine auf eine gebietende Höhe, gründete die Akademie der Wissenschaften und die Bauakademie, errichtete eine Sternwarte und einen botanischen Garten und schuf den *Canal du midi,* der den Atlantischen Ozean mit dem Mittelmeer verbindet. Seine bedeutendste Leistung aber war das von ihm geschaffene Wirtschaftssystem, das unter dem Namen Merkantilismus das ganze Zeitalter beherrschte und dessen Prinzipien so sehr sein geistiges Eigentum waren, daß man es oft schlechthin als Colbertismus bezeichnet hat. Der Merkantilismus geht von dem Grundsatz aus, daß der Reichtum eines Landes in seinem Vorrat an Edelmetall bestehe und man daher bestrebt sein müsse, so viel wie möglich davon hereinzubekommen und so wenig wie möglich davon abzugeben: dies ist die Theorie von der aktiven Handelsbilanz. Rohstoffe sollen tunlichst im Lande bleiben, weil sie ein Kapital darstellen, Industrieprodukte dagegen tunlichst exportiert werden,

weil man an ihnen verdient, das Eindringen fremder Industrie-
erzeugnisse aber soll verhindert oder doch möglichst erschwert
werden: also hohe Ausfuhrzölle auf Rohmaterialien, hohe Ein-
fuhrzölle auf Fertigfabrikate. In der Verfolgung dieser Prinzipien wurden die Kolonien zu bloßen Konsumenten herabgedrückt, man verbot ihnen den selbständigen Handel und
jegliche Warenerzeugung und drängte ihnen im Austausch gegen ihre Rohstoffe, die sie nirgend andershin liefern durften,
die eigenen Industrieprodukte auf. Im Mutterlande wurden
umgekehrt die Manufakturen mit allen erdenklichen Mitteln
unterstützt: durch Exportprämien, Monopole, Steuerbefreiun-
gen, unverzinsliche Staatsdarlehen, unentgeltliche Bauplätze,
Verleihung des Adels an rührige Unternehmer und ähnliche
Begünstigungen. So entstand in Frankreich unter staatlicher
Fürsorge und Beaufsichtigung eine Reihe blühender Industrien, die halb Europa versorgten; die Hauptspezialitäten
waren Seidenstoffe, Spitzen, Tapeten, Galanteriewaren und
überhaupt Modeartikel aller Art: Ziermöbel, Kleider, Perük-
ken, Parfüms. Man suchte auch fleißig bei anderen Nationen
zu lernen und betrieb die Strumpfwirkerei nach englischem,
die Blechwarenerzeugung nach deutschem, die Spiegelfabrika-
tion nach venetianischem und die Tuchmacherei nach hollän-
dischem Muster. Das logische Korrelat zur möglichsten Ab-
schließung nach außen war die Aufhebung der Binnenzölle, die
Colbert zum großen Teil durchgesetzt hat und die allein genügt hätte, Frankreich einen wirtschaftlichen Vorsprung vor
Deutschland zu verschaffen. Um den Gewerbefleiß möglichst
rege zu erhalten, richtete er auch sein Augenmerk auf Erhöhung der Arbeitszeit, Bekämpfung der Arbeitslosigkeit durch
polizeiliche Maßnahmen gegen Bettler und Vagabunden, Vermehrung der Bevölkerung durch Prämien für Kinderreiche
und besondere Steuern für Unverehelichte und Versorgung des
Landes mit geschickten Arbeitern, indem er deren Auswande-

rung verbot, deren Einwanderung begünstigte. Der Merkantilismus gelangte, indem er das System der staatlichen Bevormundung immer starrer und einseitiger ausbaute, später zu den absonderlichsten Praktiken: er organisierte den Schmuggel, um mehr Waren ins Ausland abzusetzen, versuchte, die Löhne künstlich niedrig zu halten, und wurde überhaupt zu einer lästigen und nicht selten lächerlichen Tyrannei. Friedrich Wilhelm der Erste verbot die Holzschuhe, um die Ledermanufaktur zu heben, Friedrich der Große bestellte eigene »Kaffeeriecher«, die überall herumschnüffeln mußten, ob sich jemand gegen das Staatsmonopol des Kaffeebrennens vergehe, und unter Friedrich dem Ersten gab es sogar ein Schweineborstenmonopol, wonach jeder Besitzer von Schweinen verpflichtet war, deren Haare alljährlich um Johanni an die Behörde abzuliefern.

Schon John Locke hat sich gegen diesen Wohlfahrtsstaat gewendet, weil er die Freiheit des Individuums beeinträchtige, während doch die Menschen den Staatsvertrag nur zur Sicherung ihrer von Natur aus unzerstörbaren Rechte auf Freiheit geschlossen hätten. Man muß allerdings bedenken, daß damals alle Staaten Europas noch vorwiegend Agrarländer waren, fast den ganzen Getreidebedarf selber deckten und die wichtigsten Verarbeitungsstoffe wie Wolle, Seide, Flachs in genügender Menge im eigenen Lande hervorbrachten und daß Colbert sich, wie er selbst sagte, seine Maßnahmen nur als Krücken dachte, an denen man lernen solle, so bald wie möglich die eigenen Füße zu gebrauchen. Aber die Krücken blieben nicht einmal Krücken, sondern wurden zu unerträglichen Stelzen, und das Endresultat des Colbertismus waren nach einer anfänglichen kurzen Scheinblüte Verschuldung und Elend. Die »aktive Handelsbilanz« bot eine große theoretische Befriedigung; aber die Masse hungerte dabei. Der Staat Ludwigs des Vierzehnten war buchstäblich zum Leviathan geworden; die Kriege dienten, selbst wenn sie siegreich waren, nicht dem

Volkswohl, und der großzügige Export bereicherte nur eine kleine Oberschicht. Die deduktive Methode, die es unternimmt, aus einigen wenigen Axiomen ein Weltsystem aufzubauen und mit einer abstrakten Formel die Wirklichkeit zu vergewaltigen, hat auch auf dem Gebiet der Wirtschaft ihren Glanz und ihre Ohnmacht enthüllt.

Es ist aber ein wirklicher Ruhm Ludwigs des Vierzehnten, daß er sich nicht damit begnügt hat, Kriege zu führen und Hof zu halten, sondern auch den höheren Ehrgeiz hatte, seine Regierungszeit zu einer goldenen Ära der Kunst zu machen. Man hat ihn daher gerne mit Augustus verglichen, was in gewisser Beziehung zutreffend, aber lange nicht so schmeichelhaft war, wie seine Zeitgenossen glaubten. Denn was unter ihm entstand, war in der Tat nicht mehr als eine prunkvoll arrangierte und geschmackvoll vergoldete Hofkunst und raffinierte Artistik, in der die Etikette die Phantasie erwürgt. Ihr großer Zeremonienmeister war Nicolas Boileau, der *législateur du goût*, der ebenso diktatorisch festsetzte, was und wie man zu dichten habe, wie die Académie française den Umfang und Gebrauch des Wortschatzes bestimmt hatte. Den Ausgangspunkt seiner Ästhetik bildet wiederum die cartesianische *clara et distincta perceptio*. Was nicht klar und deutlich ist, ist auch nicht schön, die erhellende und ordnende Vernunft ist auch die Gesetzgeberin der Poesie: »*tout doit tendre au bon sens*«. Die Kunst hat bei Boileau dasselbe Ziel wie die Philosophie bei Descartes: *la vérité*. Der oberste Leitsatz seiner Poetik lautet: »*Rien n'est beau que le vrai.*« Auch Nicole, ein namhaftes Mitglied des Port-Royal, bezeichnet als die drei künstlerischen Grundprinzipien *ratio, natura, veritas*. Dies klingt ganz naturalistisch und war doch das völlige Gegenteil davon. Wir stoßen hier wieder einmal auf die Erkenntnis, wie problematisch der Begriff des Naturalismus ist. Die Künstler des Grand Siècle erblickten in ihren Schöpfungen einen Sieg der Natur, während diese doch

Dramatische Kristallographie

eine ebenso sublime wie absurde Vergewaltigung der Natur darstellten. Das Rätsel löst sich aber sehr leicht, wenn wir uns daran erinnern, daß sie eben Cartesianer waren. Sie setzten Natur gleich Vernunft. Diese Prämisse eingeräumt, waren ihre Werke wirklich die natürlichsten, die man bisher erblickt hatte, denn sie waren die vernünftigsten. Unter Wahrheit verstanden sie nicht Übereinstimmung mit der Erfahrung, sondern Übereinstimmung mit der Logik. Diese gibt die Gesetze des Lebens, des Schauens, des Gestaltens: wer sie befolgt, handelt »natürlich«.

Aus dieser Geisteshaltung ergibt sich das Ideal des *grand facile,* des großartig Einfachen, wie Fénelon es aufgestellt hat, der »Schwan von Cambrai« und Verfasser der *Aventures de Télémaque,* die bezeichnenderweise für das größte Epos der Zeit, ja der Welt galten, obgleich sie ein ausgesprochenes Lehrgedicht sind, geschrieben zur Unterweisung des Herzogs von Burgund in den Pflichten und Aufgaben eines Herrschers. Aus der Forderung der leichten Überschaubarkeit flossen auch ganz von selber die irrtümlich aus Aristoteles hergeleiteten drei Einheiten. Hier bildet gewissermaßen die Einheit des Orts die Ordinate, die Einheit der Zeit die Abszisse und die Einheit der Handlung eine ideale Kurve. Ferner müssen, da überall die Raison herrscht, auch die Leidenschaften gemäßigt und zivilisiert, überhaupt alle Äußerungen einer ungebundenen elementaren Vitalität vermieden und auch die extremsten Situationen mit Verstand und Anstand bewältigt werden: noch im Sterben wissen die Helden der Tragödie, was sie sich, dem Hof und Descartes schuldig sind. Die Vorgänge entwickeln sich nicht in wilden Eruptionen und plötzlichen Sprüngen wie bei Shakespeare, der ein Barbar ist, sondern wie die Glieder eines Kettenschlusses oder die Kolonnen einer Gleichung. Diese Dichter sind in ihrer Darstellung vorzügliche Kristallographen, niemals Mineralogen. Wir erfahren sehr erschöpfend und anschaulich, genau und übersichtlich die allgemeine Formensprache der Dinge, aber nichts über ihren Härtegrad, ihre Farbe, ihren Glanz, ihre Dichtigkeit, ihr Vorkommen, ihre Abweichungen vom Modell, kurz: über ihre Individualität.

»Le grand Corneille« ist noch der Dichter der Fronde: heldisch, kühn, bisweilen fast heiß, aber dabei doch schon Akademiker, Raissoneur. Seine Ethik ist ein erhabener Stoizismus, der im Sieg des Menschen über sich selbst und in der Aufopferung des Individuums für eine Idee, die meistens das Staatswohl ist, seine höchste Befriedigung findet. In seiner Abhandlung über die Passionen bezeichnet Descartes als die höchste Tugend, »gleichsam den Schlüssel aller Tugenden und das Hauptmittel gegen den Taumel der Leidenschaften« die großherzige Gesinnung, *la magnanimité* oder *générosité:* diese ist auch der eigentliche Held in den Trauerspielen Corneilles. Wollte man die drei großen Dramatiker jenes Zeitalters mit den drei großen griechischen Tragikern vergleichen, wobei natürlich nicht die dichterische Qualität, sondern nur das gegenseitige Verhältnis in Parallele gestellt werden soll, so würde dem in mancher Beziehung noch archaischen Corneille Aischylos entsprechen, dem weiblicheren und differenzierteren Racine Sophokles, dem problematischen und seelenkundigen Molière aber Euripides, der fast ebenfalls ein Komödiendichter war und einen ebenso zähen und vergeblichen Kampf gegen die ihm aufgezwungene Theaterform geführt hat. Denn die demokratischen und skeptischen Griechen um Perikles waren in Fragen der äußeren Form ebenso unerbittlich konservativ wie die aristokratischen und dogmatischen Franzosen um Ludwig den Vierzehnten. Euripides, der reiche müde Erbe einer Kultur, die in Lebensweisheit, Ausdruckstechnik, Kunst des Sehens und Hörens nahezu bis an die letzten Grenzen gelangt war, sah sich genötigt, seine psychologischen Differentialkalküle mit äußeren Mitteln zur Darstellung zu bringen, die für einen Indianertanz oder einen Dorf-

Der Hofnarr des Zeitgeists

zirkus gerade noch fein genug gewesen wären; und Molières zappelnde Lebendigkeit, misanthropische Zerrissenheit und opalisierende Laune wurde in einen langweiligen vergoldeten Salon gesperrt, unter Menschen, deren höchster Ehrgeiz es war, das Aussehen und Gefühlsleben einer Drahtpuppe zu erlangen. Darum ist Molière, obgleich scheinbar der Lustigmacher unter den dreien, in Wahrheit die tragische Figur unter ihnen. Daß er auch der größte war, hatten schon einige seiner urteilsfähigsten Zeitgenossen erkannt. Als Boileau von Ludwig dem Vierzehnten gefragt wurde, wer der wertvollste Dichter des Zeitalters sei, antwortete er: »Majestät, das ist Monsieur Molière.« – »Das hätte ich nicht gedacht«, erwiderte der König, »aber Sie müssen es ja besser wissen.«

Strindberg sagt im Nachwort zu *Fräulein Julie*: »Die Lust, die Menschen einfach zu sehen, ist noch bei dem großen Molière vorhanden. Harpagon ist nur geizig, obwohl Harpagon nicht bloß ein Geizkragen, sondern auch ein ausgezeichneter Finanzier hätte sein können, ein prächtiger Vater, ein gutes Gemeindemitglied.« Wiewohl diese Kritik im Prinzip vollkommen recht hat, tut sie Molière dennoch unrecht, indem sie übersieht, daß dieser gar nichts anderes geben *durfte* als die Gleichungen des Geizigen, des Hypochonders, des Heuchlers, des Parvenus, der frechen Kammerzofe, des treuen Liebhabers. Er mußte mit Schablonen malen, weil es die Kundschaft so wünschte, und es ist doppelt bewundernswert, daß er mit dieser groben und geistlosen Technik so abwechslungsreiche und pikante, originelle und lebensprühende Muster zustande brachte. Er mußte seine chaotische Zwiespältigkeit und Unruhe in Gestalten ausleben, die uns heute in ihrer künstlichen Primitivität gespenstisch anmuten, denn er war der Hanswurst eines großen Herrn, eines noch mächtigeren, selbstherrlicheren und eigensinnigeren, als es selbst Ludwig der Vierzehnte war; er war der Hofnarr des Zeitgeists! Er war aber doch noch etwas mehr: nämlich ein moralischer Gesetzgeber, wenn auch nur versteckt und sozusagen anonym. Dies ist im Grunde die Mission jedes genialen Komödiendichters: sie ist von Shakespeare so gut erfüllt worden wie von Shaw, von Ibsen so gut wie von Nestroy; sie alle waren heimliche Lehrer der Sittlichkeit und Sitte.

Auch die Maler waren von cartesianischen Prinzipien erfüllt, Poussin sogar so sehr, daß er selbst seinen Zeitgenossen zu streng erschien. Es ist charakteristisch für ihn, daß er sich an den antiken Reliefs zum Zeichner gebildet hat. Seine Figuren haben nur typische Gesichter, sie sind bloße Gattungsexemplare wie die Pflanzen in einem Herbarium, man hat, im Gegensatz zu so vielen Gestalten der Renaissancekunst, bei keiner von ihnen den Eindruck persönlicher Bekanntschaft. Poussin war ein gelehrter Maler, ein genauer Kenner des Altertums; er hat das große Verdienst, die Landschaft ins Bild gebracht zu haben, aber er tat es als Archäologe: was er malt, ist immer eine antike Gegend. Während auf der Bühne die toten Römer in Reifrock und Perücke auftreten, trägt auf der Leinwand die lebende Natur Toga und Kothurn: beides Äußerungen eines modischen Klassizismus, nur mit entgegengesetzten Vorzeichen.

Malerei und Dekoration

Alles ist bei Poussin mathematisch gesehen: die Bäume mit ihren wunderbar feinen, aber geometrischen Silhouetten, die Felsen mit ihren prachtvoll klaren und harmonischen, aber wie nach Kristallsystemen gebildeten Kanten und Flächen, die kreisrunden Seen, die scharf gewinkelten Bergzüge, die ebenmäßigen Wolken und die Linien des menschlichen Körpers, die in ihrer systematischen Anordnung ein kunstvolles Ornament bilden. Aber bei alledem war er merkwürdigerweise doch ein gewaltiger Meister der Stimmung: ein echter Barockmaler und der stärkste Wegbereiter der subtilen Kunst Claude Lorrains, des Virtuosen der Lichtbehandlung und des Vordergrunds. Bei diesem ist die Natur wirkliche Natur, aber er malt sie nur in ihren domestizierten, wohlerzogenen, salonfähigen Momenten. Sie ist niemals wild und ungebärdig, vergißt sich nie so weit, überlebensgroß zu werden, zu kochen oder zu brüllen. Es ist jener Grad von »Natur«, der mit der Raison und der Hofsitte noch vereinbar ist. Rigaud hinwiederum ist gleichsam der Hofmeister und Obergarderobier des Zeitalters. Er malt die Menschen in der »richtigen« Art des Gesichtsausdrucks und der Körperhaltung, der Haartracht und Bekleidung. So haben sie zu stehen, zu lehnen, zu sitzen, die Hand auszustrecken, den Degen zu halten, den Mantel zu raffen: effektvoll und maßvoll, mit Majestät und Selbstzucht, Selbstherrscher im doppelten Sinne des Wortes, jeder ein kleiner Louis Quatorze.

Die Palastbauten tragen eine ganz ähnliche Physiognomie. Sie wirken nach außen nur imposant und distanzierend, die Königspose markierend, und machen in ihrer hochmütigen Einfachheit einen fast dürftigen Eindruck. Die Fassade ist schmucklos gehalten, weil sie sich dem gemeinen Volke zeigt; die Innenräume aber waren von verschwenderischer Pracht. Die Fußböden waren kunstvoll parkettiert, die Plafonds mit erlesenen Malereien bedeckt, von den Wänden strahlte kostbarer farbiger Marmor, reichster Stuck, Samt und Brokat, Silber und Bronze und vor allem Gold, das Symbol der Sonne. Mächtige Spiegel vervielfachten den Glanz. André Charles Boulle, *ébéniste du roi*, füllte die Säle mit Konsoltischen, *guéridons* für Armleuchter und Ebenholzmöbeln, die mit »Marketeriearbeiten«: Einlagen aus Metall, Schildpatt, Perlmutter und Elfenbein geschmückt waren. Die »Manufacture royale des meubles de la couronne« in Paris entwickelte sich unter der Leitung des Hofmalers Lebrun zu einer Musterfabrik für Kunsttischlerwaren. 1680 erfand Jacquin ein Verfahren zur Erzeugung künstlicher Perlen, die nun weiteste Verwendung fanden. Den ausgedehnten Parkanlagen wurde durch marmorne Hermen, Tritonen, Najaden, Atlanten, Weltkugeln ein stolzes Aussehen verliehen, brausende Kaskaden stürzten über

breite Steintreppen, die Bäume und Hecken erhielten die Form
von Vasen, Prismen, Pyramiden, Tiersilhouetten und bildeten
manchmal förmliche Zimmer. Es ist übrigens nicht uninteressant, daß schon damals die *ascenseurs* erfunden waren, die ungefähr unseren heutigen Lifts entsprachen, aber nur in den
großen Palais benutzt wurden. Hier zeigt sich ein einschnei-
dender Unterschied zwischen der damaligen und der heutigen
Kultur: sie waren im innersten unsozial, niemand wäre auf
den Gedanken gekommen, daß eine neue praktische Erfindung
zu etwas anderem dienen könne als zur Bequemlichkeit einer
höchsten Oberschicht.

Die Musik stellte sich vorwiegend in den Dienst des Thea- *Lully*
ters. Jean Baptiste Lully, ein Florentiner, der eigentlich Lulli
hieß, ist der Schöpfer der *tragédie lyrique,* der Großen Oper;
sein Textdichter war Philippe Quinault, der in seiner Verskunst
über die großen Tragiker gestellt wurde. Lully verstand es, die
Oper förmlich für sich zu monopolisieren, indem er einen königlichen Erlaß bewirkte, der allen Theatern außer dem seinigen verbot, mehr als zwei Sänger und sechs Streichinstrumente
zu halten, und war nicht bloß Komponist, sondern auch Intendant, Dirigent, Vortragsmeister und Regisseur und überhaupt
ein von seiner Kunst Besessener, der sogar an seiner Theaterleidenschaft starb, indem er bei einer Aufführung mit dem
Rohrstock so wütend den Takt stampfte, daß er sich eine tödliche Verletzung am Fuß zuzog. Er brachte den Chor, der zu
einer bloßen Staffage herabgesunken war, wieder zu voller Geltung und verlieh dem rhythmischen Element den Primat vor
dem melodischen; die Musik will bei ihm nur die Wirkung des
Worts verstärken und gefühlsmäßig bereichern und vertiefen.
Seine Kunst ist Deklamation und Rhetorik in schönster und
korrektester Form, das vollkommenste Gegenstück zu Corneille und Racine, mit denen sie in bewußte und erfolgreiche
Konkurrenz tritt, und arbeitet im Grund rein rezitatorisch,

ohne Koloraturen, ohne eigentliche Arien, dagegen mit großartiger Ausstattung durch Szenerie, Ballette, Aufzüge, viel-
stimmige Frauen- und Männerchöre, auch hinter der Szene,
musikalische Schilderung von Seestürmen, Schlachten, Gewit-
tern, Erdbeben, Vulkanausbrüchen, Höllenschrecken. Ist schon
die *tragédie classique* eine Art Musik, ganz vom Rhythmus
durchströmt, getragen und geknechtet, so zeigt sich hier der
Stilwille des Zeitalters auf seinem Gipfelpunkt: alles ist erfüllt
von strenger Ordnung und Klarheit, Klangfülle und Klangrein-
heit, lichtvoller, angenehm fallender Kadenz. Der Musik mußte
es naturgemäß am vollkommensten gelingen, sich ganz zu ma-
thematisieren, mit dem cartesianischen Geiste der Symmetrie
zu erfüllen.

La Roche-
foucauld
  Wenn man das Zeitalter Ludwigs des Vierzehnten nur nach
seinen Opern und Trauerspielen, Bauten und Gemälden, Abhandlungen und Predigten beurteilen wollte, so müßte man zu
der Ansicht gelangen, daß damals eine Menschheit von grandiosen, aber langweiligen, überlebensgroßen, aber seelenlosen
Heroen über die Erde geschritten sei. Wie sie wirklich waren,
erfährt man nur aus der Kunst und Literatur zweiter Garnitur:
aus Karikaturen, Flugschriften und Satiren, Memoiren, Anekdoten und Aphorismen. Dies war nur eine natürliche Folge der
damals herrschenden Weltanschauung. Da die ausschließliche
Tätigkeit der menschlichen Seele nach Descartes im Denken besteht, ihr wahres Leben sich aber gerade in jenen Regungen
zeigt, die entweder mit der reinen Verstandestätigkeit gar nichts
zu tun haben oder zu ihr im Widerspruch stehen, so vermochte
dieses Zeitalter in seinen großen repräsentativen Schöpfungen
keine Psychologie zu entwickeln: sie war sozusagen offiziell
verboten und konnte höchstens als Konterbande eingeschmug-
gelt werden, unter der harmlosen Emballage der losen Gelegen-
heitsbetrachtung und unverbindlichen Privatliebhaberei. Sie
wurde zum Wirkungsfeld einiger bewundernswerter Dilettan-

ten, deren Werke bis zum heutigen Tage lebendig geblieben sind: jedermann kennt die Porträts La Bruyères, die Erinnerungen des Herzogs von Saint-Simon, die Briefe der Madame de Sévigné. Wir wollen aus der Fülle dieser Äußerungen echten Lebens nur eine einzige herausgreifen, die für alle spricht: die *Maximen* des Herzogs von La Rochefoucauld.

La Rochefoucauld ist der erste wirkliche Aphoristiker der Neuzeit. Seine kurzen Sätze sind komprimierte moralische und psychologische Abhandlungen. Der *ésprit géometrique* lebt auch in ihnen: in ihren messerscharfen Antithesen, ihrer kristallographischen Schreibweise. Daneben aber ist er Weltmann, Salonmensch schon in seinem Stil; seine Aperçus sind nicht bloß geistreich, sondern auch angenehm, anmutig, elegant wie wohlriechende Tropfen eines erlesenen Parfüms: sie sind der starke Extrakt aus dem Duft, den viele tausend kleine Lebenserfahrungen hinterlassen haben. Sein philosophisches System ist sehr einfach. Wie die Psychoanalyse alles sexuell erklärt, so führt er alle menschlichen Handlungen auf einen einzigen Grundtrieb zurück: die Eitelkeit oder Eigenliebe, *l'orgueil, la vanité, l'amour-propre:* »so viele Entdeckungen man auch im Reich der Eigenliebe gemacht hat, es bleiben darin noch viele unbekannte Länder«; »die Selbstsucht spricht alle Sprachen und spielt alle Rollen, selbst die der Selbstlosigkeit«; »auch die Tugend käme nicht so weit, wenn ihr nicht die Eitelkeit Gesellschaft leistete«. Indem er nun überall nach dem geheimen Bodensatz von Eitelkeit forscht, gelingt es ihm, sie in ihren letzten Schlupfwinkeln aufzustöbern und in ihren zartesten Nuancen festzuhalten: »man redet immer noch lieber Böses von sich als gar nichts«; »Lob ablehnen heißt: zweimal gelobt werden wollen«; »wir verzeihen oft denen, die uns langweilen, aber niemals denen, die wir langweilen«; »ob die Philosophen dem Leben mit Liebe oder mit Gleichgültigkeit gegenüberstanden: es war beides nichts als eine Geschmacksrichtung ihrer Eitelkeit«. Auch die Tugend ist nur eine Form des Lasters: »die Tugenden verlieren sich in der Selbstsucht wie die Flüsse im Meer«; »wir werden oft nur deshalb verhindert, uns einem einzelnen Laster hinzugeben, weil wir deren mehrere haben«; »wenn die Laster uns verlassen, so schmeicheln wir uns mit dem Glauben, daß wir sie verlassen«; »alte Leute geben gute Lehren, um sich darüber zu trösten, daß sie nicht mehr imstande sind, schlechte Beispiele zu geben«; »die Laster sind eine Ingredienz der Tugenden wie die Gifte eine Ingredienz der Heilmittel, die Klugheit mischt und mildert sie und verwendet sie mit Nutzen gegen die Übel des Lebens«. »Beurteilt man die Liebe nach der Mehrzahl ihrer Wirkungen, so ähnelt sie mehr dem Haß als der Freundschaft«, denn »mit der wahren Liebe ist es wie mit den Geistererscheinungen: alle Welt spricht von ihnen, aber die wenigsten haben sie gesehen«. Gleichwohl ist La Rochefoucauld kein Zyniker, sondern ein Skeptiker voll geheimer Herzensregungen, der überzeugt ist, daß der Esprit nicht lange die Rolle des Gemüts spielen kann und die wahre *politesse de l'esprit* darauf beruht, »Nobles und Zartes zu denken«, daß List und Verrat nur aus Mangel an Gewandtheit entspringen und das sicherste Mittel, betrogen zu werden, darin besteht, sich für gerissener zu halten als die anderen. Eine große Anzahl seiner Bonmots atmet die höchste Delikatesse, zum Beispiel: »Es ist eine größere Schande, seinen Freunden zu mißtrauen, als von ihnen betrogen zu werden«; »zu große Hast, eine Schuld abzutragen, ist eine Art Undankbarkeit«; »wir trösten uns leicht über das Unglück unserer Freunde, wenn es uns Gelegenheit gibt, ihnen unsere Liebe zu zeigen«. In dieser Mischung aus Frivolität und Edelmut, schroffstem Materialismus und empfindlichstem Takt ist er die feinste Blüte der gesamten Geistesflora, die um Ludwig den Vierzehnten aufschoß; in dem Ausspruch »Lächerlichkeit schändet mehr als Schande« spiegelt sich die ganze Welt von

Versailles mit ihren Lichtern und Schatten; und einmal hat er die Summe dieser Kultur gezogen, als er sagte: »In jedem Stande nimmt jeder eine bestimmte Miene und Haltung an, um das zu scheinen, wofür er angesehen werden will. Also kann man sagen, daß die Welt aus lauter Mienen besteht.« In der Tat: in dieser Menschheit suchen wir vergeblich nach Gesichtern und Gebärden; überall stoßen wir nur auf Mienen und Gesten.

Die Allonge

Das Kostüm des Zeitalters bringt dies deutlich zum Ausdruck. Es ist eine ausschließliche Salontracht, auf dauernde Repräsentation, Parade und Pose berechnet. Das Wams verschwindet unter dem *justaucorps,* einem reichgestickten Galarock mit weiten Ärmeln, langen Aufschlägen und riesigen Knöpfen, der bis zum Knie reicht; das Damenkleid ist die große Robe mit der Schnürbrust, der Schleppe, deren Länge, je nach dem Range, zwei bis dreizehn Meter betrug, und dem *cul de Paris,* der durch Auspolsterung eine abnorme Entwicklung des Gesäßes vortäuscht; der Stiefel weicht dem Schnallenschuh, der Handschuh aus feinem weißen Leder wird für beide Geschlechter unerläßlich. Das Hauptstück der äußeren Erscheinung aber bildete die Allonge oder große Staatsperücke, die um 1625 aufkam und um 1655 bereits allgemein war; sie machte, wie der Kanzler Herr von Ludwig sagte, »den Menschen dem Löwen gleich«, und ihre bevorzugte Farbe war daher hellbraun oder blond. Ungefähr um dieselbe Zeit verschwand auch die letzte Andeutung des Bartes, die »Fliege«, und alle Welt ging rasiert. Das weibliche Gegenstück zur Allonge ist die Fontange, ein aus Spitzen, Bändern, Krausen und falschen Haaren getürmter Kopfschmuck, der sich nicht selten bis zu einer Höhe von anderthalb Metern erhob.

Die landläufige Ansicht geht dahin, daß die *perruque* durch die Kahlköpfigkeit Ludwigs des Dreizehnten entstanden sei, die Damen, die auch nicht zurückstehen wollten, zur Fontange griffen und ganz Europa dies dann aus »Lakaienhaftigkeit«

nachgeahmt habe. Es gibt nun wohl kaum etwas Platteres und Falscheres als diese Auffassung. Zunächst hat, wie wir gehört haben, zu jener Zeit noch nicht die französische Mode Europa beherrscht, sondern die holländische, und zumal eine Nullität wie Ludwig der Dreizehnte wäre zuallerletzt imstande gewesen, seinem Zeitalter eine Tracht zu diktieren. Die kulturelle Hegemonie Frankreichs beginnt erst mit Ludwig dem Vierzehnten, und gerade dieser hat sich gegen die Perücke jahrzehntelang gesträubt, da er selbst sehr schönes langes Haar besaß, und sie erst im Jahr 1673 aufgesetzt. Überhaupt ist kein Monarch imstande, eine Mode zu schaffen; er kann es nur versuchen und sich damit lächerlich machen. Die Barttracht »Es ist erreicht« und der österreichische »Kaiserbart« haben ihre Träger nur *stigmatisiert*: als Weinreisende und Mitglieder von Veteranenvereinen. Der um nichts schönere »Kaiser-Friedrich-Bart« hingegen hat nicht degradiert, weil er damals wirklich die vom Zeitgeist geforderte Mode war. Ferner muß man im Auge behalten, daß die Perücke keinen Augenblick den Zweck hatte, den Mangel eigenen Haares zu verdecken, wie die heutigen »Toupets«, sondern von allem Anfang an als *Kleidungsstück* gedacht war, als Zierde und Vervollkommnung der äußeren Erscheinung wie Federhut oder Schärpe. Und schließlich und vor allem ist es eine Albernheit, ein Weltereignis wie die Perücke von der Glatze eines einzelnen Zeitgenossen herleiten zu wollen.

Die Perücke ist das tiefste Symbol der Menschheit des siebzehnten Jahrhunderts. Sie steigert und isoliert: wir werden später sehen, daß dies die beiden Grundtendenzen des Zeitalters waren. Und sie stilisiert: gerade durch ihre Unnatürlichkeit. Sie war übrigens keine Novität in der Geschichte. Schon die vorderasiatischen Völker kannten sie und vor allem die Ägypter, deren Kultur ebenfalls von höchstem Stilgefühl getragen war; sie bedienten sich sogar künstlicher Bärte. Derselbe Geist der

Abstraktion, der ihre Pyramiden und Sphinxe schuf, hat ihnen die ornamental geflochtenen Haargebäude und die viereckig geschnittenen Umhängebärte aufgezwungen. Das flache neunzehnte Jahrhundert hielt die ägyptische Kunst für »primitiv«; jetzt beginnen wir langsam einzusehen, daß neben der unfaßbaren Größe und Tiefe dieser Schöpfungen die gesamte abendländische Kunst primitiv erscheinen muß. Und auf demselben Wege müssen wir zu der Erkenntnis gelangen, daß auch die Sitten dieses Volkes nichts weniger als »barbarisch« und »kindisch« waren, sondern der Niederschlag eines Weltgefühls, das dem unsrigen zwar fremd ist, aber gleichwohl überlegen gewesen sein könnte. Zweifellos ist sowohl die ägyptische wie die cartesianische Perücke »paradox«; aber jedes Kostüm ist paradox, weil es der bis zur Karikatur gesteigerte Ausdruck des Idealbilds ist, das sich die Menschheit in jedem einzelnen Zeitalter von ihrer physischen Erscheinung macht. Und paradox ist überhaupt jede Kultur, denn sie ist der Gegensatz der »Natur«, auch wenn sie, wie dies sehr oft, ja zumeist geschieht, mit ihr übereinzustimmen glaubt. Alle Kulturschöpfungen, von den Visionen des Künstlers und den Hirngespinsten des Philosophen bis zu den alltäglichen Formen des menschlichen Verkehrs, sind paradox oder, mit einem anderen Worte, »unpraktisch«. Eine Lebensordnung, in der alles Überflüssige und Zwecklose, alles Widernatürliche und Unlogische ausgeschaltet wäre, wäre nicht mehr Kultur, sondern »reine Zivilisation«. Aber eine solche reine Zivilisation ist eine fast unvorstellbare Monstrosität, sie ist in der ganzen uns bekannten Geschichte der Menschheit niemals erblickt worden, und es besteht die bestimmte Hoffnung, daß sie auch in der Zukunft niemals in die Welt treten wird.

Das »Charaktergetränk« der Hochbarocke ist der Kaffee, *Der Kaffee* der von den Arabern und Türken, die ihn schon lange kannten, um die Mitte des Jahrhunderts eingebürgert wurde. Das erste europäische Kaffeehaus war das Virginia Coffee-House, das 1652 in London eröffnet wurde und allmählich überall Nachahmung fand. In London entstand auch zuerst die Sitte, daß alle Parteien, Klassen und Berufe ihre bestimmten Kaffeehäuser hatten: es gab papistische, puritanische, whiggistische, royalistische Kaffeehäuser, Kaffeehäuser für Stutzer, für Ärzte, für Dirnen, für Handwerker. Wills berühmtes Kaffeehaus war das Literatencafé, in dem Dryden Cercle zu halten pflegte: ein Dichter, dessen Verse er dort gelobt hatte, war für die nächste Saison gemacht. Erst zwei Jahrzehnte später entstanden die ersten Kaffeehäuser in Frankreich, die ersten deutschen sogar erst zu Anfang der Achtzigerjahre, aber sie fanden dann überall sofort den größten Zulauf; besonders renommiert war zum Beispiel das erste Wiener Kaffeehaus, das der serbische Kundschafter Kolschitzky gleich nach der Belagerung mit den erbeuteten türkischen Kaffeeschätzen gegründet hatte. Um 1720 gab es in Paris bereits dreihundert Kaffeehäuser. Schon damals wurde in besonderen Zimmern gespielt: am beliebtesten waren Billard und l'Hombre; hingegen war das Rauchen nur in den ordinären Lokalen gestattet. Man kann sogar sagen, daß der Kaffee damals als allgemeines Tonikum eine noch größere Rolle gespielt hat als heutzutage. Er ist für jene rationalistische Zeit sehr bezeichnend, denn er stellt ein Anregungsmittel dar, das sozusagen *nüchterne Räusche* bewirkt. Voltaire zum Beispiel war ein leidenschaftlicher Kaffeetrinker. Wenn er auch nicht gerade fünfzig Tassen im Tage oder vielmehr in der Nacht zu sich nahm, wie man behauptete, so konnte er doch ohne dieses Getränk nicht leben und arbeiten, und dies spiegelt sich in seiner nervösen und durchsichtigen, überreizten und gleichsam überbelichteten Schreibweise sehr deutlich wider. Neben den Kaffee traten noch einige andere neue Genußmittel: das Fruchteis, der Schaumwein, erst ein Jahrhundert später »Champagner« genannt, dessen Herstellung durch die Erfindung des Korkver-

schlusses ermöglicht wurde, und die Schokolade, das Lieblings-
getränk der Mexikaner, an das man sich aber in Europa erst gewöhnte, als man auf den Gedanken kam, es mit Zucker zu versetzen: es wurde besonders in dem verarmten Spanien zu einem
Volksnahrungsmittel, das nicht selten die ganze Mahlzeit bestreiten mußte. Der Alkohol wurde aber durch Tee, Kaffee und
Schokolade durchaus nicht verdrängt, zumal die Deutschen
waren als wüste Säufer noch immer bewundert und berüchtigt,
aber auch die Franzosen und Engländer standen nicht erheblich
hinter ihnen zurück, während die Südländer von jeher relativ
mäßiger waren. Endlich wird auch die Gabel, der wir schon
einige Male begegnet oder vielmehr nicht begegnet sind, als
nützliches Eßgerät anerkannt; ihr Gebrauch, der noch in der ersten Hälfte des Jahrhunderts von den Satirikern als affektiert
verspottet wurde, setzt sich um 1650 am französischen Hofe
durch, um daraufhin allgemein akzeptiert zu werden. Bis dahin
hatte man das Fleisch entweder mit der Hand oder, was für das
Feinere galt, mit dem Messer zum Munde geführt. Eine neue
Sitte ist auch das Hutabnehmen: vorher hatte man beim Gruß
die Kopfbedeckung entweder gar nicht berührt oder bloß in den
Nacken zurückgestoßen. Die Reinlichkeit ließ auch in den
höchsten Kreisen sehr viel zu wünschen übrig: hier ist ein entschiedener Rückschritt zu verzeichnen. Die öffentlichen Bäder,
die im ausgehenden Mittelalter und auch noch in der Reformationszeit allgemein verbreitet waren, verschwinden vollständig;
aber auch an privaten Badegelegenheiten herrschte fast gänzlicher Mangel. Die Toilette bestand gewöhnlich darin, daß man
die Hände in Wasser tauchte und sich das Gesicht mit ein wenig
Eau de Cologne betupfte; die Unterwäsche wurde erschreckend
selten gewechselt, und selbst im Bett des Sonnenkönigs gab es
Wanzen. Der verschwenderische Gebrauch aller Arten von Parfüms, Haarsalben und wohlriechenden Schminken ist unter diesen Umständen nur allzu begreiflich.

Die Post   Die Beförderungsmittel sind noch recht primitiv. Erst gegen Ende des Jahrhunderts tritt der Wagen ebenbürtig neben das Reitpferd, nicht ohne heftigen Widerstand, da viele fanden, er wirke verweichlichend und schädige die Pferdezucht. Immerhin gab es in den großen Städten schon Droschken, in Paris *fiacres* genannt, aber der Mittelstand bediente sich hauptsächlich der Portechaise oder Sänfte, obgleich auch diese anfangs aus dem Gefühl heraus, daß es unwürdig sei, Menschen als Tragtiere zu benutzen, vielfach mißbilligt wurde; die höheren Stände hielten sich prachtvolle Karossen, die von Läufern begleitet und mit mindestens vier Pferden bespannt waren, was nicht nur in der allgemeinen Großtuerei und Prunksucht, sondern auch in dem schlechten Zustand der Straßen begründet war. In jenem Zeitraum kommt es auch allmählich zur Ausbildung der »Fahrpost«, der regelmäßigen Stellwagenverbindung, die entweder von Staats wegen oder durch Großunternehmer wie die Taxis in der Form hergestellt wird, daß an bestimmten Orten, den Relais, frische Pferde bereitstehen. Diese Stationen boten zumeist auch ermüdeten Reisenden Unterkunft, und so entstand das »Gasthaus zur Post«, die Keimzelle des Hotels. Der erste bequeme Reisewagen, die leichte zweisitzige »Berline«, wurde 1660 in Berlin gebaut und in ganz Europa nachgeahmt. Die Beförderungsgeschwindigkeit war sehr gering: die Fahrt von London nach Oxford, die heute mit der Eisenbahn in einer Stunde zurückgelegt wird, dauerte zwei Tage, und als eine neu eingerichtete Linie dazu nur noch dreizehn Stunden brauchte, erhielt sie wegen ihrer exorbitanten Schnelligkeit den Namen »*flying-coach*«. Daß die Wagen umwarfen oder überfallen wurden, war etwas ganz Gewöhnliches. Noch beschwerlicher und unsicherer war der Verkehr zu Wasser. Eine größere Seefahrt galt für ein Abenteuer, Schiffbrüche und Kämpfe mit Piraten wurden fast als eine Selbstverständlichkeit angesehen und bildeten den Hauptinhalt aller damaligen Reiseromane.

Die Unterbringung in den engen finsteren Räumen war sehr unhygienisch; auch die Verpflegung, die ausschließlich in Pökelfleisch, Mehl und getrocknetem Gemüse bestand, führte zu häufigen Erkrankungen. Ob man überhaupt eine Verbindung bekam, war Sache des glücklichen Zufalls. Erst zu Anfang des achtzehnten Jahrhunderts wurden die *packet-boats* eingerichtet, regelmäßig zwischen England und dem Festland verkehrende Schiffe, die zuerst Pakete und Briefe, später auch Personen beförderten.

Die Zeitung

An die Einrichtung der Post knüpfte sich auch die Entstehung der Zeitungen. Sie waren zuerst nur handschriftliche Mitteilungen, die einzelne hochgestellte Personen von besonderen Korrespondenten bezogen und dann als »Gazetten« in den Handel brachten. Die ersten gedruckten Zeitungen wurden von den Postmeistern verbreitet, bei denen alle Neuigkeiten zusammenliefen, erschienen meist wöchentlich und enthielten bloß Tatsachenmaterial, ohne jede Reflexion oder Kritik, da sie unter sehr strenger Zensur standen. Eine um so freiere Sprache herrschte in der Flugschriftenliteratur, die bis in die Zeit der Reformation zurückgeht und, heimlich verbreitet, eine politische Macht darstellte: besonders die holländischen Pasquillanten waren bei allen europäischen Regierungen gefürchtet. Das erste Wochenblatt erschien 1605 in Straßburg, die erste Tageszeitung, der »Daily Courant«, erst nahezu ein Jahrhundert später in London. Von großer Bedeutung waren auch die gelehrten Zeitschriften: das Pariser *Journal des Savants*, die Londoner *Philosophical transactions*, das römische *Giornale dei Letterati* und die Leipziger *Acta eruditorum*.

Bayle

Das wissenschaftliche Leben des Zeitalters nahm überhaupt eine staunenswerte Entwicklung. Von den außerordentlichen Leistungen Pascals haben wir schon gehört. Die bibelkritischen Forschungen Spinozas fanden in dem Pariser Oratorianer Richard Simon ihren Fortsetzer, der sich zwar äußerlich durchaus auf den Boden der Tradition stellte, aber in der historischen Erklärung der einzelnen Texte die größte Kühnheit zeigte und deshalb nicht nur von den katholischen, sondern fast noch mehr von den protestantischen Theologen aufs heftigste angefeindet wurde. Eine ebensolche Unabhängigkeit und kritische Überlegenheit entwickelte Mézeray in seiner »Histoire de France«; sein Programm ist die Boileausche Vereinigung des Wahren mit dem Schönen. Jean Mabillon wurde der Begründer der »Diplomatik«, der wissenschaftlichen Erforschung historischer Urkunden. Pierre Bayle verfaßte seinen gelehrten und scharfsinnigen *Dictionnaire historique et critique*, wohl das amüsanteste und geistreichste Wörterbuch, das jemals geschrieben worden ist. Alle Phänomene des Staats, der Kirche, der Sitte, der Kunst, der Wissenschaft werden darin, wie Bayle es mit Vorliebe bezeichnet, »anatomiert«: also auch in diesem verwegenen Skeptiker, auf den fast die ganze französische Aufklärung zurückgeht, waltet die cartesianische Methode der Analyse. Zugleich wird in diesem Werk noch einmal und für längere Zeit zum letztenmal der Versuch gemacht, zum »credo quia absurdum« zurückzufinden. Zunächst deckt Bayle allenthalben die Widersprüche auf, die zwischen Philosophie und Religion, Vernunft und Offenbarung bestehen: die Gestalten der Bibel, besonders des Alten Testaments, waren nicht immer heilige Personen, während sich andrerseits unter den Heiden und selbst unter den Gottesleugnern Männer von fleckenloser Größe befanden; die Tatsache des Sündenfalls ist eine für den Verstand unauflösbare Paradoxie, denn entweder ist der Mensch nicht frei, dann ist sein Handeln nicht Sünde, oder er ist frei, dann wollte Gott die Sünde, was mit seiner Güte im Widerspruch steht; hat er sie aber nicht gewollt, sondern bloß nicht verhindern können, so ist er nicht allmächtig, was ebenfalls seinem Begriff widerstreitet. Aber aus allen diesen Bedenken schließt Bayle nicht auf die Nichtigkeit des Glau-

bens, sondern auf die Nichtigkeit der Vernunft. Die Vernunft
hat sich der Religion zu unterwerfen, sie hat kritiklos zu glauben und gerade aus der Erkenntnis ihrer Unvereinbarkeit mit
der Offenbarung zur Einsicht ihrer Ohnmacht zu gelangen.
Bayle ist also in der Tat Skeptiker, aber nicht in Ansehung der
Religion, sondern der Philosophie. Er hatte jedoch ein so ungeheures Material von vernünftigen Einwänden gegen das positive Christentum zusammengetragen, um den blinden Glauben zu stützen, daß eine gegenteilige Wirkung nicht ausbleiben
konnte. Das reiche und scharfe Rüstzeug blieb, auch wenn man
die Folgerungen umkehrte. Und diesen Frontwechsel hat denn
auch in der Tat das achtzehnte Jahrhundert vollzogen. Voltaire
sagt von Bayle sehr treffend, es finde sich bei ihm zwar keine
Zeile, die einen Angriff gegen das Christentum enthalte, aber
auch keine, die nicht zum Zweifel führe; er selbst sei nicht ungläubig, aber er mache ungläubig.

Den eigentlichen Ruhm des siebzehnten Jahrhunderts bildet *Das*
aber der Ausbau der exakten Disziplinen: es ist das Heldenzeit- *Mikroskop*
alter der Naturwissenschaften, weniger auf dem Gebiete der
Praxis als in der Konzeption genialer und umfassender Theorien. Die Medizin war verhältnismäßig am wenigsten entwickelt. Die Pariser Schule, von Molière verspottet, kannte im
wesentlichen nur zwei Universalmittel: Aderlaß und Irrigation,
deren häufige Anwendung jedoch nicht ganz unberechtigt war,
da die höheren Stände infolge des Mangels an Bewegung und des
reichlichen Essens und Trinkens fast durchwegs an Hyperämie
litten. Die holländische Schule huldigte der »Polypharmazie«,
dem Gebrauch großer Mengen verschiedenartigster Medikamente, die oft von der entgegengesetzten Wirkung, im übrigen
aber fast lauter harmlose Kräuter waren. Es zeigt sich selbst in
diesen Dingen der Schwulst der Barocke, ihre Neigung zur
Überladung, zum Schnörkel, zur erdrückenden Quantitätswir-
kung. Weiter gelangten schon die beschreibenden Naturwissen-

schaften: John Ray wurde der Schöpfer einer umfassenden zoologischen Systematik; er teilte die Tiere in Wirbeltiere und
Wirbellose, die ersteren in lebendig gebärende Lungenatmer,
eierlegende Lungenatmer und Kiemenatmer und die letzteren in
Weichtiere, Krustentiere, Schaltiere und Insekten. Von großer
Bedeutung war die Vervollkommnung des Mikroskops, das, obgleich früher erfunden als das Fernrohr, erst jetzt ausgedehnte
Verwendung fand: mit ihm entdeckte Nehemia Grew die Spalt-
öffnungen in der Blattoberhaut, Leeuwenhoek die Infusorien,
die Stäbchenschicht in der Netzhaut, das Facettenauge der Insekten, die Querstreifung der willkürlichen Muskeln und Malpighi die roten Blutkörperchen sowie eine ganze Reihe anatomi-
scher Einzelheiten, die noch heute nach ihm genannt sind: das
malpighische Netz, eine Schleimschicht unter der Oberhaut,
die malpighischen Knäuel, eigentümliche Verzweigungen der
Blutgefäße in der Niere der Säugetiere, die malpighischen Körper, kleine Lymphbläschen in der Milz, und die malpighischen
Gefäße, als Nieren funktionierende Darmanhänge der Insekten.
Nikolaus Stenonis erkannte, daß das Herz das Zentrum des
Blutkreislaufs sei, wofür man bisher die Leber gehalten hatte,
und fand den *ductus Stenonianus,* den Ausführungsgang der
Ohrspeicheldrüse. Eine Art Zeitmikroskopie unternahm Olaf
Römer, indem er als erster die Lichtgeschwindigkeit maß. Christian Huygens erklärte die Doppelbrechung des Lichts im islän-
dischen Kalkspat, entdeckte den Saturnring, dessen Beobachtung schon Galilei begonnen, aber wegen widersprechender
Wahrnehmungen wieder aufgegeben hatte, erfand die Pulver-
maschine und die Pendeluhr und machte abschließende Untersuchungen über die Zentrifugalkraft, als deren Formel sich ihm
$\frac{mv^2}{r}$ ergab, wobei m die Masse eines im Kreise sich bewegenden
Körpers bezeichnet, v dessen Geschwindigkeit und r den Halb-
messer des Kreises; vor allem aber ist er der Schöpfer der Undulationstheorie, die erst zu Anfang des neunzehnten Jahrhun-

derts den Sieg über die Newtonsche Emissionstheorie davongetragen hat. Er nahm nämlich an, daß das Licht durch die Schwingungen einer besonderen Materie fortgepflanzt werde, nicht derselben, die zur Ausbreitung des Schalles diene. Denn diese sei nichts anderes als die Luft; es zeige sich aber, daß im luftleeren Raum zwar keine Schallbewegung stattfinde, das Licht aber ungehindert weitergeleitet werde; dieser von der Luft verschiedene Stoff, der »Äther«, erfülle das ganze Weltall, sowohl den unendlichen Himmelsraum wie die Spatien zwischen den wägbaren Teilchen der Körper; er verhalte sich vollkommen elastisch, besitze keine Schwere und sei somit dem Gravitationsgesetz nicht unterworfen. Newton hingegen betrachtete das Licht als eine feine Materie, die von den leuchtenden Körpern ausgesendet werde. Huygens erklärte sich auch gegen die Newtonschen Fernkräfte, die er durch Druck- und Stoßwirkungen ersetzt wissen wollte.

In Newton selbst schenkte das Zeitalter der Menschheit *Newton* eines der größten spekulativen Genies, die jemals ans Licht getreten sind. Er bedeutete sowohl als Mathematiker wie als Physiker und Astronom eine Revolution. Er zeigte in seiner *Optik*, daß durch die Vereinigung sämtlicher Spektralfarben das weiße Sonnenlicht entsteht und daß die Eigentümlichkeiten der Farben auf der Verschiedenheit der Lichtstrahlen beruhen, machte mit seinem eigenhändig erbauten Spiegelteleskop eine Reihe folgenschwerer astronomischer Entdeckungen und wurde durch die von ihm geschaffene Methode der Fluxionen der Erfinder des Infinitesimalkalküls: die unendlich kleinen Größen und deren unmerkliche Veränderungen wurden damit zu einem Gegenstand exakter Berechnung gemacht. Die Summe seiner Forschungen zog er in seiner allumfassenden Gravitationstheorie. Durch einen fallenden Apfel wurde er auf die allgemeine Anziehungskraft des Erdmittelpunkts aufmerksam gemacht; und die Vermutung, daß dieselbe Kraft auch die Ursache der Mondbewegung, des Kreislaufs der Erde um die Sonne, ja sämtlicher mechanischen Vorgänge im Weltall sei, wurde ihm im Laufe langjähriger Studien allmählich zur Gewißheit. Das von ihm in seinem Hauptwerk *Philosophiae naturalis principia mathematica* aufgestellte Gravitationsgesetz lautet: die anziehende Kraft ist den Massen direkt, dem Quadrat der Entfernung umgekehrt proportional. Da alle Monde gegen ihre Planeten und alle Planeten gegen ihre Sonnen gravitieren, so gilt dieses Gesetz für den ganzen Weltraum. Mit Hilfe dieser neuen Theorie erklärte sich auch eine Reihe kosmischer Erscheinungen, die bisher rätselhaft gewesen waren: die Störungen der elliptischen Planetenbahnen, die Ungleichheiten der Mondbewegung, die Ebbe und Flut. Newton war jedoch ein viel zu großer Denker, als daß er aus seinen Forschungsergebnissen materialistische Schlüsse gezogen hätte. Gerade die bewundernswerte Gesetzmäßigkeit des Weltalls befestigte ihn in seinem Glauben an einen göttlichen Urheber und Lenker. Er versuchte sich sogar als Theologe und schrieb eine Abhandlung über den Propheten Daniel und die Apokalypse; in seinen letzten Lebensjahren beschäftigte er sich fast ausschließlich mit religiösen Problemen. Die fast übermenschlichen Leistungen seiner spekulativen Schöpferkraft und die außerordentlichen Ehrungen, die ihm dafür im Laufe seines langen Lebens zuteil wurden, vermochten ihm nicht seine Bescheidenheit zu rauben: die vom Evangelium geforderte Einfalt, heißt es in seiner Grabschrift in der Westminsterabtei, bewies er durch seinen Wandel.

Karl der Zweite   England befand sich damals an der Spitze der wissenschaftlichen Entwicklung. Das System Cromwells war mit dessen Tode zusammengebrochen. Der Sohn Karls des Ersten kehrte aus der Verbannung zurück und bestieg als Karl der Zweite unter allgemeinem Jubel den Thron. Er zeigte großes Interesse für die Wissenschaften, war Mitglied der *Royal Society,* der die hervorragendsten Naturforscher des Zeitalters angehörten, beschäftigte sich viel mit Astronomie und gründete die berühmte Sternwarte in Greenwich. Er war taktvoll, gutmütig, leutselig, hochintelligent; seine Artigkeit ging so weit, daß er noch am Morgen nach der Nacht seines Todeskampfes zu den Umstehenden äußerte, er liege eine ungebührlich lange Zeit im Sterben, aber er hoffe, sie würden es entschuldigen. Er war ein brillanter Tänzer, Ballspieler und Anekdotenerzähler und ein großer Freund der Künste, besonders des Theaters. Aber er war bei allen seinen liebenswürdigen und zum Teil blendenden Eigenschaften im Innersten ein kalter und seelenloser, träger und frivoler Mensch ohne alle Grundsätze, auf nichts bedacht als auf die Befriedigung seiner stets wachen Genußsucht. Er ging sogar ins Parlament nur zum Vergnügen und pflegte zu sagen, eine politische Debatte sei so unterhaltend wie eine Komödie. Die Ausschweifungen seines Hofs bildeten das Londoner Tagesgespräch, und die Engländer nannten ihn, nicht ohne einen verächtlichen Unterton, *»the merry monarch«*. Als er vom Grafen Shaftesbury eines Tages besucht wurde, sagte er lachend: »Ah, da kommt der liederlichste unter allen meinen Untertanen.« Shaftesbury verneigte sich tief und erwiderte: »Jawohl, Majestät; unter den Untertanen.«

Er war nichts weniger als ein rachsüchtiger Fanatiker, aber auch nichts weniger als ein Mann edler leidenschaftlicher Überzeugungen. Er hatte nichts von dem sinnlosen Machtdünkel der Stuarts, aber auch nichts von ihrem lebhaften Ehrgeiz. Er fühlte sich nicht als absoluter Gottesgnadenkönig, aber auch nicht als verantwortlicher Lenker der Volksgeschicke. Er war im Grunde nichts. Er war friedfertig, aber aus Indolenz; er war duldsam, aber aus Oberflächlichkeit. Er hatte nur eine Passion: die harmloseste, aber zugleich die niedrigste von allen: die Geldgier. Für Geld war alles von ihm zu haben: Allianzen, Glaubensänderungen, Zugeständnisse an die Freiheit des Vol-

kes, Zugeständnisse an den Despotismus einer Partei, Toleranz-
edikte, Terrorakte, Kriegserklärungen, Friedensschlüsse. Er
verkaufte Dünkirchen, seine Neutralität, seine Bundesgenossen, seine königlichen Privilegien: was man von ihm wollte. Er
war verschwenderisch nur für seine platten und zügellosen
Lustbarkeiten, hingegen knauserig, wenn es sich um vernünftige Ausgaben für den Staatshaushalt handelte; seine Beamten
ahmten ihn nach und waren von einer Bestechlichkeit, wie sie
bis dahin in England unbekannt gewesen war: besonders die
Minister erwarben sich in ihrer Amtsführung ungeheure Vermögen. Auch sonst war seine Regierung unglücklich: unter ihr
geschah das Unerhörte, daß eine feindliche Flotte, die holländische unter Admiral Ruyter, die Themse hinaufsegelte und
England mit einer Invasion bedrohte; ein neuer furchtbarer
Ausbruch der Pest verseuchte das Land, und eine ungeheure
Feuersbrunst legte die ganze City von London in Asche. Gerade damals setzte sich die schon früher von Filmer vertretene
Lehre vom »passiven Gehorsam« allgemein durch: der König
habe die Macht des Vaters über seine Kinder, er sei nur Gott,
nicht seinen Untertanen verantwortlich, und diese seien durch
keine wie immer geartete Handlung ihres Monarchen zum Widerstand berechtigt. Aber niemals ist eine so absolute Unterwerfung einem Fürsten entgegengebracht worden, der sie
weniger verdient hätte, weniger begehrt hätte und weniger mit
ihr anzufangen wußte.

Die
»glorious
revo-
lution«

Auf Karl den Zweiten folgte sein Bruder Jakob der Zweite. Er
war ein zelotischer Anhänger des Papismus, zu dem jener sich
erst auf dem Sterbebette bekannt hatte, und der Autokratie, zu
der jener niemals geneigt hatte. Er besaß alle schlechten Eigenschaften seines Vorgängers, aber keine von seinen guten, denn
er war außergewöhnlich bösartig, dumm und eigensinnig. Gegen Andersgläubige und politische Gegner verfuhr er mit grausamer Strenge, worin ihn der Oberrichter Jeffreys unterstützte,

ein groteskes Untier von rohem blutgierigem Trunkenbold, das wegen seiner Untaten noch heute, nach mehr als zweihundert Jahren, in England berüchtigt ist: er rühmte sich, daß er allein mehr Verräter habe hinrichten lassen als seine sämtlichen Vorgänger seit Wilhelm dem Eroberer. Jakob der Zweite war allem Anschein nach ein Sadist wie Heinrich der Achte, übrigens auch sonst sexuell pervers: er hatte nur Mätressen von ausgesuchter Häßlichkeit, eine von ihnen, Catharine Sedley, die daneben sehr geistreich war, sagte einmal von ihm: »Ich weiß nicht, was ihn an mir reizt. Von meiner Schönheit kann er nichts bemerken, weil ich keine besitze, und von meinem Verstand kann er nichts bemerken, weil er keinen besitzt.« Seine Polemik bestand darin, daß er, wenn man ihm Einwendungen machte, dieselbe Behauptung noch einmal mit den gleichen Worten wiederholte und nun glaubte, in der Debatte gesiegt zu haben. Ebenso machte es seine Tochter, die spätere Königin Anna, und Marlborough sagte, sie habe es von ihrem Vater. Doch braucht man, da sie eine Frau war, hier wohl nicht gerade hereditäre Belastung als Erklärung heranzuziehen.

Nachdem er drei Jahre lang alles getan hatte, um auch die ergebensten und geduldigsten seiner Untertanen zu erbittern, kam es zur »*glorious revolution*«, und sein Schwiegersohn Wilhelm von Oranien, von Wighs und Tories einmütig ins Land gerufen, bestieg den Thron. Dem englischen Cant machte es keine Mühe, das Recht auf Revolution und die Pflicht des passiven Gehorsams miteinander in Einklang zu bringen. Die Theologen erklärten, die Religion verbiete allerdings jeden Widerstand gegen den König, aber die Gebote der Bibel seien nicht ausnahmslos gültig; es sei erlaubt, sie in gewissen Fällen zu übertreten. Es sei untersagt, zu töten, aber dieses allgemeine Gesetz erleide eine Ausnahme im Kriege; ebenso sei es untersagt, zu schwören, aber vor Gericht sei der Zeuge verpflichtet, zur Bekräftigung der Wahrheit einen Eid abzulegen. Und ebenso sei es in gewissen Fällen gestattet, sich gottlosen Fürsten zu widersetzen: das Alte Testament habe selber dafür Beispiele. Andere wieder bewiesen, daß nicht das Volk sich gegen Jakob empört habe, sondern dieser sich gegen Gott, indem er seine Gesetze verletzte; er sei es gewesen, der dem Kaiser nicht geben wollte, was des Kaisers ist. Wilhelm von Oranien wäre jedoch gleichwohl nie zum Ziel gelangt, wenn ihn nicht Jakob selber durch seine unglaubliche Borniertheit und Ungeschicklichkeit aufs wirksamste unterstützt hätte. Der neue König war übrigens bei den Engländern als Fremder und auch wegen seines nüchternen und verschlossenen Wesens nicht viel beliebter als sein Vorgänger; indes der Umstand, daß seine Gattin, als Tochter Jakobs in den Augen des Volkes die eigentliche legitime Herrscherin Englands, ihm völlig ergeben war, erleichterte ihm seine heikle Stellung, und zudem war er einer der größten Diplomaten und Feldherren seiner Zeit. Er erblickte als Holländer, der er sein ganzes Leben lang blieb, in Ludwig dem Vierzehnten den Erbfeind, bewirkte einen völligen Wechsel in der englischen Politik, die bisher infolge der steten Geldbedürftigkeit Karls und der absolutistischen und katholisierenden Tendenzen Jakobs unter französischem Einfluß gestanden hatte, und brachte jene große Koalition gegen Frankreich zustande, von der wir bereits gesprochen haben.

In Dingen der äußeren Zivilisation war England damals noch nicht viel weiter als die übrigen Länder Europas. Von den schlechten Reiseverhältnissen haben wir schon gehört. Die Wagenfahrten waren wegen des Morastes langsam und beschwerlich und infolge der notwendigen starken Bespannung kostspielig; rasch kam man nur beritten vorwärts. In den Städten waren die Straßen so eng, daß Kutschen kaum passieren konnten, weshalb der Warentransport zumeist durch Rollwagen besorgt werden mußte, die von Hunden gezogen wurden. Die Wirtshäuser dagegen waren ausgezeichnet und in der ganzen Welt berühmt, auch die Briefbeförderung funktionierte für damalige Verhältnisse auffallend pünktlich, schnell und zuverlässig. Der Adel lebte noch zum größten Teil als *gentry* auf dem Lande in ganz bäurischen Verhältnissen. Wie die Beleuchtung außerhalb der Hauptstadt beschaffen war, kann man daraus entnehmen, daß erst im Jahre 1685 ein Privatunternehmer namens Edward Heming sich gegen eine jährliche Vergütung verpflichtete, in London vor jedes zehnte Haus bis Mitternacht ein Licht zu stellen. Die meisten Landhäuser waren noch Holzbauten, die Zimmer ohne Tapeten und Teppiche, mit einer Mischung von Kienruß und Bier gestrichen. In starkem Bier bestand auch das gewöhnliche Getränk des Landgentleman. Wieviel er davon zu sich zu nehmen pflegte, erhellt aus einer damaligen Bestimmung, nach der Kriegsgerichte nur von sechs Uhr morgens bis ein Uhr mittags berechtigt waren, auf Todesstrafe zu erkennen: man nahm offenbar an, daß die Herren sich nach dem Mittagessen nicht mehr in der Verfassung befänden, so verantwortungsvolle Urteile fällen zu können. Die Männer hatten wenig geistige Interessen und beschäftigten sich vorwiegend mit Jagd, Spiel und Politik; die Bildung der Frauen stand noch niedriger und war im Vergleich zur elisabethinischen Zeit sehr zurückgegangen: während sie damals vielfach in Musik, Mathematik und alten Sprachen Bescheid wußten, konnten sie jetzt kaum orthographisch schreiben und befaßten sich bestenfalls mit Handarbeiten und Romanen.

London hingegen war damals bereits eine vollkommene *London* Großstadt, die eine halbe Million Menschen beherbergte, den zehnten Teil der Bevölkerung ganz Englands, während die beiden nächstgrößten Städte Bristol und Norwich nicht ganz dreißigtausend Einwohner zählten. Nach dem großen Brand wurde die City unter der Leitung Christopher Wrens in einem weichen und originellen Renaissancestil viel prächtiger und komfortabler wieder aufgebaut. Im übrigen war England damals nicht bloß politisch, sondern auch künstlerisch eine Art französischer Vasallenstaat. William Davenant, Dramatiker und Theaterunternehmer, reformierte die Bühme zum pompösen illusionistischen Barocktheater im klassischen Geschmacke Ludwigs des Vierzehnten unter starker Heranziehung der Musik, indem er auch die Stücke Shakespeares zu *dramatic operas,* Dramen mit zahlreichen Musikeinlagen, umarbeitete. John Dryden, der *poeta laureatus* des Zeitalters, ahmte mit virtuoser und kalter Wortkunst, die immer sehr geschickt den jeweiligen Wünschen des Publikums entgegenzukommen wußte, Boileau, Corneille und Racine nach. Noch Samuel Johnson sagte von ihm, er habe gleich Augustus eine Ziegelstadt vorgefunden und eine Marmorstadt hinterlassen. Aber im Laufe der Zeit haben die rohen Ziegel Shakespeares doch eine größere Schönheit und Haltbarkeit erwiesen als der leere unsolide Marmorprunk Drydens. Damals jedoch erklärte Rymer, der Historiograph Wilhelms: »Ein Affe versteht sich besser auf die Natur, und ein Pavian besitzt mehr Geschmack als Shakespeare. Im Wiehern eines Pferdes, im Knurren eines Hundes ist mehr lebendiger Ausruck als in Shakespeares tragischem Pathos.«

Die Puritaner hatten das Theater immer beargwöhnt und schließlich überhaupt verboten. Als nun die Stuarts zurückkehrten, trat eine sehr natürliche Reaktion ein. Man drängte sich nicht nur zu allen Belustigungen, die bisher verpönt waren, sondern verlangte auch, daß sie so ausgelassen und zügellos wie möglich seien. Man verließ nicht nur die bisherige Prüderie und Bigotterie, sondern hielt Ehrbarkeit und Frömmigkeit geradezu für eine Schande und das sicherste Merkmal der Heuchelei. Infolgedessen nahm die englische Komödie sehr sonderbare Formen an. Die Frauen, die sogar in der lustigen elisabethinischen Zeit nicht als Schauspielerinnen auftreten durften, übernahmen nun die weiblichen Rollen, und es wurde ein besonderer Reiz, gerade ihnen die derbsten Zoten in den

Mund zu legen. Eine ganze Generation von Lustspieldichtern überschwemmte die Bühne mit den gewagtesten Cochonnerien. Der Held fast aller dieser Stücke ist der Wüstling, der von einer Verführung zur andern jagt. In Wycherleys *Countrywife* zum Beispiel ist die Hauptfigur ein Mann, der sich für einen Kastraten ausgibt, um dadurch das Vertrauen der Ehemänner zu erwerben, und es wird nun in zahlreichen Variationen gezeigt, wie ihm von allen Seiten junge Frauen zugeführt werden, die natürlich sehr entzückt sind, als sie bemerken, daß er durchaus nicht an den physischen Mängeln leidet, die er vorgetäuscht hat. Die Literaturgeschichte, die bekanntlich ausnahmslos von Philistern geschrieben wird, hat jedoch das Lustspiel der Restaurationszeit wegen seiner Obszönitäten sehr ungerecht beurteilt: es ist voll echter Laune, geistreicher Intrige und brillanter Konversation; von ihm stammt die englische Gesellschaftskomödie ab, die in ihrer ganzen Entwicklung, über Sheridan und Goldsmith bis zu Wilde und Shaw, einen der größten internationalen Ruhmestitel Englands bildet.

Der Philosoph der »glorious revolution« war John Locke, *Locke* der in der Theologie den Standpunkt der liberalen »Latitudinarier«, in der Politik die Sache des parlamentarischen Konstitutionalismus vertrat. In seinen *Letters for toleration* erklärte er die Religion für eine Privatangelegenheit; in seinen *Treatises of civil government* forderte er die Teilung der Staatsgewalt zwischen Volk und König, wie sie tatsächlich in der von Wilhelm dem Dritten erlassenen »Bill of rights« zum Ausdruck gelangt war; in seinen *Thoughts concerning education* plädierte er für eine naturgemäße Erziehung als praktische Vorbereitung auf das Leben im Dienste der Gesellschaft. In seinem berühmten *Essay concerning human understanding* hat er ein bis in die letzten Konsequenzen durchgeführtes System des Empirismus entworfen: »Woher der gesamte Stoff der Vernunft und Erkenntnis stammt? Darauf antworte ich mit *einem* Worte: aus der Erfahrung.« Es gibt keine angeborenen Ideen, das sieht man an der Entwicklung beim Kinde, das erst langsam durch Einzelerfahrungen abstrahieren lernt. Die menschliche Seele ist nichts als die Fähigkeit, Eindrücke zu empfangen, ein Stück Wachs, eine unbeschriebene Tafel, ein dunkler Raum, der durch einige Öffnungen Bilder von außen aufnimmt und die Kraft besitzt, sie in sich festzuhalten. Die Wahrnehmung ist entweder eine äußere oder eine innere, je nachdem sie sich auf unsere Gegenstände oder auf unsere Zustände bezieht: die erstere nennt Locke *sensation* oder Empfindung, die letztere *reflexion* oder Selbstwahrnehmung. Alle Wahrnehmungen, innere und äußere, sind bloße Vorstellungen, daher vermögen wir nur die Eigenschaften, nicht die Substanz der Dinge zu erkennen, ihre Erscheinungen, aber nicht ihr Wesen. Indes genügt auch dieses relative Wissen für die Bedürfnisse des Lebens und die Regelung unseres Handelns. Das Dasein Gottes wird unmittelbar aus der Existenz und Beschaffenheit der Welt erschlossen; die Sätze der Sittenlehre sind einer ebenso exakten Beweisführung zugänglich wie die Sätze der Zahlenlehre. Locke hat zum erstenmal eine *echt englische* Philosophie geschaffen, in der alle entscheidenden Nationalzüge versammelt sind; sie ist deistisch und moralistisch, demokratisch und praktisch, ein Sieg des »gesunden Menschenverstandes«, der »goldenen Mitte« und der »Wahrheit der Tatsachen«; wir werden ihr in ihren verschiedenen Abwandlungen noch oft wiederbegegnen.

Thomasius   England war der einzige europäische Großstaat, der sich vom zeitgenössischen Absolutismus emanzipierte; hingegen wurde dieser in Deutschland fast kritiklos hingenommen. Die Devotion der Deutschen auch vor ihren kleinsten Potentaten war grenzenlos. Ein Publizist schrieb an den Duodezfürsten Ernst Ludwig von Hessen: »Wenn Gott nicht Gott wäre, wer sollte billiger Gott sein als Eure hochfürstliche Durchlaucht?«; auch vor den Beamten, von denen Christian Wolff lehrte, daß

sie als Gehilfen des Monarchen »Fürsten im Kleinen seien«,
erstarb man in Demut. Infolge der Theorie von der Omnipotenz des Staates hielt der Herrscher sich für berechtigt, ja
verpflichtet, sich in alles einzumischen, das ganze Privatleben
des Bürgers wie ein tyrannischer Hausvater oder Klassenlehrer zu beaufsichtigen und zu korrigieren. Selbst die »Acta eruditorum«, die einzige wissenschaftliche Zeitschrift des damaligen Deutschland, kündigten an, daß sie nichts ihrer Kritik
unterziehen würden, was die Rechte und Handlungen der Fürsten betreffe. Man begrüßte den Monarchen durch Kniefall und
kniete sogar vor seinem leeren Wagen nieder, wenn man ihm
auf der Straße begegnete. Damals kamen auch die zahlreichen
Hofchargen auf: Kämmerer, Kaplan, Medikus, Stallmeister, Jä-
germeister, Zeremonienmeister; auch die Gewerbetreibenden
schätzten es sich zur höchsten Ehre, zum Hofbäcker, Hof-
schneider, Hofschuster oder Hofgärtner ernannt zu werden.
Alle Nichtadeligen, Bürgertum und Volk, wurden als »Roture«
verachtet, die nur dazu gut schien, dem Hof Geld, Soldaten und
Handlanger zu liefern. Man war nicht eigentlich »grausam«
gegen sie: man hielt sie bloß für Geschöpfe von einer anderen Gattung, die dementsprechend auch andere Pflichten und
andere oder vielmehr gar keine Rechte hätten. Macaulay sagt
sehr zutreffend, daß Ludwig der Vierzehnte sich keine Skrupel
daraus machte, seine Untertanen aufzuopfern, weil er sie höchstens mit den Empfindungen betrachtete, die man einem ab-
getriebenen Postpferd oder einem hungrigen Rotkehlchen entgegenbringt. Daß diese Anschauungen auch in Deutschland
durchdrangen, war eine der Folgen der Französierung, über die
Christian Thomasius bemerkte: »Französische Kleider, französische Speisen, französischer Hausrat, französische Sprache,
französische Sitten, französische Sünden, ja gar französische
Krankheiten sind durchgehends im Schwange.« Dieser Thomasius bedeutete einen der wenigen Aktivposten des damali-

gen deutschen Geisteslebens. Er war einer der frühesten und leidenschaftlichsten Gegner der Folter und der Hexenprozesse, der erste Gelehrte von Rang, der deutsch schrieb und deutsche Vorlesungen hielt, und der Herausgeber der ersten populären deutschen Zeitschrift, der *Freimütigen, lustigen und ernsthaften, jedoch vernunft- und gesetzmäßigen Gedanken oder Monatsgespräche über alles, fürnehmlich über neue Bücher*, in denen er in einer zwar immer noch schwülstigen, ungelenken und mit zahllosen französischen Brocken vermengten Sprache, aber mit viel Witz und Anschaulichkeit und staunenswerter Kühnheit fast ein halbes Jahrhundert lang alle Mißstände seines Volkes und Zeitalters bekämpfte: die Pedanterie und Aufgeblasenheit der Professoren, die Intoleranz der Geistlichen, die Charlatanerie der Ärzte, die Rabulisterei der Juristen, die Sittenroheit der Studenten, die Unredlichkeit der Kaufleute, die Trägheit der Handwerker, die Liederlichkeit des Adels und noch vieles andere. Seine Hauptforderung ist, »daß man sich auf *honnêteté*, Gelehrsamkeit, *beauté d'esprit, un bon goût* und Galanterie befleißige«; sein ausschließlicher Wertmesser ist »Nützlichkeit und Brauchbarkeit fürs Leben«. Er ist damit der Vater der deutschen Aufklärung geworden, zu einer Zeit, wo noch Mut und Originalität dazu gehörte, solche Prinzipien zu verfechten, und zugleich der Vater des deutschen Journalismus, indem er es zum erstenmal unternahm, geistige Fragen in einer Form zu behandeln, die für jedermann verständlich und anregend war. Neben ihm ist kaum etwas anderes erwähnenswert als die Bestrebungen der Pietisten, die mit Erfolg bemüht waren, den Theologengeist des Zelotismus und der Wortspalterei zu bekämpfen und ein praktisches Christentum der Brüderlichkeit und Einfalt ins Volk zu tragen, und die prachtvollen Predigten Abraham a Sancta Claras, dieses Kabarettiers auf der Kanzel. In ihm lebt noch der ganze Dreißigjährige Krieg mit seinem Plündern, Totschlagen und Weiberschänden und seinem primitiven Mutterwitz brutaler Augenblicksmenschen; er hielt es mit der Sitte der Zeit und hat die deutsche Sprache in seinen Bildern gebrandschatzt, in seinen Gleichnissen genotzüchtigt und in seinen Strafreden zum Totschläger gemacht.

In jenen Zeitraum fällt auch der erste Aufstieg des brandenburgisch-preußischen Staats, den der Große Kurfürst zu einer europäischen Macht erhob. Er befreite durch kluge und perfide Politik das Herzogtum Preußen von der polnischen Lehenshoheit und begründete in seinen Ländern durch Niederwerfung der Stände die unumschränkte Monarchie, wobei er vor großen Brutalitäten und Rechtsbrüchen nicht zurückscheute; zur Befestigung seiner Herrschaft im Innern und zum Schutz vor der stets drohenden schwedischen Großmacht schuf er das stehende Heer, den *miles perpetuus.* Er erbaute den Friedrich-Wilhelm-Kanal, der die Elbe mit der Oder verband, richtete eine eigene Post ein, die viel schneller fuhr als die Taxissche, reformierte das Steuerwesen und den Unterricht, auch den höheren durch Stiftung der Universität Duisburg, förderte den Ackerbau, die Viehzucht und die Moorkultur, vergrößerte und verschönerte seine Hauptstadt, unter anderem durch die Schloßbibliothek und die Baumanlagen vor der Schloßbrücke, die den Namen »Unter den Linden« erhielten, unterhielt eine kleine Kriegsmarine, die jedoch schon unter seinem Nachfolger wieder verfiel, und gründete sogar eine Handelskolonie mit einem Fort an der Goldküste von Guinea. In seiner Religionspolitik war er von der größten Toleranz geleitet: obgleich selber reformiert, gewährte er nicht bloß Lutheranern und Katholiken, sondern selbst Sozinianern und Menoniten völlige Freiheit, und sein »Potsdamer Edikt« lud alle Verfolgten ein, unter seinen Schutz zu kommen, wodurch vor allem viele Hugenotten ins Land gezogen wurden, die sich als Ingenieure und Architekten, Fabrikanten und Finanziers sehr nützlich betätigten.

Der Große Kurfürst

Der Prinz Eugen   Er war zweifellos eine der stärksten politischen Persönlichkeiten seines Zeitalters. Aber das damalige Staatsleben war überhaupt reich an markanten Erscheinungen. Eine solche war vor allem der Prinz Eugen, der, ursprünglich wegen seiner unansehnlichen Gestalt und seines schüchternen Wesens zum Geistlichen bestimmt, einer der glänzendsten Feldherren seines Jahrhunderts wurde. Seine Siege bei Zenta und Peterwardein, Höchstädt und Turin, Oudenarde und Malplaquet erregten das Staunen Europas und erwarben der habsburgischen Monarchie Italien und die Niederlande, Ungarn und Siebenbürgen, Serbien und die Walachei. Zugleich war er einer der gewandtesten und weitblickendsten Diplomaten: wäre man seinen maßvollen Vorschlägen gefolgt, so wäre es im Spanischen Erbfolgekrieg vor dem großen politischen Umschwung zu einem Friedensschluß mit Ludwig dem Vierzehnten gekommen, der für den Kaiser noch viel vorteilhafter gewesen wäre als der spätere; er war auch der einzige österreichische Staatsmann, der erkannte, daß das Habsburgerreich sich nur dauernd als Großmacht behaupten könne, wenn es Kolonien und Seegeltung besitze, und wünschte daher den Bau einer großen Flotte mit Ostende und Triest als Haupthäfen. Daneben war er ein wirklicher Freund der Künste und Wissenschaften, nicht aus leerer Prunksucht wie die meisten anderen Machthaber seiner Zeit, sondern aus echtem Bedürfnis und tiefem Verständnis. Seine Sammlungen wertvoller Münzen und Gemmen, Gemälde und Kupferstiche zeugten von reifster Sachkenntnis und erlesenem Geschmack; das Hauptwerk Leibnizens, die *Monadologie*, ist ihm nicht nur gewidmet, sondern überhaupt erst auf seine Anregung entstanden; die beiden genialsten Architekten der österreichischen Barocke haben für ihn gebaut: Fischer von Erlach das noble und heitere Stadtpalais und Lukas von Hildebrand das kokette und geistreiche, wundervoll in Park und Teich komponierte Sommerschloß

Belvedere. Er war ein echter Barockmensch: von jener sublimen Nüchternheit, die stets das Merkmal großer Schicksalslenker ist, und voll heimlicher Sehnsucht nach jenen bunten, verwirrenden und narkotischen Dingen, die das Leben erst begehrenswert und interessant machen; ein starker, wissender und steuerkundiger Geist und doch umwittert von dem Aroma der problematischen Natur.

Eine sehr originelle Erscheinung war auch die Königin Christine von Schweden; sie gehörte zu jenen Persönlichkeiten, von denen im siebzehnten Jahrhundert am meisten gesprochen wurde. Ihr Äußeres war nicht schön, aber interessant; ihre forciert männlichen Manieren und Neigungen erregten überall Aufsehen und gaben sogar zu der Vermutung Anlaß, daß sie ein Zwitter sei: infolgedessen warf sie einmal beim Kutschieren absichtlich um, blieb mit aufgehobenen Röcken liegen und rief den herbeieilenden Dienern zu: »Geniert euch nicht, kommt nur näher, und überzeugt euch, daß ich kein Hermaphrodit bin.« Sie war eine leidenschaftliche Reiterin, Fechterin und Jägerin, trug das Haar stets kurz geschoren und verglich sich gern mit der Königin von Saba. Für die Wissenschaften, besonders für Mathematik und Astronomie, hatte sie das größte Interesse: sie beherrschte acht Sprachen, stand in Korrespondenz mit Pascal, berief Descartes an ihren Hof, um mit seiner Hilfe eine Akademie zu gründen, und schrieb selber zahlreiche Pensées. Sie war die erste Herrscherin, die die Hexenprozesse abschaffte, verzichtete aber bald auf ihren Thron, um nach Rom zu gehen, wo sie zum Katholizismus übertrat. Das Gefühl ihrer Stellung nahm bei ihr so größenwahnsinnige Formen an, daß selbst ihre Zeitgenossen davon überrascht waren. Ihr Buch *Histoire de la Reine Christine* ist Gott gewidmet, da auf Erden niemand dieser Ehre würdig sei; in ihren Briefen erklärte sie wiederholt, daß sie größer sei als irgendein Sterblicher und alle irdischen Wesen als tief unter sich stehend empfinde; eine der Medaillen,

Christine von Schweden

die sie prägen ließ, zeigte auf der Vorderseite ihren Kopf, auf der Rückseite eine Sonne mit der Inschrift: »*Non sit tamen inde minor*«, was bedeuten sollte, daß sie durch die Entfernung von ihrem Königreich sowenig etwas von ihrer Größe einbüße wie die Sonne durch ihre Entfernung von der Erde. Dieses ans Pathologische streifende Selbstgefühl hat sich in Karl dem Zwölften wiederholt und zum Schaden Schwedens die phantastischsten Folgen getragen.

Peter der Große

Eines der bedeutendsten Ereignisse der Zeit ist der Eintritt Rußlands in die Weltgeschichte, und auch dieses geht auf eine einzelne Persönlichkeit zurück. Bis auf Peter den Großen ist Rußland ein christlich-orientalischer Staat; beim Übergang zum Monotheismus soll übrigens hauptsächlich das mohammedanische Alkoholverbot für das Christentum entschieden haben. Nach der Eroberung Konstantinopels durch die Türken verlegt die griechische Kirche ihr Zentrum nach Moskau, und Rußland tritt das Erbe Ostroms an; aber schon vorher war es in seiner Vergöttlichung des Herrschers, seiner rigorosen und absurden Hofetikette, seinen ständigen Palastrevolutionen und tumultuarischen Thronwechseln, seiner Popenherrschaft und seiner bizarren und großartigen Baukunst ein im wesentlichen byzantinisches Reich. Zugleich hatte die Mongolenherrschaft, die ein Vierteljahrtausend währte, im Volke jenen Geist der Unterwürfigkeit und Sklaverei gezüchtet, der durch alle späteren Phasen bis zum heutigen Tage seine Geschichte bestimmt hat. Denn auch die Sowjetherrschaft ist nichts als ein linker Zarismus. Die Richtung auf den Bolschewismus war übrigens im russischen Bauern von jeher vorbereitet, da das Ackerland jahrhundertelang Gemeindeflur war; auch in der Einförmigkeit und Einheitlichkeit des russischen Flachlandes findet sowohl die duldende Passivität wie die kommunistische Veranlagung des Russen ihr Symbol und ihre Begründung. Gegen Ende des fünfzehnten Jahrhunderts setzt die große politische Expansion ein. Im Jahre 1480 gelingt es Iwan dem Großen, das Tatarenjoch abzuschütteln; etwa zwei Menschenalter später besetzt Iwan der Schreckliche Kasan und Astrachan; in demselben Jahrhundert beginnt die Eroberung Sibiriens; um 1650 ist bereits der Große Ozean erreicht; 1667 gelangt der größte Teil der Ukraine von Polen an Rußland.

Diesem Volk, das dazu geschaffen schien, sich langsam, aber unaufhaltsam nach Süden und Osten auszubreiten und allmählich die Türkei, Persien, Indien, ja vielleicht selbst China zu verschlucken, hat nun Peter der Große gewaltsam das Antlitz nach Westen gedreht. Sein Lebensziel war ein »Fenster nach Europa«. Es gelang ihm, in dem langen und wechselreichen Nordischen Krieg, in dem Schweden, Dänemark, Sachsen-Polen und er selbst um das *dominium Balticum* rangen, Livland, Estland, Ingermanland und Karelien zu erwerben, womit er die Ostsee erreichte und Schweden zu einer Seemacht zweiten Ranges herabdrückte. Noch während des Krieges gründete er Sankt Petersburg, das er zu seiner Hauptstadt bestimmte und mit Fabriken, Spitälern, Kasernen, Bibliotheken, Theatern und anderen westlichen Erfindungen ausstattete. Indem er die Aufstände der Strelitzen, die sich unter seinen Vorgängern zu einer allmächtigen Prätorianergarde emporgeschwungen hatten, und die Konspirationen seiner Familie und des unzufriedenen Adels blutig unterdrückte, wurde er der Begründer des eigentlichen Zarismus. Mit ebensolcher Gewaltsamkeit suchte er im ganzen Lande europäische Kultur durchzusetzen. Er berief fremde Offiziere und Kaufleute, Gelehrte und Künstler, verbot die Bärte und die orientalische Kleidung, führte den julianischen Kalender ein, während man bisher von der Erschaffung der Welt gerechnet hatte, erbaute den Ladogakanal, beschränkte die Zahl der Klöster, zog die Frauen aus ihrem bisherigen Haremsdasein, kommandierte den Adel zu Studienreisen ins Ausland und zwang das Volk zum Besuch der neueingerichteten

Schulen. Bei all seiner Größe, Weitsichtigkeit und Schrecklichkeit hatte er doch mit seinen steten Tobsuchtsanfällen und epileptischen Krämpfen, seiner nicht ganz stilreinen europäischen Kleidung, die er immer nur wie ein Kostüm trug, und seinen drei ständigen Begleitern: dem Affen auf seiner Schulter, dem grimassenschneidenden Hofnarren und der Flasche mit selbstdestilliertem Schnaps viel von einer grotesken Genrefigur.

Die russische Psychose

Die überstürzte Reform Peters ist, im großen gesehen, für die Russen kein Glück gewesen: sie waren ein Volk, das eben erst sein Mittelalter erreicht hatte, und wurden nun gewaltsam und unvorbereitet in die Lebensbedingungen einer hochentwickelten Barockwelt geschleudert. Es war im Grunde wiederum ein Sieg des cartesianischen Geistes, den der Petrinismus errang, indem er nach einer vorgefaßten Formel in einem Menschenalter eine europäische Großstadt aus der Erde stampfte, einen theokratischen Bauernstaat in einen bürokratischen Seestaat verwandelte und ein Volk von barbarischen Orientalen zivilisierte und verwestlichte. Katharina die Große und die meisten späteren russischen Selbstherrscher haben dieses verkehrte Programm der unorganischen Europäisierung fortgeführt: seine letzte Vollendung aber ist der Bolschewismus. Lenin hat das selber sehr wohl erkannt, indem er Peter den Großen als seinen politischen Ahnherrn bezeichnete und von ihm sagte, er sei der erste Revolutionär auf dem Throne gewesen; aus diesem Grunde widersetzte er sich auch der Umbenennung der Stadt Petrograd. Petrinismus und Leninismus bezeichnen den Auftakt und das Finale eines einzigen großen Vergewaltigungsaktes, der an der russischen Seele verübt worden ist. Hiedurch ist in die Entwicklung dieses Volkes ein tiefer und wahrscheinlich unheilbarer Bruch gekommen. Man überspringt nicht ungestraft ein Jahrtausend. Noch heute ist der Russe innerhalb der europäischen Völkerfamilie der mittelalterliche Mensch. Deshalb gibt es nur in Rußland echten Expressionismus, nur in

Rußland echten Kollektivismus und nur in Rußland noch Propheten wie Tolstoj und Heilige wie Dostojewski. Aber da es außerdem in Rußland von Peter dem Großen an auch alle »Modernitäten« der Neuzeit gab, so ist das Leben der russischen Seele seitdem eine einzige große Psychose. In der dumpfen Erkenntnis dieser erschütternden Tatsache haben die Bolschewisten zu dem sonderbaren Mittel gegriffen, daß sie die Seele einfach abschafften: was wiederum echt russisch ist, aber natürlich nur den Anfang einer neuen, noch furchtbareren Tragödie bedeutet.

Blicken wir noch einmal zurück, so ergibt sich in großen Zügen folgendes Bild: etwa ein halbes Jahrhundert lang liegt Europa im Schatten des Sonnenkönigs; aber an den Rändern: in Rußland, Preußen, England erstarken insgeheim neue Kräfte, und als Ludwig der Große sein Tagewerk vollendet hat, ist die Welt völlig verändert.

Cartesianische und berninische Barocke

Man muß jedoch auch während der Zeit der absoluten französischen Kulturhegemonie zwischen der Barocke Frankreichs und der des übrigen Europa einen Unterschied machen. Wir haben schon im ersten Buch hervorgehoben, daß Frankreich das einzige europäische Land ist, das die Stilprinzipien der italienischen Hochrenaissance, die man auch die lateinischen oder die klassizistischen nennen kann, voll übernommen und dauernd bewahrt hat. Im Cartesianismus, der dazu bestimmt war, fortan unter gewissen zeitgemäßen Abwandlungen die legitime französische Geistesform zu bleiben, erreichte diese auf Maß, Klarheit und Proportion eingeschworene Lebensrichtung ihren vollendetsten Ausdruck. Indes, die Barocke ist, wie wir im vorigen Kapitel gehört haben, nichts weniger als ein ungebrochener Rationalismus: in ihr lebt ein anonymer Wille zum Rausch und Nebel, zum Zwielicht und Dunkel, eine heimliche Sehnsucht nach den unterirdischen Welten der Seele, in die die Sonne der Raison nie hinableuchtet. Infolgedessen ist die französische Barocke keine reine Barocke und der außerfranzösische Cartesianismus kein reiner Cartesianismus. Frankreich ist und bleibt von der Hochrenaissance an vier Jahrhunderte lang in seiner Grundfaserung klassizistisch: im Calvinismus und im Jesuitismus, in Barock und Rokoko, in Revolution und Romantik; allemal siegt die *clarté*. Daher ist im Zeitalter Ludwigs des Vierzehnten der Cartesianismus auf französischem Boden die echte Lokalfarbe des Geisteslebens, in den anderen Ländern aber nur eine feine durchsichtige Lasur. Oder, anders ausgedrückt: in Frankreich bildet durch den Wandel der Zeiten hindurch und daher auch in der Barocke der Cartesianismus den Generalnenner und die Zeitrichtung den variierenden Zähler, im übrigen Europa aber repräsentierte umgekehrt der Barockgeist den Generalnenner, dem der herrschende Cartesianismus nur als modischer Zähler aufgesetzt war. Das Weltgefühl ist in Frankreich ein barock gefärbter Klassizismus, in den anderen Ländern ein cartesianisch imprägnierter Irrationalismus, wir könnten auch sagen: Berninismus. Der Fall war aber noch viel komplizierter, als ihn diese Formel ausdrückt, denn einerseits waren auch die damaligen Franzosen in einem Winkel ihrer Seele echte Barockmenschen, und andererseits war allen Zeitgenossen der Rationalismus nicht bloß durch die französische Kulturherrschaft aufgeprägt, sondern von vornherein eingeboren als eine der stärksten Seelenkomponenten des Menschen der Neuzeit.

Die Welt-
fiktionen
Es lassen sich einzelne Völker und Zeitalter geradezu nach dem Gesichtspunkt unterscheiden, inwieweit sie die Welt als Realität oder als Schein konzipieren. Das erstere tun alle Naturvölker: für sie ist die Welt etwas, das man teils überwältigt, teils erleidet; und ebenso reagierten die Römer, die aber vielleicht das einzige vollkommen realistische Kulturvolk waren. Bei der zweiten Gruppe gibt es natürlich vielerlei Abarten. Man kann die Welt als Kunstwerk, als *schönen* Schein konzipie-

ren: als verklärte, enthäßlichte, entschwerte Welt; dies taten die Griechen. Oder als *logischen* Schein: als vereinfachte, schematisierte, linierte Welt; dies taten möglicherweise die Ägypter. Oder als bloße Halluzination, als *pathologischen* Schein; dies war der Fall der Inder. Oder als *magischen* Schein: als Schauplatz übernatürlicher und transzendenter Kräfte; dies war, wie wir im vorigen Buche gesehen haben, die Weltanschauung des Mittelalters.

Alle diese Varianten finden sich in der Barocke bis zu einem gewissen Grade vereinigt. Sie hat, wie wir bereits hervorgehoben haben, das ganze Dasein ästhetisiert, indem sie es als ein Spiel lebte, sie hat den Versuch gemacht, die Realität der Herrschaft der reinen Logik zu unterwerfen, sie hat die Welt in einen Traum aufgelöst, und sie hat sie als *theatrum Dei* empfunden. Und so völlig heterogen diese einzelnen Aspekte erscheinen mögen, so hat sie doch aus ihnen eine Kultur komponiert, die einheitlich war wie wenige.

Eine der stärksten Klammern, die diese Kultur in allen ihren Lebensäußerungen streng zusammenhielt, war zunächst ihr extremer Kultus der Form, in dem sowohl ihr geometrischer Geist wie ihr Wille zur Illusion zum Ausdruck gelangt. Hier ist der Punkt, wo cartesianischer Rationalismus und berninischer Irrationalismus sich schneiden: in beiden lebt der leidenschaftliche Wille, die Form über die Materie triumphieren zu lassen, ja die Materie auf bloße Form zu reduzieren. Die Barocke ist nicht nur eines der formfreudigsten und formgewaltigsten, sondern auch eines der formhörigsten und förmlichsten Zeitalter der Weltgeschichte. Schon in der äußeren Erscheinung zeigt sich das Streben nach steifer Distanz, dessen stärkstes Symbol die Perücke ist; rasche Bewegungen, impulsive Handlungen sind in diesem Kostüm einfach unmöglich: alles, Schritt und Gebärde, Gefühlsausdruck und Körperhaltung, ist in ein geheimes Quadratnetz gebannt. Ebensowenig gibt es ein improvisiertes Reden

Das Ideal der Fettleibigkeit

und Schreiben: die einzelnen möglichen Anlässe sind gegeben, und für diese Anlässe sind bestimmte Worte gegeben; andere zu gebrauchen hätte man nicht für Originalität, sondern für einen Mangel an Geschmack und künstlerischem Takt angesehen. Im Gegenteil: wer am vollkommensten die vorgeschriebenen Regeln erfüllt, gilt als der Geistreichste; denn Geist haben heißt: der Form zum Siege verhelfen. Der Stöckelschuh, die lange Weste, die riesigen Ärmel und Knöpfe: alle diese und ähnliche Details der Kleidung sind dazu da, den äußeren Eindruck der Würde und Gravität zu steigern; aus diesem Grunde kommt damals sogar die Fettleibigkeit in Mode. Betrachten wir die typische Erscheinung des Fettleibigen: den mächtigen geröteten Kopf mit den Backentaschen und dem Doppelkinn, den faßförmigen Unterleib, die langsamen Armbewegungen, den bedächtigen Gang mit hochgehobenem Kopf und nach hinten geworfenem Oberkörper, den ermüdeten und leidenschaftslosen Gesichtsausdruck, so haben wir genau den körperlichen Habitus, der dem Barockmenschen als Ideal vorschwebte. Das Benehmen dicker Menschen wirkt oft, ohne daß sie es beabsichtigen, affektiert; diese Menschen aber *wollten* affektiert wirken oder vielmehr: wo bei uns die Manieriertheit anfängt, begann in ihren Augen erst die Manierlichkeit. Eine ähnliche Rolle wie Perücke, Staatsrock und gespreizte Körperhaltung spielte der von einem mächtigen Knopf gekrönte Stock, der kein Utensil, sondern ein Ausstattungsstück war und auch im Salon nicht abgelegt wurde.

Das isolierte Individuum Da die Form in einem gewissen Grade erlernbar ist, so setzte sich damals die Ansicht fest, daß alles durch Fleiß und Studium erworben werden könne oder doch zumindest zum Gegenstand einer höchst bewußten, streng wissenschaftlich fundierten Virtuosität gemacht werden müsse. Es ist die Blütezeit der Poetiken und der »korrekten« Kunstwerke, der Gemälde, Gärten, Dramen, Abhandlungen, die wie mit Zirkel und Lineal entworfen sind. Die stärkste und wesentlichste Funktion des Verstandes besteht aber darin, daß er analysiert, und das heißt: auflöst, trennt, scheidet, *isoliert*. Und in der Tat kann man bemerken, daß es in jener Zeit eigentlich nur einzelne Individuen gibt. Die Menschen bilden untereinander bloße Aggregate, keine wirklichen Verbindungen. Die Zünfte sind aufs äußerste detailliert und aufs strengste voneinander gesondert: der Brotbäcker darf keine Kuchen backen, der Schmied keine Nägel fabrizieren, der Schneider keine Pelze verkaufen; Sattler und Riemer, Schuster und Pantoffelmacher, Hutmacher und Federnschmücker sind getrennte Gewerbe. Die Hierarchie der Stände wird aufs peinlichste betont. Der Hof ist von den übrigen Menschen vollständig abgeschlossen. Und über diesem steht, wiederum gänzlich losgelöst, *absolut* der Herrscher.

Diese Verhältnisse bringt auch die Gesellschaftstheorie zum Ausdruck, die den Staat durch freiwilligen Zusammenschluß vollkommen selbständiger Einzelpersonen entstehen läßt. Ferner gelangt die atomistische Naturerklärung zur allgemeinen Anerkennung, die das gesamte physische Geschehen in eine Bewegung isolierter kleinster Massenteilchen auflöst. Und auch die gewaltigste Leistung des Zeitalters, die Gravitationstheorie, ist im höchsten Maße repräsentativ für das damalige Lebensgefühl: die Newtonschen Weltkörper berühren sich nicht, sondern ziehen, durch geheimnisvolle Fernkräfte gelenkt, einsam durch den leeren Weltraum; denn wenn Newton auch die *actio in distans* nicht ausdrücklich gelehrt hat, so hat doch der Glaube an sie seine ganze Schule beherrscht, die diesen Begriff aus seinem System ganz folgerichtig ableitete, ja es ist nicht einmal ausgeschlossen, daß Newton sich auch die Atome durch unendlich kleine, aber unüberbrückbare Zwischenräume getrennt dachte.

Von der Malerei könnte man glauben, daß sie ein entgegengesetztes Weltgefühl zum Ausdruck bringt; aber es scheint nur so. Wir sagten im vorigen Kapitel: die Barocke verwischt die Kontur. Sie macht sie unbestimmt und undeutlich; aber sie löst sie noch nicht auf. Man kann die Figuren nicht mehr mit dem Messer aus dem Bild herausschneiden, aber die Lichtaura, in der der Umriß verschwimmt, isoliert noch immer: als Grenz-*zone*, wenn auch nicht mehr als Grenz*linie*. Das Licht der Barockmaler ist noch immer an die Objekte gebunden, die es umspielt, es ist noch kein völlig gelöstes, selbständiges, freies Licht, noch kein Freilicht. Jedes Objekt lebt als Monade in seinem geheimnisvollen Strahlenkegel, unbestimmt, unendlich, »infinitesimal«, ein kleines All, aber für sich. Seine Harmonie mit den anderen Objekten ist noch ganz so wie in der Renaissance von außen prästabiliert durch den Künstler, nur schwankender, schwebender, problematischer, mystischer: »religiöser«.

Die Marionette als platonische Idee Eine Disziplin ist überhaupt erst damals zum Range einer Wissenschaft emporgestiegen: die Mechanik. Das ist sehr bezeichnend, denn eine Sache vollkommen verstandesmäßig erklären heißt sie mechanisch erklären. Das Ideal, das der Zeit vorschwebte, bestand nun darin, das mechanische Prinzip auf das Leben und den gesamten Weltlauf auszudehnen, um auch diesen ganz wie eine Maschine auseinanderzunehmen, in allen seinen Teilen erklären und in allen seinen Bewegungen ausrechnen zu können. Hiemit hängt es zusammen, daß für jene Menschen das Benehmen und Aussehen einer mechanischen Drahtpuppe zum Vorbild diente. Dies ist zunächst ganz wörtlich zu nehmen: die Reifröcke, Schöße, Westen, Ärmelaufschläge, Perücken waren mit Draht ausgesteift. Und damit stoßen wir auf eine Tatsache, die vielleicht den Schlüssel zur Barockseele enthält: ihre platonische Idee ist die *Marionette*. Die starren Gewänder, die den Eindruck des dreidimensionalen Menschenkörpers auf die Linienwirkung zu reduzieren suchen, die tiefen abgezirkelten Verbeugungen, die gewollt eckigen Bewegungen, die geometrische Haltung beim Stehen und Sitzen, die stets nach der Winkelform tendiert, die ungeheure tote Perücke, die dem Kopf etwas Grimassenhaftes verleiht: dies alles führt uns unwillkürlich zur Vorstellung einer Gliederpuppe. Descartes hatte die Behauptung aufgestellt, daß der menschliche Körper eine Maschine sei. Und Molière hat diese mechanistische Psychologie dramatisiert: seine Figuren sind gespenstische Automaten, die er von außen in Bewegung setzt. Dies geht bis zur Behandlung des Dialogs, der sich mit Vorliebe in kurzen Sätzen und Gegensätzen, in einem unerbittlichen Staccato, einer scharfen gehackten Klöppelmanier bewegt; diese überaus wirksamen Rededuelle erinnern an die allbekannten zwei Blechwurstel, die an einer Pumpe ziehen: drückt man den einen hinunter, geht der andere in die Höhe, und umgekehrt. Und auch die Handlung gehorcht einer vollkommen mechanischen Kausalität, die phantastisch und grotesk wirkt, gerade weil sie so prompt und exakt funktioniert, wie es die des Lebens nie tut: es ist eine arithmetische, eine abgekartete, eine Schachkausalität.

Es wäre nun, wie man schon an dem Beispiel Molières sieht, höchst verkehrt, mit dem Begriff der Marionette ohne weiteres den der Geistlosigkeit und Seelenlosigkeit zu verbinden. Kleist hat das Problem des Marionettentheaters in einer ungemein geistreichen kleinen Abhandlung vom Jahre 1810 *Über das Marionettentheater* in sehr aufschlußreicher Weise behandelt. Er sagt darin, die Marionette besitze mehr Ebenmaß, Beweglichkeit, Leichtigkeit als die meisten Menschen, weil sich bei ihr die Seele immer im Schwerpunkt der Bewegung befinde: »da der Maschinist vermittelst des Drahtes keinen anderen Punkt in der Gewalt hat als diesen, so sind alle übrigen Glieder, was sie sein sollten, tot, reine Pendel und folgen dem bloßen Gesetz der Schwere«; in einem mechanischen Gliedermann könne mehr Anmut enthalten sein als in dem Bau des menschlichen Körpers, ja es sei dem Menschen schlechthin unmöglich, den Gliedermann darin auch nur zu erreichen; und er schließt mit den Worten: »Wir sehen, daß in dem Maße, als in der organischen Welt die Reflexion dunkler und schwächer wird, die Grazie darin immer strahlender und herrschender hervortritt. Doch so, wie... das Bild des Hohlspiegels, nachdem es sich in das Unendliche entfernt hat, plötzlich wieder dicht vor uns tritt, so findet sich auch, wenn die Erkenntnis gleichsam durch ein Unendliches gegangen ist, die Grazie wieder ein; so daß sie zu gleicher Zeit in demjenigen menschlichen Körperbau am reinsten scheint, der entweder gar keins oder ein unendliches Bewußtsein hat, das heißt in dem Gliedermann oder auch in dem Gott.« Solche Götter begehrten die Barockmenschen zu sein; aus ihrem »unendlichen Bewußtsein«, aus einer fast schmerzhaften Schärfe und Überhelle des Denkens schufen sie sich das Ideal der Marionette, in der, wie Worringer einmal hervorhebt, »Abstraktion einerseits und stärkster Ausdruck andrerseits« vereinigt sind. Die Marionette ist zugleich das abstrakteste und das pathetischste Gebilde: in dieser Paradoxie sammelt und löst sich das Rätsel des Barockmenschen.

Der Infinitesimalmensch Aber weil nun jeder Mensch damals vollkommen solitär lebte, bildete er auch sein Eigenleben zu einer bis dahin unerhörten Feinheit und Kompliziertheit aus. Jeder war zwar nur eine Welt für sich, aber eben eine Welt, ein Mikrokosmos. Es ist nichts weniger als ein Zufall, daß gerade damals das Mikroskop zu einer solchen Bedeutung gelangte. Ein neues Reich des unendlich Kleinen tat sich auf, eine Fülle der erstaunlichsten Perspektiven, alle gewonnen durch die liebevolle Versenkung ins unendliche Detail. In denselben Zusammenhang gehört die Infinitesimalrechnung. Und was noch wichtiger war: auch auf dem Gebiet der Psychologie erwarb man sich das Witterungsvermögen für Differentiale. Wie die Kugel begriffen wird aus der Summe unzähliger Kegel, so begann man damals die menschliche Seele zu begreifen als den Inbegriff zahlloser kleiner Vorstellungen: eine Art Seelenmikroskopie entstand, die freilich nicht selten auch in geistige Myopie ausartete. Etwas Tüfteliges und Mikrophiles, eine übertriebene Vorliebe für die Miniatur und Niaiserie liegt dem Barockmenschen im Blute. Mit einer beispiellosen Beseelung gerade der starrsten und monumentalsten Kunst: der Plastik, die zum Ausdrucksmittel für leidenschaftlichste Verzückungen, zärtlichste und subtilste Erregungen wird, verbindet sich ein fast pathologischer Hang zur Kleinkrämerei: wohin man blickt, ein Gewirr von Säulen, Knöpfen, Kartuschen, Girlanden, Muscheln, Fruchtschnüren. Auch die Natur wird verkräuselt und verzierlicht: die Gärten sind angefüllt mit Kaskaden, Terrassen, Grotten, Urnen, Glaskugeln, »Vexierwässern«; das Kostüm strotzt von Passamenterien, Spitzen, Tressen, Brokat; die Umgangssprache bewegt sich in künstlich gefeilten Wortspielen und spitzfindigen Antithesen. Sogar im Gesicht findet sich ein Ornament: das unentbehrliche Schönheitspfläschen. Das ganze Weltbild der Zeit ist ein Mosaik aus *perceptions petites*«, aus unendlich kleinen Vorstellungen, und jeder Mensch ist eine Monade, in sich abgeschlossen, ohne Fenster, allein auf seinem Sonderplatz in einem sorgfältig abgestuften Kosmos, der, in allem prästabiliert, vorherbestimmt, seinen mechanischen Lauf nimmt wie ein Uhrwerk und darum für die beste aller Welten gilt. Denn man war tief innerlich überzeugt: das Bewundernswerteste und Prächtigste, das Kunstvollste und Geistreichste sei eben doch eine gutgehende Uhr.

Wie man bereits bemerkt haben wird, haben wir uns einiger *Leibniz* Ausdrücke bedient, die der Philosophie Leibnizens entnommen sind. Und in der Tat: niemand hat den Sinn der Barocke tiefer und vollständiger zum Ausdruck gebracht als Leibniz in seiner Monadenlehre. Hier steht der Mensch der Zeit vor uns, losgelöst von äußeren Zufälligkeiten, in seinem innersten Wesenskern erfaßt. Leibniz war der vollkommenste Barockmensch schon in seiner schriftstellerischen Form, ein philosophischer Pointillist, der eine Art Spitzengeklöppel des Geistes betrieb, und in seinem Charakter, der bizarr, schrullenhaft, genrehaft, »barock« im heutigen Wortsinn war, ja sogar in seiner äußeren Gestalt, die von einem riesigen Kahlkopf mit einem Gewächs in der Größe eines Taubeneis gekrönt war. Auch seine in einer einzigartigen Vielseitigkeit begründete Vielgeschäftigkeit, die ihn niemals dazu kommen ließ, seine Kräfte in einem großen Hauptwerk zu sammeln, ist echt barock. Diderot sagte von ihm: Dieser Mann bedeutet für Deutschland soviel Ruhm wie Platon, Aristoteles und Archimedes zusammengenommen für Griechenland, und Friedrich der Große erklärte, er sei für sich allein eine ganze Akademie gewesen, hierin, wie in so vielem, anderer Meinung als sein Vater, der äußerte, Leibniz sei ein Kerl, der zu gar nichts tauge, nicht einmal zum Schildwachestehen.

Er erfand, unabhängig von Newton, die Differentialrechnung zum zweitenmal, verbesserte sie erheblich in ihrer Anwendung und gelangte mit ihrer Hilfe zu der Formel $\frac{mv^2}{2}$ für die Bewegungsenergie, von welcher er bereits erkannte, daß ihre Quantität im Weltall immer dieselbe bleibe, beschäftigte sich mit Bergbau und Geognosie und schrieb eine Urgeschichte der Erde, beteiligte sich an der Darstellung des Phosphors, arbeitete an der Verbesserung der Taschenuhren und der Erfindung von Schiffen, die gegen den Wind und unter Wasser fahren können, begann eine kritische Geschichte des Welfenhauses und edierte große Sammlungen mittelalterlicher Geschichtsquellen und völkerrechtlicher Urkunden. Außerdem verfaßte er eine Reihe hervorragender politischer Denkschriften, darunter eine an Ludwig den Vierzehnten, worin er ihm mit bewundernswertem historischen Weitblick den Plan zur Eroberung Ägyptens unterbreitete, der erst fünf Vierteljahrhunderte später von Napoleon zur Ausführung gebracht worden ist, und bemühte sich in umfangreichen Briefen und Programmen um die Vereinigung der lateinischen und der griechischen, der katholischen und der protestantischen, der lutherischen und der reformierten Kirche und um die Stiftung gelehrter Sozietäten in Berlin, Dresden, Wien und Petersburg, womit er seinen höchsten Traum, die Begründung einer europäischen Gelehrtenrepublik, zur Verwirklichung zu bringen hoffte. Man kann sagen, daß es schlechterdings nichts gab, dem er nicht sein belebendes Interesse zugewendet hätte. Er sagte selbst einmal von sich: »Es klingt wunderbar, aber ich billige alles, was ich lese, denn ich weiß wohl, wie verschieden die Dinge gefaßt werden können.« In dieser weitherzigen, humanen und im Grunde künstlerischen Billigung alles Seienden wurzelte seine unvergleichliche Universalität und seine ganze Philosophie. Er stand in Korrespondenz mit zahlreichen hervorragenden Zeitgenossen, unter anderen mit Arnauld, Bossuet, Malebranche, Bayle, Guericke, Hobbes, und in diesen Briefen, die er mit der größten Sorgfalt, oft dreimal ausarbeitete, sowie in Aufsätzen, die er in die führenden gelehrten Zeitschriften, besonders in die *Acta eruditorum* und in das *Journal des Savants*, schrieb, ist seine Philosophie niedergelegt. Zu seinen Lebzeiten ist nur ein einziges Buch von ihm erschienen, die *Essais de théodicée sur la bonté de Dieu, la liberté de l'homme et l'origine du mal.*

Friedrich der Große hat in geistreicher Übertreibung Leibnizens System einen philosophischen Roman genannt. Es ist ein vielteiliges, umfangreiches und völlig durchkomponiertes Gebäude, aber übersät mit Schnörkeln und Ornamenten; ein tiefsinniger Irrationalismus, aber ein aus dem Verstand geborner. An die Spitze der leibnizischen Philosophie könnte man das faustische Wort stellen: »Im Anfang war die Kraft.« Kraft ist das Grundwesen aller Geister und Körper. Es liegt aber in der Natur der Kraft, daß sie tätig und immer tätig ist und daß sie durch diese Tätigkeit sich selbst, ihre Eigenart ausdrückt: also ist Kraft Individualität; daß sie Leben ist: also gibt es in der Welt nichts Unfruchtbares und Totes. Jedes Stück Materie kann als »ein Garten voller Pflanzen oder ein Teich voller Fische« angesehen werden, und »jeder Zweig der Pflanze, jedes Glied des Tieres, jeder Tropfen Feuchtigkeit ist immer wieder ein solcher Garten und ein solcher Teich«. Jede solche Welteinheit, von Leibniz »Monade« genannt, ist *un petit monde«, un miroir vivant de l'univers«, »un univers concentré«:* sie hat keine Fenster, durch die etwas in sie hineinscheinen könnte, vielmehr ist sie ein Spiegel, der das Bild des Universums aus eigener Kraft, *»actif«* hervorbringt. Diese Monaden bilden ein Stufenreich. Es gibt so viele Monaden, als es Unterschiede des klaren und deutlichen Vorstellens, Grade der Bewußtheit gibt. In dieser durch unendlich kleine Differenzen ansteigenden Reihe gibt es keinen Sprung und keine Wiederholung. »Wie eine und dieselbe Stadt, von verschiedenen Seiten betrachtet, immer ganz anders und gleichsam perspektivisch vervielfältigt erscheint, so kann durch die zahllose Menge der Monaden der Schein entstehen, als gäbe es ebenso viele verschiedene Welten, die doch nur Perspektiven einer einzigen Welt sind, nach den verschiedenen Gesichtspunkten der Monaden.« Diese leibnizischen *»points de vue«* hat die Barockmalerei mit ihrer neuen Technik des Abschattierens, der Perspektivik und des Helldunkels zum erstenmal auf die Leinwand gebracht.

Die großartigste und fruchtbarste Konzeption Leibnizens ist aber seine Theorie von den bewußtlosen Vorstellungen. Er unterscheidet zwischen bloßer und bewußter Vorstellung, zwischen *»perception«* und *»apperception«,* und erläutert diesen Unterschied am Wellengeräusch. Das Brausen des Meeres setzt sich aus den einzelnen Wellenschlägen zusammen. Jedes dieser Einzelgeräusche ist für sich zu klein, um gehört zu werden, es wird von uns zwar empfunden, aber nicht bemerkt, perzipiert, aber nicht apperzipiert. Die Empfindung, die von der Bewegung der einzelnen Welle hervorgerufen wird, ist eine schwache, undeutliche, unmerklich kleine Vorstellung, *»une perception petite, insensible, imperceptible«.* Ebenso gibt es in unserem Seelenleben zahllose verhüllte, dunkle, gleichsam schlafende Vorstellungen, die zu klein sind, um in den Lichtkreis des wachen Bewußtseins treten zu können, sie spielen dieselbe Rolle wie die winzigen Elementarkörper, aus denen die sichtbare Natur aufgebaut ist, sie sind gewissermaßen die Atome unseres Seelenlebens. Gerade diese *»perceptions petites«* sind es aber, die jedem Individuum das Gepräge seiner Eigentümlichkeit verleihen, sie sind es, wodurch sich ein Mensch von allen anderen unterscheidet. Eine jede von ihnen läßt in unserer Seele eine leise Spur zurück, und so reiht sich in geräuschloser Stille, von uns unbemerkt, Wirkung an Wirkung, bis der einmalige Charakter da ist. Der Schritt, den die leibnizische Psychologie hier über die cartesianische hinaus tut, ist ungeheuer.

In einer Welt, die sich derart schrittweise vom Kleinsten zum *Die Welt* Größten, vom Niedersten zum Höchsten entwickelt, kann es *als Uhr* nichts Überflüssiges, nichts Schädliches, nichts Unberechtigtes geben: darum leben wir in der »besten der Welten«. Gott, dessen Wesen Wahrheit und Güte ist, hat sie ebendarum unter allen möglichen gewählt. Da die Welt aus Monaden, und das heißt: aus Individuen zusammengesetzt ist, das Wesen des Individuums aber in der Beschränktheit besteht, so folgt daraus nicht nur die Existenz, sondern sogar die Notwendigkeit des Übels, das nichts anderes ist als eine Beschränktheit oder Unvollkommenheit, entweder eine physische oder eine moralische. Ohne Unvollkommenheit wäre die Welt nicht vollkommen, sondern sie wäre überhaupt nicht. Die Übel in der Welt lassen sich den Schatten in einem Gemälde, den Dissonanzen in einem Musikstück vergleichen. Was als Einzelheit verworren und mißtönend erscheint, wirkt als Teil des Ganzen schön und wohlklingend: eine Argumentation, die sich, wie wir uns aus dem ersten Buche erinnern, schon bei Augustinus findet. Da Gott vollkommene Wesen nicht schaffen konnte, so schuf er Wesen, die von Stufe zu Stufe vollkommener werden: nicht perfekte, sondern perfektible. Auch der größte Künstler ist an sein Material gebunden: statt einer absolut guten Welt, die schlechterdings unmöglich ist, schuf Gott die beste Welt, das heißt: die bestmögliche. In dieser Welt ist alles durch die göttliche Weisheit vorherbestimmt und durch die göttliche Schöpferkraft in Harmonie gesetzt: durch diese alles durchwaltende prästabilierte Harmonie enthüllt sich die Welt als Kunstwerk. Aber Leibniz gibt diesem Gedankengang eine echt barocke Wendung, indem er das Kunstwerk einem Uhrwerk gleichsetzt. So versucht er auch eines der Hauptprobleme der zeitgenössischen Philosophie, die Korrespondenz zwischen Leib und Seele, zu erklären: sie verhalten sich wie zwei Uhren, die so vorzüglich gearbeitet sind, daß sie immer genau die gleiche Zeit angeben.

Der Maskenzug   Auf den ersten Blick könnte es scheinen, als ob die Barocke, die in Leibniz kulminiert, einfach die Tendenzen der Renaissance fortsetzen würde, indem sie bemüht ist, das Dasein immer mehr zu logisieren. Und in der Tat: sie geht sogar noch einen beträchtlichen Schritt weiter, indem sie mechanisiert. Aber die Barocke ist ein viel verschränkteres, zwiespältigeres, änigmatischeres Problem als die Renaissance: ihr Seelenleben ist ungleich labyrinthischer, versteckter, mehrbödiger, hintergründiger, man möchte fast sagen: hinterhältiger. Sie flieht ruhelos und unbefriedigt zwischen zwei Polen hin und her: dem Mechanischen und dem Unendlichen, das sie sich als Korrelat erfindet zu einer rein mechanischen Welt, in der sie es nicht aushielte. Sie, und sie zuerst, empfindet infinitesimal.

»Es ist«, sagt Wölfflin in seinen entscheidenden Untersuchungen über »kunstgeschichtliche Grundbegriffe«, »als hätte der Barock sich gescheut, jemals ein letztes Wort auszusprechen.« Er getraut es sich nicht, er fürchtet, sich damit irgendwie zu binden, seine Scheu vor endgültigen Zusammenfassungen ist ein Produkt sowohl seines Freiheitsdranges wie seiner Frömmigkeit, denn wie der Jude den Namen Gottes nicht auszusprechen wagt, so schreckt auch der Barockmensch davor zurück, die letzten Rätsel der Natur, des Lebens, der Kunst in eine eindeutige Formel zu bannen. Hinter seinen scheinbar so klaren und scharf umrissenen Formulierungen steht immer noch ein Unausgedeutetes, Nieauszudeutendes. Das Weltall ist ein Mechanismus, nach streng mathematischen Gesetzen bewegt; aber durch mysteriöse Fernkräfte. Die menschliche Seele ist ein Uhrwerk; aber aufgebaut aus den irrationalen *perceptions petites,* die sich unserer wachen Beobachtung entziehen. Die menschliche Gestalt erscheint auf der Leinwand so lebenswahr erfaßt wie noch nie vorher; aber umspült von einem Astralschimmer, der sie wieder unfaßbar und tausenddeutig macht. Das äußere Gehaben des Menschen erlangt die Präzision eines Puppentheaters; aber zugleich dessen magische Unwirklichkeit. So zieht die Barockmenschheit an uns vorüber wie ein wohlgeordneter hell erleuchteter Maskenzug, der aber sein wahres Gesicht verbirgt, vor uns und vor sich selbst. Hierauf beruht der hohe ästhetische Reiz, der die Barocke umwittert und über die früheren und späteren Entwicklungsperioden der Neuzeit hinaushebt. Sie weiß trotz ihrer hochgespannten Intellektualität, daß das Leben ein Geheimnis ist.

DRITTES KAPITEL

Die Agonie der Barocke

Le présent est chargé du passé et gros de
l'avenir.

Leibniz

Watteau Antoine Watteau, der 1684 geboren wurde und schon 1721 an
der Schwindsucht starb, hat in fast achthundert Bildern das
Parfüm jener wissenden und infantilen, heitern und müden
Welt, die man Rokoko nennt, mit einer solchen Kraft und Delikatesse, Unschuld und Virtuosität festgehalten, daß man an
diese Zeit nicht denken kann, ohne sich zugleich an ihn zu erinnern, und Rokoko und Watteau fast austauschbare Begriffe
geworden sind. Vielleicht keinem zweiten Künstler ist es so
restlos gelungen, das flüchtige Leben seiner Umwelt in all seinem sprühenden Glanz in tote Zeichen zu übertragen: diese
Menschen, deren seelische Entfernung von uns noch weit mehr
beträgt als die zeitliche, hier schlafen sie, in Farbe gebannt,
einen unsterblichen Zauberschlaf als unsere Zeitgenossen und
Vertrauten.

In der Bemühung, diese seltsame Tatsache psychologisch zu
erklären, hat man bisweilen darauf hingewiesen, daß Watteau
ein Ausländer und ein Proletarier war. In der Tat läßt sich bisweilen beobachten, daß »Zugereiste« in ihrer Kunst das Wesen
ihrer zweiten Heimat eindringlicher und leuchtender verkörpern als der Eingeborene. Um nur ein Beispiel zu nennen: es
dürfte schwerfallen, zwei echtere Repräsentanten des Wiener-
tums zu finden als Nestroy und Girardi, und doch weisen beide
Namen auf fremden Ursprung. Daß Watteau ein armer Dach-

deckerssohn vom Lande war, hat sicher ebenfalls seinen Blick für den flimmernden Reiz und die narkotische Schönheit des damaligen Paris geschärft. Es pflegen ja auch die saftigsten und innigsten Naturschilderungen nicht von Bauern und Gutsbesitzern zu stammen, sondern von Großstädtern und Kaffeehausmenschen, und die Dichter der leidenschaftlichsten und empfundensten Liebeslyrik sind selten Don Juans gewesen. Auch Watteau war verliebt, und zwar unglücklich, also doppelt verliebt in die Welt der schwerelosen Anmut und des selbstverständlichen Genusses, die kühle und zarte, aromatische und durchsonnte Gipfelluft, in der diese privilegierten Wesen ihre göttliche Komödie spielten: er wußte, daß er kein legitimer Teilhaber dieser Feste sein könne, nur ihr Zuschauer und Chroniqueur, und so ist er der unvergleichliche *peintre des fêtes galantes* geworden.

Dazu kam noch ein Drittes: *Watteau* war auch physisch und seelisch ein »Enterbter«: kränklich und häßlich, schwächlich und unansehnlich, linkisch und melancholisch. Wir haben schon am Anfang des ersten Buches an einer Reihe von Beispielen darzulegen versucht, daß körperliche und geistige Defekte bisweilen die Quelle außerordentlicher Leistungen zu bilden vermögen: daß Kriegshelden wie Attila und Karl der Große, Napoleon und Friedrich der Große eine kleine Figur besaßen, daß Byron hinkte, Demosthenes stotterte, Kant verwachsen, Homer blind und Beethoven taub war. Aus einer solchen »physiologischen Minderwertigkeit« heraus hat auch Watteau seine Farbenwunder geschaffen. Er konnte die Grazien nicht besitzen, und so blieb ihm nichts übrig, als sie zu gestalten. In seinen Kunstwerken hat er seine Naturmängel kompensiert und überkompensiert. Er hat als ein hoffnungslos Dahinschwindender lachenden Frohsinn, als ein zum Grabe Taumelnder tanzende Lebensbejahung, als ein von Krankheit Ausgesogener trunkenen Daseinsgenuß gepredigt. Es ist die Kunst eines Phthisikers, der mitten im grauesten Siechtum den rosenfarbigsten Optimismus aufrichtet.

Und damit gelangen wir zur eigentlichen Lösung des Problems. Watteau war ein so vollkommener Spiegel seiner Zeit, weil er in seinem Schicksal und seiner Persönlichkeit ihr sprechendstes Symbol war. Er war ein Sterbender und sein ganzes Leben und Schaffen die Euphorie des Schwindsüchtigen. Und auch das Rokoko war eine sterbende Zeit und ihre Lebensfreude nichts als eine Art Tuberkulosensinnlichkeit und letzte Sehnsucht, sich über den Tod hinwegzulügen: das heitere Rot auf ihren Wangen ist aufgelegtes Rouge oder hektischer Fleck. Das Rokoko ist die Agonie und Euphorie der Barocke, ihr Sonnenuntergang, jene Tagesstunde, die auch Watteau am liebsten gemalt hat. Liebend und sterbend: das ist die Formel für Watteau und das gesamte Rokoko.

La petite maison   Das Rokoko ist, im Gegensatz zum Barock, ein *zersetzender* Stil, der, rein malerisch und dekorativ, spielerisch und ornamental, alles mit einem Rankenwerk von Flechten, Muscheln, Schlinggewächsen überwuchert: es sind Sumpfmotive, die hier zur Herrschaft gelangen; die bisherigen großen Formen beginnen sich in aparte Fäulnis aufzulösen. Alles ist von weicher Abendkühle durchweht, in ein sterbendes Blau und zartglühendes Rosa getaucht, das das Ende des Tages ankündigt. Eine fahle Herbststimmung breitet sich über die Menschheit, die auch ganz äußerlich die Farben des Verwelkens bevorzugt: Honiggelb und Teegrün, Dunkelgrau und Blaßrot, Violett und Braun. Dieser Décadencestil par excellence ist müde, gedämpft und anämisch und vor allem prononciert feminin: raffiniert kindlich und naiv obszön, wie die Frau es ist; verschleiert und boudoirhaft; parfümiert und geschminkt; satiniert und konditorhaft; ohne männliche Tiefe und Gediegenheit, aber auch ohne virile Schwere und Pedanterie; schwebend und tänzerisch, wodurch ihm das Wunder gelungen ist, eine fast von den Gravitationsgesetzen befreite Architektur hervorzubringen; immer vielsagend lächelnd, aber selten eindeutig lachend; amüsant, pikant, kapriziös; feinschmeckerisch, witzig, kokett; anekdotisch, novellistisch, pointiert; plaudernd und degagiert, skeptisch und populär, komödiantisch und genrehaft: selbst die Karyatiden des Zeitalters, wie Friedrich der Große, Bach und Voltaire, sind gewissermaßen überlebensgroße Genrefiguren.

Diese Spätbarocke ist nämlich intim, was die Hochbarocke nie war: sie ist, im edelsten Sinne, ein Tapeziererstil, der bloß gefallen, ausschmücken, verfeinern will und große Worte ebenso skurril wie unbequem findet. Das Charaktergebäude, dem alle Erfindungskraft und Sorgfalt gewidmet wird, ist nicht mehr das pompöse Palais, sondern *la petite maison,* das mit allen Reizen eines weniger repräsentativen als privaten Luxus ausgestattete Lusthäuschen, das, mit den früheren Bauten verglichen, etwas Reserviertes, Verschwiegenes, Persönliches hat. Unter Ludwig dem Vierzehnten lebte der Mensch nur in der Öffentlichkeit, nämlich für und durch den Hof: man zählte nur mit, wenn man beim König erschien und so lange man beim König erschien; daher war jede Lebensäußerung, vom tiefsten Gedanken bis zur leichtesten Verbeugung, für die Parade zugeschnitten, auf den Effekt in Versailles berechnet. Jetzt beginnt man, ermüdet von dieser fünfzigjährigen Galavorstellung, die Freuden der Zurückgezogenheit, des Sichgehenlassens und Sichselbstgehörens, des *petit comité* zu schätzen. Schon die Namen dieser Schlößchen, wie »*Eremitage*«, »*monrepos*«, »*solitude*«, »*sanssouci*«, deuten auf die veränderte Geschmacksrichtung. Ihr Antlitz ist nicht mehr jupiterhaft, distanzierend und in schwere Falten gelegt, sondern einladend, liebenswürdig und entspannt. In den Innenräumen stehen nicht mehr steife Prunksessel mit hohen harten Lehnen und würdevolle Dekorationsstücke aus wuchtigem Material, sondern bequeme Polsterstühle, mit Seidenkissen bedeckte Kanapees und weißlackierte Miniaturtische mit zarten Goldleisten. Und auch diese ruhigen Wirkungen sucht man noch abzuschwächen, indem man das Gold entweder durch das diskretere Silber ersetzt oder durch Tönung matter erscheinen läßt, wie man überhaupt jedem geradezu möglichst aus dem Wege geht und überall den gebrochenen, abgewandelten, gemischten Farben, den zärtlichen und delikaten Materialien, wie Rosen-, Veilchen-, Tulpenholz, den Vorzug gibt. Die Inventarstücke beginnen das subjektive Gepräge ihrer Besitzer zu tragen und deren persönlichen Zwecken zu dienen: eine Reihe neuer Möbel, die damals aufkamen, bringen dies zum Ausdruck, zum Beispiel die *»boîtes à surprises«,* Sekretäre mit witzig konstruierten Geheimfächern und überraschenden Mechanismen, und die Damenschreibtische, die den hübschen Namen *»bonheur du jour«* führten. Alle Gebrauchsgegenstände waren mit wohlriechenden Essenzen imprägniert, und emaillierte Räucherpfannen durchdufteten die Räume mit exquisiten Parfüms. Die führenden Künstler kümmerten sich um jedes dieser Details, durch deren Zusammenklang sie eine aufs feinste abgestimmte Gesamtatmosphäre des künstlerischen Genusses und Behagens zu schaffen wußten: Watteau hat Modeskizzen und Firmenschilder gemalt, und Boucher zeichnete Entwürfe für Briefbillets, Tischkarten und Geschäftspapiere.

Pastell und   Eine besondere Note erhielten die Rokokointerieurs durch
Porzellan   das Dominieren der Pastell- und der Porzellankunst. In der Tat konnte keine Art der Malerei die Seelenhaltung des ganzen Zeitalters, seinen zarten und zerfließenden, blassen und verhauchenden, auf einen weichen Samtton gestimmten Charakter besser ausdrücken als das Pastell; dazu kam noch die besondere Eignung dieser Technik für das intime Porträt. Das europäische Porzellan wurde zum erstenmal im Jahr 1709 von dem Sachsen Johann Friedrich Böttcher hergestellt, den August der Starke als Alchimisten bei sich in Haft hielt; und diese

Erfindung wurde tatsächlich zu einer Art Goldmacherei, denn der neue Stoff eroberte den ganzen Erdteil. Die bald darauf gegründete Meißener Porzellanmanufaktur versorgte alle Welt mit wohlfeilem, schönem und praktischem Eßgeschirr und verdrängte nicht nur das Steingut und Zinn, sondern auch das Silber von den Tafeln. Der Klassiker der deutschen Porzellankunst ist Joachim Kändler, dessen verliebte Schäfer und Schäferinnen und lebensgroße Vögel, Affen und Hunde das Entzücken der vornehmen Welt bildeten. August der Starke war von seiner Liebhaberei für die neue Kunst so besessen, daß er ihr sein halbes Vermögen opferte und ein ganzes Schloß mit Porzellanarbeiten füllte. Auch in Wien entstand schon 1718 eine staatliche Porzellanfabrik. Eine mächtige Konkurrentin der deutschen Manufakturen wurde später die auf Anregung der Pompadour ins Leben gerufene Fabrik in Sèvres. In England wurde Josiah Wedgwood der Erfinder des nach ihm benannten Materials, das er vornehmlich zu meisterhaften Nachahmungen antiker Vasen verarbeitete. Schließlich wurde Europa von einer wahren Porzellanmanie ergriffen. Man verfertigte nicht nur Leuchter und Lüster, Uhren und Kamine, Blumensträuße und Möbeleinlagen aus Porzellan, sondern es wurden auch ganze Zimmer und Kutschen damit ausgeschlagen und überlebensgroße Denkmäler daraus hergestellt. Hiedurch entfernte sich diese subtile Kunst von der Bestimmung, die ihr durch ihr Material vorgeschrieben war und sie zugleich zu einem so lebendigen und prägnanten Ausdruck ihrer Zeit gemacht hatte: denn gerade ihre außergewöhnliche und ausschließliche Eignung für die polierte und elegante, kokette und aparte, fragile und spröde Miniatur sprach zur Rokokoseele.

Man hatte vor der Entdeckung Böttchers das Porzellan aus China bezogen, und auch nachher wurden noch lange die Meißener Waren für chinesisch ausgegeben. Dies war kein bloßer Geschäftstrick, sondern wiederum im Zeitgeist begrün-

Chinoiserie

det. Denn China galt dem Rokokomenschen als das Musterland der Weisheit und Kunst. Zu Anfang des Jahrhunderts kamen die »Chinoiserien« in Mode: ostasiatische Bilder, Vasen
und Skulpturen, Papiertapeten, Lackwaren und Seidenarbei-
ten; zahlreiche Romane entführten den Leser in jenes Mär-
chenreich, wo ein glückliches heiteres Volk unter gelehrten
Führern ein paradiesisches Dasein genoß; Historiker, an der
Spitze Voltaire, verherrlichten China als das Dorado vortrefflicher Sitte, Religion und Verwaltung; in den Gärten errichtete
man Pagoden und Teehäuschen, Glockenpavillons und schwebende Bambusbrücken; selbst der Zopf wird auf chinesischen
Einfluß zurückgeführt. Auch der Pfau, der sich damals besonderer Beliebtheit erfreute, hat etwas Chinesisches, und zugleich
ist er ein echtes Rokokotier: dekorativ und bizarr, selbstge-
nießerisch und theatralisch, endimanchiert und genrehaft.

Le siècle
des
petitesses

Vom ganzen Rokoko gilt, was Diderot 1765, als bereits ein
neuer Geist zu herrschen begann, von Boucher gesagt hat: es
hatte »zuviel kleinliches Mienenspiel«. Schon Voltaire hatte
sein Zeitalter *»le siècle des petitesses«* genannt. Es hat auf allen
Gebieten eigentlich nur charmante Nippes hervorgebracht.
Der Barock schreit und plakatiert, das Rokoko flüstert und
dämpft. Schnörkelhaft sind beide; aber der Schnörkel, im Barock eine leidenschaftliche Exklamation, wird im Rokoko zum
diskreten zierlichen Fragezeichen.

In der französischen Hochbarocke herrschte tyrannisch die
Regel, Normwidrigkeit galt als eine Versündigung am Geist:
jetzt gehen umgekehrt die Begriffe bizarr und geistreich eine
Verbindung miteinander ein. Im cartesianischen Zeitalter war
der souveräne Maßstab aller Werte die Korrektheit und Symmetrie: für das *»genre rocaille«* ist eine bis zur Kaprice getriebene Vorliebe für das Unerwartete, Willkürliche, Paradoxe
richtunggebend und formbildend. Diese Menschen waren in
ihrer Philosophie vielleicht erst halbe, in ihrer Kunst aber

schon ganze Atheisten. Was sie reizt, ist immer nur die Abwei-
chung, der Sprung, die Diversion. Als eine vornehme italienische Dame einmal ein köstliches Fruchteis verzehrte, sagte sie:
»Wie schade, daß es keine Sünde ist.« Diese Passion für das
Illegitime und Abnorme steigerte sich nicht selten bis zur Perversität. Vielleicht in keinem Zeitalter war der aktive und passive Flagellantismus so verbreitet wie damals; er war geradezu
zur Massenpsychose ausgeartet. Man muß sich jedoch bei dieser und ähnlichen Erscheinungen daran erinnern, daß sämtliche hohen und späten Kulturen zur Perversität neigen, ja daß
in aller Kultur ein Element des Perversen verborgen liegt. Kultur ist und bleibt nun einmal das Gegenteil von Natur: wir
haben auf diese Tatsache schon im vorigen Kapitel, beim Problem der Perücke, hinzuweisen versucht. Bei alternden Kulturen zeigt sich dies natürlich in verstärktem Maße: der Kreis der
»normalen« Möglichkeiten ist erfüllt, die Phantasie strebt über
ihn hinaus. Weder die Ägypter des Neuen Reiches noch die
Griechen der Alexandrinerzeit und die Römer der Kaiserzeit
erfreuten sich »gesunder« Verhältnisse. Besonders die »Sittenlosigkeit« des alten Rom erinnert an die Rokokozeit. »Ich frage
schon lange in der ganzen Stadt herum«, sagt Martial, »ob
keine Frau nein sagt: keine sagt nein. Also ist keine keusch?
Tausende sind es. Was tun denn nun die Keuschen? Sie sagen
nicht ja, aber sie sagen auch nicht nein«; und Juvenal meint,
manche Frauen ließen sich schon wieder scheiden, ehe die grünen Zweige abgewelkt seien, die beim Einzuge der Neuver-
mählten die Haustüre schmückten. Analog schrieb Voltaire
unter dem Artikel *Divorce*: »Die Scheidung stammt wahrscheinlich aus derselben Zeit wie die Ehe. Ich glaube trotzdem,
daß die Ehe einige Wochen älter ist.« Selbst zu den sadistischen
Zirkusvergnügungen der Römer findet sich ein Pendant in der
Sitte, daß in Paris Angehörige der höchsten Kreise den Hin-
richtungen wie einem sensationellen Gesellschaftsereignis bei-

zuwohnen liebten, wobei, wie Zeugen versichern, zahlreiche Damen in Orgasmus gerieten.

Der Esprit   Man wollte sich vor allem um keinen Preis langweilen. Hierdurch kommt ein ganz neuer Elan in die französische Kultur; erst im achtzehnten Jahrhundert wird der wahre *esprit* geboren, der Champagnergeist, der Schaum und Wein zugleich ist. Aber mit dieser fast krankhaften Sucht, unter allen Umständen »anregend«, brillant, aromatisch, moussierend zu sein, verliert sich auch die Monumentalität und Würde, der Ernst und die Tiefe: ganz große Gebiete der Seele verdorren, werden hochmütig gemieden oder leichtfertig ignoriert. Der Glanz, der von der scheidenden Barocke ausströmt, ist die Phosphoreszenz der Verwesung.

Man denkt nicht mehr in mühsam getürmten und gegliederten Systemen und schweren schleppenden Schlußketten, sondern in gedrängter pikanter Polemik, in facettierten Bonmots, kurzweiligen Satiren, gepfefferten Pamphleten und messerscharfen Aphorismen, oder auch in *»poésies fugitives«*: lyrisch-epigrammatischen Niaiserien, die nur den schimmernden Dünnschliff irgendeines Ideengangs geben; man macht den Dialog, den Roman, die Novelle zum Gefäß der Philosophie: selbst der gewissenhafte und tiefgründige Montesquieu zieht durch seine *Lettres Persanes* das buntfarbige Band einer lüsternen Haremsgeschichte. Man will von jedermann verstanden werden, auch vom Halbgebildeten, vom Salonmenschen, vom »Publikum« und vor allem von den Damen.

Dies spricht auch aus den Porträts. Die Gelehrten lassen sich nicht mehr mit Buch, Feder und Brille abbilden, sondern als lächelnde nonchalante Weltleute: nichts soll an die desillusionierenden technischen Behelfe ihrer Produktion erinnern, wie diese selbst nicht mehr nach Öl, Tinte und Stube riechen darf und nichts anderes sein will als ein leichter, geschmackvoller und komfortabler Galanterieartikel, eine der vielen unentbehrlichen Überflüssigkeiten des luxuriösen und genießerischen Lebens der großen Gesellschaft. Die Gärten der Wissenschaft, im Mittelalter als geheiligter Bezirk den Blicken der Profanen entzogen, in der Renaissance durch das Stachelgitter lateinischer Gelehrsamkeit abgezäunt, werden im achtzehnten Jahrhundert der allgemeinen Benutzung übergeben und zur öffentlichen Einrichtung gemacht, wo jedermann Erheiterung, Erholung und Belehrung suchen kann: Adel und Bürgerschaft, Mann und Frau, Geistlichkeit und Laienwelt. Das Volk hat noch keinen Zutritt; nicht weil man es verachtet, sondern aus einem noch sonderbareren Grunde: man hat nämlich seine Existenz überhaupt noch nicht bemerkt. Es wird aber ein Tag kommen, wo auch diese Gesellschaftsschicht von den Gärten ihren Gebrauch machen wird, und einen sehr seltsamen: es wird sie weder zur höheren Ehre Gottes kultivieren wie die Kirche noch erweitern, bereichern und sorgfältig parzellieren wie die strenge Wissenschaft, noch in einen allgemeinen Belustigungsort verwandeln wie die Philosophen für die Welt, sondern berauben und demolieren. Es wird das dort angesammelte Material zuerst als hölzerne Waffe benutzen, um seine Widersacher zu bedrohen, und schließlich als riesigen Brennstoff, um die Welt in Flammen zu setzen.

Wenn diese Zeit es verstanden hat, sogar die Wissenschaft und Philosophie zu einem erlesenen Reizmittel zu machen, das man einschlürft wie einen gaumenkitzelnden Apéritif, so versteht es sich von selbst, daß sie auch auf allen übrigen Gebieten nicht anders verfuhr. Man hat nur den einen Wunsch, das Leben zu einem ununterbrochenen Genuß zu machen; »der Sicherheit halber«, sagte Madame de la Verrue, »bereitet man sich bereits auf Erden das Paradies«. Und man will sich deklarieren, ohne die Kosten zu bezahlen. Man will die Früchte des Reichtums genießen ohne die Strapazen der Arbeit, das Glanzlicht der sozialen Machtstellung ohne ihre Pflichten und die Freu-

Die Liebe als Liebhabertheater

669

den der Liebe ohne ihre Schmerzen. Man flieht daher die große Passion, die als nicht chic gebrandmarkt wird, und schöpft von der Liebe nur die süße luftige Creme ab. Man ist immer amourös, aber niemals ernstlich verliebt: »man nimmt einander«, heißt es bei Crébillon fils, »ohne sich zu lieben; man verläßt einander, ohne sich zu hassen.« Liebe und Haß sind Leidenschaften, und Leidenschaften sind unbequem und außerdem ein Zeichen von Mangel an Esprit. Man will die Liebe ohne viele Umstände genießen wie ein pikantes Bonbon, das rasch auf der Zunge zergeht, nur dazu bestimmt, durch ein zweites von anderem Geschmack ersetzt zu werden.

Die Erotik wird ein graziöses Gesellschaftsspiel, das die Liebe amüsant nachahmt und bestimmten Regeln unterworfen ist. Die Liebe wird zum *Liebhabertheater*, zu einer abgekarteten Komödie, in der alles vorhergesehen und vorausbestimmt ist: die Verteilung der Fächer, die der Dame immer die Partie der kapriziösen Gebieterin, dem Herrn die Rolle des ritterlichen Anbeters zuweist; die Reden und Gebärden, mit denen man die einzelnen Stationen: Werbung, Zögern, Erhörung, Glück, Überdruß, Trennung zu markieren hat. Es ist ein komplettes, durch lange Tradition und Kunst geschaffenes Szenarium, worin alles seinen konventionellen Platz hat und alles erlaubt ist, nur keine »Szenen«; denn seinem Partner ernstliche Erschütterungen bereiten zu wollen hätte einen bedauerlichen Mangel an Takt und Erziehung bewiesen. Auch die Eifersucht durfte nur einen spielerischen Charakter tragen: »*la gelosia é passione ordinaria e troppo antica*«, sagt Goldoni.

Aber selbst diese Treibhausliebe gedeiht nur in der schwülen Atmosphäre der Illegitimität. Alles, was an »Familienleben« erinnert, rangiert als *mauvais genre*. Schwangerschaft macht unfehlbar lächerlich, wird daher möglichst vermieden und, wenn eingetreten, möglichst lange verheimlicht. Liebe in der Ehe gilt für altfränkisch und absurd, noch schlimmer: für geschmacklos. In der guten Gesellschaft titulieren sich die Ehepaare auch zu Hause mit »Monsieur« und »Madame«. Eheliche Treue sowohl des Mannes wie der Frau wird geradezu als unpassend angesehen; allenfalls toleriert man noch viereckige Ehen, bei denen die Paare changieren. Eine Frau, die keine Liebhaber hat, gilt nicht für tugendhaft, sondern für reizlos, und ein Ehemann, der sich keine Mätressen hält, für impotent oder ruiniert. Es gehört so vollständig zum guten Ton für eine Dame von Welt, unerlaubtes Glück genossen zu haben, daß sie gezwungen ist, die Spuren ihrer Liebesnächte von Zeit zu Zeit öffentlich zur Schau zu tragen, sich schwarze Ringe um die Augen zu schminken, einen abgespannten Gesichtsausdruck anzunehmen, den ganzen Tag im Bett zu bleiben, während es andrerseits für jeden Menschen von Lebensart *de rigueur* ist, diesen angegriffenen Zustand mit ironischem Erstaunen zu konstatieren. Dem Gatten ist hiebei die Aufgabe zugewiesen, mit Verstand und Anstand über der Situation zu stehen, und je mehr Witz, Liebenswürdigkeit und Anmut er an diese Rolle wendet, desto sicherer sind ihm alle Sympathien. Voltaire lebte bekanntlich ein halbes Menschenalter lang mit der Marquise du Châtelet auf deren Schloß Cirey in Lothringen, aber niemals hören wir etwas von irgendeiner Verstimmung des Marquis. Seine Toleranz ging aber noch viel weiter. Eines Tages wurde auch Voltaire von Emilie betrogen, die zu dem jungen Schriftsteller Saint-Lambert eine leidenschaftliche Neigung gefaßt hatte, was aber Voltaire nicht hinderte, an ihrer Seite zu bleiben und sogar der väterliche Freund seines Nebenbuhlers zu werden. Das Verhältnis blieb jedoch nicht ohne Folgen, und nun entwickelte sich eine charmante Rokokofarce, die das Sujet einer der besten Novellen Maupassants bilden könnte. Voltaire erklärte: »*Pater est, quem nuptiae declarant.* Wir werden das Kind in Madame du Châtelets gemischte Werke einreihen.« Man lud sogleich Herrn du Châtelet nach Cirey, der auch als-

bald eintraf und dort eine Reihe sehr angenehmer Tage verbrachte. Madame du Châtelet war gegen ihn ungemein liebenswürdig, und er zog daraus seine Konsequenzen. Kurz nach
seiner Abreise konnte er seinen Gästen mitteilen, daß er ein
Kind erwarte. Die Hauptpikanterie der ganzen Geschichte bestand darin, daß höchstwahrscheinlich alle Beteiligten sich gegenseitig eine Komödie vorgespielt haben. Solche Vaudevilles
des Lebens ereigneten sich damals täglich. So dürfte es zum
Beispiel kaum einen brillanteren Lustspielaktschluß geben als
die Bemerkung, die ein französischer Kavalier machte, als er
seine Gattin in flagranti betraf: »Aber wie unvorsichtig, Madame! Bedenken Sie, wenn es ein anderer gewesen wäre als
ich!«

Der
Cicisbeo
Jede Frau muß mindestens einen Liebhaber haben, sonst ist
sie gewissermaßen gesellschaftlich kompromittiert. In Italien
pflegten viele Damen sich im Ehekontrakt einen bestimmten
Cicisbeo auszubedingen, bisweilen auch zwei. Der Bräutigam,
der selbst schon längst in einem anderen Kontrakt als Cicisbeo
figurierte, hatte nichts dagegen einzuwenden. Lady Montague
berichtet in ihren bekannten Briefen aus Wien, daß man es dort
für eine schwere Beleidigung angesehen hätte, wenn jemand
eine Dame zum Dîner gebeten hätte, ohne ihre beiden Männer,
den Gatten und den offiziellen Liebhaber, mit einzuladen. Ihr
Erstaunen hierüber zeigt, daß diese Sitte offenbar nicht über
den Kontinent hinausgedrungen war. Die viel frühere Vorherrschaft des bürgerlichen Elements in England, auf die wir noch
zu sprechen kommen, gestattet es überhaupt nicht, von einem
englischen Rokoko im eigentlichen Sinne zu reden.

Der erklärte Liebhaber, der in Frankreich »*petit maître*«, in
Italien »*cavaliere servente*« hieß und nicht selten ein Abbé war,
begleitete seine Herrin wie ein Schatten: auf Visiten und Pro-
menaden, ins Theater und in die Kirche, zum Ball und zum
Spieltisch, er saß bei ihr im Wagen und schritt neben ihrer

Sänfte, hielt ihr den Sonnenschirm und betreute ihr Hündchen, seinen gefährlichsten Nebenbuhler im Herzen der Dame. Des Morgens weckte er sie, zog die Jalousien in die Höhe und brachte die Schokolade, später assistierte er ihr sachkundig bei der Toilette und geleitete die Besuche an ihr Bett. Auch Fernerstehende wurden nämlich von den Damen mit Vorliebe beim Lever empfangen, später sogar bisweilen beim Morgenbad. Diese Sitte erscheint um so sonderbarer, als man in der Rokokozeit von der Wanne sonst fast gar keinen Gebrauch gemacht hat. In Versailles gab es keine einzige Badegelegenheit, und noch in Goethes Jugend hielt man das Schwimmen für eine Verrücktheit. Die zahlreichen Bilder badender Frauen und Mädchen, die aus jener Zeit stammen, sind kein Gegenbeweis, da sie lediglich dem Zweck dienten, die erotische Phantasie anzuregen. Wenn man bedenkt, welche lächerlich kleinen Dimensionen die damaligen Waschbecken hatten, die etwa so groß und so tief waren wie Suppenteller, so möchte man fast auf die Vermutung kommen, daß sich in jenen pikanten Deckelwannen, die alles mögliche ahnen ließen, kein Wasser befand.

Noch viel öfter als die Wanne findet sich auf den lasziven Bildern jener Zeit, die man mit der größten Unbefangenheit überall aufstellte, ein anderes Requisit: nämlich die Schaukel. Sie kam erst damals allgemein in Mode und bringt in der Tat eine Reihe typischer Rokokoelemente zum Ausdruck: das Spielerische, die vorgetäuschte Infantilität, den erwachenden Sinn für »Freiluft«, die Galanterie des Mannes und die Koketterie der Frau, und sie wirkt durch den kitzelnden Schwindel, den sie erzeugt, als eine Art Aphrodisiakum. Übrigens machte man damals auch ganz unbedenklich von viel weniger harmlosen Stimulantien einen oft ausschweifenden Gebrauch: alle Welt nahm »Liebespillen«, »spanische Fliegen« und ähnliche Anregungsmittel. Es ist unbegreiflich, wie man aus diesen und verwandten Erscheinungen schließen konnte, das Rokoko sei ein

Erotische
Décadence

besonders stark erotisches Zeitalter gewesen; es war vielmehr
eher unerotisch und wollte nur um keinen Preis auf die Genüsse der Liebe verzichten. Gerade aus der Tatsache, daß alles
Sinnen und Trachten des Rokokomenschen dem Problem der
Liebe und der Bereicherung, Verfeinerung und Intensivierung
ihrer Technik gewidmet war, erhellt unzweideutig, daß ihm
auch auf diesem Gebiete die schöpferische Kraft abhanden gekommen war. Der Augenblick, wo nicht mehr der Inhalt, sondern die Form, nicht mehr die Sache, sondern die Methode zum
Hauptproblem erhoben wird, bezeichnet immer und überall
den Anfang der Décadence. Erst als das Mittelalter die ganze
Fülle seiner Gottesanschauung ausgelebt hatte, entwickelte
die Scholastik ihre höchste Subtilität und Schärfe; erst als die
griechische Philosophie alle ihre großen Würfe getan hatte, erschienen die klassischen Systematiker. Aischylos und Shakespeare waren keine Dramaturgen; dies blieb erst den Alexandrinern und den Romantikern vorbehalten. Aber andrerseits
muß man gerechterweise auch anerkennen, daß gerade die Niedergangszeiten in Kunst, Wissenschaft, Lebensordnung eine
Feinheit, Kompliziertheit und psychologische Witterung zu
entwickeln pflegen, die nur ihnen eigen ist. Und so hat es denn
auch im Rokoko zwar keine erotischen Genies gegeben, wohl
aber große Amouröse, unvergleichliche Artisten der Liebeskunst, die damals zu einer ungemein geistreichen und gründlichen Wissenschaft ausgebildet wurde. An der Spitze dieser Virtuosen beiderlei Geschlechts stehen die Pompadour, deren
Leben zur Legende, und Casanova, dessen Namen zum Gattungsbegriff erhöht worden ist, während eine Gestalt wie die
des Herzogs von Richelieu als Repräsentant einer ganzen Spezies gelten kann: er erhielt, obgleich er ein Alter von zweiund-
neunzig Jahren erreichte, bis zu seinem Tode täglich ein dickes
Paket Liebesbriefe, das er oft gar nicht öffnete, und erlitt die erste und wahrscheinlich einzige Niederlage seines Lebens mit

sechsundsechzig Jahren, als er auf Schloß Tournay vergeblich um die schöne Madame Cramer warb, was ihn aber als Kuriosität so amüsierte, daß er es selbst aller Welt erzählte; und einmal war er sogar Gegenstand eines Pistolenduells, das zwei Damen der höchsten Aristokratie um ihn ausfochten.

Auch die Tatsache, daß das Rokoko ein Zeitalter der Gynokratie war, ist nicht aus besonders stark entwickelter Erotik herzuleiten. Dies ist vielmehr in zwei anderen Momenten begründet. Zunächst in der Feminisierung des Mannes, die sich von Jahrzehnt zu Jahrzehnt steigerte. »Die Männer«, sagt Archenholz, »sind jetzt mehr als in irgendeinem Zeitraum den Weibern ähnlich.« Sodann aber hatte in den romanischen Ländern das Gesellschaftsleben allmählich die grandiosesten Formen angenommen, und wo eine höchstentwickelte Kultur der Geselligkeit herrscht, dort herrscht auch immer die Frau. Aus derselben Ursache stammt auch in der Renaissance der soziale Primat des weiblichen Geschlechts. Nur war die Renaissance eine ausgesprochen virile Zeit und ihr Frauenideal daher die Virago. Ganz umgekehrt kann im Rokoko die Frau gar nicht weiblich und kindlich genug aussehen: es herrscht das Fragilitätsideal, das sich mit voller Bewußtheit an der Porzellanpuppe orientiert. Gesundheit gilt für uninteressant, Kraft für plebejisch. Das aristokratische Ideal, dem noch zur Zeit Corneilles und Condés eine Art Kalokagathie entsprach, wandelt sich zum Ideal der »Feinheit«, der Hypersensibilität und vornehmen Schwäche, der betonten Lebensunfähigkeit und Morbidität. Das Schönheitspflästerchen, das schon unter Ludwig dem Vierzehnten aufgetaucht war, aber erst jetzt zum dominierenden Bestandteil der mondänen Physiognomie wird und eigentlich Häßlichkeitspflästerchen heißen sollte, verfolgt den Zweck, die Regelmäßigkeit des Antlitzes pikant zu unterbrechen, und dient damit dem Hang zur Asymmetrie, der dem Rokoko eingeboren ist, hat aber zugleich die Aufgabe, einen

Das Häßlichkeitspflästerchen

Schönheitsfehler, nämlich eine Warze vorzutäuschen, jede Frau zur *belle vilaine* zu machen und ihr damit einen neuen perversen Reiz zu verleihen: also auch hier ein Zug zum Krankhaften. Später hat man darin sogar bis zur Geschmacklosigkeit exzediert, indem man der Mouche die Gestalt von allerlei Sternen, Kreuzen und Tierfiguren gab und die Ränder mit Brillanten besetzte. Die majestätische Fontange kommt schon 1714 aus der Mode; um 1730 verdrängt der Haarbeutel, *le crapaud,* die Perücke, die seit Beginn des Jahrhunderts immer kleiner geworden war: die männlichen Locken stecken jetzt nur noch in einem zierlichen Säckchen, das von einer koketten Seidenschleife zusammengehalten wird; der Zopf, *la queue,* wird um die Mitte des Jahrhunderts allgemein, beim Militär schon früher. Das Pudern, das zur vornehmen Toilette unerläßlich war, ob es sich um eigenes oder um falsches Haar handelte, war eine äußerst schwierige Prozedur: man schleuderte gewöhnlich den Puder zuerst gegen die Zimmerdecke und ließ ihn von da auf den Kopf herabrieseln, das Gesicht schützte man dabei durch ein Tuch. Kaunitz pflegte des Morgens durch ein Spalier von Lakaien zu schreiten, die ihn möglichst gleichmäßig bestäuben mußten. Graf Brühl besaß fünfzehnhundert Perücken, die dauernd unter Puder gehalten wurden: »Viel für einen Mann ohne Kopf«, sagte Friedrich der Große. Auch das Antlitz mußte stets von einer starken Puderschicht bedeckt sein.

Die tragische Maske des Rokoko Der Puder des Rokoko war so wenig wie die Allonge der Barocke eine »Modetorheit«, sondern dessen beredtestes Symbol. Im Rokoko galt der Mann, wenn er das vierzigste Jahr überschritten hatte, für ausgelebt, die Frau noch viel früher; man heiratete auch viel zeitiger als heutzutage: die Mädchen oft mit vierzehn oder fünfzehn Jahren, die Jünglinge mit zwanzig. Voltaire nennt sich von seinem fünfundvierzigsten Lebensjahr an in seinen Briefen einen Greis; seine Freundin Frau von Châtelet empfand sich als unmögliche Figur, als sie noch mit vierzig

Jahren ein Kind erwartete. Es sind dies Maßstäbe, die großen Wandlungen unterworfen, aber stets im Zeitgeist tief begründet sind. Noch zu Ende des vorigen Jahrhunderts war eine Frau von dreißig Jahren Ballmutter, heute geht sie mit fünfzig in die Tanzschule; in den französischen Sittenstücken der Achtzigerjahre war der Raisonneur, der das Leben und die Liebe mit den Augen des resignierten Zuschauers betrachtet, selten älter als vierzig, in den heutigen Filmen wird der gewissenlose Verführer mit Vorliebe als Fünfziger dargestellt. Das Rokoko fühlte sich alt; und zugleich war es von der verzweifelten Sehnsucht des Alters erfüllt, die entschwindende Jugend dennoch festzuhalten: darum verwischte es die Altersunterschiede durch das gleichmäßig graue Haar. Das Rokoko fühlte sich krank und anämisch: darum mußte der Puder die Blässe und Bleichsucht gleichsam zur Uniform machen. Das junge oder jung geschminkte Gesicht mit dem weißen Kopf ist ein erschütterndes Sinnbild der Rokokoseele, die *tragische Maske* jener Zeit, denn jede Zeit trägt eine bestimmte Charaktermaske, in der sie alle ihre Velleitäten sammelt, ob sie es weiß oder nicht.

Die männliche Kleidung ist das Kostüm eines verwöhnten Knaben: mit ihren zarten Seidenröcken, Kniehosen und gebänderten Schuhen, reichen Jabots und Spitzenmanschetten, glitzernden Goldpailletten und Silberstickereien und dem Galanteriedegen, der ein bloßes Spielzeug ist. Die Tönung der Gewänder ist delikat, diskret, weiblich: man wählt die Farbe der Pistazie, der Reseda, der Aprikose, des Seewassers, des Flieders, des Reisstrohs und gelangt bisweilen zu ganz abenteuerlichen Nuancen: ein neues Gelbgrün hieß Gänsedreck, *merde d'oie,* ein Braungelb dem neugeborenen Thronfolger zu Ehren »caca *Dauphin*« und in *puce,* flohfarbig, gab es eine Menge Abstufungen: Flohkopf, Flohschenkel, Flohbauch, sogar Floh im Milchfieber. Der Bart war während des ganzen achtzehnten Jahrhunderts so vollständig verschwunden, daß man die Schauspieler nicht an der

Bartlosigkeit erkannte, wie das in unserer Zeit bis vor kurzem der Fall war, sondern in gewissen Fällen gerade am Schnurrbart, wenn es nämlich ihre Spezialität war, Räuber darzustellen.

Im Exterieur der Frau ist das Wichtigste die dünne mädchenhafte Taille. Sie wurde durch das Fischbeinmieder erzwungen, das als »Schnebbe« in einen langen spitzen Winkel auslief, wodurch der Eindruck der zerbrechlichen Schlankheit noch erhöht wurde. Schon am frühen Morgen begannen die unglücklichen Damen mit dem Schnüren, das sie von Viertelstunde zu Viertelstunde verstärkten, bis sie die ersehnte Wespenfigur hatten. Auch der wuchtige Reifrock, wegen seiner mächtigen Dimensionen *panier*, Hühnerkorb, genannt, hatte nur den Zweck, durch Kontrast den Oberkörper noch zarter wirken zu lassen. Er war ebenfalls mit Fischbein ausgesteift, und der enorme Bedarf an diesem Material war für die Holländer, die Walfischfänger Europas, ein neues gutes Geschäft. Wir sind ihm bereits in Spanien als »Tugendwächter« begegnet, aber diesmal ist er fußfrei und dient, als kokette Verhüllung, die aber nicht selten wie unabsichtlich den nackten Unterkörper sehen läßt (denn Damenhosen waren im Rokoko verpönt), durchaus nicht der Tugend. Über dem Reifrock befand sich die seidene Robe, die mit einem reichen Besatz von Girlanden, Passamenterien, Spitzen, Bändern, echten oder künstlichen Blumen und bisweilen auch mit Malereien geschmückt war: so erblickte man zum Beispiel auf dem Kleid der Königin von Portugal den ganzen Sündenfall mit Adam, Eva, Apfelbaum und Schlange. Der Reifrock, der um 1720 Europa eroberte und von aller Welt, auch von Bäuerinnen und Dienstmädchen, getragen wurde, nahm allmählich so kolossale Formen an, daß seine Trägerinnen nur seitwärts zur Tür hereinkommen konnten. Ebenso unbequem war der abenteuerlich hohe Stöckelschuh, der das Gehen fast unmöglich machte. Zu Hause und im kleinen Kreis trug man statt des Reifrocks die Adrienne, ein loses bauschiges Gewand, zu dem aber ebenfalls die Schnürbrust gehörte. Zu Anfang des Jahrhunderts wird es bei den Damen Sitte, graziös bebänderte Spazierstöcke zu tragen; ein unentbehrliches Requisit der Koketterie ist auch der Fächer, der erst jetzt als Faltfächer sein volles Spiel entwickelt. Eine neue Erfindung war auch der zusammenklappbare Regenschirm, der *parapluie,* während der offene Sonnenschirm, der *parasol,* etwas älter ist. Das ganze Kostüm wurde in der Kleidung der Kinder genau nachgeahmt, die nicht nur Haarbeutel und Panier, Mouche und Galanteriedegen, Fächer und Dreispitz trugen, sondern auch geschminkt und gepudert waren, als Dame dem Herrn den Hofknicks machten und als Herr der Dame die Hand küßten.

Man liebt auf Denkmälern die komische Sitte, dem Verewigten einen Gegenstand in die Hand zu drücken, der seine Tätigkeit charakterisieren soll: dem Dichter eine Papierrolle, dem Erfinder ein Rad, dem Seehelden ein Fernrohr. In analoger Weise könnte man auch für jede Kulturperiode ein bestimmtes Utensil als besonders repräsentativ ansehen: so müßte man sich zum Beispiel den Menschen der anbrechenden Neuzeit mit einem Kompaß vorstellen, den Barockmenschen mit einem Mikroskop, den Menschen des neunzehnten Jahrhunderts mit einer Zeitung, den heutigen Menschen mit einer Telephonmuschel; den Rokokomenschen aber mit einem *Spiegel.* Er begleitete die damalige Gesellschaft durchs ganze Leben. Die Repräsentationsräume füllten sich mit mannshohen venezianischen Tafeln, die dem Besucher sein volles Porträt entgegenwarfen; an einer Menge täglicher Gebrauchsgegenstände waren kleine Taschenspiegel angebracht; von allen Wänden glitzerten, durch reiche Kronleuchter und eine Fülle kleinerer Lüster unterstützt, Spiegelgläser in allen Größen und Formen; sogar ganze Zimmer waren mit ihnen austapeziert, die ungemein beliebten Spiegelkabinette, die das Bild des Beschauers ins Unendliche vervielfachten. Aus dieser Spiegelleidenschaft spricht mancher-

Spiegelleidenschaft

lei. Nicht bloß, was am nächsten liegt, Eitelkeit, Eigenliebe, Narzißmus, sondern auch Freude an Selbstbeschau, Autoanalyse und Versenkung ins Ichproblem, die sich in der Tat oft bis zu einer wahren Introspektions*manie* steigerte. Das Rokoko ist das anbrechende Zeitalter der klassischen Brief- und Memoirenliteratur, der Selbstdarstellungen und großen Konfessionen, der Psychologie. Diese neue Wissenschaft ist eine Errungenschaft des achtzehnten Jahrhunderts, und wir werden sehen, wie der Trieb zur Selbstzerfaserung und Seelenergründung sich im Laufe der Generationen immer mehr steigerte, bis er gegen Ende des Jahrhunderts eine schon fast moderne Höhe erreichte. Und noch ein zweites symbolisiert der Spiegel des Rokokomenschen: die Liebe zum Schein, zur Illusion, zur bunten Außenhülle der Dinge, was aber nicht so sehr »Oberflächlichkeit« als vielmehr extremes Künstlertum, raffinierte Artistik bedeutet. »Am farbigen Abglanz haben wir das Leben«, lautet die Devise Fausts, die, wenn wir Nietzsche glauben dürfen, auch das Leitmotiv der griechischen Kultur war: »Oh, diese Griechen! Sie verstanden sich darauf, zu leben: dazu tut not, tapfer bei der Oberfläche, der Falte, der Haut stehen zu bleiben, den Schein anzubeten... diese Griechen waren oberflächlich – *aus Tiefe!*«

Theatro-kratie Es gibt eine Berufsklasse, für die der Spiegel ein ebenso unentbehrliches Instrument bedeutet wie die Retorte für den Chemiker oder die Tafel für den Schullehrer: es sind die Schauspieler. Und damit kommen wir zum innersten Kern des Rokokos: es war eine Welt des Theaters. Niemals vorher oder nachher hat es eine solche Passion für geistreiche Maskerade, schöne Täuschung, schillernde Komödie gegeben wie im Rokoko. Nicht nur war das Dasein selber ein immerwährender Karneval mit Verlarvung, Intrige und tausend flimmernden Scherzen und Heimlichkeiten, sondern die Bühne war der dominierende Faktor im täglichen Leben, wie etwa im klassischen Altertum die Rednertribüne oder heutzutage der Sportplatz.

Überall gab es Amateurtheater: bei Hofe und im Dorfe, auf den Schlössern und in den Bürgerhäusern, an den Universitäten und in der Kinderstube. Und fast alle spielten ausgezeichnet. In dieser Theaterleidenschaft zeigt sich am stärksten und deutlichsten, was der tiefste Wille des Zeitalters war: die Sehnsucht nach letzter Decouvrierung der eigenen Seele. Man hat die Schauspielkunst nicht selten als eine Art »Prostitution« bezeichnet, und mit Recht. Hierin liegt aber der Hauptgrund, warum das Theater auf so viele Menschen eine unwiderstehliche Anziehungskraft ausübt. Die »Prostitution« ist nämlich ein ungeheurer Reiz. Der Mensch hat einen tiefen eingeborenen Hang, sich zu prostituieren, aufzudecken, nackt zu zeigen: nur kann er ihn fast nirgends befriedigen. Dies war schon die Wurzel der uralten Dionysoskulte, bei denen die Männer und Frauen sich im Rausche die Kleider vom Leibe rissen, was aber die Griechen nicht als schamlose Orgie, sondern als »heilige Raserei« bezeichneten. Übertragen wir dies ins Psychologische, so stoßen wir auf den merkwürdig suggestiven Hautgout, den aller Zynismus an sich hat. Im täglichen Leben wird dem Menschen von Staat und Gesellschaft die Aufgabe gestellt, möglichst geschickt nicht er selber zu sein, sondern immer Hüllen, Draperien, Schleier zu tragen. Immer ist der Vorhang unten, nur einmal ist er oben: eben im Theater. Gerade dort also, wo sich nach der falschen Ansicht des Laien der Herrschaftsbereich der Maske, Verkleidung und Verstellung befindet, springt der Mensch unvermummter, echter, ungeschminkter hervor als sonst irgendwo. Dies ist der wahre Sinn jener »Prostitution«, die das Wesen der Schauspielkunst ausmacht: das Seelenvisier fällt, das innerste Wesen wird manifest, es muß heraus, ob der Träger des Geheimnisses will oder nicht. Das Theater ist eben mehr, als die meisten glauben: keine bunte Oberfläche, kein bloßes Theater, sondern etwas Entsiegelndes und Erlösendes, etwas schlechthin Magisches in unserem Dasein.

Die Régence   Gynokratie und Theatrokratie bestimmen das Rokoko während seiner ganzen Lebensdauer. Über die Periodisierung des Zeitalters herrscht aber nicht vollkommene Klarheit und Einigkeit. Man pflegt für die Zeit der Regentschaft, die von 1715 bis 1723 währte, von *Style Régence* zu sprechen, dann bis zur Mitte des Jahrhunderts und noch weiter darüber hinaus von einem *Style Louis Quinze* und schließlich vom *Style Louis Seize*, der im wesentlichen mit dem Zopfstil identisch ist. In seinem ersten Abschnitt trägt das Rokoko einen zügellosen, kühn auflösenden Charakter, der in seiner Heftigkeit noch etwas von der siegreichen Barockvitalität hat, dann werden seine Lebensäußerungen immer müder, blutleerer, filigraner, bis sie im antikisierenden »Zopf« zu völliger Gliedersteife und Altersschwäche erstarren. Früher hat man die Begriffe Zopf und Rokoko einfach gleichgesetzt, was völlig unberechtigt ist; viel eher läßt sich fragen, ob der Zopf überhaupt noch zum Rokoko gehört.

Wir haben gehört, mit welcher unverhohlenen Freude der Tod Ludwigs des Vierzehnten begrüßt wurde. Alle Welt, der Hof und der Adel so gut wie die Roture und die Canaille, atmete auf, als der doppelte Druck des Despotismus und der Bigotterie vom Lande genommen war. »Gott allein ist groß, meine Brüder«, begann Massillon seine Leichenrede auf Louis le Grand, »und groß besonders in diesen letzten Augenblicken, wo er den Tod verhängt über die Könige der Erde.« Wie nach dem Sturz der Puritanerherrschaft in England wollte man nun auch in Frankreich sich für die langen Entbehrungen und Bevormundungen des alten Régimes schadlos halten, indem man den Genuß zum Alleinherrscher des Lebens erhob und alle Tugend für Heuchelei, alle gute Sitte für Prüderie erklärte. Ludwig der Vierzehnte hatte während seiner letzten Jahre auch in seiner Familie viel Unglück gehabt: nacheinander starben ihm alle direkten Thronerben bis auf seinen unmündigen Urenkel, und zur Regentschaft gelangte sein Neffe, der Herzog Philipp von Orléans, der Sohn der »Liselotte«, die am Theater von Versailles die Rolle der »Ingénue« spielte und sich durch ihre urwüchsigen Briefe einen noch heute lebendigen Nachruhm verschafft hat. Der Volkswitz empfahl nicht ohne Berechtigung für sie die Grabschrift: »Hier ruht die Mutter aller Laster«, denn der Herzog war der Typus des »Wüstlings«, wie er noch heute in Kolportageromanen vorkommt, glänzend begabt, bestechend liebenswürdig, aber von einer rasanten Skepsis und Frivolität, die im eigenen Vergnügen die einzige Richtschnur alles Handelns erblickte. Ludwig der Vierzehnte pflegte ihn sehr bezeichnend *»fanfaron de vice«* zu nennen, und er trieb in der Tat mit dem Laster eine Art bizarren Kultus, was nicht nur echter Rokokostil, sondern auch echt französisch war, denn der Franzose liebt es, sowohl seine Vorzüge wie seine Untugenden zu unterstreichen und sozusagen überchargiert zu spielen; und ebendeshalb hat das Volk dem Regenten alles verziehen und ihm nicht einmal ein schlechtes Andenken bewahrt. Auf ihn geht der Ausdruck *»roué«* zurück: er bezeichnete damit die Genossen seiner Orgien als »Galgenvögel« und »von allen Lastern Geräderte«. Das Raffinement, mit dem diese Kompagnie stets neue Ausschweifungen ersann, bildete das bewundernde Stadtgespräch von Paris, und zu den *»fêtes d'Adam«*, die in Saint-Cloud veranstaltet wurden, Zutritt zu erhalten, war der Ehrgeiz aller Damen. Mit seiner Tochter, der schönen und temperamentvollen Herzogin von Berry, verband den Regenten ein leidenschaftliches Liebesverhältnis, aber auch daran fand man nichts besonders Anstößiges, wie denn überhaupt der Inzest damals gerade in den höchsten Kreisen nichts Seltenes war: so hatte zum Beispiel auch der Herzog von Choiseul, der im Siebenjährigen Krieg als Premierminister eine große Rolle spielte, eine allgemein bekannte Beziehung zu seiner Schwester, der Herzogin von Gramont. Auch in anderer Hinsicht wurden die üblichen Grenzen des Geschlechtsverkehrs wenig beachtet, und es entspricht dem greisenhaften Charakter des Zeitalters, daß vielleicht niemals die Kinderschändung so verbreitet war wie im Rokoko.

Bei einer dieser Orgien wurde dem Regenten ein Schriftstück zur Unterschrift gebracht. Er war aber schon so betrunken, daß er nicht mehr signieren konnte. Er gab daher das Papier Frau von Parabère mit den Worten: »Unterschreib, Hure.« Diese erwiderte, das käme ihr nicht zu, worauf er zum Erzbischof von Cambrai sagte: »Unterschreib, Zuhälter.« Als auch dieser sich weigerte, wandte er sich an Law mit der Aufforderung: »Unterschreib, Gauner.« Aber auch dieser wollte nicht unterzeichnen. Da sagte der Regent: »Ein herrlich administriertes Reich: regiert von einer Hure, einem Zuhälter, einem Gauner und einem Besoffenen.« Aber es scheint, daß er auch hier ein wenig den Fanfaron gespielt hat, denn seine Regierung war in mancher Beziehung besser als die seines Vorgängers und seines Nachfolgers. Er verdrängte die Jesuiten vom Hofe und begünstigte die Jansenisten, tilgte ein Fünftel von den zweitausend Millionen Livres Staatsschulden, die Ludwig der Vierzehnte hinterlassen hatte, näherte sich den Seemächten und verfolgte mit Hilfe seines Lehrers, des lasziven und klugen Kardinals Dubois, eine friedliebende Politik. Die Zensurbedrückungen und die willkürlichen Verhaftungen hörten unter ihm fast ganz auf, zumal da er wie alle wirklich vornehmen und die meisten geistreichen Menschen gegen persönliche Angriffe unempfindlich war. Als Voltaire in seinem ersten Drama *Oedipe* die unglaubliche Kühnheit hatte, bei der Schilderung der blutschänderischen Beziehung zwischen dem König und Jokaste auf den Herzog und seine Tochter anzuspielen, saß dieser, obgleich er natürlich alles verstand, unbewegt in seiner Loge, klatschte Beifall und bewilligte dem jungen Autor ein bedeutendes Jahrgeld.

Die Affäre des soeben erwähnten Law war allerdings eine der größten öffentlichen Katastrophen, die Frankreich vor der Revolution erlebt hat. John Law, ein reicher Schotte, schön, gewandt, elegant und zweifellos ein finanzielles Genie, hatte den produktiven und an sich richtigen Gedanken gefaßt, daß das Kapital der staatlichen und der großen privaten Banken sich nicht lediglich in ihrem Vorrat an Edelmetall ausdrücke, sondern auch in den Naturwerten und Arbeitskräften, die ihnen bei ihren Transaktionen zur Verfügung ständen; infolgedessen seien sie berechtigt, an den Kredit des Publikums zu appellieren und Bankbillets auszustellen, für die nicht die volle Deckung durch Bargeld vorhanden sei. Seine im Jahr 1716 auf diese Prinzipien gegründete Privatnotenbank, die später in eine königliche umgewandelt wurde, verteilte schon im dritten Jahr ihres Bestandes vierzig Prozent Dividende. Die von ihm ins Leben gerufene »Compagnie des Indes«, die zur Exploitierung Kanadas und Louisianas bestimmt war, zog die Ersparnisse ganz Frankreichs an sich, und als ihre »Mississippiaktien« auf das Zwanzigfache und Vierzigfache ihres Nennwertes stiegen, überschritt die Spekulationswut alle Grenzen. Damals wurde der Typ des *»chevalier d'industrie«* geboren, des abenteuernden Industrieritters, dessen Vermögen in lauter Papier besteht. 1719 erbot sich Law, den Staat mit einem Schlage zu sanieren, indem er sämtliche Steuern in Pacht nahm, 1720 wurde er zum Finanzminister ernannt. Schließlich setzte er so viele Scheine in Umlauf, daß sie das Achtzigfache alles in Frankreich befindlichen Geldes repräsentierten. Aber die Kolonien brachten nichts ein, das Publikum wurde mißtrauisch, es erfolgte ein allgemeiner Run auf die Staatsbank, ihre Billets sanken auf den zehnten, die indischen Aktien auf den fünfundzwanzigsten Teil ihres Ausgabekurses. 1721 blieb nichts übrig, als den Bankerott zu erklären, Law mußte nach Venedig fliehen, wo er acht Jahre später in größter Armut starb, eine ungeheure Teuerung brach

Der Lawsche Krach

aus, ganz Frankreich war ruiniert. Der Lawsche Krach hat bekanntlich im zweiten Teil des *Faust* Verwendung gefunden: dort wird er als *mephistophelischer* Handel geschildert, denn nicht Faust, sondern Mephisto ist der Urheber des Zettelschwindels, durch den der Kaiser sich rangiert; und die leichtgläubige Menge, die sich Papier für gutes Geld anhängen läßt, ist im *Narren* personifiziert: »Zu wissen sei es jedem, der's begehrt: der Zettel hier ist tausend Kronen wert. Ihm liegt gesichert als gewisses Pfand Unzahl vergrabnen Guts im Kaiserland. Nun ist gesorgt, damit der reiche Schatz, sogleich gehoben, diene zum Ersatz.« Indes waren die Pläne Laws nichts weniger als schwindelhaft und teuflisch, denn die Deckung für seine Scheine bestand nicht in erlogenen Märchenschätzen, sondern in sehr reellen Boden- und Sachwerten, nur wurden diese von unfähigen Kräften nicht entsprechend fruktifiziert und die an sich gesunden Kreditprinzipien von einer gedankenlosen und habgierigen Staatsregierung in maßloser Weise überspannt, und zudem überstieg das ganze System die wirtschaftliche Fassungskraft des damaligen Publikums, das dafür noch nicht reif war und sich in der Tat kopflos und närrisch benommen hat.

Louis *Quinze* In seiner Art war auch Ludwig der Fünfzehnte ein echter Rokokofürst: übersättigt und lebenshungrig, leichtfertig und schwermütig, von Jugend an senil. Seine Selbstregierung währte fast ebenso lange wie die Ludwigs des Vierzehnten, nur überließ er die Leitung fast gänzlich seinen Staatsräten und Mätressen, in den beiden ersten Jahrzehnten dem Kardinal Fleury, dem dritten Kirchenfürsten, der in Frankreich allmächtig war. In Louis Quinze wandelt sich die kraftvolle Orgiastik der Régence in eine welke Verruchtheit. Er war intelligent, aber lange nicht so geistvoll wie der Herzog, zudem waren in seiner Seele Libertinage und Bigotterie seltsam gemischt: obgleich völlig gewissenlos, litt er doch an fortwährender Angst vor der Hölle, was die Jesuiten zur Wiedererlangung ihrer

Hofstellung ausnutzten. Zuerst errangen die fünf Schwestern Mailly nacheinander das Glück, von ihm zu ersten Favoritinnen erhoben zu werden; 1745 lernte er die Pompadour kennen, die damals in der vollen Blüte ihrer Jugend und Schönheit stand. Obgleich sie, der bürgerlichen Hochfinanz entstammt, von der Hofkamarilla aufs heftigste angefeindet wurde, gelang es ihr doch, den blasierten König zwei Jahrzehnte lang zu fesseln. Sie ritt und tanzte, zeichnete und radierte, sang und deklamierte mit der größten Vollendung, las und beurteilte alle bedeutenden Neuerscheinungen: Dramen, Philosphien, Romane, Staatstheorien mit dem feinsten Verständnis, und vor allem verstand sie die Kunst, täglich neu zu sein und den Vergnügungen, mit denen sie ihren Lebensgefährten umgab, immer wieder eine überraschende und faszinierende Pointe abzutrotzen. Mit der Königin, die selber sanft und liebenswürdig, aber etwas langweilig war, stand sie auf dem besten Fuß, ja sie gab ihr sogar Liebesunterricht, später führte sie dem König in dem berühmten *Parc aux Cerfs* junge Schönheiten zu. Ihre Nachfolgerin war Jeanne Dubarry, eine dumme und gewöhnliche Person, die aber, vielleicht gerade durch den Hautgout ihrer Ordinärheit, einen unbeschreiblichen sexuellen Reiz besessen haben muß: besonders ihre Art, lüstern mit den Augen zu blinzeln, soll unwiderstehlich gewesen sein.

Während der Hof sich auf diese Art amüsierte und der Bürger sich von Jahr zu Jahr mehr bildete und bereicherte, lebte das Landvolk in Lumpen und Lehmhütten und befand sich, wie ein englischer Ökonom feststellte, auf dem Standpunkt der Agrikultur des zehnten Jahrhunderts. Von der Höhe der Steuern und der Härte, mit der sie eingetrieben wurden, kann man sich heutzutage nur schwer eine Vorstellung machen: sie waren so sinnlos, daß der Bauer es oft vorzog, den Boden unbebaut zu lassen oder seine Ernte zu vernichten. Der Adel lebte noch immer wie eine höhere Rasse mit eigenen Rechten und Lebens-

Die noblesse de la robe

gewohnheiten mitten unter der übrigen Bevölkerung Frankreichs, untätig, unbesteuert, keinen Pflichten unterworfen als dem Dienst der Repräsentation und keinem Gesetz gehorchend als der Laune des Königs. Ihm gehörten alle Güter, alle Ehren, alle Frauen des Landes. Als der Marschall Moritz von Sachsen, der Sohn Augusts des Starken und der schönen Aurora von Königsmark, erfolglos um die Schauspielerin Chantilly warb, die es vorzog, den Operndichter Favart zu heiraten, erwirkte er eine königliche Kabinettsordre, die ihr befahl, seine Mätresse zu werden. Dieser glänzende Kavalier, der sonst nicht über Mißerfolge bei Frauen zu klagen hatte, war übrigens noch in eine zweite, für die damaligen Zustände ebenso charakteristische Skandalaffäre verwickelt, deren Mittelpunkt wiederum eine Schauspielerin war, die große Adrienne Lecouvreur. Sie hatte ein langjähriges Liebesverhältnis mit ihm und wurde von der Herzogin von Bouillon, die ebenfalls in den späteren berühmten Feldherrn verliebt war, allem Anschein nach vergiftet: der Polizeidirektor, der den Befehl erhalten hatte, jede Untersuchung über die Todesart der Künstlerin unmöglich zu machen, ließ die Leiche ohne Sarg in eine Grube werfen und mit Kalk bedecken. Indes zeigten sich doch schon damals auch einige Zeichen der beginnenden Auflösung des allmächtigen Absolutismus. Seit Franz dem Ersten hatte Paris als Residenz der Könige eine immer zentralere Stellung erlangt: schließlich waren »la cour et la ville« identisch mit ganz Frankreich. Dies blieb auch während der Regierung der beiden letzten Ludwige unverändert; aber die beiden Machtfaktoren, Hof und Stadt, beginnen zu Anfang des Jahrhunderts sich voneinander zu lösen und in eine immer feindlichere Rivalität zu treten. Unter Ludwig dem Vierzehnten dient die Stadt mit allen ihren geistigen Ressourcen: ihrer Kunst und Beredsamkeit, ihrer Dramatik und Philosophie, ihren Staatslehren und Wirtschaftstheorien dem Hof: Racine und Molière, Boileau und Bossuet sind eine Art von Kronbeamten; unter Ludwig dem Fünfzehnten wird sie zum Herd der Emanzipation, des Freigeistes und der Auflehnung. Sie hat ihren oppositionellen Kern im Pariser Parlament, der Vereinigung der Richter, deren Posten infolge der steten Geldbedürftigkeit der französischen Könige käuflich und erblich und damit vom Hof völlig unabhängig geworden waren: diese bildeten als *»noblesse de la robe«* eine gegen die Krone und die Jesuiten gerichtete mächtige Clique und zugleich, infolge ihrer zahlreichen Heiraten mit reichen Kaufmannstöchtern, eine bürgerlich gefärbte Plutokratie. Nach dem Tode Fleurys verlor der Hof vollends alles Ansehen sowohl in der inneren wie in der äußeren Politik. Friedrich der Große charakterisierte das französische Regierungssystem ebenso treffend wie geistreich, als einmal in der Oper der Vorhang nicht ganz herunterging und die Füße der Tänzerinnen sichtbar blieben: »Ganz das Pariser Ministerium: Beine ohne Kopf!« Es ist für den langmütigen Royalismus der Franzosen bezeichnend, daß dieser liebloseste und wertloseste König, den sie jemals besessen haben, gleichwohl volle dreißig Jahre lang, seit seiner Genesung von einer lebensgefährlichen Krankheit im Jahre 1744, den Beinamen *le Bien-Aimé*, der Vielgeliebte, geführt hat.

In der europäischen Geschichte spielt Frankreich während *Das* jenes Zeitraums nur noch die Rolle eines lüsternen und impo- *Konzert* tenten Intriganten. Nach dem Spanischen Erbfolgekrieg begin- *der* nen in der Diplomatie die Begriffe »europäisches Gleichge- *Mächte* wicht« und »Konzert der Mächte« in Mode zu kommen: man gibt sich den Anschein, als betrachte man das bestehende Staatensystem als ein wohlbesetztes Orchester, in dem es keine dominierende Hauptstimme geben dürfe. Da diese Schlagworte aber selbstverständlich nicht von wahrer Friedensfreundschaft und Gerechtigkeitsliebe diktiert waren, sondern von bloßer Mißgunst und Eifersucht, die den andern nicht zu groß werden lassen will, verhinderten sie die Kriege nicht, sondern erweiterten bloß die Kriegsschauplätze, indem der Koalitionskrieg nun noch mehr als früher die typische Form wurde: es kämpften selten Einzelstaaten gegeneinander, sondern fast nur noch Allianzen, die sich aber sofort auflösten, wenn einer der Teilhaber entscheidende Erfolge errang. Der große Gegensatz Frankreich–Habsburg blieb bestehen, Spanien und Schweden schieden aus der Reihe der Großmächte, an ihre Stelle traten Rußland und Preußen, England war schon damals infolge seiner längeren diplomatischen Schulung und höheren politischen Reife der Schiedsrichter Europas.

Die territorialen Veränderungen während der beiden ersten Drittel des Jahrhunderts sind, wenn wir von dem Besitzwechsel Schlesiens absehen, durchwegs zufällig und uninteressant, ein geistloses und willkürliches Changieren von Ländern und Länderfetzen. Österreich gewann im Frieden von Passarowitz Neuserbien mit Belgrad und die Kleine Walachei, mußte aber zwanzig Jahre später alles wieder zurückgeben, überließ damals Neapel und Sizilien, das es vom Herzog von Savoyen gegen Sardinien eingetauscht hatte, einer selbständigen Linie des Hauses Bourbon und erhielt dafür Parma und Piacenza, verlor aber auch diese Gebiete bald darauf an eine neugegründete dritte bourbonische Dynastie. Der Herzog Franz von Lothringen, der Gatte der österreichischen Thronfolgerin Maria Theresia, wurde Großherzog von Toskana, während sein eigenes Reich dem polnischen Thronprätendenten Stanislaus Lesczinski und nach dessen Tode Frankreich zufiel. Ein Versuch Philipps des Fünften von Spanien, die im Utrechter Frieden verlorenen Nebenländer wiederzugewinnen, scheiterte an der Quadrupelallianz Englands, Frankreichs, Österreichs und Hollands.

Kaiser Karl der Sechste hatte den größten Teil seiner Regierungstätigkeit darauf verwendet, die Pragmatische Sanktion zur Anerkennung zu bringen, durch die er die unangefochtene Nachfolge seiner Tochter als Beherrscherin aller Erbländer zu sichern hoffte. Er verhandelte mit allen europäischen Mächten und erhielt überall Zusagen, die sofort nach seinem Tode gebrochen wurden. So entstand der achtjährige sogenannte Österreichische Erbfolgekrieg, der den habsburgischen Staat in eine der gefährlichsten Krisen versetzte, die er jemals durchzumachen gehabt hat. Es ging um nichts weniger als die fast vollständige Aufteilung des Reiches. In dem geheimen »Partagetraktat«, den die Gegner miteinander schlossen, sollte Bayern Böhmen und Oberösterreich, Sachsen die Markgrafschaft Mähren und Niederösterreich, Frankreich Belgien, Spanien die italienischen Gebiete erhalten und der habsburgische Besitz im wesentlichen auf die östliche Reichshälfte mit der Residenz Ofen zusammengedrängt werden. Nur Preußen aber, an das man am wenigsten gedacht hatte, bekam beim Friedensschluß etwas heraus. Anfangs verlief der Krieg für Österreich katastrophal: die Verbündeten besetzten Linz und Prag, der Kurfürst von Bayern empfing die Huldigung der böhmischen Stände und wurde als Karl der Siebente zum deutschen Kaiser gewählt. Aber alsbald trat eine Wendung ein: er wurde von den Österreichern und Ungarn nicht nur aus den eroberten Gebieten, sondern auch aus seinem eigenen Lande vertrieben, und man sagte jetzt von ihm: »*et Cäsar et nihil.*« Nach seinem Tode entsagte sein Sohn allen Erbansprüchen auf Österreich, und ein Habsburger, der Gemahl Maria Theresias, erhielt wieder die deutsche Kaiserkrone.

Bei allen diesen politischen Vorgängen spielen die Gefühle und Wünsche der Völker nicht die geringste Rolle: es handelt sich sozusagen nur um Privatauseinandersetzungen der einzelnen Potentaten untereinander, um ihre Heiratsbeziehungen, Arrondierungsgelüste, Verträge und Vertragsbrüche, persönlichen Ambitionen und Velleitäten. Wir haben bereits erwähnt, *Der Duodezabsolutismus* daß der französische Absolutismus auf dem ganzen Kontinent von Fürsten und Untertanen nachgeahmt wurde. Besonders in Deutschland entwickelte sich eine hemmungslose Servilität, die um so grotesker war, als es sich fast durchwegs um Kleinstaaten handelte. Ein württembergischer Pfarrer meldete seinem Herzog: »Dero allerhöchste Säue haben meine alleruntertänigsten Kartoffeln aufgefressen.« Jeder Duodezfürst hatte den lächerlichen Ehrgeiz, Versailles zu kopieren, und mußte seine italienische Oper, sein französisches Lustschlößchen, seine Fasanerie, seine Paradetruppen haben. Ebenso unerläßlich war der Besitz anspruchsvoller Favoritinnen: er war ein so striktes Erfordernis der Sitte, daß manche, wie zum Beispiel Friedrich der Erste von Preußen, es für notwendig hielten, sich eine Scheinkonkubine zu halten. »Nun fehlt unserem Fürsten nichts mehr als eine schöne Mätresse«, sagte gerührt ein Bürger einer kleinen Residenzstadt, als er den Landesherren mit seiner eben getrauten jungen Gemahlin vorüberfahren sah. August der Starke, der seinen Beinamen nicht bloßer Hofschmeichelei verdankte, hatte über dreihundert uneheliche Kinder; eines davon, die Gräfin Orselska, war seine Geliebte. Der Herzog Leopold Eberhard von Württemberg war noch vorurteilsloser, indem er die dreizehn Kinder, die er von seinen fünf Mätressen hatte, untereinander verheiratete. Niemand wagte an derartigen Vorgängen Kritik zu üben, sondern man fand alles in Ordnung, was an den Höfen dieser kleinen Gottkönige geschah, feierte den Namenstag der jeweiligen illegitimen Landesmutter wie ein Volksfest und empfand es als hohe Ehre, wenn der Fürst sich zu einer Bürgerstochter herabließ. Auch die übrigen Eingriffe ins Leben des Untertanen wurden willenlos hingenommen. Die zahlreichen Jagden richteten unermeßlichen Feldschaden an und verwüsteten oft ganze Ernten, die Vorbereitungen zu den höfischen Lustbarkeiten zogen bisweilen die halbe Bevölkerung in ihren Dienst, und die Kosten für all diesen Aufwand wurden nicht selten durch Rekrutierung und Verkauf der Landeskinder bestritten. Für eine wirkliche Hebung der Arbeitskraft geschah aber nichts. Man rechnete im achtzehnten Jahrhundert in Deutschland auf zwanzig Menschen einen Geistlichen und fünf Bettler.

Die geistige Hauptstadt Deutschlands war damals Leipzig, das sich als Sitz der großen Messen und der vornehmsten deutschen Universität, als Metropole der kunstsinnigen polnisch-sächsischen Könige und des Buchhandels und als modische und mondäne »galante Stadt« zum vielgerühmten »Pleiß-Athen« emporgeschwungen hatte. Gleichwohl ist alles, was damals aus Sachsen hervorgegangen ist, pure *Korrepetitorenliteratur*, unterrichtet und methodisch, verkniffen und verprügelt, pedantisch und korrekturwütig und unermüdlich im ermüdenden Wiederholen derselben wohlfeilen Primitivitäten. Eine liebenswürdige Erscheinung ist Christian Fürchtegott Gellert, Pfarrerssohn und Professor, von schwächlicher Körperkonstitution und Gestaltungskraft, aber fleckenlos reinem Stil und Charakter, wirksam nicht nur durch seine Romane und Lustspiele, Lieder und Erbauungsschriften, sondern auch durch seine vielbesuchten »moralischen Vorlesungen« und seine ausgedehnte Korrespondenz, in der er alle Welt als ein lehrhafter und gefühlvoller Beichtvater betreute. Friedrich der Große sagte von ihm: »Das ist ein ganz anderer Mann als Gottsched«, und: »Er hat so was Coulantes in seinen Versen.« Damit ist er vorzüglich charakterisiert: seine außerordentliche Popularität verdankte er der weichen, einschmeichelnden, eingängigen Form, in der er seine harmlosen Weisheiten vortrug; die spinöse Zärtlichkeit, mit der er dem Leser entgegenkam, machte ihn zum idealen Frauenschriftsteller. Sein Humor wirkt ein wenig frostig: es ist die Art, wie ein Großpapa in der Kinderstube scherzt, und seine Fabeln, das einzige, was von ihm übriggeblieben ist, machen den Eindruck, als seien sie von vorn-

Pleiß-Athen

herein fürs Lesebuch geschrieben worden, als ausgesprochene »Stücke für die Unterstufe«. Der Grundzug seines Wesens war eine rührende, aber etwas ermüdende Altjüngferlichkeit, so wie Gleim mit all seinen Liebesliedern den Typus des alten Junggesellen verkörperte. Die um »Vater Gleim« gescharten »Anakreontiker« waren alles eher als amourös, dazu waren sie viel zu linkisch und sittsam, und nicht einmal richtig verliebt, sondern bloß verliebt in eine ganz nebelhafte und schülerhafte Idee von Verliebtheit, die von ihren Kinderseelen Besitz ergriffen hatte; sie waren auch nie richtig betrunken, sondern ebenfalls nur berauscht von der bloßen Idee und Möglichkeit des Rausches, die schon der Anblick rosenbekränzter Weinflaschen in ihnen zu erzeugen vermochte. Weshalb Kant nicht so unrecht gehabt haben dürfte, wenn er äußerte, anakreontische Gedichte seien gemeiniglich sehr nahe dem Läppischen.

Seit etwa 1730 bekleidete Gottsched die Stellung eines absoluten Literaturdiktators, nachdem sein theoretisches Hauptwerk »Versuch einer critischen Dichtkunst vor die Deutschen« erschienen war, worin er die aristotelische Doktrin von der Nachahmung der Natur und die horazische Forderung des *delectare et prodesse* lehrte, beides so platt und eng wie nur möglich gefaßt. Aber schon nach einem Jahrzehnt wurde er von den Schweizern Bodmer und Breitinger gestürzt, die den Hauptgegenstand der Poesie im Außerordentlichen und Wunderbaren erblickten, »das aber immer wahrscheinlich bleiben müsse«; dieses Ideal fanden sie am vollkommensten verkörpert in der äsopischen Fabel. Im Grunde waren die Standpunkte beider Parteien nicht so verschieden, als es nach ihrer erbitterten Polemik den Anschein hatte, sie waren vielmehr feindliche Brüder, uneinig in ihren Einzelurteilen und näheren Ausführungen, völlig verwechselbar jedoch in ihrer Kunstfremdheit, Besserwisserei und sterilen Philistrosität. Ein unbestrittenes Verdienst der Schweizer war es jedoch, den selbstgefälligen, bornierten und intriganten Kunsttyrannen Gottsched gestürzt zu haben: 1765 konnte der junge Goethe über ihn berichten: »Ganz Leipzig verachtet ihn.«

Eine Zeitlang war Gottsched auch das literarische Gewissen der Neuberin, die in der deutschen Theatergeschichte eine nicht unwichtige Rolle gespielt hat; später überwarf sie sich mit ihm und brachte ihn sogar in einer Parodie aufs Theater, mit einer Sonne aus Goldpapier auf dem Kopf und einer Blendlaterne in der Hand, womit er Fehler suchte. Die Neuberin war hübsch, gescheit, temperamentvoll, nicht ungebildet, aber wie alle Stars, wenn sie noch dazu Direktorinnen sind, ungemein herrschsüchtig und rechthaberisch; sie spielte nicht nur auf der Bühne am liebsten Hosenrollen. Als Gründerin der sogenannten Leipziger Schule hielt sie auf fleißiges und pünktliches Probieren, »Ehrbarkeit« ihrer Mitglieder, sorgfältige Versdeklamation und runde, gepflegte, »anmutige« Posen. Berühmt ist ihre symbolische Verbrennung des Harlekins auf offener Bühne. Sie brachte außer Gottscheds zahlreichen Kopien und Bearbeitungen französischer Stücke auch Gellert, Holberg und die Erstlingsdramen Lessings zur Aufführung. Ihre Truppe hatte aber mit der Zeit immer weniger Zulauf, sie zerschlug sich mit ihren zugkräftigsten Mitgliedern, ihr Spiel wurde unmodern, und sie beschloß ihr Leben nur durch die Sorge ihrer Freunde ohne äußerste Notdurft. Währenddessen gelangte durch die Hanswurstdynastie Stranitzky, Prehauser und Kurz die barocke Stegreifposse in Wien zur höchsten Blüte. Diese große Tradition, künstlerischer, menschlicher und sogar ehrwürdiger als die leere aufgeblasene Gottsched-Neuberische, hat sich in der Wiener Theaterkunst im Grunde bis zum heutigen Tage erhalten und alles überlebt, indem sie alles absorbierte: Klassizismus, Romantik, Naturalismus; sie fand ihre Fortsetzung in Erscheinungen wie Raimund und Nestroy, Girardi und Pallenberg.

Klopstock   Jene Zeit sah auch noch den ersten Ruhm Klopstocks, dessen Gesänge die gefühlvollen »Seraphiker« zur Raserei entflammten. Schon beginnt man dem schwärmerischen Kult der Liebe und Freundschaft zu huldigen und unter Küssen und Tränen »heilige« Seelenbündnisse zu schließen, in denen sich die ersten Regungen der Empfindsamkeit ankündigen. Und in der Tat war kein Poet berufener, dem noch halb unterbewußten Drängen der sich langsam wandelnden Zeit Ausdruck zu verleihen. Seine Dichtungen sind heroische Landschaften, vor die ein Wolkenvorhang gespannt ist. Die Umrisse sind nur undeutlich sichtbar, bisweilen zuckt in der schwefelgeladenen Luft ein greller Blitz auf, zumeist liegt alles in einem unwirtlichen Nebelregen. Das war verwirrend und irritierend, ja auf die Dauer lähmend, aber es war völlig neu. Denn zum erstenmal seit langer Zeit trat ein Dichter auf, dessen Atmosphäre das Unwirkliche und Unartikulierte, Unbestimmte und Irrationale war. Die Späteren empfanden nicht mehr das Neue, nicht mehr die geheimnisvolle Suggestion, sondern nur noch die graue Monotonie und Unschärfe dieser Gesichte, die sehr oft in Unverständlichkeit und noch öfter in Langweile zerrinnt. »Ich bekenne unverhohlen«, sagt Schiller in seiner Abhandlung über naive und sentimentalische Dichtung, »daß mir für den Kopf desjenigen etwas bange ist, der wirklich und ohne Affektation diesen Dichter zu seinem Lieblingsbuch machen kann... Nur in gewissen exaltierten Stimmungen des Gemütes kann er gesucht und empfunden werden.« Man kann sich die allgemeine Klopstockmanie, von der auch der junge Schiller noch ergriffen war, nur aus einer Kontrastwirkung erklären, aus der Reaktion gegen die unerträglich kahle und doktrinäre Literaturanschauung Deutschlands in der ersten Hälfte des achtzehnten Jahrhunderts.

Christian   Was Gottsched für die Poesie und Poetik unternommen
Wolff   hatte, leistete Christian Wolff für alle Teile der Gelehrsamkeit

und Philosophie. Er machte die Gedanken Leibnizens, mit Ausschluß der tiefsten und originellsten, dem großen Publikum mundgerecht, indem er sie in breiter und flüssiger, dünner und salzloser Breiform vortrug, zugleich aber auch in ein wohlgegliedertes geschlossenes System brachte, wofür Leibniz sowohl zu unruhig wie zu genial gewesen war. Keines von beiden konnte man Wolff zum Vorwurf machen. Sein selbstsicheres Phlegma, seine Unbedenklichkeit, alles zu sagen und alles zu erklären, sein ordnungsliebender Schachtelgeist, seine spießbürgerliche Vorliebe für die goldenen Mittelwahrheiten machten ihn zum gefeierten und gefürchteten Klassenvorstand ganz Deutschlands. Ein Menschenalter lang, etwa von 1715 bis 1745, gab es auf den Kathedern fast nur Wolffianer; aber auch die Ärzte und Juristen, die Prediger und Diplomaten, die Damen und die Weltleute hielten es für zeitgemäß, zu »wolffisieren«, es entstanden Gesellschaften »zur Ausbreitung der Wahrheit« nach wolffischen Grundsätzen, und eine zeitgenössische Satire auf die wolffische Modephilosophie führte den Titel: »Der nach mathematischer Methode, als der allerbesten, neuesten und natürlichsten, getreulich unterrichtete Schustergeselle.« Wolff verfaßte zahlreiche dicke Bände, im ganzen mehr als dreißig, über Logik und Metaphysik, Teleologie und Moral, Physik und Physiologie, Naturrecht und Völkerrecht, empirische und rationelle Psychologie: die erstere schildert die Seele, wie sie der äußeren Erfahrung erscheint, die letztere erkennt sie, wie sie wirklich ist. Er schrieb seine Lehrbücher zuerst deutsch, später auch lateinisch, um ihnen als *»praeceptor universi generis humani«* internationale Verbreitung zu sichern. Um die Reinigung der deutschen Sprache und die Ausbildung einer philosophischen Terminologie hat er sich nicht unerhebliche Verdienste erworben: Ausdrücke wie Verhältnis, Vorstellung, Bewußtsein sind erst von ihm geprägt worden. Es gibt in England und zum Teil auch auf dem Kontinent sogenannte »out-

fitter«, die ihre Kundschaft vom Kopf bis zum Fuß tadellos
modern equipieren; etwas Ähnliches hat Wolff auf geistigem
Gebiet für den deutschen Bürger seines Zeitalters geleistet, nur
daß dieser von ihm nicht sehr elegant ausstaffiert wurde: zwar
komplett, aber recht bescheiden, langweilig und unvorteilhaft
und auch nicht eigentlich modern, etwa in der Art gewisser
Vorstadtgeschäfte, die den Besucher, ohne daß er viel aufzuwen-
den braucht, doch so herausputzen, daß er sich auf der Straße
sehen lassen kann.

Die leitenden Grundgedanken der wolffischen Philosophie
sind von einer stupenden Plattheit. Der letzte Zweck aller Dinge
liegt nach ihr im Menschen: durch ihn erreicht Gott die Hauptabsicht, die ihn bei der Erschaffung der Welt geleitet hat, nämlich als Gott erkannt und verehrt zu werden. Dementsprechend
werden alle Erscheinungen auf geradezu groteske Weise nur
von dem Gesichtspunkt aus gewertet, daß und inwieweit sie für
den Menschen nützlich sind. An der Sonne zum Beispiel wird
gerühmt, daß man mit ihrer Hilfe Mittagslinien finden, Son-
nenuhren verfertigen, die Breite eines Ortes bestimmen kann;
das Tageslicht bietet den Vorteil, »daß wir bei demselben unsere Verrichtungen bequem vornehmen können, die sich des
Abends teils gar nicht, oder doch wenigstens nicht so bequem,
und mit einigen Kosten vornehmen lassen«. Die Sterne gewähren uns den Nutzen, daß wir des Nachts auf der Straße
noch etwas sehen können; »die Abwechslung des Tages und der
Nacht hat den Nutzen, daß sich Menschen und Tiere des
Nachts durch den Schlaf erquicken können, auch dient die
Nacht zu einigen Verrichtungen, die sich bei Tage nicht wohl
vornehmen lassen, wie Vogelfang und Fischfang.« Und der
ganze Gedankengang wird in dem tiefsinnigen Satz zusammengefaßt: »Die Sonne ist da, damit die Veränderungen auf der
Erde stattfinden können; die Erde ist da, damit das Dasein der
Sonne nicht zwecklos sei.« Gleichwohl gelang es den Gegnern

Wolffs, diese kindische Philosophie bei dem noch viel naiveren Preußenkönig als staatsgefährlich zu verleumden: sie redeten ihm ein, sie lehre das Fatum und infolgedessen dürften die »langen Kerle« straflos desertieren, wenn es das Fatum so wolle. Daraufhin erhielt Wolff, der damals Professor in Halle war, von Friedrich Wilhelm den Befehl, »die sämtlichen königlichen Lande binnen achtundvierzig Stunden bei Strafe des Stranges zu räumen«. Sogleich nach der Thronbesteigung Friedrichs des Großen kehrte er im Triumph zurück, aber schließlich wurde, wie Steinhausen sich treffend ausdrückt, »alles so wolffianisch, daß er selbst vor leeren Bänken las«.

An Wolffs Vertreibung war der Pietismus nicht unbeteiligt, *Der* der ebenfalls in Halle den Schwerpunkt seiner Wirksamkeit ge *Pietismus* funden hatte. Er bildete während des ganzen Zeitalters eine halb irrationalistische Neben- und Unterströmung, die in der zweiten Hälfte des Jahrhunderts mächtig anschwellen sollte. Er nahm innerhalb des herrschsüchtigen und verknöcherten Protestantismus eine analoge Oppositionsstellung ein wie die Mystik innerhalb des verrotteten und verrosteten Kirchenglaubens des fünfzehnten Jahrhunderts, ihr auch darin ähnlich, daß er zu einem guten Teil eine Frauenbewegung war und eine religiöse Literatur der Tagebücher und »Erweckungen«, Seelenbekenntnisse und »erbaulichen *correspondancen*« hervorbrachte. Doch läßt er sich an Tiefe nicht mit ihr vergleichen. Seine stärkste Ausprägung verlieh ihm auf deutschem Boden die Sekte der Herrnhuter, so genannt nach einer frommen Vereinigung vertriebener Hussiten, der »mährischen Brüder«, die sich auf dem Hutberge, einer Besitzung des Grafen Zinzendorf in der Lausitz, angesiedelt hatten. In der von diesem geschaffenen »Kreuz- und Bluttheologie« wird der blutige Kreuztod des Erlösers zum ausschließlichen Inhalt des religiösen Erlebnisses gemacht und in Gefühlen von einer exaltierten und verwaschenen Sentimentalität gefeiert, die sich nicht selten bis zur äußersten Geschmacklosigkeit steigert und sogar vor Bildern, die vom ehelichen Beischlaf hergenommen sind, nicht zurückschreckt. Die englische Sektion des Pietismus wurde durch die Methodisten gebildet, die die Frömmigkeit methodisch zu üben und zu lehren suchten und sich unter den Brüdern John und Charles Wesley von Oxford aus in Amerika verbreiteten, wo sie durch die phantasievolle und energische, ja wilde Art ihrer Predigt vor allem auf die unteren Massen sehr eindrucksvoll gewirkt haben.

Der bel canto Von allen diesen geistigen Bewegungen blieben die österreichischen Länder fast unberührt. Karl der Sechste war friedfertig und gutmütig, aber von stumpfem, kaltem und schwerfälligem Geist und Temperament; in der Politik zögernd, unzuverlässig, immer auf zwei Seiten; als Verwalter fleißig, aber denkfaul: auf unbequeme Fragen pflegte er mit einem unverständlichen Gemurmel zu antworten. In Sitte, Religion und Verfassung hielt er an den alten Überlieferungen mit großer Zähigkeit fest: an seinem Hofe herrschte noch immer die schwarze spanische Tracht und das devote spanische Zeremoniell, auch die höchsten Würdenträger begrüßten ihn auf den Knien und bedienten ihn kniend bei Tisch. Der »Pragmatischen Sanktion«, der fixen Idee seines Lebens, widmete er alle Kräfte, während er die Finanzen und das Heerwesen in den desolatesten Zustand verfallen ließ; vergeblich hatte ihn der alte Prinz Eugen ermahnt, lieber hunderttausend Mann auf die Beine zu stellen, als mit aller Welt zu verhandeln. Er war ein großer Theaterliebhaber, ließ die prachtvollsten Ausstattungsstücke aufführen, die Europa vielleicht jemals gesehen hat, war selber Musiker und Komponist und wirkte bei seinen Hauskonzerten und Opernvorstellungen häufig mit. Natürlich dominierte am Wiener Hofe, wo das Italienische sogar als Umgangssprache herrschte, die damals allmächtige italienische Musik, und dort lebten lange Jahre der größte Musiktheoretiker und der größte Operndichter des Zeitalters: Johann Josef Fux, der in seinem berühmten »Gradus ad Parnassum« eine streng kontrapunktische und fugierte Schreibweise lehrte, und Pietro Metastasio, der drei Generationen von Komponisten die Texte geliefert hat. Metastasio war ein Librettist von einer eminenten Musikalität, dessen Dichtungen bereits selber Melodramen waren und das begleitende Orchester souverän kommandierten: Text und Ton sind daher bei ihm nicht im Kampfe um die Vorherrschaft, auch nicht parallel koordiniert, sondern zwei Seiten derselben Sache, eine ideale Einheit. Hierauf beruhte seine einzigartige Stellung, zumal in einer Zeit, die alle Kunst musikalisch empfand und das ganze Leben als eine Art Spieloper konzipierte. Alles ist bei ihm mit einem uniformen schillernden Salonlack überzogen, glatt und rund, abgeschliffen und sanft geglänzt, süß und absichtlich verschwommen. In seinen Opern erscheint zum erstenmal die Dreigliederung in das deklamierende, nur von einzelnen Cembaloakkorden begleitete *recitativo secco,* das gesungene und vom Orchester verstärkte *recitativo accompagnato,* zu dem sich die Musik an den dramatischen Stellen erhebt, und die abschließende lyrische Arie, die im Geschmack der Zeit oft auch »philosophisch« wird. Diese ist ihm weitaus die Hauptsache, Ensemblesätze spielen eine auffallend geringe Rolle. Die Handlung, meist Liebesintrigen und Staatsaktionen, ist in ihrer künstlichen Zersplitterung und Verästelung höchst kompliziert und zugleich in der Gewaltsamkeit ihrer Führung und Lösung höchst primitiv.

Die italienische Mode war so stark, daß viele Musiker es für opportun hielten, ihre Namen zu italienisieren: so hieß zum Beispiel Rosetti eigentlich Rösler und stammte ganz schlicht aus Leitmeritz, während der gefeierte Virtuose Venturini ursprünglich auf den Namen Mislivecek hörte. Überall herrschte, vornehmlich auf *titillazione degli orecchi,* Ohrenkitzel, ausgehend, der *bel canto,* die aus Italien importierte Kunst der Bravourarie, mit seinen italienischen Konzertmeistern, Primadonnen und Kastraten, und die Namen Amati, Guarneri und Stradivari bezeichneten eine seither nicht wieder erreichte Meisterschaft des Geigenbaus. 1711 erfand der Florentiner Bartolomeo Cristofori das *piano e forte* oder Hammerklavier, das allmählich alle anderen Saiteninstrumente in den Hintergrund drängte. Neben die *opera seria* trat die *opera buffa,* deren berühmtestes Exemplar Pergolesis *Serva padrona* ist. Unter dem Einfluß der »Buffonisten« schrieb Rousseau die erste komische Oper: *Le devin du village,* die ihm einen glänzenden Erfolg brachte. Er und der Neapolitaner Duni, der ebenfalls in Paris lebte, sind die Begründer dieses neuen Genres, in dem das gefrorene Pathos des *dramma per musica* in spielerische Grazie aufgelöst und die steife großsprecherische Arie durch das kokette beschwingte Chanson ersetzt wird. Auch auf dem Gebiet der ernsten Oper kam Jean Philippe Rameau als Orchesterkolorist der Vorliebe des Rokokomenschen für das Bunte und Schillernde mehr entgegen, wenn auch sehr gemäßigt durch die in Frankreich unüberwindliche Lullysche Tradition, deren Richtung auf die Programmusik er übernahm und mit viel Phantasie und Anmut bereicherte.

Bach und Händel; Friedrich der Große Selbst Händel hat sich bekanntlich erst im reifsten Alter vom italienischen Einfluß emanzipiert. Er hat die Kunstform der Fuge auf vokalem Gebiet auf ihren höchsten Gipfel geführt, wie Bach dies auf dem instrumentalen Gebiet vollbrachte; und in seinen reichen Chören, besonders im *Israel,* der fast nur aus ihnen besteht, wird zum erstenmal ein Objekt künstlerisch gestaltet, das die Dichtung noch lange übersah: die Masse, das Volk; erst im *Tell,* ja genau genommen erst in den *Webern* wird von einem Dramatiker der Versuch gemacht, die Kollektivseele als Helden auf die Bühne zu bringen. Bach hingegen hat die erwachende Kraft des deutschen Bürgertums, die tiefe Innigkeit und herzhafte Gottesliebe des Pietismus tönend und unsterblich gemacht; in seiner monumentalen Kammerkunst vermählen sich Schwung und Schwere der Barocke mit der Intimität und Introspektion des Rokokos. Von den beiden ist Händel der unproblematischere, aber kantablere, der Psycholog, Bach der Metaphysiker. Sie ließen sich daher vielleicht mit Leibniz und Kant in Parallele stellen, auch darin, daß Händel als gesuchter und gefeierter Großmeister den Makrokosmos seiner Schöpfung für alle errichtete, während Bach, in kleinbürgerlicher Enge lebend, sein noch gewaltigeres Universalreich in seinem Innern aufbaute: Leibniz und Händel zwangen der ganzen Welt die ihre auf, Kant und Bach umspannten in ihrer Welt die ganze. Gemeinsam aber war Bach und Händel das tiefe germanische Ethos, das alle ihre Werke erfüllte. Diese riesige Doppelsonne bildet den einen der beiden unvergänglichen Ruhmestitel, die sich Deutschland damals im Reiche des Geistes errungen hat. Der andere ist Friedrich der Große.

»Finde in einem Lande den fähigsten Mann, den es gibt«, sagt *Der König* Carlyle, »setze ihn an die erste Stelle, und schenke ihm Gehorsam und Verehrung, und du hast in diesem Lande die ideale Regierung.« Ein ebenso vortreffliches wie einfaches Rezept, aber wie fast alle guten und einfachen Rezepte höchst selten befolgt! Zweifellos wäre es das Natürlichste, wenn allemal der Beste an der Spitze stünde, der Klügste und Wissendste, der Stärkste und Gewappnetste, das Auge, das am weitesten voraus- und zurückzublicken vermag, der leuchtende Fokus, in dem sich alle Strahlen der Welt versammeln: wenn mit einem Wort das Hirn kommandierte, wie wir das bei jedem einfachsten menschlichen Individuum sehen können! Aber dieser selbstverständliche Normalfall ist vielleicht ein dutzendmal in den uns genauer bekannten Abschnitten der Menschheitsgeschichte in die Erscheinung getreten. Ein dutzendmal in drei Jahrtausenden! Einer dieser wenigen Fälle war Friedrich der Große.

Der Vater   Das Jahr 1740 war das Jahr des Regierungswechsels nicht nur für Preußen und Österreich, sondern auch für Rußland und Rom: auf die Zarin Anna folgte ihr unmündiger Großneffe Iwan der Sechste, auf Clemens den Zwölften Benedikt der Vierzehnte, *»il papa Lambertini«,* der populärste Papst des achtzehnten Jahrhunderts, grundehrlich und grundgelehrt, heiter, bescheiden, an der zeitgenössischen Literatur leidenschaftlich interessiert und so vorurteilslos, daß Voltaire es wagen durfte, ihm seinen *Mahomet* zu widmen. Man hat bisweilen behauptet, daß Friedrich den größten Teil seiner Erfolge dem sonderbaren Manne verdankte, den er damals in der Herrschaft ablöste, und die beiden in dieser Rücksicht mit Philipp und Alexander verglichen. Diese groteske Ansicht wird von zwei Richtungen vertreten, die einander im übrigen völlig entgegengesetzt sind: von der offiziellen preußischen Historiographie, die alle Hohenzollern zu Genies machen möchte, und von der ebenso beschränkten sozialistischen Geschichtsschreibung, die unter den Königen überhaupt kein Genie dulden will. In Wirklichkeit aber hat Friedrich Wilhelm der Erste seinem Sohne nur das *Instrument* der Politik an die Hand gegeben, nämlich die Armee, aber nicht einen einzigen politischen oder gar philosophischen Gedanken, während Philipp, der höchstwahrscheinlich sogar der Größere war, dem großen Alexander das ganze Konzept seiner Taten entworfen hat: er war gewissermaßen der Dichter des Alexanderzuges und der »König von Asien« nur dessen großartiger Heldendarsteller.

Aber auch von denen, die Friedrich Wilhelm seinen angemessenen Platz in der preußischen Geschichte zuweisen, sind zu allen Zeiten die widersprechendsten Urteile über ihn gefällt worden: dieselben Menschen haben ihn durcheinander als fürsorglich und brutal, klarsichtig und borniert, boshaft und aufopfernd bezeichnet. Man wird ihm vielleicht am ehesten gerecht werden, wenn man in ihm eine schrullenhafte und paradoxe Genrefigur erblickt. Es ist sicherlich für ihn charakteristisch, daß er den Zopf bereits ein Menschenalter bevor ganz Europa ihn annahm, bei seinem Heere eingeführt hat. Die Idee des patriarchalischen Absolutismus hat er zweifellos bis zur Karikatur gesteigert. Er kümmerte sich nicht bloß um Steuerleistung und Kriegsdienst, Volkswirtschaft und Hygiene seiner Untertanen, sondern auch um ihre Kleidung und Wohnung, Lektüre und Unterhaltung, Brautwahl und Berufswahl, Kücheneinteilung und Kirchenfrequenz, er war der wohlmeinende und strenge, pflichttreue und lästige Vater seines Landes und machte von dem Recht des Vaters, seine Kinder mißzuverstehen und zu mißhandeln, einen sehr ausgiebigen Gebrauch. Kein Wunder, daß sich in diesen ein starker »Vaterhaß« entwickelte.

Er besaß weder viele böse noch viele gute Eigenschaften und diese wenigen in mittelmäßigem Grade. Aber seine geringen Fehler, nämlich seine Roheit, sein Geiz und sein Haß gegen alle geistigen und künstlerischen Bestrebungen gehörten zu denjenigen, die die Menschheit weniger zu verzeihen pflegt als große Sünden; und seine bescheidenen Tugenden, seine Ordnungsliebe, sein Fleiß, seine persönliche Bedürfnislosigkeit taten niemand wohl. Auch daß er das Heerwesen auf eine imposante Höhe erhob, hat ihm niemand gedankt. Denn auch hier handelte er nur aus einer Marotte. Die Armee war ihm nicht Mittel, sondern Selbstzweck. Er betrachtete sie als sein ganz persönliches Privateigentum, als eine Art Riesenspielzeug, und sammelte lange Kerle wie August der Starke Porzellansachen und der Papst Lambertini schöne Drucke. Die preußischen Werbemethoden waren wegen ihrer besonderen Niederträchtigkeit berüchtigt. Hier kannte der sonst so redliche Fürst keine Hemmungen; mit allen erdenklichen Lockmitteln mußten immer neue Grenadiere herbeigeschafft werden: durch Weiber, Spiel, Alkohol, falsche Vorspiegelungen und, wenn das alles nicht half, durch brutale Gewalt. Die Truppenbewegungen waren von vorbildlicher Exaktheit, der preußische Gleichschritt hatte die Präzision eines Uhrwerks. Die Einführung des eisernen Ladestocks, verbunden mit dieser eisernen Disziplin, ermöglichte schließlich die Abgabe von zehn Schüssen in der Minute. Ohne diese Leistungen des »Gamaschendienstes« hätte Friedrich der Große seine virtuose Strategie und seine großzügige Politik in der Tat niemals entfalten können.

Der Anti-monarchist Dieser war in nahezu allem das Gegenteil seines Vaters, sogar in seinem Verhältnis zum »Militarismus«. Zahlreiche intime und daher zweifellos ehrliche Bekenntnisse zeigen, daß er den Krieg verabscheute, was ihn aber nicht hinderte, ihn zu führen, wenn er ihn für notwendig hielt, und in diesem Falle sogar energischer und aggressiver als alle anderen. Er nennt ihn eine »Geißel des Himmels« und bedauert, die Zeit nicht mehr erleben zu können, wo die Menschheit von ihm befreit sein werde. Ja er war nicht einmal ein Monarchist. Das mag von einem König des achtzehnten Jahrhunderts, und noch dazu dem stärksten und siegreichsten, sehr sonderbar und fast unglaublich klingen; aber es kann nicht der geringste Zweifel darüber herrschen. Er hat sein ganzes Leben lang auf seine sämtlichen gekrönten Kollegen mit einer geradezu ausschweifenden Verachtung herabgeblickt, alles, was mit höfischen Sitten und Einrichtungen zusammenhing, aufs beißendste verspottet und seine eigene Krone ohne das geringste Gefühl der höheren Erwählung, ja auch nur der juristischen Berechtigung getragen. Er wußte natürlich, daß er mehr sei als die meisten anderen Sterblichen; aber gerade darum wollte er nicht als König verehrt werden.

Friedrich Wilhelm war zeitlebens ein frommer Mann im Sinne des orthodoxen Kirchenglaubens, ein Verächter aller Finessen der Diplomatie und aller Feinheiten der Literatur, knorrig, robust, primitiv gesund und primitiv ehrlich, extrem einfach in seinen Lebensansprüchen, eindeutig bis zur Einfältigkeit; Friedrich verachtete alle positiven Religionen mit einer souveränen Skepsis, die vom Atheismus nur noch durch eine schmale Grenze getrennt war, stellte die Werke der Kunst und Philosophie hoch über alle Taten des praktischen Lebens und war ein unerreichter Meister der diplomatischen Falschmünzerei und raffinierter Feinschmecker aller höheren Lebensgenüsse, dabei nichts weniger als »gesund« im Sinne des Normalmenschen, vielmehr eine außerordentlich reizbare, komplizierte, widerspruchsvolle Natur von sehr labilem inneren Gleichgewicht, auch körperlich zart und sensibel. Wie alle Genies war er »physiologisch minderwertig« und psychopathisch, und wie alle Genies ist er seiner Psychose Herr geworden durch die hypertrophisch entwickelte Kraft seiner moralischen und intellektuellen Fähigkeiten. Man hat oft gesagt, er habe von seinem Vater die Arbeitsfreude und das Pflichtgefühl geerbt; aber der Fleiß des Genies ist ein ganz anderer als der des Durchschnittsmenschen: dieser erwächst aus einem mechanischen Ordnungssinn und Tätigkeitstrieb, einem primitiven bienenhaften Lebensinstinkt, jener aus einer fast manischen Hingabe an eine erlauchte Mission, einem sublimen Verantwortungsgefühl gegenüber dem eigenen magischen Schicksal.

Daß Friedrich der Große sein ganzes Leben lang von einem *Der* großen Leitgedanken getragen war, machte ihn zum unüber- *Philosoph* windlichen Helden des Zeitalters und bewirkte zugleich, daß auch alle seine Einzelhandlungen, im Gegensatz zu denen seiner gekrönten Rivalen, ideenreich, geistvoll und sinnerfüllt waren. Dieser Grundgedanke bestand in nichts anderem als in der platonischen Forderung, daß die Könige Philosophen und die Philosophen Könige sein sollen. Walter Pater sagt in seinem Buche über Plato: »Gerade weil sein ganzes Wesen von philosophischen Gesichten erfüllt war, hat der Kaiser Marc Aurel, der leidenschaftlich Philosophie, und zwar die Philosophie

Platos, betrieb, dem römischen Volke im Frieden und im Kriege
so vortrefflich gedient.« Ein solcher Herrscher war auch Friedrich der Große. Das allein war auch der wahre Sinn des »aufgeklärten Absolutismus«, des Modeschlagworts jener Zeit, das
nur er in seiner tieferen Bedeutung verstanden und nur er zu
einer lebendigen Wirklichkeit verdichtet hat. Absolutismus bedeutet unumschränkte Herrschaft, Aufklärung bedeutet Ausbreitung des Lichts, also will diese Formel nichts anderes besagen, als daß das Licht herrschen, der stärkste Geist gebieten,
der hellste Kopf anordnen soll. Über die äußeren Formen, unter
denen ein solches Ideal in die Realität übersetzt wird, wollen wir
nicht streiten: sie sind völlig gleichgültig und bloße Kostüm-
fragen. Ob sich ein solcher Regent Cäsar oder Oberpriester,
Reichspräsident oder Volkskommissär nennt, immer wird er
der legitime König sein, weil er der philosophische König ist.

Das Genie   Als echter Philosoph zeigte sich Friedrich der Große schon
allein durch seine Toleranz. Wir verstehen darunter weder
Freidenkertum noch Liberalismus. Man kann ein Freigeist sein
und dabei einen sehr unfreien Geist haben, in dem, wie dies bei
den meisten Freidenkern der Fall ist, das Verständnis für anders
geartete Weltanschauungen keinen Platz hat. Diese Art Aufklärer sind ebenso Gefangene ihrer engen und einseitigen Doktrin wie die von ihnen verachteten Reaktionäre. Dasselbe gilt
vom landläufigen Liberalismus. Er ist liberal nur gegen die
Liberalen, alle anderen Menschen sind in seinen Augen ver-
stockte Ketzer und verblendete Toren, denen gegen ihren Willen die bessere Weltansicht aufgedrängt werden muß. Dies war
denn auch die typische Art, wie im Zeitalter Friedrichs des
Großen Aufklärung betrieben wurde. Das achtzehnte Jahrhundert sah allenthalben an den führenden Stellen derartige
Diktatoren des Fortschritts, die es für ihre Mission hielten, die
rückständige Menschheit zu ihrem Glück zu zwingen. Peter
der Große und Karl der Zwölfte, Katharina die Zweite und

Josef der Zweite, Kardinal Fleury und Robespierre und noch viele andere waren von dieser fixen Idee geleitet, die bis nach Portugal drang, wo der Marquis von Pombal ein wahres Schreckensregiment der Aufklärung errichtete. Diese Machthaber waren also nichts anderes als gewendete Finsterlinge und erhärteten nur von neuem die psychologische Tatsache, daß Toleranz dem Durchschnitt der Menschheit ganz wesensfeindlich ist. Friedrich der Große jedoch war tolerant nicht in seiner Eigenschaft als Freidenker, sondern als Genie. Das Genie toleriert alles, weil es alle erdenklichen Menschenexemplare und Seelenregungen latent in sich trägt, weiß sich allem anzupassen, weil es schöpferische Phantasie besitzt. Friedrich der Große übte die echte Toleranz, die ganz einfach darin besteht, daß man jede fremde Individualität und ihre Gesetze anerkennt. Daher tolerierte er auch die Reaktion. Er war, als Oberhaupt der protestantischen Vormacht Deutschlands, gegen die Jesuiten viel duldsamer als der römische Kaiser. Während dieser Klöster aufhob, ließ er abgebrannte katholische Kirchen wieder aufbauen. Er war dabei durchaus nicht etwa ohne persönliche Voreingenommenheiten, aber trotz diesen sehr hart ausgeprägten, sehr subjektiven, sehr einseitigen Überzeugungen, die seiner Persönlichkeit eben ihr scharfumrissenes, weithin leuchtendes Profil gaben, hatte er doch genügend Verständnis für alle anderen Ansichten und ließ sie auch in der Praxis tatsächlich gelten. Er war sicher eine Art Spiritualist und Ideologe, indem er immer von gewissen abstrakten Prinzipien, unmittelbaren seelischen Grunderlebnissen ausging; aber das Gegengewicht dazu bildete seine hochentwickelte geistige Elastizität, seine Fähigkeit, sich den »Versuchsbedingungen«, die ihm die Wirklichkeit bei seinen Experimenten auferlegte, jederzeit zu akkommodieren. Er war ungemein zäh und konservativ in Dingen der Theorie und ebenso beweglich und fortschrittsfähig in der Anwendung seiner Theorien auf das Leben; und diese Doppeleigenschaft ist in der Tat die Grundvoraussetzung alles fruchtbaren Denkens und Handelns.

Ein eminent genialer Wesenszug war auch seine hemmungslose Aufrichtigkeit, eine Eigenschaft, die, beim Menschen schon an sich etwas Seltenes, auf einem Thron fast wie eine Unmöglichkeit erscheint. Auch in seinem Verhältnis zur Wahrheit zeigte sich das Widerspruchsvolle und doch in einem höheren Sinne sehr Einheitliche seines Wesens. Er schreckte als Politiker nicht davor zurück, die ganze Welt hinters Licht zu führen, und setzte sogar einen Ehrgeiz darein, an Taschenspielerei und Doppelzüngigkeit alle seine Gegner zu übertreffen. Und doch war er inmitten eines Zeitalters der hohlen Lügen und leeren Masken einer der unverlogensten Menschen, die je gelebt haben. Denn die Unwahrheit war für ihn nur eine Art Fachsprache, die er bei seiner Berufstätigkeit meisterhaft handhabte; in allen Dingen jedoch, die ihm wirklich ernst und wichtig waren, war er von der unbestechlichsten Wahrheitsliebe und unbarmherzigsten Selbstkritik geleitet. Daher rührt es, daß er, obgleich durch Geburt und Stellung, Gaben und Taten so hoch über die übrige Menschheit hinausgehoben, dennoch in der Erinnerung der Nachwelt fast als eine Privatgestalt fortlebt, frei von jedem historischen Nimbus. Dazu kommen noch eine Reihe liebenswürdiger kleiner Züge, die ihn uns naherücken. Es hat zum Beispiel etwas Skurriles und zugleich Rührendes, daß dieser große Souverän und Schlachtenlenker erklärte, der einzige Ruhm, der diesen Namen verdiene, sei der des Schriftstellers, daß er mitten in seinen Feldzügen eifrig an seinen Versen feilte und sich gegenüber allen Literaten von Rang als Schüler empfand, der von ihrer Kunst zu profitieren sucht. Alles, was er tat und unterließ, sichert ihm unser persönliches Attachement: wie anziehend unköniglich wirkt es zum Beispiel, daß er die Jagd verabscheute! Ganz »privat« wirkt auch das betont und sogar ambitiös Geistreiche seines Wesens, das wie eine feine

Essenz alle seine Lebensäußerungen, von den großen Regierungshandlungen bis zu den alltäglichsten Unterhaltungen, imprägnierte. Selbst seine Erlässe waren glitzernde Bonmots, eines Swift oder Voltaire würdig, so zum Beispiel, als er einmal unter das Urteil über einen Kirchenräuber, dessen Verteidigung, die Muttergottes habe ihm das Silber selbst gegeben, von katholischen Autoritäten als nicht unglaubwürdig bezeichnet wurde, einen Freispruch schrieb, jedoch mit dem Zusatz, er verbiete ihm für die Zukunft bei harter Strafe, von der Heiligen Jungfrau irgendwelche Geschenke anzunehmen, und ein andermal den Untersuchungsakt über einen Soldaten, der mit seinem Pferd Sodomie getrieben hatte, mit den Worten erledigte: das Schwein ist zur Infanterie zu versetzen. Ungemein anheimelnd wirkt auch der lebhafte Sinn für Bübereien aller Art, der ihn bis ins reife Mannesalter begleitete. Macaulay erzählt von ihm, nicht ohne ihm dafür eine schlechte Sittennote zu erteilen: »Wenn ein Höfling eitel auf seine Kleider war, wurde ihm Öl über seinen reichsten Anzug geschüttet. Hing er am Gelde, so wurde ein Trick ersonnen, durch den er gezwungen war, mehr zu zahlen, als er zurückbekam. Wenn er hypochondrisch veranlagt war, wurde ihm eingeredet, er habe die Wassersucht. Hatte er sich fest vorgenommen, nach einem bestimmten Ort zu fahren, so wurde ein Brief fingiert, der ihn von der Reise abschreckte.« Mit diesen Dingen befaßte sich Friedrich der Einzige, während er im Begriffe stand, sein Heer zum schlagkräftigsten, seine Verwaltung zur leistungsfähigsten und seinen Staat zum gefürchtetsten im damaligen Europa zu machen. Der respektable Macaulay schließt daraus auf eine böse Gemütsart. Wir möchten aber eher finden, daß durch solche Züge menschliche Größe erst menschlich und erträglich wird, wie sie denn auch fast niemals bei wahrhaft genialen Naturen zu fehlen pflegen, und daß sich in ihnen nichts weniger als Bösartigkeit äußert, sondern eine unverwüstliche Kindlichkeit und ein souveräner, künstlerischer Spieltrieb, der alles und nichts ernst nimmt. Hierin wie in so vielem war Friedrich der Große Voltaire ähnlich. Die sonderbare Freundschaft dieser beiden Männer, dokumentiert in ihrem Briefwechsel, ist eines der geistreichsten Kapitel der Geschichte des achtzehnten Jahrhunderts: hier gingen französischer Pfeffer und preußisches Salz, aufeinander angewiesen und sich gegenseitig hebend, eine innige Mischung ein, die aber so scharf und beißend geriet, daß seither jeder Philister von ihr zu bitteren Tränen gereizt wird.

Der Held aus Neugierde An dem so verwickelten und paradoxen und doch so klaren und durchsichtigen Charakter dieses Königs bleibt dem demokratischen Historiker nichts zu »entlarven« übrig. Er ist in seiner Selbstkritik so weit gegangen, daß er sich bisweilen sogar schlechter machte, als er war. Er gibt ganz offen zu, daß das treibende Motiv seiner Politik Ehrgeiz war. Er erzählt, daß ihm, wenn er als Kronprinz vom Türkenkrieg hörte, das Herz gepocht habe wie dem Schauspieler, der darauf zittert, daß die Reihe an ihn kommt. Und alsbald trat er aus der Kulisse, und es zeigte sich schon in den ersten Szenen, daß er entschlossen war, nicht die kleine Episodenrolle zu spielen, die das europäische Regiekollegium ihm zugewiesen hatte, sondern als Protagonist und Titelheld des Zeitalters einen ganz neuen Text zu improvisieren. »Meine Jugend«, schrieb er 1740 an seinen Freund Jordan, »das Feuer der Leidenschaften, das Verlangen nach Ruhm, ja, um dir nichts zu verbergen, selbst die Neugierde, mit einem Wort, ein geheimer Instinkt hat mich der Süßigkeit der Ruhe, die ich kostete, entrissen, und die Genugtuung, meinen Namen in den Zeitungen und dereinst in der Geschichte zu lesen, hat mich verführt«; und lange nachher, in seinen historischen Denkwürdigkeiten, wiederholt er, bei seinen Entschlüssen von 1740 sei »das Verlangen, sich einen Namen zu machen« mitbestimmend gewesen. Das sind wiederum ganz die Gedankengänge eines Schauspielers. Ein König, der in den Krieg zieht aus psychologischer Neugierde, aus einer Art Theaterleidenschaft und aus dem brennenden Wunsch, in die Zeitung zu kommen, und dies offen eingesteht: dieser degagierte Freimut, diese bizarre Koketterie, diese raffinierte und naive Glanzsucht ist echtestes Rokoko.

So sonderbar es klingen mag: Friedrich der Große war kein ernster Mensch. Unter einem »ernsten« Menschen haben wir nämlich nichts anderes zu verstehen als den Menschen, der in der Realität befangen ist, den »praktischen« Menschen, den Materialisten; und unter einem unernsten Menschen den geistigen Menschen, der imstande ist, das Leben von oben herab zu betrachten, indem er es bald humoristisch, bald tragisch nimmt, aber niemals ernst. Beide, der humoristische und der tragische Aspekt, haben nämlich ein und dieselbe Wurzel und sind zwei polare und ebendarum komplementäre Äußerungen desselben Weltgefühls. Zur tragischen Optik gehört ganz ebenso das Nichternstnehmen des Daseins wie zur humoristischen: beide fußen auf der tiefen Überzeugung von der Nichtigkeit und Vanität der Welt. Und daher kommt es, daß die Gestalt Friedrichs des Großen zu den wenigen wahrhaft tragischen seines Zeitalters gehört und zugleich von einer sublimen Ironie umwittert ist.

Der tragische Ironiker

Am Schlusse seines Lebens aber, als Alter Fritz, wird er, wie alle ganz Großen: Goethe und Kant, Ibsen und Tolstoj, Michelangelo und Rembrandt, völlig unwirklich und gespenstisch, transzendent und transparent, zur Hälfte bereits Bürger einer anderen Welt. Eine ungeheure Einsamkeit breitet sich um ihn aus, er ist es müde, »über Sklaven zu herrschen«, und will neben seinen Windspielen begraben sein.

Zweifellos hatte er große Fehler; aber die Lieblinge der Menschheit sind nun einmal nicht die Korrekten. Das ganze Zeitalter jubelte ihm zu, weil er der Stärkste und Menschlichste, Weiseste und Närrischste von allen war, Cäsar und

Don Quixote, Hamlet und Fortinbras in einer Person. In der Schweiz gab es Leute, die vor Ärger krank wurden, wenn er eine Schlacht verlor; in England, das zwar mit ihm verbündet war, aber kontinentale Machtentfaltung nie gern gesehen hat, wurden seine Siege als Nationalfeste gefeiert; in Paris machte man sich gesellschaftlich unmöglich, wenn man gegen ihn Partei ergriff; in Rußland war unter der Führung des Thronfolgers Peter eine große Hofpartei für ihn begeistert; selbst in Neapel und Spanien wurden seine Bilder feilgeboten.

Der
Politiker

Der dänische Minister Bernsdorff nannte das vorfriderizianische Preußen einen jungen mageren Körper mit der ganzen Eßlust dieser physischen Entwicklungsstufe, und Voltaire hatte es als ein »Grenzenreich« verspottet. In der Tat lehrt ein Blick auf die historische Karte, daß der Staat, der im wesentlichen aus zwei getrennten Küstengebieten und einigen kleineren Länderfetzen im Westen bestand, in dieser Form nicht lebensfähig war. Nur wenn man einem politischen Organismus überhaupt das Recht abspricht, sich gewaltsam auszudehnen, wird man es Friedrich dem Großen verübeln dürfen, daß er nach Schlesien griff. Durch diesen Zuwachs, der den Landesumfang um ein Drittel, die Volkszahl um die Hälfte vergrößerte, erhielt Preußen erst jene Stabilität und Solidität der territorialen Basis, ohne die eine Großmacht undenkbar ist. Es ist nur zu begreiflich, daß Friedrich dieser Versuchung nicht widerstand. Aber von dem Augenblick an, als er Schlesien dem hungrigen Körper Preußens einverleibt hatte, betrachtete er diesen als gesättigt. Er äußerte 1745 in Dresden, er werde fortan keine Katze mehr angreifen, es sei denn, daß man ihn dazu zwinge, er betrachte seine militärische Laufbahn als abgeschlossen; und das war sicher ehrlich gemeint. Daß er den Siebenjährigen Krieg, einen Krieg gegen drei Großmächte, anders als gezwungen geführt hat, kann nur ein Schwachsinniger behaupten; da er selbst aber nichts weniger als schwachsinnig war, so hat er ihn natürlich in dem Augenblick begonnen, der ihm als der verhältnismäßig günstigste erschien.

Unendliches Gerede ist geschrieben und gedruckt worden über den »brutalen Überfall« und »perfiden Vertragsbruch« von 1740. Daß Friedrich durch die Pragmatische Sanktion gebunden war, ist eine österreichische Lüge. Der Kaiser hatte Friedrich Wilhelm als Lohn für seine Zustimmung die Erbfolge im rheinischen Herzogtum Berg garantiert. Aber zehn Jahre später unternahm er gegen ihn mit Frankreich, England und Holland einen diplomatischen Kollektivschritt, der den Zweck hatte, ihn zum Verzicht auf diese Ansprüche zu zwingen. Daß Friedrich nicht wartete, bis Österreich vollständig gerüstet war, sondern Schlesien mitten im Winter besetzte, was nach den Prinzipien der damaligen Kriegführung etwas Unerhörtes war, ist nur ein Beweis für seine Courage und Originalität, die nicht in den hergebrachten Geleisen dachte, und die österreichische Schwerfälligkeit und Geistesträgheit. Seine einfache und darum schlagende Logik war: sich erst in den Besitz des Landes zu setzen und dann über seine Abtretung zu unterhandeln. »Ich gebe Ihnen ein Problem zu lösen«, schrieb er an seinen Minister Podewils, »wenn man im Vorteil ist, soll man ihn für sich geltend machen oder nicht? Ich bin bereit, mit meinen Truppen und mit allem; mache ich mir das nicht zunutze, so halte ich ein Gut in meinen Händen, dessen Bestimmung ich verkenne; nütze ich es aus, so wird man sagen, daß ich die Geschicklichkeit besitze, mich der Überlegenheit, die ich über meine Nachbarn habe, zu bedienen.« Und 1743 sagt er rückblickend im Vorwort zum ersten Entwurf seiner Memoiren: »Ich beanspruche nicht, die Verteidigung der Politik zu führen, die der feststehende Brauch der Nationen bis auf unsere Tage legitimiert hat. Ich lege nur in einfacher Weise die Gründe dar, die, wie mir scheint, jeden Fürsten verpflichten, der Praxis zu folgen, die den Trug und den Mißbrauch der Gewalt autori-

siert, und ich sage freimütig, daß seine Nachbarn seine Rechtschaffenheit übervorteilen und daß ein falsches Vorurteil und
ein Fehlschluß das der Schwäche zuschreiben würden, was doch
nur Tugendhaftigkeit bei ihm wäre. Solche Betrachtungen und
viele andere haben, wohl erwogen, mich bestimmt, mich der
Gewohnheit der Fürsten anzupassen... Man sieht sich am
Ende gezwungen, zwischen der schrecklichen Notwendigkeit
zu wählen, seine Untertanen oder sein Wort preiszugeben...
Darin opfert sich der Souverän für das Wohl seiner Untertanen.« Welcher zweite Fürst hätte es vermocht, über dieses ungeheure moralische Dilemma, das aber leider eine unleugbare
Realität ist, mit einer so tiefen und klaren, edlen und phrasen-
losen Objektivität zu sprechen, welcher hatte diesen tragischen
Konflikt auch nur bemerkt? Aus solchen und zahlreichen ähnlichen Bekenntnissen seiner verschiedensten Lebensperioden
weht uns der Atem einer erschütternden Lebenstragödie entgegen: ein Genius, durch seine Geistesform für die Welt der
reinen Anschauung vorbestimmt, als Märtyrer in die trübe
Sphäre des Handelns geschleudert, der er sich, demütig vor
dem Schicksal, zum Opfer bringt. So sah die Seele dieses treu-
losen Ränkeschmieds und skrupellosen Realpolitikers in Wirklichkeit aus. Aber die Menschen sind sehr sonderbar: wenn
unter ihnen einer aufsteht, der zwar ihre Schuld teilt, aber um
sie weiß und unter ihr leidet, so sagen sie nicht, daß er größer
und besser sei als sie, sondern erwidern ihm mit dem Vorwurf,
daß er kein Heiliger ist.

Man hat übrigens nicht bloß das innere Wesen Friedrichs
des Großen, sondern auch das System seiner äußeren Politik
sehr oft ganz falsch beurteilt. Er war gar nicht der »Erbfeind«
Österreichs. Wir haben gehört, in welche furchtbare Krise die
habsburgische Monarchie zu Beginn des Österreichischen Erb-
folgekriegs geraten war; damals war er es, der sie durch seinen Separatfriedensschluß rettete. Durch das Abkommen von

Klein-Schnellendorf wurde die einzige starke Armee, die Österreich ins Feld zu stellen hatte, gegen die Bayern und Franzosen disponibel. Er konnte die völlige Zertrümmerung Österreichs, durch die Frankreich ein unerträgliches Übergewicht erhalten hätte, auch gar nicht ernstlich wollen. Er wollte immer bloß Schlesien, auf dessen Besitz aber Maria Theresia eigensinnig bestand. Daß er mit dieser Annexion im Recht war – vielleicht nicht vor dem Phantom eines zweideutigen »Völkerrechts«, das übrigens immer nur von den Besiegten angerufen zu werden pflegt, wohl aber vor dem höheren Tribunal der Kulturgeschichte –, wird völlig klar, wenn man den späteren geistigen und moralischen Zustand Preußisch-Schlesiens mit dem der österreichisch gebliebenen Teile vergleicht. Eine der größten Taten seiner äußeren Politik, ebenbürtig der in drei Kriegen behaupteten Erwerbung Schlesiens und zumeist nicht genügend gewürdigt, war auch die unblutige Eingliederung Westpreußens, durch die er sein Königreich erst zu einer wirklichen nordischen Großmacht erhob. Es war dies eine der bedeutsamsten »Arrondierungen« der neueren europäischen Geschichte.

Diese Länder hat er auf mustergültige Weise verwaltet. Auf alle Gebiete erstreckte sich seine energische und maßvolle Reformtätigkeit. Er wurde der Schöpfer des Allgemeinen Preußischen Landrechts und förderte den Unterricht durch die Durchführung des General-Landschul-Reglements, die Bodenkultur durch Trockenlegung großer Sumpf- und Moorstrecken und den Handelsverkehr durch bedeutende Kanalbauten. Hingegen ließ er keine neuen Chausseen anlegen, um die Fuhrleute dadurch zu zwingen, sich länger im Lande aufzuhalten und mehr zu verzehren. Hierin opferte er dem Zeitgeist. Wir haben schon im vorigen Kapitel gehört, welche Übertreibungen sich der Merkantilismus in Preußen und anderwärts zuschulden kommen ließ. Friedrich Wilhelm der Erste verbot das lange

Der Administrator

Trauern, damit nicht dadurch der Absatz bunter Wollstoffe geschädigt werde, und bedrohte die Trägerinnen der bedruckten englischen Kattunstoffe, die damals sehr in Mode waren, mit dem Halseisen. Auch Friedrich der Große sagt in seinem *Politischen Testament* vom Jahre 1752: »Beim Handel und bei Manufakturen muß grundsätzlich verhindert werden, daß das Geld außer Landes geht, indem man alles im Lande herstellt, was man früher von auswärts bezog.« Infolgedessen verbot er seinen Beamten, fremde Heilbäder aufzusuchen, und gestattete seinen Untertanen bei Auslandsfahrten nur eine bestimmte Geldsumme als Reisekasse. Jeder Haushalt hatte die sorgfältig kontrollierte Verpflichtung, eine gewisse Mindestmenge an Salz zu verbrauchen, und Heiratskonzessionen wurden nur gegen Entnahme von Waren aus der königlichen Porzellanmanufaktur erteilt. Doch hatte diese Tyrannei auch ihre wohltätigen Seiten: zur Erzeugung inländischer Seide wurden riesige Maulbeerplantagen angelegt, und die Hopfen- und Kartoffelkultur nahm unter staatlicher Fürsorge eine ausgezeichnete Entwicklung.

Napoleon hat gesagt: »Genie ist Fleiß.« Auch diese Definition des Genies paßt auf Friedrich den Großen in hervorragendem Maße. Es klingt unglaublich, ist aber trotzdem wahr, daß in diesem Lande das Hirn und die Arbeitskraft dieses einen Menschen buchstäblich alles vollbrachte, vom Größten und Gröbsten bis zum Kleinsten und Diffizilsten. Es muß ein lehrreiches und paradoxes, bestrickendes und beängstigendes Schauspiel für die Zeitgenossen gewesen sein, das ganze Staatswesen von diesem tausendäugigen Intendanten bis in seine letzten Fäden geleitet zu sehen. Hierin erwies der König nicht nur den Fleiß, sondern auch die Allseitigkeit des Genies. Es ist nicht zuviel gesagt, wenn man ihn in dieser Hinsicht mit Julius Cäsar vergleicht. Der geniale Mensch vermag alles, weiß alles, versteht alles. Er ist niemals Spezialist. Er ist vorhanden und kann, was die gegebenen Umstände gerade von ihm fordern. Er hat sich auf nichts Bestimmtes »eingestellt«, er ist ein Polyhistor des Lebens. Was er ergreift, durchdringt er mit seiner Kraft, die, immer dieselbe eine und unteilbare, nichts braucht als ein beliebiges Anwendungsgebiet, um sich sogleich siegreich zu entfalten.

Deshalb sind auch die strategischen Leistungen Friedrichs des Großen, die selbst seine gehässigsten Gegner als außerordentlich anerkennen, von seiner Gesamtpersönlichkeit nicht zu trennen. Man hat sich daran gewöhnt, die Tätigkeit des Feldherrn als den Ausdruck eines bestimmten Fachwissens und begrenzten Fachtalents anzusehen, für das es genüge, einige Kriegsschulen absolviert zu haben. Aber sowenig es etwa für den bedeutenden Arzt genügt, Medizin studiert zu haben, oder für den großen Maler, in der Anwendung der Farben Bescheid zu wissen, sowenig ist ein großer Feldherr denkbar ohne tiefere Kenntnis der menschlichen Seele, des Laufs der Welt und überhaupt aller wissenswerten Dinge. Er muß eine Art Künstler sein, vor allem ein Philosoph. Wir haben im vorigen Kapitel gehört, daß Prinz Eugen ein solcher war: für ihn hat der größte Denker des Zeitalters sein Hauptwerk geschrieben; er hat es ihm nicht etwa »dediziert«, was noch gar nichts bedeuten würde, sondern es buchstäblich nur seinetwegen verfaßt. Julius Cäsar war nicht nur der Freund Ciceros (obgleich dieser sein politischer Gegner war), sondern übertraf ihn an schriftstellerischer und philosophischer Begabung. Was Moltke anlangt, so brauchen wir nur seinen Schädel anzusehen, um zu erkennen, daß wir es mit einem eminenten Denker zu tun haben. Und wer vermag zu sagen, wieviel Alexander der grandiosen Tatsache verdankte, daß sein Vater ihm Aristoteles, den geräumigsten und gefülltesten Kopf ganz Griechenlands, zum Lehrer bestimmte? Es hat keinen Sinn, zwischen der Tätigkeit eines Napoleon und eines Shakespeare einen prinzipiellen Unterschied zu machen.

Der Stratege

Aber freilich: wer wird nicht lieber eine Art Shakespeare sein wollen als eine Art Napoleon? Wer wird es vorziehen, über stumpfe langweilige Armeen von Grenadieren zu befehlen, wenn er die ganze Weltgeschichte in all ihrer Farbigkeit und Fülle zu seinem Operationsheer machen kann? Wer wird versuchen, seine innere Bewegung auf häßliche, obstinate und in jedem Falle enttäuschende Realitäten zu übertragen, wenn seinem Kommando leuchtende Idealitäten gehorchen, die niemals enttäuschen? Wer wird die Leiber der Menschen lenken wollen, wenn er ihre Seelen leiten kann, wenn er statt Fußmärschen Gedankenmärsche zu dirigieren vermag?

Die Tragödie der großen Handelnden ist die Tragödie der im Leben steckengebliebenen Dichter. So müssen wir uns den großartigen Lebensekel erklären, der Julius Cäsar in seinen letzten Lebensjahren erfüllte und bewirkte, daß er fast wissend in den Tod ging. So ist die sonderbare Eifersucht des großen Alexander auf den kleinen Achill zu begreifen, denn in Wahrheit galt sein Neid ja gar nicht Achill, sondern Homer! Und Friedrich der Große hätte auf seinen Thron und sein Heer und alle seine Eroberungen und Siege mit Freuden verzichtet, wenn er dafür nicht etwa ein Voltaire, sondern bloß ein bescheidener Maupertuis hätte sein dürfen.

Er billigte den Krieg nicht. Er ertrug ihn mit Wehmut als das ihm vom Schicksal bestimmte Feld seiner schöpferischen Tätigkeit. Und im Grunde seines Herzens billigt ihn ja niemand. Aber die bisherige Geschichte, die allerdings nur als eine Art Prähistorie wahren Menschentums anzusehen ist, lehrt, daß er offenbar zu den biologischen Funktionen unserer Spezies gehört. Und da er nun einmal unter allen Umständen geführt werden muß, so ist es schon am besten, wenn er von Genies geführt wird.

Die Strategie jener Zeit war allmählich, ganz ähnlich wie die Theologie, die Arzneikunst, die Poesie, zu geistloser Schablone und steifer Routine erstarrt. Noch im Jahre 1753 lehrte das kursächsische Dienstreglement, man solle die Bataille vermeiden und den Kriegszweck durch »scharfsinniges Manövrieren« erreichen. Natürlich kam es schließlich doch zu Schlachten, aber gewissermaßen durch Zufall und auf mechanischem Wege, wie ein genügend lang angehäufter Zündstoff eines Tages fast durch sich selbst explodiert. Auch Friedrich der Große betrachtete die Schlacht nur als ein »Brechmittel«, das lediglich in den äußersten Notfällen anzuwenden sei; aber er machte die Anwendung dieses Mittels zum Gegenstand tiefer und kühner Spekulation. Ebenso hat er im Prinzip an der damals üblichen Lineartaktik festgehalten, die das gesamte Fußvolk in enggeschlossenen Kolonnen und gleichmäßigem Taktschritt wie auf dem Exerzierplatz vorrücken ließ und dem einzelnen Kämpfer keinerlei persönliche Initiative ermöglichte. Die Schlacht bestand ganz einfach darin, daß die beiden feindlichen Truppenkörper aufeinanderstießen. Der Begriff der Reserve im Sinne der modernen Kriegführung war noch unbekannt. Friedrich der Große kam nun auf den Gedanken, eine Art Reserve dadurch zu bilden, daß er einen Flügel zunächst zurückhielt, »refüsierte«, um mit ihm im geeigneten Momente die Entscheidung herbeizuführen. Diese Methode war für die Zeit Friedrichs höchst originell, gleichwohl aber in der Geschichte kein völliges Novum: sie knüpfte, zwei Jahrtausende überspringend, an Epaminondas an. Vor diesem hatte die griechische Taktik, in der die Spartaner unerreichte Meister waren, darauf beruht, daß der Kampf auf der ganzen Linie gleichzeitig eröffnet wurde, Epaminondas aber stellte seine Truppen nicht in gleicher Tiefe auf, sondern verstärkte sie in der Art eines Keils auf der rechten oder linken Seite. Hiedurch gewann er gegen die Lakedämonier bei Leuktra eine der größten und folgenreichsten Schlachten, die je zwischen Hellenen geschlagen worden sind. Diese »schiefe Schlachtordnung« sichert dem Feldherrn die Initiative, indem sie ihm gestattet, den Punkt des Angriffs zu wählen, hat aber ihre volle Wirksamkeit nur, wenn sie durch das Moment der Überraschung unterstützt wird, weshalb sie nur von einem so geistesmächtigen und charakterstarken Schnelldenker wie Friedrich dem Großen und auch von diesem nicht immer mit Erfolg gehandhabt werden konnte. Zur Unterstützung dieser Methode diente ihm auch die Kavallerieattacke, die er aufs meisterhafteste zu entwickeln verstand, und die Konzentrierung des Artilleriefeuers an den entscheidenden Punkten. Das Wesentliche, ja geradezu Revolutionäre an allen diesen Reformen aber war der rasante Offensivgeist, der in ihnen zum Ausdruck gelangte: es wurde nicht mehr Krieg geführt, um allerlei schwerfällige und verzwickte Operationen auszuführen, sondern, um zu siegen: dieser einfache und selbstverständliche Gedankengang war dem Zeitalter abhanden gekommen, und man kann mit geringer Übertreibung sagen, daß es überhaupt erst seit Friedrich dem Großen in der neueren Geschichte Angriffsschlachten gibt. Und dazu kam noch die verblüffende Schnelligkeit seiner Truppenbewegungen, die ihn zum Mirakel seines Jahrhunderts und an dessen Schlusse zum bewunderten Vorbild Napoleons machte. »Das sind meine drei Artikel: nachdrücklich, schnell und von allen Seiten zugleich«, sagte er zum Marquis Valory; in diesen Worten ist eigentlich seine ganze Strategie enthalten. Durch diesen mit kalter Überlegung und souveräner Beherrschung der Umstände gepaarten Elan besiegte er seine Gegner, die alle mehr oder weniger dem ewig zögernden Daun glichen. Diesen Schwung vermochte er auch auf seine Regimenter zu übertragen, die nicht eigentlich patriotisch, höchstens »fritzisch« gesinnt waren, aber von Anfang an einen zwingenden Rhythmus besaßen; mit ihnen hat er bei Roßbach und Leuthen einen weit mehr als doppelt so starken Gegner besiegt, was in der modernen Kriegsgeschichte fast ein Unikum ist. Schon im fünften Jahre seiner Regierung, seit Hohenfriedberg hieß er der Große.

In Friedrich dem Großen erscheinen Barocke und Aufklärung seltsam gemischt, und diese Signatur trägt das ganze Zeitalter: es ist dies ebenjener Seelenzustand, den man als Rokoko bezeichnet. Auch auf dem Gebiet der exakten Wissenschaften herrschte noch im wesentlichen die große Barocktradition einer halb spielerischen Freude an vorwiegend theoretisch orientierten Experimenten und Entdeckungen. Wir wollen nur einige der wichtigsten Leistungen, lediglich in ihrer Eigenschaft als charakteristische Beispiele, hervorheben. 1709 ließ Pater Lorenz Gusman in Lissabon den ersten Luftballon steigen, der aber gegen eine Ecke des Königspalastes anfuhr und verunglückte. 1716 edierte Johann Baptist Homann seinen berühmten »Großen Atlas«, der Europa, Asien, Afrika und Südamerika bereits vollständig, von Australien und Nordamerika etwa die Hälfte enthielt. Um dieselbe Zeit konstruierte Fahrenheit das Quecksilberthermometer, dem etwa zehn Jahre später Réaumur das Weingeistthermometer folgen ließ. 1727 publizierte Stephan Hales seine *Statik der Gewächse*, ein für die Pflanzenphysiologie grundlegendes Werk, worin die Phänomene des Wurzeldrucks und der Saftbewegung bereits klar erkannt sind und auf Grund genauer Messungen die Flüssigkeitsmenge bestimmt wird, die die Pflanze vom Boden aufnimmt und wieder an die Luft abgibt. 1744 erregte Trembley durch seine Experimente an Süßwasserpolypen großes Aufsehen, indem er nachwies, daß diese Geschöpfe, die man bisher für Pflanzen gehalten hatte, nicht nur als Tiere anzusehen seien, sondern auch die merkwürdige Fähigkeit der Reproduktion in einem fast unglaublichen Maße besitzen: er zerschnitt sie in drei bis vier Stücke, halbierte sie der Länge nach, ja kehrte sie wie einen Handschuh um, und alle diese Prozeduren verhinderten sie nicht, sich wieder zu kompletten und lebensfähigen

Phlogiston, Irritabilität und Urnebel

Exemplaren zu regenerieren. Ein Jahr später beschrieb Lieberkühn den Bau und die Funktion der Darmzotten. 1752 erfand der Drucker und Zeitungsherausgeber Benjamin Franklin auf Grund seiner Untersuchungen über elektrische Spitzenwirkung den Blitzableiter, so daß d'Alembert später von ihm sagen konnte: »*eripuit coelo fulmen sceptrumque tyrannis;* dem Himmel entwand er den Blitz und das Zepter den Tyrannen.« Auf seiner Forschungsreise in die arktischen Länder hatte Maupertuis die polare Abplattung der Erde entdeckt. Lambert begründete die Photometrie, bestimmte die Kometenbahnen und reformierte die Kartographie. Der Kupferstecher Rösel von Rosenhof entdeckte und beschrieb die sonderbaren Bewegungen der Amöben, die er »Wasserinsekten« nannte, und veranschaulichte sie in prachtvollen farbigen Kupfertafeln. Borelli bezeichnete die Knochen als Hebel, an denen die Muskeln befestigt sind, Baglioni verglich die Blutzirkulation mit der Tätigkeit einer hydraulischen Maschine, die Respirationsorgane mit Blasebälgen, die Eingeweide mit Sieben. Auch Friedrich Hoffmann, der Begründer vorzüglicher Diätkuren und noch heute berühmt durch die nach ihm genannten Magentropfen, betrachtete den menschlichen Körper als eine Maschine, während Georg Ernst Stahl den entgegengesetzten Standpunkt des »Animismus« einnahm. Dieser ist auch der Schöpfer der »Phlogistontheorie«, die auf der Annahme fußte, daß bei der Verbrennung und auch bei der Fäulnis und der Gärung ein »brennbares Prinzip«, das Phlogiston, aus den Körpern entweiche und sie leichter mache, obgleich schon Boyle, wie wir uns erinnern, den Nachweis erbracht hatte, daß bei dem Vorgang, den man später Oxydation nannte, eine Gewichtszunahme stattfinde, ohne jedoch die Ursache dieses Phänomens erkannt zu haben, da der Sauerstoff erst 1771 von Priestley und Scheele entdeckt wurde. Infolgedessen fand er keine Anerkennung, und die Grundsätze der »Pyrochemie« herrschten unangefochten fast das ganze Jahrhundert hindurch. Der führende Physiologe des Zeitalters, Albrecht von Haller, gründete die gesamte Medizin auf die Theorie von der Irritabilität, indem er lehrte, daß sämtliche Krankheiten aus der Steigerung oder Herabsetzung der normalen Reizfähigkeit zu erklären und dementsprechend mit schwächenden oder erregenden Mitteln zu behandeln seien. Die Physik blieb auch weiterhin unter dem Einfluß Newtons. Ein Newtonianer war auch der junge Privatdozent der Philosophie Doktor Immanuel Kant, der 1755 seine nachmals als »Kant-Laplacesche Theorie« allgemein akzeptierte Erklärung der Entstehung des Sonnensystems publizierte. Nach ihr bestand die Welt ursprünglich nur aus einem kosmischen Nebel; allmählich bildeten sich infolge der Dichtigkeitsunterschiede gewisse Klumpen, die vermöge ihrer größeren Masse auf die leichteren Elemente eine Anziehungskraft ausübten und sich dadurch fortwährend vergrößerten. Durch die Reibung wurde andauernd Feuer erzeugt, und so entstand die Sonne. Die Körper, die sich im Wirkungskreis der Sonne befanden, vermehrten diese entweder durch ihren Fall oder, wenn ihre eigene Schwungkraft der Anziehungskraft die Waage hielt, umkreisten sie. Ganz analog verhalten sich die Monde zu den Planeten, indem sie durch ihre Schwungkraft die Bewegung des Falles ebenfalls in die des Umlaufs verwandeln. Der Anfangszustand aller Weltkörper ist der feuerflüssige, der durch fortgesetzte Wärmeausstrahlung in den tropfbarflüssigen und schließlich in den festen übergeht. Auch unser Zentralkörper ist nur das Glied einer höheren Sternenwelt, die auf dieselbe Weise entstanden ist. Die Weltentwicklung ist von ewiger Dauer, die Lebenszeit der einzelnen Weltkörper aber begrenzt. Eines Tages werden die Wandelsterne in die Sonne stürzen, und auch diese wird einmal erlöschen. Diese mechanische Kosmogonie begründet für Kant aber keineswegs den Atheismus, vielmehr ist sie dessen schlagendste Widerlegung: gerade durch ihre strenge Gesetzmäßigkeit wird das Dasein Gottes aufs einleuchtendste bewiesen.

Unsittliche Pflanzen

Der fruchtbarste Naturforscher dieses Zeitraums ist der Schwede Karl von Linné, der ein komplettes *Systema naturae* entwarf. Sein Hauptverdienst besteht darin, daß er die »binäre Nomenklatur« streng durchführte, indem er sämtliche Pflanzen und Tiere mit je zwei lateinischen Namen bezeichnete, von denen der erste die Gattung, der zweite die Art angab: so heißen zum Beispiel Hund, Wolf und Fuchs *canis familiaris, canis lupus* und *canis vulpes,* Gurke und Melone *cucumis sativus* und *cucumis melo;* den Namen fügte er vorzüglich klare und knappe Diagnosen bei. Auch die Minerale beschrieb er nach ihrer äußeren Gestalt und inneren Struktur, ihrem Härtegrad und optischen Verhalten. Die Flora (auch der Ausdruck stammt von ihm) gliederte er in zwitterblütige Pflanzen, an denen er die Zahl, Länge und Anordnung der Staubfäden zur weiteren Klassifizierung benützte, in getrenntgeschlechtige, bei denen er unterschied, ob sich die männlichen und weiblichen Blüten auf derselben Pflanze, auf verschiedenen Pflanzen oder mit Zwitterblüten gemischt vorfanden, und in *Cryptogamia* oder verborgenblütige, worunter er solche verstand, deren Blüten und Früchte ihrer Kleinheit wegen nicht deutlich wahrgenommen werden können. Diese Einteilungsmethode hat ihm wegen ihres schlüpfrigen Charakters viele Angriffe zugezogen. Man fand es höchst anstößig, daß hier von Pflanzen geredet wurde, auf denen mehrere Staubgefäße mit einem gemeinsamen Fruchtknoten im Konkubinat lebten, und erklärte die Annahme so skandalöser Zustände für eine Verleumdung nicht nur der Blumen, sondern auch Gottes, der nie eine solche abscheuliche Unzucht zulassen würde. Ein so unkeusches System, schrieb ein Petersburger Botaniker, dürfe der studierenden Jugend nicht mitgeteilt werden. Großes Befremden erregte Linné auch, als er den Menschen zusammen mit den Affen in die Gruppe der Primaten versetzte. Im übrigen aber war er durchaus nicht darwinistisch orientiert, sondern bekannte sich zum Standpunkt der biblischen Schöpfungsgeschichte mit dem Satz: *»Tot numeramus species, quot creavit ab initio infinitum ens.«*

Der Hauptsitz des »aufgeklärten«und »praktischen«, naturwissenschaftlich fundierten und liberal gerichteten Denkens war schon damals England. Von dort nahm die hochbedeutsame Institution der Freimaurerorden ihren Ausgang. 1717 gründeten die *freemasons* ihre erste Großloge; ihr Name knüpft an die Tatsache an, daß sie aus gewerkschaftlichen Verbindungen hervorgegangen waren. Ihr ideales Ziel war die Aufrichtung des salomonischen Tempels der allgemeinen Duldung und tätigen Menschenliebe.

Erwachender Natursinn

Ferner ist England, was noch viel wichtiger ist, das Geburtsland des modernen Naturgefühls. Im Jahre 1728 entwarf Langley in seinen *Neuen Grundsätzen der Gartenkunst* das erste Programm des »englischen Gartens«. Er wendet sich darin aufs entschiedenste gegen die geometrische Parktradition von Versailles, die die Natur verkrüppelt und entseelt hatte, und will überhaupt keine geraden Baumreihen mehr dulden, sondern nur irreguläre Anlagen: wild wachsende Sträucher, kleine Waldpartien, Hopfenanpflanzungen, Viehweiden, Felsen und Abgründe. Alles dieses soll aber – und hierin spricht sich noch immer echtes Rokokogefühl aus – künstlich erzeugt werden: Hirsche und Rehe in Einhegungen sollen freies Naturleben, eingebaute Ruinen, ja sogar auf Leinwand gemalte Berge sollen Wildromantik vortäuschen; es herrscht noch immer, wenn auch mit verändertem Vorzeichen, das Barockprinzip, aus der Natur eine Theaterdekoration zu machen. Diese Ideen wurden zum Teil von William Kent in seinen *»fermes ornées«* verwirklicht. Montesquieu, der erste große Anglomane in Frankreich, verwandelte zu Anfang der Dreißigerjahre nach seiner Rückkehr aus England den Park seines Stammschlosses in einen englischen Garten. Für den erwachenden Natursinn zeugen auch die damals beliebten *bals champêtres* und die sogenannten »Wirtschaften«, bei denen vornehme Damen und Herren sich als Weinschenker, Bauern, Jäger und Fischer kostümierten und »einfaches Landleben« spielten. Man findet Freude am Schlittenfahren und Klopstock besingt den »Eislauf«. Im Sommer gewöhnen sich die eleganten Damen an den breiten strohernen Schäferhut. Es handelt sich vorläufig erst um ein Kokettieren mit der Natur, und im wesentlichen ist es, trotz Bergprospekten und Ruinenkultus, noch nicht die romantische Natur, die man meint, sondern die idyllische, gastliche, rührende, die Lämmer-, Bächlein- und Wiesennatur, die sich sanft zu den Füßen des Menschen schmiegt; das höchste Lob, das jene Zeit einer Naturszenerie zu spenden weiß, ist die Bezeichnung »angenehm«. Zudem ist die Auffassung noch stark vom wolffischen Rationalismus und Utilitarismus durchsetzt. Man liebt die ländliche Natur vor allem als Spenderin schmackhafter Gemüse, nahrhafter Milch und frischer Eier. Das Hochgebirge ist verhaßt. Samuel Johnson nennt noch 1755 in seinem *Dictionary*, den die Engländer als ein Weltwunder anstaunten, die Berge »krankhafte Auswüchse und unnatürliche Geschwülste der Erdoberfläche« und schrieb nach seiner Reise in die schottischen Hochlande: »Ein an blühende Triften und wogende Kornfelder gewöhntes Auge wird durch diesen weiten Bereich hoffnungsloser Unfruchtbarkeit zurückgeschreckt«: mit Behagen vermag eben der Blick nur auf Gegenden zu ruhen, die Brot und Butter liefern; die Hochlande sind unfruchtbar, also können sie nicht schön sein. Auch Hallers Gedicht *Die Alpen*, das ungeheure Sensation machte, bringt mit Anschaulichkeit nur die menschliche Staffage der schweizerischen Landschaft, dazu noch moralisierend und politisierend.

Um jene Zeit ist der moderne Engländer bereits fix und fertig: in seiner Mischung aus *spleen, cant* und *business*, seiner Weltklugheit und Nüchternheit, die, hie und da gepfeffert durch fixe Ideen, Tiefe durch Gründlichkeit und Bedeutung durch Klarheit ersetzt; didaktisch, idiosynkratisch und pharisäisch und ebenso fromm wie geschäftstüchtig. Er glaubt an den Feiertagen an Gott und die Ewigkeit und während der Woche an die Physik und den Börsenbericht, und beidemal mit der gleichen Inbrunst. Am Sonntag ist die Bibel sein Hauptbuch, und am Wochentag ist das Hauptbuch seine Bibel.

Bibel und Hauptbuch

Nach dem Tode der Königin Anna war die Krone an den Kurfürsten von Hannover gefallen, wodurch abermals eine Personalunion zwischen England und einer Kontinentalmacht entstand. Georg der Erste, geistig ebenso unbedeutend wie seine drei Namensvettern, die ihm folgten, beherrschte nicht einmal die Landessprache und verständigte sich mit seinen Beamten im Küchenlatein, so daß er nicht imstande war, einem Ministerrat beizuwohnen. Sein Premierminister war Robert Walpole, der schon vorher für die hannoverische Sukzession sehr wirksam tätig gewesen war und ihm die Mehrheit im Unterhause durch ein kunstgerechtes Bestechungssystem dauernd sicherte. Das Korruptionswesen jener Zeit ist in John Gays *Beggar's opera* satirisch verewigt worden, die zugleich eine Parodie auf die damalige italienische Modeoper darstellte. Aber als bei der Premiere ein Couplet über Bestechungen nach demonstrativem Applaus wiederholt wurde, hatte Walpole Geist genug, eine zweite Repetition zu verlangen, was ihm selber den Beifall des ganzen Hauses eintrug. Im Parlament, in dessen Hände die Leitung der gesamten auswärtigen Politik übergegangen war, stützte er sich auf die Whigs. Er behauptete seine Stellung auch unter Georg dem Zweiten.

Während dessen Regierung fand ein außerordentliches Ereignis statt, vielleicht das folgenschwerste der ganzen engli-

The comfort

schen Geschichte: Robert Clive begründete die britische Herrschaft in Ostindien. Ein unerschöpflicher Strom von Reis und Zucker, Spezereien und Pflanzenölen ergoß sich über England. »Bis zu Clives Auftreten«, sagt Macaulay, »waren die Engländer bloße Hausierer gewesen.« Die Jagd nach dem Geld begann, das kleine, genügsame, exklusive Inselvolk wurde mit einem Schlage ein Volk von Welthändlern, Kauffahrern und Riesenspekulanten. Aus Indien kamen die »Nabobs«, die ihre dort erafften Reichtümer parvenühaft zur Schau trugen und eine neue Gesellschaftsklasse von ebenso verachteten wie beneideten *selfmademen* bildeten. Die Merkantilisierung des ganzen öffentlichen Lebens machte reißende Fortschritte. Es beginnt der *Handel auf Grund von Warenproben*, und es entwickelt sich das *Verlagswesen*, organisiert von Geldmännern, die die Arbeitsprodukte des Handwerks bloß vertreiben, indem sie sich sie durch Vorschüsse zu niedrigen Preisen sichern: und dies sind in der Tat die beiden typisch modernen Wirtschaftsformen. Zugleich erzeugt der üppige Zufluß des Bargeldes den *Komfort*, der ebenfalls ein der bisherigen Neuzeit unbekannter Begriff ist. Die Entstehungsgeschichte dieses Wortes ist charakteristisch. Es heißt ursprünglich im Englischen soviel wie »Trost«, »Ermutigung« und gewinnt erst jetzt die Bedeutung von »Behagen«, »Wohlbefinden«, »Bequemlichkeit«, in der es ins Deutsche übergegangen ist. Für den Engländer liegt eben tatsächlich die höchste Tröstung und Ermutigung, die letzte Legitimation seiner Existenz darin, daß es ihm wohlergeht. Der kalvinistische Geistliche Richard Baxter, der zur Zeit der Restauration und der wilhelminischen Revolution in England lebte, sagt in seinem *Christlichen Leitfaden*: »Für Gott dürft ihr arbeiten, um reich zu sein!« Geschäftserfolg gilt als Beweis der Erwählung: dies ist seine und die allgemein englische Auffassung von der Prädestination. An die Stelle der christlichen Rechtfertigung tritt die bürgerliche, praktische, eudämonistische: wem es wohlergeht auf Erden, der ist gerecht, die Unseligen und Verdammten sind die Armen; eine Umkehrung der evangelischen Lehre von beispielloser Kühnheit und Flachheit.

Taine sagt in seiner unvergleichlich plastischen Art über das damalige England: »Ein Prediger ist hier nur ein Nationalökonom im Priesterkleide, der das Gewissen wie Mehl traktiert und die Laster wie Einfuhrverbote bekämpft.« Dieser Typus erscheint im Leben am konzentriertesten verkörpert in dem Lesebuchhelden Benjamin Franklin, dem Schöpfer des Wortes: *»Time is money«*, in der Literatur am komplettesten ausgestaltet in Daniel Defoes *Life and strange surprising adventures of Robinson Crusoe of York*. Robinson ist der tüchtige Mensch, der sich in allen Situationen zu helfen weiß: praktischer Nationalökonom, Politiker und Techniker; und Deist, der an Gott glaubt, weil er dies ebenfalls als ziemlich praktisch erkannt hat. Es ist bezeichnend, was Defoe außer seinen mehr als zweihundert Büchern noch geschaffen hat: er gründete die erste Hagel- und Feuerversicherungsgesellschaft und Sparbanken. Der Extrakt seiner Philosophie findet sich in den Worten, mit denen der Vater Crusoe seinen Sohn auf die Reise entläßt: »Der Mittelstand ist die Quelle aller Tugenden und Freuden, Friede und Überfluß sind in seinem Gefolge, jedes anständige und wünschenswerte Vergnügen sehen wir an seine Lebensweise geknüpft; auf diesem Wege fließt unser Dasein angenehm dahin, *ohne Ermattung durch körperliche oder geistige Anstrengungen.«*

Neben Defoe und Franklin trat Richardson, der Schöpfer des englischen Familienromans, der ebenfalls im Hauptberuf Ladenbesitzer war. Sein erfolgreichstes Werk, das über viertausend Seiten umfaßt, führt den schönen Titel: *Clarissa, oder die Geschichte eines jungen Mädchens, die wichtigsten Beziehungen des Familienlebens umfassend und insbesondere die Mißfälle enthüllend, die daraus entstehen, wenn Eltern und Kinder*

Franklin und Robinson

Familienroman und comédie larmoyante

in Heiratsangelegenheiten nicht vorsichtig sind. Ein anderer, ebenso berühmter Roman gibt in der Überschrift eine Selbstcharakteristik, der nichts mehr hinzuzufügen ist: *Pamela, oder die belohnte Tugend, eine Reihe von Familienbriefen, geschrieben von einer schönen jungen Person an ihre Angehörigen und zu Druck gebracht, um die Grundsätze der Tugend und der Religion in den Geistern der Jugend beider Geschlechter zu fördern, ein Werk mit wahrem Hintergrund und zugleich voll angenehmer Unterhaltung des Geistes durch vielfältige, merkwürdige und ergreifende Zwischenfälle und durchaus gereinigt von allen Bildern, die in allzu vielen nur zur Ergötzung verfaßten Schriften das Herz entflammen, statt es zu bilden.* Der Vater des »bürgerlichen Trauerspiels«, des noch süßlicheren und verlogeneren dramatischen Pendants zum Familienroman, George Lillo, war Juwelier. Diese Gattung verbreitete sich rasch nach Frankreich als *comédie larmoyante,* was die Anhänger mit »rührend«, die Gegner mit »weinerlich« übersetzten; ihr erster Vertreter war Nivelle de la Chaussée, den die Schauspielerin Quinault darauf hingewiesen hatte, daß mit sentimentalen Szenen beim Publikum mehr Glück zu machen sei als mit echt tragischen. Auch Voltaire, stets wachsam auf fremde Erfolge, betätigte sich alsbald in diesem Genre. Das erste deutsche Werk dieser Art waren Gellerts *Zärtliche Schwestern.* Nur Holberg, dem »dänischen Molière«, wie man ihn etwas überschwenglich genannt hat, gelang es, seinen Landsleuten ein Nationallustspiel, ein Nationaltheater und, was noch mehr ist, einen Nationalspiegel zu schenken, in dem sie sich, nicht übermäßig geschmeichelt, aber doch liebenswürdig karikiert, erkennen und betrachten konnten. Er war Schnelldichter wie alle echten Komödientemperamente, daneben ein sehr fleißiger Journalist, Historiker und Popularphilosoph. Er begann als Wandergeiger und Bettelstudent, hatte jahrzehntelang die aufreibendsten Kämpfe mit zelotischen Pfaffen, unwissenden Philistern und gelehrten Eseln zu bestehen und endete als Grundbesitzer und Baron, zur damaligen Zeit für einen verachteten Schauspielschreiber und armseligen Hungerprofessor eine unerhörte Karriere. Aber seine verdiente Karriere hat er erst nach seinem Tode gemacht, als man zu erkennen begann, was man an seinen bis zur Ordinärheit kraftvollen und bis zur Banalität lebensvollen Stücken besaß: bis zu den Tagen Andersens und Ibsens hat Skandinavien keinen so scharfen und reichen Wirklichkeitsbeobachter von so freier Souveränität und machtvoller Ironie mehr hervorgebracht.

Das bedeutsamste literarische Ereignis für das erwachende *Die* Bürgertum war aber das Entstehen der englischen Wochen- *Wochen-* schriften. 1709 begründete Steele mit seinem Hauptmitarbei- *schriften* ter Addison den *Tatler*, dem 1711 der *Spectator* und 1713 der *Guardian* folgten. Das Programm dieser Revuen hat Addison mit den Worten ausgesprochen: »Man hat von Sokrates gesagt, daß er die Philosophie vom Himmel herabgeholt habe, damit sie unter den Menschen wohne; ich habe den Ehrgeiz, daß man von mir sage: er hat die Philosophie aus den Akademien und Schulen geholt, damit sie in den Klubs und Gesellschaften, am Teetisch und im Kaffeehaus, im Heim, im Kontor und in der Werkstatt Platz nehme.« Sehr bald fand er überall Nachahmer. Der große Samuel Johnson edierte den *Idler* und den *Rambler*, der graziöse Lustspieldichter Marivaux den *Spectateur français*, und der Abbé Prévost, der Verfasser der *Aventures du chevalier des Grieux et de Manon Lescaut*, in denen der englische Sittenroman ohne lästiges Moralisieren und mit echter Leidenschaft fortgebildet wird, war sieben Jahre lang Herausgeber der Zeitschrift *Le Pour et le Contre*. In Italien begründete der ältere Gozzi den *Osservatore*. Die erste deutsche Publikation dieser Art, die *Discourse der Mahlern*, herausgegeben von Bodmer und Breitinger, erschien in der Schweiz, ihr folgte drei Jahre später der *Patriot* in Hamburg, Gottsched schrieb die

Vernünftigen Tadlerinnen und den *Biedermann*, und eine dieser zahllosen Zeitschriften führte sogar den leicht mißzuverstehenden Titel: *Die Braut, wöchentlich an das Licht gestellt.* Über Addison, der der unerreichte Klassiker dieses Genres geblieben ist, sagt Steele: »Leben und Sitten werden von ihm nie idealisiert, er bleibt immer streng bei der Natur und der Wirklichkeit, ja er kopiert so getreu, daß man kaum sagen kann, er erfinde.« Er war in der Tat nicht mehr und nicht weniger als der geschickte und beflissene, banale und kunstreiche Salonphotograph seines Zeitalters, dem er ein stattliches wohlassortiertes Porträtalbum schuf, ein ebenso wertvolles und ebenso wertloses, wie es alle derartigen Arbeiten zu allen Zeiten gewesen sind.

Hogarth Der Maler William Hogarth erzählte in Bilderserien satirisch, aber ohne eigentlichen Humor den Lebenslauf einer Buhlerin, das Schicksal einer Modeehe, die Geschichte eines Wüstlings, das Los des Fleißes und der Faulheit. Seine Schilderungen waren in zahlreichen Kupferstichen verbreitet und somit nicht nur im Inhalt, sondern auch in der Form eine Art malerischer Journalismus; sie bilden daher scheinbar eine Art Gegenstück zu den Wochenschriften und moralischen Romanen. Aber in Wirklichkeit kann man diese beiden Erscheinungen gar nicht miteinander vergleichen. Denn Hogarth ist Moralist und Didakt nur im Nebenamt, in erster Linie aber Künstler: ein wirklichkeitstrunkener Schilderer voll Wucht und Schärfe, ein Farbendichter von höchstem Geschmack und Geist. Er opferte in seinen Predigten nur der Zeit, und er wäre größer ohne seine Philosophie; Richardson und Addison aber besaßen in ihrem bürgerlichen Moralpathos ihre stärkste Lebensquelle, von der ihr ganzes Schaffen gespeist wurde: ohne dieses wären sie nicht größer, auch nicht kleiner, sondern überhaupt nicht. Sie wollten Maler sein und gelangten kaum bis zum Literaten, Hogarth wollte, in sonderbarer Verkennung

seiner Mission, Literat sein und blieb trotzdem ein großer
Maler.

Indes hat in all dieser Nüchternheit doch auch der Einschlag *Die*
von Spleen nicht gefehlt, der eine stete Ingredienz der engli- *Dichter*
schen Seele bildet. Er ist verkörpert in der Gruft- und Gespen- *des Spleen*
sterpoesie. 1743 ließ Robert Blair das Gedicht *The Grave* erscheinen, das in suggestiven Blankversen Variationen über das
Thema: Tod, Sarg, Mitternacht, Grabesgrauen, Geisterschauer
anschlug. Aus derselben Zeit stammen Edward Youngs *Night
Thoughts on Life, Death and Immortality* und Thomas Grays
Elegy, written in a Country Churchyard, voll finsterer Beklem-
mungen und Gesichte und zugleich durchhaucht von dem
ersten sanften Säuseln der Empfindsamkeit. Das Genie des
Spleen aber ist, einsam in pathologischer Dämonie und grimas-
senhafter Überlebensgröße, Jonathan Swift, der Dechant von
Sankt Patrick.

Jedes Zeitalter hat ein Schlagwort, von dem es bis zu einem *Die*
gewissen Grade lebt: das damalige hieß »Freidenkertum«. Die *free-*
Vorläufer der Freidenker waren die »Latitudinarier« des sieb- *thinkers*
zehnten Jahrhunderts, die alle konfessionellen Unterschiede
der christlichen Sekten für unwesentlich erklärten und nur die
in der Heiligen Schrift niedergelegten »Grundwahrheiten« als
bindend erachteten. John Toland, der in seinem 1696 erschienenen Werk *Christianity not mysterious* nachzuweisen suchte,
daß in den Evangelien nichts Widernatürliches, aber auch nichts
Übervernünftiges enthalten sei, sprach zuerst von *freethinkers,* worüber Anthony Collins dann in seiner Schrift *A discourse of freethinking* vom Jahre 1713 ausführlicher handelte.
Woolston erklärte die Wunder des Neuen Testaments allegorisch. Matthew Tindal vertrat in der Abhandlung *Christianity
as old as the creation* den Standpunkt, daß Christus die natürliche Religion, die von jeher bestanden habe und von Anfang an
vollkommen gewesen sei, nur wiederhergestellt habe. Seit 1735

verfaßte auch in Deutschland Johann Christian Edelmann antiklerikale Schriften, worin er die positiven Religionen als »Pfaffenfund« bezeichnete, erregte aber mit ihnen nicht soviel Aufsehen wie mit seinem langen Bart. Hutcheson versuchte als erster eine wissenschaftliche Analyse des Schönen und verteidigte die Kunst gegen die Theologie. Nach ihm wird sowohl das Gute wie das Schöne durch die Aussprüche eines untrüglichen inneren Sinnes erkannt. Von ähnlichen Gesichtspunkten war schon zu Anfang des Jahrhunderts der Graf von Shaftesbury ausgegangen, indem er eine Art Ästhetik der Moral schuf. Für ihn ist das Schöne mit dem Guten identisch; der gemeinsame Maßstab ist das Wohlgefallen: »Trachtet zuerst nach dem Schönen, und das Gute wird euch von selbst zufallen.« Auch die Sittlichkeit beruht auf einer Art feinerem Sinn, einem moralischen Takt, der ebenso ausbildungsfähig und ausbildungsbedürftig ist wie der Geschmack. Es ist die Aufgabe des Menschen, eine Art sittliche Virtuosität zu erlangen, und der »Böse« ist in diesem Sinne nur eine Art Stümper und Dilettant. Das Wesen sowohl der Kunst wie der Ethik besteht in der Harmonie, der Versöhnung der egoistischen und der sozialen Empfindungen. In demselben Sinne verglich der Dichter Pope in seinem berühmten *Essay on man* das Verhältnis zwischen den selbstsüchtigen und den altruistischen Seelenbewegungen sehr anschaulich mit der Rotation unseres Planeten um seine eigene Achse und um die Sonne. Was Shaftesbury lehrt, ist die Philosophie eines feinnervigen Aristokraten und Lebensartisten: er ist einer der ersten »Ästheten« der neueren Geschichte, und von ihm geht eine gerade Linie zu Oskar Wilde, der gesagt hat: »Laster und Tugend sind für den Künstler nur Materialien.« Eine fast groteske Logisierung der Ethik findet sich hingegen bei Wollaston, der in jeder unmoralischen Handlung nichts als ein falsches Urteil erblickt: zum Beispiel im Mord die verkehrte Meinung, daß man dem Getöteten das Leben wiedergeben könne, in der Tierquälerei die Fehlansicht, daß das Tier keinen Schmerz empfinde, im Ungehorsam gegen Gott den irrigen Glauben, daß man mächtiger sei als er, während sich Mandeville in seiner Schrift *The fable of the bees, or private vices made public benefits* auf den bereits im Titel angedeuteten Standpunkt des modernen Staatszynismus stellte, daß der egoistische und skrupellose Wettbewerb der einzelnen die Triebkraft für das Gedeihen des Ganzen bilde.

Die charakteristischste Erscheinung der damaligen englischen Philosophie ist aber David Hume. Seine epochemachende Tat ist die Auflösung des Kausalitätsbegriffs, den er aus der Gewohnheit, aus der häufigen Wiederholung derselben Erfahrung erklärt. Unsere Empirie berechtigt uns nur zu dem Urteil: erst A, dann B; dem *post hoc.* Unser Geist begnügt sich aber nicht hiermit, sondern sagt auf Grund dieser immer wieder beobachteten Sukzession: erst A, darum B; er macht aus dem post hoc ein *propter hoc.* Auch die Idee der Substanz stammt nur aus unserer Gepflogenheit, mit denselben Gruppen von Merkmalen immer die gleichen Vorstellungen zu verbinden. Ebenso ist das Ichbewußtsein zu erklären: indem wir unsere Eindrücke regelmäßig auf dasselbe Subjekt beziehen, bildet sich der Begriff eines unveränderlichen Trägers dieser Eindrücke, der aber in Wirklichkeit nichts ist als ein »Bündel von Vorstellungen«. Ganz im Sinne dieser Anschauungen erklärt sich Hume auch gegen die Vertragstheorie: ehe die Menschen einen Staatskontrakt schließen konnten, hatte sie schon die Not vereinigt, und der durch die Not zur Gewohnheit gewordene Gehorsam bewirkte ohne Vertrag, daß Regierungen und Untertanen entstanden. Dies alles ist echt englisch: die ebenso vorsichtige wie kurzsichtige Betonung der Alleinherrschaft der Empirie, das Mißtrauen gegen alle Metaphysik und Ideenlehre, der tiefgewurzelte Konservativismus, der alles aus Gewohnheit erklärt, und die unerbittliche Flachheit, die in ih-

Hume

rer bewunderungswürdigen Schärfe und Energie fast zum Tiefsinn wird.

Berkeley Weininger macht in *Geschlecht und Charakter* die sehr feine Bemerkung: »Die Entscheidung zwischen Hume und Kant ist auch *charakterologisch* möglich, insoferne etwa, als ich zwischen zwei Menschen entscheiden kann, von denen dem einen die Werke des Makart und Gounod, dem anderen die Rembrandts und Beethovens das Höchste sind«, und an einer anderen Stelle sagt er, daß Hume allgemein überschätzt werde; es gehöre zwar nicht viel dazu, der größte englische Philosoph zu sein, aber Hume habe nicht einmal auf diese Bezeichnung Anspruch. Was uns anlangt, so möchten wir diesen Ruhm Humes »Vorläufer«, dem Bischof Berkeley, zuerkennen, der, aus englischem Geschlecht stammend, aber in Irland geboren und erzogen, als einer der glänzendsten Vertreter des vom englischen so sehr verschiedenen irischen Geistes anzusehen ist: er hat eine Philosophie geschaffen, die wahrhaft frei, höchst originell und schöpferisch paradox ist. Nach seinem Ausgangspunkt könnte man ihn für einen typisch englischen Erfahrungsphilosophen halten, denn er lehrt den strengsten Nominalismus; die abstrakten Ideen sind für ihn nichts als Erfindungen der Scholastiker, Staubwolken, die, von den Schulen aufgewirbelt, die Dinge verdunkeln; sie sind nicht einmal in der bloßen Vorstellung vorhanden und daher nicht nur unwirklich, sondern unmöglich. Dinge wie Farbe oder Dreieck gibt es nicht, sondern nur rote und blaue Farben, rechtwinklige und stumpfwinklige Dreiecke von ganz bestimmtem Aussehen; wenn von »Baum« im allgemeinen gesprochen wird, so denkt jeder doch heimlich an irgendein konkretes Baumindividuum. Es gibt nur die Einzelvorstellungen, die sich aus den verschiedenen Sinnesempfindungen zusammensetzen. »Ich sehe diese Kirsche da, ich fühle und schmecke sie, ich bin überzeugt, daß sich ein Nichts weder sehen noch schmecken, noch fühlen läßt, sie ist also wirklich. Nach Abzug der Empfindungen der Weichheit, Feuchtigkeit, Röte, Süßsäure gibt es keine Kirsche mehr, denn sie ist kein von diesen Empfindungen verschiedenes Wesen.« Farbe ist Gesehenwerden, Ton ist Gehörtwerden, Objekt ist Wahrgenommenwerden, *esse est percipi.* Was wir Undurchdringlichkeit nennen, ist nichts weiter als das Gefühl des Widerstandes; Ausdehnung, Größe, Bewegung sind nicht einmal Empfindungen, sondern Verhältnisse, die wir zu unseren Eindrücken hinzudenken; die körperlichen Substanzen sind nicht nur unbekannt, sondern sie existieren gar nicht. Das Einzigartige und höchst Geistreiche dieser Philosophie besteht aber nun darin, daß sie durch diese Feststellungen nicht wie alle anderen Nominalismen zum Sensualismus und Materialismus geführt wird, sondern zu einem exklusiven Spiritualismus und Idealismus. Alle Erscheinungen sind nach Berkeley nichts als Vorstellungen Gottes, die er in sich erzeugt und den einzelnen Geistern als Perzeptionen mitteilt; das zusammenhängende Ganze aller von Gott produzierten Ideen nennen wir Natur; die Kausalität ist die von Gott hervorgerufene Reihenfolge dieser Vorstellungen. Da die Gottheit absolut und allmächtig ist, so ist sie auch jederzeit imstande, diese Anordnung zu verändern und das Naturgesetz zu durchbrechen; in diesem Falle sprechen wir von Wundern. Es gibt demnach nichts Wirkliches auf der Welt als Gott, die Geister und die Ideen.

Aber nicht das System Berkeleys, sondern der Empirismus *Montes-* eroberte England und von da aus Europa. Der erste große Ver- *quieu und* treter der englischen Philosophie auf dem Kontinent war Mon- *Vauve-* tesquieu, der 1721 in seinen *Lettres Persanes* zunächst vor- *nargues* wiegend Kritik übte, indem er die öffentlichen Einrichtungen und Zustände des damaligen Frankreich: Papstkirche und Klosterwesen, Beichte und Zölibat, Ketzergerichte und Sektenstreitigkeiten, Verschwendung und Steuerunwesen, Geldkorruption und Adelsprivilegien, den Verfall der Akademie, den

Lawschen Bankschwindel und überhaupt das ganze Régime des Absolutismus, auch des aufgeklärten, sehr witzig, aber mit verborgenem tiefen Ernst bloßstellte. Sieben Jahre später folgten die *Considérations sur les causes de la grandeur des Romains et de leur décadence*, ein überaus geistvolles und gründliches Geschichtswerk, worin mit deutlichem Hinblick auf das demokratische England und das absolutistische Frankreich gezeigt wurde, wie das römische Reich zuerst der Freiheit seine Größe und später dem Despotismus seinen Niedergang zu verdanken hatte. Auch sein drittes Werk *De l'esprit des lois*, in dem Recht und Staat als Produkt von Boden, Klima, Sitte, Bildung und Religion dargestellt sind und die konstitutionelle Monarchie als die beste Staatsform gepriesen wird, ist ganz von englischem Geist erfüllt. Neben ihm wirkte, von den Zeitgenossen nicht genügend gewürdigt, der Marquis Vauvenargues, der trotz seiner zarten Konstitution Offizier wurde und schon zweiunddreißigjährig starb. Voltaire war einer der wenigen, die seinen hohen Geist sofort erkannten, und schrieb an den um zwanzig Jahre jüngeren obskuren Kollegen: »Wären Sie um einige Jahre früher auf die Welt gekommen, so wären meine Werke besser geworden.« Die höchsten Eigenschaften des Schriftstellers sind für Vauvenargues *clarté* und *simplicité:* die Klarheit ist der »Schmuck des Tiefsinns«, der »Kreditbrief der Philosophen«, das »Galagewand der Meister«, die Dunkelheit das Reich des Irrtums; ein Gedanke, der zu schwach ist, einen einfachen Ausdruck zu tragen, zeigt damit an, daß man ihn wegwerfen soll. In seiner unbestechlichen Kunst der Seelenprüfung erinnert er bisweilen an La Rochefoucauld: er sagt, daß die Liebe nicht so zartfühlend sei wie die Eigenliebe, daß wir viele Dinge nur verachten, um uns nicht selbst verachten zu müssen, daß die meisten Menschen den Ruhm ohne Tugend lieben, aber die wenigsten die Tugend ohne Ruhm, er erklärt die Kunst zu gefallen für die Kunst zu täuschen und findet es sonderbar, daß man den Frauen die Schamhaftigkeit zum Gesetz gemacht hat, während sie an den Männern nichts höher schätzen als die Schamlosigkeit. Aber daneben lebt in ihm noch der soldatische Geist des siebzehnten Jahrhunderts, eine heroische Begeisterung für den Ruhm, die Tapferkeit und die noblen Leidenschaften der Seele, sein Lieblingswort ist »*l'action*«. Und zugleich weist er in die Zukunft, ins Reich der Empfindsamkeit: er erklärt, daß niemand zahlreichern Fehlern ausgesetzt sei als der Mensch, der nur mit dem Verstand handelt, und von ihm stammt das unsterbliche Wort: »*Les grandes pensées viennent du cœur.*« Er ist der früheste Prophet des Herzens; aber noch in einer männlichen, unsentimentalen Form, die einem stärkeren und zugleich weniger komplizierten Geschlecht angehört.

Alle diese Lichter verblassen aber neben dem Stern Voltaires, der, allerdings in einem prononcierten dix-huitième-Sinn, der Heros des Jahrhunderts gewesen ist.

Goethe hat in seinen Anmerkungen zu Diderot den oft zitierten Ausspruch gemacht: »Wenn Familien sich lange erhalten, so kann man bemerken, daß die Natur endlich ein Individuum hervorbringt, das die Eigenschaften seiner sämtlichen Ahnherrn in sich begreift und alle bisher vereinzelten und angedeuteten Anlagen in sich vereinigt und vollkommen ausspricht. Ebenso geht es mit Nationen, deren sämtliche Verdienste sich wohl einmal, wenn es glückt, in einem Individuum aussprechen. So entstand in Ludwig dem Vierzehnten ein französischer König im höchsten Sinne, und ebenso in Voltaire der höchste unter den Franzosen denkbare, der Nation gemäßeste Schriftsteller.« Wir haben schon in der Einleitung dieses Werkes hervorgehoben, daß der Genius nichts anderes ist als der Extrakt aus den zahllosen kleinen Wünschen und Werken der großen Masse. Man kann für jedes Volk, für jedes Zeitalter einen solchen Generalrepräsentanten finden, aber auch für klei-

Der Generalrepräsentant des Jahrhunderts

nere Segmente: für jeden Stamm, jede Stadt, jede Saison. Der Kreis, den Voltaire vertrat, hatte den denkbar größten Radius: Voltaire ist die Essenz ganz Frankreichs und des ganzen achtzehnten Jahrhunderts. Und infolgedessen war er auch ein Kompendium aller Mängel und Irrtümer, Untugenden und Widersprüche seines Volkes und Zeitalters. Wenn er, wie Goethe in seinem schönen Gleichnis andeutet, wirklich alle verstreuten Familienmerkmale in seiner Physiognomie zusammengefaßt hat, so ist es vollkommen unsinnig, ihm einen Vorwurf daraus zu machen, daß sich darunter auch Schönheitsfehler befanden.

Goethe sagt an einer anderen Stelle, in *Dichtung und Wahrheit*: »Voltaire wird immer betrachtet werden als der größte Name der Literatur der neueren Zeit und vielleicht aller Jahrhunderte; wie die erstaunenswerteste Schöpfung der Natur.« Dies empfanden, ein seltener Fall in der Geistesgeschichte, seine Zeitgenossen in fast noch höherem Maße als die Nachwelt, was ebendaher kam, daß sie in ihm ihren unvergleichlichen Dolmetsch erblicken mußten. Er war eine Sehenswürdigkeit ersten Ranges; man reiste von weit her nach seinem Landsitz Ferney wie zum Anblick eines Bergriesen oder einer Sphinx. Als er einmal einen Engländer, der sich durchaus nicht abweisen lassen wollte, mit einem Scherz loszuwerden suchte, indem er ihm sagen ließ, die Besichtigung koste sechs Pfund, erwiderte dieser augenblicklich: »Hier sind zwölf Pfund, und ich komme morgen wieder.« Wenn er auf Reisen war, verkleideten sich junge Verehrer als Hotelkellner, um in seine Nähe gelangen zu können. Als er kurz vor seinem Tode von der Pariser Aufführung seiner *Irène* nach Hause fuhr, küßte man seine Pferde.

Die Märtyrer des Lebens Und obgleich seitdem schon fünf Generationen vorübergegangen sind, sind uns noch heute wenige Gestalten der Literaturgeschichte so nah vertraut und intim bekannt wie er. Seine Biographie ist eine Geschichte aus unseren Tagen; aus allen Tagen. Nirgends spürt man eine Distanz, weil er, in Größe und Schwäche, immer ein warmer lebensprühender Mensch war. Er war eine sonderbare Mischung aus einem Epikuräer und einem Asketen der Arbeit. Schon als Knabe hatte er eine große Vorliebe für elegante Kleider und gutes Essen, und sein ganzes Leben lang war er bestrebt, sich mit einem grandseigneuralen Luxus zu umgeben, zu dem er sich aber mehr durch seine Leidenschaft für schöne Form und großartige Verhältnisse als durch wirkliche Genußsucht hingezogen fühlte. Als er auftrat, war ein *homme de lettres* ein gesellschaftlich unmöglicher Mensch, ein Desperado, Taugenichts und *outlaw*, Schmarotzer, Hungerleider und Trunkenbold. Voltaire war der erste Berufsschriftsteller, der mit dieser festgewurzelten Tradition brach. Er führte von allem Anfang an ein Leben im vornehmen Stil und brachte es zumal in der zweiten Hälfte seines Daseins zu fürstlichem Reichtum. Er besaß zwanzig Herrschaften mit zwölfhundert Untertanen und einem Jahresertrag von 160000 Francs, herrliche Villen und Schlösser mit Äckern und Weinbergen, Gemäldegalerien und Bibliotheken, kostbaren Nippes und seltenen Pflanzen, einen Stab von Lakaien, Postillionen, Sekretären, einen Wagenpark, einen französischen Koch, einen Feuerwerker, ein Haustheater, auf dem berühmte Pariser Künstler gastierten, und sogar eine eigene Kirche mit der Inschrift: *»Deo erexit Voltaire.«* Diesen Wohlstand verdankte er zum Teil Pensionen und Büchererträgnissen (die *Henriade* zum Beispiel hatte ihm allein 150000 Franc eingebracht, während er die Honorare für seine Theateraufführungen regelmäßig an die Schauspieler verschenkte), zum größeren Teil allerlei dubiosen Geldgeschäften, die er mit großem Geschick betrieb: Börsenspekulationen, Kaufvermittlungen, Korntransaktionen, Grundstückschiebungen, Armeelieferungen, hochverzinsten Darlehen. In Berlin erregte er durch einen derartigen zweideutigen Handel, der ihn in einen skandalösen Konflikt mit dem jüdischen Bankier Abraham Hirschel verwickelte, das Mißfallen Friedrichs des Großen. Lessing fällte sein Urteil über diese Affäre in dem Epigramm: »Und kurz und gut den Grund zu fassen, warum die List dem Juden nicht gelungen ist; so fällt die Antwort ohngefähr: Herr Voltaire war ein größrer Schelm als er.« Es kann als nachgewiesen gelten, daß er damals einige Worte in den Verträgen mit Hirschel nachträglich geändert hat. Auch sonst nahm er es im Privatleben mit der Wahrheit nicht sehr genau. Um an die Stelle des Kardinals Fleury in die Akademie gewählt zu werden, schrieb er an verschiedene Personen Briefe, in denen er versicherte, er sei ein guter Katholik und wisse nicht, was das für *Lettres philosophiques* seien, die man ihm zuschreibe; er habe sie nie in der Hand gehabt. Als er sich später ein zweites Mal, und diesmal erfolgreich, um diese Ehre bewarb, die seinem Ruhme nicht das geringste hinzugefügt hat, verglich er Ludwig den Fünfzehnten mit Trajan. Beim Erscheinen des *Candide* schrieb er an einen Genfer Pastor: »Ich habe jetzt endlich den Candide zu lesen bekommen, und ganz wie bei der Jeanne d'Arc erkläre ich Ihnen, daß man von Vernunft und Sinnen sein muß, um mir eine derartige Schweinerei anzudichten.« In die *Pucelle* mischte er absichtlich Unsinn, damit man sie ihm nicht zutraue. Über seine *Histoire du Parlement de Paris* schrieb er in einem offenen Brief im *Mercure de France*: »Um ein solches Werk herausgeben zu können, muß man mindestens ein Jahr lang die Archive durchwühlt haben, und wenn man in diesen Abgrund hinabgestiegen ist, ist es noch immer sehr schwierig, aus ihm ein lesbares Buch herauszuholen. Eine solche Arbeit wird eher ein dickes Protokoll werden als eine Geschichte. Sollte ein Buchhändler mich für den Verfasser ausgeben, so erkläre ich ihm, daß er nichts dabei gewinnt. Weit davon entfernt, dadurch ein Exemplar mehr zu verkaufen, würde er umgekehrt dem Ansehen des Buches schaden. Die Behauptung, daß ich, der ich länger als zwanzig Jahre von Frankreich abwesend war, mich derartig in das französische Rechtswesen hätte hineinarbeiten können, wäre vollkommen absurd.« Über das Wörterbuch schrieb er an d'Alembert: »Sowie es die geringste Gefahr damit hat, bitte ich Sie sehr, mir davon Nachricht zu geben, damit ich das Werk in allen öffentlichen Blättern mit meiner gewohnten Ehrlichkeit und Unschuld desavouieren kann.« Und in einem Brief an den Jesuitenpater de la Tour erklärte er sogar, wenn man je unter seinem Namen eine Seite gedruckt habe, die auch nur einem Dorfküster Ärgernis geben könnte, so sei er bereit, sie zu zerreißen; er wolle ruhig leben und sterben, ohne jemand anzugreifen, ohne jemand zu beschädigen, ohne eine Ansicht zu vertreten, die jemand anstößig sein könnte. Man wird wohl sagen dürfen, daß er die Absicht, nirgends anzustoßen, nur sehr unvollkommen erreicht hat.

Man muß allerdings bedenken, daß es zu jener Zeit für einen Schriftsteller äußerst gefährlich war, sich zu Werken zu bekennen, die bei der Kirche oder der Regierung Mißfallen erregen konnten, und daß nahezu alle Kollegen Voltaires in solchen Fällen dieselbe Taktik des Ableugnens und der Anonymität beobachteten. »Ich bin«, sagte er zu d'Alembert, »ein warmer Freund der Wahrheit, aber gar kein Freund des Märtyrertums.« Wir müssen in Voltaire gleichwohl eine neue Form des Heldentums erblicken: an die Stelle der Märtyrer des Todes waren die Märtyrer des Lebens getreten, und die Läuterung durch Askese wird nicht mehr in den Klostermauern, sondern mitten im Drängen der Welt gesucht; der Tod erscheint nicht mehr als Glorifikation des Lebens, und als Held gilt nicht mehr, wer dem Leben entsagt, sondern wer im Leben entsagungsvoll weiterkämpft.

Aus Voltaires überreiztem und hyperaktivem Kämpfertum erklären sich auch seine vielen kleinen Bosheiten, für die sein Verhältnis zu Friedrich dem Großen, der im hierin ähnlich war, *Voltaires Charakter* besonders charakteristisch ist. Durch unvermeidliche Reibung haben diese beiden Genies einander ununterbrochen Funken des Hasses, der Liebe und des Geistes entlockt. Schon die Art, wie sie sich zusammenfanden, war sehr sonderbar. Um Voltaire in Frankreich zu kompromittieren und ihn dadurch an seinen Hof zu bekommen, ließ Friedrich der Große einen sehr ausfälligen Brief des Dichters bei den zahlreichen einflußreichen Personen verbreiten, die darin angegriffen waren; Voltaire wiederum suchte aus der Schwäche, die der König für ihn hatte, möglichst viel Geld herauszuschlagen. Friedrich der Große, der nachträglich fand, daß er Voltaire überzahlt habe, beschränkte ihn im Verbrauch von Licht und Zucker; Voltaire steckte im Salon Kerzen ein. Lamettrie teilte Voltaire mit, der König habe über ihn gesagt: »Man preßt die Orange aus und wirft sie fort«; Maupertuis teilte dem König mit, Voltaire habe über ihn gesagt: »Ich muß seine Verse durchsehen, er schickt mir seine schmutzige Wäsche zum Waschen.« Voltaire richtete gegen Maupertuis einen anonymen und verletzenden Angriff; Friedrich verfaßte eine ebenso anonyme und ebenso verletzende Antwort. Friedrich ließ Voltaire bei seiner Rückreise nach Frankreich in Frankfurt verhaften und auf kompromittierende Schriftstücke untersuchen; Voltaire schrieb, enthaftet, gleichwohl in Frankreich kompromittierende Enthüllungen.

Wir haben absichtlich gerade die bedenklichsten Punkte in der Lebensgeschichte Voltaires hervorgehoben, weil man lange Zeit, und bisweilen noch heute, aus diesen und ähnlichen kleinen Zügen das Bild eines zweideutigen, tückischen, ja schmutzigen Charakters zu kombinieren versucht hat. Von den schlechten Eigenschaften, die man Voltaire vorzuwerfen pflegt, kann ihm nur die Eitelkeit in vollem Maße zugesprochen werden; hierin unterschied er sich sehr unvorteilhaft von Friedrich dem Großen. Aber diese teilte er mit den allermeisten Künstlern und überhaupt mit den allermeisten Menschen, und zudem

hatte sie bei ihm eine liebenswürdige, kindliche, ja oft geradezu
kindische Note, die versöhnend wirkt. Daß er boshaft und verlogen war, ist schon eine Behauptung, die nur zur Hälfte wahr
ist; denn das erstere war er nur im Verteidigungszustand, das
letztere nur in kleinen Dingen, wenn seine Eitelkeit oder seine
Ängstlichkeit, beide begründet in seiner fast pathologischen
Reizbarkeit, mitredeten; in allen großen Fragen war er von der
lautersten Aufrichtigkeit. Und daß er maßlos egoistisch gewesen sein soll, ist vollkommen und ohne jede Einschränkung
falsch: er war habgierig nur während der Zeit, wo er seine
Reichtümer sammelte, von dem Augenblick an, wo er sie besaß, verwendete er sie in der uneigennützigsten und großartigsten Weise für andere, und was die inkorrekte Art angeht, auf
die er sie erwarb, so dürfen wir nicht vergessen, daß wir uns im
Rokoko befinden, dessen Décadencecharakter sich unter anderem auch darin äußerte, daß es alle moralischen Maßstäbe verloren hatte: wenn man so oft die Frage aufgeworfen hat, wie es
kam, daß dieser große Geist nicht integer war, so lautet die Antwort: weil der Geist des Rokoko nicht integer war. Zu jenen
überlebensgroßen Heroen der Sittlichkeit, die, als Gegenspieler der großen Verbrecher, außerhalb der Moralgesetze ihrer
Zeit stehen, indem sie sich aus den zeitlosen Tiefen ihrer Seele
eine eigene Ethik aufbauen, hat aber Voltaire nicht gehört und
niemals gehören wollen.

Für junge aufstrebende Schriftsteller hatte er immer Rat und
Geld übrig, trotz fast regelmäßig empfangenem Undank; vermutlich aus einer Art zärtlicher und wehmütiger Pietät gegen
seine eigene Jugend. Er ließ die Nichte Corneilles auf seine Kosten erziehen, verschaffte ihr durch die von ihm besorgte und
kommentierte Neuausgabe Corneilles eine reiche Mitgift und
schenkte ihr bei der Geburt ihres ersten Kindes zwölftausend
Livres: »Es gehört sich«, sagte er, »für einen alten Soldaten, der
Tochter eines Generals nützlich zu sein.« Als Grundherr übte

er die großzügigste Wohltätigkeit; er kämpfte gegen die Leibeigenschaft, trocknete Sümpfe aus, ließ weite Heidestrecken bebauen und rief eine blühende Seiden- und Uhrenindustrie ins Leben, indem er den Arbeitern aus eigenem Besitz Häuser und Betriebskapital zur Verfügung stellte. In den durch ihn berühmt gewordenen religiösen Tendenzprozessen gegen die Hugenotten Jean Calas und Peter Paul Sirven, die beide fälschlich beschuldigt worden waren, eines ihrer Kinder ermordet zu haben, weil es zum Katholizismus übertreten wollte, entwikkelte er eine fieberhafte Agitation durch Flugschriften, Essais, Veröffentlichung von Dokumenten und Zeugenaussagen, Verwendung bei allen ihm erreichbaren Machthabern, um der Gerechtigkeit zum Sieg zu verhelfen. Das Grundpathos seines ganzen Lebens war überhaupt ein flammendes Rechtsgefühl, ein heißer, verzehrender, fast trunkener Haß gegen jede Art öffentlicher Willkür, Dummheit, Bosheit, Parteilichkeit. Wenn die Welt heute nur noch zu zwei Fünfteln aus Schurken und zu drei Achteln aus Idioten besteht, so ist das zu einem guten Teil Voltaire zu verdanken.

Voltaires Werk   Er sagt einmal, der Mensch sei ebenso zur Arbeit geschaffen, wie es in der Natur des Feuers liege, emporzusteigen. Als eine solche Feuersäule der Arbeit und des Geistes erhob er sich über der staunenden Welt, immer höher emporschwelend und alles Finstere und Lichtscheue mit seinem unheimlichen Rotlicht erhellend. Er arbeitete oft achtzehn bis zwanzig Stunden im Tage, diktierte so schnell, daß der Sekretär kaum nachkommen konnte, sagte noch in seinem vierundsechzigsten Lebensjahr von sich: »Ich bin schmiegsam wie ein Aal, lebendig wie eine Eidechse und unermüdlich wie ein Eichhörnchen«, und ist es noch zwanzig Jahre geblieben. Friedrich der Große schrieb an ihn: »Ich zweifle daran, daß es einen Voltaire gibt, und ich bin im Besitz eines Systems, mit dessen Hilfe ich seine Existenz zu bestreiten vermag. Es ist unmöglich, daß ein einzelner Mensch die ungeheure Arbeit vollbringen kann, die Herrn von Voltaire zugeschrieben wird. Offenbar gibt es in Cirey eine Akademie, aus der Elite der Erde zusammengesetzt: Philosophen, die Newton übersetzen und bearbeiten, Dichter heroischer Epopöen, Corneilles, Catulls, Thukydidesse, und die Arbeiten dieser Akademie werden unter dem Namen Voltaire herausgegeben, wie man die Taten eines Heeres auf den Feldherrn zurückführt.« Kurz vor seinem Tode machte ihm ein Schriftsteller seine Huldigungsvisite und sagte: »Heute bin ich nur gekommen, um Homer zu begrüßen, das nächstemal will ich Sophokles und Euripides begrüßen, dann Tacitus, dann Lucian.« »Mein lieber Herr«, erwiderte Voltaire, »ich bin, wie Sie sehen, ein ziemlich alter Mann, könnten Sie nicht alle diese Besuche auf einmal abmachen?« Er war nicht allenthalben schöpferisch wie Leibniz, aber er durchdrang alles und gab vielem durch seine künstlerisch runde und scharfe, lichte und leichte Darstellung erst die klassische Form, was man auch als eine Art Schöpfertätigkeit ansehen muß. Nicht, wie so oft behauptet wird, sein Witz war seine schriftstellerische Kardinaleigenschaft, sondern seine Klarheit und Formvollendung, seine sprudelnde Farbigkeit und federnde Aktivität. Er war, gleich einem Zitterrochen, der bei der geringsten Berührung einen Hagel lähmender Schläge austeilt, voll aufgespeicherter Elektrizität, die nur der Auslösung harrte, um in einem Strom von gefährlichen Kraftentladungen ihre siegreiche Wirkung zu erproben. Sein literarisches Werk ist mit seinen Büchern, die allein eine Bibliothek bilden, noch nicht erschöpft; es umfaßt auch seine zahllosen Briefe, die infolge der damaligen Sitte, interessante Mitteilungen kursieren zu lassen, zu einem großen Teil Öffentlichkeitscharakter hatten. Er zeigte Casanova 1760 in Ferney eine Sammlung von etwa fünfzigtausend an ihn gerichteten Briefen; da er die Gepflogenheit hatte, alle irgendwie bemerkenswerten Zuschriften zu beantworten, läßt sich daraus schließen, welchen Umfang seine Korrespondenz gehabt haben muß. Und dazu kam noch seine Konversation, die nach dem Zeugnis aller, die jemals in seiner Nähe weilen durften, von der bezauberndsten Wirkung gewesen sein muß: »Er ist und bleibt selbst die erste Ausgabe seiner Bücher«, sagte der Chevalier von Boufflers.

Voltaire als Dichter

Seinen ersten großen Erfolg hatte Voltaire mit dem Epos *La Ligue ou Henri le Grand*, das er zur Hälfte in der Bastille verfaßt hatte, indem er den Text mit Bleistift zwischen die Zeilen eines Buches schrieb, und das fünf Jahre später in einer erweiterten Umarbeitung als *Henriade* die Welt eroberte. Gewohnt, bei allen seinen künstlerischen Plänen von verstandesmäßigen Erwägungen auszugehen, hatte er sich gesagt, daß den Franzosen ein großes Epos fehle und er daher verpflichtet sei, ihnen ein solches zu schenken; und seine Landsleute nahmen das Geschenk an. Die Wirkung des Werkes läßt sich nur aus der damaligen geistigen Situation Frankreichs und Europas erklären. Es ist das kühle und blasse Produkt eines virtuosen Kunsthandwerkers und geistreichen Kulturphilosophen, das mit den leeren Attrappen allegorischer Personifikationen wie Liebe, Friede, Zwietracht, Fanatismus arbeitet und sich nicht etwa an Homer, Dante oder Milton orientiert, sondern an Virgil, was aber zu jener Zeit, wo man gelacht hätte, wenn jemand Homer über Virgil gestellt hätte, nur als Vorteil angesehen wurde. Friedrich der Große erklärte, jeder Mann von Geschmack müsse die Henriade der Iliade vorziehen.

Sein zweites Epos *La Pucelle d'Orléans*, eine Parodie auf Jeanne d'Arc, ist eine private Lausbüberei, die er gar nicht für die Veröffentlichung bestimmt hatte; aber der Gedanke, ein Werk Voltaires nicht zu kennen, wäre der damaligen gebildeten Welt unerträglich gewesen, und man wußte sich durch seine Sekretäre heimliche Abschriften zu verschaffen. Das Gedicht besaß übrigens alle Eigenschaften, die es für ein Rokokopublikum zu einer Ideallektüre machen mußten: es war witzig, schlüpfrig und antiklerikal.

Als Dramatiker hat Voltaire vor allem das Verdienst, daß er mit der pseudoantiken Tradition gebrochen hat: er brachte amerikanische, afrikanische, asiatische Stoffe auf die Bühne. Von Shakespeare war er nicht ganz so unbeeinflußt, wie man nach Lessings überstrenger Kritik glauben sollte; von ihm hat er das Geistreiche, Bunte, in einem höheren Sinne Aktuelle; in seinen *Briefen über England* rühmt er ihn denn auch als kräftiges, fruchtbares, natürliches und erhabenes Genie von seltsamen und gigantischen Ideen, als alter Mann nannte er ihn allerdings einen Dorfhanswurst, gotischen Koloß und trunkenen Wilden. Als Charakterzeichner und Kompositeur steht er so tief unter Shakespeare, daß er nicht einmal als dessen Schüler angesprochen werden kann. Seine Stärke lag auch bei seinen Dramen in der vollendeten Form. Der Alexandriner, in seiner Eigenschaft als zweigabelig antithetisches und auf den Reim zugespitztes Versmaß, bewirkt, daß alles, was durch ihn gesagt wird, sich unwillkürlich in eine Pointe, ein Epigramm, ein dialektisches Kreuzfeuer, ein melodisches Plädoyer verwandelt. Hier war nun Voltaire in seinem ureigensten Element, und es ist kein Wunder, daß der souveräne Beherrscher dieser Tiradenpoesie der Lieblingsdramatiker eines Volkes von Rhetorikern und eines Jahrhunderts der Philosophie geworden ist.

Zweck und Hauptthema ist in der *Henriade* der Kampf gegen Fanatismus und Intoleranz, in der *Pucelle* die Verhöhnung der Wundersucht und des Aberglaubens, und ebenso dominiert in Voltaires Dramen überall die Tendenz. *Alzire* schildert die Grausamkeit und Unduldsamkeit der Christen, die Peru erobern, *Le Fanatisme ou Mahomet, le prophète* zeigt schon im Titel die polemische Absicht an, und in der Tat ist der Held, wie Voltaire selbst sagt, ein bloßer »Tartuffe mit dem Schwert in der Hand« und sein offen eingestandenes Ziel *»tromper l'univers«*.

751

Selbst in der *Zaïre*, einem der wenigen Stücke Voltaires, in deren Mittelpunkt die Liebe steht, handelt es sich in der Hauptsache doch wiederum um den Fluch der religiösen Vorurteile. Voltaire bezeichnet selber einmal die Bühne als Rivalin der Kanzel. Sie ist für ihn immer nur das Megaphon seiner Ideen: Rostra, Tribunal, Katheder, philosophischer Debattierklub oder pädagogisches Hanswursttheater; aber niemals schafft er Menschen und Schicksale bloß aus dem elementaren Trieb, zu gestalten. Darum ist diesem stärksten satirischen Genie des Jahrhunderts auch kein Lustspiel gelungen. Jener geheimnisvolle Vorgang, durch den dem dozierenden Dichter seine Abstraktionen sich unter der Hand mit Blut füllen, seine Zweckgeschöpfe sich plötzlich vom Draht der Tendenz lösen und selbständig machen, trat bei ihm nie ein. Dieser Kaffeetrinker war zu wach, zu luzid, zu beherrscht, um sich von seinen Kreaturen unterkriegen zu lassen.

Voltaire als Historiker »Ich möchte etwas behaupten, was Ihnen wunderlich erscheinen wird«, schrieb Voltaire 1740 an d'Argenson, »nur wer eine Tragödie schreiben kann, wird unserer trockenen und barbarischen Geschichte Interesse verleihen. Es bedarf, wie auf dem Theater, der Exposition, Verwicklung und Auflösung.« Sein Doppeltalent des Betrachtens und Gestaltens, das ihn auf der Bühne nur zu zeitgebundenen Schöpfungen gelangen ließ, hat ihn als Historiker zu Leistungen befähigt, die der Zeit weit vorauseilten. Während seine Tragödien in Geschichtsphilosophie zerrinnen, verdichten sich seine historischen Darstellungen zu wahren Dramen. Sein *Siècle de Louis Quatorze* und sein *Essai sur les moeurs et l'esprit des nations* sind die ersten modernen Geschichtswerke. Statt der bisher beschriebenen langwierigen und langweiligen Feldzüge, Staatsverhandlungen und Hofintrigen schilderte er zum erstenmal die Kultur und die Sitten, statt der Geschichte der Könige die Schicksale der Völker. Die stupende Beweglichkeit und Energie seines Geistes, die sich für alles interessierte und alles interessant zu machen wußte, kam ihm auf diesem Gebiete besonders zu Hilfe. Allerdings dient auch hier die Darstellung der Polemik gegen den Erbfeind, die Kirche; aber diese tendenziösen Absichten wirken in seinen historischen Gemälden der Natur der Sache nach viel weniger störend als in seinen dramatischen und epischen, und sie treten in ihnen merkwürdigerweise auch viel weniger aufdringlich hervor.

Diesem ruhmvollsten Zweig seiner literarischen Tätigkeit hat er sich erst in der zweiten Hälfte seines Lebens mit voller Intensität gewidmet. In seinen jüngeren Jahren gehörte sein wissenschaftliches Hauptinteresse den exakten Disziplinen. Er schrieb eine klassische Darstellung der Philosophie Newtons, die diesen auf dem Kontinent erst populär machte, und hatte in Cirey ein großes Laboratorium, wo er mit Madame du Châtelet, die ein außergewöhnliches Talent für die mathematischen und physikalischen Fächer besaß, fleißig experimentierte. Lord Brougham sagte von ihm: »Voltaire würde auf der Liste der großen Erfinder stehen, wenn er sich länger mit Experimentalphysik befaßt hätte.«

Im Bewußtsein des achtzehnten Jahrhunderts figurierte er auch als großer Philosoph, obgleich er selbständige Gedanken nicht produziert hat, sondern auch hier wiederum nur das Verdienst der glänzenden Formulierung für sich in Anspruch nehmen kann. Wenn man versucht, seine vielfältigen philosophischen Äußerungen auf ein größtes gemeinschaftliches Maß zu bringen, so dürfte sich die Forderung nach möglichster Freiheit aller Lebensbetätigungen als generelle Grundstimmung ergeben. Er kämpfte gegen den Despotismus, wo immer er ihn fand oder zu finden glaubte, und verteidigte die unbeschränkte Selbstbestimmung des Individuums in allen geistigen und physischen Dingen, sogar das Recht auf Homosexualität und Selbstmord. Die Revolutionsmänner haben ihn daher für sich

Voltaire als Philosoph

753

reklamiert und ließen 1791 an seinem Geburtstag seinen Leichnam unter ungeheurem Gepränge ins Pantheon überführen. Aber wenn er die Jakobiner noch erlebt hätte, so wäre er vermutlich zur Feier seines hundertsten Geburtstags guillotiniert worden. Er dachte nämlich, wenn er von Freiheit redete, immer nur an die oberen Zehntausend; vom Volke aber sagte er: »Es wird immer dumm und barbarisch sein; es sind Ochsen, die ein Joch, einen Stachel und Heu brauchen.« Er erwartete die Reform von oben, durch eine aufgeklärte Regierung. 1764 schrieb er: »Alles, was ich rings um mich geschehen sehe, legt den Keim zu einer Revolution, die unfehlbar eintreten wird, von der ich aber schwerlich mehr Zeuge sein werde. Die Franzosen erreichen ihr Ziel fast immer zu spät, endlich aber erreichen sie es doch. Wer jung ist, ist glücklich; er wird noch schöne Dinge erleben.« Gibt man den letzten Worten eine falsche Betonung, so können sie in der Tat als Prophezeiung der Revolution gelten.

Da er in allem, was er sprach und schrieb, die Essenz seiner Zeit war, so hat er auch als Religionsphilosoph deren Platitüden geteilt. Er erblickt in Jesus einen »ländlichen Sokrates«, an dem er vor allem den Kampf gegen die Hierarchie schätzt, und in den Wundern, die ihm zugeschrieben werden, teils spätere Erfindungen, teils Täuschungen, die er sich erlaubte, um das abergläubische Volk für seine Lehre zu gewinnen: »Je genauer wir sein Benehmen betrachten, desto mehr überzeugen wir uns, daß er ein ehrlicher Schwärmer und guter Mensch war, der nur die Schwachheit hatte, von sich reden machen zu wollen.« Die Evangelienkritik gehört zu den wenigen Gebieten, wo Voltaire tatsächlich der Banalität seines biederen Biographen David Friedrich Strauß nahegekommen ist, der im übrigen von ihm so viel Ahnung hat wie ein Oberlehrer von einer Satansmesse. Im kürzesten Auszug hat Voltaire seine Weltanschauung in seiner *Profession de Foi des Théistes* mitgeteilt: »Wir verdammen den Atheismus, wir verabscheuen den Aberglauben, wir lieben Gott und das Menschengeschlecht.« Anfänglich neigte er auch dem leibnizischen Optimismus zu; aber nach dem Erdbeben von Lissabon, das zwei Drittel der Stadt zerstörte und dreißigtausend Menschen tötete, änderte er seine Meinung: in dem Gedicht *Le désastre de Lisbonne* polemisierte er gegen Popes Satz *»whatever is, is right«* und sprach die bloße Hoffnung aus, daß eines Tages alles gut sein werde; wer aber glaube, daß schon heute alles gut sei, befinde sich in einer Illusion. Die Willensfreiheit hat er ebenfalls anfangs bejaht, später geleugnet; über die Unsterblichkeit hat er sich oft, aber schwankend und widersprechend geäußert. Die Existenz Gottes hat er an keiner einzigen Stelle seiner Schriften in Abrede gestellt, wohl aber seine Erkennbarkeit: »Die Philosophie zeigt uns wohl, daß es einen Gott gibt«, sagt er in seinem »Newton« und ähnlich an vielen anderen Orten, »aber sie ist außerstande, zu sagen, was er ist, warum er handelt, ob er in der Zeit und im Raum ist. Man müßte Gott selbst sein, um es zu wissen.« Sein berühmter Ausspruch »wenn Gott nicht existierte, so müßte man ihn erfinden« scheint eine skeptische Pointe zu enthalten, weil er fast immer falsch, nämlich halb zitiert wird; aber die zweite Hälfte des Satzes lautet: *»mais toute la nature nous crie qu'il existe«.*

Indes ist es bei einem so sensiblen und desultorischen Geist, *Le jardin* der so sehr der künstlerischen Stimmung und dem persönlichen Eindruck jedes Augenblicks unterworfen war, sehr schwer zu sagen, was seine wahre Meinung über diese Dinge war. Und zudem ist alles, was er öffentlich geäußert hat, nur exoterische Lehre; in den Geheimkammern seines Hirns befanden sich möglicherweise ganz andere und viel radikalere Gedanken. Vielleicht ist sein wahres Glaubensbekenntnis in den Worten an die Marquise du Deffand enthalten, die er sechs Jahre vor seinem Tode schrieb: »Ich habe einen Mann gekannt, der fest überzeugt war, daß das Summen einer Biene nach ihrem Tode

755

nicht fortdaure. Er meinte mit Epikur und Lukrez, daß es lächerlich sei, ein unausgedehntes Wesen vorauszusetzen, das ein ausgedehntes Wesen regiere, und noch dazu so schlecht… Er sagte, die Natur habe es so eingerichtet, daß wir mit dem Kopfe denken, wie wir mit den Füßen gehen. Er verglich uns mit einem musikalischen Instrument, das keinen Ton mehr gibt, wenn es zerbrochen ist. Er behauptete, es sei augenscheinlich, daß der Mensch, wie alle anderen Tiere, alle Pflanzen und vielleicht alle Wesen der Welt überhaupt, gemacht sei, um zu sein und nicht mehr zu sein… Auch pflegte dieser Mann, nachdem er so alt geworden war wie Demokrit, es ebenso zu machen wie Demokrit und über alles zu lachen.« Und schon neun Jahre früher, an der Schwelle seines achten Jahrzehnts, gab er seiner tiefen Resignation in einem Briefe an d'Argenson Ausdruck: »*J'en reviens toujours à Candide: il faut finir par cultiver son jardin; tout le reste, exepté l'amitié, est bien peu de chose; et encore cultiver son jardin n'est pas grande chose.*«

Cultiver son jardin: diesen Garten, den Voltaire gepflanzt hatte, immer dichter und üppiger zu bebauen war das Pensum, das die sogenannte »Aufklärung« sich stellte und löste. Voltaire hielt es für eine kleine Sache, sie aber hielt es für eine große.

DRITTES BUCH

AUFKLÄRUNG UND REVOLUTION

*Vom Siebenjährigen Krieg
bis zum Wiener Kongreß*

ERSTES KAPITEL

Gesunder Menschenverstand
und Rückkehr zur Natur

*Vergeblich beklagt sich die Vernunft, daß
das Vorurteil die Welt regiert; denn wenn
sie selbst die Welt regieren will, muß sie
sich ebenfalls in ein Vorurteil verwandeln.*

Taine

In unserer bisherigen Darstellung haben wir uns des Hilfsmit- *Kultur-*
tels bedient, den Gang der kulturhistorischen Entwicklung in *zeitalter*
einzelne größere Abschnitte zu zerlegen, die gleich Bühnenbil- *und Erd-*
zeitalter
dern oder Romankapiteln aufeinanderfolgten: erst kam die
Spätscholastik, dann die Renaissance, dann die Reformation,
dann die Barocke, schließlich das Rokoko. Bei dieser Gliederung waren freilich gewisse Ungenauigkeiten, Willkürlichkeiten und Entstellungen nicht zu vermeiden; aber in einer solchen
fälschenden Vereinfachung und Adaptierung der Wirklichkeit
besteht nun einmal das Wesen aller Wissenschaft, aller Kunst
und überhaupt aller menschlichen Geistestätigkeit. So notwendig es nun ist, derlei eigenmächtige Gruppierungen immer wieder vorzunehmen, so unerläßlich ist es andrerseits, sich über
ihren illegitimen Charakter keinen Illusionen hinzugeben und
das Gefühl ihrer tatsächlichen Unrichtigkeit niemals aus dem
Bewußtsein oder wenigstens dem Unterbewußtsein zu verlieren. Daß zum Beispiel die Reformation die Renaissance einfach
ablöste, wäre eine gänzlich schiefe Vorstellung, denn in beiden
war der Humanismus eine der treibenden Hauptkräfte, und die
italienische Hochrenaissance fällt in die Jahrzehnte der stärk-

sten Wirksamkeit Luthers. Am günstigsten lag es beim Barock-
zeitalter: hier konnten wir ohne allzu große Gewaltsamkeit
eine Periodisierung in Vorbarocke oder Gegenreformation,
Vollbarocke oder Grand Siècle und Spätbarocke oder Rokoko
vornehmen und sogar wagen, bestimmte Jahreszahlen als
Schnittpunkte anzusetzen. Wollten wir versuchen, die wahren
Beziehungen, in denen die einzelnen Kulturzeitalter zueinander stehen, an einem Gleichnis zu verdeutlichen, so könnten
wir vielleicht sagen, es verhalte sich mit ihnen ähnlich wie mit
den Erdzeitaltern, die die Geologie annimmt, indem sie drei
große Perioden konstatiert, die primäre oder paläozoische, die
sekundäre oder mesozoische und die tertiäre oder känozoi-
sche: in der ersten gab es nur Fische und noch niedrigere Lebewesen, in der zweiten tauchten die Reptilien auf, in der dritten
die Vögel und Säugetiere. Es existierten natürlich auch in der
zweiten Periode noch Fische und in der dritten noch Fische und
Reptilien, wie sie bis zum heutigen Tage existieren; diese Formen gaben aber sozusagen nicht mehr den Ton an, vielmehr ist
in jedem der drei Zeitalter ein anderer Tierstamm durch Zahl
und Artenreichtum der *führende*: im »Altertum« die Fische, im
»Mittelalter« die Kriechtiere, in der »Neuzeit« die Säugetiere.
In analoger Weise sind auch die einzelnen Kulturzeitalter immer durch eine bestimmte Menschenspezies charakterisiert,
die dominiert, obschon die früheren neben ihr weiterleben: so
gibt es zum Beispiel noch heute auf dem flachen Lande zahlreiche Individuen, die sich auf der Stufe der Karolingerzeit befinden, das Bürgertum der deutschen Kleinstädte repräsentiert
ungefähr den Kulturzustand der Reformationszeit, und viele
Angehörige unseres Lehrstands wären nach Umfang und Inhalt ihres Gesichtskreises ins Zeitalter der Aufklärung einzureihen. Manche Arten allerdings sind vollkommen verschwunden: der antike Mensch zum Beispiel ist ebenso ausgestorben
wie der Sauriertypus und gibt gleich diesem nur noch in aller-

lei Abdrucken und Versteinerungen einige Kunde von seinem Wesen.

Bei dem Abschnitt, den wir jetzt zu betrachten haben, der Zeit vom Siebenjährigen Krieg bis zum Wiener Kongreß, wäre aber auch diese einschränkende Vergleichung mit den Erdzeitaltern nicht mehr zutreffend. Es sind drei Hauptströmungen, die diesen Zeitraum erfüllen: wir bezeichnen sie mit den Stichworten *Aufklärung, Revolution* und *Klassizismus*. Unter »Aufklärung« verstehen wir in Übereinstimmung mit der allgemein üblichen Terminologie jene extrem rationalistische Richtung, die wir in ihren Vorstufen bereits kennengelernt haben: der einflußreichste Repräsentant dieser ersten Aufklärungsetappe war in England Locke, in Frankreich Voltaire, in Deutschland Wolff. Auch die Bezeichnung »Klassizismus« dürfte kaum Mißverständnissen ausgesetzt sein. Der Ausdruck »Revolution« bedarf jedoch einer Erklärung. Wir fassen nämlich unter diesem Generalnenner alle jene Bewegungen zusammen, die sich gegen das Herrschende, Eingelebte, Bisherige richten, einerlei, ob sie sich auf das Gebiet der Politik, der Kunst oder der Weltanschauung erstrecken; ihre Ziele sind: Neuordnung des Staats und der Gesellschaft; Verbannung jeglicher ästhetischen Regel; Entthronung des Verstandes durch das Gefühl, und dies alles im Namen der Rückkehr zur Natur; wären nicht Zweideutigkeiten zu befürchten, so könnte man diese ganze Strömung auch die naturalistische oder die aktivistische nennen.

Um nun das Verhältnis zwischen diesen drei Grundrichtungen klarzustellen, müssen wir zu einer anderen geologischen Parallele greifen. Man unterscheidet bekanntlich »geschichtete« und »massige« Formationen: die ersteren zeigen verschiedene Gesteine wie in Stockwerken übereinandergelagert, die letzteren bilden einen Block, in dem allerlei Felsarten durcheinandergemischt sind. Es verhielt sich nun in unserem Falle keineswegs so, daß die dreierlei Vorstellungsmassen sedimentär

Die dreierlei Vorstellungsmassen

angeordnet waren, so daß erst die Aufklärungsschicht gekommen wäre, dann die revolutionäre Schicht, schließlich die klassizistische, wie etwa bei einem Berge Sandstein, Schiefer und Kalkstein aufeinanderfolgen; vielmehr trat das ein, was der Petrograph als »durchgreifende Lagerung« bezeichnet: der ganze Zeitraum war von aufklärerischen, revolutionären, klassizistischen Tendenzen durchsetzt. Nur höchstens soviel ließe sich behaupten, daß für die Aufklärung die Jahre von der Mitte des Jahrhunderts bis ungefähr 1770 das stärkste und weiteste Machtgebiet bedeutet haben, daß sie in dem darauffolgenden Vierteljahrhundert (etwa zwischen 1770 und 1795) von der revolutionären Strömung in der Vorherrschaft abgelöst wurde und daß in den beiden letzten Jahrzehnten des Zeitraums (von 1795 bis 1815) der Klassizismus zum vollen Sieg gelangte; oder, um in unserem Bild zu bleiben: in jeder Gebirgspartie überwiegt eine andere der drei Gesteinsarten, aber alle drei gehen durch den ganzen Stock. Schon am Anfang der Periode tritt jede der drei Bewegungen mit einer entscheidenden und richtunggebenden Tat hervor: die *Encyclopédie*, der Mauerbrecher der französischen Aufklärung, beginnt kurz nach der Mitte des Jahrhunderts zu erscheinen, Rousseaus *Contrat social*, der Code der Französischen Revolution, tritt ein Jahr vor der Beendigung des Siebenjährigen Krieges an die Öffentlichkeit, Winckelmanns Kunstgeschichte, die Bibel des Klassizismus, wird ein Jahr *nach* dem Friedensschluß publiziert; und andrerseits kulminieren alle drei Bewegungen erst am Ende des Zeitraums: die Aufklärung in Kant, die Revolution in Napoleon, der Klassizismus in Goethe.

Auf dem Gebiet der politischen Geschichte macht das Weltereignis der Französischen Revolution eine deutliche Zäsur, die die Periode in zwei ziemlich verschiedene Hälften teilt. Wir werden den Gang unserer Erzählung zunächst nicht über diesen Grenzstein hinausführen und nur auf dem Gebiet der Naturforschung zur Vermeidung späterer Wiederholungen unsere Betrachtung bis zum Ende des Jahrhunderts erstrecken.

Der Siebenjährige Krieg bedeutete für Europa ein Doppeltes: erstens bot er, indem er Friedrich dem Großen Gelegenheit gab, seine Genialität aufs glänzendste zu entfalten, den Völkern ein Schauspiel, wie sie es seit Jahrhunderten nicht erlebt hatten; sodann war er aber auch der erste Weltkrieg im modernen Sinne, denn er wurde gleichzeitig in vier Weltteilen geführt, und das eigentliche Kampfobjekt waren die Kolonien: während man um einige preußische Länderfetzen zu streiten glaubte, ging es in Wahrheit um unermeßlich reiche und ausgedehnte Gebiete in Ostindien und Nordamerika. Kanada wurde bei Roßbach erobert: ein Zusammenhang, den jedoch nur die englischen Staatsmänner voll begriffen.

Der erste Weltkrieg

Der Erfinder des Siebenjährigen Krieges ist der österreichische Minister Graf Kaunitz, der gegen Preußen eine ähnliche Einkreisungspolitik betrieb wie anderthalb Jahrhunderte später Eduard der Siebente gegen Deutschland. Ursprünglich Befürworter des endgültigen Verzichts auf Schlesien, erblickte er später seinen Lebensinhalt im *»abaissement«* Preußens und dessen diplomatischer Vorbereitung: sein Plan, den er die »große Idee« nannte und mit unerschütterlicher Zähigkeit verfolgte, war die Vereinigung Österreichs, Rußlands und Frankreichs gegen Friedrich den Großen. Er war mehrere Jahre als Gesandter am Hof von Versailles tätig gewesen und dort ein solcher Gallomane geworden, daß er so tat, als ob er Deutsch nur radebrechen könne. Gegen die drohende Umfassung durch die Großmächte schloß Friedrich 1756 mit England die »Westminsterkonvention«, in der beide Mächte sich verpflichteten, den Einmarsch fremder Truppen in deutsches Gebiet mit vereinigten Streitkräften zu verhindern. Dieser reine Defensivvertrag führte zum Abschluß des französisch-österreichischen Bündnisses, das von seiten Frankreichs, das dabei nur verlieren konnte, ein beispielloser, nur durch die chaotischen Regierungsverhältnisse erklärlicher Nonsens war.

Auf den außereuropäischen Kriegsschauplätzen standen sich als Hauptgegner England und Frankreich gegenüber, dem auf Grund des »bourbonischen Familienpakts« Spanien an die Seite trat. Die englischen Streitkräfte waren fast überall siegreich. Im Frieden von Paris zedierte Frankreich an England Kanada und die östliche Hälfte von Louisiana, während die westliche an Spanien fiel, und wurde somit vollständig aus Amerika verdrängt; ferner das Gebiet am Senegal, das es aber zwanzig Jahre später im Frieden von Versailles wieder zurückerhielt; in Ostindien wurde der alte Besitzstand wiederhergestellt, aber Frankreich verzichtete auf militärische Niederlassungen, was soviel wie die britische Alleinherrschaft bedeutete. Im übrigen war England ein sehr egoistischer und unzuverlässiger und sogar perfider Bundesgenosse Preußens: sowohl Georg der Zweite wie Georg der Dritte waren Friedrich dem Großen persönlich abgeneigt. Nur William Pitt, der große imperialistische Staatsmann, dem England alle Erfolge in diesem Kriege verdankte, unterstützte Preußen im wohlverstandenen englischen Interesse, wurde aber später von dem preußenfeindlichen Lord Bute gestürzt. Die Haltung Rußlands wurde in allen Phasen des Kampfes nur durch die subjektiven Gefühle seiner Herrscher bestimmt: Elisabeth haßte Friedrich, der sie eine gekrönte Hure genannt hatte, und griff daher sogleich in den Krieg ein; Peter der Dritte war ein glühender Bewunderer des Königs und verbündete sich mit ihm; Katharina die Zweite hatte für ihn weder Abscheu noch Verehrung und blieb daher neutral. Auch Schweden war, durch die Hoffnung auf Rückgewinn gelockt, der Koalition beigetreten, blieb aber untätig; das Reich erklärte sich ebenfalls gegen Friedrich, brachte jedoch nur eine elende Armee zusammen, die dem Bund mehr schadete als nützte; Sachsen lauerte unter heuchlerischen Neutralitätsversicherungen auf den Moment des Eingreifens, wurde aber von Friedrich sogleich beim Ausbruch der Feindseligkeiten besetzt und während des ganzen Krieges als preußisches Gebiet behandelt. Was Maria Theresia anlangt, so hat sie in diesem Kampfe nur antideutsche Ziele verfochten: hätten die »Einkreisungsmächte« gesiegt, so wäre Ostpreußen russisch, Pommern schwedisch und Belgien, das die Kaiserin bereitwillig ausgetauscht hätte, französisch geworden, nur damit Schlesien wieder österreichisch, das heißt: halb slawisch werde.

Friedrichs ebenso einfacher wie genialer Plan war der »Stoß ins Herz« Österreichs, ehe Rußland und Frankreich fertig oder auch nur entschlossen wären. Zu diesem Zweck rückte er in Sachsen ein und schlug die zum Entsatz herbeigeeilte österreichische Armee bei Lobositz, wodurch das Land verlorenging und als sehr wertvolle Operationsbasis in seinen dauernden Besitz gelangte. Im Frühling des nächsten Jahres zog er den Österreichern bis in die Nähe von Prag entgegen, wo sie, nachdem seine Infanterie schon zu weichen begonnen hatte, durch die Verve der Kavallerie und den Opfertod Schwerins eine entscheidende Niederlage erlitten. Der Sommer aber brachte drei Mißerfolge: Friedrich war so unvorsichtig, Daun in fast uneinnehmbarer Stellung bei Kolin anzugreifen, und mußte, unter fürchterlichen Verlusten zurückgehend, Böhmen aufgeben, wodurch sein ganzes ursprüngliches Konzept in sehr ungünstiger Weise verschoben wurde; die Engländer wurden bei Hastenbeck von den Franzosen geschlagen, die Hannover besetzten und sich mit dem Reichsheer vereinigten; die Russen siegten bei Großjägersdorf. Damit war die konzentrische Erdrückung, auf die es die Koalition abgesehen hatte, fast zur Wirklichkeit geworden und der Krieg in seine *erste* Krise getreten. Aber Friedrich gab die Partie noch nicht auf und warf sich mit unglaublicher Tatkraft, Umsicht und Schnelligkeit jedem einzelnen seiner Feinde vernichtend entgegen: den Franzosen bei

Die drei Krisen des Siebenjährigen Kriegs

Roßbach, den Österreichern bei Leuthen und den Russen bei Zorndorf; diesen drei glänzenden Siegen folgte allerdings die Niederlage bei Hochkirch durch Laudon und Daun, von der er sich aber sehr rasch erholte. Das vierte Kriegsjahr hingegen brachte die *zweite* große Krise durch drohende gänzliche Erschöpfung: die Schlacht von Kunersdorf gegen die Russen und Österreicher, in ihrer ersten Hälfte bereits gewonnen, ging vollständig verloren, und bei Maxen kapitulierte General Finck mit dreizehntausend Mann. Wiederum aber gelang es Friedrich, sich durch überraschende Erfolge zu restaurieren, indem er Laudon bei Liegnitz und Daun bei Torgau schlug. Im Jahr 1761 versetzte ihn jedoch der Rücktritt Pitts in die *dritte* und gefährlichste Krise, aus der ihn nur der Tod der Zarin Elisabeth befreite. Eine neuerliche Niederlage der Österreicher bei Burkersdorf, der Friedensschluß zwischen England und Frankreich und die drohende Haltung der Türkei zwangen endlich Maria Theresia zum Frieden von Hubertusburg, aus dem sie als einzigen Gewinn die Zusage der preußischen Kurstimme für die Kaiserwahl ihres Sohnes davontrug.

Die friderizianische Großmacht — Die Tatsache, daß Friedrich sich in diesem Verteidigungskampfe behauptete, findet in seinen außerordentlichen strategischen und organisatorischen Fähigkeiten keine zureichende Begründung; sie läßt sich nur mystisch erklären: aus der tiefen Angst aller Mediokritäten vor dem Genius, die sich scheut, zum letzten Schlag auszuholen, und aus der Kraft des Genius, die Realität seinem Willen zu unterwerfen und nach seinem Bilde zu formen. Was wir »Ereignisse« nennen, sind im Grunde, und zumal beim schöpferischen Menschen, nichts als Verlängerungslinien der Persönlichkeit, in die Außenwelt projizierte, zu Tatsachen geronnene Charaktereigenschaften. Das Genie schreitet durch die Welt als rätselhaftes Fatum und Ausstrahlung einer überweltlichen anonymen Kraft, die ihm selbst nicht selten Schauder einflößt: so haben Goethe und Nietzsche,

Michelangelo und Beethoven sich auf gewissen Höhepunkten ihres Lebens empfunden; so hat das Volk stets seine großen Helden angeschaut; die letzte dieser Legendengestalten, die Europa erlebt hat, war Bismarck. Was man Macht nennt, Macht über Menschen und Dinge, Völker und Erdteile, fließt aus dieser Quelle: es hat in jenem achtzehnten Jahrhundert niemals eine preußische Großmacht gegeben, sondern immer nur eine friderizianische, und um die Wende des Jahrhunderts keine französische Übermacht, sondern bloß eine napoleonische, wie ja auch ein richtiger Instinkt der Geschichte das römische Weltreich das cäsarische und die griechische Weltkultur die alexandrinische genannt hat.

Wie fast alle großen geschichtlichen Persönlichkeiten steht Friedrich an der Wegscheide zweier Zeitalter, indem er das eine abschließt, das andere eröffnet: in ihm vereinigt sich der Absolutismus und die Artistik des Rokoko mit dem Liberalismus und der Naturalistik der Aufklärung. Doch hat er nur auf die französische Aufklärung direkt eingewirkt, auf die deutsche, deren Hauptquartier Berlin wurde, nur indirekt durch den allgemeinen geistigen Auftrieb, der von seiner Persönlichkeit ausging. Was ihn an der französischen Kultur am stärksten anzog, waren gerade ihre undeutschen Elemente: ihr spielerischer Witz, dem die Tiefe, aber auch die Schwere fehlt, ihr kühler und heller Skeptizismus, der an nichts glaubt als an sich selbst, ihr alles penetrierender Esprit, den sie mit dem Mangel an naiver Schöpferkraft bezahlt. Es ist begreiflich, daß ihm die Wahl zwischen Voltaire und Nicolai, Diderot und Ramler nicht schwerfiel und daß er für so durchaus neue Phänomene wie den *Götz* und die *Räuber* oder gar die Vernunftkritik in seinem Alter kein Verständnis mehr aufbrachte; aber es ist sonderbar, daß er auch zu Lessing niemals eine Beziehung fand, mit dem er so vieles gemeinsam hatte. Denn im Grunde hat dieser auf seinem Gebiet ähnliches vollbracht wie der König: er hat, nach mehreren Fronten zäh und erfindungsreich kämpfend, sich siegreich behauptet und das Reich, in dem er herrschte, zu einer europäischen Großmacht erhoben.

Philanthropie der Worte

Es wäre ein großer Irrtum, wenn man glauben wollte, daß es während der französischen Aufklärung bereits einen zielbewußten Kampf gegen die Aristokratie und das Königtum gegeben habe; das Angriffsobjekt war vielmehr zunächst fast ausschließlich die Kirche. Ein politisch erfahrener und geschulter Kopf hätte allerdings bereits in dieser Form der Opposition die Anzeichen einer allgemeinen Revolution erblicken können; aber die damaligen französischen Adeligen hatten keinen Begriff vom Leben der Nation und den bewegenden Kräften der Geschichte. Und vor allem hatten sie keinen Begriff vom Geld: die stärkste Macht der modernen Zivilisation war ihnen unbekannt. In einem Zeitalter, das im Begriff stand, die religiösen und politischen Kämpfe durch ökonomische abzulösen, waren sie auf wirtschaftlichem Gebiet nicht nur unfähig, sondern geradezu ungebildet. Sie wußten nur, daß Geld nötig sei, um es wieder auszugeben. Geld war nötig, das Nötige aber für sie das Selbstverständliche; Geld war für sie wie Luft, ebenso unerläßlich zum Leben, aber offenbar ebenso leicht zu beschaffen und daher ebenso wertlos.

Bis in die letzten Jahrzehnte vor der Revolution herrschte zwischen Regierung und Volk äußerlich das schönste Einvernehmen. Bei der Thronbesteigung Ludwigs des Sechzehnten währten die ununterbrochenen Hochrufe auf den König von sechs Uhr morgens bis Sonnenuntergang; als der Dauphin geboren wurde, umarmten sich fremde Menschen auf offener Straße. Wenn auf der Bühne von Fürstentugenden die Rede war, applaudierte das Volk; wenn von Volkstugenden die Rede war, applaudierte der Adel. Es war eine große Komödie der sentimentalen Verbrüderung, der warmen Worte und verschwommenen Gefühle, ohne daß jemand daran gedacht hatte, aus seinen edlen Gesinnungen die geringsten praktischen Konsequenzen zu ziehen: es war mit einem Wort *Philanthropie*.

Auch die Aufklärungsbewegung wurde von der französischen Aristokratie nur als eine Art Amateurtheater angesehen, das ihrer Geselligkeit einen neuen pikanten Inhalt verleihen sollte; die Gefährlichkeit dieses Spiels bemerkte niemand. Die Bizarrerie hat für den Franzosen immer einen großen Reiz besessen, und was konnte paradoxer und origineller sein als ein Kleriker, der an Gott zweifelte, oder ein Edelmann, der sich als Demokrat kostümierte? Die Keimzellen der großen revolutionären Literatur, die man die enzyklopädistische zu nennen pflegt, sind in jenen geistreichen Assembleen zu suchen, die man anfangs ironisch, später mit Anerkennung als *bureaux d'esprit* bezeichnete. Den ersten dieser Salons hatte Madame de Tencin, eine Dame von sehr bewegter Jugend, die sie zur Mutter mehrerer illegitimer Kinder gemacht hatte; unter diesen befand sich auch d'Alembert, den sie gleich nach seiner Geburt aussetzte; erst als er berühmt geworden war, suchte sie sich ihm wieder zu nähern, er wies sie aber mit Verachtung zurück und lebte weiter mit seiner Pflegemutter, einer einfachen Frau aus dem Volke, die seine Kindheit in rührender Weise betreut hatte. Einer ihrer Geliebten war Law, der ihr zu einem großen Vermögen verhalf, da sie die Mississippiaktien noch rechtzeitig vor dem Krach verkaufte. Als sie ihren Salon eröffnete, war sie bereits fünfundvierzig Jahre alt und ziemlich dick. Sie vertrat jedoch noch nicht die freigeistige Richtung, sondern unterhielt lebhafte Beziehungen mit den Jesuiten und dem Papst Lambertini, von dem wir schon gehört haben. Ihre Nachfolgerinnen waren Madame Geoffrin, eine Dame von liebenswürdigsten und anregendsten geselligen Talenten, und Madame du Deffand, die einen außerordentlichen Verstand mit großem Egoismus vereinigte. Ihre Gesellschafterin war ein armes Fräulein de l'Espinasse, die, ohne schön zu sein, einen großen geistigen

Die bureaux d'esprit

Reiz auf die Gäste auszuüben verstand. Dies erweckte die Eifersucht ihrer Herrin, die sie eines Tages entließ; aber nun eröffnete sie in einer bescheidenen Wohnung einen eigenen Jour, und es gelang ihr mit Hilfe d'Alemberts, der zeitlebens für sie eine zärtliche Freundschaft hegte, fast alle Stars zu sich herüberzuziehen. Großes Ansehen genossen auch die Salons der Gönnerin Rousseaus, Madame d'Epinays, der Ministersgattin Madame Necker und der berühmten Schauspielerin Quinault.

Die Ency-
clopédie
Das Monumentalwerk, das den Titel *Encyclopédie ou Dictionnaire raisonné des Sciences, des Arts et des Métiers* führte, begann im Jahre 1751 zu erscheinen; 1772 belief es sich auf achtundzwanzig Bände, in denen alle Fragen der Philosophie und Religion, Literatur und Ästhetik, Politik und Ökonomie, Naturwissenschaft und Technik in alphabetischer Anordnung und an der Hand prachtvoller Kupfer aufs gründlichste und anziehendste erörtert waren. Ein Wörterbuch, von Natur die trockenste und toteste aller geistigen Unternehmungen, nicht bloß belehrend und aufklärend, sondern auch unterhaltend, überzeugend und spannend zu gestalten: diese Kunst haben nur die Franzosen besessen. Der Hauptzweck des Werks war aber noch ein ganz anderer: es war nichts Geringeres als ein riesiges Arsenal aller subversiven Ideen, die im Laufe der letzten Generationen ans Licht getreten waren. Hierbei befolgten die Verfasser eine sehr geschickte und listige Taktik. In Artikeln, hinter denen man Anstößiges wittern konnte, wie »Seele«, »Willensfreiheit«, »Unsterblichkeit«, »Christentum«, trugen sie die rechtgläubigen Lehren vor, während sie an ganz anderen Stellen, wo niemand solche Auseinandersetzungen vermutete, die entgegengesetzten Prinzipien mit einer Fülle von Argumenten entwickelten und zugleich durch versteckte Hinweise, die aber der eingeweihte Leser sehr bald verstehen lernte, die Verbindung herstellten.

Die Seele des ganzen Unternehmens war Denis Diderot, der *Diderot*
als Gelehrter Solidität mit Eleganz zu vereinigen wußte und als
Schriftsteller eine stupende farbensprühende Vielseitigkeit
entwickelte. Er war ein unübertrefflicher Meister im philosophischen Dialog, daneben Dramatiker, Erzähler, Kunstkritiker, Mathematiker, Nationalökonom, Technolog und vor allem
ein edler und aufopferungsvoller, seiner Mission begeistert er-
gebener Charakter. Seine Weltanschauung, die erhebliche Ent-
wicklungsschwankungen durchmachte, war im wesentlichen
eine Art »Monismus«, der sich alles aus Materie zusammengesetzt, diese aber beseelt dachte: *»La pierre sent.«* Mit seinen beiden Dramen *Le fils naturel ou les épreuves de la vertu* und *Le
père de famille* wurde er für Frankreich einer der Hauptvertreter des bürgerlichen Rührstücks, das, wie wir bereits erwähnt
haben, aus England stammte und später in Deutschland durch
Iffland, Schröder und Kotzebue sein stärkstes Verbreitungsge-
biet fand. Es ist unverkennbar, daß der Kultur dieses neuen
Genres, für das Diderot auch in programmatischen Schriften
eintrat, mehr politischen als ästhetischen Antrieben seine
Entstehung verdankte. Man entdeckte oder glaubte zu entdecken, daß im »Volk« und im Bürgertum mehr Tugend und
Tüchtigkeit, Edelmut und Menschlichkeit zu finden sei als bei
den Privilegierten; allein man vergaß, daß dies für den Bühnen-
dichter eine völlig gleichgültige Entdeckung ist. Menschen, die
auf den sozialen Höhen wandeln, sind fast immer dramatisch
ergiebiger und theatralisch interessanter als Bürger oder gar
Bauern, aus dem sehr einfachen Grunde, weil sie mehr erleben.
Tatsächlich brachte es ja auch die poetische Revolution jener
Zeit, die sich von den Königen und großen Herren abwandte,
nur zum kalten und künstlichen Melodram. Es kann doch
wohl kein Zufall sein, daß die Theaterdichtung sich auf den
Gipfelpunkten ihrer Entwicklung allemal jenseits der bürgerlichen Sphäre etabliert hat. Die antike Tragödie spielt zwischen

Heroen, Königen und Göttern, niemals im Volk, das sie in den Chor verweist. Die shakespearische Tragödie bewegt sich unter Fürsten und Adeligen, und dasselbe gilt vom Drama der deutschen Klassiker, selbst von »bürgerlichen Trauerspielen« wie *Kabale und Liebe* und *Emilia Galotti*, die in Wirklichkeit Hofdramen sind. Die Domäne des Bürgerlichen ist der *Roman* und die *Komödie*. Aristophanes, Molière und der Komiker Shakespeare haben dieses Milieu mit derselben wohlerwogenen Absichtlichkeit aufgesucht, mit der Sophokles, Racine und der Tragiker Shakespeare es flohen. Ibsen, vielleicht das stärkste Komödientalent aller Zeiten, ist zugleich der Schöpfer des großen bürgerlichen Dramas, zu dem sich alle führenden Versuche nur wie unvollkommene Vorstufen verhalten; seine wenigen Tragödien jedoch: die *Kronprätendenten*, *Kaiser und Galiläer*, *Frau Inger auf Östrot* handeln von der »Königsmaterie« (wie der richtige Titel seiner *Kronprätendenten* lautet). Neben ihm sind die zwei leuchtkräftigsten Theatersterne des neunzehnten Jahrhunderts Richard Wagner und Heinrich von Kleist: sowohl der eine wie der andere hat nur ein einziges Stück geschrieben, das in bürgerlichen Kreisen spielt und das zugleich sein einziges Lustspiel ist: Kleist den *Zerbrochenen Krug*, Wagner die *Meistersinger*.

Diese Zusammenhänge mußten Batteux, Diderot und ihren Schülern um so leichter entgehen, als sie den Standpunkt des extremen Naturalismus einnahmen, vor dem allerdings Unterschiede der Höhe und Tiefe des Kunstinhalts fast völlig verschwinden. Ihre Theorien waren ein Rückschlag gegen die überspitzte Künstlichkeit des Rokoko. Die Kunst soll jetzt auf einmal wieder pure Nachahmung sein, trockene, leere, sterile Wiederholung der Natur, womit sie, wenn es ihr jemals gelänge, offenbar aufhören würde, Kunst zu sein. Im übrigen aber pflegen solche Programme für den Wert der Produktion, ja sogar der Kritik, die aus ihnen hervorgeht, nicht bestimmend zu sein. Man kann über das Wesen der Kunst die schönsten und treffendsten Ansichten haben und sich in dem Augenblick, wo man in die Lage kommt, sie auf einen konkreten Fall anzuwenden, als amusischer Philister entpuppen; und man kann höchst banausischen Prinzipien huldigen und dabei doch ein Mensch voll Phantasie, Geschmack und feinstem Einfühlungsvermögen sein, wie es Diderot war. Seine pedantische und kunstfeindliche Natürlichkeitsforderung hat ihn nicht im geringsten gehindert, in der Beurteilung und Schilderung der Einzelheiten eines Kunstwerks die glänzendste Begabung zu entfalten: seine Bemerkungen über Bilder, über Schauspielkunst, über Technik des Dramas sind lauter Volltreffer, Höchstleistungen einer schöpferischen Kunstkritik.

Als zweiter Herausgeber der Enzyklopädie zeichnete d'Alembert, der die mathematischen Artikel und eine ausgezeichnete Vorrede schrieb, sich aber später von dem Unternehmen zurückzog, weil der radikale Materialismus Diderots und der meisten übrigen Mitarbeiter weder seiner konzilianten und ein wenig furchtsamen Gemütsart noch seiner streng wissenschaftlichen Denkweise zusagte. Er selbst bekannte sich zu einem Phänomenalismus, der fast wie eine Vorausahnung Kants anmutet und zweifellos höher stand als der naive Dogmatismus der Enzyklopädisten, indem er erklärte, er fühle sich zu der Annahme gedrängt, »daß alles, was wir sehen, nur Sinneserscheinung ist; daß es nichts außer uns gibt, das dem, was wir zu sehen glauben, entspricht«.

Das grundlegende Werk des französischen Materialismus, der berüchtigte *Homme machine* von Lamettrie, war schon drei Jahre vor der Enzyklopädie erschienen: es nimmt seinen Ausgang von der cartesianischen Lehre, daß die Tiere Automaten seien, die, wie es behauptet, allein schon hingereicht hätte, Descartes zum großen Philosophen zu machen, und versucht nun in mehr rhetorischer als wissenschaftlicher Form nachzu-

Die Materialisten

weisen, daß auch der Mensch nichts anderes sei als ein höchst komplizierter Mechanismus: er verhalte sich zu den Tieren wie eine Planetenuhr von Huygens zu einem gemeinen Uhrwerk. Das Buch hatte eine enorme Wirkung, obgleich niemand wagte, seinen Thesen offen zuzustimmen, und setzte Lamettrie der allgemeinen Verfolgung aus. Nur Friedrich der Große gewährte ihm Schutz, indem er ihn als Arzt und Vorleser nach Berlin berief: dort starb er einige Jahre später an dem Genuß einer ganzen Trüffelpastete, zur großen Genugtuung der Reaktionäre, die sich beeilten, die Art seines Todes als warnendes Argument gegen seine Weltanschauung auszuspielen, als ob das Verzehren zu großer Pasteten eine charakteristische und natürliche Folge des Materialismus sei.

Einen extremen Sensualismus vertrat Condillac in seinem 1754 erschienenen *Traité des sensations*. Nach ihm sind unsere Gefühle, Urteile und Handlungen, überhaupt alle seelischen Produkte bis hinauf zu den höchsten Ideen nichts als Nachwirkungen unserer Sinneseindrücke; alle psychischen Tätigkeiten sind umgeformte Empfindungen, alles Geistesleben ist Sinnesleben; alle Neigungen, auch die sittlichsten, stammen aus der Selbstliebe. Vier Jahre darauf bemühte sich Helvetius, ein mittelmäßiger und eitler Mensch, im übrigen aber ein untadeliger und sogar altruistischer Charakter, in seiner Abhandlung *De l'esprit* diese Gedanken, besonders soweit sie das Gebiet der Moral berührten, überzeugender auszuspinnen: wie in der physischen Welt die Bewegung, so bilde in der moralischen Welt das Interesse das gesetzgebende Element. Das Buch machte ungeheures Aufsehen, denn es traf den geheimen Nerv der Zeit: »*C'est un homme*«, sagte Madame du Deffand von Helvetius, »*qui a dit le secret de tout le monde.*« Von Condillac leitet sich der gesamte naturwissenschaftliche Materialismus des neunzehnten Jahrhunderts her; das Bindeglied bildet Cabanis, ein Schüler Condillacs, dessen Lehre in dem Satz gipfelt: »*Les nerfs, voilà tout l'homme.*« Seine Bemerkung: »Das Gehirn dient zum Denken wie der Magen zur Verdauung und die Leber zur Gallenabsonderung: die Nahrungsmittel setzen den Magen in Tätigkeit und die Eindrücke das Gehirn«, ein zweifellos geistreicher Witz, hat in Deutschland einige Jahrzehnte später eine ganze Literatur von Traktaten hervorgerufen, die ebenso oberflächlich, aber nichts weniger als witzig und geistreich sind. Nicht ganz so weit links wie Condillac stand Robinet, der im Anschluß an Diderot die allgemeine Beseeltheit der Materie: der Pflanzen, der Minerale, der Atome, der Planeten lehrte.

Einen langjährigen Sammelpunkt fanden die Enzyklopädisten in den berühmten Dîners des reichen pfälzischen Barons Holbach, die zweimal wöchentlich um zwei Uhr stattfanden und fast alles vereinigten, was an einheimischen und ausländischen Zelebritäten sich in Paris aufhielt: man nannte ihn nach einem Wort des Abbé Galiani den »*maître d'hôtel de la philosophie*«. Von ihm stammte der Katechismus der materialistischen Weltanschauung: *Système de la nature ou des lois du monde physique et du monde moral*, worin er mit deutscher Gründlichkeit alle Thesen und Argumente seines Kreises darlegte und zusammenfaßte. Das Buch erschien 1770 anonym und galt lange Zeit für ein Kollektivwerk. Nichts, heißt es darin, ist vorhanden als die ewige durch sich selbst existierende Materie, aus der alles stammt und in die alles zurückkehrt. Auf einer gewissen Stufe ihrer Entwicklung angelangt, nimmt sie Leben und Bewußtsein an: der Mensch ist zum Empfinden und Denken organisierte Materie. Nur aus Unkenntnis der Natur und Mangel an Erfahrung hat der Mensch sich Götter gemacht, die seine Furcht und Hoffnung erregen. Die Natur, nach unverbrüchlichen Gesetzen erzeugend und vernichtend, Gutes und Übles austeilend, kennt weder Liebe noch Haß, sondern nur die unendliche und ununterbrochene Kette von Ursachen und Wirkungen. Ordnung und Unordnung sind nicht in der Natur, sondern rein menschliche Begriffe, die wir in sie hineingetragen haben: das All hat zum Zweck nur sich selbst. Gleichwohl soll der Mensch tugendhaft sein, und zwar aus Klugheit, denn die anderen begünstigen mein Glück nur, wenn ich das ihrige nicht beeinträchtige, und selbst die verkannte Tugend macht ihren Träger noch immer glücklich durch das Bewußtsein, der Gerechtigkeit gedient zu haben. Wie man sieht, fordert Holbach, obgleich er dem Weltgeschehen moralische Absichten und Endzwecke abspricht, für die menschliche Lebensführung eine zwar platte und bloß vom Verstand diktierte, aber durchaus lautere Moralität; und dasselbe gilt von fast allen anderen Enzyklopädisten.

Es lag nahe, die bestehenden Staats- und Gesellschaftsformen sowohl vom moralischen wie vom naturwissenschaftlichen Standpunkt einer ebenso radikalen Kritik zu unterziehen wie die herrschenden theologischen und philosophischen Lehren; aber hierzu wurden vorläufig nur vereinzelte Ansätze gemacht. 1755 versuchte der Abbé Morelly in seinem *Code de la nature* den Nachweis, daß das Privateigentum, das der Eigennutz erzeugt habe, die Quelle alles Streits und Unglücks sei, und entwarf auf dieser Grundlage ein vollständiges kommunistisches Programm: die Nation soll in Provinzen, Städte, Stämme, Familien gegliedert werden; Grund und Boden und sämtliche Arbeitswerkzeuge sollen gemeinsames Eigentum aller sein; der Staat überweist den einzelnen Bürgern die Arbeit nach Maßgabe ihrer Arbeitskraft, den Ertrag nach Maßgabe ihrer Bedürfnisse. Und 1772 schrieb Mirabeau seinen »Essai sur le despotisme«, worin er ausführt, daß der König nicht mehr sei als der erste Beamte, *»le premier salarié«,* das Haupt, nicht der Herrscher des Volkes, das für bestimmte Arbeiten angestellt und bezahlt werde und, wenn es sie nicht leiste oder gar seine Stellung mißbrauche, jederzeit abgesetzt werden könne.

In engem Zusammenhang mit der Ausbreitung der materialistischen Ideen stand die Entwicklung der Naturwissenschaften, so daß es schwer zu sagen ist, welche dieser beiden Erscheinungen die Ursache und welche die Wirkung war. Daß eine Blüte der exakten Forschung nicht notwendig zur Abwendung vom Spiritualismus führen muß, zeigt das siebzehnte Jahrhundert, das von Descartes und Leibniz beherrscht war. Aber es bestand ein entscheidender Unterschied: damals standen Mathematik und theoretische Physik im Vordergrund, die in ihrem Grundwesen idealistische Wissenschaften sind, während erst jetzt die rein empirischen Disziplinen sich anschickten, das Hauptinteresse für sich in Anspruch zu nehmen.

Epigenesis und Neptunismus

Was zunächst die Theorien anlangt, so behaupteten sich auch die älteren von ihnen noch sehr lange und machten nur zögernd moderneren Auffassungen Platz. Albrecht von Haller vertrat mit der ganzen Wucht seiner Autorität die von Harvey begründete Präformations- oder Einschachtelungstheorie, nach der sich der ganze Organismus mit allen künftigen Geschlechtern bereits im Ei im »eingewickelten« Zustand befinden soll. Gegen sie setzte Kaspar Friedrich Wolff 1759 in seiner *Theoria generationis* die Lehre von der Epigenesis: diese betrachtet die Entstehung der Organismen als einen Wachstumsprozeß, der teils durch die Stammesgeschichte, teils durch latente erbliche Dispositionen, teils durch äußere mechanische Ursachen bestimmt wird. Durch die experimentellen Untersuchungen, die er zur Erhärtung dieser Hypothese machte, wurde er der Begründer der wissenschaftlichen Embryologie. Obgleich seine Annahme die plausibelste und viel leichter vorstellbare war, fand sie doch zunächst wenig Glauben; sie mußte aber schließlich siegen, weil in ihr eine der leitenden Ideen des Zeitalters lebte, nämlich der Entwicklungsgedanke: aus ihr spricht derselbe Geist, der zwanzig Jahre später Lessing dazu bestimmte, die Geschichte der Religionen als eine stufenweise Evolution zu

immer reineren und angemesseneren Gottesvorstellungen aufzufassen, und Kant sein großartiges System konzipieren ließ,
wonach die ganze Welt sich aus den Bedingungen unserer Vernunft entwickelt.

Auch der Geologie begann man erhöhte Aufmerksamkeit
zuzuwenden. Hier herrschte die »neptunistische« Lehre, vertreten von Abraham Gottlob Werner, der seit 1775 an der Berg-
akademie in Freiberg als gefeierter Lehrer wirkte: sie erklärte
alle oder doch die meisten Veränderungen der Erdrinde aus der
Einwirkung des Wassers. Werner versuchte auch als einer der
ersten eine Einteilung der Mineralien ausschließlich nach ihrer
chemischen Zusammensetzung, ohne darüber die äußeren
Merkmale zu vernachlässigen. Novalis, der noch sein Schüler
war, sagte über ihn: »In große bunte Bilder drängten sich die
Wahrnehmungen seiner Sinne: er hörte, sah, tastete und dachte
zugleich… er spielte mit den Kräften und Erscheinungen, er
wußte, wo und wie er dies und jenes finden konnte.« Auch wider den Neptunismus erhob sich im »Plutonismus«, den James
Hutton begründete, eine gegensätzliche Theorie, die sich ebenfalls erst viel später durchsetzte: sie erblickte die Hauptursache
der geologischen Veränderungen im Feuer, nämlich in den vulkanischen Reaktionen des glutflüssigen Erdinnern gegen die
bereits erstarrte Kruste. In einer prachtvoll gegliederten Sprache voll Glanz und Energie brachte Buffon die bisherigen Ergebnisse zumal der beschreibenden Naturwissenschaften zur
Darstellung; er hat besonders als Schriftsteller auf seine Zeitgenossen die größte Wirkung geübt.

Neue Die entscheidendsten Veränderungen aber vollzogen sich in
Chemie der Chemie und in der Elektrizitätskunde. Bisher hatte auf beiden Gebieten die Lehre von den Imponderabilien als unum-
stößliches Dogma gegolten. Man hielt, wie wir uns erinnern,
sowohl das Licht wie die Wärme für einen Stoff, und eine ganz
analoge Anschauung hatte man auch von der Elektrizität und

dem Magnetismus. Daß bei allen diesen Vorgängen keine Gewichtszunahme stattfindet, erklärte man mit der »Unwägbarkeit« dieser Materien. Nun machte Lavoisier fast gleichzeitig mit dem Engländer Priestley und dem Schweden Scheele die Entdeckung, daß die Luft aus zwei Gasen zusammengesetzt sei, von denen das eine die Ursache der Verbrennung bildet: diesem gab er, weil es außerdem säurebildend wirkt, den Namen Sauerstoff. Im weiteren Verlauf seiner Untersuchungen gelang es ihm, auch die Atmung und die Gärung auf ähnliche Weise zu erklären. Ferner gelangte er gleichzeitig mit Cavendish, dem Entdecker des Wasserstoffs, zur Erkenntnis der Zusammensetzung des Wassers: die ungeheure Rolle, die der Sauerstoff im irdischen Haushalt spielt, war damit in ihren Hauptzügen enthüllt. Die Krönung seiner Forschungen bildete der Kardinalsatz, daß bei allen chemischen Prozessen die Summe der Stoffe eine unveränderliche Größe darstellt. Aber obgleich er den Begriff des Elements theoretisch sehr klar formuliert und durch exakte Messungen auch in der Praxis einwandfrei festgestellt hatte, hielt er trotzdem an der Annahme »unwägbarer Elemente« weiterhin fest und führte in seiner Tabelle der chemischen Elemente den Wärmestoff und den Lichtstoff. Hierin zeigt sich, wie auch die Macht des stärksten Geists der noch stärkeren Macht des Zeitgeists unterworfen ist. Im Begriff des Imponderablen steckt der Rest von Supranaturalismus, der noch in der Naturanschauung des ganzen achtzehnten Jahrhunderts lebendig war. Der letzte Schritt zum völlig konsequenten Naturalismus, der in den Beobachtungswissenschaften nichts anerkennt, was nicht von den Sinnen konstatiert und kontrolliert werden kann, wurde auch auf der äußersten Linken nur von einigen wirkungslosen Outsidern getan. Nur jene dilettantische Vermengung von philosophischer Spekulation und exakter Forschung hat es ermöglicht, daß der Materialismus in so vielen und selbst in einigen sehr erleuchteten

Köpfen des Zeitalters die herrschende Weltanschauung werden konnte. Die Auflösung des Dilemmas brachte erst Kant, indem er nachwies, daß es sich hier um zwei gänzlich verschiedene Wirkungssphären der menschlichen Vernunft handelt, die beide nur dann im richtigen Geiste erfaßt werden können, wenn sie gänzlich getrennt behandelt werden. Wer freilich nach Kant noch immer versucht, diese von ihm so klar gezogenen Grenzen zu verwischen oder zu verrücken, und als Naturforscher Metaphysiker, als Metaphysiker Naturforscher sein will, ist nicht mehr ein zeitgebundener Geist wie jene materialistischen Denker der französischen Aufklärung, sondern nur noch ein vorsündflutlicher Schwachkopf.

Eine wichtige Erweiterung erfuhr die Elementenlehre Lavoisiers durch Daltons Gesetz der multiplen Proportionen, das dieser ebenfalls der Beobachtung des Sauerstoffs verdankte. Dieses Element besitzt nämlich die Eigenschaft, daß es sich mit fast allen übrigen zu vereinigen vermag, und zwar mit einigen auch in mehreren Atomverhältnissen. Das Gesetz besagt nun, daß in diesen Fällen die verschieden großen Mengen des Elements, die mit demselben Quantum Sauerstoff zusammentreten können, untereinander in einfachen rationalen Zahlenverhältnissen stehen, wie 1:2, 2:3, 1:4. Ähnliche Verbindungseigenschaften wie der Sauerstoff besitzen noch einige andere Elemente, zum Beispiel der Kohlenstoff und der Wasserstoff. Es war die natürliche Folge dieser Entdeckungen, daß Dalton einer der konsequentesten Vertreter der atomistischen Hypothese wurde, die er auf eine exakte Basis stellte. Sämtliche chemischen Vorgänge sind für ihn nichts als Scheidung und Vereinigung von Atomen. »Wir könnten«, sagt er, »ebensogut versuchen, dem Sonnensystem einen neuen Planeten einzuverleiben oder einen vorhandenen zu entziehen, als ein Atom Wasserstoff zu erschaffen oder zu vernichten. Alle Veränderungen, die wir hervorbringen können, bestehen in der Trennung von Atomen, die vorher verbunden waren, und in der Verbindung von Atomen, die bisher getrennt waren.« Alle diese Prozesse beruhen auf dem geheimnisvollen Problem der Wahlverwandtschaft, das von Berthollet zum Gegenstand aufschlußreicher Untersuchungen gemacht wurde und Goethe zu seinem berühmten Roman inspirierte: »In diesem Fahrenlassen und Ergreifen«, heißt es dort, »in diesem Fliehen und Suchen glaubt man wirklich eine höhere Bestimmung zu sehen; man traut solchen Wesen eine Art Wollen und Wählen zu und hält das Kunstwort Wahlverwandtschaften für vollkommen gerechtfertigt... Man muß diese tot scheinenden und doch zur Tätigkeit innerlich immer bereiten Wesen wirkend vor seinen Augen sehen, mit Teilnahme schauen, wie sie einander suchen, sich anziehen, ergreifen, zerstören, verschlingen, aufzehren und sodann aus der innigsten Verbindung wieder in erneuter, neuer, unerwarteter Gestalt hervortreten: dann traut man ihnen erst ein ewiges Leben, ja wohl Sinn und Verstand zu.«

Was die Elektrizität anlangt, so war sie geradezu die Modewissenschaft des Zeitalters. Man betrachtete die neuen elektrischen Apparate als ein originelles und amüsantes Spielzeug, alle Welt machte mit ihnen Experimente, sie fanden sich sogar zwischen den Schminkdosen und Perückenständern der Damenboudoirs. Das bedeutsamste Ereignis auf diesem Gebiet war die Entdeckung der galvanischen oder Berührungselektrizität. Im Jahre 1780 bemerkte Galvani, daß ein frisch präparierter Froschschenkel, den er an seinem Balkon aufgehängt hatte, in Zuckungen geriet, wenn man in seiner Umgebung dem Konduktor Funken entlockte; dasselbe geschah, wenn in der Nähe ein Blitz niederging. Das große Aufsehen, das diese Beobachtung erregte, wurde in erster Linie durch die mysteriöse Erscheinung des zuckenden toten Tierkörpers hervorgerufen, in der die »Animisten« die Äußerung einer geheimen über den Tod hinauswährenden Lebenskraft erblickten; denn die Sehnsucht nach Wundern war, wie wir später hören werden, in die-

Galvanische Elektrizität

sem rationalistischen Zeitalter durchaus nicht ausgestorben. Schon Galvani aber gelangte im weiteren Verlauf seiner Untersuchungen zu der Feststellung, daß der Froschschenkel nur dann zuckte, wenn der kupferne Haken, der ihn trug, mit dem eisernen Balkongitter in Kontakt trat: dies war anfangs zufällig durch den Wind geschehen und wurde in den späteren Experimenten absichtlich bewirkt. Er schloß daraus auf das Vorhandensein einer »tierischen Elektrizität«. Die richtige Deutung des Vorgangs fand aber erst Volta im Jahre 1794, indem er zeigte, daß dem Froschmuskel nur die Rolle eines Leiters zukomme und der eigentliche elektrische Vorgang zwischen den beiden Metallen stattfinde. Er wies ferner nach, daß hierzu zwei beliebige Metallstücke geeignet seien, aber nur zwei verschiedene, daß diese und der Froschschenkel einen geschlossenen Kreis bilden müssen und daß der Froschschenkel, da das für den Vorgang Wesentliche sein Feuchtigkeitsgehalt sei, durch jede andere Flüssigkeit ersetzt werden könne. Auf Grund dieser Entdeckungen konstruierte er die Voltasche Säule, die aus der Aneinanderreihung zahlreicher solcher Metallpaare gebildet ist, zum Beispiel aus Kupfer und Zinn oder Silber und Zink: verbindet man die Enden oder »Pole« der Säule durch einen Schließungsdraht, so entsteht ein dauernder elektrischer Strom. »Daß das elektrische Fluidum ununterbrochen kreist«, sagt er in seiner Beschreibung der Säule, die er ein »künstliches elektrisches Organ« nannte, »mag paradox und unerklärlich erscheinen. Nichtsdestoweniger verhält es sich tatsächlich so; es läßt sich sozusagen mit Händen greifen.«

Astronomie und Mathematik Auf dem Gebiet der Astronomie war das Größte bereits geleistet, und es konnte sich nur noch darum handeln, dem Bild von der Zusammensetzung und Einrichtung des Weltalls einige bedeutsame Einzelzüge hinzuzufügen. 1781 entdeckte Herschel mit seinem Riesenteleskop den Planeten Uranus. Außerdem eruierte er, daß die sogenannten Doppelsterne nicht zufällig benachbart sind, sondern ein »binäres System« bilden, dessen Bewegungen den Gravitationsgesetzen unterliegen, und daß nicht nur die Milchstraße aus zahllosen Sonnen zusammengesetzt ist, sondern auch die »Nebelflecke« nichts anderes sind als ungeheure Sternhaufen, manche von ihnen aber nur aus leuchtenden Gasmassen bestehen und werdende Welten darstellen: eine Bestätigung der kantischen Weltentstehungshypothese. Diese wurde von Laplace weiter ausgebaut, der auch eine Theorie der »Störungen« gab, das heißt: der Abweichungen von der reinen elliptischen Bewegung, die die Himmelskörper durch ihre gegenseitige Anziehung erleiden. 1794 bewies Chladni den kosmischen Ursprung der Meteoriten.

Der bedeutendste Mathematiker des Zeitalters ist Leonhard Euler, der, am Hofe Friedrichs des Großen und Katharinas lebhaft gefördert, die Algebra zu einer internationalen mathematischen Zeichensprache erhob, die Variationsrechnung schuf und, allerdings zunächst erfolglos, für die Wellentheorie eintrat: in seinen *Lettres à une princesse d'Allemagne sur quelques sujets de physique et de philosophie* bekämpfte er die Newtonsche Emanationstheorie, indem er darauf hinwies, daß man im Laufe der Jahrhunderte eine Abnahme des Sonnenkörpers bemerken müßte, wenn die Ansicht richtig wäre, daß das Licht ein feiner Stoff sei, der von der Sonne und den übrigen leuchtenden Körpern ausfließe; vielmehr komme das Licht auf analoge Weise zustande wie der Schall: wie dieser durch die Schwingungen der Luft entsteht, die wir, wenn sie in gleichen Intervallen aufeinanderfolgen, Musik nennen, bei unregelmäßiger Anordnung als bloßes Geräusch empfinden, so beruht auch das Licht auf Erzitterungen des Äthers, einer flüssigen, der Luft ziemlich ähnlichen Substanz, die nur unvergleichlich feiner und elastischer ist als diese. »In Wirklichkeit kommt also von der Sonne ebensowenig etwas zu uns wie von einer Glocke, deren Geläut unser Ohr trifft.« Der Nachfolger Eulers war

Lagrange, epochemachend durch seine *Mécanique analytique* und seine klassischen Arbeiten über das Dreikörperproblem und den Differentialkalkül.

Blumenbefruchtung und Pockenschutzimpfung

Schließlich wollen wir noch drei wissenschaftliche Ereignisse nicht unerwähnt lassen, die zu ihrer Zeit nicht genügend gewürdigt wurden, weil sie ihr vorauseilten. 1787 bestieg Saussure zu geognostischen Zwecken zum erstenmal den Montblanc. 1793 ließ Christian Konrad Sprengel sein Buch über »das entdeckte Geheimnis der Natur im Bau und in der Befruchtung der Blumen« erscheinen. Diese geschieht, wie die Abhandlung ausführlich darlegt, dadurch, »daß die Insekten, indem sie dem Saft der Blumen nachgehen und deswegen sich entweder auf den Blumen aufhalten oder in sie hineinkriechen, notwendig mit ihrem meist haarigen Körper den Staub der Staubbeutel abstreifen und ihn auf die Narbe bringen. Letztere ist zu diesem Zweck entweder mit feinen Haaren oder mit einer klebrigen Feuchtigkeit überzogen.« Ferner hat die Natur, »welche nichts halb tut«, dafür gesorgt, »daß die Insekten die Blumen schon von weitem gewahr werden, entweder durch das Gesicht oder durch den Geruch oder durch beide Sinne zugleich. Alle Saftblumen sind deswegen mit einer Krone verziert, und sehr viele verbreiten einen Geruch, welcher den Menschen meist angenehm, oft unangenehm, zuweilen unausstehlich, den Insekten aber, für die ihr Saft bestimmt ist, jederzeit angenehm ist… Wenn nun ein Insekt, durch die Schönheit der Krone oder durch den angenehmen Geruch einer Blume gelockt, sich auf dieselbe begeben hat, so wird es entweder den Saft sogleich gewahr oder nicht, weil dieser sich an einem verborgenen Orte befindet. In letzterem Falle kommt ihm die Natur durch das Saftmal zu Hilfe. Dieses besteht aus einem oder mehreren Flecken, Linien, Tüpfeln oder Figuren von einer anderen Farbe als die Krone; das Saftmal sticht folglich gegen letztere mehr oder weniger ab. Es befindet sich jederzeit da, wo die Insekten hineinkriechen müssen, wenn sie zum Saft gelangen wollen … Alle Blumen, die keine eigentliche Krone haben noch an ihrer Stelle einen ansehnlichen und gefärbten Kelch haben, noch riechen, sind saftleer und werden nicht von den Insekten, sondern auf eine mechanische Art, nämlich durch den Wind befruchtet. Dieser weht den Staub von den Beuteln an die Narben.« Das Werk fand aber nur wenig Beachtung und noch weniger Beifall, und nicht viel besser erging es anfangs dem Engländer Edward Jenner und seiner Pockenschutzimpfung, in der selbst Kant nur »Einimpfung der Bestialität« zu erblicken vermochte. Die Pocken waren damals eine der verbreitetsten Krankheiten; sie entstellten den größten Teil der Menschheit durch Pockennarben und bewirkten in manchen Ländern ein Zehntel der Todesfälle. Im Grunde verdankte Jenner seine Therapie derselben Methode, die Sprengel empfohlen hatte, als er lehrte, man müsse die Natur auf der Tat zu ertappen suchen. Jenner hatte beobachtet, daß Kuhmägde fast niemals von den Pocken befallen wurden, weil sie sich vorher mit den Blattern vom Euter der Tiere infiziert hatten. Was hier ein Zufall war, machte er zum System, indem er seine Patienten mit Kuhlymphe impfte und dadurch gegen Menschenblattern immunisierte. Die erste öffentliche Impfanstalt wurde 1799 in London errichtet; auf dem Kontinent hatte die neue Behandlungsweise noch länger gegen allerlei Vorurteile zu kämpfen.

Die Urpflanze

Zu den verkannten großen Naturforschern des achtzehnten Jahrhunderts muß auch Goethe gerechnet werden; denn das Publikum ist nun einmal so beschaffen, daß es sich weigert, seinen Führern die Herrschaft über mehrere Geistesgebiete zuzugestehen, indem es von seiner eigenen Beschränktheit und Einseitigkeit auf das Genie schließt, dessen Wesen doch gerade darin besteht, daß es auf jedem Felde, das es ergreift, schöpferisch und umbildend zu wirken vermag. Seinen Übergang zur Naturwissenschaft hat Goethe selber in einer unvollendeten

Abhandlung über den Granit, an der er im Jahre 1784 arbeitete, mit den unvergleichlich schönen Worten geschildert: »Ich fürchte den Vorwurf nicht, daß es ein Geist des Widerspruchs sein müsse, der mich von der Betrachtung und Schilderung des menschlichen Herzens, des innigsten, mannigfachsten, beweglichsten, veränderlichsten, erschütterlichsten Teils der Schöpfung zu der Beobachtung des ältesten, festesten, tiefsten, unerschütterlichsten Sohnes der Natur geführt hat. Denn man wird mir gern zugeben, daß alle natürlichen Dinge in einem genauen Zusammenhang stehen, daß der forschende Geist sich nicht gern von etwas Erreichbarem ausschließen läßt. Ja man gönne mir, der ich durch die Abwechslungen der menschlichen Gesinnungen, durch die schnellen Bewegungen derselben in mir selbst und in anderen manches gelitten habe und leide, die erhabene Ruhe, die jene einsame, stumme Nähe der großen leisesprechenden Natur gewährt; und wer davon eine Ahnung hat, folge mir.« 1790 erschien seine *Metamorphose der Pflanzen*, deren Grundgedanke darin besteht, daß sämtliche Pflanzenbestandteile als umgewandelte Blätter anzusehen seien; und zwar vollziehe sich die Entwicklung unter abwechselnder »Ausdehnung« und »Zusammenziehung« in sechs Stufen von fortschreitender Vervollkommnung: erstens Samenlappen oder Kotyledonen, meist unter der Erde, weißlich, dicklich, ungeteilt; zweitens Laubblätter, länger und breiter, gekerbt, grün; drittens Kelchblätter, zusammengedrängt, wenig mannigfaltig; viertens Krone, wieder umfangreicher, zart, farbenprangend; fünftens Staubgefäße, fast fadenförmig, einen »höchst feinen Saft« enthaltend; sechstens Fruchtblätter, wieder erweitert, die Samen umhüllend. Diese Abstraktion, die in der Wirklichkeit nie erscheint, sondern bloß allen ihren Bildungen als Bauplan, Schema oder Idee zugrunde liegt (was aber Goethe anfangs nicht zugeben wollte, sondern erst später, unter dem Einfluß Schillers einsehen lernte), ist die goethische »Urpflanze«. Einen ganz ähnlichen Gesichtspunkt vertrat die Abhandlung über den Zwischenkiefer vom Jahre 1784, in der Goethe die verschiedenen Ausbildungen dieses von ihm entdeckten Knochens durch die ganze Reihe der Wirbeltiere verfolgte. In den darauffolgenden Jahren gelangte er durch sorgfältige osteologische Beobachtungen zu der Anschauung, daß der menschliche Schädel aus metamorphosierten Wirbeln bestehe: der Wirbel spielt also in seinen anatomischen Untersuchungen fast dieselbe Rolle wie das Blatt in seinen botanischen, und auch für das Säugetierskelett schwebt ihm als Pendant zur Urpflanze eine Art ideales Modell vor, das er den »Typus« nennt. Und bei seinen physikalischen Studien ging er ebenfalls von der Überzeugung aus, daß man überall nach dem »Urphänomen« zu suchen habe, auf das die gesamte Mannigfaltigkeit der Erscheinungen sich zurückführen lassen müsse.

Wie man sieht, befinden wir uns im *»siècle philosophique«*. Man suchte allenthalben nach der Idee der Dinge, aber nach der Idee, die *erscheint*. Es besteht eine sehr bedeutsame Verwandtschaft und Differenz zwischen Goethes Urpflanze und dem Urmenschen, den die Französische Revolution für ihre staatlichen und gesellschaftlichen Umbildungen als Paradigma aufstellte. Beide sind Abstraktionen, aber nicht Abstraktionen, die der Wirklichkeit entgegengesetzt werden, entweder als zielweisende, aber unerreichbare Ideale oder als wegbahnende, aber bloß fingierte Hilfskonstruktionen, sondern Abstraktionen, die aus der Wirklichkeit als deren eigentlicher Lebenskern herausgeschält werden wollen und daher als sinnlich existent angesehen werden. Gleichwohl besteht ein tiefgreifender Unterschied. Goethe konzipiert die Idee der Urpflanze, um die ihm wohlvertraute Realität, die er geduldig immer aufs neue beobachtet, übersichtlicher, klarer, einheitlicher, anschaulicher und damit gewissermaßen noch realer zu machen; die Revolution konstruiert blind, gewalttätig und wirklichkeitsfremd das Phantom des Urmenschen, um die Realität zu verbiegen, zu verzerren, zu verkrüppeln und damit noch unhandlicher, unfaßbarer, chaotischer und irrealer zu machen. Die Urpflanze ist dem Leben abgelauscht, der Urmensch ist dem Leben aufgedrungen; die goethische Theorie ist vereinfachte Natur, die revolutionäre ist widernatürliche Einfachheit.

Nicolai Die Aufklärung, aus der später die revolutionäre Dogmatik hervorging, ist eine englische Erfindung: sie geht auf Locke, ja genaugenommen bis auf Bacon zurück, hat bereits in der ersten Hälfte des Jahrhunderts in England eine Reihe markanter Vertreter und erreichten ihre Spitze in der sogenannten schottischen Schule, deren Führer Thomas Reid in seinem 1764 erschienenen Werk *Inquiry into the human mind on the principles of common sense* die Philosophie des »gesunden Menschenverstandes« begründete; sie lehrt, daß es in der Seele gewisse ursprüngliche Urteile, natürliche Denkinstinkte, *»self-evident truths«* gibt: diese bilden die Grundtatsachen unseres Bewußtseins, den legitimen Inhalt unserer Erkenntnis; was an den bisherigen Systemen dem gemeinen Verstand ohne weiters einleuchtet und konform erscheint, ist richtig, was ihm widerspricht oder dunkel vorkommt, ist falsch. An diese Richtung schloß sich die deutsche sogenannte »Popularphilosophie«: ihr Ideal war der »Philosoph für die Welt«, wie einer ihrer namhaftesten Repräsentanten, Johann Jakob Engel, seine Aufsatzsammlungen zu betiteln pflegte. Neben ihm wirkte eine ganze buchmachende Zunft solcher erbaulicher, belehrender, verständiger und verständlicher Volksschriftsteller; ihr Zentrum aber hatte die deutsche Aufklärung in einer Anzahl einflußreicher Berliner Zeitschriften. Die erste von ihnen war die 1757 begründete *Bibliothek der schönen Wissenschaften und der freien Künste*, die fast ganz von Nicolai und Mendelssohn geschrieben war und hauptsächlich allerlei steifleinene Kunstkritik enthielt. 1759 erschienen die *Briefe, die neueste Literatur betreffend*, die auf

einem viel höheren Niveau standen, denn ihr Verfasser war anfangs der junge Lessing, der hier in seiner scharfen Polemik gegen Wieland, Gottsched und die Franzosen und seiner warmen
Parteinahme für Shakespeare die Grundlinien seiner ästhetischen Weltanschauung bereits ziemlich deutlich enthüllte. Das
Jahr 1765 ist das Geburtsjahr der *Allgemeinen deutschen Bibliothek*, die volle vierzig Jahre bestand und während dieses Zeitraums das literarische Urteil des gebildeten deutschen Mittelstands in sehr nachhaltiger und vorwiegend nachteiliger Weise
bestimmt hat. Ihr Herausgeber war wiederum Nicolai, ein braver und kenntnisreicher, kluger und schreibgewandter Mann,
der, als Abkömmling einer angesehenen Buchhändlersfamilie
eine Art Mischung aus Kaufmann und Literat, eine bemerkenswerte Begabung im Exponieren und Exploitieren geistiger Strömungen zu entwickeln wußte, aber andrerseits durch seine
Plattheit und Rechthaberei, die sich auch in der eigenmächtigen
Redaktion der eingesandten Beiträge sehr widrig bemerkbar
machte, und durch den engstirnigen Rationalismus, mit dem er
alles verfolgte und verhöhnte, was er nicht kapierte (und das war
ziemlich viel), zu einem weltberühmten Schulbeispiel der hochmütigen und geistfremden Beckmesserei geworden ist: Schon
zu seinen Lebzeiten war »Nicolai« ein empfindliches Schimpfwort. Gleichwohl möchten wir, bei der anhaltenden großen
Nachfrage nach Themen für literarhistorische Doktorarbeiten
und dem relativ geringen Angebot an noch nicht völlig ausge-
weideten toten Skribenten, der Aufmerksamkeit ehrgeiziger
junger Seminaristen eine Ehrenrettung Nicolais anempfehlen.
Nicolai ist der echte Berliner, logisch, sachlich, zumindest stets
voll gutem Willen zur Sachlichkeit, sehr mißtrauisch gegen alle
Phrase, Phantastik und Charlatanerie, sehr solid, sehr fleißig,
für alles interessiert und von stets wacher Spottlust, die aber von
der berlinischen Art ist und daher fast immer einen vernünftigen Kern hat. Freilich vereinigte er mit diesen löblichen

Eigenschaften seiner Landsleute auch in hohem Grade deren Schattenseiten; aber diese sind so oft und eingehend zum Gegenstand schärfster Kritik gemacht worden, daß sie selbst für eine Promotionsschrift kein genügend originelles Thema mehr abgeben dürften.

Mendels- Was Moses Mendelssohn anlangt, so würde man sich irren,
sohn wenn man glauben wollte, daß sein Judentum für ihn eine wesentliche Hemmung bedeutet habe. Es gehörte damals in der gebildeten Gesellschaft zum guten Ton, fremde Völker und Glaubensbekenntnisse als ebenbürtig anzusehen; zudem empfand man es als willkommene Bestätigung der Aufklärungsideen, daß sich zu ihnen der Angehörige einer Rasse bekannte, die zu jener Zeit in viel höherem Maße als heute eine von der übrigen Kultur abgeschlossene Welt repräsentierte, und war überhaupt geneigt, die Tatsache, daß ein Jude zu den deutschen Schriftstellern zählte, zu überschätzen, indem man den Seltenheitswert mit dem Realwert verwechselte. Im übrigen aber muß bemerkt werden, daß Mendelssohn, als Charakter eine durchaus honorige und fast rührende Erscheinung, in seinen Schriften nicht nur die seichteste Aufklärungsphilosophie betrieben hat, sondern auch das Judentum niemals abgestreift hat. »Die Religion meiner Väter«, sagt er, »weiß, was die Hauptgrundsätze betrifft, nichts von Geheimnissen, die wir glauben und nicht begreifen müßten. Unsere Vernunft kann ganz gemächlich von den ersten sicheren Grundbegriffen der menschlichen Erkenntnis ausgehen und versichert sein, am Ende die Religion auf ebendem Wege anzutreffen. Hier ist kein Kampf zwischen Religion und Vernunft, kein Aufruhr unserer natürlichen Erkenntnis wider die unterdrückende Gewalt des Glaubens.« Er läßt an dieser und zahlreichen ähnlichen Stellen keinen Zweifel darüber, daß er das Judentum für die wahre Vernunftreligion hält, die er versteckt gegen das Christentum ausspielt; und während er auf die christlichen Zeremonien mit lächelnder

Überlegenheit herabblickte, hielt er die absurdesten rituellen Vorschriften seiner eigenen Konfession mit peinlichster Genauigkeit ein. In ihm erscheint in einer letzten modernsten Maskierung das Ressentiment des Juden gegen den Heiland, verbunden mit der fanatischen Anbetung des $2 \times 2 = 4$ und der Rentenrechnung, der jüdische Haß gegen die Idealität, gegen das Geheimnis, gegen Gott. Denn der autochthone Geist des Judentums behält selbst dort, wo er sich in die allerspiritualistischsten Höhen verliert (und Mendelssohn gehörte wahrhaftig nicht zu jenen Höhenwanderern), noch immer den Charakter des Materialismus, der sich *verstiegen* hat; und immer bleibt er rationalistisch. Die Annahme, daß die Wirklichkeit aus jenen Dingen bestehe, die man beweisen, womöglich abtasten kann: dieser himmelschreiende Nonsens ist eine jüdische Erfindung. Das jüdische Volk hat in zahllosen Kriegen den äußersten Heroismus und die blindeste Todesverachtung bewiesen, aber immer aus sehr realistischen Gründen. Alle großen jüdischen Reformatoren waren Realpolitiker, das jüdische Ritual besteht im wesentlichen aus sanitätspolizeilichen Vorschriften, und die höchste Idee des Judentums, der Messiasgedanke, ist verstiegen, aber keineswegs weltfremd, sie ist ein konkretes Hirngespinst. *Daher* kam es, daß Jesus vom gesamten zeitgenössischen Judentum mit einer so ungeheuren Erbitterung aufgenommen wurde, die sich *nicht* gegen den Neuerer richtete (denn solche waren dem beweglichen Volksgeist durchaus gemäß), *nicht* gegen den Bekämpfer der Hierarchie (denn diese wurde von einem großen Teil der Nation mißbilligt), *nicht* gegen den Anwalt der unteren Schichten (denn auch hierfür war die Stimmung überaus günstig), sondern gegen den gefährlichen Frondeur, der zu verkünden wagte: »Mein Reich ist nicht von dieser Welt.« Dies mußte das Grundpathos, den tiefsten Lebensinstinkt, den innersten Wesenskern des Judentums tödlich verletzen, denn es war in Wahrheit die vollständige Aufhebung und Umkehrung des spezifisch jüdischen Weltgefühls. Daß Jesus das *Transzendente* in die Religion und Ethik einführte, daß er der Menschheit zum Bewußtsein brachte, dieses sei das allein Wirkliche: *darin* bestand die ungeheure Revolution, die vom Judentum auch sogleich richtig gewertet wurde.

Unter diesem Gesichtspunkt wird es vollkommen begreiflich, daß der Jude Mendelssohn einer der Hauptwortführer der durch Aufklärung gereinigten Religion werden konnte, denn wenn man vom christlichen Credo das Absurdum abzieht, wie es der damalige »vernünftige« Glaube tat, so bleibt in der Tat nichts als ein Mosaismus, der um einen Propheten mehr hat als das Alte Testament. Auch die Philosophie hat für Mendelssohn nur die Aufgabe, »das, was der gewöhnliche Menschenverstand als richtig erkannt hat, durch die Vernunft klar und sicher zu machen«. Mit diesen primitiven Mitteln suchte er in seinem *Phädon* die Unsterblichkeit der Seele, in seinen »Morgenstunden« das Dasein Gottes zu beweisen. Was er mit der ersteren Schrift bezweckte, sagt er deutlich in der Vorrede: »Es galt nicht, die Gründe anzuzeigen, die der griechische Weltweise zu seiner Zeit gehabt, die Unsterblichkeit der Seele zu glauben, sondern was ein Mann wie Sokrates, der seinen Glauben gern auf Vernunft gründet, in unseren Tagen nach den Bemühungen so vieler großer Köpfe für Gründe finden würde, seine Seele für unsterblich zu halten.« Also: Plato, revidiert an Mendelssohn und addiert mit »großen Köpfen« wie Garve, Engel und Nicolai. Aber wenn man das Vorhaben billigt, so muß man zugeben, daß es gelungen ist: Sokrates redet über die letzten Dinge wirklich genau wie der honette Handelsprokurist und beliebte Popularschriftsteller Mendelssohn, der in ihm nichts erblickt als den »Begründer einer volkstümlichen Sittenlehre« und an ihm nichts versteht als die rationalistische Gleichung Vernunft = Tugend, hingegen von seiner großartigen

Ironie, die in einem freiwilligen Tod gipfelt, nicht das geringste bemerkt.

In den *Morgenstunden* lehrte er den landläufigen Deismus, der damals die laut oder stillschweigend bekannte Religion der Gebildeten war und vom Gottesbegriff nicht viel mehr übrig-ließ als die Vorstellung eines weisen Wesens, das die von den Philosophen dekretierten Naturgesetze zur Ausführung bringt. Im Hinblick auf die Offenbarung behalfen sich die Deisten vorläufig mit allerlei Kompromissen, die teils einer Inkonse-quenz, häufiger einer gewissen Unehrlichkeit ihres Denkens entsprangen. So brachte zum Beispiel der hervorragende Theo-loge Johann Salomo Semler, der an die Heilige Schrift bereits mit einem sehr leistungsfähigen textkritischen Apparat heran-ging, die Lehre von der Akkomodation vor, wonach der Got-tessohn, die Apostel und die Heiligen sich in ihren Worten dem jeweiligen menschlichen Bedürfnis angepaßt hätten und heute, wo unsere Bedürfnisse sich geändert haben, anders verstanden werden dürften. Auf der anderen Seite führte der Rationalis-mus, indem er nach wolffischem Rezept überall der Weisheit in der Naturordnung nachspürte, zu einer grotesken Banalisie-rung der Theologie. Man begnügte sich nicht mehr mit der »Physikotheologie«, die aus der allgemeinen Gesetzmäßigkeit und Zweckmäßigkeit des Weltgeschehens auf einen weisen Schöpfer schloß, sondern erging sich in einer Litho-, Phytho-, Melitto-, Akrido-, Ichthyo-, Testaceo-, Insektotheologie, die an allen Spezialerscheinungen des Daseins: den Steinen, Pflan-zen, Bienen, Heuschrecken, Fischen, Schnecken, Insekten den Gottesbeweis zu führen suchte; es gab sogar eine Bronto- und Seismotheologie: »Erkenntnis Gottes aus der vernünftigen Be-trachtung der Gewitter und Erdbeben.« Besonders im evange-lischen Gottesdienst war die »nützliche Auslegung« der Heili-gen Schrift sehr beliebt: man predigte anläßlich der Krippe über den Nutzen der Stallfütterung, beim Ostergang der Frauen

Nützliche Auslegung der Bibel

zum Grabe über die Vorteile des Frühaufstehens, beim Einzug Jesu in Jerusalem über die Bedenklichkeit der Holzvergeudung durch Abschneiden frischer Zweige.

Der Auf-erstehungs-betrug Repräsentativ für die gesamte damalige Auffassung der Religionsgeschichte ist das vielumstrittene Werk von Hermann Samuel Reimarus, das zu dessen Lebzeiten nur als anonymes Manuskript kursierte und später von Lessing, der sich den Anschein gab, als hätte er es in der Wolfenbüttler Bibliothek gefunden, in Bruchstücken herausgegeben wurde. Der Name des Autors wurde erst 1814 bekannt. Von der These ausgehend, daß »eine einzige Unwahrheit, die wider die klare Erfahrung, wider die Geschichte, wider die gesunde Vernunft, wider die unleugbaren Grundsätze, wider die Regeln guter Sitten verstößt, genug ist, um ein Buch als eine göttliche Offenbarung zu verwerfen«, gelangt Reimarus mit einem Gedankensprung, dessen Kühnheit an Schwachsinn grenzt, zu der Behauptung, daß die Apostel die Auferstehungsgeschichte zu ihrem Vorteil erlogen hätten: sie hatten durch das ewige Umherziehen mit dem Messias das Arbeiten verlernt und zugleich gesehen, daß das Predigen des Gottesreiches seinen Mann wohl nähre, denn die Weiber hatten es sich angelegen sein lassen, »den Messias und seine zukünftigen Minister« gut zu beköstigen. Infolgedessen stahlen sie den Leichnam Jesu, verbargen ihn und verkündigten aller Welt, der Heiland sei auferstanden und werde demnächst wiederkommen. Jesus hatte in Übereinstimmung mit den jüdischen Volksvorstellungen das Gottesreich als ein irdisches mächtiges Reich und sich als dessen zukünftigen König betrachtet; in dieser Hoffnung aber wurden er und seine Jünger schmählich getäuscht. Daher mußten diese ein neues »System« ersinnen, wonach Christus habe leiden und sterben *müssen* zur Erlösung der Menschheit, dann aber gen Himmel gefahren sei, um bald wieder das Reich aufzurichten.

Daß eine Hypothese, die aus den Aposteln eine gefräßige

Betrügerbande macht, damals solches Aufsehen erregte, hat seine Ursache in dem völligen Mangel an historischem und psychologischem Verständnis, der zu den markanten Eigentümlichkeiten des ganzen Aufklärungszeitalters gehörte. Fast noch mehr Unverstand äußert sich aber in der zweiten Annahme, Jesus habe ganz einfach das von den Juden erhoffte messianische Weltreich errichten wollen. Dieser Unsinn ist allerdings selten in so krasser Form vorgebracht worden wie von Reimarus; durch die Verkoppelung der Evangelien mit dem Alten Testament, auf deren Widersinnigkeit wir schon mehrfach hingewiesen haben, wurden und werden aber derlei Mißdeutungen immer wieder nahegelegt. Wer jedoch die Bibel vorurteilslos liest, muß zu dem klaren Resultat gelangen, daß Jesus nicht etwa die Idee der jüdischen Messianität bloß umgedacht hat, indem er sie erweiterte, vergeistigte, mit einem tieferen Gehalt erfüllte und auf eine höhere Stufe hob (wie auch heute noch viele Theologen und Laien annehmen), sondern daß er sie vollkommen widerlegt und aufgehoben hat, kurz: daß er *nicht* der Messias war. Und in der Tat hat er sich selber auch kein einziges Mal so bezeichnet: die wenigen Evangelienstellen, die hier herangezogen zu werden pflegen, sind höchst zweideutig und beweisen bestenfalls, daß er von anderen so genannt wurde. Wir können hier auf die Details nicht eingehen; Moriz de Jonge, ein wenig bekannter Gelehrter von höchst bizarren, bisweilen hart ans Pathologische grenzenden Anschauungen, aber außerordentlichen Kenntnissen, hat diese Seite der Frage einer genauen textkritischen Untersuchung unterzogen und ist zu sehr überraschenden Resultaten gelangt, und eine Autorität vom Range Wellhausens sagt: »Jesus trat nicht als Messias auf, als Erfüller der Weissagung... ist... nicht der Messias gewesen und hat es auch nicht sein wollen.« Für den Laien aber genügen zwei sehr einfache Erwägungen. Erstens: wenn Jesus der Messias war, warum hat er nichts von dem getan, was man vom

Messias erwartete? Und zweitens: wenn Jesus der Messias war, warum haben die Juden ihn nicht anerkannt, warum erkennen sie ihn bis zum heutigen Tage nicht an? Daß die Welt nicht mit dem Schwert erobert werden kann, erobert werden darf, sondern nur mit dem Geist, das war ein schlechthin neuer Gedanke, der vorher in keines Juden und in keines Heiden Kopf gekommen war. Kurz, wenn der Messias der *Christos* sein soll, der Gesalbte, der König (und dies ist zweifellos die korrekte jüdische Auffassung), dann war Jesus nicht mehr und nicht weniger als der leibhaftige *Antichrist.*

Lessing selbst teilte die Ansichten des »Wolfenbüttler Fragmentisten« nicht. Vielmehr hoffte er durch die Veröffentlichung der Darlegungen »dieses echten Bestreiters der Religion« einen echten Verteidiger zu erwecken. Aber dieser kam nicht: es gab damals nur noch kurzsichtige Buchstabenreligiosität und schwachsichtige Freireligiosität. Gegen diese hatte Lessing fast noch mehr Abscheu als gegen jene: »Mit der Orthodoxie«, sagte er 1774, »war man, Gott sei Dank, ziemlich zu Rande; man hatte zwischen ihr und der Philosophie eine Scheidewand gezogen, hinter welcher eine jede ihren Weg fortgehen konnte, ohne die andere zu hindern; aber was tut man nun? Man reißt die Scheidewand nieder und macht uns, unter dem Vorwande, uns zu vernünftigen Christen zu machen, zu höchst unvernünftigen Philosophen… Flickwerk von Stümpern und Halbphilosophen ist das Religionssystem, welches man jetzt an die Stelle des alten setzen will, und mit weit mehr Einfluß auf Vernunft und Philosophie, als sich das alte anmaßt.« Daß die Aufklärung nur sehr wenig aufgeklärt hatte, erkannte auch Hamann, der sie ein bloßes Nordlicht und kaltes, unfruchtbares Mondlicht nannte; und Schleiermacher faßte, auf sie zurückblickend, ihre ganze Position in die schneidenden Worte zusammen: »Die Philosophie besteht darin, daß es gar keine Philosophie geben soll, sondern nur eine Aufklärung.«

Lessing bedeutet ebensowohl die höchste Zusammenfas- *Lessing*
sung wie die siegreiche Auflösung der deutschen Aufklärungsideen. Die Blüte seiner Wirksamkeit umfaßte nur ein halbes
Menschenalter: 1766 erschien der *Laokoon*, 1767 *Minna von
Barnhelm* und die *Hamburgische Dramaturgie*, 1772 *Emilia
Galotti*, 1779 *Nathan der Weise*, 1780 die *Erziehung des Menschengeschlechts*. Als er starb, war eine Epoche zu Ende: in
seinem Todesjahr traten die *Räuber* und die *Kritik der reinen Vernunft* an die Öffentlichkeit. Er gehörte zu jenen in
Deutschland relativ seltenen Geistern, die, ohne schlechthin
Vollendetes zu schaffen und ohne jemals das Letzte zu sagen,
dennoch nach allen Windrichtungen fruchtbare Samen aus-
streuen und alles, was sie ergreifen, lebendig und dauernd aktuell zu gestalten wissen. Sein *Laokoon*, der die Grenzen zwischen Poesie und Malerei mit einer bis dahin ungeahnten
Schärfe und Klarheit fixierte, hat nicht bloß die Ästhetiker belehrt, was ein sehr untergeordneter Erfolg gewesen wäre, sondern den Künstlern die Augen geöffnet; und es ist an diesem
Werk besonders bemerkenswert, daß es zu einer Zeit, die bereits im Schatten Winckelmanns und des anbrechenden Klassizismus stand, nicht nur die Panoptikumauffassung vom griechischen Stoizismus verwarf, sondern auch die Nachahmung
der Griechen dahin definierte, wir sollten es ebenso machen
wie sie, indem wir darstellen, was wir sind und erleben. Dem
Hamburger Nationaltheater, jener mit großen Aspirationen
begonnenen »Entreprise«, die alsbald an dem stumpfen Konservativismus des Publikums, dem eitlen Koteriewesen der
Schauspieler und dem bevormundungssüchtigen Kleinmut der
»Mäzene« scheiterte, verdankt die deutsche Literatur die
Minna und die *Dramaturgie*. In seiner Bühnentechnik, die insbesondere in der *Emilia* eine kaum zu überbietende Höhe
erreicht, offenbart sich Lessing als Meister der verdeckten Exposition und aufs exakteste verzahnten Szenenführung, virtu-

oser Analytiker, sparsamer und ebendarum höchst wirksamer Vorbereiter und Verteiler der dramatischen Explosionen und durch all dies als eine Art Vorläufer Ibsens. Er gehört wie dieser zu den wenigen germanischen Dramatikern, die sich die souveräne Artistik der Franzosen vollkommen zu eigen zu machen wußten und sie zugleich auf eine höhere Stufe hoben, indem sie die Lebensfülle und individualisierende Menschengestaltung als Mitgift ihrer Rasse hinzubrachten; aber es fehlt ihm das Geheimnis, der Kulissenschauer, der Ibsens Seelenmalerei so suggestiv macht. Er ist überhaupt kein Maler, vielmehr haben seine Dichtungen mehr den Charakter feiner und überaus scharfer Stiche, er lenkt und gliedert immer ein wenig zu deutlich, und Schiller nannte ihn daher nicht mit Unrecht den »Aufseher seiner Helden«. Er selbst hat diesen Mangel mit der großartigen Klarheit, die sein ganzes Leben und Wirken durchwaltete, vollkommen durchschaut: »Ich bin«, sagt er in der *Dramaturgie*, »weder Schauspieler noch Dichter. Man erweiset mir zwar manchmal die Ehre, mich für den letzteren zu erkennen. Aber nur, weil man mich verkennt... Ich fühle die lebendige Quelle nicht in mir, die durch eigene Kraft sich emporarbeitet, durch eigene Kraft in so reichen, so frischen, so reinen Strahlen aufschießt: ich muß alles durch Druckwerk und Röhren aus mir herauspressen. Ich würde so arm, so kalt, so kurzsichtig sein, wenn ich nicht einigermaßen gelernt hätte, fremde Schätze bescheiden zu borgen, an fremdem Feuer mich zu wärmen und durch die Gläser der Kunst mein Auge zu stärken. Ich bin daher immer beschämt und verdrießlich geworden, wenn ich zum Nachteil der Kritik etwas las oder hörte. Sie soll das Genie ersticken: und ich schmeichelte mir, etwas von ihr zu erhalten, was dem Genie sehr nahe kömmt.« Die blutgefüllte Dialektik, galvanische Spannung und pointierte Tragik des Faustfragments zeigt seine dramatische Potenz in ihrer Kraft und Begrenzung vielleicht am deutlichsten. Der Plan war, daß

Faust seine Verführung im Traum erleben und dann geläutert und gerettet werden solle: diese prachtvolle Konzeption hat er leider nie ausgeführt. Sie war auch mit den rein rationalistischen Mitteln, die ihm zu Gebote standen, kaum zu lösen, denn dieser helle Verstandesmensch, der im höchsten Maße das besaß, was Nietzsche »intellektuelle Rechtschaffenheit« nennt, war sowohl zu bewußt wie zu ehrlich, um zu träumen. Dies ist ganz buchstäblich zu nehmen: »Er hat mich oft versichert«, schreibt Leisewitz an Lichtenberg, »daß er nie geträumt hätte.« Sein Leben vollzog sich stets nur auf der beleuchteten Hemisphäre unserer Seelenwelt.

Lessings letztes und reifstes Werk ist die *Erziehung des Menschengeschlechts*. Er betrachtet darin die Geschichte der Religion als fortschreitende göttliche Offenbarung: die erste Stufe repräsentiert das Judentum, das Kindheitsalter, in dem die Erziehung durch unmittelbare sinnliche Strafen und Belohnungen stattfindet; die zweite Stufe, das Knabenalter der Menschheit, bildet das Christentum, das »nicht mehr durch Hoffnung und Furcht zeitlicher Belohnung und Strafe, sondern durch edlere und würdigere Beweggründe« das »in der Ausübung der Vernunft weitergekommene Geschlecht« leitet. »Und so ward Christus der erste zuverlässige, praktische Lehrer der Unsterblichkeit.« Noch aber steht ein drittes Zeitalter bevor, »das Mannesalter der völligen Aufklärung und derjenigen Reinigkeit des Herzens, welche die Tugend um ihrer selbst willen liebt«. Die Bibel ist nicht die Grundlage der Religion, sondern die Religion die Grundlage der Bibel, und das Christentum ist älter als das Neue Testament. Indem Lessing in die Geschichtsbetrachtung den Begriff der Entwicklung einführt und jede der großen Religionen auf ihrer historischen Stufe als berechtigt anerkennt, indem er das platte »vernünftige Christentum« verwirft und von ihm aussagt, es sei nur schade, daß man so eigentlich nicht wisse, wo ihm die Vernunft noch wo ihm das Christentum

sitze, und indem er auch die eigene Gegenwart, die der selbstgefälligen Zeitphilosophie als Ziel und Gipfel des weltgeschichtlichen Geschehens erschien, nur als eine der vielen Stationen im göttlichen Erziehungsplane ansieht, überwindet er
die Aufklärung.

Lichten-
berg
Neben Lessing sollte man immer auch Lichtenberg nennen,
der einer der heimlichen Klassiker der deutschen Literatur gewesen ist und zum Austausch gegen Wieland zu empfehlen
wäre, der niemals etwas anderes war als ein geschickter Literat.
Von Kant hat Goethe gesagt, wenn er ihn lese, so sei ihm zumute, als träte er in ein helles Zimmer. Auf wenige deutsche
Schriftsteller könnte dieses Bild mit ebensolcher Berechtigung
angewendet werden wie auf Lichtenberg; nur besitzt dieses
Zimmer noch allerlei halbdunkle Winkel, Erker und Gänge,
die in die absonderlichsten Polterkammern führen.

Es ist von bedeutenden Köpfen immer von vornherein anzunehmen, daß sie eine Art Brennpunkt ihres Zeitalters bilden.
Und da alle Strahlen sich in ihnen sammeln, so liegt es nahe,
nun die einzelnen Lichtlinien vom Kreuzungspunkt wieder
zurückzuverfolgen und so die Zeit aus ihren Menschen und die
Menschen aus ihrer Zeit zu erklären. Dieser Versuch mißlingt
bei Lichtenberg. Seine Epoche war eine der reichsten und geistig aktivsten, die Deutschland jemals erlebt hat; dennoch war
er keineswegs ihr leuchtender Fokus. Welche Stellung hatte
aber nun dieser bewegliche, regsame, überall geschäftig anteil-
nehmende Geist in diesem atemlosen Treiben? Er war ganz
einfach das *ideale Publikum* dieser ganzen Bewegung. Er verhielt sich zu seiner Zeit nicht wie ein Brennglas, sondern bloß
wie ein Vergrößerungsspiegel, der ihre Züge mit größter Schärfe
und Unerbittlichkeit registrierte.

Fast nirgends finden wir seinen Namen von den Zeitgenossen mit jenem Nachdruck genannt, den er verdient hätte. Im Bewußtsein seiner Mitmenschen lebte er nicht als der, der er war.

Er war weder geneigt noch berufen, die Räder der Literaturgeschichte zu bewegen. Er mochte darin ähnlich denken wie der ältere Goethe, der auch lieber über Pflanzen, Steinen und alten Memoiren saß, als sich in die literarische Propaganda mischte, bis der temperamentvolle Realismus Schillers ihn wieder in die Aktualität hineinriß. Sein äußeres Leben verfloß zwischen physikalischen und belletristischen Gelegenheitsarbeiten, zwischen Wettermachen und Kalendermachen, ein paar kleinen Mädchen und ein paar guten Freunden. Zwischen diesen Alltagsdingen wuchs sein Lebenswerk. Aber er wußte es nicht.

Es sind seine Tagebücher. »Die Kaufleute«, sagt er, »haben ihr *Waste book* (Sudelbuch, glaube ich, im Deutschen); darin tragen sie von Tag zu Tag alles ein, was sie kaufen und verkaufen, alles untereinander, ohne Ordnung. […] Dies verdient nachgeahmt zu werden. Erst ein Buch, worin ich alles einschreibe, so wie ich es sehe oder wie es mir meine Gedanken eingeben.« Diese losen Aufzeichnungen, denen er selbst also nur die Bedeutung einer »Kladde« zum eigenen Gebrauch zuerkennen wollte, enthalten die Summe seines Geistes, eines Geistes, der an Strenge und Luzidität, an konzentrierter Denkenergie und empfindlicher Differenziertheit nur wenige seinesgleichen hat. Es liegt in der Natur solcher Arbeiten, daß sie schwer zu Ende kommen; sie tragen den Charakter unendlicher Ausdehnungsfähigkeit schon in sich. Unter vielen anderen Denkern hat auch Emerson sich solcher tagebuchartiger Brouillons bedient, aber er fand die Kraft, sie dann zu kürzeren und längeren Essays zusammenzuschweißen. Indes merkt man die Legierung doch an vielen Stellen, weshalb seine Schriften bisweilen den irrtümlichen Eindruck der Gedankenflucht hervorrufen. Lichtenberg hingegen konnte sich nicht entschließen, seine Gedankenbruchstücke zu amalgamieren, er war für ein solches Geschäft zu kritisch veranlagt. Sein »Waste book« erschien erst nach seinem Tode.

Die Bücherschicksale sind eben nicht weniger unlogisch und irrational als die Menschenschicksale; wenigstens *scheint* es uns so. Sie folgen einem dunklen eingeborenen Gesetz, das niemand kennt. Wie Bücher entstehen, weiß kein Mensch, und ihre Schöpfer am allerwenigsten. Sie führen ein seltsames widerspruchsvolles Leben durch die Jahrhunderte, worauf Gunst und Ungunst ohne Gerechtigkeit verteilt zu sein scheinen. Wir sehen Schriftsteller, die sich jahrelang mit einem Problem oder einem Gedicht abmühen, ohne daß die Welt sie beachtet, sie verzweifeln und halten ihr Lebenswerk für nichtig: da erscheint plötzlich in irgendeinem Winkel ihres Geistes ein Gedanke, dem sie nie besonderen Wert beigelegt hatten, und dieser eine kleine Gedanke wird leuchtend und geht durch die Jahrhunderte.

Solche posthume Unsterblichkeiten, die erst nach dem Tode ihres Schöpfers das Licht der Welt erblicken, sind nicht die schlechtesten. Lichtenberg sah in seiner Unfähigkeit, zu Ende zu kommen, einen Fehler: »Der Procrastinateur: der Aufschieber, ein Thema zu einem Lustspiel, das wäre etwas für mich zu bearbeiten. Aufschieben war mein größter Fehler von jeher.« Die Nachwelt wird jedoch eher geneigt sein, das, was ihm als Mangel an Energie erschien, als ein Zeichen höchster geistiger Potenz anzusehen. Gerade die ungeheure Fülle und Lebendigkeit, mit der ihm immer neue Impressionen und Beobachtungen zuflossen, verhinderte ihn am Abschluß. Er mochte ahnen, daß für einen Geist von so grenzenloser Aufnahmefähigkeit, wie er es war, eine willkürliche Abgrenzung des Stoffes eine Art Verrat an sich selbst gewesen wäre. Hier stand ein unendlicher Geist der unendlichen Natur gegenüber und begnügte sich damit, sie in ihrem Reichtum in sich einströmen zu lassen. Es ist kein Zufall, daß so viele Schriftsteller ihr Bestes zuletzt oder auch oft gar nicht erscheinen lassen: sie haben es zu lieb dazu, glauben immer, sie müßten es noch besser können, wollen es vollkommen sehen. »Könnte ich das alles«, sagt Lichtenberg, »was ich zusammengedacht habe, so sagen, wie es in mir ist, *nicht getrennt*, so würde es gewiß den Beifall der Welt erhalten. Wenn ich doch Kanäle in meinem Kopfe ziehen könnte, um den inländischen Handel zwischen meinem Gedankenvorrate zu befördern!« Aber das konnte er nicht, er konnte alles nur so sagen, »wie es in ihm war«, und vermochte ebendarum nicht, Getrenntes ungetrennt zu empfinden und künstliche Kanäle zwischen Gedanken herzustellen, die nicht von Natur aus verbunden waren; er konnte die Dinge nur so denken, wie sie in seinem Kopfe lagen. Jene Arbeit des Zurechtmachens und Verschleifens, die jeder Systembildung zugrunde liegt, verstand er nicht.

»Über nichts«, sagt Lichtenberg, »wünschte ich mehr die geheimen Stimmen der denkenden Köpfe gesammelt zu lesen als über die Materie von der Seele; die lauten, öffentlichen verlange ich nicht, die kenne ich schon. Allein, die gehören nicht sowohl in eine Psychologie als in eine Statutensammlung.« Der Mensch in seiner Besonderheit, in dem, worin er *anders* ist, in seinen tausend Heimlichkeiten und Abstrusitäten, Zacken und Zinken wird in Lichtenbergs Aufzeichnungen lebendig. Sie sind das glänzendste psychologische Aktenmaterial, das sich denken läßt. Die Seelenprüfung wird hier zum erstenmal wissenschaftlich betrieben, als ein Zweig der empirischen Menschenkunde, freilich nicht in Form physikalischer Messungen und logarithmischer Reihen, die nie in die Tiefe führen, sondern wissenschaftlich durch den Geist der Objektivität und Exaktheit. Lichtenberg ist der Meister der kleinen Beobachtungen und seine Spezialität die psychologische Integralrechnung, er ist gleichsam ein praktischer Leibnizianer, der die *perceptions petites,* deren Existenz Leibniz theoretisch entdeckt hatte, nun auch tatsächlich überall in der Wirklichkeit aufzuspüren und zu beschreiben weiß. Er tat sich hierin niemals genug. »Es

Der Zerleuchter

schmerzt mich unendlich, tausend kleine Gefühle und Gedanken, die wahren Stützen menschlicher Philosophie, nicht mit Worten ausgedrückt zu haben … Ein gelernter Kopf schreibt nur zu oft, was alle schreiben können, und läßt das zurück, was nur er schreiben könnte und wodurch er verewigt werden würde.«

Lichtenbergs rastloser unbeugsamer Wahrheits- und Selbsterkennungsfanatismus findet seine äußere Form in der vollendeten Natürlichkeit und Reinheit seines Stils, in der ihm nur Lessing und Schopenhauer ebenbürtig sind. Seine Sprache funktioniert mit der Feinheit und Sicherheit einer Präzisionsmaschine; jeder, auch der scheinbar flüchtigste Satz überrascht durch seine klassische Ökonomie, Durchsichtigkeit und Prägnanz. Sein Denken ist von einer, man möchte fast sagen, *zerleuchtenden* Helle, dabei von jener Art Nüchternheit, die das ausschließliche Privileg genialer Köpfe bildet.

Menschen von einer so außergewöhnlichen Natürlichkeit haben immer etwas Zeitloses. Und daher kommt es, daß die historischen Züge seiner Zeit nicht recht auf Lichtenberg passen wollen. Er gehörte nur insofern zu ihr, als er ihr vollkommenstes Gegenspiel war. Er war die andere Hälfte, das Supplement seiner Zeit, und die Zeitgenossen dieser Gattung sind, sooft sie in der Geschichte auftreten, immer die denkwürdigsten und eigenartigsten. Lichtenberg war der scharfe Schlagschatten, den das Licht der Aufklärung erzeugte, und es ist eine der zahlreichen Paradoxien der Kulturgeschichte, daß dieser Schatten länger und kräftiger sichtbar geblieben ist als jenes Licht.

Er war einer jener Geister, die zu klar und zu souverän sind, um allzu *tätig* zu sein. Es gibt einen Standpunkt der völligen Besonnenheit, auf dem es nicht mehr möglich ist, zu handeln. Eine Sache gänzlich durchschauen, bis zur absoluten Durchsichtigkeit, heißt mit ihr fertig sein. Die Blindheit und Beschränktheit des menschlichen Geistes ist vielleicht gar kein so großes Übel, wie die Pessimisten behaupten. Vielleicht ist sie eine Schutzeinrichtung der Natur, um uns lebensfähig zu erhalten. Denn die Unsicherheit ist einer der stärksten Antriebe zum Leben. Besitzt aber ein Kopf einmal jenen ungewöhnlichen Grad von Helligkeit, so wird die natürliche Folge sein, daß er jeden heftigeren Aktionsbetrieb einbüßt; auch im Geistigen. Alles um ihn herum: Menschen, Ereignisse, Erkenntnisse, Zeitläufte wird ihm völlig transparent, so daß er sich in der ruhenden Betrachtung genügen darf. Er hat *erkannt* und bedarf nichts darüber. »Was wir wissen«, sagt Maeterlinck, »geht uns nichts mehr an.«

Darum hat Lichtenberg gegen die Gebrechen seiner Zeit nie leidenschaftlich Partei ergriffen, er blieb immer in der Reservestellung eines kühlen Mentors. Dies unterschied ihn von Lessing, mit dem er im übrigen die größte Verwandtschaft besaß. Wenn ihn etwas ärgerte, wurde er schlimmstenfalls sarkastisch. Aber selbst durch seine schneidendsten Satiren geht ein geheimer Zug von Gutmütigkeit und Indulgenz, wie umgekehrt auch seine ernsthaftesten Äußerungen immer eine feine, oft kaum merkliche Linie von Spott und Ironie bemerken lassen. Es ist jener Spott, der den wahren Denker nie verläßt, jene tiefe Überzeugung, daß nichts wert sei, wirklich ernst genommen zu werden, die selbst einem so tragisch ringenden Geist wie Pascal die Bemerkung entlockte: »*Le vrai philosophe se moque de la philosophie.*«

Der echte Philosoph ist dem Künstler viel verwandter, als gemeinhin angenommen wird. Das Leben gilt ihm ebenso wie diesem als Spiel, und er sucht die Spielregeln zu ergründen; nicht mehr. Auch er erfindet und gestaltet, aber während der Künstler möglichst viele und vielfältige Individuen abzubilden sucht, zeichnet der Denker immer nur einen einzigen Menschen: *sich selbst*, den aber in seiner ganzen Vielartigkeit. Jede tiefempfundene Philosophie ist nichts anderes als ein autobiographischer Roman.

Was Lichtenberg nicht dazu kommen ließ, sich aus diesem Gebiet in die völlig freie Welt der Dichtung, zumal des satirischen Lustspiels, zu begeben, war nicht ein Defekt, sondern ein Überschuß. Am völlig freien Gestalten verhinderte ihn seine stets wache Kritik. Hierin berührte er sich wiederum mit Lessing. Auch dieser hätte niemals ein Drama geschrieben, wenn es zu jener Zeit ein anderer besser gekonnt hätte. Aber da es ihm darum zu tun war, auch praktisch zu zeigen, wie er es meinte, war er genötigt, eine Reihe von Paradigmen zu schaffen, die genauso viel und genauso wenig wert waren wie alle Musterleistungen, nämlich: didaktisch sehr viel und künstlerisch sehr wenig. Er war der geniale Regisseur der deutschen Poesie und wollte niemals ihr genialer Schauspieler sein. Aber auch im Theater bleibt bisweilen dem Regisseur nichts anderes übrig, als auf die Bühne zu springen und die Sache einmal selber vorzuspielen, nicht weil er sich für einen großen Menschendarsteller hält, sondern weil er sieht, daß alle theoretischen Erläuterungen kein lebendiges Bild von der Sache geben und daß er es immer noch am besten machen kann, weil er der Gescheiteste ist. Dies war der Vorzug und Mangel aller Lessingschen Theaterstücke. Lessing war zum Stückeschreiben zu gescheit.

Richtete sich Lessings literarische Aktion mehr nach außen, so ging Lichtenbergs Polemik mehr nach innen. Beide haben gekämpft, der eine draußen im Getümmel mit der Welt und ihren Meinungen, der andere in der Stille und Einkehr mit sich selbst und seinen eigenen Gedanken. Darum sollte man beide immer zusammen nennen. Sie bilden vereinigt die wahre geistige Signatur der deutschen »Aufklärung«, die in diesen beiden Männern eine wirkliche Aufklärung gewesen ist.

Aber man kann nicht sagen, daß Lessings Name den Ruhm Lichtenbergs verdunkelt hat, denn das deutsche Publikum weiß ja auch von Lessing nichts.

Lessing und Lichtenberg durchbrachen die Schranken der *Katastro-* Aufklärung auch darin, daß sie gleich Friedrich dem Großen *phe des* souverän über den Konfessionen standen und alle gleichzeitig *ordens* verwarfen und tolerierten, während Nicolai und die übrigen Aufklärer sich als ebenso doktrinär und verfolgungssüchtig erwiesen, als es bisher die Orthodoxie gewesen war. Besonders die »Jesuitenriecherei«, die diesen Orden für alle Finsternis, Gewalt und Hinterlist auf Erden verantwortlich machte, führte in fast allen Ländern Europas zu den rücksichtslosesten Zwangsmaßregeln. Das Signal gab Pombal, der Regenerator Portugals, dessen großangelegtes Regierungsprogramm als einen der Hauptpunkte die Vernichtung der Jesuiten enthielt. Ein Attentat auf den König gab den Vorwand: alle Jesuitengüter wurden für den Staat beschlagnahmt, alle Angehörigen des Ordens für Rebellen und Ausländer erklärt und auf ewige Zeiten verbannt. Auch sonst war Pombal energisch bemüht, das Land möglichst rasch auf das Niveau der mitteleuropäischen Staaten zu heben, indem er die Inquisitionsgerichte abschaffte, Gewerbeschulen etablierte, in denen alle herumlungernden Knaben so lange festgehalten wurden, bis sie ein Handwerk erlernt hatten, durch Entlassung zahlreicher müßiger Hofkreaturen die Finanzen regulierte, so daß stets Geld in der Staatskasse war, eine Börse, ein großes Kaufhaus, ein Arsenal, eine Akademie der Wissenschaften errichtete, die Straßenreinigung und den Buchhandel förderte, und dies alles gegen den Willen der Aristokratie, des Volks und sogar des Königs, der nur durch die Angst vor Konspirationen und Mordanschlägen gefügig erhalten wurde: nach dessen Tode stürzte denn auch alles wieder zusammen.

Fünf Jahre nach der Vertreibung aus Portugal verfielen die Jesuiten in Frankreich demselben Schicksal. Der König wollte den Orden retten, indem er dem Papst vorschlug, ihn zu reformieren; aber dieser sprach sein berühmtes: *»Sint, ut sunt, aut* *non sint.*« Bald folgten auch die übrigen bourbonischen Staaten: Spanien, wo man einen Aufstand in Madrid zum Vorwand nahm, Neapel und Parma. Schließlich blieb Papst Clemens dem Vierzehnten nichts übrig, als den Orden aufzuheben. Im darauffolgenden Jahre starb er, und man beeilte sich, auch dies den Jesuiten in die Schuhe zu schieben. Offiziell geduldet waren sie schließlich nur noch unter der griechischen Katharina und dem protestantischen Friedrich, der sich auch hier die Gelegenheit zu einem Witz nicht entgehen ließ, indem er nach Rom schrieb, über den König von Preußen habe das päpstliche Breve keine Gewalt.

Unter diesen Umständen waren die Jesuiten darauf angewiesen, unter allerlei Deckformen und Falschmeldungen ihr Dasein weiterzufristen und ihre Macht zu einer völlig unterirdischen zu machen. Vor allem versuchten sie sich in allerlei andere Gesellschaften einzuschleichen, zum Teil in solche von völlig entgegengesetzter Tendenz. Man traf sie nicht selten unter den Freimaurern und Illuminaten, und ihre Fähigkeit, alles zu sein, sich in alles zu verwandeln, von der wir im ersten Buch gesprochen haben, zeigte sich noch einmal aufs glänzendste: Jetzt wurden sie sogar Freigeister und »Freunde des Lichts«.

Die Illu- Der Gründer des Illuminatenordens, der Ingolstädter Pro-
minaten fessor Adam Weishaupt, war selber ein Zögling der Jesuiten gewesen, später aber zu ihrem erbittertsten Verfolger geworden. Die zwei Grundprinzipien der neuen Vereinigung, die sich binnen kurzem über ganz Europa ausbreitete: straffe Organisation und strenges Geheimnis waren den Jesuiten abgelernt, wie überhaupt der ganze Bund als eine Art Gegenstück und Widerpart des Jesuitentums gedacht war. Sehr bald aber begannen Rechthaberei, Eitelkeit, mystischer Formelkram und Wichtigtuerei in ihn einzudringen, und er wurde eines der Hauptbetätigungsfelder des politischen Strebertums, das sich in Er-

mangelung des Parlamentarismus damals noch in solche Formen flüchten mußte. 1784 wurde er infolge jesuitischer Um-
triebe in Bayern verboten, die Vertriebenen fanden aber in
anderen Ländern bereitwillige Aufnahme. Welche große Bedeutung man ihm beimaß, zeigt ein merkwürdiges Buch Karl
Friedrich Bahrdts, eines Abenteurers und zweifelhaften Literaten, der aber eine Zeitlang ein ziemlich ausgebreitetes Renommee besaß: *Briefe über die Bibel im Volkston*, erschienen
1782: es schildert das Auftreten des Heilands als eine raffiniert
inszenierte Komödie der Essener, einer geheimen Gesellschaft,
die schon damals überall ihre »Logen« gehabt haben soll und
in den Tendenzen und Praktiken, die ihr von Bahrdt zugeschrieben werden, sehr deutlich an die Illuminaten erinnert.

Während vom Illuminatenorden, der binnen weniger Jahr-   *Knigge*
zehnte an geistiger Auszehrung starb, heute kein Mensch mehr
spricht, hat eines seiner rührigsten Mitglieder sich bis zur Gegenwart einen wohlbekannten Namen bewahrt: es ist der Freiherr Adolf von Knigge, der 1788 sein Werk *Über den Umgang
mit Menschen* erscheinen ließ. Knigge war als ziemlich skrupelloser Vielschreiber einer der frühesten Repräsentanten jener
Buchindustrie, die sich lediglich nach Verlegeraufträgen und
Publikumswünschen orientiert, und teilte das Los aller Autoren, die bloß schreiben, um zu gefallen, daß er nach einem halben Menschenalter bereits tödlich langweilig war, weil es eben
nichts Uninteressanteres und Geistloseres gibt als einen Menschen, der denkt und gestaltet, was ein anderer haben will. Eine
Ausnahme machte nur sein *Umgang mit Menschen*, von dem er
selbst in der Vorrede sagt, er habe ihn nicht so flüchtig hin-
geschrieben wie wohl andere seiner Arbeiten. »Ich will«, fügt
er hinzu, »nicht ein Komplimentierbuch schreiben, sondern
einige Resultate aus den Erfahrungen ziehen, die ich gesammelt
habe, während einer nicht kurzen Reihe von Jahren.« In der Tat
ist das Werk nicht das, wofür es allgemein gilt: ein Kodex des

809

guten Tons, sondern ein Beitrag zur praktischen Lebensphilosophie. Es handelt, hausbacken und doch nicht ohne ein gewisses Raffinement, schlechterdings über den Umgang mit allem und allen: mit den verschiedenen Temperamenten und Altersklassen, Ständen und Berufen, mit Eltern und Kindern, Verliebten und Verheirateten, Freunden und Frauenzimmern, Gläubigern und Schuldnern, Lehrern und Schülern, Fürsten und Hofleuten, Gelehrten und Künstlern, Gästen und Gastgebern, Feinden und Geschäftsleuten, Dienerschaft und Nachbarschaft, ja sogar vom Umgang mit sich selbst und mit Tieren. Angenehm und flüssig, breit und banal, mit verstecktem Humor und gründlicher Kenntnis der menschlichen Oberflächen geschrieben, enthält es eine große Anzahl brauchbarer Lehren, die oft selbstverständlich, aber immer gescheit, im moralischen Teil allerdings bisweilen rhetorisch und hypokritisch sind, denn es ist ganz unverkennbar, daß der Verfasser, wo er unbedingte Aufrichtigkeit, Streben nach Vollkommenheit, Verachtung des Scheins und dergleichen predigt, nur dem modischen Aufklärungsnebel Rechnung trägt, während er selber zweifellos sehr wohl weiß, daß solche Eigenschaften im Gesellschaftsleben gar nichts zu suchen haben, wo sie nicht als hohe ethische Qualitäten, sondern als Belästigungen wirken. Die meisten seiner Maximen können auch heute noch Gültigkeit beanspruchen, zum Beispiel: Verbirg deinen Kummer; rühme nicht zu laut dein Glück; enthülle nicht die Schwächen deiner Nebenmenschen; gib andern Gelegenheit zu glänzen; interessiere dich für andere, wenn du willst, daß andere sich für dich interessieren; laß jeden seine Handlungen selbst verantworten, wenn du nicht sein Vormund bist; suche nie jemand lächerlich zu machen; denke daran, daß alle Menschen amüsiert sein wollen. Es fehlt sogar nicht an Feinheiten, zum Beispiel, wenn davor gewarnt wird, jemandem zu versichern, daß man ihn für gutmütig oder gesund halte, denn beides werde von vielen als Beleidigung empfunden, oder nichtssagende Redensarten zu gebrauchen, wie: daß die Gesundheit ein schätzbares Gut, das Schlittenfahren ein kaltes Vergnügen und jeder sich selbst der Nächste sei, die Zeit schnell dahingehe und eine Ausnahme die Regel bestätige; oder wenn empfohlen wird, alle fremden Überzeugungen zu respektieren, denn man dürfe nicht vergessen, daß das, was wir Aufklärung nennen, anderen vielleicht als Verfinsterung erscheine. Und so wird man wohl sagen dürfen, daß dieses berühmteste Buch der deutschen Aufklärung vollauf verdient, noch heute von jedermann zitiert zu werden, und durchaus nicht verdient, von nahezu niemandem mehr gelesen zu werden.

Neben den Illuminaten und Freimaurern gab es aber noch eine Reihe anderer geheimer Verbindungen, die einen weniger harmlosen Charakter tragen, wie zum Beispiel die »Rosenkreuzer«, deren wirkliche und angebliche Mitglieder sehr einträgliche Schwindeleien betrieben. Das Zeitalter war nämlich in den breiten Schichten lange nicht so aufgeklärt, als es nach der philosophischen Publizistik den Anschein haben könnte. Die wunderbaren Erscheinungen des Magnetismus und der Elektrizität beförderten bei den Halbgebildeten keineswegs eine »naturwissenschaftliche Weltanschauung«, sondern weit mehr den Glauben, daß es in der Hand des glücklichen Experimentators liege, das Unmögliche möglich zu machen. Alle Welt glaubte an die magnetischen Kuren, die vorgeblich Prophetengabe verliehen, den sogenannten Mesmerismus, mit dem Mesmer in Paris, Wien und anderwärts sehr gute Geschäfte machte. Großen Zulauf hatten auch die Wunderkuren und Teufelsaustreibungen Gassners und die Geisterbeschwörungen des Kaffeewirts Schrepfer, der durch Selbstmord endete. Die beiden prominentesten Vertreter dieses Gewerbes sind jedermann bekannt: Casanova, der als internationaler Hochstapler mindestens ebenso berühmt war wie als Frauenverführer und, als

Casanova und Cagliostro

Kabbalist, Astrolog und Nekromant umherziehend, Verjüngungskuren, Goldmacherei und Wahrsagerei betrieb, und Cagliostro, der alle erdenklichen Arten von Zauberkünsten und Spiegelfechtereien zu seinem Lebensunterhalt machte: als sein Diener einmal gefragt wurde, ob der Graf wirklich dreihundert Jahre alt sei, antwortete er, er könne keine Auskunft geben, denn er sei erst hundert Jahre in seinen Diensten. Die Technik, deren sich diese Virtuosen der Gaunerei bedienten, hat in Schillers *Geisterseher* eine überaus packende und sachkundige Darstellung gefunden; »ihr einziges Kapital«, sagt Chledowski, »war ihr Glaube an die menschliche Dummheit, und dieses Kapital trug hohe Zinsen«.

Swedenborg
Aber diese Zeit, in der nüchternster Rationalismus und krassester Aberglaube, dreisteste Charlatanerie und echtes Prophetentum nebeneinanderliefen, hat auch den Gegenspieler Cagliostros hervorgebracht: den Seher Swedenborg, dessen Gestalt, von Mitwelt und Nachwelt gleich unverstanden und unerkannt, als ein erlauchtes Rätsel durch die Geschichte schreitet. Während der weitaus größeren Hälfte seines Lebens war sein Antlitz der profanen Wirklichkeit zugekehrt: seine ursprünglichen Betätigungsgebiete, auf denen er Bedeutendes leistete, waren Mineralogie und Mathematik, Ingenieurkunst und Hüttentechnik, bis ihm in seinem fünfundfünfzigsten Lebensjahr plötzlich die Erleuchtung kam; und von da an pflegte er nur noch den Verkehr mit den höheren Welten. Daß er außergewöhnliche okkulte Gaben besaß, ist vielfach urkundlich bezeugt: von den Seelen Verstorbener erfuhr er Einzelheiten, die ihm unmöglich vorher bekannt sein konnten. Der Königin von Schweden teilte er Dinge mit, die niemand außer ihr wußte, und in Gotenburg sah er den genauen Verlauf einer Feuersbrunst, die um dieselbe Stunde in Stockholm ausgebrochen war: erst zwei Tage später trafen Augenzeugen ein, die seinen Bericht bestätigten. Ob er auch in dauerndem und vertrautem

Umgang mit Engeln stand, ist natürlich unkontrollierbar; er selbst hat es jedenfalls geglaubt. Als seine Mission betrachtete er die Vollendung der christlichen Kirche, die allgemeine und siegreiche Begründung der Wahrheit und Liebe unter den Menschen: dies nannte er das neue himmlische und irdische Jerusalem. Trinität, Rechtfertigung und Sündenfall faßte er als bloße Allegorien. Das Jenseits sah er in seinen Visionen als eine Doublette des Diesseits, die alle Erdenverhältnisse wiederholt, nur verklärter und geistiger und unter Aufhebung der rohen Körperlichkeit, aber gleichwohl so ähnlich, daß viele Geister ihren Übergang in die andere Welt gar nicht bemerken; höchstwahrscheinlich aber galt ihm dieses Reich, das wir heute etwa die Astralsphäre nennen würden, nur als eine Übergangzone. Emerson nennt ihn den letzten Kirchenvater; hingegen ist ihm Kant in seiner berühmten Satire *Träume eines Geistersehers*, die ihn, noch zu seinen Lebzeiten erschienen, als Schwärmer und Erzphantasten hinstellt, nicht völlig gerecht geworden.

In dem Nachfolger Friedrichs des Großen, seinem Neffen Friedrich Wilhelm dem Zweiten, bestieg die Mystik, allerdings die falsche, sogar den Thron. Der neue Monarch, nicht unbegabt, aber energielos und genußsüchtig, fand bald in dem gewissenlosen Wöllner seinen Tartuffe und in dem geriebenen Bischoffswerder seinen Cagliostro. Dieser gewann ihn für den Rosenkreuzerorden, während jener ihn zum Obskurantismus bekehrte, unterstützt durch abenteuerliche Totenbeschwörungen, die in seinem Hause stattfanden: bei einer von ihnen erschien, von einem Bauchredner dargestellt, der Schatten Julius Cäsars, um mit dem König persönliche Rücksprache zu nehmen. Unter dem Einfluß Wöllners erließ Friedrich Wilhelm das reaktionäre Religions- und Zensuredikt, dem sogar Kant zum Opfer fiel, indem an ihn das Verbot erging, sich über religiöse Gegenstände öffentlich zu äußern. Die kurzsichtigen und engherzigen Maßnahmen des neuen Regimes waren so wenig

Preußens »Fäulnis vor der Reife«

zeitgemäß, daß sie nicht einmal von den ausführenden Beamten unterstützt wurden: als der preußische Zensor in einer Schmähschrift den Schlußsatz »Wehe dem Lande, dessen Minister Esel sind!« passieren ließ und darüber von Wöllner zur Rede gestellt wurde, antwortete er: »Hätte ich vielleicht drukken lassen sollen: *wohl* dem Lande, dessen Minister Esel sind?« Wie das bei oberflächlichen Naturen nicht selten vorkommt, verband sich in Friedrich Wilhelm mit dem Mystizismus eine starke Sinnlichkeit. Er war ein großer stattlicher Mann von überentwickelter Vitalität: das Volk nannte ihn den Dicken, die Zarin Katharina weniger jovial einen Fleischklumpen. Die frühere Frau des Kammerdieners Rietz, zur Gräfin Lichtenau erhoben, spielte an seinem Hofe die Pompadourrolle, indem sie nicht nur als offizielle Mätresse, sondern auch als eine Art Haremsvorsteherin fungierte. Daneben war der König, obgleich mit einer hessischen Prinzessin legitim vermählt, mit zwei anderen Damen, einem Fräulein von Voß und einer Gräfin Dönhoff linkshändig getraut. Mirabeau charakterisierte ihn in seiner *Histoire secrète de la cour de Berlin* ohne jedes Wohlwollen, aber nicht unzutreffend, indem er schrieb, daß sein Wesen aus drei Grundeigenschaften zusammengesetzt sei: Falschheit gegen jedermann, die er für Gewandtheit ansehe, Eigenliebe, die sich beim geringsten Anlaß verletzt glaube, und Verehrung des Goldes, die weniger Geiz sei als die Leidenschaft, es zu besitzen. Einige liebenswürdige Züge sind in diesem Porträt unterschlagen, aber im ganzen hat die Geschichte Mirabeau recht gegeben, der den damaligen Zustand Preußens als »Fäulnis vor der Reife« bezeichnete und dem Staat einen raschen Niedergang prophezeite.

Der Volkskaiser   Wir haben bereits darauf hingewiesen, daß das achtzehnte Jahrhundert besonders zahlreiche Persönlichkeiten von Bedeutung und Eigenart auf dem Thron erblickt hat. Zu diesen muß auch Josef der Zweite gerechnet werden, obwohl sein populäres Bild, wie es nicht nur in Volksstücken, sondern auch in Schulbüchern noch immer zäh festgehalten wird, nichts ist als ein leeres verlogenes Klischee, nach derselben Technik angefertigt wie die Glaube-Liebe-Hoffnung-Buntdrucke, die unsere Seifenschachteln schmücken.

Im Bewußtsein des Halbgebildeten ist Kaiser Josef vor allem umwoben von der strahlenden Gloriole der Toleranz. Nun hatte aber jene Toleranz des achtzehnten Jahrhunderts, wie wir bereits dargelegt haben, ihre recht eigentümlichen Seiten, die bei Kaiser Josef ganz besonders stark hervortraten. Während sonst das *»fortiter in re, suaviter in modo«* als Grundsatz einer klugen Regierungskunst gilt, kann man sagen, daß Josef der Zweite gerade das umgekehrte Prinzip befolgte: die mildesten, freiheitlichsten und menschenfreundlichsten Tendenzen führte er mit unnachsichtlicher Härte, Einseitigkeit und Unduldsamkeit durch. Ein starrer Doktrinarismus, verschärft durch hereditären habsburgischen Eigensinn, war das Bestimmende in seinen Reformen, so daß er in vielen Punkten als die Verzerrung, ja Karikatur Friedrichs des Großen erscheint. Schlözer, der einflußreichste und urteilsfähigste Publizist des Zeitalters, nannte denn auch rundheraus sein System »Stuartisieren«, womit er sagen wollte, daß es in seiner Selbstherrlichkeit und Willkürlichkeit von der Regierungsweise der Stuarts im Prinzip nicht verschieden sei. Er war Demokrat und Despot in einer Person und um so mehr Despot, als er über den Auftrieb des moralischen Berechtigungsgefühls verfügte oder zu verfügen glaubte. Die Eingriffe ins Privatleben, die von der Despotie auszugehen pflegen, sind im Einzelfall oft besonders empörend, aber sie erfolgen nur launenhaft und gelegentlich; die Unterdrückungen, die die Demokratie verübt, sind in der Regel weniger aufreizend, aber viel prinzipieller und allgemeiner. Kommt beides zusammen, so ist die Freiheit bis auf den letzten Rest verschwunden. Während der Liberalismus in England, in Frankreich, in Amerika die Forderung des dritten Standes, der Lebensausdruck des heraufkommenden Bürgertums ist, das sich seiner Macht bewußt wird, geht er in Österreich, wie Hermann Bahr in seiner bereits mehrfach erwähnten Monographie *Wien* mit großem Scharfblick konstatiert, der Entwicklung des Bürgertums vorher: »Er ist kein Bedürfnis, er ist ein Luxus; er wächst nicht im Lande, er wird importiert; er ist ein Versuch, die Grundsätze des politischen Lebens statt aus der eigenen Notwendigkeit aus fremden Büchern zu holen.«

Und so kehrt sich denn, wenn man Friedrich den Zweiten und Josef den Zweiten etwas näher miteinander vergleicht, die traditionelle Vorstellung um: der strenge Alte Fritz erscheint als der Idealist und Ästhet, der Liberale und Individualist, während der gute Kaiser Josef bei aller Freigeisterei keineswegs das war, was Nietzsche einen »freien Geist« nennt, und bei allen seinen modernen Menschlichkeitsideen doch weit davon entfernt war, ein wirklich humanes Regime zu führen: er hat das damalige mittelalterliche Kriminalrecht noch verschärft, das österreichische Spitzelsystem noch weiter ausgebaut und die Zensur sehr reaktionär gehandhabt: die schrecklichen *Räuber* zum Beispiel waren während seiner ganzen Regierung verboten. Während der Preußenkönig den bekannten Satz aufstellte: »Gazetten, wenn sie interessant sein sollen, müssen nicht geniert werden«, war in Österreich von einer Pressefreiheit keine Rede und das Publikum in seinen publizistischen Bedürfnissen auf die *Wiener Zeitung* angewiesen, die nichts als amtliche Nachrichten und von oben inspirierte Artikel brachte. Nur über den Kaiser selber durfte man reden und schreiben, was man wollte.

In Österreich pflegen sich ja zumeist die ernsten geistigen Zeitströmungen in Form einer seichten outrierten Mode zu äußern. Und so hat denn auch Kaiser Josef die zeitgemäßen Tendenzen, die sich in Friedrich dem Großen am glänzendsten verkörperten: den »Absolutismus zum Besten des Volkes«, die Realpolitik, den Zentralismus, die Germanisierung, die uniforme Behandlung aller Staatsbürger entschieden übertrieben. Besonders sein Zentralismus, diese für Österreich so verhängnisvolle Idee, hat viel Unheil gestiftet. Es kann keinem Zweifel unterliegen, daß Zentralisation aller Verwaltungsgebiete in einem aus mehreren Nationen gebildeten Reichskörper ein Unding ist, ja es ist sogar die Frage, ob sie nicht überhaupt für jedes, auch das homogenste Staatswesen große Nachteile bringt: das Beispiel Frankreichs, wo die Zentralisationswut zu allen Zeiten und unter allen Regierungen grenzenlos war, kann jedenfalls als Gegeninstanz gelten.

Als man Friedrich dem Großen den Tod Maria Theresias mitteilte, war sein erstes Wort: »*Voilà un nouvel ordre des choses!*« Die neue Ordnung erstreckte sich auf fast alle Gebiete. Die Adeligen wurden vor dem Gesetz den Bürgerlichen gleichgestellt. Das spanische Zeremoniell wurde ebenso abgeschafft wie die spanische Hoftracht; der Kaiser trug auch bei feierlichsten Anlässen niemals etwas anderes als die einfache Felduniform, sogar ohne Ordensstern, auf Reisen mit Vorliebe das Wertherkostüm, das selbst in den konservativeren Bürgerkreisen noch verpönt war. Alle Prozessionen und Wallfahrten wurden verboten, die Feiertage erheblich vermindert, die Brüderschaften aufgehoben, die Klöster und Kirchengüter säkularisiert. Diese katastrophalen Eingriffe veranlaßten den Papst zu dem sensationellen Schritt, persönlich nach Wien zu kommen, wo er vom Kaiser ehrfurchtsvoll empfangen wurde, aber nichts erreichte. Um für die ausgebreitete Fürsorgetätigkeit des Klerus einen Ersatz zu schaffen, wurden aus dem Erlös des veräußerten Kirchenbesitzes staatliche Krankenhäuser, Armenhäuser und Findelhäuser errichtet, die aber keinen sehr guten Ruf genossen. Die Universitäten wurden aller ihrer Sonderrechte beraubt und vollkommen verstaatlicht, sehr zu ihrem

Die josefinische Zwangsaufklärung

Nachteil; denn die neue Unterrichtsordnung machte sie aus wissenschaftlichen Forschungsinstituten zu bloßen Vorbereitungsanstalten für künftige Beamte: es wurden nur jene Fächer gelehrt, die hierfür in Betracht kamen, und von elend bezahlten Professoren. Viel geschah hingegen für die Volksschulen, deren Zahl und Qualität beträchtlich gesteigert wurde; aber auch hier herrschte das mechanische Reglement der josefinischen Zwangsaufklärung: die Einteilung der Lektionen war so genau vorherbestimmt, daß man in Wien in jeder Minute wußte, welche Seite des Lehrbuchs jetzt von den Schulkindern der ganzen Monarchie gelesen werde: »Gerechter Gott«, klagt Mirabeau, der hierüber berichtet, »sogar die Seelen wollen sie in Uniformen stecken! Das ist der Gipfel des Despotismus!« Es sollte eben von heute auf morgen und ohne daß man sie gefragt hätte, eine klerikale Bevölkerung in eine liberale, eine bäuerliche und kleinbürgerliche Gesellschaft in eine bürokratische verwandelt werden.

Am allerunangebrachtesten aber waren, wie gesagt, die Versuche, diese bunte Erbmasse von deutschen, ungarischen, polnischen, tschechoslowakischen, serbokroatischen, ruthenischen, rumänischen und italienischen Länderfetzen, die, wenn überhaupt, nur als Föderativstaat lebensfähig war, zu einem Einheitsstaat zusammenzuschweißen. »Die deutsche Sprache«, dekretierte der Kaiser, »ist die Universalsprache meines Reiches«; sie wurde in allen Schulen und Ämtern der Monarchie zum obligaten Verständigungsmittel erhoben. Diese zwangsweise Germanisierung, die sich auf alle Länder mit Ausnahme Belgiens und der Lombardei erstreckte, verfolgte keineswegs nationalistische, sondern bloß zentralistische Ziele, da der Kaiser, dem Zuge der Zeit folgend, kosmopolitisch orientiert war, erregte aber nichtsdestoweniger überall die größte Erbitterung. Denselben Absichten diente die Aufhebung aller Korporationen und Zünfte, ständischen Privilegien und provinziellen

Sonderrechte und überhaupt jeglicher Selbstverwaltung. Auch der Kirche, die er nach anglikanischem oder gallikanischem Muster zu reformieren wünschte, war der Kaiser nur wegen ihrer Autonomie feindlich gesinnt. Er war nicht bigott wie seine Mutter, die von jedem Untertan, sogar von Kaunitz, den Beichtzettel verlangte, aber doch gut katholisch: Seine antiklerikalen Maßregeln, die ihn am populärsten und verhaßtesten gemacht haben, entsprangen wiederum nur seiner Zentralisationssucht, seiner Staats- oder vielmehr Selbstvergötterung. Die Geistlichen sollten nur noch Standesbeamte sein, als ob die Seelsorge eine Abart der Forstpflege oder des Postdienstes wäre.

Das Schlimmste aber war, daß alle diese radikalen Projekte nur halb ausgeführt wurden, wodurch sie bloß Unruhe und Mißvergnügen erzeugten, ohne die Vorteile eines völligen Neubaus als Entschädigung zu bieten. Die Hast, mit der sie in Angriff genommen wurden, lähmte ihre Wirkung und ließ sie trotzdem besonders gehässig erscheinen. Dies meinte offenbar Friedrich der Große, als er vom Kaiser sagte: »Er tut den zweiten Schritt vor dem ersten.« Noch heute erinnern Denksteine und Porträts in manchen österreichischen Bauernhäusern daran, daß die Landbevölkerung in ihm ihren großen Wohltäter erblickte; und doch war selbst die Aufhebung der Leibeigenschaft nur eine halbe Befreiung, denn sie beließ die Bauern unter der Patrimonialgerichtsbarkeit, die sie der Willkür der Gutsherren auslieferte. Ebenso unvollkommen blieben die Bemühungen des Kaisers um die Hebung des Handels und Verkehrs: er gab ihn zwar im Innern des Reiches frei, emanzipierte ihn aber doch nicht von der Tyrannei des Merkantilismus, indem er alle ausländischen Waren mit schweren Einfuhrzöllen belegte und Rohstoffe nicht ausführen ließ. Auch seine Bestrebungen, die Steuerlast zu verringern, waren bloße Velleitäten: in Wirklichkeit sah er sich durch das ständige Defizit

Das Regime der Velleitäten

und den unglücklichen Türkenkrieg genötigt, mehr Abgaben vorzuschreiben als seine Vorgänger. Dieser Krieg war einer seiner größten Fehlgriffe, schon als bloße Absicht, denn wenn er seine so tief einschneidenden Reformen in Ruhe durchführen wollte, mußte er seinem Reiche alle Erschütterungen von außen ersparen. Dazu kam aber noch, daß er militärisch vollkommen talentlos und, als Folge davon, allen Begabungen unter den Führern, zum Beispiel Laudon, abgeneigt war.

Auch die josefinische Diplomatie, die sich für Realpolitik hielt, war nichts weniger als glücklich. Sie fußte auf dem sehr einfachen Prinzip, alles einzustecken und nichts dafür herzugeben. Man wollte Bayern haben, sich am Balkan expandieren, das Elsaß erobern, in Italien Erwerbungen machen. Alles dies wollte man womöglich auf einmal und ohne die geringsten Zugeständnisse an Preußen, Frankreich, Rußland oder irgendeine andere Macht. Der Effekt war, daß man Bayern nicht für Belgien eintauschte, sondern auch dieses verlor, daß man sich mit Preußen nicht verständigte, sondern später auch noch die Hauptlast der französischen Invasion am Rhein zu tragen hatte, daß man am Balkan keinen festen Fuß faßte und bei der zweiten Teilung Polens leer ausging. Schon während der Mitregentschaft Josefs führte diese monströse Art, Politik zu machen, zu einer empfindlichen Blamage. Die älteste Linie der Wittelsbacher war ausgestorben, und Bayern fiel an die Pfalz. Der Kurfürst erklärte sich bereit, gegen eine Geldentschädigung den Ansprüchen, die der Kaiser auf große Teile Bayerns erhob, seine Anerkennung zu geben. Die Österreicher rückten ein, was aber nur zur Folge hatte, daß Friedrich der Große sofort mobilisierte und seinerseits in Böhmen einmarschierte, wo er und Laudon sich so lange untätig gegenüberlagen, bis Maria Theresia hinter dem Rücken ihres Sohnes den Teschener Frieden zustande brachte, der Preußen die Erbfolge in Ansbach und Bayreuth, Österreich nichts als das kleine Innviertel eintrug: die Soldaten nannten diesen Feldzug »Kartoffelkrieg« und »Zwetschgenrummel«, weil er nur in Requisitionen von Lebensmitteln bestanden hatte. Nun brachte Josef den Tauschplan aufs Tapet: Österreich sollte Bayern, der pfälzische Kurfürst Belgien als »Königreich Burgund« erhalten. Aber hierdurch brachte er nicht nur Preußen gegen sich auf, sondern auch England, das sich gemäß seinem Prinzip, daß Belgien nie an Frankreich fallen dürfe und sich daher stets im Besitz einer starken Militärmacht befinden müsse, zum Widerstand aufgefordert sah. Friedrich der Große aber stiftete den Deutschen Fürstenbund »nach dem einstigen schmalkaldischen«, dem Sachsen, Hannover und zahlreiche Kleinstaaten beitraten. Was weder gegen Richelieu noch gegen Ludwig den Vierzehnten gelungen war, der Zusammenschluß halb Deutschlands zum Schutze des Reichsbestandes, wurde durch die unkluge Taktik jenes Monarchen bewirkt, den das Reich offiziell sein Oberhaupt nannte. So hat Friedrich noch ein Jahr vor seinem Tode, obschon von seinem partikularistischen Interesse geleitet, dem gesamten deutschen Volke eine große Wohltat erwiesen. Die exponierten Niederlande bedrohten zwar das Reich in der Nordflanke, waren aber für Österreich nur ein sehr problematischer Besitz und gingen auch in der Tat bald darauf verloren, während das arrondierte Bayern eine große Lebensfähigkeit besessen hätte. Durch diese Erwerbung hätte der Habsburgerstaat sich mitten ins Reich hineingeschoben und eine fast unüberwindliche süddeutsche Großmacht gebildet. Nicht nur die preußische Hegemonie, jede Lösung der deutschen Frage unter Ausschluß Österreichs wäre dadurch unmöglich geworden und die Fremdherrschaft der habsburgischen Kaiser über Deutschland damit nicht nur verewigt, sondern im Laufe der Zeit von einer nominellen zu einer wirklichen erhoben worden.

Am Ende seiner Regierung sah der Kaiser seine Gebiete von allen Seiten her bedroht: Abfall der Niederlande, Aufstände in

Galizien, Ungarn und Siebenbürgen, Gärung in den deutschen Erblanden, besonders im klerikalen Tirol, feindselige Haltung der französischen Revolutionsregierung, des gekränkten Papstes und der argwöhnischen italienischen Fürstentümer, dauernde Mißerfolge gegen die Türken und Gefahr einer großen nordischen Koalition England–Holland–Schweden–Polen. Er selbst schrieb kurz vor seinem Tode an Kobenzl: »Nie hat es einen gefährlicheren Augenblick für die Monarchie gegeben.« Die Errettung aus diesen Krisen war nur seinem Nachfolger zu danken, seinem Bruder Leopold dem Zweiten, einem stetigen, vorsichtigen, überlegenen Politiker und Meister im klug lavierenden Zuwarten oder, wie man damals sagte, »Temporisieren«, zugleich einem der bizarrsten Habsburger, die je auf dem Throne gesessen sind: obgleich klein, schwächlich und häßlich, war er von einer ausschweifenden sexuellen Begehrlichkeit, hielt sich einen internationalen Stab von Mätressen und ein pornographisches Kabinett und starb schon nach zweijähriger Regierung am übermäßigen Gebrauch erotischer Stimulantien.

Die Papier-revolution von oben
Im Grunde war Josef der Zweite bloß ein besonders stark profilierter Vertreter des typisch österreichischen Bürokratismus, jener Weltweisheit, die sich bereits zufriedengibt, wenn sie alles genau schriftlich aufgezeichnet hat, indem sie glaubt, daß es dann schon da ist. Die josefinischen Reformen waren die sehr harmlosen und sehr gefährlichen Spielereien eines Kaisers, bloße Modelle und Attrappen, Dekorationsskizzen und Szenarien, Figurinen einer Reorganisation, die nie wirklich zur Aufführung kam. Die potemkinschen Dörfer, die ihm Katharina in Cherson vorführte, durchschaute er sofort, wie es ihm überhaupt im Leben keineswegs an gesunder Beobachtungsgabe fehlte; aber diese waren doch wenigstens Kulissen, seine Dörfer bloß auf dem Papier. So bestand denn auch seine ganze Regierung aus einer unübersehbaren Kette von Zirkularen, Verordnungen, Erlässen, die einander überstürzten, kreuzten,

widersprachen, überspitzten. Daneben überzog ein dichtes Netz von Geheimpolizisten, Spionen und »Vertrauten« das Land, um die Durchführung zu überwachen, die Aufnahme zu beobachten, die Widerstände zu registrieren.

Der Grundzug seines Wesens war nämlich, trotz scheinbarem Idealismus und Drang nach oben, eine extreme Nüchternheit und Trockenheit, Kälte und Prosa. Er war, im Gegensatz zu Friedrich dem Großen, völlig amusisch, die Literatur für ihn nur ein Hebel der Aufklärung, wie er sie verstand, nämlich der Verbreitung nützlicher Kenntnisse und liberaler Ansichten. Das freigeistige Schrifttum, das unter seiner Patronanz blühte, stand auf dem alleruntersten Niveau elenden Traktatgewäsches, und Herder sagte von ihm, er habe im Grunde genommen den ganzen Buchhandel für einen Käsehandel angesehen. Er suchte Voltaire nicht auf, als er die Gegend von Ferney passierte, und konfiszierte die deutsche Ausgabe seiner Werke. *Werther* kam in Wien als Praterfeuerwerk, in Linz als tragisches Ballett zur Aufführung; das Buch aber war verboten. In den Theatern dominierte die roheste Clownerie, worin ihre Pointen bestanden, zeigt ein Wiener Tarif, der als Honorar für jeden Sprung ins Wasser oder über eine Mauer einen Gulden, für eine Ohrfeige, einen Fußtritt oder Begießen 34 Kreuzer festsetzt. Das vom Kaiser ins Leben gerufene und reichdotierte Wiener Hof- und Nationaltheater »nächst der Burg« blieb vom Geist der Zeit völlig unberührt und suchte seinen Ehrgeiz in der Aufführung leerer Rührstücke und Amüsierstücke im Genre Schröders, Ifflands und Kotzebues.

So hat er es eigentlich niemandem recht gemacht: weder der Reaktion noch der Aufklärung, weder dem dritten Stand noch den Privilegierten. Der Grund lag weder in seinem Willen, der gut, noch in seinen Ideen, die vernünftig waren, sondern in seinem Mangel an echter Menschenkenntnis, wir können auch sagen: an Phantasie. Er besaß nicht die Gabe, sich in die Seelen seiner Untertanen zu versetzen und so ihre wahren Bedürfnisse zu erraten. Man begann sich daher bei all seiner eifrigen Redlichkeit sehr bald die Frage aufzuwerfen, die eine Flugschrift vom Jahre 1787 als Titel führte: »Warum ist der Kaiser Josef bei seinem Volke nicht beliebt?«

Und doch hat die Nachwelt gesunden Instinkt bewiesen, als sie gerade ihn aus einer langen Reihe von fruchtbareren Herrschern heraushob und in ihm etwas Besonderes, eine Art Helden- und Märchenfigur sah. Denn er besaß eine Eigenschaft, die unter den Fürsten und Machthabern dieser Erde höchst selten ist: er war modern. Auf einem alten legitimen Herrscherthron war er ein alles umwandelnder und erneuernder Revolutionär. Und daß auch er an sich die Wahrheit erfahren mußte, daß auf dieser Welt nur einer das Recht hat, Revolution zu machen: nämlich das Genie, gerade das macht ihn zu einer tragischen und rührenden Gestalt. Dieses ewig Suchende und schmerzvoll Unerfüllte, diese Stiefkindschaft des Schicksals verleiht ihm ein unzerstörbares Aroma von Romantik und Poesie. Die Menschheit hat, und darin liegt sicher eine Art Gerechtigkeit, allemal den unglücklichen Liebhabern des Lebens ein treueres und liebevolleres Andenken bewahrt als den Erfolgsmenschen. Jedes Kind weiß heute noch von Kaiser Max, dem letzten Ritter, zu erzählen, während sein ungleich mächtigerer Nachfolger, Karl der Fünfte, in die Geschichtsbücher verbannt ist. Und noch für lange Zeit wird der weitaus populärste Bayernkönig jener phantastische Ludwig der Zweite bleiben, dessen Regierungstaten darin bestanden, daß er die Staatsgelder für kindischen und geschmacklosen Theaterprunk vergeudete und die Aspirationen Bayerns auf die deutsche Hegemonie endgültig preisgab. In diesen und ähnlichen Dingen erweist die Menschheit ein großes Feingefühl, wie sie denn überhaupt nur in ihren einzelnen Exemplaren unerträglich zu sein pflegt, während sie als Ganzes zweifellos ihre Qualitäten besitzt.

Neben Friedrich dem Zweiten und Josef dem Zweiten steht Katharina die Zweite, die ebenfalls die stärkste monarchische Wirksamkeit entfaltete. Sie war durch einen von ihr inszenierten Staatsstreich zur Regierung gelangt, während sie an der Ermordung ihres Gatten aller Wahrscheinlichkeit nach unschuldig war. Sie regierte vollkommen absolutistisch; die von ihr einberufene gesetzgebende Versammlung war eine bloße Komödie und Konzession an den Zeitgeist. Von Josef dem Zweiten unterschied sie sich durch ihren klaren Weltblick, der nie Unmögliches ins Auge faßte, und ihr lebhaftes Interesse und Verständnis für das geistige Leben der Zeit. Sie stand in dauernder Korrespondenz mit Diderot, d'Alembert, Voltaire und anderen literarischen Koryphäen, die sie alle an ihren Hof zu ziehen suchte und durch reiche Geschenke und Pensionen auszeichnete, und war selbst Schriftstellerin. Gleich Friedrich und Josef besorgte sie mit einer unverwüstlichen Arbeitskraft alle Regierungsgeschäfte persönlich: »Madame«, sagte ihr einmal der geistreiche Prince de Ligne, »ich kenne kein Kabinett, das kleiner wäre als das russische: es erstreckt sich von der einen Ihrer Schläfen zur andern.« Durch ihr geschicktes Vorgehen und Zurückweichen und ihre mit Biegsamkeit gepaarte Zähigkeit war sie in der Balkanpolitik viel erfolgreicher als Josef. Ihr Ziel war Konstantinopel. Dies erreichte sie nicht, aber es kam unter ihrer Regierung zu den drei polnischen Teilungen.

Die Katastrophe dieses Reiches war seit langem fällig. Es war schon allein dadurch lebensunfähig, daß es bei seiner riesigen Ausdehnung eine unverhältnismäßig kleine und noch dazu wertlose Küste besaß. Dazu kam die unmögliche Verfassung. Der König wurde jedesmal durch tumultuarische Wahl bestimmt und besaß fast gar keine Rechte. Das »*liberum veto*« gestattete jedem Landboten, die Tätigkeit des Reichstags lahmzulegen, ja es bestand sogar die Bestimmung, daß, wenn ein einziges Gesetz durch einen derartigen Einspruch nicht zu-

Das Ende Polens

stande komme, auch alles vorher Beschlossene ungültig sei, und es war natürlich sehr leicht, ein solches einzelnes Veto zu erkaufen. Man sprach daher schon zu Anfang des Jahrhunderts von der »königlichen Republik Polen«, die man aber auch ebensogut eine königliche Anarchie hätte nennen können. Das Recht des bewaffneten Widerstandes war dem Adel, der »Schlachta«, sogar verfassungsmäßig gewährleistet. Die Bevölkerung bestand aus einigen großen Familien von ungeheurem Reichtum, einem gänzlich verschuldeten Betteladel und zu neun Zehnteln aus völlig entrechteten Leibeigenen, in denen, wie Georg Forster in seinen »Ansichten vom Niederrhein« sagte, die polnischen Edelleute beinahe die letzte Spur von Denkkraft getilgt hatten; dazwischen gab es nur Jesuiten und Juden und fast gar keinen Bürgerstand. Branntwein, Spiel und Syphilis waren die Mächte, die dieses »ritterliche« Volk seit Jahrhunderten beherrschten: selbst im Ausland waren die Polen als die verwegensten Hazardeure allgemein berüchtigt. Auch ihre Bestechlichkeit war sprichwörtlich und hat die Teilungen sehr erleichtert, wenn nicht überhaupt ermöglicht: die Teilungsmächte führten für diesen Zweck eine eigene gemeinsame Kasse. Während die Bauern im tiefsten Elend verkamen, lebten die wenigen Begüterten in einem ausschweifenden Luxus: so gab zum Beispiel 1789 der Fürst Karl Radziwill ein Fest für viertausend Personen, dessen Kosten nach dem heutigen Geldwert etwa vier Millionen Mark betrugen. Es gab keine Post, fast gar keine Apotheken und Schulen und nur herumziehende Handwerker, dagegen noch im ganzen Lande Wölfe.

Bei der ersten Teilung verlor Polen, das ursprünglich fast anderthalbmal so groß war wie Frankreich, etwa ein Drittel seines Besitzes. Rußland bekam territorial am meisten, war aber eigentlich durch den Handel benachteiligt, denn vorher war das ganze Königreich Polen nicht viel mehr als eine russische Provinz gewesen. Preußen erreichte durch seine Erwerbungen die vorteilhafte Verbindung zwischen Ostpreußen und Pommern, erhielt aber noch nicht den Hafen Danzig und die Festung Thorn. Für Westpreußen war der Besitzwechsel ohne Zweifel ein Glück, denn gleich nach 1772 wurde dort die Leibeigenschaft aufgehoben, der Bau des Bromberger Kanals begonnen und alles Erdenkliche für die Hebung der Bildung und des Wohlstandes unternommen. Auch vom nationalen Standpunkt war die Einverleibung nicht völlig ungerecht, denn das Land war früher deutsches Ordensgebiet gewesen, und in den Städten befanden sich noch starke deutsche Reste. Das beste Geschäft machte Österreich mit Galizien und dessen wertvollen Salzbergwerken. Maria Theresia hat diesen Gewaltakt immer als einen Flecken auf ihrer Regierung bezeichnet und sich auch wahrscheinlich wirklich Gewissensbisse darüber gemacht; aber Friedrich der Große sah die Sache kühler an und sagte: »Sie weinte, aber sie nahm.« An der zweiten Teilung partizipierte Österreich nicht, aber nicht aus Edelmut, sondern wegen der ungünstigen politischen Konstellation, die dritte im Jahre 1795 führte zur völligen Auflösung des Reiches.

Dieser in der neueren Geschichte vollkommen vereinzelt dastehende Vorgang hat jedoch in der öffentlichen Meinung fast gar keine Entrüstung ausgelöst, weil die damalige Menschheit kosmopolitisch orientiert war und daher die Vergewaltigung einer ganzen Nation gar nicht als solche empfand. Zumal in Deutschland war der heutige Begriff des Patriotismus gänzlich unbekannt. Lessing sagt: »Ich habe von der Liebe des Vaterlandes keinen Begriff, und sie scheint mir aufs höchste eine heroische Schwachheit, die ich recht gern entbehre.« Herder fragt: »Was ist eine Nation?«, und antwortet: »Ein großer ungejäteter Garten voll Unkraut, ein Sammelplatz von Torheiten und Fehlern wie von Vortrefflichkeit und Tugend.« Der junge Goethe schreibt: »Wenn wir einen Platz in der Welt finden, da mit unseren Besitztümern zu ruhen, ein Feld, uns zu nähren, ein

Kosmopolitismus

Haus, uns zu decken, haben wir da nicht ein Vaterland? und haben das nicht tausend und tausende in jedem Staat? und leben sie nicht in dieser Beschränkung glücklich? Wozu nun das vergebene Aufstreben nach einer Empfindung, die wir weder haben können noch mögen, die bei gewissen Völkern, nur zu gewissen Zeitpunkten, das Resultat vieler glücklich zusammentreffender Umstände war und ist? – *Römerpatriotismus?* Davor bewahre uns Gott wie vor einer Riesengestalt! Wir würden keinen Stuhl finden, darauf zu sitzen, kein Bett, darinnen zu liegen«; aber auch noch als ausgereifter Mann notiert er in sein Tagebuch im Hinblick auf die soeben erfolgte Gründung des Rheinbundes: »Zwiespalt des Bedienten und Kutschers auf dem Bock, welcher uns mehr in Leidenschaft versetzte als die Spaltung des Römischen Reiches.« Und der Verfasser eines »Artikels aus Katzenellenbogen« in Schlözers Staatsanzeigen sprach sicher die Ansicht weiter Kreise aus, als er schrieb: »Andere mögen es beklagen, daß unsere Fürsten nichts am Ganges zu befehlen haben; mir ist es ein Glück für unser Vaterland, daß der hanseatische Bund zerstört, der deutsche Admiral auf der See unter Ferdinand dem Zweiten in der Geburt erstickt und endlich Deutschland durch den Westfälischen Frieden auf einige Jahrhunderte hinaus in so viele kleine Staaten zerstückt wurde, wovon jeder sein eigenes Interesse hat, und bald die Lage, bald die Größe es dem einen oder dem anderen ohnmöglich machen, große Kauffahrteiflotten vom Stapel zu lassen. – Wie seltsam ist es doch, an der Malabarischen Küste nach Pfefferkörnern umherzurennen, wenn man doch noch zu Hause alle Hände voll zu tun hat!« Und Lichtenberg faßt die ganze Frage in seiner pointierten Art zusammen, indem er sagt: »Ich möchte was darum geben, genau zu wissen, für wen eigentlich Taten getan worden sind, von denen man öffentlich sagt, sie wären *für das Vaterland* getan worden.«

Auch Schiller bildet keine Ausnahme, obgleich man ein Jahrhundert lang in Schulbüchern und Leitartikeln versucht hat, ihn als Wiedererwecker des deutschen Patriotismus hinzustellen. Er benützt in seinen Dichtungen die Vaterlandsliebe lediglich als ein hochwertiges dramatisches Material, ohne ihr jedoch jemals eine deutschnationale Färbung zu geben. Er schildert im *Tell* den Heldenkampf eines Volkes um Freiheit und Heimat und in der *Jungfrau* den heroischen Widerstand des Landes gegen fremde Eroberer; aber jenes Volk sind die Schweizer, und dieses Land ist Frankreich. Auf deutschem Boden spielen nur zwei seiner Stücke, von denen das eine die verbrecherischen Zustände an einem Duodezhof darstellt und das andere eine Gesellschaft junger Leute schildert, die aus katilinarischer Verzweiflung eine Räuberbande bilden. Und am 13. Oktober 1789 schrieb er an Körner: »Das vaterländische Interesse ist nur für unreife Nationen wichtig, für die Jugend der Welt; es ist ein armseliges, kleinliches Ideal, für *eine* Nation zu schreiben; einem philosophischen Geiste ist diese Grenze durchaus unerträglich.«

Im übrigen wurden patriotische Regungen sogar von den Regierungen nur ungern gesehen, weil man dahinter sogleich Republikanismus witterte; und da man damals die Ansicht hatte, daß es echte Vaterlandsliebe nur in der Antike gegeben habe, sich aber sowohl Römer wie Griechen nur als extreme Republikaner vorstellen konnte, so lag eine solche Ideenverbindung in der Tat nahe. Im allgemeinen gab es eine politische Publizität überhaupt nur in Form verbotener Flugschriften. Die Zensur war gegen sie ebenso streng wie machtlos, ihre Verbote machten die Bücher nur populär, ja lenkten oft erst die Aufmerksamkeit auf sie, und so konnte es geschehen, daß gegen Ende der Regierungszeit Maria Theresias die Behörde auf ein Auskunftsmittel von echt österreichischem Schwachsinn verfiel, indem sie den Katalog der verbotenen Bücher verbot. Die soeben erwähnten Staatsanzeigen Schlözers, das einzige unabhängige politische Journal in deutscher Sprache, erschienen im freien Göttingen, das infolge der hannoverschen Personalunion fast eine englische Stadt war, und hatten einen großen Einfluß: sie waren immer auf dem Schreibtisch Kaiser Josefs zu finden, und Maria Theresia pflegte bei wichtigen Regierungsmaßnahmen zu bemerken: »Was wird Schlözer dazu sagen?«

Erziehungsmanie

Im allgemeinen beschäftigte sich das Interesse der gebildeten Kreise mehr mit den Gegenständen der inneren Verwaltung als mit den Fragen der Verfassung und äußeren Politik. Eine außerordentliche Bedeutung erlangten die Schriften des Marchese Beccaria, besonders sein Werk *Dei delitti e delle pene*, worin er mit edler Begeisterung gegen die Folter und die Todesstrafe und für eine öffentliche, unparteiische und humane Justiz eintrat: es wurde in fast alle Kultursprachen übersetzt und bewirkte in mehreren europäischen Staaten eine Reform der Rechtspflege. Das Zauberwort, von dem sich die Zeit die Lösung aller sozialen, ethischen und wirtschaftlichen Probleme erhoffte, hieß »Erziehung«. Man wollte nicht nur das Kind, sondern auch das »Volk«: den Landmann, den Kleinbürger, den Proletarier erziehen und erblickte am Ende dieses moralischen Lehrkurses die Verwirklichung des paradiesischen Reiches der Menschenliebe, Glückseligkeit und Freiheit; in diesem Glauben an die Universalkraft der Pädagogik offenbart sich einer der charakteristischsten Züge dieser neuen Kultur, die im wesentlichen von Lehrern und Pastoren geschaffen worden war. Allenthalben entstanden »Philanthropinen«, wie man die Reformschulen nannte, und andere Institute zur Volksbildung und Volksaufklärung. Leider geriet die Bewegung vielfach in die Hände reklamesüchtiger Wirrköpfe und Scharlatane; die gesunden Grundprinzipien, vor allem die größere Beachtung der körperlichen Ausbildung und die freiere Methodik des Unterrichts, haben sich aber im Laufe der Zeit fast überall durchgesetzt. An der Spitze dieser Bestrebungen stand Pestalozzi, der eigentliche Erfinder der

modernen Erziehungstechnik, die auf eine gleichmäßige Ausbildung des Herzens und des Kopfes abzielte und nicht, wie
bisher, vom Geiste des Lehrers, sondern von der Seele des Kindes auszugehen suchte. Im einzelnen besaß Pestalozzi keine
ganz klaren Anschauungen, sondern huldigte im Sinne des
Zeitalters einigen abstrakten und nebulosen Ideen, vor allem
der Theorie von der »Naturgemäßheit« des Unterrichts, die so
vieldeutig und weitmaschig ist, daß man mit ihr in der Praxis
alles und nichts anfangen kann. Diese hatte er aus Rousseau, der
der Zeit den größten Teil ihres Schlagwörterfundus lieferte:
»*Laissez faire en tout la nature*«, lehrte er in seinem Buche
Emile oder über die Erziehung.

Und denselben Grundsatz hatte für die Nationalökonomie, *Die Phy-*
die man damals ebenfalls zum Gebiet der Volkserziehung rech- *siokraten*
nete, schon lange vor Rousseau Boisguillebert aufgestellt:
»*Qu'on laisse faire la nature!*«, indem er für eine von allen staatlichen Eingriffen befreite Entwicklung des Wirtschaftslebens
eintrat. Ein halbes Jahrhundert später gründete d'Argenson auf
dieses Postulat sein System des »*laissez faire!*« Der Klassiker
dieser Richtung wurde Quesnay, Leibarzt Ludwigs des Fünfzehnten, der zunächst in seinem *Tableau économique* die Forderung des »*laissez passer!*« wiederholte und 1768 in seinem
Werk *La physiocratie* die Schule der Physiokraten begründete,
die das ganze spätere Jahrhundert beherrschte. Das Wort will
besagen, daß die Natur frei herrschen soll, weil allein aus den
natürlichen Quellen der Wirtschaft Wohlstand und Fortschritt
fließen. Daher wird der Merkantilismus verworfen: nicht Handel und Industrie sind produktiv, sondern nur Grund und Boden: »*La terre est l'unique source des richesses.*« Die wichtigsten
Bevölkerungsklassen sind demnach die Grundbesitzer, denn
nur sie verfügen über einen wirklichen Reinertrag, und die
Landarbeiter, die die eigentliche *classe productive* darstellen; die
Gewerbe- und Handeltreibenden hingegen bilden die *classe*

stérile: der Wert ihrer Produkte ist immer nur gleich den Produktionskosten, die Stoffe selbst können sie nicht vermehren; sie sind daher, wie Turgot weiter ausführte, bloße *salariés,* besoldete Diener der Ackerbauer. Freiheit des Austausches und Wettbewerbes führt von selbst zu natürlichen Preisen: dies ist der *ordre naturel,* dem die wirkliche Ordnung der Dinge, *l'ordre positif,* möglichst angeglichen werden muß. Der Weg hierzu ist die Aufhebung der bisherigen staatlichen Beschränkungen, Eingriffe und Lasten: der Fronden, der meisten Steuern, der Preisüberwachungen, besonders beim Getreide; sie alle sind wider die Natur. Diese neue Lehre ergriff alle geistig interessierten Kreise wie ein Fieber: man begann sich in den Salons gegen die Monopole und Schutzzölle und für die Hebung der Landwirtschaft zu erhitzen, die Nationalökonomie wurde Modewissenschaft. »Gegen 1750«, sagt Voltaire, »wird die Nation der Verse, der Tragödien, der Lustspiele, der Romane, der Opern, der romantischen Geschichten, der noch romantischeren moralischen Betrachtungen und der Disputationen über Anmut und Knickse überdrüssig und beginnt über das Getreide zu räsonnieren.« Es blieb aber im wesentlichen beim bloßen Räsonnement, und im übrigen ersetzten, wie man bereits bemerkt haben wird, die Physiokraten oder Ökonomisten, wie sie auch vielfach genannt wurden, nur eine Einseitigkeit durch eine andere.

Konzeption des Maschinenmenschen Es ist das Verdienst des Engländers Adam Smith, aus dem Boden dieser Anschauungen eine haltbarere und umfassendere Theorie entwickelt zu haben, die sich in einem gewissen Grade bis zum heutigen Tage behauptet hat. Sein Hauptwerk *Inquiry into the nature and causes of the wealth of nations* konstatiert zunächst zwei Produktionsfaktoren: erstens die Arbeit, zweitens Boden und Klima. Der Wert aller Güter ist durch das Maß der Arbeit bestimmt, das auf sie verwendet wird und ihren natürlichen Preis bildet; dieser ist nicht immer identisch mit dem Marktpreis, der noch von anderen Umständen, hauptsächlich vom Verhältnis zwischen Angebot und Nachfrage abhängt. Ferner unterscheidet Smith Gebrauchswert und Tauschwert; bei demselben Gegenstand kann der eine sehr hoch und der andere gleich null sein: so haben zum Beispiel Wasser und Luft einen außerordentlichen Gebrauchswert und fast gar keinen Tauschwert und umgekehrt Diamanten und Straußenfedern einen sehr bedeutenden Tauschwert und einen sehr geringen Gebrauchswert. Die Größe des Volksvermögens ist abhängig von der Menge der Güter, die einen Tauschwert haben, und dieser wiederum von dem Maß der investierten Arbeit: die Arbeit also ist der wahre Preis der Waren, das Geld nur ihr Nominalpreis. Smith ist somit kein reiner Physiokrat, da er jede Arbeit, nicht bloß den Landbau, als wertbildend und produktiv anerkennt und von den Gutsbesitzern sogar sagt, sie seien Menschen, die ernten, wo sie nicht gesät haben; vielmehr erblickt er die wichtigste Gesellschaftsklasse in den Kapitalisten, die, indem sie ihr Geld in der Produktion anlegen und dadurch Arbeitsgelegenheit schaffen, die Wirtschaft am meisten fördern. In seinen praktischen Forderungen und Folgerungen ist er aber mit den Ökonomisten einer Meinung: er verlangt vollkommene Handels- und Verkehrsfreiheit, Aufhebung der bäuerlichen Lasten und der Leibeigenschaft, der Preiskontrolle und des Zunftzwangs. Als das Idealmittel zur Hebung der Produktion erschien ihm die strengste Arbeitsteilung, mit anderen Worten: die Mechanisierung der Arbeit. Dabei dachte er noch nicht an Maschinen, sondern bloß an intensivste Spezialisierung der manuellen Tätigkeit. Ein Arbeiter, sagt er, kann im Tage zehn Stecknadeln erzeugen; in einer Manufaktur vermögen zehn spezialisierte Handfertige, die richtig ineinanderarbeiten, in derselben Zeit 48 000 Stecknadeln herzustellen.

Wir sehen, daß ihm, obgleich das Zeitalter der Maschinenkultur noch nicht angebrochen war, die neue Idee bereits ganz deutlich vorschwebte, die darin besteht, daß der Mensch nur noch als Wirtschaftssubjekt gewertet wird, ja eigentlich nur als Wirtschaftsobjekt, als Tauschartikel und Rad einer Maschine.

Papin hatte bereits im Jahre 1690 in den *Acta eruditorum* unter dem Titel »Neues Verfahren, bedeutende bewegende Kräfte zu billigen Preisen zu erhalten« seine Experimente mit dem Dampftopf veröffentlicht: also schon bei ihm stand das wirtschaftliche Moment im Vordergrund. Newcomen baute 1712 nach Papins Prinzip einen Apparat zum Heben von Wasser; 1769 erfand Arkwright die Spinnmaschine; in demselben Jahr nahm James Watt das Patent auf seine Dampfmaschine; 1786 gelang Cartwright die Herstellung des mechanischen Webstuhls; und das »Puddeln«, die Gewinnung von Stahl aus Roheisen, das 1784 patentiert wurde, schuf die wichtigste Vorbedingung für den exakten Maschinenbau. Gegen Ende des Jahrhunderts waren die Maschinen in England bereits ziemlich verbreitet; auf dem Kontinent erst erheblich später. Wir stoßen hier wiederum auf die bereits mehrfach hervorgehobene Tatsache, daß in der menschlichen Kulturentwicklung das Primäre stets der Gedanke ist, auf den die entsprechenden Tatsachen ganz von selber folgen: erst konzipierte der Engländer den Maschinenmenschen, und als dies geschehen war, blieb ihm gar nichts anderes mehr übrig, als die dazugehörige Maschine zu erfinden oder vielmehr wiederzuerfinden, denn sie war bereits dem Altertum bekannt, das sie aber, und zwar von seinem Weltbild aus mit Recht, für eine bloße Spielerei hielt.

Die »Läster- schule«   Das englische Schrifttum erlebte damals einen seiner Höhepunkte. Die Juniusbriefe, vielleicht das wirksamste politische Pamphlet aller Zeiten, hämmerten die Ideen des Liberalismus mit ebensoviel Energie wie Bosheit in alle Gehirne. Goldsmith dichtete seinen *Vicar of Wakefield*; Sterne, eines der merkwürdigsten Genies der Weltliteratur, schrieb den *Tristram*

Shandy; Fielding machte in seinen Romanen die Figuren Richardsons lächerlich, indem er das pharisäisch Unanständige und Verlogene, Leere und Platte ihrer Kaufmannstugend zeigte, die bloße Firmenkorrektheit ist, und immer den Taugenichts siegen ließ, der viel menschlicher und wahrhaftiger ist, weil er seine Triebe nicht unterdrückt oder wegheuchelt; und Sheridans Lustspiele konservierten das Leben der damaligen Londoner Gesellschaft in dem reinen und starken Spiritus ihres Witzes. Alle diese Dichter besitzen die kristallklare Heiterkeit von Menschen, die über allen Situationen stehen, und ihr Esprit hat die seltene Eigentümlichkeit, daß er niemals schwitzt: sie *müssen* ganz einfach geistreich sein. Sie öffnen irgendein Ventil ihres Gehirns und sofort strömt eine lustige Dampfwolke von zahllosen Paradoxien, Sottisen, Bonmots, Bübereien heraus. Sheridans *Lästerschule* zum Beispiel kann tatsächlich noch heute als Unterrichtskursus der graziösen Bosheit gelten.

»Sie können doch nicht leugnen, daß Fräulein Vermilion hübsch ist. Sie hat so reizend frische Farben.« – »Ja, besonders wenn sie frisch angestrichen ist.« – »O pfui! Ich möchte schwören, daß ihre Farben natürlich sind. Man kann ja sehen, wie sie kommen und gehen.« – »Gewiß kann man das sehen. Sie gehen am Abend und kommen am Morgen. Und wenn sie einmal ausbleiben, so kann sie ihr Mädchen um sie schicken.« – »Aber eines steht fest: ihre Schwester ist – oder *war* – sehr schön.« – »Wer? Frau Evergreen? Mein Gott, sie ist heute sechsundfünfzig Jahre.« – »Nein, da tun Sie ihr ganz gewiß unrecht: zweiundfünfzig oder dreiundfünfzig ist das Höchste; und ich finde, sie sieht nicht älter aus.« – »Ach, nach ihrem Aussehen kann man nicht urteilen, denn man bekommt ja niemals ihr Gesicht zu sehen.« – »Nun, wenn Frau Evergreen auch einige Mittelchen anwendet, um die Schäden der Zeit zu verdecken, so muß man ihr doch lassen, daß sie es sehr geschickt macht, jedenfalls besser als die Witwe Ochre, die eine sehr unbegabte Malerin ist.« – »Nein, nein, Sie sind zu streng gegen die Witwe Ochre, denn, sehen Sie, es liegt nicht daran, daß sie schlecht malt, sondern wenn sie ihren Kopf fertig hat, so fügt sie ihn so ungeschickt an den Hals, daß sie aussieht wie gewisse alte Statuen, bei denen der Kenner sofort bemerkt: der Kopf ist modern, aber der Rumpf ist antik.« – »Sie sind zu boshaft, Mylady. Ich glaube, echter Witz ist der Gutmütigkeit näher verwandt, als Sie anzunehmen scheinen.« – »Gewiß, ich glaube sogar: sie sind so nahe verwandt, daß sie nie eine Ehe schließen können.«

Man wird zugeben, daß diese Gespräche durchaus keine Alterspatina besitzen, sondern geradesogut gestern geschrieben sein könnten. Und dies ist einer der vielen Genüsse, die die Lektüre dieser Satiriker bietet: man bemerkt mit großer Beruhigung, daß die Menschen schon vor hundertfünfzig Jahren ein ebensolches Gesindel waren wie heutzutage.

Der Abfall Nordamerikas
Während so das englische Leben auf fast allen Gebieten eine Steigerung erfuhr, erhielt das britische Imperium, das schon damals fast ein Weltreich war, einen empfindlichen Schlag durch den Abfall Amerikas. Die erste englische Kolonie im Westen war Virginia gewesen, unter der Königin Elisabeth von Abenteurern gegründet, die dort an mehreren Punkten Plantagenwirtschaften anlegten, hauptsächlich aber nach Gold suchten und dafür den Tabak fanden. 1620 entstand durch die Landung der »Mayflower«, in der die »Pilgerväter« vor den religiösen Verfolgungen der Hochkirche Schutz suchten, die Puritanerkolonie von New Plymouth, so genannt nach dem Ort der Abfahrt, und mit ihr wurde die etwas später gegründete, ebenfalls puritanische Niederlassung Massachusetts vereinigt, deren Hauptort Boston war. Die Hauptnahrungsquellen dieser einfachen Ansiedler waren die Fischerei und der Schiffbau, für den

der große Holzreichtum des Landes überreiches Material lieferte. Die Vertreibung der Holländer aus Neu-Amsterdam, das von da an New York hieß, und die Gründung Pennsylvaniens durch die Quäker haben wir schon erwähnt: in diesem Lande lag die wichtigste Stadt Philadelphia, gegründet im Jahre 1682. Im Süden wurden die großen Kolonien Carolina und Georgia an Virginia angeschlossen. Schließlich bildeten alle diese Gebiete einen zusammenhängenden breiten Streifen an der Ostküste Nordamerikas.

Die Verwaltung vom Mutterland aus geschah nach extrem merkantilistischen Prinzipien: man verbot den Kolonisten, eigene Industrien zu errichten und ihre Rohstoffe anderswohin als nach England auszuführen, was, da dadurch jede Konkurrenz ausgeschlossen war, empfindlich auf die Preise drückte und große Erbitterung erregte. Dazu kam, daß England gerade durch den Sieg im Siebenjährigen Krieg die wirksamsten Vorbedingungen für den Abfall geschaffen hatte, denn nun waren die Staaten, von der Umklammerung Frankreichs befreit, nicht mehr auf den Schutz der britischen Regierung angewiesen. Die Einführung von Auflagen auf eine große Anzahl englischer Importartikel führte zu dem Beschluß, alle Waren zu boykottieren, für die an England Steuern zu entrichten seien. Daraufhin ließ man in London diese Verordnungen fallen und erklärte, nur den Teezoll aufrechterhalten zu wollen; aber die Gärung war schon zu groß: das Volk verlangte stürmisch nach Selbstvertretung im Parlament, und durch das ganze Land ging der Kampfruf: *»No taxation without representation!«* 1773 warfen als Indianer verkleidete Patrioten die ganze Ladung eines Teeschiffes ins Wasser, 1774 beschloß ein Abgeordnetenkongreß in Philadelphia den Abbruch des Handelsverkehrs mit dem Mutterlande. Damit war der Krieg unvermeidlich geworden. Unter der Führung George Washingtons wurde ein Freiwilligenheer gebildet, das gegen die englischen Soldtruppen, die zum Teil aus verkauften deutschen Untertanen bestanden, mit wechselndem Erfolge kämpfte. 1776 kam es zur Unabhängigkeitserklärung der dreizehn Vereinigten Staaten, die unter anderem den folgenschweren Satz aufstellte, daß alle Menschen frei und gleich geboren seien. Der Krieg dauerte acht Jahre und schloß mit der Anerkennung der Unabhängigkeit sämtlicher Staaten im Frieden von Versailles. Die Amerikaner waren anfangs im Nachteil, da ihre Miliz bei aller physischen Geschicklichkeit und Terrainkenntnis nur den taktischen Wert eines Aufgebots von weißen Indianern hatte; in dem preußischen Oberst Friedrich Wilhelm von Steuben fand das Bundesheer aber einen talentvollen Organisator, und der Beitritt Frankreichs, Spaniens und Hollands gab dem Krieg eine für England sehr ungünstige Wendung. Diese diplomatischen Erfolge waren in erster Linie das Verdienst Benjamin Franklins, der in Paris als Unterhändler erschien und dort meisterhaft die damals so beliebte Rolle des schlichten Bürgers und geraden Republikaners spielte. Seine schmucklose Kleidung, sein ungepudertes Haar, seine bescheidenen Manieren erregten das Entzücken aller Salons. Man verglich ihn mit Fabius und Brutus, Plato und Cato, sein Bild wurde überall verkauft, so daß sein Gesicht, wie er an seine Tochter schrieb, so bekannt war wie das des Mondes. Er wußte ganz genau, daß es sich nur um eine Mode handelte, und nutzte sie als schlauer Geschäftsmann für seine Zwecke. Die Damen trugen Hüte und Frisuren *à l'Indépendance, à la Bostonienne, à la Philadelphie, à la nouvelle Angleterre,* die Herren gingen in grobem Tuch und dicken Schuhen *à la Franklin* und mit Knotenstock und großem rundem Quäkerhut *à la Penn.* Der Marquis de Lafayette, der am Kriege teilgenommen hatte, hängte in seinem Zimmer zwei Tafeln auf: Die eine enthielt die amerikanischen Menschenrechte, die andere war vollkommen leer und trug die Überschrift: »Die Menschenrechte der Franzosen«. Die französische Regierung nahm im

Frieden von Versailles an England Revanche; aber diese Revanche kostete sie sechs Jahre später ihre eigene Existenz.

Die Stimmung der Zeit verdichtete sich zu elektrisierender Wirkung in der *Hochzeit des Figaro*, die ein Jahr nach der Beendigung des amerikanischen Krieges zur Aufführung gelangte. Daß das Stück, das jahrelang mit den größten Zensurschwierigkeiten zu kämpfen hatte, schließlich doch erlaubt wurde, bedeutete bereits den Sieg der Revolution und die Kapitulation der alten Gesellschaft, die in dieser drohenden Feuererscheinung nur ein amüsantes Raketengeprassel erblickte. Die Privilegierten applaudierten ebenso entzückt wie der dritte Stand, als Figaro seinen berühmten Satz sprach: *»Monsieur le comte… qu'avez-vous fait pour tant de biens? Vous vous êtes donné la peine de naître, et rien de plus.«* Bei der Premiere war ein solcher Andrang, daß drei Personen erstickten, und es folgten über hundert Aufführungen, was damals etwa zehnmal soviel bedeutete wie heutzutage. Der *Figaro* führte den Untertitel: *»la folle journée«,* und sein Erscheinen bezeichnet in der Tat einen der tollsten Tage der französischen Geschichte. Beaumarchais sagte selbst: »Es gibt etwas Närrischeres als mein Stück, das ist sein Erfolg«, und Napoleon erklärte, im *Figaro* sei bereits die Revolution auf dem Marsche gewesen. Die Frechheit Figaros unterscheidet sich jedoch sehr wesentlich von der Rousseaus, sie gehört noch zum Rokoko, ist graziös, bijouteriehaft, aimabel und voll Selbstironie. Sie ist die Frechheit des Lakaien, der noch im Dienst dessen steht, gegen den er unverschämt ist, und sich daher in denselben Formen ausdrückt und bewegt wie er; sie hat sich daher trotz scheinbarer Zügellosigkeit immer in der Gewalt. Beaumarchais ist noch durch zahlreiche Fäden mit dem Ancien régime verknüpft. Seine Götter waren Geld und Genuß. Er entrierte zahlreiche große Handelsgeschäfte, wurde der Erfinder der Theatertantieme, und auch sein Held Figaro ist ein zynischer Geldmacher. Andrer-

Beaumarchais und Chamfort

seits berührt er sich mit Rousseau und Chamfort darin, daß seine Attacken nichts waren als eine geistreiche Vorrevolution, ein Gedankenspiel, aus der Freude an Sensation und Widerspruch geboren, ein Marionettentheater ohne bewußte Konsequenzen. Die große Wirklichkeit ging denn auch über ihn hinweg, wie sie über Chamfort hinwegging und über Rousseau hinweggegangen wäre, wenn er sie erlebt hätte. Schon Mirabeau schleuderte Beaumarchais die Worte entgegen: »Erwarten Sie für die Zukunft nichts als den Vorzug, vergessen zu werden.« Während der Revolution rettete er mit Mühe sein Leben.

Die Polemik Chamforts, noch immer spielerisch, hat doch schon einen viel aggressiveren Charakter. In seinen *Pensées* sagt er ganz unverhohlen: »Der Adel, heißt es, ist eine Zwischenstufe zwischen König und Volk. Ja, wie der Jagdhund eine Zwischenstufe zwischen dem Jäger und dem Hasen ist!« und: »Ich betrachte den König von Frankreich nur als den König von ungefähr hunderttausend Menschen, unter die er den Schweiß, das Blut und die Haut von über vierundzwanzig Millionen anderer Menschen aufteilt.« Eines Morgens bemerkt er zum Grafen von Lauraguais: »Ich habe eine Arbeit vollendet.« – »Wie? Ein Buch!« – »Nein, kein Buch. Ich bin nicht so dumm, so etwas zu machen. Aber den Titel eines Buches, und dieser Titel ist alles. Ich habe ihn bereits dem Puritaner Sieyès zum Geschenk gemacht, der ihn nach Belieben ausführen darf. Mag er dazuschreiben, was er will: Man wird sich nur an den Titel erinnern.« – »Nun und wie lautet er?« – »Was ist der dritte Stand? Alles. Was besitzt er? Nichts.« In der Tat hat Sieyès seiner berühmten Broschüre, die eine so außerordentliche Wirkung übte, diesen Titel gegeben und ihn nur durch den dritten Satz vermehrt: »Was verlangt er? Etwas zu sein«, der aber die epigrammatische Schlagkraft eher abschwächt; und in der Tat hat man sich von dieser Broschüre nichts gemerkt als den Titel. Noch eine zweite ebenso lapidare und zündende Devise der

Revolution: »Krieg den Palästen, Friede den Hütten«, stammte von Chamfort. Im übrigen aber war er durchaus kein Verehrer der Masse und der öffentlichen Meinung. »Ein einzelner«, sagt er in den *Pensées*, »kann nie so verächtlich sein wie eine Korporation«, und an einer anderen Stelle schreibt er: »Das Publikum! Das Publikum! Wieviel Dummköpfe müssen denn zusammenkommen, damit ein Publikum entsteht?« Über die Nationalversammlung von 1789 bemerkt er: »Betrachtet man die Mehrzahl der Abgeordneten, so hat man den Eindruck, als hätten sie nur darum Vorurteile zerstört, um Vorurteile zu haben, etwa die Leute, die ein Bauwerk niederreißen, um Abbruchmaterial zu bekommen.« Eines dieser boshaften Bonmots führte zu seiner Internierung: als er nämlich beim Anblick der überall angebrachten Inschrift: »*Liberté, Egalité, Fraternité ou la mort!*« bemerkte: »*C'est la fraternité de Caïn.*« Er wurde wieder freigelassen, sollte aber später ein zweitesmal verhaftet werden und beging infolgedessen einen Selbstmordversuch. Es ist nicht vollkommen aufgeklärt, ob er an diesem oder an seinem langjährigen Blasenleiden starb.

Was Rousseau anlangt, so ist bereits die Entstehungsgeschichte seines Erstlingswerks für ihn ungemein charakteristisch. Die Akademie in Dijon hatte die Preisaufgabe gestellt: »Hat die Erneuerung der Wissenschaften und Künste dazu beigetragen, die Sitten zu reinigen?« Diderot fragte Rousseau: »Welchen Standpunkt werden Sie einnehmen?« – »Natürlich den bejahenden.« – »Das ist die Eselsbrücke«, erwiderte Diderot, »alle Mittelmäßigkeiten werden diesen Weg gehen. Der entgegengesetzte eröffnet dem Denken und der Beredsamkeit neue Gebiete.« Rousseau befolgte diesen Tip und machte mit seiner Antwort, die gekrönt wurde, die erhoffte Sensation. Einmal entschlossen, die Gegenansicht zu vertreten, ging er weit über die gestellte Frage hinaus, indem er, sich zu schäumender Wut gegen die gesamte menschliche Kultur aufpeitschend, in

Rousseaus Naturbegriff

glänzender Rhetorik zu beweisen suchte, daß sie die Sitten nicht nur nicht verbessert, sondern korrumpiert habe und überhaupt an allem Unglück der Menschheit schuld sei. Was würden wir mit den Künstlern anfangen ohne den verderblichen Luxus, der sie großzieht? Wären wir ohne die Gelehrten weniger zahlreich, weniger gut regiert, weniger blühend? Im Gegenteil: nur die Wissenschaft und die Kunst haben es bewirkt, daß das Talent über die Tugend gestellt wird. Einige Jahre später stellte die Akademie von Dijon eine zweite Preisfrage: »Welche Ursache hat die Ungleichheit der Menschen, und ist sie in der Natur begründet?« Rousseau widmete auch diesem Thema eine Abhandlung und erregte mit ihr noch größeres Aufsehen als mit seiner ersten Schrift: gerade das blinde und gehässige Ressentiment, das aus ihr sprach, machte den Erfolg. Er findet die Ursache der Ungleichheit, die eine empörende Unnatürlichkeit und Ungerechtigkeit ist, wiederum in der Zivilisation, in den staatlichen und gesellschaftlichen Einrichtungen, die der Mensch willkürlich geschaffen hat. Der einzig menschenwürdige Zustand ist der Naturzustand: »Wenn die Natur uns dazu bestimmt hat, gesund zu sein, so wage ich fast zu behaupten, daß der Zustand der Reflexion ein widernatürlicher Zustand ist und daß ein Mensch, der denkt, ein entartetes Tier ist.« »Der erste, der ein Stück Land einzäunte und sich vermaß zu sagen: das gehört mir, und Leute fand, die einfältig genug waren, es zu glauben, war der wahre Gründer der bürgerlichen Gesellschaft. Wie viele Verbrechen, wie viele Kriege, wie viele Entbehrungen und Schrecken wären der Menschheit erspart geblieben, wenn einer die Grenzpfähle ausgerissen, die Gräben verschüttet und seinen Mitmenschen zugerufen hätte: hütet euch, diesen Betrüger anzuhören; ihr seid verloren, wenn ihr vergeßt, daß die Frucht allen und das Land niemandem gehört!« Alle Kultur ist Arbeitsteilung, Arbeitsteilung bedeutet Ungleichheit, und in der Ungleichheit liegt der Ursprung alles

Übels. Nun lautet aber andrerseits die Kardinalforderung Rousseaus: Rückkehr zur Natur; er haßt die Kultur hauptsächlich deshalb, weil sie Veränderung, in seinem Sinne Perversion der ursprünglichen Menschennatur bedeutet. Wir wollen hier nicht auf die Frage eingehen, ob Natur oder Kultur die normale und angemessene Verfassung des historisch gewordenen Individuums ist und ob der »Naturzustand« dem modernen Menschen überhaupt möglich, ja auch nur vorstellbar ist, sondern nur, Rousseaus eigenen Prinzipien folgend, sein ideales Vorbild, die Natur betrachten. Und da finden wir *überall* Arbeitsteilung und Ungleichheit, und zwar nimmt die Arbeitsteilung mit der geistigen und physischen Entwicklung der Organismen konstant zu. *Keine* Arbeitsteilung ist, genaugenommen, schon nicht mehr bei einzelligen Algen und Infusorien zu finden, sondern nur bei den noch tiefer stehenden membranlosen »Moneren«. Der Organismus der höheren Lebewesen aber ist streng arbeitsteilig, aristokratisch und hierarchisch organisiert, und das Gehirn beherrscht und leitet monarchisch den ganzen Körperstaat; daß es in den monarchischen Staatskörpern nur selten dieselbe dominierende Rolle spielt, ist nicht Schuld der Staatsform.

Rousseaus Naturbegriff war aber eben gar kein wissenschaftlicher, sondern ein literarischer. Mit dem Wort »*nature*« verband er nicht eine aus strenger und ernster Beobachtung der physischen Welt geschöpfte Generalidee, sondern irgend etwas Romantisch-Sentimentales, aus einer schlechten Spieloper oder verlogenen Reisebeschränkung Hängengebliebenes. Man verstand ihn indes in Frankreich nur zu gut. Und bald sollte das Prinzip der Arbeitsteilung so gründlich geleugnet werden, daß man den Kopf Lavoisiers, weil er sich zu einseitig mit Chemie befaßt hatte, unter die Guillotine brachte.

Das nächste größere Werk Rousseaus war sein Roman *Julie ou la nouvelle Héloïse*. Auch hier schlug er einen ganz neuen Ton an: in dieser Seelenschilderung tritt zum erstenmal die

Héloïse, Contrat und Emile

Liebe des modernen Empfindungsmenschen als wirkliche Leidenschaft auf, als tragische Katastrophe, übermenschliche Fatalität und elementare Naturkraft. Und doch stört auch hier
wieder die Berechnung auf den Effekt, der Wille zur Fassade,
das Übermaß an Rhetorik; die Marquise du Deffand, die den
Scharfsinn und Geschmack eines Diderot mit einem hellseherischen psychologischen Takt verband, wie ihn nur ihr Geschlecht besitzt, und daher als das kritische Genie ihrer Zeit
bezeichnet werden kann, sagte von der *Héloïse*: »Es gibt vorzügliche Stellen in dem Buch, aber sie gehen unter in einem
Ozean von Geschwätzigkeit.« Kurz darauf folgte der *Contrat
social*. In diesem Werk wird die Lehre von der Volkssouveränität mit einer fanatischen Energie und Intransigenz verkündet, wie sie bisher noch nicht vernommen worden war. Die jeweilige Regierung ist nicht durch einen Vertrag eingesetzt,
sondern durch einen Auftrag, den sie vom Volk erhalten hat;
daher sind ihre Mitglieder nicht die Herren, sondern die Angestellten des Volkes, deren Mandat nur so lange gilt, als es dem
Volk gefällt. Von Zeit zu Zeit soll durch eine allgemeine Volksabstimmung entschieden werden, ob die gegenwärtige Regierungsform beizubehalten ist und ob ihre Exekutivorgane weiter mit der Verwaltung betraut werden sollen oder nicht. Das
Christentum ist zur Staatsreligion ungeeignet, denn es predigt
Demut und Unterwerfung und begünstigt dadurch die Gewalt-
herrschaft; das souveräne Volk muß daher eine neue Religion
bestimmen. Nur die Zahl entscheidet. Bin ich in der Minder-
heit, so beweist das nur, daß ich mich geirrt habe, indem ich eine
Meinung für den allgemeinen Willen hielt, die es nicht war. Wer
sich weigert, diesem Kollektivwillen zu gehorchen, muß durch
die gesamte Körperschaft zum Gehorsam gezwungen werden,
und das heißt nur: die Körperschaft zwingt ihn, frei zu sein.
Da der »Souverän« nichts ist als die Zusammenfassung aller
einzelnen, so kann er diesen niemals schaden wollen, denn es

ist unmöglich, daß der Körper seinen Gliedern schaden will. Diese hinterlistigen Sophismen sollten einige Jahrzehnte später tatsächlich die Wirklichkeit regieren: der Souverän erhob sein Haupt und zwang, jedoch ohne ihnen schaden zu wollen, alle, die sich geirrt hatten, mittels des Fallbeils zur Freiheit.

Fast gleichzeitig mit dem *Contrat* erschien der lehrhafte Roman *Emile ou de l'éducation*, dessen schönste Partie die berühmte »Profession de foi du vicaire savoyard« ist: Hier wird, mit deutlicher Polemik gegen Voltaire, die platte Christusauffassung der Aufklärung widerlegt, die im Heiland einen ehrgeizigen Sektierer, bestenfalls einen antiken Weisen von der Art des Sokrates erblickt hatte: »Ist das wohl der Ton, den ein Schwärmer oder ein ruhmbegieriger Sektenstifter anschlägt? Welche Sanftmut! Welche Sittenreinheit! Welche rührende Anmut in seinen Unterweisungen! Welche Erhabenheit in seinen Grundsätzen! Welche tiefe Weisheit in seinen Reden! Welche Geistesgegenwart! Welche Feinheit und Schlagkraft in seinen Antworten! Welche Herrschaft über die Leidenschaften! Wo ist der Mann, wo der Weise, der ohne Schwäche und Ostentation so zu handeln, zu leiden und zu sterben versteht! … Wenn Sokrates in Leben und Tod ein Weiser war, so erkennen wir bei Christus das Leben und den Tod eines Gottes.« Im übrigen wird im *Emile*, wie wir bereits erwähnten, als Universalmittel gegen alle Schäden der bisherigen Erziehungsmethoden jene vage und vieldeutige Rückkehr zur Natur gepredigt. Das Kind soll alles auf »natürlichem« Wege erlernen, durch Selbstdenken, eigene Anschauung und glücklichen Zufall: eine bestechende Maxime, sehr geeignet für faszinierende Prunkreden, für die Praxis so gut wie wertlos. Mit großer Emphase ermahnt Rousseau die Mütter, ihre Kinder selbst zu stillen, und die Väter, ihre Kinder selbst zu erziehen: nur wer die Vaterpflichten auf sich nehme, habe das Recht, Vater zu werden. Er hatte damals gerade sein fünftes Kind ins Findelhaus geschickt.

In allen diesen Werken offenbart sich Rousseau weder als Gestalter noch als Denker, sondern nur als genialer Journalist und daneben an gewissen Stellen als suggestiver Lyriker und, was damals in der Literatur vollkommen neu war, als virtuoser Landschafter, wie er denn auch der eigentliche Entdecker der wildromantischen Natur war: »Man weiß schon«, sagt er in den »Confessions«, »was ich unter einer schönen Gegend verstehe. Niemals eine Landschaft der Ebene, mag sie noch so schön sein. Ich verlange Gießbäche, Felsen, Tannen, dunkle Wälder, Berge, rauhe, auf- und abführende Pfade und recht fürchterliche Abgründe neben mir.«

Das Grundmotiv seiner ganzen Schriftstellerei ist, Aufsehen zu erregen, um jeden Preis, und alles, was reiner, reicher und gesünder ist, mit allen Mitteln ins Unrecht zu setzen. Dabei ist er zweifellos geistig nicht normal, sondern von drei bis vier fixen Ideen hin und her geschleudert, die er aber im Rausch seiner begeisterten Dialektik zu den glänzendsten Truggeweben auszuspinnen vermag. Die verbissene Humorlosigkeit, die allen Geisteskranken eigentümlich ist, verbindet sich in ihm mit dem dumpfen und schwerfälligen Ernst des Plebejers, der alles eindeutig, alles buchstäblich, alles kompakt nimmt, weil er immer nur unter fordernden und bockbeinigen Realitäten gelebt hat. Daß ein Volk und Zeitalter, dem die Dinge überhaupt erst als geistig existenzberechtigt erschienen, wenn sie mit Witz und Ironie, Anmut und Geschmack, Leichtsinn und Doppelsinn gesagt wurden, nun dem entgegengesetzten Extrem zujubelte, bezeichnete die letzte Stufe der Décadence, die dem Ancien régime überhaupt erreichbar war.

Rousseaus Charakter Was seinen moralischen Charakter betrifft, so war er so abscheulich, daß es schon aus diesem Grunde ganz unmöglich ist, ihn unter die Genies zu rechnen. Von seinem zweimaligen Glaubenswechsel, der beide Male aus eigennützigen Motiven erfolgte, wollen wir nicht reden; ebensowenig von seinen ju-

gendlichen Diebstählen, obgleich der Umstand, daß er sie auch
noch unschuldigen Personen in die Schuhe schob, sie besonders häßlich erscheinen läßt. Bei seinem unbegreiflich nieder-
trächtigen Verhalten gegen Voltaire scheint Verfolgungswahnsinn im Spiele gewesen zu sein. Obgleich dieser ihn jederzeit
mit Liebenswürdigkeiten überschüttet hatte, schrieb er ganz
plötzlich den offenen Brief »sur les spectacles« an d'Alembert,
in dem er Voltaire mit vollendeter Tartuffebosheit bei der Genfer Regierung als Sittenverderber denunzierte, bloß weil er sich
zu Ferney ein Theater hielt: eine Anklage, die einem Verfasser
zugkräftiger Singspiele und schlüpfriger Romane besonders
übel anstand. Trotzdem schrieb Voltaire an Rousseau, als dieser aus Frankreich und der Schweiz verbannt war und nirgends
ein Asyl fand, einen Brief voll zärtlicher Fürsorge, worin er ihn
auf eine seiner Besitzungen zum dauernden Aufenthalt einlud.
Rousseau fuhr aber zeitlebens fort, Voltaire mit dem Neid des
Schlechtweggekommenen aufs gehässigste zu verunglimpfen.
Ähnlich benahm er sich gegen Friedrich den Großen. Als dieser ihm durch seinen Gouverneur in Neufchâtel eine bedeutende Geldsumme, Korn, Wein, Holz und eine Villa anbieten
ließ, erklärte er mit der aufrechten Verlogenheit des republikanischen Phrasendreschers, es sei ihm unmöglich, in einem
Hause zu schlafen, das eines Königs Hand gebaut habe, und an
den König schrieb er: »Sie wollen mir Brot geben; gibt es unter
Ihren Untertanen keinen, dem es daran fehlt?« Nachdem er
diese alberne und taktlose Patzigmacherei unter Dach gebracht
hatte, nahm seine Geliebte alle Geschenke hinter seinem
Rücken an. Hume brachte ihn nach England, wo er ihm einen
angenehmen Zufluchtsort und eine königliche Pension verschaffte. Die Folge war wiederum eine Reihe nichtswürdiger
Attacken von seiten Rousseaus, auf die Hume mit den treffenden Worten antwortete: »Da Sie der schlimmste Feind Ihrer eigenen Ruhe, Ihres Glückes und Ihrer Ehre sind, so kann ich

nicht überrascht sein, daß Sie der meinige geworden sind.« Als Madame d'Epinay, die ihm jahrelang im Walde von Montmorency ein reizendes Gartenhäuschen zur Verfügung gestellt hatte, nach Genf reiste, verbreitete er das schändliche Gerücht, sie tue dies, um in der Schweiz ein heimliches Kind zur Welt zu bringen. Ebenso peinliche Affären hatte er mit Diderot, d'Alembert, Grimm: allemal zuerst der Verdacht einer geheimen Verschwörung und dann Undankbarkeit und Infamie, so daß selbst der sanfte und philosophisch überlegene d'Alembert sich zu der Bemerkung veranlaßt sah: »Jean-Jacques ist eine wilde Bestie, die man nur mit einem Stock und hinter Gitterstäben berühren darf.« Das zusammenfassende Urteil hat Voltaire gesprochen: »Ein Arzt müßte an Jean-Jacques eine Bluttransfusion vornehmen, sein jetziges Blut ist eine Komposition aus Vitriol und Arsenik. Ich halte ihn für einen der unglücklichsten Menschen, weil er einer der bösesten ist.«

Seine widerwärtigste Eigenschaft aber war seine pharisäische Verlogenheit, und wir weigern uns aufs allerentschiedenste, einen Menschen, der sein Leben lang eine so dreiste perfide Komödie gespielt hat, auch nur unter die Künstler zu zählen, es sei denn, daß man sich entschließt, unter dichterischem Talent die Fähigkeit zu besonders geschicktem und unverfrorenem Schwindel zu verstehen. Sein ganzes Dasein war geschmacklose Pose und aufdringliche Heuchelei. Die *Héloïse* beginnt mit der Bemerkung, der Verfasser bedaure es, nicht in einem Jahrhundert zu leben, das ihm gestatte, den Roman ins Feuer zu werfen. Nach dem Lärm, den seine Erstlingsschrift gemacht hatte, erklärte er mit großer Ostentation, die Schriftstellerei zu verachten und fortan als braver, ehrlicher Notenschreiber sein Leben fristen zu wollen: er wird tatsächlich Notenschreiber, aber weder ein braver, denn seine Kopien sind liederlich und unbrauchbar, noch ein ehrlicher, denn das Ganze ist eine Spiegelfechterei: er läßt sich seine Arbeiten von neugierigen Snobs überzahlen und weiß ganz genau, daß das Honorar nicht ihnen, sondern der interessanten Tagesberühmtheit gilt, lebt also in Wirklichkeit nur von seinem schriftstellerischen Ruhm, und zwar in der doppelt unanständigen Form der Schnorrerei, die sich als stolze Unabhängigkeit aufspielt. Geschenke nimmt er natürlich niemals: die empfängt immer nur die gute Therese Levasseur. Er verliebt sich in die Schwägerin seiner Wohltäterin Madame d'Epinay, die Gräfin d'Houdetot, die unglücklich verheiratet ist, aber bereits einen andern liebt, und stellt ihr eindringlich vor, wie unmoralisch dies sei: Tugendhaft ist es offenbar nur, den Gatten mit Rousseau zu betrügen. Wir haben schon erwähnt, daß er alle seine Kinder ins Findelhaus brachte, aber auch das geschah natürlich wiederum nur aus Tugend: denn, sagt er, als überzeugter Bürger der platonischen Republik habe er seine Kinder als Gemeingut des Staates betrachtet und sich nicht für berechtigt gehalten, sie diesem zu entziehen. Eines Tages beschließt er, als Verächter der erbärmlichen Zivilisation und des ungerechten Luxus die »schlichte« armenische Tracht anzulegen, die aber in Wirklichkeit mit gestickter Jacke, seidenem Kaftan, gefütterter Mütze und buntem Gürtel ein anspruchsvolles lärmendes Theaterkostüm ist, nichts weniger als einfach, sondern viel prächtiger als die Kleidung der anderen. Als ihm Voltaire schreibt: »Sie müssen Ihre Gesundheit bei mir in der Heimatluft wiederherstellen, die Freiheit genießen, mit mir die Milch unserer Kühe trinken und unser Gemüse verzehren«, antwortet er mit einer Affektation, deren abgeschmackter Hochmut bereits ans Läppische grenzt: »Ich würde es vorziehen, statt der Milch Ihrer Kühe das Wasser Ihrer Quelle zu trinken.«

Sein schauspielerisches Meisterstück aber hat Rousseau in seinen *Selbstbekenntnissen* geleistet. Schon die Einleitungsworte schlagen den Ton an, der, aus Dünkel und falscher Demut, Selbstverherrlichung und wohlberechneter Selbstanklage

Der Einbruch des Plebejers in die Weltliteratur

raffiniert gemischt, durch das ganze Buch geht. »Ich unternehme ein Werk, das seinesgleichen weder gehabt hat noch haben wird. Meinen Mitmenschen will ich einen Menschen zeigen, ganz in seiner wahren Natur; dieser Mensch bin ich, ich ganz allein. Ich kenne mein Herz, und ich kenne die Menschen. Ich wage zu glauben, daß ich nicht bin wie irgendeiner von allen, die existieren. Bin ich nicht ein Besserer als sie, so bin ich wenigstens ein anderer... Ewiger Gott, ein jeglicher enthülle vor deinem Thron mit gleicher Aufrichtigkeit sein Herz, und dann sage ein einziger von ihnen, wenn er es kann: ich war besser als dieser.« Das Programm des ganzen Unternehmens findet sich in dem Satz: »Mein ganzes Unglück habe ich nur meinen Tugenden zuzuschreiben... wer sich nicht für mich begeistert, ist meiner nicht würdig.« Selbstverständlich beichtet Rousseau nur genau so viel, als ihm paßt, und auch dieses nur in der Beleuchtung, die ihm am vorteilhaftesten und zugleich sensationellsten erscheint. Die vielgerühmte Aufrichtigkeit dieser Konfessionen setzt sich aus faustdicken Lügen, heuchlerischen Selbstvorwürfen und einigen irreführenden, aber ehrlichen Autosuggestionen zusammen. Die zahlreichen Stellen, wo er mit frappierender Offenheit auf seine eigenen Verfehlungen hinweist, fließen teils aus Wichtigtuerei, teils aus der Erkenntnis, daß man sich in der Welt, und zumal in einer Welt, die den pikanten Wildgeruch über alles liebt, gerade durch seine Laster am interessantesten macht und doppelt interessant, wenn man dazu noch die stets dankbare Rolle des reuigen Sünders spielt; mit dieser Technik, die sich von der des Kolportageromans nur durch ihr größeres Raffinement unterscheidet, erreicht man alles auf einmal: die Gloriole des Moralhelden, der über sich selbst Gericht hält, und den Faszinationsreiz des verfluchten Kerls, der eine »Vergangenheit« hat.

Das Phänomen Rousseau bezeichnet den Einbruch des durchtriebenen und brutalen Plebejers in die Weltliteratur. Das bisherige Schrifttum des dritten Standes hatte den Ehrgeiz, in die höhere Welt aufzusteigen, die Feinheit, Anmut, Beherrschtheit ihrer Lebensform zu erreichen und womöglich zu überbieten: aber Rousseau verachtet die »Gesellschaft« oder spielt vielmehr virtuos die Rolle dieses Verächters, er bleibt unten; und das ist seine Originalität und seine Stärke. Seine Ordinärheit ist jedoch nicht einfach Natur, das wäre uninteressant, sondern gesteigerte, gestellte, plakatierte Natur: er legt die Schminke fingerdick auf und macht dadurch für seine verkünstelte und verspielte Zeit den Effekt erst voyant, schlagend, bühnenfähig. Er macht dem Salon ein Bauerntheater vor, wozu er prädestiniert ist wie kein zweiter; denn er vereinigt in sich die Eigenschaften eines wirklichen Proleten und eines hervorragend begabten Amateurschauspielers: jene Echtheit, die nötig ist, um Glaubwürdigkeit zu erzeugen, und jene Theatralik, die erforderlich ist, um beim Publikum zu gefallen. Man ist entzückt über die Pikanterie, mitten unter Reifröcken und Seidenfräcken einen unrasierten Kerl in Hemdärmeln zu sehen, der sich in die Hand schneuzt, ins Zimmer spuckt und alle Dinge beim Namen nennt. Daß dies nur eine neue Nuance der Affektation darstellt, bemerkt in einer Zeit, deren einzige Apperzeptionsform die Affektation ist, natürlich niemand.

Während des Menschenalters zwischen 1760 und 1790 *Der Rous-* herrscht in der Vorstellung aller gebildeten Kreise der von *seauismus* Rousseau erfundene »*bon villageois*«, eine Mischung aus Lesebuchgestalt und Operettenfigur, rechtlich, knorrig, arglos, dem Herrn ergeben, bändergeschmückt und strohhutbedeckt, einfach, heiter und genügsam. Daß der Bauer das Gegenteil von alledem ist: ein hartes und finsteres, gieriges und mißtrauisches Erdtier, das seinen Bau und die darin angesammelten Vorräte eifersüchtig bewacht und mit Krallen und Zähnen verteidigt, wußte man nicht oder hatte man vergessen. Rousseau hatte mit seinem exaltierten Naturkultus die Bedürfnisse jener blasierten

Gesellschaft vollkommen erraten. Man hatte alles genossen und alles weggeworfen, als man eines Tages an der Hand Rousseaus die Reize der »Natürlichkeit« und »Einfachheit« entdeckte, wie ein Gourmet, dessen Zunge bereits alle Delikatessen auswendig weiß und satt hat, plötzlich den Wohlgeschmack derben Landbrots und Specks, frischer Milch- und Obstnahrung zu würdigen beginnt.

Man verlangte von nun an im Gartenbild Hütten, Mühlen, Moosbänke, grasendes Vieh, sogar künstlichen Urwald. Man führte Lämmer an seidenen Bändern durch die sanfte Natur. Diese modische Begeisterung für das Landleben wurde sogar die Todesursache Ludwigs des Fünfzehnten. Auf einem Spaziergang, den er mit der Dubarry in der Gegend von Trianon unternahm, bemerkte er eine kleine Kuhhirtin, die für ihre Tiere Gras pflückte und ihm in ihrer ländlichen Unschuld so gefiel, daß er sie zum Souper mitnahm; tags darauf starb sie an den Pocken, und zehn Tage später wurde der König das Opfer derselben Krankheit. Da Rousseau die Mütter ermahnt hatte, ihre Kinder selbst zu säugen, wurde nun das Stillen die große Mode: man tat es ostentativ in großer Gesellschaft, und die fünfzigste Aufführung des *Figaro* fand auf Veranlassung des reklamekundigen Autors zugunsten armer stillender Mütter statt.

Ferner forderte die Rückkehr zur Natur, daß man stets voll hingebender und gehobener Empfindung sei (denn der Naturmensch ist immer warm, aufopfernd und zartfühlend) und dies vor aller Welt deutlich zur Schau trage: Freundinnen mußten stets Arm in Arm gehen und sich so oft wie möglich küssen; wenn ein Autor ein Stück vorlas, mußte man ihn durch Schluchzen und entzückte Ausrufe unterbrechen und hie und da in Ohnmacht fallen; ja es kam sogar vor, daß Ehepaare sich vor aller Welt umarmten und Geschwister einander duzten. Als die berühmte Schauspielerin Clairon Voltaire in Ferney besuchte, kniete sie vor ihm nieder, worauf ihm nichts übrigblieb, als ebenfalls niederzuknien; schließlich unterbrach er die feierliche Szene, indem er sagte: »Und nun, Mademoiselle, wie geht es Ihnen?«

Der Maler des Rousseauismus ist Jean Baptiste Greuze, von Diderot überschwenglich gepriesen, der ihn gegen Boucher ausspielte. Ebenso geschwätzig und theatralisch, aufdringlich und falsch sentimental wie Rousseau, aber liebenswürdiger und temperamentloser, schilderte er die Lieblingsobjekte jener über sich selbst gerührten Philanthropie in zahlreichen Genrebildern: das edle Volk, den braven Landmann, die kinderreiche fürsorgliche Mutter und treue Gattin, das Glück der Familie, den Segen der Frömmigkeit, des Fleißes, der Bedürfnislosigkeit, der Pietät. Aber seine ehrbaren Hausfrauen sind Theatermütter und seine unschuldsvoll entblößten Jungfrauen Exhibitionistinnen; es ist die prickelnde Schlüssellocherotik Fragonards noch einmal, verstärkt durch den Hautgoût der Unberührtheit.

Auch die deutsche »Geniezeit«, die etwa mit den siebziger Jahren einsetzt, geht in wesentlichen Zügen auf Rousseau zurück. Es herrschte, wie Goethe sich rückblickend ausdrückt, »eine Gärung aller Begriffe«. »Die Epoche, in der wir lebten, kann man die *fordernde* nennen, denn man machte an sich und andere Forderungen auf das, was noch kein Mensch geleistet hatte. Es war nämlich vorzüglichen, denkenden und fühlenden Geistern ein Licht aufgegangen, daß die unmittelbare originelle Ansicht der Natur und ein darauf begründetes Handeln das Beste sei, was der Mensch sich wünschen könne, und nicht schwer zu erlangen. [...] Wie man nun auch hier zur Ausübung schritt, so sah man, am kürzesten sei zuletzt aus der Sache zu kommen, wenn man das Genie zu Hilfe riefe, das durch seine *magische* Gabe den Streit schlichten und die Forderungen leisten würde.« Die Parole »Genie« war von Gerstenberg ausgegeben worden, von dem auch das erste bedeutende Drama dieser Schule stammte. Was man darunter verstand, hat Lavater in

Triumph der Empfindsamkeit

seiner »Physiognomik« am eindringlichsten ausgedrückt: »Der Charakter des Genies und aller Werke des Genies ist *Apparition*; wie Engelserscheinung nicht kommt, sondern dasteht, nicht weggeht, sondern weg *ist*, so Werk und Wirkung des Genies. Das Ungelernte, Unentlehnte, Unlernbare, Unentlehnbare, *Innig-Eigentümliche*, Unnachahmliche, Göttliche ist Genie, das Inspirationsmäßige ist Genie, heißt bei allen Nationen, zu allen Zeiten Genie und wird es heißen, solange Menschen denken, empfinden und reden. Genie blitzt, Genie schafft, veranstaltet nicht, so wie es selbst nicht veranstaltet werden kann, sondern *ist*. Unnachahmlichkeit ist der Charakter des Genies, Momentanität, Offenbarung, Erscheinung, Gegebenheit: was gegeben wird, nicht von Menschen, sondern von Gott oder vom Satan.« Der höchste Lobestitel, den man damals zu verleihen hatte und auch sehr freigebig verlieh, bestand demnach darin, daß man jemanden ein »Originalgenie« oder eine »Natur« nannte. Man verlangte nicht mehr virtuose Handhabung der Regeln, sondern »Fülle des Herzens« und stellte das Gemüt hoch über den Verstand: aber *mit* dem Verstand; wie denn überhaupt jene stürmende Jugend, die sich das Programm gesetzt hatte, um jeden Preis zu brodeln, eine merkwürdige Mischung aus Naivität und Reflexion darstellte, etwas Kindlich-Altkluges an sich hatte.

Das Vorspiel dieser hochinteressanten Bewegung, die in das deutsche Geistesleben einen ganz neuen Ton gebracht hat, bildet die Periode der Empfindsamkeit, deren Anfänge etwa zwei Jahrzehnte älter sind. Schon Gellerts Hauptforderung, die er unzählige Male in Briefen und Schriften wiederholte, war ein »gutes empfindliches Herz«. Das modische weiche und gefühlvolle Wesen nannte man nun um 1750 »zärtlich« oder »empfindlich«. Lessing übersetzte den Titel von Sternes »sentimental journey« mit »empfindsame Reise«, und dieser Ausdruck bürgerte sich nicht nur allgemein ein, sondern gewann auch sehr bald den Charakter einer Lebensdevise. Daneben trat die Vorstellung der Rousseauschen »belle âme«, der schönen Seele, die allen zarten und zärtlichen Regungen geöffnet ist. Und dann kam das Wort »Gefühl« auf und ergriff mit der Macht, die nur die große Mode einer Vokabel verleihen kann, die Herrschaft über alle Lebensgebiete. Man berauschte sich an ihm und rief es sich gegenseitig wie eine nächtliche Parole anfeuernd, geheimnisvoll zu. »Gefühl« war die unerläßliche, aber auch völlig ausreichende Legitimation für alles. Worauf beruht Liebe, Freundschaft, Verständnis, aller Zusammenhang unter den Menschen? Einzig auf dem Gefühl. Was ist der Kern der Religion, was ist das Vaterland, das Leben, die Natur? Ein Gefühl. Was macht den Maler, den Denker, den Poeten, was verleiht den Stempel echter Menschlichkeit? Immer das Gefühl.

Natürlich ist die Folge, daß diese Fähigkeit, alles aus dem inneren Reichtum des Herzens zu erfühlen, die eine seltene Gabe, ein göttliches Talent ist, von all den vielzuvielen, die die Mode mitmachen wollen, bloß äußerlich gespielt und künstlich forciert wird. Man will stets bewegt, gerührt, ergriffen, hingerissen sein, man zwingt sich in einen permanenten Zustand seelischer Hochspannung. In Frankreich erzeugte dieses Spielen mit edlen Sentiments die Revolution. In Deutschland hatte es das harmlosere Ergebnis einer weltfremden einseitigen Kultur.

Eine der ersten und wohltätigsten Folgen dieses Gefühlskults bestand darin, daß er die Schranken, die die steife Tradition des siebzehnten und achtzehnten Jahrhunderts zwischen den Menschen aufgerichtet hatte, zum Teil durchbrach. Noch Lessing, sonst ein so warmer und siegreicher Vorkämpfer der Natürlichkeit, stand mit seinen besten Freunden auf Sie, und in der josefinischen Volksschule, die ebensowenig wie alle anderen Reformwerke des Kaisers einen wirklichen Durchbruch zur Freiheit bedeutete, war es den Knaben aufs strengste verboten, einander zu duzen. Goethe und Lavater hingegen gebrauchten sogleich bei ihrer ersten Begegnung das Du, das überhaupt unter Menschen, die sich geistig miteinander verwandt fühlten (und zu dieser Empfindung kam es damals sehr leicht), die übliche Anrede wurde; und ebenso rasch nannte man sich »Bruder« und »Schwester«. Die ganze Zeit ist auf ein schmelzendes Adagio gestimmt; diese Stimmung begann auch erst damals in der Musik zu dominieren. Ein unentbehrlicher Bestandteil auch des kleinsten Parks war der »Freundschaftstempel«, in dem man sich ewige Treue schwur. Man schwelgte in der Idee einer rein geistigen Vereinigung zwischen Mann und Frau: die »Seelenliebe«, die auf der Gemeinsamkeit edler Regungen beruht, wird zur Modeform des Flirts. Häufig findet sich auch, zumal bei Dichtern, die »Gedankengeliebte«, ein erhabenes, innig verehrtes Idealwesen, das bloß in der Phantasie existiert. Man weint über jeden Brief, den man erhält, über jedes Buch, das man aufschlägt, über die Natur, über den Freund, über die Braut, über sich selbst; und man weint überhaupt. In Millers *Siegwart*, dem erfolgreichsten Roman der Zeit, weint sogar der Mond. Die bisherige bedächtige und wohlartikulierte Schreibweise verändert sich vollkommen: die Sprache wird zum Ausdrucksmittel der Augenblicksstimmungen, bis hart an die Grenze der Gedankenflucht, ist überfüllt mit Gedankenstrichen, Rufzeichen, Fragezeichen, erregten Interjektionen, Sätzen, die in der Mitte abbrechen. Wir haben es hier unzweifelhaft mit einer Art Frühimpressionismus zu tun, dessen Errungenschaften später wieder verlorengingen. Dieser leidenschaftlich suchende, ewig unbefriedigte und gleichwohl vom prometheischen Bewußtsein seiner neuen Funde geschwellte Seelenzustand steht in voller Leibhaftigkeit und Gegenwart vor uns in einem Briefe des jungen Goethe aus dem Jahr 1775, worin er einer seiner Seelenfreundinnen beschreibt, wie er den Tag verbracht hat, und mit den Worten schließt: »Mir war's in alledem wie einer Ratte, die Gift gefressen hat; sie läuft in alle

Löcher, schlürft alle Feuchtigkeit, verschlingt alles Eßbare, das ihr in den Weg kommt, und ihr Inneres glüht von unauslöschlich verderblichem Feuer.«

Das Zeitalter hatte das Krankhafte aller Epochen, in denen sich Neues bildet, und zugleich das Doppelgesichtige aller Übergangsperioden: daher seine starken Widersprüche. So ist zum Beispiel der nach Deutschland verpflanzte englische Garten, obgleich aus der Begeisterung für die Rückkehr zur Natur geboren, nichts als der gekünstelte Versuch, alles, was man damals unter »Natur« verstand, auf einen Fleck zusammenzupferchen: Wiesen, Bäche, Grotten, Baumgruppen, sanfte Wegsteigungen, Wäldchen mit obligater Lichtung, und die Staffage bildete ein groteskes Bric-à-brac von allen erdenklichen Reminiszenzen und Velleitäten: griechische Säulen, römische Gräber, türkische Moscheen, gotische Ruinen; dazu gab es noch überall, was als besonders geschmacklos und widernatürlich befremdet, sentimentale Inschriften, die den Text zu den intendierten Wirkungen predigten. Ebenso waren Hypersensibilität und Roheit seltsam gemischt. In derselben Wertherzeit, die in der Geliebten ein überirdisches Wesen erblickte, war in Gießen, wie der Magister Laukhard in seiner Selbstbiographie berichtet, unter den Studenten noch eine sonderbare Form der Ovation üblich, die mehr an Grimmelshausen erinnert: sie zogen, nachdem sie sich vorher entsprechend mit Bier gefüllt hatten, vor ein Haus, worin Frauenzimmer wohnten, und erleichterten sich dort, unter einem Gepfeife, wie es die Fuhrleute beim Pissen der Pferde anzustimmen pflegen.

Die Inthronisierung des Gefühls mußte sich überhaupt ganz naturgemäß ebensosehr in Zügellosigkeit wie in Verfeinerung auswirken. Aus der Überlebtheit und Enge der bisherigen Kunst- und Staatsgesetze zog man den Schluß, daß überhaupt alle Regeln zu verwerfen seien. Im *Werther* heißt es mit deutlicher Ironie: »Man kann zum Vorteile der Regeln viel sagen, ungefähr was man zum Lobe der bürgerlichen Gesellschaft sagen kann.« Und in der Tat hatte die damalige Jugend schon dieselbe Geringschätzung für die Bourgeoisie, wie sie später die französischen Romantiker, die Dichter des jungen Deutschland, die Naturalisten, die Expressionisten und überhaupt alle Jugendbewegungen zur Schau trugen. Dies führte zu einer prinzipiellen Verachtung aller Berufe; man wollte bloß Mensch sein. »Gelehrtenstand – Stand? Pfui!« sagte Goethes Schwager Schlosser 1777 im »Deutschen Museum«. »Himmel, was für Stände! Der Gelehrtenstand, der Juristenstand, der Predigerstand, der Autorenstand, der Poetenstand – überall Stände und nirgends Menschen! Warum ist Weisheit, Erfahrung, Menschenkenntnis so selten bei euern Männern von Geschäften? Weil sie einen Stand ausmachen.« Was der Generation als Ideal vorschwebte, war ein geniales Liebhabertum, das sich für alles interessiert, ohne sich an etwas Bestimmtes zu hängen, und als einziges Spezialfach das Studium des Lebens betreibt.

Silhouette und Zirkelbrief

Sehr charakteristisch für die Geniezeit ist ihre Leidenschaft für die Silhouette, die die Porzellanmanie des Rokokos ablöste: man fand die schwarzen Porträts allenthalben in Büchern und Alben, als Wandbilder und Medaillons, auf Gläsern und Tassen, sie erreichten sogar nicht selten Lebensgröße. Die Kunst des Scherenschneidens wurde eine gesuchte Fertigkeit, die auch von namhaften Zeichnern geübt wurde, und die beliebteste Unterhaltung am Familientisch. Das eigentümlich Schattenhafte, Andeutungsmäßige, Verhängte und zugleich Abstrakte, Schematische, Umrißhafte des Zeitalters, die Synthese aus Gefühlsdunkel und Verstandesaufklärung findet in dieser Liebhaberei ihren Ausdruck, auch das Dilettantische, Amateurhafte: Lavater baute seine an sich schon problematische Wissenschaft der Physiognomik vorwiegend auf Sammlungen von Schattenrissen, die er mit großem Eifer anlegte. Diese neue Form der Seelenerkundung entsprach ungefähr unserer heutigen Graphologie: ihr Begründer behauptete, den Charakter jedes Menschen aus dessen Gesicht ablesen zu können, und fand, wie Lichtenberg bissig bemerkte, mehr auf den Nasen der zeitgenössischen Schriftsteller als die vernünftige Welt in ihren Schriften.

Zu einer förmlichen Manie wurde auch das Briefschreiben, das einen wesentlich anderen Charakter trug als heutzutage, denn es bedeutete durchaus keine intime und private Angelegenheit, vielmehr waren die Mitteilungen und Ergüsse, die man zu Papier brachte, von vornherein für einen größeren Leserkreis bestimmt. Der Mangel an wirklichen Zeitungen, die strenge Zensur, die Freude des Zeitalters an der Zerfaserung des eigenen und fremden Seelenlebens machten den »Zirkelbrief«, der oft in Dutzenden von Ortschaften herumging, zu einer dominierenden Verkehrsform. »Denn es war überhaupt eine so allgemeine Offenherzigkeit unter den Menschen«, sagt Goethe, »daß man mit keinem einzelnen sprechen oder an ihn schreiben konnte, ohne es zugleich als an mehrere gerichtet zu betrachten… und so ward man, da politische Diskurse wenig Interesse hatten, mit der Breite der moralischen Welt ziemlich bekannt.« Der Brief hieß »Seelenbesuch«, man verliebte sich brieflich und stand in schwärmerischer Korrespondenz mit Personen, die man niemals persönlich kennenlernte.

Es war eben ein durch und durch literarisches Zeitalter; man sprach und bewegte sich, man haßte und liebte literarisch. Alle wichtigen Lebensäußerungen gingen schriftlich vor sich; alles geschah *durch* das Papier *für* das Papier. Alles war ein ausschließlicher Gegenstand der Literatur geworden: der Staat, die Gesellschaft, die Religion. Eine wahre Lesewut erfaßte alle Stände, Leihbibliotheken kamen auf, und das Buch in der Tasche wurde zum unentbehrlichen Bestandteil der Toilette. Friedrich der Große äußerte zu d'Alembert, er wollte lieber die *Athalie* geschrieben als den Siebenjährigen Krieg gewonnen haben, und dichtete unmittelbar nach der schrecklichen Katastrophe von

Kolin zahlreiche Verse und Epigramme. Madame Roland verlangte am Fuße des Schafotts Feder und Papier, um einige merkwürdige Gedanken aufzuzeichnen, die soeben in ihr aufgestiegen seien.

Der Frack   Auch im Kostüm der Zeit mischten sich Extravaganz und Naturalismus. Die Frisuren waren eine Zeitlang so hoch, daß die Damen die Polster aus den Kutschen entfernen mußten. Am französischen Hofe erblickte man eines Tages eine Fregatte mit Segeln als Coiffure. Die Marquise von Créqui erzählt, daß Marie Antoinette im Jahr 1785 *à la jardinière* frisiert erschien, mit einer Artischocke, einem Kohlkopf, einer Karotte und einem Bund Radieschen auf dem Kopf. Eine Hofdame war so begeistert davon, daß sie ausrief: »Ich werde nur noch Gemüse tragen; das sieht so einfach aus und ist viel natürlicher als Blumen.« Dann kamen wiederum kolossale Hauben in Mode, die sogenannten Dormeusen oder Baigneusen. Gegen den Puder erhob sich im Namen der Philanthropie eine lebhafte Opposition, die darauf hinwies, daß der enorme Verbrauch von Weizenmehl dem Volk das Brot verteure, und man begann auch in der Tat das Haar ungepudert zu tragen, doch wurde diese Sitte nicht allgemein. Bei den Herren wurde der Zopf von Jahr zu Jahr kürzer und der Leibrock schon im Rokoko zum leicht kupierten Halbfrack, um sich schließlich in den echten Frack zu verwandeln, der, dem englischen Reitrock nachgebildet, um 1770 als »Schwalbenschwanz« in Mode kam. Er war jedoch in seiner Jugend keineswegs das ernste und würdige Festgewand, als das er noch heute fortlebt, sondern begann als lärmendes und provokantes Kleidungsstück, das zunächst bei der revolutionären Jugend am beliebtesten war, in lebhaften Farben wie Scharlachrot, Himmelblau und Violett getragen wurde und mit großen goldenen oder kupfernen Knöpfen besetzt war. Aus dem freien Amerika kam gegen Ende des Zeitraums der Zylinderhut und der große runde Filzhut. Das Wertherkostüm bestand aus hohen Stulpenstiefeln mit Kappe, gelben ledernen Beinkleidern, gelber Weste und blauem Frack; dazu trug man den Hals und das Haar frei, was bei der älteren Generation besonderes Mißfallen erregte. Selbst unter den Damen sah man die »Emanzipierten« mit Wertherhut, Weste und Frack, dem berüchtigten *»caraco«.*

Die Götter der Zeit waren dieselben, zu denen Werther betete: Homer, Ossian und Shakespeare, den man irrtümlich für einen Buchdramatiker hielt. 1760 hatte der schottische Lyriker James Macpherson *Bruchstücke alter Dichtung, gesammelt in den Hochlanden* herausgegeben; es waren Bardenlieder, angeblich übersetzt aus dem Gälischen der Zeit Caracallas. 1762 ließ er ein zweites Werk folgen: *Fingal, eine alte epische Dichtung, verfaßt von Ossian, Sohn des Fingal.* Schon Johnson und Hume äußerten Zweifel an der Echtheit; aber erst 1807, elf Jahre nach dem Tode Macphersons, wurde die Fälschung einwandfrei nachgewiesen. Doch dies ist ziemlich gleichgültig und war nur für Papierseelen wie Johnson und enragierte Skeptiker wie Hume ein wichtiges Problem. Das Geniale dieses Schauspielerstücks bestand ja gerade darin, daß diese Dichtungen keineswegs treue Kopien alter Volkskunst darstellten, sondern nur so waren, wie die Sehnsucht der Zeit Naturpoesie auffaßte und haben wollte: raffiniert primitiv, mit höchster Artistik pittoresk, die Wehmut später Seelen spiegelnd. Das ungeheure Aufsehen, das sie erregten, wäre durch wirkliche Bardenlieder niemals erreicht worden. Sie wurden ins Französische, Italienische, Spanische, Polnische, Holländische und etwa ein halbes dutzendmal ins Deutsche übersetzt, Alwina, Selma und Fingal wurden beliebte Taufnamen, es entstanden ganze Bardenschulen, und noch Napoleon stellte Ossian über Homer. Das Fahle und Melancholische, Wildgewachsene und Chaotische erschien der Zeit poetischer als Klarheit und Formenstrenge. Man entdeckte den Reiz und die Größe der bisher ver-

Ossian

achteten Gotik, Horace Walpole, der Sohn des bereits erwähnten Robert Walpole, baute sein Schloß Strawberry Hill zur mittelalterlichen Burg um und schrieb den erfolgreichen Schauer-
roman *The Castle of Otranto*, Herder rühmte die einfach
schönen Sitten der deutschen Vergangenheit, und Goethe begeisterte sich für das Straßburger Münster.

Sturm und Drang Es ist für die Dichter der Sturm- und Drangbewegung bezeichnend, daß sie ausnahmslos ihre größten Würfe im jugend-
lichen Alter taten: es gilt dies sogar von den Klassikern Herder,
Goethe und Schiller. Den Beginn machte Gerstenbergs *Ugolino*
im Jahre 1767, eine prachtvolle dramatische Studie voll Farbe
und Spannung, die durch die Kraßheit, mit der sie eine Art
Morphologie des Hungers entwarf, größtes Befremden erregte.
Gerstenberg war um etwa ein Jahrzehnt älter als die übrigen
Originalgenies und starb erst im Jahre 1823 mit sechsundacht-
zig Jahren, hat aber nach diesem verheißungsvollen Auftakt
nichts von Bedeutung mehr produziert. Der Göttinger »Hain«,
ein Bund exaltierter junger Leute, gegründet 1772, suchte die
alte Skaldenpoesie zu erneuern und schwärmte für Freiheit, Vaterland, Tugend und Klopstock. Die Mitglieder der eigentlichen
Sturm- und Dranggruppe, die mit dem »Hain« nur äußerlich in
Berührung stand, sind alle um die Mitte des Jahrhunderts geboren und wurden vielfach auch »Goethianer« genannt, weil man
den Führer der ganzen Bewegung in Goethe erblickte, der sich
aber bekanntlich sehr bald von ihr zurückzog. Die Werke erschienen anonym, und es ist ergötzlich, zu beobachten, wie
selbst Kenner in der Feststellung des Verfassers fehlgriffen. Lessing glaubte, daß Leisewitzens *Julius von Tarent* von Goethe
und Wagners *Kindermörderin* von Lenz sei, einige Gedichte
Lenzens sind in fast alle Goetheausgaben übergegangen, seine
Soldaten galten allgemein für ein Werk Klingers, dafür wurde
Klingers *Leidenes Weib* noch von Tieck in Lenzens gesammelte
Werke eingereiht, während bei Klingers *Neuer Arria* Gleim und

Schubart auf Goethe rieten und Lenzens *Hofmeister* von Klopstock, Voß und aller Welt ebenfalls Goethe zugeschrieben, ja sogar von vielen für dessen bedeutendstes Drama erklärt wurde. In der Tat ist Lenz nächst Goethe der weitaus interessanteste Dichter der Generation. Dieser nannte ihn »das seltsamste und indefinibelste Individuum«, und Lavater sagte, Lenzens Stärke und Schwäche treffend zusammenfassend: »Er verspritzt vor Genie.« Er erinnert in mancher Beziehung an Wedekind. In seinen Dramen herrscht eine wüste und doch kalte Sexualität, eine gehetzte Bilderflucht und Gedankenflucht, die aber gerade eine eminent dramatische Atmosphäre schafft, ein ins Pathologische und Karikaturistische gesteigerter Naturalismus, der den Figuren eine höchst eigentümliche Grelle und Panoptikumstarrheit verleiht, und ein aus Amoralität geborener Moralismus, der vor den schockantesten Motiven nicht zurückschreckt: in den *Soldaten* ist die Heldin eine Hure, und der *Hofmeister* schließt damit, daß der Titelheld sich kastriert. Lenzens Stücke, die er selbst in der Erkenntnis, daß sie ein Mischgenre darstellten, Komödien nannte, erfüllten vollkommen die Forderung, die er 1774 in seinen *Anmerkungen über das Theater* an das Drama stellte: ein »Raritätenkasten« zu sein; der vorzügliche Ausdruck stammte eigentlich von Goethe, den er überhaupt in allem zu kopieren suchte. Er verliebte sich in Friederike Brion und Frau von Stein, stand in engem Freundschaftsverkehr mit Schlosser und Cornelia, traf in einigen seiner Gedichte täuschend den Ton des jungen Goethe und wollte in Weimar ebenfalls die Hofkarriere ergreifen. Karl August nannte ihn daher den Affen Goethes. Doch unterschied er sich von diesem, ganz abgesehen von allem andern, allein schon durch einen abnormen Mangel an menschlichem Fond und psychologischem Takt, der sein Leben nach kurzem Aufstieg ins Dunkel des Wahnsinns und der Vergessenheit schleuderte.

Eine alle Grenzen überspringende und doch im Grunde nur

künstlich erzwungene Maßlosigkeit war auch der Grundzug Klingers. Wieland nannte ihn »Löwenblutsäufer«, und er selbst schrieb in einem Brief vom Jahre 1775: »Mich zerreißen Leidenschaften, jeden anderen müßte es niederschmeißen... ich möchte jeden Augenblick das Menschengeschlecht und alles, was wimmelt und lebt, dem Chaos zu fressen geben und mich nachstürzen.« Seine Gestalten leben in einer permanenten Siedehitze; seine Sprache erstickt in einem dicken Nebel von verstiegensten Tropen und widersinnigsten Wendungen. Später ging er nach Petersburg, wo er zum General und Liebling des Zaren avancierte, ziemlich zahme vielgelesene Romane schrieb und in hohem Alter starb. Von seinen Jugenddichtungen sagte er 1785: »Ich kann heut über meine früheren Werke so gut lachen als einer; aber so viel ist wahr, daß jeder junge Mann die Welt mehr oder weniger als Dichter und Träumer ansieht. Man sieht alles höher, edler, vollkommener; freilich verwirrter, wilder und übertriebener.«

Heinrich Leopold Wagner war ein roher und krasser, aber sehr kräftiger Naturalist. Sein Drama *Die Reue nach der Tat* hatte unter Schröder, der ihm den kitschigen Titel »Familienstolz« gab, einen großen Erfolg. Er starb schon 1779. Der Maler Friedrich Müller, in der Literaturgeschichte unter dem Namen »Maler Müller« bekannt, schrieb ein Faustfragment und ein Schauspiel, *Golo und Genoveva*: fein kolorierte, halb realistische, halb lyrische Szenenreihen, geschmackvoller, aber auch blasser als die der anderen. Der schwächste, gemäßigteste und daher erfolgreichste der Gruppe war Leisewitz.

1773 erschien Bürgers *Lenore*, eine der stärksten deutschen Balladen. Diese Dichtungsgattung erreichte überhaupt damals eine hohe Blüte: sie kommt von der »Moritat« der Jahrmarktsbuden her und ist ebendarum ein volkstümliches, farbiges und lebenskräftiges Genre, ein lyrisch-episches Pendant zum Drama der Geniezeit. Der erste Musiker, der die geheimnisvoll düsteren Farben der Ballade wirksam zu treffen wußte, war Johann Rudolf Zumsteeg. Schiller hat an Bürger im Jahr 1791 in der *Allgemeinen Literaturzeitung* eine etwas einseitige Kritik geübt, die großes Aufsehen machte, von Goethe sehr beifällig aufgenommen wurde und den Dichter der »Lenore« tief verstimmte, obgleich sie sich an mehreren Stellen sehr anerkennend, ja bewundernd äußert und ihm nur die letzte Kunstreife abspricht.

Man nannte diese Generation von hochbegabten, aber ratlosen Naturdichtern, die etwa ein Jahrzehnt lang das deutsche Publikum durch die Leidenschaftlichkeit, Neuheit und Buntheit ihrer Visionen faszinierten und erschreckten, seinerzeit »kraftgenialisch« und drückte damit ziemlich präzis aus, daß sie durch ihre dichterische Kraft dem Genie verwandt waren, aber nur durch diese. Das Genie ist aber zugleich immer ein *Wissender*: es stellt sich der höchst komplexen, verwirrenden und scheinbar unlogischen Erscheinung, die wir »Leben« nennen, als Eingeweihter gegenüber. Es verhält sich daher zu allen übrigen Menschen wie der Kenner zu den Dilettanten. Die Dichter des Sturms und Drangs waren nun lauter in der Anlage steckengebliebene Genies. Ihre Phantasie und Gestaltungsgabe stand keine genügende Gehirnkraft und Bildung gegenüber: sofern man nämlich einen Künstler nur dann gebildet nennen darf, wenn er seine eigene Persönlichkeit vollkommen überschaut und beherrscht. Ihre Fähigkeiten waren nicht äquilibriert. Daher hatte alles bei ihnen etwas Gewaltsames, Unorganisches, Verzerrtes, und ihre Originalität wirkte nicht *befruchtend*, sondern *befremdend*. Sie wollten bestimmte Gedanken verkünden und bestimmte Ideale der Lebensführung lehren; aber die messianische Gebärde wurde bei ihnen unwillkürlich zur herostratischen. Ihre ganze Art hatte etwas Gymnasiastenhaftes; sie haben nie etwas anderes geschaffen als hochwertige Pubertätsdichtung. Trotzdem oder vielmehr ge-

Zweidimensionale Dichtung

rade deshalb muß man die Geniezeit die Blüteperiode der deutschen Dichtung nennen: das Wort in seiner buchstäblichen Bedeutung genommen. Zur Frucht kam es nie; denn diese Blüte wurde geknickt durch den Klassizismus.

Wir können die Sturm- und Drangbewegung vielleicht unserem Verständnis näher rücken, wenn wir sie mit der naturalistischen und der expressionistischen vergleichen. Die Unterschiede sind nicht so groß, wie es nach den lärmenden Programmen, in denen jede dieser drei Richtungen sich als etwas noch nie Dagewesenes ausrief, den Anschein haben könnte. Der Vorgang war in allen drei Fällen prinzipiell der gleiche. Eine »fordernde« Jugend erhebt ein großes Geschrei gegen alles Bisherige, das bloß abgelehnt wird, weil es das Bisherige ist. Sie sprengt alle Formen oder glaubt es zu tun: in Wirklichkeit schafft sie eine neue Form. Sie kommt allemal »von unten«, vertritt die Rechte eines bisher unterdrückten Standes, ist betont polizeiwidrig und so weit als möglich nach links orientiert: 1770 demokratisch, 1890 sozialistisch, 1920 kommunistisch. Für ihr künstlerisches Glaubensbekenntnis wählt sie sich gern einen großen Schutzpatron, den sie in wesentlichen Punkten nachahmt, in anderen wesentlichen Punkten mißversteht: diese Rolle spielte für die Originalgenies Shakespeare, für die Naturalisten Ibsen, für die Expressionisten Strindberg. Sie macht zum Gegenstand der Poesie mit Vorliebe, was den Philister agaciert: Wahnsinn, Mord und Gotteslästerung; Blutschande, Notzucht und Hurerei; Raufen, Saufen und Ins-Zimmer-Spucken, und erhebt die Bühne gern zur sozialen Richterin, deren Entscheidungen sie in einer Mischung aus provokantem Zynismus und verkrampftem Ethos lehrhaft plakatiert.

Hierin erinnerten die Sturm- und Drangpoeten besonders stark an die Expressionisten, mit denen sie auch die Eigentümlichkeit teilten, daß sie Dichter mit zweidimensionaler Phantasie waren: sie sahen alles linear, in der Fläche. Es ist dies viel-

866

leicht auch der wahre Grund, warum man ihnen immer vorwarf, ihre Figuren seien konstruiert. Sie waren natürlich konstruiert; aber das wäre an sich noch kein Einwand, denn jeder
Dramatiker muß bis zu einem gewissen Grade Konstrukteur
sein. Ihre Schwäche bestand darin, daß sie zweidimensional
konstruiert oder, um es mit einem gebräuchlicheren, aber un-
klareren Wort zu sagen, lyrisch konzipiert waren. Daher hatten sie immer etwas Bilderbogenhaftes, ohne daß sie darum
falsch oder unfertig gezeichnet gewesen wären: der Eindruck
des Schiefen und Steifen entstand nur dadurch, daß sie für die
Bühne gedichtet waren, ohne doch bühnenmäßig gesehen zu
sein. Man hat stets den Eindruck, daß etwas fehlt: eben die
dritte Dimension; es entsteht derselbe Effekt, wie wenn ein ausgezeichneter Rezitator den Versuch macht, als Schauspieler
aufzutreten. Eine unscheinbare Äußerlichkeit ist für fast alle
linear sehenden Schriftsteller charakteristisch: sie haben eine
Leidenschaft für die Linie, die den Text unterbricht, nämlich
den Gedankenstrich. Auch die Stürmer und Dränger bedienten
sich dieses typographischen Hilfsmittels, das sie durch übermäßigen Gebrauch vollkommen abnützten.

Der Prophet der ganzen Bewegung war Johann Georg Ha- *Hamann*
mann, eine literarhistorische Kuriosität allerersten Ranges. Er
schuf sich, in der leidenschaftlichen Überzeugung, daß unsere
tiefsten Seelenregungen sich in der Region des *clair-obscur*
vollziehen, eine völlig neue Sprache, die, ganz Ahnung, Geheimnis und Andeutung, von einer bis dahin unerhörten Suggestionskraft, freilich auch an vielen Stellen von einer fast undurchdringlichen Dunkelheit war. Er sprach selbst von seinem
»dummen Tiefsinn«, seinem »Heuschreckenstil« und »verfluchten Wurststil«, erklärte, seine eigenen früheren Schriften
nicht zu verstehen, und bezeichnete seine ganze Produktion als
bloße »Brocken, Fragmente, Grillen, Einfälle«. Im äußersten
Gegensatz stand er zu den Aufklärern, den »Lügen-, Schau-

und Maulpropheten«, wie er sie nannte, die ihrerseits vornehm auf seine wirre Änigmatik herabsahen: aber man frage sich, ob Mendelssohn, Nicolai und ihr Anhang jemals so geniale Sätze hätten niederschreiben, ja auch nur nachempfinden können wie etwa den hamannischen: »Das Gute tief herein-, das Böse herauszutreiben – schlechter scheinen, als man wirklich ist, besser wirklich sein, als man scheint: dies halte ich für Pflicht und Kunst.« In Sokrates verehrte er im Gegensatz zu Mendelssohn nicht den Dialektiker und Moralisten, sondern das geheimnisvolle Sprachrohr des Daimonions, und das sokratische »Nichtwissen« deutete er im Sinne des Geniebegriffs als ein Bekenntnis zum Irrationalismus. Er verlangte vom Dichter und Denker die »Herzwärme der Willkür«, denn: »Denken, Empfinden und Verdauen hängt alles vom Herzen ab«, und: »Ein wenig Schwärmerei und Aberglauben würde nicht nur Nachsicht verdienen, sondern etwas von diesem Sauerteige gehört dazu, um die Seele zu einem philosophischen Heroismus in Gärung zu setzen«. Poesie ist ihm »Geschichtsschreibung des menschlichen Herzens«, Philosophie Selbsterkenntnis: »Nichts als die Höllenfahrt der Selbsterkenntnis bahnt uns den Weg zur Vergötterung.« Sein Kardinalbegriff war die *coincidentia oppositorum* Brunos, deren Existenz er überall aufsuchte und nachwies: in der rätselhaften Vereinigung von Geist und Körper, Vernunft und Sinnlichkeit; in der Sprache, die nichts ist als verkörperter Geist, versinnlichter Gedanke; in den christlichen Mysterien der Trinität, Inkarnation und Erlösung.

Eine so tiefe und stets gegenwärtige Überzeugung von der Paradoxie, inneren Gegensätzlichkeit und organischen Unlogik alles Geschaffenen muß notwendig zum ironischen Standpunkt führen, und in der Tat war Hamann ein Ironiker höchster Art vom Schlage eines Plato, Pascal oder Shakespeare. Ja er geht sogar so weit, in der Welt das Produkt der göttlichen Ironie und in der Bibel, dem Wort Gottes, das Schulbeispiel eines

ironischen Buches zu erblicken. Und auch in der widerspruchsvollen Stellung, die dieser komplizierte und primitive, moderne
und altertümliche, universelle und einseitige, angeschwärmte
und mißverstandene Denker selber in seiner Zeit einnahm und
noch heute in der Geschichte der Philosophie einnimmt, liegt
etwas tief Ironisches.

Auf den Satz Hamanns, daß die Poesie die Muttersprache des *Herder*
menschlichen Geschlechts sei, hat Herder seine ganze Poetik *und Jacobi*
und Sprachphilosophie aufgebaut. Wir haben bereits ganz zu
Beginn in der Einleitung die Bedeutung dieses außerordentlichen Kopfes kurz zu würdigen versucht. Er bildete insofern den
äußersten Gegenpol zur Aufklärung, als diese alle Phänomene
der Vergangenheit ihrem engen und philiströsen Weltbild anzu-
gleichen suchte, während in ihm gerade die Fähigkeit, sich allen
Erscheinungen, auch den entlegensten und fremdesten, mit lie-
bevollem Verständnis einzuschmiegen, aufs stärkste entwickelt
war. »Da schreiben wir denn nun ewig für Stubengelehrte,
machen Oden, Heldengedichte, Kirchen- und Küchenlieder,
wie sie niemand versteht, niemand will, niemand fühlt. Unsere
klassische Literatur ist ein Paradiesvogel, so bunt, so artig, ganz
Flug, ganz Höhe und – ohne Fuß auf die deutsche Erde.« Die
Poesie steht für ihn um so höher, je näher sie der Natur steht,
daher sind die herrlichsten Poesien von den ältesten Völkern geschaffen worden, von wilden Natursöhnen, denn die Kultur ist
der Poesie schädlich. Das Lied des Volkes ist voll Frische, Kraft,
Anschaulichkeit, es redet nicht, sondern malt, es begründet
nicht, sondern entlädt sich in kühnen Sprüngen und Würfen.
Und um diese Meinung an konkreten Beispielen zu erhärten,
übersetzte er mit genialem Einfühlungsvermögen die »Stimmen
der Völker«: französische, italienische und spanische, englische,
schottische und dänische Dichtungen, nordische Bardenlieder
und deutsche Volksweisen, die selbstgewachsenen Naturpoe-
sien aller Nationen bis zu den Grönländern und Lappen, Tata-

ren und Wenden. Er entdeckte die Großartigkeit der mittelalterlichen Kunst, die erhabene Kraft und Einfalt Albrecht Dürers, den morgenländischen Zauber des Alten Testaments, in dem er eine Sammlung von »Nationalmärchen« erblickte, und dabei sah er alle Erscheinungen nicht isoliert, sondern in ihrer Umwelt, als Produkte ihres Zeitalters, ihrer Nationalität, ihrer Sitte. Die Aufklärung betrachtete Shakespeare als ein durch Regellosigkeit verdorbenes Genie, Lessing erklärte ihn für das Genie, das sich selber die Regeln macht, Herder aber deutete ihn als farbiges Abbild der elisabethinischen Ära und ihres eigentümlichen Lebens, ihres Staats und Theaters, ihrer Gesellschaft und Weltanschauung.

Die irrationalistische Bewegung, die Hamann inaugurierte und Herder weiter ausbreitete, fand ihre Fortsetzung und einen gewissen Abschluß in Goethes Jugendfreund Friedrich Heinrich Jacobi. Er nahm seinen Ausgang von der Bekämpfung Spinozas, indem er nachwies, daß dieser Atheist und Fatalist gewesen sei und überhaupt jede derartige mathematisch-logische Demonstrationsweise zum Fatalismus führen müsse: das begriffsmäßige Denken gibt uns statt des Brotes nur Stein, statt eines lebendigen Gottes Naturmechanismus, statt Willensfreiheit starre Naturnotwendigkeit. Das Organ, womit wir die Welt erkennen, ist nicht die Vernunft, sondern das Gefühl, das »Vermögen des Übersinnlichen«, das in jedem Menschen lebt. Daß Dinge außer uns existieren, können wir niemals mit dem Verstand beweisen, vielmehr erlangen wir die Gewißheit hierüber nur durch einen unmittelbaren ursprünglichen Glauben. »Wir haben nichts, worauf unser Urteil sich stützen kann, als die Sache selbst, nichts als das Faktum, daß die Dinge wirklich vor uns stehen. Können wir uns mit einem schicklicheren Worte als dem Worte *Offenbarung* hierüber ausdrücken?« Aber ein Dasein, das offenbar *ist*, setzt ein Dasein voraus, das offenbar *macht*, eine schöpferische Kraft, die nur Gott sein kann.

Aus dem Begriff Gottes läßt sich das Dasein Gottes niemals folgern. Gott existiert nicht, weil wir ihn denken, sondern wir sind seiner gewiß, weil er existiert. Mit unserer Erkenntnis können wir das wirkliche Dasein nie erfassen: was wir durch sie ergreifen, ist niemals der Gegenstand selbst, sondern immer nur unsere Vorstellung von ihm. Daß wir die Gegenstände gleichwohl wahrnehmen, nämlich im buchstäblichen Sinne des Wortes *für wahr nehmen*, ist eine unableitbare, unerklärliche und daher wahrhaft wunderbare Tatsache.

Jacobi ist heute nahezu vergessen, und doch gibt es kaum eine tröstlichere, menschlichere, ja man muß sogar sagen: wahrere Philosophie als die seine. Alles ist schließlich, wenn wir es recht betrachten, eine Tatsache des Glaubens, eine göttliche Offenbarung, ein unbegreifliches Gotteswunder: die ganze Welt, mein eigenes Ich, jedes größte und kleinste Ding. Zu allem brauchen wir Glauben, zu jeder einfachsten Betätigung. Von diesem Glauben leben wir. Der Schuster, der nicht an seine Tätigkeit und deren Objekt von Herzen glaubt, wird niemals ein rechtes Paar Stiefel zusammenbringen. In dem Augenblick, wo wir von den Dingen unseren Glauben an sie abziehen, fallen sie in nichts zusammen wie Zunder; in dem Augenblick, wo wir an sie glauben, sind sie da, wirklich, unangreifbar, unzerstörbar, ja bis zu einem gewissen Grade unsterblich.

Inniger Glaube und zerfressende Skepsis, trunkene Gefühlsseligkeit und eisige Logik, wilde Regelverachtung und rigorose Methodik: alle erdenklichen Polaritäten waren in dieser überreichen Zeit vereinigt. Und zu alledem sah sie noch die Anfänge der beiden »Dioskuren«, die jedoch in Wirklichkeit ebenfalls Gegensätze, Antipoden waren. Die großen und bleibenden Ereignisse der Epoche heißen *Götz*, *Werther* und *Urfaust*, *Räuber*, *Fiesko* und *Kabale*.

»Ein sehr merkwürdiger Mensch«

Vom jungen Goethe gibt Lottens Bräutigam Kestner in einem Brief an einen Freund folgende Charakteristik: »Er hat sehr viele Talente, ist ein wahres Genie und ein Mensch von Charakter. Er besitzt eine außerordentlich lebhafte Einbildungskraft, daher er sich meistens in Bildern und Gleichnissen ausdrückt. Er pflegt auch selbst zu sagen, daß er sich immer uneigentlich ausdrücke, niemals eigentlich ausdrücken könne ... Er ist in allen seinen Affekten heftig, hat jedoch viel Gewalt über sich. Seine Denkungsart ist edel. Von Vorurteilen frei, handelt er, wie es ihm einfällt, ohne sich darum zu kümmern, ob es anderen gefällt, ob es Mode ist, ob es die Lebensart erlaubt. Aller Zwang ist ihm verhaßt. [...] Aus den schönen Künsten und Wissenschaften hat er sein Hauptwerk gemacht, oder vielmehr aus allen Wissenschaften, nur nicht den sogenannten Brotwissenschaften. Er ist, mit einem Wort, ein sehr merkwürdiger Mensch.« Das Merkwürdige an ihm war, daß er all das konnte, was die andern nur wollten und nicht einmal klar wollten. Im *Götz* triumphiert in einem seither nicht wieder erreichten Grad die Fähigkeit, die wir als die eigentlich dramatische bezeichnen müssen: die Kunst des virtuosen Auslassens und der dichtesten Pressung, der atemlosen und doch beherrschten Bilderjagd, die der Expressionismus wieder zur Norm erhoben, sich aber nur kalt und äußerlich zu eigen gemacht hat. Der »Werther« stellt den in der Weltliteratur vielleicht einzig dastehenden Fall dar, daß ein Werk, das bei den Zeitgenossen einen ungeheuren, aber ausschließlichen Aktualitätserfolg hatte, dennoch unsterblich geworden ist. Der Grund liegt darin, daß Goethe in diesem Roman zwar mit beispielloser Feinheit und Sicherheit der Zeit ihr Echo zurückwarf, zugleich aber mit einer ebenso beispiellosen Aufrichtigkeit und Innerlichkeit sein eigenes Erleben und Menschentum in seinen bewegtesten Tiefen abspiegelte. Und darum wird man, solange es edle, aber entwurzelte Menschengewächse gibt, immer wieder den *Werther* lesen. Und darum liest heute fast niemand mehr die *Heloïse*, die fast noch größeres Aufsehen machte. Denn diese ist das Werk eines hochbegabten Journalisten, der auf seinen Höhepunkten einem Dichter zum Verwechseln ähnlich sieht, der *Werther* aber eine reine Dichtung, die, nur zu dem Zweck geschrieben, ihren Schöpfer von einem aufwühlenden Erlebnis zu entlasten, zufällig die Bedingungen eines Saisonromans erfüllte. Rousseau will etwas zeigen; Goethe will gar nichts.

Lessing schrieb an den Shakespeareübersetzer Eschenburg über den *Werther*: »Glauben Sie, daß je ein griechischer oder römischer Jüngling sich so und darum das Leben genommen hätte?« Nein, das hätte ein griechischer Jüngling nie getan, geschweige denn ein römischer, schon weil das Schießpulver damals noch nicht erfunden war. Aber das war ja eben das Neue an dem Werk, daß es zum erstenmal und mit unwiderstehlicher Pinselführung die Katastrophe eines »Empfindsamen« malte, der nicht an seiner Liebe, nicht an irgendwelchen Schicksalsschlägen, sondern einfach am *Leben* stirbt. Die große Tat des *Werther* ist die Entdeckung der *prinzipiell unglücklichen Liebe*, worin sich auch der feminine Zug des Zeitalters äußert, denn diese ist die spezifisch weibliche Form der Liebe. Goethe selber aber hat sich im *Werther* von seiner Liebe befreit, indem er sie objektivierte, gewissermaßen zu einem selbständigen, von ihm losgelösten Geschöpf machte. Die reinigende und erlösende Funktion, die die Kunst in seinem Leben spielte, steht im Zusammenhang mit seiner sonderbaren Haltung gegen alle geliebten Frauen, die ein psychologisches Problem für sich bildet. Er brach mit Käthchen Schönkopf, er verließ Friederike Brion, er löste sein Verlöbnis mit Lili, allemal ohne ersichtlichen Grund. Auch seine Neigung zu Lotte war keine »unglückliche Liebe« im vulgären Sinne. Er fühlte, daß Lotte von ihrem Verlobten zu ihm hinüberglitt; und genau in diesem Augenblick zog er sich von ihr zurück. 1787 verliebte er sich in Maddalena Riggi, eine schöne blauäugige Mailänderin, die ebenfalls Braut war; eine längere Krankheit führte sie aus seinem Gesichtskreis. Als er sie wiedersah, war die Verlobung gelöst, aber damit war er für sie verloren: es kam nicht zu der von ihr erwarteten Erklärung. Er ließ überhaupt alle sitzen, bis auf zwei: Frau von Stein, weil sie schon einen Mann hatte, und Christiane, weil sie ihm ungefährlich war. Und selbst von der Frau von Stein trennte er sich eines Tages, und wiederum ohne greifbare Ursache.

Man könnte zur Erklärung dieses rätselhaften Verhaltens vielleicht auf Goethes ganze geistige Struktur hinweisen. Er suchte in allem, auch in der Frau, das Urphänomen, und darum konnte ihm keine einzelne auf die Dauer genügen. Sodann hatte er als Künstler, und das heißt: als ewig Wandernder überhaupt vor dem Weib Angst, in dem er das stabilisierende, fixierende Prinzip erblicken mußte. Der tiefste Grund dürfte aber wohl darin zu suchen sein, daß ihm jede Passion in dem Augenblick gegenständlich wurde, zur objektiven »Gestalt« gerann, wo er sich vor den Entschluß gestellt sah, aus ihr reale Konsequenzen zu ziehen, sei es in der Form einer Ehe oder eines dauernden Seelenbundes. Wäre er kein Dichter gewesen, so hätte er sich entweder zu einem »normalen« Verhalten gezwungen oder wäre an diesen Konflikten zugrunde gegangen. Aber er besaß das Ventil seiner Kunst, durch die er, wie man heute vielleicht sagen würde, abreagierte: in ihr finden wir das Feuer seiner Leidenschaft aufbewahrt, aber zur kühlen festen Lavamasse erstarrt.

Das Zeitalter Goethes Man kann die Jahre von etwa 1770 bis 1780 das »Zeitalter Goethes« nennen. Aber *nur* diese. Damals galt er wirklich als der Führer der deutschen Jugend, den man auch für alle vorlauten Extravaganzen und schielenden Absurditäten der neuen Bewegung verantwortlich machte. Fast alle seine Novitäten schlugen ein, machten Schule, wurden von Bewunderern und Gegnern als Programmkunst gewertet. Später hat er nie wieder diese breite und laute Wirkung erlangt. Besonders im *Werther* erkannten sich alle wieder. Sogar Napoleon las ihn siebenmal. Ein Platzregen von Kopien, Fortsetzungen, Dramatisierungen,

Kommentaren, Gegenschriften, Parodien ging über Deutschland nieder; man übersetzte ihn sogar in einige außereuropäische Sprachen. Man zeigte ihn als Wachspuppe auf den Jahrmärkten und wallfahrtete zum Grabe seines Modells, des jungen Jerusalem. Jeder empfindsame Jüngling spielte mit dem Gedanken, das Ende Werthers nachzuahmen, und einige erschossen sich wirklich; jedes empfindsame Mädchen wollte geliebt werden wie Lotte: »Werther hat mehr Selbstmorde verursacht als die schönste Frau«, sagte Madame Staël. Das Werk aber, das die Seele der Zeit am reichsten ausdrückte, gelangte gar nicht zu ihrer Kenntnis: der zwischen 1773 und 1775 geschriebene, erst 1790 in veränderter Fassung veröffentlichte *Urfaust*. Und bei all dieser Produktivität von gleich staunenswertem Umfang und Gehalt hat man den Eindruck, daß sie an ihrem Urheber gar nicht das Wesentliche war; daß vielmehr seine Dichtungen Nebenprodukte, organische, aber sekundäre *Sekrete* waren. Das stärkste und tiefste Kunstwerk, das Goethe geschaffen hat, ist seine Biographie.

Bei Schiller hingegen gewinnt man die Überzeugung, daß seine ganze Genialität in die Feder floß und er sein Leben fast restlos in seinen Gestalten und Gedanken aufgebraucht hat. Es soll damit keineswegs eine verschiedene Wertung ausgesprochen werden, sondern bloß die Konstatierung zweier polarer, aber gleichmäßig berechtigter Dichtertypen.

Der junge Schiller

In dem Nachlaß Otto Weiningers findet sich ein kleiner Aufsatz, worin Schiller als das Urbild des modernen Journalisten geschildert wird. An dieser Auffassung ist soviel richtig, daß die journalistische Nachwelt sich tatsächlich nicht selten an Schiller orientiert hat, im übrigen aber beruht sie auf einer Unbilligkeit, die für die Beurteilung Schillers insofern typisch geworden ist, als man sich vielfach daran gewöhnte, von den Schülern auf den Meister zu schließen und ihn nicht nur für sie verantwortlich zu machen, sondern schließlich sogar mit ihnen zu verwechseln. Nun ist aber Schiller ganz ungeeignet, Schule zu machen. Man kann von einer Rembrandtschule, einer Hegelschule, einer Ibsenschule sprechen, von einer Schillerschule nicht. Man kann Schiller nicht nachahmen oder vielmehr: wenn man ihn nachahmt, wird er unerträglich. Wenn ein anderer Dichter Schillers Pathos nachredet, so wird es phrasenhaft und geschraubt, wenn er seine Technik kopiert, so wirkt sie leer und gemacht, und wenn er seine Ideen wiederholt, so werden sie zu schöngeistigen Platitüden. Schiller wäre als Orator nur ein Leitartikler, als Charakteristiker nur ein Feuilletonist, als Kompositeur nur ein Sensationsreporter, wenn er eben nicht Schiller wäre. Es ist hier noch nicht der Ort, auf diese Frage näher einzugehen.

Über die Mannheimer Uraufführung der *Räuber* berichtet ein Zeitgenosse: »Das Theater glich einem Irrenhause, rollende Augen, geballte Fäuste, heisere Aufschreie im Zuschauerraum! Fremde Menschen fielen einander schluchzend in die Arme, Frauen wankten, einer Ohnmacht nahe, zur Türe. Es war eine allgemeine Auflösung wie im Chaos, aus dessen Nebeln eine neue Schöpfung hervorbricht.« Die Ausstattung, die der Intendant Freiherr von Dalberg dem Stück gegeben hatte, war für damalige Begriffe glänzend: besonders entzückt war Schiller von einem Mond mit blechernem Spiegel, der bei Karls Schwur »Höret mich, Mond und Gestirne« langsam über den Theaterhorizont lief und »ein natürliches schröckliches Licht in der Gegend verbreitete«. Andererseits hatte derselbe Dalberg von Schiller zwei ziemlich törichte Adaptierungen erzwungen: das Stück schloß damit, daß Amalia sich selbst erstach und Franz in den Hungerturm geworfen wurde, und spielte im Kostüm der Zeit Maximilians des Ersten: mit Recht schrieb Schiller über diese feige und fälschende Umdatierung eines Werks, das ganz Gegenwart atmete, sie mache aus seinem Drama eine »Krähe mit Pfauenfedern«.

Im übrigen beurteilte Schiller sein Erstlingswerk mit einer Schärfe und Skepsis, die zwar insofern nicht ganz echt wirkt, als sie sich in einer Mischung aus Stolz, Publikumsverachtung, Übertreibungssucht und Mystifikationslust absichtlich übernimmt, aber gleichwohl ein fast einzig dastehendes Beispiel jugendlicher Selbstkritik darbietet. Wenn er den ersten Entwurf der Vorrede zu den *Räubern* mit den Worten beginnt: »Es mag beim ersten In-die-Hand-Nehmen auffallen, daß dieses Schauspiel niemals das Bürgerrecht auf dem Schauplatz bekommen wird«, so mutet uns das heute sehr sonderbar an, denn von keinem deutschen Drama könnte man mit mehr Grund behaupten, daß es sich das Bürgerrecht auf dem Theater erworben habe; aber vom damaligen Standpunkt war diese Befürchtung gar nicht so absurd. Die Form mußte, gerade weil sie so eminent dramatisch war, so neu, ungewohnt und scheinbar theaterwidrig wirken, daß man sie sehr leicht für undramatisch halten konnte. In einem Aufsatz im »Wirtembergischen Repertorium«, worin er unter der Chiffre »K....r« sein eigenes Stück besprach (fünf Jahre später hätte jeder auf »Körner« geraten), erklärt Schiller, daß Franzens Intrigen »abenteuerlich grob und romanhaft« seien und das ganze Schauspiel in der Mitte erlahme; von der Sprache und dem Dialog sagt er, sie »dörften sich gleicher bleiben und im ganzen weniger poetisch sein«, hier sei der Ausdruck lyrisch und episch, dort gar metaphysisch, an einem dritten Ort biblisch, an einem vierten platt; von Amalia äußerte er: »Ich habe mehr als die Hälfte des Stücks gelesen und weiß nicht, was das Mädchen will, oder was der Dichter mit dem Mädchen gewollt hat, ahnde auch nicht, was etwa mit ihr geschehen könnte; kein zukünftiges Schicksal ist angekündigt oder vorbereitet, und zudem läßt ihr Geliebter bis zur letzten Zeile des – dritten Akts kein halbes Wörtchen von ihr fallen. Diese ist schlechterdings die tödliche Seite des ganzen Stücks, wobei der Dichter ganz unter dem Mittelmäßigen geblieben ist«; und sein Resümee lautet: »Wenn man es dem Verfasser nicht an den Schönheiten anmerkt, daß er sich in seinen Shakespeare vergafft hat, so merkt man es desto gewisser an den Ausschweifungen.« Und in einer zweiten Rezension, die er unter der Maske eines Wormser Korrespondenten schrieb, fügt er noch hinzu: »Wenn ich Ihnen meine Meinung teutsch heraussagen soll – dieses Stück ist dem ohnerachtet kein Theaterstück. Nehme ich das Schießen, Sengen, Brennen, Stechen und dergleichen hinweg, so ist es für die Bühne ermüdend und schwer.« In einer Frankfurter Zeitschrift erschien denn auch eine Antikritik, die Schiller gegen seinen überscharfen Beurteiler lebhaft in Schutz nahm.

Der Dichter Flickwort

Diese Mängel der *Räuber*, die seither von weniger befugten Beurteilern bis zum Überdruß immer wieder hervorgehoben worden sind, tun jedoch der Durchschlagskraft des Dramas nicht den geringsten Eintrag. Dies erhellt schon daraus, daß selbst die zahlreichen elenden Bearbeitungen, gegen die es damals noch keinen Rechtsschutz gab, die Wirkung nicht abschwächten. In der Einrichtung von Plümicke, die in Berlin mit andauerndem Erfolg in Szene ging, entpuppt sich Franz als Bastard und Schweizer, der den Gedanken nicht ertragen kann, daß sein Hauptmann durch den Henker enden solle, tötet zuerst Karl und dann sich selbst. In Frankreich erschienen die *Räuber* unter dem Titel *Robert, chef des brigands* in einer stark verändernden Übersetzung von La Martellière: dort erscheint am Schluß Kosinsky mit einem Pardon des Kaisers, der die Räuberbande zu einem *corps franc de troupes légères* und Robert zu deren Anführer erhebt. Hierzu schrieb La Martellière sogar noch eine Fortsetzung, *Le tribunal redoutable, ou la suite de Robert, chef des brigands.* Übrigens plante auch Schiller selbst einen Nachtrag in einem Akt, *Räuber Moors letztes Schicksal,* wodurch, wie er 1785 an Körner schrieb, »das Stück neuerdings in Schwung kommen« sollte. Das Albernste in dieser Richtung dürfte wohl eine Frau von Wallenrodt in ihrem Werk *Karl Moor und seine Genossen nach der Abschiedsszene beim alten Turm, ein Gemälde erhabener Menschennatur als Seitenstück zu Rinaldo Rinaldini* geleistet haben: dort werden Amalia und der alte Moor wieder lebendig, indem dieser nur eine Ohnmacht, jene nur eine leichte Verwundung erlitten hat, und befreien Karl Moor, der sich selbst den Gerichten gestellt hat, durch ihre Fürbitte beim Kaiser aus dem Kerker, worauf Karl und Amalia heiraten und alle Räuber einem ehrlichen bürgerlichen Beruf zugeführt werden.

Auch der *Fiesko* erschien in Mannheim mit einem veränderten Schluß: Verrina führt einen Streich gegen Fiesko, dieser pariert ihn, zerbricht das Zepter und spricht zum Volk, das voll Freude auf den Knien liegt: »Steht auf, Genueser! Den Monarchen hab' ich euch geschenkt – umarmt euren glücklichsten Bürger.« Noch edler benahm er sich bei Plümicke, der wiederum für Berlin eine erfolgreiche Raubbearbeitung geliefert hatte: er fängt ebenfalls den Dolch auf, bietet aber Verrina sogleich die nackte Brust dar, worauf dieser erschüttert zurückweicht; am Schlusse erscheint der alte Doria, der seinen Todfeind zum Sohn annehmen und mit dem Herzogshut krönen will; aber Fiesko will als Retter des Vaterlands sterben und stößt sich nun selber den Dolch ins Herz.

Iffland hatte sogar die Taktlosigkeit, eine zweiaktige Posse, *Der schwarze Mann*, worin Schillers Unschlüssigkeit über den Ausgang seiner Dramen sehr deutlich verspottet war, nicht nur zur Aufführung in Mannheim zu empfehlen, sondern auch den Dichter Flickwort, dessen ständige Redensart lautet: »Nur wegen der Katastrophe bin ich noch zweifelhaft«, in der Maske Schillers zu spielen, obgleich er selber an den Konzessionen, die dieser in den *Räubern* und im *Fiesko* gemacht hatte, mitschuldig war. Übrigens offenbarte sich das echte Theatertemperament Schillers ja gerade darin, daß er es mit dem Schicksal seiner Figuren nicht so besonders genau nahm und es ihm weniger auf Psychologie und Logik als auf starke Effekte, Stimmungen und Bilder ankam. Er war eben in allem und jedem zuerst Dramatiker, selbst in seinen philosophischen Dialogen, zum Beispiel im *Spaziergang unter den Linden*, der, obgleich eine rein theoretische Erörterung, doch einen starken Aktschluß hat: »*Wollmar:* Auf jeden Punkt im ewigen Universum hat der Tod sein monarchisches Siegel gedrückt. Auf jeden Atomen les' ich die trostlose Aufschrift: *Vergangen! Edwin:* Und warum nicht: *Gewesen?* Mag jeder Laut der Sterbegesang einer Seligkeit sein – er ist auch die Hymne der allgegenwärtigen Liebe. – Wollmar, an dieser Linde küßte mich meine Juliette zum erstenmal. *Wollmar* (heftig davongehend): Junger Mensch! Unter dieser Linde hab' ich meine Laura verloren!«

Schiller als Didaktiker
Hingegen war er kein Lyriker, worüber er sich ebenso klar war wie über die Gebrechen seiner Dramen (von den Lauraoden zum Beispiel sagte er: »Überspannt sind sie alle«), und nur der Kunstfremdheit der deutschen Pädagogen ist es zu verdanken, daß seine Gedichte in alle Lesebücher übergegangen sind. Einige von ihnen erinnern in unfreiwilliger Komik geradezu an Wilhelm Busch, zum Beispiel die Verse aus dem *Gang nach dem Eisenhammer*:

>›Du bist des Todes, Bube, sprich!‹
>Ruft jener streng und fürchterlich.
>›Wer hebt das Aug' zu Kunigonden?‹
>›Nun ja, ich spreche von dem Blonden.‹

Er war damals auch noch kein Erzähler: höchst ungeschickt ist zum Beispiel der Auftakt zu der Novelle *Eine großmütige Handlung aus der neuesten Geschichte*: »Schauspiele und Romane eröffnen uns die glänzendsten Züge des menschlichen Herzens«, und die plötzliche Unterbrechung des Berichts: »Das

Fräulein – doch nein! davon wird das Ende reden.« In allen epischen Produkten aus dieser Periode ist die Darstellung nirgends zur reinen Gestaltung auskristallisiert, sondern schwankt stets zwischen Lehrdichtung im Gellertstil und Kolportage im Vulpiusstil, wobei der Autor immer persönlich hineinredet, demonstriert, moralisch ermahnt oder abschreckt und störend in die Werkstatt blicken läßt; man denke an Stellen wie etwa die im *Verbrecher aus verlorener Ehre*: »Den folgenden Teil der Geschichte übergehe ich ganz; das bloß Abscheuliche hat nichts Unterrichtendes für den Leser.« Überhaupt war der künstlerische Blick des jungen Schiller darin noch ganz von der »Aufklärung« getrübt, daß er den Hauptzweck der Poesie in die sittliche Besserung des Publikums verlegte, wie er es unzählige Male ausgesprochen und nur als Dramatiker nicht praktiziert hat, weil hier sein grandioser Gestaltungstrieb stärker war als seine pädagogischen Absichten. Im Prinzip aber wies er auch der Schaubühne die nützliche Aufgabe zu, uns die Schurken kennen zu lehren und uns dadurch vor ihnen zu schützen: »Wir müssen ihnen ausweichen oder begegnen; wir müssen sie untergraben oder ihnen unterliegen. Jetzt aber überraschen sie uns nicht mehr. Wir sind auf ihre Anschläge vorbereitet. Die Schaubühne hat uns das Geheimnis verraten, sie ausfindig und unschädlich zu machen.« Aus dieser Wurzel stammte auch seine damalige Vorliebe für die Schwarzweißtechnik, die Kontrastierung fleckenlos reiner Engelsgestalten wie Louise und Amalia und restlos verruchter Bösewichter wie Wurm und Franz Moor, der aber seine Theaterstücke einen großen Teil ihrer Wirkung verdanken.

Die Didaktik drang damals sogar bisweilen in die Musik, zum Beispiel bei Haydn, der zusammen mit Gluck und Mozart das Triumvirat der großen Tondichter jenes Zeitalters bildet. Sie lebten alle drei in Wien, wo sie, wie es bei Genies in dieser Stadt die Regel ist, nicht gebührend anerkannt wurden. Gluck

Gluck und Haydn

war Hofkapellmeister unter Maria Theresia und hatte erst als Sechzigjähriger, 1774, seinen ersten großen Erfolg mit der Aufführung seiner *Iphigenie in Aulis* in Paris, obgleich er dort die tiefeingewurzelte Tradition Lullys und Rameaus zu besiegen hatte. Schon während der Proben tobte in den Cercles, Assembléen und Kaffeehäusern der Kampf der »Gluckisten« und der »Piccinnisten«, die auf Niccolò Piccinni, den hochbegabten Vertreter der neapolitanischen Richtung, schworen. Lange vor Beginn der Premiere war das Theater belagert, und Zwischenhändler erzielten ein Vielfaches der Eintrittspreise; als man nach einer Serie ausverkaufter Häuser Rameaus *Castor und Pollux* einzuschieben versuchte, kam fast niemand. Selbst die Dauphine Marie Antoinette, die für das Geistesleben ihrer Zeit viel weniger Interesse hatte als für den Spieltisch und die Schneiderin, war entzückt: als sie eines Tages durch den Bois de Boulougne ritt, wandte sie plötzlich mit dem Ausruf *»Mon Dieu, Gluck!«* ihr Pferd, eilte auf den Meister zu und überschüttete ihn mit Komplimenten; das umherstehende Volk war tief gerührt und rief: »Was für eine schöne, liebenswürdige Königin werden wir einmal haben!« Noch in demselben Jahr fand auch der *Orpheus*, der in Wien nur mäßigen Beifall erzielt hatte, bei den Parisern eine begeisterte Aufnahme. Aber erst die »Iphigenie auf Tauris« brachte 1779 den vollständigen Sieg: die bisherigen Gegner verstummten, und selbst Piccinni wurde Gluckist.

In der Zueignung der *Alceste*, die an den Großherzog von Toskana, den späteren Kaiser Leopold den Zweiten, gerichtet war, sagt Gluck: »Es war meine Absicht, alle Mißbräuche zu verbannen, die durch die Eitelkeit der Sänger und die Nachgiebigkeit der Musiker in die italienische Oper eingedrungen sind und aus dem prunkvollsten und schönsten aller Schauspiele das lächerlichste und langweiligste gemacht haben… ich habe versucht, alle jene Auswüchse zu beseitigen, gegen die der gesunde Menschenverstand und der gute Geschmack schon so lange vergeblich kämpfen... Ich habe ferner geglaubt, meine Hauptarbeit dem Streben nach einer schönen Einfachheit widmen zu müssen, und habe es vermieden, auf Kosten der Klarheit mit Kunstfertigkeiten zu prunken.« In diesen Worten ist in der Tat der Inhalt der Gluckschen Reform umschrieben: er hat die Oper von der anmaßenden und absurden Herrschaft der *aria di bravura* befreit und durch schlichten Wahrheitswillen, lebensvolle Charakteristik und echtes Gefühl vermenschlicht und vertieft, obschon in der Verwirklichung seiner letzten Ziele durch klassizistische Kühle und Bewußtheit gehemmt. Seine Rezitativuntermalungen, seine großen Ensemblefinali und monologischen Arien und seine »Intraden«, die »die Zuschauer auf die Handlung vorbereiten und sozusagen deren Inhalt ankündigen« sollten (während in der italienischen Oper zwischen Ouvertüre und Drama keinerlei Beziehung bestand), sind für Generationen vorbildlich geworden. Sein Œuvre bedeutet gegenüber dem Metastasianismus einen Durchbruch zur Vereinfachung, Vernatürlichung und Beseelung, aber andrerseits gerade durch seine architektonische Klarheit und imposante Linienstrenge eine Reduktion und Entfärbung, einen Sieg jener Kunstanschauung, deren großartige und verhängnisvolle Rolle im europäischen Kulturleben noch eingehender zu erörtern sein wird.

Was für Gluck Paris war, das wurde für Josef Haydn London, wo er für seine Symphonien mit Einnahmen, Gesellschaftshuldigungen und öffentlichen Ehrungen überschüttet wurde. Seine Kirchenmusik, wegen ihres »weltlichen« Charakters vielfach angefeindet, ist gleichwohl tief katholisch und fast noch barock: sie bejaht die Welt, aber auf dem Untergrunde der Transzendenz. Aus seinen weltberühmten Oratorien *Die Schöpfung* und *Die Jahreszeiten* redet das rousseauische Naturgefühl des Jahrhunderts, aber geläutert durch die milde Heiterkeit einer anima candida von echter Naivität.

Mozarts Lebensgleichung

Auch Mozart lebte in Wien in ebenso dürftigen Verhältnissen wie anfangs Gluck und Haydn, refüsierte aber trotzdem die Einladung Friedrich Wilhelms des Zweiten, der ihm einen hochdotierten Kapellmeisterposten in Berlin antrug. Seine Opern brachte er fast alle in Wien zur Uraufführung, obgleich sie dort infolge kleinlichster und gehässigster Intrigen nur wenige Wiederholungen erzielten: bei der ersten Vorstellung des *Figaro* sangen die Italiener absichtlich so schlecht, daß das Werk durchfiel, während es in Prag sogleich einen stürmischen Erfolg hatte. Die Produktion Mozarts ist in ihrer Fülle und Vielseitigkeit vielleicht das erstaunlichste Phänomen der gesamten europäischen Kunstgeschichte. Er war in allem ein Meister; Haydn, mit dem ihn eine rührende Freundschaft verband, sagte von ihm: »Wenn Mozart auch nichts anderes geschrieben hätte als seine Violinquartette und sein Requiem, würde er allein dadurch schon unsterblich geworden sein.« Sein Lebenswerk umfaßt Opern und Symphonien, Sonaten und Kantaten, geistliche und Kammermusik, im ganzen über sechshundert Stücke. Und der Extensität seines Schaffens entspricht die berückende Intensität: der Reichtum der einander jagenden und kreuzenden und doch nie störenden und verwirrenden Einfälle, so abundant und bewältigt nur noch bei Shakespeare, mit dem er auch die einzigartige Mischung von Ernst und Humor gemeinsam hat. Und dies alles hat er während eines Lebens von nicht ganz sechsunddreißig Jahren in einem beängstigend atemlosen Prestissimo aus sich herausgeschleudert, das den Eindruck erweckt, als habe er vorausempfunden, daß ihm nur wenig Zeit gegeben sei: er erinnert hierin an Schiller und Nietzsche, die ebenfalls unter einem ungeheuren Hochdruck arbeiteten. Wir müssen nämlich von der Ansicht ausgehen, daß jeder Mensch ein spezifisches inneres Tempo besitzt, das sich für einen Geist, der diese Verhältnisse vollkommen zu überblicken vermöchte, sogar wahrscheinlich in irgendeiner

Gleichung ausdrücken ließe. Es gibt offenbar eruptive Naturen, die von einer so vehementen Beschleunigung erfüllt sind, daß sie in der Hälfte der normalen Zeit die ganze Strecke ihres Lebens und Schaffens zurücklegen. Es scheint fast, daß Schiller im Fragment des *Demetrius*, Nietzsche im Fragment des *Antichrist* ihre letzten Möglichkeiten erreicht hatten, gleich einer Dampfmaschine, deren Manometer auf hundert steht. Dasselbe gilt von anderen »der Menschheit zu früh Entrissenen«: von Kleist, Novalis, Raffael, Alexander dem Großen. Die Uhr ist in psychologischen Dingen ein sehr inkompetenter Zeitmesser; das wahre Maß der Zeit ist hier die Zahl der Eindrücke und Assoziationen. Die Vorstellungsmassen können auf einen Geist in einer solchen Dichte einströmen, daß er in verhältnismäßig kurzer Zeit schon ein volles Menschenschicksal erfüllt. Eine Ahnung hiervon lebte in allen jung verstorbenen Genies: die Dramen Kleists sind wie im Fieber geschrieben, Novalis gab in tragischer Prophetie seinem Lebenswerk den Titel *Fragmente*, Raffael malte Tag und Nacht, Alexander hat mit sinnverwirrender Impetuosität in dreizehn Jahren die Kriegs- und Friedensgeschichte einer ganzen Dynastie durchrast.

Auch bei Mozart können wir uns eine Entwicklung über *Figaro*, *Don Juan* und *Zauberflöte* hinaus nicht mehr vorstellen, und die bisherige Musikgeschichte gestattet sogar die Vermutung, daß sie absolute Gipfelpunkte nicht nur seiner, sondern der menschlichen Tonkunst darstellen. In diesen drei Wunderwerken vermählt sich die deutsche Innerlichkeit und Unschuld mit der silbernen Heiterkeit und träumerischen Verspieltheit des Rokoko, während in dem jüngsten von ihnen auch die Aufklärung, unendlich vertieft, ihren tönenden Mund gefunden hat. Und noch in einem zweiten Genius kulminiert die Aufklärung, der im übrigen wenig Ähnlichkeit mit Mozart besitzt; sein erstes epochemachendes Werk trat in demselben Jahre ans

Licht wie Mozarts erste Oper von Säkularformat: das Jahr 1781 erblickte die erste Aufführung des *Idomeneo* und die erste Auflage der *Kritik der reinen Vernunft*.

Der doppelte Kant

Wir müssen bei Kant allerdings zwei Wesenheiten unterscheiden, die fast völlig voneinander getrennt sind: eine zeitgebundene und eine zeitlose. In seinen Ansichten über Staat und Recht, Gesellschaftsordnung und Kirchenregiment, Erziehung und Lebensführung steht er ganz auf dem Boden der Aufklärung; wo immer er sich ins Gebiet der Empirie begibt, stimmt er mit den führenden Geistern seines Jahrhunderts im wesentlichen überein: in der Physik mit Newton, in der Theologie mit Leibniz, in der Ästhetik mit Schiller, in der Geschichtsbetrachtung mit Lessing. Als Philosoph aber, das heißt: als Erforscher der menschlichen Erkenntnis, war er ein völlig isoliertes Weltwunder, ein Gehirn von einer solchen formidablen Überlebensgröße, Schärfe des Distinktionsvermögens und Kraft des Zuendedenkens, wie es auf Erden nur einmal erschienen ist. Ja er nimmt nicht nur in seiner Zeit, nicht nur innerhalb der Menschheit, sondern auch unter allen Philosophen eine völlig einzigartige Stellung ein. Konfuzius und Buddha, Heraklit und Plato, Augustinus und Pascal und alle übrigen philosophischen Geister von Unsterblichkeitsrang haben sublime Gedankendichtungen geschaffen; Kant hingegen war nichts weniger als ein Dichter, sondern ein reiner Denker, vermutlich der reinste, der je gelebt hat; was er gibt, ist nicht die individuelle Vision eines Künstlers, der durch die Wucht seiner Phantasie bezwingt, sondern die weltgültige Formulierung eines Forschers, der durch die Schlagkraft seiner Sagazität und Beobachtungsgabe überwältigt. *Sein* System hätte Friedrich der Große nicht einen Roman nennen können. Er selbst hat sich als den Historiker der menschlichen Vernunft bezeichnet; man könnte ihn auch deren genialen Tiefseeforscher, Vivisektor, Detektiv heißen.

Und doch müssen wir sogleich eine Berichtigung vornehmen. Er war kein Dichter, kein Realisator selbsterschaffener Welten und ein Künstler höchstens in der lichtvollen sauberen Architektonik seines Systems, aber er besaß gleichwohl Phantasie, und zwar eine Form der Phantasie, wie sie, zumindest in dieser extremen, ja absurden Ausprägung, noch nie auf der Welt gewesen war. Er war der erste, der über »physische Geographie« las: dieses Kolleg war sein besuchtestes und ihm selbst das liebste, er hat es fast jedes zweite Semester abgehalten. Er schilderte darin, obgleich er nie über den Umkreis seiner Vaterstadt Königsberg hinausgekommen war, nie das Meer, eine Weltstadt, eine reiche Vegetation, ja auch nur ein Gebirge oder einen großen Strom gesehen hatte, alle Regionen der Erde so lebhaft und anschaulich in ihren sämtlichen Einzelheiten, daß alle Uneingeweihten ihn für einen Weltreisenden hielten. Die Westminsterbrücke beschrieb er einmal mit solcher Genauigkeit und Deutlichkeit, daß ein anwesender Engländer behauptete, er müsse ein Architekt sein, der mehrere Jahre in London gelebt habe. Dies nämlich war die Art seiner Phantasie: er vermochte sich Dinge anschaulich vorzustellen, die er nie gesehen hatte, ja die *überhaupt noch nie ein Mensch gesehen hatte*. Dieses Gebiet, das nur er leibhaftig, deutlich und genau zu erblicken vermochte, war die menschliche Vernunft, und diese Gabe macht ihn zum Unikum in der gesamten menschlichen Geschichte.

Es könnte scheinen, als gebe es noch in einem anderen Sinne als in dem soeben erörterten einen doppelten Kant.

Da war ein Kant, der mit einer beispiellosen Scheidekunst alles zerlegte und auflöste, ein radikaler Revolutionär, dämonischer Nihilist und unbarmherziger Zerstörer des bisherigen Weltbilds. Da war aber auch ein Kant, der nichts anderes war als der kleine Bürger einer weltentlegenen Provinzstadt, altpreußisch, protestantisch, pedantisch, verwinkelt, konservativ,

»Alleszermalmer« und »Allesverschleierer«

vor der Staatsallmacht, dem Kirchendogma und der öffentlichen Meinung kapitulierend, korrekt bis zur Genrehaftigkeit, Tag für Tag nach derselben genauen Einteilung lebend, so pünktlich um dieselbe Stunde das Haus verlassend, vom Kolleg zurückkehrend, zu Mittag essend, spazierengehend, daß die Nachbarn nach ihm ihre Uhren richteten.

Und doch ist die Versöhnung dieser beiden scheinbar feindlichen Seelen Kants der Sinn seiner ganzen Philosophie: inwiefern, das können wir vorläufig nur andeuten. Er enthüllte die Realitäten als *theoretische* Unbewiesenheiten und Unbeweisbarkeiten, ja Irrlichter und Phantome, aber zugleich als *praktische* Wünschbarkeiten, Wertsetzungen, Notwendigkeiten, ja Tatsachen und Gewißheiten. Die empirische Welt ist unwirklich, phänomenal, aber der Glaube an sie ein kategorischer Imperativ: in diesem einen Satz ist seine *ganze* Philosophie enthalten, die theoretische und die praktische. Durch diesen Beweisgang wird, auf einem strapaziösen, aber unvermeidlichen Umweg, die Wirklichkeit, die eben noch negiert wurde, wieder bejaht, und zwar in allen ihren Einzelheiten, auch die Welt des *common sense*. Hat man dies alles durchgedacht, so darf man wieder nach der Uhr leben, man soll sogar nach der Uhr leben, nach jener bloß fiktiven und phänomenalen Weltuhr, an deren Existenz zu glauben ein logischer Widersinn und eine moralische Pflicht ist.

Und dazu lebt noch auf dem Untergrunde von Kants lauterer Seele, ihm selbst halb verborgen, ein tief religiöses pietistisches Element, das diese beiden Widersprüche setzt und vermählt: die tiefste Demut vor dem Schöpfer: wir haben nicht das Recht, sein Dasein und das Dasein seiner Welt als wissenschaftliches Axiom aufzustellen und damit gewissermaßen von unserem Geiste abhängig zu machen. In seiner »Antinomienlehre« hat Kant bekanntlich gezeigt, daß alle rationalen Beweise für das Dasein Gottes hinfällig sind: verneint man die Existenz Gottes, so gelangt man zum Atheismus, bejaht man sie, so gelangt man zum Anthropomorphismus; man kann daher weder sagen: es gibt einen Gott, noch: es gibt keinen Gott. In Wahrheit meint aber seine Frömmigkeit: wer sind wir, daß wir sagen dürften: es ist ein Schöpfer?

Die Legende von den angeblichen »zwei Kants« spukt nicht nur durch die ganze Geschichte des kantischen Nachruhms, sondern wurde auch schon von einzelnen seiner Zeitgenossen verbreitet. Am geistreichsten und lustigsten hat sich Heine in seiner *Geschichte der Religion und Philosophie in Deutschland* über diese Frage geäußert, indem er nachzuweisen suchte, daß Kant die *Kritik der praktischen Vernunft* nur seinem alten Diener Lampe zuliebe geschrieben habe. »Nach der Tragödie kommt die Farce. Immanuel Kant hat bis hier den unerbittlichen Philosophen traciert, er hat den Himmel gestürmt, er hat die ganze Besatzung über die Klinge springen lassen, der Oberherr der Welt schwimmt unbewiesen in seinem Blute... da erbarmt sich Immanuel Kant und zeigt, daß er nicht bloß ein großer Philosoph, sondern auch ein guter Mensch ist, und er überlegt, und halb gutmütig, halb ironisch spricht er: ›Der alte Lampe muß einen Gott haben, sonst kann der arme Mensch nicht glücklich sein – der Mensch soll aber auf der Welt glücklich sein – das sagt die praktische Vernunft – meinetwegen – so mag auch die praktische Vernunft die Existenz Gottes verbürgen.‹ Infolge dieses Argumentes unterscheidet Kant zwischen der theoretischen Vernunft und der praktischen Vernunft, und mit dieser, wie mit einem Zauberstäbchen, belebte er wieder den Leichnam des Deismus, den die theoretische Vernunft getötet.« In dieser Auffassung zeigt sich, durch graziösen Witz gemildert, die ganze Seichtigkeit des »jungen Deutschland«, die sich von Kant nur so viel anzueignen wußte, als ihr eigener Geist begriff: nämlich die billige und subalterne Polemik gegen den Klerikalismus. Aber auch noch am Anfang unseres Jahrhunderts hat Haeckel in seinen vielgelesenen *Lebenswundern* eine Tabelle der »Antinomien von Immanuel Kant« aufgestellt, in der er die Widersprüche, die zwischen seinem ersten und seinem zweiten Hauptwerk bestehen sollen, in acht Punkten übersichtlich gegeneinandersetzt und »Kant I« als »Alleszermalmer« und »Atheisten mit reiner Vernunft«, »Kant II« als »Allesverschleierer« und »Theisten mit reiner Unvernunft« bezeichnet.

Die Meinung, daß Kant über das Zerstörungswerk seiner Kritik nachträglich selber erschrocken sei und sich bemüht habe, den Schaden wiedergutzumachen, läßt sich schon deshalb nicht aufrechterhalten, weil sich für jeden, der vorurteilslos zu lesen versteht, die *Kritik der praktischen Vernunft* in der *Kritik der reinen Vernunft* bereits deutlich ankündigt, nämlich in dem eben erwähnten Kapitel, das von der rationalen Theologie handelt. Auch hat sich Kant selber hierüber in der Vorrede zur zweiten Auflage der *Kritik der reinen Vernunft*, die *vor* der ersten Auflage der *Kritik der praktischen Vernunft* erschien, ganz unzweideutig ausgesprochen: »Ich mußte das Wissen aufheben, um zum Glauben Platz zu bekommen, und der Dogmatismus der Metaphysik... ist die wahre Quelle alles der Moralität widerstreitenden Unglaubens, der jederzeit gar sehr dogmatisch ist.« Kant hat den Glauben gegen alle wissenschaftlichen Einwürfe sichergestellt, indem er ihn der theoretischen Vernunft ein für allemal entzog. Urteile wie »richtig« oder »unrichtig« sind, auf die religiösen Bewußtseinsinhalte angewandt, völlig sinnlos: wie der nietzschische Immoralist jenseits von Gut und Böse steht, so steht der kantische Moralist jenseits von Wahr und Falsch.

Die Kritik der Vernunft

Indem wir nunmehr versuchen, die Grundgedanken der kantischen Philosophie in Kürze darzustellen, müssen wir vorausschicken, daß man in ihr nicht, wozu ihr dozierender Ton und didaktischer Aufbau verleiten könnte, eine Lehre zu erblicken hat, die ein neues Wissen vermittelt, sondern einen Ruf zur geistigen und sittlichen Einkehr, der ein neues Sein fordert: sie ist ein Weg und kein Ziel, und um sie im richtigen Geiste aufzunehmen, bedarf es nicht bloß eines gewissen Interesses und Verständnisses für philosophische Probleme, sondern einer bestimmten Naturanlage, einer eingeborenen Richtung des Willens auf Wahrheit und Reinheit. Deshalb haben viele kluge und unterrichtete Menschen erklärt, Kant nicht begreifen zu können, und viele einfache und »unphilosophische« Köpfe in seinen Gedanken, die durch geheimnisvolle Kanäle zu ihnen drangen, den höchsten Trost und die tiefste Erleuchtung gefunden. »Philosophie«, sagt Kant, »kann überhaupt nicht gelernt werden. Mathematik, Physik, Geschichte kann gelernt werden, Philosophie nicht, es kann nur Philosophieren gelernt werden.« Eine »gelernte« Philosophie würde in seinen Augen aufhören, Philosophie zu sein; sie wäre bloß »historisches«, nicht philosophisches Wissen.

Im übrigen muß ich den Leser bitten, nicht ungeduldig zu werden, wenn er einiges nicht sogleich versteht; manches wird erst durch das Nachfolgende klar, und es wird sich daher diesmal ausnahmsweise empfehlen, den Text zweimal zu lesen.

Philosophie ist Erkenntnis: dies ist vielleicht der einzige Satz, über den die Philosophen immer einig gewesen sind. Diese Erkenntnis geschieht durch unser Erkenntnisvermögen; und zwar hatten sich in der neueren Zeit zwei philosophische Hauptrichtungen herausgebildet: die Sensualisten hatten das Schwergewicht auf die Sinnesfunktionen gelegt, die Rationalisten auf die Verstandesfunktionen. Die gemeinsame Tätigkeit der Sinne und des Verstandes macht das aus, was wir »Erfahrung« nennen. Nun hatten die bisherigen Philosophen zwar die Meldungen der Sinnesorgane und die Schlüsse des Verstandes auf ihren Charakter und ihre Zuverlässigkeit zu prüfen versucht, die Tatsache der Erfahrung selbst aber als etwas schlechthin Gegebenes hingenommen. Man pflegt einen Gedankengang, der sich auf die Annahme unaufgeklärter Fakten gründet, auch im gewöhnlichen Leben kritiklos zu nennen. Die ganze bisherige Philosophie war in diesem Sinne naiv und leichtgläubig, unkritisch und dogmatisch, die kantische Philosophie ist *kritisch*, sie will in dem großen Streit der Rationalisten und Sensualisten die unparteiische Schiedsrichterin sein und sich zu der alten Schulmetaphysik verhalten wie die Chemie zur Alchimie, die Astronomie zur Astrologie. Kant verlegt das Problem viel weiter zurück, indem er fragt: woher kommt die Erfahrung überhaupt? wie wird sie möglich? wie wird die Erkenntnis selbst erkannt? Eine Sache kann man nur erkennen, wenn man alle Bedingungen kennt, aus denen sie entstanden ist. Weil die kantische Philosophie erforscht, was dem Zustandekommen unserer Erkenntnis vorhergeht, nennt sie sich »*transzendental*«, was nicht mit »transzendent« verwechselt werden darf, vielmehr das Gegenteil davon bedeutet: transzendental ist, was *diesseits* aller Erfahrung liegt, ihr *vorausgeht*; transzendent ist, was *jenseits* aller Erfahrung liegt, über sie *hinausgeht*. Das Untersuchungsobjekt der kritischen Philosophie ist die von aller Erfahrung unabhängige Vernunft, die Vernunft, wie sie vor aller Erfahrung da ist, als bloßes Vermögen der Erfahrung: sie heißt daher »*reine*« Vernunft. Die drei Grundvermögen der reinen Vernunft sind die *Sinnlichkeit* oder das Vermögen der Anschauungen, der *Verstand* oder das Vermögen der Begriffe und die *Vernunft* (im engeren Sinne) oder das Vermögen der Ideen. Durch die Tätigkeit unserer Vernunft kommt das zustande, was Kant die »*Erscheinung*« nennt, nämlich die Welt, wie sie unserem Bewußtsein erscheint, während das, was diesen Erscheinungen zugrunde liegt, das »*Ding an sich*«, das Ding, wie es, abgesehen von unserer Art, es aufzufassen, an sich selbst ist, von uns niemals erkannt werden kann. Diese Ausdrücke sind im ganzen nicht glücklich gewählt, künstlich, scholastisch, unscharf und schwer verständlich, auch mißverständlich und hätten leicht durch populärere, handlichere und eindeutigere ersetzt werden können; auch hat Kant selber ihren Gebrauch nicht vollständig beherrscht: so nennt er zum Beispiel bisweilen das Ding an sich das »transzendentale Objekt«, während er es doch, da es sich jenseits aller Erfahrung befindet, das »transzendente Objekt« nennen müßte (falls es überhaupt erlaubt sein sollte, eine solche Bezeichnung zu gebrauchen, die eigentlich eine *contradictio in adiecto* enthält; denn etwas, das unserem Bewußtsein transzendent ist, kann niemals unser Objekt sein).

Diese eigensinnige Terminologie in Verbindung mit der altväterischen, verschnörkelten und schleppenden Darstellungsweise, die Kant für seine Hauptwerke wählte, hat viele von dem Studium seiner Philosophie abgeschreckt. Heine spricht von »grauem, trockenem Packpapierstil«, Schopenhauer von »glänzender Trockenheit« und nennt die Sprache der Vernunftkritik »undeutlich, unbestimmt, ungenügend und bisweilen dunkel«. Im ganzen aber muß man sagen, daß diese Bücher nicht eigentlich schlecht geschrieben sind, sondern bloß umständlich und ohne jede künstlerische Ambition. Die Sätze sind wohl geschachtelt, aber auch wohlgeschachtelt, langatmig, aber auch starkatmig. Kant war kein klassischer Prosaist vom Range Schopenhauers, aber ein ausgezeichneter Schriftsteller, der sehr wohl imstande war, sich flüssig, faßlich, anziehend und sogar amüsant auszudrücken. Von seinen Vorlesungen rühmte Herder, der zwei Jahre lang sein Schüler war: »Scherz, Witz und Laune standen ihm zu Gebot, und sein lehrender Vortrag war der angenehmste Umgang.« Seine Lieblingsautoren waren Cervantes und Swift, Montaigne und Lichtenberg; der Stil seiner vorkritischen Schriften ist bei allem Gedankenreichtum klar, gewandt und nicht selten anmutig und humorvoll. Mit seiner *Kritik der reinen Vernunft* nimmt er aber eine völlig neue Schreibweise an, die, stets streng und kalt bei der Sache bleibend und nirgends die geringsten Bequemlichkeiten gewährend, jede Rücksicht auf den Leser verschmäht. Es kann hier nur eine bestimmte Absicht im Spiele gewesen sein: teils empfand Kant seinen Gegenstand als zu erhaben, um ihm eine gefällige Darstellung zu widmen, teils wollte er schon durch die Form eine Mauer zwischen sich und den Popularphilosophen aufrichten.

Die reine   Der Ausgangspunkt der kantischen Philosophie ist in Hume
Vernunft   zu suchen, der, wie wir uns erinnern, behauptet hatte, daß die Idee der Kausalität, der Verknüpfung nach Ursache und Wirkung nicht aus der Erfahrung stamme, sondern von uns zu den Vorgängen hinzugedacht werde: aus einem bloßen *post hoc* machen wir eigenmächtig ein *propter hoc*. Diesen Gedankengang nahm Kant auf, aber nur, um sogleich viel tiefer zu graben: er stellte fest, daß der Begriff der Kausalität zwar nicht in den Dingen selbst enthalten ist, aber nicht weil er *nach* aller Erfahrung, *a posteriori* in sie hineingetragen wurde, sondern weil er *vor* aller Erfahrung, *a priori* in uns entsteht, weil durch ihn Erfahrung überhaupt erst möglich wird, weil er unsere Erfahrung *macht*. Ebenso verhält es sich mit dem Begriff der Substantialität, von dem Hume gleichfalls behauptet hatte, daß er von uns aus der bloßen Beobachtung der konstanten Verbindung gewisser Eigenschaften willkürlich erschlossen worden sei, und den übrigen Kategorien oder »reinen« Verstandesbegriffen, die Kant so nennt, weil sie unabhängig von der Erfahrung existieren, die erst durch sie existiert. Der Grundirrtum Humes hatte darin bestanden, daß er die Kategorien mit den Gattungsbegriffen verwechselte, die allerdings erst aus der Erfahrung hervorgehen, weil sie von den Einzelgegenständen abgezogen, abstrahiert sind.

Die ganze *Kritik der reinen Vernunft* besteht nun eigentlich in nichts anderem als in der Anwendung dieses Grundgedankens auf sämtliche Gebiete der Erkenntnis. Als »apriorische«

Erkenntnisformen sind anzusehen: erstens unsere Anschauungsformen, nämlich Raum und Zeit; auf ihnen beruht die absolute Gültigkeit unserer geometrischen und arithmetischen Urteile, und von ihnen handelt die »transzendentale Ästhetik«, die die Frage beantwortet: wie ist reine Mathematik möglich?; zweitens unsere Denkformen, nämlich die zwölf Kategorien oder Stammbegriffe des Verstandes; auf ihnen beruht die Gültigkeit der allgemeinen Verstandesgrundsätze, und von ihnen handelt die »transzendentale Analytik«, die die Frage beantwortet: wie ist reine Naturwissenschaft möglich? Strenge Notwendigkeit und Allgemeinheit kommt nur diesen reinen Anschauungen und reinen Begriffen zu, die vor aller Erfahrung da sind, indem sie der menschlichen Seele und ihren Grundkräften entspringen, während Urteile, die aus der Erfahrung geschöpft sind, immer nur »angenommene«, »komparative« oder »induktive« Allgemeinheit besitzen; man kann mit ihnen nur sagen: »Soviel wir bisher wahrgenommen, findet sich von dieser oder jener Regel keine Ausnahme.« Es ist ersichtlich, daß Kant mit dieser Auffassung die ganze bisherige Philosophie auf den Kopf stellt. Während diese annahm, Wahrheit könne nur aus der Erfahrung gewonnen werden, erklärt Kant: Alle Erfahrung enthält nur bedingte und approximative Wahrheit, und absolute Wahrheit kann nur vor der Erfahrung, außerhalb der Erfahrung und ohne die Erfahrung gefunden werden.

Raum und Zeit sind keine Eigenschaften der Dinge, auch nicht aus unserer Beobachtung der Außenwelt geschöpft, vielmehr verhält es sich gerade umgekehrt: was wir Außenwelt nennen, hat den Raum und die Zeit zur Vorbedingung. Die Tatsache, daß Dinge gleichzeitig sind oder aufeinander folgen, setzt bereits die Zeit voraus; daß Dinge nebeneinander oder voneinander entfernt sind, setzt bereits den Raum voraus. Zeit und Raum sind die Form, in der die Dinge erscheinen, in der sie erscheinen müssen, ohne die sie gar nicht erscheinen *können.* Zeit und Raum lassen sich von den Erscheinungen nicht wegdenken; hingegen kann man sich sehr wohl die Zeit und den Raum denken ohne alle Erscheinungen. Alle wirklichen oder auch nur möglichen Gegenstände unserer Erfahrung stehen unter der Herrschaft dieser beiden Anschauungsformen, woraus aber andrerseits folgt, daß diese Herrschaft sich nur genauso weit erstreckt wie unsere Erfahrung: sie ist von absoluter Gültigkeit lediglich innerhalb der menschlichen Empirie. Was wir *Wirklichkeit* nennen, jene anschauliche Welt, wie sie von unserer »Sinnlichkeit«, dem transzendentalen, apriorischen, aller Erfahrung vorhergehenden Vermögen der reinen Anschauungen hervorgebracht wird, ist in Wahrheit nur *Erscheinung*, eine ideale Welt, in der die Dinge bloß als Phänomene unseres Bewußtseins existieren, nicht, wie sie an sich sind, und die daher, wie Kant sagt, gleichzeitig »empirische Realität« und »transzendentale Idealität« besitzt.

Gegeben sind uns zunächst nur gestaltlose Empfindungen, diese ordnet unsere »anschauende Vernunft« in Raum und Zeit, dadurch werden sie zu Erscheinungen. Aber diese Erscheinungen wollen wiederum geordnet, in eine gesetzmäßige Verknüpfung gebracht werden. Diese Aufgabe löst die »denkende Vernunft« oder der Verstand mit Hilfe der »reinen Begriffe«: durch sie wird aus den Erscheinungen Erfahrung. Durch Anschauungen werden uns die Gegenstände nur gegeben, durch Begriffe werden sie gedacht. Anschauungen ohne Begriffe sind blind, Begriffe ohne Anschauungen sind leer. Da der Verstand das Vermögen des Urteilens ist, so ergeben sich die Kategorien, mit denen er die Welt begreift, aus den verschiedenen Formen des Urteils: es gibt deren zwölf. Kant hat diese »Kategorientafel«, die ihm sehr am Herzen lag, mit großer Sorgfalt ausgearbeitet; wir wollen aber nicht näher auf sie eingehen, da sie nicht viel mehr bedeutet als eine geistreiche scholastische Spielerei, die Kardinalgedanken seines Systems nicht berührt und auch durchaus nicht unanfechtbar ist: denn nicht alle Begriffe, zu denen sie gelangt, sind »reine« Begriffe im kantischen Sinne. Auf sie paßt in besonderem Maße die feine Bemerkung, die Paulsen über das kantische Lehrgebäude im allgemeinen gemacht hat: »Manche stattlich und vornehm auftretenden Teile des Systems gleichen einigermaßen den künstlich eingesetzten Zweigen der Tannenbäume auf dem Weihnachtsmarkt.«

Viel wichtiger, ja das Zentrum der kantischen Philosophie ist die unmittelbar anschließende schwierige Lehre von der »transzendentalen Apperzeption«. Wir haben gehört: die Dinge erscheinen uns nicht nur im Nebeneinander des Raums und im Nacheinander der Zeit, sondern auch in einer gesetzmäßigen und notwendigen Verknüpfung; diese Verknüpfung geschieht durch die Begriffe unseres Verstandes, und ihr Resultat ist das, was wir »Erfahrung« nennen. Aber in der Erfahrung sind uns die Dinge immer nur in einer tatsächlichen, nicht in einer notwendigen Verknüpfung gegeben. Gleichwohl treten die Verknüpfungen, die unser Verstand vollzieht, mit dem Anspruch und Charakter strenger Allgemeinheit und Notwendigkeit auf. Woher kommt das? Einfach daher, daß *wir selbst* durch unsere einheitliche Auffassung, durch die transzendentale, aller Erfahrung vorhergehende Einheit unserer Apperzeption diese Synthesis vollziehen. Die Welt, die unseren Empfindungen zunächst nur als dunkle verworrene Mannigfaltigkeit gegeben ist, wird durch die Einheit unseres Selbstbewußtseins von vornherein als Einheit apperzipiert, folglich *ist* sie eine Einheit und eine *notwendige* Einheit. Daß uns die Welt, die wir vorstellen, stets als dieselbe erscheint, ist nur zu erklären aus der Einheit und Unwandelbarkeit unseres »reinen« Bewußtseins, das vor aller Welt da ist und daher den »obersten Grundsatz«, das »Radikalvermögen« der menschlichen Erkenntnis bildet. Die Einheit unseres Ichs ist der wahre Grund der Einheit der Welt; die »Natur« wird uns Objekt, Erfahrungsgegenstand, Bewußt-

Wie ist Natur möglich?

seinsinhalt, anschaulich und gesetzmäßig geordneter Zusammenhang, weil wir sie vorher durch die in unserer Seele bereitliegenden Erkenntnisvermögen der Anschauung und des Verstandes als diesen »Gegenstand« gesetzt haben. »Verbindung«, sagt Kant, »liegt nicht in den Gegenständen und kann von ihnen nicht durch Wahrnehmung entlehnt werden, sondern ist allein eine Verrichtung des Verstandes«, der selbst nichts andres ist als das Vermögen, a priori zu verbinden. Unser Verstand erzeugt selbsttätig, spontan vermöge einer Fähigkeit, die Kant »produktive Einbildungskraft« nennt, bestimmte Verknüpfungen, bestimmte Gesetze: die sogenannten »Naturgesetze«. »Der Verstand schöpft seine Gesetze nicht aus der Natur, sondern schreibt sie dieser vor.« Das ist die Antwort auf die Frage: wie ist Natur möglich?

Wie ist Metaphysik möglich? Mit dieser Feststellung hat die *Kritik der reinen Vernunft* ihren Höhepunkt erklommen. Es folgt nun die »transzendentale Dialektik«, deren Thema wir bereits kurz berührt haben: die Widerlegung der bisherigen Theologie, Kosmologie und Psychologie, jener Disziplinen, die die Existenz Gottes und der Seele, der menschlichen Willensfreiheit und des jenseitigen Lebens mit den Hilfsmitteln der Logik zu beweisen suchten. Sie stellt die Frage: wie ist Metaphysik möglich?, und die Antwort lautet: da die Metaphysik von transzendenten Dingen handelt, die niemals Gegenstand unserer Erkenntnis werden können, so ist sie als Wissenschaft unmöglich, hingegen möglich, ja wirklich als eine unendliche Aufgabe, die dem Menschen gestellt wird. Gott, Seele, Freiheit, Unsterblichkeit sind »Ideen«, die weder bewiesen noch widerlegt werden können: sie sind Sache des Glaubens. Als Erscheinung, als empirisches Wesen ist der Mensch dem Kausalgesetz unterworfen; als Ding an sich, als »intelligibles« Wesen ist er frei und keinem Gesetz, sondern nur der moralischen »Beurteilung« unterworfen: als solches vermag er sich freilich nur zu *denken*. Unsere Vernunft ist nicht imstande zu beweisen, daß der Mensch frei ist, daß er eine immaterielle und unsterbliche Seele besitzt, daß ein Wesen von höchster Weisheit und Güte die Welt regiert, aber sie darf und soll, ja muß vermöge ihrer metaphysischen Anlage die Welt und den Menschen *so ansehen, als ob* es sich so verhielte. Die Ideen geben uns keine Gesetze wie die Kategorien, sondern nur Maximen, Richtlinien, sie sind nicht »konstitutive«, sondern bloß »regulative« Prinzipien, nicht ein realer Gegenstand unseres Verstandes, sondern ein ideales Ziel unserer Vernunft, der Vernunft im engeren und höheren Sinne, die nichts anderes ist als das Vermögen, Ideen zu bilden. Auch die Wissenschaft als Erkenntnis der Totalität der Welt ist nur ein solches unerreichtes, unerreichbares, gleichwohl unermüdlich anzustrebendes Ziel unseres Geistes. Der Wert der »Ideen« besteht also nicht in ihrer Realisierbarkeit, sondern darin, daß sie unser gesamtes Denken und Handeln orientieren. Gott, Freiheit, Unsterblichkeit, das vollendete Reich der Wissenschaft sind *Aufgaben*, die unser intelligibles Ich unserem empirischen Ich zur Lösung stellt.

Die *Kritik der reinen Vernunft* hat drei Fragen gestellt und beantwortet. Die erste Frage heißt: wie ist reine Mathematik möglich?, und die Antwort lautet: durch unsere Sinnlichkeit, das Vermögen der reinen Anschauungen, das unsere Eindrücke oder Empfindungen (das einzige, was uns *gegeben* ist) durch Einordnung in Raum und Zeit zu Erscheinungen macht. Die zweite Frage heißt: wie ist reine Naturwissenschaft möglich?, und die Antwort lautet: durch unseren Verstand, das Vermögen der reinen Begriffe, das aus den Erscheinungen durch Einordnung in die Kategorien Erfahrung macht. Die dritte Frage heißt: wie ist Metaphysik möglich?, und die Antwort lautet: durch unsere Vernunft, das Vermögen der Ideen, dem die unendliche Aufgabe gestellt ist, aus der Erfahrung Wissenschaft zu machen. Und die Gesamtfrage, in die alle drei sich zusam-

Tiefste Niederlage und höchster Triumph der menschlichen Vernunft

menfassen lassen, heißt: wie entsteht Realität? Die Antwort
lautet: durch die reine Vernunft.

Fragen:	Vermögen:		Formen:	Produkte:	
Wie ist reine Mathe- matik möglich?	Sinnlichkeit		Anschau- ungen	Erschei- nungen	
Wie ist reine Natur- wissenschaft möglich?	Verstand	reine Ver- nunft	Begriffe	Erfah- rung	empi- rische Realität
Wie ist Metaphysik möglich?	Vernunft i. e. S.		Ideen	…Wis- senschaft	

Die menschliche Vernunft ist in der Ausübung aller ihrer Vermögen eine bloß formgebende Kraft: Raum und Zeit, die Kategorien, die Ideen sind sämtlich Formen, die zu dem Inhalt, den
sie vorfinden, hinzugebracht werden: der »Stoff« unserer Vernunft sind die Empfindungen, von denen wir nur aussagen können, daß sie uns »affizieren«. Da die Vernunft der gesamten Realität die Gesetze vorschreibt, so folgt daraus, daß diese Gesetze
für uns unverbrüchlich gelten und daß sie *nur für uns* gelten; was
die Welt wirklich ist, abgesehen von unserer Art, sie aufzufassen,
können wir nicht einmal vermuten, da ja alles, was in unser Bewußtsein tritt, bereits Erscheinung ist, transzendentale Idealität
besitzt. Wir können nur sagen, daß den Erscheinungen etwas
»zugrunde liegt«, daß sich hinter den Dingen, jenseits unserer
Erfahrungsmöglichkeit noch irgend etwas befindet: das Ding an
sich. Dieses Ding an sich, das weder unter die Anschauungsformen des Raums und der Zeit noch unter die Denkformen der
Substantialität und der Kausalität fällt, ist ein bloßer Grenzbe-
griff. Es bezeichnet die Grenze, wo unsere Erkenntnis aufhört.

Kant hat sich selbst mit Kopernikus verglichen, und seine
Vernunftkritik bedeutet in der Tat eine völlige Umkehrung des
bisherigen Weltbilds. Nur war eigentlich seine Umkehrung

das Gegenteil der kopernikanischen. Kopernikus sagte: Der Mensch hat bisher geglaubt, die Erde sei der Mittelpunkt des Weltalls und dieses richte sich in allen seinen Bewegungen nach ihr; in Wirklichkeit aber ist die Erde nur ein kleiner Trabant der Sonne und des großen Weltkörpersystems und hat sich nach diesem zu richten. Kant hingegen sagte umgekehrt: der Mensch hat bisher geglaubt, seine Erkenntnis habe sich nach den Gegenständen der Außenwelt zu richten; in Wirklichkeit aber hat sich die ganze Welt nach ihm und seiner Erkenntnis zu richten, durch die sie überhaupt erst zustande kommt. Gleichwohl haben beide Systeme sozusagen die gleiche Pointe. Wir haben im ersten Buch darauf hingewiesen, daß die neue Astronomie, die am Anfang der Neuzeit steht, zwar die Erde zum winzigen Lichtfleck zusammendrückte und das Weltall zu schauerlichen Riesendimensionen auseinanderreckte, zugleich aber den Menschen zum Durchschauer und Entschleierer des Kosmos emporhob: an die Stelle eines begrenzten, aber unerforschlichen und *magischen* Weltraums trat ein unendlicher, aber *mathematischer* und berechenbarer. In derselben Weise stürzt Kant den Menschen einerseits in tiefste Ohnmacht und Finsternis, indem er ihm unwiderleglich dartut, daß er von der Erkenntnis der »wahren Welt«, der »Welt an sich« durch unübersteigliche Schranken getrennt ist, zugleich aber macht er ihn zum Schöpfer und absoluten Gesetzgeber der »empirischen Welt«, deren ungeheure Ausmaße ihn nun nicht mehr in Schrecken zu versetzen vermögen. Die Vernunftkritik bezeichnet die tiefste Niederlage und den höchsten Triumph der menschlichen Vernunft: der Mensch ist ein verschwindendes Pünktchen im Weltall; aber dieses Nichts gibt dem Weltall seine Gesetze.

Das Schlußkapitel der *Kritik der reinen Vernunft* bildet den Übergang zu Kants zweitem Hauptwerk, der *Kritik der praktischen Vernunft*, das sieben Jahre später erschien. Zu den Ideen der Freiheit, Unsterblichkeit und Gottheit können wir

Der Primat der praktischen Vernunft

nicht auf theoretischem Wege gelangen, da sie über unsere Erfahrung hinausgehen, wohl aber auf praktischem Wege, indem wir sie vermöge unseres sittlichen Willens (zwar nicht zu objektiven, wohl aber) zu subjektiven und persönlichen Gewißheiten, zu Gegenständen unseres Glaubens machen. Die *Kritik der reinen Vernunft* handelt von den Gesetzen unseres Erkennens, die *Kritik der praktischen Vernunft* von den Gesetzen unseres Handelns. Wie nun die Gesetze unserer theoretischen Vernunft nur darum strenge Notwendigkeit und Allgemeinheit besitzen, weil sie *nicht* aus der Erfahrung geschöpft sind, vielmehr vor aller Erfahrung da waren, so können auch die Gesetze unserer praktischen Vernunft nur dann auf unbedingte Gültigkeit Anspruch machen, wenn sie nicht aus der Empirie abgeleitet sind, wenn sie (da der *Inhalt* unseres Handelns stets aus der Erfahrung stammt) rein formalen Charakter tragen.

Wie die theoretische Vernunft der Erscheinungswelt die Gesetze diktiert, so gibt die praktische Vernunft sich selbst das Sittengesetz, und dieses lautet: »Handle so, daß die Maxime deines Willens jederzeit zugleich als Prinzip einer allgemeinen Gesetzgebung gelten könnte.« Praktische Grundsätze enthalten entweder Vorschriften, die nur gelten, wenn gewisse Bedingungen gegeben sind, zum Beispiel: *wenn* du ein Meister werden willst, so mußt du dich beizeiten üben, in diesem Falle sind sie hypothetische Imperative; oder sie haben eine unbedingte, von allen Voraussetzungen unabhängige Geltung, zum Beispiel: du darfst nicht lügen, in diesem Falle sind sie *kategorische* Imperative. Das Sittengesetz ist ein kategorischer Imperativ, es gilt absolut und unbedingt, unabhängig von jeder Voraussetzung, es gilt überall und immer, vor aller Erfahrung, ohne jede empirische Bestätigung, es gilt, auch wenn es nie und nirgends erfüllt wird. »Die Moral ist nicht eigentlich die Lehre, wie wir uns glücklich machen, sondern wie wir der Glückseligkeit würdig werden sollen.« Wir haben das Sittengesetz aus Pflichtgefühl zu beobachten, nicht aus Neigung, denn wenn wir es aus Neigung befolgen, so geschähe dies um unser selbst willen. Hier befinden wir uns auf dem höchsten Grat der kantischen Moralphilosophie, in der rauhen und reinen Eishöhle der absoluten Ethik.

Das Sittengesetz in uns gebietet: du sollst, und aus diesem Sollen folgt das Können, sonst wäre die Forderung des Sollens widersinnig. Als sinnliche Wesen sind wir der Naturnotwendigkeit unterworfen, als moralische Wesen sind wir frei. In diesem Zusammenhang gewinnen die metaphysischen Ideen eine neue Realität. Wir müssen die absolute sittliche Vollkommenheit wollen; da sich diese in keinem Zeitpunkt unseres irdischen Daseins erreichen läßt, so muß unser moralisches Bewußtsein die Unsterblichkeit fordern. Und aus ähnlichen Gründen muß unsere praktische Vernunft die Existenz Gottes, der Freiheit, der Seele postulieren. Diese Ideen sind nicht Axiome der theoretischen, sondern Postulate der praktischen Vernunft.

Die Wirksamkeit des Sittengesetzes in uns ist der Beweis für die Möglichkeit, ja Wirklichkeit der menschlichen Freiheit. Unser moralisches Vermögen verhält sich zu unserem Erkenntnisvermögen wie die intelligible Welt zur sinnlichen: diese ist von jener abhängig, darum sagt Kant: die praktische Vernunft hat den Primat vor der theoretischen Vernunft. Die Sinnenwelt ist durchaus phänomenal, Erscheinung einer ihr zugrunde liegenden intelligiblen Welt; ebenso ist unsere eigene sinnliche Existenz, unser empirischer Charakter bloße Erscheinung unserer intelligiblen, unserer moralischen Existenz. Was ist also unser moralisches Ich? Nichts anderes als das »Ding an sich«.

Die *Kritik der reinen Vernunft* hatte erklärt: Die intelligiblen Wesenheiten, die Ideen, die Dinge an sich können nie erkannt und gewußt, nur »gedacht« und geglaubt werden. Die *Kritik der praktischen Vernunft* aber erklärt: sie sollen und müssen gedacht, geglaubt, zu Regulativen unseres Seins und Handelns gemacht werden. Für unsere spekulative Vernunft sind sie bloße Möglichkeiten, Wünschbarkeiten, Ideale, Hypothesen; für unsere moralische Vernunft sind sie Wirklichkeiten, Notwendigkeiten, kategorische Gebote.

Die *Kritik der praktischen Vernunft* ist die Vollendung und Krönung der *Kritik der reinen Vernunft*: ohne jene wäre diese nur ein Torso und Fragezeichen, und nur Mißgunst oder Unverstand vermag zwischen diesen beiden Werken, die ebenso organisch und notwendig zueinander gehören wie etwa die beiden Teile des *Faust* oder Dantes *Inferno* und *Paradiso*, einen Widerspruch zu entdecken. Es ist im Grunde auch beide Male dieselbe Betrachtungsweise und Methode, von der die Gedankenführung beherrscht wird. Auch vom kategorischen Imperativ erklärt Kant, daß er »im Gemüt bereitliege«: das Sittengesetz ist ebenso a priori wie die Naturgesetze. Unsere Begriffe von Gut und Böse stammen so wenig aus der Erfahrung wie unsere Anschauungen von Raum und Zeit. Als erkennendes Wesen ist der Mensch der Gesetzgeber der Außenwelt, als moralisches Wesen ist er sein eigener Gesetzgeber: Legislator und Untertan in einer Person. Er ist es, der sich sowohl seine sinnliche wie seine sittliche Welt macht. Unsere theoretische Vernunft *denkt* die Welt als eine anschaulich geordnete und gesetzmäßig verknüpfte Einheit; folglich *ist* sie anschaulich und gesetzmäßig. Unsere praktische Vernunft *will* den Menschen als ein freies und sittliches Wesen, und folglich *ist* er sittlich und frei.

Das Gesamtresultat der kantischen Philosophie

Wir müssen es uns versagen, auf die übrigen Schriften Kants einzugehen, und beschränken uns drauf zu erwähnen, daß er in seinem dritten Hauptwerk, der *Kritik der Urteilskraft*, als erster das Wesen des Schönen erschöpfend und zwingend definiert hat: erst seitdem gibt es eine Ästhetik als Wissenschaft. Auch hier stellte er wiederum fest, daß Schönheit kein Begriff ist, den wir aus der Erfahrung schöpfen, sondern ein *Urteil* oder Prädikat, das wir zu ihr hinzubringen: nicht die Dinge sind ästhetisch, sondern unsere Vorstellungen von ihnen.

Damit war der Bau des Systems in seinen drei Haupttrakten vollendet. Die Philosophie Kants enthält, wie er selbst es bezeichnet hat, ein »Inventarium«, und zwar ein Inventarium dessen, was jederzeit und von jedermann, also mit Allgemeinheit und Notwendigkeit *theoretisch erkannt*, *praktisch gewollt* und *ästhetisch empfunden* wird. Und sie gelangt zu dem Resultat, daß Wahrheit ein Produkt unseres Verstandes, Sittlichkeit ein Produkt unseres Willens und Schönheit ein Produkt unseres Geschmacks ist. Die Antworten, die sie jedesmal gibt, sind ebenso überraschend wie selbstverständlich: sie erinnern, wenn dieser Vergleich erlaubt ist, an die Lösungen in den guten Kriminalromanen, die der Leser nie selber entdeckt hätte, aber, sobald sie einmal gegeben sind, als überzeugende Notwendigkeiten empfindet: der Weg zu ihnen ist äußerst kompliziert, aber sie selbst sind bezwingend einfach.

Das Gesamtresultat der Vernunftkritik hat der Abbé Galiani, einer der geistreichsten Menschen des achtzehnten Jahrhunderts, in die Worte zusammengefaßt: »Die Würfel der Natur sind gefälscht.« Dieses Ergebnis ist in der Tat erschütternd. Und dennoch: Es ist schwer begreiflich zu machen, wenn man es nicht fühlt, aber von allen vorbildlichen Figuren jener Zeit, die sich selbst so zwiespältig , zerrissen und problematisch vorkam: von Werther, von Rousseau und auch von dem Menschen, wie ihn Kant konzipiert hat, geht der Eindruck einer wohltuenden, wahrhaft klassischen Gradlinigkeit aus; sie sind so vollständig symmetrisch und geometrisch gebaut und in ein so tadelloses, mit einem Blick zu erfassendes Schema eingezeichnet wie der »Kanon der menschlichen Gestalt« in den Hilfsblättern der Zeichenschulen. Alles schien damals zu wanken, die kantische Entdeckung schien die ganze äußere Welt in einen bloßen

Schattenwurf des Geistes aufzulösen, aber wie wohlgeordnet und beruhigend erscheint uns heute seine Einregistrierung des Weltbilds in Zeit, Raum und Kausalität! Er mutet uns an wie ein gütiger Onkel, der den Kindern drei große Schachteln mitgebracht hat, worein alle Gegenstände ihrer kleinen Welt sauber und liebevoll verpackt sind. Und auch der unglückselige Werther erscheint uns heute als ein sehr beneidenswerter Seelenlogiker, denn er hatte noch eine so klare Richtung, ein absolutes Ziel: die *Erotik selbst* war ihm noch kein Problem. Aber dies scheint ein geschichtspsychologisches Gesetz zu sein: jedesmal wenn der Mensch aufs neue festen Fuß faßt, glaubt er zu wanken. Und wenn es einen Beweis dafür gibt, daß ein menschlicher Fortschritt tatsächlich stattfindet, so ist er hier: in der Primitivität, die das hochkomplizierte achtzehnte Jahrhundert in unseren Augen besitzt.

Die Kritik der kantischen Philosophie   Was nun zum Schluß noch die Kritik der kantischen Philosophie anlangt, so umfaßt sie bekanntlich ganze Bibliotheken und ist Gegenstand eigener Spezialinstitute, ja es gibt sogar eine »Kantphilologie«, eine sehr prekäre und fast aussichtslose Wissenschaft, da, wie wir bereits hervorgehoben haben, Kant im Gebrauch seiner Ausdrücke nicht weniger als konsequent und eindeutig verfuhr: schon die Grundvokabel seiner ganzen Untersuchung, das Wort »Vernunft«, ist, da es abwechselnd für das Ganze unserer Erkenntnis und für das Vermögen der Ideen gebraucht wird, ein verwirrender und zwiespältiger Begriff.

Unter den bedeutenden Zeitgenossen war Hamann der leidenschaftlichste Gegner Kants, der in seinen Augen nichts war als ein extremer Rationalist, Räsonneur und Spekulant, »in der Schlafmütze hinter dem Ofen sitzend.« Die ersten stichhaltigen Einwände gegen die Vernunftkritik brachte Jacobi zur Sprache, der die widerspruchsvolle Rolle des kantischen Dings an sich mit großem Scharfsinn analysierte: es soll unserer Erscheinungswelt als deren Ursache zugrunde liegen, also selber unter die Kategorie der Kausalität fallen, die aber andererseits doch nur für Erscheinungen gelten darf, niemals für Dinge, die jenseits unserer Erfahrungen liegen. Somit kann man, sagt Jacobi, *ohne* die Voraussetzung erkennbarer, also realer Dinge an sich nicht ins kantische System hineinkommen und mit dieser Voraussetzung nicht darin bleiben: »Mit dieser Voraussetzung darin zu bleiben ist platterdings unmöglich.«

Die übrigen Versuche, den kantischen Phänomenalismus zu widerlegen, beruhen zumeist auf Mißverständnissen. So hat man zum Beispiel immer wieder das, was die Fachphilosophie den »objektiven Geist« nennt, als Instanz gegen den Idealismus angeführt, nämlich den Niederschlag der menschlichen Gattungstätigkeit in überindividuellen Schöpfungen von bleibender Bedeutung und Wirkung wie Recht, Sitte, Technik, Sprache, Wissenschaft, Kunst: diesen komme offenbar eine von unserem Subjekt unabhängige Realität zu. Aber hier werden die Begriffe »Objektivität« und »Realität« verwechselt. Es kann sehr wohl einer unübersehbaren Menge von Vorstellungen die einwandfreieste und unwiderleglichste Objektivität innerhalb des Bewußtseins der gesamten Menschheit zukommen, ohne daß uns darum die Möglichkeit gegeben wäre, etwas über die Realität auszusagen, sofern man darunter etwas versteht, was noch jenseits unserer Vorstellungen Gültigkeit besitzt. Der philosophische Idealismus behauptet ja nicht, daß die Außenwelt von der Willkür des einzelnen Subjekts abhänge, daß sie eine rein individuelle Vorstellung sei, sondern lediglich, daß sie uns in einer Apperzeptionsform gegeben ist, die sich ausschließlich im menschlichen Bewußtsein vorfindet und nachweisen läßt. Die Apperzeptionsform: Diese irdische, die anthropomorphe, die zeiträumliche oder wie man sie nennen will, ist subjektiv; aber in diesem Falle ist als das aufnehmende Subjekt nicht etwa der einzelne Mensch mit seinen wechselnden persönlichen Wahrnehmungen gemeint, sondern das Vorstellungsleben der ganzen

Menschheit, ihr Gattungsbewußtsein von ihren ersten Ursprüngen an und, wie wir wohl ohne Bedenken hinzufügen können, bis in ihre fernsten Tage. Diese unsere Anschauungsform ist, so paradox es im ersten Moment klingen mag, gerade weil sie so subjektiv ist, von der höchsten Objektivität. Denn sie ist, obgleich nur für geistige Organisationen von unserer Art und Anlage gültig, ebendarum für alle so gearteten Wesen absolut bindend. Gerade die Tatsache, daß die Menschheit, soweit wir ihre Geschichte verfolgen können, in allen ihren Schöpfungen und sogar in jenen, die sich nur aus der Kollaboration zahlloser Individuen erklären lassen, immer denselben ewig wiederkehrenden Apperzeptionsformen unterworfen war, zeigt uns aufs deutlichste an, daß das, was wir die Welt und ihre Geschichte nennen, lediglich den Charakter eines Phänomens besitzt.

Man hat aber die Transzendentalphilosophie auch vom entgegengesetzten Ende angegriffen, indem man nachzuweisen oder doch wenigstens sehr wahrscheinlich zu machen suchte, daß unseren Anschauungsformen des Raums und der Zeit durchaus nicht jene allgemeine Gültigkeit zukomme, die Kant von ihnen behauptet. Es ist in der Tat nicht ohne weiters sicher, daß der Raum, wie wir ihn konzipieren, die einzig mögliche Raumform vorstellt, daß er allen kosmischen Wesen gemeinsam ist und sozusagen eine intermundane Bedeutung besitzt. Diese unsere Raumvorstellung, die sogenannte euklidische, basiert auf dem Axiom, daß die kürzeste Verbindung zwischen zwei Punkten die Gerade ist und dementsprechend durch je drei Punkte des Raumes immer eine Ebene gelegt werden kann. Diese Annahme ist jedoch sozusagen ein menschliches Vorurteil. Denn es wäre sehr wohl denkbar, daß es Wesen gäbe, die so eigensinnig wären zu glauben, die Grundlage ihrer Geometrie sei die Kurve. Diese Geschöpfe würden in einer Kugelwelt leben und sich dort vermutlich ebenso wohl fühlen und ebenso leicht zurechtfinden wie wir in unserer Welt der Ebene. Auch wäre es theoretisch vorstellbar, daß es Flächenwesen gibt, die nur zwei Dimensionen kennen und mit diesem Bruchteil unseres apriorischen Inventars sehr gut ihr Auskommen finden. Andrerseits gründet sich der Spiritismus bekanntlich auf die Annahme einer vierten Dimension. Zumal von den bewunderungswürdigen Untersuchungen, die Gauß und Riemann über die »nichteuklidische« Geometrie gemacht haben, glaubte man, daß durch sie der kritischen Philosophie der Todesstoß versetzt worden sei. Sie enthalten aber so wenig deren Widerlegung, daß sie vielmehr deren Bestätigung bilden. Kant hatte ja eben behauptet, daß der euklidische Raum *unsere* Vorstellung sei, *nur* die unsere, aber für uns die einzig mögliche und daher die notwendige. Andere Räume sind für uns *denkbar*, aber nicht vorstellbar. Erst wenn ein Mensch erschiene, der sich eine nichteuklidische Geometrie, ein Leben in der Fläche, eine vierdimensionale Welt anschaulich vorzustellen vermöchte, wäre Kants Lehre von der Apriorität des Raumes widerlegt. Ganz analog verhält es sich mit den außerordentlichen Entdeckungen, die Einstein gemacht hat. Aus ihnen geht unzweideutig hervor, daß mehrere Zeiten möglich sind, daß die Vorstellung einer absoluten Zeit, die für alle Orte des Raumes gilt, eine menschliche Fiktion ist. Hieraus zogen viele Forscher den Schluß, daß die Transzendentalphilosophie unhaltbar geworden sei. So sagt zum Beispiel Franz Exner in seinen ausgezeichneten *Vorlesungen über die physikalischen Grundlagen der Naturwissenschaften*: »Fragen wir uns, was bleibt von dem absoluten Raum- und Zeitbegriff, wie ihn Kant gefordert und aufgestellt hat, übrig, so müssen wir sagen: so gut wie nichts.« Aber die epochemachende Tat Kants bestand ja gerade darin, daß er den absoluten Raum- und Zeitbegriff *zerstörte*. Sein ganzes System ist vorweggenommene Relativitätstheorie und diese nichts als die exakte wissenschaftliche Fundierung des kantischen Lehrgebäudes mit Mitteln, die ihm noch nicht zur

Verfügung standen. Die Zeitvorstellung ist für Kant nicht nur etwas Relatives, sondern etwas, das überhaupt außerhalb unseres Auffassungsvermögens gar keinen greifbaren Sinn hat. Eine »absolute Zeit« können wir uns nicht einmal denken, geschweige denn vorstellen; und ein absoluter Raum, das heißt: ein Raum, der unbedingt und überall, also auch unabhängig von unserer Apperzeption existiert, wäre im kantischen Verstande ein erscheinendes Ding an sich, also ein Nonsens.

Das unmögliche Ding an sich Es dürfte demnach in der Tat nicht zuviel gesagt sein, wenn man behauptet, daß die kantische Kritik in ihren Hauptstellungen unangreifbar ist. Im einzelnen jedoch war sie, wie wir bereits gelegentlich betont haben, nicht frei von Widersprüchen und Zweideutigkeiten, und zwar gerade im Hinblick auf ihre beiden Kardinalbegriffe: die Erscheinung und das Ding an sich.

Kant hat seine theoretische Philosophie zweimal dargestellt: zuerst in der *Kritik der reinen Vernunft* und zwei Jahre später in seinen *Prolegomena zu einer jeden künftigen Metaphysik, die als Wissenschaft wird auftreten können,* in denen er den Lehrgang in wesentlich knapperer Form, sozusagen im Klavierauszug, vortrug. Verfolgen wir die Entstehungsgeschichte unserer empirischen Welt auf dem *induktiven* Wege, wie ihn Kant in der *Kritik der reinen Vernunft* eingeschlagen hat, so sehen wir, wie aus dem Stoff unserer Eindrücke oder Empfindungen Anschauung, aus unseren Anschauungen Erfahrung, aus unserer Erfahrung (in unendlicher Annäherung) Wissenschaft entsteht. Unsere Eindrücke müssen uns also als unentbehrliche Vorbedingung aller Erkenntnis gegeben sein. Es ist kein Zweifel, daß wir mit Hilfe der Vorstellung unsere Erscheinungswelt, mit Hilfe der Begriffe unsere Erfahrungswelt, mit Hilfe der Ideen unsere moralische Welt machen; aber unsere Empfindungen machen wir nicht. Alles, was wir produzieren, ist Form; der Stoff, den diese Formen bearbeiten, ist nicht unser Produkt. Er ist das schlechthin Primäre; denn der Stoff muß vor der Form dasein. Es liegt also unserer Erkenntnistätigkeit dennoch etwas Objektives zugrunde, das uns zwingt, ihr den Charakter völliger Subjektivität abzusprechen. Mit einem Wort: Kant lehrt eine Idealität der Erscheinungswelt, die im Grunde genommen keine ist.

Gehen wir den Weg der Vernunftkritik in der umgekehrten, *deduktiven* Richtung, wie es Kant in den *Prolegomena* getan hat, so bleibt, wenn wir von unserer Erkenntnis die Ideen, die Begriffe, die Anschauungen abziehen, ein letzter Rest: das Ding an sich, dessen Unerkennbarkeit und Unvorstellbarkeit Kant immer betont, dessen Realität und Existenz er aber nie bestritten hat. Aber welche Realität kann einem Ding noch zukommen, das für uns vollkommen unvorstellbar ist? Wenn ein Gegenstand so völlig außerhalb aller Erfahrungsmöglichkeit liegt, so kann man von ihm natürlich nicht sagen, *was* er ist; aber auch nicht einmal, *daß* er ist. Wir können niemals etwas von seiner Existenz *wissen*, nur an seine Existenz *glauben*: mit Hilfe unserer praktischen Vernunft. Mit einem Wort: Kant lehrt eine Realität des Dings an sich, die im Grunde genommen keine ist.

So hängt das kantische System zwischen Idealismus und Realismus, Subjektivismus und Empirismus: es ist »zweiendig«, wie Jacobi diesen Doppelcharakter treffend bezeichnet hat, und ermöglicht zwei entgegengesetzte Fehldeutungen. Wenn man sich sozusagen auf die äußerste Linke stellt und es vom realen Ende mißversteht, so wird man in ihm einen revidierten Sensualismus à la Locke erblicken; wenn man sich auf die äußerste Rechte schlägt und es vom idealen Ende mißversteht, so wird man es mit dem radikalen Spiritualismus Berkeleys verwechseln.

Der Brennpunkt, in dem alle Schwierigkeiten zusammenlaufen, ist das Ding an sich. Es ist, wie Salomon Maimon, einer der scharfsinnigsten und tiefdringendsten Kantianer, schon ein Jahrzehnt nach der Veröffentlichung der *Kritik der reinen Ver-*

nunft darlegte, weder erkennbar noch unerkennbar: sagen wir, es sei unvorstellbar, so können wir unmöglich davon reden, sagen wir, es sei vorstellbar, so hört es auf, Ding an sich zu sein; es ist ein unmöglicher Begriff, ein Unding, ein Nichts; es ist nicht gleich x, wie Kant gelehrt hatte, sondern gleich $\sqrt{-a}$.

Es gibt nur einen Weg, die Transzendentalphilosophie zu vollenden: das Ding an sich muß aufgelöst werden. Diese Aufgabe forderte und erfüllte die *romantische Philosophie*. Ehe wir uns jedoch dieser zuwenden, müssen wir die dritte der drei Hauptströmungen betrachten, von denen wir am Anfang dieses Kapitels gesprochen haben: den Klassizismus.

ZWEITES KAPITEL

Die Erfindung der Antike

Nichts Modernes ist mit etwas Antikem vergleichbar; mit Göttern soll sich nicht messen irgendein Mensch. (Wilhelm von Humboldt) – Der Griechen Weisheit ist gar viehisch. (Luther)

Griechenland ward die Wiege der Menschlichkeit, der Völkerliebe. (Herder) – Humanität ist etwas so sehr Ungriechisches, daß die Sprache nicht einmal ein Wort dafür hat. (Wilamowitz)

Griechheit, was war sie? Verstand und Maß und Klarheit! (Schiller) – In den Griechen »schöne Seelen«, »goldene Mitten« und andere Vollkommenheiten auszuwittern, vor dieser niaiserie allemande war ich durch den Psychologen behütet, den ich in mir trug. (Nietzsche)

An Seel' und Leib gesund sind durchaus nur die Griechen. Dagegen unsre Welt ein großes Haus der Siechen. (Rückert) – Die ganze Kultur der Griechen war rings von Hysterie beschlichen und umstellt. Die Griechen sind toll gewesen. (Bahr)

Die Stiftung der Wissenschaft wird für immer der Ruhm der Griechen bleiben. (Lotze) – Ihrem Geist fehlt die geduldige Besonnenheit, um von besonderen, fest umschriebenen Tatsachen zu allgemeinen Wahrheiten den einzig sicheren Pfad emporzusteigen. (Dubois-Reymond)

Die Alten lebten für das Diesseits, den Griechen ist die irdische Wirksamkeit alles. (Curtius) – Seltsames Gerede: die Griechen mit ihren Gedanken nur aufs Diesseits gerichtet! Im Gegenteil: wohl kein Volk, das an das Jenseits so viel, so bang gedacht hätte! (Rohde)

Ihre Geistesveranlagung führte die Griechen dazu, das

Leben als einen Lustwandel aufzufassen. (Taine) – Man hat
es vor allem zu tun mit einem Volk, welches in höch-
stem Grade seine Leiden empfinden und derselben bewußt
werden mußte. (Burckhardt)
Jeder hat noch in den Alten gefunden, was er brauchte oder
wünschte, vorzüglich sich selbst. (Friedrich Schlegel)

Der Herr in der Extrapost Mittwoch, den 24. September 1755, bestieg ein hochgewachse-
ner, schon ein wenig ältlich aussehender Herr von olivenfarbi-
gem Teint, hastigen und schwerfälligen Bewegungen und ge-
lehrtem Gesichtsausdruck in Dresden die Extrapost, um sich
über Bayern und Tirol nach Italien zu begeben. Am 18. November fuhr er durch die *porta del popolo* in Rom ein und nahm
damit gewissermaßen die ewige Stadt in Besitz. Dieser Herr
war der preußische Literator Johann Joachim Winckelmann,
Verfasser einer in Fachkreisen sehr beifällig aufgenommenen
kleinen Kunstabhandlung über die Nachahmung der griechischen Werke, und dieser Alpenübergang und Einzug in Rom
war eine der denkwürdigsten Tatsachen der neueren Kunst-
historie, ebenso bedeutsam für die Geschichte der deutschen
Kunst und Literatur, wie es die Romfahrten der Staufer für die
Geschichte der deutschen Politik und Religion gewesen waren,
und zugleich der Ausgangspunkt einer der verhängnisvollsten
Verirrungen des deutschen Geistes, die diesen viele Jahrzehnte
lang beherrscht und in höchst eigentümlicher Weise von seiner
normalen Entwicklungsbahn abgelenkt hat.

Winckelmann war von Beruf Archäolog, Historiker und
Philolog, Ästhetiker, Kritiker und Philosoph, Museumsdirek-
tor, Archivar und Bibliothekar, Dragoman, Cicerone und Connoisseur, in Wirklichkeit aber nie etwas anderes als das, womit
er seine wissenschaftliche Laufbahn begonnen hatte: nämlich
Rektor und Pädagog. Er ist einer der gewaltigsten Schulmeister
gewesen, die das deutsche Volk und die Welt gehabt hat, und

einer der verschrobensten: wie alle geborenen Meister sehr nützlich durch die Fülle und Eindringlichkeit seiner Belehrung und sehr schädlich durch ihre verfälschende Einseitigkeit und eigensinnige Dogmatik.

Kein Volk hat eine so breite und wechselvolle Geschichte gehabt wie die Griechen. Der Grund hierfür lag in ihrer einzigartigen Genialität, die es ermöglicht hat, daß man aus ihnen buchstäblich alles machen konnte. Einer der Hauptunterschiede zwischen dem Genie und dem Talent besteht darin, daß dieses eindeutig, jenes aber vieldeutig ist: vieldeutig wie die Welt, die es komplett in sich abspiegelt. Wie es Dutzende von Hamletauffassungen gibt, so sind auch vom wandelbaren Bewußtsein der genießenden Nachwelt die verschiedenartigsten Auslegungen und Wertungen an das Griechentum herangetragen worden: alle sind falsch, und alle sind richtig. Die unschätzbare Bedeutung der hellenischen Kultur für die Menschheit besteht darin, daß sie stets die bereitwillige Form, das schöne Gefäß zu bilden vermochte, worein jedes Zeitalter und jeder Mensch sein eigenes Ideal gießen konnte.

Das Genie unter den Völkern

Was ist nun ein »Ideal«? Das, was man gleichzeitig ist und nicht ist. Niemand wird etwas, das er nicht latent in sich trägt, zu seinem Ideal erheben. Aber ebensowenig etwas, das er bereits verwirklicht hat, ja auch nur verwirklichen *kann*. Das Ideal ist unser Ich und zugleich unser Nicht-Ich, unser ergänzender Gegenpol, die platonische andere Hälfte, die wir auf unserem ganzen Erdenweg ebenso vergeblich wie unermüdlich suchen. Diese beiden entgegengesetzten Tendenzen, im Ideal ebensowohl sich selbst als auch sein zweites und höheres Selbst, sein komplementäres Gegen-Ich wiederzufinden, vermischen sich ununterbrochen miteinander und machen die Psychologie aller »Idealismen« zu einem fast unentwirrbaren Problem, um so mehr, als diese Zwiespältigkeit meist nur dem Betrachter zum Bewußtsein kommt. Die Aufklärung zum Beispiel erblickte in den Alten zwar einerseits lauter rationalistische Popularphilosophen des achtzehnten Jahrhunderts, aber rühmte doch auch andrerseits an ihnen ihre Natürlichkeit und Kraft, Einheit und Einfachheit als Widerspiel der verstandesmäßigen Verkünstelung und Zerstückelung der Gegenwart; die Burckhardtschule, die in Nietzsche gipfelt, sah die Griechen als tragisches und romantisches Volk, aber zugleich als Meister des Lebens, als Virtuosen des Willens zur Macht und ihre gesamte Kultur als den gelungenen Versuch einer Selbstheilung von der Romantik.

Auguste-ische, karolingische und ottonische Renaissance
Die erste große »Wiederbelebung der Antike« fand noch innerhalb der Antike statt: im »goldenen Zeitalter« des Kaisers Augustus. Damals wurde zum erstenmal an die Kunst die seither oft wiederholte Forderung erhoben, durch Nachahmung anerkannter griechischer Meisterschöpfung selber zur Meisterschaft zu gelangen. Infolgedessen kopiert Virgil Homer, Horaz Archilochos und Anakreon, Ovid Theokrit und Livius Thukydides; und gerade dadurch, daß in diesen Werken alles aus zweiter Hand, artistisch angequält und errechnet war, erlangten sie jene wachsfigurenhafte Modellkorrektheit, die ihre Schöpfer schon bei Lebzeiten zu Schulautoren gemacht hat. Obgleich nun die Römer die griechische Literatur aller Epochen ziemlich wahllos ausschrieben und persönlich in ihrer Kulturstufe den Alexandrinern weitaus am nächsten standen, gewöhnten sie sich doch schon bald daran, das perikleische Schrifttum als das ausschließlich maßgebende anzusehen. Gleichzeitig wurde von ihnen in Baukunst und Plastik ein bis zur Leere gereinigter Stil als der allein klassische dekretiert, was wiederum nur dadurch ermöglicht wurde, daß er bloß rezipiert war; denn ein lebendiger, aus der Zeit geborener Stil ist niemals klassisch.

Diese Traditionen haben, unter gewissen Abwandlungen, die gesamte römische Kaiserzeit beherrscht. Dann kam das Chaos, und als es sich einigermaßen zu klären begann, erfolgte gegen Ende des achten Jahrhunderts als zweite große Renaissance die karolingische, in der Karl der Große mit dem römischen Kaisertum auch die alte römische Kultur zu erneuern suchte. Sein Wunsch war, aus Aachen ein »christliches Athen« zu machen; aber man las an seinem Hofe fast ausschließlich Römer: Ovid und Virgil, Sallust und Sueton, Terenz und Martial, Cäsar und Cicero. Für die Söhne der Adeligen war der Besuch der Lateinschule obligatorisch, ja der Kaiser dachte sogar eine Zeitlang daran, das Lateinische zur Volkssprache zu machen. Einen etwas abweichenden Charakter trug die ottonische Renaissance, die in die zweite Hälfte des zehnten Jahrhunderts fällt. Der Sohn Ottos des Großen, Otto der Zweite, vermählte sich mit der griechischen Prinzessin Theophano, und diesem Bunde zwischen Germanien und Hellas entsproß Otto der Dritte, der von einer römischen Welttheokratie der deutschen Kaiser träumte und, schon mit zweiundzwanzig Jahren verstorben, in seiner Abstammung und ikarischen Laufbahn in der Tat an Euphorion erinnert. Er konnte perfekt Griechisch, bevorzugte die byzantinische Tracht und Etikette und war, wie sein Lehrer Gerbert, die gelehrte Leuchte des Jahrhunderts, von ihm rühmte, mehr ein Grieche und Römer als ein Deutscher. Indes hat die ottonische Renaissance ebensowenig wie die karolingische die griechische Literatur und Kunst in den mitteleuropäischen Gesichtskreis gebracht; die namhaften Autoren befinden sich in beiden Zeitaltern gänzlich unter lateinischem Einfluß: Ekkehards Waltharilied steht im Schatten Virgils, die Dramen der Nonne Roswitha haben die terenzischen Komödien zum Vorbild, und Einhards *Vita Caroli Magni* schließt sich bis in die Einzelheiten an Sueton an. Die Griechen las man bestenfalls in lateinischen Übersetzungen; nur die irischen Gelehrten verstanden ein wenig Griechisch, und im Kloster von Sankt Gallen gab es eine Zeitlang als Kuriosität *»Ellinici fratres«*; das hellenische Schrifttum ist fast ausschließlich durch die Byzantiner in die Neuzeit herübergerettet worden.

917

Die Renaissancen der Neuzeit

Was die italienische Rinascita anlangt, so haben wir bereits im ersten Buch darauf hingewiesen, daß sie ebenfalls vorwiegend eine Wiedererweckung der altrömischen Kultur war, der Versuch einer Rückkehr zur Kunst und Weltanschauung der heimischen Vorfahren; daß der erste große Propagandist der Antike, Petrarca, kein Griechisch verstand und dieses auch später nur auf der platonischen Akademie in Florenz getrieben wurde und daß man überhaupt aus dem ganzen antiken Erbe nur einen Fundus von äußerlichen und noch dazu mißverstandenen Dekorationselementen übernahm: allerlei untergeordnete und aufgesetzte Bauteile, mechanisch angeeignete Redefloskeln und pompöse, aber billige Allegorien. Man erklärte häufig und mit Nachdruck, daß Italien immer höher gestanden habe als Griechenland, und hatte gegen griechische Studien einen betonten Widerwillen. Das Ideal der Humanisten war der »gebildete« Römer der späten Republik, dessen Kultur sich auf staatsmännischer, militärischer und landwirtschaftlicher Tüchtigkeit und einer affektierten Epigonenleidenschaft für gelehrte Poetasterei, Rhetorik und Philosophasterei aufbaute: ein breites abgeschwächtes, zersetztes, verschobenes Römertum, das mit seiner eigenen Vergangenheit schauspielerte. Das Griechentum aber, das die Renaissance konzipierte, war, ganz ebenso wie im Mittelalter, ein durch die Römer und dann noch einmal durch eigene Zeit hindurchgegangenes, also ein Griechentum dritten Grades.

Ganz ähnlich verhält es sich mit der Repristination der Antike unter Ludwig dem Vierzehnten. Sie ist rein lateinisch, und die Hellenen Racines, Pigets und Poussins sind Römer mit griechischen Spitznamen.

Auch die »*scavi*«, die Ausgrabungen der verschütteten Ruinen von Herculaneum, seit 1737, und Pompeji, seit 1748, und die ungefähr um dieselbe Zeit entdeckten Baureste von Paestum und Agrigent, die, in schützender Wildnis durch Jahrtausende erhalten, dem modernen Auge zum erstenmal die vollkommene Form eines altgriechischen Tempels enthüllten, sah man zunächst noch, unter dem Einfluß des italienischen Fundorts, mit römischen Augen an. In Deutschland war noch in der ersten Hälfte des achtzehnten Jahrhunderts die Hellenistik eine theologische Disziplin: das Griechische, soweit man es überhaupt betrieb, wurde nur erlernt, damit man das Neue Testament lesen könne, und es wurde dann auch unter die orientalischen Sprachen gerechnet. Homer und Herodot, Aischylos und Sophokles las man hie und da, aber nie im Urtext, und viele Gelehrte kannten sie kaum dem Namen nach. Die griechische Literatur, sagte Winckelmann, ist aus Deutschland fast ausgestoßen.

Durch den Genius dieses einen Mannes taucht nun das Phänomen Hellas wie eine verzauberte Insel aus dem Meer der Vergangenheit, freilich nur als täuschende Luftspiegelung, aber gleichwohl in einem reinen und scharfen Glanz, der die Zeitgenossen beglückte.

Gegen Winckelmanns berühmten Programmsatz, der einzige Weg für uns, groß, ja wenn möglich, unnachahmlich zu werden, sei die Nachahmung der Griechen, richtete Klopstock die Verse: »Nachahmen soll ich nicht und dennoch nennet dein ewig Lob nur immer Griechenland. Wem Genius in seinem Busen brennet, der ahm' den Griechen nach! Der Griech' *erfand!*« In der Tat: womit könnte ein Denker oder Künstler sich und seiner Zeit ein größeres Armutszeugnis ausstellen als durch den Rat, irgend etwas, wie groß es auch sei, nachzuahmen? Und doch war Winckelmann nichts weniger als ein ideenloser und phantasiearmer Kopf, vielmehr ein Genie der Invention so gut wie der Grieche; denn auch er hat etwas erfunden: nämlich den Griechen.

Wir wissen heute, daß das Altertum nicht antik war. Wer die *Das falsche* griechischen Schriften naiv und unphilologisch liest, der wird *Klassen-* finden, daß in Plato und Demosthenes weniger Altertümliches *pensum* war als in Mendelssohn und Professor Unrat und daß die Gebärde der euripideischen Medea weniger klassisch gewesen sein muß als die Geste der Charlotte Wolter. Was den sogenannten humanistisch Gebildeten vom Altertum zurückgeblieben ist, sind einige tote Kostümstücke: Leier, Peplos, Lorbeer, Myrte, Olivenkranz. Es geht ihnen wie Faust, der von der griechischen Helena nur ein leeres Kleid in der Hand behält: der Rest ist Wolke. Wir wissen heute, daß es den Griechen mit dem Sonnenauge und den Römer mit der Erzstirn niemals gegeben hat, aus dem sehr einfachen Grunde, weil es ganz unmöglich ist, daß es solche Menschen zu irgendeiner Zeit und an irgendeinem Ort gegeben haben kann. Wir wissen heute auch, woher die Ästhetik und Geschichtsauffassung der deutschen Klassiker ihren Ursprung genommen hat: aus Lehre und Vorbild der Generation, die ihnen vorherging, eine Generation von physisch und seelisch unterernährten Magistern, verkümmerten Bücherwürmern und schief gewachsenen Kunstpedanten, aus der staubigen Enge der Bibliotheken und Schreibstuben, der lichtarmen Stickluft der kleinen Provinzgassen, der Lebensschwere der verwinkelten und verkräuselten Miniaturwelt der deutschen Barocke. Wir empfinden heute nicht die Antike, sondern *diese* Welt als eine historische: in ihrer Alterswurmstichigkeit, ihrem Geruch von Holzpflaster und Tranlampe, ihrer Anämie aus eiweißarmer Kost und ihrem rührend-skurrilen Bemühen, sich durch steifen Wissensprunk, prätentiös aufgehäufte Eigennamen und Büchertitel Tiefgang und Gravität zu geben. Überall kommt, trotz dem Willen zur Schmucklosigkeit und dem Lob der klassischen Simplizität, das Ornament, die Passementerie hervor. Und was verstand man denn überhaupt unter der vielgerühmten und als leuchtendes Vorbild promulgierten »Einfachheit der Alten«? Nichts anderes als die notgedrungene geistige und körperliche Bedürfnislosigkeit des deutschen Hauslehrers, Prorektors und Reisebegleiters! Sie waren glücklicherweise nicht »einfach«, diese Griechen und Römer, sondern sehr verwickelt, sehr unberechenbar, sehr anspruchsvoll und vor allem *späte* Menschen.

Dagegen verwechseln diese Männer einer eben erst wieder zu geistigem Leben erwachten Anfangszeit einige schlechte Gipsabgüsse und verdorbene Scholientexte mit den Griechen, und dann verwechseln sie die Karikatur und Marionette von Hellenentum, die sie sich daraus konstruiert haben, mit sich selbst! Ein Volk, dessen hervorstechendste Eigenschaft in der reizbarsten, beweglichsten Fähigkeit des Aufnehmens, in einer hypertrophisch entwickelten Gabe des Sehens bestand: neu entdeckt und »verstanden« von einer Menschengruppe, die überhaupt noch nicht gewöhnt war, von ihren Augen Gebrauch zu machen, die ihr ganzes Weltbild aus Beschreibungen, Buchexzerpten und Urteilen über Urteile anderer hatte!

Das Groteskeste aber war die Wirkung. Sie war etwa so, wie wenn ein monomanischer, aber ungemein tüchtiger Gymnasiallehrer in eine Klasse tritt, die aus lauter sehr lebhaften, begabten und wißbegierigen Schülern besteht, und nun durch seinen Unterricht deren Geist ein für allemal in eine schiefe und rückläufige Bewegungsrichtung zwingt. Die ganze klassische Dichtung wurde zur *Atelierdichtung*: die Dramen, Romane, Gedichte, Abhandlungen der Klassiker haben kleine Fenster, Zimmeratmosphäre, künstliche oder höchstens Interieurbeleuchtung, starke Linien, aber blasse Farben. Alles ist eng, notdürftig ventiliert, verhängt, halbdunkel, alkovenhaft. Und dies alles als Nachahmung der Griechen, die ihre Schaustücke, Bildsäulen und Gemälde im Freien sowohl herstellten wie aufstellten, ihren künstlerischen Sport, ihre Philosophie, ihre Rhetorik auf der Straße betrieben, ihre politischen Versammlungen und Gerichtsverhandlungen, Götterkulte und Theatervorstellungen niemals in geschlossenen Räumen abhielten und überhaupt die *Pleinairmenschen* par excellence waren!

Schiller, eines der stärksten deutschen Temperamente, Goethe, dessen ganzes Leben, Denken und Gestalten im organisierten Schauen bestand, ganze Generationen der deutschen

Bildnerei und Malerei, die ihrer innersten Anlage nach von jeher zum Naturalismus bestimmt war, ja sogar die Führer der angeblich antiklassizistischen romantischen Schule: sie alle übernahmen das klassizistische Pensum; und Napoleon, der wilde tausendäugige Sohn der Tatsachen, hatte als Empereur nichts Eiligeres zu tun, als den leeren lackierten Empirestil über Europa zu verbreiten.

Der »klas-
sische«
Grieche

Wenn wir dieser Auffassung des Altertums glauben wollten, so hätte die Hauptbeschäftigung der Griechen und Römer offenbar darin bestanden, fleißig Winckelmann zu lesen, wie ja auch die Naturkinder Rousseaus zweifellos den *Contrat social* auswendig kannten. Diese sonderbare »Rückkehr zur Antike« ist nur zu verstehen aus einem tiefen Bedürfnis und letzten Versuch, in einer Welt der reinen Maße und Proportionen, der lichten Ordnung und leichten Überschaubarkeit, Selbstbegrenzung und Unkompliziertheit, Erholung und Ausruhen von der eigenen Problematik, schweifenden Formlosigkeit und verwirrenden Vielfältigkeit der Bestrebungen, Beziehungen, Aspekte zu finden. Der Klassizismus ist aus der Angst des modernen Menschen geboren.

Dabei ist es aber andrerseits höchst merkwürdig und eine Art unfreiwillige Selbstironie, daß man das Ideal der Antike im Alexandrinismus fand, der süßlich, schwülstig und literarisch gewordenen Bildnerkunst der griechischen Barocke: man suchte sich eben doch instinktiv das heraus, womit man noch am ehesten verwandt war. Die griechische Décadence als das antike Ideal, ein Griechentum, das schon keines mehr war, als stärkste Zusammenfassung hellenischen Wesens: das eigentlich ist der unbewußte Kern der klassizistischen Theorie. Als die »Blüte« der griechischen Kunst erschienen Winckelmann Werke wie der Apoll von Belvedere, der Herkules von Belvedere, die Niobiden, die in Wahrheit überreife, welke und sogar schon ein wenig angefaulte Früchte des hellenischen Schaffens waren. Und vor

allem dachte damals jedermann, wenn das Wort »griechische
Kunst« ausgesprochen wurde, sofort fast zwangsläufig an den
Laokoon, dieses ebenso prachtvolle wie herzlose Virtuosen-
stück einer schauspielernden Verstandeskunst, wie sie in dieser
Mischung aus Brutalität und Sensitivität, ernüchternder Berechnung und überwältigendem Raffinement nur in glänzenden Niedergangzeiten hervorzutreten pflegt.

Gleichwohl abstrahierte man von diesen Werken in glückse-
liger Ahnungslosigkeit das Ideal der »edlen Einfalt und stillen
Größe«, für das übrigens im griechischen *Leben* auch sonst
nirgends Platz ist. Denn bis zum Anfang des fünften Jahrhunderts hat die griechische Kultur noch etwas durchaus Steifes,
Gebundenes, Hieratisches, ja wenn das Wort erlaubt ist, Gotisches: die Kunst und Dichtung ist fromm, eckig, archaisch, die
Männer tragen steife golddurchwirkte Gewänder und barbarischen Schmuck, Zöpfe und geflochtene Bärte, die Frauen
Chignons und Korkenzieherlocken; am Ende des Jahrhunderts
aber, so schnell ist das Tempo der griechischen Entwicklung,
herrscht bereits der vollste Naturalismus in Staat, Gesellschaft,
Tracht, Philosophie, Theater, und im nächsten Säkulum setzt
bereits der Alexandrinismus ein; wo ist da Raum für den »klassischen Griechen«? Die Gründe, aus denen dieses Phantom
überhaupt zustande kommen konnte, werden wir noch näher
zu erörtern haben: sie bestehen für die Architektur und Skulptur in der irrigen Annahme der Achromie, der toten Farblosigkeit der Gebäude und Bildwerke, für die Dichtung in dem Verlust der begleitenden Musik, die hier eine ähnliche Rolle
gespielt haben muß wie die Bemalung bei der Plastik, selbst für
die Prosa in dem Untergang des charakteristischen Tonfalls,
des Tempos, des »Jargons«; und allgemein gesprochen, war
diese Fiktion erstens ein Phänomen der verklärenden, steigern-
den, konzentrierenden und perspektivisch verkürzenden Distanz, zweitens ein Resultat der Eintragung eigener Züge in

eine fremde Wesenheit und drittens eine Folge der Verwechslung des Lebens mit dem Kunstwerk, dessen Funktion gerade auf seiner höchsten Stufe Widerlegung, Kompensation, Umkehrung des Lebens ist. Trotzdem bleibt es immer noch ein Rätsel, wie diese Vorstellung vom Griechen entstehen konnte, dessen so ganz anders geartetes Wesen jedem Unbefangenen aus tausend Zügen in die Augen springen mußte: man denke bloß an die platonischen Dialoge, an die Philosophenbiographien, an die Redner, an die »Charaktere« des Theophrast, an die gesamte alte, mittlere und neuere Komödie und an die ganze griechische Geschichte, die die turbulenteste, chaotischste und skandalöseste der Welt gewesen ist.

Der »romantische« Griege

Man wird natürlich niemals genau angeben können, wie das alte Hellas in Wirklichkeit ausgesehen hat, aber man kann ziemlich genau sagen, wie es *nicht* war: nämlich nicht so, wie das achtzehnte Jahrhundert es sich vorstellte. Sondern: bunt und gebrochen, nervös und irisierend, unbeherrscht und tumultuös und ganz und gar nicht abgeklärt; sein Zentrum Athen ein Farbenkasten, mitten in eine grell pittoreske Natur gesetzt, mit der deutlichen Absicht, sie noch zu überschreien, eine charmante Spielzeugschachtel von Stadt, wie man sie in nachantiken Zeiten niemals wieder gesehen und leider nicht einmal nachzuahmen versucht hat, angefüllt mit geschmackvollen und amüsant kolorierten lebensgroßen Stein- und Tonpuppen, prachtvoll und lärmend vergoldeten Kolossalfiguren, schillernden Fayencen, koketten Nippes und zierlichen Terrakotten; und dazwischen Menschen, die mit allem und jeglichem spielten: nicht nur mit ihren Leibes- und Redeübungen, ihrer Kunst und Erotik, sondern auch mit ihrer Wissenschaft und Philosophie, ihrer Justiz und Volkswirtschaft, ihren Staaten und Kriegen und sogar mit ihren Göttern, immer in Motion und Emotion, ungeheuer viel und schnell sprechend, was allein schon die Vorstellung der Klassizität aufhebt, jedoch trotzdem in Betonung und Aussprache, Wortstellung und Satzgefüge die letzten Feinheiten beobachtend, ihr Theater eine Mischung aus Ballett, Marionettenspiel und Volkskonzert, ihr eigentliches Theater aber ihr tägliches Parlament, ihre Frauen Schmuckattrappen für die Zimmerdekoration, ihre Philosophen originelle Tagediebe und Buffoni und ihre Religion ein organisierter Karneval und Vorwand für Ringkämpfe und Wettläufe, Aufzüge und Gelage.

Durch seine große Phantasie, seine Kardinaleigenschaft, war der Hellene in besonders hervorragendem Maße zum *Lügen* und zum *Leiden* prädestiniert. Man darf geradezu von einer *endemischen* Verlogenheit des griechischen Volkes sprechen, gegen die ein paar Ausnahmemenschen immer vergeblich und übrigens ziemlich schüchtern angekämpft haben. Überhaupt war eine individuelle und soziale Ethik nur bei einigen weltabgewandten Philosophen, bei allen übrigen aber nicht einmal im Ansatz vorhanden, und wenn man nicht ganz bestimmt wüßte, daß die Gymnasiasten von den griechischen Schriftstellern nicht ein Wort verstehen, so müßte man ihre Lektüre nicht nur aus dem Schulunterricht streichen, sondern auch privatim als höchst unmoralisch verbieten. Auf den Erwachsenen aber wirken die Griechen wie schöne Raubtiere, die man rein ästhetisch wertet, oder wie gewisse Theaterfiguren, deren geniale Charakteristik man bewundert, ohne mit den Charakteren selbst einverstanden zu sein. Und im übrigen bestand die versunkene griechische Kultur auch zur Zeit des Perikles im Gehirn eines Durchschnittsatheners aus demagogischem Geschwätz, strategischen Kannegießereien, sportlicher Fachsimpelei und Zwiebelpreisen.

Von Goethe stammt der bekannte Ausspruch, das Romantische sei das Kranke, das Klassische das Gesunde. Ohne auf die Richtigkeit dieser These einzugehen, könnte man vielleicht sagen: die Griechen waren romantisch und krank in ihrem Leben und allen seinen Äußerungen und Institutionen, klassisch und gesund aber bloß in ihrem Dichten und Denken. Sie waren dazu geradezu gezwungen: sie hätten sich den Luxus einer romantischen Kunst und Philosophie, die ihren sofortigen Untergang bedeutet hätte, gar nicht leisten können. Überhaupt verhält sich ja, wie wir bereits vorhin angedeutet haben, die Produktion zum Leben zumeist wie das Positiv zum Negativ. Es ist kein Zufall, daß der stets kränkliche, extrem sensible und weichherzige Nietzsche das Ideal des Übermenschen aufstellte und umgekehrt der gesunde, glückliche und sehr egoistische Schopenhauer eine Philosophie des Pessimismus und der Willensverneinung lehrt, daß ein starker Sinnenmensch wie Richard Wagner den Spiritualismus predigte und Rousseau fürs Primitive, Idyllische, »Gute« schwärmte. Und wer etwa das Fin de siècle nur nach seiner Kunst beurteilen wollte, würde aus Ibsen und Maeterlinck, Altenberg und George, Khnopff und Klimt wohl kaum auf ein Zeitalter der Technokratie und Börsenherrschaft, des Imperialismus und Militarismus schließen. Ebenso verhält es sich mit dem griechischen Ideal der *Sophrosyne:* der maßvollen Weisheit, klaren Besonnenheit und beherrschten Leidenschaft. Sie sprachen so viel von ihr, weil sie sie nicht hatten. Von ihrem Geschmack hingegen, wovon sie so viel besaßen wie alle alten und neuen Völker zusammengenommen, haben sie nie geredet.

Der Sokra-
tismus

Im Mittelpunkt der griechischen Geschichte, chronologisch und geistig, steht die geheimnisvolle Gestalt des Sokrates, der seinen Landsleuten über diese Angelegenheit einiges zu sagen hatte. Nietzsche hat bekanntlich in ihm den typischen Decadent, ja Verbrecher und in seiner Dialektik den Sieg des Pöbelressentiments erblickt; und schon vor neunzig Jahren hat Carlyle ohne genauere Sachkenntnisse, lediglich von seinem genialen Instinkt geleitet, die Ansicht ausgesprochen, in dem ewig logisierenden Sokrates verkündige sich der Verfall des echten Griechentums. Und Alexander Moszkowski hat ihn in einer sehr amüsanten kleinen Studie, *Sokrates der Idiot,* sogar als »braven Trottel« hingestellt, als albernen Sprechpedanten und Wortakrobaten, der an einer Art logischer Echolalie litt. Das achtzehnte Jahrhundert hinwiederum hat aus ihm einen perorierenden Quäker gemacht, der ununterbrochen Weisheit und Edelmut ausdampfte, und sogar gewagt, ihn mit Christus zu vergleichen. Andere haben ihn mit Kant in Parallele gestellt, was ebenso unsinnig ist, denn während die Vernunftkritik die umwälzende Tat eines übermächtigen Geistes ist, der alles Bisherige verwirft, weil er alles Bisherige unter sich erblickt, bedeutet der Sokratismus gegenüber den grandiosen kosmischen Phantasien der ionischen Naturphilosophie bloß den Triumph der praktischen Alltagsverständlichkeit über den unklaren Tiefsinn. Gleichwohl lassen sich alle diese so heterogenen Auffassungen auf einen gemeinsamen Nenner bringen, den Nietzsche bereits andeutete, als er sagte: »Man hatte nur eine Wahl: entweder zugrunde zu gehen oder – absurd-vernünftig zu sein.« Was Sokrates versuchte, war nicht mehr und nicht weniger als die Rettung Griechenlands durch die Predigt der Vernunft und der Tugend, zweier ganz ungriechischer Eigenschaften, wobei er aber immer noch soweit Grieche blieb, als er den guten Geschmack hatte, seine Moraltraktate in die Form einer exquisiten Ironie zu kleiden. Dies ist der Sinn des sokratischen »erkenne dich selbst!«: erkenne, was dir fehlt, nämlich: Maß und Bescheidung, Selbstzügelung und Selbstkritik, und strebe danach als deinem rettenden Gegenpol! Aber Sokrates war Athen, Athen war Griechenland und Griechenland die Welt. Daher bedeutet der Sokratismus die Selbsterkenntnis der antiken Kultur. In ihm blickt diese sich ins Auge. Und sie erschauert. Und es ist nur zu begreiflich, daß die Griechen *diesen Spiegel zerbrachen, weil sie ihn nicht ertrugen.*

Gleich nach dem Sokratismus war auch die griechische Kunst, der in besonderem Maße nachgerühmt wird, daß sie ein Bild der ruhevollen Klarheit und edlen Selbsterläuterung dar-

Der Gipsgrieche

927

stellte, ein Kontrastphänomen, obschon lange nicht in dem
Grade, wie wir es uns vorzustellen lieben. Das ganze Dunstbild von der griechischen Klassizität wäre vermutlich niemals
entstanden, wenn man von allem Anfang an von der Polychromie gewußt hätte; als man sie aber endlich entdeckte, hatten die
vermeintlich farblosen Tempel und Statuen, die man jahrhundertelang begeistert kopiert hatte, sich schon so im modernen
Vorstellungsleben eingenistet, daß wir, obgleich wir jetzt von
der Bemalung wissen, doch nicht von ihr wissen, weil noch
heute in jeder größeren Stadt Dutzende von Monumenten und
öffentlichen Gebäuden, die der irrigen Annahme der antiken
Achromie ihr Dasein verdanken, die neue Erkenntnis durch
den täglichen Augenschein widerlegen. Diese Befangenheit in
ebenso unrichtigen wie unnatürlichen Anschauungen geht sogar so weit, daß man die weiße Plastik, die sich doch nur von
einer mangelhaften Kenntnis der griechischen Kunst herleitet,
gegen die wirkliche Plastik der Griechen ausspielte und diese
wegen ihrer Polychromie entschuldigen zu müssen glaubte. So
sagt zum Beispiel Friedrich Theodor Vischer in seiner *Ästhetik*, einem bis heute unübertroffenen Fundamentalwerk von
gigantischen Ausmaßen und unerschöpflichem Inhalt: »Jede
Zutat von Farbe zu der Nachbildung der festen Form, welche
sich nicht mit gewissen Andeutungen begnügt, ist durch den
reinen Begriff der Bildnerkunst an sich ausgeschlossen... Hat
nun eine Kunst, die im übrigen hoch stand, vollständig, das
heißt: mit Durchführung aller Farbenverhältnisse, wie sie der
lebendige Körper zeigt... ihre Bildwerke bemalt, so muß dies
seine Erklärung in besonderen kunstgeschichtlichen Verhältnissen finden«; bei den Griechen habe die polychromische Behandlung den Spielraum überschritten, der durch die Zulassung »gewisser Andeutungen« offengelassen sei. »Wir können
selbst angesichts der einzig reinen Begabung des griechischen
Auges für die Erfassung der festen Form als solcher und der

herrlichen Vollendung der Kunst, die auf dieses Auge sich gründete, dieses Urteil nicht opfern… Wir suchen einen andern Ausweg, die Vergleichung mit dem griechischen Drama. Die Dichtung und die reine Mimik war hier mit Musik, Gesang, Tanz in einer Weise vermählt, welche uns unmöglich als Muster dienen kann… Die großen Tragiker bleiben uns gleich groß, obwohl wir sie darin, daß sie im Sinne dieser Kunstverbindung dichteten, nimmermehr nachahmen können, und wie wir von Aischylos und Sophokles das Bleibende, rein dichterisch Schöne ohne das Rezitativ und Gesang und marschartigen Tanz des Chores genießen und unserer Poesie aneignen, so streifen wir den Werken der großen Bildhauer die Farbe ab, die ihnen als vergänglichen, nur in einem besonderen Moment der Kunstgeschichte begründeten Anflug ohnedies die Luft und der Regen ebenso abgestreift hat wie dem griechischen Tempel.« Ganz abgesehen von der sonderbaren Deduktion, daß die Farbe ein vergänglicher Bestandteil der griechischen Plastik gewesen sei, weil Luft und Regen imstande waren, sie ihr abzustreifen, enthält diese Darlegung auch sonst eine sehr instruktive Selbstcharakteristik der verhängnisvollen Verunstaltung und Verfälschung, Blutabzapfung und Verlangweilung, die der Klassizismus an der griechischen Kunst vorgenommen hat: er hat ihr in der Tat die Farbe abgestreift, und zwar auch der Dichtung, von der man, da man den allein übriggebliebenen Gesangstext unzulässigerweise als etwas Selbständiges auffaßte und behandelte, ebenfalls nur einen blassen leblosen Marmorrest in der Hand behielt.

Die Griechen waren aber eben weit entfernt von der *modernen Barbarei*, Holz und Stein unbemalt zu lassen; sie haben, aus einer sehr natürlichen und sehr künstlerischen Empfindung heraus, alles bunt angetüncht, was ihnen unter die Hände kam, und unsere weiße Plastik und Architektur wäre ihnen wie eine Kunst für Farbenblinde vorgekommen. Selbstverständlich haben sie auch die Augen sorgfältig gepinselt oder noch lieber durch eingesetzte Edelsteine, Kristalle und dergleichen wiedergegeben; und wie weit man in der völlig kritiklosen Nachahmung der griechischen Denkmäler ging, zeigt die groteske Tatsache, daß man, weil auch hiervon die Spuren sich nicht sogleich fanden, die bizarre Sitte annahm, das Organ des höchsten seelischen Ausdrucks überhaupt wegzulassen! Der »griechische Kopf« mit der bleichen Gipswange, ohne Augenstern, ohne Blick in die Welt ist das sprechendste Symbol des neudeutschen Humanismus.

Die griechische Plastik

Eine solche antike Statue muß einen ganz prachtvollen Eindruck gemacht haben. Der Marmor wurde zunächst mit einer rosigen oder braunen Beize aus Öl und Wachs eingerieben, wodurch er einen warmen lebendigen Fleischton erhielt. Der Vorwurf der Kunsthistoriker, daß man dadurch das herrliche Material verdorben habe, verdient wenig Beachtung; die Griechen wußten, was sie in ihrem Marmor hatten, und haben ihn durch diese Behandlung sicher nur gehoben: in diesen Fragen wird man sich wohl auf sie verlassen dürfen. Die Lippen wurden rot, die Haare schwarz, gelb oder auch durch Metallzusatz goldblond gefärbt; das Gewand wurde entweder weiß gelassen, wobei aber mindestens die Säume farbig waren, oder ebenfalls koloriert, die Innenseite und die Außenseite in verschiedenen Tinten. Die Helme und Helmklappen, Waffen und Schilde, Schmuckstücke und Sandalen waren aus Metall, mit Vorliebe vergoldet. Der Maler war nicht immer dieselbe Person wie der Bildhauer: für die Statuen des Praxiteles zum Beispiel wird Nikias genannt, der eine fast ebenso große Berühmtheit war wie jener. Auch die Werke der Goldelfenbeintechnik, wie der untergegangene Zeus des Phidias, eine Kolossalstatue im Tempel von Olympia, waren ungeheuer bunt: der Kern bestand aus Holz, die Elfenbeinmasse wurde durch virtuose Behandlung so dünn und elastisch gemacht, daß sie, fast wie ein Lacküberzug wirkend, sich der Unterlage eng anschmiegte: sie näherte sich schon durch ihre natürliche Farbe dem Inkarnat und wurde vielleicht ebenfalls noch leicht imprägniert; die Gewänder und Insignien waren aus reich bemaltem Goldblech, Haar und Bart aus verschieden getöntem Gold, die Augen aus glänzenden Juwelen. An den Tempeln waren die Figuren der Friese und der Giebelfelder reizend koloriert wie Zinnsoldaten, auf einem Grund von leuchtendem Blau oder Rot, die »Tropfen« und ähnliches Beiwerk vergoldet, die »Wülste« der Säulen und die Traufrinnen der Dächer mehrfarbig ornamentiert, etwa in der Art unserer heutigen Emailmalerei. Auf dem Hekatompedon, dem alten, aus porösem Kalkstein erbauten Athenatempel der Akropolis, der 480 von den Persern zerstört wurde und erst in den achtziger Jahren als sogenannter »Perserschutt« wieder ans Licht kam, hatten die Männer sogar noch grellblaue Haare und Bärte, grasgrüne Augen und rote Körper. Das stets bemalte Relief aber galt im Altertum zu allen Zeiten überhaupt nur für eine Abart des Gemäldes.

Im Angesicht einer grellen Sonne, eines knallblauen Himmels, zinnoberroter Berge, schwefelgelber Felsen, giftgrüner Bäume und eines in hundert wechselnden Nuancen funkelnden Meers waren die Griechen ja schon von vornherein darauf angelegt, eines der farbenfreudigsten, ja farbentrunkensten Völker zu werden. Auch ihre poetische und philosophische Phantasie lebte stets in einer Atmosphäre des reichen und starken Kolorits, und in ihrem Kostüm liebten sie ebenfalls voyante, laut kontrastierende Farben: Purpurviolett und Himmelblau, Safrangelb und Scharlachrot; selbst das glänzende Weiß hatte bei ihnen den Charakter einer Farbe.

Ihre Malerei, über die wir nur sehr ungenau unterrichtet sind – man kann sagen: glücklicherweise, denn es ist nicht abzusehen, was ihr Vorbild in der Kunst des neueren Europa angerichtet hätte –, scheint bis tief ins fünfte Jahrhundert hinein

Die griechische Malerei

einen streng stilisierenden Charakter getragen zu haben und, wenn das Relief eine Art Gemälde in erhabener Arbeit war, umgekehrt eine Art zweidimensionale farbige Plastik gewesen zu sein. Ganz wie beim Drama lagen die Hauptgründe für diese Gebundenheit teils in der Unentwickeltheit und Konservativität der Technik, teils in der Orientierung auf den religiösen Kult. Die Fresken Polygnots, dessen Blütezeit etwa das zweite Viertel des fünften Jahrhunderts umfaßte, kannten noch keine Schlagschatten, kein Helldunkel, keine Modellierung und boten nichts als kolorierte Umrißzeichnungen; er wußte auch noch nichts von Perspektive und gab das Hintereinander als ein Übereinander. Erst in der zweiten Hälfte des Jahrhunderts, zu Anfang des Peloponnesischen Krieges, erfand Agatharchos die »Skenographie«, die perspektivische Kulissenmalerei, die durch Alkibiades, der sein Haus mit solchen Bildern schmücken ließ, zur großen Mode erhoben wurde. Ungefähr um dieselbe Zeit wirkte Apollodoros, genannt der »Schattenmaler«, weil er als erster die Lichtverhältnisse richtig beobachtete und auf seinen Gemälden zur Darstellung brachte. Und Zeuxis und Parrhasios, die jüngeren Zeitgenossen Apollodors, waren offenbar schon Illusionsmaler, denn auch wenn die bekannte Erzählung, daß Zeuxis mit seinen gemalten Früchten die Vögel, Parrhasios aber mit einem gemalten Vorhang den Zeuxis getäuscht habe, erfunden sein sollte, so zeigt sie doch deutlich, was man diesen beiden Künstlern zutraute. Bei Zeuxis erscheint auch zum erstenmal das nackte Weib, das erst ein Menschenalter später in der Plastik auftaucht. Wir stoßen hier wiederum auf das schon mehrfach hervorgehobene Gesetz, daß die Malerei der Skulptur in der Entwicklung voranzugehen pflegt; die griechische Plastik ist daher auf der Höhe ihrer Ausdrucksfähigkeit das posthume Kind der perikleischen Zeit, und der Sophistik und Euripides entsprechen nicht Phidias, Myron und Polyklet, sondern Skopas, Praxiteles und Lysipp. Zu Anfang des vierten

Jahrhunderts ging man von der Temperamalerei zur »Enkaustik« über, die durch Anwendung von Wachsfarben eine größere Brillanz und Feinheit erzielte und in der antiken Kunstentwicklung ungefähr dieselbe Rolle gespielt hat wie die Ölmalerei in der neueren. Und am Ende des Jahrhunderts gelangen bereits ganz moderne Richtungen zur Geltung: in Alexandrien gibt es die Schulen der Rhopographen und der Rhyparographen, der Kleinkrammaler und der Schmutzmaler.

Der Alexandrinismus ist überhaupt im höchsten Grad geeignet, das gesamte traditionelle Bild vom Hellenentum umzukehren. Da man immerzu wie hypnotisiert auf das perikleische Zeitalter starrte, ist man zwei Jahrtausende lang an dieser Entwicklungsstufe der griechischen Kultur vorübergegangen, indem man sie entweder als »Verfall« oder als überhaupt nicht existent behandelte. Man gewöhnte sich sogar daran, das Wort »Alexandrinertum« zum beschimpfenden Gattungsbegriff zu depossedieren: wenn ein Professor oder Literat diese Vokabel in den Mund nahm, so wollte er damit sagen, daß es sich um eine geistige oder künstlerische Richtung handle, die blutleer und anempfunden, mechanisch und künstlich, professoral und unschöpferisch, kurz, so wie er selber sei. Nun verhält es sich aber mit diesem Begriff wie mit so vielen anderen: ein Merkmal, und nicht einmal das wesentlichste, hat alle übrigen überwuchert.

Der Alexandrinismus

Eigentlich gelangt in der alexandrinischen Periode, die die drei letzten Jahrhunderte (genauer: das dritte Jahrhundert) vor Christus umfaßt, die hellenische Volksbegabung erst zu ihrer feinsten und reichsten Entfaltung. Die griechische Kultur wird zur Weltkultur: sie verbreitet sich über das gesamte antike Zivilisationsgebiet, und sie entwickelt erst in diesem Zeitraum jenen behenden und scharfen, freien und allseitigen Geist, den wir als spezifisch hellenisch zu betrachten pflegen, in seiner ganzen Fülle. Wenn erst seit wenigen Jahrzehnten ein stärkeres Interesse für die Alexandrinerzeit erwacht ist, so hat das einen sehr naheliegenden, man möchte fast sagen, egoistischen Grund: sie hat nämlich eine große Ähnlichkeit mit der unserigen.

Herauf-kunft des Berufs-menschen und des kosmopoli-tischen Untertans

Die ursprüngliche griechische Anschauung kannte überhaupt keine Berufe, sondern nur eine ideale Einheit aller und die Forderung der »Kalokagathie«, alle zu verkörpern. Das Spezialistentum galt als banausisch; der Grieche haßte es schon deshalb, weil es häßlich macht, Leib und Seele verkrüppelt, indem es *einen* Zug unkünstlerisch heraushebt. Um die Wende des vierten Jahrhunderts beginnen aber plötzlich innerhalb des antiken Kulturkreises eine Reihe neuer, im bisherigen Sinne ungriechischer Typen zu dominieren: der Virtuose, der ein Berufskünstler, der Athlet, der ein Berufsgymnast, der Offizier, der ein Berufssoldat, der Bürokrat, der ein Berufsbeamter, der Diplomat, der ein Berufspolitiker, der Professor, der ein Berufsgelehrter, und der Literat, der ein Berufsschriftsteller ist, indem er, im Gegensatz zur früheren Objektivität, ja Anonymität, als »Autor« sein Ich zeigt. Während die Darstellung der tragischen und komischen Dichtungen bisher, wie bei den mittelalterlichen Passionsspielen, Sache der gesamten Bürgerschaft war, entstehen jetzt allenthalben Theaterfachschulen, die sogenannten »Vereine der dionysischen Künstler«. Auf politischem Gebiet gelangt man zum Imperialismus und zu dessen Komplement: dem Kosmopolitismus. Die bevorzugte Regierungsform ist der Absolutismus, aber der aufgeklärte: Antigonos Gonatas bezeichnete das Königtum als ἔνδοξος, ruhmreichen Knechtdienst, was ganz friderizianisch klingt, und die Diadochenfürsten gaben sich gern den Beinamen *Euergetes,* Wohltäter, oder *Soter,* Retter, Heiland, mit dem man übrigens auch die Häupter der Philosophenschulen, zum Beispiel Epikur, zu ehren liebte. Die äußere Herrschaftsform umfaßt den typischen Apparat großdynastischer Regierungsweise: Staatsrat, Hofetikette, Audienzen, Dekrete, Edikte, stehendes Heer, Heiligkeit der Majestät, Schwur bei der Tyche des Königs. Es entstehen die neuen Begriffe des »Untertans« und des »Privatmenschen«, der aber, wie dies fast immer der Fall zu sein pflegt, unter der unbeschränkten Monarchie mehr persönliche Freiheit und Sekurität genießt als unter der unberechenbaren Demokratie. Vollkommen neu ist auch das Heraufdämmern eines gewissen Humanitätsgefühls. Man beginnt in der Kriegführung eine Art primitives Völkerrecht anzuerkennen, ja nicht selten eine fast romantische Ritterlichkeit zu beobachten und über das Los der Sklaverei und sogar über deren Berechtigung nachzudenken, wozu die Entwicklung eines arbeitenden *freien* Massenproletariats das Gegenstück bildet. In der Polis hatte sich der einzelne nur als Teil, Glied und Organ seines engen Sondergemeinwesens empfunden, das ihm alles war; jetzt erklärt man im Sinne der Stoa, der wahre Staat sei der Kosmos, und beginnt die Pflichten des Bürgers und Familienvaters mit den Augen des kynischen Philosophen anzusehen, dessen Bild Epiktet einige Jahrhunderte später am eindringlichsten gezeichnet hat: »Das Königtum des Kynikers ist es wert, daß man seinetwegen auf Weib und Kinder verzichtet. Alle Menschen sieht er als seine Kinder an. Ist es wirklich die größte Wohltat für die Menschheit, ein paar rotzige Kinder in die Welt zu setzen? Wer hat mehr für die Gesamtheit geleistet: Priamos, der fünfzig Taugenichtse erzeugte, oder Homer? Du fragst mich, ob der Kyniker sich am politischen Leben beteiligen wird? Du Narr, kann es eine größere politische Aufgabe geben als die seinige? Soll einer vor den Athenern Reden über Steuern und Einkünfte halten, wenn er verpflichtet ist, sich mit allen Menschen zu unterreden, ob sie Athener, Korinther oder Römer sind, und nicht über Steuern und Einkünfte, über Krieg und Frieden, sondern über Seligkeit und Unseligkeit, Glück und Unglück, Knechtschaft und Freiheit?«

Zugleich Ursache und Folge des Kosmopolitismus ist die gefräßige Ausbreitung einer Weltwirtschaft, wie sie die alte Welt bis dahin noch nicht gesehen hatte. Die Eroberungen Alexanders des Großen hatten den Orienthandel eröffnet; aus Indien,

Hellenistische Großstadtkultur

Persien, China kam eine Fülle bisher unbekannter Luxusartikel. Man begann sich aufs offene Meer hinauszuwagen, statt wie bisher ängstlich an der Küste zu kleben. Nach persischem Vorbild wurden Reichsstraßen gebaut, die den Landverkehr für die ungeheuren Karawanenzüge vermittelten. Das Hotelwesen, dem bisherigen Altertum unbekannt, begann zu florieren. Zahlreiche Banken, an der Spitze die allmächtige Zentralbank von Alexandria, ausgedehnte Kartelle von Großkaufleuten, Schiffsreedern, Spediteuren wurden gegründet; es gab sogar schon Weltausstellungen. Ein raffiniertes Steuersystem, für das Ägypten seine jahrtausendelangen Erfahrungen herlieh, zog sein Netz über die bestürzte Menschheit; es gab Stempel und Gebühren und Taxen für alles. Ein außerordentliches spezialisiertes Zunftwesen entwickelt sich: es gibt Bäcker für grobes und feines Gebäck, Schweineschlächter und Rindermetzger, Korbflechter und Mattenflechter. Der Ingenieur beginnt im Kriege eine bedeutende Rolle zu spielen: man verwendet allenthalben Ballisten, Katapulte, wandelnde Batterien, und König Demetrios, genannt *Poliorketes,* der Städtebestürmer, baute seine berühmte »Stadteroberin«, eine fünfzig Meter hohe Maschine von neun Stockwerken, die, auf Rädern laufend, tankartig gepanzert und mit vielen hundert Mann und zahllosen Steinblöcken, Balken, Bleigeschossen und Brandpfeilen armiert, genau auf jedes Ziel eingestellt werden konnte. Enorme Schiffe für Krieg und Handel wurden gebaut, und es entwickelte sich derselbe Wetteifer im Steigern der Tonnage wie heutzutage. Das Riesenpassagierschiff »Syrakosia« des Königs Hieron enthielt dreihundert Soldaten und sechshundert Matrosen und eine dementsprechende Anzahl von Salons und Badezimmern, Türmen und Geschützen. Eine Art Artillerie bildeten auch die Elefanten, von denen zum Beispiel Seleukos der Erste auf Apamea ein Depot von fünfhundert Stück besaß. Die neuen Residenzen und Metropolen, alle von der glei-

chen Physiognomie, rationell in gradlinigen, rechtwinklig sich
schneidenden Straßen angelegt, entwickelten sich rasch zu den
Ausmaßen unserer modernen Großstädte, auch in der Mam-
muthaftigkeit ihrer öffentlichen Bauten: der Koloß von Rho-
dos war 32, das Grabmal des Königs Mausolos zu Halikarnass
44, der achtstöckige Leuchtturm auf der Insel Pharos 160 Meter hoch, während sein modernes Analogon, die New Yorker
Freiheitsstatue, mit dem Sockel nur 93 Meter mißt.

Auch in der Literatur kommt es zur Massenproduktion, aber *Helle-*
bei den einzelnen Werken bevorzugt man in fast übertriebener *nistische*
l'art-pour-
Weise die geringen Dimensionen: »Ein großes Buch, ein großes *l'art-Kunst*
Übel«, sagte Kallimachos, einer der namhaftesten alexandrin- *und Fach-*
wissen-
schen Dichter. Eine ausgesprochene l'art-pour-l'art-Kunst ent- *schaft*
steht, die das Sensationelle und Raffinierte, das Esoterische und
Komplizierte, das »Kuriöse« und künstlich Archaische bevorzugt und eine Art Rokoko des Gefühls zu Wort kommen läßt:
die lyrische Dichtung schwärmt rousseauartig für Bukolik, die
Malerei entdeckt die Landschaft, doch bleiben beide darin noch
völlig antik, daß sie durchaus des modernen Subjektivismus
entbehren, der die eigene Stimmung in die tote Natur einträgt,
und daher noch nicht imstande sind, »Atmosphäre« zu schaffen. Hingegen herrscht bereits der ausgesprochenste Naturalismus. Auf dem Theater triumphiert Menander, der, in seinem
Dialog ebenso elegant wie in seiner Toilette, den Typus des
Sittenstücks geschaffen hat, jenes Gemisch aus Pikanterie und
Sentimentalität, worin im vorigen Jahrhundert die Franzosen
brillierten. Auch bei ihm steht zumeist die edle Hetäre im Mittelpunkt, und ein Goldregen von glitzernden Bonmots verhüllt
die Leere der kalt konstruierten Handlung. Eine gewisse rhe-
torische Manier, die vor allem blenden will, bemächtigt sich
nicht nur der Bühne, sondern auch der Geschichtsschreibung
und der bildenden Kunst und dringt sogar ins tägliche Leben.
Die Architektur will in erster Linie repräsentieren, die Plastik

ist genrehaft und höchst wirklichkeitstreu und glänzt durch virtuose Technik. Der sogenannte neuere attische Dithyrambus betritt schon den Weg der Programmusik, ebenso angefeindet wie in unseren Tagen. Es gibt bereits Varietékünstler, und Herondas aus Kos schreibt seine *Mimiamben*, parodistische und realistische Kabarettszenen aus dem ionischen Volksleben. Die beliebteste literarische Form aber war die Diatribe, die ungefähr unserem Feuilleton entspricht.

Den höchsten Ruhm des hellenistischen Zeitalters bildet seine Wissenschaft. Die Konzeption des »szientifischen Menschen« stammt von Aristoteles, den sein Lehrer Plato, nicht ohne eine gewisse Geringschätzung, den »Leser« genannt hat. Wie in der Kunst der »Artist« und der »Kenner«, so taucht in der Literatur der »Gebildete« auf, der mit seinesgleichen eine Art Sekte bildet und eine Art Geheimsprache und Geheimwissen gemeinsam hat. Eine ganze Reihe von Disziplinen wurde in jener Zeit überhaupt erst geschaffen: Aristarch von Samothrake begründete die kritische Philologie, Dikaiarch aus Messene in seinem βίος Ἑλλάδος die Kulturgeschichte, Duris aus Samos die Kunstgeschichte, Polybios die pragmatische Geschichte, Theophrast die Physiologie der Pflanzen, Apollonios von Perge die Trigonometrie und die Lehre von den irrationalen Größen. Euklid schuf nicht nur in seinen *Elementen* das klassische Lehrbuch der Geometrie, sondern lieferte auch die erste systematische Darstellung der Optik als der Lehre von der Fortpflanzung des Lichts und der Katoptrik als der Lehre von der Zurückwerfung des Lichts, während Archimedes die Formeln für den Kreisumfang und den Kugelinhalt aufstellte, eine Theorie der Hebelwirkung gab, auf Grund deren er Flaschenzüge konstruierte, und das fundamentale archimedische Prinzip fand, das ihm die Berechnung des spezifischen Gewichts ermöglichte. Auch die Chirurgie, die Pharmakologie, und die Anatomie, unterstützt durch Vivisektionen an Verbrechern, erhielten damals ihre wis-

senschaftliche Gestalt, zoologische Gärten, Antiquitätensamm-
lungen, Enzyklopädien, riesige Bibliotheken wurden angelegt,
kurz, damals hat jenes geheimnisvolle Etwas, das wir Bildung
nennen, den Charakter von Elephantiasis bekommen, den es bis
zum heutigen Tag besitzt. Es gab auch bereits ziemlich genaue
Sternkarten und Berechnungen von Sonnen- und Mondfinster-
nissen, und um 250 lehrte Aristarch von Samos, die Erde dreht
sich um ihre eigene Achse und um die Sonne, die sich unbeweglich im Mittelpunkt des Weltalls befinde. Ungefähr um dieselbe
Zeit erklärte der Geograph Eratosthenes, dem die Kugelgestalt der Erde sehr wohl bekannt war, es sei möglich, von Ibe-
rien (Spanien) aus Indien zu erreichen. Die Entdeckung des
Luftdrucks brachte Ktesibios auf den Gedanken, aus kleinen
Geschützen durch komprimierte Luft Wurfgeschosse zu ent-
senden. Heron von Alexandrien erfand nicht nur einen Weih-
wasserautomaten, einen mechanischen Türöffner und einen
Taxameterwagen, sondern auch Schraubenpressen, Schöpf-
werke und Seilbahnen, bei denen der Dampfdruck die treibende
Kraft bildete. Die antike Menschheit stand also damals dicht vor
der Annahme des heliozentrischen Systems, der Entdeckung
Amerikas und der Erfindung der Dampfmaschine.

Und noch etwas kam damals zur Welt: die Frauenemanzi- *Helle-*
pation. Königinnen machten Geschichte, Philosophinnen und *nistischer*
Romanschriftstellerinnen Literatur, und umgekehrt beginnen die *Nihilismus*
Dichter für die Frauen zu schreiben. Die Frauenseele wurde entdeckt und mit ihr die sentimentale Liebe. Damals ist die »Dame«
erfunden worden: sie beginnt sich frei zu bewegen, an allem Anteil zu nehmen, Sport zu treiben. Was »Koketterie«, »Galanterie«
und »Mode« ist, hat erst jene Zeit erfahren; man küßt den Damen
die Hand und denkt allen Ernstes daran, sich aus unglücklicher
Liebe umzubringen. Und noch eine zweite Großmacht kam damals empor: das Papier. Man gewöhnt sich daran, alles schriftlich
und möglichst umständlich schriftlich zu sagen. Ein gewisser

femininer überzivilisierter Zug zeigte sich auch in der Bartlosigkeit, die damals allgemein wird. Einer der Seleukiden, der diese Mode nicht mitmachte, fiel dadurch bereits so auf, daß er den Beinamen, Πώγων, der Mann mit dem Bart, erhielt.

Man bezog die ausgesuchtesten kulinarischen und geistigen Leckerbissen aus allen Weltgegenden und verfiel durch die Überfülle und Überschmackhaftigkeit dieser Genüsse in Blasiertheit, Lebensmüdigkeit und Übersättigung. Über dieser feinnervigen, betriebsamen und allwissenden Menschheit brütete ein ungeheurer bleierner Nihilismus. »Wenn der Mensch keinen Schmerz und keine Freude mehr empfindet, wird der Winter der Seele gelöst«: in diesen Worten Epikurs war die Formel für die Stimmung der Zeit gefunden. Und die drei herrschenden philosophischen Systeme, sosehr sie sich untereinander bekämpften, mündeten alle in dieselbe, nur verschieden eingekleidete Pointe: die epikureische Anpreisung der Ataraxie, der Unerschütterlichkeit, das stoische Ideal der Apathie, der Fühllosigkeit, und die skeptische Forderung der ἐποχή, der Enthaltung vom Urteil, intendieren im Grunde das gleiche. Und so kam es zu dem grandiosen Schauspiel eines allgemeinen Weltekels, der die antike Kulturmenschheit wie eine Epidemie ergriff, bis eines Tages in einer fernen verachteten Provinz ein neuartiger Heros geboren wurde, nicht der Sohn Jupiters und nicht Jehovahs, sondern des wahren Gottes; der verstand von der Philosophie mehr als Plato und vom Erobern mehr als Alexander und erlöste diese Menschheit.

Die griechische Musikalität

Nur weil die Alexandrinerzeit in ihrer ungeheuren Erwartung des neuen Gottes bereits eine Art Vorhalle des Christentums bildet, steht sie unserem Verständnis etwas näher; aber – darüber dürfen wir uns keiner Täuschung hingeben – die vorchristlichen Völker sind für uns in ihren *letzten* Seelengründen unverständlich. Herman Grimm sagt in seiner prachtvollen Goethebiographie: »Das Fremde im griechischen Wesen überwinden wir niemals. Es wird erzählt, daß als letztes Kennzeichen der übrigens völlig weiß gewordenen Negerabkömmlinge in Amerika, der Quarterons, der Mond am Fingernagel dunkel bleibt. So: wenn uns Homer und Plato, selbst Aristoteles und Thukydides noch so verwandt erscheinen: ein kleiner Mond im Nagel erinnert uns an etwas wie Ichor, das Blut der Götter, von dem ein letzter Tropfen in die Adern des Griechen hineingeflossen war.« Die Griechen sind für uns das *exotische* Volk par excellence. Daß wir auch heute noch über diese Tatsache nicht genügend im klaren sind, liegt an der gutmütig-linkischen Selbstgefälligkeit und Leichtgläubigkeit unseres Schulbetriebs, der seit Jahrhunderten in den Händen trostlos undifferenzierter und psychologisch extrem unbegabter Silbenzähler ruht. Immerhin muß ein grundstürzendes Werk wie Spenglers *Untergang des Abendlandes* über die hoffnungslose Kluft, die uns vom Altertum trennt, vielen die Augen geöffnet haben.

Wenn man versuchen will, sich von dieser prinzipiellen Verschiedenartigkeit der griechischen Kultur ein flüchtiges Bild zu machen, wird man, glauben wir, zunächst von ihrer eminenten Musikalität ausgehen müssen. Nicht die bildende Kunst stand im Mittelpunkt des hellenischen Lebens, sondern die Musik. Der Sänger galt als unmittelbar von Gott inspiriert, wie umgekehrt jedes Gebet ein Gesang war; sogar das Kriegswesen ruhte auf der Musik, die als das stärkste Mittel des taktischen Zusammenhalts angesehen wurde: der Pfeifer war die wichtigste Person sowohl beim Infanterieangriff wie auf der Galeere. Die Hermen, die dem Wanderer den Weg angaben, trugen ihre Orientierungsdaten in Hexametern: wir würden in der Erneuerung dieser Sitte mit gutem Grund einen lästigen und lächerlichen Snobismus erblicken; aber der Grieche empfand eben selbst in Dingen der banalen Lebenspraxis metrisch. Die Musik besaß eine solche Macht über die griechische Seele, daß man sie zu therapeutischen Zwecken verwendete: Pythagoras heilte Kranke durch Gesang, und Plutarch erzählt von einem leidenden Mädchen aus Argos, das vom Orakel ein Mittel zur Genesung erfragte und den Bescheid erhielt, sie möge sich dem Dienst der Musen weihen: sie folgte dem Rat und kam so zu Kräften, daß sie eine Art peloponnesische Jeanne d'Arc wurde, die an der Spitze eines weiblichen Korps einen Einfall der Spartaner zurückschlug. Man glaubte, daß die Töne selbst über die Verstorbenen noch Gewalt hätten: auf den Salbgefäßen, die ins Grab mitgegeben wurden, suchten die Hinterbliebenen den Schatten des Toten durch Flötenspiel zu erfreuen. Im Leben aber hatte die Musik für die Psyche dieselbe pädagogische Bedeutung wie die Gymnastik für den Körper, die im Grunde ja auch nur eine Art rhythmische Schulung des Leibes ist; der Grieche war aufs tiefste überzeugt, nur eine musikalische Seele könne gesund, stark, weise und schön sein. Plato sagte in seiner Schrift über den Staat, daß Häßlichkeit und schlechte Sitte mit Mangel an Rhythmus und Harmonie verwandt seien. Der körperlich und sittlich schöne Mensch, in dem das Ideal der Kalokagathie verwirklicht ist, der wohlgeordnete Staat, der ganze Kosmos wurde unter dem Bilde der Symphonie vorgestellt. *Nomos* heißt sowohl Gesetz wie Melodie; jede Polis war zumindest *gedacht* als ein Stück Kammermusik. Musikalische Neuerer wurden als *politische* Revolutionäre angesehen. Die Gliederung des Tempels und aller seiner Teile: der Säule, des Architravs, des Dachs ist streng rhythmisch, die Giebelfelder sind metrisch-symmetrisch gebaut wie Verse, die sich heben und senken, dieselbe musikalische Geometrie herrscht im Bau der Tragödie, in ihrer gleichmäßig emporstrebenden und herabfallenden Handlung und ihren genau korrespondierenden Wechselreden, und auch die Gemälde waren aller Wahrscheinlichkeit nach auf- und absteigend um einen Mittelpunkt komponiert. Man darf auch nicht vergessen, daß alle Dichter in erster Linie Komponisten waren. Lied war wirklich Lied. Tyrtäos und Pindar, Alkäos und Sappho haben *gesungen*. Ein neuer Lyriker war vor allem der Erfinder eines neuen *Tonfalls*, das Wort im buchstäblichen Sinne genommen. Auch die Epen wurden ursprünglich gesungen, später zumindest melodramatisch rezitiert. Selbst die Rhetoren haben in einer Weise, die uns aufs höchste befremdet hätte, psalmodiert, etwa in der Art des Sekkorezitativs, und zwar noch zur Römerzeit. Die drei großen Tragiker waren vor allem als *Tondichter* berühmt, und Euripides hat, als kühner Umgestalter des Musikdramas ebenso leidenschaftlich angefeindet wie begeistert gepriesen und kopiert, eine ähnliche Rolle gespielt wie Richard Wagner. Die Tragödie war eine Art »Gesamtkunstwerk« aus Bühnenbild, Text, Mimik, Gesang und Tanz, zusammengehalten durch die Musik, wobei wir jedoch nicht wie bei der modernen Oper an ein übermächtiges Riesenorchester zu denken haben, sondern an eine Art *inneren* Rhythmus, da die Instrumentation für unsere Begriffe sehr einfach und fast dürftig war. Die griechische Tonkunst kannte keine Streichinstrumente, die Trompete nur für Signalzwecke und war überhaupt im wesentlichen bloße Vokalmusik, indem sie die Instrumente fast nur zur Begleitung und nur selten und in sehr bescheidenem Ausmaß zum Solospiel verwendete: das ganze Tragödienorchester bestand aus einem Kitharisten und einem oder zwei Flötenspielern. Vor allem aber verwarf sie die Mehrstimmigkeit: der Chor sang immer nur unisono. Der Vortrag der Solisten bewegte sich zwischen Rhapsodien, Wechselgesängen mit dem Chor, Duetten und monologischen Arien. Erst in der hellenistischen Zeit, in der auf allen Gebieten ein neuer, ungriechischer Geist zur Herrschaft gelangt, singend die Schauspieler nicht mehr, und der Chor wird in den Zwischenakt verwiesen, wohin er in diesem Falle gehört; ihn als »Sprechchor« unisono *reden* zu lassen, wie es von Schiller in der *Braut von Messina* und bis zum heutigen Tage immer wieder gelegentlich versucht wurde, ist ein künstlerischer und psychologischer Nonsens. Die Musik läßt sich eben, wie gesagt, von den poetischen Werken der Griechen ebensowenig ablösen wie die Farbe von ihren architektonischen und plastischen Werken; tut man es dennoch, so gelangt man zu der Monstrosität, das *gesprochene Libretto* zum dramatischen Ideal zu erheben.

Die griechische Sprache

Eine eminente, ja einzigartige Musikalität äußert sich auch in der griechischen Sprache: in ihrer Lebendigkeit und Feinheit, Modulationskraft und Melodik, Farbigkeit und Fülle, Wucht und Biegsamkeit und nicht zuletzt (was man in gewissem Sinne auch als ein musikalisches Element ansehen kann, da die Welt der Töne jedermann unmittelbar verständlich ist) in ihrer edlen Popularität. Das Griechische, obgleich es zuerst die höchsten wissenschaftlichen und philosophischen Probleme erörtert hat, besitzt fast gar keine Fremdwörter, und zugleich verfügt es über die unbegreifliche Fähigkeit, das Abstrakteste noch immer plastisch, die reinsten Begriffe in sinnlicher Faßbarkeit auszudrücken, sich im vollsten platonischen Sinne des Wortes in *geschauten Ideen* zu bewegen. Dazu kommt sein ungeheurer Reichtum an Formen, von denen nicht wenige nur ihm eigentümlich sind, wie der Optativ, der Aorist, das doppelte Verbaladjektiv, das Medium, der Dual: besonders die beiden letzteren sind von bewundernswerter Subtilität; denn was man *für sich* tut, ist sowohl von dem, was man für andere tut, wie von dem, was andere mit einem tun, sehr wesentlich verschieden, und was man *zu zweit* tut, trägt einen entschieden anderen Charakter als das, was man mit mehreren oder allein tut: für diese Bildung, die durch alle Tempora und Modi hindurchgeht, dürfte vielleicht die große Rolle bestimmend gewesen sein, die die Erotik im griechischen Leben gespielt hat. Ferner wird der Rede durch die ebenfalls nirgends so zahlreichen Partikeln gleichzeitig Zusammenhang und Nuancierung, Bestimmtheit und Stimmung und außerdem ein undefinierbares Element von spielerischer schwebender Ironie verliehen. Freilich sind diese zarten Tinktionen des Ausdrucks meist gar nicht oder doch nur durch schärfstes Nachdenken und empfindlichstes Sprachgefühl zu übersetzen, und die landläufigen Philologenverdeutschungen, die sich damit begnügen, alle Satzteile einfach wörtlich und noch dazu möglichst plump und altfränkisch wiederzugeben, in Satzungetümen wie etwa: »Fürwahr, du zwar magst füglich hierin jetzt ja wohl in etwas recht haben«, treffen nicht ganz das Richtige.

Daß die Griechen überhaupt die Sprache als ein musikalisches Phänomen ansahen, zeigte sich in ihrer ungeheuren Empfindlichkeit gegen falsche Aussprache, Betonung oder Wortstellung, die in zahlreichen Anekdoten überliefert ist und nur in der Feinhörigkeit des italienischen Publikums für Gesangfehler ihr Analogon findet. Und dies war überhaupt das Geheimnis des griechischen »Stils«: sie waren ganz einfach durch jahrhundertelanges organisiertes Hören und Sehen zur höchsten Empfänglichkeit und Unterscheidungsfähigkeit geschult.

Wir erwähnten soeben die zentrale Rolle, die die Erotik im *Die* griechischen Dasein gespielt hat. Wir dürfen aber dabei keineswegs *griechische* an die Formen der modernen oder der mittelalterlichen *Erotik* Liebesempfindung denken. Denn es bestanden zwei kardinale Unterschiede. Der erste war der Mangel an Sentimentalität; daß freilich diese Unsentimentalität dem Naiven gleichzusetzen sei, läßt sich bezweifeln. Freud sagt in seiner Abhandlung über die »sexuellen Abirrungen«: »Der eingreifendste Unterschied zwischen dem Liebesleben der alten Welt und dem unserigen liegt wohl darin, daß die Antike den Akzent auf den Trieb selbst, wir aber auf dessen Objekt legen. Die Alten feierten den Trieb und waren bereit, auch ein minderwertiges Objekt durch ihn zu adeln, während wir die Triebbetätigung an sich geringschätzen und sie nur durch die Vorzüge des Objekts entschuldigen lassen.« Dies ist auch der Grund, warum es im Altertum »unglückliche Liebe« nur als pathologisches Phänomen geben konnte (die Griechen betrachteten die seltenen Fälle, in denen sie vorkam, so wie wir eine Infektionskrankheit), da diese sich notwendig auf ein bestimmtes Objekt beziehen muß, während der »Trieb« sich nie versagt und nie enttäuscht, so daß die beiden Hauptquellen, aus denen der Komplex »unglückliche Liebe« gespeist wird, nicht vorhanden waren.

Noch viel wichtiger ist aber die Tatsache, daß die Erotik der Griechen sich fast ausschließlich auf dem Gebiet der Homosexualität bewegt hat. Hierfür hat man mit Vorliebe ihre sehr edle, aber zweifellos bis zur Manie getriebene Pflege des Leibes durch stete Turnübungen, Ritte, Ringkämpfe, Wettläufe, Wurfspiele verantwortlich gemacht. Auch ihre starke Beeinflussung durch den Orient dürfte ins Gewicht fallen. Jedenfalls hat die Päderastie bei ihnen eine beispiellose Extensität und Intensität erreicht. Bei den Dorern: in Sparta und Kreta bildete sie geradezu einen Bestandteil der öffentlichen Erziehung; in Athen wurde sie mit der Strafe der Atimie, der Entziehung der bürgerlichen Ehrenrechte, nur dann belegt, wenn es sich um Notzucht oder Kinderschändung handelte, also in jenen Fällen, wo auch die normale Geschlechtsbetätigung verpönt ist; auch gab es dort öffentliche, und zwar besteuerte männliche Prostituierte. Seit der Ermordung des athenischen Tyrannen Hipparch durch die beiden Jünglinge Harmodios und Aristogeiton, die in einem Liebesverhältnis standen, bekam sie einen geradezu heroischen Glanz; poesieumflossen sah man auch das Verhältnis Alexanders zu seinem früh dahingerafften Liebling Hephästion. An den Diadochenhöfen wurde sie nicht gern gesehen, aber nicht aus moralischen Gründen, sondern weil man hinter Männerbünden immer Verschwörungen argwöhnte. In den Schlachten hatten die Liebespaare den höchsten Gefechtswert: sie bildeten sozusagen die kleinste taktische Einheit; die berühmte »heilige Schar« von Theben, die für die beste griechische Truppe galt, bestand aus lauter Homosexuellen. Nicht nur fast alle prominenten Griechen von Solon bis Alkibiades waren Päderasten, sondern auch viele Götter und Heroen, wie Apollon und Poseidon, Herakles und Ganymed, wurden dafür angesehen. Am entscheidendsten aber ist die Tatsache, daß die hellenische Kunst und Philosophie ihre wunderbaren Kreise so oft um dieses Phänomen ziehen läßt: »Man muß zur rechten Zeit von der Liebe pflücken«, sagt Pindar als resignierender Alter, »in der Jugend! Aber wer des Theoxenos strahlende Augen gesehen und nicht aufwogt in Sehnsucht, dem ist an kalter Flamme aus Stahl und Eisen geschmiedet sein schwarzes Herz, Aphrodite aber verachtet ihn! Oder er müht sich mit aller Macht um Geld, oder, der Gier nach dem Weibe sein Herz opfernd, er schwankt haltlos umher (ἢ γυναικείῳ θράσει ψυχὰν φορεῖται πᾶσαν ὁδὸν θεραπεύων). Ich aber schmelze um der Göttin willen (θεᾶς ἕκατι) dahin wie Wachs der heiligen Bienen unter dem Biß der Hitze, wenn ich auf des Knaben jugendschöne Glieder blicke.« Man beachte, daß hier die Weiberliebe mit der (für den Griechen und zumal den aristokratischen Altthebaner besonders verächtlichen) Geldgier auf eine Stufe gestellt wird und Aphrodite als die Göttin der Knabenliebe gilt! Das weibliche Gegenstück aber zu Pindar ist Sappho. Auch sie betet zur Aphrodite um Beistand im Gram ihrer uneingestandenen Liebe zum Mädchen und schildert der Geliebten die kühle Leidenschaftslosigkeit des Mannes, wenn er die süße Stimme und das liebliche Lachen der Braut hört, im Kontrast zu ihrer eigenen Ergriffenheit: »Das Herz schlägt, die Stimme versagt, Feuer läuft unter der Haut hin, die Augen sehen nicht, die Ohren sausen, Schweiß rinnt herab, Zittern befällt mich, und fahl wie welkes Gras gleiche ich einer Toten. Auch die berühmte »platonische Liebe« ist zwar eine übersinnliche, sublimierte, wie der Sprachgebrauch richtig annimmt, aber eine ausschließlich homosexuelle. »Es gibt zwei Göttinnen der Liebe«, sagt Pausanias im *Symposion*, »und darum auch zwei Formen des Eros. Der Eros der irdischen Aphrodite ist irdisch und überall und gemein und zufällig. Und alles Gemeine bekennt sich zu ihm … An der Zeugung und Geburt der irdischen Aphrodite hatten beide Geschlechter, der Mann und das Weib, Anteil. Die hohe Liebe stammt von der himmlischen Aphrodite, und die himmlische Aphrodite ist eine freie Schöpfung des Mannes. Und darum streben alle Jünglinge und Männer, die diese Liebe begeistert, voll Sehnsucht zum Männlichen, zum eigenen Geschlechte hin: sie lieben die stärkere Natur und den höheren Sinn.« Die Stoiker zählten unter die zahlreichen *Adiaphora*, die Gleichgültigkeiten des Daseins, auch den Unterschied des Geschlechts. Dies war aber eigentlich noch zu wenig gesagt: er war kein Adiaphoron, vielmehr für den Griechen das eigene Geschlecht viel bedeutsamer als das weibliche. Die Erotik mit allen ihren Begleiterscheinungen: der Ekstase, der Eifersucht, der Hörigkeit, der Verklärung des geliebten Gegenstandes hat er nur unter der Form der Knabenliebe gekannt. Die Gattin hingegen ist nichts als Gebärerin oder Mitgiftbringerin, die Hetäre bloßer Sexualgegenstand. Erst Euripides entdeckt die Frau als psychologisches Problem, aber auch er schildert sie fast immer nur als Subjekt, nicht als Objekt der Liebesleidenschaft. Wer sich aber in ein Weib unter ähnlichen Symptomen verliebte wie in einen Geschlechtsgenossen, galt selbst noch in der alexandrinischen Zeit, die, wie wir hörten, das Geschlechtsleben bereits mit ganz anderen Augen ansah, für einen δύσερως, einen von der Gottheit zu seinem Unheil verblendeten Liebhaber.

Die griechische Amoralität

Wird nun schon diese im griechischen Wesen tief verwurzelte Perversion von den meisten modernen Kritikern als »Laster« angesehen, so kann es vollends keinem Zweifel unterliegen, daß der hellenische Volkscharakter auch sonst eine wahre Musterkarte fast aller üblen und in unserem Sinne unmorali-

schen Eigenschaften darstellte. Am korrektesten wäre es vielleicht, von einer *konstitutionellen Amoralität* der Griechen zu
reden. »Die Frömmigkeit«, sagt Oedipus bei Sophokles zu
Theseus, »habe ich auf der Welt nirgends wie bei euch gefunden und die milde Denkart und das Meiden der Lüge«; ob damit nur alte Zustände gemeint sein sollen oder die Gegenwart:
jedenfalls enthalten diese Worte eine vollendete Anticharakte-
ristik der Athener und der Griechen überhaupt und zugleich
eine unfreiwillige Selbstcharakteristik, indem sie zeigen, wie
sehr es ihnen an Erkenntnis des eigenen Wesens und Unwesens
gefehlt hat. Im ganzen Altertum, das in diesen Dingen nicht
sehr rigoros war, war ihre Streitsucht und Schmähsucht, Habgier und Bestechlichkeit, Eitelkeit und Ruhmredigkeit, Faulheit
und Leichtfertigkeit, Rachsucht und Perfidie, Scheelsucht und
Schadenfreude berüchtigt und sprichwörtlich. Besonders stark
entwickelt aber war ihre Lügenhaftigkeit und ihre Grausamkeit. »Ich fürchte mich nicht vor Menschen«, sagte schon
Cyrus der Ältere über die Griechen der guten alten Zeit, »die
in der Mitte ihrer Städte einen Platz haben, wo sie zusammenkommen, um einander mit falschen Eiden zu betrügen.« Plato
klagt, daß bei jedem Prozeß mindestens ein Meineid geleistet
werde, da beide Parteien bereit seien zu schwören, und selbst
Zeus, der erhabenste der Götter, schwört zahlreiche Meineide.
Eine griechische Humanität hat es niemals gegeben: ihre ersten
schwachen Regungen bezeichnen die Auflösung des Hellenentums, und es ist eine pikante Ironie der Kulturgeschichte, daß
die ersten Modernen, die wieder bewußt auf die Antike zu-
rückgriffen, sich Humanisten nannten und man noch bis zum
heutigen Tage die Studien, die sich mit dem Altertum befassen, *humaniora,* die menschlicheren nennt. In Wahrheit aber
herrschten in Griechenland Sitten von so teuflischer Unmenschlichkeit, daß sie sogar nicht selten den Abscheu der Bar-
barenvölker erregten: man denke bloß an das Schicksal erober-

ter Städte, und zwar auch rein griechischer, das in der Regel darin bestand, daß die ganzen Ländereien in der bestialischsten Weise verwüstet, alle Häuser niedergebrannt, die Männer getötet, die Frauen und Kinder in die Sklaverei verkauft oder auch der gesamten Einwohnerschaft die Hände abgehauen wurden; an die Behandlung der Sklaven, die oft lebenslänglich angekettet in Steinbrüchen und Bergwerken arbeiten mußten und als Zeugen vor Gericht gefoltert wurden, wozu jeder Besitzer sie anbieten konnte; an die spartanischen Bartholomäusnächte, die berüchtigte *Krypteia*, die in einer regelmäßigen wiederkehrenden Ausmordung eines Teils der unterworfenen Urbevölkerung bestand. Für die *moral insanity* des Hellenen ist es bezeichnend, daß er kein besonderes Wort für das sittlich Verwerfliche besitzt, denn τὸ κακόν bedeutet sowohl das Böse wie das Übel, ὁ κακός sowohl *pravus* wie *miser* und ὀονηρός sowohl den Lasterhaften wie den Unglücklichen. Er unterschied nicht zwischen einem, der schlecht *ist*, und einem, dem es schlecht*geht*, sondern rechnete ethische Verfehlungen ganz einfach unter die übrigen zahlreichen Kalamitäten des Lebens. Auch der Frevel ist bloße Schickung, *Heimarmene:* der Götter in ihrer launischen Parteilichkeit und neidischen Ranküne; der ehernen *Ananke*, die blind waltet; der teilnahmslosen *Moira*, die längst alles vorherbestimmt hat; des *Alastor,* des Sühnegeistes, der die Taten der Ahnen rächt; oder irgendeines unbekannten *Agos*, einer Schuld, die Fluch im Gefolge hat; in der höchsten Auffassung Wirkung des gegebenen Charakters, der so sein muß, oder der übermächtigen Leidenschaft, die ein Unglück ist wie jede andere Krankheit. Die Göttin des hellenistischen Menschen aber ist *Tyche,* die wahllos die Chancen verteilt, die *fortune* des Spielers, der Zufall.

Die Staatsnarren — Nietzsche hat die Griechen »die Staatsnarren der alten Geschichte« genannt. Und in der Tat ist fast jede mögliche Form der menschlichen Gemeinschaft, bis zur äußersten »Folgerichtigkeit« karikiert, von diesen Staatsnarren durchlebt und damit widerlegt worden. Zuerst die Aristokratie: bei Homer gibt es *nur* »Edle«, das Volk ist nichts als stumme Staffage und leerer Hintergrund; dann die Tyrannis, ein *l'état-c'est-moi*-Absolutismus, der nicht wie der bourbonische als letzte Schranken der Omnipotenz eine allgegenwärtige Etikette und einen unüberwindlichen Klerus zu respektieren hatte; in Sparta der militaristische Kommunismus mit streng uniformer Lebensweise, rationierten Mahlzeiten, exklusiver Verstaatlichung der Erziehung, völliger Gleichstellung der Frau, Verbot des Alkohols und der Ausreise, eisernem »Notgeld« und Bedrohung des Silberbesitzes mit Todesstrafe; und schließlich die extreme Demokratie, die keinen Parlamentarismus, kein noch so gleiches und noch so allgemeines Wahlrecht kennt, sondern nur lärmende Massenabstimmungen der ganzen Bevölkerung, nicht bloß über die Gesetze, sondern auch über deren jeweilige Ausführung, die das Geschworenengericht, zumindest in der Theorie, aus der gesamten Volksversammlung bestehen läßt, die Beamten durchs Los bestimmt und die Kriegführung zehn jährlich gewählten, täglich im Oberkommando abwechselnden Strategen überläßt! Man kann sich denken, wie es in diesem irrsinnig gewordenen Bienenstock von Polis zugegangen sein muß, der von allem Anfang an und in steigendem Maße ein bloßer Vorwand für alle Arten von Klassenjustiz, Minoritätenvergewaltigung, Parteischiebungen und »patriotischen« Erpressungen war. Der Denkfehler aller Demokratien, den schon Herodot klar erkannte, als er sagte, in ihnen werde die Mehrheit für das Ganze gehalten, hatte sich in Griechenland zu einer alles zerfressenden nationalen Wahnidee gesteigert. Die Entwicklung ist in dem Bedeutungswandel des Wortes Demagog charakterisiert, der im Sprachbewußtsein aus einem Volksführer den mit allen Mitteln niedrigster Pöbelbeeinflussung arbeitenden Volksverführer gemacht hat. Da dem Griechen die

Wahrheitsliebe, die wir doch wenigstens als ideales Postulat anerkennen, ebenso fehlte wie das moderne Ehrgefühl und es daher Begriffe wie »Ehrenbeleidigung« und »Wahrheitsbeweis« überhaupt nicht gab, war ein Mensch, der die Unvorsichtigkeit beging, öffentlich aufzutreten oder sich sonstwie bemerkbar zu machen, schon einfach durch diese Tatsache, einerlei ob er Gutes oder Zweifelhaftes wirkte, das natürliche und selbstverständliche Opfer der infamsten Beschimpfungen, Indiskretionen, Verleumdungen, zudem jeglicher Art privater und offizieller Schikane ausgesetzt und vor allem der raffinierten Beschmutzungstechnik der Komödie wehrlos preisgegeben, neben der unsere heutigen Pamphletschreiber, Revolverjournalisten und Schlüsseldichter völlig harmlos erscheinen. Der *Ostrakismos,* der jeden beliebigen Bürger durch Plebiszit verbannen konnte, war ausdrücklich nicht bloß gegen Staatsverbrecher und Gottesleugner (an sich schon zwei dehnbare Begriffe), sondern ganz allgemein gegen »Hervorragende« gerichtet. Er hat denn auch eine sehr große Anzahl prominenter Griechen getroffen oder zur präventiven Flucht gezwungen, ob es nun siegreiche Lebensmenschen waren wie Alkibiades oder fruchtreiche Buchmenschen wie Aristoteles, glänzende Modedenker wie Protagoras oder stille Forschergrößen wie Anaxagoras. Goethe sagte einmal: »Nichts hat die Menschheit nötiger als Tüchtigkeit, und nichts vermag sie weniger zu ertragen.« Die Griechen, die in ihrer Kunst ein für allemal den Kanon des menschlichen Körpers aufgestellt haben, sind auch in dieser Frage des Kanons der menschlichen Seele vorbildlich gewesen. Sie haben auch diese Elementartatsache der menschlichen Natur *klassisch* ausgedrückt, die Stellung, die die Menschen zu jeder geistigen Überlegenheit einnehmen: »Wir brauchen dich, Genie, aber du bist uns lästig. Wir möchten deine Bildsäulen um keinen Preis entbehren, Phidias, aber eigentlich ist es eine Frechheit von dir, ein so großer Künstler zu sein, und von dir,

Themistokles, ein so großer Feldherr zu sein, und von dir, Aristides, so gerecht zu sein, und von dir, Sokrates, so weise zu sein, denn das alles sind wir nicht, und wir, das Volk, die Masse, der Durchschnitt, die Gewöhnlichen sind doch eigentlich diejenigen, auf die es ankommt. Jede eurer Taten ist für uns eine Beleidigung, denn jede beweist uns aufs neue, daß in euch mehr Schönheit, Edelmut und Verstand ist als in uns allen zusammengenommen. Wir wissen recht wohl, daß wir ohne euch nicht auskommen könnten, aber das hindert uns nicht, daß wir in euch nichts anderes erblicken als ein notwendiges Übel, das wir nur genau so lange ertragen werden, als wir es ertragen müssen.« So dachten die Griechen, und so haben, wenn auch weniger klar und plastisch, alle Zeiten und alle Völker gedacht, insonderheit aber alle Demokratien.

Das Leben im griechischen Staat muß für moderne Begriffe schlechtweg unerträglich gewesen sein; der Terror unter den Jakobinern oder im heutigen Rußland kann nur eine sehr abgeschwächte Vorstellung davon geben. Zunächst muß man bedenken, daß die Möglichkeit, durch Raub, Kriegsunglück oder Verschuldung Sklave zu werden, für jedermann bestand, wie es ja auch zwei so exzeptionellen Menschen wie Plato und Diogenes tatsächlich passiert ist. Aber auch der Freie war nichts weniger als frei, sondern befand sich unter der latenten Bedrohung eines launischen Pöbels und eines gierigen Sykophantentums sozusagen in einem andauernden Zustand der »Bewährungsfrist«. Was das Geistesleben anlangt, so gab es zwar keine staatliche Zensur, was vor allem den Niederträchtigkeiten der Komödie zugute kam, wohl aber eine unterirdische, die viel drückender und lähmender war: die Tradition, die sowohl dem Dichter wie dem bildenden Künstler in der Wahl der Formen und Stoffe die lästigsten Hemmungen auferlegte. Über dem Philosophen und Forscher aber schwebte die stete Gefahr der Anklage wegen Gottlosigkeit. Die drei bedeutendsten Denker des perikleischen Zeitalters, Sokrates, Protagoras und Anaxagoras, sind solchen Asebieprozessen zum Opfer gefallen, letzterer, weil er gelehrt hatte, die Sonne sei ein glühender Stein. Ein Berufspriestertum, das die Verfolgung derartiger Ketzereien zu seiner Lebensaufgabe gemacht hätte, bestand allerdings nicht, war aber auch nicht notwendig, weil ja der Staat, als eine durch und durch religiöse Institution, diese Funktion ausübte. Weshalb das Gerühme liberaler Historiker, daß die glücklichen Griechen keine Staatskirche gehabt hätten, sehr deplaciert ist: ihre Kirche, und zwar eine der abergläubischsten, unduldsamsten und herrschsüchtigsten, war ja der Staat; und übrigens besaßen sie im delphischen Orakel eine Einrichtung, die der Kirche sehr nahekam.

Die griechische Religiosität
Ja sie haben sogar, freilich nur als anonyme Neben- und Unterströmung, eine Theologie besessen: die orphische, dionysische oder chthonische Religion, die lange Zeit nicht genügend beachtet worden ist, weil sie eben nicht orthodox war; sie muß, obschon ganz anders geartet, als eine der tiefsten Lebensäußerungen der griechischen Seele eine ähnliche Rolle gespielt haben wie die Mystik im Katholizismus, der Pietismus im Luthertum, die Prophetenreligion im israelitischen Glauben. Um 600 kam der thrakische Bakchos als »fremder Gott«, θεὸς ξενικός, zu den Griechen, die ihn Dionysos nannten; um 550 entstanden die orphischen Sekten, die sich von dem thrakischen Sänger Orpheus herleiteten; um 500 verkündete Pythagoras die orphische Weisheit, die über Heraklit und Empedokles bis zu Platon und Plotin das gesamte griechische Denken wie ein dunkler Schatten begleitet hat. Allen diesen Lehren ist ein asketischer und spiritualistischer Zug gemeinsam: der Gedanke, daß der Körper das Grab der Seele, die Erde nur die Vorbereitung auf ein höheres Leben sei und der Mensch durch »Vergottung«, die mystische Vereinigung mit der Gottheit, erlöst werden könne. Nur entfernt verwandt mit diesen Richtun-

gen waren die eleusinischen Mysterien, die ihren Adepten bedeutend kompaktere Vorteile in Aussicht stellten: nämlich im Leben Reichtum und im Tode Befreiung vom Hades, der den Griechen, die an ihn glaubten und nicht glaubten wie an alles, was ihre Religion lehrte, besonders unangenehm war wegen seiner Finsternis und Stille und ja auch in der Tat zu ihrem irdischen Dasein in prallem Sonnenlicht und exzessivem Skandal einen sehr betrüblichen Kontrast bildete.

In der orphischen Bewegung zeigen sich gewisse Ansätze zu einer echten Religiosität, obgleich ihre esoterische Lehre sicher nur auf eine kleine Elite beschränkt war. Was aber die olympische Religion anlangt, so war sie nichts als oberflächliches Fabulieren, leeres kultisches Zeremoniell, kindische Dämonen- und Gespensterfurcht und überhaupt *au fond* atheistisch. Es ist unbegreiflich, wie man den Griechen so oft und emphatisch eine besondere »Frömmigkeit« nachrühmen konnte. Allerdings ruhte das ganze Leben auf einer religiösen Basis, aber einer sehr dünnen und schwankenden. Die Verwaltung, die Justiz, der Krieg, der Handel, sogar die Erotik und die Geselligkeit, der Sport und das Theater: alles stand unter der Patronanz der Götter und hatte die Form einer Art permanenten Liturgie. Aber ebendies machte den Glauben bereits zu etwas Unernstem, Weltlichem und Irreligiösem. Und dazu kam, daß man an die eigenen Karikaturen von Göttern, die alle schon von Anfang an von Offenbach waren, gar nicht recht glaubte. Man hatte sehr deutlich das Gefühl, daß man sie selber erfunden hatte. Der berühmte Ausspruch Herodots, daß Homer und Hesiod den Griechen »erst gestern oder vorgestern« ihre Theogonie geschaffen und den Göttern »ihren Namen, Ämter und Würden so gut wie ihre Gestalt« verliehen hätten, ist in *unserem* Sinne atheistisch. Die Pythagoräer hingegen lehrten, Homer müsse in der Unterwelt büßen für die leichtfertigen Fabeln, die er verbreitet habe. Heraklit sagte von seinen Landsleuten: »Sie beten zu Bildern, als ob jemand mit Häusern reden könnte.« Der Philosoph Xenophanes dichtete die Verse: »Wenn die Rinder und Löwen wie Menschen Hände besäßen – malen könnten und Statuen bilden, so würden die Tiere – Götter nach ihrem Bilde schaffen, die Götter der Pferde – wären wie Pferde, die Götter der Ochsen wie Ochsen.« Dies sind drei Stimmen aus dem griechischen »Mittelalter«; seit Perikles aber wurde der Hohn auf die Götter oder der Zweifel an ihrem Dasein geradezu zur geistigen Mode. Protagoras stellte an die Spitze seiner Schrift *Περὶ ϑεῶν* den Satz: »Von den Göttern vermag ich nicht zu erforschen, ob sie sind oder ob sie nicht sind.« Als man Diogenes fragte, was im Himmel vorgehe, antwortete er: »Ich war nicht oben.« Epikur tat über die Götter den vielkolportierten Ausspruch: »Sie kümmern sich nicht um die Menschen, sonst wären sie nicht selig«; er leugnete jedoch, wie man schon aus dieser Bemerkung ersieht, ihre Existenz nicht und opferte ihnen sogar in den hergebrachten Formen, was um so merkwürdiger ist, als er einer der markantesten Vertreter des antiken Materialismus war. Eine ähnliche Auffassung vertrat die platonische Schule der sogenannten »neueren Akademie«: es sei ebensogut möglich, daß die Götter seien, als, daß sie nicht seien, man solle daher beim Herkommen verharren und sie weiter verehren. Und dies war dann auch der spezifisch griechische Standpunkt der Gebildeten und eigentlich auch des Volks: weder ihr Dasein noch ihre Wirksamkeit ist erwiesen, aber »man kann nicht wissen«; es war ungefähr dieselbe Position, die heutzutage vielfach gegenüber den spiritistischen Phänomenen eingenommen wird. In der hellenistischen Zeit jedoch nahm der theologische Rationalismus zum Teil bereits Formen an, wie sie erst das neunzehnte Jahrhundert wieder zutage gefördert hat. Der David Friedrich Strauß des Altertums war Euhemeros, der lehrte, die Olympier seien verdiente Menschen der Urzeit gewesen, die man später vergöttlicht habe; und die

Stoiker erklärten die gesamten Vorstellungen der Mythologie als Allegorisierungen von Naturkräften. Nur die Kehrseite des Euhemerismus war es, daß die Diadochen damit begannen, sich selber als Götter zu proklamieren; bereits Demetrios dem Städtebezwinger sangen die Athener ein Festlied, bei dem man nicht recht weiß, ob es ein Produkt des raffinierten Byzantinismus oder des naiven Zynismus ist: »Wie schön, daß die größten und liebsten Götter in der Stadt weilen! Jetzt bringt uns das Fest zugleich die Demeter und den Demetrios: sie kommt, um zu begehen die erhabenen Mysterien der Kore, und er ist da, fröhlich und schön und lachend, wie es dem Gotte geziemt! Heil dir, Sohn des gewaltigen Poseidon und der Aphrodite! Denn die übrigen Götter sind entweder weit fort oder haben keine Ohren oder sind nicht vorhanden oder kümmern sich keinen Pfifferling um uns, dich aber sehen wir, nicht von Holz oder Stein, sondern wirklich und bringen dir Verehrung!«

Die Kritik der Dichter beschränkte sich zumeist auf den Vorwurf an die Götter, daß sie den ungerechten Weltlauf untätig mit ansähen. Schon um die Mitte des sechsten Jahrhunderts fragt Theognis: »Wer wird noch Achtung vor den Göttern haben, wenn er sieht, wie der Frevler sich im Reichtum mästet, indes der Gerechte darbt und verdirbt?« Auch bei Aischylos, der noch von echtem Glauben erfüllt war, sagt Prometheus dem allmächtigen Zeus, der ihm ein ungerechter Tyrann ist, die furchtbarsten Dinge. Und warum muß der Titane so schrecklich leiden? Nur weil er »die Menschen allzusehr geliebt«. Was in dieser Tragödie zur erschütterndsten Darstellung gelangt, ist, bei aller konservativen Grundgesinnung, doch der Neid der Götter, der die Menschen gar nicht glücklich haben *will*. Noch deutlicher wird Sophokles, wenn er im *Ödipus* den Chor singen läßt: »Wie soll der Mensch in solcher Zeit die eigne Brust vor Frevelmut bewahren? Wenn solches Handeln Ehre bringt, was tanzen wir noch vor den Göttern?« Euripides aber ist bereits Sophist. Für ihn ist das Schicksal weder der Zorn noch die Liebe der Götter, weder Moira noch Familiendämon, sondern der Mensch selbst. Wollte man seine Weltanschauung in einen einzigen Satz zusammenfassen, so könnte man dafür den lapidaren Ausspruch wählen, der seinem Zeitgenossen Hippokrates, dem größten Arzt des Altertums, zugeschrieben wird: »Alles ist göttlich, und alles ist menschlich.« Und im übrigen ist seine Ansicht: »Wenn Götter Sünde tun, so sind die Götter nicht.« Indem er aber auf die vom Menschen geschaffene und beherrschte Welt blickt, erfaßt ihn eine tiefe Resignation: »Wie es kommt, gleichen Sinns, nehm' ich die Gaben des Heute, nehm' ich die Gaben des Morgen hin. Glauben und Hoffen ist tot, und verdüstert ist mir die Seele.«

Der griechische Pessimismus

Dies führt uns zur Frage des griechischen »Pessimismus«. Es finden sich im hellenischen Volkscharakter zwei scheinbar ganz disparate Elemente: das eine ist eine »Heiterkeit«, spielerische Leichtfertigkeit und sinnentrunkene Diesseitigkeit, die bereits den Völkern des Altertums auffiel (sie findet schon in der Grußform *»chaire«*, freue dich, ihren Ausdruck, während dem Römer, der *»vale«* und *»salve«* sagte, offenbar Stärke und Gesundheit das Wichtigste waren); das andere ist eine herbe Melancholie und Skepsis, die sich nicht bloß dialektisch und poetisch äußerte, sondern von ihnen *gelebt* wurde, indem sie ihr ganzes Dasein wie eine zarte Farbe oder Essenz imprägnierte. Beides hatte seine Wurzel in ihrem resoluten Wirklichkeitssinn. Sie lebten fast ganz in *dieser* Welt (das Jenseits ist für sie ein verschwommenes und im Grunde unwirkliches Schattenreich, und die orphische Predigt von der Fleischabtötung und Seelenwanderung wirkt innerhalb der griechischen Gesamtkultur mehr wie eine artfremde Pikanterie) und daher genossen sie mit vollen Zügen die gegebene Realität; aber als scharfe praktische Beobachter durchschauten sie auch die Leiden und Unvollkommenheiten des Daseins mit völlig illusionslosen Blicken. Sie waren Empiriker und daher Pessimisten. Sie wußten, was das Leben ist: eine sehr strapaziöse, unberechenbare, wenig dankbare Angelegenheit. Außerdem aber waren sie gänzlich unernste, nämlich künstlerische Menschen, und daher hatte weder ihr weltbejahender Realismus jene brutale Kompaktheit, langweilige Gegenständlichkeit und bleierne Banalität, die er später bei den Römern erhielt, noch ihr weltanklagender Pessimismus jene metaphysische, die Seele in ihrem Letzten und Tiefsten ergreifende Gewalt, die er bei den Indern besaß.

Die traurige Weisheit, daß das »μὴ φῦναι«, das Niemalsgeborenwerden das beste sei, geht in zahlreichen geistvollen Variationen durch das ganze griechische Denken. Schon in der *Ilias* wird gesagt, daß es unter allem, was atmet und sich bewegt, nichts Elenderes gebe als den Menschen; Heraklit sagt tiefsinnig von der Zeit, sie sei ein spielendes, sich im Brettspiel übendes Kind; »und dieses Kind hat die Königsgewalt«; Thales erklärte, er bleibe unverehelicht, »aus Kinderliebe«. Selbst dem überlegen lächelnden Sokrates entringt sich im *Gorgias* der Ausruf: »δεινὸς ὁ βίος, das Leben ist schrecklich!« Mehr naturwissenschaftlich drückt sich Aristoteles aus: »Was ist der Mensch? Ein Denkmal der Schwäche, eine Beute des Augenblicks, ein Spiel des Zufalls; der Rest ist Schleim und Galle.« Menander sagt: »Am glücklichsten ist, wer früh den Jahrmarkt des Lebens verläßt«, und ein andermal: »Wenn ein Gott dir nach dem Tode ein neues Leben verspräche, so solltest du dir wünschen, lieber alles andere, selbst ein Esel zu werden, nur nicht wieder ein Mensch.« Sein Zeitgenosse war der Philosoph Hegesias, der durch seine Vorträge zahlreiche Menschen zum Selbstmord überredet haben soll, weshalb er den Beinamen πεισιθάνατος erhielt. Es gab von ihm über diesen Gegenstand auch eine Schrift, die den Titel ὁ ἀποκαρτερῶν führte; und es ist sehr bezeichnend, daß dieses Wort ein allgemein geläufiger griechischer Fachausdruck war, der sich im Deutschen nur durch einen ganzen Satz wiedergeben läßt: »Der das Leben nicht mehr aushält und sich daher durch Hunger tötet.«

Aber schon bei Homer findet sich auch das Gegengewicht genannt, das der Grieche in die Schicksalswaage zu werfen hatte. Zu Odysseus sagt Alkinoos: »Sag uns doch, warum du so weinst und im Herzen so trauerst, wenn du vernimmst, welch Los die Argeier in Troja betroffen. Denn es war ja das Werk der Götter; sie spannen den Menschen dieses Verderben, damit es lebe im Liede der Nachwelt.« Und Anaxagoras sagt, das Geborenwerden sei dem Nichtgeborenwerden vorzuziehen, schon damit man den Himmel erblicke und die ganze Ordnung des Weltgebäudes. Die Lust des Gestaltens und Betrachtens, des Singens und Erkennens, die die Griechen besser kannten als irgendein anderes Volk, wiegt alle Leiden des Daseins auf. Ein Verderben, das zum Lied werden kann, ist keines mehr; und eine Welt, die sich schauen läßt, kann nicht schlecht sein.

Der griechische Idealismus

Ja, die Griechen waren »Idealisten«, aber in einem ganz besonderen, vom modernen sehr verschiedenen Sinne, den vielleicht nur Goethe verstand und doch auch wieder mißverstand, indem er diesen Zug zum alleinherrschenden machte. Wir haben in einem der früheren Kapitel darzulegen versucht, daß jeder Franzose ein geborener Platoniker war. In der platonischen Anschauung sind die Ideen die unsterblichen παραδείγματα, die Urbilder und Musterbilder, nach denen die irdischen Erscheinungen als μιμήματα, als Nachahmungen und Abbilder geformt sind. Was uns als die »Schönheit« eines Gegenstandes so sehr ergreift, ist die ἀνάμνησις, die dunkle Erinnerung unserer Seele an sein ewiges Urbild, das sie von ihrer Geburt erschaut hat. Die Ideen sind also etwas ganz anderes als die Begriffe: zu ihrer Erkenntnis oder vielmehr Ahnung gelangen wir nicht durch Abstraktion, sondern durch Intuition. Etwas abweichend, aber im Wesen doch ähnlich faßt der zweiteinflußreichste griechische Denker, Aristoteles, den Sachverhalt auf. Für ihn ist die Form, μορφή, im wesentlichen identisch mit dem *Eidos,* der Idee, und die *Hyle* oder Materie die δύναμις, die Möglichkeit der Form, die Form die ἐνέργεια, die Verwirlichung der Materie. Hyle heißt eigentlich Bauholz, Rohstoff, und an der Tätigkeit des Zimmermanns erläutert auch Aristoteles die Bedeutung des Eidos: dieses ist der Begriff des Hauses. Die Form ist also früher da; sie erzeugt das Haus. Aristoteles erklärt ganz ausdrücklich, die Idee, das Allgemeine sei πρότερον φύσει, in Wirklichkeit das Erste, das einzelne nur πρότερον πρὸς ἡμᾶς, für uns das Erste. Gemeinsam ist Plato und Aristoteles die Überzeugung von der Priorität der Idee. Sie ist das klassische Modell jedes Dings, das, was die Natur eigentlich will, aber nie vollkommen erreicht; sie ist, zumal bei Plato, etwas vollkommen Konkretes. Wir erinnern uns aus dem vorigen Kapitel, daß Goethe bei der »Urpflanze« eine ähnliche Konzeption vorschwebte. Der Kanon des schönen Menschen, wie ihn die Griechen in ihren Skulpturen gestalteten, entsprach gewissermaßen der Urpflanze. Ganz ebenso empfanden sie in ihrer tragischen Kunst. Nietzsche sagt in der *Geburt der Tragödie*: »Es hat ich weiß nicht wer behauptet, daß alle Individuen als Individuen komisch und damit untragisch seien: woraus zu entnehmen wäre, daß die Griechen überhaupt Individuen auf der tragischen Bühne nicht ertragen *konnten*.« Eine Theaterkunst, die individualisiert, die mehr gestaltet als die Idee, die *Maske* in jederlei Sinn, wäre ihnen nichts als eine höhere, sondern als eine lächerliche, unwürdige und blasphemische erschienen. Denn hierzu kam noch die religiöse Grundlage, auf der die Bühne ruhte. Alfred Bäumler sagt in seiner außerordentlichen tief dringenden, vielfach ganz neuartige Aspekte eröffnenden Einleitung zur Auswahl aus Bachofen: »Jeder Gedanke an die Erscheinungen des täglichen Lebens muß versunken sein, wenn man Agamemnon, Orest, Oedipus,

Ajas, Antigone wirklich verstehen will. Es sind in der Tat *Schatten*, die auf der tragischen Bühne vor uns aufsteigen. Diese Helden sind nicht von der Gasse geholt, sondern aus dem Grabe beschworen... Alle Empirie, jeder Gedanke an Realismus liegt unendlich fern. Die Darstellungsform der griechischen Tragödie ist nicht allein durch die gewiß vorhandene Vorstellung einer wirklichen Überlebensgröße der Helden der Vorzeit zu erklären, sondern in noch höherem Maße durch die heilige Scheu vor den Toten bestimmt.« Wir verstehen nun: da die tragischen Helden aus dem Grabe kamen, konnten sie nicht nach moderner Art »lebendig geschildert« sein, da sie den Inhalt einer religiösen Zeremonie bildeten, konnten sie nur als allgemeine Symbole gefaßt sein. Und in diesem Zusammenhang erklärt sich auch die Abkehr von der alten Typenkunst zur »Psychologie« und Charakterzeichnung, wie sie in Euripides zutage tritt, als Phänomen der *Irreligiosität* und dramatisches Gegenstück zur zersetzenden Dialektik des Protagoras und zur Mysterienverhöhnung des Alkibiades.

Die Griechen besaßen, was sowohl mit ihrem Platonismus wie mit ihrer Musikalität zusammenhängt, einen angeborenen Blick für die *Geometrie* der Dinge, ihre Einteilung, Gliederung, Proportion, eine außergewöhnliche Gabe, in allem sogleich den geheimen Aufriß, Grundplan und Baustil, das innere Skelett, Schema und Diagramm zu erkennen. Sie waren eminent zeichnerisch veranlagt und, bei aller ihrer Nervosität, das Gegenteil von Impressionisten. *Graphein* heißt sowohl schreiben wie malen. Für Halbtöne, gedeckte Beleuchtung, allmähliche Farbenübergänge, feinere Schattenwirkungen hatten sie gar kein Auge, und die Luftperspektive war ihnen vollkommen unbekannt, wie sich aus den erhaltenen Gemäldebeschreibungen und den poetischen Naturschilderungen mit Sicherheit schließen läßt. Sie waren schon durch die ganze Natur ihres Landes: die kristallene Helle und Klarheit seiner Luft, die scharfe Profilierung seiner Gebirge, die reiche und kräftige Gliederung seiner Küsten auf diesen ausgeprägten Konturismus hingewiesen. In Athen ist die Sonne nur an durchschnittlich 25 Tagen im Jahre umwölkt. Bei Homer vollzieht sich alles im hellsten Tagesglanz. Die Nacht aber war dem Griechen das Verhaßteste, was er kannte. Für die Poesie des Nebeltages, der Herbststimmung, der Abenddämmerung, des Mondscheins, die im modernen Gefühlsleben eine so große Rolle spielt, hatte er kein Organ. Und zudem verlebte er den ganzen Tag im Freien. Die griechische Landschaft muß man zu allem, was er tat und schuf, stillschweigend hinzuaddieren: zu seinen Dramen und Tempeln, Gefäßen und Bildwerken, Reden und Liedern, Symposien und Agonen, wie auch er sie stets dazunahm, instinktiv oder bewußt, und alles stilvoll in sie hineinkomponierte.

Dazu kam noch, daß bei den Griechen alle Verhältnisse und Dimensionen etwas Einfaches, Übersichtliches und Faßbares und darum Begrenztes, Klares und Gefaßtes hatten. Die vorhandene Kultur ließ sich noch als Ganzes überschauen, zusammenschauen. Die künstlerische und wissenschaftliche Tradition war nicht alt und nicht umfangreich. Der Kreis der Erfahrung umspannte kaum ein Dutzend Generationen; zwei Gegenküsten und ein dazwischenliegendes Meer, das, von Inselbrücken durchsetzt und im Süden durch Kreta abgeriegelt, fast den Charakter eines großen Binnensees besaß; einen einheitlichen Vegetations- und Tierkreis. Auf der heimatlichen Halbinsel hatten die Landengen und starken Bergzüge noch kleinere Zentren geschaffen; und überhaupt bedingte Langsamkeit, Schwierigkeit und Gefährlichkeit des Reisens und die mißtrauische Abgeschlossenheit der antiken Völker von vornherein eine gewisse Beschränktheit des Horizonts. Es war bei ihnen alles *konkret* im eigentlichen Sinne des Wortes: zusammengewachsen, auf den geringsten Raum konzentriert, in die kleinstmögliche Form gepreßt, und dies ermöglichte ihnen, in

Das Volk der Mitte

allen ihren Lebensäußerungen plastisch, anschaulich, künstlerisch zu sein. Umgekehrt ist es heute fast unmöglich, Künstler zu sein. Es ist kein Zufall, daß die stärksten poetischsten Emanationen der letzten fünfzig Jahre aus der physischen Enge Skandinaviens und der geistigen Enge Rußlands hervorgegangen sind. Auch der griechische Staatsbegriff war weder eine vage philosophische Idee, wie sie dem achtzehnten Jahrhundert vorschwebte, noch ein mit Riesenvölkern und ganzen Erdteilen operierender Pan-Nationalismus und Imperialismus, wie ihn unsere Zeit propagiert, überhaupt kein Gegenstand komplizierter juristischer Raisonnements, wie sie die ganze Neuzeit und schon das Mittelalter und die römische Kaiserzeit liebte, sondern bedeutete ganz einfach die jeweilige Polis, ein sehr greifbares, handliches, gegenständliches Gebilde, nämlich eine kleine Stadt; eine fest umzirkte menschliche Niederlassung mit einem militärischen, einem religiösen, einem politischen und einem wirtschaftlichen Zentrum: einer Festung, einem Heiligtum, einer Agora, einem Hafen. An modernen Dimensionen gemessen, war Athen ein mäßig bedeutender Handelsplatz, Sparta ein Gebirgsdorf, Theben ein größerer Fleck und Olympia ein kleines Oberammergau. Diese Orte waren noch gerade ausgedehnt genug, um alle sozialen und geistigen Differenzierungen hervorbringen zu können, und klein genug, um die intimste Reibung und Wechselwirkung unter allen ihren Insassen entstehen zu lassen. Die Halbinsel, soweit sie griechisch war, hatte ungefähr den Flächenumfang des österreichischen Bundesstaates und die Einwohnerzahl Berlins. Die Entfernung des nördlichsten Punkts, des Olymp, vom südlichsten, dem Vorgebirge Tänaron, entsprach in der Luftlinie etwa der zwischen Berlin und Wien und kann heute mit dem Flugzeug in drei bis vier Stunden zurückgelegt werden. Auch die Griechen haben einen »Weltkrieg« gehabt: den Peloponnesischen, der aber, obgleich er fast ebenso lange gedauert hat wie der Dreißigjährige, in Gang und Ziel sehr einfach und durchsichtig ist: Athen und Sparta in wechselvollem Kampf um die Halbinsel, während dieser, wie wir gesehen haben, einen unentwirrbaren Knäuel von überspitzter Diplomatie, verzwickten Truppenoperationen und hoffnungslos unverständlicher Territorialpolitik bildet: er ist keine religiöse, keine soziale, keine politische Bewegung, er ist ganz einfach das Chaos. Die Griechen waren auch in ihrer äußeren Erscheinung, an den nordischen Völkern gemessen, eher klein, dafür aber äußerst proportioniert, und zwar infolge einer langen, mit größter Zähigkeit und Bewußtheit geübten Tradition der Körperkultur: auch ihre Leiber waren gewissermaßen Produkte einer höchstentwickelten kunstgewerblichen Technik, es war eben alles bei ihnen gut gebaut. Ihre Lebensweise war einfach, fast dürftig. Ein paar geschmackvolle Tongefäße und feingeschnitzte Holztruhen genügten ihrem Luxusbedürfnis; einige Fische und Salzkuchen, Feigen und Oliven bildeten ihre normale Mahlzeit; auf drei Teile Wasser zwei Teile Wein zu mischen galt schon als Exzeß. Es waltete in diesen Dingen dieselbe, nicht aus moralischen sondern aus ästhetischen Motiven fließende Sparsamkeit, die sich auch in der Verwendung ihrer Architekturformen und poetischen Motive, ihres Begriffsschatzes und Bildervorrats offenbart. Es findet sich bei ihnen nirgends die moderne *Undeutlichkeit* und *Überdeutlichkeit*, die aus dem Zuviel stammt. Auch ihre panhellenischen Feste und Spiele, die keine Monsterproduktionen und zudem selten waren, hatten nicht den unkünstlerischen und plebejischen Plakatstil, den heutzutage jede öffentliche Veranstaltung mit Notwendigkeit trägt. Diese eigentümliche Sobrietät ist vielleicht das Zentralphänomen der griechischen Kultur und ein seither nie wieder erschienenes. Die griechische Einfachheit, im achtzehnten Jahrhundert als »Einfalt«, Würde, Seelenreinheit mißverstanden, in Wirklichkeit nichts anderes als geringere Differenziertheit des Lebensgefühls und sichere

Umgrenztheit des Gesichtskreises, erzeugte die starken, klaren, ungebrochenen Linien der griechischen Lebensform. Sie waren recht eigentlich das *Volk der Mitte*. Und so reduziert sich ihre vielgerühmte Besonnenheit, Selbstzucht und Maßliebe einfach darauf, daß sie in allem von wohltuend mittlerem Format, angemessener und natürlicher Lebensgröße waren.

Daß aber Winckelmann mit seiner Erfahrung des harmonischen Griechen einen so ungeheuren Erfolg hatte, kam daher, daß, wie dies für große historische Wirkungen immer die notwendige Voraussetzung ist, eine starke Persönlichkeit und ein starkes Zeitbedürfnis zusammentrafen. Im übrigen haben wir schon im ersten Buch, im Kapitel über die Reformation, kurz darauf hingewiesen, daß er, weit entfernt, der Initiator einer neuen Zeit zu sein, vielmehr der abschließende Typus einer dahinsinkenden war: nämlich der letzte große Humanist, wie Luther der letzte große Mönch und Bismarck der letzte große Junker gewesen ist.

Der letzte Humanist

Winckelmann ist schon allein dadurch merkwürdig, daß er einer der fertigsten Menschen war, die jemals produktiv geworden sind, während man doch für gewöhnlich unter einer schöpferischen Persönlichkeit eine in steter Entwicklung begriffene, nie zum Abschluß gelangende, immer nur auf Widerruf sprechende zu verstehen pflegt. Er steht von Anfang an da wie eine seiner geliebten weißen Marmorstatuen: in kalten, reinen, eindeutigen Linien. Man kann sagen: er wußte alles, was er schließlich als letzte volle Frucht eines tief dringenden, weitgespannten und wohlgeordneten Denkerlebens hervorbrachte, schon von vornherein, sozusagen ehe er es wirklich wußte, zu wissen ein wissenschaftliches Recht hatte. Man könnte vielleicht die These aufstellen, daß jede prononcierte Individualität immer nur eine einzige Altersstufe verkörpert, die sie ihr ganzes Leben hindurch festhält. Das große Publikum folgt einem ganz richtigen Instinkt, wenn es sich Schiller als ewigen Jüngling,

Ludwig den Vierzehnten immer als Mann auf der Sonnenhöhe, Schopenhauer nur als alten Herrn vorzustellen pflegt. Der junge Schopenhauer, der alternde Schiller, der greise Louis Quatorze existieren eigentlich nicht in unserem Bewußtsein. Was nun Winckelmann anlangt, so war er sein ganzes Leben lang etwa fünfzig Jahre alt.

Die Art, wie Winckelmann an die Kunst und ihre Geschichte herantrat, ist uns heute so vertraut (auch wenn wir nie eine Zeile von ihm gelesen haben), daß wir zumeist ganz vergessen, wie originell sie zu ihrer Zeit war. Winckelmann war, um es mit einem Wort zu sagen, der erste Archäolog in der legitimen Bedeutung des Begriffes: ein liebevoller Erforscher und Kenner des Altertums, dem sein ungeheures Wissen nicht Selbstzweck war, sondern ein Organ, in die Vergangenheit einzudringen. Kein Detail entging seinem Blick, wenn er es auch nicht immer richtig deutete, und er hielt sich auch nicht für zu gut, den Fragen der Handwerkstradition und Technik, die in der Kunst eine so große Rolle spielen, sein Interesse zuzuwenden. Wie er einerseits einer der ersten war, die in den alten Autoren den Schlüssel zum Verständnis der alten Bildwerke suchten, so war er andrerseits der überhaupt erste, der sich daran gewöhnte, ein antikes Kunstdenkmal zu lesen wie einen antiken Text: mit den Augen des mikroskopisch genauen, umsichtig prüfenden, vorsichtig kombinierenden Philologen. Darüber vergaß er aber niemals die großen Zusammenhänge: er betrachtet die Kunst als ein Gewächs, dessen Charakter von Boden, Klima, Pflege, Umgebung bestimmt wird, fast schon im Sinne der Taineschen Milieutheorie, und faßt ihre Geschichte als Ablauf einer typischen Entwicklungsreihe, die sich vom »älteren« Stil, der noch hart und eckig ist, über den »großen«, den eigentlich idealen und den »schönen«, fließenden und graziösen zum Stil des »Verfalls«, der Nachahmung und Künstelei bewegt. Dies alles brachte er in einer gesalzenen körnigen Sprache vor, die in ihrer edlen Schmucklosigkeit und markigen Bedeutungsschwere in der Tat an attische Prosa erinnerte und gegenüber der federnden Impulsivität und reizbaren Sprunghaftigkeit des nur um etwa ein Jahrzehnt jüngeren Lessing klassisch, nämlich völlig unimpressionistisch wirkt.

Sein Hauptwerk, die *Geschichte der Kunst des Altertums*, ist ihrer äußeren Gestalt nach ein historisches Werk, in Wirklichkeit aber eine Ästhetik, die an der Hand der alten Bildwerke die moderne Kunst verwirft und die bedingungslose Rückkehr zur Antike fordert. Es gibt für Winckelmann eigentlich nur eine einzige Kunst: die Plastik, denn die Malerei läßt er nur gelten, soweit sie eine Art Bildhauerei ist, nämlich Umrißzeichnung, Kontur; diese ist die »Hauptabsicht des Künstlers«, »die Zeichnung bleibt beim Maler das erste, zweite und dritte Ding« und »Colorit, Licht und Schatten machen ein Gemälde nicht so schätzbar als der edle Contour«. Auch in der historischen Entwicklung bilden das wichtigste Moment die »Veränderungen in der Zeichnung«. Man muß allerdings diesen Kunstspartanismus, diese, wie man damals glaubte, dorische Vergötterung der reinen Linie, des reinen Weiß und des sparsamen Ornaments auch als zeitgemäßen Rückschlag gegen den entarteten und ausgelebten Barockstil begreifen. Im achtzehnten Jahrhundert erhoben nur sehr wenige ihre Stimme gegen diesen reaktionären und im Grunde unkünstlerischen Purismus, vor allem Herder, der empört fragte: »Ein Maler, und soll kein Maler sein? Bildsäulen drechseln soll er mit seinem Pinsel?«, und Heinse, der dezidiert erklärte: »Das Zeichnen ist bloß ein notwendiges Übel, die Proportionen leicht zu finden, die Farbe ist das Ziel, Anfang und Ende der Kunst.« Lessing hingegen sprach sogar den Wunsch aus, die Kunst, mit Ölfarben zu malen, möchte lieber gar nicht erfunden sein, und Georg Forster formulierte in den »Ansichten vom Niederrhein« die allgemeine Meinung, als er ausrief: »Was ist Farbe gegen Form?«

Aber selbst in der Bildhauerei läßt Winckelmann nur die
Darstellung der menschlichen Schönheit gelten, genauer gesagt: der männlichen. Wenn er von der Schönheit im allgemeinen redet, denkt er, bewußt oder unbewußt, immer nur an die
männliche. Spricht er einmal von weiblicher, so sind es wiederum die knabenhaften Merkmale am weiblichen Körper, die
er hervorhebt. Die Niederländer sind ihm schrecklich, zunächst wegen ihres Kolorismus, wahrscheinlich aber auch, weil
eine so prononcierte Heterosexualität aus ihren Bildern spricht.
Spezifisch weibliche Geschlechtscharaktere wie Busen oder
Becken hebt er nie als schön hervor. Seine Veranlagung war
nämlich offenbar homosexuell. Die Freundschaftsverhältnisse
zu schön gestalteten jungen Männern, die er sein ganzes Leben
lang pflegte, trugen einen ausgesprochenen Charakter von Verliebtheit; doch scheint er diese Beziehungen gleich Sokrates
stets zu rein geistigen veredelt zu haben. Diese Anormalität seines Empfindens war höchstwahrscheinlich auch die Ursache
seines tragischen Endes; denn nur durch sie läßt es sich erklären, daß er jenes ordinäre und ungebildete Subjekt, das ihn
in Triest wegen einiger Schaumünzen ermordete, eines näheren
Umgangs würdigte. Er machte übrigens aus seiner Eigenheit
mit jener großartigen Freimütigkeit, die er von den Griechen
gelernt hatte, niemals ein Geheimnis. So schrieb er zum Beispiel an einen Bekannten: »Sollten Sie glauben, daß ich könnte
in ein Mädchen verliebt werden? Ich bin es in eine Tänzerin von
zwölf Jahren, die ich auf dem Theater gesehen habe … allein ich
will nicht ungetreu werden«, und ein andermal: »Ich habe niemals so hohe Schönheiten in dem schwachen Geschlecht als in
dem unserigen gesehen. Was hat denn das Weib Schönes, was
wir nicht auch haben? … Hätte ich anders gedacht, wäre meine
Abhandlung von der Schönheit nicht ausgefallen, wie sie ge-
rathen ist.« Noch deutlicher äußert er sich über den Zusammenhang zwischen seiner Kunstanschauung und seiner Sexua-

*Die
Ästhetik
der
Homo-
sexualität*

lität in den Worten: »Ich habe bemerkt, daß diejenigen, welche nur allein auf Schönheiten des weiblichen Geschlechts aufmerksam sind und durch Schönheiten in unserem Geschlecht wenig oder gar nicht gerührt werden, die Empfindung des Schönen in der Kunst nicht leicht eingeboren, allgemein und lebhaft haben.« Dies ist der psychologische Schlüssel für Winckelmanns Ästhetik, von ihm selbst gegeben. Das homosexuelle Auge sieht vorwiegend Kontur, Raumausfüllung, Umriß, Linienschönheit, Plastik. Das homosexuelle Auge ist ohne Empfindung für aufgelöste Form, verschwimmende Valeurs, rein malerische Eindrücke. Und so geht, bei Licht betrachtet, jene ganze fixe Idee des »Klassizismus« zurück auf die sexuelle Perversion eines deutschen Provinzantiquars.

Mengs   Wie Winckelmann über die gesamte moderne Kunst dachte, hat er an vielen Stellen seiner Schriften, am unmißverständlichsten aber in einem Brief an seinen Freund Uden ausgesprochen: »Die Neueren sind Esel gegen die Alten, von denen wir gleichwohl das Allerschönste nicht haben, und Bernini ist der größte Esel unter den Neueren.« Eine Ausnahme machte er nur mit seinem Freund Mengs, von dem er in seiner Kunstgeschichte sagt: »Der Inbegriff aller beschriebenen Schönheiten in den Figuren der Alten findet sich in den unsterblichen Werken des Herrn Anton Raphael Mengs, ersten Hofmalers der Könige von Spanien und Polen, des größten Künstlers seiner und vielleicht auch der folgenden Zeit. Er ist als ein Phönix gleichsam aus der Asche des ersten Raphael erweckt worden, um der Welt in der Kunst die Schönheit zu lehren und den höchsten Flug menschlicher Kräfte in derselben zu erreichen.« Mengs, der sich mit seiner Kunst auch in theoretischen Schriften eingehend befaßte, hieß der »Malerphilosoph« und wurde der Vater jener verstandesmäßigen, akademischen, »gebildeten« Malerei der Galeriekopisten, die jahrzehntelang in Europa geherrscht hat. Seine Doktrin bestand im wesentlichen darin, daß die

Kunst der Natur überlegen sei, da sie sich ihre Materialien frei wählen könne und in ihren Hervorbringungen keinen Zufällen unterworfen sei, und daß sie daher alle Vollkommenheiten auf *eine* Gestalt vereinigen müsse: Einförmigkeit im Umrisse, Größe in der Gestalt, Freiheit in der Stellung, Schönheit in den Gliedern, Macht in der Brust, Leichtigkeit in den Beinen, Stärke in den Schultern und Armen, Aufrichtigkeit in Stirne und Augenbrauen, Vernunft zwischen den Augen, Gesundheit in den Backen, Lieblichkeit im Munde: »So haben die Alten gehandelt.« Der Maler hat also nichts andres zu tun, als das Beste und Teuerste an Details zusammenzusuchen und auf einer Musterkarte zusammenzustellen. Wir haben im ersten Buch gesehen, daß bereits Raffael Santi eine ähnliche Theorie hatte wie sein Namensvetter, aber er war vor ihren verderblichsten Folgen durch sein Genie und seine Rasse geschützt; bei Raphael Mengs fielen jedoch diese beiden Hemmungen weg, um so mehr, als er auch in der technischen Ausführung den leersten Eklektizismus für das Ideal erklärte, indem er die Vereinigung von Raffaels Linie, Tizians Farbe und Correggios Anmut mit der Einfachheit der Antike forderte, und so erstanden unter seinem Pinsel jene trostlos gelehrten und tödlich langweiligen Gruppengemälde, die, auch in der Komposition ganz äußerlich und unwahr nach der Art lebender Bilder behandelt, an Stelle menschlicher Wesen mittelmäßige Reproduktionen antiker Statuen vorführten. Das Höchste aber war ihm die Allegorie, und auch darin war er nur der gelehrige Schüler Winckelmanns, der gesagt hatte: »Die Wahrheit, so liebenswürdig sie an sich selbst ist, gefällt und macht einen stärkeren Eindruck, wenn sie in eine Fabel eingekleidet ist: was bei Kindern die Fabel im engsten Verstand, das ist die Allegorie im reiferen Alter… je mehr Unerwartetes man in einem Gemälde entdeckt, desto rührender wird es, und beides erhält es durch die Allegorie«, und vom Pinsel des Malers verlangte, er müsse »in Verstand getunkt« sein. Dieses Rezept hat Mengs denn auch in ausgiebigster Weise befolgt.

Die Gräko-manie

Die Gräkomanie setzte ungefähr mit den sechziger Jahren ein, erreichte aber erst nach einem Menschenalter den Charakter einer allgemein europäischen Epidemie. In England erzielten die beiden Maler James Stuart und Nicolas Revett mit ihrer Prachtpublikation der *Antiquities of Athens* eine außerordentliche Wirkung. In Deutschland las der verdiente Göttinger Philologe Christian Gottlob Heyne seit 1767 über *Archäologie der Kunst des Altertums, insbesondere der Griechen und Römer.* Und ungefähr um dieselbe Zeit begann Wieland seine lange Serie von Romanen aus dem alten Hellas, von denen er selbst sagte, ihre Farben seien von Winckelmann geborgt: Lessing erklärte den *Agathon* für den ersten deutschen Roman von klassischem Geschmacke, und Goethe erzählt in *Dichtung und Wahrheit*, im *Musarion* habe er das Antike lebendig und wieder neu zu sehen geglaubt. Auch Gluck ist ein Schüler Winckelmanns, nicht bloß in seiner Auffassung des Hellenentums, sondern auch in seiner Ornamentfeindlichkeit und seinem Konturismus: »Ich beabsichtigte«, sagt er in der Vorrede zur *Alceste*, »die Musik ihrer wahren Aufgabe wiederzugeben: sie soll durch ihren Ausdruck der Poesie dienen, ohne die Handlung durch unnützen Überfluß an Ornamentik zu unterbrechen und abzuschwächen, und ich glaubte, daß sie – ähnlich wie bei einer richtigen, gut angelegten Zeichnung die Farbe und der Gegensatz von Licht und Schatten – die Gestalten zu beleben habe, ohne die Konturen zu verändern«. Unter der Hypnose der Winckelmannschen Theorien kam der junge hochbegabte Asmus Carstens auf den Gedanken, den Pinsel überhaupt fortzuwerfen und Gemälde ohne Farben zu malen, wie man sie bisher nur als Vorarbeiten verwendet hatte, »Kartons«, die, bloß mit Bleistift, Feder oder schwarzer Kreide angefertigt und höchstens leicht getönt, die vermeintliche Achromie der hellenischen Skulptur auch auf die *zweidimensionale* Bildnerkunst zu übertragen suchten und sich in der Tat ausnahmen wie in Papier ausgeführte Weißplastiken, wie er denn auch mit Vorliebe die Figuren, die er zu zeichnen beabsichtigte, vorher modellierte. Das Denkwürdige dieses Experiments besteht darin, daß Carstens und seine Zeitgenossen es nicht etwa als eine technische Spielerei oder Künstlerbizarrerie ansahen, sondern als einen legitimen und vollwertigen Ersatz des Gemäldes, der dazu bestimmt sei, dieses zu übertreffen und zu verdrängen. Im Porträt konnte man nicht so weit gehen, und die hochgefeierte Angelika Kauffmann, die anerkannt erste Künstlerin dieses Fachs, begnügte sich damit, ihre Auftraggeberinnen als Sibyllen, Bacchantinnen und Musen zu verkleiden. In Frankreich gelangte in den letzten Jahrzehnten des Ancien régime ein streng antikisierender, gesucht einfacher, gradlinig mißvergnügter Stil zur Herrschaft, der dort *Louis Seize* hieß (obgleich er schon um 1760 aufkam) und sich über die anderen Länder als »Zopf« verbreitete. Ein Menschenalter lang arbeitete der Abbé Barthélémy an seinem Werk *Voyage du jeune Anacharsis en Grèce*, das 1788 erschien und zum erstenmal ein Gesamtbild des hellenischen Lebens entwarf. An die Stelle der turmhohen Coiffüren trat die Frisur *»à la Diane«*; das Meublement, der Schmuck, die Geräte, sogar die Schnupftabaksdosen: alles mußte *»à la grecque«* sein. Marie Antoinette spielte in Trianon Harfe, lorbeerbekränzt und in griechische Gewänder gehüllt. Bei den Soupers, die die berühmte Malerin Vigée-Lebrun gab, erschien sie selbst als Aspasia im Peplos, der Abbé Barthélémy als Rhapsode im Chiton, ein Herr von Cubières als Memnon mit goldener Leier; man lagerte auf Ruhebetten, trank aus Vasen und ließ sich von Knaben, die als Sklaven verkleidet waren, die Speisen servieren, die, wie ein Augenzeuge berichtet, »alle echt griechisch waren«. In den Gärten erblickte man allenthalben antike Toteninseln und Mausoleen, Aschenurnen und Opfergefäße, Tränenkrüge und Leichentücher. In dieser Hinneigung zu den Symbolen der Trauer und des Sterbens zeigt sich zugleich, daß in vielen eine dunkle Vorahnung der Zukunft lebte.

»Rien« Ludwig der Sechzehnte, ein subalterner phlegmatischer Geist von kindlichem Umfang und Inhalt, gehörte nicht unter diese. Er interessierte sich nur für seine Schlosserarbeiten und die Jagd. Am 14. Juli 1789 hatte er nichts geschossen. Er schrieb daher in sein Tagebuch, das er mit großer Regelmäßigkeit führte: *Rien*. Diese Eintragung war einer von den vielen ebenso unschuldigen wie verhängnisvollen Irrtümern, aus denen sein ganzes Leben zusammengesetzt war. Denn an diesem Tage hatte der Pariser Pöbel die Bastille gestürmt, die sieben Gefangenen, von denen einer wegen Blödsinns, einer auf Ansuchen seiner Familie und vier wegen Fälschungen interniert waren, im Triumph befreit, die Köpfe der ermordeten Wachen auf Piken durch die Stadt getragen und die »Herrschaft des Volkes« proklamiert. Zum Herzog von Liancourt, der ihm noch in später Nacht diese Vorgänge meldete, bemerkte der König bestürzt und schlaftrunken: »Aber mein Gott, das ist ja eine Revolte!« – »Nein, Sire«, erwiderte der Herzog, »das ist die Revolution.«

DRITTES KAPITEL

Empire

*Jeder Mensch, der wirklich Bedeutendes
im Leben leistet, beginnt als Revolutionär.
Und doch haben Revolutionen noch niemals
das Joch der Tyrannei abgeschüttelt, sie
haben es bloß auf eine andere Schulter
gewälzt.*

Shaw

Längs jenem gespenstischen, bald wie durch ein zitterndes   *Die Fanale*
Flammenscheit spärlich erhellten, bald in völliger Dumpfheit
und Dunkelheit begrabenen Riesenzuge närrischer Menschen,
den wir Weltgeschichte nennen, läuft eine scharf erhellte Galerie klar ausgemeißelter, stolz profilierter Charakterfiguren, die,
einsam und unbeweglich in ihren Nischen thronend, dem trüben Gewimmel unter ihnen scheinbar gänzlich fremd, dennoch
die leuchtenden Fanale bilden, an denen man sich über den
ganzen Massenstrom orientieren kann. Es sind die sogenannten
großen Männer. Was ist ein großer Mann? Schwer zu beantwortende Frage; und noch schwerer zu beantwortende Frage: wie
wird ein solcher Mann, von dem man paradoxerweise bloß auszusagen vermag, daß seine Definition die Undefinierbarkeit ist?

Indes: schwer zu beantworten oder nicht: sie *sind*; das ist
ganz unleugbar. Sie waren, sie werden sein. Es gibt wenig Gewißheiten, die so gewiß sind. Und statt dem Prozeß nachzu-
grübeln, durch den sie wurden, was sie sind, einem Prozeß, der
niemals ganz ergründet werden kann, weil er unterirdisch verläuft, in den dunklen Stollen der menschlichen Kollektivseele,
wollen wir uns damit begnügen, sein Resultat zu konstatieren.

975

Dieses Resultat ist klar und deutlich genug, obgleich es das seltsamste ist. Diese Menschen waren noch gestern dasselbe wie alle anderen: Individuen, Einzelgeschöpfe, Zellen im großen Organismus des Erdengeschlechts, Einheiten in der Millionensumme; und plötzlich sind sie eine ganze Gattung geworden, eine platonische Idee, ein neuentdecktes Element, eine neue Vokabel im Wörterbuch der Menschheit. Gestern noch gab es kein Aluminium, wußte niemand, was Aluminium sei; heute weiß es jeder, muß jeder davon wissen und von nun an mit diesem neuen Wort oder Zeichen namens *Al* rechnen; nichts ist so wirklich wie diese zwei Buchstaben *Al*. Durch einen ganz ähnlichen Prozeß wird ein Mensch in den Augen der anderen zum Genie. Ein Individuum ist über Nacht ein Begriff geworden! Das ist ein ebenso großes Mysterium wie die Geburt oder irgendein anderes Schöpfungswunder der Natur. Der grobe Intellekt des Durchschnittsmenschen mag noch sowenig von Begriffen wie Sokrates, Luther oder Cäsar wissen, er mag von ihnen eine noch so einseitige oder schiefe Vorstellung besitzen: etwas weiß er doch von ihnen, irgendein Bild von ihnen trägt er in seinem Herzen, sie befinden sich im Schatz seiner Assoziationen so gut wie die Kennworte für seine täglichen Gebrauchsgegenstände. Weiß er denn von den anderen Dingen mehr? Er hat von den Begriffen Zucker oder Licht eine ebenso präzise und richtige Kenntnis wie von den Begriffen Shakespeare und Kant. Aber er gebraucht sie alle miteinander: reduziert, ungenau, falsch, und dennoch sind sie für ihn Mittel, sich in der Welt zurechtzufinden und ein wenig klüger zu werden. In dem Augenblick, wo eine Naturkraft ans Licht getreten, vom Bewußtsein der Menschen erkannt worden ist, findet sich auch ein Wort für sie, meist ein unzutreffendes, zufälliges, aber es handelt sich ja nicht um Worte. Man versuche aus dem Denkvermögen auch des einfachsten Menschen die Begriffe Elektrizität oder Bismarck zu streichen. Beides ist gleich unmöglich, er wird mit diesen Worten beinahe geboren, sie drängen sich ihm unwillkürlich auf die Lippen, sie sind da, weil die realen wahrhaften Dinge, die ihnen entsprechen, da sind. Wenn er diese Begriffe nicht hätte, so wäre er eines Bruchteils der Verständigungsmöglichkeit mit seinen Mitmenschen beraubt; er wäre ein partieller Taubstummer. Man kann daher recht wohl die Erklärung wagen: groß ist ein Mensch in dem Augenblick, wo er ein Begriff geworden ist.

Die Zeit, von der wir reden, hat die menschliche Sprache um ein solches Begriffspaar bereichert: Goethe und Napoleon, das größte Genie des Betrachtens und das größte Genie des Handelns, das die moderne Welt hervorgebracht hat; der eine war, wie es Wieland einmal ausgedrückt hat, in der poetischen Welt dasselbe, was der andere in der politischen. Emerson rechnet sie unter seine sechs *Repräsentanten des Menschengeschlechts: »Goethe or the writer«, »Napoleon or the man of the world«;* Carlyle führt sie unter seinen sechs Gruppen von »Helden«: Goethe ist der *»hero as man of letters«,* Napoleon der *»hero as king«.* Gemeinsam war ihnen, daß sie der Revolution, aus der sie hervorgewachsen waren, nicht treu geblieben sind: Napoleon durch seinen Cäsarismus, Goethe durch seinen Klassizismus, in welchen beiden Tendenzen jener Kulturkomplex beschlossen liegt, den man in weitestem Sinne als Empire bezeichnen kann. Daß sie diesen rückläufigen Weg nahmen, war aber wahrscheinlich unvermeidlich, denn, wie Goethe selber gesagt hat, »die größten Menschen hängen immer mit ihrem Jahrhundert durch eine Schwachheit zusammen«.

Wenn von der Französischen Revolution gesprochen wird, so kann man zumeist hören, ihre große historische Bedeutung habe darin bestanden, daß sie die Befreiung Frankreichs und die Befreiung Europas bewirkte, indem sie die Gesellschaft von der Herrschaft des Absolutismus, der Kirche und der privilegierten Stände erlöste; von der Proklamation der »Menschen-

Die Revolution

rechte« datiere die Ära der geistigen Unabhängigkeit, der bürgerlichen Selbstgesetzgebung, des ungebundenen wirtschaftlichen Wettbewerbs. So richtig es nun zweifellos ist, daß gewisse Emanzipationsbewegungen von der Pariser Revolution ausgelöst wurden, so ist doch die Ansicht, daß der Konstitutionalismus, der Liberalismus, der Sozialismus und alle ähnlichen politischen Strömungen des neunzehnten Jahrhunderts aus dieser einen Quelle entsprungen seien, in dieser schroffen Form vorgebracht, falsch und irreführend. Die Revolution hat den entscheidenden Sieg des Bürgertums bewirkt; aber nur am Anfang: später bewirkte sie den entscheidenden Sieg des Pöbels. Die Revolution hat den Absolutismus gestürzt; aber nicht für lange: er kehrte am 2. Juni 1793 wieder als Diktatur des Konvents und der Kommune, er wurde am 1. April 1794 sogar zur Diktatur eines einzelnen, nämlich Robespierres, nicht formell, aber de facto, und er wurde es formell und de facto am 18. Brumaire durch den Staatsstreich Napoleons. Und ebensowenig hat die Revolution die alten Formen des Geburtskönigtums, der Adelsherrschaft, des Priesterregiments endgültig zerbrochen: diese totgesagten Mächte erlebten ihre Auferstehung zum Teil schon unter dem ersten Kaiserreich und fast restlos unter der Restauration Ludwigs des Achtzehnten und Karls des Zehnten. Die Gleichheit hat die Französische Revolution *nicht* gebracht; sie hat nur zu einer anderen, noch viel verwerflicheren Form der Ungleichheit geführt: der kapitalistischen. Die Freiheit hat die Französische Revolution *nicht* gebracht; sie übte dieselbe engherzige, grausame und selbstsüchtige Geisteszensur wie das Ancien régime, nur diesmal im Namen der Freiheit und mit viel drakonischeren Mitteln. Sie fragte jedermann: bist du für die Freiheit?, und wenn er nicht eine ganz unzweideutige Auskunft gab, so antwortete sie nicht mehr mit *lettres de cachet*, sondern mit der Guillotine. Niemals vorher, weder unter türkischen Sultanen und arabischen Kalifen noch unter russischen Großfürsten und spanischen Inquisitoren, hat es eine solche Unfreiheit gegeben wie unter der »Verfassung der Freiheitsfreunde«, denn niemals vorher stand die Todesstrafe auf eine Reihe ganz passiver Eigenschaften wie Bildung, Reinlichkeit, Toleranz, Schweigsamkeit, ja auf die bloße Existenz. Von ihren drei Leitvokabeln: *fraternité, liberté* und *égalité* war die erste eine leere Opernphrase, mit der sich in der politischen Praxis nicht das geringste anfangen läßt; und die beiden anderen sind unvereinbare Gegensätze. Denn die Gleichheit vernichtet die Freiheit, und die Freiheit vernichtet die Gleichheit. Wenn alle Menschen als identisch angesehen und infolgedessen denselben Rechten, Pflichten und Lebensformen unterworfen werden, so sind sie nicht mehr frei; und wenn alle sich ungehemmt nach ihren verschiedenen Individualitäten entfalten dürfen, so sind sie nicht mehr gleich.

Gleichwohl bleibt der Französischen Revolution das große Verdienst, die Verbindung zwischen Staatsgewalt und Untertan, Regierung und Regierten sozusagen labiler gemacht zu haben. Die Vereinigung der beiden Partner, äußerlich noch dieselbe, ist durch sie viel lockerer geworden, viel leichter geneigt zu zerfallen; es genügte seitdem oft ein geringer Anstoß, um eine allgemeine Dissoziation hervorzurufen: die europäischen Staaten sind gleichsam ungesättigte Verbindungen geworden, von der Art gewisser Kohlenwasserstoffreihen, die eine »freie Radikalhand« besitzen. Diese freie Radikalhand bildet seitdem eine latente Bedrohung des Staatsgefüges, jederzeit bereit, neue Affinitäten einzugehen und dadurch den Charakter der bestehenden Bindung zu verändern oder zu zerstören.

»Die französische Nation«, sagt Goethe, »ist eine Nation der Extreme; in nichts kennt sie Maß. Es ist die einzige Nation in der Welt, in deren Geschichte wir das Gemetzel der Sankt Bartholomäusnacht und das Fest der Vernunft finden; die Willkür Ludwigs des Vierzehnten und die Zügellosigkeit der Sans-

Die Nation der Extreme

culotten.« Die beiden Extreme, zwischen denen die Seele Frankreichs hin- und hergeschleudert wird, heißen Pedanterie und Narrheit, und beide wurzeln in ein und derselben Grundeigenschaft. Wollte man nämlich das französische Wesen auf einen kurzen – und wohl auch verkürzten – Ausdruck bringen, so könnte man sagen: es besteht in einem auffallenden Mangel an Sinn für Realität.

Pedanterie und Narrheit sind keine Gegensätze, sondern nur verschiedene Grade desselben Verhältnisses zur Wirklichkeit. Der Pedant ist eine Art zahmer Narr, und der Narr ist eine Art wild gewordener Pedant. Beiden gemeinsam ist eine einseitige, unvollständige und daher falsche Perspektive des Lebens. Sie nehmen sozusagen nur entgegengesetzte Plätze auf der Thermometerskala ein. Der Pedant befindet sich auf dem Gefrierpunkt, der Narr auf dem Siedepunkt.

Man versuche einmal, den französischen Nationalcharakter in seinen wesentlichsten Lebensäußerungen vorurteilslos zu betrachten, und man wird finden, daß ein durchgehender Grundzug der Franzosen die Pedanterie ist, die sich freilich in den höchsten Schöpfungen des Volksgeistes zur bewunderungswürdigsten Beherrschung der Form erhebt. Sie haben sich eine Sprache geschaffen, die ganz vorzüglich zum Reden und Schreiben geeignet ist; es ist eine Sprache, in der es unmöglich ist, sich schlecht auszudrücken: man hat nur die Wahl, ein korrektes und schönes Französisch zu schreiben oder ein gänzlich unverständliches, lächerliches und absurdes, also gar kein Französisch. Sie haben die klassische Tragödie hervorgebracht, in der es unmöglich ist, unklar, unübersichtlich, verworren zu dichten. Sie besitzen eine philosophische Terminologie, in der es unmöglich ist, unlogisch und dunkel zu denken. Sie sind die Erfinder einer bis ins kleinste zentralisierenden Verwaltung, ohne die die Revolution in ihren sämtlichen Stadien nicht denkbar gewesen wäre; denn nur dieses System hat es ermöglicht, daß jeder, der zufällig den Haupthebel der Maschine in der Hand hatte, der unbedingte Gebieter ganz Frankreichs war, so daß ein Land von fünfundzwanzig Millionen Bewohnern zuerst von einer völlig untätigen und regierungsunfähigen aristokratischen Oligarchie, dann von einer Handvoll hohlköpfiger juristischer Doktrinäre, gleich darauf von einer Rotte hysterischer Banditen, dann von einem Klüngel diebischer Geldmänner und schließlich von dem Gehirn und Willen eines genialen Konquistadors beherrscht wurde. Und auch in ihrer größten Zeit, unter Ludwig dem Vierzehnten, als sie nicht bloß die politische, sondern auch die geistige Vormacht Europas waren, haben sie nur pedantische Schöpfungen monumentalen Stils hervorgebracht: abgezirkelte Hofpoeme, Hofgemälde und Hofphilosophien. Methodik, Programmatik, Mathematik, System, Regel, clarté: das war immer die Hauptstärke des Franzosen, sehr im Gegensatz zum Deutschen, dessen Wesen das Brauende, Schweifende, Tastende, Zentrifugale ist. Aber ebendies ist der Grund seiner steten Entwicklungs- und Regenerationsfähigkeit: der Deutsche wird nie fertig; das ist seine Größe.

Was wird nun geschehen, wenn die Pedanterie durch irgendwelche Umstände plötzlich auf die Wirklichkeit gestoßen und genötigt wird, sich mit ihr praktisch auseinanderzusetzen? Wird sie an der Realität, der Erfahrung ihr verkehrtes Weltbild korrigieren, ihre falschen Sentiments, ihre schiefen Begriffe, ihre unperspektivischen Bilder? Nein: vor die Wahl gestellt, wird sie lieber die Wirklichkeit *vergewaltigen*. Sie sagt sich nicht: ich habe ein falsches Thermometer, sie ändert nur den Thermometerstand. Auf diesem Punkt angelangt, schlägt der harmlose Pedant in den gefährlichen Narren um.

So geschah es, daß dieser herrlich-schreckliche Leviathan in die Welt sprang, dieses wundervoll-grauenvolle Ungetüm, das sechs Jahre lang seinen blutigen Drachenleib durch das blühendste Land Europas wälzte, mit gierigen Pranken Tausende menschlicher Leiber und Wohnstätten zertrümmernd.

Das Auslösungsschema

Wir müssen aber doch die genauere Beantwortung der Frage versuchen, wie denn eigentlich eine solche Revolution entsteht. An sich betrachtet, gibt es ja kaum ein seltsameres, ja widersinnigeres Phänomen. Denn nichts ist im Menschen, auch im scheinbar »aufgeklärtesten«, fester verwurzelt als der Glaube an irgendwelche Autoritäten. Der Atheist hält eine Kirche für ein bloßes Klubhaus; aber würde es ihm jemals einfallen, dort, auch wenn es nicht verboten wäre, seine Zigarre zu rauchen? Und wenn einer von uns heute im Walde plötzlich dem Kaiser Wilhelm begegnete, würde er nicht ganz unwillkürlich tief den Hut ziehen? Unsere Erfahrung, unsere Logik, unsere Bildung kann sich über eine Menge »Vorurteile« hinwegsetzen, aber unsere Nerven, unsere Sinne, unsere Muskeln werden dennoch an den alten Vorstellungen festhalten: die Neuigkeit, möchte man sagen, hat sich noch nicht vom Gehirn zu den übrigen Körperteilen herumgesprochen; und es dauert oft Generationen, bis sie sich herumspricht. Wir glauben mit unserem Verstand von einer Menge von Dingen, daß wir sie nicht glauben, aber unser Organismus glaubt noch an sie; und er ist allemal der Stärkere. Wenn sich dies aber schon in den sogenannten denkenden Kreisen tagtäglich beobachten läßt, um wieviel mehr muß es beim Volk, das ganz in seinen Instinkten lebt, der Fall sein! Und in Frankreich lagen die Dinge noch ganz besonders ungünstig für eine so radikale Meinungsänderung, wie sie dort plötzlich gegen Ende des Jahrhunderts eintrat. Nie ist eine Monarchie anerkannter gewesen als die französische, nie das Recht des Herrschers, unumschränkt Millionen zu befehlen, unangezweifelter gewesen als in Frankreich. Kein römischer Imperator und ägyptischer Gottkönig, kein Perserschah und Tatarenkhan ist jemals von seiner absoluten Souveränität so überzeugt gewesen wie der »König der Franzosen«. Diese Überzeugung war jedoch kein

Atavismus, keine leere Hofkonvention, kein Größenwahn, sondern wurzelte in den Überzeugungen des ganzen Volkes. Der
König mochte seine Mängel, seine Leidenschaften, selbst seine
Laster haben, er mochte Fehler auf Fehler häufen: man war
dafür keineswegs blind, aber dies hinderte niemand, in ihm
gleichwohl ein höheres Wesen zu erblicken, ein exterritoriales,
ja extramundanes Geschöpf jenseits der menschlichen Gesetze
und Urteilsmöglichkeiten, einen strahlenden Weltkörper, dessen Bahnen nach irdischen Maßstäben zu berechnen einfach
eine Torheit wäre. Der Roi soleil glich vor allem darin der
Sonne, daß seine Existenz ebenso selbstverständlich war: seine
Flekken hätten nie jemand auf den Gedanken gebracht, ihn deshalb für entbehrlich oder gar für abschaffenswert zu halten.
Und der bravste aller dieser Könige plötzlich unter begeisterter
Zustimmung der Nation auf dem Schafott und jeder ein Hochverräter, der ihn anders nennt als Bürger Capet? Der unbetei-
ligte Zuschauer wird ziemlich stark zu der Ansicht gedrängt,
daß das ruhmreiche französische Volk entweder vor oder nach
der Französischen Revolution irrsinnig gewesen sein muß: entweder damals, als es einen guten dicken Mitbürger von mäßigen
Geistesgaben wie ein göttliches Wesen verehrte, oder damals, als
es die reinsten, tiefsten und hochherzigsten Gefühle seiner Vorfahren vergaß und in einem Anfall von Umnachtung sich an seinem Heiligsten vergriff.

Das merkwürdige völkergeschichtliche Phänomen »Revolution« ist uns nun keineswegs etwa dadurch besonders klar geworden, daß wir es selber mitgemacht haben. Dies erscheint auf
den ersten Blick befremdlich, ist aber im Grunde nur zu natürlich. Der Zeitgenosse sieht ein historisches Ereignis nie im
Ganzen, immer nur in Stücken; er empfängt den Roman in lauter willkürlich abgeteilten Lieferungen, die unregelmäßig erscheinen und nicht selten ganz ausbleiben. Dazu kommt noch,
daß die Entfernung bei der Zeitvorstellung eine andere Bedeu-

tung hat als bei der Raumvorstellung, nämlich die umgekehrte: sie verkleinert nicht, sondern wirkt im Gegenteil wie ein Vergrößerungsglas. Hierdurch gewinnen Bewegungen, die wir aus einer gewissen Zeitdistanz betrachten, eine Deutlichkeit, die sie für die Mitlebenden nicht hatten; sie erscheinen uns allerdings auch weit schneller, als sie in Wirklichkeit waren, aber auch dies erleichtert ihr Verständnis. Wenn wir einen Wassertropfen durchs Mikroskop beobachten, so sehen wir darin eine Menge Tierchen mit erstaunlicher Geschwindigkeit umherschießen. Tatsächlich sind diese Geschöpfe gar nicht so agil, wie es den Anschein hat, sie bewegen sich sogar sehr langsam und träge. Aber da das Glas sie einige hundertmal vergrößert, so erscheinen auch ihre Bewegungen einige hundertmal schneller. Ähnlich verhält es sich mit der Geschichtsbetrachtung: je weiter eine Entwicklung zurückliegt, desto geschwinder scheint sie im Zeitmikroskop, das wir stets gratis mit uns führen, sich abzurollen. Die ägyptische Geschichte zum Beispiel kommt uns keineswegs länger vor als die preußische: wir haben den Eindruck von ein paar Herrscherreihen, die mit wechselndem Glück ihr Ländchen regierten. Und dennoch umfaßte sie mindestens das Zehnfache. Aber ebendadurch wird sie für uns zu einer handlichen, lichtvollen, leicht überschaubaren Sache. Hierin liegt der wahre Grund, warum wir von der Vergangenheit mehr verstehen als von der Gegenwart, nicht etwa darin, daß wir, wie so oft behauptet wird, in der Lage sind, eine geistige Distanz zu ihr zu nehmen und sie daher objektiver zu beurteilen; denn daß sie uns seelisch ferner steht, wäre ja eher ein Grund für uns, sie *nicht* zu verstehen.

Wenn wir der gegenwärtigen europäischen Revolution ratlos gegenüberstehen, so können wir uns wenigstens damit trösten, daß die französische von den Zeitgenossen ebenfalls nicht kapiert wurde, auch von den gescheitesten nicht. Keiner hörte ihr Heranrollen, keiner spürte ihr unterirdisches Zittern. Friedrich

der Große starb ganz kurz vor ihrem Ausbruch und sah sie
nicht. Der berühmte Reisende Arthur Young, der eine Reihe
der vorzüglichsten Beobachtungen über Frankreich und die
Franzosen niedergelegt hat, verläßt Paris kurze Zeit nach der
Einberufung der Reichsstände, spricht aber die Vermutung aus,
daß die bevorstehende Umwälzung die Vorrechte des Adels
und der Geistlichkeit vermehren werde; Wieland gibt im *Teutschen Merkur* der Hoffnung Ausdruck, daß etwa am Schluß des
neunzehnten Jahrhunderts manches zur Wirklichkeit gediehen
sein werde, »was am Schluß des achtzehnten mit gelindestem
Namen als Träume eines radotierenden Weltbürgers bezeichnet werden könnte«. Wir haben gehört, wie idyllisch sich Voltaire die erhoffte Reform aller Zustände vorstellte. Auch Rousseau dachte keineswegs an gewaltsamen Umsturz.

Bei der Beantwortung unserer Frage müssen wir, glaube ich,
vor allem folgenden Grundsatz festhalten, der sich fast zu einem
Axiom für jegliche Geschichtsforschung erheben läßt: wann ein
bedeutendes historisches Ereignis begonnen hat, läßt sich fast
niemals mit voller Genauigkeit feststellen; hingegen weiß man
immer ziemlich sicher, wann es *nicht* begonnen hat: zu dem Zeitpunkt nämlich, den die Geschichte dafür ansetzt. So ist es zum
Beispiel vollkommen ausgemacht, daß der Dreißigjährige Krieg
nicht 1618, der Weltkrieg nicht 1914, die Reformation nicht 1517
ihren Anfang genommen hat: der Fenstersturz zu Prag, die
Ermordung des österreichischen Thronfolgers, der Thesenanschlag in Wittenberg hatten in diesen drei Fällen ungefähr dieselbe Deutung, die die Lösung des Sperrhakens für eine arretierte
Maschine, ein heftiger Stoß für ein Faß Nitroglyzerin, die Öffnung des Ventils für eine Lokomotive hat. Ein Eisenbahnzug erhält sich stundenlang in schnellster Fahrt, bringt große Lasten an
Menschen und Gütern in ganz andere, weit entfernte Orte. Die
wahre Ursache dieser bedeutenden Kraftleistung kann unmöglich darin zu suchen sein, daß aus einer Öffnung ein wenig

Dampf ausströmt. Gleichwohl besteht aber ein ganz eigentümlicher Kausalzusammenhang: die Öffnung des Ventils ist die einzige Möglichkeit, alle die komplizierten und weitreichenden Bewegungen, die nun folgen, in Gang zu bringen, mit anderen Worten: die Lokomotive hat eine ganz bestimmte Struktur, und diese Struktur bewirkt, daß der Mechanismus der Lokomotive nur auf eine ganz bestimmte Form der Auslösung reagiert. Und ebenso haben Revolutionen auch ihr fast immer gleichbleibendes, nur wenig variierendes *Auslösungsschema.*

Dieses Schema ist ziemlich einfach, nämlich zweigliedrig: eine Revolution entsteht, wenn das Militär versagt, und das Militär versagt, wenn das Volk nichts zu essen hat. Dies ist, ohne alle Ideologie gesprochen, die unmittelbare Ursache fast aller Revolutionen.

Demo-
kratie und
Freiheit

In den Schulbüchern wird allerdings zumeist unstillbarer Freiheitsdurst des Volkes als Ursache der großen Umwälzungen angegeben. Dies ist aber sicher von allen falschen Gründen, die man wählen könnte, der falscheste. Das Volk will niemals die Freiheit, erstens, weil es gar keinen Begriff von ihr hat, und zweitens, weil es mit ihr gar nichts anzufangen wüßte. Die Freiheit hat nämlich nur für zwei Klassen von Menschen einen Wert: für die sogenannten privilegierten Stände und für den Philosophen. Die ersteren haben sich das Talent, Freiheit angenehm oder nutzbringend zu verwenden, durch ein generationenlanges Training mühsam erworben; der letztere hingegen hat die Freiheit immer und überall, in jeder Lebenslage und unter jeder Regierungsform. Die große Majorität der Menschheit jedoch, die weder durch Züchtung noch durch Philosophie in den Stand gesetzt ist, frei zu sein, würde der trostlosesten Langweile verfallen, wenn sie nicht durch tausend Zwangsmaßregeln von sich selbst und ihrer inneren Leere abgelenkt würde. Man gebe einem Hafenarbeiter, einem Kommis, einem Turnlehrer oder einem Briefträger die volle Verfügung über seine Zeit und seine Person, und er wird trübsinnig oder zum Schurken werden. Und was noch viel wichtiger ist: man vergißt zumeist, daß die sogenannte freiheitlichere Regierungsform fast immer das einzelne Individuum unfreier macht. Unter dem Absolutismus des siebzehnten und achtzehnten Jahrhunderts war der Bürger zu nahezu vollständiger Nullität verurteilt, hingegen spielte sich sein Privatleben in einer Behaglichkeit, Friedlichkeit und Unbehelligtheit ab, von der wir uns heute kaum mehr einen Begriff machen können; unter der konstitutionellen Monarchie des neunzehnten Jahrhunderts bekam er politische Rechte, aber zugleich die allgemeine Wehrpflicht: diese ist aber ganz zweifellos eine weit größere Sklaverei als irgendein Despotismus der früheren Zeit. Denn es gibt wohl kaum ein empfindlicheres Attentat auf die persönliche Freiheit als die Zumutung, sich drei Jahre lang den Befehlen von Personen zu fügen, die mit dem Verfügungsrecht und den Disziplinarmitteln von Kerkermeistern ausgerüstet sind, und auch während der folgenden Jahre immer wieder einige Wochen lang eine ungewohnte und aufreibende Zwangsarbeit zu leisten. Aber auch die konstitutionelle Monarchie pflegt im Laufe der Dinge noch freieren Staatsformen Platz zu machen: der Tyrann wird völlig abgeschafft, und das Volk herrscht souverän. Dies hat jedoch fast immer zur Folge, daß das Leben, das bisher nur während der Militärzeit Zuchthauscharakter trug, nun in seiner Gänze zwangsläufig wird. Eine freie Volksregierung mischt sich schlechterdings in alles: sie bemißt die Zahl der Quadratmeter, die der Mensch bewohnen, und die Zahl der Bohnenkörner, die er verkochen darf; sie kontrolliert seinen Lichtverbrauch, seinen Stiefelbedarf, seine Fortbewegungsart und, wenn irgend möglich, auch seine Fortpflanzung, sie hat das eingestandene oder uneingestandene Ideal, aus der menschlichen Gesellschaft ein Internat zu machen: den schlagendsten Beweis liefert gerade die Jakobinerherrschaft. Keine Staatsform kann so viele Torheiten und Gewaltsamkeiten begehen wie die demokratische, denn nur sie hat die *organische* Überzeugung von ihrer Unfehlbarkeit, Heiligkeit und unbedingten Legitimität. Selbst der absoluteste Monarchismus hat hunderterlei Hemmungen: im persönlichen Verantwortlichkeitsbewußtsein des Regenten (das unter der Demokratie immer auf den unfaßbaren »Volkswillen« abgeschoben wird), in der Hofclique, der Kirche, den Ratgebern und Ministern, der »Nebenregierung«, die sich unvermeidlich um jeden Potentaten ankristallisiert; zudem wirkt in jedem Einzelherrscher die Furcht vor der theoretisch stets möglichen Absetzung. Aber die Regierung des »souveränen Volks« ist durch einen perfiden Zirkelschluß vor jeder Selbstbeschränkung geschützt, denn sie ist im Recht, weil sie der Kollektivwille ist, und sie ist der Kollektivwille, weil sie im Recht ist.

Indes: wenn das Volk auch sehr wenig Empfindung für Freiheit hat, so besitzt es doch sehr viel Empfindung für Unrecht. Es genügt daher, wie wir ergänzend hinzufügen müssen, für den Ausbruch einer Revolution keineswegs, daß es nichts zu essen hat, es muß auch die Empfindung haben, daß es anders sein könnte. Kurz: zu jeder Revolution gehört, um sie komplett zu machen, ein Gedanke oder vielmehr, da die Masse ja eigentliche Gedanken nicht zu fassen vermag, das, was Weininger eine »Henide« genannt hat: das dumpfe, noch unartikulierte, mehr ahnungsmäßige Gefühl von einem Sachverhalt, das (etwa wie eine breite Borte oder Franse) halb unbewußt gewisse Eindrücke begleitet. Im Volk verbreitet sich also allemal vor einer Revolution eine Art Gedankenfranse von einer großen Ungerechtigkeit, einer Mißproportion und generellen Ungleichung in der Verteilung der gesellschaftlichen Lasten und Rechte: diese Welle kann jahre-, ja jahrhundertelang unterirdisch bleiben, aber kein Politiker soll darum glauben, sie werde nicht eines Tages dennoch an die Oberfläche brechen! Auch im geistigen und moralischen Leben gibt es so etwas wie eine Erhaltung der Energie: nichts geht verloren in unserem sittlichen Kosmos, und kleine, fast unsichtbare Unrechtmäßigkeiten summieren sich gleich den mikroskopischen Kieselschalen zu ungeheuren Riffen und Bergen, die das Antlitz der Erde verändern. Die Bourbonen waren ganz allmählich aus glänzenden Heldenkönigen glänzende Nichtstuer geworden, indem sie auf Kosten von Millionen gedrückter, freudloser, unterernährter Arbeitstiere aus ihrem Hof ein vergoldetes gläsernes Treibhaus gemacht hatten, das lediglich der Kultur einiger nutzloser, verkünstelter Luxuspflanzen diente. Das Volk schien das ganz in der Ordnung zu finden, aber eines Tages gab es einen ungeheuren Ruck, und das kostbare Glashaus zersplitterte in tausend Stücke. Die Habsburger hatten mitten in Europa jahrhundertelang eine Herrschaft aufrechterhalten, die an Willkür, Egoismus und Beschränktheit keinerlei Vorbild in der bisherigen Geschichte hatte und auf dem ebenso einfachen wie bequemen Grundsatz aufgebaut war, daß die einzige göttliche Bestimmung der Völker darin bestehe, regiert zu werden. Jahrhundertelang billigten die Völker scheinbar diesen Grundsatz, bis sie eines Tages einstimmig erklärten, er sei vollkommen falsch und unerträglich und kein göttlicher, sondern ein ganz infernalischer Grundsatz. Und so kann man denn sehr wohl sagen: eine jede Revolution hat ihre Geburtsstunde in dem Augenblick, wo irgendein öffentliches Unrecht in irgendeiner menschlichen Seele sich in Erkenntnis verwandelt; dieser erste Lichtstrahl verbreitet sich mit derselben Sicherheit und Unwiderstehlichkeit wie jedes andere irdische Licht, wenn auch mit viel geringerer Geschwindigkeit. Und so trägt denn auch jede Revolution in sich den Keim zur Gegenrevolution, wenn sie von der Bahn der Gerechtigkeit abirrt; das tut sie aber immer. Erst in dem Augenblick, wo die Menschen einsehen werden, daß das beste Geschäft, das sie auf Erden machen können, die Achtung vor den Interessen aller anderen Menschen ist: auf allen Lebensgebieten, öffentlichen wie privaten, geistigen wie praktischen, erst dann wird so etwas wie eine stabile Gesellschaftsform möglich sein. Ob diese dann nach rechts oder nach links orientiert, absolutistisch oder spartakistisch ist, wird ungefähr ebenso wichtig sein wie die Kopfbedeckungen und Eßbestecke, deren sich die Menschen unter ihr bedienen werden.

Die Zauberlaterne
Die Französische Revolution hat nun noch neben vielen einprägsamen Eigentümlichkeiten eine ganz besonders auffallende. Eine Revolution ist ja zumeist etwas sinnlos Zerstörendes, wild Animalisches, schaudererregend Häßliches: tote Pferde, zerschossene Häuser, geplünderte Läden, in die Luft gesprengte Brücken, verkohlte und zerfetzte Menschenleiber. Die Französische Revolution aber erscheint uns, obwohl grauenhaft, doch nicht häßlich: sie hat für uns etwas dämonisch Pittoreskes. Wodurch wird nun eine Revolution aus einem wütenden Chaos von Gier und Wahnwitz, das sie in ihrer leiblichen Erscheinung allemal ist, zu einem ästhetischen Phänomen?

Dies hat, glauben wir, zwei Gründe. Zunächst einen allgemeinen. Alle Ereignisse, sobald sie einmal historisch geworden, das heißt: in eine entsprechende Entfernung gerückt sind, werden von uns bis zu einem gewissen Grade als künstlerische Erscheinungen gewertet. Nicht bloß, weil wir heute mit jener Uninteressiertheit auf sie blicken, die angeblich eine der Hauptvoraussetzungen jedes artistischen Genusses ist. Sondern wegen des verklärenden Charakters, den jede Distanz den Dingen verleiht. So paradox es im ersten Moment klingen mag: je ferner wir einer Sache stehen, desto tiefer wirkt sie auf uns, desto ästhetischer mutet sie uns an. Eine Pflanze erscheint uns poetischer als ein Tier, ein Kind poetischer als ein Erwachsener, ein Toter poetischer als ein Lebender. Und dasselbe gilt natürlich von der Vergangenheit. Schon unsere eigene Vergangenheit hat einen eigentümlich halbromantischen Charakter: wir denken an vergangene Erlebnisse, selbst wenn sie peinlich

waren, immer mit einem gewissen Neid und finden, das Leben
sei damals schöner gewesen. Das Erlebnis hat eben immer eine
viel geringere Realität als die Fiktion. Die Ereignisse, die uns
die Geschichte überliefert, sind berichtet, dargestellt, gedacht,
sie sind in der Phantasie; jene, die wir als Zeitgenossen miterleben, sind bloß wirklich. Die ersteren kommen zu uns im Ge-
wande der Dichtung und haben daher jene aromatische, berauschende, verwirrende Wirkung, die die Poesie immer und die
Wirklichkeit nie hat. Wenn wir einen Vorgang miterleben, so
schiebt sich zwischen die tiefen seelischen Eindrücke, die er
machen könnte, immer die Fülle der alltäglichen Details und
sprengt die Wirkung. Die Nähe ist zu groß, das Körperliche ist
zu aufdringlich, wir können die Sache gewissermaßen anfas-
sen. Die Illusion, die geheimnisvolle Fernwirkung ist zerstört.
Das, was *war*, wirkt auf uns allemal tiefer als das, was *ist*.
Dazu kommt aber noch eine Besonderheit der Französischen Revolution: sie besteht ganz einfach darin, daß diese
Revolution französisch war. Der Franzose besitzt nämlich das
paradoxe und mysteriöse Talent, aus allem: Gott, Liebe, Freiheit, Ruhm, Alltag ein Kolportagedrama, einen Saisonroman
zu machen; er weiß allem ein gewisses ästhetisches Arrangement und eine gute wirkungsvolle Drapierung zu geben. Die
imposante Ferozität der Instinkte, die damals frei wurden, bot
übrigens an sich schon dem in Bücherstaub und Tabaksqualm
grau dahindämmernden Europa ein blendendes Schauspiel: es
wurde aus seinen trägen Nachmittagsempfindungen aufge-
schreckt durch diese leuchtende Flammengarbe, die mit ihrem
prachtvollen Farbenspiel den Himmel rötete.
In seinem Bericht über die Konventssitzung vom 16. Januar
1793, die über den Tod des Königs abstimmte, macht Mercier
die Bemerkung: »*tout est optique*«: ein merkwürdig aufschlußreicher Satz. Es scheint, daß diese ganze Französische Revolution auf viele wie ein gespenstisches Figurentheater, wie die

991

Vorgänge in einer Zauberlaterne gewirkt hat. Diese geradezu magische Atmosphäre hat niemand packender und suggestiver nachgestaltet als Carlyle in seiner *French Revolution*, in der das seltsam Schattenartige, unheimlich Huschende, gewissermaßen Zweidimensionale und dabei Alpdruckhafte und Traumähnliche aller Ereignisse zu lebendigster Wirkung gelangt.

Dazu kommt noch die wunderbare lateinische Formvollendung, in der sich alles abspielte. Die öffentlichen Äußerungen dieser wilden Rotte von Mördern und Irrsinnigen, ihre Reden, Pamphlete, Manifeste waren immer noch Kunstwerke, sie könnten ohne Änderung, höchstens mit ein paar Strichen, in jedes Theaterstück hinübergenommen werden. Zum Beispiel, wie Robespierre die Unverfrorenheit hat, dem Konvent im Gefühl seiner Allmacht zuzurufen: »Wer wagt mich anzuklagen?«, und Louvet sich erhebt, langsam vier Schritte vortritt und, ihn scharf anblickend, erwidert: »Ich! Ich, Robespierre, klage dich an!« Oder Danton, der vor seiner Hinrichtung ausruft: »O mein geliebtes Weib, also muß ich dich allein zurücklassen!«, sich aber sofort unterbricht: »Pfui, Danton! Keine Schwäche, Danton!« Oder die berühmte Anklage von Camille Desmoulins gegen die Jakobinerherrschaft im *Vieux Cordelier*, die in ihrer prachtvollen Steigerung ein Paradestück für Kainz gewesen wäre (er gibt sich den Anschein, als ob er von den Zuständen unter den römischen Kaisern redete, meint aber natürlich die Gegenwart):

»Zu jener Zeit wurden Worte zu Staatsverbrechen; von da bedurfte es nur noch eines Schrittes, um bloße Seufzer und Blicke in Verbrechen zu verwandeln. Bald wurde es für den Cremutius Cordus zu einem Verbrechen der Gegenrevolution, daß er Brutus und Cassius die letzten Römer genannt hatte, für den Mamercus Scaurus zu einem Verbrechen der Gegenrevolution, daß er tragische Szenen gedichtet hatte, denen man einen Doppelsinn beilegen konnte, für den Torquatus Silanus zu einem Verbrechen der Gegenrevolution, daß er Aufwand machte, für den Konsul Cassius Geminus, daß er über das Unglück der Zeit klagte, denn das hieß die Regierung anklagen, für einen Abkömmling des Cassius, daß er ein Bildnis seines Urgroßvaters im Hause hatte, für die Witwe des Gellius Furca, daß sie die Hinrichtung ihres Gatten beweint hatte.

Alles erregte Argwohn beim Tyrannen. Genoß ein Bürger die Volksgunst? Er war ein Nebenbuhler des Fürsten. Verdächtig. – Mied er dagegen die Volksgunst und blieb am Kamine sitzen? Dieses eingezogene Leben zeigte, daß er politisch indifferent war. Verdächtig. – War einer reich? Das Volk konnte durch seine Spenden verführt werden. Verdächtig. – War einer arm? Niemand ist so unternehmend wie der Besitzlose. Verdächtig. – War einer von düsterem, melancholischem Wesen? Es betrübte ihn, daß es um die öffentlichen Angelegenheiten gut stand. Verdächtig. – Machte sich einer gute Tage und verdarb sich den Magen? Es geschah aus Freude, weil der Fürst sich nicht wohlbefand. Verdächtig. – War einer streng und tugendhaft in seinem Lebenswandel? Er wollte den Hof herabsetzen. Verdächtig. – War einer Philosoph, Redner, Dichter? Er wollte einen größeren Ruf haben als die Regierung. Verdächtig. – War einer siegreich als Feldherr? Er war nur um so gefährlicher durch sein Talent. Verdächtig, verdächtig, verdächtig.«

Vor dem Revolutionstribunal um Name, Alter und Adresse befragt, antwortete Danton: »Mein Alter ist fünfunddreißig, mein Name befindet sich im Pantheon der Weltgeschichte, und meine Wohnung wird bald das Nichts sein.« Camille Desmoulins antwortet: »Ich bin so alt wie der gute Sansculotte Jesus, für Revolutionäre ein gefährliches Alter.« Tatsächlich war er schon vierunddreißig, aber er retuschierte ein bißchen, dem Effekt zuliebe. Als sein Mitverurteilter Hérault-Séchelles ihn auf dem Schafott umarmen will, sagt Danton, indem er auf den Sack weist, in dem sich die Köpfe der Guillotinierten befinden: »Dort, mein Freund, werden unsere Häupter sich küssen.« Das sind lauter sichere Aktschlüsse und *scènes à faire,* wie sie Dumas und Sardou in ihren besten Stunden kaum eingefallen sind.

Die tragische Operette

Dazwischen spielt viel rührselige Melodramatik. Der Maler David erklärt im Konvent: »Unter einer schönen Regierung gebiert die Frau ohne Schmerzen.« Der Konventskommissär Ferry apostrophiert in einem Zirkular die Bauern des ihm unterstellten Departements: »Ihr edlen Naturfreunde!«, und schließt mit der Aufforderung: »Die guten Bürger werden hiermit eingeladen, dem ländlichen Feste der Ernte den sentimentalen Charakter zu verleihen, der ihm gebührt.« Die erste Nummer des *Mercure de France,* die nach den Septembermorden erschien, trug an ihrer Spitze eine Ode: »An die Manen meines Kanarienvogels.«

Überhaupt: wenn man diese ewigen Freiheitsfeste und Umzüge größten Stils, diesen verschwenderischen Aufwand an geschmückter und lärmender Komparserie, an Versatzstücken, symbolischen Requisiten, Gips, Pappendeckel und Blech beobachtet, so scheint es fast, als sei die Revolution vom französischen Volk als eine Art tragische Operette konzipiert worden. Dies streift oft hart an die Grenze des Kitschigen. Eines Tages betritt die Nationalversammlung ein hundertzwanzigjähriger Landmann und gibt unter allgemeiner Rührung seinen republikanischen Gefühlen Ausdruck. Ein andermal erscheint Anacharsis Cloots, gefolgt von »Vertretern des Menschengeschlechts«, langbärtigen Chaldäern, bezopften Chinesen, gebräunten Äthiopiern, Türken, Tataren, Griechen, Mesopotamiern, die der Revolution ihren Gruß entbieten: in Wahrheit lauter guten Parisern in geschickter Verkleidung, von Höflingen beherrscht werden, ist das Karls des Ersten.« Frankreich zählte beim Ausbruch der Revolution etwa fünfundzwanzig Millionen Einwohner, unter denen sich einundzwanzig Millionen von Landbau ernährten, wenn dieser Ausdruck zulässig ist. Denn da sie allein die ganze Steuerlast tragen mußten, blieb ihnen so wenig, daß die Bodenkultur fast unrentabel wurde. Dazu brachte der Winter von 1788 auf 1789 noch infolge schlechter Ernte und hoher Kälte eine außergewöhnliche Teuerung. Angesichts der gemeinsamen Not des verschwenderischen Hofs und des darbenden Volks blieb schließlich nichts anderes übrig, als die Reichsstände, die seit eindreiviertel Jahrhunderten nicht mehr zusammengetreten waren, zur Beratung geeigneter Reformen nach Versailles zu berufen. Sie begannen ihre Sitzungen am 5. Mai 1789; doch schon am 17. Juni erklärten sich die Vertreter des dritten Stands auf Antrag des Abbé Sieyès als alleinige Nationalversammlung, *assemblée nationale,* indem sie die beiden anderen Stände bloß zum Beitritt einluden. Dem Großzeremonienmeister de Brézé, der ihnen hierauf im Namen des Königs befahl, den Saal zu räumen, erwiderte Mirabeau: »Sagen Sie Ihrem Herrn, daß wir auf Befehl des Volkes hier sind und nur der Gewalt der Bajonette weichen werden.« Drei Tage später leisteten dieselben Abgeordneten im Ballspielhaus den Schwur, sich nicht zu trennen, ehe sie dem Lande eine Verfassung gegeben hätten. Damit war die Aufhebung der unumschränkten Monarchie und der Adelsherrschaft aber erst theoretisch zum Ausdruck gelangt. Der 14. Juli brachte dann den reellen Sieg des Volkes über Königtum und Aristokratie. An diesem Tage erfolgte die Einnahme und Zerstörung der Bastille, ein tumultuarischer Akt von bloß symbolischer Bedeutung, höchst wichtig aber dadurch, daß während seines Verlaufs die Leibgarde zum Volk überging und daß er für ganz Frankreich das Signal zur Erhebung bildete. Von nun an gibt es überall Nationalgarden als Organe der militärischen und Gemeinderäte als Zentren der po-

litischen Macht des Volkes. Am 4. August, in der »Bartholomäusnacht der Mißbräuche«, beschließt die Nationalversammlung, die sich jetzt verfassunggebende Versammlung, *assemblée
nationale constituante*, nennt, die Abschaffung sämtlicher Feu-
dalrechte, Gleichmäßigkeit der Besteuerung und Zulassung
aller Bürger zu den öffentlichen Ämtern. Wenige Wochen später werden auf Antrag Lafayettes die »Menschenrechte« erklärt:
allgemeine Gleichheit, persönliche Freiheit, Sicherheit des Eigentums, Widerstand gegen Unterdrückung, Volkssouveränität.
Am 6. Oktober werden König und Nationalversammlung durch
einen Aufstand des Pariser Pöbels gezwungen, nach Paris zu
übersiedeln. Das Jahr 1790 bringt weitere Veränderungen: Abschaffung des Adels, Einsetzung von Geschworenengerichten
und, nach Mirabeaus Devise: *»il faut décatholiser la France«*,
Einziehung der Kirchengüter und bürgerliche Verfassung der
Geistlichkeit, die den Eid auf die Konstitution ablegen muß. Im
April 1791 beschließt der König, ins Ausland zu fliehen, wird
aber in Varennes angehalten und zurückgebracht. Am 30. September beendet die Constituante ihre Tätigkeit, um sich am
1. Oktober in die gesetzgebende Versammlung, die *assemblée
nationale législative*, zu verwandeln: ihre beiden Hauptparteien
sind die konstitutionell-monarchistischen Feuillants (so genannt nach dem Kloster der Feuillants, wo sie ihre Zusammenkünfte abzuhalten pflegten) und die bürgerlich-republika-
nischen Girondisten (deren prominenteste Mitglieder aus der
Gironde stammten); die eigentliche politische Macht besitzen
aber schon jetzt die außerparlamentarischen Klubs, vor allem die
Jakobiner, und die Galerien, auf denen der Pöbel die Deputierten niederschreit und durch drohende Kundgebungen terro-
risiert. Im April 1792 zwingen die Girondisten den König,
den Krieg an Österreich zu erklären, das bereits seit längerem eine feindselige Haltung eingenommen hatte. Am 20. Juni
dringt eine lärmende Volksmenge als »Prozession der schwarzen

Hosen« in die Tuilerien, zieht aber wieder ab, nachdem sie den König, der am Fenster erscheint, gezwungen hat, sich mit der roten Mütze zu bekleiden; ein junger Offizier namens Buonaparte murmelt dazu in seiner Muttersprache: »*che coglione;* was für ein Dummkopf!« Inzwischen hat Preußen mit Österreich eine Koalition geschlossen, und der Oberbefehlshaber der vereinigten Truppen, der Herzog von Braunschweig, erläßt Ende Juli ein Manifest mit sehr unklugen Drohungen. Dieser Schritt, von dem man wußte, daß er vom König genehmigt sei, ist eine der Hauptursachen des zweiten Sturms auf die Tuilerien, der am 10. August erfolgt: die Schweizergarde, die das Schloß verteidigt, wird niedergemacht, der König suspendiert und als Gefangener in den Temple gebracht. In den darauffolgenden »Septembermorden« werden dreitausend internierte »Verdächtige« nach kurzem Verhör dem Mob ausgeliefert, der sie auf kannibalische Weise tötet. Durch diese Vorgänge sind die Feuillants ganz in den Hintergrund gedrängt worden, und im Konvent, der *convention nationale,* einem Parlament mit unumschränkter Vollmacht, das am 22. September an die Stelle der Législative tritt, bilden die Girondisten die Rechte und die Mitglieder des »Bergs«, *les montagnards,* so genannt, weil sie die höheren Sitze einnahmen, die radikaldemokratische Linke. Die Hauptmacht ruht aber wiederum in den Händen eines außerparlamentarischen Organs, des »Wohlfahrtsausschusses«, der durch seine Befugnis, jeden Bürger in Anklagezustand zu versetzen, den Konvent in steter Furcht erhält. Inzwischen wächst die innere und äußere Bedrängnis. Schon im Herbst 1792 ist die Lebensmittelnot so groß, daß Santerre vorschlägt, jeder Bürger solle erstens zwei Tage in der Woche von Kartoffeln leben und zweitens seinen Hund hängen. Der Herzog von Braunschweig erobert die Festungen Longwy und Verdun: die Republik scheint verloren. Aber sie wird durch die Geschicklichkeit und Entschlossenheit des Generals Dumouriez gerettet, der die vier Ausgänge des Argonnerwaldes besetzt und damit Frankreich für den Feind abriegelt. Es kam, wie er an den Kriegsminister geschrieben hatte: »die Lager bei Grandpré und les Islettes sind die Thermopylen Frankreichs, aber ich werde glücklicher sein als Leonidas.« Durch den welthistorischen Mißerfolg der Kanonade von Valmy, die an sich ein ganz unbedeutendes Treffen war, eine verheerende Ruhrepidemie, ungenügenden Proviantnachschub und andauernden Regen aus der Fassung gebracht, sehen die Alliierten sich gezwungen, den Rückzug anzutreten. Am 21. Januar 1793 wird Ludwig der Sechzehnte enthauptet. Dieses ganze Jahr hindurch ist *»la terreur à l'ordre du jour«*. Das Revolutionstribunal, ein außerordentlicher Gerichtshof ohne Geschworene und ohne Appellation, wütet gegen »Verdächtige« aus allen Gesellschaftsschichten. Ein royalistischer Aufstand in der Vendée wird nach dreivierteljährigem Kampfe blutig niedergeschlagen. Die Häupter der Girondisten werden am 2. Juni verhaftet und einige Monate später guillotiniert: damit ist der Sieg der Ochlokratie über den dritten Stand entschieden. Gegen Ende des Jahres beschließt der Konvent, den katholischen Gottesdienst durch den Kultus der Vernunft zu ersetzen. Dort gibt es jetzt nur noch die »Dantonisten«: die gemäßigten Radikalen, wenn dieser Ausdruck erlaubt ist, und die »Hébertisten«: die Ultrarevolutionären. Robespierre macht sich zum Sieger über beide, indem er zuerst die Hébertisten und zehn Tage später, am 3. April 1794 (oder vielmehr am 14. Germinal des Jahres 2, da inzwischen der *style esclave* dem republikanischen Kalender Platz gemacht hat), die Dantonisten aufs Schafott schickt. Die Revolution hat damit ihren Kulminationspunkt erreicht und tritt alsbald in eine rückläufige Bewegung. Robespierre wird am 27. Juli (9. Thermidor) gestürzt und am nächsten Tage hingerichtet, und im Konvent stehen sich jetzt wieder die beiden Fraktionen des Bergs als die Parteien der (radikalen) »Ausschüsse« und der (gemäßigten) »Thermidoristen« gegenüber. Am 20. Mai (1. Prairial) 1795

macht die völlige Niederlage eines Pöbelaufstands der Jakobinerherrschaft ein Ende. Die ausübende Gewalt wird einem
fünfgliedrigen Direktorium übertragen, der Konvent löst sich
auf. Damit ist der Mittelstand wieder ans Ruder gelangt, und die
»Terroristen« werden jetzt ebenso verfolgt wie vorher die »Aristokraten«: zwei gleich dehnbare Begriffe, unter die sich nach
Maßgabe des Übelwollens fast jeder Bürger subsumieren läßt;
nur tritt jetzt an die Stelle der Guillotine die Deportation. Inzwischen sind die Fluten der Revolution über die Grenzen
Frankreichs hinausgetreten: Belgien und die Rheinlande werden
erobert, geräumt und wiedererobert, Holland wird »befreit«
und zur Batavischen Republik gemacht. Der Friede zu Basel im
April 1795 verschafft Frankreich das linke Rheinufer. In demselben Jahre erschien Kants »philosophischer Entwurf« *Zum ewigen Frieden*, worin er die »Präliminarartikel« festsetzte, unter
denen ein ewiger Völkerfriede zustande kommen soll und wird.
Aber der Baseler Friedensschluß war nur der Auftakt zu einem
zwanzigjährigen Weltkrieg.

Die bedeutendste Persönlichkeit, die während der gemäßigten Phase der Revolution hervortrat, war der Graf Mirabeau.
Mit seiner auffallend hochgewachsenen und breitschulterigen,
gedunsenen und vierschrötigen Gestalt, seinem mächtigen blat-
ternarbigen Kopf, den eine ungeheure Löwenmähne ungepu-
derten gelockten Haares krönte, und seinen riesigen Knöpfen
und Schuhschnallen war er schon in seiner äußeren Erscheinung von einer eigentümlich befremdenden und imposanten
Elefantiasis: »Seine ganze Person«, sagt Madame de Staël, »war
gleichsam die Verkörperung einer regel- und schrankenlosen
Gewalt.« In seinem Antlitz lebten, nach den Worten Chateaubriands, Stolz, Laster und Genie. Sein Auge schleuderte Blitze,
sein Mund Donnerschläge, seine Parlamentsreden waren Feuer-
erbrände, Wolkenbrüche, Eruptionen, Schlachtensymphonien,
dabei virtuos gegliedert, aufs feinste moduliert und von sparsa-

Mirabeau

men, aber höchst effektvollen Gebärden begleitet. Wenn er wie ein gigantischer Felsblock im brandenden Meer der Begeisterung und Empörung stand, vermochte ihn weder Zuruf noch Widerspruch zu erschüttern. Louis Blanc sagt: »Es gab in der Nationalversammlung eine vierte Partei, diese Partei war ein Mann, und dieser Mann war Mirabeau.« Er bildete jene Partei, die leider fast immer nur durch einen Mann vertreten ist: die des Könnens und Wissens, der Tüchtigkeit und Intelligenz. Auch er war kein wirkliches politisches Genie von der Art Friedrichs oder Bismarcks, Napoleons oder Cäsars, vielmehr bloß eine leidenschaftliche Naturkraft; aber wenn man die Französische Revolution so oft ein Elementarereignis genannt hat, so war er ein fruchtbares und sinnvolles und jene ein blindes, zielloses, dummes, das nur zu zerstören vermochte.

Es ist immer ein Zeichen von schöpferischer Begabung, wenn ein Mensch die Fähigkeit besitzt, Gegebenheiten zu sehen und mit ihnen zu operieren. Ein solcher Mensch war Mirabeau. Alle anderen, von den hochgelehrten Girondisten bis zum viehischen Hébert, hatten eine »Theorie«; Mirabeau aber hat keine. Er ist geistreich und praktisch und steht daher über allen Parteien. Er war nichts Bestimmtes, folgt keiner Doktrin wie die Gebildeten und keinen Schlagworten wie die Massen. Er war *für* die Jakobiner, als sie keinen Krieg wollten, weil er sah, daß dieser nur den Sieg der Anarchie bedeuten würde; er war *gegen* die Jakobiner, als sie die radikale Demokratie forderten, weil er sah, daß diese ebenfalls zur Anarchie führen müsse; er war dagegen, daß der König sich nach Paris begebe, weil er wußte, daß er sich dadurch dem Volk in gefährlicher Weise ausliefern werde, und er war dagegen, daß er sich an die Grenze begebe, weil er wußte, daß er dadurch das Volk in gefährlicher Weise reizen werde; er donnerte in einem Atem gegen die Feudalen und die Republikaner, gegen die Klubs und die Emigranten: lauter scheinbar widersprechende Tendenzen, aber in

Wahrheit alle einem einzigen großen Zweck dienend: der Verhütung des rettungslosen Chaos und der Aufrichtung einer modernen zeitgemäßen Monarchie, die in der Förderung des Nationalwohlstands und der öffentlichen Ordnung ihren Inhalt und ihre Legitimation erblickt.

Er scheute sich sogar nicht, vom Hof große Geldsummen anzunehmen, und doch kann man ihn nicht bestochen nennen. Denn er wußte, daß sie ihn nicht um einen Zoll von seiner klar gezogenen Richtlinie abbringen würden. Er war überzeugter Monarchist, weil er überzeugter Franzose war. »Die guten Bürger, die das Land und die Nation kennen, wollen keine republikanische Verfassung. Sie fühlen, daß Frankreich seiner geographischen Beschaffenheit nach monarchisch ist.« Er meinte damit offenbar so etwas wie »seelengeographische Beschaffenheit«. Sein ganzes Programm ist in den Worten enthalten: »Ich will die Wiederherstellung der Ordnung, aber nicht die Wiederherstellung der alten Ordnung.« Er wollte den König an der Spitze der Revolution und mit dem Volk verbündet sehen zum gemeinsamen Siege über Feudalismus und Kirche. Da er sah, zu welchen hypertrophischen Formen die Bewegung drängte, empfahl er die Berufung der führenden Jakobiner ins Ministerium, was in der Tat die einzige Möglichkeit gewesen wäre, sie unschädlich zu machen. Leider starb er schon im April 1791, er hätte aber wohl auch bei einem längeren Leben den Gang der Dinge nicht aufhalten können, denn der König war viel zu entschlußschwach und geistesträge und zudem zu sehr unter dem Einfluß seiner törichten Gattin und der unbelehrbaren Hofpartei, als daß er sich ihm rückhaltlos anvertraut hätte.

Und nun entrollte sich jener glänzende Schundroman, der in Europa so viel Bewunderung und Entsetzen erregt hat. Seine drei Haupthelden sind: erstens Jean-Paul Marat, eine tollgewordene Kellerratte, der das Versagen des öffentlichen Kanalisationssystems die Möglichkeit gibt, aus ihrer Latrine hervorzu-

Die Kellerratte, der edle Brigant und der Oberlehrer

1003

schießen und alles wütend anzufressen, schmutzig, manisch, deformiert, luetisch und von einem unstillbaren Haß gegen alle erfüllt, die gewaschen, vollsinnig, nicht deformiert und nicht luetisch sind, der typische Vertreter des Gesindels der Revolution, der unterirdischen Existenzen, die aus Bordellkneipen und verfallenen Werkstätten, Waldwinkeln und Erdhöhlen plötzlich emportauchen; zweitens George Jacques Danton, eine Art »edler Brigant« und schlechte Karl-Moor-Kopie, wegen seines pockennarbigen Bulldoggenkopfs, seiner dröhnenden Stimme und seiner starken genußfreudigen Vitalität der »Mirabeau des Pöbels« genannt und in der Tat abwechselnd blutgierig und gutmütig, stumpf und intelligent wie ein ungezähmter Bullenbeißer; drittens Maximilian Robespierre, ein dämonisch gewordener Oberlehrer, der seine Tyrannei unter normalen Verhältnissen in Sittenpunkten entladen hätte und zu seiner Diktatur nichts mitbrachte als den konventionellen Verstand, die aufgeblasene Mittelschulbildung und die gute Leumundsnote eines mittelmäßigen Strebers: er war schon auf der Schule Primus und wäre zu jeder anderen Zeit und in jedem anderen Lande geworden, was ein Primus zu werden pflegt: Winkeladvokat, was er anfangs tatsächlich war, Magistratsbeamter, Buchhalter oder Polizeispion, und er wurde, was nur in jener Zeit und in jenem Lande ein Primus werden konnte: Autokrat des jakobinischen Frankreich.

Die Herrschaft der Vernunft und der Tugend Die jakobinische Partei ist ein einziger großer Rousseau: verfolgungswahnsinnig und verfolgungswütig, fanatisch und pharisäisch, phrasenberauscht und doktrinär, schauspielernd und falsch sentimental; aber zu diesen trüben Phantasmagorien eines überhitzten Ressentiments gesellt sich jetzt als sehr wirkliche Realität die Guillotine. Ihr Beil traf schlechterdings alle, die ihm nicht durch Zufall entgingen: die Katholiken, weil sie zuviel glaubten, und die Atheisten, weil sie zuwenig glaubten, die Dantonisten, weil sie fanden, daß sie zuviel arbeite, und die

Hébertisten, weil sie fanden, daß sie zuwenig arbeite; man ließ, wie es der »Königsmörder« Barère später sehr klar ausdrückte, »seinen Nachbarn köpfen, um nicht von ihm geköpft zu werden«. Es kam, wie Georg Forster, einer der begeistertsten deutschen Anhänger der Revolution, schon während ihrer gemäßigten Phase prophezeit hatte: »Die Tyrannei der Vernunft, vielleicht die eisernste von allen, steht der Welt noch bevor … Je edler das Ding und je vortrefflicher, desto teuflischer der Mißbrauch. Brand und Überschwemmung, die schädlichen Wirkungen von Feuer und Wasser, sind nichts gegen das Unheil, das die Vernunft stiften wird.« Zugleich mit dem Absolutismus der Vernunft etablierte sich die Herrschaft der Tugend. Robespierre ließ keinen Zweifel darüber, was er darunter verstand: »Nur der Besitzlose ist tugendhaft, weise und zur Regierung geeignet«; »die Reichen, die Revolutionsfeinde und die Lasterhaften sind dasselbe«. Die wichtigsten Menschenrechte, die die Nationalversammlung proklamiert hatte, waren Sicherheit des Lebens und Eigentums und Widerstand gegen Unterdrückung: aber da Unterdrückung natürlich nur von den finsteren Mächten der Reaktion, von Königtum, Adel und Kirche ausgehen konnte, so war es stillschweigende Voraussetzung, daß auch nur gegen diese Widerstand erlaubt sei; das souveräne Volk *kann* nicht unterdrücken, folglich sind Auflehnungen gegen seinen Willen die schwersten Staatsverbrechen: diese zu ahnden oder lieber gleich im Keime zu ersticken war die Aufgabe des »Sicherheitsausschusses«, der den kurzsichtigen Augen eines Revolutionsfeindes allerdings nur allzuleicht als eine stabilisierte und organisierte Unsichermachung jeglichen Lebens und Eigentums erscheinen konnte, wie sie in der Welt noch nicht erblickt worden war.

Aber auch die Weisen und Tugendhaften, die bereit sind, der Revolution zu dienen, schweben in steter Gefahr, ihren Sinn und Willen mißzuverstehen, denn unter der strengen Herr-

1005

schaft der Vernunft, die die Abtragung des Straßburger Münsters fordert, weil es so unrepublikanisch ist, die anderen Gebäude zu überragen, Lavoisier aufs Schafott schickt, weil er so unbrüderlich ist, mehr von Chemie zu verstehen als alle übrigen Mitbürger, und sogar im Märchen keine Prinzessin mit dem Goldhaar mehr duldet, sondern nur noch eine »Schöne mit dem Assignatenhaar«, ist es ungemein leicht, in den Geruch der Aristokratie zu kommen. Daß eine Magd eingesperrt wird, »weil sie verdächtig ist, bei einem Priester gedient zu haben«, mag noch vollkommen in der Ordnung sein, obgleich sie dieser Untat nur verdächtig ist; auch ist es noch durchaus logisch, wenn das Verhaftungsprotokoll bei mehreren Personen als Motiv des Einschreitens angibt: »Sie haben Geist und können daher schädlich wirken«, und Henriot, früher Gewohnheitsdieb, jetzt Oberbefehlshaber der Nationalgarde, die Gefangennahme von hundertdreißig Personen mit den Worten begründet: »Diese Leute sind keine Sansculotten, denn sie sind dick und fett«; aber ziemlich beunruhigend ist es, daß ein sechsjähriger Knabe seiner Freiheit verlustig geht, weil er »nie Patriotismus an den Tag gelegt hat«, und einem Krämer dasselbe widerfährt, weil er zu den Munizipalbeamten gesagt hat: »Guten Tag, *meine Herren!*«; und was soll man zu einem Schuster sagen, der interniert wird, weil er »jederzeit ein Aristokrat war«?

Der tugendhafte Robespierre hat zwar den materialistischen Kultus der Vernunft abgeschafft und die öffentliche Verehrung eines *être suprême* angeordnet, wobei er selbst als Oberpriester fungiert; aber sich allzuviel mit Gott einzulassen ist gleichwohl nicht rätlich: wer bei einer Messe oder Predigt auch nur als Zuhörer betroffen wird, ist verloren, und wer sich beim Empfang der Letzten Ölung ertappen läßt, wird gut tun, der Guillotine durch schnellen Tod zuvorzukommen.

Um zur religiösen Gleichheit auch die wirtschaftliche hinzuzufügen, weiß die Vernunft ein sehr einfaches Mittel, das die Fürstenknechte nur aus Dummheit oder Bosheit bisher nicht angewendet haben: man teilt das Einkommen jedes Bürgers in eine »notwendige« Hälfte von tausend Franc pro Kopf und Jahr und eine »überflüssige«, die man ihm zu einem Viertel, einem Drittel oder, wenn sie über neuntausend Franc beträgt, zur Gänze abnimmt. Einem oberflächlichen Betrachter könnte es freilich scheinen, als ob dieses System zwei kleine Unvollkommenheiten hätte: vielleicht werden, wenn der Erwerbstrieb keinen genügenden Anreiz mehr findet, viele Bürger nicht mehr ihre höchste Arbeitskraft einsetzen, und vielleicht gibt es auch manche Bürger, die, obgleich vortreffliche Republikaner, nicht einmal die *notwendige* Hälfte besitzen? Aber man vergißt, daß in der idealen Republik solche Möglichkeiten nicht in Betracht kommen: an die Stelle des Erwerbsbetriebs tritt ganz einfach der Patriotismus, und wenn brave Bürger nicht ihr Mindesteinkommen besitzen, so kann nur aristokratischer Verrat im Spiele sein, der eben ausgemerzt werden muß. Dem Schutze der Gleichheit, wenn auch nicht gerade der Freiheit, dient außerdem die Bestimmung, daß jede Erbschaft an die Nachkommen gleichmäßig zu verteilen ist und die unehelichen Kinder den legitimen gleichzustellen sind. Ferner setzt der Staat für alle Kleidungsstücke, alle Speisen und Getränke, alles Beleuchtungs-, Reinigungs- und Heizmaterial Maximalpreise fest und sperrt jeden ein, der mehr bietet oder verlangt; die Erzeugung der Güter wird Nationalwerkstätten übertragen, in denen zusammengelaufene Handwerker nicht gegen Stücklohn, sondern gegen Taglohn arbeiten, was auf die Leistung nicht gerade anspornend wirkt, aber, da jeder Proletarier tugendhaft und, ob qualifiziert oder nicht, schon als guter Republikaner ein guter Arbeiter ist, die Qualität der Ware nicht beeinträchtigt. Da es aber leider noch immer Lasterhafte gibt, die sich den Verfügungen der Zentralregierung nicht unterwerfen wollen, und auch der Bauer trotz des Siegs der Demokratie sich merkwürdig renitent zeigt, so sendet der Konvent seine Kommissäre aus, die sich als ein Heuschreckenschwarm der Gerechtigkeit über die Provinzen ergießen, und diesen Vollstreckern des Volkswillens fehlt es nicht an sechsspännigen Kutschen, Festmählern zu vielen Gedecken, Musikanten, Komödianten, Freudenmädchen und anderen Erleichterungen ihrer republikanischen Mission. Das reaktionäre Landvolk lebt zwar von Wurzeln, ganz wie unter der schurkischen Monarchie, aber das Weißbrot, das die Beamten essen, sogenanntes »Kommissärbrot«, ist dafür von so erlesener Qualität, daß selbst der Sonnenkönig es nicht verschmäht hätte. Da aber auch der Gerechteste bisweilen Milde walten lassen soll, so weisen sie die Lösegelder nicht zurück, die die Verdächtigen ihnen reumütig anbieten. Auch gelingt es ihnen, zahlreiche konterrevolutionäre Werte: Landgüter, Möbel, Equipagen, Schmucksachen für die Freiheit zu retten, indem sie sie der Zwangsversteigerung zuführen, die Mitbietenden abschrecken und für sich selbst einen Schleuderpreis erzielen; denn, argumentieren sie, »können diese Besitztümer in bessere Hände fallen als in die der Patrioten?«

Die Assignaten Den letzten Schritt, der sich aus diesen Prinzipien ergeben hätte, nämlich die gänzliche Aufhebung des Eigentums, hat aber der Jakobinismus nicht vollzogen; oder vielmehr erst zu einer Zeit, als die Revolution bereits in ihre rückläufige Bewegung getreten war. Wir sprechen von der merkwürdigen Verschwörung Babeufs im Jahre 1796, die auf der Devise aufgebaut war: *»la propriété individuelle cause de l'esclavage«*. Ihr Programm ging auch sonst noch erheblich über Robespierre hinaus, denn es dekretierte zum Beispiel: alle Bürger sollen die gleichen Kleider tragen und dieselben Möbel besitzen; alle Kinder sollen in ein großes Erziehungshaus gebracht werden, wo sie ohne Rücksicht auf ihre geistigen Gaben denselben Unterricht genießen sollen; die Arbeiten der Kunst und der Forschung sind auf solche zu beschränken, die sich jedermann leicht mitteilen lassen; alle großen Städte sollen aufgelöst werden, denn sie sind eine Krankheit des öffentlichen Lebens. Babeuf stand in Verbindung mit dem Berg, hatte die Pariser Arbeiterschaft und den größten Teil des Militärs hinter sich, und der Plan mißlang nur durch Verrat.

Während Babeuf beabsichtigte, das Geld dadurch abzuschaffen, daß sein Gebrauch bei Todesstrafe verboten sein sollte, erreichte die Revolution denselben Zweck durch die Einführung der Assignaten. Diese waren staatliche Bodenkreditaktien, Hypothekarscheine auf die »nationalisierten« Güter des Klerus und Adels und verfielen trotz des Zwangskurses einer so reißend zunehmenden Entwertung, daß ein Goldlouisdor im Mai 1795 mit 400, im Mai 1796 mit 19000 Francs in Assignaten bezahlt werden mußte; einige Monate später berechnete eine Zeitung, daß man ein großes Zimmer am billigsten tapezieren könne, wenn man ein solches Geldstück in 45000 Francs Papier umwechsle. Die Freiheit hatte Frankreich in ein Armenhaus und eine Wüste verwandelt. Die Hälfte des Bodens lag brach, der größte Teil der Bevölkerung war arbeitslos, die Chausseen und Kanäle, Dämme und Häfen verfielen, die Gesundheitspflege, der Sicherheitsdienst, der Schulunterricht, die Straßenbeleuchtung verschwanden, und, zurückversetzt in die Zeit der Merowinger, sah der Pariser in der nächsten Umgebung der Stadt Wölfe auftauchen.

In einem seiner utopischen Romane schildert Wells einen *Der Zeit-* »Zeitreisenden«, den Erfinder einer sinnreich konstruierten Ma- *reisende* schine, mit der er in die Zeit segeln kann. Er fährt zunächst in die Zukunft, in ein fernes Jahrtausend, wo er zu seinem Erstaunen bemerken muß, daß die Menschheit sich in zwei Spezies gespalten hat: die einen, die *Eloi,* sind durch fortgesetzten Müßiggang zur höchsten physischen Verfeinerung und Verschönerung, aber zugleich auf ein geistiges Niveau völliger Infantilität gelangt, die anderen, die *Morlocks,* sind durch ununterbrochene manuelle Tätigkeit zu affenartigen Höhlengeschöpfen, stupiden Arbeitsmechanismen geworden. Eine gewisse Ausgleichung findet dadurch statt, daß die Morlocks von Zeit zu Zeit die wehrlosen Eloi überfallen und auffressen. In einem ähnlichen Zustande befand sich Frankreich zur Revolutionszeit. Aber es existiert in dem Roman von Wells ein Wesen, das sich sofort zum Herrn der Situation machen könnte, nämlich der Zeitreisende selbst. Es würde ihm nicht schwerfallen, sich die zwei degenerierten Rassen untertan zu machen: die Eloi durch Liebenswürdigkeit, die Morlocks durch Energie und beide durch überlegene Geistesmacht, durch eine ihnen unfaßbare und daher schreckliche Anwendung von Vernunftmitteln. Diese Rolle spielte in Frankreich Napoleon. Der Staatsstreich des 18. Brumaire stürzte das Direktorium und errichtete die Konsularregierung, die bereits eine konstitutionelle und kaum mehr konstitutionelle Monarchie war. Seine Kundmachung vom 15. Dezember 1799 erklärte: »Die Revolution ist zu Ende.«

Die Kurve der Revolution Blicken wir noch einmal auf den Gang der Revolution zurück, so bemerken wir, daß er sich in vollkommener Regelmäßigkeit vollzogen hat, indem er eine tadellose Parabel beschrieb. Es ist, als ob vorher ein unsichtbarer Griffel die Gleichung der Revolutionskurve aufgestellt hätte, nach der diese dann in der Wirklichkeit konstruiert wurde. So hat Descartes, der Nationalheilige Frankreichs, auch bei der eruptivsten Lebensäußerung des französischen Volkes seine Hand im Spiele gehabt.

Durch den Bastillensturm am *14. Juli* 1789 wird das Ancien régime gestürzt und in der Regierung von der Nationalversammlung abgelöst, was soviel bedeutet wie den Sieg der Konstitution über den Absolutismus. Durch den Sturm auf die Tuilerien am *10. August* 1792 erfolgt die Suspension des Königs oder der Sieg der Republik über die Monarchie. Die Verhaftung

der Girondistenführer am *2. Juni* 1793 bezeichnet die Alleinherrschaft des »Bergs« und damit den Sieg der proletarischen Demokratie über die bürgerliche. Mit der Hinrichtung der Dantonisten am *14. Germinal* 1794 erreicht die Revolution in der Diktatur Robespierres ihren Höhepunkt, um nunmehr in ihre rückläufige Phase einzutreten, deren einzelne Etappen mit denen des ansteigenden Astes genau korrespondieren. Am *9. Thermidor* 1794 siegt der Konvent als Vertreter der radikalen Demokratie über Robespierre, wie er am 2. Juni 1793 über die gemäßigte Demokratie gesiegt hatte; am *1. Prairial* 1795 siegt die Republik des dritten Standes über die Jakobiner, wie sie am 10. August 1792 über das Königtum gesiegt hatte; am *18. Brumaire* 1799 siegt die konstitutionelle Monarchie über das Direktorium, wie sie am 14. Juli 1789 über den alten Feudalstaat gesiegt hatte; und die Revolution, die aus dem Absolutismus der Bourbonen entsprungen war, endet im Absolutismus des Empire.

So war es denn gekommen, wie schon im Jahre 1793 ein historisch denkender Kopf vorausgesagt hatte: die republikanische Verfassung werde in Anarchie übergehen, und früher oder später werde ein kräftiger Mann erscheinen, der sich nicht nur

»Monsieur Giller«

zum Herrn von Frankreich, sondern auch vielleicht von einem großen Teile Europas machen werde. Diese Prophezeiung stammte von einem Ehrenbürger der französischen Republik. Im Spätsommer 1792 nämlich, kurz vor den Septembermorden, hatte der »Moniteur universel« gemeldet, daß *»le sieur Giller, publiciste allemand«* von der Nationalversammlung zum *citoyen français* ernannt worden sei; andere Journale korrigierten den Namen in *Gisler, Gillers* und *Schyler*; aber erst im März 1798 gelangte »*Monsieur Giller*« in den Besitz seines Diploms. In der Tat ist die chaotische und doch von einer geheimen Logik erfüllte Atmosphäre der Revolution einzig und allein in den Dramen des jungen Schiller aufgefangen worden. Wir haben vorhin Danton mit Karl Moor verglichen; aber auch die Züge anderer Hauptakteure der Bewegung erinnern an Figuren aus Schillers Welt: das kalte teuflische Raisonnement Robespierres und Saint-Justs an Franz Moor, das giftige Ressentiment Marats und Héberts an Wurm, der edle wortreiche Republikanismus Rolands an Verrina, dessen gefühlvolle, etwas verzeichnete Gattin an Amalia. (Allerdings hat die Wirklichkeit die Dichtung oft weit hinter sich gelassen: so gibt es zum Beispiel eine »Briefszene« von so gigantischer Niederträchtigkeit, daß sie auch Schiller nicht eingefallen ist, nämlich jene, wo Hébert den achtjährigen Dauphin ein Protokoll unterschreiben läßt, das die Königin des geschlechtlichen Verkehrs mit ihm bezichtigt.)

Klopstock, ebenfalls französischer Ehrenbürger, beeilte sich, in einem ziemlich albernen Gedicht, worin Frankreich natürlich »Gallien« heißt, die Revolution in jenem Stile anzusingen, den Ludwig der Erste von Bayern später so virtuos beherrscht hat, und als »neue, labende, selbst nicht geträumte Sonne« zu feiern. Für die Revolution erklärten sich auch in öffentlichen und privaten Äußerungen Schlözer und Johannes Müller, Hölderlin und Jean Paul, Wieland und Herder, Schubart und Klinger, sogar der junge Gentz und der Freiherr von

Dalberg, am längsten Kant und Fichte, nur Iffland und Kotzebue schrieben läppische Parodien; schließlich aber teilten fast alle Gebildeten die Empfindung Schillers, der schon kurz nach der Hinrichtung des Königs an Körner schrieb: »Ich kann seit vierzehn Tagen keine französische Zeitung mehr lesen, so ekeln diese elenden Schindersknechte mich an.«

Der deutsche Mensch stand zu jener Zeit noch fast gänzlich unter dem Zeichen der Manufaktur, der Hausindustrie und der Agrarkultur: alles oder doch alles Notwendige wurde in der Sphäre des eigenen Wohnbezirkes erzeugt. Dies hatte eine gewisse Enge des Gesichtskreises, seelische Abgeschlossenheit, geistige Schwerbeweglichkeit, aber auch eine warme Intimität und edle Selbstgenügsamkeit des Gemütslebens sowohl zur Wirkung als zur Voraussetzung. Die Bevölkerung lebte zu drei Vierteln gänzlich auf dem Lande, aber auch die meisten Städte waren nicht viel mehr als große Dörfer, Ackerstädte, und Großstädte von der Art wie Paris, London oder Rom gab es überhaupt noch nicht. Ferner gab es keine Maschinen oder auch nur den Maschinen ähnliche Apparate, und das heißt: keine exakte, reichliche und wohlfeile Gütererzeugung und keinen leichten, schnellen und ausgedehnten Verkehr. Der Unsicherheit weitausgreifender Spekulationen, des Transports, des Welthandels, der politischen Verhältnisse stand aber eine große Sekurität des Kleinbesitzes und Kleinhandels gegenüber, gegründet auf die Festigkeit des Absatzgebietes, den Mangel an Konkurrenz, die Einförmigkeit sowohl der Produktionsmöglichkeiten wie des Kundenbedürfnisses, und dies erzeugte auch bei den »arbeitenden« Ständen eine Atmosphäre der Beschaulichkeit und Muße, wie sie heute kaum noch irgendwo anzutreffen ist. Im Gegensatz zur späteren Zeit war die bürgerliche Durchschnittsfrau damals meist tätiger als der Mann, dafür aber an geistigen Dingen fast uninteressiert, während dieser, infolge der vielen freien Zeit, die ihm zur Verfügung stand, allen Fragen der Bildung

Das schlafende Deutschland

eine weit höhere Anteilnahme entgegenzubringen vermochte als heutzutage. Und dazu kam noch der relative Mangel an Ablenkungen und Zerstreuungen, an Lärm jeglicher Art, von dem unser ganzes heutiges Dasein bis in die Stunden der Erholung hinein erfüllt ist: keine täglichen Riesenzeitungen und Massenversammlungen, stündlichen Lichtspiele und Hörspiele, viertelstündlichen Telephonrufe, dringlichen Draht-, Luft- und Radionachrichten, die unser Leben frikassieren. Zum Spintisieren und Phantasieren, zu abstrakter, nach innen gewendeter Tätigkeit wurde der damalige Mensch durch seine ganze Lebensform ebenso aufgefordert, wie er heute daran verhindert wird. Aus diesem Seelenzustande erstand das klassische Zeitalter der deutschen Literatur. Während andere schwitzten und rannten, England sich mit Goldbarren und Pfeffersäcken abkeuchte, Amerika anfing, sich in den öden Riesentrust zu verwandeln, der es heute ist, Frankreich zum Irrenhaus und zur Mördergrube wurde, schlief Deutschland einen ehrlichen, gesunden, erfrischenden Schlaf, aber welche schönen Träume hatte es in diesem Schlaf!

Haben die Klassiker gelebt? Ein kleines Mädchen fragte mich einmal: »Haben die Klassiker eigentlich wirklich gelebt?«: ein sehr aufschlußreicher Kindermund. Sie sind in der Tat von der nachlebenden Philisterwelt so dicht mit schalen, fälschenden und frostigen Phrasen verhängt worden, daß sie durch unsere Erinnerung nur noch als leere unwirkliche Legendengestalten gespenstern: sie haben in unserem Bewußtsein nicht mehr Realität und Individualität als etwa der Knecht Ruprecht oder der König Drosselbart.

Schon die Befreiungskriege machten aus Schillers Sentenzen Devisen für Turnvereine, und so wurde er der »Dichter der Nation« und zugleich der Typus des weltfremden Poetenjünglings, dessen ganze Tätigkeit darin bestanden habe, daß er in der Dachstube mit seiner Muse verkehrte. Das Hauptverdienst an der Schöpfung des »idealen Schiller« hat seine Schwägerin Karoline von Wolzogen, die zugleich seine erste namhafte Biographin war. Karoline war einer jener empfindsamen Blaustrümpfe, wie sie damals in Mode waren, und zudem in ihren Schwager zeitlebens unglücklich verliebt; so ist es zu erklären, daß eine der genauesten Kennerinnen Schillers das falscheste Bild von ihm entworfen hat, das sich aber tief einwurzelte. Wie entsetzt wäre man von nun an gewesen, wenn jemand Dinge wie »Verlegerabrechnung« oder »Zeitungsinserat« mit Schiller in Verbindung gebracht hätte! Oder gar, wenn jemand zu sagen gewagt hätte: Schiller hatte Sommersprossen und eine viel zu lange Nase; Schiller hatte unmögliche schlenkernde Armbewegungen und X-Beine; Schiller schwäbelte penetrant, rauchte und schnupfte unaufhörlich und trank gern ziemlich viel Sekt; Schiller schrieb an den Rand seiner dramatischen Entwürfe Aufstellungen über mutmaßliche Einnahmen und Ausgaben.

Schiller ist dem Schicksal, zur leeren Festspielattrappe entseelt zu werden, gerade darum in noch höherem Maße zum Opfer gefallen als Goethe, weil er zu allen Zeiten der Populärere war. Von Goethe sagt Herman Grimm in seinen *Vorlesungen*: »Wäre er bei der Kanonade von Valmy durch eine Kugel vom Pferde gerissen oder sonstwie damals hinweggenommen worden, so würden seine besten Freunde vielleicht, wie bei Lord Byron, geurteilt haben, es sei sein Verlust zwar zu bedauern, für seinen dichterischen Ruhm aber habe er das Nötige geleistet, und man zweifle, ob Größeres noch zu erwarten gewesen wäre.« Zwischen 1787 und 1790 erschienen Goethes *Gesammelte Schriften* bei Göschen lieferungsweise in acht Bänden; es meldeten sich etwa 600 Subskribenten. Der Absatz der Einzelausgaben war noch schwächer: es wurden vom *Clavigo* 17, vom *Götz* 20, von der *Iphigenie* 312, vom *Egmont* 377, sogar vom *Werther* nur 262 Exemplare verkauft; der Verleger verlor bei dem Gesamtunternehmen über 1700 Thaler. Hingegen war die erste Auflage des *Wallenstein* von 3500 Exemplaren bereits in zwei Monaten vergriffen, obwohl gleichzeitig in zwei deutschen Städten Nachdrucke erschienen. Andrerseits darf man aber auch von Schiller nicht glauben, daß er von den »maßgebenden« Kreisen gebührend geschätzt wurde. Im Jahre 1798 wurde er von der Universität Jena zum ordentlichen Honorarprofessor der Philosophie ernannt. In dem Entwurf des Schreibens, worin ihm dies verkündet wurde, hatte es geheißen, daß es dem Kollegium der ordentlichen Professoren zur Ehre gereiche, sich näher mit ihm verbunden zu sehen. Bei reiflicherer Erwägung aber fand man, daß das doch ein etwas übertriebener Ausdruck sei, und machte aus der Ehre ein »großes Vergnügen«. Die allgemeine Meinung Deutschlands über die Dioskuren dürfte wohl am besten der Berliner Kupferstecher Clas getroffen haben, als er sie mit Kotzebue und Iffland auf einem Blatt zu 12 Groschen vereinigte, das großen Absatz fand.

Die beiden Gipsköpfe Was war aber denn nun die wirkliche Bedeutung jener beiden Männer, deren hohle Gipsköpfe der deutsche Bürger voll Andacht auf seine Konsole stellt? Sie *lebten*, und zwar *vorbildlich*. Darin bestand ihre ganze Tätigkeit.

Das Leben des einen war nichts als Arbeit, Fleiß, Arbeit. Ewige Unrast, immer weiter, hinauf, hinauf: das war der Sinn seines Daseins. Sein ganzer geistiger und physischer Organismus war nichts als eine riesige Kraftmaschine, die ununterbrochen Kräfte akkumulierte, weitergab und wieder akkumulierte. Und so jagte er mit fliegendem Atem dahin, ein unersättlicher Renner, bis er mitten im Laufe, aufs letzte ausgepumpt, zusammenbrach.

Das Leben des anderen war nichts als Wachstum, Entwicklung, Wachstum. Wie ein Kristall langsam anwächst, durch lautlose »Apposition«, immer neue Glieder ansetzend, in klaren, rechtwinkligen, gleichmäßigen Formen, so wuchs auch er, nichts eigenmächtig wegnehmend oder hinzufügend, verlangsamend oder beschleunigend. Und als er die größte Höhe und Umfänglichkeit erreicht hatte, die einem Menschen möglich ist, starb er: setzte keine neuen Kristalle mehr an, sondern *blieb stehen*, leuchtend, gradkantig, in spiegelnden unverrückbaren Flächen, ein unsterbliches menschliches Kunstwerk, weithin sichtbar für die Jahrhunderte.

Goethe sagt in seinen *Maximen und Reflexionen*: »Panoramic ability schreibt mir ein englischer Kritiker zu, wofür ich allerschönstens zu danken habe.« In der Tat läßt sich seine »*faculté maîtresse*« nicht treffender bezeichnen. Er besaß eine panoramatische Seele, ein Geistesauge, das die Dinge stereoskopisch zu sehen vermochte: reich und rund, perspektivisch und abschattiert, und eine enzyklopädische Sittlichkeit, deren Verständnis allem geöffnet war. Aber eben infolge dieser Wundergabe hat man sein Wesen niemals auf eine Formel zu bringen vermocht. Wir glauben bisweilen, er sei etwas Bestimmtes gewesen; aber gleich darauf müssen wir erkennen, daß er ebensosehr das Gegenteil davon war. Man spricht daher viel von »Widersprüchen in der Natur Goethes«. Aber gerade er war die widerspruchsfreieste Natur, die sich denken läßt: denn er setzte sich niemals in Widerspruch zu dem, was wir Schicksal nennen, weder zu seinen Umständen noch zu seinen Zuständen, weder zum Weltlauf noch zu sich selbst. Er ist schwärmerisch wie ein Blaustrumpf und nüchtern wie ein Bürokrat, kraftgenialisch bis zur Flegelei und zeremoniös bis zum Schranzentum, pietistisch und atheistisch, deutsch und kosmopolitisch, Mystiker und Materialist, Freigeist und Reaktionär, feuriger Liebhaber, ganz in seine Passion versunken, und kalter Ichmensch, ganz auf sich konzentriert; er ist alles, weil das Leben alles ist. Er betrachtet die ganze Welt, die innere wie die äußere, als ein geheimnisvolles Laboratorium, in dem dunkle Kräfte aufsteigen und ver-

Panoramic ability

schwinden, sich vermählen und wieder trennen, und sich selbst als den passiven Zuschauer, dem nichts aufgetragen ist, als stillezuhalten, das magische Spiel nicht zu stören und bisweilen Bericht davon zu geben. Man kann daher seinen Erdenlauf ein Epos nennen, eines der höchsten und vollkommensten, die je in die Welt getreten sind.

Der Theatrarch

Schiller hingegen war ein *dramatischer* Organismus. Seine Biographie ist ein Drama von Schiller: die Jugend setzt bereits sehr wirksam ein, als Meisterstück einer straff gespannten, aufregenden Exposition, und dann geht es immer weiter durch bunte und heftige Konflikte, in atemlosem Tempo, nur hie und da unterbrochen durch etwas deklamatorische Philosophie, bis die gewaltsame und tragische Katastrophe eintritt, hochdramatisch, mitten auf dem Höhepunkt der Handlung kerzengerade abfallend. Er stirbt und hinterläßt den Torso des *Demetrius*, den stärksten ersten Akt der Weltliteratur.

Und als er tot war, hat das Schillerdrama unausgesetzt weitergespielt: in der Geschichte seines Nachruhms. Auch hier vollzog sich alles in sprunghaften und überraschenden Wendungen. Immer wieder wurde für und gegen seinen Namen gekämpft, als wären seine Theaterstücke Premieren von gestern. Es schien häufig, als sei der Erfolg oder Mißerfolg seiner Werke immer noch Sache des Glücks, der momentanen Konstellation, Stimmung und Zeitströmung. Man polemisierte um ihn wie um einen Lebenden; nie war man sich über ihn einig. Er war ein staatsgefährlicher Mensch und der Retter seines Volks, der Kanon edelster Dichtkunst und das Muster roher Theatralik, der Prediger der höchsten ethischen Ideale und der Vertreter einer inhaltlosen und abgelebten Ideenwelt. Und zu alldem wurde er nicht etwa im läuternden Gang der Geschichte, die die Menschen und Werke der Vergangenheit vor ihren unparteiischen Instanzenzug stellt, um schließlich kalt sachlich das Bleibende vom bloß Aktuellen zu scheiden; sondern er war dies alles gleichzeitig: miteinander, gegeneinander, durcheinander, und ist es noch heute. Und er wird wahrscheinlich niemals ein wirklicher dauernder Kulturbesitz werden; er wird immer die Leidenschaften entzünden und die Extreme in den menschlichen Köpfen und Herzen hervortreiben. Vielleicht ist ebendies seine historische Mission: eine dramatische.

Schiller schrieb einmal an Körner: »Ich habe mir eigentlich ein eigenes Drama nach meinem Talente gebildet, welches mir eine gewisse Excellence darin gibt, eben weil es mein eigen ist. Will ich in das natürliche Drama einlenken, so fühl ich die Superiorität, die Goethe und viele andere Dichter aus der vorigen Zeit über mich haben, sehr lebhaft. Deswegen lasse ich mich aber nicht abschrecken; denn eben, je mehr ich empfinde, wie viele und welche Talente oder Erfordernisse mir fehlen, so überzeuge ich mich desto lebhafter von der Realität und Stärke desjenigen Talents, welches, jenes Mangels ungeachtet, mich so weit gebracht hat, als ich schon bin. Denn ohne ein großes Talent von der einen Seite hätte ich einen so großen Mangel von der andern nicht so weit bedecken können, als geschehen ist, und es überhaupt nicht so weit bringen können, um auf feinere Köpfe zu wirken.«

Diese spezifische Grundbegabung, die Schillers ganzes Schaffen organisierte, war sein Theatertalent. In seinen Dichtungen lebt nicht die wirkliche Welt, sondern eine andre, freikomponierte: die Theaterwelt, die ein vollständiges Reich für sich bildet, die ihre eigene Psychologie, ihre eigene Ethik, ja selbst ihre eigene Logik hat, ähnlich wie die Märchenwelt, die auch selbstgeschaffenen Gesetzen gehorcht. Um eine solche Wirklichkeit zweiter Ordnung so vollständig und in so lückenlosem Zusammenhang zu konzipieren, muß man *auch* Wirklichkeitssinn besitzen, wennschon es ein anderer ist als der gewöhnliche. Und in dieser Welt war Schiller ein unumschränkter und freier Alleinherrscher, der mit bewundernswertem Feldherrnblick alles übersah, ordnete, verteilte und dirigierte: er ist der absolute Theatrarch. Er reihte diktatorisch alle Erscheinungen in sein Theatersystem ein. An Natürlichkeit der Gestalten waren ihm Goethe und nicht wenige andere in der Tat überlegen. Der einschneidende Unterschied besteht darin, daß Goethe seine Charaktere vollständig schildert und von allen Seiten, in allen, auch den unwesentlichen Linien zeigt: sie führen ihr eigenes Leben und verhalten sich zu Schillers Gestalten etwa wie eine massive Theatertür zu einer gemalten. Schiller zeigt immer nur das, was er gerade braucht, immer nur Ausschnitte; nie bringt er etwas, bloß um zu charakterisieren, alles hat nur seinen Zweck im Rahmen des Ganzen. Goethe macht Menschen, Schiller macht Figuren. Dies wäre ein entschiedener Tadel für Schiller, wenn es sich eben nicht um Theaterstücke handelte. In diesem Falle aber bildet es ebensowenig einen Mangel wie etwa die Tatsache, daß ein Versatzstück nur auf der Seite bemalt ist, die dem Publikum zugekehrt ist, oder daß ein Schauspieler, von dem man bloß den Kopf sieht, nicht im vollen Kostüm steckt. Es gibt wohl kaum eine Stelle in Schillers Dramen, die nicht für die Räumlichkeit der Bühne gedacht wäre, für diese besondere Art Raum, die zwar drei Dimensionen, aber nur drei Wände hat. Goethe dichtete überhaupt gar nicht mehr fürs Theater, sondern versetzte seine Menschen und Vorgänge in wirkliche Zimmer mit vier Wänden und in eine wirkliche Natur, die von allen Seiten Farbe ausstrahlt, kurz, in eine Welt, die man sich ohne Enttäuschung auch von hinten ansehen kann. Seine Menschen sprechen mit sich selbst und miteinander, als ob sie allein wären. Aber ebendies war der Grund, warum er, obschon von einer ganz anderen Seite her, nämlich infolge einer Überdimensionalität, ebensowenig Dramatiker war wie die Stürmer und Dränger, von denen wir im vorletzten Kapitel sprachen. Diese hatten eine Dimension zuwenig, und er hatte eine Wand zuviel.

Schiller inspirierte sich bekanntlich beim Schreiben durch den Geruch fauler Äpfel. Man könnte nun (ohne daß damit im geringsten etwas Degradierendes ausgedrückt werden soll) auch von dem Pathos seiner Vorgänge und Gestalten sagen, es lebe in einer solchen Atmosphäre. Ihre Leidenschaft ist vollkommen echt, hat aber etwas nicht ganz Frisches, einen »Stich«, den befremdenden und zugleich verführerischen Hautgout des Morbiden und Konservierten; des Theatralischen.

Das Pathos der faulen Äpfel

Technische Erwägungen wie zum Beispiel im Bauerbacher Entwurf des *Don Carlos*: »Schürzung des Knotens – der Knoten verwickelter – anscheinende Auflösung, die alle Knoten noch mehr verwickelt« finden sich niemals in Goethes Entwürfen, Schiller hingegen beschäftigten sie bis in seine letzten Tage hinein. Unter diesen zahlreichen Vornotizen, in denen er sich intim und unbeobachtet, etwa wie ein Schauspieler auf der Arrangierprobe zeigt, finden sich zum Beispiel beim *Demetrius* Aufzeichnungen wie die folgenden: »Zu vermeiden ist, daß in dieser Szene ein Motiv wiederholt wird, welches schon auf dem Reichstage vorgekommen«; »ein hoffnungsreicher Erfolg beschließt diesen Akt auf eine theatralische Art«; »damit diese Szene nicht dem Krönungszug in der Jungfrau von Orléans begegne, muß sie sowohl ganz anders eingeleitet als auch ganz verschieden geführt werden.« Längere Zeit schwankte er zwischen Demetrius und Warbeck, einem ganz ähnlichen Stoff aus der englischen Geschichte; ehe er die endgültige Entscheidung traf, stellte er noch einmal in einer ausführlichen Liste das Pro und Contra gegenüber, mit Bemerkungen wie: »Für Warbeck: Glücklicher Ausgang. Popularität des Stoffes. Interesse der Hauptperson. Debutrolle.« Das ist ganz vom Standpunkt des theatralischen Realpolitikers gedacht.

Goethe denkt sehr wenig an den Schauspieler, Schiller hingegen zeigt sich in seinen Bühnenanweisungen als genialer Regisseur, der das Szenenbild und den Darsteller nie aus dem

Auge verliert. Man denke zum Beispiel an das überaus wirksame erste Auftreten Mortimers: »Mortimer, Paulets Neffe, tritt herein und, ohne der Königin einige Aufmerksamkeit zu bezeigen, zu Paulet: ›Man sucht euch, Oheim.‹ Er entfernt sich auf eben die Weise«; an das eindrucksvolle, das ganze Drama zusammenfassende stumme Spiel der Jungfrau bei dem Bericht Bertrands über die furchtbare Gefahr, in der Orléans schwebt: »Johanna horcht mit gespannter Aufmerksamkeit und setzt sich den Helm auf«; an den stimmungsvollen Schluß der ersten Szene des dritten Aufzugs im *Tell*: »Hedwig geht an das Hoftor und folgt den Abgehenden lange mit den Augen«; an die ebenso theatermäßige originelle Fiktion im *Demetrius*: »Alsdann stellt er sich so, daß er einen großen Teil der Versammlung und des Publikums, von welchem angenommen wird, daß es im Reichstag mitsitze, im Auge behält und dem königlichen Thron nur nicht den Rücken wendet«: in allen diesen und noch vielen anderen Fällen glaubt man Schiller direkt am Regiepult sitzen zu sehen. Sogar in seinen Prosaschriften bleibt er Theatermensch: auch hier denkt er mehr an den Hörer als an den Leser, und die Sperrung gewisser Worte und Satzteile hat, wie Richard Fester sehr treffend bemerkt, »als Anweisung zu gehöriger Betonung die Bedeutung eines Regievermerks«.

Das Genie der Kolportage Infolgedessen bildete das Hereinbrechen des Klassizismus ein wahrhaft tragisches Moment in seiner künstlerischen Entwicklung. Ohne sich selbst darüber klar zu sein, wurde er in eine Richtung gedrängt, die seiner ganzen Charakteranlage und Gestaltungsmethode im tiefsten entgegen war. Es ist bekannt, daß Goethe hieran nichts weniger als unschuldig war; die Hauptverantwortung trifft natürlich die Zeit. Aber es muß hinzugefügt werden, daß Goethe diese ganze Bewegung verstärkt, verschärft und übersteigert und ihr durch das Gewicht seiner einzigartig suggestiven Persönlichkeit erst die letzte

1022

Sanktion verliehen hat. Ihm selbst freilich hat diese ganze Miß-
orientierung am wenigsten geschadet, aber gerade dies machte
sein Vorbild für die anderen um so verhängnisvoller. Es war
seine Natur, daß er im Grunde durch nichts beeinträchtigt werden konnte, indem er alles, Gutes und Schlimmes, Hohes und
Geringes, Fremdes und Verwandtes seinem Organismus ein-
verleibte: als einen Assimilationsstoff, aus dem doch immer
wieder nur er selber wurde; wie der menschliche Körper aus
den verschiedenartigsten Nährmitteln, die in ihn eintreten,
stets das gleiche Zellenmaterial aufbaut, so machte Goethe aus
allem letzten Endes Goethe, und so konnte ihn nichts dauernd
in seinem Wachstum hemmen. Aber hierin war er ein Unikum,
und Schiller reagierte anders: einerseits viel gewalttätiger und
selbstherrlicher, andrerseits viel hingebungsvoller und impres-
sionabler. Seine Natur war: sich fortreißen zu lassen und, fort-
gerissen, dann alle anderen mit sich zu ziehen. Einmal ergriffen
von einer Idee, gehörte er ihr ganz und ruhte nicht eher, als bis
er sie in allen ihren Beziehungen und Anwendungen ausgebaut
hatte. Wenn an Goethe neue Gedanken, Assoziationen, Bilder,
geistige Dominanten herantraten, so war es sein Bestreben, sie
in seinen Besitz zu bekommen; aber Schiller wollte von ihnen
besessen sein.

Seinen Höhepunkt hat der Klassizismus Schillers in der
Braut von Messina erreicht. Hier ist alles dünn, farben-
schwach, leerer Silberton, antiquarisch, Hoftheater und erinnert an die papierenen und anämischen »heroischen Landschaften« jener Zeit, auf denen selbst die Tiere bedeutend und
langweilig sind. Auch *Wallenstein* gemahnt ein wenig an die damaligen abstrakten Repräsentationsporträts, die mehr Pathos
als Individualität besitzen, und hat immer unsichtbar die Ri-
gaudsche Säule neben sich, ohne die man sich das Bildnis eines
Staatsmanns nicht denken konnte; und selbst in *Tell* ist ziemlich viel »Baumschlag«. Aber gleichwohl läßt sich erkennen,

daß das »Klassische« bei Schiller bloß einen glänzenden Firnis bildet, mit dem er seine Dramen zeitgemäß hergerichtet hat. Noch im Jahr 1801 schrieb er an Körner: »Der Jambe vermehrt die theatralische Wirkung nicht, und oft geniert er den Ausdruck«; sowohl den *Wallenstein* wie den *Carlos* wollte er ursprünglich in Prosa schreiben, und dieser wurde tatsächlich in einer von ihm besorgten Prosafassung an mehreren Bühnen gespielt. Bei jenem hat vor allem die klassizistische Mißdeutung des antiken Schicksalsbegriffs großen Schaden gestiftet. Das *Lager* ist der höchst eigenartige Einfall eines Theatergenies: die Idee, zu einer Tragödie ein Vorspiel zu schreiben, worin der Held nicht vorkommt und ebendarum ununterbrochen und aufs eindrucksvollste vorkommt, war ebenso dankbar wie zwingend. Was aber die Tragödie selbst anlangt, so war zwar der Gedanke, nur die Katastrophe zu zeigen, die letzten Schlagschatten, die eine lange, reiche und bewegte Vorgeschichte auf den Helden wirft, ebenfalls eine durchaus theatermäßige Konzeption; aber eine solche Technik hätte nur wirksam sein können, wenn sie mit äußerster Konzentration gearbeitet hätte. Schiller vergaß, daß der *Ödipus*, der ihm als Paradigma vorschwebte, nur der *letzte Akt* einer Tragödie ist; aber der *Wallenstein* hat elf Akte und siebeneinhalbtausend Verse. An einer ähnlichen Elefantiasis leidet auch der *Carlos*. Löst man aus ihm das Familiendrama heraus (was gar nicht so sakrilegisch ist, wie es aussieht, denn Schiller selbst hat ja ursprünglich ohne Flandern, Freiheit und Prosa komponiert), so bleibt ein ausgezeichnetes Intrigenstück voll Schlagkraft, Tempo, Spannung, wie es nur Schiller schreiben konnte; selbst Otto Ludwig, der unerbittlichste aller Schillerkritiker, hat zugegeben, daß dieser Teil des Dramas außerordentlich sei, und darauf hingewiesen, daß er offenbar das stärkste und lehrreichste Muster für Scribe und seine Schule abgegeben habe.

Und dies ist in der Tat die eigentliche Bedeutung Schillers für die Geschichte des europäischen Theaters: er war eines der größten Genies der Kolportage. Wir wollen diese Bezeichnung keineswegs im abfälligen Sinne gebraucht wissen, sondern erblicken die höchsten Spitzen dieser Gattung in Ibsen und Shakespeare, Dostojewski und Balzac. Schiller hatte von Natur eine leidenschaftliche Vorliebe für die dichterische Gestaltung von »Schiebungen«, von Coups und Gegencoups, Intrigen und Kabalen, und seine Phantasie weilt mit fast ausschließlichem Interesse in der Atmosphäre des Schauerromans. Die Jugenddramen bewegen sich noch gänzlich in dieser Richtung. Ihre kolportagehafte Anlage zeigt sich auch darin, daß ihre Katastrophen nicht zwingend sind. Wir haben im vorletzten Kapitel gehört, daß die *Räuber* und *Fiesko* ohne Beeinträchtigung des Erfolges mehrfach mit »*happy end*« gespielt wurden und sogar Schiller selber für Mannheim die letzten Szenen geändert hat. Auch von *Kabale und Liebe* wurde eine Fassung aufgeführt, worin der Präsident im letzten Augenblick mit Gegengift erscheint und dem geretteten Liebespaar reuig seinen Segen gibt. Und für die Prosafassung des *Carlos* hatte Schiller wiederum selbst einen anderen Schluß ausgearbeitet: Carlos ersticht sich im Augenblick seiner Verhaftung, Philipp sinkt verzweifelt an seiner Leiche nieder.

Einer der grandiosesten Kolportageromane der Weltliteratur wäre der *Geisterseher* geworden, dessen erstes Fragment 1787 in der *Thalia* und dessen erster Band 1789 erschien. Wir teilen aber nicht die verbreitete Annahme, daß ihn Schiller unvollendet gelassen habe, weil er sich selbst in dem höchst verwickelten Stoff nicht mehr zurechtfand; dies wäre mit seiner ganzen sonstigen Arbeitsweise im Widerspruch, die immer von einem festen detaillierten Generalplan ausging, und für einen Detektivroman, der stets von hinten aufgerollt und daher im vorhinein genau fixiert werden muß, auch bei jedem andern Autor unwahrscheinlich; sondern er unterließ offenbar die Fortsetzung, weil er inzwischen Klassiker geworden war. Aber eine geheime Neigung für derlei Aufgaben hat er bis zu seinem Tode behalten. Gleich nach der Vollendung des *Wallenstein*, 1799, dachte er eine Zeitlang an ein Kriminaldrama mit Giftmord, Kinderraub und verräterischem gestohlenen Schmuck: *Narbonne oder die Kinder des Hauses*, das ihn bis ins Jahr 1805 hinein beschäftigte, und an ein noch größer angelegtes Sujet derselben Art *Die Polizei:* »Paris, als Gegenstand der Polizei, muß in seiner Allheit erscheinen und das Thema erschöpft werden. Ebenso muß auch die Polizei sich ganz darstellen und alle Hauptfälle vorkommen... Ein ungeheures, höchst verwickeltes, durch viele Familien verschlungenes Verbrechen, welches bei fortgehender Nachforschung immer zusammengesetzter wird, immer andre Entdeckungen mit sich bringt, ist der Hauptgegenstand. Es gleicht einem ungeheuren Baum, der seine Äste weitherum mit andren verschlungen hat und welchen auszugraben man eine ganze Gegend durchwühlen muß. So wird ganz Paris durchwühlt, und alle Arten von Existenz, von Verderbnis etc. werden bei dieser Gelegenheit nach und nach an das Licht gezogen.« Besonders der erste Akt, der im Audienzsaal des Polizeileutnants spielen und alle Räder der großen Maschine in vollster Bewegung zeigen sollte, wäre zweifellos ein Sittengemälde von einer aufregenden Buntheit und Spannung geworden, wie es nur Schiller hätte schreiben können. Hermann Hettner bemerkt hierzu in seiner sehr gediegenen *Literaturgeschichte des achtzehnten Jahrhunderts:* »Wer erblickt Schiller gern in der Nachbarschaft von Eugène Sues *Pariser Geheimnisse*? Der Genius der Schönheit hat Schiller vor der Ausführung dieser Entwürfe bewahrt.« In der Tat trägt niemand anders als dieser warnende Genius der Schönheit die Schuld daran, daß Deutschland nicht jenes allen anderen Nationen überlegene Drama hervorgebracht hat, zu dem es in seinen stärksten Talenten befähigt war.

Ebenderselbe Genius hat auch über dem Bund der beiden Dioskuren gewaltet, den Hettner und die übrigen Literarhistoriker nicht genug zu preisen wissen. Bekanntlich waren Goethe und Schiller einander ursprünglich antipathisch. Schiller rügte an Goethe »ein bis zur Affektation getriebenes Attachement an die Natur«, erklärte: »Überhaupt ist seine Vorstellungsart zu sinnlich und betastet mir zuviel«, und schrieb schließlich, ebenfalls an Körner, ohne jede Paraphrase: »Dieser Mensch, dieser Goethe ist mir einmal im Wege«; Goethe wußte in dem »gehorsamsten Promemoria«, worin er Schiller für die Jenaer Professur empfahl, an ihm nicht mehr zu rühmen, als daß er »sich durch seine Schriften einen Namen erworben« und erklärte nachträglich ganz offen: »Schiller war mir verhaßt.« Und wie er im ruhigen Rückblick über jene Jahre des gemeinsamen Zusammenarbeitens dachte, erhellt aus den Worten, die er im Oktober 1824, fast zwanzig Jahre nach Schillers Tode, an Zelter schrieb: »Ich redigiere meine Korrespondenz mit Schiller von 1794 bis 1805. […] Mir ist es dabei wunderlich zumute, denn ich erfahre, was ich einmal war. Doch ist eigentlich das Lehrreichste der Zustand, in welchem zwei Menschen, die ihre Zwecke gleichsam par force setzen, durch innere Übertätigkeit, durch äußere Anregung und Störung ihre Zeit versplittern, so daß doch im Grunde nichts der Kräfte, der Anlagen, der Absichten völlig Wertes herauskommt.«

Goethe und Schiller haben in jenen zehn Jahren zwei gemeinsame Schöpfungen hervorgebracht: das Weimarer Theater und die Xenien. Die sogenannte »Weimarer Schule«, die aus ihren Bemühungen hervorging, muß, aus den Berichten zu schließen, eine geradezu schreckliche Art des Theaterspielens über Deutschland verbreitet haben: es war offenbar der Gipfel jenes Stils, den man noch heute in durchaus nicht ehrendem Sinne als »Hoftheater« bezeichnet. Goethes Grundmaxime lautete: »der Schauspieler soll stets bedenken, daß er um des Publikums wil-

Der Bund der Dioskuren

len da ist«; infolgedessen solle er nicht »aus mißverstandener Natürlichkeit« so spielen, als wenn kein Dritter dabei wäre. Dieses Prinzip, das an sich ja nicht unrichtig ist, wurde jedoch in einer Weise wörtlich genommen, veräußerlicht und überspannt, die ans Unbegreifliche grenzt. Die Darsteller mußten stets einen anmutigen Halbkreis bilden, durften nie nach dem Hintergrund sprechen, niemals dem Zuschauer den Rücken, ja auch nur das Profil zeigen. Das Hauptgewicht wurde auf kultivierten Vortrag gelegt: eine übertrieben deutliche Artikulation, die die Persönlichkeit des Schauspielers und den Charakter der Figur verwischt, und eine Art singende Deklamation, die man für den Höhepunkt der Schönheit hielt, kurz, es war die Reduktion der Schauspielkunst auf bloße Rezitation und eine Anzahl fixer Repräsentationsgesten; infolgedessen nahmen auch die Leseproben einen ganz unverhältnismäßig großen Raum ein, von Goethe und Schiller persönlich geleitet, die beide, wie dies bei Dichtern so oft der Fall ist, miserable Vorleser waren, Schiller in so hohem Maße, daß er hierdurch mehrmals den Erfolg seiner Stücke gefährdete: den *Fiesko* las er in Mannheim so schlecht, daß alle, obgleich sie mit den größten Erwartungen gekommen waren, nach dem zweiten Akt weggingen und der Regisseur Meyer Streicher fragte, ob nicht ein anderer die *Räuber* geschrieben und Schiller sie nur unter seinem Namen herausgegeben habe, denn der *Fiesko* sei das Allerschlechteste, was er je in seinem Leben gehört habe; ebenso erging es ihm mit Frau von Kalb, die ihm nach der Vorlesung des *Don Carlos* lachend erklärte: »Lieber Schiller! das ist das Allerschlechteste, was Sie noch gemacht haben«, und noch im Jahr 1801, wo er auf der Höhe seines Ruhms stand, mit der *Jungfrau von Orléans*, die nach dem Bericht des Schauspielers Heinrich Schmidt fast gar keine oder vielmehr auf viele eine »narkotische« Wirkung ausübte. Schiller hielt sich jedoch zeitlebens für den besten Interpreten seiner Werke und hatte in seiner Jugend eine Zeitlang sogar die Absicht, Schauspieler zu werden.

Was die *Xenien* anlangt, so ist vielleicht in jenem Zimmer in Jena, worin die meisten von ihnen durch Kollaboration entstanden sein dürften, das größte Quantum an Weisheit, Wissen, Geschmack, Zeitgeist, Sprachgewalt, Seelenkunde versammelt gewesen, das das damalige Deutschland aufzubringen vermochte; das Resultat ist bekannt. Es wurde von den Zeitgenossen nahezu einstimmig abgelehnt; die führenden Blätter: die *Erlanger gelehrten Zeitungen*, die *Neue allgemeine deutsche Bibliothek*, die *Oberdeutsche allgemeine Literaturzeitung*, Reichardts *Deutschland*, Wielands *Teutscher Merkur* und fast alle übrigen erklärten es in mehr oder minder schroffer Form für gänzlich mißlungen. Das allgemeine Urteil brachte am klarsten der *Kosmopolit*, herausgegeben von Voß, zum Ausdruck, indem er an eine Verlegeranzeige, die die *Xenien*, »eine in ihrer Art ganz neue Erscheinung« genannt hatte, die Frage knüpfte: »Wer kann einen Augenblick anstehen, gegen vierhundert kleine Gedichte… welche, dem Publikum als eine Auslese feinen und attischen Witzes, als *Geschenke* von Wert zu einer würdigen und wohltuenden Ergötzung vorgesetzt, gleichwohl großen Teils entweder plump oder hämisch oder flach und sinnlos, fast sämtlich aber ohne eigentlichen poetischen Wert sind – für eine in ihrer Art neue und merkwürdige Erscheinung zu erklären?« und dreiviertel Jahre später, das Ganze noch einmal zusammenfassend, hervorhob, es bleibe immerhin die Befriedigung, »daß von allen Stimmen, welche sich über die *Xenien* haben hören lassen, auch nicht *eine* für sie gesprochen hat«. Erst den nachgeborenen Oberlehrern ist es vorbehalten geblieben, sich für sie zu begeistern, indem sie von dem primitiven Kalkül ausgingen: wenn von zwei Autoren jeder einzelne Hervorragendes schaffe, so müsse das, was sie gemeinsam leisten, doppelt wertvoll sein.

Die Antipoden

Hebbel sagt einmal in seinem Tagebuch: »Von Goethe war mir nur wenig zu Gesicht gekommen, und ich hatte ihn um so mehr etwas geringschätzig behandelt, weil sein Feuer gewissermaßen ein unterirdisches ist und weil ich überhaupt glaubte, daß zwischen ihm und Schiller ein Verhältnis wie etwa zwischen Mohammed und Christus bestehe; daß sie fast gar nicht miteinander verwandt seien, konnte mir nicht einfallen.« In der Tat kann man sie, wie wir schon andeuteten, geradezu als Schulbeispiele entgegengesetzter künstlerischer Produktivität ansehen.

Am 5. Juni 1825 sagte Goethe (natürlich zu Eckermann), als von den Definitionen der Poesie die Rede war: »Was ist da viel zu definieren! Lebendiges Gefühl der Zustände und Fähigkeit, es auszudrücken, macht den Poeten.« Dahingegen schrieb Schiller den Vers: »Was sich nie und nirgends hat begeben, das allein ist Poesie!« Prägnanter können zwei polare Künstlerwelten sich nicht gegenübertreten als in diesen beiden Sätzen. Aber während die Feststellung Goethes jedermann ohne weiteres einleuchtet, bezeichnet das Wort Schillers das eigentliche Paradoxon der Künstlernatur. Emerson leitet seinen Essay über Shakespeare mit den Worten ein: »Wenn wir darin Originalität erblicken, daß eine Spinne ihr Gewebe aus ihren eigenen Eingeweiden zieht, dann ist kein Künstler ein Original.« Nun, Schiller war aber wirklich so eine Spinne: er zog alles aus sich selbst.

Schiller kannte von der Schweiz bekanntlich nur ein paar altväterische, wenig anschauliche Beschreibungen und einige Landkarten und Ansichten, mit denen er während der Arbeit am *Tell* sein Zimmer austapeziert hatte; und dennoch ist im *Tell* die ganze Schweiz: alle Schweizer Kritiker konstatierten mit Staunen die treffend ähnliche Porträtierung des Landes, der Sitten, der Volksart, der Redeweise, und Reisehandbücher verwenden noch heute Schillersche Verse zur Orientierung und

Lokalverdeutlichung. Die Erörterung dieses Problems war von jeher ein beliebtes Aufsatzthema. Wir möchten jedoch behaupten, daß Schiller nicht nur die Schweiz für seine Schilderung nicht brauchte, sondern daß er sie nur deshalb so gut malen konnte, weil er sie nie gesehen hatte. Eine aufmerksame Tournee durch sämtliche Berge und Täler hätte ihn nur verwirrt. Die widerspruchsvollen und verschwommenen äußeren Eindrücke hätten sich vor seine klaren und kräftigen inneren Bilder geschoben. Eine *wirkliche* Schweiz hatte dem Dichter Schiller nichts zu sagen.

Es gibt aber noch ein krasseres Beispiel. Im *Musenalmanach für das Jahr 1800* erschien das *Lied von der Glocke*. Das Publikum war von der Genauigkeit und Treue, mit der darin die Vorgänge des Glockengusses geschildert waren, überrascht und entzückt. Aber schon elf Jahre früher hatte sich Schiller mit dem Stoff beschäftigt und ging, wie Karoline mitteilt, »oft nach einer Glockengießerei vor der Stadt spazieren, um von diesem Geschäft eine Anschauung zu gewinnen«. Die Dichtung wollte aber nicht recht vorwärtsgehen, und er legte den Plan zurück. Eines Tages aber fiel ihm ein ganz ödes Buch in die Hände: die *Ökonomisch-technologische Enzyklopädie* von Krünitz, er las es, und auf einmal war die Anschauung da! Wir haben im vorletzten Kapitel darauf hingewiesen, daß Kant diese Fähigkeit, die lebhaftesten und deutlichsten Vorstellungen aus Büchern zu schöpfen, in womöglich noch höherem Maße besaß.

Im Leben aber verhielten sich Goethe und Schiller merkwürdigerweise gerade umgekehrt. Goethe sagte noch im Alter von sich: »Ich bin immer das neugeborene Kind«, und war sein Leben lang eine passive, entschlußschwache, im Grunde weltfremde Natur, während Schiller von den Tagen seiner Reife an durch eine sehr scharfe Kenntnis und resolute Behandlung der gesamten Umwelt gekennzeichnet ist. Er war ein Virtuose in der Handhabung des publizistischen Apparats, und zwar in einem Grade, wie er damals noch viel seltener war als heutzutage, ein Meister des »Waschzettels« und »Prospekts«: man denke an die Vorrede zur Auswahl aus Pitaval, den Vorbericht zur *Sammlung historischer Memoires*, die Ankündigungen der von ihm herausgegebenen Zeitschriften, der *Rheinischen Thalia* und der *Horen*, die er beide mit größter Geschicklichkeit redigierte, zum Teil unter Zuhilfenahme ganz moderner journalistischer Praktiken. Bei den *Horen* rechnete er ganz bewußt auf den Snobismus gewisser Publikumskreise, die es zu allen Zeiten gegeben hat, indem er an den Verleger Cotta schrieb: »Das Denken ist freilich eine harte Arbeit für manchen, aber wir müssen es dahin bringen, daß, wer auch nicht denken kann, sich doch schämt, es zu gestehen, und unser Lobredner wider Willen wird, um zu scheinen, was er nicht ist«; er ließ die einzelnen Nummern in der *Allgemeinen Literaturzeitung* auf Kosten Cottas fortlaufend besprechen, was, da diese die angesehenste und einflußreichste Zeitschrift Deutschlands war, selbst unter den heutigen Verhältnissen ein unerhörter Vorgang wäre; und beim Eingehen der *Horen* erwog er die amerikanische Idee, durch Einrücken eines »tollen politisch-religiösen Aufsatzes« ein Zensurverbot zu erwirken, um damit das Fiasko zu kaschieren.

Wenn wir bei der Vergleichung zwischen Goethe und Schiller noch ein wenig verweilen wollen – obgleich sie, wenn wir nicht irren, schon hie und da gemacht worden ist –, so wird uns vielleicht als markantester Unterschied auffallen, daß in Goethe auf extreme Weise der *optische* Typus verkörpert war, in Schiller der *akustische* Typus. Goethe sagt ausdrücklich: »Gegen das Auge betrachtet ist das Ohr ein stummer Sinn.« Alles Erleben ruht bei ihm im Schauen. Durch den Anblick des Straßburger Münsters wird er zum »Gotiker«; durch den Anblick eines geborstenen Schafsschädels gelangt er zu seiner

Wirbeltheorie. In dem dunklen Gefühl, daß ihn Italien zu neuen Dichtungen befruchten werde, eilt er dorthin, um es zu *erblicken*; die Idee zu einem Tellepos wird in ihm, im striktesten Gegensatz zu Schiller, durch den Anblick der Schweizer Lokalitäten erweckt, die von der Tellsage Kunde geben. Von Kunstwerken, die er bewundert, wünscht er die Kopien ständig vor Augen zu haben; Schiller hat sich nicht einmal die Originale berühmter Bildwerke angesehen, auch wenn er sie dicht vor sich hatte. Sämtliche Gedichte Goethes sind, wie er selbst es bezeichnet hat, Gelegenheitsgedichte, und dasselbe könnte man von seinen Dramen sagen: alles Schaffen wächst bei ihm aus dem konkreten Erlebnis, und die Literarhistoriker können auf die korrespondierenden Stellen in seiner Biographie und seiner Dichtung mit dem Finger hinweisen. Er hatte eine große Passion für alles Botanische, nur die Kryptogamen interessierten ihn nicht, weil man ihre Einzelheiten mit freiem Auge nicht sieht; aus demselben Grunde beschäftigte er sich auch nicht mit Sternkunde. Er lehnte die mathematische Physik ab, weil sie gleichfalls eine Wissenschaft des Unsichtbaren ist, und die Newtonsche Theorie, daß das Weiß aus sämtlichen Spektralfarben gebildet sei, weil dies dem Augenschein widerspricht. Seine Vergötterung des Auges ging sogar so weit, daß er niemals Brillen benutzte, weil sie ein künstliches Sehen vermitteln.

Umgekehrt hatte er wenig Beziehung zur Musik. Er hat in ihr immer nur eine dienende Kunst erblickt; die Welt der »absoluten Musik« war ihm verschlossen. Zu den größten musikalischen Genies seiner Zeit, Beethoven und Schubert, hat er bekanntlich ebensowenig ein Verhältnis gefunden wie sein Freund, der brave Kapellmeister Zelter, in dem er das Ideal eines Liederkomponisten erblickte. Für Schiller hingegen stand die Musik im Mittelpunkt alles künstlerischen Schaffens, zumal des dramatischen. Er erklärte, seine poetischen Ideen seien immer »aus einer gewissen musikalischen Gemütsstimmung«

hervorgegangen, betonte wiederholt, daß die Vollendung des theatralischen Kunstwerks nur möglich sei, wenn man die Musik dazu heranziehe, und räumte ihr in der dramatischen Ökonomie einen breiten und dominierenden Platz ein: die Höhepunkte zumal seiner späteren Werke sind alle musikalisch empfunden und fordern nicht selten die direkte Unterstützung durch das Orchester. Ja man darf einige seiner Dichtungen, wie den *Tell* und die *Jungfrau von Orléans*, geradezu als Sprechopern bezeichnen, was aber nur in den Augen eines theaterfremden Kunstbolschewismus (der neuerdings die alberne Kühnheit gehabt hat, im *Tell* Details wie das Vorspiel, den Chor der barmherzigen Brüder und den musikalischen Schluß des Rütliakts als »kitschig« zu streichen) einen Einwand bedeuten kann.

Statiker und Dynamiker   Wir könnten vielleicht den Gegensatz zwischen Goethe und Schiller noch auf einen anderen Generalnenner bringen, indem wir Goethe als *Statiker*, Schiller als *Dynamiker* bezeichnen. Diese Klassifizierung hat das Mißliche jeder Formel, daß sie etwas Lebendiges unter einen Begriff zu bringen sucht, was schlechterdings unmöglich ist; sie hat aber auch den Vorteil der Formel, daß sie zwei große Gruppen herstellt, die, über die bezeichneten Individuen hinaus, prinzipielle und generelle Bedeutung besitzen. Für Goethe, den Statiker, steht im Mittelpunkt seines Lebens, Denkens und Schauens das Ruhende, das Sein; für Schiller das Bewegte, das Werdende. In der Somatologie ist es die Anatomie, die Wissenschaft von den bleibenden Eigenschaften des Körpers, die Goethes Entdeckungsgebiet bildet, während ihn die Physiologie, die sich mit den Veränderungen des Körpers befaßt, fast gar nicht beschäftigt. Die einzige naturwissenschaftliche Arbeit hingegen, die Schiller verfaßt hat, seine Dissertation, führte in ihrer ersten Fassung den Titel »Philosophie der Physiologie«. Ganz analog ist es in der Botanik die Morphologie, die Wissenschaft von der dauernden

Gestalt der Pflanzen, die Goethes Hauptarbeitsgebiet ausmacht, ja die »Urpflanze« ist sogar der gewaltsame Versuch, die verschiedenen Entwicklungsstadien der Pflanze auf ein einheitliches stehendes Grundprinzip zurückzuführen: aus dem Werden ein Sein zu machen. In seinen Studien über die anorganische Natur dominierte die Mineralogie, für die er eine große Leidenschaft besaß; aber die Chemie, die Grundlage aller Mineralogie, ist für ihn von weit geringerem Interesse: weil sie die Lehre von den Umwandlungen der Stoffe behandelt und eine dynamische Wissenschaft ist.

Nach dem Gesagten braucht nicht erst näher motiviert zu werden, wieso Goethe ein so bedeutender Lyriker war, aber niemals ein richtiges Drama geschrieben hat, während es sich bei Schiller gerade umgekehrt verhielt, warum Goethe ein so starkes Interesse für bildende Kunst besaß und Schiller für Politik, warum dieser einer der geistreichsten und verständnisvollsten Schüler Kants wurde, dessen Philosophie, wie wir gehört haben, nichts anderes zum Gegenstand hat als das Werden unserer Erkenntnis, und warum Goethe erklärte, Kant nicht zu verstehen. Nur auf eine anscheinend widerspruchsvolle Tatsache sei noch hingewiesen: Goethe reiste viel und schrieb viele Reisebeschreibungen, und zwar weil er ein Statiker war. Denn der Reiseliebhaber, obschon fortgesetzt bewegt, hat sein jeweiliges Interesse doch immer nur auf ein Ruhendes gerichtet, und sämtliche Disziplinen, die sich mit der Reiseliteratur berühren: Ethnographie, Geographie, Archäologie, Geognosie fußen auf statischen Prinzipien.

Man könnte das ganze Verhältnis auch auf die beiden Kardinalbegriffe »Natur« und »Geschichte« reduzieren; und in der Tat war im Nebenamt Goethe einer der größten Naturforscher, Schiller einer der größten Historiker seines Zeitalters.

Natur und Geschichte

Auch in Goethes *Dichtungen* dominiert die »Natur«. Man weiß bei ihm immer, welche Witterung herrscht, welche Tageszeit und Jahreszeit, unter welchem Himmelsstrich man sich befindet, auch wo nicht die geringste Andeutung darüber gemacht wird; die äußere Atmosphäre, in der seine Menschen atmen, ist um sie ganz ungewollt herumgelegt, hüllt sie ein wie ein bestimmter Farbenton ein Gemälde. Dies gilt selbst von den abstraktesten Szenen im zweiten Teil des *Faust*. Auch Schiller ist die landschaftliche Stimmung, das physische Milieu durchaus nicht gleichgültig, er empfindet es sogar als sehr wirksamen Faktor; man denke zum Beispiel an den prachtvollen Schluß der Rütliszene: »Die leere Szene bleibt noch eine Zeitlang offen und zeigt das Schauspiel der aufgehenden Sonne über den Eisgebirgen.« Aber es wirkt immer wie dazugemalt, und es ist immer nur dort hinzugetan, wo es den Bühneneffekt steigert, gewissermaßen als ein ein- und ausschaltbares Stück Theatermaschinerie. Weswegen es uns, sooft es vorkommt, viel stärker in die Nase geht als bei Goethe. Dies spricht jedoch nicht für Schillers Natursinn, sondern gegen ihn; denn die *echte* Natur ist etwas, das zwar immer da ist, aber fast unmerklich. Der See im *Tell*, das Gewitter in der *Jungfrau*, der Wald in den *Räubern* sind fast Figuren des Stücks, die auf dem Theaterzettel stehen könnten; und dies spricht andrerseits für Schillers eminenten Theatersinn, denn auf der Bühne hat in der Tat nur das Existenzberechtigung, was auch auf dem Theaterzettel stehen könnte.

In Schillers Dichtungen dominiert die »Geschichte«. Goethe ist der Dramatiker der Privatangelegenheiten, Schiller der Dramatiker der welthistorischen Angelegenheiten. Alle seine Stücke haben einen großen politischen Hintergrund, auch seine sogenannten »bürgerlichen«. Es ist gewissermaßen ein Zufall, daß Karl und Franz Moor nur die Söhne eines kleinen regierenden Grafen sind und der Präsident und Ferdinand an einem Duodezhof leben. Sie reden und handeln alle so, als ob sie die Träger weithin leuchtender, in jedem Geschichtsbuch auffindbarer Namen wären. Umgekehrt ist das Historische bei Goethe bloße

Namenssache. Es ist ein Zufall, daß Tasso Tasso heißt: er würde uns ebenso interessieren, wenn er nicht mit dem Dichter der *Gerusalleme liberata* identisch wäre, und Egmont mutet uns an wie ein bloßer Namensvetter jenes Helden der Niederlande.

Wir haben schon vorhin auf das Dynamische in Schillers Lebensgang hingewiesen. Seine Entwicklung vollzog sich mit einer Hast und Energie, Überstürztheit und Fieberhaftigkeit, die aus dem dunklen Vorgefühl floß, wenig Zeit zu haben. Jenen permanenten physischen und psychischen Krisenzustand, den man Genialität zu nennen pflegt, überwand er durch ein eminent helles und starkes Dispositionstalent, eine bewunderungswürdige Ökonomie, die mit sehr genau und knapp zugeteilten Kräften so wirtschaftete, daß der Eindruck des Reichtums, der Überfülle, der Verschwendung erzeugt wurde. Während der Arbeit an einem Drama dachte er immer schon an das nächste, und war eines vollendet, so kam ohne die geringste Atempause das folgende daran: hatte er sich einmal ausnahmsweise nicht sogleich für ein bestimmtes neues Sujet entschieden, so fühlte er sich, wie er selbst es ausdrückte, wie im luftleeren Raume schweben. Ja er verspürte sogar, ebenfalls nach seinem eigenen Bericht, in Zeiten körperlichen Wohlbefindens ein Nachlassen der Geistestätigkeit und Willenskraft: wir stoßen hier wieder einmal auf den merkwürdigen Zusammenhang zwischen Krankheit und Produktivität, den wir im ersten Buch erörtert haben. Schon in der äußeren Form der Arbeitsweise zeigte sich der generelle Gegensatz zwischen ihm und Goethe: dieser hat in seiner zweiten Lebenshälfte fast nur diktiert, Schiller niemals, vielmehr schnaubte und stampfte, deklamierte und gestikulierte er beim Dichten in schreckenerregender Weise.

Goethe nahm die Kunst überhaupt nicht übermäßig ernst. Er hatte nichts von der – bis zu einem gewissen Grade notwendigen – Monomanie des Künstlers, dem sein winziger Ausschnitt aus der Gesamttätigkeit der Menschheit den Angel-

Diktierer und Diktator

punkt der Welt bedeutet. So aber war Schiller, hierin dem Schauspieler verwandt. Mit ihm tritt überhaupt das Moment der »Arbeit« in die Kunst ein, das jener Zeit bisher völlig fremd gewesen war, der Arbeit in der modernen Bedeutung: als Überwindung von Widerständen, inneren und äußeren, und Einordnung aller Tätigkeit in einen vorausbestimmten Plan. So beschäftigte sich Goethe, trotz unablässigster, sorgfältigster und vielfältigster Wirksamkeit, nie und mit nichts. Er war immer Amateur, Liebhaber, Gelegenheitsdichter, Gelegenheitsdenker, Gelegenheitsforscher. Alles entstand bei ihm scheinbar durch Zufall, obschon nach innerster Notwendigkeit. Er entdeckt heute den Zwischenknochen und schreibt morgen seine Lebensgeschichte oder Teile des *Faust*, vielleicht aber auch nur irgendeinen ganz gleichgültigen Bericht über Bergwerke oder Unterrichtswesen. Alles ist ihm gleich wichtig, alles ist ihm gleich interessant. Er nimmt sich niemals etwas vor. Er läßt sich niemals zu etwas drängen. Er weiß: ist etwas für ihn notwendig, so wird es schon eines Tages von seiner Seele Besitz ergreifen. So paradox es klingt: Goethe, diese ungeheure geistige Energie, die nahezu alles, was vor ihr in menschlichen Köpfen gewesen war, resorbiert und verarbeitet hat, war eigentlich keine aktive, sondern eine träge Natur.

Schiller hingegen hat alles aus sich *gemacht*. Er wirkt daher, in gewisser Beziehung, moderner. Was hätte er in unserer Zeit, die ihm die Mittel an die Hand gegeben hätte, mit seinem rastlosen Organisationstalent nicht alles ins Leben gerufen: Festspielhäuser, Riesenverlage, Volksbildungsinstitute, Weltjournale! Man könnte sich ihn ganz gut mit Füllfeder und Schreibmaschine, als Filmdichter und Radioredner denken; bei Goethe ist das völlig unvorstellbar: er ist der letzte große Vertreter der stillen Zeiten.

Schiller war ein so vollständiger Dynamiker, daß man sagen darf: er war überhaupt nichts andres. Alles an ihm war Bewegung. Und das Vehikel, womit er sich und die anderen in Be-

wegung setzte, war sein Idealismus. Der spezifische Idealismus
Schillers ist nichts anderes als der überwältigende Ausdruck
seines ungeheuren Temperaments, seiner außerordentlichen
persönlichen Spannkräfte. Dieser Idealismus, elementar, schran-
kenlos, konzessionslos, hat gewissermaßen eine reine Quanti-
tätswirkung. Sein leidenschaftlicher Optimismus war so groß,
daß er nur herausschreien konnte, was er zu sagen hatte. Er vermochte nur in Majuskeln zu schreiben. Oscar Wilde sagt einmal: »Eine Weltkarte, auf der das Land Utopia nicht verzeichnet ist, verdient keinen Blick, denn sie läßt die eine Küste
aus, an der die Menschheit ewig landen wird. Und wenn die
Menschheit dort angelangt ist, hält sie Umschau nach einem
besseren Land und richtet ihre Segel dorthin. Der Fortschritt
ist die Verwirklichung von Utopien.« Diese Art des menschlichen Fortschritts hat Schiller sein ganzes Leben hindurch gepredigt. Auf seiner Weltkarte war das Land Utopia die Haupt-
provinz. Und in diesem Sinne muß Schiller ein Programm für
alle Dichter bilden, weil ohne dieses Programm ein echter
Dichter gar nicht möglich ist. Seine Form konnte nie die der anderen werden, denn sie war nur eigens für ihn adaptiert; aber
seine ganze Art zu sehen, zu leben, zu sein, wird immer vorbildlich bleiben. Sein Weg war der Weg nach oben, weg von der
Erde, weg vom Gestern, selbst weg vom Heute. Er sah von den
Dingen weg, aber nicht in Unwirklichkeiten der Vergangenheit,
die nie waren, sondern in Wirklichkeiten der Zukunft, die noch
nicht sind. Das war das Poetische an ihm. Denn ein Dichter ist
ja schließlich nichts anderes als ein Mensch, der von der Zukunft mehr versteht als von der Gegenwart.

In diesem Sinne kann man auch sagen, daß Schiller der stärkste und echteste Romantiker seines Zeitalters war, obgleich er
von der romantischen Schule so erbittert bekämpft wurde, die
in das Geistesleben des ausgehenden Jahrhunderts eine neue
Variante einführte.

*Psycholo-
gie der
romanti-
schen
Schule*

Was ist »Romantik«? Man sollte glauben, daß die Beantwortung dieser Frage ungemein leicht sei. Romantik, wird man sagen, ist Steigerung und Färbung des Daseins, ist Exotik und Phantastik und dementsprechend ein Zurückgehen auf die Kunstübung und Weltanschauung früherer Zeiten, die noch in einem ornamentierteren, »poetischeren« Seelenleben wurzelte.

Und so meinten es auch anfangs die Dichter und Literaten, die die romantische Schule bildeten. Indes nur anfangs. Denn der Uhrzeiger der Geschichte läßt sich nicht zurückdrehen. Man kann nicht zurück zur Kunst und Seelenverfassung früherer Zeiten, auch wenn sie vielleicht die lebensvolleren und schöneren waren, man kann nicht »zurück zur Antike«, »zurück zur Gotik«, »zurück zur deutschen Renaissance«, man kann nur durch diesen unerfüllbaren Wunsch dem Weltgefühl und Kunstwollen der jeweiligen Gegenwart eine besondere Färbung verleihen.

Dieser Sachverhalt konnte auf die Dauer auch den Romantikern nicht verborgen bleiben. Und so wurde denn – um so mehr, als sie ihn doch nicht völlig klar erkannten – die ganze romantische Dichtung und Philosophie, ja schon der von ihr aufgestellte Begriff der Romantik etwas ungemein Verzwicktes, Fragwürdiges und Labyrinthisches, so daß es fast unmöglich ist, ihn zu fassen und zu definieren. Die Romantiker selber vermochten es jedenfalls nicht. Sie waren, obgleich sie glaubten oder vorgaben, zu den Daseinsformen primitiverer Kulturen zurückzustreben, die allermodernsten, kompliziertesten, kritischsten, und man muß sogar sagen: phantasielosesten, Menschen ihrer Zeit. Eine geistige und künstlerische Bewegung, die die Rückkehr zum Altertümlichen und Volkstümlichen, zum kindlichen Träumen und Fabulieren, zur Mystik und naiven Frömmigkeit zu ihrer Parole macht, wird von einer Vereinigung sehr überlegener, sehr raffinierter, sehr intellektueller

Dialektiker, Skeptiker und Analytiker ins Leben gerufen; und schon allein dadurch, daß sie von vornherein als Programm auftritt, wird sie sofort eine Sache aus zweiter Hand, etwas Übertragenes, Substituiertes, Interpoliertes: kein Wunder in einer Zeit, die so aufgeklärt und unterrichtet, subtil und introspektiv war wie keine vorhergehende. Kurz: was bei allen diesen geistreichen Bemühungen herauskam, war nicht wirkliche Romantik, sondern mit Romantik bedrucktes Papier und, bei den stärksten Talenten der Schule, die virtuos inszenierte Komödie der Romantik. Der Stern dieser Theatertruppe war Ludwig Tieck, und zwar im ganz wörtlichen Sinne: er war der hinreißendste Vorleser und Improvisator seiner Zeit, und es war nur eine Stimme darüber, daß aus ihm, wenn er zur Bühne gegangen wäre, einer der größten Menschendarsteller geworden wäre. Dies übertrug sich auch auf seine Dichtung. Die Figuren in seinen historischen Romanen sind kostümierte Schauspieler, und seine Lyrik ist nichts als eine prächtige und reiche Requisitenkammer von romantischen Metaphern und Assoziationen. Er war der geniale Akteur der Romantik, wie Friedrich Schlegel deren genialer Journalist und Wilhelm Schlegel deren genialer Professor war. Es ist in diesem Zusammenhang begreiflich, daß er einer der glänzendsten Vertreter eines Genres wurde, das eigentlich er erst zur vollen Ausbildung gebracht hat, nämlich des *Kunstmärchens*, das sich infantil stellt, während es in Wirklichkeit Satire ist. Die ganze Romantik Tiecks und fast aller seiner Genossen ist eben bloßer Atelierscherz, ein Maskenball, auf dem sich extreme Rationalisten als Irrationalisten verkleiden, und Heine umschrieb den Sachverhalt ebenso boshaft wie treffend, als er sagte: »Tieck wohnte im Hause Nicolais, eine Etage höher als dieser Mann.« Es ist bei ihm alles bewußt und mechanisch, gewollt und konstruiert. Besonders charakteristisch hierfür ist sein berühmter Romanheld William Lovell, in dem er die Figur des Immoralisten zu gestalten versuchte. Dieser nimmt sich vor, ein Wüstling und Bösewicht zu werden, indem er dekretiert: »ich selbst bin das einzige Gesetz in der ganzen Natur«, und absolviert gewissenhaft das Pensum, das er sich gestellt hat; aber wir glauben diesem Privatdozenten der Unmoral kein einziges seiner Laster und Verbrechen. Noch stärker tritt dies bei Friedrich Schlegels Roman *Lucinde* hervor, von dem Karoline, die Gattin Wilhelms, bemerkte, er sei ein totgeborenes Kind, das der Pedantismus mit der Sünde gezeugt habe. Bei Friedrich störte jedoch der Rationalismus viel weniger als bei Tieck, da seine Haupttätigkeit sich auf philosophische und wissenschaftliche Gebiete erstreckte. Sein Grundmangel lag in etwas anderem: nämlich in der launischen, undichten, rhapsodischen Art seines Denkens und Arbeitens. Er konnte sich, obgleich eine Fülle von originellen und fruchtbaren Ideen in ihm gärte, niemals zu einer umfassenden einheitlichen Konzeption zusammenraffen. Die Mahlzeiten, die er vorsetzte, bestanden aus lauter höchst pikanten und aparten Hors d'œuvres. Anfangs glaubte er, aus seinem Defekt eine Tugend machen zu können, indem er behauptete: »Fragmente sind die eigentliche Form der Universalphilosophie«; aber später schrieb er an seinen Bruder in voller Selbsterkenntnis: »Wußtest du nicht, daß ich den Mangel an innerer Kraft immer durch Pläne ersetze?«, und dieser sagte von ihm: »Am Ende beschränkt sich sein ganzes Genie auf mystische Terminologie.«

Die romantische Ironie Und wir haben hier in der Tat den sonderbaren Fall, daß eine große geistige Bewegung, eine ganz neue Dichtung und Philosophie aus ein paar glänzend geprägten und farbig geschliffenen Schlagworten und Leitvokabeln hervorgewachsen ist. Wir haben uns unter der romantischen Schule ganz einfach die »Moderne« des ausgehenden achtzehnten Jahrhunderts vorzustellen, und sie war, wie solche »neue Richtungen« zumeist zu sein pflegen: sehr selbstbewußt, rechthaberisch und doktrinär und aufs tiefste überzeugt, die einzig richtige und endgültige

Ansicht vom Wesen der Kunst zu besitzen; sehr betriebsam, propagandasüchtig und tumultuarisch, gegen fast alles Bisherige frondierend und überall Antiquiertheit witternd; offiziell publikumsfeindlich, im geheimen aber sehr nach großen Auflagen lüstern und emsig bestrebt, Verleger und Zeitungen für sich zu monopolisieren; und bei alledem doch in ihrem federnden Kampf gegen alles Überlebte, Abgestandene, Ausgelaugte als machtvolle Befreiung wirkend. Vom »Sturm und Drang« hatten die Romantiker den Ichkult übernommen, die Lehre von der Suprematie des Gefühls, den Haß gegen die Aufklärung und gegen alles Berufsmäßige, die Begeisterung für die deutsche Vergangenheit und die provokante Anpreisung der Regellosigkeit und Illegitimität. An die Expressionisten erinnerten sie darin, daß sie ein sehr ausgeführtes Programm besaßen, das sie aber nicht ausführten, infolge Überbewußtheit und schöpferischer Impotenz, und daß sie sich an einer gesuchten und konfusen, obschon bedeutend geistreicheren Phraseologie berauschten, mit der sie sich und die Dinge umnebelten. Diese Versuche, alles absichtlich zu entlogisieren und zu chaotisieren, führten schließlich zu gänzlichen Grenzverwischungen zwischen den einzelnen Künsten, zwischen Kunst und Leben, zwischen Philosophie, Poesie und Religion und zwischen den einzelnen Sinneseindrücken: Farben wurden als Töne, Töne als Gerüche empfunden, und man träumte von einer Dichtkunst, die »höchstens einen allegorischen Sinn im Großen und eine indirekte Wirkung wie Musik« habe. Wegen seiner Losgebundenheit von der Kausalität hatten sie auch eine solche Vorliebe für das Märchen: »Alles Poetische«, sagt Novalis, »muß märchenhaft sein. Der Dichter betet den Zufall an.« Die »Romantisierung des Dramas« bestand nach Tiecks Meinung darin, daß das dramatische Gefüge durch epische und lyrische Bestandteile zersetzt werde. Romantisch bedeutet im Jenaer Kreis oft nichts anderes als romanhaft, und der Roman galt denn auch als die höchste Gestalt des literarischen Kunstwerks, offenbar wegen der zerfließenden Formlosigkeit, die er zu jener Zeit gerade in seinen bedeutendsten Exemplaren zur Schau trug. Der erste in diesem Fache, Jean Paul, gehörte zu den bestimmenden Outsidern und Sonderlingen mit Ewigkeitsgehalt, wie sie zuweilen in der Weltliteratur aufzutauchen pflegen. Seine Breite, die allerdings aus der Unerschöpflichkeit der Einfälle und Beobachtungen floß, spottete in der Tat jeder festen Begrenzung und Formulierung. Wilhelm Schlegel nannte seine Romane zutreffend Selbstgespräche, und seine auf die Spitze getriebene Subjektivität zerreibt wirklich alles Geschaute und Gestaltete zur Privatkonversation. Aber er besaß, was zwischen klassischem Ernst und romantischem Witz sehr selten geworden war: Humor. Dieser ist die reich und hell sprudelnde Quelle seines solitären Schaffens, die aber zugleich alles verflüssigt und auflöst. Die Romantiker aber, zu denen Jean Paul nicht eigentlich gehört, gingen sogar von der Theorie aus, daß eine Kunst, die die volle Illusion gibt, gar keine wahre Kunst sei, denn diese habe ein freies Spiel zu sein; daher stellten sie den Grundsatz auf, daß die Illusion durch Ironie, Selbstparodie durchbrochen werden müsse. Dies ist der Sinn der berühmten »romantischen Ironie«, die schließlich dazu gelangt, alles zur zweiten Potenz zu erheben, sich über ihre Lustigkeit lustig zu machen und ihre Betrachtung zu betrachten.

Die »Doppellieben« Durch diese universelle Tendenz, alles überlegen von oben anzusehen, mit allem zu spielen, in allem sogleich die Antithese zu erblicken, die es aufhebt, erhielt das damalige Leben eine überaus geistreiche, aber auch frivole Färbung. Daß man auch die erotischen Beziehungen vom ironischen Gesichtspunkt betrachtete, geht aus den zahlreichen »Doppellieben« hervor, die man geradezu als eine Mode jener Zeit ansprechen kann; fast immer steht eine Frau zwischen zwei Männern oder ein Mann zwischen zwei Frauen: Karoline Schlegel zwischen Wilhelm und Schelling, Bürger in einer Art Doppelehe zwischen zwei Schwestern, der Prinz Louis Ferdinand von Preußen zwischen der sanften Henriette Fromm und Pauline Wiesel, dem »Wunder der Schönheit und der Gemeinheit«; und Novalis liebte sogar gleichzeitig eine Lebende und eine Tote: die dreizehnjährig verstorbene Sophie von Kühn und seine Braut Julie von Charpentier, was er sich damit zu erklären suchte, daß Sophie und Julie nur in der Welt der Erscheinungen zwei seien, einst aber, im Lande der Erfüllung sich als dieselbe Person offenbaren würden. Auch Schiller schwankte längere Zeit zwischen den beiden Schwestern Wolzogen, Lotte und Line (in Weimar hießen damals fast alle Weiber Charlotte oder Karoline), bis das Fräulein Karoline von Dacheröden klärte und vermittelte, die aber selber ihr Herz zwischen Wilhelm von Humboldt und Karl von Laroche geteilt hatte; und dieser vermochte sich wieder zwischen ihr und der schönen Berliner Jüdin Henriette Herz nicht zu entscheiden, der späteren Seelenfreundin Schleiermachers.

Wir haben im ersten Buche darzulegen versucht, daß die ganze Geschichte der Neuzeit nichts anderes enthält als die Steigerung und Übersteigerung des rationalistischen Prinzips in seiner Anwendung auf alle Lebensgebiete. Darum nennen wir diesen Entwicklungsgang die Krisis der europäischen Seele, und wir glauben optimistischerweise, daß diese Krisis durch das heilkräftige Trauma des Weltkriegs nunmehr überwunden und ein neues Weltalter angebrochen ist. Wir haben auch schon gelegentlich angedeutet, daß die sogenannten Gegenbewegungen, die im Laufe der Neuzeit periodisch hervorgetreten sind, um nichts weniger rationalistisch waren als der Rationalismus, den sie bekämpften. Vielmehr verhielt es sich bloß so, daß in gewissen Zeiträumen der Verstand nackt und triumphierend auftrat, während er in anderen Momenten Gewissensbisse verspürte – moralische, weil er immer ein utilita-

Die unromantische Romantik

1045

ristisches Element enthält; ästhetische, weil er die Phantasie erstickt; religiöse, weil er antimystisch, diesseitig und au fond atheistisch ist – und sich daher vor sich selber zu maskieren suchte. Derartige Gegenströmungen waren die Barocke, die auf den Humanismus reagierte, die Empfindsamkeit, die auf die Aufklärung reagierte, die Romantik, die auf den Klassizismus reagierte, die Neuromantik des Fin de siècle, die auf den Naturalismus reagierte. Nicht selten waren diese »romantischen« Reaktionsbewegungen sogar noch viel verstandesmäßiger, erdachter, konstruierter, bewußter als die vorhergehenden »realistischen«, die oft mit der Gewalt einer Naturkraft hervorbrachen, in ihrem elementaren Drang nach Klarheit, Wahrheit und Wirklichkeit.

In ihrem Kampf gegen den Klassizismus hat es die Romantik nicht vermocht, einen Gegenstil zu schaffen; vielmehr hat sie bloß die Auflösung alles Stils erreicht. Und was das Wichtigste und zugleich Sonderbarste ist: sie war überhaupt nur eine *Spielart des Klassizismus.* Rudolf Haym nennt in seinem bis heute nicht überholten Fundamentalwerk über die romantische Schule Hölderlin einen »Seitentrieb der romantischen Poesie«; man könnte diese Bezeichnung umkehren und die gesamte romantische Schule einen Seitentrieb der klassischen Poesie nennen. Ihre ganze Kunstrevolution war nichts als ein Vertauschen der Stichworte, Umdrehen der Pointen und Jonglieren mit antithetischen Begriffspaaren, eine Spiegelfechterei mit Nomenklaturen, virtuose dialektische Schaumschlägerei und kalte Gegenrechnung: das Artistenexperiment, ob man »auch anders könne«. Und eigentlich nicht einmal das. In seinen *Gemäldebeschreibungen* sagt Friedrich Schlegel: »Ernste und strenge Formen in bestimmten Umrissen, die scharf heraustreten; keine Malerei aus Helldunkel und Schmutz in Nacht und Schlagschatten, sondern reine Verhältnisse und Masse von Farben wie in deutlichen Akkorden… das ist der

Stil, welcher mir ausschließend gefällt.« Das hätte auch Winckelmann schreiben können. Und in der Tat bezeichnete es Friedrich als sein Ideal, der »Winckelmann der griechischen Poesie« zu werden. Ganz in diesem Sinne erklärte er die griechische Poesie für den »Kanon der natürlichen Poesie«, der »für alle Zeiten und Völker ein gültiges Gesetz und allgemeines Urbild« sei, und forderte kategorisch die Rückkehr zur »Griechheit«. Über seinen Bruder Wilhelm schrieb Goethe an Heinrich Meyer: »Soviel ich habe wahrnehmen können, ist er in ästhetischen Haupt- und Grundideen mit uns einig.« Beide Brüder stellten Iphigenie und Tasso hoch über Götz und Werther und erblickten in den *Räubern* ein rohes und barbarisches Produkt. Wilhelm ist in seinen lyrischen Dichtungen vollkommener Klassizist, und zwar bereits Epigone, nämlich Schillerkopist, während Tiecks Prosa sehr stark von Goethe beeinflußt ist. Friedrichs *Alarcos* und Wilhelms *Ion*, beide von Goethe aufgeführt, sind von der untadeligsten klassischen Farblosigkeit und Langeweile. Umgekehrt ist Schillers Spieltheorie vollkommen romantisch. Sätze wie »Denn, um es endlich auf einmal herauszusagen, der Mensch spielt nur, wo er in voller Bedeutung des Worts Mensch ist, und er ist nur da ganz Mensch, wo er spielt« könnten ganz gut von Friedrich Schlegel sein. Daß die Romantiker später gegen Schiller so heftig Front machten, hatte seinen äußerlichen Grund in dem Bruch zwischen ihm und den beiden Schlegel, die jedoch fortfuhren, Goethe aufs höchste zu preisen, obgleich er zweifellos, gegen Schiller gehalten, der »unsentimentalische« Dichter war. Auch der »batavische Plato« Franz Hemsterhuis, in dem sie den Begründer der romantischen Philosophie verehrten, hatte erklärt, die Griechen seien das Idealvolk gewesen, und von da sei die Entwicklung nur abwärts gegangen. Und so bestand der höchste, obschon verhüllte Gipfel der romantischen Ironie vielleicht darin, daß die romantische Schule ganz unromantisch war.

Novalis Das einzige wirkliche Genie der Schule war Novalis, der sich in ihr ausnimmt wie eine Nachtigall unter lauter kunstvollen Spieldosen, und selbst dieser war in seinem Denken noch bedeutender als in seinem Dichten. Die Hauptmasse seiner Ideen hat Novalis in den *Fragmenten* niedergelegt, einer umfangreichen Aphorismensammlung, von der zu seinen Lebzeiten nur einiges in der romantischen Zeitschrift *Athenäum* unter dem Titel *Blüthenstaub* veröffentlicht wurde. Von ihm war die fragmentarische Form nicht aus Bizarrerie oder Bequemlichkeit ergriffen worden, sondern als die seinem Wesen einzig angemessene und organische Ausdrucksweise. Sein Grundcharakter war eine edle Unvollkommenheit, alles an ihm nur Anlage, Keim, Entwicklungsansatz. Das wußte er selber, und er schrieb in sein Tagebuch: »Ich soll hier nicht vollendet werden«, und ein andermal: »Ich soll hier nichts erreichen, ich soll mich in der Blüte von allem trennen.« In diesem Sinne hat er uns denn auch wirklich nichts anderes gegeben als die Blüte einer Philosophie.

Im letzten und höchsten Verstande ist für Novalis jede Erkenntnis mystisch: »Alles Auserwählte«, lauten seine schönen Worte, »bezieht sich auf Mystizismus. Wenn alle Menschen ein paar Liebende wären, so fiele der Unterschied zwischen Mystizismus und Nichtmystizismus weg.« Dieser Mystizismus gipfelt in der Forderung an den Geist, sich ins Innere zu versenken und dort eine eigene Welt aufzubauen. »Die Welt ist kein Traum, aber sie soll und wird vielleicht einer werden!«: dieser Aphorismus führt im Nachlaß die Überschrift »Zukunftslehre des Lebens«. Novalis meint damit, daß wir danach streben sollen, uns eine ähnliche Leichtigkeit der Seele zu erwerben, wie wir sie im Zustand des Traumes besitzen, und eine ähnliche Fähigkeit, in jedes Objekt einzudringen und sich darein zu verwandeln. In dem Augenblick, wo unser Denkorgan unsere Sinne in der Gewalt hat, können wir diese auch nach Gefallen modifizieren und dirigieren; so bemeistert heute schon der Maler das Auge, der Musiker das Ohr, der Poet Sprache und Einbildungskraft: »Unser Körper ist schlechterdings fähig, vom Geist in beliebige Bewegung gesetzt zu werden.« Vielleicht wird der Mensch einmal imstande sein, verlorene Glieder zu rekonstruieren, sich und durch seinen bloßen Willen zu töten, seine Sinne zwingen können, ihm jede Gestalt zu produzieren, die er verlangt, seine Seele vom Körper trennen, wenn er es für gut findet, er wird sehen, hören und fühlen, was, wie und in welcher Verbindung er will, er wird dann erst im eigentlichsten Sinne seine Welt leben können. Diesen tätigen und freien Gebrauch unseres Geistes, unseres Körpers, der ganzen Welt sollen wir *lernen*. Alle Schranken sind bloß des Übersteigens wegen da. In dieser Richtung liegt unsere Zukunft.

Wenn man diese verstreuten Aufzeichnungen gegenständlich und buchstäblich nimmt, dann ist der »magische Idealismus«, wie Novalis seine Philosophie genannt hat, nichts als die abstruse Folgerung, die ein unkritischer Kopf aus dem fichtischen System zieht, und Novalis ein Gedankenabenteurer, ein philosophischer Cagliostro. Sieht man aber in diesen Äußerungen die Gedankenträume eines tiefen und eigenartigen Dichtergeistes, dann ist Novalis der Prophet einer geistigen Vervollkommnung und Höherentwicklung der Menschheit und selbst der bedeutsamste Beweis für die Kraft und Macht der menschlichen Phantasie. Machen wir denn nicht täglich die Erfahrung, daß die Seele stärker ist als der Leib, daß dieser nur dazu da ist, sie zu bedienen? Den experimentellen Beweis für die Fähigkeit des Geistes, sich den Körper zu bauen, hat ein Jahrhundert nach Novalis der Arzt Karl Ludwig Schleich in seinen höchst tiefsinnigen und fruchtbaren und in manchen Partien geradezu genialen Werken erbracht, in denen er unter anderem auf die metaphysische Schöpferkraft hinweist, die in der Hysterie liegt: bekanntlich sind die Hysterischen imstande, bloß durch ihren Willen, ihre Einbildungskraft Geschwülste, Brandwunden, Blutungen zu erzeugen, ja es gibt sogar einen hysterischen Scheintod und einen Tod durch Autosuggestion. (Übrigens ist ja die Hysterie überhaupt nur eine Steigerung ganz normaler Wirkungen, an denen man ebenfalls schon sehen könnte, daß der »Gedanke«, die »Vorstellung« schöpferisch ist: man denke an das Erröten vor Scham, das Erbleichen vor Zorn, die Gänsehaut vor Angst, die Speichelsekretion bei der »Idee« von Leckerbissen und dergleichen. Außerdem ist jeder Tod durch Schreck eine Art Tod durch Autosuggestion.) All dies muß uns zu dem Schluß drängen, daß jeder Mensch der Dichter seiner eigenen Biographie ist, die meisten unbewußt, einem instinktiven Bildungstrieb folgend, etwa in der Art, wie eine Alge sich ihr Kieselgehäuse baut, der geniale Mensch bewußt. Unsere Erlebnisse und Handlungen sind gleichsam Sekrete unseres Willens, unseres intelligiblen Ichs, unserer Seele, die als die einzige wahre Realität geheimnisvoll schöpferisch hinter unserem sichtbaren Leben thront.

Schleiermacher   Wir möchten, entgegen einer hundertjährigen Professorentradition, die Behauptung aufstellen, daß Novalis der bedeutendste Philosoph der romantischen Schule war, nicht Schleiermacher, nicht Fichte und am allerwenigsten Schelling. Was Schleiermacher mit höchst beachtenswerter geistiger Energie versuchte, war der Ausbau einer romantischen Theologie. Religion ist ihm weder ein Wissen noch ein Tun, sondern ein Gefühl, und zwar, wie er es mit einem ziemlich kakophonen Ausdruck bezeichnet, »ein schlechthiniges Abhängigkeitsgefühl«: in diesem besteht unser Gottesbewußtsein. Weil aber die Frömmigkeit ein Gefühl ist, ist sie etwas durchaus Individuelles, Außerkonfessionelles, und die religiösen Genies, die Religionsstifter waren jene Persönlichkeiten, die diesem Abhängigkeitsgefühl eine neue Gestalt gaben. Obschon dies eine etwas magere Deutung der religiösen Phänomene ist, haben Schleiermachers Schriften gleichwohl ganze Generationen von protestantischen Theologen befruchtet. Er war auch zweifellos einer der feinsten und mächtigsten Dialektiker, die Deutschland jemals besessen hat, aber im Grunde nur ein entlaufener Schüler der Aufklärung: er besaß den bloßen Willen zum Glauben, wie er denn auch ziemlich stark, wenn auch nicht voll eingestanden, zum Pantheismus neigte, sehr oft Gott und Universum als identische Begriffe behandelte und Spinoza überaus hoch stellte.

Fichte war eine der originellsten und suggestivsten Persönlichkeiten des Zeitalters. Schon in seiner äußeren Erscheinung und Gebarung: seiner kräftigen gedrungenen Gestalt, seinen scharfgeschnittenen Zügen, seinem feurigen und gebieterischen Blick, seiner schneidenden Stimme und seinem mehr diktatorischen als demonstrativen Vortrag hatte er viel mehr von einem Sektenstifter oder Parteiführer als von einem Denker und Gelehrten. Anselm Feuerbach sagte von ihm: »Ich bin überzeugt, daß er fähig wäre, einen Mahomet zu spielen, wenn noch Mahomets Zeit wäre, und mit Schwert und Zuchthaus seine Wissenschaftslehre einzuführen, wenn sein Katheder ein Königsthron wäre.« In der Tat vertrug er nicht den geringsten Widerspruch, hielt jeden, der an seiner Philosophie die geringsten Modifikationen vorzunehmen versuchte, für einen Esel oder Schurken und bekam durch seine spröden herrischen Manieren mit aller Welt Händel. Die Universität Jena, an der er eine glänzende Lehrtätigkeit entfaltet hatte, mußte er mit Eklat verlassen, wegen einer Affäre, bei der die Regierung in der Sache, er aber in der Form im Unrecht war. Er nannte sogar Kant, der sein System ablehnte, einen »Dreiviertelskopf«. Seine Vorträge über die »Grundzüge des gegenwärtigen Zeitalters«, die er im Winter 1804 auf 1805 in Berlin hielt, übten eine außerordentliche moralische Wirkung: er wandte sich in ihnen mit hohem ethischen Pathos gegen die »Nullität« des Zeitgeists, seine leere Freigeisterei und seichte Aufklärerei, »ein-

Fichte

gewurzelte Selbstsucht« und »vollendete Sündhaftigkeit«, die bald darauf Preußen nach Jena und Tilsit führen sollte. Einen bewunderungswürdigen Mut bewies er durch seine »Reden an die deutsche Nation«, die er im Winter 1807 auf 1808 hielt, während in Berlin ein französischer Befehlshaber residierte: man fürchtete allgemein, daß ihn das Schicksal des Buchhändlers Palm treffen werde, und er selber war darauf gefaßt. Er forderte in ihnen die sittliche Wiedergeburt des Volkes als Vorbedingung der politischen Wiedergeburt, und es ist nicht zuviel gesagt, wenn man behauptet, daß sie einen der stärksten Antriebe zur Erhebung von 1813 gebildet haben.

Sein philosophisches System hatte er bereits im Jahre 1794 in der *Grundlage der gesamten Wissenschaftslehre* zu entwickeln begonnen, die das Thema behandelt: wie kommt Wissen zustande? Seine Deduktion nimmt ihren Ausgang von einer kritischen Untersuchung der kantischen Erkenntnistheorie. Diese hatte die Ursache unserer Empfindungen im Ding an sich erblickt, das, wie wir bereits darzulegen versuchten, ein ziemlich prekärer und widerspruchsvoller Begriff war; demgegenüber erklärt Fichte: das absolut Erste, Primäre und Ursprüngliche ist nicht das Ding an sich, sondern das Ich; dieses ist die Grundvoraussetzung und Grundbedingung jeder Art von Erfahrung, weil es alle Erfahrung überhaupt erst möglich macht. Da alles Denken, alle Empirie, die Gesamtheit aller Objekte im Ich gesetzt ist und nur in ihm, kann das Ich durch nichts anderes gesetzt sein als durch sich selbst. Das Sein des Ich ist seine eigene Tat und somit keine Tatsache, sondern eine *Tathandlung*. Wie aber kommt das Ich dazu, diese ursprüngliche Tathandlung zu begehen? Dies wird von Fichte dadurch erklärt, daß das Ich von Natur den Drang zur Produktion in sich trägt, daß das theoretische Ich sich auf das praktische Ich gründet, dessen Wesen Trieb, Wille, Streben ist. Die Existenz des Ich ist keine Behauptung, sondern eine Forderung, kein Axiom, sondern ein

Postulat, kein Schluß, sondern ein Entschluß; daher heißt der oberste Satz der fichtischen Philosophie: Setze dein Ich! Ohne Ich gibt es keine objektive Welt, keine Natur, kein Nicht-Ich. Daher lautet der zweite Hauptsatz: Das Ich setzt das Nicht-Ich, das Ich setzt sich und sein Gegenteil. Das theoretische Ich setzt einen Gegenstand, damit das praktische einen Widerstand habe.

Kurz: die Welt ist ein Produkt des Ich. Das Ich vollzieht eine Reihe von Handlungen, und so entsteht das, was wir die Außenwelt nennen. Aber diese Handlungen des Ich geschehen unbewußt. Wir wissen nichts von dieser schöpferischen Tätigkeit, ähnlich wie im Traume, wo uns gleichfalls Geschöpfe gegenübertreten, die uns als Realitäten, als vollkommen selbständige Wesen erscheinen, obgleich sie nichts anderes sind als Produkte unserer Geistestätigkeit. Diese unbewußte weltschöpferische Tätigkeit des Ich nennt Fichte die »bewußtlose Produktion«, und das Vermögen, wodurch wir diese Tätigkeit vollziehen, findet er in der Einbildungskraft. Weil die Produktion bewußtlos ist, erscheint uns die Welt als etwas außer uns, als »Nicht-Ich«, als Objekt, das heißt: als etwas, das unabhängig von unserem Subjekt besteht. Was wir aber für unser Objekt halten, ist in Wahrheit unser Produkt.

Diese ganze Deduktion handelt jedoch von Tatsachen des Unterbewußtseins. Nun gibt es aber eine menschliche Geistestätigkeit, in der dieser dunkle Vorgang jedermann klar vor Augen liegt. Diese Tätigkeit ist die Kunst. Das Vermögen, wodurch die Kunst ihre Schöpfungen hervorbringt, ist gleichfalls die Einbildungskraft, und auch das Resultat, zu dem sie gelangt, ist dasselbe wie das der fichtischen »Produktion«: wenn nämlich die Kunst ihre Tätigkeit vollendet hat, so stehen auch *ihre* Produkte als scheinbar selbständige Objekte da, als Realitäten, die vom Ich des Künstlers losgelöst erscheinen. Dennoch besteht ein bedeutsamer Unterschied. Was dort der Mensch bewußtlos vollbringt: die Schöpfung einer in sich zusammenhängenden Welt, das tut hier der Künstler mit völligem Bewußtsein. Hier wird die Theorie zur Wirklichkeit, und was jeder Mensch tut, ohne es zu wissen, in der Dunkelkammer des Unterbewußtseins, das vollzieht der Künstler als ein seiner selbst mächtiges Wesen im Tageslicht des Selbstbewußtseins. Darum hat Fichte gesagt: »Die Kunst macht den transzendentalen Gesichtspunkt zum gemeinen.« Seine Philosophie ist, wenn man sie recht versteht, eine radikale Künstlerphilosophie. Und die Romantiker verstanden sie und machten Fichte zu ihrem Propheten.

Schelling   Die Grundlage des fichtischen Systems ist eine Gleichung: Ich = Welt. Kehrt man diese Gleichung um, so erscheint die ganze Welt als ein Ich, als ein geistiges lebendurchströmtes Wesen, als ein Stufenreich von intellektuellen Potenzen, deren höchste der selbstbewußte Mensch ist. Unter diesem Gesichtswinkel erscheint die Natur nicht mehr als eine tote Masse, eine starre Schranke des Geistes, als ein Gegen-Ich, sondern als ein unentwickelter Mensch, eine unreife Intelligenz, Stoff von unserem Stoffe und Geist von unserem Geiste. Natur ist nicht ein Ungeistiges, sondern ein Vorgeistiges, unbewußter, werdender Geist, eine Entwicklungsreihe immer besser gelingender Versuche des Nicht-Ich, Ich zu werden. Dies ist der Standpunkt Schellings. Sagte Fichte: Ich = Alles, so sagte Schelling: Alles = Ich und bezeichnete daher das System Fichtes als subjektiven, sein eigenes als objektiven Idealismus. Für ihn sind sowohl Natur wie Geist Einheit des Idealen und Realen, des Subjektiven und Objektiven; nur daß in der Natur das Reale, im Geist das Ideale überwiegt. Natur und Geist, Objekt und Subjekt stehen zueinander im Verhältnis der *Polarität*, deren Grundgesetz lautet: Identisches entzweit sich, Entgegengesetztes strebt nach Vereinigung. Polarität zeigen alle materiellen und geistigen Phänomene: der Magnetismus, die Elektrizität, die Säuren und Alkalien, die Körper in ihrer Wechselwirkung von Repulsion und Attraktion, Pflanze und Tier in ihrem entgegengesetzten Verhalten zum Sauerstoff, die höheren Lebewesen in ihrem Dualismus von Irritabilität oder physischer Reizbarkeit und Sensibilität oder psychischer Reizbarkeit, das Ich in seiner bewußtlosen und bewußten Tätigkeit und die Kunst, die als Darstellung des Unendlichen das »wahre und ewige Organon« der Philosophie ist.

Die höchst geistreiche, obschon in ungenießbarer, lähmend änigmatischer Sprache vorgetragene Philosophie Schellings ist, trotz steter Bezugnahme auf Kant und Fichte und freigebigstem Gebrauch der Worte »kritisch« und »transzendental«, nur eine maskierte oder vielmehr ihr selbst unbewußte Rückkehr zum Dogmatismus, worin zunächst noch kein Einwand läge, wenn Schelling sich darauf beschränkt hätte, Poet zu sein wie Novalis oder Essayist wie Friedrich Schlegel oder ein großartiges enzyklopädisches Lehrgebäude zu errichten wie Hegel. Zu einem solchen gelangte er aber nie: der Grund lag darin, daß er zu rasch und zu früh berühmt wurde. Infolgedessen begnügte er sich damit, immer nur allerlei apokalyptische Richtlinien und Andeutungen, Kohlenskizzen und Brouillons, Programme und Denkschriften in die Welt zu schicken. Was Fichte Kant vorwarf, daß er sich selbst nicht verstehe, gilt tatsächlich von Schelling. Der Grund seiner Unverständlichkeit lag nicht darin, daß seine Ideen zu tief waren, sondern daß er sie nicht bis zur letzten Klarheit durchgedacht hatte und daher um so weniger anderen klarmachen konnte und daß er auch das ungeheure Tatsachenmaterial, das er beherrschen wollte und mußte, nicht in der Hand hatte. Er half sich daher mit einem dilettantischen Eklektizismus, der seine Mängel hinter einem vornehmen Orakelton zu verbergen suchte. Seine Enuntiationen fanden aber gleichwohl längere Zeit ein begeistertes Publikum, teils wegen der originellen, fruchtbaren und beschwingten Gedanken oder vielmehr Aperçus, die tatsächlich in ihnen verstreut lagen, teils weil es zu allen Zeiten Halb- und Schiefgebildete gibt, die zu strengem und reinem Denken nicht aufgelegt oder nicht fähig sind und daher den Nebel, in dem man sich gar nicht anders als tappend bewegen kann, als bequem und zugleich sehr apart begrüßen.

Die Chemie kennt gewisse Körper, »Katalysatoren«, die die Eigenschaft besitzen, das Tempo eines chemischen Vorgangs durch ihre bloße Anwesenheit zu steigern; ein solcher katalytisch wirkender Stoff fesselt durch seine Affinität einen Bestandteil einer Verbindung, die er dadurch spaltet, und gibt ihn an einen Körper mit stärkerer Affinität wieder ab: er verursacht also bloß die Bildung labiler Zwischenprodukte, während er selbst im Resultat der chemischen Reaktionen, die er hervorgerufen hat, nicht erscheint; er gibt nur den Anstoß. Eine solche produktive Zersetzerin, Quelle geistiger Chemismen und Beschleunigerin der seelischen Reaktionsvorgänge war die romantische Schule. Sie bewirkte neue Verbindungen, Umlagerungen, Umbildungen, ohne selbst im dauernden »Endprodukt« dieser Umwandlungsprozesse zu erscheinen; sie war eine bloße Entwicklungsbeflüglerin, nicht selbst produktiv, aber produktivmachend, ein bloßes Element der Unruhe, Aktivierung, Antreibung, Anregung. Dies kam daher, daß die Romantiker die Neurasthenischen, Unkonsolidierten, »Pathologischen« ihrer Zeit waren und daher eine geringere seelische Stabilität und ein höheres psychisches Witterungsvermögen besaßen.

Fortschritte der Naturwissenschaft Einen solchen Flair bewies auch Schelling, als er eine naturwissenschaftlich orientierte Philosophie ins Leben rief. Denn im ersten Viertel des neunzehnten Jahrhunderts wurde »Naturphilosophie« die große Mode, unterstützt durch eine Reihe bedeutsamer Fortschritte auf empirischem Gebiet. 1800 gelang Carlisle und Nicholson die Elektrolyse, die Zerlegung des Wassers durch den galvanischen Strom; dieser wurde dann von Humphry Davy genauer erforscht, der durch ihn zur Entdeckung zweier neuer Metalle, des Kaliums und des Natriums, gelangte, indem er aus Kali (K_2O) und Natron (Na_2O), die man bisher für Elemente gehalten hatte, auf elektrolytischem Wege den Sauerstoff ausschied; er war auch einer der ersten, die die Wärme für eine Bewegungserscheinung erklärten. 1811 entdeckte Courtois ebenfalls ein neues Element, das Gay-Lussac wegen seines veilchenfarbigen Dampfes nach dem griechischen ἰώδης Jod taufte; von dem letzteren stammte auch die berühmte *Recherche sur la dilatation des gases et des vapeurs*, in der der Nachweis geführt wird, daß alle Gase und Dämpfe sich bei gleicher Erwärmung gleich stark ausdehnen. In demselben Jahr wie diese Schrift, 1802, erschien auch die Abhandlung *On the theory of light and colours*, worin Thomas Young, auf Huygens zurückgehend, das Licht für eine Bewegung des Äthers erklärte und die einzelnen Farbenempfindungen auf die verschiedene Anzahl der Schwingungen zurückführte, die jene Ätherbewegung auf der Netzhaut erzeugt. Théodore de Saussure, der Sohn des ersten Montblancbesteigers Benedict Saussure, machte botanische Experimente mit Nährlösungen und enthüllte auf Grund von teilweise schon sehr genauen Messungen die Rolle, die der Sauerstoff, die Kohlensäure, das Wasser, die Salze und die sonstigen Mineralstoffe des Erdreichs im Leben der Pflanze spielen. Monge, unter dem Konvent Leiter der Geschützgießerei, unter Napoleon Teilnehmer der ägyptischen Expedition, erfand die »darstellende« oder »projektivische« Geometrie, durch die es ermöglicht wird, Körper auf die Ebene zu projizieren, dreidimensionale Gebilde auf zweidimensionale zu reduzieren oder vielmehr als solche darzustellen: eine Wissenschaft, die für den Ingenieur und Techniker, aber auch für den Baukünstler und Maler von der größten Wichtigkeit ist. Cuvier, der Liebling Napoleons, von ihm mit der Reorganisation des Unterrichtswesens betraut, ließ 1805 seine *Leçons d'anatomie comparée* erscheinen, gelangte als erster zu einer genaueren Unterscheidung der Wirbellosen, indem er sie in drei Kreise zu vier Klassen einteilte, begründete seine Lehre von der »Korrelation der Organe«, nach der alle Teile eines bestimmten Tiertypus einander bedingen und in engster Wechselbeziehung stehen (beim Fleischfresser zum Beispiel die verdauenden Eingeweide, die starken Kiefer und Klauen, die raschen Bewegungswerkzeuge, die scharfen Zähne und Augen), und entwickelte seine »Katastrophentheorie«, die die Erdgeschichte in periodischen Umwälzungen verlaufen läßt: in jeder geologischen Epoche entsteht durch Neuschöpfung eine besondere Fauna, die eines Tages durch eine Katastrophe vollkommen vernichtet wird, um einer andern Platz zu machen; von der letzten Erdrevolution nahm er an, daß sie vor fünftausend Jahren stattgefunden habe. Diese Hypothese ist von der späteren Wissenschaft vollkommen verlassen worden, aber damals herrschte sie unumschränkt, und als Lamarck 1809 in seiner *Philosophie zoologique* die gegnerische Abstammungslehre aufstellte, die die Entwicklung des Tierreichs durch Anpassung und Vererbung, die Entstehung der Organe durch Gebrauch und ihre Verkümmerung durch Nichtgebrauch erklärte, fand er keinerlei Beachtung. Es war begreiflich, daß ein Zeitalter, das so jähe und gewaltsame Veränderungen erlebt hatte, wie sie von der Französischen Revolution und Napoleon ausgegangen waren, der Katastrophentheorie mehr Glauben entgegenbrachte.

Das klassische Kostüm Die andere große Modewissenschaft war die Archäologie. Im Louvre, dem *»Musée Central«*, späteren *»Musée Napoléon«*, häuften sich schon zur Revolutionszeit geraubte Antiken aus allen Ländern. 1806 begann Joseph Bonaparte als König von Neapel aufs neue und intensiver als bisher, Pompeji auszugraben. Lord Elgin, englischer Botschafter bei der Pforte, brachte die Parthenonskulpturen nach London, wo die *»Elgin marbles«* vom Staat für das Britische Museum angekauft wurden. Der eigentliche Begründer der Altertumswissenschaft in dem umfassenden Sinne, den sie heute besitzt, war Friedrich August Wolf. Er war der erste, der sich als Student der »Philologie« immatrikulieren ließ, definierte aber alsbald diese Wissenschaft als »Erkenntnis der altertümlichen Menschheit selbst«.

Das allgemeine Interesse für die Archäologie war natürlich eine Folge des herrschenden Klassizismus. Selten hat es eine Zeit gegeben, die in solchem Maße und mit solcher Leidenschaft sich in eine vergangene Lebensform zurückkostümierte. Die Französische Revolution begann sofort damit, alles und jegliches zu antikisieren, jedoch viel weniger in der griechischen als in der für die gallische Seele weit suggestiveren lateinischen Form; da »Römer« und »Republikaner« im Bewußtsein der damaligen Zeit identische Begriffe waren, konnten dabei auch die politischen Velleitäten ihre Nahrung finden. Überall standen Büsten der »Freiheitshelden« Brutus und Cincinnatus, Seneca und Cato, und Lafayette hieß *Scipio Americanus«*. Die Jakobiner beriefen sich bei ihren staatlichen und wirtschaftlichen Maßnahmen stets auf Rom und Sparta, und ihr Abzeichen war die »phrygische Mütze«, *le bonnet rouge,* eine rote Wollhaube von antiker Form. Die offizielle Bezeichnung der französischen Republik *»R.F.«* war dem römischen *»S.P.Q.R.« (senatus populusque Romanus)* nachgebildet. Die neuen Monatsbenennungen und die Namen der neugegründeten Republiken waren griechisch oder lateinisch: der Erntemonat hieß Messidor, der Hitzemonat Thermidor, der Fruchtmonat Fructidor, aus Holland wurde Batavien, aus der Schweiz Helvetien, aus Genua Ligurien, aus Neapel Parthenope. Babeuf verwandelte seinen Vornamen in Gracchus und nannte seine Zeitschrift *Volkstribun.* Selbst die Spielkarten müssen sich antikisieren: der Pikbube heißt von nun an Publius Decius Mus. Der »Messidorstil« der neuerrichteten Bauwerke gestattet nur die klassisch gerade Linie und perhorresziert jegliche Krümmung. Auch Napoleon arbeitet mit lauter klassischen Reminiszenzen: *tribunat, sénat, plébiscite,* nennt sich zuerst Konsul, dann Imperator, führt bei der Armee die römischen Adler ein und kopiert in zahlreichen Äußerlichkeiten den Kaiser Augustus. Auch in seiner inneren und äußeren Politik schwebte ihm die Praxis des römischen Imperiums mit ihrer nivellierenden Zivilverwaltung, ihren Prätorianergarden und ihrer Verwandlung der unterworfenen Fürsten in »Bundesgenossen« als bestimmendes Muster vor. Der Empirestil oder Napoleonstil, der sich unter ihm entwickelt, ist farbenscheu, verwendet nur Weiß und Gold, sparsamst ornamentierte Tapeten, dunkles Mahagoni und matte Bronzebeschläge; seine beliebtesten Schmuckformen sind Lorbeerkranz und Lyra, Medaillons, gekreuzte Fackeln, steife Mäander, Eierstäbe und Lilienketten: lauter »antike« Motive. Daß man in einer permanenten Kriegszeit lebt, zeigt sich an der Vorliebe für Waffentrophäen, Flortücher und Aschenurnen. Nicht nur an den Fassaden, sondern auch in den Zimmern wimmelte es von Sphinxen, Karyatiden, Säulen, Obelisken. Die Bücher- und Kleiderschränke, selbst die Kasten, in denen sich das Nachtgeschirr befand, waren griechische Tempel mit Kapitellen und Architraven, die Waschtische Dreifüße, die Réticules Urnen, die Öfen Altäre; in Hamburg bestanden sogar die Galgen aus korinthischen Säulen. Die militärische Kopfbedeckung nimmt die Form des antiken Helms an. Auch die Damen trugen eine Zeitlang helmartige Hüte, woraus sich später die »Schute« entwickelte, die sich sehr lange hielt; ihre Frisur war der Knoten *à la grecque* mit dem Haarnetz. Im Kostüm suchten sie sich der antiken Nacktheit zu nähern, indem sie nur ein einziges Kleidungsstück verwendeten, die *tunique,* die, wegen ihres hemdartigen Schnitts auch *chemise* genannt, Hals, Brust, Arme und Beine frei ließ, wozu sie höchstens noch fleischfarbene Trikots und einen Shawl aus Kaschmir trugen, dessen anmutige Drapierung eine schwierige und heißgeübte Kunst war; die ebenfalls nackten Füße steckten in Sandalen oder flachen Bänderschuhen. Die Kleidung war natürlich höchst ungesund, zumal da die Tunika nur aus ganz leichten Stoffen bestehen durfte, und man nannte daher den Katarrh, an dem die Damen ständig litten, die Mousselinekrankheit; aber die Hygiene hat bekanntlich niemals auf die Mode einen bestimmenden Einfluß geübt, und nur Selbsttäuschung kann glauben, daß dies heutzutage der Fall ist: die dünnen Seidenstrümpfe und Lackschuhe bieten nicht viel mehr Schutz gegen Erkältungen als das Empirekostüm.

Dieser radikale Wandel im Kostüm hängt auch mit der Tendenz zur »republikanischen Einfachheit« zusammen. Man kolportierte mit Befriedigung die Bemerkung einer Türkin zu einer Dame im Reifrock: »Bist das alles du?«, und hielt hohe Frisuren und Absätze, Culs und Schnürbrüste für Bekenntnisse zur Gegenrevolution. In analoger Weise verschwindet bei den Männern der Puder und der Zopf, und die Rokokotracht wird von dem schlichten dunklen Rock des dritten Standes und dem *pantalon*, der langen Matrosenhose der Sansculotten, verdrängt. Unter dem Directoire liebt die Mode allerlei Anspielungen auf die verflossene Schreckenszeit: die Damen tragen die Haare im Nacken rasiert und um den Hals ein schmales rotes Band, und da die Bevölkerung durch die Guillotine stark dezimiert worden war, wird es üblich, durch eingelegte Polster Schwangerschaft vorzutäuschen. Unter dem Taumel, der nach den langen Ängsten und Entbehrungen die Gesellschaft ergriff, nahm das Kostüm eine Zeitlang die extravagantesten Formen an. Die Stutzer, die sogenannten *incroyables,* trugen monströse zweispitzige Hüte, Fräcke mit enormen Flügelklappen, mehrere große Halstücher übereinander, in denen die untere Hälfte des Gesichts verschwand, keulenartige Spazierstöcke und Ohrringe, ihre weiblichen Pendants, die *merveilleuses,* die Haare kurz und zerzaust *à la sauvage* und Ringe an den Füßen.

Damals begann auch die Weltherrschaft des Zylinders. Welches Entsetzen dieses groteske Kleidungsstück anfangs hervorrief, zeigt eine Notiz der *Times* vom Jahre 1796: »John Hetherington wurde gestern wegen groben Unfugs und Verursachens von Straßenunruhen dem Lordmajor vorgeführt. Es wurde bewiesen, daß Hetherington auf der öffentlichen Straße mit einem Hut auf dem Kopfe erschienen war, den er einen Seidenhut nannte, einem hohen Bau von glänzendem Schein, geeignet, furchtsame Wesen in Schrecken zu versetzen. Tatsächlich sagten einige Polizisten aus, daß mehrere Frauen bei seinem Anblick in Ohnmacht fielen, Kinder schrien und einer aus der Menge, die sich angesammelt hatte, zu Boden geworfen wurde und sich den rechten Arm brach.«

Alfieri, David, Talma und Thorwaldsen
Der klassizistische Geist ergriff natürlich auch alle Künste. In Italien war der stärkste Vertreter dieser Strömung der Graf Alfieri, ein reiner Konturist, völlig ornamentlos in Sprache, Psychologie und dem Mangel an Episoden und Nebenmotiven, strenger Beobachter der drei Einheiten, programmatisch, tendenziös, von einem prononcierten Lakonismus und Catonismus erfüllt. In Frankreich war der einflußreichste Künstler dieser Richtung Jacques Louis David, dessen Gemälde zum erstenmal in der Wiedergabe der Waffen, Gewänder, Geräte, Köpfe archäologisch korrekt, aber kalt und pathetisch arrangiert, mit düsterer Rhetorik sich für antike Tugend, Freiheit, Vaterlandsliebe begeisterten. Auch wenn er Zeitgenossen malte: den ermordeten Marat, Napoleon als General und Kaiser, Barère, wie er den Tod des Königs fordert, wurden sie ihm unter der Hand zu Römern. Lateinische Klarheit, römische Energie und Bestimmtheit spricht auch aus seiner harten, männlichen, präzisen Behandlung des Lichts und der Bewegung. Sein Zeitgenosse war der große Talma, dessen Kunst nach den Schilderungen von Augenzeugen gespielter David gewesen sein muß: seine Attitüden wurden mit der Haltung antiker Sta-

tuen verglichen, und Wilhelm von Humboldt sagte von ihm, sein Spiel sei eine ununterbrochene Folge schöner Gemälde gewesen, er war auch gleich David der erste, der in seiner Kunst vom Kostüm historische Echtheit forderte, während noch Garrick die Helden Shakespeares mit Puderperücke und die griechischen Könige in Wams und Federhut gespielt hatte. In der Plastik nahm der Däne Thorwaldsen unbestritten den ersten Rang ein. In seinem starken Talent für anmutige und klare Umrisse, einem bloßen Relieftalent, kulminiert die undramatische Langweile des Klassizismus auf eine sehr edle und reine Weise. Auf die Frage nach seinem Geburtstag antwortete er: »Das weiß ich nicht; am 8. März 1797 kam ich zum erstenmal nach Rom.« Sein Alexanderzug, der jahrzehntelang dem Parthenonfries an die Seite gestellt wurde, ein technisches Meisterwerk an Feinheit der Formbeherrschung und Strenge der Komposition, im übrigen temperamentlos bis zur Gleichgültigkeit und typisierend bis zur Ununterscheidbarkeit, besonders in den Frauenfiguren ganz tot und bilderbogenhaft, ist ein reiner Theaterfestzug; die »edle Vereinfachung« ist so weit getrieben, daß das Viergespann Alexanders nur vier Hinterbeine aufweist. Führich erklärte, Thorwaldsen sei »nichts als ein Schauspieler«. Wir möchten sogar sagen: Hofschauspieler.

Wir haben schon einmal erwähnt, daß »gotisch« in der damaligen Zeit soviel bedeutete wie: barbarisch, roh, kunstlos. Heinrich Meyer, nach Goethes Überzeugung der erste Fachmann seiner Zeit in Fragen der bildenden Kunst, sagte 1799 in den »Propyläen«, der Anblick gotischer Gebäude reize »zur Verachtung derjenigen, die solche Werke hervorbrachten«. Der ebenfalls mit Goethe befreundete sehr einflußreiche Kunstschriftsteller Karl Ludwig Fernow rügte an Michelangelo das »Hervorkehren seines Eigenwillens«: bei allem Feuer sei er nie zur schönen Eintracht des Genies mit dem Geschmacke gekommen, sowenig wie Aischylos, Dante oder Shakespeare, und ebenso sei es Bernini und den anderen Barockmeistern ergangen. Die größten Verheerungen hat der Klassizismus in der Landschaftsmalerei angerichtet. Ihr Lieblingsvorwurf ist die stilisierte italienische Campagna, belebt durch »malerische« Opernbriganten und einen in der Mitte grasenden Esel voll Anmut und Würde, der direkt aus Weimar gekommen zu sein scheint.

Goya Ganz abseits steht die rätselhafte Erscheinung Goyas, die erst in unseren Tagen in ihrer hinreißenden Suggestivität und einzigartigen Problematik voll gewürdigt worden ist. In seinen staunenswerten Gemälden und Radierungen vermählen sich Barock, Naturalismus und Impressionismus. Seine *Caprichos* konzipieren ganz im Barockgeist die Welt als Maskerade und Traum, seine Porträts der spanischen Königsfamilie schildern die Häßlichkeit ihrer Modelle mit einer Naturtreue, wie sie andere Maler kaum bei Privatpersonen gewagt haben, und seine *Erschießung von Straßenkämpfern*, die bereits den ganzen Impressionismus vorwegnimmt, hat bekanntlich Manet bei seiner *Exécution de l'empereur Maximilian* zur Vorlage gedient. Er ist, ebenso wie Herder, der Sturm und Drang und der junge Goethe, ein Beweis dafür, daß der Impressionismus sich im achtzehnten Jahrhundert ganz natürlich und notwendig aus dem Rokoko herausentwickelt hätte, wenn er nicht gewaltsam durch den Klassizismus zurückgedrängt worden wäre. Der Maler Philipp Otto Runge entwarf um die Jahrhundertwende sogar schon eine Theorie des Impressionismus, die er allerdings in seinen Bildern nicht zu verwirklichen vermochte, indem er erklärte, in der Kunst der Formen hätten die Griechen und die Renaissancemeister den Höhepunkt erreicht, das Studium der vom Licht nuancierten Farbe hingegen sei von ihnen nicht ernstlich betrieben worden; die Darstellung von Licht und Luft werde das große Problem, die große Eroberung der modernen Malerei werden.

Als ein völlig Abseitiger muß auch Beethoven angesehen *Beethoven* werden. Er kann weder zur Romantik noch zur Klassik gezählt werden, obgleich beide ihn für sich reklamierten. In dieser überlebensgroßen Zeitlosigkeit erinnert er an Michelangelo, mit dem ihm auch noch eine Reihe anderer Eigentümlichkeiten gemeinsam sind: die dämonische Häßlichkeit; die gewalttätige Rauheit und mißtrauische Launenhaftigkeit der Verkehrsformen; die Frugalität und Unordentlichkeit der Lebensführung; die grüblerische Selbstbeschau und misanthropische Ungeselligkeit; die Mischung aus Schätzung und Verachtung des Geldes, Geschäftsklugheit und Hilflosigkeit, die ihn zum Opfer gieriger Verwandten machte; das Verhältnis zu den Mäzenen, die er braucht und sucht, aber gleichwohl als herrisch Fordernder, ja als tief unter sich stehend behandelt; die Leidenschaftlichkeit seiner Erotik, die aber, stets in der Phantasie lebend, nie ihr Ziel findet; die Konzessionslosigkeit und Intransigenz seines Künstlertums; das ungeheure Selbstbewußtsein und schon sehr frühe Erkennen seiner Millenarbedeutung, vergällt durch ewige Unzufriedenheit mit dem Geschaffenen; die Kolossalität und Weiträumigkeit seiner Konzeptionen; die gigantische Arbeitskraft, die unermüdlich neue Methoden und Techniken sucht und findet, alle gegebenen Formen in ungeahntem Maße erweitert und über die letzten Grenzen der Kunst hinausstrebt; und die hoffnungslose Verkanntheit. Hingegen unterscheidet er sich von Michelangelo durch sein tiefes Gemüt und durch seinen verklärenden und befreienden Humor, zwei Eigenschaften, die der Romane in ihrer vollen Ausbildung nicht besitzt, nicht kennt und nicht würdigt, und durch seine Religiosität, die bei ihm in ganz andere Abgründe reicht als bei dem diesseitstrunkenen Renaissancemeister. Ihm war die Kunst »Vermittlung des Göttlichen und eine höhere Offenbarung als alle Weisheit und Philosophie« und die Musik »mehr Empfindung als Tongemälde«: daß er den Höhepunkt der absoluten Musik darstellt, hängt aufs engste mit seiner Frömmigkeit zusammen. Beethoven, Napoleon und Goethe sind die drei größten Gestalten des Zeitalters; aber er ist der edelste von den dreien. Und es ist eine tragische Fügung, daß er wohl die beiden anderen verstanden hat, sie aber nicht ihn. Hätte Goethe das Phänomen Beethoven begriffen, so hätten wir heute vielleicht das großartigste und profundeste Kunstwerk aller Zeiten: einen von Beethoven komponierten Faust; die Unendlichkeit des Gedankens, vermählt mit der Unendlichkeit der Melodie. Und wenn Napoleon Beethoven erfaßt hätte, so hätte Europa vielleicht heute ein anderes Antlitz. Es ist bekannt, daß Beethoven seine dritte Symphonie, die *Eroica, »composta per festeggiare il sovvenire di un grand' uomo«,* ursprünglich dem General Bonaparte gewidmet hatte und, als dieser sich zum Kaiser machte, die Zueignung vernichtete. Was diese und die Neunte schildern, das hätte Napoleon werden sollen und können: der Held im Dienste der Menschheit; und das ist er nicht geworden.

Der Malthusianismus

Eine isolierte Entwicklung, wennschon in ganz anderer Richtung als Goya und Beethoven, nahm auch England. Wir haben schon darauf hingewiesen, daß dort, infolge der viel rascheren und intensiveren Entfaltung des Wirtschaftslebens, der moderne Maschinenmensch konzipiert worden ist. Und England ist auch das Geburtsland der sogenannten »modernen Wirtschaftstheorien«. Ihre Begründer sind Malthus und Ricardo. Die Argumentation, auf die der Pfarrer Robert Malthus sich stützte, war folgende: der Boden Englands könne in 25 Jahren höchstens das Doppelte des heutigen Ertrages abwerfen, in 50 Jahren das Dreifache, in 75 Jahren das Vierfache, der Nahrungsspielraum vergrößere sich also in arithmetischer Progression; die Bevölkerung zeige aber die Neigung, sich in 25 Jahren zu verdoppeln, in 50 Jahren zu vervierfachen, in 75 Jahren zu verachtfachen, vermehre sich also in geometrischer Progression. Dieses Mißverhältnis könne nur durch »*checks*« ausgeglichen werden: durch Kriege und Seuchen, durch die Existenz in engen Straßen und luftarmen Fabriken. Daher ist jede Art Alters-, Armen- und Waisenversorgung abzulehnen. Im Anschluß daran stellte Ricardo das Gesetz auf, der natürliche Arbeitslohn gravitiere stets nach dem Existenzminimum; verdienten die Arbeiter mehr, so werde durch eine Vermehrung, verdienten sie weniger, so werde durch eine Verminderung der Bevölkerung der Ausgleich bewirkt. Der Malthusianismus nimmt also den umgekehrten Standpunkt ein wie der Merkantilismus: dieser glaubte, ein Land werde um so reicher und leistungsfähiger sein, je größer seine Bevölkerungsziffer sei, und suchte diese mit allen möglichen Mitteln zu erhöhen, während jener die größte wirtschaftliche Gefahr in dem steigenden Menschenreichtum erblickte. Die Grundlagen dieser ganzen Theorie sind aber nicht einmal statistisch einwandfrei, geschweige denn philosophisch. Sie vergißt, daß die Ertragsmöglichkeiten der Erde noch lange nicht vollständig ausgenützt sind und außerdem jeden Tag neue Methoden, neue Transportformen, neue Energien entdeckt werden können, daß die Materie stets vom Geist beherrscht wird und, wie jeder Mensch der Dichter seiner Biographie, jedes Volk der Dichter seiner Geschichte ist und daß überhaupt die sozialen Nöte nicht im Mangel an ausreichender Nahrungsbasis, sondern in der Ungerechtigkeit und Ungeschicklichkeit der Verteilung, in der menschlichen Selbstsucht und Dummheit ihre Wurzel haben. Sehr geistreich exemplifiziert Franz Oppenheimer das Absurde des Malthusianismus an der Fiktion, daß Robinson ein Schüler Ricardos wäre, indem er darauf hinweist, daß dieser dann als Besitzer der ganzen Insel seinem Arbeitsgenossen Freitag »streng nach dem ehernen Lohngesetz (wahrscheinlich ist die Insel übervölkert!) gerade das Existenzminimum zuweisen« würde, und hinzufügt: »In jedem Lande der Welt ist der Staat so entstanden, daß ein paar hundert oder tausend wohlbewaffnete, wohldisziplinierte Robinsons ein paar tausend oder hunderttausend schlechtbewaffnete, zersplitterte, abergläubische Freitags unterworfen und das ganze Land für sich mit Beschlag belegt haben.« Und Friedrich List trifft den Kern der Sache, wenn er sagt: »Diese Lehre würde die Herzen der Menschen in Steine verwandeln. Was aber wäre am Ende von einer Nation zu erwarten, deren Bürger Steine statt Herzen im Busen trügen? Was sonst als gänzlicher Verfall aller Moralität und damit aller produktiven Kräfte und somit alles Reichtums und aller Zivilisation und Macht der Nation?« Es ist, um es rundheraus zu sagen, der schamloseste und hinterlistigste Rechtfertigungsversuch der kapitalistischen Weltanschauung, der je gemacht worden ist. Nicht die ewige Tatsache, daß der Mensch eine Seele besitzt, gilt als seine Legitimation zum Dasein, sondern die zufällige, ob er in einen angemessenen Freßraum hineingeboren ist. Und dies lehrte ein christlicher Priester! Indes ist dies bei Malthus nicht gar so verwunderlich, sobald wir uns daran erinnern, daß der englische Puritanismus au fond eine jüdische Religion ist; und Ricardo war sogar buchstäblich der Sohn eines portugiesischen Juden.

Der englische Materialismus hat natürlich, wie jeder energische und zielbewußte Materialismus, auch seine günstigen Seiten aufzuweisen. Der durchschnittliche Lebensstandard der Bevölkerung war ein weitaus besserer als auf dem ganzen Kontinent; Hygiene, Sport, Reinlichkeit standen auf einer viel höheren Stufe. Die Tracht der Engländer war die gesündeste, ungekünsteltste, rationellste Europas; sie waren auch die ersten, die auf die vernünftige Idee kamen, für die Kinder eine andere Kleidung zu wählen als für die Erwachsenen. Das Meublement und die übrige Inneneinrichtung der Wohnräume war ausnehmend bequem, solid und praktisch. Zu Anfang des Jahrhunderts hatten in London schon die meisten Häuser Wasserklosetts; 1814 erhielt die ganze Stadt Gasbeleuchtung. Die

Post funktionierte mit vorbildlicher Schnelligkeit und Pünktlichkeit; die Straßen waren in vortrefflichem Zustand, während man sie auf dem Festland noch ganz so wie zur Zeit des Merkantilismus absichtlich verfallen ließ, um die Fremden zu längerem Aufenthalt zu nötigen und den Einheimischen die Ausreise zu erschweren. Auch gab es schon vielfach Brücken und andere Verkehrsanlagen aus Eisenkonstruktion. 1810 arbeiteten in Frankreich zweihundert, in England fünftausend Dampfmaschinen, 1814 erbaute Stephenson seine erste Lokomotive, und um dieselbe Zeit dienten in den englischen und schottischen Gewässern bereits zwanzig Dampfschiffe der regelmäßigen Passagierbeförderung.

Die abgesonderte Entwicklung Englands ist zum Teil auf die Kontinentalsperre zurückzuführen, die Napoleon im Jahre 1806 dekretierte: ihre Bestimmungen verboten allen Handel, allen Verkehr, alle Korrespondenz des Kontinents mit England und erklärten im Bereich der französischen Einflußsphäre jeden Engländer für kriegsgefangen und jede englische Ware für gute Prise. In der Tat sank alsbald der britische Ausfuhrhandel auf nahezu die Hälfte, der Kurs der Staatspapiere auf ein Drittel, während die Lebenskosten auf das Doppelte stiegen. Das Festland war aber fast ebenso geschädigt; allenthalben mußten Fabriken und andere große Betriebe stillgelegt werden, und es kam zu zahlreichen Bankerotten. Die Preise für Farbstoffe und Eisenfabrikate, für Baumwolle, Reis und Gewürze, überhaupt für alle Kolonialwaren erreichten eine phantastische Höhe. Man trank Kaffee aus gerösteten Eicheln und rauchte Tabak aus Huflattich. Ein Pfund Zucker kostete sogleich nach dem Berliner Erlaß einen Taler, bald darauf zwei Taler, wobei man bedenken muß, daß damals ein einfaches Wohnhäuschen bereits um vierhundert Taler zu haben war. 1810 stieg der Zucker abermals um vierhundert Prozent. Infolgedessen machte der Franzose Achard den Versuch, Zucker aus Runkelrüben herzu-

Die Kontinentalsperre

1069

stellen, während Kirchhof dazu das Stärkemehl benutzte; die Technik war aber noch unvollkommen, und nach der Aufhebung der Festlandsperre wurde der Rübenzucker vorläufig wieder vom Rohrzucker verdrängt. Durch die Kontinentalsperre hat Napoleon sich nicht nur mit England, sondern mit ganz Europa tödlich verfeindet, mehr als durch Konskriptionen und Kontributionen, Zensur und Polizeiregiment, Länderraub und Dynastensturz.

Das Napoleondrama Napoleons Laufbahn hat sich wie ein vollständiges Drama abgewickelt, mit Exposition, Steigerung, Höhepunkt, Peripetie, »Moment der letzten Spannung« und Katastrophe, fast genau nach dem Schema in Gustav Freytags *Technik des Dramas*. Sein glänzender Feldzug in Italien im Jahr 1796 bildet den rauschenden Auftakt, und von da triumphiert er in ununterbrochener Folge über alle Feldherren, alle Völker, alle Kriegsmittel, die sich ihm in den Weg stellen, indem er, wie ein preußischer Offizier nach der Schlacht bei Jena schrieb, seine Soldaten in »übernatürliche Wesen« verwandelt. Seine erste Niederlage erleidet er erst 1809 bei Aspern, und auch diese vermag er wegen seines geordneten Rückzuges und der ungenügenden Verfolgung durch Erzherzog Karl für einen Sieg auszugeben und zwei Wochen später durch den Erfolg bei Wagram auszugleichen. Nicht geringer sind seine Siege im Innern. Nach seiner Devise »Es handelt sich darum, auf den Roman der Revolution die Geschichte der Revolution folgen zu lassen« bringt er Ordnung und Gedeihen in das französische Chaos, garantiert der gesamten Bevölkerung Kultusfreiheit, Handelsfreiheit, unparteiische Rechtspflege, bürgerliche Sicherheit, ausgedehnte staatliche Obsorge für Wohlfahrt und Unterricht und den Emigranten unbehelligte Rückkehr, erneuert den Adel und die Auszeichnungen, protegiert aber immer und überall nur das Talent. Den Höhepunkt seiner Karriere erreicht er im Jahr 1810: um diese Zeit sind Belgien, Holland, Hannover,

Oldenburg, das linksrheinische Deutschland, die Nordseeküste mit den Hansestädten, die illyrischen Provinzen, Oberitalien mit Südtirol und Mittelitalien mit dem Kirchenstaat französisch; der Rheinbund, bestehend aus Bayern, Württemberg, Baden, Sachsen, Hessen und dem Königreich Westfalen, die Schweiz, das Herzogtum Warschau, Spanien unter Joseph Bonaparte und Neapel unter Murat von Frankreich abhängig; Österreich, Preußen und Norwegen-Dänemark mit Frankreich verbündet. 1811 sagt Napoleon zu dem bayrischen General Wrede: »Noch drei Jahre und ich bin Herr des Universums.«

Drei Jahre später befand er sich aber bereits auf Elba. Denn das Jahr seines Höhepunkts war zugleich das seiner Peripetie, die darin bestand, daß er Josephine, seine »Mascotte«, verstieß und die *Mesalliance* mit dem Haus Habsburg schloß, die Mesalliance der Progression mit der Erstarrung, der Realität mit dem Schein, des Genies mit der Konvention. Und nun folgt die »fallende Handlung«. Was er mit dem russischen Feldzug vorhatte, hat er zu Narbonne ganz deutlich ausgesprochen: »Schließlich ist dieser Weg der lange Weg nach Indien … Denken Sie sich Moskau erstürmt, Rußland geschlagen, den Zaren ausgesöhnt oder einer Palastverschwörung zum Opfer gefallen, und sagen Sie mir, ob eine Armee von Franzosen dann nicht bis zum Ganges vordringen könnte, der nur mit einem französischen Schwert in Berührung zu kommen braucht, damit in Indien das ganze Gerüst merkantiler Größe einstürze?« Bei diesem Abenteuer aber hatte zum erstenmal seine Phantasie den Zusammenhang mit der Wirklichkeit verloren. Schon während des Vormarsches berichtete ein Augenzeuge: »Es fehlt an allem, selbst an Juden«; von 600000 Mann kamen 50000, von 180000 Pferden 15000 zurück.

Zu Anfang des Jahres 1918 hat C. H. Meray in seinem an fruchtbaren Gedanken überaus reichen, leider viel zuwenig bekannten Buche *Weltmutation* prophezeit, daß Deutschland unterliegen müsse, wenn es mit dem »Fremdkörper« Amerika in Berührung komme, denn dadurch werde der organische Prozeß, der darin bestehe, daß die »Riesenzelle« Deutschland die Zellen der übrigen europäischen Staaten zu überwältigen und sich einzuverleiben suche, zu einem pathologischen. In der Tat hatte Deutschland in dem Augenblick, wo der Fremdkörper Rußland aus dem Weltkrieg ausschied, theoretisch gesiegt. Aber nur theoretisch; denn England hatte, in tiefer Erkenntnis der Zusammenhänge, bereits für den Eintritt eines neuen Fremdkörpers gesorgt. In der Geschichte des Altertums können wir einen verwandten Vorgang in der Blüte und Katastrophe des römischen Weltreichs erblicken. Der »Organismus« der Antike war das Mittelmeer mit allen seinen Dependenzen. Über diesen hat Rom nie hinauszugreifen vermocht und es in weiser Beschränkung auch fast nie versucht. Durch den Eintritt der Germanen aber gelangt es mit einem *neuen Weltteil* in Berührung, woran es zugrunde geht. Ebenso erging es der spanischen Weltmonarchie mit Amerika. Und ebenso erging es Napoleon, als er durch die russische Expedition mit Asien in Kontakt geriet. Er selber muß hiervon ein dunkles Gefühl gehabt haben, als er 1813 zum Marschall Marmont sagte: »Mein Schachbrett ist in Verwirrung geraten.«

Das »Moment der letzten Spannung« bildeten die »hundert Tage«. Am 11. März 1815 war in Wien großer Ball beim Fürsten Metternich. Plötzlich verbreitete sich die Nachricht: »Er ist in Frankreich.« Jedermann wußte, wer damit gemeint sei. Der Tanz wurde abgebrochen, die Unterhaltung verstummte, vergeblich spielte das Orchester weiter. Wortlos verließen die Monarchen das Fest, die übrigen Gäste folgten. Die Lichter erloschen, die Stadt lag in angstvollem Dunkel: es war wieder Weltkrieg.

Schon während des Winters hatten die französischen Soldaten Napoleon *»père la violette«* genannt, weil sie ihn mit den

Märzveilchen zurückerwarteten. Auf seinem Weg von Cannes nach Paris fiel kein einziger Flintenschuß, alle gegen ihn gesandten Heere gingen zu ihm über. Einige Menschen starben bei der Nachricht von seiner Landung vor Freude. Aber das Empire war nicht mehr die »Riesenzelle« von ehedem. Bei Waterloo endete das gewaltigste Schicksalsdrama, das die neuere Geschichte hervorgebracht hat.

Daß irgendein magischer Impuls sein ganzes Dasein bestimme und lenke, davon war Napoleon selbst aufs vollständigste überzeugt. Einmal, als er bei einem Sturz vom Wagen fast den Tod gefunden hätte, sagte er zu Metternich: »Ich fühlte, wie das Leben mir entwich, aber ich sagte mir: ich will nicht sterben, und blieb am Leben«, und ein andermal, als man ihn vor drohenden Attentaten warnte, entgegnete er: »Was habe ich zu befürchten? Ich kann gar nicht ermordet werden.« In seiner ägyptischen Proklamation heißt es: »Sollte es einen Mann geben, der so blind wäre, nicht einzusehen, daß das Schicksal meine Handlungen lenkt?... Der Tag wird kommen, wo die ganze Welt einsehen wird, daß ich von höherer Hand geleitet bin und daß menschliche Bemühungen nichts gegen mich ausrichten können.« Seine Zeitgenossen, Freunde und Gegner, hatten es sich denn auch längst abgewöhnt, ihn mit menschlichen Maßen zu messen: sie betrachteten ihn wie ein blendendes, unwiderstehliches Naturereignis, mit dem sich nicht parlamentieren läßt, prachtvoll anzuschauen, aber verheerend in seinen Wirkungen.

Napoleon und das Schicksal

Eines Tages sagte Talleyrand zu Napoleon: »Der gute Geschmack ist Ihr persönlicher Feind; wenn Sie sich seiner durch Kanonenschüsse entledigen könnten, so wäre er längst beseitigt.« Ein wahres Wort, wahrer, als jener lackierte Hofintrigant ahnen mochte. Natürlich war Napoleon geschmacklos. Ohne jeden Geschmack und Takt, ohne alle Erziehung und Lebensart sprengte er die ganze rückständige, verfaulte, verkalkte Welt

1073

der Feudalitäten und Diplomaten, der Salonschwätzer und Papierstrategen in die Luft. Ein Riese ist kein geschmackvoller Anblick. Ein Erdbeben, ein Lava und Dreck ausspeiender Vulkan ist keine geschmackvolle Erscheinung. Keine Naturkatastrophe, kein Elementarereignis, keinerlei Überlebensgröße ist »geschmackvoll«. Geschmackvoll ist der Durchschnitt, die Konvention, die saubere Schablone, das Bekannte: schon dadurch, daß wir uns in irgendeinem Phänomen nicht auskennen, wirkt es auf uns verwirrend, irritierend, beunruhigend; es hat die Geschmacklosigkeit, uns auf die Nerven zu gehen.

Napoleon und die Strategie

Wir brauchen nur irgendeinen beliebigen Ausschnitt aus Napoleons Tätigkeit zu betrachten, zum Beispiel seine Kriegführung, um sogleich zu sehen, wie dieser bewußte und hartnäckige Bruch mit dem Herkommen bei ihm durch alles hindurchging. Dem Zeitalter, in das er eintrat, galt als der größte Feldherr der Herzog Karl Ferdinand von Braunschweig. Dieser sah in der Strategie nichts als ein möglichst vollkommenes Schachspiel. Er wollte im Grunde gar keinen Krieg, er wollte bloß eine Art »Zustand der drohenden Kriegsgefahr«. Dies war aber, wie wir schon einmal erwähnt haben, damals die allgemeine Auffassung der Fachkreise: es komme im wesentlichen nur auf kunstvolle Manöver, auf Umgehen, Abschneiden, Plänkeln, auf allerlei geistreiche Kombinationen und geschickte Irreführungen an. Es fehlte durchaus nicht an Leuten, die den Braunschweiger für einen bedeutenderen Feldherrn hielten als Friedrich den Großen. Er war aber ein purer Theoretiker: ein respekteinflößender Stratege nur, solange nicht richtig geschossen und marschiert wurde. Es ist vielleicht nicht zuviel gesagt, wenn man behauptet, daß die ganze zwanzigjährige Revolutionsplage durch seine Schuld über Europa kam, denn lediglich ihm ist die Blamage von Valmy zu verdanken. Er sah immer und überall nur die Hindernisse, die Gefahren, die negativen Instanzen. Es zeigt sich an seinem Falle zweierlei:

erstens der theoretische papierene Charakter des ganzen Zeitalters, der sich sogar auf die furchtbarste aller Wirklichkeiten, den Krieg, erstreckte, und zweitens die Wertlosigkeit und Impotenz des sogenannten Fachmannes, wie sie sich immer und immer wieder auf allen erdenklichen Gebieten uns vor die Augen drängt. Alle großen Feldherren, Napoleon an der Spitze, haben erklärt, daß der Krieg etwas sehr Einfaches sei, wie alle großen Künstler dies von der Kunst und alle großen Ärzte dies von der Medizin erklärt haben. Moltke behauptete sogar, die Strategie sei überhaupt gar keine Wissenschaft. Hingegen der Fachmann ist immer kompliziert. Die Revolutionsgenerale verstanden gar nichts von der Kriegführung, sie waren so dilettantisch, im Krieg eine Realität zu sehen, eine Sache des stürmischen Draufgehens, Vorrückens und Siegens. Sie waren so ungebildet, im Krieg einfach Krieg zu führen und zu glauben, daß es dabei auf die Überwältigung des Gegners ankomme und nicht auf eine theoretische Widerlegung seiner Aktionen.

Die Kriegführung der Revolutionsarmeen, die bereits unter Carnot, dem »*organisateur de la victoire*«, eine hohe Stufe erreichte, unterschied sich von den bisherigen durch vielerlei: durch die *levée en masse,* die die ganze männliche Bevölkerung zu Soldaten machte (allerdings nur in der Theorie, denn noch unter Napoleon konnte man sich einen *remplaçant* kaufen), durch die neue Taktik, die statt der starren »Linien« von geringer Tiefe lange Kolonnen mit Stoßwirkung verwendete und das konzentrierte Massenfeuer durch die »zerstreute Fechtart« der Tirailleurs ersetzte, durch die rücksichtslose Expansion bis zum äußersten und durch die Verwandlung der Magazinsverpflegung in das Requisitionssystem. Hierzu fügte Napoleon die Einteilung der Heeresmacht in mehrere selbständige Armee-Einheiten: Korps und Divisionen, in denen sämtliche Truppengattungen und Kriegsmittel vertreten waren, die geniale Verwendung der Reserven, in der er Friedrich den Großen noch weit überflügelte, und die Ausnützung der »inneren Linie«, die darin bestand, daß er, bei numerischer Überlegenheit des Gegners, mit seiner gesamten Armee innerhalb der getrennten feindlichen Heeresteile operierte, die er nacheinander mit Übermacht angriff und schlug.

»Man muß in erster Linie durch die Beine seiner Soldaten siegen und erst in zweiter Linie durch ihre Bajonette.« Das ist ebenso leicht einzusehen wie alle Wahrheiten und war ebenso schwer in die menschlichen Köpfe zu bringen wie alle Wahrheiten. Da der Krieg eine Art Duell oder Faustkampf im großen ist, so gelten für ihn ganz ähnliche Gesetze. Kein Mensch wird daran zweifeln wollen, daß bei einem Handgemenge Raschheit und Kühnheit den Ausschlag geben, oder vielmehr: wenn er daran zweifelt, so tut er es auf Gefahr seiner gesunden Knochen. Und die übrigen Grundprinzipien der neuen Kriegführung: Volksbewaffnung, Verproviantierung und unaufhaltsames Vordringen im Feindesland und Kampf in aufgelösten Schwärmen waren ebenso einfach; es war, wenn auch in ganz anderem Sinne, als Rousseau und die revolutionären Phrasenmacher es gemeint hatten, die »Rückkehr zur Natur«. Es ist natürlich, daß im Augenblick einer wirklichen oder nur eingebildeten Gefahr jeder Mensch zur Waffe greift und sich zu verteidigen versucht, es ist natürlich, daß man von dem Boden lebt, auf dem man sich gerade befindet, und sich auf ihm so weit ausbreitet, als man nur irgend kann, und es ist natürlich, auf seinen Gegner loszugehen, wo und wie man ihn trifft. Unnatürlich, schwerfällig und künstlich waren die alten Einrichtungen: das Werbesystem, die Magazinsverpflegung, die zögernde, rein demonstrative Kriegführung, die Lineartaktik. Natur ist aber immer siegreich, und deshalb siegte die Revolution über Europa. Und dazu kam noch als das völlig Neue, das Napoleon in die Welt gebracht hat, sein unerhörtes Tempo. Er hat, wie dies der Leiter des österreichischen Generalstabswerkes über den

Krieg von 1866 einmal treffend ausdrückt, »mit der Zeit den Boden besiegt«. Oder wie er selber einmal sagte: »Ich habe die Österreicher durch Märsche zerstört.« Sein Leitsatz, den er auch seinen Unterfeldherren immer wieder einzuprägen suchte, war: *»Activité, activité! vitesse!«* Und dies erstreckte sich nicht auf seine Kriegführung allein, er teilte ganz Europa eine Beschleunigung mit, durch die es von Grund auf umgewandelt wurde. Er ist der Schöpfer des modernen Lebenstempos.

Der Mann der Realitäten

Man braucht Napoleon nur mit irgendeiner anderen Persönlichkeit der Revolution zu vergleichen, und sofort springt seine Unvergleichlichkeit in die Augen. Es gab zum Beispiel für Dumouriez einen Augenblick, wo es nur an ihm lag, der Diktator Frankreichs zu werden. Dies war nach der Schlacht von Neerwinden. Er konnte damals mit den Österreichern ein Abkommen treffen, die jakobinischen Mitglieder seiner Armee durch die ihm unbedingt ergebenen Linientruppen entwaffnen und gegen Paris ziehen, wo er von der überwältigenden Majorität einer durch Septembermorde und Pöbelterror erbitterten Bevölkerung als Befreier empfangen worden wäre. Er hatte diesen Plan längst erwogen, alle vorbereitenden Schritte getan, überall sondiert, mit Österreich und Paris Verhandlungen gepflogen, aber die Energie zum letzten entscheidenden Schritt fehlte ihm. Man sieht daran, daß zum praktischen Genie eben dreierlei gehört: die gegebene Sachlage überblicken, die notwendigen Maßnahmen erkennen und im richtigen Augenblick, der gewöhnlich nur ein einziger zu sein pflegt, nachdrücklich handeln. Nur dieses Dritte fehlte Dumouriez zu einer napoleonischen Karriere. Man kann aber ebensogut sagen, daß ihm damit alles fehlte. »Man tut nicht zweimal dasselbe in einem Jahrhundert«, hat Napoleon selber gesagt; aber eine Elementarkraft von der Fülle und Stärke Napoleons schafft die Natur nicht zweimal in einem Jahrtausend.

Und dennoch gibt es etwas in seinem Wirken und seinem

Charakter, das uns davon zurückhält, ihm jene unbedingte Verehrung zu schenken, die wir anderen und selbst kleineren Helden so gern entgegenbringen. Woran liegt das? Was verhindert uns, in ihm eines jener großen Modelle zu erblicken, nach denen wir unser eigenes Sein und Wollen geformt sehen möchten?

In seiner Charakteristik Napoleons, einem der glänzendsten Kunstwerke des französischen Impressionismus, sagte Taine einleitend: »Napoleon gehört einem anderen Zeitalter an... um ihn zu begreifen, gehen so gewiegte Geschichtskenner wie Stendhal und die Staël bis zu den kleinen italienischen Tyrannen des vierzehnten und fünfzehnten Jahrhunderts zurück. Bonaparte stammt von den großen Italienern jener Zeit ab, den Männern der Tat, den militärischen Abenteurern, den usurpatorischen Gründern von Staaten auf Lebenszeit; er hat durch unmittelbare Abstammung ihr Blut, ihr inneres Wesen, ihre sittliche und geistige Beschaffenheit geerbt.« Zweifellos war Napoleon kein Mensch des achtzehnten Jahrhunderts, aber statt dem vierzehnten und fünfzehnten könnte man ihn ebensogut dem neunzehnten zurechnen oder, wenn man will, dem zwanzigsten. Vielleicht war er wirklich nur ein kolossaler Kondottiere; aber jedenfalls einer mit Vorkenntnissen in Chemie, Geographie und vor allem Psychologie, ein Mensch, der die in Frankreich unerhörte Fähigkeit besaß, mit Gegebenheiten zu rechnen.

Goethe hat gesagt, mit Napoleon sei der größte Verstand auf Erden erschienen, Sieyès sagte über ihn: »Er weiß alles, er will alles, er kann alles«, und er selbst sagte von sich: »Mein großes Talent besteht darin, daß ich in allem klarsehe. Auch meine eigentümliche Art von Beredsamkeit beruht darauf, daß ich das Wesentliche einer Frage von *allen* Seiten betrachte. Die Senkrechte ist kürzer als die Schräge!«, und: »In meinem Kopfe sind die verschiedenen Affären fachweise geordnet wie in einem

Schrank. Wenn ich eine unterbrechen will, so schließe ich ihr Schubfach und öffne das einer andern. Sie geraten nie durcheinander, sie verwirren mich nicht und ermüden mich nicht durch ihre Vielfältigkeit. Will ich schlafen, so schließe ich alle Schubfächer und bin sofort eingeschlummert.« In ganz ähnlichem Sinne vergleicht er ein andermal seinen Kopf mit einem Taubenschlag: »Um über irgend etwas zu verfügen, öffne ich das betreffende Flugloch, indem ich gleichzeitig alle übrigen schließe; wenn ich schlafen will, schließe ich sie alle.« Infolge dieser Fähigkeit genügten ihm drei bis ausnahmsweise sechs Stunden Schlaf; sonst arbeitete er ununterbrochen, »auch beim Essen, auch im Theater«, wie er selbst sagte; und wahrscheinlich arbeitete er auch im Schlaf. Hieraus, aus dieser seiner essentiellen Verschiedenheit von allen Franzosen, erklärt sich sein sofortiger und ungeheurer Erfolg. Er selber war sich über diesen Zusammenhang vollkommen im klaren. »Die Franzosen«, sagte er einmal zu Metternich, »sind Leute von Geist; der Geist läuft in den Straßen umher; aber dahinter steckt gar kein Charakter, kein Prinzip und kein Wille; sie laufen allem nach, sind zu lenken durch Eitelkeit und müssen wie Kinder immer nur ein Spielzeug haben.« (Fast wörtlich übereinstimmend sagte übrigens auch Goethe zu Eckermann: »Die Franzosen haben Verstand und Geist, aber kein Fundament und keine Pietät.«) Ganz ähnlich äußerte er sich ein andermal bereits im Jahre 1797: »Ihr Franzosen versteht nicht, etwas ernstlich zu wollen. Eure Eitelkeit muß stets in Atem gehalten werden. Woraus ist die Revolution hervorgegangen? Aus der Eitelkeit. Und woran wird sie scheitern? Ebenfalls an Eitelkeit«, und noch kürzer und unmißverständlicher etwas später: »Lappalien spielen in Frankreich eine große Rolle. Vernunft spielt keine.« Er hat sein Volk realistisch denken und klar handeln gelehrt; er hat es gelehrt, Dinge zu erblicken statt Illusionen und Redensarten und an ihnen sich zielbewußt zu orientieren. Emerson hat wohl gewußt, warum er seinen Essay über ihn mit den Worten einleitete: »Wenn Napoleon Frankreich war, wenn Napoleon Europa war, so lag der Grund darin, daß die Leute, die er beherrschte, kleine Napoleons waren.« Aber man könnte auch umgekehrt sagen: Er wurde der Lenker seiner Zeit, weil es ihm gelang, aus allen damaligen Menschen kleine Napoleons zu *machen*.

Indes: gerade darin, in dem Umstand, daß er ein so vollendeter Typ des neuen Menschen war, der berufen sein sollte, das ganze kommende Jahrhundert zu beherrschen, muß man den Haupteinwand gegen ihn erblicken. Er war vielleicht der vollkommenste Empiriker, der je gelebt hat: hierin bestand ebensowohl seine unvergleichliche Genialität wie seine katastrophale Schwäche. Denn er war eben ein so vollkommener Empiriker, daß er nichts anderes war. Er war kein moralisches und metaphysisches Phänomen, kein Ethiker und kein Ideologe. Dieser Mangel an Ideologie war sein Wurzeldefekt und hat seine Herrschaft zu einer vorübergehenden gemacht.

Und so wäre man fast versucht zu sagen: Dieser diamantharte tausendäugige Held war eine *rührende* Erscheinung. Alles wußte er, alles konnte er, alles hielt er in seiner gewaltigen Hand; nur nicht sich selber. Er war stärker als die ganze Welt; aber nicht stärker als seine eigenen Taten. Er vergaß, daß auch der größte Mensch, ja gerade der größte, nur für die Menschheit da ist. Seine Erfolge stiegen ihm zu Kopf wie irgendeinem gewöhnlichen Bankier, Minister oder Schauspieler. Und so wurde sein leuchtender Sonnenflug zur trüben Höllenfahrt.

Der Regisseur Europas Madame de Staël sagte von ihm: »Er ist ein geschickter Schachspieler und das Menschengeschlecht sein Gegner, den er durchaus matt setzen will.« Er war aber durch sein dämonisches Temperament doch noch etwas mehr als ein Schachmeister, eher ein grandioser Regisseur, wie ihn die Welt vielleicht noch nie erblickt hatte. Schon die äußere Erscheinung, die er für gewöhnlich zur Schau trug, war ein unvergleichlicher Regieeinfall: der Herr Europas im zerdrückten Hut und abgetragenen Mantel des gemeinen Soldaten inmitten goldstrotzender Generale, ordenbesäter Würdenträger und brillantenstrahlender Frauennacken. Viele Episoden aus seinem Leben haben den Charakter superber Theaterszenen: zum Beispiel, wie er zu seinem Bruder Lucian sagt, indem er seine Uhr zu Boden schleudert: »Da du auf nichts hören willst, werde ich dich zerschmettern wie diese Uhr« oder wenn er, nachdem auf ihn in der Oper mit einer Höllenmaschine ein Attentat versucht worden ist, den brillanten Aktschluß findet: »Die Lumpen haben mich in die Luft sprengen wollen … man bringe mir das Textbuch zur heutigen Oper.« Die traditionelle Legende, Talma habe ihm seine Posen einstudiert, entspricht so wenig den Tatsachen, daß vielmehr das Umgekehrte richtig ist: Talma erklärte, er habe aus Blick, Mienenspiel und Haltung des Kaisers die wertvollsten Lehren gezogen, und dieser sei geradezu sein Modell gewesen. Der Mann, dem dieses Werk gewidmet ist, der stärkste Theaterfeldherr der neueren Bühnengeschichte, ist unzählige Male mit ihm verglichen worden.

Vielleicht ist Napoleons Erfolg und Popularität zum Teil *Der* darauf zurückzuführen, daß er kein ganz großer Mensch war. *antiideo-* Alle Genies sind von ihrer Umwelt nur zum Teil erkannt und *logische* anerkannt, in weniger kultivierten Zeitaltern geradezu ver- *Ideologe* höhnt oder vernichtet worden, was ganz in der Natur der Sache liegt. Um Plato, Dante, Beethoven, Dostojewski ganz zu verstehen, müßte man selber eine Art Negativdruck von Plato, Dante, Beethoven, Dostojewski sein, ein treues Lichtbild, das alle Strahlen, die von diesen Sonnen ausgingen, gewissenhaft aufzuzeichnen vermag. Dieser Mangel an Intensität kann nur extensiv ersetzt werden, durch reichliche und lange Aufnahme. Napoleon ist das einzige Genie, das sofort und ganz begriffen wurde, weil er durch eine Reihe ordinärer und durchschnittlicher Eigenschaften gewissermaßen einen Vulgärdialekt be-

1081

saß, in den übersetzt und durch den vermittelt seine Sprache allen sogleich verständlich und vertraut wurde. Er war ein Lügner, ein Rowdy, ein Egoist; brutal, sinnlich, unverschämt; sein ganzes Auftreten hatte etwas Großartig-Gemeines, Parvenühaftes, wie ja auch seine Ehe mit der Habsburgertochter an einen Börsianer erinnert, der sich durch Einheirat in verkrachte Aristokratenkreise zu nobilitieren sucht. Er verletzte in Gesellschaft durch seinen ungehobelten Kasernenton, freute sich daran, boshafte Indiskretionen und niedrige Klatschereien in Umlauf zu bringen, erlaubte sich gegen Damen unziemliche Scherze und rühmte sich kommishaft seiner erotischen Erfolge, obgleich er eigentlich kein Glück bei den Frauen hatte, die den Emporkömmling bewundern, aber nicht lieben. Dieses trübe Medium hat aber seine Genialität nicht verdunkelt, sondern erst ganz deutlich gemacht, wie ja auch in zerstreutem Licht eine Person klarer gesehen wird als im vollsten Sonnenglanz. Es könnte eigentlich gar nicht bezweifelt werden, daß Napoleon das vollkommenste Genie war, das die Welt jemals erblickt hat, größer als Cäsar, größer als Shakespeare, größer als Goethe. Denn er besaß, wenn man die Stärke und den Umfang seiner Begabung betrachtet, so viel davon wie alle drei zusammen: er war Cäsar an praktischem Umblick und Vorausblick, Shakespeare an schöpferischer Phantasie und Goethe an Kenntnis der menschlichen Natur ebenbürtig und dazu noch von einer Kraft, Gedachtes sogleich in Wirklichkeit umzusetzen, die keiner dieser drei in solchem Ausmaß besaß; es fehlte ihm nur eines, das jeder dieser drei besaß: Idealismus. Er glaubte nicht an die realsten Kräfte dieser Erde: die menschlichen Ideale. Altruismus, Patriotismus, Religiosität waren für ihn zwar vorhandene Energien, die man benutzen und lenken müsse, aber sie standen ihm nicht höher im Werte als Kanonen, Dampfkraft und Geld. Er glaubte nicht daran, daß eine fixe Idee mehr ist und vermag als hunderttausend Bajonette. Er wußte nicht, daß Ideen, Ideale, Ideologien, Phantasmen, Illusionen, Begriffe auch physikalische und physiologische Energien sind, meßbare und wirksame Größen, sozusagen wägbare Imponderabilien; daß das Bewußtsein des Rechts, der Glaube an Höheres geradesogut eine Heizung des Organismus darstellt wie Fett, Eiweiß, Kognak und Kolanuß; und so war er eigentlich gar kein so vollständiger Empiriker, wie er und seine Anhänger glaubten: er war, so paradox es klingen mag, in diesem Punkt ein weltfremder Doktrinär. Er hatte sein System von der Welt und der Menschheit, das, wenn man will, ein philosophisches war, aber wie so viele geistreiche und wohlgebaute Systeme nicht stimmte, sich *neben* dem Leben befand. Er blickte mit Spott und Verachtung auf die »Ideologen« und ahnte nicht, daß er selber einer war. Er brachte die ganze Welt durcheinander, jagte seine Menschenmassen von Schweden bis Ägypten und von Madrid bis Moskau und verschwand eines Tages ebenso plötzlich, wie er aufgetaucht war, verpuffte spurlos wie eine große Schießpulverexplosion, nichts als etwas ausgestandene Angst und einen brenzligen Geruch zurücklassend. Er mobilisierte Menschen und Naturkräfte, Wasser und Winde, alle Staaten, Städte und Völker Europas, bald für sich, bald gegen sich, und als er wegging, lag die Karte Europas wieder da wie vor zwanzig Jahren, ganz unerheblich verändert, und die Diplomaten stritten sich weiter um Gefälle, Kontingente und Hoheitsrechte. Napoleon war kein Träumer: *das* ist der Haupteinwand gegen ihn; und daran ist er gescheitert. Er konnte nur für Jahre und Monate siegen. Denn er wußte nicht, daß auf die Dauer nur ein Träumer die Welt erobern kann.

VIERTES BUCH

ROMANTIK UND LIBERALISMUS

*Vom Wiener Kongreß bis zum
Deutsch-Französischen Krieg*

ERSTES KAPITEL

Die Tiefe der Leere

*Wir sehnen uns nach Hause
Und wissen nicht, wohin?*
Eichendorff

Wir gelangen zum dritten Teil unserer Trilogie. Der »erste Abend« schilderte die *Geburt* des Menschen der Neuzeit, der zweite die *Blüte* dieser sonderbaren historischen Varietät, das Thema des letzten Abends ist der Tod der Neuzeit. Vermochten wir die »Inkubationszeit«, in der die Giftfrucht des modernen Gedankens ausgetragen wurde, nur im fahlen Schein einer gruseligen Winternacht zu erblicken, hatte für uns die Welt der Renaissance die Unwirklichkeit eines funkelnden gottfernen Fiebertraums und die Menschheit der Reformation nur die Realität eines dumpfen zerknitterten Holzschnitts, sprach das Leben der Barocke zu uns wie die fremde Grimasse eines starren Marionettenspiels und die Seele des Rokoko wie der ferne Klang eines müden Herbst- und Abendlieds, erschien uns sogar das vertraute Milieu der Klassiker im Halblicht eines verdämmernden Spätnachmittags und die so nahe Französische Revolution im gespenstischen Strahlenkegel einer Zauberlaterne, so verschwindet mit dem Untergang des letzten Märchenkönigs, den Europa erblickt hat, jede magische Fernwirkung, der entkörpernde Glanznebel fällt von den Gestalten und Ereignissen, alles wird intim, familiär, kompakt, konkret, die Helden, die das Drama »Weltgeschichte« weiterspielen, verwandeln sich aus unheimlichen Gerüchten, dunklen Legenden, Schattenbildern, die der Weltgeist auf einen mysteriösen Hin-

Der innerste Höllenkreis

tergrund wirft, in Privatexistenzen, fix Angestellte, Straßenbekannte, die sich ansprechen lassen und auf alles antworten, denn sie sind aus demselben Material gemacht wie wir selbst. Mit dem Wiener Kongreß beginnt die Geschichte der Gegenwart.

Man hat nun oft und mit Emphase behauptet, daß unser Dasein zwar grauer und alltäglicher, aber dafür vernünftiger, wohnlicher, menschlicher, wohlhabender geworden sei; aber es ist ein Irrtum. Das neunzehnte Jahrhundert ist das inhumane Jahrhundert par excellence; der »Siegeslauf der Technik« hat uns völlig mechanisiert, also verdummt; durch die Anbetung des Geldes ist die Menschheit ausnahmslos und rettungslos verarmt; und eine Welt ohne Gott ist nicht nur die unsittlichste, sondern auch die unkomfortabelste, die sich ersinnen läßt. Mit dem Eintritt in die Gegenwart gelangt der Mensch der Neuzeit in den innersten Höllenkreis seines ebenso absurden wie notwendigen Leidensweges.

Die un-
wirkliche
Gegen-
wart
Man sollte nun meinen, daß wir über diese Entwicklungsphase unseres Erdengangs wenigstens genauer, zuverlässiger, klarer informiert seien als über die vorhergehenden. Aber selbst dieser Trost – wenn es überhaupt einer wäre – wird uns nicht zuteil. Wir haben den »Zweiseelenmenschen«, der die Neuzeit eröffnet, mit einer *gebrochenen* Zahl verglichen, die nicht mehr einheitlich, aber doch noch voll erfaßbar ist, den Barockmenschen mit einer *irrationalen* Zahl, deren Wert sich nur annähernd durch einen unendlichen Dezimalbruch ausdrücken läßt; setzen wir diese Parallele fort, so müßten wir den Menschen des neunzehnten Jahrhunderts einer *imaginären* Zahl vom Typus $\sqrt{-1}$ gleichsetzen, die überhaupt nicht reell ist, zu der wir durch keinerlei Denkoperationen gelangen können. Unser ganzer Darstellungsversuch nahm seinen Ausgang von der Behauptung, daß Geschichte keine Wissenschaft sei; aber wenn für den exakten Forscher die Aussichten bei der Vergangenheit höchst problematisch sind, so sind sie bei der Gegenwart

hoffnungslos: Vergangenheitsgeschichte ist kaum möglich, Gegenwartsgeschichte unmöglich, und zwar aus einem sehr einfachen Grunde: eben weil sie von der vorhandenen, sichtbaren, körperlichen Gegenwart handelt. Denn es gibt nichts Unverständlicheres als den Augenblick und nichts Unwirklicheres als die physische Existenz. Der Nebel der Ungewißheit, statt sich zu lichten, verdickt sich mit jedem Tage der Annäherung an das Heute, und wir haben von Zeitläuften, Personen, Ereignissen, die »zu uns gehören«, ungefähr ebenso treffende Bilder wie von unseren nächsten Familienangehörigen, denen wir Liebe oder (seit Freud) Haß entgegenbringen, aber niemals Erkenntnis.

Der Wille zur Historie, der elementar in jeder »Nachwelt« lebt (die Historiker sind nur seine mehr oder minder ehrlichen Vollstrecker), vollzieht einen fortschreitenden Destillationsprozeß. Was sehr weit zurückliegt, ist bereits vom silbernen Glanze der Poesie umflossen und tritt mit jenem unwiderleglichen Identitätszeugnis vor unser Antlitz, das nur sie besitzt: es ist vollkommen »wahr« geworden. Was einigermaßen zurückliegt, hat im ausscheidenden, ausgleichenden, fällenden, reinigenden Gange der Kollektiverinnerung Wahrscheinlichkeit erlangt: es ist »historisch« geworden. Die Geschichte der Gegenwart aber befindet sich erst im Status eines schwebenden Prozesses, in dem bloß die vertuschenden Advokaten, die gehässigen Ankläger, die einfältigen oder boshaften Sachverständigen, die falschen oder voreingenommenen, eingeschüchterten oder wichtigtuerischen Zeugen zu Worte kommen. Wenn, wie ich in der Einleitung dieses Werks darzulegen versuchte, alle Geschichte der Vergangenheit nur Legende ist, so ist Geschichte der Gegenwart *Reportage*, also die allerunwissenschaftlichste, subalternste, suspekteste Form menschlicher Berichterstattung. Ist Geschichte alt genug geworden, um zur reinen Poesie zu kristallisieren, so spricht aus ihr unmittelbar das Wesen des Weltgeists, der niemals irren kann, das Wort

Poetische, historische, journalistische Wahrheit

Gottes; und in diesem Sinne ist die Bibel nicht nur das erhabenste, sondern auch das zuverlässigste Geschichtswerk der Weltliteratur. Ist Geschichte neueren Datums, so redet aus ihr der Volksgeist, der zwar nur örtlichen, irdischen Ursprungs ist, aber von dem instinktsichern Wissen der Gattung geleitet wird. Die Geschichte der Gegenwart jedoch hat zu ihrem Mundstück bloß den Geist des »Herausgebers«, eines verschlagenen, zelotischen, mit der eisernsten Entschlossenheit zur Lüge gepanzerten Geschöpfes, das nur sich und seinem Parteidogma dient: ob es sich hierbei um die Herausgabe von Schulbüchern oder Blaubüchern, diplomatischen Noten oder Generalstabsberichten oder aber um wirkliche Journale handelt, macht keinen Unterschied: alle Beiträge zur Gegenwartsgeschichte haben den Wahrheitswert der Zeitung.

Um zur historischen Wahrheit zu gelangen, hat man daher nur dreierlei stets und gewissenhaft zu beobachten: gläubige Ehrfurcht vor der Heiligkeit der poetischen Geschichte, leichtgläubiges Vertrauen in das sichere Taktgefühl der überlieferten Geschichte und tiefstes Mißtrauen gegen die Blödsichtigkeit und Falschmünzerei der »Zeitgeschichte«. Der ganze Sachverhalt läßt sich auch in aller Kürze in den Ausspruch eines englischen Schriftstellers zusammenfassen: »*very nearly everything in history very nearly did not happen*«; weniger lakonisch, aber ebenso unmißverständlich sagt Nietzsche: »Ein Geschichtsschreiber hat es nicht mit dem, was wirklich geschehen ist, sondern nur mit den vermeintlichen Ereignissen zu tun… Sein Thema, die sogenannte Weltgeschichte, sind Meinungen über vermeintliche Handlungen und deren vermeintliche Motive… Alle Historiker erzählen von Dingen, die nie existiert haben, außer in der Vorstellung.«

Der Geisterstrom

Man muß sich nur einmal resolut fragen, welche Materialien denn überhaupt der sogenannten Geschichtswissenschaft zur Unterlage dienen. Es sind dies erstens: »Akten« und »Urkun-

den« wie: Gerichtsfaszikel und Parlamentsprotokolle, Kund-
machungen und Regierungsverordnungen, Verwaltungspapiere
und Geschäftsverträge, Steuerlisten und Zollrollen, Briefe von
Amtscharakter und Gesandtschaftsberichte und noch vielerlei
ähnliche Relikte, die das Hauptforschungsgebiet der Diplomatik bilden; zweitens: »Denkmäler«, vornehmlich Inschriften,
mit denen sich die Epigraphik, und Münzen, mit denen sich
die Numismatik beschäftigt; drittens: die Zeugnisse der »Tradition«, die mit Bewußtsein und Absicht die historische Erinnerung festhalten wollen, also: Kalender und Stammbäume,
Annalen und Chroniken, Tagebücher und Memoiren, Biographien und Geschichtswerke. Alle diese »Quellen« (von den
nicht fixierten oder nicht fixierbaren sprechen wir überhaupt
nicht) werden zu historischen Dokumenten erst durch die
Auffassung und *Beurteilung* des Betrachters; ohne diesen sind
sie ein chaotischer Haufen von Interpolationen, Erfindungen,
Selbsttäuschungen und zufälligen »Richtigkeiten«: erst er weist
ihnen ihren Platz an (und sehr oft einen falschen), erst er verbindet sie zu einem Zusammenhang und macht so aus ihnen
Geschichte. Sie sind bloße Zeichen und Symbole für Tatsachen;
diese Tatsachen selbst aber sind weder wahr noch unwahr, indem sie nämlich beides sind: alle gleich unwahr (denn wahr
im naturwissenschaftlichen Sinne waren sie nur im Augenblicke ihres Geschehens) und alle gleich wahr (denn als Ausdruck eines bestimmten Lebensmomentes können sie gar nicht
»falsch« gewesen sein). Sie werden zu bleibenden Erscheinungen erst durch ihre Aufnahme in ein historisches Bewußtsein,
und zwar in irgendein historisches Bewußtsein: der Irrtum
macht sie ebenso unsterblich wie die Erkenntnis.

Genaugenommen gibt es für den Historiker nur Indizienbe-
weise. »Man befindet sich in einer Selbsttäuschung«, bemerkt
Hermann Paul in seinen »Prinzipien der Sprachgeschichte«,
»wenn man meint, das einfachste historische Faktum ohne eine

Zutat von Spekulation konstatieren zu können. Man spekuliert eben nur unbewußt, und es ist einem glücklichen Instinkte zu verdanken, wenn das Richtige getroffen wird.« Es heißt, die Natur sei, im Gegensatz zum Menschen, immer stumm; aber für den Forscher verhält es sich gerade umgekehrt: die Natur gibt ihm Antworten, der Mensch keine oder, was dasselbe ist, zu viele: jedem eine andere. Jakob Burckhardt sagt in seinen *Weltgeschichtlichen Betrachtungen*: »Die Quellen sind unerschöpflich, weil sie jedem Leser und jedem Jahrhundert ein besonderes Antlitz weisen und auch jeder Altersstufe des einzelnen… Es ist dies auch gar kein Unglück, sondern nur eine Folge des beständig lebendigen Verkehrs.« Es ist sogar ein Glück; denn der Reiz und Wert der Historie beruht ja ebendarin, daß sie niemals von »natürlichen« Dingen handelt, die der Rechnung und dem Experiment unterworfen werden können, sondern immer nur von geistigen Dingen, das heißt: von lebendigen Dingen, die sich ununterbrochen verwandeln und an jedem Ort und zu jeder Stunde eine andere Sprache reden. Ein stygischer Geisterstrom, ewig und unterirdisch, fließt von dem, was *war*, zu dem, was *ist*: das nennt man »Weltgeschichte«. Sie ist das Kollektivwerk einer myriadenköpfigen Poetengilde, die man Menschheit nennt. Alle Erinnerung, die die Menschen besitzen, können sie nur in der Form der Dichtung aufbewahren: jedes Lied, das von einem Mund zum anderen springt, jede Anekdote, die von Ohr zu Ohr läuft, jede flüchtig hingekritzelte Nachricht, ja jedes einzelne Wort bereits ist eine Dichtung; und eine jede Dichtung ist von Natur etwas Tausenddeutiges. Dichtungen, empfangen, erhöht, verdrängt, verdichtet, verzerrt, bereichert von anderen Dichtern: in diesem Kontakt zweier poetischer Kraftwirkungen besteht die »historische Erkenntnis«.

»Kritische« Geschichtsschreibung Schopenhauer sagt nicht ohne Schärfe: »Zu den Unvollkommenheiten der Geschichte kommt noch, daß die Geschichtsmuse Klio mit der Lüge so durch und durch infiziert ist wie

eine Gassenhure mit der Syphilis. Die neue, kritische Geschichtsforschung müht sich zwar ab, sie zu kurieren, bewältigt aber mit ihren lokalen Mitteln bloß einzelne, hier und da ausbrechende Symptome; wobei noch dazu manche Quacksalberei mitunterläuft, die das Übel verschlimmert.« Diese ungeschickte, anmaßende und nicht selten schwindelhafte Kurpfuscherei hat in der Schule Rankes – der ein historiographisches Genie war, aber nicht wegen seiner Wissenschaftlichkeit – ihren Gipfelpunkt erreicht und in ihren Auswirkungen nicht wenig zu der Abwendung von aller Historie beigetragen, die in der zweiten Hälfte des neunzehnten Jahrhunderts Mode wurde. Nur die zunehmende Phantasielosigkeit und Talentlosigkeit, das Schwinden der natürlichen schöpferischen Instinkte hat die »wissenschaftliche« Geschichtsschreibung erzeugt. Die antike Historiographie erfand Reden und Situationen, die sie für *charakteristisch* ansah, mit der größten Unbefangenheit und ohne das Bewußtsein, damit eine Fälschung zu begehen, indem sie von dem gesunden Gefühl ausging, daß eine Tatsache um so wahrer sei, je prägnanter, sinnfälliger, porträtähnlicher sie in ihrer individuellen Einmaligkeit der Erinnerung eingebrannt werde: man suchte nach ihrer lebendigen künstlerischen *Gestalt*, nicht nach ihrer toten szientifischen Beschreibung. Die Ilias galt den Griechen nicht als »*Literatur*«, sondern als Geschichtsquelle, und ebenso hielt es das Mittelalter mit seinen Heldengedichten, während seine Chroniken mit ihrem Bestreben, krude Tatsachen im Rohstoff aufzubewahren, bereits einen primitiven Versuch »exakter« Geschichtsschreibung darstellen; doch machen sie, wie auch noch zahlreiche Werke der Renaissancehistoriker, zwischen der symbolischen Wahrheit der Sage und der Kolportage des »realen« Berichts keinen grundsätzlichen Unterschied, und bis tief ins achtzehnte Jahrhundert hinein herrscht noch vielfach die Neigung, in der Stoffbehandlung dem menschlichen Hang zum Fabulieren und

Ausschmücken nachzugeben und in der Formgebung sich der Rhetorik und Novellistik anzunähern. Die Geschichtschreibung der Aufklärung hat doch noch wenigstens insofern einen phantastischen Charakter gehabt, als sie bestimmten Tendenzen huldigte, die sie durch die stark gefärbten Ereignisse bunt illuminierte; sie war ein Stück Geschichte, gesehen durch ein Temperament, und im Prinzip von der theologischen Geschichtsauffassung gar nicht so entfernt, weshalb Montesquieu Voltaire vorhielt, er schreibe wie ein Mönch für seine Kirche. In der »kritischen« Geschichtsforschung ist aber die Philologie ebenso die Herrin der Poesie geworden, wie dies der Alexandrinismus der Neuzeit bereits längst in der Literaturforschung vollbracht hatte. Das Wesen dieser Schule, die jahrzehntelang als die einzig legitime und der höchste Triumph des »historischen Jahrhunderts« galt, besteht ganz einfach darin, daß in ihr der kindische Respekt vor allem Geschriebenen und Gedruckten, der sich von dem Aberglauben des Ungebildeten an den Zeitungsbericht nur dem Grad nach unterscheidet, *methodisch* geworden ist. Eine historische Tatsache galt von nun an für um so sicherer, je mehr »Belege« für sie aufzutreiben, also je mehr Buchstaben auf ihre Überlieferung verwendet waren, während doch gerade die Häufung der Berichte, wenn sie sich widersprechen, die Sache nur zu verwirren vermag, und wenn sie sich nicht widersprechen, erst recht geeignet ist, zu einem Fehlurteil zu führen, weil sie dann gewöhnlich voneinander abgeschrieben sind; ja man ging sehr bald so weit, überhaupt nur »Originalquellen« gelten zu lassen, also im wesentlichen sogenanntes »diplomatisches« Archivmaterial, womit man glücklich im finstersten Höllenpfuhl der Lüge angelangt war und, in konsequenter Weiterverfolgung des Systems, schließlich bei der Zeitung landete, die nicht wenigen gewissenhaften Historikern, weil sie den Ernst ihres verantwortungsvollen Geschäfts nicht durch die Willkürlichkeit philosophischer Konstruktionen und die Frivolität psychologischer Konjekturen zum Feuilletonismus zu erniedrigen wünschen, als die würdigste Geschichtsquelle gilt.

»Exakt« feststellen läßt sich an allen diesen Relationen, Depeschen, Noten, Bulletins, Zirkularen, Denkschriften nur, daß ihre Verfasser entweder gottverdammte Lügner oder ahnungslose Tölpel waren, indem sie den Sachverhalt entweder entstellten oder nicht kapierten. Das einzige, was ein wirklich kritischer Kopf aus diesen Dokumenten entnehmen könnte, wäre also, daß *überhaupt nichts* passiert ist; außer Schurkerei und Dummheit. Daß sie genau so eingetreten *sind*, läßt sich überhaupt nur von jenen vergangenen Ereignissen beweisen, von denen man auch beweisen kann, daß sie immer wieder genau so eintreten *werden*. Ich kann zum Beispiel wissenschaftlich, das heißt: völlig präzis und eindeutig konstatieren, daß Jupiter und Mars in Opposition gestanden sind, daß ein elektrischer Strom aus einem Kupfervitriolbad ein gewisses Quantum Kupfer ausgeschieden hat, daß eine Kanonenkugel ihre Flugbahn mit einer mittleren Geschwindigkeit von 500 Metersekunden beschrieben hat, daß ein Infusorienschwarm, dem Lichtreiz folgend, nach dem besonnten Tropfenrande gewandert ist. Das sind aber lauter Vorgänge, die sich wiederholen können, ja müssen: wir glauben, dieselben Bedingungen vorausgesetzt, an ihre zukünftige Existenz ebenso felsenfest wie an ihre vergangene. Von einem historischen Geschehnis können wir uns aber nicht einmal *vorstellen*, daß es eine Repetition erleben könne, geschweige denn daß wir davon überzeugt wären, und das hat seinen Grund darin, daß es ein individuelles Ereignis ist oder, was dasselbe heißt, ein seelisches Ereignis. Von seelischen Vorgängen gibt es keine Dubletten. Nicht für die Zukunft und nicht für die Nachwelt! Von seelischen Vorgängen gibt es keine Wissenschaft (denn sie sind nicht physische, sondern metaphysische Tatsachen), und wer es leugnet, besitzt selber keine Seele oder vielmehr: er hat vergessen, daß er eine besitzt. Ja selbst bei *Naturdingen* versagt die exakte Methode, wenn wir versuchen, sie nicht bloß nachzudenken, sondern nachzugestalten. Wenn ich zum Beispiel das Bild einer bestimmten Eiche, mit der ich persönlich gut befreundet bin, in mir erzeugen will, so habe ich zwei Möglichkeiten: ich kann mich zu ihr hinbegeben und »Quellenstudien« machen, indem ich alle ihre Einzelheiten gewissenhaft erforsche und aufzeichne, und ich kann ihr wohlbekanntes Porträt vor der inneren Vision meiner Erinnerung aufsteigen lassen: im ersten Fall bin ich »philologisch« verfahren, im zweiten »historisch«. Es unterliegt für mich keinem Zweifel, daß die letztere Darstellungsweise den größeren Anspruch auf »Wahrheit« hat.

Geschichte wird erfunden Der italienische Philosoph und Historiker Benedetto Croce, einer der weisesten und redlichsten Denker der Gegenwart, sagt über die »philologische« Geschichtsforschung: »Wenn man die Methode der Zeugnisse in ihrer ganzen Strenge anwendet, so gibt es kein Zeugnis, das nicht verdächtigt und entkräftet werden könnte... wenn man willkürlich und um äußerer Merkmale willen gewisse Zeugen gelten läßt, so gibt es nichts Verschrobenes, das man nicht annehmen müßte, denn es gibt nichts Verschrobenes, das nicht die Autorität von rechtschaffenen, reinen und intelligenten Männern auf seiner Seite hätte: mit der philologischen Methode kann man nicht einmal die Wunder zurückweisen, da sie sich auf ebenso beglaubigte Zeugnisse stützen wie die Kriege und Friedensschlüsse«; und über die historische »Kritik« bemerkt er: »Die Hyperkritik ist die natürliche Fortsetzung der Kritik, die Kritik selbst... Es gibt keine ›sicheren‹ und ›unsicheren‹ Autoritäten, sondern alle sind gleich unsicher, und zwar in ihrer Unsicherheit auf eine ganz äußerliche und mutmaßliche Weise abgestuft. Wer schützt uns vor dem Falschen, das ein sonst genauer und gewissenhafter Zeuge aus Zerstreutheit oder vorübergehender leidenschaftlicher Erregung behauptet?«

Da also alle Zeugnisse gleich dubios sind (und andererseits

alle gleich brauchbar, denn auch die handgreiflichsten Irrtümer, Lügen, Nichtigkeiten sind Material für den Historiker, und nicht selten ein sehr sprechendes, schlagendes), wodurch bestimmt sich die historische Wahrheit? Die Antwort lautet: wir wissen es nicht; es ist ein Mysterium wie alles andere. Gewisse Ereignisse, Gestalten, Ideen werden langsam im Gange der Geschichte wahr, andere werden falsch; oder, vielleicht korrekter ausgedrückt: die einen werden historisch existent, die anderen historisch nichtexistent. Sie können auch in der Erinnerung der Nachwelt ihre Rollen tauschen, unvermutet emportauchen wie Korallenriffe und plötzlich verschüttet werden wie Vesuvstädte. Sie sind *Geburten*; und ebensolche Geheimnisse. Aber die Annahme, daß ihr Dasein von der Rüsseltätigkeit des kollationierenden, kompilierenden Archivschnüfflers, Aktenwühlers, Bücherbohrwurms abhängig sei, wäre ein ebenso skurriler Fehlschluß wie die Meinung des Hahnes Chantecler, daß sein Krähen den Sonnenaufgang bewirke, während es ihn doch bloß nützlich, obschon lästig, überlaut und mißtönig anzeigt (und auch das nur gelegentlich, da sein Kikeriki nicht selten Selbstzweck ist). Überall und immer hat die Wissenschaft bestenfalls die Funktion des Geburtshelfers, der, weit entfernt, an der Geburt beteiligt zu sein, sie bloß komfortabler macht, und des Naturaliensammlers, der eine blühende Fauna in seinem ziemlich ordinären Spiritus konserviert, nachdem er sie vorher getötet hat.

Geschichte wird *erfunden*: täglich neu entdeckt, wiederbelebt, uminterpretiert nach dem jeweiligen Bedürfnis der Weltkonstruktion. Wir stoßen hier wiederum auf jenes Gesetz, das wir schon mehr als einmal hervorgehoben haben: daß nämlich der Geist das Primäre ist und die Wirklichkeit nur seine Projektion und Materialisation. Amerika stieg in dem Augenblick aus dem Ozean herauf, als der europäische Mensch sich von den Geheimnissen seiner Seele den Rätseln seines irdischen Wohnplatzes zuwandte; in dem Moment, wo er nicht mehr von Gott, sondern von der Welt zu wissen begehrte, reckte sich vor ihm der babylonische Turm des Teleskops empor und richtete sein Riesenauge auf die Gestalt und Bewegung der fernsten Gestirne; und nachdem er sich entschlossen hatte, zum Maschinenwesen zu werden, füllte sich der Planet mit lauter toten Ebenbildern der neuen Menschenrasse, mit dem Tumult stampfender Kolben und ratternder Räder, kreischender Kurbeln und kreisender Riemen und unendlichen Wolken von Ölrauch und Dampf. Als das Italien der Renaissance sich für seine römische Vergangenheit begeisterte, öffnete der »heilige« Boden ganz von selber seinen Bauch und warf Hunderte von »Denkmälern« vor die beglückten Kunstfreunde. Als die Deutschen um Goethe das Land der Griechen mit der Seele suchten, trat es wie durch Zauber in vollem Sonnenglanz aus vielhundertjährigem Nebel. Womit sonst hätten sie es suchen sollen als mit der Seele? Und heute sehen wir mit Staunen, wie ein ganzer Erdteil, den wir bisher den »dunklen« nannten, ins Licht tritt und gleich der Memnonssäule, vom Strahl unseres Wunsches getroffen, von fernen Jahrtausenden zu tönen beginnt. Auf einmal sind die »historischen Zeugnisse« da! Sie sind da, weil der Geist der Empfängnis da ist, der sie schafft. Alle »geschichtlichen Tatsachen« sind da, aber die meisten liegen tot oder scheintot in tiefem Märchenschlaf und warten auf ihre Wiedererweckung. Geschichte ist nicht etwas, das *ist*, wie naive Wissenschaftlichkeit glaubt, sondern etwas, das stetig *wird*, mit jedem Tage neu wird, sich wandelt, umkehrt, umschafft, verjüngt, verleugnet, entwickelt, rückentwickelt, wie jeder Mensch täglich ein neuer wird, für sich und für die andern.

Die Rang-erhöhung der Geschichte   Im Jahr 1919 erschien ein sehr merkwürdiges Buch von Theodor Lessing: *Geschichte als Sinngebung des Sinnlosen*, ein luziferisch kühner Versuch, ergreifend in seiner bleichen Nachtschönheit und eisklaren Logizität, vielleicht der erste, die

1098

Frage, was denn eigentlich Geschichte sei, zu Ende zu denken; mit jener Schärfe, aber auch Zweischneidigkeit vollzogen, die solchem ehrfurchtslosen, sich zum Selbstzweck setzenden Beginnen anhaftet, und denn auch in der Geschichtsphilosophie zu demselben Resultat seiner rasanten Folgerichtigkeit gelangend wie Spinoza in der Naturphilosophie: zum *Nichts*, einem kalten Pyrrhussieg des Geistes, der im Selbstmord seinen letzten und raffiniertesten Triumph feiert; ein Werk, von dem das Wort jenes anderen Lessing gilt: »groß und abscheulich«, voll von giftigen Tiefgasen und nur in der Hand eines vorsichtigen Abschreibers, wie ich es bin, ohne ernste Gefahren. Seine Grundidee liegt bereits im Titel: daß sich nämlich durch die Geschichte ein Zusammenhang von Ursachen und eine Entwicklung in der Zeit nicht unmittelbar und ohne menschliche Zutat offenbart. »Sondern Geschichte ist die Stiftung dieses Sinnes; die Setzung dieses Zusammenhangs; die Erfindung dieser Entwicklung. Sie vorfindet nicht den Sinn der Welt, sie gibt ihn.« Geschichte ist *logificatio post festum*. Der Begriff der »Wirklichkeit«, sagt Lessing, sei nicht so einfach, wie der Historiker meint, der nur das für wirklich hält, was sich »aktenmäßig nachweisen läßt«, und alles andere für »bloße Sage« erklärt; man werde eines Tages bemerken, »daß außerhalb der Mechanik überhaupt keine exakte Wirklichkeit aufweisbar ist und daß Lebendiges eben nur gelebt, nicht aber festgestellt werden kann.« »Schließlich besitzt der Mythos eine wesenhafte Wahrheit metaphysischer Art, der gegenüber historische Wirklichkeit als durchaus unwahr und verlogen erscheint.« »Alle Geschichte hat das Bestreben, bei der Tatsache anzufangen und beim Sinnbild zu enden«, welches wahr ist, während die Tatsache bloß wirklich ist. Wenden wir diesen sehr einleuchtenden Satz auf die Gegenwart an, so müssen wir sagen: ihre Tatsachen sind noch nicht einmal wirklich. »Erst dann«, sagt Lessing an einer anderen Stelle seines Werks, »wenn das Gedächtnis mehrere Jahrtausende zu einem Ganzen zusammenfaßt, empfinden wir deutlich die dichterische Gewalt der Geschichte«; »Großes erkennt man erst, wie Moses Gott erkannte: wenn es vorübergewandelt ist.« Und schon hundert Jahre früher sagte Wilhelm von Humboldt in seiner Abhandlung *Über die Aufgabe des Geschichtsschreibers*: »Wenn man die unbedeutendste Tatsache zu erzählen versucht, aber nur streng das sagen will, was sich wirklich zugetragen hat, so bemerkt man bald, wie ... Falschheiten oder Unsicherheiten entstehen ... Daher ist nichts so selten als eine buchstäblich wahre Erzählung ... Daher gleicht die historische Wahrheit gewissermaßen den Wolken, die erst in der Ferne vor den Augen Gestalt erhalten; und daher sind die Tatsachen der Geschichte in ihren einzelnen verknüpfenden Umständen wenig mehr als die Resultate der Überlieferung und Forschung, die man übereingekommen ist, für wahr anzunehmen.« Wie aber diese Wolkengebilde in ihrer Pracht und Größe sich ballen, der Nachwelt zur Verwunderung, Lust und Erhebung, das ist ein transzendenter Prozeß: der Geist Gottes wirkt dies Gewebe, »den wir erst erkennen, wenn er vorübergewandelt ist«.

Die Erkenntnis, daß Geschichte Dichtung sei, ist dem Bewußtsein der Menschheit niemals gänzlich entschwunden gewesen; sie ist aber der heutigen Zeit in höherem Maße eigen als manchen früheren, zumindest der unmittelbar hinter uns liegenden, die, vom blinden Aberglauben an die Wirklichkeit beherrscht, auf allen Gebieten, und sogar auf dem historischen, nach Tatsachen jagte. Diese Einsicht hat aber die Geschichte keineswegs entthront, sondern bloß von ihrem Scheinthron entfernt und ihr dafür eine höhere Krone verliehen, als sie bisher besaß. Die Geschichtsschreibung der letzten Generationen, die sich die »positivistische« nannte, war in Wirklichkeit eine extrem negativistische, destruktive, skeptische. Sie erlitt das Schicksal, das dem »Wirklichkeitssinn« auf allen Gebieten zuteil wird, indem er erfahren muß, daß er seine intensivere Kenntnis gewisser subalterner Erlebensausschnitte mit dem Verlust aller anderen erkaufen muß und daher kein schärferer und reicherer, sondern ein unendlich ärmerer und stumpferer Sinn ist. Oder, um es in aller Kürze zu sagen: daß der Verfasser eines Geschichtswerks kein Historiker ist, wird heute niemand anders mehr beunruhigen als die Historiker.

Dumas père hat über Macaulay die geistreiche Bemerkung gemacht, er erhebe die Geschichte zum Range des Romans. Aber es bedurfte dieser Rangerhöhung durch Macaulay gar nicht, denn sie vollzieht sich ganz von selbst, wenn eine gewisse Zeit verstrichen ist. Daß man das Weltalter, das um zwei bis drei Jahrtausende *jünger* ist als das unsere, das Altertum nennt, beruht auf derselben naiven Optik, nach der wir uns unseren Großpapa unter allen Umständen als alten Herrn vorstellen, während er doch in Wirklichkeit zweifellos jünger war als wir, nämlich wärmer, unkomplizierter, kindlicher. Der »Mensch der Vorzeit«, etwa der merowingische oder der medizeische, ist in ähnlichem Sinne jünger als wir, wie Drache und Fisch jünger sind als das Nagetier, dem gegenüber sie infantil wirken, obgleich oder vielmehr weil sie früher da waren. Und daher ist alte Geschichte in höherem, echterem, reinerem Sinne Geschichte als neuere oder gar Geschichte der Gegenwart, in demselben Sinne nämlich, in dem die Geschichte unserer Kindheit und Jugend wahrer ist als die Geschichte unserer reifen und überreifen Jahre: jedermann hat das unabweisbare, obschon unbeweisbare Gefühl, daß sein Leben damals realer, beglaubigter, stärker, seiender gewesen ist, wenngleich die »Quellen« viel interrupter, spärlicher, trüber fließen und »Urkunden« so gut wie ganz fehlen. Daher die Begeisterung, die das Altertum als Gegenstand der Geschichtsleidenschaft zu allen Zeiten ausgelöst hat, und die Kühle, die die Betrachtung gegenwärtiger Zustände umweht. Und doch werden auch diese Zeiten einmal

Jugend sein und in Wahrheit und Schönheit erglänzen. Jedes Zeitalter wird einmal zum goldenen Zeitalter unter unserem vergoldeten Blick: es muß nur lange genug vergangen sein. Dann auch ist es erst wahrhaftig gegenwärtig, an dem einzigen Orte, wo Dinge wahrhaftig gegenwärtig zu sein vermögen: im Geiste.

Die Gegenwart aber, die der Nebel der Nähe grau und undurchsichtig macht, muß der Farbe ebenso entraten wie der Klarheit; auf sie fällt nur der gläserne Blick der Idiosynkrasie.

Was ist Schon gleich der erste Abschnitt des Zeitraums, den wir noch
Romantik? zu durchmessen haben, das halbe Menschenalter von 1815 bis 1830, vom Wiener Kongreß bis zur Julirevolution, steht in auffallendem Maße unter dem Gesetz der historischen Ungerechtigkeit. Man bezeichnet diese Periode im allgemeinen als die Ära der *Reaktion* oder der *Restauration*. In dieser Doppelbenennung ist bereits der ganze Widerstreit der Beurteilungen enthalten, die sie erfahren hat und noch erfährt. Betrachtet man sie als reaktionär, rückläufig, so kann man in ihr nur den satanischen Versuch sehen, die Uhr der Geschichte gewaltsam zurückzudrehen und alle Finsternis, Torheit, Verderbtheit überwundener Epochen wieder heraufzubeschwören. Betrachtet man sie als restaurativ, wiederherstellend, so muß man in ihr die Rückkehr der entthronten Ordnung, Vernunft und Gesittung erblicken. Aber es gibt keinen wahren Rückschritt in der Geschichte, immer nur einen scheinbaren. Der europäische Geist macht in der Tat in jener Zeit eine rückläufige Bewegung, er läuft zurück wie ein Springer, der sich einen Anlauf nimmt. Die Restauration ist nur das Vorspiel einer ungeheuren gesamteuropäischen Revolution, einer nicht bloß politischen, sondern alle Gebiete des menschlichen Daseins umackernden, die viel tiefer ging, viel weiter griff und viel länger währte als die Französische.

Am zutreffendsten wären wohl diese anderthalb Jahrzehnte

als die Zeit der *Romantik* zu bezeichnen. Ich habe im ersten Buche behauptet, daß es eigentlich eine Inkorrektheit sei, von einer englischen oder französischen Renaissance und einer dänischen oder polnischen Reformation zu reden, denn im strengen Verstande des Wortes habe es nur eine italienische Renaissance und eine deutsche Reformation gegeben. Ebenso läßt sich nur im uneigentlichen Sinne von einer Romantik vor dem Wiener Kongreß und nach der Julirevolution sprechen. Wir werden später sehen, daß die sogenannte französische Romantik, die erst um 1830 einsetzt, sogar die völlige Umkehrung und Auflösung der romantischen Idee bedeutet; und daß andrerseits die sogenannte Frühromantik nur eine anders gefärbte Varietät des alleinherrschenden antikischen Zeitgefühls gewesen ist, ein bloßer Absenker des Klassizismus, ganz ebenso aus dem Rationalismus und Hellenismus geboren wie dieser, habe ich bereits am Schlusse des vorigen Buches darzulegen versucht. Wir müssen daher, auch auf die Gefahr hin, die Dinge ungemischter und geordneter darzustellen, als sie in Wirklichkeit waren, zwischen »Frühromantik« und »Spätromantik« einen scharfen Trennungsstrich ziehen, indem wir nur die letztere als legitime Romantik anerkennen, obgleich wir uns natürlich aus Gründen der Bequemlichkeit und Verständlichkeit der eingebürgerten Terminologie: Frühromantik, ältere oder Jenaer Romantik und Spätromantik, jüngere oder Heidelberger Romantik ruhig weiterbedienen werden (die Städtebezeichnungen leiten sich von dem »Hauptsitz« der beiden Schulen her, obwohl dieser eigentlich in beiden Fällen Berlin war). Wenn man die Romantik als eine einheitliche lineare Bewegung von etwa 1790 bis 1830 faßt, so gelangt man zu der Ungereimtheit, die erste Schule, die etwas sehr Spätes, nämlich die letzte, überreife und schon etwas wurmstichige Frucht der Aufklärung war, als »Blütezeit« und die zweite Schule, die etwas ganz Neues, eine Geburt war, als »Verfall« zu bezeichnen, wie dies

1103

Ricarda Huch in ihrem zweibändigen Werk, einem sonst sehr liebevollen und verständnisreichen Versuch weiblicher Einfühlung, getan hat.

Wir sind jedoch nicht in der Lage, eine einigermaßen erschöpfende und eindeutige Definition des Begriffs »Romantik« zu geben, und müssen uns im wesentlichen darauf verlassen, daß jedermann ohnehin weiß, worum es sich handelt, wobei wir einen gewissen Trost darin erblicken dürfen, daß es niemandem – weder Anhängern noch Angreifern, weder Zeitgenossen noch Nachgeborenen – gelungen ist, das Wesen des Romantikers klar zu umschreiben. Vielleicht aber gehört gerade dies zu seinem Begriff. Ludwig Tieck, der als der Stifter der ersten romantischen Schule gilt, äußerte sich noch um die Mitte des neunzehnten Jahrhunderts, als es längst keine Romantik mehr gab, zu Köpke: »Wenn man mich aufforderte, eine Definition des Romantischen zu geben, so würde ich das nicht vermögen. Ich weiß zwischen poetisch und romantisch überhaupt keinen Unterschied zu machen.« Diese weite Fassung des Begriffs, mit der Tieck nicht allein steht, gestattet es, schlechterdings jedes gesteigerte Weltgefühl als romantisch zu bezeichnen und Ibsen und Zola ebensogut unter die Romantiker zu zählen wie Kalidasa und Homer. Außerdem muß angemerkt werden, daß die Romantiker, obgleich sie alle das Gefühl und Bestreben hatten, eine abgeschlossene geistige Gruppe und militante literarische Faktion zu bilden, sich niemals als »romantische Schule« bezeichnet haben. Erst zwischen 1810 und 1820 taucht dieses Etikett auf, und zwar zunächst bei den *Gegnern.*

Das »Organische« Die »Spätromantik«, die um die Jahrhundertwende mit ihren allerersten Vorläufern einsetzt und in dem Zeitraum, von dem wir reden, zur vollen Herrschaft gelangt, läßt sich, obgleich sie sehr einheitlich und eine große paneuropäische Bewegung war, eigentlich nur negativ charakterisieren: eben als Reaktion, diesmal im Sinne von *Rückschlag* genommen. Die Frühromantik war, wie gesagt, noch genauso rationalistisch wie die Französische Revolution, der Napoleonismus, der Empirestil, das Drama der Klassiker, der kantische und kantianische Idealismus und alle übrigen bedeutenden Zeitphänomene vor 1815; die Spätromantik erhebt zu ihrem Kardinalbegriff das Irrationale oder, wie sie mit Vorliebe sagt, das »Organische«, das Gewachsene, Gewordene, das Leben in seiner Unausrechenbarkeit und Unbegreiflichkeit, Macht und Heiligkeit, als Gegensatz zum Mechanischen, das sich unter Verstandesformeln bringen läßt. Daher ist der Romantiker ein Anhänger der Tradition auf allen Gebieten (denn Tradition ist überall der Ausdruck einer langsamen, im dunklen Schoß der Zeit gereiften Entwicklung, die nicht ein Werk des willkürlich schaltenden Verstandes, sondern des geheimnisvoll wirkenden Lebens ist); daher blickt er voll Ehrfurcht auf alles Unbewußte und Erdvermählte: auf die Natur, auf das »Volk«, das für ihn kein sozialer, sondern ein naturhistorischer Begriff ist, auf den volksgeborenen Mythos, auf das Weib, das aus dem unterirdischen Reich der »Mütter« kommt; daher empfindet er, und er eigentlich zum erstenmal, eminent historisch, indem er die Geschichte nicht pragmatisch auffaßt: als eine Kette menschlicher Motivationen und Handlungen, sondern wiederum organisch: als eine Entwicklungsreihe von Emanationen des in ihr waltenden »Geistes«, die alle in ihrer Art vollkommen und berechtigt sind. Die Vergangenheit wurde von der Aufklärung an der Gegenwart gemessen oder einer Zukunft, die eine idealisierte Gegenwart war, vom Klassizismus an der Antike, von der Frühromantik am Mittelalter: alle nahmen ihren Standort und Blickpunkt außerhalb der Geschichte und betrachteten sie dogmatisch; die Spätromantik erblickt in jedem Volk und Zeitalter ein Lebewesen, das, indem es seine ihm bestimmte Form und Idee verwirklicht, einen absoluten Wert darstellt: hierin, wie in vielem andern, nahm sie die kurzlebige Bewegung wieder auf, die zu Anfang der siebziger Jahre des verflossenen Jahrhunderts so verheißungsvoll eingesetzt hatte: die Gedanken Herders, Hamanns und der »Geniezeit«. Alle Objekte ihrer neuartigen Betrachtungsweise sucht sie schließlich in dem letzten Oberbegriff der »Totalität« zusammenzufassen, indem sie sämtliche Lebensfunktionen und deren Wechselbeziehungen: Politik, Religion, Kunst, Sprache, Sitte als die Auswirkungen dieser geheimnisvollen Totalität ansieht. In dem Begriff der Totalität und des Organischen setzen und lösen sich alle Widersprüche, die die romantische Weltanschauung enthält: sie ist gleichzeitig katholisch und national, mystisch und naturalistisch, evolutionistisch und konservativ.

Die kranke Gans   Obgleich diese »zweite Romantik« keineswegs das Programmatische, Konstruierte und Ressentimenthafte der älteren Schule an sich hatte, so war sie doch infolge ihres unvermeidlichen Intermezzocharakters und ihrer forcierten Abkehr von der Zeit und Welt, in die sie gesetzt war, ebenfalls keine gesunde Bewegung. Clemens Brentano hat dies in genialer Selbsterkenntnis folgendermaßen ausgedrückt: »Ein jeder Mensch hat, wie Hirn, Herz, Magen, Milz, Leber und dergleichen, auch eine Poesie im Leibe; wer aber eines seiner Glieder überfüttert, verfüttert und mästet und es über alle anderen hinaustreibt, ... hat das Gleichgewicht verloren, und eine übergroße Gansleber, sie mag noch so gut schmecken, setzt immer eine kranke Gans voraus.« Zweifellos litt jene Zeit, zumal in ihren repräsentativen Persönlichkeiten, an Hypertrophie des poetischen Organs: es fehlte ihr völlig an Harmonie; aus Mangel an jeglicher äußeren Betätigung schlug sich alles nach innen. Jede Übertreibung deutet auf einen Defekt, der kompensiert werden will; und man kann alles übertreiben, auch die Geistigkeit. Nietzsche sagt: »Es gibt zweierlei Leidende, einmal die an der *Überfülle des Lebens* Leidenden... und sodann die an der *Verarmung des Lebens*

Leidenden, die Ruhe, Stille, glattes Meer, Erlösung von sich durch die Kunst und Erkenntnis suchen, oder aber den Rausch, den Krampf, die Betäubung, den Wahnsinn. Dem Doppelbedürfnisse der *letzteren* entspricht alle Romantik in Künsten und Erkenntnissen.« Und damit stoßen wir auf die tiefste Bedeutung, die das Wort »Reaktion«, angewendet auf jene Zeit, besitzt: sie reagiert auf die erzwungene Lebensverarmung durch Selbstbetäubung im Krampfe des Rausches oder der Erstarrung.

Rahel Levin nannte den Gesellschaftszustand »die unendliche Tiefe der Leere«, was ein sehr kompetenter Beurteiler, nämlich Metternich, als »eine wahrhaft genialische Inspiration« bezeichnete.

Dieser Zustand wurde künstlich erzeugt durch den Wiener Kongreß. »Europa«, schreibt eines seiner Mitglieder, »hat den Glanz seiner Throne und Höfe, das Machtansehen seiner Staaten, die Spitze seiner politischen und militärischen Verherrlichung, die höchste Bildung seiner Geselligkeit, ja die reichsten Blüten aller Vornehmheit, Schönheit, der Kunst und des Geschmacks hierher geliefert.« In der Tat war in jenen Monaten so ziemlich alles in Wien versammelt, was mit Recht oder Unrecht, im Guten oder Schlimmen einen europäischen Namen besaß. Unter den Potentaten, die sich eingefunden hatten, befanden sich zwei Kaiser und vier Könige, deren Tätigkeit in einem Bonmot, das damals umlief, folgendermaßen übersichtlich zusammengefaßt war: »Der Kaiser von Rußland liebt für alle, der König von Preußen denkt für alle, der König von Dänemark spricht für alle, der König von Bayern trinkt für alle, der König von Württemberg frißt für alle, und der Kaiser von Österreich zahlt für alle.« Daneben waren eine Menge kleinerer Regenten erschienen, unter ihnen Karl August von Weimar; und um sie herum die Beautés und die Berühmtheiten: Erzherzog Karl und Wellington, Stein und Hardenberg, Metternich

Der Kongreß

und Gentz, Jakob Grimm und Wilhelm von Humboldt, der
Bildhauer Dannecker und der Maler Isabey, kurz alles, was es
gab, bis zu der »göttlichen« Tänzerin Bigottini, die im Nebenberuf für Talleyrand Horchdienste betrieb, und dem guten
Vater Jahn mit dem langen Bart und den dicken Stiefeln, die ihn,
so wollte es seine demokratische Überzeugung, auch zu den
vornehmsten Soireen begleiteten und stets mit Kot bedeckt
waren, so daß man behauptete, er erhalte sie künstlich schmutzig.

Den Gästen wurde aber auch nicht wenig geboten. Kaiser
Franz, sonst überaus sparsam, hatte diesmal keine Kosten gescheut, und ihm folgte darin der gesamte österreichische und
ungarische Adel. Die ganze Kongreßzeit war denn auch nichts
als ein ununterbrochenes und überaus glänzendes Fest. Alles,
was man in jenen Tagen an Vergnügungen und Schaustellungen
kannte, wurde aufs prachtvollste und erlesenste arrangiert:
fabelhafte Bälle und Soupers, öffentliche Volksbewirtungen,
Monsterkonzerte mit tausend Musikern, »Karoussels« (unter
denen man damals eine andere und wesentlich kostspieligere
Sache verstand als heutzutage, nämlich mit höchstem Pomp
ausgestattete Aufzüge und Evolutionen zu Pferde), Schlitten-
fahrten, lebende Bilder, Wettrennen, Truppenrevuen, Jagden,
Illuminationen, Pirutschaden; Beethoven dirigierte vor fünftausend Besuchern und den Prominenten des Kongresses seine
Schlachtensymphonie »Wellingtons Sieg bei Vittoria« und
siegte im Kärntnertortheater mit seinem zehn Jahre früher
durchgefallenen *Fidelio*; im Leopoldstädter Theater spielte
Ignaz Schuster über hundertmal seinen *Staberl*; in der Ste-
phanskirche hielt Zacharias Werner unter ungeheurem Zulauf
seine Predigten, die auch nur eine Art Theater waren; daneben
gab es täglich Opern oder Lustspiele im Burgtheater, Ballette
im Wiedener Theater, Possen im Josefstädter Theater, Tanzfeste im Apollosaal; die Straßen waren Tag und Nacht voll

von Equipagen, Militärs, Dandys, Livreedienern, Musikbanden, Kokotten, Fackelläufern: nichts erinnerte daran, daß die Menschheit einen zwanzigjährigen Weltkrieg hinter sich hatte.

Die Seele dieses Kongresses, dessen Ergebnisse durch die »hundert Tage« nicht wesentlich verändert wurden, war der Herzog von Talleyrand. Es läßt sich nicht behaupten, daß dieser Diplomat auf eine einheitliche politische Karriere zurückblicken konnte. Er hatte vier verschiedene französische Regierungsformen mitgemacht, und es war ihm gelungen, unter jeder von ihnen eine leitende Stellung einzunehmen. Er war Bischof unter den Bourbons, Gesandter unter der Gironde, Großkämmerer unter Napoleon gewesen und amtierte jetzt wieder als bourbonischer Minister des Äußeren unter dem zurückgekehrten Ludwig dem Achtzehnten. Er hat später sogar noch den Übergang zum Bürgerkönigtum überdauert, ohne an Ansehen zu verlieren. Er selbst sagte von sich mit geistreichem Zynismus, er habe keine Regierung eher verlassen als sie sich selbst, nur etwas früher als alle anderen Menschen, da seine Uhr ein wenig vorgehe. Er war es auch, der das folgenschwere Schlagwort »Legitimität« in den Kongreß warf, das alsbald von Gentz in ebenso genialer wie gewissenloser Weise exploitiert wurde. Ein Mensch, der imstande war, zwischen Ancien régime und Guillotine, Bonapartismus und Heiliger Allianz, Restauration und Julirevolution immer in der Mitte durchzusegeln und dabei seine Rechnung zu finden, mußte wohl über nicht gewöhnliche Fähigkeiten der Verstellungskunst, Elastizität und Menschenbehandlung verfügen. Und er hat mit diesen Gaben auch auf dem Wiener Kongreß erreicht, was er gewollt hat, obgleich seine Stellung mehr als prekär war, denn anfangs wollte man einen französischen Bevollmächtigten überhaupt nicht zulassen, und auch nachher behandelte man ihn mit größtem Mißtrauen, aus Verdacht, daß er gekommen sei, um unter den Mächtigen Unfrieden zu stiften und dar-

Talleyrand

aus seinen Vorteil zu schlagen. Dieser Verdacht war sehr gerechtfertigt, hat aber nicht verhindert, daß Talleyrand seine Absichten vollkommen erreichte: er *stiftete* Unfrieden und fand seinen Vorteil.

Es waren zwei Zwecke, die er verfolgte und, wie die Dinge lagen, als französischer Vertreter auch verfolgen mußte. Er mußte versuchen, Frankreich ohne Einbuße an Territorium und Prestige aus dem Kongreß zu lotsen, und er mußte verhindern, daß Deutschland jene politische Machtstellung erreiche, zu der es infolge seiner geographischen Lage, seiner geschichtlichen Entwicklung und seiner militärischen und kulturellen Leistungen berufen war. Jedermann weiß, daß ihm beides gelungen ist. Vom Wiener Kongreß datiert für Deutschland ein fünfzigjähriger Zustand völliger Ohnmacht und Verkümmerung und ein hundertjähriger Zustand quälendster Beunruhigung durch ein hochmütiges und ungenügsames Nachbarvolk, das seinerseits, obschon vom Ausland entscheidend geschlagen und im Innern hoffnungslos zerrüttet, aus diesem Weltkrieg ungeschmälert und siegreich hervorging.

Die neue Landkarte   Die beiden Fragen, über die am längsten und erbittertsten gestritten wurde, waren die Aufteilung Polens, das Rußland, und Sachsens, das Preußen gänzlich verschlucken wollte. Die gegenseitige Verärgerung war so groß, daß der Zar einmal nahe daran war, Metternich zum Duell zu fordern, und offen mit dem Krieg drohte, indem er immer wiederholte: »ich habe Polen mit zweimal hunderttausend Mann besetzt und will sehen, wer mich daraus vertreiben kann«, während der Kaiser erklärte: »Der König von Sachsen muß sein Land wiederhaben, sonst schieße ich.« Obgleich von diesen Gefahren nur unsichere Gerüchte in die Öffentlichkeit drangen, erregte die lange Dauer des Kongresses an sich schon in der Bevölkerung Spott und Erbitterung; dazu kam die zunehmende Teuerung, hervorgerufen durch die Anwesenheit der zahlreichen Kongreßteilnehmer und ihrer Angestellten, die die Stadt nur schwer unterbringen und verpflegen konnte, und die Überzahlung der Waren und Lebensmittel durch die reichen Ausländer: Holz, Fleisch und Bier erzielten fast unerschwingliche Preise, und die Wohnungsmieten erreichten eine solche Höhe, daß viele Häuser sich während des Kongresses amortisierten. Die Diplomatenintrigen wurden von Tag zu Tag verwickelter und aussichtsloser; der ihnen ein Ende machte, war Napoleon durch seine Rückkehr von Elba.

Die Bestimmungen des Wiener Kongresses waren ein Rückfall in die tristesten Zeiten dynastischer Kabinettspolitik. Auf die Wünsche und Bedürfnisse der Bevölkerungen wurde weder bei der inneren Organisation noch bei der äußeren Territorialgestaltung der neugeschaffenen Staaten Rücksicht genommen. Die vorrevolutionäre Landkarte konnte man indes doch nicht vollständig wiederherstellen. Die wichtigsten Veränderungen bestanden darin, daß Österreich Belgien verlor und dafür Venetien erhielt, Preußen Schwedisch-Pommern und etwa drei Fünftel des Königreichs Sachsen bekam und im Westen erheblich vergrößert wurde und Rußland durch die »vierte Teilung Polens« den größten Teil des napoleonischen Herzogtums Warschau als »Kongreßpolen« gewann, während an Preußen bloß das Großherzogtum Posen und an Österreich der südliche Teil Galiziens zurückgelangte und Krakau zum Freistaat erklärt wurde. England sicherte sich Helgoland, das Kapland, Ceylon, Malta und die Ionischen Inseln. Aus Holland und Belgien wurde ein »Königreich der Niederlande« gebildet; Schweden und Norwegen wurden durch Personalunion vereinigt. Piemont fiel, vermehrt um Nizza und Genua, als »Königreich Sardinien« wieder an das Haus Savoyen, Parma kam an Marie Luise, die Gemahlin Napoleons und Tochter des Kaisers von Österreich, Toskana an einen Sohn Leopolds des Zweiten, Modena an einen Enkel Maria Theresias. In Neapel, Spanien und Portugal und im Kirchenstaat wurden die alten Regierungen wiederhergestellt. Die »Wiener Bundesakte« konstituierte an Stelle des früheren Deutschen Reiches eine Fürstenvereinigung, den »Deutschen Bund«, und als dessen Organ den Bundestag zu Frankfurt am Main, eine Versammlung aller Gesandten der Einzelstaaten unter dem Präsidium Österreichs, das aber mit seinen ungarischen, polnischen und italienischen Besitzungen nicht zum Bund gehörte, während der König von England als König von Hannover, der König von Dänemark als Herzog von Holstein und Lauenburg, der König der Niederlande als Großherzog von Luxemburg Bundesfürsten waren. Der Paragraph 13 der Bundesakte log: »In allen Bundesstaaten wird eine landständische Verfassung stattfinden.« Wie man sieht, handelte es sich fast durchwegs um Schöpfungen reiner Potentatenwillkür. Völker, die einander seit Jahrhunderten abgeneigt waren, wie die Belgier und Holländer, die Schweden und Norweger, wurden gewaltsam amalgamiert, Freistaaten von welthistorischer Macht und Dauer wie Polen, Venedig und Genua wurden brutal annektiert, der ganze romanische Süden wurde der alten tödlich verhaßten Fremdherrschaft unterworfen und Deutschland durch die Bundesakte, »eine Zangen- und Notgeburt, tot ans Licht getreten und gerichtet, ehe sie geboren«, wie Görres sie im *Rheinischen Merkur* nannte, zu einem politischen Ungetüm gemacht, das noch viel unbehilflicher, chaotischer und absurder war als das Heilige Römische Reich. Der Sieger über Europa war, wie in allen Weltkriegen der neueren Zeit, England.

Die Heilige Allianz
Kurz nach der Auflösung des Wiener Kongresses schlossen, auf Anregung des Zaren, der eine slawisch vertrackte Mischung aus Mystiker und Machtpolitiker, Pietist und Autokrat war, »halb Narr, halb Bonaparte«, wie man ihn in England nannte, Rußland, Österreich und Preußen die »Heilige Allianz«, in deren Akte es unter anderem hieß: »Ihre Majestäten… erklären feierlich… ihre unerschütterliche Entschließung… sich

nur die Vorschriften der heiligen Religion zur Regel zu nehmen, Vorschriften der Gerechtigkeit, der christlichen Liebe und des Friedens... Demzufolge sind Ihre Majestäten übereingekommen: gemäß den Worten der Heiligen Schrift, welche allen Menschen befiehlt, einander als Brüder zu betrachten, werden sie durch die Bande einer wahren und unauflöslichen Brüderschaft vereinigt bleiben und einander wie Landsleute bei allen Gelegenheiten und in allen Fällen Beistand leisten; ihren Untertanen und Armeen gegenüber werden sie sich als Familienväter betrachten und sie in demselben Geiste der Brüderlichkeit leiten, von dem sie beseelt sind... Die drei verbündeten Herrscher fühlen sich nur als die Bevollmächtigten der Vorsehung, um drei Zweige derselben Familie zu regieren... Alle Mächte, die sich zu diesen Grundsätzen bekennen, werden mit Freuden in diese Heilige Allianz aufgenommen werden.« In der Tat schlossen sich ihr alle europäischen Potentaten an, mit Ausnahme des englischen Prinzregenten, der erklärte, daß sie mit der Verfassung seines Landes unverträglich sei, des Papstes, der fand, daß er von jeher im Besitz der christlichen Wahrheit gewesen sei, und des Sultans, der ebendiese christliche Wahrheit nicht anerkannte. Dafür schloß England mit Rußland, Preußen und Österreich am Tage des zweiten Pariser Friedens die Quadrupelallianz: ihr Zweck war »Erhaltung des Bestehenden«, also: »Gleichgewicht« in der äußeren Politik, »Ruhe und Ordnung« im Innern.

Die Bedeutung der »Heiligen Allianz« ist sehr überschätzt worden. Sie fußte auf keinerlei reellen Friedensgarantien, sondern bloß auf romantischen Phrasen, an die man sich halten oder auch nicht halten konnte. »Sie ist«, erkannte ein scharfer und illusionsfreier Kopf wie Gentz schon 1816, »eine politische Nullität und wird nie zu einem ernstlichen Resultate führen; sie ist eine im Geiste übel angebrachter Devotion oder einfacher Eitelkeit erfundene Theaterdekoration, für Alexander nichts als ein Werkzeug, um den Einfluß zu üben, der ein Hauptziel seines Ehrgeizes ist«, und auch Metternich betrachtete sie als eine bloße Wortmacherei *(un verbiage)*. In der Tat sah der Zar, der pathologisch eitel war, in ihr nur einen Vorwand, sich zum Schiedsrichter Europas aufzuwerfen und als »Bevollmächtigter der Vorsehung« in seinen Staaten keinen Willen neben dem seinen zu dulden. Dem Wortlaut nach gab es freilich kein vollkommeneres politisches Programm als das der Heiligen Allianz: »daß«, wie es in dem Vertragsentwurf hieß, »ein christliches Volk in Wahrheit keinen anderen Herrscher hat als den, dem allein die Macht gehört, weil in ihm allein der Schatz der Liebe, der Erkenntnis und der Weisheit ruht, das heißt: Gott, unsern göttlichen Erlöser Jesus Christus«; aber selten ist ein Ideal in solchem Maße Redensart geblieben wie damals. Daß der Heiland auf Erden herrsche, ist, seit er auf Erden erschienen ist, der Wunsch und Traum aller Christen: aber ihn zu erfüllen, sind kaltherzige Habsburgerkaiser, größenwahnsinnige Russenzaren, kleingläubige Hohenzollernkönige und zynische Lügenfürsten à la Metternich kaum die richtigen Werkzeuge. In der schönen Absicht, ihre Völker wie Familienoberhäupter zu regieren, machten sie aus Europa eine Kinderstube, und obschon ihre Liebe, nach den Züchtigungen zu schließen, sehr groß gewesen sein muß, erzeugten sie durch ihr väterliches Regiment nichts als einen ungeheuren Ödipuskomplex.

Die Front nach innen   Daß es gleichwohl in Europa fast vierzig Jahre lang zu keinem größeren kriegerischen Zusammenstoß kam, lag nicht an der Heiligen Allianz, die bereits nach zehn Jahren durch die liberale Politik des englischen Ministeriums Canning gesprengt wurde, sondern an etwas anderem. Es ist nämlich ein Hauptcharakteristikum jener Jahrzehnte, daß in ihnen die *innere Politik* dominiert. Die Geschichte der vorhergegangenen Jahrhunderte war in erster Linie von Motiven der äußeren Politik bestimmt gewesen, und zwar im wesentlichen von dem großen

Gegensatz Frankreich–Habsburg: er entwickelt sich bereits während der Reformation und beherrscht die Zeiten des Dreißigjährigen Kriegs, Ludwigs des Vierzehnten, der Revolution, Napoleons. Europa besteht, in großen Zügen gesehen, dauernd aus zwei Fronten, einer östlichen und einer westlichen, die sich deutlich voneinander abgliedern, obgleich sie fortwährend ihre Form wechseln, indem sie sich bald ausdehnen, bald zusammenziehen und sogar vorübergehend verschmelzen (wie im Siebenjährigen Krieg, um gemeinsam Preußen zu erdrücken, und unter Napoleon, der sie als gesammelte Kontinentalmacht gegen England zu kehren sucht). Nach dem Wiener Kongreß aber bildet das europäische Staatensystem eine einzige zusammenhängende Front, die sich nach innen richtet. Der Gegensatz lautet jetzt nicht mehr: Ostmächte und Westmächte, sondern: Regierung und Volk. Die vereinigten europäischen Staatenlenker kämpfen also, genaugenommen, auch nach Leipzig und Waterloo noch immer gegen Napoleon: gegen den Geist der Revolution, der sich durch ihn über Europa verbreitet hatte.

Eine der ersten Regierungshandlungen des restituierten Königs von Spanien war die Wiedereinführung der Inquisition; in mehreren Ländern wurde der Zopf, das Symbol der Gegenrevolution, wieder obligat, und *codino*, Zopfträger, war noch nach Jahrzehnten in Oberitalien die Bezeichnung für einen Reaktionär. In Piemont war sogar der Analphabetismus zum Teil Untertanenpflicht, denn die Erlaubnis zur Erlernung des Schreibens und Lesens war an ein Mindesteinkommen von 1500 Lire geknüpft. In Lombardo-Venetien herrschte der österreichische Stock, *il bastone tedesco;* Zensurschikanen, Hausdurchsuchungen, Verletzungen des Briefgeheimnisses, heimliche Überwachungen durch »Spitzel« und »Vertraute«, alte österreichische Spezialitäten, waren nicht nur in allen Habsburgerländern gang und gäbe, sondern auch in Preußen, wo *Egmont*, *Wilhelm Tell* und die *Räuber*, ja sogar Fichtes *Reden an die deutsche Nation* und der *Prinz von Homburg* verboten waren und der Bürokratismus eine Zeitlang fast noch verkalkter war als in Österreich: »wir werden«, sagte der Freiherr vom Stein, »von besoldeten, buchgelehrten, interessenlosen, ohne Eigentum seienden Büralisten regiert. Diese vier Worte enthalten den Geist unserer und ähnlicher geistlosen Regierungsmaschinen ... sie erheben ihr Gehalt aus der Staatskasse und schreiben, schreiben, schreiben im stillen, mit wohlverschlossenen Türen versehenen Bureau, ohnbekannt, ohnbemerkt, ohnberühmt, ziehen ihre Kinder wieder zu gleich brauchbaren Schreibmaschinen auf und sterben ohnbedauert.« Selbst im freien England folgte ein Toryministerium dem andern, und der führende Minister Lord Castlereagh, der »geistige Eunuche«, wie ihn Byron nannte, unterdrückte durch Ausnahmegesetze, die sogenannten »Knebelbills«, jeden Versuch der Selbsthilfe, bis sein aktiver Verfolgungswahnsinn in passiven umschlug und ihn in den Selbstmord trieb. Die englische Handelsflotte war 1815 um ein Viertel stärker als die gesamte festländische; aber die wirtschaftliche Blüte war durch ungeheures Elend der Enterbten erkauft: es galt schon als großer Fortschritt, als das Mindestalter der Fabrikskinder auf neun Jahre und die Arbeitszeit auf zwölf Stunden bestimmt wurde (wobei jedoch Überstunden erlaubt waren), und noch im ersten Viertel des Jahrhunderts stand auf Diebstahl Todesstrafe. Die romantische Staatstheorie, auf die die Reaktion sich stützte, hat überhaupt in England ihren Ursprung: ihr Schöpfer ist Edmund Burke, der 1790 in seinen *Reflections on the revolution in France* die These aufstellte, der Staat sei kein Mechanismus, sondern ein von mystischen Kräften beseelter Organismus, dem die Staatskirche die religiöse Weihe gebe.

In Frankreich hatte der Bruder Ludwigs des Sechzehnten, Ludwig der Achtzehnte, ein undekorativer und gefräßiger, aber weder dummer noch bösartiger Mensch, dem Lande eine gemäßigte Verfassung nach dem Muster der englischen gegeben, vermochte aber, obgleich er, durch die Leiden der Revolutionszeit gewitzigt, nicht eigentlich reaktionär war, dem frechen und kopflosen Treiben der remigrierten »Ultras« nicht Einhalt zu tun; besonders im Süden wütete der »weiße Schrecken« gleichermaßen gegen Protestanten, Bonapartisten und Republikaner, und die konstitutionelle Charte wurde in der Praxis von Jahr zu Jahr bedeutungsloser: der König war, wie Saint-Simon sich ausdrückte, *»le prisonnier des anciens nobles«*; und noch schlimmer wurde es, als sein Bruder Karl der Zehnte ihm 1824 auf dem Throne folgte, der eine heuchlerische Pfaffenherrschaft etablierte und ganz offen nach dem Absolutismus strebte, so daß selbst Metternich sich angesichts dieser Zustände zu der Äußerung genötigt sah: »Die Legitimsten legitimieren die Revolution.« Dabei hörte, obgleich Frankreich bei den Friedensschlüssen sehr glimpflich behandelt worden war und nicht einmal Elsaß-Lothringen hatte herausgeben müssen, das Geschrei nach dem linken Rheinufer nicht auf; eine beliebte Damenfrisur hieß *»à la chemin de Mayence«*.

Auf diesem schwarzen Hintergrund erhob sich die magische Gestalt des Imperators zu neuem Glanz. Man dachte nicht mehr an seinen autokratischen Vernichtungswillen, an die zwei Millionen, die er seinem gefräßigen Machtwahn geopfert hatte, an die stählerne Kasernierung, die er über den Geist Frankreichs verhängt hatte, sondern nur noch an seinen demokratischen Fortschrittsdrang, die Märchensiege, die er mit seinen Volksheeren erfochten hatte, die freie Bahn, die seine Weisheit jeglichem Talent geöffnet hatte, die souveräne Genialität, mit der er alles verjüngt und neu geordnet hatte. Er hatte zwanzig Jahre lang den Erdteil in ein unmenschliches Schlachtfeld verwandelt, aber auch der Welt das langentbehrte Schauspiel eines Wesens von übermenschlicher Geistesmacht und Herrscherkraft geschenkt: zwei Millionen Tote, aber tote Helden, Frank-

Der Napoleon-mythus

1117

reich eine Kaserne, aber voll Luft und Licht. Sein Untergang
war ein »Gottesgericht«, aber über einen gefallenen Engel; und
die es vollstreckten, waren nicht einmal Menschen, sondern
Schatten: abgetakelte Puppenkönige und seelenlose Zwergfür-
sten. Der Sieg der Mittelmäßigkeit über das Genie hat niemals
etwas Erhebendes, auch wenn das Genie ein Dämon ist; und als
sein Lauf sich erfüllt hatte, ward es klar, daß auch dieser apokalyptische Reiter von Gott ausgesandt worden war, um eine
geheime Mission zu vollbringen. Er hat es selbst gesagt: »Die
großen Menschen sind wie Meteore, die glänzen und sich selbst
verzehren, um die Welt zu erleuchten.« Wie ein blutiger Komet
erschien er in der irdischen Nacht, drohend und leuchtend,
furchtbar und wunderbar; und die Jahrtausende werden seiner
Feuerspur gedenken.

Napoleons Prophezeiung in der Kammer der »hundert
Tage« erfüllte sich: »Ihr werdet bittere Tränen um mich weinen.« Jedes Wort, das er gesprochen oder nicht gesprochen
hatte, wurde aufbewahrt, Büsten und Stiche, Jahrmarktsbuden
und Kinderbücher, Stockknöpfe und Tabaksdosen zeigten allenthalben sein Bild, seine Reliquien wurden zu Heiligtümern.
Man scheute nicht davor zurück, Sankt Helena mit Golgatha,
Lätitia mit der Schmerzensmutter zu vergleichen; er hieß kurzweg »*l'homme*«. Thiers veranlaßte die Überführung seiner Leiche in den Invalidendom und schuf in glänzend geschriebenen
Geschichtswerken die Napoleonlegende, die in einem gewissen
Grade bis heute in Frankreich klassisch geblieben ist; in Béran-
gers Liedern erstand er zur unsterblichen Genrefigur: als der
schlichte Soldatenkaiser in der grauen Redingote und dem kleinen Hut, dessen Herz dem Volk gehört; die Malerei verherrlichte die Taten und Leiden der großen Armee; Victor Hugo
feierte ihn als »Mahomet des Abendlandes«, und selbst Beyle-
Stendhal, der große Zweifler und unerbittliche Durchschauer
aller menschlichen Masken, erklärte: »Beyle respektiert einen

einzigen Menschen: Napoleon.« Ja man glaubte überhaupt nicht, daß er gestorben sei. Das Bergvolk auf Sizilien erwartete seine Rückkehr; die Araber verschmolzen ihn mit Alexander dem Großen zu einer Gestalt und erzählten einander von dem Wiederauftauchen des Frankensultans Iskander; in Thüringen hieß es, im Kyffhäuser sitze nicht mehr Barbarossa, sondern Napoleon. Wie sehr er bereits zum Mythos geworden war, zeigte ein diametral entgegengesetzter Vorgang: ein gewisser Pérès versuchte in einem Buch, von dem man nicht recht weiß, ob es ein Produkt des Schwachsinns, der Satire oder des Gelehrtenscharfsinns ist, den Nachweis, daß Napoleon niemals gelebt habe, vielmehr nichts anderes sei als eine Personifikation der Sonne: der Name *Napoléon* deute auf *Apollon*, was sowohl Zerstörer wie Sonnengott besage; die Mutter des Kaisers hieß Lätitia, was soviel wie Freude oder auch Morgenröte bedeute; seine vier Brüder seien die vier Jahreszeiten, seine zwölf Marschälle die zwölf Zeichen des Tierkreises, die unter dem Befehl der Sonne stehen, seine zwölf Regierungsjahre die zwölf Stunden des Tages; seine Lebensbahn von Korsika bis Helena ging, gleich dem Lauf der Sonne, von Osten aus und endete im Westen. Hier haben wir ein lehrreiches Beispiel, wohin unbestechliche historische Kritik führen kann, und ein gar nicht so außergewöhnliches, sondern bloß wegen der Nähe des Objektes besonders krasses, wenn man bedenkt, daß auch der angesehene französische Gelehrte Sénart die gesamte Buddhatradition auf »Solarmythen« und der zweifellos vollsinnige Karlsruher Philosoph Arthur Drews die Geschichte Jesu auf »Astralvorstellungen« zurückzuführen versucht hat und daß es eine ganze Gruppe von strengen Forschern gibt, die erklären, Bacon habe die Dramen Shakespeares, ja wie die neuesten behaupten, auch noch der Einfachheit halber den *Don Quixote* geschrieben.

In Deutschland gedachte man, unter dem frischen Eindruck der Befreiungskriege, des fremden Unterdrückers zunächst mit

Die Altteutschen

teutonischem Haß: die politischen Schlagworte hießen »Freiheit«, »Einheit« und »Deutschheit«; es sollte sich aber bald zeigen, daß es nicht bloß welsche Tyrannen gab. 1815 entstand in Jena die erste Deutsche Burschenschaft; ihr folgte drei Jahre später die »Allgemeine Deutsche Burschenschaft«, »gegründet auf das Verhältnis der teutschen Jugend zur werdenden Einheit des teutschen Volks«, als Versuch, wenigstens unter den Studenten eine deutsche Einheitsfront herzustellen: ihre Farben waren schwarz-rot-gold, nach dem Lützowschen Freikorps. »Zufrieden mit dem, was ihnen der Schneider an Deutschheit verlieh«, wie Immermann sagte, legten die Burschenschafter den Hauptwert auf die »Wichs«, eine Tracht, die sich »altteutsch« nannte: geschlossener verschnürter Rock, meist schwarz, breiter offener Hemdkragen, farbige Schärpe, federgeschmücktes Barett aus schwarzem, violettem oder rotem Samt mit goldener Borte und Eichel, dazu langwallendes Haar und am Gürtel ein republikanischer Dolch mit Totenkopf. Sie nannten die Greise »Nachburschen«, die Professoren »Lehrburschen«, das Vaterland »Burschenturnplatz«, die Universität »Vernunftturnplatz«, verschworen Raufen, Saufen und Tanzen und verachteten Weiber und Juden. Wenn sie einem stutzerhaft oder sonstwie unteutsch angezogenen Menschen begegneten, so bildeten sie um ihn einen Halbkreis und schrien »Eh! Eh!« Auf einem Fest, das sie am 18. Oktober 1817, dem Jahrestage der Reformation und der Leipziger Völkerschlacht, am Fuße der Wartburg veranstalteten, entzündeten sie ein Sonnwendfeuer und verbrannten darin feierlich einen hessischen Zopf, einen österreichischen Korporalstock, einen preußischen Gardeschnürleib und einige reaktionäre Bücher. Schon dies erregte bei den Regierungen erhebliche Bedenken, die auf dem Mächtekongreß zu Aachen einer angelegentlichen Erörterung unterzogen wurden. Am 23. März 1819 ereignete sich aber etwas Ernsteres. Ein Burschenschafter namens Karl Ludwig Sand drang in Kotzebues Wohnung in

Mannheim und stieß ihm mit den Worten »Hier, du Verräter des Vaterlands!« den Dolch ins Herz. Kotzebue war russischer Staatsrat und als solcher natürlich konservativ gesinnt, was er in seiner Zeitschrift, dem *Literarischen Wochenblatt*, nicht verhehlte; einen Grund, ihn umzubringen, hätte man aber höchstens in seinen miserablen und gemeinen Theaterstücken finden können. Eine Verschwörung, der Sand angehört hätte, konnte nicht nachgewiesen werden; gleichwohl ergriff die Heilige Allianz die Gelegenheit, um in einer neuerlichen Ministerkonferenz die berüchtigten »Karlsbader Beschlüsse« zu fassen: Bücher und Zeitungen wurden unter Zensur, die Universitäten unter strenge Aufsicht gestellt, alle Burschenschaften und Turnerverbände verboten. Damit setzten die grausamen Demagogenverfolgungen ein, deren Organ die »Zentraluntersuchungskommission« in Mainz war. Sie trafen jedermann, der in irgendeiner Beziehung zur deutschnationalen Bewegung gestanden hatte: einen waschechten Patrioten wie Vater Jahn, der sechs Jahre lang von einer Festung zur andern geschleppt wurde, so gut wie den eingefleischten Monarchisten Ernst Moritz Arndt, der seiner Professur enthoben wurde; dasselbe widerfuhr dem hervorragenden Bibelforscher de Wette, weil er an die Mutter Sands einen Trostbrief geschrieben hatte. Schließlich wurde alles verdächtig: demokratischer Schnurrbart, carbonarihafter Filzhut, revolutionäres Reckspringen, ja sogar ein *sand*farbener Flaus.

Die unverständige und unmenschliche Härte, mit der der »Aufruhr« im gesamten deutschen Bundesgebiet unterdrückt wurde, läßt sich nur aus einer Art Angstneurose erklären, die die regierenden Kreise erfaßt hatte: Gentz zum Beispiel zitterte, wenn er in einer Gesellschaft einen Bart erblickte, und konnte, wie er selbst versicherte, beim Anblick eines blanken Messers in Ohnmacht fallen. Und dazu kam der Unwille über das bübische und kulturlose Treiben der Jahnriegen. Denn alles

vermag die Menschheit zu verzeihen: Torheiten, Lügen, Laster,
ja sogar Verbrechen, nur eines nicht: die Taktlosigkeit.

Befreiung
Südameri-
kas und
Griechen-
lands

Indes: überall brodelte die Revolution unterirdisch weiter:
bei den jakobinischen Exaltados in Spanien, bei den »Unbedingten« in Gießen, die die radikale Republik anstrebten, bei
den Carbonari in Italien, den »Köhlern«, die sich zusammen-
taten, »den Wald von Wölfen zu reinigen«, in der »Hetärie der
Philiker«, die den alten hellenischen Freistaat wiederherzustellen suchte, in der »Nationalen Patriotischen Gesellschaft«, die
ein freies und geeintes Großpolen forderte.

Zu den ersten offenen Unruhen kam es im Norden und im Süden Italiens: in Piemont und in Neapel, und die Kongresse zu
Troppau und Laibach ermächtigten Österreich zum Einmarsch,
das den Aufruhr alsbald niederschlug; bald darauf erhob sich
Spanien gegen den heimtückischen und grausamen Ferdinand
den Siebenten: auch dort wurde mit fremden Truppen der Absolutismus wiederhergestellt, diesmal durch Frankreich, das der
Kongreß von Verona dazu designiert hatte; aber »man kann Sekten nicht durch Kanonen vernichten«: das hatte schon Napoleon
aus dem Verhör mit dem jungen Staps, der ein Attentat auf ihn
geplant hatte, resigniert erkennen müssen. In Rußland kam es
bei der Thronbesteigung des neuen Zaren zum Aufstand der
Dekabristen oder »Dezembermänner«. Paul dem Ersten war
zunächst sein ältester Sohn Alexander der Erste auf den Thron
gefolgt; nach dessen Tode wäre der zweite Sohn, Konstantin, der
legitime Herrscher gewesen; dieser hatte aber auf die Krone verzichtet, und so ergriff der dritte Sohn als Nikolaus der Erste die
Regierung. Die Tatsache, daß die Verzichtleistung Konstantins
nicht offiziell geschehen war, benützte ein Teil des Offizierskorps und der Garde zum Versuch eines Staatsstreichs, der jedoch mißlang. Das Volk hatte so wenig Ahnung, worum es sich
handelte, daß es die »Konstitution«, die die Malkontenten begehrten, für die Frau des Großfürsten Konstantin hielt.

Die ersten greifbaren Erfolge errang die revolutionäre Bewegung jenseits des Ozeans. Alle spanischen Festlandbesitzungen in Südamerika fielen nacheinander vom Mutterland ab. 1810 machte sich Uruguay selbständig, in demselben Jahr Paraguay, im darauffolgenden Venezuela, 1816 Argentina, 1819 Columbia, 1820 Chile, 1821 Peru, 1822 Ecuador, 1825 Bolivia. Auch die portugiesische Kolonie Brasilien konstituierte sich 1812 als unabhängiges Kaiserreich. In Mittelamerika wurde der General Don Augustin de Iturbide zum Kaiser von Mexiko ausgerufen, das aber zwei Jahre später die republikanische Staatsform annahm. Die übrigen fünf zentralamerikanischen Staaten: Guatemala, Honduras, Salvador, Nicaragua, Costarica sagten sich ebenfalls los; der ganze Kontinent südlich der Union war, mit Ausnahme des Küstenstreifens von Britisch-, Niederländisch- und Französisch-Guayana im Nordosten der südamerikanischen Halbinsel und des kleinen Gebiets von Britisch-Honduras östlich von Guatemala, von der europäischen Herrschaft befreit. Die Seele dieser Emanzipationsbewegungen war der Kreole Simon Bolivar, dessen weitausschauender Plan auf die Zusammenfassung aller neugeschaffenen Republiken zu einer großen Föderation abzielte, den »Vereinigten Staaten von Südamerika«. Er berief zu diesem Zweck einen Kongreß nach Panama, konnte aber gegen die kleinliche Eifersucht und politische Unreife der bornierten Spanier und der geistesträgen Mestizen nichts ausrichten, und seitdem ist die Geschichte Südamerikas eine fast ununterbrochene Kette von Volksputschen, Militärrevolten und Grenzraufereien geblieben.

Die Losreißung wäre vielleicht nicht so rasch gelungen, wenn ihr nicht die beiden angelsächsischen Großmächte ihre Unterstützung geliehen hätten. Die Heilige Allianz wollte auch in der Neuen Welt die alte Ordnung aufrechterhalten: aber die Vereinigten Staaten von Nordamerika verkündeten 1823 durch ihren Präsidenten die nach ihm benannte folgenschwere »Mon-

1123

roedoktrin«, in der sie erklärten, daß jegliche Einmischung Europas in die politischen Verhältnisse Amerikas unzulässig sei; und der liberale Minister Lord Canning, der Nachfolger Castlereaghs, erkannte im Namen Englands die neuen Freistaaten an, wobei er zum Teil von der öffentlichen Meinung, vornehmlich aber von handelspolitischen Interessen geleitet war. Er förderte auch die zweite erfolgreiche Revolutionsbewegung jener Zeit, den achtjährigen griechischen Freiheitskampf, der, in Geheimbünden lange vorbereitet, 1821 zum Ausbruch kam, von den romantischen und klassizistischen Sympathien ganz Europas begleitet, obgleich die Neugriechen eigentlich mit den Landsleuten Platos und Polyklets nur noch eine sehr entfernte Ähnlichkeit hatten. Das furchtbare Blutbad auf der Insel Chios, die heldenmütige Verteidigung der Festung Missolunghi erregte allgemeine Teilnahme; Freiwillige, »Philhellenen«, eilten aus Deutschland, Frankreich, Italien herbei, Wilhelm Müller dichtete seine Griechenlieder, Byron landete mit zwei Schiffen und fand in der ätolischen Sumpfluft den Fiebertod. Die Regierungen verfolgten zunächst, gemäß ihrem Erhaltungsprinzip, den Kampf mit Mißbilligung; erst der neue Zar entschloß sich zum Eingreifen. England, Frankreich und Rußland schlossen auf Betreiben Cannings ein Bündnis zum Schutze der Griechen und veranstalteten vor dem Hafen von Navarino eine Flottendemonstration, die sich aber, ohne daß einer der beiden Teile es eigentlich beabsichtigt hätte, zu einer der mörderischsten Seeschlachten der neueren Geschichte entwickelte: die türkischägyptische Flotte wurde vollständig vernichtet. Russische Landtruppen besetzten die Donaufürstentümer und Adrianopel, in Asien Kars und Erzerum. Im Frieden von Adrianopel gab die Türkei im voraus ihre Zustimmung zu den Beschlüssen der Londoner Konferenz, in der die Schutzmächte die Unabhängigkeit Griechenlands aussprachen und den Sohn des Königs von Bayern als Otto den Ersten zum König der Hellenen erhoben.

Die Heilige Allianz hatte also in diesem Kriege, obschon äußerlich siegreich, mit ihrem Prinzip Bankerott gemacht. Gentz, der Urheber der Karlsbader Beschlüsse, hatte es gleich beim Ausbruch des griechischen Freiheitskampfes eingesehen: »Ich war mir stets bewußt, daß der Zeitgeist zuletzt mächtiger bleiben würde... und daß die Kraft der Diplomaten so wenig als die Gewalt dem Weltrade in die Speichen zu fallen vermag.« Und doch war auch er der österreichischen Infektion erlegen; und teilte dieses Schicksal mit ganz Europa. Denn der Herrscher über den Kontinent war in jenem Zeitraum der Kaiser Franz, an dem bereits sein Oheim Josef der Zweite ein Menschenalter vor dem Wiener Kongreß »ein gutes Gedächtnis, aber ohne Frucht«, »empfindliche Scheu vor der Wahrheit«, »Unentschlossenheit, Schlaffheit, Gleichgültigkeit im Tun und Lassen« und »Unfähigkeit zu großen Sachen« beobachtet hatte. Die österreichische Blickenge, nie auf etwas anderes gerichtet als das Nächste und Konkreteste, war in ihm repräsentiv ausgeprägt; daher kam auch seine Rückständigkeit: wie fast alle seine Landsleute klebte er mit träger und ängstlicher Zähigkeit an der Realität, und die Realität ist immer rückständig. Seine trockenen, sehr gescheiten Mots, die ihn als Landsmann und Zeitgenossen Nestroys zu erkennen gaben, vermochten unter einem Volke, das für einen guten Witz alles verzeiht, über seine Hinterlist und Herzensarmut hinwegzutäuschen. Der Vollstrecker seines Willens war der Fürst Metternich, der »Arzt im großen Weltspital«, wie er sich selbst nannte, der, merkwürdig, es sagen zu müssen, einer der Helden des Zeitalters war. Dieser war sich klar darüber, daß der Durchbruch der nationalen und liberalen Ideen die habsburgische Monarchie unfehlbar in Trümmer gelegt hätte, weshalb er seine reaktionäre Politik auch den anderen Staaten teils aufoktroyierte, teils aufredete: ein Land sei nichts als ein »geographischer Begriff«, dessen Bevölkerung eine Versammlung von Untertanen. Vielleicht mußte er

Die österreichische Infektion

als österreichischer Staatskanzler so handeln. Aber vor dem Forum der Geschichte, die ja zum Glück nicht bloß österreichische Geschichte ist, steht sein »System« als der aberwitzige Versuch da, aus einem Gebäude, weil eine seiner Wohnungen ein Kranker innehat, ein Spital zu machen; und das Aberwitzigste daran war, daß der Versuch gelang.

Im Grunde war seine Ansicht vom Staat eine späte Frucht der Aufklärung, in der er auch seiner geistigen Herkunft nach wurzelte: eine Regierung habe nicht symptomatisch, sondern dogmatisch zu verfahren, nicht zu auskultieren, sondern zu dekretieren; es war der Absolutismus des achtzehnten Jahrhunderts, nur mit einem vorgesetzten Minuszeichen: statt Zwangsfortschritt Zwangsrückschritt, ein antijosefinischer Josefinismus. Seine politische Anschauung war extrem antiromantisch, indem sie in den Vereinigungen der Menschen nicht Lebewesen erblickte, die ihre Gesetze in sich tragen und sich nach ihnen organisch entwickeln, sondern Maschinen, die man nach Belieben regulieren und arretieren kann; und es war eine verhängnisvolle Lüge zahlreicher Staatstheoretiker, die sich »romantisch« nannten, daß sie diesen Antagonismus absichtlich nicht sehen wollten.

Psychologisch betrachtet, war seine Liebe zur »Stabilität« nur Denkbequemlichkeit. Er schrieb einmal an die Gräfin Lieven: »Ich verabscheue jeden Jahreswechsel. Ich neige so sehr dazu, das, was ich kenne, dem vorzuziehen, was ich lernen muß, daß ich meine Anhänglichkeit sogar auf die vier Ziffern übertrage, die ich zu schreiben gewohnt bin.« Talleyrand nannte ihn denn auch den »Wochenpolitiker«. Sein System war in den bekannten Worten seines intimsten Mitarbeiters Gentz beschlossen: »Mich und den Metternich hält's noch aus.« Es läßt sich jedoch nicht leugnen, daß er auf die Ausübung dieses Systems ein hohes Maß von Esprit und Geschicklichkeit, Finesse und Erfindungsgabe verwendet hat. »Die große Weltkomödie«, sagt Albert Sorel, »die hohe Intrige des europäischen Theaters hat niemals einen so fruchtbaren Autor und einen so vollendeten Schauspieler gefunden.« Dieser »Zugereiste« war eine der vollkommensten Verkörperungen des Wiener Geistes. »Sie können dieser Stadt«, sagt Ferdinand Kürnberger, einer der besten Kenner der österreichischen Seele, »ein wirkliches und unverdientes Unrecht tun, wenn Sie sie an deutschem Maße messen und als deutsche Stadt in Anspruch nehmen. Dagegen wird alles licht und klar, faßlich und verständlich, gerecht und billig, wenn Sie Wien nehmen als das, was es ist – eine osteuropäisch-asiatische Grenzstadt! […] Unbegreiflich ist also Österreich nicht; man hat es als eine Art Asien zu begreifen. Was aber Europa und Asien bedeuten, das sind sogar sehr scharfe und präzise Begriffe. Europa ist das Gesetz, Asien ist die Willkür; Europa ist die Pflicht, Asien die Laune; Europa ist das Streng-Sachliche, Asien ist das Rein-Persönliche, Europa ist der Mann, Asien das Kind und der Greis.« Dies war die Seele Metternichs: Willkür als Gesetz, Erfüllung der Laune als Erfüllung der Pflicht, persönliche Velleität zur Sache der Welt gemacht, infantil-verantwortungsloses Spiel mit dem Heute, senil-phantasieloses Haften am Gestern, oder, um es kürzer zu sagen: Sein Wesen war die *vollendete Frivolität*.

Metternich hat sein ganzes Leben lang einer unsichtbaren Heerschar von Feinden nachgestellt, die ihn mit vernichtungssüchtigem Argwohn erfüllte: er nannte sie »die modernen Ideen«. Aber wie kann ein Mensch, der ein Staatsmann sein will, wie kann irgendein denkender Mensch »moderne« Ideen bekämpfen, da sie doch die *einzigen* Ideen in jedem Zeitalter sind und alle anderen nicht nur ohnmächtig gegen sie, sondern in Wahrheit gar nicht vorhanden, außer in schiefen, schwachsichtigen, alterswurmstichigen Köpfen, die gar keine Köpfe sind! Und da doch, wie jeder denkende Mensch und vollends jeder Staatsmann wissen müßte, nur *eine* siegreiche Kraft existiert: die Idee, gegen die zu kämpfen eine hoffnungslose Don-

Die »modernen Ideen«

quichotterie ist oder unfehlbar früher oder später werden muß! Es gibt nicht zwei Wahrheiten auf ein und derselben Entwicklungsstation der Geschichte, sondern immer nur eine, die allein lebensfähig und lebensberechtigt ist, und eine andere oder viele andere, die keine sind. Legitimität und Gottesgnadentum: höchst edle Begriffe, vielleicht die erhabensten, die wir kennen! Aber legitim durch ihre innere Wahrheit und von Gott begnadet als Stufe im unerforschlichen Erziehungsplane der Menschheit ist immer und überall nur die »moderne Idee«.

Als das Moderne (oder so ähnlich) bezeichnete man zu allen Zeiten den herrschenden oder vielmehr erst um die Herrschaft ringenden Zeitgeist, und zwar immer gleichzeitig im Sinne eines Schimpfwortes und eines Lobestitels: die einen fanden stets, es erschüttere alle sittlichen, geistigen, sozialen Grundfesten, sei absurd, verlogen, lasterhaft, häßlich, trivial, pervers, kurz pathologisch, die andern, es sei *die* Moral, *die* Kunst, *die* Reform, *die* Zukunft, kurz das definitive Ideal. Allemal hatten *beide* unrecht. Auch die jeweils herrschende Tracht heißt »Mode«, und wiederum im huldigenden und im verdammenden Sinne, von den einen als Gipfel der Schönheit und Zweckmäßigkeit gepriesen, von den andern als Exzeß der Abgeschmacktheit und Torheit verabscheut. Und wiederum haben beide unrecht. Denn das Phänomen der Mode läßt sich keinerlei ästhetischen oder gar logischen Kategorien unterwerfen: es wäre dies geradeso sinnwidrig, wie wenn man eine bestimmte Fauna oder Flora nach solchen Gesichtspunkten beurteilen und etwa die Körperbildung des Känguruhs geschmacklos, die Blumenblätter der Seerose kleidsam, die Erscheinung der Giraffe maniert nennen wollte. Jede Mode ist vernünftig: als der sinnfällige Extrakt bestimmter Körperideale und Schönheitsbegriffe, ausgedrückt in dem Arrangement, der Korrektur, der Verbergung oder Bloßstellung der äußeren Erscheinung, vergleichbar dem, was der Naturhistoriker den Habitus nennt; womit auch die Tatsache zusammenhängt, daß jede Generation, obgleich sie es nie weiß und erst nach ihrem Tode enthüllt, eine nur ihr eigentümliche Pose und Attitüde besitzt. Wir haben dies bereits an einem Spezialfalle etwas näher erörtert: beim Barockmenschen, dessen geheimes Ideal die Marionette war; in unseren Zeitläuften ist der Vollstrecker dieses Willens zur »Stellung« niemand anders als der Photograph. Noch nie hat eine »gute Gesellschaft« sich natürlich benommen, und noch jede hat es geglaubt; deshalb wirkte, wer sich gegen ihre Gesetze auflehnte, erst recht unnatürlich. Ebenso wirkt jeder, der die Kleidermode ignoriert, ridikül; und aus einem tieferen Grunde, als man gemeinhin annimmt. Denn während er glaubt, gegen einige »sinnlose Äußerlichkeiten und Zufälligkeiten des Tages« zu kämpfen, kämpft er in Wahrheit gegen den *Geist* des Tages; und Kampf gegen den Geist ist stets etwas Lächerliches. Daher widerstreben die Frauen, die im allgemeinen mit dem Zeitgeist auf viel vertrauterem Fuße stehen als die Männer, fast niemals der Mode. Denn sie wissen, daß die Mode nicht vom Schneider gemacht wird und überhaupt von keinem einzelnen Individuum (wenn es bisweilen so aussah, so war der angebliche Arbiter elegantiarum immer nur der verständnisvolle Mandatar des Zeitgeists); daß es sich so verhält, stellt sich mit unwiderleglicher Evidenz heraus, wenn eine Mode historisch, nämlich zum *Kostüm* geworden ist. Dann enthüllt es sich, daß sie keine willkürliche Diktatur des Snobismus oder der Geschäftsspekulation war, sondern ganz einfach der *Stil der Zeit*. Man kann Kostüme schön oder häßlich, gefällig oder unvorteilhaft finden (obgleich schon dies eigentlich eine falsche Optik ist); aber in der ganzen Weltgeschichte, von der Pyramidenzeit bis zur Gründerzeit, hat es noch niemals ein »stilloses« Kostüm gegeben.

Woher kam es nun, daß ein so feiner Menschenkenner, geistreicher Raisonneur und gewiegter Realist wie Metternich so einfache Zusammenhänge nicht erkannte, sich allen Ernstes bis

Der Mephisto der Romantik

zuletzt im Rechte glaubte und damit vor dem Tribunal der Geschichte zum Gelächter machte? Es kam einfach daher, daß er unfähig war, die Welt und ihr Wesen mit dem Herzen zu erfassen, daß er eine bis zur Absurdität ausschließliche Verkörperung der sterilen Intelligenz darstellte, des reinen Verstandes, der gar nichts versteht. Und darum könnte man ihn den Mephisto der Romantik nennen, dessen Tragödie ebenfalls die Tragödie des bloßen Gehirnwesens ist, der genialischen Ichsucht und radikalen Skepsis, die allemal unterliegen muß. Er war ein vollendeter Kavalier wie Mephisto, ein witzreicher Causeur wie Mephisto, ein Teufel mit Bildung und Manieren, ein Teufel aus dem achtzehnten Jahrhundert. Er rang um die romantische Seele Europas, zog sie in den Abgrund und verlor die Wette.

Romantische Wissenschaft Seine großen Eroberungen machte der romantische Geist mehr auf den Gebieten des Denkens und Forschens als im Reich der Kunst und Poesie. Nahezu alle Geisteswissenschaften wurden durch originelle und fruchtbare Gedanken neu belebt. Mehrere Disziplinen wurden überhaupt erst damals geschaffen, zum Beispiel die Rechtsgeschichte durch Karl Friedrich Eichhorn, der zum erstenmal das deutsche Recht als ein einheitliches, im Volke gewordenes Ganzes darstellte. Sein Lehrer war Friedrich Karl von Savigny, der Begründer der »historischen Rechtsschule«, dessen Grunddoktrin lautete, daß alles Recht auf die Weise entstehe, »welche der herrschende Sprachgebrauch als Gewohnheitsrecht bezeichnet«: »durch innere stillwirkende Kräfte, nicht durch die Willkür des Gesetzgebers«; erst sei der Brauch da, der Volksglaube, das selbstverständliche, nicht weiter ableitbare Rechtsgefühl, dann erst ergebe sich als ein spätes Produkt die Kodifikation des schon längst Vorhandenen in Gesetzbüchern, juristischen Formen und Formeln. In dieser Anschauung erscheint das Recht als etwas Gewachsenes, gewissermaßen ein Bodenprodukt, die natürliche Blüte und Frucht der Volksseele und fällt in den gleichen Kreis wie Poesie, Kultus, Sitte, Sprache. In demselben Sinne begriff Adam Müller den Staat als Organismus und lebendige Individualität, als »Totalität der menschlichen Angelegenheiten«: »Der Staat ist nicht eine bloße Manufaktur, Meierei, Assekuranzanstalt oder merkantilische Sozietät; er ist die innige Verbindung des gesamten physischen und geistigen Reichtums, des gesamten inneren und äußeren Lebens einer Nation zu einem großen energischen, unendlich bewegten und lebendigen Ganzen.« Allein dies konnte leicht dazu führen, den Staat zu vergöttern und alles zu sanktionieren, was er tat und unterließ; und es führte auch dazu, wie sich an Karl Ludwig von Haller erwies, der dekretierte, alle Könige und Fürsten seien Machthaber und es sei gottgesetzte und gottgewollte Naturordnung, daß der Macht gehorcht werde: sie seien nicht Diener des Staates, sondern unabhängige Herren und der Staat ihr Eigentum, wie das Hauswesen dem Familienvater gehöre; Staatsrecht sei von Privatrecht nicht wesentlich verschieden. Adam Müller schrieb sogar über »die Notwendigkeit einer theologischen Grundlage« des Wirtschaftslebens. Doch war dies keine Tartüfferie: der Geist des Zeitalters war tief religiös. Es zeigte sich dies unter anderem auch in der größeren Annäherung der christlichen Konfessionen: es gab nicht wenige gläubige Katholiken, die ganz in pietistischen Vorstellungskreisen lebten, und viele fromme Protestanten, die gewissermaßen im katholischen Dialekt sprachen; und zur Trizentenarfeier der Reformation versuchte Friedrich Wilhelm der Dritte, zunächst nicht ohne Erfolg, Lutheraner und Calvinisten in der »evangelischen Union« zu vereinigen. Während Haller das patriarchalische Regiment des Mittelalters als göttliche Ordnung pries, schwärmte Raumer in einer ziemlich ledernen »Geschichte der Hohenstaufen« für das alte deutsche Innungswesen und Niebuhr in seiner epochemachenden *Römischen*

Geschichte für die agrarische Mittelalterstufe des antiken Rom: »Als Roms Bürger Bauern waren und ihre Äcker selbst bestellten, verkörperte sich in ihrem Staate das Ideal, von dem er sich so weit entfernt hat.«

Eine völlig neue Wissenschaft begründete Karl Ritter in seiner »Erdkunde im Verhältnis zur Natur und zur Geschichte des Menschen«, indem er die Gestalt und Entwicklung der Staaten als Funktion geographischer Bedingungen darstellte, langsamer stiller Einwirkungen, in deren Gesetzmäßigkeit einzudringen es »einer gleich stillen Seele« bedarf. Der Geschichtskreis wurde in ungeahntem Maße erweitert. Georg Heinrich Pertz begründete auf Anregung des Freiherrn vom Stein die *Monumenta Germaniae historica*, ein umfangreiches Quellenwerk zur deutschen Geschichte des Mittelalters; August Böckh edierte im Auftrag der Berliner Akademie der Wissenschaften das »corpus inscriptionum graecarum«; Grotefend, ein deutscher Gymnasiallehrer, entzifferte an der Hand persischer Königsnamen die Keilschrift, die man lange Zeit für eine bloße Verzierung gehalten hatte; und Champollion löste das Rätsel der Hieroglyphen, die man bisher als eine Bilderschrift angesehen hatte: mit Hilfe eines Steins aus der Ptolemäerzeit, der eine Inschrift in ägyptischer und griechischer Sprache enthielt, gelang es ihm, das Alphabet zu rekonstruieren, zahlreiche Texte zu übersetzen und sogar die Grundzüge einer Grammatik zu geben: »ein einzelner Mann«, sagt der Ägyptologe Adolf Erman, »hat in einem Jahrzehnt ein ganzes Volk wieder in die Weltgeschichte eingeführt.« Der Orient trat überhaupt in den Vordergrund des Interesses. »Nach dem Morgenlande, an die Ufer des Ganges und Indus, da fühlt unser Gemüt von einem geheimen Zwange sich hingezogen«, schrieb Görres, der auf Grund persischer Sprachstudien eine *Mythengeschichte der asiatischen Welt* erscheinen ließ; Friedrich Schlegels Werk *Sprache und Weisheit der Indier* gab den Anstoß zu gründlichsten und fruchtbarsten Sanskritstudien; Rückert übersetzte, zum Teil meisterhaft, chinesische, persische, indische, arabische Poesien; und Goethe dichtete seinen *West-östlichen Diwan* als »Versammlung deutscher Gedichte mit stetem Bezug auf den Orient«. Großer Anteilnahme begegnete auch bei ihm, den Brüdern Grimm, Chateaubriand und anderen bedeutenden Zeitgenossen die Entdeckung oder vielmehr Erfindung der böhmischen Nationalliteratur durch Wenzeslaus Hanka, den Herausgeber der Königinhofer Handschrift, einer Sammlung tschechischer Gedichte und Epenfragmente, die er im Gewölbe des Kirchturms von Königinhof gefunden haben wollte; ihre Unechtheit, noch heute von Chauvinisten bestritten, wurde erst siebzig Jahre später einwandfrei festgestellt.

Ein Produkt der Hyperkritik war die »Liedertheorie« Karl Lachmanns, die auf den Homerforschungen des hervorragenden Altphilologen Friedrich August Wolf fußte. Schon der Abbé d'Aubignac hatte in einem 1715, lange nach seinem Tode erschienenen Werk *Conjectures académiques ou dissertation sur l'Iliade* behauptet, ein Mensch namens Homer habe gar nie existiert, die *Ilias* sei eine Sammlung einzelner Stücke ohne Gesamtplan, von einem Redaktor zusammengefügt. So weit ging nun Wolf allerdings nicht; aber er leugnete, daß sie eine ursprüngliche Einheit sei und einen einzigen Verfasser habe. Lachmann hingegen bekannte sich zu der extremen Auffassung, daß zwischen den einzelnen Gesängen der homerischen Epen keinerlei Zusammenhang bestehe, wofür er geltend machte, daß sie gewisse topographische und psychologische Widersprüche enthalten, als ob deren Vermeidung die Hauptpflicht eines Dichters und bädekerhafte Korrektheit das Haupterfordernis eines Epos wäre. An Lachmann zeigt sich die Kehrseite der romantischen Theorie vom »dichtenden Volksgeist«, die an sich ein vertieftes Verständnis gewisser Phänomene be-

Der »dichtende Volksgeist«

1133

deutet, aber, ohne Takt gehandhabt, zur Auflösung des Begriffs »Kunstwerk« führen muß, indem man alles, was historisch unkontrollierbar ist, einfach von selbst gedichtet sein läßt. Wolfs Hauptargument, das Lachmann wiederholte, war das Zeugnis des Altertums, Peisistratos habe die sogenannten homerischen Gedichte (also offenbar einzelne Lieder) gesammelt. Er hat sie aber bloß wiedergesammelt. Die Rhapsoden pflegten einzelne Stücke vorzutragen, wir würden heute sagen, Bücher oder Kapitel des Werks, und in Athen wurden diese wieder zusammengestellt, als eine Art »Neuauflage«: man kann also bestenfalls von einer Rekonstruktion sprechen. Allerdings hat der Dichter in echt griechischer Relieftechnik aus jedem der Gesänge ein abgerundetes Kunstwerk gemacht, was sich übrigens schon dadurch notwendig machte, daß sie viel mehr durch Rezitation als durch Lektüre verbreitet wurden und daher im Hörer nicht die stete Vergegenwärtigung des Gesamtwerks voraussetzen konnten. Aber die zahlreichen eingewirkten Anspielungen, Rückbeziehungen, Prophezeiungen weisen unverkennbar auf ein solches hin. Die spätere Forschung hat denn auch die superklugen Skeptizismen der Liedertheorie ihrem Schicksal überlassen und glaubt wieder an einen Dichter Homer aus Smyrna, das gewaltigste epische Genie aller Zeiten, der um 700 die *Ilias* komponiert hat. Aber nicht die philologischen und archäologischen Beweise, auch wenn in sie noch so viel Fleiß, Sachkenntnis und Scharfsinn investiert ist, sind in dieser Frage das Entscheidende, sondern das für jeden gesunden und vorurteilslosen Menschen unabweisbare Gefühl, daß dieses Werk nur einem großen Künstler seine Entstehung verdanken kann. Es hat zu allen Zeiten »tiefgründige Köpfe« gegeben, die hinter jedem noch so simplen Tatbestand etwas suchen, das noch »aufzudecken« und »aufzuklären« sei. Sie decken diesen vermeintlichen Hintergrund auf, sie erklären diesen zweiten Sinn, den die Sache angeblich hat; und nun ist die ganze Angelegenheit für jedermann

rettungslos unverständlich geworden. Der »homerische Sagen-
kreis« war allerdings schon vor Homer da, aber leider ohne
Homer! Die »Bausteine« waren da, aber der Baumeister nicht,
das Genie, das aus dem Chaos den Kosmos macht. Shakespeare
hat aus dem Chaos der kühnen und phantasievollen, aber dunklen und wüsten Figurenwelt seiner Vorläufer den Kosmos
seiner Dramenwelt gemacht. Homer hat aus rhapsodischen
Bruchstücken unbewußter Dichter die sinnreich und lichtvoll
geordnete bewußte Dichtung seiner Ilias gemacht. Statt aber
die Taten dieser Lichtbringer anzustaunen, sagt man: sie haben
nicht existiert! Ebensogut könnte man uns glauben machen,
daß der Zeus, den wir bisher dem Phidias zugeschrieben haben,
von einem Gremium von Steinklopfern und Farbenreibern geschaffen worden sei. Und wenn eines Tages jede genauere Kunde
von Goethe verschwunden sein sollte, werden sich wahrscheinlich scharfsinnige Gelehrte finden, die behaupten, daß sein
Name die Personifikation eines untergegangenen Volksstamms
bedeute und der Faust, wie schon aus seinen zahlreichen Widersprüchen und der Uneinheitlichkeit der Titelfigur hervor-
gehe, aus Bruchstücken dieser »gothischen« Volkspoesien zu-
sammengeleimt sei, die man irrtümlich goethisch nannte.

Wir haben daher auch zu der zweiten, von der Wissenschaft
noch heute zum Teil akzeptierten Theorie Lachmanns, die sich
mit dem »Nibelungenlied« befaßt, kein rechtes Vertrauen.
Auch hier behauptete er, daß bloß romanzenartige Lieder
kompiliert worden seien, und zwar zwanzig, die er reinlich
voneinander sonderte. Aber Wilhelm Scherer, der, ihm bei-
pflichtend, dezidiert erklärt: »Der Dichter des *Nibelungenlieds*
ist unfindbar«, sieht sich gleichwohl zu der Bemerkung genötigt: »Indem unser Gedicht aus dem Stoffe nicht bloß Episoden
herausgreift, sondern ihn erschöpft, gewinnt es äußerlich eine
höhere Einheit als die *Ilias*.« In wem anders aber könnte diese
Einheit liegen als in einem großen Dichter? Das Hauptargu-

ment Lachmanns und seiner Schule (das bei Homer nicht anwendbar war) besteht diesmal darin, daß das Nibelungenlied »stümperhafte« Partien enthalte, was sich aber sehr leicht aus verderbter Überlieferung erklären läßt und überhaupt gar nichts beweist, denn ein Künstler ist keine Fabrik von Vortrefflichkeiten, und gerade die »Ungleichmäßigkeit« unterscheidet ihn vom geschickten Talent: es lassen sich bei Schiller mehr mißlungene Partien finden als bei Wieland, und ein so miserables Theaterstück wie Maeterlincks *Bürgermeister von Stilmonde* hätte Ludwig Fulda niemals geschrieben. Jakob Grimm charakterisierte denn auch Lachmann sehr treffend, indem er sagte, er sei der geborene Herausgeber und schenke dem Inhalte nur insoweit Beachtung, als er daraus Regeln und neue Griffe für die Behandlung seiner Texte schöpfen könne; ließen sich alle Philologen in solche teilen, die die Worte um der Sachen, und solche, die die Sachen um der Worte willen treiben, so gehöre Lachmann unverkennbar zu den letzteren.

Der Zauberstab der Analogie   Die Brüder Grimm waren Männer von ganz anderem Schlage; sie vereinigten die wärmste Einfühlung ins Objekt und das feinste Ohr für die Regungen der Sprache mit geduldigster Sorgfalt und mikroskopischer Strenge. Ihre »Andacht vor dem Unbedeutenden«, von Friedrich Schlegel verspottet, war nicht Pedanterie und Kleinlichkeit, sondern künstlerischer, ja fast religiöser Herkunft. In seiner *Deutschen Grammatik* erforschte Jakob Grimm mit zartestem Verständnis die Psychologie der Sprachbildung, in den *Deutschen Rechtsaltertümern* und der *Deutschen Mythologie* grub er tief in den dunklen Schacht des nationalen Lebens; Wilhelm Grimm ging der deutschen Heldensage nach und gab altdänische Balladen, den Freidank, den Rosengarten, das Rolandslied und vieles andere heraus; gemeinsam edierten die beiden Brüder die berühmten *Kinder- und Hausmärchen*, irische Elfenmärchen, verschollene heimische Dichtungen wie das Hildebrandslied und den Ar-

1136

men Heinrich und begannen das Riesenwerk des *Deutschen Wörterbuchs.* Görres, dem Philosophen des Ultramontanismus und »katholischen Luther«, verdankte das Publikum die Bekanntschaft mit den *Deutschen Volksbüchern,* und Uhland, hierin fast größer als in seinen Dichtungen, versenkte sich liebevoll in die Poesie der französischen Troubadours und Walthers von der Vogelweide.

Das Wort, mit dem die Wissenschaft jener Zeit alle Siegel zu lösen hoffte, hieß »vergleichend«: es bezeichnete den Versuch, die Methode, die Cuvier in seiner »anatomie comparée« so fruchtbar auf Gegenstände der Naturhistorie angewendet hatte, auf alle Historie auszudehnen. Durch Vergleichung der Konjugationsformen aller ihm zugänglichen alten Sprachen entdeckte Franz Bopp die Abstammung des Persischen, Griechischen, Lateinischen, Gotischen vom Sanskrit und wurde damit der Schöpfer der allgemeinen vergleichenden Sprachwissenschaft, Jakob Grimm begründete die vergleichende germanische Philologie, Friedrich Diez die vergleichende historische Grammatik der romanischen Sprachen, deren gemeinsame Herkunft aus dem Lateinischen er nachwies, und Wilhelm von Humboldt zog auf Grund ausgedehnter Studien, sogar des Chinesischen und der javanischen Kawisprache, in seiner Schrift *Über die Verschiedenheit des menschlichen Sprachbaues und ihren Einfluß auf die geistige Entwicklung des Menschengeschlechts* aus den linguistischen Forschungen der Romantik das philosophische Resümee. Karl Ritter, den wir bereits erwähnt haben, schuf die vergleichende Erdkunde, Johannes Müller, von dem wir sogleich hören werden, die vergleichende Sinnesphysiologie, Niebuhr wurde der Cuvier der römischen Geschichte, indem er wie dieser aus vorhandenen Resten auf korrespondierende untergegangene schloß und so die Fossilwelt eines grauen Altertums rekonstruierte. Wie die Sprachen wurden auch die übrigen Produkte der menschlichen Kollektivseele einer vergleichenden Betrachtung unterzogen: die antiken und neueren Verfassungen, nicht als Konstruktionen einzelner Gesetzgeber, sondern als Schöpfungen des Lokalgeists; die arischen und semitischen Mythologien, nicht als Erfindungen listiger Priester, wie die Aufklärung geglaubt hatte, auch nicht als Kristallisationen der Volkspoesie, wie Herder gemeint hatte, sondern als Erinnerungen an wahrhafte historische Zustände, an Lebensformen verschollener Urzeiten. Kurz: es war der »Zauberstab der Analogie«, der überall neue Quellen des Verständnisses zum Fließen brachte.

Wie man sieht, war der historische Blick durchaus nicht ausschließlich auf das Mittelalter fixiert, an das allein man bei der Romantik zu denken pflegt. Im großen Publikum war dieses Interesse allerdings dominierend. Raumers *Geschichte der Hohenstaufen* verdankte ihren großen Erfolg in erster Linie dem Stoff. Raupach erkannte mit seinem sicheren Theaterflair, daß man sich diese Panoptikumfiguren auch auf der Bühne gefallen lassen werde, und dramatisierte Raumer in einem Zyklus von sechzehn Abenden, der in Berlin vor ausverkauften Häusern in Szene ging. Er hatte sogar den Plan, in Gemeinschaft mit anderen die ganze deutsche Geschichte von Heinrich dem Ersten bis zum Westfälischen Frieden zu verarbeiten. Aber auch der geniale Grabbe schrieb einen *Friedrich Barbarossa* und *Heinrich den Sechsten*, Immermann verfaßte einen *Friedrich den Zweiten*, Eichendorff einen *Ezzelin*, und Rethel malte in den vierziger Jahren suggestiv und kraftvoll, in einer eigenartigen Verbindung von historischer Einfühlung und Gegenwartssinn, die Fresken, die die Geschichte Karls des Großen erzählen, an den Aachener Krönungssaal.

Geburt der romantischen Dichtung Wollte man die entscheidenden Dichtwerke jener Zeit mit einem Hauptzug charakterisieren, so könnte man vielleicht sagen: sie hatten Tiefe; aber es war eine gemalte Tiefe. Die repräsentativen Poeten konnten, und zum Teil wundervoll, tiefe

Menschen darstellen; sie selbst waren keine. Es war eben die »Tiefe der Leere«.

Im ersten Jahr des neuen Jahrhunderts erschien die erste Dichtung, die in der legitimen Bedeutung des Wortes romantisch genannt werden darf: Chateaubriands *Atala*, eine Indianergeschichte, aus feuerfarbigen exotischen Naturbildern, süßtrauriger Erotik und katholischer Frömmigkeit virtuos gemischt; alle drei Elemente nicht echt: der Landschaftshintergrund grandiose Kulisse, Liebe und Religion künstliches Opiat. Sie infizierte sogleich alle Köpfe und Herzen, die primitiven so gut wie die dekadenten, wurde dramatisiert, illustriert, parodiert, in Wachsfigurenkabinetten gezeigt. Zwei Jahre später folgte die Novelle *René*; im Mittelpunkt der Handlung steht eine geheimnisvolle Geschwisterliebe, das Lieblingsthema der damaligen Dichtung, das Byron, der Titelheld des Zeitalters, sogar gelebt hat (der Liebesroman mit seiner Halbschwester Augusta, der wahrscheinliche Grund seiner Scheidung und Flucht aus England, wurde erst Jahrzehnte nach seinem Tode unter ungeheurem Aufsehen enthüllt, dann wiederum jahrzehntelang von ehrbaren Literarhistorikern ins Reich der niedrigen Verleumdung verwiesen und neuerdings, unter der Einwirkung psychoanalytischer Modeströmungen, wieder hervorgeholt; das Faktische einer so heiklen Affäre läßt sich niemals »dokumentarisch« ergründen, sondern nur charakterologisch: durch das instinktive Gefühl, daß zu einer titanischen Halbgottsnatur wie Byron der Inzest sozusagen mythologisch gehört). In René ist der Typus des *esprit romanesque* geschaffen, der, mit sich und der Welt zerfallen, gefühlvoll und skeptisch, zärtlich und ironisch, voll Sehnsucht nach Liebe und Glauben, aber ohne die Kraft dazu, nach allen Früchten langt und in jeder den Wurm erblickt: alles, sagt René, predigt mir Vergänglichkeit. In Chateaubriands Kunst, die in Byron gipfelt, wird die Literatur *giftig*: ein prachtvolles goldgrünes Gewächs, schillernd und verführerisch, aber voll auszehrender Betäubungssäfte.

Es gab innerhalb des Romantismus aber auch eine wesentlich harmlosere Fraktion, die sich an der bloßen Farbe genügen ließ. Ihr namhaftester Vertreter war in England William Wordsworth, Haupt der *lake-school,* die sich an der Schönheit der üppiggrünen Hügel und malerischen Bergseen von Westmoreland inspirierte, in Italien der Graf Alessandro Manzoni, Haupt des *romanticismo* und Verfasser der berühmten *Promessi sposi,* einer von ihm (wie er zur Erhöhung der Illusion erklärte) nach einer alten Handschrift bearbeiteten Historie aus dem spanischen Mailand des siebzehnten Jahrhunderts. Ihr literarisches Organ fand die italienische Romantik im Mailänder *Conciliatore,* die Seeschule in der *Quarterly Review,* der Zeitschrift der Torypartei, zu der sich die Lakisten, ursprünglich Tyrannenfeinde, bekehrt hatten, seit einer ihrer Führer, Southey, *poeta laureatus* geworden war. Abseits stehen: Shelley, das *cor cordium,* wie seine Grabschrift ihn nennt, dessen Dichtung ein aufgeregter Sommernachtstraum ist, pantheistisch, ja atheistisch, menschenfeindlich und doch ganz und gar Gefühl; Charles Lamb, ein poetisch-humoristisches Genie aus der Deszendenz Lawrence Sternes; und der großartige Leopardi, der die Welt in so ergreifend schönen Versen verwirft, daß er zu ihr bekehrt. Zu den Autoren von Weltgeltung, die damals in englischer Sprache dichteten, muß auch der Amerikaner Cooper gezählt werden, dessen Lederstrumpferzählungen noch junge Herzen entflammen werden, wenn die Seeschule längst vergessen sein wird.

Im Jahre 1814 begann die Waverleyserie zu erscheinen, achtzehn Jahre lang unermüdlich fortgesetzt und mit ihren prächtigen Buntdrucken die abendländische Phantasie erfüllend: nicht bloß in Buchform, sondern auch als Schauspiel, als Oper, als Ballett, als Kostümfest. Scotts Romane kommen deutlich von der Ballade her, die er auch ursprünglich pflegte und nur wegen der überlegenen Konkurrenz Byrons aufgab. In ihnen mischen sich menschlich liebenswürdig und naiv raffiniert Sentiment und Humor, Torytum und Volksliebe, Folklore und Meiningerei. Sie schildern, wie der Tiefblick Carlyles sogleich erkannte, nur die Haut und dringen nie bis zum Herzen vor.

Mit dem Jahr 1806 setzt die deutsche Romantik ein. In diesem Jahr erschien *Des Knaben Wunderhorn*, herausgegeben von Clemens Brentano und Achim von Arnim, die sich später durch Bettina, die »Sibylle der romantischen Literaturperiode«, verschwägerten. »Von Schatten und Klängen genährt« nannte Immermann diese ganze Dichterschule; und über ihren Führer, den wirren, kapriziösen und anmutigen Brentano, sagte Eichendorff, er sei nicht eigentlich ein Dichter, sondern ein Gedicht gewesen. Die breiteste Popularität erlangten Fouqué, der in der *Undine* eine der schönsten romantischen Erzählungen und in seinen zahlreichen Ritterromanen für ein halbes Jahrhundert das Klischee des blechernen »idealen« Mittelalters schuf, und der klare und kräftige, aber ganz unproblematische Uhland. Von Fouqué sagt Brandes ebenso boshaft wie treffend, seine Menschen seien nichts als ausgestopfte Rüstungen, und das einzige, was er psychologisch bemeistere, seien die Pferde, und Heine noch boshafter und noch treffender: »Seine Rittergestalten bestehen nur aus Eisen und Gemüt, sie haben weder Fleisch noch Vernunft.« Als Uhland im Jahr 1815 die erste Ausgabe seiner Gedichte erscheinen ließ, die mit den Worten beginnt: »Lieder sind wir. Unser Vater schickt uns in die offene Welt«, ereignete sich ein fataler Druckfehler, indem der erste Satz lautete: »Leder sind wir«; diese Kritik des »Setzkastenkobolds« ist ein wenig zu streng: zum mindesten müßte man sie insoweit mildern, daß man an schön gepreßte, aber schon etwas verschlissene Goldledertapeten denkt. Das Genie der Schule, der Novalis der Spätromantik, ihm an Reinheit, Zartheit und Ursprünglichkeit vergleichbar, aber an Tiefe und Universalität nicht entfernt gleichkommend, war Eichendorff. Während Brentano und Arnim anonyme Volkslieder sammelten und zur Literatur zu erheben suchten, gingen Eichendorffs Gedichte den umgekehrten Weg: aus Kunstprodukten wurden sie zu allverbreiteten Liedern, die das Volk singt, als habe es sie selbst gemacht. Worin besteht nun das Genie Eichendorffs und seines unsterblichen *Taugenichts*? Es besteht in dem frommen Gefühl für die Heiligkeit des Nichtstuns, in der zugleich demütigen und übermütigen Lust an Gottes Schöpfung: einer sehr deutschen und vielleicht nur deutschen Art von Genialität. Thomas Mann hat es in einer wunderschönen, hellseherischen Betrachtung ausgesprochen: »Er ist ein Mensch, und er ist es so sehr, daß er überhaupt nichts außerdem sein will und kann: eben deshalb ist er der Taugenichts. Denn man ist selbstverständlich ein Taugenichts, wenn man nichts weiter prästiert, als eben ein Mensch zu sein.« In der Geschichte vom Taugenichts lebt auch bereits ein ganz neues Italien: nicht das klassische, das Meister- und Musterland der geschlossenen Form, sondern das romantische der aufgelösten und zerfallenen, zerbröckelten und geborstenen Form, das Land »der Trümmer und Blüten«, wie Zacharias Werner es nannte, das verzauberte und pittoreske, schwermütige und leichtsinnige Italien der schönen verliebten Menschen, des blauen Meeres und Mondscheins, der verwitterten Kirchen und verödeten Plätze, der duftenden verwilderten Gärten und umschatteten rauschenden Brunnen, der stillen Tage und hellen Nächte, das schlafende, träumende Italien der Ruinen.

Grillparzer und Raimund Gibt es auch eine romantische Dramatik? Man denkt dabei zunächst an das sogenannte »Schicksalsdrama«: an Zacharias Werners *Vierundzwanzigsten Februar* und dessen viel schwächere Kopien: Müllners *Schuld* und *Neunundzwanzigsten Februar*, Houwalds *Bild* und Grillparzers *Ahnfrau* und an das geistreiche Pamphlet auf diese Tragik, die aus der zunächst eher komischen Tücke des Objekts fließt, Platens *Verhängnisvolle Gabel*. Die Literarhistoriker haben dekretiert, daß der *Vierundzwanzigste Februar* ein absurdes Machwerk ist; und seit hundert Jahren redet es einer dem andern nach. In Wirklichkeit ist er wahrscheinlich einer der stärksten und suggestivsten Einakter der Weltliteratur, von einer Stimmungskraft, die in die Nähe Maeterlincks gelangt. Den Gesetzen der bürgerlichen Wahrscheinlichkeitsrechnung entspricht seine Handlung allerdings nicht. Auch Werners umfangreicheres Drama *Die Söhne des Thals*, das die Katastrophe des Templerordens schildert, ist in all seiner Sentimentalität und Chaotik, Süßlichkeit und Perversität voll narkotischen Kulissenzaubers. Und sogar Raupachs verrufener *Müller und sein Kind* verdient höchstwahrscheinlich nicht den niedrigen Platz, den theaterfremder Professorenhochmut ihm angewiesen hat: ein Stück, das bereits hundert Jahre lang Galerie und Parkett erschauern macht, kann nicht ohne Bühnenqualitäten sein.

Das Theater Grillparzers gehört nur mit einigen sehr äußerlichen Merkmalen zur Romantik, ist vielmehr eine feine, nicht mehr ganz lebensfähige Nachblüte der Weimarer Klassik. Schon in der Wahl des Versmaßes war Grillparzer nicht sehr glücklich, indem er anfangs von Calderon den sehr leicht zu handhabenden, aber im Deutschen auch sehr leicht banal, ja komisch wirkenden Trochäus übernahm; noch unglücklicher war er in seinen Titeln: *Weh dem, der lügt* könnte über einem Lustspiel von Blumenthal stehen, *Ein treuer Diener seines Herrn* über einem Roman von Sacher-Masoch, *König Ottokars Glück und Ende* über der Historie einer reisenden Schmiere, und vollends ein so lächerlicher Stückname wie *Des Meeres und der Liebe Wellen* dürfte selten gedruckt worden sein. Nun ist aber gerade bei dramatischen Schöpfungen die Titelfrage durchaus nichts Nebensächliches und Äußerliches: in ihrer Lösung verkündigt sich sehr ausdrucksvoll der Geist des ganzen Werkes. Ibsen zum Beispiel war auch hierin ein Genie: es lassen sich kaum schlagendere Etiketten für das Gesamtproblem finden als: *Ein Puppenheim, Die Stützen der Gesellschaft*, die norwegischen Titel der *Kronprätendenten* (unübersetzbar, etwa: »Königsmaterie« oder »Der Ton, aus dem Könige geformt werden«) und der *Gespenster* (vergröbert übersetzt, etwa: »Geister, die wiederkehren«; »Die Revenants«), und eine Bezeichnung wie *Die Wildente* ist von unergründlicher Grandiosität; dabei ist kein einziger von ihnen abstrakt, kein einziger ganz eindeutig und erschöpfend, sondern jeder kompaktes und zugleich unwirkliches Theater.

Romantisch, aber mehr noch österreichisch, war an Grillparzer nur seine Flucht vor der Wirklichkeit. Es geht die Sage, er habe eine ungewöhnliche Intensität der Empfindung und Anschauung besessen, der aber keine ebenso große Denkenergie gegenübergestanden sei; in Wahrheit verhielt es sich gerade umgekehrt: sein Verstand war außerordentlich, aber von keiner ebenbürtigen Gefühlskraft genährt. Es fehlte ihm, banal ausgedrückt, an Courage zu sich selbst. Kürnberger hat zwei Tage nach Grillparzers Tode in seinem Essay *Grillparzers Lebensmaske* das Letzte über ihn gesagt. »Während sie Grillparzers Totenmaske abgießen, will ich ein Wort von seiner Lebensmaske hinwerfen... Das ist die Lebensmaske Grillparzers: ausgesandt als ein flammendes Gewitter, um die Luft Österreichs zu reinigen, zieht er über Österreich hin als ein naßgraues Wölkchen, am Rande mit etwas Abendpurpur umsäumt. Und das Wölkchen geht unter...! Seine starken Leidenschaften, seine großen Fähigkeiten rufen ihm zu: schicke Plagen über Ägypten; tritt hin vor Pharao, sprich für dein Volk, führe es aus ins gelobte Land!... Aber in einem Winkel seines Herzens fängt nun der Österreicher selbst zu seufzen und zu lamentieren an: Herr, schicke einen andern! Ich fürchte mich... Laß mich lieber Pharaos Hofrat werden!... Ein Phänomen ohnegleichen und nur in Österreich möglich! Zur Psychologie Österreichs ist die Biographie Grillparzers unentbehrlich. Man wird diese Biographie jedenfalls schreiben, aber verdorren soll die Hand, die nicht ihre *ganze* Wahrheit schreiben wird!«

Neben ihm lebte ein Stärkerer, der zeitlebens zu ihm als dem unerreichbaren Ideal emporblickte: Ferdinand Raimund. Auch er wurzelt nicht eigentlich in der Romantik, sondern in einer älteren Kunstwelt, nämlich in der Barocke. Sein Feenreich ist aus Zuckerguß und Terracotta, erinnert an die billigen Waren, die die italienischen Figurinihändler in seiner Vaterstadt feilboten, und an die süßen glitzernden Kunstwerke des Konditorgewerbes, dem er in seiner Jugend oblag, rührt aber gleichwohl durch eine bestrickende Vorstadtnaivität; und seine charakterkomischen Schöpfungen, gesteigerte und verklärte Typen seines Heimatbodens, Volkshelden aus einer Art Wiener Walhall, sind unübertrefflich. Szenen wie die des »hohen Alters« im *Bauer als Millionär*, der Verdoppelung Rappelkopfs in *Alpenkönig und Menschenfeind*, des Bettlers im *Verschwender*, wie er Flottwell auf seinem Kahn übers Meer folgt, sind von shakespearischem Wurf.

Das stärkste dramatische Genie des Zeitalters, ja vielleicht *Kleist* Deutschlands, Heinrich von Kleist, müßte man einen Vollromantiker nennen, wenn er nicht gleichzeitig zwischen Lessing und Ibsen der schärfste psychologische Naturalist des Theaters gewesen wäre: gerade in dieser paradoxen Mischung besteht ja seine gigantische Einmaligkeit. Es findet sich, wie oft hervorgehoben worden ist, in allen seinen Dramen ein irrationales, ja pathologisches Moment: der Somnambulismus im *Prinzen von Homburg*, der Sadismus Thusneldas und Penthesileas, das Halluzinieren Käthchens und des Grafen vom Strahl; und auch wo sie auf direkte Wunder verzichten, haben sie den Charakter von Bühnenmysterien. Kleists durchgängiges höchst romantisches Thema ist die »Gefühlsverwirrung«. Daneben aber (und eigentlich sind das gar keine Gegensätze) ist er der erste, der den modernen Menschen auf die Bühne gebracht hat, als Problem der »Tiefenpsychologie«, in seiner unendlichen Differenziertheit und Vielbödigkeit. Man betrachte nur als ein einziges Beispiel, wie Kleist eine verhältnismäßig so einfache Figur wie den Kurfürsten im *Prinzen von Homburg* gestaltet. Schiller hätte ihn vermutlich als harten, schließlich erweichten Soldatenfürsten dargestellt, Goethe als edlen, pflichterfüllten Staatslenker. Kleist schildert ihn als Opfer eines »Brutuskomplexes«. Es liegt dem Kurfürsten natürlich ganz fern, etwa einen Brutus in Kanonenstiefeln posieren zu wollen; trotzdem darf man sagen: hätte es nie einen Brutus gegeben, so würde der Kurfürst anders handeln. Der Prinz tut ihm sicher unrecht, wenn er an einer herrlichen Stelle des Dramas (die beweist, wie im Munde eines Dichters die trivialsten Worte sich zum strahlendsten Pathos steigern können) den Ausruf schmettert: »Und wenn er mir in diesem Augenblick wie die Antike starr entgegenkömmt, tut er mir leid, und ich muß ihn bedauern!« Aber die Brutusvorstellung lebt in ihm dennoch als versunkenes Erinnerungsbild seiner Jugend, seiner Träume, ja seiner Väter und Vorväter und wirkt als stärkstes Motiv seines Handelns.

Wie eminent modern Kleist auch in der Form war, zeigt der *Robert Guiscard*, von dem Wieland sagte: »Wenn der Geist des Äschylus, Sophokles und Shakespeare sich vereinigten, eine Tragödie zu schaffen, so würde das sein, was Kleists Tod Guiscards des Normannen, sofern das Ganze demjenigen entspräche, was er mich damals hören ließ. Von diesem Augenblick an war es bei mir entschieden, Kleist sei dazu geboren, die große Lücke in unserer Literatur auszufüllen, die, nach meiner Meinung wenigstens, selbst von Schiller und Goethe noch nicht ausgefüllt worden ist.« Er ist bekanntlich nur als Fragment erhalten: Kleist hatte das Manuskript verbrannt und schrieb vier Jahre später die ersten zehn Auftritte neu. Es ist aber gar kein Fragment, sondern ein vollendetes Kunstwerk, gerade dadurch, daß er nicht im klassischen Sinne »fertig« geworden ist, sondern über sich hinausweist. Man erlebt in den wenigen Szenen dieses »Torsos« eine restlose tragische Gefühlsauslösung und versteht, warum Kleist das komplette Drama vernichtete: nicht in einer »Aufwallung von Schwermut«, sondern als Künstler.

Es ist begreiflich, daß Goethe hier weder folgen konnte noch wollte. Offenbar beleidigte ihn an Kleists Dichtung gerade das, was ihre Eigenart ausmachte: ihre hellseherische Psychopathologie, ihr Wille zur Irrationalität in Form und Inhalt und ihre Überlebensgröße. Die Art, wie die Menschen Leben in Gestalt umsetzen, kann sich auf dreierlei Weise vollziehen. Die meisten bleiben *unter* dem Leben: ihre Personen sind leerer, törichter, unpersönlicher als die Wirklichkeit. Und zwar liegt dies nicht daran, daß sie nicht richtig *sehen* können (daß sie es können, beweist der Traum: in keinem Traum der Welt kommt eine verzeichnete Figur vor), sondern es fehlt ihnen lediglich die Gabe der Übersetzung. Nur darum ist das Dichten eine »Kunst«. Wer benimmt sich so albern und uninteressant wie die Figuren einer Operette oder eines Provinzblattromans? Dann gibt es Künstler, in deren Phantasie sich die Menschen in Megatherien verwandeln, in Fabeltiere von überwirklichem Wuchs und Seelenraum; man denke an Dante, Aischylos, Shakespeare, Michelangelo. Und schließlich gibt es Gestalter, denen das Selbstverständlichste und Seltenste gelingt: die Maße des Lebens zu wiederholen. Zu ihnen hat Goethe gehört; und darum hat es so lange gedauert, bis er es über sich brachte, sich Schiller zu nähern, und darum mußte er sich von Kleist ebenso abgestoßen fühlen wie von Kotzebue, den beiden Gegenpolen, zwischen denen er sich in der goldenen Mitte seiner natürlichen Lebensgröße befand.

Farben-lehre und vergleichende Sinnes-physiologie

Übrigens brachte er der Poesie nach Schillers Hingang überhaupt nicht mehr das Hauptinteresse entgegen. »Dichten« genügte ihm nicht mehr; er war ein Kompendium der Welt geworden. Der zweite Teil des *Faust* ist kein Drama mehr, eher noch ein Universalepos, aber der Begriff »Kunstwerk« ist dafür überhaupt zu begrenzt. Er ist eine Biographie der Menschheit, ein Weltpanorama, eine philosophische Kathedrale, eine Seelenenzyklopädie und manchmal sogar ein Konversationslexikon. Hätte man aber Goethe um das Hauptwerk seines Alters gefragt, so hätte er wahrscheinlich die Farbenlehre genannt: »Ich bin«, sagte er, »dadurch zu einer Kultur gelangt, die ich mir von einer anderen Seite her schwerlich verschafft hätte.« Der historische Teil des Werks ist eine großartige Darstellung des Wesens und Wandels der Naturauffassung von der Urzeit bis zur Gegenwart, der theoretische Teil schuf die Grundlagen einer neuen Wissenschaft, der physiologischen Optik: hier ergründete Goethe mit feinstem Verständnis die Eigenschaften des Auges, zum Beispiel das Wesen der Kontrastempfindungen, deren Entstehung darauf beruht, daß das Helle gefordert wird, wenn das Dunkle geboten wird, und umgekehrt, und daß jede Farbe ihre Gegenfarbe verlangt: Gelb das Violette, Orange das Blaue, Rot das Grüne. Was er schilderte, waren, wie er selbst es im Vorwort so schön ausdrückte, »die Taten und Leiden des Lichts«. Doch hat er die letzte und fast unvermeidliche Folgerung aus seiner Theorie nicht gezogen: er erblickte in den Farben noch immer »Naturphänomene«, nicht bloße Empfindungen des Auges. Dazu hätte er Kantianer sein müssen wie Schopenhauer, einer der frühesten und begeistertsten Verehrer der Farbenlehre, der diesen Schritt tat: in seiner Abhandlung *Über das Sehen und die Farben*, die von Goethe abgelehnt wurde. Es verhielt sich hier ähnlich wie mit Kleist: Goethe *wollte* nicht verstehen; eine Auflösung der ganzen farbigen Lichtwelt in bloße Affektionen der Netzhaut hätte sein Weltbild und Weltempfinden, das im höchsten Sinne *gegenständlich* war, auf den Kopf gestellt. Seine Forschungen wurden von der zünftigen Wissenschaft selbstverständlich verworfen; aber einige geniale Gelehrte erkannten ihre epochemachende Bedeutung, unter ihnen Purkinje, der Begründer der experimentellen Physiologie, und Johannes Müller, der 1826 in seiner Schrift *Zur vergleichenden Physiologie des Gesichtssinnes der Menschen und der Tiere* erklärte: »Ich meinerseits trage keine Bedenken zu bekennen, wie sehr viel ich den Anregungen durch die Goethesche Farbenlehre verdanke, und kann wohl sagen, daß ohne mehrjährige Studien derselben ... die gegenwärtigen Untersuchungen nicht entstanden wären.« Diese Abhandlung enthielt die Lehre von den sogenannten »spezifischen Sinnesenergien«.

Zu Ende des neunzehnten Jahrhunderts stellte eine Münchener Zeitschrift die Rundfrage, was die wichtigste deutsche Säkularerscheinung gewesen sei. Es kamen allerhand Antworten: man nannte den *Faust*, den *Zarathustra*, den *Tristan*, die *Neunte*, die meisten Kaiser Wilhelm. Es ist merkwürdig, daß niemand auf den Gedanken kam, Johannes Müller zu nennen. Denn seine Entdeckung der »spezifischen Sinnesenergien« bedeutet nichts Geringeres als den experimentellen Beweis der kantischen Philosophie. Müller gelangte durch eine Reihe sehr sinnreicher Versuche zu zwei überraschenden Fundamentalsätzen. Erstens: ein und derselbe Reiz bringt verschiedene Empfindungen hervor, wenn er auf verschiedene Sinnesnerven einwirkt; zweitens: verschiedene Reize bringen dieselben Empfindungen hervor, wenn sie auf denselben Sinnesnerv einwirken. Es ist zum Beispiel für den Empfindungseffekt des Auges ganz gleichgültig, ob es von einem Schlag, vom elektrischen Strom oder von Ätherwellen getroffen wird: es wird in allen drei Fällen mit einer Lichtempfindung antworten; ganz ebenso wird das Ohr auf jeden erdenklichen Reiz immer nur mit Schall reagieren. Umgekehrt erzeugen ein und dieselben Ätherwellen auf der Haut Wärmeempfindungen, im Auge aber Lichtempfindungen und je nach ihrer Länge die verschiedenartigsten Farbenempfindungen, wie ein und dieselben Lufterschütterungen von der Hand als Schwirren, vom Ohr je nach ihrer Länge als tiefe oder hohe Töne empfunden werden: der reine Quantitätsunterschied der Äther- und Schallwellenlänge wird durch den Aufnahmeapparat zum einschneidenden Qualitätsunterschied. Daher ist »die Lichterzeugung im Auge nicht etwa so zu denken, als wenn durch die Reibung und dergleichen physisches Licht erzeugt würde. Nie wird durch solche Reize in dem Auge ein dem fremden Beobachter erkennbares Licht entwickelt, wie stark auch die subjektive Lichtempfindung in den eigenen Augen sein möge… Es ist also unrecht, zu sagen, die Körper würden auch ohne das empfindende Organ leuchten, als habe das schon außerhalb ganz und gar fertige Licht nur zu warten, bis es die Netzhaut berühre, um als fertiges empfunden zu werden. Wir mögen uns die Mahnung gelten lassen, daß Licht, Dunkel, Farbe, Ton, Wärme, Kälte, die verschiedenen Gerüche und der Geschmack, mit einem Worte, alles, was uns die fünf Sinne an allgemeinen Eindrücken bieten, nicht die Wahrheiten der äußeren Dinge, sondern die Qualitäten unserer Sinne sind.« Es soll damit natürlich nicht geleugnet werden, daß es »draußen« irgend etwas gibt (wie ja auch Kant es nicht geleugnet hat); was aber dieses Etwas sei, darüber fehlt uns jede Vermutung.

Elektrische und chemische Entdeckungen
Johannes Müller hätte seine Experimente nicht so exakt und variabel gestalten können, wenn ihm im elektrischen Strom nicht ein so ausgezeichnetes Untersuchungsinstrument zur Verfügung gestanden hätte, wie denn überhaupt die Elektrizitätslehre sich zur physikalischen Zentralwissenschaft zu entwickeln begann. 1820 entdeckte der Däne Hans Christian Oersted, Professor der Physik in Kopenhagen, den Elektroma-

gnetismus, indem er konstatierte, daß der elektrische Strom eine Magnetnadel ablenkt, und zwar auch durch Wasser, Holz, Ton, Stein, Metall hindurch; seine Feststellungen ergänzte Gay-Lussac durch den Nachweis, daß der Strom eine unmagnetische Stahlnadel magnetisiert, und Ampère durch die »Schwimmerregel«: stellt man sich vor, daß man in der Richtung des elektrischen Stromes schwimmt, das Gesicht der Magnetnadel zugekehrt, so wird der Nordpol der Nadel nach links abgelenkt. 1823 gelangte Seebeck zur Entdeckung der Thermoelektrizität, indem er eruierte, daß zwei Streifen aus verschiedenem Metall, die mit ihren beiden Enden aneinandergelötet sind, ein Thermoelement darstellen, weil nämlich, wenn man einen von ihnen erwärmt, sie also auf ungleiche Temperatur bringt, in dem geschlossenen Kreis, den sie bilden, ein elektrischer Strom entsteht: hiermit war der Nachweis erbracht, daß auch durch Wärme Elektrizität erzeugt werden kann. 1827 stellte Ohm das nach ihm benannte Gesetz auf, das auf den beiden Gleichungen beruht: Stromstärke gleich elektromotorische Kraft, dividiert durch Widerstand; Widerstand gleich spezifischer Widerstand mal Länge durch Querschnitt; das heißt also: die Stärke eines elektrischen Stroms (gemessen an der Größe seiner magnetischen Wirkung) steht zu der treibenden Kraft, die ihn zum Fließen bringt, im geraden Verhältnis, zu dem Widerstand, den er vorfindet, im umgekehrten Verhältnis; dieser Widerstand selbst ist um so größer, je geringer die spezifische Leitungsfähigkeit des Stoffes ist, durch den der Strom geht, je länger dieser Leiter ist und je dünner er ist, oder: einen je kleineren Querschnitt er besitzt. Damit wurden die elektrischen Erscheinungen erst exakt meßbar gemacht und der Totalität der Naturwissenschaften ebenbürtig eingegliedert.

1828 veröffentlichte Karl Ernst von Baer sein Werk *Über die Entwicklungsgeschichte der Tiere*, das, wie dies der Untertitel anzeigt, in wahrhaft wissenschaftlicher Weise »Beobachtung und Reflexion« vereinigend, die Grundlinien der gesamten Embryologie zog. Der geniale Optiker Fraunhofer schuf durch die Entdeckung der nach ihm genannten dunklen Linien im Sonnenspektrum die Voraussetzungen für die Spektralanalyse und verbesserte die Konstruktion des Fernrohrs in so entscheidender Weise, daß seine Grabschrift von ihm sagen durfte: »*Approximavit sidera;* er hat uns die Gestirne nähergebracht.« Der Franzose Dutrochet und der Engländer Graham erforschten die Grenze der Diffusion, der Vermischung einander berührender Gase (wobei sie feststellten, daß die Diffusionsgeschwindigkeiten den Quadratwurzeln der spezifischen Gewichte umgekehrt proportional sind) und der Osmose, des Austauschs zweier Flüssigkeiten durch eine poröse Scheidewand: dieser Prozeß ist von besonderer Wichtigkeit, weil der Stoffwechsel in den Zellen des Pflanzen-, Tier- und Menschenkörpers auf ununterbrochenen osmotischen Vorgängen beruht. Im Winter 1827 auf 1828 hielt Alexander von Humboldt in Berlin unter größtem Aufsehen seine Vorlesungen über physische Weltbeschreibung, aus denen sein *Kosmos* hervorging, ein erstaunliches Werk, wie es noch nie vorher geschaffen wurde und so bald nicht wiederholt werden wird. Es ist nicht mehr und nicht weniger als ein Gemälde der Welt, eine Universalgeschichte der Natur, alles Sichtbare und Erforschbare vom Mooslager bis zum Sternhaufen, vom Stein bis zum Menschenhirn umfassend und im schönsten Zusammenhang erblickend, die Lebensfrucht eines Weltreisenden, der zugleich ein Philosoph war, in der erlesenen Popularität und reinen Plastik der Darstellung ebensosehr der Literaturgeschichte angehörend wie der Wissenschaftsgeschichte. Das Werk wurde in elf Sprachen übersetzt, und ein Menschenalter lang galt Humboldt als der größte Ruhm Deutschlands.

Eine Reihe sehr eigentümlicher Phänomene erforschte die Chemie. Klaproth, Professor an der neugegründeten Berliner

Universität, entdeckte die Dimorphie, die Tatsache, daß Körper von gleicher chemischer Zusammensetzung in ganz verschiedenen Gestalten auftreten können. Er beobachtete dies zuerst am Kalkspat und am Aragonit, die beide aus kohlensauerm Kalk ($CaCO_3$) bestehen. Das bekannteste und auffallendste Beispiel dieser Art bilden der Diamant, der das härteste, und der Graphit, der das weichste Mineral ist: beide sind kristallisierter Kohlenstoff; auch Essig und Zucker, für unsere Geschmacksnerven sehr verschiedene Stoffe, besitzen dieselbe chemische Konstitution. Der junge Liebig konstatierte, daß auch das gefährliche Knallsilber und das harmlose zyansaure Silber chemisch identisch sind. Der schwedische Forscher Berzelius, der Lehrer Klaproths und Liebigs und führende Chemiker des Zeitalters, versuchte die sonderbare Erscheinung der Dimorphie (die man, wenn es sich um einfache Elemente handelt, auch Allotropie nennt) dadurch zu erklären, daß bei den äußerlich verschiedenen Körpern die innere Zusammensetzung nur eine *relativ* gleiche sei, während die einzelnen Moleküle aus einer verschieden großen Anzahl von Atomen gebildet seien, und prägte dafür den Ausdruck »Polymerie«. Indes gab es auch Fälle, wo die dimorph auftretenden Stoffe *absolut* gleich konstituiert waren, also in ihren Molekülen dieselbe Anzahl von Atomen enthielten; für sie stellte Berzelius die Hypothese auf, daß in ihnen die Atome verschieden gelagert seien: dies nannte er »Metamerie«. Bei den Experimenten über Isomerie (welches Wort Berzelius als Gesamtbezeichnung für alle diese Phänomene eingeführt hatte) gelangte aber ein dritter seiner Schüler, Friedrich Wöhler, zu einem noch merkwürdigeren Resultat: es gelang ihm nämlich, aus anorganischen Stoffen zyansaures Ammon: $(NH_4)CNO$ herzustellen, das dem Harnstoff $(NH_2)_2CO$ isomer ist, so daß er an Berzelius schreiben konnte: »Ich muß Ihnen erzählen, daß ich Harnstoff machen kann, ohne dazu Nieren oder überhaupt ein Tier nötig zu haben.« Damit war die Grenze zwischen organischer und anorganischer Chemie aufgehoben. Es war jedoch ein sehr voreiliger Schluß, wenn man aus diesen und zahlreichen ähnlichen Homunkulusvergnügungen folgerte, daß durch sie auch der Vitalismus widerlegt sei, der annimmt, daß zur Entstehung der Stoffe, die der Organismus produziert, eine besondere Lebenskraft notwendig sei; gerade die Tatsache der Isomerie hätte darauf hinweisen müssen, daß das, was man die »Erscheinung« nennt (einerlei, ob man als Mineralog und Chemiker spricht oder als Theolog und Philosoph), schlechterdings unbegreiflich ist: zyansaures Ammon ist eben *nicht* Harnstoff, und die Strukturhypothese ist eine Mythologie des neunzehnten Jahrhunderts, das heißt: ein zeitgemäßer Versuch, die Wunder der Wirklichkeit dichtend zu deuten.

Homöo-
pathie
Die Lehre vom »punktuellen Seelensitz«, die Annahme, daß die Seele sich an einem bestimmten Punkte des Gehirns befinde, mit der aber der Vitalismus keineswegs steht und fällt, wurde durch Franz Joseph Gall widerlegt, der in der Gehirnanatomie die moderne »Lokalisationstheorie« begründete, indem er zeigte, daß die verschiedenen Teile der Hirnoberfläche verschiedene Funktionen haben. Neid und Verständnislosigkeit der Fachkollegen verschworen sich jedoch gegen ihn in einem Grade, daß noch heute seine Doktrin in gewissen Kreisen mit dem Stigma des Scharlatanismus behaftet ist; er hat allerdings seiner Verurteilung durch die eigensinnige Phantastik, mit der er sein System auszubauen versuchte, einen gewissen Schein von Berechtigung verliehen. Dasselbe gilt von der Homöopathie, die Samuel Hahnemann 1810 in dem *Organon der rationellen Heilkunde* begründete. Entgegen dem Grundsatze Galens *»contraria contrariis«* statuierte er das Prinzip *»similia similibus«*: »Wähle, um sanft, schnell, gewiß und dauerhaft zu heilen, in jedem Krankheitsfall eine Arznei, die ein ähnliches Leiden *(homoion pathos)* für sich erregen kann, als sie heilen

soll.« Hierfür brachte er zahlreiche praktische Beispiele vor: die Behandlung erfrorener Gliedmaßen mit Schnee und leichter Verbrennungen mit heißen Tüchern, die Kurierung von Kopfschmerzen durch (kopfschmerzerzeugenden) Kaffee, die Verhütung der Menschenpocken durch Kuhpockenimpfung. Außerdem gelangte er zu der Überzeugung, daß Medikamente nur in außerordentlichen Verdünnungen zu verabreichen seien, die er Potenzen nannte. Jeder dieser Potenzen schrieb er nun eine Reihe von Wirkungen zu, oft bis zu tausend »Nummern«, zum Beispiel dem Salz in der dreißigsten Potenz: Unlust zur Arbeit (Nummer 40), ein ungeduldiges Kopfkratzen (Nummer 45), ein Jucken am Ohrläppchen (Nummer 287), Liebesträume (Nummer 1240). Nach dem Grundsatz »similia similibus« verordnete er gegen jedes Leiden das Mittel, das es erzeugt, und so gab es Arzneien gegen alles: Neid, wollüstige Träume, unglückliche Liebe, Ungeschicklichkeit, Versemachen. Die Verdünnungen gingen bis ins Unendliche, oft genügte bloßes Riechen. Gleichwohl beruhte die Homöopathie auf einem gesunden und tiefen Gedanken. »Arzneistoffe sind nicht tote Substanzen im gewöhnlichen Sinne«, sagt Hahnemann, »vielmehr ist ihr wahres Wesen bloß dynamisch geistig, ist lautere Kraft. Die homöopathische Heilkunst entwickelt zu ihrem Behufe die geistartigen Arzneikräfte.« Die materialistische Medizin, die das neunzehnte Jahrhundert beherrschte, erblickte im menschlichen Körper einen bloßen Chemismus und Mechanismus, also eigentlich etwas Totes, und demgemäß in den Medikamenten bloß physikalische Potenzen; die Homöopathie sieht in ihm ein magisches Kräftespiel mit Eigenwillen und Zweckidee und demgemäß in der Therapie einen seelischen Eingriff. Daher das »similia similibus«: geheimnisvolle Verwandtschaften, Affinitäten sollen zur Hilfe im Genesungskampf aufgerufen werden, Krankheit durch Krankheit geheilt werden: durch jenen gesteigerten Ausnahmezustand, in dem der Organismus seine letzten Energiereserven und Reaktionskräfte einsetzt. Die Homöopathie hat nicht zufällig Novalis und Kleist, Fichte und Schelling zu Zeitgenossen: sie ist eine *romantische Medizin*.

Rossini, Weber und Schubert

Seinen vollen Ausdruck hat der romantische Geist natürlich nur in der Musik gefunden: sie allein war imstande, seinen Willen zur Irrationalität Gestalt werden zu lassen. Bei zahlreichen Opern ist schon die Stoffwahl bezeichnend, sie haben geheimnisvolle Naturwesen, unterirdische Seelen gleichsam, zu Helden: Marschner komponierte den *Vampyr* und *Hans Heiling*, Konradin Kreutzer eine *Melusina*, Meyerbeer *Robert den Teufel*, Lortzing, dessen Talent allerdings mehr auf dem Gebiet der komischen Oper lag, eine *Undine*. Viele Lieder sind denselben Weg gegangen wie die Gedichte Eichendorffs: aus Opernstücken wurden sie zu Volksgesängen; zum Beispiel *Ein Schütz bin ich* aus Kreutzers *Nachtlager von Granada*, *Du stolzes England, freue dich* aus Marschners *Templer und Jüdin*, *O selig, ein Kind noch zu sein* aus Lortzings *Zar und Zimmermann*. Eine ungeheure Popularität erlangten Webers *Du Schwert an meiner Linken* und *Das ist Lützows wilde verwegene Jagd*, Schuberts *Heideröslein* und *Das Wandern* und Hans Georg Nägelis *Freut euch des Lebens*; und Friedrich Silcher hat überhaupt nur derartige Lieder komponiert, die in jedermanns Munde leben, während der Urheber längst vergessen ist: *Ich weiß nicht, was soll es bedeuten*, *Ännchen von Tharau*, *Morgen muß ich fort von hier*, *Ich hatt' einen Kameraden*.

Als den Initiator der romantischen Musik pflegt man Rossini zu bezeichnen, obgleich er eigentlich mit seiner ersten Schaffensperiode noch zum Rokoko gehört und mit seiner zweiten zur französischen Romantik. Die Uraufführung seines *Barbiere di Seviglia* wurde 1816 in Rom ausgepfiffen. Nach der Vorstellung eilten Freunde in seine Wohnung: er schlief aber bereits, entweder weil er in seiner geistigen Souveränität sich aus dem Fiasko nichts machte oder weil er von dem schließlichen Erfolg seines Werkes zu sehr überzeugt war. In der Tat wurde er schon am nächsten Abend durch einen schrecklichen Lärm geweckt: es waren Hunderte von Menschen, die ihm eine rauschende Ovation darbrachten. Nicht zufällig war Rossini einer der größten Köche, die je gelebt haben: auch in seiner Musik ist er der feinschmeckerischste, gaumenschmeichelndste, gastlichste Mischkünstler, der sich denken läßt. In sie, die in ihrer Zartheit und Fülle, Grazie und Beschwingtheit in die Nähe Mozarts gelangt, trug er auch die liebenswürdige Gauloiserie und Selbstironie, die ihn im Leben auszeichnete. Der vortreffliche Kulturhistoriker Riehl sagt allerdings nicht mit Unrecht, sie habe bloß aus »Schlummerliedern zum Schlafen und Träumen« bestanden; aber im *Tell* bewies er, daß er noch etwas anderes zu schaffen wisse als »anmutigsten, wollüstigsten Schlafgesang«.

E. Th. A. Hoffmann, der frappante Entdecker der Pathologie des Alltags und der Unwirklichkeit des Philisters, jenes merkwürdige Universalgenie, das der Geschichte der Tonkunst und der Malerei ebenso angehört wie der Literaturgeschichte (er war Graphiker, Karikaturist und Dekorationsmaler, Kapellmeister, Musiklehrer und Musikkritiker und komponierte zwölf Opern, eine Symphonie und zahlreiche kleinere Stücke), erklärte in Übereinstimmung mit fast allen romantischen Musikästhetikern, konkrete Gegebenheiten, ja auch nur bestimmte Empfindungen darzustellen sei nicht Aufgabe der Musik. Vom romantischen Standpunkt aus war dies theoretisch vollkommen richtig; in der Praxis aber ist man keineswegs so weit gegangen: einer der bedeutendsten Komponisten des Zeitalters, Louis Spohr, trieb sogar in seinen Symphonien die Programmusik auf die Spitze.

Der größte Musiker nicht nur, sondern auch der größte Maler und Lyriker der deutschen Spätromantik ist Carl Maria von

Weber. Längere Zeit verdunkelte ihn der großartige, aber auch großsprecherische Gasparo Spontini, der zuerst der Liebling Napoleons war (ihm auch in der Tat verwandt durch das entrainierend Rattenfängerische und lateinisch Zweckhafte, die Mischung aus Theaterpathos und Realpolitik) und später (obgleich die Verkörperung der typisch französischen Tradition der »heroischen Oper«) als Generalmusikdirektor und Hofkomponist in Berlin eine solche Diktatorstellung einnahm, daß die Zensur verbot, ihn zu tadeln. Weber, der im höchsten Maße war, was Nietzsche einen »Tänzer« nennt, hinkte; wie die geflügelte Feuerseele Lord Byron, wie der aalgeschmeidige Schnelldenker Talleyrand: wir erinnern uns aus den drei ersten Büchern an zahlreiche ähnliche »überkompensatorische Minderwertigkeiten«: an den buckligen Lichtenberg, den Linkshänder Leonardo, den Stotterer Demosthenes, den Phthisiker Watteau. Man könnte den *Freischütz*, ja selbst den *Oberon* vielleicht am ehesten als geniale Singspiele bezeichnen. In ihnen beginnen Waldhorn, Harfe, Bratsche, Klarinette, Oboe geheimnisvoll, hinreißend, neu, entscheidend zu klingen. Ihre Ouvertüren, nur scheinbar Potpourris, sind ganze Dramen, Charaktergemälde, die das Kommende in plastischer Zusammenfassung antizipieren. Die Uraufführung des *Freischütz* vom Jahre 1821 eröffnet einen neuen Abschnitt in der deutschen Musikgeschichte. Staunend vernahmen die Menschen, wie der deutsche Wald in seinem gespenstischen Dunkel und jubelnden Sonnenglanz, mit seinen sanften träumenden Wiesen und bösen lauernden Schluchten plötzlich anhob zu tönen, zu lachen und zu weinen, sich zu sehnen und zu fürchten und als leibhaftiges Geistwesen zu unsterblichem Leben zu erwachen. Im *Freischütz* und im *Oberon* singt die Natur selbst, der magische Urgrund alles Seins, dem die Menschen nur wie dunkle oder helle Blüten entsteigen. »Höhere Mächte« gab es auch im klassizistischen Musikdrama, aber dort ist ihr Eingreifen antikisch: personell, mechanisch, körperhaft, hier romantisch: kosmisch, dynamisch, geisterhaft.

Weber und Schubert haben dies gemeinsam, daß sie die echtesten Romantiker und die deutschesten Musiker waren, die sich ersinnen lassen. Aber während Weber auch in Not und Obskurität immer der Baron und Kavalier blieb, war Schubert zeitlebens der Eichendorffsche Taugenichts, der faule Hans vom Dorfe, der seine Freiheit gern mit Armut erkaufte. Und wie der *Taugenichts* war er eigentlich gar nicht faul, sondern sehr fleißig, freilich ohne daß er es selbst wußte: indem er immerzu sang, ein halbes Tausend Lieder! Ein linkischer bebrillter Dickkopf von Vorstadtlehrer, seine einzige Freude und Welt der »Heurige«; und seit er in die Menschheit getreten ist, weiß sie erst richtig, was ein Lied ist. Wie von den Brüdern Grimm das deutsche Märchen geschaffen, nämlich nicht erfunden, aber zum Kunstwerk erhoben wurde, so hat Schubert das Volkslied geadelt und ebenbürtig neben die höchsten Tonschöpfungen gestellt. Das Lied wird von ihm zumeist nicht mehr strophisch vertont, sondern durchkomponiert, die Begleitung löst sich von der Singstimme und wird fast zur Hauptsache: zwei epochemachende Bereicherungen und Vertiefungen des musikalischen Ausdrucks. Schubert dokumentiert sich unter anderm auch darin als absolutes Genie, daß man bei ihm niemals den Eindruck von etwas Absonderlichem und Außergewöhnlichem hat. Ein genialer Mensch verhält sich nämlich zu den anderen wie das Normalgebilde zu den Mißgeburten: *sie* sind die »Ausnahmen«; er ist der Kanon. Wenn es in der Welt richtig zuginge, müßten alle Menschen einen ebensolchen Weltblick besitzen wie Bismarck, ein ebensolches Gehirn wie Kant, einen ebensolchen Humor wie Busch, ebenso zu leben verstehen wie Goethe und ebensolche Lieder singen können wie Schubert. An allen diesen Männern ist nichts von »Kunst« zu spüren; niemand kann ihnen irgendwelche Handgriffe abmerken, denn sie haben gar keine angewendet. Wie ein Vogel des Feldes, ein seliges Instrument Gottes ließ Schubert seine Lieder ertönen, eine unscheinbare graue Ackerlerche, aus der niederen Erdfurche aufsteigend, für einen kurzen Sommer in die Welt gesandt, um zu singen.

Biedermeier   Zu der Tischrunde, die sich um Schubert versammelte, gehörte Moritz von Schwind, ihm geistig verwandt durch die Zartheit und Wärme seiner Musikalität. Mit Weber ist ihm gemeinsam, daß auch sein Held der deutsche Wald ist. Er hat mit Stift und Pinsel, in immer gleicher Tonart und doch unerschöpflich variiert, das ganze deutsche Leben seiner Zeit erzählt, nicht bloß das äußere, sondern auch das innere, wie es sich in den Traum- und Phantasiegestalten des Volksgemüts auswirkt. Dasselbe tat noch schlichter und anspruchsloser Ludwig Richter. Er imitiert nicht mit raffinierter Artistik Kindlichkeit wie die »Heidelberger«, versucht nicht krampfhaft, sich auf Infantilität zurückzuschrauben wie die »Nazarener«, sondern *ist* ein Kind: achtzig Jahre lang; selbst wo er leer ist, hat er jene liebliche Leere, die aus einem Kinderauge lächelt. Er will gar nichts, hat keinen »Stil«, sondern plaudert; von einer problemlosen Welt, die atavistisch und doch ewig ist. Der Bauer mit seiner Familie ist bei ihm nicht sozial gesehen, nicht einmal ethnographisch, sondern kommt direkt aus dem Märchen, zeitlos, idyllisch, unwirklich und doch ein Gewächs der deutschen Erde. Über seinen Bildchen liegt der Zauber einer dörflichen Jahrmarktsschau oder kleinstädtischen Nachmittagsvorstellung, jener anheimelnde Duft von Kaffeekanne und Tabakspfeife, wachsbetropftem Tannenbaum und knisterndem Ofenreisig, frischgeplätteter Wäsche und frischgebackenem Kuchen, wie er bei dem Worte »Biedermeier« aufsteigt.

Heinrich Heine charakterisierte diese Kultur mit den Worten: »Man übte Entsagung und Bescheidenheit, man beugte sich vor dem Unsichtbaren, haschte nach Schattenküssen und blauen Blumengerüchen, entsagte und flennte.« Die Resignation hatte nicht bloß politische, sondern auch wirtschaftliche Gründe. Die überlegene Konkurrenz Englands, wo sich während der Festlandssperre ungeheure Warenmengen angesammelt hatten, drückte die deutsche Industrie zu einer Art ohnmächtiger Heimarbeit herab. Dazu kam, daß die britische Regierung, um die inländische Landwirtschaft zu schützen, einen hohen Zoll gegen fremdes Getreide errichtet hatte und die Überschüsse der nord- und ostdeutschen Agrarproduktion nicht abströmen konnten. Die Folge war, daß die bürgerliche Kultur Deutschlands sich in Lebensführung und Gesichtskreis beträchtlich verengte: es kam zu einer Rückbildung in die Daseinsformen der vorklassischen Periode; die Seelenhaltung, verwaschen, wehleidig und affektiert und auf den Kultus von Privatgefühlen konzentriert, erinnert an die Ära der Empfindsamkeit. Das Symbol des Zeitalters ist der Nachtwächter, die Bildungsquelle der Lesezirkel und das Theater. Die Lieblingslektüre des Mittelstands sind die kindischen Moralitäten Christoph von Schmids, die rührseligen Lügen Julius Lafontaines, die für damalige Ansprüche »pikanten« Albernheiten Claurens, die Köchinnenromane Spindlers. Auf der Bühne herrschen Kotzebue und Iffland, bis 1828 die Birch-Pfeiffer mit der *Pfefferrösel* ihren ersten Riesenerfolg hat und von nun an mit ihrem verstaubten Trödellager das Publikumsbedürfnis nach billigen Luxusgefühlen befriedigt.

Im Kostüm macht sich die notgedrungene Einfachheit durch eine wohltuende Neigung zur Diskretion bemerkbar. Beim Frack werden ruhige Farben bevorzugt: Hellgrau, Kastanienbraun, Dunkelblau, Flaschengrün (der »Rock«, der im wesentlichen der heutigen Redingote entspricht, ist auf der Straße und in Gesellschaft noch nicht *de rigueur*); das einzige, worin die Herrenkleidung individuellen Geschmack entwickeln konnte, war die Seidenweste. Das Jabot weicht langsam der Krawatte, deren elegante Knotung nicht leicht und Gegenstand eigener Lehrkurse war. Die Fußbekleidung bestand in halbhohen Stulpenstiefeln (für die Reise) und ausgeschnittenen Schuhen, die die hellen Strümpfe sehen ließen, da die engen Trikothosen nur bis zum Knöchel reichten; »*en escarpin*«: in Kniehosen, Strümpfen und Schnallenschuhen ging man nur noch, wenn man an Höfen oder in konservativen Gesellschaftskreisen in Gala erschien. Unerläßlich für den Stutzer war die Lorgnette am Seidenband. Der Bart war verpönt, höchstens eine dünne Linie an den Wangen gestattet. Der Arbiter elegantiarum war George Bryan Brummel, der die umwälzende Theorie aufstellte, daß das Wesen der Eleganz darin bestehe, *nicht* aufzufallen, sie äußere sich nur in Schnitt und Sitz; hierauf aber wendete er die größte Sorgfalt: er hielt sich drei Friseure, einen für den Hinterkopf, einen für die Stirnlocken und einen für die Schläfen, und ließ die Daumen und den übrigen Teil seiner Handschuhe von verschiedenen Fabrikanten herstellen. Durch ihn erlangte London die Führung in der Herrenmode, die es bis zum heutigen Tage behalten hat.

Bei den Damen setzte sich nach 1815 wieder der Schnürleib durch, und die Taille, die im Empire knapp unterhalb der Brust angesetzt war, rückte wieder an ihre alte, richtige Stelle; auch die Herren trugen vielfach Korsetts, bei den preußischen Gardeoffizieren gehörten sie sogar zur tadellosen Adjustierung. Nach 1820 nahmen die Damenärmel ungeheuerliche Formen an: als »Hammelkeulen« und »Elefanten«, die nur mit Hilfe von Fischbeingestellen ihre Fasson zu behalten vermochten. Nur in der Musterung entwickelten die Stoffe zahlreiche Nuancen: changeant, moiré, ombré, damasziert, geblümt, quadrilliert, besonders bei den Bändern, die sich sehr reichlich an Hauben, Hüten, Röcken befanden. Richtige Mäntel waren infolge der Riesenärmel unmöglich: man trug Spitzenkragen, die sogenannten

Berthen, Shawls aus allen möglichen Stoffen, am liebsten aus Kaschmir und Crêpe de Chine, und gegen Ende des Zeitraums kommt die Pelzboa auf. Ebenso abenteuerlich wie die Ärmel waren die Schuten, eine Art Pferdehüte, sehr groß und sehr unpraktisch, das Gesicht wie Scheuklappen einhüllend, so daß man in ihnen am Hören und Sehen verhindert war; trotzdem hat sich diese Kopfbedeckung länger gehalten als irgendeine frühere oder spätere. Daneben trug man auch große Hauben und, seit der Orient Mode geworden war, Turbane; nach der Eroberung Algiers kam von Frankreich aus auch der algerische Burnus in Gunst. Da Ludwig der Achtzehnte sich gern mit Heinrich dem Vierten verglich, von dem er behauptete, daß er bei seiner Thronbesteigung eine ähnliche politische Situation vorgefunden habe, trug man in Paris und anderwärts eine Zeitlang Halskrausen und Federntoques à la Henri quatre. Eine Reminiszenz aus derselben Zeit war die Ferronière, ein Edelstein, der durch ein dünnes Goldkettchen in der Mitte der Stirn festgehalten wurde: auch sonst liebte man auffallende Schmuckstücke: lange Ohrgehänge, große Broschen und Gürtelschnallen, breite Armbänder über den Ärmeln.

Der Möbelstil des Biedermeier ist sehr geschmackvoll: noch einfacher als der Empirestil, aber nicht so nüchtern und geschraubt. Er übernahm von ihm die glatten Flächen, geraden Linien und schlichten Motive, vermied aber seinen parvenühaften Materialprunk. Während dieser ein kalt forcierter Opernspartanismus und gequält antikisierender Artefakt ist, ersteht hier ein wirklicher Stil, der der organische und konforme Ausdruck des inneren Lebens, der seelischen Haltung eines ganzen Zeitalters ist.

In Berlin haben damals zwei Künstler von echt preußischem Wuchs und Geist gewirkt, schlicht und herb und doch von einer verschleierten Gemütswärme und strengen Anmut: Rauch und Schinkel. Rauch hat dem deutschen Volk das Bild Fried-

Die Nazarener

1163

richs des Großen und der Königin Luise, Yorks und Scharn-
horsts, Blüchers und Gneisenaus für immer eingeprägt. Schinkel war ein Kopf von michelangelesker Großräumigkeit, in
dem der komplette Plan einer ganz neuen Stadt lebte; die Enge
der Zeit hat ihn das meiste und beste nicht ausführen lassen: das
Schauspielhaus, in einem reinen, vornehm kargen Stil mit ge-
schmackvollstem Takt für Proportionen erbaut, gibt nur eine
bescheidene Teilprobe seines viel machtvolleren Könnens. Die
übrigen deutschen Architekten waren mehr vom Schlage Klen-
zes, des Schöpfers der Regensburger Walhalla, die ein dori-
scher Tempel ist, und zahlreicher anderer Prunkbauten »hellenischen« Stils, den er für den einzigen wirklichen hielt, die
anderen nur für »Bauarten«.

Von Cornelius, den er ebenfalls an seinen Hof gezogen hatte,
sagte Ludwig der Erste von Bayern: »Er kann nicht malen«;
auch Genelli konnte es nicht und war stolz darauf. Trotzdem
steckt in den großzügigen Gedankendichtungen des ersteren,
die so tief sind, daß man dabei einschläft, echte Dramatik, es ist
nur leider eine Buchdramatik. Josef Anton Kochs Naturstu-
dien haben etwas Rührendes, indem sie in ihrer geschachtel-
ten Komposition und saubern Kleinarbeit ein wenig an die
»Modellierbogen« erinnern, aus denen man reizende Lampen-
schirme macht. An John Flaxmans trockenen Illustrationen zu
Dante und Homer merkt man, daß er ursprünglich Bildhauer
war. Ziemlich matt und temperamentlos gerieten auch Prel-
lers Odysseelandschaften und Rottmanns »Reminiszenzland-
schaften«, die ein geschichtlich bedeutsames Lokal, zum Beispiel Marathon, malerisch zu suggerieren suchten, obgleich
dies ein rein literarischer Einfall ist. Das Lieblingsgenre war
überhaupt die »historische« oder »heroische«, das heißt: in ein
vergangenes und als monumental gedachtes Empfinden zu-
rückstilisierte Landschaft, die nicht einfach Wiedergabe eines
Natureindrucks ist (das hätte man als roh und kunstlos verach-

tet), sondern eine »Idee« enthält. In Wirklichkeit erschien natürlich nicht ein Gedanke (da ja in der Malerei der »Gedanke« in nichts anderm bestehen kann als in der Darstellung des Gegenstands), sondern eine Abstraktion.

Die Sitte, Rom als die Kapitale der Kunst anzusehen und sich von dort alle Anregungen zu holen, blieb bestehen; nur spalteten sich die »Deutschrömer« in zwei Parteien: die nach wie vor antikisch Orientierten und die Romantischen, die von jenen, anfangs spottweise, »Nazarener« genannt wurden. Sie bildeten eine Art Malerorden, indem sie in San Isidoro bei Rom, einem von Napoleon aufgehobenen Kloster, als »Lukasbrüderschaft« lebten, in Mönchszellen schliefen und gemeinsam im Refektorium malten. Ihr Führer war Friedrich Overbeck. Das Wesen dieser Schule bestand in einer Art freiwilligem Verzicht auf alle Fortschritte, die das Sehen in den letzten drei Jahrhunderten gemacht hatte. Ihr Ideal waren die »Primitiven« des deutschen Spätmittelalters und der italienischen Frührenaissance: Perugino, Raffael in seinen Anfängen, Hans Memling, Stephan Lochner. Aber da diese Rückkehr künstlich gemacht und programmatisch gewollt war, fehlte ihr die Überzeugungskraft und der Zauber der Ursprünglichkeit, der jene echten Primitiven ausgezeichnet hatte. Was zwischen diesen und ihnen lag, verachteten sie: damals ist für das Rokoko die Bezeichnung »Zopf« aufgekommen und hat das Wort »barock« die Bedeutung des Widersinnigen, Abgeschmackten, Schwülstigen, Überladenen angenommen. Hierin waren sie mit den Klassizisten, die sie im übrigen erbittert bekämpften, vollkommen einer Meinung. Im Grunde waren aber beide nur feindliche Brüder, einander zum Verwechseln ähnlich in der Temperamentlosigkeit und Blutarmut ihrer blaß erdachten und dogmatisch abgeleiteten Kunst. Es ereignete sich in ihnen wieder einmal das typische Schauspiel, daß jede »Wiederbelebung« eine Abtötung des eigenen Lebens ist. Da man im Mittelalter noch an Gott glaubte, so verlangten die Nazarener vom Künstler »Frömmigkeit«, worunter sie eine süße leere Bravheit verstanden. Die breiteste Popularität unter ihnen errang Julius Schnorr von Carolsfeld mit seinen ganz albumhaften Holzschnitten, die in keinem Bürgerhaus fehlten, wie sie denn alle vorwiegend eine Welt in Goldschnitt konzipierten. In der Genremalerei dominierten die »Düsseldorfer«, die angeblich aus dem Leben schöpften, in Wirklichkeit neben dem Leben hergingen, indem sie philiströse Bilderbogenlügen erfanden und schließlich ihren Schulnamen zum Kunstschimpfwort degradierten, in der Art, wie sich dies in unserer Zeit mit den »Meiningern« wiederholt hat. Für das allein Vornehme galt jedoch die »Historie«, die novellistische und womöglich tendenziöse Darstellung irgendeines akkreditierten geschichtlichen Vorgangs.

Guéricault, Saint-Simon und Stendhal
Indes zeigten sich in Frankreich auch schon die Anfänge einer ganz entgegengesetzten Kunst. 1819 stellte Théodore Guéricault sein *Floß der Medusa* aus: Schiffbrüchige auf dem Ozean, von den Wogen fast verzehrt; da zeigt sich im letzten Augenblick am fernen Horizont das rettende Segel. Delacroix malte 1822 die *Dantebarke*: Dante und Virgil über den Styx setzend, Verdammte klammern sich verzweifelt an den Kahn, und 1824 das *Gemetzel auf Chios*, einen Vorgang aus der allerjüngsten Vergangenheit; auch das *Floß* behandelte ein wirkliches Geschehnis: 1816 war die Fregatte Medusa an der afrikanischen Küste gescheitert, und zwölf Tage lang trieben die Überlebenden auf dem Notfloß umher. Das waren also ebenfalls »historische« Gemälde, aber wesentlich anderer Art: keine gelehrten oder sentimentalen »Reminiszenzen«, sondern blutigste Gegenwart, leidenschaftlichste Aktualität, schäumendste, feuerfarbigste Wirklichkeit. Man nannte das *Massacre de Chios* höhnisch ein Massaker der Kunst, es war aber noch mehr: ein Massaker des ganzen romantischen Weltbilds. In Guéricault und Delacroix kocht bereits die Julirevolution.

Auf Géricault, der schon 1824 starb, läßt sich das Wort Laotses anwenden: »Wenn ein Edler zu seiner Zeit kommt, so steigt er empor, kommt er aber nicht zu seiner Zeit, so verschwindet er wie eine fortgeschwemmte Pflanze«; und dasselbe gilt von Saint-Simon und Stendhal. Der Graf Claude Henri de Saint-Simon, Nachkomme Karls des Großen, Enkel des Herzogs von Saint-Simon, der den Hof Ludwigs des Vierzehnten in seinen Memoiren unsterblich gemacht hat, und Schüler d'Alemberts, ist der Erfinder des modernen Sozialismus. Er nimmt seinen Ausgang vom Begriff des »Industriellen«. Was ist ein *»industriel«*? Ein Mensch, der arbeitet, um Mittel zur Befriedigung menschlicher Bedürfnisse oder Genüsse zu erzeugen oder zugänglich zu machen. Folglich ist jeder Mensch, der arbeitet, ein Industrieller. Welchen Rang aber haben diese Industriellen in der Gesellschaft? Den letzten. Und welchen müßten sie einnehmen? Den ersten; denn niemand ist so wichtig wie sie. Ihre Gegenspieler sind die *»bourgeois«*, die Besitzer des arbeitslosen Einkommens, der »Adel der Gegenwart«. Solange diese herrschen, ist die Revolution nicht vollendet, die Freiheit nicht verwirklicht; dies geschieht erst durch das *»régime industriel«*, die *Herrschaft der Arbeit über die Staatsgewalt.* Diese Gedanken einer »sozialen Physik« wurden von Charles Fourier weiter ausgebaut, der selber von begüterten Bourgeois abstammte. Für alle Entwicklung, für alle Freiheit, sagt Fourier, ist Reichtum die unerläßliche Vorbedingung. Dieser Reichtum ist aber nicht von selbst da, er muß erworben werden, und zwar durch Arbeit. Nimmt man nun an, daß jeder nur so viel zu produzieren vermag, als er selbst braucht, so kann, wenn ein Drittel der Gesellschaft nur konsumiert, ein anderes Drittel seine Bedürfnisse nicht befriedigen. Dies ist der Grundfehler der Zivilisation. Die Freiheit ist unmöglich, solange man der Sklave seines Mangels ist; daher muß, wer die Freiheit will, für *jedermann* den Reichtum wollen oder das, was Fourier das »Minimum«

nennt: jenes Maß an Gütern, das jedem volle materielle Unabhängigkeit zusichert. Dieses Ziel ist nur erreichbar durch Vergesellschaftung der Arbeit und des Besitzes, denn nur hierdurch kann jene hohe Produktivität erlangt werden, die nötig ist, um alle reich zu machen. Im übrigen lasse man jeden arbeiten, aber jeden, wie er will, denn es ist eine Tatsache, daß jeder Mensch zu irgendeiner Tätigkeit Lust hat. Diese Anschauungen Saint-Simons und Fouriers decken sich mit dem Kommunismus und dem, was man später unter Sozialismus verstand, zwar in der philosophischen Grundlage, weichen aber in wichtigen Punkten von ihnen ab; denn erstens lassen sie das Privateigentum bestehen, zweitens kennen sie den Begriff des Proletariats nicht, sondern nur den des Arbeiters, der keineswegs ein manueller zu sein braucht, und drittens erwarten sie alles vom guten Willen der Regierenden, der Einsicht der Besitzenden, der unvermeidlichen friedlichen Entwicklung.

Was Stendhal anlangt, so hat er den »Übergangenen«, den Lieblingstypus der damaligen Literatur, aufs vollkommenste im Leben verkörpert. Er prophezeite: »Ich werde erst gegen 1900 verstanden werden«, und hat es fast auf den Tag erraten. Man könnte von ihm Ähnliches aussagen wie von Lichtenberg und Goya. Mit jenem ist ihm gemeinsam, daß sein gestaltendes Grundpathos eine Art Zuschauerleidenschaft war, mit diesem, daß er den ganzen Impressionismus vorweggenommen hat, mit beiden, daß er von den Zeitgenossen für einen bloßen Karikaturisten und Sonderling gehalten wurde. Er selbst glaubte, daß er mit Pascal die meiste Ähnlichkeit habe. Indes verkörperte er mit seiner staunenswerten psychologischen Witterungsgabe und analytischen Geistesschärfe nur die eine Seelenhälfte Pascals: die der Erde zugekehrte. Stendhal ist einer der feinsten und reifsten Meister der Seelenanatomie, ein genialer Vivisektor, auch von der Kälte und Grausamkeit, die dieser Beruf erfordert; sein einziges Ziel die rauhe Wahrheit: »*La vérité, l'âpre vérité!«* Mit seinem französischen Entdecker Taine teilt er die Passion für die *»petits faits«,* für die strenge und reine Deskription und den Glauben ans Milieu, die soziologische Betrachtungsart, mit seinem deutschen Entdecker Nietzsche den rasanten Skeptizismus, den Kulturaristokratismus, die Verherrlichung des Renaissanceraubmenschen.

Der Titelheld des Zeitalters aber, wie wir ihn schon vorhin nannten, war Lord Byron. Wie ein berühmtes Gemälde sich in vielen Tausenden von Reproduktionen unter die Menschen verbreitet, in groben und feinen, billigen und kostbaren, getreuen und schleuderhaften, so bevölkert sich Europa mit zahllosen Byronkopien, die mehr oder minder glücklich, mehr oder minder aufrichtig, mehr oder minder äußerlich die Wesenheit dieses außerordentlichen Geschöpfes zu wiederholen suchten. Das Seelenleben der ganzen Epoche war auf ihn gemünzt: und alle Münzen, die großen und die kleinen, auch die gefälschten und die bloßen Spielmarken, trugen das Antlitz Lord Byrons.

Der Titelheld des Zeitalters

Jedermann weiß, daß Byron der Erfinder des »Weltschmerzes« ist, eines Schmerzes, der an der Welt leidet und daher unheilbar ist, denn um ihn zu stillen, müßte man die Welt selbst aufheben. Dieser Schmerz müßte unfehlbar zur Verneinung des Lebens führen, wenn er nicht zugleich der Schmerz wäre, der sich selbst genießt. Daher ist die Frage nicht so einfach zu beantworten, ob Byron, der als der klassische Typus des unglücklichen Menschen und Dichters gilt, auch wirklich unglücklich war; sie ergibt eine doppelte Lösung wie die Quadratzahlen, die eine positive und eine negative Wurzel haben. Als Thorwaldsen in Rom Byrons Büste vollendet hatte, rief dieser indigniert: »Nein, das ist gar nicht ähnlich, ich sehe viel unglücklicher aus!« Aber *ein* Glück hat er jedenfalls zeitlebens besessen, vielleicht das höchste, das einem Künstler widerfahren kann: das, was der Franzose *»la vie à grande vitesse«* nennt. Sein Dasein war ein ununterbrochenes Drama, man wäre fast versucht zu sagen: ein

1169

Film, geladen mit Peripetien, Spannungen, Krisen, Jagden; Heldentaten und Salonsiegen; Anbetung und Skandal. Selten sind einem Menschen so starke Gefühle entgegengebracht worden wie ihm. Eine englische Dame fiel in Ohnmacht, als er unvermutet bei Madame de Staël eintrat; eine andere verliebte sich in ihn zehn Jahre nach seinem Tode bis zum Selbstmord. Gedanken an Achill und Alexander werden wach, die schönen tragischen Erobererjünglinge; und auch er hatte seine todbringende Ferse. Macaulay sagt über ihn: »Sämtliche Feen waren an seine Wiege geladen, bis auf eine. Alle Taufgäste hatten verschwenderisch ihre Gabe ausgestreut. Eine hatte Adel verliehen, eine andere Genie, eine dritte Schönheit. Die boshafte Elfe, die nicht eingeladen worden war, kam zuletzt, und außerstande umzustoßen, was ihre Schwestern für den Liebling getan hatten, verwob sie in jeden Segen einen Fluch... Er entstammte einem alten und edlen Hause, das aber durch eine Reihe von Verbrechen und Torheiten heruntergekommen war... Er besaß große geistige Fähigkeiten, aber es war ein krankhafter Zusatz in seinem Geiste... Er besaß einen Kopf, den Bildhauer nachzubilden liebten, und einen Fuß, dessen Verkrüppelung die Bettler auf der Straße nachahmten.« Ja; er hatte seine Achillesferse: wir denken dabei nicht an seinen Klumpfuß. Die verwundbare Stelle dieses Helden saß in seiner Seele, sie war die Krankheit der Zeit: im Genuß verschmachtete er nach Begierde, im Sein witterte er das Nichtsein, Faust und Hamlet in einer Person. Ein Leben voll Ruhm, Liebe, Reichtum und Schönheit machte ihn zum Weltverächter. Es ist ganz gleichgültig, was das Schicksal einem Menschen bringt, ihm widerfährt doch immer nur, was ihm widerfahren muß. Der Regenwurm frißt Erde und gedeiht dabei, denn er weiß die Nahrungsstoffe, deren er bedarf, auch im toten Erdreich aufzuspüren; und ebenso: wer Freude *braucht*, wird Freude finden, auch in Tod und Finsternis. Jeder menschliche Organismus ist auf ein spezifisches Quantum

Freude und Leid gewissermaßen geeicht. Die Kuh macht aus allem Milch und Dünger, die Biene Wachs und Honig, der Künstler Schönheit, der Melancholiker Trauer, und der Genius macht aus allem etwas Neues. Nichts ist draußen.

Man könnte, wenn man dem Wort keine abfällige Bedeutung beilegt, Byrons Lebenswerk als ein gigantisches Feuilleton bezeichnen. In der Handlung ist er niemals sehr erfinderisch; sie ist ihm nur das gleichgültige Notgerüst, woran er seine prachtvollen Feuerwerksfiguren abbrennt. Das Staunenswürdige, Nochniedagewesene war seine Palette; und was sie malt, ist immer der Maler, er, Lord George Gordon Noël Byron, der glänzende traurige Löwe der Romantik. Man hat ihm oft vorgeworfen, daß er die Menschen und Dinge viel zu schwarz male; aber wenn das wahr ist, so hat er die Gesetze der Optik auf den Kopf gestellt, denn nie noch hat ein Künstler dem Dunkel so viele leuchtende Nuancen entlockt. Er selbst pflegte auf solche Einwände zu antworten: »Ich fühle, daß ihr recht habt, aber ich fühle zugleich, daß ich aufrichtig bin.« Er weiß, daß Wissen tötet, daß der Baum der Erkenntnis vergiftet ist: *»Sorrow is knowledge!«* Das klingt anders als der jubelnde Siegesruf seines Landsmannes vor dreihundert Jahren: *»Wisdom is power.«* Zwischen Lord Bacon und Lord Byron liegt der Erkenntnisweg der europäischen Neuzeit. Ihm ist der Gedanke »der Mehltau des Lebens«: *»And know, whatever thou hast been, 't is something better not to be.«* Goethe hat ihn mit dem schönen Wort charakterisiert, sein Wesen sei »reiche Verzweiflung« gewesen. Er ist, wie man weiß, Euphorion, der Sohn des faustischen Weltdrangs und der hellenischen Schönheit. Als dieser aus den Lüften zu Boden gestürzt ist, lautet die geheimnisvolle Regiebemerkung: »Man glaubt in dem Toten eine bekannte Gestalt zu erblicken.« Euphorion ist die moderne Poesie, ikarisch, lebensunfähig und doch voll Leben, »nackt, ein Genius ohne Flügel, faunenartig ohne Tierheit«.

Der Byro-
nismus

Das Zeitalter war vom Byronismus buchstäblich infiziert; er warf sogar seine Schatten voraus. Schon Chateaubriands René sagt: »Alles ermüdet mich: ich schleppe mühsam meine Langeweile mit mir herum, und so vergähne ich überall mein Leben.« 1804 erschien Sénancours *Obermann*, mit dem die Figur des »Übergangenen« in die französische Literatur eintrat, eine Art Werther, der ebenfalls manche Leser zum Selbstmord trieb, obgleich er selbst nur in Gedanken das Leben verneint; er ist, im Gegensatz zu René und ehrlicher als dieser, Atheist. Sein Grundpathos ist *le désenchantement de la vie,* die Enttäuschung am Leben. Zahlreiche ähnliche Romane folgten; ihre Helden sind alle, was Benjamin Constant von seinem Adolphe sagt: »das Opfer einer Mischung aus Egoismus und Sensibilität«, ihre Philosophie ist die leopardische: »Schmerz und Langeweile ist unser Sein und Kot die Welt – sonst nichts«, weit und breit kein Sinn und keine Frucht: »*Uso alcuno, alcun frutto indovinar non so.*« Auch die slawische Dichtung bemächtigte sich des »Überflüssigen«: Mickiewicz dichtete den *Pan Tadeusz*, Puschkin den *Jewgeni Onegin* und Lermontoff seine moderne Ballade vom Festungsoffizier Petschorin, »einem Helden unserer Zeit«. Selbst Metternich wußte ganze Gesänge des *Childe Harold* auswendig; alle Welt war von der »*maladie du siècle*« ergriffen. Es kam zu wahren Selbstmordepidemien, und die achtundzwanzigjährige Charlotte Stieglitz erdolchte sich, um ihren Gatten durch dieses erschütternde Erlebnis zum großen Dichter zu machen; das Experiment mißlang natürlich, es kam, was Relling von Hjalmar Ekdal prophezeit: »Kein dreiviertel Jahr, und sie ist für ihn nur noch ein schönes Deklamationsthema.« Andere Romantikerinnen gingen nicht so weit und begnügten sich damit, anzudeuten, daß sie nicht von dieser Welt seien: zu diesem Zweck fielen sie gern in Ohnmacht, litten an dauernder Migräne und waren allen körperlichen Strapazen und Genüssen abhold. Besonders das Essen galt als unromantisch: Byron hatte sich eine eigene Hungerdiät ausgedacht, um ganz vergeistigt zu erscheinen, und ließ eine Marchesa, für die er sich interessierte, sofort fallen, als er sah, wie sie mit Appetit ein Kalbskotelett verzehrte, sein Freund Shelley lebte von Wasser und Brot, und seine Geliebte, die Gräfin Guiccoli, aß überhaupt nichts. Da sich in der Geschichte nichts wiederholt, so war diese »zweite Empfindsamkeit« einerseits viel weniger ursprünglich, nämlich rein literarisch, andrerseits doch wieder viel echter, nämlich ehrlich nihilistisch, und in dieser Mischung viel komplizierter als die erste. »Es ist«, sagte Immermann in den *Epigonen*, »als ob die Menschheit in ihrem Schifflein auf einem übergewaltigen Meere umhergeworfen, an einer moralischen Seekrankheit litte, deren Ende kaum abzusehen ist.«

Der Byronismus hat seine Herrschaft über die Zeit nur mit dem Hegelianismus geteilt, der übrigens seine volle Macht erst in der Schule des Meisters entfaltete. Die Philosophie, die Hegel selbst gelehrt hat, war nicht der äußerste Gegenpol der Romantik, wie sehr oft behauptet worden ist, sondern berührte sich mit ihr an mehreren Stellen: in ihrem Konservatismus, ihrer Betonung des Entwicklungsgedankens, ihrer theologischen Färbung, ihrem Historizismus. Man könnte sagen: Hegel verhielt sich zur Romantik wie Sokrates zur Sophistik, indem er ebensowohl ihr Gegner wie ihr Vollender war. Die Spätromantik selbst hat keinen repräsentativen Philosophen gefunden: Oken, Schubert, Baader können mit Fichte, Novalis und auch Schelling keinen Vergleich aushalten; ihre zersplitterten und eklektischen, wirren und epigonischen Konzeptionen, die ihre Hauptnahrung aus gekünstelten und verdunkelnden Analogien ziehen, sind durchaus zweiten Ranges, »ein Gebraue aufgeraffter Gedanken«, wie sie Hegel in seiner *Geschichte der Philosophie* nannte. Wes ein deutscher Philosoph imstande ist, bewies Karl Christian Friedrich Krause, der sich, weil ihm die

Das Selbstbewußtsein des Zeitalters

bisherige Terminologie nicht klar und nicht deutsch genug war, ein vollkommen neues Vokabular erfand und mit Ausdrücken wie »Vereinsatzheit«, »Inbeweg«, »Sellbilden«, »das Ordarzulebende«, »Seinheitureinheit«, »vollwesengliedbaulich«, »eigenleburbegrifflich« hantierte. Wenn er einmal sagt: »das Wort Eindruck ist ein Übersetznis aus *impressio* und soll Angewirktnis bedeuten«, so werden sicher alle, die sich schon über dieses seltene und schwierige Wort den Kopf zerbrochen haben, diese lichtvolle Erklärung mit Freuden begrüßen und nur bedauern, daß er nicht den Impressionismus erlebt hat, um auch für diesen Begriff eine vermutlich noch viel klarere Übersetzung zu finden; aber wenn er ein andermal bemerkt: »ein neues Wort muß sich sogleich selbst erklären«, so muß man sich doch fragen, ob Bildungen wie »Vereinselbstganzweseninnesein« und »Orend-eigen-Wesenahmlebheit« diese Forderung wirklich ganz erfüllen.

Jede Zeit bedarf eines *doctor universalis,* eines Geistes, der zugleich reich und konzentriert genug ist, um ihr Selbstbewußtsein zu spiegeln: dies haben, bei sehr verschiedenem Horizont und Tiefgang, aber jeder für sein Zeitalter gleich vollkommen, Aristoteles, der heilige Thomas, Cusanus, Bacon, Leibniz, Voltaire, Nietzsche vollbracht; für die erste Hälfte des neunzehnten Jahrhunderts Hegel. Sein System ruht auf der Annahme der Identität von Denken und Sein: es ist logokratisch und, da es die Weltregierung voll bejaht, auch in gewissem Sinne theokratisch. Von dieser Seite gesehen, muß es als ein extremer Rationalismus bezeichnet werden, denn es lehrt, daß die Begriffe nicht etwa bloß dem Wesen der Dinge *entsprechen,* sondern daß sie das Wesen der Dinge *sind.* Gleichwohl ist Hegels berühmter und berüchtigter Ausspruch »Was wirklich ist, das ist vernünftig, und was vernünftig ist, das ist wirklich« zumeist mißverstanden worden. Er meint mit diesem Satz, der besonders von der Reaktion zu ihren Gunsten exploitiert worden ist, natürlich nicht, daß jede Erscheinung schon einfach dadurch, daß sie da ist, sich als vernünftig legitimiert, womit jede Torheit, Lüge und Ungerechtigkeit als lebensberechtigt erklärt wäre, sondern gerade umgekehrt: daß alles Wirkliche vernünftig ist nur in dem besonderen geschichtlichen Zeitpunkt, wo es das Dasein tatsächlich beherrscht (wodurch gerade jede Art Reaktion als eine Unwirklichkeit und daher Unvernünftigkeit stigmatisiert ist) und daß nur das Vernünftige wirklich ist, das Unvernünftige aber ein bloßes Scheinwesen, ein Nichtseiendes, ein *me on,* wie Plato und die Platoniker die Materie nannten. Wollte man den Satz wörtlich nehmen, so würde er den Nonsens beinhalten: alles Unvernünftige ist vernünftig. Ja man könnte sogar behaupten, daß alles Wirkliche in dem Augenblick, wo es erkannt wird, also vernünftig geworden ist, aufgehört hat zu existieren. Die Menschheit pflegt nämlich alles Wirkliche erst dann ernst zu nehmen, wenn es nicht mehr ernst zu nehmen ist, wenn es eingelebt ist, was aber ganz dasselbe bedeutet wie ausgelebt, wenn es eine Institution, das heißt: rückständig geworden ist, denn Institutionen sind immer rückständig. Hegel betont selbst in seiner Geschichte der Philosophie, den Zeitgeist erkennen heiße ihn entthronen: wenn das Rätsel der Sphinx gelöst sei, so stürze sich die Sphinx vom Felsen; und in seiner Rechtsphilosophie sagt er mit einem seiner schönsten und sublimsten Worte: »Wenn die Philosophie ihr Grau in Grau malt, dann ist eine Gestalt des Lebens alt geworden, und mit Grau in Grau läßt sie sich nicht verjüngen, sondern nur erkennen: die Eule der Minerva beginnt erst mit der einbrechenden Dämmerung ihren Flug.«

Hegels höchst geistreiche und fruchtbarste Methode ist die sogenannte dialektische: sie beruht auf der Annahme, daß das Treibende in der Weltentwicklung der Widerspruch sei. Die beiden antithetischen Begriffe, die einen Widerspruch zueinander bilden, werden in einem dritten, umfassenderen, höhe-

Die dialektische Methode

ren, wahreren »aufgehoben«, in dem dreifachen Sinne dieses Wortes: nämlich *verneint* oder negiert, *erhöht* oder eleviert und *bewahrt* oder konserviert, indem sie in ihm als berechtigte Momente, die aber jedes nur die halbe Wahrheit enthalten, weiterleben. Gegen diesen neuen Überbegriff erhebt sich wiederum ein gegensätzlicher, um mit ihm eine noch reichere Synthese zu bilden. In dieser Bewegung ist jede Stufe nur eine Durchgangsstation. Und zwar ist diese Bewegung eine *selbsttätige*: es liegt von vornherein in jedem Begriff die Tendenz, in sein Gegenteil umzuschlagen, und in jedem Widerspruch die Tendenz, sich in einer Einheit zu versöhnen, die Hegel die »konkretere« nennt, weil sie mehr Bestimmungen enthält. Diese Begriffsbewegung wird nicht im Subjekt erzeugt, wie Fichte lehrte, sondern im Objekt selbst, im »Absoluten«, während das Subjekt sie als bloßer Zuschauer verfolgt und in seinem Denken wiederholt. Das Ziel dieser Bewegung aber ist das »absolute Wissen«, in dem alle gegensätzlichen Momente vereinigt und aufgehoben sind: nämlich die Philosophie Hegels, über die hinaus eine dialektische Bewegung nicht mehr möglich ist, da sie aus sich keinen Widerspruch mehr zu erzeugen vermag. Hierin sollte er sich aber geirrt haben.

Seine Methodologie, den Weg zum absoluten Wissen hat Hegel in der *Phänomenologie des Geistes* niedergelegt, die er in der Mitternacht vor der Schlacht bei Jena beendigte: sie führt ihren Namen daher, daß sie die »Erscheinungsarten« des Wissens behandelt, die Entwicklungsstufen des Bewußtseins von der niedrigsten bis zur höchsten. Auf dieser Grundlage errichtete er ein weiträumiges, rein gegliedertes, mit strengem und solidem Prunk ausgestattetes Lehrgebäude, dessen Haupttrakte oder eigentlich Stockwerke die Logik, die Naturphilosophie, die Rechtsphilosophie, die Philosophie der Geschichte, die Philosophie der Kunst, die Religionsphilosophie und die Geschichte der Philosophie bilden.

In der zweiten Hälfte des vorigen Jahrhunderts galt Hegel als das Musterexemplar eines ungenießbaren Philosophen; nicht ganz mit Recht, denn große Partien seiner Werke, zumal die rein historischen, sind eine sehr genußreiche Lektüre; sein Hauptwerk, die »Phänomenologie«, ist allerdings heute kaum mehr lesbar. In der Naturphilosophie kam noch hinzu, daß er die Materie nicht vollständig beherrschte. Die Elektrizität definierte er folgendermaßen: »Sie ist der Zweck der Gestalt, der sich von ihr befreit, die Gestalt, die ihre Gleichgültigkeit aufzuheben anfängt; denn die Elektrizität ist das unmittelbare Hervortreten oder das nahe von der Gestalt herkommende, noch durch sie bedingte Dasein – aber noch nicht die Auflösung der Gestalt selbst, sondern der oberflächliche Prozeß, worin die Differenzen die Gestalt verlassen, aber sie zu ihrer Bedingung haben und noch nicht an ihnen selbständig geworden sind.« Das Beispiel ist natürlich gehässig gewählt; aber es läßt sich nicht leugnen, daß in dem Höhenrauch, der Hegels erhabene Gedankenwelt umgibt, dem Leser sehr oft schwindlig wird. Im Grunde war Hegel sogar einer der klarsten Denker und unklar nur in der Diktion und vor allem in einer Reihe von finsteren Fachausdrücken, von denen er sich nicht trennen konnte. Es ist sehr oft fast unmöglich, dem sehr exakt gebauten, aber endlosen Schraubengewinde seines logischen Bohrers zu folgen. Klarheit des Gedankenausdrucks scheint überhaupt gemeinhin weit mehr Sache der künstlerischen als der philosophischen Begabung zu sein. Es war eine ziemlich oberflächliche, ja falsche Gegenüberstellung, wenn man den Künstlern die Kraft der dunklen, aber schöpferischen Anschauung, den Philosophen die Gabe der scharfen, klärenden, erhellenden Begriffsbildung zusprach; es verhält sich eher umgekehrt: der echte Künstler ist der Meister des »vollendeten« Denkens, indem er es zu vollenden, in die klassische Form zu bringen vermag, während der Vollblutphilosoph seine Domäne mehr im

Unausgesprochenen, Unaussprechlichen, in der *bloßen Konzeption* neuer und tiefer Gedanken hat. In allen großen Philosophen findet sich ein Hang zum Mystizismus, und alle neigten zur Vieldeutigkeit und Dunkelheit: schon der erste abendländische Philosoph von Weltgeltung, Heraklit, führte den Beinamen ὁ σκοτεινός. Die »Ausnahmen«, an die man denken könnte: Montaigne, Pascal, Lessing, Lichtenberg, Schopenhauer, Nietzsche waren alle viel mehr Künstler als Philosophen. Umgekehrt haben sich fast alle Dichter von Säkularformat durch reinste Durchsichtigkeit und schärfste Silhouettierung ihres gedanklichen Aufbaus ausgezeichnet. Es ist dies auch ganz natürlich: je mehr man sich ans reine Denken verliert, desto mehr gelangt man in Abgründe, Finsternisse und Verschlingungen, während jede Annäherung an das Bild einen erleuchtenden, gliedernden, verdeutlichenden Vorgang bedeutet. Die neuen Ideen haben immer nur die Philosophen; die klaren Bilder davon machen die Künstler.

Hegel war in seinem Stil nichts weniger als ein Künstler; auch sein mündlicher Vortrag entbehrte nach den Berichten der Zeitgenossen jedes Schliffs: er machte seine Hörer und Leser zu Zeugen seines Ringens mit den Gedanken und legte ihnen seine Ergebnisse im unzubereiteten Rohzustand vor. Trotzdem leuchten aus dem Dunkel seiner Rede oft die schönsten Edelsteine, und bisweilen wird er geradezu witzig. Sein Aperçu, daß das bekannte Sprichwort: »es gibt keinen Helden für den Kammerdiener« wahr sei, »nicht aber weil jener nicht ein Held, sondern weil dieser der Kammerdiener ist«, ist dadurch berühmt geworden, daß, ohne es zu wissen, Goethe es von ihm und Carlyle es von Goethe abgeschrieben hat; in der *Religionsphilosophie* erläutert er seine Bemerkung, daß es der Philosophie nicht darum zu tun sei, Religion in einem Subjekt hervorzubringen, durch den Vergleich: »dies wäre ebenso verkehrt, als wenn man in einen Hund dadurch Geist hineinbringen wollte, daß man ihn gedruckte Schriften kauen ließe«; von dem Absoluten Schellings, das dieser als »die totale Indifferenz des Subjektiven und Objektiven« definiert hatte, sagt er, es sei die Nacht, in der alle Kühe schwarz sind; von der Französischen Revolution: »solange die Sonne am Firmamente steht und die Planeten um sie herumkreisen, war das nicht gesehen worden, daß der Mensch sich auf den Kopf, das ist, auf den Gedanken stellt und die Wirklichkeit nach diesem erbaut«; von der kantischen Philosophie, sie prüfte die Beschaffenheit und die Grenzen unserer Erkenntnisvermögen, ob und inwieweit sie imstande seien, das Wesen der Dinge zu ergründen: in diesem Unternehmen gleiche sie jenem Scholastikus, der nicht eher ins Wasser gehen wollte, als bis er schwimmen gelernt habe (wozu Kuno Fischer noch geistreicher bemerkt hat, wenn man das Erkennen mit dem Schwimmen vergleiche, so habe sich Kant dazu nicht verhalten wie jener Scholastikus, sondern wie Archimedes). Alle diese Bonmots haben freilich etwas Frostiges: sie erinnern an einen Lehrer, der hier und da den Unterricht durch einen Scherz würzt, aber nicht erlaubt, daß die Klasse lacht.

Den Extrakt der Hegelschen Philosophie enthält die *Philosophie der Geschichte*: ein großartiges Panorama des menschlichen Schicksalswegs von den Anfängen Chinas bis zur Julirevolution, dabei stets von der bunten Oberfläche zur Idee vordringend, dem »Zeitgeist«; oft ein wenig »gestellt«, die Tatsachen vergewaltigend: aber welche Gedankenkonstruktion tut das nicht? Das Leitmotiv des Werkes liegt in dem Satz: »Der einzige Gedanke, den die Philosophie mitbringt, ist der einfache Gedanke der Vernunft, daß die Vernunft die Welt beherrsche, daß es also auch in der Weltgeschichte vernünftig zugegangen sei.« Diese These ist aber nicht ein vorgefaßtes Dogma, mit dem an den Gegenstand herangetreten wird, sondern bloß das vorweggenommene Resultat, das sich aus der Betrachtung

Hegels Geschichtsphilosophie

der Weltgeschichte ergibt: wer die Welt vernünftig ansieht, den sieht sie auch vernünftig an. Die göttliche Weisheit, die Vernunft, die alles durchwaltet, ist dieselbe im Großen wie im Kleinen: insofern ist die Weltgeschichte eine Theodizee, eine Rechtfertigung Gottes. Sie ist die Entwicklung des Geistes, und die Substanz, das Wesen des Geistes ist die Freiheit; folglich ist sie nichts anderes als der Fortschritt im Bewußtsein der Freiheit. Sie ist »die Auslegung des Geistes in der Zeit, wie die Idee als Natur sich im Raume auslegt«; die Philosophie sucht diesen Geist zu erfassen, sie hat es, wie Hegel am Schlusse des Werkes so schön sagt, »nur mit dem Glanze der Idee zu tun, die sich in der Weltgeschichte spiegelt«.

Hegels Theodizee ist aber viel zu tief, als daß sie eudämonistisch wäre. Unter »Fortschritt« versteht sie keineswegs jenen platten liberalen Begriff der Lebensverbesserung, des »Glücks der möglichst vielen«, wie ihn Hegels Zeitgenosse Bentham aufgestellt hatte. Die Weltgeschichte ist überhaupt nicht der Boden des Glücks. »Die Perioden des Glücks sind leere Blätter in ihr; denn sie sind die Perioden der Zusammenstimmung, des fehlenden Gegensatzes.« Sie ist auch nicht bloß der Schauplatz des Guten, sondern mehr noch der Schuld. Aber dies eben ist »das Siegel der absoluten hohen Bestimmung des Menschen«, daß er weiß, was gut und was böse ist, daß er Schuld haben kann, »Schuld nicht bloß an diesem, jenem und allem, sondern Schuld an dem seiner individuellen Freiheit angehörigen Guten und Bösen«. Nur das Tier ist wahrhaft unschuldig. Der Mensch in seiner Geschichte ist ein religiöses Phänomen. »Die Religion ist der Ort, wo ein Volk sich die Definition dessen gibt, was es für das Wahre hält«; die Vorstellung von Gott macht die allgemeine Grundlage eines Volkes aus: wie diese beschaffen ist, so der Staat und seine Verfassung. Sie bestimmt auch den Fortschritt im Bewußtsein der Freiheit. Die Weltgeschichte geht von Osten nach Westen, »denn Europa ist schlechthin das Ende der Weltgeschichte, Asien der Anfang«. Der Orient weiß nur, daß *einer* frei ist, die griechische und römische Welt, daß *einige* frei seien, die germanische Welt, daß *alle* frei sind: die erste Form ist der Despotismus, die zweite die Demokratie und die Aristokratie, die dritte die Monarchie. Hegels Religionsphilosophie ist eine Variation desselben Grundthemas, denn Religion und Philosophie haben den gleichen Gegenstand: die ewige Wahrheit, »Gott und nichts als Gott und die Explikation Gottes«. Die Philosophie ist nicht Weisheit der Welt, sondern Wissen des Nichtweltlichen, »nicht Erkenntnis der äußerlichen Masse, des empirischen Daseins und Lebens, sondern Erkenntnis dessen, was ewig ist, was Gott ist und was aus seiner Natur fließt«. Auch Hegels »Geschichte der Philosophie« folgt demselben Schema wie die »Philosophie der Geschichte«: sie ist Entwicklung der Selbsterkenntnis des menschlichen Geistes, deren einzelne Stufen die vielen geschichtlichen Philosophien sind: alle gleich vergänglich, alle gleich notwendig im Gange der immer selbstbewußter werdenden Vernunft: »Jede Stufe hat im wahren Systeme der Philosophie ihre eigene Form: nichts ist verloren, alle Prinzipien sind erhalten, indem die letzte Philosophie die Totalität der Formen ist.« Diese letzte Philosophie, die Totalität der Formen, ist jedoch nicht ein ideales Postulat, ein unerreichbares, nur in unendlicher Annäherung zu erstrebendes Ziel unseres Geistes wie das »vollendete Reich der Wissenschaft« bei Kant, sondern leibhaftig erschienen und Fleisch geworden in Georg Wilhelm Friedrich Hegel.

Aber Hegels Philosophie sollte sich an ihm selber bewahrheiten, indem sie gegen ihn selber recht behielt. Es zeigte sich, daß es keine letzte Synthese gibt, sondern jede nur immer wiederum eine These ist, dazu bestimmt, in ihren Gegensatz umzuschlagen. Er erzeugte eine Schule, die sich hegelisch nannte,

Amortisation Hegels durch Hegel

aber das war, was er selbst die »Nachahmung in der Umkehrung« genannt hatte. Die Generation, die am Ende der zwanziger Jahre führend wurde, vollzog mit lange zurückgestauter, um so ungestümer hervorbrechender Energie die Antithese. Sie wandte sich gegen alle Romantik und Reaktion im Staat, im Glauben, in der Kunst, in der Lebensführung, gegen die Welt der »Schattenküsse« und Schattenkönige, gegen das ganze Schattenfigurentheater, das im Schatten der Heiligen Allianz sein gespenstisches Leben führte, gegen die Schattenbegriffe der deutschen Ideenromantik, deren letzter und souveränster Meister Hegel gewesen war. Er wurde gestürzt; und zwar im Namen Hegels.

ZWEITES KAPITEL

Das garstige Lied

*Gegenwärtig hat das ungeheure politische
Interesse alles andere verschlungen – eine
Krise, in der alles, was sonst gegolten, pro-
blematisch gemacht zu werden scheint.*

Hegel

Die zweite Etappe des neunzehnten Jahrhunderts beginnt mit *Die Welt* *im* *Gaslicht*
der Julirevolution vom Jahre 1830 und endet mit der Februarrevolution vom Jahre 1848. Diese Einteilung bietet sich als so
selbstverständlich an, daß es kaum ein Geschichtswerk geben
dürfte, in dem sie nicht angewendet wäre. Hieß die Parole der
Romantik: weg von der Realität, weg von der Gegenwart, weg
von der Politik, so lautet nunmehr das Schlagwort *Realismus*:
das Denken und Fühlen des Zeitalters kristallisiert sich mit
prononcierter Ausschließlichkeit um Fragen des Tages, und die
europäische Seele stimmt ein millionenstimmiges politisches
Lied an. Dieser lärmende Kampfgesang mußte sich erheben,
den ganzen Erdteil erfüllend und alles andere übertönend; und
daß er sich erhob, war zuvörderst das Werk jener, die ihn mit
ebenso unklugen wie unmenschlichen Mitteln zu unterdrük-
ken versucht hatten. In ihm sang das Fatum; aber garstig.

In diesem Geschichtsabschnitt wird Europa zum erstenmal
häßlich. Wir sagten im ersten Buch, daß jeder historische Zeitraum in eine bestimmte Tages- oder Nachtbeleuchtung getaucht sei; diese Welt hat zum erstenmal eine künstliche: sie
liegt im Gaslicht, das schon in den Tagen, wo der Stern Napoleons sich zum Untergang neigte, in London aufflammte, fast

1183

gleichzeitig mit den Bourbonen in Paris einzog und in langsamem und zähem Vordringen sich schließlich alle Straßen und öffentlichen Lokalitäten eroberte. Um 1840 brannte es überall, sogar in Wien. In diesem lauten und trüben, scharfen und flackernden, prosaischen und gespenstischen Licht bewegen sich dicke geschäftige Kellerasseln von Krämern, deren abenteuerlich mißgebaute Kleidung uns nur deshalb nicht voll zum Bewußtsein kommt, weil die unserige von ihr abstammt. Der Oberkörper steckt in der schlotterichten Röhre des Gehrocks, der den Frack in die heutige Rolle des Abendfestkleids verdrängt, der Hals in dem grotesken Kummetkragen. Das triste und unpersönliche Schwarz wird immer mehr dominierend, so daß alsbald jeder Mensch, der Anspruch darauf macht, für seriös zu gelten, einem Notar oder Bestattungsbeamten gleicht; daneben ist nur noch das schmutzige Braun oder Grau zulässig, und höchstens die Weste prangt in allerhand (meist geschmacklosen) Mustern. Die Hosen sind lächerlich weit, gern abscheulich kariert, der »Steg« zieht sie nach Art der Reithosen über die Schuhe, wodurch ihre Fasson vollends unmöglich wird. Über dem Rock erhebt sich der Vatermörder, bis zum heutigen Tage Provinzkomikerrequisit, mit dem gestärkten und gefältelten Vorhemd, in dem zwei gänzlich unmotivierte Goldknöpfe stecken, und der unförmig breiten schwarzen oder weißen Halsbinde, in der zwei durch ein Kettchen verbundene Busennadeln sich höchst barbarisch ausnehmen. Dazu in Friseurlöckchen gebranntes Haar und bei der jüngeren Generation auch bereits allerhand absonderliche Haarbildungen im Antlitz: Backenbärte, Schifferbärte, Seehundsbärte, Bocksbärte, Henriquatres. Neu (zumindest in seiner Allgemeinheit) ist auch das geränderte Monokel am albern wirkenden breiten Band, das kein Dandy entbehren kann, und der »Cigarro«, der eigentlich die Urform des mexikanischen Tabakgenusses war, aber erst jetzt durch die Einführung des Deckblatts mit der

Pfeife in siegreiche Konkurrenz tritt, in Preußen auf der Straße zuerst überhaupt verboten, dann durch Polizeiverordnung »wegen Feuersgefahr« in ein Drahtgestell gesperrt, von Byron besungen, von Heine refüsiert, von Schopenhauer beschimpft. Er verhält sich zur Pfeife wie die Nervosität der neuen schnelldenkerischen Zeit zur Behaglichkeit und Nachdenklichkeit der alten: man kann sich einen modernen Börsenmann nur schwer ohne eine dicke Zigarre vorstellen, aber unmöglich mit einer Pfeife. Übrigens wird erst durch die Zigarre das Rauchen salonfähig und verdrängt dadurch schrittweise das Schnupfen, das bisher gerade für elegant galt.

Auch die Damentracht ist durch einige recht unvorteilhafte Neuerungen charakterisiert. Zunächst gelangt wieder der unschöne Reifrock zur Herrschaft, wegen der Wülste aus *crin*, Roßhaar, die ihn in Fasson halten, Krinoline genannt, dem die drei- und vierfachen Volants noch eine besondere Plumpheit verleihen: er wirkt jetzt nicht mehr als bizarres, aber anmutiges Instrument der Koketterie wie der »Hühnerkorb« des Rokokos oder als Requisit steifer, aber stilvoller Grandezza wie der »Tugendwächter« der Gegenreformation, sondern in der neuen verbürgerlichten und materialistischen Welt als lästige und skurrile Aufdonnerung. Dazu treten allmählich die höchst unkleidsamen Knöpfelstiefeletten und die Glacéhandschuhe, die erst jetzt das Naturleder allgemein verdrängen, obgleich die französische Erfindung des Lederglänzens bereits um 1700 von emigrierten Hugenotten über Europa verbreitet worden war: in ihrer Bevorzugung äußert sich die primitive Freude des Parvenüs an allem Satinierten. Das Haar wurde reizlos glatt gescheitelt, am Hinterkopf sehr hoch frisiert und mit monströsen Kämmen festgehalten, was man »chinesisch« nannte, oder in dicken geflochtenen oder gebrannten Wülsten rechts und links um die Ohren gelegt, was man »griechisch« nannte; auch lange Schmachtlocken, die zu beiden Seiten des Kopfes herabhingen, waren öfters Mode. Alles in allem genommen ist das weibliche Kostüm nicht annähernd so abstoßend gewesen wie das männliche, es ist aber auch für den Zeitstil niemals so bezeichnend wie dieses, und zwar ganz einfach deshalb, weil der Satz Weiningers, das Weib sei vom Manne geschaffen, seine sinnfällige Bestätigung unter anderem darin findet, daß der Mann das jeweils herrschende erotische Ideal und damit die Tracht bestimmt, während die Frau sich bloß passiv ausführend verhält; was sich auch darin zeigt, daß die Geschichte ihrer Kleidung überraschend geringere Variationen aufweist und nicht viel mehr ist als ein Turnus einiger viel rascher wechselnder, aber auch viel häufiger wiederkehrender Nuancen: der Länge der Schleppe, der Höhe der Frisur, der Kürze der Ärmel, der Bauschung des Rockes, der Entblößung der Brust, des Sitzes der Taille. Selbst radikale Revolutionen wie das heutige knabenhaft geschnittene Haar sind nur die »ewige Wiederkunft des Gleichen«: schon die italienischen und burgundischen Damen des fünfzehnten Jahrhunderts und die ägyptischen des alten Reichs kannten die Pagenfrisur: die Sphinx trägt einen Bubikopf. Vor der historischen Phantasie taucht denn auch, wenn man sich den Zeitstil vergegenwärtigen will, fast immer zuerst das männliche Exterieur auf, weil es physiognomischer ist; und tatsächlich macht es auch stets die stärksten und charakteristischen Veränderungen durch. Im Dreißigjährigen Krieg zum Beispiel hat alle Welt den Ehrgeiz, wie ein martialischer Landsknecht oder provokanter Raufstudent auszusehen; fünfzig Jahre später hat sich der wüste Haudegen in einen bedächtigen, würdevollen Kronbeamten oder Universitätsrektor verwandelt, der stets bereit scheint, eine Testamentseröffnung oder eine Disputation vorzunehmen; und nach weiteren fünfzig Jahren ist aus ihm ein fragiler, verzärtelter Knabe geworden, der an nichts zu denken scheint als an Amouren. Hält man aber die gleichzeitige Frauenkleidung daneben, so sind die Differenzen viel geringer und bisweilen nur von einem Kostümkenner herauszufinden: den Kardinalunterschied macht eigentlich nur die Verwendung des Puders und der Perücke, und auch diese beiden sind männliche Erfindungen.

Betrachtet man nun diese »Söhne der Jetztzeit« »mit Brillen statt der Augen, als Resultat der Gedanken einen Cigarro im tierischen Maul, einen Sack auf dem Rücken statt des Rocks«, wie Schopenhauer sie ohne Wohlwollen, aber recht zutreffend charakterisiert hat, in einer Kleidung, die an Geschmacklosigkeit nur noch von der nächstfolgenden übertroffen wurde, so muß man trotzdem sagen, daß sie einen sehr prägnanten, ausdrucksvollen Stil besaßen, nicht nur weil es, wie wir schon im vorigen Kapitel hervorhoben, ein stilloses Kostüm überhaupt nicht gibt, sondern auch weil gerade sie in der Gestaltung ihrer äußeren Lebensformen eine besondere Energie entwickelten. Es ist die Tracht, wie sie die zur Herrschaft gelangte Großbourgeoisie sich geschaffen hatte: sachlich, wirklich und unspielerisch und daher langweilig, undekorativ und phantasielos wie alles, was der Financier außerhalb seines Kontors tut; praktisch, plebejisch, von tierischem Ernst; eine Tracht für Verdiener, Buchmacher und Geschäftsreisende, die in Qualm und Ruß leben, für Händler und Journalisten, rasche plumpe Agenten des Warenverkehrs oder der Nachrichtenvermittlung. Die Verkleidung ist zur Kleidung herabgesunken.

Da die Menschen sich aber nicht bloß ihre Kleider machen, sondern auch ihre ganze übrige Lebensvisage bis zur Kontur ihrer Gesten und zum Profil ihrer Landschaft, so verändert sich überhaupt alles ins Nützlich-Häßliche. Durch die blühende Natur beginnen sich hastige schwarze Riesenschlangen zu winden, üble Dämpfe aus ihren Mäulern stoßend, zahllose Feuerschlote recken ihre grauen Hälse in den Himmel, und bald werden auch endlose Drähte, dubiose Zahlennachrichten surrend, dessen Ruhe stören. 1814 hatte Stephenson seine Lo-

Lokomotive Nummer eins

komotive gebaut; aber erst das Walzen der Schienen, das 1820 gelang, machte die Erfindung praktikabel. Fünf Jahre später wurde zwischen Stockton und Darlington, zwei kleinen Städten in der englischen Grafschaft Durham, die erste Eisenbahnlinie eröffnet, und noch heute ist auf dem Bahnhof von Darlington »Lokomotive Nummer eins« zu sehen, die Stammutter jenes Millionengeschlechts von fauchenden Landungeheuern; nach weiteren fünf Jahren verkehrten die Dampfwagen schon zwischen Liverpool und Manchester. Auf dem Kontinent kam es zunächst nur zur Anlage von ganz kurzen Strecken, die man ebensogut mit Pferden, ja zu Fuß hätte zurücklegen können: 1835 zwischen Nürnberg und Fürth, 1837 zwischen Leipzig und Dresden und zwischen Paris und Saint-Germain, 1838 zwischen Berlin und Potsdam, Wien und Wagram: man betrachtete die Neuheit anfangs nur vom Standpunkt der Unterhaltungskuriosität. In Amerika aber verkehrte 1839 zwischen Baltimore und Philadelphia bereits der erste Schlafwagen. Jenseits des Ozeans wurde auch das erste Dampfschiff erblickt: der »Clermont«, der 1807 auf dem Hudsonfluß von New York nach Albany fuhr, und der erste Meerdampfer: der »Phönix«, der die Verbindung zwischen New York und Philadelphia herstellte. Der erste überseeische Dampfer war die ebenfalls amerikanische »Savannah«, die 1818 in sechsundzwanzig Tagen die Strecke New York–Liverpool zurücklegte. England blieb nicht zurück: in dem Zeitraum zwischen dem Wiener Kongreß und der Julirevolution hatte es die Zahl seiner Passagierdampfer von zwanzig auf mehr als dreihundert erhöht, und 1833 baute es den ersten Kriegsdampfer. Auf dem Rhein aber wurden Dampfer deutscher Provenienz erst 1825 in Betrieb gesetzt; in demselben Jahre lief bereits der erste englische Dampfer nach Ostindien. Zum großen Weltvehikel wurde das neue Verkehrsmittel durch die Erfindung der Schiffsschraube. Sie gelang bereits im Jahre 1829 dem Triestiner Joseph Ressel; aber die österreichische

1188

Polizei verbot die Probefahrten. In der zweiten Hälfte der dreißiger Jahre wurden die Versuche in England wiederaufgenommen, und dort ging, zehn Jahre nach Ressels Fiasko, der erste Schraubendampfer vom Stapel. Nun kam Deutschland langsam nach. 1842 wurde ein regelmäßiger Dampferverkehr zwischen Bremen und New York eröffnet, 1847 wurde die Hamburg-Amerika-Linie gegründet. Aber erst in der zweiten Hälfte des Jahrhunderts überflügelte der Steamer überall das Segelschiff: bis dahin hatte er noch vielfach mit dem Konservativismus des Publikums und der Trägheit der Regierungen zu kämpfen. Auf noch größere Widerstände stieß die Einführung der Eisenbahn. Als in Bayern die erste deutsche Linie gebaut werden sollte, gab die medizinische Fakultät zu Erlangen das Gutachten ab, daß der Fahrbetrieb mit öffentlichen Dampfwagen zu untersagen sei: die schnelle Bewegung erzeuge unfehlbar Gehirnkrankheiten, schon der bloße Anblick des rasch dahinsausenden Zuges könne dies bewirken, es sei daher zumindest an beiden Seiten des Bahnkörpers eine fünf Fuß hohe Bretterwand zu fordern. Gegen die zweite deutsche Eisenbahn, die von Leipzig nach Dresden lief, strengte ein Müller einen Prozeß an, da sie ihm den Wind abfange; und als sie einen Tunnel erforderte, erklärten sich die ärztlichen Gutachten gegen den Bau, da ältliche Leute durch den plötzlichen Luftdruckwechsel leicht vom Schlage gerührt werden könnten. Den entgegengesetzten Standpunkt vertrat Kaiser Ferdinand bei der ersten österreichischen Linie Wien–Baden, indem er hartnäckig einen Tunnel verlangte, denn eine Eisenbahn ohne Tunnel sei keine richtige Eisenbahn. Der preußische Generalpostmeister Nagler warnte vor der Errichtung einer Linie zwischen Berlin und Potsdam, denn die Diligence, die er viermal in der Woche auf dieser Strecke verkehren lasse, sei ja schon halb leer, und auch der König meinte, er könne keine große Glückseligkeit darin finden, daß man einige Stunden früher in Potsdam ankomme. Tieck, dorthin in Audienz berufen, weigerte sich, die Bahn zu benutzen, und fuhr im Wagen neben ihr her. Auch Ludwig Richter war ein Gegner der Dampfwagen, Thiers prophezeite, ihre Einführung werde keine großen Veränderungen zur Folge haben, und Ruskin bemerkte: »Das Eisenbahnfahren sehe ich überhaupt nicht mehr als Reisen an; das heißt einfach, an einen andern Ort verschickt werden, nicht viel anders, als wäre man ein Paket.« Der Fürst von Anhalt-Cöthen dagegen war ein so begeisterter Anhänger der neuen Erfindung, daß er erklärte: »Ich muß in meinem Land auch so eine Eisenbahn haben, und wenn sie tausend Taler kosten sollte.« Seit etwa 1845 aber gab es schon allenthalben in Europa Eisenbahnen und Steamer, man verherrlichte die neuen Fahrzeuge in Abhandlungen und Gedichten, und alle Welt wurde von einem wahren Reisefieber erfaßt, das sich auch literarisch äußerte: Reisebilder, Reisebriefe, Reisenovellen waren das bevorzugte Genre der Autoren und Leser. Der dichtere, schnellere und tragfähigere Verkehr, den die Dampfkraft ermöglichte, wurde nicht, wie die meisten vorausgesagt hatten, der Ruin der übrigen Beförderungsmittel, sondern wirkte auf sie indirekt fördernd: zumal in Deutschland hatte er den Ausbau eines Chausseesystems zur Folge, wie es Frankreich schon seit Richelieu besaß. Das dritte große Ereignis auf dem Gebiet der Technik, der Erfindung des Dampfschiffs und des Dampfwagens mindestens ebenbürtig, war die Einführung der Steinkohle, eine Neuerung, die wiederum England am meisten zugute kam, das von diesem Brennstoff die größten Lager besaß und auch seinen Wert zuerst erkannte. Da es außerdem von Anfang an in der Entwicklung des Maschinenwesens an der Spitze gestanden hatte, so besaß es auch die erfolgreichen Mittel zur Gewinnung des neuen Energielieferanten, und es ergab sich die Wechselwirkung, daß die immer zahlreicheren Maschinen immer mehr Kohle förderten und die immer reicher geförderte Kohle die

Erzeugung immer stärkerer Maschinen ermöglichte. Engländer waren auch Heathcoat, der 1833 den Dampfpflug erfand, und Nasmyth, der 1842 den ersten Dampfhammer baute.

Die gewichtigste Maschine aber, die in jener Zeit geboren wurde, war die Schnellpresse, die, den bisher durch Handpressen betriebenen Druck selbsttätig und um ein Vielfaches beschleunigt ausführend, zum erstenmal im Jahre 1814, natürlich wiederum in England, obgleich von einem Deutschen namens Friedrich König erfunden, zur Anwendung kam: das erste Zeitungsblatt, das keiner menschlichen Hand seine Herstellung verdankte, war eine Nummer der *Times*. Erst durch diesen Bund mit der Maschine erhält die Zeitung ihren universalen Machtcharakter: ein Wort, Wahrheit oder Lüge, fliegt in die große, stumm lauernde Spinne von Maschine, die es verschluckt, druckt, tausendfach vervielfältigt und in alle Räume speit, wo Menschen hausen: in die Bürgerdielen, in die Bauernschenken, in die Kasernen, in die Paläste, in die Keller, in die Mansarden; und das Wort wird zum Machtwort. *Die Schnellpresse*

Langsam geht der Siegeszug der Presse von Westen nach Osten; von der englischen Insel zunächst nach Frankreich. Dort ist ihr gewaltigster Potentat Louis François Bertin, vierzig Jahre lang Herausgeber des *Journal des Débats*, unter Ludwig dem Achtzehnten bourbonisch, unter Karl dem Zehnten konstitutionell, unter Louis Philippe orleanistisch, von Ingres in einem genialen Porträt der Nachwelt aufbewahrt, das den Titel führen müßte: »die Macht der Presse«; sein Blatt kann auch darum nicht übergangen werden, weil darin die Kritiken von Berlioz erschienen, die mit messerscharfer Analyse und Polemik das Programm der modernen Musik aufstellten. Ein anderer Großmeister des Zeitungsgewerbes war Émile de Girardin, der in der Mitte der dreißiger Jahre in seinem Organ *La Presse* drei entscheidende Neuerungen einführte: den Nummernverkauf an Stelle des bisherigen teuren Jahresabonnements, wodurch die Zeitung erst als Allerweltsartikel jenes Wesen von einzigartiger Zugänglichkeit und Zudringlichkeit wird, den Annoncen- und Reklamebetrieb, wodurch die Verbindung mit der andern Universalmacht des Zeitalters, dem Merkantilismus, hergestellt wird, und den Feuilletonroman in Fortsetzungen, wodurch die Presse mit der Literatur verschmilzt. In der Tat haben fast alle französischen und viele englische Romanschriftsteller von Namen in dieser journalistischen Form ihre Produktion begonnen und nicht selten zeitlebens daran festgehalten. Sie bedeutet dadurch, daß sie zur groben Spannung und Zufallsarchitektur, hastigen Terminarbeit und stilistischen Oberflächlichkeit verleitet, zweifellos eine Degradierung der Erzählerkunst, übt aber andrerseits auf sie einen wohltätigen Zwang zur Popularität und verleiht ihr einen eigentümlichen Elan: die unvergleichliche Frische, die zum Beispiel Thackerays weltberühmte Snobporträts besitzen, ist sicher zum Teil darauf zurückzuführen, daß sie zuerst im *Punch* erschienen.

Deutschland blieb auch auf diesem Gebiet in der Entwicklung zurück. Dort gab es nur die offizielle Presse, die übrigens ebenfalls eine französische Erfindung ist, denn das erste Organ dieser Art repräsentierte Napoleons *Moniteur*, indem er unter der Maske der Objektivität nur jene Nachrichten und Meinungen brachte, die die kaiserliche Regierung für nützlich hielt. Diese Institution baute Metternich aus, indem er in allen Hauptstädten Blätter ins Leben rief, die, scheinbar unabhängig, nur von oben Inspiriertes brachten; dabei verstand er es, viele von den publizistischen Talenten des Zeitalters teils durch Schikanen, teils durch Bestechungen in seinen Dienst zu bringen. Außerhalb dieser Zwangspolitik befaßten sich die Journale nur mit futilem Tagesklatsch. Hoffmann von Fallersleben hat den typischen Inhalt der damaligen Gazetten in Versen persifliert, die in ihrer stumpfen Harmlosigkeit selber ein Zeitdokument sind: »Ein Portepeefähnrich ist Leutnant geworden, ein Oberhofprediger erhielt einen Orden, die Lakaien erhielten silberne Borten, die höchsten Herrschaften gehen nach Norden, und zeitig ist es Frühling geworden – wie interessant! wie interessant! Gott segne das liebe Vaterland!« Mit dem Auftreten der Dichterschule des »jungen Deutschland« begann aber, trotz allen Pressionen und Kastrationen, selbst im Gebiet des Deutschen Bundes die Zeitung jenen Geist der Aktualität und Politisierung zu verbreiten, der das Zeitalter charakterisiert, und jene Ubiquität eines unentrinnbaren Gefährten zu erlangen, der sich durch jede Türe zwängt, in jede Tasche schleicht und dem modernen Menschen ebenso unausstehlich und ebenso unentbehrlich ist wie dem Faust der Mephisto.

Für die illustrierte Zeitung hat die Lithographie ungefähr *Die Litho-* dieselbe Bedeutung wie die Schnellpresse für den Textteil. Ihr *graphie* Erfinder Aloys Senefelder hatte zunächst nur an die bequemere Vervielfältigung von Manuskripten gedacht und das hierauf zielende neue Verfahren in seinem 1818 erschienenen »Vollständigen Lehrbuch der Steindruckerei« veröffentlicht. Andere exploitierten erst seine Idee zur Technik der Steinzeichnung. Sie ermöglichte eine Schnelligkeit der Aufzeichnung, die fast der des Wortes gleichkam, und hatte daher von Anfang an etwas Improvisiertes, Hingeschriebenes, Dialogisches, Literarisches und zugleich vermöge ihrer Aktualität und Billigkeit etwas Demokratisches, sie war eine Journalistik der Zeichenfeder und drückte den raschen, pointierten materialistischen Geist ihrer Zeit ebenso vollkommen aus wie der Holzschnitt den Geist der Reformation und der Kupferstich den Geist des Rokoko; und es hat eine symbolische Bedeutung, daß der Holzschnitt, der die Wünsche und Gedanken eines erwachenden, emporstrebenden Zeitalters in alle Welt trug, ein Hochdruckverfahren war, der Kupferstich, der die Gefühle einer absterbenden, in sich versenkten Epoche gestaltete, ein Tief-

1193

druckverfahren, die Lithographie aber ein Flachdruck. Übrigens erfuhr auch die Holzschnittechnik durch den Engländer Thomas Bewick eine entscheidende Verbesserung zum Holzstich (und es ist bezeichnend, daß diese Art der Reproduktion in dem harmlosen Deutschland die bevorzugte blieb: ihr verdanken die 1845 gegründeten *Fliegenden Blätter* und die schönen *Münchener Bilderbogen* ihre Entstehung); und gegen Ende des Zeitraums vervielfältigte man auch schon durch Photographie.

Daumier   Der Lithographie bedienten sich in jener Zeit Künstler von Säkularformat wie Goya, Géricault, Delacroix, Schwind, Menzel und Witzblätter von der Unsterblichkeit einer Woche wie die von Philipon gleich nach der Julirevolution begründete, sehr gefürchtete und schließlich verbotene *Caricature* und der ebenfalls in Paris herausgegebene *Charivari*. Sie ist Modejournal, Pamphlet, Chronik: ein haarscharfer, geistreicher, bald boshafter, bald gemütvoller, aber niemals schmeichelnder Spiegel des Lebens und durchmißt den ganzen Kreis zeichnerischer Ausdrucksmöglichkeiten vom naiv Erzählenden bis zum vernichtend Satirischen. Sie kennt ihr ganzes Zeitalter in Arbeit und Genuß, Camaraderie und Erotik, Elend und Aufstieg: den Hof und das Proletariat, den Advokaten und den Politiker, den Börsianer und den Kleinbürger, den Bürokraten und den Dandy, die Kokotte und den Rezensenten bis in ihre kleinsten Falten und Gesten. Gavarni, den man den Raffael der Karikatur genannt hat, ist auf eine feminine und sehr anmutige Manier in seine Modelle verliebt und mehr Sittenschilderer als Kritiker. Mit der feurigen Feder eines Dante hat aber Daumier seine Welt umrissen. Als Daubigny zum erstenmal vor Michelangelos Decke der Sistina stand, murmelte er: »Daumier.« Das sind in der Tat keine Karikaturen mehr, sondern Alpdrücke und Höllenvisionen, vor denen man das Lachen vergißt, zuckende Blitzlichtaufnahmen, mit dämonischer Faust zur Monumentalität gesteigert. In diesen gehetzten Fratzen grinst der Triumph der Technik und weint der Mensch um seine verlorene Seele. Und wie in einem apokalyptischen Schreckgesicht erscheint Paris, *la ville lumière*, der strahlende Fokus aller Kultur, Schönheit und Geistesmacht, und mit ihm die ganze Welt als ein dicker schnaufender Geldsack. Wir sagten im zweiten Buche, den Niederländern sei das Kunststück geglückt, eine Art Mythologie des Alltags zu schaffen; dasselbe hat Daumier vollbracht, nur zweihundert Jahre später: viel intellektueller, nervöser, atheistisch, großstädtisch.

Hegel sagt in seiner *Religionsphilosophie*: »Unsere Zeit hat das Ausgezeichnete, von allem und jedem, von einer unendlichen Menge von Gegenständen zu wissen, nur nichts von Gott. Früher hatte der Geist darin sein höchstes Interesse, von Gott zu wissen und seine Natur zu ergründen… Unsere Zeit hat dieses Bedürfnis, die Mühen und Kämpfe desselben beschwichtigt; wir sind damit fertig geworden, und es ist abgetan… Diesen Standpunkt muß man dem Inhalt nach für die letzte Stufe der Erniedrigung des Menschen achten, bei welcher er freilich zugleich um so hochmütiger ist, als er sich diese Erniedrigung als das Höchste und als seine wahre Bestimmung erwiesen zu haben glaubt.« Diese Zeit hatte es aber nicht mehr notwendig, vom christlichen Gott zu wissen, denn sie besaß bereits einen neuen Gott: nämlich das Geld. Wir erinnern uns aus dem ersten Buch, daß eines der großen Ereignisse, die die Neuzeit herauführten, der Untergang der Naturalwirtschaft war, an deren Stelle die Geldwirtschaft oder richtiger gesagt: die Goldwirtschaft trat, daß aber auch diese noch lange Zeit mit schlechtem Gewissen betrieben wurde. Allmählich verloren sich die Bedenken; aber noch bis ins Rokoko hinein verhielt es sich so, daß die herrschende Kaste nur den Grundbesitz kannte und zum Geld nur im Verhältnis des Ausgebens und Schuldigbleibens stand und auch in den übrigen Schichten der Erwerbs-

Der neue Gott

trieb etwas Infantiles, Dilettantisches, Rudimentäres behielt. Wir haben auch darauf hingewiesen, daß die Einführung des Geldstücks die Seelen der Menschen nivellierte, denn es identifiziert ihre Besitztümer und Leistungen mit einer gewissen Anzahl uniformer Metallprodukte, die man nach Belieben untereinander auswechseln kann. Aber ein Stück gemünztes Gold ist noch immer eine Wirklichkeit, wenn auch eine sehr niedrige; jetzt aber tritt an seine Stelle etwas noch Seelenloseres: der Bankzettel, der nichts ist als die leere Fiktion einer Ziffer. Und gerade vor diesem wesenlosen Nichts fand jetzt ein allgemeiner Kniefall der Menschheit statt, seine Erringung wird nicht bloß eine Sache des guten Gewissens, sondern des rastlosen Ehrgeizes, der leidenschaftlichen Liebe, der religiösen Inbrunst.

Selbstverständlich gab es schon früher Papiergeld (wir brauchen uns bloß an den Lawschen Krach zu erinnern), aber erst jetzt wird es zum Helden des Tages und der Zeit. Nun verhält sich das Denken in Gütern zum Denken in Geld wie das Handwerk (Werk der Hand: des größten Künstlers der Erde) zur Fabrikserzeugung (Arbeit der Maschine: des unpersönlichsten aller Produzenten, der »Nummern« macht), wie lebendige Ähnlichkeit zu toter Gleichheit, wie der Analogieschluß des Künstlers und des Mittelalters, der mit physiognomischem Blick organisch Zusammengehöriges erfaßt, zum Induktionsschluß des Wissenschaftlers und der Neuzeit, der aus mechanisch aneinandergereihten Einzelfällen das gemeinschaftliche Maß errechnet, kurz: wie Qualität zur Quantität. Das Geld ist der größte Feind des persönlichen Eigentums, da es vollkommen beziehungslos ist; und darum wollen die Kommunisten es ja auch gar nicht abschaffen, sondern bloß verstaatlichen, und darum hat der Bauer, der tiefste Gegner des Kommunismus, bei aller seiner Habgier ein tiefes Mißtrauen gegen »Papiere« und schätzt auch am Metallgeld nicht den Stempel, sondern nur das Material. Das Geld entkleidet alle Objekte ihrer Symbolik, da es sich ihnen als Generalnenner unterschiebt und sie damit ihrer Einmaligkeit und ihrer Seele beraubt. Das Geld ist das stärkste Vehikel des Plebejismus, da es für jedermann ohne Ansehung der Grade und Gaben erreichbar ist. Das Geld ist der tausendgestaltige charakterlose Proteus, der sich in alles zu verwandeln vermag, und mußte daher das Sinnbild und Idol einer Menschheit werden, die in alles hineinkriechen kann, aber selbst nichts ist, alles beschreibt und nichts liebt, alles weiß und nichts glaubt.

Zudem besteht ein enger Zusammenhang zwischen Geldwirtschaft und exakter Naturwissenschaft, überhaupt aller modernen Wissenschaft. In beiden wirkt die Begabung und Neigung, »rechnerisch« zu denken, womöglich alles in weltgültigen Abstraktionen, Generalbegriffen auszudrücken. Die Forderung, eine solche Formel zu sein, unter die sich schlechterdings alles bringen läßt, erfüllt das Geld in hohem Maße, und daher bildet seine Weltherrschaft einen der großartigsten Triumphe, obschon Scheintriumphe des Rationalismus: alle Werte und Realitäten, selbst die innerlichsten und intensivsten, wie Glück, Persönlichkeit, Gottesgaben, lassen sich durch das Geld arithmetisch darstellen (oder gilt seitdem etwa nicht der Reichste als der Glücklichste und Bewunderungswürdigste, und haben Balzac und Daumier etwa ihre Werke für »unbezahlbar« gehalten?). Nun haben wir aber schon mehrfach betont, daß jede Kultur sich nicht nur ihre Poesie und Sitte, Strategie und Gartenkunst, Jurisprudenz und Erotik, sondern auch ihre Naturwissenschaft macht; und es besteht daher eine tiefe Verwandtschaft zwischen der damals emporgekommenen Plutokratie oder vielmehr Plutolatrie und der ebenfalls damals geschaffenen Lehre von der Erhaltung der Kraft, die besagt, daß Licht, Wärme, Bewegung, Elektrizität, ja sogar die Lebenserscheinungen nur Formen ein und derselben neutralen Energie sind und daher ineinander verwandelt werden können, oder mit anderen Worten: daß alle Qualitäten nur Quantitäten sind. Und in der Tat reduzieren sich ja in dem Augenblick, wo man zugibt, daß alle Werte durch Geld ausdrückbar sind, sogleich alle seelischen Beziehungen der Menschen und alle ihre Schicksale: ihr Glück und Elend, ihr Triumph und Fall, ihre Seligkeit und Verdammnis auf Formveränderungen der Geldkraft, deren Summe, ganz ebenso wie das Energiekapital des Weltraums, eine fixe Größe darstellt.

Georg Simmel sagt in seinem gedankenreichen, nur leider schwer lesbaren Werk *Philosophie des Geldes*: »Das Geld schließt bei vielen die teleologischen Reihen endgültig ab und leistet ihnen ein Maß von einheitlichem Zusammenschluß der Interessen, von abstrakter Höhe, von Souveränität über die Einzelheiten des Lebens, das ihnen das Bedürfnis abschwächt, die Steigerung ebendieser Genugtuungen in der religiösen Instanz zu suchen.« Da man nicht gleichzeitig an Gott und das Geld glauben kann, so wird das Geld zum Gottersatz. Und ebendarum: weil es ein überreales Prinzip, weil es Gegenstand einer Religion ist, hat es auch die Tendenz, Selbstzweck zu werden. Man betet zu ihm nicht mehr, wie dies der Religiöse auf primitiver Stufe tut, um etwas von ihm zu erlangen, man betet es an, weil es anbetungswürdig, weil es die Gottheit ist. Der wahrhaft Geldgläubige verehrt das Geld nicht, weil man sich damit alles kaufen kann, sondern, weil es seine höchste Instanz, sein Polarstern, der Sinngeber seines Daseins ist. Man wird zugeben müssen, daß dies kein kompakter roher Aberglaube nach Art der Fetischisten und Wallfahrer ist, sondern ein Götzendienst von hoher Sublimationskraft, kein einfacher Materialismus, sondern die Prostration vor einem *geistigen* Prinzip, wie ja auch der Teufel eines ist. Und alsbald erheben sich in den Städten mächtige Hauptheiligtümer namens Börsen und Scharen kleinerer Tempel, Banken genannt; in ihnen wird etwas Magisches, Allmächtiges, Allgegenwärtiges, aber Unsichtbares angebetet; vorgeblich eingeweihte Priester (meist freilich Ignoranten oder Betrüger) verkünden seinen Willen; zahllose Gläubige bringen opferfroh ihre Habe dar, in heiliger Scheu unverständliche Beschwörungsformeln einer fremden Sprache murmelnd. Das Credo ist zum Credit geworden.

Nichts interessiert die Menschen jener Zeit als das Geld, *Balzac* selbst die Malerei schildert mit Vorliebe finanzielle Situationen: Pfändungen, Bankerotte, Spielerszenen, den Hausierer mit seinen Warenballen, und Comte stellt an die Spitze der weltlichen Regierung seines Zukunftsstaats die Bankiers. Das Hohelied und homerische Epos auf die Macht des Geldes aber hat Balzac gesungen. Alles dreht sich bei ihm ums Geld, es ist der Held aller seiner Dichtungen, alle seine Gestalten und er selbst sind von einer wahren Geldsatyriasis erfaßt. Mit magischer Hand hat er den atembeklemmenden Schlagschatten, den dieser böse Riese über die Seelen warf, an die Wand gemalt. Und da der Dichter nichts anderes ist als das Megaphon seiner Zeit, so hat er diese Teufelslehre von seiner einsamen nächtlichen Warte herab verkünden müssen, ja er hat sich sogar gedrängt gefühlt, sie zu leben. Ein Dichter, an Kraft der Menschenschöpfung einem Rembrandt oder Shakespeare nicht unebenbürtig, als Troubadour und Prophet des Geldes: einen größeren Triumph konnte der Mammonismus nicht erringen.

In fast jedem Kapitel surrt es bei ihm von Zahlen, Chancen, Preisen, Prozenten, von Mitgiften, Erbschaften, Transaktionen, Prozessen, alles ausführlich und sachkundig berechnet. Er selbst beschäftigte sich sein ganzes Leben lang mit allen möglichen phantastischen Unternehmungen, die sämtlich fehlschlugen: einer Ananaszüchterei, einer Buchdruckerei, einer Letterngießerei, Volksausgaben französischer Klassiker, Experimenten für eine neue Papiermasse, der Exploitierung sardinischer Silberminen, der Hebung vergrabener Schätze an der Seine. Er hatte auch die physiologische Konstitution eines Finanzmanns. Es wurde im vorigen Buch darauf hingewiesen, daß Schiller das Moment der Arbeit in die Dichtkunst eingeführt hat. Aber während dieser den stillen und fast unbewußten Fleiß eines Bibliothekars oder Brückenbauers besaß, arbeitete Balzac mit der keuchenden verzweifelten Wut eines Großspekulanten, der, Tag für Tag den Konkurs vor Augen, Nacht für Nacht fiebernd über seinen Kassenbüchern brütet; und seine Bücher *waren* seine Kassenbücher. An seinen Texten feilte er so lange, daß bisweilen keine Silbe von der ersten Niederschrift stehenblieb; seine Korrekturen waren der Schrecken der Setzer, er verlangte fünf, sechs, zehn Abzüge. Er selbst sagte: »Wenn der Künstler sich nicht in den Abgrund stürzt wie Curtius und nicht in diesem Krater arbeitet wie ein verschütteter Bergmann, so begeht er Selbstmord an seinem Talent. Darum winkt der gleiche Preis, der gleiche Lorbeer dem Dichter wie dem Feldherrn.« Er ist kein Priester, wie es der Poet in alten Zeiten war, kein Sekretär des Weltgeistes, wie es noch sein Zeitgenosse Goethe ist, kein nachtwandelnder Träumer, der das Geheimnis der Wirklichkeit in hellseherischer Ahnung erfaßt, wie es der Dichter immer sein wird, sondern ein Alchimist, der es durch Zauberformeln zu erlisten, durch Retorten zu erpressen sucht, ein Stratege, der es durch geniale Schachzüge einkreist. Seine Wahrheiten sind nicht Orakelsprüche, die der Gott ihm eingibt (denn er hat keinen mehr), sondern Triumphe der Energie, des Kalküls, der Wissenschaft, der zähen unterirdischen Förderarbeit. Er schrieb sechzehn, ja dreiundzwanzig Stunden am Tage, bei geschlossenen Läden und Kerzenlicht (denn für diesen Poeten ist sein Arbeitszimmer sein Laboratorium) und trank dazu viele Tassen Kaffee wie Voltaire. Aber während für den Rokokohelden der Mokka ein feinschmeckerisches Anregungsmittel ist, das seinen Esprit noch pikanter, beschwingter und durchsichtiger macht, ist es für den Helden des Börsenzeitalters nur ein grausames Aufpeitschungselixier, das aus seinem überlasteten Organismus die letzten Spannkräfte preßt; bei jenem dient er dem spielerischen Selbstgenuß, bei diesem dem dumpfen Industrialismus. Voltaire ist Aristokrat, Balzac Plebejer; aber ebendies macht einen Teil seiner Größe aus. Denn gerade seine plebejischen Eigenschaften: seine massive Vitalität, sein Mangel an Hemmungen, seine durch angeborenes Mißtrauen und Schicksalshärte geschärften Sinne haben ihn dazu befähigt, ein Schilderer des Lebens zu werden, wie man ihn bisher noch nicht erblickt hatte.

In Balzac kocht und raucht das Maschinenzeitalter. Er selbst ist nichts als eine wunderbar gebaute Riesenmaschine, die unermüdlich dampft, stampft, mahlt und aus Materie Materie macht. Der Genius ist zum Perpetuum mobile geworden! Balzacs gigantische Fabrik walzt Menschen, in allen Größen und Qualitäten, pausenlos und massenhaft, und speit sie auf den Markt; er ist Leiter eines »Menschenwerks«. Seine Produkte sind imposant, aber deprimierend und nicht gänzlich überzeugend, wie alle »Wunderwerke der Technik«; sie sind nicht Ebenbilder Gottes, sondern Konkurrenten der Natur. Romantiker (allerdings nur im französischen Sinne) ist Balzac gleichwohl durch seine halb zum Alpdruck, halb zur Karikatur steigernde Visionskunst: hierin erweist er sich als das genaue Pendant zu Daumier.

Balzac wollte nicht Romancier sein, sondern Historiker, ja eigentlich Naturhistoriker. Im Vorwort seiner »Comédie humaine«, die in fast dreitausend Personen und über hundert Romanen das ganze Leben der Zeit umfaßt: *la vie privée, la vie parisienne, la vie de province, la vie de campagne, la vie militaire, la vie politique* (wozu noch die *études philosophiques* und *études analytiques* kommen), sagt Balzac, er wolle für die menschliche Gesellschaft vollbringen, was Buffon für das Tierreich tat: »Soldaten, Arbeiter, Advokaten, Gelehrte, Staatsmänner, Kaufleute, Seefahrer, Dichter, Bettler, Priester unterscheiden sich genauso wie Wölfe, Löwen, Raben, Haifische, Lämmer.« Er hätte auch seinen Zeitgenossen Comte nennen können, dem in seiner Soziologie ebenfalls so etwas wie eine vergleichende Naturgeschichte der menschlichen Gesellschaft, die Feststellung ihrer Typen und Gesetze vorschwebte. Der Plan war unzweifelhaft grandios und ist auch im Rahmen der menschlichen Unvollkommenheit bewundernswert zur Durchführung gelangt. Daß er aber überhaupt gefaßt werden konnte, hat seine Wurzel in dem doppelten Rationalismus, der Balzac sowohl als Franzosen wie als Menschen des neunzehnten Jahrhunderts kennzeichnet: in der Überzeugung, daß es ein System gebe, worin die Wirklichkeit restlos aufgehe, daß das Leben ein Problem der Mechanik und der Permutationsrechnung sei. Ein andermal verglich Balzac sich mit Napoleon, indem er auf dessen Statuette, die in seinem Zimmer stand, die Worte schrieb: »Was er mit dem Degen nicht durchführen konnte, werde ich mit der Feder vollbringen. Honoré de Balzac.« Und das war richtig prophezeit. Er hat Europa unterjocht: von der Seine bis zur Wolga gehorchte es seiner Zauberfeder. Mit dem Degen konnte das niemals gelingen. Seine Welt war zuerst in der Phantasie da; erst später wurde sie wirklich. Das vermochte sie nur zu werden, weil sie schon von allem Anfang an wirklicher war als die wirkliche. Eines Tages, Balzac arbeitete gerade an *Eugénie Grandet*, erzählte ihm Jules Sandeau, der eben von einer Reise zurückgekehrt war, allerhand Neuigkeiten; Balzac hörte ihm eine Zeitlang zu, und dann sagte er: »Das ist ja alles interessant, mein Lieber, aber kehren wir zur Wirklichkeit zurück, sprechen wir von Eugénie.« Ich sagte in der Einleitung dieses Werks, alle die großen Tatmenschen der Weltgeschichte seien nichts anderes gewesen als verunglückte, ins Leben verschlagene Künstler. Nero mußte Rom anzünden, was eine gefährliche, kostspielige und ausgesprochen kitschige Idee war; Dante hat mit seinem Flammenpinsel eine ganze Hölle angezündet, deren Feuer unlöschbar durch die Jahrhunderte brennt. Napoleons Phantasie blieb in der Realität stecken, und darum mußte er den aussichtslosen Versuch machen, sie mit Soldaten zu erobern.

Sainte-Beuve weist darauf hin, daß alle Welt den Ehrgeiz hatte, sich à la Balzac einzurichten (übrigens höchst geschmacklos: überladen, endimanchiert, bourgeois-gentilhommehaft, wie es in der Wesensart Balzacs und der ganzen Zeit lag); aber das war bloß eine der vielen lebendigen Wirkungen des Balzacschen Œuvres. Nur aus dieser Epoche konnte eine so paradoxe, ja grauenerregende Spielart von Dichter geboren werden, wie sie in Balzac verkörpert war, und nur aus Balzac konnte diese Epoche ihren letzten Auftrieb, ihre geistige Legitimation und innere Lebensform schöpfen. Und wir stehen wieder einmal vor der Frage: Macht der Dichter die Realität, oder macht sie ihn?

Diese Ära wird mit dem Wort »Bürgerkönigtum« sehr zutreffend bezeichnet. Der König ist nichts als der erste Bürger, und eigentlich ist der Bürger König. Das Julikönigtum war die Schöpfung einer nur dreitägigen Revolution, die in der Hauptsache von Arbeitern, Studenten und napoleonischen Veteranen vollbracht wurde. Ihre unmittelbare Ursache waren eine Reihe von Ordonnanzen Karls des Zehnten, in denen das Ergebnis der letzten, oppositionellen Wahlen für ungültig erklärt, ein neues, reaktionäres Wahlgesetz erlassen und die Preßfreiheit aufgehoben wurde; und somit bewahrheitete sich das Bonmot, das Ludwig der Achtzehnte über seinen Bruder gesagt hatte: »Er hat gegen Ludwig den Sechzehnten konspiriert, er konspiriert gegen mich, eines Tages wird er gegen sich selber konspirieren.« Die ganze Stadt starrte vor Barrikaden, alles bewaffnete sich mit Flinten und Pflastersteinen, und, wie der königliche Oberbefehlshaber Marmont melden mußte, jedes Haus wurde zur Festung, jedes Fenster zur Schießscharte. Die Trup-

Das Julikönigtum

pen, deren Stimmung von vornherein flau war, zogen sich nach kurzem Straßenkampf zurück; der König abdizierte zugunsten seines Enkels, dessen Vater zehn Jahre vorher einem Attentat zum Opfer gefallen war, und ging nach England. Der Beschluß der Pairs und Deputierten erhob aber ein Glied der jüngeren Linie des Hauses Bourbon, den Herzog Ludwig Philipp von Orléans, auf den Thron, wobei ihnen als Modell die englische Revolution vom Jahre 1688 vorschwebte, die ebenfalls die alte Dynastie zwar depossediert, aber an ihre Stelle eine halblegitime, nämlich die nächstberechtigte Linie gesetzt hatte. Man hatte den alten Lafayette, der wie vor vierzig Jahren an die Spitze der Nationalgarde getreten war, davon überzeugt, daß nur durch diesen Ausweg Frankreich vor dem Republikanismus gerettet werden könne; dadurch wurde aber der vierte Stand, der die ganze Revolution gemacht hatte, um deren Früchte betrogen. Der neue König war ein außergewöhnlich kluger und vollkommen vorurteilsloser Mann, politisch nicht kompromittiert, da er nie gegen sein Vaterland gekämpft, sogar bei Valmy und Jemappes mitgefochten hatte, auch durch sein sonstiges Vorleben für die Rolle empfohlen, die ihm zugedacht war: er hatte sich als Emigrant stets im Hintergrund gehalten und auf bürgerliche Weise fortzubringen gesucht, war auch während der Restauration nicht zu den feudalen Sitten zurückgekehrt, sondern in seinen Lebensformen ein Bourgeois geblieben; und so wurde der dicke Regenschirm, mit dem er spazierenzugehen pflegte, das Symbol des neuen Königtums. Um den Bruch mit dem alten Regime auch äußerlich scharf zu markieren, nannte er sich nicht Ludwig der Neunzehnte oder Philipp der Siebente, sondern Louis Philippe, auch nicht mehr *roi de France* wie die Bourbonen, die damit gewissermaßen ganz Frankreich als ihr Eigentum reklamierten, sondern *roi des Français*, als von den Franzosen gewählter König, denen er den Eid auf die Verfassung ablegte; das bourbonische Lilienbanner vertauschte er mit der nationalen Trikolore. Da er aber seine Krone einer Liga reicher Bankiers, energischer Journalisten und einflußreicher Parteimänner verdankte, so blieb ihm nichts übrig, als mit diesen drei Mächten verbündet zu bleiben, das heißt: mit der Korruption, und diese hat denn auch in seinen Tagen eine Höhe erreicht, wie sie seit den heroischen Zeiten der griechischen und römischen Republiken nicht mehr erblickt worden war. Am Portal seiner Ära stehen als berüchtigte Wahlsprüche das »juste milieu« und das »enrichissez-vous«. Trotz seiner ausgezeichneten diplomatischen Gaben hat er seine Stellung niemals vollkommen befestigen können, worüber er sich auch keinen Augenblick einer Täuschung hingab. Für die Republikaner und die Bonapartisten war er ein volksfeindlicher Usurpator, für die Royalisten und die konservativen Höfe des Auslands ein illegitimer Parvenü: der Zar wurde nur durch die polnische Revolution, die in demselben Jahre wie die Julirevolution ausbrach, an einer bewaffneten Intervention verhindert; zweimal versuchte Louis Napoleon, der Neffe Napoleons des Ersten und nachmalige Napoleon der Dritte, einen Aufstand; während seiner ganzen Regierung ereigneten sich Attentate: mit Pistole, Dolch, Höllenmaschine, einmal sogar, durch den Korsen Fieschi, mit einem aus vierundzwanzig Gewehrläufen konstruierten Maschinengewehr, so daß er schließlich kaum mehr auszugehen wagte.

Eine unmittelbare Folge der Julirevolution war der belgische Aufstand. Die künstliche Zusammenschweißung Hollands und Belgiens hatte sich als vollkommen unhaltbar erwiesen. Die Wallonen, die die südliche Hälfte Belgiens bevölkern, sind Romanen und sprechen französisch, aber auch die germanischen Flamen, die im nördlichen Teil des Landes wohnen, sind durch ihr katholisches Glaubensbekenntnis von den Holländern getrennt und in ihren großen Städten überwiegend französischer Zunge; zudem dominiert in ganz Holland der Handel und die

Belgien, Polen und Hambach

Schiffahrt, in Belgien die Industrie und der Ackerbau. Infolgedessen haben die Flamen (obgleich sie, wie früher schon hervorgehoben wurde, mit den Holländern in Abstammung und Charakter fast identisch sind) stets nach Belgien gravitiert. Der Haß gegen die Union war so stark, daß Klerikale und Liberale in der Revolution gemeinsame Sache machten. Diese kam in Brüssel während der Oper *Die Stumme von Portici* zum Ausbruch, die bekanntlich den Aufstand der Neapolitaner unter der Führung des Fischers Masaniello schildert, und ergriff bald das ganze Land. Die Londoner Konferenz der Großmächte gab der Unabhängigkeitserklärung des belgischen Nationalkongresses und der Wahl des Prinzen Leopold von Sachsen-Coburg ihre Anerkennung, der als König der Belgier den Thron bestieg und große Klugheit und Umsicht bewies, indem er ein streng konstitutionelles Regiment führte, die Parteien versöhnte und das Land wirtschaftlich förderte, besonders durch den Ausbau eines reichen Eisenbahnnetzes, das noch heute den Stolz Belgiens bildet. Ferner wurde das Land auf ewige Zeiten durch einen Garantievertrag der Großmächte für neutral erklärt, dessen Spitze aber damals noch gegen Frankreich gerichtet war.

An den belgischen Aufstand schloß sich der polnische, der ebenfalls von der Hauptstadt ausging. Die einheimischen Teile der Armee schlossen sich der Insurrektion an. Die neugebildete provisorische Regierung erklärte den Zaren für abgesetzt und verlangte die Grenzen von 1772. General Diebitsch, der Eroberer von Adrianopel, drang mit einem russischen Heer in Polen ein und siegte nach einigen unentschiedenen Gefechten bei Ostrolenka, erlag aber bald darauf der Cholera. Das Ausland begleitete die polnische Erhebung mit lebhaften Sympathien, Polenlieder folgten den Griechenliedern, und Lafayette forderte die französische Kriegserklärung. Aber die Überlegenheit der russischen Artillerie und die Spaltung des Volkes in eine aristokratische und eine demokratische Partei führte zur Einnahme von Warschau und bald darauf zur allgemeinen Unterdrückung des Aufstands. Das »organische Statut« nahm Polen seine Verfassung und machte es zur russischen Provinz: Armee, Sprache, Religion, Verwaltung wurden mit moskowitischer Roheit gewaltsam russifiziert. Im Jahr 1846 kam es abermals zu polnischen Unruhen, diesmal in Posen und in Krakau, die zur Folge hatten, daß dieses seiner Freiheit verlustig ging und zu Österreich geschlagen wurde.

Im Revolutionsjahr 1830 erhoben sich auch die Schweizer, stürzten alle ihre aristokratischen Regierungen und verwandelten sie in demokratische. Seitdem ist die Schweiz der europäische Zufluchtsort aller politisch Verfolgten oder Unzufriedenen, und voll Zorn mußte Metternich sehen, daß die »befestigte Kloake«, um die man »einen moralischen Gesundheitskordon« ziehen müsse, zum Herd aller revolutionären Gifte wurde. Nachdem Aufstände in Parma, Modena und der Romagna mit österreichischer Hilfe unterdrückt worden waren, stiftete der junge Mazzini, der die Seele dieser Bewegungen gewesen war, in Bern den Geheimbund des »jungen Europa« mit den Filialen des jungen Italien, jungen Polen und jungen Deutschland. Auch in Sachsen, Kurhessen, Hannover und fast allen anderen deutschen Gebieten flackerten Unruhen empor; nur in Preußen und Österreich blieb es still. Im Mai 1832 fand auf der Hambacher Schloßruine in der Pfalz unter Beteiligung von mehr als zweitausend Personen eine phrasenreiche Volkskundgebung für Demokratie und Einheit, Polenbefreiung und Frauenemanzipation statt, die Metternich zur Erneuerung der Karlsbader Beschlüsse veranlaßte. Da auch die literarische Schule des »jungen Deutschland« ausgesprochen politisch orientiert war und in temperamentvoller, obschon gänzlich unklarer Weise für die »modernen Ideen« eintrat, so wurden 1835 auf Metternichs Betreiben ihre Mitglieder (mit Ausnahme Börnes, des einzigen wirklich gefährlichen) vom Deutschen Bund geächtet, mehrere von ihnen zu Gefängnisstrafen verurteilt und nicht nur ihre bisherigen, sondern auch ihre künftigen Schriften verboten, ja es war nicht einmal erlaubt, ihre Namen, wenn auch in tadelndem oder warnendem Zusammenhange, zu drucken. Für sie war es verhängnisvoll geworden, daß man sie mit dem politischen Geheimbund identifizierte, der mit ihnen gar nichts zu schaffen hatte und ihnen nicht einmal bekannt war. Es war ein rein äußerliches Zusammentreffen, daß Laubes erster Roman den Titel *Das junge Europa* führte und Wienbarg seine *Ästhetischen Feldzüge* mit den Worten eingeleitet hatte: »Dir, junges Deutschland, widme ich diese Reden, nicht dem alten«; überhaupt hatten erst die Verfolger diese Schule konstruiert, deren Mitglieder nicht nur kein gemeinsames Programm besaßen, sondern einander nicht ausstehen konnten und stets boshaft befehdeten. Fünf Jahre später erließ Friedrich Wilhelm der Vierte, als er, zweihundert Jahre nach dem Großen Kurfürsten, hundert Jahre nach Friedrich dem Großen, den preußischen Thron bestieg, eine allgemeine Amnestie.

Der Romantiker auf dem Thron Dieser Herrscher war geistreich, unternehmend, großmütig, warmherzig und zweifellos eine Persönlichkeit. Daß er ein nobler Charakter und ein interessanter Kopf war, haben auch seine Gegner nicht in Abrede stellen können; daß es seinem Denken an Klarheit, seinem Willen an Energie fehlte, haben selbst Hofhistoriographen wie Heinrich von Treitschke einräumen müssen. Seine zur Fettleibigkeit neigende, aber nicht unelegante Figur, seine schlaffen, aber lebhaften Züge, seine fahrige, aber feinfühlige Impressionabilität verliehen ihm ein unsoldatisches, aber liebenswürdiges Gepräge. Er erinnert in seiner naiven Prunkliebe an den ersten Preußenkönig Friedrich den Ersten, in seiner satirischen Veranlagung und intensiven Anteilnahme an allen geistigen Bewegungen der Zeit an Friedrich den Großen, in seiner überströmenden Redelust, die sich nicht nur in der Privatkonversation, sondern auch bei allen möglichen öffentlichen Anlässen, und zum Teil sehr eindrucksvoll, äußerte, und seinem temperamentvollen, einmischungssüchtigen Dilettantismus an Wilhelm den Zweiten. Er war mit Alexander von Humboldt und Ranke nahe befreundet, zog Rückert und Schelling, Schlegel und Tieck, Mendelssohn und Cornelius und andere Koryphäen nach Berlin und empfing sogar Herwegh, den Dichter der deutschen Revolution, in Audienz. Eine Menge Bonmots aus seinem Munde kursierten in Berlin: so sagte er zum Beispiel, als er einmal, aus seiner Theaterloge tretend, den wartenden Lakaien auf dem Fußboden schlafend antraf: »Der hat gehorcht!« Ein andermal bemerkte er: »Anfangs wollten mich die Berliner vor Liebe auffressen, jetzt bedauern sie, es nicht getan zu haben«, und so verhielt es sich in der Tat: auf die begeisternden Reden und begeisterten Versprechungen folgte eine tiefe Enttäuschung; es stellte sich heraus, daß alles nur impulsive Phrase gewesen war und der neue König, keineswegs geneigt, seinen Staat zeitgemäß zu reformieren, vielmehr von nebelhaften, halb poetischen Reminiszenzen an mittelalterliche Lebensformen erfüllt war, indem er mit patriarchalischem Regiment, ständischer Hierarchie, Vasallentreue, christlichem Staat und ähnlichen romantischen Requisiten operierte, die die Zeit längst als staubige Antiquitäten ausgemustert hatte. Alsbald gewöhnte man sich daran, dem König, der unermüdlich weiterprojektierte und weiterredete, überhaupt nichts mehr zu glauben, und der Berliner Witz übersetzte seine stehende Redensart »das gelobe und schwöre ich« in »dat jlobe ik schwerlich«. Nachdem schon früher Gutzkow in seinem Drama *Nero* Ludwig den Ersten von Bayern als romantischen Tyrannen geschildert hatte, der das Volksglück seinem Kunstwahn opfert, schrieb David Friedrich Strauß seine Schlüsselbiographie des Kaisers Julian, des »Ro-

1209

mantikers auf dem Thron der Cäsaren«, die auf Friedrich Wilhelm gemünzt war. Die Parallele ist salzlos, philiströs und gequält wie alles, was dieser Autor hervorgebracht hat, da sich kaum zwei unähnlichere Personen und Situationen denken lassen, aber der Spitzname ist dem König geblieben. Und wenn man unter einem Romantiker ganz allgemein einen Menschen versteht, der dauernd in der Phantasie lebt, so ist Friedrich Wilhelm tatsächlich der Typus eines Romantikers gewesen: »Meine Lage«, schrieb er kurz nach seinem Regierungsantritt an Metternich, »erscheint mir wie ein Traum, aus welchem ich sehnlich das Erwachen wünsche.« Aus diesem Traum ist er niemals erwacht.

Das Jahr seiner Thronbesteigung ist auch dadurch bemerkenswert, daß es von einem diplomatischen Konflikt erfüllt war, der beinahe zu einem großen europäischen Krieg geführt hätte. Es war Mehemed Ali, einem sehr befähigten albanesischen Offizier, gelungen, Ägypten von der Pforte vollständig unabhängig zu machen, die ihm außerdem noch für seine Hilfe im griechischen Freiheitskampf Kreta und einige Jahre später, von seinem Schwiegersohn Ibrahim entscheidend geschlagen, Syrien überlassen mußte. 1839 kam es abermals zum Kampf, die Ägypter siegten bei Nisib, die feindliche Flotte ging zu ihnen über, der Bestand der Türkei schien bedroht. Infolgedessen schlossen England, Rußland, Österreich und Preußen im darauffolgenden Jahr einen Vierbund zum Schutze der Integrität des türkischen Reichs, während Frankreich auf Mehemed Alis Seite trat, der aber vor der Übermacht zurückweichen und Kreta und Syrien herausgeben mußte. Dies aber empfanden die Franzosen als persönliche Erniedrigung, und in ihrem Zorn darüber erneuerten sie die Forderung nach der Rheingrenze. Der Kriegslärm dauerte einen vollen Winter. Die Franzosen, die sich immer für irgend etwas rächen müssen, erhoben den Ruf: »*Revanche pour Belle-Alliance!*«, Thiers ließ Paris und

1210

Lyon befestigen (was den doppelten Zweck des Schutzes nach innen und nach außen hatte und daher von den Radikalen »*embastillement de Paris*« genannt wurde), Hoffmann von Fallersleben dichtete *Deutschland, Deutschland über alles*, Lamartine eine *Marseillaise des Friedens*, Arndt *All Deutschland in Frankreich hinein*, Schneckenburger die *Wacht am Rhein*, Becker das Rheinlied *Sie sollen ihn nicht haben*, wofür er von Musset in einem künstlerisch weit wertvolleren Gedicht die Antwort erhielt: »*Nous l'avons eu, votre Rhin allemand*«, und von Ludwig von Bayern einen Ehrenbecher mit der Inschrift: »Aus diesem vergoldeten, silbernen, von mir angegeben wordenen Pokal trinken Sie oft, das singend: sie sollen ihn nicht haben!«, und selbst der Republikaner Georg Herwegh sang: »Stoßt an, stoßt an, der Rhein, der Rhein soll deutsch verbleiben!«, obschon mit dem kosmopolitischen Zusatz »und wär's nur um den Wein«. Für die traurige Tatsache, daß Frankreich die politische Irrenzelle Europas und Provokation seine zweite Natur ist, läßt sich kaum ein stärkerer Beweis erbringen als die Ereignisse von 1840. Denn niemand wird behaupten können, daß jene Fellachenrauferei ein Anlaß war, die Pfalz zu bedrohen. Indes kam es nicht zum Krieg: Louis Philippe war viel zu klug, um die Gefährlichkeit seiner Situation nicht einzusehen, die ihn zwischen zwei Feuer stellte, denn einerseits legte es der Zar auf einen legitimistischen Kreuzzug der Ostmächte an, andererseits hätten die Republikaner den Krieg sofort zu einer Revolution benützt.

In dieser Krise erwies sich England wieder als die absolut führende Macht. In London wurde der Vierbund, der türkisch-ägyptische Friede und 1841 auch der wichtige Meerengenvertrag geschlossen, worin alle fünf Großmächte übereinkamen, daß in Friedenszeiten kein fremdes Kriegsschiff den Bosporus und die Dardanellen passieren dürfe: er war gegen Rußland gerichtet, das acht Jahre vorher bei der Türkei die

Manchester

Öffnung des Bosporus für alle russischen und die gleichzeitige Schließung der Dardanellen für alle übrigen Schiffe durchgesetzt hatte. 1837 war die junge Königin Viktoria ihrem Oheim auf dem Thron gefolgt, wodurch sich die Personalunion mit Hannover, wo die weibliche Erbfolge nicht galt, auflöste. 1839 besetzte England Aden, den Schlüssel zum Roten Meer, und schuf sich dadurch einen seestrategischen Gegenpol zu Gibraltar; 1840 führte es den skandalösen Opiumkrieg gegen China, in dem es die Opiumeinfuhr aus Indien und die Abtretung der Insel Hongkong erzwang; nachdem es schon vorher sich im Westen und Süden Australiens ausgebreitet und einen Teil von Hinterindien unterworfen hatte, eroberte es in den vierziger Jahren auch das vorderindische Pandschabgebiet und gewann damit ein unschätzbares Ausfalltor gegen Afghanistan und Rußland. Es wurde bereits geschildert, in welchem erstaunlichen Maße in England das Maschinenwesen, der Eisenbahnbau und die Dampfschiffahrt den Kontinent überflügelt hatten. Dort gab es auch schon längst Märchendinge wie Streichhölzer, Stearinkerzen und Stahlfedern. 1840 wurde durch Rowland Hill die aufklebbare Marke und die Pennypost eingeführt, die die Briefe in ganz England gegen ein Einheitsporto von einem Penny beförderte, während innerhalb der preußischen Grenzen die Briefzustellung damals noch zehn bis zwanzig Silbergroschen kostete; das Gros der deutschen Staaten entschloß sich erst gegen Ende der vierziger Jahre zu dieser neuen Einrichtung, Mecklenburg-Strelitz erst 1863. Die Eroberung ungeheurer Gebiete von höchster Fruchtbarkeit, im Verein mit den technischen Vervollkommnungen, hatte natürlich sehr wohltätige wirtschaftliche Folgen, freilich nur für die besitzenden Klassen. Der englische Naturforscher William Draper, ein ausgezeichneter Physiolog, auch verdient um die Entwicklung der Photographie, später Professor der »Philosophie« in New York und Geschichtsschreiber des amerikanischen Bürgerkriegs, hat eine seinerzeit vielgelesene *History of the intellectual development in Europe* geschrieben, die auf Bucklesche Manier mit geschwätziger Naivität den Fortschritt des europäischen Geistes im wissenschaftlichen Aberglauben feiert; er erzählt darin, daß bereits 1833 die Länge des Garns, das während eines Jahres in England gesponnen wurde, ausgereicht hätte, den Umfang der Erde mehr als zweihunderttausendmal zu umspannen, und fügt hinzu: »Die Menschen hatten Werke vollbracht, die fast gottgleich waren.«

Die Reformbill vom Jahr 1832 gewährte der industriellen Mittelklasse Anteil an den Parlamentswahlen. Im darauffolgenden Jahre wurde in den britischen Kolonien die Sklaverei aufgehoben, weniger aus philanthropischen als aus handelspolitischen Gründen. Die Erbitterung des vierten Standes kam in tumultuarischen Arbeitsverweigerungen (einen organisierten Streik gab es damals noch nicht) und in schweren Ausschreitungen zum Ausdruck, am furchtbarsten 1839 in Birmingham, wo die Arbeiter die ganze Stadt verwüsteten, die Häuser plünderten und die Fabriken einäscherten: der Herzog von Wellington, der die Revolte niederschlug, erklärte im Oberhause, er sei schon oft Zeuge der Eroberung einer Stadt gewesen, aber niemals habe er ähnliche Schrecken mitgemacht. Es ist unbegreiflich, wieso ein Volk von so hoher politischer Weisheit wie das englische, das zudem in allen Fragen des praktischen Lebens einen so viel reicheren Schatz an Erfahrung besaß als alle übrigen, nicht einsehen wollte, daß es für den Stand, dem es seinen ganzen Wohlstand verdankte, ausreichend zu sorgen habe. Es darf jedoch nicht unerwähnt bleiben, daß es im britischen Kulturgebiet zu allen Zeiten, und besonders in der damaligen, einige hochherzige Idealisten gegeben hat, die es sich zur Aufgabe machten, das Gewissen ihrer Landsleute aufzurütteln. Einer von ihnen war Richard Cobden. Er erkannte, daß die Hauptursache des großstädtischen Elends in den hohen Brotpreisen zu suchen sei und daß diese wieder auf die Getreidezölle zurückzuführen seien, an denen das Oberhaus, das fast ausschließlich aus Grundbesitzern bestand, in kurzsichtigem Egoismus festhielt. Er gründete daher die »*Anti-cornlaw-league*«, der sich auch die Fabrikanten anschlossen (weil sie nämlich hofften, bei billigeren Brotpreisen noch niedrigere Löhne zu erzielen), und es gelang ihm in zehnjährigem Kampfe, die Aufhebung der Korngesetze zu erwirken. Aus seinen Lehren und Forderungen entwickelte sich in Manchester, dem Mittelpunkt des Baumwollhandels, eine neue nationalökonomische Richtung, die sogenannte Manchesterschule, die sich für den Freihandel, das heißt: die Abschaffung sämtlicher Schutzzölle erklärte. Mit ihr vereinigten sich die Vorkämpfer des Chartismus, die unter dem Losungswort »*the people's charter*« als Recht des Volkes dessen entscheidende Beteiligung an der Regierung forderten, und diesen schlossen sich die irischen Separatisten an, die die Lostrennung von England, »*the repeal of the union*«, teils mit friedlichen, teils mit kriegerischen Mitteln ungestüm und unablässig betrieben. Diese drei Bewegungen, durch energische und gewandte Agitatoren wie O'Connell und O'Connor verstärkt und beschleunigt, versetzten England in den dreißiger und vierziger Jahren in dauernde Gärung. Im Parlament lösten Torys und Whigs einander ab, ohne daß eine der beiden Parteien etwas allgemein Befriedigendes zustande brachte. Die Chartisten verlangten allgemeines und gleiches Wahlrecht, geheime Abstimmung, jährliche Neuwahlen, die Liguisten Ausschaltung aller staatlichen Eingriffe in Handel und Gewerbe, die Iren waren nicht weit entfernt von anarchistischen Grundsätzen. In diesen Wirren war der weitaus einsichtigste, vorurteilsloseste und weitblickendste Kopf Sir Robert Peel, der, anfangs strenger Tory, allmählich eine liberalere Richtung eingeschlagen hatte und, mit erstaunlicher Anpassungsfähigkeit an die Tatsachen, zwischen den extremen Wünschen und Antrieben der Parteien die Mitte zu halten verstand: daß er häufig sein Programm wechselte, floß, obgleich er deshalb von seinen Gegnern schwach und inkonsequent gescholten wurde, aus seinem gesunden Wirklichkeitssinn, der nicht nach einer starren Parteidoktrin vorging, sondern sich nach den jeweiligen Umständen und Gegebenheiten richtete. So gelang es ihm, die irische Frage wenigstens insoweit zu regeln, als es zu keiner Katastrophe kam, die Chartistenbewegung in parlamentarische Formen zu lenken und dem Freihandelssystem auf den wichtigsten Gebieten zum Siege zu verhelfen.

Die ersten praktischen Versuche auf dem Felde der sozialen Fürsorge machte, ohne jede staatliche Unterstützung, der edle Robert Owen, durch dessen Schriften auch das Wort Sozialismus zu einer Weltvokabel wurde (sein Erfinder ist der Saint-Simonist Pierre Leroux); nur dachte er an einen Sozialismus von oben, wie dem Kaiser Josef ein Liberalismus von oben vorgeschwebt hatte. Er verkürzte in seinen Fabriken, die über zweitausend Menschen beschäftigten, die Arbeitszeit, führte die Arbeitslosenunterstützung ein, sorgte für hygienische Arbeitsräume und unentgeltliche Behandlung der Kranken, errichtete Wohnungen, Schulen und Konsumvereine und entwickelte eine lebhafte Agitation für verbesserte Fabrikgesetzgebung und genossenschaftliche Organisation. Er hat auch versucht, eine wissenschaftliche Theorie des Kommunismus zu geben. Für einen Kommunisten gilt auch Proudhon wegen seines berühmten Ausspruchs: »Was ist Eigentum? Es ist Diebstahl«; aber dieser Satz kehrt sich eben nur gegen das vom Staat geschützte, arbeitslose *Eigentum*, das aus Renten und Zinsen, Hausmiete und Bodenpacht, Sinekuren und Privilegien und dergleichen fließt, und nicht gegen den privaten *Besitz*: das Eigentum, sagt er, sei die Quelle alles Mißbrauchs, der Besitz aber (der im bloßen Gebrauch dessen besteht, was man sich erarbeitet hat) schließe jede Möglichkeit des Mißbrauchs aus; dieser sei die Bedingung, jenes

Die soziale Frage

der Selbstmord der menschlichen Gesellschaft, dieser sei rechtlich, jenes widerrechtlich; und weit entfernt, den Privatbesitz abschaffen zu wollen, in dem er den notwendigen Ansporn zur Arbeit, die Grundlage der Familie und die Quelle alles Fortschritts erblickt, will er vielmehr, daß jeder Mensch Privatbesitzer sei. Der Kommunismus ist für ihn nur das umgekehrte Eigentum: dieses die Ausbeutung der Schwachen durch die Starken, jener die Ausbeutung der Starken durch die Schwachen, und auch das ist Diebstahl; die wahre Gerechtigkeit beruht nicht auf der Gleichheit des Besitzes, sondern auf der Gleichheit der Dienste, dem »Mutualismus«. Infolge dieser Ansichten nannte ihn Marx einen Bourgeois. In Wirklichkeit ist Proudhon der erste konsequente Vertreter des Anarchismus, da er in der Staatsgewalt den Hauptschuldigen sieht und sie in jeder Form aufgehoben wissen will. Gegen die Freihändlerschule wandte sich Louis Blanc, indem er erklärte, daß gerade der freie Wettbewerb die Ausbeutung begünstige und daher der Staat sich zum Herrn der gesamten Produktion machen müsse. Von der Schweiz aus sandte Wilhelm Weitling, ein Schneidergeselle aus Magdeburg, kommunistische Flugschriften von christlicher Färbung nach Deutschland, die im Proletariat viel gelesen wurden. 1844 ereignete sich der schlesische Weberaufstand, den Hauptmann in seinem »Schauspiel aus den Vierzigerjahren« behandelt hat. Von den Zuständen, die zu diesem Verzweiflungsausbruch führten, berichtet der Nationalökonom Alfred Zimmermann in seinem Buch über *Blüte und Verfall des Leinengewerbes in Schlesien*: »Auf den Straßen spielten keine Kinder, sie mußten mit ihren schwachen Kräften den Eltern bei der Arbeit helfen. Selbst das Gebell der Hunde, das sonst in keinem Dorf fehlt, ertönte hier nicht. Man besaß kein Futter für sie und hatte die treuen Wächter als willkommene Nahrung verzehrt… Fleisch sahen die meisten Familien nie… es war ein frohes Ereignis, wenn ein Bauer der Familie etwas Buttermilch oder

Kartoffelschalen schenkte.« An einem Junitag drangen die Weber in das Haus und die Fabrik der Firma Zwanziger in Peterswaldau und demolierten sie. »In tiefem Schweigen übten sie das Rachewerk. Man hörte nur das Krachen der zerbrechenden Möbel und Maschinen.« Zwei Kompanien Infanterie, die inzwischen eingetroffen waren, feuerten zuerst über die Köpfe der Anstürmenden hinweg. Diese antworteten mit einem Steinhagel. Darauf gaben die Soldaten eine zweite Salve ab und töteten einige der Angreifer. Die Menge ließ sich aber nicht im geringsten einschüchtern und zwang die Truppen durch neuerliche Steinwürfe zum Abzug. Nachdem noch einige Gebäude zerstört worden waren, erlosch aber plötzlich der Aufruhr, und alles war wie zuvor. Geblieben ist aus jenen Tagen nur das unheimliche Lied *Das Blutgericht*, das damals in den Massen umging: »Ihr Schurken all, ihr Satansbrut, ihr höllischen Dämone, ihr freßt den Armen Hab und Gut, und Fluch wird euch zum Lohne!«, und Heines *Weberlied*: »Ein Fluch dem König, dem König der Reichen, den unser Elend nicht konnte erweichen, der den letzten Groschen von uns erpreßt und uns wie Hunde erschießen läßt. Wir weben, wir weben!« Damals hat auch in ganz Deutschland die Auswanderung eingesetzt, die namentlich Nordamerika zugute kam, und das neugeprägte Wort »europamüde« wurde zur Parole weiter Volkskreise. Die einzige öffentliche Einrichtung Deutschlands, die einen gewissen Fortschritt zu verzeichnen hatte, war die Schule. 1841 gründete Fröbel den ersten Kindergarten, und Johann Friedrich Herbart, Professor der Philosophie in Königsberg, stiftete eine »pädagogische Übungsschule«, an der seine neue Erziehungsmethode gelehrt wurde, basiert auf die Ethik, die ihre Ziele, und die Psychologie, die ihre Mittel bestimmt, und nicht bloß auf Kenntnisse, sondern vornehmlich auf Charakterbildung gerichtet; sie stand im Zusammenhang mit seiner Philosophie, die alle seelischen Vorgänge aus der Wechselwirkung der Vorstellungen ableitet: ihrer Verschmelzung, Verknüpfung oder gegenseitigen Hemmung, ihrem Latentwerden und Wiederauftauchen, »Steigen« und »Sinken«; und wie sich die physikalischen Bewegungen mathematisch darstellen lassen, so hat Herbart auch für seine psychologische Mechanik eine Reihe von Formeln zu schaffen gesucht.

Friedrich List

Während die »rote Internationale« vorläufig nur geringe Erfolge aufzuweisen hatte, gelangen der »goldenen Internationale« um so größere. Sie äußerten sich unter anderm in der Bildung ausgedehnter Zollvereine. Die Manchesterschule beabsichtigte nichts Geringeres als eine paneuropäische Zollunion, in Frankreich waren längst alle Binnenzölle gefallen, und im Anfang der vierziger Jahre fanden Verhandlungen über einen belgisch-französischen Zollverein statt, die nur an der Furcht der französischen Industriellen vor der belgischen Konkurrenz scheiterten. Der deutsche Zollverein ist im wesentlichen das Werk Friedrich Lists. Als er dem Bundestag ein Gesetz zur Aufhebung aller Binnenzölle überreichte, wurde er zu Festungshaft verurteilt und erst amnestiert, als er versprach, nach Amerika auszuwandern. In Pennsylvanien entdeckte er ein Steinkohlenlager, durch dessen Ausbeutung er ein wohlhabender Mann wurde. Aber es ging ihm, wie er sagte, mit Deutschland wie einer Mutter mit einem krüppelhaften Kinde, das sie um so stärker liebt, je krüppelhafter es ist. Er ließ sich als amerikanischer Konsul in Leipzig nieder und arbeitete dort rastlos für seine beiden Lieblingsideen: die wirtschaftliche Einigung Deutschlands und den Ausbau eines Eisenbahnnetzes, denen er seine Arbeitskraft, seine Gesundheit und sein Vermögen opferte. Er ging dabei von der Theorie aus, daß jede Volkswirtschaft drei Stufen durchlaufe: zuerst sei die Landwirtschaft vorherrschend, dann Landwirtschaft und Gewerbe, schließlich Landwirtschaft, Gewerbe und Handel; auf der ersten Stufe sei Freihandel das Natürliche, denn die Landwirtschaft muß un-

1218

gehindert Rohstoffe ausführen und gewerbliche Produkte einführen können; auf der zweiten müsse der Staat das junge Gewerbe schützen, wie man Kinder, kleine Obstbäume und Weinstöcke schützt, daher empfehle sich hier das Zollsystem, das aber nur ein Erziehungssystem sein dürfe und auf der dritten Stufe wieder entbehrlich werde. Nach Lists Ansicht befanden sich damals Spanien und Portugal auf der ersten, Deutschland und die Vereinigten Staaten auf der zweiten und England auf der dritten Stufe. Daher, schloß er, müßten sich die europäischen Nationen gegen die englische Handelssuprematie zusammenschließen, die Kontinentalsperre müsse auf friedlichem Wege erneuert werden, bis England eingesehen habe, daß es nur der Erste unter gleichen sein könne. Trotz dieser feindlichen Haltung wurde List in England mehr geschätzt und verstanden als in Deutschland und, als er London besuchte, von den ersten Staatsmännern und vom Parlament mit Auszeichnung behandelt. Endlich kam aber der Zollverein doch zustande. Seine Anfänge gehen ins Jahr 1818 zurück, das die wirtschaftliche Union innerhalb des preußischen Staatsgebietes brachte, die preußischen Enklaven schlossen sich an, dann folgten Hessen-Darmstadt, Anhalt, Kurhessen, Bayern, Württemberg, Sachsen, Thüringen, die sich teils untereinander, teils mit Preußen, schließlich aber alle zusammen zum preußisch-deutschen Zollverein vereinigten: in der denkwürdigen Silvesternacht des Jahres 1833 öffneten sich mit dem Mitternachtsschlage in vier Fünfteln des nachmaligen deutschen Reichsgebietes unter allgemeinem Jubel die Zollschranken. Lists Gedanken gingen aber noch viel weiter: er wünschte nicht nur den Beitritt der Hansastädte, sondern auch Belgiens und Hollands, denn, sagte er, ein deutscher Zollverein ohne Rheinmündung gleiche einem Hause, dessen Tür einem Fremden gehört; ferner verwies er auf die Ausdehnung nach dem Osten über Österreich, Ungarn und die Türkei und verlangte den Bau einer deutschen

1219

Flotte, denn eine Nation ohne Schiffahrt sei wie ein Vogel ohne Flügel, ein Fisch ohne Flossen, ein Löwe ohne Zähne. Aber die allgemeine Verständnislosigkeit, die fortgesetzten boshaften Angriffe, finanzielle Sorgen und quälende nervöse Kopfschmerzen verbitterten ihn derart, daß er sich 1846 bei Kufstein erschoß.

In der Dichtung wurde die soziale Note zuerst und am stärksten in England angeschlagen. Ihr Meister ist Charles Dickens, der die Schäden des Fabrikbetriebs, des Schulwesens, der Armenpflege, der Klassenjustiz mit lebenskundiger Naivität und humorvollem Mitgefühl abschilderte. Seine Anklagen haben gerade dadurch, daß sie völlig gallenlos und rein dichterisch sind, aufs tiefste gewirkt und sich eine unvergängliche Frische bewahrt. Andere große Dichter schwanken in der Verehrung der Nachwelt; dieses edle Kind wird immer der Liebling der Menschheit bleiben. Und doch hat selbst dieser engelreine Geist dem Dämon seiner Zeit gehuldigt, indem er sich zur Goldgräberarbeit lukrativer Vortragstourneen verlokken ließ, die seine reiche Lebenskraft vorzeitig aufzehrten. In diesen Jahren der Verwirrung erstand aber der angelsächsischen Rasse die stärkste moralische Potenz, die sie jemals hervorgebracht hat, in Thomas Carlyle.

Der Held als Denker Es ist ungemein leicht, Carlyle zu tadeln, und es ist ungemein schwer, ihn zu loben. Wer auch nur einen Bruchteil seiner Schriften gelesen hat, wird mühelos eine Menge von Fehlern und Unzulänglichkeiten in ihnen entdecken können. Er wiederholt sich; er widerspricht sich; er übertreibt; er schreibt dunkel und weitschweifig; sein Pathos ist überheizt; sein Tempo ist unsicher; seine Gedanken sind ungeordnet und barock.

Alle diese Defekte und noch manche andere lassen sich ohne weiteres herausfinden und genau bezeichnen; will man aber ebenso kurz feststellen, welche guten Eigenschaften ihnen gegenüberstehen, so gerät man in Verlegenheit. Wollte man zum Beispiel sagen, daß Carlyle Temperament, Denkschärfe, psychologische Feinfühligkeit, plastische Charakterisierungsgabe besitzt, daß er originell, packend und geistvoll ist, so wäre damit so gut wie gar nichts über ihn gesagt. Es ist sehr wahrscheinlich, daß dies alles zutrifft, aber es trifft ihn nicht. Jeder, der ihn kennt, hat das unabweisbare Gefühl, daß mit solchen Attributen an das Phänomen Carlyle nicht heranzukommen ist, daß sie vollständig von ihm abgleiten.

Die Verlegenheit beginnt sogar schon in dem Augenblick, wo man angeben soll, in welche literarische Kategorie er überhaupt gehört. Ist er Philosoph, Historiker, Soziolog, Biograph, Ästhetiker, Romancier; ist er dies alles zusammen oder vielleicht auch nichts von alledem? Ja ist er überhaupt auch nur ein Schriftsteller? Er selber hat diese Frage verneint. »Wenn es etwas gibt«, sagte er, »wofür ich kein besonderes Talent habe, so ist es die Literatur. Hätte man mich gelehrt, die einfachste praktische Tätigkeit auszuüben, so wäre ich ein besserer und glücklicherer Mensch geworden.« Diese Selbstbeurteilung eines Mannes, dessen Bücher in Hunderttausenden von Exemplaren verbreitet sind, mag zunächst überraschen; sobald man aber näher zusieht, wird man etwas Wahres an ihr finden. Wenn man nämlich unter einem Schriftsteller einen Menschen versteht, der die Gabe besitzt, seine Beobachtungen und Empfindungen flüssig und glänzend zur Darstellung zu bringen, der gelernt hat, alles, was in ihm ist, gewandt und mühelos herauszusagen, kurz einen Menschen, der besonders gut imstande ist, seine Eindrücke auszudrücken, so war Carlyle ganz gewiß kein Schriftsteller. Die literarische Arbeit war ihm nie etwas anderes als eine Qual, niemand hat mehr unter den Hemmungen und Widerständen des Produzierens gelitten als er. Wenn er von einem Stoff erfüllt war, so fühlte er sich wie unter einer schweren Last wandeln, er empfand nichts als einen unerträglichen Druck, die Freudigkeit des Gestaltens fehlte ihm vollständig. Und auch das fertige Werk trägt bei ihm noch die Spuren des

Kampfes mit der Materie. Der Grundcharakter seiner Schreibweise ist eine merkwürdige Verbindung von Lebhaftigkeit und Schwerfälligkeit; es ist ein Stil, der fortwährend im Zweifel läßt, ob man ihn feurig oder holprig nennen soll, der unwiderstehlich mitreißt und dennoch immer mühselig mit sich selbst ringt, sich überstürzend, dann wieder hinkend und zurückbleibend, formlos und formell: mit seinen hunderterlei Einschiebungen, Einschränkungen, Rückbeziehungen, plötzlichen Parenthesen, angehängten Nachsätzen und zerreißenden Interjektionen die Verzweiflung vieler Leser; ebenhierdurch erhält ja Carlyles Prosa ihren einmaligen Rhythmus.

Wollte man Carlyles Wesensart mit einem einzigen Worte bezeichnen, so könnte man ihn vielleicht, indem man dabei aus Carlyles eigenem Vokabular schöpft, einen Denkerhelden nennen. Carlyle hat die verschiedenen Äußerungen des Heldentums in allen menschlichen Betätigungen aufgesucht und aufgefunden: seine Auffassung war, daß im Grunde jeder wahrhaftige und tüchtige Mensch ein Held sein kann. Nur *eine* Form des Heldentums hat er übersehen: den »*hero as thinker*«; aus einem sehr einfachen Grunde: weil er sie nämlich selbst verkörperte. Indes ist gerade sie die wirksamste und umfassendste von allen. Der Denker ist gewissermaßen der Universalheld, er begreift alle Carlyleschen Heldenformen in sich: er ist Prophet, Dichter, Priester, Schriftsteller, Organisator in einer Person. Sein Einfluß währt am längsten und reicht am tiefsten. Und er ist nicht nur die mächtigste Form des Heldentums, sondern auch die reinste, die menschlich größte; gerade weil er nicht im konkreten Handeln sein Ziel sieht. Jede Handlung hat einen gewissen Grad von Beschränktheit, Blindheit, Ungerechtigkeit zur Voraussetzung: ihr Inhalt ist nur eine bestimmte, gegebene, momentane Wahrheit; aber der Denker will die ganze. Er versteht, durchschaut, durchdringt alles, erkennt alles in seiner individuellen Berechtigung.

Damit ist aber keineswegs gegeben, daß der Denker in temperamentlosem Indifferentismus alles gelten lassen muß. Im Gegenteil: jeder echte Denker ist ein leidenschaftlicher Reformator. Der Ton, in dem er spricht, ist daher sehr oft unkonziliant und gewalttätig. Es genügt ihm nicht, seine Wahrheiten für sich gefunden zu haben, er will sie zum Besitz der ganzen Welt machen, sie ihr beibringen, auch gegen ihren Willen. Er trägt Dinge in seinem Herzen, die gebieterisch nach außen drängen, die er jedermann ins Ohr schreien, über jeden Türpfosten schreiben, an jeder Straßenecke plakatieren möchte.

Durch diese Züge ist Carlyles Schaffen bestimmt. Er fühlt sich nicht als Verfasser von Büchern, die der Belehrung oder Unterhaltung dienen, sondern als Träger einer Mission. Die Form ist ihm gleichgültig. Er wiederholt seine Leitsätze immer wieder, refrainartig, denn er weiß: man muß eine Wahrheit hundertmal sagen, bis ein einziger an sie glaubt. Er ist unmäßig im Lob und im Tadel wie ein grober wohlwollender Schullehrer. Er geht *immer* zu weit; absichtlich. Aber schließlich: alle echten und tiefen Gefühle sind »übertrieben«, hyperbolisch, hypertrophisch und gerade dadurch produktiv; man könnte fast sagen: alle wirklich lebendigen Empfindungen haben Überlebensgröße. Carlyles Technik besteht einfach darin, daß er sich von jeder starken Impression, die ihn erfüllt, willig fortreißen läßt, bis zu den letzten, äußersten Konsequenzen oder Inkonsequenzen: die Technik *aller* großen Künstler. Und zudem fehlt es ihm auch nicht an der ausgleichenden Selbstironie. Wenn man genauer achtgibt, kann man ihn bisweilen hinterher über sich selber herzlich lachen hören.

Seine Äußerungen, so subjektiv in der Form, haben das denkbar empfindlichste Gerechtigkeitsgefühl zur Grundlage. Daß er sich so oft widerspricht, ist nur die natürliche Folge seiner Wahrheitsliebe. Er widerspricht lieber sich als den Tatsachen. Diese sind seine alleinige Richtschnur. Denn dieser extreme Idealist und Ideologe ist zugleich der praktischste, nüchternste, sachlichste Wirklichkeitsmensch. Seine Gabe, zu sehen, ist außerordentlich. Obgleich er immer von gewissen Abstraktionen ausgeht, schreibt er doch niemals im geringsten abstrakt; ja er hat sogar die Fähigkeit, Ideen so zu beleben, als seien sie wirkliche Wesen, persönliche Freunde oder Gegner. Er besaß selber im höchsten Maße jene Eigenschaft, die er »*vision*« zu nennen pflegt. Er trifft stets mit unfehlbarer Sicherheit den Kern jeder Sache, einerlei, welchem Gebiete sie angehören mag.

In einem solchen Kopfe muß sich notgedrungen alles ganz von selber zum Weltbilde runden. Tatsachen haben eine unwiderstehliche Affinität zu Tatsachen und fügen sich völlig selbsttätig ineinander. Das Entscheidende ist jene geheimnisvolle Gabe der *vision*: man könnte sagen, diese allein sei schon eine vollständige Weltanschauung, ja vielleicht die einzige, die diesen Namen wirklich verdient.

Der Geisterseher Um Carlyles singuläre Stellung innerhalb der englischen Literatur zu verstehen, muß man im Auge behalten, daß er Schotte war, und zwar ein Schotte des Tieflands, wo der keltische Einschlag viel geringer ist als bei den Hochschotten und das niederdeutsche Element sogar stärker als bei den Engländern. Obschon er nicht in einem heimatlichen Sonderdialekt schrieb, wie es sein Landsmann Burns getan hat, sondern sich des gewöhnlichen Schriftenglisch bediente, fällt es doch schwer, ihn einen englischen Autor zu nennen. Und noch unenglischer ist seine ganze Art, zu sehen; er ist der widerspruchsvolle, schwer zu entziffernde schottische Nationalcharakter, der aus seinem Denken spricht, jene merkwürdige Verbindung von Verträumtheit und Lebensklugheit, launischer Reizbarkeit und robuster Widerstandskraft, Melancholie und Humor, Eigensinn und Anpassungsfähigkeit, Unzugänglichkeit und Geselligkeit:

all dies findet sich in Carlyle, und oft in jener unheimlichen Vergrößerung, in der geniale Menschen die Eigenschaften ihres
Volkes zu verkörpern pflegen.

Und zum Schluß vergessen wir nicht: Carlyle entstammt
einem Volke, dem die Gabe des »*second sight*«, des zweiten Gesichts, zugeschrieben wird. Mag diese Fähigkeit erwiesen sein
oder nicht: in einem anderen und höheren Sinne besaß er sie gewiß; denn wenn man Carlyles Wesen und Bedeutung am kürzesten zusammenfassen wollte, so dürfte man vielleicht sagen:
er war ein Geisterseher.

Carlyles erste Lebenshälfte war der deutschen Literatur gewidmet. Er las Goethe, Schiller, Novalis, Jean Paul, erkannte
hier sogleich eine ganz neue Gedanken- und Gestaltenwelt, die
von der englischen himmelweit entfernt und ihr himmelweit
überlegen war, und beschloß, diese neuen Werte seinen Landsleuten zu erschließen. Hierin aber fand er den größten Widerstand. Man hielt in England die neue deutsche Literatur für
einen Versuch, überwundenen Standpunkten wieder Geltung
zu verschaffen. Goethe erschien den meisten als ein Mensch,
der sich in abstruse Mystik verloren hatte; von seinen Werken
waren die wenigsten bekannt, und man fühlte kein Bedürfnis,
diese Bekanntschaft zu erweitern. In der deutschen Literaturgeschichte William Taylors, der einzigen, die es gab, gipfelte die
Entwicklung in Kotzebue. Das Interesse an historischen und
ästhetischen Untersuchungen war durchaus nicht gering; schon
die große Zahl ernster und gediegener Revuen beweist dies.
Aber diese pflegten eine ganz andere Kunstform als Carlyle,
nämlich die durch wissenschaftliche Gründlichkeit und geschmackvolle Darstellung veredelte Plauderei. Ihr bedeutend-
ster und populärster Vertreter ist Lord Macaulay. Seine fortwirkende Beliebtheit erklärt sich zunächst daraus, daß in ihm
zwei Eigenschaften zusammenkamen, deren Vereinigung bei
einem antiken Autor selbstverständlich, bei einem modernen

*Nur ein
Lord*

aber äußerst selten ist: er besaß bedeutende Kenntnisse und zugleich die Kunst, sie mitzuteilen. Seine Belehrung ist ebenso nahrhaft wie schmackhaft; seine Werke sind Unterhaltungsliteratur im edelsten Sinne des Wortes. Alles, auch das Zäheste und Trockenste, wird unter seinen Händen genießbar und bekömmlich; und er vergibt sich dabei nie das geringste. Die Feinheit seiner Bildung und die Treffsicherheit seiner Menschenkenntnis, so erstaunlich sie ist, tritt niemals aufdringlich hervor. Seine Untersuchungsweise ist allseitig, eindringend, ruhig und vornehm. Und dabei besitzt sein Geist einen außergewöhnlich großen Aktionsradius: seine Forschungen umfassen Philosophie, Religionswissenschaft, Sittenkunde, Kriegswesen, Politik, Wirtschaftsgeschichte, Philologie, Ästhetik, Biographie, Literaturkritik, ein halbes Jahrtausend der gesamteuropäischen Kultur. Es ist schwer, zu entscheiden, welche von den Schriften Macaulays die beste ist; jede einzelne von ihnen zeigt seine seltenen Eigenschaften vereinigt: sein ungeheures, stets parates Gedächtnis, seine glänzende Kombinationsgabe, seine Kunst, endlose Tatsachenreihen großzügig zu gruppieren und verwickelte Zusammenhänge durchsichtig zu machen, seine Fähigkeit, aus tausend kleinen Einzelzügen Mosaikbilder voll Buntheit und Leuchtkraft zu formen.

Es gibt wenig so kluge Denker wie Macaulay. Und fast gar keine, die so ausgezeichnete Manieren hätten. Er bleibt stets der Lord, er ist gleichsam immer in Dreß: soigniert, verbindlich, voll Takt und Form, vermutlich der eleganteste Schriftsteller, der je in englischer Sprache geschrieben hat, vor allem durch seine noble Einfachheit. Alles »sitzt« bei ihm, hat Haltung und Tournüre, jedes Wort ist an seinem richtigen Platz, nie sagt er zuviel, nie zuwenig, und das Ganze schwimmt in einem wohltuenden Dunstkreis schöner Sachlichkeit, die allerdings weniger aus einem weiten und vollen Herzen entspringt als aus einem feinen und wohlgeordneten Verstand und daher auch nur eine scheinbare und angenommene ist; denn wie gerade in den besten Salons oft die giftigsten Sottisen zu hören sind, so verbirgt sich hinter der schriftstellerischen Wohlerzogenheit Macaulays oft genug die Malice und Einseitigkeit eines fanatischen Whigs.

In der Tat hat, wie schon früher einmal angedeutet wurde, Macaulays Art, die Zusammenhänge zu sehen, bei aller Weite und Einsicht etwas Juristisches: er verschmäht es zwar meistens (nicht immer), den Menschen und Ereignissen als Advokat oder Staatsanwalt gegenüberzutreten, vielmehr ist er bemüht, die objektive Rolle des Gerichtspräsidenten zu spielen; aber bekanntlich kann ja auch der Vorsitzende, da er immer eine bestimmte Gesellschaftsanschauung vertritt, niemals gänzlich objektiv sein, er ist und bleibt Sprachrohr und Verfechter bestimmter höchst einseitiger Gesetze. Und überhaupt kann Macaulays Auffassung, daß die Weltgeschichte ein Prozeß sei, der vor dem erleuchteten Urteil der »Jetztzeit« ausgetragen werde, weder die Bedürfnisse einer künstlerischen Weltanschauung noch die Forderungen einer höheren Moral befriedigen; vielmehr spricht aus ihr jene selbstzufriedene, engstirnige, rechthaberische Moralität zweiten Ranges, die das Merkmal und Stigma aller bürgerlichen Zeitalter bildet. Hier steht er, der aufgeklärte, rechtliche, zivilisationsstolze Liberale, im erhebenden Besitz von Kunstdünger, Dampfmaschine, Preßfreiheit und Wahlrecht und fällt Verdikte, Vergangenheit, Gegenwart und Zukunft vor sein Protokoll ladend.

Macaulay liebt es bisweilen, Dichter und Dichtungen wie in der Schule zu lozieren, indem er zum Beispiel von der englischen Literatur des achtzehnten Jahrhunderts sagt, sie enthalte »*no poetry of the very highest class, and little which could be placed very high in the second class*«, oder von den lateinischen Gedichten, die die Neuzeit hervorgebracht hat: »*none of those poems can be ranked in the first class of art, or even very high in the second.«* Wollte man versuchen, zu einem resümierenden Urteil über Macaulay zu gelangen, so würde man vielleicht sagen müssen, indem man sich derselben Ausdrucksweise bedient, aber mit einer für ihn günstigen Variation: er gehört nicht in die erste Klasse der Menschen, die die Feder zu ihrem Ausdrucksmittel gewählt haben; aber in der zweiten Klasse sitzt er sehr hoch oben. Man wird sich dieser Tatsache sofort bewußt, wenn man ihn mit Carlyle vergleicht, dem rauhen Bauernsohn aus Annandale, dem die Form nichts, das Gefühl alles ist, dessen Sätze dahinschießen wie die Wasser eines Gebirgsbachs über Steine und Gestrüpp, dessen Gedanken sich gewaltsam nach außen entladen wie die glühenden Eruptionen eines Vulkans, der niemals bereit war, einer anderen Partei zu dienen als der Sache, die er darzustellen hatte, und unter Kritik niemals Tadel verstand, sondern begeistertes Nacherleben. »Bevor wir einem Manne vorwerfen, was er nicht ist, sollten wir uns lieber klarmachen, was er ist«: in diesen Worten lag Carlyles kritisches Programm. Selbst eine Abhandlung über Voltaire, den er als seinen Antipoden empfand, wurde ihm unwillkürlich zu einem künstlerischen Gemälde des großen literarischen Revolutionärs.

Carlyles   Mit der Übersiedlung Carlyles nach London begann nicht
Glaube   bloß äußerlich, sondern auch innerlich ein neuer Abschnitt in seinem Leben. Bisher war sein geistiges Schaffen vorwiegend literarisch orientiert gewesen; es war die Welt der Bücher, von der er sich Aufschluß und Trost erhofft hatte. Und gerade jene Führer, die er sich erwählt hatte, die deutschen Dichter und Denker des achtzehnten Jahrhunderts, mußten die Richtung auf die reine Theorie in ihm noch verstärken. Wie Faust begann auch er zunächst als Monologist und Stubengelehrter. Aber nun sollte seine geistige Entwicklung die entscheidende Richtung aufs Leben nehmen. Dies bedeutete, obschon es in seiner ganzen Natur tief angelegt und lange vorbereitet war, eine voll-

ständige Umwandlung der Prinzipien, Methoden und Ziele, die von nun an seine Geistestätigkeit organisierten.

Er lebte jetzt in der größten, belebtesten und modernsten Stadt Europas und war gezwungen, sich mit den Wirklichkeiten, die ihn umgaben, auseinanderzusetzen. Es war ihm unmöglich, eine Zweiteilung in Theorie und Praxis vorzunehmen, sich nur mit seiner inneren Vervollkommnung zu beschäftigen und die Vervollkommnung der Außenwelt anderen zu überlassen, das stille Dasein eines Denkers oder Künstlers zu führen und bloß *neben* dem Leben zu schaffen. Er sah die Mißstände; und er fühlte sich gezwungen und verpflichtet, über sie zu sprechen. In allen Schichten der Gesellschaft erblickte er die Anzeichen der Entartung. Das moderne Leben erschien ihm als ein einziges großes System des Betrugs, dem sich auch der Redliche und Tüchtige unwillkürlich einfügen muß. Diese gegenwartsfeindliche Richtung, die auf dem Kontinent erst viel später ihre Vertreter gefunden hat, weil er sich wirtschaftlich nicht so schnell entwickelte, bildet den Grundbaß in allen Schriften, die Carlyle in den nächsten Jahrzehnten schrieb. Die Eigentümlichkeit seiner Stellungnahme, die damals von den wenigsten richtig begriffen wurde, bestand in seiner völligen Parteilosigkeit und Unparteilichkeit. Man hat ihn als einen Tory bezeichnet, weil er gegen das demokratische Gleichheitsdogma kämpfte; als einen Whig, weil er gelegentlich die Adeligen für schmarotzende Müßiggänger und die Hochkirche für eine heuchlerische Institution erklärte; als einen Peeliten, weil er mit Robert Peel harmonierte; als einen Chartisten, weil er für die Hebung des Arbeiterstandes eintrat; als einen Radikalen, weil er gegen die Korngesetze schrieb; als einen schwarzen Reaktionär, weil er die Aufhebung der Sklaverei in den britischen Kolonien als eine nutzlose Sentimentalität bezeichnete; und wenn man will, so war er tatsächlich etwas von alledem. Sein Maßstab war immer und überall die Wahrheit; und wer ihm diese zu haben schien, dessen Partei ergriff er. Das Publikum aber will für jede öffentliche Erscheinung eine bestimmte Chiffre und wird durch eine solche Fähigkeit, sich den Dingen anzupassen, nur verwirrt und enttäuscht.

Das Leitmotiv seiner politischen Schriften ist der Protest gegen den weichlichen Liberalismus mit seiner Nivellierungssucht, seinem »Laissez faire«, seiner agitatorischen Geschwätzigkeit und Phrasenhaftigkeit. Das Grundgebrechen der Zeit erblickt er im Jesuitismus, der allgemeinen Unaufrichtigkeit und Spiegelfechterei: die Lehre Loyolas ist äußerlich abgeschworen, in Wahrheit aber das Glaubensbekenntnis fast aller Menschen in England; ein feines Gift der Lüge durchdringt die ganze Gesellschaft. Er sieht das soziale Heilmittel keineswegs in parlamentarischen Reformen, allgemeinem Wahlrecht und dergleichen, sondern in einer weisen und menschenfreundlichen Regierung, für die der Arbeiter nicht ein bloßes Werkzeug ist, sondern ein Gegenstand sittlicher und körperlicher Fürsorge; gerade durch seine soziale Selbständigkeit sei das Proletariat in die ärgste Abhängigkeit von den Unternehmern geraten, die ihm nicht viel mehr gewähren als die Freiheit, zu verhungern. In seinem Buch *Past and Present* schilderte er an der Hand einer alten englischen Klosterchronik aus dem zwölften Jahrhundert das damalige Mönchsleben nicht in romantischer Verklärung, sondern als Auswirkung eines gesunden Realismus. Diese mittelalterlichen Menschen wußten noch, was echte Arbeit, was echter Gehorsam und echte Herrschaft sei. Sie ließen sich gern von Besseren und Stärkeren regieren. Das Verhältnis zwischen Landesherr und Untertan, Lehnsherr und Vasall, Gutsherr und Hörigem war in erster Linie ein moralisches, gegründet auf gegenseitige Treue, nicht bloß ein materielles, gegründet auf Ausbeutung. Die Beziehungen der Menschen waren nicht durch das Gesetz von Angebot und Nachfrage reguliert, sondern durch das Gesetz Gottes. Die

Nutzanwendung auf die Gegenwart ergibt nun freilich nicht, daß wir einfach zu jenen Zuständen zurückkehren sollen. Aber das Gute können wir recht wohl aus ihnen übernehmen. Wir müssen vor allem von jenen Menschen zweierlei lernen: den Glauben an Höhere und die Heiligung der Arbeit. Ungleichheit ist der natürliche Zustand; es ist nur recht und billig, daß der Klügere und Tüchtigere über die anderen herrsche. Arbeit ist nicht etwas, das mit Geldstücken erkauft werden kann; alle echte Arbeit hat mit Gott zu tun: *laborare est orare.*

In seiner Geschichte der Französischen Revolution wollte er seinen Landsleuten ein warnendes Exempel vorhalten. Er erblickte in dieser »ungeheuren Feuersbrunst« eine Art göttliches Strafgericht, gesandt wider die falschen Herrscher und Priester, die sich ohne wirkliche Überlegenheit ein Recht wider die andern angemaßt hatten; er zeigt, wohin der mißleitete und durch unerträgliches Unrecht erbitterte Mensch gelangen kann. Die Darstellungsform ist einzigartig: der reiche Hintergrund ist in der Technik eines genialen Dekorationsmalers breit hingekleckst, und davor agiert, zuckend beleuchtet, ein unwirkliches Puppentheater. Zwanzig Jahre später ließ Carlyle die ersten zwei Bände seiner Geschichte Friedrichs des Großen erscheinen, den er freilich nicht als einen von den großen Gläubigen anzuerkennen vermochte, aber doch inmitten des falschmünzerischen, windigen achtzehnten Jahrhunderts als einen Mann, der die anderen immer nur belog, wenn er mußte, und vor allem niemals sich selbst, und der durch seine aufopfernde Pflichttreue, seine unermüdliche Arbeitskraft und seine geniale Fähigkeit, die Dinge so zu sehen, wie sie sind, die Großmacht Preußen geschaffen hat. »Sie haben«, schrieb Bismarck an Carlyle, »den Deutschen unseren großen Preußenkönig in seiner vollen Gestalt, wie eine lebende Bildsäule hingestellt.« In der Tat ist nicht bloß für England, sondern auch für Deutschland das wahre Bild Friedrichs des Großen erst durch

Carlyle geschaffen worden. Und es ist ein Denkmal nicht bloß Friedrichs, sondern seiner ganzen Zeit: alle die zahlreichen Figuren, die sich um ihn gruppierten, sind auf dem Standbilde mit zur Darstellung gebracht, je nach Rang und Bedeutung sorgfältiger oder flüchtiger, in größerem oder kleinerem Format, in Freistand, Hochrelief oder Flachrelief; aber keiner ist vergessen. Vieles in dem Werk wirkte wie eine Prophezeiung; denn schon die nächsten Jahre brachten die Abrechnung des Hohenzollernstaats mit der »habsburgischen Schimäre«.

Carlyles repräsentativstes Werk sind die Vorträge *Über Helden, Heldenverehrung und das Heroische in der Geschichte.* Wie alle bedeutenden und fruchtbaren Bücher ist es von einem einzigen großen Gedanken getragen, um den sich alles andere zwanglos und zwingend ordnet, und wie alle bedeutenden und fruchtbaren Gedanken ist dieser sehr einfach und naheliegend. Man hatte bisher unter einem Helden etwas besonders Glänzendes, Pomphaftes verstanden, eine Art dankbare Bühnenfigur. Carlyle zeigt nun, daß der Held sich gerade durch seine Schlichtheit von den anderen abhebt, durch sein stummes, anspruchsloses Wirken im Dienste einer Idee, die ihn erfüllt und geheimnisvoll vorwärtsleitet. Seine Haupteigenschaft besteht darin, daß er immer die Wahrheit redet, immer auf Tatsachen fußt; alle anderen Merkmale sind sekundär. Er ist der tapferste Mensch, aber seine Tapferkeit hat nichts Blendendes, Theatralisches; er besteht keine bunten wunderbaren Abenteuer mit Drachen und Zauberern, sondern kämpft den weit schwierigeren Kampf mit der Wirklichkeit.

Dies ungefähr ist die eigentümliche Entdeckung Carlyles. Scheinbar ungemein selbstverständlich, ja fast trivial, bedeutet sie dennoch eine völlige Umkehrung des Begriffs vom Wesen und Wirken der großen Männer. Sie besteht, um es mit einem Satze zu sagen, in der klaren und energischen Scheidung zwischen dem germanischen und dem romanischen Heldenideal.

Der Held, wie er in der romanischen Einbildungskraft lebt, ist der Ritter, der Kavalier. Er trägt sein Gefühl auf seiner Zunge und seinen Mut auf seiner Degenspitze. Er hat sehr empfindliche Begriffe von der Ehre, weniger entwickelte von der Pflicht. Er weiß sich vortrefflich zu benehmen, geistreich zu plaudern und mit Frauen umzugehen. Er nimmt es mit den Dingen der guten Sitte und des pittoresken Edelmutes sehr genau, weniger genau mit den Dingen der Sittlichkeit und der Aufrichtigkeit. Sein ganzes Leben ist ein Romanbuch: spannend, brillant, gefühlvoll und nicht immer wahr. Er ist eine Luxuserscheinung. Der germanische Held ist das Gegenteil von alledem: er ist eine reale, ungeschminkte und oft unfreundliche Notwendigkeit.

Die sittliche Forderung Carlyles läßt sich in einer sehr kurzen Formel zusammenfassen: Glaube an die gottgegebene Wahrheit der Tatsachen. Dieses Gebot schließt alles andere in sich. Wer ihm folgt, wird ganz von selber ein religiöser und moralischer Mensch sein, ein begabter und tätiger Mensch, ein aufrechter, mutiger und weiser Mensch. Er wird ein schönes und nützliches Leben führen, ein Leben im Einklang mit dem Schicksal, der Natur und den Menschen.

Hier scheiden sich die Geister; hier entscheidet sich das Los der einzelnen und der Völker. Die einzelnen und die Völker haben die Wahl. Sie können sich zu dem einfachen und einleuchtenden Glauben Carlyles bekennen. Sie können es aber auch mit Napoleon dem Dritten halten, der ebenso einfach und einleuchtend gesagt hat: »Carlyle ist verrückt.«

Carlyle gehört zu jenen Denkern, die, weil sie kein anderes *David* System haben als das ihrer Menschlichkeit, niemals veralten *Friedrich* können, während die große Wirkung auf die Zeitgenossen ge- *Strauß* wöhnlich den Systematikern zuzufallen pflegt. Ein solcher höchsten Ranges war Hegel. Als er im Jahr 1831 gestorben war, verglich man seine Weltherrschaft mit der Alexanders. Die Parallele stimmte auch insofern, als sein Reich sofort nach seinem

Tode zerfiel und die Diadochen einander erbittert bekämpften. Sein Satz, daß alles Wirkliche vernünftig, alles Vernünftige wirklich sei, gestattete eine doppelte Auslegung. Hielt man sich an die erste Hälfte, so ergab sich eine Art mystischer Konservativismus, legte man den Akzent auf die zweite Hälfte, so gelangte man zu einem revolutionären Rationalismus. Ferner hatte Hegel Philosophie und Religion im wesentlichen identifiziert, was im orthodoxen und supranaturalistischen Sinne gedeutet werden konnte; aber er hatte zugleich erklärt, daß von ihnen derselbe Inhalt in verschiedenen Sprachen ausgedrückt werde, indem das, was der Gläubige als einmalige historische Tatsache und konkretes Dogma auffasse, für den Philosophen nur ein zeitloses Symbol und eine allgemeine Idee darstelle, und diese Anschauung konnte den Ausgangspunkt zur Auflösung aller positiven Religion bilden. Infolgedessen teilte sich die Schule Hegels in zwei feindliche Parteien, die, zuerst von David Friedrich Strauß, die »Rechte« und die »Linke« genannt wurden. Die erstere, die Gruppe der »Althegelianer«, verharrte im Gedankenkreis der verblassenden Romantik und der kirchlichen und politischen Restauration, die letztere, von den »Junghegelianern« gebildet, kämpfte für den »Fortschritt im Bewußtsein der Freiheit«. Sie fand ihr Zentralorgan in den *Hallischen Jahrbüchern für Wissenschaft und Kunst*, die 1838 von Ruge und Echtermeyer begründet wurden und das berühmte *Manifest gegen die Romantik* erließen. Der Mittelpunkt der linksgerichteten Theologie war die »Tübinger Schule«, ihr Haupt Ferdinand Christian Baur, der Schöpfer der wissenschaftlichen Dogmengeschichte, der in seinem Werk über das Christentum der ersten drei Jahrhunderte das Werden der katholischen Kirche als die Synthesis aus den beiden Antithesen: judaistisches Urchristentum und paulinisches Heidenchristentum, Messianismus und Universalismus darstellte und in seiner *Kritik des Johannesevangeliums* dessen späteren Ursprung und abgeleiteten Charakter nachwies. Das Jahr 1835, in dem der Halleysche Komet wiedererschien, berühmt durch seinen Kometenwein, ist für Deutschland durch einige sehr bedeutsame Ereignisse gekennzeichnet: es brachte die erste deutsche Eisenbahn, die Katastrophe des »jungen Deutschland«, Wilhelm Vatkes *Religion des Alten Testaments* und das *Leben Jesu, kritisch bearbeitet* von David Friedrich Strauß. Das erstere Werk, das die neuere historische Kritik der Bücher des Alten Bundes begründete, ist fast gänzlich unbeachtet geblieben, obgleich es viel ernster und tiefer war als das Straußische; dieses aber erregte ein beispielloses Aufsehen. Es veranlaßte etwa ein halbes Hundert Gegenschriften; eine von ihnen: *La vie de Strauß, écrite en 2839*, 1839 in Paris erschienen, behandelte parodistisch Straußens eigenes Leben als Mythus. Der Grundgedanke, den das »Leben Jesu« auf fast anderthalbtausend Seiten, weniger historisch darstellend als dialektisch untersuchend, verfolgt, ist wiederum ein hegelischer: der Mythusbegriff, der eingeführt wird, will eine Synthese aus den beiden bisherigen Erklärungsversuchen sein: der supranaturalistischen, die an Wundern und direkten göttlichen Eingriffen festhielt, und der rationalistischen, die mit Hypothesen, deren Gequältheit und Sophistik ans Alberne grenzt, alle Ereignisse der evangelischen Geschichte durch natürliche Ursachen zu erklären suchte: die Heilungen durch Suggestion, die Erweckungen durch Scheintod, das Meerwandeln durch Nebeltäuschung, die wunderbare Speisung durch Heranziehung reicher Jünger, die Weinverwandlung durch geheime Vorräte. Nach Strauß sind die Evangelien weder Offenbarung noch Geschichte, sondern Produkte der Volksseele, Erzeugnisse des Gemeinbewußtseins, Mythen, wie sie jede Religion besitzt. Ein Mythus aber ist »jede unhistorische Erzählung, wie auch immer entstanden, in welcher eine religiöse Gemeinschaft einen Bestandteil ihrer heiligen Grundlage, weil einen absoluten Ausdruck ihrer konstitutiven Empfindungen und Vorstellungen erkennt«. »Das ist der Schlüssel der ganzen Christologie, daß als Subjekt der Prädikative, welche die Kirche Christo beilegt, statt eines Individuums eine Idee, aber eine reale, nicht kantisch unwirkliche, gesetzt wird. In einem Individuum, einem Gottmenschen, gedacht, widersprechen sich die Eigenschaften und Funktionen, welche die Kirchenlehre Christo zuschreibt: in der Idee der Gattung stimmen sie zusammen. Die *Menschheit* ist die Vereinigung der beiden Naturen, der menschgewordene Gott, der zur Endlichkeit entäußerte unendliche, und der seiner Unendlichkeit sich erinnernde endliche Geist; sie ist das *Kind* der sichtbaren Mutter und des unsichtbaren Vaters: des Geistes und der Natur; sie ist der *Wundertäter*: sofern im Verlauf der Menschengeschichte der Geist sich immer vollständiger der Natur, im Menschen wie außer demselben, bemächtigt, diese ihm gegenüber zum machtlosen Material seiner Tätigkeit heruntergesetzt wird; sie ist der *Unsündliche*: sofern der Gang ihrer Entwicklung ein tadelloser ist, die Verunreinigung immer nur am Individuum klebt, in der Gattung aber und ihrer Geschichte aufgehoben ist.« Das Resultat all dieser einschläfernden Haarspaltereien, die zur Voraussetzung haben, daß die Urchristen sämtlich bei Professor Hegel belegt hatten, ist also der erhebende Gedanke, daß die Menschheit vermöge ihres »tadellosen« Entwicklungsgangs selber der unsündliche Gottmensch sei, was dem straußischen Lesergeschlecht von Börsenjobbern, Zeitungslügnern und Arbeiterschindern zweifellos eine große Beruhigung bieten mußte. Mit welchem Verständnis Strauß die Erscheinung des Heilands ergriff, zeigt folgende Charakteristik, die er ihm in einem seiner späteren Werke gewidmet hat: »Voll entwickelt findet sich alles, was sich auf Gottes- und Nächstenliebe, auf Reinheit des Herzens und Lebens der einzelnen bezieht: aber schon *das Leben des Menschen in der Familie* tritt bei dem selbst familienlosen Lehrer in den Hinter-

1236

grund; dem *Staate* gegenüber erscheint sein Verhältnis als ein lediglich passives; dem *Erwerb* ist er nicht bloß für sich, seines Berufs wegen, abgewendet, sondern auch sichtbar abgeneigt, und alles vollends, was *Kunst und schönen Lebensgenuß* betrifft, bleibt völlig außerhalb seines Gesichtskreises ... und es ist ein vergebliches Unternehmen, die Tätigkeit des Menschen als Staatsbürger, das Bemühen um Bereicherung und Verschönerung des Lebens durch Gewerbe und Kunst nach den Vorschriften oder dem Vorbilde Jesu bestimmen zu wollen.« Dieses Unternehmen ist in der Tat vergeblich.

Die ungeheure Wirkung des Straußschen Werks gehört zu den Kuriositäten der Literaturgeschichte. Sie wäre verständlich, wenn es einen amüsant belletristischen oder pikant polemischen Charakter gehabt hätte; es war aber nichts als die geschwollene Riesenabhandlung eines pedantischen Fachgelehrten. Man hat den Erfolg auf Straußens »klassischen« Stil zurückführen wollen; aber die wenigen Proben werden bereits gezeigt haben, daß auch dieser nicht übermäßig anziehend, ja nicht einmal makellos klar ist. Straußens stilistische Vorzüge treten in seinen späteren Arbeiten viel mehr hervor: in seiner »Christlichen Glaubenslehre«, seinem *Leben Jesu, für das deutsche Volk bearbeitet* und seinem später zu erwähnenden Buch *Der alte und der neue Glaube*, die andrerseits sein Erstlingswerk an selbstgefälliger Banalität und steifleinerner Besserwisserei noch weit hinter sich lassen; in ihnen befleißigt er sich einer umständlichen und unmusikalischen, aber durchsichtigen und kräftigen Sprache und präziser und sauberer, obschon trockener und oft allzu absichtlich aufgesetzter Bilder: ihre Darstellung steht etwa auf dem Niveau einer besonders gelungenen Festrede eines Gymnasiallehrers.

Auch in der katholischen Theologie traten neue Richtungen hervor. Johann Adam Möhler, der schon mit einundvierzig Jahren als Domdekan zu Würzburg starb, lieferte in seiner *Sym-*

Katholische Theologie

bolik oder Darstellung der dogmatischen Gegensätze der Katholiken und Protestanten vom Jahr 1832 eine ebenso scharfsinnige wie gemütswarme Apologie des Katholizismus, weitaus die stärkste, feinste und würdigste des neunzehnten Jahrhunderts, mit der er es übrigens, wie dies genialen Naturen häufig zu widerfahren pflegt, keiner Partei recht machte: weder den Protestanten noch den strengen Katholiken, die ihn der Heterodoxie beschuldigten; denn die Wahrheit pflegt sich ja zumeist auf einem Mittelplatz zu befinden, wo keiner oder höchstens einer steht. Es entwickelte sich eine lebhafte Polemik von beiden Seiten; doch hat, wie Karl von Hase in seinem *Handbuch der protestantischen Polemik gegen die römisch-katholische Kirche* feststellt, keine der Gegenschriften das Werk Möhlers an Bedeutung erreicht. Um die Mitte der dreißiger Jahre setzte in England die sogenannte Oxforder Bewegung ein, die auf eine Katholisierung der anglikanischen Kirche abzielte. Dieser Anglokatholizismus, nach seinem Begründer auch Puseyismus, nach seinen Versuchen zur Wiedereinführung des Rituals Ritualismus, nach den Traktaten, durch die er seine Lehre verbreitete, Traktarianismus genannt, hatte seinen hervorragendsten Vertreter in John Henry Newman, der, ursprünglich Methodist und Feind des Papismus, später zur römischen Kirche übertrat und Kardinal wurde, aber stets die Union aufs eifrigste betrieb, indem er in weitverbreiteten Schriften die Katholizität des Anglikanismus nachzuweisen suchte und die Erhabenheit der römischen Tradition zur Schau stellte.

Kierkegaard und Stirner

Ein Theologe in seiner Art war auch der Däne Sören Aaby Kierkegaard, einer der originellsten und merkwürdigsten Schriftsteller seiner Zeit, ein »Janus bifrons«, wie er sich selber nannte, Skeptiker und Homo religiosus, Sentimentalist und Zyniker, Melancholiker und Humorist. Seine Geistesart ist in seinem Aphorismus charakterisiert: »Man frage mich nach allem, nur nicht nach Gründen! Einem jungen Mädchen verzeiht man es, wenn sie keine Gründe anzugeben weiß: sie habe keine, sagt man, sie lebe in Gefühlen. Anders ich. Ich habe meist so viele sich oft widersprechende Gründe, daß ich aus diesem Grund keine Gründe angeben kann.« In seinen bizarren facettierten Schriften, worin er sich und die Welt mystifizierte (schon im Titel, indem er bisweilen so weit ging, sich als Herausgeber des Herausgebers zu gerieren, und dann noch unter Pseudonym), verbarg und enthüllte er ein tiefes und zartes Herz. »Seit meiner Jugend«, sagt er, »bewegte mich der Gedanke, daß in jeder Generation zwei oder drei seien, die für die andern geopfert werden, indem sie in schrecklichen Schmerzen entdecken, was den andern zugute kommt; und traurig fand ich den Schlüssel zu meinem eigenen Wesen darin, daß ich hierzu ausersehen sei.« Er zählte nicht zu jenen, die, wie er ein andermal sagte, »zu einem Lebensresultat kommen wie die Schulbuben, indem sie den Lehrer hintergehen und das Fazit aus dem Rechenbuch abschreiben, ohne selbst gerechnet zu haben«: seine psychologischen Erkenntnisse hat er sich durch schwere Leiden erkauft, die weniger äußerlicher als innerlicher Natur waren. Sein Trieb, jede Seelenregung zu zerfasern, um das letzte Geheimnis ihrer Struktur zu ergründen, machte ihn dauernd unglücklich, was ihn aber nicht hinderte, dazwischen wahre Meisterwerke spielerischer Ironie und Laune zu schaffen. Sein Kampf um den christlichen Gedanken inmitten einer Zeit leerer Fassadengläubigkeit und alberner Religionsdestruktion ist erschütternd: »Luther hatte fünfundneunzig Thesen; ich hätte nur *eine*: das Christentum ist nicht da«; »soviel ist gewiß: ist der derzeitige Zustand der Kirche christlich, so kann das Neue Testament für Christen nicht länger Wegweiser sein; denn die Voraussetzung, worauf es ruht, das bewußte gegensätzliche Verhältnis zur Welt, ist weggefallen«; aber »die Menschen haben ja doch von jeher einen Ausweg zu finden gewußt, um sich beschwerliche Probleme vom Halse zu schaffen, den einfachen Weg: sei ein Schwätzer – und sieh, alle Schwierigkeiten verschwinden!«

Ganz abseits steht auch Johann Kaspar Schmidt, der unter dem Pseudonym Max Stirner, einem Spitznamen, den er als Student wegen seiner auffallend hohen Stirn erhalten hatte, 1845 das Werk *Der Einzige und sein Eigentum* erscheinen ließ. Es wurde so wenig ernst genommen, daß sogar die Behörde von der Beschlagnahme absah, da es »zu absurd« sei, um gefährlich werden zu können, und ist bis zum heutigen Tage vielfach mißverstanden geblieben. Die einen halten Stirner für einen Narren oder Scharlatan, andere, wie sein sehr verdienstvoller Biograph und Herausgeber John Henry Mackay, sehen in ihm eines der größten philosophischen Genies. Der erste, der wieder auf den »Einzigen« hinwies, war Eduard von Hartmann, der sich zu der Bemerkung verstieg, daß das Werk »in stilistischer Hinsicht hinter Nietzsches Schriften nicht zurücksteht, an philosophischem Gehalt aber sie turmhoch überragt«. Soviel ist richtig, daß die Stirrenaissance der letzten Jahrzehnte mit der Heraufkunft der Nietzscheschen Philosophie in Zusammenhang steht, obgleich dieser nur ein sehr äußerlicher ist; Nietzsche selbst hat Stirner offenbar nicht gekannt, sonst hätte er ihn, bei seiner Vorliebe für alle literarischen Outsider, sicher mehr als einmal genannt. Auch kann es wohl kaum einem Zweifel unterliegen, daß der »Einzige« in seiner reichen und lebendigen Dialektik und rasanten Kraft des Zuendedenkens zu jenen Konzeptionen gehört, die für sich allein eine ganze Gattung verkörpern. Für Stirner existiert nur das isolierte Individuum, der »Einzige«, und alles andere ist sein Eigentum. Dies führt zur prinzipiellen Negation aller religiösen, ethischen, politischen, sozialen Bindungen: »Meine Sache ist weder das Göttliche noch das Menschliche, sondern allein das Meinige.« Diese geniale Marotte, denn mehr ist es nicht, wird nun in geistvoller, kühner und konsequenter Weise auf alle Lebens- und Wissensgebiete angewendet, um schließlich, und darin besteht ihre erhabene Inkonsequenz, in einen neuen Altruismus zu münden, indem auf die Frage, ob man denn an der Person des anderen keine lebendige Teilnahme haben solle, geantwortet wird: »Im Gegenteil, unzählige Genüsse kann Ich ihm mit Freuden opfern, Unzähliges kann Ich mir zur Erhöhung *seiner* Lust versagen, und was Mir ohne ihn das Teuerste wäre, das kann Ich für ihn in die Schanze schlagen, mein Leben, meine Wohlfahrt, meine Freiheit. Es macht ja meine Lust und mein Glück aus, Mich an seinem Glücke und seiner Lust zu laben. Aber *Mich, Mich selbst* opfere ich ihm nicht, sondern bleibe Egoist und – genieße ihn«; während sich in zahlreichen anderen Aussprüchen ein sublimer Spiritualismus äußert: »Der Christ hat geistige Interessen, weil er sich erlaubt, ein *geistiger* Mensch zu sein; der Jude versteht diese Interessen in ihrer Reinheit nicht einmal, weil er sich nicht erlaubt, den Dingen *keinen Wert* beizulegen... Ihre *Geistlosigkeit* entfernt die Juden auf immer von den Christen... Der antike Scharfsinn und Tiefsinn liegt so weit vom Geiste und der Geistigkeit der christlichen Welt entfernt wie die Erde vom Himmel. Von den Dingen dieser Welt wird, wer sich als freier Geist fühlt, nicht gedrückt und geängstigt, weil er sie nicht achtet; soll man ihre Last noch empfinden, so muß man borniert genug sein, auf sie *Gewicht* zu legen... Das endende Altertum hatte an der Welt erst dann sein Eigentum gewonnen, als es ihre Übermacht und ›Göttlichkeit‹ gebrochen, ihre Ohnmacht und ›Eitelkeit‹ erkannt hatte. Entsprechend verhält es sich mit dem *Geiste*. Wenn Ich ihn zu einem *Spuk* und seine Gewalt über Mich zu einem *Sparren* herabgesetzt habe, dann ist er für entweiht, entheiligt, entgöttert anzusehen, und dann *gebrauche* Ich ihn, wie man die *Natur* unbedenklich nach Gefallen gebraucht«: womit Stirner, wenn auch in karikaturistischer Übersteigerung, fast in die Nähe des »magischen Idealismus« gelangt, den Novalis verkündet hat.

Ludwig Feuerbach

Der Begründer der sogenannten Wunschtheologie ist Ludwig Feuerbach, der Sohn des berühmten Kriminalisten Anselm Ritter von Feuerbach. Er begann als Schüler Hegels, wandte sich aber von ihm bald ab, indem er den »absoluten Geist« als den »abgeschiedenen Geist der Theologie« bezeichnete, der in Hegels Philosophie noch als Gespenst umgehe; diese sei nur eine scheinbare Negation der Theologie, in Wahrheit aber selbst wieder Theologie. Seine Hauptwerke sind das »Wesen des Christentums« vom Jahr 1841 und die *Vorlesungen über das Wesen der Religion*, die, im Winter 1848 auf 1849 in Heidelberg gehalten, bald darauf in Buchform erschienen. Der Grundgedanke, den er in allen seinen Schriften mit lästiger Unermüdlichkeit wiederholt, liegt in dem Satz: »Wie die Natur, aber als ein Gegenstand und Wesen der menschlichen Wünsche und der menschlichen Einbildungskraft, der Kern der Naturreligion ist, so ist der Mensch, aber als Gegenstand und Wesen der menschlichen Wünsche, der menschlichen Einbildungs- und Abstraktionskraft, der Kern der Geistesreligion, der christlichen Religion.« *Homo homini deus est:* Gott schuf sich nicht die Menschen nach seinem Bilde, sondern die Menschen schufen sich Gott und Götter nach ihrem Bild; der Mensch ist Anfang, Mittelpunkt und Ende der Religion; das Geheimnis der Theologie ist die Anthropologie. Ein Gedanke von idiotischer Einfachheit, der alle Rätsel mit einem Schlage löst und Feuerbach zu der Konstatierung veranlaßt: »Im Gebiete der Natur gibt es noch genug Unbegreifliches, aber die Geheimnisse der Religion, die aus dem Menschen entspringen, kann er bis auf den letzten Grund erkennen.«

Die Ethik, die aus dieser neuen Theologie fließt, ist etwa folgende: wie der Dichter nicht mehr die Musen anruft, der Kranke nicht mehr vom Gebet Heilung erhofft, sondern vom

Arzt, so wird man mit der Zeit auch aufhören, die Sittengesetze als Gebote Gottes zu betrachten. An die Stelle des Glaubens an Gott wird der Glaube an uns selbst treten (hier taucht die Straußsche Gleichung auf: der Sohn Gottes ist die Menschheit). Anfangs tut Gott Wunder, im Glauben des Menschen; endlich tut der Mensch selbst Wunder, kraft seiner Herrschaft über die Natur; die einzige Vorsehung der Menschheit ist ihre Bildung, ihre Kultur. Das Christentum ist »eine fixe Idee, welche mit unseren Feuer- und Lebensversicherungsanstalten, unseren Eisenbahnen und Dampfwägen, unseren Pinakotheken und Glyptotheken, unseren Kriegs- und Gewerbeschulen, unseren Theatern und Naturalienkabinetten im schreiendsten Widerspruch steht«. Wie man sieht, ersetzt die Anthropologie in der Tat die Theologie: an die Stelle der religiösen Erbauung tritt der Unterricht in Ballistik und Maschinenbau, an die Stelle der Kirche die Bildergalerie und die Käfersammlung, an die Stelle der Vorsehung der Weichenwärter und der Versicherungsagent.

Diese Platitüden, Produkte lederner Halbbildung (was angesichts der vielseitigen Kenntnisse Feuerbachs paradox klingen mag, aber nur für den, der den Unterschied zwischen Wissen und Bildung ignoriert), gipfeln in dem grobkörnigsten Sensualismus: »Wahrheit, Wirklichkeit, Sinnlichkeit sind identisch«; »sonnenklar ist nur das Sinnliche, das Geheimnis des unmittelbaren Wissens ist die Sinnlichkeit«; »wir sollen nichts lesen und studieren als die fünf Evangelien unserer Sinne«. Sie finden ihre krönende Pointe in dem berühmten Weltanschauungskalauer »Der Mensch ist, was er ißt« und bezwecken, wie dies Feuerbach in dem Schlußappell seiner Heidelberger Vorlesungen aussprach, die Menschen »aus Gottesfreunden zu Menschenfreunden, aus Betern zu Arbeitern, aus Kandidaten des Jenseits zu Studenten des Diesseits, aus Christen, welche ihrem eigenen Bekenntnis und Geständnis zufolge *halb Tier, halb Engel* sind, zu Menschen, zu *ganzen* Menschen zu machen«. Es gibt, wie eine Tiefe der Leere, eine Abgründlichkeit der Flachheit: diese hier ist unausmeßbar.

Neptun, Aktualismus, Stereoskop und Galvanoplastik

Inzwischen machte das »Studium des Diesseits« beständige Fortschritte. Nachdem Herschel 1781 den Uranus entdeckt hatte, stellten sich in dessen Bahn unerklärliche Abweichungen heraus. Leverrier gelangte zu der Überzeugung, daß nur ein Planet die Ursache dieser Störungen sein könne und dieser jenseits des Uranus liegen müsse. Durch langwierige scharfsinnige Untersuchungen gelang es ihm, genau den Ort des supponierten Sterns für ein bestimmtes Datum festzustellen, und als er im September 1846 den Beobachter der Berliner Sternwarte ersuchte, nach dem Planeten zu suchen, fand dieser ihn noch an demselben Tage an dem bezeichneten Platz. Es war dies ein Triumph der reinen Spekulation: »mit der Spitze seiner Feder«, wie der berühmte Naturforscher Arago sagte, hatte Leverrier einen neuen Weltkörper entdeckt. Der Neptun, wie man ihn nannte, hat eine Umlaufzeit von fast hundertfünfundsechzig Erdenjahren und galt bis vor kurzem als der fernste Trabant der Sonne; es gibt aber sicher viele noch entlegenere, woran die Astronomen bloß deshalb nicht glauben, weil sie die sonderbare Eigentümlichkeit haben, die Verhältnisse des Weltalls mit der Leistungsfähigkeit ihrer optischen Apparate zu identifizieren. 1838 entdeckte Schleiden die Pflanzenzelle und ein Jahr darauf Schwann die Tierzelle: die einheitliche Zusammensetzung aller Lebewesen aus sehr ähnlich gestalteten Elementarorganen war enthüllt. Beide Forscher unterschieden bereits als Hauptbestandteile der Zelle die Membran, den flüssigen Inhalt, den Kern und eine besondere körnerführende Substanz, die höchst eigentümliche Bewegungen ausführte und von dem hervorragenden Botaniker Hugo von Mohl, der über sie genauere Untersuchungen anstellte, mit dem bedeutsamen Namen *Protoplasma* getauft wurde.

Im Jahr der Julirevolution widerlegte Charles Lyell Cuviers

Lehre von den Erdrevolutionen, indem er die bisherigen geologischen Veränderungen auf noch heute wirksame Ursachen, »*actual causes*«, zurückführte: angenommen, wir könnten mit einem Blicke die Erdgeschichte der letzten fünftausend Jahre umfassen, alle vulkanischen Kegel, alle Verwerfungen, Senkungen und Hebungen, alle neuen Meerbuchten und Landzungen, die in dieser Zeit entstanden sind, und wir stellten uns dann vor, diese Metamorphosen seien innerhalb eines einzigen Jahres vor sich gegangen, so würden wir auf die Wirksamkeit fortwährender Katastrophen schließen; diesen Fehler haben die Geologen begangen: sie »operierten mit Jahrhunderten, wo es sich um Jahrtausende handelte, und mit Jahrtausenden, wo die Sprache der Natur auf Jahrmillionen hinweist«. 1838 konstruierte Wheatstone sein Spiegelstereoskop, durch das er ermöglichte, die Gesetze des binokularen Sehens genauer zu studieren. Es werden darin von demselben Objekt zwei verschiedene Bilder gezeigt, dem rechten Auge ein Bild, das das Objekt perspektivisch darstellt, wie es vom Standpunkt des rechten Auges gesehen werden würde, dem linken Auge ein Bild, wie es dem linken Auge erscheinen würde: hierdurch entsteht die Täuschung, als hätten wir einen körperlichen, dreidimensionalen Gegenstand vor uns. Die Anschauung der Tiefendimension entsteht also erst durch das Sehen mit beiden Augen, und infolgedessen kann ein Gemälde, da es immer nur den Standpunkt *eines* Auges wiederzugeben vermag, niemals die Illusion voller Wirklichkeit erzeugen. Faraday entdeckte und erforschte 1831 das Phänomen der *Induktion*, der Erzeugung elektrischer Ströme durch andere (Voltainduktion) und durch Magnetismus (Magnetoinduktion): eine Umkehrung der bereits früher beobachteten Erscheinung, daß der elektrische Strom imstande ist, einen Eisenstab vorübergehend, einen Stahlstab dauernd magnetisch zu machen. Hieran schloß Faraday die weitere, noch viel fundamentalere Feststellung, daß der Magnetismus eine

allgemeine Eigenschaft der Materie ist, da alle Stoffe magnetisiert werden können, sogar Flüssigkeiten und Gase. Ferner gab
er eine Theorie der elektrolytischen Vorgänge: da diese hauptsächlich an Salzen beobachtet werden, die in Wasser gelöst sind,
und jedes Salz aus Metall und dem sogenannten Säurerest besteht (dem, was übrigbleibt, wenn in einer Säure der Wasserstoff durch Metall ersetzt wird), so nannte er diese beiden Bestandteile, in die der Strom die Flüssigkeit zu zerlegen vermag,
Ionen, Wanderer, und zwar den einen, der an der *Anode* auftritt
(der Platte des Elements, die mit dem positiven Pol der Strom-
quelle verbunden ist), *Anion*, den Hinwandernden, den andern,
der sich an der *Kathode* ansetzt (der Platte, die mit dem negativen Pol verbunden ist), *Kation*, den Wegwandernden, und
stellte den Satz auf: bei jeder Elektrolyse scheidet sich das Metall an der Kathode ab, es ist immer Kation, der Säurerest (Salz
minus Metall) an der Anode, er ist immer Anion. Dies führte
1837 Jacobi auf die Erfindung der Galvanoplastik: da die Kathode durch die elektrolytische Tätigkeit des galvanischen
Stroms mit Metall belegt wird, so kann man jeden dort befindlichen Gegenstand verkupfern, versilbern, vergolden, verzin-
nen, vernickeln, je nachdem man als Metallsalz Kupfervitriol,
salpetersaures Silber, Goldchlorid oder andere geeignete Zusammensetzungen wählt.

Das Energie-gesetz   Faraday sprach auch als erster aus, daß Licht, Wärme, Elektrizität und Magnetismus nur verschiedene Manifestationen
derselben Naturkraft seien, und dies führte zur Entdeckung
des bereits erwähnten Energiegesetzes. Es wurde zuerst 1842
von Robert Mayer aufgestellt, ein Jahr darauf von dem Dänen
Colding und um dieselbe Zeit von dem Engländer Joule, ohne
daß die drei voneinander wußten. Indes haben wir schon in der
Einleitung dieses Werks die Ansicht vertreten, daß die Prio-
ritätsfrage nur in Patentangelegenheiten von Bedeutung sei,
während es sich bei Gedanken darum handle, wer sie am

schärfsten formuliert, am klarsten erleuchtet und am umfassendsten zur Anwendung gebracht habe. Dieses Verdienst gebührt hier unzweifelhaft Hermann von Helmholtz, einem der fruchtbarsten Forscher, gedankenreichsten Gelehrten und besten deutschen Schriftsteller seines Jahrhunderts, der im Gegensatz zu Strauß tatsächlich auf das Prädikat der stilistischen Klassizität Anspruch machen darf. Eugen Dühring hat in zwei leeren Bänden in seiner rohen und echolalischen Manier Robert Mayer als Märtyrer und »Galilei des neunzehnten Jahrhunderts« hinzustellen versucht. Ist aber schon das Märtyrertum Galileis, wie wir bereits im ersten Buch darlegten, eine melodramatische Lesebuchlegende, so ist die Geschichte von der angeblichen Verfolgung Mayers durch die zünftige Wissenschaft ein pures Produkt boshafter Sophistik: nachdem die gesetzliche Frist abgelaufen war, deren jede neue Erkenntnis zu ihrer Einbürgerung bedarf, wurde er nicht nur mit akademischen Ehrungen überschüttet, sondern sogar mit dem persönlichen Adel bedacht (was bei der prinzipiellen Rückständigkeit aller Regierungen ein besonderer Beweis dafür ist, daß er nichts weniger als verkannt war), und gerade Helmholtz, den Dühring als Plagiator zu entlarven sucht, war der erste, der Mayers Priorität feststellte, obgleich er ganz selbständig zu denselben Resultaten gelangt war.

Das Energiegesetz besagt, daß die Summe der Kräfte, die im Weltall vorhanden sind, eine konstante Größe darstellt, die weder vermehrt noch vermindert werden kann, und Energie, wo sie zu verschwinden oder plötzlich aufzutauchen scheint, bloß aus einer Erscheinungsweise in die andere übergeht, indem sich fortwährend lebendige Energie (oder Energie in Aktion) in potentielle Energie (oder Energie als Spannkraft) umsetzt und umgekehrt. Außerdem lassen sich alle Energieformen ineinander verwandeln. Die Dampfmaschine macht aus Wärme mechanische Arbeit, mechanische Vorgänge wie Stoß oder Reibung erzeugen Wärme. Jeder Wärmeeinheit entspricht ein bestimmtes Arbeitsäquivalent: der Wärmemenge, die die Temperatur eines Pfunds Wasser um einen Grad erhöht, die Kraft, deren es bedarf, um ein Pfund 425 Meter hoch zu heben. Wenn ich eine Armbrust spanne, so investiere ich in sie Arbeitskapital, das latent bleibt; schieße ich sie ab, so überträgt sie dieses auf den Bolzen. Bei einem fallenden Körper wird die Arbeit, die nötig war, um ihn emporzuheben, in Bewegung umgesetzt. Bei den Wassermühlen bildet die Gravitationsenergie des Wassers die Triebkraft, bei den Wanduhren die Schwere der Gewichte. Beim Übergang gasförmiger Körper in den flüssigen, flüssiger Körper in den festen Aggregatzustand wird Wärme frei, im umgekehrten Falle wird sie gebunden. Auch bei den chemischen Vorgängen wird Wärme entweder verbraucht oder kommt zum Vorschein. Energie kann weder vernichtet noch neu gebildet werden, sondern wo ein Posten gelöscht wird, taucht er anderswo in genau derselben Höhe wieder auf. Diese Anschauung, die aus dem Naturganzen ein großes Kontokorrent macht, worin abwechselnd »belastet« und »erkannt« wird, konnte durchaus nur in einem Zeitalter der Bürgerherrschaft geboren werden.

Guano,
Hydro-
therapie,
Morse-
taster und
Daguerreo-
typ

In dem Zeitraum, von dem wir reden, vollbrachte die Wissenschaft auch einige sehr zeitgemäße praktische Leistungen. Justus von Liebig, der das erste chemische Laboratorium begründete und 1844 seine *Chemischen Briefe* herausgab, ein sprachliches Meisterwerk, das sogar die Bewunderung Jakob Grimms erregte, schuf die Agrikulturchemie. Er ging dabei von der Erwägung aus, daß die Pflanzen zu ihrem Gedeihen nicht bloß gewisser allgemeiner Bedingungen wie Licht, Feuchtigkeit, Wärme bedürfen, sondern auch eines entsprechenden Bodens, der ihre notwendigen Nährstoffe enthalte. Seien diese nicht vorhanden, so müßten sie ihnen in Form von Dünger zugeführt werden. Während Ammoniak für alle uner-

1248

läßlich ist, bevorzugt die eine außerdem Kalk, die andere Kali, eine dritte Phosphorsäure; diese Stoffe lassen sich aber in Fabriken bereiten. Alsbald traten landwirtschaftliche Versuchsanstalten ins Leben, und es entwickelte sich die Düngerindustrie. Für die Gewinnung von Phosphorsäure fand man in Chile ein Phosphatreservoir im Guano, dem Vogelmist der dort in riesigen Mengen angehäuft war. Und wie Liebig aus Unrat die schönsten Blumen hervorzauberte, so verwandelte Friedrich Ferdinand Runge, der 1834 im Steinkohlenteer das Anilin entdeckte, Schmutz in die herrlichsten Farben.

Der Landmann Vinzenz Prießnitz beobachtete, wie ein angeschossenes Reh seine Wunde in einem Quellentümpel zur Heilung brachte, und gelangte dadurch auf den Gedanken, Krankheiten bloß mit kaltem Wasser, feuchtwarmen Packungen, Luft und Diät zu behandeln. Er begründete in seiner Vaterstadt Gräfenberg die erste therapeutische Anstalt dieser Art. Sein Nachbar und Todfeind Johann Schroth in Lindewiese ärgerte sich hierüber sehr, und der Neid inspirierte ihn zu einem Heilverfahren, das noch primitiver und noch rationeller war: er ließ seine Patienten einfach hungern und dursten und hatte damit den größten Erfolg, da ja tatsächlich ein großer Teil der Krankheiten vom Essen und Trinken kommt. Die zünftige Medizin hat es nicht gern, wenn man sie an diese beiden Bauern erinnert.

Die beiden charakteristischsten Erfindungen des Zeitalters aber sind die Telegraphie und die Photographie. Die beiden ersten Menschen, die miteinander telegraphisch verkehrten, waren zwei berühmte deutsche Gelehrte, die Göttinger Professoren Gauß und Weber, die ihre Laboratorien durch Drähte verbanden. Dann kam Steinheil durch Zufall auf die Entdeckung, daß es gar nicht nötig sei, doppelte Drähte zu legen, da die Erde die Rückleitung besorge. Ihre Vollendung erhielt die Erfindung aber erst 1837 durch Morse, den Ersinner des

Schreibtelegraphen. Dieser beruht darauf, daß der Strom in der Empfangsstation einen Elektromagneten erregt, der dadurch einen Anker anzieht und einen am Ankerhebel angebrachten Stift herabdrückt; dessen Bewegung dient dazu, auf einen abrollenden Papierstreifen Zeichen einzudrücken; ist der Strom nur ganz kurz, so entsteht ein Punkt, dauert er etwas länger, so erscheint ein Strich, und aus verschiedenen Kombinationen der Punkte und Striche besteht das Morsealphabet. Die telegraphischen Stationen, die daraufhin errichtet wurden, hatten zunächst nur Versuchscharakter, aber seit der Mitte der vierziger Jahre begannen sie sich, zumal da inzwischen wesentliche Verbesserungen hinzugekommen waren, mit großer Schnelligkeit zu vermehren.

Das Verfahren der Photographie oder, wie man sie anfangs nannte, Daguerrotypie wurde zuerst von dem Pariser Theatermaler Louis Jacques Mande Daguerre publiziert, der es zusammen mit Nicéphore Niepce erfunden hatte. Sie erzeugten zunächst Bilder auf Silberplatten. Zum Erfinder der Papierphotographie wurde Henry Fox Talbot, indem er Papierbogen mit Silbernitrat überzog. Er sagt darüber in dem Bericht an die Royal Society: »Das vergänglichste Ding, das sprichwörtlich gewordene Symbol alles dessen, was dahinschwindet und nur von momentaner Dauer ist, der Schatten, läßt sich für alle Zeit in einer Lage festhalten, die ihm nur für einen Augenblick zuzukommen schien.« Er machte 1835 mittels einer Camera obscura Aufnahmen von seiner Villa, die, wie er sagte, die erste sei, die ihr eigenes Bild gezeichnet habe, und fand auch bereits ein Fixierungsverfahren.

Ranke Durchaus dem Zeitalter des Realismus, der Photographie und des Weltverkehrs gehört auch der größte deutsche Geschichtsschreiber des neunzehnten Jahrhunderts, Leopold von Ranke, an, obgleich er sehr oft für die Romantik reklamiert worden ist. Doch berührt er sich mit ihr nur in einigen seiner geschichtsphilosophischen Prinzipien. Nach seiner tiefsinnigen und wohldurchdachten Lehre beruht das Eigentümliche einer jeden historischen Epoche in ihrer »Idee«, einer »geistigen Potenz«, die das Leben auf eine ganz bestimmte Weise bildet und lenkt; durch sie wird erst die innere Einheit der Epoche erzeugt. Aber »die Ideen, durch welche menschliche Zustände begründet werden, enthalten das Göttliche und Ewige, aus dem sie quellen, doch niemals vollständig in sich... Wenn die Zeit erfüllt ist, erheben sich aus dem Verfallenden Bestrebungen von weiter reichendem geistigen Inhalt, die es vollends zersprengen. Das sind die Geschicke Gottes in der Welt.« Die Ideen können nicht in Begriffen ausgedrückt, aber wahrgenommen, »angeschaut« werden. »Es sind Kräfte, und zwar geistige, Leben hervorbringende, schöpferische Kräfte«, »moralische Energien«. Zu definieren, unter Abstraktionen zu bringen sind sie nicht; aber ein Mitgefühl ihres Daseins kann man in sich erzeugen. In ihnen ruht das Geheimnis der Weltgeschichte; die Taten Gottes zu erkennen ist die Aufgabe des Geschichtsschreibers. Indes: Rankes »Ideenlehre« ist nicht das Wesentliche an ihm. Die seltenen Eigenschaften, durch die es ihm gelang, einen ganz neuen Typ der Geschichtsschreibung zu schaffen: seine souveräne Objektivität, sein messerscharfes politisches Urteil, seine realistische psychologische Begabung, seine Fähigkeit, das historische Material aufs feinste abzuwägen und vor dem Leser auseinanderzubreiten, verweisen ihn ins antiromantische Lager. Sein Ziel war, wie er einmal sagte, »sein Selbst gleichsam auszulöschen«. Es ist fraglich oder vielmehr nicht fraglich, ob dies überhaupt ein Ideal für den Historiker sein solle, und er hat es auch keineswegs erreicht, vielmehr ist seine Darstellung sehr spürbar von seiner Persönlichkeit imprägniert; aber daß er es überhaupt aufstellen konnte, ist für seine Geistesart charakteristisch. Es ist ein modern-naturwissenschaftliches Ideal: die Eroberung der Außenwelt mit den

1251

Mitteln der exakten Methode und der empirischen Beobachtung. Es bedeutet die Übertragung des Glaubens an die siegreiche Kraft der Tatsachenanhäufung aus der Physik auf die Historik, den Versuch, den ausschließlichen Respekt vor Akten und Fakten zum Leitpathos der Geschichtsschreibung zu machen. Und dazu kommt die fast völlige Politisierung der Geschichte, in die Ranke diese wieder zurückversetzt hat, was höchst unromantisch und zugleich höchst nachromantisch war. Es war gewiß eine entscheidende wissenschaftliche Tat und ein Fortschritt zur reineren und reicheren Erkenntnis, daß er die »diplomatische« Historik geschaffen hat; aber er ist zum Teil selber das Opfer seines Faches geworden, indem der beständige Verkehr mit toten Gesandten, Ministern und Staatskorrespondenten ein wenig auf ihn abgefärbt und ihn selber zum Diplomaten gemacht hat, der, stets vornehm, verbindlich, formvollendet, einen unsichtbaren Ordensstern auf der Brust, ein wenig zu sehr »alles versteht«. Und ins große gerechnet, hat er sich nicht bloß auf die politische Geschichte beschränkt, sondern sogar vorwiegend auf die Geschichte der Regierungen, deren Taten bei ihm fast immer zu Recht bestehen. Kein Vorurteilsloser wird verkennen dürfen, daß hier nicht bloß »Objektivität« im Spiele war, sondern seine dauernde Gewöhnung an die Hofluft. Wir sehen hier wieder einmal, daß auch der überlegene Geist dem Zeitgeist tributär ist. Ein Geschichtsschreiber, der sich als psychologischer Porträtist an Schiller, als Sprachkünstler an Jakob Grimm und als Geschichtsdenker an Hegel messen durfte und in der historischen Intuition überhaupt keinen Rivalen hatte, mußte im Zeitalter der Politik ein Biograph des Staates werden.

Die französische Romantik »Ich sehe mich in einem Übergangszeitalter«, sagte Stendhal, »und das heißt: in einem Zeitalter der Mittelmäßigkeit.« Gegen diesen Geist der Mittelmäßigkeit opponierten die jungen Maler und Dichter der romantischen Schule in Frankreich;

1252

schon rein äußerlich: mit ihren polnischen Schnürenröcken, grünen Beinkleidern, schreienden Westen, spitzen Zuckerhüten und feuerfarbenen Kalabresern. Sie war ebensosehr Ausdruck wie Widerpart ihrer Zeit, und dies machte sie zu einem komplexen Phänomen. Man darf sich vor allem nicht durch den Namen irreführen lassen. Die französische Romantik war antiromantisch. Als romantisch könnte man an ihr nur ihre Leidenschaft für das Pittoreske ansprechen; aber dieser Zug ist allgemeinfranzösisch, er verleugnet sich auch nicht in Epochen stärkster Entblutung des Lebens, Dichtens und Denkens: man denke an das Zeitalter Ludwigs des Vierzehnten mit seiner Vorliebe für prunkvolle Musik, Dekoration, Rhetorik, an die Farbigkeit der Aufklärungsliteratur; und er verträgt sich durchaus mit Rationalismus, indem er sich als logisch und architektonisch gegliederter Kolorismus äußert.

Äußerlich geht die Tendenz auf das Mittelalter zurück. Aber auf die Stoffwahl kommt es niemals an, sondern immer nur auf die Apperzeptionsform. Die Gleichungen sind nicht so einfach, daß man ohne weiteres alle antikisch orientierten Kunstströmungen als klassizistisch, alle fürs Mittelalter interessierten als romantisch, alle der Gegenwart zugewendeten als realistisch bezeichnen dürfte. Das Wort »romantisch« klingt deutlich an »romanisch« an. Und doch gibt es keine romanische Romantik. Nur ein einziges Mal sind innerhalb der französischen Literatur einige echte Romantiker aufgetreten: es waren die Dichter um Maeterlinck, die durchwegs germanische Flamen waren.

Das Urphänomen, von dem alle menschlichen Lebensäußerungen abstammen, ist das Verhältnis zu Gott. Der Romantiker ist religiös. Der Romane ist klerikal oder atheistisch. Es hat natürlich auch auf slawischem und germanischem Boden zu allen Zeiten Klerikale und Atheisten gegeben; aber sie haben sich niemals zu repräsentativer Nationalbedeutung erhoben. Sie waren bestenfalls Zwischenereignisse. Umgekehrt sind religiöse Gestalten wie Luther und Bach, Fichte und Carlyle, Dostojewski und Nietzsche als romanische Gewächse unvorstellbar.

Wir haben schon mehrfach darauf hingewiesen, daß jeder Franzose ein Cartesianer und jeder Franzose ein Lateiner ist; und dies verleugnete sich auch bei der französischen Romantik nicht im geringsten. Sie wendete sich mit Leidenschaft gegen den Klassizismus, aber nur gegen den ganz strengen der Boileauschen Hofetikette: gegen die drei Einheiten und die scharfe Trennung des Tragischen und Komischen, gegen die Sprachtyrannei der Akademie und den Absolutismus der Lullytradition, gegen die geometrische Bildkomposition und die Salonlandschaft, gegen das *Versailles der Kunst*, das noch immer nicht tot war. Sie war revolutionär in der Form, indem sie von der klassisch geschlossenen zur »offenen« überging (soweit dies einem Franzosen überhaupt möglich ist), und im Stoff, indem sie das Pathologische, Grauenhafte, Grelle, Disharmonische bevorzugte; und vor allem war sie, im Gegensatz zur deutschen Romantik, revolutionär in der Politik. Oder richtiger gesagt: nur sie war politisch orientiert, jene gänzlich unpolitisch. Denn wenn etwas extrem unromantisch ist, so ist es die Politik. Hierin allein schon manifestiert sich die französische Romantik als Falschmeldung. Sie war ganz einfach, als heißer, sprühend elementarer Ausdruck des Zeitgeistes, Realismus, obschon natürlich, wie jeder künstlerische Realismus, ein transponierter und gesteigerter. Victor Hugo hat es im Vorwort zu *Hernani* mit aller wünschenswerten Klarheit ausgesprochen: »Die Romantik ist in der Dichtung, was der Liberalismus im Staate«; und Delacroix sagte noch einfacher und noch deutlicher: »*Qui dit romantisme, dit art moderne.*«

Hugo, Dumas, Scribe, Sue Als Geburtstag der romantischen Schule Frankreichs gilt der 25. Februar 1830: an diesem Tage fand, fünf Monate vor der Julirevolution, jene denkwürdige Hernanipremiere statt, die,

1254

wie fast alle entscheidenden Uraufführungen, ein ungeheurer Theaterskandal war; Théophile Gautier trug seine berühmte rote Samtweste, als Symbol des künstlerischen Konventionshasses und des politischen Radikalismus. Aber schon drei Jahre vorher hatte Hugo in seiner Cromwellvorrede, von der Gautier sagt: »sie erstrahlte vor unseren Augen wie die Gesetzestafeln vom Sinai«, den Begriff des romantischen aufgestellt: es sei das Wirkliche, dieses aber entstehe durch die Kreuzung des Sublimen und des Grotesken, und der romantische »drame« sei daher die Vereinigung von Tragödie und Komödie. Er verschmolz sie aber nicht eigentlich, wie dies erst am Schlusse des Jahrhunderts Ibsen und seiner Schule gelang, sondern setzte sie nebeneinander. Schon in dieser seiner Vorliebe für literarische Manifeste zeigt sich die gallische Lust an Programmatik und Regelhaftigkeit, und noch mehr äußert sich dieser Rationalismus, dessen Leidenschaft für das Schrille, Bizarre, Widernatürliche, Wahnwitzige nur Maske ist, in Hugos kühler und klarer Komposition und in seinem bewußten und selbstbewußten Willen zur Tendenz. Hugo hat sein ganzes Leben lang Thesen angenagelt, und in seiner zweiten Lebenshälfte wuchs er zum Nationalpropheten. Zugleich kulminiert in ihm das französische Dekorationsgenie: seine Dichtungen sind glühende Tapeten, bezaubernde Koloraturen, großartige Atelierfeste, Meisterpartituren. Seine Dramen sind die packendsten Libretti, die je geschrieben wurden, und bieten sich schon auf den ersten Blick der Instrumentation an, obgleich sie andrerseits ihrer eigentlich gar nicht mehr bedürfen. Ihre Sterne sind jene ewigen Figuren, ohne die die Oper nicht leben kann: der edle Outlaw, der *gegen* die Gesellschaft lebt und ihre legitimen Verbrechen rächt, die edle Dirne, die *neben* ihr lebt und sich durch die große Liebe adelt; die Handlung gehorcht der Opernlogik; der Humor ist aus der *opéra comique*. In seinen Romanen erscheint die Welt als Tollhaus, ähnlich wie bei Shakespeare

1255

und doch ganz anders; viel subjektiver, monomanischer gesehen: als sadistische Fiebervision.

Neben ihm errangen der ältere Dumas, Scribe und Sue die breiteste Popularität. Der Abstand zwischen ihm und diesen wird in Frankreich nicht so stark empfunden wie bei uns. Dort wird die Literaturästhetik nicht von Professoren gemacht, die niemals Dichter und meistens nicht einmal Schriftsteller sind, sondern von den Künstlern und der Gesellschaft; infolgedessen herrschen dort andere Maßstäbe: man bewertet ein Drama nach der Art, wie es im Rampenlicht wirkt, und ein Buch nach dem Grad, wie es seine Leser hypnotisiert. Dumas schrieb mehr als ein Vierteltausend Bände, hohle Attrappen, aber mit delikatem Konfekt gefüllt. Scribe verfaßte die effektvollsten Operntexte der Welt, die Stumme von Portici, Fra Diavolo, die Jüdin, Robert den Teufel, den Propheten, die Hugenotten, die Afrikanerin, und wurde der Virtuose des modernen Intrigenlustspiels, der »pièce bien faite«; er besaß im höchsten Maße die paradoxe Gabe, die Welt nicht im natürlichen Licht der Sonne und des Mondes zu sehen, sondern im künstlichen des schreienden Scheinwerfers und der bunten Glaslaterne und die Menschen nicht als Naturwesen, sondern als Träger von Fettpuder, Perücke und Umhängebart. Außerdem war er einer der ersten, die ihre Dramen ganz unverhüllt als Industrieartikel vertrieben: er war nichts als der außergewöhnlich umsichtige und einfallsreiche Chef einer Galanteriewarenfabrik, in der die einzelnen Ressorts tadellos arbeiteten und ineinandergriffen; zahlreiche seiner Stücke sind Kompanieprodukte: der eine erfand die Figuren, der andere die Verwicklungen, ein dritter den Dialog, ein vierter die Bonmots. Es ist bei dieser Veranlagung selbstverständlich, daß das Geld für ihn immer im Mittelpunkt des Geschehens steht, nur faßt er seinen Helden viel harmloser und oberflächlicher als Balzac, indem er ihn einfach als den unwiderstehlichen Verführer schildert, dem alles erliegt. Was den berüchtigten Eugène Sue anlangt, so besaß er, wie wir schon im dritten Buche andeuteten, eine gewisse Ähnlichkeit mit Schiller: nicht bloß in seiner Vorliebe für das Kriminalistische, Kolportagehafte und die Schwarzweißtechnik, sondern auch in seiner Hinneigung zur ethischen und sozialen Tendenz. Auch über ihn kann nur unter der Optik des Gymnasialaufsatzes ein Verdammungsurteil gesprochen werden; Balzac und Hugo empfanden ihn als Konkurrenten. Die süßen Buntdrucke hingegen, in denen Murger das Pariser Bohemeleben abschilderte, sind für einen außerfranzösischen Geschmack heute kaum mehr erträglich.

Die französische Malerei des Zeitalters ist das komplette Gegenstück zur Literatur. Delacroix machte sich den Wahlspruch zu eigen: *»Le laid, c'est le beau!«* Seine Kunst setzt ebenfalls den Farbenrausch an die Stelle der mehr zeichnerischen Korrektheiten des Klassizismus und gibt dem Schrecklichen, Entarteten, Krassen den Vorzug vor dem Salonfähigen. Auch in den Stoffen liebt sie die Exotik. Die Eroberung Algiers, politisch und wirtschaftlich zunächst ohne größere Bedeutung, hatte sogleich eine künstlerische Wirkung: nicht lange, nachdem Hugo seine *Orientales* gedichtet hatte, entdeckte Delacroix den Orient für die Malerei. Damit ergab sich auch ein Wandel in der Darstellung der biblischen Gestalten: man begann einzusehen, daß sie ihre Modelle nicht unter holländischen Bauern oder florentinischen Prinzessinnen zu suchen habe, sondern unter den Arabern. Zudem fand Delacroix in Afrika, wo die Sonne den Objekten eine viel stärkere Leuchtkraft verleiht und die Farbenkontraste viel greller hervortreten läßt, sein koloristisches Weltbild bestätigt. Er pflegte, ehe er an die Zeichnung ging, zuerst die Farben zu gruppieren, und nicht umsonst war sein Lieblingsmaler Rubens, der ihn an technischer Meisterschaft, koloristischer Wucht und elementarer Vitalität noch übertrifft, an problematischer Geistigkeit, vibrie-

Delacroix

render Leidenschaft und dämonischer Originalität aber nicht erreicht.

Unter den übrigen Malern der neuen Schule ist keiner Delacroix in die Nähe gelangt; aber sie ist voll sprühender Lebendigkeit, blühenden Einfallsreichtums und kühnen, siegreichen Frondierungswillens und dabei, was ein Erbe sowohl der Rasse als des klassischen Geistes ist, immer geschmackvoll und im souveränen Besitz ihrer Mittel; von einer ausgeprägten Vorliebe fürs Schreckensfigurenkabinett erfüllt (teils aus Perversität, teils um den Bürger zu epatieren); propagandistisch und agitatorisch (im Geiste des Fanfaron, der in jedem Franzosen steckt); komödiantisch und theatralisch (aber auf eine höchst künstlerische Manier); morbid und neurasthenisch (Ingres fand sogar: epileptisch); und bei alledem in ihrer Lust und Kraft, zu bauen, zu gliedern und zu stufen, doch cartesianisch. In dem schwachen Genre der Historienmalerei war Delaroche der Stärkste: seine Gemälde lassen sich mit den geistreichen Geschichtsromanen in Parallele stellen, die Dumas père verfaßte; die sentimentale Anekdote ist ihm stets die Hauptsache. Horace Vernet malte sehr erfolgreich den afrikanischen Feldzug, die Napoleonlegende, die Gloiregeschichte der *grande armée* mit minutiöser Fachkenntnis der Uniformierung und Bewaffnung, Strategie und Taktik. Ganz aus der Zeit fällt Ingres, ein Klassizist, aber nicht im Sinne des lateinischen, sondern des griechischen Kunstgefühls, das dem Franzosen im allgemeinen ganz fremd ist: ein Meister der edlen Linie und reinen Proportion, selbstverständlichen Nacktheit und wahren, nämlich idealen Natürlichkeit.

Politische Musik

Die Musik der französischen Romantik wird 1828 mit der *Muette de Portici* von Auber eingeleitet, der sich bereits als Komponist höchst gelungener Lustspielopern von bunter und witziger Pikanterie bekannt gemacht hatte. Nicht allein der ebenso originellen wie glücklich ausgeführten Idee, eine Stumme zur musikalischen Heldin zu machen, verdankte die *Muette* ihren Erfolg, sondern auch der revolutionären Leidenschaft, die aus ihr wie eine Stichflamme hervorschlug. In diesem Zeitalter ereignete sich nämlich die Paradoxie, daß sogar die Musik politisch wurde. Die »Stumme« hat nicht nur die ganze Julirevolution antizipiert, sondern sogar, wie bereits erwähnt wurde, den unmittelbaren Anlaß zur belgischen Revolution gegeben; und in den zahlreichen »Freiheitsopern«, die folgten, eroberte sich der Liberalismus das Orchester. Die beiden berühmtesten Exemplare dieses Genres sind Bellinis *Norma* vom Jahr 1832, die den Kampf der Gallier gegen die Römerherrschaft schildert, und Rossinis *Tell* vom Jahr 1829, der heroisches Freiheitspathos und idyllische Landschaftsmalerei auf prachtvolle Weise zu verbinden wußte. Meyerbeer, der sich seinen ersten großen Erfolg 1831 mit *Robert le Diable* errang, ist, so ketzerisch es klingen mag, in seiner Leidenschaft für das Pittoreske, Gesteigerte, rauschend Effektvolle ein musikalischer Victor Hugo. In Berlin geboren, ist er doch durch und durch französisch wie sein Vorgänger im Berliner Amt und in der Pariser Position, der Italiener Spontini, dem er die ausschweifende Exploitierung des Orchesters und des gesamten Theaterapparats zu erdrückenden Gewaltwirkungen abgelernt hatte, während er ihn an Reichtum der Erfindung und Feinheit der Instrumentierung weit übertraf. Der deutsche Dichter und Ästhetiker Robert Griepenkerl sagte von Meyerbeers Opern, in ihnen vernehme man »den Ton dieses eisernen Jahrhunderts«, was sehr zutreffend, aber nicht so schmeichelhaft ist, wie es gemeint war: in ihnen ist der stahlharte, bis zur Schamlosigkeit unbedenkliche Wille zum Erfolg Musik geworden. Hugos andere Seelenhälfte, die Lust am Abnormen, Absurden, Grausig-Grotesken, ist in Berlioz verkörpert, einem Genie der Chromatik von einer ans Pathologische grenzenden Hypertrophie des Klangsinns, die die Töne fast körperlich sieht. Mit seiner »symphonie fantastique« *Episode de la vie d'un artiste,* die 1830 zum erstenmal aufgeführt wurde, und deren Fortsetzung *Le retour de la vie* begründete er die moderne Programmusik: sie schildert die narkotischen Träume eines jungen Künstlers, der aus unglücklicher Liebe einen Selbstmordversuch mit Opium unternommen hat; die Herrschaft des Leitmotivs ist auf höchst suggestive Weise bis zur Krankhaftigkeit gesteigert: es ist zur *idée fixe* geworden. Chopin, als Sohn eines eingewanderten Franzosen und einer Polin in der Nähe von Warschau geboren, ist, in entsprechendem Abstand, für die Tanzmusik gewesen, was Schubert für das Lied, indem er dieses Genre, das bisher nur der Unterhaltung gedient hatte, in die hohe Kunst einführte. Seine Polonaisen und Mazurken sangen in das Ohr Europas die Klage um das vergewaltigte Polen. Er lebte in Paris als eine der größten Zelebritäten, als Klaviervirtuose ebenso gefeiert wie als Komponist, mit Liszt, Berlioz, Heine, Balzac befreundet, mit George Sand jahrelang liiert, jener gräßlichen Literatursuffragette, die Musset, der ebenfalls ihr Liebhaber war, den »Typus der gebildeten Amsel«, Nietzsche noch deutlicher eine »Schreibekuh« genannt hat. Auf der Geige war das größte Phänomen des Zeitalters und möglicherweise aller Zeiten Paganini, der durch sein hinreißend leidenschaftliches Spiel und seine beispiellose technische Meisterschaft Männer und Weiber bis zur Raserei bezauberte. Er war von dämonischer Häßlichkeit und schon bei Lebzeiten eine Legende: man erzählte sich von ihm die melodramatischsten Geschichten: daß er seine Mutter ermordet, seine Braut erwürgt und im Gefängnis auf einer einzigen Saite alle seine Kunststücke erlernt habe, und verdächtigte ihn allen Ernstes der Zauberei.

Mendelssohn und Schumann Die deutsche Musik jenes Zeitraums bewegt sich im Gefühlskreis der deutschen Romantik und hat daher bei all ihren hohen Qualitäten etwas Nachzüglerisches, Unzeitgemäßes, Gestriges gleich Friedrich Wilhelm dem Vierten, der sie sehr schätzte und förderte; sie ist weder ein Pendant zur romantischen Musik Frankreichs noch zur gleichzeitigen Literatur Deutschlands. Ihre beiden Hauptvertreter sind, wie jedermann weiß, Mendelssohn und Schumann. Mendelssohn, der Enkel des Philosophen, entriß durch eine vollendete Berliner Aufführung die Matthäuspassion der Vergessenheit, hob in Düsseldorf als Mitarbeiter Immermanns und in Berlin als Liebling des Königs die Oper auf ein neues Niveau, gastierte mehrfach mit außerordentlichem Erfolg in London und machte als Leiter der Gewandhauskonzerte Leipzig zur musikalischen Hauptstadt Deutschlands. Er war ein weicher geistreicher Aquarellist wie Heine, den er auch am liebsten vertonte; kein kräftiges Original: in den Oratorien von Händel und Haydn, im *Sommernachtstraum* und in den Waldliedern von Weber, in den Klavierstücken von Schubert beeinflußt und doch eine tief originelle Persönlichkeit: kapriziös und grazil, sentimental und heiter, ja fast witzig, sehr, für einen Musiker beinahe zu sehr gebildet und von einer reinen und echten, weder verknöcherten noch angekünstelten Frömmigkeit, wie sie in jenen Tagen zu den Seltenheiten gehörte. Der fast gleichalterige, noch viel eigenartigere Robert Schumann gründete, ebenfalls in Leipzig, den Verein der »Davidsbündler« gegen das Philistertum in der Tonkunst und die »Neue Zeitschrift für Musik«, die für Berlioz, Chopin und den jungen Brahms und gegen Meyerbeer kämpfte, und wurde erst durch seine Vermählung mit der berühmten Klavierspielerin Clara Wieck zum Liederschöpfer, wodurch er sich als »Gelegenheitsdichter« im Sinne Goethes und reinster Typus des Lyrikers erwies, den er in allen seinen Zügen sehr deutlich ausgeprägt hat: er ist weiblich, kindlich, von einer somnambulen Melancholie, am größten als reiner Klavierkomponist, ein Meister der freien Begleitung und des Nachspiels, auch des Vor- und Zwischenspiels, die bei ihm niemals bloßes Ornament, vielmehr innerlichstes Stimmungselement sind, am schwächsten in der Oper. In ihm hat das deutsche Biedermeier ein spätes wundersam tönendes Echo gefunden, das wie ein verwehter Geigenklang bis in unsere Tage zittert.

Das junge Deutschland Wir haben bereits erwähnt, daß die Schriftsteller des »jungen Deutschland« sich keineswegs als Mitglieder einer literarischen Schule empfanden. Gleichwohl tragen sie, wie dies ja gar nicht anders zu erwarten ist, eine Reihe gemeinsamer Züge. Es hat wohl selten eine geistige Bewegung gegeben, die in ihren Ausgangspunkten und Zielen, ihren Leitgedanken und Ausdrucksmitteln unkünstlerischer gewesen wäre als diese. Zunächst: sie hatte sich ein sehr unzutreffendes Firmenschild gewählt, denn sie war so wenig jung, wie die erste romantische Schule jemals romantisch gewesen ist. Sie umfaßte zwar lauter Poeten, die die Dreißig noch nicht überschritten hatten, aber fast alle diese waren schon steinalt auf die Welt gekommen. Sie waren so überlegen, so wissend, so abgebrüht, wie es nur je irgendein Greis auf dieser Welt gewesen ist. Sie waren von einer unwiderlegbaren, penetranten, zerfressenden, kurz: einer ganz unerträglichen Gescheitheit. Sie ließen sich auf keinem Gebiet und in gar keiner Richtung etwas vormachen: weder in der Religion noch in der Politik, noch in der Kunst, noch in der Philosophie. Alles entlarvten sie als Schwindel oder Kinderei, und zurück blieb nichts als ein sehr kompakter Materialismus. Dabei waren sie alle schon von ihren ersten Anfängen an von einer Geschicklichkeit und Weltgewandtheit, Versiertheit und Fingerfertigkeit, schriftstellerischen Sicherheit und propagandistischen Energie, wie sie auch nicht gerade das Merkmal der Jugend zu bilden pflegt. Aber mit lauter unsympathischen oder minderwertigen Eigenschaften hätten sie doch nicht die großen geistigen Erfolge erringen können, die sie ganz unleugbar gehabt haben! Welchem Umstand verdankten sie denn also die breite und starke Wirkung, die sie ausübten?

Die Frage beantwortet sich von selbst: sie waren die Stimme der Zeit. Sie drückten aus, was alle laut oder leise, hell oder dumpf fühlten; sie taten dies allerdings nur in einer rein negativen Form: sie opponierten gegen die unbeschreibliche Langeweile, Gefühlsträgheit und Geistesstarre, in die ihre Epoche verzaubert war. Sie zerrissen die trübe Luft, die über der Welt lagerte, und brachten Licht und Klarheit in die menschlichen Beziehungen. Es war freilich nichts weiter als die Klarheit, die Selbstverständlichkeit, das billige und ordinäre Licht der Alltagsweisheit, aber es wirkte doch erleichternd und befreiend: denn was hatte der deutsche Bürger von all der bisherigen Mystik und Romantik, die ihn nur verwirrte, und von seinem ungemein reichen und tiefsinnigen Hegel, von dem er nicht ein Wort verstand? Nun aber kamen auf einmal Menschen, die, obgleich sie gedruckt schrieben, doch ganz in seiner Sprache schrieben, flüssig, einfach und eingängig. Und doch auch wiederum nicht in seiner Sprache, sondern pikant, geistreich und bunt; und das war der zweite Grund des Erfolges. Esprit hatte der Deutsche bisher nur als schwer zu erlangenden französischen Importartikel gekannt, nun hatte er ihn im eigenen Lande: den guten Witz, den man am Biertisch weiterkolportieren konnte, den kleinen literarischen Skandal zum sonntäglichen Morgenkaffee, kurz, das Feuilleton, das wir seither nicht wieder losgeworden sind.

Wir haben schon mehrfach darauf hingewiesen, daß fast jedes Zeitalter eine Leitvokabel besitzt, der es blindlings folgt, eine Chiffre, die es für den Schlüssel zu allen Geheimnissen hält. Für das junge Deutschland lautete dieses zauberkräftige Schlagwort: »Zeitgeist«. »Die Zeit ist die Madonna des Poeten«, sang Herwegh. Die Zeit aber war der Tag. Dies meinten sie mit dem »Realismus«, dem sie sich verschrieben hatten: es war die spezifische Spielart der Wirklichkeitsanbetung, wie sie die Zeitung vertritt, ein Wortrealismus, der die Phrase für wirklich

Der »Zeitgeist«

nimmt, ein Lügenrealismus, der seine Unwahrheiten oder Halbwahrheiten so lange und so intensiv wiederholt, bis sie wirksam *und daher wahr* werden. Dabei haben sie das Genre des Feuilletons nicht einmal mit wirklicher Meisterschaft gehandhabt; es hat erst später stilistisch in Speidel, inhaltlich in Kürnberger, stilistisch und inhaltlich in Bahr die letzte Stufe der Vollendung erreicht. Wir waren an anderer Stelle genötigt, die Ansicht zurückzuweisen, daß der moderne Journalismus von Schiller abstamme; aber vom jungen Deutschland stammt er wirklich ab. Bei jedem normalen Schriftsteller und überhaupt bei jedem normalen Menschen entwickelt sich das Wort aus der Sache; bei diesen Autoren verhielt es sich umgekehrt. Immer ist zuerst die Metapher da, dann erst der Gedanke; und auch sie ist aus bloßen Worten entstanden, weshalb sie zumeist verzeichnet oder gesucht und immer trostlos nüchtern ist. Dies gilt auch von dem besten Stilisten der Schule, Ludwig Börne: wenn er zum Beispiel ausruft: »Der freie Strom der öffentlichen Meinung, dessen Wellen die Tagesschriften sind, ist der deutsche Rubikon«, so gelingt es ihm, ein Lesebuchparadigma für hohle und schiefe Rhetorik aufzustellen; und wenn Ludolf Wienbarg über Schiller sagt: »Sentimental, verständig, gutmütig, rednerisch entsprach er der sehr achtbaren Zuhörerschaft, die sich ungern den tragischen Dolch auf die Brust setzen läßt, wenn sie ihn nicht durch den Knauf schöner Phrasen und Redensarten unschädlich gemacht sieht«, so ist das bereits reiner Wippchen. Vor allem aber war ihre Schreibweise durch eine peinliche Abgeschmacktheit verdorben. Derselbe Wienbarg sagt in der bereits erwähnten Widmung seiner *Ästhetischen Feldzüge*: »Universitätsluft, Hofluft und sonstige schlechte und verdorbene Luftarten, die sich im freien und sonnigen Völkertage absondern, muß man entweder gänzlich vermeiden oder nur auf kurze Zeit einatmen. Riechflaschen mit scharfsatirischem Essig, wie ihn zum Beispiel Börne in Paris destilliert, sind in diesem Fall nicht zu verachten«, und auf die Julirevolution dichtete er: »Mag der Franke den Marseiller singen, schlürfen den Champagner der Gesänge, der, weil ihm die Flasche ward zu enge, ließ den Kork bis an die Newa springen«; Theodor Mundt beschrieb die Tätigkeit des angebeteten »Zeitgeists« mit den Worten: »Er zuckt, dröhnt, zieht, wirbelt und hambachert in mir; er pfeift in mir hell wie eine Wachtel, spielt die Kriegstrompete auf mir, singt die Marseillaise in allen meinen Eingeweiden und donnert mir in Lunge und Leber mit der Pauke des Aufruhrs herum«, und Gutzkow begrüßte das heranwachsende Geschlecht mit den Versen: »Glücklich seid ihr, jüng're Streiter... glücklich, denn so könnt ihr wissen, wo im dichterischen Schwärmen andern ihre Saiten rissen, Saiten aus Philisterdärmen... Von dem Speer die Eisenspitze dürft ihr stoßen in die Erde, daß er nach des Kampfes Hitze euch ein schattig Laubdach werde.« Essigflaschen gegen schlechte Luft, Champagnerkorken, die von Paris bis Petersburg springen, in den Eingeweiden singende Marseillaisen, Saiten aus Philisterdärmen: dergleichen findet sich heute kaum mehr in Provinzblättern; und das schattenspendende Speerlaub bedeutet einen ganz offenkundigen Rückfall in den Wunderglauben, den die Jungdeutschen doch soeben erst abgeschafft hatten.

Ein anderes ihrer Schlagworte lautete: »Emanzipation der Sinne«, wobei ihnen die griechische Kultur als Ideal vorschwebte. Diese Vorstellung vom »heiter-sinnlichen« Hellenentum ist weder klassisch noch romantisch, sondern aus der Operette, indem sie Dionysos zum Wirtshausbacchus und die apollinischen Musen zu Trikottänzerinnen macht. Mundt prägte die Devise »Bewegungsliteratur«, was einigermaßen an den heutigen Aktivismus erinnert. Nun gibt es aber nichts Aktiveres und Aktuelleres als die Tagespolitik, und daher kommt es, daß das junge Deutschland die Kunst in einem Maße mit Politik infiltriert hat, das fast unbegreiflich erscheint. Man ging so weit, zu behaupten, eine Dichtung, die nicht den Tagesfragen diene, habe keine Existenzberechtigung, womit doch wohl das Wesen der Kunst auf den Kopf gestellt wird. Einer der gefeiertsten Schauspieler jener Zeit war Eßlair. Im Hinblick auf ihn sagte Börne: »Die wahre Geschichte jedes Tages ist witziger als Molière und erhabener als Shakespeare. Ein paar Lampen angezündet und die Zeitung vorgelesen – was könnte Eßlair Besseres geben?« Beim Anblick des Alpenglühens fällt Herwegh sogleich der Brand Ilions ein und erzeugt in ihm die poetische Gedankenverbindung: »Ein versinkend Königshaus raucht vor meinem Blicke, und ich ruf' ins Land hinaus: Vive la république!«, wobei er, abgesehen von dem mehr in der Gesinnung als in der Aussprache pariserischen Republikanismus, vollkommen vergißt, daß die Zerstörung Trojas durchaus keine antimonarchistische Demonstration war. Die ganze Lyrik des jungen Deutschland ist Leitartikelei: entweder liberale oder patriotische (im letzteren Falle handelte es sich meistens um »Rhein« und »Wein«, von welcher Reimtatsache ein höchst unbescheidener Gebrauch gemacht wurde); und die Zeitungen gingen wirklich oft so weit, den Leitartikel in Gedichtform vorzusetzen. Gutzkow hatte übrigens eine Ahnung davon, daß diese Literatur eine einzige große Mißgeburt sei. Er sagte: »Börne klagt Heine der Frivolität an; aber ist es nicht der größte Leichtsinn, das Jahrhundert auf nichts zu reduzieren als die konstitutionelle Frage?« Dies meinte er jedoch nur theoretisch; in der Praxis hat er sich nie mit etwas anderm befaßt als mit Tendenz und Politik.

Gutzkow Die künstlerischen Erzeugnisse dieser Generation sind denn auch von einer erstaunlichen Trivialität, Unnatürlichkeit und Impotenz. Es ist, um es rundheraus zu sagen, lauter Schmierenkomödie, Simili, herausgeputzter Ramsch für den Fünfzig-Pfennig-Bazar. Von den Stücken haben sich einige sehr lange auf der Bühne behauptet. Gutzkow schrieb eine Anzahl frostiger Zelebritätendramen: *Zopf und Schwert*, worin Friedrich Wilhelm der Erste und Ekhof vorkommen, das *Urbild des Tartüffe*, dessen Held Molière ist, *Richard Savage*, der die Schicksale dieses Dichters und Steeles, des Begründers des *Spectator*, behandelt, *Uriel Acosta*, worin der kleine Spinoza, und den *Königsleutnant*, worin der junge Goethe als Hosenrolle auftritt. Nun sind aber Berühmtheiten für den Dramatiker ein ebenso dankbares wie gefährliches Sujet. Sie sind dankbar, weil sie eine Menge fruchtbarer Nebenvorstellungen mitschwingen lassen, mit denen der Dichter operieren kann. Sie sind gefährlich, weil sie verpflichten. Um ein Genie schildern zu können, muß man selber ein halbes Genie sein. Gutzkows große Männer sind aber lauter Journalisten, und nicht einmal erstklassige. Geradezu parodistisch wirkt es, wenn der Raisonneur Steele an der Leiche Savages zum Schluß in die Worte ausbricht: »Zeiten und Sitten, seht eure Opfer! O spränge doch die Fessel jedes Vorurteils, daß mit dem vollen Atemzuge der Brust die Herzen mutiger zu schlagen wagten und nicht im Getümmel der Welt mit ihrer kalten Bildung und ihren sklavischen Gesetzen auch die Stimme der Natur dem rechnenden Gefühl die Antwort versagte!« Er redet noch weiter, aber wir wollen ihm nicht weiter zuhören, sondern lieber vernehmen, wie das Zugstück *Werner* schließt, das den kitschigen Untertitel »Herz und Welt« führt: »Julie, durch das, was dir begegnete, hast du einen Blick in die Geschichte der Herzen getan, die sich Liebe schwören, einen Blick in die Region, die wir euch Frauen so gern verborgen halten! In tausend Seelen unserer Zeit schlummert der Widerspruch des Herzens mit der Welt still und schmerzlich verborgen. Wohl dem, der ihn so lösen kann wie ich – durch dich.« Die als Goethe verkleidete Soubrette äußert: »Schüttle dich, Welt, in deinen Angeln, rase über die Länder hin, antlitzverzerrte Bellona, es muß ein Friede kommen, wo die Saat des Geistes blüht und keine zersplitterte Lanze, keine blutgezeichnete Fahne hoch genug ist, über die bescheidenen Blumen der Dichter emporzuragen.« Man bemerkt: dies ist ganz und gar die Art, nicht wie ein Mensch zum andern spricht, sondern wie ein schlechter Zeitungsschreiber glossiert. Es ist übrigens charakteristisch, daß Gutzkow bei mehreren seiner Dramen, wie *Werner*, *Savage* und *Ella Rosa*, den Theaterdirektionen verschiedene Katastrophen zur Auswahl vorlegte. Dieselbe Physiognomie tragen auch seine Romane, zum Beispiel *Wally, die Zweiflerin*, wo ein Abschnitt mit den Worten schließt: »Sehet da eine Szene, wie sie in alten Zeiten nicht vorkam! Hier ist Raffiniertes, Gemachtes, aus der Zerrissenheit unserer Zeit Geborenes – aber was ist die egoistische Geschlechtsliebe gegen diesen Enthusiasmus der Ideen, der zwei Seelen in die unglücklichsten Verwechslungen werfen kann.«

Gutzkow ist der erste deutsche Dramatiker, der »Bombenrollen« geschrieben hat. Ganze Generationen von Komödianten haben sich mit den liberalen Tiraden Uriels Kränze geholt, und Friedrich Haase hat ein Menschenalter lang fast nur den Chevalier Thorane im *Königsleutnant* gespielt. Es ist daher begreiflich, daß Gutzkow ein lebhafter Verteidiger des Virtuosentums war: »Die traurige Redensart von ›Ensemble‹«, schrieb er, »sollte man im Munde der Stümper lassen… Nicht der Verfall der Schauspielkunst, sondern die Regeneration derselben beginnt mit Seydelmann.« Dieser war einer der frühesten Vertreter jenes Schauspielertyps, der in Dichtung und Mitspielern nur Instrumente zu einem persönlichen Erfolg erblickt. Er war der Erfinder der »Charaktermaske«, des Wandergastierens und der »guten Presse«. Als Shylock streichelte und küßte er unaufhörlich seinen Schein und wetzte das Messer auf dem Fußboden; als Antonio im »Tasso« deutete er durch Zärtlichkeiten und lüsterne Blicke an, daß zwischen ihm und der Gräfin Sanvitale eine erotische Beziehung bestehe; in einer anderen Rolle sollte er seinen Partner mit dem Messer bedrohen und von ihm durch eine Pistole in Schach gehalten werden, in der Erwägung aber, daß das primitive Publikum gern Rolle und Schauspieler identifiziert, sicherte er sich den Sieg dadurch, daß er bei der Vorstellung plötzlich selber eine Pistole hervorzog. Den Mephisto spielte er mit langen Krallen, Struwwelpeterperücke, schielenden Augen und bis zum Kinn gekrümmter Nase und, wie Immermann berichtet, unter stetem »infernalischen Krächzen, Pusten und Murksen«. In alledem: seinem berechnenden Rationalismus, seiner feuilletonistischen Pointenjagd und zeitungshaften Selbstplakatierung und seiner sehr ausgeprägten Richtung aufs Merkantile war er nur der Sohn seiner Zeit.

Heinrich Laube zeigte ebenfalls eine Vorliebe für das literar-*Laube und* historische Panoptikum, indem er Gottsched, Gellert und den *Heine* jungen Schiller auf die Bühne brachte, und für Günstlingsdramen wie *Struensee, Essex, Monaldeschi,* so ziemlich das ödeste Genre, das es gibt. Seine Stücke sind ebenso papiern, aber nicht so geschwätzig wie die Gutzkowschen, theaterbanal bis zur gelegentlichen unfreiwilligen Komik, roh, aber fest gezimmert und verraten den späteren ausgezeichneten Dramaturgen und Regisseur. Er leitete nicht nur mit genialer Befähigung für Entdeckung und Erziehung schauspielerischer Talente eine Reihe großer Bühnen, sondern erstattete auch hierüber in seiner Geschichte des Burgtheaters, des Wiener Stadttheaters und des norddeutschen Theaters in einer Weise Bericht, die diese Bücher zu den besten, ja fast einzigen macht, worin über Schauspielkunst mit nutzbringender Kennerschaft gesprochen wird; auch sind sie, im Gegensatz zu seinen übrigen Werken, vorzüglich geschrieben, während sie andrerseits auf dramaturgischem Gebiet seinen praktischen, aber banausischen Standpunkt der ausschließlichen Berücksichtigung der Publikumswünsche manifestieren, den er in den Worten zusammengefaßt hat: »Die

Armut kommt an die Reihe, weil sie gehen und stehen kann, der Reichtum wird zurückgelegt, weil er das nicht kann und fliegen will. Auf dem Theater fliegt man eben nicht«; worauf zu erwidern ist, daß ein Theater, das nicht den fliegenden Menschen zur Schau stellt, keine wirkliche Existenzberechtigung hat, denn den gehenden und stehenden zeigt jede Militärparade.

Heine hat die Unarten des jungen Deutschland nur in seinen allerersten Zeiten mitgemacht. Ihn immer wieder in dieser Gruppe, womöglich gar als einen ihrer Führer, aufzuzählen ist eine Gedankenlosigkeit der zünftigen Geschichtsschreibung. Gutzkow hat Heines Poesie boshaft, aber treffend charakterisiert, indem er ihre Blüten – ausnahmsweise in einem nicht mißglückten Bilde – mit parfümierten Taftblumen verglich; ein andermal nennt er sie, weniger übelwollend und wiederum recht treffend, eine Mischung aus Lächeln, Nachtigallengesang, harziger Waldluft, versteckter Satire auf ganz versteckte Menschen, Skandal, Sentimentalität und Weltgeschichte. Heine hat die romantische Vorstellungswelt immer nur als äußerlichen Glanzstuck benutzt, während er im Innern Rationalist, Naturalist, ja fast schon Impressionist war. Seine Gedichte sind reizende Spieldosen. Seine Prosa ist rein, reich, anmutig, beschwingt, nur bisweilen ein wenig zu witzig. Was ihn am meisten von allen Jungdeutschen unterschied, war seine hohe Musikalität. Von einer wirklichen Weltanschauung kann man bei ihm nicht gut sprechen. Sie beschränkt sich, abgesehen von ihren rein politischen und literaturpolemischen Komponenten, auf eine halb novellistisch-spielerische, halb journalistisch-demagogische Bekämpfung der Oberflächen des religiösen und philosophischen Transzendentalismus und die Predigt eines Diesseitsevangeliums, das in seinem erotischen Materialismus in die Richtung des Pariser Librettos weist. Seine Lyrik hat mehr die Tonkunst befruchtet als die Dichtkunst. Der stilisti-

sche Einfluß seiner Prosa hingegen ist außerordentlich hoch zu
bewerten; er erstreckt sich bis auf Nietzsche, der ihn aus diesem Grunde als Gesamtpersönlichkeit überschätzt hat. Außerdem ist er in der deutschen Literatur der erste Gestalter der
Ambivalenz. Tragik und Komik, Sentimentalität und Ironie
verhalten sich bei ihm nicht wie die beiden Hälften, sondern
wie die Vorder- und Rückseite derselben Sache; und er hat auch
zu allen Zeiten ambivalente Gefühle ausgelöst, indem man stets
schwankte, ob man ihn unausstehlich oder bezaubernd finden
solle. Daß er gerade in diese völlig sterile Zeit hineingeboren
wurde, war die Tragödie seines Lebens: ein Mensch voll Durst
nach Wirklichkeit inmitten einer Welt voll blecherner Phrasen
und ausgestopfter Jahrmarktspuppen, eine Natur, deren tiefste
Sehnsucht es war, verehren, anbeten, glauben zu dürfen, unter
eine Menschheit geworfen, deren höchster Witz es war, ungläubig zu sein und alles in entgötternder Skepsis zu begraben. So
wurde er die typische zwiespältige Natur. Nun ist ja Zwiespältigkeit die Grundeigenschaft aller irgendwie künstlerisch veranlagten Menschen, ob sie nun künstlerisch schaffende oder
bloß künstlerisch empfängliche, künstlerisch empfindende sind;
sie findet sich daher bei sehr vielen Frauen und fehlt eigentlich
nur beim Philister. Aber sie kann zweierlei Formen haben. Es
gibt Menschen, deren zwei Seelen einander nervös fliehen und,
wenn sie sich treffen, nur beschränken und verwirren: halbierte
Menschen. Und es gibt Menschen, deren beide Seelen einander
anziehen wie zwei ungleichnamige Elektrizitäten und in einer
Art von magischem Gleichgewicht halten, das sie fördert und
steigert: verdoppelte Menschen. Von der ersteren Art waren
Heine und Byron, von der letzteren Goethe, Shakespeare, Tolstoi, Nietzsche.

Aber wir wollen doch nicht gar zu ungerecht sein gegen
diese Gruppe von Enterbten des Schicksals; denn das waren sie
alle, sowohl in ihrem äußeren wie in ihrem inneren Leben. Es

hat schließlich immer etwas Großes, wenn aus einer ganzen Generation der leidenschaftliche Drang nach Wahrheit lodernd hervorbricht; denn die Aufrichtigkeit an die Stelle der politischen und religiösen Heuchelei, die schlichte Vernunft an die Stelle des mystischen und allegorischen Hokuspokus zu setzen: das war ja der Sinn jener ganzen Bewegung. Aber bisweilen ist die Wahrheit furchtbar banal und verdankt ihr Leben bloß der Tatsache, daß die gegenteilige Wahrheit gar zu absurd ist; und so verhielt es sich im Falle des jungen Deutschland.

Politische Malerei Die deutsche Malerei in jenem Zeitraum ist völlig literarisch. Man huldigte der Ansicht, die Kunst habe belehrend und aufklärend zu wirken, und malte nicht bloß Geschichte, was an sich schon bedenklich ist, wenn das novellistische Moment in den Vordergrund tritt, sondern Geschichtsphilosophie, ja Politik. Bei Karl Friedrich Lessings Bildern aus dem Leben Luthers und Hussens, die gegen den Ultramontanismus predigten, erwärmte oder entrüstete sich das Publikum am *Inhalt*, indem es zur Reformation Stellung nahm. Man malte auch gern die Fabel berühmter Gedichte. Der »Realismus« äußerte sich bei den Historien hauptsächlich im sorgfältigen Studium der Trachten, Waffen, Möbel, Geräte, Architekturformen: der Maler wird zum Archäologen und Kostümier, und man betrachtete es allen Ernstes als ästhetischen Defekt, wenn ein Gemälde historisch nicht »echt« war; auch die Auffassung der Situation mußte dem neuesten Stande der Geschichtswissenschaft entsprechen. Das größte Ansehen genoß Kaulbach, in seinem philosophischen Ehrgeiz Cornelius, in seiner Geschichtsauffassung Ranke verwandt, doch im Gegensatz zu ihnen leer, kulissenhaft, gequält und voll lähmender Wiederholungen. Alfred Rethel, dessen Aachener Fresken wir bereits erwähnt haben, schilderte in sechs farbigen Zeichnungen von herber Wucht und Geschlossenheit Hannibals Zug über die Alpen und symbolisierte 1849 in den Blättern *Auch ein Totentanz* die Ereignisse des verflossenen Jahres mit großartiger Dramatik. Die Genremaler porträtierten in opernhafter Manier am liebsten allerlei Volksszenen, den Schmuggler, den Wilderer, das italienische Straßenleben. Den Stoffen nach gehört auch Karl Spitzweg zu ihnen. Es ist bezeichnend für ihn, daß er ursprünglich Apotheker war: seine Kunst hat etwas Versponnenes, Tüfteliges, Schrulliges. Am liebsten malte er rührende und schnurrige Sonderlinge: den Sonntagsjäger und den Bürgergeneral, den Dichterling und den Schmierenschauspieler, den Flötenamateur und den Serenadensänger, den Aktenwurm und den Schulpedanten, den Hagestolz und den schüchternen Liebhaber, den Blumenzüchter und den Antiquar. Und den Rahmen dazu bildet die verwitterte und verwinkelte, verträumte und verschnörkelte deutsche Kleinstadt. Die längst versunkene Poesie des Bratenrocks und der Zipfelmütze ist in seinen zarten und launigen Momentaufnahmen unverlierbar aufbewahrt.

Zu jener Vormärzzeit haben im deutschen Bundesgebiet *Georg* noch drei andere Genies gelebt, ein unbekanntes, ein verkann- *Büchner* tes und ein verlarvtes: Büchner, Grabbe und Nestroy. Grabbe, der trotz seines eklatanten Mangels an Konzentration und Bühnengefühl sehr oft in die Nähe Shakespeares gelangt, wurde zeitlebens für einen verbummelten Halbnarren gehalten, ja noch Wilhelm Scherer nennt ihn »töricht« und bezichtigt ihn »lächerlichster Renommage«. Georg Büchner ist erst in unseren Tagen entdeckt worden. Er wurde am Schlachttag von Leipzig in der Nähe von Darmstadt geboren und starb schon im Februar 1837, im vierundzwanzigsten Lebensjahr. Er studierte Medizin, gab den *Hessischen Landboten* heraus, die erste sozialistische Flugschrift in deutscher Sprache, die aber, unter den Bauern seines Heimatlandes heimlich verbreitet, fast gar keine Wirkung tat, und gründete 1834 die »Gesellschaft der Menschenrechte«, einen Geheimbund zur Herbeiführung der radikalen Republik, der aber in Wirklichkeit nicht viel mehr als

1273

ein harmloser politischer Debattierklub war. Der drohenden Verhaftung entzog er sich durch die Flucht nach Straßburg, wo er seine anatomischen Studien fortsetzte. Für deren Frucht, die Schrift *Sur le système nerveux du barbeau*, die einige ganz neue Aufschlüsse über das Kopfnervensystem der Fische enthielt und von den Kennern als eine außergewöhnliche Leistung erklärt wurde, erhielt er von der Züricher Universität das Doktordiplom der philosophischen Fakultät und, nachdem er eine höchst beifällig aufgenommene Probevorlesung gehalten hatte, die Anstellung als Privatdozent. Sein Bruder, der Verfasser des weltbekannten Buches *Kraft und Stoff*, sagte von ihm, er würde vielleicht, wenn er am Leben geblieben wäre und seine wissenschaftliche Laufbahn weiterverfolgt hätte, »derselbe große Reformator der organischen Naturwissenschaften geworden sein, welchen wir jetzt in Darwin verehren«; und wenn man erwägt, welche seltene Vereinigung von philosophischer und naturwissenschaftlicher Begabung sich in seinen hinterlassenen Abhandlungen und Skizzen offenbart, so wird man diese Behauptung nicht übertrieben finden, ja sogar die Möglichkeit zugeben müssen, daß er, weil er außerdem noch Künstler war, sogar Größeres geleistet hätte als Darwin. Andrerseits verleugnet sich der geniale Anatom auch in seiner Kunst nicht. In seinem Romanfragment *Lenz* sagt der Titelheld: »Der liebe Gott hat die Welt wohl gemacht, wie sie sein soll, und wir können wohl nicht was Besseres klexen, unser einziges Bestreben soll sein, ihm ein wenig nachzuschaffen... Da wollte man idealistische Gestalten, aber alles, was ich davon gesehen, sind Holzpuppen. Dieser Idealismus ist die schmählichste Verachtung der menschlichen Natur. Man versuche es einmal und senke sich in das Leben des Geringsten und gebe es wieder in den Zuckungen, den Andeutungen, dem ganzen feinen, kaum bemerkten Mienenspiel... es darf einem keiner zu gering, keiner zu häßlich sein, erst dann kann man die Menschen verstehen.«

In diesen Sätzen steckt Büchners eigene Kunsttheorie. Er war in einer Welt des plattierten Lesebuchidealismus und des papiernen Zeitungsrealismus ein Naturalist von jener unsterblichen und unwiderleglichen Spezies, der Goethe ebensogut angehört wie Gorkij und Homer so gut wie Hamsun. Man hat ihn als einen Nachzügler der Sturm-und-Drang-Dichtung angesprochen; aber ebensowohl kann man sagen, daß er bereits den ganzen Wedekind und den ganzen Expressionismus vorweggenommen und überholt hat. Es gibt in deutscher Sprache kein grandioseres Volksstück als den *Woyzek* und im Umkreis der nachklassizistischen Dramatik keine blutvollere Historie als *Dantons Tod*.

Ein Menschenalter lang genoß Nestroy in seiner Vaterstadt *Nestroy* durch die hinreißende Komik seiner endlosen schlenkernden Gliedmaßen und blechern schnarrenden Zungenvoltigen, durch seine schlagenden geistesgegenwärtigen Extempores und zähen drolligen Kämpfe mit der Zensur und schließlich auch durch eine lange Reihe glücklich zusammengestellter Gelegenheitspossen eine große und ununterbrochene Popularität. Dies war die eine Hälfte Johann Nestroys, seine äußere Hülle, die von der Welt, und zumal der wienerischen, so oft und gern für den ganzen Menschen genommen zu werden pflegt. Daneben aber gab es noch einen zweiten Nestroy, einen sokratischen Dialektiker und kantischen Analytiker, eine shakespearisch ringende Seele, die mit einer wahrhaft kosmischen Phantasie das Maßsystem aller menschlichen Dinge verzerrte, um diese ebendadurch erst in ihren wahren Dimensionen aufleuchten zu lassen. Dieser schöpferische Ironiker in Nestroy war, seinen Zeitgenossen völlig unbekannt, zu einem posthumen Leben verurteilt, ja er führt sogar noch bis zum heutigen Tage für die meisten ein anonymes Dasein. Daß dem so ist, kommt zunächst daher, daß der souveräne und radikale Skeptiker auf dieser Welt immer einen schweren Stand hat: die Menschen, die sich ihre handlichen kompakten Zusammenhänge von gestern nicht auflösen lassen wollen, empfinden ihn instinktiv als ihren Feind und vergessen nur zu gern, daß die geistige Gesundheit, die Entwicklungsfähigkeit und fortschreitende Kraft jeder Epoche von der Menge geistigen Dynamits abhängt, die ihr zur Verfügung steht. Dazu kommt aber noch als besonderer Grund, daß Nestroy in einer Stadt wirkte, die von jeher eine unglaubliche Virtuosität darin besessen hat, sich ihrer Erzieher zu entledigen und jedermann, der ihr durch Wahrheitsliebe unbequem wurde, zum Jongleur und Bajazzo zu degradieren.

Und doch muß man andrerseits sagen, daß wohl nur in Wien ein solcher Genius entstehen konnte, dessen Grundwesen sich nicht anders als barock nennen läßt. Wien, das in den Tagen der Barockzeit seinen kulturellen und künstlerischen Höhepunkt erklommen hat, ist im Grunde bis zum heutigen Tage in seinen eigenartigsten und sichtbarsten, reichsten und feinsten Lebensäußerungen eine Barockstadt geblieben. Und Nestroy ist der größte, ja einzige Philosoph, den sie hervorgebracht hat. Daß dies noch immer von vielen nicht eingesehen wird, liegt an der verbreiteten irrtümlichen Meinung, daß ein Philosoph ein sogenannter ernster Mensch sein müsse. Man könnte aber gerade im Gegenteil sagen, daß der Philosoph erst dort anfängt, wo der Mensch damit aufhört, sich und das Leben seriös zu nehmen.

Nestroy war ein Philosoph auch darin, daß er kein System besaß. Deshalb hat er auch niemals ein politisches Programm gehabt und galt gleichermaßen den Konservativen als bedenklicher Umstürzler wie den Liberalen als finsterer Reaktionär. Von rechts und links angefeindet zu werden ist aber immer das Los aller echten Komödientemperamente, die die Dinge gar nicht andres als von oben betrachten können, von einem erhöhten Standpunkt olympischer Heiterkeit, vor dem rechts und links nur zwei Hälften und meistens zwei recht lächerliche

Hälften desselben menschlichen Grundwesens sind. Nestroys Witterung für alles Komplizierte, Widerspruchsvolle, Vieldeutige, sich Kreuzende und Aufhebende in der menschlichen Natur, seine Gabe, gerade die halben, gemischten, gebrochenen Seelenfarben auf seine Palette zu bringen, macht ihn zum Erben und Fortsetzer Lawrence Sternes und stellt seine Bühnenpsychologie neben die moderne Chromatik eines Wilde und Shaw. Und auch darin erinnert er an die beiden Iren, daß er ganz skrupellos gerade die ordinären Sorten der Bühnenliteratur: das Familienmelodram, den Schwank und die Posse bevorzugte, aber zugleich im höchsten Maße veredelte, indem er ihnen seinen reifen, funkelnden, facettenreichen Geist einpflanzte. Er nahm eben nichts ernst, auch sein eigenes Handwerk nicht: obgleich er natürlich das Hohle und Leere aller Theatermache vollkommen durchschaute, arbeitete er doch ganz unbefangen mit den längst hergebrachten Requisiten und uralten Versatzstücken, denen die Lustspielschreiber seit Menander und Plautus Publikumsgelächter zu entlocken pflegen; auch hat er ebenso unerschrocken gestohlen wie Shakespeare, Molière oder Sheridan. An Shaw gemahnt er übrigens auch darin, daß er ein Auflöser der Romantik war, ein unerbittlicher Unterminierer alles Pathos und Zerreißer lebenverfälschender Illusionen. Sein *Lumpazivagabundus* ist die dramatische Vernichtung der romantischen *Form*, seine späteren Werke zerstören die romantischen *Inhalte*: eine lebensgefährlichere Parodie auf den Byronismus als der *Zerrissene* ist nie geschrieben worden. Aber es war eine seltsame Tragikomödie im Leben Nestroys, daß seine Generation den großen Zeitkritiker und Gesellschaftssatiriker, den sie so dringend nötig hatte, in ihm nicht erkannte. »Soziale Lustspiele sind ein wahrer Schatz für die Bühne«, sagte Laube und beklagte, daß die deutsche Produktion auf diesem Gebiete soviel ärmer sei als die französische, ohne zu bemerken, daß dicht neben ihm ein Dichter lebte,

der alljährlich mit der größten Mühelosigkeit soziale Lustspiele produzierte, die die zeitgenössischen französischen
ebenso weit hinter sich ließen wie ein lavaspeiender Krater ein
Brillantfeuerwerk.

Und über das alles hinaus hat Nestroy in seinen Lustspielen
die ganze Luft seiner Stadt und Zeit eingefangen, einer Zeit, die
in ihrer eigenartigen Poesie so nie wiederkehren wird: und damit hat er die höchste Aufgabe des Komödienschreibers erfüllt.
In dieser Welt gibt es keine Berufe. Die meisten Menschen
sind Rentner oder, wie man damals in Wien sagte, Partiküliers.
Die Professionisten arbeiten nicht, dies ist sogar ihre *faculté
maîtresse*. Die Tätigkeit der Ingenieure besteht darin, daß sie
in ihr Mündel verliebt sind, die Baumeister haben noch nie einen
Grundriß gesehen, Knieriem ist ein theosophischer Schuster
wie Jakob Böhme, dem er an »dummer Tiefe« kaum nachsteht,
und der Schneider Zwirn ist die Spielart des analphabetischen
Snobs, die Thackeray vergessen hatte. Geld ist Trinkgeld, und
die soziale Frage wird durch Haupttreffer, Mitgiften und Erbschaften gelöst. Der König dieses Reiches aber ist der stets vorhandene Hausknecht, ein Herkules der Faulheit, mit einem
ehernen Willen zum weintrinkenden Nichtstun gepanzert, aus
dem er eine allumfassende Weltanschauung gemacht hat.

Ein Vierteljahr nach dem Tode des Dichters aber schrieb der
Literarhistoriker Emil Kuh, daß eine Zeile Halms Nestroy
»ästhetisch unsichtbar mache«. Durch solche »Fachurteile«
irregeleitet, hat sich der Blick des Publikums jahrzehntelang
nur an die rohen Formen gehalten, die Nestroy als täuschende
Emballage benützte, um eine ganz verbotene Ware, nämlich
Philosophie, aufs Theater zu bringen, wie ja auch einem un-
geübten Auge die Mimikry des amerikanischen Blattschmet-
terlings nicht sichtbar ist. Aber darin, in dieser Ununterscheidbarkeit, beruht ja gerade der praktische Wert der Mimikry.
Nestroys Mimikry an die Lokalposse war sein Mittel im Kampf

ums Dasein, durch das er erreichte, daß seine Stücke aufgeführt, beklatscht und belobt wurden. Es wäre aber an der Zeit, heute, wo es dem Theatergeschäft Nestroys nicht mehr schaden kann, endlich zu erkennen, daß man es mit einem springlebendigen Blattschmetterling zu tun hat und nicht mit einem toten Blatt.

Nestroy hatte einen Zeitgenossen, der den Typus des Dichters in seiner höchsten Reinheit verkörperte (und es ist sonderbar, zu denken, daß er sein Zeitgenosse war): Hans Christian Andersen. Das große Publikum nimmt zu Andersen etwa dieselbe Stellung ein wie jener Leutnant aus den *Fliegenden Blättern*, der behauptete, Julius Cäsar könne unmöglich ein großer Mann gewesen sein, denn er habe ja bloß für untere Lateinklassen geschrieben. Weil nämlich Andersen ein so großer Dichter war, daß er sogar von Kindern verstanden wird, glauben die Erwachsenen, er sei für sie nicht gescheit genug. Aber der echte Dichter ist ein König Midas: was er berührt, wird zu Gold; ein wenig gehören zu ihm aber auch die Eselsohren, die kindliche Einfalt. *Andersen*

Und außerdem haben Andersens Dichtungen einen doppelten Boden. Äußerlich betrachtet, scheinen sie nichts zu sein als einfache Märchen, und man kann sie so lesen, wie dies ja auch von den Kindern tatsächlich geschieht. Aber man muß sie nicht so lesen: denn ihrem innersten Wesen nach sind sie Satiren, die die Form des Märchens gewählt haben. Andersen gibt sich zwar als ein Erzähler, der zu Kindern spricht; aber dieser Standpunkt ist nur ein angenommener: er ist nicht die Naivität als Zustand, sondern als Rolle, und man könnte diese Kunstform daher als eine ironische bezeichnen in dem Sinne, den schon Sokrates diesem Wort gegeben hat. Nur dem Naturmenschen und dem Genie ist es gegeben, den Eindruck der Einfachheit zu erwecken, aber darum darf man die beiden nicht miteinander verwechseln, sie bilden vielmehr die äußersten Gegenpole menschlicher Ausdrucksfähigkeit. Und gerade durch seine Schlichtheit und künstlerische Sachlichkeit, die ihn völlig in den dargestellten Gegenständen verschwinden läßt, wird Andersen zum tiefsten und wirksamsten Satiriker.

Im Grunde ist ja eigentlich jeder Dichter ein Satiriker. Der Dichter blickt mit vorurteilslosen und scharfsichtigen Augen in die Welt, und dabei entdeckt er natürlich eine Menge von Dingen, die ihm wesentlich, aber nicht genügend beobachtet erscheinen oder die ihm falsch beobachtet erscheinen oder die ihm überhaupt falsch erscheinen. Und es erwacht in ihm das Bedürfnis, diese Übelstände dadurch zu bessern, daß er sie möglichst deutlich ins Licht rückt. Das beste Mittel hierzu ist und bleibt immer die Satire. Tiefer sittlicher Ernst, reformatorisches Wohlwollen und die Gabe, richtig zu sehen, sind die Wurzeln der echten, der lebenfördernden, der dichterischen Satire.

Das Grundthema Andersens ist der ewige Kampf des Genies gegen das Philistertum, gegen den geistlosen Materialismus, die satte Selbstzufriedenheit, die unduldsame Borniertheit, den trägen Gewohnheitssinn des Durchschnittsmenschen. Alle Färbungen menschlicher Beschränktheit, Verlogenheit und Ichsucht spiegeln sich in diesen Geschichten. Nur, daß sie zumeist nicht an Menschen gezeigt werden, sondern an Tieren, Pflanzen, Haushaltungsgegenständen, etwa nach der Art der Fabel. Aber gleichwohl wird kein Mensch auf den Gedanken kommen, diese Dichtungen Fabeln zu nennen, denn die Fabel ist etwas rein Verstandesmäßiges: wenn der Fabelerzähler von der Dummheit der Gans, der Einbildung des Pfaus, der Feigheit des Hasen spricht, scheint er uns immer mit einem Auge verschmitzt zuzublinzeln: an wen erinnert euch das wohl? Es wird stets allzu durchsichtig, daß alles nur allegorisch gemeint ist. Bei Andersen hingegen vergißt man vollständig, daß es sich um Erscheinungen handelt, auf die die menschlichen Gedanken

1280

und Gefühle nur übertragen wurden. Der Fuchs der Fabel ist schließlich nichts als die Idee der Verschlagenheit, er ist kein bestimmter, individueller Fuchs, ja eigentlich überhaupt gar kein Fuchs. Die Wesen Andersens aber sind keine personifizierten Tugenden oder Untugenden, sondern lebendige Originale. Wir sind fest überzeugt von der Blasiertheit der Gurke, dem Größenwahn des Wetterhahns, der Protzigkeit des Geldschweins, der Renommiersucht des Halskragens, der Eitelkeit der Schreibfeder, der Prüderie des Strumpfbands: alle diese Phantasiegeschöpfe verdichten sich zu Wirklichkeiten, werden zu persönlichen guten Bekannten.

Eine der Haupteigenschaften des Philisters besteht darin, daß er sich für den Mittelpunkt der Welt hält und seine Aufgaben für die allerwichtigsten, ja im Grunde für die allein wichtigen; er beurteilt den Wert seiner Mitgeschöpfe nur nach dem Grade, wie sie ihm ähnlich sind, und nimmt an, daß alles, was anders ist als er, schon dadurch minderwertig sei: die Fachsimpelei ist daher ein häufig wiederkehrendes Motiv bei Andersen. Dazu tritt ein zweiter, verwandter Zug, der Berufsdünkel: die meisten Wesen Andersens sind echte Bürokraten, die von der Ansicht ausgehen, daß sie nicht ihrer Berufe wegen da seien, sondern diese ihretwegen. Die Schneckenfamilie ist fest davon überzeugt, daß der Kletterwald nur dazu auf der Welt sei, sie zu ernähren, und der Regen, um für sie etwas Trommelmusik zu machen, und seit keine von ihnen mehr gekocht und gegessen wird, erscheint es ihnen als ganz ausgemacht, daß die Menschheit ausgestorben sein müsse. Der Kater erklärt, daß ein Wesen, das nicht einen Buckel machen und Funken sprühen könne, völlig unberechtigt sei, eine Meinung zu äußern, und der Mistkäfer hat beim Anblick der Tropen nur den einzigen Gedanken: das ist eine unvergleichliche Pflanzenpracht, die wird schmecken, wenn sie fault! Im philiströsen Charakter liegt es aber ferner auch, daß keiner mit dem Platz zufrieden ist, den ihm die Vorsehung angewiesen hat, daß jeder über seine natürliche Bestimmung hinauswill und sich einbildet, mehr zu sein, als er ist. Die Stopfnadel hält sich von vornherein für eine Nähnadel und später sogar für eine Busennadel; das Plätteisen glaubt ein Dampfkessel zu sein, der auf die Eisenbahn soll, um Wagen zu ziehen; der Schiebkarren erklärt, er sei eine »Viertelkutsche«, weil er auf einem Rad läuft; das Schaukelpferd spricht von nichts als von Training und Vollblut. Jeder hat seine besondere Lebenslüge, alle wollen sie über ihre Verhältnisse leben, sich patzig machen, einander Sand in die Augen streuen.

Von diesen Typenschilderungen, die in ihrer Gesamtheit den breiten Querschnitt des ganzen Alltagslebens darstellen, schreitet nun aber Andersen zu noch höheren Satiren empor, die oft eine ganze Philosophie der menschlichen Natur in nuce enthalten. Ist zum Beispiel die Lage des Kobolds in dem Märchen *Der Kobold und der Krämer* nicht die Lage aller Menschen, schwanken wir nicht alle zwischen der Liebe zum Haferbrei mit guter Butter darin und der Liebe zur Poesie, die man nicht essen kann? Oder enthält die Geschichte von »des Kaisers neuen Kleidern« nicht eine ganze Soziologie? Alle behaupten, die Gewänder des Kaisers zu sehen, obgleich er gar nichts anhat, denn es heißt, wer sie nicht sehe, müsse entweder ganz dumm oder für sein Amt untauglich sein. Und die Erzählung vom häßlichen jungen Entlein schildert im Grunde nichts andres als das Schicksal und den Entwicklungsgang des Genies. Das Genie zeichnet sich vor allen Wesen gerade durch seine Bescheidenheit aus: weil es anders ist als die übrigen, hält es sich für weniger, für besonders minderwertig, und die andern wiederum verhöhnen es, feinden es an und setzen es zurück: »Es ist zu groß und ungewöhnlich«, sagen alle Enten, »und deshalb muß es gepufft werden.« Bis sich schließlich herausstellt, daß es keine der landläufigen Ententugenden und Entenschönheiten besitzt, weil es ein Schwan ist. Fast alle Märchen Andersens ließen eine lange Ausdeutung zu, man könnte über sie ebenso dicke Bücher verfassen, wie sie in einem seiner Märchen von den chinesischen Gelehrten über die Nachtigall geschrieben werden, und man würde damit ein ungefähr ebenso nützliches Werk verrichten. Denn Andersens Dichtungen vertragen im Grunde gar keine »Erklärungen«. Was ihnen einen so hohen Reiz verleiht, ist ja eben das scheinbar völlig Unreflektierte der Schilderung, die Eindrücke neben Eindrücke reiht, und die verstehende Liebe, die nur darstellen will.

Durch sie vermag Andersen alles zu lesen. Es ist, als ob er den Zauberstein aus Maeterlincks *Blauem Vogel* besäße: er braucht ihn nur zu drehen, um den Dingen sogleich ihre Seele zu entlocken; und nun tritt sie heraus, die Seele der Katze, die Seele des Hundes, die Seele der toten Dinge sogar: der Milch, des Brotes, des Zuckers. Und alles wird schöner und prächtiger: die Stunden verlassen die Uhr und werden zu leuchtenden Jungfrauen, die einander die Hände reichen. Es gibt nichts Seelenloses und nichts Lebloses. Die ganze Welt ist voll von Gedanken und Empfindungen: man muß sie nur zu lesen wissen. Und der Dichter liest sie. Er liest die zarten und liebevollen Gedanken der Nachtigall, die falschen und feindseligen Gedanken der Katze, die sanften und bescheidenen Gedanken der Rose, die edlen Gedanken des Hundes, die hoffärtigen Gedanken des Mohns, die neidischen Gedanken des Maulwurfs; aber auch der Brummkreisel, das Tintenfaß, die Kleiderbürste, die Stutzuhr, die Teetassen: sie alle haben allerlei Empfindungen, die man entziffern kann.

Und wie der kleine Tyltyl braucht der Dichter nur an seinem Stein zu drehen, und er befindet sich im Reich der Vergangenheit bei den Toten; aber sie sind nicht mehr tot: sie sitzen vergnügt vor der Haustür und plaudern. Und er steigt in das Reich der Zukunft zu den noch ungeborenen Seelen, und sie werden

Der blaue Vogel

lebendig und geben ihm Antwort. Was er aber überall sucht, das ist der blaue Vogel: denn wer den besitzt, dem erschließt sich das letzte Geheimnis der Dinge. Und das ist allerdings das einzige, was Andersen ebensowenig gefunden hat wie Tyltyl oder einer der Dichter vor ihm und nach ihm. Nach diesem Vogel sucht der Dichter immerfort, nur seinetwegen durchwandert er alle Reiche des Werdens, rührt er an die Seele aller Dinge. Er wird ihn freilich niemals besitzen. Aber das ist vielleicht sehr gut: denn sonst würde er ja nichts mehr suchen.

DRITTES KAPITEL

Das Luftgeschäft

> *Daß allein eine Welt-Interpretation im*
> *Rechte sei, die Zählen, Rechnen, Wägen,*
> *Sehen und Greifen und nichts weiter zu-*
> *läßt, das ist eine Plumpheit und Naivität,*
> *gesetzt daß es keine Geisteskrankheit, kein*
> *Idiotismus ist.*
>
> Fröhliche Wissenschaft

Alles Denken ist Wiederholung; aber in zunehmender Verdich- *Der*
tung. Alle höheren Bewußtseinsstufen sind Reproduktionen *Refrain*
früherer Vorstellungsreihen in einer wesentlich gedrängteren,
kristallisierteren Form. Konzentration ist das Merkmal stei-
gender Kulturentwicklung: wenn es einen geistigen Fortschritt
gibt, so ist er hier zu suchen. Aber dieser Übergang in einen
immer festeren Aggregatzustand bedeutet stets auch eine qua-
litative Veränderung; und darum kann man ebensogut sagen:
Denken ist niemals Wiederholung. Wie Eis zwar in seinen Be-
standteilen dasselbe ist wie Wasser und doch eine Erscheinung
von ganz anderem Charakter, so bedeutet auch dieser Prozeß
der Gedankenkondensation eine Verwandlung: eine stärkere
Formung und Klärung des Geisteslebens, aber zugleich dessen
Erstarrung, Vereisung und Vergreisung.

Eine Steigerung im Tempo dieser Rekapitulationsprozesse
ist in der Geschichte der letzten hundert Jahre deutlich zu verfolgen. In der Restaurationsperiode hat der europäische Mensch
den Versuch gemacht, gewisse Gedankenketten, Kunstformen,
Lebensgefühle des Mittelalters zu erneuern; in der Zeit zwischen 1848 und 1870, von der unser Kapitel handelt, hat er das

gesamte Pensum der Aufklärung in kompendiösem Lehrgange noch einmal aufgearbeitet, unter dem Namen des *Positivismus*; nach dem Kriege mit Frankreich etablierte sich in Deutschland eine Zeitlang eine Art Neoklassizismus, während die literarische Bewegung, die in Berlin gegen Ende der achtziger Jahre emporkam, in Programm und Praxis sehr deutlich an den Sturm und Drang erinnerte, der ja ein ausgesprochener Frühnaturalismus war, und die gleichzeitige Malerei an den Frühimpressionismus des Rokoko anknüpfte. Ja, in der allerjüngsten Zeit ist die Entwicklung der ersten Hälfte des neunzehnten Jahrhunderts in noch rapiderem Zeitmaß abermals repetiert worden: während des Fin de siècle herrschten allenthalben neuromantische Strömungen, während des ersten Jahrzehnts unseres Jahrhunderts wurde auf das Biedermeier zurückgegriffen, und während des zweiten Jahrzehnts haben die Expressionisten und Aktivisten fast alle Positionen des jungen Deutschland wiederholt. Man braucht jedoch nur einen Einakter von Maeterlinck mit einem romantischen Schicksalsdrama oder ein Tendenzstück der Nachkriegszeit mit einem Schauspiel von Gutzkow zu vergleichen, um sofort zu erkennen, daß der Fortschritt in der Konzentration sehr beträchtlich ist.

Was die politische Geschichte anlangt, so hat Hegel den Satz aufgestellt, daß sich jede bedeutsame historische Konstellation zweimal ereignet, und hierin hat sich dieser große Geschichtsdenker nicht bloß als »rückwärtsgekehrter Prophet« erwiesen; denn die beiden Jahrzehnte, die auf die Mitte des Jahrhunderts folgten, bestätigten diese Behauptung in ganz auffallendem Maße. Frankreich hat sich in diesem Zeitraum zweimal die republikanische Regierungsform gegeben: in der Februarrevolution mit vorübergehender, nach Sedan mit dauernder Wirkung. Das italienische Volk hat sich zweimal gegen die österreichische Fremdherrschaft erhoben: 1848 vergeblich, 1859 mit Erfolg. Der Versuch, die deutschen Herzogtümer Schleswig und Holstein von Dänemark loszureißen, wurde zweimal gemacht: er mißlang 1849 und gelang 1864. Der latente Konflikt zwischen den beiden deutschen Vormächten wurde zweimal akut: er führte im Jahr 1850 zur Kriegsgefahr und zur diplomatischen Niederlage Preußens, im Jahr 1866 zum Krieg und zur militärischen Niederlage Österreichs. Die deutsche Kaiserkrone befand sich zweimal in den Händen des Königs von Preußen: 1849 lehnte er sie ab, 1871 nahm er sie an. Wie bei einem Refrainlied taucht dieselbe Melodie immer zweimal auf; aber erst bei der Wiederholung schlägt sie ein.

Das Signal zu der großen Konflagration, die 1848 den größten Teil Europas ergriff, gab, wie fast immer, Frankreich. Die unmittelbare Ursache der Pariser Februarrevolution war die Kampagne gegen den leitenden Minister Guizot, der, in seiner Politik ebenso kahl doktrinär wie in seinen hochgelehrten Geschichtswerken, die stürmisch geforderte Wahlreform hartnäckig ablehnte. Die inneren Gründe hat Lorenz von Stein im dritten Bande seiner *Geschichte der sozialen Bewegung in Frankreich* mit bewunderungswürdigem Tiefblick klargelegt. Er sagt dort: »Die ausgebildete herrschende Klasse der Gesellschaft *muß* die Staatsgewalt sich aneignen. Sie muß dies nicht, weil sie es für nützlich und klug hält; nicht weil sie es will; nicht weil es ihr leicht wird; sondern sie muß es, weil es ihre *unabänderliche Natur* ist... Wo es daher eine wirklich herrschende Gesellschaftsklasse gibt und dennoch die Staatsgewalt sich ihr entzieht, da wird und muß ein Kampf zwischen beiden entstehen.« Das Königtum hatte nur die Wahl, einfach nachzugeben oder die besitzende Klasse zu vernichten; das erstere wollte es nicht, das letztere konnte es nicht. »Aber«, fährt Stein fort, »war das Königtum nicht sicher vor der besitzenden Klasse, sicher vor der *politischen* Revolution durch die Furcht vor der *sozialen*?«, und er antwortet sehr weise: »Es ist *falsch*, zu glauben, daß irgendein Lebendiges das unterlasse, was seine Natur

*Die
Februar-
revolution*

unabweisbar fordert, aus Furcht vor den Folgen, die das Geschehene selbst für seine Existenz haben könnte.« Mit diesen Worten hat Stein den fast unlösbaren Knoten aller sogenannten »inneren Politik« aufgedeckt. In der Tat herrscht in jedem Staatswesen immer nur eine einzige Klasse, und das heißt: sie herrscht widerrechtlich. Sie ahnt dies dunkel, sie weiß es sogar in ihren befähigteren Köpfen mit voller Klarheit, sie sucht es durch geistreiche Dialektik oder feurige Deklamation zu rechtfertigen, durch glänzende Taten und Tugenden, private Lauterkeit, milde Praxis abzuschwächen, ja sie *leidet* nicht selten darunter; aber sie kann nicht anders. Sie fühlt, daß es ihren Untergang bedeutet, denn in jedem Unrecht schlummert der Keim zum Untergang, wenn auch oft jahrhundertelang; aber es ist stärker als sie. Diese tief im menschlichen Wesen verwurzelte Herzensträgheit und Geistesfeigheit, die sich ihre eigene Untat nie einzugestehen wagt, ist die geheime Krankheit jeder Gesellschaft und wird jeder zum Verderben. An ihr ist die philanthropische Aristokratie des feudalen Frankreich ebenso zugrunde gegangen wie die menschenverbrüdernde Demokratie des revolutionären Frankreich; sie ist der gemeinsame Abgrund, welcher Liberalismus und Klerikalismus, Plutokratie und Diktatur des Proletariats verschlingen wird. Die Erlösung aller vom Fluch des Unrechts ist nur möglich in einem *christlichen Staat*; den es aber noch niemals gegeben hat.

Stein schließt mit den Worten: »Und da, mit einem Male, in einer einzigen Nacht, ohne große Anstrengung, ohne Vorbereitung, ja wunderbar! zum Teil ohne Bewußtsein der Kämpfenden selber von dem Ausgang ihres Kampfes, bricht es los; Paris wallt auf, und das Werk von achtzehn Jahren, das schönste Gebäude menschlicher Klugheit, ist wie vom Sturmwinde ergriffen und weggeblasen... Wenn die Ereignisse ihre Bedeutung bekommen durch das Maß, in welchem sie klar und entschieden die großen Gesetze des menschlichen Lebens bestätigen, so ist die Februarrevolution das bedeutendste Ereignis der ganzen neueren Geschichte Europas.« Der Bürgerkönig hatte sehr unrecht gehandelt, als er sich dem Machtbegehren des dritten Standes widersetzte, der der erste geworden war, und zugleich sehr recht: denn ein Königtum, das auf sein naturgewolltes Wesen verzichtet, ist unwürdiger als eines, das der Elementarkraft der Tatsachen unterliegt.

Der dreitägige Straßenkampf war eigentlich schon entschieden, ehe er begann, denn es gab nirgends eine königliche Partei, auch nicht im Heere. Louis Philippe floh nach England und abdizierte, ganz wie sein Vorgänger, zugunsten seines Enkels, und seine Bestimmung wurde ebensowenig beachtet. Der Königsthron wurde auf dem Bastilleplatz verbrannt, und die Nationalversammlung proklamierte die Republik. Der Held des Tages war drei Monate lang der Dichter Lamartine, der sich schon vorher als Führer der Opposition gegen Guizot und Autor der höchst tendenziösen, aber packenden und kühnen, im besten Sinne romanhaften *Histoire des Girondins* sehr populär gemacht hatte und nun als Minister des Auswärtigen, brillanter Redner und Verfasser zündender Proklamationen zu höchstem Ansehen gelangte. Die Präsidentschaft, die man ihm anbot, lehnte er aus republikanischer Ideologie ab und verzichtete damit auf eine Karriere, die in Glanz und Sturz der des dritten Napoleon vielleicht nicht unähnlich gewesen wäre. Der Versuch, einen Poeten an die Spitze Europas zu stellen, wäre vermutlich fatal ausgegangen, aber als psychologisches Experiment höchst interessant gewesen.

Die Befürchtung, daß die politische Revolution sich in eine *Die* soziale verwandeln könne, bestätigte sich binnen kurzer Zeit. *National-* Der geistige Führer des vierten Standes war Louis Blanc. Er *werk-* hatte in seiner *Histoire de dix ans* das erste Jahrzehnt der Re- *stätten* gierung Louis Philippes mit einprägsamer Plastik und dolchscharfer Polemik abgeschildert und in seiner »Organisation du travail« sein nationalökonomisches Programm zur Darstellung gebracht. Seine Hauptforderung waren staatlich unterstützte Arbeiterproduktivgenossenschaften. Er war, wie wir schon erwähnten, einer der erbittertsten Gegner des Manchestertums: die freie Konkurrenz ist nach seiner Ansicht die Ursache aller sozialen Mißstände: des Arbeiterelends, der Handelskrisen, der Kriege; man müsse daher zum Gegenteil greifen: zur Assoziation. Die von ihm vorgeschlagenen »sozialen Werkstätten« sind spezialisiert: sie vereinigen immer nur Arbeiter derselben Profession. Das notwendige Kapital hat die Regierung zu liefern. Der Lohn ist für alle gleich. Die Ernennung der Arbeitsleiter geschieht durch Wahl. Die jährlichen Überschüsse werden auf Lohnzuschläge, Altersversorgung und Erweiterung der Betriebe verwendet. Kurz: der Staat hat, wie Blanc sich sehr präzis ausdrückt, »der Bankier der Armen« zu sein. Dieses Projekt wurde in Paris nach der Revolution von der »provisorischen Regierung« aufgenommen. Man errichtete »ateliers nationaux«, in denen jedem Bürger Lohn und Arbeit geboten wurden. Sie wurden von allen Arten Erwerbsuchender überflutet; aber es stellte sich heraus, daß der Staat ihnen keinen genügenden Lohn, noch viel weniger aber genügende Arbeit bieten konnte. Schließlich beschäftigte man sie, um sie nicht ganz untätig zu lassen, mit völlig überflüssigen Erdgrabungen. Die Idee der Nationalwerkstätten hatte ein klägliches Fiasko gemacht, auf das seitdem alle bürgerlichen Wirtschaftstheoretiker mit triumphierendem Hohn verwiesen. Es muß jedoch gesagt werden, daß das Experiment keineswegs dem entsprach, was Blanc sich vorgestellt hatte. Es bediente sich nicht qualifizierter Arbeiter, sondern zusammengelaufener Arbeitsloser und war überhaupt keine Organisation nach wohldurchdachten Assoziationsprinzipien, sondern bloß ein verzweifeltes Mittel der Regierung, das Proletariat von der Revolution abzulenken, das jedoch ebenfalls versagte, denn nach wenigen Monaten erhoben sich die Arbeiter zur »Juni-Insurrektion«, die General Cavaignac, von der Nationalversammlung mit diktatorischer Vollmacht betraut, blutig niederwarf: durch die Regierungstruppen wurden fast zehntausend Menschen getötet. Es ist beachtenswert, daß die liberale Bourgeoisie überall dort, wo sie zu wirklicher Macht gelangt ist (und das war eigentlich nur in England und Frankreich der Fall), gegen revolutionäre Bewegungen mit einer Brutalität vorgegangen ist, die der reaktionäre Absolutismus selten erreicht, nie übertroffen hat. Vom Standpunkt der historischen Notwendigkeit war aber der Sieg des Bürgertums über den vierten Stand ebenso legitim wie der über den König.

Warum aber hat die Revolution von 1848 in Deutschland und Österreich einen ganz anderen Verlauf genommen als in Frankreich? Bildet dieser nicht eine »negative Instanz« gegen Lorenz von Steins vortreffliche Darlegungen? Die Antwort lautet: nein; denn auf deutschem Boden hat das Königtum nicht deshalb gesiegt, weil es das Königtum war, sondern weil es kein Bürgertum gab, von dem es hätte besiegt werden können. Und hier sehen wir wieder einmal, daß es immer und überall der Geist ist, der den Ausschlag gibt, niemals die materielle Macht. Auch in Frankreich war der Monarch im Besitz der Armee, der Polizeigewalt, des Verwaltungsapparats; aber im Besitz des Geistes war die Bourgeoisie. Man mag diesen Zeitgeist noch so niedrig einschätzen, banal, merkantil, plebejisch, ungeistig finden: er war aber doch der Geist, der einzige, der zur Zeit vorhanden war. Diesen Zeitgeist besaßen die deutschen Professoren, Lyriker und Wanderredner nicht, und darum konnten sie keine Revolution machen.

Gleichwohl ist das Jahr 1848 für das gesamte europäische Verfassungsleben das wichtigste des Jahrhunderts. Wir sagten im ersten Kapitel, daß nach dem Wiener Kongreß das kontinentale Staatensystem nicht mehr, wie bisher, in zwei außenpolitische Fronten zerfiel, sondern, durch die Heilige Allianz geeint, in zwei innerpolitische: Regierung und Volk. Nun erhob sich mit einem Schlage die Generalfront des Volks: in fast allen Ländern, nur nicht in England, weil sie dort schon mit der Regierung verschmolzen war, und in Rußland, weil sie dort erst unterirdisch bestand. Und obgleich die alte Herrschaft allenthalben wiederhergestellt wurde, war sie doch vernichtet; denn seit 1848 ist der Absolutismus zwar eine äußere Möglichkeit geblieben, aber eine innere Unmöglichkeit geworden.

Der März — Der entscheidende Monat war, wie jedermann weiß, der März. Den Beginn machte Wien mit der Vertreibung Metternichs und der Errichtung einer Bürgerwehr. Wenige Tage später erhoben sich in Berlin die Barrikaden. Nach unentschiedenen Straßenkämpfen wurden die Truppen aus der Stadt gezogen; auf persönlichen Wunsch des Königs, der sich später äußerte: »Wir lagen damals alle auf dem Bauch.« Ein preußisches Parlament, ein österreichischer Reichstag und eine deutsche Nationalversammlung wurden improvisiert. Die Hauptforderungen waren: Preßfreiheit, Koalitionsrecht, Schwurgerichte, Volksbewaffnung, neue Reichsverfassung, nämlich statt Staatenbund Bundesstaat, den sich die »kleindeutsche« Gruppe der Nationalversammlung unter Führung Preußens und Ausschluß Österreichs dachte, während die »großdeutsche« Fraktion keine Vormachtstellung Preußens und die Einbeziehung Österreichs wünschte. Zu dieser Versammlung, die in der Paulskirche zu Frankfurt am Main zusammentrat, zählte eine große Anzahl deutscher Kapazitäten: die Weltberühmtheiten Jakob Grimm und Ludwig Uhland, die Altteutschen Arndt und Jahn und die Jungdeutschen Laube und Ruge, die Historiker Droysen und Duncker und die Literarhistoriker Vilmar und Gervinus, die Dichter Wilhelm Jordan und Anastasius Grün, die Herausgeber der vortrefflichen *Quellenkunde der deutschen Geschichte* Dahlmann und Waitz, der Kunstphilosoph Vischer und der Altertumsforscher Welcker, der Wortführer des Neo-materialismus Karl Vogt und der Begründer des Altkatholizis-mus Ignaz Döllinger: lauter Männer, die von ihren Fächern sehr viel und von der Politik gar nichts verstanden. Friedrich Wilhelm der Vierte, zum Kaiser der Deutschen gewählt, er-klärte, die Krone nur mit Zustimmung aller übrigen deutschen Fürsten annehmen zu können, was eine bloße Ausflucht war, denn er wollte sie gar nicht, weil sie, wie er sich ausdrückte, den »Ludergeruch der Revolution« an sich trug: die meisten größe-ren Potentaten des Deutschen Bundes verhielten sich denn auch ablehnend. Auch in München kam es zu Märzunruhen, die zur Folge hatten, daß Ludwig der Erste zugunsten seines Sohnes abdankte. Die eigentliche Ursache des dortigen »Ver-fassungskonflikts« war die Beziehung des Königs zu der Tänzerin Lola Montez, einer wunderschönen exzentrischen Halbkreolin, die infolge dieser Skandalaffäre nach Amerika auswandern mußte, wo sie sich und ihn auf die Bühne brachte. Der König, eine hochoriginelle und zweifellos künstlerisch veranlagte Persönlichkeit, hat die ganze Staatsaktion mit einer für die Münchener Abderiten sehr blamablen Gleichgültigkeit hingenommen; am Tage seiner Abdankung schrieb er: »Bin vielleicht jetzt der Heiterste in München.«

Auf slawischem Boden erhoben sich die Polen im preußi-schen Posen und im österreichischen Krakau und die Tsche-chen in Prag, wohin Franz Palacky, der Landeshistoriograph Böhmens, der für sein Volk die Idee der Wenzelskrone vertrat, einen allslawischen Kongreß berief, an dem sich auch der rus-sische Anarchist Michael Bakunin beteiligte: schon dort trat das Begehren nach einem selbständigen »Tschechien« im Nor-den und »Slowenien« im Süden auf; daneben wurde natürlich auch die volle Wiederherstellung Polens verlangt. Die Loslö-sung vom Habsburgerstaat, die die slawischen Völker ins Auge faßten, wurde in Ungarn zur Tatsache: der Reichstag sprach die

Absetzung der Dynastie aus, und Ludwig Kossuth wurde als Diktator an die Spitze der magyarischen Regierung gestellt. An demselben Tage wie in Berlin begann unter der Führung des Königreichs Sardinien der Aufstand in der Hauptstadt der Lombardei; der zweiundachtzigjährige Feldmarschall Graf Radetzky, der schon 1813 österreichischer Generalstabschef gewesen war, mußte sich hinter den Mincio zurückziehen, auch in Venedig konnte sich die österreichische Besatzung nicht halten, und im Trentino erschienen italienische Freischaren.

Die Peripetie   Mit dem Herbst des Jahres begann aber eine rückläufige Bewegung. Fürst Windischgrätz eroberte an der Spitze der kaiserlichen Truppen Prag und Wien, das von den ungarischen Insurgenten nicht rechtzeitig unterstützt wurde. Der Sieg der Legitimität wurde durch die Erschießung zahlreicher Bürger entehrt, darunter Robert Blums, der als Mitglied des Frankfurter Parlaments unverletzlich war. Patriarchalischer vollzog sich die Besetzung Berlins, wo General Wrangel, später als »Papa Wrangel« sehr populär, ohne Widerstand einrückte und die Bürgerwehr entwaffnete. In Italien brach Radetzky aus seinem »Festungsviereck« hervor, besiegte Karl Albert von Sardinien, den seine Untertanen *il re tentenna*, König Zauderer, nannten, bei Custoza, Mortara und Novara und zwang ihn, zugunsten seines Sohnes Viktor Emanuel abzudanken. Gegen die ungarische Revolution gewährte der Zar mit einer in der internationalen Politik seltenen Uneigennützigkeit, deren wahrer Hindergrund sein pathologischer Haß gegen alle freiheitlichen Bewegungen war, seine Unterstützung: zwei russische Armeen rückten in Ungarn ein und zwangen das magyarische Hauptheer bei Vilagós zur Kapitulation. Der österreichische Befehlshaber Baron Haynau, genannt die Hyäne, zeichnete sich gegen die Besiegten, wie auch schon vorher in der Lombardei, durch besondere Roheit und Infamie aus, weswegen er bei einem späteren Aufenthalt in Brüssel und London von der Bevölkerung tätlich insultiert wurde. Inzwischen hatte Kaiser Ferdinand der Erste, von dem der Volkswitz sagte, daß er nicht zufällig am Tage des heiligen Simplizius die Regierung angetreten habe, auf den Thron verzichtet, den sein Neffe Franz Josef der Erste bestieg, um ihn fast so lange innezuhaben, als er überhaupt noch bestand. Österreich wurde nach wie vor absolutistisch regiert, und die Bürokratie übte wieder ihre alte, gut österreichische Praxis, jene eigenartige Kreuzung aus Malice und Stupidität. Alle Briefe wurden von der Postbehörde gelesen, weshalb man sich allgemein einer Schlüsselsprache bediente, viele gänzlich unterschlagen; die Zensur war so heikel, daß sie im Burgtheater Stücke verbot, worin Heiraten zwischen Adeligen und Bürgerlichen vorkamen; der umstürzlerische Vollbart konnte noch immer auf die Wache führen, den Beamten war ausdrücklich bloß der Schnurr- und Backenbart erlaubt, auch dieser nur »mit Ausschluß der Übertreibung«.

In Preußen verlieh der König dem Lande aus eigener Machtvollkommenheit ohne Mitwirkung der Volksvertretung eine Verfassung, die deshalb die »oktroyierte« genannt wurde. Sie besagte, daß die gesetzgebende Gewalt gemeinschaftlich durch den König, der die verantwortlichen Minister ernennt, selbst aber unverantwortlich ist, und durch die beiden Kammern des Landtags auszuüben sei: das Herrenhaus, dessen Mitgliedschaft wiederum vom König bestimmt wird und erblich ist, und das Abgeordnetenhaus, das durch das Dreiklassenwahlsystem beschickt wird. Dieses bestand darin, daß die Urwähler Wahlmänner zu designieren hatten und diese erst die Abgeordneten; die Zahl der Wahlmänner war nach der Höhe der Besteuerung in drei Klassen abgestuft, was zur Folge hatte, daß die erste Klasse der Höchstbegüterten ebenso viele stellte wie die zweite des Mittelstands und die dritte der Minimaleinkommen. Dieses Wahlrecht, das in Preußen bis zur Errichtung der Republik bestanden hat, war also weder gleich noch direkt, noch geheim.

Olmütz In Deutschland wurde der Bundestag erneuert, den selbst ein so reaktionärer Politiker wie der Fürst Schwarzenberg, der Nachfolger Metternichs, einen »fadenscheinigen, zerrissenen Rock«, ein »schwerfälliges, abgenütztes, den gegenwärtigen Umständen in keiner Weise genügendes Zeug«, eine »gründlich erschütterte, sehr wacklige Boutique« nannte, die demnächst »schwächlich zusammenrumpeln« werde. Ein Verfassungskonflikt, der 1850 in Kurhessen ausbrach, schien diese Prophezeiung wahr zu machen. Der Landtag verweigerte die Steuern, deren Bezahlung alsbald im ganzen Lande eingestellt wurde. Als die Regierung hierauf den Kriegszustand über das Land verhängte, versagten die Beamten den Gehorsam, und fast alle Offiziere nahmen ihre Entlassung. Der Bundestag erklärte, die Steuerverweigerung sei ungesetzlich, und beschloß Exekution. Dies aber war ein Eingriff in die Machtsphäre Preußens, denn Kurhessen lag zwischen dessen beiden getrennten Landeshälften. Da der Bruch unvermeidlich schien, schloß Kaiser Franz Josef zu Bregenz mit den Königen von Württemberg und Bayern eine Militärkonvention gegen Preußen; auch der Zar gab ihm bei einer Zusammenkunft in Warschau sehr beruhigende Zusicherungen. Der demonstrative Einmarsch der Preußen in Kurhessen wurde von den Bayern mit derselben Maßnahme beantwortet. Bei Bronnzell in der Nähe von Fulda kam es zu einem Vorpostengefecht, dem aber nur ein Schimmel zum Opfer fiel. Österreichische Truppen marschierten in Böhmen und Mähren auf, Preußen mobilisierte die gesamte Landwehr. Der Plan Radetzkys, den ihm, wie schon im italienischen Kriege, sein Generalquartiermeister Freiherr von Heß entworfen hatte, ging dahin, sich mit den Sachsen zu vereinigen und vor den Toren Berlins eine offensive Hauptschlacht zu wagen, die nicht aussichtslos gewesen wäre, da die preußische Streitmacht zwischen Mitteldeutschland und dem Norden geteilt war. Allerdings sagte der Kaiser Wilhelm, damals noch Prinz von Preu-

1296

ßen, nach der Krise zu Beust, die Österreicher wären wohl nach Berlin gekommen, es sei aber zweifelhaft, ob sie glücklich wieder herausgefunden hätten. Schließlich führte die verzweifelte diplomatische Lage Preußens, das mit einem Krieg nach zwei, ja möglicherweise nach drei Fronten rechnen mußte, denn auch die Haltung Rußlands war sehr unsicher, zu einer friedlichen Lösung. Im Gasthof zur Krone in Olmütz kam jene denkwürdige Vereinbarung zustande, wonach Preußen sich bereit erklärte, seine Truppen aus Hessen zurückzuziehen, vollkommen abzurüsten und auf alle Pläne einer Neugestaltung Deutschlands zu verzichten. Von dem Programm Schwarzenbergs, »Preußen zuerst zu erniedrigen und dann zu vernichten«, war der erste Teil erfüllt. Nicht nur die habsburgische Vorherrschaft in Deutschland schien besiegelt, sondern, was noch schlimmer war, das Schiedsrichtertum des Zaren Nikolaus über ganz Mitteleuropa; denn er war es, der, wie er im Vorjahre den Sieg über die Revolution entschieden hatte, nun das Zurückweichen Preußens erzwang, und zwar wiederum aus Motiven der starrsten Reaktion: die Regelung der deutschen Frage interessierte ihn gar nicht, sondern nur der Umstand, daß Preußen, wenn auch nur aus persönlichen Prestigegründen, auf der Seite der Steuerverweigerer stand. »Unter seiner Regierung«, sagt Bismarck in seinen »Gedanken und Erinnerungen«, »haben wir als russische Vasallen gelebt.«

Kurz darauf aber ging die Hegemonie auf den Westen über, und zwar durch einen sehr geschickten Mann, der ganz unvermutet, obschon wohlvorbereitet, aus der Kulisse trat. Seine Wahl zum Präsidenten verdankte er der Angst der besitzenden Klassen vor sozialem Umsturz, die auf eine demokratische Militärdiktatur hindrängte, dem Klerus, zu dem er kluge Beziehungen unterhielt, und dem Napoleonkultus, der ihn über Cavaignac, seinen einzigen ernstlichen Rivalen, siegen ließ. Dies war die erste Etappe seiner Machtergreifung; die zweite und

Napoleon der Dritte

dritte erreichte er genau nach dem Modell seines Oheims. Bei seinem Staatsstreich vom 2. Dezember 1851 nahm er sich den 18. Brumaire zum Vorbild: er löste die Nationalversammlung auf, wie damals Napoleon der Erste den Rat der Fünfhundert, und machte sich auf zehn Jahre zum Präsidenten, wie jener sich auf zehn Jahre zum Ersten Konsul ernannt hatte. Ein Jahr später (abermals am 2. Dezember, dem Jahrestage der Krönung des ersten Napoleon und der Schlacht von Austerlitz, der übrigens auch der Tag der Thronbesteigung Franz Josefs war) erlangte er die Würde eines Kaisers der Franzosen, wobei er sich, wiederum ganz wie sein Vorgänger, auf die geschickt inszenierte Komödie eines »Plebiszits« stützte: das gesamte Volk, sagte seine Proklamation, solle als einziger Souverän durch Abstimmung über die Verfassung entscheiden. Diese Souveränität des Volkes bestand im wesentlichen nur in dem Recht, sich eine absolute Regierung wählen zu dürfen. In Wahrheit war es die Allianz des Säbels mit dem Geldsack. Frankreich war »durch Gaunerei und Kartätschen gerettet«, wie Victor Hugo in einem schnaubenden Verdammungsgedicht höhnte. Die bürgerlichen Parteien erblickten, woraus sie durchaus kein Hehl machten, im Kaisertum bloß das kleinere Übel. Von den anderen Staaten wurde die neue Regierung anstandslos akzeptiert, nur der Zar machte den kleinen Vorbehalt, daß er den Parvenü nicht als *monsieur mon frère*, sondern bloß als *bon ami* anzureden wünsche, und der König von Preußen stieß sich eine Zeitlang an der Ziffer, die den Bestimmungen des Wiener Kongresses zuwiderlaufe, denn der Herzog von Reichstadt sei von den Mächten nie als Napoleon der Zweite anerkannt worden.

Napoleon der Dritte ist sehr oft mit seinem Oheim verglichen worden, obgleich er mit ihm fast gar keine Ähnlichkeit hatte, höchstens in seiner Verachtung aller »Ideologie« und seiner Fehlbewertung der sittlichen Kräfte, die die wahren Motoren der Weltgeschichte sind. Doch floß auch diese bei ihm aus einer ganz anderen Quelle: der Nihilismus des ersten Franzosenkaisers entsprang aus dessen Überlebensgröße und dämonischer Menschenverachtung, der seinige aus Mediokrität und dekadenter Menschenunterschätzung. Napoleon der Erste ist amoralisch wie ein Erdbeben, Napoleon der Dritte unmoralisch wie ein Börsenmanöver; in jenem entbanden sich zermalmende Urtriebe, die noch nichts von Ethos wissen, in diesem auflösende Spätinstinkte, die von Ethos nichts mehr wissen wollen; der eine ist eine Elementarkatastrophe, der andere ein Zivilisationszwischenfall.

Bismarck hat ihn mit einem seiner geistvollen Bonmots, die stets vernichtend das Zentrum durchbohren, »une incapacité méconnue«, ein verkanntes Untalent, genannt. Von diesem seinem Gegenspieler unterschied sich Napoleon, wenn wir ihn bloß als Politiker ins Auge fassen, da die beiden als menschliche Persönlichkeiten völlig unvergleichbar sind, dadurch, daß er in seinen Plänen viel expansiver, schweifender, chamäleonischer, hintergründiger und dabei in Entschluß, Ausführung, Umschaltung viel zögernder, labiler, zähflüssiger, ungeistesgegenwärtiger war. Auch der zweite große Staatsmann, mit dem er zu tun hatte, Cavour, war ihm sowohl an Willensstärke wie an Elastizität überlegen. Moltke sagte über Napoleons äußere Erscheinung: »Eine gewisse Unbeweglichkeit seiner Züge und der, ich möchte fast sagen, erloschene Blick seiner Augen fiel mir auf. Ein freundliches, ja gutmütiges Lächeln herrscht in seiner Physiognomie vor, die wenig Napoleonisches hat. Er sitzt meist, das Haupt leise nach der Seite geneigt, ruhig da, und gerade diese Ruhe, die ihn bekanntlich auch in gefährlichen Krisen nicht verläßt, mag es wohl sein, welche den beweglichen Franzosen imponiert.« Über seinem Wesen lag eine Art Wasserschleier von Undurchdringlichkeit und Impassibilität, wie man ihn bisweilen an Industriekapitänen und Finanzmagnaten beobachten kann. Drouyn de Lhuys, der sein Minister des

1299

Auswärtigen und ein ausgesprochener Bonapartist war, ihn aber aus der Nähe kannte, sagte: »Seine Unerforschlichkeit liegt im Mangel an Beweggründen für seine Handlungen.« Durch seine Technik des fortwährenden Improvisierens blendender Projekte von zweifelhafter Sekurität, virtuosen Löcherzustopfens auf ephemere Dauer und verblüffenden Umbuchens des latenten Bankerotts in scheinbare Hochkonjunktur, worin er ebenfalls an die Figur des Glücksritters und Börsenspielers erinnert, erweckte er den Eindruck geheimnisvoller tiefangelegter Berechnung. In seinen letzten Regierungsjahren war er zudem durch ein sehr ernstes Prostataleiden, das häufig bis zu Ohnmachten führte, in seiner Aktionsfähigkeit gehemmt.

La civilisation   Er hatte die Parole ausgegeben: *»l'empire c'est la paix«;* aber die Satire machte sehr bald daraus: *»l'empire c'est l'épée«.* Wahrscheinlich war er im Herzen kein Militarist; aber wenn selbst der gottähnliche Sonnenkönig sein Ansehen nur durch große Kriege aufrechterhalten konnte, so war dieser dubiose »Thronescroqueur« von vornherein auf abwechselnde Reizung und Sättigung des französischen Gloirehungers angewiesen. Seine äußere Politik war ein System weitausgreifender Halbheiten, großangelegter Nieten: sowohl Deutschland wie Italien geeint, aber nicht als starke Nationalstaaten, sondern als hilflose Staatenbünde, und womöglich unter offenem oder verstecktem französischen Protektorat. Man konnte das eine oder das andere versuchen: sich die beiden Völker, ihre Einigungstendenzen fördernd, zu bleibenden Freunden machen oder, ihre Zersplitterung nützend, sie in dauernder Ohnmacht erhalten; aber beides auf einmal zu wollen war die superkluge Idee eines abenteuernden Spekulanten. Tieferblickende Politiker durchschauten dies: Disraeli nannte das zweite Kaiserreich eine Tragikomödie. Was Napoleon, im Gegensatz zu Bismarck und Cavour, fehlte, war die gerade Linie; er ließ sie auch in der inneren Politik vermissen. Einerseits suchte er seiner Herrschaft den Schein eines demokratischen Regimes zu geben und stützte sie in der Tat auf das Heer, die Masse und die niedere Geistlichkeit, andererseits unterdrückte er durch scharfe Gesetze die soziale Bewegung, durch strenge Überwachung der Presse, der Theater, des Vereinswesens die freie Meinung und durch brutalste Wahlbeeinflussung die konstitutionellen Volksrechte; nach dem Attentat Orsinis erließ er sogar ein »Sicherheitsgesetz«, das der Polizei das Recht gab, jeden Verdächtigen ohne weiteres zu verhaften, ganz wie zur Zeit der *lettres de cachet,* durch die Louis le Grand seinen Namen mit Furcht umgab, und das so rigoros gehandhabt wurde, daß schon *»un silence séditieux«,* ein aufrührerisches Schweigen, Grund zum Einschreiten gab, was wiederum sehr fatal an die Schreckensherrschaft der Jakobiner erinnert. Regierungsfeindlichen Publizisten drohten stets empfindliche Gefängnisstrafen und Geldbußen, was aber nicht hinderte, daß die journalistische Polemik, am üppigsten in Rocheforts *Lanterne* und *Marseillaise,* eine prachtvolle Giftfauna entfaltete. »Das System«, sagt Treitschke in einer seiner unbedenklichen, aber gedankenreichen Formeln, »war ein monarchischer Sozialismus.« In die unhaltbarsten Widersprüche verwickelte sich aber der Kaiser durch seinen Klerikalismus, zu dem er sich teils durch die Rücksicht auf die legitimistische Partei gedrängt fühlte, die er damit von ihrem Kandidaten, dem Enkel Karls des Zehnten, abzuziehen und für sich zu gewinnen hoffte, teils durch die Bigotterie der Kaiserin Eugenie, geborenen Gräfin von Montijo, die zwanzig Jahre lang die Rolle einer europäischen Modekönigin innehatte, ähnlich wie seinerzeit Marie Antoinette, noch schöner als diese, ebenso intrigant und oberflächlich. Der Schutz, den er dem Kirchenstaat angedeihen ließ, kreuzte sich mit seiner italienischen Unionspolitik, und durch die Macht, die er der Kirche über Schule und Universität, Literatur und

Privatleben einräumte, brachte er sich in Gegensatz zum Liberalismus der allmächtigen Bourgeoisie, die doch das wahre Fundament seiner Herrschaft bildete.

In der Tat hat die moderne Plutokratie niemals einen glänzenderen und großartigeren Ausdruck gefunden als unter dem *second empire.* Napoleon verdient noch weit mehr den Titel eines Börsenfürsten als Louis Philippe. Finanzielle Skandalprozesse waren eine alltägliche Sensation unter seiner Regierung. Schon 1852 wurde von den Brüdern Péreire, zwei portugiesischen Juden, die erste moderne Großbank gegründet, der Crédit mobilier, von dem man sagte, er sei die größte Spielhölle Europas. Er machte wilde Spekulationen in allem: Eisenbahnen, Hotels, Kolonien, Kanälen, Bergwerken, Theatern und nach fünfzehn Jahren gänzlichen Bankerott. Eine neue stehende Figur im öffentlichen Leben ist der *Rastacouère,* ursprünglich der reiche Exote, der, geschmacklos, protzig, unkultiviert, sein Geld in Paris ausgibt, sehr bald aber, infolge eines charakteristischen Wechsels der Wortbedeutung, der groß auftretende Verdiener, der stets ein Hochstapler ist. Alles in allem genommen, war das Gesellschaftsleben unter Napoleon noch korrupter, zynischer und materialistischer als unter dem Bürgerkönig, aber viel temperamentvoller, farbiger und geistreicher: es zeigt dort noch eine gewisse grobknochige Kraft und Vitalität, hier schon eine interessante Überzüchtung und Verwesungsphosphoreszenz; es ist eine Art Rokoko des dritten Standes.

Gemäß dem von Napoleon ausgegebenen Stichwort, Frankreich müsse »*à la tête de la civilisation*« marschieren, schuf zunächst der Seinepräfekt Haußmann durch großartig angelegte Straßenzüge, Plätze, Gärten, Umbau ganzer Bezirke, prachtvolle Repräsentationshäuser ein neues Paris, als getreues Abbild des zweiten Kaiserreichs: fassadenhaft, niederschreiend, künstlich und parvenühaft. 1855 wurde die erste Pariser Weltausstellung veranstaltet, als »*revanche pour Londres*«, wo vier Jahre vorher auf Anregung des Prinzgemahls Albert, des »ersten Gentleman Europas«, die überhaupt erste stattgefunden hatte, noch heute in Erinnerung durch Paxtons »Kristallpalast«, den ersten Versuch einer Glas-Eisen-Konstruktion. Unter dem Empire gab es in Paris noch eine zweite im Jahr 1867, die als große Sensation die neuentdeckte ägyptische Kunst brachte und von fast allen europäischen Potentaten besucht wurde, ein Pole benützte sie zu einem Attentat auf den Zaren. Auch die zweite Londoner Weltausstellung vom Jahr 1862 setzte sich für eine orientalische Kunst ein – die chinesische – und hatte eine ebenso unwillkommene Begleiterscheinung: sie führte zur Gründung der ersten »Internationalen Arbeiterassoziation«, deren geheimes Haupt Karl Marx war. 1869 wurde der Suezkanal eröffnet, ein großer Triumph für die französische Zivilisation. Bereits vor drei Jahrtausenden schiffbar, dann verfallen, um 500 vor Christus durch die Perser erneuert, nach abermaliger Versandung von Trajan zum drittenmal hergestellt und seit dem Mittelalter vollkommen unbrauchbar, wurde er, nachdem schon Leibniz in einer Denkschrift an Ludwig den Vierzehnten auf seine Bedeutung hingewiesen und Bonaparte bei seiner ägyptischen Expedition Vorarbeiten veranlaßt hatte, durch die Pariser »Compagnie universelle du canal maritime de Suez«, die sein Gebiet von der ägyptischen Regierung erwarb, nach zehnjährigem Bau wieder instand gesetzt. Er bedeutet für Reisen von Europa nach Indien eine Wegverkürzung von etwa vierzig Prozent; durch ihn wird das Mittelmeer, bisher ein südeuropäischer Binnensee, zur Meerenge, die zwei Weltozeane verbindet.

Schon das zweite Regierungsjahr gab Napoleon Gelegenheit, auch in der äußeren Politik hervorzutreten. Den Anlaß boten die Expansionsbestrebungen des Zaren am Balkan, die dieser seit langem ins Auge gefaßt hatte. Nikolaus der Erste war der reaktionärste Herrscher, den das Land der Reaktion erlebt hat;

Der Krimkrieg

der Dekabristenaufstand, der bei seiner Thronbesteigung ausgebrochen war, hatte ihm die Überzeugung beigebracht, daß in Rußland nur mit eisernem Terror regiert werden könne. Unter ihm wurden die Universitäten wie Mönchsklöster beaufsichtigt und die Bücher mit der Strenge der heiligen Inquisition zensuriert, was aber nur dazu führte, daß sich eine Technik des versteckten Anspielens entwickelte, die die enzyklopädistische an Raffinement noch übertraf. Um die Ansteckung durch die Giftstoffe des westlichen Liberalismus möglichst einzuschränken, verweigerte er seinen Untertanen die Reise ins Ausland oder erschwerte sie ihnen durch sehr hohe Paßsteuern. Er ging zwar nicht mehr so weit wie seine Vorgänger im siebzehnten Jahrhundert, unter denen »Bücherleser« zu Gefängnis verurteilt wurden, aber Schriftsteller und Peter-Pauls-Festung waren auch zu seinen Zeiten sehr benachbarte Begriffe, ja fast untrennbare Assoziationen: man wird vielleicht in einigen hundert Jahren nur noch von ihm wissen, daß er es war, unter dessen Regierung Dostojewski zum Galgen verurteilt wurde. Sein Haß gegen alles, was auch nur entfernt an Volksrechte erinnerte, war so groß, daß man, als er Berlin besuchte, den Landtag schloß, um ihn nicht durch dieses revolutionäre Schauspiel zu beleidigen.

Von ihm stammte das geflügelte Wort, der Sultan sei »der kranke Mann von Europa«. Wenn er die Emanzipationsbestrebungen der christlichen Balkanvölker unterstützte, so geschah dies selbstverständlich nicht aus wirklichem Interesse für deren Befreiung, was seinem ganzen System widersprochen hätte, sondern bezweckte bloß ein russisches Protektorat. Für die Tatsache, daß er gerade im Jahre 1853 mit neuen Forderungen hervortrat, die in diese Richtung zielten, war der Umstand mitbestimmend, daß damals gerade vierhundert Jahre seit der Eroberung Konstantinopels verstrichen waren. Die Weltgeschichte pflegt sich aber im allgemeinen von derlei Jubiläumsdaten nicht beeinflussen zu lassen.

Als die Pforte sich ablehnend verhielt, überschritt eine russische Armee den Pruth und besetzte die Moldau und die Walachai. Durch einen Sieg Rußlands sah Frankreich seine syrischen, England seine indischen Interessen bedroht; infolgedessen schlossen beide Mächte ein Bündnis mit der Türkei, dem später auch das kleine Sardinien beitrat: ein kluger politischer Schachzug Cavours. Eine englisch-französische Flotte erschien in der Ostsee, wagte aber nicht, Kronstadt anzugreifen. Auch Österreich nahm eine drohende Haltung ein, wodurch der Zar sich genötigt sah, »aus strategischen Gründen« die Räumung der Donaufürstentümer anzuordnen, die nunmehr von österreichischen Truppen besetzt wurden. Der Kampf konzentrierte sich auf der südrussischen Halbinsel Krim. Die Russen erlitten Niederlagen an der Alma, bei Inkerman, bei Tschernaja; das Hauptbollwerk, die Festung Sewastopol, hielt sich aber, zu Wasser und zu Lande angegriffen, durch die vorzügliche Organisation der Verteidigung, ein Verdienst des Kurländers Totleben, fast ein volles Jahr: erst die Erstürmung des Malakowturms, der die Stadt beherrschte, entschied. Durch die Kriegsdrohungen Österreichs und Schwedens und die Mißstände in der Armee und Verwaltung entstand bei Rußland, durch furchtbare Verluste infolge der Cholera und Schwierigkeiten in der Munitionsversorgung, die den langen und unsicheren Seeweg wählen mußte, bei den Westmächten Neigung zum Frieden, der im Frühling 1856 in Paris zustande kam. Er veränderte sehr wenig, und ein französischer Diplomat sagte mit Recht, man könne aus ihm nicht erkennen, wer der Sieger und wer der Besiegte sei. Von Kriegsentschädigungen wurde Abstand genommen; die Gebietsveränderungen bestanden lediglich darin, daß Rußland die Donaumündungen und einen kleinen Küstenstrich Bessarabiens an die Donaufürstentümer abtrat. Diese wurden zwar formell unter der türkischen Souveränität belassen, gleichzeitig aber für neutral erklärt und zum

Fürstentum Rumänien vereinigt, das 1859 in Alexander Cusa einen selbstgewählten Herrscher erhielt; er wurde aber schon 1866 wegen Mißwirtschaft zur Abdankung gezwungen und durch den Prinzen Karl von Hohenzollern-Sigmaringen ersetzt. Der Meerengenvertrag wurde ausdrücklich erneuert: das Schwarze Meer neutralisiert und allen Kriegsschiffen verschlossen. Die Türkei, die die Gleichberechtigung der Christen und Mohammedaner zusicherte, wurde ins europäische Konzert aufgenommen, was dessen Harmonie keineswegs erhöhte.

Sehr bedeutend waren jedoch die diplomatischen Veränderungen, die der Krimkrieg zur Folge hatte. Sardinien war durch seinen Beitritt zur Koalition ein politischer Faktor geworden: es wurde zum Friedenskongreß zugelassen, was Preußen infolge der lahmen und schwankenden Haltung, die es während des Krieges beobachtet hatte, erst, wie Bismarck sich ausdrückt, »nach längerem Antichambrieren« gelang. Frankreich löste Rußland in der Hegemonie ab: 1812 war »gerächt«; Napoleon war der erste Mann in Europa, sein Thron schien unerschütterlich gefestigt, um so mehr als ihm im Jahre des Friedensschlusses ein Thronerbe geboren wurde. In die schimpflichste und unvorteilhafteste Position hatte sich Österreich gebracht. Radetzky hatte dem Kaiser in einer Denkschrift die Allianz mit Rußland auf der Basis der Teilung der Türkei empfohlen. Aber man zog es vor, die Politik Schwarzenbergs zu befolgen, der gesagt hatte, Österreich werde die Welt noch einmal durch seine Undankbarkeit in Erstaunen versetzen. Er kam zwar nicht mehr dazu, diese Prophezeiung wahr zu machen, aber sein Nachfolger vollstreckte sein Testament: Österreich, durch ein Schutz-und-Trutz-Bündnis, in das Preußen unter Mißbilligung Bismarcks eingewilligt hatte, im Rücken gedeckt, besetzte nicht nur, wie bereits erwähnt, die Donaufürstentümer, sondern ließ auch in Galizien, der Bukowina und Siebenbürgen Beobachtungstruppen aufstellen, so daß Rußland, das genötigt war, ge-

gen den Nachbarn doppelt soviel Bataillone zu mobilisieren
wie in der Krim, sich in seinen Bewegungen vollkommen gelähmt sah. Zar Nikolaus, mit Recht empört, sagte zum österreichischen Gesandten: »Wissen Sie, wer die beiden dümmsten
Könige von Polen waren? Sobieski und ich!« Beide hatten
Österreich gerettet und Undank dafür geerntet. Seitdem hieß
die russische Parole: der Weg nach Konstantinopel geht über
Wien; von hier datiert die russisch-österreichische Feindschaft,
ohne die der Weltkrieg nicht möglich geworden, andrerseits aber
auch die deutsche Einheit nicht zustande gekommen wäre.

Beobachtete man aber einmal eine Politik der Perfidie (welche Bezeichnung zwar eigentlich ein Pleonasmus ist), so hätte
man sie wenigstens energisch betreiben müssen. Durch seine
Lauheit kam Österreich aber auch bei den Westmächten in Miß-
kredit: es brachte nicht den Mut zum »Dolchstoß« auf, sondern
bramarbasierte nur damit, ruinierte durch die kostspieligen
Truppendemonstrationen seine Finanzen und verlor durch die
Cholera mehr Soldaten als durch einen Krieg. »Die guten
Österreicher«, sagte Bismarck 1853 in einem Brief, »sind wie
der Weber Zettel im Sommernachtstraum.« Es war die Politik,
die seit Josef dem Zweiten traditionell geworden war: alles ein-
stecken wollen, überall Prätensionen machen, den Nebenbuh-
lern aber keine einräumen. Man wollte weder Rußland am Balkan noch Preußen in Deutschland, noch Frankreich in Italien
die erste Rolle zugestehen, selber aber alle drei Rollen spielen.

Einer der Gründe, warum der Friede verhältnismäßig rasch *Der Zar-*
zustande kam, war der russische Thronwechsel, der 1855 statt- *befreier*
fand, als Nikolaus der Erste plötzlich starb und Alexander der
Zweite, der »Zarbefreier«, ihm folgte, einer der edelsten und
klügsten Herrscher seiner Zeit. Er erließ eine allgemeine Amnestie, reduzierte den Heeresstand, förderte den Ausbau des
Eisenbahnnetzes, reformierte das Gerichtswesen, entzog die
Hochschulen der kirchlichen Bevormundung und bewilligte

seinem Volk eine Art Selbstverwaltung durch die *duma* oder Stadtverordnetenversammlung und den *semstwo* oder Landtag, die gewählte Vertretung der Provinzialkreise. Seine größte Tat aber war die Aufhebung der Leibeigenschaft, durch die im Jahre 1861 mehr als einundzwanzig Millionen Bauern ihre Freiheit erlangten; bisher waren auf einen »Seelenbesitzer« durchschnittlich fünfzig Hörige gekommen. Er tat dies ebensowohl aus Erwägungen des Verstandes wie des Herzens: »Es ist doch besser«, sagte er, »wenn wir es von oben tun, statt daß es von unten geschieht.« Der sehr unkluge polnische Aufstand vom Jahre 1863 näherte ihn allerdings wieder der altrussischen Partei: Preußen erwarb sich damals den Dank Rußlands, indem es die Grenzen gegen Polen absperrte. Gleichwohl plante er für das Reich eine Gesamtverfassung, die nur durch das Bombenattentat verhindert wurde, dem er 1881 zum Opfer fiel. Daß der Nihilismus sich gerade gegen diesen Zaren mit unausgesetzten Anschlägen wendete, gibt zu denken; es zeigt, daß der Terror zum apriorischen Bestand des russischen Seelenlebens gehört.

Die russische Seele   Dies ist einer der vielen Gründe, die die russische Seele für den Europäer zum Rätsel machen. Es verhält sich offenbar so, daß der Russe nicht imstande ist, mit *zwei* Augen in die Welt zu schauen: zu erkennen, daß die Wahrheit immer das Produkt einer Doppelansicht ist; es fehlt ihm der stereoskopische Blick. Er ist durchaus außerstande, die Dinge *rund* zu sehen: nämlich von vorn und hinten. Er weiß nicht, daß jedes Dogma sein Gegendogma fordert, als seine gottgewollte Lebenshälfte, mit der vermählt es erst fruchtbar wird. Er ist daher, obgleich Hegel auch in Rußland längere Zeit einen sehr großen Einfluß besessen hat, niemals Hegelianer. Spengler macht im zweiten Bande seines Werks in einer Fußglosse die sehr tiefe Bemerkung: »Der Gedanke, daß ein Russe Astronom ist? Er sieht die Sterne gar nicht; er sieht nur den Horizont. Statt Himmelsdom sagt er Himmelsabhang... Die mystische russische Liebe ist die der

Ebene, immer längs der Erde – längs der Erde.« Er kann die Welt nicht als Gewölbe konzipieren, sein Blick geht immer in die Fläche, was aber keineswegs bedeutet, daß er flach ist. Und daher kommt es, daß er nicht nur kein Hegelianer, sondern überhaupt niemals ein Philosoph ist. Wladimir Solowjew sagt über die philosophische Literatur seines Vaterlandes: »In diesen Arbeiten ist alles Philosophische durchaus nicht russisch, und was wirklich russisches Gepräge trägt, hat überhaupt keine Ähnlichkeit mit irgendeiner Philosophie, und zuweilen ist es überhaupt ganz sinnlos.… Man bleibt entweder bei kurz hingeworfenen Skizzen stehen oder gibt in karikierter und roher Form diesen oder jenen auf die Spitze getriebenen und einseitigen Gedanken des europäischen Geistes wieder.« Und daher kommt es andrerseits, daß in Rußland fast jeder Mensch Künstler ist und sich dort eine Romanliteratur, eine Theaterkultur und eine Kabarettkleinkunst entwickelt hat, die in ganz Europa unerreicht ist. Eben weil der Russe so subjektiv ist, verwandelt sich ihm Denken sogleich in Dichten, und wenn man ein starkes und treues Bild seiner Weltanschauung gewinnen will, muß man es nicht in seiner spekulativen Prosa suchen, sondern in seiner erzählenden. Ja im russischen Künstlertum liegt vielleicht auch der geheimste Sinn des russischen Nihilismus. Denn was sind beide anderes als Verneinungen der Realität: das einemal als hassender Zerstörungstrieb, das andremal als liebender Gestaltungsdrang? Auch der Poet findet die Realität falsch, korrekturbedürftig, *ungereimt*: ebendarum dichtet er ja.

Slawophile und Westler

Die beiden Hauptrichtungen, die sich in Rußland das ganze Jahrhundert hindurch unversöhnlich gegenüberstanden, waren die konservativen Slawophilen, die die Rechtgläubigkeit, die altrussische Kultur, das primitive Bauerntum zu erhalten wünschten, und die liberalen *zapadniki* oder Westler, auch *raznotschintzy,* Intelligenzler, genannt, die Materialismus, Aufklärung,

Großstadtkultur propagierten; es war der Gegensatz: Kirche, Moskau, Autokratie und Wissenschaft, Petersburg, Demokratie; nur die Liebe zum »Volk« war ihnen beiden gemeinsam, denn diese ist ein allgemeinrussischer Grundzug. Das Programm der slawophilen Richtung hat Iwan Kirejewski in einem »offenen Brief«: *Über den Charakter der Zivilisation Europas und ihr Verhältnis zur Zivilisation Rußlands* dargelegt, der 1852 in der ersten Nummer der von ihm begründeten Zeitschrift *Moskowski Sbornik* erschien. Er unterscheidet darin vom russischen Geist den »römischen«, der den Westen beherrscht: dessen Charakter bestehe darin, daß ihm die äußere logische Ordnung der Begriffe und Vorstellungen von den Dingen wesentlicher sei als das Wesen der Dinge selbst und seelische Harmonie gleichbedeutend mit einem künstlich ausbalancierten Gleichgewicht logischer Inhalte; daher geriet im Westen die Theologie in ein abstrakt-rationalistisches Fahrwasser, während sie in der orthodoxen Welt auf der »ursprünglichen inneren Geschlossenheit des menschlichen Geistes als eines unteilbaren Ganzen« fußte. »Der Westeuropäer fühlt sich in der Regel mit seiner sittlichen Haltung sehr zufrieden. Den Slawen dagegen begleitet unausgesetzt ein deutliches Bewußtsein seiner Unvollkommenheit, und je höher sein sittliches Niveau ist, um so höhere Ansprüche stellt er an sich selbst, und um so weniger ist er mit sich zufrieden.« »Dort das Bestreben, der Wahrheit durch logische Begriffsverknüpfung teilhaftig zu werden, hier der Drang, ihr durch vertiefte Selbsterkenntnis, durch Versenkung in die Urgründe des Geistes näherzukommen. Die höchsten Wahrheiten dort der Gegenstand rationalistischer Schulweisheit, hier der beglückende Inhalt ureigensten Lebensgefühls. Der private Besitz dort die Grundlage aller sozialen Verhältnisse, hier nur ein äußerer Ausdruck für die Beziehungen zwischen Personen. Dort äußere Korrektheit, hier innere Gerechtigkeit. Dort die Herrschaft der Mode, hier das

Walten der Tradition.« Als der erste bedeutende Westler, der
eine Theorie gegeben hat, gilt Wissarjon Belinskij, den seine
Landsleute als ihren hervorragendsten Kritiker, eine Art russischen Lessing ansehen. »Die Welt ist mannbar geworden«,
lehrt er, »sie gebraucht nicht mehr das bunte Kaleidoskop der
Phantasie, sondern das Mikroskop und Teleskop der Vernunft,
durch das sie sich das Entfernte nahebringt und das Unsichtbare sichtbar macht. Die Wirklichkeit: das ist die Parole und
das letzte Wort unserer zeitgenössischen Welt!« Er verachtet
den Dichter, der wie der Vogel singt: »Nur ein Vogel singt, weil
er Lust zum Singen hat, ohne mit dem Leid und der Freude
seines Vogelvolkes mitzufühlen.« Noch radikaler gab Dmitri
Pissarew dem Gedanken der Wirklichkeitsdichtung Ausdruck:
»Man kann ein Realist, ein nützlicher Arbeiter sein, ohne
Dichter zu sein. Aber ein Dichter und nicht zugleich ein tiefer
und bewußter Realist zu sein, das ist ganz unmöglich. Wer kein
Realist ist, ist kein Dichter, sondern einfach ein begabter Ignorant oder ein geschickter Scharlatan oder ein kleines eitles Insekt. Vor allen diesen zudringlichen Geschöpfen muß die realistische Kritik die Geister und die Taschen des Lesepublikums
sorgfältig schützen.« Der erste, der die Forderungen der »realistischen Kritik« verwirklichte, war Gogol, der Begründer der
»natürlichen Schule«; von seiner Meisternovelle *Der Mantel*
sagte Dostojewski: »Vom Mantel kommen wir alle her.« Sein
Revisor darf als die beste Komödie der Weltliteratur bezeichnet werden: sie enthüllt unter zermalmendem Gelächter die
kläglichen Oberflächen und schauerlichen Abgründe einer
ganzen Sozialsphäre, einer ganzen Epoche, einer ganzen Nation, dabei mit Hilfe eines teuflischen Mechanismus ihren Figuren eine schlotternde, gespenstische Marionettenunwirk-
lichkeit verleihend, wie sie sich nur noch in den Lustspielen
Molières findet, zu deren Psychologie sich aber die ihrige verhält wie eine Logarithmentafel zu einer Rechenmaschine. Eine

Geburt des »Realismus« war auch die »Muschikliteratur«, deren kühner Schöpfer Grigorowitsch und unübertrefflicher Meister Turgenjew war: hier steigert der russische Extremismus ein Wesen, in dem er bisher kaum einen Menschen erblickte, zum Heiligen. Die Gegenfigur ist der »reumütige Adlige«, der das jahrhundertelange Unrecht, das er am Leibeigenen begangen hat, in Selbstanklagen bedauert. Dieser Gefühlsgang ist im Russen tief angelegt, denn in der Tat hat er von jeher im Bauern ein ihm gehöriges, aber nicht von ihm distanziertes Wesen erblickt: ein Haustier, das man ausbeutet, mißbraucht, sogar mißhandelt, aber dabei doch als ein vertrautes, ja liebes Familienstück empfindet. Niemals hat es in Rußland Menschen erster und zweiter Klasse gegeben, höhere Wesen, deren soziale Stellung sie fast zu Angehörigen einer anderen Rasse machte, wie der französische Kavalier, der spanische Hidalgo, der japanische Daimyo, der englische Gentleman, der preußische Junker. Dies ist die ungeheure Überlegenheit des Russen über den Europäer: er hat zwar ebenfalls dem Christentum zumeist zuwidergelebt, aber er hat seine Lehren nie vergessen.

Oblomow   Der Nihilismus äußerte sich literarisch auch in der politisch ungefährlichen Form der Verzweiflung am Dasein. Mit dem Typ des reumütigen Adeligen ist die Gestalt des »überflüssigen Menschen« verwandt: Herzen zeichnete sie zuerst in *Wer ist schuld?*; berühmt machte sie Turgenjew im *Rudin*. 1858 erschien eines der ergreifendsten und eigenartigsten Werke der russischen Literatur: der *Oblomow* von Iwan Gontscharow. In ihm ist gelungen, was ebenso nur noch im *Don Quixote* erfüllt worden ist (und höchstens könnte man dabei noch an Faust und Robinson denken): daß einem ganzen Volke in einem poetischen Symbol ein Nationalheld geschenkt wurde. Oblomow ist mehr als ein unsterblicher Mensch; er ist das Diagramm einer Rasse. Er *ist*; und die Last dieser ungeheuren Tatsache drückt derart auf ihn, daß sie ihn nicht zum Handeln gelangen läßt. Wie tief sich hierin die Grundmelodie der russischen Seele zum Ausdruck bringt, zeigt unter zahllosen ähnlichen Äußerungen ein Aufsatz Tolstois, der *Das Nichtstun* betitelt ist. Darin heißt es: »Man sagt, daß die Arbeit den Menschen gut macht; ich habe immer das Entgegengesetzte beobachtet. Die Arbeit und der Stolz auf sie macht nicht nur die Ameise, sondern auch den Menschen grausam. Es konnte in der Fabel ja auch nur die Ameise, ein Wesen, das des Verstandes und des Strebens nach dem Guten entbehrt, die Arbeit für eine Tugend halten und sich damit brüsten. Die Arbeit ist nicht nur keine Tugend, sondern in unserer falsch organisierten Gesellschaft zumeist ein Mittel, das sittliche Empfindungsvermögen zu ertöten… Das Mahl ist schon bereit, und schon längst sind alle dazu eingeladen; aber einer kauft Land oder will Ochsen verkaufen, ein zweiter heiratet, ein dritter baut eine Eisenbahn oder eine Fabrik, ein vierter hält Predigten, missioniert in Indien oder Japan, bringt eine Bill durch oder veranlaßt ihre Ablehnung, macht Examina, schreibt eine gelehrte Arbeit, ein Gedicht, einen Roman. Alle haben keine Zeit, keine Zeit, zur Besinnung zu kommen, in sich zu gehen, über sich und die Welt nachzudenken und sich zu fragen: was tue ich? Wozu?«

Hiermit ist, in negativer Form, Oblomow charakterisiert. Er ist die Formel einer Kultur; aber diese Formel blüht und atmet. Er ist ein grauer Durchschnittsmensch und ein leuchtender Idealtypus. Er ist, was nur der Kunst und auch dieser höchst selten glückt, ein lebendiger Begriff. Er tut das Gleichgültigste; aber unter unserer höchsten Teilnahme. Er tut gar nichts; aber auf eine unvergeßliche Weise. Er ist der prosaischste, adeligste, trübste, lauterste Mensch unter allen unseren persönlichen Bekannten. Der Zweck des Werkes ist die Bloßstellung der *oblomowschtschina,* der Oblomowerei: der Dichter will warnen, anprangern, anfeuern, aber es gelingt ihm nicht. Wir lieben Oblomow, beneiden ihn fast. Die erschütternde Ballade von der Oblomowerei schließt folgendermaßen: »Eines Tages um die Mittagsstunde schritten zwei Herren über das Holztrottoir der Wiborgskajastraße; hinter ihnen fuhr langsam ein Wagen. Der eine von ihnen war Stolz, der Freund Oblomows, der andere ein Schriftsteller von ziemlicher Leibesfülle, mit apathischem Gesicht und sinnenden, gleichsam schläfrigen Augen. ›Und wer ist dieser Ilja Iljitsch?‹ fragte der Schriftsteller. – ›Das ist Oblomow, von dem ich dir oft erzählt habe. Er ist zugrunde gegangen, und das ohne jede Ursache.‹ Stolz seufzte und sann nach: ›Und war nicht dümmer als mancher andere, seine Seele war rein und klar wie Glas, er war edel, zart und ist zugrunde gegangen!‹ – ›Warum denn? Was war die Ursache?‹ – ›Die Oblomowerei!‹ sagte Stolz. ›Die Oblomowerei?‹ wiederholte der Schriftsteller erstaunt. ›Was ist das?‹ – ›Das werde ich dir gleich erzählen; laß mir nur Zeit, meine Gefühle und Erinnerungen zu sammeln. Und schreibe es dann auf, vielleicht nützt es jemand.‹ Und er erzählte ihm das, was hier steht.«

Es ist Oblomow ergangen wie Falstaff: aus einer *bête noire* wurde er unter der Hand des Dichters zum Liebling der Welt. Aber Oblomow ist nicht Falstaff, obgleich er ebensowenig arbeitet und ebensoviel ißt und trinkt; er ist die russische Version des Hamlet. Und wie die Seele Shakespeares, der die Flachheit aller Lebenssicherheit erkannt hat, nicht bei Horatio oder Fortinbras ist, sondern bei Hamlet, so klopft Gontscharows Herz nicht in Stolz, dem tüchtigen, redlichen, tätigen Freund, sondern in Oblomow. Und was Horatio der Leiche Hamlets nachruft, kann auch ihm als Grabspruch gelten: »Und Engelsscharen singen dich zur Ruh!«

Solferino Die russische Dichtung war die modernste des neunzehnten Jahrhunderts: sie war die erste, die die neuen Inhalte Gestalt werden ließ, was bei der fast hermetischen Abgeschlossenheit, in der das Land gehalten wurde, sehr merkwürdig ist und wieder einmal beweist, daß der Geist eines Zeitalters sich nicht unterdrücken läßt; er wird mit ihm geboren. Seine große europäische Bedeutung hat der russische Realismus aber erst viel später erlangt; zunächst war Europa in Politik, Kunst, Weltanschauung ganz französisch orientiert. Seinen Erfolg im Krimkrieg krönte Napoleon wenige Jahre später durch einen zweiten. Im Erscheinungsjahr des *Oblomow* unternahm der Mazzinist Felice Orsini auf den Kaiser, als er gerade in der Hofkarosse zur Großen Oper fuhr, ein furchtbares Bombenattentat, das viele Menschen tötete, sein Ziel aber verfehlte. Vor seiner Hinrichtung schrieb er einen Brief an Napoleon, worin er ihn an seine Pflichten gegen Italien erinnerte. Unter dem tiefen Eindruck dieses Ereignisses verabredete Napoleon mit Cavour eine Zusammenkunft in Plombières, in der eine vorläufige Abschlagszahlung auf die italienischen Unionsforderungen beschlossen wurde: die Vereinigung aller Norditaliener unter dem König von Sardinien und die Wiedereinsetzung der Dynastie Murat in Neapel. Am 1. Januar 1859 sagte Napoleon beim Empfang der fremden Diplomaten zum österreichischen Botschafter: »Ich bedaure, daß die Beziehungen meiner Regierung zu der österreichischen nicht mehr so gut sind wie früher, aber ich bitte Sie, Ihrem Kaiser zu sagen, daß meine persönlichen Gesinnungen für ihn sich nicht geändert haben.« Das war in der Sprache der damaligen Diplomatie eine Kriegserklärung, die auch sofort mit einem allgemeinen Börsensturz beantwortet wurde. Noch deutlicher wurde Viktor Emanuel, der am 10. Januar sein Parlament mit den Worten eröffnete: »Der Horizont, an dem das neue Jahr heraufsteigt, ist nicht ganz heiter. Wir sind nicht unempfindlich für den Schmerzensschrei, der von so vielen Teilen Italiens uns entgegenschallt.« Aus allen Gegenden der Halbinsel strömten Freiwillige herbei, auch aus Mailand und Venedig, trotz dem österreichischen Grenzkordon. Den schwachköpfigen Eigensinn und absurden Hochmut, den Österreich auch in dieser Situation bekundete, hat

1315

Paul de Lagarde, einer der klarsten und umsichtigsten politischen Denker des damaligen Deutschland, schon im Jahre 1853 in einem Vortrag charakterisiert: »Daß Venedig und die Lombardei nicht längst an Piemont abgetreten sind, reicht vollständig hin, um die politische Unfähigkeit der maßgebenden Kreise Österreichs zu erhärten. Denn Italien wird sich in nicht zu ferner Zeit in einer oder der anderen Weise zu einem nationalen Staate zusammenschließen: das ist mir so gewiß, wie mir gewiß ist, daß wir uns jetzt in der Rannischen Straße zu Halle befinden: und dies Italien wird natürlich die Lombardei und Venedig für sich beanspruchen. Wenn man behaupten hört, Österreich werde allerdings einmal diese Provinzen hergeben müssen, könne dies aber der Ehre halber nur nach einem Kriege: ich pfeife auf eine Ehre, die Krieg ohne Zweck zu führen für erlaubt erachtet, die Ströme von Blut zu vergießen, Hunderte von Menschen zu töten vermag, um sich zu dem nötigen zu lassen, was sie mit Vorteil schon vorher ungenötigt hätte tun können.« England und Rußland schlugen einen Kongreß vor, Napoleon stimmte zu, die italienischen Patrioten waren verzweifelt; denn damit wäre alles im Sande verlaufen. Aus dieser kritischen Lage rettete sie aber die Torheit Österreichs, das in Turin ein Ultimatum stellen ließ: sofortige Abrüstung, Antwort binnen drei Tagen. Cavour erwiderte, daß er darauf nichts zu sagen habe: es war in verkleinertem Maßstabe dasselbe, was sich vor Ausbruch des Weltkrieges ereignet hat. Die echt österreichische Pointe dieser tragischen Clownerie aber war, daß die Armee nun nicht losschlug: auf die tollkühne Verve der Diplomatie folgte ein laues Herummanövrieren des Oberfeldherrn Grafen Gyulai, eines vollkommen unfähigen Kommißkopfs. Er hätte die Piemontesen mit überlegenen Kräften angreifen können, zögerte aber, bis sie sich mit den Franzosen vereinigt hatten. Bei Magenta versagte das österreichische Zentrum: es war so kopflos geführt, daß ein Drittel der Streitkräfte gar nicht ins Gefecht kam; gleichwohl brachte erst gegen Abend MacMahon durch seinen Sieg über den rechten Flügel die Entscheidung: er wurde dafür zum Herzog von Magenta ernannt. Die Österreicher räumten alle Stellungen bis zum Mincio; Napoleon und Viktor Emanuel hielten unter ungeheurem Jubel ihren Einzug in Mailand. Gyulai wurde abberufen, und Franz Josef übernahm selbst den Oberbefehl, beraten von dem besten Generalstäbler seiner Armee, dem Baron Heß. Die Schlacht bei Magenta galt den Österreichern als unentschieden und war auch in der Tat keine katastrophale Niederlage, sondern bloß ein Sieg des französischen Elans über die österreichische Schwerfälligkeit gewesen. Man entschloß sich daher zu einem neuerlichen Vorstoß, der zu dem sehr blutigen Tag von Solferino führte. Benedek warf an der Spitze des rechten Armeeflügels die Piemontesen bei San Martino zurück, der linke Flügel aber versagte vollständig, und die Einnahme Solferinos, des Schlüssels der österreichischen Stellung, durch die französische Garde zwang die gesamte habsburgische Streitmacht unter furchtbarem Doppeldonner eines hereingebrochenen Gewitters und der Geschütze zum Rückzug. Indes konnte auch diesmal nicht von einer unwiderruflichen Entscheidung gesprochen werden. Inzwischen hatte sich, von unklaren patriotischen Phraseuren geführt, auch in Deutschland die Kriegsbegeisterung entfacht: es hieß, man müsse den Rhein am Po verteidigen; Bismarck aber beurteilte die Lage kühler und schärfer: »Mit dem ersten Schuß am Rhein wird der deutsche Krieg die Hauptsache, weil er Paris bedroht, Österreich bekommt Luft, und es wird seine Freiheit benützen, um uns zu einer glänzenden Rolle zu verhelfen.« Er warnte in einem seiner genialen Bilder Preußen, sich mit dem nachgemachten 1813er von Österreich besoffen machen zu lassen, und hielt den Zeitpunkt für geeignet, durch drohende Rüstungen das Haus Habsburg zum Nachgeben in der deutschen Frage zu zwingen.

Prinz Wilhelm, seit 1858 Regent für seinen geisteskranken Bruder, ließ denn auch mobilisieren, aber gegen Frankreich. Dies war für Napoleon sehr riskant, dazu kam, daß sowohl er wie Franz Josef, die beide die Schlacht persönlich geleitet hatten, durch den nahen Anblick der Kriegsschrecken tief erschüttert waren; und so gelangten sie in einer Zusammenkunft in Villafranca zu einer Einigung auf der Basis: Abtretung der Lombardei und italienischer Staatenbund, zu dem auch die inzwischen vertriebenen Souveräne von Toskana und Modena und Österreich mit Venetien gehören sollten, unter dem Ehrenvorsitz des Papstes. Diese Abmachungen wurden ein halbes Jahr später im Frieden von Zürich ratifiziert, und der abgesetzte Kaiser Ferdinand sagte in Prag: »So hätt' i's a troffen.«

I mille   Als diese Bestimmungen bekannt wurden, erregten sie in ganz Italien die höchste Erbitterung. Die Plakate, die sie verkündeten, wurden herabgerissen. Cavour nahm seine Entlassung, Toskana, Parma, Modena wurden durch Volksabstimmung mit Sardinien vereinigt. Garibaldi landete mit seinen »Tausend« in Sizilien, eine Zeitlang der berühmteste Mann Europas: das Rothemd, *la camicia rossa,* war damals, auch außerhalb Italiens, Damenmode. Freischaren und königliche Truppen besetzten gemeinsam Neapel und den Kirchenstaat. Noch ehe das Jahr 1860 zu Ende ging, waren alle Provinzen bis auf Venetien und das Patrimonium Petri (die Stadt Rom mit Umgebung) befreit; 1861 nahm Viktor Emanuel den Titel »König von Italien« an und bestimmte Florenz zu seiner Hauptstadt. Napoleon konnte sich diesen Vorgängen nicht gut widersetzen und beschränkte sich darauf, in Verfolgung einer von ihm auch sonst regelmäßig beobachteten Taktik, die Bismarck Trinkgeldpolitik genannt hat, als »Kompensation« Savoyen und Nizza zu annektieren, das Stammland der sardinischen Dynastie und das Geburtsland Garibaldis, was dieser ihm nie verziehen hat, wiewohl die Nizzarden stets frankophil waren und ein italienisches Idiom sprechen, das dem Provenzalischen sehr ähnlich ist.

Obgleich Napoleon hierdurch zwei wunderschöne und strategisch hochwichtige Landstriche für Frankreich gewann, war der Krieg für sein politisches Gesamtsystem doch nur ein halber Erfolg: die Verheißung seines Manifestes »Italien frei bis zur Adria« hatte er nicht erfüllt. Zudem war die Hauptstadt des Landes noch immer in den Händen des Papstes, von französischen Truppen beschützt, was seine Befreierrolle in den Augen der Italiener ebenfalls sehr erheblich schmälern mußte. Immerhin stand das Empire damals an der Spitze Europas, und nicht bloß auf politischem Gebiete. Die unbestrittene Königin der europäischen Mode war die Kaiserin Eugenie: gleich eine ihrer ersten Regierungshandlungen war die allgemeine Einführung der Spitzenmantille, die sie aus ihrer spanischen Heimat mitgebracht hatte. Im Kostüm herrschte ein betont und bewußt plebejischer Charakter. Zur Zeit der Germaneneinfälle wurde es bei den römischen Damen Sitte, große blonde Perücken zu tragen; sie wünschten, den Barbaren, die damals im Mittelpunkt des Interesses standen, im Äußern irgendwie zu gleichen, und frisierten sich sozusagen *alla tedesca.* Etwas Ähnliches hat sich damals in Frankreich vollzogen; nur kam die Invasion nicht von außen, sondern von unten. Die *nouveaux riches* waren in die Salons gedrungen, und diese begannen bereitwillig die Allüren der Eroberer zu akzeptieren. Die Mode beugt sich immer vor den Herrschenden. Die beiden Göttinnen, zu denen das Zeitalter betete, waren die Frau und die Börse. Und der Geist des Geschäfts vermischt sich mit dem Geist der Geschlechtlichkeit: das Geldverdienen wird Gegenstand einer fast sinnlichen Inbrunst und die Liebe eine Geldangelegenheit. Zur Zeit der französischen Romantik war das erotische Ideal die Grisette, die sich verschenkt; jetzt ist es die Lorette, die sich verkauft. Wir sagten vorhin, der Lebensstil sei

Das genre canaille

eine Art bürgerliches Rokoko gewesen: an die Stelle des *genre rocaille* trat das *genre canaille,* ein frecher Einschlag in Kleidung und Sprache, der es fast unmöglich machte, die sogenannten anständigen Frauen von den Dirnen zu unterscheiden. In die Mode kam eine gaminhafte Nuance: die Damen tragen Kragen und Krawatten, Paletots, frackartig geschnittene Röcke (die rehabilitierten Caracos der Wertherzeit), Zuavenjäckchen, Offizierstaillen, Spazierstöcke, Monokel. Man bevorzugt grell kontrastierte, schreiende Farben, auch für die Frisur: feuerrote Haare sind sehr beliebt. Im Rokoko war es *bon ton,* sich als Schäferin zu gerieren, im Zeitalter des Cancans und der »Schönen Helena« wurde es schick, Halbwelt zu kopieren. Der Modetypus ist die *grande dame,* die die Kokotte spielt. Die bevorzugten Stoffe waren, außer Seide und ihren zum Teil neuen Appretierungen wie Taft, Moiré, Gaze, allerhand luftige, zarte, duftige Gewebe wie Krepp, Tüll, Mull, Tarlatan, Organdy: die Bourgeoise spielt Fee. Seit etwa 1860 ist das Haar bürstenartig, *à la vergette* zurückgekämmt; über ihm erhebt sich der falsche Chignon, mit Früchten, Bändern, Kunstblumen, Goldstaub dekoriert; lange, ebenfalls falsche Locken fallen wie Riesenohrgehänge auf den Hals herab; die Krönung des Ganzen bildet das winzige Hütchen mit dem Schleier, der bis zu den Füßen baumelt, eine Zeitlang auch ein Amazonenhut mit wallender Feder, der immer schief sitzen muß. Zu Anfang der fünfziger Jahre erschienen die »Pagodenärmel«, die, bis zum Ellbogen eng, am Unterarm sehr weit und nicht geschlossen waren, und 1856 tauchte der Reifrock in einer neuen, von der Kaiserin erfundenen Form auf, die die Roßhaarwülste durch eingelegte Stahlfedern ersetzte und ihn dadurch sehr leicht machte; er ist mit zahlreichen Volants garniert, die selbst wieder mit Rüschen, Bändern, Spitzen besetzt sind. Zu Anfang der sechziger Jahre war er so enorm weit, daß die Witzblätter behaupteten, die Pariser Straßenerweiterung sei seinetwegen durchgeführt worden, wie er denn überhaupt ein stehendes Objekt der Satire bildete. Friedrich Theodor Vischer wies nach, daß er ein ästhetisches Monstrum sei, natürlich völlig erfolglos. Ganz wie der Hühnerkorb des Rokoko war er überall zu sehen: an Bäuerinnen und Köchinnen, bei Festlichkeiten auch an Kindern und auf der Bühne zu historischen Kostümen; wie seinerzeit die Clairon als Nausikaa im *panier*, so erschien jetzt Christine Hebbel als Kriemhild in der Krinoline. Dieses groteske Kleidungsstück, das während der letzten drei Jahrhunderte dreimal in Europa geherrscht hat, scheint unausrottbar, und es ist gar nicht ausgeschlossen, daß es auch in unserer Zeit wieder emporkommen wird, wenn auch nur als Abendkleid. Es diente im zweiten Empire ebensowenig wie im Rokoko der Verhüllung, vielmehr war es Sache einer ausgebildeten Technik, durch geschickte Wendungen die Dessous zu zeigen; der Cancan erfüllte diesen Zweck in ausschweifender Weise. Nur geschieht hier, was man dort mit graziöser Schlüpfrigkeit tut, mit massiver Fleischlichkeit: das Rokoko *de*gagiert, das Empire *en*gagiert; wie man denn auch durchaus kein Moralist zu sein braucht, um die damalige Sitte der aufdringlichen Busenentblößung bordellhaft zu finden. Als Schmuck waren die Halbedelsteine sehr beliebt, die ja in der Tat oft viel schöner und aparter sind als die echten Juwelen, in jener protzigen Zeit aber hauptsächlich wegen ihrer Größe gewählt wurden. Auch für die Bühnensterne wurde es obligat, möglichst viel Geschmeide zur Schau zu tragen, und Meyerbeers Bauernmädchen Dinorah erschien mit ihrer Ziege in Atlas, Brillanten und Goldkäferstiefeletten. Wenn wirkliche Aristokratinnen wie die Kaiserin Elisabeth einen feineren Geschmack zeigten, indem sie das sogenannte »englische Kostüm« bevorzugten: enganliegenden fußfreien Rock, Bluse und flache Schuhe, so galt dies als extravagant. Das Herrengewand unterschied sich sehr wenig von dem der vorhergegangenen Generation, wie es denn überhaupt

1321

von nun an fast stationär bleibt: auch dies eine Folge des Übergewichts der Bourgeoisie, die an andere Dinge zu denken hat. Es dominiert der philiströse Bratenrock, der plumpe Zugstiefel, der häßliche steife Kragen, der, ebenso wie die Krawatte, eine schmalere Form annimmt. Neben dem Zylinder trägt man den weichen Filzhut und die abscheuliche »Melone«, im Sommer eine läppische runde Strohmütze mit flatternden Samtbändern, die, weil sie an die Kopfbedeckung der Csikós erinnerte, »ungarischer Hut« genannt wurde. Nach dem Sieg der Demokratie wird der Vollbart salonfähig, in Frankreich bringt Napoleon den nach ihm benannten Knebelbart in Mode, auch der »Kaiserbart« wurde, von Franz Joseph, Alexander dem Zweiten und Wilhelm dem Ersten getragen, eifrig kopiert. Die Rasur verschwand fast vollständig, und auf allen männlichen Antlitzen prangte »das äußerliche Symptom der überhandnehmenden Roheit«, wie Schopenhauer es nennt, »dieses Geschlechtsabzeichen, mitten im Gesicht, welches besagt, daß man die Maskulinität, die man mit den Tieren gemein hat, der *Humanität* vorzieht, indem man vor allem ein *Mann, mas,* und erst nächstdem ein *Mensch* sein will.«

Offenbach   Galopp und Cancan, die beiden wildesten Tänze, die es gibt, gelangten, schon früher erfunden, erst jetzt zur vollen Herrschaft und letzten Extremität, während von Wien aus der Walzer durch Lanner und Johann Strauß Vater und Sohn seinen Siegeszug antrat. Über den Cancan schrieb die Pariser Tänzerin Rigolboche, die zu ihrer Zeit eine Weltberühmtheit war: »Man muß in einem bestimmten Augenblick und ohne zu wissen, warum, düster, melancholisch und trübsinnig sein, um mit einem Male wahnsinnig zu werden, zu rasen und zu toben, ja man muß im Notfalle all dies zu gleicher Zeit tun. Man muß, mit einem Wort, rigolbochieren. Der Cancan ist der Wahnsinn der Beine.« Die Menschheit ist von einer wahren Tanzwut ergriffen; auch auf der Bühne dominiert das Ballett, durch schreiende Ausstattungskünste und verwirrenden Massenaufwand zur »Féerie« gesteigert, und drängt sich als breites Zwischenspiel in die Oper. Die ureigentümliche Schöpfung des Zeitalters aber ist die Operette. Dies war ursprünglich die Bezeichnung für das Singspiel des achtzehnten Jahrhunderts: man sprach, im Gegensatz zur *grand opéra*, von »kleinen Opern«, die, in Form und Inhalt anspruchsloser, sich von dieser vor allem durch den Wechsel von Gesang und Dialog unterschieden: es waren im wesentlichen Lustspiele mit Musikeinlagen. Das neue Genre, dessen Begründer Hervé ist, nannte sich, an eine noch ältere Gattung anknüpfend, *opéra bouffe,* während es vom Publikum den charakteristischen Namen *»musiquette«* erhielt. Sein großer Zaubermeister ist Jacques Offenbach, der zuerst mit Einaktern hervortrat (auch das Singspiel war ursprünglich einaktig). 1858 erschien *Orphée aux enfers*, 1864 *La belle Hélène*, 1866 *Barbe-Bleue*, *La vie parisienne*, 1867 *La Grande-Duchesse de Gerolstein*. In diesen Werken, erlesenen Bijous einer komplizierten Luxuskunst, ist, ähnlich wie dies Watteau für das Paris des Rokoko vollbracht hat, der Duft der *ville lumière* zu einer starken haltbaren Essenz destilliert, die aber um vieles beißender, salziger, stechender geriet. Sie sind Persiflagen der Antike, des Mittelalters, der Gegenwart, aber eigentlich immer nur der Gegenwart und im Gegensatz zur Wiener Operette, die erst eine Generation später ihre Herrschaft antrat, gänzlich unkitschig, amoralisch, unsentimental, ohne alle kleinbürgerliche Melodramatik, vielmehr von einer rasanten Skepsis und exhibitionistischen Sensualität, ja geradezu nihilistisch. Daß Offenbach, unbekümmert um psychologische Logik und künstlerische Dynamik, eigentlich nur »Einlagen« bringt, wie ihm oft vorgeworfen worden ist, war ebenfalls nur der Ausfluß eines höchsten, nämlich ästhetischen Zynismus, einer Freigeisterei und Selbstparodie, die sogar die Gesetze der eigenen Kunst verlacht. Daß er aber auch ein tiefes und zartes Herz besaß, würde allein schon die Barkarole seines letzten Werkes beweisen, der *Contes d'Hoffmann*, in denen die deutsche Romantik der Vorlage, durch die Raffinade der Pariser Décadence verkünstelt und veredelt, ein wundersam ergreifendes Lied anstimmt. Hier klagt der Radikalismus des modernen Weltstädters um die verschwundene Liebe: die Frau ist Puppe oder Dirne; die wahrhaft liebt, eine Todgeweihte. Es ist, als ob Offenbach in seinem Abschiedsgesang den Satz aus dem Tagebuch der Goncourts instrumentiert hätte: *»Ah, il faut avoir fait le tour de tout et ne croire à rien. Il n'y a de vrai que la femme.«* Und selbst diese letzte Wahrheit entpuppt sich als trügerisch.

Gounod   Mehr die Fassade des Zeitalters, aber diese sehr ausdrucksvoll, spiegelt der *Faust* von Gounod (in Deutschland richtiger *Margarethe* genannt), der zuerst 1859 im Théâtre lyrique erschien und ein Jahrzehnt später (ein bis dahin unerhörter Fall) in die Große Oper übernommen wurde, von wo er seinen Triumphzug durch Europa antrat. Indem Gounod die erotische Episode aus der Fausttragödie in einer Weise isolierte, die für das deutsche Gefühl grotesk, ja fast obszön erscheinen muß, und sie dabei in einem Maße versüßlichte und sentimentalisierte, wie es nur ein Franzose fertigbringt, hat er eines jener seltenen, in ihrer Art bewundernswerten Werke geschaffen, die man als erstklassigen Schund bezeichnen kann. Er spielt auf einem goldenen Leierkasten, der aber darum doch eine Drehorgel bleibt. Ein Gegenstück zu Offenbach war der Bildhauer Jean Baptiste Carpeaux, der, sinnlich, witzig, pikant, voll glitzernder Vitalität, das Kunststück zuwege brachte, sogar den Marmor moussieren und rigolbochieren zu lassen: sein Antiklassizismus wirkte so aufreizend, daß gegen sein Hauptwerk, die Gruppe des Tanzes an der Fassade der Großen Oper, ein Attentat begangen wurde.

Das   Auf dem Theater brillierte das »Sittenstück«, eine reicher
Sittenstück und greller kolorierte Variante des bürgerlichen Rührstücks,

das, wie wir uns erinnern, im achtzehnten Jahrhundert in Frankreich seine Blüte erlebt hatte. Schon Dumas père hatte in den dreißiger Jahren in vielgespielten Dramen die Heuchelei der Gesellschaft gebrandmarkt und das Recht der Leidenschaft gepredigt: der Held war dämonisch und revolutionär im Stil der französischen Romantik und meist unehelich. Und ein unehelicher Sohn des Dichters, Alexandre Dumas der Jüngere, war es, der es in diesem Genre zur Meisterschaft brachte: als bei seinem ersten Premierenerfolg jemand im Zwischenakt zu Dumas père die taktlose Bemerkung machte: »Da werden Sie wohl auch einiges beigetragen haben«, antwortete dieser: »Die Hauptsache: der Verfasser ist ja von mir.« Auch die Schauspiele des Sohnes behandeln fast immer ein soziales Problem: die *femme entretenue*, die uneheliche Mutter, das *»tue-la«* oder eine »These«: darf die Frau sich rächen?, muß das Mädchen den Fehltritt gestehen?, kann die Gefallene tugendhaft sein? Seine reizenden Nippes sind alle aus Gips, innen vollständig hohl, außen geschmackvoll vergoldet, und zeigen, zumal in den späteren Produkten, zu deutlich die Herkunft aus derselben Fabrik. Ein Konkurrent erwuchs ihm in Émile Augier, der neben vielem andern im Monsieur Poirier, dem ehrgeizigen Parvenü, und in Giboyer, dem käuflichen, aber gegen seine Familie aufopfernden Journalisten, zwei starke Bühnentypen schuf. Er ist auch der Erfinder des Raisonneurs, den Viktor Klemperer in seiner »Geschichte der französischen Literatur« sehr gut als »ein Mittelding zwischen dem antiken Chor, dem klassischen Vertrauten und dem modernen Conférencier« definiert; aber diese neue Figur hat von ihren drei Verwandten nur das Undramatische: vom Chorus das aus dem Rahmen fallende Zum-Publikum-Reden, vom Confident die schicksalslose Schemenhaftigkeit, vom Conférencier, daß sie überhaupt kein Charakter, sondern ein Aphorismenständer ist. Sie hat aber gleichwohl auf der Bühne ein sehr langes Leben geführt, weil das Publikum, das sich mit ihr identifiziert, es immer sehr gern hat, wenn es sich gescheit vorkommen darf. Augier kommt noch deutlicher als Dumas vom Aufklärungsdrama her, er ist ein zugleich plumperer und raffinierterer Diderot, jedoch von diesem darin unterschieden, daß seine Moralistik (obgleich sicher meist unbewußt) verlogen ist: damals war das Bürgertum als Klasse der Zukunft im sittlichen und geistigen Aufstieg, jetzt ist es eine fette schillernde räuberische Sumpforchidee, an der Veredlungs- und Rettungsversuche höchst deplaziert wirken.

Der Comtismus

Das wichtigste geistige Phänomen aber, das in jener Zeit von Paris aus seine Strahlen über ganz Europa ergoß, war der Comtismus oder Positivismus. Er fußt auf der sonderbaren Überzeugung, die Nietzsche in dem Ausspruch, der an der Spitze dieses Kapitels steht, als pathologisch charakterisiert hat: der Annahme, daß es nur eine Welt der Sinne gebe, eine greifbare, atembare, riechbare, schmeckbare Welt, die man besehen, abhören, abtasten, photographieren und neuerdings auch verfilmen kann, kurz: daß die Realität wirklich, ja das einzig Wirkliche sei. Es ist die notwendige und unentrinnbare Weltansicht der Bourgeoisie, welche den Gedanken offenbar nicht ertrug, daß diese Welt, mit der wir täglich operieren, nichts Solides, Kompaktes, Reelles sein solle. Die Supposition des Phänomenalismus, daß der Betrieb, den wir Realität nennen, nichts anderes sei als eine von sämtlichen Aktionären der Unternehmung stillschweigend für bar genommene Fiktion, ein Luftgeschäft sozusagen, war für eine kaufmännisch orientierte Gesellschaft unannehmbar. Sie wurde scheinbar vermieden durch den Positivismus, der mit lauter vollwertigem Material: massiven Tatsachen, evidenten Schlüssen, kompletten Deskriptionen, exakten Experimenten arbeitet. Leider aber hat sich dieser ganze Fonds von Realwerten als bloßes bedrucktes Papier und der Positivismus als das größte Windgeschäft herausgestellt, dem die Menschheit jemals zum Opfer gefallen ist.

Auguste Comte, dessen Wirkung erst nach seinem Tode europäische Dimensionen annahm, war ein vornehmer Geist, in dem die cartesianische Leidenschaft für *clarté* und Architektonik das vorwaltende Pathos bildete. Als Grundprinzip alles Denkens und Lebens gilt ihm die Einschränkung auf das Positive, das durch die Erfahrung Gegebene; seine Orientierung ist daher völlig antimetaphysisch und antireligiös. Erste Ursachen und letzte Zwecke sind unerforschbar; sie gehen daher die Wissenschaft nichts an, deren Aufgabe nicht Erklärung, sondern Beschreibung der Einzeltatsachen ist; beobachtet sie an diesen eine genügend große Anzahl von Gleichförmigkeiten, so ist sie berechtigt, sie zu »Gesetzen« zusammenzufassen. Die Menschheit vollzieht ihre Kulturentwicklung in drei Stadien: auf der ersten Stufe, der religiösen, glaubt sie an Personifikationen der Naturkräfte, und zwar in den aufeinanderfolgenden Formen des Fetischismus, Polytheismus und Monotheismus; auf der zweiten Stufe, der metaphysischen, bekennt sie sich zu abstrakten Prinzipien, die nur ein feinerer Anthropomorphismus sind; auf der dritten Stufe, der positiven, herrscht Wissenschaft. Doch gibt es auch eine Art positivistische Religion, die ihr Glaubensobjekt in der Humanität findet und unter Unsterblichkeit das Fortleben im dankbaren Gedächtnis der Nachwelt versteht. Diese Religion besitzt sogar einen Kultus: nämlich den des *Grand Etre*, das die Menschheit ist, sowie ein moralisches Priestertum und eine Hierarchie von Heiligen: verdienten Männern, denen im positivistischen Kalender je nach dem Rang die großen Feiertage, die kleinen, die Wochentage geweiht sind. Von größerem Interesse als diese etwas schrullenhafte Spielerei ist Comtes Hierarchie der Wissenschaften. Sie ordnet die einzelnen Disziplinen nach dem Grad ihrer Kompliziertheit. Die einfachste Wissenschaft ist die Mathematik, die eine reine Größenlehre ist; dann folgen die Astronomie, die Physik, die Chemie, die Biologie und schließlich die von Comte begründete

Gesellschaftslehre, die er mit einem gräkolateinischen Zwitterwort, das sich aber seither allgemein eingebürgert hat, Soziologie nennt. Die zunehmende Komplikation bedingt auch eine steigende Unsicherheit: es ist weitaus schwieriger, biologische oder soziologische Gesetze aufzustellen als mathematische oder astronomische; und zugleich deckt sich dieser Stufengang mit dem der historischen Entwicklung: daher folgten aufeinander Galilei, Newton, Lavoisier, Cuvier, Comte. Die Soziologie zerfällt in die Statik, die die allgemeinen Bedingungen, und die Dynamik, die die allgemeinen Gesetze, die Entwicklung des Gesellschaftslebens festzustellen hat. Diese zeigt eine fortschreitende Überwindung der animalischen Triebe durch die humanen, der kriegerischen Interessen durch die industriellen, der oligarchischen Regierungsformen durch die demokratischen, der theologischen Weltanschauung durch die wissenschaftliche.

Spencer und Buckle
In enger Verwandtschaft mit dieser Lehre steht die gleichzeitige englische Philosophie. James Mill bezeichnete die Erkenntnistheorie als »*mental chemistry*«, die aus den Elementen, den Empfindungen, deren Verbindungen, die Assoziationen im Geiste nachzukonstruieren habe. Sein Sohn, der berühmte John Stuart Mill, erklärte für die einzige Erkenntnisquelle die Erfahrung, für die einzige fruchtbare Methode die Induktion; jedes allgemeine Urteil sei ein Resümee aus Einzelbeobachtungen, alles Erkennen Generalisieren, das höchste Generalurteil das Kausalgesetz, da es aus allen bisherigen Erfahrungen gezogen sei. Einen höheren Standpunkt nahm Thomas Huxley ein, der sich mit einem von ihm geprägten Wort zur Weltanschauung des »Agnostizismus« bekannte: Wahrheit und Wirklichkeit seien unerkennbar, die Wissenschaft habe es nur mit Phänomenen zu tun. Auch Spencer räumte ein »*unknowable*« oder »Unerkennbares« ein, wozu Ludwig Büchner erbost bemerkte: »Wenn die Furcht oder Scham vor dem Unbekannten

den rohen Urmenschen beherrschte und selbst bis auf den heutigen Tag den wilden oder den ungebildeten Menschen beherrscht, so sollte doch das gleiche nicht bei den Gebildeten oder Kulturmenschen der Fall sein. Fiat lux!« Das Kriterium der Wahrheit ist nach Spencer die Undenkbarkeit des Gegenteils; unsere apriorischen Erkenntnisformen sind von der Gattung allmählich durch Anpassung erworben worden; später trat dazu das Gewissen, als Ergebnis der Gattungserfahrung vom Nützlichen. Das Gesamtgebäude seiner Philosophie, die im wesentlichen ein mit Darwinismus verschnittener Comtismus ist, hat Spencer in einer stattlichen Serie von bewunderungswürdig kenntnisreichen und unerträglich langweiligen Bänden dargestellt, die die Anordnung haben: First Principles, Principles of Biology, Principles of Psychology, Principles of Sociology, Principles of Morality. Der Grundgedanke des »system of synthetic philosophy« besteht in folgendem. Es gibt nichts als Stoff und Bewegung. Diese unterliegen beständig zwei antagonistischen Prozessen: der *evolution* oder *Entwicklung* und der *dissolution* oder *Auflösung.* Evolution ist immer zugleich *Integration* (Zusammenschluß) des Stoffes und *Dissipation* (Ausbreitung) der Bewegung; Dissolution ist identisch mit *Disintegration* (Auseinandertreten) des Stoffes und *Absorption* (Aufsaugung) der Bewegung. Außerdem befindet sich der zerstreute Stoff in einem *homogenen* (gleichartigen), der konzentrierte Stoff in einem *heterogenen* (ungleichartigen) Zustand, Entwicklung ist daher stets *Differenzierung.* Repulsion und Attraktion, die die Körperwelt bewegen, sind ein Ausdruck dieses Gesetzes, das den gesamten Rhythmus des Weltalls beherrscht. Geistiges Leben ist beständige Integration und Differenzierung von Bewußtseinszuständen. Aus diesem ledernen Schematismus, der bei aller gallimathiashaften Kompliziertheit seiner Terminologie doch höchst primitiv ist, spricht die typische Neigung des Engländers, sich die Dinge bedeutend einfacher vorzustellen, als sie sind, in der sich seine eminente praktische Begabung auswirkt; denn nichts ist lebensnützlicher und für die Beherrschung der Welt förderlicher als eine handliche A-b-c-Formel, die alle Widersprüche, Subtilitäten und Abgründe ignoriert.

Eine solche produzierte auch Henry Thomas Buckle in seiner *Geschichte der englischen Zivilisation*, von der in der Einleitung des ersten Buches die Rede war. Das Werk enthält, wie bereits dort erwähnt wurde, noch nicht das eigentliche Thema, sondern bloß ein allgemeines Programm: »Ich hoffe«, sagt Buckle, »für die Geschichte des Menschen dasselbe oder doch etwas Ähnliches zu leisten, wie es anderen Forschern in den Naturwissenschaften gelungen ist. In der Natur sind die scheinbar unregelmäßigsten und widersinnigsten Vorgänge erklärt und mit bestimmten unwandelbaren und allgemeinen Gesetzen in Einklang gebracht worden. Dies ist gelungen, weil Männer von Talent und vor allem von geduldigem und unermüdlichem Geist die Phänomene der Natur mit der Absicht studiert haben, ihr Gesetz zu entdecken; wenn wir nun die Vorgänge der Menschenwelt einer ähnlichen Betrachtung unterwerfen, haben wir alle Aussicht auf einen ähnlichen Erfolg.« Und er gelangte mit Hilfe dieser Methode zu folgenden Resultaten: »1. Der Fortschritt des Menschengeschlechts beruht auf dem Grade, in dem die Gesetzmäßigkeit der Erscheinungen erforscht, und auf dem Umfang, in dem eine Kenntnis dieser Gesetze verbreitet wird. 2. Bevor eine solche Forschung beginnen kann, muß sich ein Geist des Skeptizismus erzeugen, der zuerst die Forschung fördert und dann von ihr gefördert wird. 3. Die Entdeckungen, die auf diese Weise gemacht werden, stärken den Einfluß intellektueller Wahrheiten. 4. Der Hauptfeind dieser Bewegung und folglich der Hauptfeind der Zivilisation ist der bevormundende Geist.« Man sollte es nicht glauben, aber dies ist wirklich der ganze philosophische Inhalt der bei-

1330

den Bände, der dem Autor aber entweder so schwierig oder so paradox erschien, daß er etwa 1400 Seiten Text und über 900 Fußnoten brauchte, um ihn zu erläutern und zu belegen. An diesem schwerfälligen und groben, aber geselligen und gutmütigen Ungetüm von Philosophem ist das Wertvolle der Apparat: er bietet eine sehr geschickt gruppierte, sehr faßlich ausgearbeitete Fülle von Notizen. Es ist ein riesiges Warenhaus von historischen Materialien. Englische und Französische Revolution, Zeitalter Ludwigs des Vierzehnten und Philipps des Zweiten, Island und Irland, Indien und Mexiko, Rechtsgeschichte und Botanik, Wetterkunde und Moralstatistik, Theologie und Prosodie, Nahrungsmittelchemie und Seismographie: alles wird sauber und reichlich zur Schau gestellt, um zu beweisen, daß der Mensch gescheiter wird, wenn er gescheiter wird.

Diese englischen Denker kommen alle von Locke und Hume *Darwin* her, die ihrerseits wiederum in Bacon wurzeln. Ihre bis zur Ermüdung wiederkehrenden Leitmotive sind: Anbetung der »Erfahrung« als einer Art Bibel, in der alle Wahrheiten aufgezeichnet sind, und der »lückenlosen Induktion«, die nichts ist als eine Art feinere Statistik; Ablehnung aller Metaphysik als Truggespinst oder *quantité négligeable*; Erklärung aller anthropologischen Phänomene aus Anpassung und Gewohnheit und aller Moral aus dem wohlverstandenen Egoismus. Hume hat es einmal mit aller wünschenswerten Klarheit ausgedrückt: »Nehmen wir ein beliebiges theologisches oder metaphysisches Werk zur Hand und fragen wir: enthält es irgendeine theoretische Untersuchung über Quantität oder Zahl? Nein. Enthält es irgendeine experimentelle Untersuchung über empirische Tatsachen? Nein. Nun, dann werfe man es ins Feuer, denn dann kann es nur Sophistik und Spiegelfechterei enthalten.« Dies ist die englische Apperzeptionsform; in der zweiten Hälfte des neunzehnten Jahrhunderts aber wurde sie zur Apperzeptionsform Europas, und zwar durch den Darwinismus, der für diesen Zeitraum eine ähnliche Bedeutung hat, wie sie der Nominalismus für sämtliche Jahrhunderte der Neuzeit besitzt: er hat im vollsten Sinne des Wortes die Epoche *gemacht*: umgestaltet, gelenkt, bis in die geheimsten und entlegensten Kanäle ihres Geisteslebens durchdrungen.

Charles Darwin, dem seine Anhänger das stolze Prädikat eines »Kopernikus der organischen Welt« verliehen, ein vortrefflicher Gelehrter und reiner kindlicher Geist, der unermüdlichen Wissensdrang mit der Schlichtheit eines echten Gentleman und der Demut eines wahren Christen zu vereinigen wußte, hat seine Beobachtungen in einem 1859 erschienenen Monumentalwerk niedergelegt, dessen voller Titel lautet: *On the origin of species by means of natural selection; or the preservation to favoured races in the struggle for life*; seine übrigen Werke enthalten nur Erläuterungen, Ausbauten und Supplemente, und eigentlich steht der ganze Grundgedanke schon im Titel des Buches, das ihn bloß durch eine Fülle von Anschauungsstoff belegt. Darwin hat sich in edler Bescheidenheit, die aus weiser Selbstkritik entsprang, niemals für einen Philosophen gehalten, sondern nur für einen Naturforscher, der Tatsachen sammelt und an sie einige vorsichtige Hypothesen knüpft. Seine Vorgänger waren Linné, Cuvier und Lamarck. Linné hatte, wie wir uns erinnern, eine genaue Klassifizierung der Tiere und Pflanzen in Stämme, Arten und Varietäten vorgenommen und den Menschen unter die Säugetiere eingereiht, aber andrerseits erklärt: »Es gibt so viele Spezies, als das unendliche Wesen von Anfang an geschaffen hat.« Cuvier ging schon weiter, indem er zwar noch am Schöpfungsdogma festhielt, aber mehrere Schöpfungen annahm, die, durch regelmäßige Erdkatastrophen bedingt, für jedes geologische Zeitalter eine neue Flora und Fauna hervorbringen. Ihm trat Lamarck entgegen, der in seiner *Philosophie der Zoologie* die Entwicklung der

Tierwelt durch die Verschiedenheit der Lebensbedingungen, in erster Linie aber durch Gebrauch oder Nichtgebrauch der Organe erklärte; eine ähnliche Theorie vertrat Geoffroy de Saint-Hilaire, nur daß er umgekehrt den Faktor des *»monde ambiant«*, der beständig wechselnden Umwelt in den Vordergrund stellte: in dem Streit, den er hierüber 1830 mit Cuvier ausfocht, stand Goethe auf seiner Seite. Aber schon gegen Ende des achtzehnten Jahrhunderts hatte der Großvater Darwins, Erasmus Darwin, in seiner *Zoonomia, or the laws of organic life* Anpassung, Heredität, Erhaltungskampf und Selbstschutz als Prinzipien der Evolution aufgestellt; es scheint also beim Darwinismus selber Vererbung im Spiele gewesen zu sein. Die entscheidende Anregung aber hatte Darwin von einem Autor erhalten, der mit Naturwissenschaft sehr wenig zu schaffen hatte: nämlich von Malthus, der gelehrt hatte, daß das Mißverhältnis zwischen der Zunahme des Nahrungsspielraums und dem Wachstum der Bevölkerung, die sich in geometrischer Progression vervielfältige, während jener sich nur in arithmetischer Progression vergrößere, einen andauernden Kampf ums Dasein bedinge. Übrigens lag der Darwinismus, selber ein Produkt der menschlichen Anpassung an den Zeitgeist, in der Luft: 1858 hatte der Forschungsreisende Alfred Wallace eine Abhandlung verfaßt, deren Gedanken sich bis ins Detail mit denen der *Abstammung der Arten* deckten, Spencer hatte schon in der ersten Hälfte der fünfziger Jahre eine Deszendenztheorie entworfen, und Henry Bates begründete wenige Jahre später die Lehre von der Mimikry. Erst diese Umstände veranlaßten Darwin nach mehr als zwanzigjähriger Vorarbeit zur Veröffentlichung seines Werks, die sonst vielleicht bei seiner außerordentlichen Gewissenhaftigkeit zu seinen Lebzeiten überhaupt nicht stattgefunden hätte.

Die These des Darwinismus besagt, daß die Arten konstant gewordene Varietäten, die Varietäten in Bildung begriffene

Arten sind und die Entstehung neuer Rassen ein Produkt des Kampfes ums Dasein ist, der als eine Art natürlicher Zuchtwahl gewisse Exemplare begünstigt, welchen Vorgang Spencer als Überleben des Passendsten bezeichnet hat. Diese Vorstellungsweise macht die Natur zu einer Einrichtung, in der es *englisch* zugeht, nämlich: erstens *freihändlerisch*, indem die Konkurrenz entscheidet, zweitens *korrekt*, denn nur, was am wenigsten *shocking* ist, das Passendste, überlebt, drittens *liberal*, denn es herrscht »Fortschritt«, und die Nouveautés sind immer zugleich Verbesserungen, viertens aber zugleich *konservativ*, denn der Kampf um den Fortschritt vollzieht sich »organisch«: in langsamen Übergängen und durch Majoritätssiege. Englisch ist auch die naive Gleichsetzung der künstlichen Züchtung mit der natürlichen Auslese, eine Kolonialvorstellung, die die Erde als große Tierfarm und Gemüseanlage konzipiert, und die Unfähigkeit, sich die Vergangenheit als generell verschieden von der Gegenwart zu denken: es muß alles »so ähnlich« wie heute zugegangen sein, zumindest unter Benützung derselben umbildenden Kräfte; in diesem Punkt ist der Darwinismus das biologische Gegenstück zu Lyells Geologie, die alles auf *actual causes,* unmerklich wirksame, noch heute »aktuelle« Ursachen zurückführt: sehr charakteristisch für ein unheroisches Zeitalter der gelehrten Myopie und Mikrophilie, der politischen Tagesanbetung und des weltbeherrschenden Journalismus.

Aus alledem erklärt sich sehr leicht die ungeheure Wirkung der Darwinschen Theorie, wozu noch kommt, daß sie gewissen ästhetischen und logischen Bedürfnissen des menschlichen Geistes schmeichelte, indem sie die kunstreiche Kathedrale einer Hierarchie der Lebewelt aufbaute, von den einzelligen Urtieren, den zusammengesetzten, aber festsitzenden Pflanzentieren, den beweglichen, aber weichen Würmern ansteigend zu den Stachelhäutern, die aber noch keine Gliedmaßen besitzen, den Gliederfüßlern, die noch der Wirbelsäule entbehren, den kiemenatmenden Fischen, den kiemen- und lungenatmenden Lurchen, den bloß lungenatmenden Kriechtieren, den warmblütigen Vögeln, den milchdrüsenführenden Säugetieren, den hand- und vernunftbegabten Primaten und deren Krone, dem Menschen, der bereits die Fähigkeit zum Darwinismus besitzt. Diese dem Auge wie dem Gedanken höchst gefälligen Fiktionen sind zwar pure Begriffsdichtungen, »regulative Ideen«, besitzen aber vermöge ihrer schönen klaren Architektur einen hohen Faszinationsreiz: sie machen die Welt lichtvoller, gegliederter, rhythmischer, komponierter.

Die Aufnahme, die Darwins Werk sogleich nach seinem Erscheinen fand, hat Huxley mit charmantem Humor geschildert: »Jedermann hat es gelesen oder hat wenigstens über seine Verdienste und Mängel ein Urteil abgegeben. Alte Damen beiderlei Geschlechts halten es für ein entschieden gefährliches Buch. Und der echte Publizist ist zu sehr daran gewöhnt, seine Kenntnisse erst aus dem zu kritisierenden Buche zu schöpfen – so wie der Abessinier seine Beefsteaks von dem Ochsen beziehen soll, auf dem er reitet –, als daß er sich durch den bloßen Mangel an Vorbildung von der Beurteilung eines tiefgehenden wissenschaftlichen Werks sollte abhalten lassen.« Indes hat es von allem Anfang an auch nicht an sehr seriösen Naturforschern gefehlt, die dem Darwinismus ihre Anerkennung verweigerten. Dubois-Reymond nannte Haeckels erstes Hauptwerk, die *Generelle Morphologie*, einen schlechten Roman, der nach der Art der Homeriden mit sagenhaften Stammbäumen arbeite, und der hervorragende Schweizer Zoologe Louis Agassiz sagte: »Der Darwinismus ist eine Travestie der Tatsachen.« Der Botaniker Johannes Reinke erklärte in seiner ausgezeichneten *Einleitung in die theoretische Biologie*: »Die Phylogenie der Organismen ist nicht der Geschichte, sondern nur der Prähistorie des Menschengeschlechts an wissenschaftlichem Werte vergleichbar«, und Hans Driesch, ein Hauptvertreter des »Neovitalismus«, dessen philosophische Werke in den letzten Jahrzehnten eine sehr große Verbreitung gefunden haben, behauptete sogar, alle Darwinisten litten an Gehirnerweichung.

Anti-Darwin

In der Tat sind sämtliche Positionen des Darwinismus von mehreren Seiten angreifbar. Was zunächst die Zuchtwahl anlangt, so sind die Produkte der künstlichen Auslese dem *struggle for life* keineswegs besser angepaßt, sogar schlechter. Was die Züchtung erzielt, sind entweder degenerierte Kuriositäten wie zum Beispiel der japanische Goldfisch, der eine vierlappige Schwanzflosse, oder der japanische Phönixhahn, der zwei Meter Schwanzfedern besitzt, oder kampfunfähige Hypertrophien wie die zahlreichen Fettrassen, oder Haustiere, die, wie schon der Name sagt, für das Leben in der freien Natur verdorben sind. Ganz zweifellos würden, einem Konkurrenzkampf überlassen, Haushühner, Hausgänse, Hausenten gegen die wilden Varietäten im Nachteil sein, und dies gilt auch von den Edelprodukten der Domestikation wie Rennpferden, Windhunden, Angorakatzen, Singkanarien, ja von diesen in noch höherem Maße. Die künstliche Selektion ist also als Analogie der natürlichen nicht brauchbar; und auch die sexuelle Zuchtwahl ist ein viel größeres Rätsel, als der Darwinismus annimmt: das Weibchen wählt durchaus nicht immer das schönste und stärkste Exemplar, wie ja auch unter den Menschen die erotische Attraktion eher von dem Gesetz der Polarität bestimmt zu sein scheint, indem schöne Frauen sich sehr oft zu häßlichen Männern hingezogen fühlen und starke Männer häufig schwächliche Frauen bevorzugen. Ferner müßten, wenn die Evolutionstheorie recht hätte, auch heute noch die Arten sich in ständigem Fluß befinden; es müßte sich doch in der von uns kontrollierbaren Zeit ein einziger Fall von produktiver Anpassung ereignet haben. Man hat aber nichts dergleichen beobachtet; es las-

sen sich nur Rückbildungen konstatieren. Der Darwinismus
greift allerdings, ebenso wie der Aktualismus Lyells, zu dem
Hilfsmittel großer Zeiträume; aber es ist merkwürdig, daß die
Paläontologie, die die Vergangenheit der Erde erforscht, zwar
viele heutige Klassen nicht feststellen konnte, aber auch keine
einzige neue Klasse, was doch der Fall sein müßte, wenn die
Spezies aus einander entstanden und die Mittelglieder inzwischen ausgestorben wären. Huxley, einer der frühesten und
energischsten Vorkämpfer des Darwinismus, sagte in einem
Vortrag vom Jahr 1862: »Man kennt zweihundert Pflanzenord-
nungen, unter diesen ist nicht eine, die ausschließlich im fos-
silen Zustande vorkäme. Kein fossiles Tier ist von den jetzt
lebenden so verschieden, daß wir eine ganz neue Klasse bilden
müßten, um es unterzubringen.« Und, was das Wichtigste ist:
alle diese Fossile sind aufs höchste kompliziert und spezialisiert. Sie sind keineswegs einfacher als die heutigen Lebewesen:
zum Teil anders, aber ebenso rätselhaft; und sie sind niemals
unentschiedene Zwitterformen. Man hat allerdings einigen Funden diesen Titel freigebig verliehen. Aber sieht man von dem
armen *amphioxus* ab, einem bedauernswert rückgebildeten
Fischchen, das nach der Lehre des darwinistischen Ahnenkults
der »Stammvater der Wirbeltiere« ist, aber zweifellos ein recht
sonderbarer, nämlich ein Wirbeltier ohne Schädel und Wirbelsäule, so bleibt nur der Stolz der paläontologischen Menagerie,
die *archaeopteryx lithographica,* die als »Urvogel« verehrt wird,
eine Klettertaube mit bezahntem Kiefer und nicht sehr leistungsfähigen Flügeln, aber sehr langem befiedertem »Sau-
rier«-Schwanz, den sie offenbar zum Steuern, vielleicht auch
als Fallschirm benützte, zweifellos ein originelles Federvieh,
aber von einer Eidechse doch noch recht weit entfernt, nichts
weniger als eine Zwischenstufe, vielmehr eine ganz scharf abgegrenzte Architekturform und vermutlich der Repräsentant
einer ganzen Faunagruppe, die vormals eines der Szenenbilder

der Erdgeschichte belebte: sie ist nämlich ganz einfach die »Vogelbesetzung« aus der Flugechsenzeit.

»Die Natur macht keine Sprünge« ist einer der falschesten Sätze, an die jemals geglaubt wurde. Sie macht *nur* Sprünge. Wilhelm Fließ hat an zahllosen Beispielen nachgewiesen, daß im menschlichen Individualleben alle Entwicklungsschübe sich »anfallsweise« vollziehen. Ebenso verhält es sich im Leben unserer Gattung. Entscheidende historische Ereignisse treten immer abrupt, unvermittelt, explosiv auf: die »Vorbereitungen von langer Hand«, die man später hineininterpretiert hat, sind ein müßiges Gesellschaftsspiel tüftelnder Gelehrten. Die Völkerwanderung, der Islam, die deutsche Reformation, die englische, die Französische Revolution waren *plötzlich* da. Wir brauchen nur auf unsere eigene heutige Gegenwart zu blicken, um dieses Gesetz bestätigt zu finden. Mit einem Schlage ist eine neue Zeit angebrochen. Ob sie besser oder schlechter ist als die »gute alte«, wollen wir unerörtert lassen, jedenfalls ist sie völlig anders. Wir haben eine neue Kunstanschauung, eine neue Gesellschaftsform, ein neues Staatsleben, ein neues Weltbild, von denen 1914 nichts auch nur angedeutet war. Die nebulose Lehre von den »differentialen Übergängen« ist ein Dunstbild liberaler Professoren, die von der Undramatik ihres Geistes und Trägheit ihres Stoffwechsels auf das Leben der Natur und Geschichte schließen. Der holländische Botaniker Hugo de Vries hat denn auch bereits zu Anfang unseres Jahrhunderts seine »Mutationstheorie« entwickelt, die an der Hand von Pflanzenexperimenten nachweist, daß alle Variationen »sprungweise« auftreten: ganz spontan, in »Stößen« entstehen auffallende Habitusänderungen, und ebenso, vermutet de Vries, sind die neuen Spezies entstanden.

Der Darwinismus leitet die Arten voneinander ab, unter der stillschweigenden Annahme, daß sie miteinander verwandt seien; das heißt: die Abstammungslehre setzt als unbewiesene Prämisse die Abstammung bereits voraus. Die darwinistische

Auslese trifft auf Individuen von bestimmten schon vorhandenen Fähigkeiten, die sie der Auslese würdig machen; das heißt: die Selektion setzt die Selektion voraus. Die Anpassung formt Wesen, die die Disposition zur Anpassung bereits entwickelt haben: die Anpassung setzt die Anpassung voraus.

Die Tatsächlichkeit der heute vorhandenen Arten steht mit dem Darwinismus in doppeltem Widerspruch, denn sie würde, wenn er wahr wäre, zuwenig und zuviel enthalten. Zuwenig: denn warum gibt es nur scharf getrennte Gruppen, sozusagen, »Spezialfächer«? Wenn alle miteinander verwandt sind, dürften sie durch keine so schroffen, gewissermaßen unduldsamen Klassenunterschiede gegeneinander abgesondert sein. Zuviel: denn warum gibt es noch allenthalben zahllose überlebende Frühformen, sozusagen »Unmoderne«? Wenn die natürliche Auslese wirklich das bestimmende Prinzip wäre, müßten die höherentwickelten Typen längst im Kampf ums Dasein gesiegt und die tieferstehenden verdrängt haben. Beide Fragen beantworten sich damit, daß der abgetane Cuvier vielleicht doch zum Teil recht hat: daß in der Tier- und Pflanzengeschichte, ganz ähnlich wie in der menschlichen, verschiedene Zeitalter einander ablösen, jedes ein besonderer Schöpfungsgedanke, eine Epoche mit eigenem Charakter, Baustil, Kostüm, Lebensrhythmus, alle gleich göttlich, alle unsterblich. Und wie bei der Historie unseres Geschlechts vermögen wir auch hier die einzelnen Tableaux nur bewundernd zu betrachten, ihr geheimnisvolles Kommen und Gehen aber nicht zu erklären.

Es wurde schon im ersten Buche ausgeführt, daß man viel eher von einem Überleben des Unpassendsten reden könnte. Denn der Träger der Entwicklung ist niemals der »normale« Organismus, sondern der pathologisch reizempfindliche, an irgendeinem Punkte krankhaft hypertrophierte. In der menschlichen Geschichte entstehen neue historische Varietäten niemals durch Anpassung, sondern durch Reaktion gegen die bisherigen Lebensbedingungen: wir brauchen uns nur an die Vorgänge zu erinnern, die zur Geburt der Neuzeit führten. Die »Erwerbung neuer Eigenschaften« ist kein physiologischer Prozeß, geschweige denn ein mechanischer, sondern ein *geistiger*. Schopenhauer sagte schon 1835 in seiner Abhandlung *Über den Willen in der Natur*, jedes Organ sei anzusehen als der Ausdruck »einer fixierten Sehnsucht, eines Willensaktes, nicht des Individuums, sondern der Spezies«; zum Beispiel den Willen zum Leben »ergriff die Sehnsucht, auf Bäumen zu leben, an ihren Zweigen zu hängen, von ihren Blättern zu zehren, ohne Kampf mit andern Tieren und ohne je den Boden zu betreten; dieses Sehnen stellt sich, endlose Zeit hindurch, dar in der Gestalt (platonischen Idee) des Faultiers«; »die Lebensweise, die das Tier, um seinen Unterhalt zu finden, führen wollte, war es, die seinen Bau bestimmte... nicht anders, als wie ein Jäger, ehe er ausgeht, sein gesamtes Rüstzeug, Flinte, Schrot, Pulver, Jagdtasche, Hirschfänger und Kleidung, gemäß dem Wilde wählt, welches er erlegen will; er schießt nicht auf die wilde Sau, weil er eine Büchse trägt; sondern er nahm die Büchse und nicht die Vogelflinte, weil er auf wilde Säue ausging; und der Stier stößt nicht, weil er eben Hörner hat; sondern weil er stoßen will, hat er Hörner«. Es ist der Geist, der sich den Körper baut: wir können dies nicht oft genug wiederholen. Sollte der Mensch wirklich vom Affen abstammen, so hat er sich jedenfalls seine menschlichen Eigenschaften nicht dadurch erworben, daß er sich »besser anpaßte«: woran denn?, sondern durch die magische Kraft des Wunsches: die Affen können weder sprechen noch lachen, weil sie offenbar für Dialektik und Humor nichts übrig haben; Mimik und Witz, die ihnen sehr zusagen, beherrschen sie ausgezeichnet.

Der Paulus des Darwinismus In seinen zahllosen Schülern ist der Darwinismus zumeist nur kompromittiert worden, indem die liebenswürdige Miszellensammlung des Meisters von borniserteren und daher aufge-

1340

blaseneren Geistern zu schiefen und hölzernen Systemen ausgebaut wurde. Für viele nur drei Beispiele. Die sogenannte
»Entwicklungsmechanik«, deren Hauptvertreter Wilhelm Roux
ist, läßt nur »Zweckmäßiges« sich behaupten und weiterbilden,
Unzweckmäßiges verkümmern und zugrunde gehen, jedoch
(da Teleologie in der orthodoxen Naturwissenschaft verpönt
ist) aus rein mechanischen, nicht aus zielstrebigen Ursachen.
Das heißt also: Zweckmäßigkeit besteht ohne Zweck. Nach
Nägelis »mechanisch-physiologischer Abstammungslehre« soll
umgekehrt nicht das Darwinsche Nützlichkeitsprinzip, sondern das »Vervollkommnungsprinzip« die Umgestaltung hervorrufen: die Organismen vervollkommnen sich, weil ein dahin
zielendes Prinzip in ihnen wirkt. Dies ist bereits reinste Scholastik und steht kaum höher als die erheiternde Definition des
Martinus Scriblerus, der die Tätigkeit des Bratenwenders durch
dessen »Fleischröstqualität« erklärt. Weismanns Keimplasma-
theorie hinwiederum stellt die Vererbung erworbener Eigenschaften in Abrede. Man fragt sich: woran soll sich denn die
Auslese halten, wenn nicht an die erworbene Eigenschaft, die
sich vererbt? Anpassungen im Darwinschen Sinne können doch
nur durch äußere Reize bewirkt werden, die das Individuum im
Laufe seines Lebens verändernd affizieren; wenn diese Variationen nicht auf das Keimplasma übertragbar sind, so müssen
sie mit dem Tode des Individuums wieder verschwinden. Hier
verfällt nun Weismann auf die absurde Erklärung, daß die Selektion auf den »in der Keimzelle verborgenen Anlagen nützlicher Eigenschaften« beruht: es seien die »schon im Keimplasma potentia enthaltenen nützlichen Abänderungen«, die
die Züchtung verwendet. Wie die Anlagen in die Keimzelle und
gerade in diese Keimzelle hineingekommen sind, bleibt rätselhaft; und die Funktion der Auslese beschränkt sich nach dieser Theorie darauf, daß die Eigenschaften nützlich abgeändert
werden, weil sie schon nützlich abgeändert sind. Mit solchen

leeren Strohhülsen von Tautologien hantiert die »exakte Wissenschaft«, die alle Theologie und Metaphysik für fruchtlose Spitzfindigkeit und Wortmacherei erklärt.

Tatsächlich ist aber auch der Darwinismus, wie wir gesehen haben, eine dialektische Konstruktion, ja eine Art Religion mit sehr ausgebildeter Mythologie und Dogmatik. Ihr Paulus ist Ernst Haeckel gewesen. Aus einer typisch englischen Schrulle und *idée fixe* hatte die typische Zähigkeit und Breiträumigkeit des englischen Denkens ein methodisches Lehrgebäude gemacht. Haeckel war es, der in dieses verwinkelt und eigensinnig angelegte Gebäude eine bezwingend klare, heitere und gefällige Architektur brachte und es zugänglich, licht und fast bewohnbar machte. Wenn Vauvenargues gesagt hat: *»Les grandes pensées viennent du cœur«,* so könnte man im Hinblick auf den Darwinismus sagen: *»Les grandes pensées viennent du cul.«* Die Gedanken der englischen Naturphilosophie sind erschwitzt und ersessen. Für Haeckel hingegen war eine neue Lehre eine heilige Mission, die er mit allen Säften seines starken Herzens speiste, ein Evangelium, das er predigend in alle Welt trug, in jeder Stunde zum Martyrium bereit. Er war auch durchaus kein bloßer Popularisator Darwins, sondern hat dessen Theorie nach neuen Seiten entwickelt, auf neue Gebiete angewendet und in neue Gesetze gefaßt. Und in dem Neuen, das er hinzutrug (und womit Darwin sich zumeist nicht einverstanden erklärte), hat er sich als Dichter gezeigt. So konnte zum Beispiel nur ein Mensch von lebendigem poetischen Sinn das »biogenetische Grundgesetz« aufstellen, welches lehrt, daß jeder Mensch im Mutterleib sämtliche Stadien noch einmal durchmacht, die die Lebewesen während der Jahrmillionen ihrer Stammesgeschichte durchlaufen haben. Gibt es etwas Schöneres und Tröstlicheres als den Gedanken, daß wir alles, was die Erde trägt, für kurze Zeit schon einmal gewesen sind, ehe wir das Licht der Welt erblickten: Urtier, Wurm, Fisch, Lurch,

Säugetier, so daß wir alle atmende Kreatur gewissermaßen in einem kleinen Kompendium in uns tragen, allem vertraut, allem verwandt, ja mit allem identisch, Erben aller Seelenregungen, die je ein irdisches Wesen gefühlt hat, seit auf unserem Stern zum erstenmal der Lebensfunke aufsprühte? Aber nach Haeckel ist ja dieses Leben gar nicht derartig durch irgendein plötzliches Ereignis entstanden, sondern es war im Grunde immer da. Es hat sich nur allmählich immer mehr befreit, immer selbstherrlicher losgerungen bis zu seinem derzeit höchsten Gipfel, dem menschlichen Selbstbewußtsein, schlummert aber in allen Dingen, auch in den scheinbar toten. Auch dies ist der Gedanke eines Dichters. In seinem letzten Werk hat Haeckel nichts Geringeres versucht als den Nachweis, daß selbst die Kristalle, jene erstaunlichen Gebilde, die schon immer durch ihre Schönheit und Regelmäßigkeit die Bewunderung der Menschen erregt haben, so etwas wie eine Seele besitzen, daß sie Nahrung aufnehmen und Sekrete abgeben, daß sich an ihnen ausgesprochene Vergiftungserscheinungen beobachten lassen, daß sie bei einer bestimmten Temperatur lebhafte Bewegungen ausführen, ja daß sogar eine Art Paarung unter ihnen stattfindet. Mit Staunen sahen wir den uralten Kinderglauben der Menschheit, der Wind und Wolke, Fluß und Flamme mit geheimnisvollen Geistern belebt, von der modernsten Forschung bestätigt, und es hatte etwas Ergreifendes, wie der greise Meister in seinem vierundachtzigsten Lebensjahre vor uns hintrat, gleich einem weisen alten Magier mit seinem Zauberstab auch das bisher völlig Totgeglaubte beseelend. Und jedes einzelne der Werke, mit denen er die Welt erfreute, war selber wie ein Kristall anzuschauen: ebenso überschaubar und durchsichtig, scharf gekantet und schön gewinkelt. Nur mit Philosophie hätte er sich nicht befassen sollen. Aber selbst seine monistischen Katechismen, die *Welträtsel*, die *Lebenswunder*, die *Natürliche Schöpfungsgeschichte*, Werke, die sich in allen Händen befanden, haben etwas Rührendes durch die kindliche Naivität, mit der sie glauben, den geheimnisvollen Mechanismus des Daseins wie ein Spielzeug auseinandernehmen und zusammensetzen zu können, und enthalten eine solche Fülle von prachtvoll gegliedertem und wasserhell durchleuchtendem Belehrungsstoff, daß sie wie Kunstwerke wirken, denen man ihre geringe philosophische Qualität verzeiht.

Ignorabimus
Sonst aber waren gerade die hervorragendsten deutschen Naturforscher selbst in jener Zeit durchaus keine Positivisten. Helmholtz vertrat einen an Johannes Müller orientierten Kantianismus. Er scheute sich nicht, in einer Rektoratsrede zu erklären: »Ich sehe nicht, wie man ein System selbst des extremsten subjektiven Idealismus widerlegen könnte, welches das Leben als Traum betrachten wollte. Man könnte es für so unwahrscheinlich, so unbefriedigend wie möglich erklären – ich würde in dieser Beziehung den härtesten Ausdrücken der Verwerfung zustimmen – aber konsequent durchführbar wäre es; und es scheint mir sehr wichtig, dies im Auge zu behalten... Für mehr als eine ausgezeichnet brauchbare und präzise Hypothese können wir die realistische Meinung nicht anerkennen; notwendige Wahrheit dürfen wir ihr nicht zuschreiben... für die Anwendbarkeit des Kausalgesetzes haben wir keine weitere Bürgschaft als seinen Erfolg.« Worauf er von den Büchner-Apachen unter großem Geheul für einen »Finsterling« erklärt wurde. Noch größeren Verdruß erregte Dubois-Reymonds berühmte Rede »Über die Grenzen des Naturerkennens«, die einen dicken Schwanz von polemischer Literatur hinter sich herzog. Er sagte darin unter anderem: »Bewegung kann nur Bewegung erzeugen... die mechanische Ursache geht rein auf in der mechanischen Wirkung. Die neben den materiellen Vorgängen im Gehirn einhergehenden geistigen Vorgänge entbehren also für unseren Verstand des zureichenden Grundes. Sie

stehen außerhalb des Kausalgesetzes, und schon darum sind sie nicht zu verstehen… Es ist eben durchaus und für immer unbegreiflich, daß es einer Anzahl von Kohlenstoff-, Wasserstoff-, Stickstoff-, Sauerstoffatomen nicht sollte gleichgültig sein, wie sie liegen und sich bewegen, wie sie lagen und sich bewegten, wie sie liegen und sich bewegen werden. Es ist in keiner Weise einzusehen, wie aus ihrem Zusammenwirken Bewußtsein entstehen könne… Gegenüber den Rätseln der Körperwelt ist der Naturforscher längst gewöhnt, mit männlicher Entsagung sein ›Ignoramus‹ auszusprechen… Gegenüber dem Rätsel aber, was Materie und Kraft seien und wie sie zu denken vermögen, muß er ein für allemal zu dem viel schwerer abzugebenden Wahrspruch sich entschließen: ›Ignorabimus‹.«

Gustav von Bunge erzählt in seinem *Lehrbuch der Physiologie*, sein Physikprofessor habe die Vorlesungen über Elektrizität mit den Worten eingeleitet: »Die Elektrizität und der Magnetismus sind diejenigen Naturkräfte, mit denen Leute, die nichts von der Elektrizität und dem Magnetismus verstehen, alles erklären können.« Diesem Zustand hat Dubois-Reymond auf seinem Spezialgebiet, der Physiologie, ein Ende bereitet. Er sagte sich: Wenn der menschliche und tierische Körper Elektrizität enthält, so muß diese ebenso genau nachweisbar und meßbar sein wie die Elektrizität in anderen Naturkörpern, und nur soweit sie dies ist, kann sie Gegenstand der Wissenschaft sein. Indem er nun diesen Gedanken in der minutiösesten Weise zur praktischen Ausführung brachte (bei seinen Untersuchungen über die Elektrizität der Muskeln und Nerven bediente er sich eines Multiplikators mit fünftausend Windungen), ist er der erste Physiologe geworden, der die exakten Methoden der Physik auf seine Disziplin übertragen hat: eine Tatsache von großer Tragweite; denn es war hierdurch dem streng-wissenschaftlichen Experiment am menschlichen Körper ein unübersehbares Betätigungsfeld eröffnet. Er hat aber durch seine Versuche gleichzeitig zum ersten Male einwandfrei nachgewiesen, daß die Ahnungen früherer Zeiten von einer allgemeinen Verbreitung elektrischer Kräfte im Tierorganismus eine reale Basis hatten. Es läßt sich in der Geschichte der Naturwissenschaften häufig beobachten, daß eine gewisse Erkenntnis verhältnismäßig sehr früh gefunden, dann aber wieder verlassen wird, bloß aus dem Grunde, weil die *Erklärung* des neuentdeckten Phänomens eine falsche war, während die Tatsache selbst, wie man erst viel später erkennt, vollkommen richtig ist. So ging es auch mit der tierischen Elektrizität. Im dritten Buch wurde erzählt, daß Galvani beobachtete, wie ein frisch präparierter Froschschenkel jedesmal in Zuckungen geriet, wenn in seiner Nähe elektrische Entladungen stattfanden. Er behauptete infolgedessen, der Froschschenkel sei elektrisch. Demgegenüber wies Volta nach, daß der Froschschenkel nur die Rolle eines empfindlichen Elektroskops gespielt habe. Dies war richtig, und doch war auch Galvanis Behauptung richtig, nur hatte er sie falsch begründet. Übrigens hatte schon acht Jahre früher John Walsh die merkwürdige Entdeckung gemacht, daß der Zitterrochen in einem ganz bestimmten Organ Elektrizität erzeugt, daß er damit kräftige Schläge auszuteilen vermag und daß diese sich durch einen Draht weiterleiten lassen. Hier knüpfte Dubois-Reymond an. Er zeigte, daß diese Fischart gegen elektrische Induktionsschläge, die durch das Wasser geleitet werden, immun ist, und wies auch im Muskel des Menschen einen sogenannten »Aktionsstrom« nach; dasselbe gelang ihm bei den Nerven.

Unter dem Eindruck dieser Erfolge wurde Dubois-Reymond zum Hauptbekämpfer des sogenannten Vitalismus, jener Theorie, die alle Lebensvorgänge auf eine bestimmte Kraft, die *vis vitalis,* zurückführt. Seit der Chemiker Dumas den Satz aufgestellt hatte, die wahre Ursache aller Lebenserscheinungen sei in einer *»force hypermécanique«* zu suchen, vertraten fast

1346

alle namhaften Forscher in allerlei individuellen Variationen dieselbe Ansicht. In seinen *Chemischen Briefen*, einem von der ganzen damaligen Welt eifrig gelesenen Buch, sagte Liebig, kein Zuckerteilchen lasse sich künstlich aus seinen Elementen aufbauen, sondern zu seiner Bildung sei eine besondere Lebenskraft nötig. Wenn nun Dubois-Reymond sich auf den Standpunkt stellte, daß es keine vitale Erscheinung gebe, die sich nicht physikalisch erklären lasse (eine Auffassung, die schon Lamarck vertreten hatte, ohne jedoch Schüler zu finden), so ging er damit natürlich viel zu weit; aber er folgte dabei selbst nur einem physikalischen Gesetze, nämlich dem des Gegenstoßes. Die Naturphilosophen hatten mit ihrer mystischen »Lebenskraft« einen solchen Unfug getrieben, daß dieser Rückschlag nur zu begreiflich war. Heute jedoch neigen die meisten Physiologen zu einer vermittelnden Anschauung. Sie ist in dem Resümee enthalten, mit dem Claude Bernard seine klassischen Untersuchungen über das Phänomen des Lebens abschließt: *»l'élément ultime du phénomène est physique, l'arrangement est vital.«* Doch sind auch nicht wenige Forscher zum vollen Vitalismus zurückgekehrt, zum Beispiel Johannes Reinke, der mit Intelligenz begabte »Dominanten« als Urheber der Lebenserscheinungen annimmt, und Karl Ludwig Schleich, der jeder einzelnen Zelle eine Seele zuspricht, auch Bunge stand der mechanistischen Schule völlig skeptisch gegenüber. Und Dubois-Reymond selber war ja, wie wir sahen, ebenfalls Skeptiker: weit davon entfernt, über die letzten Fragen seiner Wissenschaft ein abschließendes Urteil zu fällen, erblickte er in jeder Erkenntnis nur ein neues Problem.

Auch auf anderen Gebieten machte die Naturwissenschaft sowohl praktische wie theoretische Fortschritte. 1868 gelang die synthetische Darstellung des Alizarins, des Farbstoffs der Krapp-Pflanze, in viel reinerer Form, als er aus dieser gewonnen wird. Seit Ende der fünfziger Jahre arbeitete man uner-

Die Spektralanalyse

1347

müdlich an Versuchen, den telegraphischen Funken über das Meer zu tragen, indem man (durch Guttapercha isolierte) Kupferdrähte legte: sie rissen aber immer wieder, und erst 1866 gelang eine dauernde Kabelverbindung zwischen Amerika und England, das nunmehr das überseeische Telegraphennetz nach seinen Kolonien eifrig ausbaute. Auch die Photographie nahm einen großen Aufschwung, zumal seit Erfindung der Trockenplatten, die unter anderem auch der Astronomie zugute kamen, da sie viel zahlreichere Lichteindrücke zu summieren vermögen als das Auge und so die Himmelsphotographie zu einer Art Zeitmikroskopie machen, wodurch es gelungen ist, viele »unsichtbare« Fixsterne, Kometen und Nebelflecke im Lichtbild festzuhalten. Epochemachend aber für die Erforschung der Weltkörper wurde die Spektralanalyse. Wir haben bereits erwähnt, daß Fraunhofer die dunklen Linien im Sonnenspektrum entdeckte, von dem er genaue Zeichnungen anlegte; er wußte auch schon, daß viele Fixsterne andere Spektra ergeben. Im Anschluß hieran gelangten Kirchhoff und Bunsen im Jahre 1860 zu der Methode der sogenannten *Umkehrung des Spektrums*, die darauf beruht, daß jeder Körper gerade jene Strahlen absorbiert, die er selbst aussendet; die Natriumflamme zum Beispiel brennt gelb: schickt man durch sie weißes Licht, das bekanntlich aus sämtlichen Farben zusammengesetzt ist, so erhält man bei der Zerlegung ein kontinuierliches Spektrum, aber an Stelle der gelben Linie eine dunkle. Auf diese Weise läßt sich die chemische Natur sowohl der einfachen wie der zusammengesetzten Gase aus der Zahl und Stellung der Linien bestimmen, und zwar mit großer Genauigkeit: beim Natrium bis zu einem Drittelmillionstel Milligramm; ja noch in demselben Jahre entdeckte Bunsen auf diesem Wege zwei bisher unbekannte Elemente: das Zäsium und das Rubidium, die später noch durch zahlreiche andere vermehrt wurden, während Kirchhoff die Sonnenatmosphäre untersuchte, in der er unter anderem Eisendämpfe konstatierte: eine experimentelle Beglaubigung der bisherigen Vermutungen über den metallischen Charakter dieses Sterns. Ebenso bestätigte sich die Annahme, daß der Mond keine Atmosphäre und kein eigenes Licht besitzt, da er genau dasselbe Spektrum zeigte wie die Sonne, und daß Venus, Mars, Jupiter, Saturn von einer sehr erdähnlichen Lufthülle umgeben sind. Die Fixsterne ergaben unterschiedliche Spektra: zum Teil Linien, die auf erdfremde Bestandteile hinwiesen, und es ist möglich geworden, sie in drei Gruppen zu ordnen: die sogenannten roten Sterne, die gelben Sterne vom Sonnentypus und die weißen Sterne vom Siriustypus, zwischen denen sich zahlreiche Übergänge befinden. Ja es gelang sogar, mit Hilfe der Spektralanalyse die Bewegung der Gestirne zu messen, und zwar auf Grund des Dopplerschen Prinzips, das auf folgender Erwägung beruht: bewegt sich eine Lichtquelle auf den Beobachter zu, so wird in der Zeiteinheit eine höhere Zahl von Schwingungen sein Auge treffen, bewegt sie sich von ihm weg, eine geringere. Ihre Färbung erscheint im ersteren Falle nach Violett, im letzteren Falle nach Rot verschoben, da die violetten Lichtstrahlen die kleinste Wellenlänge, die roten die größte haben.

Im Entdeckungsjahr der Spektralanalyse bewies Pasteur, daß Gärung und Fäulnis, von denen man bisher angenommen hatte, daß sie durch den Luftsauerstoff bewirkt seien, auf Spaltungen beruhen, die von Mikroorganismen hervorgerufen werden. Er versuchte auch das Rätsel der Herkunft des Lebens zu lösen. Auf die Frage, wie es entstehe, hatte Aristoteles, der bekanntlich anderthalb Jahrtausende lang die wissenschaftliche Autorität Europas war, geantwortet: aus nichts, indem er erklärte, daß jeder trockene Körper, der feucht wird, und jeder feuchte Körper, der trocken wird, Tiere erzeuge. Nach seiner Ansicht kommen die Blumenfliegen aus dem Blütentau, die holzbohrenden Insekten aus dem Holz, die Eingeweidewür-

Die Entstehung des Lebens

mer aus dem Darminhalt. Die antike Poesie hat diese Anschauung übernommen: Virgil schildert in den *Georgica*, wie sich Larven aus faulendem Fleisch bilden. Auch die Humanisten der Reformationszeit, die mit so vielen Vorurteilen der Vergangenheit brachen, haben in diesem Punkt sehr wenig reformiert: noch van Helmont, einer der bedeutendsten Naturforscher des siebzehnten Jahrhunderts, behauptete, daß in einem Gefäß, das Mehl und ein schmutziges Hemd enthält, Mäuse entstünden. Andere gaben Anweisungen, wie man Frösche aus dem Schlamm der Sümpfe und Aale aus dem Wasser der Flüsse erzeugen könne. Man bezeichnete diesen Vorgang, durch den Leben angeblich ganz spontan entstehen sollte, als Urzeugung. Aber in der zweiten Hälfte des Jahrhunderts lieferte der italienische Akademiker Redi den Nachweis, daß die Maden des faulenden Fleisches von Eiern herrühren, die die Fliegen darin niederlegen. Er bediente sich dazu eines sehr einfachen Mittels: er umgab das Fleisch mit einer feinen Gaze, und es blieb madenfrei. Allmählich erkannte man denn auch allgemein, daß man bei allen derartigen Fällen die Ursache mit der Wirkung verwechselt hatte: wenn sich in einem verdorbenen Apfel Würmer befanden, so hatte nicht die Fäulnis den Wurm, sondern der Wurm die Fäulnis erzeugt. Als jedoch nach der Erfindung des Mikroskops die Tatsache entdeckt wurde, daß sich in jeder Infusion (so nannte man einen Aufguß von Wasser auf organische Substanz) in sehr kurzer Zeit zahllose kleine Lebewesen entwickeln, tauchte die Lehre von der Urzeugung abermals auf; selbst ein Mann von so außerordentlichem wissenschaftlichen Genie wie Buffon stellte sich auf ihre Seite. Um sie zu widerlegen, brachte der Abbé Spallanzani Pflanzenaufgüsse in einen Glaskolben, versiegelte ihn und tat ihn in kochendes Wasser. Dann ließ er ihn monatelang liegen, und als er ihn öffnete, fand sich in ihm keine Spur von Leben. Hiermit schien der Beweis erbracht, daß die Infusorien aus der Luft stammen, denn offenbar war durch das Kochen das Leben der vorhandenen Keime vernichtet und durch den Luftabschluß der Zutritt neuer verhindert worden. Gegen diese Argumentation machte jedoch Gay-Lussac den Einwand, daß sich in dem Kolben fast gar keine Luft befunden habe; den Infusorien habe es daher an Sauerstoff gefehlt, und dies sei der Grund, der ihre spontane Entwicklung verhindert habe. Während der ganzen ersten Hälfte des neunzehnten Jahrhunderts glaubte noch die Mehrzahl der Naturforscher an die Urzeugung, und noch im Jahre 1859 ließ Pouchet, der Direktor des Museums für Naturkunde in Rouen, ein Werk über diesen Gegenstand erscheinen, das mit den Worten beginnt: »Es ist mir durch Nachdenken und Experiment vollkommen klargeworden, daß die Urzeugung eines der Mittel bildet, die die Natur für die Hervorbringung neuer Lebewesen anwendet.« Selbst die vorurteilslosesten Gelehrten waren zumindest der Ansicht, daß das Problem unlösbar sei, und als Pasteur seine Absicht kundgab, sich damit zu befassen, sagte ihm sein Lehrer, der berühmte Chemiker Dumas: *»Je ne conseillerais à personne de rester trop longtemps à ce sujet.«* Trotzdem gelang es Pasteur, durch eine Reihe höchst sinnreicher Experimente die Herkunft der Infusorienkeime aus der Luft vollkommen evident zu machen, und seitdem bezweifelt kein Mensch mehr, daß sie auf ganz ähnliche Weise zur Welt kommen wie alle übrigen Organismen.

Aber damit ist das Problem keineswegs aus der Welt geschafft. Denn es bleibt die Frage zurück: wie sind die *ersten* Lebewesen auf der Erde entstanden? Eine ganze Reihe namhafter Forscher antwortete hierauf: durch Urzeugung, die irgendwann einmal stattgefunden hat. Die Meinungen hierüber stehen sich nach wie vor schroff gegenüber. Während Pasteur das Ergebnis seiner Untersuchungen in den Satz zusammenfaßte: »die Urzeugung ist eine Fabel«, erklärte Professor Nägeli: »Die Urzeugung leugnen heißt das Wunder verkünden.« Dubois-

Reymond sagte: »Das erste Erscheinen lebender Wesen auf der Erde ist nur ein überaus schwieriges mechanisches Problem.«

Wie die Lösung dieses Problems zu denken sei, hat der Physiologe Eduard Pflüger im genaueren dargelegt. Pflüger unterscheidet zwischen dem lebendigen Eiweiß, aus dem sich bekanntlich alle organische Materie aufbaut, und dem toten Eiweiß. Das Charakteristikum des lebenden Eiweißes besteht nach seiner Ansicht in dem Zyan (CN), einem Körper, der, aus einem Atom Kohlenstoff und einem Atom Stickstoff bestehend, nicht frei, sondern nur in Zusammensetzungen vorkommt, jedermann bekannt in seiner Verbindung mit Kalium als Zyankali. Nun ist es von besonderer Bedeutung, daß alle Zyanverbindungen, die man künstlich im Laboratorium herstellen kann, nur bei Glühhitze vor sich gehen, also unter jener Temperatur, die auch unser Erdball einmal besessen hat. »Das Leben«, sagt Pflüger, »entstammt also dem Feuer.« Während der unermeßlich langen Zeiträume, in denen sich die Abkühlung der Erdoberfläche vollzog, hatte das Zyan reichlich Gelegenheit, seine große Neigung zur Bildung von Polymerien (Atomverkettungen) zu betätigen und unter Mitwirkung des Sauerstoffs, des Wassers und der Salze in jenes Eiweiß überzugehen, das die lebendige Materie bildete. Man wird einräumen müssen, daß durch diese Theorie zumindest eine schwierige Frage gelöst wird: wie nämlich Leben zu einer Zeit möglich war, wo ganz entgegengesetzte Bedingungen herrschten als heutzutage. Es ist nämlich immer und überall möglich, und höchst kindisch ist es, wenn die Astronomen apodiktisch die Unbewohnbarkeit der meisten anderen Weltkörper behaupten, bloß weil sie vermuten, daß sie sich dort unbehaglich fühlen würden.

Über die weiteren Schicksale jener glühenden Zyanverbindungen hat Haeckel das Nähere ausgeführt. Nach seiner Hypothese formten sich zunächst größere Molekülgruppen, diese strebten wieder zu umfangreicheren Aggregaten zusammen und bildeten homogene Plasmakörper. Die Plasmakörper verdichteten sich zu Plasmakugeln, und in diesen vollzog sich entweder durch Oberflächenspannung oder durch chemische Ursachen die Differenzierung in eine Rindenschicht und einen Zentralkörper, womit das erste zellenähnliche Wesen entstand. Die Annahmen über die weitere Entwicklung führen auf Darwin, der aber, wie wir nicht unerwähnt lassen wollen, es ausdrücklich abgelehnt hat, über die Frage des Lebensursprungs irgend etwas Bestimmtes zu äußern.

Indessen haben auch sehr hervorragende Naturforscher sich gegen die Urzeugung ausgesprochen, zum Beispiel Helmholtz, der erklärte, organische und anorganische Materie seien beide gleich ewig, und Fechner, der sogar die Hypothese aufstellte, das Organische sei älter als das Anorganische. Und neuerdings hat der ausgezeichnete schwedische Astronom Svante Arrhenius eine Theorie entwickelt, die unter dem Namen »Panspermie« bekannt ist und sich ebenfalls gegen die Urzeugung richtet. Nach dieser sind im ganzen Weltall Lebenssamen verstreut, die in den unendlichen Räumen umherschwirren, bis sie auf einen Weltkörper treffen, der ihnen die Bedingungen zur Weiterentwicklung bietet. Arrhenius denkt sich diese Organismen so klein, daß der Strahlungsdruck der Sonne genügt, um sie in den Raum hinauszutreiben. Allerdings ist damit die Frage nach der Entstehung des Lebens bloß von der Erde in den Kosmos verlegt. Die einzig richtige Stellungnahme zu diesem Problem dürfte wohl in dem jüngsten Werk des hervorragenden Paläontologen Edgar Dacqué angegeben sein: »Jeder ernstere, nicht äußerliche und oberflächliche Beantwortungsversuch muß in die Metaphysik führen.«

Die Zellentheorie wurde von Ernst Brücke, einem Schüler Johannes Müllers, weitergebildet, der erklärte: »Ich nenne die Zellen Elementarorganismen in dem Sinne, wie wir die Körper, die bis jetzt chemisch nicht zerlegt worden sind, Elemente nen-

Zellular-pathologie und Psychophysik

nen«, jedoch vorsichtig hinzufügte: »Sowenig die Unzerlegbarkeit der Elemente bewiesen ist, so wenig können wir die Möglichkeit in Abrede stellen, daß nicht vielleicht die Zellen selbst noch wiederum aus anderen, noch kleineren Organismen zusammengesetzt sind, welche zu ihnen in einem ähnlichen Verhältnis stehen wie die Zellen selbst zum Gesamtorganismus; aber wir haben bis jetzt keinen Grund, dies anzunehmen.« Er betrachtete die Zelle als einen »kleinen Tierleib« und stellte fest, daß der Zellinhalt einen »höchst kunstvollen Bau« besitzt. Über dessen Aggregatzustand sagt er: »Wenn man uns fragt, ob wir, die wir den Zellinhalt nicht als Flüssigkeit anerkennen, etwa glauben, daß er fest sei, so antworten wir: nein. Und wenn wir gefragt werden, ob er denn flüssig sei, so antworten wir wieder: nein. Die Bezeichnungen fest und flüssig, wie sie in der Physik Geltung haben, finden auf die Gebilde, mit denen wir es hier zu tun haben, eben keine Anwendung.« Genaugenommen kann man nach diesen Konstatierungen von Zellen als letzten Elementen nicht mehr sprechen; gleichwohl hat sich die Zellentheorie als eine sehr fruchtbare Arbeitshypothese erwiesen. Den glänzendsten Beleg hierfür erbrachte die 1858 von Rudolf Virchow begründete Zellularpathologie. Ihm erscheint jedes Tier als »eine Summe vitaler Einheiten, von denen jede den vollen Charakter des Lebens an sich trägt«, »eine Art von gesellschaftlicher Einrichtung, ein Organismus sozialer Art, wo eine Masse von einzelnen Existenzen aufeinander angewiesen ist«: »So ist es denn gewiß keine unbillige Forderung, daß dem größeren, wirklich existierenden Teile des Körpers, dem ›dritten Stande‹ auch eine gewisse Anerkennung werde und, wenn diese Anerkennung zugestanden wird, daß man sich nicht mehr mit der bloßen Ansicht der Nerven als ganzer Teile, als eines zusammenhängenden einfachen Apparates, oder des Blutes als eines bloß flüssigen Stoffes begnüge, sondern daß man auch innerhalb des Blutes und des Nervenapparates die unge-

heure Masse kleiner wirksamer Zentren zulasse«; »auf alle Fälle
scheint es mir notwendig zu sein, dieser spezifischen Aktion
der Elemente, gegenüber der spezifischen Aktion der Gefäße,
eine überwiegende Bedeutung beizulegen und das Studium der
lokalen Prozesse seinem wesentlichen Teile nach auf die Erforschung dieser Art von Vorgängen zu richten.« Diese demokratische Physiologie hat, indem sie die Aufmerksamkeit sozusagen auf die einzelnen »Lokalverbände« und »Gewerkschaften«
lenkte, die das Leben des Gesamtorganismus entscheidend bestimmen, eine völlige Neuorientierung der medizinischen Wissenschaft und sehr wohltätige Ergebnisse gezeitigt, obgleich
sie, wie jedes neue Dogma, zu Einseitigkeiten führte, indem sie
vergaß, daß der menschliche Organismus andrerseits auch wieder streng monarchisch und hierarchisch organisiert ist.

Die beiden bedeutendsten Errungenschaften, die damals auf
dem Gebiete der praktischen Medizin gemacht wurden, sind
der Augenspiegel und die Antisepsis. Über den ersteren sagte
sein Erfinder Helmholtz: »Er erforderte weiter keine Kenntnisse, als was ich auf dem Gymnasium von Optik gelernt hatte,
so daß es mir jetzt lächerlich vorkommt, wie andere Leute und
ich selbst so vernagelt sein konnten, ihn nicht früher zu finden.
Es handelt sich nämlich um eine Kombination von Gläsern, die
es ermöglicht, den dunklen Hintergrund des Auges zu beleuchten und gleichzeitig alle Einzelheiten der Netzhaut genau
zu sehen, sogar genauer, als man die äußeren Teile des Auges
ohne Vergrößerung sieht, weil die durchsichtigen Teile des Auges dabei die Stelle einer Lupe von zwanzigmaliger Vergrößerung vertreten.« Die Antisepsis war eine unmittelbare Folge
der Pasteurschen Entdeckung der Fäulniserreger. Der englische Chirurg Joseph Lister schloß daraus, daß das wichtigste
Erfordernis für eine erfolgreiche Wundbehandlung die sorgfältige Desinfektion sei. Zu diesem Zweck umgab er das gesamte
Operationsfeld mit einem Karbolnebel, wofür er einen beson-

deren Zerstäubungsapparat, den »Karbolspray«, verfertigt hatte. In kürzester Zeit fand das »Listern« allgemeine Verbreitung und nahm zahlreichen Operationen ihre bisherige Lebensgefährlichkeit.

In jene Zeit fällt auch die Entstehung einer neuen naturwissenschaftlichen Disziplin, der experimentellen Psychologie. Ihr Begründer ist Ernst Heinrich Weber, der als erster exakte Untersuchungen über die Unterschiedsempfindlichkeit der Körperoberfläche für benachbarte Tasteindrücke anstellte und zu der absteigenden Stufenordnung gelangte: Zungenspitze, Lippen, Fingerspitzen, Handfläche, Handrücken, Arme, Schenkel, Rumpf. Er maß auch Druck- und Temperaturdifferenzen und kam zu folgendem generellen Resultat: je größer ein Reiz ist, um so größer muß auch seine Veränderung sein, um als solche empfunden zu werden. Hebt man zum Beispiel ein Gewicht von 40 Gramm und dann eines von 41 Gramm, so kann man den Unterschied gerade noch konstatieren. Bei 400 Gramm sind 10, bei 800 Gramm 20 Gramm erforderlich, um den Zuwachs merklich zu machen. Das Verhältnis zwischen dem Reiz und seinem spürbaren Zuwachs ist also in allen Fällen eine unveränderliche Größe, eine Konstante, was sich, wenn man mit β einen beliebigen Reiz, mit $d\beta$ den Zuwachs bezeichnet, in der Formel ausdrücken läßt $d\beta : \beta = constans$. Einen weiteren Ausbau erfuhren diese Untersuchungen durch Gustav Theodor Fechner, der auch auf anderen Gebieten ein origineller Philosoph war: er erforschte das Seelenleben der Pflanzen und betrachtete die Gestirne als bewußte Wesen, Zwischenstufen zwischen Gott und Mensch. In seinem Fundamentalwerk, den *Elementen der Psychophysik*, stellte er das Gesetz vom Schwellenwert der Empfindung auf, welches besagt, daß jeder Reiz erst bewußt wird, wenn er erstens eine gewisse Stärke besitzt, durch die er die *Empfindungsschwelle* überschreitet, und zweitens sich von anderen Reizen genügend unterscheidet, die *Un-*

terschiedsschwelle passiert hat. Das Webersche Gesetz formulierte er folgendermaßen: die Intensitäten der Empfindungen bilden eine arithmetische, die Intensitäten der Reize eine geometrische Reihe, oder mit anderen Worten: die Empfindungsintensitäten steigen in demselben Verhältnis wie die Logarithmen der Reizintensitäten; die Empfindung ist proportional dem Logarithmus des Reizes, wenn der Schwellenwert als Einheit betrachtet wird. Diese Formel ergänzte Helmholtz durch die wichtige Berichtigung, daß bei sehr heftigem Reiz eine obere Grenze erreicht wird, über die hinaus er nicht mehr wächst.

Der Marchese Corti entdeckte in der »Schnecke« zahllose mikroskopisch kleine Plättchen, die mit den Fasern der Hörnerven in Verbindung stehen: wie das Auge eine photographische Kamera ist, so ist das Ohr ganz ähnlich konstruiert wie ein Klavier. Hierauf baute Helmholtz seine *Lehre von den Tonempfindungen*, deren Grundgedanke darin besteht, daß wir niemals einfache Töne vernehmen, sondern Akkorde mit dominierendem Grundton: durch die mitschwingenden Obertöne entsteht das, was wir Klangfarbe nennen. Er knüpfte hieran eine ausführliche physiologische Psychologie der Tonarten, der ästhetischen Gesetze der Harmonie, der verschiedenen historisch und ethnographisch bedingten Musiksysteme und schuf damit die tiefste und umfassendste Darstellung, die dieser Gegenstand jemals gefunden hat. Eine Art experimenteller Psychologie war auch Brehms *Tierleben*, dessen sechs Bände zwischen 1864 und 1869 erschienen, ein Werk von solcher Geduld und Genauigkeit, Liebe und Vollständigkeit, wie es nur ein Deutscher vollbringen konnte. Ergänzungen zum Darwinismus lieferten Ewald Hering durch seine Theorie des Gedächtnisses, in dem er ein vererbbares Urvermögen aller organisierten Materie und die Hauptursache für die Entstehung der Instinkte erblickte, und Pfarrer Mendel durch seine Pflanzenkreuzungsexperimente, auf Grund deren er zu ganz bestimmten Regeln für die Übertragung, Verdrängung und Mischung der Ahnenmerkmale gelangte.

Die Milieutheorie Eine literarische Macht wurde der Darwinismus durch Hippolyte Taine. Er debütierte mit geistvollen Abhandlungen über Lafontaine und Livius, die seine neue Methode bereits ziemlich deutlich ankündigten, und einem Buch über die französischen Philosophen des neunzehnten Jahrhunderts, das mit facettenreicher Satire gegen den herrschenden spiritualistischen Eklektizismus und dessen Führer Victor Cousin kämpfte. 1863 erschien seine *Histoire de la littérature anglaise* in drei Bänden, dazu ein Jahr später der Schlußband *Les contemporains*; keine Literaturgeschichte im landläufigen Sinne, vielmehr eine Psychologie der englischen Rasse, exemplifiziert an prachtvoll kolorierten Porträts ihrer großen Dichter und Schriftsteller. 1864 wurde er zum Professor der Ästhetik an der École des Beaux-Arts ernannt; der Extrakt seiner dort gehaltenen Vorträge ist seine *Philosophie de l'art*, ein Programmwerk über Entstehung, Wesen und Wertung der großen Kunstepochen, belegt und belebt durch hinreißende Rundgemälde der griechischen, italienischen und niederländischen Kultur. In seiner *Pyrenäenreise* und seinen *Briefen über England* gab er originelle und sprühende Charakteristiken des Volks und Landes: er ist aber eigentlich in allen seinen Werken in erster Linie ein genialer Reiseschilderer gewesen. 1875 erschien der erste Band seiner *Les Origines de la France contemporaine, L'ancien régime*, dem weitere Bände über die Revolution und Napoleon folgten. Er sagt darin im Vorwort: »Um zu erfahren, was das moderne Frankreich ist, muß man wissen, wie es entstanden ist. Am Ende des vorigen Jahrhunderts machte es eine Metamorphose durch, gleich einem sich häutenden Insekt… Diese drei Stadien, altes Regime, Revolution, modernes Regime, werde ich als historischer Anatom genau zu schildern versuchen. Einen anderen Zweck verfolge ich nicht. Ich behandle meinen Gegenstand, wie der Naturforscher ein Insekt behandeln würde.« Sein Vorbild, das er aber an Zauberkraft der historischen Wiederbelebung noch weit übertraf, war der ausgezeichnete Alexis de Tocqueville, der in seinem 1856 erschienenen Werk *L'ancien régime et la révolution* mit bewundernswertem sozialpsychologischen Urteil und hellsichtiger Anschauungsfülle zum erstenmal eine Ätiologie und Diagnostik der Französischen Revolution zu geben versuchte: »Ich habe«, sagte er, »nicht allein nach dem Übel forschen wollen, an dem der Kranke starb, sondern auch nach dem Mittel, das ihn vom Tode hätte erretten können. Ich machte es wie jene Ärzte, die im ausgelebten Organ die Gesetze des Lebens zu erspähen suchen. Mein Zweck war es, ein Bild zu entwerfen, das treu wäre und zugleich lehrreich sein könnte.« Dies ist das Gemeinsame zwischen Tocqueville und Taine: sie verfolgen beide didaktische Absichten, aber nicht mit den Hilfsmitteln der Rhetorik, sondern der Biologie und einer Art Seelenchemie: »Wenn man«, sagt Taine, »bei der psychologischen Analyse sich bemüht, die Bestandteile jedes Gebietes zu erkennen, wird man entdecken, daß sich in den einzelnen Retorten Elemente zusammenfinden, die einander ähnlich sind ... Die Naturforscher haben beobachtet, daß die verschiedenen Organe eines Tieres voneinander abhängen. In ähnlicher Weise können die Historiker feststellen, daß die verschiedenen Anlagen und Neigungen eines Individuums, einer Rasse, einer Epoche miteinander korrespondieren ... Die Naturforscher zeigen, daß in einer bestimmten Gruppe des Tierreichs sich derselbe Organisationsplan bei allen Arten wiederfindet: daß die Tatze des Hundes, der Fuß des Pferdes, der Flügel der Fledermaus, der Arm des Menschen, die Flosse des Walfisches dasselbe anatomische Glied ist, das durch gewisse Veränderungen den verschiedensten Aufgaben angepaßt ist. Durch eine ähnliche Methode können die

Historiker nachweisen, daß in derselben Schule, in demselben Jahrhundert, in demselben Volk Personen, die im Hinblick auf ihre Lage, ihre Abstammung, ihre Erziehung, ihren Charakter einander entgegengesetzt sind, alle einen gemeinsamen Typus aufzeigen, einen Kern von ursprünglichen Fähigkeiten und Anlagen, die, auf die verschiedenfachste Weise verkürzt, verbunden, gesteigert, die Gesamtheit der Gruppe in ihrer Vielartigkeit verkörpern«; »niemand macht dem Reiher seine langen zerbrechlichen Beine, seinen mageren Leib, seine beschauliche unbewegliche Haltung zum Vorwurf, niemand tadelt am Fregattenvogel die riesigen Flügel, die verkümmerten Füße: am Reiher ist die Magerkeit, am Fregattenvogel der Mangel an Ebenmaß eine Schönheit. Das eine wie das andere Merkmal offenbart eine Idee der Natur, und Aufgabe des Naturforschers ist es, sie zu verstehen, nicht zu verspotten. Er billigt ihre verschiedenen Formen, verwirft keine von ihnen und beschreibt sie alle.« Aus vier algebraischen Größen, einer ethnographischen, einer soziologischen, einer historischen und einer biologischen: der »race«, dem »milieu«, dem »moment« und der »faculté maîtresse« komponiert Taine seine kulturpsychologischen Gleichungen. »Laster und Tugend sind Produkte wie Vitriol und Zucker«, lautet der berühmte Satz aus der Vorrede zur »Littérature anglaise«, der in Frankreich so große Empörung hervorrief, obgleich höchst unberechtigt, da er nur das gallische Glaubensbekenntnis formuliert. In der Tat bezeichnet Taine einen der höchsten geistigen Triumphe der Rasse, deren *faculté maîtresse* der Cartesianismus ist; hier entsteht das ganze Versailles der Philosophie in seiner kalten Pracht noch einmal: der Geist der sezierenden Analyse und der konstruierenden Architektur, dessen haarscharf gehandhabte Instrumente das Skalpell des Logikers und der Zirkel des Geometers sind. Und noch aus einem anderen Grunde konnte die Milieutheorie nur in Frankreich geboren werden: nur dort gibt es eine so übermächtige soziale Umwelt, die diese Lehre bis zu einem gewissen Grade rechtfertigt. Leopold Ziegler sagt in einem vortrefflichen Essay: »Die konventionelle Auffassung gewisser Tatsachen der Wirklichkeit durch die Franzosen tritt in ihrer Gegensätzlichkeit zu unserer deutschen Eigenheit scharf hervor… Diese angeborene Begabung für alle Wirklichkeit, wofern sie konventioneller Herkunft ist, scheint allmählich den Blick geschärft zu haben für das Phänomen der Vergesellschaftung im erweiterten Begriff, nämlich für alles, was Personen und Dinge aneinander bindet, was für sie Lebensgrund und Bedingung ihrer Gemeinschaftlichkeit ist.« Im Grunde fließt auch dies wieder aus dem cartesianischen Rationalismus: wir brauchen uns nur zu erinnern, wie sehr Descartes sowohl in seiner Philosophie als in seinem Privatleben Kirche, Staat, Gesellschaft stets als übergeordnete Mächte respektiert hat. In Frankreich hat immer der Glaube oder Aberglaube an die Gleichförmigkeit der Menschen, ihre Herkunft aus demselben Prägewerk das Lebensgefühl bestimmt: hierin waren sich Richelieu und Robespierre, Racine und Rousseau vollkommen einig. Dieser stillschweigende innere Konsensus einer ganzen menschlichen Spielart ist es aber andrerseits auch gewesen, der sie zu solchen kulturellen Höchstleistungen befähigte; der Franzose trägt sein Leben lang eine Uniform, aber eine sehr glänzende.

Hatte der Darwinismus die Natur des Geistes entkleidet, so tat Taine den unvermeidlichen zweiten Schritt: er machte den Geist zum Naturphänomen, die Moral zur Physik. Die Entstehung einer Nation, einer Kultur, einer Kunstschöpfung, eines Genies ist nichts als ein verwickeltes Problem des mechanischen oder geometrischen Kalküls. Kennt man die Werkstücke, so kann man den Apparat nachkonstruieren; kennt man die Gleichung, so kann man die Figur aufzeichnen. Bei jedem anderen wäre dieses gespenstische Schema ein dürres düsteres

Schultafeltheorem geblieben. Aber unter Taines Händen füllte es sich mit Fleisch und Blut, Saft und Sonne, Farbe und Glanz. Er ist nicht nur der Philosoph des literarischen Impressionismus, sondern auch einer seiner vollendetsten schriftstellerischen Vertreter, indem sich in ihm der nur in Frankreich mögliche Fall ereignete, daß ein doktrinärer pedantischer Gelehrter zugleich einer der anschauungsgewaltigsten Menschengestalter und Sprachzauberer war. Es zeigte sich an ihm wieder einmal, daß es in der Kunst niemals auf die Stichhaltigkeit ankommt, sondern immer nur auf die Kraft der Vision. Mit seinen vier rostigen Schlüsseln öffnete er dem staunenden Betrachter imaginäre Bildersäle von einem feenhaften Glanz, der jeden Zweifel verstummen ließ.

Flaubert   Seine dichterische Methode war, wie gesagt, die impressionistische: die kunstvolle Komposition der zahllosen, mit größter Sehschärfe und Farbenempfindlichkeit aufgefaßten *»petits faits significatifs«*. Es war dieselbe, die Flaubert handhabte. Dieser kommt eigentlich noch von der Romantik her: sein kosmisches Grundgefühl ist das *»désenchantement de la vie«*, nur zum Atheismus der alleinigen Anbetung der *petits faits* gefroren. Sein finsteres Grundthema ist die menschliche Dummheit und sein Œuvre ein riesiges Glossarium, Herbarium, Bestiarium, eine umfassende Morphologie, Biologie, Ökologie aller irdischen Beschränktheiten: sein letztes, fragmentarisch gebliebenes Werk sollte sogar in systematischer Form ausschließlich davon handeln. Er ist aber ebendarin auch wieder der äußerste Gegenpol der Romantik: indem er nämlich auf jede Stilisierung, Verklärung, Appretur der Wirklichkeit, auf alle bunten Gläser verzichtet und den Menschen in seiner Winzigkeit, Kleinlichkeit, Gewöhnlichkeit, ja Verächtlichkeit zeigt; seine Helden sind keine Helden mehr. Er schildert seine Welt mit derselben wissenschaftlichen Gründlichkeit und Kälte wie ein Entomologe einen Ameisenhaufen oder Bienenkorb: es gibt

bei ihm keine einzige subjektive Zeile. Er hat es selbst gesagt:
»Der Autor muß in seinem Werk sein wie Gott im Weltall:
überall gegenwärtig und nirgends sichtbar.« Aber gleicht der
Dichter nicht auch darin Gott, daß er in seinen Geschöpfen
lebt wie der Vater im Kinde? Zweifellos; und auch bei Flaubert
verhielt es sich nicht anders. Die unerhörte Neuheit seiner szi-
entifisch unsentimentalen Betrachtungsweise hat seine Zeitgenossen und ihn selbst darüber getäuscht, daß auch in ihm, wie
in jedem Künstler, die verstehende Liebe das schöpferische
Prinzip war. Seine zarte Poetenseele ist in den funkelnden Eis-
palästen seiner Werke eingeschlossen wie das Insekt im glänzenden Bernstein, der Mumienweizen im Königsgrab, die Larve
im Gletscherschnee. Seine Gemälde vermögen sowenig objektiv zu sein wie irgendeines vor oder nach ihnen, sie besitzen nur
die relative Objektivität, die die reine Deskription im Verhältnis zum hineinredenden Lyrismus hat. Nietzsche sagte von
ihm: »Er hat das klingende und bunte Französisch auf die Höhe
gebracht«, womit er, wenn auch mit polemischer Spitze, das
eminent Malerische und Musikalische als Grundqualität seines
poetischen Vermögens hervorhob. Seine Prosa ist mit einer bis
dahin beispiellosen Feinheit und Fülle instrumentiert; er ist der
erste große Freilichtmaler in der europäischen Literatur. Er
sagt zum Beispiel: »Die taubengraue Seide des Schirms beleuchtete sonnendurchschimmert mit huschendem Flimmern
die weiße Haut ihres Gesichts: sie lächelte darunter in der lauen
Wärme, und man hörte die Wassertropfen, einen um den andern, auf den gespannten Stoff fallen«, oder: »In der Allee erhellte grünes Licht, vom Laubwerk gedämpft, das rosige Moos,
das leise unter ihren Schritten krachte. Die Sonne senkte sich;
der Himmel flammte zwischen den Zweigen, und die gleich-
ragenden Stämme der Bäume, in gerader Linie gepflanzt, sahen
aus wie braune Säulen über einem Goldgrund.« Sein Idol, vor
dem er Tag und Nacht opferte, war die *»impeccabilité«* der

Prosa; er schrieb täglich ein paar Blätter, oft nur ein paar Sätze, an denen er immer von neuem schweißte und ziselierte: einmal hatte er viele Stunden lang an einer einzigen Seite gearbeitet und wollte sich vor dem Einschlafen an ihr ergötzen, fand sie aber schlecht, sprang aus dem Bett und verbrachte die ganze Nacht im bloßen Hemd und in der Winterkälte mit ihrer Umstilisierung. Unermüdlich quälte er sich in freiwilliger Klausur, ein Mönch der Literatur, wie Faguet ihn genannt hat, machte Vorarbeiten wie ein Spezialgelehrter, auch zu Gegenwartsstoffen, Forschungsreisen, um das Lokal zu studieren, durchstöberte Witzblätter, Gerichtsakten, Stiche, Modejournale, Waschzettel, Adreßbücher, Straßenpläne. Das Feilen und Wiederfeilen genügte ihm nicht: schien ihm ein Stück annähernd »impekkabel«, so las er es sich laut vor, um die sinnliche Klangwirkung zu prüfen. Zweifellos übertrieb er die artistische Finesse: den Wechsel im Ausdruck beobachtete er so streng, daß kein Wort zweimal auf derselben Seite, keine Silbe zweimal in demselben Satze vorkommen durfte; seine rigorose Harmonik und Dynamik führte nicht selten zu einer Art Lautornamentik und Wortmusivik, deren gläserne Pracht byzantinisch wirkt. Es war in ihm dieselbe Arbeitswut wie in Balzac, aber aristokratisch getönt, in Selbstzweck, Sport und Liebhabertum sublimiert: er verhält sich zu dem genialen Plebejer wie ein gleitendes Luxusautomobil zu einem keuchenden Dampfpflug. Es ist der bereits hervorgehobene Unterschied zwischen der Gesellschaft des Julikönigtums und des *second empire*.

Der unsittliche Dichter Sein erstes Werk, *Madame Bovary*, die Biographie einer Provinzlerin, die aus Unbefriedigung am Dasein zur Ehebrecherin wird, 1857 erschienen, trug ihm eine Anklage wegen Unzüchtigkeit ein, obgleich es eigentlich in seiner versteckten Moralistik sehr kleinbürgerlich ist. Die Empörung, die es erregte, läßt sich nur aus der Neuheit seiner Optik erklären. Hierin und hierin allein bestand Flauberts »Unsittlichkeit«. Jeder fundamental neue Weltaspekt wirkt »zersetzend«, zersplittert kompakte Solidaritäten, zerreißt eingelebte Zusammenhänge. Spätere Zeitalter, die ihn nicht mehr nötig haben, pflegen den Dichter der Vergangenheit sehr zu schätzen, lassen ihn in der Schule lernen und versuchen, die lebenden Dichter mit ihm totzuschlagen; aber seine Zeitgenossen, die einzigen Menschen, die ihn brauchen, nennen ihn zersetzend. Das ist er auch in der Tat: wie jedes Ferment. Seine scharfen Fragen dringen in die Lücken und Risse des geistigen Bodens, auf dem die »Jetztzeit« behaglich wohnt, lockern ihn auf, verwittern ihn, spalten ihn auseinander. Man kann in jederlei Sinn sagen: der Dichter ist das Salz der Zeit.

Manet malte einen Bund Spargel. Sogleich erhob sich eine Springflut von Beschimpfungen, Drohungen, Verwünschungen. Geben wir zu, daß es ein ganz miserabler Spargel war. Aber sind die Explosionen von Haß, Wut und Verachtung, die er hervorrief, damit erklärt? Welches der heiligsten Güter der Menschheit ist dadurch verletzt, daß einer nicht imstande ist, Gemüse zu malen? Ibsens Stücke waren zum Teil verboten, obgleich sie nicht einmal »kraß« sind, die Paralyse in den *Gespenstern* etwa ausgenommen. Aber was ist das gegen die Brutalitäten bei Schiller, Dante, Shakespeare? Es zeigt sich hier die geheimnisvolle Wirkung, die das Werk des Genies auf jedermann ausübt: die einen zieht es an, die anderen stößt es ab, aber beide mit der gleichen magischen Kraft. Auch die Philister waren fasziniert, sie fühlten instinktiv, daß hier die Entwicklung einen neuen gewaltigen Anstoß bekommen habe, aber sie spürten nur den Stoß und taumelten betäubt und erbittert zurück. Wären die impressionistischen Bilder wirklich nur rohe und häßliche Farbenhaufen gewesen, wie sie behaupteten, so hätten sie sie einfach übersehen, statt mit Regenschirmen darauf loszugehen, und wäre Ibsen ein Revolutionär vom Schlage Sudermanns gewesen, so hätte er sich alles erlauben dürfen und wäre von ihnen ebenso augenblicklich bejubelt worden wie dieser. Nach der Pariser Premiere des *Volksfeind* saßen Francisque Sarcey, der damalige Pariser Literaturpapst, und Jules Lemaître im Kaffeehaus. Plötzlich sagte Sarcey: »Jawohl, ich finde diesen Ibsen lächerlich und talentlos, und Sie halten mich deshalb für ein altes Rindvieh. *Sie* werden diesen Titel erst nach meinem Tode erlangen.« Damit hatte der gute alte Sarcey etwas Richtigeres gesagt, als er vielleicht ahnte. Das »alte Rindvieh« ist nämlich die unvermeidliche Position des sogenannten führenden Kritikers und des von ihm geführten Publikums zum Neuen. Und der Dichter ist wahrscheinlich schon geboren, dem gegenüber wir alle uns als eine Herde altes Rindvieh entpuppen werden.

Noch größeres Befremden als seine erste Erzählung erregte 1862 Flauberts großer historischer Roman *Salammbô*, der zur Zeit des karthagischen Söldnerkriegs spielt. Im Grunde ist hier die gleiche Methode angewendet wie in *Madame Bovary*: die *»exactitude documentaire«*, nur daß sie bei einem so exotischen Stoff mehr auffällt. Andere betrachten die Historie unter dem Aspekt des Gegenwartsmenschen, Flaubert erblickte sogar die Gegenwart mit den Augen des Historikers: als peinlich genauer Chronist, Rekonstrukteur vergessener Zusammenhänge, Wiederentdecker verschütteter Lebensquellen, entlegener Daseinsformen, vergrabener Seelenkuriosa. In seinem dritten Roman, der *Éducation sentimentale* vom Jahre 1869, der Geschichte einer langjährigen uneingestandenen Liebe, deren Anfang in die vierziger Jahre verlegt ist, brachte er sogar das Kunststück zuwege, die leisen Wandlungen, denen die Umgangssprache in Modeausdrücken und Vulgarismen, Wortdynamik und Affektbetonung, ihrer »Stimmlage« sozusagen, innerhalb einer einzigen Generation unterworfen ist, mit einer Delikatesse festzuhalten, die manchmal bis an die Grenze der Pedanterie geht. Auch in *Salammbô* wird die Sehschärfe bisweilen zur Mikroskopie und die Schaubühne zum Museum. Das Äußerste an analytischer und pittoresker Psychologie aber leistete er in seiner *Tentation de Saint-Antoine*, die 1874 erschien. Es ist eigentlich ein ungeheures Monodrama: die Visionen des heiligen Antonius während einer Nacht. Es ist falsch, daß er, was eines solchen reinen Gestalters gänzlich unwürdig gewesen wäre, darin das Fiasko der Religion symbolisieren wollte. Flaubert ist Atheist; aber er sagt es nicht. Ihn interessiert nur die Beschreibung des »Falls«, der Psychose. Alle erdenklichen versuchenden Gesichte ziehen an dem durch Hunger, Vigilien und Selbstquälerei überreizten Anachoreten vorüber: Wollust, Grausamkeit, Schwelgerei, Herrschsucht, sämtliche Formen des Unglaubens; Zweifel an der Bibel, Häresie, Vielgötterei, Pantheismus. Schließlich ruft eine der Erscheinungen: »Mein Reich ist so groß wie die Welt, und meine Begierde hat keine Grenzen. Ich gehe immer fort, Geister befreiend und Welten wägend, ohne Furcht, ohne Mitleid, ohne Liebe, ohne Gott. Man nennt mich die Wissenschaft.« Aber der Teufel weiß etwas noch Schlimmeres zu sagen: »Wer weiß, ob nicht die Welt bloß ein ewiger Strom von Dingen und Geschehnissen, der Schein das einzig Wahre, die Illusion die einzige Wirklichkeit ist!« Endlich ist die Nacht zu Ende. Der Tag steigt herauf, und zwischen goldenen Wolken erscheint die Sonnenscheibe. Sie trägt das Antlitz Christi. Der Eremit bekreuzigt sich und kehrt zu seinem unterbrochenen Gebet zurück.

Flaubert starb 1880, von fast niemandem betrauert. Manche betrachteten ihn als einen Narren, manche als einen Schulmeister, manche als einen Schädling, alle aber, was in Frankreich das Todesurteil bedeutet, als langweilig.

Es war eine ganz besondere Eigentümlichkeit dieser neuen *Renan* positivistischen Literatur, daß sie die Grenzen zwischen Kunst und Wissenschaft verwischte. Während Flaubert eine Art Geschichtsforscher war (seine *Salammbô* enthielt sogar gelehrte

Anmerkungen), war Ernest Renan eine Art Romancier. Sein Hauptwerk handelt wie das Tainesche von den »*origines*«, aber nicht des zeitgenössischen Frankreich, sondern des Christentums. Er sagt darüber: »Eine Geschichte der Ursprünge des Christentums müßte die ganze dunkle, sozusagen unterirdische Periode umfassen, welche sich von den ersten Regungen dieser Religion bis auf den Zeitpunkt erstreckt, wo ihre Existenz eine öffentliche, bekannte, jedermann klare Tatsache wurde. Eine derartige Geschichte würde aus vier Teilen bestehen. Der erste, den ich hiermit veröffentliche, erörtert das Ereignis, das dem neuen Kultus als Ausgangspunkt gedient hat: er beschäftigt sich nur mit der erhabenen Person des Stifters. Der zweite Teil würde sich mit den Aposteln und ihren unmittelbaren Schülern befassen. Der dritte Teil würde das Christentum unter den Antoninen darstellen, wie es sich langsam entwickelte und einen beinahe steten Kampf gegen Rom führte. Der vierte Teil endlich würde den bedeutenden Fortschritt schildern, den es beim Beginn der syrischen Kaiserherrschaft gemacht hat, und zeigen, wie das Bildungssystem der Antonine zusammenstürzte, der Verfall der antiken Kultur unabwendlich eintrat.« Diesen Riesenplan hat er auch tatsächlich ausgeführt, indem er seinem *La vie de Jésus* die Werke: *Les apôtres, Saint-Paul, L'Antéchrist, Les Évangiles ou la seconde génération chrétienne, L'Église chrétienne, Marc-Aurèle et la fin du monde antique* folgen ließ, ja er schuf sogar noch in seiner fünfbändigen *Histoire du peuple Israël* einen monumentalen Unterbau.

Sein *Leben Jesu*, das noch größeres Aufsehen erregte als das Straußsche, erschien 1863; in demselben Jahr wurde er seiner Professur des Hebräischen am Collège de France enthoben. Es war die Frucht einer wissenschaftlichen Expedition zur Erforschung des alten Phönizien, die er in den beiden vorhergegangenen Jahren geleitet hatte: »Und dort«, erzählt er selber, »gewann die alte Legende für mich in einem Maße Form und Körper, das mich verblüffte. Die überraschende Übereinstimmung der Texte mit den Örtlichkeiten, die wunderbare Harmonie des evangelischen Ideals mit der Landschaft, die ihm als Rahmen diente, wirkte auch auf mich wie eine Offenbarung. Ich sah ein fünftes Evangelium, das freilich zerrissen war, aber doch leserlich, und erblickte statt eines abstrakten Wesens, von dem man glauben sollte, es sei nie gewesen, eine bewundernswerte menschliche Gestalt, die lebte und sich bewegte.« In der Tat war noch nie vorher das Lokal des Neuen Testaments so rein und reich, intim und farbensatt porträtiert worden. Dabei ist das Werk keineswegs »belletristisch«, wie hämische Nichtskönner bis zum heutigen Tage behaupten, vielmehr hochwissenschaftlich, ja viel wissenschaftlicher als das Straußsche, weil es auf viel universellerer Bildung ruht. Renan war kein bloßer Vergleicher von Textbrocken und disputierender Hegelianer wie der Verfasser jenes Stuben- und Lampenbuchs, sondern ein Orientalist im umfassendsten Sinne des Wortes: Kenner aller kleinasiatischen Sprachen, Glaubensdialekte und Lebensformen, Archäolog, Geograph, Ethnograph, Folklorist, vor allem Psycholog. Und dazu kam noch seine ungeheure künstlerische Überlegenheit. Die Straußsche Arbeit ist ein philologisch-dialektischer Sandhaufen, die seinige eine Porzellankostbarkeit, jene ein obstinates Pastorengebrumme, diese ein Stück Kammermusik. Durch sein Künstlertum war Renan auch davor geschützt, die Gestalt des Heilands unter Aspekten von so roher und vernagelter Trivialität zu erblicken, wie wir sie im vorigen Kapitel bei Strauß kennengelernt haben. Berühmt sind die schönen Schlußworte seines Kapitels über den Tod Jesu: »Ruhe nun in deiner Glorie, edler Pionier! Dein Werk ist vollbracht. Den Gefahren der Gebrechlichkeit entrückt, wirst du von der Höhe göttlichen Friedens herabblicken auf die unendlichen Folgen deines Wirkens. Um den Preis einiger

Stunden des Leidens, die deine große Seele nicht einmal berührten, hast du dir die vollkommenste Unsterblichkeit erkauft. Jahrtausende hindurch wird die Welt sich an dir aufrichten. Wahrzeichen unserer Widersprüche, wirst du das Banner sein, um das der heißeste Kampf entbrennen wird. Tausendmal lebendiger, tausendmal geliebter seit deinem Tode als während der Tage deines Erdenwallens, wirst du in solchem Maße zum Eckpfeiler der Menschheit werden, daß die Welt bis in ihre Grundfesten erzittern müßte, wollte man ihr deinen Namen entreißen. Zwischen dir und Gott wird nicht mehr unterschieden werden. Sieger über den Tod, nimm Besitz von deinem Reiche, wohin dir auf der erhabenen Bahn, die du gewiesen hast, anbetende Jahrhunderte folgen werden.« Jedoch sieht man schon aus diesen Sätzen, daß auch Renan bei aller liebenswürdigen Bereitschaft weit davon entfernt ist, seinen Gegenstand zu erfassen, was man auch von einem Pariser Salonphilosophen des zweiten Kaiserreichs nicht gut verlangen kann. Sein Buch ist eine exquisite Bijouteriearbeit. Es macht aus der Passionsgeschichte eine schimmernde Idylle, »*une délicieuse pastorale*«. Die Magie des Geschehens wird naturalisiert, bisweilen auf eine Weise, die an Frivolität grenzt. Jerusalem ist für Renan der bekämpfte Sitz der Großbourgeoisie und des Klerikalismus, der Scholastik und der Korruption, der Skepsis und Genußsucht, kurz: Paris, und statt des Ringens zweier Urwelten: Jehovahs und des Gottessohns, das mit Worten kaum faßbar ist, erblicken wir einen Kampf zwischen Stagnation und Fortschritt, Reaktion und Freiheit. Der frohe Bote, der verkündet hat, daß man das Leben verlieren müsse, erscheint als Lehrer eines *verbesserten* Lebens, als »Reformator«. Der eingeborene Sohn Gottes, tiefster Mitwisser seiner Geheimnisse und höchster Mandatar seines Willens, der die Pole der Welt vertauscht, alles umgeworfelt und das Antlitz der Erde verwandelt hat, ist bei Renan ein liebenswürdiger Wanderprediger, naiver Seelenhirte und heiterer Volksfreund. »Er hat den Grund gelegt für den wahren Liberalismus und die wahre Zivilisation«: in diesem leitmotivischen Satz demaskiert sich das Werk, das die evangelische Wahrheit gegen den Napoleonismus aufruft, als dessen bloßer Negativabdruck: *second empire* gegen *second empire!*

Je mehr sich das Christentum von seinem Ursprung entfernt und in den Strom der Welt eintaucht, ein desto adäquaterer Gegenstand wird es für die mondäne Pinselkunst Renans. Über die apostolische Periode denkt er noch recht sonderbar: »Sicherlich, wenn das Christentum in den Händen dieser guten Leute geblieben wäre, eingesperrt in die Konventikel der Erleuchteten, es wäre erloschen wie der Essenismus, ohne eine starke Spur des Andenkens zu hinterlassen. Der unlenksame Paulus wird das Christentum zu Ehre und Ansehen bringen und es, allen Gefahren Trotz bietend, kühn auf die hohe See steuern. Der Protestantismus existiert bereits fünf Jahre nach dem Tode Jesu; Paulus ist dessen erlauchter Gründer. Jesus hat ohne Zweifel solche Jünger nicht vorausgesetzt; sie aber sind es, die immer am meisten dazu beigetragen haben, daß sein Werk am Leben blieb, ja ihm die Ewigkeit sichern werden.« Aus dieser Auffassung spricht ein Opportunismus, der jedes religiöse Gefühl verletzen muß, obgleich oder vielmehr gerade weil er sich in so ungehässiger Form äußert. In seinem Element ist Renan, wenn er interessante Zivilisationsphänomene schildern kann wie Nero, den Antichrist, Marc Aurel und das dekadente Rom, das wiederum Paris ist. Als Gesamtpersönlichkeit wirkt er nicht unähnlich wie ein höchstkultivierter, eleganter, sanft-ironischer Kirchenfürst der Renaissance, der zur Kunst und Wissenschaft ein sehr intimes, gourmethaft-kennerisches Verhältnis hat, zur Religion aber gar keines, nicht einmal das des Zweifels.

Dreißig Jahre lang schrieb Charles-Auguste Sainte-Beuve seine allwöchentlichen *Causeries du lundi*: »Montag mittags

Sainte-Beuve

1371

atme ich eine Stunde lang auf; dann wird das Gitter wieder geschlossen, und sieben Tage lang sitze ich in der Gefängniszelle.«
Im Zeitalter des Positivismus ist offenbar sogar die Plauderei
eine wissenschaftliche Robot. Man hat Sainte-Beuve den »Fürsten der Kritik« genannt, und er war auch in der Tat mit allen
typischen Eigenschaften eines solchen ausgestattet: ein stilistischer Goldarbeiter, jedes Satzkörnchen auf der Waage prüfend;
Meister und Anbeter des geschliffenen Adjektivs und Präger
glitzernder Motmedaillons; raffinierter Aufspürer versteckter
Schönheiten und Schönheitsfehler, aber völlig instinktlos für
das Ganze und Wesentliche einer Persönlichkeit; das Zu-
kunftsvolle, Originale, Vorwärtsdrängende mit feiner Nase an-
schmeckend, aber nie mit dem ganzen Leib als Fahne deckend;
auch bei den schon intabulierten Größen immer ins Pastell ein-
biegend, ohne den geringsten Sinn für das Heroische im Genius, das er stets zum Genrehaften atomisiert: eine fast unvermeidliche Folge aller überintimen Kleincharakteristik, der das
psychologische Mikroskop zumeist statt blühender Haut ein
Stück runzliges Leder zeigt.

Die Werke Taines und Flauberts, Renans und Sainte-Beuves
verdanken nichts der Muße und Laune, alles der Arbeit und
Zucht. Sie sind, gleich gewissen kostbaren Hyazinthensorten,
von einer Symmetrie der Form, Stärke des Dufts und Feinheit
der Farbe, wie sie sich in der Natur nicht findet. Sie sind gefüllte Treibhausprodukte.

Die Par-
nassiens
Es ereignete sich in jenen Tagen sogar die Paradoxie, daß die
Lyrik »objektiv«, ichlos, wissenschaftlich, atheistisch zu sein
begehrte: lauter Eigenschaften, die ihrem innersten Wesen widerstreben. Danach konnte ihr als Aufgabe nur noch ein kalter
Kultus der Form übrigbleiben, ein virtuoses Spiel mit goldenen
Wortbällen. Diese Richtung, die außerdem dezidiert pessimistisch und revolutionär war, vertraten die »Parnassiens«, die,
ursprünglich spottweise so genannt, später in der Zeitschrift

Le Parnasse contemporain ihr Sammelorgan fanden. Ihr Führer war Leconte de Lisle, der die »*impassibilité*« für das poetische Ideal erklärte, die »*montreurs*« verhöhnte, die geschwätzig und abgeschmackt ihre Seele herzeigen, und dem Lyriker nur noch die Philosophie, die Völkerkunde, die Kulturhistorie, die Landschaft, das Porträt, alles streng »sachlich« behandelt, als Objekt einräumte. Ihr stärkstes Talent war Baudelaire, Übersetzer Poes, Vorkämpfer Manets und Wagners, Opiumraucher und Alkoholiker, Dandy und Masochist, der erste große Dekadent der Neuzeit. Sein Leben verzehrte sich in Ekstasen, Schwelgereien, Exotismen, Depressionen und in Liebesmartyrien zwischen seiner »schwarzen Venus«, einer Mulattin aus einem Café chantant mit »Augen wie Suppentellern« und einem Geruch »wie Teer, Muskat und Kokosöl«, und seiner »Madonna« Madame Sabatier, der sanften mondänen Geliebten eines Bankiers. Er schrieb nur zwei größere Werke: die Gedichtsammlung der *Fleurs du mal* und die *Paradis artificiels*, eine Prosaode auf die Wonnen und Schrecken des Haschischgenusses. Seine Poesie ist nichts weniger als objektiv, vielmehr der Gipfel der Subjektivität: nämlich pathologisch und pervers, dabei jedoch von einem betäubenden Zauber arrangierter Verruchtheit und Extravaganz durchwittert. Zu der Schule der Parnassiens lassen sich auch die *Contes cruels* Villiers de l'Isle-Adams rechnen, aparte Luxusdrucke eines sadistischen Visionärs, und Barbey d'Aurevillys Novellen *Les diaboliques*, die, stechend parfümiert, überbelichtet, satanistisch um jeden Preis, in ihrer chargierten Freigeisterei und weltmännischen Skepsis eigentlich eine späte Nachblüte des achtzehnten Jahrhunderts sind; als Zeichner gehört hierher der Belgier Félicien Rops, dessen Verworfenheit und Satyriasis heute schon ein wenig gepreßt und panoptikumhaft wirkt.

Mit der Kunstanschauung des Parnasse berührt sich die *l'art pour l'art*-Theorie. Schon Théophile Gautier hatte sie verkün-

Ruskin

det: »Was nützt, ist häßlich und gemein, der nützlichste Teil eines Hauses sind die Latrinen«; Poe erklärte, der Zweck der Kunst sei *»creation of beauty«*, die Erzeugung von Lust- und Glücksgefühlen, auch durch Grauen, Trauer, Mystik und Wahnsinn, aber niemals die Moral oder die Wahrheit. Am schärfsten hat dieses Bekenntnis Oscar Wilde 1882 in einem Essay formuliert: »Ein Gemälde hat durchaus nicht mehr geistige Bedeutung für uns als ein blauer Ziegel. Es ist eine schöngefärbte Fläche, nichts anderes, und wirkt auf uns mit keiner aus der Philosophie gestohlenen Idee, mit keinem aus der Literatur gerafften Pathos, sondern mit seiner eigenen unsagbaren künstlerischen Wahrheit: mit der besonderen Form der Wahrheit, die wir Stil nennen.« Hierin trat die jüngere Generation zu ihrem bisherigen Wortführer Ruskin, den sie als Schriftsteller und Kunstkenner weiter verehrte, in schroffen Gegensatz. Dieser, ein leidenschaftlicher Bekämpfer des kalten Klassizismus, als dessen Prototyp er Raffael ansah, und frühester Wegbahner der modernen Malweise, deren Begründer er in Turner erblickte, wurde der Schöpfer einer ästhetischen Biologie der Tiere und Pflanzen, Steine und Wolken (denn auch diese sind für ihn Lebewesen), einer Naturgeschichte für Künstler, betonte aber bei aller Artistik, daß die Kunst eine moralische Aufgabe habe. Auch in seinen nationalökonomischen Lehrmeinungen war er Ethiker und Ästhetiker zugleich: einerseits verlangte er, daß niemandem gestattet sein solle, von fremder oder von toter, früher geleisteter Arbeit zu leben, andrerseits forderte er, daß alle Arbeit geadelt werde, indem sie wieder künstlerisch werde wie im Mittelalter, wo Handwerker und Künstler dasselbe bedeutete, und verdammte daher die Maschinen. Carlyle schrieb an ihn, er freue sich, daß er sich nunmehr in einer Minorität von zwei Stimmen befinde.

Die Prä-
raffaeliten
Ruskin war der Apostel des Präraffaelismus, als dessen »Vater« William Dyce gilt, der Schöpfer des entzückenden Bil-

des *Jakob und Rahel*; dieser stand in Rom mit Overbeck in Verkehr, wodurch eine gewisse Verbindungslinie zwischen Präraffaelismus und Nazarenertum gebildet wurde. Eigentlich war der erste Künstler dieser Art William Blake, ein 1827 verstorbener Malerdichter, der seine mystischen Poesien mit farbigen Radierungen von seltsam müdem Reiz illustrierte; Swinburne schrieb, diesen Zusammenhang fühlend, seine Biographie. 1848 wurde die P. R. B., die *Pre-Raphaelite Brotherhood*, gegründet, der unter anderem Dante Gabriel Rossetti, Holman Hunt, John Everett Millais, später auch Edward Burne-Jones und William Morris angehörten. Der angesehenste Vertreter dieser Schule, obgleich nicht Mitglied der Bruderschaft, war Robert Browning. Berühmt ist der Lebensroman seiner Gattin Elisabeth Barrett: ihre Flucht aus dem Hause des Vaters und heimliche Trauung, ihr Briefwechsel mit dem Verlobten und der Sonettenkranz, in dem sie die Geschichte ihrer Liebe erzählt. Obgleich dem Tode geweiht, wurde sie von Robert durch eine Art seelischer Therapie von ihrem Lungenleiden errettet und starb erst nach vieljähriger Ehe. Von Browning stammen Theaterstücke, die aber diaphan, spirituell, zweidimensional sind, und viele andere Poesien: Mysterien, seltsam betörend und unergründlich wie dunkle Märchenwälder. Wilde, der ihn sehr bewunderte, sagte von ihm: Er weiß mit tausend Zungen zu stammeln. Ein ähnliches Liebesschicksal wie Browning erfuhr Dante Gabriel Rossetti mit der jungen Elisabeth Siddal, einer schwindsüchtigen Modistin von königlicher Schönheit mit bronzenen Haaren, langen Wimpern und grünen Augen. In seiner Sonettenfolge *The House of Life* schildert er die Seelengeschichte ihres Bundes; sie war sein ewiges Modell, seine Beatrice, als die er sie auch malte, in Erinnerung an den Dichter, mit dem er sich nicht bloß durch den Namen verknüpft fühlte. Er ist der einzige Erotiker unter den Präraffaeliten: seine Frauengestalten sind mit einer delikaten, kennerischen Sinnlichkeit geschaut. Die prachtvollen gotisierenden Tafeln hingegen, die sein Schüler Burne-Jones geschaffen hat, sind betont übergeistig, gobelinhaft, ornamental, dem Kunstgewerbe angenähert; die süßen Spezereien, von denen sie duften, verursachen auf die Dauer Kopfschmerzen.

Für William Morris und das Künstliche des ganzen Präraffaelismus ist es bezeichnend, daß er in seinen gefeierten Dichtungen antike Stoffe in der Auffassung des Spätmittelalters nachgestaltete: ein kapriziöses Doppelmaskenspiel und bloßes mystifikatorisches Kartenkunststück. Sehr bedeutsam war seine Wirksamkeit auf dem Gebiet der dekorativen Künste, die er durch programmatische Schriften und die Gründung einer eigenen Werkstätte für Glasmalereien, Tapeten, Möbel, Kacheln, später auch durch Errichtung einer Kunstdruckerei und Buchbinderei entscheidend reformierte; sein Hauptmitarbeiter war Burne-Jones, der wundervolle Teppiche, Kirchenfenster, Blumenfriese, Vorsatzblätter entwarf. Auch Ford Madox Brown beteiligte sich an diesen Bestrebungen, ein sehr origineller Maler, archaisierend in Zeichnung, Farbe und Perspektive, primitiv und pikant, hölzern und hektisch; in seinem Drang nach entrückender Verseelung mehr an das flämische Quattrocento anknüpfend als an das italienische. Holman Hunt wandte sich, nach ernsten Studien in Palästina, ganz der religiösen Symbolik zu und erinnert darin noch am ehesten von allen Präraffaeliten an die Nazarener, doch tat er es auf eine sehr späte, wissende Art, die ihn wieder von diesen unterscheidet. George Frederick Watts gelang das seltene Kunststück, moralische Allegorien zu malen, ohne abgeschmackt oder undramatisch zu werden.

Der Präraffaelismus krankte an dem inneren Widerspruch aller Renaissancen, indem er den selbstmörderischen Versuch unternahm, das einzige wirkliche Leben, nämlich das der Gegenwart, in die verstorbenen Formen eines früheren Daseins zu

1376

füllen. Indes fehlte ihm vollkommen die naive Blauäugigkeit des Nazarenertums; und gerade die Tatsache, daß sein Infantilismus gestellt und angeschminkt, eine dekadente Bizarrerie war, verband ihn mit der eigenen Zeit. Überhaupt war das Quattrocento von den Nazarenern von vornherein mißverstanden worden: sie hielten es für primitiv, weil sie selber primitiv waren; in Wirklichkeit war es eine graziöse und aparte, aristokratische und anämische, sublimiert sinnliche und durchfeinert ästhetizistische Welt gewesen. Die Präraffaeliten fühlten die echte Verwandtschaft, das Gemeinsame in der interessanten Lebensunfähigkeit und Wirklichkeitsflucht aus Überdruß an der massiven siegreichen Realität. Aber die Müdigkeit jener um vierhundert Jahre jüngeren Zeit war die Verträumtheit des Frühlings gewesen; ihre »Wiederbeleber«, Kinder des Herbstes, steigerten die Melancholie zur Morbidität, die Hochkultur zur Überzüchtung, die Eleganz zur Blasiertheit, das Könnertum zur Kunstspielerei. Sie machten aus dem Leben eine Goldarabeske und aus der Kunst eine Seidentapete.

Das Ideal der Schule war der »*Painter-Poet«,* was aber nicht *Der Ästhet* bloß äußerlich gemeint war: man verlangte vom Künstler nicht nur, daß er sowohl Maler wie Dichter, sondern auch, daß er beides in demselben Werk sei. Jede Dichtung sollte eine Farbensymphonie sein und jedes Gemälde ein poetisches Manifest. Dazu kam noch, daß fast allen präraffaelitischen Schöpfungen eine hohe Musikalität eignete. Im Grunde war es die alte romantische Forderung nach der Vermischung aller Künste. Aber es entstand nur ein künstliches Dekokt. Die Präraffaeliten hatten nur die einzelnen kostbaren Drogen in der Hand, die sie geschickt zusammenschüttelten. Als Rossetti einmal mühevoll gleichzeitig an einem Bild arbeitete und an einem Sonett, das es bedichtete, sagte Whistler zu ihm: »Ich würde an Ihrer Stelle das Bild aus dem Rahmen nehmen und das Sonett hineintun.« Delacroix nannte die Präraffaeliten *»l'école sèche«.* Sie gehören, strenggenommen, nicht in die Geschichte der Kunst, sondern in die Geschichte der Ästhetik; sie waren, trotz ihren ethischen und religiösen Tendenzen, in einem höchsten Sinne unernst: bis hart an die Grenze des Snobismus. Und doch hat, so hintergründig und widerspruchsvoll ist der Gang der menschlichen Geistesgeschichte, der Präraffaelismus über sein Zeitalter eine erstaunliche Herrschaft erlangt. Der galvanisch wiedererweckte Botticellitypus drang ins Leben. Die Frauen verloren ihre Busen, ihre Hüften, ihre Wangenröte. Allenthalben erblickte man jene träumerischen fragilen Gestalten, deren blasse Häupter wie welke Blütenköpfe auf den überzarten Stengeln ihrer müden Körper trauerten. Wie kann eine Lüge solche Macht gewinnen?

Das Wort »Ästhet« gehört zu jenen, die, je nachdem man sie ausspricht, eine Schmeichelei oder eine Beleidigung bedeuten können. Was uns betrifft, so möchten wir darin eher das letztere erblicken. Eigentlich gibt es ja nichts Unästhetischeres als einen Ästheten. Denn was ist ästhetisch? Übereinstimmung mit den Gesetzen des eigenen Organismus. Daher ist die Natur immer ästhetisch. Kolibri und Nachtpfauenauge, Lotosblüte und Meduse sind nicht schön, weil sie anmutig, farbenprächtig, apart sind, sondern weil sie ihr Wesen erfüllen. Darum hat auch ein Ochsenfrosch, ein Sumpflattich, ein Dreck und Feuer spuckender Krater seine eigentümliche Schönheit. Die Besonderheit des Ästheten besteht aber gerade darin, daß er etwas anderes sein will, als ihm im Schöpfungsplan bestimmt ist. Er ist nicht das, was Gott mit ihm gewollt hat. Der himmlische Gedanke, dem er seine Existenz verdankt, deckt sich nicht mit seiner irdischen Funktion. Er täuscht die Form einer Kraft vor, die nicht in ihm wohnt. Er ist ein Glasauge, eine Wachshand.

Aber andrerseits muß man bedenken, daß der Ästhet, ja sogar der Snob der extremste Typus des Idealisten ist, den man sich vorstellen kann. Er hat vor sich ein Bild errichtet, dem er mit solcher Inbrunst des Wunsches gleich zu werden strebt, daß er es schließlich wirklich wird. Er ist der »Schauspieler seines Ideals«. Und wie wir bei einem Schauspieler nicht danach fragen, ob er lügt, so vergessen wir auch bei ihm, wenn er nur genug Feuer und Verwandlungskraft besitzt, daß er bloß ein fremdes Kostüm trägt. Wenn er das, was er ambitioniert, mit Vollkommenheit nachahmt (und dies ist allerdings die Voraussetzung), so verkörpert er so gut wie jeder andere einen der vielen Grundrisse der menschlichen Varietäten, nämlich die platonische Idee des Menschen, der ganz in der Phantasie lebt. Nichts, was er ist, tut, läßt, ist wahr, weil er nämlich mit dem Leben *dichtet*. Die Realität geht ihn nichts an, denn er macht sich seine eigene. Er ist ein kleiner Souverän, oft ein recht armseliger, aber zumindest unsere Rührung können wir ihm nicht versagen. Dieses Problem der Lebenslüge, die zur Lebensflamme wird, hat bekanntlich Ibsen unsterblich gestaltet. Aber wenn wir ganz auf den Grund zu blicken versuchen, so ist eigentlich gar nicht Hjalmar der Held jenes Dramas, sondern der alte Ekdal, worauf ja auch der Titel hinweist. Mit der Kraft der Sehnsucht hat er die Dachkammer in einen geheimnisvollen Forst, die Wildente in das Symbol aller Jagdabenteuer verwandelt. Ist der Unterschied zwischen ihm und einem »Nimrod« nicht die bloße Differenz zweier Aspekte, die vor dem Geiste ebenso gleichwertig sind wie ein Körper und seine Projektion im Gehirn des Geometers? Ist er ein König oder ein Narr, ein Snob oder ein Dichter? Wenn wir es so betrachten, so können selbst Wachshand und Glasauge Leben bekommen: sobald wir es nämlich hineintragen. Und deshalb ist es sehr wahrscheinlich, daß die Musen den Ästheten nicht verdammen, sondern bloß nachsichtig belächeln.

Auch jenseits des Ozeans produzierte das Angelsachsentum neuartige Formen. Der erste, der die Welt Amerikas mit eigenen Akkorden besang, war Walt Whitman, ein wildes, riesen-

Whitman und Thoreau

förmiges, ja barbarisches Naturgewächs, das auf dem rauhen fetten Boden seines Landes ungepflegt und lange Zeit unbeachtet emporschoß. Whitman hatte, als echter Amerikaner, alle Berufe und keinen: er war Laufbursche, Buchdrucker, Dorfschullehrer, Zimmermann, Rechtsgehilfe, Redakteur, im Bürgerkrieg freiwilliger Krankenpfleger. 1855 erschienen die *Leaves of Grass*, von ihm selbst gesetzt und in meergrünes Leinen gebunden, ein Heft von noch nicht hundert Seiten, das seinen späteren Ruhm begründete; seinen Titel und Inhalt erklären die Worte: »Ich glaube: ein Grashalm ist nichts Geringeres als das Tagwerk der Sterne.« Es sind Gedichte, wie die Psalmen Gedichte sind, Eruptionen, deren Poesie in ihrer Kraft und Ursprünglichkeit liegt: »Camerado, das ist kein Buch! Wer dies berührt, berührt einen Menschen!« Sie schöpfen ihre Macht aus ihrem völlig neuen Ton und einer sehr erfrischenden Unbildung, die nichts von Hemmungen der Form und der Logik weiß. Ihr Grundgefühl ist eine Art rabiater Pantheismus und trampelnder, trompetender Optimismus: »Ich bin, wie ich bin. Wenn's niemand auf der Welt bemerkt, so sitz' ich zufrieden da, und wenn's die ganze Welt bemerkt, so sitz' ich zufrieden da!«; »für mich ist jede Stunde des Lichts und der Finsternis ein Wunder, jeder Kubikzentimeter Raum ist ein Wunder, jeder Quadratmeter Erde ist besät mit Wundern, jeder Fuß des Erdinnern strotzt von Wundern.« Man sagte von ihm, er habe das Äußere und Betragen eines Elefanten, und so ist er auch als Dichter: urwaldhaft, gutmütig, weise, humorvoll, überlebensgroß, im Zimmer nicht zu brauchen.

Der geistige Mittelpunkt Nordamerikas war Massachusetts. Von dort aus hatte schon in der ersten Hälfte des achtzehnten Jahrhunderts der Pfarrer Jonathan Edwards durch seine Philosophie richtunggebend gewirkt, die im Anschluß an Augustinus und Malebranche alles Geschehen als *»God's actings«* betrachtete: wir vermögen, lehrte er, alle Dinge nur durch Gott und in Gott zu sehen. Dort lebte auch Henry David Thoreau, zuerst als Kuhjunge, später als Bleistifterzeuger, schließlich am Waldenteich, anderthalb Meilen südlich von Concord, in einer selbstgezimmerten Hütte aus Weißtannen. Vögel setzten sich auf seine Hand, Eichhörnchen aßen aus seiner Schüssel, Schlangen wanden sich um seine Beine, Fische ließen sich von ihm aus dem Wasser nehmen, Wild suchte bei ihm Zuflucht. Er erinnert darin an Franz von Assisi, dessen brüderliches Leben mit den Tieren helle Köpfe, die sich nichts vormachen lassen, in das Reich der Legende verwiesen haben; hier aber haben wir mitten im erleuchteten Zeitalter der Mitrailleuse, des Clearing-verkehrs und der Vivisektion einen beglaubigten ganz ähnlichen Fall, der sich zweifellos vervielfältigen ließe, wenn die Menschen etwas weniger gefräßig und geldgierig wären. Die Frucht dieses zweijährigen Bundes mit der Natur war Thoreaus Buch *Walden, or life in the woods*; als Motto könnte ihm der Vers dienen: »*I cannot come nearer to God and Heaven than I live in Walden even.*« »Ich bin nicht einsamer«, sagt Thoreau, »als der Seetaucher, der dort auf dem Teiche so laut lacht, nicht einsamer als der Waldenteich selbst. Welche Gesell-schaft hat denn dieser einsame See? Und doch spiegelt sich nicht Trübsinn, sondern Himmelsheiterkeit in dem Azur seines Wassers. Die Sonne ist allein, Gott ist allein, aber der Teufel ist sicher nicht allein, der hat viele Kameraden! Der ist Legion! Ich bin nicht einsamer als eine allein stehende Königs-kerze, als ein Löwenzahn auf dem Wiesengrund, als ein Boh-nenblatt, ein Sauerampfer, eine Pferdefliege, eine Hummel.« Wundervoll ist Thoreaus Gabe, in die Charakterologie von Na-turgeschöpfen so einzudringen, daß sie zu seinen, ja zu unse-ren intimsten Bekannten werden: »Die Goldbirke hat mit der Schwarzbirke den süßen Beerenduft gemeinsam und mit der Canoebirke die lose, ausgefranste, quastige Rinde. Der Wipfel ist besenartig wie bei der Schwarzbirke, die Rinde von wunderbar zarter Goldfarbe und in senkrechten, klaren, glatten Zwischenräumen vom Stamme weggekräuselt, als ob ein Hobel nach oben geführt worden wäre. Der Anblick dieser Bäume bewegt mich mehr als kalifornisches Gold. Die Goldbirke ist die blonde, flachshaarige, goldlockige Schwester der dunkelhaarigen Schwarzbirke. Gesund und munter faßt sie Fuß und gürtet sich im sumpfigen Boden. Ein Baum im Negligé. Daneben fließt burgunderfarbig ein Bach auf eisenrotem Sand im dunklen Moor, Moorwein«; »eine junge Katze ist so beweglich, daß sie fast doppelt erscheint. Das Hinterteil ist ein zweites Kätzchen, mit dem das Vorderteil spielt. Sie entdeckt erst, daß ihr Schwanz ihr gehört, wenn sie auf ihn tritt. Sie springt auf den Stuhl, stellt sich auf die Hinterfüße, um zum Fenster hinauszuspähen, und betrachtet sich still die nahen und fernen Gegenstände, erst auf die eine, dann auf die andere Seite schauend, denn sie sieht so gern zum Fenster hinaus wie jedes Frauenzimmer. Hier und da biegt sie die Ohren zurück, um zu hören, was im Zimmer vorgeht, und die ganze Zeit über berichtet ihr beredter Schwanz vom Erfolg und Fortschritt der Inspektion.«

Emerson Thoreau verachtet alle Tradition. »Manche Leute«, sagt er, »schreien uns in die Ohren, wir Amerikaner, ja wir modernen Menschen überhaupt seien geistige Zwerge, verglichen mit den Alten oder auch nur mit dem Zeitalter der Elisabeth. Soll ein Mann hingehen und sich aufhängen, weil er zu der Klasse der Zwerge gehört, oder soll er nicht lieber trachten, der größte Zwerg zu werden, der er überhaupt sein kann?... Es ist ganz gleichgültig, ob ein Mensch reift wie ein Apfelbaum oder wie eine Eiche. Warum soll er seinen Frühling zum Sommer machen? Sollen wir mit unsäglicher Mühe einen Himmel von blauem Glas über unseren Häuptern errichten, bloß damit wir, wenn er fertig ist, durch ihn zum wahren Himmelsäther emporblicken können?« Hierin berührte er sich mit seinem Patron Emerson, der übrigens seine eigenen Gedanken ebenfalls »Kinder des Waldes« genannt hat. Concord, in den Vereinigten Staaten schon dadurch berühmt, daß seine Einwohner den Engländern 1775 den ersten bewaffneten Widerstand leisteten und damit das Signal zum Befreiungskrieg gaben, die Geburtsstadt Thoreaus, war auch der Ort, der in Emersons Leben die Hauptrolle spielte: er ist zwar nicht dort geboren, aber seine Familie stammte von dort (sein Großvater befand sich unter den Aufständischen), und er verbrachte dort mehr als die Hälfte seines Lebens. Auch Emerson hält nichts von Dogmen und Überlieferungen: er sagt, er wolle niemals von einer Sache feststellen, ob sie wahr oder falsch sei; er wolle im Gegenteil gar nichts feststellen, sondern alles verrücken. Hierin weist er wieder seinerseits auf Montaigne, mit dem ihm auch die lockere Form der Darstellung, die Realistik der Diktion und der leidenschaftliche Drang, durch den Schleier der oberflächlichen Alltagsmeinungen an den wahren Sinn aller Lebensverhältnisse vorzudringen, gemeinsam ist, und er selber sagte nach der ersten Lektüre der *Essays*, es sei ihm, als habe er sie in irgendeiner Präexistenz geschrieben; doch darf man andrerseits nicht übersehen, daß Montaigne im höchsten Sinne war, was Nietzsche unter einem »guten Europäer« versteht: etwas, das Emerson nicht einmal vom Hörensagen bekannt war. Auch mit Carlyle pflegt er oft zusammen genannt zu werden, und man braucht in der Tat nur seine *Representative men* mit Carlyles *Hero-worship* zu vergleichen, um die Ähnlichkeit, die bis in die äußere Architektonik geht, sogleich zu erkennen. Indes bestehen auch große Verschiedenheiten. Emerson war die harmonischere und ausgeglichenere, aber auch die weichere und zerfließendere Natur. Beide wirken nach der Art einer Naturkraft, nur daß der elementare Impetus Carlyles einem wilden Gewässer gleicht, das, über die eigenen Ufer tretend, alles mit sich fortreißt, während Emersons Geistesrhythmus mehr an das sanfte Dahingleiten eines Wiesenflusses erinnert, der sich langsam und friedlich sein Bett gräbt. Etwas vom Prediger hatten beide; aber Emerson ist kein ungestümer zürnender Prophet wie Carlyle, sondern mehr ein milde überredender Pastor. Sein konzilianter Optimismus enthielt nicht selten, besonders in den späteren Schriften, etwas »Mondschein«, wie Carlyle es in seinen letzten Lebensjahren zu bezeichnen pflegte. Emerson vermag so gut wie Carlyle allem, was er sagt, den beziehungsreichen Charakter des Unendlichen zu geben, aber der grenzenlose Ozean, in dem wir uns bei ihm befinden, enthält im ganzen zu wenig Salz, wir schwimmen in einem Meer von Süßwasser. In der Vorrede, die Carlyle 1841 zu Emersons *Essays* schrieb, nannte er diese »*a true soul's soliloquy*«. Keine der Schriften Carlyles könnte man einen Monolog nennen: er spricht immer zu einer fiktiven Menge.

Es ist zwecklos, ja unmöglich, Emersons Philosophie zu reproduzieren oder zu erläutern, denn wie ein Kristall oder eine Landschaft beschreibt und kommentiert er sich selbst. Seine Sätze sind da, unvorbereitet, undiskutierbar, gleich Matrosensignalen aus einer nebelhaften Tiefe. Er trat zu einer Zeit auf, wo Amerika bereits vor der Gefahr stand, völlig amerikanisiert zu werden, und setzte gegen die Realität der Maschine die Realität des Herzens. Aber ein Mann, der alle mühsam errungenen Wirklichkeiten vor das Forum des Gedankens und des Glaubens ruft, wird keineswegs ein Träumer und Grübler sein dürfen, der als Ersatz für Dampfmehl und Gefrierfleisch, Fernsprecher und Setzmaschine ein paar armselige Luftschlösser anbietet, sondern wird mitten aus dem Realismus des wirklichen Lebens heraus seine höheren und reicheren Weltansichten entwickeln müssen. Dies gibt Emersons Physiognomie ihren besonderen Charakter. Er ist Amerikaner und schreibt für ein Volk von *selfmademen*, er ist der Philosoph der »Neuen Welt«. Er sieht den Dingen mit dem gesunden kerzengeraden Blick eines Menschen ins Gesicht, der nicht durch gelehrte Überlie-

ferungen eingeschüchtert ist und für junge Köpfe denkt. Er
wird niemals abstrakt, sondern nimmt seine Beispiele und
Gleichnisse aus dem Reichtum des täglichen Lebens, das er von
Grund aus kennt. Seine Sprache hat die Bilderkraft eines Menschen, der nicht nach Bildern sucht.

Es ist schwer zu sagen, ob Emerson mehr Idealist oder mehr
Naturalist war. Die ganze philosophische Strömung, die von
ihm ausging, wird zumeist »Transzendentalismus« genannt.
Man kann den Namen akzeptieren, wenn man ihm nicht die
besondere Bedeutung gibt, die er seit Kant besitzt. Denn über
das Problem der Erkenntnis hat sich Emerson im ganzen wenig Gedanken gemacht. Künstlernaturen pflegen diese Frage ja
meist zu übergehen; selbst Goethe hat sich bekanntlich nie viel
um sie gekümmert. Man kann indes ganz wohl sagen, daß
Emerson philosophischer Idealist war. Er hatte nämlich das,
was man das »transzendentale Organ« nennen könnte. Er wußte
und fühlte, was alle tiefer veranlagten Naturen fühlen: daß die
Realität für den Menschen etwas Unerreichbares ist. Aber er
war zu dieser Weltansicht nicht durch wissenschaftliche Untersuchungen gelangt, sondern aus Gefühlsgründen. In seinem
Essay *Experience* lautet eine der schönsten Stellen: »Wenn
ich nicht irre, ist es Boscovich, der herausgefunden hat, daß die
Körper sich niemals berühren. Nun also: die Seele berührt auch
niemals ihre Gegenstände. Ein uferloses Meer wirft seine stillen Wogen zwischen uns und die Dinge, nach denen wir streben und mit denen wir umgehen. Auch der Schmerz lehrt uns
die Idealität der Welt. Vor zwei Jahren starb mir ein Sohn, und
heute scheint es mir, als hätte ich damals ein schönes Landgut
verloren – nicht mehr. Näher kann ich mir die Sache nicht bringen. So ist's mit allen meinen Unglücksfällen: sie reichen nicht
an mich heran. Ich bin voll Kummer darüber, daß Kummer
mich nichts lehren kann, daß er mich keinen Schritt weiter in
die Geheimnisse der Natur führt. Auf einem Indianer lastete

ein Fluch: kein Wind durfte für ihn blasen, kein Wasser für ihn fließen, kein Feuer für ihn brennen. Der Fall dieses Indianers ist unser Fall. Unsere teuersten Erlebnisse sind ein Sommerregen, und wir sind wasserdichte Mäntel, von denen jeder Tropfen abfließt. Nichts ist uns gelassen als der Tod, und wir blicken auf ihn mit einer gewissen grimmigen Befriedigung, indem wir uns sagen: da ist doch einmal etwas Positives, das uns nicht foppen wird.«

So hat Kant niemals gesprochen. Er hatte den Phänomenalismus so sicher begründet, daß niemand ihn wieder umstoßen konnte; aber nachdem er dieses Geschäft energisch und gründlich besorgt hatte, ging er ruhig an seine wissenschaftliche Arbeit wie irgendein eingefleischter Positivist. Er hatte sich gleichsam nur »salviert«. Emerson hat niemals daran gedacht, den Idealismus theoretisch zu fundieren. Aber obgleich er, gegen Kant gehalten, ein naiver Empiriker ist, geht doch durch alle seine Schriften ein tief phänomenalistischer Unterton, und eine Linie von diskreter Skepsis läßt sich noch an seinen apodiktischsten Behauptungen erkennen.

Er ist absoluter Impressionist: in seinem Stil, seiner Komposition, seinem Denken. Er bringt seine Gedanken nicht in einem bestimmten logischen oder künstlerischen Aufbau vor, sondern in der natürlichen und oft zufälligen Anordnung, die sie gerade in seinem Kopfe haben. Er kennt nur provisorische Meinungen, Augenblickswahrheiten. Er opfert niemals die Wahrheit auch nur eines einzelnen Wortes, Satzes oder Gedankens der Architektonik des Ganzen. Dinge wie: »Disposition«, »Einleitung«, »Übergänge« gibt es bei ihm nicht. Er beginnt irgendeine Ansicht zu entwickeln, und man glaubt, er werde sie nun systematisch weiterspinnen, von allen Seiten beleuchten, gegen mögliche Einwände verschanzen. Aber plötzlich springt irgendein fremdes Bild, Gleichnis, Epigramm oder Aperçu, das ihm gerade einfällt, mitten in die Gedankenkette, und das

Thema dreht sich von nun an um ganz andere Gegenstände. Er hat einen seiner Essays »considerations by the way« genannt, aber man könnte alles, was er je geschrieben hat, ebenso betiteln. Form und Zusammenhang seiner Gedanken sind ihm gleichgültig, wichtig ist ihm nur die Geisterstimme, die in ihm ruft. Man kann Emerson nicht widersprechen. Seine überzeugende Kraft beruht ja eben darauf, daß er alles aus seinem inneren Diktat schöpft und nichts dazutut. Er hält still, lauscht auf sein Herz und schreibt mit.

Eine Persönlichkeit vom Schlage Emersons fehlte auf dem Kontinent. Zumal in Deutschland herrschte ein ganz grobdrähtiger Materialismus. Die Schreibtischideologie der Achtundvierziger hatte Bankerott gemacht; in dieser Krise warf der Zeitgeist alle bisherigen Traditionen der deutschen Kultur von sich: Romantik, Weimar, Kant, Hegel gerieten unterschiedslos in Verruf, nur Schiller, aber zum liberalen Leitartikler appretiert, behielt ein gewisses Ansehen. Wir haben bereits gehört, daß fast alle Naturforscher von Säkularformat die rein mechanische Naturerklärung ablehnten; aber Macht über das Publikum gewann eine Gruppe von feuilletonistischen Halbgelehrten, die aus Darwin, Comte, Feuerbach und den Enzyklopädisten die handgreiflichsten Platitüden zu einer naturwissenschaftlich auflackierten Philosophie des gesunden Menschenverstandes kompilierten. Nicht umsonst heißt im Deutschen ein Kolonialwarenhändler Materialist: es war wirklich eine Weltweisheit für Gewürzkrämer. 1852 ließ Jacob Moleschott seinen berühmten *Kreislauf des Lebens* erscheinen, »physiologische Antworten auf Liebigs chemische Briefe«, welcher, wie bereits erwähnt, dezidierter Vitalist war. Den Phänomenalismus widerlegt Moleschott durch folgendes Raisonnement: »Ist Grün etwas anderes als ein Verhältnis des Lichtes zu unserem Auge? Und wenn es nichts anderes ist, ist das grüne Blatt nicht für sich ebendeshalb, weil es für unser Auge grün ist? Dann aber ist die

Der Materialismus

1387

Scheidewand durchbrochen zwischen dem Ding für uns und dem Ding an sich.« Ein Satz von einer derartigen bei einem Popularisator besonders frappierenden Unklarheit müßte, wenn er schon so dunkel ist, wenigstens sehr tief sein; übersetzt man ihn aber, so stellt sich heraus, daß er nicht bloß flach, sondern schwachsinnig ist: Moleschott meint nämlich, daß das Blatt von unserem Auge nicht als grün empfunden werden könnte, wenn es nicht tatsächlich grünes Licht ausstrahlte, oder, mit anderen Worten: alles, was grün wirkt, ist grün; eine metaphysische Beweisführung von unbezweifelbarer Überzeugungskraft, aber kaum weiterführend als die Schlußfigur: alles, was Flügel hat, fliegt.

1854 erhob sich der sogenannte »Materialismusstreit«. Der Physiologe Rudolf Wagner hatte gewagt, auf einer Naturforscherversammlung zu erklären, die Wissenschaft sei noch nicht reif, die Frage nach der Natur der Seele zu beantworten. Darauf antwortete Karl Vogt mit seiner vielgelesenen Schrift *Köhlerglaube und Wissenschaft*, worin er mit knotigen Bierwitzen und apodiktisch vorgetragenen Realschülerkenntnissen den Gegner satirisch zu vernichten suchte. Dort findet sich auch der oft zitierte Satz, das Gehirn scheide Gedanken aus wie der Magen Verdauungssäfte und die Leber Galle, den Vogt von Cabanis entlehnt hatte, nur fügte er noch das geschmackvolle Bild vom Urin und den Nieren hinzu; was bei dem Franzosen des Rokokos ein kapriziöser Scherz war, machte er zu einer humorlos breitgetretenen Glaubensformel. 1855 erschien Ludwig Büchners *Kraft und Stoff*, ein in grobem Packpapierdeutsch verfaßtes, kahles und streitsüchtiges Oberlehrergeschwätz, gegen »Hegel und Konsorten« und den »Kant-Schwindel« gerichtet: »Der bekannte Satz, daß alle Erkenntnis mit der Erfahrung anhebe, aber doch nicht aus ihr entspringe, ist unklar oder ungereimt … Kants unglückliche Einteilung der Erkenntnis in apriorische und aposteriorische folgt notwendig aus seiner Versäumnis, die Begriffe der Erfahrung und Erkenntnis vorher ordentlich ins Auge gefaßt zu haben… Kant hat auch nicht die Zeit, in der er lebte, zur Entschuldigung, da vor ihm Locke, Hume und manch einer gelebt haben, welche dem Apriorismus den Krieg erklärt hatten.«

Die materialistischen Richtungen lassen sich in drei Gruppen sondern; keine von ihnen kann auf Originalität Anspruch machen, und alle haben ihre Modelle verflacht und vergröbert. Die erste Spielart, der soeben charakterisierte Materialismus im engeren Sinne, lehrt den Absolutismus des *Stoffs* und leitet sich von Holbach her; die zweite, der Sensualismus, lehrt den Absolutismus der *Empfindung* und hat ihren Stammvater in Condillac, ihren deutschen Hauptvertreter in Feuerbach; die dritte, die eine wesentliche Vergeistigung bedeutet und sich fast schon als ein Spiritualismus mit physikalischen Gewissensbissen definieren ließe, lehrt den Absolutismus der *Kraft:* sie geht auf Leibniz zurück und wurde am konsequentesten als »Energetik« von dem Chemiker Wilhelm Ostwald ausgebaut, für den die Materie »als primärer Begriff nicht mehr vorhanden« ist: diese entsteht vielmehr »als sekundäre Erscheinung durch das Zusammensein gewisser Energiearten«. Diese Auflösungsform des Materialismus ist aber erst ein Menschenalter später hervorgetreten: für »Büchner und Konsorten« gibt es *nur* Stoff, und die Kraft gehört zu ihm bloß als seine Eigenschaft und Äußerung wie zum Klotz das Wackeln oder zum Wind das Blasen: eine Weltansicht, die sich, strenggenommen, in gar nichts von dem Fetischismus unterscheidet, den der Medizinmann mit demselben fanatischen Geschrei verkündet.

Ein gewisser wirtschaftlicher Aufschwung, die häufige Begleiterscheinung materialistischer Strömungen, ist in jener Zeit auch in Deutschland zu beobachten, obschon lange nicht in dem Maße wie in Frankreich und England. Es kam zur Errichtung neuer Eisenbahnstrecken und Schiffslinien, Bergwerke

Der Marxismus

und Fabriken, vor allem großer Bankhäuser und Aktiengesellschaften. Im Zusammenhang damit steht die Entwicklung des Sozialismus, der mit jedem echten Kapitalismus fast gleichzeitig in die Welt tritt und ihm auf Schritt und Tritt folgt wie der Geist des Bettlers dem übermütigen Flottwell. Seine zwei stärksten Exponenten waren, wie jedermann weiß, Marx und Lassalle, beide aus prononciert bürgerlichem Milieu stammend. Marx ist neben Darwin der einflußreichste Gelehrte des neunzehnten Jahrhunderts, obgleich er ebensowenig Philosoph war wie dieser. Sein Hauptwerk *Das Kapital*, von dem nur der erste Band zu seinen Lebzeiten erschien, ist ein höchst verwickeltes, kunstvoll und künstlich vernietetes System von abstrakten Definitionen und Schlußfiguren, das nicht nur dem Proletarier, sondern auch dem Durchschnittsgebildeten in großen Teilen unzugänglich ist, so daß man mit einiger Übertreibung behaupten könnte, ein Marxist sei ein Mensch, der Marx nicht gelesen hat. Aber durch eine Art geheimnisvoller geistiger Ausstrahlung sind seine Lehren doch in die ganze Welt gedrungen. Den Katechismus der neuen Doktrin enthielt das im Februar 1848 gleichzeitig in deutscher, französischer, italienischer, flämischer und dänischer Sprache erschienene *Manifest der Kommunistischen Partei* von Marx und Engels, gerichtet gegen die Bourgeoisklasse, die »an die Stelle der mit religiösen und politischen Illusionen verhüllten Ausbeutung die offene, unverschämte, direkte, dürre Ausbeutung gesetzt hat«, indem sie das Privateigentum für neun Zehntel der bestehenden Gesellschaft aufhob, wodurch sie das Proletariat zwinge, seinerseits das Privateigentum aufzuheben und »alle Produktionsinstrumente in den Händen des Staates, d. h. des als herrschende Klasse organisierten Proletariats, zu zentralisieren«: »Mögen die herrschenden Klassen vor einer kommunistischen Revolution zittern. Die Proletarier haben nichts zu verlieren als ihre Ketten. Sie haben eine Welt zu gewinnen. Proletarier aller Län-

der, vereinigt euch!« Marx lehnte alle früheren sozialistischen
Theorien ab und erklärte sich für den ersten Vertreter des »wis-
senschaftlichen Sozialismus«, der an keinerlei Gefühle oder
moralische Erwägungen appelliert, sondern bloß den realen
Tatbestand und dessen unausweichliche Entwicklung aufzeigt,
indem er nicht feststellt, was sein soll, sondern, was sein wird.
»Als Werte«, lehrt er, »sind die Waren nichts als kristalisierte
Arbeit.« Sie sind genau so viel wert, als sie von dieser Arbeit
enthalten, ihr Maß ist daher ganz einfach die Zahl der auf ihre
Herstellung verwendeten Arbeitsstunden. Die Kosten dieser
Arbeit werden durch die Menge der Subsistenzmittel bestimmt, die ein Arbeiter braucht, um sich dauernd im Zustande der Produktionsfähigkeit zu erhalten. Dies ist der »verbrauchte« Wert. Der Wert, den der Arbeiter produziert, ist aber
stets erheblich höher als der verbrauchte. Dieser Überschuß,
den Marx *Mehrwert* nennt, stellt den Profit des Unternehmers
dar. Da der Arbeiter nur den Lohn bezieht, der dem verbrauch-
ten Wert entspricht, so wird er, obgleich er scheinbar erhält,
was ihm zukommt, um den Mehrwert geprellt: er leistet Mehrarbeit, und zwar um so mehr, je länger die Arbeitszeit ist, denn
wenn zum Beispiel zur Deckung seines Unterhalts fünf Arbeitsstunden nötig sind, so ist bei zehnstündiger Tagesarbeit
der Profit des Unternehmers größer als bei achtstündiger. Der
naheliegende Einwand, den unter anderen Karl Jentsch gemacht hat, daß Mehrwert noch lange nicht Reingewinn sei,
denn der Fabrikant habe ihn »mit dem Grundrentner, auf dessen Grund und Boden die Fabrik steht, mit dem Kaufmann, der
die Fabrikate vertreibt, und mit dem Kapitalisten, von dem er
Geld geliehen hat« zu teilen, ist im Sinne Marxens nicht stichhaltig, da auch diese Abzüge: Bodenrente, Zwischenhandels-
provision, Darlehenszinsen alle der Ausbeuterklasse zugute
kommen und es im Prinzip offenbar gleichgültig ist, ob sich der
Unternehmer selber oder ein anderer Kapitalist: ein Grund-

eigentümer, Warenhausbesitzer, Bankier mit der Mehrarbeit bezahlt macht.

Kapital ist nach Marx, was eine Rente, ein durch die Arbeit anderer erzieltes Einkommen abwirft; daher gab es im Mittelalter noch kein Kapital im strengen Sinne, denn die meisten Arbeiter waren noch Eigentümer ihrer Produktionsmittel. Durch eine Reihe von Ursachen kam es im Laufe der Neuzeit nicht nur zur Entstehung solchen echten Kapitals, sondern auch zu seiner immer stärkeren Akkumulierung in den Händen einiger weniger und zur Expropriation aller übrigen. Früher hatte der Handwerker seine *Produkte* verkauft, jetzt war er gezwungen, *sich selbst* zu verkaufen. Dies führte zur Entstehung eines massenhaften Proletariats; damit aber hat die Bourgeoisie »ihre eigenen Totengräber produziert«. Es liegt im Wesen des Kapitalismus, daß er zu periodisch wiederkehrenden Handelskrisen führt, die sich immer mehr verschärfen. Durch sie wird jedesmal eine große Zahl von Besitzenden ruiniert und das Kapital in immer weniger Händen konzentriert, während das Elend der Massen immer höher steigt: schließlich wird die verschwindende Minorität der Expropriateure expropriiert.

Der Klassenkampf Dem Marxismus ist mit dem Darwinismus gemeinsam, daß er keine Katastrophenlehre ist, sondern organische Umbildungen annimmt, die sich fast von selbst vollziehen, indem sie sozusagen durch die eigenen Fallgesetze ihren Lauf bestimmen, und daß er überhaupt an wissenschaftlich kontrollierbare Gesetze des Geschehens glaubt. Lassalle hat Marx den »Ökonom gewordenen Hegel« genannt, und in der Tat besteht das Grundwesen und auch Grundgebrechen des marxistischen Systems in seinem Rationalismus, der als selbstverständlich voraussetzt, daß die soziale Entwicklung ein Problem der Logik, des Kalküls, der Deduktion sei, kurz, daß sie sich nach Hegel richte. Der Mensch aber unterscheidet sich unter anderem dadurch vom Tier, daß er sehr oft, und gerade auf seinen

Höhepunkten, unlogisch oder überlogisch handelt: die staatenbildenden Insekten wird er nie erreichen. Die Geschichte hat denn auch bis jetzt die marxistischen Lehren nirgends befolgt: gerade in Rußland, wo der Kapitalismus am schwächsten entwickelt war, kam es zur Diktatur des Proletariats, und in Amerika, wo die Konzentration der Kapitalien auf eine ungeahnte Höhe gestiegen ist, hat der Kommunismus die geringsten Chancen.

Der kollektivistische Grundgedanke des Sozialismus ist einfach und gerecht. Er besagt, daß Grund und Boden, alle Produktionsmittel und alle Verkehrsmittel Gemeinbesitz sein sollen. Daß die Erde, ihre Erzeugnisse und die von der Menschheit gemeinsam geschaffenen Werkzeuge auch ebendieser Menschheit gemeinsam gehören sollen, ist eine billige Forderung. Bei Gartenanlagen und rollenden Trottoirs, Badeanstalten und Spielplätzen, Bibliotheken und Museen, Schulen und Spitälern ist dies heute schon vielfach durchgeführt. Nahezu erreicht ist dieser Zustand auch schon bei der Briefbeförderung und Wasserversorgung, die trotz dem enormen Apparat fast kostenlos sind, und bei den Theatern, die fast nur noch von Freikartenbesitzern besucht werden. Daß dieses System auf Beleuchtung und Beheizung, Beförderungsmittel und Wohnstätten ausgedehnt werden wird, kann nur eine Frage von Jahrzehnten sein, daß es sich auch auf Bekleidung und Nahrung erstreckt, nur eine Frage der Organisation und des guten Willens. Aber dieser Kollektivismus ist keineswegs identisch mit Gleichheit der Rechte und Pflichten, des Arbeitsausmaßes und Geldeinkommens, denn dies würde voraussetzen, daß alle Menschen gleich sind, welche Annahme ein gottloser Unsinn ist. Der Marxismus behauptet: »Die Geschichte aller bisherigen Gesellschaften ist die Geschichte von Klassenkämpfen.« Wenn das wahr ist, dann ist der Klassenkampf ewig, denn immer wird es unter den Menschen Gruppen mit verschiedenen Fähigkeiten und Zielen geben, und immer wird jede von ihnen behaupten, sie sei die vornehmste und wichtigste. Kein Mensch wird einem Matrosen einreden können, die Sterne hätten nicht den ausschließlichen Zweck, seine Fahrt zu bestimmen, kein Mensch einem Astronomen, sie seien noch für etwas anderes da als für seine Fernröhren, oder vielmehr: ein Matrose oder Astronom, der etwas anderes glaubt, ist *talentlos*. Demnach muß zwischen Matrosen und Astronomen ein Klassenkampf entbrennen, auch wenn keiner von beiden einen Mehrwert einstreicht. Dies ist aber ganz und gar nicht die Meinung des Marxismus, vielmehr behauptet er, daß der Klassenkampf zwischen Bourgeoisie und Proletariat der letzte sein wird, weil der Kollektivismus »auch die Klassen selbst zum Verschwinden bringen wird«. Wodurch aber? Durch die Diktatur einer einzigen! Dies wäre ein sehr hinterlistiger Sophismus, wenn er nicht unbewußt wäre. Der ideale Endzustand, den der Marxismus nicht bloß postuliert, sondern als eine unentrinnbare, geradezu physikalische Gewißheit hinstellt, wäre also die in Permanenz erklärte Tyrannei einer einzelnen Klasse, noch ungerechter als alle jemals in die Geschichte getretenen, weil sie die der niedrigsten wäre. Der Trugschluß, daß es nur Proletarier gebe, läßt sich nur durch zügellose Gewalt aufrechterhalten, indem man nämlich alle anderen Klassenangehörigen ausrottet oder zu Proletariern kastriert. Hierin überbietet der Marxismus sogar die untermenschliche eiserne Logik der Insektenstaaten, denn selbst diese bestehen nicht aus einer einzigen Klasse: die Bienen haben die Luxusklasse der Drohnen, die Amazonenameisen die Kämpferklasse der »Ritter«, denen die Nahrung von den Arbeitern nicht nur herbeigeschleppt, sondern sogar in den Mund gesteckt wird, die Termiten bilden einen gegliederten Kastenstaat, und alle drei haben Königinnen oder Könige.

Lassalle   Marx war ein Professor ohne Lehrstuhl, Lassalle hingegen ein Künstler, in seinem beweglichen Überesprit ein wenig an

Heine erinnernd, der auch als einer der ersten sein großes Talent erkannte: er nannte ihn einen neuen Mirabeau. Mit dem bronzenen provençalischen Seigneur hatte der hysterische Breslauer Seidenhändlerssohn allerdings wenig Ähnlichkeit, höchstens darin, daß auch er die Politik als ein Spiel betrachtete, in dem er die Befriedigung seiner dramatischen Instinkte und Geltungstriebe suchte. Bismarck sagte in einer Reichstagsrede von ihm, er sei einer der geistreichsten und liebenswürdigsten Menschen gewesen, mit denen er je verkehrt habe, »durchaus nicht Republikaner«. Aber auch ein anderes Wort Bismarcks: daß Eitelkeit eine Hypothek sei, die auf den meisten politischen Begabungen laste, läßt sich auf ihn in sehr starkem Maße anwenden. Seine praktischen Hauptforderungen waren: allgemeines, gleiches, geheimes und direktes Wahlrecht und Gründung staatlicher Produktivgenossenschaften mit Gewinnanteil für die Arbeiter. Er verspottete die »Nachtwächterrolle« des heutigen Staates, der nichts anderes gewähre als den Schutz der Ausbeuter. 1863 stellte er sein berühmtes »ehernes Lohngesetz« auf, doch stammt nur der Name und die prägnante Fassung von ihm, denn es findet sich schon bei Ricardo. Es besagt, »daß der durchschnittliche Arbeitslohn immer auf den notwendigen Lebensunterhalt reduziert bleibt, der in einem Volke gewohnheitsmäßig zur Fristung der Existenz und zur Fortpflanzung erforderlich ist: dies ist der Punkt, um welchen der wirkliche Tageslohn in Pendelschwingungen jederzeit herumgravitiert.« Um sich der Wirkung dieses Gesetzes zu entziehen, muß sich der Arbeiterstand zu seinem eigenen Unternehmer machen. Doch hat Lassalle offenbar nicht genügend beachtet, daß das »Existenzminimum« selber eine variable Größe ist. Ein anständig bezahlter Arbeiter verfügt heute, besonders in England, über ein größeres Maß an Komfort und Hygiene, als es in den Zeiten der Völkerwanderung ein Fürst genoß.

Vom Marxismus leitet sich auch die »materialistische Geschichtsauffassung« her, die bekanntlich annimmt, daß die ökonomische Struktur der Gesellschaft »den sozialen, politischen und geistigen Lebensprozeß überhaupt« bedingt. Diese barbarische Banalität ist nun wohl schon damals von keinem wirklichen Historiker ernst genommen worden; der materialistische Geist der Zeit beeinflußte aber auch die Geschichtswissenschaft insofern, als sie sich vollkommen politisierte, indem sie sich nicht nur in enggeistiger Ausschließlichkeit auf die reine Staatengeschichte beschränkte, sondern diese sogar der Parteipolitik dienstbar machte. Johann Gustav Droysen versuchte in seiner antihabsburgischen *Geschichte der preußischen Politik* nachzuweisen, daß das Haus Brandenburg vom Großen Kurfürsten an die Leitung der deutschen Dinge in Händen gehabt habe und die Geschichte Deutschlands seit zwei Jahrhunderten nach der kleindeutschen Lösung tendiere; Heinrich von Sybel suchte an der Geschichte des Mittelalters nachzuweisen, daß das großdeutsche Kaisertum eine verfehlte Idee und ein Unglück für Deutschland gewesen sei. In seiner *Geschichte der Revolutionszeit 1789–1800*, einer langatmigen Aneinanderreihung politischer Paraphrasen über sehr fleißig geschöpftes Aktenmaterial, ist von nichts die Rede als von Verfassungskämpfen, militärischen Bewegungen und diplomatischen Schiebungen; sie handelt nicht bloß von Frankreich, sondern von sämtlichen Ländern des Erdteils, aber indem sie ganz Europa in Totalansicht zu zeigen glaubt, verzettelt sie sich in unendliche Details und vermehrt bloß die Rubriken. Während Droysen noch Sage und Anekdote als Geschichtsquellen gelten läßt, mißtraut Sybel jedem mündlichen Bericht und huldigt, emsig alle erreichbaren Archive durchstöbernd, einem papierenen Aktuarrealismus; auf seine Methode paßt das Wort Nestroys: »Die Menschen sind schon so unsinnig, daß sie das für Wahrheit halten, wovon sie ein' Schein in Händen haben.« Bismarck sagt einmal, es gebe zwei Gattungen von Historikern: »die einen machen die Wasser der Vergangenheit klar, die anderen machen sie trübe; zu den ersteren gehört Taine, zu den letzteren Sybel.« In Droysens an sich vortrefflicher *Geschichte des Hellenismus* ist Mazedonien Preußen und Demosthenes ein von den Persern (Österreichern) bestochener Partikularist. Doch wirkt diese Historik ad usum Delphini bei ihm nicht so verletzend wie bei Sybel, weil er eine viel lebendigere, menschlichere Persönlichkeit war. Ein Tendenzwerk in seiner Art war auch die *Griechische Geschichte* von Curtius, da sie in prononcierter Weise das Dogma vom klassischen Altertum verficht: sie ist sozusagen der Abgesang des Klassizismus, aber ein sehr melodischer und rührender.

Auch Mommsen, dessen *Römische Geschichte* ungefähr um *Mommsen* dieselbe Zeit zu erscheinen begann, modernisiert, sogar am stärksten von allen Genannten. Cato ist ein Konservativer von der Kreuzzeitungspartei, Cicero ein schriftstellernder Advokat und Parlamentarier à la Thiers, Crassus ein Börsenkönig à la Louis Philippe, die Gracchen sind Sozialistenführer, die Patrizier Junker, die Graeculi Pariser Zigeuner, die Gallier Indianer. Man könnte daher meinen, er sei eine Art Georg Ebers der Wissenschaft gewesen, dessen archäologische Romane damals sehr stark gelesen wurden. Aber hier zeigt sich wieder einmal, daß in der Kunst niemals das Was, sondern immer nur das Wie, das heißt: die Persönlichkeit entscheidet. Mommsen zieht die Historie in die Gegenwart herein, Ebers zieht sie zur Gegenwart herab; Mommsen treibt sie durch seine Betrachtungsweise ins Relief, Ebers schleift sie durch dasselbe Verfahren bis zur Unkenntlichkeit ab; Mommsen macht aus der Professur eine Kunst, Ebers aus der Kunst eine Professur. Und alle diese Unterschiede kommen ganz einfach daher, daß diese beiden Historiker nicht dieselbe *Gegenwart* hatten. Die Mommsensche ist gestuft, gefüllt und original, die Eberssche eintönig, einseitig und philiströs.

1397

Man hat Mommsen von Anfang an und seither immer wieder Journalismus vorgeworfen: eine völlige Umkehrung des wahren Tatbestandes. Denn was ist Journalismus? Falsches Ethos und unerlebtes Pathos; leerlaufende Routine und ausgemünzte Phrase; konventioneller Blick durch das Auge des »Zeitgenossen« und anmaßendes Glossieren von unten; zwangsläufige Themenwahl, diktiert durch Nachfrage; geistlose Überschätzung des »Nachrichtenmaterials«. Und genau alles dieses ist auch professoral. Das Gemeinsame ist die *Unbildung.* Wenn man von den Produkten der Durchschnittsgelehrsamkeit die Philologie (dies Wort im weitesten Sinne genommen) in Abzug bringt, so bleibt nichts als ein verlangweilter Journalismus; unterschieden sind sie von diesem nur durch die verschwenderische Ausstattung, etwa in der Art, wie gewisse Hoftheater der Vorkriegszeit nichts waren als reichdotierte Schmieren.

Will man aber den Journalismus in seiner idealen Bedeutung nehmen, wie es Bernard Shaw tut, dann *war* Mommsen ein Journalist. Shaw sagt in einem seiner Essays: »Plato und Aristophanes, die dem Athen ihrer Zeit etwas Vernunft einzubleuen suchten, Shakespeare, der dasselbe Athen mit elisabethinischen Kavalieren und Handwerkern bevölkerte, Ibsen, der die Ärzte und Kirchenvorsteher einer norwegischen Gemeinde photographierte, Carpaccio, der das Leben der heiligen Ursula ganz so schilderte, als ob sie in einer benachbarten Straße gewohnt hätte, sind noch überall lebendig und gegenwärtig, mitten zwischen der Asche und dem Staub Tausender von akademischen, peinlich genauen, archäologisch korrekten Männern der Wissenschaft und der Kunst, die ihr Leben lang der gemeinen Sitte des Journalisten, sich mit dem Vergänglichen zu befassen, hochmütig ausgewichen sind. Ich bin auch Journalist und stolz darauf und streiche mit Vorbedacht alles aus meinen Arbeiten, was nicht Journalismus ist, überzeugt, daß nichts, was nicht Journalismus ist, lange als Literatur lebendig bleiben kann. Ich

habe keine Berührung mit irgendeiner historischen Persönlichkeit als in dem Teil von ihr, der auch ich selber bin, was vielleicht, je nachdem, nur neun Zehntel oder ein Hundertstel von
ihr sein mag (wofern nicht etwa ich größer bin als sie). Aber dieser Bruchteil ist jedenfalls alles, was ich von ihrer Seele überhaupt erfahren kann. Der Mann, der über sich selbst und über
seine eigene Zeit schreibt, ist der einzige Mann, der über alle
Menschen und über alle Zeiten schreibt. Und darum mögen
andere nur immer pflegen, was sie Literatur nennen: für mich
den Journalismus!« In der Tat ist ja auch Shaws Cäsarbild von
Mommsen entlehnt. Beide Dichter haben auf wundervolle
Weise die ewige Wahrheit, daß das Genie nichts ist als der
menschlichste Mensch, in eine neue und glänzende Beleuchtung gerückt.

In dem Zeitraum, von dem wir sprechen, beherrschte der *Das*
Professor das gesamte deutsche Kulturleben in einem Maße *Dichter-*
wie niemals vorher. Er stellt die Majorität unter den Politikern, *seminar*
Malern, Poeten, er ist die Zierde der Salons, der typische Romanheld wie eine Generation früher der »Zerrissene«, das
Ideal der jungen Mädchen wie eine Generation später der Leutnant, und in dem Bayernkönig Maximilian dem Zweiten bestieg er sogar den Thron. Das merkwürdige Herrscherge-
schlecht der Wittelsbacher war eine Mischung aus gesunder,
klarer, verständiger, fast bürgerlicher Solidität und einer Kompliziertheit und Eigenwilligkeit, Phantasieüberfülle und Hypersensibilität, die ans Pathologische grenzte. Nun wäre das
ja fast die Formel für das Genie: dies ist das Holz, aus dem
Prachtfiguren des historischen Kabinetts wie Friedrich der
Große, Goethe, Schopenhauer, Ibsen, Bismarck, Carlyle geschnitzt sind. Nur leider: diese beiden Veranlagungen waren
immer auf verschiedene Wittelsbacher verteilt. Das Extrem der
reizbaren Phantastik war in Ludwig dem Zweiten verkörpert,
das Extrem der nüchternen Klugheit in seinem Vater Maximi-

lian dem Zweiten. Er sagte selber von sich, er habe von einer Entthronung nichts zu befürchten, denn er könne sich jederzeit als Geschichtsprofessor sein Brot verdienen. Er soll niemals gelacht haben, was sich ja auch in der Tat für einen ordentlichen Professor nicht schickt. Er berief den großen Liebig, die Historiker Sybel und Giesebrecht, die Rechtslehrer Bluntschli und Windscheid und wollte eine Art poetisches Seminar schaffen, indem er eine Menge Dichter nach München zog und in regelmäßigen Zusammenkünften, den »Symposien«, bei denen es aber keineswegs dionysisch zuging, vereinigte. Man nannte diese literarische Gruppe kurzweg die »Münchener«, auch die Idealisten. Ihre Parodie lautete, im Gegensatz zum Jungen Deutschland: »Abkehr von der Tendenz, Rückkehr zur Kunst«, worunter sie aber reines Epigonentum verstanden: »klassische«, hohle, polierte, blasse Form und »romantischen« Historizismus und Sentimentalismus. Ihr architektonisches Pendant ist der »Maximilianstil«, der, sehr gebildet und anspruchsvoll, aber unpersönlich und temperamentlos, auf dem Glauben fußt, daß, wenn man die Kostbarkeiten aller Zeiten mechanisch legiert, etwas besonders Hochwertiges herauskommt.

Diese »Klassiker« unterschieden sich von den echten dadurch, daß sie keinen Weg gemacht hatten, daß ihre Werke nicht Entwicklungsprodukte, schwierige Erwerbungen, Errungenschaften waren. Sie meinten, über ihrer Zeit zu stehen, während sie bloß neben ihr standen. Sie glaubten, Idealismus bestehe darin, daß man über die Realität hinwegsehe, und Schönheit darin, daß man das Häßliche ausschalte. Sie waren leider Klassiker von Geburt an, und darum waren sie es nicht. Geibel war ein kultivierter Galeriemaler, dessen Hauptqualität im geschmackvollen Kopieren bestand, ein Akademiker mit »warmer Farbe« und »schönem Atelierton«. Bodenstedts berühmte *Lieder des Mirza Schaffy* sind die Bonmots eines jovialen Schöngeists, der im Perserkostüm auf einen Münchener

Bürgerball geht. Freiligraths Dichtungen, auf die Heine das treffende Wort »Janitscharenmusik« prägte, erinnern an die Panoramen, die damals aufkamen: vorne ausgestopft, hinten Kulisse, aber nicht ohne einen gewissen pittoresken Reiz. Aus Heyses unermüdlicher Feder flossen Sonette, Novellen, Romane, Epen, Memoiren, Proverbes, Gesellschaftsstücke, Geschichtsdramen, und Ottaverimen, Terzinen, Hexameter, Trochäen ebenso leicht wie Prosa; seine Jambentragödie vom *Raub der Sabinerinnen* hat aber ein weit kürzeres Leben gehabt als der gleichnamige Schwank der Brüder Schönthan. Heyse war ziemlich genau das, was sich der Bürger unter einem Dichter vorstellt: eine Seele mit Samtrock und immer schrecklich interessant. Indes, es muß auch solche Schriftsteller geben. Unerträglich wird Heyse erst durch eine saure Mischung aus tantenhaftem Moralismus und genäschiger »Sinnenlust«, ein vorwitziges Spielen mit erotischen Problemen unter Gouvernantenaufsicht der Tugend, das unsittlich ist, weil es zuwenig unsittlich ist. Wilhelm Jordan hinwiederum war der »moderne Rhapsode«: der Sänger des Nibelungenliedes, das er einerseits forciert altertümlich, andrerseits hochaktuell, nämlich darwinistisch nachdichtete und persönlich vortrug, wobei ihm seine natürliche Bardenmaske zustatten kam. Und dann gab es noch Victor von Scheffel, den Liebling der reiferen Jugend, nämlich jener, die bereits Alkohol zu sich nimmt. Seine Gaudeamuslieder sind wie die animierenden Wandmalereien in guten alten Wirtshäusern, seine epischen Produkte wie die *Diaphanien*, die damals auch sehr begehrt waren: saubere, freundliche Glasmalereiimitationen in leuchtendem Buntlack. Und was ist von all dieser klassisch, altdeutsch, orientalisch, modern kostümierten Dichterei übriggeblieben? Der *Struwwelpeter* des Frankfurter Irrenarztes Heinrich Hoffmann.

Auf dem Theater herrschten die süßen Wachspuppen Friedrich Halms und die komischen Masken von Roderich Benedix, *Die Marlitt* die, obgleich gänzlich geistlos und konventionell, dennoch verraten, daß ihr Schöpfer als Schauspieler und Verfasser vortrefflicher Lehrbücher der Vortragskunst ein genauer Kenner der Bühne war. Daneben wirkte Bauernfeld, der mit etwas blassem und schüchternem Buntstift eine Art Gesellschaftszeichnung versuchte und sogar etwas wie Konversation auf die deutsche Bühne brachte; freilich fehlt jede plastische Individualisierung: seine Stücke sind eigentlich bloß »gut geschrieben« wie ein gelungenes Feuilleton, was aber für die damalige Zeit schon sehr viel war. Was dieses Feuilleton selber anlangt, so kam damals auch in Deutschland die Sitte auf, es mit Romanfortsetzungen zu füllen, die, an sich schon der Erzählerkunst schädlich, infolge des prononcierten Familienblattcharakters der Zeitungen auf die Produktion verheerend wirkte. Der Charakter dieses Genres ist mit dem Wort »Gartenlaube« erschöpfend bezeichnet, das zum Gattungsbegriff avanciert ist, und seine Meisterin war Eugenie Marlitt, die mit Recht unsterblich geworden ist, weil sie inmitten der gediegen und gedankenvoll, sozial und realistisch tuenden Zeitromane ein Naturgewächs war, indem sie an ihre rosa Lügen glaubte, wodurch ihre Geschöpfe etwas von dem lieblichen Stumpfsinn einer Wasserrose oder der überzeugenden Kitschigkeit eines Goldkäfers erhielten. Von Berthold Auerbach läßt sich keineswegs dasselbe behaupten. Er war ein Jude aus einem Neckardorf, und die Personen seiner ungemein erfolgreichen *Schwarzwälder Dorfgeschichten* sind als Bauern verkleidete jüdische Schmierenschauspieler, die »Lichtstrahlen aus Spinoza« gelesen haben. Cornelius Gurlitt erzählt in seiner *Deutschen Kunst des neunzehnten Jahrhunderts*, Schwind habe über Auerbach gesagt: »Die höchste Begeisterung für alles, was Bauernlackel ist, und dabei gar nicht bemerken, daß alle diese sozial-kommunistischen Bilder genau für den Salon des Bankiers und Stutzers berechnet sind: das geht über meinen Horizont!«: ein Ausspruch, der wieder einmal zeigt, daß der echte Romantiker der Natur viel näher verbunden ist als der falsche Realist; und Richard M. Meyer weist in seiner *Deutschen Stilistik* darauf hin, daß Auerbach in seinem Roman *Spinoza* den Rabbi Isaak einmal als schmächtig und rotbärtig und kurz darauf als wohlgenährt und schwarzbärtig schildert: eine Unstimmigkeit, die keineswegs in die Gruppe jener berechtigten und unvermeidlichen Widersprüche gehört, von denen in der Einleitung dieses Werkes gesprochen wurde, vielmehr bei einem Dichter einfach unverzeihlich ist, da sie nicht aus dem Reichtum an Anschauung kommt, sondern aus ihrem völligen Mangel, indem sie zeigt, daß er seine Figuren nicht sieht. Es ist übrigens ganz dieselbe Unart, zu gar nichts innerlich Beziehung zu nehmen, sondern einfach draufloszuzeichnen, wie sie an den damaligen Klassikerillustratoren zu beobachten ist, bei denen Recha, Louise und Gretchen auf jedem Bild anders aussehen. Dies sind keine »Kleinigkeiten«, sondern entweder Beweise vollkommener Talentlosigkeit oder dreiste Mißachtungen des Publikums.

Gutzkow versuchte in seinen *Rittern vom Geist* den »Roman des Nebeneinander«, wie er es nannte, und es wurde auch wirklich ein bloßes Nebeneinander, ein mechanisches Gemenge, keine chemische Verbindung, geschweige denn ein Organismus. Was er in Wirklichkeit vorhatte, ein Querschnitt durch das gesamte geistige und soziale Schichtwerk der Zeit, war für einen Journalisten ein aussichtsloses Unterfangen. Bescheidener waren die Ziele, die sich Gustav Freytag mit *Soll und Haben* gesetzt hatte. Ludwig Speidel spricht in einem seiner Feuilletons von dem »nahrhaften Duft«, den das Werk durch die ganze deutsche Welt verbreitete, »als es frisch aus der Pfanne kam«. Es war ein vortreffliches Gericht aus lauter reinen soliden Zutaten, aber eben doch nur eine wohlschmeckende kräftige Komposition der Küchenkunst. Daß er

Bilanz der deutschen Literatur

für das Theater weit weniger begabt war, zeigte Freytag nicht nur durch seine Bühnenwerke, die fast alle versagten, sondern auch durch seine *Technik des Dramas,* die ein halbes Jahrhundert lang das Erquicken aller Deutschlehrer und den Schrecken aller Obergymnasiasten gebildet hat. Man könnte sie geradezu eine Anweisung zum Verfassen schlechter Dramen nennen. Vom *Götz* wird darin gesagt, er sei »kein auf der Bühne wirksames Stück«, Euripides wird »ganz gewissenlos« genannt, Parricida und der schwarze Ritter werden für überflüssig erklärt. Wie man schon aus diesen drei Beispielen ersieht, wird die Dramatik hier als eine pure Handwerkskunst aufgefaßt, die mit Maurerkelle und Zimmermannsbleistift arbeitet. Jedes Drama hat sich in »fünf Teilen« und »drei Stellen« abzuwickeln, sie heißen: »a) Einleitung, b) Steigerung, c) Höhepunkt, d) Fall oder Umkehr, e) Katastrophe« und »das erregende Moment, das tragische Moment, das Moment der letzten Spannung«. Ein einziges Mal hat Freytag selber gewissenlos gearbeitet, überflüssige Episoden eingeführt und sich um keine »Momente« gekümmert, und dieses Stück war sein einziges erfolgreiches. Es sind die »Journalisten«, ein frisches, liebenswürdiges, sogar originelles Lustspiel mit so lebendig geschauten Figuren, daß zwei von ihnen sogar zu Gattungsbegriffen geworden sind: der Bolz und der Schmock. Allerdings ist es von einer Harmlosigkeit, die uns heute unbegreiflich vorkommt (die ganze Korruption der Presse besteht darin, daß »Enten« erfunden werden) und eigentlich schon dem Zeitalter Balzacs hätte unbegreiflich sein müssen. Überhaupt ist der hervorstechendste Defekt Freytags seine untragische Zufriedenheit mit der Welt, die manchmal geradezu etwas Unmoralisches an sich hat, und seine unproblematische Vernünftigkeit, die an Philistrosität grenzt. Daher sind ihm niemals Gestalten gelungen, sondern immer nur Bilderbogen, und seine schönste und reifste Arbeit sind denn auch seine kulturgeschichtlichen »Bilder aus der deutschen Vergangenheit«, in ihrer Art ein klassisches Werk. Als historischer Dichter war er nur zu oft ein Seminarist, als dichtender Historiker ist er einer der feinsten Pastellmaler.

Im ganzen genommen, zeigt die deutsche Literatur jener Zeit gegenüber der des Auslands einen erstaunlichen Tiefstand. Zwei Jahre vor Spielhagens *Problematischen Naturen* erschien die russische Vision einer problematischen Natur, der *Oblomow*; zwei Jahre vor der *Ägyptischen Königstochter* von Ebers schuf Flaubert sein Gemälde des alten Orients in *Salammbô*; zwei Jahre nach *Soll und Haben*, der Psychologie des zeitgenössischen Bürgertums, trat dasselbe Thema in französischer Fassung ans Licht in *Madame Bovary*; und als Baudelaire seine *Fleurs du mal* dichtete, begann Scheffel seine *Gaudeamuslieder* zu verbreiten.

Allerdings kam in jenem Zeitraum auch der *Grüne Heinrich* zur Welt, aber auch dieser verliert einigermaßen, wenn man bedenkt, daß er ein Zeitgenosse Raskolnikows ist. Kellers eigentliches Gebiet war die kräftige Kleinplastik, und daher ist alle seine Romandichtung Novellenschichtung, auch wo sie dies nicht äußerlich ist. Er schrieb einmal an Heyse, eine ungeschriebene Komödie gehe durch alle seine Epik, und in der Tat war seinem dichterischen Wesen eine feine Falte lächelnder Ironie dauernd eingekerbt. Hierin sowie in seinem unkonventionellen psychologischen Realismus, der nie aus dem über die Dinge Gesagten, sondern aus deren direkter Anschauung und der individuellen Wahrheit des eigenen Herzens schöpft, und in einem gewissen gepflegten Humanismus der Form, der aber natürlich genug bleibt, um sich oft und gern ins lebendig Saloppe aufzulockern, erinnerte er an seinen Landsmann Burckhardt. Die Universalität des Weltblicks, die diesen auszeichnete, fehlte ihm: er ist in seiner kantonalen, versponnenen, vor den letzten Abgründen des Lebens und der Erkenntnis geflissentlich zurückweichenden Gemütsart stets Schwyzer geblieben. In Zola sah er einen »gemeinen Kerl«, an Georg Büchner fand er nur die Frechheit bewundernswert. Er war bekanntlich viele Jahre Stadtschreiber in Zürich, und etwas Ähnliches ist er auch als Dichter gewesen: der treue, klare, kundige Chronist des kleinen Lebens.

Hebbel und Otto Ludwig Wir haben aber noch Hebbel und Otto Ludwig vergessen, die in der Literaturgeschichte ein untrennbares Begriffspaar bilden, wie Plautus und Terenz, Fichte und Schelling, Raimund und Nestroy, Heine und Börne, indem sie sozusagen von den Literaturprofessoren immer gleichzeitig an die Tafel gerufen wurden. Während diese anderen ziemlich wenig Gemeinsames hatten, bestanden unter ihnen tatsächlich gewisse Ähnlichkeiten. Daß sie beide im Jahr der Völkerschlacht geboren sind und eine bis heute erfolglose *Agnes Bernauer* hinterließen, ist wohl nur eine Äußerlichkeit; charakteristischer ist schon ihr lebenslänglicher Antagonismus gegen Schiller, der aus versteckter Rivalität entsprang: Ludwig plante einen Wallenstein und eine Maria Stuart, Hebbel arbeitete an einer Johanna und einem Demetrius, den er auf fünfthalb Akte brachte. Sowohl Ludwigs Realismus wie Hebbels Rationalismus war verdrängte Schillersche Romantik, ihre Versform Schillerscher Klassizismus; infolgedessen entwickelte sich in ihnen gegen Schiller eine Art Ödipuskomplex. Übereinstimmende Züge in ihrem Œuvre waren: die harte Zeichnung; der spröde Intellektualismus; der Mangel an Atmosphäre; die nicht (wie bei Schiller) erquickend kolportagehafte, sondern kalt psychiatrische Vorliebe für das dramatische Kuriositätenkabinett; und, damit zusammenhängend, das Übermotivieren, das, theatermäßig betrachtet, ein Untermotivieren ist, indem die überspitzte Psychologie in Pathologie hinübergleitet. Dies zeigt sich besonders schlagend in Ludwigs *Erbförster*, der aber andererseits etwas hat, was Hebbel niemals und Ludwig auch nur hier zu erzeugen vermochte: Lokalduft und magische Schicksalsstimmung. Die *Makkabäer* hinwiederum stehen tief unter allen Dramen Hebbels: sie werden im Affekt stets rhetorisch, und an vielen Stellen schlägt nicht mehr Schiller durch, sondern schon Schillerersatz, nämlich Gutzkow. Aus allen diesen Eigenschaften erklärt es sich, daß beide ihre schriftstellerischen Meisterwerke auf dem Gebiet der philosophischen Spekulation und kunstwissenschaftlichen Analyse geschaffen haben: Ludwigs *Shakespearestudien* und Hebbels *Tagebücher* sind wahre Schatzkammern der Erkenntnis.

Von Hebbels äußerer Erscheinung sagte sein Freund, der Kunstschriftsteller Felix Bamberg: »Sein Gliederbau schien auf Unkosten des Kopfes zu zart ausgefallen und nur dazu da, diesen Kopf zu tragen«; man darf darin ein Symbol für sein ganzes Wesen erblicken. Es hat vielleicht wenige Menschen gegeben, die von einer solchen leidenschaftlichen Lust am Denken erfüllt waren wie Hebbel, aber auch wenige, die so sehr unter der Last ihres eigenen Denkens gelitten haben. Es gibt dramatische Denker, wie es dramatische Dichter gibt, und Hebbel hat unter beide gehört. Noch mehr: er war ein tragischer Denker. Wollte man diesen Begriff auf seine einfachste Formel bringen, so könnte man vielleicht sagen: tragisch ist eine Weltanschauung, die von der Erkenntnis ausgeht: Einzelexistenz ist Sünde, jede Individuation ist ein Abfall vom Ureinen, und da die ganze Welt in ihrer Mannigfaltigkeit nur durch Individuation besteht, so ist sie ein einziger großer Sündenfall. Besonders scharf finden wir dieses Weltbild in dem einzigen Fragment fixiert, das uns von Anaximander überliefert ist: »Woher die Dinge gekommen sind, dahin müssen sie auch wieder zurück zu ihrem Untergang: so will es das Gesetz; denn sie müssen Buße tun für das Unrecht, daß sie vorhanden waren.« Auch Hebbel hat als Dichter und Denker diese Weltansicht verkörpert: der Mensch ist schon durch seine Existenz ein tragisches Geschöpf; jedes

Individuum bedeutet eine Trennung von der Idee; es muß zerstört werden, um wieder in die Idee aufzugehen. Dieses düstere Thema hat Hebbel unermüdlich variiert, theoretisch in seinen Abhandlungen, praktisch in seinen Dramen.

Übrigens hat es wohl keinen tiefen Philosophen gegeben, den dieser Gedanke nicht in irgendeiner Form beschäftigt hätte, kein Denker, der an die metaphysischen Wurzeln der menschlichen Existenz vordringt, kann an ihm vorübergehen. Es fragt sich nur, ob er dauernd von ihm hypnotisiert wird oder nicht. Hegel überwand ihn durch seine selbstsichere Dialektik, Goethe durch seine andächtige Versenkung in die Natur, Fichte durch sein siegreiches ethisches Pathos, Sophokles durch seine heidnische, Calderon durch seine katholische Frömmigkeit, Nietzsche durch seinen Zukunftsglauben, Emerson durch den unwiderleglichen Optimismus seiner glücklichen Persönlichkeit, der nichts Philosophisches, sondern eine Naturkraft, gewissermaßen etwas Physiologisches war.

Der   Etwas Physiologisches war auch der Pessimismus Hebbels.
Antipoet   Mit dieser bestimmten organischen Struktur ist man Pessimist. Mit widrigen Lebensschicksalen läßt sich eine solche Tatsache nicht erklären; derlei oberflächliche Begründungen eignen sich nur für Doktordissertationen. Das Weltbild eines Dichters ist nicht aus der Zahl der eingenommenen Mahlzeiten und der angenommenen Manuskripte zu konstruieren. »Du fragst mich, an welcher Todeskrankheit ich darniedergelegen wäre?« schreibt Hebbel, noch nicht ganz fünfundzwanzigjährig, an seine Geliebte Elise Lensing, »liebes Kind, es gibt nur einen Tod und nur eine Todeskrankheit, und sie lassen sich nicht nennen; aber es ist die, derentwegen sich Goethes Faust dem Teufel verschrieb, die Goethe befähigte und begeisterte, seinen Faust zu schreiben; es ist die, die den Humor erzeugt; es ist die, die das Blut zugleich erhitzt und erstarrt; es ist das Gefühl des vollkommenen Widerspruchs in allen Dingen; es ist mit einem

Wort die Krankheit, die du nie begreifen wirst, weil – du danach fragen konntest. Ob es für diese Krankheit ein Heilmittel gibt, weiß ich nicht; aber das weiß ich, der Doktor (sei er nun über den Sternen oder im Mittelpunkte meines Ichs), der mich kurieren will, muß zuvor die ganze Welt kurieren, und dann bin ich gleich kuriert. Es ist das Zusammenfließen allen Elends in einer einzigen Brust; es ist Erlösungsdrang ohne Hoffnung und darum Qual ohne Ende.« Das sind dunkle Worte, die wohl auch gescheitere Menschen als die arme Elise nicht begriffen hätten, und doch erhellen sie Kern und Wesen dieses Mannes, der, von der Mitwelt platt verkannt, von der Nachwelt maßlos bewundert, auf beide niemals eine andere Wirkung ausgeübt hat, als daß er sie beunruhigte; der so inbrünstig und zäh wie je einer danach gerungen hat, ein Dichter zu sein, und doch nur das vollkommenste Gegenspiel eines Dichters war, ein Dichter etwa, wie Luzifer ein Engel war. Weil er die Welt nicht geliebt hat.

»Das Gefühl vollkommenen Widerspruchs in allen Dingen« ist in der Tat das Gefühl, aus dem Kunst, Philosophie, Religion, kurz: alles Schöpferische seinen Ursprung nimmt. Es war sicher die Wurzel, aus der die Problematik des jungen Goethe entsprang, und höchstwahrscheinlich der Grund, warum Faust sich dem Teufel verschrieb, und auch das ist zweifellos richtig, daß es den Humor erzeugt. Aber zur Krankheit, zur Todeskrankheit wurde es erst in Hebbels Seele. In ihm hat es nicht den Humor erzeugt. Wenn Hebbel humoristisch wird, so hat man immer etwa den Eindruck, wie wenn eine Hyäne Pfötchen gibt. Humor ist ein Aroma, eine Begnadung; und das eine wie das andere fehlte Hebbels Schöpfungen. Er schrieb in einer Kritik über Stifters *Nachsommer*: »Drei starke Bände! Wir glauben nichts zu riskieren, wenn wir demjenigen, der beweisen kann, daß er sie ausgelesen hat, ohne als Kunstrichter dazu verpflichtet zu sein, die Krone von Polen versprechen... Ein

Inventar ist ebenso interessant.« Dieses Unverständnis ist sehr verständlich; Stifter besaß alles, was Hebbel versagt war: Musik, den Pinsel für Valeurs, Naturverbundenheit, Glauben, Harmonie, heitere Andacht vor dem Kleinen. Hebbel hat das selber in manchen Momenten sehr wohl empfunden: »Sind wir nicht Flammen, welche ewig brennen und alles, alles, was sie auch umwinden, verzehren und doch nicht umarmen können?« Aber sein Verhängnis war stärker als er.

Betrachtet man einzelne seiner Dichtungen auf den Rhythmus ihres Geschehens, so könnte man glauben, er sei ein dramatischer Hegel gewesen: sehr scharf springt dies zum Beispiel bei *Herodes und Mariamne* in die Augen, wo das Schema These – Antithese nicht bloß einmal, sondern in genau derselben Konstellation auf einer höheren Schraubenwindung noch ein zweites Mal angewendet ist. Sieht man aber näher zu, so bemerkt man, daß er ein Hegelianer war, der nicht fertig geworden ist, der nicht Kraft genug besaß, den ganzen dialektischen Prozeß seines Lehrers zu wiederholen, indem er niemals These und Antithese zu jener Synthese versöhnte, die man mit einem unphilosophischen Ausdruck Liebe nennt; infolge irgendeiner geistigen Dyspepsie oder wohl richtiger: aus einer tief in seinem Wesen verankerten, in seiner Natur radikal angelegten Bosheit.

Otto Ludwig macht in den *Shakespearestudien* die sehr feine Bemerkung: »Bei Shakespeare haben die Charaktere ihre Ruhepunkte, ihr Eigentlichstes zeigt sich nur, wenn es herausgefordert wird durch die Situation; Hebbels Charaktere sind Tag und Nacht in ihrer vollen Wappenzier; jede seiner Personen ist beständig auf der Jagd nach den eigenen charakteristischen Zügen. Der Charakter ist in jedem bis zur Monomanie gesteigert. Sie wissen alle, daß sie Originale sind, und möchten beileibe nicht anders erscheinen.« Am auffallendsten zeigte sich dies bei der ersten großen Gestalt, die Hebbel geschaffen hat, dem Holofernes. Hier ist ihm beim »Überhüpfen des

Menschen«, das Schiller an seinem Franz Moor feststellte, jene Achsendrehung zur Komik passiert, die vielleicht nur einen Grad beträgt und von Schillers Theaterinstinkt gerade noch knapp vermieden wurde. Zudem hat die *Judith* das Unglück gehabt, durch Nestroys geniale Parodie bei der Geburt erwürgt zu werden. Andererseits fehlt es in keinem seiner Dramen an prachtvollen Einzelheiten (man denke zum Beispiel an den großartigen Schluß des *Herodes*) und an verblüffenden Antizipationen modernster Psychologie: in der Décadence des Kandaules ist das Fin de siècle vorausgeahnt, in der Moralproblematik der *Maria Magdalena* Ibsen, in der Erotik des Herodes Strindberg, im Golo Nietzsche. Am größten ist es aber, wie gesagt, in seinen theoretischen Schriften; und so werden vielleicht Hebbels Gedanken: seine bohrenden, wühlenden, seltsam aufreizenden Seelenanalysen, seine magisch aufflammenden Ideenblitze, die durch das sofort wieder einbrechende Dunkel noch an mysteriöser Wirkung gewinnen, seine nach allen Seiten ausgreifenden Kunstbeobachtungen noch zu einer Zeit ins Leben wirken, wo seine Dramen nur noch den historischen Reiz von Zyklopenbauten besitzen werden.

Eine gewisse Ähnlichkeit mit Hebbel und Ludwig besaßen *Feuerbach* Feuerbach und Marées, die ebenfalls immer zu zweit genannt *und* werden. Anselm Feuerbach war wie ein Schauspieler, der im- *Marées* mer mit »Einlagen« auftritt, um äußerlich imposanter zu erscheinen; es wühlte in ihm ein grübelnder, flackernder, sich überschlagender Ehrgeiz, der Tod jedes freien Schaffens. Er war ein Dekorateur (obschon im allervornehmsten Sinne) und darin wie auch in seiner Gedankenblässe und Bildungshoffart der Maler seiner Zeit, obgleich diese ihn als ihren Konterpart empfand. Sein Großvater und sein Vater, die beide genauso hießen wie er, waren berühmte Professoren: der erstere Reformator der bayrischen Strafprozeßordnung und Begründer der sogenannten Feuerbachschen oder Abschreckungstheorie, der letzte Archäolog und Verfasser eines bedeutenden Werks über den Apoll von Belvedere; dessen Bruder war der Philosoph Ludwig Feuerbach, und es gab sogar noch eine fünfte Zelebrität in der Familie, den Mathematiker Karl Wilhelm Feuerbach, nach dem der Neunpunktekreis oder Feuerbachsche Kreis seinen Namen hat. Schon als Knabe war der jüngste Feuerbach von Gipsabgüssen, erlesenen Stichen, griechischen Hexametern umgeben, während seiner Werdejahre kopierte er auf virtuose Weise nacheinander Rethel, den Franzosen Couture und den Belgier Wappers, die damals in der Malerei führend waren, die Venezianer, die Florentiner. Im Rom lernte er seine Nana kennen, eine majestätische italienische Schönheit; sie wurde seine Gattin, seine Medea und Iphigenie. Es war dies schon ein Klassizismus in zweiter Potenz: seine Seele sucht nicht mehr das Land der Griechen, vielmehr gilt seine Sehnsucht denen, die es gesucht hatten. Er war von Natur ein großes koloristisches Talent, gelangte aber mit der Zeit immer mehr dazu, alles auf Ruinenfarben: ein freudloses Grau und verwittertes Pompejanischrot zu tönen. Er war der Prinzipal jenes vornehmen, aber auch hochmütigen Connoisseuridealismus, der sowohl »Popularität« wie »Illusion« geflissentlich meidet, was große Kunst niemals tut. Mozart und Weber, Götz und die Räuber, Andersen und Busch versteht jeder Mensch. Und was die Griechen anlangt, so war ihnen der Begriff Popularität überhaupt unbekannt, weil sie von dem Gegenbegriff nichts wußten, der erst in der Alexandrinerzeit aufkommt. Der »Kenner«, der »Esoteriker« ist stets der Totenvogel des echten Schöpfertums. Und welche Höhenkunst hat jemals die Illusion verpönt? Das antike Theater, der Parthenon, die perikleischen Freistatuen hatten eine Wirkung, die höchstwahrscheinlich der des Panoptikums sehr nahe kam. Daß der Klassizismus aus seinen Vorbildern die entgegengesetzten Prinzipien herauslas, beweist nur, daß alle Kunst Selbstdarstellung ist.

Auch Hans von Marées gehörte zu jenen in Deutschland immer wieder auftauchenden edlen Doktrinären wie Carstens, Cornelius, die Deutschrömer, die ohne und gegen die Malerei malen wollen. Einer der letzten Helden im aussichtslosen Rückzugsgefecht des Klassizismus, kämpfte er gegen allen Kolorismus und Luminismus und für die reine Form, indem er in der Komposition fast geometrische Gesichtspunkte vertrat. Er wollte alle Malkunst auf abstrakte Bewegungsmotive: eine Art Koordinatenzeichnung und auf Typengestaltung: Verkündung platonischer Ideen reduzieren. Was er ohne diese echte deutsche Marotte gekonnt hätte, zeigen die prachtvollen Fresken für den Bibliothekssaal der zoologischen Station in Neapel, die er selbst aber geringschätzte.

Das umgekehrte, ebenso falsche Extrem vertrat die Pilotyschule. Sie machte aus den Gemälden Bilderbogen. Karl von Piloty, Professor an der Münchener Akademie, malte schwere, protzige historische Prunkstoffe wie: der Tod Alexanders, die Ermordung Cäsars, der Triumph des Germanicus, Galilei im Kerker, Wallenstein und Seni, Nero zündet Rom an, Maria Stuart wird zum Tod verurteilt. Schwind fragte ihn: »Herr Kollega, was malen S' denn heuer für ein Malheur?« Auf seinen Riesenbildern erscheinen zweitklassige Hofschauspieler in erstklassigen Kostümen. Von seinen Schülern verlangte er in erster Linie »Komposition«, worunter er tüchtige Massenregie und wirksame Stellungen verstand. Daneben blühte die Genremalerei weiter. Ihre beliebtesten Sujets waren allerlei heitere oder rührende Situationen aus der Kinder- und Tierwelt: der Dorfprinz, die erste Zigarre, die umgeworfene Flasche, Mutterglück, Kind und Kätzchen, der freche Sperling. Ihr prominentester Vertreter war Ludwig Knaus, der seine liebenswürdigen Schnurren noch obendrein kommentierte, was ein guter Anekdotenerzähler nie tun soll. Vergleicht man Piloty mit Delacroix, und bedenkt man, daß um 1850 in Frankreich schon der Impressionismus einsetzte, so fällt auch in der Malerei die Bilanz für Deutschland recht ungünstig aus, und man wird vielleicht finden, daß es damals keineswegs das »Herz Europas« war.

Die beiden Philosophen

Das Wort vom deutschen Wesen, an dem die Welt genesen solle, hat, übermäßig und an falscher Stelle zitiert, nicht wenig zu den Antipathien beigetragen, die Deutschland im Weltkrieg entgegengebracht wurden. Gleichwohl braucht man kein verbohrter Chauvinist zu sein, um in ihm eine Wahrheit zu erkennen. Sein Sinn kann freilich nicht, wie man damals glaubte, der sein, daß Europa zu einer deutschen Kolonie gemacht werden solle. Deutschland soll nicht über die anderen Völker herrschen, denn das könnte es nur um den Preis seiner Seele. Aber die geistige und moralische Zukunft Europas, wenn es noch eine hat, ruht in der Tat bei Deutschland. Rußland ist das Chaos und gehört überhaupt nicht zu Europa, Frankreich befindet sich in schleichendem, aber unaufhaltsamem Niedergang, Italien bloß in wirtschaftlichem und politischem Aufschwung. Warum England hier nicht mitzählt, wollen wir nicht nochmals erörtern. Es bleibt wahr, was Fichte in seinen *Reden an die deutsche Nation* gesagt hat: »Kennen wir ein Volk, von welchem die gleichen Erwartungen sich fassen ließen? Ich denke, jeder werde diese Frage mit Nein beantworten.« Dies zeigte sich auch in dem Zeitabschnitt, den wir betrachten. Aus dem trüben Nebel jener Tage erhoben sich zwei scharfgekantete leuchtende Profile: die beiden Philosophen Bismarck und Schopenhauer.

Schopenhauers Charakter

Schopenhauers Hauptwerk erschien schon 1819, aber erst die *Parerga* vom Jahre 1851 machten ihn in weiteren Kreisen bekannt. Um die Mitte der fünfziger Jahre war seine Philosophie bereits die große Mode; 1857 dichtete dann Wagner seinen Tristan; in demselben Jahr wurden in Bonn, Breslau, Jena Kollegien über ihn gelesen, in der letzteren Stadt von Kuno Fischer, dem glänzendsten Interpreten der neueren Philosophie. Daß

Schopenhauers erst so spät, dann aber mit so außerordentlicher Macht zu wirken begann, erklärt sich aus dem Wandel der Zeitform nach 1848, die, im Gegensatz zu der vorhergegangenen, eine eigentümliche Mischung aus Voluntarismus und Pessimismus darstellte. Für das breite Publikum war Schopenhauer der Würgengel der komprimittierten Hegelschen Ideologie und das Sprachrohr des politischen Katzenjammers der Reaktionszeit. Daß er ebenso ein Schüler des kantischen Idealismus war wie Fichte, Schelling und Hegel und sein Pessimismus nur ein sehr apartes, aber nebensächliches Ornament, übersah man vollständig. Es handelte sich also um den Fall eines *berechtigten Erfolges durch Mißverständnis*, ähnlich wie bei Spengler, dessen Werk ebenfalls nicht durch seine seltene Originalität und Spannweite siegte, sondern durch die Stimmung der Nachkriegszeit, die im Untergang des Abendlandes eine Art verzweifelten Trosts für das erlittene Fiasko erblickte. Beide zeigen uns auch, daß die epochebildenden Denksysteme fast niemals von den behördlich approbierten Berufsphilosophen auszugehen pflegen, eine Tatsache, die sich durch die ganze Geschichte der Philosophie verfolgen läßt. Die historisch wirksamen Denker sind in Griechenland Tagediebe gewesen wie Sokrates, Protagoras, Diogenes, in England Staatspersonen wie Bacon, Locke, Hume, in Frankreich Kavaliere wie Montaigne, Descartes, Larochefoucauld, aber niemals Professoren. Eine Ausnahme macht nur die Zeit der deutschen Klassiker, weil damals entweder der Universitätsbetrieb so vergeistigt oder der Philosophiebetrieb zu verzünftelt war; wir werden wohl das erstere annehmen dürfen. Übrigens wird die echte Philosophie von den Laien nicht nur geschaffen, sondern auch zuerst entdeckt und rezipiert; die Fachphilosophie hat gegen sie immer so lange wie möglich die Stellung der aktiven und passiven Resistenz eingenommen und sie, wenn sie sie endlich zulassen mußte, nur dazu benützt, die inzwischen heraufgekommene jüngere Philosophie zu diskreditieren: selbst der vortreffliche Kuno Fischer ließ sich keine Gelegenheit entgehen, Schopenhauer gegen Nietzsche auszuspielen. Im Jahr 1791, zehn Jahre nach dem Erscheinen der *Kritik der reinen Vernunft*, stellte die Berliner königliche Akademie der Wissenschaften die Preisfrage, worin die wirklichen Fortschritte bestünden, die die Metaphysik seit Leibniz und Wolff in Deutschland gemacht habe. Ein Professor Schwab in Tübingen bewies in einer großen Abhandlung, daß sie *keine* Fortschritte gemacht habe, und erhielt den Preis.

Schopenhauer sagt in seiner Abhandlung *Vom Genie*: »Alle großen theoretischen Leistungen, worin es auch sei, werden dadurch zustande gebracht, daß ihr Urheber alle Kräfte seines Geistes auf *einen* Punkt richtet, in welchem er sie zusammenschießen läßt und konzentriert, so stark, fest und ausschließlich, daß die ganze übrige Welt ihm jetzt verschwindet und sein Gegenstand ihm alle Realität ausfüllt«; »das *Talent* vermag zu leisten, was die Leistungsfähigkeit, jedoch nicht die Apprehensionsfähigkeit der übrigen überschreitet: daher findet es sogleich seine Schätzer. Hingegen geht die Leistung des *Genies* nicht nur über die Leistungs-, sondern auch über die Apprehensionsfähigkeit der anderen hinaus: daher werden diese seiner nicht unmittelbar inne. Das Talent gleicht dem Schützen, der ein Ziel trifft, welches die übrigen nicht erreichen können; das Genie dem, der eines trifft, bis zu welchem sie nicht einmal zu sehen vermögen: daher sie nur mittelbar, also spät, Kunde davon erhalten, und sogar diese nur auf Treu und Glauben annehmen«; »die Beschaffenheit des Gehirns und Nervensystems ist das Erbteil von der Mutter. Dieselbe ist aber, um das Phänomen des Genies hervorzubringen, durchaus unzureichend, wenn nicht, als Erbteil vom Vater, ein lebhaftes leidenschaftliches Temperament hinzukommt... wenn die vom Vater kommende Bedingung fehlt, so wird die von der Mutter stammende

günstige Beschaffenheit des Gehirns höchstens ein Talent, einen feinen Verstand, den das alsdann eintretende Phlegma unterstützt, hervorbringen: aber ein phlegmatisches Genie ist unmöglich«; »jedes Genie ist schon darum ein Kind, weil es in die
Welt hineinschaut als in ein Fremdes… Wer nicht zeitlebens
gewissermaßen ein großes Kind bleibt, sondern ein ernsthafter,
nüchterner, durchweg gesetzter und vernünftiger Mann wird,
kann ein sehr nützlicher und tüchtiger Bürger dieser Welt sein;
nur nimmermehr ein Genie«. Diese Sätze enthalten eine erschöpfende Charakteristik Schopenhauers. Alle Merkmale, die
er am Genie hervorhebt, finden sich auch bei ihm: die Konzentration des ganzen Daseins auf einen einzigen Gegenstand, der
ihm die Realität ersetzt; die späte Aufnahme bei der Welt, und
selbst dann nur auf Treu und Glauben; eine gewisse Infantilität,
ja Unvernünftigkeit, die zeitlebens sein Wesen durchdrang und
seine Werke so bezaubernd macht. Auch im Hinblick auf seine
Heredität gilt die Übereinstimmung. Seine Mutter, eine zu
ihrer Zeit sehr bekannte Romanschriftstellerin, besaß offenbar
viel Verstand; sein Vater war ein hochgebildeter, charakter-
voller, aber etwas schrullenhafter Mann, in seiner letzten Lebenszeit geistig gestört, allem Anschein nach infolge erb-
licher Belastung, da seine Mutter irrsinnig, einer seiner Brüder
schwachsinnig war. Von ihm hatte der Sohn offenbar den Einschlag von krankhafter Reizbarkeit, ohne den kein Genie möglich ist. Wie Schopenhauer aus jeder Seite seiner Werke lebendig hervortritt, ein unvergleichliches Selbstporträt eines großen
Dichters: in seinem bizarren Doktrinarismus und cholerischen
Verfolgungswahn, seiner theoretischen Lebensweisheit und
praktischen Weltfremdheit, seinen rührenden Marotten und
närrischen Vorurteilen, seiner tragischen Genieeinsamkeit und
komischen Hagestolzenversponnenheit, ist er eine unsterbliche Genrefigur, wie sie höchstens Ibsen in seinen besten Stunden geglückt ist. Wir müssen an Stockmann denken, wie er in

1417

streitbarem Idealismus gegen die »kompakte Majorität« ringt, an Borkman, wie er in unerschütterlicher Zuversicht auf die großartige Rehabilitierung wartet, und sogar ein wenig an den Doktor Begriffenfeldt.

Man hat denn auch gewisse dieser chargierten Eigenheiten seines empirischen Charakters zuungunsten seiner Gesamtpersönlichkeit, seines »intelligiblen Charakters« auszubeuten gesucht, der von seltener Größe, Tiefe und Reinheit war. Man verwies darauf, daß er gegen seine Mutter kein zärtlicher Sohn war und eifrig nach lobenden Zeitungskritiken fahndete, gern gut zu Mittag aß und ein Aufwartweib über die Treppe warf. Dies ist die alte Oberlehrermethode: man sammelt »Züge« und gelangt zu dem Schlußzeugnis: Leistungen vorzüglich, sittliches Betragen wenig befriedigend. Als ob ein »Zug« nicht bei jedem Menschen im Ensemble seines Charakters etwas anderes bedeutete, wie ein Tupfen Schwefelgelb oder Lachsrosa in jedem Gemälde einen anderen Farbensinn hat! Und als ob sich diese Zweiteilung der Zensur irgendwo anders durchführen ließe als in dem Gehirn eines unwissenden Pädagogen! Zwischen Leben und Schaffen besteht niemals eine Divergenz. Wir haben gesehen, daß Rousseaus häßlicher und krankhafter Charakter in seinen hochtalentierten, aber verlogenen, tückischen und überreizten Schriften seinen genauen Abdruck gefunden hat, daß Bacon, der in unphilosophischer Weise nach äußeren Ehren und Besitztümern jagte, aus ebendiesem Grunde nur ein Philosoph zweiten Ranges geworden ist und ein System geschaffen hat, in dem das Irdische ganz ebenso triumphiert, wie es in seiner Seele triumphierte. Eine gewisse selbstische Geltungssucht, die man eines Tages unter großem Lärm in Richard Wagners Erdenwallen entdeckte, hätte man schon bedeutend früher in seinen Opern auffinden können. Ferner hören wir, daß Ibsen ein grober, zugeknöpfter und rücksichtsloser Mensch war. Aber was soll uns dieser Kaffeehausklatsch? Hier sind

seine Werke. Wer Ibsens Herz kennenlernen will, der frage die
kleine Hedwig Ekdal. Um den Widerspruch zwischen seiner
Biographie und seiner Morallehre, den man ihm vorwirft, aufzuheben, hätte Schopenhauer offenbar, statt sich die nötige
Muße und Sammlung für seine adeligen Erbauungsbücher zu
sichern, Mitglied der Heilsarmee werden müssen.

Schopen-hauers Philo-sophie

Schopenhauers wahre Biographie ist in den Worten enthalten,
die er, dreiundzwanzigjährig, zu Wieland sagte: »Das Leben ist
eine mißliche Sache, ich habe mir vorgesetzt, es damit hinzubringen, über dasselbe nachzudenken.« Sieben Jahre später schreibt
er an den Verleger Brockhaus: »Mein Werk ist ein neues philosophisches System: aber neu im ganzen Sinn des Wortes: nicht
neue Darstellung des schon Vorhandenen: sondern eine im
höchsten Grad zusammenhängende Gedankenreihe, die bisher
noch nie in irgendeines Menschen Kopf gekommen. Das Buch,
in welchem ich das schwere Geschäft, sie anderen verständlich
mitzuteilen, ausgeführt habe, wird, meiner festen Überzeugung
nach, eines von denen sein, welche nachher die Quelle und der
Anlaß von hundert anderen Büchern werden… Der Vortrag ist
gleich fern von dem hochtönenden, leeren und sinnlosen Wortschwall der neuen philosophischen Schule und vom breiten glatten Geschwätze der Periode vor Kant: er ist im höchsten Grade
deutlich, faßlich, dabei energisch und ich darf wohl sagen nicht
ohne Schönheit: nur wer ächte eigene Gedanken hat, hat ächten
Stil.« Wiederum eine Selbstcharakteristik, wie sie sich treffender
kaum denken läßt. Daß sie nicht »bescheiden« ist, liegt an der
Unverlogenheit, die vielleicht den hervorstechendsten Charakterzug Schopenhauers bildete.

Seinen Ausgang nimmt Schopenhauer von Kant. Dessen
philosophisches Verdienst charakterisiert er in seiner »Kritik
der Kantischen Philosophie« ebenso anschaulich wie erschöpfend dahin, »daß er die ganze Maschinerie unseres Erkenntnis-
vermögens, mittels welcher die Phantasmagorie der objektiven

1419

Welt zustande kommt, auseinanderlegte und stückweise vorzeigte, mit bewundernswerter Besonnenheit und Geschicklichkeit«. »Man fühlte sich alsdann«, fügt er an einer anderen Stelle (in seinem Aufsatz *Über die Universitätsphilosophie*) hinzu, »dem ganzen traumartigen Dasein, in welches wir versenkt sind, auf wundersame Weise entrückt und entfremdet, indem man die Urelemente desselben jedes für sich in die Hand erhält und nun sieht, wie Zeit, Raum, Kausalität, durch die synthetische Einheit der Apperzeption aller Erscheinungen verknüpft, diesen erfahrungsmäßigen Komplex des Ganzen und seinen Verlauf möglich machen, worin unsere, durch den Intellekt so sehr bedingte Welt besteht, die ebendeshalb bloße Erscheinung ist.« In dem unbedingten Phänomenalismus stimmt Schopenhauer mit Kant vollkommen überein; »die Welt ist meine Vorstellung«: mit diesem Satz beginnt sein Hauptwerk. Objektsein heißt: von einem Subjekt vorgestellt werden; das vorgestellte Ding ist nichts anderes als die Vorstellung. In der näheren Lehre von den transzendentalen Vermögen entfernt er sich jedoch von Kant. Von den zwölf Kategorien läßt er nur die Kausalität gelten, die übrigen elf nennt er »blinde Fenster«; diese aber ist für ihn keine Kategorie, kein Begriff des Verstandes, sondern eine Form der Anschauung, ja die alleinige Form der Anschauung, da auch Raum und Zeit Kausalität sind, indem durch sie die Dinge als gesetzmäßig miteinander verknüpft, einander verursachend erscheinen, entweder im Verhältnis der Lage oder der Folge: Objektsein, Vorgestelltsein heißt Begründetsein, Notwendigsein; diese Notwendigkeit hat aber selbstverständlich nur den Charakter der Erscheinung. Die Illusion der Welt, heißt es in der Betrachtung über »die Lehre von der Unzerstörbarkeit unseres wahren Wesens durch den Tod«, wird hervorgebracht, »durch den Apparat zweier geschliffener Gläser (Gehirnfunktionen), durch die allein wir etwas sehen können; sie heißen Raum und Zeit, und in ihrer

Wechseldurchdringung Kausalität«. Die Materie definiert Schopenhauer genial einfach als »die Wahrnehmbarkeit von Zeit und Raum« oder »die objektiv gewordene Kausalität«. Zum Ding an sich können wir natürlich nicht auf dem Wege der Vorstellung gelangen, sondern durch einen anderen, der uns gleichsam durch Verrat die Festung öffnet. Der Verräter ist unser Selbstbewußtsein. Unser Leib ist uns zweimal gegeben: einmal von außen, als Vorstellung, einmal von innen, als Wille: die Welt ist Wille und Vorstellung. Der Wille ist das *Wesen* der Dinge und in allen seinen Eigenschaften das Gegenteil der Erscheinung. Dieser ist vielfältig, vergänglich, der Kausalität unterworfen; er ist unteilbar, ewig, allgegenwärtig, frei. Der Wille ist das Ansich, die Substanz der Welt, der Intellekt nur Akzidens und sekundäres Produkt. Mit dem Intellekt *erkennen* wir, mit dem Willen *sind* wir. Der Intellekt ist bloß das Werkzeug: der erkenntnislose Wille verhält sich zu ihm wie die Wurzel des Baumes zur Krone oder, in einem Gleichnis, das alles zusammenfaßt, wie der Blinde zum Lahmen, den er auf den Schultern trägt. Die Natur ist Sichtbarkeit des Willens zum Leben und bildet eine Stufenordnung von Objektivationen des Willens: vom Stein, der Wille zum Fallen ist, bis zum Gehirn, das Wille zum Denken ist. Der Wille erscheint auf der untersten Stufe als »mechanische, chemische, physikalische Ursache«, in der Pflanze als »Reiz«, im Tier als »anschauliches Motiv«, im Menschen als »abstraktes, gedachtes Motiv«. Dieser Wille Schopenhauers ist kein scholastisches Prinzip, kein *»ens rationis«*, kein »Wort von ungewisser, schwankender Bedeutung«, »sondern«, sagt Schopenhauer, »wer mich fragt, was es sei, den weise ich an sein eigenes Inneres, wo er es vollständig, ja in kolossaler Größe vorfindet, als ein wahres *ens realissimum.* Ich habe demnach nicht die Welt aus dem Unbekannten erklärt; vielmehr aus dem Bekanntesten, das es gibt und welches auf eine ganz andere Art bekannt ist als alles übrige.«

In diesem Reich des Willens herrschen die düsteren Mächte des Schmerzes und des Todes, der Enttäuschung und der Langeweile, während die Freuden und Güter bloße Illusionen sind. Zuletzt muß der Tod siegen, denn wir sind ihm schon durch die Geburt anheimgefallen, und er spielt nur eine Weile mit seiner Beute, bevor er sie verschlingt. Wir setzen indessen unser Leben mit vielem Anteil und großer Sorgfalt fort, so lange als möglich, wie man eine Seifenblase so lange und so groß als möglich aufbläst, wiewohl mit der festen Gewißheit, daß sie platzen wird. Das Leben der allermeisten Menschen ist ein mattes Sehnen und Quälen, ein träumerisches Taumeln durch die vier Lebensalter hindurch zum Tode, unter Begleitung einer Reihe trivialer Gedanken; sie gleichen Uhrwerken, welche aufgezogen werden und gehen, ohne zu wissen, warum. Die Wilden fressen einander, und die Zahmen betrügen einander, und das nennt man den Lauf der Welt. Auf der Bühne spielt einer den Fürsten oder General, ein anderer den Diener oder Soldaten; aber die Unterschiede sind bloß im Äußeren vorhanden, im Innern steckt bei allen dasselbe: ein armer Komödiant mit seiner Plage und Not. Im Leben ist es auch so: die allermeisten Herrlichkeiten sind bloßer Schein, wie die Theaterdekoration. Unsere Freudenäußerungen sind für gewöhnlich nur das Aushängeschild, die Andeutung, die Hieroglyphe der Freude, sie haben bloß den Zweck, andere glauben zu machen, hier sei die Freude eingekehrt, aber sie allein hat beim Feste abgesagt. Mitten in diesem Trauerspiel der Leere und des Leidens erblicken wir nur eine Gattung von Glücklichen: die Liebenden; aber warum begegnen ihre Blicke sich so heimlich, furchtsam und verstohlen? »Weil die Liebenden die Verräter sind, welche heimlich danach trachten, die ganze Not und Plackerei zu perpetuieren, die sonst ein baldiges Ende erreichen würde.«

Aus diesem Jammer gibt es nur zwei Auswege: die reine Anschauung des Genius und die Willensverneinung des Heiligen.

Wenn man die gewöhnliche Betrachtungsart fahrenläßt, sich ganz der ruhigen Kontemplation hingibt und sich, nach einer sinnvollen deutschen Redensart, ganz in seinen Gegenstand »verliert«, sein Individuum, seinen Willen verliert und nur noch als klarer Spiegel des Objekts bestehen bleibt: dann ist, was auf diese Weise erkannt wird, nicht mehr das einzelne Ding als solches, sondern die *Idee*. Der gewöhnliche Mensch, »diese Fabrikware der Natur«, ist einer solchen völlig uninteressierten Betrachtung nicht fähig. »Während dem gewöhnlichen Menschen sein Erkenntnisvermögen die Laterne ist, die seinen Weg beleuchtet, ist es dem genialen die Sonne, welche die Welt offenbar macht.« »Der Grad, in welchem jeder im einzelnen Dinge nur dieses, oder aber schon ein mehr oder minder Allgemeines, bis zum Allgemeinsten der Gattung hinauf, nicht etwa denkt, sondern geradezu erblickt, ist der Maßstab seiner Annäherung zum Genie.« Was nun der Genius auf intellektuellem Wege erreicht, das leistet die Askese auf moralischem: »Ein Mensch, der, nach vielen bitteren Kämpfen gegen seine eigene Natur, endlich ganz überwunden hat, ist nur noch als rein erkennendes Wesen, als ungetrübter Spiegel der Natur übrig… Er blickt nun ruhig und lächelnd zurück auf die Gaukelbilder der Welt, die einst auch sein Gemüt zu bewegen und zu peinigen vermochten, die aber jetzt so gleichgültig vor ihm stehen wie die Schachfiguren nach beendigtem Spiel oder wie am Morgen die abgeworfenen Maskenkleider, deren Gestalten uns in der Faschingsnacht neckten und beunruhigten.«

Die zahlreichen »Widersprüche«, die Schopenhauers Deduktionen aufweisen, sowohl in den Einzelheiten wie im Fundament, sind vielfach erörtert worden, am ausführlichsten und lichtvollsten von Kuno Fischer, der sie abgeteilt und ausgerichtet wie Soldaten vorbeidefilieren läßt, und von Rudolf Haym, der zu dem Resultat gelangt, daß kein Stein auf dem anderen bleibe; auch Eduard Zeller erklärt in seiner vortrefflichen

Der klassische Romantiker

Geschichte der deutschen Philosophie seit Leibniz, daß Schopenhauer alle Widersprüche und Grillen seiner launenhaften Natur in sein System übertragen habe. Indes sind solche Korrekturen ja stets ein überflüssiges Geschäft, weil derlei Unstimmigkeiten sich unvermeidlich und ausnahmslos in jedem reellen Gedankengebäude finden, und bei Schopenhauer ein ganz besonders unangebrachtes, weil seine Philosophie nur scheinbar ein theoretisches System, in Wirklichkeit ein Kunstwerk ist, das man entweder als Ganzes annehmen oder als Ganzes ablehnen muß. Schopenhauer ist, wie Nietzsche sogleich erkannte, ein Erzieher. Seine Schriften gehören dem Inhalt nach in die Gattung der »Imitatio Christi«, der Konfessionen Augustins, der Selbstbetrachtungen Marc Aurels und Montaignes, der Form nach unter die Meisterwerke der Prosamalerei. Man kann ihn als Stilisten nur mit einem antiken Autor vergleichen: kein Neuerer vermag in diesem Maße Biegsamkeit mit Lapidarität, Temperament mit Würde, Ornamentik mit Natürlichkeit zu verbinden. Schopenhauer sagt einmal über den berufenen Schriftsteller (womit er natürlich wiederum sich selber meint), er spreche *wirklich* zum Leser, er liefere Gemälde, während der Alltagsschreiber bloß mit Schablonen male. In der Tat ist seine Rede ein lebendiger, höchst persönlicher Verkehr mit dem Leser: alle seine Sätze sind in Bau und Rhythmus, in Wahl und Stellung jedes einzelnen Worts von seiner einmaligen Individualität imprägniert, jede Metapher, jede Antithese, ja jedes Zitat ist innerlich erlebt. Seine Sprache, völlig unimpressionistisch, »klassisch« im doppelten Sinne des Worts, steht wie die griechische jenseits von Popularität und Gelehrsamkeit. Seine Philosophie hingegen hat viel mehr Zusammenhänge mit dem »Windbeutel« Fichte und dem »Unsinnschmierer« Schelling als mit Kant und den Klassikern: sie ist in ihrem Irrationalismus und Pessimismus, Ästhetizismus und Aristokratismus, Geniekult und (unterirdischen) Katholizismus die reifste und reichste Blüte der Romantik.

Auch Bismarck wurzelte mit der einen Hälfte seines Wesens im Vormärz, ja sogar mit gewissen Zügen im achtzehnten Jahrhundert. In seiner Ära hatte ein Politiker nur die Wahl, liberal oder reaktionär, Demokrat oder Absolutist, positivistisch oder orthodox zu sein; Bismarck war nichts von alledem, weil er alles zusammen war. Er war nämlich ein Seigneur des Rokoko, und daher vertrugen sich in seiner Seele der Legitimist und der Revolutionär, der Freigeist und der Pietist, der Citoyen und der Feudale auf eine Weise, wie es in seiner Zeit keinem anderen mehr möglich war. Doch war dies, wie gesagt, nur die eine Hälfte seines Wesens, die andere gehörte weder der Vergangenheit noch der Gegenwart, sondern der Zukunft an: in ihm lebte bereits der Gedanke einer *demokratischen Diktatur* und eines *paneuropäischen Staatensystems*, der unser Jahrhundert beherrscht. Daß er als geheimnisvolle schöpferische Janusgestalt an der Wegscheide zweier Zeitalter stand und daß sein ganzes Leben eine Art Kampf mit dem Teufel (auch mit dem eigenen) war, ist sein Gemeinsames mit Luther; die stärkste Verwandtschaft aber hatte er mit Friedrich dem Großen. Fast alle Züge, die wir an diesem hervorgehoben haben, finden sich bei ihm wieder. Zunächst jene paradoxe Mischung aus Realismus und Idealismus, aus anpassungskräftiger Elastizität und unerschütterlicher Prinzipientreue, die den Preußenkönig zu einem so fruchtbaren Staatsmann gemacht hat. Sodann das ebenso paradoxe Verhältnis, das beide zur Wahrheit hatten: scheinbar nämlich haben sie bisweilen gelogen (Bismarck übrigens höchst selten): aber dies war nur ihr Berufsjargon, im Innern waren sie die aufrichtigsten Menschen, die sich denken lassen. Man kann nämlich sein ganzes Leben lang äußerlich stets die Wahrheit gesprochen haben und dabei die Seele eines gottverdammten Heuchlers, Spiegelfechters und Falschmünzers besitzen; aber

Bismarck und Friedrich der Große

1425

auch das Umgekehrte ist denkbar. Wer nur einige Kapitel der »Gedanken und Erinnerungen« gelesen hat und nicht spürt, daß hinter ihnen ein Elementargeist steht, dessen Grundpathos der leidenschaftliche Drang war, allen Menschen, Dingen und Ereignissen ihr wahres Gesicht abzulesen, aber auch ihnen ein wahres Gesicht zu zeigen, daß sich in ihnen eine kristallene Seele spiegelt, offen und klar und freilich auch unergründlich tief wie ein Bergsee: der hat überhaupt kein Organ für Wahrheit oder will absichtlich nicht sehen. Und hierin stand Bismarck noch höher als Friedrich der Große, wie er denn auch, was zweifellos damit zusammenhängt, der noch viel größere Schriftsteller war. Seine betont geistreiche, stets leicht ironische, in apart gefaßten Epigrammen, funkelnd geschliffenen Antithesen und zitatreifen Aperçus sich bewegende Betrachtungsart ist ganz *dix-huitième* und hat, so paradox dies angesichts seines Vulgärbilds klingen mag, ebenso wie die Friedrichs des Großen etwas Französisches. Gänzlich unfranzösisch hingegen waren seine tiefe Religiosität, sein Gemüt und sein Humor, mit welch letzterer Eigenschaft es wiederum zusammenhängt, daß er von allen Personen, die je auf dieser Erde Macht besessen haben, eine der uneitelsten war. Wir konnten dies auch an Friedrich dem Großen konstatieren und müssen hinzufügen, daß Bismarck ebenfalls kein ernster Mensch war. Statt zahlloser Belege, die sich hierfür vorbringen ließen, sei ein einziger angeführt, der mehr beweist als alle Anekdoten, nämlich eine Stelle aus dem Tagebuch des späteren Kaisers Friedrich. Dieser, Bismarck, Roon und Moltke waren am 15. Juli 1870 dem König Wilhelm, der aus Ems nach Berlin kam, bis Brandenburg entgegengefahren. Unterwegs hielt Bismarck dem König einen zusammenfassenden Vortrag über die europäische Lage, und der Kronprinz fügt hinzu: »mit großer Klarheit und würdigem Ernst, frei von seinen sonst gewöhnlich beliebten Scherzen«. Man denke sich in die Situation: zwischen Emser

Depesche und allgemeiner Mobilmachung entwickelt der Kanzler des Norddeutschen Bundes dem König, dem Kronprinzen, dem Kriegsminister und dem Chef des Generalstabs die maßgebenden Gesichtspunkte, bleibt dabei vollkommen ernst, macht nicht einen einzigen Witz, und der Kronprinz notiert diese auffallende Tatsache in sein Tagebuch.

Wir könnten die Parallele noch bis in viele Details fortführen. Besonders bemerkenswert scheint mir, daß auch Bismarck, obgleich soost das Gegenteil behauptet worden ist, *kein* Militarist war, indem er den Krieg ebenfalls nur als »Brechmittel« betrachtete, allerdings aber, wenn er ihn für unvermeidlich ansah, im günstigsten Zeitpunkt zu führen suchte, wodurch er scheinbar zum Angreifer wurde; und daß er auch kein Monarchist war. Er war nämlich Royalist, was durchaus nicht dasselbe ist: seine Anhänglichkeit an die Dynastie wurzelte in den feudalen Traditionen *seines* Hauses, und seine Stellung zu den Hohenzollern hatte immer etwas von unterirdischer Fronde. Am überraschendsten aber ist es, daß ihm mit Friedrich dem Großen sogar die »physiologische Minderwertigkeit« gemeinsam war. Er war durchaus nicht der steinerne Roland, als den das Volk sich ihn denkt, sondern der Typus des Dekadenten; vor allem darin ein geradezu klassisches Exemplar des Neurotikers, daß sich psychische Attacken bei ihm regelmäßig in physische umsetzten: zum Beispiel Ärger und Enttäuschung in Trigeminalschmerzen. Kein Maléquilibré des Fin de siècle übertraf ihn an Reizbarkeit und Labilität des Nervensystems. Ein »eiserner Kanzler«, der Weinkrämpfe bekommt, wenn er seinen Willen nicht durchsetzen kann, ist doch eine recht sonderbare Erscheinung, in ihrer Art ebenso sonderbar wie ein »deutscher Heldenkönig«, der zwischen zwei Schlachten französische Alexandriner dichtet. Und schließlich haben die beiden auf dem Wege zum Tode und nach dem Tode ganz ähnliche Schicksale gehabt, indem sie sich in ihren letzten Lebensjahren bis zur Unwirklichkeit vergeistigten und von der Nachwelt bis zum heutigen Tage wild umstritten werden, bald wie Halbgötter verehrt, bald als Bösewichter, ja Verbrecher gebrandmarkt.

Der letzte Held Man kann sagen, daß die Natur alle ihre Geschöpfe eigentlich nur hervorbringe, um jedesmal zu zeigen, was ein einzelnes Organ zu leisten vermag, wenn es bis an die äußersten Grenzen seiner Raum- und Kraftentfaltung gelangt. Der Tiger ist ein ganz reißendes Gebiß, der Elefant nichts als ein riesiger Greif- und Tastrüssel, das Rind ein wandelnder Kau- und Verdaumagen, der Hund eine Witternase auf vier Füßen. Beim Menschengeschlecht wiederholt sich dieser Vorgang auf *geistigem* Gebiet in der Erschaffung des Genies. Jedes ist die staunenswerte Hypertrophie einer seelischen Potenz. Shakespeare ist ganz Phantasie, Goethe ganz Anschauung, ein ungeheures inneres Auge, bei Kant war, wie ausführlich gezeigt wurde, die Fähigkeit, die zu stupender Überlebensgröße entfaltet war, der *theoretische* Verstand, bei Bismarck: der *praktische* Verstand. Was darunter zu verstehen ist, sagt ein Ausspruch Schopenhauers: »Der Begabte denkt rascher und richtiger als die übrigen; das Genie hingegen schaut eine andere Welt an als sie alle, wiewohl nur indem es in die auch ihnen vorliegende tiefer hineinschaut, weil sie in seinem Kopfe sich objektiver, mithin deutlicher und reiner sich darstellt.« Und noch einfacher drückt Carlyle denselben Sachverhalt aus: »Mein grober alter Schullehrer fragte immer, wenn man ihm einen neuen Jungen brachte: ›Aber sind Sie auch sicher, daß er kein Dummkopf ist?‹ Nun, dieselbe Frage könnte man an jeden Menschen in jeder Lebenstätigkeit stellen und sie als die einzige Untersuchung ansehen, die nötig ist: sind Sie sicher, daß er kein Dummkopf ist? Denn man muß in der Tat sagen: die Summe von Anschauung, die in einem Menschen lebt, ist der genaue Gradmesser seiner Menschlichkeit. Zu dem Menschen sagen wir zuallererst: sieh! Kannst du sehen, so ist in Tun und Denken überall

Hoffnung für dich.« Hätten alle Menschen einen ähnlich reinen, klaren, natürlichen Verstand, wie ihn Bismarck besaß, so wären sie zwar keineswegs frei von Untugenden und Irrtümern (denn Bismarck war weder ein unfehlbarer Papst noch ein fleckenloser Heiliger), aber ihre Untugenden und Irrtümer wären für sie und die anderen unschädlich, nämlich in Weisheit, Verstehen und Geist aufgelöst.

Nun, diesen Verstand hat wohl noch niemand Bismarck abgesprochen; aber viele behaupten, daß er dabei »unmoralisch« war. Als ob sich hoher Verstand und Unmoral vereinigen ließen! Ein Bodenspekulant, ein Bankanwalt, ein Theateragent mag ein Gauner und dabei in seinem Fach »gescheit« sein, aus dem sehr einfachen Grunde, weil sein ganzes Gewerbe eine Gaunerei ist; aber schon ein Kunstgärtner, ein Brillenschleifer, ein Orgelbauer muß eine gewisse Sittlichkeit besitzen. Um ein Ding zu können, muß man es erkennen, um es zu erkennen, muß man in sein Herz blicken, und das heißt: in einer moralischen Beziehung zu ihm stehen. Der Feige, der Selbstsüchtige, der Hochmütige wird nie das Vertrauen eines Dings gewinnen, durch welches allein er dessen Wahrheit erschließen kann.

Man kommt bei längerer und genauerer Betrachtung der Menschen immer mehr zu der überraschenden Erkenntnis, daß sie sich in ihren Prinzipien gar nicht so sehr voneinander unterscheiden. Fast alle wissen, im allgemeinen und im besonderen, ziemlich gut, was das »Rechte« ist; aber sie tun es nicht. Erkennen und Handeln sind bei ihnen zwei völlig getrennte Ressorts, zwei Kammern, die fast nie miteinander kommunizieren. Und zwar liegt der Fall nicht so einfach, daß der Mensch *bewußt* seine Grundsätze verleugnet. Nein, er tut es mit bestem Gewissen, er hat sie einfach, wenn er handelt, *vergessen* und ist daher sehr erstaunt, wenn man ihm vorhält, daß er doch so ganz anders sei, als er immer predige. Es geht ihm wie dem Besitzer eines Patents, das keinen Verwirklicher findet. Die Idee, das Modell, das Prinzip allein ist da. Fast alle Menschen sind theoretisch im Besitz des Geheimnisses, wie sie zu leben hätten, aber die großartige und einzigartige Erfindung, die jeder von ihnen verkörpert, wird fast nie realisiert. Dies eben war der große und neue Sinn des Christentums, daß es die Menschen lehrte: das Wesentliche ist nicht das Wissen, sondern das Sein. Ein Mensch, der nur einige wenige Wahrheiten kennt, sie aber lebt, wird ein göttliches Leben führen; ein Mensch, der alle Weisheit der Welt besitzt, aber bloß in seinem Kopf, als totes Programm, kann noch immer ganz und gar dem Teufel verfallen sein.

In diesem Sinne war Bismarck ein großer Christ. Er hatte kühne und weise Gedanken; aber die hatten andere auch. Er aber hat sie mit seinem wilden, starken Junkerblut gefüllt und gelebt, der letzte Held, den die Neuzeit erblickt hat.

Der Sezes-sionskrieg Um die Entstehung dessen, was Bismarck gewirkt hat, historisch zu begreifen, müssen wir bis nach Amerika hinüberblicken. Von dort kam die erste starke Erschütterung des französischen Kaisertums, das ein halbes Menschenalter lang vom Glück begünstigt worden war. Der neue Erdteil, schon seit seiner Emanzipation in lebhafter Entwicklung begriffen, nahm seit etwa der Mitte des Jahrhunderts einen staunenswerten wirtschaftlichen Aufschwung. Damals erhob sich elektrisierend die Parole: *westward ho!* Ganz anders als in Europa gingen Eisenbahnbauten der Erschließung neuer Siedlungsgebiete *voraus*: während um jene Zeit zwischen München und Wien noch die Postkutsche den Verkehr besorgte, liefen dort über völlig menschenleere Riesenstrecken bereits die Bahngeleise. 1845 wurde Texas in die Union aufgenommen, 1848 mußte Mexiko Neumexiko und Kalifornien an die Vereinigten Staaten abtreten, etwa die Hälfte seines Gebiets. Noch in demselben Jahr ertönte ein zweiter Alarmruf: Gold in Kalifornien! Ein ungeheurer Strom von Einwanderern ergoß sich nach dem Westen. Es war nicht das Gold allein, das lockte, sondern auch eine Fülle anderer Bodenschätze: Erze, Öle, Kohle und eine Prachtvegetation, die Obst, Gemüse, Brotfrüchte und Viehfutter in unerhörter Güte lieferte. Inzwischen hatte sich ein starker Gegensatz zwischen den Nordstaaten und den Südstaaten herausgebildet. In diesen lebten auf erträgnisreichen Großplantagen eine Pflanzeraristokratie neben und über den »armen Weißen«, die eigentlich fast ebensolche Sklaven wie die Neger waren. Die Hauptprodukte waren Reis, Zucker, Tabak, vor allem Baumwolle; der Wahlspruch des Südens hieß: »*Cotton is king!*« Das politische und wirtschaftliche Übergewicht der Südstaaten beruhte auf ihrem Reichtum, dieser auf der Sklaverei, während man im Norden, wo Farmertum und Industriebetrieb überwogen, der Neger weniger bedurfte, sie auch wohl aus klimatischen Gründen nicht ausgiebig verwenden konnte. Der Abolitionsstreit war also in seiner Wurzel eine ökonomische Angelegenheit. Dreimal hat Amerika in seiner bisherigen Geschichte einen großen Krieg begonnen, und allemal um Geld. Denn worum drehte es sich im glorreichen Befreiungskampf von 1775? Um den Zuckerstempel. Und auch in den Weltkrieg, an dem sie politisch vollkommen uninteressiert waren, haben die Vereinigten Staaten nur eingegriffen, um ihr ausgeliehenes Geld wieder hereinzubekommen. Es darf allerdings nicht verschwiegen werden, daß es auch nicht an christlichen Idealisten fehlte, die die Negerbefreiung aus moralischen Gründen forderten. William Lloyd Garrison, wie fast alle geistigen Größen des damaligen Amerika in Massachusetts geboren, begründete schon 1831 zu diesem Zweck die Zeitschrift *The Liberator*, 1833 die »American Antislavery Society«. Auch Emerson billigte diese Bestrebungen, obgleich er, als freier Geist, für Organisationen nichts übrig hatte; »es ist hohe Zeit«, schrieb er, »daß unser böser Wohlstand sein Ende erreicht«, und als ihm seine Kinder einmal erzählten, das Thema für ihren nächsten

Schulaufsatz laute: »der Bau eines Hauses«, sagte er: »Ihr müßt schreiben, daß heutzutage kein Haus vollkommen ist, wenn es nicht irgendeinen Winkel besitzt, in dem sich ein flüchtender Sklave sicher verbergen kann.« 1852 wurde die ganze zivilisierte Welt durch Harriet Beecher-Stowes Roman *Uncle Tom's cabin* erschüttert, der, obgleich sentimental und öldruckhaft, wegen seiner edlen Tendenz den ewigen Dank der Menschheit verdient. Mit dem Konflikt in der Sklavereifrage verband sich der Gegensatz der republikanischen und der demokratischen Partei. Die erstere, in den Nordstaaten überwiegend, betonte die Autorität des Bundes, die letztere, in den Sklavenstaaten allmächtig, forderte möglichst ausgedehnte Souveränität der Einzelstaaten. 1861 kam es zum Bruch. Die elf Südstaaten erklärten ihren Austritt aus der Union und schlossen einen Sonderbund unter einem eigenen Präsidenten, weshalb der vierjährige Kampf, der nun ausbrach, Sezessionskrieg genannt wird. In erbitterter Feindschaft standen sich Union und Konföderation, Washington und Richmond gegenüber. Der Krieg wurde zum größeren Teil auf dem Gebiet der Südstaaten geführt, die die Vorzüge und Nachteile der inneren Linie hatten, am heftigsten und hartnäckigsten in den Grenzstaaten Virginia, das zum Süden, und Maryland, das zum Norden hielt. Die meisten europäischen Regierungen sympathisierten mit dem Süden; sowohl Palmerston wie Napoleon wünschten den Zerfall der Vereinigten Staaten: dieser, weil er durch die Gründung eines von Frankreich abhängigen mexikanischen Kaiserreichs die Monroedoktrin zu durchbrechen suchte, jener, weil er die Entstehung einer transozeanischen Konkurrenzmacht befürchtete und auch weil England der Hauptkonsument der Baumwolle war, wozu noch das Ressentiment wegen des seinerzeitigen Abfalls der amerikanischen Kolonien kam. Die öffentliche Meinung Europas hingegen fand fast einstimmig, daß das moralische Recht auf der Seite der Nordstaaten sei.

Der Sezessionskrieg war der erste ausgesprochen moderne Krieg: er hatte große Ähnlichkeit mit dem Deutsch-Französischen, ja sogar schon mit dem Russisch-Japanischen, besonders im Hinblick auf die bis dahin unerhörte Masse der aufgewendeten Kämpfer, die enorme Ausbreitung und Länge der Schlachten, die große Rolle, die die neuen Mittel der Technik spielten. Die Zahl der Soldaten wuchs allmählich auf mehr als drei Millionen, von denen über eine halbe Million fielen oder starben. Die Kriegskosten betrugen drei Milliarden Dollar. Die Dampfkraft gewann zum erstenmal strategische Bedeutung: man verwendete bereits armierte Panzerzüge, Feldeisenbahnen und Panzerfregatten: das erste Exemplar dieser Gattung war der »Merrimac« der Konföderierten, dessen Deck bis zur Wasserlinie abgetragen war und in einen Rammsporn auslief, nach der Art des Rostrums, das die Römer im ersten Punischen Krieg verwendet hatten; daraufhin baute die Union den »Monitor«, der ganz ähnlich konstruiert war, aber außerdem einen drehbaren Panzerturm mit schwerem Geschütz besaß: diese Schiffsform der Monitoren, wie man sie nach ihrem Urbild nannte, erwies sich als so kriegstüchtig, daß sie alsbald in der ganzen Welt kopiert wurde. Auch der Feldtelegraph stand allgemein in Gebrauch, und man verstand sogar schon das Ablesen feindlicher Telegramme durch eingeschaltete Handapparate. Die Truppen des Südens hatten die kundigere Führung und den besseren militärischen Geist einzusetzen, die des Nordens die erdrückende numerische Überlegenheit, doch wurde dieser Vorteil dadurch beeinträchtigt, daß es in der Union selber Parteien gab, die sezessionistisch empfanden, weil sie gegen den Krieg und für die Sklaverei waren. Dazu kam, daß der Kriegsminister kurz vor Ausbruch des Krieges den größten Teil der Waffen und Geschütze nach dem Süden dirigiert hatte. General Lee, der ausgezeichnete Oberbefehlshaber der Konföderierten, operierte sehr geschickt auf der inneren Linie und er-

focht ansehnliche Teilerfolge, aber allmählich machte sich doch
die Übermacht der Nordtruppen geltend, um so mehr, als sie
sich durch die Kriegsgewohnheit besser disziplinierten und
das Schreckensmittel der Blockade zur Verfügung hatten. Das
erste Kriegsjahr brachte den Sonderbundstruppen den Sieg am
Bull-Run, einem Seitenarm des Potomac, des Grenzflusses
zwischen Maryland und Virginia, im nächsten Jahr siegten sie
abermals in der siebentägigen Schlacht bei Richmond, die sogar die Bundeshauptstadt Washington bedrohte, im Herbst erlitten sie eine Niederlage bei Antietam, die sie jedoch, noch ehe
das Jahr zu Ende ging, durch den Sieg bei Fredericksburg wieder wettmachten: Lee überschritt den Potomac. Am 1. Januar
1863 erklärte eine Proklamation Abraham Lincolns, des Präsidenten der Union, alle Sklaven für frei. In diesem Jahr wurde
Lee in der Schlacht bei Gettysburg in Pennsylvanien, der blu-
tigsten des Krieges, die vom 1. bis zum 3. Juli währte, geschlagen, und der 4. Juli brachte eine noch größere Katastrophe:
General Grant, in dem die Unionstruppen endlich einen befähigten Kommandanten gefunden hatten, gelang es, durch die
Einnahme Vicksburgs den Mississippi in die Hände der Nordstaaten zu bringen und damit die Konföderation im Westen von
dem verbündeten Texas und dem neutralen Mexiko abzurie-
geln, wodurch der Ring der Blockade, bisher vielfach durchbrochen, sich vollkommen schloß, denn im Norden stießen die
Südstaaten an die Union, im Osten und Süden waren sie vom
Meer begrenzt. Alsbald zeigten sich auch alle drückenden Folgen: es begann an Heilmitteln und Bekleidungsstoffen, Heiz-
körpern und Baumaterial, Proviant und Munition zu fehlen.
Auch eine groteske Verfügung der Südregierung, die alle Neger
für frei erklärte, die sich am Kampf (für die Sklaverei) beteiligen würden, konnte das Schicksal nicht wenden. Am 3. April
1865 wurde die Hauptstadt Richmond nach dreitägigem Kampf
genommen, am 10. April kapitulierte Lee mit dem Rest der

Armee. Vier Tage später wurde der edle Abraham Lincoln von einem dummen Fanatiker, dem Schauspieler Booth, einem Bruder des berühmten Tragöden, erschossen, während er in der fahnengeschmückten Präsidentenloge der Festvorstellung beiwohnte, die den Frieden feiern sollte. Er war eine prächtige, echt amerikanische Figur, naturwüchsig und doktrinär, nüchtern und gütig, inmitten eines mörderischen Bruderkrieges ein rührender Zivilist. Er fiel auf dem Gipfel seines Wirkens durch blinde Tücke, gleich Philipp von Mazedonien, Cäsar, Henri le Grand. Diese fanden Testamentsvollstrecker: Alexander, Augustus, Richelieu; er brauchte keinen, denn sein Werk war vollendet.

Wir Europäer betrachten dieses Resultat mit gemischten Gefühlen. Daß Neger befreit werden, ist gut; daß sie als Menschen angesehen würden, wäre vielleicht noch besser. Daß feindliche Brüder sich versöhnen und von neuem zu friedlichem Streben vereinigen, ist erfreulich; weniger erfreulich, daß die Geburt dieses gemeinsamen Schaffens ein schauerlich-skurriler Leviathan ist, der den Planeten zu verschlingen droht, ein Chaos aus Wirtschaftselefantiasis, Übertechnik, Megaphongebrüll und Psychoanalyse. Doch dies hat mit der »Krisis der europäischen Seele« nur indirekt zu schaffen.

Zwei Jahre nach der Ermordung Lincolns vollzog sich in der Mitte desselben Erdteils eine andere Tragödie. Der Sezessionskrieg gab Napoleon Mut zu einem sehr gewagten Unternehmen. Französische Truppen landeten unter einem völkerrechtlichen Vorwand in Mexiko, drangen vor und eroberten die Hauptstadt. Eine dorthin berufene Nationalversammlung von bezahlten Figuranten wählte den Erzherzog Maximilian, Bruder des Kaisers Franz Joseph, zum Kaiser von Mexiko. Dieser, einer von den »liberalen« Habsburgern, ein unklarer Fibelidealist vom Schlage Josephs des Zweiten, war doch nicht liberal genug, sich einer Bevölkerung nicht aufzudrängen, die ihn

Juarez und Maximilian

1435

nicht mochte, sondern kämpfte, von den Franzosen unter Bazaine unterstützt, gegen die »Insurgenten« und den bisherigen Präsidenten Juarez. Der Friedensschluß im Norden machte allem ein Ende. Die Vereinigten Staaten erhoben Einspruch, Napoleon sah sich vor die Eventualität gestellt, mit ihnen Krieg führen zu müssen, und zog seine Truppen zurück, Maximilian, der, ebenso töricht wie tapfer, die Flucht verschmähte, wurde vor ein Kriegsgericht gestellt und erschossen. Dies war ein empfindlicher Stoß für das napoleonische Prestige.

Schleswig-Holstein
Bereits vorher aber hatte Napoleon eine gewisse, jedoch mehr indirekte Schwächung seines Ansehens erlitten, die von den dänischen Händeln ihren Ausgang nahm. Der Streit ging um die beiden Erbherzogtümer Schleswig und Holstein, die mit Dänemark durch Personalunion verbunden waren. Da der König Friedrich der Siebente kinderlos war, für die Herzogtümer aber ein anderes Erbfolgerecht galt als für Dänemark, so wären diese nach seinem Tode an eine andere Dynastie übergegangen, nämlich an den Herzog Christian von Sonderburg-Augustenburg. Nur Holstein gehörte zum Deutschen Bund; infolgedessen betrieb die Partei der »Eiderdänen« (so genannt, weil sie die Eider als dänische Grenze wünschten) die Einverleibung Schleswigs, die denn auch im Revolutionsmonat, März 1848, ausgesprochen wurde. Die Antwort war ein Aufstand in beiden Herzogtümern, unterstützt von preußischen und anderen deutschen Bundestruppen. Aber die Blockade der dänischen Schiffe, die das Meer und die Mündungen der Elbe, Weser und Oder beherrschten, und der diplomatische Druck Englands und Rußlands lähmten den Krieg. Auch Österreich stellte sich auf die Seite Dänemarks und erzwang 1850 in der bereits geschilderten Konferenz zu Olmütz unter energischer Assistenz des Zaren den Verzicht Preußens auf jede Einmischung in die schleswig-holsteinische Frage. Daß sich danach immer noch Menschen fanden, die von einer »deutschen Mis-

sion« des Habsburgerstaats deklamierten, ist ein Rätsel. Dieser hätte nämlich Schleswig-Holstein auch bereitwilligst den Fidschiinsulanern zugesprochen, nur damit Preußen es nicht bekomme. 1852 wurde im »Londoner Protokoll« zwischen den fünf Großmächten, Schweden und Dänemark vereinbart, daß Prinz Christian von Sonderburg-*Glücksburg* nach dem Tode Friedrichs des Siebenten die gesamte dänische Herrschaft erben solle. Der Herzog Christian von Sonderburg-*Augustenburg* versprach, daß er der neuen Ordnung nicht entgegentreten werde, übertrug aber später seine Erbansprüche auf Schleswig-Holstein an seinen Sohn *Friedrich*. Also ein großes Durcheinander.

1863 erließ König Friedrich der Siebente ein Patent, das Schleswig von Holstein trennte und mit Dänemark vereinigte. In demselben Jahre starb er. Die erste Regierungshandlung seines Nachfolgers war die Bestätigung der Gesamtverfassung für Schleswig und Dänemark. Daraufhin wurde in Holstein Friedrich von Augustenburg zum Herzog ausgerufen, und Preußen erklärte den Krieg, dem auch Österreich sich anschloß; was seinen Grund darin hatte, daß es hoffte, entweder im Norden eine Art Kolonie zu erwerben, nach der Art Belgiens, mit dem es aber sehr üble Erfahrungen gemacht hatte, oder aber zumindest durch Schaffung eines neuen partikularistischen Kleinstaats Preußen innerhalb seiner Einflußsphäre Mißhelligkeiten zu bereiten. Die Verbündeten verfügten über 60 000 Mann, die Dänen bloß über 40 000, aber über vortreffliche Befestigungen. Die Preußen waren von »Papa Wrangel« befehligt, der ein Stratege der alten Schule und überhaupt mehr Reitergeneral war, während Moltke auf die Kriegshandlungen einen geringen Einfluß hatte. Sein vorzüglicher Plan, der dänischen Armee den Rückzug auf Flensburg zu verlegen und sie durch Einkreisung zu vernichten, gelangte nicht zur Ausführung. Die Österreicher, von Gablenz tüchtig geführt, in der Stoßtaktik gut geschult und im Sturm bravourös, täuschten, an kleineren und anderen Aufgaben gemessen als jenen, die ihnen später entgegentraten, über ihr militärisches Kraftverhältnis zu Preußen. Nach der ruhmvollen Erstürmung der Düppeler Schanzen durch die Preußen besetzten die Verbündeten ganz Jütland. Damit war aber noch nichts Entscheidendes erreicht, denn die Dänen konnten den Krieg auf ihren Inseln, die ihnen einen ausgezeichneten Schutz boten, noch lange hinausziehen. Deshalb wurde der Vormarsch auf die Insel Alsen beschlossen, der den Preußen unter General Herwarth von Bittenfeld überraschend schnell gelang. Nach Besetzung einiger anderer kleinerer Inseln kam es zum Waffenstillstand. Im Frieden von Wien trat Dänemark die Herzogtümer Schleswig, Holstein und Lauenburg an Österreich und Preußen ab, die dort eine gemeinschaftliche Regierung errichteten. Dies war aber eine offenkundige Verlegenheitslösung. Österreich befürwortete die Einsetzung des Augustenburgers, Bismarck verlangte für diesen Fall eine Art preußisches Protektorat. Um die Spannung zu beseitigen, schlossen die beiden Großmächte 1865 den Gasteiner Vertrag, worin sie sich die gemeinschaftliche Oberhoheit über beide Herzogtümer vorbehielten, die Verwaltung aber bis auf weiteres in Holstein an Österreich, in Schleswig an Preußen übertragen wurde, während das Herzogtum Lauenburg gegen eine Geldentschädigung definitiv in preußischen Besitz überging. Bismarck, der aus diesem Anlaß in den Grafenstand erhoben wurde, war von diesem Arrangement nicht entzückt und nannte es eine »Verklebung der Risse im Bau«.

1866   Die Situation war in der Tat unhaltbar. Das Nebeneinanderregieren in Schleswig-Holstein stellte sich sogleich als eine praktische Unmöglichkeit heraus, doch war dies nur eine Nebenfrage und der bloße äußere Anlaß zum Bruch. Der wahre Kriegsgrund war der lächerliche Deutsche Bund. Es war auf die Dauer vollkommen unerträglich, daß ein verkalkter Morlakenstaat sich die Herrschaft über das deutsche Volk anmaßte und die berufene deutsche Vormacht aus kleinlicher Rivalität und gehässigem Eigensinn an jeder kräftigen Aktion sowohl der inneren wie der äußeren Politik verhinderte. Der Zusammenbruch dieses Systems war seit dem Tage, an dem es geschaffen worden war, eine historische Notwendigkeit. Nach genau einem halben Jahrhundert trat diese Notwendigkeit ein. Die Geschichte läßt sich oft ziemlich lange Zeit; aber nichts auf der Welt kann Dauer haben, das von einem chimärischen und schiefen Gedanken, einem widernatürlichen und erschlichenen Anspruch, einer Lüge lebt. In Wirklichkeit war der deutsche Krieg von 1866 keine Auseinandersetzung zwischen dem Norden und dem Süden, sondern eine deutsche Revolution, wie die meisten wirksamen Revolutionen von oben her gemacht, diesmal von einem einzigen Manne, der die im Staatsleben so seltene Vereinigung von Klarblick und Energie besaß. »Jeder andere preußische Krieg vor dem österreichischen«, sagte Bismarck, »ist die reine Munitionsvergeudung.« Seine Superiorität bestand darin, daß er, im Gegensatz zu Napoleon, niemals schwankte, immer dasselbe wollte und alle halben Lösungen ablehnte; so zum Beispiel den Vorschlag Bayerns, eine deutsche Trias zu bilden: Österreich auf die Erbländer beschränkt, Süddeutschland unter bayerischer, Norddeutschland unter preußischer Führung. Bismarck war, und hierin zeigt sich wiederum seine Kongenialität mit Friedrich dem Großen, sein Leben lang von einem einzigen großen Gedanken getragen, der den unerschöpflichen Speicher seiner Kraft bildete. Napoleon hingegen hatte bloß eine Menge »Ideen«, nach der Art eines Aventuriers, dem jeden Tag ein anderer Coup einfällt, und eine erdrückt die andere. Sein wirklicher »Königsgedanke« war, seine Firma um jeden Preis und mit allen erreichbaren, auch den gegensätzlichsten Mitteln über Wasser zu halten. Und diesen einfachen Gedanken verstand Napoleons Nation, ja sie identifizierte sich mit ihm, solange die Geschäfte florierten. Den Gedanken Bismarcks aber verstanden seine Landsleute nicht. Im Mai 1866, als das Attentat auf ihn verübt wurde, dem er nur wie durch ein Wunder und unter allgemeinem Bedauern entging, war er der verhaßteste Mann in ganz Deutschland.

Napoleon hat in dieser Krise keinerlei politischen Scharfblick, geschweige denn Vorausblick bewiesen. Er förderte den Abschluß des preußisch-italienischen Bündnisses, weil er Österreich für stärker hielt (zum Teil aus nationaler Eitelkeit, da eine Armee, die von Frankreich nur mit Mühe besiegt worden war, offenbar der ganzen übrigen Welt überlegen sein mußte), weil die Befreiung Venetiens in der Linie seines italienischen Einigungsprogramms lag und weil die »Kompensationen«, auf die er mit Bestimmtheit rechnete, sein Prestige wieder gehoben hätten: er hoffte Belgien, die Pfalz und die Rheinprovinz (diese beiden eventuell nur als Herzogtümer unter französischem Protektorat), zumindest das Kohlenbecken von Saarbrücken zu gewinnen: dies alles unter dem Titel der »*revendication*«, denn in Frankreich ist man der Ansicht, daß alles, was jemals von französischen Truppen besetzt war, der *grande nation* gehöre und jederzeit zurückgefordert werden könne; außerdem glaubte auch er an die Möglichkeit einer »*troisième Allemagne*«, die, als eine Art Rheinbund natürlich ebenfalls unter französischem Einfluß, die preußische Hegemonie im Norden reichlich aufgewogen hätte. Thiers, der Führer der damaligen Kammeropposition, blickte viel tiefer, als er in einer vierstündigen Rede erklärte, daß Frankreich an dem geeinten Deutschland und Italien nur gefährliche Rivalen haben werde und die einzige nationale Politik daher in der Linie Richelieus und Ludwigs des Vierzehnten liege. Kann man aber Napoleon bloß den Vorwurf machen, daß er kein politisches Genie war, so ist die diplomatische Haltung, die die österreichische Regierung vor Kriegsausbruch einnahm, geradezu schwachsinnig zu nennen. Sie hätte gegen Venetien jederzeit die Neutralität, vielleicht sogar die Bundesgenossenschaft Italiens eintauschen können; statt dessen wies sie alle derartigen Anerbietungen hochmütig zurück, um plötzlich, als die Gefahr des preußischen Angriffs in unmittelbare Nähe rückte, auf alles einzugehen. Es war aber schon zu spät: der Vertrag zwischen Preußen und Italien bereits auf drei Monate abgeschlossen. Es wiederholte sich genau derselbe Vorgang wie zu Anfang des Jahres 1915, als die Monarchie so lange mit der Abtretung des Trentino zögerte, bis Italien bereits der Entente verpflichtet war. Napoleon übermittelte gleichwohl den Antrag auf Neutralität gegen Überlassung Venetiens an die Florentiner Regierung, die nun ohne Krieg bekommen konnte, was sie in einem solchen nur erhoffen durfte; aber sie besaß das Ehrgefühl, den Vertrag nicht zu brechen, und zudem war die Volksstimmung schon so erhitzt, daß ein Zurückweichen nicht mehr möglich war. Damit aber noch nicht genug. Am 12. Juni schloß Österreich mit Napoleon einen Geheimvertrag, in dem es sich verpflichtete, in Deutschland keine politischen und territorialen Veränderungen ohne französische Zustimmung vorzunehmen, im Falle der Wiedererwerbung Schlesiens das linke Rheinufer an Frankreich abzutreten und auf Venetien unter allen Umständen (also auch nach einem Siege über Italien) zu verzichten. Man ist im Zweifel, ob man mehr über die Dummheit oder über die Perfidie dieser Abmachungen erstaunt sein soll: ein Staat, der Aachen und Köln, Mainz und die Pfalz (diese beiden noch außerdem den Bundesgenossen gehörig) dem Empire preisgibt, hatte jedenfalls schon damit bewiesen, daß er unwürdig sei, an der Spitze Deutschlands zu stehen. Der österreichische Minister Graf Beust, damals noch in sächsischen Diensten und zeitlebens einer der enragiertesten Preußenfresser, sagte denn auch, als er den Vertrag später kennenlernte, er sei das unglaublichste Aktenstück, das ihm je untergekommen sei.

Hannover und ganz Süddeutschland traten sofort auf die Seite Österreichs; aber auch in Preußen war der Krieg nichts weniger als populär, was sich in zahlreichen Petitionen äußerte; dazu kam die katholische Agitation in Schlesien und der Rheinprovinz. Selbst der Hof war nicht unbedingt fürs Losschlagen: der Kronprinz ausgesprochener Kriegsgegner, der König zumindest pessimistisch: er erklärte, er werde im Falle einer Niederlage abdanken, und als sein Vorleser ihn um Aufnahme ins Hauptquartier bat, antwortete er: »Wozu? Sie werden doch von Potsdam nach Großbeeren hinüberreiten können?« Andere wieder sprachen von einem zweiten Dreißigjährigen Krieg. Diese haben am wenigsten recht behalten, denn er war von allen großen Kriegen, die wir kennen, der kürzeste: die entscheidenden militärischen Aktionen dauerten eine Woche, zwischen dem ersten preußisch-österreichischen Gefecht und dem Waffenstillstand lag genau ein Monat. In Österreich herrschte optimistische Stimmung. Mit dem landesüblichen kindischen Chauvinismus, der aber nicht wie der französische aus unbelehrbarem Dünkel, sondern aus ahnungsloser Frivolität stammt und daher nach einem Debakel sofort bereit ist, in Selbstverachtung überzugehen, gab man die Parole aus, die Preußen würden »mit nassen Fetzen« nach Hause gejagt werden. Zu dieser Zuversicht lag jedoch kein Anlaß vor. Der österreichische Soldat war tapfer, aber ohne jede Erudition, da alle, die eine Mittelschule absolviert hatten oder einen »Tausendguldenmann« stellen konnten, vom Militärdienst befreit waren, also so ziemlich der ganze Mittelstand. Das Offizierskorps bestand aus eingebildeten Aristokraten und eingedrillten Kadettenschülern, denen beiden es zumeist an tieferen Kenntnissen und geistigem Horizont fehlte. Im preußischen Heer hingegen war die Volksschulbildung allgemein und die Intelligenz der Chargen durchwegs höher, so daß die selbständige Befehlsgebung schon bei den Kompanieführern begann. Die österreichische Artillerie war, wenigstens was das Material anlangt, besser als die preußische, sie besaß fast lauter gezogene, diese noch zu zwei Fünfteln glatte Geschütze. Dafür hatten die Preußen das Zündnadelgewehr, mit dem man dreimal so schnell schießen konnte wie mit dem österreichischen Vorderlader. Infolgedessen legte Moltke das Hauptgewicht auf das Feuergefecht, während die Österreicher den schneidigen Bajonettangriff, den sie im italienischen Krieg den Franzosen abgelernt hatten, für das Wichtigste hielten; außerdem setzte er ihrer veralteten Stoßtaktik, die noch mit geschlossenen Abteilungen operierte, elastische umfassungsfähige Plänklerketten entgegen.

Deutschland wurde von Preußen als Nebenkriegsschauplatz behandelt. Zunächst mußten Hannover und Kurhessen besetzt werden, die sich als gefährliche Keile in preußisches Gebiet schoben, was der Westarmee binnen zwei Tagen gelang. Bald darauf zwang sie die gesamte Hannoversche Streitmacht bei Langensalza zur Kapitulation, besiegte die Bayern und rückte in Frankfurt ein. Am 2. August kam es zum Waffenstillstand.

Den Italienern hatte Moltke folgenden Kriegsplan unterbreitet: Umgehung des Festungsvierecks und Marsch auf Wien; Landung in Dalmatien und Insurgierung Ungarns. Um aber diese glänzenden Operationen ausführen zu können, hätten sie über eine viel energischere und umsichtigere Leitung verfügen müssen. An der Spitze der österreichischen Südarmee stand der Erzherzog Albrecht, der Sohn des Erzherzogs Karl, des größten militärischen Talents, das das Habsburgergeschlecht hervorgebracht hat; sein Generalstabschef war die stärkste, ja vielleicht einzige strategische Kapazität der österreichischen Armee, der Freiherr von John. Von diesem stammte der Plan zur Schlacht bei Custozza, in der den Österreichern, obschon unter großen Verlusten, die Durchbrechung des feindlichen Zentrums gelang: ein entscheidender Sieg, der zur Hälfte der Kopflosigkeit des italienischen Oberkommandos zu verdanken

Custozza

war, das, obgleich über eine starke Übermacht verfügend, die Streitkräfte unklug teilte.

Krismanič und Moltke Auf dem Hauptkriegsschauplatz waren die Gegner ungefähr gleich stark: Preußen und Österreicher verfügte über je etwa eine Viertelmillion Mann. Aus mehreren Ursachen wurden die Österreicher aber von allem Anfang an in die Defensive und den Kampf auf eigenem Boden gedrängt: die Mobilisierung der Reservisten, die in alle Teile des Reichs disloziert waren, ging sehr schwerfällig vonstatten; dem preußischen Aufmarsch standen fünf Bahnlinien zur Verfügung, dem österreichischen nur die zwischen Wien und Prag, aber auch die Fußmärsche vollzogen sich auf den schlechtgepflegten Straßen unter erheblichen Verzögerungen; dazu kamen sehr bald Verpflegungsschwierigkeiten. Der Oberbefehlshaber der Nordarmee, Ludwig Freiherr von Benedek, als Sieger von San Martino sehr populär, aber bloß ein schneidiger Korpskommandant, kein Stratege und nur auf dem italienischen Terrain zu Hause, war eine typisch österreichische Fehlbesetzung. Er weigerte sich auch zunächst, den Oberbefehl zu übernehmen, indem er dem Kaiser rundheraus erklärte: in Oberitalien kenne er jeden Baum bis Mailand, aber in Böhmen wisse er nicht einmal, wo die Elbe fließe; er könne Violine spielen, aber nicht die Flöte blasen. Daraufhin appellierte der Generaladjutant Franz Josephs an Benedeks dynastische Gefühle, indem er ihm zu verstehen gab, daß die öffentliche Meinung ihn fordere und der Kaiser abdanken müsse, wenn das Heer unter einem anderen geschlagen würde. Zehn Tage nach der Schlacht von Königgrätz schrieb er an seine Gattin: »Habe wörtlich gesagt, daß ich für den deutschen Kriegsschauplatz ein Esel bin.« Da er als einfacher Troupier für seine Rolle kriegswissenschaftlich ungenügend vorgebildet war, war er genötigt, sich einen strategischen Beirat zu wählen, und hatte dabei das Unglück, auf einen noch viel größeren Esel zu verfallen, den General Krismanič, den ihm der Erzherzog Albrecht empfohlen hatte. Es herrschte zwischen den beiden ein ähnliches Verhältnis wie zwischen Blücher und Gneisenau, nur mit dem Unterschied, daß Gneisenau ein Genie war, Krismanič war ein Positionsstratege der vornapoleonischen Schule, der allen Ernstes glaubte, im Kriege komme es darauf an, die richtigen »Stellungen« einzunehmen. Er hatte die böhmischen Operationen Friedrichs des Großen genau studiert und war der Ansicht, daß man aus ihnen alle notwendigen Direktiven schöpfen könne, um zu siegen. Seine Methode hatte auf der Kriegsschule den Spitznamen »Wurststrategie«, weil auf seinen »Landesbeschreibungskarten« alle Positionen aus den friderizianischen Feldzügen in Wurstform eingezeichnet waren. Dieses System war echt österreichisch: in seiner reaktionären Anbetung der Vergangenheit, seinem von Karten hypnotisierten Bürokratismus und seiner Phantasielosigkeit, die an Wiederholbarkeit glaubt.

Molte hingegen fand: »Die Strategie ist die Anwendung des gesunden Menschenverstandes auf die Kriegsführung«; womit alles gesagt ist. Sein Prinzip: »getrennt marschieren, vereint schlagen« hatte den Sinn, die Operationsfreiheit so lange wie möglich zu sichern, wobei ihn die neuen technischen Behelfe, Eisenbahn und Telegraph, im raschen und überraschenden Umdisponieren unterstützten. Er bestimmte in richtiger Erkenntnis der militärischen Schwäche Deutschlands sechs Siebentel der preußischen Truppen gegen Österreich, die er von drei Seiten in Böhmen einmarschieren ließ, mit der Direktion auf Gitschin. Mit dem Gelingen dieses Planes war der Krieg eigentlich schon entschieden, denn dadurch wurden die Österreicher auf die innere Linie geworfen, die ihre Vorteile hat, aber nur, wenn sie über einen genügend großen Operationsraum verfügt und mit napoleonischer oder friderizianischer Verve und Geistesgegenwart ausgenützt wird. Im übrigen haben alle großen Dichter von Shakespeare bis Busch schon längst erkannt, daß Namen keine zufällige Äußerlichkeit, sondern ein geheimnisvolles Etikett des Schicksals sind: es ist nicht wahrscheinlich, daß ein Mann, der sich Moltke nennt, von einem besiegt wird, der Krismanič heißt.

König-
grätz
Der Krieg setzte für die Österreicher scheinbar verheißungsvoll ein: am 27. Juni besiegten sie ein preußisches Korps bei Trautenau, und die Niederlage, die sie an demselben Tage bei Neapel erlitten, wurde nach Wien als Sieg gemeldet. Während der beiden nächsten Tage aber wurden sie in den Gefechten bei Soor, Skalitz, Trautenau, Königinhof, Schweinschädel und Münchengrätz zurückgewiesen, schließlich von der ersten und dritten Armee, die bereits Fühlung gewonnen hatten, in der Schlacht bei Gitschin. Benedek telegraphierte an Franz Joseph: »Bitte Eure Majestät dringend, um jeden Preis Frieden zu schließen. Katastrophe der Armee unvermeidlich.« Der Kaiser antwortete: »Einen Frieden zu schließen unmöglich. Wenn Rückzug erforderlich, ist derselbe anzutreten. Hat eine Schlacht stattgefunden?« Das hieß, aus dem Habsburgischen übersetzt: das Prestige der Dynastie erfordert auf jeden Fall eine Entscheidungsschlacht.

Die Schlacht bei Königgrätz vom 3. Juli 1866, die noch mehr Massen ins Feld brachte als die Völkerschlacht bei Leipzig, war die größte des Jahrhunderts, zugleich, als die erste Probe auf die neue Moltkesche Methode, die gewaltigste Umfassungsschlacht, die die Geschichte bis dahin gesehen hatte. Moltke intendierte noch Größeres, als er erreichte, nämlich eine vollständige »Mausefalle« wie bei Sedan, war aber teilweise in seinen Operationen gehemmt, da einerseits die Unterführer die Originalität und Kühnheit seiner Gedanken nicht ganz kapierten und sie deshalb nicht vollständig zur Ausführung brachten, andrerseits ihm keine absolute Befehlsgewalt zustand (er war bloß Chef des Generalstabs) und der König sich nicht entschließen konnte, den Krieg mit dem äußersten Nachdruck zu führen, teils aus Ritterlichkeit und Gewissensbedenken, teils wohl auch aus Altersbedächtigkeit und Befangenheit in den Vorstellungen einer früheren Generation; vor allem verzögerte er, da er um keinen Preis der Angreifer sein wollte, in sehr unvorteilhafter Weise die Mobilisierung: ein Vorgehen, das, aus seinem protestantischen Verantwortungsgefühl entsprossen, ihm, vom rein menschlichen Standpunkt betrachtet, zur höchsten Ehre gereicht.

Das Schlachtfeld erstreckte sich zwischen dem Dorf Sadowa und der Festung Königgrätz, die etwa drei Wegstunden voneinander entfernt waren; die letztere lag hinter der Elbe und war mit dem Gegenufer durch sechs Brücken verbunden, zu denen sechs neue geschlagen wurden: Benedek, der ohne Vertrauen in den Kampf ging, hatte diese Rückzugsmöglichkeit von vornherein ins Auge gefaßt. Die Truppen waren, wie bereits erwähnt, etwa gleich stark, doch kamen von den verfügbaren 230000 Preußen nur etwa 170000 ins Gefecht, so daß sie den Sieg tatsächlich gegen eine Übermacht errangen. Das Zentrum der Österreicher hatte hinter der Bistritz, einem Nebenflüßchen der Elbe, auf den Anhöhen von Chlum Aufstellung genommen, durch über fünfhundert Geschütze gedeckt; dahinter standen die Reserven. Bei den Preußen wurde das Zentrum, das dem österreichischen frontal gegenüberstand, von der *ersten* Armee gebildet, die vom Prinzen Friedrich Karl geführt war, der rechte Flügel von der *dritten* oder *Elbarmee* unter General Herwarth von Bittenfeld, der linke Flügel von der *zweiten* oder *schlesischen* Armee unter dem Kronprinzen, die aber in der Nacht zum 3. Juli noch etwa einen Tagesmarsch entfernt und am Morgen, als die Schlacht begann, erst im Anrücken war. Während die Elbarmee im Laufe des Vormittags gegen den linken Flügel des Feindes, der zum großen Teil aus Sachsen bestand, Vorteile errang, kam die erste Armee in harten Kämpfen bei Sadowa nicht vorwärts. Infolgedessen lag die Situation um die Mittagsstunde für Benedek scheinbar günstig, und er erwog, ob er nicht einen Offensivstoß ins preußische Zentrum führen solle. Dies hätte die vollständige Vernichtung der Österreicher bedeutet, denn ihre Präponderanz beruhte lediglich auf ihrer starken Stellung; hätten sie sich aus ihr herausgewagt, so wären auf dem ebenen Terrain alle Momente der preußischen Überlegenheit in Wirksamkeit getreten: das Zündnadelgewehr, die Tirailleurtaktik und die strategische Einkreisung. Er gab jedoch den Plan auf, da er, zwei Stunden früher als das preußische Hauptquartier, die Nachricht erhielt, daß sich die Kronprinzenarmee bereits in unmittelbarer Nähe befinde. Deren Vormarsch, auf regendurchweichtem Erdreich eine bewundernswerte Truppenleistung, brachte die Entscheidung. Als sie um zwei Uhr nachmittags eintraf, überrannte sie den rechten österreichischen Flügel, drang ins Zentrum und eroberte das Dorf Chlum, den Schlüssel der gesamten österreichischen Position. Ein Gegenangriff, den Benedek mit seinen Reserven unternahm, scheiterte; die gleichzeitige Niederlage des linken Flügels zwang auch diesen zum Rückzug. Die Truppen waren bereits im Rücken bedroht und wandten sich in wilder Auflösung zur Flucht, von den Preußen trotz Vorrats an starken Reserven ungenügend verfolgt. Die Gründe hierfür lagen in der Leistungsfähigkeit der österreichischen Artillerie, mehr noch in der mangelnden Siegesgewohnheit der preußischen Offiziere, die die Größe des Erfolges unterschätzten, möglicherweise hat auch hier die Noblesse des Königs mitgespielt.

Die Katastrophe von Königgrätz war für ganz Europa eine große Überraschung. Der Staatssekretär der Kurie, Kardinal Antonelli, rief beim Eintreffen der Nachricht: *»Il mondo cassa;* die Welt geht unter!«; die *Times* gab in völliger Verkennung der Sachlage die Parole aus: *»Needle gun is king;* Zündnadel ist Trumpf!«; Napoleon meldete sogleich bei Preußen seine »Trinkgeldforderungen« an. Am klarsten erkannte der Wiener Volkswitz die Gründe der Niederlage in dem Vers: »Die Freiwilligen haben kein' Knopf, die Generäle haben kein' Kopf, die Minister haben kein Hirn, so müssen wir alles verliern.« Als Franz Joseph durch die Mariahilferstraße nach Schönbrunn fuhr, rief die Menge: »Es lebe Kaiser Maximilian!« Es ist merkwürdig, daß sich bei den Habsburgern die Popularität fast immer an die jüngeren Brüder geheftet hat. Dies begann schon bei Philipp dem Zweiten, dessen Halbbruder Don Juan d'Austria der Held des Zeitalters war. Auch Leopold von Toskana, der spätere Leopold der Zweite, war viel beliebter als der angeblich so verehrte Kaiser Joseph, und der Erzherzog Karl, der Bruder des Kaisers Franz, war der Abgott der Armee. Auch Maximilian von Mexiko ist bis zum heutigen Tage von einer gewissen Romantik umwittert geblieben, die Franz Werfel in einem sehr interessanten Stück aufgefangen hat.

Die zersprengte österreichische Nordarmee wurde in Ol- *Lissa* mütz einigermaßen retabliert, ein großer Teil der siegreichen Südarmee wurde zum Schutz Wiens aus Italiens abberufen, Erzherzog Albrecht übernahm den Oberbefehl über sämtliche Truppen. Die nunmehr nachdrängenden Preußen besetzten Prag und Brünn und schlugen Benedek bei Tobitschau in Mähren, wodurch er gezwungen wurde, die Marchlinie aufzugeben und nach Ungarn auszuweichen. Ein Treffen bei Blumenau unweit Preßburg am 22. Juli, durch das die Preußen den Donauübergang erzwingen wollten, begann sich bereits zu ihren Gunsten zu entscheiden, als um zwölf Uhr mittags eine fünftägige Waffenruhe verkündet wurde, die nach ihrem Ablauf zum Waffenstillstand erweitert wurde. Zwei Tage vorher war den Österreichern bei der Insel Lissa noch ein großer und unerwarteter Seesieg gelungen. Die italienische Flotte war der gegnerischen an Ausrüstung weit überlegen: sie besaß nicht nur mehr, sondern auch mehr gepanzerte Schiffe und außerdem Geschütze von größerem Kaliber und modernerer Konstruktion. Der ausgezeichnete österreichische Admiral Tegett-

1449

hoff, ein gebürtiger Westfale, machte jedoch diesen Nachteil dadurch wett, daß er mit erstaunlicher Geschicklichkeit und Kühnheit das vernichtende feindliche Feuer unterlief und durch virtuoses Manövrieren seinen Fahrzeugen den Rammstoß sicherte, wodurch von den italienischen Großkampfschiffen zwei versenkt und zwei kampfunfähig gemacht wurden. Er selbst bohrte mit seinem Admiralsdampfer den feindlichen in den Grund. Zur Belohnung für diesen Sieg, der sich in der jüngeren Geschichte nur mit den Taten Nelsons vergleichen läßt, wurde er kaltgestellt, nach seinem frühen Tode allerdings durch ein Denkmal von sensationeller Abscheulichkeit geehrt. Die Schlacht wurde mit Hilfe zahlreicher venetianischer Matrosen gewonnen, die damals (da Österreich am 4. Juli, einen Tag nach Königgrätz, Venedig offiziell an Napoleon abgetreten hatte) bereits italienische Untertanen waren. Hier ist eine jener Stellen, wo durch das wirre Gewölk des Krieges helleuchtend der Blitz des Wahnsinns schlägt und erkennen läßt, daß der Kampf der Menschen im Grunde barbarischer Selbstzweck ist: ein herrlicher Seesieg, erfochten mit den Soldaten des Feindes, der bereits besitzt, worum von beiden Teilen gekämpft wird.

Nikols- *burg* Die erhebliche Schwächung der Landfront gegen Italien ermöglichte es Garibaldi, in Südtirol mit seinen Freischaren einzubrechen, die zwar zurückgeworfen wurden, aber gleichwohl eine dauernde Bedrohung Trients bildeten. Die Truppen Benedeks hatten sich um Preßburg mit der inzwischen eingetroffenen Armee Erzherzog Albrechts vereinigt, aber diese immerhin ansehnliche Streitmacht war der preußischen aller Voraussicht nach nicht gewachsen. Zudem trug Bismarck kein Bedenken, durch General Klapka aus ungarischen Kriegsgefangenen eine Legion bilden zu lassen, die zur Insurgierung Ungarns bestimmt war. Die einzige Hoffnung war ein energisches Eingreifen Napoleons. Dieser trat denn auch alsbald hervor, aber kurzsichtigerweise nicht, um Österreich zu decken, sondern, um sich

bei der voraussichtlichen Aufteilung Deutschlands einige Stücke
zu sichern: er verlangte, aber ohne Nachdruck, in unpräzisen
Andeutungen und von Tag zu Tag in anderem Ausmaß, Kompensationen in Westdeutschland: Mainz, die Pfalz, Saarlouis,
Saarbrücken. Ihm schwebte dabei als Modell seine italienische
Politik von 1859 vor, wo er für seine Zustimmung zur Einigung
Nizza und Savoyen einkassiert hatte. Bismarck verstand es, auf
seine »dilatorische« Methode ihn so lange hinzuhalten, bis die
Friedenspräliminarien zu Nikolsburg unterzeichnet waren. An
eine Einwilligung zur Annexion deutscher Gebiete war natürlich für Preußen nicht zu denken: es hätte dadurch alles Vertrauen in Deutschland eingebüßt. Aber noch Jahre nachher sagte
Bismarck, Napoleon habe einen schweren Fehler begangen, als
er während des böhmischen Krieges versäumte, Belgien als
Pfand zu besetzen. Übrigens war Frankreich damals keineswegs in der Lage, Preußen mit Aussicht auf Erfolg entgegenzu-
treten. Es konnte, durch das mexikanische Abenteuer geschwächt, am Rhein nicht einmal eine ebenso starke Armee
aufstellen wie 1859 in Italien, und selbst dies hätte Wochen in
Anspruch genommen. Das preußische Heer hingegen war mobil und ergänzte sich täglich durch neue bedeutende Aushe-
bungen. Moltke hatte denn auch dezidiert erklärt, daß er sich
einem Dreifrontenkrieg gewachsen fühle.

Gleichwohl sprach vieles für einen möglichst baldigen Friedensschluß. Jeder Tag steigerte die Gefahr einer Einmischung
der Neutralen, nicht bloß Frankreichs. Zar Alexander redete
bereits von einem Kongreß. Die Cholera griff im preußischen
Heer bedenklich um sich, und mit Italien war nach den Niederlagen und der Abtretung Venedigs nicht mehr lange zu rechnen.
Wie weit Österreich, wenn man es zu einem Verzweiflungs-
kampf trieb, sich aufraffen würde, war nicht abzuschätzen: es
hatte in den napoleonischen Kriegen mehr als einmal bewiesen,
daß es gerade als geschlagener Gegner gefährlich war. Selbst

Moltke schrieb an seine Gattin: »Ich bin sehr dafür, die erreichten Erfolge nicht aufs Spiel zu setzen, wenn das irgend vermieden werden kann.«

Die Hauptsache aber war, daß die immerhin denkbare Zertrümmerung Österreichs gar nicht im preußischen Interesse lag. Es ist allbekannt, mit welcher Zähigkeit und Umsicht Bismarck für den Hauptgegner die denkbar glimpflichsten Bedingungen durchsetzte. Die Wünsche des Königs gingen auf Ansbach und Bayreuth, die alten Stammsitze der Hohenzollern, die von Napoleon dem Ersten zu Bayern geschlagen worden waren, das österreichische Schlesien und den deutschen Nordwestrand Böhmens mit Eger, Karlsbad, Teplitz, Reichenberg, ferner auf Annexion ganz Sachsens, der sich Franz Joseph als Gentleman ebenso nachdrücklich widersetzte wie der Abtretung eigenen Gebiets. Seine Zustimmung zu den Vorschlägen Bismarcks gab der König schließlich in einem Bleistiftmarginale mit den bitteren Worten: »Nachdem mein Ministerpräsident mich vor dem Feinde im Stiche läßt und ich hier außerstande bin, ihn zu ersetzen … sehe ich mich zu meinem Schmerze gezwungen, nach so glänzenden Siegen der Armee in diesen sauern Apfel zu beißen und einen so schmachvollen Frieden anzunehmen.« In diesem erkannte Österreich die Auflösung des Deutschen Bundes an, gab seine Zustimmung zu einer Neugestaltung Deutschlands, trat seine Rechte auf Schleswig-Holstein an Preußen ab und willigte in die Annexion Hannovers, Kurhessens, Nassaus und Frankfurts. Das auf diese Weise um etwa ein Viertel vergrößerte Preußen trat an die Spitze des Norddeutschen Bundes, dem Sachsen, Mecklenburg, Oldenburg, Braunschweig, Oberhessen, die thüringischen und alle übrigen nördlich des Mains gelegenen Staaten beitraten.

Der ungarische Ausgleich Die größten Vorteile aus der österreichischen Niederlage zog Ungarn. 1867 schloß Franz Deák mit dem Ministerpräsidenten Beust den »Ausgleich«, auf Grund dessen die »österreichisch-ungarische Monarchie« konstituiert wurde. Franz Joseph hieß von nun an Kaiser von Österreich und »Apostolischer König von Ungarn«; dieses erhielt ein eigenes Parlament und Ministerium, gemeinsam waren von nun an nur noch: auswärtige Politik, Heer, Staatsschuld, Münz- und Zollwesen. Die Krönung des Königspaares fand in Ofen statt; unter bunten und barbarischen Zeremonien. Die Ungarn, bisher so lange unterdrückt, machten es nun mit den Minoritäten ihrer Reichshälfte: den Deutschen, Rumänen, Slowaken, Serben, Kroaten ebenso, indem sie sie gewaltsam zu magyarisieren suchten. Hingegen wurden die konfessionellen Minderheiten: Protestanten, Griechen, Juden loyal behandelt. Das Land, einer der reichsten Getreidespeicher Europas, nahm alsbald einen bedeutenden wirtschaftlichen Aufschwung, während es sozial und kulturell sich nicht merklich weiterentwickelte: der Großgrundbesitz erdrückte den Bauernstand, und noch um die Jahrhundertwende war jeder zweite Ungar ein Analphabet. Die Hauptstadt Budapest stieg zu blendendem, obschon schwindelhaftem und basarmäßigem Glanz empor. Auch den zisleithanischen Ländern wurde eine Verfassung gewährt, und an die Spitze der Regierung trat ein »Bürgerministerium«. Diese Entwicklung charakterisierte Bismarck im Preußischen Landtag mit den schneidend klaren Worten: »Österreich ist durch eine langjährige Zurückhaltung in die Lage gebracht worden, heute mit demjenigen Liberalismus Epoche zu machen, der bei uns in der Hauptsache schon seit zwanzig Jahren, in vielen seiner Teile bereits seit fünfzig Jahren zu einem überwundenen Standpunkte gehört.«

Derselbe Bismarck sagte im Jahr 1867 zu Karl Schurz: »Jetzt *Der* ist die Reihe an Frankreich ... Ja, wir werden Krieg bekommen, *lokalisierte* und der Kaiser der Franzosen wird ihn selbst anfangen. Ich *Weltkrieg* weiß, daß Napoleon der Dritte persönlich friedliebend ist und uns nicht aus eigenem Antriebe angreifen wird. Aber er wird dazu durch die Notwendigkeit, das kaiserliche Prestige aufrechtzuerhalten, gezwungen werden. Unsere Siege haben es in den Augen der Franzosen sehr herabgesetzt. Er weiß das, und er weiß auch, daß das Kaiserreich verloren ist, wenn es sein Prestige nicht schnell zurückgewinnt. Unserer Berechnung nach wird der Krieg in zwei Jahren ausbrechen. Wir müssen uns darauf vorbereiten, und das tun wir auch. Wir werden siegen, und das Ergebnis wird gerade das Gegenteil von dem sein, was Napoleon anstrebt. Deutschland wird seine Einigung vollziehen, außerhalb Österreichs, und er selbst wird am Boden liegen.« Genau so traf es ein. Gleich nach Beendigung des Krieges erhob sich das Geschrei: »*Revanche pour Sadowa!*«, womit die Franzosen Königgrätz bezeichneten, offenbar, weil sie diesen Namen nicht aussprechen können. Napoleon erkannte, daß er die Situation nicht ausgenützt hatte, andrerseits aber der lärmenden öffentlichen Meinung etwas geboten werden müsse, und trat nun, nachdem Belgien verpaßt war, mit der um vieles bescheideneren Forderung nach Einverleibung Luxemburgs hervor. Es gelang ihm tatsächlich, vom König der Niederlande einen Verkaufsvertrag zu erreichen; dem aber trat Bismarck entgegen, und die 1867 nach London berufene Konferenz der Großmächte, denen nunmehr auch Italien zugerechnet wurde, bestimmte, daß Luxemburg fortan ein selbständiges Großherzogtum sein solle, dessen Neutralität von ihnen gemeinsam gewährleistet wurde. Dieser diplomatische Erfolg Preußens rückte den Krieg bereits in sehr bedrohliche Nähe. Indes war Napoleon sich über das Risiko eines Zweikampfs vollkommen klar: »Wir können«, sagte er, »einem Kriege nur entgegensehen, wenn wir die Hände voller Bündnisse haben.« Von 1868 bis 1870 wurden darüber Verhandlungen gepflogen. Erzherzog Albrecht erschien in Paris und führte Pourparlers über eine Militärkonvention. Wiederum wurde Frankreich für den Fall, daß Österreich Schlesien und die Hegemonie über Süddeutschland gewinnen sollte, das linke Rheinufer angeboten. Auch Italien wurde sehr umworben: Österreich versprach ihm Südtirol und die Isonzogrenze, Frankreich Nizza und Tunis, wozu es noch freigebig den schweizerischen Tessin fügte. Doch war das Haupthindernis einer Tripelallianz Rom, das sowohl Österreich wie Frankreich in den Händen des Papstes zu lassen wünschten. Auch in Süddeutschland bestanden Sympathien für Frankreich, aus »Rheinbundserinnerungen«, wie Bismarck sagt, und mehr noch Antipathien gegen Preußen, in Württemberg aus demokratischen, in Bayern aus klerikalen Tendenzen. Andrerseits hatte es aber Bismarck verstanden, durch Verlautbarung der annexionistischen Pläne Napoleons gegen ihn auch im Süden Stimmung zu machen, und bereits im August 1866 mit Baden, Bayern und Württemberg Schutz- und Trutzbündnisse geschlossen, die er 1867 veröffentlichen ließ; zweifellos in pazifistischer Absicht. Immerhin rüstete man in Österreich und spielte mit dem Gedanken eines Bündnisses, in das Italien sich vielleicht doch noch hätte hineinreißen lassen, Dänemark unter allen Umständen eingetreten wäre. Diese Möglichkeiten gewannen mit jedem Jahr, das Österreich zu seiner Regeneration zur Verfügung stand, an Wahrscheinlichkeit. Hingegen war es mehr als unwahrscheinlich, daß Rußland, Preußen wohlwollend und verpflichtet, Österreich und Frankreich seit langem feindlich, einer Aufteilung Mitteleuropas unter diese beiden ruhig zusehen werde. Wenn Bismarck daher durch sein keineswegs herausforderndes, aber festes Auftreten den Ausbruch des Kampfes nicht hinausgeschoben hat, so hat er damit nur einen vollkommen unvermeidlichen Krieg lokalisiert und eine allgemeine europäische Konflagration vermieden.

Während bei den meisten großen Kriegen die Schuldfrage einen ewigen Streitpunkt bildet, läßt sie sich bei diesem von jedem unvoreingenommenen Beurteiler ganz unzweideutig beantworten. 1868 war die Königin von Spanien durch einen Aufstand vertrieben worden. Die Cortes beschlossen, dem Erb-

Die spanische Bombe

prinzen Leopold von Hohenzollern-Sigmaringen die Krone anzubieten. Dieser war katholisch, väterlicherseits der Enkel einer Murat, mütterlicherseits der Enkel der Stephanie Beauharnais, der Adoptivtochter Napoleons des Ersten. Außerdem war die Berufung seines Bruders auf den rumänischen Thron von Napoleon nicht nur geduldet, sondern sogar protegiert worden. Die Kandidatur hatte also gar nichts Verfängliches. Bismarck befürwortete die Annahme, weil er sich von ihr für Deutschland handelspolitische und diplomatische Vorteile versprach, indem er fand, daß diese Konstellation »eine spanische Fliege im Nacken Napoleons« bedeute. Es läßt sich aber auch die Vermutung nicht von der Hand weisen, daß er in dieser Verwicklung eine willkommene Gelegenheit erblickte, den Krieg zu einem günstigen Zeitpunkt und aus einer Ursache herbeizuführen, die Frankreich als Friedensbrecher erscheinen ließ. In der Tat verursachte die »spanische Bombe« in Paris ein ungeheures Getöse. Der Minister des Äußern, der Herzog von Gramont, ein typischer Diplomat: selbstgefällig, uninformiert, phrasengebläht, kurz, wie Bismarck einfacher sagte, ein Rindvieh, erklärte im Gesetzgebenden Körper, Frankreich könne nicht dulden, daß durch die Erhebung eines Hohenzollern auf den Thron Karls des Fünften das Gleichgewicht in Europa gestört und die Ehre Frankreichs gefährdet werde; »andernfalls«, schloß er, »werden wir unsere Pflicht zu erfüllen wissen, ohne Zögern und ohne Schwäche«. Thiers, der während dieser Worte den Sitzungssaal betrat, rief entsetzt: *»Mais c'est une folie!«*, aber sein Protest wurde von enthusiastischem Beifall verschlungen. Am 9. Juli stellte der französische Botschafter Benedetti an König Wilhelm in Bad Ems das Verlangen, »dem Prinzen von Hohenzollern die Annahme der spanischen Krone zu verbieten«. Der König antwortete, er könne seine Autorität nicht einsetzen, um ihn zum Widerruf seines Wortes zu bestimmen, werde ihn aber andrerseits auch nicht davon zurückhalten; falls er dazu geneigt wäre, werde er diesen Entschluß nur billigen. Über diese ruhige Haltung des Königs, an der Preußen nicht zu fassen war, herrschte große Wut in den Pariser Blättern. Es wurde die Parole ausgegeben: *»La Prusse cane;* Preußen kneift.« Der *Pays* schrieb: »Das kaudinische Joch ist bereit, die Preußen werden sich darunter beugen… hätte Preußen zu uns gesprochen wie wir zu ihm, so wären wir schon lange unterwegs«, und die *Liberté* erklärte: »Wird Preußen sich weigern, sich zu schlagen? Nun, dann werden wir es durch Kolbenstöße in den Rücken zwingen, über den Rhein zu fliehen und uns das linke Ufer zu räumen.« Bismarck war mit diesem Geschrei sehr zufrieden: »Worauf es mir ankommt«, sagte er zu Lothar Bucher, »ist, daß wir die Geforderten sind: ich habe darauf schon als Student immer einen besonderen Wert gelegt.« Am 12. Juli sprach jedoch der Fürst Anton von Hohenzollern im Namen seines Sohnes, der in hohem moralischen Verantwortungsgefühl nicht »Deutschland in einen Krieg zu stürzen und gleichzeitig Spanien einen blutigen Kampf als Mitgift zu bringen« wünschte, den Verzicht auf die spanische Krone aus. Der König schrieb an seine Gemahlin: »Mir ist ein Stein vom Herzen gefallen«, und der französische Ministerpräsident sagte: *»C'est la paix.«* Derselben Ansicht war auch Napoleon, aber er fügte hinzu: »Ich bedaure es, denn die Gelegenheit war günstig.«

Nun aber begann sich Frankreich in ein Irrenhaus zu verwandeln. Das Publikum, das Parlament, die Presse, die Hofclique: alle fühlten sich noch nicht *»satisfait«.* Gramont telegraphierte an Benedetti: »Damit diese Verzichtleistung ihre volle Wirkung tue, scheint es mir notwendig, daß der König von Preußen sich ihr anschließt und uns die Zusicherung gibt, daß er nie wieder diese Kandidatur zulassen werde.« Ungemein rührend ist das Verhalten des Königs gegenüber dieser Unverschämtheit. Als Benedetti ihm am 13. Juli auf der Kurpromenade das Ansinnen übermittelte, suchte er ihm, obgleich innerlich empört, in durchaus freundlichem und fast bittendem Tone klarzumachen, daß er eine Unmöglichkeit verlange. Den Hergang dieses Gesprächs schilderte er Bismarck in Kürze in der berühmten Emser Depesche, indem er ihm anheimstellte, sie zu publizieren. Nur ein verbohrter Parteigegner oder ein unheilbarer französischer Chauvinist kann behaupten, daß Bismarck sie gefälscht und in eine Herausforderung verwandelt hat. Er hat sie sogar gemildert, indem er den abfälligen Einleitungssatz: »Graf Benedetti fing mich auf der Promenade ab, um auf zuletzt sehr zudringliche Art von mir zu verlangen« wegließ, aus »Zumutung« »Forderung« machte und den Schluß »daß Seine Majestät dem Botschafter nichts weiter zu sagen habe«, was wie ein Hinauswurf klingt, durch das neutralere »nichts weiter mitzuteilen habe« ersetzte. Er hat sie allerdings um fast ein Drittel gekürzt, zwar ohne irgend etwas von Belang wegzulassen, ihr aber doch dadurch eine schärfere, konzentriertere, epigrammatischere Form gegeben: er hat sie sozusagen dramatisiert. Und obgleich sie an sich nichts Provokantes enthielt, so mußte sie doch auf die französische Psyche so wirken, was Bismarck ganz genau wußte und auch zugab, als er sagte, sie werde »den Eindruck des roten Tuches auf den gallischen Stier machen«. Die Formulierung war nichts als eine verkürzende Redaktion, wie sie im diplomatischen und journalistischen Leben täglich vorkommt; daß er aber die Depesche überhaupt veröffentlichte, hat zum Krieg geführt.

A Berlin!   In der entscheidenden Sitzung des Gesetzgebenden Körpers vom 15. Juli, die fast einstimmig die Mobilmachung beschloß, war man über den genauen Wortlaut der Emser Depesche noch gar nicht unterrichtet. Die wenigen Deputierten, die ihre Vorlegung abwarten wollten, wurden »*traîtres*« und »*Prussiens*« genannt. Noch schlimmer war ein zweiter Punkt. Der König hatte nämlich mit Benedetti noch nach dessen Abweisung in dem reservierten Salon des Emser Bahnhofs eine Unterredung gehabt, woraus hervorging, daß er die Verhandlungen nicht für unwiderruflich abgebrochen ansah. Dies wußte Gramont und verschwieg es geflissentlich. Frankreich wollte den Krieg und ließ sich daher leicht einreden, daß Preußen ihn wolle. In ganz Preußen wollte ihn aber niemand außer Bismarck, und auch dieser nur in einer Form, die Frankreich ins Unrecht setzte. Und wäre Frankreich nicht Frankreich gewesen, so hätte er ihn in gar keiner Form gewollt. Dies ist die scheinbar verwickelte, im Grunde aber höchst einfache Wahrheit.

Die Ursache des Krieges, sagte der englische Gesandte, ist die Volksstimmung. Die Kammer, schrieb ein französischer Journalist, gleicht einer Leydener Flasche. Die Kreise des Handels, der Industrie, der Finanz waren, wie zumeist in Frankreich, gegen den Krieg, ebenso das politisch desinteressierte flache Land. Die Kaiserin hielt ihn für notwendig, um ihrem zärtlich geliebten Sohn den Thron zu sichern, und stellte sich ihn als einen militärischen Spaziergang von wenigen Wochen nach der Analogie von Solferino vor. Der Kaiser war, wie immer, schwankend: einerseits erkannte er die Gefahr, andrerseits machte er sich optimistische Vorstellungen von der Haltung Österreichs und Süddeutschlands. Die militärischen Zirkel brannten darauf, das Chassepotgewehr und die Mitrailleuse zur Geltung zu bringen. Die Salons schnupperten nach Sensation. Die Presse brannte ihre erprobten Feuerwerkskörper ab. Echt französisch mischte sich in das Gewölk aus Größenwahn, Gedankenlosigkeit und Ressentiment die erotische Phantastik: der »Gaulois« versprach, die Turkos würden Wagen voller Frauen nach Frankreich bringen. »Interessant« war der Krieg aber nur in Paris. Frankreich war wieder einmal die Marionette seiner Zentralisation, das Opfer der *»ville tentaculaire«*.

Und von der Madeleine bis zum Bastilleplatz erklirrte der Ruf: *»A Berlin! à Berlin!«*

FÜNFTES BUCH

IMPERIALISMUS UND IMPRESSIONISMUS

*Vom Deutsch-Französischen Krieg
bis zum Weltkrieg*

ERSTES KAPITEL

Der schwarze Freitag

*Unbedingte Tätigkeit, von welcher Art sie
immer sei, macht zuletzt bankerott.*

Goethe

Wer macht die Realität? Der »Wirklichkeitsmensch«? Dieser
läuft hinter ihr her. Gewiß schafft auch der Genius nicht aus
dem Nichts, aber er entdeckt eine neue Wirklichkeit, die vor
ihm niemand sah, die also gewissermaßen vor ihm noch nicht
da war. Die *vorhandene* Wirklichkeit, mit der der Realist rechnet, befindet sich immer schon in Agonie. Bismarck verwandelt
das Antlitz Mitteleuropas durch Divination, Röntgenblick,
Konjektur: durch Phantasie. Phantasie brauchen und gebrauchen Cäsar und Napoleon so gut wie Dante und Shakespeare.
Die anderen: die Praktischen, Positiven, dem »Tatbestand« Zugewandten leben und wirken, näher betrachtet, gar nicht in der
Realität. Sie bewegen sich in einer Welt, die nicht mehr wahr ist.
Sie befinden sich in einer ähnlich seltsamen Lage wie etwa die
Bewohner eines Sterns, der so weit von seiner Sonne entfernt
wäre, daß deren Licht erst in ein oder zwei Tagen zu ihm gelangte: die Tagesbeleuchtung, die diese Geschöpfe erblickten,
wäre sozusagen *nachdatiert*. In einer solchen falschen Beleuchtung, für die aber der Augenschein spricht, sehen die meisten
Menschen den Tag. Was sie Gegenwart nennen, ist eine optische Täuschung, hervorgerufen durch die Unzulänglichkeit
ihrer Sinne, die Langsamkeit ihrer Apperzeption. Die Welt ist
immer von gestern.

Abgeschieden von diesen Sinnestäuschungen lebt der Ge-

*Wer macht
die
Realität?*

nius, weswegen er weltfremd genannt wird. Dieses Schicksal trifft in gleichem Maße die Genies des Betrachtens und die Genies des Handelns: nicht nur Goethe und Kant, auch Alexander der Große und Friedrich der Große, Mohammed und Luther, Cromwell und Bismarck wurden am Anfang ihrer Laufbahn für Phantasten angesehen. Und »weltfremd« ist nicht einmal eine schlechte Bezeichnung, denn die erkalkte Welt der Gegenwart war ihnen in der Tat fremd geworden. Man ist daher versucht zu sagen: alle Menschen leben prinzipiell in einer imaginären, schimärischen, illegitimen, erdichteten Welt; bis auf einen: den Dichter.

Die großen Männer sind eine Art Fällungsmittel, das dem Leben zugesetzt wird. Kaum treten sie mit dem Dasein in Berührung, so beginnt es sich zu setzen und zu teilen, zu läutern und zu lösen, zu entmischen und durchsichtig zu werden. Vor ihren *klaren Ekstasen* entschleiert sich das Leben, und alles Dunkle sinkt schwer zu Boden.

Das Zeitalter Bismarcks Der vorletzte Abschnitt der Neuzeit, das Doppeljahrzehnt von 1870 bis 1890, ist das Zeitalter Bismarcks. Nietzsche hat in den allbekannten Sätzen, die am Anfang seiner ersten *Unzeitgemäßen Betrachtung* stehen, den deutschen Sieg, der diese Periode eröffnet, auf eine Reihe höchst achtbarer, aber völlig ungeistiger Eigenschaften zurückgeführt: »Strenge Kriegszucht, natürliche Tapferkeit und Ausdauer, Überlegenheit der Führer, Einheit und Gehorsam unter den Geführten, kurz Elemente, die nichts mit der Kultur zu tun haben, verhalfen uns zum Siege über Gegner, denen die wichtigsten dieser Elemente fehlten.« Indes darf man doch auch von einem Siege der Idee sprechen: nicht bloß das neue Deutschland der Selbstzucht und Sachkunde, sondern auch das alte des Dichtens und Denkens hat an ihm mitgeholfen. In dem Hirn und Herzen des Mannes, der das Kunstwerk der deutschen Einheit schuf, war alles lebendig versammelt, was jemals den deutschen Namen verehrungswürdig gemacht hat: die Kraft, Kirchen zu stiften wie Luther, die Kraft, Geistesschlachten zu schlagen wie Lessing, die Kraft, Geschichtssysteme zu bauen wie Hegel. Und auch in Moltke waltete der Geist der klassischen deutschen Philosophie: dieselbe Schärfe der Begriffsbildung, dieselbe souveräne Methodik, dasselbe eindringende Wissen um die Objekte. In seinem enzyklopädischen Kopfe befand sich eine genaue Topographie nicht nur aller französischen Heerstraßen, sondern überhaupt aller Wege des menschlichen Denkens und Handelns. Und etwas von kantischem Geist: kategorischem Imperativ, empirischem Realismus und transzendentalem Idealismus war auch in der Nation, die diesen Krieg gewann. Dieses Volksheer besaß auch im Weltkrieg noch dieselbe Disziplin und Exaktheit, Intelligenz und Belehrtheit, aber, seither vom Materialismus des Westens infiziert, nicht mehr den Geist; andernfalls wäre es unbesieglich gewesen.

Aber hat Bismarck nicht auch mitbauen geholfen an jenem Deutschland des Gelddurstes und Geltungshungers, der Selbstherrlichkeit und Selbstsucht, der flachen Fassade und falschen Stukkatur, das aus der Einheit geboren wurde? Hierauf kann man mit einem Ausspruch Georg Simmels antworten: »Es ist nie was in der Welt so gekommen, wie die Propheten und die Führer meinten und wollten, aber ohne die Propheten und Führer wäre es überhaupt nicht gekommen.« Und dann müssen wir uns erinnern, was in der Einleitung dieses Werks gesagt wurde: daß die Zeit ein Produkt des Genies ist, aber ebensowohl der Genius ein Produkt seiner Zeit. Sie ist seine Lebensluft, die Summe seiner biologischen Voraussetzungen; er kann sich von diesem Medium nicht emanzipieren. Er gehört zu ihr wie jedes Lebewesen zu seiner Spezies: ihr seelenanatomischer Aufriß, ihr geistiger Stoffwechsel ist auch der seinige. Die Philosophie des Sokrates, so weise und tugendhaft sie war, ist gleichwohl das Gewächs eines Zeitalters der Sophistik, Shakespeare ist, als unvergängliches Lichtbild der elisabethinischen Ära, ein Barbar, Luther, als Sohn der Reformationswelt, ein großartiger Plebejer, und Nietzsche stand es nicht frei, kein Darwinist und Antichrist zu sein.

Der französische Aufmarsch

Die Reibungslosigkeit und Präzision, mit der die deutsche Kriegsmaschine funktionierte, war für ganz Europa eine große Überraschung, eine fast ebenso große das völlige Versagen der französischen. Dieses Verhältnis enthält auch in der Tat eine völkerpsychologische Paradoxie. Denn während in der Seele des Deutschen im Verlauf seiner gesamten bisherigen Geschichte der Hang zum Brauenden, Dunklen, Erdfernen, Gestaltlosen: zur Wolke prävaliert hatte, war strenge Zentripetalität, *ordre, clarté, logique* von jeher das Ideal des französischen Geistes gewesen. Es kann sich aber bisweilen ereignen, daß gerade eine besonders zäh und lange festgehaltene Gemütsdisposition, auf die Realität stoßend, in ihr Gegenteil umschlägt. Wir haben schon im zweiten Buche darauf hingewiesen, daß der rationalistische Zug zur Regelhaftigkeit und Klarheit, der in der französischen Kunst und Literatur auf ihren Gipfelpunkten bewunderungswürdige Leistungen hervorgebracht hat, sehr leicht zur Pedanterie verlockt, der Todfeindin der Wirklichkeit, die mit der Narrheit verwandt ist; und andrerseits war es unvermeidlich, daß der deutsche Drang zum denkenden Erfassen der Welt sich auch einmal in wirklicher Beherrschung ihrer Gegenstände äußern mußte. Edmond de Goncourt erzählt in seinem Kriegstagebuch, Berthelot (ein großer Gelehrter, epochemachend in der Chemie, besonders der Alkohole) habe zu ihm gesagt: »Nein, es ist nicht so sehr die Überlegenheit der Artillerie, es ist etwas ganz anderes, und ich will es Ihnen erklären. Die Dinge liegen so: wenn der Führer des preußischen Generalstabes den Befehl hat, ein Armeekorps zu einer bestimmten Stunde bis zu einem bestimmten Punkte vorrücken zu lassen, so nimmt er seine Karten, studiert das Land, das Terrain, be-

1466

rechnet die Zeit, die jedes Korps brauchen wird, um einen bestimmten Teil des Weges zurückzulegen... *Unser* Generalstabsoffizier macht nichts von alledem; er geht am Abend seinen Vergnügungen nach, am nächsten Morgen kommt er aufs Schlachtfeld und fragt, ob die Truppen eingetroffen sind und wo der beste Ort für den Angriff sei. Seit dem Anfang des Feldzugs ist das so, und, ich wiederhole es, das ist der Grund unserer Niederlagen.«

Die Mitrailleuse oder Kugelspritze, eine Art Vorstufe des Maschinengewehrs, auf die man in Frankreich die größten Hoffnungen gesetzt hatte, bewährte sich gar nicht; hingegen war das Chassepotgewehr, ein gezogener Hinterlader, dem deutschen Zündnadelgewehr, das zu verbessern man bei Ausbruch des Krieges erst im Begriff stand, vermöge seiner größeren Tragweite und Ladeschnelligkeit, Rasanz und Durchschlagskraft ganz entschieden überlegen, insbesondere wenn mittlere und weite Entfernungen in Betracht kamen. Es gelang jedoch der deutschen Armeeleitung, diesem empfindlichen Nachteil dadurch zu begegnen, daß sie die Kompagniekolonnen in fliegende Schwarmlinien auflöste, die kein geschlossenes Schußziel boten; infolgedessen trat die Superiorität des Chassepots in keinem größeren Gefecht in Wirkung.

In Frankreich versammelte sich ein Heer unter Marschall MacMahon bei Straßburg und ein zweites unter Marschall Bazaine bei Metz. Nach dem französischen Kriegsplan sollten beide, als »Rheinarmee« vereinigt, den Strom überschreiten und durch einen raschen und überraschenden Stoß gegen den Schwarzwald Süddeutschland von Preußen trennen, um es zur Neutralität, womöglich zum Anschluß zu zwingen. Gleichzeitig sollte eine französische Flotte in der Nordsee, eine zweite in der Ostsee erscheinen und durch Truppenlandungen erhebliche Teile der preußischen Streitkräfte binden. Nach diesen Anfangserfolgen glaubte man auch mit dem Eingreifen Österreichs rechnen zu können. Im übrigen dachte Napoleon an eine kurze Kampagne: er schrieb an MacMahon, er solle sich als Gouverneur von Algerien bloß vertreten lassen, der Krieg werde nur eine kleine Zerstreuung für ihn sein. Seine Absicht ging höchstwahrscheinlich dahin, nach siegreichen Einleitungskämpfen Preußen die Hegemonie über Süddeutschland anzubieten, gegen Kompensationen am Rhein und in Belgien, wofür auch die Tatsache spricht, daß er in Châlons sur Marne, nicht allzu ferne von der belgischen Grenze, starke Reserven zurückgelassen hatte.

Von den Voraussetzungen, auf denen diese militärischen und politischen Pläne aufgebaut waren, traf aber keine einzige ein. Zunächst ging Süddeutschland sofort mit Preußen. Am 18. Juli fand ein österreichischer Kronrat statt, in dem Erzherzog Albrecht sich lebhaft für den Krieg an der Seite Frankreichs, Andrássy ebenso energisch dagegen einsetzte; den Ausschlag gab die strikte Erklärung des Generalstabschefs John, daß die Armee nicht aktionsfähig sei. Französische Landungen wurden von der wachsamen norddeutschen Marine verhindert; im September mußten sich beide Flotten zurückziehen. Am kläglichsten mißlang der projektierte Rheinfeldzug. Es stellte sich heraus, daß das französische Eisenbahnnetz für einen so schnellen Grenzaufmarsch nicht entfernt ausreichte. Binnen kurzem waren die Bahnhöfe überfüllt, die Linien verstopft; die Hälfte der Armee mußte zu Fuß ausrücken. Der Kriegsminister Leboeuf hatte gesagt: »Wir sind erzbereit *(archiprêts)* bis zum letzten Gamaschenknopf«; aber es mangelte nicht bloß an Gamaschenknöpfen, sondern auch an allem übrigen: an Feldkesseln und Kochgeschirren, Zelten und Sattelzeug, Arzneien und Tragbahren, Proviant und Munition. Die Intendantur versagte vollständig; in den Depots herrschte heillose Verwirrung. Viele Soldaten fanden ihre Kadres nicht; den meisten Divisionen fehlten die Trains. Die Infanterie war mit zuviel Gepäck und zuwenig Metallgeld versehen, die Artillerie in schlechtem Zustand und nicht am rechten Ort. Man hatte als so selbstverständlich angenommen, der Krieg werde sich nur auf deutschem Boden abspielen, daß an die Stäbe gar keine französischen Karten verteilt worden waren und die Festungen sich in sehr vernachlässigtem Zustande befanden. Graf Daru, der Vorgänger Gramonts, sagte später mit echt französischer Sophistik: »Der beste Beweis für die friedlichen Gefühle, die Frankreich damals hegte, war die vollständige Abwesenheit von Vorbereitungen auf unserer Seite, das Fehlen aller Vorsichtsmaßregeln, selbst der elementarsten und notwendigsten. Hat man je etwas Derartiges gesehen?«

Der deutsche Kriegsplan war dem französischen dadurch überlegen, daß er auf keiner *idée fixe* ruhte, mit der er stand und fiel, sondern sich alle Möglichkeiten offenließ; und vor allem hatte er den Vorteil, daß er wirklich zur Ausführung gelangte. Die preußische Mobilisierung ging fast ohne Zwischenfall vonstatten und erfolgte auf Grund eines sorgfältig ausgearbeiteten Militärfahrplanes: in den Marschtableaux waren für jeden Truppenteil Einschiffungsort, Tag und Stunde der Abreise, Dauer der Fahrt, Erfrischungsstation und Ausschiffungspunkt genau vorausbestimmt. Als Moltke am Abend des 15. Juli das Berliner Generalstabsgebäude betrat, wo die Formulare für die Mobilmachung bereitlagen, die bloß seiner Unterschrift bedurften, sagte er beim Öffnen des Schrankes bloß: »Also doch!«, und einem Freund erklärte er in jenen Tagen: »Ich habe nie weniger zu tun gehabt als jetzt.« Auch Roon berichtet in seinen *Denkwürdigkeiten*, die zweite Julihälfte sei in seinem ganzen Dienstleben die »sorg- und arbeitsloseste« Zeit gewesen. Gleichwohl rechnete Moltke mit der Eventualität, daß der Gegner im Aufmarsch einen Vorsprung haben werde. Er machte bei Ausbruch des Krieges die Äußerung: »Wenn der Feind vor dem 25. Juli über den Rhein geht, können wir ihn nicht aufhal-

Die deutschen Kriegshandlungen

ten und müssen versuchen, ihn später zurückzudrängen; wenn er damit bis zum 1. August wartet, werden wir ihn auf dem linken Rheinufer bekämpfen; und wenn er nicht bis zum 4. August bei uns eingedrungen ist, werden wir an diesem Tage die Grenze überschreiten.« Das letztere traf ein. Am 3. August waren zwischen Mosel und Rhein drei preußische Armeen versammelt: die erste unter General von Steinmetz, die zweite unter dem Prinzen Friedrich Karl, die dritte unter dem Kronprinzen. Moltkes Absicht ging ganz allgemein auf Eroberung von Paris und Abdrängung des Feindes von dem reichen Süden Frankreichs nach dem Norden. Im übrigen hat er selbst in seiner *Geschichte des Deutsch-französischen Krieges* betont: »Es ist eine Täuschung, wenn man glaubt, einen Feldzugsplan auf weit hinaus feststellen und bis zu Ende durchführen zu können. Der erste Zusammenstoß mit der feindlichen Hauptmacht schafft, je nach seinem Ausfall, eine neue Sachlage. Vieles wird unausführbar, was man beabsichtigt haben mochte, manches möglich, was vorher nicht zu erwarten stand. Die geänderten Verhältnisse richtig auffassen, daraufhin für eine absehbare Frist das Zweckmäßige anordnen und entschlossen durchführen, ist alles, was die Heeresleitung zu tun vermag.« Diese Elastizität hat ihm während des ganzen Krieges die Initiative gesichert. Am 2. August besetzten die Franzosen in Gegenwart des Kaisers Saarbrücken, was nach Paris als glänzender Sieg gemeldet wurde: »Unsere Armee«, hieß es in dem amtlichen Bericht, »hat das preußische Gebiet überschwemmt«; es erwies sich aber alsbald als ein bloßer Luftstoß, denn man hatte es nur mit drei Kompanien zu tun gehabt. Am 4. August überschritt die Vorhut der dritten Armee genau nach Moltkes Programm die Grenze und nahm Weißenburg, am 5. August siegte dieselbe Armee in der Schlacht bei Wörth über MacMahon, der sich in das befestigte Lager von Châlons zurückziehen mußte. Am 6. August wendeten sich Teile der ersten und zweiten

1470

Armee gegen Bazaine und erstürmten die sehr stark verschanzten Spicherer Höhen, die für nahezu uneinnehmbar galten; Teile der dritten Armee unter General von Werder zernierten Straßburg. Daraufhin beschloß Bazaine, ebenfalls nach Châlons zu marschieren und sich mit MacMahon zu vereinigen: sein Rückzug wurde aber durch die großen Schlachten von Vionville-Mars la Tour am 16. August und Gravelotte-Saint Privat am 18. August vereitelt, seine ganze Armee in die Festung Metz gedrängt und dort eingeschlossen. Nun verließ MacMahon seinerseits Châlons, um Metz zu entsetzen. Um dies zu verhindern, verfügte Moltke den berühmten Rechtsabmarsch an die Maas: die Schwenkung der Front von Westen nach Norden, eine Bewegung, die zu den schwierigsten Aufgaben gehört, welche einer Armee gestellt werden können. Die Schlacht von Beaumont vom 30. August warf MacMahon über die Maas; von zwei deutschen Armeen (der inzwischen neugebildeten vierten oder Maasarmee und der dritten) gleichzeitig in der Front und im Rücken gefaßt, wurde er in die Stadt Sedan gedrängt, die, angesichts der mörderischen Beschießung, am 2. September mit dem Kaiser, den Generälen, der gesamten Streitkraft und zahlreichen Feld- und Festungsgeschützen kapitulieren mußte. Damit hatte Frankreich, da es Bazaine nicht gelang, den Ring um Metz zu durchbrechen, fast seine ganze reguläre Armee eingebüßt. Aber der Franzose ist, wie Herman Grimm in jenen Tagen schrieb, »geistig nicht dahin organisiert, sich als besiegt denken zu können«. Sofort wurde der gefangene Kaiser für abgesetzt erklärt, eine provisorische »Regierung der nationalen Verteidigung« gebildet, der »Krieg bis aufs Äußerste« proklamiert und durch die Parole »keinen Stein von unseren Festungen, keinen Zoll von unserem Lande« die Friedensverhandlung zwischen Bismarck und Favre, dem neuernannten Minister des Äußern, zum Scheitern gebracht. Der Innenminister Gambetta, ein äußerst energischer und rühriger jüdischer Advokat, verließ im Luftballon Paris, organisierte von Tours aus die *levée en masse* und brachte tatsächlich innerhalb kurzer Zeit etwa 800000 Mann auf die Beine, deren Kampfwert jedoch hinter dem der deutschen Regulärtruppen bedeutend zurückstand. Immerhin bedurfte es noch zwölf großer Schlachten, bis der Friede geschlossen werden konnte. Im Westen ergriff die neugebildete Loirearmee die Offensive, um, unterstützt durch einen großen Ausfall der Pariser Armee, die Aufhebung der inzwischen vollzogenen Einschließung der Hauptstadt zu erzwingen. In der Tat gelang es ihr, die Bayern unter General von der Tann bei Coulmiers zum Rückzug und zur Räumung von Orléans zu nötigen. Aber bei Beaune la Rolande brach sich der Stoß, und auch der Pariser Ausfall scheiterte; Orléans wurde wieder besetzt und in der Winterschlacht vor Le Mans die Loirearmee so gut wie vernichtet. Im Norden wurde eine zweite französische Milizarmee durch die Siege bei Amiens, an der Hallue, bei Bapaume und bei Saint Quentin ebenfalls außer Gefecht gesetzt. Im Osten hatte General Bourbaki den Oberbefehl übernommen und versuchte, das Wersche Korps zu bedrängen, wurde aber in der dreitägigen Schlacht am Bach Lisaine entscheidend geschlagen, seine Armee aufgelöst und zum Übertritt auf Schweizer Gebiet gezwungen. Von den großen Festungen hatte Straßburg am 27. September kapituliert, genau einen Monat später Metz, und wiederum an jenem ominösen 27. wurde im Dezember die Beschießung der Hauptstadt eröffnet, im Jänner die Übergabe vereinbart. Im deutschen Hauptquartier standen sich zwei Parteien gegenüber: die eine war für Aushungerung, die andere für Beschießung. Zu der letzteren gehörte Bismarck, der darin von der öffentlichen Meinung Deutschlands unterstützt wurde, die erstere hatte ihre Hauptvertreter in Moltke, dem Kronprinzen und dessen Generalstabschef Blumenthal. Sowohl Bismarck wie Roon behaupteten in ihren Memoiren, daß hier weiblicher

Einfluß im Spiele gewesen sei, indem von England aus die Ansicht ins Hauptquartier gelangt sei, daß man das »Mekka der Zivilisation« nicht wie jede andere Festung beschießen dürfe (sowohl die Kronprinzessin wie die Gattinnen Moltkes und Blumenthals waren Engländerinnen). Wenn sich dies wirklich so verhielt, so hatten diesmal aber die Weiber höchstwahrscheinlich recht. Es gelang nur, die Pariser Außenforts niederzukämpfen, während das Bombardement die eigentlichen Befestigungswerke kaum berührte. Hingegen gab es schon am 7. Januar, wie Goncourt in dem erwähnten Tagebuch berichtet, in Paris kein Fleisch, »aber man kann sich auch nicht ans Gemüse halten, von Butter spricht gar niemand mehr, und sogar das Fett, soweit es nicht Talg oder Wagenschmiere ist, scheint verschwunden zu sein… der Käse gehört zu den Erinnerungen, und will man Kartoffeln, so muß man Protektion haben«. Es fehlte aber auch an Brennöl und Kerzen, Kohle und Holz. Man aß als Delikatesse Kamelnieren und Elefantenblutwurst aus dem Jardin des plantes. Ein Juwelier stellte in seine Auslage Schmucketuis mit frischen Eiern. Der Preis einer fetten Ratte betrug anderthalb Francs.

Inzwischen hatten auch die neutralen Staaten begonnen, sich in ihrer Art am Krieg zu beteiligen. Da Frankreich sich genötigt sah, seine Schutztruppen aus dem Kirchenstaat zurückzuziehen und im eigenen Lande zu verwenden, wurde dieser am 20. September von italienischen Truppen besetzt und Rom zur Hauptstadt Italiens erklärt. Der stolze Wahlspruch: »*Italia farà da se*« hat sich eigentlich in der bisherigen Geschichte dieses Volkes nicht sehr bewährt: es verdankt die Lombardei dem französischen Sieg von Solferino, Venetien dem preußischen Sieg von Königgrätz, Rom dem deutschen Sieg von Sedan, Triest und Trient dem Sieg der Entente, während es selbst, bei San Martino und Custozza, am Isonzo und Piave, immer nur Niederlagen erlitten hat. Als der Vertreter Italiens auf dem Ber-

Die Neutralen

liner Kongreß Kompensationen für die bosnische Okkupation begehrte, sagte ein russischer Diplomat zu Bismarck: »Wie kann Italien Landgewinn verlangen? Hat es denn eine Schlacht verloren?« Was Rußland anlangt, so erklärte am 31. Oktober der Reichskanzler Fürst Gortschakow in einem Rundschreiben, der Pariser Friedensvertrag sei bereits mehrmals durchbrochen worden und Rußland halte sich nicht mehr an die Bestimmung gebunden, durch die das Schwarze Meer für neutral erklärt wurde. Hierauf trat auf Anregung Bismarcks in London eine Konferenz zusammen, bei der Rußland erreichte, daß die Meerengen für seine Handelsflotte geöffnet wurden und es im Pontus Kriegsschiffe halten und Befestigungen anlegen durfte. Es war dies eine Art Quittung Preußens für den diplomatischen Druck, den Rußland bei Ausbruch des Krieges auf Österreich ausgeübt hatte. In England waren die Sympathien anfangs auf der Seite Deutschlands gewesen, zumal da Bismarck dafür gesorgt hatte, daß die Verhandlungen, die Benedetti schon 1866 mit ihm über eine eventuelle Einverleibung Belgiens geführt hatte, dort rechtzeitig bekannt wurden; als aber durch die ununterbrochenen Niederlagen die Annexion Elsaß-Lothringens zur Gewißheit wurde, erhoben sich immer mehr Stimmen, die für ein Eingreifen zugunsten der Besiegten plädierten. Einen gewissen Umschwung in der öffentlichen Stimmung bewirkte der Brief, den Carlyle am 18. November an die *Times* schrieb: er sagte darin, daß die Deutschen nur zurückgenommen hätten, was ihnen einst durch hinterlistigen Überfall geraubt worden sei, und daß das »edle, fromme, geduldige und solide Deutschland« nicht nur die Macht, sondern auch das göttliche Recht besitze, an Stelle des »windigen, ruhmgierigen, gestikulierenden, streitsüchtigen Frankreich« die Königin des Kontinents zu werden. Bald nach Sedan hatte Thiers eine Rundreise in die europäischen Hauptstädte unternommen, um die Regierungen zur Intervention zu veranlassen, aber überall einen Refus erhalten. Gladstone erklärte ihm, das Kabinett könne nur ein einfacher Vermittler sein. Beust sagte, Österreich könne sich erst entschließen, wenn es wisse, was Rußland tun werde. Gortschakow konnte nur versprechen, sein möglichstes zu tun, um einen annehmbaren Frieden herbeizuführen. Viktor Emanuel zog sich hinter sein Ministerium zurück; dieses verwies darauf, daß es ohne Parlament nichts verfügen könne; und dieses war abwesend. Beust, der persönlich immer auf der Seite stand, die Preußen entgegen war, faßte die Situation in die resignierten Worte zusammen: »ich sehe Europa nicht mehr«. Bismarck war gleichwohl voller Befürchtungen: »Es hätte der geringste Anstoß genügt, den ein Kabinett dem anderen gegeben hätte… die Gefahr einer Einmischung Europas beunruhigte mich täglich.« In der Tat hätte bloß Rußland oder England einen Kongreß anzuregen brauchen, und alles wäre in Frage gestellt gewesen.

Auch die Verwirklichung des Zusammenschlusses der deutschen Reichsfürsten machte Bismarck große Sorgen. Die von ihm schließlich durchgesetzte Form war die, daß der König von Bayern als der rangnächste deutsche Potentat dem König von Preußen namens der deutschen Fürsten und freien Städte in einem Brief die Kaiserkrone antrug. Ludwig der Zweite sträubte sich lange: er wollte zuerst, von romantischen mittelalterlichen Reminiszenzen bestimmt, einen Wechsel der Kaiserkrone zwischen Wittelsbachern und Hohenzollern und schrieb den Brief erst, als er einsah, daß ihn sonst der König von Sachsen oder der Großherzog von Baden schreiben würde. Nach der Kaiserproklamation, der er nicht beiwohnte, legte er Trauerkleider an. Aber auch Wilhelm der Erste war mit der Entwicklung der Dinge keineswegs zufrieden. Bei den ersten Erörterungen sagte er: »Was soll mir der Charaktermajor?«, worauf Bismarck erwiderte: »Majestät wollen doch nicht ewig ein Neutrum bleiben: das Präsidium?« Schließlich erklärte er sich mit der neuen Würde einverstanden, aber nur wenn er »Kaiser von Deutschland« heißen werde, während Bismarck aus staatsrechtlichen und anderen Gründen die Bezeichnung »Deutscher Kaiser« als die einzig mögliche ansah. Der Monarch war hierüber so verstimmt, daß er Bismarck bei den Proklamationsfeierlichkeiten öffentlich »schnitt«.

Der Friede   Da der größte Teil der Festungen und ein Drittel des Landes von den Deutschen besetzt war, konnte der Verlust des Krieges nicht mehr länger in Zweifel gezogen werden, was Victor Hugo in die Formel brachte: »Preußen hat den Sieg, Frankreich den Ruhm davongetragen«; Thiers trat mit Bismarck in Friedensverhandlungen. Nach einer vom preußischen Generalstab ausgearbeiteten Karte gingen die ursprünglichen Forderungen auf mehr, als erreicht wurde, nämlich einen wesentlich größeren Teil von Lothringen mit Longuyon, Briey, Nancy, Lunéville, im Süden auf Abrundung durch Belfort und Montbéliard. Schließlich einigte man sich auf das ganze Elsaß ohne Belfort und etwa ein Fünftel des ehemaligen Herzogtums Lothringen. Hiervon ist etwa ein Viertel mit Metz zum französischen Sprachgebiet zu rechnen, welcher Teil nur aus strategischen Gründen hinzugenommen wurde, auf Grund des sogenannten »Glacisarguments«. Diese Bedingungen müssen als maßvoll bezeichnet werden. Daß man auf das berühmte »Loch von Belfort« verzichtete, war sogar, vom rein militärischen Standpunkt betrachtet, inopportun; daß selbst die sechs Milliarden Kriegsentschädigung, die Bismarck ursprünglich gefordert hatte, nicht zu hoch gegriffen gewesen wären, wird durch die überraschende Schnelligkeit bewiesen, mit der das französische Volk die fünf, auf die er später herabging, zustande brachte; und wer in Europa hätte damals Deutschland bei seinem guten Verhältnis zu Rußland, dem Désintéressement Englands, der Ohnmacht Österreichs und Italiens daran verhindern können, mit seinen 900 000 Mann kriegsgeübter mobiler Truppen auch das

Erzbecken von Briey und den wichtigen Knotenpunkt Nancy zu behalten? Andrerseits ist immer wieder behauptet worden, daß es der Frankfurter Friede war, der Frankreich in seine radikale Revanchepolitik getrieben hat. Es läßt sich jedoch die Frage aufwerfen, wie denn ein Friede hätte beschaffen sein müssen, der diese Stimmungen nicht erzeugt hätte? Eine Beschränkung der Annexion auf die rein deutschen Gebiete oder auch nur auf das Elsaß hätte an der Sachlage gar nichts geändert. Ja selbst ein völliger Verzicht auf Eroberungen hätte in der nationalen Eitelkeit noch immer den Stachel der Niederlage zurückgelassen. Ein Volk, das Revanche für Königgrätz verlangte, war offenbar nur durch eigene Siege zu versöhnen.

In der Nationalversammlung, die in Bordeaux über die Friedensbedingungen verhandelte, sagte Victor Hugo: »Meine Herren, in Straßburg sind zwei Statuen errichtet, eine für Gutenberg, eine für Kléber. Wir fühlen, wie sich in uns eine Stimme erhebt, die Gutenberg beschwört, nicht zuzulassen, daß die Zivilisation erstickt werde, und Kléber, daß die Republik erstickt werde!« Louis Blanc rief: »Über die Elsässer verfügen wie über Sklaven, über sie, die unsere Brüder sind! Sie, die keinen Tropfen Blut in den Adern haben, den sie uns nicht angeboten, nicht für uns mit Eifer vergossen haben, abtreten wie eine Herde! Niemals, niemals, niemals!« Worauf der Präliminarfriede mit erdrückender Majorität angenommen wurde.

Bismarck hatte Paris entwaffnen wollen, aber Favre hatte sich *Die* dagegen aufs äußerste gesträubt; die Folge war die Ausrufung *Kommune* der Regierung des Gemeinderats, der *Commune de Paris*, die sich zu den jakobinischen Prinzipien von 1793 bekannte, über die besitzenden Einwohner Gewaltmaßregeln und Erpressungen verhängte, zahlreiche »Geiseln«, darunter den Erzbischof, erschießen ließ, die Plünderung der Kirchen verfügte und einen Teil der öffentlichen Gebäude: das Tuilerienschloß, den Justizpalast, das Finanzministerium, das Rathaus, die Polizeipräfektur den Flammen preisgab. Erst nach einem Kampf von zwei Monaten gelang es MacMahon, an der Spitze der regulären Truppen in die Stadt einzudringen und während der »blutigen Woche« in einem wilden Barrikadenkampf, dem fürchterlichsten Bürgergemetzel der neueren Geschichte, den Aufstand niederzuwerfen. Gerade in jenen Tagen erschien in Paris eine chinesische Gesandtschaft; man entschuldigte sich bei ihr, aber ihr Führer erwiderte: »Keine Ursache! Ihr seid jung, ihr Okzidentalen, ihr habt noch fast gar keine Geschichte. Das ist doch immer so: Belagerung und Kommune, das ist die normale Geschichte der Menschheit.«

Das Sozialistengesetz Deutschland hingegen bekam seine fünf Milliarden, eine für die damaligen Geldbegriffe unvorstellbare Summe, Deutschland, das Land der frugalen Kleinbürger und Offiziere, verträumten Professoren und Musikanten, wurde reich! Infolgedessen gab es einen ungeheuren Börsenkrach. Jener neunte Mai des Jahres 1873, der ihn brachte, der Finanzwelt in ähnlich schreckhafter Erinnerung wie den Serben die Schlacht auf dem Amselfeld und den Römern Cannä, führte den Namen »der schwarze Freitag«. Die Jahre, die ihm vorausgingen und folgten, aber heißen die »Gründerjahre«. Denn man beschäftigte sich damals mit nichts als Gründungen. Jede Woche brachte neue Konsortien, Sozietäten, Syndikate, Aktienunternehmungen. Die Aktie, die »abwesende Arbeitgeberin«, wie man sie genannt hat, ist die modernste und mächtigste Form des Kapitalismus. Sie ist, nach Shaws geistvoller Deutung des Nibelungenrings, der Tarnhelm Alberichs, des »Schöpfers des Kapitalismus«. Dieser Tarnhelm ist »ein bekanntes Requisit auf unseren Straßen, wo er gewöhnlich die Form eines Zylinders annimmt. Er macht seinen Träger, den Aktionär, unsichtbar oder verwandelt ihn in verschiedene Gestalten: in einen frommen Christen, einen Spender für Spitäler, einen Wohltäter der Armen, einen vorbildlichen Gatten und Vater, während er doch nur ein Schma-

rotzer der Allgemeinheit ist.« Aber bisweilen macht er auch den
Goldschatz Alberichs unsichtbar.

Der solide Kaufmann und der korrekte Beamte, der exklusive Aristokrat und der eingesponnene Gelehrte, sogar das Militär und die Geistlichkeit: alle waren vom Spekulationsfieber
ergriffen. Die Folgen waren: Überproduktion, Industriekri-
sis, massenhafte Konkurse, Sinken des Werts der Papiere bis
zum Papierwert, Zusammenbruch vieler Privatvermögen, Still-
legung oder Reduzierung zahlreicher Betriebe, Lohnkürzun-
gen und Arbeiterentlassungen. Dies führte wieder zu Demonstrationen, Streiks, Tumulten, antikapitalistischer Propaganda
in Schriften und Versammlungen. Im Mai 1878 unternahm der
Klempnergeselle Hödel ein erfolgloses Revolverattentat auf
den einundachtzigjährigen Kaiser. Eine daraufhin von Bismarck dem Reichstag vorgelegte Verschärfung des Strafgesetzes wurde abgelehnt. Einige Wochen später feuerte ein Doktor
Nobiling zwei Schrotschüsse auf den Kaiser, der nicht unbedenklich verwundet und nur durch seinen Helm gerettet wurde.
Nun brachte Bismarck sein »Gesetz gegen die gemeingefähr-
lichen Bestrebungen der Sozialdemokraten« durch, dessen
Anwendungsverfahren das Verbot sämtlicher linksgerichteten
Vereine und Zeitungen, zahlreiche Hausdurchsuchungen, Verhaftungen und Ausweisungen und in seinen Auswüchsen ver-
ächtliches Lockspitzelwesen, brutale Willkürlichkeiten, gehässige Schikanen und ein sozialistisches Märtyrertum zur Folge
hatte, das der jungen Partei viele neue Freunde zuführte. Bismarck selbst war viel zu weise, um nicht zu wissen, daß keine
geistige Bewegung sich mit roher Gewalt unterdrücken läßt,
vielmehr ging sein eigentlicher Plan dahin, die Arbeiterfür-
sorge selbst in die Hand zu nehmen und so die ganze Bewegung
gewissermaßen zu verstaatlichen. Diesem Zweck dienten Maßnahmen wie die Krankenversicherung vom Jahr 1883, die Un-
fallversicherung vom Jahr 1884, die Invaliditäts- und Altersver-

sicherung vom Jahr 1889, die aber von den Sozialdemokraten als »Almosenpolitik« abgelehnt wurden.

Der Kultur- kampf

Gelang Bismarck über die rote Internationale nur ein halber Sieg, so kann man den Ausgang des »Kulturkampfs«, den er gegen die schwarze Internationale führte, fast eine Niederlage nennen. Die sonderbare Bezeichnung, von Virchow geprägt, der ein großer Gelehrter und kleiner Politiker war, ist irreführend, denn eigentlich wurden die Mächte der Kultur: Religion, Tradition, Spiritualität von der Kirche vertreten, während sich auf der Seite der Gegner mehr die Tendenzen der Zivilisation: Bildung, Staatsräson, materieller Fortschritt befanden. Die erste Wurzel des Konflikts ist im Unfehlbarkeitsdogma zu suchen, das Papst Pius der Neunte am 18. Juli 1870, dem Vortage der französischen Kriegserklärung, verkündet hatte: darin wurde festgesetzt, daß der Papst, wenn er *ex cathedra* rede und eine den Glauben oder die Sitten angehende Lehre definiere, als infallibel anzusehen sei. Hierdurch entstanden Spaltungen unter den Papisten. Die »Staatskatholiken« erkannten zwar auf konfessionellem Gebiet den unfehlbaren Papst an, bestritten ihm aber die Kompetenz in Fragen des Staates; die »Altkatholiken« weigerten sich, seinen Primat in einem weiteren Umfang gelten zu lassen, als ihn die Kirchenväter und Konzilien festgestellt hatten. Einen Teil von ihnen schloß sich zu einer förmlichen Sekte zusammen, die den deutschen Gottesdienst einführte, das Zölibat abschaffte und sich einen eigenen Bischof wählte; andere beschränkten sich auf die bloße Abweisung des neuen Dogmas. Die Gegensätze spitzten sich zu, als die Kurie von der preußischen Regierung erfolglos die Entfernung der Altkatholiken aus den Lehrämtern verlangte. Bismarck stützte sich im Reichstag auf die Liberalen; ihm stand die Zentrumspartei gegenüber, verstärkt durch die Konservativen, auch die evangelischen, und alle Sezessionisten: die Polen, Welfen, Elsässer. Eine Reihe von Regierungsmaßnahmen: der »Kanzelparagraph«, gerichtet gegen den Mißbrauch der Kanzel zur politischen Agitation, die Einführung der Zivilehe, der weltlichen Schulaufsicht, des »Kulturexamens« für Geistliche aus Deutsch, Geschichte, Philosophie und den klassischen Sprachen, die Aufhebung des Jesuitenordens und anderer Kongregationen erregten große Erbitterung; der Klerus sprach von neronischer und diokletianischer Christenverfolgung, Bismarck sein berühmtes Canossawort. 1873 verübte der katholische Böttchergeselle Kullmann auf ihn ein Attentat. Den Höhepunkt erreichte der Kampf im Jahr 1875, als das sogenannte »Sperrgesetz« die Einstellung aller staatlichen Leistungen an jene Pfarreien und Bistümer verfügte, die sich nicht ausdrücklich zum Gehorsam gegen die Regierung verpflichteten.

Pio Nono hatte Bismarck einen protestantischen Philipp genannt; aber der Kanzler war weder ein zeitfremder Habsburger noch ein verbohrter Spanier: er unterwarf sich der Macht der Tatsache, daß, wie er sich später äußerte, das Zentrum ein »unüberwindlicher Turm« sei und man nicht gegen das Gewissen von zwei Fünfteln der Bevölkerung regieren könne. Der Papstwechsel, der 1878 stattfand, erleichterte ihm die Versöhnung. Die antikatholische Gesetzgebung wurde Stück für Stück abgebaut: unverändert aufrechterhalten blieb an wesentlichen Bestimmungen nur die staatliche Schulaufsicht und die obligatorische Zivilehe.

Das Jahr, in dem Bismarck in einer entscheidenden innerpolitischen Frage nachgeben mußte, brachte ihm einen großen Triumph auf dem Gebiete der äußeren Politik. Unter seinem Vorsitz wurde im Juni 1878 der Kongreß der Großmächte zu Berlin eröffnet, der den sechsten russisch-türkischen Krieg zum Abschluß brachte. 1875 waren in der Herzegowina Aufstände ausgebrochen. Die Insurgenten erklärten in einem Appell an die Mächte, die »Raja«, die Christenheit des osmanischen Reiches, sei bisher »ein stummes Geschöpf« gewesen,

Der Berliner Kongreß

»geringer als das Tier, zu ewiger Sklaverei geboren«, nun habe sie sich entschlossen, für ihre Freiheit zu kämpfen oder bis auf den letzten Mann unterzugehen. Sie forderten volle religiöse Freiheit, die Fähigkeit, vor Gericht zu zeugen, genaue Festsetzung der Steuern, Aufhebung der Steuerpacht, die, ähnlich wie im vorrevolutionären Frankreich, zu großen Bedrückungen geführt hatte, die Möglichkeit, eigenen Grund und Boden zu erwerben. Auch die Bulgaren erhoben sich; die furchtbaren Greuel, die die irregulären Truppen des Sultans gegen sie verübten, wurden von Gladstone in feuriger Rede und Schrift angeprangert, wobei nach guter englischer Tradition christliche Humanität und politischer Geschäftssinn die konkurrierenden Motive bildeten. In der britischen Orientpolitik hatte sich nämlich eine sehr bedeutsame Wendung vollzogen: man hatte das Prinzip der Integrität der Türkei, zumindest in seiner bisherigen Unbedingtheit, aufgegeben, weil man selber schon seit längerer Zeit die Annexion Ägyptens ins Auge gefaßt hatte, das seit der Erneuerung des Suezkanals für die englische Weltherrschaft von unermeßlichem Wert war. Als aber der Aufstand, obgleich von Serbien und Montenegro unterstützt, erstickt zu werden drohte und Rußland infolgedessen zunächst im Herbst 1876 sechs Armeekorps mobil machte und sodann im Frühling 1877 der Pforte den Krieg erklärte, erwachte in England die alte Sorge um Konstantinopel, und viele öffentliche Stimmen empfahlen einen ähnlichen Anschluß der Westmächte an die Türkei, wie er im Krimkrieg stattgefunden hatte. In diesen beiden kritischen Momenten wandte sich Carlyle wieder an die *Times*. Er bezeichnete den Türken als das Element der Anarchie in Europa, das nichts anderes verdiene als die nachdrückliche Aufforderung, »sein Antlitz quam primum nach Osten zu kehren«. Die Erbitterung der Presse gegen Rußland sei nichts als eine Folge tiefster Unwissenheit und elender nationaler Eifersucht und »ungefähr ebenso beachtenswert wie der ohrenbetäubende Lärm eines Tollhauses«. In dem ersten der beiden Briefe findet sich auch das Wort vom »*unspeakable Turk*«, das nachmals geflügelt wurde, meist aber fälschlich Gladstone zugeschrieben wird. Vor Eröffnung der Feindseligkeiten hatte sich Rußland der Neutralität Österreichs versichert, das sich dafür die Besetzung Bosniens und der Herzegowina ausbedang. Es war hauptsächlich das Verdienst Bismarcks, daß auch alle übrigen Mächte neutral blieben: auf Grund einer von ihm erwirkten Erklärung des Zaren, daß er Konstantinopel nicht antasten und die Entscheidung über die Friedensbedingungen einem europäischen Kongreß überlassen werde. Nachdem mit Rumänien eine Militärkonvention abgeschlossen worden war, überschritt ein russisches Korps die Donau und besetzte die Dobrudscha; das Hauptheer erzwang den Donauübergang bei Sistowa, eroberte den Schipkapaß, der den Balkan beherrscht, und drang weiter vor. Nun aber trat eine Wendung ein. Der energische Osman Pascha verschanzte sich bei Plewna und bedrohte die Russen, deren Gegenangriffe blutig zurückgewiesen wurden, in der rechten Flanke. Diese mußten, nachdem mehr als ein Drittel ihrer Streitmacht getötet oder verwundet worden war, zur regelrechten Belagerung schreiten, die General Totleben, der ruhmreiche Verteidiger von Sewastopol, leitete. Wären die Türken offensiv vorgegangen, so hätten sie die Russen wieder über den Balkan werfen können, zumal da diese nur minderwertige Gewehre und Geschütze besaßen und nicht einmal über die numerische Überlegenheit verfügten. Diese verschaffte ihnen erst das Eingreifen des rumänischen Hilfskorps; aber trotzdem wurde Plewa erst durch Hunger bezwungen. Damit aber war der Krieg so gut wie entschieden; die Russen nahmen nun, ohne weiteren nennenswerten Widerstand zu finden, Philoppopel und Adrianopel und drangen bis vor die Tore von Konstantinopel. Dort wurde der Präliminarfriede von San Stefano geschlossen, in dem Bosnien und die Herzegowina für

unabhängig erklärt wurden und die Türkei an Rußland große
Stücke Armeniens, an Serbien, Montenegro und Bulgarien den
größten Teil ihrer europäischen Besitzungen abtrat: besonders
das letztere wäre, um Ostrumelien und fast ganz Mazedonien
vergrößert und bis ans Ägäische Meer vorgeschoben, damit zur
Balkanvormacht geworden; der Pforte wäre in Europa im wesentlichen nur Albanien, Konstantinopel, Adrianopel und die
Chalkidike mit Saloniki verblieben. Dagegen aber erhoben sowohl Österreich wie England Einspruch, und ein europäischer
Krieg erschien am Horizont. Ihn beschwor der Berliner Kongreß, auf dem Bismarck, nach seinem eigenen berühmten Ausspruch, als »ehrlicher Makler« fungierte, wozu Bleichröder,
der es wissen mußte, die Bemerkung machte: »Einen ehrlichen
Makler gibt es nicht.« Nach längeren Verhandlungen wurden
die türkischen Abtretungen stark reduziert, blieben aber noch
immer beträchtlich genug. Rußland bekam in Asien Kars,
Ardahan und Batum; Rumänien mußte zum Lohn für seine
Hilfe das Stück von Bessarabien, das ihm der Pariser Friede
zugesprochen hatte, an Rußland zurückgeben und dafür die
sumpfige Dobrudscha eintauschen; Montenegro wurde auf
mehr als das Doppelte, Serbien um Altserbien vergrößert, Bulgarien zum selbständigen, dem Sultan bloß tributären Fürstentum gemacht, aber auf das Gebiet zwischen Donau und Balkan
beschränkt, während Ostrumelien unter türkischer Botmäßigkeit verblieb und bloß eigene Verwaltung erhielt; die Abtretung
Thessaliens und des östlichen Epirus an Griechenland wurde
der Pforte von den Großmächten empfohlen und 1881 tatsächlich durchgeführt. England erhielt den wichtigen Flottenstütz-
punkt Zypern, Österreich das Recht, Bosnien und die Herzegowina zu okkupieren, zum großen Verdruß der Italiener, die
das Adriatische Meer samt Hinterland als *mare nostro* für sich
reklamierten und als Entschädigung Trient verlangten, während Bismarck Albanien vorschlug. Die Hoffnung Rußlands,

1484

durch die Autonomisierung der christlichen Völker die Balkanhalbinsel zu seinem Schutzgebiet zu machen, erfüllte sich nicht. Rumänien und Serbien, die sich bald darauf zu Königreichen erhoben, lehnten sich an Österreich; Bulgarien machte seine eigene Politik. Dort hatte die Sobranje den Prinzen Alexander von Battenberg zum Herrscher gewählt, der 1885 einen Aufstand in Philippopel zum Anlaß nahm, als »Fürst beider Bulgarien« Ostrumelien seinem Reich anzugliedern. Diese Eigenmächtigkeit erregte in Petersburg große Mißstimmung, und Serbien erklärte aus Gründen des Balkangleichgewichts sogar den Krieg, wurde aber in den Schlachten von Sliwnitza und Pirot vollständig geschlagen und nur durch das Dazwischentreten Österreichs gerettet. Kurz darauf wurde Alexander von der russischen Partei des Offizierskorps nachts aufgehoben, über die Grenze gebracht und für abgesetzt erklärt. Er kehrte zwar bald wieder unter dem Jubel des Volkes zurück, dankte aber nun wirklich ab, da nach seiner Ansicht dem Lande durch den Druck Rußlands der Weg zu einer gedeihlichen Entwicklung versperrt war. 1887 wählte die Sobranje den Prinzen Ferdinand von Sachsen-Koburg zum Fürsten, der gemeinsam mit seinem Minister Stambulow eine streng bulgarische, und das hieß damals soviel wie: antirussische Politik verfolgte. Wie man sieht, beobachtete Rußland am Balkan ein ähnlich unlogisches System wie Napoleon der Dritte gegenüber Italien und Deutschland: die »Befreiung« der Völker zum Zweck der Unterwerfung unter seine eigene Botmäßigkeit.

Aber auch im Westen stand Europa dauernd vor der Gefahr einer neuen Konflagration. Die französischen Wahlen im Jahr 1871 hatten eine große monarchistische Mehrheit ergeben, die zu drei Vierteln orleanistisch war, der Rest »legitimistisch«, nämlich bourbonisch. 1873 wurde zum Präsidenten MacMahon gewählt, der sich ganz offen als Platzhalter des Königtums bezeichnete; in demselben Jahr starb Napoleon der Dritte. Die

Krieg in Sicht

Chancen für den Kandidaten der Legitimisten, den Grafen Heinrich von Chambord, Enkel Karls des Zehnten, standen also sehr günstig, zumal da eine Fusion mit den Orleanisten zustande kam, denn der Graf war kinderlos und erkannte seinen Gegenprätendenten, den Grafen von Paris, Enkel Louis Philippes, als Nachfolger an. Die Thronbesteigung »Heinrichs des Fünften« wurde nur dadurch vereitelt, daß sich dieser weigerte, die Trikolore anzunehmen. Er war nämlich, womit seine Parteigänger gar nicht gerechnet hatten, ein wirklicher Legitimist. Daß er seine Position nur hätte behaupten können, wenn er die Wiedergewinnung Elsaß-Lothringens versucht hätte, ist nach den Gesetzen der historischen Analogie so gut wie sicher. Aber auch unter der Republik stand der Krieg stets in drohender Nähe. Im April 1875 veröffentlichte die Berliner *Post* einen Artikel über die Vermehrung des französischen Heeres, der den alarmierenden Titel »Krieg in Sicht!« führte. Man glaubte allgemein, daß er vom deutschen Generalstab inspiriert sei, und es ist auch keineswegs unwahrscheinlich, daß dieser einen Präventivkrieg für zweckmäßig hielt. Hingegen darf es als sicher erwiesen gelten, daß Bismarck einen solchen perhorreszierte. Im darauffolgenden Monat kam der Zar mit Gortschakow nach Berlin, und dieser richtete nach einer Unterredung mit Bismarck an die russischen Gesandten ein Rundschreiben, das mit den Worten begann: *»Maintenant la paix est assurée.«* Hierin lag eine doppelte Diskreditierung Deutschlands, die Bismarck tief verstimmte, denn das hieß, daß Deutschland erstens tatsächlich ernsthaft an Krieg gedacht habe und zweitens nur dem diplomatischen Druck des allmächtigen Rußland gewichen sei. In die allernächste Nähe rückte der Krieg gegen Ende des Jahres 1886, als der Kriegsminister General Boulanger, der sich von ihm eine napoleonische Karriere versprach, umfangreiche Mobilisierungsmaßnahmen traf und die französische Presse einen sehr herausfordernden Ton anschlug. Bismarck sagte im

Jänner 1887 im Reichstag: »Kein französisches Ministerium hat zu sagen gewagt: wir verzichten auf Wiedergewinnung von Elsaß-Lothringen; jeden Augenblick kann dort eine Regierung ans Ruder kommen, welche den Krieg beginnt. Er kann in zehn Tagen oder in zehn Jahren ausbrechen; sicher sind wir davor niemals. Diesem Krieg gegenüber würde der von 1870 ein Kinderspiel sein.«

Der Verhütung dieses furchtbaren Zusammenstoßes hat Bismarcks Außenpolitik in der Tat zwei Jahrzehnte hindurch als fast ausschließlichem Zweck gedient. Schon 1872 kam es zur ersten Dreikaiserzusammenkunft, in der die Monarchen sich gegenseitig ihre Besitzungen garantierten: ein Abkommen, das Deutschland die weitaus größten Vorteile bot, denn nur Elsaß-Lothringen war ernstlich bedroht. 1879 kam der Zweibund zwischen Deutschland und Österreich zustande. Sein erster Artikel bestimmte, daß beide Kontrahenten verpflichtet seien, einander beizustehen, falls einer von ihnen von Rußland angegriffen werden sollte. Der zweite Artikel besagte: wenn einer der Vertragschließenden von einer anderen Macht als Rußland angegriffen wird, so verpflichtet sich der andere, eine wohlwollende neutrale Haltung zu beobachten; unterstützt aber Rußland den Angreifer, sei es in Form aktiver Mitwirkung, sei es durch militärische Maßnahmen, die den Angegriffenen bedrohen, so tritt Artikel 1 in Kraft. Diese zweite Abmachung ist, obgleich es nicht ausdrücklich gesagt wird, ganz offenkundig gegen Frankreich gerichtet. Der Vertrag wurde erst im Februar 1888 veröffentlicht, zu einer Zeit, als die Spannung wieder einmal einen Höhepunkt erreicht hatte. Er kam erst zum Abschluß, nachdem Bismarck die Wiener Regierung von einem Angebot auf Teilung Österreichs, das dem Deutschen Reich von Rußland gemacht worden war, in Kenntnis gesetzt hatte. Er war von Bismarck als ausgesprochenes Friedensinstrument gedacht, indem er einerseits Frankreich von einem Angriff auf

Zweibund, Dreibund und Rückversicherungsvertrag

Deutschland abschrecken sollte, andrerseits Rußland von einem Angriff auf Österreich, schließlich aber auch Österreich von einer allzu energischen Politik gegen Rußland, denn der casus foederis war nur für den Verteidigungsfall gegeben.

Die Erweiterung des Zweibunds zum Dreibund hatte ihre Ursache in außereuropäischen Verhältnissen. Es war das Zeitalter der allgemeinen Kolonialausbreitung. 1881 vollendete der russische General Skobelew die Eroberung Turkestans; in demselben Jahr setzte sich England in Ägypten fest, das es nicht staatsrechtlich, aber de facto annektierte; um die Mitte der achtziger Jahre erwarb Leopold der Zweite von Belgien den Kongostaat in der Mitte Afrikas als eine Art Privatkolonie, Deutschland durch Handelsgesellschaften, deren staatlicher Schutz allmählich in Landeshoheit überging, Togo, Kamerun, Deutsch-Südwestafrika, Deutsch-Ostafrika, Neuguinea, den Bismarckarchipel; Frankreich erlangte bald nach 1880 die Anerkennung der Oberhoheit über das hinterindische Riesenreich Annam und das Protektorat über Tunis, unter Zustimmung Bismarcks, dem eine solche Ablenkung des französischen Landhungers sehr willkommen war, und Englands, das sich hierfür freie Hand in Ägypten ausbedang, aber zum höchsten Verdruß Italiens, das dieses vielumstrittene Gebiet, das alte Karthago und die spätere römische Provinz Africa, eines der blühendsten Länder des Altertums, schon längst begehrte und in der Tat als Gegenküste Siziliens für höchst lebenswichtig ansehen mußte. Durch die Sorge, bei seiner politischen Isolierung auch der Anwartschaft auf das benachbarte Tripolis verlustig zu gehen und ganz von Afrika, dessen mittlerer Nordsaum fast ein Teil der Apenninenhalbinsel ist, abgedrängt zu werden, wurde es in den Dreibund getrieben. Das neue römische Reich befand sich in unbezweifelbarem Aufstieg auf allen Gebieten der Zivilisation vermöge der gedeihlichen Entwicklung seiner Industrie und Landwirtschaft und der freiheitlichen Formen seiner staatlichen und gesellschaftlichen Demokratie, die bei diesem Volke keinem politischen System entspringen, sondern ein natürliches Gewächs des Bodens und der Rasse sind; auch die beiden alten Hauptübel: der Brigantaggio und der Analphabetismus waren im Verschwinden begriffen. Im »Kulturkampf« ging die italienische Regierung noch viel weiter als die deutsche: sie führte nicht nur die Zivilehe, sondern auch den Zivileid ein und entzog nicht nur die Schule der kirchlichen Leitung, sondern machte sogar den Religionsunterricht fakultativ und beseitigte die theologischen Fakultäten. Hingegen war von »Sozialistengesetzen« nichts zu bemerken, vielmehr herrschte volle Presse- und Redefreiheit.

»Der Dreibund«, sagte Bismarck bei seinem achtzigsten Geburtstag zu einer Huldigungsdeputation, »reicht in seinen Ursprüngen fast auf die Sagenzeit zurück. Die alte deutsche Kaiserherrschaft des Heiligen Römischen Reiches erstreckte sich ja von der Nordsee bis Apulien.« Er hat aber nach seinem deutlichen Wortlaut immer nur einen rein defensiven Charakter gehabt, indem er den drei Reichen ihren Besitzstand gewährleistete (also vor allem Deutschland die Vogesengrenze und Italien den Kirchenstaat, dessen Wiedererrichtung von den klerikalen Kreisen Frankreichs stets im Auge behalten wurde), und war von Italien aus ganz ausdrücklich nicht gegen England gerichtet, somit für den Fall eines deutsch-englischen Gegensatzes, der aber im Jahr 1882 noch ziemlich außer Kombination stand, so gut wie nicht vorhanden. Bismarck hat sich übrigens über den Wert des Bündnisses niemals Illusionen gemacht: er sagte, ein italienischer Trommler auf den Alpen genüge ihm, um im Kriegsfalle einen Teil des französischen Heeres von der Ostgrenze fernzuhalten. 1883 wurde Rumänien dem Dreibund angegliedert. Das Gebäude krönte Bismarck 1887 durch den »Rückversicherungsvertrag«, worin Deutschland und Rußland einander für den Fall, daß sie von irgendeiner anderen Macht angegriffen werden sollten, wohlwollende Neutralität zusicherten. Damit war Rußland gegen Österreich gedeckt, dem ohne deutsche Hilfe keine aggressive Politik möglich war, und Deutschland gegen Frankreich, das wiederum ohne Rußland nicht ans Losschlagen denken konnte; griff aber Rußland an, so trat der Dreibund in Kraft. Wie man sieht, handelte es sich hier um ein höchst kompliziertes System, das nur durch stetes vorsichtiges und hellsichtiges Verschieben der Steine aufrechterhalten werden konnte und in dem Augenblick, wo der geniale Spieler fehlte, zusammenbrechen mußte. Die Kalamität bestand darin, daß dem Deutschen Reich an Bundesgenossen nur Rußland und Österreich zur Verfügung standen: hielt es sich an Österreich, so trieb es Rußland in das französische Bündnis; hielt es sich an Rußland, so bestand die Gefahr, daß es ganz in dessen Einflußsphäre geriet und seine Selbständigkeit als Großmacht einbüßte. Immerhin lag es näher, für Rußland zu optieren, die stärkste außerdeutsche Militärmacht, mit der das Reich keinerlei offene Rechnung, hingegen fast alle politischen Interessen gemeinsam hatte: ein deutsch-russischer Block wäre die festeste Garantie des europäischen Friedens gewesen. Aber hier erhob sich die Hauptschwierigkeit: ein enges Bündnis mit dem Zarenreich hätte früher oder später die Liquidation Österreichs zur Folge gehabt, und dann wäre Deutschland ganz isoliert zwischen Frankreich und dem tief nach Europa vorgeschobenen Rußland gestanden, in steter Gefahr eines vernichtenden Zweifrontenkriegs.

Der Geist des Deutschen Reichs Man kann ohne Übertreibung sagen, daß das Deutsche Reich sich während des zweiten Jahrzehnts seines Bestandes politisch an der Spitze Europas befand. Was die geistige Verfassung seiner Bewohner angeht, so hat Nietzsche schon 1873 von der »Exstirpation des deutschen Geistes zugunsten des deutschen Reiches« gesprochen; was deren Gemütszustand betrifft, so hat Lagarde 1881 gesagt: »Der Deutsche des neuen Reichs wird mehr und mehr für das Gefühl reif, welches sein Kanzler nicht gerade klassisch als das der allgemeinen Wurstigkeit bezeichnet: daß dies Gefühl zur Bildung des Charakters beitrage, wird so leicht niemand behaupten«; und was die moralische Struktur belangt, so ist sie mit dem Wort Kapitalismus ausreichend charakterisiert. Worin das psychologische Wesen des Kapitalismus besteht, hat Friedrich Albert Lange in einem hervorragenden Werk, das, von den vornehmsten Traditionen der klassischen deutschen Philosophie genährt, ganz aus dem Rahmen der Zeit fällt, der *Geschichte des Materialismus und Kritik seiner Bedeutung in der Gegenwart*, bereits 1875 vollkommen erkannt. Er sagt dort: »Das große Interesse dieser Periode ist nicht mehr, wie im Altertum, der unmittelbare Genuß, sondern die *Kapitalbildung*. Die vielgescholtene Genußsucht unserer Zeiten ist vor dem vergleichenden Blick über die Kulturgeschichte bei weitem nicht so hervorragend als die Arbeitssucht unserer industriellen Unternehmer und die Arbeitsnot der Sklaven unserer Industrie ... die Mittel zum Genuß zusammenraffen und dann diese Mittel nicht auf den Genuß, sondern größtenteils wieder auf den Erwerb verwenden: das ist der vorherrschende Charakter unserer Zeit.« In der Tat wird erst jetzt das Kapital zum Selbstzweck, zur triumphierenden Bestie, die ihre eigenen Kinder verschlingt: ein sinnlos paradoxer Entwicklungsprozeß von grauenhaft grotesker Einzigartigkeit, nie vorher dagewesen und aller Voraussicht nach kaum je wieder zu erwarten, ein schwarzes schreckhaftes Rätsel innerhalb der gesamten Weltgeschichte, das die Frage nahelegt, ob der sogenannte »moderne Mensch« nicht vielleicht irrsinnig ist (wozu sein extremer, nämlich pathologischer Rationalismus ein sehr plausibles Korrelat bilden würde); sicher wird er einer späteren Zeit einmal so erscheinen.

In einem anderen Buch, das demselben Jahrzehnt entstammt, dem *Kampf ums Recht* des weltberühmten Rechtshistorikers

Rudolf von Ihering, findet sich eine Stelle, die ebenfalls sehr charakteristisch ist, aber nicht als Kritik des Zeitalters, sondern als dessen Selbstdarstellung. Ihering sagt, und dies ist der Grundgedanke, der sich durch die ganze Darlegung zieht, der Widerstand gegen jegliches Unrecht sei Pflicht: »Pflicht des Berechtigten gegen sich selber, denn er ist ein Gebot der moralischen Selbsterhaltung«; »die Gewalt, mit der das Rechtsgefühl gegen eine ihm widerfahrende Verletzung tatsächlich reagiert, ist der Prüfstein seiner Gesundheit«; »Prosa in der Region des rein Sachlichen, wird das Recht in der Sphäre des Persönlichen, im Kampf ums Recht zum Zweck der Behauptung der Persönlichkeit, zur Poesie – der Kampf ums Recht ist die Poesie des Charakters.« Man wird einräumen müssen, daß dieser Standpunkt Iherings nicht nur ein tief und scharf durchdachter, sondern auch ein hoher und reiner ist; gleichwohl zeigt er, was aus dem deutschen Ethos geworden war, wenn eine Leuchte der abstrakten Forschung sich dermaßen zur »praktischen Philosophie« eines sublimierten Rowdytums oder, kürzer gesagt, zum Angelsachsentum bekehrt hatte, dessen Religion, wie schon im zweiten Buche bei Milton und Cromwell erörtert wurde, nichts ist als der christlich maskierte Rückfall ins Alte Testament, ja ins Heidentum des Antichrist. Denn der Kampf ums Recht, der, wie durchaus nicht geleugnet werden soll, sich bis zur »Poesie des Charakters« erheben kann, würde aus der menschlichen Geschichte, wenn er ihre treibende Hauptkraft wäre, im günstigsten Fall einen Indianerroman machen. Ein äußerer Ausdruck dieses veränderten Weltgefühls ist der neue Tonfall, der damals aufkam und von Nietzsche in der *Fröhlichen Wissenschaft* mit den Worten charakterisiert wurde: »Etwas Höhnisches, Kaltes, Gleichgültiges, Nachlässiges in der Stimme: das gilt jetzt den Deutschen als ›vornehm‹ … ja die kleinen Mädchen machen schon dieses Offiziersdeutsch nach. Denn der Offizier, und zwar der preußische, ist der Erfinder dieser Klänge.« Nur eine Variation dieser Tonart war die Schreibweise der zeitgemäßen »Philosophen«, als deren repräsentativster Typus David Friedrich Strauß gelten darf. In seinem Alterswerk *Der alte und der neue Glaube* verbindet sich eine viereckige Borniertheit und arrogante Schulmeisterei der Meinungen auf merkwürdige Weise mit einer grauen und bisweilen grausigen Unbeteiligtheit des Vortrags. Der Erfolg des Buches dürfte aus einer ähnlichen Wirkung zu erklären sein, wie sie der Inspektor in Strindbergs *Am offenen Meer* nach dem Gespräch mit der Kammerrätin und ihrer Tochter verspürt, »der Empfindung wie bei dem Besuch einer Mühle, wo es ein gewisses Wohlbehagen bereitet, alle Gegenstände mit einem weichen halbweißen Mehlton überzogen zu sehen«. Über die Genesis heißt es: »Die Sonne wird erst am vierten Tage geschaffen, nachdem bereits drei Tage lang der Wechsel von Tag und Nacht, der ohne die Sonne nicht denkbar ist, stattgefunden haben soll. Ferner wird die Erde mehrere Tage vor der Sonne geschaffen und dieser wie dem Monde nur eine dienende Beziehung zur Erde gegeben, der Sterne aber nur ganz nebenher gedacht. Eine Verkehrung der wahren Rangverhältnisse unter den Weltkörpern, die einem geoffenbarten Berichte schlecht anstand… An einem Tage, dem dritten, sollen Meer und Land voneinander gesondert und überdies noch die gesamte Pflanzenwelt geschaffen worden sein; während unsere Geologen nicht mehr bloß von Tausenden, sondern von Hunderttausenden von Jahren zu sagen wissen, die zu jenen Bildungsprozessen erforderlich gewesen.« Derlei lederne Argumentationen vom Niveau eines Volksbildungsvereines finden sich auf fast jeder Seite. Über das Gebet sagt er: »Ein wahres und echtes Gebet ist nur dasjenige, mittelst dessen der Betende hofft, möglicherweise etwas herbeiführen zu können, das außerdem nicht geschehen würde«; dieser Satz, in seiner Form übrigens das Schulbeispiel eines gelungen stilisierten Gesetzbuchparagraphen, ist einer von den vielen, durch die sich der Autor auf religiösem Gebiet als blutiger Dilettant und Ignorant oder, um es endlich rundheraus zu sagen, als vollendeter Typus des intelligenten Esels erweist.

Nicht viel geringeren Anklang fand Eduard von Hartmanns »Philosophie des Unbewußten«, eine geschickte Mischung aus Modepessimismus, Darwinismus, »Tiefenpsychologie« und Naturwissenschaft, zugleich eine Art Synthese aus Schopenhauer und Hegel, wovon das Wort Nietzsches gilt: »Wer zwischen zwei entschlossenen Denkern vermitteln will, ist gezeichnet als mittelmäßig.« Die Eschatologie Hartmanns lehrt, daß, da die Unlustempfindungen gegenüber den Lustempfindungen stets in der Majorität bleiben müssen, einmal der Tag kommen wird, wo das Parlament der Menschheit aus dieser Einsicht heraus durch einstimmigen Beschluß den Willen und die Welt abschafft. Schopenhauer hat Hegel den Hanswurst Schellings genannt; mit größerer Berechtigung könnte man Hartmann den dummen August des schopenhauerischen Pessimismus nennen. Ja er war sogar der Hanswurst Straußens, denn was er über den Heiland schreibt, geht noch weit über Strauß hinaus und könnte von dessen gehässigstem Parodisten nicht erfunden werden: »Die Mißachtung der Arbeit, des Eigentums und der Familienpflichten sind drei Punkte, die gerade für das jüdische Bewußtsein abstoßender als für das irgendeiner anderen Nation sein mußten. Jesus hatte das Handwerk des Zimmermanns erlernt, aber nirgends hören wir, daß er dasselbe ausgeübt hatte, obwohl doch gerade dieses Handwerk ein überall gesuchtes und verwendbares ist. Auch für die Ehre der Arbeit hat er schlechterdings kein Verständnis... In bezug auf die Sphäre des Eigentums sind ihm alle unsere sittlichen Begriffe fremd; denn ihm gilt jeder Besitz als ungerechter Mammon, jedes Sparen als Torheit und Verbrechen... Der Familiensinn und die Anhänglichkeit an die Familie, einer der schönsten Züge des jüdischen Volkscharakters, geht ihm vollständig ab, und er schreitet konsequent bis zur Zerreißung aller natürlichen Pflichten fort. In dieser Hinsicht kann er sicherlich nicht als Vorbild dienen… Fassen wir das Gesamtbild der Persönlichkeit Jesu noch einmal kurz zusammen, so ergibt sich folgendes: kein Genie, sondern ein Talent, das aber bei völligem Mangel gediegener Kultur im Durchschnitt nur Mittelmäßiges produziert.« Sehr kompetente Beurteiler, wie zum Beispiel Richard Müller-Freienfels, haben erklärt, es sei ungerecht, Hartmann nur nach seinem Erstlingswerk zu beurteilen, da er später viel bedeutendere Bücher geschrieben habe. Ich bin leider außerstande, zu dieser Ansicht Stellung zu nehmen, da ich mich aufs entschiedenste weigere, von einem Menschen, der die vorstehenden Sätze geschrieben hat, eine einzige weitere Zeile zu lesen.

Der eigentliche, obschon heimliche und ungekrönte König *Dühring* der damaligen Philosophie aber war Eugen Dühring. Er schrieb eine kritische Geschichte der allgemeinen Prinzipien der Mechanik (die sein bestes Werk ist), eine kritische Geschichte der Philosophie, eine kritische Geschichte der Nationalökonomie und des Sozialismus, wobei er unter Kritik aufsässige Ablehnung fast aller bisherigen Leistungen verstand. Während er auf den genannten Gebieten über ein erstaunlich reiches und genaues Fachwissen verfügte, erwies er sich in seinen beiden Bänden über die »Größen der modernen Literatur« als ästhetischer Analphabet, dem die elementarsten Kenntnisse vom Wesen des dichterischen Schaffens mangeln. In seinem wichtigsten, zumindest gelesensten philosophischen Werk wog er den »Wert des Lebens« ab und gelangte, im Gegensatz zu Schopenhauer, zu einem Optimismus von so frostiger Starrheit und bleierner Öde, daß diesem die farbige Geisterwelt der schopenhauerischen Weltverneinung aus Gründen der Lebensbejahung unbedingt vorzuziehen ist. In seinen Kapuzinaden, bei denen es

aber leider, ebenfalls im Gegensatz zu den schopenhauerischen, nichts zu lachen gibt, hat er die gesamte Geistesgeschichte von Buddha bis Einstein mit borniertem und mesqui-
nen Ausfällen begleitet; Dante und Goethe, Shakespeare und
Ibsen, Plato und Kant: alle sind unmoralisch und bestenfalls
Halbtalente. Die Entdeckungen auf dem Gebiet der nichteukli-
dischen Geometrie, die von Gauß, dem größten mathematischen Genie der neueren Zeit, herrühren, nennt er »Geometrie,
nicht etwa bloß des Unsinns, sondern geradezu des Stumpf-
sinns«; Helmholtz, dem klarsten, anregendsten und geistvollsten naturwissenschaftlichen Schriftsteller, den die deutsche
Literatur besitzt, wirft er »Trockenheit, Verworrenheit und
Philosopheln« vor; von Kirchhoffs epochemachender wissenschaftlicher Tätigkeit, die wir bereits kennengelernt haben, sagt
er (was auch gleich als Stilprobe gelten kann): »Der physikalische Salat, oder was dafür ausgegeben wurde, erhielt eine psychologisch physiologisch philosophelnde Ölung, die letzte
Ölung sozusagen.« Alle Religion gilt ihm als »Wiegenwahn«,
alle Philosophie, besonders die neuere, als Geschwätz, »verbunden mit Betrug«. Im übrigen lehrt er eine an Comte und
Feuerbach orientierte »Wirklichkeitsphilosophie«: unser Verstand ist fähig, die ganze Wirklichkeit zu begreifen; unser Denken und Empfinden vermittelt objektive Wahrheit: »Das ideelle
System unserer Gedanken ist das Bild des realen Systems der
objektiven Wirklichkeit; das vollendete Wissen hat in Form
von Gedanken dieselbe Gestalt, welche die Dinge in der Form
des wirklichen Daseins haben.« Dieses »vollendete Wissen« ist
sehr einfach dadurch zu erreichen, daß man Dührings »ideel-
les System« schaler Grobheiten für ein reelles Abbild der
Wirklichkeit nimmt. Dühring betont immer wieder, daß ein
echter Philosoph nur ein solcher sei, der seine Philosophie auch
wirklich lebe, bei ihm selber bestehe zwischen der Philosophie
und dem Philosophen keine Kluft, und darin kann man ihm

nicht widersprechen: er hat sich in seinem Privatleben immer genauso ungerecht und pöbelhaft benommen wie in seinen Schriften. Eine der wenigen historischen Persönlichkeiten, die er gelten läßt, ist Rousseau; und tatsächlich besaß er in seinem verfolgungswahnsinnigen Ressentiment und giftigen Hochmut mit diesem eine gewisse Verwandtschaft; hingegen unterschied er sich von ihm durch seinen völlig untadeligen Wandel, was ihn aber nur noch unerträglicher macht, denn nichts bietet ein abscheulicheres moralisches Schauspiel als die Verbindung von Sittlichkeit und Bosheit. Und ebenso verhält es sich auf intellektuellem Gebiet: die leidenschaftliche Falschmünzersophistik Rousseaus steht immer noch turmhoch über der besonnenen Kathederdialektik Dührings, die gerade darum ungenießbar ist, weil sie nicht aus pittoresken Lügen, vielmehr aus dem allerminderwertigsten Gedankenmaterial, nämlich aus Halbwahrheiten besteht. Diese werden unter quälenden Wiederholungen und lästigen Paraphrasen dem Leser wie mit einer monotonen und mißtönigen Trommel unermüdlich ins Ohr gehämmert. Man kann dem Stil Dührings sowohl Klarheit wie eine gewisse Lapidarität nicht absprechen; aber diese fließt bloß aus der Kraft der Roheit und jene aus der Eindeutigkeit der Nuancenarmut: auch hierin zeigt er sich als das vollkommene Gegenspiel Schopenhauers. Er schreibt wie ein Morsetaster, der deutlich und energisch, aber immer mit denselben Zeichen arbeitet. Völlig indiskutabel wird aber seine Darstellung durch eine pathologische Geschmacklosigkeit, die nicht selten geradezu an Schwachsinn grenzt und seine Schriften auf das Niveau gemeiner Provinzwitzblätter herabdrückt. Fast auf jeder Seite, zumal seiner polemischen Splitterrichtereien, regiert der Kalauer, jene widerwärtige Witzform der Operettenkomiker und Weinreisenden, die Dühring offenbar wegen ihrer Humorlosigkeit gewählt hat (denn er war zweifellos einer der humorlosesten Menschen, die je geschaffen wurden). Er bildet Wörter wie »Philosofaseln« und »Philosophatsch«, spricht von »Stiehl-künstlern« und »Mistik«, wirft einem seiner literarischen Gegner namens Boerner »Boerniertheit« vor und empfiehlt, I.R. Mayer, den Entdecker des Energieprinzips, weil er die Wissenschaft irregemacht habe, von nun an Irmayer zu nennen. Goethe heißt bei ihm »das Köthchen«, Schiller der Schillerer, Nietzsche das Nichts'sche; Bismarck nennt er Bisquark, Helmholtz Helmklotz; Tolstoi schreibt er Tollstoi, Strindberg Rindberg oder noch anmutiger Grindberg.

Dühring hat einen großen Einfluß auf seine Zeit geübt, obschon einen völlig unterirdischen. Was bei Schopenhauer fixe Idee war: daß die Philosophieprofessoren sich verschworen hätten, ihn zu sekretieren (während sie ihn einfach nicht bemerkten), war bei Dühring ein begründeter Verdacht: seine maßlosen Ausfälle gegen die zünftige Wissenschaft und sein extrem taktloses Betragen während seiner Berliner Dozentur hatten zur Folge, daß er in fast allen gelehrten Werken entweder gar nicht oder nur ganz obenhin erwähnt wurde. Andererseits hatte er es sich durch seinen exzessiven Antisemitismus aber auch mit der gesamten liberalen Journalistik verdorben, und seine schroffe Ablehnung des Sozialismus beraubte ihn auch der Propaganda der radikalen Kreise. Und wo alle diese persönlichen Motive wegfielen, ließ er es durch die Häßlichkeit seines Charakters und Vortrags zu keiner gerechten Würdigung kommen. Seine unbezweifelbare Gabe, große Gebiete des menschlichen Wissens zwar schief, aber scharf zu durchleuchten, ist daher niemals zu gebührender Anerkennung gelangt. Indes die Menschheit pflegt ihre Kränze nicht nach Verdienst allein zu verteilen, sondern erst, wenn Sympathie hinzutritt; und darin hat sie vollkommen recht.

Der Stil der Stil-losigkeit Dühring war in seinem ausschweifenden Mangel an Stil (das Wort in jederlei Sinn genommen) ein sehr prägnanter Ausdruck seiner Zeit. Nun hat sich aber etwas Sonderbares ereignet. Diese Epoche schien den Zeitgenossen und auch noch der nächsten Generation überhaupt kein Gesicht zu haben. Plötzlich aber begannen ihre Züge sich zu sammeln: zu verschärfen, zu verbreitern, zu vereinheitlichen, ihre Sitten, Trachten, Mienen, Gebärden ein großes gemeinschaftliches Maß zu enthüllen, ihre Menschen zu Figuren, ihre Gegenstände zu Sinnbildern zu werden, und wie durch Zauberschlag ward vermöge der Kraft des historischen Rückblicks ihre Hieroglyphe ins Reich der Sichtbarkeit gehoben. Und es stellte sich heraus, daß auch die Stillosigkeit ein Stil ist.

Es verlohnt sich vielleicht, einen Augenblick über diese merkwürdige Tatsache nachzudenken. Welche Fülle von kolorierten und zusammenhängenden Assoziationen taucht vor unserem inneren Auge auf, wenn wir die Worte »Ramessiden«, »Punische Kriege«, »Kreuzzüge«, »Reformation« hören! Wußten die damaligen Menschen dies alles? Sehr wahrscheinlich nicht. Und doch waren sie »dabei« und wir nicht. Ist unser Bild Phantasie? Ja; und ebendarum ist es wahrer. Alles Irdische ist dazu bestimmt, sich zu Geist sowohl zu sublimieren wie zu konzentrieren. Erst dann wird es, in einem höheren Sinne, wirklich. Aber dieser Prozeß erfordert Zeit. Diesen Zeitvorsprung haben wir vor den »Zeitgenossen« voraus.

Die Menschen der siebziger und achtziger Jahre hatten in gewisser Hinsicht etwas Rührendes: sie waren von einem gierigen Durst nach Realität erfüllt, hatten aber das Malheur, diese mit der Materie zu verwechseln, die nur die hohle und täuschende Emballage der Wirklichkeit ist. Sie lebten daher dauernd in einer armseligen und aufgebauschten Welt aus Holzwolle, Pappendeckel und Seidenpapier. In allen ihren Schöpfungen herrscht die Phantasie der *putzenden Künste*: des Tapezierers, Konditors, Stukkateurs, die Phantasie der kleinsten Kombinationen.

An den Interieurs irritiert zunächst eine höchst lästige Überstopfung, Überladung, Vollräumung, Übermöblierung. Das

Das Makartbukett

sind keine Wohnräume, sondern Leihhäuser und Antiquitäten-läden. Zugleich zeigt sich eine intensive Vorliebe für alles Sati-nierte: Seide, Atlas und Glanzleder, Goldrahmen, Goldstuck und Goldschnitt, Schildpatt, Elfenbein und Perlmutter, und für laute beziehungslose Dekorationsstücke: vielteilige Rokoko-spiegel, vielfarbige venezianische Gläser, dickleibiges altdeut-sches Schmuckgeschirr; auf dem Fußboden erschreckt ein Raubtierfell mit Rachen, im Vorzimmer ein lebensgroßer höl-zerner Mohr. Ferner geht alles durcheinander: im Boudoir be-findet sich eine Garnitur Boullemöbel, im Salon eine Empire-einrichtung, daneben ein Speisesaal im Cinquecentostil, in dessen Nachbarschaft ein gotisches Schlafzimmer. Dabei macht sich eine Bevorzugung aller Ornamentik und Polychromie gel-tend: je gewundener, verschnörkelter, arabesker die Formen, je gescheckter, greller, indianerhafter die Farben sind, desto be-liebter sind sie. Hiermit im Zusammenhang steht ein auffallen-der Mangel an Sinn für Sachlichkeit, für Zweck; alles ist nur zur Parade da. Wir sehen mit Erstaunen, daß der bestgelegene, wohnlichste und luftigste Raum des Hauses, welcher »gute Stube« genannt wird, überhaupt keinen Wohnzweck hat, son-dern nur zum Herzeigen für Fremde vorhanden ist; wir er-blicken eine Reihe von Dingen, die trotz ihrer Kostspieligkeit keineswegs dem Komfort dienen: Portieren aus schweren staub-fangenden Stoffen wie Rips, Plüsch, Samt, die die Türen ver-barrikadieren, und schön geblümte Decken, die das Zumachen der Laden verhindern; bildergeschmückte Fenstertafeln, die das Licht abhalten, aber »romantisch« wirken, und Handtücher, die zum Abtrocknen ungeeignet, aber mit dem Trompeter von Säckingen bestickt sind; Prunkfauteuils, die das ganze Jahr mit häßlichen pauvren Überzügen, und dünnbeinige wacklige Eta-geren, die mit permanent umfallenden Überflüssigkeiten be-deckt sind; Riesenprachtwerke, die man nicht lesen kann, weil einem nach fünf Minuten die Hand einschläft, und nicht einmal lesen möchte, weil sie illustriert sind; und als Krönung und Symbol des Ganzen das verlogene und triste Makartbukett, das mit viel Anmaßung und wenig Erfolg Blumenstrauß spielt.

Dies führt uns zu einem der Hauptzüge des Zeitalters: der Lust am Unechten. Jeder verwendete Stoff will mehr vorstellen, als er ist. Es ist die Ära des allgemeinen und prinzipiellen Materialschwindels. Getünchtes Blech maskiert sich als Marmor, Papiermaché als Rosenholz, Gips als schimmernder Alabaster, Glas als köstlicher Onyx. Die exotische Palme im Erker ist imprägniert oder aus Papier, das leckere Fruchtarrangement im Tafelaufsatz aus Wachs oder Seife. Die schwüle rosa Ampel über dem Bett ist ebenso Attrappe wie das trauliche Holzscheit im Kamin, denn beide werden niemals benützt; hingegen ist man gern bereit, die Illusion des lustigen Herdfeuers durch rotes Stanniol zu steigern. Auf der Servante stehen tiefe Kupferschüsseln, mit denen nie gekocht, und mächtige Zinnhumpen, aus denen nie getrunken wird; an der Wand hängen trotzige Schwerter, die nie gekreuzt, und stolze Jagdtrophäen, die nie erbeutet wurden. Dient aber ein Requisit einer bestimmten Funktion, so darf diese um keinen Preis in seiner Form zum Ausdruck kommen. Eine prächtige Gutenbergbibel entpuppt sich als Nähnecessaire, ein geschnitzter Wandschrank als Orchestrion; das Buttermesser ist ein türkischer Dolch, der Aschenbecher ein preußischer Helm, der Schirmständer eine Ritterrüstung, das Thermometer eine Pistole. Das Barometer stellt eine Baßgeige dar, der Stiefelknecht einen Hirschkäfer, der Spucknapf eine Schildkröte, der Zigarrenabschneider den Eiffelturm. Der Bierkrug ist ein aufklappbarer Mönch, der bei jedem Zug guillotiniert wird, die Stehuhr das lehrreiche Modell einer Schnellzugslokomotive, der Braten wird mittels eines gläsernen Dackels gewürzt, der Salz niest, und der Likör aus einem Miniaturfäßchen gezapft, das ein niedlicher Terrakottaesel trägt. Pappendeckelgeweihe und ausgestopfte Vögel gemahnen an ein Forsthaus, herabhängende kleine Segelschiffe an eine Matrosenschenke, Stilleben von Jockeykappen, Sätteln und Reitgerten an einen Stall.

Die »deutsche Renaissance«

Diese angeblich so realistische Zeit hat nichts mehr geflohen als ihre eigene Gegenwart. Der berühmte Architekt und Lehrer der Baukunst Gottfried Semper stellte das Programm auf, der Stil jedes Gebäudes bestimme sich durch historische Assoziation: so solle ein Gerichtshaus etwa an einen Dogenpalast, ein Theater an eine römische Arena, eine Kaserne an eine mittelalterliche Befestigung erinnern. In Anlehnung an diese Prinzipien errichtete man zum Beispiel in Wien ein Rathaus, das wirkt, als ob es nach der Vorlage eines Kindermodellierbogens gebaut wäre, die Votivkirche, die wie ein Riesenspielzeug aus Zuckerguß aussieht, und vor dem Parlament eine enorme Pallas Athene, von der jedermann überzeugt ist, daß sie aus Stearin besteht. Als Gehäuse für die Londoner Börse wählte man (und zwar mit vollem Recht) einen veritablen Tempel. Ein Magistratshaus mußte immer gotisch sein, infolge einer (falschen) Assoziation von Mittelalter und Stadt, ein Abgeordnetenhaus immer antik, infolge einer (ebenso falschen) Assoziation von Altertum und Repräsentativverfassung, ein Bürgerpalais barock, offenbar weil man in diesem (gefälschten) Stil am protzigsten ornamentieren konnte, ein Bankhaus florentinisch, aus einem (vielleicht unbewußt) gefühlten Zusammenhang des modernen Börsenkondottieres mit der Amoralität des Renaissancemenschen.

Der geschätzteste Stil aber war nicht die italienische, sondern die deutsche Renaissance. Man versieht Türen, Fenster, Zierschränke mit Pilastern und Gebälk und bevorzugt das Cuivre poli, eine Legierung aus Kupfer und Zink, die schon im sechzehnten Jahrhundert vielfach verwendet wurde. Auch die beliebten Butzenscheiben und Lutherstühle, Sitztruhen und Bauernöfen, Sockel und Podeste, Gitter und Beschläge, Holz-

malereien und Sinnsprüche, Brunnenmännchen und Leuchter-
weibchen wiederholen jene Zeit. Auf den Kostümfesten wimmelte es von Landsknechten und Ritterfräulein. Wir haben im
ersten Buch die Reformationsära als das Zeitalter der Völlerei bezeichnet, auch diese Jahrzehnte könnte man ähnlich benennen. Die Titelhelden der beiden Zeitalter, Bismarck und
Luther, waren ungemein starke Esser und Trinker; und die
kompakte Genußsucht der Gründerzeit war in der Dosierung
der Speisen und Getränke um so skrupelloser, als das romantische Ideal des ätherischen Menschen, das im Vormärz geherrscht hatte, längst einer erotischen Auffassung gewichen
war, die sich an Rubens orientierte. Vier Gänge zur Mittags-
mahlzeit waren in wohlhabenden Bürgerhäusern das Gewöhnliche; bei festlichen Anlässen wurden daraus acht bis zwölf.
Das Menü eines Banketts aus dem Jahr 1884 enthält zum Beispiel: gemischte Vorspeisen, Kraftbrühe, Seezunge, gedämpf-
tes Huhn, gespickte Rindslende, Gefrorenes mit Kümmel (um
neuen Appetit zu bekommen), Fasanenbraten, Yorker Schinken, Ananasbombe, Schweizer Törtchen, Nachtisch, Kaffee;
ein »Kapitäns-Dîner« besteht aus: Hummercocktail, frischer
Erbsensuppe, Rheinlachs, garniertem Kalbsnierenstück, Au-
sternpastete, Erdbeersorbet, Schnepfen mit russischem Salat,
Ochsenzunge mit Stangenspargel, Rehziemer mit Kompott,
Rahmeis, Käseplatte, Früchten, Kaffee. Es herrschte auch tatsächlich eine innere Verwandtschaft zwischen jenen beiden
Zeitaltern, die sich in einer Reihe gemeinsamer Seelenzüge ausspricht: ihrer Spießbürgerlichkeit und Schwerlebigkeit, ihrem
Hang zum Verkräuselten und Endimanchierten, Kleinkram
und Ornament, ihrem Mangel an Maß und Einfachheit, Rhythmus und Harmonie. Doch fehlt der Gründerzeit vollkommen
jene selige Naivität, poesievolle Enge und bastelnde Verspieltheit, die die Welt Hans Sachsens und Dürers so anziehend
macht und in den *Meistersingern* ein Denkmal von einer Kraft

erhalten hat, wie sie nur die vergebliche Sehnsucht zu verleihen vermag.

Der Eiffelturm Auch die Weltausstellungen mit ihrem Prinzip des Bric-à-brac, der erdrückenden Massenwirkung durch Zusammenschleppen aller erreichbaren Raritäten passen durchaus ins Zeitalter. Auf ihnen entstanden einige sehr charakteristische architektonische Schöpfungen: 1873 wurde in Wien die Rotunde errichtet (doch machte diese Ausstellung ein klägliches Fiasko, nicht nur wegen des Krachs und der Cholera, sondern auch weil die Stadt sich für den Empfang der vielen Gäste mit nichts gerüstet hatte als dem festen Willen, sie auszuplündern); 1878 entstand in Paris, als die Kopierwut schon über das Abendland hinauszugreifen begann, der Trocadéropalast im sogenannten »orientalischen« Stil, 1889, wiederum in Paris, der Eiffelturm, eine dreihundert Meter hohe Eisenkonstruktion von neun Millionen Kilogramm Gewicht, die auf ihrer ersten Plattform ein Varieté, ein Restaurant und ein Café, in ihrem höchsten öffentlichen Raum, dem Aussichtssaal, noch immer Platz für achthundert Personen und darüber noch ein großes Laboratorium für Meteorologie und Astronomie enthält; dazu kamen ursprünglich Anlagen für optische Signale zu militärischen Zwecken, doch sind diese durch die inzwischen erfolgte Erfindung der drahtlosen Telegraphie gegenstandslos geworden. Für dieses berühmteste Bauwerk des Zeitalters ist es bezeichnend, daß es bei aller Riesenhaftigkeit seiner Dimensionen doch nippeshaft wirkt, was ebendaher kommt, daß die subalterne Kunstempfindung der Epoche überhaupt nur im Genregeist und in Filigrantechnik zu denken vermochte; daher ließ es sich auch verkleinern und tatsächlich als Nippesgegenstand verwenden, was bei wirklich groß konzipierten Kolossalbauten unvorstellbar ist: die Sphinx wäre als Nußknacker, die Cheopspyramide als Nadelkissen unmöglich.

Das Kostüm In der Damenkleidung machte sich das Penchant für das

1504

»Altdeutsche« darin geltend, daß Ende der siebziger Jahre die Rembrandthüte auftauchten, Anfang der achtziger Jahre die Puffärmel und die Gretchentaschen; männliche Personen trugen gern zu Hause und, wenn sie sich als Künstler fühlten, auch auf der Straße ein Samtbarett. Nach dem Zusammenbruch des Empire verschwindet die Krinoline, um einem noch groteskeren Kleidungsstück Platz zu machen: dem *cul de Paris,* der, in den achtziger Jahren enorm, bis 1890 herrscht, obschon mit Intervallen, in denen das später allgemein akzeptierte philiströse Prinzeßkleid erscheint; der Rock ist während des ganzen Zeitraums sehr eng, oft so anschließend, daß er im Gehen hindert; denselben Effekt haben die extrem hohen Stiefelabsätze. Seit 1885 beginnen sich die Puffärmel zu den abscheulichen Schinken- oder Keulenärmeln zu erweitern; auch der Kapotthut fällt bereits in diesen Zeitraum. Die Haare werden an der Stirnwurzel abgeteilt und als »Ponylocken« in Fransen nach vorn gekämmt. Vortäuschung eines abnorm entwickelten Gesäßes und zu hoher Schultern, chinesischer Watschelgang, Großmutterhaube, Schafsfrisur: man muß sagen, daß die damalige Mode alles getan hat, um das Exterieur der Frau zu verhäßlichen. Zugleich setzte eine Prüderie ein, wie sie vielleicht von keiner bisherigen Zeit erreicht worden ist: weder von der Brust noch von den Armen durfte das geringste Stück zu sehen sein, die Waden, ja auch nur die Knöchel zu zeigen war der »anständigen Frau« aufs strengste untersagt; auch im Seebad stieg sie von Kopf bis Fuß bekleidet ins Wasser; mit einem Herrn allein im Zimmer zu bleiben oder ohne Gardedame die Straße zu betreten war ihr unter keinen Umständen gestattet; Worte wie »Geschlecht« oder »Hose« durften sich in ihrem Vokabular nicht vorfinden.

Die Herrentracht hat längst darauf verzichtet, ein Ausdruck des Zeitgefühls zu sein, und zeigt nur ganz unwesentliche Schwankungen. Ende der siebziger Jahre werden die Beinkleider vom Knie ab ganz weit und erhalten, trichterförmig über die Stiefel fallend, etwas Elefantenhaftes; später werden sie wieder ganz eng, indem sie wie Trikots anliegen: für einen Dandy war es damals keine Kleinigkeit, in seine Pantalons zu kommen. Das Offizierskorps machte diese Moden getreulich mit; und es ist bezeichnend, daß sogar dieser Stand von der Falschmünzerei des Zeitalters ergriffen wurde: sich schnürte, wattierte Brüste und Schulterstücke, erhöhte Stiefelabsätze und Perücken trug. Wie der gesamte Hausrat des Bürgers, so ist auch fast jeder Bestandteil seiner Toilette Surrogat: über dem Jägerhemd fingieren die umdrehbaren »Röllchen« und der auswechselbare »Serviteur« blütenweiße gestärkte Wäsche, die genähte Krawatte ahmt die geknüpfte nach, der Zugstiefel ist mit Scheinknöpfen versehen. Das »Toupet« war bei soignierten älteren Herren fast selbstverständlich, auch das Färben des Bartes, der nur an Priestern, Schauspielern und Lakaien vermißt wurde, sehr verbreitet. Nur das Genie vermochte sich dem allgemeinen Schwindel zu entziehen. Als Moltke (der übrigens auch zu den wenigen Damaligen gehörte, die freiwillig rasiert gingen) von einem Hoffriseur, der ein Künstler seines Fachs war, ein vorzügliches Toupet geliefert wurde, sagte er indigniert: »Was haben Sie mir denn da gebracht? Das kann ich nicht aufsetzen, das hält ja jeder für echt.«

Die Meininger Derselbe Moltke hat die verlogene Technik des »bedeutenden« Lenbach mit den Worten abgetan: »Der will immer einen Helden aus mir machen.« Dieser war Pilotyschüler wie Defregger, der Erfinder des Salontirolers, und der damals ebenso berühmte Theatermystiker Gabriel Max. Die eigentliche Herrschaft über die Zeit aber besaß ein vierter Jünger Pilotys: Hans Makart. Sein Malerruhm ist ebenso rasch verblichen wie seine Farben, denen er durch ein Herstellungsgeheimnis vorübergehend eine besondere Leuchtkraft zu geben wußte, was allein schon für das Komödiantische seiner Kunst bezeichnend ist.

1506

Auf seinen Bildern, gut arrangierten Festzügen (seine berühmten »fünf Sinne« sind nicht einmal das, sondern Badezimmerkacheln), hat er alles zusammengeramscht, was gut und teuer ist: Jaspis und Marmor, Atlas und Goldbrokat, glitzernde Juwelen, rosiges Frauenfleisch. Daneben aber war er der virtuose Regisseur jenes großen Balletts der Formen und Stile, das das Zeitalter aufführte, ein Geschmacksdiktator von einer ähnlichen Macht, wie sie Bernini im Italien der Barocke besaß. Es gab nicht bloß Makartbuketts, sondern auch Makartbälle, Makartzimmer und ein Makarttheater. Der Wiener Kritiker Ludwig Hevesi schrieb zum sechzigsten Geburtstag der Wolter rückblickend: »Makart wurde unter anderem auch Direktor des Burgtheaters... Und das ganze Theater wurde auf Charlotte Wolter, diesen lebendigen Feuerquell von Farbigkeit gestimmt.« Das ist nun sehr merkwürdig; denn den Spätgeborenen erschien sie als der Inbegriff marmorner Kälte und Blässe. Taten diese ihr unrecht, oder hat sich jene ganze Makartzeit ihre feurige Farbigkeit nur eingebildet, während sie in Wahrheit grau und lau war? Diese Frage läßt sich offenbar nicht objektiv entscheiden.

Von einer anderen damaligen Tragödin, der ebenso bewunderten Klara Ziegler, fand Theodor Fontane, daß sie Kaulbach spiele. Und von den Meiningern sagte Ludwig Speidel: »Sie inszenieren ungefähr, wie Piloty malt.« Ihre Gastspiele, die sie am 1. Mai 1874 in Berlin eröffneten, waren eine Reaktion auf den Spartanismus Laubes, der auf äußere Ausstattung sehr wenig gab, weil sie vom Wort des Dichters und Schauspielers ablenke, und an Requisiten nur das für die Handlung Notwendige auf der Bühne duldete (worin er gar nicht so unrecht hatte, denn da auf dem Theater alles ein Symbol ist, so haben dort nur solche Gegenstände Existenzberechtigung, die eine Bedeutung besitzen). Die Meininger verwendeten große Sorgfalt auf das Bühnenbild, das sie nicht nur reicher und bunter, sondern auch mit fast archäologischer Genauigkeit höchst zeitgerecht gestalteten: die »historische Echtheit« ging bisweilen so weit, daß Gitter, Gobelins, Truhen, Türschnallen noch wirklich aus der Zeit stammten, in der das Stück spielte. Die Dramatik der Vorgänge verstärkten sie durch alle erdenklichen Effekte: nicht bloß durch optische, sondern auch durch »Stimmungsgeräusche«: Donnergrollen, Blätterrauschen, Glockengeläute, Regengeprassel. Auch bei der Komparserie brachten sie das Prinzip der Echtheit zur Anwendung, indem sie sie aus wirklichen Schauspielern zusammensetzten, was bis dahin unerhört war: an Hoftheatern wurde damals sogar Militär zum Statieren kommandiert und zum Beispiel der Gespensterzug in *Müller und sein Kind* von Musketieren vorgetäuscht. Hier aber tat der Fiesko an einem anderen Tage im römischen Volk mit oder machte einen der Pappenheimer Kürassiere. Die stärkste Wirkung hatten denn auch die Auftritte, wo der Massenregie die Hauptaufgabe zufällt: die Ensembleszenen der Räuber, die Rütliszene, die Forumszene, die Bankettszene im *Wallenstein*; diesen spielten sie nach langer Pause wieder komplett, während man sonst immer nur den zweiten Teil aufführte. Die Solcleistungen erhoben sich nie über das Mittelmaß: dies gilt auch von dem damals noch blutjungen und völlig unreifen Kainz und von Ludwig Barnay, der niemals mehr war als ein hohler Hofschauspieler mit sogenannten »schönen Mitteln«. Eines der Hauptverdienste der Meininger war die Entdeckung Kleists, den man bisher fast gar nicht gespielt hatte. Ihre Regieweise wurde überall kopiert: schließlich meiningerte jedes Provinztheater; 1890 wurde sie vom Naturalismus abgelöst.

Der repräsentative Bühnenkünstler der Gründerjahre war der Burgschauspieler Adolf von Sonnenthal: durch k. k. Dekret zum Ritter geschlagen und in der Tat eine Erscheinung von hoher Ritterlichkeit, wenn auch nur einer erworbenen; und zugleich der vollste und rundeste Ausdruck der bürgerlichen

Ideale: sonor, solid und sentimental, die Erfüllung einer Zeit-
sehnsucht, die in der Kunst einen Galanterieartikel erblickt
und sich gern an glitzernden Glastränen erfreut. Alle Welt
spielte damals Humanität und Liberalismus, Sonnenthal wiederholte dieses Spiel auf der Bühne: in seinen demokratischen
Herzögen, edlen Emporkömmlingen, weisen Menschheits-
aposteln, machte also ein doppeltes Theater. Und doch, dies ist
die Paradoxie der Rampe, wirkte seine Träne echt, seine Suada
erlebt, seine Pose natürlich, ja war es sogar, weil sie in seiner Vision wirklich geworden war.

Der mächtigste Theatrarch aber, zugleich der überwältigende Zusammenfasser aller Zeittendenzen war Richard
Wagner. »In der Kulturgeschichte«, sagt Bulthaupt in seiner
Dramaturgie der Oper, »werden das Reich und Wagner der-
maleinst so unzertrennlich sein wie die Tragödien des Äschylus und Sophokles von der Blütezeit Athens.« Sein »Gesamtkunstwerk« will durch Zusammenwirken aller Künste: der
Poesie, Malerei, Musik, Mimik das wahre Drama erstehen lassen, das »Musikdrama«, dessen beste Definition er mit den
Worten gegeben hat, es bestehe aus »ersichtlich gewordenen
Taten der Musik«. Dabei liegt der Schwerpunkt in der dramatischen Aufgabe, der die musikalische untergeordnet ist: »Der
Irrtum in der Oper bestand darin, daß ein Mittel des Ausdrucks (die Musik) zum Zwecke, der Zweck des Ausdrucks
(das Drama) aber zum Mittel gemacht wurde.« Dies bedeutete
ein Zurückgreifen auf die ehrwürdigste Theatertradition: die
griechische, der ebenfalls immer ein Gesamtkunstwerk aus
Bühnenbild, Text, Gebärde, Gesang und Tanz mit allerdings
weit sparsamerer Assistenz des Orchesters als Ideal vorgeschwebt hatte, und zugleich einen schroffen Bruch mit der
landläufigen Operntradition, die fast ausschließlich tonkünst-
lerische Rücksichten gelten ließ. Wir erinnern uns, daß schon
Gluck die Emanzipation des Textes von den verkünstelnden

Das
»Gesamt-
kunst-
werk«

und entgeistigenden Einflüssen der Musik und die Restitution des Dramas in seine alten Rechte als eine reformatorische Hauptaufgabe betrachtete, die er nur deshalb nicht gänzlich erfüllte, weil er durch die klassizistischen Vorurteile seines Zeitalters gehemmt war; auch Schiller bewegte sich in seinen späteren Dramen ganz merklich in der Richtung aufs Gesamtkunstwerk, nur hat er niemals den Komponisten gefunden, der es verstanden hätte, seine Ensembleszenen, dramatischen Höhepunkte, lyrischen Intermezzi, Aktschlüsse, die alle nach Musik schreien, kongenial zu instrumentieren. Nicht selten hat er es direkt vorgeschrieben: der Anfang des *Tell* ist eine komplette Oper, der Krönungszug in der *Jungfrau* eine Musikeinlage, und am Schluß der Rütliszene heißt es: »Das Orchester fällt mit einem prachtvollen Schwung ein.« »Ich glaubte«, sagte Gluck in der Vorrede zur *Alceste*, »daß die Musik die Poesie auf ebendiese Weise unterstützen sollte, wie die lebhaften Farben und die glückliche Übereinstimmung des Lichts und Schattens, welche die Figuren ohne Abänderung der Umrisse beleben, eine wohlgeordnete Zeichnung erheben.« Man glaubt, Winckelmann reden zu hören. Wagner hat, auf diesem Wege fortschreitend, weit mehr getan: er hat die Zeichnung nicht bloß durch Bemalung gehoben, sondern in einen kostbaren Farbenschleier gehüllt, der in allen Lichtern des Regenbogens funkelt, und die Poesie durch die Musik nicht bloß unterstützt, sondern in einen wahren Klangrausch verzaubert und damit in Sphären emporgetragen, die dem reinen Wort nicht erreichbar sind. Dieser »Tonvorhang« ist das reichste und prachtvollste Theaterrequisit, das jemals verwendet wurde. Das Leitmotiv, eine mehr als dreihundertjährige Erfindung, deren sich auch Gluck schon mit großer Kunst bediente, hat doch erst er durch üppigen Einfallsreichtum und überlegenes Raffinement der Verwendung und wohl auch Überverwendung zur höchsten Wirksamkeit gesteigert. Mit seinem untrüglichen Flair hat er

sofort den eminenten Bühnenwert dieses Ausdrucksmittels erkannt (denn nichts wirkt auf dem Theater stärker als die »bedeutsame«, symbolische Erinnerung), jedoch damit auch ein
historisches, dialektisches, musikfremdes Element in die Musik gebracht. Auf ihrem Höhepunkt führt diese Technik
schließlich zur »unendlichen Melodie«, von der Wagner sagt:
»Wie der Besucher des Waldes, wenn er sich, überwältigt durch
den allgemeinen Eindruck, zu nachhaltender Sammlung nie-
derläßt ... immer inniger auflauscht, so vernimmt er nun immer
deutlicher die unendlich mannigfaltigen im Walde wach werdenden Stimmen ... Diese Melodie wird ewig in ihm nachklin-
gen, aber nachträllern kann er sie nicht.«

Seine Musiktheorie hat Wagner bekanntlich von Schopenhauer übernommen: nach diesem sind die übrigen Künste die
Abbilder der Ideen, der bloßen Erscheinungen des Willens, die
Offenbarungen der Musik jedoch die Abbilder des Willens
selbst; daher ihre Wirkungen umfassender und tiefer, verständlicher und geheimnisvoller. Diese (vollkommen berechtigte)
hohe Einschätzung seiner Kunst bestach Wagner. Er übersah
jedoch, daß Schopenhauer dabei niemals an die Oper gedacht
hat, diese sogar ausdrücklich von der hohen Musik abgesondert, mit der Militär- und Tanzmusik auf eine Stufe gestellt und
in ihrem künstlerischen Wert mit der Nützlichkeitsarchitektur
verglichen hat. Mozart und Rossini, sagt er, hätten ihren Text
nicht selten mit höhnender Verachtung behandelt, was echt
musikalisch gewesen sei, Gluck, der die Musik ganz zum
Knechte schlechter Poesie habe machen wollen, sei einen Irr-
weg gewandelt. Diese Anschauung floß ganz logisch aus seiner
Theorie: gerade weil die Musik den Willen unmittelbar ausdrückt, darf sie nicht dessen Erscheinung, den Intellekt, ausdrücken wollen; was sie darstellt, sind unsere Gemütsbewe-
gungen »gewissermaßen in abstracto«, nicht »wie sie von
verschiedenartigen Motiven und Umständen begleitet, in ver-

schiedenartigen Personen gleichsam eingekleidet und kostümiert erscheinen«. »So gewiß die Musik, weit entfernt, eine bloße Nachhilfe der Poesie zu sein, eine selbständige Kunst, ja die mächtigste unter allen ist und daher ihre Zwecke ganz aus eigenen Mitteln erreicht; so gewiß bedarf sie nicht der Worte des Gesanges oder der Handlung einer Oper. Die Musik als solche kennt allein die Töne, nicht aber die Ursachen, welche diese hervorbringen. Demnach ist für sie auch die *vox humana* ursprünglich und wesentlich nichts anderes als ein modifizierter Ton, eben wie der eines Instruments... Die Worte sind und bleiben für die Musik eine fremde Zugabe, von untergeordnetem Werte, da die Wirkung der Töne ungleich mächtiger, unfehlbarer und schneller ist als die der Worte.« Eine Stelle in Schopenhauers Hauptwerk lautet so, als ob sie direkt gegen Wagner gerichtet wäre, obgleich dieser bei ihrer Abfassung noch ein Kind war: sie warnt davor, daß der Text in der Oper seine untergeordnete Stellung verlasse, »um sich zur Hauptsache und die Musik zum bloßen Mittel zu machen, als welches ein großer Mißgriff und eine arge Verkehrtheit ist... Wenn die Musik zu sehr sich den Worten anzuschließen und nach den Begebenheiten zu modeln sucht, so ist sie bemüht, eine Sprache zu reden, welche nicht die ihrige ist.« Doch findet sich sogleich auf der nächsten Seite eine Stelle, die die »unendliche Melodie« vorauszuahnen scheint: »Aus diesem innigen Verhältnis, welches die Musik zum wahren Wesen aller Dinge hat, ist auch dies zu erklären, daß wenn zu irgendeiner Szene, Handlung, Vorgang, Umgebung eine passende Musik ertönt, diese uns den geheimsten Sinn derselben aufzuschließen scheint und als der richtigste und deutlichste Kommentar dazu auftritt«; und ein Satz aus der *Metaphysik der Geschlechtsliebe* klingt fast wie eine Umschreibung der Tristanidee: »Die Gattung allein hat unendliches Leben und ist daher unendlicher Wünsche, unendlicher Befriedigung und unendlicher Schmerzen fähig. Diese aber sind hier in der engen Brust eines Sterblichen eingekerkert: kein Wunder daher, wenn eine solche bersten zu wollen scheint und keinen Ausdruck finden kann für die sie erfüllende Ahndung unendlicher Wonne oder unendlichen Wehs.« Hingegen war Wagner im Irrtum, wenn er glaubte, Schopenhauers Erlösungsgedanken dramatisiert zu haben; vielmehr erscheint dieser bei ihm, sooft und machtvoll er auch auftritt, immer pikant erotisiert, aus dem Metaphysisch-Kosmischen ins Empirisch-Individuelle, sozusagen Private gezogen: die »Erlösung durch das Weib« ist ein Gedanke, den Schopenhauer, um seine Meinung befragt, unter furchtbaren Beschimpfungen zurückgewiesen hätte.

Der gedankenreiche Kulturphilosoph Houston Stewart Chamberlain sagt in seinem dicken Wagnerbuch, einer beziehungslosen, unfruchtbaren Lobhudelei, die nur geeignet ist, von Wagner zu entfernen (dessen Kardinaldefekt ja überhaupt immer die Wagnerianer waren): »Er war niemals nur Opernkomponist, sondern er war von Hause aus Dichter, und die naive Verwunderung darüber, daß dieser Komponist ›selber seine Texte geschrieben habe‹, würde allerdings nicht minder naiv, aber logisch besser begründet sein, wenn sich die Menschen darüber verwunderten, daß dieser Dichter selber seine Musik geschrieben hat.« Die für jedermann ganz offenkundige, nur dem Wagnerianer Chamberlain verborgene Wahrheit ist, daß Wagner weder ein Musiker war, der Gedichte, noch ein Dichter, der Musik gemacht hat, sondern ein Theatraliker, der beides gemacht hat, sooft er es brauchte. Das Gesamtkunstwerk besteht ganz einfach darin, daß alle Künste dem Theater subordiniert werden, dem Willen zur zauberischen Illusion, die die Wirklichkeit bald steigert, bald auslöscht, aber immer überwältigt, zur gemalten, aber pittoresken Vedute und arrangierten, aber effektvollen Fioritur, zum Gazeschleier der Stimmung und Kolophoniumblitz der Leidenschaft, der, gerade

Das höchste Theater

1513

weil er nicht echt ist, suggestiver wirkt als der natürliche. Wagner ist immer zuerst und zutiefst Regisseur. Seine Prosa ist merkwürdig unmusikalisch; wenn er nicht Theater machen darf, bewegt er sich so plump und hilflos wie eine Schildkröte, die ihr glitzerndes flottierendes Element verlassen hat; ja sogar seine Operntexte entbehren, wenn man sie losgelöst betrachtet, was man freilich nicht darf, aber die Wagnerianer tun, in einem höheren Sinne der Musikalität, indem ihre Klangwirkungen ganz äußerlich durch Reim, Rhythmus und Alliteration erzeugt und nicht selten durch befremdende Kakophonien, gequälte Wortstellungen, holprige Satzbildungen geschädigt werden. Er hat damit selbst den Beweis für die Richtigkeit der schopenhauerischen Theorie geliefert, daß die Wortsprache eine Ausdrucksform darstellt, die gerade dem echten Musiker fremd, ja feindlich ist. Wagner scheint das, zumindest in seinen späteren Werken, dunkel gefühlt zu haben, indem er der Pantomime einen sehr breiten Platz einräumte: sein Musikdrama ist nicht bloß Gesang und Begleitung, sondern auch Bewegung und wird dadurch erst zum wahren Gesamtkunstwerk. Schritte, Gesten, Blicke sind bei ihm nicht dem Zufall oder der Willkür überlassen, sondern durch die Musik genau bestimmt. Dies erstreckt sich sogar auf die Bewegungen der stummen Natur: der Strom im *Rheingold*, der Wald im *Siegfried* sind beseelte Wesen, deren Lebensäußerungen das Orchester aufmerksam begleitet. Hierin zeigt sich Wagner wiederum als grandioser Regisseur. Und es ist überhaupt mehr als wahrscheinlich, daß man in ihm das größte Theatergenie aller Zeiten zu erblicken hat. Dramatische Momente wie das Erscheinen Lohengrins, die Landung Tristans in Cornwall, der zweite Aktschluß der *Meistersinger* und noch viele andere bezeichnen absolute Höhepunkte der Bühnenkunst. Weisen die Gegner darauf hin, daß der Effekt dieser Szenen hauptsächlich der Musik zu danken ist, so ist ihnen zu erwidern, daß zu jedem ech-

ten Drama die Musik als integrierender Bestandteil gehört, wie
zu jeder wahren Skulptur die Farbe, und daß das reine Sprech-
stück ein modernes Entartungsprodukt darstellt. Wagner gibt
in jedem seiner Werke theatralisch das Letzte: unbestreitbar hat
im *Rienzi* die Spontinische Spektakeloper, im *Holländer* die
Marschnersche Dämonenoper, im *Tristan* die Liebesoper, in
den »Meistersingern« das musikalische Lustspiel, in »Lohengrin« und *Tannhäuser* die gesamte Romantik ihre höchste
Vollendung erreicht; zumal der letztere kann ohne Übertreibung als das großartigste Bühnenwerk der Weltgeschichte angesprochen werden. Ja; Wagner hat das höchste Theater gemacht, das erdenklich ist; und es läßt sich bloß noch fragen, ob
das Theater das Höchste ist.

Vielleicht konnte nur in einer Welt, die ganz Kulisse und
Imitation war, ein so einzigartiges Phänomen erstehen. Und
auch darin ist Wagner ein prägnanter Ausdruck seiner Zeit, daß
er die Verwissenschaftlichung der Kunst auf die Spitze getrieben hat. Wenn Schopenhauer gesagt hat, daß die Musik, als unmittelbare Sprache des Willens, von jedermann verstanden
werde, so gilt dies von der Tondichtung Wagners nicht mehr.
Damit ist eine allgemeine Tendenz der modernen Kultur gesteigert und übersteigert worden, die, wie bereits hervorgehoben wurde, mit der Renaissance eingesetzt hat. Damals kam die
Kunst der »Feinheiten« auf und als ihr Korrelat der genießeri-
sche Connoisseur, der die »Voraussetzungen« besitzt. Diese
Richtung auf das Fachliche ist im Laufe der Neuzeit immer
exklusiver, tyrannischer, kastenstolzer geworden; schließlich
wurde alles eine Spezialität organisierter Könner für wissende
Feinschmecker: Malerei und Poesie, Naturwissenschaft und
Gottesgelehrtheit, Politik und Strategie, sogar Handel und
Verbrechen. An die höchsten Finessen des mathematischen
Kalküls und die subtilsten Kunststücke der impressionisti-
schen Malerei gemahnend, ist Wagners Harmonik und Chro-

matik mit ihren überreich schattierten und verwebten Anspielungen, Rückweisen, Vorblicken die musikalische Technik,
die dem Zeitalter der virtuosen Ingenieurbauten, der elektrodynamischen Wundermaschinen und der diplomatischen Integralrechnung eines Bismarck entspricht. Man kann geradezu
bei ihm von einer *Genealogie der Leitmotive* sprechen, deren
vollkommene Kenntnis ein Lebensstudium ist; aber schon die
bloße Beherrschung seines mythologischen Apparats ist eine
ernste Aufgabe, mindestens so mühsam wie die Erfassung des
darwinistischen Deszendenzsystems, von dem er beeinflußt
ist.

Die Kurve
Wagners

Wollte man aber versuchen, Wagner, natürlich nur ganz
summarisch, in eine der großen historischen Kunstkategorien
einzureihen, so könnte man ihn vielleicht am ehesten als einen
Barockkünstler bezeichnen. Er erinnert an jene Kultur nicht
nur durch den Pomp und Aplomb seiner weitausholenden
überberedten Gebärden und seinen mystifikatorischen Hang
zum Rebus und Zwielicht, sondern auch durch seinen sensualistischen Willen zur Spiritualität, für den der Weihrauch Opiat
und die Kirche Fassade ist, und seine krampfhafte, aber gleichwohl bezaubernde Künstlichkeit, am stärksten aber durch
seine raffinierte Mischung aus Erotik und Askese, Liebesin-
brunst und Todessehnsucht, eine schwüle Metaphysik, die in
einem gewissen (freilich nur einem allerhöchsten) Sinne wider-
christlich und frivol ist. Denn man wende nicht ein, daß hier die
geheime Identität der beiden Kardinalmomente des irdischen
Daseins, des Zeugens und Sterbens, in erhabener Weise zum
Ausdruck gelangt: sowohl Eingang wie Ausgang des Menschen
sind überzeitliche Ereignisse; seine Geburt mit dem Phänomen
der Fortpflanzung verknüpfen heißt das Geheimnis des Lebens biologisch sehen, mit einem Wort: *wiederum darwini-*
stisch.

Niemand hat an Wagner die Gebrechen und Gefahren klarer erkannt als Nietzsche, aber auch niemand so tief seine einzigartige Bedeutung und Begnadung, was sowohl die Anhänger wie die Gegner Wagners zu vergessen pflegen. Er hat auch im Lob über ihn das Stärkste, Feinste und Erleuchtendste gesagt, was je über ihn gesagt worden ist. Kein Mensch hat eine intimere, man möchte sagen: familiärere Kenntnis von der Seele dieses Genies gehabt, eine Kenntnis, wie sie, im Guten und Bösen, eben nur ganz nahe Verwandte zu besitzen vermögen. Wer außer Nietzsche hatte zum Beispiel damals schon erkannt, daß Wagner in die europäische Dekadenz gehört, »als Orpheus alles heimlichen Elends größer als irgendeiner«? Und seine kulturhistorische Bedeutung läßt sich wohl nicht kürzer und schlagender formulieren als in dem Schlußsatz des Vorworts zum »Fall Wagner«: »Wagner *resümiert* die Modernität. Es hilft nichts, man muß erst Wagnerianer sein…« An einer anderen Stelle sagt Nietzsche, jede wahrhaft bedeutende Musik sei Schwanengesang: dies gilt im höchsten Maße von Wagner. Das »Musikdrama« ist der hinreißende Trauermarsch, die pompöse Leichenfeier am Grabe des neunzehnten Jahrhunderts, ja der ganzen Neuzeit.

Im übrigen hat Wagner das Schicksal aller großen Theaterdichter gehabt, das regelmäßig eine Wellenbewegung aufweist. Zuerst werden sie maßlos angefeindet und für geistesgestört, sittenlos, kunstmörderisch erklärt; hierauf folgt eine enthusiastische Anerkennung, die in ihnen den Gipfel alles bisherigen Schaffens erblickt; hierauf eine Reaktion, die, ebenso ungerecht wie die vorangegangene Überschätzung, ihre Art für überholt, leer, verlogen erklärt; und hierauf kommt es sehr oft wieder zu einer Renaissance. So wurde zum Beispiel Euripides von seinen Zeitgenossen als ein Niedergangsphänomen angesehen; in der hellenistischen Zeit genoß er jedoch ein solches Ansehen, daß neben ihm überhaupt kein Dramatiker auch nur genannt werden konnte und alle Gattungen, sowohl die tragischen wie die komischen, sich ausschließlich an ihm orientierten. Dem Zeitalter des Klassizismus erschien es wiederum als Blasphemie, ihn mit Äschylus und Sophokles zusammenzustellen: noch Mommsen schätzt ihn ziemlich niedrig ein; seit aber Dialektik, Ironie und komplexe Psychologie sich die Bühne zu erobern beginnen, ist sein Ruhm ganz offensichtlich wieder im Steigen begriffen. Shakespeare, zu seinen Lebzeiten als eminentes Theatertalent, wenn auch vielleicht nicht als großer Dichter geschätzt, verfiel während der zweiten Hälfte des siebzehnten und der ersten Hälfte des achtzehnten Jahrhunderts der tiefsten Verachtung, um seitdem gänzlich unbestritten als der größte Dramatiker der Welt zu gelten. Schiller war von etwa 1830 bis 1890 das selbstverständliche Vorbild, an dem jede deutsche Theaterdichtung von höherem Stil gemessen wurde; alle namhaften Theaterschriftsteller, die sich damals der Versform bedienten: Gutzkow und Laube, Hebbel und Ludwig, Halm und Wildenbruch kommen von ihm her. Mit dem Naturalismus aber setzte fast über Nacht eine ausschweifende Geringschätzung, ja Verhöhnung Schillers ein: sein Name wurde beinahe zum Schimpfwort. Der Expressionismus ist aber wieder zu ihm zurückgekehrt. Von Ibsen, der ursprünglich für eine Kreuzung aus einem Schurken und einem Irren galt, hat um die Jahrhundertwende kein Vollsinniger geleugnet, daß er eine der gewaltigsten Erscheinungen der Weltliteratur sei, während die heutige Jugend in ihm eine spinöse alte Tante erblickt. Die Kurve Wagners, der sowohl mit Schiller wie mit Ibsen eine Verwandtschaft besaß (mit dem letzteren eine mehr unterirdische), hat ihren Höhepunkt erreicht, als Schiller noch regierte und Ibsen erst heraufdämmerte, und stieg abwärts, als Schiller wieder emporkam und Ibsen zu verblassen begann: sie hat sich also paradoxerweise gehoben, weil die Schillerwelt noch herrschte und die Ibsenwelt noch nicht, und gesenkt, weil Schiller wieder da war und Ibsen nicht mehr. Die Erklärung liegt vielleicht darin, daß Schiller ein höchst pathetischer, aber ganz unbürgerlicher Dichter, Ibsen ein ganz unpathetischer, aber sehr bürgerlicher Dichter war. So mußte es geschehen, daß der pathetische Wagner im Zeichen Schillers und vor dem Regierungsantritt des Pathoszermalmers Ibsen emporstieg, hingegen mit Ibsen, aber nicht mit Schiller in den Sturz des bürgerlichen Weltbilds gerissen wurde, das im Hintergrund aller seiner Dichtungen steht. Es kann aber, wie auch bei Ibsen, keinem Zweifel unterliegen, daß er eines Tages wieder zur Macht gelangen wird, wenn auch aus ganz anderen Gründen und von ganz anderen seelischen Voraussetzungen her; denn die wenigen echten Theatergenies, die die Menschheit besitzt, sind nicht umzubringen.

Die höchsten Verdienste um den Sieg des Musikdramas hat sich in uneigennütziger Weise Franz Liszt erworben, ein enzyklopädischer Geist, der Wagner und Verdi, Bach und Berlioz, Schumann und Chopin, Mozart und Meyerbeer mit gleich liebevoller Einfühlung umfing: durch seine Transkriptionen für Pianoforte, geistvollen Variationen und feurigen Phantasien hat er diese Meister den weitesten Kreisen erschlossen, als Klavierzauberer durch ganz Europa reisend, von Frauen und Fürsten verhätschelt; aber das Glück hat ihn nicht verdorben, sondern veredelt. Eine Art Gegen-Wagner war Johannes Brahms, der 1868 mit seinem *Deutschen Requiem* den ersten Erfolg errang, aber mit seiner Kunst lange nur auf kleine Kreise beschränkt blieb. Auch sie ist der Versuch einer Art Rückkehr zum Griechentum, aber, im Gegensatz zum Musikdrama, das nach der dionysischen Seite strebt, dem Apollinischen zugewandt oder, anders ausgedrückt, dem Protestantischen: dem Herben und Verhaltenen, Spröden und Puritanischen; indes ist ihre klassische Selbstbegrenzung und Formenstrenge, ganz ebenso wie bei den Griechen, ein künstliches Palliativ gegen latente Romantik, die willensmäßige Reaktion eines Selbstheilungsversuches: Musik als Entziehungskur.

Die »Fledermaus«

1519

Auch *Carmen* ist oft gegen Wagner ausgespielt worden, zum erstenmal bekanntlich von Nietzsche: »Darf ich sagen, daß Bizets Orchesterklang fast der einzige ist, den ich noch aushalte… Diese Musik scheint mir vollkommen. Sie kommt leicht, biegsam, mit Höflichkeit daher. Sie ist liebenswürdig, sie *schwitzt* nicht… Endlich die Liebe, die in die *Natur* zurückübersetzte Liebe! Nicht die Liebe einer ›höheren Jungfrau‹! Keine Senta-Sentimentalität! Sondern die Liebe als Fatum, als *Fatalität*… Ich weiß keinen Fall, wo der tragische Witz, der das Wesen der Liebe macht, so streng sich ausdrückte, so schrecklich zur Formel würde.« Dieses Werk, in dem sich Popularität mit Raffinement, spanische Leidenschaft mit französischer Grazie, elementare Vitalität mit spielender Heiterkeit vermählt, ist eigentlich die ideale Operette. Seinen Gipfel erreichte dieses Genre auf deutschem Boden in der *Fledermaus*, die über ein sehr gutes Buch und eine Fülle reizender musikalischer Einfälle verfügt, aber über keine Atmosphäre und gar keine Weltanschauung, wodurch sie sich sowohl von Offenbach wie von Nestroy in einer weiten Distanz befindet: ihre Figuren kommen (auch musikalisch) aus keinem gemeinsamen Raum, ihre bezaubernden Melodien sind aufgesetzter Goldstuck. Man muß sogar sagen, daß die naive Musik Konradin Kreutzers zum *Verschwender*, die sich natürlich an Originalität und moussierendem Reichtum nicht mit der *Fledermaus* vergleichen läßt, mehr aus der Stimmung des Ganzen erfühlt ist und daher, vom Standpunkt des Gesamtkunstwerks betrachtet, höher steht als die Straußsche. Der Haupteinwand gegen diese aber liegt darin, daß sie gänzlich domestiziert, problemlos, unrevolutionär ist, wiederum im Gegensatz zu Offenbach und Nestroy, obgleich dieser im finstersten Nachmärz, jener unter dem napoleonischen Säbelregiment blühte: kein Druck nämlich, ob er von links oder von rechts kommt, ist der Kunst so schädlich wie die lauwarme Zimmertemperatur des Liberalismus. Es ist daher

ein Unfug, wenn man immer noch von »Offenbach und
Strauß« spricht. Sie sind ebensowenig »Dioskuren« wie Delacroix und Delaroche, Schopenhauer und Hartmann, Busch
und Oberländer, Ibsen und Björnson, die man ja auch noch bis
vor kurzem regelmäßig zusammen nannte: in allen diesen Fällen ist ein einmaliges Genie von einem bürgerlichen Talent gewandt wiederholt, an Augenblickserfolg bei der urteilslosen
Galerie aber überholt worden.

Zur Zeit der Französischen Revolution schrieb Goethe, *Die*
einen bedeutenden Nationalschriftsteller könne man nur von *Literatur*
der Nation fordern; indes der deutschen Nation die Umwälzungen zu wünschen, die klassische Werke vorbereiten könnten, trage er Bedenken. Dieser Ausspruch zeigt, daß selbst ein
Goethe nicht imstande war, Geschichte vorauszubestimmen.
Denn die klassischen Werke kamen ohne Umwälzungen; und
als die Umwälzungen kamen, fehlten die klassischen Werke.
Zur Zeit des *Wallenstein* und *Wilhelm Meister*, der *Phänomenologie* und der *Farbenlehre* waren die Deutschen keine Nation; zur Zeit Baumbachs und Brachvogels waren sie eine. Die
Blüte der Gotik und Scholastik wurzelt in dem kläglichen
Fiasko der Kreuzzüge; die italienische Renaissance entfaltete
ihre Prachtvegetation inmitten der desolatesten politischen
Verhältnisse; Calderon und Greco waren Zeitgenossen des
völligen Niederbruchs der spanischen Weltmonarchie. Rom
beherrschte die Welt, mußte aber jedes Baumotiv, jede Dra-
mentafel, jeden philosophischen Gedanken aus Griechenland
beziehen. Als Karl der Große das römische Weltreich erneuert
hatte, versuchte er auch eine geistige Wiedergeburt, die aber
völlig mißlang. Besteht also zwischen dem politischen und
dem kulturellen Aufschwung eines Volkes das Verhältnis des
Antagonismus? Aber die perikleische Ära ist die Frucht der
Perserkriege; die englische Renaissance fällt in die Zeit des Sieges über die Armada; Descartes, Pascal und Molière waren Un-

1521

tertanen Richelieus, Mazarins und Ludwigs des Vierzehnten. Zweifellos hat die Geschichte ihre Gesetze; aber sie sind so geheimnisvoll und verwickelt, daß sie für uns aufhören, welche zu sein. Und so können wir denn auch nicht mit runden Worten erklären, wie es kam, daß Deutschland durch Sieg und Einheit fast aller seiner hohen Kulturtraditionen verlustig ging und Frankreich nach einer der furchtbarsten Niederlagen seiner Geschichte die berückende Flora einer ganz neuen Kunstwelt entfaltete.

Die nächste Einwirkung des Krieges auf die deutsche Dichtkunst äußerte sich in einer Siegeslyrik, die durchwegs zweiten und dritten Ranges, unerlebt, konventionell, frostig pathetisch war. Auch die beiden namhaftesten Lyriker des Zeitalters, Geibel und Freiligrath, versagten vollständig. Dieser reimte in höchst banalem Bilde: »Nun wirf hinweg den Witwenschleier, nun gürte dich zur Hochzeitsfeier, o Deutschland, hohe Siegerin!«, jener in billiger Blechmusik: »Hurra du stolzes schönes Weib, hurra Germania, wie kühn mit vorgebeugtem Leib am Rheine stehst du da!« Auf dem Theater herrschten verlogene Reißer vom Typus des *Narziß* oder Pappendeckelhistorien nach der Art von Wilbrandts *Arria und Messalina*, daneben liebenswürdige Stupiditäten im Stil der *Fliegenden Blätter* wie der *Veilchenfresser* und *Krieg im Frieden*; auch Halms abgestandene Konditorware fand noch großen Anwert, und der brave Handwerksmeister L'Arronge wurde allen Ernstes für einen Dichter gehalten. Das Hauptkontingent der Repertoirestücke aber war französischen Ursprungs, was auch von den Schauspielen Paul Lindaus gilt, des findigen Exploiteurs und Adapteurs der Sardouwelt, der seinen Vorbildern sogar eine Zeitlang in der Gunst des deutschen Familienpublikums den Rang ablief, indem er sie mit kluger Feigheit enterotisierte. Die Romantalente von der Klasse Heyse schrieben fleißig weiter, und man muß konstatieren, daß das wertvollste Produkt der damaligen erzählenden Literatur die Memoiren der Frau Buchholz von Julius Stinde gewesen sind, der zwar selber ein ebenso großer Philister war wie seine Figuren, aber mit humorvoller Lebensbeobachtung ein frisches und treues Kulturbild der achtziger Jahre geschaffen hat; weshalb es nicht verwunderlich ist, daß Bismarck mit seinem auf allen Gebieten unfehlbaren Instinkt für das, was man beim Wein »Körper« nennt, die Herzensergießungen Frau Wilheminens zu seiner Lieblingslektüre gerechnet hat.

Ein Jahrzehnt lang dichtete Ernst von Wildenbruch, ohne die geringste Beachtung zu finden; erst 1881 erschlossen ihm die Meininger mit einer Aufführung der *Karolinger* die Bühne. In seinen Dichtungen knarrt der komplette Apparat des Epigonendramas: da gibt es gigantische Bösewichter, dämonische Mannweiber, schwache Königspuppen, einweihende Monologe ans Publikum, entlarvende Belauschungen, A-tempo-Auftritte der gerade notwendigen Figuren und Zusammenkünfte des gesamten Personals auf einem Generalschauplatz wie in einer Hotelhalle. Er exponiert meist ausgezeichnet, worauf ihm der Atem ausgeht und er, dies dunkel fühlend, sich übernimmt. Zumeist ballt er sehr zielbewußt die Szenenführung auf einen trompetenden Aktschluß hin, dem die momentane Wirkung selten versagt ist: hierin, wie in allem, Schillerschüler. (Es lassen sich nämlich drei Sorten von Aktschlüssen unterscheiden: der Schillersche Rufzeichenaktschluß, der Aktschluß mit Fragezeichen, in dem unter anderen Hebbel exzelliert, und der Aktschluß des Gedankenstrichs, der packendste, aber auch die höchste Konzentration des Dichters und Hörers erfordernde, den Ibsen erfunden hat.) Wildenbruchs Bühnensicherheit hat gar nichts mit Metier zu schaffen, sondern fließt aus einem gymnasiastenhaften Instinkt, weshalb seine Werke eine eigene Gattung bilden und mit anderen desselben Stils nicht verglichen werden können. Wildenbruch *glaubt* an seine betrunkenen Tiraden, seine Schwarzweißtechnik, seine psychologischen Unmöglichkeiten: er ist ein vollkommen voraussetzungsloser, verantwortungsloser, mit sich selbst spielender kindlicher Amateur, und das entzieht ihn jeder Kritik.

Dieselbe naive Passion für bengalische Beleuchtung zeigt der sonst ganz anders geartete Ludwig Anzengruber, der 1870 mit dem *Pfarrer von Kirchfeld* im Theater an der Wien seinen ersten großen Erfolg errang. Die meisten seiner Stücke sind antiklerikal und eine Art dramatisierter Kulturkampf; in ihnen wird das Zölibat, die katholische Ehe, das Unfehlbarkeitsdogma, das Testieren zugunsten der Kirche in lebhaften Buntdrucken, oft mit viel Humor bekämpft. In einzelnen Szenen und Chargen, aufblitzenden Mots und Zügen streift er ans Dichterische; im wesentlichen ist er Melodramatiker. Bürgerliches Milieu schildert er mit den Augen des Provinzlers, der sich in die Stadt verirrt hat, bäuerliches mit dem Defreggerpinsel des Außenseiters.

Wilhelm Busch Wie der deutsche Bürger in der zweiten Hälfte des neunzehnten Jahrhundert ausgesehen hat, werden spätere Zeiten nur von *einem* Meister zuverlässig erfahren, der auf seine Weise auch eine Art »Gesamtkunstwerk« geschaffen hat: von Wilhelm Busch. Über ihn ist aber schwer etwas zu sagen. Ludwig Speidel bemerkt einmal über den Schauspieler Fichtner: »Sonst ist der Tadel die Handhabe, an der man auch das im Grunde Vortreffliche zu ergreifen pflegt; Fichtner aber, als eine durchaus abgerundete Erscheinung, ist so schwer zu fassen wie eine Kugel. Das Einfachste wäre, ihn in Bausch und Bogen zu bewundern, sich in Superlativen zu ergehen und die Ausrufungszeichen nicht zu sparen.« Ebenso verhält es sich mit Busch. Er ist die personifizierte Vollkommenheit; und man kann das eigentlich bloß konstatieren.

Nachdem sein Œuvre jahrzehntelang als ein harmloses Kasperltheater gegolten hat, gut genug für die Kinderstube und den Nachmittagskaffee, ist es neuerdings Mode geworden, ihn als dämonischen Pessimisten und Nihilisten aufzufassen. Beides ist gleich irrig. Die unvergleichliche, undefinierbare Wirkung, die von Wilhelm Busch ausgeht, beruht einfach darauf, daß er niemals selber etwas macht, sondern das Leben machen läßt. Wirklichen Humor hat nämlich nur das Leben, und das einzige, was die Humoristen tun können, besteht darin, daß sie diesen Humor abschreiben. Das tun sie aber fast niemals, sondern sie denken sich allerlei verzwickte Situationen und Konflikte aus, die bar jeder echten Lustigkeit sind. Sie erreichen damit nur eine imitierte, konstruierte, zusammengeklebte Lustigkeit, die nichts Lebendiges und Überzeugendes hat, eine Panoptikumlustigkeit. Nehmen wir zum Beispiel jene Dichtung Buschs, die vermutlich seine allerbeste ist, obgleich sie verhältnismäßig am wenigsten bekannt ist: den Zyklus *Die Haarbeutel.* Busch schildert darin eine Reihe von typischen Formen der Betrunkenheit; es sind geradezu klassische Studien, bis ins kleinste Detail lebensechte Kopien der Wirklichkeit. Busch setzt nichts hinzu und nimmt nichts weg, er schreibt einfach ab, welche Komplikationen sich ereignen, wenn der Mensch betrunken ist. Er läßt den Humor des Lebens in sich einströmen, ohne etwas aus seinem eigenen Ich dazuzutun; denn das wäre nur eine Abschwächung. Er sitzt da und wartet, ob das Leben sich entschließen will, lustig zu sein: geschieht dies, so trägt er diese Lustigkeit einfach ein.

Andrerseits gibt es eine ganze Reihe von typischen Redewendungen und Situationen, über die jeder, auch der Gebildetste und Feinfühligste, unwillkürlich lachen muß, ohne daß er damit im geringsten zu erkennen geben will, daß er diese Dinge für humoristisch oder gar für geschmackvoll hält. Wenn jemand sich neben den Stuhl auf den Boden setzt, so ist das zweifellos zum Lachen; noch lächerlicher wird die Wirkung, wenn ihm bei dieser Gelegenheit die Hose platzt. Gibt ein Mensch einem anderen eine kräftige Ohrfeige, so ist das unleugbar köstlich erheiternd; und wie erst, wenn es der falsche war! Wer auf der Bühne böhmisch, jüdisch, sächsisch radebricht, kann sicher sein, daß ihn, was er auch immer sage, wiehernde Fröhlichkeit begleiten wird. Aber mit Ausnahme der allerordinärsten Theaterbesucher findet das heute kein Mensch auf der ganzen Welt mehr im entferntesten komisch. Die Sache läßt sich vielleicht durch Atavismus erklären. Unsere rohen Vorfahren haben über diese Dinge wirklich ehrlich gelacht, und unser Zwerchfell hat sich nun diese Erschütterungsanlässe gemerkt. Da es sich hier aber gewissermaßen um ein peripherisches, ein vegetatives Lachen handelt, das unserer Willkür ebenso entzogen ist wie unsere Verdauungstätigkeit, so fühlen wir uns nachher tief beschämt und verärgert. Man wird daher beobachten können, daß bei derlei Albernheiten zwar sehr viel gelacht, aber sehr wenig geklatscht zu werden pflegt.

Wie bei allen großen Künstlern ist man auch bei Busch in Verlegenheit, wohin man ihn eigentlich rangieren soll. Ist das Primäre seiner Kunst die eminente zeichnerische Begabung, die eine ganz neue Technik der Karikaturistik geschaffen hat, nach der höchsten Kunstregel: »*Le minimum d'effort et le maximum d'effet*«? Mit sechs Bleistiftstrichen umreißt er einen ganzen Lebenstypus, eine ganze Gesellschaftssphäre, ein ganzes Menschenschicksal. Ein gleichschenkliges Dreieck als Mund drückt mit der Spitze nach unten freudiges Entzücken aus, mit der Spitze nach oben herzliches Bedauern, ein schräges Linienpaar über den Augen ernsteste Bedenken, ein Punkt in der Mitte des Antlitzes bitteren Seelenschmerz. Oder war auch bei ihm im Anfang jene unbegreifliche Fähigkeit, der Sprache durch die allereinfachsten und allernatürlichsten Satzbildungen die ungeahntesten Wirkungen zu entlocken?; wie etwa in dem schlichten Referat: »Heut bleibt der Herr mal wieder lang. Still wartet sein Amöblemang. Da kommt er endlich angestoppelt. Die

Möbel haben sich verdoppelt.« Die höchste Meisterschaft der Lautbehandlung zeigt er unter anderem auch in der Erfindung der Namen. Bisher hatte man die Komik auf diesem Gebiet in *Begriffs*assoziationen gesucht, was aber bloß *witzig* ist. So verfährt selbst noch Nestroy, wenn er zum Beispiel einen Wirt Pantsch oder einen Dieb Graps nennt. Buschs Namen hingegen sind *gefühls*deskriptiv, onomatopoetisch, sie malen nicht mit Anspielungen, sondern mit Klängen, wie dies der große Lyriker und das kleine Kind tut. Ein milder salbungsvoller Rektor heißt Debisch, ein barscher plattfüßiger Förster Knarrtje, ein grauslicher alter Eremit Krökel, ein dicker Veterinärpraktikant Sutitt, ein flotter Kavalier Herr von Gnatzel. Schon bei dem einfachen Namen Nolte steigt die ganze muffige und doch anheimelnde Hinterwelt eines kleinen deutschen Landnestes auf.

Man wird Busch vielleicht noch am ehesten gerecht werden, wenn man ihn einen großen Philosophen nennt. Sein frommer naturnaher Panpsychismus erinnert an Andersen. In der Beseelung aller Wesen und Dinge erreicht er das Äußerste. Gibt es eine rührendere und intimere Tierbiographie als *Hans Huckebein* oder *Fips der Affe*? Neben ihnen schrumpft der dicke Brehm zum dürren Nachschlagewerk zusammen. In dem Gedicht *Die ängstliche Nacht*, dessen Anfangsverse soeben zitiert wurden, bildet das Mobiliar eine förmliche organisierte Gegenpartei, und zwar eine anarchistische: Kleiderhaken, Wanduhr und Stiefelknecht befinden sich in voller Revolution; der unparteiische Bericht über den Kampf mit diesen boshaften hinterlistigen Geschöpfen verursacht Herzklopfen. Zudem besitzen Buschs Porträts, wie gesagt, auch einen außerordentlichen kulturhistorischen Wert. Da steht er vor uns, der deutsche Philister, mit seinen Konventionen und Schrullen, seinen täglichen Wünschen und Meinungen, seiner Art zu gehen, zu stehen, zu essen, zu trinken, zu lieben, zu leben und zu sterben. Karikiert und merkwürdigerweise: doch nicht im geringsten verzerrt, ein Gesamtbild, an dem die verstehende Güte ebenso mitgearbeitet hat wie die scharfe Kritik. Denn der Künstler kann nicht polemisieren, befeinden, er ist ein Verklärer und Rechtfertiger des Daseins, und wenn die Menschen und Dinge durch sein Herz hindurchgegangen sind, so kommen sie schöner wieder ans Tageslicht, als sie jemals vorher gewesen sind. Goethe war nur dadurch imstande, aus seinem Leben ein so vollendetes Kunstwerk zu machen, weil er es immer als berechtigt anerkannte, in allen seinen Bildungen: deshalb vermochte er es zu beherrschen. Shakespeare konnte nur darum die menschlichen Leidenschaften so faszinierend gestalten, weil er sie alle gelten ließ. Hätte er sich pharisäisch und hochnäsig über einen Falstaff gestellt und ihn als einen Auswurf der Menschheit betrachtet, so hätte er ihn niemals schildern können. Aber er hat ihn geliebt, in allen seinen Infamien, Hohlheiten und Verkommenheiten, und so wurde dieser miserable Kerl ein Liebling der ganzen Menschheit. Und er hat seinen Macbeth geliebt, seinen Jago, seinen Richard Gloster, alle diese schwarzen Schurken waren ein Stück von seinem Herzen. Franz Moor dagegen wird an allen Ecken und Enden zur Psychose, wir glauben nicht recht an ihn. Und warum? Weil sein Erzeuger selbst nicht recht an ihn glaubte, weil er ihn nicht genug liebhatte. Haßt der Zoologe den Maulwurf? Nein, das überläßt er dem Gartenknecht. Busch macht sich über den deutschen Bürger ununterbrochen lustig. Aber man hat alle diese Menschen gern: den Tobias Knopp, den Vetter Franz, den Balduin Bählamm, den Pater Filucius sogar. Das Gegenstück ist die Konzeption des goethischen Mephisto. Mephistos Ironie ist die echt satanische Ironie, die in der Bosheit ihre Wurzel hat, und darum kann sie auch nicht lachen machen; denn die Bosheit ist das Ernsteste und Traurigste, was es auf der Welt gibt. Und darum muß Mephisto immer wieder unterliegen, er ist zu ewiger Sterilität verurteilt. Denn der Haß ist niemals produktiv, sondern immer nur die Liebe.

Wenn wir die beiden Säkularerscheinungen Wagner und Busch außer Betracht lassen, die übrigens beide in einer früheren Periode wurzeln, Wagner in der französischen Romantik, Busch im Biedermeier (von Nietzsche wußte damals außer einigen Wagnerianern kein Mensch auch nur den Namen), so sind in jenem Zeitraum deutsche Leistungen von europäischer Bedeutung nur auf dem Gebiet der Naturwissenschaften, und zwar der angewandten, zu verzeichnen: in der Chemie, der wichtige neue Synthesen gelangen, und in der Elektromechanik. Gay-Lussac hatte bereits den Nachweis erbracht, daß der elektrische Strom imstande ist, Stahl zu magnetisieren, und Faraday, daß umgekehrt auch der Magnetismus elektrische Ströme zu erzeugen vermag. Auf der Kombination von Elektromagnetismus und Magnetoinduktion beruht das von Werner Siemens gefundene und ausgebaute Dynamoprinzip. Dieser kam nämlich auf den ebenso einfachen wie geistreichen Gedanken, daß man bloß Elektrizität und Magnetismus aufeinander einwirken zu lassen brauche, um eine dauernde Kraftquelle zu erhalten. Der Strom verstärkt den Magneten, dieser wieder den Strom, und durch dieses Wechselspiel steigert sich die Magnetelektrizität zu immer höherer Energie. Auf dieser Basis entstand ein ganz neuer Maschinentypus, der das Antlitz der Erde verändert hat. Schon 1870 begann man die ersten großen Wechselstrommaschinen zu bauen; 1879 brachte Siemens die wichtigste Anwendungsform des Elektromotors, seine elektrische Eisenbahn, in Berlin zur ersten Vorführung; 1880 erfand er den elektrischen Fahrstuhl.

Fernsprecher, Glühlampe und Fahrrad

Auch das Prinzip des Fernsprechers ist von einem Deutschen gefunden worden: dem Lehrer Philipp Reis aus Gelnhausen. Der von ihm »Telephon« genannte Apparat machte Töne, die in den »Geber« gesungen wurden, hörbar, wenn auch mit

1529

abweichender Klangfarbe. Die Übertragung *gesprochener* Worte gelang jedoch nur unvollkommen. Praktisch brauchbar wurde die Erfindung erst durch den von Graham Bell konstruierten »Fernhörer«, der von diesem zum erstenmal im Jahre 1876 auf der Weltausstellung in Philadelphia gezeigt wurde. Er besteht im wesentlichen aus einem Stabmagneten, einer Induktionsspule und einer sehr dünnen Eisenplatte. Diese wird durch die Schallwellen in Schwingungen versetzt, die den Magnetismus des Stabes beim Heranschwingen verstärken, beim Zurückschwingen schwächen. Durch diese magnetischen Änderungen werden in der Induktionsspule Wechselströme erzeugt, die auf die Induktionsspule des *Empfangstelephons* durch Leitung übertragen werden und im dortigen Eisenkern analoge Modifikationen des Magnetismus hervorrufen. Die Folge hiervon ist, daß die Platte durch abwechselndes Anziehen und Loslassen in dieselben Schwingungen versetzt wird wie die Platte des Sendertelephons. Die Schwingungen übertragen sich auf die Luft und werden hörbar. Durch diese Umsetzungen geht aber den Schallwellen ein großer Teil ihrer Bewegungsenergie verloren, weshalb der Ton in der Empfangsstation viel schwächer vernommen wird. Diese Kraftvergeudung wird durch das *Mikrophon* behoben, das zwei Jahre später von Hughes ersonnen wurde. Beim Bellschen Apparat *erzeugen* die Schallschwingungen elektrische Ströme; es genügt aber, wenn sie an einem *bereits vorhandenen* Strom bloß periodische Schwankungen in der Stromstärke hervorrufen. Dies wird im Mikrophon durch variablen Kontakt zweier Kohlenstäbchen erzielt, da der elektrische Strom für Änderungen im Widerstande eines Kohlenleiters sehr empfindlich ist. Das erste deutsche Fernsprechnetz wurde 1881 in Berlin eröffnet.

Einem Deutschen, und zwar einem Österreicher, ist auch die Erfindung des Gasglühlichts zu verdanken, das nach ihm Auerstrumpf genannt wird. Von noch größerer Bedeutung war die

bereits sechs Jahre früher, 1879, von Edison konstruierte
Glühlampe. Ihr Prinzip beruht auf der Tatsache, daß in jedem
Leiter, der von einem elektrischen Strom durchflossen wird,
Wärme erzeugt wird, und zwar um so mehr, je länger der Strom
fließt. Infolgedessen kann man einen Kohlenfaden durch Elektrizität zum Glühen bringen. Da sich aber die glühende Kohle
mit dem Sauerstoff der Luft verbindet, so verbrennt sie sehr
rasch. Dies wird dadurch verhindert, daß man sie in eine
luftleere Glasbirne schließt. In demselben Jahre flammte auch
die erste Bogenlampe auf. Ihren Hauptbestandteil bilden zwei
aus einer besonderen Masse hergestellte Kohlenstäbe, die sogenannten Dochtkolben, die, einander auf eine bestimmte Distanz genähert, ein prachtvolles blauweißes Licht erzeugen,
den elektrischen Flammenbogen. Man kann die zweite Hälfte
des neunzehnten Jahrhunderts in doppeltem Sinne das Zeitalter der Kohle nennen, weil nicht nur die neuen Formen des
Transports und der Gütererzeugung, sondern auch das Fern-
sprechwesen und die moderne Beleuchtung ihr Werk sind.

Eine wesentliche Veränderung des Stadtbilds brachten auch
die Fahrräder, die bereits zu Anfang der siebziger Jahre fabrik-
mäßig hergestellt wurden, aber in ihrer ersten Form wenig beliebt waren: in England nannte man sie »Knochenschüttler«.
Um 1880 benutzte man das »Veloziped«, ein hölzernes Hoch-
rad, das aber immer noch sehr unbequem war. Erst als man 1885
mit Hilfe von Luftreifen und Drahtspeichen handliche Nie-
derräder baute, war der Sieg des neuen Fortbewegungsmittels
entschieden.

1874 begründete van t'Hoff die Stereochemie. Wie bereits er- *Die*
wähnt, hatte Berzelius die Erscheinung der Isomerie, daß Kör- *Stereo-*
per von der gleichen chemischen Zusammensetzung ganz ver- *chemie*
schiedene Eigenschaften besitzen können, dadurch zu erklären
gesucht, daß in ihnen die Atome verschieden gelagert seien, was
er Metamerie nannte. So hat zum Beispiel der Weingeist die-

selbe Zusammensetzung wie der Holzäther: beide enthalten zwei Atome Kohlenstoff, sechs Atome Wasserstoff und ein Atom Sauerstoff; man nimmt jedoch an, daß die zwei Kohlenstoffatome in jenem direkt aneinander gebunden, in diesem durch den Sauerstoff verbunden sind (C–C; C–O–C). Auf diese Weise gelang es, für sehr viele Substanzen eine Formel aufzustellen, die ein Bild von ihrer »Struktur« oder chemischen Konstitution lieferte. Es zeigte sich aber, daß es zahlreiche Stoffe gibt, die bei gleicher Bindungsweise der Atome doch noch Verschiedenheiten aufweisen. Dies versuchte man mittels einer neuen Betrachtungsweise zu verstehen, die die Atome nicht mehr als punktuelle, sondern als dreidimensionale Gebilde, als Körper ansah und ihnen eine bestimmte Form zusprach, zum Beispiel dem Kohlenstoffatom die des Tetraeders. Die Stereochemie verlegt also ihre Formeln in den Raum.

Die Mars-kanäle 1877 entdeckte Hall die beiden Miniaturmonde des Mars, Deimos und Phobos, die, ungefähr gleich groß und nur während der stärksten Erdannäherung des Planeten bemerklich, einen Durchmesser von acht bis neun Kilometern besitzen. Die Umlaufszeit des inneren, Phobos, beträgt rund siebeneinhalb Stunden, die des äußeren etwa das Vierfache. Ein Jahr später wurde die gesamte zivilisierte Welt durch die Entdeckung der Marskanäle in Aufruhr versetzt, die dem Mailänder Astronomen Giovanni Schiaparelli zu verdanken ist. 1882 beobachtete er ein zweites beunruhigendes Phänomen: ihre rätselhafte zeitweilige Verdoppelung. Er selbst hielt die Kanäle für natürlich entstandene Gebirgsformationen, was aber wegen ihrer wunderbaren Regelmäßigkeit wenig Wahrscheinlichkeit für sich hat, es sei denn, daß man sich entschließt, für die Marsoberfläche ganz andere Bildungsgesetze anzunehmen, als sie jemals auf der Erde beobachtet wurden. Ebenso gezwungen klingt die von den damaligen Astronomen aufgestellte Erklärung, die Verdoppelung sei eine optische Täuschung, hervorgerufen durch Doppelbrechung des Lichts. Viel plausibler ist die Hypothese Camille Flammarions. Auf dem Mars gibt es nämlich fast gar keinen Regen und nur ein einziges wenig tiefes Meer im Süden; der Mars leidet daher an Wassermangel. Flammarion nimmt nun an, daß jene schnurgeraden Riesenrinnen, die über die Landflächen laufen, ein Erzeugnis intelligenter Wesen sind, das den Zweck hat, das Wasser von den Polkappen zu leiten, wenn es im Sommer schmilzt; der Eindruck, daß die Kanäle sich verdoppeln, würde dann dadurch entstehen, daß sich alljährlich beim Wasserzustrom an ihren Rändern eine üppige Vegetation entfaltet. Aber auch diese Auslegung krankt noch immer an einem zu starken Anthropomorphismus, der sich nicht zu der Annahme entschließen kann, daß die Marsbewohner mit uns in Bau, Körpermaterial, Sinnesorganen nicht die geringste Ähnlichkeit und daher vollkommen andere Lebensbedürfnisse und vollkommen andere Werkzeuge zu deren Befriedigung besitzen. Vielleicht konzipieren sie die Welt durch elektromagnetische Empfindungen; vielleicht nähren sie sich von Licht; vielleicht bestehen sie aus Gas. Die Annahme vieler Forscher, daß der Mars unbewohnt sei, weil auf ihm die Luft dünner und das Wasser spärlicher ist als bei uns, fließt aus einer blamabel provinziellen Perspektive. Den Sinn der Marskanäle werden wir vermutlich niemals verstehen; aber ihre Existenz ist ganz unbezweifelbar: Percival Lowell hat sie sogar photographiert.

Ohne Fernschreiber und Fernsprecher, Dampfrad und Fahrrad, Lichtbild und Lichtbogen und die übrigen Errungenschaften der praktischen Naturwissenschaft kann man sich die Entstehung und Entwicklung des Impressionismus nicht gut vorstellen, wobei es sich selbstverständlich so verhielt, daß nicht etwa die neuen Erfindungen die Ursache der neuen Malerei waren, sondern beide Erscheinungen zwei verschiedene, aber insgeheim miteinander verwandte Auswirkungen des neuen Blicks. Die Anfänge des Impressionismus gehen auf die

Die Vorimpressionisten

Barocke zurück. Damals ist, im bewußten und betonten Gegensatz zur Renaissancekunst, der Kontur der Krieg erklärt und die »Atmosphäre« geschaffen worden, jene undefinierbare Aura, die die Gegenstände umhüllt und die Sprache des Pinsels sozusagen unartikulierter macht, ihr aber gerade dadurch einen geheimnisvollen Suggestionsreiz und eine erhöhte Natürlichkeit verleiht. Wir haben aber bereits darauf hingewiesen, daß die Barocke die Kontur bloß verwischt, aber noch nicht aufgelöst hat. Das Licht führt noch kein selbständiges Leben, ist noch immer an die Objekte gebunden, die es als schimmernder Astralkegel, als Lichthof umspielt. Neue Ansätze zum Impressionismus finden sich im Rokoko: in seiner Vorliebe für delikate, gebrochene, gemischte Farben, für Chinoiserie und Freilicht, und im »Sturm und Drang« mit seiner Neigung zur Pointillistik und Analytik: beide Entwicklungen wurden kupiert durch den hereinbrechenden Klassizismus. Fast vollkommen antizipiert erscheint der Impressionismus am Anfang des neunzehnten Jahrhunderts praktisch in Goya und theoretisch in Runge. Als Stammvater der neuen Malweise wird aber gewöhnlich John Constable angesehen, der von 1776 bis 1837 lebte. Er erkannte bereits, daß die Luft nicht farblos, auch nicht völlig durchsichtig, vielmehr ein reeller Körper ist, der ebenfalls gemalt sein will, und er malte den Himmel, wie er, eine zerflossene Palette, in allen Tinten des Spektrums schimmert, und die Witterung, wie sie ihre farbige Lasur über die Landschaft zieht. Der Maler, sagte er, müsse vor der Natur vergessen, daß es Bilder gibt; und ein andermal äußerte er, für ihn seien Malerei und Empfindung zwei Worte für dasselbe Ding: in diesem Satz ist eigentlich das ganze Programm des Impressionismus enthalten. Noch weiter ging William Turner, der, ein Jahr älter als Constable, erst 1851 starb. Er tauchte die sichtbare Welt in ein funkelndes Farbenfeld, eine flackernde Feuergarbe von neuen Tönen. Er malte feuchten Dampf, bleiglänzenden

1534

Dunst, Brände und Schneestürme, wagte sich an doppelte Lichtprobleme wie *Sonnenaufgang im Unwetter* und *Der kämpfende Téméraire*, ja entdeckte sogar schon die Schönheit des Steamers und der Lokomotive, wie sie mit glühenden Glotzaugen und qualmendem Maul durch den nassen Nebel saust. Dieses Bild heißt *Regen, Rauch und Schnelligkeit*; und es besteht wirklich aus diesen drei Phänomenen, die bisher für unmalbar galten, und nur aus diesen. Ein anderes heißt »Venedig in der Dämmerung«: und er malt wirklich nur die Dämmerung. Es ist kein Wunder, daß seine Zeitgenossen ihn nicht verstanden; man erklärte ihn für augenkrank.

Seit etwa 1830 malte in Barbizon, im Wald von Fontainebleau, eine Gruppe von jungen Künstlern, deren Führer Camille Corot und Théodore Rousseau waren. Ihre Force war »le paysage intime«. Rousseau ist der Meister der Bäume, aber er erfaßt nur ihr Skelett, sein Ton ist hart und dunkel: Muther vergleicht ihn geradezu mit Poussin. Corot weiß bereits von den zitternden verschwimmenden Lichtern des Wassers, des Nebels, des grauen Himmels, des Morgendunstes, der Abenddämmerung. Beide sind noch keine eigentlichen Impressionisten, sondern »Tonmaler«, die das Gemälde bloß mit einem durchsichtigen Farbschleier überziehen. Die Barbizoner entwarfen, etwas bis dahin Unerhörtes, ihre Bilder im Freien und gaben dem Werk im Atelier nur die letzte Ausführung; der erste, der im Angesichte der Natur bis zum letzten Pinselstrich malte, war Charles-François Daubigny, der besonders den Duft der Jahreszeiten mit großer Delikatesse festzuhalten wußte. Impressionistisch war an den Barbizonern vor allem (und eigentlich nur) ihr starkes und feines Naturgefühl. Im Jahr 1849 stieß Jean François Millet zu ihnen. Er malte »le cri de la terre«, die braune Ackererde und ihre Gewächse, vor allem ihr charakteristischstes: den Bauern. Er schildert ihn zum erstenmal nicht vom Stadtaspekt her, sondern aus seinen eigenen Lebensbedingungen heraus, indem er unsentimental, unanekdotisch, aber auch nicht sozial anklagend, sondern bloß naturhistorisch oder, wenn man will, metaphysisch feststellt, wer er ist: er zeigt ihn als Urwesen und zeitlose Spezies, als eine der großen Kategorien der Menschheit, nämlich sozusagen als Organismus gewordene Landarbeit, wie der Maulwurf Organismus gewordenes Erdgraben ist und der Fisch Organismus gewordenes Wasserwandern. Er stilisiert also immer noch: und er ist überhaupt mehr Plastiker als Maler.

Die stärkste Persönlichkeit unter den Vorimpressionisten war Gustave Courbet. Als seine Bilder 1855 von der Pariser Weltausstellung zurückgewiesen wurden, errichtete er einen eigenen Pavillon mit der Tafel: *»Le Réalisme. G. Courbet«.* Seine Devise lautete: *»Il faut encanailler l'art!«* Er war der Typus des unerschrockenen, konzessionslosen, aber auch fanatischen Bilderstürmers. Dies ist ganz wörtlich zu nehmen, denn er war während der Pariser *Commune* an der Zerstörung der Vendômesäule mitschuldig, wodurch er später, zu Schadenersatz verurteilt, in große Bedrängnis geriet. Es ist jedoch sehr wahrscheinlich, daß ihn weniger Gründe des politischen Radikalismus geleitet haben als künstlerische: er fand offenbar, daß es um dieses Bildwerk nicht schade sei. Er hat besonders auf den deutschen Naturalismus einen großen Einfluß ausgeübt. In diesem Zusammenhang ist auch noch Menzel zu nennen, der schon früh neben seinen berühmten Historien Veduten, Gärten, Massengruppen im Freilichtstil malte. In ihm waltete eine edle Nüchternheit und Wahrheitsliebe, eine witzige, aber ungeschwätzige Geistesschärfe und ein genialer Fleiß, der sich nie genugtun konnte. Daß er sich immer wieder zur friderizianischen Welt hingezogen fühlte, hatte tiefere Gründe: seine ganze Malweise kommt vom preußische Rokoko her. Sein »Théâtre Gymnase« und sein »Eisenwalzwerk« befinden sich jedoch bereits auf der Höhe des Vollimpressionismus.

Für diesen ist die japanische Malerei nicht ohne Bedeutung gewesen, die auf der zweiten Pariser Weltausstellung, 1867, weiteren Kreisen bekanntgemacht wurde. Der *japonisme* wurde Mode. An ihm lernte man vor allem die Kunst des Weglassens, die mit Absicht nur das Fragment gestaltet, um darin um so suggestiver das Ganze ahnen zu lassen, die nur das Diagramm, die Chiffre, das stenographische Sigel der Gegenstände gibt, ihre starke duftende Essenz, ihren nahrhaften Extrakt, die Pointe der Wirklichkeit sozusagen. Der Name der Gruppe war ursprünglich als Verspottung gemeint und ist erst später zum Ehrentitel avanciert, ähnlich wie bei den Parnassiens, den Nazarenern, den Geusen, den Quäkern: er ist dadurch entstanden, daß Monet 1874 ein Bild einfach *Impression* nannte. Man wollte sich totlachen. Die Malerei soll also nichts geben als den bloßen »Eindruck«, keine Anekdoten mehr erzählen, keinen Geschichtsunterricht erteilen, keine Gedanken verkünden, also mit einem Wort sinnlos werden? Ja; so meinten es diese neuen Narren in der Tat. Nun erhebt sich aber sogleich die Frage: ist der »Eindruck« das Objektivste oder das Subjektivste, das Konventionellste oder das Autonomste, das Realste oder das Idealste? Das ist offenbar eine ganz unentschiedene Frage; und wie man sie entscheidet, ist Sache der Weltanschauung. Man kann sie phänomenalistisch beantworten: dann gibt es ebenso viele Eindrücke, als es menschliche Augen und Hirne gibt, und jeder ist nur legitim für den, der ihn hat. Man kann sie positivistisch beantworten: dann sind die nackten Sinneswahrnehmungen, unverfälscht aufgenommen und aufgezeichnet, eine exakte Registratur des Wirklichen, ein Stück Naturwissenschaft von bindender Wahrheit für alle. Man kann sie romantisch interpretieren: dann ist die Impression des Künstlers sein persönliches Gedicht von der Welt. Man kann sie naturalistisch interpretieren: dann ist die gewissenhafte Zeicheneintragung gerade des Künstlers der treueste Spiegel des Daseins. Man

Was ist Impressionismus?

kann ihr eine kollektivistische Pointe geben: dann ist der Impressionismus eine »soziale« Kunst, die den Willen der Gattung verkündet, das allen Gemeinsame, die große Menschheitskonvention. Und man kann umgekehrt sagen: er ist höchster Individualismus, die Auswirkung des genialen Ich, das seinen Blick zum Gesetz erhebt. Auf die kürzeste Formel gebracht, lautet die Frage: ist das Bild des Künstlers *Sicht* oder *Gesicht*, Vista oder Vision?

Peter Altenberg pflegte sehr erbost zu werden, wenn man bei dem Titel seines ersten Buches *Wie ich es sehe* die Betonung auf das »ich« legte. Nichts Besonderes, Eigenes, nicht *sich* wollte er abbilden, sondern die Dinge; und nicht wie *er* sie sah, sondern wie er sie *sah*. Das Buch sollte sozusagen bloß Netzhautbilder enthalten; diese optischen Wirklichkeiten wünschte er aufgezeichnet zu haben, sonst nichts. Es kann wohl keinem Zweifel unterliegen, daß die impressionistischen Maler der ersten Generation ebenso dachten. Sie strebten vor allem, den reinen Gesichtsausdruck wiederzugeben. Hauptsächlich aus diesem Grund wurden sie Pleinairisten. Denn die Zimmerbeleuchtung fälscht und arrangiert. Sie bemühten sich systematisch, ihr Auge an die Unterscheidung feinerer Helligkeitsnuancen zu gewöhnen, es zu einer Art Trockenplatte zu machen, die die Lichteindrücke geduldiger und ausdauernder aufnimmt, die imstande ist, länger stillezuhalten. Auf diesem Wege offenbarten sich ihnen in der Tat *»des riens visibles«,* wie ein französischer Astronom jene fernsten Sterne genannt hat, die ihre Existenz dem Himmelsfotografen erst nach wochenlanger Belichtung kundtun. So entdeckten sie, was man als *»valeurs«* bezeichnet hat: eine Welt, in der jeder Lichtstrahl seine Geschichte hat, in der auch die Schatten am Schicksal der Farbe teilnehmen und in der die Sonne regiert, die ganz anders, zugleich zarter und kühner modelliert und tönt als der stumpfe »geschmackvolle« Galeriepinsel. Sie waren die ersten, die die

Landschaft nicht »stellten«, sondern so auf die Leinwand projizierten, wie sie sie vorfanden: als ein geheimnisvolles Stück Natur, das seine Gesetze in sich selber trägt; sie emanzipierten sich vom Rahmen und schraken vor »Überschneidungen« nicht zurück, immer entschlossen, lieber die Schönheit zu opfern als die Wahrheit. Und ebendadurch entdeckten sie eine neue Schönheit. Sie eroberten der Malerei die Zauberwelt der Großstadt mit ihren Restaurants und Cafés, Theatern und Varietés, Bahnhöfen und Kanälen, Marktplätzen und Rennbahnen, Ballsälen und Maschinenhallen: ein hundertarmiges buntglitzerndes Polypenwesen voll unausgesetzter gieriger Bewegung. Und ganz wie die Großstadt haben diese Gemälde wohl einen bezwingenden Rhythmus und einen gewaltigen Atem, aber keine Harmonie und keine Seele. Diese Phase des Impressionismus kulminiert in ihrem Initiator Claude Monet, der die geniale Erfindung machte, die Farben nicht mehr auf der Palette zu mischen, sondern als »Kommata« nebeneinander auf die Leinwand zu setzen, und in Edouard Manet, dessen Œuvre fast erschöpfend mit seinem wundervollen Ausspruch charakterisiert ist: »*Il n'y a qu'une chose vraie: faire du premier coup ce qu'on voit. Quand ça y est. Quand ça n'y est pas, on recommence. Tout le reste est de la blague.*« Bei Monet ist alles in Reflexe aufgelöst, er ist der großartige Maler der Bewegung des Lichts; Manet hingegen könnte man, falls dies nicht zu widerspruchsvoll klingt, den Klassiker des Impressionismus nennen: er sucht überall die letzte Formel zu geben, die platonische Idee jeder Erscheinung ins Reich der Sichtbarkeit zu beschwören. Zwischen beiden steht Edgar Degas, der unheimliche Virtuose der Farbendissonanzen und frappante Bewältiger der neuen malerischen Probleme, die das elektrische Licht stellte. Daneben tauchen bereits die Anfänge einer absoluten Malerei auf, die nichts sein will als Farbensymphonie. Ihr Hauptvertreter ist Whistler, der, ein in Amerika geborener Ire und auch als

Schriftsteller ein apartes facettenreiches Talent, in seiner bizarren, revolutionären, betont geistreichen Kunstweise sich als würdiger Landsmann Wildes und Shaws erwies. Schon die Namen seiner Gemälde: *Melodiensystem, Harmonie in Schwarz und Grau, Arrangement in Blau und Rosa, Phantasie in Braun und Gold, Nocturno in Blau und Silber* deuten seine Richtung an.

Der »Ouvrier«
Aus der Nähe betrachtet, ist der Impressionismus ein neuer Sieg des französischen Sensualismus und seiner Reversseite: des cartesianischen Rationalismus. Er tut mit höchster Virtuosität genau dasselbe, was Descartes vom philosophischen Denken verlangt hat: er zerlegt die gegebene Realität in ihre Elemente, die Objekte in ihre letzten Bestandteile und setzt sie dann auf die »richtige« Weise wieder zusammen; er analysiert und konstruiert. Beides sind mechanische Tätigkeiten; aber ebenso wie bei Descartes erhebt die Subtilität und Präzision, Kraft und Fülle, mit der sie gehandhabt werden, sie zum Range eines geistigen Prozesses. Gleichzeitig triumphiert im Impressionismus das neue Ideal des »*ouvrier*«, dessen eine Talenthälfte in der stupenden Genauigkeit und Zähigkeit der Arbeit besteht, wie es sich schon in Balzac und Flaubert vorgebildet findet. Damit beurkundet sich der Impressionismus als legitimes Kind des industriellen und technischen Zeitalters. In einer »Rede an die Jugend«, die er in den neunziger Jahren hielt, sagte Zola: »Ich hatte nur einen Glauben, eine Kraft: die Arbeit. Mich hielt nur jene ungeheure Arbeit aufrecht, die ich mir aufgegeben hatte... die Arbeit, von der ich zu Ihnen spreche, ist eine regelmäßige Arbeit, eine Lektion, eine Pflicht, die ich mir gestellt habe, um in meinem Werke täglich, wenn auch nur um einen Schritt, vorwärtszukommen... Arbeit! Bedenken Sie, meine Herren, daß sie das einzige Gesetz der Welt ausmacht. Das Leben hat keinen anderen Zweck, keinen anderen Existenzgrund, wir alle entstehen nur dazu, um unseren Anteil an

Arbeit zu verrichten und dann zu verschwinden.« Das heißt: die Erde ist eine Riesenwerkstätte und die Seele eine Dampfturbine. Das Prinzip der Erhaltung der Energie hat sich als letzte Domäne nun auch die Kunst erobert.

Man hat sehr oft auf den Zusammenhang zwischen Impressionismus und Photographie hingewiesen; der aber nur ein ganz äußerlicher ist. Er könnte sich nur auf die naturalistische Komponente beziehen, die beim Impressionismus ja in der Tat sehr wesentlich ist; aber zum Naturalismus bedarf es nicht der Erfindung des Lichtbilds. Schon die ägyptischen Porträts aus dem Alten Reich waren im höchsten Maße ikonisch, und in der hellenistischen Zeit gab es eine realistische Malweise, die der empörte Bürger genau wie in den achtziger Jahren als »Schmutzkunst« denunzierte. Eine intimere Beziehung besteht nur zwischen Impressionismus und *Moment*photographie. Das Gemeinsame ist, daß beide ein isoliertes Zeitdifferential, eine fragmentarische Blitzaufnahme, eine Abbreviatur der Wirklichkeit geben, die in einem gewissen Sinne *falsch* ist; dies ist auch der Grund, warum Momentphotographien fast nie ähnlich gefunden werden. Eine viel größere Verwandtschaft gibt es zwischen Impressionismus und Dynamomaschine. In dieser werden durch Summierung kleinster Wirkungen die gewaltigsten Effekte erzielt. Ganz ähnlich macht es der Impressionismus: er »intermittiert« fortwährend, nach Art eines elektrodynamischen Wechselstroms, aber gerade dadurch entsteht eine andauernde, sich immer mehr verstärkende Induktionswirkung. Was aber das Glühlicht und die Bogenlampe anlangt, so möchte ich fast behaupten, daß sie nicht eine Ursache, sondern eine Folge des Impressionismus waren: nachdem die neue Malerei die Welt in einen sprühenden Glanzmantel von Glut und Licht gekleidet hatte, hielt es die Menschheit bei Gas und Petroleum einfach nicht mehr aus.

Selten haben Künstler so heiß und fast hoffnungslos um ihr

Der Farbe gewordene Antichrist

neues Evangelium kämpfen müssen wie die Impressionisten. Alle ihre Bilder waren unverkäuflich; alle wurden von den offiziellen Ausstellungen zurückgewiesen. Und dazu kam als Feind im eigenen Lager, der fast noch gefährlicher war als der Stumpfsinn des Philisters, der *falsche* Impressionismus. Shaw sagt hierüber ganz vorzüglich: »Es ist außerordentlich schwer, gut zu zeichnen und gut zu malen, aber es ist außerordentlich leicht, Papier oder Leinwand so zu beschmieren, daß etwas wie ein Bild angedeutet wird. Sehr viel Plunder dieser Art ist erzeugt, ausgestellt und geduldet worden zu einer Zeit, wo die Leute den Unterschied zwischen irgendeiner Kleckserei mit Anilinschatten und einer Landschaft von Monet nicht auffassen konnten. Nicht daß sie die Kleckserei für ebenso gut hielten wie den Monet; die hielten den Monet für ebenso lächerlich wie die Kleckserei. Aber sie fürchteten sich, das zu sagen, weil sie bemerkt hatten, daß Leute, die gute Beurteiler waren, Monet nicht lächerlich fanden. Dann gab es neben diesen bloßen Betrügern eine Anzahl höchst gewissenhafter Maler, die anomale Bilder schufen, weil sie anomal sahen… Einige der begabtesten Impressionisten erblickten offenbar die Formen nicht so bestimmt, wie sie die Verhältnisse der Farben richtig zu schätzen wußten, und da es immer einen Großteil Nachahmung in den Künsten gibt, hatten wir bald junge Maler mit vollkommen guten Augen, die ihre Landschaften und Modelle so lange mit halbgeschlossenen Lidern betrachteten, bis ihnen, was sie sahen, wie ein Bild ihres Lieblingsmeisters erschien.« In der Tat ist der Impressionismus, und nicht bloß bei den Schwindlern und Nachbetern, in seiner Auflösung der Kontur zu weit gegangen. Auch die Form ist eine Komponente der sichtbaren Welt, und daß sie von einem Teil der Impressionisten (nicht von allen) instinktiv oder geflissentlich vernachlässigt wurde, hatte zur Folge, daß ihre Werke einerseits von den Zeitgenossen überhaupt nicht verstanden wurden, andrerseits auf den späteren

Betrachter wie grandiose zeitgebundene Forscherexperimente wirkten. »Historisch« war überhaupt der ganze Impressionismus in seiner tiefsten Bedeutung und in einem höchsten Sinne: als gespanntester Ausdruck eines großen sterbenden Weltgefühls, als letzte gigantische Etappe in der Krisengeschichte der europäischen Seele. In ihm erreicht der narzissische Großstadtatheismus und amoralische Naturpantheismus der Neuzeit seinen Gipfel. Er ist der Farbe gewordene Antichrist.

Die Goncourts

Die Begründer des literarischen Impressionismus sind die Brüder Goncourt. Sie vollendeten das Werk Flauberts; sie übertreffen ihn noch an Erlesenheit des Geschmacks, Präzision und Feinnervigkeit, ermangeln aber seines niederwerfenden manischen Erobererwillens: sie verhalten sich zu ihm wie die großen Diadochen zu Alexander. Sie schufen die *»écriture artiste«*, jene Sprache, in der jede Zeile, jede Schwingung ein Produkt der subtilsten und souveränsten Farbenmischung, des kennerischsten künstlerischen Kalküls ist. Sie brachten die *»exactitude«* Flauberts zur letzten Perfektion, indem sie sich ausschließlich auf eine Wissenschaft der *»documents humains«* stützten, als peinlich gewissenhafte Sammler, Zergliederer und Registratoren der menschlichen Seelenregungen. Sie machten in noch weit höherem Maße als ihr Meister die Psychologie zur Pathologie, den Roman zur klinischen Studie. Ihre Bücher sind kostbare Wunderwerke der Technik von sicherster Empfindlichkeit für die leisesten Schwankungen des Pulsschlags und Blutdrucks ihrer Menschen, des Bodens und Luftdrucks ihres Milieus: die idealen Sphygmographen und Seismometer ihres Zeitalters.

Zola

Die stärkste Macht gewann die neue Richtung in der Literatur durch Zola. Er übernahm von der gleichzeitigen Malerei die Technik der »Kommata« und des Pleinair, die Vorliebe für das Großstadtmilieu und das künstliche Licht, für die sozialen Probleme und die »Nachtseiten« des Lebens, für Spezialaufnahmen und Massenszenen; hingegen unterscheidet er sich von ihr durch seinen Mangel an Musikalität. Nach seinem Äußeren hätte ihn jeder Physiognomiker auf einen berühmten Advokaten schätzen müssen; und das war er auch: ein ingeniöser, unerbittlich penetranter Durchleuchter von Rechtsfällen, der ein stupendes, nur von ihm beherrschtes Riesenmaterial angesammelt hat und nun ebenso eisklar wie zündend plädiert. Bei seiner berühmten Definition der Kunst: »*la nature vue à travers un tempérament*«, hat er in seiner eigenen Praxis den Akzent mit Entschiedenheit auf die »*nature vue*« gelegt. Sein Ideal ist ganz unverkennbar die möglichste Ausschaltung des Ich, wie sie dem Naturforscher vorschwebt. Dies suchte er durch den »Experimentalroman« zu erreichen, welcher die Lebenserscheinungen als eine Art Laboratoriumsmaterial behandelt, das, in Eprouvetten und Retorten gebracht, auf seine Reagenz geprüft wird. In der Vorrede zu seinem *Rougon-Macquart* sagte er: »Ich will erklären, was einer Familie, einer kleinen Gruppe von Wesen innerhalb der Gesellschaft widerfährt, wie sie sich entfaltet und zehn bis zwanzig Individuen erzeugt, die sich auf den ersten Blick gar nicht zu gleichen scheinen, bei näherer Untersuchung aber als verwandt entpuppen. Die Vererbung hat ihre Gesetze wie die Schwere.« Das deckt sich fast wörtlich mit dem Programmsatz Taines, der im vorigen Kapitel zitiert wurde: die Soziologie wird zur Biologie, die »Familie« zur zoologischen Kategorie, der Darwinismus zum Stein der Weisen. Vor der Gefahr jeder rein analytischen Psychologie, sich in Psychiatrie zu verwandeln, ist Zola noch weniger bewahrt geblieben als die Brüder Goncourt. Diese entgingen den letzten Konsequenzen ihres Systems durch ihren noch immer latent vorhandenen Zusammenhang mit der schöngeistigen Kultur der vornaturalistischen Periode: ihre feminine Anmut, kapriziöse Verspieltheit und dekadente Delikatesse weist ins Ancien régime.

Indes wird es wohl schon jedermann aufgefallen sein, daß selbst Zola eine Art Spiritualist ist. Indem er mit staunenswerter Verve und Akkuratesse die Gesellschaft vorwiegend in den Auswirkungen ihrer Kollektivseele schildert, in ihren künstlichen Riesenschöpfungen, die sich selber verzehren, werden Börse und Fabrik, Markthalle und Warenhaus, Bergwerk und Eisenbahn, Schnapsschenke und Bordell ihm zu mächtigen Symbolen, ja Lebewesen: dies ist das Überbleibsel von großer Epik in seinen »Protokollen« und »Enqueten«, wie er seine Romane genannt hat, und zugleich von Romantik, französischem Pathos, Großer Oper und Victor Hugo. So wird durch seine eigene geheime Mythologie sein Naturalismus ad absurdum geführt. Gleichwohl bezeichnet er in seiner Verachtung alles Göttlichen und Anbetung der Masse und der Maschinen einen Höhepunkt des modernen Paganismus. Den vier christlichen Evangelien stellte er die seinigen gegenüber: *Fécondité, Travail, Vérité, Justice;* in der Tat vier Teufelsevangelien (an der Vollendung des letzten wurde er durch seinen Tod verhindert, einen völlig sinnlosen »technischen Tod« infolge zufälliger Gasvergiftung, was aber bei ihm, da jeder Mensch der Dichter seiner eigenen Biographie ist, nichts Befremdliches hat). Die modernen Lügengötzen: *Fécondité* (Darwinismus), *Travail* (Materialismus), *Vérité* (Rationalismus), *Justice* (Sozialethik) sind sämtlich Erfindungen des Satans. Ist denn »Fruchtbarkeit« etwas anderes als *Brunst*, »Arbeit« etwas anderes als *Adamsfluch*, »Wahrheit« nicht dasselbe wie *Sündenfall*, »Gerechtigkeit« nicht identisch mit *Jehovismus*? Alles Triumphe des Antichrist! Hier dämmert bereits der intellektuelle Bolschewismus herauf, die letzte Schöpfung des gottverlassenen Westens, mit der er sich selber eine mongolische Geißel, ein neues Hunnengespenst erzeugt hat. Die Kunst Rußlands aber nahm vorerst eine andere Richtung.

Carlyles Vortrag: »Dante und Shakespeare oder: der Held als Dichter« schließt mit den Worten: »Der Zar aller Reußen ist stark mit seinen vielen Bajonetten, Kosaken und Kanonen und

Tolstoi und Dostojewski

vollbringt eine gewaltige Leistung, indem er einen solchen Erdstrich politisch zusammenhält; aber er kann noch nicht sprechen. Etwas Großes ist in ihm, aber es ist eine stumme Größe. Er hat nicht die Stimme des Genius gefunden, die von allen Menschen und allen Zeiten gehört wird. Er muß sprechen lernen. Er ist bis jetzt ein großes stummes Monstrum.« Seitdem ist Carlyles Wunsch erfüllt worden: Rußland hat sprechen gelernt und in Tolstoi seinen Dante und in Dostojewski seinen Shakespeare gefunden.

Der letzte Byzantiner   Es ist kein Zufall, daß Dostojewski an der Epilepsie litt, die schon die Griechen als »heilige Krankheit« bezeichneten, und daß seine Totenmaske eine auffallende Ähnlichkeit mit dem Kopf des Sokrates aufweist. Beide waren nämlich latente Verbrecher, die sich zu Heiligen emporgeläutert haben; und seine Krankheit war es, die ihn zum Seher gemacht hat. Die irdische Erscheinungsform, in der das Genie aufzutreten pflegt, jene paradoxe Synthese aus höchstgespannter Zerebralität und pathologischer Reizempfindlichkeit, aus Lebensunfähigkeit und Überlebensgröße hat in ihm ihre fesselndste und gewagteste Ausprägung gefunden. Er verbindet eine nachtwandlerische Dämonie der Intuition, die hart an den Rand des Irreseins gelangt, mit einer spalterischen Hirndialektik von höchster Wachheit und Kälte, Scheidekraft und Logizität. Und dazu tritt eine Zartheit und Wucht des Sittlichkeitsempfindens, die in der modernen Welt einzig dasteht; man muß bis auf Pascal, ja vielleicht bis ins Mittelalter zurückgehen, um ähnliches zu finden. Bei keinem Dichter hat man in so hohem Maße den Eindruck des Mediums, das in rätselhafter Trance schreibt; man möchte glauben, seine Bücher seien ihm, wie den Heiligen der Legenden, von unsichtbaren Engeln diktiert worden. Und doch hat sich in seine Schriften sehr oft auch Allzumenschliches gemischt: er war nicht frei von dem religiösen und politischen Zelotismus seines Volkes, er erklärt immer wieder, die orthodoxe

1546

Kirche sei die einzige wahre und Rußland habe ein göttliches Anrecht auf Konstantinopel. Diese Widersprüche lösen sich aber, wenn man sich entschließt, in ihm den *letzten großen Byzantiner* zu erblicken, die jüngste Form, in der der Geist Ostroms Fleisch geworden ist, jenes ewigen Ostroms, das wir nicht zu verstehen, bestenfalls zu erahnen vermögen. Er ist die Völkerwanderung noch einmal, den Begriff geistig genommen, das Chaos, aus dem das Licht bricht; der große Feind und Versucher ist auch für ihn Westrom, nämlich ganz Europa; sein Russentum ist wie die griechische Kaiseridee gleichzeitig kosmopolitisch und nationalistisch, imperialistisch und theokratisch, konservativ und minierend, demütig und erwählungsstolz. Wie in der byzantinischen Scholastik mischen sich bei ihm Urchristentum und spitzfindige Theologie; er haßt die Welt der Stadt vielleicht noch tiefer und glühender als Tolstoi, aber er bleibt, im Unterschied zu diesem, auch in seinem Haß noch Byzantiner, nämlich Weltstädter. Deshalb ist bei ihm, zum erstenmal in der russischen Dichtung, die poetische Form der Kolportageroman. Die Werke Tolstois und der anderen nannte er »gutsherrliche Literatur«. Seine Kunst ist komplex, spät, gespenstisch, katakombisch und erinnert auch in der Form wiederum an Byzanz: in ihrer düster glühenden Mosaikpracht, ihrem bleichen hieratischen Figurengewimmel, ihrem Mangel an Ambiente, an Luftperspektive, an jeglicher Landschaft: seine Figuren stehen geheimnisvoll im Leeren, und statt sich der Betrachtung anzubieten, verfolgen sie vielmehr ihrerseits mit quälendem Forscherblick den Betrachter. Und wie jene absinkende Welt ist auch Dostojewski von den Vorschauern eines großen Untergangs geschüttelt: er ist die ungeheure Posaune eines Endes und eines finsteren unfaßbaren Neuen. Dieses Neue aber, das sein Prophetenauge erblickt, ist der Antichrist, und der Antichrist ist die Revolution. Seine Bücher sind Apokalypsen und fünfte Evangelien.

1547

Die Recht-
fertigung
des Bösen

In den *Brüdern Karamasow* sagt der Staretz Sossima: »In Wahrheit ist jeder an allem schuldig, nur wissen es die Menschen nicht: wüßten sie es aber, so hätten wir gleich das Paradies auf Erden.« Hier berührt sich Dostojewski mit den tiefsten Lehren der Gnostiker. Einer ihrer Größten, Marcion, lehrte, der Mensch müsse von *allem* Natürlichen erlöst werden, von allem, was er ist und was ihn umgibt: von der Welt, von dem Gesetz, von der Sünde, von dem eigenen Ich *und auch von der Gerechtigkeit.* Dies ist zutiefst evangelisch gedacht, und so meinte es auch Dostojewski. Der Heiland hat die Ehebrecherin, die müßige Maria, die sündige Magdalena, die unreine Samariterin zu seinen Lieblingen erhoben. Hier ist der Hauptgrund, warum Dostojewski sich so zu den Verbrechern hingezogen fühlte, sie als Gestalter liebte, *sogar mehr* liebte als die anderen. Seine großartige Auffassung war, daß der Verbrecher *Gott näher steht,* weil er einen größeren Teil der menschlichen Gesamtschuld auf sich genommen hat, und das heißt: einen größeren Teil der Sühne, denn Schuld und Sühne sind für Dostojewski untrennbar, nur zwei Hälften desselben überzeitlichen Ereignisses. In der einzigartigen Rechtfertigungslehre Dostojewskis ist also das Verbrechen eine Art Opfer und das Böse sozusagen nur *eine Dimension des Guten.* Die gemeinsame Wurzel beider aber ist die christliche Freiheit, die Wahlfreiheit zwischen Gut und Böse, die christliche Erkenntnis. Diese ist das höchste Geschenk der göttlichen Gnade und das sicherste Unterpfand der Erlösung. Denn das Gute kann nur erkennen, wer auch das Böse erkannt hat; in der Existenz des Bösen liegt die Gewißheit des Guten. In der christlichen Freiheit ruht die wahre Theodizee.

Der Ent-
schleierer

Neben Dostojewski, der eine Stimme aus dem Zwischenreich ist, worin die Geister von Gott zu Mensch die Brücke bauen, wirkt Tolstoi nur wie ein großer Künstler, der die Erde reiner und schöner gemacht hat. Als solcher aber hat er die höchste Vollendung erreicht: die Kunst der Kunstlosigkeit. Es findet sich im fünften Teil der *Anna Karenina* eine Stelle über den Maler Michailow, die seltsam an Tolstois eigenes Schaffen erinnert. »Oft schon hatte er das Wort Technik gehört und durchaus nicht begriffen, was eigentlich darunter zu verstehen sei. Er wußte, daß man mit diesem Worte die mechanische Fertigkeit des Malens und Zeichnens meinte, die vollständig unabhängig sei vom Inhalt. Oft schon hatte er bemerkt, daß man die Technik dem inneren Werte gegenüberstellte, gerade als ob es möglich wäre, das gut zu malen, was schlecht ist. Er wußte wohl, daß viel Aufmerksamkeit und Vorsicht erforderlich sei, um ein Gemälde nicht zu schädigen, wenn man ihm die Hüllen abnahm, aber eine Kunst des Malens, eine Technik – die gab es dabei nicht. Hätte sich einem kleinen Kinde oder seiner Köchin das geoffenbart, was er sah, dann würden sie auch das herauszuschälen verstanden haben, was sie sahen. Aber selbst der erfahrenste und geschickteste Beherrscher der Maltechnik wäre allein mit der mechanischen Fertigkeit nicht imstande gewesen, etwas zu malen, wenn sich ihm nicht vorher die Summe des Inhalts geoffenbart hätte. Dann aber wußte er auch, daß, wenn man schon einmal von der Technik sprach, er ihretwegen nicht gerühmt werden konnte.«

Von dieser Art ist die Kunst Tolstois. Er nimmt die Hüllen ab. Das Gemälde ist längst da, aber niemand kann es sehen. Der Künstler kommt und entschleiert es. Das ist alles, was er dazu tut. Seine ganze Leistung besteht darin, die Dinge so sehen zu lassen, wie sie fast niemand sieht, nämlich so, wie sie sind. Es gibt Schilderer, die sofort langweilig werden, wenn sie sich nur ein bißchen expandieren, und es gibt Seelenmaler, die überhaupt erst bei der Breite anfangen. Unter diese gehört Tolstoi. Nicht als ob er redselig wäre: er sagt niemals etwas Entbehrliches und wiederholt sich nur dort, wo es ein Mangel an Realistik wäre, sich nicht zu wiederholen. Die Ereignisse, die er schildert, sind eigentlich ziemlich sekundär. Seine Romane sind ungeheure Magazine von Beobachtungen, die sich Selbstzweck sind. Sie sind nicht etwa ein Extrakt des Lebens, sondern im Gegenteil eine Erweiterung und genauere Ausführung des Lebens. Keine der Personen, die er schildert, hätte mit Bewußtsein soviel erlebt wie der Dichter, der bloß zusieht. Die Menschen leben viel schneller, als Tolstoi dichtet. Weil sie eben keine Dichter sind. Gerade das Allerunmerklichste und Verdeckteste fängt er auf, Dinge, die kein anderer Zuschauer beachten würde, Dinge, von denen die Personen, die er beschreibt, selber nichts wissen.

Die Schärfe und Genauigkeit der Beobachtung ist so groß, daß sie bisweilen fast wie Ironie wirkt. Von Wronsky zum Beispiel, dem späteren Liebhaber der Anna Karenina, wird einmal gesagt: »Eine neue Empfindung von Rührung und Liebe ergriff ihn, das beseligende Gefühl einer Reinheit und Frische, zum Teil dadurch entstanden, daß er den ganzen Abend hindurch nicht geraucht hatte.« Einmal kommen Wronsky Tränen. Dies wird so beschrieben: »Auch er empfand, daß sich etwas in seiner Kehle nach oben hob und daß er ein eigentümliches Gefühl in der Nase hatte.« Die erschütterndste Szene des ganzen Romans ist jene, in der Anna, von den Ärzten aufgegeben, ihren Gatten und ihren Liebhaber an ihr Bett ruft, um sie zu versöhnen. Es gelingt ihr, und alle drei empfinden, daß sie in diesem Augenblicke einer höheren Gemeinschaft angehören, in der alle Menschen durch das Band der verzeihenden Liebe geeinigt sind. Diese Szene schließt folgendermaßen: »Sie sagte: ›Gott sei gedankt, Gott sei gedankt! Jetzt ist alles bereit. Die Füße nur noch ein klein wenig mehr strecken. So, so ist es schön. Wie diese Blumen doch geschmacklos gemacht sind, so ganz unähnlich dem Veilchen‹, fuhr sie fort, auf die Tapete weisend. ›Mein Gott, mein Gott, wann wird es vorüber sein.‹« Tolstoi hat sicher niemals daran gedacht, die Menschen und ihre Regungen in jenem Zwielicht zu zeigen, das Shaw, Wedekind oder Altenberg anwenden. Aber es ist belehrend, zu sehen, daß dieses Zwielicht vollkommen unvermeidlich ist, sobald eine Kunst unter dem Prinzip der Wahrhaftigkeit steht. »Belehrend« ist überhaupt vielleicht die passendste Bezeichnung für Tolstois Romane. Sie lehren uns eine Menge von Kenntnissen, die neu und fremd sind, und unterweisen uns gewissermaßen in den Elementen des mikroskopischen Sehens. Und doch hat Tolstoi eines Tages seine eigene große Kunst zu hassen begonnen. Wie kam das?

Der Grundinstinkt des Menschen ist Herrschsucht. Er will herrschen über Totes und Lebendiges, Körper und Seelen, Zukunft und Vergangenheit. Alle die vielfältigen Tätigkeiten, denen er sich hingibt, zielen dahin. Die Herrschsucht ist die geheime Kraft, die ihn über die Grenzen seiner tierischen Natur hinauswachsen ließ, dieser Leidenschaft verdankt er die zunehmende Vergeistigung aller seiner Lebenstriebe.

Der Haß des Künstlers

Aber Natur und Leben gehen ihren eigenen Weg nach außermenschlichen Gesetzen. Auf der einen Seite steht die stumpfe Materie mit ihren passiven und doch unüberwindlichen Widerständen, auf der anderen Seite die Welt der Seele, unfaßbar und fremd und ergründlich verwickelt. Und über alledem das Schicksal, jene den Ereignissen innewohnende Richtkraft, die niemals nach dem Menschen fragt. Alles entzieht sich ihm; er ist umgeben von Schatten und Rätseln. Körperwelt und Geisterwelt stehen unter demselben Gesetz der Undurchdringlichkeit.

Was tun? Herrschen ist seine wichtigste Lebensbedingung, und es liegt in der Natur jedes Organismus, daß er sich seine Notwendigkeiten unter allen Umständen verschafft, mit Gewalt und, wenn diese versagt, mit List. Und so ersann sich auch der Mensch eine List, um seinen tiefsten Grundwillen zu befriedigen: er erfand die Kunst.

Die »Wirklichkeit« widerstand ihm. Die Welt der Körper war ihm zu hart und zu träge in ihrer massiven Unbeweglichkeit, und die Welt der Seele war ihm zu luftig und wesenlos in ihrer problematischen Unfaßbarkeit. Darum erwachte in ihm der Ruf: weg aus der starren Wirklichkeit, weg aus der Welt des Gegebenen! Er kam auf den ingeniösen Gedanken, jene unduldsamen eigenwilligen Realitäten fahrenzulassen und sich über dieser Welt eine neue eigene zu errichten. Diese neugeschaffene Welt war sein Besitz, seine unbeschränkte Herrscherdomäne. Er konnte sie ganz nach Willen formen und lenken. In diesem Reich, seiner eigenen freien Schöpfung durfte er hoffen, endlich einmal vollkommener Tyrann zu sein. Die Kunst wurde die sublimste Form seines Willens zur Macht.

Aber nun ereignet sich bisweilen im Künstler etwas Sonderbares. Etwas gibt es nämlich doch noch, das stärker ist als er: ebenjene gestaltende Macht, die dieses ganze Reich schuf und beherrscht. Seine Kunst ist mehr als er: er ist ein hilfloser Einzelorganismus, ein Mensch wie andere auch, sie aber ist eine furchtbare Naturkraft. Und er beginnt mit Schrecken zu erkennen: diese seltsame Fähigkeit des Gestaltens hat ihn nur noch abhängiger gemacht. Seine Geburten stehen da, losgelöst von seinem Willen. Und er beginnt allmählich Mißgunst und Haß gegen diese Kunst zu schöpfen und sie zu bekämpfen. Und wenn dann kluge Leute kommen und ihm sagen, das sei ein Widerspruch, denn mit der Kunst bekämpfe er ja sich selbst und den ganzen Sinn seines Lebens, so könnte er diesen erwidern:

Freilich hasse ich die Kunst, denn ich bin ja ein Künstler. Ihr anderen dürft sie lieben und bewundern. Aber ich muß sie verwünschen. Für euch ist sie eine »Anregung«, aber für mich ist sie ein Verhängnis. Ich wollte durch sie zur Herrschaft und Freiheit gelangen, aber gerade sie ist es, die mich völlig unfrei gemacht hat. Sie ist der Übertyrann in mir. Sie ist allmählich, ohne daß ich es merkte, über mich hinausgewachsen und zu einem mächtigen schrecklichen Wesen angeschwollen, das mir fremd und feindlich ist. Ich wollte Gebilde formen, nach meinen Wünschen und Idealen, nach meiner freien Herrscherlaune. Aber meine Kunst hat niemals nach meinen Wünschen und Launen gefragt. Die Menschen, die in meinen Dichtungen aus und ein gehen, sind nicht die Geschöpfe meines Willens. Ich wollte eine Welt der Schönheit schaffen, und vor mir wuchs eine Welt der Wahrheit. Ich wollte eine Welt des Glücks aufbauen, und es erhob sich eine Welt der Verdammnis. Meine Gestalten waren mir nicht untertan, sie waren niemals meine willfährigen Kreaturen. Sie standen da als ihre eigenen Gesetzgeber, mit selbstherrlichen Lebenskräften begabt, und sie erschreckten mich, denn so habe ich sie nicht gewollt. Und darum schleudere ich meinen Fluch auf die Kunst. Sie ist der Erbfeind meines Lebens. Sie hat sich über mich gesetzt und mich beraubt, zerstört, in zwei Hälften gespalten. Sie ist der Unmensch in mir. Menschlich ist die Lüge, aber meine Kunst will Wahrheit und immer wieder die Wahrheit. Menschlich ist der Glaube, aber meine Kunst bringt den Zweifel. Menschlich ist die Blindheit, aber meine Kunst ist die Kraft des Sehens. Ich habe nicht gewußt, daß die Gabe des Sehens etwas so Furchtbares ist. Überall bohrt der Künstler Gänge, gräbt er unterirdische Dinge ans Licht. An alles hämmert er mit seinen Zweifeln. Er fragt: ist die Größe denn auch wirklich groß, ist die Güte denn auch wirklich gut? Ist das Schöne schön, das Wahre wahr? Warum hat er, nur er, diese furchtbare Mission? Er ist schließlich ein Mensch wie die anderen, mit dem Trieb zum Glauben, Glaubenwollen, wozu wurde ihm dieses schreckliche Amt des Sehens, Sehenmüssens? Ich kann nicht finden, daß der Künstler Grund hat, die Kunst zu lieben. Viel lieber wäre ich ein einfacher Bauer geworden, der alles gleich groß und gut, gleich wahr und schön findet. Ich will noch schnell versuchen, einer zu werden. Aber ich fürchte: es ist zu spät.

Meinen Haß aber behalte ich. Wer sonst wohl sollte die

Kunst so tief hassen können, hassen müssen wie wir Künstler? Ihr Halbkünstler doch nicht? Ihr Liebhaber und Zufallskünstler? Ihr dürft sie lieben, denn ihr habt ja niemals an ihr gelitten. Aber darum gehört sie auch nicht zu euch. Denn nur die Dinge, an denen wir am tiefsten leiden: nur die gehören zu uns.

ZWEITES KAPITEL

Vom Teufel geholt

*Der Himmel und die Erde und alles, was
dazwischen ist: meint ihr, es sei zum Spaß
erschaffen?*

Koran

Die Wende der achtziger Jahre macht eine ziemlich scharfe *Die Zäsur*
Zäsur. 1888 ist das »Dreikaiserjahr«: am 9. März stirbt, fast ein-
undneunzigjährig, Wilhelm der Erste, am 15. Juni, nach neun-
undneunzigtägiger Regierung, Friedrich der Dritte, und es
beginnt die wilhelminische Ära, deren politische Grundzüge
schon in den allerersten Jahren deutlich hervortreten. 1889 wird
vom Reichstag die erste Flottenverstärkung bewilligt; in demselben Jahr beginnt das französische Kapital die russische Industrie in großem Maßstab zu finanzieren, nachdem schon im
Dezember des vorhergegangenen Jahres die erste russische
Staatsanleihe von einer halben Milliarde Franken aufgenommen worden war, der alsbald weitere folgen. Am 20. März 1890
erfolgt der Rücktritt Bismarcks; der russische Rückversicherungsvertrag wird von dem neuen Reichskanzler Caprivi, als
»zu kompliziert«, nicht erneuert; dasselbe Jahr bringt das Ende
des Sozialistengesetzes, dessen Verlängerung vom Reichstag
abgelehnt wird, und bei den Neuwahlen einen Sieg der Linken.
Im Frühjahr 1888 hält Georg Brandes an der Kopenhagener
Universität Vorträge »über den deutschen Philosophen Friedrich Nietzsche«, die zum erstenmal die europäische Aufmerksamkeit auf dessen Werke lenken; im Januar 1889 erleidet
Nietzsche seinen geistigen Zusammenbruch, fast gleichzeitig

1555

beginnt er in seinem Vaterland gelesen zu werden, ein Jahr später besitzt er die »exzessive Berühmtheit«, die er in einem seiner letzten Briefe seinem Verleger prophezeit hatte. Um dieselbe Zeit dringen Tolstoi und Ibsen erobernd nach Deutschland, England, Frankreich. In der Saison 1889 auf 1890 wird die Berliner »Freie Bühne« eröffnet und die gleichnamige Zeitschrift gegründet, womit sich der Sieg der naturalistischen Bewegung entscheidet; ihm parallel läuft der Durchbruch des *verismo* in Italien. 1889 erscheinen: Strindbergs *Vater*, Hauptmanns *Vor Sonnenaufgang*, Sudermanns *Ehre*, Liliencrons *Gedichte*, Richard Straussens erste große Symphonie *Don Juan*, Bergsons erste Studie, die schon sein ganzes philosophisches Programm enthält; 1890 treten Hamsuns, Wedekinds, Maeterlincks, Mascagnis bedeutsame Erstlingswerke ans Licht: *Hunger*, *Frühlings Erwachen*, *Princesse Maleine*, *Cavalleria rusticana*; Leibl, Liebermann, Uhde, bisher unbeachtet, beginnen allgemeinen Verdruß zu erregen.

Wille zur Macht als Décadence   Es ist überaus symptomatisch, daß der Held des stärksten Dramas dieser Epoche, Oswald Alving, der geistigen Auflösung verfällt und daß der Philosoph, der Maler und der Musiker, die das Zeitalter am eindringlichsten und repräsentativsten verkörperten: Nietzsche, van Gogh und Hugo Wolf dieselbe Katastrophe erlitten. In diesen vier großen Lebensschicksalen, welthistorischen Symbolen höchsten Ranges, erklärt der Geist der Zeit, sich tragisch gegen sich selber wendend, seinen Bankerott.

Dabei schien, bloß von außen betrachtet, das Zeitalter von höchster Vitalität erfüllt. Doch war dieser robuste Drang zur Realität in Wahrheit eine Krankheitserscheinung: als einseitige und hypertrophische Ausbildung einer Eigenschaft auf Kosten aller anderen und unbewußter Versuch, eine unheilbare Haltlosigkeit, Lebensunfähigkeit und innere Leere durch krampfhafte äußere Aktivität, einen fast manischen Bewegungsdrang zu kompensieren. Diesen paradoxen Zusammenhang zwischen

Verfall und scheinbar kraftvoller Betätigung des Lebenswillens hat Nietzsche in seiner Philosophie vorbildlich zur Darstellung gebracht: die Geburt des Willens zur Macht als dem Geiste der Décadence. Im *Ecce homo* sagt er: »Abgerechnet nämlich, daß ich ein Décadent bin, bin ich auch dessen Gegensatz.« Der Gegensatz ist der Übermensch. Aber, und dies ist der tiefste Sinn der Nietzscheschen Philosophie (den er selber sehr wohl kannte, nur zumeist nicht verstehen *wollte*): der Übermensch ist der Décadent *noch einmal*! So schwebt sein Gedankengedicht als ein erhabenes Paradigma über dem sterbenden Jahrhundert: als die tiefste Kritik des europäischen Nihilismus und als dessen höchste Inkarnation: denn einen extremeren Nihilismus als die restlose und ausschließliche Bejahung des Lebens gibt es nicht, weil das nackte »Leben«, wie Nietzsche selber unzähligemal hervorgehoben hat, nichts ist als die völlige Abwesenheit jeglicher Art von Sinn.

Im letzten Akt der Neuzeit, die mit dem Immoralismus der Renaissance anhebt und im Immoralismus Zarathustras untergeht, war Deutschland der führende Agonist. Beginnen wir mit der Betrachtung der oberflächlichsten Lebensäußerungen, des Rinden- und Bastgewebes des Zeitkörpers sozusagen, so bemerken wir Deutschland an der Spitze fast der gesamten Großfabrikation, tonangebend im Geschützbau, im Schiffsbau, in der optischen, chemischen und elektrotechnischen Industrie. Sehr im Gegensatz zum alten Deutschland: in Berlin regieren nicht mehr Fichte und Hegel, sondern Siemens & Halske und statt der Brüder Humboldt die Brüder Bleichröder, in Jena gelangt als Nachfolger Schillers Zeiß zu Weltruf, in Nürnberg werden Dürers Werke von Schuckerts Werken abgelöst, Frankfurt am Main muß vor Höchst am Main weichen, und an die Stelle der Farbenlehre tritt die Farben-AG.

Hegel und Halske

Eine der wesentlichsten Veränderungen im äußeren Gestus des Zeitalters ist das Heraufkommen eines neuen Tempos:

Das neue Tempo

1557

eilfertige Kleinbahnen, Großomnibusse, Tramways, anfangs mit Pferden oder Dampf, bald auch elektrisch betrieben, beherrschen das Stadtbild; Blitzzüge, von Jahr zu Jahr verbesserte Telephone, täglich wachsende Telegraphenanlagen besorgen den Fernverkehr. Dieses ebenso komplizierte wie zentralisierte Kommunikationssystem verleiht dem Menschen nicht bloß eine erhöhte Beschleunigung, sondern auch Allgegenwart: seine Stimme, seine Schrift, sein Leib durchmißt jede Entfernung, sein Stenogramm, seine Kamera fixiert jeden kürzesten Eindruck. Er ist überall und infolgedessen nirgends, umspannt die ganze Wirklichkeit, aber in Form von totem Wirklichkeitsersatz. Ein erschütterndes Symbol dieses Seelenzustandes ist der Untergang der »Titanic«, des größten Luxusschiffes der Welt, das bei seiner ersten Ausfahrt den Schnelligkeitsrekord schlägt, aber um den Preis des Todes. Ins Humorhafte gewendet erscheint dasselbe Motiv in Jules Vernes *Reise um die Erde*; Phileas Fogg, dessen Leben sich bisher mit mathematischer Gleichmäßigkeit zwischen Club und Home abgespielt hat, rast um den Planeten, um zu beweisen, daß dies mit ebenso mathematischer Zuverlässigkeit in genau achtzig Tagen möglich ist: seine Romantik besteht in Eisenbahnstörungen, versäumten Schiffsanschlüssen und deren geistesgegenwärtiger Überwindung. Und noch ehe das Jahrhundert Abschied nimmt, erzeugt es die zwei größten Veränderer der äußeren Realität, die die neueren Zeiten erblickt haben: das Automobil und den Kinematographen.

Die elektromagnetische Lichttheorie

Das Weltbild sowohl der theoretischen wie der praktischen Physik erfuhr eine entscheidende Umorientierung durch zwei Entdeckungen, an denen wiederum Deutschland in hervorragendem Maße beteiligt war: sie sind bezeichnet durch die Zauberworte Röntgenstrahlen und drahtlose Telegraphie. Wir erinnern uns, daß bereits im siebzehnten Jahrhundert Huygens in seiner Undulationstheorie behauptet hatte, das Licht werde durch die Schwingungen eines besonderen elastischen Stoffes, des Äthers, fortgepflanzt, aber gegen die Autorität Newtons nicht durchdringen konnte, dessen Emissionstheorie das Licht als eine feine von den leuchtenden Körpern ausgeschleuderte Materie ansah. Hundert Jahre später griff Euler, der größte Mathematiker seiner Zeit, auf Huygens zurück, indem er betonte, daß bei Lichtphänomenen niemals ein Materialverlust zu konstatieren sei, vielmehr diese ganz ebenso wie der Schall durch Schwingungen zustande kämen, nur daß hier der Äther die Rolle der Luft spiele. Am Anfang des neunzehnten Jahrhunderts führte Thomas Young auch die Farben auf bloße Unterschiede in der Anzahl der Schwingungen zurück, die während derselben Zeiteinheit unser Auge treffen. Je nach der Schnelligkeit, mit der die Ätherbewegung auf unsere Netzhaut einwirkt, haben wir in absteigender Ordnung die Empfindungen des Violett, Blau, Grün, Gelb, Orange, Rot. 1835 wies Ampère nach, daß auch die Wärmeempfindung in ihrer Entstehungsweise von der Lichtempfindung nicht verschieden ist. Licht und Wärme sind dieselbe Naturerscheinung: wirft ein Körper die Lichtstrahlen zurück, so nennen wir ihn leuchtend; läßt er sie permeieren, so nennen wir ihn durchsichtig; werden sie von ihm weder reflektiert noch hindurchgelassen, sondern absorbiert, so nennen wir ihn warm. Zehn Jahre später stellte Faraday fest, daß auch die Elektrizität mit Licht und Wärme wesensgleich ist: alle drei sind Bewegungen desselben Mediums. Hierauf baute 1873 Maxwell seine elektromagnetische Lichttheorie. Nach ihr ist Elektrizität nichts anderes als Erzeugung von Transversalwellen im Äther, die von sehr verschiedener Länge sein können, aber stets dieselbe Geschwindigkeit besitzen wie das Licht, nämlich dreihunderttausend Kilometer in der Sekunde. Die Richtigkeit dieser Theorie wurde von dem genialen frühverstorbenen Physiker Heinrich Hertz experimentell bewiesen; mit Hilfe eines sehr sinnreich konstruierten Apparates, des »Hertzschen Oszillators«. Er berichtete hierüber in einem Vortrag, den er 1889 vor der Versammlung deutscher Naturforscher und Ärzte in Heidelberg hielt; »meine Behauptung«, erklärte er, »sagt geradezu aus: das Licht ist eine elektrische Erscheinung, das Licht an sich, alles Licht, das Licht der Sonne, das der Kerze, das eines Glühwurms. Nehmt aus der Welt die Elektrizität, und das Licht verschwindet; nehmt aus der Welt den lichttragenden Äther, und die elektrischen und magnetischen Kräfte können nicht mehr den Raum überschreiten... Wir sehen nicht mehr in den Leitern Ströme fließen, Elektrizitäten sich ansammeln; wir sehen nur noch die Wellen in der Luft, wie sie sich kreuzen, sich vereinigen, sich stärken und schwächen... Wir erblicken Elektrizität an tausend Orten, wo wir bisher von ihrem Vorhandensein keine sichere Kunde hatten. In jeder Flamme, in jedem leuchtenden Atome sehen wir einen elektrischen Prozeß. Auch wenn ein Körper nicht leuchtet, solange er nur noch Wärme ausstrahlt, ist er der Sitz elektrischer Erregungen.« Nach Stahls »Wärmestoff« und Newtons »Lichtstoff« wurde nun also auch die Elektrizität des Rangs eines Stoffes entkleidet, dafür aber zu einer Kraft von allmächtiger Ubiquität erhoben. Elektromagnetische Wellen, die eine Länge von vier bis siebeneinhalb Zehntausendsteln eines Millimeters besitzen, wirken auf unser Auge als Licht; von da an bis zu etwa fünfzig Tausendsteln eines Millimeters empfinden wir sie als Wärme; erreichen sie eine Länge von einigen Zentimetern bis zu vielen Metern, so äußern sie sich als Elektrizität. Elektrische Wellen sind Lichtwellen von sehr großer Schwingungsdauer; beide sind Zustandsveränderungen desselben Äthers. Eine unmittelbare Folge der Hertzschen Arbeiten war die Erfindung des Kohärers durch Branly, 1890, der äußerst empfindlich auf elektrische Wellen reagiert. Hieran knüpften sich die Versuche Marconis, dem 1896 durch Errichtung von Antennen die Konstruktion des ersten praktisch brauchbaren Apparats für drahtlose Telegraphie gelang.

In demselben Jahr entdeckte Becquerel die nach ihm benannten Strahlen, nachdem ihm wenige Monate früher Röntgen mit der Auffindung der X-Strahlen vorangegangen war.
Auch die Becquerelstrahlen sind elektrische Phänomene wie
die Lichtstrahlen; sie unterscheiden sich aber von diesen dadurch, daß sie weder reflektiert noch gebrochen, dagegen durch
elektrische und magnetische Kräfte abgelenkt werden; und vor
allem besitzen sie die geheimnisvolle Gabe, daß sie, obgleich
selbst unsichtbar, undurchsichtige Stoffe zu durchleuchten vermögen. 1898 entdeckten Pierre und Marie Curie in der Pech-
blende zwei neue Elemente: dem einen gab Frau Curie, eine ge-
bürtige Polin, den chauvinistischen Namen Polonium; das
andere wurde von ihrem Gatten sehr zutreffend Radium getauft. Seine Haupteigenschaft ist nämlich die Radioaktivität,
die Fähigkeit, dauernd Becquerelstrahlen auszusenden. Hierauf machte William Ramsay die noch merkwürdigere Entdeckung, daß das Radium durch Atomzerfall beständig ein
Gas, die sogenannte Emanation erzeugt, die sich, nach mehreren komplizierten Zwischenprozessen, schließlich in Helium
verwandelt, ein Edelgas, dessen Existenz bereits 1868 auf spek-
tralanalytischem Wege in der Sonnenatmosphäre nachgewiesen worden war, auf Erden aber bis dahin nicht festgestellt werden konnte. Wird die »Emanation« mit Wasser in Berührung
gehalten, so bildet sich ein anderes gasförmiges Element, das
Neon, bringt man sie mit Kupfer- oder Silbersalzen zusammen,
so entsteht ein drittes, das Argon. Das Radium ist also ein Element, das sich fortwährend in andere Elemente verwandelt.
Ferner haben die Radiumsalze (das reine Metall ließ sich noch
nicht isolieren) die Eigenschaft, daß sie die Luft, durch die sie
ihre Strahlen senden, elektrizitätsleitend machen, »ionisieren«,
und daß sie alle Körper, die sich in ihrer Nähe befinden, vorübergehend radioaktiv machen, mit »induzierter Radioaktivität« ausstatten. Man suchte dies auf dem Boden der soge-

*Die
Radio-
aktivität*

nannten Elektronentheorie zu erklären, die eine Art Rückkehr zur Annahme eines »Elektrizitätsstoffs« bedeutet, indem sie als letzte Bausteine Elektronen voraussetzt, negativ oder positiv geladene elektrische Einheiten, die vieltausendmal kleiner sind als die kleinsten Atome. Die induzierte Radioaktivität würde dann darauf zurückzuführen sein, daß alle Atome aus Elektronen bestehen, die aber im Falle des Radiums labile Systeme bilden, daher aus dem Atomverband auszutreten und sich gradlinig, als sogenannte Korpuskularstrahlen, fortzubewegen vermögen. Im allgemeinen denkt man sich ein Atom wie ein Sonnensystem gebaut, worin um einen positiv geladenen Zentralkörper die negativen Elektronen als Planeten kreisen, nach denselben Gesetzen, die Kepler für die Bewegung der Gestirne aufgestellt hat. Nun ist aber die Elektronentheorie, die in ihren Grundlagen auf Helmholtz zurückgeht, mit der Hertzschen Wellentheorie offenbar ganz unvereinbar. Infolgedessen versuchte der holländische Physiker Lorentz 1892 aus beiden eine Synthese zu bilden, indem er annahm, daß alle elektrischen Vorgänge, die sich *innerhalb* der Körper vollziehen, auf der Basis der atomistischen Stofftheorie, also durch die Annahme von Elektronen zu erklären seien, dagegen alle elektrischen *Fernwirkungen* durch Schwingungen, also nur unter Zuhilfenahme des Äthers. Dieser Ausgleich ist allgemein akzeptiert worden; ich muß ihn jedoch zu meinem Bedauern ablehnen, da er, an die Abgrenzung nach Einflußsphären erinnernd, wie sie in der Kolonialpolitik üblich ist, eine reine Verlegenheitslösung, ja eine unbewußte Bankerotterklärung der gesamten theoretischen Physik bedeutet, die mit einer plumpen und einseitigen Weltformel in eine Sackgasse geraten ist, dies aber vor sich selber nicht wahrhaben will. Materialistisch läßt sich die Materie eben nicht erklären: dies verkannt zu haben war der Grundirrtum der ganzen modernen Naturwissenschaft. Auch in der Lichttheorie hat man neuerdings,

um die Elektronen um jeden Preis zu retten, zu einer Misch-
hypothese gegriffen, die sich als eine verkappte Rückkehr zu
Newton darstellt, indem man annimmt, daß das Atom durch
Übergang der Elektronen von einer höheren zu einer niedrigeren Energiestufe elektromagnetische Wellen aussendet, die sich
als Lichtstrahlen kundgeben. Alle diese Theorien sind nichts
als geistreiche Spielereien, deren Lebensdauer zu dem Ewigkeitsgehalt, mit dem sie sich zu brüsten pflegen, in lächerlichem
Kontrast steht. Berufen sie sich darauf, daß sie »experimentell
bewiesen« seien, so ist ihnen zu erwidern, daß sich *alles* experimentell beweisen läßt: dies hängt nur von der Geschicklichkeit und Glaubensbereitschaft des Experimentators ab. Auch
das »Phlogiston« ist experimentell bewiesen worden, und obgleich es ein offenkundiges Hirngespinst war, hat dies doch keineswegs verhindert, daß Lavoisier, Haller und andere große
Gelehrte mit seiner Hilfe die aufschlußreichsten chemischen
Entdeckungen und die wohltätigsten medizinischen Kuren
vollbracht haben. Auf Grund des ptolemäischen Systems wurden die Sonnen- und Mondfinsternisse ebenso exakt vorausgesagt wie heutzutage; was zugleich der experimentelle Beweis
für seine Richtigkeit war. Theorien sind Überzeugungen; und
Überzeugungen werden dadurch bewiesen, daß man sie hat.
Physikalische und chemische Allgemeinbegriffe, die man für
die richtigen hält, stecken immer schon im Ansatz der An-
fangsgleichung, von der man ausgeht; kein Wunder, daß sie am
Schluß der Operation wieder herausfallen. Was Wundt, natürlich vom »wissenschaftlich orientierten« Standpunkt, einmal
gegen die spiritistischen Experimente Zöllners vorbrachte, läßt
sich auf alle Experimente anwenden, auch auf die seinigen:
»Wer an Zauberei glaubt, macht über sie Experimente, und wer
nicht an sie glaubt, macht in der Regel keine. Da aber der
Mensch bekanntlich eine große Neigung hat, was er glaubt, bestätigt zu finden, und zu diesem Zwecke sogar einen großen

Scharfsinn anwendet, um sich selbst zu täuschen, so beweist mir das Gelingen solcher Experimente zunächst nur, daß die, die sie machen, auch an sie glauben.« Gerade die staunenswerten Entdeckungen der Radiologie hätten dem Naturforscher das Ignorabimus eindringlich ins Bewußtsein rufen müssen, denn durch sie wurden drei seiner Fundamentalvorstellungen depossediert, indem deren Definitionen sich vollkommen auflösten. Einer der grundlegenden Begriffe war in der Chemie bis dahin das Element, dessen Kardinaleigenschaft in seiner Unverwandelbarkeit besteht, in der Physik das Atom, dessen entscheidendes Merkmal die Unteilbarkeit ist, in der Optik der opake oder dunkle Körper, dessen Wesen darauf beruht, daß er die Lichtstrahlen verschluckt. Alle diese Definitionen sind nunmehr unhaltbar, ja fast zum Unsinn geworden.

Die Atom-
zertrüm-
merung

Man hat hieran aber noch weitergehende Folgerungen geknüpft. Wenn bei dem Vorgang der Radioaktivität sich vom Atomkern Elektronen abspalten, so besteht die Hoffnung, daß dies auch künstlich bewirkt werden kann. In der Tat gelangen Rutherford (dieser Name hatte schon einmal in der Geschichte der Naturwissenschaften Epoche gemacht, da sich an ihn die Entdeckung des Stickstoffs knüpft) im Jahre 1911 solche »Atomzertrümmerungen«, wenn auch nur in sehr geringem Ausmaße und unter besonders günstigen Bedingungen. Immerhin besteht die theoretische Möglichkeit, daß man eines Tages, auf diesem Wege fortschreitend, imstande sein wird, die ungeheuren, aber für gewöhnlich gebundenen Energiemengen, deren Sitz das Atom bildet, freizumachen und zu verwerten. Es ist berechnet worden, daß durch die Dissoziation eines einzigen Pfennigstücks etwa dreizehneinhalb Milliarden Pferdekräfte aktiv werden würden. Die Entbindung der »intraatomischen« Energie würde selbstverständlich eine vollkommene Umwälzung aller irdischen Verhältnisse zur Folge haben. Hingegen können nur sehr naive Personen glauben, daß dies auch die Lösung der sozialen Frage bedeuten würde. Da der »Normalmensch«, der freilich gar nicht der normale ist, aber unser Wirtschaftsleben beherrscht, als gedankenloser Schurke geboren wird und stirbt, so ist zu vermuten, daß derartige Errungenschaften der Technik, ganz ebenso wie die bisherigen, nur zu neuen Formen der allgemeinen Habsucht und Ungerechtigkeit führen würden. Man stelle sich vor, daß vor zweihundert Jahren jemand prophezeit hätte, in welchem Maße es der Menschheit gelingen würde, die magnetische Energie, die elektrische Energie, die Sonnenenergie, die in der schwarzen Kohle, und die Wasserenergie, die in der »weißen Kohle« aufgespeichert ist, nutzbar zu machen: welche ganz selbstverständlichen Schlüsse auf paradiesische soziale Zustände hätten die Philanthropen daraus gezogen! Statt dessen ist alles viel schlimmer geworden, und Europa zerfällt in kapitalistische Staaten, in denen die meisten Bettler sind, und in Sowjetstaaten, in denen alle Bettler sind. Nein: durch die »Aktivierung des Atoms« würden bloß die Oberen noch gieriger, die Unteren noch ärmer, also beide noch hungriger werden und die Kriege noch bestialischer; zur Lösung der sozialen Frage bedarf es einer *moralischen* Emanation, Strahlenerzeugung und Atomzertrümmerung.

Im Sinne einer solchen haben zu Ausgang des Jahrhunderts die »Fabier« sehr vorurteilslos und wohltätig gewirkt, weshalb sie eine besondere Erwähnung verdienen. Die *Fabian Society*, gegründet 1883, der Sidney und Beatrice Webb, Wells, Shaw, die später so berühmte Theosophin Annie Besant und viele andere edle und begabte Menschen angehörten, entwickelte in ihren *Fabian Tracts, Essays, News,* die über die ganze Welt verbreitet waren, kein bestimmtes Credo. Ihr Motto lautete: »Den richtigen Moment mußt du abwarten, wie Fabius es geduldig tat, als er gegen Hannibal kämpfte, obgleich mancher sein Zögern tadelte. Aber wenn die Zeit kommt, mußt du kräftig zuschlagen wie Fabius, oder dein Warten wird ganz vergeblich gewesen

Fabier und Katheder-sozialisten

sein.« Unter Sozialismus verstand sie ganz allgemein »einen Plan, allen gleiche Rechte und gleiche Möglichkeiten zu sichern«. Der Sozialismus wird sich geräuschlos und ohne daß es seinen Opfern zum Bewußtsein kommt, verwirklichen: »Wir stehen«, sagt Sidney Webb, »bereits mitten im Sozialismus; unsere Gesetzgeber sind schon alle, ohne es zu wissen, Sozialisten, und die Wirtschaftsgeschichte des neunzehnten Jahrhunderts ist eine fast ununterbrochene Kette des Fortschritts im Sozialismus.« Einen verwandten Standpunkt vertrat in Deutschland eine große wissenschaftliche Schule, die sich zur »historischen« Nationalökonomie bekannte, im Gegensatz zur dogmatischen oder klassischen, deren Begründer Adam Smith und Vollender John Stuart Mill war. Diese hatte behauptet, daß es im Wirtschaftsleben eine Reihe »natürlicher Gesetze« gebe, da die elementaren Bedürfnisse des Menschen stets dieselben seien: das Wesen dieses in allen Ländern und Zeiten gleichen *»homo oeconomicus«* gelte es zu ergründen und in bestimmten volkswirtschaftlichen Axiomen zu fixieren. Die wichtigsten: das Bevölkerungsgesetz, das Lohngesetz, das Gesetz der freien Konkurrenz, das Gesetz des Angebots und der Nachfrage haben wir bereits kennengelernt. Hierüber entbrannte ein Gelehrtenstreit: die »deduktive« Schule, geführt von Professor Menger, bezeichnete als den Hauptinhalt der Wirtschaftswissenschaft »das Generelle, das Typische, die typischen Relationen«; die historische Schule, an ihrer Spitze Professor Schmoller, erklärte die klassischen Gesetze für »abstrakte Nebelbilder, denen jede Realität mangelt«, und die Nationalökonomie für eine rein induktive Wissenschaft, die es ausschließlich mit dem konkreten Leben der Vergangenheit und Gegenwart und dessen Deskription zu tun habe. Der Zusammenhang dieser ideenfeindlichen, wirklichkeitsfreudigen Richtung, die um die Wende der achtziger Jahre allmächtig wurde, mit der gleichzeitigen naturalistischen Bewegung in der Kunst ist unverkennbar. An die Stelle des bisherigen Absolutismus, erklärten die Anhänger der historischen Schule, müsse der theoretische und praktische Relativismus treten; die Gesetze der Nationalökonomie seien überhaupt gar keine Gesetze wie etwa die physikalischen und chemischen, denn diese gälten überall und immer, jene nur unter ganz bestimmten, wandelbaren geschichtlichen Bedingungen. Sie hatten hierin insofern recht, als die Volkswirtschaft in der Tat immer nur das Produkt des jeweils gegebenen historischen Zustandes ist und ihre Lebensgesetze daher ebensowenig Ewigkeitscharakter besitzen wie dieser, übersahen jedoch, daß dies das Schicksal aller menschlichen Betätigungssphären und der aus ihnen gezogenen Wissenschaften und daher die Aufstellung von theoretischen Gesetzen hier ebenso berechtigt und ebenso unberechtigt ist wie auf anderen Gebieten. Auch die Sprachgesetze, die Naturgesetze, ja sogar die mathematischen Gesetze sind bloße Deduktionen aus den bisherigen Beobachtungen und verändern sich sofort, wenn widersprechende hinzutreten; ja es ist nicht einmal eine neue Empirie nötig, um sie aufzuheben, sondern hierzu genügt eine einfache Verschiebung des allgemeinen Weltgefühls, dessen bloße Funktion sie sind. Wissenschaften sind nichts als Stenogramme unserer Vorurteile.

Die Vertreter der historischen Richtung entwickelten aber auch eine sehr bemerkenswerte praktische Wirksamkeit. Sie lehrten, der Staat sei »das Organ der moralischen Solidarität« und habe daher nicht das Recht, der Not eines Teils der Bevölkerung gleichgültig gegenüberzustehen: die Zentralgewalt sei verpflichtet, die wirtschaftlichen Beziehungen auf allgemein befriedigende Weise zu regeln. Die Aufrechterhaltung des Privateigentums sei jedoch zur Steigerung der Produktion unerläßlich, da nur sie die individuelle Initiative der Wirtschaftssubjekte in Spannung erhalte. Der Propaganda der Staatssozialisten, wie sie sich nannten, sind eine Reihe von Gesetzen und Kontrollmaßnahmen zum Schutz der Arbeiter zu verdanken; von den Gegnern im liberalen Lager erhielten sie den Spottnamen »Kathedersozialisten«, weil sich unter ihnen viele Professoren befanden, Bismarck aber erklärte, er sei selber Kathedersozialist. In Frankreich vertraten die »Interventionisten« ähnliche Prinzipien.

Die Gymnasialreform

Auch die Versuche, den gelehrten Unterricht zu reformieren, ergaben sich unmittelbar aus den naturalistischen Tendenzen der Zeit. Die Angriffe, die sich in Deutschland Ende der achtziger Jahre gegen das humanistische Gymnasium richteten, kamen hauptsächlich aus zwei Lagern: von den industriell interessierten Kreisen der höheren Bourgeoisie und von der militärisch orientierten preußischen Hofpartei. Die ersteren erhoben die jedermann bekannten Einwände von der praktischen Nutzlosigkeit der toten Sprachen und plädierten für die Verdrängung der klassischen Bildung durch eine sogenannte »realistische«, das heißt: für Annäherung an die *Gewerbeschulen*; die letztere wies darauf hin, daß die vorwiegende Beschäftigung mit dem Altertum dem Patriotismus nachteilig sei, und forderte einen Unterricht auf »nationaler« Grundlage, also etwa im Rahmen der *Kadettenschulen*. Andrerseits läßt sich nicht leugnen, daß der Gymnasialunterricht in der Tat noch einen fast mittelalterlichen Charakter trug und in seiner formalistischen Verknöcherung noch sehr deutlich seine Herkunft von den *Klosterschulen* verriet; eine wirklich harmonische Bildung, die alle Gebiete des Menschlichen gleichmäßig umfaßt und allein ein Recht darauf gehabt hätte, klassisch zu heißen, vermittelte er nicht. 1890 fanden die »Dezemberkonferenzen« statt, Zusammenkünfte von Schulmännern, in denen nach langen Debatten einige Erleichterungen durchgesetzt wurden: Entfall der Reifeprüfung aus Geschichte bei genügenden Klassenleistungen, aus Geographie überhaupt; Verminderung der Unterrichtsstunden in den alten Sprachen; Auflassung des lateinischen Aufsatzes und des Gebrauchs der lateinischen Sprache beim mündlichen Examen. Damit war niemand zufriedengestellt: die Anhänger des Alten weinten um den lateinischen Aufsatz (obgleich dieser niemals etwas anderes gewesen war als eine Komödie des freien Sprachgebrauchs, denn er bestand in bloßer mechanischer Permutation einer Handvoll ciceronianischer Phrasen) und um die lateinische Unterrichtssprache (obgleich diese eine vollkommene Posse war, den was konnte es Närrischeres geben als einen röllchengeschmückten bebrillten Kleinbürger, der sich gegen seine Mitmenschen der Redeweise eines römischen Quiriten bediente); die Radikalen aber wollten überhaupt kein Latein und Griechisch. Diese Menschen gingen von der naiven Ansicht aus, daß der Wert einer Sprache sich lediglich nach ihrer Verwendbarkeit als Verständigungsmittel bemesse. Sie vergaßen dabei, daß jede, auch die »tote« Sprache der Niederschlag einer einmaligen menschlichen Seelenform ist, und im Falle der beiden klassischen Sprachen einer sehr hohen, in welche man auf anderem als philologischem Wege nicht eindringen kann. Indes ließe sich dies vielleicht noch verschmerzen; aber man kann ohne Latein und Griechisch nicht bloß das Altertum, sondern auch die gesamte Kultur der Neuzeit nicht verstehen, die mit Dantes *Göttlicher Komödie*, der höchsten »Summa« der lateinischen Scholastik, anhebt und in Goethes *Faust*, der Tragödie des »Erzhumanisten«, ausklingt: alles, was dazwischenliegt, ist »Renaissance«, Wiedererweckung der Antike. Kein Philosoph, kein Dichter von europäischem Range ist ohne die Kenntnis der Alten zu begreifen, unsere gesamte abendländische Wissenschaft ist von ihren ersten bis zu ihren jüngsten Tagen von antiken Quellen gespeist, und auch die »realistischen« Disziplinen: die Medizin, die Physik, die Technik sind bis in ihre alltägliche Terminologie hinein extrem klassizistisch. Ja sogar die eigene Muttersprache kann man nur auf dem Wege über die toten Sprachen beherrschen: man wird ohne die Schule des Lateinischen nie ein vollkommen präzises, klares und flüssiges Deutsch und ohne Bekanntschaft mit dem Griechischen nie ein philosophisches Deutsch schreiben lernen; und in der Tat hat es keinen klassischen deutschen Stilisten gegeben, der der klassischen Sprachen unkundig gewesen wäre, wie denn auch deren früher viel allgemeinere Verbreitung im Mittelstand die Ursache ist, warum man bis in den Anfang des neunzehnten Jahrhunderts in Briefen, Tagebüchern und allen anderen schriftlichen Äußerungen so selten auf elendes Deutsch trifft, während dieses seither, durch die Zeitungen mächtig gefördert, im Privatverkehr beinahe zur Regel geworden ist. Was das Gymnasium wert ist, beweist sich weniger an denen, die es besucht, als an denen, die es *nicht* besucht haben.

Der Kaiser Wilhelm Die Dezemberkonferenzen waren von Kaiser Wilhelm einberufen worden, der überhaupt für die äußeren Tendenzen des Zeitalters, freilich nur für die äußeren, stets einen leuchtenden Kristallisationskern gebildet hat. Es kann belacht, beklagt, verflucht, aber von niemandem geleugnet werden, daß der Name dieses Herrschers dreißig Jahre lang für Millionen ein feuriges Fanal, eine schmetternde Fanfare, eine berauschende Parole gewesen ist. Seit Fridericus hatte man es auf deutschem Boden nicht mehr erlebt, daß ein ganzes Zeitalter Stempel und Etikett eines Fürsten trug.

Wenn das Wort »tragisch« nicht bloß in der Kunst, sondern auch im Leben irgendeinen anwendbaren Sinn haben soll, so muß man das Schicksal Kaiser Wilhelms ein tragisches nennen, ja ein shakespearisches, das nur noch keinen Shakespeare gefunden hat. Die Tragik, die von jedem Thron magisch ausstrahlt, war auch die seine: die dämonische Versuchung des Menschen, sich höher zu achten als die anderen Sterblichen, weil er durch äußere Umstände höher gestellt wurde, der gefährliche Glaube des von der Krone *Gezeichneten*, mit irdischen Seelen und Schicksalen frei schalten zu dürfen, weil er *scheinbar* die Macht dazu bekommen hat, während doch kein einziges geschaffenes Wesen das Recht besitzt, eine andere Kreatur auch nur einen Atemzug lang von ihrem eigenen gottgewiesenen Weg abzubiegen. »Wer soll Kaiser sein? Der Bescheidenste«: diese schlichte und schlagende Formel, die der »Rembrandtdeutsche« verkündet, war in Kaiser Wilhelm leider nicht Fleisch geworden. Aber ist diese Verirrung nicht sehr menschlich? Sind wir alle ihr nicht ebenso verfallen, jeder in seiner Sphäre? Und bloß deshalb weniger schuldig, weil unser Machtkreis ein kleinerer, die Gelegenheit zur Versündigung an fremdem Wollen weit geringer ist?

Überhebung und Sturz, Glanz und Verblendung, der mystische Reiz des trügerischen Gottesgnadentums: von Ödipus bis Jarl Skule ein ewiger Stoff für den Dichter. Richard der Zweite, Richard der Dritte, Heinrich der Vierte, Heinrich der Sechste: alle Königsdramen kreisen um diesen Punkt. Im ersten Akt seines historischen Trauerspiels hatte Kaiser Wilhelm bereits den Keim gelegt zu allem, was an verhängnisvollen Verwicklungen später folgen sollte: damals, als er im Übermut der Neugekrönten den weisen Seher von sich stieß, der jahrzehntelang das Herz und Hirn, das klare Auge seines Landes gewesen war; und von da an wandelte er wie unter einem geheimen Fluch, Fehler auf Fehler häufend, in allem scheiternd, auch edle Absichten zum bösen Ende führend. Er versuchte sich dem deutschen Arbeiter zu nähern, wie kein Hohenzoller vor ihm, und mußte sehen, daß er sich dem Proletariat verhaßter machte als irgendeiner seiner Vorgänger; er setzte die deutsche Zukunft auf das Wasser, und das Wasser wurde das Grab der deutschen Zukunft; er hob den deutschen Wohlstand, und dieser Wohlstand wurde das Gift der deutschen Seele; er wollte ein Weltreich schaffen, und was er erreichte, war der Weltkrieg.

Sein ganzer Fehler bestand im Grunde nur darin, daß er sich

auf einem Posten der menschlichen Gesellschaft befand, dem er nicht völlig gewachsen war. Dieser Posten war der höchste, den Deutschland zu vergeben hatte, und Wilhelm der Zweite war eben leider nicht der höchste Mann, den Deutschland zu vergeben hatte: ein Fall, der, wie man weiß, sich auf Thronen ziemlich häufig ereignet. Er war also, da nicht die vollkommenste moralische und geistige Kraft ihn zum Herrscher legitimierte, wie fast alle seine Kollegen darauf angewiesen, daß entweder der ererbte Glaube der Menschen an seine göttliche Bestimmung oder aber daß das Glück ihn legitimieren werde. Aber dieser Glaube fand gerade in seinem Zeitalter immer weniger Erben; und er hatte auch kein Glück. Besiegte Führer kommen vors Kriegsgericht, siegreiche aufs Postament. Sowohl Friedrich der Große wie Bismarck waren für den Fall eines österreichischen Sieges zum Selbstmord entschlossen; Bazaine war bis zum Jahre 1870 der Abgott Frankreichs und von da an ein infamer Landesverräter; Clemenceau, während des ganzen Krieges von seinen Landsleuten der »Tiger« genannt, wäre im Falle einer Niederlage zweifellos in Stücke gerissen worden; Tirpitzens Bart hätte nach einem Siegfrieden das deutsche Volk in Marmor, Stearin, Erz, Schokolade an allen Straßenecken begrüßt; auch wäre es schwer gewesen, einen Pfeifenkopf oder Bierfilz aufzutreiben, den nicht das Bildnis Ludendorffs geschmückt hätte.

Ja man darf sogar sagen, daß Wilhelm der Zweite in gewissem Sinne tatsächlich die Aufgabe eines Königs vollkommen erfüllt hat, indem er fast immer der Ausdruck der erdrückenden Mehrheit seiner Untertanen gewesen ist, der Verfechter und Vollstrecker ihrer Ideen, der Repräsentant ihres Weltbildes. Die meisten Deutschen der wilhelminischen Ära waren nichts anderes als Taschenausgaben, verkleinerte Kopien, Miniaturdrucke Kaiser Wilhelms. Dies ist der Punkt, allerdings der einzige, worin er sich mit Napoleon berührte; und dies hat sogar das Ausland sehr deutlich empfunden. Er hieß schlichtweg »*le Kaiser*«, »*the Kaiser*«, wie man Napoleon in ganz Europa »*l'empereur*« nannte.

Während die »Modernen« ihn unablässig als rückläufig, amusisch, zeitfeindlich bekämpften, übersahen sie, daß er in seiner ganzen seelischen Struktur sehr deutlich die Züge seiner Epoche trug, denn er war ganz zweifellos ein »homme du fin de siècle«, nämlich Impressionist und Décadent. Seine vielgerügte Fahrigkeit, Impulsivität, Unberechenbarkeit war nichts als Impressionismus, denn auf eine ganz allgemeine psychologische Formel gebracht, ist dieser nichts als Ideenübervölkerung, eine Invasionierung durch Mengen neuer Vorstellungsmassen, für die noch keine ordnenden Dominanten gefunden sind. Und was die Dekadenz anlangt, so ist nach Nietzsche ihr Wesen »die Übertreibung, die Disproportion, die Nicht-Harmonie ... wenn der Erschöpfte mit der Gebärde der höchsten Aktivität und Energie auftrat, dann *verwechselte* man ihn mit dem Reichen ... die interessantesten Menschen gehören hierher, die Chamäleons ... ihre Zustände liegen nebeneinander. Sie wechseln, sie *werden* nicht.« Eine gewisse neurotische Grundlage war möglicherweise auch dadurch gegeben, daß der Kaiser das Produkt einer mehrfachen Rassenkreuzung war: als Sohn einer Britin, die ihrerseits wieder eine Halbdeutsche war. Aber während Viktoria zeitlebens eine Stockengländerin geblieben ist, hatte er von ihr weder die Zähigkeit noch die Skrupellosigkeit übernommen, der die englische Politik so viele Siege verdankt. Shaw machte über ihn, mitten im Kriege, die ebenso vorurteilslose wie witzige Bemerkung: »Der Kaiser ist ein naiver Vorstadtsnob, was ganz natürlich ist, denn er ist ja der Sohn einer Engländerin.« Auch von der fast philiströsen Besonnenheit seines Vaters und der geräuschlosen Noblesse seines Großvaters hatte er nichts geerbt; hingegen von einigen seiner Vorfahren, und gerade den bedeutendsten: Friedrich Wilhelm dem Vierten, dem Großen Kurfürsten, Friedrich dem Großen einen gewissen Mangel an Feingefühl. Es wurde am Schlusse des dritten Buches erzählt, daß auch Napoleon vorgeworfen wurde, sein ärgster Feind sei der gute Geschmack. Als unbefugter Kunstkritiker scheint auch Alexander der Große wilhelminische Züge aufgewiesen zu haben; wenigstens würde eine Anekdote darauf hindeuten, die berichtet, daß eine Marmorstatue des Bukephalos, die ein berühmter griechischer Künstler angefertigt hatte, vom König bekrittelt, vom Modell selber aber mit freudigem Wiehern begrüßt wurde, worauf der Bildhauer gesagt haben soll: »Dieses Roß versteht mehr von der Kunst als du.« Von Friedrich dem Großen wurde behauptet, seine Taktlosigkeiten hätten die Koalition des Siebenjährigen Krieges zustande gebracht. Auch Luther war zweifellos keine sehr zartfühlende Persönlichkeit. Aber für das Genie ist es nicht recht wohl möglich, durch Takt zu exzellieren. Sein Wesen besteht ja ebendarin, alle »vor den Kopf zu stoßen«, rücksichtslos seiner Mission zu leben und sich gründlich unbeliebt zu machen. Überhaupt muß jeder geniale Mensch schon dadurch den guten Geschmack verletzen, daß er ununterbrochen und ungefragt die Wahrheit redet und mit Vorliebe Dinge erörtert, über die die Menschen niemals zu sprechen pflegen, wie wenn sie einen geheimen Kontrakt geschlossen hätten, sie ein für allemal nicht zu berühren. Die Genies Hamlet und Tasso benehmen sich fortwährend taktlos, zum Unterschied von ihren Gegenspielern Polonius und Antonio. Wehe also dem taktvollen Menschheitsführer! Er hat mit der Wirklichkeit nichts zu schaffen. Er wird die Menschen zu gar nichts führen.

Nun wird man vielleicht sagen können, daß Wilhelm der Zweite eine lebhafte geistige Aktivität und Anpassungsgabe, ein originelles und kräftiges Talent vorstellte, aber Genialität wird man ihm keinesfalls zusprechen können. Denn diese besteht in der Verbindung einer eigentümlichen Nüchternheit, die in den Dingen über den Dingen steht, mit höchster Kühnheit, die, Konventionen mißachtend, ja nicht einmal bemerkend, den Tatbeständen vorauseilt; und diese beiden Eigenschaften fehlten ihm vollkommen. Infolgedessen waren die zahlreichen Ärgernisse, die er erregte, bloß Ärgernisse, zur aufreizenden Verzerrung vergrößert im Hohlspiegel seiner Machtposition.

Der »Zickzackkurs« seiner Politik, wurzelnd in einer seelischen Labilität, die überraschend von Depressionen zu manischem Bewegungsdrang hinüberwechselte und ebenso plötzlich wieder in Tatlosigkeit verfiel, wirkte an so überbelichtetem Platze fast wie *folie circulaire*. Das Zentralmotiv in der Seele des Kaisers war der infantile Wunsch, von aller Welt geliebt zu werden, immer im Mittelpunkt zu stehen: er wollte, wie Bismarck sagte, alle Tage Geburtstag haben. Hieraus rekrutierte sich seine Unfähigkeit, Haß und Angriff zu ertragen: eine neurotische Überempfindlichkeit für Eitelkeitskränkungen und eine ebenso neurotische Neigung zu *episodischen* Reaktionen, pseudoenergischen Gegenhieben: etwa dem, was Alfred Adler den »männlichen Protest« genannt hat. Infantil war auch seine Freude an Aufzügen, Festivitäten, Verkleidungen (er wechselte bisweilen ein halbes dutzendmal im Tage das Kostüm und erschien im *Fliegenden Holländer* in Admiralsuniform; der Berliner Witz erwartete, daß er sie auch bei der Eröffnung des Aquariums anlegen werde). Auch seine Reden, nicht selten durch glänzende Formulierungen packend, zeigten diese Freude an gleißendem Ausstattungswesen, opernhaftem Requisitenflitter: schimmernde Wehr, Fehdehandschuh, gepanzerte Faust, geschliffenes Schwert, Nibelungentreue, König Etzel (wobei ihm die Metapher bisweilen durchging, wie es das letzte Beispiel zeigt: das Hunnengleichnis ist während des Weltkrieges von der Ententepropaganda sehr erfolgreich exploitiert worden). All dies hatte etwas Rührendes; und wäre völlig harmlos geblieben, wenn Wilhelm der Zweite ein bloßer Betrüger, etwa Leiter einer Großbank oder eines Theaterkonzerns, und eben nicht Kaiser gewesen wäre. Trotz allem ist die deutsche Nation geradezu verpflichtet, diesem Herrscher eine gewisse Pietät zu bewahren; und zwar aus Pietät gegen sich selbst. Denn ein Kulturvolk wird allem Ehrfurcht entgegenbringen, das einmal Macht über sein Leben besessen hat, wird seine früheren Leitsterne auch dann noch bejahen, wenn es eines Tages erkennt, daß sie Wandelsterne waren, denn irgendwie waren sie ja doch ein Stück seines Himmels; es wird in einem solchen Falle den Edelmut besitzen zu sagen: Ich habe geirrt, und der weithin sichtbare Exponent meines Irrtums war nicht schlechter, nicht törichter, nicht gottloser als ich, nur *exponierter*.

Bismarcks Entlassung Einer der wenigen, die durch den glänzenden Vorhang der Gegenwart in die graue Zukunft zu blicken vermochten, war Bismarck, der in seinen »Erinnerungen« prophezeite, die Krisen würden um so gefährlicher sein, je später sie einträten, und in jener gedeckten Tonart seiner letzten Jahre, die durch ihre scheinbare Leidenschaftslosigkeit doppelt vernichtend wirkt, hinzufügte: »Die Befreiung von aller Verantwortlichkeit hatte bei meiner Ansicht über den Kaiser und seine Ziele viel Verführerisches für mich.« Die Auflösung der Firma Bismarck und Sohn, wie man sie zum Verdruß des jungen Monarchen nannte, nahm ihren Ursprung in einer Meinungsverschiedenheit über die Arbeitergesetzgebung. Bismarck hielt ein direktes staatliches Eingreifen zugunsten der Sonntagsruhe für inopportun, es sei denn, daß man den Arbeiter für sechs Tage ebenso hoch entlohne wie bisher für sieben; andernfalls entziehe man ihm eine Erwerbsmöglichkeit: dies sei nicht Arbeiter*schutz*, sondern Arbeiter*zwang*, der Zwang, weniger zu arbeiten; eine Aussicht, den Verdienstentgang auf die Unternehmer abzubürden, bestehe aber nur, wenn die anderen großen Industriestaaten gleichmäßig verführen. Der Kaiser beharrte auf seinem

Standpunkt (»Ideal Seiner Majestät schien damals populärer Absolutismus zu sein«), und Bismarck beschloß, aus dem Gebiet jener Kontroverse auszuscheiden, dem Handelsministerium, in dessen Ressort die Arbeiterfrage gehörte. Weitere Uneinigkeiten, besonders über die Kompetenzen des Ministerpräsidenten und das Verhältnis zu Rußland, legten ihm den Gedanken des völligen Rücktritts nahe, doch ehe er hierüber mit sich zu einer Entscheidung gelangt war, erhielt er durch den Chef des Militärkabinetts General von Hahnke die brüske Aufforderung, seinen Abschied einzureichen. Der Kaiser spendete ihm aus diesem Anlaß den Herzogtitel und sein lebensgroßes Porträt, worauf er von dem Meister der delikaten Ironie die Antwort erhielt: »Ich fühle mich hochbeglückt durch die Verleihung des Bildnisses, welches für mich und die Meinigen ein ehrenvolles Andenken bleiben wird ... Eure Majestät wage ich aber alleruntertänigst zu bitten, mir die Führung meines bisherigen Namens und Titels auch ferner in Gnaden gestatten zu wollen.« Bei Bismarcks Abreise waren auf dem Bahnhof militärische Ehrenbezeigungen angeordnet, die er ein Leichenbegängnis erster Klasse nannte. Sein Nachfolger Caprivi holte von ihm nicht die geringsten Informationen ein, wozu er im dritten Bande der *Erinnerungen* bemerkt: »Es ist mir nie vorgekommen, daß eine Pachtübergabe nicht eine gewisse Verständigung zwischen dem abziehenden und dem anziehenden Pächter erfordert hätte. In der Regierung des Deutschen Reiches mit allen ihren komplizierten Verhältnissen ist ein analoges Bedürfnis aber nicht hervorgetreten.« Als er zwei Jahre später zur Hochzeit seines Sohnes nach Wien reiste, erteilte ihm Kaiser Franz Joseph auf seine Anfrage, ob er in Audienz erscheinen dürfe, eine zustimmende Antwort; die deutsche Regierung erhob aber Einspruch. Bismarck fühlte sich hierdurch so beleidigt, daß er einen Augenblick daran dachte, Caprivi zu fordern. Als zu seinem achtzigsten Geburtstag der Reichstagspräsident den Vorschlag machte, ihm den offiziellen Glückwunsch auszusprechen, hatte die Majorität des Hauses die Schamlosigkeit, ihre Zustimmung zu verweigern; der Kaiser sprach Bismarck hierüber telegraphisch die »tiefste Entrüstung« aus. Dieser aber schrieb an eine Freundin: »All diesen Leuten gegenüber habe ich nur das Gefühl des Götz von Berlichingen am Fenster, auch den Kaiser nehme ich nicht aus.« Es ist das Endgefühl, das auch den großen Friedrich zu Grabe geleitete.

Kap-Kairo   Wenige Monate nach Bismarcks Abgang wurde der »Sansibarvertrag« abgeschlossen, worin die deutsche Regierung von der englischen Helgoland erwarb und dafür Witu, Uganda und die Anrechte auf Sansibar, einen der wichtigsten ostafrikanischen Handelsplätze, abtrat. Daß dies für Deutschland ein sehr unvorteilhafter Handel war, ist von zwei allerersten Kapazitäten in afrikanischen Dingen, einer deutschen und einer englischen, ausgesprochen worden: Peters bemerkte, das Reich habe zwei Königreiche gegen eine Badewanne eingetauscht, und Stanley sagte, es habe für eine neue Hose einen alten Hosenknopf bekommen. Ihnen schloß sich Bismarck an, der die Preisgabe eines so ausgedehnten Gebietes mißbilligte und im Besitz Helgolands nur die Nötigung erblickte, aus ihm ein Gibraltar zu machen: bisher sei es für den Fall einer französischen Blockade der deutschen Küsten durch die englische Flagge gedeckt gewesen; eine Auffassung, die natürlich mit einer französisch-englischen Entente noch nicht rechnet, zugleich aber zeigt, daß Bismarck durchaus nicht ohne Verständnis für die Interessen des kolonialen Imperialismus war, wie immer wieder axiomatisch behauptet worden ist.

Der Imperialismus ist, wie alle großen politischen Neuorientierungen, eine englische Erfindung. »*Empire and extension*« lautete die zauberkräftige Devise der achtziger und neunziger Jahre. Ihr Sänger war Rudyard Kipling, ihr Inseratenchef der Zeitungsfürst William Northcliffe. Damals tauchte zum

1578

erstenmal vor der britischen Phantasie der Gedanke eines ungeheuren transafrikanischen Reichs empor, der erst durch den
Weltkrieg seine Verwirklichung gefunden hat. Die Marschroute
lautete Kap-Kairo. Die erste Etappe bildete die Besitzergreifung
der Nilmündungen. Um die Wende der achtziger Jahre legte
Cecil Rhodes, einer der gewaltigsten Konquistadoren der ausgehenden Neuzeit, Beschlag auf Rhodesia und andere riesige
Landstriche im Süden des Erdteils. Zwischen 1896 und 1898 eroberte Kitchener, eine Art moderner Cortez, den anglo-ägyp-
tischen Sudan, auf zusammenlegbaren Dampfschiffen, Feldeisenbahnen, improvisierten Heerstraßen ebenso behutsam wie
energisch vordringend. Dies führte 1898 zum Faschodakonflikt.
Der Hauptmann Marchand, der den Engländern zuvorkom-
men wollte, hißte bei Faschoda am oberen Nil die französische
Flagge. Kitchener forderte die Räumung des Platzes. Als Marchand sich weigerte, erschien ein britisches Geschwader vor
Tunis. Eine kriegerische Auseinandersetzung zwischen den beiden größten Kolonialmächten schien unmittelbar bevorzuste-
hen. Aber Frankreich war zur See nicht gerüstet und wich zurück.

An der Südspitze Afrikas besaß England bereits das Kapland, das es während der Napoleonischen Kriege an sich gebracht hatte; nördlich davon aber bestanden noch große holländische Freistaaten, in deren Gebiet Gold- und Diamantfelder
lagen. Die Bewohner der »Burenrepubliken« waren richtige
Bauern mit allen Tugenden und Mängeln ihres Standes, dabei strenggläubige Kalvinisten von der ganzen Tapferkeit und
Härte ihrer Konfession. Der Krieg, der 1899 ausbrach, setzte
zur allgemeinen Überraschung Europas mit großen Siegen der
Buren ein; diese aber waren zu schwerfällig und ungeschult, um
sie in vernichtender Offensive auszunützen; gleichwohl hielten
sie sich in zähem Kleinkrieg zweieinhalb Jahre gegen die Übermacht. Im Frieden von Pretoria verloren sie zwar ihre Unab-

hängigkeit, erhielten aber eine allgemeine Amnestie, zinsfreie Vorschüsse für den Wiederaufbau ihrer Gehöfte, Bürgschaften für die Erhaltung der holländischen Sprache und Zusicherung der Autonomie, die 1906 in Kraft trat; 1910 wurde ganz Südafrika Bundesstaat mit eigenem Parlament. England herrschte nun im Norden und im Süden. Dazwischen aber lag als Keil Deutsch-Ostafrika.

Auch Italien hatte versucht, sich am Ostrand Afrikas einzunisten, indem es die Kolonien Eritrea (am Roten Meer) und Somalia gründete. Zwischen diesen lag Abessinien, dessen Besitz erst dem Länderkomplex eine ernsthafte wirtschaftliche und politische Bedeutung verliehen hätte. 1889 proklamierten die Italiener ihr Protektorat über dieses Reich, aber 1896 wurden sie vom abessinischen Kaiser bei Adua entscheidend geschlagen, was den Sturz Crispis zur Folge hatte.

Nord-amerika Bisher hatte es als selbstverständliches Axiom gegolten, daß nur die europäischen Mächte ein Recht auf Kolonien hätten. Im spanisch-amerikanischen Krieg, der 1898 ausgefochten wurde, meldeten sich aber auch die Vereinigten Staaten als imperialistische Macht. Seine Ursache war die Insel Kuba, die »Perle der Antillen«, deren reiche Zucker-, Kaffee- und Tabakplantagen die Union zu besitzen wünschte. Der Kampf endete mit einer vollständigen Niederlage Spaniens, das, mit elenden Geschützen und vorsintflutlichen Fahrzeugen ausgerüstet, dem Gegner zu sehr billigen Seesiegen verhalf, aber auch, was man nicht erwartet hätte, zu Lande versagte. Die Vereinigten Staaten »befreiten« nicht bloß Kuba und Portorico, sondern annektierten auch, gegen den Willen der Eingeborenen, die asiatischen Philippinen, was eine offenkundige Durchbrechung des Monroeprinzips war, denn dieses kann selbstverständlich nur so ausgelegt werden, daß Amerika sich, wie es keine Einmischung außeramerikanischer Mächte duldet, auch seinerseits jedes Eingriffs in fremde Erdteile enthält. Es war, wenn man sich den Mittelmeerschauplatz zum planetarischen erweitert denkt, eine ähnliche welthistorische Entscheidung, wie sie im Jahr 264 vor Christus die Regierung der »Vereinigten Staaten Mittelitaliens« traf, als sie sich entschloß, auf Sizilien hinüberzugreifen. Ob die weitere Entwicklung so weit analog verlaufen wird, daß sie mit einer nordamerikanischen Weltherrschaft endet, ist nicht abzusehen; lange und große Auseinandersetzungen von der Art der Punischen Kriege werden aber kaum zu vermeiden sein.

Denn schon war am Horizont ein neues Karthago erschie-   *Ostasien*
nen. Der Eintritt Japans in die Weltpolitik ist eines der wichtigsten äußeren Ereignisse der neuesten Zeit. Bis zum Jahr 1868 war Japan ein mittelalterlicher Feudalstaat, dessen Bevölkerung sich fast ausschließlich der Agrarwirtschaft und der Hausmanufaktur widmete, beherrscht von einer hierarchisch gegliederten Aristokratie: an der Spitze standen die Shogune oder Kronfeldherren, deren Gewalt etwa der der Hausmeier der Merowingerzeit entsprach, diesen zunächst die Daimyos oder Territorialherren, gestützt auf die Kaste der Erbkrieger oder Samurai; der Tenno oder Mikado war, als bloßes religiöses Oberhaupt, ohne Einfluß auf die Regierung. In jenem Jahr nahm sich der junge Kaiser Mutsuhito die politische Macht zurück, die der Tenno schon tausend Jahre früher vor der Herrschaft der Shogune besessen hatte, und verwandelte das Staatswesen zunächst in einen zentralisierenden Absolutismus mit organisierter Bürokratie und stehendem Heer, wie er sich in Europa im siebzehnten und achtzehnten Jahrhundert ausgebildet hatte. 1889 erließ er eine Konstitution. Binnen weniger Jahrzehnte wird der Läufer vom Telegraphen, die Sänfte vom Expreßzug, die Barke vom Großdampfer abgelöst, das Münzwesen, die Rechtspflege, der Kalender europäisiert, der Impfzwang, der Schulzwang, die Gewerbefreiheit, die allgemeine Wehrpflicht eingeführt, die Industrie und die Armee nach

deutschem Muster vollkommen modernisiert. Japan hat innerhalb eines Menschenalters die Entwicklung vom fränkischen Lehensstaat über den bourbonischen Polizeistaat und die friderizianische Aufklärung zum demokratischen Imperialismus Chamberlains und Roosevelts und vom Sichelschwert zum Maschinengewehr, vom Analphabetismus zur Setzmaschine zurückgelegt: ein »Schnellsiederkurs«, der ebensosehr Bewunderung wie Bedenken erregt. Es liegt in dieser grenzenlosen Aufnahmebereitschaft und Anpassungsfähigkeit etwas Feminines, und es regt sich der Verdacht, daß die japanischen Musterleistungen vielleicht ebensoviel wert sind wie die ebenfalls fast immer vorzüglichen Prüfungsergebnisse der Gymnasiastinnen und Doktorandinnen. Bis dahin hatte Japan mit ebenso gewandter Kopierkunst die chinesische Kultur abgeschrieben.

Das japanische Volk, mit zahlreicher Nachkommenschaft, aber nicht allzu reicher Bodenproduktion gesegnet, blickte mit begreiflicher Begehrlichkeit nach den Eisen- und Kohlenschätzen der Mandschurei, den Reis- und Baumwollfeldern Koreas. Der unvermeidliche Zusammenstoß mit China erfolgte 1894. Er begann mit der Besetzung Koreas, das zwar dem Namen nach ein unabhängiger Pufferstaat war, von jeher aber in die chinesische Einflußsphäre gehört hatte. Die Chinesen entsandten ein Heer und eine Flotte, wurden aber, da sie an moderner Ausrüstung und Ausbildung mit den Japanern nicht entfernt wetteifern konnten, vollständig besiegt und mußten im Frieden in Shimonoseki nicht bloß Korea preisgeben, sondern auch die große Insel Formosa und Port Arthur mit der Halbinsel Liaotung, den Schlüssel zum Gelben Meer, abtreten und außerdem eine hohe Kriegsentschädigung zahlen. Nun aber begann sich Europa einzumischen. Die Kabinette von Paris, Berlin und Petersburg erhoben gemeinsam Einspruch und erzwangen die Rückgabe Port Arthurs. Auch die koreanische Frage blieb ungelöst. Hingegen erreichte Rußland von

China die Erlaubnis zum Bau und militärischen Schutz einer Eisenbahn durch die Mandschurei und die »Verpachtung« Port Arthurs und der Halbinsel Liaotung, während in ähnlicher Form das gegenüberliegende Weihaiwei an England, Kuangtschouwan an Frankreich und Kiautschou an Deutschland fiel. So war nicht nur Japan um die wertvollsten Früchte seines Sieges gebracht worden, sondern auch China hatte durch seine Beschützer größere Verluste erlitten als durch den Feind. Die Hauptlast des ostasiatischen Hasses hatte aber Deutschland zu tragen, da der Kaiser in höchst ungeschickter Weise sich bei diesem gemeinsamen Piratenstück in den Vordergrund drängte und deplacierte Phrasen vom Schutz vor der gelben Gefahr und der Wahrung der heiligsten Güter einmischte. Bismarck hielt mit seiner Kritik nicht zurück.

Die Volkswut gegen die »weißen Teufel« kam im Aufstand des »Faustbunds« zum Ausbruch, einer über ganz China verbreiteten Geheimorganisation fanatischer Nationalisten, die, weil sie sich für den bevorstehenden Kampf gegen die Fremden durch Leibesübungen zu stählen suchten, von diesen spottweise die Boxer genannt wurden. Die Episode ging rasch vorüber, wiederum von pathetischen Drohreden des deutschen Kaisers begleitet, deren Akzent zum Anlaß in keinem Verhältnis stand. Sehr im Gegensatz zu dieser von Indianerromantik beeinflußten Politik stand die kluge und kühle Haltung Englands, das, aus den Gegebenheiten die praktischen Konsequenzen ziehend, zu einer Allianz mit Japan schritt. Es war dies das erste formelle Bündnis Englands seit dem Krimkrieg. 1902 garantierten die beiden Mächte einander den ostasiatischen Besitzstand; für den Fall, daß der Schutz dieser Interessen zu einem Krieg mit einem dritten Staat führen sollte, versprachen sie einander wohlwollende Neutralität, für den Fall eines Angriffs durch zwei Gegner Hilfeleistung. Dieser Vertrag war ganz offenkundig gegen Rußland, im weiteren aber auch gegen

Frankreich gerichtet, das allein unter jener »zweiten Macht« verstanden werden konnte.

Russisch-Japanischer Krieg

Eine kriegerische Auseinandersetzung zwischen Rußland und Japan konnte in der Tat nur mehr eine Frage der Zeit sein, seit die Petersburger Regierung einen japanischen Ausgleichsvorschlag, wonach Korea den Japanern, die Mandschurei den Russen zufallen sollte, brüsk zurückgewiesen hatte; eine sehr törichte Handlungsweise und nur durch unbelehrbaren moskowitischen Hochmut erklärbar, denn der unangefochtene Besitz der Mandschurei wäre für Rußland ein unschätzbarer Gewinn gewesen, während Korea von rein seestrategischer Bedeutung war, als Bindeglied zwischen den beiden östlichen Haupthäfen Port Arthur und Wladiwostock. Die Verhältnisse drängten zur Eile, denn nur solange die transsibirische Bahn, die Moskau mit Wladiwostock verband, noch eingleisig war, hatten die Japaner einige Aussicht, nicht gegen eine erdrückende Übermacht kämpfen zu müssen. Sie richteten daher im Januar 1904 an Rußland das unannehmbare Ultimatum, die Mandschurei zu räumen und die japanische Vorherrschaft in Korea anzuerkennen. Eine besondere Kriegserklärung erfolgte von keiner der beiden Seiten.

Der Russisch-Japanische Krieg hatte wenig Ähnlichkeit mit den bisherigen, am ehesten noch mit dem Sezessionskrieg. Seine unterscheidenden Hauptmerkmale waren die lange Dauer der Schlachten und die Eingrabungstaktik, von der in bescheidenem Umfange bereits die Buren Gebrauch gemacht hatten: die Japaner bedienten sich auch schon beim Angriff des Spatens, unter dem Schutz überlegener Artillerie. Neu war auch die Verwendung des Maschinengewehrs, das Vorrücken in Nachtmärschen, das bisher nur in besonders dringenden Fällen stattgefunden hatte, und die Minentechnik beim Festungskrieg, die, seit der Türkenzeit außer Gebrauch, nun in moderner Form wieder auflebte: ohne sie wäre Port Arthur nicht zu bezwingen gewesen. Der japanische Sieg ist auf die Unfähigkeit des russischen Generalstabs zurückzuführen, ferner auf die Tatsache, daß Rußland nicht ernstlich glaubte, der Gegner werde sich in einen so gefährlichen Kampf wagen, und daher ungenügend vorbereitet war, vor allem aber auf die heroische Begeisterung, mit welcher die Japaner in diesen Krieg gingen, von dem ihre ganze Zukunft abhing. Die Ethik des »Bushido«, des »Ritterwegs«, eigentlich der Ehrenkodex der alten Feudalen, dessen Hauptgebot lautete: »Lieber schön sterben als unwürdig leben«, war tief ins Volk gedrungen. Für Rußland hingegen war es kein Nationalkrieg, der Muschik wußte überhaupt nicht, worum es sich handelte.

Die strategische Hauptaufgabe der Japaner bestand darin, auf Liaotung und Korea genügend Truppen zu landen, Port Arthur einzuschließen und die Russen am Entsatz zu verhindern. Zur Sicherung der Transporte überfiel der Admiral Togo die im Hafen von Port Arthur versammelte russische Flotte und brachte ihr schwere Verluste bei; den Rest zwang er durch Streuminen zur Untätigkeit. Nachdem die erste japanische Armee unter General Kuroki ausgeschifft war, drängte sie die Russen über den Yalu, den Grenzfluß zwischen Korea und der Mandschurei. Diese verstärkten sich in befestigter Stellung bei Liaoyang, wurden aber von drei konzentrisch vereinigten Armeen des Marschalls Oyama in zehntägigem Kampf geschlagen. Ein Versuch der Russen, zum Angriff überzugehen, führte zur Schlacht am Tshaflusse, die unentschieden blieb. Inzwischen hatte der vom Zaren befohlene Durchbruch der Flotte mit dem Verlust der ausgelaufenen Schiffe geendet, die teils auf neutralem Gebiet desarmiert wurden, teils den Japanern in die Hände fielen. Am 1. Januar 1905 fiel Port Arthur, wodurch die Belagerungsarmee des Generals Nogi frei wurde; aber auch die Russen hatten Zuzüge über Sibirien erhalten. Ende Februar kam es zur vierzehntägigen Entscheidungsschlacht bei Mukden, in der noch mehr Truppen gegeneinander rangen als bei Königgrätz. Sie endete mit dem Rückzug der Russen, die von Nogi überflügelt wurden. Für diese bestand nun die einzige strategische Möglichkeit in der Absendung ihrer Ostseeflotte, durch deren Eingreifen sie hoffen durften, die Japaner am Transport weiterer Truppen und der Verproviantierung der bereits gelandeten zu verhindern, um sie dann mit der erdrückenden Übermacht der sich stetig auffüllenden mandschurischen Heere zu zermalmen. Das Baltische Geschwader hatte jedoch den ungeheuren Weg von Libau bis Ostasien zurückzulegen: ein Teil der Schiffe nahm die Route über das Mittelmeer durch den Suezkanal, das Gros segelte sogar um das Kap der Guten Hoffnung; bei Madagaskar vereinigten sie sich. Als sie ankamen, waren sie vollkommen kampfunfähig und erlitten eine furchtbare Niederlage: von den achtunddreißig Schiffen wurden fünfunddreißig versenkt, erobert oder entwaffnet. Die inzwischen ausgebrochene russische Revolution gefährdete auch den Nachschub zu Lande.

Indessen befand sich auch Japan am Ende seiner Kräfte: seine wirtschaftlichen und militärischen Mittel waren nahezu erschöpft, die ältesten Jahrgänge bereits eingestellt, Kriegskredite kaum mehr aufzubringen. Infolgedessen nahmen beide Parteien die Vermittlung des Präsidenten Roosevelt an. Im Frieden von Portsmouth zahlte Rußland keine Kriegsentschädigung, zedierte den Japanern Liaotung und die südliche Hälfte der Insel Sachalin und erkannte ihr Protektorat über Korea an; in der Mandschurei trat China wieder in seine alten Rechte ein, von der Eisenbahn kam der nördliche Teil unter russische, der südliche unter japanische Verwaltung. Dies waren im Verhältnis zu den ungeheuren Opfern nur magere Erfolge. Außerordentlich war jedoch der moralische Gewinn, den das japanische Reich aus dem Kriege davontrug: es zählte von nun an als achte Großmacht, was seine äußere Dokumentierung in der Errichtung von

1586

Botschaften fand, und galt als unbestrittene Vormacht Ostasiens. England erneuerte das Bündnis unter noch günstigeren Bedingungen, indem die beiden Partner nunmehr gegen jeden nicht herausgeforderten Angriff auch einer einzelnen Macht einander bewaffnete Hilfe zusicherten. Hierdurch erhielt Japan freie Hand in Korea: 1910 wurde der Kaiser zur Abdankung gezwungen und das Land in aller Form annektiert. Der Vertrag schützte aber auch umgekehrt England vor jedem russischen Angriff in Indien. Hätte Deutschland nach dem Chinesisch-Japanischen Krieg eine einigermaßen geschicktere Haltung eingenommen, so hätte es leicht an die Stelle Englands treten und eine ähnliche Rückendeckung erlangen können, denn bis dahin hatten bei den Japanern begeisterte Sympathien für das deutsche Volk geherrscht, das ihr militärischer und wissenschaftlicher Lehrmeister gewesen war. Einen Zweifrontenkrieg gegen Deutschland und Japan hätte Rußland, einen Angriff auf Deutschland hätten die Westmächte allein niemals wagen können; womit die ganze Entente von Osten her aufgerollt worden wäre.

Nach-bismarcki-sche Welt-politik

Das russisch-französische Militärabkommen vom Jahr 1891, in dem der Zweibund zum erstenmal greifbare Gestalt gewann, war damals noch fast ebensosehr gegen England gerichtet, das der gefährlichste Nebenbuhler Rußlands in China und Vorderasien, Frankreichs in Afrika war: besonders die letztere Rivalität führte fast alljährlich zu ernsten Reibungen. Sie wurden jedoch, unmittelbar nach dem Faschodakonflikt, durch den Sudanvertrag vom Jahr 1899 beseitigt, worin das westliche Nordafrika für französische, das östliche für englische Interessensphäre erklärt wurde. Hierdurch nervös gemacht, meldete Rom neuerlich seinen Anspruch auf Tripolis an, dessen Anerkennung es auch im darauffolgenden Jahre von Frankreich, für den Fall einer »Tunisierung« Marokkos, erreichte; was den Wert des Dreibunds für Italien, das ihn hauptsächlich im Hinblick auf seine afrikanischen Ambitionen geschlossen hatte, sehr herabsetzen

1587

mußte. Alsbald folgte denn auch, im Jahr 1902, ein Rückversicherungsvertrag Italiens mit Frankreich nach deutsch-russischem Muster, in dem der Republik strikte Neutralität zugesichert wurde, aber nicht bloß für den Fall, daß sie angegriffen werden sollte, sondern auch »wenn sie durch Herausforderung zum Schutz ihrer Ehre und Sicherheit zur Kriegserklärung gezwungen würde«: also auf *jeden* Fall; womit der Dreibund nahezu illusorisch gemacht war.

Eine Gelegenheit zu vorteilhafter Umgruppierung und Sprengung der französisch-russischen Umklammerung ließ sich Deutschland während des Burenkrieges entgehen. Als Präsident Krüger hilfesuchend Europa bereiste, wurde er bei seiner Landung in Marseille bejubelt und in Paris aufs ehrenvollste aufgenommen, auch in Moskau und Petersburg kam es zu großen antienglischen Kundgebungen. Infolge dieser Volksstimmungen erwogen Frankreich und Rußland den Gedanken, einen gemeinsamen Druck der Kontinentalmächte auf England auszuüben, und versuchten, sich zu diesem Zweck mit der deutschen Regierung ins Einvernehmen zu setzen. Diese lehnte aber ab und bewahrte dadurch England vor einer katastrophalen diplomatischen Niederlage. Läßt sich jedoch hier immerhin noch fragen, inwieweit die freundschaftliche Gesinnung, was wenigstens Frankreich anlangt, aufrichtig war, oder doch, wie lange sie es geblieben wäre, so muß das Verhalten gegenüber den völlig ehrlich und ernst gemeinten Angeboten, die von seiten Englands erfolgten, schlechterdings unbegreiflich erscheinen. Gegen Ende des Jahrhunderts begann nämlich England die Politik der *splendid isolation* zu verlassen und einen »Kontinentaldegen« gegen Rußland zu suchen. Hierfür empfahl sich an erster Stelle Deutschland. 1895 bot Salisbury: Eintritt Englands in den Dreibund und Teilung der Türkei, wobei Deutschland die Gebiete Anatoliens, einstige Stätten blühendster Kultur und riesige Aufnahmebecken für Bevölkerungsüberschüsse, zugefallen wären. 1898 und 1899 wiederholte England den Bündnisantrag, unter Hinzufügung der atlantischen Küste von Marokko. 1901 trat es noch einmal an Deutschland heran, diesmal in der allervorteilhaftesten Form, indem es schon mit großer Wahrscheinlichkeit den Eintritt Japans in die Koalition in Aussicht stellen konnte. Ein englisch-deutsch-japanischer Block hätte die Diktatur über den Planeten bedeutet und Deutschland eine ähnliche Vormacht im Dreibund verschafft, wie sie Preußen im Norddeutschen Bund besessen hatte. Aber alle vier Angebote wurden abgelehnt. Chamberlain sagte: »Ich habe ganz den Mut verloren. Mit den Leuten in Berlin will ich nichts mehr zu tun haben. Wenn sie so kurzsichtig sind, nicht zu bemerken, daß eine ganz neue Weltkonstellation von ihnen abhängt, so ist ihnen einfach nicht zu helfen.« Es kann keinem Zweifel unterliegen, daß Bismarck mit beiden Händen zugegriffen hätte: er suchte stets verzweifelt nach tragfähigen Koalitionen. Zur Zeit seiner Kanzlerschaft stand ihm nur Rußland zur Verfügung, das für eine enge Allianz zu präponderant und präpotent war, während Österreich und Italien umgekehrt keinen genügend starken Druck auf die Waagschale des europäischen Gleichgewichts auszuüben vermochten. England aber wollte damals noch keine Bündnisse. Die Bedenken der deutschen Regierung entsprangen schwachsichtigem Dilettantismus und überspitztem Bürokratismus. Daß die Anträge Englands durchaus seriös zu nehmen waren, geht schon ganz einfach aus der Tatsache hervor, daß eine solche Gruppierung ihm mindestens ebenso große Vorteile geboten hätte wie Deutschland: es bestand zwar schon um die Wende des neunzehnten Jahrhunderts die Handelsrivalität, die später zur Einkreisung geführt hat, aber diese wäre von Großbritannien gern und leicht ertragen worden als Kaufpreis für die fast völlige Ausschaltung des viel gefährlicheren und expansiveren russischen Imperialismus und die Lahmlegung Frankreichs in

Afrika und Indochina. Als Bundesgenosse war ein zaristisches
Rußland (und nur mit einem solchen konnte man damals rechnen) weit kostspieliger als Deutschland, auch für den Fall eines
siegreichen Krieges, denn es hätte dann keinesfalls auf Gesamt-
polen und Konstantinopel verzichtet, wodurch es zur erdrük-
kenden europäischen Vormacht und einer dauernden Bedrohung Ägyptens geworden wäre. In Deutschland aber hätte man
einsehen müssen, daß für keine Macht der Welt die Möglichkeit besteht, gleichzeitig gegen England und Rußland zu reüs-
sieren, was verkannt zu haben der größte, ja vielleicht einzige
politische Fehler Napoleons gewesen war. Prinzipiell ist Rußland überhaupt unbesieglich. Nach Clausewitz besteht der
Zweck des Krieges darin, »den Gegner niederzuwerfen und
dadurch zu jedem ferneren Widerstand unfähig zu machen«;
hierzu genüge es nicht, daß die Streitkraft vernichtet werde,
sondern das Land müsse erobert werden, »denn aus dem Lande
könnte sich eine neue Streitkraft bilden«. Daß dies bei einem
Mammutreich, für das der riesige europäische Abschnitt nur
ein Glacis bedeutet, undurchführbar ist, bedarf keiner Erörterung. Rußland ist seit seinem Eintritt in die Weltpolitik fast
immer entscheidend geschlagen worden (die Schlacht bei Pultawa ist der einzige größere Sieg in der neueren Geschichte)
und hat dabei seine Grenzen ununterbrochen erweitert; es war
nur durch innere Kräfte niederzuringen. Auch im japanischen
Kriege war es ja nur durch den Ausbruch der Revolution zum
Friedensschluß genötigt worden. England hinwiederum wäre
nur durch den festen Zusammenschluß aller kontinentalen
Großmächte zu besiegen gewesen, eine Konstellation, die es
immer gefürchtet und immer vereitelt hat, indem es stets umgekehrt eine europäische Koalition gegen die jeweils stärkste
Kontinentalmacht zustande brachte. Inzwischen aber hatte
sich die Situation von einer europäischen zur planetarischen erweitert, und hier bot zweifellos ein Bündnis mit Deutschland

und Japan die festesten Garantien gegen ein Hinausgreifen der beiden Landkolosse Rußland und Nordamerika in die Weltmeere. Aber auch vom völkerpsychologischen Standpunkt gewährte eine Allianz mit dem durch Rasse, Weltanschauung, Zivilisationsform nahe verwandten Deutschland mehr Aussicht auf Bestand als die Liaison mit der autokratischen und reaktionären, im Falle einer Revolution völlig unberechenbaren und auf jeden Fall kulturell und ethisch artfremden Ostmacht. Die dauernde Brücke hätte Holland gebildet, das schon mehrfach eine Zollunion mit Deutschland erwogen hatte. An die Niederkämpfung einer »germanischen« Front, die von den Shetlandinseln über die Rhein- und Maasmündungen bis Basel gegangen wäre, hätte Frankreich niemals auch nur denken können; und der Eintritt der Niederlande in den deutschen Reichsverband hätte auf Jahrhunderte die Kolonialfrage gelöst. Es wäre, um es mit einem Worte zu bezeichnen, *das Europa Carlyles* gewesen. Durch ein deutsch-englisches Bündnis wäre aber auch die italienische Frage definitiv gelöst worden. Es war niemals ein Geheimnis, daß Italien infolge seiner exponierten Seelage nur an der Seite Englands kämpfen konnte, unter gewissen Umständen sogar kämpfen mußte. Eine Drehung der Irredentafront von Osten nach Westen hätte Italien nur Vorteile gebracht: eine antifranzösische Liga hatte Tunis und Algier, Nizza und Korsika zu bieten, Besitzungen, die an Wert Triest und Trient bedeutend überragt hätten, und eine vernünftige österreichische Regierung hätte übrigens auch auf Welschtirol verzichten können, das auf die Dauer ja doch nicht zu halten war, wenn ihr dafür entsprechende Kompensationen auf der Balkanhalbinsel zugefallen wären. Auf jeden Fall wäre dann der von Bismarck gewünschte italienische Trommler auf den Alpen am Platze gewesen, und der Schlieffenplan wäre nicht gescheitert. Dieser war ganz darauf gestellt, daß der rechte deutsche Umfassungsflügel unüberwindlich stark war.

Zwei Momente vereitelten dies: die Gefühlsstrategie Kaiser Wilhelms, der zwei Armeekorps herausnahm und nach dem gefährdeten Ostpreußen schickte, wo sie *nach* dem Sieg von Tannenberg eintrafen, also gar nicht mehr nötig waren, und die unbedingte Neutralität Italiens, die es Joffre ermöglichte, die Beobachtungskorps vom Süden abzuziehen und zu einer überraschenden Gegenumfassung zu verwenden, wodurch das »Marnewunder« zustande kam. Hätten nun auch noch die britischen Hilfstruppen an der Westfront gefehlt, so wäre ein Riesensedan vollkommen unvermeidlich gewesen. Überhaupt rechnete der Schlieffenplan immer mit der Neutralität Englands; diese zu sichern wäre eben Sache einer von langer Hand vorbereiteten Bündnisdiplomatie gewesen.

Tripel-
entente
Der Geburtstag der Tripelentente ist der 8. April 1904, der das französisch-englische Abkommen brachte: darin wurde die Verständigung über Afrika in bindender Form erneuert und Frankreich die *»tunification«* oder, wie man sich noch euphemistischer ausdrückte, *»pénétration pacifique«* Marokkos zugestanden, Deutschland als *quantité négligeable* behandelt, was ein Jahr später zur ersten Marokkokrise führte: Kaiser Wilhelm landete ostentativ in Tanger; auf der Algeciraskonferenz wurde ein Arrangement getroffen, das niemand befriedigte. Der Petersburger Vertrag vom Jahr 1907, worin Nordpersien als russische, Ostpersien mit Afghanistan als englische Einflußsphäre erklärt wurde, bereinigte die Differenzen zwischen England und Rußland in ähnlicher Weise wie die englisch-französischen: das »herzliche Einvernehmen« war komplett. Bei einer Zusammenkunft, die im darauffolgenden Jahre zwischen Eduard dem Siebenten und Nikolaus dem Zweiten stattfand, wurden noch viel weitergehende weltpolitische Dispositionen getroffen: es wurde akkordiert, daß Rußland Konstantinopel und die Meerengen, England freie Hand in Ägypten, Arabien, Mesopotamien, Persien erhalten solle, also: Rußland im Mittel-

meer herrschend, England vom Nil bis Indien, im Besitz der Landbrücke Kairo–Kalkutta, die in den großartigen Plänen des britischen Imperialismus als östliches Pendant zur Südlinie Kairo–Kapstadt gedacht war; ganz offenbar war in der Kombination Rußland an die Stelle Deutschlands getreten. Im nächsten Jahr trafen sich der Zar und der König von Italien in Racconigi, wo dieser in die Öffnung der Dardanellen, jener in die Besetzung Tripolitaniens willigte; ganz offenbar bröckelte Italien ab, das nunmehr mit allen drei Ententemächten in freundschaftlichen Beziehungen stand: mit Frankreich durch den Neutralitätsvertrag von 1902, mit England laut ausdrücklichem Vorbehalt im Dreibundvertrag. 1911 kam es zur zweiten Marokkokrise: Frankreich nahm einen Aufstand gegen den Sultan zum Vorwand, um in Fez einzurücken. Wiederum erschien ein deutsches Schiff, das Kanonenboot »Panther«, drohend vor der Küste. Es scheint, daß England damals zum Kriege entschlossen war: der englische General French inspizierte die nordfranzösischen Befestigungen, die englische Flotte wurde auf Kriegsfuß gesetzt, die englische Großfinanz inszenierte einen Run auf die deutschen Banken, die Landung von 150000 Mann britischer Truppen in Belgien ist zumindest erwogen worden. Da aber Rußland, das soeben erst mit Deutschland ein Abkommen über Persien getroffen hatte, sich reserviert verhielt, kam noch einmal ein Ausgleich zustande: Deutschland erhielt als Kompensation eine ansehnliche, aber sumpfige Partie des französischen Kongo zur Abrundung seiner Kamerunkolonie. Sowohl die deutschen wie die französischen Nationalisten waren enttäuscht: diese, weil sie fanden, daß dadurch der Besitz in Mittelafrika zerschnitten sei, der ein französisches Brasilien hätte werden können, jene, weil sie auf Westmarokko oder zumindest den ganzen französischen Kongo gehofft hatten.

Eine Art Generalprobe der Einkreisung, die nur noch nicht vollkommen funktionierte, war die Annexionskrise vom Jahr

Annexionskrise

1593

1908. Das jungtürkische »Komitee für Einheit und Fortschritt« hatte von Sultan Abd ul Hamid die Verfassung erzwungen. Der neue nationalistische Kurs bewirkte eine straffere Auffassung des Verhältnisses zu Bulgarien, das nominell noch Tributärstaat war, und zum »Okkupationsgebiet«: man plante, für Bosnien und die Herzegowina Wahlen ins türkische Parlament ausschreiben zu lassen. Die Folge war, daß Österreich-Ungarn, ohne sich vorher mit den Signatarmächten ins Einvernehmen gesetzt zu haben, die Annexion der beiden Länder aussprach und an demselben Tage Bulgarien als unabhängiges Königreich proklamiert wurde. Die Türken antworteten mit dem Boykott der österreichischen Waren und Schiffe; Serbien verlangte als Kompensation eine »Luftröhre« ans Adriatische Meer; auch in Italien herrschte große Erregung, und österreichische Truppen erschienen im Trentino; die Tschechen veranstalteten Sympathiedemonstrationen, die Kaiser Franz Joseph nötigten, am Tage seines sechzigjährigen Regierungsjubiläums den Ausnahmezustand über Prag zu verhängen. Aber Deutschland trat energisch hinter Österreich, und da sich Frankreich in der Rüstung nicht weit genug, Rußland durch den japanischen Krieg noch zu geschwächt fühlte, mußte Serbien zurückweichen, indem es in einer offiziellen Erklärung die Annexion anerkannte und sich verpflichtete, »die Haltung des Protestes und Widerstandes aufzugeben«. Andrerseits verzichtete Österreich auf sein Besatzungsrecht im Sandschak Novibasar und erstattete ihn an die Pforte, die außerdem eine Geldabfindung erhielt, zurück, womit es nicht nur die Tür nach Saloniki preisgab, sondern auch den Riegel löste, der Serbien und Montenegro im Fall eines gemeinsamen Angriffs auf die Türkei getrennt hätte. Der Regisseur des Coups, Minister des Äußeren Graf Ährental, erwarb sich den Titel eines »österreichischen Bismarck«, und in Petersburg hieß es von jetzt an: der Weg nach Konstantinopel geht über Berlin.

Indes ist weder am Zarenhof noch in Rom und Paris, Wien und Berlin eine einheitliche und zielbewußte Politik gemacht worden, sondern nur in London. Die Neuzeit, die mit der Grundsteinlegung der englischen Seeherrschaft anhebt, schließt mit deren Vollendung. Durch den Weltkrieg erlangte der britische Imperialismus alles, was er sich erträumt hatte: den Länderblock Kap-Kairo-Kalkutta, die Abschaltung Rußlands von Vorderasien, Deutschlands vom Welthandel. Der Geist Bacons und Cromwells, *die wahre Seele der Neuzeit,* triumphierte über die Erde, wobei ihm nur ein einziger Rechenfehler unterlief: daß im Augenblicke seines höchsten Sieges die Neuzeit zu Ende war.

Dieses Weltbild erreichte seine konsequenteste Formulierung um die Wende des neunzehnten Jahrhunderts im Pragmatismus. Er nahm seinen Ausgang von Oxford; sein Hauptvertreter ist der Amerikaner William James, der außer dem 1905 erschienenen Werk *Pragmatism* und religionsphilosophischen Schriften auch eine ausgezeichnete empirische Psychologie verfaßt hat, die beste, die sich überhaupt schreiben läßt. Nach der Auffassung des Pragmatismus ist auch unser theoretisches Denken nur eine praktische Betätigung, eine Form des Tuns und Lassens. Das Kennzeichen der Wahrheit ist ihre Nützlichkeit. »Objektive« Wahrheit ist die Summe dessen, was von der menschlichen Gemeinschaft als nützlich erkannt worden ist. »Die reichere Einsicht unserer modernen Zeit«, sagt James, »hat erkannt, daß unsere inneren Fähigkeiten an die Welt, in der wir weilen, von vornherein angepaßt sind; in dem Sinne, daß sie unsere Sicherheit und Wohlfahrt in ihrer Mitte schützen... Wichtige Dinge erfüllen uns mit Interesse, gefährliche mit Furcht, giftige mit Ekel und notwendige mit Begierde. Kurz: Geist und Welt haben sich gegenseitig entwickelt und passen deshalb zueinander... Die verschiedenen Arten, wie wir empfinden und denken, sind so geworden, wie wir sie kennen, wegen ihres Nutzens für die Gestaltung der Außenwelt.« Diese

Der Pragmatismus

Konzeption ist extrem darwinistisch, puritanisch und merkantilistisch; zudem enthält sie auch ein wenig vom *cant*, dessen Wesen ja darin besteht, das Opportune für das Legitime zu halten. Der Prüfstein für die Richtigkeit unserer Gedanken ist ihr Erfolg: dies ist die Philosophie des Kaufmanns; und ihr Erfolg bei der Majorität: dies ist die Logik der Demokratie; und dieser Erfolg ist prädestiniert: dies ist die Dogmatik des Calvinismus. Kurz, eine Sache ist wahr, weil sie zu mir paßt: dies ist die Metaphysik des Engländers.

Wenn man will, ist dies der höchste Realismus; aber man kann es auch im Sinne eines extremen Idealismus deuten. Dies ist von deutscher Seite geschehen. Für Nietzsche ist »Erkenntnis« nichts als eine Form des Willens zur Macht, »Wahrheit«: was lebenfördernd wirkt oder erscheint; »wir stoßen nie auf Tatsachen«. Und Vaihingers Philosophie des »Als ob«, von der bereits im zweiten Buche gehandelt wurde, erklärt das Denken für ein bloßes »Instrument der Selbsterhaltung« zum Orientieren in der Wirklichkeit, ohne daß es deren Abbild wäre; auch die Vorstellung der dreidimensionalen Ausdehnung ist »ein von der Psyche eingeschobenes fiktives Hilfsgebilde, um das Chaos der Empfindungen zu ordnen«. Erst recht gilt dies von allen religiösen, metaphysischen, ethischen, ästhetischen Vorstellungen. Man kann dasselbe auch optimistischer ausdrücken und sagen: Das gesamte menschliche Leben setzt sich aus Idealen zusammen. Diese sind nicht wirklich, verleihen aber dem Dasein erst seine Weihe. Unser Leben ist Schein, aber sinnvoller Schein oder, mit einem anderen Wort, Spiel. Dies heißt die ganze Welt, auch sich selbst und sein eigenes Tun und Leiden, unter der Optik des Künstlers sehen, und genau dies war die Weltanschauung Schillers. So betrachtet, erscheint Nietzsches Agnostizismus nur als der erhabene *Gegengipfel* des deutschen Klassizismus.

Mach   Noch viel weiter als Vaihinger, der immerhin einräumte, daß der Erfolg unseres praktischen Handelns auf eine gewisse Übereinstimmung zwischen der gedachten und der wirklichen Welt hinweise, ging Ernst Mach, der eigentlich Physiker war und es ausdrücklich abgelehnt hat, für einen Philosophen gelten zu wollen, als solcher aber gleichwohl eine tiefe Wirkung geübt hat. Schon in seiner Geschichte der Mechanik, die der Dühringschen an Klarheit, Gründlichkeit und Stoffreichtum ebenbürtig ist, erwies er sich, und hierin im stärksten Gegensatz zu dieser, als eine Art Freidenker vom andern Ende her, indem er nämlich die Toleranz, die der Liberale irreligiösen Ansichten entgegenzubringen pflegt, umgekehrt gegen Meinungen walten ließ, die von der Aufklärungsdogmatik verdammt werden: ein Mangel an Zelotismus, der sich unter den Priestern der Wissenschaft höchst selten findet. Seine Aufsatzreihe über »die Analyse der Empfindungen und das Verhältnis des Physischen zum Psychischen« erschien 1885 in erster und erst 1900 in zweiter Auflage, der aber dann während der nächsten zwei Jahre drei weitere folgten. Der geistige Stammbaum Machs weist nach England: auf Locke, der die gesamte Erfahrung für einen Komplex von Elementarvorstellungen, *ideas*, und auf Hume, der den Begriff der Substanz aus der gewohnheitsmäßigen Zusammenfassung derselben Merkmale und das Ich für ein bloßes Bündel von Vorstellungen erklärt hatte. »Meine sämtlichen physischen Befunde«, sagt Mach, »kann ich in *derzeit* nicht weiter zerlegbare *Elemente* auflösen: Farben, Töne, Drucke, Wärmen, Düfte, Räume, Zeiten usw.« Also auch die kantischen »reinen Anschauungsformen«, Raum und Zeit, sind für ihn nichts als Empfindungen, denn sie haben, sobald sie in unserer Erfahrung auftreten, immer schon einen bestimmten Ort, eine bestimmte Ausdehnung, eine bestimmte Dauer, setzen sich also einfach aus Elementareindrücken des Gesichts und Getasts zusammen. Räumlich und zeitlich verknüpfte Komplexe von Farben, Tönen, Drucken werden als

Körper bezeichnet und erhalten besondere Namen; absolut beständig sind aber solche Komplexe keineswegs. Als relativ beständig zeigt sich ferner der Komplex von Erinnerungen, Stimmungen, Gefühlen, welcher als *Ich* bezeichnet wird. Die Abgrenzung des Ichs stellt sich instinktiv her, wird geläufig und befestigt sich vielleicht sogar durch Vererbung. Infolge ihrer hohen *praktischen* Bedeutung für das Individuum und die Gattung treten die Zusammenfassungen »Ich« und »Körper« mit elementarer Gewalt auf. Alle Körper sind nur Gedankensymbole für Komplexe von »Elementen«. Vor diesem Standpunkt besteht kein Gegensatz zwischen Welt und Ich, Ding und Empfindung, Physik und Psychologie. Eine Farbe ist ein physikalisches Objekt, wenn wir auf ihre Abhängigkeit von der Lichtquelle achten, ein psychologisches Objekt, wenn wir auf ihre Abhängigkeit von der Netzhaut achten. Der Stoff ist in beiden Fällen derselbe, nur die Untersuchungsrichtung verschieden. Es gibt keine Kluft zwischen Psychischem und Physischem, zwischen Drinnen und Draußen, zwischen innerer Empfindung und äußerem Ding; es gibt nur *einerlei Elemente*, die, je nach der Betrachtung, drinnen oder draußen sind. Die Elemente der *materiellen* Welt heißen in der *psychischen* Welt Empfindungen; Aufgabe der Wissenschaft ist die Erforschung des Zusammenhanges, der gegenseitigen Abhängigkeit *aller* dieser Elemente. Mach spricht hier nicht als Philosoph, sondern als Physiker: »Ich wünsche«, sagt er in einer Fußnote, »in der Physik einen Standpunkt einzunehmen, den man nicht sofort verlassen muß, wenn man in das Gebiet einer anderen Wissenschaft hinüberblickt, da schließlich doch alle ein Ganzes bilden sollen. Die heutige Molekularphysik entspricht dieser Forderung entschieden *nicht*.« In durchaus folgerichtiger Entwicklung dieser Auffassung ersetzt Mach den Ursachenbegriff durch den mathematischen *Funktionsbegriff*: Kausalität ist die funktionelle Abhängigkeit, in der die Elemente zueinander ste-

1598

hen. Der Funktionsbegriff hat gegenüber dem starren Ursachenbegriff den Vorteil, daß er sich jeder neuen Tatsache anzupassen vermag; worin überhaupt nach Mach das Ziel aller Naturwissenschaft besteht. Sie ist Anpassung der Gedanken an die Tatsachen oder *Beobachtung* und Anpassung der Gedanken aneinander oder *Theorie*. Beide sind nicht scharf zu trennen, denn jede Beobachtung ist in gewissem Grade schon Theorie, und jede Theorie fußt auf Beobachtung; »die große scheinbare Kluft zwischen Experiment und Deduktion besteht in Wirklichkeit nicht«. Das Resultat dieser unaufhörlich erweiternden und berichtigenden Arbeit sind die Naturgesetze, die aber, wie Mach in seinem letzten Werk »Erkenntnis und Irrtum« betont und an vielen Beispielen erläutert, nur durch Vereinfachung, Schematisierung, Idealisierung der Tatsachen entstehen.

Philosophiegeschichtlich eingereiht, ist Machs Weltbild die schärfste, durch nichts mehr zu überbietende Zuspitzung des *Nominalismus*, des durchlaufenden Themas der Neuzeit. Dieser hatte gelehrt, unser Seelenleben bestehe nur aus Einzelvorstellungen, die aber als bloße »Zeichen« keinerlei Ähnlichkeit mit den Dingen zu haben brauchen; es sei, wie die englischen Empiristen in Fortführung dieser Doktrin erklärten, ein bloßes Spiel ein- und austretender, sich verbindender und trennender Sensationen: unser Gehirn, sagt Locke sehr anschaulich, ist nichts als ein Audienzzimmer; in ähnlicher Weise behaupteten Condillac und die französischen Enzyklopädisten, alle psychischen Tätigkeiten seien umgeformte Empfindungen. Nun zieht Mach den Schlußstrich, indem er erklärt: es gibt nicht nur keine Begriffe, keine Substanzen, keine apriorischen Anschauungsformen, sondern *überhaupt keine Objekte*, auch keine »den Empfindungen unähnliche«, denn die Objekte sind nichts weiter als die Empfindungen selbst. Zugleich aber ist Mach der klassische Philosoph des *Impressionismus*, indem er keine psychische Realität anerkennt als die »Elemente«, die isolierten Einzeleindrücke, die sozusagen das Abc unserer Erfahrungswelt bilden, als deren letzte und einzige Tatsachen. Es gibt nun offenbar zwei Möglichkeiten: man kann als gewissenhafter »Realist« bei den Elementen stehenbleiben, indem man sich begnügt, sie bloß zu registrieren; und man kann zu buchstabieren versuchen, aber mit dem vollen Bewußtsein, damit eine unverantwortliche Phantasietätigkeit auszuüben, denn *gegeben* sind dem Buchstabierenden als Material nicht mehr die realen Empfindungen a, b, c..., sondern bloß deren ideelle Erinnerungsbilder α, β, γ..., die er zu »Komplexen« (Körpern, Ichgefühlen, Gedanken, Stimmungen und allen übrigen höheren Produkten des Seelenlebens) zusammenfaßt. Genau dies nun sind die zwei polaren Möglichkeiten des Impressionismus, von denen wir im vorigen Kapitel gesprochen haben. Man könnte meinen, daß nur die erstere Form dem Impressionismus wesentlich sei, die letztere hingegen ihm mit aller Kunst gemeinsam; indes besteht auch hier ein großer Unterschied, indem der Impressionismus sich bei seinen Synthesen stets voll bewußt bleibt, daß die Einzelempfindung sein einziges Baumaterial bildet und daß das Gebäude Fiktion ist.

Die Betonung der »Welt als Fiktion« ist das Gemeinsame aller noch so heterogenen philosophischen Richtungen des ausgehenden Jahrhunderts. In Frankreich hat der hervorragende Mathematiker Henri Poincaré den Standpunkt des Pragmatismus sogar für die scheinbar sicherste und allgemeingültigste Wissenschaft, die Geometrie, vertreten. In seinem Buch *La valeur de la science* sagt er: »Wir kennen im Raume gradlinige Dreiecke, deren Winkelsumme gleich zwei Rechten ist. Aber wir kennen auch krummlinige Dreiecke, deren Winkelsumme kleiner als zwei Rechte ist. Den Seiten jener den Namen Gerade geben heißt: die euklidische Geometrie annehmen; den Seiten dieser den Namen Gerade geben heißt: die nichteuklidische Geometrie annehmen... Augenscheinlich wollen wir, wenn wir

sagen, daß die euklidische Gerade eine *wirkliche* Gerade sei, die
nichteuklidische aber nicht, damit nur ausdrücken, daß die erstere Anschauung einem wichtigeren Gegenstande entspricht
als die letztere ... Wenn die euklidische Gerade wichtiger ist als
die nichteuklidische, so bedeutet das hauptsächlich, daß sie von
gewissen wichtigen natürlichen Gegenständen wenig abweicht,
von denen die nichteuklidische Gerade stark abweicht.« Das
System der Mathematik ist eine Konvention: »Es ist weder
wahr noch falsch, es ist bequem.«

Weitaus der einflußreichste französische Philosoph seit   *Bergson*
Comte war jedoch Henri Bergson, für die Vorkriegszeit in
seiner nationalen Wirkung auf Literatur, Kunst, Lebensan-
schauung fast Descartes vergleichbar. Er setzt die Metaphysik
in betonten Gegensatz zur Wissenschaft. Die angestammte
Tätigkeit der positiven Wissenschaft ist die Analyse. Das Verfahren der Analyse besteht darin, daß sie ihren Gegenstand auf
schon bekannte Elemente zurückführt, das heißt also: sie versucht, ein Ding durch etwas auszudrücken, das nicht dieses
Ding selbst ist. Jede Analyse ist also eine Übersetzung, eine
Entwicklung in Symbolen. Das Instrument der Metaphysik ist
die *Intuition*. »Intuition ist jene Art von intellektueller Einfühlung, kraft deren man sich in das Innere eines Gegenstandes
versetzt, um auf das zu treffen, was er an Einzigem und Unaus-
drückbarem besitzt ... Wenn es ein Mittel gibt, eine Realität absolut zu erfassen, anstatt sie relativ zu erkennen, sich in sie hineinzustellen, statt Standpunkte zu ihr einzunehmen, sie ohne
jede Übersetzung und symbolische Darstellung zu ergreifen,
so ist dies die Metaphysik selbst. Die Metaphysik ist demnach
die Wissenschaft, die ohne Symbole auskommen will.« Es gibt
also einen außergedanklichen Weg, die Wirklichkeit zu rekonstruieren, den Weg des unmittelbaren Erlebens. In der Intuition erlebt sich die Seele als ein Wesen, das nicht durch körperliche Vorgänge bedingt ist. Von diesen ist sie in ihren

Empfindungen abhängig; aber schon die Erinnerung, in der die Empfindung reproduziert wird, ist ein rein geistiger Prozeß. Die Seele ist nicht im Raum und in der Zeit, die nur auf die Materie Bezug haben. Raum und Zeit lassen sich quantitativ messen, die Lebensäußerungen der Seele nicht; im Raum herrscht das Nebeneinander, in der Zeit das Nacheinander, in der Seele das Ineinander. Die Seele ist das Reich der *Freiheit*. Es gibt keine Dinge, es gibt keine Zustände, es gibt nur »*actions*«.

Die Zentralmacht erblickt diese dynamische Philosophie in der »Lebensschwungkraft«, dem *élan vital,* der, in einem dauernden schöpferischen Rausch begriffen, stetige Versuche anstellt, um durch den Geist die Materie zu besiegen. Im Menschen hat er sich zum Denken aufgerafft, das dieser aber mit dem Verlust seines Instinkts bezahlen mußte: »Alles geht vor sich, als ob ein Wesen nach Verwirklichung getrachtet und sie nur dadurch erreicht hätte, daß es einen Teil seiner Natur unterwegs aufgab. Diese Verluste sind es, die in der übrigen Tierheit, ja auch in der Pflanzenwelt aufbewahrt sind.« Der Instinkt ist nicht etwa eine niedrigere Form des Verstandes, sondern eine von ihm generell verschiedene Fähigkeit. Sein Erkenntnismittel ist die »Sympathie«, die »Fernwitterung«; im Menschen, insbesondere im Künstler, äußert er sich als Intuition. Für gewöhnlich sorgt der Verstand aus praktischen Gründen dafür, daß aus der dunklen Tiefe des Instinkts nur das ins Bewußtsein tritt, was der Selbsterhaltung dient: der Verstand ist der »Gefängniswärter« der Seele. Nur ein am Existenzkampf Uninteressierter, ein Träumer, ein »Zerstreuter« erfaßt die Wirklichkeit ganz, ohne Abzüge, ohne Entstellungen. Leben heißt: von den Dingen nur den nützlichen Eindruck aufnehmen und durch geeignete Reaktionen darauf antworten. »Zwischen uns und die Natur, ach, was sage ich: zwischen uns und unser eigenes Bewußtsein legt sich ein Schleier, der für den gewöhnlichen Menschen dicht ist, leicht aber und fast durchsichtig für den

Künstler und Dichter. Welche Fee hat diesen Schleier gewoben? War's eine gute; oder war's eine böse?« Auch an Bergson zeigt sich, daß der Pragmatismus die Möglichkeiten zu einer radikalen Künstlerphilosophie in sich birgt.

Im äußersten Gegensatz zu Bergsons Irrationalismus befand sich die »Marburger Schule«, deren Glieder sich, mit geringer Berechtigung, Neukantianer nannten; aber auch zu Mach stehen sie in Antithese. Hatte dieser gelehrt, es gebe nur Empfindungen, so behaupteten sie, es gebe nur Begriffe; diese seien die einzigen Realitäten. Gleichwohl wird sie niemand mit den mittelalterlichen »Realisten« verwechseln, deren Glaube an die Universalien in lebensvoller Frömmigkeit wurzelte, während der ihre aus seichtem Verstandeshochmut floß. Ihr Haupt war Hermann Cohen. In seiner *Logik der reinen Erkenntnis*, *Ethik des reinen Willens*, *Ästhetik des reinen Gefühls*, Gebrauchsanweisungen zur dialektischen Falschspielerei, deren Gaunersprache nur engeren Metiergenossen zugänglich ist, wird Kant auf eine höchst sterile Manier beim Wort genommen, überspitzt und überkantet. Ganz willkürlich wird ein Stück aus dem System der Vernunftkritik herausgebrochen und zur Universalphilosophie erhoben, die scholastische Kategorienlehre, gerade die entbehrlichste und anfechtbarste Partie. In Wirklichkeit waren die Neukantianer in ihrem Panlogismus späte Schüler Hegels, ohne dessen schöpferische Architektonik und weltumspannende Geistesfülle.

Eine Art Professorenphilosophie, aber von sympathischerer *Wundt* und fruchtbarerer Art, war auch die umfassende Lebensarbeit Wilhelm Wundts. Nach seiner eigenen Definition ist die Philosophie, »die allgemeine Wissenschaft, welche die durch die Einzelwissenschaften vermittelten allgemeinen Erkenntnisse zu einem widerspruchslosen System zu vereinigen hat«. Danach wäre also der Philosoph nur eine Art Sammler und Registrator, Klärer und Zusammenfasser, ein Kopf, der über alles scheinbar Ungereimte ehrlich und genau nachdenkt, Alternativen klug und sauber entscheidet, Beobachtungen an Beobachtungen reiht, Tatsachen verknüpft, vorsichtige Schlüsse zieht und schließlich einen faßlichen Handkatalog, eine übersichtliche Landkarte des intellektuellen Zustandes entwirft, in dem wir uns gerade befinden. Das ist eine recht bescheidene Mission; und diese hat Wundt denn auch redlich erfüllt. In seinen vielen dicken Büchern ist in der Tat das gesamte geistige Inventar der zweiten Hälfte des vorigen Jahrhunderts protokolliert, das ganze wissenschaftliche Leben zweier Menschenalter wie in einer musterhaften Käfersammlung sorgsam präpariert, lückenlos aufgespießt, kundig geordnet und mit instruktiven Etiketten versehen. Die Welt verlangte damals von einem Philosophen ja wirklich nichts anderes, als daß er eine Art Cicerone und Mentor sei, der sie, ausführlich kommentierend, durch die bis an die Decken gefüllten Vorratsspeicher ihrer Bildung spazierenführe, damit sie dort in aller Behaglichkeit überblicken könne, wie aufgeklärt und fortgeschritten, zu welcher Schärfe der Methoden, Feinheit der Unterscheidungen, Breite und Solidarität des Gesamtwissens sie emporgestiegen sei.

Etwas Philiströses war denn auch dem ganzen Schaffen Wundts deutlich aufgeprägt. Dieser Wesenszug offenbarte sich zunächst in der schüchternen Behutsamkeit, mit der er jedem allzu raschen und kühnen Gedanken sorgfältig auswich, in der (für den deutschen Bürger so charakteristischen) Angst vor »Widersprüchen«: nur um Gottes willen nichts Paradoxes!, in der prinzipiellen Bevorzugung des goldenen Mittelweges, auf dem ja tatsächlich die meisten praktischen Wahrheiten, aber fast niemals die genialen Entdeckungen liegen: nur ja keine Extreme! Und diese schöne bürgerliche Fähigkeit, in allen Angelegenheiten die vernünftige, gerechte Mitte zu erblicken, hat ihn in der Tat in den meisten philosophischen Streitfragen, die seine Zeit bewegten, ein besonnenes und unbestochenes Verdikt fällen lassen. Er vermittelte in der Erkenntnistheorie zwischen Idealismus und Realismus, in der Ethik zwischen Apriorismus und Empirismus, in der Naturphilosophie zwischen Atomistik und Energetik, in der Biologie zwischen Mechanismus und Vitalismus, in der Soziologie zwischen Individualismus und Kollektivismus, als ein *bon juge*, der alle verurteilt, aber zugleich allen Bewährungsfrist gibt. Eine gewisse Pedanterie lag auch in seiner ganzen Vortragsweise, doch hat gerade sie ihn befähigt, seiner Zeit die komplettesten und seriösesten Lehrbücher zu schenken, die sie sich wünschen konnte. Und schließlich und vor allem manifestierte sich jener spießbürgerliche Geist in der rückhaltlosen Prostration vor der Welt der Tatsachen, die man mit Hebeln und Schrauben peinlich verhören, durch Reagenzgläser entlarven, in vergleichende Tabellen einfangen und mit einem Koordinatennetz festhalten kann. Diese Anbetung der Realität geht durch Wundts ganzes Denken, und sie wird dadurch nicht desavouiert, daß er auf die breite physikalische, physiologische und ethnologische Basis, die er seinem System gegeben hat, ein sehr luftiges und leeres Stockwerk von halb kantischem, halb leibnizischem Idealismus setzte, das den unabweislichen Eindruck eines recht entbehrlichen Luxusbaues macht und offenbar nicht für Wohnzwecke, sondern nur für gelegentliche feierliche Repräsentationen gedacht ist. Man darf aber nicht vergessen, daß dieser realistischen Geistesrichtung Wundts auch der Ausbau zweier großer neuer Disziplinen zu verdanken ist: der physiologischen Psychologie und der Völkerpsychologie, deren um vieles aufschlußreichere heutige Kenntnis in erster Linie seiner scharfsinnigen Ausdauer und treuen Hingabe zu verdanken ist. Seine wichtigste Entdeckung auf diesen beiden Gebieten ist die Erkenntnis, daß im Seelenleben nicht das Gesetz der rein mathematischen Summation herrscht: jeder Komplex, der aus einfachen Vorstellungen oder einfachen Gefühlen entsteht, ist nicht

1605

bloß quantitativ, sondern auch qualitativ etwas Neues, die Volksseele mehr und etwas anderes als der Inbegriff einer bestimmten Anzahl von Individualseelen. Ein anderer origineller Gedanke Wundts war das »Gesetz von der Heterogonie der Zwecke«. Er verstand darunter »die allgemeine Erfahrung, daß in dem gesamten Umfange freier menschlicher Willenshandlungen die Betätigungen des Willens immer in der Weise erfolgen, daß die Effekte der Handlungen mehr oder weniger weit über die ursprünglichen Willensmotive hinausreichen und daß hierdurch für künftige Handlungen neue Motive entstehen, die abermals neue Effekte hervorbringen«. In der Sprache gewöhnlicher Sterblicher ausgedrückt, würde dies etwa soviel bedeuten wie: du glaubst zu leben, und du wirst gelebt; du bereitest dich mit deinem Hirn, deinen Nerven, deiner Gestaltungskraft auf ein bestimmtes Erlebnis vor, in dem dir Ziel und Sinn des Daseins zu liegen scheint; aber unversehens kommt die Wirklichkeit in ihrer Selbstherrlichkeit und verrückt dir das Konzept: die Ereignisse haben sachte und unmerklich, während du sie erlebtest, ja gerade dadurch, daß du sie erlebtest, eine Achsendrehung gemacht und eine ganz neue, ganz verschiedene Pointe bekommen. Dieses Gesetz wird vermutlich einmal auf Wundt selbst Anwendung finden, ja vielleicht ist dies bereits geschehen. Während nämlich seine Zeitgenossen in ihm einen großen Wettermacher erblickten, war er wahrscheinlich von der Vorsehung nur dazu bestimmt, ein Barometer zu sein, an dem man einfach ablesen kann, welcher Luftdruck geherrscht hat, als es in Funktion stand.

»Rembrandt als Erzieher« Ins Gebiet der Philosophie müssen auch zwei mehr essayistisch angelegte Werke gerechnet werden, die ein starkes und berechtigtes Aufsehen erregten, *Geschlecht und Charakter* und *Rembrandt als Erzieher*, jenes 1903, dieses 1890 erschienen, ohne den Namen des Verfassers Julius Langbehn und noch in demselben Jahre vierzigmal aufgelegt. In seiner temperament-

vollen Orientierung an durchlaufenden Kontrastbegriffen wie
Zivilisation und Kultur, Literatur und Kunst, Demokratie und
Volksstaat, Bourgeois und Bürger, Stimmrecht und Freiheit,
Politik und Musik erinnert es an Thomas Manns »Betrachtungen eines Unpolitischen«, die aber noch farbiger, persönlicher
und differenzierter sind; und ebenso wie diese ist es ausgesprochen zeitpolemisch: »Schiller überschrieb sein erstes Werk: *in
tyrannos;* wollte jemand heute ein allgemeines Wort an die
Deutschen richten, so müßte er es überschreiben: *in barbaros.*
Sie sind nicht Barbaren der Roheit, sondern Barbaren der Bildung.« Das klingt deutlich an den »Bildungsphilister« der ersten Unzeitgemäßen an, wie der Titel an die dritte Unzeitgemäße und gleich einer der ersten Sätze des Buches: »die
gesamte Bildung der Gegenwart ist eine alexandrinische, historische, rückwärtsgewandte« an die zweite Unzeitgemäße: der
Professor, heißt es, sei die deutsche Nationalkrankheit, die derzeitige Jugenderziehung eine Art von bethlehemitischem Kin-
dermord; in einer Zeit, die sogar »denkende Dienstmädchen«
verlange, müßte man auch das Recht haben, denkende Gelehrte
zu verlangen; die deutsche Universität sollte von Rechts wegen
»Spezialität« heißen, denn sie enthalte nur Spezialisten. »Der
Spezialist hat seine Seele hingegeben; ja man darf sagen, daß der
Teufel ein Spezialist ist; wie Gott sicher ein Universalist ist.«
Der Idealismus des vorigen Jahrhunderts habe die Welt aus der
Vogelperspektive gesehen, der Spezialismus des jetzigen Jahr-
hunderts sehe sie aus der Froschperspektive, das nächste werde
sie hoffentlich aus der menschlichen Perspektive ansehen. Bei
der Kritik Wagners wird man wiederum an Nietzsche erinnert:
»Seine Gefühle sind ekstatisch, oder sie zerschmelzen; auf ebe-
ner mäßiger Höhe, da wo das eigentlich Gesunde wohnt, hal-
ten sie sich nicht; sie sind raffiniert. Shakespeare ist Kaiser,
Wagner ist *empereur.*« (Doch handelt es sich bei allen diesen
Urteilen nicht um eine direkte Beeinflussung durch Nietzsche,

1607

sondern bloß um eine interessante geistige Duplizität.) Rembrandt eignet sich zum deutschen Führer gerade durch sein gemischtes Wesen: »Hell und Dunkel, Skepsis und Mystik, Politik und Kunst, Adel und Volk sind eins... weil sie uneins sind. Aus der Zweiheit gebiert sich die Einheit; das ist der glorreiche Lauf der Welt.«

»Geschlecht und Charakter«

Als *Geschlecht und Charakter* erschien, war Otto Weininger dreiundzwanzig Jahre alt; ein halbes Jahr später erschoß er sich im Sterbehaus Beethovens. Die Grundthese, von der seine Untersuchung ausgeht, ist die Annahme zweier polarer Seelenformen, des Mannes und des Weibes, die er M und W nennt; sie stellen ideale Grenzfälle dar, die in der Wirklichkeit immer nur vermischt und in unzähligen Abstufungen auftreten. Das Gesetz der sexuellen Attraktion beruht darauf, daß immer ein ganzer Mann und ein ganzes Weib zusammenzukommen trachten, also zum Beispiel ¾ M + ¼ W mit ¾ W + ¼ M; woraus folgt, daß auch das konträre Geschlechtsgefühl nur einen Spezialfall des Naturgesetzes darstellt. W geht im Geschlechtsleben, in der Sphäre der Begattung und Fortpflanzung vollkommen auf, während M nicht ausschließlich sexuell ist. Ferner ist die Sexualität bei M streng lokalisiert, bei W über den ganzen Körper diffus ausgebreitet. Die Tatsache, daß die Sexualität beim Manne nicht alles ausmacht, ermöglicht ihm ihre psychologische Abhebung und ihr Bewußtwerden. Es zeigen sich bei W zwei angeborene entgegengesetzte Veranlagungen, die sich auf die verschiedenen Frauen in verschiedenem Verhältnis verteilen: die absolute Mutter und die absolute Dirne; zwischen beiden liegt die Wirklichkeit. Die absolute Dirne interessiert nur der Mann, die absolute Mutter nur das Kind. Allem W eigentümlich ist die organische Verlogenheit und, was damit zusammenhängt, die Seelenlosigkeit: »es ist ganz unrichtig, wenn man sagt, daß die Weiber lügen, das würde voraussetzen, daß sie auch manchmal die Wahrheit sagen«;

»Undine ist die platonische Idee des Weibes«. Die Frau ist keine Monade. Sie ist nie einsam, sie kennt nicht die Liebe zur Einsamkeit und nicht die Furcht vor ihr, sie lebt stets, auch wenn sie allein ist, in einem Zustand der Verschmolzenheit mit allen Menschen, die sie kennt: alle Monaden aber haben Grenzen. Vielleicht hat der Mann bei der Menschwerdung durch einen metaphysischen außerzeitlichen Akt die Seele für sich behalten. Dieses sein Unrecht büßt er nun in den Leiden der Liebe, in der er der Frau eine Seele schenken will, weil er sich des Raubes wegen vor ihr schuldig fühlt. Die Aussichtslosigkeit dieses Versuches erklärt, warum es glückliche Liebe nicht gibt. Der einzige Ausweg besteht in der Verneinung und Überwindung der Weiblichkeit, das heißt: der Sexualität. Das Weib wird nur so lange leben, bis der Mann seine Schuld gänzlich getilgt, bis er die eigene Sexualität wirklich überwunden hat. »Darum kann es auch nicht sittliche Pflicht sein, für die Fortdauer der Gattung zu sorgen, wie man das so oft behaupten hört. Es ist diese Ausrede von einer außerordentlich unverfrorenen Verlogenheit; diese liegt so offen zutage, daß ich fürchte, mich durch die Frage lächerlich zu machen, ob schon je ein Mensch den Koitus mit dem Gedanken vollzogen hat, er müsse der großen Gefahr vorbeugen, daß die Menschheit zugrunde gehe; oder ob jemals einer an die eigene Berechtigung geglaubt hat, dem Keuschen vorzuwerfen, daß er unmoralisch handle.«

Weiningers Werk, eine jener großen Konfessionen, in denen sich ein frühreifer solitärer Geist restlos ausspricht und zugleich ausgibt, als kühne und konsequente Konzeption eines eigenwilligen Weltbilds viel mehr als eine neue und tiefer schürfende Psychologie der Geschlechter, läßt keinen reinen Eindruck zurück. Denn in ihm vermischen sich auf eine unheimliche Weise kantisches Ethos, ibsensche Höhenluft, schopenhauerischer Erlösungsdrang, nietzschische Seelenkunde mit moralistischem Hochmut, intellektualistischem Nihilismus und einer unterirdischen Faszination durch das Böse, zu deren Abwehr dieser tragische Denker sein ganzes Gebäude aufgerichtet hat, ja sogar, wie Äußerungen aus seinen letzten Tagen vermuten lassen, aus dem Leben geschieden ist. In *Geschlecht und Charakter* dämmert bereits die Selbsterkenntnis des Menschen der Neuzeit, indem dessen Dialektik, ihr Gift gegen sich selbst kehrend, in den Skorpionsstich flüchtet.

Strindberg Der dämonische Plastiker dieser höllischen Innenschau, die vom Weibe bloß ihren Ausgang nimmt, war August Strindberg, den die expressionistische Dichtergeneration in ähnlicher Weise zu ihrem Schutzheiligen erhob wie die naturalistische Ibsen: Ibsen, hieß es, stellt Rechenexempel auf, Strindberg ballt Visionen, Ibsen ist ein trockener Doktrinär, Strindberg ein blutvoller Bekenner, kurz: der »Magus aus dem Norden« war depossediert und als Apotheker entlarvt. Ein Landsmann Strindbergs hat den Gegensatz folgendermaßen formuliert: »Ibsen ist lauter simplifizierter Zusammenhang, Strindberg lauter blühendes Chaos.«

Selbst wenn man dies nun zugeben wollte, so wäre zunächst noch gar nicht ausgemacht, ob denn gerade das Chaotische das Wesen des schöpferischen Menschen sei und nicht vielleicht im Gegenteil seine Hauptkraft in der planvollen Besonnenheit, der kunstvollen Bändigung und Zusammenfassung, Ordnung und Harmonisierung des seelischen Rohstoffs, kurz in der Klärung des inneren Chaos bestehe. Sonst gäbe es nämlich zwischen einer hysterischen Frau und einem Künstler keinen wesentlichen Unterschied; denn »blühendes Chaos« findet sich auch bei dieser, hingegen »Zusammenhang«, und zwar höchst simplifizierter, gerade bei einigen künstlerisch recht bedeutenden Personen, zum Beispiel: Sophokles, Bach, Plato, Calderon, Goethe. Aber dies ist eine Streitfrage für sich, und es handelt sich im Falle Strindbergs noch um etwas ganz anderes.

Es gibt gewiß viele poetische Werke, bei denen man den Ein-

druck hat: so sieht die Welt ja gar nicht aus! Das beweist jedoch
noch gar nichts gegen diese Werke, sondern es kommt auf den
Nachsatz an, den man dann gewöhnlich noch unwillkürlich da-
zudenkt. Man kann im Geiste hinzufügen: aber so *könnte* die
Welt aussehen. Die Fähigkeit, diesen Eindruck zu erwecken,
nennen wir Dichtkunst. Man kann sich aber auch sagen: so
müßte die Welt aussehen, wenn es richtig zuginge. Diese Wirkung erzielen nur die ganz großen Kunstwerke. Und nun gibt
es noch eine dritte Gruppe, bei der wir die Empfindung haben:
so *dürfte* die Welt ja gar nicht aussehen! Zu dieser Gruppe
gehören die Schöpfungen Strindbergs, und deshalb muß man
sie pathologisch nennen. Es ist natürlich nicht die Aufgabe des
Dichters, die Wirklichkeit nachzuzeichnen. Sondern er hat
einen ganz anderen Beruf: er hat ein Ideal aufzuzeichnen, nach
dem sich die vorhandene Wirklichkeit richten soll. Nun ist ja
jede Veränderung der Wirklichkeit ein Idealisieren, auch die
Karikatur, denn sie vereinfacht, verkürzt, konzentriert die Realitäten ins Lächerliche. Und man kann die Welt ins Lebens-
feindliche oder ins Verkehrte idealisieren, und das hat Strindberg getan. Also: daß die Welt nicht so ist, wie Strindberg sie
darstellt, bildet noch keinen Einwand gegen seine Dichtungen,
sondern dieser besteht darin, daß seine poetische Welt keine
wünschbare Welt ist. Auch die Welt Hebbels ist kaum eine
wünschbare, denn es ist durchaus nicht erstrebenswert, daß die
Menschheit aus bösartigen Hegelianern bestehe. Aus einem
ähnlichen Grund müssen auch Wedekinds Dramen pathologisch genannt werden, denn wenn es im Leben so zuginge wie
in diesen Stücken, so müßte man glauben, die Welt sei ein einziger großer Phallus. Auch dies ist ein Ideal, aber ich glaube: es
ist ein falsches.

Lastende, lähmende, tiefbeklemmende Seelenverfinsterung
ist die Atmosphäre, in der Strindbergs Wesen hausen, Haß,
blutroter, weißglühender Haß ist das Feuer, von dem die Bewe-

gungen seiner Dramen gespeist werden. Haß tropft von den
Wänden der Zimmer, schwirrt in Millionen Bazillen durch die
Luft, dampft erstickend aus der Erde herauf. Und was die
Fruchtbarkeit des Eindrucks noch erhöht: man hat niemals das
Gefühl grausamer Willkür, sondern spürt mit der größten Be-
stimmtheit: diese Menschen müssen so sein, wie sie sind, müs-
sen sich gegenseitig unnützes Leid zufügen, bis sie zerfleischt
zusammenbrechen.

Es sind im Grunde einige wenige Motive, die Strindberg fast
manisch immer wiederkehren läßt. Zum Beispiel: jemand trinkt
in der Küche die gute Bouillon weg und gibt dem anderen den
kraftlosen Aufguß; jemand nimmt in der Speisekammer den
Rahm von der Milch; jemand kauft die Schuldscheine eines anderen auf und bedrängt ihn; jemand stiehlt die Gedanken eines
anderen und gibt sie für seine aus; jemand weiß von einem anderen heimliche Untaten und gewinnt so Macht über sein Leben. Nun wäre ja auch das noch kein berechtigter Einwand gegen Strindbergs Dichtungen. Es widerspricht durchaus nicht
der Natur des Genies, gewisse Leitgedanken unaufhörlich zu
wiederholen, ja im Gegenteil, darin besteht sogar sehr oft sein
Wesen. Auch wird niemand ernstlich behaupten dürfen, daß die
Kunst bloß erquicken soll. Im Gegenteil: sie soll beunruhigen,
alarmieren und aufrütteln, sie hat die Mission, das schlechte
Gewissen ihres Zeitalters zu sein. Aber sie soll zugleich die
Welt durch ihre Betrachtung schöner, liebenswerter und gott-
ähnlicher machen. Der Blick, den sie auf die Dinge wirft, soll
diese bereichern und verjüngen. Aber Strindbergs Blick ist ein
böser Blick. Er verhäßlicht und entzaubert die Welt und verlä-
stert sie im eigentlichen Sinne des Wortes, indem er sie mit Lastern bevölkert, die erst er ans Licht beschworen hat, die vielleicht ohne ihn ewig geschlummert hätten. In mehreren seiner
Dramen kommen Personen vor, die die Rolle des Vampirs spielen: sie nähren sich von Geist und Blut ihrer Mitmenschen.

Aber Strindberg ist selbst ein solcher Vampir: er saugt den Menschen, die so unvorsichtig sind, sich von seinen Dichtungen anlocken zu lassen, das Blut aus Herz und Hirn, Adern und Knochen, raubt ihnen Lebenssaft und Lebensluft, macht sie völlig anämisch. Er ist ein Seelenfresser, und das ist wahrscheinlich etwas viel Gefährlicheres als ein Menschenfresser.

Der Sündenfall der Menschheit ins Sexuelle, Kampf und Höllenfahrt der Geschlechter: dies ist das dunkle Thema aller grandiosen Haßsymphonien, die Strindberg aus sich herausgeschleudert hat, in jenem flammenden wetterträchtigen Furioso und berückenden gedrängten Stakkato, das ihm in der Weltliteratur niemand vorgemacht und niemand nachgemacht hat. In diesen infernalisch unbarmherzigen Duellen und Messerkämpfen ist die Frau stets der grausame Teufel, der Mann das unschuldige Opfer. Aber ist dies auch richtig gesehen? Wenn wahr ist, was Strindberg in künstlerische Gestalt und Weininger in ein philosophisches System gebracht hat: daß nämlich die Frau vom Manne geschaffen ist, daß sie im Grunde nichts anderes ist als eine Art Schattenwurf und Projektion seines Geistes, dann ist ja gerade der Mann der Satan in Person. Aber es ist offensichtlich, daß die ganze Betrachtungsart Strindbergs eine rein *mythologische* ist. Die Frau als Teufel, die Frau als Hexe: diese Idee gehört in dieselbe Rubrik wie die Ansicht, daß der Himmel ein blaues Kuppelgewebe sei, in das Sterne gestickt sind. Indes, wie gesagt: es ist das beneidenswerte Vorrecht des Dichters, das Leben in einfachere und eindringlichere Formen umzustilisieren; aber warum dann nicht lieber aus der Frau eine Fee und einen Engel machen? Novalis liebte die dreizehnjährige Sophie von Kühn. »Historische Forschungen« haben ergeben, daß sie nur ein unbedeutender kleiner Backfisch gewesen ist. Sollen wir daraus schließen, daß Novalis sich in ihr geirrt hat, daß er in ihr mehr sah, als sie war, daß er der Düpierte gewesen ist? Nein, wir werden sagen müssen: eine

Frau, die Novalis liebte, kann kein unbedeutender Backfisch gewesen sein, kann niemals etwas anderes gewesen sein als ein wundervolles poetisches Gedicht. Sieh in der Frau ein nichtiges, niedriges, boshaftes Geschöpf, so wird sie genau das sein, nicht mehr; sieh in ihr ein mysteriöses höheres Wesen, eine zarte Zaubergestalt und himmlische Gnadenspenderin, den »Stern deines Daseins«, so wird sie dir dieser Stern sein. Was wir in die Dinge »hineintragen«, das geben sie uns getreulich zurück: ein sehr einfaches Naturgesetz.

Und nun kommt noch hinzu, daß Strindbergs stahlharter Haß, der auf seinen Höhepunkten die Gewalt und Farbenpracht eines Naturereignisses hat, in den Alterswerken zu schwächlicher Gehässigkeit zusammenschrumpft. Dieser Abendhaß brüllt nicht mehr heroisch, sondern keift senil, ist stumpf geworden und will nicht mehr recht schneiden. Er hat keine Zähne mehr oder richtiger gesagt: nur noch ein falsches Gebiß.

Sollen wir also nach alledem sagen: es wäre besser gewesen, Strindberg hätte gar nicht gedichtet? Nun, wir werden uns hüten, das zu sagen. Denn Naturen vom Schlage Strindbergs sind für die Evolution der Menschheit ebenso wichtig wie die großen Bejaher. Die Welt braucht beide. Wir brauchen harmonische Geister, die die Welt stützen und das Leben als lebenswert und berechtigt erscheinen lassen; aber wir bedürfen ebensosehr jener anderen: der dämonischen Geister, die die Welt erschüttern und das Leben als fragwürdig und unberechtigt erscheinen lassen. Die Menschheit ist eine Waage, auf der Glauben und Zweifel sich immer von neuem ausgleichen müssen.

Wenn man gesagt hat, Ibsen sei der Messias der modernen Bewegung gewesen, so könnte man Strindberg ihren Prometheus nennen. Ihm war die schmerzlichere und undankbarere Aufgabe zugefallen. Er gehörte zu den Märtyrern der Geschichte, zu jenen, die nie ans Ziel kommen. Und so könnte man über sein Leben und Schaffen als Motto die Worte setzen, die sein großer Gegenspieler den König Hakon über der Leiche Jarl Skules sprechen läßt: »Er war Gottes Stiefkind auf Erden. Das war das Rätsel an ihm.«

Kurz vor dem Zusammenbruch Nietzsches, dessen geistige Verwandtschaft mit Strindberg früh bemerkt worden ist, traten die beiden Denker auch in persönliche Berührung. Die (noch heute wenig bekannte) Korrespondenz vermittelte der Generalagent der europäischen Literatur, Georg Brandes. Ende 1888 schrieb Strindberg an Nietzsche: »Geehrter Herr, ohne Zweifel haben Sie der Menschheit das tiefste Buch gegeben, das sie besitzt … Ich schließe alle Briefe an meine Freunde: Lest Nietzsche! Das ist mein *Carthago est delenda!* Jedenfalls wird Ihre Größe von dem Augenblick an, da Sie bekannt und verstanden werden, auch schon erniedrigt, und der süße Pöbel fängt an, Sie zu duzen wie einen der Seinen. Es ist besser, daß Sie die vornehme Zurückgezogenheit bewahren und uns andere, zehntausend Höhere, eine geheime Pilgerfahrt nach Ihrem Heiligtum machen lassen, um dort nach Herzenslust zu schöpfen. Lassen Sie uns die esoterische Lehre behüten, um sie rein und unverletzt zu erhalten.« Nietzsche schrieb an Peter Gast: »Es war der erste Brief mit welthistorischem Akzent, der mich erreichte.« Die letzten Nachrichten Nietzsches an Strindberg tragen bereits die Narben geistiger Umnachtung: er teilt mit, er habe einen Fürstentag nach Rom zusammenbefohlen, um den jungen Kaiser füsilieren zu lassen, und unterzeichnet sich »Nietzsche Cäsar« und »der Gekreuzigte«. Das Allersonderbarste aber ist, daß die Antwort Strindbergs ebenso wahnsinnig war. Sie beginnt mit den Worten: »*Carissime Doctor!* Θέλω, θέλω μανῆναι*! Litteras tuas non sine perturbatione accepi et tibi gratias ago;* (Teuerster Doktor! Ich will, ich will rasend sein! Ihren Brief habe ich nicht ohne Erschütterung empfangen und danke Ihnen dafür)«, und ist signiert mit: »Strindberg,

Die Petarde

1615

Deus optimus, maximus«. Man hat den Eindruck, daß der Dichter den dunklen Schrei des zerstörten Propheten wie einen befreundeten Gruß aus der Unterwelt empfand.

Im Gange der neueren europäischen Kultur steht die Gestalt Nietzsches als der formidable Schatten eines herkulischen Petardeurs und Petroleurs. Er war ein Sprengmittel, ein wissenschaftliches, in dem sich elementare Naturkräfte mit siegreicher Technik zu rasanter Wirkung vereinten. Der Tunnel öffnet sich, vom gigantischen Bohrwerk bezwungen, und neue Fernsichten, neue Verkehrswege liegen nun frei. Ein solcher »Zerstörer« war Nietzsche.

Dies aber macht ihn zu einer der tragischsten Figuren der gesammelten Weltliteratur. Er war ein tollkühner Avantageur, der Vollbringer eines gewaltigen Vorstoßes in fremdes Gebiet, der vorausgeeilt ist, zu weit voraus; seine Mission war die schwierigste und gefährlichste: die »Aufklärung«, und sein Schicksal das fast unentrinnbare des Kundschafters: zu fallen, ohne den Sieg zu schauen. Nietzsche ist an seiner Philosophie zugrunde gegangen; aber dies ist kein Einwand gegen sie, sondern im Gegenteil ihr höchster Beweis.

Es ließe sich vielleicht auch so ausdrücken: wenn Nietzsche gesagt hat, Schumann sei nur ein deutsches Ereignis gewesen, Beethoven aber ein europäisches, so könnte man von ihm selber sagen: er war ein *tellurisches* Ereignis, nicht bloß sein Volk, nicht bloß den Erdteil, sondern die Erde erschütternd und durch ein langandauerndes Beben beunruhigend. Er läßt sich auch mit einem Ertrinkenden vergleichen. Er sucht Tiefen auf, die ihn verschlingen, und mit dem Bewußtsein, daß sie ihn verschlingen werden. Er ist eine Warnung: hier ist's tief! Aus jedem seiner Worte spricht die ergreifende Mahnung: folget mir *nicht* nach! Er hat sich zum Opfer dargebracht, als die ungeheuerste Sühnegabe im Moloch des europäischen Nihilismus und Positivismus. Mit Recht bezeichnete er eines seiner Hauptwerke als »Vorspiel einer Philosophie«; gleichwohl, oder vielmehr gerade deshalb, kann man sein Œuvre aber auch ein Finale nennen.

Nietzsches Nachfolger ist das traurigste Kapitel seiner Geschichte. »Starke Wasser«, sagte er selbst bereits in einer seiner frühesten Schriften, »reißen viel Gestein und Gestrüpp mit sich fort, starke Geister viel dumme und verworrene Köpfe.« Man hat seine Bücher als Gifte bezeichnet. Das sind sie auch in der Tat. Man muß daher einen großen Bruchteil der Menschheit von ihnen fernzuhalten suchen: die Unmündigen und die Geisteskranken, die geschwächten Tonikumsucher und die überreizten Sensationslüsternen, die Selbstmörder und die Giftmischer; und unschädlich werden sie sich nur erweisen für die ganz Feigen und die ganz Unbeteiligten, die Immunen und die Ärzte.

Nietzsches Gesamtproduktion läßt sich zwanglos in drei *Der* Perioden gliedern: die erste, 1869 bis 1876, steht im Zeichen *Wanderer* der Antike, Wagners und Schopenhauers und umfaßt die Geburt der Tragödie, die vier unzeitgemäßen Betrachtungen und einige bedeutende nachgelassene Schriften wie die Basler Antrittsrede über Homer, die Vorträge über die »Zukunft unserer Bildungsanstalten« und das Fragment *Die Philosophie im tragischen Zeitalter der Griechen*; die zweite, 1876 bis 1881, in mehreren großen Aphorismenbänden repräsentiert, ist ausgesprochen positivistisch und rationalistisch: der erste Band von *Menschliches, Allzumenschliches*, der sie eröffnet, war Voltaire, »einem der größten Befreier des Geistes«, gewidmet und trug als Motto einen Satz aus Cartesius: »Eine Zeitlang erwog ich die verschiedenen Beschäftigungen, denen sich die Menschen in diesem Leben überlassen… genug, daß für meinen Teil mir nichts besser erschien, als wenn ich streng bei meinem Vorhaben bliebe, das heißt: wenn ich die ganze Frist meines Lebens darauf verwendete, meine Vernunft auszubilden« (in der

Neuausgabe vom Jahre 1886 waren charakteristischerweise sowohl Widmung wie Motto weggelassen). Der wichtigste Abschnitt ist die »Umwertungszeit«, 1881 bis Ende 1888, die mit der *Fröhlichen Wissenschaft* einsetzt und mit dem schwindelerregend fruchtbaren Jahr 1888 schließt, in dem die *Götzendämmerung*, der *Fall Wagner*, *Ecce homo*, die *Dionysos-Dithyramben* entstanden und von dem unvollendeten Monumentalwerk *Der Wille zur Macht* das erste Buch ausgearbeitet, der Rest eingehend skizziert wurde; im Mittelpunkt dieser Periode steht, zeitlich und inhaltlich, der Zarathustra. Es ist höchst merkwürdig, daß das letzte Manuskript, an dem Kant arbeitete, ebenso betitelt war, es heißt: *Zoroaster oder die Philosophie im Ganzen ihres Inbegriffs unter einem Prinzip zusammengefaßt.* Kant soll geäußert haben, dieses Werk werde sein wichtigstes sein; dasselbe fand bekanntlich auch Nietzsche vom *Zarathustra*. Die Ähnlichkeit erstreckt sich auch darauf, daß beide unvollendet geblieben sind, denn der nietzschische Zarathustra ist ebenfalls ein Torso, und zwar nicht bloß in dem äußerlichen Sinn, daß er keinen Abschluß hat, sondern der ganzen Konzeption nach. Man braucht ihn bloß neben die beiden einzigen Werke der Weltliteratur zu halten, die mit ihm verglichen werden können, den *Faust* und die *Göttliche Komödie*, um dies sogleich zu erkennen. Nietzsche schrieb 1883 an Gast: »Unter welche Rubrik gehört eigentlich dieser Zarathustra? Ich glaube beinahe, unter die Symphonien.« Aber es genügt, an Beethoven zu denken, um einzusehen, daß diese Symphonie nicht durchinstrumentiert worden ist.

Es wurde im ersten Buche darauf hingewiesen, daß Luther in seiner Biographie Haeckels *Biogenetisches Grundgesetz* verkörpert habe, indem er den ganzen Entwicklungsgang des Mittelalters in seinem eigenen Lebenslauf rekapitulierte. Dasselbe gilt von Nietzsche im Hinblick auf die Neuzeit. Er nimmt, als Sproß eines pastoralen Milieus, seinen Ausgang vom deutschen

Protestantismus. Er empfängt seine Jugendbildung auf dem Gymnasium Schulpforta, dem Sitz der edelsten humanistischen Traditionen. Er studiert in Bonn und Leipzig unter berühmten Lehrern Theologie und alte Philologie und lehrt in Basel, der Stadt des Erasmus, als jüngster Kollege Jakob Burckhardts. Der Oberlauf seines Lebensstromes fließt durch die Geisteswelt der Reformation und der Aufklärung, des Pietismus und des Klassizismus. Darauf folgt eine ausgesprochen romantische Epoche und dieser eine ausgesprochen naturwissenschaftliche, schließlich eine agnostizistische, und ganz zuletzt deutet sich eine mystische an. Kurz, er hat alle Phasen der Neuzeit von Wittenberg bis zum Weltkrieg durchlaufen. Er war Lutheraner, Cartesianer, Wagnerianer, Comtist, Darwinist, Pragmatist, vorübergehend sogar Nietzscheaner. Auf seine Stellung in der Geschichte der Philosophie geprüft, müßte er zweifellos als Schopenhauerianer angesprochen werden; sein »System« läßt sich auf die Formel bringen: die Welt als Wille zur Macht.

Vor der Erinnerung der Nachwelt wird er wohl immer in seiner letzten und stärksten Metamorphose stehenbleiben: der düstern und magisch umglänzten Gestalt des einsamen Wanderers, der durch die blaue Eiswelt der Berghöhen irrt, bisweilen zu Tal steigend, aber auch im Gewühl der bunten Städte immer allein und fremd; Prophetenworte formend, die ihm aus einem unterirdischen Brunnen zuströmen; schließlich sogar sich selber fremd, in fassungslosem Staunen erschauernd vor dem überreichen Wunder seines Schaffens und eines Tages aus dem eigenen Schatzhause auswandernd: wohin?

Die ganze Borniertheit des Zeitalters hat sich in der Ahnungslosigkeit bekundet, mit der es vor dem Phänomen dieser Katastrophe stand: es wollte sie allen Ernstes *medizinisch* erklären! Im Rückblick offenbart sich deutlich, daß dieser Ausgang in diesem Leben vorgeprägt war, dessen Tempo stets das

Prestissimo war und in den letzten Jahren ins Furioso übersprang. Wir erkennen dies freilich erst hinterher, was eine sehr billige Weisheit ist (den gelehrten Ignoranten trotzdem immer noch zu »riskant«); Nietzsche aber hat es vorausgesehen. Bereits 1881 schrieb er an Gast: »Ich gehöre zu den Maschinen, welche *zerspringen* können!« In der Tat ist eine Produktivität, wie sie das Jahr 1888 aufwies, einer Steigerung, ja auch nur einer Fortsetzung nicht mehr fähig: das Manometer, wir sagten es schon einmal, stand auf hundert. Aber dies gilt nicht bloß in dem mehr äußerlichen, extensiven Sinne; es waren auch innere Gegenkräfte im Spiel. Die Entwicklung Nietzsches war offenbar bei einer Krise angelangt; die Kurbel völlig herumzudrehen und nach einer so unermeßlich reichen Lebensarbeit gewissermaßen einen neuen geistigen Äon zu beginnen war eine Aufgabe, die die Kraft auch des stärksten irdischen Geistes überstieg.

Nietzsches Psychologie
Die geheimnisvolle Verrechnung, die zwischen dem Genius und der Welt vor sich geht, ist bei Nietzsche, im Gegensatz zu Wagner, noch nicht zu einem vorläufigen Abschluß gelangt. Klar umrissen ist bis jetzt erst seine artistische Bedeutung, die zu der Wagners insofern ein Pendant bildet, als er für die deutsche Prosa eine ähnliche Rolle gespielt hat wie dieser für die Sprache der Musik. Jeder nach Nietzsche geborene Schriftsteller (und dies bezieht sich sogar fast auch auf das Ausland) steht ganz unentrinnbar unter dessen Einfluß, wofern er überhaupt auf diesen Titel Anspruch erheben will. Thomas Mann, selber einer der begnadetsten Erben und reifsten Schüler dieser Prosa, hat dies in seinen *Betrachtungen eines Unpolitischen* eindringlich bekannt. Seit diese noch weit über Lessing hinausschießende Feder- und Stoßkraft der Satzbildungsstrategie, dieser betäubende und befeuernde Rhythmus eines in solcher Ariosität deutsch noch niemals vernommenen Tonfalles, diese verschwenderisch reiche und doch niemals lastende Fülle von

schwebenden, opalisierenden, hintergründigen Wortgeburten, diese Reinheit und Buntheit einer mit tausend Pinseln haarscharf schattierenden Ausdruckskunst erklang, besitzt die deutsche Sprache ein neues Tempo, ja mehrere neue Tempi und zahllose neue Valeurs. Wie sich das Meer am Schiffskiel unaufhörlich anders koloriert, bald orange oder fleischrosa, bald purpurrot oder glasblau und dann wieder milchweiß, giftgrün, schwefelgelb oder lackschwarz: so wechselt diese Prosa ruhelos unheimlich ihre Farbe; aber stets glaubt man, sie könne in diesem Augenblick, dieser Situation, diesem Konnex unmöglich anders getönt sein.

Da Stil an sich schon Psychologie ist, so erflossen ganz von selber aus Nietzsches Sprachmeisterschaft seine völlig neuen psychologischen Methoden, die ungeheure Fortschritte bedeuteten, ganz unabhängig von ihren mehr zufälligen und oft forcierten Resultaten. Er sagt selber einmal: »Im Ganzen sind die wissenschaftlichen Methoden mindestens ein ebenso wichtiges Ergebnis der Forschung als irgendein sonstiges Resultat.« Man weiß in der *Philosophie* erst seit Nietzsche, was komplexe Psychologie ist: er hat das Stereoskop Flauberts, das Mikroskop der Goncourts, das Tiefseelot Dostojewskis auf das Gebiet des reinen Denkens angewendet, wo sie noch viel schwieriger zu handhaben sind als im Roman. Bisher hatte man eine solche Abgründlichkeit der Menschenkenntnis und eine solche Spannweite der Weltschau nur an religiösen Genien erblickt; und wenn man nach Nietzsches Verwandtschaft fragt, so darf man sie nicht, indem man sich höchst *äußerlich* am *Inhalt* orientiert, im Bezirk der Freigeisterei, etwa eines Stirner, suchen, sondern im Familienkreis eines Augustinus oder Pascal. Sein Positivismus war nichts als das Zeitkostüm, dem sich bekanntlich niemand entziehen kann, und außerdem ein Reaktionsphänomen, der Versuch einer Selbstheilung von der Romantik; er spielte in der Ökonomie seines Lebens dieselbe Rolle wie der Klassizis-

1621

mus bei Goethe. Alle Philosophie ist notwendig »Krankheit«, insofern sie überhaupt nur in einem Dekadenztypus möglich ist; alle hohen Gedankenschöpfungen: der Buddhismus, der Taoismus, der Platonismus, die Gnosis, von den neueren Systemen gar nicht zu reden, haben eine späte Welt zur Voraussetzung. Nietzsche war der einzige Dekadent seines Zeitalters, der diesen Zusammenhang mit voller Klarheit durchschaute und aus diesem Gegensatz heraus seine Philosophie entwikkelte, was diese aber bloß zu einem *anderen* Symptom der Dekadenz macht. Sein Voluntarismus, den er dem Nihilismus entgegensetzte, ist dasselbe Krankheitsphänomen mit umgekehrtem Vorzeichen: die Hyperbulie, die eine bloße Variante der Abulie bildet. Es scheint aber, daß er selbst dies gewußt hat, und es scheint sogar, daß sich in ihm bereits unterirdisch eine mystische Lösung des Konflikts vorbereitete: zumal einige nachgelassene Entwürfe zu den unausgeführten Teilen des *Zarathustra* und dem vierten Buch des *Willens zur Macht* weisen darauf hin.

Nietzsches Christentum

Nietzsche fühlte sich mit vollem Recht als der Gegenspieler seines Zeitalters: man könnte ihn in dieser Hinsicht mit Savonarola vergleichen, an den er vor allem durch die fanatische Unbedingtheit seines Wahrheitswillens und die grausame Askese der Selbstzerfleischung erinnert; aber ebensosehr war er auch der stärkste Ausdruck jener Gründerzeit: in seiner Vergötterung des Lebens und seinem anthropozentrischen Sophismus. Die Sophistik, deren Weltbild in dem Satz beschlossen ist: »der Mensch ist das Maß aller Dinge«, ist nämlich keine griechische Spezialität, sondern die unausweichliche Philosophie aller geistreichen Niedergangszeiten. Es gibt auch eine indische und eine arabische Sophistik; die Spätscholastik, mit der wir uns im ersten Buche beschäftigt haben, trägt deutliche sophistische Züge; die gesamte Philosophie des Rokoko war sophistisch orientiert. Nietzsches »Lebensphilosophie«, unnietzschisch flach, eine schale Tautologie: das Leben will das Leben, zu der es wahrhaftig keines dämonischen Alleszermalmers bedurft hätte, läßt sich nur begreifen aus der Konterimitation des Theologen in ihm.

Und dies führt uns zu dem wahren Kern seiner Wesenheit. Es kann, wie wir bereits angedeutet haben, gar keinem Zweifel unterliegen, daß er in die Geschichte des Christentums gehört: als eine Art »gewendeter« Christ, als Antichrist *malgré lui* und zugleich als Christ malgré lui, als die letzte und seiner Zeit einzig mögliche Form des Christen. Sein Antichristentum ist nichts als eine Metamorphose des Christentums, eine »allotrope Modifikation«, wie die Mineralogen sich auszudrücken pflegen: es verhält sich zu diesem wie die düster glühende Kohle zum Diamanten, äußerlich unverwechselbar verschieden, in Wirklichkeit von ganz demselben Stoff. Sein Vater, seine beiden Großväter und ein Urgroßvater waren Pastoren. Die Karten, die er nach seinem Zusammenbruch nach allen Windrichtungen aussandte, führen zumeist die Unterschrift: »der Gekreuzigte«, seltener »Dionysos«. Dies war überhaupt das Grundproblem seines Lebens gewesen: Dionysos oder der Gekreuzigte! Hierin ein Neuheidentum zu erblicken, wie dies platte und vorlaute Nietzschepfaffen jahrzehntelang verkündet haben, war ein abgrundtiefes Mißverständnis und nur in Deutschland möglich, das zu allen Zeiten die größten Philosophen und die dümmsten Philosophenschulen besessen hat. Die Alternative zwischen Kreuz und Hellas überhaupt nur zu stellen war völlig unheidnisch. Denn der echte Heide ist kein Antichrist; er erblickt Christus überhaupt nicht. Deshalb ist das Judentum unter allen europäischen Bekenntnissen das einzige legitim heidnische (was sehr natürlich ist, denn es ist die einzige *antike* Religion). Von den anderen außerchristlichen Sekten, wie den Monisten, den Sozialisten, den Freimaurern, den Illuminaten, gilt dies *nicht:* sie haben alle eine unterirdische Beziehung zum Christentum. Daß aber gerade in der Umnachtung (die man ebensogut als den Einbruch der höchsten Erleuchtung ansehen kann, freilich nicht mehr auf einer rein empirischen Ebene) die Gestalt des Erlösers bis zur Identität die Seele Nietzsches zu erfüllen begann, zeigt, daß auch am Lebensende dieses größten Apostaten die Worte stehen: du hast gesiegt, Galiläer!

Auch diese Zusammenhänge hat Nietzsche selber erkannt. Im *Ecce homo* heißt es: »Ich habe eine erschreckliche Angst davor, daß man mich eines Tages heiligspricht. Ich will kein Heiliger sein, lieber noch ein Hanswurst. Vielleicht bin ich ein Hanswurst.« Hier empfindet er sich deutlich als die erhabene Trinität aus dem Narren, dem Ketzer und dem Heiligen, die das Wesen aller religiösen Genies bildet. Sie erscheint bereits in der Gestalt des Sokrates verkörpert, der als ein Narr gelebt hat, als Ketzer verurteilt wurde und wie ein Heiliger gestorben ist. Seiner äußeren Form nach unterscheidet sich Nietzsches Erdenwallen in nichts von einer Heiligenlegende. Vom niederen Volke verehrt, von seinen Freunden mißbraucht oder mißverstanden, in der Bedürfnislosigkeit und Weltflucht eines Eremiten dahinlebend, niemals ein Weib berührend, von steten körperlichen Leiden und seelischen Anfechtungen geplagt, Tag und Nacht mit seinem Gott ringend, unermüdlich das Heil seiner Brüder suchend, geht er den Weg des Martyriums bis zur Selbstvernichtung. Niemand bemerkte den Heiligenschein über seinem Haupt; aber auch das gehört zum echten Heiligen. Der Weltgeist liebt es, sich in den sonderbarsten Verkleidungen zu offenbaren: einmal in einem Bettler wie dem heiligen Franziskus, einmal in einem Prinzen wie Buddha, in einem Bauernmädchen wie Jeanne d'Arc, einem Schuster wie Jakob Böhme, einem Komödianten wie Shakespeare, warum nicht auch einmal in einem sanften deutschen Professor?

Nietzsche sagt in der *Morgenröte*: »Diese ernsten, tüchtigen,

1624

rechtlichen, tief empfindenden Menschen, welche jetzt noch von Herzen Christen sind: sie sind es sich schuldig, einmal auf längere Zeit versuchsweise ohne Christentum zu leben, sie sind es *ihrem Glauben* schuldig.« Seine Abkehr von der Religion war nur eine der Formen seiner Askese; er verbot sie sich, wie die Romantik, wie Wagner, wie Schopenhauer, wie alle seine Heiligtümer. Und in der Tat war dieses Ausbiegen vor dem Glauben unbedingt nötig zum neuen Glauben, einer der unerläßlichen Umwege in der menschlichen Heilsgeschichte: das Christentum war zu billig geworden, wie am Ende des Mittelalters der Papismus. Hier liegt der wahre Sinn des nietzschischen Bildersturms, ja vielleicht der Sinn des ganzen Intermezzos der Neuzeit.

Paul de Lagarde, einer der wenigen Christen, die im neun- *Der letzte*
zehnten Jahrhundert gelebt haben, sagt in seinen *Deutschen* *Kirchen-*
Schriften: »Im Evangelium liebt man die Menschen, weil man *vater*
in tiefster Bescheidenheit mehr ist als sie: im Liberalismus, weil
man denselben geringen Wert hat wie sie. Im Evangelium
stammt die Menschenliebe von oben, aus der Freude und der
Demut: im Liberalismus von unten, aus der Furcht und dem
Schuldbewußtsein ... Jesus heißt uns unsere Feinde lieben, um
Kinder unseres himmlischen Vaters zu sein, der seine Sonne
über Gute und Böse aufgehen lasse. Es kommt ihm mithin
nicht auf die Menschenliebe an sich, sondern auf das Streben
nach Gottähnlichkeit, nach Vollkommenheit an.« Aus diesen
und ähnlichen Aussprüchen Lagardes, die vor Nietzsche niedergeschrieben wurden (der seinerseits von Lagarde nicht beeinflußt worden ist), erkennt man, daß der Übermensch im
Grunde eine christliche Konzeption ist; wie der Immoralismus
eine Steigerung der vulgären Ethik. »Wenn man das Temperament hat«, sagt Nietzsche im Nachlaß, »so wählt man instinktiv die gefährlichen Dinge, zum Beispiel die Abenteuer der Immoralität, wenn man tugendhaft ist.« Der Immoralismus ist

nichts als Hypertrophie der Tugend. Selbstverständlich kann nur ein Mensch der höchsten und tiefsten, stärksten und zartesten Sittlichkeit die Moral überwinden. Der Immoralismus rechnet mit Menschen, die durch die ganze Schule und Entwicklung der Moral bereits hindurchgegangen sind, aber nicht mit Menschen, die noch nicht einmal moralisch sind, das heißt: mit Nietzscheanern.

Kurz: Nietzsche war die letzte große Glaubensstimme des Westens, wie Dostojewski die letzte aus dem Osten war; und wenn wir diesen als den letzten großen Byzantiner und Luther als den letzten großen Mönch bezeichnet haben, so könnte man Nietzsche den letzten Kirchenvater nennen. Und zugleich ist er eine der ausgeprägtesten Nationalgestalten, die das Schrifttum seines Vaterlandes hervorgebracht hat. Er selbst glaubte bekanntlich, das deutsche Volk zu hassen, indem er es mit dem deutschen Publikum verwechselte. Die drei Potenzen, die er mit Vorliebe gegen das Deutschtum ausspielte, waren das Renaissanceitalienische, die Antike und das Französische. Aber seine eigene Vitalität ist eine ganz andere als die des Cinquecento, seine Diesseitigkeit weit verschieden von den hellenischen, sein Kunstwille nichts weniger als die l'art-pour-l'art-Konfession der Franzosen. Er ist die stärkste und feinste Spitze des idealistischen, sentimentalischen deutschen Ethos; ähnlich wie Goethe, der auch glaubte, Realist, Artist und Klassiker zu sein, und zeitlebens ein großer deutscher Sucher geblieben ist. An der Wiege der Völker Europas schenkte Gott dem Engländer das Talent zum Erfolg, dem Franzosen die Gabe der Form, dem Deutschen aber die Sehnsucht. Einer ihrer vorbildlichen Meister war Friedrich Nietzsche, der ebenbürtige Geistesbruder Rembrandts und Beethovens. Aber in seinen letzten Schriften verwirrte sich dieser edle und kräftige Geist. Er wurde, so kann man wenigstens allenthalben vernehmen, von Größenwahn erfaßt. Er hielt sich nämlich für Friedrich Nietzsche.

Diese letzten Schriften stellen zugleich den Versuch dar, den Impressionismus, in dem Nietzsche das Kernwesen der Dekadenz erkannt hatte, zu überwinden: sowohl als Weltbild wie als Form. Es ereignete sich aber die Paradoxie, daß gerade Nietzsche den Impressionismus für Europa endgültig legitimierte und für Deutschland überhaupt erst heraufführte. In den neunziger Jahren verfällt *alles* dem Impressionismus, sogar die Gebiete, die ihm ihrer innersten Natur und Bestimmung nach völlig zu widerstreben scheinen: er bemächtigte sich in Rodin der Plastik, in Debussy der Musik, in Kaiser Wilhelm der Politik, in Alfred Kerr der Kritik. Mit diesem Panimpressionismus steht auch eine Steigerung des Naturgefühls im Zusammenhang, die den Rousseauismus des achtzehnten Jahrhunderts auf einer höheren Spiralebene wiederholt. »Die Gärten unserer Voreltern«, sagt Maeterlinck in einem Aufsatz über »alte Blumen«, »waren noch fast öde. Der Mensch verstand noch nicht, um sich zu schauen und das Leben der Natur mitzugenießen.« Dies ist sehr begreiflich: die Menschen konnten die Natur noch nicht schauen, weil sie selbst dazugehörten. Im letzten Kapitel von *Plisch und Plum* erscheint ein Mister namens Pief, der ununterbrochen durch sein Fernglas blickt und diese seltsame Handlungsweise mit folgendem Monolog begründet: »Warum soll ich nicht im Gehen, spricht er, in die Ferne sehen? Schön ist es auch anderswo, und hier bin ich sowieso.« Eines der vielen tiefen Philosopheme Buschs: das Schöne ist immer das »Anderswo«, das Hier lockt niemals, weil wir da eben »sowieso« sind. Daher kann lyrische Naturbegeisterung immer nur von städtischen Kulturen ausgehen. Der erste »Vorgarten« entstand gleichzeitig mit den Städten der anbrechenden Neuzeit, der »englische Park« mit dem Aufstieg Londons zur Großstadt und der Alpensport mit der Geburt der modernen Weltstädte. Eine ganz analoge Entwicklung nahm die Landschaftsmalerei. Ihre Blütezeit beginnt mit den Stadtkulturen Italiens und Hollands und kulmi-

Das zweite Stadium des Impressionismus

niert mit dem Emportauchen der Riesenstädte im *second empire*, im viktorianischen und im wilhelminischen Zeitalter. Das Mittelalter kannte bloß Gemüsegärten, empfand vor Bergen und Schluchten nur Angst oder Abscheu und hat nie das Bedürfnis gehabt, sie abzubilden, zu erforschen oder zu besingen.

Inzwischen war jedoch, und zwar zunächst in der Malerei, der Impressionismus in sein *zweites Stadium* getreten: er wird phänomenalistisch. Es wurde bereits im vorigen Kapitel ausgeführt, daß neben der realistischen auch diese Möglichkeit der Weltinterpretation in ihm angelegt ist. Zunächst erschienen die »Neoimpressionisten«, die, weil sie, an Monets Kommata anknüpfend, eine radikale Tüpfeltechnik beobachteten, »Pointillisten« oder auch, weil sie das Gesichtsbild in seine letzten Elemente zerlegten, »Divisionisten« genannt wurden. Mit einem Wort: sie malten Mach. Außerdem verwendeten sie bloß einfache Farben. Sie gingen dabei offenbar von der Erwägung aus, daß das Phänomen der Mischtöne erst durch einen psychophysiologischen Vorgang zustande kommt, während in der Wirklichkeit nur die reinen Spektralfarben nebeneinander vorkommen, und versuchten nun, diese so auf die Leinwand zu setzen, daß das Auge gezwungen war, sie in der geforderten Weise zu kombinieren. Sie verlegten also den Mischprozeß von der Palette in die Netzhaut. Damit erreicht die Rationalisierung und Verwissenschaftlichung der Kunst ihren Höhepunkt: wie bei Zola der Dichter sich zum Sozialstatistiker, Lokalreporter, Gerichtspsychiater, Vererbungsbiologen macht, so wird hier der Maler zum Spektralanalytiker, Chemiker und Experimentalpsychologen. Ein pointillistisches Gemälde macht erst aus entsprechender Entfernung den richtigen Eindruck, was ebenfalls dem Vorgang in der Wirklichkeit entspricht. Dies ist scheinbar der Gipfel des Impressionismus, tatsächlich aber bereits dessen Auflösung; denn tritt man weit genug zurück, so erscheint die

Kontur. Ja noch mehr: das Glasmosaik. Und so verhielt es sich denn auch in der Tat bei dem einzigen bedeutenden Pointillisten, Giovanni Segantini, den Österreich für sich reklamierte, weil sein Geburtsort, das südtirolische Grenzstädtchen Arco, damals noch nicht zu Italien gehörte, der aber nach Abstammung, Wohnsitz und Bildungsgang und selbst in seinem Stoffkreis ganz Romane war, da er fast alle seine Motive dem Hochgebirge der ladinischen Schweiz entnahm. Er hat die Strichelmanier zur höchsten Meisterschaft gebracht, indem er die Pinselpunkte wie Mörtel aneinandersetzte und seine Höhenvisionen auf prachtvolle Weise in eine dicke Schneedecke, fette Pflanzendecke und fast tastbar dichte Luftdecke hüllte.

Wenn der Pointillismus den Beschauer zwingen will, die Komposition des Bildes selbsttätig vorzunehmen, so verlangt er von ihm einen Akt der Abstraktion. Und von da bedarf es nur eines Schrittes, um auch den Schöpfungsprozeß des Kunstwerks wieder zur Abstraktion zu machen. Diesen Schritt von der Analyse zur Synthese tat van Gogh. Er »formuliert«, manchmal sogar zu schroff, indem er gleichsam nur die Grammatik der vitalen Funktionen eines Menschen- oder Tierkörpers und das wahrere (weil aus allen verflossenen Impressionen zusammengeschaute) Traum- und Erinnerungsbild einer Landschaft gibt. Seine Gemälde, in denen Greco, Goya und Daumier, die unheimlichsten Maler des neueren Europa, zu schreckhafter Wiedergeburt auferstanden sind, wirken wie gespenstische Alpdrücke, zermalmende Karikaturen, peinigende Verzeichnungen, diabolische Versuchungen; bisweilen denkt man mit Schauder, so müßten Klopfgeister malen.

Man hat für diese phänomenalistische und synthetische Phase des Impressionismus später das überflüssige und verwirrende Neuwort »Expressionismus« geprägt. Aber wenn van Gogh Expressionist ist, so ist Cézanne bereits Nachexpressionist. Er ist das Modell des Claude Lantier in Zolas *Œuvre*, des revolutionären Künstlers, der radikal mit der ganzen Vergangenheit bricht. Dazu gehörte für ihn auch schon der Impressionismus. Er malt bereits wieder die Vision, die platonische Idee, aber als einer, der durch den ganzen Impressionismus hindurchgegangen ist, ihn hinter sich, unter sich erblickt. Er malt niemals Impressionen, also Abbilder von Einzelgegenständen, sondern immer den Gegenstand an sich, die Summe aller Krüge, Orangen, Bäume der Welt. Man sollte glauben, daß dann nur ein Abstraktum übrigbleibt; es entsteht aber ein höchstes Konkretum. Er ist also sozusagen ein malender »Realist«, aber nicht im sensualistischen Sinne der Neuzeit, sondern im mittelalterlichen des *universalia sunt realia*«. Er malt aber auch die Farbe an sich, wie sie, nicht als Bildkomponente, sondern als eine Idee der Schöpfung, losgelöst vom Dienst der Form, ein selbstherrliches Eigenleben führt.

Van Gogh war Holländer; und es ist überhaupt bemerkenswert, daß die stärksten künstlerischen Anregungen jenes Zeitraums in kleinen Ländern ihr Quellgebiet hatten: in Norwegen, Schweden, Dänemark, Belgien, Irland. Es ist das kein Novum in der Kulturgeschichte: große geistige Erneuerungen sind, worauf schon im ersten Buch hingewiesen wurde, fast immer von Zwergstaaten ausgegangen. Nach unseren heutigen Begriffen war das perikleische Athen und das medizeische Florenz eine mittlere Kreisstadt, das Wittenberg Luthers und das Weimar Goethes ein größeres Landnest. Es handelt sich hier um das, was wir bei einer anderen Gelegenheit die »schöpferische Peripherie« genannt haben. Kulturell genommen, fällt auch das Rußland Tolstois und Dostojewskis unter den Begriff der Peripherie und des Kleinstaates: denn es war nichts als eine riesenhaft ausgedehnte Bauernsiedlung mit einigen künstlich inokulierten Stadtgebilden.

Gegenüber den neuen Phänomenen hat die zünftige Kritik in einer besonders grotesken Weise versagt. So schilderte zum

Beispiel, um ein Exempel für hundert zu geben, der Literarhistoriker Hans Sittenberger die Situation um 1890 folgendermaßen: »Bourget mit seinem psychologischen Spintisieren gab
den Einschlag. Dazu gesellte sich der Einfluß des schwachköpfigen Mystikers Maeterlinck... Hier und da findet man
auch Anklänge an die blutarme, lächerlich aufgedunsene Wissenschaftlichkeit Strindbergscher Schöpfung... Von Ibsen
lernten sie das Vollpfropfen des Dialogs mit Gedanken und
Anspielungen ohne Rücksicht auf die jeweilige Situation, die
aufdringliche, ganz veraltete Selbstcharakteristik der Personen... Ihr Dialog gemahnt, wie derjenige ihres Meisters, an die
primitiven Narrenspiele vor Hans Sachs, allwo die Personen
mit großer Höflichkeit sich selber vorstellen: ich bin der und
der, und so und so ist meine Art.« Wollte man einen Preis für
Anticharakteristiken ausschreiben, so müßte man ohne Zweifel jenen krönen, der von Maeterlinck aussagte, daß er schwach-
köpfig, von Strindberg, daß er blutlos, und von Ibsen, daß seine
Technik nicht einmal hanssachsisch, sondern vorhanssachsisch
sei. 1893 erschien Max Nordaus vielgelesenes Buch *Entartung*,
eine mehrere hundert Seiten lange ununterbrochene Anpöbe-
lung aller führenden modernen Künstler, in der, um wiederum
nur ein Beispiel anzuführen, Ibsen als »bösartiger Faselhans«,
»Modernitätsmarktschreier« und »Thesenschwindler« bezeichnet wird und die Schlußnote erhält: »Die einzige Einheit, die
ich in Ibsen entdecken kann, ist die seiner Verdrehtheit. Worin
er sich wirklich immer gleich geblieben ist, das ist seine vollständige Unfähigkeit, einen einzigen Gedanken deutlich zu
denken, ein einziges der Schlagworte, die er seinen Stücken hie
und da aufpinselt, zu begreifen, aus einem einzigen Vordersatz
die richtige Folgerung zu ziehen.« Durch derartige Blamagen
nervös gemacht, hat die literarhistorische Kritik sich neuerdings der umgekehrten Taktik in die Arme geworfen, indem sie
jeden modischen Schund, der eine halbe Saison lang berühmt

ist, gewissenhaft registriert und ängstlich zergliedert, ein Vorgehen, das, nicht weniger albern und ahnungslos als das frühere, an den Clown erinnert, der mit ernsthaftem Eifer die Kunststücke des Jongleurs wiederholt.

Der Sänger aus Thule — Die geistigen Ahnen Ibsens sind in dessen eigenem Lande zu suchen: in dem Norweger Holberg und den Dänen Andersen und Kierkegaard. Holberg ist oft mit Molière verglichen worden, den er an philosophischer Kultur und Eleganz der Form nicht entfernt erreicht, aber an Saftigkeit der Satire und Schärfe der Federzeichnung noch übertraf. Die Erinnerung an den scheinbar harmlosen Andersen mag im ersten Moment überraschen, aber nur solange man vergißt, daß dieser Jugendautor einer der tiefsten Menschendurchleuchter und stärksten gestaltenden Ironiker der Weltliteratur gewesen ist. Zu Kierkegaard verhält sich Ibsen etwa wie Wagner zu Schopenhauer, Hebbel zu Hegel, Shaw zu Carlyle, Schiller zu Kant: er hat von ihm einen Teil seines Ideenrüstzeugs bezogen, wobei er bisweilen von dem schönen Vorrecht der Künstler Gebrauch machte, die Philosophen mißzuverstehen. Von großer, man möchte sagen: verkehrstechnischer Bedeutung war für die damalige Dichtergeneration auch der Däne Brandes, der, eine Art literarischer Kingmaker, mit starker Witterung für die treibenden Kräfte der Zeit dem gebildeten Europa die reiche Literatur seiner Heimat erschloß und umgekehrt den Strom der europäischen Bildung nach Skandinavien leitete, freilich bei allem Geschmack und Anpassungsvermögen immer nur die oberen Schichten der Künstlerpersönlichkeiten berührend, indem er sich nie über das Niveau des feingeistigen Literaturessays erhob, das die Wunder der Tiefsee in gepflegten Bassins zur Schau stellt. Im übrigen läßt sich die norwegische Literatur von der dänischen ebensowenig trennen wie die holländische Malerei von der belgischen. Norwegen gehört ganz zum dänischen Kulturkreis, dem es vom Anfang des sechzehnten Jahrhunderts bis zum

Wiener Kongreß auch politisch eingegliedert war. Mehrere Jahrhunderte hindurch war im ganzen Lande die Sprache der Kirche, des Gesetzes und der Gebildeten das Dänische, und erst im neunzehnten Jahrhundert begannen Wiederbelebungsversuche durch Aufnahme von Elementen der norwegischen Volkssprache in die dänische Schriftsprache. Ibsen und Björnson schrieben ein norwegisch tingiertes Dänisch.

In den *Kronprätendenten* sagt der Skalde Jatgejr: »Kein Lied wird bei hellem Taglicht geboren.« Von dieser Art waren die Lieder des Skalden Ibsen: geboren im Lande der Mitternachtssonne, seltsam klar und düster, beschattet vom Gestern, erhellt vom Morgen, in doppelsinniges Zwielicht getaucht, dämmerig *zwischen den Zeiten* webend. So steht die Gestalt Ibsens vor dem staunenden Gedächtnis der Nachwelt: als die finstere Flamme des Nordens, der geheimnisvolle Sänger aus Thule.

Will man Ibsen katalogisieren, so muß man ihn zweifellos in die Familie der Klassiker einreihen. Unter einem Klassiker ist nicht ein Dichter zu verstehen, der in bestimmten Formen schafft, zum Beispiel in Versfüßen, oder bestimmte Stoffe bevorzugt, zum Beispiel tragische oder antike; sondern jeder Dichter, dessen Werke nicht bloß Produkte der *Vitalität*, des Erlebens und Erleidens, sondern auch der *Rationalität*, der planvollen Berechnung und edlen Besonnenheit sind, jeder Dichter, in dem Leidenschaft sich zur Wissenschaft geläutert hat, ist ein Klassiker. Solche klassische Werke sind alle uns bekannten griechischen Trauerspiele: Schöpfungen des gereiftesten Kunstverstandes, sorgsam in allen Teilen durchkomponiert und abgewogen wie ein alter Tempel oder Altarschrein, vermöge der reichsten und sichersten Kenntnis des Handwerks, des Materials, der Gesetze und Proportionen; solche Werke sind die Dramen Goethes und Schillers, Corneilles und Racines, in denen alles sich gegenseitig hebt, verdeutlicht, beschattet und beleuchtet, bis für jede Einzelheit eine vollendete

Der letzte Klassiker

Bühnenperspektive entsteht, und die Dialoge Lessings und Molières mit ihrer leichten und lichten, gegliederten und geschlossenen Architektur. Der letzte Klassiker dieser Art war Henrik Ibsen; der vollendetste, weil er der komplizierteste war. Von ihm gilt in noch höherem Maße, was Goethe von Shakespeare gesagt hat: »Seine Menschen sind wie Uhren mit Zifferblatt und Gehäuse von Kristall; sie zeigen nach ihrer Bestimmung den Lauf der Stunde an; und man kann zugleich das Räder- und Federwerk erkennen, das sie treibt.« Ja; Ibsen sah durch die Menschen hindurch, als ob sie transparent wären, erkannte das verborgene Gerüst, das unsere Welt trägt, das stille Herz, das in ihr unermüdlich schlägt; sein Auge sandte geheimnisvolle X-Strahlen durch das dunkle Erdengeschehen.

Zenit des bürgerlichen Theaters Ibsen bezeichnet den Zenit des bürgerlichen Realismus: seine Psychologie und Technik entspricht der Theaterform, die, gleichzeitig mit der Bourgeoisie zur Herrschaft gelangt, durch den völlig verdunkelten Zuschauerraum, die scharf isolierte, grell beleuchtete Bühne, den Plafond, das »praktikable« Möbel und drei geschlossene Wände gekennzeichnet ist. Im dritten Buche wurde der technische Unterschied zwischen Goethe und Schiller dahin charakterisiert, daß dieser bühnenpsychologisch mit nur *drei* Wänden und *gemalten* Türen, jener aber mit der vollen Wirklichkeit, nämlich vier Wänden und richtigen Türen operiert hat, wodurch aber, infolge einer Überdimensionalität, die Bühnenwirkung nicht gesteigert, sondern beeinträchtigt wurde. Genauer müßten wir jetzt noch, indem wir Ibsen auf seine dramatische Kapazität prüfen, dessen Unterschied von Schiller dahin präzisieren, daß beide eminente Theatraliker waren, aber Schiller der Theatraliker der Soffitte, der Kulisse und der ausgeschnittenen Tür, Ibsen der Bühnenmeister der festen Decke, der »gebauten« Wand und der massiven Tür, die aber doch eine gestellte Phantasietür ist. Es ist, mit einem Wort, der höchste erreichbare *Theaterrealismus*.

Diesem unverbrüchlichen und oft sogar ungewollten Realismus gegenüber wirken alle Diskussionen rationalistischer Psychologen höchst deplaciert, sowohl die skeptischen, die mißtrauisch untersuchen, ob auch »alles stimmt«, wie die bejahenden, die begeistert besondere »Feinheiten« konstatieren. Beide Standpunkte beruhen auf einer völligen Verkennung des poetischen Schöpfungsakts. Von den Produkten der Kunst gilt ganz ebenso wie von denen der Natur der aristotelische Satz, daß das Ganze früher da ist als die Teile. Der Grieche war, wie wir im dritten Buche erörtert haben, aufs tiefste davon überzeugt, daß die »Idee«, die »Form«, der »Begriff« (diese drei Vorstellungen bedeuteten für ihn auf geheimnisvolle Weise dasselbe) das Primäre sei, die »Wirklichkeit«, die »Materie«, das »Einzelne« nur die Folge davon. Nicht anders verhält es sich beim Künstler: das Erste, Ursprüngliche und Zeugende ist die »Gestalt«, aus ihr fließen mit unfehlbarer, von ihm unabhängiger Notwendigkeit alle »Züge« und »Handlungen«; sie ist ein Organismus und entwickelt sich daher nicht nach einer mechanischen Kausalität, die von außen lenkbar wäre, sondern nach der »vitalen«, die ihr Gesetz in sich selbst trägt. Infolgedessen muß alles »stimmen« und alles in gleich hohem Maße; und infolgedessen ist alle psychologische Kritik an Kunstwerken nicht etwa »respektlos«, sondern sinnlos, als ein Ausflug völliger Ignoranz in ästhetischen Dingen. Nicht weniger banausisch aber ist das bewundernde Hinweisen auf »geniale Einzelheiten«, weil in einer echten Dichtung alle Einzelheiten genial sind und keine genialer als die andere. Alle sind genial, weil alle natürlich sind. Alle sind natürlich, weil alle göttlich sind. Lobende oder einschränkende Urteile sind hier ebenso albern wie die ergötzlichen Schöpfungskritiken der Barockdichter, die den Tieren und Pflanzen Zensuren erteilten, zum Beispiel der Raupe wegen ihrer widrigen Erscheinung ernste Mißbilligung aussprachen, hingegen ihrer Metamorphose zum hübschen Schmetterling rückhaltlose Anerkennung zollten.

Kleine Dramaturgie

Es gibt im Leben jedes Menschen zwei Zustände, in denen er ein vollendeter Dichter ist: Traum und Kindheit. Kinder haben niemals schiefe, verengte, leblose Bilder vom Dasein; das glauben bloß die Erwachsenen. Im Traum ist jedermann ein Shakespeare. Leider verlieren die meisten Menschen im wachen und erwachsenen Stadium diese ihnen offenbar angeborene und völlig organische Gestaltungskraft und werden schrecklich talentlos, indem ihr Verstand, dieser feige und impotente Besserwisser, sich überall einmischt. Nur der Künstler, das ewig träumende Kind, bewahrt sich diese Gabe. Und daher ist eine »verzeichnete Dichtung« eine ebensolche Unmöglichkeit wie ein »falscher Traum«. Hingegen sind, ganz wie bei den Erscheinungen des Lebens, Sympathie- und Antipathieurteile ohne weiteres zulässig. Auch hier können uns die Kinder als Lehrer der Ästhetik dienen. Sie hassen den Wolf und die Spinne: in der Natur, in Menschengestalt und in der Dichtung. Und ebenso ist es durchaus denkbar, daß gewisse Dichtungen als »böse« empfunden werden, indem deren Welt von uns verneint wird, womit aber keineswegs ausgedrückt werden soll, daß sie unrichtig sei. Eine Welt kann niemals unrichtig sein.

Gegen diese Theorie, daß alle Figuren und Vorgänge eines Dramas (um zunächst nur bei dieser Kunstform zu bleiben) gleich vollkommen seien, spricht jedoch dreierlei: daß es tatsächlich völlig mißlungene Theaterstücke gibt, daß auch die geglückten von sehr verschiedenem Wert sind und daß selbst die höchsten unter ihnen Nieten enthalten. Diese Einwände beantworten sich jedoch auf sehr einfache Weise. Die »mißlungenen« Theaterstücke sind nämlich überhaupt keine Dichtungen, sondern von diesen ebenso generell verschieden wie eine Gliederpuppe von einem Menschen. Es gibt sehr rohe Puppen und sehr kunstvolle; gemeinsam ist ihnen allen aber, daß sie mechanische Produkte sind. Wodurch erkennt man nun, daß sie es sind? Durch das »Gefühl«, dasselbe Gefühl, das uns noch nie eine Auslagenfigur mit einem Ladenbesucher, ein Panorama mit einer Landschaft hat verwechseln lassen und das untrüglich in jedem Menschen lebt; bloß in den sogenannten »Theaterfachleuten« sehr oft nicht: diese haben nämlich durch das fortwährende Leben im Panoptikum die normale Unterscheidungsfähigkeit eingebüßt. Dies führt uns zu der Erklärung der »Nieten«. Sie stammen nämlich ausnahmslos *nicht* vom Dichter, sondern von den »Verbesserern«: den Intendanten, Dramaturgen, Regisseuren, Schauspielern, die angeblich den »Notwendigkeiten des Theaters« Rechnung tragen, in Wahrheit den Bedürfnissen ihrer eigenen Kunstfeindlichkeit und eines fiktiven, von ihnen für dumm gehaltenen Publikums. Durch die Jahrhunderte klingt die Klage der Verleger, Zeitungsherausgeber, Konzertagenten, Bühnenleiter: man dürfe dem Publikum nun einmal nichts Neues, nichts Tiefes, nichts Ernstes vorsetzen, sein Geschmack sei immer nur auf platte Unterhaltung, auf Kitsch und Konvention gerichtet. Das ist aber ganz einfach eine Umkehrung des wahren Sachverhalts: die rückständigen, ordinären und oberflächlichen Elemente sind die Fachleute. Das Publikum ist nichts als ein aufgesperrtes Riesenmaul, das alles in sich hineinschlingt, was man ihm vorsetzt. Daß es aber lieber Gutes verschlingt als Schlechtes, steht außer allem Zweifel. Das erweist sich sofort ganz unzweideutig, wenn man den Blick auf größere Zeiträume ausdehnt. Woher kommt es, daß von all den Moderomanen und Theaterschlagern, die seinerzeit so gierig konsumiert wurden, heute nur noch ein paar Seminaristen etwas zu erzählen wissen? Warum leben die erfolgreichen Gassenhauer und Schmachtfetzen zwar in aller Munde, aber immer nur eine Saison lang? Und umgekehrt: gibt es eine einzige Zelebrität, die mehr als hundert Jahre alt ist und nicht verdiente, eine Zelebrität zu sein? Sind Homer und Dante denn nicht wirklich die größten Epiker, Plato und Kant die größten Philosophen? Und wenn man eine Theaterstatistik der

letzten hundert Jahre aufstellen wollte, so würde sich als meist-
gespielter Dramatiker ganz bestimmt Shakespeare herausstellen. Wer hat also diesen Männern den ihnen gebührenden Platz
mit so untrüglich sicherem Urteil angewiesen? Etwa die Literaturprofessoren? Die nehmen ein Genie doch erst ernst, wenn
es schon der letzte Postbeamte verdaut hat. Niemand anders als
das Publikum trifft diese kunstsinnigen und verständnisvollen
Entscheidungen; man muß ihm nur ein wenig Zeit lassen. Wird
ihm von der niedrigen Gesinnung der sogenannten kompeten-
ten Faktoren minderwertige Nahrung geboten, so akzeptiert es
auch diese, aber nur weil es keine bessere bekommt; und früher
oder später wird es von seinem Instinkt, trotz allen Hemmungen, die ihm die leitenden Kreise bereiten, doch an die richtige
Quelle geführt werden. Es gibt Protisten, die sich zu »Zellver-
einen« oder »Zellkolonien« zusammentun: diese Tierchen besitzen dann zwei Seelen, nämlich eine Individualseele und eine
sogenannte Zönobialseele, die sich als Gemeingefühl des ganzen Zellenstocks äußert; ähnlich ergeht es dem Menschen als
Publikum: zu seiner Individualseele bekommt er eine zweite
hinzu: die Publikumsseele, in der der weise Wille der Gattung
regiert. Und wenn Chamfort die Frage gestellt hat: wieviel
Dummköpfe müssen denn zusammenkommen, damit ein Publikum entsteht?, so ließe sie sich vielleicht dahin beantworten,
daß man natürlich nur von Fall zu Fall entscheiden kann, wie
viele es sein müssen, daß aber jedesmal, wenn genug von ihnen
beisammen sind, etwas entsteht, das viel gescheiter ist als sie.
Was nun noch die unbezweifelbare Hierarchie der dramatischen Dichtungen anlangt, so bedeutet auch sie keine Widerlegung der Ansicht, daß ihnen allen unanfechtbarer Wirklich-
keitswert zukomme; denn eine Rangordnung gibt es ja auch in
der Wirklichkeit und unter den lebenden Menschen. Wodurch
bestimmt sich nun deren verschiedener Wert? Ich glaube: eben
durch ihren Gehalt an Realität. Wenn wir zum Beispiel Bis-

1638

marck mit Bethmann-Hollweg oder Goethe mit Gottsched vergleichen, so müßten wir, wenn wir den Unterschied auf die kürzeste Formel bringen wollten, ganz einfach sagen, daß Goethe und Bismarck die realeren Persönlichkeiten waren. Deshalb hat Nietzsche Napoleon das *ens realissimum* genannt. Ganz ähnlich ergeht es uns im täglichen Leben. Gewisse Menschen erscheinen uns massiver, beglaubigter, lebender als andere, weil sie einen größeren Bruchteil der Welt spiegeln, sozusagen einen stärkeren Tonnengehalt besitzen. Aber »psychologisch richtig« sind alle.

Für die Tatsache, daß es einem echten Dichter gar nicht möglich ist, eine Figur zu verzeichnen, auch wenn er den besten Willen dazu hat, möchte ich nur ein einziges Beispiel anführen. Alfred Loth in *Vor Sonnenaufgang* ist zweifellos als eine Art Sprachrohr des Dichters gedacht, als der Held des Stücks, der recht behalten soll, mit dem sich Hauptmann geradezu identifiziert. In Wirklichkeit ist er aber ein dürrer und engherziger Prinzipienreiter, der durchaus nicht Anspruch auf unsere ungeteilte Sympathie hat. Im zweiten Akt sagt er zu Helene Krause über *Werther*, das sei ein dummes Buch, ein Buch für Schwächlinge. Als Helene ihn fragt, ob er ihr etwas Besseres empfehlen könne, erwiderte er: »Le… lesen Sie… noa!… kennen Sie den *Kampf um Rom* von Dahn? Es malt die Menschen nicht, wie sie sind, sondern wie sie einmal werden sollen. Es wirkt vorbildlich.« Und als ihn Helene daraufhin fragt, ob Zola und Ibsen große Dichter seien, antwortet er: »Es sind gar keine Dichter, sondern notwendige Übel, Fräulein. Ich bin ehrlich durstig und verlange von der Dichtkunst einen klaren, erfrischenden Trunk. Ich bin nicht krank. Was Zola und Ibsen bieten, ist Medizin.« Hier spricht plötzlich nicht mehr die Seele des Dichters, sondern ein aufgeblasener grobdrähtiger Schulmeister. Daß der *Kampf um Rom* dem *Werther* vorzuziehen sei, kann niemals Hauptmanns Ansicht gewesen sein. Was

1639

war geschehen? Die Figur hatte sich einfach selbständig gemacht.

Vergleicht man aber nun parallele Gestalten Hauptmanns und Ibsens, so bemerkt man, daß die letzteren mehr Realitätsgehalt besitzen; sie verhalten sich zu jenen wie Rundplastiken zu Reliefs. Gregers Werle und Relling stehen genauso in der *Wildente* wie Loth und Doktor Schimmelpfennig in *Vor Sonnenaufgang*. Aber Schimmelpfennig ist nur ein Profil und eine Diagnose: wir erfahren von ihm bloß, daß er ein skeptischer Landarzt ist und daß die Familie Helenens an Trunksucht leidet. In Relling hingegen ist ein ganzes widerspruchsvolles Menschenschicksal gestaltet und zugleich eine ganze Lebensphilosophie, die denselben Titel führen könnte wie vier der nachgelassenen Abhandlungen Nietzsches: *Über Wahrheit und Lüge im außermoralischen Sinne*. Und in Gregers Werle vollzieht sich die ganze Leidensgeschichte des tragikomischen Menschheitsapostels, der, umgekehrt wie Mephisto, stets das Gute will und stets das Böse schafft. Oder man vergleiche die Behandlung des Vererbungsproblems in *Vor Sonnenaufgang* und den *Gespenstern*: dort ist es die Angelegenheit eines ärztlichen Pareres und eines monistischen Dogmas, hier der Kreuzungspunkt aller moralischen und sozialen Fragen der Gegenwart; dort wird es auf die denkbar primitivste Weise, hier überhaupt nicht gelöst. Das ist das Verhältnis des Einmaleins zur Wahrscheinlichkeitsrechnung des Infinitesimalkalküls.

Ibsens Kosmos Dies ist überhaupt das Unvergänglichste an Ibsens Dramatik, worin er nur bisweilen von Shakespeare erreicht wird: daß es ihm gelingt, die Vieldeutigkeit und Abgründigkeit des Lebens zu wiederholen. Man hat von seinen Menschen den Eindruck, daß sie eigentlich nur bei ihm zu Besuch sind. Sie kommen von irgendwo draußen, gehen eine Zeitlang im Stück herum und begeben sich dann wieder nach draußen. Sie waren auf der Welt, ehe das Stück anfing, und leben weiter, wenn das

Stück aus ist. Auch hat man die Möglichkeit, die Bekanntschaft mit ihnen durch öfteres Beisammensein intimer zu gestalten, ganz wie das bei wirklichen Menschen der Fall ist. Ganz auskennen wird man sie aber niemals. So sind zum Beispiel zwei so sachliche und gründliche Kenner Ibsens wie Paul Schlenther und Roman Woerner über die Abstammung der Hedwig Ekdal ganz verschiedener Ansicht; jener hält es für ausgemacht, daß sie die Tochter des alten Werle, dieser, daß Hjalmar ihr Vater ist. Die erstere Auffassung, die sich auf die Vermutung stützt, daß die Augenkrankheit Werles auf Hedwig vererbt sei, ist die allgemein verbreitete; für die letztere läßt sich ihr Zeichentalent anführen und die Tatsache, daß auch die Mutter Hjalmars augenleidend war; nach der allerneuesten Psychologie müßte man auch darauf hinweisen, daß Hedwig in Hjalmar verliebt ist, also offenbar einen »Vaterkomplex« hat; aber man kann auch ebensogut annehmen, daß sie sich in Hjalmar einen »Vaterersatz« geschaffen hat. Derlei Kontroversen wären aber ganz nach dem Geschmack des Dichters; denn er will ja gar keine Klarheit, sondern das Leben. Als er einmal gefragt wurde, ob Engstrand das Asyl angezündet habe, erwiderte er: »Zuzutrauen wär's dem Kerl schon!«

Es ist sogar dem Realismus Ibsens einmal das Unerhörte gelungen, glaubwürdig ein *obskures Genie* zu schildern. Gewöhnlich sind Tragödien, die sich um ein Manuskript drehen, der Gefahr der Lächerlichkeit ausgesetzt; und überhaupt sind Schriftsteller als dramatische Helden meist undankbare Aufgaben. Für Goethes Tasso ist es, wie schon einmal hervorgehoben wurde, ganz unwesentlich, daß er das *Befreite Jerusalem* geschrieben hat, und Laubes Schiller müssen wir die *Räuber* einfach kreditieren. In *Hedda Gabler* aber sind wir aufs tiefste überzeugt, daß wirklich ein unersetzlicher literarischer Wert verbrannt wird, während wir, um wiederum Hauptmann zum Vergleich heranzuziehen, bei der Arbeit Johannes Vockeradts durchaus nicht an eine überragende Leistung glauben. Ibsen hat aber etwas noch Größeres und Unbegreiflicheres geschaffen: die platonische Idee des Durchschnittsmenschen in Hjalmar Ekdal.

Die Natur, in gewisser Hinsicht äußerst verschwenderisch, ist doch wiederum in anderer Hinsicht ungemein sparsam. Sie streut Tausende von Formen aus, gelangt zu den bizarrsten Bildungen, kann sich gar nicht genugtun in immer neuen Abwandlungen, so daß es bisweilen scheint, als herrsche in ihr derselbe unersättliche Spieltrieb, der den Künstler zu einem so ruhelosen Wesen macht; aber sieht man näher zu, so erkennt man, daß sie bei alledem immer nur einige wenige einfache Gedanken verwirklicht. So geht zum Beispiel durch die fast unübersehbare Fülle von Gestalten, die wir unter dem Namen der Säugetiere zusammenfassen, ein einziges sehr leicht übersehbares Bildungsgesetz, sie sind alle nach demselben einförmigen Bauplan geschaffen: immer wird der Hals aus sieben Wirbeln gebildet, ob es sich um einen Maulwurf oder eine Giraffe handelt, immer besteht das Herz aus zwei Kammern und zwei Vorkammern, beim Elefanten wie beim Eichhörnchen. Und ganz ebenso ist die Natur beim Menschen verfahren. Denn obwohl es nicht zwei menschliche Seelen gibt, die einander völlig gleichen, so kehren doch in dem ungeheuren und vielfach gestuften Geisterreich dieselben Typen immer wieder. Es gibt im Grunde nur drei: den Idealsten, den Realisten und den Skeptiker.

Die drei größten Dichter der germanischen Rasse haben diese drei Kristallisationsformen der menschlichen Seele in drei leuchtenden Gestalten verkörpert. Shakespeare schuf die Figur des Skeptikers in Hamlet, Goethe die Figur des Idealisten in Faust und Ibsen die Figur des Realisten in Hjalmar. Hamlet ist ein Aristokrat der elisabethinischen Renaissance, jene merkwürdige Kreuzung aus Bigotterie und Freidenkertum, die damals emporkam: er glaubt zwar noch an Gespenster, aber er hat auch schon Montaigne gelesen. Indes ist er doch auch unendlich viel mehr; er ist einfach der Mensch, der zu viel weiß, um noch handeln zu können, sagen wir rundheraus: der Kulturmensch. Er könnte auch heute auf der Straße spazierengehen: in Paris, in Berlin, in London und im Garten des Epikur und in den amerikanischen Wäldern Thoreaus und zu jeder Zeit, die reif genug ist, um Menschen hervorzubringen, die der Welt des Irrsinns und Verbrechens, in der sie leben, müde und überlegen ins Auge blicken. Hebbel hat die Fausttragödie das vollkommenste Gemälde des Mittelalters genannt, was zweifellos richtig ist; aber sie ist auch das vollkommenste Gemälde des achtzehnten Jahrhunderts und das vollkommenste Gemälde des neunzehnten. Faust ist Abälardus und Thomas Aquinas, aber auch Fichte und Nietzsche, sagen wir kurz: das Genie. Und sein Gegenspieler Hjalmar besitzt die überhaupt vollkommenste Ubiquität, die sich denken läßt. Er ist der Mensch, der mit der gegebenen Wirklichkeit kreuzzufrieden ist, nie verlegen um eine schmackhafte Auslegung peinlicher Sachen, Virtuose im Vorbeisehen an strapaziösen Verantwortungen und stets darauf bedacht, sich das Leben mit billiger Poesie zu verhängen wie mit einer Art lichtdämpfender Glasmalerei, mit einem Wort: der Philister. Können wir uns denken, daß er in irgendeiner Sphäre der menschlichen Kultur nicht bestanden, ja daß er nicht zu allen Zeiten den Grundstock der Menschheit gebildet hat? Er ist die fleischgewordene Gewöhnlichkeit, aber der Dichter zeigt seine Unvergänglichkeit.

Dies sind die drei Typen der Menschheit. Oder vielmehr: es sind die drei Seelen, die in jedem Menschen wohnen, ihn aufbauen und sich in ewigem Kampf und Gleichgewicht befinden. Wer hätte nicht schon gesagt: »Aber wozu eigentlich? Wir sind ein Narrenhaus. Warum sich hineinmischen? Alles das hat ja gar keinen Sinn.« In diesem Augenblick war er Hamlet. Wer hätte nicht schon gesagt: »Alles ganz schön. Aber jetzt möchte ich ein Butterbrot und eine Flasche Bier.« In diesem Augenblick war er Hjalmar. Und wer hätte nicht trotzdem immer wieder empfunden: »Einerlei. Wir müssen weiter, hinauf! Dazu sind wir auf der Welt.« In diesem Augenblick war er Faust. Was ist nun der wahre Sinn des Lebens: die reife Skepsis, das ewige Streben oder das Butterbrot? Der Dichter antwortet: »Wir sind *Menschen*. Wir müssen zweifeln. Wir müssen streben. Wir müssen Bier trinken.«

Die Rache Norwegens

Nichts hat, merkwürdigerweise, die Norweger so erbittert wie die Tatsache, daß der größte Gestalter des scheidenden Jahrhunderts ein Norweger war: schon sein Debüt auf dem Theater erregte die heimische Entrüstung, die sich von Drama zu Drama steigerte; der *Bund der Jugend* konnte bei der Uraufführung in Christiania kaum zu Ende gespielt werden; die Haltung, die die »kompakte Majorität« gegen die *Gespenster* einnahm, gab Ibsen die Idee zum *Volksfeind*. Der Dichter verließ das undankbare Vaterland und wurde in Rom und München Kosmopolit. Aber nun ereignete sich etwas, das man die Rache Norwegens nennen könnte. Alle modernen Dramen Ibsens spielen nämlich in Norwegen, nicht bloß äußerlich, was ganz gleichgültig wäre, sondern auch innerlich: das Nora-, das Alving-, das Stockmann-, das Heddaproblem ist nur in dieser Europaferne und Halbinselenge, diesen verhängten Himmelsgegenden und verlegten Meerbuchten, dieser verschnörkelten Duodez- und Winkelwelt möglich. Nicht als ob diese Konflikte: Weib und Ehe, Individuum und Masse, Genie und Welt nicht allgemein menschliche wären, aber sie würden sich in Paris in anderer Färbung und Perspektivik, unter anderen Atmosphärilien abspielen. Und daher ist paradoxerweise Sardou bei aller Oberflächlichkeit seiner Menschenbelichtung, Billigkeit seiner Philosophie, Brutalität seiner Lösungen, Rückständigkeit seiner Mechanik der europäischere Dramatiker.

1644

Es ist sehr oft auf gewisse Zusammenhänge zwischen Ibsen und der französischen Sittenkomödie hingewiesen worden. Daran ist so viel wahr, daß Ibsen in der Tat deren Technik, als die für die bürgerliche Guckkastenbühne gegebene, unentbehrliche und einzig mögliche, übernommen und aufs höchste vergeistigt hat. Alle stehenden Figuren des Pariser Gesellschaftsdramas kommen, durch meisterhafte Charaktermasken gehoben, bei ihm wieder zum Vorschein: der Räsonneur (Lundestad, Relling, Brack, Mortensgard), der falsche Biedermann (Stensgaard, Bernick, Peter Stockmann, Werle), der *confident* (Doktor Herdal, Foldal), der edle *déraciné* (Brendel, Lövborg), die *mangeuse d'homme* (Hedda, Rita), die geläuterte Gefallene (Rebekka), die *incomprise* (Ellida, Nora), die *ingénue* (Hilde Wangel). Ferner gibt es bei ihm auch die Technik der Entlarvung: im *Bund der Jugend* und in den *Stützen der Gesellschaft* noch ganz deutlich, in *Puppenheim*, *Volksfeind*, den *Gespenstern* und der *Wildente* verdeckter. Ja sogar die von den Franzosen erfundene »Technik der Metapher« hat er akzeptiert, wobei man aber am deutlichsten sehen kann, um wie viele Stufen er sich über seine Vorbilder erhoben hat. Diese besteht darin, daß irgendein Gleichnis, Bild oder Aperçu in das Zentrum der Handlung und zumeist auch in den Titel gesetzt wird. Das klassische Beispiel hierfür ist *Demi-monde*. Dort sagt der Räsonneur plötzlich: »Lieben Sie Pfirsiche? Also: Sie gehen zu einem Obsthändler und verlangen seine beste Sorte. Er wird Ihnen einen Korb mit wundervollen Früchten bringen, die durch Blätter getrennt sind, damit sie einander nicht durch die Berührung verderben: sie kosten, sagen wir, zwanzig Sous das Stück. Sie blicken um sich und bemerken bestimmt in der Nähe einen zweiten Korb mit Pfirsichen, die, von den anderen kaum zu unterscheiden, bloß enger aneinandergepreßt sind. Sie erkundigen sich nach dem Preis: fünfzehn Sous. Sie fragen natürlich, warum diese Pfirsiche, ebenso schön, ebenso groß, ebenso

Ibsens Kunstform

reif, ebenso appetitreizend, weniger kosten als die anderen? Darauf wird Ihnen der Verkäufer einen ganz kleinen schwarzen Fleck zeigen, der der Grund des niedrigeren Preises ist. Sehen Sie, mein Lieber: Sie befinden sich hier in dem Korb der Pfirsiche zu fünfzehn Sous. Die Frauen, die Sie umgeben, haben alle einen kleinen Fehler in ihrer Vergangenheit, einen kleinen Fleck auf ihrem Namen; sie drängen sich aneinander, damit man es so wenig wie möglich bemerke, und obgleich sie dieselbe Herkunft, dasselbe Exterieur, dieselben Manieren und Vorurteile besitzen wie die große Gesellschaft, befinden sie sich doch nicht mehr darin und bilden das, was man die Halbwelt nennt, die weder Aristokratie noch Bourgeoisie ist, sondern wie eine schwimmende Insel im Ozean von Paris treibt.« Nach Dumasscher Technik müßte Relling etwa sagen: »Haben Sie schon einmal eine Wildente beobachtet? Nun denken Sie sich: sie wird angeschossen. Eine Zeitlang wird sie vom blauen Himmel träumen, vom tiefen Teich und vom dichten Schilf, in dem sie sich tummelte. Aber allmählich wird sie die Freiheit vergessen und zufrieden und fett ihren dumpfen Stall in der Dachkammer für die Welt halten. *Eh bien, mon cher:* wir befinden uns in einem Wildentenstall.«

Ist der Parallelismus zwischen der französischen und der Ibsenschen Technik nur unter sehr beträchtlichen Vorbehalten gültig, so ist die ebenfalls sehr häufig angestellte Vergleichung mit der antiken Dramenführung völlig deplaciert. Denn während die griechische Tragödie bloß zu einem längst bekannten Resultat auf kunstvolle Weise einen neuen Weg entwickelt, wird bei Ibsen dieser Weg selbst erst entschleiert; dort handelt es sich um die originelle Ableitung einer eingelebten Kultwahrheit, hier um die *unantik spannende* Auflösung eines Rebus. Beide Formen sind »analytisch«, aber so verschieden wie geometrische und chemische Analyse, indem dort eine gegebene rationelle Gleichung bloß anschaulich nachkonstruiert, hier ein unartikulierter Tatbestand erst beobachtet und ergründet wird; dort erfährt man die Motivation, hier die Konstitution. Die Entwicklung ist im *Ödipus* ein dialektischer, in den *Gespenstern* ein experimenteller Prozeß; es besteht ein ähnliches Verhältnis wie zwischen hesiodischer und darwinischer Kosmogonie, zwischen der Idee bei Plato, die der zeugende Urgrund, und der Idee bei Kant, die das gesuchte Endziel ist.

Um das wahre Vorbild Ibsens zu finden, braucht man weder nach Paris noch nach Athen zu gehen: es ist die isländische und norwegische Saga seiner Heimat, die Ballade. Mit ihr hat er alle Züge gemeinsam, die für seine innere Grundform entscheidend sind: das schwüle Drängen auf die Katastrophe, die von Anfang an so gewiß ist, daß, wie man freilich erst später erkennt, das Drama mit ihr anhebt; den immer wieder, immer drohender auftauchenden Refrain; die schlagende Konzentration; das doppelte Dunkel der Änigmatik und Tragik; die latente Romantik. Wer vermöchte heute noch daran zu zweifeln, daß die Geschichte von Ellida und dem fremden Mann, von der kleinen Hilde und dem großen Solneß eine Romanze ist, daß die weißen Rosse von Rosmersholm und die Rattenmamsell aus der Polterkammer stammen und daß die *Gespenster* ein *wirkliches* Gespensterstück sind? Es sind, was sie nur um so großartiger und unbegreiflicher macht, Nixen im Waschkleid, Nachtmahre im Bratenrock, Legenden im elektrischen Licht.

Ganz unvergleichlich ist hierbei die Durchdringung von Realität und Symbolität. Wir haben darauf hingewiesen, daß selbst ein so penetranter Naturalist wie Zola ganz wider Willen und gleichsam unter der Hand zu großen Personifikationen gelangte. Doch sind diese bei ihm mechanische Produkte der Summierung, ungeheure Kollektivwesen, daher bloß rationale »Wahrzeichen« oder bestenfalls kalte Allegorien. Bei Ibsen aber haben sie die volle Irrationalität, Doppelbödigkeit und Unheimlichkeit des Zaubermärchens. Sie werden, in einer aufsteigenden Reihe, immer geheimnisvoller und dabei, merkwürdigerweise, konkreter. Man braucht sie bloß zu nennen: die lecke »Indian girl« in den *Stützen*; das *Puppenheim*; des Kammerherrn Alving brennendes Asyl; die verseuchte Badeanstalt im *Volksfeind*; der Dachboden in der *Wildente*; Rosmersholm; das Meer in der *Meerfrau*; der Turm in *Baumeister Solneß*: lauter phantastische, alltägliche, irreale, greifbare Schreckgebilde.

Das Testament der Neuzeit
Wie bei Nietzsche lassen sich auch bei Ibsen ziemlich deutlich drei Perioden unterscheiden: die erste, 1863 bis 1873, umfaßt im wesentlichen die großen Historien und Versdichtungen, die zweite, die bis 1890 reicht, die revolutionären Gesellschaftsdramen, die letzte die mystischen Dichtungen. Von 1877 bis 1899 hat Ibsen mit großer Regelmäßigkeit alle zwei Jahre ein neues Stück erscheinen lassen, das immer in irgendeiner Weise die Fortsetzung eines vorhergehenden war. Aber alle haben im Grunde dasselbe Thema, das er in einem Brief an Brandes in die Worte zusammengefaßt hat: »Überhaupt gibt es Zeiten, wo die ganze Weltgeschichte mir wie ein einziger großer Schiffbruch erscheint – es gilt, sein Selbst zu retten.« Der Ton, der durch alle späteren Werke weiterklingt, ist schon in seinem ersten Drama *Catilina* angeschlagen, dessen Held als der Typus des nihilistischen Gesellschaftsfeinds gilt, eigentlich aber, zumindest in der Auffassung Ibsens, ein revolutionärer Neuschöpfer sein wollte. In Ibsen, dem grübelnden Kämpfer aus Nordland, ist wieder einmal der protestantische Geist des Protestes Fleisch geworden, der Geist Luthers und Huttens, Miltons und Carlyles; und der Geist der kantischen Höhenmoral, wie sie in Brand und Rosmer lebt. »Ich empfing die Gabe des Leids«, sagt Jatgejr, »und da ward ich Skalde. Es mag andere geben, die den Glauben oder die Freude brauchen – oder den Zweifel. Aber dann muß der Zweifler stark und gesund sein.« Dieser unbändige, lebensstarke Zweifel, der furchtlos mit allem ringt, auch mit sich selbst, war Ibsens Kraftborn; aus ihm schöpfte er seine

dunklen Lieder, die die Welt erleuchteten. Die bösen Geister aber, gegen die er auszog, waren die »Ideale«, auf denen sich das satte Zeitalter zur Ruhe gesetzt hatte. Mit unermüdlichem Hohn wies er auf ihre Fadenscheinigkeit, ihre Leere, ihre Verlogenheit und auf die Notwendigkeit neuer Sternbilder. Aber mit diesen neuen Idealen ist er nie recht zustande gekommen. Daher konnte auch Hermann Türck in seinem gar nicht schlechten Buch *Der geniale Mensch* ihn als Typus des Anarchisten und »Misosophen« hinstellen, freilich ohne zu bedenken, daß gerade sein ungeheures moralisches Verantwortungsgefühl ihm das Verneinen näherlegte als das Aufbauen. Doktor Allmers, der Held von *Klein Eyolf*, arbeitet an einem Buch über die menschliche Verantwortung, das nie fertig wird. An diesem Buch hat auch Ibsen sein Leben lang geschrieben; aber es ist nie komplett erschienen. Seine letzten Geheimnisse hat dieser große Zauberer ins Grab genommen. Aus Scham, wie der Skalde Jatgejr; aus Stolz, wie Ulrik Brendel, der von sich sagt: »Meine bedeutsamsten Werke, die kennt weder Mann noch Weib. Kein Mensch – außer mir. Weil sie nicht geschrieben sind. Und warum sollte ich auch meine eigenen Ideale profanieren, wenn ich sie in Reinheit und für mich allein genießen konnte?«; vielleicht auch ein bißchen aus Schadenfreude. Vor allem aber, weil er ein großer Dichter war. Denn die tiefsten Dichtungen sind nur mit dem Herzen aufgezeichnet und haben eine Scheu davor, zu Buchstaben zu gefrieren. Seine letzte geoffenbarte Weisheit verkündet der Held seiner letzten Dichtung: »Wenn wir Toten erwachen, dann sehen wir, daß wir nicht gelebt haben.« Dieses Werk nannte er selbst einen Epilog, und es erschien, wiederum ein Vorgang von hoher Symbolik, genau am Schluß des Jahrhunderts, in den letzten Dezembertagen des Jahres 1899.

Eine Art Epilog enthält aber auch schon die Schlußszene seines vorletzten Dramas. Seltsam gemahnt Borkmans Tod an das Ende Tolstois. In beiden erwacht, kurz vor ihrem Verlöschen, ein geheimnisvoller Wandertrieb: sie verlassen das schützende Dach ihres Hauses und irren hinaus in die unwirtliche Ferne. Es ist eine Art Flucht aus der Realität.

»(Die Landschaft, mit Abhängen und Höhenzügen, verändert sich fortwährend langsam und nimmt einen immer wilderen Charakter an.) *Ella Rentheims Stimme:* Aber warum brauchen wir denn so hoch zu steigen? *Borkmans Stimme:* Wir müssen den gewundenen Pfad hinauf. (Sie sind bei einer hochgelegenen Lichtung im Walde angelangt.) *Ella:* Auf der Bank da saßen wir oft zuvor. *Borkman:* Es war ein Traumland, in das wir damals hinausblickten. *Ella:* Das Traumland unseres Lebens war es. Und jetzt ist das Land mit Schnee bedeckt. Und der alte Baum ist abgestorben. *Borkman:* Siehst du den Rauch, der von den großen Dampfschiffen aufsteigt, draußen auf dem Wasser? *Ella:* Nein. *Borkman:* Ich sehe ihn. Sie kommen und sie gehen. Sie knüpfen Bündnisse über die ganze Erde. Und dort unten am Fluß – hörst du? Die Fabriken sind im Gang. Meine Fabriken! Die Räder wirbeln, und die Walzen blitzen – immer im Kreis, immer im Kreis! Siehst du die Bergketten dort – in der Ferne? Die eine hinter der andern. Sie erheben sich. Sie türmen sich. *Dort* ist mein tiefes, endloses, unerschöpfliches Reich! *Ella:* Ach, John, es haucht einen aber so eisig an von dem Reiche her! *Borkman:* Der Hauch wirkt auf mich wie Lebensluft. Der Hauch weht mir entgegen wie ein Gruß von untertänigen Geistern. Ich liebe euch, ihr lebenheischenden Werte – mit all euerm glänzenden Gefolge von Macht und Herrlichkeit! Ich liebe, liebe, liebe euch! (Schreit auf und greift sich an die Brust.) Ah! *Ella:* Was war das, John! *Borkman:* Es war eine Eishand, die mich ums Herz packte. Nein, keine Eishand. Eine Erzhand war es. *Frau Borkman* (kommt zwischen den Bäumen zum Vorschein): Schläft er? *Ella:* Einen tiefen und langen Schlaf, glaube ich. *Frau Borkman:* Ella! (gedämpft) Geschah es – freiwillig? *Ella:* Nein. *Frau Borkman:* Also nicht durch eigene Hand? *Ella:* Nein. Es war eine eisige Erzhand, die ihn ums Herz packte. Es war die Kälte, die ihn tötete. Frau *Borkman:* Die Kälte – die hatte ihn schon längst getötet. *Ella:* Ja – und uns zwei in Schatten verwandelt. *Frau Borkman:* Da hast du recht. Und so können wir zwei einander die Hände reichen, Ella. Wir Zwillingsschwestern – über ihn hinüber, den wir beide geliebt haben. *Ella:* Wir zwei Schatten – über ihn, den Toten. (Frau Borkman, die hinter der Bank, und Ella, die davor steht, reichen einander die Hände.)«

Dieses Finale (das gekürzt wiedergegeben wurde, um den Leitgedanken stärker hervortreten zu lassen) bildet das vollkommene Gegenstück zum Schluß des *Faust*. Dieser klingt in den höchsten Optimismus aus, in dieselbe beglückende Vision menschlicher Tatkraft und Arbeit, die Ella Rentheim erschaudern macht, denn was einst Traumland war, ist nun mit Schnee bedeckt, und der Lebensbaum der Menschheit ist abgestorben. Immer im Kreis drehen sich die Räder und Walzen, immer im Kreis: zum sinnlosen Selbstzweck geworden. Borkman liebt diese Werte einer scheinbaren Macht, für ihn sind sie Lebensluft: aber was er für Leben hält, ist der Tod. Die Eishand der Herzenskälte packt ihn, die Erzhand der Materie. Und zurück bleiben Schatten über einem Toten. Borkman hat in der Tat dort fortgesetzt, wo Faust aufgehört hat. Den ganzen Planeten wollte er der menschlichen Kraft unterwerfen, der Erde ihre Schätze entreißen, das Meer, die Berge, den Himmel zur Brücke, die Nacht zum Tage, alles Land zum Fruchtgarten machen. Und das Ende war die bittere Weisheit des Herzogs in *Maß für Maß:* »Du bist der Narr des Todes nur.« Wir sagten im ersten Buche, der *Faust* sei ein Kompendium der Neuzeit. *John Gabriel Borkman* ist deren Testament.

In diesem Zusammenhang erschließt sich uns die eigentlichste Bedeutung Ibsens: er war, nächst Shakespeare, der größte *Historiendichter* des neueren Europa. Ganz wie dieser wird er erst zur vollen Wirkung gelangen, wenn die Kleider seiner Gestalten *Kostüm* geworden sind. Ihn »modernisieren« zu wollen ist eine ebenso kunstfremde Spielerei wie der »Hamlet im Frack«. Oswald und Hjalmar können nur in Samtjoppe und flatternder Lavallièrekrawatte, Bernick und Borkman nur in altmodischem Gehrock und weißer Atlasbinde glaubhaft wirken, wie Nora nur in Cul und Ponyfrisur und Hedda in Prinzeßkleid und Chignon. Wenn diese Tracht dem Publikum einmal so fern sein wird wie die Adrienne der Lady Milford und der Haarbeutel Franz Moors, wird es erkennen, daß es sich um Ewigkeitsdichtungen handelt, obgleich oder vielmehr weil sie vom Dichter ebenso als tendenziöse Zeitdichtungen konzipiert wurden wie die Räuber und Kabale. Waren denn Shakespeares Königsdramen, Kleists *Hermannsschlacht* und *Prinz von Homburg* nicht ebenfalls tendenziös, ja geradezu parteipolitische Reißer? Wir bemerken das nur heute nicht mehr. Denn die »Ideen«, die damals die Hauptsache waren, sind verweht, die Menschen, die bloß ihre Träger waren, sind geblieben. Es wäre aber gleichwohl sehr töricht, wenn man bedauern wollte, daß diese Dichter nicht sogleich bloß »gestaltet« haben; denn gerade diese vergänglichen Ideen waren es, die dem Werk den unvergänglichen Elan, die Kraft zur Gestalt, das »Stichwort zur Leidenschaft« verliehen. Wir empfinden vorläufig bei Ibsen nur, daß seine Probleme nicht die Probleme *unserer* Zeit sind; aber eines Tages wird man an ihm gerade am meisten bewundern, wie erschütternd plastisch er die Probleme *seiner* Zeit gestaltet hat. Und hier befindet sich auch der Schlüssel für die sonderbare Kurve der öffentlichen Anerkennung, die, wie im vorigen Kapitel dargelegt wurde, bei fast allen großen Dramatikern zu beobachten ist. Zunächst wirken sie als schreckenerregende Revolution, lebensgefährliches Attentat auf alles Bisherige und werden dafür aufs erbittertste bekämpft; dann erkennt man in ihnen die geistigen Befreier und feiert sie überschwenglich wie Messiasse; hierauf wendet man sich, in dem Maße, als das von ihnen verfochtene neue Weltbild sich eingelebt hat, von ihnen als großen Überflüssigkeiten, Megaphonen ausgelaugter Binsenwahrheiten ab; und schließlich gelangt man zu der einzig angemessenen Würdigung: der rein menschlichen und künstlerischen. Man erkennt ihren wahren Wert darin, daß sie die stärksten, schärfsten und reinsten Spiegel ihrer Zeit waren, eine Art Riesenteleskope, durch die man in die Vergangenheit blicken kann. Und man erkennt, daß sie die größten Menschen ihrer Zeit waren. Auch die Dichter sind nichts Vollkommenes, nur flackernde, suchende Irrlichter. Zwittergeburten aus Wunsch und Irrtum. Aber daß sie, sie allein unter allen, *wahr*, daß sie *ganz* waren, kann nie vergessen werden. Es bleibt; und wird hinüberspringen von einer Milchstraße zur anderen.

Von Ibsens Dramen der ersten Periode fanden zunächst nur die *Kronprätendenten* den Weg auf die deutsche Bühne, indem man sie offenbar mit jenen staubigen Ritterstücken verwechselte, die damals sehr beliebt waren: sie kamen bei den Meiningern und im Burgtheater zur Aufführung. Die elende Übersetzung begann bereits beim Titel: ein so moderner Begriff wie »Prätendenten« wirkt vollkommen irreführend (wir haben bereits erwähnt, daß der Name des Stücks unübersetzbar ist: er heißt wörtlich »Königsmaterie« oder »Holz, aus dem Könige geschnitzt werden«; am ehesten könnte man es vielleicht »Der Königsgedanke« nennen, denn um diesen geht die ganze innere Handlung). Die *Stützen* wurden 1878, bereits ein Jahr nach ihrem Erscheinen, in Berlin an drei Bühnen gleichzeitig aufgeführt (da skandinavische Literaturprodukte damals in Deutschland noch nicht geschützt waren), wiederum in einer

Die literarische Revolution

1653

miserablen Reclamübersetzung. Auch das *Puppenheim* erschien schon ein Jahr nach der norwegischen Ausgabe, 1880, bei Reclam und auf mehreren großen deutschen Bühnen, in Wien bei Laube, in Berlin mit Hedwig Niemann-Raabe. Beide Male wurde der Titel in *Nora* verwässert und der Dichter zu einer Fälschung des Schlusses überredet: Nora bleibt, der Kinder wegen (was, wenn man sich überhaupt auf eine Diskussion einlassen will, schon als bloße Motivierung das ganze Stück umwirft, denn sie *geht* ja eben der Kinder wegen, weil sie erkennt, daß sie moralisch noch nicht Mutter ist). Hier zeigte sich wieder einmal ganz deutlich, daß Laube, in der Beurteilung schauspielerischer Talente von genialem Flair, für dramatische Dichtkunst nur den stumpfen Blick des Theaterzimmermanns aufzubringen vermochte. Die gefeierte Francillon hatte erklärt, auf diesem Schluß bestehen zu müssen, weil *sie* ihre Kinder nie verlassen würde: sehr interessant, aber mehr eine Privatangelegenheit; auch hatte sie bei den französischen Lebedamen derartige Inkongruenzen mit ihrer eigenen Biographie nie als Hemmungen empfunden.

Über die *Gespenster* sagte Paul Heyse: »Solche Bücher schreibt man nicht«; was von ihm aus ganz richtig war. Diese, 1881 erschienen, wurden erst 1886 zum erstenmal deutsch gespielt: von den Meiningern, die sie im Januar 1887 auch in Berlin vorführten, aber nur in einer einzigen Matinee, da die Zensur mehr Aufführungen nicht gestattete; auch die *Wildente* durfte, im Herbst 1888, bloß einmal an einem Vormittag gespielt werden. Der *Frau vom Meere* hingegen öffnete sich im März 1889 das Königliche Hoftheater, allerdings nur zu einer richtigen Hoftheateraufführung, in der bloß Emanuel Reicher als Wangel und Paula Conrad als Hilde ernst zu nehmen waren. Dasselbe Jahr aber brachte den Durchbruch mit der Eröffnung der »Freien Bühne«.

Die Natur, die sich immer nur vorübergehend ihre Rechte

schmälern läßt, trat wieder in ihre Herrschaft ein, ein wilder Heißhunger nach Realität brach hervor und wurde die Signatur der Zeit. Und wiederum, wie schon so oft, glaubte die junge Generation, sie hätte die Natur zum erstenmal entdeckt. Die ganze Bewegung ist infolge ihrer elementaren Heftigkeit sehr überschätzt worden, sie war im Grunde nur ein Gegenstoß, der seine lebendige Energie weniger aus sich selbst als aus der Gewalt des Zusammenpralls zog; aber sie hat sehr reinigend gewirkt. Den Anfang machte Michael Georg Conrad in München mit der Begründung der Zeitschrift *Die Gesellschaft:* »Wir wollen«, hieß es im Geleitwort, »die von der spekulativen Rücksichtnehmerei auf den schöngeistigen Dusel, auf die gefühlvollen Lieblingstheorien und moralischen Vorurteile der sogenannten Familie arg gefährdete Mannhaftigkeit im Erkennen, Dichten und Kritisieren wieder zu Ehren bringen… Fehde dem Verlegenheitsidealismus des Philistertums, der Moralitätsnotlüge, der alten Parteien- und Cliquenwirtschaft.« Bald darauf konstituierte sich in Berlin der Verein »Durch«, dem unter anderen Arno Holz, die Brüder Hart, Bruno Wille, Wilhelm Bölsche angehörten; sein Leitsatz lautete: »Unser höchstes Kunstideal ist nicht mehr die Antike, sondern die Moderne.« In diesem Sinne verfiel der Klassizismus einer betonten Geringschätzung, die sich besonders gegen Schiller richtete: in Otto Ernsts Lustspiel *Jugend von heute* nennt ihn ein Vertreter der Moderne einen »Blechkopp«, und Gottfried Keller geriet einmal im Bierhaus durch einen fremden jungen Mann, der sich am Nebentisch ähnlich äußerte, in solche Rage, daß er ihm eine Ohrfeige versetzte. Otto Julius Bierbaum hat in seinem Roman *Stilpe* den Frontwechsel der damaligen Jugend recht anschaulich geschildert: vier Gymnasiasten gründen einen Verein, der in doppeltem Sinne »Lenz« heißt: zur Bezeichnung des geistigen Frühlings und des literarischen Haupttheiligen; in diesem Debattierklub wird »Herr Schillinger, der Dichter des p.p. Wallenstein«, vernichtet und über Themen folgender Art gehandelt: »Die Wahrheit als einziges Prinzip der Kunst«, »Inwiefern Naturalismus und Sozialismus Parallelerscheinungen sind«, »Emile Zola und Henrik Ibsen: die Tragesäulen der neuen Literatur«, »Worin liegt die Gemeingefährlichkeit des sogenannten Idealismus?«; »gewisse Namen durften bei hohen Strafen bis zu zwanzig Pfennigen unter ihnen nicht genannt werden, so Paul Heyse und Julius Wolff«. Das lyrische Signal hatte Hermann Conradi gegeben, der 1890, erst achtundzwanzigjährig, an den Folgen eines Selbstmordversuches starb. In seinen *Liedern eines Sünders* heißt es: »Die Zeit ist tot, da große Helden schufen. Die Zeit ist tot – die Zeit der großen Seelen, wir sind ein ärmlich Volk nur von Pygmäen. Was wir vollbringen, tun wir nach Schablonen, und unsere Herzen schreien nach Gold und Dirnen. Wir knien *alle* vor den Götzen nieder und singen unserer Freiheit Sterbelieder.« 1889 erschien *Papa Hamlet*, eine streng naturalistische psychopathologische Skizze von Bjarne P. Holmsen, hinter welchem (bezeichnenderweise norwegischen) Pseudonym sich Arno Holz und Johannes Schlaf verbargen; in der Widmung von *Vor Sonnenaufgang*, die in den späteren Auflagen entfernt wurde, spricht Gerhart Hauptmann »in freudiger Anerkennung« von der »durch das Buch empfangenen entscheidenden Anregung«. 1890 folgte die *Familie Selicke*, ein Zustandsdrama im rigorosesten Berliner Jargon; es ist Christabend wie im *Friedensfest*, das häusliche Bild ebenso unerquicklich: der Vater, trinkender Buchhalter in ärmlichen Verhältnissen und unglücklicher Ehe, nähert sich, wie in *Vor Sonnenaufgang*, erotisch der Tochter, die, Märtyrerin, bis in die Nacht hinein näht und opfermutig auf den cand. theol., den sie liebt, verzichtet; das jüngere Töchterchen, krank im Bette, stirbt. 1891 kam es zwischen Holz und Schlaf zum Bruch, weil zwei Doktrinäre sich nie vertragen können, auch wenn sie derselben Meinung sind, und der 1892 erschienene *Meister Ölze* war von Schlaf allein gezeichnet: au fond ein Kolportagestück, in dessen Mittelpunkt ein Giftmord wegen drohender Testamentsänderung steht, daneben eine Schwindsuchts- und Dialektstudie, als Ganzes von quälendster Trivialität. Gleichwohl wirkten diese Werke in ihrer bis zur Roheit herben Unsentimentalität und bis zur Pedanterie gewissenhaften Beobachtungstreue wie eine Befreiung.

Am 30. September 1889, im Säkularjahr der Französischen Revolution, wurde die »Freie Bühne« eröffnet, die in ihrer Art auch ein Bastillensturm war. In ihrem Prospekt hieß es: »Uns vereinigt der Zweck, unabhängig von dem Betriebe der bestehenden Theater und ohne mit diesen in einen Wettkampf einzutreten, eine Bühne zu begründen, welche frei ist von den Rücksichten auf Theaterzensur und Gelderwerb. Es sollen während des Theaterjahres in einem der ersten Berliner Schauspielhäuser etwa zehn Aufführungen moderner Dramen von hervorragendem Interesse stattfinden, welche den ständigen Bühnen ihrem Wesen nach schwerer zugänglich sind.« Die erste Vorstellung waren die *Gespenster* mit Emerich Robert vom Burgtheater, der der tragischste und unwirklichste Schauspieler seines Zeitalters war, als Oswald, dem prachtvollen alten Kraußneck, der noch bis vor kurzem am Berliner Staatstheater wirkte, als Manders, dem berühmten Charakterspieler Lobe als Engstrand, der Sorma als Regine, Marie Schanzer, der Gattin Hans von Bülows, als Frau Alving: diese etwa ausgenommen, war es wohl die beste Besetzung, die sich damals denken ließ. Am 20. Oktober folgte die denkwürdige Uraufführung von *Vor Sonnenaufgang*, deren Eindruck Fontane in die Worte zusammenfaßte, Gerhart Hauptmann sei »ein stilvoller Realist, das heißt: von Anfang bis zu Ende derselbe«. Es ereigneten sich einige Zwischenfälle, die, damals sehr ernst genommen, im Rückblick nur noch erheiternd wirken. Im dritten Akt

Die »Freie Bühne«

sagt Hoffmann zu Loth: »Ich sage: man sollte Euch das Handwerk noch gründlicher legen, als es bisher geschehen ist, Volksverführer! die Ihr seid. Was tut Ihr? Ihr macht den Bergmann unzufrieden, anspruchsvoll, reizt ihn auf, erbittert ihn, macht ihn aufsässig, ungehorsam, unglücklich, spiegelt ihm goldene Berge vor und grapscht ihm unter die Hand seine paar Hungerpfennige aus der Tasche«; worauf donnernder Applaus erfolgte: Schlenther macht hierzu in seiner Broschüre *Genesis der Freien Bühne* die treffende Bemerkung: »Während man Herrn Gerhart Hauptmann im Eifer des Kampfes ohne weiteres mit seinem Loth identifizierte, schien man ganz vergessen zu haben, daß aus demselben Dichtergeiste auch der gefeierte Hoffmann geboren war... Der glänzende Erfolg, den sein Hoffmann fand, wird ihn ermutigen, fortan auch seine Loths lebendiger, ganzer zu gestalten.« Im fünften Akt griff entscheidend Doktor Castan ein, der, im Nebenberuf praktischer Arzt, im Hauptamt berüchtigter Premierentiger, sich hierdurch in der Geschichte der naturalistischen Bewegung einen dauernden Platz gesichert hat. Schon nach dem zweiten Akt hatte er sich zu dem kränkenden Ausruf »Bordell!« hinreißen lassen, der aber eigentlich nur eine lieblose, obschon berechtigte Kritik an der Familie Krause bedeuten konnte. Als intimer Kenner des Buches wußte er, daß im letzten Akt das Wimmern der Wöchnerin aus dem Nebenzimmer hörbar werden soll. Obgleich dies bei der Aufführung wegblieb, ließ er sich hierdurch in seinem Programm nicht stören, sondern brachte an der betreffenden Stelle eine umfangreiche Geburtszange zum Vorschein, die er drohend gegen die Bühne schwang. Dies war das Signal zu einem ungeheuren Skandal, der auf der Galerie in Ohrfeigen mündete. Über die sanfte Erscheinung des Dichters, der sich unter Klatschen und Zischen oft verneigen mußte, schrieb Fontane: »Viele werden sich gern entsinnen, daß der Geheime Medizinalrat Caspar ein berühmtes Buch über seine gerichtsärztlichen Erfahrungen mit den Worten anfing: meine Mörder sahen alle aus wie junge Mädchen.«

Anfang 1890 begann die Zeitschrift *Freie Bühne für modernes Leben* zu erscheinen. In den Geleitworten »Zum Beginn« hieß es: »Im Mittelpunkt unserer Bestrebungen soll die Kunst stehen, die neue Kunst, die die Wirklichkeit erschaut und das gegenwärtige Dasein. Einst gab es eine Kunst, die vor dem Tage auswich, die nur im Dämmerschein der Vergangenheit Poesie suchte... Die Kunst der Heutigen umfaßt mit klammernden Organen alles, was lebt... Wir schwören auf keine Formel und wollen nicht wagen, was in ewiger Bewegung ist, Leben und Kunst an starren Zwang der Regel anzuketten. Dem Werdenden gilt unser Streben, und aufmerksamer richtet sich unser Blick auf das, was kommen will, als auf jenes ewig Gestrige, das sich vermißt, in Konventionen und Satzungen unendliche Möglichkeiten der Menschheit, einmal für immer, festzuhalten.« Die Seele des Unternehmens waren Otto Brahm und Paul Schlenther, zwei kluge, gediegene, ein wenig übersachliche Norddeutsche und (als Schüler des vortrefflichen Wilhelm Scherer, dem das in Deutschland fast als Unikum dastehende Kunststück gelungen war, eine vorzüglich lesbare Literaturgeschichte geschrieben zu haben) bei aller Schärfe des Urteils, Hingabe an den Gegenstand, Strenge des Kunstwillens doch im Grunde nur hochbegabte Seminaristen, die ins »Moderne« entlaufen waren.

Der Naturalismus war ein Irrtum, aber was für ein wohltätiger, lebensvoller, fruchtbarer Irrtum! Es war in seiner Art ein sehr großes Schauspiel, als aus einer ganzen Generation der Wille zur Freiheit und Wahrheit wie der Strahl einer glühenden Stichflamme, einer heißen Heilquelle hervorschoß. Wie kahl, grau, glanzlos und zerknittert, wie beleidigend belanglos wirken heute die naturalistischen Theaterstücke; und wie furchtbar erschütternd, geradezu magisch wirkten sie bei

Der Naturalismus

1659

ihrem ersten Erscheinen! Eine unbeschreibliche Atmosphäre von Zauber und Grauen ging von ihnen aus: man hatte geradezu Angst vor ihnen. Man hatte ein Gefühl, wie wenn am hell-lichten Tage, mitten auf der Straße Gespenster auf einen zuträten und einem die Hand böten. Gerade weil in diesen Dramen niemals etwas anderes vorkam als die alltäglichsten, ja oft gemeinsten Reden und Handlungen, wirkten sie so erschreckend und geheimnisvoll. An die Stelle der Kunst war das Leben getreten, das Leben in seiner ganzen Gefährlichkeit und Nähe: in dieser grandiosen Umkehrung lag das Verblüffende und Hinreißende des Naturalismus. Und heute wirkt das alles wie ein großer Müllkasten voll ausrangiertem alten Plunder; die Feder ist zersprungen, die Farbe weggewaschen, und nichts ist zurückgeblieben als das billige und ordinäre Material: ein paar Reste und Lappen, mit denen allerlei Vorstadtvolk sich einen dürftigen und wenig geschmackvollen Polterabend gemacht hat. Damals schien das Mysterium der Kunst enthüllt: sie hat die Wirklichkeit zu wiederholen, kalt, klar, nüchtern, objektiv wie ein gewissenhafter Photograph, sie hat nichts zu schildern als all das, was sich schon hundertmal ereignet hat und stündlich wieder ereignen kann; man konnte gar nicht begreifen, daß die Menschheit erst jetzt auf diesen so einfachen und zwingenden Gedanken gekommen war. Und heute kann man wieder nicht begreifen, wie begabte Menschen jemals das Wesen der Kunst so verkennen konnten, daß sie ihr gerade das als Aufgabe zuwiesen, was niemals ihre Aufgabe sein kann.

Arno Holz stellte damals die These auf: »Die Kunst hat die Tendenz, wieder die Natur zu sein.« Mit mindestens ebenso großer Berechtigung könnte man behaupten: die Kunst hat die Tendenz, *wider* die Natur zu sein. Daß Kunst einfach Natur wiederholt, ist logisch und psychologisch unmöglich, denn immer tritt etwas hinzu, was nicht Natur ist: nämlich ein Mensch. Daß Kunst gar nichts mit Natur zu tun hat, ist ebenso unmöglich, denn immer ist etwas dabei, was Natur ist: nämlich ein Mensch. Und was ist überhaupt Natur? Wir wissen gar nicht, was Natur ist, wir werden es nie erfahren. Alles ist Kunst, das heißt: durch den Menschen hindurchgegangene Natur. Das Auge ist ein subjektiver Künstler, das Ohr und jedes andere Sinnesorgan, und erst recht das Gehirn. Natur ist etwas, das fortwährend wechselt, nur das Wort bleibt dasselbe. Für den antiken Menschen war Natur nicht dasselbe wie für uns, und für den Römer war sie wieder etwas anderes als für den griechischen Nachbarn und für Cato etwas anderes als für Cäsar, und für den jungen Cäsar etwas anderes als für den alten.

Über die Aufgabe des Naturalismus hat Lamprecht einmal das entscheidende Wort gesprochen. Er sagte: »Jeder Naturalismus hat etwas von der Art des Curtius, der sich in den Abgrund stürzte: er opfert sich einem als notwendig erkannten Fortschritt.« Die historische Mission jedes Naturalisten ist es, die neue Wirklichkeit festzustellen, künstlerisch zu registrieren, im allgemeinen Bewußtsein durchzusetzen: dies ist immer nur eine Durchbruchsarbeit. Sie ist unbedingt notwendig, aber wenn sie getan ist, ist sie auch schon überflüssig geworden. Der Naturalismus ist eine Vorarbeit: er macht zunächst eine Art Brouillon von der neuen Realität. Er ist immer nur Rohstoff, Material, Vorkunst. Die naturalistischen Werke sind die erste Niederschrift, und sie haben das Ungeordnete, Ungestaltete, aber auch das Reizvolle und Ursprüngliche einer ersten Niederschrift. Und hieraus erklärt es sich vor allem, warum die Dichtungen der neunziger Jahre so erschütternd wirkten: sie verkündeten als erste einen neuen geistigen Gehalt; die umwälzenden technischen, sozialen, industriellen, politischen Phänomene, die zahlreichen umorientierenden Perspektiven, die die moderne Psychologie zutage gefördert hatte, traten hier zum erstenmal anschaulich zusammengeballt hervor.

Ich habe, als ich noch radikaler Naturalist war, einmal die

Bemerkung gemacht: »Erfinden ist Sache der Kinder und der Naturvölker. Phantasie wollen wir den Blaustrümpfen und den Köchinnen überlassen.« In der Tat: Phantasie kann jede Köchin haben. Aber sie hat eben die Phantasie einer Köchin. Wodurch unterscheidet sich nun ihr Geflunker von dem eines Dante oder Shakespeare? Lediglich dadurch, daß diese beiden ihre Phantasmagorien mit einer überwältigenden Eindringlichkeit und Körperhaftigkeit vorbringen, so daß jedermann sie ihnen glaubt, oder genauer gesagt: daß sie für jedermann sich zu Wirklichkeiten verdichten. Das Ganze ist und bleibt aber eine Illusion, eine optische Täuschung, eine Art Magnetiseur- und Prestidigitateurkunststückchen: hier wie dort, nur daß es das eine Mal versagt und das andere Mal gelingt. Aber wenn es auch der armen Köchin nicht glückte: einen richtigen Begriff vom Dichten hatte sie darum doch. Nur kam eben keine göttliche Komödie zum Vorschein, sondern ein Groschenroman. Würde man sie fragen, wie sie denn zu den Geschichten gekommen sei, die sie uns da aufbinden wolle, so würde sie antworten, sie habe sich etwas »ausgedacht«. Aber ganz ebenso hätte Shakespeare geantwortet, wenn man ihn gefragt hätte, wie er zu seinem *Lear* gekommen sei. »Sich etwas ausdenken«: ist das nicht überhaupt die Generalbezeichnung für alle schöpferischen Tätigkeiten: eines Mozart und eines Newton, eines Leonardo und eines Bismarck? Was dabei herauskommt, ist Sache der kombinatorischen Fülle und Kraft, des geistigen Muts, der Unabhängigkeit vom Herkommen, der größeren oder geringeren Gottnähe; aber den guten Willen wenigstens, etwas zu erzielen, was es bisher noch nicht gegeben hat, muß man von jedem geistigen Produzenten verlangen, denn dieser bildet die erste und letzte Voraussetzung alles Schaffens.

Und betrachtet man die naturalistischen Dichtungen, zum Beispiel die Theaterstücke, etwas genauer, sozusagen mit dem Mikroskop, so stellt sich heraus, daß sie genauso Kunstwerke, nämlich arrangierte, adaptierte, interpolierte, interpretierte Wirklichkeit waren wie ihre Vorgänger. Sie verpönten den Monolog und das Beiseitesprechen als unnatürlich, aber sie ersetzten dieses durch die sorgfältig berechnete *Pause* und jenen durch die genau ausgearbeitete *Pantomime*, was ebenfalls gestelltes Theater ist, nur raffinierteres und daher wirksameres. Der Naturalismus war, ähnlich wie die Kultur der Gründerzeit, ein Stil der Stillosigkeit. Schon Maupassant hat von der »*photographie banale de la vie*« gesprochen. Aber Photographien mögen banal sein, naturalistisch sind sie nur für die Zeitgenossen. Den Späteren erscheinen sie wie altertümliche, verschnörkelte, höchst stilvolle Holzschnitte.

Dies zeigt sich am stärksten bei dem stärksten Naturalisten der neunziger Jahre, Gerhart Hauptmann. Seine Dramen sind Volkslieder, stark und zart, herb und sentimental, primitiv und unergründlich, erdnah und weltentrückt. Seine größte Periode waren die sieben Jahre vom *Sonnenaufgang* bis zum *Florian Geyer*: in dieser Zeit hat er eine ganze Anzahl in ihrer Art neuer Bühnengattungen geschaffen und sogleich zum künstlerischen Gipfel geführt: im *Friedensfest* die Familienkatastrophe, in den *Webern* die Massentragödie, im *Biberpelz* die moderne Zeitsatire, im *Geyer* die naturalistische Historie, während *Hannele* in der ganzen Weltliteratur kein Gegenstück hat und als das realistischste und phantasievollste, subtilste und packendste Seelengemälde der deutschen Dramatik im Herzen der Nachwelt ewig fortleben wird. Wo Hauptmann bloß bildet, hat er fast noch mehr Atmosphäre als Ibsen, wo er denkt, wird er plakathaft, undifferenziert, schief, ja dilettantisch und schülerhaft. Die *Versunkene Glocke* ist der Abstieg zum süßen Bilderbogen und mißlungenen Gedankenexperiment, eine Art Öldruck von Böcklin und billige Volksausgabe von Nietzsche. Und auch viele andere seiner späteren Werke sind, zu rasch und ungleich ausgeführt, nur schwächere Dubletten seiner großen Jugend-

Hauptmann

würfe. Hauptmann gehört weder zu den langsam, aber unaufhörlich wachsenden Geistern, die sich allmählich alles Ferne und Nahe erobern wie Goethe, noch zu den sich ewig wandelnden, die durch vulkanische Lavaströme die Welt immer von neuem überraschen, erschrecken und bezaubern wie Nietzsche. Aber siegreich schlägt in jeder seiner Gestalten das mitschwingende Herz: im groben Fuhrmann wie im zarten Schulkind, im König Karl wie im Bettler Jau, im Genie wie im Dorftrottel. Er ist ein Organ der ganzen fühlenden Welt, die ihn umgibt, ein Menschenkind, das ohne Mühe und Absicht, ohne »Kunst« schafft, weil es aus innerster Not schafft, oder kürzer gesagt: ein Dichter.

*Suder-
mann*

Fast auf den Tag gleichzeitig mit Hauptmann trat Sudermann ans Licht. Die beiden galten zunächst allgemein als Dioskuren, auch bei der Fachkritik. Brandes schrieb 1891, es sei dem fremden Kritiker nicht möglich, die Opposition zu teilen, die sich von gewissen Seiten gegen Sudermann rege: »Er weiß, daß in einer Gruppe die bittersten Gefühle gegen jene entstehen, die nur durch eine Nuance von ihr getrennt sind.« Vor der Uraufführung der *Ehre* sagte Oskar Blumenthal, der damalige Direktor des Lessingtheaters, zu einem Stubenmädchen, das im Namen ihrer Herrin bat, man möge ihr die Karten zur Premiere gegen Sitze für den nächsten Tag umtauschen: »Sagen Sie Ihrer Gnädigen, sie soll die Billetts nur ruhig behalten. Denn morgen ist *Faust:* in den wird sie noch oft gehen können. Aber die *Ehre* kriegt sie nur heute abend zu sehen.« Hierin sollte er sich aber als schlechter Prophet erweisen, denn es wurde einer der größten Erfolge der deutschen Theatergeschichte. Die *Ehre* ist streng nach dem Modell des französischen Thesenstücks gearbeitet. Trast ist der klassische Typus des Räsonneurs, der lediglich zur Enuntiation von Aphorismen auf die Bühne kommt, und zugleich des Onkels aus Amerika, dessen Millionen alle dramatischen Konflikte lösen; vom

»parler à part« wird reichlich Gebrauch gemacht, einmal sogar in zweiter Potenz, wo Trast auf eine Bemerkung der alten Heinecke »für sich« sagt: »Einfalt, du sprichst wie eine Mutter« und »sich besinnend« hinzufügt: »Pfui, Trast, das war nicht schön«; auch Vorder- und Hinterhaus sind keineswegs als menschliche Milieus gemalt, sondern als zwei wirksam kontrastierte Theaterkulissen; zudem bewegt sich der »geistreiche« Dialog des Salons in unerträglich gespreiztem Zeitungspapierdeutsch.

Über keinen Schriftsteller des letzten Menschenalters ist so viel geschimpft worden wie über Sudermann; und zwar aus fast allen Lagern. Die Naturalisten verschrien seine Dramen als parfümierten Kitsch, während die Klassizisten ihm schmutzigen Realismus vorwarfen; die Artisten nannten ihn einen ledernen Moralisten, und die Ethiker fanden ihn lüstern und frivol. Es hieß, er stehle mit der größten Keckheit geistiges Eigentum, betrüge das Publikum und entlocke ihm mit nichtswürdigen Kniffen Zeit und Geld. Wenn es ein »Gremium der dramatisierenden Kaufleute« gäbe, so hätte es ihn zweifellos wegen unlauterer Konkurrenz ausgestoßen.

Es ist nun sicher richtig, daß von der Bühne schon reinere und tiefere Töne gehört wurden, als Sudermann sie angeschlagen hat. Es ist richtig, daß er immer an der Oberfläche geblieben ist, daß er im Zeitalter Ibsens eine Theaterliteratur gepflegt hat, die noch immer aus dem Schminktopf ihre stärksten Wirkungen holte, und, während Hamsun, Maeterlinck und Shaw ihre psychologischen Differentialkalküle aufstellten, sich noch immer mit der rohen Schwarzweißtechnik begnügte, der Scribe, Sardou und Feuillet ihre bewährten Wirkungen verdankten. Aber das alles sind doch noch keine Kapitalverbrechen. Alle Welt rief: das ist kein Dichter, sondern ein verlogener Macher! Es ist aber recht fraglich, ob sich, zumal auf dem Gebiet des Theaters, eine so scharfe Grenze zwischen Macher und Dichter ziehen läßt. Wir sahen im dritten Buche, daß auch Schiller in vielem ein raffinierter Faiseur war. Und häuft nicht Wagner ebenfalls Effekte auf Effekte, indem er spannt, scheinbar löst, um dann erst recht zu spannen, die Aufmerksamkeit bald konzentriert, bald zerstreut, bald irreführt, hier brutal losschlägt, dort listig zurückhält, kurz alle Hilfsquellen seiner Intelligenz und Phantasie dazu benützt, das Publikum in völlig hingegebener Erwartung und Erregung zu erhalten? Und hat nicht schon vor mehr als zwei Jahrtausenden Euripides ganz dasselbe getan? Das Handwerk ist schließlich der goldene Boden aller Kunst, wenn es auch noch nicht die ganze Kunst ist. Und »verlogen« ist bis zu einem gewissen Grade alles Theater; dafür ist es ja eben Theater. Der Schauspieler bemalt sich blau, weiß und rot wie ein Hottentottenpriester, er tritt in eine so scharfe und grelle Beleuchtung, als ob er ein anatomisches Demonstrationsobjekt wäre, er muß so laut, so deutlich und so pointiert sprechen, wie es im Leben höchstens ein Geistesgestörter tut, er muß durch starke Blicke, vielsagende Pausen, wohlüberlegte Gesten alles vierfach unterstreichen, sonst fällt es unter den Tisch. Es ist nun aber doch ganz natürlich, daß auch der Text, der für die Bühne geschrieben wird, dementsprechend etwas Geschminktes, Überbelichtetes, Pedalisiertes haben muß. Ist es denn wirklich eine so unverzeihliche Sünde, niemals langweilig zu sein? Und trotz oder mit seiner hohlen Mache hat es Sudermann zustande gebracht, eine ganze Reihe von Figuren zu schaffen, die einprägsam, scharf umrissen und selbständig auf der Bühne stehen, die, wenn sie auch nicht wirklich leben, doch sehr wohl imstande sind, auf den Brettern drei Stunden lang ein starkes und eindrucksvolles Dasein zu führen, und die daher auch Künstler vom Range Mitterwurzers und der Duse immer wieder zur Darstellung gereizt haben; es ist ihm ferner gelungen, mit jenem echten Theaterblick, der nur sehr wenigen gegeben ist, eine Anzahl von höchst suggestiven Szenenbildern zu stellen, wie zum Beispiel den prachtvollen Schluß des *Johannes*, die Atelierszene in *Sodoms Ende*, den Einakterzyklus *Morituri*, der als Ganzes sowohl wie in seinen Teilen eine überaus bildhafte Konzeption ist, und noch vieles andere. Woher also diese fanatische Verachtung und Empörung?

Die Frage beantwortet sich damit, daß die Natur Sudermann, was reines Theatertalent anlangt, geradezu verschwenderisch ausgestattet, dabei aber leider vergessen hatte, ihm irgendeine andere noch so landläufige und billige Begabung dazuzuschenken; und dieses groteske und abstoßende Mißverhältnis war es allem Anschein nach, das so aufreizend wirkte. Er besaß die Sprache, die Gesten, die Gehirnstruktur, die man braucht, um zu zweitausend Menschen so reden zu können, daß sie gespannt zuhören. Er brachte keine Gedanken, aber etwas, das im Bühnenrahmen fast ebenso aussah; keine Leidenschaften, aber ein Feuerwerk, das bei verdunkeltem Zuschauerraum sehr wohl dafür gehalten werden konnte; keine echten Konflikte, aber eine Maschinerie, die ein ganz ähnliches Geräusch hervorbrachte; eine Menge kaschierter, funkelnder, mit Goldpapier überzogener Dinge, die sich in der Abendbeleuchtung höchst vorteilhaft präsentierten. Aber es fehlte ihm an den primitivsten Hemmungen. Er besaß fast gar keinen ordnenden, richtenden, sichtenden Verstand. Er erinnerte darin an einen Schmierenschauspieler. Er wollte ununterbrochen blenden, sich zeigen, sein Rad schlagen. Durch diese unerträgliche Koketterie grenzt er oft geradezu ans Lächerliche; sie beruhte aber – wie dies bei Eitelkeit ja *immer* der Fall ist – einfach auf einem Intelligenzdefekt. Stets fährt mitten in seine interessanten, gut geführten und sogar klugen Reden plötzlich irgendeine entsetzliche Banalität, eine monströse Taktlosigkeit, eine zweite, dritte, vierte folgt, und in wenigen Minuten stehen wir unter einem betäubenden Platzregen von Plattitüden voll albernster Aufgeblasenheit und Geschmackswidrigkeit. Und damit steht ein zweiter katastrophaler Defekt Sudermanns in Zusammenhang: er besaß nicht einen Funken Humor. Humor braucht aber niemand dringender als der Dramatiker, nicht bloß der komische, sondern ebensosehr der tragische, denn seine Wurzelkapazität besteht in dem Talent, das Erdengeschehen und alle darein verwickelten Menschen von oben und von allen Seiten erblicken zu können, und dazu darf er weder sich noch seine Gestalten ernst nehmen. Dies ist der gemeinsame Familienzug aller Theaterdichter von Kalidasa bis Kaiser; und die drei größten Dramatiker der Weltliteratur (es sind nach unserer Ansicht Euripides, Shakespeare und Ibsen) waren zugleich jene, die ihre Welt am allerwenigsten ernst nahmen. Hätte Sudermann aber nur soviel Humor besessen wie der erste Charakterkomiker eines mittleren Stadttheaters, nur soviel Geschmack wie ein besserer Tapezierer und nur soviel Verstand wie ein Professor der Literaturgeschichte, so hätten seine Zeitgenossen in ihm vermutlich einen Theaterstern ersten Ranges begrüßen dürfen.

Fontane Von den Dichtern der älteren Generation hat nur Theodor Fontane den Anschluß an die junge Schule gefunden, als ein Spätreifer, der erst auf der absinkenden Lebensbahn seine saftigsten und rundesten Werke schuf. In ihnen herrscht eine milde Weisheit und geklärte Kultur, die bisweilen in Temperamentlosigkeit gleitet. Seine künstlerische Grundform ist die Anekdote, deren Wesen darin besteht, daß sie nur einen einzigen Zug gibt, der aber, wenn er genial erfaßt wird, den dargestellten Charakter oder Vorgang fast erschöpft, zumindest leuchtend reliefiert. Wie auf einem Relief sind bei ihm die einzelnen Figuren mit feinstem Gefühl für ihre angeborenen Größenverhältnisse abgemessen und ausgewogen; und wie in der Anekdote ist der Grundton auf Humor, Ironie, lächelnde Überlegenheit gestimmt, auf die Pointe, die freilich oft unterirdisch, aber dadurch nur um so feiner ist, und auf eine gewisse Bagatellisierung und Entgötterung alles Irdischen, die aber nicht aus Nihilismus, sondern aus Humanität geboren ist. Er galt als Naturalist; in Wirklichkeit war er der überlebende Typ des feinen genrefreudigen Menschenbeobachters aus dem Ancien régime: Emigrantensprößling, Altberliner, preußisches Rokoko. Daß er der naturalistischen Bewegung mehr Verständnis entgegenbrachte als seine Altersgenossen, ist nicht verwunderlich: er begriff sie aus dem achtzehnten Jahrhundert heraus. Auch Diderot hätte Hauptmann sofort kapiert und Lessing Ibsen, nämlich genau bis zu der Grenze, wo auch Fontane haltmachte, der ihm bei aller Anerkennung »Spintisieren, Orakeln und Rätselstellen« vorwarf, während Lessings Kautelen etwa gelautet hätten: »Der Dichter muß uns nicht sowohl zu Examinatoren als zu Liebhabern seiner Geschöpfe machen, und während unser Verstand solch kalte Bildnergröße bewundert, dörfte unser Herz sie kleiner, will sagen: uns ähnlicher und – menschlicher wünschen.«

Wedekind

Um dieselbe Zeit wie Hauptmann debütierte Frank Wedekind, der aber erst bedeutend später Beachtung erlangte. Er gehörte zu den Manieristen, über welche zu allen Zeiten vorhandene Gruppe Goethe in seinem Aufsatz *Antik und modern* bemerkt: »Wir … bekennen, daß Manieristen sogar, wenn sie es nur nicht allzu weit treiben, uns viel Vergnügen machen … Künstler, die man mit diesem Namen benennt, sind mit entschiedenem Talent geboren; allein sie fühlen bald, daß nach dem Verhältnis der Tage sowie der Schule, worein sie gekommen, nicht zu Federlesen Raum bleibt, sondern daß man sich entschließen und fertig werden müsse. Sie bilden sich daher eine Sprache, mit welcher sie ohne weiteres Bedenken die sichtbaren Zustände leicht und kühn behandeln und uns, mit mehr oder minderm Glück, allerlei Weltbilder vorspiegeln, wodurch denn manchmal ganze Nationen mehrere Dezenien hindurch angenehm unterhalten und getäuscht werden, bis zuletzt einer oder der andere wieder zur Natur und höheren Sinnenart

1669

zurückkehrt.« Wedekind wiederholte im wesentlichen die Positionen des »Sturm und Drang«. Sein Realismus packt oft sehr stark, aber nicht wie ein wirkliches Erlebnis, sondern wie ein wüster Traum. Das Panoramatische alles Lebens haben vielleicht wenige so scharf und bunt reproduziert wie er, aber trotzdem erfahren wir niemals den Eindruck der Realität, weil eines der Grundgesetze alles Lebens, die Kontinuität, bei ihm nicht zur Darstellung gelangt. Unlogisch, irrational, sprunghaft ist ja das wirkliche Leben auch; aber ein mysteriöses Band geht hindurch. Dieses Band fehlt in Wedekinds Dichtungen. Schiller sagte einmal, zum Dramenschreiben müsse man einen sehr langen Darm besitzen. Frank Wedekind war aber ganz abnorm kurzdarmig. In seinen Dramen herrscht Gedankenflucht oder, in die Sprache des Dramatikers übersetzt: Gestaltenflucht. Eines der wirksamsten Hilfsmittel des Theaterdichters ist das, was man beim Zeichnen Aussparen nennt. Aber bei Wedekind sind die leeren Stellen nicht weise künstlerische Ökonomie oder auch nur virtuoses artistisches Raffinement, sondern ganz natürliche Risse und Lücken, die daraus entstehen, daß er undicht arbeitet. Wir sagten im vorigen Kapitel, die Technik des Impressionismus erinnere an einen fortwährend intermittierenden, aber gerade dadurch immer stärker werdenden Wechselstrom. Bei Wedekind aber entsteht ganz einfach alle fünf Minuten *Kurzschluß*.

Was seine Weltanschauung anlangt, soweit sie aus den einzelnen Aphorismenfetzen sich zusammenflicken läßt, so erweist sie sich als der bloße Negativabdruck der landesüblichen Sexualmoral. Der Philister dekretiert: jeder Mensch soll »moralisch« sein; worunter er versteht, daß wir unsere sämtlichen Geliebten heiraten sollen. Wedekind dekretiert: jeder Mensch soll »unmoralisch« sein; worunter er versteht, daß wir auf Dinge wie Jungfernschaft, Ehe, Treue keinen Wert legen dürfen. Aber der zweite Standpunkt ist bloß der bequemere und ungebräuchlichere, und keineswegs der freiere. Er ist nur die dogmatische Umdrehung des ersten. Man kann nämlich auch als Immoralist noch immer ein Philister sein. Jeder Mensch, der von der Ansicht ausgeht, daß die Gesetze, die für ihn gut sind, auch für die anderen gelten müssen, ist ein Philister. Die Freiheit hingegen besteht darin, daß jeder tut, was seine Individualität ihm vorschreibt. Wenn mich jemand zur Freiheit im Erotischen zwingen will, während es in meiner Natur liegt, diese Beziehungen als vorwiegend unfreie und gebundene aufzufassen, so *beschränkt* er meine Freiheit. Wenn jemand von mir verlangt, ich solle in moralischen Dingen kein Philister sein, obgleich gerade dies mir entspricht, so stellt er an mich ein *philiströses* Verlangen. Wedekinds Sexualphilosophie ist nichts als das gewendete Philisterium.

Seine Theaterstücke gehören durchaus ins Gebiet der Sensationsdramatik. Die Ausstattung ist freilich glänzend und hochoriginell; was aber nicht hindert, daß alles, was man zu sehen bekommt, eine großartige Zirkusproduktion ist (wie es ja auch Wedekind in einem Moment der Selbsterkenntnis im Prolog zum *Erdgeist* selber dargestellt hat); die Monstrevorstellung eines genialen Clowns, Feuerfressers und Saltimbanques. Es ist alles da: Philosophie und Groteske, Kolportage und Psychologie; manche Szenen könnten von Shakespeare sein und manche aus einem englischen Melodram. In dieser lärmenden Meßbude ist für jedes Gaumenbedürfnis gesorgt.

In seinem Grundwesen ist Wedekind ein dämonischer Karikaturist aus der Nachbarschaft Daumiers. Er hat nie etwas anderes geschaffen als böse Wachsmasken, grinsende Grimassen, baumelnde Hampelfiguren. Der gemeinsame Charakterzug aller seiner Gestalten ist eine grausige Schicksalslosigkeit: sie sind lauter *hommes machines*, schnarrende Mechanismen, an starren Drähten zappelnd; gerade dadurch aber höchst erschütternd und suggestiv. Man wird an die »Moritaten« der

Jahrmärkte erinnert und an die Szenen der Knockabouts: Häuserfronten tanzen, Laternenpfähle knicken ein, ein Mensch entpuppt sich als Fahrrad, ein anderer als Klarinette, einem dritten schießt eine Rakete aus dem Hintern, und ein vierter schlägt ihm ein Beil in den Kopf, indem er sich teilnehmend erkundigt: »Aben Sie das bimörkt?« Die Wurzel von alledem ist Wedekinds Atheismus. Das Korrelat dazu bildet sein Amoralismus, der in der zweiteiligen Lulutragödie kulminiert. Die Gestalt der Lulu hat innerhalb des Gesamtœuvres für Wedekind dieselbe Bedeutung wie der Faust für Goethe und Richard der Dritte für Shakespeare. Sie ist der äußerste Gegenpol Richards: dieser die höchste Potenz des Bösen aus tiefster Absicht und luzidester Bewußtheit, sie dasselbe völlig ohne Wissen und Willen. Dies erst ist die letzte Auflösung der christlichen Ethik. Der Gipfel der Gottleugnung ist nicht der Teufel, der schwarze Engel, der um seinen Sturz weiß, sondern der *Engel ohne Seele.*

Maupassant Daß der Nihilismus wie ein Familienfluch über den meisten Künstlern des Zeitalters schwebte, zeigt sich an einem so völlig andersgearteten Geist wie Maupassant. Dieser verkörperte ganz einfach den ewigen Typus des Geschichtenmachers, der Raconteurs, der berichtet, bloß um zu berichten, ohne den Ehrgeiz des Philosophen oder des Seelenanatomen, aus purer Lust am Beschreiben und Schildern. Alle Dinge, die sich je begeben haben, alle Dinge, die sich je begeben könnten, hat dieser passionierte Sammler in seinen Magazinen zusammengespeichert, Menschen, Beziehungen, Gesichter, Leidenschaften, Abenteuer, Alltäglichkeiten, ohne »Kritik« und »Auswahl«: alles Erzählbare. Für ihn gibt es nichts Interessantes und nichts Uninteressantes, alles gehört zu ihm: wenn es sich nur erzählen läßt! Sein Genre ist zeitlos. Es ist nicht »modern«, es ist nicht »alt«. Er wird niemals veralten, sowenig wie Boccaccio; weil er niemals neu war.

1672

Die Klarheit, Schärfe und Feinheit seiner Kontur ist kaum zu überbieten. Er verwendet die einfachsten Mittel und trifft dabei doch stets mit drei oder vier Strichen den Umriß einer Figur oder einer Situation so bewundernswert sicher, daß sie auf uns zuzuspringen scheint. Er war kein Impressionist wie die anderen, sondern ein einfacher Zeichner, aber mit einem magischen Bleistift. Dieses vollkommen Zeichnerische seines Wesens ließ ihn auch die kurze Novelle so sehr bevorzugen, das rasch und flüchtig geschaffene Skizzenblatt. Und auch darin unterschied er sich von den meisten seiner Pariser Kollegen, daß an ihm gar nichts Morbides war, aber auch nichts von ihrer wühlenden, fast pathologischen Arbeitskraft; sondern halb zum Pläsier, halb, weil es nun einmal sein Metier war, warf er seine Sachen hin. Er war eine sehr glückliche Mischung aus Bauer und Großstädter; genug Gourmet und Connoisseur, um alle Geschmäcke, Farben, Gerüche, Schwingungen der modernen Welt verständnisvoll nachkosten zu können, blieb er im Kern doch immer der fest in der Realität wurzelnde Normanne, der die Zusammenhänge mit der Natur noch nicht verloren hat und mit einem gesunden Tatsachenhunger und geraden Augen auf die Kunst losgeht, wie er denn auch im Leben ein Freund massiver Genüsse: schwerer Weine, dicker Zigarren, opulenter Soupers und gutgebauter Weiber war. Diese starke Sinnlichkeit war einer der besten Helfer seiner Kunst, von ihr ist jeder Satz tingiert, den er geschrieben hat, einerlei, ob er einen Gedanken, eine Liebesszene oder eine Landschaft zur Darstellung brachte.

Dabei kann man nicht eigentlich sagen, daß er mit den Dingen fühlt, die er schildert. Das heißt: er fühlt mit ihnen, aber bloß mit den Nerven, nicht mit dem Herzen; gewissermaßen rein peripherisch. Er erweist sich darin als der vollkommene Epiker, der, identisch mit der Natur, ohne Pathos vernichtet. Maupassants Herz bleibt unbewegt, ergreift niemals Partei, er ist nicht das Opfer seiner poetischen Visionen. Er ist von derselben unpersönlichen Brutalität wie das Leben selbst. Er zeigt die Menschen nackt in ihren intimsten Gemeinheiten und Häßlichkeiten. Nie ist zum Beispiel der Spießer in seiner Selbstsucht und Roheit, Plattheit und Aufgeblasenheit vernichtender geschildert worden als von Maupassant. Ebenso der Bauer, der bei ihm ein bösartiges, schlaues und gieriges Halbtier ist. Sein berühmtester Roman *Bel-Ami* ist ein riesenhaftes Arsenal der Niederträchtigkeiten sämtlicher Stände, Berufe und Gesellschaftsschichten. Auch vor den Kindern macht er nicht halt: er zeigt sie in allen ihren Perfidien und Unarten. Die Liebe ist bei ihm selten etwas anderes als eine raffinierte Form des menschlichen Betruges. Und die Ordinärheit des Ehelebens hat in ihm geradezu ihren klassischen Maler gefunden. Die Lektüre seiner Geschichten erzeugt daher fast immer eine tiefe Melancholie. Hier hat das *désenchantement de la vie* seinen Höhepunkt erreicht. René ist Romantiker, Flaubert heimlicher Sentimentalist, Zola pathetischer Sozialethiker, aber Maupassant ist nichts als das schneidende Satansgelächter über das verpfuschte Menschentier.

In einer seiner schönsten Novellen, *L'inutile beauté*, läßt Maupassant Herrn Roger de Salins mit einem Freund im Zwischenakt ein philosophisches Gespräch führen, worin er unter anderem sagt: »Weißt du, wie ich mir Gott denke? Als eine gewaltige schöpferische Kraft, die in den Weltraum Millionen von Lebewesen sät, wie ein gewaltiger Fisch im Meere laicht. Er schafft, weil es sein Beruf als Gott ist. Aber er weiß nicht, was er tut, er ahnt nicht, was aus allen diesen verstreuten Keimen wird. Der Menschengedanke ist ein kleines Spiel des Zufalls, ein lokales, vorübergehendes, unvorhergesehenes Ereignis, genauso unvorhergesehen wie eine neue chemische Mischung oder die Erzeugung von Elektrizität durch Berührung. Man braucht nur einen Augenblick nachzudenken, um

zu der Erkenntnis zu kommen, daß die Welt für Wesen, wie wir
es sind, gar nicht geschaffen ist.« Hier haben wir in wenigen
Worten die Philosophie, die, man weiß nicht recht: den Ausgangspunkt oder das Ergebnis der Kunst Maupassants bildete.
Es ist eine wahnwitzige Philosophie, eine Philosophie der Verzweiflung: Gott ein riesiger Hering und wir ein Samenschwa-
den im Ozean der Unendlichkeit! Und nun begreift man, daß
der Dichter eines Tages bei aller scheinbar so kühlen und klaren Objektivität eben doch das Opfer seiner Visionen werden
mußte, daß die eigenen Gestalten ihm schließlich über den
Kopf wuchsen und wie eine schwere, feuchte Wolke seine Sinne
verfinsterten.

Die deutsche Malerei des Zeitalters war insofern das voll-　*Die*
kommene Pendant zur deutschen Dichtung, als sie nur in ganz　*Sezession*
wenigen Werken bis zum Impressionismus vorgeschritten,
vielmehr zumeist beim Naturalismus, ja nicht selten sogar bei
einem Scheinnaturalismus stehengeblieben ist. Das entscheidende Ereignis war die Gründung der Münchner Sezession im
Jahr 1893, der im Laufe des Jahrzehnts ähnliche Vereinigungen
in Dresden, Wien, Düsseldorf, Berlin folgten. Ihr erster Präsident war Fritz von Uhde, der die Heilige Familie in der ärmlichen Zimmermannswerkstatt, die Apostel als schlichte Fischer
und Handwerker, den Heiland inmitten heutiger Bauern,
Schulkinder, Fabrikarbeiter malte. Die entrüsteten Konservativen vergaßen, daß die großen italienischen und flandrischen
Maler es auch nicht anders gemacht hatten, ja daß gerade durch
taktvolles Modernisieren das Ewige, Allgegenwärtige, Überzeitliche der evangelischen Heilsbotschaft erst sichtbar wird,
die in jeder Seele neu geboren ans Licht tritt. Als ein Moderner
wurde auch Leibl begrüßt und angefeindet, war es aber gar
nicht, vielmehr ein einfacher Realist, wie es sie zu allen Zeiten
gegeben hat, um nichts realistischer als der fast ein halbes Jahrtausend ältere Jan van Eyck. Er ist dumpf, stofflich, von edler

Einfalt und Handwerkstüchtigkeit, ein Meister im alten Sinne, wie es Peter Vischer und Hans Sachs waren. Er hat niemals etwas anderes gemalt als das, was er gesehen, und nicht bloß gesehen, sondern durch treueste Beobachtung zu einem Teil seines Ich gemacht hatte. Es ist charakteristisch für seine Kunstanschauung, daß er, in Lohengrin geführt, nach dem ersten Akt ausrief: »Laßt's mi aus, i kann koan Ritter sehn!«, und daß er einmal empört von einem Maler sagte: »Mir scheint, der Kerl lasiert!«

In seinem kleinen Buch über Jozef Israels sagt Max Liebermann: »Je naturalistischer eine Kunst sein will, desto weniger wird sie in ihren Mitteln naturalistisch sein dürfen. Der Darsteller des Wallenstein, der – wie bei den Meiningern – in echtem Koller und Reiterstiefeln aus der Zeit auftritt, macht nicht etwa dadurch einen wahreren Eindruck: der Schauspieler muß seine Rolle so spielen, daß wir glauben, er stecke in echtem Koller und Reiterstiefeln. Israels wirkt naturalistischer als unsere Genremaler, nicht obgleich, sondern weil er weniger naturalistisch malt als sie.« Auch Liebermann selber war kein Naturalist im orthodoxen Verstande, vielmehr hat er sich immer an seinen Ausspruch gehalten: »Zeichnen ist die Kunst, wegzulassen.« Er gelangt zu der Natur gerade von der entgegengesetzten Seite wie Leibl: seine Landschaften sind von einer Innigkeit und Klarheit, wie sie nur aus der Sehnsucht eines geistreichen Großstädters geboren werden kann. Liebermanns Kunst hat einen altberlinischen Fontanezug: sie ist warm, aber ganz unsentimental, sensitiv, aber wortkarg, pathosfrei, aber pointenreich und in den Porträts voll unterirdischem Humor. Das Proletariat schildert er weder heroisierend noch mitleiderregend, sondern stellt es einfach hin, als ein Stück gemaltes Leben.

Böcklin   Böcklins Ruhm ging infolge der Trägheit des deutschen Publikums erst sehr spät auf (denn er hätte verdient, Piloty zu überstrahlen); und ist heute bereits wieder verblaßt. Man könnte

Böcklin als den letzten Deutschrömer bezeichnen: er faßte alles zusammen, was diese jemals erstrebt hatten: die antikisierende Allegorik Winckelmanns, die germanisierende Romantik der Nazarener, die klassizistische Komposition der Cornelianer, die Gedankenkoloristik Feuerbachs: die ganze Entwicklung von Mengs bis Marées. Er malt oft prachtvoll, kann es sich aber nicht versagen, in seine Farbendichtungen noch obendrein Metaphern und Anekdoten hineinzustellen: allerdings sind diese sehr saftig, jene sehr körperlich. Er besitzt auch Naturgefühl, aber ein literarisiertes, im Gegensatz zu Schwind, dessen Feen und Waldgeister, als selbstverständliche Geburten echter, weil naiver Märchenstimmung, nie stören: seine Bilder verhalten sich zu Schwinds Schöpfungen wie große Opern zu Volksliedern, Prachtwerke zu Kinderspielbüchern. Auch die Griechen haben Götter gemalt und gemeißelt, aber diese Nymphen und Nereiden, Dryaden und Tritonen, Zyklopen und Zentauren wurden von ihnen *geglaubt*, infolge ihrer merkwürdigen Gabe, *Geister anzuschauen*: für sie war der Fluß mit dem Flußgott, die Quelle mit der Quellgöttin *identisch*, Poseidon zugleich die Idee des Meeres und das Meer selbst, Okeanos »ein Gott« und »der Ozean«. Diese Vorstellungsweise ist für uns unwiederholbar und daher jeder solche Rekonstruktionsversuch nur gebildete Spielerei, artistischer Atelierscherz und archäologisches Ausstattungskunststück, ganz ebenso wie das Meiningertum und die germanische Mythologie Wagners. Böcklin, der in den neunziger Jahren als »Symbolist« entdeckt wurde, gehört, und zwar als eine ihrer stärksten Potenzen, in die Gründerzeit.

Auf österreichischem Boden hat es überhaupt keinen Naturalismus gegeben. Hermann Bahr hat als einer der ersten dessen Überwindung proklamiert. Arthur Schnitzler hat das Sittenstück auf eine menschliche und künstlerische Höhe gehoben, wie sie die Franzosen nie erreicht haben. Seine Wesen bestehen nicht mehr aus einer oder zwei Seelen, sondern aus

Schnitzler und Altenberg

einem ganzen Gesellschaftsstaat von Seelen, die sich in unablässiger Verschiebung und Gegeneinanderbewegung befinden und dennoch stets ein gesetzmäßiges und symmetrisches Gebilde hervorbringen, ganz wie in einem Kaleidoskop. Und er hat, was hiermit eng zusammenhängt, den Mut und die Kraft besessen, in die geheimnisvolle Dunkelkammer des menschlichen Unterbewußtseins hinabzusteigen und dort jene bedeutsamen und widerspruchsvollen Verschränkungen, Rückbeziehungen und Polaritäten aufzuspüren, deren wissenschaftliche Entdeckung sich an den Namen Sigmund Freuds knüpft; er hat bereits zu einer Zeit, wo diese Lehren noch im Werden begriffen waren, die Psychoanalyse dramatisiert. Und er hat in seinen Romanen und Theaterstücken das Wien des Fin de siècle eingefangen und für spätere Geschlechter konserviert: eine ganze Stadt mit ihrer einmaligen Kultur, mit dem von ihr genährten und entwickelten Menschenschlag, wie er sich in einem bestimmten Zeitpunkt der Reife und Überreife auslebte, ist in ihnen klingend und leuchtend geworden. Er hat damit etwas Analoges geleistet wie Nestroy für das Wien des Vormärz.

Eine ähnliche Topographie der Wiener Seelenverfassung um 1900 hat, obschon mit ganz anderen Mitteln, Peter Altenberg geschaffen, der zugleich der einzige vollkommen konsequente Impressionist von Bedeutung innerhalb der deutschen Literatur gewesen ist. Dem Leser seiner Skizzen wird es beim ersten Male ähnlich ergehen wie jemandem, der zu spät zu einem öffentlichen Vortrag kommt und nun, in eine entlegene Ecke des Saales gedrückt, mit großer Anstrengung dem Redner zu folgen versucht: anfangs vernimmt er nur undeutliche, abgerissene Worte und Sätze, bis er endlich, an die Akustik des Raums und das Organ des Sprechers gewöhnt, aus den einzelnen Bruchstücken einen Sinn zu bilden vermag. Viele geben sich nicht die Mühe, über den ersten Eindruck hinauszukommen, der insofern irreführend ist, als das, was zunächst wie Zusammenhanglosigkeit wirkt, nichts anderes ist als außerordentliche Knappheit und Schnelligkeit des Denkens, die soundso viele Zwischenglieder überspringt. Es ist der »Telegrammstil«, der dem Zeitalter der Blitzzüge, Automobile und Bioskope entspricht. Bezeichnend für Altenbergs leidenschaftliches Streben nach Kürze sind zum Beispiel seine *Fünfminutenszenen*, die aber gar nicht fünf, sondern höchstens zwei oder drei Minuten dauern: sie fixieren einen dramatischen Moment und überlassen das übrige dem Leser; es gelangt einen Augenblick lang Licht auf irgendeine gefährliche Situation der Seele, eine fragwürdige Verwicklung, und dann fällt der Vorhang.

Auch wenn Altenberg pathetisch wird, hat er einen ganz neuen Ton: sein Pathos verhält sich zu dem früherer Dichter etwa wie der Lärm eines Eisenwalzwerkes oder eines Schraubendampfers zu Posaunenstößen. Im übrigen behandelte er die Sprache, als ob sie nie vor ihm von anderen gehandhabt worden wäre. Viele Passagen in seinen Skizzen könnten ebensogut in einem Ausstellungskatalog, einem Kochbuch oder einem Modejournal stehen. Bisweilen sinkt er bis zum Stil der Zeitungsannonce herab. Aber pointillistische Miniaturen wie etwa seine Schilderung des Sommers in der Stadt und auf dem Lande, am Anfang der Skizze *Newsky Roussotine-Truppe*, waren bis dahin noch nicht entworfen worden:

»Ziemlich unglücklich fühlt man sich an Sommerabenden in der Hauptstadt. Wie zurückgesetzt. Wie übergangen. Zum Beispiel gehe ich abends durch die Praterstraße! Wie wenn ich und die Passanten bei der Lebensprüfung durchgefallen wären und – – –, während die guten Schüler die Ferien genießen dürften zur Belohnung. Wir aber dürfen nur träumen:
O Meeresschäumen an alten Holzpiloten; o kleiner See in Einsamkeiten; o Lichtungen mit dünnem Wiesengrunde und

braunen Moorlacken, wo jeder Hofmeister sagt: ›Siehst du! Hier kommen abends Hirsche zur Tränke.‹ O Holunderstauden mit schwarzen Bockkäfern und kleinen metallischen Bergkäfern und verlausten Rosenkäfern und hellbraunen Bergesfliegen, an Bächen, welche über große Steine rutschen in ziemlicher Eile! Und der Holunder nährt Insekten-Welten! O 22grädige Quelle im offenen Bassin, auf dem die Lindenblüten schwimmen; denn die Allee zum Bade ist voll von Linden; und alles ist erfüllt mit Lindenblüten! Weißes Segelleben in lackierten Jachten. Die Damen bekommen teint ambré. Alles entfettet sich. Wer siegt in der Regatta?! Risa, gib mir die Hand über den Steg. Mittage mit 10000 Tonnen Sonnenhitze, wie das Gewicht von Schlachtschiffen; Nachmittage mit Aprikosen, Weichseln, Edel-Stachelbeeren; Abende wie eingekühlter Gießhübler; Nacht – – – hörst du die Schwäne ihre Schnäbel öffnen und schließen?! Und wieder die Schwäne ihre Schnäbel öffnen und schließen? Und nichts mehr – – –.

Wir aber gehen durch die Praterstraße in der Hauptstadt. 8 Uhr abends. Wie lauter zugrunde gehende Kaufläden an beiden Seiten. Pfirsiche neben Matjesheringen. Korbwaren. Seebadhüte. Schwarze Rettiche. Bicycles blinken überall. Als ob die Luft, wie in Parfümfabriken das Fett mit Veilchenduft, sich vollgesogen hätte mit Gerüchen von Erdäpfelsalat, Teer zwischen Granitpflaster und millefleur de l'homme épuisé! Bogenlichter mit Ambitionen von Glühwürmern in Sommernächten machen die Sache nicht besser. Ans Licht gebrachtes Sommerelend! Laß es im Dunkeln, bitte, in schweigenden Schatten! Bogenlichter aber schreien: ›Da sehet!‹ Sie kreischen die Dinge des Lebens, plaudern alles aus mit ihrem weißen Lichte!«

Peter Altenberg galt als der Typus des Dekadenten. Aber sein Feminismus war nicht Schwäche, sondern Stärke, nämlich eine erhöhte und bisher unerreichte Fähigkeit, sich in das weibliche Seelenleben zu versetzen. Alle früheren Dichter hatten sich zur Frau als mehr oder minder glückliche Deuter gestellt, er aber erlebte sie in sich selbst in der vollkommensten Weise, und wenn er sie schilderte, so las er gar nicht in einer fremden Seele, sondern in seiner eigenen. Sie sind die unheilbaren Träumerinnen und Idealistinnen, die großen Enttäuschten des Lebens, die wie verwunschene Märchenprinzessinnen durch den Alltag wandern: Melancholikerinnen wegen ihrer eigenen Unvollkommenheiten, wegen der Unvollkommenheiten der Männer, wegen der Unvollkommenheiten der ganzen Welt. Und in ihrem uferlosen, überspannten, hysterischen und im Grunde lebensunfähigen Idealismus wünschen sie nichts sehnlicher, als daß der Mann sie ins Vollkommene idealisiere, daß er in ihnen erblicke, was sie nicht sind, daß er ein Romantiker sei. Ein solcher Romantiker war Peter Altenberg. Er erblickte überall »Märchen des Lebens«, Melusinen und Dornröschen. Und jede bescheidene Kornblume war für ihn die blaue Blume der Romantik.

In Italien hieß der Naturalismus *verismo*. Sein Schöpfer war Giovanni Verga, dessen »novelle rusticane« eine neue literarische Ära einleiteten. Eine von ihnen, die *Sizilianische Bauernehre*, hat, vom Dichter dramatisiert, durch die Vertonung Mascagnis einen Welterfolg errungen, dem sich zwei Jahre später Leoncavallos *Pagliacci* ebenbürtig an die Seite stellten, beide blutvollstes Theater von einer sieghaften Brutalität und wirbelnden Verve, wie sie vielleicht nur in Italien zu finden ist. Parallelerscheinungen dazu bildeten die beiden genialen Bühnenvirtuosen Novelli und Zacconi, die um dieselbe Zeit ihren Triumphzug durch Europa antraten; zumal der erstere war eine gigantische Potenz, auf seinen Höhepunkten von Mitterwurzerkaliber: einer der unheimlichsten Verwandlungskünstler und trotzdem in jedem Zug von einmaliger dämonischer Persönlichkeit.

Der Verismo

1681

Dorian Gray

In Paris war die Zentrale des Naturalismus André Antoines »Théâtre libre«, das an die Stelle der *comédie rose* die *comédie rosse* setzte; in London kämpfte William Archer gegen Sardou und dessen englische Durchschläge; 1891 gründete Grein das »Independent Theatre«, das mit den *Gespenstern* eröffnet wurde; in demselben Jahr erschien Shaws *Quintessence of Ibsenism*. Auch Wildes Salonstücke sind nur scheinbar an Sardou orientiert, vielmehr unterirdische Parodien. Er zählt zu jenen wenigen Schriftstellern der Weltliteratur, die in ihren Werken der Nachwelt wie vertraute Privatbekannte entgegentreten (von neueren Autoren gehören in diese Gruppe Voltaire, Heine, Bismarck und Schopenhauer), und zugleich war seine Biographie eines der menschlich-ergreifendsten Trauerspiele, die das Leben jemals gedichtet hat. Er fiel als eines der schmählichsten Opfer desselben englischen *cant*, der mörderische Konzentrationslager errichtet hat, um »die Burenfamilien zu schützen«, und die Arbeitspflicht achtjähriger Kinder anerkannt hat, um sie »vor Ausschweifungen zu bewahren«; es wäre für das englische Volk ein Indien wert gewesen, wenn es den Prozeß gegen Wilde nicht gewonnen hätte. Das Erschütterndste an dieser Tragödie aber ist, daß er sie selbst gewollt hat: er hat die Möglichkeit zur Flucht von sich gewiesen, ganz wie Sokrates (mit dem er sonst wenig Ähnlichkeit hatte, eher mit dessen Gegenspieler Alkibiades). In seiner Katastrophe vollzog sich die Selbstkreuzigung des modernen Geistes der hedonistischen Skepsis und Artistenimmoralität: dies muß sein Daimonion gemeint haben, als es ihm zum Opfer riet.

Es hat gewiß wenige Dichter gegeben, die die Häßlichkeit so tief und leidenschaftlich, ja fast krankhaft gehaßt haben wie Oscar Wilde. Seine Liebe zu den tausenderlei kostbaren, feinen und unnützen Dingen, die das Leben des vornehmen Mannes umgeben, war außerordentlich, er wird nicht satt, sie zu beschreiben. Aber er war ein Dichter, und ein Dichter ist mehr als ein Erzähler schöner Dinge. Er liebte auch zweifellos das Laster. Er liebte es als Künstler. Die Künstler werden zu den Verirrungen des Lebens, den dunklen Leidenschaften und ihren Verstrickungen immer mit magischer Gewalt hingezogen. Welche fürchterlichen Magazine menschlichen Frevels sind Shakespeares Dramen oder Dantes *Göttliche Komödie*! Der Künstler sucht diese Dinge auf, denn er weiß: hier sind die lehrreichen Verwicklungen, die tiefen Geheimnisse, die aufregenden Bewegungen, die er so notwendig braucht wie der Baumeister die Steine. Aber zugleich ist der Künstler der sittlichste Mensch, denn er ist voll Mitgefühl für alle und alles, und seine Sehnsucht ist die Höherentwicklung der Menschheit. So war Wilde: verliebt in die Sünde und im Innern nur das Heilige suchend, von Genüssen zu Genüssen jagend und in seinen Zielen ein reiner entsagungsvoller Asket.

Und all dies hat er im *Bild des Dorian Gray* sich vom Herzen geschrieben. Dieses Buch hat ebenso eine Geschichte gehabt wie das Bild, von dem es handelt; aber sein Verwandlungsprozeß war der entgegengesetzte. Es blickte der Welt bei seinem ersten Erscheinen als häßliche, abstoßende Fratze entgegen, und heute steht es vor uns in vollkommener Makellosigkeit und Schönheit. Als diese merkwürdige Vision auftauchte, sah man in ihr das Werk eines niedrig denkenden und lasterhaften Menschen, sie erschien als rechtes Evangelium des Teufels. Heute wissen wir, daß sie ein Evangelium der Reinheit ist, ein tiefsittliches Buch, durchblutet von einer verzehrenden Sehnsucht nach Güte, das dem Laster schärfer an den Leib geht als hundert Fastenpredigten, die vom Leben nichts verstehen.

Auch Wildes Landsmann und Altersgenosse Shaw ist lange Zeit mißverstanden geblieben, ja vielleicht bis zum heutigen Tage. Die *Candida* schließt damit, daß Marchbanks geht und die Gatten sich in die Arme sinken; aber Shaw fügt hinzu: »Das Geheimnis im Herzen des Dichters kennen sie nicht.« Viel-

Shaws Ironie

leicht verhält sich das große Publikum ganz ähnlich zu dem Dichter Shaw, wie sich die Morells zu dem Dichter Marchbanks verhalten. Vielleicht hat auch Shaw ein Geheimnis, das er ängstlich behütet, ist auch er ein anderer, als er scheint, und wenn der Vorhang fällt, geht er leise davon, mit einer Wahrheit im Herzen, die nur er kennt.

Es ist für einen Dichter immer schädlich, wenn er von allem Anfang an unter eine Rubrik gebracht wird. Für Shaw lautet dieses Etikett: er ist ein Ironiker; und das Publikum pflegt nun alle seine Stücke wie Vexierbilder zu behandeln, unter denen die Frage steht: wo steckt die Ironie? Indes: daß einer von Shaws dichterischen Grundzügen die Ironie ist, bleibt trotzdem richtig, nur ist seine Ironie nichts Einfaches, sondern eine komplexe Erscheinung. Sie hat mindestens drei Wurzeln.

Die eine Wurzel ist Shaws innere Verachtung der Dichtkunst. Der Dramatiker ist ein Volksredner, der Romancier ist ein Schnüffler, der fremde Leute ausspioniert, der Lyriker ist ein Exhibitionist. Diese Tätigkeiten flößen Shaw Abscheu ein. Er ist der Ansicht Johann Nagels, des Helden der Hamsunschen *Mysterien:* »Wissen Sie, was ein großer Dichter ist? Ein großer Dichter ist ein Mensch, der sich nicht schämt, der nicht im geringsten über sein eigenes Humbuggeschäft errötet. Andere Narren haben Augenblicke, wo sie, mit sich allein, vor Scham erröten, aber der große Dichter nicht« und der Meinung seines Cäsar, der dem gelehrten Erzieher des Ptolemäus auf die entsetzte Meldung, die Bibliothek von Alexandria, »das erste der sieben Weltwunder«, stehe in Flammen, ruhig erwidert: »Theodotus, ich bin selbst ein Autor, und ich sage dir: es wäre besser, wenn die Ägypter ihr Leben lebten, statt es mit Hilfe ihrer Bücher zu verträumen... Was dort verbrennt, ist das Gedächtnis der Menschheit, ein Gedächtnis, das beschämt, laß es brennen... einige mit Irrtümern bekritzelte Schaffelle.«

Die zweite Wurzel ist Shaws Naturalismus. Größe ist schließ-

1684

lich nur ein Zug unter vielen. Wenn ich Napoleon oder Bismarck von *allen* Seiten zeige, so muß notwendig eine ironische Schilderung herauskommen. Diese Kunstrichtung, die das meiste Recht hätte, sich naturalistisch zu nennen, hat von Goethe ihren Ausgang genommen, um in Kleist (zum Beispiel im *Prinzen von Homburg*) zum erstenmal greifbare Gestalt zu gewinnen. Hier ist bei der Charakteristik der Helden und Heldinnen bereits das Prinzip der Nurgröße durchbrochen. Und Ibsen hätte kein Drama, das *bloß* tragisch wirkt, für eine richtige Tragödie gehalten. Ebenso verhält es sich bei Strindberg, ja sogar bei Maeterlinck, zum Beispiel in *Princesse Maleine*, wo nach einer Nacht voll Mord und Grauen der alte König sagt: »Ich möchte gern ein bißchen Salat haben.« Der Salat gehört eben genausogut zum vollständigen Bild des menschlichen Lebens wie die großen tragischen Erschütterungen.

Nach alledem könnte man aber immer noch glauben, die Ironie sei für Shaw Selbstzweck. Sie ist ihm jedoch nur ein Mittel, und zwar ein Erziehungsmittel. Das Volk hält ihn für einen bloßen Spaßmacher, weil er ein amüsanterer und geistreicherer Erzieher ist als die meisten seiner Vorgänger. Diese machten kurzerhand die Szene zum Tribunal, sie suchten keinen Augenblick zu verbergen, was sie wollten und wozu sie sich berufen fühlten. Shaw aber lehrt seine Wahrheiten auf indirektem Wege: er sagt sie nicht einfach heraus, indem er seine Figuren zu ihrem Mundstück und Prediger ernennt, sondern er läßt die Ideale, die er zu lehren versucht, an doppelsinnigen Schicksalen und Lebenswenden hervortreten, indem er es dem Zuschauer anheimstellt, aus den gesehenen Vorgängen bestimmte Formeln und Gesetze zu abstrahieren.

Der Mensch will fast immer etwas anderes sein als das, wozu die Natur ihn bestimmt hat. Er steht nie an seinem Platz und schielt immer nach seinem Nachbarn. Aber alle Menschen wären gleich wertvoll, wenn sie dem Naturgesetz gehorchten.

Irgendeine nur ihm verliehene Gnade und Kraft wirkt insgeheim in jedem, auch dem unscheinbarsten Menschen; diese allein ist es ja, der er seine Existenz verdankt, die ihn am Leben erhält; ohne sie wäre er nie dieses einmalige Individuum geworden. Aber die Menschen besitzen meistens zu wenig Aufrichtigkeit gegen sich selbst, zu wenig Liebe gegen sich selbst, um diese ihre einzigartige Fähigkeit nun auch zu erkennen. Zugleich mit diesem Talent, das sie von Gott haben, hat der Teufel in einer unbewachten Stunde ihnen eine Art Gegengift verliehen, den unglückseligen Hang, niemals sie selbst sein zu wollen. Dieser sonderbaren Geisteskrankheit waren im Grunde schon Adam und Eva verfallen. Gibt es etwas Schöneres als das Paradies? Und doch hatte es für Adam und Eva einen einzigen Fehler: es war nämlich ihre Bestimmung. Und der Mensch hält nun einmal nur das für ein Paradies, was ihm *nicht* bestimmt ist. Also handelten die ersten Menschen ganz logisch und folgerichtig, wenn sie den Geboten Gottes nicht gehorchten, freilich nach einer vom Teufel erfundenen Logik.

Shaw zeigt nun, wie die meisten Menschen ihr Leben lang eine fremde Maske tragen, und zwar nicht nur vor den anderen, sondern auch vor sich selbst, bis eines Tages die Schicksalsstunde kommt, in der ihr wahres Wesen sich enthüllt. Es findet sich daher in den meisten Stücken Shaws eine Art Peripetie, durch die die ganze Handlung sich um hundertachtzig Grad verschiebt. Im *Teufelsschüler* sehen wir zum Beispiel Richard Dudgeon, den seine ganze Umgebung für einen zynischen Abenteurer, einen rohen pietätlosen Burschen hält; und er hält sich selber dafür. Und daneben sehen wir Anthony Anderson, den sanften und gütigen Pastor, der alle Welt liebt und von aller Welt wiedergeliebt wird. Aber es tritt ein Moment ein, wo es um Tod und Leben geht, und plötzlich vertauschen sich die Rollen. Und es zeigt sich: Andersons Priestertalar war bloße Draperie, und Richards Teufelsfratze war bloße Schminke.

1686

Ebenso ist es in der *Candida*. Da ist der Pastor Morell, der verhätschelte selbstsichere Liebling des Schicksals und der Frauen, und der arme verlassene Dichter Marchbanks, der noch niemals geliebt worden ist. Es kommt der große entscheidende Augenblick, da Candida wählen soll. Und sie trifft eine echt weibliche Entscheidung: sie wählt den Schwächeren. Aber dieser Schwächere ist Morell, der scheinbar Starke. Denn er ist vom Leben ununterbrochen so sehr verwöhnt worden, daß er nicht einen Tag lang ohne Candida existieren könnte. Der weltfremde heimatlose Dichter dagegen ist der wahre König des Lebens, er braucht nichts und niemand, denn er hat sich selbst. Und so scheidet er; scheinbar resigniert, in Wahrheit als Sieger. Dies ist, wenn ich Shaw recht verstehe, das Geheimnis, mit dem er davongeht und von dem das Ehepaar Morell nichts weiß. Aber wenn Düntzer zu einer autobiographischen Bemerkung Goethes die berühmte Fußnote schrieb: hier irrt Goethe, so möchte ich sagen, ohne mich hoffentlich damit als ein ebenso großer Esel wie Düntzer zu erweisen: hier irrt Shaw, Candida kennt das Geheimnis.

In ähnlicher Weise erscheint in den *Helden* der serbische Major Sergius Saranoff als der Typus des edlen Heldenjünglings, neben dem der trockene prosaische Hauptmann Bluntschli verblaßt. Aber in Wahrheit ist es gerade umgekehrt: Bluntschli ist der Held, und Sergius hat vom Helden nichts als das Kostüm, die äußere Geste. Ein Held ist nämlich nicht ein Mensch, der sich unter gar keiner Bedingung vor irgend etwas fürchtet; ein solcher Mensch ist bloß ein Trottel. Sondern ein Held ist ein Mensch, der den Tatsachen mutig und klar ins Auge blickt und mit ihnen scharf und ehrlich zu rechnen weiß. Ganz in diesem Sinne hat Shaw auch in *Cäsar und Cleopatra* seine Auffassung vom Wesen des Genies niedergelegt. Der große Cäsar ist der allereinfachste Mensch von allen. Das Geheimnis seiner Größe ist seine Natürlichkeit, seine Übereinstimmung mit den Gesetzen des eigenen Organismus. Er ist nicht der Mensch, der in den einzelnen Lebenslagen das Überraschende und Exzeptionelle vollbringt, sondern im Gegenteil: der Mensch, der in allen Situationen das Selbstverständliche und Angemessene tut. Wenn alle so lebten und handelten wie dieser Cäsar, so wimmelte die Welt von Genies. Was den Rangunterschied der Menschen bestimmt, ist der Grad ihrer Natürlichkeit. Unverlogene Menschen sind immer groß. Cäsar exzelliert nicht durch die Riesenhaftigkeit, sondern durch die Wohlproportioniertheit seiner Dimensionen. Und niemals hat Shaw die Ironie poetischer verkörpert als hier: in der Ironie des Genies, das die Welt durchschaut.

Shaw donnert die Lüge nicht in den Pfuhl der Hölle hinab, sondern zeigt, wie *lächerlich* jede Lüge ist. Er sagt nicht: jeder verlogene Mensch ist ein verwerfliches Wesen, sondern: jeder verlogene Mensch ist eine Karikatur. Und er beweist noch mehr: er zeigt, daß die Lüge höchst unpraktisch und daß die Sünde höchst langweilig ist. Um aber das Publikum dazu zu bringen, daß es diese recht unangenehmen Wahrheiten auch schluckt, verwendet er einen pädagogischen Trick. Er tut seine moralische Purgative in die süß schmeckende Hülle des Kolportagedramas, der Burleske oder des Rührstücks, wie ja auch die Tamarindenpastille in einem Schokoladeüberzug steckt. Aber das Publikum ist doch noch schlauer als Shaw. Es leckt die gute Schokolade ab und läßt die Tamarinde stehen. Weswegen Marchbanks recht hat, wenn er sagt: »Die Dichter reden immer nur mit sich selbst.«

Amor vacui In einem imaginären Gespräch läßt Hugo von Hofmannsthal Balzac sagen: »Um 1890 werden die geistigen Erkrankungen der Dichter, ihre übermäßig gesteigerte Empfindsamkeit, die namenlose Bangigkeit ihrer herabgestimmten Stunden, ihre Disposition, der symbolischen Gewalt auch unscheinbarer Dinge zu unterliegen, ihre Unfähigkeit, sich mit dem existierenden Worte beim Ausdruck ihrer Gefühle zu begnügen, das alles wird eine allgemeine Krankheit unter den jungen Männern und Frauen der oberen Stände sein.« Und Oscar Wilde läßt in einem seiner philosophischen Dialoge den Hauptunterredner vom »*amour de l'impossible*« sprechen, »einem Wahnsinn, der manchen, der sich eben noch vor jedem Übel sicher glaubte, plötzlich befällt, so daß er am Gift unstillbarer Sehnsucht erkrankt und, indem er ewig verfolgt, was er nie erreichen kann, ermattet dahinsiecht oder gewaltsam stürzt.« Die Krankheit, auf die beide hindeuten, war der Skeptizismus. Freilich ist dieser uralt, wahrscheinlich so alt wie das menschliche Denken; aber er hat seine verschiedenerlei Formen und Grade. Es gibt dogmatische und kritische Skeptiker, Skeptiker aus schwächlichem und aus hypertrophischem Selbstbewußtsein, aus Spieltrieb und aus Religiosität, aus Lust am Neinsagen und aus elementarem Bejahungsdrang und noch viele andere Varietäten, die jedermann kennt. Indes hatte diese Generation einen Typus hervorgebracht, der vielleicht in seiner Art neu war. Frühere Zeiten lehrten und bewiesen die Skepsis, diese Menschen aber lebten sie, sie waren der leibhaftige, verkörperte Skeptizismus selbst. Zweifel an jeglicher Realität war das geheime Vorzeichen, das jede ihrer Handlungen begleitete. Eine neue Menschenart war höchst bedrohlich in die Erscheinung getreten: der Skeptiker des Lebens.

Wir lesen die Zweifel eines Epikur, Hume oder Montaigne, aber sie sind kraftvoll, selbstherrlich und höchst positiv gegenüber diesem Skeptizismus. Wir haben den Eindruck: jene Denker experimentierten nur mit dem Skeptizismus, nahmen ihn niemals für etwas Körperhaftes, das wirksam unter den Menschen weilt. Solange man noch über Sein oder Nichtsein philosophiert, ist es nicht schlimm. Diese neuen Skeptiker aber hatten bereits aufgehört zu philosophieren; und hier begann die Gefahr. Sie gaben ihrer Zeit das Gepräge, sie waren in allen

Straßen und Räumen zu finden, in Klubs und Kasernen, Kirchen und Kontoren, Hörsälen und Ballsälen, überall. Sie waren keine Zyniker. Aber trotzdem wagte niemand in ihrer Nähe, positiv zu sein. Ihre Kraft war die *vis inertiae*, ihre Leidenschaft der *amor vacui*.

»Niemand«, sagt Grillparzer, »ist so in Gefahr, stumpf zu werden, als der höchst Reizbare.« In der Tat waren höchste Reizbarkeit und Stumpfheit die Generalzustände des Zeitalters. Diesen Menschen der interessanten Degenereszenz, den unausgeglichenen Zwischenmenschen hat niemand lebendiger und eindrucksvoller verkörpert als Josef Kainz, der müde, reich beladene, aber auch schwer belastete Erbe einer zur Ruhe gehenden Kultur; Kainz, der die Sätze zerhackte oder zersprudelte und ihnen gerade dadurch eine neue merkwürdige Schönheit verlieh, der in seinen nervösen Gesten, seinem wetterleuchtenden Mienenspiel, seiner flackernden Durchgeistigung des Körpers gewissermaßen stilisierte Fahrigkeit war, der in allen Figuren, einerlei ob sie von Shakespeare, Ibsen oder Nestroy waren, den Menschen der Jahrhundertwende vibrieren ließ: den typischen *maléquilibré* aus seelischer Überfülle, aus überdosierter Intellektualität, in dem Kopf und Herz keine organische Synthese mehr bilden, den provisorischen Menschen, der aus Surrogaten: Verstand, Fleiß, Wissen aufgebaut ist, vorwiegend ein Produkt des Kalküls, genauer Ineinanderfügung und exakter Beherrschung der Teile, einer subtilen und leistungsfähigen Präzisionsmaschine vergleichbar. Die Zeit der »Naturkünstler« war vorbei, man hatte es verlernt, Theater zu spielen, wie der Indianer reitet oder der Seehund schwimmt. Kainz hat das Moment der Arbeit in seine Kunst eingeführt, das ihr bis dahin fast fremd war. Er arbeitete unter einem Zehntausendvoltdruck von Selbstzucht, Drill, Gedächtnis, Spekulation. Im Zeitalter der Maschine hat er aus seinem Körper den empfindlichsten und willigsten Ausdrucksapparat gemacht.

Auch sein ratterndes, knatterndes Pathos erinnerte, ähnlich wie das altenbergische, an einen Mechanismus: ein Artilleriefeuer oder eine Maschinengewehrattacke. Obgleich er hierdurch die Schauspielkunst zweifellos auf ein höheres Niveau gehoben hat, fehlte ihm doch andrerseits das, was man das physiologische Mysterium nennen könnte. Seine Wirkungen hatten nichts Unerklärliches: man konnte sie ihm zwar nicht nachmachen, wohl aber nachrechnen. Wenn Sonnenthal oder Robert, Lewinsky oder die Hohenfels auf die Bühne traten, so trennte den jüngeren Zeitgenossen eine riesige Kluft von dieser vorzeitlichen Kunst, aber dennoch konnte sich niemand ihrem magischen Einfluß entziehen. Sie wirkten gewissermaßen rein physiologisch, durch ihr bloßes Dasein, wie Pflanzen oder Tiere. Hier ragt blau und streng eine lange Tanne, träumt süß und dumm ein dickes Schneeglöckchen, dort hüpft plattfüßig und glotzäugig ein grünlackierter Frosch, rennt äußerst wichtig ein stahlgeschienter Laufkäfer: man kann nicht sagen, worauf die realistische und zugleich romantische Wirkung dieser geheimnisvollen Wesen beruht. Und ebenso waren die alten Schauspieler von einer rätselhaften Atmosphäre umwittert, die an Wald, Luft und Erde und dabei an unwirkliche Träume und Visionen erinnerte.

Fand so die Jahrhundertwende das grandiose Echo ihres Tonfalls in Kainz, so wurde ihr genialer Instrumentator Richard Strauss, einer der größten Maler und Denker, dessen Philosophie aber nicht, wie selbst bei Wagner, von einer anderen, sondern aus dem versenkten Orchester des eigenen Innern bezogen war: als die Geburt der Philosophie aus dem Geiste der Musik; zugleich der Schöpfer eines völlig neuen Tonmantels, indem er, wie Shaw dies vorzüglich ausdrückt, an die Stelle der unvorbereiteten Dissonanz Wagners die unaufgelöste setzte.

In dem großen Repetitionskursus der Stile war man um 1900 beim Biedermeier angelangt. In der Innenarchitektur wurden die Linien zusehends einfacher, die Formen sparsamer, die Farben geräuschloser; gleichwohl wirkte diese Renaissance, dem Zeitgeist nur scheinbar konformer, ebenso affektiert wie die vorhergegangenen. Auf Wolzogens »Überbrettl«, aber auch bei Salonliteraten und Dandys kamen wieder die geschweiften Taillenröcke und breiten Halsbinden, Samtkragen und Samtwesten des Vormärz in Gunst. Auch die Schlankheitsmode, die um die Jahrhundertwende langsam einzusetzen begann, knüpfte an die Romantik an. Im *Simplizissimus* war die Biedermeiernote durch Thomas Theodor Heine vertreten, der, ebenso wie sein Namensvetter, hinter zynischer Satire wehmütige Empfindsamkeit verbarg. An der Spitze der europäischen Décadence stand ein Jahrzehnt lang Gabriele d'Annunzio. Seine Produkte, kaduke Monstregewächse in süßer überheizter Treibhausluft, versammeln alle starken Suggestionsmächte der Epoche: die üppige Palette des Impressionismus, das schwüle Orchester Wagners, die gepflegte Morbidität des Präraffaelismus, die virtuos nachgeschauspielerte Lebensphilosophie Nietzsches. Seine Werke sind, wie Hofmannsthal sehr fein erkannte, von einem geschrieben, der »nicht im Leben stand«: »Es waren durchaus Erlebnisse eines, der mit dem Leben nie etwas anderes zu tun gehabt hatte als das Anschauen. Das brachte etwas ganz Medusenhaftes in die Bücher, etwas von dem Tod durch Erstarren.«

Die Symbolisten

Die Schule der »Décadents« oder »Symbolisten« entstand in den achtziger Jahren in Frankreich. Ihr Begründer und Führer war Mallarmé, der in ihr dieselbe Rolle spielte wie Leconte de Lisle für die Parnassiens. Seine Lyrik ist streng esoterisch, radikal artistisch, zum Teil gewollt rätselhaft und eine Art »absolute Poesie«, in der die Worte und ihre Arrangements Eigenwert haben, unabhängig von Sinn und Zusammenhang, Deskription und Logik. Der Baudelaire der Gruppe war Paul Verlaine, auch er in tragische Liebeshändel verstrickt, aber dem griechischen

Eros opfernd, zwischen Nachtcafé und Spital das Leben des Kunstzigeuners schleppend, das in der Realität gar nicht lustig ist. Er war der erste, der für die dämmerigen Zwischenreiche der Seele das malende Wort gefunden hat, der Meister des *mezzotinto*.

Eine der charakteristischsten Besonderheiten der Symbolisten war ihre literarische Verwertung der Synästhesien oder Sinnesvermischungen: des Hörens von Farben, Sehens von Tönen, Schmeckens von Gerüchen. Sie wurden mit Spott überschüttet, wobei man vergaß, daß sie nur konsequent ausgestalteten, was längst sowohl in der Kunst wie in der Wissenschaft anerkannt war; denn immer schon hatte man von Farbentönen, Klangfarben und dergleichen gesprochen, und seit Jahrhunderten hatte die Experimentalpsychologie beobachtet, daß wir niemals eine einzelne Art von Sinneseindruck aufnehmen, sondern immer mehrere miteinander, durcheinander, gegeneinander. Es handelte sich hier um ein einfaches Ergebnis des Impressionismus, ein Zurückgehen auf die wirkliche Impression. Wir sehen, hören, tasten, riechen, schmecken niemals getrennt, sondern stets gleichzeitig. Was wir allein berechtigt sind, eine reale Empfindung zu nennen, ist ein unentwirrbares Gemenge der verschiedensten Qualitäten von Sinnesreizungen, dem noch die für gewöhnlich nicht bewußten Gemeingefühle (der Lage, der Temperatur, des »Befindens«) ihre besondere Färbung geben. Die Ausschließlichkeit einer bestimmten Art Sinn, zum Beispiel des Gehörs, ist *pathologisch* und gehört unter die Hemmungserscheinungen. Ja, zwei Sinne, der Geruch und der Geschmack, sind nicht einmal anatomisch voneinander zu trennen, denn der *nervus trigeminus* mündet sowohl in die Zunge wie in die Nasenschleimhaut und vermittelt beide Empfindungen. Wir sprechen daher von Veilchengeschmack, Rosengeschmack, bittern, süßen, sauren Gerüchen. Wenn wir sagen, etwas schmecke stechend oder beißend, spielen wieder Tastempfindungen eine Rolle; daß auch der Gesichtssinn in Betracht kommt, weiß jeder Konditor; daß der Temperatursinn beteiligt ist, können wir an lauwarmem Rheinwein und eisgekühltem Burgunder konstatieren. Es sind also in dieser so einfachen Empfindung, die wir »Geschmack« nennen, nahezu alle Sinnesreize beisammen.

Die neue Form, die die Symbolisten schufen, war das *poème en prose, »l'huile essentielle de l'art«,* wie es Huysmans nannte, »das Meer der Prosa, zusammengedrängt in einen Tropfen Poesie«. Dieser hatte bereits 1884 den klassischen Roman der Décadence in *A rebours* geliefert: die Erzählung, eigentlich bloß ein fortlaufender autoanalytischer Monolog des Helden, hat zum ausschließlichen Objekt das Extra- und Kontrareguläre in jederlei Sinn: das Disharmonische, Morbide, Amoralische, Asoziale, Perverse, bis zum Irrsinn und Verbrechen; auch in der Sprache und Komposition, die amorph, asyndetisch, psychopathisch ist. In dem Herzog Jean Florissac des Esseintes ist ein Archetyp geschaffen wie im *esprit romanesque.* Es ist René nach achtzig Jahren.

Das Theater der vierten Dimension Einen ganz anderen Charakter hat der belgische Symbolismus. Sein erstes Werk war ein erschütterndes kleines Drama, *Les Flaireurs* von Charles van Leberghe, das das Herannahen des Todes schildert. Es hat ganz offenbar als Vorbild für Maeterlincks *L'Intruse* gedient, dessen erste Dichtung *Princesse Maleine* Octave Mirbeau 1890 im *Figaro* mit den Worten ankündigte, sie sei »die weitaus genialste, weitaus absonderlichste und weitaus naivste Schöpfung dieser Zeit, vergleichbar, ja überlegen dem Schönsten, was im Shakespeare zu finden ist, ein anbetungswürdiges reines ewiges Meisterwerk, wie es die edelsten Künstler in den Stunden der Begeisterung sich bisweilen erträumt haben«. Und das war nicht zuviel gesagt.

Maeterlincks Gestalten schweben in einem imaginären Raum, oder vielmehr in gar keinem Raum, da sie nicht körperlich,

1694

sondern als gleitende Schatten gesehen sind. Man wäre infolgedessen versucht, ihn in die Gruppe der »zweidimensionalen Dichter« einzureihen, von denen an anderer Stelle gesprochen wurde, wenn er sich nicht von ihnen durch etwas sehr Wesentliches unterschiede, das seine Theaterkunst zu einem Unikum in der Weltliteratur macht. Während es sich nämlich bei jenen um einen Defekt, sozusagen um einen organischen Fehler ihrer dramatischen Konstitution handelte, vermeidet Maeterlinck ganz bewußt und mit voller künstlerischer Absicht die dritte Dimension und erreicht damit etwas ganz Seltsames und Unerhörtes: es gelingt ihm, die *vierte* Dimension auf die Bühne zu bringen.

Das große Publikum besitzt, worauf schon bei Shaw hingewiesen wurde, eine sehr ausgeprägte Neigung, jede neue geistige Erscheinung sofort zu etikettieren, mit einem einmaligen handlichen Spitznamen zu versehen, und glaubt, damit der strapaziösen und verantwortungsvollen Verpflichtung, sich jenes neue Phänomen nun auch wirklich seelisch einzuverleiben, ein für allemal enthoben zu sein. Dieser ebenso eingewurzelte wie verderbliche Hang der Menge, den man vielleicht den »Willen zur Chiffre« nennen könnte, hat auch an Maeterlinck seine verflachende und irreführende Wirkung erprobt: man griff ein Wort auf, das er selbst einmal zu Huret über sich gesprochen hatte, und nannte ihn fortan *»un Shakespeare pour marionettes«*. Also: ein Dichter, der sich zwar der Fülle, Buntheit und Bewegtheit des Lebens nicht gänzlich verschließt, sie aber künstlich auf die Primitivität eines steifen und mechanischen Gliederpuppentheaters hinunterstilisiert. Dieser Generalnenner, den Maeterlinck nun schon länger als ein Menschenalter mit sich herumträgt, ist jedoch nicht nur einseitig wie alle Schlagworte, sondern beruhte überhaupt von vornherein auf einem groben Mißverständnis. Denn es verhielt sich keineswegs so, daß der Dichter sich aus irgendeiner artistischen Laune entschlossen hatte, die kindliche und veraltete Form des Puppentheaters wieder zum Leben zu erwecken, was bestenfalls eine liebenswürdige und geistreiche Spielerei gewesen wäre, sondern er hatte erkannt, daß das Leben ein Puppendrama und die Marionette das tiefste und erschütterndste Symbol unserer Existenz ist. Treten wir nämlich nur ein wenig zurück, so bemerken wir, daß der Glaube, wir selbst seien die Urheber unserer körperlichen und seelischen Gesten, auf einer optischen Täuschung beruht: eine erhabene geheime Kraft, die unser ganzes Dasein in allen seinen großen und kleinen Bewegungen lenkt, wir könnten sie den unsichtbaren Dichter unseres Lebens nennen, wirkt sich auf dieser unserer Erdenbühne aus, und unter einem solchen Aspekt beginnt sich alles sogleich viel unpathetischer und unpersönlicher zu vollziehen. Blickt man von einem hohen Berge auf die Städte und Felder, die ziehenden Herden, die Bäume im Winde, die fahrenden, reitenden, rennenden Menschen in ihrer lautlosen Geschäftigkeit, so wird man allemal sogleich den befremdenden Eindruck des Mechanischen haben; und ganz ebenso ergeht es uns, wenn wir zum Leben eine genügende *seelische* Distanz nehmen. Aber, so könnte man nun wohl einwenden, hat Maeterlinck durch diese Art, unser Schicksal zu sehen, die Seele nicht gleichsam aus der Welt exkommuniziert und uns damit vielleicht reicher an Erkenntnis, aber unvergleichlich ärmer an Vitalität gemacht? Dann wäre er, selbst wenn sich die Wahrheit auf seiner Seite befände, kein Wohltäter der Menschheit. Aber so verhält es sich keineswegs: weit entfernt davon, die Seele von ihrem Thron zu stoßen, hat er sie erst eigentlich entdeckt und in ihre wirklichen souveränen Rechte eingesetzt. Denn anstatt uns wie bisher auf die ohnmächtigen Flügelschläge unserer Einzelseelen zu verlassen, vermögen wir nunmehr die Weltseele in ihrem majestätischen zeitlosen Wirken zu erkennen; und auf Kosten jener kleinlichen, unsicheren und von Anfang an verdächtigen Empfindung, die wir Selbstgefühl nennen, haben wir das Allgefühl gewonnen, das uns nie enttäuschen wird, denn es ist größer als wir, nie verwirren wird, denn es ist die mit sich selbst einige Klarheit, nie verleugnen wird, denn es hat uns geboren, und nie verlassen wird, denn es wird uns überleben und mit der Unsterblichkeit verknüpfen.

Wer sind wir? Wozu sind wir? Steuern wir auf etwas Gewisses? Ruhen wir auf etwas Gewissem? Ist überhaupt irgend etwas gewiß? Diese und ähnliche bedrückende Fragen klagen und jammern aus den kleinen Dramen Maeterlincks, wiederholen sich immer wieder, in unzähligen Variationen, aber immer gleich geheimnisvoll, gleich schreckhaft, gleich antwortlos. Nur *eine* große Ahnung läßt diese dahindämmernden Seelen in schmerzvollen Schauern erleben: es wird etwas Entsetzliches geschehen, etwas Grauenvolles, Unsagbares, Unfaßbares, ein Unglück, das nie wiedergutzumachen sein wird. Gegen dieses Unglück kann man nicht ankämpfen. Es kommt immer, es ist unbesieglich. Sich wehren, um sich schlagen, sich wappnen, vorausberechnen nützt nichts. Das Leben kommt und nimmt uns mit. Der Angst vor dem Leben, die jede Kreatur quälend durchdringt, hat Maeterlinck eine eindringlichere, erschütterndere Gestalt gegeben, als es je bisher ein Dichter vermocht hat. Es gibt bei seinen Wesen überhaupt nur zwei Verhaltensweisen zum Leben: entweder stets erstaunt sein oder niemals erstaunt sein. Zur ersten Gruppe gehören die Frauen, die Mädchen, die Kinder, alle mit dem Gefühl lebenden Geschöpfe. Sie befinden sich gegenüber allen Bewegungen des Daseins, den ungeheuersten wie den geringfügigsten, ja der einfachen Tatsache des Lebens selbst in einer immerwährenden maßlosen Verwunderung. Sie haben zu empfindliche Organe für die Brutalität, die Sinnlosigkeit, die Perversität der animalischen Existenz. Weil sie immer vor etwas fliehen, einem Verhängnis entgegendenken, entgegenzittern müssen, gelangen sie zu keiner Handlung. Sie kommen nie zum Leben, aus Furcht, ihm bei seiner ersten Berührung zu erliegen. Sie haben es mit allen seinen Schrecken schon im Instinkt, in der Phantasie, in den Nerven, in der Divination antizipiert, und so wandeln sie dahin gleich hilflosen Materialisationen eines mächtigen Geisterbeschwörers: als Unterpfänder einer höheren Existenz, die aber bloß zu *erscheinen* vermögen und nicht imstande sind, sich mit dieser Welt in fruchtbaren Verkehr zu setzen. Sie können nicht verstehen, sie wollen nicht verstehen, weil sie das Unfaßbare des Irdischen erkannt haben. »Man muß...«, »man müßte...«: das sind die äußersten Vibrationen, die die herannahende Gewalt des Schicksals in diesen merkwürdig hellen und dumpfen Triebwesen auszulösen vermag. Überall lauern die Härten, die unvermittelten Übergänge, die Komplikationen, denen keines von ihnen gewachsen ist. Die andere Gruppe dagegen, die niemals Erstaunten, die Weisen, die Greise, die alten Ammen und Mütter, die Heiligen, Könige und Bettler, wissen wiederum zu viel; und da sie, gleich den Engeln der Kabbala mit tausend Augen bedeckt, alles sehen, alle vielfältigen Verknotungen und Verschränkungen des Schicksals, gelangen auch sie zu keiner Tat; vor lauter Beziehungen haben sie keine einzige feste mehr.

Das tele-pathische Drama

Im ersten Buche wurde gesagt, die Bilder, die die flämischen Ahnen Maeterlincks im vierzehnten und fünfzehnten Jahrhundert geschaffen haben, seien gemalte Mystik gewesen. Von ihm könnte man sagen, er habe jene Gemälde dramatisiert. Seine Menschen, auch wenn er sie in unsere Tage versetzt, wirken wie Gestalten aus einer grauen Vergangenheit oder wie Geschöpfe der Zukunft, niemals wie Wesen der Gegenwart. Er wirft ein magisches Licht über sie, dessen Erzeugung offenbar sein Geheimnis ist, und plötzlich sind sie aller sinnlich deutbaren Körperlichkeit, aller profanen Realität entkleidet. Anatole France hat einmal über Villiers de l'Isle-Adam gesagt: »Er ging durch

1698

die Welt wie ein Schlafwandler: von dem, was wir alle sehen, sah er nichts, aber was unseren Augen verschlossen ist, sah er.« So verhält es sich auch mit den Figuren Maeterlincks. Das wirkliche Leben, das tägliche, gewöhnliche, praktische des Augenscheins und der normalen Sinne sehen sie nicht, ihm gegenüber sind sie verschüchtert und ohnmächtig, ratlos und stumm wie Kinder und fast wie Schwachsinnige; aber während sie so in der groben Realität blind herumtappen, öffnet sich einem geheimnisvollen inneren Sinn, den nur sie besitzen, eine andere Welt, ebenso real wie diese, ja viel realer, die Welt der Ahnungen und Träume, der Fernwirkungen und Fernwitterungen, in der alle Geister und Seelen sich als ein ungeteiltes Ganzes, eine Einheit und Harmonie fühlen und in der es daher keine Mißgriffe, keine Unsicherheiten, keine Kämpfe gibt. Auch sie sind *flaireurs*, Flaireurs des Unfaßbaren und Unsichtbaren, in dem das wahre Geheimnis unseres Wesens beschlossen liegt.

Aber wir sagen Geheimnis und wollen, wie dies zu allen Zeiten der Fall war, damit nichts endgültig Unlösbares und Unentzifferbares bezeichnen, sondern nur etwas, dem wir sein letztes Wort noch nicht abgerungen haben, etwas Werdendes, Entstehendes, das im Begriff ist, sich uns zu offenbaren. Es zögert noch; oder vielleicht sind wir es, die zögern? Es handelt sich, mit einem Wort, um alle jene Energien und Manifestationen, die wir die »okkulten« nennen. Es sind zweifellos Naturkräfte wie alle anderen, ebenso gesetzmäßig und unergründlich, ebenso wohltätig und gefährlich, aber uns heute eben noch »verborgen«. Maeterlinck ist der erste Dramatiker des okkulten, des telepathischen, des »Seelen«-Sinnes. In seinen Vorlesungen über Psychoanalyse sagt Sigmund Freud, die Eigenliebe des Menschen habe bisher drei große Kränkungen von der Wissenschaft erdulden müssen: die erste, als er durch Kopernikus erfuhr, daß unsere Erde nicht der Mittelpunkt des Weltalls sei, die zweite, als Darwin ihn auf die Abstammung aus dem Tierreich und die Unvertilgbarkeit seiner animalischen Natur verwies, und die dritte und empfindlichste, als die heutige psychologische Forschung dem Ich zeigte, daß es nicht einmal Herr im eigenen Hause sei, sondern auf die kärglichen Nachrichten dessen angewiesen bleibe, was unbewußt im Seelenleben vorgehe. Dies ist in der Tat auch die Erkenntnis, die im Herzen der Dramen Maeterlincks lebt: »Dies sagt man, und jenes sagt man, aber die Seele geht ihren eigenen Weg.« Aber Freud, dessen Ingenium die bloße Erforschung des Irdischen gewählt hat, ohne dem Göttlichen einen Blick zu schenken, übersieht oder verschweigt den ungeheuren moralischen Zuwachs, der uns durch ebendiese Erkenntnis geworden ist: daß nämlich das, was die Psychoanalyse mit einem kalten, abweisenden und fast verächtlichten Wort Unterbewußtsein nennt, nichts ist als das Bewußtsein eines uns unendlich überlegenen und daher unverständlichen Geistes und daß wir noch niemals so groß waren wie jetzt, wo wir nach dem Fall der letzten Bollwerke unseres selbstherrlichen Ich uns in inniger und unzerstörbarer Kryptogamie mit dem Weltgeist erkannt haben.

Alle Mittel, durch die bisher der Dramatiker seinen stärksten Ausdruck und seine fesselndste Wirkung erzielt hat: Deutlichkeit und Schärfe, Wucht und Schlagkraft, Reichtum an Handlungen und Geschehnissen, lebhaft vorwärtsdrängende Entwicklung, individuelle und bunte Charakteristik, alle diese Mittel sind Maeterlinck fremd: seine Gestalten wandeln unter dem Nebelschleier eines tiefen Mysteriums, und ihre Schicksale sind nichts weniger als eindeutig, ja überhaupt kaum zu deuten; kein Charakter wächst aus der dramatisch fruchtbaren Sphäre des Willens hervor, niemand will, niemand handelt, auch äußerlich geschieht wenig von Belang. Es sind lauter schmale Figuren von einer ungemein sparsamen Zeichnung, die wie Irre oder Berauschte eigensinnig immer dieselben Sätze wiederholen, dabei ganz homogen charakterisiert: alle haben für dieselbe Empfindung denselben Ausdruck und für denselben Eindruck dieselbe Empfindung. Hier sind Schattenspiele in einem mehr als äußerlichen Sinn; denn was der Dichter zeigt, sind nur die Schatten, die von ungeborenen, nie zu gebärenden Taten in der Seele des Menschen vorausgeworfen werden. Ibsen beschwört die Schatten der Vergangenheit, Maeterlinck macht es umgekehrt; und eigentlich ist es dasselbe. Beide lassen nur *ein* Reales gelten: die Seele; Vergangenheit und Zukunft sind bloße Projektionsphänomene, Spiegelungen des Ewigen, das immer da ist. Dies ist entweder keine Handlung oder die tiefste Handlung, entweder ganz undramatisch oder höchste Spannung wie im Kreisen der Atome eines scheinbar ruhenden Körpers oder im Gleichgewicht der einförmig dahinwandelnden Gestirne: ein Theater ohne Theatralik, ein Theater des Schweigens, des Aufhorchens und der Passivität, die die Weltharmonie in sich einströmen läßt. Die »Spannung« dieser Dramen ist nicht die brutal materielle, wie wir sie gewöhnt sind, sondern die latente und darum viel aufregendere, wie sie in einer geladenen galvanischen Batterie besteht. Maeterlinck hat sich hierüber selber in einer wunderschönen Betrachtung geäußert: »Blüht unsere Seele nur in Gewitternächten auf?… Es liegt mir nahe, zu glauben, daß ein Greis, der im Lehnstuhl sitzt und beim schlichten Lampenschein verharrt, der, ohne sie zu begreifen, alle die ewigen Gesetze belauscht, die rings um sein Haus walten… in Wahrheit ein tieferes, menschlicheres und allgemeineres Leben lebt als der Liebhaber, der seine Geliebte erdrosselt, der Führer, der einen Sieg erringt.«

Shakespeare könnte heute kein einziges seiner Stücke mehr schreiben. Er müßte sich sagen, daß Othello die Desdemona nicht töten wird, wenn er nicht gerade betrunken ist, sondern daß er etwas anderes tun oder reden wird, irgend etwas scheinbar Unbedeutendes und Nebensächliches, etwas, das sich schwer vorausberechnen läßt, das aber vielleicht tiefer treffen wird als sein Dolch. Bei einem Othello der Shakespearezeit lag die Gleichung klar und deutlich vor Augen: er wird sie töten. Was sollte er denn sonst tun, wenn er nicht gerade betrunken ist? Die Menschen waren eben damals viel übersichtlicher, einfacher, schematischer: Ein genialer und kenntnisreicher Seelenforscher konnte mit ihnen ebenso Astronomie treiben wie Galilei mit seinen Sternen. Man mußte nur die Gesetze der Epizyklen kennen, die sie beschreiben würden. Und Shakespeare selbst hat bereits im *Hamlet* wie in einem Gleichnis das Schicksal der dramatischen Kunst gezeichnet. Sie geht umher, gequält und verfolgt von nächtlichen Gesichter, angetrieben zu weit ausladenden geräuschvollen Handlungen, zu Mord und Totschlag, Kampf und Tat, und indem sie den Sinn und Wert aller dieser Lebensäußerungen prüft, erkennt sie: sie haben keine innere Existenzberechtigung, sind nichts als Konzessionen, dem Milieu gemacht, worin wir leben, nämlich dem großen Irrenhaus von Unweisheit und Ungüte, das man Menschheit nennt. Und wie Hamlet in solchen Reflexionen sich selbst zersetzt und lebensunfähig macht, gelangt im langsamen Prozeß der Selbstbespiegelung die dramatische Kunst zu ihrer Selbstauflösung.

Ich sehe hierbei ab von dem lärmenden Zwischenspiel einer Theaterkunst, die sich futuristisch nennt, obgleich sie ganz und gar der Vergangenheit angehört und nur ein letzter Krampf und verzweifelter Versuch ist, künstlerischen Ausdruck mit Mitteln zu finden, die historisch geworden sind. Es kommt aber nicht auf Aktivismus an, auf Sichbemühen und Velleitäten, sondern auf Stillehalten, damit das Neue in uns wirken kann. Dieses Neue ist die Seele. Die Seele war natürlich immer da, wie ja auch Mund und Kehle schon längst da waren, ehe der Mensch sie zur Rede gebrauchte; aber erst heute schickt sie sich an zu sprechen. Maeterlinck ist nicht, wie fast alle seine Zeitgenossen, ein Ende, sondern ein erster Anfang, von dem ein neues, unreifes und noch völlig im Unsicheren tastendes Menschentum seinen Ausgang nimmt. Er ist keine Mündung, sondern eine Quelle. Es gibt keinen lebenden Denker, in dem jene eigenartige *coincidentia oppositorum* aus höchstem Zweifel und höchster Gewißheit, die immer die Introduktion eines neuen Abschnittes der Geistesgeschichte bildet, einen so intensiv konzentrierten, so innerlich erlebten und so ergreifend dramatischen Ausdruck gefunden hat wie in Maeterlinck.

Über die künstlerischen Emanationen, die in der Zeit zwischen der Jahrhundertwende und dem Weltkrieg hervorgetreten sind, kann im Rahmen unserer Darstellung nichts gesagt werden. In der Einleitung dieses Werkes wurde dargelegt, daß dessen Methode eine prinzipiell unwissenschaftliche sei. Es handelt sich hier natürlich nur um eine ideale Forderung; sie überall restlos zu erfüllen dürfte die bescheidenen Kräfte eines einzelnen übersteigen, und nicht selten wird der gute Wille an die Stelle der Tat getreten sein. Diesen aber wird keine objektive Beurteilung dem Verfasser aberkennen dürfen; und zudem tröstet ihn die Hoffnung, daß sein gesunder Instinkt ihn auch dort zu pseudowissenschaftlichen Resultaten geleitet habe, wo er sie gar nicht beabsichtigt hatte. Diese Betrachtungsart ist aber auf die Kunst nach 1900 unanwendbar, weil auf diesem Gebiet (welches Zugeständnis jedoch nicht als ungehörige *captatio benevolentiae* aufgefaßt werden möge) die Fachgelehrten mindestens ebenso große Dilettanten sind wie der Verfasser; seine Untersuchungen wären daher von vornherein von der Gefahr der Überflüssigkeit bedroht gewesen. Unwissenschaftlich kann offenbar nur behandelt werden, was schon Objekt der Wissenschaft geworden ist.

Indes mögen diese Erwägungen vielleicht aus einer gewissen Übergewissenhaftigkeit fließen. Es gibt aber noch einen zweiten, viel entscheidenderen Grund für die Ausschaltung dieser

Die Lücke

Phänomene, der ebenfalls in unserer besonderen Methode zu suchen ist. Die Maßstäbe der Kulturgeschichte sind nämlich keineswegs dieselben wie die der Ästhetik. Diese wertet die Kunstwerke und ihre Schöpfer nach ihrer absoluten Bedeutung, jene betrachtet sie auf ihren physiognomischen Charakter: den Stärkegrad, in dem sie, mit Hamlet zu sprechen, dem Jahrhundert und Körper der Zeit den Abdruck seiner Gestalt zeigten. Unter diesem Aspekt kann es vorkommen, daß Werke von Ewigkeitsgehalt nur eine flüchtige Erwähnung erfahren und solche, die unvergleichlich tiefer stehen, ausführlich gewürdigt werden, ja daß manche, die in einer Geschichte der bildenden Kunst, der Literatur oder der Musik unter keiner Bedingung fehlen dürften, überhaupt unbeachtet bleiben. So sind wir zum Beispiel, um nur einige wenige Namen anzuführen, der Ansicht, daß Dichter wie Ponsard, Maler wie Thoma, Philosophen wie Lotze, Komponisten wie Saint-Saëns keine erhebliche kulturhistorische Bedeutung besitzen.

Die letzten zehn bis fünfzehn Jahre der Neuzeit haben aber merkwürdigerweise fast nur solche »zeitlosen« Erscheinungen hervorgebracht. Sie alle haben kein kontrollierbares Verhältnis zu ihrer Epoche, sind nicht deren Diagramm. Könnte Thomas Mann nicht ein Zeitgenosse Wilhelm Meisters gewesen sein, Heinrich Mann ein Contemporain Stendhals, Max Reinhardt ein Theaterzauberer der Hochbarocke, Hans Pfitzner ein altdeutscher Meister der Dürerzeit? Stefan George ist von Gundolf sogar als eine antike Erscheinung angesprochen worden. Man könnte sagen: um die geheime Zeitverbundenheit zu fühlen, fehle uns die historische Distanz. Aber wir fühlen sie merkwürdigerweise sehr deutlich bei der jüngeren Generation, die nach dem Kriege zu Wort kam: ihre Produkte, obgleich an Wert viel tiefer stehend, sind unverwechselbarer Ausdruck einer bestimmten historischen Situation, können unmöglich in eine andere versetzt werden. Das gilt sogar von der Schauspielerei. Die Alfreskokunst eines Bassermann und Werner Krauß, die Aquarellkunst eines Waldau und Gülstorff (die alle noch aus der Vorkriegszeit stammen) wäre in jeder Etappe der neueren Theatergeschichte denkbar gewesen, hingegen gab und gibt es Schauspieler, die mit ebensolcher Bestimmtheit für den Expressionismus reklamiert werden können wie etwa die Duse oder die Yvette Guilbert für den Impressionismus.

Goethe verwendet in seiner Geschichte der Farbenlehre einigemal den Begriff der »Lücke«. Eine solche Lücke war die Zeit vor 1914. Die Neuzeit rollt ab; dem Weltkrieg zu. Dieser wäre vielleicht unter allen Umständen gekommen, vielleicht; aber daß er so unausweichlich, so bald und so kam, war das Werk der europäischen Diplomatie.

Die Schurkerei, sagt der Pessimist, ist leider der menschlichen Rasse ziemlich eingefleischt, was sich nur zu oft gerade in den für uns typischen (sowohl privaten wie öffentlichen) Handlungen zeigt. Nein, sagt der Optimist, die Schurkerei ist der bedauerliche Ausnahmefall, sonst hätte sie nicht allemal das (sowohl private wie öffentliche) Gewissen gegen sich; gibt es zum Beispiel irgendeinen offiziell anerkannten oder gar staatlich betriebenen Beruf, dessen Inhalt die Schurkerei wäre? Gewiß, erwidert der Pessimist, gibt es einen solchen: die Diplomatie.

Was ist Diplomatie?

Eine ganze Klasse von Menschen, zumeist jener fetten trüben Oberschicht von Nichtstuern, Weiberjägern und Hasardspielern angehörig, die man die Creme nennt, wird von der Regierung in besondere Schulen geschickt, mit Revenuen ausgestattet, mit Ehrenzeichen und Titeln belohnt, ausdrücklich und eingestandenermaßen dafür, daß sie ihr ganzes Leben mit Intrigieren, Spionieren, Betrügen und Bestechen hinbringt: staatlich anerkannte und besoldete Gauner und Taugenichtse also; *Drohnen mit Giftstachel* also. Sie sind die Meister der Lüge, die Handlanger der Hölle, die schlimmste Spielart von Schurken, nämlich Schurken mit gutem Gewissen, denn sie lügen ja »fürs

Vaterland«. In der Renaissance taten sie einander Gift in die Schokolade, ebenfalls fürs Vaterland; was heute unseren humanen Abscheu erregt. Aber der Unterschied ist sehr klein: sie vergiften noch immer, nur mit feineren, böseren Giften.

Mit Lügen läßt sich nie etwas dauernd Wertvolles erzielen. Eine Lüge ist *nichts*, ist allemal nur die Negation irgendeiner Wirklichkeit; wie sollte es möglich sein, auf einem Nichts und einer Verneinung irgend etwas von einiger Festigkeit zu errichten? Jede Lüge ist eine grenzenlose Stupidität: der sinnlose Versuch, einen Zweck mit prinzipiell untauglichen Mitteln zu erreichen. Und daher kommt es wohl hauptsächlich, daß geistig minderwertige Personen sich mit besonderer Vorliebe zur diplomatischen Karriere drängen. Ein Leben fortwährender Spiegelfechterei, Geheimniskrämerei, krummer, unreiner und zweideutiger Beziehungen zu allen Menschen und Dingen kann man auf die Dauer nur aushalten, wenn man ein hoffnungslos gescheiterter Dummkopf ist.

Daß das Lügen ein unentbehrliches Instrument des diplomatischen Geschäfts sei, ist eine Lüge der Diplomaten. Wir haben seinerzeit erörtert, daß die siegreiche Grundkraft sowohl Friedrichs des Großen wie Bismarcks ihre tiefe Wahrhaftigkeit war. Die Größe Julius Cäsars bestand darin, daß er inmitten eines trüben Chaos eine kristallklare Seele war. Auch Napoleons Kardinalbegabung war die Fähigkeit, den Realitäten ins Herz zu blicken, zu ihnen in einer geraden Beziehung zu stehen. Solange er der Sohn der Tatsachen blieb, war er der freudig begrüßte Kaiser von Europa; als er anfing, die Welt zu belügen, begann sein Stern zu sinken.

Die Diplomaten haben natürlich den Krieg nicht erfunden. Aber sie sind seine stärksten Helfer und Verlängerer. Ohne sie würden die Kriege nicht aufhören, aber sie würden vielleicht seltener und bestimmt edler, aufrichtiger und mit mehr Widerstreben geführt werden; und vielleicht, indem sie so ihre bisherige Stellung in der Ökonomie unseres Denkens und Empfindens immer mehr verlören, würden sie dann doch aufhören.

Am 29. September 1911, dem Tage der Kriegserklärung Italiens an die Türkei, beobachtete man am Himmel Nordafrikas einen Kometen im Sternbilde des Löwen, der von Tag zu Tag heller strahlte, und alsbald ihm gegenüber einen zweiten Haarstern, der wie ein Schwert nordwärts zu weisen schien.

Die Balkankriege

Unruhen und blutige Kämpfe in Armenien, Arabien, Albanien hatten Italien ermutigt, im Jubeljahr der Einigung sich endlich in Libyen festzusetzen. Dies wiederum bestärkte die Balkanstaaten in dem Entschluß, den Kampf um die europäische Türkei aufzunehmen. Bulgarien, Serbien, Griechenland und Montenegro schlossen zu diesem Zweck im Frühjahr 1912 ein Vierbündnis, das in mehrere gesonderte Verträge zerfiel. Der bulgarisch-griechische Vertrag kehrte sich lediglich gegen die Türkei und enthielt keine näheren Bestimmungen über die Aufteilung Mazedoniens. Der bulgarisch-serbische Vertrag sprach Serbien Altserbien und den Sandschak zu, Bulgarien etwa fünf Sechstel von Mazedonien, über den Rest sollte der Zar Schiedsrichter sein; allerdings hatte sich Bulgarien dann noch mit Griechenland auseinanderzusetzen. Außerdem war aber diese Allianz auch ausdrücklich gegen Rumänien und Österreich gerichtet: Artikel 2 bestimmte: wenn die Rumänen Bulgarien angriffen, sei Serbien verpflichtet, ihnen unverzüglich den Krieg zu erklären, Artikel 3: wenn Österreich-Ungarn Serbien angreife, sei dafür Bulgarien verpflichtet, den Krieg zu erklären. Als eine Note, in der Bulgarien, Serbien und Griechenland für die christlichen Völkerschaften des Balkans Autonomie verlangten, von der Pforte ablehnend beantwortet wurde, erklärten sie am 17. Oktober den Krieg (Montenegro tat es schon neun Tage früher, was, da der Kampf längst beschlossen war, eine einfache Baissespekulation des Königs Nikita war, die ihm und seinen Pariser Bankiers Millionen eintrug). Um Luft zu bekommen, sah sich der Sultan genötigt, am 18. Oktober mit Italien den Frieden von Lausanne zu schließen, worin er Tripolis und die Cyrenaika in der Form abtrat, daß er ihnen »kraft seiner Herrscherrechte« volle Autonomie gewährte.

Die türkische Armee befand sich in einem desolaten Zustand. Sie war zwar mit Kruppkanonen ausgerüstet, die den englischen und französischen Geschützen der Gegner mindestens ebenbürtig waren, verfügte aber über fast gar keine Munition. Tausende von Rekruten wurden so unausgebildet ins Feuer geschickt, daß sie nicht einmal wußten, wie ein Gewehr zu handhaben sei; seit der jungtürkischen Revolution waren auch die Christen in den Heeresdienst eingestellt, die sich aber als höchst unzuverlässig erwiesen. Ein Train existierte überhaupt nicht. Da ein großer Teil der Truppen erst aus Asien herangezogen werden mußte, ging die Mobilisierung viel zu langsam vonstatten. Auch die Führung versagte vollständig. Ende Oktober siegten an demselben Tage die Bulgaren bei Kirk-Kiliss, die Serben bei Kumanowo, kurz darauf die Bulgaren abermals in der fünftägigen Schlacht von Lüle-Burgas. Die Türkei schien vernichtet; Ferdinand von Bulgarien hoffte bereits in Konstantinopel einziehen und sich dort als oströmischer Kaiser Symeon krönen zu können. Aber die Tschadaltschalinie, welche die Halbinsel, auf der die Hauptstadt liegt, vollständig von Meer zu Meer absperrt, hatte schon Moltke, als er in der zweiten Hälfte der dreißiger Jahre militärischer Beirat des Sultans war, für unüberwindlich erklärt; und hier kam in der Tat der Stoß zum Stehen. Die stürmenden Truppen verbluteten sich, ganze Regimenter wurden aufgerieben.

Die Großmächte, die alle an der Balkanfrage intim beteiligt waren, hatten von Anfang an unter steten Friedensbeteuerungen eine drohende Haltung eingenommen. Schon vor Ausbruch des Krieges unternahm Rußland eine demonstrative »Probemobilisierung«, die gegen Österreich-Ungarn und die

Türkei gerichtet war, an deren Überlegenheit man damals noch allgemein glaubte. Sodann wurde von den Mächten die »Status-quo«-Formel ausgegeben: »Sollte der Krieg ausbrechen, so würden die Mächte keine aus dem Konflikt sich ergebende Veränderung im territorialen Besitzstande der europäischen Türkei zulassen.« Österreich-Ungarn stellte das Programm auf: »Freie Entwicklung Albaniens: ein Begehren Serbiens nach einer Gebietserweiterung bis an die Adria müsse a limine zurückgewiesen werden; Befriedigung berechtigter Wünsche Rumäniens; Sicherstellung wichtiger wirtschaftlicher Interessen Österreich-Ungarns am Balkan, insbesondere betreffs der Bahnverbindung mit dem Ägäischen Meere.« Diese Forderungen fanden die, zweifellos unaufrichtige, Zustimmung Italiens, das niemals sein prinzipielles Desinteressement an Albanien erklären konnte, nur damit Österreich den Weg nach Saloniki freibekomme. In Österreich gab es eine einflußreiche Partei, geführt von Conrad von Hötzendorf, die die Ansicht vertrat, man müsse zuerst mit Italien abrechnen; dieser hatte schon während der Annexionskrise zum Losschlagen gegen den Bundesgenossen geraten und wiederholte jetzt seine Forderung. Ein solcher Krieg hätte aller menschlichen Voraussicht nach mit der Niederlage der Italiener geendet, falls man es mit ihnen allein zu tun gehabt hätte; diese Voraussetzung war aber vollkommen infantil: die Kriegserklärung an Italien hätte sogleich den Weltkrieg zur Folge gehabt, nur mit dem Unterschied, daß die Zentralmächte 1908 auch noch die Türkei, 1912 den gesamten Balkanbund und beidemal schon am Anfang des Krieges Italien gegen sich gehabt hätten, was die Südfront schlechterdings unhaltbar gemacht, die französische Front in katastrophaler Weise verstärkt hätte.

Nach den Niederlagen suchte die Türkei um Frieden nach, über den von den Botschaften der Großmächte in London verhandelt wurde. Die Siegerstaaten wollten nicht bloß ihre Eroberungen behalten, sondern beanspruchten noch außerdem die drei belagerten Festungen Adrianopel, Skutari und Janina. Diese Bedingungen wurden von der Pforte abgelehnt. In dem neuentbrannten Kampfe fiel zuerst Janina, dann Adrianopel, zuletzt Skutari, das aber von gemischten Truppen der Großmächte für Albanien besetzt wurde. Im Mai 1913 kam es dann zum Londoner Frieden, der der Pforte von ihrem europäischen Besitze nur Konstantinopel mit einem schmalen Landstreifen, der Linie Enos–Midia vom Ägäischen bis zum Schwarzen Meer, übrigließ.

Inzwischen waren aber unter den Verbündeten Streitigkeiten ausgebrochen. Serbien begehrte Revision des Vertrages, indem es sich darauf berief, daß es das ihm zugedachte Nordalbanien mit dem Hafen Durazzo infolge des österreichischen Einspruchs nicht erhalten habe, Bulgarien dagegen Thrazien, mit dem es gar nicht gerechnet hatte; Griechenland verlangte Saloniki und beträchtliche Teile Südmazedoniens. Auch Rumänien meldete einige ursprünglich recht bescheidene Forderungen an, die vom bulgarischen Ministerpräsidenten Danew in einer an Schwachsinn grenzenden Verblendung rundweg abgelehnt wurden. So kam es im Sommer 1913 zum zweiten Balkankrieg, in dem Bulgarien einem konzentrischen Angriff des gesamten Balkans (denn auch die Türken griffen neuerlich zu den Waffen) hoffnungslos preisgegeben war. Überlegene serbische und griechische Truppenmassen bedrohten die Bulgaren mit Umfassung, so daß diese zurückweichen mußten; rumänische Armeekorps setzten über die Donau und marschierten, ohne Widerstand zu finden, auf Sofia; Adrianopel mußte aus Mangel an Verteidigungskräften vor den Türken geräumt werden. Im Frieden von Bukarest kam der größte Teil des nördlichen Mazedonien an Serbien, des südlichen Mazedonien an Griechenland, die kornreiche bulgarische Dobrudscha mit der strategisch wichtigen Festung Silistria an Rumänien; im Frieden von Konstantinopel behielt die Türkei Adrianopel und das östliche

Thrazien bis zur Maritza. Während Griechenland, Serbien und Montenegro aus dem Kriege fast verdoppelt hervorgingen und Rumänien durch einen bloßen Demonstrationsmarsch seine Südgrenze aufs vorteilhafteste arrondiert hatte, mußte sich Bulgarien, das die größten Waffenleistungen vollbracht hatte, mit Westthrazien und einem kleinen Stück Mazedoniens in der Rhodope begnügen.

Durch die Balkankrisen hatten sich die Gegensätze zwischen den Zentralmächten und der Entente aufs äußerste verschärft. Neu war die Spannung zwischen Rußland und Deutschland: während von Bismarck eine aggressive Balkanpolitik Österreichs nie unterstützt worden war, hatte sich die deutsche Regierung in der albanischen Frage mit Österreich vollständig identifiziert; zudem wurde Rußland, das Armenien zu seiner vitalen Interessensphäre rechnete, durch die Schlagworte »Berlin–Bagdad«, »Elbe–Euphrat«, »Nordsee–Persischer Golf« nervös gemacht. Die deutschen Pläne in Vorderasien störten natürlich auch das englische Konzept des »trockenen Wegs nach Indien«. Daß nach der Haltung Österreichs die Allianz mit Italien bloß noch auf dem Papier bestand, konnten nur Diplomaten bezweifeln. Im Winter 1912 auf 1913 befanden sich die beiden Bundesgenossen im Zustand dauernder gegenseitiger Kriegsbereitschaft: in Italien wurden Venedig und Verona mit modernen Panzerwerken ausgebaut, die Grenzen gegen Österreich befestigt, durch ganz Venetien Aufmarschbahnen angelegt; die österreichischen Truppenansammlungen gegen Montenegro und Serbien waren ebensosehr gegen Italien gerichtet. Außerdem war es der Tölpelhaftigkeit der österreichischen Diplomatie gelungen, sich den letzten Freund am Balkan, Rumänien, zu entfremden. Ihre sinnlose Forderung nach Revision des Bukarester Friedensvertrags erregte die größte Erbitterung. Demonstrationszüge strömten durch die Hauptstadt mit dem Rufe: »Nieder mit dem perfiden Österreich!«

Sarajewo   Am 28. Juni, dem griechischen Sankt Veitstag, erlitten 1389 die Serben die furchtbare Niederlage auf dem Amselfeld, unterzeichnete 1919 Deutschland den Friedensvertrag von Versailles und wurde 1914 der österreichischen Thronfolger das Opfer eines Revolverattentats. Der Mord war von österreichischen Untertanen auf österreichischem Boden begangen worden, die Tat daher eine interne Angelegenheit der Monarchie. Der *Vorwärts* faßte einen Tag darauf den Sinn des Ereignisses in die Worte zusammen: »Franz Ferdinand fällt als Opfer eines falschen überlebten Systems, dessen sichtbarer Träger er war… die Schüsse die den Thronfolger niedergestreckt hatten, sie trafen auch den Glauben an die Fortexistenz dieses alten, veralteten Staates… Das grause Ereignis von Sarajewo bedeutet auch für uns eine ernste Mahnung. Allzusehr hat eine stümperhafte Politik die Geschichte unseres Volkes mit denen Österreichs verknüpft.« Sektionsrat von Wiesner, zum Studium der Akten an den Tatort entsendet, telegraphierte nach vierzehn Tagen: »Mitwisserschaft serbischer Regierung an der Leitung des Attentats oder dessen Vorbereitung und Beistellung der Waffen ist durch nichts erwiesen… Es bestehen vielmehr Anhaltspunkte, dies als ausgeschlossen anzusehen.« Am 7. Juli beschloß der Ministerrat, an Serbien »so weitgehende Forderungen zu stellen, daß sie eine Ablehnung voraussehen lassen und nur die radikale Lösung im Wege militärischen Eingreifens übriglassen«; nur Tisza verweigerte seine Zustimmung. Das Ultimatum, überreicht am 23. Juli 6 Uhr nachmittags, war dementsprechend abgefaßt; schon dadurch, daß es mit zweimal vierundzwanzig Stunden befristet war und nur einfaches Ja oder Nein zuließ, machte es weitere Verhandlungen und ein diplomatisches Eingreifen der übrigen Großmächte unmöglich. Die *Times* schrieb: »Alle, denen der allgemeine Friede am Herzen liegt, müssen ernstlich hoffen, daß Österreich-Ungarn in der Note an Serbien nicht sein letztes Wort gesprochen hat.

Wenn dies doch der Fall ist, dann stehen wir am Rande des Krieges«; *Daily Mail* sagte: »Wenn Österreich Rußlands Forderung auf Verlängerung der Frist ablehnt, würde der Konflikt nicht lokalisiert bleiben, sondern die Tripelentente würde dem Dreibund gegenüberstehen.« Sir Grey, der zweifellos den Krieg nicht wollte, erklärte, er habe eine Note wie die österreichische noch nicht erlebt; Shaw, gewiß weder Kriegshetzer noch Ententechauvinist, schrieb: »Das Ultimatum an Serbien war ein wahnwitziger Einfall; ein schlimmeres Verbrechen als der Mord, der es verursachte.« Die serbische Regierung nahm alle Forderungen des Ultimatums mit nur unerheblichen Abschwächungen an, bis auf das Begehren, daß der Untersuchung über ein vorhandenes Komplott Organe der k. u. k. Regierung beizuziehen seien, da dies gegen die Souveränität, die Verfassung und die Strafprozeßordnung verstoße. Hierzu bemerkte die österreichisch-ungarische Regierung in ihrem offiziellen Kommentar: »Es ist uns nicht beigefallen, k. u. k. Organe an dem serbischen Gerichtsverfahren teilnehmen zu lassen: sie sollten nur an den polizeilichen Vorerhebungen mitwirken, welche das Material für die Untersuchung herbeizuschaffen und sicherzustellen hatten.« Ähnliche aufsässige und plumpe Haarspaltereien enthalten auch die Bemerkungen zu den übrigen Punkten. Die serbische Antwort schließt mit den Worten: »Die königlich serbische Regierung glaubt, daß es im gemeinsamen Interesse liegt, die Lösung dieser Angelegenheit nicht zu überstürzen und ist daher, falls sich die k. u. k. Regierung durch diese Antwort nicht für befriedigt erachten sollte, wie immer bereit, eine friedliche Lösung anzunehmen, sei es durch Übertragung der Entscheidung dieser Frage an das Internationale Gericht im Haag, sei es durch Überlassung der Entscheidung an die Großmächte.« Hierzu verstummt der österreichische Kommentar. Kaiser Wilhelm schrieb unter die serbische Antwort: »Eine brillante Leistung für eine Frist von bloß achtundvierzig Stunden! Das ist mehr, als man erwarten konnte! Ein großer moralischer Erfolg für Wien; aber damit fällt jeder Kriegsgrund fort.« Es liegt nicht der geringste Anlaß vor, die Erklärung Bethmann-Hollwegs, die deutsche Regierung habe die österreichischen Forderungen erst nachträglich kennengelernt, in Zweifel zu ziehen: es kann dieser bloß der Vorwurf gemacht werden, daß sie Österreich in der serbischen Frage *carte blanche* gegeben hat. Im übrigen können nur verbohrte Parteigegner den prinzipiellen Friedenswillen sowohl des Kaisers wie des Kanzlers in Frage stellen. Daß man in Frankreich keineswegs kriegslustig war, kann ebenfalls als erwiesen gelten: man wollte nicht etwa den Krieg überhaupt nicht; aber nicht in diesem Zeitpunkt. Dort war die Dienstzeit von zwei Jahren auf drei erhöht worden. Da aber die 1890 Geborenen und 1911 Eingestellten sich nach der Erfüllung ihrer zweijährigen Dienstpflicht im Herbst 1913 weigerten, noch ein Jahr länger bei der Fahne zu bleiben, so beschloß man, sie zu entlassen und dafür zwei Rekrutenjahrgänge: die 1892 und 1893 Geborenen gleichzeitig einzustellen; um dies gesetzlich zu rechtfertigen, mußte der Beginn der Dienstpflicht um ein Jahr zurückverlegt werden. Hieraus ergab sich, daß man für 1915 mit vier Jahrgängen im stehenden Heer rechnen konnte, nämlich den 1892, 1893, 1894 und 1895 Geborenen, und ebenso für 1916 mit den zwischen 1893 und 1896 Geborenen: diese beiden Jahre waren daher die günstigsten für den Kriegsbeginn. Dazu kam noch, daß man mit dem Plan umging, Eingeborene aus Marokko, Tunis und Algier in weitaus größerem Maße als bisher in der europäischen Armee zu verwenden und sie in Afrika durch Negertruppen zu ersetzen; auch dies ließ das nächste oder übernächste Jahr für einen Krieg aussichtsreicher erscheinen. Auch in Russisch-Polen war der vollständige Ausbau des strategischen Eisenbahnnetzes, an dem mit Hilfe der französischen Milliarden emsig gearbeitet wurde, erst für etwa 1916 zu gewärtigen;

indes war am Zarenhof die Kriegspartei immer sehr mächtig und eine aggressive Politik schon durch die stete Revolutionsangst der führenden Kreise indiziert, die von einer Explosion der panslawistischen Instinkte eine Ablenkung von den inneren Konflikten erhoffen durften. Und in der Tat kann von einem frivol planmäßigen Hintreiben auf den Bruch nur bei Österreich und Rußland geredet werden. Am kompliziertesten lag der Fall bei England. Dieses war viel zu geschäftsklug, um nicht zu wissen, daß ein paneuropäischer Krieg für sämtliche Beteiligten eine schwere wirtschaftliche Schädigung bedeuten müsse: die seit einem halben Menschenalter betriebene Einkreisung hatte daher nur den Zweck, Deutschland in eine so ungünstige politische Situation zu bringen, daß es an Widerstand gar nicht denken könne. Kam es aber dennoch zum Krieg, so mußte England, das immer die Gabe der richtigen Prognose besessen hat, mit einem Sieg der Zentralmächte rechnen, wenn diese nur Frankreich und Rußland zu Gegnern hatten. Es war also schlechterdings gezwungen einzugreifen. Dazu kam noch, daß Italien nicht nur gegen den österreichischen, sondern auch gegen den französischen Nachbarn eine begehrliche Haltung einnahm und in seiner Neutralität nur als zuverlässig erachtet werden konnte, wenn England sich zur Entente bekannte. Der einzige Vorwurf, der sich gegen die englische Regierung erheben läßt, besteht darin, daß sie ihren Standpunkt Deutschland gegenüber nicht energisch und unzweideutig präzisiert hat; denn dieses hätte, ihn kennend, den Krieg niemals gewagt: »Wir wissen bestimmt«, sagte Wilson im März 1919, »daß Deutschland sich niemals in dieses Unternehmen eingelassen hätte, wenn es einen Augenblick lang gedacht hätte, Großbritannien werde mit Frankreich und Rußland gehen.« Im November 1912 hatten Sir Grey und der französische Botschafter in London, Paul Cambon, Briefe gewechselt, die die Entente zur Militär- und Marinekonvention erweiterten.

Diese in der Form privaten, tatsächlich bindenden Abmachungen sind im März 1913 zur Kenntnis der deutschen Regierung gelangt, die sie aber nicht ernst nahm, bis zu einem gewissen Grade mit Recht, da die britische Regierung sich selbst nicht völlig klar darüber war, wie weit sie sich damit engagiert hatte. Und es läßt sich die Möglichkeit nicht gänzlich von der Hand weisen, daß England doch noch zumindest gezögert hätte, wenn nicht durch die belgische Angelegenheit der Fall ungeheuer vereinfacht worden wäre. Auch hier kann von einer Schuld Deutschlands im höheren Sinne nicht gesprochen werden. Es befand sich in einer Zwangslage. Der Krieg war nur nach dem Schlieffenplan zu gewinnen, der mit der raschen Niederwerfung des schneller als Rußland mobilisierenden Frankreich rechnete, die ihrerseits wieder angesichts der äußerst schwierig zu überwindenden Sperrforts der französischen Ostgrenze nur auf dem Weg über Belgien denkbar war; dieses, sagt Professor Rudolf Kjellén, der ausgezeichnete Erforscher der Beziehungen zwischen Staat und Raum, »sitzt wie ein ganz natürlicher dahingehöriger Hut auf dem Kopfe Frankreichs; hier im Nordosten befindet sich die empfindliche Stelle des Reiches«. Diese Diversion war also eine strategische Notwendigkeit, völkerrechtlich aber keineswegs zu rechtfertigen, und Versuche, dies zu tun, könnten nur das Unrecht vergrößern, weshalb es sehr befremden muß, daß in einem angeblich wissenschaftlichen Werk wie Helmolts Weltgeschichte ein sonst so redlicher und gediegener Historiker wie Gottlob Egelhaaf noch nach dem Weltkrieg nicht vor der Bemerkung zurückscheut (deren Widerlegung sich wohl erübrigt), Deutschland sei nicht zur Einhaltung des belgischen Neutralitätsvertrages verpflichtet gewesen, denn es habe 1831 noch nicht existiert. Daß die Zentralmächte den Krieg begonnen haben, nicht bloß formell durch ihre Kriegserklärung, sondern auch tatsächlich durch das von Österreich ausgesonnene, von Deutschland nicht desavouierte unannehmbare Ultimatum, kann von keinem Vollsinnigen geleugnet werden. Damit ist aber über die Kriegsschuld noch gar nichts ausgesagt, denn die Weltgeschichte ist reich an Beispielen für Angriffskriege, die in Wirklichkeit aufgezwungene Verteidigungskriege waren: man denke bloß an den Siebenjährigen Krieg, in dem übrigens das »neutrale« Sachsen haargenau dieselbe Rolle gespielt hat wie im Weltkrieg Belgien. Aber da Friedrich der Große sich in diesem Kampfe behauptete, hat die Erfolganbeterin Klio, die Schopenhauer ja nicht ohne Grund eine Hure genannt hat, ihn bekränzt. Daß Deutschland so bedingungslos hinter Österreich trat, floß auch aus einer an historischen Bilderbogenreminiszenzen orientierten Nibelungenromantik, der man politische Bildung, aber nicht das menschliche Mitgefühl versagen kann; wie denn überhaupt das Problem jenes Waldbrandes, der großen Dämmerung eines ganzen Zeitalters, nicht mit den Mitteln einer kasuistisch-völkerjuristischen, sondern nur auf der höheren Ebene einer *mythologischen* Betrachtung gelöst werden kann. Die Lage des deutschen Volkes gemahnte in der Tat an das dunkle Schicksal der Nibelungen, die, rings von Feinden umstellt, in tiefster Bedrängnis zu scheinbaren Friedensbrechern werden.

Das endgültige Resümee über den Fall hat Lloyd George nach dem Krieg gezogen, als er sagte: »Je mehr von den Memoiren und Büchern man liest, die in den verschiedenen Ländern über den Kriegsausbruch geschrieben worden sind, desto deutlicher erkennt man, daß keiner von den führenden Männern den Krieg wirklich gewollt hat. Sie glitten sozusagen hinein oder vielmehr: sie taumelten und stolperten hinein, aus Torheit!«

Und nun fällt eine schwarze Wolke über Europa; und wenn *Die Wolke* sie sich wieder teilt, wird der Mensch der Neuzeit dahingegangen sein: weggeweht in die Nacht des Gewesenen, in die Tiefe der Ewigkeit; eine dunkle Sage, ein dumpfes Gerücht, eine bleiche Erinnerung. Eine der zahllosen Spielarten des menschlichen Geschlechts hat ihr Ziel erreicht und ist unsterblich: zum Bilde geworden.

EPILOG

Sturz der Wirklichkeit

Wir sind im Begriff zu erwachen, wenn
wir träumen, daß wir träumen.

Novalis

Das große Leitmotiv des Mittelalters lautete: *unversalia sunt* *Die neue*
realia. Aber das Finale des Mittelalters bildet der Satz: Es gibt *Inkuba-*
keine Universalien. *tions-*
periode
Den Ausklang der Neuzeit bezeichnet die Erkenntnis: Es
gibt keine Realien. Wir befinden uns in einer neuen Inkubationsperiode. Dies ist nur allegorisch zu nehmen. Jedes historische Zeitalter ist ein bestimmter Gedanke Gottes, ein einmaliger Lichtstrahl zwischen zwei Unendlichkeiten. Im Gange der
Weltgeschichte ist nichts ähnlich im geometrischen Sinne: sich
ihn als nachkonstruierbar auch nur zu imaginieren wäre eine
atheistische Vorstellung; hingegen alles ähnlich im künstlerischen Verstande, nämlich analog. Wie zu jener Wendezeit sehen wir auch diesmal vorerst nur, daß ein Weltbild sich auflöst:
dies aber mit voller Deutlichkeit; daß, was der europäische
Mensch ein halbes Jahrtausend lang die Wirklichkeit nannte,
vor seinen Augen auseinanderfällt wie trockener Zunder.

Schon wenn man den Gedanken der Unendlichkeit des Welt- *Das Welt-*
alls, mit dem die Neuzeit anhebt, konsequent zu Ende denkt, *all als*
gelangt man zur Irrealität, denn Unendlichkeit ist nichts als ein *Molekül*
mathematisch formulierter Ausdruck für Unwirklichkeit. Versucht man sich reell vorzustellen, daß die Milchstraße aus mehr
als einer Milliarde Fixsternen besteht, darunter vielen, deren
Durchmesser größer ist als die Entfernung der Erde von der

1719

Sonne, und daß sie nicht etwa den ruhenden Pol im Kosmos bildet, sondern mit einer Geschwindigkeit von sechshundert Kilometern in der Sekunde, also etwa tausendmal so schnell wie eine Kanonenkugel irgendwohin rast, so reduziert sich die Annahme, dies könne noch irgend etwas mit Wirklichkeit zu tun haben, zum bloßen Gedankenspiel. Noch irrealer aber wird das Bild, wenn man sich der neuesten Vermutung anschließt, daß die Summe aller Sternhaufen ein geschlossenes endliches System von der Form eines Rotationsellipsoids bildet, denn dann läßt sich der Gedanke nicht von der Hand weisen, daß dieses nichts ist als eines der Moleküle, aus denen ein größerer Körper aufgebaut ist.

Das Molekül als Weltall

Ebenso ungeheuer und unfaßbar wie die Dimensionen nach oben sind nämlich auch die Dimensionen nach unten, wie sie sich im Atom offenbaren. Nach den jüngsten Berechnungen hat der Radius eines Atoms eine durchschnittliche Länge von 10^{-8} cm oder einem Zehnmillionstelmillimeter, und die Masse eines Wasserstoffatoms verhält sich zur Masse eines Gramms Wasser wie die eines Postpaketes von zehn Kilogramm zu der unseres Planeten. Ein jedes solches Atom denkt man sich aber, wie schon im vorigen Abschnitt mitgeteilt wurde, als ein Sonnensystem, worin um einen positiv geladenen Zentralkörper negative Elektronen in riesigen Entfernungen elliptische Bahnen beschreiben. Die Radiuslänge eines solchen Elektrons ist, an der des Atoms gemessen, verschwindend klein: sie beträgt den dreibillionsten Teil eines Millimeters, ein Elektron erscheint neben einem Bazillus ungefähr ebenso groß wie dieser neben der Erdkugel. Das Wichtigste aber besteht in folgendem: die positive Ladung des Kerns ist es, die das spezifische Atomgewicht bestimmt, die Masse des Atoms ist eine Wirkung der Kernladung. Diese Ladung ist etwas schlechthin Immaterielles, sie besitzt selber keinerlei Gewicht, Schwere, Volumen, Trägheit oder wie sonst man die Eigenschaften der Materie zu benennen pflegt. Die Masse des Atoms ist also nur eine scheinbare, die Materie existiert nicht. Die derzeitige Physik sieht sich daher gezwungen, die bisherige Vorstellung, die mit *leeren Räumen* und darin befindlichen *körperlichen Atomen* operierte, aufzugeben und als Grundbegriffe *Energiefelder* und *Knotenpunkte* einzuführen. Was ein Feld und eine Ladung ist, wissen wir nicht.

Sein letztes Retiro findet der Positivismus in dem Trost, daß alle diese Spannungsdifferenzen, Potentialunterschiede, Funktionen, Bahnen, Geschwindigkeiten, Kraftlinien und sonstigen Verlegenheitssymbole sich in exakten mathematischen Gleichungen ausdrücken lassen; was nicht überraschen kann, denn alles Vergängliche ist nicht nur ein Gleichnis, sondern auch eine Gleichung, oder weniger höflich ausgedrückt: alle Wissenschaft ist Tautologie.

Zu denselben Ansichten über die Materie gelangt die Relativitätstheorie, die als das größte geistige Ereignis des neuen Jahrhunderts angesehen werden muß. Erschien bisher die Zeit als die tiefe azurne Schale, in der alles Sein von Ewigkeit her ruht, wie nach dem Weltbild der Antike der Kosmos in der blauen Himmelsglocke, so hat sie nun dasselbe Schicksal erlitten wie dieser beim Anbruch der Neuzeit. Die europäische Menschheit, die während der letzten Jahre mit der Nobilitierung zum Kopernikus sehr freigebig war, indem sie diesen Teil nacheinander Cuvier, Comte, Darwin, Marx, Freud und noch mehreren anderen verlieh, hat in diesem Falle den triftigsten Anlaß, von einer kopernikanischen Tat zu reden, und es ist nicht unwahrscheinlich, daß spätere Generationen einmal von unseren Tagen als dem Zeitalter Einsteins sprechen werden.

Die Zeit ist eine Funktion des Orts

Ein Schnellzug von hundert Kilometern Länge bewegt sich mit einer Geschwindigkeit von einem Kilometer in der Sekunde. Einen solchen Schnellzug gibt es nicht, denn seine Länge wäre etwa dreihundertmal, seine Geschwindigkeit etwa dreißigmal so groß wie die derzeit erreichbaren Höchstmaße. An der Spitze des Zuges befinde sich eine Person A, am Ende eine Person Z. Sie geben einander gleichzeitig Lichtsignale, die von einem außerhalb des Zuges befindlichen Beobachter B kontrolliert werden. Alle drei sind im Besitz genauester Präzisionsuhren, die noch den dreihunderttausendsten Teil einer Sekunde angeben. Solange der Zug steht, werden für alle drei Beteiligten die Signale gleichzeitig an ihren Empfangsorten eintreffen, nämlich (da das Licht eine Geschwindigkeit von dreihunderttausend Kilometer in der Sekunde hat) eine Dreitausendstelsekunde nach Abgabe. Auch wenn der Zug sich bewegt, werden die Signale A und Z gleichzeitig eintreffen. Aber für B hat dann der Lichtstrahl von Z nach A einen Weg von 101 km in der Sekunde zurückzulegen, von A nach Z einen Weg von 99 km, er wird daher in A um zwei Drittel einer Hunderttausendstelsekunde später ankommen als in Z. Mit anderen Worten: gleichzeitige Ereignisse sind nur gleichzeitig innerhalb desselben Bewegungssystems; die Zeit hängt vom Bewegungszustand des Beobachters ab; für jeden Körper ist, je nach seinem Bewegungszustand, die Zeitrechnung eine andere. Jedem Ort ist eine bestimmte Zeit zugeordnet; die Zeit ist eine Funktion des Orts.

Masse ist Energie   Die Zeit ist, weil der Ort jedes Ereignisses erst durch sie eindeutig bestimmt wird, nichts anderes als die vierte Dimension, und es läßt sich daher für Zeit und Raum ein gemeinsames Maß aufstellen; die Einheit ist ein *Zeitmeter*, das heißt: die Zeit, die ein Lichtstrahl zum Zurücklegen eines Meters braucht, eine Dreihundertmillionstelsekunde. Nun wird die Energie, mit der ein Körper sich bewegt, seine »lebendige Kraft«, dadurch errechnet, daß man seine Masse mit dem Quadrat seiner Geschwindigkeit multipliziert: diese Formel mv^2 (genauer $\frac{mv^2}{2}$) hatte, wie wir uns erinnern, bereits Leibniz gefunden. Die Geschwindigkeit erhält man, wenn man den Weg s durch die Zeit t dividiert. Rechnet man nun in Zeitmetern, so ergibt sich für Energie und Masse dieselbe Maßeinheit. Nach der Formel: Energie gleich m · $(\frac{s}{t})^2$ ist dann zum Beispiel bei einem Geschoß, das eine Geschwindigkeit von dreihundert Metern in der Sekunde besitzt, die Bewegungsenergie soviel wie: Masse, multipliziert mit dreihundert *Meter Weg*, dividiert durch dreihundert Millionen *Meter Zeit* = ein Millionstel, zum Quadrat erhoben = ein Billionstel. Die Energie ist also in diesem Falle gleich einem Billionstel Masse, oder vielmehr umgekehrt: die Masse ist nichts als ein ungeheures Quantum Energie, eine Erscheinungsform der lebendigen Kraft. Die allgemeine Formel für diesen Tatbestand lautet E = mc², wobei c die Lichtgeschwindigkeit bedeutet; und sie besagt, daß die Materie immateriell ist, daß die Masse nicht existiert.

Aus dem neuen Zeitbegriff folgen jedoch noch weitere grundstürzende Erkenntnisse. Jede Bewegung ist eine Distanzveränderung. Zum Begriff einer absoluten Bewegung würde notwendig ein absolut ruhender Körper gehören, auf den wir sie beziehen können; was wir aber nicht können. Alle Bewegung ist also relativ. Es gibt nicht etwa: auf der einen Seite ein ruhendes, auf der anderen Seite ein bewegtes System, sondern immer nur zwei (oder mehr) Systeme in relativer Bewegung. Schon Newton hatte betont, es gebe keine einseitige Gravitation, der fallende Stein ziehe ebenso die Erde an wie die Erde den Stein. Die Masse des Steins ist aber im Verhältnis zur Erde so gering, daß wir ihre Wirkung vernachlässigen können; etwas Ähnliches tun wir, wenn wir sagen, die Erde bewegt sich um die Sonne.

Daß wir die Relativität der Zeit nicht bemerken, hat seinen Grund in der Länge oder richtiger gesagt: Langsamkeit unseres Lebens, die wiederum der Grund dafür ist, daß wir die Relativität des Orts bemerken. Hätte unser Auffassungsvermögen annähernde Lichtgeschwindigkeit, so würden wir wahrnehmen, daß die Zeit sich bewegt, während wir niemals wahrnehmen

Es gibt keine Gleichzeitigkeit

würden, höchstens durch »astronomische« Beobachtungen erschließen könnten, daß ein Stein fällt. Da die Bewegungen und Veränderung, die unseren Sinnen zugänglich sind, an Schnelligkeit mit dem Licht niemals auch nur entfernt verglichen werden können, wird unser praktisches Leben von den Enthüllungen Einsteins ebensowenig berührt wie von der Depossedierung des ptolemäischen Systems durch das heliozentrische. Während der ganzen Neuzeit ging die Sonne ebenso auf, wie sie es bisher getan hatte und immer tun wird; aber das Weltgefühl erfuhr eine entscheidende Umorientierung. Sie bestand in dem Sieg des szientifischen Geistes, der das Weltall zwar zum erstenmal in seiner ungeheuren Größe erblickte, aber zugleich eben als eine Größe: etwas Mathematisches, Kalkulables, Berechenbares. In die umgekehrte Richtung weist die Relativitätstheorie. Sie erblickte den Kosmos als etwas Endliches, aber vollkommen Unverständliches, den Apperzeptionsmöglichkeiten der Wissenschaft Entzogenes.

Wie Oben und Unten Raumbegriffe sind, die lediglich vom Platz des Betrachters abhängen, so sind Vorher und Nachher Vorstellungen, die nur in Beziehung auf einen gegebenen Zeitstandort einen Inhalt besitzen. Die Behauptung, daß zwei Ereignisse gleichzeitig sind, hat überhaupt nur einen Sinn, wenn sie im Hinblick auf ein bestimmtes Bewegungssystem aufgestellt wird; ein außerhalb dieses Systems befindlicher Beobachter würde finden, daß sie, je nach dem Ort, an dem sie stattfanden, früher oder später eingetreten seien. An sich sind zwei Ereignisse *weder gleichzeitig noch ungleichzeitig*; sie werden es erst durch Einordnung in die Relativität eines Systems. Groß und klein, nah und fern, früh und spät, gleichzeitig und ungleichzeitig sind nicht etwa »subjektive« Maßstäbe, sondern überhaupt keine Maßstäbe, denn sie können auf keine absolute Maßeinheit bezogen werden. Mit dem Begriff der absoluten Gleichzeitigkeit fällt aber auch der absolute Maßstab für

Raumgrößen, also der Begriff der *Gleichheit zweier Strecken* und der *Parallelität*: Parallelen schneiden sich.

Daß alle »Wahrheiten« eines Zeitalters ein zusammenhängendes Planetensystem bilden, sehen wir an der gleichzeitig mit der Relativitätstheorie entstandenen »Welteislehre« Hanns Hörbigers, die er selber bezeichnender »Glazialkosmogonie« und im Untertitel mit vollem Recht »eine neue Entwicklungsgeschichte des Weltalls und des Sonnensystems« nennt. Er gelangte zu seinen Anschauungen durch praktische Beobachtungen, die er als Hütteningenieur gemacht hatte. Eisklumpen, in flüssige Hochofenschlacke getaucht, schmelzen nämlich nicht, sondern die Schlacke erstarrt um sie zu einer schwammigen, bimssteinähnlichen Isolierschicht, und erst allmählich verwandelt sich das Eis in Wasser, das sich bis zu hundert Grad erhitzt, ja unter »Siedeverzug« noch darüber hinaus, bis schließlich die »Bimssteinbombe« explodiert. In Analogie hierzu denkt sich nun Hörbiger unser Milchstraßensystem etwa folgendermaßen entstanden. Irgendwo im Weltraum, in der Gegend der Taube, befindet sich die »Sternmutter«, ein riesiges Glutgestirn, zweihundertmillionenmal so groß wie die Sonne; ein »Eisling«, von etwa vierzigtausendfacher Sonnengröße, wird von ihr eingefangen, dringt, zum Teil unaufgelöst, in sie ein und beginnt langsam zu kochen; ist die Riesenexplosion erfolgt, so fällt der größte Teil der aufspritzenden Sternmassen wieder zurück, etwa ein Viertelprozent aber gelangt durch die Wucht der Entladung sowie durch nachdrängende Gase aus dem Gravitationsfeld. Dieser Schuß in den Weltraum ist unser Sonnensystem.

Die Konzeption Hörbigers unterscheidet sich von der bisherigen in mehreren sehr wesentlichen Punkten. Zunächst durch die unendlich größere Rolle, die sie dem Eis als Aufbaustoff einräumt. Sodann und vor allem durch ihre *dynamische* Form. Das kantische Weltbild ist statisch; wie sanfte Lämmerwölk-

Der Schuß in den Weltraum

chen ziehen die Gasnebel langsam ihre Bahn, ballen sich gemächlich, erwärmen sich, verkrusten; der Mythus von der Glazialkosmogonie ist sozusagen in einer ganz anderen Tonart komponiert. Ferner ist nach Kant und Laplace in dem Nebelring, aus dem sich die Erde gebildet hat, der Mond als Massenknoten übriggeblieben; andere Laplacianer glauben, er habe sich unter der Wirkung der Zentrifugalkraft während des Gasstadiums von der Erde gelöst, wie diese einst von der Sonne. Gegen diese »Abschleuderungstheorie« spricht aber zweierlei: daß einige Planeten Monde von sehr verschiedenen Größen, Distanzen, Phasen besitzen (die Umlaufszeiten schwanken zwischen zwölf Erdenstunden und zweieinhalb Erdenjahren) und daß die Trabanten des Uranus und Neptun sogar eine rückläufige Bewegung aufweisen, was doch ganz unmöglich wäre, wenn sie als Teile eines rotierenden Gasballs von diesem abgesprengt worden wären. Viel zwangloser löst die Theorie Hörbigers das Mondproblem, indem sie auch hier das gerade Gegenteil der bisherigen Erklärung behauptet.

Die Monde gehörten niemals zur Planetenmasse; es ist ihnen allen aber bestimmt, ihr einmal einverleibt zu werden, und dasselbe Schicksal erwartet die kleineren Planeten in ihrem Verhältnis zu den größeren. Infolge des Widerstandes des nicht vollkommen leeren Weltraums erleiden die Gestirne eine Bahnschrumpfung, die zur Folge hat, daß die Monde in die Planeten, die Planeten in die Sonne sinken. Etwa zehn »Zwischenmerkure« haben sich bereits mit der Sonne vereinigt und mehrere »Zwischenmarse« mit der Erde, die zuerst von ihr zu Monden gemacht und schließlich »niedergeholt« wurden: auch unser jetziger Mond war ursprünglich der Planet Luna zwischen Mars und Erde, und der Mars wird unser letzter Mond werden.

Es wechseln also Mondzeiten mit mondlosen, »paradiesischen«, »lemurischen« Zeiten. Die Sintflut war die Katastrophe, die die Auflösung des vorletzten Mondes begleitete, als dieser in einem ungeheuren Hagel aus Eis und Eisenschlamm auf die Erde niederging; der äquatoriale Flutgürtel, der Mondstütze beraubt, strömte nach den Polen ab. Auch die Flut, die vor etwa vierzehntausend Jahren der Einfang unseres derzeitigen Mondes erregte, eine Art von ins Riesenhafte gesteigerten »Gezeiten«, hat das Antlitz der Erde wesentlich verändert: ihr fielen der Kontinent Atlantis zwischen Amerika und Afrika, das Osterinselreich im Westen Südamerikas und Lemurien, die breite Brücke zwischen Ostafrika und Indien, zum Opfer. Das Bild, das die Natur kurz vor einem Mondeinsturz bietet, ist höchst aufregend und pittoresk: der Mond täglich viermal um die Erde schwingend, riesengroß, ein Drittel der Sterne verdeckend; nie völlig Tag, nie völlig Nacht; der Himmel erfüllt von dicken Eiswolken und Riesengewittern: Land und Meer bedeckt von einem Trommelfeuer prasselnder Metallmeteoriten, kämpfender Gasentladungen, heulender Eisgranaten.

Die Glazialkosmogonie ist eine Katastrophentheorie; aus ihr folgt, daß auch auf biologischem Gebiet sich die Entwicklung in der Form explosiver Weltaufgänge und Weltuntergänge vollziehen mußte, die mit dem Darwinismus völlig unverträglich sind. Ebenso unvereinbar sind ihre Thesen mit dem Weltbild Newtons. Es kann natürlich niemand gezwungen werden, von der Richtigkeit der Welteislehre überzeugt zu sein (sie gehört in die Kunstgattung der Lehrdichtungen), aber zumindest dürfte sie nahegelegt haben, daß das Weltgebäude der sogenannten »klassischen Mechanik« nicht existiert. Sie befindet sich darin in unterirdischem Einklang mit der Relativitätstheorie.

Durch sie gelangt auch die Welt der »Sagen« als Prinzip der Naturerklärung zu neuem Ansehen. In den Mythen aller Völker kehrt die Kunde vom »Großen Wasser« wie ein Balladenrefrain immer wieder: in Erzählungen von Noah und Deuka-

*Herauf-
kunft des
Wasser-
manns*

lion, bei den Chaldäern, den Azteken, sogar bei den Eskimos. In ebenso frappanter Weise decken sich jene Geschichtserinnerungen mit den Lehren der Astrologie. Es kann überhaupt kaum einem Zweifel unterliegen, daß unser Geschichtsbild, hinter dem Rücken der Historiker, Miene macht, sich astrologisch zu orientieren.

Nach den uralten Weisheitslehren der Sternedeuter, die in unseren Tagen bloß erneuert werden, vollzieht sich der Gang der Weltgeschichte in Zeitaltern von je 2100 Jahren, die sich nach dem Frühlingspunkt der Sonne und dem Stand der Tierkreiszeichen bestimmen. Die vorletzte Ära war die »Widderzeit«: etwa das, was wir als die Antike bezeichnen; sie währte von 2250 bis 150 vor Christus. Um etwa 150 setzte das Zeitalter der Fische ein, das soeben zu Ende geht; es deckt sich mit der »abendländischen« Epoche. In der Tat beginnt gegen Ende des zweiten vorchristlichen Jahrhunderts die Erwartung des Heilands sich zu verdichten, und es hebt die Ära des Christentums an, wohlverstanden: des westlichen, das höchstwahrscheinlich nur eine Vorstufe des echten Christentums bildet. Ganz ins Große gerechnet, sind jene beiden Dominanten, die am Schlusse der Neuzeit zur vollendetsten und extremsten Ausbildung gelangten, Imperialismus und Impressionismus, eigentlich jenes ganze Weltalter hindurch bestimmend gewesen: an seinem Anfang steht die römische, an seinem Ende die angelsächsische Weltherrschaft, aber auch während des ganzen Mittelalters war der Gedanke eines kirchlichen und politischen Universalreiches führend; und ebenso hat in der Auffassung der Welt, obschon mit sehr bedeutenden Schwankungen, die Abbildung des Eindrucks als Leitprinzip vorgeherrscht.

Wir sind im Begriffe, aus dem Sternbild der Fische in das des Wassermanns zu übersiedeln. Wassermann bedeutet: Einsamkeit, Innenschau, Hellsicht, Tiefenperspektive. Wassermann bedeutet das Ende des Glaubens an den Primat des Sozialen, an

die Wichtigkeit der Oberfläche, die Beweiskraft der Nähe, die
Realität der Realität. Für die Übergangszeit prophezeit die
Astrologie eine neue Hyksosherrschaft, wie sie in Ägypten um
die Wende des dritten vorchristlichen Jahrtausends beim Hin-
überwechseln vom Stier zum Widder bestanden hat. Damit
kann nur der Bolschewismus gemeint sein.

Spengler ist sicher kein Astrologiegläubiger. Gleichwohl *Untergang*
kann seine Lehre von den Kulturkreisen gar nicht anders als *der*
astrologisch gedeutet werden. Der bisher angenommene Stu- *Historie*
fenbau der Weltgeschichte, im wesentlichen ein Konstruktions-
werk des Aufklärungszeitalters, ist jedenfalls durch sie vollkommen zertrümmert worden. Die Umwälzung, die seine neue
Konzeption bewirkt hat, ist aber eine noch viel gewaltigere. Sie
hat uns gezeigt, daß wir andere Kulturen überhaupt nicht verstehen können und daß die unserige nur eine mögliche Form
unter vielen ist. Daher spricht Spengler vom ptolemäischen Geschichtsbild der bisherigen Historie. Das geozentrische System
wurde von den Griechen geglaubt, nicht weil sie so »zurückgeblieben« waren, sondern weil es ihrer inneren Lebensform entsprach. Aus demselben Grunde wurde der nirwanagläubige
Inder der Erfinder der Null, der »faustische« Mensch in seinem
Unendlichkeitsdrang der Schöpfer der Infinitesimalrechnung.
Für den Babylonier waren die astrologischen Formeln in dem
gleichen Maße Gegenstand »wissenschaftlicher« Überzeugung
wie für den Araber die alchimistischen und für uns die astronomischen und chemischen. Es ist sehr wahrscheinlich, daß man
eines Tages die Ruinen unserer Funktürme ebenso schlüssellos
anstaunen wird wie wir die ägyptischen Tempelreste und unseren Logarithmentafeln dasselbe rein kulturhistorische Interesse
entgegenbringen wird, mit dem wir die Tontafeln betrachten,
worauf die Chaldäer die Erkundung der Zukunft durch Leber-
schau explizierten. Die ganze neuere Geschichtsforschung hat
die Historie immer nur vom Standpunkt der Neuzeit betrach-

tet. Diesen vermag man zu verlassen; nicht aber den europäischen Standpunkt, der sogar schon bei der Betrachtung der Antike versagt. Die Geschichte existiert nicht. Wir sind hoffnungslos in einen historischen Apriorismus eingesperrt, den wir günstigstenfalls begreifen, niemals durchbrechen können. Da die Neuzeit soeben abgelaufen ist, so hatte der vorliegende Versuch die unverdiente Chance, sie von einem außerneuzeitlichen Gesichtswinkel betrachten zu können. Aber er vermochte es nur mit den Mitteln der Neuzeit. Er wird daher von der großen geheimnisvollen Brandung, die wir in ohnmächtiger Unkenntnis ihres schöpferischen Sinns nur negativ als »Sturz der Wirklichkeit« zu benennen vermögen, ebenso in die Tiefe gerissen werden wie sein Darstellungsobjekt.

Untergang
der Logik
Das deutlichste Anzeichen, daß das rationalistische Intermezzo zu Ende geht, ist darin zu erblicken, daß sogar das Palladium des »modernen Denkens«, die kanonische Logik, bereits zu wanken beginnt. Ihr Schöpfer ist Aristoteles; Plato war noch kein Logiker im abendländischen Verstande. Die beiden Grundpfeiler, auf denen er sie errichtete, sind das *principium contradictionis,* welches gebietet: Widersprechendes darf nicht zusammengedacht werden, und das *principium exclusi tertii,* welches festsetzt: es gibt nur A oder non-A, ein Drittes oder Mittleres ist nicht denkbar; oder, wie es Aristoteles selber ausdrückt: »Es ist unmöglich, daß einem und demselben eine und dieselbe Bestimmung zukomme und nicht zukomme«, »zwischen den Gliedern eines kontradiktorischen Gegensatzes kann nichts mehr in der Mitte liegen.« Diese Sätze haben bloße Papiergültigkeit.

Denn sowohl alles künstlerische wie alles natürliche Denken (also fast alles Denken) ist überlogisch, nämlich symbolisch. Unter einer »symbolischen« verstehen wir eine Vorstellung, die etwas bedeutet und gleichzeitig etwas anderes, das nicht selten das Gegenteil davon ist. Völlig symbolfreies Denken ist wahrscheinlich nicht einmal in der Wissenschaft möglich: sie täuscht sich nur darüber. Es herrscht uneingeschränkt nur in der Welt der reinen Zahlen und Größen, der Welt der Tautologie und (wie beim Kugel- oder Kartenspiel) in der Welt der reinen Zeichen, der Welt der Idiotie.

Die aristotelische Logik, die ganz einfach *Denken* mit *Grammatik* verwechselt, hat unangefochten Geltung gehabt: bei den Römern, deren ganze Begabung sich auf Jurisprudenz und Taktik erstreckte, während der Ausbildung des Alexandrinismus und der Spätscholastik, der Zerfallsprodukte der hellenischen und der gotischen Kultur, und während der ganzen Neuzeit. Ihre Auflösung kündigt sich jedoch bereits bei Hegel an, der wegen seines mißverstandenen »Panlogismus« als extremer Rationalist gilt, tatsächlich aber die »Wahrheit« in der Vereinigung der These und der Antithese erblickte, also in etwas Irrationalem. Seine unvergängliche Erkenntnistat war die Einsetzung oder vielmehr Wiedereinsetzung der *synthetischen Denkform*, welche höchst antiaristotelisch sowohl den Satz vom Widerspruch wie den Satz vom ausgeschlossenen Dritten aufhebt, indem sie behauptet: Widersprechendes muß zusammengedacht werden, denn gerade darin besteht die Aufgabe des Denkens, und zwischen den zwei Gliedern eines kontradiktorischen Gegensatzes gibt es ein Drittes, ja es gibt nur dieses Dritte, A allein und non-A allein sind beide falsch. Dasselbe meinte Tertullian, als er von den christlichen Heilswahrheiten erklärte, sie seien glaubwürdig, *weil* sie ungereimt, sicher, *weil* sie unmöglich seien. Das Akzeptieren der Absurdität ist nicht, wie oberflächliche Meinung glaubte, ein Aufgeben der Vernunft, sondern bloß eine andere Form der Vernunft. Sie hat schon deshalb die reicheren Entwicklungsmöglichkeiten, weil die logische Vernunft nur *eine* ist, die überlogische ein Regenbogen, dessen Farbenfülle alle Seelenformen zu spiegeln vermag. Die Alleinherrschaft des Syllogismus gilt nur vom Standpunkt des Positivisten, der, wie man auch sonst über ihn denken mag, jedenfalls doch nur eine historische Spezialität ist; das Zwölftafelgesetz der Kategorien ist eine Realität nur für den Kulturhistoriker.

Dada Die geschichtliche Bedingtheit des Rationalismus hat der Dadaismus instinktiv erkannt, als er ihn in einem seiner Manifeste als »bürgerlichen Bluff« bezeichnete. »Dada« heißt in der Kindersprache soviel wie Steckenpferd. Etwas anderes war dieses neue Kunstprinzip allerdings auch nicht. Es hat seine klassische Formulierung in dem Ausspruch Moravagines, des Helden eines dadaistischen Romans, gefunden: »*La vie est une chose vraiment idiote.*« Dies zu dokumentieren war aber auch schon vielen vordadaistischen Kunstleistungen restlos gelungen. Und überhaupt kann man im ganzen Expressionismus trotz der dicken Wolke von Tumult, die er um sich verbreitete, nicht gut eine neue Richtung erblicken. Er war revolutionär nur in der Attitüde. Er ersetzte einfach das »Im« durch ein »Ex«. Wie die Romantik bei aller ihrer überschärften Polemik gegen den Klassizismus doch nichts als eine seiner Spielarten war, so war der Expressionismus in Wirklichkeit nur eine impressionistische Spezialität, keine Geburt, bloß die unvermeidliche Selbstauflösung des Impressionismus und in der Mehrzahl seiner Werke die verlotterte Karikatur des Impressionismus. Mit der Romantik hatte er auch dies gemeinsam, daß das Stärkste an ihm das Programm war. Der rabiate Entschluß, es jetzt einmal gerade umgekehrt zu machen, ist aber, so erfreulich er auf alle Fälle ist, für sich allein noch nicht schöpferisch; und wenn eine Richtung statt mit der Erneuerung der Poesie mit der Revolutionierung der Poetik, der Dialektik der Kunst, anfängt, entsteht immer nur Literatur. In dieser vorlauten und sterilen Opitzerei ähnelte der Expressionismus der ersten schlesischen Dichterschule, in seinem spektakulösen Geballe, das Leidenschaft durch Lärm ersetzte, der zweiten, während sein journalistischer Hang, die Kunst durch Politik und Soziologie zu verdüstern, an das »junge Deutschland« erinnerte; und daß er noch viel kurzlebiger war, dürfte seinen Grund darin haben, daß ihm versagt war, was den Jungdeutschen immerhin noch einen Schimmer von pittoreskem Suggestionsreiz verliehen hatte: das Märtyrertum der Unterdrückung. Es war vielleicht noch nie da, daß eine geistige Strömung, die eine ganze Jugend erfüllte, so vollkommen verpufft ist, gar keine Spuren hinterlassen hat.

Die Knappheit der Form, erwirkt durch den militärischen Geist des Weltkriegs, war ebenfalls nur äußerliche Geste. Durch Artikelweglassen, Inversionen, halsbrecherische Ellipsen glaubten die Expressionisten Konzentration zu erzeugen, erreichten aber nur eine Art Telegrammgeschwätzigkeit. Auf sie gilt im Höchstmaß, was Nietzsche schon viel früher konstatiert hatte: »Der Ton, in dem Jünglinge reden, loben, tadeln, dichten«, sei »zu laut, und zwar zugleich dumpf und undeutlich wie der Ton in einem Gewölbe, der durch die Leere eine solche Schallkraft bekommt«; »die Angst, man möchte ihren Figuren nicht glauben, daß sie leben, kann Künstler des absinkenden Geschmacks verführen, diese so zu bilden, daß sie sich wie toll benehmen.« Mit dem Stichwort »Geist« trieben sie einen ähnlichen Unfug wie das junge Deutschland mit dem »Zeitgeist«. Nun spricht aber niemand mehr von Geist als der Geistlose, niemand mehr von der Natur als der Naturentfremdete. Ist es vorstellbar, daß Breughel oder Rabelais sich Naturalisten genannt hätten und Nietzsche den Geist *nicht* verachtet hätte? Hingegen wurde die Rousseausche »Rückkehr zur Natur« nirgends begeisterter gepredigt als in den dekadenten Pariser Salons und die naturalistische Bewegung der achtziger Jahre in Berliner Bierkellern und Mansarden geboren. Und ebenso war der infantile undisziplinierte Dilettantismus der Expressionisten von nichts weiter entfernt als von echter Geistigkeit.

Die Kata-
strophe des
Dramas

Auf dem Bühnengebiet vollzog sich durch den Expressionismus die Katastrophe des Dramas. Sie kündigt sich bereits in den Komödien Shaws an, der in der Geschichte des bürgerlichen Schauspiels ungefähr dieselbe Rolle spielt wie Euripides innerhalb der Entwicklung der griechischen Tragödie: sie äußert sich bei beiden als Auflösung der geschlossenen Theaterform in Philosophie, Psychologie, Essay, Diskussion, in Ambivalenz, Ironie, Tragikomik, Relativismus. Auch Euripides bringt ganz shawisch die sokratische Dialektik, die Rednertribüne, die Frauenemanzipation, die soziale Frage aufs Theater. Im *Symposion* wird erzählt, daß am Schluß alle betrunken unter den Tisch fielen, nur Sokrates, Agathon und Aristophanes seien noch munter geblieben, und Sokrates habe den beiden Dichtern bewiesen, daß der Tragödienschreiber und der Komödienschreiber ein und dieselbe Person sein müsse; sie hätten ihm aber nicht mehr ganz folgen können und seien ab und zu eingenickt. Euripides aber, der nicht dabei war, hat ihn verstanden und diese Kunstgattung tatsächlich geschaffen. Der Zusammenbruch des Theaters pflegt sich fast immer noch in einer zweiten Richtung zu vollziehen, und zwar in der entgegengesetzten; es dissoziiert sich zur leeren Bilderreihe, zum Ausstattungsrummel und primitiven Schaustück. Auch dies hat sich beidemal ganz parallel vollzogen: dem Kino und der Revue entsprechen in der Antike die Gladiatorenspiele und die Naumachien, bei denen auf der unter Wasser gesetzten Arena Tausende von Seesoldaten und Ruderern einander Monstreschlachten lieferten. Daß die uns gemäße Theaterform der Zirkus ist, hat der geniale Instinkt Reinhardts schon vor Jahren erkannt.

Der Expressionismus jedoch befindet sich bereits jenseits des Dramas; im Monodram, dessen Schauplatz die Seele des Helden ist, mit anderen Worten: in der reinen Lyrik, ja überhaupt außerhalb der Kunst, indem er prinzipiell nur Typen vorführt, was die Aufgabe der Wissenschaft ist: der Mörder ist

1734

Untersuchungsobjekt der Jurisprudenz, der Wahnsinnige Darstellungsgegenstand der Psychiatrie, der Mensch Thema der Philosophie, wie der Affe in die Zoologie gehört, während die Kunst niemals mit Typen zu tun hat und sogar, man denke an Busch oder Andersen, Tiere individualisiert, hingegen in ihren Gipfelschöpfungen *Individuen* zu *Typen erhöht*, was etwas ganz anderes ist. Der Grund für den Zusammenbruch des Theaters (der auf seine Weise ebenfalls ein Sturz der Wirklichkeit ist) liegt allemal in dem Versiegen der Naivität, des kindlichen Ernsts im Spiel: man spielt nicht mehr die *Dinge*, sondern *mit den Dingen*. José Ortega, Professor der Metaphysik an der Madrider Universität und Führer des jungen Spanien, sagt in einem sehr geistvollen Buche *El tema de nuestro tiempo*: »Nie zeigt die Kunst ihre magische Gewalt schöner als in ihrer Selbstverspottung. Denn durch die Geste, mit der sie sich ausstreicht, bleibt sie Kunst, und kraft einer wunderbaren Dialektik wird ihre Verneinung ihre Bewahrung und ihr Triumph.« Das ist prachtvoll gesagt; aber es läßt sich doch nicht leugnen, daß der Verfall der Kunst einsetzt, wenn sie anfängt, sich zu durchschauen. Hierin erinnert der Expressionismus übrigens wiederum an die Romantik. Ortega geht aber noch weiter. Er verkündet das Prinzip der »Enthumanisierung der Kunst«: »Die Neuen«, sagt er, »haben jede Einmischung des Menschlichen in die Kunst für tabu erklärt. Was bedeutet dieser Ekel am Menschlichen in der Kunst? Ist er Ekel am Menschlichen überhaupt, an der Wirklichkeit, am Leben? Oder sollte er etwa das gerade Gegenteil sein, Achtung vor dem Leben und der Widerwille, es mit der Kunst verwechselt zu sehen, mit einer so subalternen Sache wie der Kunst?« Wiederum sehr schön gesagt; aber vom subalternen Standpunkt des Künstlers ist es die Bankerotterklärung der Kunst.

In der Tat scheint die tiefere Wurzel des Futurismus die Entfesselung einer Art von Selbstmordinstinkt gewesen zu sein, und

Selbstmord der Kunst

1735

zwar auf *sämtlichen* Kunstgebieten. Wenn die »Atonalen« erklärten, daß die Melodik nicht mehr an die Harmonik gebunden sei, die Jazzband Kuhglocken, Autohupen und Kindertrompeten als Instrumente einführte und der Step den Tanz ins idiotische Schreiten auflöste, wenn die »absolute Plastik« bloß noch den Rhythmus eines Objekts und der Kubismus lediglich geometrische Formen zu gestalten wünschte, die absolute Malerei nur das »gegenstandslose« Gemälde und der »Konstruktivismus« nur Ingenieurbauten duldete und wenn Stilleben aus Draht, Rädern, Holzdeckeln, Tuchfetzen und Zeitungsausschnitten (zugleich ein Sinnbild der allgemeinen Verpowerung des Daseins) die Ausstellungen schmückten, so hatte das allemal dieselbe Pointe.

Es wurde bereits bei mehreren Anlässen betont, daß die Malerei fast immer sowohl der früheste wie der stärkste Ausdruck des Zeitgefühls ist, und so verhielt es sich auch diesmal, weshalb der malerische Expressionismus nicht so einfach abgetan werden kann wie der literarische. Was er wollte, ist ziemlich klar. In seiner Programmschrift *Einblick in Kunst* sagt Herwarth Walden: »Wir empfinden Musik, aber können sie nicht verstehen. Sie bewegt uns, sie zwingt uns, aber sie sagt nichts aus, sie erzählt uns nichts. Nur so ist auch die Malerei zu verstehen. Wir haben in der Welt der Tatsachen nie diese Töne gehört, diese Verbindung der Töne. Warum müssen wir die Verbindung der Farben und Formen gesehen haben, damit wir bewegt oder gezwungen werden? So fühlen die Künstler, die den Ausdruck, die Expression, statt des Eindrucks, der Impression, geben«; »der Künstler hat ein Bild zu malen und nicht einen Wald; es ist ferner Angelegenheit des Ochsen, einen Ochsen zu schaffen, und nicht Angelegenheit des Malers«; »der Herr Kritiker findet ein Bild schön, wenn es ihn an Rembrandt erinnert; ein Bild ist aber nur schön, wenn es überhaupt nicht an ein Bild erinnert: sonst ist es nämlich eine Abbildung.« Diesem Bildersturm fiel auch die Perspektive zum Opfer. In

1736

der Tat hatte man jahrhundertelang übersehen, daß die Gesetze der neuzeitlichen Malweise durchaus nicht den Charakter kanonischer Gültigkeit beanspruchen dürfen, den man ihnen als ganz selbstverständlich zusprach. Sie sind nur unter der willkürlichen Voraussetzung bindend, daß ein Gemälde für den Standpunkt eines einzigen Betrachters da sei, als dessen Illusion. Dies ist die Optik der photographischen Linse, des Guckkastentheaters, des Theaterrealismus, ebenjener Kunstform, die wir als die repräsentativ bürgerliche erkannt haben. Die vorperikleischen Griechen malten noch hintereinander befindliche Figuren übereinander und gleich groß. Die Ägypter stellten auf ihren Reliefs auch das zeitliche Nacheinander dar, und dasselbe hat bekanntlich der Expressionismus versucht. Da es eine absolute Gleichzeitigkeit ja gar nicht gibt, so trägt er kein Bedenken, diese Erkenntnis umzudrehen und zwei ungleichzeitige Ereignisse auf dasselbe Bild zu bringen: er ist also gewissermaßen die gemalte Relativitätstheorie. Auch die seltsame Hartnäckigkeit, mit der er überall der schrägen und krummen Linie den Vorzug gab, so daß seine Landschaften und Stadtansichten den Eindruck verwackelter Photographien machten, hängt wahrscheinlich mit der Relativitätstheorie zusammen, durch die ja das Parallelenaxiom und die ganze euklidische Geometrie aufgehoben wird: infolgedessen befindet sich bei ihm die Häuserfront immer knapp vor dem Einsturz und überhaupt der ganze Raum in einem Aufruhr gegen die Ebene und die Gerade. Er malt aber auch mit Vorliebe abgespaltene Teilvorstellungen, die eine rätselhafte Sonderexistenz führen, und in die Realität eingesprengte unverständliche Symbole und koordiniert unbedenklich Konkretes und Imaginiertes, so daß seine Bilder den Eindruck einer buckligen okkulten Traumwelt machen; er ist also gewissermaßen die gemalte Psychoanalyse.

Die Entwicklungsgeschichte der modernen Malerei kristallisiert sich um ein großes Hauptthema: die Darstellung der

Bewegung. Dieses Problem beherrscht die gesamte Gemälde-
kunst von Rembrandt bis Marc. Die Renaissance sucht noch
keine Bewegung, sie kennt nicht einmal das Problem. Die Barockkünstler sind die ersten, die die Bewegung abzubilden versuchen, und zwar auf die einzig mögliche Weise: durch *Undeutlichkeit*. Der Klassizismus schraubt sich gewaltsam wieder
zum »starren System« zurück und erweist sich hierdurch als
retrograd und ein wahres Malheur in der modernen Entwicklung. Der Impressionismus nimmt das Problem mit der höchsten Energie wieder auf. Uns erscheinen seine Bilder selbstverständlich; aber einem Menschen der achtziger Jahre hat sich
vor einem Stück wie etwa der *Ballettprobe* von Degas buchstäblich alles gedreht, wie ja auch uns noch ein Gemälde wie
Severinis prachtvoller *Pan-Pan-Tanz* (ein Standardwerk des
Expressionismus, richtiger: des Hochimpressionismus) in
Drehkrankheit versetzt. Beim Impressionismus unterscheidet
sich jede spätere Phase von der vorhergegangenen durch ein
Plus an Mobilität des Sehens. Die Optik seiner Monetphase
zum Beispiel verhält sich zu der des Ancien régime etwa wie die
mechanische Wärmetheorie, die das Phänomen der Wärme als
blitzschnelle Bewegung kleinster Massen auffaßt, zu der Phlogistontheorie des achtzehnten Jahrhunderts, die sich den Vorgang der Erwärmung durch Hinzutritt des »Wärmestoffs« erklärt: eine zweifellos viel statischere, sozusagen gemütlichere
Vorstellung. Der Expressionismus aber entspricht der neuen
Atomtheorie, die überhaupt nicht mehr an Massen glaubt, sondern bloß an dynamische, man kann fast sagen: überirdische
Ladungen. Daß er nicht zufällig der Zeitgenosse des Kinematographen, der Aviatik, des Gaskriegs, des Radiums ist (von
dem man sagen kann, daß es das realisierte Perpetuum mobile
vorstellt), bedarf keiner weiteren Erläuterung. Irgendwo – wie
sich dies vollziehen wird und kann, vermögen wir noch nicht
zu begreifen – lauert hier die Auflösung der Malerei.

Inzwischen ist, wie jedermann weiß, der Expressionismus durch den »surréalisme« abgelöst worden. Man möchte nur gern erfahren, worin das »sur« besteht, denn nach dem Programm dieser Richtung soll der Künstler nichts sein als ein »Registrierapparat«, ein »Rezeptakel« seiner Eindrücke, was ganz einfach ein Zurückgreifen auf die erste Phase des Impressionismus ist, die im vorletzten Kapitel geschildert wurde. In der Malerei nennt sich diese Schule auch »neue Sachlichkeit«, und hier möchte man wieder gern wissen, worin das Neue besteht, denn ihre Statik ist eine pure Umkehrung des dynamischen Prinzips, das der Impressionismus und Expressionismus verkörpert, eine Dublette des vorimpressionistischen Realismus, etwa des Biedermeiers. Bisweilen bezeichnet sich der Surréalisme auch als »magischen Realismus«: ich vermag aber, als verbohrter Impressionist, das Magische in ihm nicht zu entdecken. Er will einen Ausgleich zwischen der Abstraktion des Expressionismus und der Einfühlung des Impressionismus herstellen: solche Weisheit des juste milieu hat aber in der Kunstgeschichte niemals Epoche gemacht. Er ist eine Reaktion in der vollsten Bedeutung des Wortes: nämlich nicht bloß ein Rückschlag, sondern auch ein Rückschritt, was ja, wie gesagt, im Entwicklungsgange der modernen Malerei kein Novum ist: auch Carstens, Genelli, Cornelius bedeuteten einen Retrogreß hinter das Rokoko, wie Puvis de Chavannes, Moreau und deren Schüler den Versuch, die Uhr zum Vorimpressionismus zurückzudrehen; und die Nazarener brachten es sogar fertig, das Cinquecento auszustreichen und sich bis auf die Frührenaissance zurückzuschrauben, was auch von den Präraffaeliten versucht wurde, ihnen aber nicht gelang, da sie glücklicherweise höchst dekadente, komplizierte Weltstädter waren. Die Surrealisten würden natürlich erwidern, sie seien weder Reaktionäre noch Kopisten einer früheren Kunstform, sondern ihr Realismus unterscheide sich von allen bisherigen Realismen dadurch,

Der Surréalisme

1739

daß er durch den Expressionismus hindurchgegangen sei. Das ist selbstverständlich der Fall, schon weil es ganz unvermeidlich ist, denn Haeckels »biogenetisches Grundgesetz« gilt auch für die Kunstgeschichte: alles, was je im menschlichen Geiste gewollt, gedacht, phantasiert wurde, ist in uns aufbewahrt; wir müssen es behalten, ob wir wollen oder nicht. Trotzdem aber bleibt richtig, daß alle diese forcierten Archaisierungsversuche mit dem Fluch der Sterilität belastet sind. Thorwaldsen wollte es machen wie Phidias und Schnorr wie Perugino; aber dieser Wille hat nur bewirkt, daß sie es viel schlechter machten als ihre Vorbilder und nicht einmal so gut, wie sie es selber gekonnt hätten. Sie hatten vergessen, daß diese Künstler, statt hinter ihre Zeit zu blicken, ihr vorausgeeilt waren: daß aus Peruginos Pinsel die Zukunft redete und Phidias von so aufreizender Modernität war, daß die Athener ihn vergifteten. Es läßt sich der Verdacht nicht von der Hand weisen, daß in der »neuen Sachlichkeit« wieder einmal der Gipsklassizismus zu Worte kommt, der die europäische Menschheit gleich einer »weißen Dame« von Zeit zu Zeit zu belästigen liebt. Franz Roh sagt in seinem sehr guten Buch *Nachexpressionismus*: »Die neueste Malerei will das Bild des absolut Fertigen, Kompletten, bis in die Spitzen Durchgestalteten geben, dem ewig fragmentarischen, nur in Fetzen sich formenden Leben als Vorbild restloser Durchstrukturierung auch im Kleinsten entgegensetzen.« Das ist ganz klassizistisch gedacht. Durch diese Tendenz zum Runden, Ausgearbeiteten, in sich Ruhenden erhalten die nachexpressionistischen Bilder etwas wohltuend Gefestigtes, erfrischend Glasklares, sauber Filigranes und erinnern hierin an Meisterlandkarten oder erstklassige Kinderbilderbücher. Hier wird die Kunst zum prachtvollen Spielzeug degradiert oder erhöht, was ja auch vollkommen zu der vorhin erwähnten Theorie Ortegas stimmt. Soweit sich nach seinen bisherigen Manifestationen ein Urteil bilden läßt, scheint der Nachexpres-

1740

sionismus nichts weiter zu sein als der Ausdruck eines künstlerischen Erschöpfungszustands: alle Volkskünste sind kopiert, von den fixen Japanern bis zu den dumpfen Äthiopiern, alle europäischen Stile rekapituliert, vom kretischen bis zum viktorianischen, der einzige legitime Stil der Neuzeit, der Impressionismus, hat alle seine Möglichkeiten ausgelebt, und erschüttert steht der Mensch, vielleicht zum erstenmal in seiner Geschichte, vor der Frage, ob die Kunst überhaupt einen Sinn hat.

Auch in der Kostümgeschichte hat sich während der Nachkriegszeit ein möglicherweise einzig dastehender Fall ereignet: daß eine Männerkleidung kreiert wurde, die von der guten Gesellschaft gemieden wurde; kein Gentleman hat jemals einen Gürtelrock und wattierte Schulterteile getragen. Hier haben wir wieder einen kleinen, aber sprechenden Beleg für die Unwirklichkeit unserer Inkubationszeit: eine der realsten Mächte der Erde, die Mode, existiert nicht.

Wir haben bereits den Kinematographen als Korrelat des Expressionismus erwähnt. Er wurde schon gegen Ende des neunzehnten Jahrhunderts erfunden, gelangte aber erst ein Jahrzehnt später zur Weltherrschaft. Er hat für unser Leben dieselbe Bedeutung wie der Scherenschnitt für das Spätrokoko und das Panorama für das *second empire*. Anfangs sah es so aus, als ob sich in ihm eine neue Kunstform ankündige, wozu er aber lediglich durch seine Stummheit verleitete. Die Phantasie auch des nüchternsten und beschränktesten Menschen ist nämlich immer noch hundertmal packender und pittoresker als alle gesprochenen Worte der Welt; die schönsten und tiefsten Verse können nicht annähernd ausdrücken, was der einfachste Galeriebesucher *unartikuliert* empfindet. Solange der Kinematograph stumm war, hatte er außerfilmische, nämlich seelische Möglichkeiten. Der Tonfilm hat ihn entlarvt; und vor aller Augen und Ohren breitet sich die Tatsache, daß wir es mit einer rohen toten Maschine zu tun haben. Das Bioskop tötet

Der Turmbau zu Babel

1741

nur die menschliche Gebärde, der Tonfilm auch die menschliche Stimme, dasselbe tut das Radio; zugleich befreit es vom Zwang zur Konzentration, und es ist jetzt möglich, gleichzeitig Mozart und Sauerkraut, Sonntagspredigt und Skatspiel zu genießen. Kino wie Radio eliminieren jenes geheimnisvolle Fluidum, das sowohl vom Künstler wie vom Publikum ausgeht und jede Theatervorstellung, jedes Konzert, jeden Vortrag zu einem einmaligen seelischen Ereignis macht. Die menschliche Stimme hat Allgegenwart, die menschliche Gebärde Ewigkeit erlangt, aber um den Preis der Seele. Es ist der Turmbau zu Babel: »und der Herr sprach: wohlauf, laßt uns herniederfahren und ihre Sprache verwirren, daß keiner des andern Sprache vernähme.« Es werden durch Rundfunk bereits Nachtigallenkonzerte und Papstreden übertragen. Das ist der Untergang des Abendlandes.

Die beiden Hydren Es gibt keine Realitäten mehr, sondern nur noch Apparate: eine Welt von Automaten, ersonnen im Gehirn eines boshaften und wahnsinnigen Doktor Mirakel. Es gibt auch keine Ware mehr, sondern nur noch Reklame, der wertvollste Artikel ist der am wirksamsten angepriesene: in dessen Reklame das meiste Kapital investiert wurde. Man bezeichnet all dies als Amerikanismus. Man könnte es ebensogut Bolschewismus nennen, denn auf politischem und sozialem Gebiet kennzeichnet sich die planetarische Situation als doppelseitig bedroht von einem medusenhaften Vernichtungswillen, dessen Vollstreckungsmächte bloß im Osten und im Westen verschiedene Namen tragen: beide Verkörperungen desselben materialistischen Nihilismus, beide durch die Nemesis der Selbstverzehrung zum Untergang bestimmt.

In Rußland und in Amerika herrscht dieselbe Anbetung der Technik und Verachtung der Ideologie. Der Bolschewismus spricht von der Maschine als dem »sichtbaren Gott«, predigt »Nachfolge der Maschine« statt Imitatio Christi und betrachtet überragende Individualitäten wie Lenin bloß als »größere Schrauben«. Er verfolgt nicht nur alle Formen des Monotheismus, sondern auch jede Art von Teleologie, Psychologie, Vitalismus, Indeterminismus, Geschichtsphilosophie, denn jeder Glaube an Zwecke, Seele, Lebensgeist, Willensfreiheit, Weltvernunft und überhaupt an irgendeinen Sinn ist, wie er mit Recht annimmt, verkappte Religion. Das ist ganz einfach Positivismus, bloß in höchster Reinkultur. In ihrer äußeren Politik ist die Sowjetunion genauso imperialistisch wie der Westen: in einer ihrer Denkschriften heißt es: »Persien ist der Suezkanal der Revolution«; sie will aber auch Afghanistan und die Mandschurei, die Mongolei hat sie schon verschluckt. Daß die Randstaaten Finnland, Estland, Lettland, Litauen, Polen durch Rußland nicht dasselbe Schicksal erleiden werden wie seinerzeit die Pufferstaaten Lothringen, Burgund, Franche Comté durch Frankreich, ist sehr unwahrscheinlich. In der inneren Politik ist der Bolschewismus nichts als ein linker Zarismus mit Terror, Sibirien, Tscheka (die genau der früheren Ochrana entspricht), drakonischer Zensur, Index, einer höchst unduldsamen Staatsreligion (nur ist eben an die Stelle der Orthodoxie der marxistische Materialismus getreten) und einer millionenköpfigen ebenso faulen wie korrupten Bürokratie: und dies alles »zum Besten des Volks«, wie ja auch Väterchen Zar behauptete. Und überhaupt ist das ganze System bloß die konsequente Fortführung des Petrinismus, ein grausames von einigen Westlern unternommenes Experiment, vergleichbar der Einimpfung fremder Blutstoffe in unglückliche Versuchstiere. Nicht ein einziger Gedanke des Bolschewismus ist autochthon russisch, sondern alles aus dem Weltbild des verhaßten »Bursui« bezogen.

Andererseits hat die amerikanische Monopolwirtschaft der riesigen Trusts, Syndikate, Kartelle in der Form die größte Ähnlichkeit mit dem Staatssozialismus. Kongruent ist auch, trotz umgekehrtem Vorzeichen, die amerikanische und sowjetrussische Wirtschaftsgesinnung, indem sie beide Male die Wirtschaft von einem notwendigen Übel zum Selbstzweck und Lebensinhalt erhöht. Amerikanisch und bolschewistisch ist die Ausschaltung der Seele aus den sozialen Beziehungen, die infernalische Devise »Zeit ist Geld« (es gibt auch in Rußland eine »Zeitliga«, die ihren Mitgliedern die höchste Ausnützung der Zeit zur Pflicht macht) und die restlose Mechanisierung der Arbeit: in beiden Ländern herrscht das »Taylorsystem«, wonach mit der Stoppuhr festgestellt wird, unter welchen Bedingungen eine Bewegung in der kürzesten Zeit ausgeführt werden kann; da dies den Arbeiter zum auswechselbaren Maschinenbestandteil macht, so wird er hierdurch auch im Frieden zum »Menschenmaterial« und völlig unfrei, einerlei ob er kapitalistisch ausgenützt oder kommunistisch gepreßt wird.

Die offizielle Sowjetphilosophie ist die »Reflexologie«, die Professor Pawlow schon vor der Revolution in Petersburg begründete. Sie deckt sich vollkommen mit der amerikanischen Philosophie des Behaviourismus, deren Urheber John Watson ist. Diese läßt sich in einem einzigen Satz zusammenfassen: es gibt nur Tun; »*mind is, what body does.*« Hieraus ergeben sich die Gleichungen: Bewußtsein = mechanisch-chemische Reaktionen; Denken = Wortgewohnheiten *(language-habits)*; Wille = eine Kette von Handlungen, ein Verhaltenszyklus *(behaviour-cycle)*. Jacques Loeb, ein vorzüglicher Chemiker, beobachtete mit Interesse den »Heliotropismus« der Blattläuse (mit diesem Fremdwort bezeichnet man die Tatsache, daß sie gern in die Sonne gehen, die im Prinzip dasselbe ist wie die jedem Kinde bekannte Attraktion der Motte durch das Licht) und wurde dadurch auf den Gedanken gebracht, andere Läusesorten durch Injektion von Säuren ebenfalls heliotropisch zu machen, was ihm auch vollkommen glückte und nur die Frage offenließ, ob sie nicht auch ohne Säurewirkung sich für die

Sonne entschieden hätten. Jedenfalls gelangte er hierdurch zu dem Schluß, daß das, was wir »Ideen« nennen, auf innere Sekretionen zurückzuführen sei. Der Beweis wurde lückenlos, als Pawlow zeigte, daß man die Behauptung auch umkehren könne, indem er an Versuchstieren durch optische und akustische Signale Speichelsekretion erzeugte; ja der unermüdlich weiterstrebenden Forschung gelang es sogar, einwandfrei festzustellen, daß Hunde beim Vorweisen von Schinkenknochen Magensaft produzieren, auch lief ihnen bei diesem Anlaß das Wasser im Munde zusammen. Mit solchen wissenschaftlichen Experimenten verbringt die sogenannte »Chicagoer Schule« ihre Zeit. Sollten, wie man behauptet, Behaviourismus und Reflexologie in ihren Geburtsländern wirklich das allgemeine Glaubensbekenntnis sein, so würde dies die traurige Feststellung beinhalten, daß auf der östlichen und der westlichen Halbkugel je ein Riesenvolk geisteskrank geworden ist.

Es gibt nun folgende fünf Möglichkeiten: der Amerikanismus siegt materiell: Weltherrschaft der Vereinigten Staaten und am Ende dieses Zwischenreichs Untergang des Abendlandes durch Übertechnik; der Amerikanismus siegt geistig, indem er sich sublimiert: Wiedergeburt Deutschlands, von dem allein dies ausgehen kann; der Osten siegt materiell: Weltbolschewismus und Zwischenreich des Antichrist; der Osten siegt geistig: Erneuerung des Christentums durch die russische Seele. Die fünfte Eventualität ist das Chaos. Diese fünf Möglichkeiten sind gegeben, andere nicht: weder politisch noch ethisch, noch psychologisch. Der intelligente Leser ist sich aber hoffentlich darüber im klaren, daß keine von ihnen eintreten wird, eintreten kann, denn die Weltgeschichte ist keine Gleichung, auch keine mit mehreren Lösungen. Ihre einzige reale Möglichkeit ist die irreale und ihre einzige Kausalität die Irrationalität. Denn sie wird von einem höheren Geiste gemacht als dem menschlichen.

Die fünf Möglichkeiten

Die Metapsychologie

Es wurde im ersten Buche des näheren ausgeführt, daß die Spätscholastik das mittelalterliche Prinzip der Widervernünftigkeit so sehr überspannte, daß es ihr unter der Hand die Pointe wechselte. In analoger Weise treibt der Bolschewismus die Weltkonzeption des neuzeitlichen Positivismus zu so äußersten Konsequenzen, daß sie im Sinne gerade der marxistischen Negation der Negation, an die er so inbrünstig glaubt, in ihr Gegenteil umschlagen muß. Dieser Ultramaterialismus wäre, wenn er zu Recht bestünde, der allertiefste Sturz der Wirklichkeit. Wenn es nämlich nur Materie gäbe, so gäbe es gar nichts. Wenn es keine Ideenwelt, keine Seele, keinen Weltsinn gäbe, so könnte die Menschheit, so wie sie sich nun einmal bis heute irrtümlich entwickelt hat, darauf nur mit dem Selbstmord antworten. Indes läßt sich sogar im Rahmen unserer absterbenden Apperzeptionsformen: des naturwissenschaftlichen Experiments und der rationalen Syllogistik nachweisen, daß die unwirkliche Seele die wahre Realität ist.

Wir meinen natürlich die nur noch von unwissenden Gelehrten und zwangsläufigen Freidenkern (also allerdings von der halben »gebildeten« Menschheit) angezweifelten Tatsachen der Para- oder Metapsychologie, welche derzeit dasselbe Schicksal erleiden wie die Erscheinungen der Hypnose, die bei ihrer Entdeckung ebenfalls abwechselnd als frecher Schwindel, blinde Selbsttäuschung, alberne Mode, Wichtigtuerei, Infantilismus denunziert wurden, während sie heute bereits Gegenstand des Strafgesetzes sind, was zweifellos die höchste Anerkennung bedeutet. Die wichtigsten Phänomene dieses Gebiets sind: die Telepathie, die Übertragung seelischer Zustände ohne Vermittlung unserer sinnlichen Ausdrucksorgane; das Hellsehen, die Gabe, Erscheinungen auf weite Entfernungen zu erkennen, was, auf die Zeit bezogen, die Erkundung der Vergangenheit und Zukunft ermöglicht; die Psychoskopie, die Fähigkeit, die Herkunft, sozusagen die Biographie unbekannter Gegenstände anzugeben; die Telekinese, die Fortbewegung eines Körpers durch Fernwirkung; der Apport, das selbsttätige Herbeiwandern eines Gegenstandes, auch durch geschlossene Räume; die Levitation oder Erhebung vom Erdboden; die Materialisationen und Spukphänomene: lauter provisorische und vorbeitreffende Bezeichnungen für ein großes Unbekanntes, die ebensowenig den Anspruch auf Erklärung erheben wie etwa in der Physik die Ausdrücke Attraktion oder Induktion. In diesem Zusammenhang ist auch die Schule Coués zu erwähnen, die auf dem Glauben an die Macht der Einbildungskraft ein ganzes System der Psychotherapie und Biotik aufbaut, und nochmals an die Lehre Schleichs von der »Gedankenmacht der Hysterie« zu erinnern, die er in den Satz zusammenfaßt: »Für Platos Behauptung, daß die schöpferische Idee der Welt ihrer wirklichen Erscheinung vorangegangen sein muß, gibt es nur eine Erfahrungstatsache; das ist der Symptomenkomplex der Hysterie, insofern hier die allerdings krankhaft eingestellte Phantasie, also Übersteigerung einer Idee, zu Formveränderungen im Leibe führt, die eine Neuschaffung von Substanz bedeuten.« Oder wie es Prentice Mulford sehr schön ausdrückt: »Nach der Beschaffenheit unserer Tagträume häufen wir Gold oder Explosivstoffe in unserem Innern an.« Das klingt ja ganz nach Freud. Also ist Freud ein Metaphysiker? Ja; aber er weiß es nicht.

Die Verrechnung zwischen diesem »Dichter« und seiner Zeit ist ganz besonders schwer zu entziffern. Indes wird man auf jeden Fall sagen müssen, daß er zu den großen Veränderern der Realität gehört.

Die Psychoanalyse hat einen katastrophalen Defekt: das sind die Psychoanalytiker, deren Elaborate eine Mischung aus Talmud und Junggesellenliteratur darstellen. Die Amerikaner nennen die Psychoanalyse im Gegensatz zur *Christian science* die *»Jewish science«*. In ihr scheint in der Tat jenes *odium generis humani,* das schon die Alten den Juden nachsagten, wie-

Der Sklavenaufstand der Amoral

der einmal zu Wort gekommen zu sein: ihr Ziel ist ganz unverhüllt die Verhäßlichung und Entgötterung der Welt. »Mit den Juden«, sagt Nietzsche, »beginnt der Sklavenaufstand in der Moral.« Mit der Psychoanalyse beginnt der Sklavenaufstand der Amoral. Man müßte einmal die Psychoanalyse psychoanalysieren. Ihre Konzeption wächst aus dem Herrschwunsch des Neurotikers, der sich die Menschheit zu unterwerfen sucht, indem er sie sich angleicht, aus einer Übertragungsneurose, die ihren eigenen hypertrophischen Libidokomplex als »Welt« objektiviert, aus einem Instinkthaß gegen die religiösen Bewußtseinsinhalte, die der Adept der Jewish science aus allen Mitmenschen eliminieren möchte, weil er unterbewußt weiß, daß er als Jude, und das heißt: als typischer Homo irreligiosus, auf diesem Gebiet mit den »anderen« nicht konkurrieren kann. Kurz: es ist, abermals mit Nietzsche zu reden, »ein Parasitenattentat, ein Vampyrismus bleicher unterirdischer Blutsauger«; es handelt sich um einen großartigen Infektionsversuch, einen schleichenden Racheakt der Schlechtweggekommenen: die ganze Welt soll neurotisiert, sexualisiert, diabolisiert werden. Die Psychoanalyse verkündet den Anbruch des Satansreichs. Vielleicht kündet sie wahr; vielleicht naht wirklich das Zwischenreich des Teufels, dessen Anbeter, wie der Kenner der schwarzen Messe weiß, als höchste Heiligtümer seinen Phallus und seinen Hintern verehren. Es ist, zum drittenmal mit Nietzsche zu reden, »eine jüdische Umwertung der Werte«.

Der Orpheus aus der Unterwelt   In der Tat ist die Psychoanalyse eine Sekte mit all deren Merkmalen: mit Riten und Zeremonien, Exorzismen und kathartischen Besprechungen, Orakeln und Mantik, fester Symbolik und Dogmatik, Geheimlehre und Volksausgabe, Proselyten und Renegaten, Priestern, die Proben unterworfen werden, und Tochtersekten, die sich wechselseitig verdammen. Gleich dem Wal, der, obgleich ein Säugetier, sich als Fisch gebärdet, ist die Psychoanalyse eine Religion, die als Wissenschaft auftritt. Diese

Religion ist heidnischen Charakters: Naturanbetung, Dämonologie, chthonischer Tiefenglaube, dionysische Sexusvergötterung. Auch der Zusammenhang mit Therapie, Hygiene, Traumdeutung fand sich schon in den antiken Religionen, zum Beispiel beim heilbringenden Schlaf der Kranken in den Asklepiostempeln. Hier wirbt mit sehr verlockenden Tönen ein Seher und Sänger für die Mächte des Dunkels, ein »Orpheus aus der Unterwelt«: es ist eine neue erdumspannende Revolte gegen das Evangelium.

Einige außerordentliche Verdienste wird dem Begründer der Psychoanalyse kein Unbefangener absprechen dürfen. Zunächst hat er nicht bloß den Behaviourismus, sondern alle positivistische Psychologie gegenstandslos gemacht durch die Enthüllung der ungeheuren Rolle, die dem Unbewußten zugeteilt ist. Zugleich liegt in der entscheidenden Bedeutung, die er der Macht des Worts, des schöpferischen Logos einräumt, eine klare Anerkenntnis der Suprematie des Geistigen über das Physische. Eine neue, überaus fruchtbare Orientierung liefert auch die Entdeckung, daß die Erlebnisse des infantilen Lebensabschnitts die richtunggebenden sind, und die höchst scharfsinnige Durchforschung jenes geheimnisvollen Beziehungssystems der Verdrängungen, insbesondere der Fehlleistungen: des Sichversprechens, Sichverhörens, Vergessens, das unser ganzes Alltagsleben beherrscht. Von epochemachender Bedeutung ist ferner die Feststellung, daß jeder Mensch ein Neurotiker und jeder Neurotiker ein Perverser und Invertierter ist, also nicht bloß der Kulturmensch, sondern, was zugleich eine Erledigung des Rousseauismus bedeutet, ebensosehr, ja vielleicht in noch höherem Maße der »Primitive«: welcher Erkenntniskomplex als Arbeitshypothese zweifellos sehr förderlich ist, durch die läppischen, krankhaften und unverschämten Übertreibungen der psychoanalytischen Schule aber aus einer Wohltat zur Plage des doch immerhin recht beträchtlichen Teiles der

Menschheit degradiert wird, bei dem die Neurose das Latenz-stadium nie überschreitet und nur eine Art »regulative Idee« des Seelenlebens bildet. Und vor allem hat Freud durch die Auf-deckung des Ödipuskomplexes, des »Kernkomplexes aller Neu-rosen«, eine Art Befreiungstherapie an einem ganzen Zeitalter vollzogen; indem er diesen Komplex manifest und damit fast un-schädlich machte, hat er eine ganze Generation psychoanaly-siert. Was jedoch die Traumdeutung anlangt, so möchte ich, Shaw folgend, der einmal bemerkte, er habe immer großes In-teresse für seine Träume gehabt, seit er aber die Psychoanalyse kenne, lege er ihnen gar keinen Wert mehr bei, diesem Stück des Lehrgebäudes, das vielleicht zum Ruhm Freuds am meisten beigetragen hat, keine so überragende Wichtigkeit zusprechen, da es sich, einige tragfähige Prinzipien durch Überbelastung schwächend, vielfach in eine morose und abstruse Scholastik verliert, die mehr schadet als nützt. Indes hätte ich, in dem vollen Bewußtsein, daß ich mich damit als Opfer eines Freudkomple-xes (einer »negativen Übertragung« von Gefühlen auf den Arzt) decouvriere, noch einige weitere Einwände anzudeuten.

Die Dogmen der Psycho-analyse
Der erste ist so naheliegend, daß er schon sehr oft gemacht wurde. Daß nämlich jeder Mensch, auch der sogenannte nor-male, sich sehr häufig im Zustand einer Angstneurose befindet, ließe sich noch ohne weiteres glauben: vielleicht ist das ganze Leben eine Angstneurose; daß diese aber lediglich durch ab-norme Schicksale der sexuellen Libido entsteht, daß sie nichts ist als deren Umwandlungsprodukt, sich, wie Freud dies sehr anschaulich ausdrückt, zu ihr verhält wie der Essig zum Wein, ist nicht wahrscheinlich; es ist, um in dem Gleichnis zu bleiben, nicht jeder Essig ein Weinabkömmling. Dieser Pansexualismus ist einfach eine Behauptung, die davon lebt, daß sie sich nicht widerlegen läßt. Hier tritt bereits der durchgehende Fehlschluß der Psychoanalyse in Erscheinung, daß sie den Neurotiker, und zwar den exzeptionell schweren Fall des Neurotikers, zum Ar-

chetype der Menschheit hypostasiert. Noch unhaltbarer ist in seiner Unbedingtheit das psychoanalytische Dogma, daß jeder Traum ein Wunschtraum ist oder, wie Freud dies wiederum sehr glücklich formuliert, im Traum der Optativ zum Präsens wird. Freud hat allerdings in seinen späteren Schriften für einige Fälle, die sich ganz unmöglich unter die Wunschträume einordnen lassen, andere Motive eingeräumt, so zum Beispiel beim regelmäßigen Träumen eines erlebten Eisenbahnunglücks den »Wiederholungszwang«. Es ist aber wahrscheinlich nicht zuviel gesagt, wenn man behauptet, daß die Hälfte aller Träume keine Wunschträume sind: wie ließe sich sonst zum Beispiel der allgemein verbreitete »Schulprüfungstraum« erklären oder der jedem Schauspieler vertraute Traum, daß er seine Rolle nicht kann? Daß oft der Tod geliebter Wesen geträumt wird, erklärt die Psychoanalyse bei Vater und Mutter natürlich durch latenten Elternhaß, auch bei Tante und Chef läßt sich ein ähnlicher Kommentar noch durchdrücken. Aber auch Tierliebhaber haben derlei Träume, und bei Pferden, Hunden und Katzen ist ein Ödipuskomplex doch schon ziemlich abliegend. Von den tausenderlei höchst unerwünschten Situationen, in denen die Traumbildung an boshafter Phantasie mit Wilhelm Busch wetteifert, gar nicht zu reden (die Psychoanalyse deutet sie freilich alle sexualsymbolisch). Dies alles sind offenbar Angstträume, und es ist geradezu unbegreiflich, daß Freud, der der Angstneurose eine so dominierende Stellung im Seelenleben einräumt, sie ihr gerade auf diesem wichtigen Gebiete nicht gönnen will. Es ist jedoch hier (wie übrigens auch in allen anderen Fragen) ganz unmöglich, die Psychoanalytiker einer falschen Diagnose zu überführen, da sie sich durch fingerfertige Taschenspielerei mit Begriffsattrappen wie »ambivalent«, »invertiert«, »symbolisch«, »verdrängt«, »übertragen«, »sublimiert« jeder Desavouierung zu entziehen verstehen. Die Beweiskraft der hier geübten Argumentationen fußt auf der Voraussetzung, daß der rabulistische Kalauer das organisierende Prinzip alles Seelenlebens und der Traumgott mosaischer Konfession sei.

Das verdrängte Ding an sich

Aber Wundts Gesetz von der »Heterogonie der Zwecke« hatte sich schon am Begründer des Mosaismus erprobt; und es scheint sich auch an Freud erfüllen zu wollen. Moses führte sein Volk vierzig Jahre lang durch die Wüste, das gelobte Land suchend, ohne zu ahnen, daß gerade die Läuterung durch die Wanderung der Zweck, daß sie selber das gelobte Land war. Bei Freud verhielt es sich ähnlich, bloß umgekehrt. Er begab sich auf eine große Wanderung, vierzig Jahre lang, und glaubte, sie sei der Zweck, aber sie war nur ein Wüstengang; und eines Tages stieß er wider Willen auf gelobtes Land. Aber er verstand die Wege des Herrn sowenig wie Moses.

Am Anfang der Neuzeit steht Descartes, der nichts anerkennt als die *clara et distincta perceptio* und daher in ganz konsequenter Weise den Menschen für einen Automaten erklärte; am Ende der Neuzeit steht Freud, der, noch immer mit rein cartesianischen Mitteln, zu der Erkenntnis gelangt, daß die Seele ein geheimnisvolles Ungreifbares ist, das nur mit seinen letzten Ausläufern in die dreidimensionale Empirie ragt. Für Descartes erschöpft sich das Leben der Seele in jenen Äußerungen, die im taghellen Strahlenkegel der klaren Ratio liegen; Freud erklärt, daß diese Sonnenwelt des reinen Denkens nur ein geringer Bruchteil unseres psychischen Kosmos ist: hier erhebt Leibniz, der Entdecker der »bewußtlosen, schlafenden Vorstellungen«, seine Stimme aus dem Grabe; daß dieses Taglicht nur Schein ist, Reflex eines wahren Seins, das für unser Bewußtsein in Nacht gehüllt liegt, bloße Erscheinung eines irrationalen Realen: hier meldet sich, ein ewiger Revenant, der Geist Kants.

Die Psychoanalyse ist ein System des Irrationalismus, begründet mit den Methoden des Rationalismus; ein Transzendentalismus, errichtet von einem extremen Positivisten. Im

Mittelpunkt der letzten Konzeptionen Freuds steht die Lehre vom »Es«. Dieses entsendet als Vertreter ins Bewußtsein das »Gewissen«, das die moralische Zensur ausübt, das »Über-Ich«, die Repräsentanz unserer Elternbeziehung, den Erben des Ödipuskomplexes. Was wir »Schuldgefühl« nennen, entsteht aus der Spannung zwischen Ich und Ich-Ideal. »Außer dem Ich erkennen wir ein anderes seelisches Gebiet, umfangreicher, großartiger und dunkler als das Ich, und dies heißen wir das Es... ›Es hat mich durchzuckt‹, sagt man, ›es war etwas in mir, das in diesem Augenblick stärker war als ich‹... Das Ich liegt zwischen der Realität und dem Es, dem eigentlich Seelischen.« Hier stößt die Psychoanalyse bereits tief ins Okkulte vor. Sollte es möglich sein, daß Freud dies entgangen ist? Es ist ihm nicht entgangen; er hat es bloß verdrängt.

Was Freud die Gewissenszensur nennt, ist nichts anderes als Kants »moralische Vernunft«, zu deren Wesen es notwendig gehört, daß sie den Primat vor unserer »erkennenden Vernunft« hat; sein »Über-Ich« ist das kantische »intelligible Ich«, von dem unser empirisches Ich abhängig ist. Dieser unser intelligibler Charakter ist, obgleich die Wurzel aller Empirie, selbst nicht empirisch, nicht erfahrbar, er wirkt tief im Innern und Dunkeln, wesensgleich mit jener geheimnisvollen Macht, die auch hinter der äußeren Welt thront. Das »Es« ist das Ding an sich. Das Es ist nicht in der Zeit, nicht im Raum, auch keiner physiologischen oder physikalischen Kausalität unterworfen. Unser empirisches Ich ist zwangsläufig, unser Es, unser intelligibles Ich ist frei. Das Es oder Ding an sich ist die einzige Realität, eben weil es in der »Wirklichkeit« nie erscheint und nie zu erscheinen vermag.

Die experimentelle Psychologie und die experimentelle Physik gelangen zu demselben Resultat. Die Seele ist überwirklich, die Materie ist unterwirklich. Zugleich aber erscheint ein schwacher Lichtschimmer von der anderen Seite.

Das Licht von der anderen Seite

1753

Das nächste Kapitel der europäischen Kulturgeschichte wird die Geschichte dieses Lichtes sein.

Zeittafel

1348 Schwarze Pest
um 1350 *Büchlein vom vollkommenen Leben*
1351 Konrad von Megenberg: *Buch der Natur*
1354 Rienzo getötet
1356 Goldene Bulle
1358 Französischer Bauernkrieg
1361 Tauler stirbt. Adrianopel erobert
1365 Suso stirbt
um 1370 *Visions of Pierce Ploughman*
1372 Meister Wilhelm stirbt
1374 Petrarca stirbt
1375 Boccaccio stirbt
1377 Ende des babylonischen Exils
1378 Tod Karls IV.: Wenzel. Beginn des großen Schismas
1381 Ruysbroeck stirbt
1384 Wiclif stirbt
1386 Schlacht bei Sempach. Polen-Litauen
1389 Schlacht auf dem Amselfeld
1396 Schlacht bei Nikopolis
1397 Kalmarische Union
1399 Haus Lancaster in England
1400 Wenzel abgesetzt: Ruprecht von der Pfalz. Die Medici in Florenz. Chaucer stirbt
1405 Froissart stirbt
1409 Konzil zu Pisa: drei Päpste
1410 Tod Ruprechts: Sigismund. Schlacht bei Tannenberg
1414 Beginn des Konzils zu Konstanz

1415 Hus verbrannt. Die Hohenzollern in Brandenburg. Schlacht bei Azincourt
1417 Ende des großen Schismas
1420 Beginn der Hussitenkriege
1426 Hubert van Eyck stirbt
1428 Masaccio stirbt
1429 Jeanne d'Arc
1440 Friedrich III. deutscher Kaiser. Nikolaus Cusanus: *De docta ignorantia*. Jan van Eyck stirbt. Platonische Akademie zu Florenz
1441 *Imitatio Christi* vollendet
1445 Cap verde
1446 Brunelleschi stirbt
1450 Francesco Sforza Herzog von Mailand
um 1450 Gutenberg: Buchdruckerkunst
1452 Leonardo geboren
1453 Eroberung Kontantinopels. John Dunstaple stirbt
1455 Fra Angelico stirbt. Ghiberti stirbt
1458 Enea Silvio Papst
1459 Beginn der Rosenkriege
1461 Ludwig XI. von Frankreich. Haus York in England
1464 Cosimo Medici stirbt. Nikolaus Cusanus stirbt. Rogier van der Weyden stirbt
1466 Westpreußen an Polen abgetreten; Ostpreußen polnisches Lehen. Donatello stirbt
1471 Erste Sternwarte. Dürer geboren
1472 Alberti stirbt
1475 Michelangelo geboren
1477 Karl der Kühne fällt; die Niederlande durch Heirat habsburgisch. Tizian geboren
1478 Einführung der Inquisition
1479 Kastilien-Aragonien
1480 Sturz der russischen Mongolenherrschaft

1756

1483 Tod Ludwigs XI.: Karl VIII. Rabelais geboren. Raffael geboren. Luther geboren

1485 Haus Tudor in England; Ende der Rosenkriege

1487 Kap der guten Hoffnung

1488 Verocchio stirbt

1489 *Hexenhammer*

1490 Martin Behaim: Globus

1492 Entdeckung Amerikas. Eroberung Granadas. Rodrigo Borgia Papst. Lorenzo Medici stirbt

1494 Seb. Brant: *Narrenschiff*. Pico della Mirandola stirbt

1495 Hans Memling stirbt

1498 Seeweg nach Ostindien. Savonarola verbrannt. *Reinke de Vos*

1499 Die Schweiz unabhängig

um 1500 Spinetti: Spinett

1500 Entdeckung Brasiliens

1505 Erste Post

1506 Reuchlin: hebräische Grammatik. Mantegna stirbt

1509 Thronbesteigung Heinrichs VIII. von England. Erasmus: *Encomium moriae*

1510 Taschenuhr. Botticelli stirbt

1513 Leo X. Papst

1514 Bramante stirbt. Machiavell: *Il principe*

1515 Franz I. König von Frankreich. Schlacht bei Marignano. *Epistolae obscurorum virorum*

1516 Haus Habsburg in Spanien. Ariost: *Orlando furioso*. Morus: *Utopia*

1517 Thesenanschlag zu Wittenberg. Ägypten türkisch

1519 Tod Maximilians I.: Karl V. Leonardo stirbt

1520 Raffael stirbt. Stockholmer Blutbad

1521 Eroberung Mexikos. Reichstag zu Worms. Einnahme Belgrads

1522 Beendigung der ersten Erdumseglung. Lutherbibel

1523 Haus Wasa in Schweden. Sickingen fällt. Hutten stirbt
1524 Perugino stirbt
1525 Deutscher Bauernkrieg. Schlacht bei Pavia
1526 Schlacht bei Mohacs
1527 Machiavell stirbt. Plünderung Roms
1528 Dürer stirbt
1529 Grünewald stirbt. Die Türken vor Wien
1530 Reichstag zu Augsburg: Confessio Augustana
1531 Zwingli fällt. Englische Landeskirche
1532 Eroberung Perus. Nürnberger Religionsfriede
1533 Ariost stirbt
1534 Correggio stirbt
1535 Wiedertäufer in Münster
1537 Wullenweber enthauptet
1540 Stiftung des Jesuitenordens. Servet: kleiner Blutkreislauf
1541 Paracelsus stirbt. Calvin in Genf. Knox in Schottland
1543 Hans Holbein d. J. stirbt. Kopernikus: *De revolutionibus orbium coelestium*. Vesalius: *De humani corporis fabrica*
1545 Sebastian Franck stirbt. Beginn des Konzils von Trient
1546 Luther stirbt
1547 Schlacht bei Mühlberg. Franz I. stirbt. Heinrich VIII. stirbt
1553 Rabelais stirbt. Servet verbrannt
1555 Augsburger Religionsfriede
1556 Karl V. dankt ab: Ferdinand I. deutscher Kaiser, Philipp II. König von Spanien. Loyola stirbt
1557 Schlacht bei St. Quentin
1558 Thronbesteigung Elisabeths von England. Schlacht bei Gravelingen
1560 Melanchthon stirbt. Nicot: Tabak

1561 Bacon geboren

1564 Tod Ferdinands I.: Maximilian II. Calvin stirbt. Michelangelo stirbt. Shakespeare geboren

1568 Egmont hingerichtet

1569 Mercators Erdkarte

1571 Schlacht bei Lepanto. Londoner Börse

1572 Bartholomäusnacht. John Knox stirbt

1576 Tod Maximilians II.: Rudolf II. Hans Sachs stirbt. Tizian stirbt

1577 Rubens geboren

1579 Utrechter Union

1580 Palladio stirbt. Portugal spanisch. Montaigne: *Essais*

1581 Tasso: *Gerusalemme liberata*

1582 Gregorianischer Kalender

1584 Wilhelm von Oranien ermordet

1586 Stevin: Theorie der schiefen Ebene; hydrostatisches Paradoxon; kommunizierende Röhren

1587 Maria Stuart enthauptet

1588 Untergang der Großen Armada

1589 Heinrich IV.: Haus Bourbon in Frankreich

1591 Fischart stirbt

1592 Montaigne stirbt

1593 Marlowe stirbt

1594 Orlando di Lasso stirbt. Palestrina stirbt. Tintoretto stirbt. Geburt der Oper

1595 Tasso stirbt

1596 Descartes geboren

1597 Galilei: Thermometer

1598 Edikt von Nantes. Bernini geboren

1600 Giordano Bruno verbrannt. Gilbert: Erdmagnetismus. Englisch-ostindische Kompagnie

1601 Tycho de Brahe stirbt

1602 Niederländisch-ostindische Kompagnie

1759

1603 Tod Elisabeths von England: Haus Stuart, englisch-schottische Personalunion. Shakespeare: *Hamlet*

1606 Rembrandt geboren

1608 Lippershey: Fernrohr. Protestantische Union

1609 Cervantes: *Don Quixote*. Katholische Liga

1610 Heinrich IV. ermordet

1611 Kepler: astronomisches Fernrohr. Gustav Adolf wird König

1612 Tod Rudolfs II.: Matthias

1613 Haus Romanow in Rußland

1614 Napier: Logarithmen

1616 Cervantes stirbt. Shakespeare stirbt

1618 Prager Fenstersturz. Ausbruch des Dreißigjährigen Kriegs

1619 Ferdinand II. Deutscher Kaiser

1620 Schlacht am Weißen Berge. Landung der Mayflower

1624 Richelieu übernimmt die Regierung. Jakob Böhme stirbt. Opitz: *Buch von der deutschen Poeterey*

1625 Tod Jakobs I.: Karl I. El Greco stirbt

1626 Bacon stirbt

1628 Petition of right. Einnahme von La Rochelle. Gilbert: Elektrizität. Harvey: doppelter Blutkreislauf

1629 Restitutionsedikt

1630 Landung Gustav Adolfs. Kepler stirbt

1631 Erstürmung Magdeburgs. Schlacht bei Breitenfeld

1632 Schlacht bei Lützen: Gustav Adolf fällt

1634 Wallenstein ermordet. Schlacht bei Nördlingen

1635 Friede zu Prag. Académie française. Lope de Vega stirbt

1636 Corneille: *El Cid*

1637 Tod Ferdinands II.: Ferdinand III.

1640 Thronbesteigung des Großen Kurfürsten. Haus Braganza in Portugal. Rubens stirbt

1641	Van Dyck stirbt
1642	Ausbruch der englischen Revolution. Richelieu stirbt. Galilei stirbt. Tasman umsegelt Australien
1643	Thronbesteigung Ludwigs XIV. Newton geboren. Torricelli: Barometer
1645	Grotius stirbt
1646	Leibniz geboren
1648	Westfälischer Friede. Académie de peinture et sculpture
1649	Hinrichtung Karls I.: Commonwealth
1650	Descartes stirbt
1651	Navigationsakte. Hobbes: *Leviathan*
1652	Guericke: Luftpumpe
1653	Cromwell Lord-Protector
1657	Angelus Silesius: *Cherubinischer Wandersmann*. Pascal: *Lettres provinciales*
1658	Cromwell stirbt. Tod Ferdinands III.: Leopold I. Erster Rheinbund
1659	Pyrenäischer Friede
1660	Restauration der Stuarts: Karl II. Velasquez stirbt
1661	Mazarin stirbt: Selbstregierung Ludwigs XIV. Boyle: *Sceptical chymist*
1662	Pascal stirbt. *L'art de penser*. Royal society of sciences
1663	Guericke: Elektrisiermaschine
1664	Molière: *Tartuffe*. Trappistenorden
1665	Poussin stirbt. Larochefoucauld: *Maximes*
1667	Devolutionskrieg. Milton: *Paradise lost*
1668	Grimmelshausen: *Simplizissimus*
1669	Rembrandt stirbt. Pariser Opernhaus
1670	Spinoza: *Tractatus theologico-politicus*
1673	Molière stirbt. Testakte
1674	Milton stirbt. Boileau: *L'art poétique*. New York

1675 Schlacht bei Fehrbellin. Malebranche: *De la recherche de la vérité*. Leeuwenhoek: Infusorien. Turenne fällt. Sternwarte von Greenwich

1676 Paul Gerhardt stirbt

1677 Spinoza stirbt; *Ethica*. Racine: *Phèdre*. Borromini stirbt

1678 Huygens: Undulationstheorie. Simon: *Histoire critique du Vieux Testament*

1679 Friede zu Nimwegen. Habeascorpusakte. Abraham a Santa Clara: *Merk's Wien*

1680 Bernini stirbt

1681 Calderon stirbt. Besetzung Straßburgs

1682 Claude Lorrain stirbt. Murillo stirbt. Ruisdael stirbt

1683 Die Türken vor Wien. Philadelphia. Colbert stirbt

1684 Corneille stirbt. Leibniz: Differentialrechnung. Newton: Gravitationsgesetz

1685 Aufhebung des Edikts von Nantes. Tod Karls II.: Jakob II.

1687 Ungarn habsburgisch. Newton: *Naturalis philosophiae principia mathematica*. Lully stirbt

1688 Glorious revolution. Tod des Großen Kurfürsten. La Bruyére: *Les Caractères*

1689 Wilhelm III. von Oranien König von England. Thronbesteigung Peters des Großen. Verheerung der Pfalz

1690 Locke: *An essay concerning human understanding*. Papin: Dampfzylinder

1694 Voltaire geboren. Bank von England

1695 Bayle: *Dictionnaire historique et critique*. Lafontaine stirbt. Huygens stirbt

1696 Toland: *Christianity not mysterious*

1697 Friede zu Ryswijk. August der Starke von Sachsen König von Polen. Schlacht bei Zenta

1699 Friede zu Karlowitz. Racine stirbt

1700 Dryden stirbt. Berliner Akademie der Wissenschaften

1701 Preußen Königreich

1702 Tod Wilhelms III.: Anna. Stahl: Phlogistontheorie

1703 Gründung St. Petersburgs

1704 Schlacht bei Höchstädt. Gibraltar englisch

1705 Tod Leopolds I.: Josef I.

1706 Schlacht bei Ramillies

1709 Schlacht bei Malplaquet. Schlacht bei Pultawa. Beginn der englischen Wochenschriften. Böttcher: Porzellan

1710 Leibniz: *Théodicée*

1711 Boileau stirbt. Tod Josefs I.: Karl VI.

1712 Friedrich der Große geboren. Rousseau geboren

1713 Friede zu Utrecht. Thronbesteigung Friedrich Wilhelms I.

1714 Friede zu Rastatt und Baden. Königin Anna stirbt: Haus Hannover in England

1714 Tod Ludwigs XIV.: Régence. Fénelon stirbt. Malebranche stirbt

1716 Leibniz stirbt

1717 Winckelmann geboren. Erste Freimaurerloge

1718 Karl XII. getötet

1719 Defoe: *Robinson Crusoe*

1720 Laws Staatsbankerott

1721 Friede zu Nystadt. Watteau stirbt. Montesquieu: *Lettres persanes*

1722 Gründung der Herrnhuter Brüdergemeinde

1723 Philipp von Orléans stirbt: Selbstregierung Ludwigs XV. Pragmatische Sanktion

1724 Kant geboren. Klopstock geboren

1725 Tod Peters des Großen

1726 Swift: *Travels of Gulliver*

1727 Newton stirbt

1728 Voltaire: *Henriade*

1729 Bach: *Matthäuspassion*. Lessing geboren
1730 Gottsched: *Critische Dichtkunst*
1734 Voltaire: *Lettre sur les Anglais*
1735 Linné: *Systema naturae*
1736 Prinz Eugen stirbt
1740 Tod Friedrich Wilhelms I.: Friedrich der Große. Tod Karls VI.: Maria Theresia
1741 Händel: *Messias*
1742 Young: *Night Thoughts*
1743 Cardinal Fleury stirbt
1744 Pope stirbt. Herder geboren
1745 Swift stirbt
1746 Gellert: *Fabeln und Erzählungen*
1748 Montesquieu: *Esprit des lois*. Lamettrie: *L'homme machine*. Klopstock: *Messias*. Beginn der Ausgrabungen von Pompeji
1749 Goethe geboren
1750 Johann Sebastian Bach stirbt. Franklin: Blitzableiter
1751 Die *Encyclopédie* beginnt zu erscheinen
1753 Berkeley stirbt
1754 Christian Wolff stirbt. Holberg stirbt
1755 Montesquieu stirbt. Kant: *Allgemeine Naturgeschichte und Theorie des Himmels*. Erdbeben in Lissabon
1756 Mozart geboren. Ausbruch des Siebenjährigen Kriegs
1757 Kolin. Roßbach. Leuthen
1758 Zorndorf. Hochkirch. Helvetius: *De l'esprit*
1759 Kunersdorf. Händel stirbt. Schiller geboren
1760 Liegnitz. Torgau. Macpherson: *Ossian*
1761 Rousseau: *La nouvelle Héloïse*
1762 Haus Holstein-Gottorp in Rußland: Peter III.; Katharina II. Gluck: *Orpheus*. Rousseau: *Contrat social*; *Émile*

1763 Friede zu Hubertusburg. Friede zu Paris

1764 Hogarth stirbt. Rameau stirbt. Winckelmann: *Geschichte der Kunst des Altertums*

1766 Gottsched stirbt. Lessing: *Laokoon*. Goldsmith: *Vicar of Wakefield*. Cavendish: Wasserstoff

1767 Lessing: *Minna von Barnhelm*; *Hamburgische Dramaturgie*

1768 Winckelmann ermordet. Sterne: *Sentimental journey*. Gerstenberg: *Ugolino*

1769 Napoleon geboren. *Juniusbriefe*. Arkwright: Spinnmaschine

1770 Boucher stirbt. Tiepolo stirbt. Beethoven geboren. Holbach: *Système de la nature*

1771 Priestley: Sauerstoff

1772 Erste Teilung Polens. Göttinger Hainbund. Lessing: *Emilia Galotti*. Swedenborg stirbt

1773 Aufhebung des Jesuitenordens. *Blätter von deutscher Art und Kunst*. Goethe: *Götz*. Bürger: *Leonore*

1774 Tod Ludwigs XV.: Ludwig XVI. Goethe: *Werther*. Wolfenbüttler Fragmente. Lenz: *Der Hofmeister*

1775 Beaumarchais: *Le Barbier de Séville*. Lavater: Physiognomik

1776 Unabhängigkeitserklärung der Vereinigten Staaten. Hume stirbt. Adam Smith: *Inquiry into the nature and causes of the wealth of nations*. Lenz: *Die Soldaten*. Klinger: *Sturm und Drang*. Wagner: *Die Kindermörderin*

1778 Voltaire stirbt. Rousseau stirbt

1779 Garrick stirbt. Raphael Mengs stirbt. Lessing: *Nathan der Weise*

1780 Tod Maria Theresias: Josef II. Lessing: *Erziehung des Menschengeschlechts*

1781 Lessing stirbt. Kant: *Kritik der reinen Vernunft*. Voß:

Homerübersetzung. Schiller: *Räuber*. Herschel: Planet Uranus

1782 Montgolfier: Luftballon

1783 Friede zu Versailles. Schiller: *Fiesco*

1784 Johnson stirbt. Diderot stirbt. Herder: *Ideen zur Philosophie der Geschichte der Menschheit*. Beaumarchais: *Le mariage de Figaro*. Schiller: *Kabale und Liebe*

1785 Deutscher Fürstenbund. Werner: Neptunismus

1786 Tod Friedrichs des Großen: Friedrich Wilhelm II. Mozart: *Figaro*

1787 Gluck stirbt. Goethe: *Iphigenie*. Schiller: *Don Carlos*. Mozart: *Don Juan*

1788 Wöllnersches Religionsedikt. Hamann stirbt. Kant: *Kritik der praktischen Vernunft*. Goethe: *Egmont*. Hutton: Plutonismus

1789 Erstürmung der Bastille. Goethe: *Tasso*. Galvani: Berührungselektrizität

1790 Tod Josefs II.: Leopold II. Kant: *Kritik der Urteilskraft*. Goethe: *Metamorphose der Pflanzen*; Faustfragment; *Tasso*

1791 Mirabeau stirbt. Varennes. Mozart: *Zauberflöte*; stirbt

1792 Tod Leopolds II.: Franz II. Septembermorde. Valmy. Rouget de l'Isle: *Marseillaise*

1793 Hinrichtung Ludwigs XVI. Schreckensherrschaft. Zweite Teilung Polens

1794 Thermidor. Fichte: *Wissenschaftslehre*. Goethe und Schiller

1795 Directoire. Dritte Teilung Polens. F. A. Wolf: *Prolegomena ad Homerum*. Goethe: *Wilhelm Meisters Lehrjahre*

1796 Verschwörung Babeufs. Tod Katharinas II. Bonaparte in Italien. Jenner: Kuhpockenimpfung

1798 Campo Formio. Tod Friedrich Wilhelms II.: Friedrich Wilhelm III.

1798 Laplace: *Exposition du système du monde*. Malthus: *Essay on the principles of population*. Bonaparte in Ägypten; Seeschlacht bei Abukir

1799 Brumaire. Schiller: *Wallenstein*. Schleiermacher: *Reden über die Religion*

1800 Marengo. Hohenlinden. Schiller: *Maria Stuart*. Voltasche Säule

1801 Schiller: *Jungfrau von Orléans*. Gauß: *Disquisitiones arithmeticae*

1803 Herder stirbt. Klopstock stirbt. Reichsdeputationshauptschluß. Code Napoléon

1804 Kant stirbt. Napoleon Kaiser

1805 Schiller stirbt. Trafalgar. Austerlitz. Beethoven: *Fidelio*

1806 Rheinbund; Ende des deutschen Reichs. Jena. Kontinentalsperre. Hegel: *Phänomenologie des Geistes*. *Des Knaben Wunderhorn*

1807 Tilsit. Dalton: Gesetz der multiplen Proportionen. Fulton: Dampfschiff

1808 Fichtes Reden an die deutsche Nation. *Voilà un homme*. *Faust I* erscheint

1809 Aspern und Wagram. Haydn stirbt. Sömmering: Telegraph

1810 Universität Berlin. Goethe: *Farbenlehre*. Kleist: *Käthchen von Heilbronn*

1811 Kleist stirbt

1812 Russischer Feldzug. Brüder Grimm: *Kinder- und Hausmärchen*. Cuvier: Katastrophentheorie

1813 Völkerschlacht bei Leipzig

1814 Fichte stirbt. Stephenson: Lokomotive. Rückkehr der Bourbonen; 1. Pariser Friede; Wiener Kongreß

1815 Schlußakte des Wiener Kongresses. Hundert Tage. Waterloo. Heilige Allianz. Bismarck geboren

1817 Wartburgfest. Byron: *Manfred*

1818 Erster transozeanischer Dampfer

1819 Ermordung Kotzebues; Karlsbader Beschlüsse. Schopenhauer: *Welt als Wille und Vorstellung*. Goethe: *Westöstlicher Divan*. Guéricault: *Floß der Medusa*

1820 Oersted: Elektromagnetismus

1821 Napoleon stirbt. Dostojewski geboren. Weber: *Freischütz*. Saint-Simon: *Du système industriel*. Seebeck: Thermoelektrizität

1822 Kaiserreich Brasilien. Beethoven: *Missa solemnis*. Delacroix: *Dantebarke*

1823 Monroedoktrin

1824 Tod Ludwigs XVIII.: Karl X. Byron stirbt. Beethoven: *Neunte Symphonie*. Delacroix: *Gemetzel auf Chios*

1825 Tod Alexanders I.: Nikolaus I. Erste Eisenbahn

1826 C. M. v. Weber stirbt. Eichendorff: *Aus dem Leben eines Taugenichts*. Manzoni: *I promessi sposi*. Johannes Müller: Spezifische Sinnesenergien

1827 Schlacht bei Navarino. Beethoven stirbt. Heine: *Buch der Lieder*. Victor Hugo: *Cromwell*. Ohmsches Gesetz. Baer: Säugetierei

1828 Schubert stirbt. Goya stirbt. Tolstoi geboren. Ibsen geboren. Auber: *Muette de Portici*. Wöhler: Harnstoffsynthese

1829 Friede zu Adrianopel. Rossini: *Guillaume Tell*

1830 Julirevolution: Louis Philippe. Trennung Belgiens von Holland. Unabhängigkeitserklärung Griechenlands. Polnischer Aufstand. Comte: *Cours de philosophie positive I*. Puschkin: *Eugen Onegin*

1831 Schlacht bei Ostrolenka. Hegel stirbt. Meyerbeer: *Ro-*

bert le Diable. Hugo: *Notre Dame de Paris.* Faraday: Magnetelektrizität

1832 Hambacher Fest. Englische Parlamentsreform. Scott stirbt. Goethe stirbt. *Faust II* erscheint

1833 Frankfurter Putsch. Gründung des deutschen Zollvereins. Bopp: *Vergleichende Grammatik des Sanskrit.* Raimund: *Der Verschwender.* Nestroy: *Lumpazivagabundus.* Gauß-Weber: Telegraph

1835 Franz I. stirbt. Erste deutsche Eisenbahn. D. F. Strauß: *Leben Jesu.* G. Büchner: *Dantons Tod*

1836 Morse: Schreibtelegraph. Gogol: *Der Revisor*

1837 Thronbesteigung der Königin Viktoria; Trennung Hannovers von England. Leopardi stirbt

1839 Schwann: Zellentheorie. Daguerre: Lichtbild. Stendhal: *La chartreuse de Parme*

1840 Tod Friedrich Wilhelms III.: Friedrich Wilhelm IV. Opiumkrieg. Schumanns Liederjahr. Carlyle: *On heroes.* Pennypost

1841 Meerengenvertrag. Feuerbach: *Wesen des Christentums.* Hebbel: *Judith*

1842 Robert Mayer: Energiegesetz

1843 Wagner: *Der fliegende Holländer*

1844 Nietzsche geboren. Liebig: *Chemische Briefe.* Beginn der Münchner *Fliegenden Blätter*

1845 Wagner: *Tannhäuser.* Stirner: *Der Einzige und sein Eigentum*

1846 Aufhebung der Kornzölle in England. Krakau österreichisch. Erster Unterseetelegraph. Planet Neptun

1847 Sonderbundskrieg in der Schweiz. Emerson: *Representative men*

1848 Pariser Februarrevolution. Deutsche Märzrevolution. Thronbesteigung Franz Josephs I. Pre-Raphaelite Brotherhood. *Kladderadatsch. Kommunistisches Manifest*

1849 Novara. Vilagós
1850 Olmütz. Balzac stirbt.
1851 Staatsstreich Louis Napoleons. Erste Weltausstellung
1852 Napoleon III. Londoner Protokoll. Dumas fils: *La dame aux camélias*
1853 Ausbruch des Krimkriegs. Keller: *Der grüne Heinrich*. Ludwig: *Der Erbförster*
1854 Mommsen: *Römische Geschichte*
1855 Tod Nikolaus' I.: Alexander II. Freytag: *Soll und Haben*. L. Büchner: *Kraft und Stoff*
1856 Pariser Friede. Shaw geboren
1857 Baudelaire: *Les fleurs du mal*. Flaubert: *Madame Bovary*
1858 Gontscharow: *Oblomow*. Offenbach: *Orphée aux Enfers*
1859 Magenta. Solferino. Darwin: *On the origin of species*. Spektralanalyse. Gounod: *Faust*
1860 Schopenhauer stirbt. Fechner: *Psychophysik*
1861 Ausbruch des nordamerikanischen Bürgerkriegs. Italien Königreich. *Tannhäuser* in Paris
1862 Tod Friedrich Wilhelms IV.: Wilhelm I.; Bismarck Ministerpräsident. Hebbel: *Die Nibelungen*. Flaubert: *Salammbô*
1863 Renan: *La vie de Jésus*. Taine: *Histoire de la littérature anglaise*
1864 Deutsch-Dänischer Krieg. Offenbach: *La belle Hélène*
1865 Ende des Sezessionskrieges; Lincoln ermordet. Wagner: *Tristan*. Dühring: *Wert des Lebens*. Busch: *Max und Moritz*
1866 Custozza. Königgrätz. Lissa. Ibsen: *Brand*
1867 Norddeutscher Bund. Kaiser Maximilian erschossen. Marx: *Das Kapital*. Dostojewski: *Raskolnikow*

1868 Wagner: *Meistersinger*. Haeckel: *Natürliche Schöp-*
     fungsgeschichte

1869 Suezkanal. Hartmann: *Philosophie des Unbewußten*

1870 Unfehlbarkeitsdogma. Emser Depesche. Sedan. Dritte
     französische Republik. Dickens stirbt. Beginn der
     Ausgrabungen in Troja

1871 Kaiserproklamation. Pariser Kommune. Frankfurter
     Friede. Darwin: *The descent of man*. Zola: *Les Rou-*
     gon-Macquart I. Busch: *Fromme Helene*

1872 D. F. Strauß: *Der alte und der neue Glaube*. Daudet:
     Tartarin

1873 Der große Krach. Maxwell: elektromagnetische Licht-
     theorie

1874 van 't Hoff: Stereochemie

1875 Höhepunkt des Kulturkampfs. Bizet: *Carmen*. Taine:
     L'ancien régime

1876 Bayreuth. Kaisertum Indien

1877 Russisch-Türkischer Krieg. Gobineau: *La Renaissance*

1878 Friede von San Stefano; Berliner Kongreß. Soziali-
     stengesetz. Wagner: *Parsifal*

1879 Zweibund. Ibsen: *Puppenheim*. Einstein geboren

1880 Flaubert stirbt

1881 Franzosen in Tunis. Alexander II. ermordet: Alexan-
     der III. Dostojewski stirbt. Ibsen: *Gespenster*

1882 Engländer in Ägypten. Emerson stirbt. Wildenbruch:
     Karolinger. Koch: Tuberkelbazillus

1883 Dreibund. Richard Wagner stirbt. Marx stirbt. Nietz-
     sche: *Zarathustra*

1884 Ibsen: *Wildente*. Fabian Society

1885 Serbisch-Bulgarischer Krieg. Victor Hugo stirbt

1886 Nietzsche: *Jenseits von Gut und Böse*

1887 Rückversicherungsvertrag. Antoine: Théâtre libre.
     Strindberg: *Der Vater*

1771

1888 Tod Wilhelms I.; Tod Friedrichs III.: Wilhelm II. Fontane: *Irrungen, Wirrungen*

1889 Freie Bühne. Holz-Schlaf: *Papa Hamlet*. R. Strauss: *Don Juan*. Hauptmann: *Vor Sonnenuntergang*. Liliencron: *Gedichte*

1890 Entlassung Bismarcks. Sansibarvertrag. *Rembrandt als Erzieher*. Wilde: *The Picture of Dorian Gray*. Hamsun: *Hunger*. Maeterlinck: *Princesse Maleine*. Mascagni: *Cavalleria rusticana*. Sudermann: *Die Ehre*

1891 Französisch-russische Alliance. Wedekind: *Frühlings Erwachen*

1892 Hauptmann: *Die Weber*. Maeterlinck: *Pelléas et Mélisande*. Behring: Diphtherieserum

1893 Hauptmann: *Hanneles Himmelfahrt*. Schnitzler: *Anatol*

1894 Tod Alexanders III.: Nikolaus II.

1895 Friede von Shimonoseki. Fontane: *Effi Briest*. Shaw: *Candida*. Röntgen: X-Strahlen

1896 Altenberg: *Wie ich es sehe*. Bergson: *Matière et mémoire*. Marconi: drahtlose Telegraphie

1897 Griechisch-türkischer Krieg

1898 Bismarck stirbt; *Gedanken und Erinnerungen*. Faschodakrise. Spanisch-Amerikanischer Krieg. P. und M. Curie: Radium

1899 Shaw: *Cäsar und Cleopatra*. Ibsen: *Wenn wir Toten erwachen*

1900 Nietzsche stirbt. Freud: *Traumdeutung*

1901 Th. Mann: *Buddenbrooks*. Tod Viktorias: Eduard VII.

1902 Zola stirbt

1903 Weininger: *Geschlecht und Charakter*

1904 Entente cordiale. Wedekind: *Büchse der Pandora*

1905 Trennung Norwegens von Schweden. Schlacht bei Mukden. Seeschlacht bei Tsushima. Friede zu Portsmouth. Einstein: spezielle Relativitätstheorie. H. Mann: *Professor Unrat*

1906 Algeciraskonferenz. Ibsen stirbt. R. Strauss: *Salome*

1907 Petersburger Vertrag

1908 Annexionskrise. Wilhelm Busch stirbt

1909 Blériot: Kanalflug

1910 Tod Eduards VII.: Georg V. Portugal Republik. Tolstoi stirbt

1911 Marokkokrise. Tripoliskrieg

1912 Erster Balkankrieg. China Republik. Strindberg stirbt

1913 Zweiter Balkankrieg

1914 Ausbruch des Weltkriegs

Nachwort

von

Ulrich Weinzierl

Seit vielen Jahren hängt über meinem Schreibtisch ein Billet:
»Tief erschüttert, daß Sie meinen bescheidenen 60. Geburtstag
nicht vergessen haben, danke ich Ihnen von Herzen für Ihre
mich so großmütig überschätzenden Zeilen. Von allen Glück-
wünschen hat mich der Ihrige am meisten gefreut. Wien, im
Januar 1938 – Egon Friedell«. Naturgemäß ist das einzig Handschriftliche dabei die Unterschrift, der somit völlig unpersönliche persönliche Dank nichts als subtiler Hohn, netter formuliert: eine kleine, charakteristische Bosheit. Es sollte Friedells
letzte bei Lebzeiten gedruckte sein. Sieben Wochen danach, am
späten Abend des 16. März 1938, sprang er aus seiner im dritten Stock gelegenen Wohnung in Wien Währing, Gentzgasse 7,
angeblich nicht ohne einen Passanten lauthals vor seinem Fenstersturz gewarnt zu haben. SA-Leute hatten an seiner Tür
geläutet. Ob es zwei oder drei waren und ob sie tatsächlich den
»Juden Friedell« abholen wollten, ist nicht ganz klar und auch
nicht sonderlich wichtig. Egon Friedell hatte mit seiner irdischen Existenz abgeschlossen, Angebote zur Flucht vor den
Nazis unmittelbar vor dem »Anschluß« Österreichs ans Dritte
Reich ausgeschlagen, Selbstmord ist das Leitmotiv seiner verzweifelten Gespräche mit Freunden gewesen. »Unsere Welt ist
am Ende. Alles ist aus, es ist aus«, war sein Fazit, wenn man der
Schriftstellerin Dorothea Zeemann vertrauen darf.

Friedell entstammte einer vermögenden Wiener Familie. Sein
Vater, der Tuchfabrikant Moriz Friedmann, starb 1891, die

Mutter hatte Mann und Kinder bereits 1887 verlassen. Egon Friedmann, der sein Pseudonym Friedell erst 1916 amtlich beglaubigen ließ, wuchs unter anderem bei einer Tante in Frankfurt am Main auf. Seine Matura, das Abitur, legte er 1899 in Bad Hersfeld ab – nach einer veritablen deutsch-österreichischen Schul-Odyssee erst mit 21 Jahren. Des Städtischen Gymnasiums Frankfurt war er 1894 als »sittlich belastet und ungesund«, wegen »Unbotmäßigkeiten« und »pietätloser Gesinnung gegen die Lehrer« verwiesen worden. Schon einen historischen Aufsatz des 15jährigen hat der zuständige Studienrat mit der Bemerkung versehen: »Der Verfasser weiß mehr als Xenophon« – kein Kompliment, sondern Tadel der phantasievollen Ausschmückung. Wer mag, kann darin ein frühes Anzeichen jener Gabenfülle erblicken, für die wir Egon Friedell bewundern. Hierauf absolvierte er, was ihm gleichsam der Befähigungsnachweis für seine Laufbahn im literarischen Kabarett war, sein Studium. Cand. phil. Egon Friedmann wurde 1904 mit der Dissertation *Novalis als Philosoph* an der Universität Wien zum Doktor der Philosophie promoviert. Auf der Druckausgabe – sie war seiner Haushälterin, dem ehemaligen Kindermädchen, mit den Nietzsche entlehnten Zeilen gewidmet: »Wenn man keine gute Mutter hat, so soll man sich eine anschaffen« – prangte der Name »Egon Friedell«. Auch in die *Fackel* von Karl Kraus, der ihn 1920 als »munteren Seifensieder« verspotten wird, fand der studierte Bohemien und Privatier Egon Friedell Eingang. Sein erster Beitrag, aus dem Dezember 1905, trägt den programmatischen Titel *Vorurteile*. Darin dekretierte er: »Das schlimmste Vorurteil, das wir aus unserer Jugendzeit mitnehmen, ist die Idee vom Ernst des Lebens. Daran ist nur die Schule schuld. Die Kinder haben nämlich den ganz richtigen Instinkt: sie wissen, daß das Leben nicht ernst ist, und behandeln es als ein Spiel und einen lustigen Zeitvertreib. [...] Alles wirklich Wertvolle ist aus einer Spielerei

1775

hervorgegangen.« Egon Friedell hat an diesem Prinzip so lange wie möglich festgehalten. Als es ihm durch die Zeitumstände auf brutalste Art verwehrt wurde, zog er einen Schlußstrich.

Er definierte sich mit Vorliebe, wie ihn Max Reinhardt nannte: als »genialen Dilettanten«. In der Tat blieb dieses Rundumtalent in all seinen Tätigkeiten virutoser Amateur, pragmatisierter Außenseiter und Gast: von den Innungsmeistern jeglicher Zunft belächelt und zugleich widerwillig respektiert. Daß er infolge seines beträchtlichen Erbes bis zum Ende des Ersten Weltkriegs nicht auf Lohneinkommen angewiesen war, verstärkte seine Nonchalance beruflicher Seriosität gegenüber. Der philosophische Conférencier schien sich über alles und jedes lustig zu machen, als Schauspieler (immerhin auch Ensemblemitglied des Theaters in der Josefstadt) war er gefürchteter Improvisator, der Theaterkritiker Friedell fiel in erster Linie durch souveräne Verachtung der theaterkritischen Konventionen auf, der Parodist und Sketch-Autor indes näherte sich – gemeinsam mit seinem älteren Freund aus dem Altenberg-Kreis Alfred Polgar – professionellem Ernst. Schließlich ging es hier um Ironie, um Spaß und Heiterkeit. Das Polgar-Friedellsche Gemeinschaftsprodukt der *Bösen Buben Stunde* (1924) – man zeichnete zuweilen als »PolFried AG« –, eine grausam genaue Verulkung der Tageszeitung *Die Stunde* aus dem Konzern des korrupten, erpresserischen Pressezaren Imre Békessy, fiel so bissig aus, daß deren Redaktion auf die weiteren Dienste des bis dato geschätzten Mitarbeiters Friedell verzichtete. Das erfolgreichste Stücklein aus der Werkstatt des Duos war die Satire *Goethe. Eine Groteske in zwei Bildern* (1907/08). In der Titelrolle des Dichterfürsten, der bei der Prüfung über sein eigenes Leben und Werk durchfällt, brillierte der Co-Dramatiker Hunderte Male nicht zuletzt aufgrund seiner in der Jugend erworbenen Vertrautheit mit hessischer Mundart. Über die Entstehung berichtete er: »Von mir ist gewöhnlich der schöpferische Einfall, die treibende Grundidee. […] Die mehr untergeordnete Arbeit der detaillierten Ausführung dieser fruchtbaren, zielweisenden Gedanken war dann Polgars Sache. Nur in einem ergänzen wir uns nicht: ich bin faul, und er ist nicht fleißig.« Polgar wiederum gab selbstverständlich zu Protokoll, »daß die guten und trefflichen Pointen des *Goethe* von mir sind und alle mißratenen von Egon Friedell«. Schwer zu beurteilen, wem von den beiden der Schluß zu verdanken ist. Nachdem der Schüler Goethe sich in eigenster Sache gründlichst blamiert hat, rattert der Streber Kohn die korrekten Antworten auf die aberwitzigsten Fragen maschinengewehrgleich herunter. Triumphierend wendet sich der Professor an Goethe: »Sehen Sie! Das ist Bildung!«

Als 1927 der erste Band von Egon Friedells *Kulturgeschichte der Neuzeit* auf den Markt kam (die Trilogie wurde 1931 abgeschlossen), war die Überraschung groß und allgemein, obwohl in Zeitungen eine Menge – nicht als solche deklarierte – Vorabdrucke erschienen waren. Der gründlichste Kenner von Friedells Œuvre, Heribert Illig, hat für dessen Arbeitsweise den Terminus »Modultechnik« geprägt. Egon Friedell ist ein genialischer Eigenverwerter gewesen, fügte die Bruchstücke so fugenlos aneinander, daß es niemandem auffiel, bis sich Jahrzehnte nach seinem Suizid germanistische Feinanalyse der detektivischen Mühsal unterzog. Auch die Entlarvung des Selbstplagiators mindert Friedells gewaltige Leistung nicht im geringsten. Wie jedoch Polgar in seinem Nachruf auf Friedells Lebensgefährten, den Hund Schnick, diesen rühmte, könnte als Seitenhieb auf dessen Besitzer interpretiert werden: »Er war kein Philosoph für die Zeitung, die Plattheit will oder billige Paradoxie. Er besah sich die Welt und hielt das Maul. […] Schnick war klein, zart, in Lauf und Haltung von einer sonderbar windschiefen Grazie. Und obgleich er also durchaus der Gegensatz seines Herrn war, lebten beide doch in rührender Freundschaft miteinander, die das Gesetz der aus Kontrasten geborenen Harmonie eindringlichst bestätigte.« Ein rührender Hymnus auf human-animalische Solidarität, andererseits ein Beweis dafür, wie wenig belastbar zwischenmenschliche Beziehungen sind. Die Freundschaft Polgars mit Friedell war, durch wessen Verschulden auch immer, in den späten 20er Jahren gelinde gesagt abgekühlt. Über das Intimleben des trinkfreudigen Rentiers wissen wir kaum etwas. Zwei seiner Aperçus räumen Spekulationen ein weites Feld ein: »Die Frauen sind keine Menschen, das macht sie so anziehend«, und: »Ich verstehe nicht, wie man homosexuell sein kann. Das Normale ist doch schon unangenehm genug.«

Seien wir aufrichtig: Die fast 1800 Seiten von Friedells *Kulturgeschichte der Neuzeit* wirken streckenweise, mit heutigen Augen gesehen, ideologisch bedenklich, manche Formulierungen sind die reine Provokation. Wäre der Verfasser kein Nazi-Opfer jüdischer Herkunft gewesen, sondern ein Mitglied der Reichsschrifttumskammer, würde wohl jede Neuauflage in deutschen Landen für heftiges Rauschen in den politisch korrekten Gefilden des Blätterwalds sorgen. Derlei Behauptungen sind zu begründen. Egon Friedell konvertierte 1897 vom Judentum zum lutherischen Bekenntnis, keineswegs aus assimilatorischen, gar opportunistischen Motiven, vielmehr aus inbrünstiger Überzeugung. Und der Jude Friedell war, mit Verlaub, ein kämpferischer Antisemit. Daß er den »jüdischen Geist«, die jüdische Religion für ein Verhängnis hielt, hat er nie – auch nicht in seiner Kulturgeschichte – verhehlt. Friedell ist obendrein ein rabiater Deutschnationaler gewesen, im Ersten Weltkrieg ein Chauvinist der wüsten Sorte. Sein 1915 publiziertes Bändchen *Von Dante zu d'Annunzio* hat mit Literaturkritik wenig gemein. Eine Zitat-Auswahl zeigt die Richtung der Gesinnung: »Es war ganz unvermeidlich, daß das Deutschland der siegreichen Denker auch eines Tages das Deutschland der siegreichen Armeen wurde.« »Die Kathedrale von Reims ist für uns jetzt kein ›herrliches Baudenkmal‹, sondern ein feindlicher Beobachtungsposten, der weggeschossen werden muß.« »Das deutsche Volk ist das bescheidenste der Erde, gerade weil es das wertvollste ist.« »Deutsches Wesen offenbart sich durch Bescheidenheit im Glück«. »Im Deutschen aber durchdringen sich zwei Elemente, und in den gleichen Tiefen der Volkskraft wie Krupp, der die Panzerforts zertrümmert, und Zeppelin wurzeln Kant und Herder.« Um der Wahrheit die Ehre zu geben: Die letzten zwei Nonsensdokumente sind nicht auf dem Mist von Egon Friedell gewachsen: Hugo von Hofmannsthal sonderte zur selben Zeit betrüblicherweise zum Verwechseln Ähnliches ab. 1922 distanzierte sich Friedell in einem Privatbrief von dem fatalen Buch: »Es enthält ja vielleicht völkerpsychologische Betrachtungen von allgemeiner Geltung, aber der Ton des Ganzen steht unter dem Eindruck der Kriegspsychosen und der gewissenlosen Lügen, die uns über unsere Feinde zugetragen wurden.« Damit, daß der Propagandist eben auf Propaganda hereingefallen sei, läßt sich das Phänomen aber nicht erklären und beiseite schieben: Immer wieder schimmern auch in der »Kulturgeschichte der Neuzeit« Völkerpsychologie unangenehmster Färbung und verhängnisvolle Vorurteile durch. Da wird vom »tiefen germanischen Ethos« schwadroniert, das alle Werke Bachs und Händels erfülle; da wird die Hussitenbewegung mit dem »blinden, ratlosen Haß des Slawentums gegen die Realität« erklärt, »der es allein verständlich macht, daß die Russen jahrhundertelang den Zarismus ertragen haben und jetzt vielleicht wieder jahrhundertelang die Sowjetherrschaft ertragen werden.« Über Moses Mendelssohn erfahren wir: »In ihm erscheint in einer letzten modernsten Maskierung das Ressentiment des Juden gegen den Heiland, verbunden mit der fanatischen Anbetung des 2 x 2 = 4 und der Rentenrechnung, der jüdische Haß gegen die Idealität, gegen das Geheimnis, gegen Gott.« Die USA sind »ein schauerlich-skurriler Le-

1779

viathan«, der »den Planeten zu verschlingen droht, ein Chaos aus Wirtschaftselefantiasis, Übertechnik, Megaphongebrüll und Psychoanalyse«. Letztere war ihm, versteht sich, äußerst suspekt, wiewohl er sich Gedanken und Fachbegriffe Freuds und vor allem Alfred Adlers gewinnbringend aneignete: »Die Psychoanalyse hat einen katastrophalen Defekt: das sind die Psychoanalytiker, deren Elaborate eine Mischung aus Talmud und Junggesellenliteratur darstellen. Die Amerikaner nennen die Psychoanalyse im Gegensatz zur *Christian science* die ›*Jewish science*‹.« Es kommt noch ärger: »Mit der Psychoanalyse beginnt der Sklavenaufstand der Amoral. [...] Ihre Konzeption wächst aus einem Herrschwunsch des Neurotikers, der sich die Menschheit zu unterwerfen sucht, indem er sie sich angleicht, aus einer Übertragungsneurose, die ihren eigenen hypertrophischen Libidokomplex als ›Welt‹ objektiviert, aus einem Instinkthaß gegen die religiösen Bewußtseinsinhalte, die der Adept der Jewish science aus allen Mitmenschen eliminieren möchte, weil er unterbewußt weiß, daß er als Jude, und das heißt: als typischer homo irreligiosus, auf diesem Gebiet mit den ›anderen‹ nicht konkurrieren kann. [...] es handelt sich um einen großartigen Infektionsversuch, einen schleichenden Racheakt der Schlechtweggekommenen: die ganze Welt soll neurotisiert, sexualisiert, diabolisiert werden. Die Psychoanalyse verkündet den Anbruch des Satansreichs.« Vergebliche Liebesmüh', bei derlei Verbalexzessen die Diagnose »meschugge« zu vermeiden.

Auch die Moderne in der bildenden Kunst, Kubismus und Atonalität und abstrakte Malerei führte er auf »die Entfesselung einer Art von Selbstmordinstinkt« zurück. Kein Wunder, daß Egon Friedell zwei Säulenheilige des neueren Antisemitismus – Paul de Lagarde und Houston Stewart Chamberlain – verehrte: Galt ihm der eine als »einer der wenigen Christen, die im neunzehnten Jahrhundert gelebt haben«, so der andere als

»gedankenreicher Kulturphilosoph«. Kein Wunder ferner, daß sich Friedell 1934, als der Verlag C. H. Beck hinsichtlich der Publikation seiner *Kulturgeschichte des Altertums* Bedenken äußerte, zu einer wahrlich »kühnen Idee« verstieg: »Wenn man das Büchelchen [die nachgelassene Novelle *Die Reise mit der Zeitmaschine*] bei einem natsoz. Verlag unterbringen könnte! Daß diese Kreise meiner Art mehr Verständnis entgegenbringen als die verschmockten und frivolen Jourjuden, habe ich immer gewußt. Diese haben doch in mir immer nur einen Clown gesehen. Ich war auch nie im Leben mit einem Nichtchristen wirklich befreundet, und unter den vielen Briefen von Unbekannten, die ich bekommen habe, waren nur die von Christen stammenden von Verständnis erfüllt.« Kein Wunder schlußendlich, daß Egon Friedell seine fundamentale Mißdeutung des NS-Regimes dann doch bald klar wurde. 1935 schrieb er der lebenslangen Freundin Lina Loos: »Täglich bekomme ich schriftlich und von den wenigen Leuten, die man herüberläßt, aus Deutschland die deprimierendsten Nachrichten. [...] Es ist dort das Reich des Antichrist angebrochen. Jede Regung von Noblesse, Frömmigkeit, Bildung, Vernunft wird von einer Rotte verkommener Hausknechte auf die gehässigste und ordinärste Weise verfolgt.« Heribert Illig geht so weit zu vermuten, Friedell habe in seiner letzten Lebensphase unter dem Gefühl einer metaphysischen Mitverantwortung für den Aufstieg des Nationalsozialismus gelitten. Das klingt nicht einmal gänzlich abwegig. Im Nachwort zu einer Friedell-Auswahledition, *Schuld und Sühne*, meint Illig: »Friedell fühlte sich mitschuldig an Hitler! Sein Werk bot ebenso viele Rechtfertigungsgründe für den ›großen Diktator‹ wie das von Nietzsche, und er wußte es. Seine *Neuzeit* beurteilte er als ›betont antimodernes, antikapitalistisches, antitechnisches, antirationalistisches, kurz antiangelsächsisches Werk‹.« All die Attribute der Selbstcharakterisierung treffen ins Schwarze.

Wieder einmal zeigt sich, wie unerläßlich der Blick auf den Kontext der Entstehungszeit ist. Denn der »theoretische«, nicht der pöbelhafte Antisemitismus und antidemokratische Affekte waren vor 1933 sozusagen salonfähig, ja, sie schienen in gewissem Maße als Argument im intellektuellen Milieu diskurstauglich. Keiner, der die *Kulturgeschichte der Neuzeit* verschlang und anpries, hat einst an den oben zitierten Passagen Anstoß genommen, weder Alfred Döblin noch der Publizist Leopold Schwarzschild – beide später Emigranten, beide sonst geradezu seismographisch empfindlich in puncto antisemitischer Ideologie. Und der unbestechliche, der redlichste Zeitzeuge Arthur Schnitzler? In seinen Tagebüchern taucht die *Kulturgeschichte der Neuzeit* des öfteren auf. Am 2. Juni 1927: »Vergnügtes Gespräch, besonders zwischen Friedell und mir; auch ernsthaftes über seine Culturgeschichte.« Am 4. Juli 1927: »Las Friedells ersten Band Kulturgeschichte zu Ende, temperamentvoll und geistreich; nicht ohne Paradoxe und Weltanschauungsnobismen.« Am 17. Dezember 1928: »Las Friedells 2. Band zu Ende (vorzüglich).« Und am 22. Februar 1929 registrierte er ein Gespräch unter Freunden und Bekannten: »Über allerlei Religions- und Christentumsschwindel in Friedells (so guter) Culturgeschichte – und ähnliches.« Die letzte Eintragung in Schnitzlers Journal überhaupt – vom 19. Oktober 1931, zwei Tage vor seinem Tod – lautet: »Begann Friedells Kulturgeschichte 3. Band zu lesen.« Die sogenannten »Weltanschauungsnobismen«, der »Religions- und Christentumsschwindel« vermochten Arthur Schnitzlers Lesegenuß und seine Bewunderung für Friedells *opus magnum* offenbar nicht entscheidend zu schmälern.

Wir müssen zugeben: Trotz aller Bedenken kapitulieren auch wir vor dessen Vorzügen. Die Lektüre von ein paar Seiten genügt, um den Autor vor dem Tribunal des simplen Geschmacks zu rehabilitieren. Mit rarer Präzision umreißt der

Untertitel Wesen und Konzept der mit Fug und Recht Max Reinhardt zugeeigneten Studie: *Die Krisis der europäischen Seele von der Schwarzen Pest bis zum Ersten Weltkrieg.* Eine »seelische Kostümgeschichte« wollte Friedell schreiben, und er hat sein Ziel zweifellos erreicht. Plastischer und amüsanter, eleganter und anregender läßt sich ein solch geistesgeschichtliches *theatrum mundi* nicht inszenieren. Hinter dem Bonvivant und Gaukler verbarg sich ein klassischer Bildungsbürger und Privatgelehrter, der mit den Waffen des höheren, des sublimen Blödsinns die philisterhafte Vereinnahmung seiner Ideale bekämpfte und – mit enzyklopädischem Wissen jonglierend – die Dogmen grauer Faktenhuberei erschütterte. Den Feuilletonisten in sich hat er dabei nie verleugnet, im Gegenteil: Leichtigkeit und Anmut, die Liebe zur Pointe und zum Wohlgefügten der Sätze waren unangefochtene Regenten seines Stils. Als einzigem seines Gewerbes, der gehobenen Journalistik, glückte es ihm, den Feuilletonismus ohne Qualitätsverlust ins Monumentale zu steigern. Problemen näherte er sich grundsätzlich über die philosophische Hintertreppe, ungeniert räumte er im Klassikerhimmel und im heiligsten Bezirk der Oberlehrer sämtlicher Sparten auf – da ein bißchen Staub entfernend, dort Gipsbüsten scheinbar unachtsam zu Boden fallen lassend, stets auf die unbeschränkte Freiheit des Respektlosen pochend. Zum letzten Mal wurde hier ein Traum des 19. Jahrhunderts geträumt: jener eines romantisch-ironischen, konservativen Idealismus. Egon Friedell glaubte an die Macht der Persönlichkeit und des Genies – »die Zeit ist ganz und gar Schöpfung des großen Mannes«, dieser ihr Geschöpf und vollendeter Ausdruck –, er glaubte ohne Einschränkung an die Aussagekraft der Anekdote und die revolutionäre Wirkung symbolischer Akte. Alles Soziologische war ihm ein Greuel, die Ökonomie von so untergeordneter Bedeutung, daß er sie komplett vernachlässigte. Historie präsentiert sich bei ihm als ziemlich psychopathologische Familiengeschichte der Menschheit. Der Zauber des Schriftstellers Friedell: Wir gehen ihm gerne auf den Leim, ohne uns allzuoft düpiert zu fühlen. Er war das tragikomische Kind seiner Epoche, auch von deren Ungeist und Nachtseiten.

Anno 1950 hat Alfred Polgar in seinem größten Essay, »Der große Dilettant«, die »Kulturgeschichte der Neuzeit« mit einem Feuerwerk von Widersprüchen zu fassen versucht, deren Summe bis heute gültig ist: »ein glänzend danebengelungenes, an überzeugenden Absurditäten und treffsicheren Fehlschlüssen reiches, den Leser aufs vergnüglichste ärgerndes Buch eines laienhaften Fachmanns, dessen Irrtümer so erheblich sind wie das geistige Kapital, das er aus ihnen zu schlagen weiß«.

Als weitere Gebrauchsanleitung seien mahnende Worte von Egon Friedell persönlich ins Gedächtnis gerufen: »Wenn ein Trottel ein schlechtes Buch liest, so ist das schon sehr bedauerlich, schrecklich aber sind die Folgen, wenn ein Trottel ein gutes Buch in die Hand bekommt.«

Namenregister

Abälard 118, 1643
Abd ul Hamid 1594
Abraham a Santa Clara 638
Achard, Franz Carl 1069
Addison, Joseph 733 f.
Adler, Alfred 95, 99, 107, 1575
Ährental, Aloys, Graf 1594
Äschines 249
Agassiz, Louis 1335
Agatharchos 932
Agathon 1734
Agesilaus 422
Agricola, Georg 293
Agrippa von Nettesheim 294, 319
Aischylos 609, 674, 919, 929, 957,
    1063, 1146 f., 1509, 1518
Alarcón, Juan Ruiz de 564
Alba, Herzog von 409, 430 f.
Albert, Prinzgemahl 1303
Alberti, Leon Battista 214, 226,
    251, 258
Albertus Magnus 249
Albrecht, Erzherzog 1443 f.,
    1449 f., 1454, 1468
d'Alembert, Jean de Rond 724,
    745, 769 f., 825, 847 f., 859, 1167
Alexander von Battenberg 1485
Alexander der Große 35, 78, 105,
    188, 248, 704, 719 f., 885, 935 f.,
    940, 946, 1119, 1170, 1574
Alexander I. von Rußland 1110,
    1112 f., 1122
Alexander II. von Rußland 1307,
    1322, 1451
Alexander VI., Papst 275, 314
Alfieri, Vittorio, Graf 1062

Alkäos 943
Alkibiades 188, 255, 932, 947, 952,
    962, 1682
Altenberg, Peter 105, 926, 1538,
    1551, 1677 ff., 1691
Althusius, Johannes 417
Amati 702
Ampère, André Marie 1151, 1559
Anakreon 916
Anaxagoras 952, 954, 960
Anaximander 1407
Andersen, Hans Christian
    1279 ff., 1412, 1527, 1632, 1735
Andrássy, Gyula 1468
Angelus Silesius 504
Anna, Königin von England 631,
    729
Anna von Österreich, Königin
    von Frankreich 580
Anna, Zarin 704
d'Annunzio, Gabriele 1692
Anselm von Canterbury 121
Antigonos Gonatas 934
Antiochus 370
Antoine, André 1682
Anton, Fürst von Hohenzollern
    1457
Antonelli, Kardinal 1448
Anzengruber, Ludwig 1524
Apollodoros 932
Apollonios von Perge 938
Arago, Dominique François 1244
Archenholz 675
Archer, William 1682
Archilochos 916
Archimedes 570, 654, 938, 1179

Aretino, Pietro 235 ff.
d'Argenson, Marc-Pierre 752,
    756, 831
Ariosto 259
Aristarch von Samos 298, 938 f.
Aristides 953
Aristogeiton 946
Aristophanes 772, 1398, 1734
Aristoteles 35, 55, 78, 247, 249,
    301, 349, 358, 464, 467, 471, 516,
    608, 654, 719, 938, 941, 952, 959,
    961, 1174, 1349, 1730
Arkwright, Sir Richard 834
Arminius, Jakob 415
Arnauld, Antoine 655
Arndt, Ernst Moritz 1121, 1211,
    1292
Arnim, Achim von 1142
Arnim, Bettina s. Brentano
Arrhenius, Svante 1353
L'Arronge, Adolph 1522
Artusi, Giovanni Maria 558
Aston, Lord 274
Atahualpa 313
Attila 100, 661
Auber, Daniel François 1258
d'Aubignac, Abbé 1133
Auer, von Welsbach 332, 1530
Auerbach, Berthold 1403
Augier, Emile 1326
August II. von Sachsen 276
August der Starke 664 f., 688,
    692, 705
Augustinus 55, 78, 118, 121 ff.,
    204, 249, 333, 355, 360 f., 658,
    886, 1380, 1621
Augustus 607, 634, 916, 1060
Aureol, Pierre 133
d'Aurevilly, Barbey 1373
d'Austria, Don Juan 426, 1449

Baader, Franz von 1173
Babeuf, François 1009, 1059

Babington, Anton 418
Bach, Johann Sebastian 41, 69,
    663, 702 f., 1254, 1519, 1610
Bachofen, Johann Jakob 961
Bacon, Lord Francis 55, 422, 446,
    458 ff., 527, 788, 1119, 1171, 1174,
    1331, 1415, 1418
Bacon, Roger 153, 465
Baer, Karl Ernst von 303, 1151
Bäumler, Alfred 961
Baglioni 724
Bahr, Hermann 81, 374, 568, 816,
    913, 1264, 1677
Bahrdt, Karl Friedrich 809
Bajazeth, Sultan 167
Bakunin, Michail 1293
Balzac, Honoré de 110, 507, 1025,
    1197, 1199 ff., 1256 f., 1260, 1364,
    1404, 1540, 1688
Bamberg, Felix 1407
Barère, Bertrand 1005, 1062
Barnabazus 422
Barnay, Ludwig 1508
Barret, Elizabeth 1375
Barthélémy, Abbé 873
Bassermann, Albert 1705
Bates, Henry 1333
Batteux, Charles 772
Baudelaire, Charles 75, 1373,
    1405, 1692
Bauernfeld, Eduard von 1402
Bauhin, Kaspar 453
Baumbach, Rudolf 1521
Baumeister, Bernhard 100
Baur, Ferdinand Christian 1234
Bayle, Pierre 623 ff., 655
Bazaine, François Achille 1436,
    1467, 1471, 1572
Baxter, Richard 730
Beauharnais, Josephine 1071
Beauharnais, Stephanie 1456
Beaumarchais, Caron de 840
Beccaria, Cesare 830

Becher, Erich 25
Becker, Nikolaus 1211
Becquerel, Henri 1561
Beecher-Stowe, Harriet 1432
Beethoven, Ludwig van 506 f.,
    661, 738, 767, 1033, 1065, 1608,
    1616, 1618, 1626
Behaim, Martin 292, 301 ff.
Beijeren, Abraham van 525
Belinskij, Wissarion Grigor-
    jewitsch 1311
Bell, Alexander Graham 1530
Bellini, Vincenzo 1259
Bembo, Pietro 272
Benedek, Ludwig 1317, 1444,
    1446 ff.
Benedetti, Vincent 1456 ff., 1474
Benedikt xiv., Papst 704 f., 769
Benedix, Roderich 1401
Bentham, Jeremy 1180
Béranger, Pierre Jean de 1118
Berengar von Tours 354
Bergson, Henri 1556, 1601 ff.
Berkeley, George 123, 738 f., 911
Berlioz, Hector 1191, 1259 ff.,
    1519
Bernard, Claude 1347
Bernhardi, Friedrich von 405
Bernini, Lorenzo 267, 551, 553,
    557, 599, 970, 1064, 1507
Bernsdorff, dänischer Minister
    714
Berry, Herzogin von 683
Berthelot, Marcelin Pierre 1466
Berthold von Regensburg 181
Berthollet, Claude 781
Bertin, Louis François 1191
Berzelius, Jöns Jacob 1153, 1531
Besant, Annie 1565
Bethmann-Hollweg, Theobald
    von 1439, 1714
Beust, Friedrich Ferdinand 1297,
    1441, 1452, 1475

Bewick, Thomas 1194
Beyle, s. Stendhal
Bierbaum, Otto Julius 1655
Bigottini 1108
Birch-Pfeiffer, Charlotte 1161
Bischoffswerder, Johann Rudolf
    von 813
Bismarck, Otto von 32, 76, 105,
    335, 767, 966, 976, 1002, 1159,
    1231, 1297, 1299 f., 1306 f.,
    1317 f., 1395 f., 1399, 1414,
    1425 ff., 1438 ff., 1450 ff., 1463 ff.,
    1471 ff., 1503, 1516, 1523, 1555,
    1568, 1572, 1576 ff., 1583, 1589,
    1639, 1682, 1706, 1711
Bizet, Georges 1520
Björnson, Björnstjerne 1521, 1633
Blair, Robert 735
Blake, William 1375
Blanc, Louis 1002, 1216, 1289 f.,
    1477
Bleichröder, Gerson 1484, 1557
Blücher, Feldmarschall 1164, 1445
Blum, Robert 1294
Blumenthal, Leonhard, Graf von
    1472
Blumenthal, Oskar 1664
Bluntschli, Johann Kaspar 1400
Boccaccio, Giovanni 222, 247,
    1672
Bodenstedt, Friedrich von 1400
Bodin, Jean 417
Bodmer, Johann Jakob 694, 733
Böckh, August 1132
Böcklin, Arnold 1663, 1676
Böhme, Jakob 442, 446, 1278,
    1624
Bölsche, Wilhelm 1655
Börne, Ludwig 1207, 1264, 1266,
    1406
Böttcher, Johann Friedrich 664 f.
Boileau-Despréaux, Nicolas 438,
    576, 591, 607, 610, 634, 688

Boisguillebert, Pierre Le Pesant,
sieur de 831
Bolivar, Simón 1123
Bonaparte, Joseph 1058, 1071
Bonaparte, Lucian 1081
Bonaventura 222
Bonhomme, Jacques, s. Caillet
Booth, John Wilkes 1435
Bopp, Franz 1137
Borelli 724
Borgia, Cesare 110, 266, 275, 914
Boscovich, Rugjer Josip 1385
Bossuet, Jacques Béningne 27,
590, 592, 655, 688
Bothwell, James Hepburn 448
Boucher, François 268, 664, 666,
853
Boufflers, Chevalier von 750
Bouillon, Herzogin von 688
Boulanger, Georges 1486
Boulle, André Charles 612
Bourbaki, Charles 1472
Bourget, Paul 1631
Boyle, Robert 517, 724
Bracciolini, Francesco 481
Brachvogel, Albert Emil 1521
Brahe, Tycho de 454
Brahm, Otto 1659
Brahms, Johannes 1261, 1519
Brandes, Georg 1141, 1555, 1615,
1632, 1648, 1664
Branly, Édouard 1560
Brant, Sebastian 328, 382
Braunschweig, Karl Wilhelm
Ferdinand, Herzog von 999,
1074
Brehm, Alfred 1357, 1527
Breitinger, Johannes Jakob 694,
733
Brentano, Bettina 1141
Brentano, Clemens 1106, 1141
Breughel, Pieter d. Ä. 1733
Breysig, Kurt 66 f., 72, 90

Dreux-Brézé, Henri-Evrard de
997
Brion, Friederike 863, 873
Brockhaus, Friedrich Arnold
1419
Brougham, Lord 753
Brouwer, Adriaen 524
Brown, Ford Madox 1376
Browning, Robert 1375
Brücke, Ernst 1353
Brühl, Heinrich, Graf 676
Brummel, George Bryan 1162
Bruno, Giordano 262, 442 ff.
Brutus 28, 838, 1095
Bucher, Lothar 1457
Buckle, Henry Thomas 59 f.,
1328, 1330
Buddha 110, 206, 886, 1496,
1624
Büchner, Georg 1273, 1275, 1406
Büchner, Ludwig 1328, 1388 f.
Bülow, Hans von 1657
Bürger, Gottfried August 865,
1045
Buffon, George Louis 778, 1350
Bulthaupt, Heinrich 1509
Bunge, Gustav von 1345, 1347
Bunsen, Robert Wilhelm 105,
1348
Burckhardt, Jakob 29, 36, 265,
914, 916, 1092, 1405, 1619
Burdach, Konrad 213, 222
Burgund, Ludwig, Herzog von
608
Burke, Edmund 1116
Burne-Jones, Sir Edward 52,
1375 f.
Burns, Robert 1224
Busch, Wilhelm 880, 1159, 1412,
1445, 1521, 1524 ff., 1627, 1735,
1751
Bute, Lord 764
Byron, Lord 52, 101, 440, 506,

661, 1015 f., 1124, 1139, 1141,
1158, 1169, 1171 ff., 1185, 1271

Cabanis, Pierre-Jean-Georges
774, 1388
Cabot, John 303
Cabral, Pedro Alvarez 303
Cäsar 28, 34, 36, 105, 188, 349,
719 f., 1661, 1706
Cäsarius von Heisterbach 179
Cagliostro, Alexander Graf von
812, 1049
Caillet, Guillaume 172
Calas, Jean 748
Calderon 241, 435, 507, 560, 562,
564, 1143, 1408, 1521, 1610
Caligula, Gaius Cäsar 110
Calvin, Johann 324 f., 354, 364 ff.,
394, 401, 410, 413
Cambon, Paul 1715
Campanella, Tommaso 464
Canning, George 114, 1124
Caprivi, Leo, Graf 1555, 1577
Caracalla 861
Caracci, Malerfamilie 481
Caravaggio, Michelangelo da 481
Cardano, Geronimo 453
Carlisle, Anthony 1056
Carlos, Infant von Spanien 424
Carlyle, Thomas 27, 37, 50, 66,
106, 337, 533, 703, 926, 977, 992,
1141, 1178, 1220 ff., 1254, 1374,
1383 f., 1399, 1428, 1474, 1482,
1445 f., 1632, 1648
Carnot, Lazare, Graf 1075
Carpaccio, Vittore 1398
Carpeaux, Jean-Baptiste 1324
Carstens, Asmus 972 f., 1413, 1739
Cartesius 1617
Cartwright, Edmund 834
Casanova, Giacomo Girolamo
674, 749, 811
Castan 1658

Castiglione, Baldassare, Graf 269
Castlereagh, Stewart 1116, 1124
Catilina, Lucius Sergius 327
Catinat, Nicolas III. de 595
Cato, Marcus Porcius d. J. 838,
1059
Catull 749
Cavaignac, General 1291, 1297
Cavalieri, Emilio de' 555 f.
Cavalieri, Tommaso dei 264
Cavendish, Henry 779
Cavour, Camillo 1299 f., 1305,
1315 f., 1318
Cecil, Lord 441
Cellini, Benvenuto 480
Celtes, Konrad 314, 382
Cervantes, Miguel de 434, 893
Cézanne, Paul 1629
Chamberlain, Houston Stewart
90, 1513, 1582
Chamberlain, Joseph 1589
Chambord, Heinrich, Graf von
1486
Chamfort, Nicolas Sebastien
840 f., 1638
Champollion, Jean-François 1132
Chantilly, eigentl. Marie Justine
Duronceray 688
Charpentier, Julie von 1045
Chastellain, Georges 29
Chateaubriand, François René
1001, 1133, 1139, 1172
Châtelet, Marquise du 671 f., 676,
753
Chaucer, Geoffrey 149
Chesterton, Gilbert Keith 545
Chigi, Agostino 227, 231
Chladni, Ernst F. F. 783
Chledowski, Kazimierz 812
Choiseul, Herzog von 683
Chopin, Frédéric 1260 f., 1519
Christian von Sonderburg-
Augustenburg 1436 f.

Christian von Sonderburg-Glücksburg 1437
Christine, Königin von Schweden 641
Cicero, Marcus Tullius 34, 246 ff., 252 f., 349, 719, 917
Cimabue 78, 221
Cincinnatus, Lucius Quinctius 1059
Clairon, eigentl. Claire-Josèphe Léris 852, 1321
Claesz, Pieter 525
Clas, Kupferstecher 1016
Claudius, Kaiser 30
Clauren, Heinrich 1161
Clausewitz, Karl von 1590
Clemenceau, Georges 1572
Clemens XII., Papst 704
Clemens XIV., Papst 808
Clément, Jacques 419
Clive, Robert 730
Cloots, Anacharsis 994
Cobden, Richard 1213
Cochläus, Johannes 394
Cohen, Hermann 1603
Coiter, Volcher 453
Colbert, Jean Baptiste 578, 593, 604 ff.
Colding, Ludwig August 1264
Coleridge, Samuel Taylor 475
Collins, Anthony 735
Colonna, Vittoria 264
Columbus, s. Kolumbus
Comenius, Johannes Amos 516
Comte, Auguste 59, 1199, 1202, 1327 f., 1387, 1496, 1601, 1721
Condé, Louis, Prinz von 593, 595, 675
Condillac, Etienne Bonnot de 774 f., 1389, 1599
Conrad, Michael Georg 1655
Conrad, Paula 1654
Conradi, Hermann 1656

Constable, John 1534
Constant de Rebecque, Benjamin 1172
Cooper, James Fenimore 1140
Coquelin, Benoît Constant 66
Corneille, Pierre 609, 613, 634, 675, 747, 1633
Cornelius, Peter von 1164, 1209, 1272, 1402, 1413
Corot, Camille 1535
Correggio, Antonio Allegri 971
Cortez, Hernando 305 f.
Corti, Egon Cäsar 1357
Costa, Uriel da 538
Cotta, Johann Friedrich 1032
Coué, Emile 1747
Courbet, Gustave 1536
Courtois, Bernard 1057
Cousin, Victor 1358
Couture, Thomas 1412
Cramer, Madame 675
Cranach, Lucas 389, 392, 394
Crébillon fils 670
Crell, Nikolaus 413
Créqui, Marquise von 860
Crispi, Francesco 1580
Cristofori, Bartolomeo 702
Croce, Benedetto 1096
Cromwell, Oliver 34, 324, 503, 531 ff., 628, 1464, 1492, 1595
Curie, Pierre und Marie 1561
Curtius, Ernst 913, 1397
Curtius, Marcus 599
Cusa, Alexander 1306
Cusanus, Nikolaus 193, 1174
Cuvier, Georges 1057, 1137, 1244, 1328, 1332 f., 1339, 1721
Cyrus der Ältere 949

Dacheröden, Karoline von 1045
Dacqué, Edgar 1353
Daguerre, Louis Jacques 1250

Dahlmann, Friedrich Christoph
1292
Dahn, Felix 1639
Dalberg, Freiherr von 876, 1013
Dalton, John 780
Danew, Stojan 1710
Dannecker, Johann Heinrich von
1108
Dante Alighieri 37, 86, 110, 202,
221 ff., 256, 279, 403, 439, 506,
750, 904, 1063, 1081, 1147, 1202,
1365, 1683
Danton, Georges 110, 992 ff.,
1004, 1012
Darnley, Henry Stuart 448
Daru, Pierre Antoine 1469
Darwin, Erasmus 466, 1333
Darwin, Charles, 70, 466, 1274,
1331 ff., 1353, 1387, 1390, 1699,
1721
Daubigny, Charles-François
1194, 1535
Daumier, Honoré 1194 f., 1197,
1201, 1629, 1671
Daun, Leopold 722, 765 f.
Davenant, William 634
David, Jacques Louis 994 f., 1062
Davy, Sir Humphrey 1056
Deák, Franz 1452
Debussy, Claude 1672
Deffand, Mme du 755, 769, 774,
844
Defoe, Daniel 731
Defregger, Franz von 49, 1506
Degas, Edgar 1539, 1738
Delacroix, Eugène 1166, 1194,
1254, 1257 f., 1377, 1413, 1521
Delaroche, Paul 1258, 1521
Demetrios Poliorketes 936, 957
Demokrit 756
Demosthenes 99, 244, 661, 919,
1158, 1397
Descartes, René 45, 122, 352,

506 f., 519, 538, 569, 575, 581 ff.,
607 ff., 614, 641, 651, 773, 777,
1010, 1361, 1415, 1521, 1540,
1601, 1752
Desmoulins, Camille 992 f.
Devrient, Eduard 477
Diaz, Bartolomeo 301
Dickens, Charles 1220
Diderot, Denis 654, 666, 741, 767,
771 ff., 825, 841, 844, 848, 853,
1326, 1669
Diebitsch-Sabalkanskij, Iwan
Iwanowitsch 1206
Diez, Friedrich 1137
Dikaiarch aus Messene 938
Dilthey, Wilhelm 443
Diogenes 953, 956, 1415
Disraeli, Benjamin 1300
Döllinger, Ignaz 1293
Dönhoff, Gräfin 814
Doppler, Christian 1349
Dostojewski, Fjodor 106, 110,
645, 1025, 1081, 1304, 1311,
1546 ff., 1621, 1626, 1630
Drake, Sir Francis 450, 452
Draper, John William 1212
Drews, Arthur 1119
Driesch, Hans 1336
Drouyn de Lhuys 1299
Droysen, Johann Gustav 1292,
1396 f.
Dryden, John 149, 620, 634
Dubarry, Jeanne 687, 852
Dubois, Kardinal 684
Dubois-Reymond, Emil 913,
1335, 1344 ff., 1351
Dühring, Eugen 1247, 1495 ff.,
1597
Düntzer, Heinrich 1687
Dürer, Albrecht 391 f., 870,
1503
Dumas, Alexander, der Ältere
1101, 1256, 1258, 1325

Dumas, Alexander, der Jüngere
994, 1325
Dumas, Jean Baptiste 1346, 1351
Dumouriez, Charles François
999, 1077
Duncker, Karl 1292
Duni, Egidio Romoaldo 702
Duns Scotus, Johannes 133 f., 249
Dunstaple, John 196
Duris aus Samos 938
Duse, Eleonora 1666, 1705
Dutrochet, Henri 1152
Dyce, William 1374
Dyck, Anton van 529
Dynter, Edmund 170

Ebers, Georg 1397, 1405
Echtermeyer, Theodor 1234
Eck, Johannes 394
Eckermann, Johann Peter 75, 77,
1030, 1079
Eckhart, Meister 199, 201, 206,
208, 210
Edelmann, Johann Christian 736
Edison, Thomas Alva 403, 1531
Eduard VI. von England 447
Eduard VII. von England 763,
1592
Edwards, Jonathan 1380
Egelhaaf, Gottlob 1716
Egmont, Lamoral Graf von 426
Ehrlich, Paul 98
Eichendorff, Josef, Frh. von 1087,
1138, 1141 f., 1156
Eichhorn, Karl Friedrich 1130
Einhard 917
Einstein, Albert 909, 1496, 1721,
1724
Eimer, Theodor 102
Ekhof, Konrad 1267
Ekkehard 917
d'Elcano, Sebastian 305
Elgin, Lord 1058

Elisabeth von England 409, 417 f.,
433, 437, 441, 447 f., 450 f., 454,
458, 836, 1382
Elisabeth, Kaiserin von Öster-
reich 1321
Elisabeth von Rußland 764, 766
Emerson, Ralph Waldo 38, 75,
439, 470, 801, 813, 977, 1030,
1079, 1382 ff., 1408, 1431
Empedokles 954
Engel, Johann Jakob 788, 792
Engels, Friedrich 1390
Epaminondas 721
Epiktet 935
Epikur 756, 934, 940, 956, 1643
d'Epinay, Madame 770, 848 f.
Erasmus von Rotterdam 330, 334,
382 f., 385, 389, 464
Eratosthenes 939
Erman, Adolf 1132
Ernst Ludwig von Hessen 636
Ernst, Otto 1655
Eschenburg, Johann Joachim 873
l'Espinasse, Mlle. de 769
Essex, Robert Devereux, Graf
441, 448, 451 f., 458 f., 472
Eßlair, Ferdinand 1266
Eugen von Savoyen 602, 640, 700,
719
Eugenie, Kaiserin von Frankreich
1301, 1319
Euhemeros 956
Euklid 938
Euler, Leonhard 783, 1559
Euripides 41, 609, 749, 932 f., 948,
958, 962, 1404, 1517, 1666, 1668,
1734
Exner, Franz 909
Eyck, Hubert van 208
Eyck, Jan van 208, 1675

Fabius 838, 1565
Faguet, Emile 1364

Fahrenheit, Gabriel 723
Falkenberg, Dietrich von 492
Faraday, Michael 73, 1245 f., 1529, 1559
Faust 35, 178, 315 ff.
Favart, Charles Simon 688
Favre, Jules 1471, 1477
Fechner, Gustav Theodor 1353, 1356
Fénelon, Francis de Salignac de La Mothe 608
Ferdinand von Bulgarien 1485, 1708
Ferdinand I., deutscher Kaiser 432
Ferdinand I., Kaiser von Österreich 1189, 1295, 1318
Ferdinand II., deutscher Kaiser 490, 494, 502, 828
Ferdinand VII. von Spanien 1122
Fernow, Karl Ludwig 1063
Ferronière, La 314
Ferry, Jules 994
Fester, Richard 1022
Feuerbach, Anselm, Archäologe 1412
Feuerbach, Anselm, Maler 1051, 1411, 1677
Feuerbach, Karl Wilhelm 1412
Feuerbach, Ludwig 1242 f., 1387, 1389, 1411, 1496
Feuerbach, Paul Johann Anselm von, Strafrechtler 1242, 1411
Feuillet, Octave 1665
Fichte, Johann Gottlieb 1013, 1050 ff., 1115 f., 1173, 1176, 1254, 1406, 1408, 1414 f., 1424, 1557
Ficino, Marsilio 248
Fielding, Henry 835
Fieschi, Joseph Marco 1205
Filmer, Robert 630
Finck, Friedrich August 766
Fischart, Johann 383, 391

Fischer von Erlach 640
Fischer, Kuno 1179, 1414, 1416, 1423
Flammarion, Camille 1533
Flaubert, Gustave 1362 ff., 1372, 1405, 1540, 1543, 1674
Flaxman, John 1164
Fleury, Kardinal 686, 689, 709, 744
Fließ, Wilhelm 88 f., 1338
Fontane, Theodor 1507, 1657 f., 1668 f., 1676
Forster, Georg 826, 986, 1005
Fouqué, Friedrich de la Motte 1141
Fourier, Charles 1167 f.
Fragonard, Honoré 853
France, Anatole 1698
Francillon 1654
Franck, Sebastian 206, 343, 368 ff., 392
Franklin, Benjamin 724, 731, 838
Franz von Assisi 110, 1381, 1624
Franz I., deutscher Kaiser 690
Franz I. von Frankreich 235, 314, 372 f., 438, 688
Franz II., deutscher Kaiser 375
Franz II., Kaiser von Österreich 376, 1108, 1125, 1449
Franz Ferdinand, Erzherzog 1712
Franz Joseph I., Kaiser von Österreich 375, 1295 f., 1298, 1317 f., 1322, 1435, 1444, 1446, 1449, 1452 f., 1577, 1594
Fraunhofer, Joseph von 73, 1152, 1348
Freidank 179
Freiligrath, Ferdinand 1401, 1522
French, Sir John 1593
Freud, Sigmund 95, 547, 945, 1678, 1699 f., 1721, 1747, 1750 ff., 1753
Freytag, Gustav 64, 1070, 1403 f.

Friedrich I., deutscher Kaiser
191
Friedrich II., deutscher Kaiser
185, 188 ff.
Friedrich III., deutscher König
und Kaiser (1440–1493) 170
Friedrich III., König von Preußen
und deutscher Kaiser
(1831–1888) 1442, 1470, 1555,
1573
Friedrich I. von Preußen 606,
692, 1208
Friedrich der Große 34, 100, 327,
599, 606, 654 f., 661, 663, 676,
689, 693, 699, 703 f., 706 ff.,
718 ff., 744 ff., 763 ff., 774, 783,
807 f., 813, 815 ff., 859, 886,
984 f., 1074, 1208, 1231 f., 1399,
1425 ff., 1439, 1464, 1572, 1574,
1706, 1717
Friedrich von Augustenburg 1437
Friedrich VII. von Dänemark
1436 f.
Friedrich der Schöne 138
Friedrich der Weise 372
Friedrich Karl, Prinz 1447, 1470
Friedrich Wilhelm, der Große,
Kurfürst 639
Friedrich Wilhelm I. von Preußen
591, 606, 704, 706 f., 717, 1210,
1267
Friedrich Wilhelm II. von
Preußen 699, 813 f., 884
Friedrich Wilhelm III. von
Preußen 1131
Friedrich Wilhelm IV. von
Preußen 1208, 1261, 1293, 1573
Fröbel, Friedrich 1217
Froissart, Jean 148
Fromm, Henriette 1045
Führich, Joseph 1063
Fulda, Ludwig 1136
Fux, Johann Josef 701

Gablenz, Ludwig, Frhr. von 1437
Galen 295, 1154
Galiani, Fernando 775, 905
Galilei, Galileo 152, 352, 444,
455 ff., 466 f., 581, 626, 1247,
1328, 1413, 1702
Gall, Franz Joseph 1154
Galvani, Luigi 781 f., 1346
Gambetta, Léon 1471
Garibaldi, Giuseppe 1318, 1450
Garrick, David 1063
Garrison, William Lloyd 1431
Garve, Christian 792
Gassendi, Pierre 588
Gassner, Johann Joseph 811
Gast, Peter 1615, 1618, 1620
Gauß, Karl Friedrich 467, 909,
1249, 1496
Gautier, Théophile 1255, 1373
Gavarni, Paul 1194
Gay, John 729
Gay-Lussac, Louis Joseph 913,
1151, 1351, 1529
Geibel, Emanuel von 1400, 1522
Geiler von Kaisersberg 152, 179
Gellert, Christian Fürchtegott
693, 695, 732, 854, 1269
Genelli, Bonaventura 1164, 1739
Gentz, Friedrich 1012, 1108 f.,
1113, 1121, 1125 f.
Geoffrin, Madame 769
Geoffroy de Saint-Hilaire,
Étienne 1333
Georg I. von England 729
Georg II. von England 729, 764
Georg III. von England 764
George, Stefan 926, 1704
Gérard, Balthasar 418
Gerbert 917
Gerhardt, Paulus 504
Gerson, Johannes von 173
Gerstenberg, Heinrich Wilhelm
853, 862

Gervinus, Georg Gottfried 1292

Gesner, Konrad 293

Geulinx, Arnold 589

Giesebrecht, Wilhelm von 1400

Gilbert, William 22, 454, 466

Giotto di Bondone 78, 221, 223

Girardi, Alexander 660, 695

Girardin, Émile de 1191

Girardon, François 599

Gladstone, William Ewart 1475, 1482

Glauber, Johann Rudolf 517

Gleim, Johann Wilhelm Ludwig 694, 862

Gluck, Christoph Willibald 881 ff., 972, 1509 ff.

Gneisenau, August 1164, 1445

Görres, Joseph von 1112, 1132, 1137

Goes, Hugo van der 167

Göschen, Georg Joachim 1015

Goethe, Johann Wolfgang 29, 34 ff., 62, 65, 73, 75, 77 f., 95, 109, 241, 273, 318 f., 322, 327, 352, 380, 463, 466, 507, 673, 695, 713, 741 f., 762, 766, 781, 785 ff., 800 f., 827, 853, 855 f., 859, 862 f., 865, 870 ff., 925, 952, 960 f., 972, 977, 979, 1015, 1017, 1019 ff., 1027 ff., 1047, 1063 f., 1066, 1078 f., 1082, 1098, 1133, 1135, 1146 ff., 1159, 1171, 1178, 1200, 1225, 1261, 1267, 1408 f., 1463 f., 1521, 1528, 1626, 1633 f., 1669, 1705

Gogh, Vincent van 105, 1556, 1629

Gogol, Nikolaj Wassiljewitsch 1311

Goldoni, Carlo 670

Goldsmith, Oliver 635, 834

Gomarus, Franz 415

Goncourt, Edmond de 269, 1324, 1466, 1473, 1543 f., 1621

Goncourt, Jules de 1324, 1543 f., 1621

Gongora y Argote, Luis de 346

Gontscharow, Iwan Alexandro- witsch 1312, 1314

Gorkij, Maxim 1275

Gortschakow, Alexander Michaj- lowitsch 1474 f., 1486

Gottsched, Johann-Christoph 693 ff., 733, 789, 1269, 1639

Gounod, Charles 738, 1324

Goya y Lucientes, Francisco José de 1064, 1066, 1168, 1194, 1534, 1629

Gozzi, Carlo 733

Gozzoli, Benozzo 263

Grabbe, Dietrich Christian 1138, 1273

Gracian, Balthasar 562

Graham, Thomas 1152

Gramont, Herzog von 1456 f., 1459, 1469

Gramont, Herzogin von 683

Grant, Ulysses Simpson 1434

Gray, Thomas 735

Greco, El 29, 563, 1521, 1629

Greene, Robert 451

Gregor IX., Papst 191

Grein, Jack Thomas 1682

Gresham, Sir Thomas 453

Grétry, André E. M. 98

Greuze, Jean Baptiste 853

Grew, Nehemia 626

Grey, Edward 1713, 1715

Griepenkerl, Robert 1259

Grigorowitsch, Dimitrij 1312

Grillparzer, Franz 1142 ff., 1690

Grimberger, Christoph 457

Grimm, Baron 848

Grimm, Herman 271, 273, 940, 1015, 1471

Grimm, Jacob 346, 1108, 1133, 1136 f., 1159, 1248, 1252, 1292
Grimm, Wilhelm 1133, 1136, 1159
Grimmelshausen, Hans-Jakob 498, 857
Groote, Gerhard 203
Grotefend, Georg Friedrich 1132
Grotius, de Groot, Hugo 414 f., 417, 519, 522 f.
Grün, Anastasius 1292
Gryphius, Andreas 510, 514
Guarneri, Geigenbauerfamilie 702
Guéricault, Théodore 1166 f., 1194
Guericke, Otto von 517, 655
Guiccoli, Gräfin 1173
Guilbert, Yvette 1705
Guise, Franz von 419
Guise, Heinrich von 458
Guizot, François 1287, 1289
Gundolf, Friedrich (Pseud. Gundelfinger) 277, 516, 1704
Gurlitt, Cornelius 1402
Gusman, Lorenz 723
Gustav Adolf II. von Schweden 492 ff., 501
Gutenberg, Johannes 297, 316, 343 f.
Gutzkow, Karl 1209, 1265 ff., 1286, 1403, 1407, 1518
Gyulai, Franz, Graf 1317

Haase, Friedrich 1268
Haeckel, Ernst 336, 889, 1335, 1342 f., 1352, 1618, 1740
Händel, Georg Friedrich 506, 558, 702 f., 1261
Hahnemann, Samuel 1155
Hahnke, Wilhelm von 1577
Hales, Stephan 723
Hall, Asaph 1532

Haller, Albrecht von 725, 728, 777, 1563
Haller, Karl Ludwig von 1131
Halley, Edmund 457
Halm, Friedrich 1278, 1401, 1518, 1522
Hals, Frans 523
Halske, Johann Georg 1557
Hamann, Johann Georg 444, 796, 867 ff., 906, 1106
Hamsun, Knut 1275, 1556, 1665, 1684
Hanka, Wenzeslaus 1133
Hannibal 1272, 1565
Hansemann, David Paul 105
Hardenberg, Friedrich von 1107
Harmodios 946
Harnack, Adolf 332, 344
Hart, die Brüder 1655
Hartmann, Eduard von 1240, 1494 f., 1521
Harvey, William 466, 518, 777
Hase, Karl von 504, 1238
Hauptmann, Gerhart 36, 51, 1216, 1556, 1639 ff., 1656 ff., 1663 f., 1669
Haußmann, Georges Eugène 1302
Hawkins, John 452
Haydn, Joseph 881, 883 f., 1261
Haym, Rudolf 1046, 1423
Haynau, Julius Jakob 1294
Heathcoat, John 1191
Hebbel, Christine 1321
Hebbel, Friedrich 1406 ff., 1518, 1523, 1611, 1623, 1643
Hébert, Jacques René 1002, 1012
Hegel, Georg Wilhelm Friedrich 44, 58, 72, 75, 193, 501, 1055, 1173 ff., 1195, 1233 ff., 1242, 1252, 1263, 1286, 1308, 1387 f., 1392, 1408, 1410, 1415, 1465, 1494, 1557, 1603, 1632, 1731

Hegesias 959
Heimann, Moritz 324
Heine, Heinrich 889, 893, 1041,
 1141, 1160, 1185, 1217, 1260 f.,
 1266, 1269 ff., 1395, 1401, 1406,
 1682
Heine, Theodor Thomas 1692
Heinrich VI. von England 170
Heinrich VII. von England 449
Heinrich VIII. von England 372,
 415, 447, 631
Heinrich III. von Frankreich 418
Heinrich IV. von Frankreich 418,
 433, 436, 441, 502, 576, 1163
Heinrich der Seefahrer 300 f.
Heinse, Wilhelm 968
Heinsius, Anthony 519
Hele, Peter 293
Helmholtz, Hermann von 105,
 1247, 1344, 1353, 1355, 1357,
 1496, 1498, 1562
Helmolt, Hans F. 1716
Helmont, Johann Baptist von
 453, 1350
Helvetius, Claude Adrien 774
Heming, Edward 633
Hemsterhuis, Franz 1047
Henriot, François 1006
Hephästion 946
Heraklit 244, 886, 954, 956, 959,
 1178
Hérault de Séchelles, Marie Jean
 994
Herbart, Johann Friedrich 1217
Herder, Johann Gottfried von 36,
 55 ff., 62, 353, 823, 827, 862,
 869 f., 893, 913, 968, 1012, 1064,
 1106, 1138
Hering, Ewald 1357
Herodes 370
Herodot 36, 39, 54, 148, 291, 919,
 951, 955
Heron 939

Herondas aus Kos 938
Herschel, Sir William 782, 1244
Hertz, Heinrich 1559 f.
Hervé, Gustave 1323
Herwarth von Bittenfeld 1438,
 1447
Herwegh, Georg 1209, 1211, 1263,
 1266
Herz, Henriette 1045
Herzen, Alexander Iwanowitsch
 1312
Hesiod 955
Heß, Freiherr von 1296, 1317
Hettner, Hermann 1027
Heyne, Christian Gottlob 972
Heyse, Paul 1401, 1405, 1522,
 1654, 1656
Hieron von Syrakus 936
Hildebrand, Lukas von 640
Hill, Rowland 1212
Hipparch 946
Hippokrates 262, 958
Hirschel, Abraham 744
Hobbes, Thomas 536 f., 593, 655
Hödel, Max 1479
Hölderlin, Friedrich 105, 1012,
 1046
Hoensbroech, Graf von 397
Hörbiger, Hans 1725 f.
Hötzendorf, Conrad von 1709
Hoff, Jakobus Hendrikus van't
 1531
Hoffmann, E. Th. A. 1157
Hoffmann von Fallersleben 1192,
 1211
Hoffmann, Friedrich 724
Hoffmann, Heinrich 1401
Hofmannsthal, Hugo von 1688,
 1692
Hogarth, William 734
Hohenegg, Matthias Höe von
 504
Hohenfels, Stella 1691

1797

Holbach, Paul Heinrich 775 f.,
1389
Holbein, Hans 100, 447
Holberg, Ludwig Frhr. von 695,
732, 1632
Holz, Arno 1655 f., 1660
Homann, Johann Baptist 723
Homer 37, 41, 101, 244, 246, 248,
492, 661, 720, 749 f., 861, 916,
919, 935, 941, 951, 955, 960, 963,
1104, 1133 ff., 1164, 1275, 1617,
1637
d'Hondecoeter, Melchior 725
Horaz 916
d'Houdetot, Gräfin 849
Houwald, Christoph E. 1142
Huch, Ricarda 1104
Hughes, David Edward 1530
Hugo, Victor 66, 506, 1118,
1254 ff., 1298, 1476 f., 1545
Hugo v. Sankt Victor 121
Huizinga, Johan 172
Humboldt, Alexander von 1152,
1209, 1557
Humboldt, Wilhelm von 62, 913,
1045, 1063, 1100, 1108, 1137, 1557
Hume, David 737 f., 847, 861,
894, 1331, 1389, 1415, 1597, 1689
Hunt, Holman 1375 f.
Huret, Jules 1695
Huss, Johannes 169, 175
Hutcheson, Francis 736
Hutten, Ulrich von 232, 314, 326,
330, 378, 1684
Hutton, James 778
Huxley, Thomas 1328, 1335, 1337
Huygens, Christian 626 f., 774,
1057, 1558
Huysmans, Joris Karl 1694
Huysum, Jan van 525

Ibsen, Henrik 32, 41, 76, 241, 278,
478, 506, 611, 713, 733, 772, 798,

866, 926, 1025, 1104, 1144 f.,
1255, 1365 f., 1379, 1398 f., 1411,
1417 ff., 1496, 1518 f., 1521, 1523,
1556, 1610, 1614, 1631 ff., 1639 ff.,
1644 ff., 1648 f., 1652 f., 1656,
1663, 1665, 1668 f., 1685, 1690,
1701
Ibrahim Pascha 1210
Iffland, August Wilhelm 771,
823, 879, 103, 1016, 1161
Ignatius von Loyola 419
Ihering, Rudolf von 1492
Immermann, Karl 1120, 1138,
1141, 1173, 1261 f.
Ingres, Jean-Auguste-Dominique
219, 1191, 1258
Institoris, Heinrich 395
Isabey, Jean-Baptiste 1108
Israels, Jozef 1676
Iturbide, Augustin de 1123
Iwan VI. 704
Iwan der Große 643
Iwan der Schreckliche 643

Jacobi, Friedrich Heinrich 869 ff.,
906 f., 911
Jacobi, Moritz Hermann 1246
Jacquin 612
Jahn, Friedrich Ludwig 1108,
1121, 1292
Jakob I. von England 418, 448,
451, 458, 475, 529, 537
Jakob II. von England 600, 630 ff.
Jakobus der Große, Apostel 360
James, William 1595
Jansen, Cornelius 570
Jansen, Zacharias 455
Jean Paul 1012, 1044, 1225
Jeanne d'Arc 29, 171, 750, 942,
1624
Jeffreys, Sir George 630
Jenner, Edward 785
Jensen, Johannes Vilhelm 382

Jentsch, Karl 1391
Jerusalem, Karl Wilhelm 875
Jesaias 249
Jesus Sirach 351
João II. von Portugal 301
Joffre, Joseph Jacques 1592
Joahnna die Wahnsinnige 424
Johannes XXII., Papst 199
Johannes der Evangelist 404
Johannes von Nepomuk 170
Johannes der Täufer 394
John, Frhr. v. 1443
Johnson, Samuel 634, 728, 733, 861
Jonge, Moriz de 795
Jonson, Benjamin 470, 474
Jordaens, Jakob 524
Jordan, Wilhelm 1292, 1401
Joseph II., deutscher Kaiser 151, 375, 709, 814 ff., 822, 824 f., 830, 1125, 1215, 1307, 1435, 1449
Jost von Mähren 138
Joule, James Prescott 73, 1246
Juárez, Benfito 1436
Julian, Kaiser 1209
Julius II., Papst 232, 314
Juvenal 667

Kändler, Joachim 665
Kahler, Erich von 374
Kainz, Josef 929, 1508, 1690
Kaiphas 176, 538
Kaiser, Georg 1668
Kalb, Charlotte von 1028
Kalidasa 1104, 1668
Kallimachos 937
Kant, Immanuel 62, 78, 80, 101, 286, 352, 462, 507, 661, 694, 703, 713, 725, 738, 762, 773, 778, 780, 785, 800, 813, 886 ff., 927, 976, 1001, 1013, 1031, 1035, 1051, 1055, 1150, 1159, 1179. 1181, 1385 f., 1419 f., 1424, 1428, 1464,

1496, 1603, 1618, 1632, 1637, 1647, 1726, 1735
Karl IV., deutscher Kaiser 168
Karl V., deutscher Kaiser 235, 314, 367, 371 ff., 376 f., 432, 824, 1456
Karl VI., deutscher Kaiser 603, 690, 700
Karl I. von England 529, 531, 537, 628, 997
Karl II. von England 537, 628, 630, 632
Karl I., Kaiser von Österreich 378
Karl VI. von Frankreich 170
Karl VII. von Frankreich 29
Karl X. von Frankreich 978, 1117, 1191, 1203, 1301, 1486
Karl XII. von Schweden 642, 708
Karl, Erzherzog 1070, 1107, 1443, 1449
Karl Albert von Sardinien 1294
Karl August von Weimar 863, 1107
Karl der Große 100, 2434, 395, 661, 917, 1138, 1167, 1521
Karl der Kühne 29
Karl von Hohenzollern-Sigmaringen 1306
Karlstadt (eigentl. Andreas Bodenstein) 367
Katharina II., die Große 644, 708, 764, 783, 808, 814, 822, 825
Kauffmann, Angelika 873
Kaulbach, Wilhelm von 1272, 1507
Kaunitz, Wenzel Anton, Graf von 676, 763, 819
Keller, Gottfried 1405, 1655
Kempis, Thomas a 203
Kent, William 727
Kepler, Johannes 397, 441, 454 ff., 466 f., 1562

Kerr, Alfred 1627
Kestner, Johann Georg Christian 871
Kestner, Charlotte 871, 873
Kierkegaard, Sören 1238, 1632
Kipling, Rudyard 1578
Kirchhof 1070
Krichhoff, Robert 1348, 1469
Kirejewski, Iwan 1310
Kitchener, Lord 1579
Kjellén, Rudolf 1716
Klapka, Georg 1450
Klaproth, Martin 1153
Kleist, Heinrich von 651, 772, 885, 1145 ff., 1156, 1508, 1652, 1685
Klemperer, Viktor 1325
Klenze, Leo von 1164
Klimt, Gustav 926
Klinger, Friedrich Maximilian 862, 864, 1012
Klopstock, Friedrich 696, 728, 862 f., 919, 1012
Knaus, Ludwig 1413
Knigge, Adolf, Frhr. von 809
Knox, John 416
Kobenzl, Philipp Graf von 822
Koch, Joseph Anton 1164
König, Friedrich 1191
Königsmark, Aurora von 688
Köpke, Rudolf 1104
Körner, Christian Gottfried 58, 829, 877 f., 1013, 1019, 1024, 1027
Kolschitzky, Georg Franz 620
Kolumbus, Christoph 302 f.
Konfuzius 886
Konstantin, Großfürst 1122
Kopernikus, Nikolaus 298 f., 457, 900 f., 1332, 1699, 1721
Kossuth, Ludwig von 1294
Kotzebue, August von 771, 823, 1013, 1016, 1120 f., 1147, 1161, 1225

Kraus, Karl 213
Krause, Karl Christian Friedrich 1173
Krauß, Werner 1705
Kraußneck, Arthur 1657
Kreutzer, Konradin 1156, 1520
Krismani , Gideon von 1444 f.
Krüger, Paul 1588
Krünitz Johann Georg 1031
Ktesibios 939
Kühn, Sophie von 1045, 1613
Kürnberger, Ferdinand 188, 1127, 1144, 1264
Kuh, Emil 1278
Kullmann, Eduard 1481
Kuroki, General 1585

La Bruyère, Jean de 615
Lachmann, Karl 1133 ff.
Lafayette, Joseph Marquis de 838, 998, 1059, 1204, 1206
Lafontaine, Julius 1161
Lagarde, Paul de 359, 1316, 1490, 1625
Lagrange, Joseph Louis 784
Laïs 101
Lamarck, J. B. Antoine 1058, 1332, 1347
Lamartine, Alphonse de 1211, 1289
Lamb, Charles 1140
Lambert, Johann Heinrich 724
Lamettrie, Julien Offray de 746, 773
Lamprecht, Karl 64 ff., 72, 1661
Lange, Friedrich Albert 1491
Langbehn, Julius 1606
Langley, Batty 727
Lanner, Joseph 1322
Laotse 1167
Laplace, Pierre Simon 783, 1726
Laroche, Karl von 1045

La Rochefoucauld, Herzog von 614 ff., 740, 1415
Lassalle, Ferdinand 333, 1390, 1392, 1394 f.
Laube, Heinrich 100, 1208, 1269, 1277, 1292, 1507 f., 1641, 1654
Laud, William 530
Laudon, Gideon Ernst 766, 820
Laukhard, Magister 857
Lauraguais, Graf von 840
Lauzun, Antoine Nompar de Caumont 600
Lavallière, Madame de 601
Lavater, Johann Kaspar 853, 855, 858, 863
Lavoisier, Antoine Laurent 779 f., 843, 1006, 1328, 1563
Law, John 684 ff., 740, 769
Leberghe, Charles van 1694
Leboeuf, Edmond 1468
Lebrun, Charles 267, 612
Leconte de Lisle 1373, 1692
Lecouvreur, Adrienne 688
Lee, Robert Edmund 1433 f.
Leeuwenhoek, Antonius 626
Leibl, Wilhelm 1556, 1675
Leibniz, Gottfried Wilhelm 55, 193, 443, 591, 653 ff., 607, 703, 749, 777, 803, 886, 1174, 1303, 1389, 1416, 1722, 1752
Leicester, Graf von 448
Leisewitz, Johann Anton 799, 862, 864
Lemaître, Jules 1366
Lenau, Nikolaus 105
Lenbach, Franz von 100, 1506
Lenin, Wladimir Iljitsch Uljanow 644, 1743
Lenôtre, André 598
Lensing, Elise 1408
Lenz, Jakob Michael Reinhold 862 f.
Leo X., Papst 232 f., 272, 277, 314

Leoncavallo, Ruggiero 1681
Leonidas 1000
Leopardi, Giacomo 1140
Leopold I., deutscher Kaiser 603 f.
Leopold II., deutscher Kaiser 822, 882, 1111, 1449
Leopold I. von Belgien 1206
Leopold II. von Belgien 1488
Leopold von Hohenzollern-Sigmaringen 1456
Leopold Eberhard, Herzog von Württemberg 692
Lermontoff, Michail Jurjewitsch 1172
Leroux, Pierre 1215
Lesczinski, Stanislaus 690
Lessing, Gotthold Ephraim 45, 51, 56, 125, 347, 695, 744, 751, 767, 777, 789, 794, 796 ff., 804 ff., 827, 854 f., 862, 870, 873, 886, 968, 972, 1145, 1178, 1311, 1465, 1620, 1634, 1669
Lessing, Karl Friedrich 1272
Lessing, Theodor 1098 f.
Levasseur, Therese 849
Leverrier, Urbain Jean Joseph 1244
Levin, Rahel 1107
Levy-Brühl, Lucien 287
Lewinsky, Joseph 100, 1691
Liancourt, Herzog von 974
Lichtenau, Gräfin 814
Lichtenberg, Georg Christoph 101, 265, 799 ff., 828, 859, 893, 1158, 1168, 1178
Lieberkühn, Johann Nathanael 724
Liebermann, Max 1556, 1676
Liebig, Justus von 1153, 1248 f., 1347, 1387, 1400
Lieven Dorothea, Fürstin von 1126

Ligne, Prince de 825
Liliencron, Detlev 1556
Lillo, George 732
Lilly, John 436
Lincoln, Abraham 1434
Lindau, Paul 1522
Linné, Karl von 453, 726, 1332
Leonardo da Vinci 77, 100, 263, 265, 272, 467, 1158
Lippershey, Hans 455
Liselotte von der Pfalz 600, 683
List, Friedrich 1068, 1218 f.
Lister, Joseph 1355
Liszt, Franz 1260, 1519
Liudprand von Cremona 374
Livius, Titus 916
Lloyd George, David 1717
Lobe, Theodor 1657
Lochner, Stefan 208
Locke, John 606, 635 f., 761, 788, 911, 1331, 1389, 1415, 1597, 1599
Loeb, Jacques 99, 1744
Lohenstein, Daniel Kaspar 514
Lombroso, Cesare 104, 107
Longland, William 185
Lope de Vega 435, 560
Lorentz, Hendrik Antoon 1562
Lorrain, Claude 611
Lortzing, Albert 1156
Lotze, Rudolf Hermann 913, 1704
Louis Ferdinand, Prinz von Preußen 1045
Louis Napoleon s. Napoleon III.
Louis Philippe, gen. Egalité 995
Louis Philippe, König der Franzosen 187, 995, 1191, 1204, 1211, 1289, 1302, 1397, 1486
Louvet, de Couvray 992
Louvois, François Michel Le Tellier 595
Lowell, Percival 1533

Loyola, Ignatius von 419, 421, 564
Lucian 749
Ludendorff, Erich 1572
Ludwig, Otto 1024, 1406 f., 1411, 1518
Ludwig, Kanzler von 617
Ludwig I., König von Bayern 1012, 1164, 1209, 1293
Ludwig II., König von Bayern 824, 1399, 1475
Ludwig IV., der Bayer, deutscher Kaiser 138
Ludwig XI. von Frankreich 172, 183
Ludwig XIII. von Frankreich 576, 618
Ludwig XIV. von Frankreich 57, 69, 243, 267, 503, 574, 576, 580 f., 691 ff., 606 ff., 614 ff., 632, 637, 640, 645 f., 654, 663, 675, 682 ff., 688, 741, 821, 918, 867, 979, 981, 1115, 1167, 1253, 1303, 1331, 1440, 1522
Ludwig XV. von Frankreich 684, 688 f., 744, 831, 852
Ludwig XVI. von Frankreich 768, 974, 1000, 1116, 1203
Ludwig XVIII. von Frankreich 978, 1109, 1116, 1163, 1191, 1203
Ludwig Philipp von Orléans s. Louis Philippe
Luise, Königin von Preußen 1164
Lukrez 756
Lully, Jean Baptiste 613, 702, 882
Luther, Käthe 400
Luther, Margarete 394
Luther, Martin 34, 106, 190, 203, 206, 269, 272, 298, 315, 322, 327, 330 ff., 360 f., 365 ff., 378, 380, 383, 394, 399 ff., 419, 760, 913, 966, 976, 1239, 1254, 1272, 1425,

1464 ff., 1503, 1574, 1618, 1626, 1630, 1648
Luxembourg, Herzog von, Marschall von Frankreich 595
Lyell, Sir Charles 1244, 1334, 1337
Lysander 188
Lysipp 932

Mabillon, Jean 98, 624
Macaulay, Thomas Babington 39, 416, 458, 468 f., 637, 711, 730, 1101, 1170, 1225 ff.
Mach, Ernst 1596 ff., 1603, 1628
Machiavell, Niccolò 27, 234, 262, 273 f., 385, 537
Mackay, John Henry 1240
MacMahon, Patrice Maurice, Graf von 1317, 1467 ff., 1478
Macpherson, James 861
Maeterlinck, Maurice 118, 805, 926, 1136, 1143, 1253, 1283, 1286, 1556, 1627, 1631, 1665, 1685, 1694 ff.
Magalhäes, Fernão 304
Maimon, Salomon 911
Maintenon, Marquise von 593
Makart, Hans 738, 1506 f.
Malebranche, Nicolas 544, 589, 591, 655
Malherbe, François de 438
Mallarmé, Stéphane 1692
Malpighi, Marcello 626
Malthus, Thomas Robert 1066 ff., 1333
Mandeville, Bernard de 737
Manet, Edouard 269, 1064, 1365, 1373, 1539
Mann, Heinrich 1704
Mann, Thomas 1607, 1620, 1704
Mantegna, Andrea 250
Manzoni, Allessandro 1140
Marat, Jean Paul 1003, 1012, 1062
Marc, Franz 1738

Marc Aurel 707, 1371, 1424
Marchand, Jean Baptiste 1579
Marcion 1548
Marconi, Guglielmo 403, 1560
Marcus Graecus 153
Marées, Hans von 1411, 1413, 1677
Margareta Maultasch 74
Maria die Blutige 432, 447
Maria von Medici, Königin von Frankreich 576
Maria Stuart 417, 448 f.
Maria Theresia 690 f., 717, 765 f., 817, 820, 827, 829 f., 882, 1111
Mariano, Fra 231
Marie Antoinette 860, 882, 973, 1301
Marie Louise, Gemahlin Napoleons I. 1111
Marini, Giambattista 436
Marivaux, Pierre Carlet 733
Marlborough, John Churchill 602 f., 631
Marlitt, E(ugenie) 1402
Marlowe, Christopher 451
Marmont, Marschall 1072
Marschner, Heinrich 1156, 1515
Marsilius von Padua 148
Martellière, La 878
Martial, Markus Valerius 667, 917
Marx, Karl 53, 333, 1216, 1303, 1390 ff., 1721
Masaniello (eigentl. Tommaso Aniello) 1206
Mascagni, Pietro 1556, 1681
Massillon, Jean Baptiste 682
Matkowsky, Adalbert 100
Matthäus, Apostel 402, 404
Maupassant, Guy de 105, 219, 671, 1663, 1672
Maupertuis, Pierre Louis 720, 724, 746
Mausolos, König 937

1803

Mauthner, Fritz 91
Mayer, Robert 1264 f., 1498
Max, Gabriel 1506
Maximiliam I., deutscher Kaiser 376, 876
Maximilian II., deutscher Kaiser 432
Maximilian I., Kurfürst von Bayern 494, 497, 502
Maximilian II. von Bayern 1399
Maximilian von Mexico 1435 f., 1449
Maxwell, James Clerk 1559
Mazarin, Jules 502 f., 580 f., 1522
Mazzini, Giuseppe 1207
Medici, Cosimo 248
Medici, Giuliano 226, 232
Medici, Katharina von 441
Medici, Maria von 576
Medici, Lorenzo 227, 277
Megenberg, Konrad von 147
Mehemed Ali 1210
Meiningen, Herzog Georg von 73
Meister des Amsterdamer Kabinetts 207
Melanchthon, Philipp 298, 315, 348, 366, 379, 387, 413
Memling, Hans 208
Menander 937, 959, 1277
Mendel, Gregor 73, 1357
Mendelssohn, Moses 788 ff., 868, 919, 1209, 1779
Mendelssohn-Bartholdy, Felix 1260 f.
Mendoza, Diego 435
Menger, Anton 1566
Mengs, Raphael 29, 268, 970 ff., 1677
Menzel, Adolf von 100, 105, 1194, 1536
Meray, C. H. 71, 1071
Mercator, Gerhard 293

Mercier, Louis Sebastien 991, 995
Merswin, Rulman 197
Mesmer, Franz 811
Metastasio, Pietro Antonio 701
Metternich, Klemens 1072 f., 1079, 1107, 1110, 1114, 1117, 1125 ff., 1172, 1192, 1207, 1210, 1292, 1296
Meyer, Christian Dietrich 1028
Meyer, Heinrich 1047, 1063
Meyer, Richard M. 1403
Meyerbeer, Giacomo 1156, 1259, 1261, 1321, 1519
Mézeray, François Eudes de 314, 625
Michelangelo 110, 232 ff., 263 ff., 272, 526 f., 536, 548, 787, 1063, 1065
Michelet, Jules 254
Mickiewicz, Adam 1172
Mill, James 1328
Mill, John Stuart 1328, 1566
Millais, John Everett 1375
Millet, Jean François 1535
Miller, Johann Martin 856
Milton, John 535 f., 750, 1492, 1648
Mirabeau, Honoré 333, 776, 814, 818, 840, 997 ff., 1395
Mirbeau, Octave 1694
Mitterwurzer, Anton 1666
Möhler, Adam 362, 1237
Mohammed 34, 105, 190, 1030, 1464
Mohl, Hugo von 1244
Moleschott, Jacob 1202
Molière 45, 52, 149, 435, 609 f., 625, 651, 688, 732, 772, 1266 f., 1277, 1311, 1521, 1632, 1634
Moltke, Helmuth von 719, 1075, 1299, 1426, 1437, 1443 ff., 1451 f., 14655, 1469 ff., 1506, 1708

Mommsen, Theodor 36, 105, 1397 ff., 1518

Monet, Claude 1537, 1539, 1542, 1628

Monge, Gaspard 1057

Monroe, James 1432, 1580

Montague, Lady 672

Montaigne, Michel 39, 439 ff., 446, 893, 1178, 1383, 1415, 1424, 1463, 1689

Montespan, Marquise von 602

Montesquieu 36, 668, 727, 739, 1094

Monteverdi, Claudio 557

Montez, Lola 1293

Montezuma 306, 313

Montijo, Gräfin s. Eugenie, Kaiserin

Moreau, Gustave 1739

Morelly, Abbé 776

Moritz von Sachsen, Kurfürst 334, 372 f.

Moritz von Sachsen, Marschall 688

Moro, Lodovico 266

Morris, William 1375 f.

Morse, Samuel 332, 1249

Moscherosch, Johann Michael 503, 507, 509

Moses 190, 335, 547

Moszkowski, Alexander 926

Mozart, Wolfgang Amadeus 881, 884 ff., 1157, 1412, 1511, 1519, 1662, 1742

Müller, Adam 1131

Müller, Friedrich, Maler 864

Müller, Johannes, Historiker 1012

Müller, Johannes, Physiologe 47, 1137, 1149 f., 1344, 1363

Müller, Wilhelm 1124

Müller-Freienfels, Richard 1495

Müllner, Adolf 1142

Münzer, Thomas 350, 367 f.

Mulford, Prentice 1747

Multscher, Hans 207

Mundt, Theodor 1265

Murat, Joachim 1071

Murger, Henri 1257

Murillo, Bartolomé E. 563

Murner, Thomas 383

Musset, Alfred de 1211, 1260

Muther, Richard 1535

Mutsuhito, Meiji 1581

Myron 932

Nägeli, Karl Wilhelm von 1341, 1351

Nägeli, Hans Georg 1156

Nagler, Carl Ferdinand Friedrich von 1189

Napier, John 453

Napoleon I. 34, 52, 100, 105, 272, 377, 426, 495, 584, 601, 661, 718 ff., 762, 839, 861, 874, 922, 977 f., 1002, 1010, 1057 f., 1060 ff., 1066, 1069 ff., 1109, 1111, 1115, 1118 f., 1122, 1158, 1165, 1183, 1202 f., 1205, 1233, 1298 f., 1358, 1452, 1456, 1463, 1572 f.

Napoleon III. 243, 601, 1192, 1205, 1289, 1298 ff., 1306, 1315 ff., 1322, 1432, 1435 f., 1439 ff., 1448 f., 1453 ff., 1468, 1485

Narbonne 1071

Nasmyth, James 1191

Nebukadnezar 130

Necker, Mme 770

Nelson, Admiral 1450

Nero 110, 1202, 1371

Neßler, Viktor 510

Nestroy, Johann 112, 611, 660, 695, 1125, 1273 ff., 1406, 1411, 1520, 1527, 1678, 1690

Neuber, Friederike Caroline 695

Newcomen, Thomas 834
Newman, John Henry 1238
Newton, Sir Isaac 627 f., 649, 654,
    725, 749, 753, 886, 1328, 1559 f.,
    1563, 1662, 1727
Nicholson, William 1056
Nicolai, Christoph Friedrich 767,
    788 f., 792, 807, 868, 1041
Nicole, Pierre 607
Nicot, Jean 450
Niebuhr, Barthold Georg 1131,
    1137
Niemann-Raabe, Hedwig 1654
Niepce, Joseph Nicéphore 1250
Nietzsche, Friedrich 39, 41, 51,
    66, 68, 72, 94, 105 f., 110, 135,
    188, 191, 240, 327, 333, 353,
    356 ff., 461, 506, 569, 680, 766,
    799, 816, 884 f., 913, 916, 926 f.,
    950, 961, 1090, 1106, 1158, 1169,
    1174, 1178, 1240, 1254, 1260,
    1271, 1326, 1363, 1383, 1408,
    1411, 1416, 1424, 1464, 1466,
    1490, 1492, 1494, 1498, 1517,
    1520, 1529, 1555 ff., 1573, 1596,
    1607, 1615 ff., 1639 ff., 1648,
    1663 f., 1692, 1733, 1748
Nikias 930
Nikita von Montenegro 1707
Nikolaus I. von Rußland 1122,
    1297, 1303, 1307
Nikolaus II. von Rußland 1592
Ninon de Lenclos 101
Nivelle de la Chaussée 732
Nobiling, Karl Eduard 1479
Nogi, Maresuke 1585
Nordau, Max 1631
Northcliffe, Alfred Charles 1578
Novalis 85, 94, 778, 885, 1043,
    1045, 1048 ff., 1055, 1141, 1156,
    1173, 1225, 1242, 1613 f., 1719,
    1775
Novelli 1681

Oberländer, Adolf 1521
Occam, Wilhelm von 133 ff., 142
O'Connell, Daniel 1214
O'Connor, Feargus Edward 1214
Oersted, Hans Christian 1150
Offenbach, Jacques 955, 1322 ff.,
    1520 f.
Ogdai Khan 153
Ohm, Georg Simon 1151
Oken, Lorenz 1173
Oldenbarneveldt, Jan van 415
Opitz, Martin 515, 558
Oppenheimer, Franz 1067
Oranien, Wilhelm von 418, 441
Orpheus 956
Orselska, Gräfin 692
Orsini, Felice 1301, 1315
Ortega y Gasset, José 1735, 1740
Osiander, Andreas 298
Osman Pascha 1483
Ossian 861
Ostwald, Wilhelm 1389
Otto der Große, deutscher Kaiser
    917
Otto II., deutscher Kaiser 917
Otto III., deutscher Kaiser 917
Otto I., König von Griechenland
    1124
Overbeck, Johann Friedrich 1165,
    1375
Ovid 916 f.
Owen, Robert 1215
Oxenstierna, Axel Graf 501
Oyama, Marschall 1585

Paganini, Niccolo 1260
Palacky, Franz 1293
Palestrina, Giovanni 262
Palissy, Bernard 453
Pallenberg, Max 695
Palm, Johann Philipp 1052
Palmerston, Henry John 1432
Papin, Denis 834

Parabère, Frau von 684
Paracelsus 293 f., 334
Paré, Ambroise 453
Paris, Philipp, Graf von 1486
Parrhasios 932
Pascal, Blaise 45, 79 f., 281, 423, 503, 569 ff., 623, 641, 805, 868, 886, 1168, 1178, 1521, 1546, 1621
Pasteur, Louis 1349, 1351, 1355
Pater, Walter 707
Paul I. von Rußland 1122
Paul III., Papst 298
Paul, Hermann 1091
Paulsen, Friedrich 897
Paulus, Apostel 78, 105, 110, 331, 333, 338, 351, 355 ff., 414
Pawlow, Iwan 1744
Paxton, Joseph 1303
Peel, Robert 1214, 1229
Peisistratos 458, 1134
Pelagius 360, 570
Péreire, Emile und Isaak 1302
Pérès 1119
Pergolesi, Giovanni Battista 702
Peri, Jacopo 556
Perikles 48, 255, 609, 925, 956
Pertz, Georg Heinrich 1132
Perugino, Pietro 263, 1740
Pestalozzi, Heinrich 831
Peter der Große 642 ff., 708
Peter III. von Rußland 714, 764
Peters, Karl 1578
Petrarca 222, 246 f., 548, 918
Petrus, Apostel 199, 329 f., 402, 596
Pfitzner, Hans 1704
Pflüger, Eduard 1352
Phidias 256, 262, 930, 932, 952, 1135, 1740
Philipon, Charles 1194
Philipp II. von Mazedonien 105, 704, 1435
Philipp, Herzog von Orléans 995

Philipp II., Herzog von Orléans 683
Philipp II. von Spanien 78, 424 ff., 433 f., 447, 558, 601, 1331, 1449
Philipp III. von Spanien 558
Philipp IV. von Spanien 558, 561
Philipp V. von Spanien 690
Piccolomini, Enea Silvio 248, 257
Piccolomini, Arcangelo 453
Piccinni, Niccolò 882
Pico della Mirandola, Francesco 249
Pico della Mirandola, Giovanni 220, 249
Pilatus 341, 370, 404
Piloty, Karl von 1413, 1506 f., 1676
Pindar 943, 947
Pisanello, Antonio 263
Pissarew, Dmitri 1311
Pitaval, François 1032
Pitt, William d. Ä. 764, 766
Pitt, William d. J. 535
Pius IX. 1480
Pizarro, Francisco 313
Platen, August Graf von 1143
Plato 45, 53, 77 f., 106, 119, 206, 247 ff., 255, 298, 403, 469, 654, 707 f., 792, 838, 868, 886, 919, 938, 940 ff., 949, 953 f., 960 ff., 1081, 1124, 1175, 1398, 1496, 1610, 1637, 1647, 1730, 1747
Plautus 316, 1277
Plotin 248, 954
Plümicke, Karl Martin 879
Plutarch 36, 79, 256, 298, 942
Podewils, Heinrich Graf von 715
Poe, Edgar Allan 105, 110, 1373 f.
Poggio, Gian Francesco 248
Poincaré, Henri 1600
Poliziano, Angelo 249
Polo, Marco 302
Poltrot de Meré 419
Polybios 938

Polygnot 69, 932
Polyklet 69, 932
Pombal, Marquis von 709, 807
Pompadour, Marquise de 101, 665, 674, 687
Pompejus 28
Pomponazzi, Pietro 328
Ponsard, François 1704
Pope, Alexander 736, 755
Potter, Paul 525
Pouchet, Félix-Archimède 1351
Poussin, Nicolas 611, 918, 1535
Praxiteles 930, 932
Prehauser, Gottfried 695
Preller, Friedrich 1164
Prévost, Antoine François 733
Priamos 935
Priestley, Joseph 724, 779
Prießnitz, Vincenz 73, 1249
Protagoras 952, 954, 956, 962, 1415
Proudhon, Pierre Joseph 77, 1255
Ptolemäus 293, 301
Puget, Pierre 918
Purkinje, Jan Evangelista 1149
Puschkin, Alexander 1172
Pusey, Edward 1238
Puvis de Chavanne, Pierre 219, 1739
Pythagoras 942, 954

Quesnay, François 831
Quinault, Doris 732, 770
Quinault, Philippe 613
Quintilian 249

Rabelais, François 334, 383, 1733
Racine, Jean Baptiste 45, 286, 593, 609, 613, 634, 688, 772, 918, 1361, 1633
Radetzky, Joseph, Graf 1294, 1296, 1306
Radziwill, Fürst Karl 826
Raffael 227, 232, 236 f., 257, 263,

266 ff., 527, 563, 885, 971, 1156, 1194, 1374
Raimund, Ferdinand 695, 1145, 1406
Raleigh, Walter 448, 450 ff., 458, 512
Rambouillet, Marquise de 579
Rameau, Jean Philippe 702, 882
Ramler, Karl Wilhelm 767
Ramsay, William 1561
Ranke, Leopold von 31, 62, 1093, 1209, 1250 ff., 1272
Rauch, Christian Daniel 1163
Raumer, Friedrich von 1131, 1138
Raupach, Ernst 1138, 1143
Ravaillac, François 418
Ray, John 626
Réaumur, René-Antoine 723
Redi, Francesco 1350
Regiomontanus (eigentl. Johann Müller) 147
Reichardt, Johann Friedrich 1029
Reicher, Emanuel 1654
Reichstadt, Herzog von, Napléon II. 1298
Reid, Thomas 788
Reimarus, Hermann Samuel 794 f.
Reinhardt, Max 1704, 1734, 1776, 1783
Reinke, Johannes 1335, 1347
Reis, Philipp 1529
Rembrandt van Rijn 69, 523, 526, 713, 738, 1199, 1608, 1626, 1736, 1738
Renan, Ernest 1367 ff.
Reni, Guido 481
Ressel, Josef 1188 f.
Rethel, Alfred 1138, 1272, 1412
Retz, Kardinal von 580
Reuchlin, Johann 292, 383
Revett, Nicolas 972
Rhodes, Cecil 1579

Ribera, Jusepe de 563
Ricardo, David 1066 ff., 1395
Riccio, David 449
Richard von Sankt Victor 121
Richardson, Samuel 731, 734, 835
Richelieu, Armand Jean du
    Plessis, Herzog von 502,
    576 ff., 674, 821, 1190, 1361, 1435,
    1440, 1522
Richter, Ludwig 1160, 1190
Riemann, Bernhard 909
Rienzo, Cola di 168, 222
Riese, Adam 293
Rigaud, Hyacinthe 612, 1023
Riggi, Maddalena 873
Rigolboche, eigentl. Marguerite
    Badel 1322
Rinuccini, Ottavio 556, 558
Ritter, Karl 1132, 1137
Robert, Emerich 1657, 1691
Robespierre, Maximilien 110,
    709, 978, 992, 1000, 1004 ff.,
    1011 f., 1361
Robinet, Jean-Baptiste-René
    775
Rochefort, Henri, Marquis 1301
Rodin, Auguste 1627
Römer, Olaf 626
Röntgen, Wilhelm Conrad 1561
Rösel von Rosenhof 724
Roh, Franz 1740
Rohde, Erwin 913
Roland, Jean-Marie 1012
Romano, Giulio 480
Roon, Albrecht von 1426, 1469,
    1472
Roosevelt, Theodore 1582, 1586
Rops, Félicien 1373
Rosetti 701
Rossetti, Dante Gabriel 52, 1375,
    1377
Rossini, Gioachino 1156 f., 1259,
    1511

Roswitha von Gandersheim 118,
    382, 917
Rottmann, Carl 1164
Rousseau, Jean-Jacques 53, 105,
    246, 353, 439, 702, 767, 770, 831,
    839 ff., 873, 905, 922, 926, 985,
    1004, 1076, 1361, 1418, 1497
Rousseau, Théodore 1535
Roux, Wilhelm 1341
Royer, Philoxène 75
Rubens, Peter Paul 52, 106, 527 f.,
    563, 1257, 1503
Rudolf I. von Habsburg 185 ff.
Rudolf II., deutscher Kaiser 437,
    454
Rudolf, Kronprinz von Öster-
    reich 375
Rudolff, Christoph 293
Rückert, Friedrich 913, 1133, 1209
Ruge, Arnold 60, 1234, 1292
Ruisdael, Jacob van 523
Runge, Friedrich Ferdinand 1249
Runge, Philipp Otto 1064, 1534
Ruskin, John 269, 1190, 1374
Rutherford, Ernest 1564
Ruysbroeck, Jan van 202, 206
Ruyter, Admiral de 630
Rymer, Thomas 634

Sabatier, Apollonie 1373
Sachs, Hans 326, 383, 393, 514,
    1503, 1631, 1676
Sainte-Beuve, Charles-Augustin
    1203, 1371
Saint-Just, Antoine de 1012
Saint-Lambert, Jean-François de
    671
Saint-Saëns, Camille 1704
Saint-Simon, Claude-Henri,
    Comte de 1117, 1167 f.
Saint-Simon, Louis Herzog von
    594, 615, 1167
Salisbury, Robert Cecil 1588

Salomo 402
Sallust 917
Salutati, Benedetto 230
Sand, George 1260
Sand, Karl Ludwig 1120 f.
Sandeau, Jules 1202
Sanherib 370
Santerre, Louis 999
Sappho 943, 947
Sarcey, Francisque 1366
Sardou, Victorien 994, 1644, 1665,
   1682
Saussure, Bénédict de 784, 1057
Saussure, Théodore de 1057
Savage, John 418
Savage, Richard 1267
Savigny, Friedrich Karl von 1130
Savonarola, Girolamo 294 f., 256,
   276, 548, 1622
Scarron, Paul 593
Schanzer, Marie 1657
Scharnhorst, Gerhard Johann
   David 1164
Schedel, Hartmann 292
Scheele, Karl Wilhelm 724, 779
Scheffel, Josef Viktor von 1401,
   1405
Scheiner, Christoph 455, 457
Schelling, Friedrich Wilhelm
   Joseph von 44, 1045, 1050,
   1054 ff., 1156, 1173, 1179, 1209,
   1406, 1415, 1424, 1494
Scherer, Wilhelm 90, 1135 f., 1273,
   1659
Scherr, Johannes 187
Scheurl, Christoph 387
Schiaparelli, Giovanni 1532
Schiller, Friedrich 27, 37, 58, 61 f.,
   78, 95, 110, 327, 352, 492, 696,
   702, 786, 798, 801, 812, 829, 862,
   865, 875 ff., 913, 921, 943, 967,
   1012 ff., 1045, 1047, 1136, 1146 ff.,
   1200, 1225, 1252, 1257, 1264,

1269, 1365, 1387, 1406 f., 1411,
   1498, 1510, 1518 f., 1523, 1557,
   1596, 1607, 1632 ff., 1641, 1655,
   1666, 1670
Schinkel, Karl Friedrich 1163 f.
Schlaf, Johannes 1656
Schlegel, August Wilhelm 1041,
   1044, 1047
Schlegel, Karoline 1044 f.
Schlegel, Friedrich 914, 1041 f.,
   1046 f., 1055, 1132, 1136, 1209
Schleich, Karl Ludwig 421, 1049,
   1347, 1747
Schleiden, Matthias Jakob 1244
Schleiermacher, Friedrich 796,
   1045, 1050
Schlenther, Paul 1641, 1658 f.
Schlieffen, Alfred, Graf von
   1591 f., 1716
Schlözer, August Ludwig von
   815, 828, 830, 1012
Schlosser, Cornelia 863
Schlosser, Johann Georg 858, 863
Schmid, Christoph von 1161
Schmidt, Heinrich 1028
Schmidt, Johann Kaspar, s. Stirner
Schmoller, Gustav von 1566
Schneckenburger, Max 1211
Schnitzler, Arthur 1677
Schnorr von Carolsfeld 1166,
   1740
Schönemann, Lili 873
Schönkopf, Käthchen 873
Schönthan, Franz von 1401
Schopenhauer, Arthur 44 f., 78,
   105 f., 206, 224, 241, 352, 408,
   506, 560, 562, 588, 804, 893, 926,
   967, 1092, 1148, 1178, 1185, 1187,
   1322, 1340, 1399, 1414 ff.,
   1494 ff., 1511 ff., 1521, 1617, 1625,
   1632, 1682, 1717
Schopenhauer, Johanna 1417
Schrepfer, Johann Georg 811

Schröder, Friedrich Ludwig 771, 823, 864
Schroth, Johann 1249
Schubart, Christian Friedrich Daniel 863, 1012
Schubert, Franz 101, 1033, 1156, 1159 f., 1173, 1260 f.
Schuckert, Sigmund 1557
Schütz, Heinrich 558
Schumann, Klara, s. Wieck
Schumann, Robert 1261, 1519, 1616
Schuster, Ingnaz 1108
Schwab, Erasmus 1416
Schwann, Theodor 1244
Schwarz, Berthold 153, 292
Schwarzenberg, Fürst 1296 f., 1306
Schwenckfeld, Kaspar 369
Schwind, Moritz von 1160, 1194, 1402, 1413, 1677
Scipio 1059
Scott, Sir Walter 1140
Scribe, Augustin Eugène 1256, 1665
Sedley, Catharine 631
Seebeck, Thomas 1151
Segantini, Giovanni 1629
Seleukos I. 936
Semler, Johann Salomo 793
Semper, Gottfried 1502
Sénancour, Etienne Pivert 1172
Sénart, Émile 1119
Seneca 331, 468, 514, 1059
Senefelder, Aloys 1193
Senfl, Ludwig 353
Servet, Michael 293, 366
Severini, Gino 1738
Sévigné, Marquise de 593, 615
Seydelmann, Karl 1268
Sforza, Francesco 228, 237
Shaftesbury, Anthony Ashley Cooper , Graf von 736

Shaftesbury, Graf von, Staatsmann 629
Shakespeare, William 29, 36, 41, 78 f., 110, 171, 241, 277 f., 435 f., 440, 440, 446 f., 451, 471 ff., 507, 526 f., 611, 634, 719 f., 751, 772, 789, 861, 866 ff., 878, 976, 1025, 1030, 1063, 1082, 1119, 1135, 1146 f., 1199, 1255, 1266, 1271, 1273, 1277, 1314, 1365, 1398, 1410, 1428, 1445, 1463, 1496, 1518, 1528, 1545 f., 1570, 1607, 1624, 1636 ff., 1652, 1662, 1668, 1683, 1690, 1694, 1701
Shaw, George Bernard 36, 279, 506, 611, 635, 975, 1060, 1163, 1277, 1398 f., 1478, 1540, 1542, 1550, 1565, 1573, 1632, 1665, 1682 ff., 1695, 1713, 1734, 1750
Shelley, Percy Bysshe 1140, 1173
Sheridan, Richard B. 635, 835, 1277
Sickingen, Franz von 378
Siddal, Elisabeth 1375
Siemens, Werner von 1529, 1557
Sieyès, Abbé 840, 997, 1078
Sigismund, deutscher Kaiser 138, 169, 171
Signorelli, Luca 250
Silcher, Friedrich 1156
Simmel, Georg 1198, 1465
Simon, Richard 623
Sirven, Peter Paul 748
Sittenberger, Hans 1631
Skobelew, Michail 1488
Skopas 932
Smith, Adam 832 f., 1566
Snyders, Frans 524
Sobieski, König von Polen 1307
Sodoma (eigentl. Giovanni Bazzi) 263
Sokrates 51, 53, 69, 78, 133, 256, 262, 469, 733, 754, 792, 845, 868,

926 f., 953 f., 959, 969, 979, 1173, 1279, 1415, 1465, 1546, 1624, 1682, 1734
Solon 947
Solowjew, Wladimir 1309
Sombart, Werner 116
Sonnenthal, Adolf von 66, 100, 1508 f., 1691
Sophokles 262, 609, 749, 772, 919, 929, 949, 957, 1146, 1408, 1509, 1518, 1610
Sorel, Albert 1126
Sorma, Agnes 1657
Southey, Robert 1140
Sozzini, Faustus 414
Sozzini, Lälius 414
Spallanzani, Lazaro 1350
Speidel, Ludwig 1264, 1403, 1507, 1524
Spencer, Herbert 1328 f., 1333
Spengler, Oswald 68 ff., 78, 306, 941, 1308, 1415, 1729
Sperber, Hans 401
Spielhagen, Friedrich 49, 1405
Spindler, Karl 1161
Spinoza 519, 538 ff., 571, 623, 870, 1051, 1099, 1267
Spitzweg, Carl 1273
Spohr, Louis 1157
Spontini, Gaspare, Graf 1158, 1259, 1515
Sprengel, Christian Konrad 784 f.
Sprenger, Jakob 395
Sudermann, Hermann 1365, 1556, 1664 ff.
Sue, Eugène 1026, 1256 f.
Sueton 30, 917
Suso, Heinrich 201 f., 208
Swedenborg, Emanuel von 812
Swift, Jonathan 711, 735, 893
Swinburne, Algernon Charles 1375

Sybel, Heinrich von 1396 ff.
Staël, Madame de 875, 1001, 1078, 1080, 1170
Stahl, Georg Ernst 724, 1560
Stambulow, Stephan Nikolow 1485
Stanley, Henry Morton 1578
Steele, Richard 733 f., 1267
Stein, Charlotte von 863, 874
Stein, Karl, Freiherr vom 25 f., 1107, 1116, 1132
Stein, Lorenz von 41, 1287 ff.
Steinhausen, Wilhelm 699
Steinheil, Carl August von 1249
Steinmetz, Stefan 1470
Stendhal (eigentl. Henry Beyle) 1078, 1118, 1167 f., 1704
Stenonis (eigentl. Nikolaus Stensen) 626
Stephenson, George 1069
Sterne, Lawrence 834, 854, 1140, 1277
Steuben, Friedrich Wilhelm von 838
Stevin, Simon 454
Stieglitz, Charlotte 1172
Stifter, Adalbert 1409
Stinde, Julius 1523
Stirner, Max 1240 f., 1621
Stradivari, Antonio 702
Strafford, Thomas Wentworth, Graf von 530
Stranitzky, Josef Anton 695
Strauß, David Friedrich 754, 956, 1209, 1234 ff., 1247, 1493 f.
Strauß, Johann 1322, 1521
Strauß, Richard 1556, 1691
Streicher, Andreas 1028
Strindberg, August 36, 52, 105, 110, 241, 326, 398, 506, 610, 866, 1411, 1493, 1498, 1555, 1610 ff., 1631, 1685

Strozzi, Lorenzo 226
Stuart, James 972
Sturtevant, Erich 164

Tacitus 27, 749
Taine, Hippolyte 62, 64, 72, 584,
    731, 759, 914, 1078, 1169, 1358 ff.,
    1368, 1372, 1397, 1544
Talbot, William 1250
Talleyrand, Herzog von 1073,
    1108 ff., 1126, 1158
Talma, François Joseph 1062,
    1081
Tann, Ludwig, Freiherr von der
    1472
Tasman, Abel Jenszoon 520
Tasso, Torquato 105, 259
Tassoni, Allessandro 433, 481
Tauler, Johannes 201
Taylor, William 1225
Tegetthoff, William von 1449
Telesio, Bernardino 464
Tencin, Marquise de 769
Teniers, David 524
Terenz 316, 348, 917
Tertullian 12, 324, 1731
Tetzel, Johann 340
Thackeray, William 1192, 1278
Thales 959
Themistokles 255, 953
Theognis 957
Theokrit 916
Theophano 917
Theophrast 924, 938
Thiers, Adolphe 1118, 1190, 1210,
    1397, 1440, 1456, 1474, 1476
Thoma, Hans 1704
Thomas von Aquino 121, 249,
    1174, 1643
Thomasius, Christian 637
Thoreau, Henry 1381 ff., 1643
Thorwaldsen, Bertel 1063, 1169,
    1740

Thukydides 30, 55, 262, 749, 916,
    941
Thurn, Matthias 489
Tiberius 110
Tieck, Ludwig 862, 1041 ff., 1047,
    1104, 1190, 1209
Tilly, Graf von, 492
Tindal, Matthews 735
Tintoretto 480
Tirpitz, Alfred von 1572
Tirso de Molina 434
Tisza, Stephan, Graf 1712
Titus 130
Tizian 237, 377, 561, 971
Tocqueville, Alexis Clérel, Graf
    von 1359
Togo, Heiachiro 1585
Toland, John 735
Tolstoi, Leo 278, 645, 713, 1271,
    1313, 1498, 1546 ff., 1556, 1630,
    1649
Torquemada, Johannes de 193
Torquemada, Thomas de 110
Torricelli, Evangelista 517
Totleben, Franz Eduard, Graf
    1305, 1483
Tour, de la, Jesuitenpater 745
Trajan 744, 1303
Treitschke, Heinrich von 43,
    1208, 1301
Trembley, Abraham 723
Troels-Lund, Troels Frederik 126
Türck, Hermann 1649
Turenne, Henri 595
Turgenjew, Iwan 1312
Turgot, Anne Robert 832, 996
Turner, William 1374, 1534
Tyrtäos 943

Uhde, Fritz von 1556, 1675
Uhland, Ludwig 1137, 1141, 1292
Urban VIII., Papst 456, 512
Urfé, Honoré d' 438

Vaihinger, Hans 566, 1596
Valla, Laurentius 193, 248
Valory, Marquis 722
Varro 247
Vasari, Giorgio 90, 221, 234 f.,
    258, 479
Vasco da Gama 302
Vatel, François 593
Vatke, Wilhelm 1235
Vauban, Sébastien de 593, 595
Vauvenargues, Marquis de 740,
    1342
Velasquez, Diego 269, 503, 561
Velde, Willem van de 525
Venturini 701
Verdi, Giuseppe 507, 1519
Verga, Giovanni 1681
Verlaine, Paul 1692
Verne, Jules 1558
Vernet, Horace 1258
Verrue, Madame de la 669
Vesalius 293
Vespucci, Amerigo 303
Viète, François 453
Vigée-Lebrun, Elisabeth-Louise
    973
Viktor Emanuel II. von Italien
    1294, 1315, 1317 f., 1475
Viktoria, deutsche Kaiserin 1573
Viktoria, Königin von England
    1212
Villiers de l'Isle-Adam, Jean-
    Marie 1373, 1698
Vilmar, August Friedrich 1292
Viollet-le-Duc, Eugène 219
Virchow, Rudolf 1345, 1480
Virgil 750, 916 f., 1166, 1350
Vischer, Friedrich Theodor 46,
    928, 1292, 1321
Vischer, Peter 1676
Vitruv 251 f.
Vives, Juan Luis 464
Vogt, Karl 1293, 1388

Volta, Alessandro 782, 1346
Voltaire 51, 57, 69, 135, 221, 241,
    286, 355, 506, 573, 584, 620, 625,
    663, 666 f., 671, 676, 684, 704,
    711 f., 714, 720, 732, 740 ff., 761,
    767, 823, 825, 832, 845, 847 ff.,
    852, 985, 1094, 1174, 1200 f.,
    1228, 1617, 1682
Vondel, Joost van den 519
Voß, Johann Heinrich 863, 1029
Vossius (eigentl. Gerhard Johann
    Voß) 515, 519
Vries, Hugo de 102, 1338
Vulpius, Christian August 29
Vulpius, Christiane 874

Wagner, Heinrich Leopold 862,
    864
Wagner, Richard 35, 66, 241, 772,
    926, 943, 1373, 1414, 1418,
    1509 ff., 1529, 1607, 1617 ff., 1625,
    1632, 1666, 1677, 1691 f.
Wagner, Rudolf 1388
Waitz, Georg 1292
Waldau, Gustav 1705
Walden, Herarth 1736
Wallace, Alfred 1333
Wallenrodt, Frau von 879
Wallenstein 34, 490, 493 ff., 502
Walpole, Horace 862
Walpole, Robert 729, 862
Walsh, John 1346
Wapper, Gustav 1412
Wasa, Gustav 378
Washington, George 837
Watson, John 1744
Watt, James 834
Watts, George Frederik 1376
Watteau, Antoine 664, 1158, 1323
Webb, Sidney 1565
Weber, Ernst Heinrich 1356
Weber, Karl Maria von 1156,
    1158 ff., 1261, 1412

1814

Weber, Wilhelm 1249
Wedekind, Frank 1275, 1550, 1556, 1611, 1669 ff.
Wedgwood, Josiah 665
Weigel, Valentin 369
Weininger, Otto 738, 875, 988, 1186, 1608 f., 1613
Weishaupt, Adam 808
Weismann, August 1341
Weitling, Wilhelm 1216
Welcker, Friedrich Gottlieb 1293
Wellhausen, Julius 795
Wellington, Arthur 1107 f., 1213
Wells, Herbert George 1009 f., 1565
Wenzel, König 138, 170
Werder, August, Graf von 1471
Werfel, Franz 1449
Werner, Abraham Gottlob 778
Werner, Zacharias 1108, 1142 f.
Wesel, Johann von 329
Wesley, Charles 700
Wesley, John 700
Wessel, Johann 329
Wette de, Wilhelm Martin Leberecht 1121
Weyden, Rogier van der 208
Wheatstone, Charles 1245
Whistler, McNeill 1377
Whitman, Walt 1379 f.
Wiclif, John 172, 174, 176, 329
Wieck, Klara 1261
Wieland, Christoph Martin 789, 800, 864, 972, 977, 985, 1012, 1029, 1136, 1146, 1419
Wienbarg, Ludolf 1208, 1264
Wiesel, Pauline 1045
Wiesner, Julius 1712
Wilamowitz-Moellendorf, Hugo 36, 913
Wilbrandt, Adolf 1522
Wilde, Oscar 21, 53, 279, 635, 736,

1039, 1277, 1374 f., 1540, 1682 f., 1689
Wildenbruch, Ernst von 1518, 1523
Wilhelm I., deutscher Kaiser 1296, 1318, 1322, 1426, 1456, 1475, 1555
Wilhelm II., deutscher Kaiser 982, 1149, 1209, 1570 ff., 1592, 1627, 1713
Wilhelm III. von Oranien 418, 441, 602, 631 f., 635
Wilhelm der Eroberer 631
Wille, Bruno 1655
Wilson, Woodrow 1715
Winckelmann, Joachim 36, 57, 268, 286, 335, 762, 797, 914, 919, 922, 966 ff., 1047, 1510, 1677
Windischgrätz, Alfred, Fürst zu 1294
Windscheid, Bernhard 1400
Winkelried, Arnold von 154
Wöhler, Friedrich 1153
Wölfflin, Heinrich 658
Wöllner, Johann Christoph 813 f.
Woerner, Roman 1641
Wolf, Friedrich August 1059, 1133
Wolf, Hugo 105, 1556
Wolff, Christian 636, 696 f., 698 f., 761
Wolff, Kaspar Friedrich 777
Wolff, Julius 1656
Wollaston, William 736
Wolter, Charlotte 100, 920, 1507
Wolzogen, Charlotte von 1045
Wolzogen, Ernst von 1692
Wolzogen, Karoline von 1015, 1031, 1045
Woolston, Thomas 735
Wordsworth, William 1140
Worringer, Wilhelm 652
Wouwerman, Philips 525
Wrangel, Karl Gutav, Graf 491

Wrangel, Friedrich Heinrich
    Ernst 1294, 1437
Wrede, Karl Philipp 1071
Wren, Christopher 633
Wundt, Wilhelm 1563, 1603 ff.,
    1752
Wycherley, William 635

Xenophanes 956
Xerxes 433

York von Wartenburg, Hans 1164
Young, Arthur 985
Young, Edward 735
Young, Thomas 1057, 1559

Zacconi, Ermete 1681
Zeiß, Carl 1557

Zeller, Edward 1423
Zelter, Karl Friedrich 1027, 1033
Zesen, Philipp von 513
Zeuxis 932
Ziegler, Klara 1507
Ziegler, Leopold 1361
Zimmermann, Alfred 1216
Zinzendorf, Niklaus Ludwig 363,
    699
Zöllner, Johann Karl Friedrich
    1563
Zola, Emile 219, 584, 1104, 1406,
    1540, 1543 f., 1628 f., 1639, 1647,
    1656, 1674
Zorilla, Don Manuel Ruiz 560
Zumsteeg, Johann Rudolf 865
Zurbaran, Francisco de 563
Zwingli, Ulrich 343, 354

*Bitte beachten Sie auch
die folgenden Seiten*

Das Diogenes Hörbuch zum Buch

Egon Friedell
Kulturgeschichte der Neuzeit

Auszüge gelesen von ACHIM HÖPPNER

1 MP3-CD, Spieldauer 9 Stunden

Egon Friedell
im Diogenes Verlag

»Ein brillanter und geistreicher Essayist, dessen Schriften sich durch die eigenwillige und gerade dadurch erfrischende Sehweise des Autors auszeichnen.«
Neue Zürcher Zeitung

»An die Stelle des Einblicks in das Detail tritt bei Friedell der Überblick über das Ganze: er wird, befand Karl Kraus ironisch, ›dem Herrn Shaw so gerecht wie einem Schiller, und er versteht Busch so gut wie Wedekind‹.« *Frankfurter Allgemeine Zeitung*

Die Rückkehr der Zeitmaschine
Phantastische Novelle

Vom Schaltwerk der Gedanken
Ausgewählte Essays zu Geschichte, Politik,
Philosophie, Religion, Theater und Literatur
Herausgegeben von Daniel Keel und Daniel Kampa

Kulturgeschichte der Neuzeit
Die Krisis der Europäischen Seele von
der Schwarzen Pest bis zum Ersten Weltkrieg
Mit einem Nachwort von Ulrich Weinzierl
Auch als Diogenes Hörbuch im MP3-Format erschienen,
gelesen von Achim Höppner

Kulturgeschichte des Altertums
Kulturgeschichte Ägyptens und des alten Orients /
Kulturgeschichte Griechenlands
Leben und Legende der vorchristlichen Seele
Auch als Diogenes Hörbuch im MP3-Format erschienen,
gelesen von Achim Höppner

Das Egon Friedell Lesebuch
Herausgegeben von Heribert Illig

Walter Muschg
im Diogenes Verlag

»Walter Muschg sagt nicht: Jean Paul war ein Sprüh-
geist. Sondern er sprüht. Er sagt nicht: Kleist war zerrissen. Sondern er ist zerrissen und mitgerissen und
reißt mit. Er springt aus sich heraus, wagt sich bis zum
Menschen, der sich seines Herzens nicht schämt und
sich darstellt in seiner Ergriffenheit, in seiner Ver-
zücktheit und dessen Rede ein Kampf ist, ein augenblicklich in Worte gegossenes Erleben, ein Bekennen.
O wären es doch alle, welche diesen Titel tragen: Professoren, das heißt: Bekenner!« *Max Frisch*

»Walter Muschg war eine Ausnahme in seinem Fach.
Zur Literatur unterhielt er ein leidenschaftliches Verhältnis, das er jedoch seinem poetischen, moralischen
und politischen Urteilsvermögen unterstellte. Er scheute
sich nicht, seine Zu- und Abneigung gegenüber bestimmten Autoren der Vergangenheit mit solcher Entschiedenheit zu bekunden, als wären ihre Werke eben
jetzt erschienen.« *Süddeutsche Zeitung*

*Die Zerstörung der deutschen Literatur
und andere Essays*
Mit einem Nachwort von Julian Schütt

Tragische Literaturgeschichte
Mit einem Nachwort von Urs Widmer
und einer Vorbemerkung von Walter Muschg

Luciano De Crescenzo
Geschichte der griechischen Philosophie

Die Vorsokratiker
Aus dem Italienischen von Linde Birk

»Jetzt gibt es Grund zum Aufatmen für alle, die sich Geschichte wieder einmal als fröhliche Wissenschaft wünschen. Während in Deutschland viele Seiten mit vielfältigen Fragen danach bedruckt wurden, ob der Historiker wieder erzählen dürfe – oder gar müsse –, hat der italienische Ingenieur und Autor Luciano De Crescenzo sich unbekümmert ans Erzählen gemacht. Seine *Geschichte der griechischen Philosophie* ist ein neuerlicher Beleg für das Verlagsmotto, daß Diogenes Bücher ›weniger langweilig‹ seien. Weniger langweilig als fast alles, was über die Geschichte nicht nur der antiken Philosophie geschrieben wurde, ist De Crescenzos Buch allemal.«
Deutsches Allgemeines Sonntagsblatt, Hamburg

»Philosophen wie du und ich – ein italienischer Ex-Manager hat die *Geschichte der griechischen Philosophie* so unterhaltsam aufbereitet, daß sie ein Bestseller wurde. Das Erfolgsrezept ist einfach: Er schreibt verständlich.« *Stern, Hamburg*

»Was philosophisches Denken sein kann, woher es entspringt und wie es weiterwirkte – das alles vereint De Crescenzo auf wenigen Seiten. Philosophie ist auch etwas Vergnügliches – diese längst verschüttete Einsicht ruft er uns wieder ins Gedächtnis.«
Die Furche, Wien

Von Sokrates bis Plotin
Deutsch von Linde Birk

»Eine solche Verbindung von Gescheitheit, nein: philosophischer Gabe mit Lustigkeit und Anmut ist ein-

malig. Wahrhaftig: mal ein Stück fröhlicher Wissenschaft. Bringen Sie mehr von ihm heraus!«
Günther Anders

»Als letzter Beweis dieser – übrigens von seiner riesigen Lesergemeinde hochgeschätzten – Übersetzertätigkeit liegt nun seine *Geschichte der Philosophie – Von Sokrates bis Plotin* vor. Ein schwieriger Stoff ist das allemal, vor allem ein weites Feld, reicht doch der Bogen von Sokrates über Platon, Aristoteles, Epikur und Zenon bis hin zu Plotin und den jeweiligen Nachfolgern.
Nur durch einen klugen und klaren Blick auf das Wesentliche konnte also De Crescenzo diese höchst unterschiedlichen Schulen auf so engem Raum versammeln.« *Die Presse, Wien*

»Was nützt uns denn die ganze Philosophie mit ihren wunderbaren Erklärungen, wenn keiner sie versteht oder wenn er dabei aus lauter Langeweile einschläft! Dem hat Luciano De Crescenzo wirkungsvoll vorgebeugt.« *Norddeutscher Rundfunk, Hamburg*

»Klar, schnörkellos, mit Witz geschrieben.«
Neue Zürcher Zeitung

Die beiden Titel sind außerdem als
Sonderausgabe in einem Band lieferbar

Walter Nigg
im Diogenes Verlag

»Es ist in der theologischen, vor allem in der historisch-biographischen Literatur heutzutage selten geworden, daß einem Autor noch ein wirklicher Fund gelingt. Bei Nigg begegnet man solchem auf Schritt und Tritt, das ist das Große an seinen Büchern.«
Süddeutscher Rundfunk, Stuttgart

»Die nüchtern-klare Diktion Niggs rückt die mystischen Gestalten der Heiligen in die geistige Reichweite des modernen Menschen.«
Die Zeit, Hamburg

Große Heilige
Von Franz von Assisi bis Therese von Lisieux

*Vom Geheimnis
der Mönche*
Von Bernhard von Clairvaux bis Teresa von Avila

Des Pilgers Wiederkehr
Drei Variationen über ein Thema

Friedrich Nietzsche
Mit einem Nachwort von Max Schoch

Das ewige Reich
Geschichte einer Hoffnung

Sören Kierkegaard
Dichter, Büßer und Denker

*Vincent van Gogh
Der Blick in die Sonne*
Ein biographischer Essay. Mit 26 Abbildungen

*Rembrandt
Maler des Ewigen*
Ein biographischer Essay. Mit 27 Abbildungen